淮安市淮阴区志

（上册）

淮安市淮阴区地方志编纂委员会 编

HUAIANSHI

HUAIYINQUZHI

1978~2008

方志出版社

图书在版编目（CIP）数据

淮安市淮阴区志. 1978—2008 / 淮安市淮阴区地方志编纂委员会编. -- 北京 ：方志出版社，2018.12
ISBN 978-7-5144-2827-8

Ⅰ. ①淮… Ⅱ. ①淮… Ⅲ. ①淮阴区—地方志—1978—2008 Ⅳ. ①K295.34

中国版本图书馆CIP数据核字（2017）第322154号

淮安市淮阴区志（1978—2008）

编　　者：淮安市淮阴区地方志编纂委员会
责任编辑：刘　珊
出 版 人：冀祥德
出 版 者：方志出版社
地址　北京市朝阳区潘家园东里9号（国家方志馆4层）
邮编　100021
网址　http://www.fzph.org
发　　行：方志出版社图书经销中心
电话（010）67110500
经　　销：各地新华书店
印　　刷：南京凯德印刷有限公司
开　　本：889毫米×1194毫米　1/16
印　　张：76.375
字　　数：2238千字
版　　次：2018年12月第1版　2018年12月第1次印刷
印　　数：0001~4000册
ISBN　978－7－5144－2827－8　定价：800.00元（上、下册）

淮安市淮阴区地方志编纂委员会

（以任职先后为序）

《淮安市淮阴区志（1978～2008）》编纂人员

（以姓氏笔画为序）

淮阴城区鸟瞰（沈达荣　摄影）

五河交汇

沈达荣 摄影

建设中的淮阴东城

淮阴西城区

河畔新貌

盐河风光

黄河花园

富豪花园

江淮人家

法国小城

樱花园

西坝公园

韩信广场

黄河广场

古淮河·中国南北地理分界标

盐河绿化带

夜幕下的母爱塔

淮阴水上交通大动脉

京沪高速淮安段王兴枢纽

宁连、徐宿淮盐高速淮安西互通

宁连一级公路丁集联络线

淮安汽车客运北站

新长铁路淮阴段

淮安火车站

淮海路古淮河大桥

淮海路盐河大桥

盐河航道城区段

杨庄复线船闸

张福河船闸

六塘河船闸

六塘河地涵

分淮入沂加固工程

黄河故道东城段

黄河故道吴城段

竹络坝渠首泵站

始建于清康熙年间的双金闸

淮阴经济开发区

建设中的淮阴软件园

淮安振达钢管制造有限公司

振达钢管生产车间

淮安万邦香料工业有限公司生产区

江苏淮安双汇食品有限公司

双汇食品生产线

江苏省格来德净水科技有限公司

江苏民康油脂有限公司

淮阴大北农饲料有限公司

江苏凯德亚食品有限公司

上海太平洋化工集团淮安元明粉有限公司

南风集团淮安元明粉有限公司

江苏白玫化工有限公司

淮盐矿业有限公司

淮安实源采卤有限公司生产区

王营工业集中区一角

希望的田野

渔河风光

六塘人家

江苏淮安国家农业科技园区

淮阴现代农业星创天地全景

蝴蝶兰培育基地

太空种植

立体种植

淮阴农产品展示馆

冬枣

瓜蒌

水芹

杭白菊

圣女果

吴城生态农业

农工商超市淮安店

创达集团——
淮安义乌商贸城

居然之家——
欧蓓莎淮安店

淮安国际汽车城

国信大酒店

淮阴宾馆

淮州中学

开明中学

淮海中学初中部

淮海中学

渔沟中学

渔沟中学老校区（一）

渔沟中学老校区（二）

徐溜小学

八十年代的实验小学

淮阴实验小学

实验小学校园

淮阴中等专业学校

淮阴医院

淮阴医院门诊大厅

王营社区卫生服务中心

码头卫生院

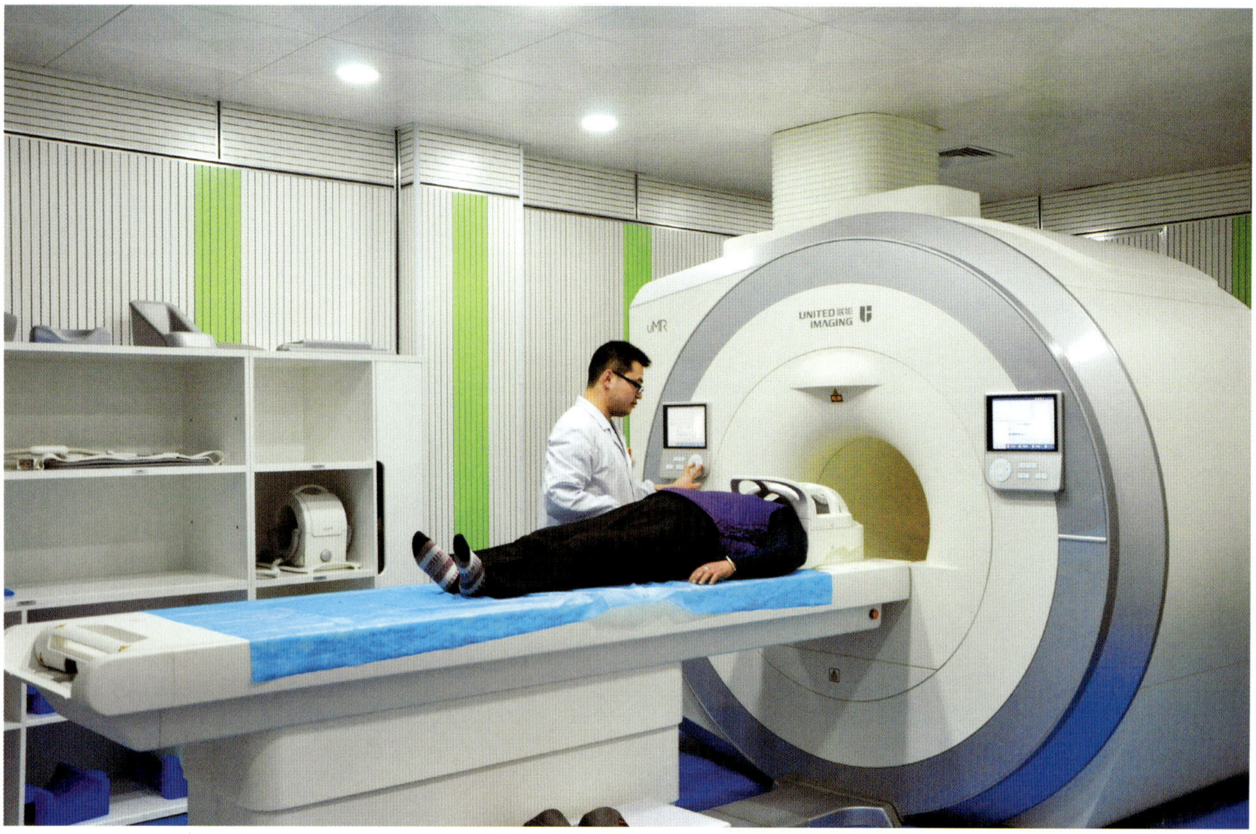

区重点卫生院配备核磁共振

洪涯村卫生室

百姓晨练

百姓广场娱乐周活动现场

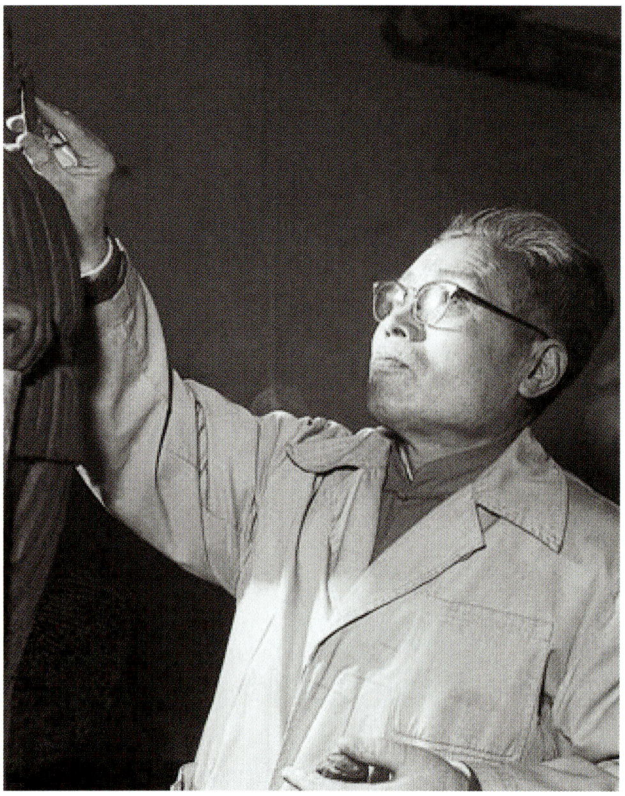

滑田友

张纯如

张纯如纪念馆

司马中原

胡慧中

许静在电影《英雄》中的题字

许　静

“爱心淮阴·中华情”晚会现场

淮阴·自贡迎春灯会

“漂母杯”散文大赛颁奖典礼

“振达·韩信杯”象棋国际名人赛

区健体中心

大将韩信

马头官巷

韩侯钓台

漂母像

枚乘故里

公祭漂母

“古楚淮阴”牌坊

“淮阴吴城”牌坊

琉球国朝京使者郑文英墓

高堰铁水牛

石工头遗址

刘老庄八十二烈士陵园

群众瞻仰八十二烈士陵园

驻淮部队官兵缅怀先烈

红星广场

红色大道

刘老庄村综合服务中心

刘老庄红色家园小区

李云鹏烈士亲属讲述抗战故事

刘老庄红色影视基地

序一

治天下者以史为鉴，治郡国者以志为鉴。为翔实记载淮阴改革开放30年的光辉历程，传承和光大老区革命传统，推进全区物质文明、政治文明和精神文明建设，编纂《淮安市淮阴区志（1978～2008）》就成为一件很有意义的大事。

1996年，新编《淮阴县志》由上海社会科学院出版社正式出版。20多年来，她成为全区各界人士了解淮阴、亲近淮阴、服务淮阴的首选必读，也成为全区党政部门制定发展规划、进行科学决策的重要参考。2006年，区委、区政府启动新一轮修志工作，并将此作为淮阴文化建设的一项系统工程来抓，加强对修志工作的领导和支持力度。全区各乡镇和区直各部门皆能按照要求，成立分志编修小组，组织人员、明确任务、落实经费。很多单位负责同志亲历亲为，对所提供的资料严格审核把关；区志办的编修人员更是尽心尽力尽责。从总体规划、条目厘定到资料搜集、编审质检，每一个环节都凝聚着他们的心血。十多年来，九易其稿，广征博采，取精用宏，专心致志，终使志书付梓，这是我区精神文明建设的一大丰硕成果，也是全区人民精神文化生活中的一件大事。我谨代表区委、区政府，向全体修志工作者和所有为此做出贡献的各界人士表示衷心感谢！

以史为鉴，可以知兴替、明得失。通览《淮安市淮阴区志（1978～2008）》，我们可以发现改革开放这30年，淮阴区历届党委、政府团结和带领全区广大干群立足实际、放眼未来、求真务实、奋力争先，在脱贫致富奔小康的道路上高歌猛进，经济快速发展，政治日趋文明，社会不断进步，面貌日新月异。撤县建区，更为淮阴发展提供空前良机，多年梦想逐渐变为现实，古楚大地焕发勃勃生机，人民生活幸福指数稳步提升。

"不忘历史才能开辟未来，善于继承才能善于创新。"读志可以让我们通历史、明兴废、辨是非、知进退。《淮安市淮阴区志（1978～2008）》提纲挈领，经时纬事，横排纵述，全面反映改革开放30年淮阴取得的辉煌成就和各行各业发展变化情况，为我们今后实施科学决策提供有益借鉴，为爱国主义教育和革命传统教育提供丰富教材，亦为关心和研究淮阴的人士提供详实资料。希望我们能够重视它、珍爱它、研究它、运用它，发挥它应有的作用。同时还要组织编好乡镇志、村志、厂志和行业志，整理出版旧志和历史文献，使修志这一重要事业薪火相传、与时俱进。

我相信，这部志书出版，将以其信实的内容，较高的利用和收藏价值，为社会各界普遍认同和广泛欢迎，还将激发全区90多万人民更加信心满怀地投身到淮阴"发展走前列，全面达小康"的伟大实践中去，励精图治，奋发图强，全力建设实力强、城乡美、群众富的幸福淮阴，为实现中华民族伟大复兴的中国梦而不懈奋斗！

中共淮安市淮阴区委书记 刘以宁

2018年5月

序二

淮阴地处“长三角”经济发达地区，是生机勃发之所。1996年，新编《淮阴县志》正式出版，至今已有20余年。前志波澜壮阔之淮阴，已为历史；今日富庶美好之淮阴，确需《淮安市淮阴区志（1978～2008）》予以翔实展示。

本志以马列主义、毛泽东思想、邓小平理论、“三个代表”重要思想、科学发展观、习近平新时代中国特色社会主义思想为指导，运用辩证唯物主义与历史唯物主义观点，秉持客观写史、公正写史、真实写史、准确写史的原则，以人为本，以实为纲，以时为目，力求客观全面地反映淮阴区政治、经济、文化、民生等社会风貌。

本志包括淮阴改革开放30多年发展综述、大事记、正文36篇及附录，凡160万言。以志为主，兼以述、记、传、图、表诸形式，宏观鸟瞰，微观透视。尽彰淮阴特色，凸显时代新风；力求观点与史实统一、思想性与科学性统一。其最大特点是客观再现淮阴区与时俱进、科学发展的时代风貌。撤县设区以来，淮阴政治的文明昌盛，经济的突飞猛进，社会的日新月异，人民生活水准的空前提升，文化、卫生以及社会保障等领域的长足发展，都在本志中有比较全面客观地反映。这部志书的问世，对于全面了解区情，更好把握历史，因地制宜，走向未来，实现淮阴经济跨越式发展，具有重要的现实意义和深远的历史意义。

直笔著信史，彰善引风气。《淮安市淮阴区志（1978～2008）》将伴随着淮阴人民建设小康社会的伟大征程。鉴古方知今，继往为开来。认识淮阴，建设淮阴，发展淮阴，我们责无旁贷。本志展现的虽只是社会主义祖国改革大潮中的一朵浪花，但必会产生存史、育人、资政之功能。在淮为政者可凭此体察民俗民情，造福淮阴一方百姓；久居此地者可以此了解区情乡情，激发投身家乡建设的一腔豪情；客居他乡者可因此愈发思乡怀乡，生发反哺故乡的一种意愿。祈盼区内外有识之士风雨同舟，齐商淮阴发展大计，同绘淮阴幸福蓝图，共创淮阴美好明天。我们当继承前辈壮志，崇尚科学精神，人尽其才，物尽其用，续写淮阴科学发展新篇章。

此志编纂过程中，广大参编人员付出辛勤劳动，各界人士给予关心支持，谨借志书出版之机，表示诚挚的谢意！

淮安市淮阴区人民政府区长

2018年5月

凡　例

一、本志以马克思列宁主义、毛泽东思想、邓小平理论、“三个代表”重要思想、科学发展观、习近平新时代中国特色社会主义思想为指导，坚持辩证唯物主义和历史唯物主义的立场观点和方法，实事求是地记述淮阴区1978～2008年间政治、经济、文化等方面的发展变化和现状。

二、本志为1996年版《淮阴县志》（下称前志）的续志，上限为1978年，下限为2008年12月31日。对一些首次入志的特定事物与内容，为保证事物自身的完整性，记述上限间有突破。大事记及人物下限为2015年底，综述下限为2016年底。

三、本志记述空间以2008年末淮阴区行政区域为限。此前行政区划有调整的，则据调整后的实际情况记述。

四、结构采用章节体式，篇下以无题序引领。体裁包括述、记、志、传、图、照、表、录，以志为主体。

五、本志采用规范的语体文，行文力求朴实、简洁、流畅，述而不议。以教育部、国家语言文字工作委员会组织制定、国务院2013年6月5日公布的《通用规范汉字表》为准。记述使用第三人称。

六、数字和标点符号的使用，统一按国家技术监督局1996年6月1日实施的《出版物上数字用法的规定》和《国家标准标点符号用法》执行。采用国家法定计量单位。

七、1949年10月1日前，采用历史纪年并括注公元纪年；1949年10月1日后，使用公元纪年。2001年2月10日前称淮阴县，其后称淮阴区。对地名、器物、工艺及机构、职务等均按历史称谓记述，首次出现用全称，古今地名不一的，括注今地名。外国人名、机构、术语等在中文后括注英文。

八、本志各种资料和数据，古代部分采录自史籍、方志、公私著述和历史档案；近现代部分采录自各级图书、档案、统计部门及各相关单位提供的资料，部分采用口碑资料。对同一问题有争议者，以脚注说明。

九、人物分为传略、录、表，传略坚持“生不立传”原则，记录1978年以后逝世的淮阴籍人物或与淮阴有特殊关联的人物，以卒年先后为序；录以生年先后为序；列表人物则不受此限。

十、前志中漏载的内容，在本志相关章节中酌情补入并作适当追溯。重要历史文献与前志勘误入附录。

总目录

目　录

（上　册）

第一篇　政区　环境

第二篇　人　口

第三篇　乡镇　场圃

第四篇 国土资源管理

第五篇 环境保护

第六篇 城乡建设

第七篇 交通 邮电

第八篇　水　利

第九篇　体制改革

第十篇　开放开发

第十一篇　宏观经济

第十二篇　农　业

第十三篇　工　业

第十四篇　建筑业　房地产业

第十五篇　商　业

第十六篇　服务业

第十七篇　金融业

第十八篇　财政　税务

综 述

古代淮阴因地处淮河南岸而得名，秦时置县。两千多年盛衰兴废，县域多变，名称屡更。宋咸淳九年（1273年）首称清河县，民国初年恢复淮阴县。2001年2月，撤县建区。2016年，全区辖21个乡（镇）、1个省级高新技术开发区、1个国家农业科技园区、1个商贸流通服务中心以及251个行政村。全区总人口93万人，每平方千米736人，属中国农村人口高密度地区。

一

淮阴区位独特。淮阴区域位于苏北平原腹地，地跨北纬33° 22′～33° 56′，东经118° 56′～119° 09′。东与淮安市淮安区及涟水县相邻，南濒洪泽湖，西连宿迁市泗阳县，北隔六塘河与宿迁市沭阳县相望，中间半环抱淮安市清江浦区。地势西高东低，属黄淮冲积平原。全区总面积1264.1平方千米，其中陆地占81.8%。以砂质型土壤为主，蒙金型土壤占有一定的比例。淮阴地处北亚热带和暖温带交界处，属暖温带半湿润季风气候。全境四季分明，雨量充沛，光照充足，热量充裕，无霜期长，贮雪期短。年均气温14℃，年均日照2233.41小时，年均降水954.8毫米，适宜稻、麦、玉米、大豆、油菜等农作物生长。

淮阴水网密布。域内淮河水系有洪泽湖、大运河、二河、张福河、废黄河、赵公河，沂沭泗水系有盐河、淮沭河、淮泗河、跃进河、渠西河、渠东民便河、六塘河、孙大泓。2008年起，省、市、区三级政府规划实施京杭运河淮阴段“三改二”航道整治工程，盐河航道“五改三”整治工程，达到千吨级船舶通过的标准。淮阴由“运河经济”向“河海经济”转变。

淮阴名人荟萃。“饭信”漂母、“汉初三杰”之一的韩信，西汉文学家枚乘、枚皋，东汉末年“建安七子”之一的陈琳，三国军事家步骘，北宋诗人张耒，南宋著名画家龚开，明代嘉靖状元丁士美，清代温病学家吴鞠通，清乾隆年间天文学家、历算家孙长源等都生于此。现代涌现出爱国主义教育家李更生，国际雕塑大师滑田友，淮海抗日重要领导人吴觉，中国工程院院士、“针灸泰斗”程莘农，第九届全国政协常委、中国民主同盟第九届中央委员会名誉副主席罗涵先，中国社会科学院研究员、联合国教科文组织《人类科学文化发展史》国际编委、国际简帛研究中心主任庞朴以及陈白尘、谢冰岩、胡绍祖、温济泽、谢铁骊、司马中原、戴舟等众多著名文化人物。

淮阴古迹众多。境内有甘罗城、韩信故里、钓鱼台、胯下桥、千金亭、漂母墓、枚乘故里、惠济祠、古清口、大运河、高家堰、康熙御坝、三闸遗址、郑文英墓等人文景观。2008年，淮阴区申报“中国地名文化遗产——千年古县”，经中国地名文化遗产专家委员会评审，获认定。2014年，中国大运河被列入《世界遗产名录》。淮阴作为大运河申遗的重要节点之一，清口枢纽遗产区和两个遗产点(清口枢纽、双金闸)被列入申遗文本。

淮阴矿藏丰富。20世纪90年代，科学探明洪泽湖畔地下拥有华东地区储量最大的岩盐矿及无水芒硝矿，储量分别达270.48亿吨、14.3亿吨，矿藏厚度大、品位高。域内还有碳氢钠石、黏土矿、天然气、石油、硼、碘等多种矿产资源，具有极高的开采利用价值。2000年始，逐步开发并产生愈来愈高的经济效益。

二

农业转型升级。淮阴区是农业大区，改革开放以来经历了从传统农业到现代农业的历史性转变。1978年，以粮食生产为主，在“决不放松粮食生产”的基础上，鼓励有条件的社队大力发展多种经营。此时农民收入水平很低，生活来源主要靠粮食。随着家庭联产承包责任制的推行，分田到户使农民种粮积极性空前高涨，粮食产量大幅增长。1985年，全县种植三麦、水稻、玉米8.2万公顷，总产381300吨，由粮食供应县变成粮食差出县，农民温饱问题基本得到解决。县委、县政府适时调整产业结构，稳粮扩经，走农林牧副渔、工商运建服多业并举之路，农村经济形势出现明显变化，各种专业户、专业村和农业生产基地层出不穷。1995年，多种经营产值占农业总产值的比重增加到75%。2004年，坚持区域化布局、特色化发展，优质粮油、无公害蔬菜、林业、牧草基地不断扩大，动物防疫、科技服务、农机作业、农业保险等涉农服务水平不断提高，淮阴区连续4年被评为全国粮食生产先进县。2007年，全区生猪饲养量达100万头，被列入全国生猪调出大县。全区培育蔬菜、生猪、家禽三大10亿元产业，有高效种植业3.05万公顷、千头猪场50个、万只禽场163个，获“全省高效农业规模化先进区”称号。与此同时，走产、加、销一条龙，贸、工、农一体化之路，农村经济出现立体化发展新格局。随着农村经济的进一步发展，农业生产方式有了新变化，农民工进城，城市人才、资本下乡，各类种养大户、农民专业合作社、家庭农场、农业园区和农业龙头企业如雨后春笋，给农村经济发展带来新的活力。2016年，全区有家庭农场493家、土地耕作服务社173家、省市级现代农业产业园6家、国家农业科技园区（创建）1家、省市级农业龙头企业64家、国家级龙头企业2家。农田水利现代化、农业综合机械化水平分别达到83%、82.5%。创成国家级农业产业化示范基地，农业基本实现规模化经营，高标准农田达到2.6万公顷，设施农业达到1.55万公顷。农产品知名度不断提高，成功认定国家工商地理标志证明商标32件，“三品”（无公害农产品、绿色食品、有机食品）品牌120个。

工业逐步壮大。淮阴工业基本是白手起家。1964年，市县分治，淮阴县原有的工业交给市区，只剩下王营镇的几个工厂，“东边大头菜（原酱醋厂）、西边大麻袋（原麻袋厂）、中间小瓶盖（原塑料厂）、北边小糖块（糖果厂）”，为当时淮阴工业的真实写照。分治后，全县致力于大办工业。至1978年，创办县属全民、集体企业253家（其中全民所有制企业27家、集体所有制企业226家），社队企业722家，全部工业产值1.17亿元，主要有纺织、丝绸、建材、化工、机械等门类。20世纪80年代，大力发展乡镇企业，工业门类及新产品开发不断增加。1987年，有工业门类26个，乡及乡以上工业企业237家，实现工业产值2.37亿元，利税1689万元，县属工业近百种产品中有9个获省市优秀奖。90年代，县委、县政府围绕“抓大放小、攻难配套”的思路，起用本地能人与招引外地客商并举，大力实施破产、兼并、出售、租赁、股份制等多种形式的企业改制，激发企业内生动力，全县非公有制经济迅速发展。2000年，淮阴确立“工业强县”战略，建淮阴工业园，加大招商引资力度。2008年，全区规模以上工业门类有29个，其中年产值超10亿元的行业有食品加工、非金属矿物制品、黑色金属冶炼及压延加工、电器机械及器材制造、电力热力生产和供应等工业门类7个。上海元明粉、南风元明粉、振达钢管、万邦香料、辉煌太阳能及双汇集团等一批规模企业落户淮阴。全区规模以上工业有143家，总产值180亿元，销售175亿元，实现税金13.4亿元。2014年，区委、区政府实施“一园五区、招大引强”工业发展战略，推进产业转型升级、做大做强，逐步形成以双汇食品、民康油脂为龙头的食品加工，以振达钢管、翔宇电力为龙头的机电科技和以白玫化工、淮盐矿业为龙头的硝盐加工三大主导产业。2016年，淮阴区规模工业实现开票收入246.9亿元，全部工业实现入库税金8.49亿元。其中主导产业实现开票销售143.7亿元、入库税金3.9亿元。同时，食品加工、盐化工新材料等传统产业加快转型升级，完成技改投入95.42亿元，食品加工产业荣获全省特色产业集群称号。高端机械装备制造、电子信息、汽车制造及零部件三大新兴产业不断壮大，产业链招商取得成效。全区开票销售超亿元企业41户，入库税金超千万元企业17户，入库税金超百万元企业69户，新培育"新三板"挂牌上市企业2户。

商贸服务业蓬勃发展。1978年，淮阴服务业门类主要有商品批发零售、餐饮旅馆、理发沐浴、日用品维修和邮电等。1984年，随着第三产业的兴起，农民从事商业、饮食服务业、运输业和建筑业的人数迅速增多。90年代初期，国有服务业受体制束缚，优势渐失，民营服务业快速崛起。1996年，出台《关于鼓励支持个体经济发展的意见》，商品贸易呈多业兼营态势，购销规模进一步扩大。是年，投资980万元用于城乡市场改造，建成各类市场6.16万平方米，规模较大的有苏北市场、星光蔬菜批发市场、营北建材市场、果林农贸综合市场。1997年，个体私营经济的发展促进国合流通企业改革，加快经营机制转换，出现国营、集体、个体私营企业互相促进、互相竞争、互相融合、共同发展的新局面。2001年，全区服务业发展突出打造专业市场、现代物流、特色商业、餐饮娱乐等9个集聚区，发挥黄河广场、小营广场、火车站广场三大商业圈效用，建成上海农工商大卖场、黄河娱乐城、东方建材装饰城、王营镇家具城等专业市场。开办新亚集团在淮加盟店、三淮鞋帽批发大世界等一批特色店、专业店、连锁店，推行物资购销代理制，开展跨行业、跨地区的横向经贸合作。同时，结合旧城区改造、重大基础设施建设和住房制度改革，大力开发房地产业和物管业。各乡镇结合村镇基础设施建设，发展粮油、蔬菜、土特产品等具有地方特色和优势的农副产品市场及小商品市场。2008年，全区第三产业总产值27.62亿元，占国民生产总值的24%，实现三产超一产的历史性突破。2011年综合大市场成立后，相继开工建设欧蓓莎广场、淮安龙凤喜万家婚庆生活广场、大宁百货O2O商城、淮安电商创业孵化中心、创达电商城（电动车市场）等亿元以上项目5个，建成商业面积90余万平方米，入驻商户3000多户，实现年交易额40多亿元的珠江路电子商务一条街和钱江路汽车汽配一条街两个特色街区。综合大市场建设工程于2014年、2015年、2016年连续三年被列入淮安市"十项重点工程"，并被列入2014年、2015年江苏省"十百千"行动计划重点项目；淮安现代物流基地被省经信委评为省重点物流基地。2016年，全区服务业增加值实现185.37亿元，占国民生产总值比重达42.52%，入库税收77.8亿元，实现三产超二产的新突破。淮阴区三次产业的比重为16.57:40.91:42.52，实现了"一二三"到"三二一"的历史性转变。

三

园区经济异军突起。2000年，淮阴区开始筹建工业园。至2005年，累计投入6.7亿元，建成道路面积100万平方米、绿化面积120万平方米，园区面积6.5平方千米。通过"筑巢引凤"，进园企业177家，实际到位资金21亿元，其中5000万元以上项目31个、超亿元项目10个，初步形成纺织服装、轻工建材、家用电器、汽摩配件、黑色材料延伸等一批主业突出、特色鲜明的优势产业。2006年4月，工业园区被评为省级经济开发区。是年，淮阴区抓住省委、省政府推进南北合作发展战略契机，主动加强对接，江宁开发区淮阴工业园、赵集盐化工区、盐河工业区和乡镇工业集中区相继投入建设。2007年，引进固定资产投资超3000万元项目80个，其中超亿元项目21个、超10亿元项目2个，入库税金亿元以上。2008年，经济开发区内"七通一平"面积扩展到15平方千米，形成以承德路、沈阳路、南昌路和长江路、九江路、淮河路为主的"四纵六横"道路主框架，与城市支干道和经纬路形成纵横交通网。是年，经济开发区规模以上工业产值104.48亿元，销售109.13亿元，税收2.71亿元。2014年起，淮阴区加快

国家级高新区创建，同时按照省级开发区标准加大5个新型工业园区规划建设，基本形成以高新区为主体、工业新区和5个乡镇工业园为配套的载体框架，企业集聚发展效应初步形成。2016年，园区“九通一平”面积拓展至33.4平方千米，五大新型工业园完成基础设施投入8600万元，新建道路13条。淮安高新区规模以上固定资产投入75亿元，规模以上工业开票销售107.3亿元，主要经济指标实现稳步增长。是年，引进实施百亿元以上项目3个，十亿元以上项目4个，亿元以上项目40个；德瑞加数控机床、伊弗特精密零部件一期等9个项目竣工投产。围绕电子信息、中高端机械装备制造和新能源汽车及零部件、“2+1”主导产业，招引集聚德科码半导体、时代全芯相变存储器等产业项目，主导产业集聚度进一步增强。

对外开放成绩斐然。2007年，引进虹明玩具、正雄制衣等外资企业43户，累计注册外资实际到账5842万美元、进出口总额6351万美元、外经营业额1.37亿美元。2009年，新批外资项目9个，协议外资8082.6万美元，注册外资实际到账5368.9万美元。实源采卤被台玻集团并购，投资总额1.55亿港元的乐天玛特超市落户淮阴，美嘉包装、正雄制衣等已运营外资企业实现增资。2013年新批外资项目15个，协议外资10472.5万美元，注册外资实际到账6772.6万美元。2014年新批外资项目4个，协议外资15746.8万美元，注册外资实际到账15000万美元。投资总额10亿美元的英国信诺医疗落户淮阴，单笔到账1.27亿美元。2015年，新批外资项目13个，协议外资15088万美元，注册外资实际到账13776.2万美元。台资企业晋伦塑料科技公司吸收合并东莞一家外资企业，成为全市首家通过吸收合并方式实现利用外资的项目。中建国际、中船重工、中冶天工、中交建设等央企相继在淮阴投资项目。2016年，新批外资项目22个，注册外资实际到账15777.1万美元。投资总额120亿元的德科码半导体项目完成台资并购，苏北首家中外合作医院项目宝岛母爱医院成功获批，投资总额1.2亿美元的伊弗特精密零部件制造项目实现当年开、竣工。2014～2016年，连续三年注册外资实际到账总量保持全市县区第一。

四

城乡居住条件日渐改善。1978年，淮阴县城区面积仅5平方千米。1983年完成县、乡两级总体规划，小城镇建设完成试点乡镇的区域规划和中心村规划。1987年，王营镇被纳入市区城市总体规划，淮阴老城改造拉开序幕。1990年底，城区面积8.5平方千米。1991年，淮阴加快老城改造步伐。此后，黄河花园、芙蓉苑、星光苑等住宅小区先后建成。1996年起，相继建成一批标志性工程和黄河花园、盐河花园等一批新型住宅小区；小城镇建设开始启动，组织实施徐溜等4个乡镇的“六个一”工程，中心集镇建设取得新进展。2001年，淮阴区围绕“建设大城市”的目标定位，坚持“南融东进北扩西延”和梯次推进、可持续发展战略，加大老城改造和城市建设资金投入力度。至2005年，开发富豪花园等25个规模小区。城镇居民人均居住面积达12平方米。农村住房基本实现瓦房化，并逐步向楼房过度。2007年，完成镇村布局规划，袁集桂塘成为省级康居示范村。是年，新建江淮人家等30个新型住宅小区，建筑面积达320万平方米。2008年，启动实施新一轮城市建设三年计划，谋划“商务、文化、健体、教育”四大中心建设，分片实施城建重点项目，全年投入27.9亿元，实施项目84个，完成51个。全年竣工商品房42万平方米。完成38个三类村庄和589个农民集中居住点平面规划，新启动建设农民集中居住点100个、进点农户2045户。2009～2016年，房地产建设投资340亿元，新建商品房500万平方米。北京如意国际花园、德汇公馆、国华·御翠园、五洲龙湾、幸福城、英祥·承德公馆、金辉天鹅湾、金润城等大规模住宅小区相继建成。2015年3月，全区21个乡镇及高新区的自然村庄全部达到环境整洁村标准，全区村庄环境全面转入常态化长效管护。与此同时，全区安置房建设进入高潮。2009年新建桃李花园1—3期、御花园C、D区，计34.6万平方米；2010年新建辉煌家园1—4期、佟洼小区1—2期、泰和家园A区，计43.33万平方米；此后6年，陆续新建汇达兰苑1—3期、向阳人家、东城美居1—2期、锦阳家园，桃李北苑、锦绣北苑1—2期、佟洼小区3—5期、淮涟小区、珠江嘉园、名嘉花园、颐和花园等十多处安置房，建成面积179.59万平方米。至2016年，全区交付安置房近180万平方米，惠及居民1.2万户。

交通日趋便利。1978年，城区铺设营东路、营西路（后改为北京东、西路）主干道路基及排水管道。1990年，先后建成淮海北路和北京路人行道，改造淮涟路部分路段。1995年，建成北京北路，北京东、西路，盐河东路主干道。次年起，城乡建设步伐加快。至2000年，完成北京北路，北京东、西路，长江路，承德路等主次干道改扩建。至2007年，城区初步形成"六纵五横"主干道框架，南昌路、沈阳路、鞠通路、银川路架起跨河大桥，形成南融东进北扩西延态势，建成区面积达到32平方千米。全区城市化率达到30.5%。2008年，完成南昌路盐河桥和盐河夜景亮化等市政设施，启动西互通给水安装等惠民工程，开工建设康马路及康马路盐河桥等重要节点工程，建成黄河西路等12条城区主支干道。2010～2015年，城区新建成康马路盐河桥、银川路盐河桥、飞耀路盐河桥，拆除重建北京路盐河桥、淮海路盐河桥和承德路盐河桥；主城区新建改建淮海北路、西安路北延、黄河东路一期、银川路北延、长江东西路、北京北路北延等市政道路，进一步完善了城区路网和城区市政基础设施，改善城区投资环境和居民生活出行条件。建成区面积从2010年的34.5平方千米扩大至2015年的41.01平方千米，道路面积由267.82万平方米增加至344.86万平方米，人均道路面积由13.83平方米增加至16.39平方米。2016年，银川路（长江东路—淮河路）、小营路、瑞林路、正光路、新渡路等主支干线建成通车。

市容日益美化。1978年，淮阴县在城区主要街道两旁种植行道树。至1987年，街道绿化总长度为26.85千米，绿化街道主要有淮海北路，北京东、西路和淮沭路城区段。1999年起，城市绿化进入快速发展时期。至2005年，基本建成古黄河绿化风光带、盐河主城区绿化风光带和黄河广场市民公园。2007年，建成古黄河三期和盐河一、二、三期绿化风光带以及火车站广场，城市绿化覆盖率达39%。2008年，完成淮河东路等10条道路绿化，开工建设西坝公园、盐河四期风光带，新增城市绿化75万平方米。2009年，实施黄河西路游园、西坝公园、淮海北路提升改造等17个项目，全年新增绿地面积约67.87万平方米。2010年，实施长江西路提升改造、黄河四期风光带（东方母爱公园）、淮海北路提升改造工程、道路美化亮化提升改造工程等8个重点项目。2011～2015年，共新增绿化面积532.93万平方米，提升改造面积160.55万平方米，绿化覆盖率达40.35%，人均公园绿地面积达13.2平方米。2016年，实施自行车文化运动公园、盐河风光带提升（北京北路—承德路）、城市绿色小客厅建设，全年新增绿化面积50.05万平方米，绿化覆盖率达40.36%，人均公园绿地面积为13.4平方米。

五

实施科技兴区战略。1989年，实施"科教兴县"战略。广泛开展科技试验、示范活动，科技队伍不断壮大，科技成果不断涌现。1997年，开始培育盐化工支柱产业。2001年，《淮阴县盐化工支柱产业发展规划（纲要）》通过省专家评审，列入省第二批苏北星火带支柱产业培育规划。2002年，开始实施"人才、挂靠、创办、开发、推广"5项工程，运用科技对接、招商引资、召开科技洽谈会等方式，引进人才、技术项目。2003年，淮阴区获江苏省科技进步先进县（区）称号。2006年，区政府被市政府表彰为科技"六大工程"先进集体（企业能力提升工程、产业升级牵引工程、区域合作示范工程、校地协同创新工程、科技人才发展工程、创新环境优化工程）。次年，淮阴区被科技部授予"全国科技进步先进县（区）"称号。2008年，创建省级以上高新技术企业1家、工程技术研究中心5家，申报省级以上各类科技项目

25项，申请专利423件，通过省“知识产权试点县（区）”验收。此后，实施“招硕引博计划”，引进高层次人才12名，万邦香料公司成为全市企业中唯一一家有博士后科研站的单位。2016年，以产业转型升级为主线，实施创新主体提升、产业创新发展、园区提档升级、科技服务推进、科技创新惠民和知识产权示范6项工程。全社会研发投入占GDP比重2.2%，每万名劳动力中有研发人员26人。全年累计建成国家级高新技术企业37家，高新技术产业产值占规模以上工业产值比重达20%。星创天地建成国家级众创空间，振达钢管获批省级院士工作站，大中型工业企业研发机构建有率100%，规模以上工业企业研发机构建有率40%，新增市级以上企业“两站三中心”（企业博士后工作站、企业院士工作站、工程技术研究中心、企业中心和工程中心）14家。专利授权1324件，有效发明专利拥有200件。

优化教育资源配置。1978年，全县有中学31所、小学414所，在校学生177227人，教师6167人。伴随着改革开放的脚步，淮阴教育事业得到全面恢复和发展，农村办学条件有很大改善。2002年12月，区职业中学被评定为省重点职业高级中学、省农科教示范基地。2005年，职业中学被国家七部委联合表彰为“全国职业教育先进单位”。2008年底，启动淮州中学新校区建设，组建新淮海中学。至此，全区有高级中学1所、完中4所、职业中学5所、初中20所、小学76所、小学教学点68个、特殊教育学校1所、九年制学校8所、十二年制学校3所、幼儿园90所。在校学生138386人，教师7328人。2013年以来，全区累计投入22.1亿元，新建学校（幼儿园）30所，新增教学楼92幢。在城区高标准新建淮阴中专、淮阴特校、城北开明中学、东城开明中学、淮阴小学、新北城实验小学、银川路实验小学、长征小学幼儿园、碧桂园天山双语学校（民办），在农村高标准新建徐溜小学、南陈集小学、老张集小学、刘老庄八一幼儿园、渔沟第二幼儿园、渔沟实验学校。淮阴区先后创成“江苏省区域教育现代化先进区”“全国义务教育发展基本均衡区”。建立市、区共建合作机制，淮阴中学、淮安外国语实验小学、淮安小学与区内学校结对共建，通过派驻管理团队、资源共建共享等形式推进合作办学。“改薄”工作全面完成，美化亮化所有校园，所有学校塑胶运动场、教育装备达省二级水平（其中32所学校达省一级水平）。局域网全覆盖学校，“三通两平台”、智慧校园、教育云平台建设居全市前列。全区19所学校创成全国校园足球布点校，淮阴区创成江苏省青少年足球试点区。淮阴小学的淮海戏《赶集》、淮阴师范学院第二附属小学的马灯舞登上2016年中央电视台娃娃闹新春春晚舞台。红色文化、母爱文化、水文化、礼仪文化、象棋文化等校园文化建设蒸蒸日上。

开启文化建设工程。1978年，全县有文化馆（站）27个、广播放大站29个、电影放映队48个，广播实现专线化。1986年起，文化事业坚持一手抓整顿，一手抓繁荣，群众文化活动日趋活跃。1994年8月，成立县有线电视台，通过卫星接收中央电视台及有关省台节目，丰富城乡居民业余文化生活。2000年前后，淮阴区（县）《创造广厦的庄稼汉》《补票》等一批优秀广播电视作品荣获省市“五个一工程”奖，黄梅戏《梨花情》获市级优秀节目奖。2003年8月，全区实施广电网络升级改造工程，21个乡镇全部实现区乡光缆联网。次年，农村有线电视用户便能和城区用户一样收看到优质电视节目。2005年，实施有线电视“村村通”工程，至2006年“村村通”率达100%，至此，全区有线电视用户增至3.7万户，有线电视节目增至34套。同年，新建乡镇文化活动中心20个、“农家书屋”100个。2009年，实行文化广电体制改革，开展送书送戏送电影下乡活动。至2016年，基本实现“区有三馆、乡有一站、村有一室”目标。区文化馆被文化部评定为一级馆。

开展群众性体育活动。乒乓球是淮阴区体育传统项目，先后有两所小学被确立为乒乓球项目传统学校，淮阴乒乓球队连续20余年代表市参加省级比赛和五届省运会，为省、市输送运动员20多名。至2008年，全区累计获得省以上体育比赛金牌112枚、银牌86枚。实施“万村体育健身工程”。2012年，总造价1.7亿元的区体育健身中心建成并投入使用，淮阴区获得“江苏省全民健身活动特别贡献奖”。2013年，淮阴区被国家体育总局表彰为“全国群众体育先进单位”。至2016年建成拥有超过200个健身点的城区“十分钟健身圈”；实现所有行政村和社区健身路径全覆盖；三分之二的乡镇建成多功能运动场。实施扶持协会发展奖励政策，健身场馆免费、低收费开放；建成拆装式游泳池、笼式足球场和老年门球场，建成省级国民体质测定与运动健身指导站。由淮阴区业余体校培养、输送的运动员在省级以上体育比赛中成绩突出。其中，1人获世界少年女子拳击锦标赛亚军、全国青年锦标赛冠军，1人获全国运动会男子拳击铜牌、全国锦标赛冠军，1人获全国青年女子拳击锦标赛冠军；9人获第十八届省运会金牌，34人获得省青少年锦标赛金牌。2014年，淮阴区在备战第十八届省运会工作中由于成绩突出，被市委、市政府授予集体二等功。2016年，淮阴区建成省青少年拳击训练基地。

六

城乡居民生活水平不断提高。1978年，全县农民人均年收入47.68元，职工年人均收入520元。1983年，城乡居民收入水平有所提高，电视机、收录机等高档商品开始进入寻常百姓家。1986年，全县农民人均纯收入336.77元，职工年人均收入934元。收入增加带来储蓄增加。是年全县居民储蓄3763万元，其中农村储蓄2453万元。1990年，城乡市场繁荣活跃，物价趋于稳定，人民生活必需的主要商品销售量均有较大幅度的增长。职工人均年工资收入增加到1657元，农民人均纯收入增加到648.66元，城乡居民储蓄余额猛增至1.29亿元。1995年，城镇职工年均收入3400元，农民人均纯收入1519.84元。居住条件普遍改善。城镇人均住房面积8.2平方米，农村人均住房面积19.6平方米。每百户拥有电视机75台。城乡人均储蓄存款682元，比“七五”末增加515元。2005年，城镇居民人均可支配收入、农民人均纯收入、在岗职工年工资收入分别达7740元、3713元、11697元。2008年，农村居民人均纯收入5259元，比1978年增长10倍；城镇居民人均可支配收入11801.45元,比1978年增长23倍。2016年，淮阴区居民人均可支配收入20141.1元。其中，城镇居民人均可支配收入28393.2元，比1978年增长54倍；农村居民人均可支配收入13406.4元，比1978年增长26倍。城乡居民储蓄余额158.23亿元，人均储蓄2.08万元。

医疗卫生条件不断改善。1978年，淮阴县有县级医疗卫生机构5所，乡镇卫生院28所，卫生技术人员422人，病床530张。全县仅有14个乡镇卫生院配备30毫安或50毫安X光机，血压表、听诊器、体温表“三大件”成为基层医生看病主要的检查仪器。20世纪90年代，建立农村预防保健网络。2003年，在全市率先建立以大病统筹为主的新型农村合作医疗制度。2008年，淮阴医院通过“二级甲等医院”评估；全区建成区乡村三级服务网络，疾病预防和治疗能力增强，居民总发病率明显下降。2010年12月1日，实施基层医疗机构综合改革，乡村两级基层医疗机构同步实行国家基本药物制度。2013年，全区医师数、护士数、床位数分别为1643人、1640人、3503张，每千人拥有医师数、护士数、床位数分别达到2.11人、2.11人、4.51张。卫生服务体系健全率100%，新型农村合作医疗覆盖面100%，淮阴区成为江苏省慢性病综合防控示范区、江苏省卫生应急工作示范区、“全国亿万农民健康促进行动”江苏省示范区。2014年1月1日，淮阴医院、区妇幼保健院全部实施药品零差率销售。2015年，全区每千人拥有执业（助理）医师数、护士数、床位数分别为2.12人、2.12人、4.66张；出生政策符合率92.06%、孕前优生健康检查目标人群覆盖率100%、出生人口性别比控制在100.25:100以内。实现卫生与计划生育的资源整合，卫生大厦投入使用，区妇幼保健院成功搬迁，同时创成二级妇幼保健院；二级医院标准的淮安市口腔医院成功挂牌并与市级医疗机构同步实施公立医院改革。淮阴医院与英国信诺投资公司合作，为社会资本办医提供样本。以“医生进家庭，爱心撒淮阴”为主题的家庭医生团队服务“淮阴模式”被评为江苏省2015年度优秀医改项目，国家深化医改领导小组简报101期专刊推介。2016年，全区每千人拥有执业(助理)医师数、护士数、床位数分别为2.18人、2.24人、4.85张；出生人口政策符合率97.5%，出生人口性别比106.4:100，奖扶优惠政策兑现率100%。全区10个单位成为全国“群众满意乡镇卫生院”，省级以上示范中心卫生院（社区卫生服务中心）20个，省示范化村卫生室19个。全区24个基层医疗卫生机构建成标准化手术室24个、标准化供应室22个、现代化预防接种门诊24个、独立的公共卫生小区21个，具备接产资格的单位建起规范化产房，全部建成标准化病房和输液室。

社会保障机制不断健全。1983年，全县开始建敬老院，至1985年建成敬老院30所，集中供养“五保”老人226名。1992年，作为江苏省首批农村社会养老保险试点县，淮阴逐步建立以个人缴费为主、集体补助为辅、国家予以政策扶持的筹资模式和建立个人账户、储备积累的保险制度模式。1996年，全县对1388户“五保户”1501人落实“五保”供养措施。1997年，率先在全市实施城乡联动的城乡居民最低生活保障制度，全县城市低保96户168人、农村低保1121户2801人。2002年，在城区范围内广泛开展城镇特困家庭结对帮扶工作，将低保家庭与区直机关、省市驻区单位、条管部门实行结对帮扶。2005年帮扶特困家庭2000余户，帮助安排就业岗位300个，介绍职业200余个，帮助特困家庭解决子女入学经费5万元。建立城区特困家庭大病救助基金，对患有恶性肿瘤、白血病、肾疾病的家庭给予资助。农村低保对象全部纳入合作医疗保险，保证低保户患病及时得到医治。是年起，集中供养的“五保”经费由区财政直接拨至敬老院账户，分散供养经费由信用社打卡发放到“五保”对象手中。“五保”对象集中供养率达到41%。全区21个乡镇251个行政村不同程度地开展农村社会养老保险工作，有16.2万名农民参加保险，6000多名农民领取养老金，保费收入2260万元。2007年，启动城镇居民医疗保险工作，出台《淮阴区城镇居民基本医疗保险办法》。2008年，企业职工养老保险、基本医疗保险、失业保险覆盖面进一步扩大，城镇居民基本医疗保险参保人员达17.2万人。新型农村合作医疗参合率达到98.3%。全区城市低保2513户5109人，农村低保10656户19950人，城乡低保实现“应保尽保”。城市低保标准调到每人每月220元，农村低保调到每人每月100元。“五保”对象集中供养率达55%。初步建立政策性商品房、解困房和廉租房保障制度，多层次住房供应体系进一步形成。2013年，建立按年调整企业退休人员基本养老金机制，每年递增10.7%。企业职工养老保险覆盖率95.39%，医疗保险覆盖率95.3%，失业保险覆盖率95.54%。实现职工医保、居民医保统筹分段报销比例、最高补偿限额与市本级完全接轨。2014年，启动“五险合一”征缴模式。2015年，投入4万余元，开发社会保险征缴网上申报系统，实现劳动关系备案、社会保险征缴、就业登记三方联网，城镇登记失业率控制在2.4%，建立“淮阴区社会保险费征缴中心”公众服务号，城乡基本社会保险覆盖面稳定在95%以上。2016年，开展全民参保登记和老农保调查确认工作，录入缴费记录24.06万人次。在全省率先推行“1+4”医保支持政策，解决转诊难和居民首诊不便的政策难题。城乡居民幸福指数不断提高。

七

文旅产业迅速崛起。淮阴区通过办节办会，放大效应，发展文化旅游产业。至2016年，完成登记各类文化企业274家，新增“三上”文化企业7家。新四军刘老庄连纪念园创成国家AAAA级景区，韩信故里创成国家AAA级景区；刘老庄“当年农家”通过省级评定委员会考核验收，被认定为江苏省四星级乡村旅游区；刘老庄香园农庄、码头古道山庄被评定为省三星级乡村旅游区。

围绕爱心文化打造“母爱之都”。2010年，淮阴区举办“中国淮阴·东方母爱文化节”，开展公祭漂母、“漂母杯”母爱主题散文大赛、爱心论坛、中华情·爱心淮阴“融侨之夜”大型文艺晚会、首届“淮阴当代漂母”表彰、“滑田友奖”淮阴中国母爱主题城市雕塑大赛等活动。同时，在区内开展爱心单位、爱心企业创建活动，弘扬漂母仁慈博爱的大德。通过这些活动，让世界了解淮阴，让淮阴走向世界。

围绕淮阴故城开发打造“千年古县”。淮阴是世界文化遗产区——清口枢纽主要分布地。清口枢纽是一个水利工程遗产区，有洪泽湖大堤等全国重点文物保护单位5处，漂母墓等省级文物保护单位25处，淮阴故城、甘罗城等市级文物保护单位近80处，尚未列入文物保护单位的遗迹、遗存50多处。

2014年，中国大运河成为世界文化遗产，清口枢纽作为一项重要的遗产区被列入名录。代表性遗产有：位于淮阴区码头镇的惠济祠、天妃坝、顺黄坝。码头三闸（惠济闸、通济闸、福兴闸），是明清时期古运河上著名的古闸，也是清口枢纽一带的漕运锁钥。高家堰（即洪泽湖大堤在淮阴区部分），长21.78千米，用石料人工砌成。洪泽湖大堤的筑堤成库规划和直立条式防浪墙坝工程技术代表当时世界的最高水平，被誉为"水上长城"。淮阴区围绕清口枢纽的开发与利用做文章，"千年古县"跃然纸上，成为旅游、休闲的好去处。

围绕革命传统教育打造红色旅游基地。新四军刘老庄连纪念园坐落在淮阴区刘老庄乡境内，通过改扩建，先后被评为全国红色旅游经典景区、全民国防教育基地、全国民政系统行风建设示范单位，省级烈士纪念设施保护单位、省级爱国主义教育基地，国家AAAA级旅游景区。每年"三·一八"烈士殉国纪念日举行隆重的祭祀、集会等纪念活动，清明节、建军节、国庆节等重大节日，举行相关公祭、入团入党宣誓、主题班会等仪式，举办"学雷锋""祭先烈""党在我心中"等系列活动。每逢大型纪念活动时，区乡政府提供书画交流平台，实时播放《浴血刘老庄》《刘老庄八十二壮士》《砥柱》等相关影视片。纪念园接待瞻仰参观游客逐年增加，2016年达51.6万人次。

围绕现代农业打造生态旅游度假区。淮阴区因势利导，通过广播、电视、网络宣传、采摘活动和农展会等形式，培植乡村旅游经济，涌现出吴城冬枣园、渔沟火龙果采摘园、刘老庄"当年农家"和香园农庄、棉花庄葡萄园、码头三商农业科技园、农科园菜趣园、丁集紫缘薰衣草庄园等休闲农业亮点，融生产与休闲观光于一体，农业与服务业有机结合，促进农业增效、农民增收。2012～2013年，刘老庄乡刘老庄村、码头镇码头村先后荣获"江苏省最具魅力休闲乡村"荣誉称号，2016年，淮阴区有休闲农业主体30多个，码头镇泰山村获批"江苏省休闲农业示范村"。

围绕弘扬传统文化打造淮阴文旅新名片。①中国散文之乡。"漂母杯"全球华文母爱·爱母主题散文大赛自2008年11月开始，至2015年已举办7届。首届征文颁奖典礼在淮阴区码头镇漂母祠广场举行。征文活动由中国散文学会、江苏省作家协会主办，淮安市委宣传部、市文联、淮阴区委、区政府承办。大赛以母爱为主题，收到全国各地及海外来稿3518篇，最后决出86篇作品获奖。中央军委原副主席、国防部原部长迟浩田，著名作家从维熙参赛并获荣誉奖。2012年5月，中国散文学会正式授予淮阴区"中国散文之乡"称号。此后，每年都举办散文和诗歌大赛，在海内外引起积极反响。②全国象棋之乡。象棋在淮阴甚为普及，可谓街头巷尾、林荫廊庑、雅居斗室，处处皆可布枰；贩夫走卒、士农工商，无人不可对弈。淮阴区一年举办一次象棋比赛。自2009年5月第一届象棋国际名人赛始，至2016年已举办8届。第七届"淮阴·韩信杯"象棋国际名人赛于2015年5月18日在香港浸会大学礼堂开幕，有9个国家和地区的12位世界顶级象棋高手参赛，为象棋推广和地方文化走出去发挥重大作用。2016年，象棋国际名人赛分别被中国象棋协会、新浪网评选为"2016年度象棋十大新闻事件"。"韩信杯"苏北名人赛、全市锦标赛、全区迎新春象棋赛等以"韩信杯"为龙头的象棋系列赛事为广大棋友提供良好的交流平台。2013年、2016年，淮阴区两次被授予"全国象棋之乡"称号。③全国诗词之乡。淮阴区将诗教和全国诗词之乡创建工作作为传承中华优秀传统文化、构建爱心淮阴的重要抓手，发挥诗言志、诗寓情、诗厚德的感悟和激励作用，在学校、机关、企业、社区开展多种形式的诗教活动，队伍不断壮大，创作逐渐繁荣。全区有各级诗词协会会员530多人，出版诗词集76部，由区、乡诗协创办的《淮水吟》《古寨诗词》《红色诗花》《吴城诗词》等诗词刊物不定期编发。据不完全统计，近30年，区内作者在省市区报刊发表诗词近万首。2010年12月，淮阴区获"全国诗词之乡"荣誉称号。

大事记

1978年

1月13～16日，县委、县革委会召开全县三级干部会议，贯彻党的十一大和省第六次党代会精神，作出“关于向十个标兵学习的决定”，动员全县上下迅速掀起“农业学大寨、工业学大庆”的高潮。

1月26日，县化肥厂浴室发生煤气中毒事故，死亡2人，中毒1人。

4月，赵集公社洪湖大队民兵营、丁集公社新堆大队民兵营、韩圩公社程圩大队民兵营被江苏省委、省革委会、省军区授予民兵工作“三落实”先进单位。

5月9日晚8时，县缫丝厂发生重大火灾事故，烧死儿童2人、烧伤2人，烧毁房屋8间及部分物资。

12月26日，县经济委员会、科学技术委员会、人民检察院、供销合作社、基本建设局恢复建制。

12月下旬，根据省委、地委通知，县委组织全县党员、干部学习中共十一届三中全会精神，开始落实党的工作重点转移。

12月，县委组织全县团员青年开展生产竞赛和“万名能手创一流”“争当商品生产小行家”活动。

是年，全县干旱严重，3～5月总降雨量仅50.6毫米，洪泽湖几乎枯竭，夏秋作物受害严重，人工抗旱面积达2.33万公顷。

1979年

1月，县委为整风反右运动中被错误划分为右派分子的115人摘掉“右派”帽子。

6月，中共淮阴县委纪律检查委员会重新建立。

7月，淮阴县科学技术协会恢复，与县科委合署办公，由县科委代管。

8月27日，淮阴县第六次妇女代表大会召开，出席会议代表580人。会议表彰15名“三八红旗手”、3个“三八红旗集体”和144名先进个人。

8月，恢复淮阴县编制委员会。

10月1日，县活动坝水电站竣工。

12月23～25日，中国共产主义青年团淮阴县第八次代表大会在王营召开，出席代表635人。

是年，全县实行干部离退休制度。

1980年

2月27日，恢复淮阴县委人民武装委员会。

2月28日，农业银行淮阴县支行挂牌。

6月17日，淮阴县地名普查办公室成立。

9月30日，淮阴县统计局成立。

10月30日，淮阴县1000门自动电话交换机安装工程竣工并正式开通。

11月10日，淮阴县委对台工作领导小组成立。

是年，全县有职工200人以上的企事业单位均建立了职工代表大会，有会员16256人。

是年，落实中共中央〔1980〕75号文件《中共中央关于进一步加强和完善农业生产责任制的几个问题的通知》精神，在全县推行专业承包、联产计酬，推行“五统一”（主要生产资料、生产计划、劳动力、分配、上缴任务统一于集体）下的联产到劳、包产到户。

1981年

1月20日，淮阴县司法局恢复。

2月，淮阴县委统一战线工作部恢复。

3月，县委开展以五讲(讲文明、讲礼貌、讲卫生、讲秩序、讲道德)四美(心灵美、语言美、行为美、环境美)三热爱(热爱祖国、热爱社会主义、热爱中国共产党)为主要内容的文明礼貌月活动。

4月，县人武部、民政局与接兵部队签订《部队培养人才地方使用人才》协议书，其做法得到解放军总政治部的赞扬，并在《解放军报》等报刊上报道。

5月21～28日，政协淮阴县第一届委员会第一次会议召开。会议选举县政协一届委员会主席1名、副主席10名、秘书长1名、常委31名。

5月22～27日，县第八届人民代表大会第一次会议召开。会议选举产生县人大常委会主任1名、副主任7名、委员13名，县人民政府县长1名、副县长7名，县人民法院院长和县人民检察院检察长。

5月29日，县人事局、劳动局分设。

5月，淮阴县人民政府恢复，撤销县革命委员会。

7月18日，县委决定成立中共淮阴县委党史资料征集领导小组，下设办公室。

8月，淮阴县召开三级干部大会，贯彻落实农业生产责任制。

10月15日，淮阴县退伍军人、军队退休干部安置办公室成立。

10月20日，陈集公社、张集公社、宋集公社分别更名为南陈集公社、老张集公社和西宋集公社。

11月，新建淮阴县联合织布厂。

1982年

1月30日，县农水办公室更名为县农业委员会，撤销县农村人民公社经营管理组。

2月12日，县政府决定：刘老庄八十二烈士陵园，淮阴县第一个党支部——西坝支部活动旧址，琉球国朝京都通事文英郑公之墓，码头西汉漂母墓、惠济祠、乾隆御碑，高堰铁水牛，武墩汉代墓大墩，丁集金代娘子庄铜台院列为重点文物保护单位。

4月5日，县委成立经济案件领导小组，下设办公室，在全县开展打击经济领域犯罪活动。

5月15日，县政府发出《关于加强河道堤防管理的布告》，以保证县内200余千米洪河道堤完整安全，发挥河道和堤防防洪、排涝、灌溉和输水任务，保障工农业生产发展和人民生命财产安全。

6月2日，县建筑公司二队在山东枣庄市台儿庄公社、鼓楼公社轮窑厂建造烟囱时发生事故，造成3人死亡、3人受伤的恶性事件。

7月1日，全县开展第三次人口普查。以1982年7月1日零时为标准时间，全县有人口762864人，其中男性为389082人，女性为373782人，男女性别比为104:100，全县有正式户口的总人口为760694人。

8月20日，县委对全县14个公社党委、12个大队党支部的党员教育情况进行检查。

8月27～31日，政协淮阴县第一届委员会第二次会议召开。

8月28～31日，县第八届人民代表大会第二次会议召开。大会听取并通过县政府工作报告和财政、法院、检察院工作报告。

8月，人民解放军南京军区在境内组织兵员快速扩编演练，全县动员兵员2470人。

11月，县计划生育办公室更名为县计划生育委员会，各乡镇(场)先后成立计划生育办公室。

是年，在全县开展农村改革工作，不断完善多种形式的联产责任制，进一步解放生产力。

1983年

1月12日，人民武装警察部队淮阴县中队成立。

3月2日，县委授予司明业“为共产主义事业奋斗终身的模范共产党员”称号。

3月18日，淮阴县人民隆重纪念八十二烈士殉国40周年，李一氓委托地方政府敬献花篮，胡炳云亲临吊唁八十二烈士，全县10多万人参加悼念活动。

3月26～30日，政协淮阴县第一届委员会第三次会议召开。

3月27～31日，县第八届人民代表大会第三次会议召开。

4月，全县26个人民公社改为乡（镇）并成立乡（镇）党委、乡（镇）人民政府和经济管理委员会，生产大队改为村，建立党支部、村民委员会；生产队改为村民小组。

9月7日，经省人民政府批准，淮阴县增设韩桥、大兴庄、韩庄、凌桥4个乡。

11月，国家体委授予县青少年业余体校“全国业余体校先进集体”银盾一座。

12月19日，淮阴县开展抵制和消除精神污染的斗争，查禁并收缴、销毁各种反动、黄色书刊、图片和录像、录音制品。

12月31日，淮阴县将原有66个部、委、办、局精简为42个，其中县委部门8个、县政府部门27个、群团组织3个、其他4个。

是年，小营至丁集一级公路建成。

是年，县自来水厂建成，供水质量达到国家规定标准。

是年，县内开展“严打”斗争。

1984年

2月，淮阴县委农村工作部恢复，成立县城乡建设环境保护局。

4月，县委在县直机关进行整党工作试点，分批对县、乡、村三级党组织进行整顿。1986年7月12日，县委召开乡级整党总结大会，参加整党的党员3825名，准予登记的3558名，受到处理的62人，占1.6%，清理贪污款49229.96元，挪用公款87330.13元。1987年3月25日，县整党工作全部结束，有37个党委、26个党总支、1064个党支部和27109名党员(其中预备党员714名)参加整党，受到党纪处分的161人。

5月23～28日，政协淮阴县第二届委员会第一次会议召开。选举产生县政协二届委员会主席1名、副主席5名、秘书长1名、常委42名。

5月23～27日，县第九届人民代表大会第一次会议召开。选举产生县人大常委会主任1名、副主任4名、委员18名，县人民政府县长1名、副县长6名，县人民法院院长和县人民检察院检察长。

7月20日，县政府发出《关于实行殡葬改革的布告》，在全县范围内实行殡葬改革，废止土葬，实行火葬。

8月26～28日，淮阴县召开首届归侨和侨眷代表大会，出席会议领导及代表131人，列席代表51人，省、市侨联负责人，县委、县人大常委会、县政府、县政协相关领导人出席会议。

10月21～25日，中共淮阴县第五次代表大会召开，选举产生中共淮阴县第五届委员会，县委委员30名、候补委员5名。五届一次全委会产生书记1名、副书记3名、常务委员8名。

12月17日，县糖果厂浮桶乙炔发生爆炸，死亡1人。

12月，全县开展知识分子家属、子女农转非工作，为662人安排工作。

是年，开展延长土地承包期、加强土地管理、搞好全面承包、减轻农民负担等“三农”工作。

1985年

1月3日，县社会治安综合治理领导小组成立，各乡镇（场）建立相应机构。

1月7日，县纪委检查清理党政机关和党政干部经商、办企业。

3月8日，县撤销乡镇经济管理委员会。

4月，淮阴县烟草专卖局成立，同时设烟草经理部。

5月3～9日，政协淮阴县第二届委员会第二次会议召开。

5月4～6日，县第九届人民代表大会第二次会议召开。

5月18日，县第七次妇女代表大会召开，出席会议代表465人。

7月，县委组织全县党员干部向周恩来同志学习，开展“学全党楷模，做合格党员”活动。

7月，淮阴县和平乡、武墩乡划归清浦区管辖。

8月10日，县政府出台《关于加强城镇建设管理的布告》，就城镇规划及土地使用等一系列问题作出规定。

8月14日，县安全生产委员会和社会劳动保险工作领导小组分别成立。全县有94个企业的3475名职工参加社会养老保险，投保金额64952.75元。

8月，县第一职业中学建立。有31个班，开设植保、建筑、财会、蚕桑、幼师、水产、棉织、丝织、缫丝、农机专业。

9月10日，全县召开庆祝第一个教师节大会，表彰一批优秀教育工作者。

9月16日，全县对各类公司进行调查、清理和整顿，初步建立以按劳分配为主体的工资制度。

12月，全县农村粮食统购改为合同定购。

1986年

1月，团县委在县境黄河故道沿线开展“为黄河故道披绿装”活动，20万名团员、青年义务植树，营造青年绿化工程500多处。

2月9日，县妇联组织全县妇女开展“六个一”活动，为贫困户做好事5568件，为市儿童福利基金会捐款2000余元。

3月，中国人民解放军淮阴县人民武装部归地方建制，称“江苏省淮阴县人民武装部”，由地方和军队双重领导。

4月14～18日，政协淮阴县第二届委员会第三次会议召开。

4月14～18日，县第九届人民代表大会第三次会议召开。

6月，县老龄工作委员会挂牌，下设办公室。

7月29日，三树粮管所在收购夏粮中，因违反操作规程，造成触电事故，10名工人被击倒，其中1人死亡，4人受伤。

7月，全县暴雨成灾，8天内降水总量达276.3毫米，损坏房屋14970间，死1人，伤30人，死伤牲畜300多头(只)，冲毁桥涵44座，受灾农田4000公顷。

是月，国家科委正式批准淮阴县“绢丝系列产品开发”项目为国家级“星火计划”项目。该项目的实施填补了绢丝纺、塔夫绸在江苏省丝绸出口领域的空白。

8月14日，韩桥、赵集等乡镇遭龙卷风袭击，受损房屋998间，死1人，伤40人，刮倒树木3000余棵，损失粮食1.5万千克，经济损失100万元。

8月，县委、县政府在全县教育系统开展评选先进个人和先进集体活动，对评出的85个先进集体、321名先进个人进行表彰。

是月，码头镇被国家民委、国家体委评为全国少数民族传统体育先进单位，并派代表参加在乌鲁木齐市举行的全国第三届少数民族传统体育运动会。

是月，淮阴县与市区电话并网成功并割接开通。

9月，淮阴交通职业专科学校建址于淮阴县城郊，首届招收两个专业，学生160人。

10月11日，三树乡粮管所发生一起重大事故，13个露天粮囤遭受不同程度的火灾，烧毁粮食2172.5千克，价值827元；烧毁储粮器材折价2343元，合计损失3170元。

12月26日，京杭大运河淮阴许渡大桥建成通车。

12月，县总工会组织各基层工会开展“高产、优质、革新、节约、管理”五项全能的社会主义劳动竞赛活动。全县21人被评为市五项能手，687人评为县五项能手，有393人立功，增收节支350万元。

是年，继续开展稳定联产承包制，调整产业结构，促进农业劳动力转移，发展多种形式的经济联体等工作。

1987年

3月4日，成立县户粮工作领导小组，并设立办公室，对1961年1月1日至1965年6月9日期间因精简下放的干部职工和城镇居民的户口、粮油关系就地落实农转非。

3月，码头、渔沟撤乡建镇。

4月3～8日，政协淮阴县第三届第一次会议召开。选举产生县政协三届委员会主席1人、副主席3人、秘书长1人、常委39人。

4月4～8日，县第十届人民代表大会第一次会议召开。会议选举产生新一届人大常委会主任1人、副主任3人、委员14人，县人民政府县长1人、副县长4人，县人民法院院长和县人民检察院检察长。

4月20日，县物价局成立，撤销县物价委员会。

4月29日，县委、县政府隆重集会，纪念周文科、戴家英、吴志举、吉同袍烈士牺牲40周年。

5月3日，江苏省军区、淮阴军分区在淮阴县进行战争动员潜力调查试点。

7月10日，淮阴县在淮海中学及渔沟、刘老庄、南陈集、棉花等中学设立教学班，组织全县“两下”（45岁以下，初中毕业以下）干部参加学习。

8月，淮阴县劳动争议仲裁委员会成立，与县劳动局合署办公。

10月26日，淮阴市召开淮阴岩盐开发利用会议，淮阴县被定为开发利用县之一。

11月4日，县监察局成立。

11月27～29日，县第十届人民代表大会第二次会议召开。

12月，县民政局局长沈士祥被民政部授予“全国民政系统劳动模范”称号。

12月18日，县土地管理局成立，原土地管理办公室撤销。

1988年

1月，县经济协作委员会成立，撤销县经济协作办公室。

3月，县盐化总公司成立，1990年11月10日归口县盐矿办公室管理。

3月，县盐化总公司与江苏东进资源开发公司签订《联合开发利用淮阴县盐矿协议书》，协议期限10年，成立董事会。

3月25～27日，中共淮阴县第六次代表大会召开，选举产生县委委员26名，候补委员5名。县委六届一次全体会议选举县委书记1名、副书记2名、常委7名。

5月8～12日，政协淮阴县第三届委员会第二次会议召开。

5月9～12日，县第十届人民代表大会第三次会议召开。

5月20日，全县11个乡镇发生冰雹、大风、雷雨灾害，农作物受灾面积906.67公顷，毁坏房屋110余间。

6月21日，县第七次职工代表大会召开。

7月11～12日，共青团淮阴县第九次代表大会召开。

7月14日下午，丁集、棉花庄、王兴、新渡等乡镇的20多个村遭龙卷风袭击。受损房屋1699间，倒伏作物93.33公顷，死伤牲畜、家禽4000多头（只），损坏电线杆40余根。

7月，淮阴县环境保护局成立。

8月，县盐矿苏72号井试采成功。测定盐矿分布面积为81.96平方千米，开采储量：矿石138.85亿吨、氯化钠110.4亿吨、硫酸钠7.34亿吨。

10月5日，华东石油地质局第六普查大队在赵集矿区庆丰1.43平方千米范围施工。

1989年

1月31日，县成立文化市场管理委员会，由公安、工商、宣传、文化等部门联合组成文化市场综合稽查队。

2月16～18日，县委在全县范围内开展党风党纪大检查。

3月，县社会治安综合治理办公室成立。

4月9～12日，政协淮阴县第三届委员会第三次会议召开。

4月10～14日，县第十届人民代表大会第四次会议召开。

5月15日，县制定干部建私房申报制度、机关干部下基层工作制度以及计划生育、户口农转非和加强农业生产资料管理等有关规定。

7月27日，全县召开大会，表彰在开展“军人好母亲、军人好妻子”活动中涌现出的17名好母亲、12名好妻子。

10月28日，淮阴县广播电视局成立。

11月20日，县政府于张芳久烈士牺牲50周年之际，在刘老庄八十二烈士陵园为其建立纪念碑。

11月，淮涟灌区整治工程动工，工程土方1343万立方米，中沟以上建筑物体567座，总投资1985万元。

12月7～8日，县第二次归侨、侨眷代表大会召开，出席会议代表58人。

12月29日，淮阴县体制改革办公室更名为淮阴县体制改革委员会。

1990年

1月5日，撤销淮阴县文教局，成立淮阴县教育局和淮阴县文化局。

1月12日，淮阴县国家保密局成立。

3月5～10日，政协淮阴县第四届委员会第一次会议召开。选举产生县政协四届委员会主席1名、副主席4名、秘书长1名、常委39名。

3月7～11日，县第十一届人民代表大会第一次会议召开。选举产生县人大常委会主任1名、副主任3名、委员15名，县人民政府县长1名、副县长4名，县人民法院院长和县人民检察院检察长。

5月14日，由县委农工部管理的县农科所、夏家湖原种场划归县农业局管理；县种猪场、鱼种场、蚕种场、苗圃划归县多种经营管理局管理。

7月1日，全县开展第四次人口普查。全县有人口778912人，比1982年第三次人口普查时增加16048人。

8月24日，县人民政府法制局成立，撤销县人民政府法制科。

8月25日，县委、县政府制定《关于进一步健全干部奖惩制度的意见》。

11月29日，中共淮阴县委政策研究室成立。

12月27日，副省长凌启鸿带领省扶贫会议代表一行80多人视察县孙大泓、二大沟、跃进河工程。

1991年

2月中旬和3月上、下旬，降水较多，全县19600公顷三麦、7000公顷油菜受涝，植株中下部叶片黄枯。6月中旬至7月末，遭受罕见暴雨、洪水、大风等灾害，死亡4人，伤47人，财产、牲畜严重损失，3467公顷水稻、5800公顷玉米受灾，大豆等旱作物不同程度受灾。

3月16～18日，中共淮阴县第七次代表大会召开。选举产生31名县委委员、5名候补委员。县委七届一次会议选举产生县委书记1人、副书记4人、常委10人。选举产生中共淮阴县纪律检查委员会。

4月13～16日，政协淮阴县第四届委员会第二次会议召开。

4月14～18日，县第十一届人民代表大会第二次会议召开。

6月3日，县惩治腐败廉政建设领导小组成立。

6月6日，县家庭经济工作协调领导小组成立。

6月8日，县棉丝厂露天原棉库发生重大火灾，烧毁原棉39.15吨、油布12块，造成直接经济损失34.475万元。

6月28日，经省委、省政府批准，刘老庄八十二烈士纪念碑重新建造。

7月16日，淮阴县获省计划生育先进集体银质奖杯。

9月30日，淮阴县出台《1991～1995年社会治安综合治理工作五年规划》。

10月16日，全县老有所为先进表彰大会和老年协会成立大会召开。

11月11日，县水利局，赵集乡党委、政府以及蔡国俊、陆士荣、李春阳、唐志超、陈俊峰等5人被省委、省政府表彰为抗洪救灾先进集体和先进个人。

12月2日，县委、县政府联合发文《关于进一步加强农村党支部书记队伍建设的意见》。

1992年

1月1日，县政府对染织总厂、汽修厂、王营镇橡胶厂、王营镇金属制品厂、王营镇塑料一厂等5家企业进行“双分法”改革试点。

1月13日，县政府在县国营商业企业推行“经营范围放开、商品价格放开、分配制度放开、人事用工制度放开”政策。

3月24日，县委、县政府建立农村经济承包合同管理委员会。

3月7～10日，政协淮阴县第四届委员会第三次会议召开。

4月9～12日，县第十一届人民代表大会第三次会议召开。

5月9日，县委、县政府制定《关于激励工业企业领导干部建功立业的若干规定》。全县工业企业干部一律实行聘任制和经营目标责任制。

5月，县委、县政府作出《关于确立“科技兴县”发展战略的决定》，并印发《淮阴县“八五”期间科技兴县实施方案》。

6月11日，全县蔬菜工作会议召开，全县建日光温室大棚333.33公顷、普通大棚2000公顷，复种露地蔬菜11333.33公顷。

7月，县委、县政府命名32个村为“双拥模范村”。

8月24日，县委、县政府制定《关于兴建淮阴县经济技术开发区的若干意见》。

9月，县政府发出《关于撤销小营乡将其原辖区域并入王营镇的通知》。

是年，境内第一家中外合资企业淮阴市新亚包装有限公司成立。

1993年

1月10日，丁集蔬菜批发市场揭牌。

1月27日，县纪委、县监察局正式合署办公。

2月14～17日，政协淮阴县第五届委员会第一次会议召开。会议选举产生县政协第五届委员会主席1名、副主席5名、秘书长1名、常委39名。

2月15～19日，县第十二届人民代表大会第一次会议召开。会议选举产生县人大常委会主任1名、副主任4名、委员14名，县人民政府县长1名、副县长6名，县人民法院院长和县人民检察院检察长。

3月10日，全县数千名工矿企业、农村、学校、部队代表到刘老庄集会，纪念八十二烈士殉国50周年。

8月10日，淮阴县关心下一代工作委员会成立。

9月27日，县委、县政府取消一批涉及农民负担的项目和文件。

10月5日，房改及第三产业普查工作会议召开。

11月29日，淮阴县扶贫协会成立。

是年，杨庄至新渡22千米航道被表彰为省级文明航道。

是年，全县控减农民负担，停止执行省级以上收费项目49项，废止市级收费项目28项。

是年，全县新批外资企业16家，其中乡办2家，填补乡办“三资”企业的空白。

是年，全县实施“科技兴县”战略，引进农业新品种、新技术7项，推广各类实用技术13项。县缫丝厂开发的“活性肽口服液”获1993年全国新产品博览会优秀奖。

是年，县调频广播电台和电视差转台建成。

是年，全县实施住房制度改革，开始优惠出售公有住房。

1994年

1月20日，县委、县政府制定的《关于落实和提高知识分子待遇的若干规定》开始执行。

2月12～15日，政协淮阴县第五届委员会第二次会议召开。

3月15～17日，县第十二届人民代表大会第二次会议召开。

4月1日，县委、县政府召开茧丝绸流通体制改革工作会议。

4月27日，县政府在丁集新堆桥停车场召开打击车匪路霸、整治路边店大会，公开处理35名违法人员。

8月，反映韩庄建筑工程公司先进事迹的电视专题片《创造广厦的庄稼汉》在北京开机。

9月28日，县税务局一分为二，分别成立淮阴县国税局、淮阴县地税局。

11月1日，县委书记张凯获农业部、监察部、财政部、国家计委、国务院法制局联合授予的“全国减轻农民负担先进工作者”称号。

1995年

1月，赵集撤乡建镇，更名为赵集镇。

2月12日，县政府在企业实施风险抵押承包责任制。

3月4～7日，政协淮阴县第五届委员会第三次会议召开。

3月5～8日，县第十二届人民代表大会第三次会议召开。

3月13日，县政府决定，酒厂、染织总厂、丝织厂实行投入产出包干，其他企业可以实行所得税包干。

3月28日，淮阴县公安消防大队挂牌。

4月17日，市委常委、市委组织部部长张文国到县宣布冯加庚为县委书记，周云飞为代县长。

10月，县政府决定，对县城黄金地段淮海北路进行拆迁改造、开发，拆除沿线破旧房屋。

12月，县成立农村改水工作领导小组，对农村改水工作进行启动部署。

12月19～24日，国务院“灭三荒”工作组在淮阴县检查，淮阴县荒地生产率符合国家标准，顺利通过验收。

是年，全县投资5000万元对淮海路、长江西路和香港路进行高起点、高标准改造，城区形成“两纵两横”主骨架。

1996年

1月1日，淮阴县委机关报《淮阴报》复刊。

2月16日，县委、县政府出台《关于高速高效发展乡镇企业的24条决定》。

2月27～29日，政协淮阴县第五届委员会第四次会议召开。

2月27日至3月1日，县第十二届人民代表大会第四次会议召开。

3月25～28日，中共淮阴县第八次代表大会召开。选举县委委员24名、候补委员5名。县委一次全会选举产生常委9名，其中书记1名、副书记3名。

5月12日，全县农业战线群英会召开。农村基层主要干部和先进专业村、专业组、专业大户的代表参加会议。

7月7日，县政府举行《淮阴县志》首发式。

7月29日，县公安局举行新闻发布会，宣布在严打期间全市挂牌案件，1995年“8·13”抢劫杀人一案破获，1990～1996年连续7年60起杀人案件全部破获。

8月12日，淮阴县第一口芒硝井——庆丰1号井在赵集乡境内开钻。

9月18日，县政府召开全县企业工作会议，传达省、市企业工作会议精神，分析淮阴县国有企业面临的形势，明确国有企业改革和发展的任务和要求。

1997年

1月5日，上海太平洋化工（集团）淮阴元明粉有限公司在淮阴制糖厂揭牌。

2月14～17日，政协淮阴县第五届委员会第五次会议召开。

2月15～18日，县第十二届人民代表大会第五次会议召开。

5月5日，县委举行周文科烈士牺牲50周年纪念大会。

是日，淮阴县全面清理民间金融打会组织。

5月19日，县政府出台《关于特困企业解困工作意见》《关于特困职工生活资金筹集、使用、管理的暂行办法》。

5月24日，以中国驻俄罗斯大使李凤林为团长的外交部驻外使节参观考察团应邀到淮阴县参观。李凤林一行26人参观了丁集乡共和村66.67公顷蔬菜工程指挥田、丁集养鸽专业村宗楼村、渔沟镇杨庙村高标准农田水利示范片。

7月9日，由县第二制药厂承担的淮阴县第一个省火炬计划项目“盐酸环丙沙星葡萄糖注射液”通过省科委鉴定验收。

7月，法国植保专家彻布兰斯·吉尔伯特到淮阴县考察讲学，研讨减轻大棚蔬菜的连作障碍和防治根腐病方法。

7月17～18日，全县个体私营经济工作三级干部会议召开。

是月，渔沟至西宋集道路建成通车。

8月12日，最高人民检察院反贪污贿赂工作总局到县检察院调查研究，总结并推广查处司法机关工作人员贪污、受贿犯罪案件的经验。

是月，淮海北路、盐北西路扩宽改造工程全面启动。

9月14日，省人大常委会副主任曹鸿鸣视察老张集乡张圩村。

9月21日，县委书记冯加庚主持召开县委八届六十一次常委(扩大)会议，讨论研究村级干部队伍建设和清理干部住房问题，听取新长铁路淮阴北站争取首批开通站的情况通报。

10月16日，县委书记冯加庚、县长周云飞率工业主管部门和财政、金融有关单位主要负责人到高邮市参观学习企业改制工作。

10月30日，县委书记冯加庚、县长周云飞在上海为县农副产品营销协会上海菜鸽营销分会、淮阴县蔬菜总公司驻上海办事处挂牌揭幕。

11月13日，由在淮阴县工作战斗过的老干部李广涛、胡奠南、何真理、李成科、张其高、朱恒高、束以敬等倡仪，淮阴县成立“弘扬刘老庄八十二烈士精神基金会”。

12月18日，淮阴县家乡工作汇报会在国务院第二招待所举行，县委书记冯加庚向同乡介绍淮阴县发展变化，县长周云飞代表淮阴县政府聘请新华社国际要闻部顾震球等人为淮阴县在京同乡联络员。

12月23日，淮阴县扶贫工作汇报暨地方产品展销会在南京举行。

12月25日，淮阴县首次乡镇企业拍卖会在工人电影院举行，全县19家企业参拍，并有18家拍卖成功。

1998年

1月3～6日，政协淮阴县第六届委员会第一次会议召开。会议选举产生县政协第六届委员会主席1名、副主席7名、常委48名。

1月3～7日，县第十三届人民代表大会第一次会议召开。选举产生县人大常委会主任1名、副主任6名、委员16名，县人民政府县长1名、副县长8名，县人民法院院长和县人民检察院检察长。

1月8日，苏北市场五区举行开业庆典。苏北市场五区投资1200万元，占地面积13340平方米，建筑面积12675平方米，主要经营日用工业品、五金交电、日用杂货等。市委常委、秘书长、组织部长王庆元，副市长奚铁男，县委书记冯加庚，县长周云飞为苏北市场五区开业剪彩。

1月19日，举行淮阴县乡镇企业第二轮拍卖大会，拍卖活动成交额超过2500万元，溢出底价600多万元，参拍的27家企业全部售出。至此，全县乡镇企业改制工作完成80%以上。

5月17日，残疾人事业工作会议召开，动员全社会力量帮助残疾人脱贫解困，推动全县残疾人事业发展。

6月1～11日，淮阴县招商考察团赴福建，先后考察福州、晋江、福清、闽清等市，并与恒安集团等近30个企业负责人座谈，宣传淮阴县投资环境及优惠政策。

6月30日，防汛紧急会议召开，要求全民发动，全力以赴，抗洪保安全，排涝降渍夺丰收。

8月20日，举行赈灾捐赠动员大会，为长江、松花江、嫩江流域灾区捐赠。

12月25日，全县精神文明创建表彰大会召开。41个单位被授予“市级文明单位”称号，123个单位被授予“县级文明单位”称号。

是年，县制糖厂销售超1亿元，利税600万元，成为淮阴县历史上第一个销售超亿元企业。

1999年

1月16日，淮阴县国家粮食储备库在丁集乡境内开工兴建，6月底竣工。

1月17日，意杨产业化工作会议召开，市委、市政府下达淮阴县营造意杨成片林0.17万公顷，栽植意杨355万株任务。

1月30日，上海—淮阴10万吨元明粉项目合作合同签字仪式在上海八运宾馆举行。

2月25～28日，政协淮阴县第六届委员会第二次会议召开。

2月25～28日，县第十三届人民代表大会第二次会议召开。

6月4日，举行刘老庄八十二烈士纪念馆奠基典礼。2000年3月18日，举行刘老庄八十二烈士纪念馆揭幕典礼。

8月18～19日，县委、县政府召开深化改革工作会议，传达省委九届十次全委(扩大)会议精神，并部署深化农业和农村经济、县镇属工业、乡镇工业等方面的改革。

10月9日，县委组织10个乡镇党委书记和有关部门负责人到浙江省嘉善县开展木业加工考察招商活动，签订协议20份，引资3000多万元。

11月19日，果林场林庄小学一只氯气瓶人为泄露，致使林庄小学204名师生和数十名群众氯气中毒。

是年春，废黄河绿化带第一期工程开工，工程投资365万元。位于废黄河北岸，东至承德路，西至淮海北路，全长约1.2千米，南北宽30～60米，占地面积5万平方米。是年10月竣工。

是年，全县机关事业单位实行会计委派制。

2000年

1月4日，由省委宣传部、省委驻县扶贫促小康工作队捐资兴建的西宋集乡文化中心举行落成典礼。

是日，全市最大的意杨栽植工程在淮沭河、二河意杨产业带开工建设。

1月13日，省委书记回良玉，省委常委、常务副省长俞兴德考察渔沟水利科技示范园、丁集共和村日光能温室示范园、宝利鸽厂。

1月20～22日，政协淮阴县第六届委员会第三次会议召开。

1月21～23日，县第十三届人民代表大会第三次会议召开。

是月，棉花庄乡与大兴庄乡合并成立棉花庄镇。南陈集撤乡建镇，更名为南陈集镇。徐溜撤乡设镇,更名为徐溜镇。丁集撤乡建镇,更名为丁集镇。

2月11日,全县乡镇行政区划调整工作全面展开,共撤销9个乡(场、区),乡镇总数由原来的29个减少到21个,此次被撤销的乡(场、区)是杨庄乡、大兴庄乡、汤集乡、蒋集乡、韩圩乡、高堰乡、韩庄乡、果林场、开发区。

2月11～17日,"东方健杯"第二十六届全国少儿杯乒乓球锦标赛在山东潍坊举行,淮阴县陈茜茜获少年女子组第一名。

3月15日,全市蔬菜生产工作会议在淮阴县召开,与会人员观摩淮阴县6个蔬菜生产示范片。

3月16日,由中共淮阴县委员会、淮阴县人民政府、中央教育电视台联合摄制的电视片《风流遍染淮阴县》在中央教育电视台播出。

3月17日,由中共淮阴县委宣传部和南京有线电视台联合摄制的电视剧《浴血刘老庄》(上下集)在淮阴市电视台播出。

是月,盐河南岸护坡工程改造建设,工程于盐河北京路大桥向东1000米。

4月22日,淮阴供销大厦股份有限公司董事长蒋永贵与古淮商场百货有限公司董事长尹耀玲签订合作协议,具有26年历史的商店——古淮商场正式加盟新亚集团。

5月9～10日,国土资源部矿产资源储量评审中心组织省地矿厅、山西南风集团、江苏石油勘探局钻井处、化工部长沙设计院、化工部连云港设计研究院、华东石油局规划设计院、市计委、市地矿局等单位对淮阴县地下元明粉矿藏评审认为,赵集矿区仅0.32平方千米范围内涵盖的1100多万吨无水芒硝矿石量,可满足年产10万吨元明粉厂23年的需要;矿盐层厚、品位高、地质条件好,有望成为连云港碱厂400万立方米输卤工程基地。

5月16～17日,淮阴县招商恳谈会在县北郊宾馆隆重举行,签订合资合作协议27份,协议引资1.87亿元,其中4000万元以上项目4个、300万元以上项目9个。

5月24日,经省科委批准,县制药厂申报的"氟康唑注射液"项目和赵集粉丝厂申报的"无矾粉丝"项目列入江苏省2000年星火项目计划,获得星火计划项目贷款900万元。

6月,五里撤乡建镇,更名为五里镇。南吴集撤乡建镇,更名为吴城镇。西宋集撤乡建镇更名为西宋集镇。王兴撤乡设镇,更名为王兴镇。北吴集撤乡建镇,因运河南的南吴集乡更名为吴城镇,遂去掉方位"北"字,称吴集镇。

7月2日,副省长姜永荣到老张集乡、棉花庄镇考察农业、农村及扶贫促小康工作。

8月5日,山西南风化工集团和县白玫糖业公司合作投资的10万吨元明粉项目在北郊宾馆正式签订投资协议,项目投产后可形成25万吨生产能力,成为华东第二大元明粉生产基地。

8月7日,由国务院办公厅、建设部、财政部等中央有关部门负责人组成的乡镇行政区划调整调研组到县调研。

8月18日,新长铁路袁北至东台段开始临管运营。2001年9月,全线建成通车。

8月28日,省计划生育检查组进行计生合格县检查验收。

8月31日,在王营镇星光村境内新建的西安路侧,发现一古瓷窖藏。此窖藏有多件文物迭压在一起,其中瓷器有青花、粉彩、紫砂等,器型有盆、壶、罐、瓶、碗、砚等。

11月1日,全县第五次全国人口普查工作全面展开。全县人口849071人,比1990年第四次人口普查时增加70159人。

11月26日,在古黄河岸边举行黄河广场、古黄河绿化风光带竣工典礼。

12月5日,副省长姜永荣率领在淮安的九届全国人大代表视察黄河广场和黄河花园小区。

12月12～14日,中共淮阴县第九次代表大会在县工人电影院召开。出席会议代表345名,列席代表61名。选举产生县委委员26名、候补委员5名。九届一次全委会议选出常委11名、县委书记1名、副书记4名。

2001年

1月8～10日，政协淮阴县第六届委员会第四次会议召开。

1月10～12日，县第十三届人民代表大会第四次会议召开。

1月11日，省委副书记顾浩带领省财政厅、民政厅有关负责人到刘老庄乡敬老院和农户家中访贫问苦。

2月10日，淮阴县撤县建区揭牌仪式在县政府门前隆重举行。淮安市政府副秘书长陈同怀宣读省政府关于对原地级淮阴市部分行政区划进行调整的决定。

2月14日，国务院经济专题办相关人员到丁集镇调研农民增收问题。

2月28日，区委、区政府在浙江省乐清市国际大酒店举行江苏淮阴·乐清招商说明暨签约会。招商会签订投资意向协议16个，总投资额达1.3亿元，其中投资3000万元以上项目3个。

4月7日，全国人大常委会副委员长许嘉璐在省人大常委会副主任俞敬忠、副省长张怀西的陪同下视察淮阴区农业、农村、农民生产生活情况。

是月，省政协原主席孙颔到区考察农村工作。

5月23日，区政府召开全区农村税费改革方案实施工作会议。

6月12日，区委、区政府在浙江乐清国际大酒店举办淮阴区乐清招商暨签约大会，签订高新电脑城、温州综合市场等外资合作项目6个，协议引资9840万元。

6月20日，省长季允石到棉花庄镇皂角村千亩早熟西瓜示范片察看早熟西瓜生产情况。

7月9～10日，区农业标准化示范区——肉鸽养殖项目通过省质量技术监督局、省农林厅联合组织的专家验收组考核验收。

8月10日，区委、区政府召开并村联组阶段工作会议。

8月29日，省政府办公厅、省交通厅、财政厅、物价局等部门到区实地调研论证设立苏214线淮阴收费站问题。

9月8日，淮安市淮州中学揭牌。

9月27日，省人大常委会副主任俞兴德率省人大综合治理执法检查组到区进行执法检查。

10月，全区农村中小学教师工资由区财政统一发放。

2002年

1月17～19日，政协淮阴区第六届委员会第五次会议召开。

1月18～20日，区第十三届人民代表大会第五次会议召开。

1月20日，在江苏省双拥模范城(县、区)命名表彰大会上，淮阴区成为淮安市唯一被新命名的双拥模范县（区）。

2月22～28日，区长夏心旻带领有关部门负责人到上海、北京招商引资，并就北京国力华业电力设计院在区建设热电厂，北京双鹤药业在区扩股，上海轻纺、“好又多”超市在区投资达成协议。

是月，三树撤乡建镇，更名为三树镇。

3月19日，区政府专题研究工业园区二期基础设施建设方案。

4月3日，码头镇韩侯故里基础建设工程一期工程开发奠基。

6月10日，国家农业开发办公室相关人员到老张集乡视察利用二期世行贷款建成高标准农田示范片情况。

8月，淮安市政府批复同意建立淮阴区工业园。

9月8日，上海太平洋化工(集团)淮安元明粉有限公司二期年产10万吨元明粉项目建成投产。

9月12日，省委副书记、南京市委书记李源潮，省委原书记、中国新四军研究会副会长韩培信，省人大常委会原主任、省新四军研究会会长储江到区参加纪念黄克诚诞辰100周年暨两淮战役胜利57周年活动。

9月26～28日，2002中国淮安·淮扬菜美食文化节召开。区18类34个系列近180个品种农副产品参加展销，签订招商引资合作项目14个，协议引资2.58亿元。

11月4日，崔大泓南段、二大沟南段疏浚工程开工，冬季水利骨干工程全部机械化施工。

11月25日，淮安市淮阴区东片分片规划及控规成果论证会召开。

12月9日，由安徽海螺集团投资1.7亿元的淮阴海螺水泥项目在淮阴宾馆签约。

12月19日，徐溜中学"中日友好教学楼"正式揭牌，日本驻上海领事参加揭牌仪式。

是年，三树撤乡建镇，更名为三树镇。

2003年

1月5～7日，政协淮阴区第七届常委会第一次会议召开。会议选举区政协第七届委员会主席1名、副主席6名、常委53名。

1月5～8日，区第十四届人民代表大会第一次会议召开。选举产生区人大常委会主任1名、副主任4名、常委18名，区人民政府区长1名、副区长8名，区人民法院院长和区人民检察院检察长。

1月15日，淮安华尔润化工有限公司赵集红星矿区石盐勘探工程在赵集镇红星村正式开工。

1月17日，由新加坡友人陈奕锦、戴维出资创办的"陈奕锦先生春蕾班""戴维之女戴雅妮春蕾班"在袁集中心小学揭牌。

1月23日，市委在淮阴区召开干部大会，免去新当选淮安市副市长周云飞的淮阴区委书记职务，由区长夏心旻主持区委全面工作。

3月17日，开展纪念刘老庄八十二烈士殉国60周年活动。

5月24日，苏北温州大市场举行奠基开工仪式。

7月6日，洪水入洪泽湖总流量最大达每秒14088立方米，是淮阴50年来入湖量最大一次，比1954年最大入湖流量每秒14018立方米还多70立方米。

7月9日，区政府在渔沟镇召开紧急会议，宣读省委书记李源潮9日上午10时45分的批示和省防指《关于确保分淮入沂行洪安全的紧急通知》，部署分淮入沂有关事项。

7月9～11日，省委副书记张连珍到区淮沭河沿线防汛工地查看汛情。

7月11日夜，区政府执行省、市防指下达要求运南片5个乡镇做好撤离滞洪区准备工作命令。

7月15日，水利部副部长陈雷到区检查指导抗洪抢险工作。

7月16日，中国人民解放军陆军第十二集团军军长戚建国、省军区副司令员王海棠等察看淮阴区境内淮沭河大堤、淮泗河大堤险工险段，慰问抢险部队官兵和广大干群。

7月18日，全区累计受灾人口63.6万人。农作物受灾总面积52466.67公顷，成灾面积43933.33公顷；房屋倒塌1.88万间，损坏2.24万间；死亡大牲畜1.74 万头，家畜、家禽6.96万头；鱼塘损失13200公顷；树木、电杆倒断32.4万棵（根）。洪泽湖有15个圩区受淹，24个圩区撤离，转移安置2.6万人；损坏电泵站61座，桥涵698座，全区因灾造成的直接经济损失9.12亿元。

7月19日，区委九届第五十六次常委(扩大)会议召开，研究抗洪抢险、灾后自救重建、防汛工程规划与建设等工作。

8月6日，省人大常委会副主任、省总工会主席张艳和省总工会党组成员向区捐赠10万元。

8月29日，区委召开工业园规划论证会，专题研究工业园6平方千米启动区规划设计问题。

9月20日，全市首家公安行政服务中心——淮阴区公安分局行政服务中心揭牌。

9月26日，全区事业单位改革动员大会召开。

10月18日，全市规模最大的汽配市场——南联汽配商城开业。

11月3日，市委在区淮州礼堂召开自荐公推区长人选竞职演说暨民意测验大会。

11月8日凌晨1时50分左右，淮阴医院发生重大火灾事故，死亡7人，造成直接经济损失40余万元。

2004年

1月7～9日，政协淮阴区第七届委员会第二次会议召开。

1月7～10日，区第十四届人民代表大会人大第二次会议召开。

1月11日，由北京清华紫光环保有限公司投资兴建的污水处理项目在区工业园举行开工典礼。

1月31日，召开全区抗洪抢险救灾暨农田水利建设总结表彰大会。

2月6日，省委、市委扶贫工作队进驻淮阴区。

2月9日，淮安市台州商城举行开工典礼，2005年5月竣工。

2月24日，沈阳路盐河大桥举行开工典礼。

3月8日，区成人中心校举行成立揭牌仪式。

3月10日，副省长王湛察看王兴镇以及丁集镇卫生院。

4月2日，省委副书记张连珍来淮调研农业农村工作。

4月9日，区政府召开2002～2003年度有突出贡献专业技术人员评审会，评选11名有突出贡献的技术人员。

5月8日，农业部检查组到区调研农业生产情况和农民生活情况。

5月10日，由申雅密封件有限公司和淮安市化工资产经营有限公司共同投资1100万元组建的申雅密封件(淮安)公司在区工业园开业。

5月11日，省督查组到三树镇、韩桥乡检查指导农村草危房改造工作。

6月20日，国家发改委中咨机构专家调研江苏油田淮安采输卤工程有关情况，并根据盐矿的储量、容积、位置等因素，分析今后的开采规模。中国油库建设总公司工程师对淮阴区作为石油战略储备的地质构造进行可行性研究汇报。

6月22日，重点产业发展调研专题会议召开，成立区化工、食品、机械、纺织、医药、木业、家电、建材等八大重点产业发展领导小组。

7月28日，区委、区政府召开专题会议，对区直行政事业单位全面推行以实行国库集中收付为主要形式的区级财政国库管理制度改革进行动员和部署。

9月14日，省国有粮食购销企业财务挂账清查审计组清查审计淮阴区1998年6月1日后粮食财务挂账情况。

10月27日，新华日报社、江苏电视台等10余家省市新闻单位的青年记者就区“南北挂钩合作”“四项转移”“五件实事”等进行采访。

11月19～20日，第三届中国优质稻米博览交易会在淮安召开。淮阴区凌桥大米、橄榄绿大米先后获得“十大金奖”“优质大米”称号。中共中央候补委员、中国农科院院长翟虎渠，省委副书记张连珍，副省长黄莉新出席交易会。

12月22～23日，省评审组检查验收初级卫生保健先进县(区)创建工作，淮阴区顺利通过省初级卫生保健先进区验收。

2005年

1月7～9日，政协淮阴区第七届委员会第三次会议召开。

1月7～10日，区第十四届人民代表大会第三次会议召开。

1月16日，省委书记李源潮到区工业园考察。李源潮要求淮阴工业园建设得更快一些，发展得更快一些，突破新的增长点，加大招商引资力度，加快新型工业化进程。

3月18日，中国石化江苏石油勘探局淮安采输卤工程正式投产。

3月29日晚6时50分左右，在京沪高速淮阴区王兴段，一辆运载氯气的槽罐车与一辆挂货车相撞，导致氯气泄漏。省委书记李源潮、省长梁保华先后赶到事故现场，慰问抢险队员，并到医院看望受灾群众。疏散群众7500人，受灾农植物1200公顷，死亡家畜家禽1.25万只（羽），死亡29人，毒伤373人，被毁农田133.33公顷，直接损失达2901万元。

4月18日，投资1.5亿元的淮安市清沁畜牧科技发展有限公司举行开业典礼。

4月26日，人民广场暨淮阴区政府行政办公中心大楼正式启用。

是日，由北京藏典阁图书有限责任公司投资兴办的淮安市淮阴中英文学校举行奠基仪式。

5月10日，全区第三次全民创业总结表彰大会召开。

5月28日，总投资5285万元的招商引资项目上海申淮金属制品有限公司淮安分公司举行揭牌暨主体工程奠基仪式。

6月10日，副省长黄莉新到区检查指导扶贫工作，实地察看棉花庄土地治理项目区、大兴庄中学、大兴庄敬老院等省扶贫工作队办实事项目。

6月22日，江苏省原领导陈焕友、俞兴德、王霞林、俞敬忠到区视察城市水环境治理工作。

8月13～14日，由中国人民大学农业与农村发展学院党委书记、副院长、博士生导师孔祥智率领的考察团受农业部委托，就取消农业税以后农村面临的新情况、新问题与深化改革等问题到淮阴区调研。

9月1日，中国铁通淮阴分局举行揭牌仪式。

11月11日，上市公司武汉力诺太阳能集团股份有限公司在南京与区正式签订高硼硅太阳能项目投资协议。

11月18日，二期投资3亿元的苏北最大的冷拔无缝钢管项目——淮安市振达钢管制造有限公司开业。

12月18日，区“慈善一日捐、济困送温暖”捐赠仪式在行政办公中心广场举行。

12月26日，区委书记戚寿余接待参加苏北五市国际合作交流大会的香港《文汇报》、澳门《澳门日报》、台湾《联合报》等港澳台记者。

2006年

1月3～5日，政协淮阴区第七届委员会第四次会议召开。

1月4～6日，区第十四届人民代表大会第四次会议召开。

1月22日，举行新长铁路淮安北站改扩建工程开工奠基仪式。

4月13日，全区生态区建设暨创建国家环保模范城市会议召开。

4月，省政府批准设立江苏淮阴经济开发区、含原工业区。

5月12日，中共淮阴区委第九届委员会第九次全体会议召开。

6月14～16日，中共淮阴区第十次代表大会在区行政中心一楼报告厅举行。选举产生区委委员26名、候补委员5名。十届一次全体会议选举产生常委11名、区委书记1名、副书记2名。

8月26日，举行全市2006年度特困大学生资助金发放仪式，向首批200名特困大学生发放资助金80万元。

9月27日，淮安市首批20家新建乡镇文化站集中开放暨刘老庄文化站揭牌仪式在刘老庄乡政府举行。

11月30日，省委书记李源潮考察高效农业和规模工业。

12月24日，区委召开十届二次全体会议。戚寿余代表区委常委会作题为《注重创新实干，推进争先崛起，努力实现全区经济社会又好又快发展》的工作报告。

2007年

1月3～6日，政协淮阴区第七届委员会第五次会议召开。

1月5～7日，区第十四届人民代表大会第五次会议召开。

2月8日，省老促会理事长、原副省长凌启鸿一行到刘老庄乡慰问贫困户。

2月23日，江苏淮安（昆山）淮阴区专场投资说明会在昆山举行。说明会现场签约年产30万吨硝盐联产等6个项目，其中投资超亿元项目4个、外资项目2个，总投资逾9亿元。

3月10日，淮阴区与深圳宝福和投资有限公司正式签订总投资36亿元盐化工深加工系列项目协议。

4月10日，全国爱卫办考核团检查黄河广场创卫工作。

4月12日，国家检查组在淮阴召开淮河流域污染减排工作座谈会。

4月18日，举行新长铁路淮安站通车仪式，铁道部副部长陆东福出席开通仪式。

4月23日，2007年淮阴区“五方挂钩”帮扶协调领导小组会议在南京召开。

5月16日，江宁开发区淮阴工业园举行奠基仪式。

5月18日，省盐业集团与区合作开发的采输卤项目签约仪式举行。

5月20日，国家发改委副主任张茅视察淮安火车新站的建设运行情况。

6月15日，举行江苏三得利(淮安)啤酒有限公司揭牌暨10万吨啤酒一期投产仪式。

6月20日，上海太平洋化工(集团)淮安元明粉有限公司日处理1000立方米制硝废水环保工程项目正式开工。

6月29日，由江苏石油勘探局和江苏嘉源化工有限公司投资的30万吨元明粉合作开发项目举行签约仪式。

7月1～4日，淮阴区党政代表团赴山东寿光、高唐、兰山、东港等地考察学习工业经济、高效农业、市场建设和城市建设。

7月19日，万香国际有限公司在新加坡证券交易所成功举行首日交易仪式，成为淮安市第一家境外上市公司。

7月28日，中国著名中医学家吴鞠通先生雕像在淮阴医院落成。

8月10日，举行由中国国际工程咨询有限公司承担的年产60万吨盐硝联产环保项目专家评估会。

8月19日，《码头古镇保护和旅游发展规划》评审会议召开，研究讨论码头古镇保护和开发事宜。《码头古镇保护与旅游发展规划》设计单位同济大学博士王建波及淮阴师范学院专家、学者参加会议。

8月28日，在吴江召开淮阴(吴江)淮扬菜美食推介暨投资说明会，成功签约总投资1.1亿元的淮安奔盛集团项目、总投资1亿元的绝缘材料包装项目和注册资本3000万元的淮安淮药连锁项目等投资协议。

是月，区旅游局成立。

9月13日，区委召开新农村建设试点工作会议，全面部署新农村建设试点工作。

9月20日，省级考核专家组验收创建全国生态示范区工作。

9月21日，副省长黄莉新调研高效农业规模化建设工作。

是日，省考核组调研淮阴区国家级生态示范区创建工作。

9月25日，省委书记李源潮到淮阴区考察指导工作。

10月14日，举行荷花廉政文化主题公园开园仪式。

10月30日，以铁道部副总工程师郑健为首的“2007年铁路客站技术国际交流会”代表团一行350人抵达淮安火车站观摩。

12月26～29日，政协淮阴区第八届委员会第一次会议召开，出席委员226人，特邀人员55名。选举区政协第八届委员会主席1名、副主席4名、秘书长1名、常委49名。

12月27～30日，区第十五届人民代表大会第一次会议召开。选举区人大常委会组成人员，区长、副区长，区人民法院院长和人民检察院检察长，并选举产生61名淮安市第六届人大代表。

2008年

1月7日，237省道淮安段建设开工仪式在淮阴区举行。

1月8日，江苏精戈机器有限公司、淮安亿德包装制品有限公司和江苏翔宇电力装备制造有限公司高低压电气柜等3个投资超亿元项目在淮阴经济开发区集中举行开工仪式。

1月15日，全省首家以开发区为整体服务对象的数字化项目建设在淮阴区正式启动，项目共建方区政府与中国电信淮安分公司举行签约仪式。

3月12日，在无锡市北塘区举行招商引资推介会，签约39个项目，合同引资48.6亿元和3600万美元，其中超10亿元项目1个、亿元以上项目9个。

3月10日，2008～2009年度省委扶贫工作队正式进驻淮阴区。

3月28日，全国人大常委会副委员长、民进中央主席严隽琪，全国政协委员、民进中央秘书长赵光华到淮阴视察农村教育、新农村建设和经济社会发展情况。

4月18日，淮安市淮阴工业新区管理委员会成立。

4月21日，江苏省盐业集团淮盐矿业有限公司成立暨江苏盐业年产400万立方米采输卤项目开工。

6月1日，由台湾富士康科技集团捐助75万元的富士康希望小学——韩桥乡张圩小学、南陈集镇鲁黄小学、五里镇纪吴小学举行落成仪式。

6月5日，省长罗志军到区工业企业调研，要求淮阴财政收入再超10亿元，继续保持在全市的领头地位。

6月11日，区委、区政府召开农村“脱贫、破零、超千”三大攻坚工程动员会议。

6月17日，全市第35期“建设新农村——走进乡村、关注民生”大型行风热线受理投诉在淮阴召开专场会。

6月23日，全国政协文史委副主任范钦臣带领全国政协大运河保护与申遗调研组到码头镇调研。

7月13日，省委书记梁保华带领省发改委、经贸委、财政厅、外贸厅、农工办、社科院等单位人员到淮阴调研农民专业合作经济组织。

是日，环保部专家检查淮阴区减排工作。

8月4日，全区公推公选码头镇党委书记民主推荐大会召开。

8月12日，南京市市长蒋宏坤到淮阴区考察宁淮共建园区首批投产企业——润通食品有限公司。

8月19日，省委常委、副省长黄莉新到淮阴考察指导脱贫攻坚工作。

8月28日，苏北第一家民营贷款公司——淮阴区恒丰农村小额贷款有限公司正式挂牌成立。

9月18日，205国道后六塘河——丁集段、325省道淮安段建设工程正式开工，标志着淮安市新一轮干线公路改造建设正式拉开序幕。

9月27日，总投资30亿元的淮安软件科技产业园项目正式签约。

10月9日，淮安国际汽车城项目举行签约仪式。

11月5日，总投资2.5亿元的江苏桑乐数字化太阳能项目正式签约。

11月8日，新疆伊犁巩留县党政代表团到区考察，正式与区结为友好县区。

11月24日，举行总投资10亿元的7个项目集中开工仪式。

11月27日，省人大常委会副主任丁解民率领省人大代表视察组到淮阴经济开发区视察指导工作。

12月2日，“漂母杯”全国母爱主题散文大赛暨中国散文学会洪泽湖创作基地、淮阴青少年传统美德教育基地揭牌仪式在码头镇举行。

12月8日，淮安市二河码头大桥开工仪式在码头镇泰山村渡口举行。

12月14日，南京淮阴经济发展促进会联谊会在南京举行。

12月16～17日，省老区开发促进会理事长、原副省长凌启鸿考察淮阴建设发展情况。

12月27日，新华日报报业集团淮安印务基地在淮阴经济开发区投产运行。

12月28日，中央党校经济学部联合中国农业经济学会、国务院发展研究中心、省社会科学院经济研究所、南京农业大学经济管理学院数十位专家学者与区乡(镇)村三级主要负责人，共同举办中国首次村级集体经济发展机制创新高层论坛，探索中国村级集体经济发展思路。

2009年

1月4～7日，政协淮阴区第八届委员会第二次会议召开。

1月5～8日，区第十五届人民代表大会第二次会议召开。

1月7日，全市农民工创业就业现场会在淮阴区召开。

2月28日，全区工业经济大会召开，表彰2008年度全区51家在技术改造等9个方面表现突出的先进单位。会议举行银企对接签约仪式。

3月6日，投资2000万美元的中策橡胶有限公司特种轮胎项目和投资1亿元的中外合资灵星钢圈有限公司钢圈项目正式签约落户淮阴经济开发区。

3月16日，沈阳军区陆军第三十九集团军副军长高波到刘老庄八十二烈士陵园缅怀革命先烈。

3月21日，淮安市综合性社会福利中心在淮阴举行奠基仪式。

4月7日，由香港亿臣公司投资2000万美元的年产50万吨甲醇汽柴油项目在西安签约。

4月22日，由淮安移动投资5000万元的淮阴移动一期工程正式破土动工。

5月8日，由工业新区和区经贸委联合引进的总投资达5.5亿元的60万吨盐硝联产项目正式签约。

5月21日，省委常委、政法委书记林祥国到淮阴区调研。

5月22日，首届“振达·韩信杯”象棋国际名人赛开幕式举行。

5月23日，在码头镇举行公祭漂母墓大典。

是日，首届“漂母杯”全国母爱主题散文征文活动颁奖典礼在码头镇漂母祠广场隆重举行。

是日，举行大型电视连续剧《大将军韩信》开机仪式。

5月26日，副省长史和平到淮阴调研工业企业运行情况。

5月28日，2009中国淮阴投资说明会在韩国堤川举行，签约项目1个，总投资1.2亿美元。

5月31日，举行省政府办公厅向刘老庄中心小学捐赠学习用品活动仪式。

6月12日，区政府安居工程——汇达花园安置房交付使用。

6月17日，淮阴辉煌太阳能有限公司举行上市启动仪式。

6月18日，市政府重点项目——总投资10.5亿元的淮安国际汽车城在淮阴举行开工典礼。

7月23日，淮安淮阴台湾农民创业园推介会暨两岸乡村座谈会召开。

7月29日，江苏淮阴软件科技产业园江苏淮阴服务外包产业园举行开工典礼。

8月6日，省委常委、副省长黄莉新视察指导区脱贫攻坚工作并看望省委驻淮阴扶贫工作队队员。

8月21日，全区希望工程暨第三届“七月阳光·圆梦大学”资金发放仪式在区行政中心一楼报告厅举行。42万余元捐款帮助100名大学新生踏入大学校门。

9月10日，淮州中学新校区落成。

9月24日，举行枚乘故里揭牌仪式。

9月29日，总投资5.2亿元的江苏省盐业集团淮盐矿业有限公司采输卤工程竣工。

10月15日，总投资1.7亿元的葡诚水泥有限公司年产120万吨水泥粉磨站顺利竣工投产。全国政协港澳台侨委员会副主任马有礼出席庆典仪式。

11月9日，昆山农村商业银行淮阴支行举行开业庆典。

11月28日，淮安汽车客运北站在区举行开工奠基仪式。

12月25日，投资10.2亿元的欧蓓莎国际家居购物中心暨居然之家淮安店在淮阴开工建设。国务院发展研究中心副主任巩琳、中国民营企业家协会会长蒋永涛出席奠基典礼。

12月31日，淮阴区文化广播电视新闻出版局揭牌。

2010年

1月6～8日，政协淮阴区第八届委员会第三次会议召开。

1月7～9日，区第十五届人民代表大会第三次会议召开。

1月22日，新浪网淮阴站举行开站仪式。

1月29日，淮阴经济社会发展汇报暨南京淮阴发展促进会联谊会在宁举行。历届省委驻淮扶贫工作队负责人以及在宁工作的部分淮阴籍人士出席联谊会。

1月31日，淮阴经济社会发展情况汇报联谊会在北京举行。中国长城资产公司董事长赵东平、中共中央办公厅老干部局原局长徐中远、中共中央办公厅特别会计室原主任徐祥之、中共中央对外联络部部长助理郭业洲、中国进出口银行副行长李郡、北京市人大城建环保委副主任孙维林、人民军医出版社社长齐学进等淮阴籍在京人士，部分在淮投资的央企、北京客商代表以及曾在淮学习、工作、生活过的有关人士出席联谊会。

2月1日，举行全市(淮阴)工业重大项目集中开工仪式。

3月1日，2010～2011年度省委驻淮阴区扶贫工作队进驻淮阴。

3月6日，“三八”国际劳动妇女节100周年纪念大会召开。

4月21日，中央纪委研究室有关人员到淮阴调研纪检监察资源重组工作。

5月12日，由省政府办公厅牵头，2010年淮阴区“五方挂钩”帮扶协调小组会议在江苏广播电视大学召开。

5月14日，由市政府主办、区政府和市残联承办的主题为“关爱帮扶农村贫困残疾人”——2010年淮安市助残活动在黄河广场拉开帷幕。

5月19日，举行总投资15亿元的淮安国际厨电产业园项目签约仪式。

5月20日，由淮阴区人民政府主办的漂母公祭典礼隆重举行。

是日，2010中国淮阴·东方母爱文化节在新建成的东方母爱公园开幕。

5月22日，东方母爱文化节——第二届“淮阴·韩信杯”象棋国际名人赛拉开帷幕。

6月9日，区政府与南京师范大学举行合作办学签约暨南京师范大学附属淮阴实验小学揭牌仪式。

9月2日，淮阴师范学院与淮阴区举行科技合作签约仪式。

9月14日，淮安市城乡环境卫生整洁行动在淮阴举行启动仪式。

9月28日，举行江苏淮阴软件科技产业园、江苏淮阴服务外包产业园开园仪式，首批10家国内外知名软件企业成功入驻园区。

10月15日，淮安市第26届中学生田径运动会在淮州中学举行开幕式。

10月23日，区委书记刘学军在湘西参加中国小康村建设报告会，并作大会交流发言。

11月1日，全区第五次全国人口普查工作全面展开。

是日，总投资2.1亿元的江苏石油勘探局淮安硝盐联产环保30万吨元明粉工程项目在工业新区举行开工仪式。

11月4日，省委巡视组视察淮阴农业农村工作。

12月1日，举行全区实施国家基本药物制度启动仪式。

12月10日，举行淮阴盐河创业园开工奠基仪式。

12月18日，省长李学勇到淮阴检查指导工作。

是日，举行国家级经济开发区揭牌仪式。

2011年

1月12～14日，政协淮阴区第八届委员会第四次会议召开。

1月13～15日，区第十五届人民代表大会第四次会议召开。

3月11日，举行第33个义务植树节活动暨新四军刘老庄连纪念林建设启动仪式。

4月9日，省委常委、副省长黄莉新在淮阴召开全省脱贫攻坚现场推进会。

4月10日，省委书记罗志军到丁集镇娘庄调研。

4月22日，副省长徐鸣到刘老庄乡调研。

5月7日，2011中国女性公益慈善论坛在淮阴举行。

5月14日，淮海中学举行晋升省四星级高中揭牌仪式。

5月19日，举行第三届“漂母杯”全球华文母爱主题散文大赛颁奖典礼暨《慈母的呼唤》首发式。

5月24日，第三届“淮阴·韩信杯”象棋国际名人赛闭幕。

6月1日，中航工业金城集团捐资助学仪式在淮阴举行。

6月26日，中共淮阴区第十一次代表大会召开，应到代表292名，实到代表287名。选举十一届区委委员26名、候补委员5名。区委十一届一次会议选举区委书记1名、副书记2名、区委常委11名。

6月30日，中共淮阴区委召开庆祝中国共产党成立90周年纪念大会。

7月20日，副省长史和平到淮安金太阳电力有限公司调研。

7月26日，省人大常委会常务副主任林祥国到淮阴视察铁路建设工作。

9月26日，举行波力国际贸易有限公司投资框架协议签约仪式。

10月5日，区政府在工业园区举行投资15亿元电子芯片项目签约仪式。

10月10日，浙江玉环汽摩配产业园在区工业园区举行开工奠基仪式。

11月5日，举行恒通集团、苏果集团、电子芯片、数码港和物流项目签约仪式。

11月24日，国务院参事调研组调研淮阴粮食生产和现代农业发展工作。

2012年

1月1日，总投资2.26亿元、总建筑面积82870平方米的淮安中央皮革城开业。

1月17日，人民日报社《人民论坛》杂志社副总编陶建群、中央社会主义学院原副院长甄小英到淮阴调研阳光淮阴社会管理创新工作。

2月17日，南京市委常委、江宁区委书记周谦率江宁区党政代表团到淮阴考察，推进江宁—淮阴挂钩合作工作。

3月2日，全区“学习雷锋好榜样”万人志愿服务活动在淮州礼堂启动。

3月9日，全市“放心农资下乡进村”暨“科技惠农服务月”活动在五里镇活动。

3月17日，区与省农业科学院正式签署《现代农业科技服务与示范全面合作协议》。

3月18日，新建的刘老庄八十二烈士陵园纪念馆举行试开馆仪式。

3月25～27日，政协淮阴区第九届委员会第一次会议召开。

3月26～28日，区第十六届人民代表大会第一次会议召开。

4月7日，全市纪念爱国卫生运动60周年暨第24个爱国卫生月活动启动仪式在黄河广场举行。

4月8日，国务院扶贫办、省扶贫办派员到淮阴调研扶贫项目实施情况。

4月18日，副省长何权检查淮阴村庄环境整治工作。

4月20日，2012江苏淮阴·昆山招商推介会暨项目签约会在昆山举行。

5月15日，全区卫生系统在淮州礼堂举行庆祝国际护士节100周年暨“十佳护士”颁奖会，省卫生厅厅长王咏红出席。

5月18日，第四届“淮阴·韩信杯”象棋国际名人赛开幕。

5月22日，由淮阴区政府和台湾文艺协会主办的首届“漂母杯”海峡两岸母爱主题散文大赛颁奖典礼在台北市举行。

5月25日，在浙江义乌举办2012中国淮阴(义乌)现代服务业招商推介暨项目签约会。

5月28日，国内最大生产规模的水产饲料加工车间——江苏天参公司时产70吨高档饲料生产线在淮阴正式竣工投产。

5月30日，第四届“漂母杯”全球华人母爱主题散文大赛颁奖典礼在淮安国信大酒店举行。中国散文学会正式授予淮阴区“中国散文之乡”称号。

7月3日，全区人口计生工作暨创建全国计划生育优质服务先进区大会召开。

7月31日，举行全市“12345”政府公共服务平台建设推进会暨淮阴区平台开通仪式。

8月20日，副省长徐鸣带领省农工委、农工办相关负责人到淮阴调研新一轮扶贫开发工作，并慰问省驻淮阴帮扶工作队队员和考察水稻病虫害防治工作。

8月24日，淮安市政府·华泰证券金融战略合作签约暨华泰证券淮阴营业部开业。

8月27日，举行2012年爱心淮阴助学资金发放仪式，424名大学新生获得150万元助学资金。

9月19日，举行重大项目集中开工、集中竣工、集中签约活动暨招商引资百日会战动员大会，总投资48.1亿元的30个工业项目、总投资27.8亿元的6个服务业项目集中开工或竣工，总投资160.5亿元的21个项目集中签约。

9月28日，中国淮阴·东方母爱文化博物馆正式开馆。该馆是迄今中国唯一的母爱主题博物馆。

10月12日，“快乐淮安·美丽乡村”第三届农民艺术节开幕式暨中韩非遗文化交流展演在袁集乡柱塘村举行。市委常委、宣传部部长戚寿余，韩国庆尚道固城郡政府文化观光体育课长黄镐元出席活动。

10月16日，省军区政治部主任吕先景少将出席电影《刘老庄八十二壮士》开机仪式。2013年3月18日在淮州礼堂首映。

10月20日，首届“市长杯”校园足球比赛暨市第七届运动会中小学生部足球比赛开幕。

10月30日，共青团淮阴区第十四次代表大会在区行政中心召开。

11月8日，北京路盐河桥重建后正式通车。

11月10日，江苏省暨淮安市2012年全民终身学习活动周开幕式在淮阴举行。

12月8日，省委书记罗志军，省委常委、秘书长樊金龙带领省有关方面负责人到码头镇码头村调研新农村建设情况。

2013年

1月8～10日，政协淮阴区第九届委员会第二次会议召开。

1月8～10日，区第十六届人民代表大会第二次会议召开。

1月14日，2013年江苏省法律道德分团暨淮阴区“三下乡”活动在棉花庄镇大福村启动。

1月27日，中电投上海融联租赁股份有限公司LNG车辆项目落户淮阴。

1月31日，省长李学勇到刘老庄乡看望慰问老区群众，并考察省政府办公厅帮扶项目进展情况。

是月，淮阴区被国务院表彰为全国民族团结进步模范集体。

3月8日，区政府与欧洲之星香港有限公司正式签署欧洲之星乐园及商业综合体等项目合作框架协议。

3月11日，区政府在香港举行招商推介会暨项目签约仪式。

3月18日，区委、区政府举行纪念新四军刘老庄连八十二烈士壮烈殉国70周年凭吊仪式。

4月10日，副省长曹卫星调研大运河保护及申遗工作。

4月17日，“同心助推淮安科学跨越发展行动”启动仪式暨首批专家工作站揭牌仪式在丁集镇娘庄村举行。

5月10日，由淮阴区政府、市台办、台湾文艺协会联合举办的第二届“漂母杯”海峡两岸母爱主题散文大赛颁奖典礼在台北举行。

5月17日，文化部部长蔡武视察大运河申遗准备工作。

5月28日，第五届“淮阴·韩信杯”象棋国际名人赛暨象棋文化与发展论坛在淮阴开幕。31日，在淮安国信大酒店圆满落幕。

7月17日，科技部农村司专家组在淮阴指导淮安（淮阴）国家农业科技园区创建工作。

7月29～30日，参加中美地方经贸合作对接洽谈会的美国经贸代表团一行到淮阴参观考察。

8月8日，省委常委、宣传部部长王燕文到淮阴区调研宣传思想文化工作。

8月23日，省政协副主席、党组副书记何权率队到淮阴调研指导脱贫奔小康工作，并看望省委驻淮帮扶工作队全体队员。

8月24日，区召开爱心圆梦助学动员大会，发放爱心资金155万元，资助370名学子圆梦。

9月28日，第五届“漂母杯”全球华文母爱主题散文大赛颁奖典礼暨全国名家“淮阴母亲”专题创作笔会在淮阴举行。

10月18日，总投资50亿元的淮安盐穴储气库项目签约落户淮阴。

11月5日，淮安国家农业科技园区食品产业规划座谈会在区行政中心召开。

11月12日，省食品安全事故（Ⅲ级）应急演练首次在淮阴成功举行。

11月16日，国家环保部生态司官员实地督查淮阴区2012～2013年申报国家级生态乡镇的创建情况。

11月19～20日，香港工商界企业家投资考察团到淮阴考察。

2014年

1月5～7日，政协淮阴区第九届委员会第三次会议召开。

1月5～8日，区第十六届人民代表大会第三次会议召开。

2月27日，国家督学、省督学吴康宁教授在淮阴督导评估“全国义务教育发展基本均衡区”创建工作。

3月6日，全区妇女工作暨区第十一次妇女代表大会召开。

4月5日，全市各界在刘老庄八十二烈士陵园隆重举行公祭活动。市委书记姚晓东、市长曲福田和社会各界代表近千人参加公祭活动。

4月10日，国务院扶贫开发领导小组专家咨询委员会主任范小建一行到淮阴调研指导工作。

5月15日，淮阴区“五方挂钩”暨刘老庄片区帮扶工作会议在南京召开，副省长徐鸣出席会议。

5月24日，区委书记刘泽宇主持召开区委常委（扩大）会，传达学习习近平总书记在指导兰考县委常委班子专题民主生活会时的讲话精神。

6月3日，淮阴区经济发展复旦大学高级研修班在上海复旦大学举行开班仪式，区委书记刘泽宇出席开班仪式并讲话。

6月22日，第38届世界遗产大会同意将中国大运河列入《世界遗产名录》。淮阴区境内“清口枢纽”既是遗产区，又是遗产点。

8月15日，由淮安旗冰种业科技有限公司投资6000万元建设的高产优质超级杂交水稻基地项目正式签约落户淮安国家农业科技园区。

8月22日，省政协副主席、党组副书记何权一行到淮阴区调研指导扶贫开发工作。

9月12日，淮阴区召开座谈会，纪念人民代表大会制度建立暨宪法颁布实施60周年。

9月26日，省长李学勇到淮阴区调研，对淮阴民生工作尤其是刘老庄片区连片开发工作给予肯定。

9月30日，全国首个烈士纪念日，淮安市在刘老庄八十二烈士陵园举行公祭革命烈士活动，深切缅怀革命先烈的丰功伟绩。

10月1日，淮阴区与市盐化工新区签署“飞地”招商合作协议。市政协副主席、市盐化工新区党工委书记、管委会主任刘学军和区长朱晓波分别代表市盐化工新区管委会和淮阴区政府签约。

10月22日，第三届海峡两岸“漂母杯”母爱·爱母主题散文诗歌大赛颁奖典礼在台北隆重举行。

是日，2014两岸名家书画联展活动在台北举行。

10月23日，淮阴区与中国核工业二四建设有限公司就投资合作项目事宜召开洽谈会，会上双方就初步合作签订框架协议。

11月2日，淮安旗冰种业科技有限公司与市农科院正式签订合作框架协议。旗冰种业与农科院下属企业江苏大丰种业有限公司合作成立新的江苏天丰高科种业有限公司，落户淮安国家农业科技园区。

11月8日，第六届“淮阴·韩信杯”象棋国际名人赛在德国汉堡举行。

11月18日，中兴能源光能技术有限公司与淮阴区签订投资协议书。

11月25日，淮阴区通过省级生态区考核验收。

12月9日，淮阴区与英国信诺医疗公司、摩根士丹利合作项目成功签约，共签约6项协议。

是日，区委书记刘泽宇率区党政代表团赴南京市江宁区考察学习。

2015年

1月16日，淮阴区在深圳举办2015中国淮阴（深圳）投资环境推介会。

2月2日～4日，政协淮阴区第九届委员会第四次会议召开。

2月3日～5日，区第十六届人民代表大会第四次会议召开。

3月18日，淮阴区举行新四军刘老庄连八十二烈士殉国72周年纪念活动。

3月20日，淮阴区与中国（淮安）物联网智能传感器产业基金及首批入园项目正式签约。

是日，淮阴区与中国核工业华兴建设有限公司签订江淮科技园项目投资建设协议。

4月15日，淮阴区举行民盟江苏省委与淮阴区政府关于教师能力提升合作的签约仪式以及淮安市教育局与淮阴区政府关于推进教育事业跨越发展的签约仪式。

4月20日，淮阴区召开“五城同创”动员暨争创全国文明城市提名工作表彰大会。

4月22日，淮安市第二届中小学体育艺术文化节在淮阴区开幕。

5月12日，全市村庄环境整治和生态市创建工作推进会在淮阴区召开。

5月18日，首届淮港两地“漂母杯”母爱·爱母主题散文诗歌大赛颁奖典礼在香港浸会大学曾陈式如会堂举行。

5月18～21日，第七届“淮阴·韩信杯”象棋国际名人赛在香港浸会大学礼堂举行。

5月22日，首届淮澳两地“漂母杯”母爱·爱母主题散文诗歌大赛颁奖典礼在澳门科学馆举行。

6月9日，第四届海峡两岸“漂母杯”母爱·爱母主题散文诗歌大赛颁奖典礼暨母爱·爱母主题散文诗歌作品品读会在台北世新大学举行。

9月1日，举行2015年“幸福淮阴，圆梦大学”助学金发放仪式，向全区293名贫困学子发放爱心助学金103.6万元。

9月2日，淮阴区各界人士在刘老庄八十二烈士纪念园隆重集会，纪念抗日战争胜利70周年，缅怀先烈丰功伟绩，凝聚发展精神力量。

10月15日，第七届“漂母杯”全球华文母爱·爱母主题散文诗歌大赛颁奖典礼暨母爱·爱母主题散文诗歌品读会在淮阴区隆重举行。中国作家协会原副主席蒋子龙，中国散文学会名誉会长周明，中国散文学会常务副会长红孩，省委宣传部副部长、省政府新闻办主任司锦泉以及市、区领导等出席颁奖典礼。

11月10日，由市体育局、市老龄办、区政府、市老年人体育协会主办的2015江苏省老年人体育节淮安市分会场闭幕式暨淮阴区老年人体育健身展示活动在区体育馆隆重举行。

12月1日，由高新区招引、台湾同仁医院投资建设的淮安市宝岛母爱医院项目正式与淮阴区签约。

12月9日，总投资200亿元的江苏富强新材料项目正式开工建设。

12月18日，淮阴区与中国绿色建材产业联盟战略合作暨中德物联网智能传感器产业基金举行增资扩股签约仪式。

12月24日，淮阴区隆重举行“爱敬诚善，幸福淮阴——我和我的身边人”大家谈现场交流活动，授予100名“爱敬诚善淮阴人”先进个人和10个先进集体荣誉称号，颁发淮阴籍全国道德模范皇甫辉勇、江苏省道德模范李爱云、江苏省最美少年夏倩倩“爱心文化宣传大使”证书。

是日，国家重大农技推广服务试点项目——淮阴蔬菜新品种新技术示范基地项目推进会召开。

12月28日，省委副书记、代省长石泰峰，省委常委、副省长徐鸣一行到淮阴区看望慰问徐宿淮盐铁路建设者。

第一篇　政区　环境

淮阴自秦置县，迄今已有2200余年，其间政区境域、所属多有变化。2008年，区境域总面积1264.1平方千米，总人口90万人。全区辖21个乡镇、233个行政村、26个社区，隶属江苏省淮安市，治所王营镇。

境域位于北纬33°22′～33°56′、东经118°56′～119°09′之间的华北地台和扬子准地台的衔接部位。1978年，淮阴境域为新中国成立初期的全境面积划出原县城和城南、钵池两公社后的剩余部分；1985年，和平、武墩两乡划归清浦区。全境是南濒洪泽湖（赵集镇洪湖村挡浪堤向南延伸7千米），北至徐溜镇冯庄村隔六塘河与沭阳钱集镇相望，东到王兴镇盐西电站隔盐河与涟水保滩镇相邻，西到三树镇竹络坝电站隔大运河与泗阳毗邻。南北长62.5千米，东西宽38.5千米，面积1264.1平方千米，其中陆地面积1034.45平方千米，占总面积81.83%；水域面积229.66平方千米，占总面积18.17%。至2008年，境域面积没有变化。

淮阴居淮河下游，京杭大运河横贯东西。陆地为黄泛冲积平原，地形较平坦，从废黄河漫滩向南北两侧逐渐倾斜。运北地区，海拔10～12米，由西向东呈微波型斜面，有部分洼地（如夏家湖），海拔仅9～10米。运南地区，海拔在14～16米之间，由北向洪泽湖边呈波状倾斜。以砂质型土壤为主，占土壤总面积的67.6%，其他异质型土壤和蒙金型（包括上砂下黏和上壤下黏）占32.4%。

境内为北亚热带和暖温带交汇处，设有南北地理分界线，属暖温带半湿润季风气候，四季分明，季风显著，物候特征明显，光照充足，雨量适中，无霜期长，贮雪期短，年平均气温14.5℃（1978～2008年）。水资源较丰富，岩盐矿产资源集中于赵集濒临洪泽湖的次凹地段。自然灾害多为旱灾、涝灾及病虫害等。

第一章　建置区划

第一节　建置沿革

淮阴区境在西周时地跨徐、扬二州，春秋后期属吴，吴亡后属越。周贞定王二十四年（前445）楚国屡侵泗水流域，淮阴归属时越时楚，终属楚。秦王嬴政二十四年（前223），秦灭楚，在淮河南岸置淮阴县，隶属东海郡（一说九江郡，也称郯郡）。

西汉初，析淮阴县西南地域置富陵县。高祖六年（前201），贬楚王韩信为淮阴侯，淮阴为其封邑。十一年（前196）杀韩信，淮阴侯国除，仍称淮阴县。武帝元狩六年（前117）置临淮郡，淮阴、富陵属之。

王莽新政，改淮阴为嘉信，并改临淮郡为淮平郡。建武元年（25），恢复旧郡县名。

东汉初，临淮郡并入东海郡，淮阴县属之，且撤富陵县，其地入淮阴县。永平十五年（72）改临淮郡为下邳国，淮阴、淮浦、盱眙、徐县属下邳国。建安十一年（206）下邳国名废除，仍为下邳郡，淮阴属之。

三国时属魏，晋太康三年（282），广陵郡治迁至淮阴。

南朝泰始五年（469），刘宋于淮阴侨立兖州，亦称北兖州。永明七年（489），割山阳、盱眙二郡地，将北兖州由侨置州改为实土州，辖东平、阳平两郡。

东魏时北兖州改名淮州，东平郡改为淮阴郡，寿张县改名怀恩县，淮州下辖淮阴、阳平、山阳、盱眙4郡，淮阴郡辖怀恩、富陵（东魏时复置，在今洪泽湖中）、鲁3县。

陈太建五年（573），南陈伐北齐成功，占据江淮地区，淮州复名北兖州，淮阴郡复名东平郡，怀恩县复名寿张县。

隋初，复为淮阴郡，不久废郡为县。大业初年（605），首次并淮阴县入山阳县。

唐武德初年，恢复淮阴县建置。武德七年（624），淮阴再次并入山阳；乾封二年（667），淮阴又从山阳划出恢复县建置。

北宋时，依旧称淮阴县。熙宁十年（1077），泗州临淮县的吴城一带划属楚州淮阴县。

南宋建炎元年（1127），吴城一带设吴城县。绍兴三年（1133），废吴城县。绍兴五年废淮阴县为镇，一年后又恢复县建置。嘉定七年（1214）淮阴县治移至八里庄。绍定四年（金正大八年，1231）地入于金，金改淮阴为镇淮府。次年，即为宋江淮制置使赵善湘收复。南宋咸淳九年（1273）首次设置清河县，属清河军，治所在淮河北岸的清口（古泗口时称清口）。咸淳年间（1265～1274），淮阴县治从八里庄迁回淮阴故城，于八里庄置新城县。

元初，淮阴、新城、清河三县并置，撤销清河军，隶属于淮安路总管府。至元二十年（1283），淮阴县复并入山阳县。

明至清乾隆二十七年（1762），淮阴县体制与元时同。

民国初，废淮安府，县直属江苏省。民国3年（1914），清河县恢复淮阴县原名（因与河北省清河县同名之故），并设淮扬道于此，淮阴为其属县之一。民国16年，国民革命军北伐占领江苏后废淮扬道。民国21年，国民政府在淮阴设立第七行政督察区，辖淮阴、淮安、涟水、宝应、泗阳、宿迁6县。

民国26年12月，日军入侵江南，江苏省政府由镇江迁至清江浦。民国28年3月1日，日军侵占清江，江苏省政府迁至淮东，淮阴县政府在县内农村活动。

民国29年，淮阴抗日民主政府在县境北乡花庄成立。民国34年8月，日本投降。9月，新四军解放淮阴城，改清江浦为清江市，农村仍为淮阴县。不久，苏皖边区政府成立，驻清江，清江市、淮阴县为其所属。民国35年9月，国民党军队占领清江，在此设县政府和淮阴专员公署；中国共产党政府机关则撤出清江市，活动于北乡农村。民国37年12月，人民解放军解放淮阴县城，城区与淮城镇合组为两淮市，市府驻清江浦，农村仍为淮阴县。次年3月，撤销两淮市，清江浦复归淮阴县。

1951年1月，城区又从淮阴县析出，再度成立清江市。1958年9月，清江市与淮阴县合并，成立淮阴市（县级市）。1964年11月，市县再次分置为淮阴县和清江市。1972年，淮阴县政府迁至王营镇。1983年3月，江苏省实行市管县体制，撤销淮阴地区专员公署，设立淮阴市，淮阴县为其属县。是年4月，全县统一实行县、镇（乡）、村（居）建制。

2001年1月，淮阴市更名为淮安市，撤销淮阴县设立淮阴区，区政府驻王营镇北京西路73号。2005年，淮阴区行政中心迁至承德北路606号。

第二节　行政区划

1978～1983年8月，淮阴县设有王营镇和小营、杨庄、赵集、南陈集、南吴集、高堰、武墩、和平、码头、新渡、王兴、棉花庄、老张集、刘老庄、古寨、徐溜、五里、丁集、袁集、渔沟、三树、蒋集、汤集、北吴集、韩圩、西宋集及果林场等28个人民公社（镇、场）革命委员会。

1983年9月，增韩桥、凌桥、大兴庄、韩庄等4个乡。1984年，全县统一政社分开。至此，全县辖30个乡镇（场），另有蚕种场、鱼种场、苗圃、种猪场、原种场、农科所等6个国营场圃。

1985年7月，经省政府批准，武墩、和平两乡划归清浦区管辖。

1987年3月，经省政府批准，码头、渔沟两乡撤乡建镇。

1992年9月，经省政府批准，撤销小营乡，原小营乡于和村划归新渡乡，杜庄村三干河以西划归袁集乡，左庄、杨井、官庄、大埝、盐北、沈渡、越河、营东等8个村划归王营镇。全县由30个乡镇（场）调整为29个乡镇（场）。

1994年12月，经省政府批准，撤销赵集乡设立赵集镇。

2000年1月，经省政府批准，淮阴县行政区划调整，合并部分乡镇，由原29个乡镇（场）调整为21个乡镇。撤销丁集乡、南陈集乡、徐溜乡，设立丁集镇、南陈集镇、徐溜镇；撤销高堰乡，其所辖张福、九堡、十堡、高堰等4个村划入赵集镇，淮丰、叶庄、张周、高庄、头堡、孙庄、官沟、窑厂、罗庄、包庄、孔庄、小桥等12个村划归南陈集镇；撤销韩圩乡，整体并入渔沟镇；撤销大兴庄乡，整体并入棉花庄镇；撤销韩庄乡，整体并入徐溜镇；撤销蒋集乡，整体并入三树乡；撤销杨庄乡，将淮闸、盐闸两村和杨庄居委会并入王营镇；将盐河、许渡、东金圩、夏家湖、湖心、双闸、闸西等7个村划归凌桥乡。原果林场及营北、王圩、崔庄、营西、果林等村并入王营镇，同时将原新渡乡的刘渡、王大庄两村并入王营镇。是年6月，经省民政厅批准，对北吴集乡、南吴集乡、王兴乡、五里乡、西宋集乡撤乡设镇，同时将北吴集乡、南吴集乡分别更名为吴集镇、吴城镇；撤销汤集乡，整体并入西宋集镇。2001年7月，全区开展并村联组工作，境内行政村区划变化较大。2002年2月，省政府批准，撤销三树乡，设立三树镇。将码头镇张庄镇自然村从玉坝村分立出来，设立张庄镇行政村。至此，全区有249个行政村、10个社区居委会。村委会比以前减少179个；村民小组比以前减少1829个。

2003年3月，区政府决定对王营镇社区居委会进行调整，调整后王营镇有营东、星光、小营、营北、同兴、北桥、营中、东街、西坝、机关等10个社区和长安、双和、沈渡、越河、左庄、杨井、王庄、淮闸、杨庄、果林、崔庄、营西等12个建制村。是年9月，区政府决定将王营镇左庄村十一、十二、十三、十四等4个村民小组并入杨井村，将杨井、王庄两村划归淮阴经济开发区。至此，王营镇辖10个社区、10个建制村。至2003年10月，全区辖14个镇、7个乡。2006年4月，区政府决定将棉花庄镇的三朱、徐梅两村划归淮阴经济开发区，经济开发区下辖杨井、王庄、三朱、徐梅4个村。是年6月，区政府将王营镇以外的13个镇政府所在地的行政村一律改为社区，设居民委员会，原辖区不变。至2008年，全区行政村和社区居民委员会总数仍保持2002年并村联组后的数量。

1978年淮阴县行政区划表

表1-1-1

公社（场）	建制大队名称	生产队数（个）
赵集	赵集、街北、街西、马场、红星、立新、小滩、庆丰、分洪、洪湖、条湖、汪场、老场、临湖、韩桥、王集、同兴、张圩、新庄	216
吴集	吴集、头庄、运河、联泗、果林、二庄、堡工、黄河、河滩、集西、淮泗、更生、立新、沙河、赵河、兴旺、湖滨、河头	154
陈集	陈集、谭庄、福河、新生、双河、乔庄、竹园、高福庄、三赵、翻身、梨园、联堡、蚕桑、寿塘、学田、鲁黄、高陈、梅畅、鱼塘、林圩	156
高堰	高堰、民主、张福、九堡、强胜、十堡、新建、窑厂、红旗、小桥、红卫、跃进、兴旺、先进、淮丰、前进、头堡	117

续表 1-1-1

公社（场）	建制大队名称	生产队数（个）
码头	码头、二闸、泰山、旧县、太平、桃园、新河、玉坝、惠民、张庄镇、陶闸、郑台、大沟、仲弓	88
和平	和平、唐桥、庵董、齐湖、前齐、二河、南葛、新农、薛河、崔桥、秦墩、大黄、前左、后左、越闸、古庄牛、电站、范庄、和平、农科站	142
武墩	武墩、普墩、王庄、三闸、唐庄、严集、高坝、王桥、十里荒	108
王营镇	同兴、星光、小营	14
小营	盐北、杜庄、沈渡、越河、官庄、大埝、营东、杨井、于和、左庄	94
果林场	场直一工区、果林、农科站、营北、场直二工区、王圩、崔庄、林庄	36
棉花庄	棉花庄、三朱、徐庄、梅庄、皂角、十里、纪庄、范洼、大福、顾庄、刘河、夏庄、袁庄、大兴、大西、军田、石洼、张河、安东	166
新渡	佟洼、临河、王庄、谢庄、朱集、三杨、新桥、沙荡、新渡、洪南、夏圩、淮涟、双坝、农科站	127
王兴	王兴、盐坝、陆杨、渠南、陈杨、安庄、开庄、支庄、高荡、三尖、桃田、长兴、肖荡、利农、沿河、练湖、轮窑、薛渡、桥口	167
张集	老集、街东、前湾、后湾、八盘碾、大雄庵、川星、孙圩、桥头、丁庄、花庄、洪涯、窑庄、金星、靳庄、斗篷、代河、桑庄、农科站	142
丁集	丁集、宗楼、潘谈、董园、浪石、新民、新堆、农庄、齐庄、劳动、共和、娘庄、胡庄、马塘、机房、桥东、公路、路西、农科站	147
五里	五里、新农庄、刘洼、纪吴、丁圩、大王庄、香庄、老香庄、郑洼、条洪、树东、大树、吴老庄、路东、涧桥、新淮、花园、茶庵、刘桃园、农科站	165
刘老庄	刘皮、刘老庄、河头、郑庄、南营、街南、双庄、杨庄、夹树、姜庄、马湾、红星、小圩	112
徐溜	徐溜、徐东、徐西、糖坊、金城、茶棚、苏营、潘祠堂、老张庵、清河、潘圩、董荡、谷庄、冯庄、小房、江桥、吴庄、安集、农科站	135
古寨	古寨、九房、陆冲、合心、寨南、对口、金口、后河、老圩、万柳、严圩、农科站、条河	96
宋集	宋集、河南、新庄、条河、义和、朱庄、戴庄、蒋圩、蒋渡、刘桥、汪渡、涵洞、韩庄、三岔、范冲、河东	151
汤集	汤集、汤圩、曹圩、大桥、三王、张庄、同丰、洪庄、沈圩、孙赵、跨洪、洪北、王码	128
北吴集	北吴集、二甲、包圩、后荡、五甲、俞庄、何赵、桥北、刘庄、淮东、淮西、桥南、倪祠堂、唐谷、姚庄、李葛、北王集、史下庄	154
韩圩	韩圩、朱湖、刘赵、徐赵、包河、董巷、程圩、何庄、裘庄	94
渔沟	渔沟、陶营、渔南、孙庵、六里、柿树园、渔西、汪庄、横沟、杨庙、卢华、文庵、蒋口、彭堆、河塘、蒋桥、农科站	126
袁集	袁集、袁东、袁南、袁北、干庄、桂塘、沙庄、辣树、草庙、双庄、李庄、农科站、林蚕场、砖井、诸庄、干闸	116
三树	三树、四门闸、树北、黄华、张桥、杓股、陆庵、树南、李庵、三堡、毛湖、汪洼、丁大庄、汪梨园、树西、农科站、渔业、蚕桑场	121
蒋集	蒋集、小闸、三坝、三岔、磨盘、二堡、徐圩、潘庄、郁梨园、杨柳、周集、高尚、油坊、刘庵	121
杨庄	淮闸、盐闸、闸西、夏家湖、金圩、湖心、泗河、西金圩、凌桥、豆瓣集、双闸、许渡、新闸	118

1984年淮阴县政社分设时行政区划表

表1-1-2

乡镇名称	建制村（居）名称	村民小组（个）
王营	东街居委会、北桥居委会、南桥居委会、营中居委会、营西居委会、盐河居委会、西坝居委会、机关居委会、小营、星光、蔬菜、同兴	18
渔沟	渔沟、陶营、卢华、杨庙、孙庵、文庵、河塘、蒋口、渔南、蒋桥、横沟、柿树园、渔西、汪庄、六里、彭堆、夏桥、西街、李大庄	163
码头	二闸、桃园、泰山、张庄镇、玉坝、新河、仲弓、旧县、陶闸、太平、码头、大沟、惠民、郑台、码头居委会	93
高堰	高堰、九堡、十堡、张福、孙庄、包庄、小桥、官沟、窑厂、罗庄、孔庄、叶庄、高庄、淮丰、张周、头堡	114
赵集	沟北、街西、赵集、马场、邱庄、小滩、红星、庆丰、汪场、老场、条湖、杨场、洪湖、分洪	150
韩桥	韩桥、张庄、临湖、郑场、张圩、五号、天河、王集、河头、沙河、赵河、朱庄、湖滨	136
南吴集	南吴集、南圩、更生、淮泗、集西、堡工、黄河、河滩、头庄、二庄、运河、联泗、陶庄、小河北、果林、西头堡、农科站	127
南陈集	陈集、谭庄、联堡、三赵、翻身、梨园、学田、高福庄、新生、竹园、林圩、蚕桑、鱼塘、高陈、梅畅、冯庄、寿塘、鲁黄、乔庄、双河、福河、天桥	163
杨庄	淮闸、盐闸、闸西、双闸、湖心、夏家湖、金圩、许渡、杨庄居委会	79
袁集	袁集、袁南、袁北、李庄、千庄、桂塘、沙庄、辣树、草庙、双庄、千闸、砖井、诸庄、林蚕场、农科站	127
丁集	丁集、浪石、新民、农庄、南农庄、董周、新堆、齐庄、劳动、潘谈、宗楼、路西、公路、桥东、胡庄、娘庄、共和、农科站	146
五里	五里、新农庄、刘洼、纪吴、丁圩、大王庄、香庄、老香庄、郑洼、树东、大树、吴老庄、路东、涧桥、新淮、花园、茶庵、刘桃园、农科站	197
刘老庄	刘皮、刘老庄、刘河头、郑庄、南营、街南、龙窝塘、杨庄、夹树、姜庄、马湾、殷松林、小圩	129
古寨	古寨、九房、陆冲、银猫、对口、寨南、金口、老圩、后河、万柳、严圩、三杨庄、新公	105
徐溜	徐溜、徐西、徐东、潘圩、潘祠堂、苏营、金城、茶棚、糖坊、老张庵、董荡、清河、冯大庄、吴庄、安集、谷庄、农科站	125
韩庄	韩庄、范冲、涵洞、三岔、河东、江桥、小房	72
西宋集	宋集、蒋圩、蒋渡、刘桥、戴庄、戴梨园、义和、朱家庄、新庄、河南、条河、汪渡	129
汤集	汤集、汤圩、曹圩、大桥、三王、张庄、同丰、洪庄、沈圩、孙赵、跨洪、洪北、王码	162
北吴集	二甲、北吴集、史夏庄、包圩、后荡、五甲、俞庄、李葛、姚庄、北王集、桥南、桥北、刘庄、何赵、淮东、淮西、倪祠堂、唐谷、东徐	175
韩圩	韩圩、程圩、何庄、裘庄、朱湖、董巷、包河、刘赵、徐赵、交通、包吴、圩西、郑李	125
蒋集	高尚、油坊、刘庵、蒋集、杨柳、周集、潘庄、小闸、三坝、三岔、郁梨园	100
凌桥	豆瓣集、周庄、西金圩、泗河、凌桥、磨盘、徐圩、二堡、李庵、毛湖、三堡	91
三树	三树、四门闸、树北、黄华、张桥、杓股、陆庵、树南、汪洼、丁大庄、汪梨园、树西、渔业、蚕桑场、农科站	127

续表1-1-2

乡镇名称	建制村（居）名称	村民小组（个）
老张集	老集、靳庄、金星、斗篷、代河、桑庄、街东、前湾、后湾、八盘碾、大雄庵、川星、孙圩、桥头、洪涯、窑庄、健康、胜利、农科站	148
大兴庄	安东、张河、大西、大兴、军田、支庄、花庄、丁庄、机房、马塘、条洪、刘庵	95
王兴	陈杨、渠南、陆杨、安庄、开庄、高荡、三尖、桃田、盐坝、王兴、练湖、桥口、薛渡、轮窑、林场、沿河、利农、萧荡、农场、长兴、后萧、尹庵	168
新渡	淮涟、双坝、新渡、沙荡、洪南、观音堂、三杨、朱集、谢庄、刘渡、杨码、王大庄、临河、佟洼、夏圩、农科站	139
棉花庄	三朱、梅庄、徐庄、皂角、十里、刘河、纪庄、大福、顾庄、范洼、袁庄、棉花、马庄、夏庄、沈庄	135
小营	左庄、杨井、官庄、大埝、盐北、杜庄、沈渡、越河、营东、于和	92
果林场	营北、果林、王圩、崔庄、营西、场直	36

注：另设鱼种场、原种场、蚕种场、农科所、种猪场和苗圃。

2008年淮阴区行政区划表

表1-1-3

乡镇名称		建制村（居）名称	村民小组（个）
王营镇	村	双和、左庄、长安、杨庄、越河、沈渡、果林、崔庄、淮闸、营西	76
	居	小营、营北、星光、西坝、机关、北桥、营中、东街、同兴、营东（另辖果林场、镇工业集中区）	
赵集镇	村	小滩、庆丰、分洪、洪湖、汪场、红星、沟北、街西、十堡、高堰、老场	96
	居	赵集	
码头镇	村	张庄镇、玉坝、旧县、新河、仲弓、陶闸、郑台、泰山	60
	居	码头、安澜	
渔沟镇	村	陶营、卢华、杨庙、新民、淮河、西河、蒋桥、汪庄、鹏里、兴渔、渔沟、程圩、何庄、裘庄、韩圩、董巷、包河、徐赵	136
	居	街东	
吴城镇	村	城南、淮泗、城西、堡工、黄河、河滩、头庄、利民、三园	73
	居	吴城	
南陈集镇	村	高福、镇西、镇北、合心、果林、学田、高成、林圩、鱼塘、蚕桑、梅畅、寿塘、竹园、乔庄、孙庄、窑厂、双庄、小桥、淮丰、张周、头堡	155
	居	陈集	
王兴镇	村	新兴、安庄、开庄、长兴、桃田、高荡、肖荡、团结、沿河、两淮、练湖	94
	居	王兴	
棉花庄镇	村	十里、新河、袁庄、大福、顾庄、刘河、联旺、军田、大西、大兴、团结、三河	105
	居	鑫园	

续表1-1-3

乡镇名称	建制村（居）名称		村民小组（个）
丁集镇	村	劳动、农庄、西站、浪石、七一、娘庄、胡庄、宗楼、潘谈	72
	居	丁集	
五里镇	村	镇南、老郑、大树、镇北、涧桥、花园、桃园、刘洼、民强、双农	97
	居	五里	
徐溜镇	村	金城、新和、张庄、民主、长庄、淮北、吴江、创业、韩庄、涵洞	113
	居	徐溜	
吴集镇	村	兴和、包圩、后荡、新园、黎明、民主、淮西、倪祠堂（淮泗）、振兴、三和	86
	居	吴集	
西宋集镇	村	兴旺、三王、同丰、汤集、沈圩、朱庄、合兴、新园、戴梨园、蒋渡、跨洪、王码、洪北	146
	居	宋集	
三树镇	村	张桥、跃进、新星、树西、四门闸、汪洼、联盟、周集、梨园、三岔、三坝、蒋集、渠北、高尚	112
	居	三树	
韩桥乡	村	韩桥、河头、湖滨、兴旺、沙河、天河、庆华、沿湖	81
新渡乡	村	双坝、淮涟、新渡、夏圩、沙荡、新桥、三杨、朱集、佟洼	64
刘老庄乡	村	郑河、刘皮、刘老庄、南营、红星、姜庄、夹树、杨庄、双庄、同心	58
古寨乡	村	九房、银猫、对口、古寨、新公、古西、友谊、后河	53
老张集乡	村	金星、代河、玉尧、郑湾、健康、新桥、张集、孙圩、洪涯	90
凌桥乡	村	鑫联、夏家湖、许渡、双闸、泗河、凌桥、李庵、豆瓣集、毛湖、三堡、新堡	88
袁集乡	村	桂塘、干庄、李庄、辣树、草庙、双庄、袁北、袁东、袁集、农科	63
工业园区	村	三朱、徐梅	39
	居	杨井、王庄	

说明：王营镇10个行政村同时挂社区居民委员会牌子。

第三节　治　所

1978年，县委、县政府驻王营镇北京路73号，办公场所面积3800平方米。1995年，在县政府办公大楼后侧，建县教育局、物价局综合办公楼，共5层，面积约2200平方米。1989年，在县政府办公楼西南，建县人大、县政协综合办公楼，共4层，面积约2000平方米；建档案馆，共4层，面积1560平方米。至2001年8月，淮阴区（县）政府均驻于此，门牌号调整为北京西路11号。

2002年9月，区政府办公大楼，区人大、区政协办公大楼，区教育局、环保局、物价局办公大楼转让给区开明中学。区档案馆留驻。在此办公的机关单位搬出，由区政府统一向社会租房办公，区委、区政府租用原淮阴县人民银行办公楼。2005年5月1日，区政府迁至承德北路606号淮阴区行政中心。行政中心位于淮阴区王营镇长江东路北侧、承德北路西侧，由行政大楼和人民广场组成，以行政中心大楼中心线为南北主轴线，广场沿轴线对称布置，并环形拥抱大楼。附楼呈扇形分布在主楼北侧，通过北面左右出入口与主楼相连。行政中心建设用地6万平方米，大楼建筑占地7000平方米，总建筑面积31000平方米，东西长133米，南北宽50米，高42米，框架剪力墙结构，共10层，地下1层，地上9层。

第二章　自然环境

第一节　地质　地貌

一、地质

淮阴境域位于中国东南两大构造单元——华北地台和扬子准地台的衔接部位，以淮阴—响水口断裂地带为界，南属扬子准地台苏北凹陷，北属华北地台鲁苏隆起。

【地层】 境内无基岩出露，基底构造难以辨认，据钻孔揭示，除新生界外，地层不连续，剖面不完整，新生界地层从老到新的情况是：

下第三系（E）：古新—始新统的泰州组、阜宁组，渐新统戴南组和三垛组，主要属陆相碎屑沉积，夹海陆过渡相，底部见火山岩相。泰州组（Et），岩性主要为紫红色粉砂岩夹少量砾岩，厚度大于146米，与下伏地层为不整合接触。阜宁组（Ef），下部为棕、暗棕色砂泥岩互层，上部为硬石膏岩与泥岩互层，顶部以灰白色盐岩为主夹硬石膏岩、钙芒硝岩及泥岩，总厚度大于1800米，与下伏地层为整合或假整合接触。戴南组（Ed），属残留湖盆—河、湖交替环境下的碎屑岩沉积。以棕色粉细砂岩为主，厚度大于280米，与下伏地层为假整合接触。三垛组（Es），属浅湖相碎屑岩沉积。岩性以棕色粉砂岩、泥岩为主夹砂砾岩，厚度879～1156米，与下伏地层为假整合接触。

上第三系（N）：上新—中新统盐城组（NY）为一套河流相沉积，岩性以灰、灰白色中细砂岩、含砾砂岩为主，厚度193～291米，与下伏地层呈不整合接触。

第四系（Q）：下更新统（Q1），河湖相为主夹海陆过渡相。上部为青黄色，含砾中、粗砂夹少量粉细砂；中部为黄褐、浅灰色亚黏土；下部为灰黄色粉细砂。境内广为分布，总厚度13～51米。中更新统（Q2），为河湖相—海陆过渡相砂泥质沉积，岩性为浅成灰、黄棕色亚黏土、黏土夹细砂。上更新统（Q3），为一套棕黄、暗黄色亚黏土，黏土夹黏土质粉砂，具水平层理和斜层理，为海浸影响较强的海陆过渡相沉积。该层夹中、细砂层，厚度达8～10米。全新统（Q4），以河流相、湖沼相泥质沉积为主，岩性主要为亚黏土和黏土，富含有机质。境内广泛分布，废黄河以北、渔沟一带为沉积中心，厚度8～15米，西南以赵集为沉积中心，一般厚度3～6.9米。

【构造】 境内构造单元划分：东南为淮安中断陷，西南部为洪泽中新断陷，西北、北部为鲁苏隆起区。

隆起：王营镇—吴城镇一线以北属鲁苏隆起的南缘的斜坡带。基底保留前寒武系变质岩和古生界碳酸岩地层，东北走向。

断陷：淮安中断陷，在古隆起的基础上发育而成，受NNE60°　和NE两组断层切割而错乱。接受晚白垩世的粗碎岩和蒸发岩的沉积，其沉积中心在淮安城区，境内仅新渡—王营镇部分在断陷的北缘。洪泽湖中新断陷，洪泽湖中断陷与淮安中断陷同属鲁苏隆起南缘的斜坡带，自晚白垩世末期仪征运动开始分割而形成。接受下第三系巨厚的碎屑岩夹碳酸岩、盐岩沉积。断陷中的次一级构造，赵集镇次凹，走向东北40°～55°，位于王营镇杨庄村—吴城镇以南及王营镇杨庄村—南陈集以西一带。

断层：淮阴—响水口断层，走向为东北，断距100～200米，属西升东降的正断层，南北地层分界为海泗断裂。王营镇杨庄村—倪湖庄断层，走向近南北，倾向西，倾角35°～50°，属张性断层，发育于喜山早期。在王营镇杨庄村附近切割淮阴—响水口断层。

【火成岩】 境内无火成岩出露，仅据钻孔揭示：在赵集镇红星村阜宁组上部见一层凝灰岩，厚仅0.14米。在韩桥乡附近阜宁组底部见粗安灰火山角砾岩，厚约110米，其下见粗安岩，属中性岩浆喷发岩，厚约300米，同位素年龄测定为5600～6900万年，属古新世泰州组时产物。此外在码头镇附近，三垛组地层中见致密块状玄武岩，厚约14.57米（未穿），在原淮阴县政府后院和小营广场东北角钻孔中均见凝灰岩，厚度8～10米（未穿透）。

【工程地质】 境内工程地质的"基底"为Q3杂色黏土，如遇10层以上建筑，采用桩基，一般以Q3中的夹层——中厚层中的细砂层作桩尖持力层，单桩承载力可在50吨以上；7～10层建筑物，则以中细砂层上部的杂色黏土为桩尖持力层，单桩承载力一般为40吨左右；6层以下（含6层）建筑物一般采用局部换土垫层或采用天然地基。境内地质的主要研究对象为Q3上部及Q4地层。

Q3：为杂色黏土，含钙质结核，其中夹一层厚3～10米的中、细砂层。中、细砂层的顶面标高为-2米左右（废黄河高程系统，下同），承载力为每平方米25～40吨。杂色黏土顶层标高起伏较大，王营镇范围一般为+4米左右，向西及西南逐步抬高，至三树镇一带为+8米左右，运南也大约如此。该层含水量30%，空隙比0.84，塑性指数29，容许承载力每平方米16吨左右。

Q4：该层大部分为近代黄河夺淮入海的冲积物，一般可分为如下几层。Q_4^1大部分为中密—稍密粉砂，在王营镇盐河两岸局部为轻亚黏土。该层顶面标高为+7米左右，底部与Q3杂色黏土之间为不整合或假整合接触，有一层软塑黏土为一明显分界。该层含水量一般为30%左右，死隙比0.80上下，容许承载力为每平方米12吨。该层在境内西南局部缺失，在大运河以南则大部分为一层软塑—流塑状淤泥替代，南陈集镇、赵集镇、韩桥乡一带厚度达6～8米。Q_4^2为一层浅黄软塑状亚黏土，局部含1～2层浅红色黏土，顶面标高为+9米左右。该层含水量约30%，孔隙比0.85，容许承载力为每平方米9～10吨，境内4层以下建筑物均以该层为天然持力层。Q_4^3为近代人工堆集或受人类活动影响显著的堆积物，相变大，最厚达3～4米，一般1～2米。与Q_4^2的界限为一浅灰色淤泥质土，一般厚度0.5米左右，顶面标高随地形起伏。该层不稳定，除1～2层建筑物可以该层为持力层外，其余一般均须挖除。废黄河两岸及盐河两岸由于该层堆积厚度达4～5米，有时也可作为4层以下建筑物的天然持力层。

二、地貌

境内地貌形态为黄泛冲积平原。地形较平坦，以废黄河为界，向南北两侧逐渐倾斜低洼。运北地区，海拔10～12米，其地势西高东低，由西向东呈微波形斜面，而其中有部分洼地（夏家湖地区），海拔9～10米。运南地区，海拔在14～16米之间，称西南高平原，其地势由北向洪泽湖边呈波状倾斜。

废黄河高漫滩，由黄河历次泛滥堆积而成，海拔20～25米，一般高出堤外平原3～5米，组成岩性主要为粉砂和亚黏土，沿废黄河床呈垄断状分布，南北宽约2～5千米。

堤侧倾斜平原，为泛滥洼地与古淮河平原的过渡地带，地面标高10～14米，微向南倾。岩性主要为亚砂土、亚黏土，分布于南陈集镇、赵集镇一带。

决口冲积扇形平原，伸展于废黄河大堤两侧，由黄河决口泛滥泥砂沉积而成。岩性主要为砂质亚黏土，远离河道两侧沉积物颗粒逐渐变细。

第二节 气候 物候

一、气候

境内地处北亚热带和暖温带交界处，属暖温带半湿润季风气候，四季分明，季风显著。

【气温】 1978～2008年，年平均气温14.5℃，大多年份在14℃以上，年际最大差值2.4℃，最高年15.7℃（1994年、1998年）、最低年13.3℃（1980年）。气温年内变化以1月份最冷，平均气温1.1℃；7月份最热，平均气温27.0℃；极端最高气温40℃（1978年7月8日）；极端最低气温-15.5℃（1979年1月16日）。

【日照时数】 1978～2008年，年平均日照时数为2113.75小时，最多年（1978年）为2506.1小时，日照率为57%；最少年（2003年）为1715.4小时，日照率为39%；最多月（1979年10月）为290.3小时，最少月（1989年1月）为63.5小时。

【降水量】 1978～2008年，年平均降水量957.9毫米，75%年份在800毫米以上，36%年份在1000毫米以上。降雨量年际变化较大，最多年为1543.1毫米（2003年），最少年为571.5毫米（2004年）。雨雪日平均为134天，最多年为157天（1984年），最少年为69天（1978年）。

2008年淮阴区各月份降水量与蒸发量统计表

表1-2-1　　单位：毫米

月份	降水量	蒸发量	降水大于蒸发	蒸发大于降水
1	459	232	227	
2	55	407		352
3	209	1015		806
4	671	878		207
5	1219	1220		1
6	2066	886	1180	
7	3915	921	2994	
8	1684	920	764	
9	266	842		576
10	864	777	87	
11	282	802	520	
12	104	493	389	
全年	11794	9393	2401	

【风】 境内冬季盛行东北偏北风，春季盛行东北东南风，夏季盛行东南偏东到东南风，秋季盛行东北偏北到东风。1978～2008年，年平均风速为每秒2.5米，4、5两月平均风速最大为每秒3.9米（1980年）。瞬时风速在每秒17米以上的大风，出现9次。

【霜】 境内无霜期较长，平均无霜期212天。初霜期平均在11月1日，最早出现在10月17日（1989年），最晚出现在11月21日（1984年）；终霜期平均在4月3日，最早出现在3月8日（1991年），最晚出现在4月25日（1992年）。

1971～2000年淮阴县气温、日照、降水、风、霜等气候要素统计表

表1-2-2

要素 月份	气温（度）	日照（小时）	降水（毫米）	风（米/秒）	霜（天）
1	1.0	1424	25.2	2.4	22.1
2	2.8	1412	32.1	2.7	16.7

续表 1-2-2

月份\要素	气温（度）	日照（小时）	降水（毫米）	风（米/秒）	霜（天）
3	7.5	1592	47.8	3.1	8.3
4	14.3	1901	51.6	3.2	1.2
5	19.7	2124	65.7	2.9	0
6	23.9	1818	135.1	2.7	0
7	26.9	1800	208.4	2.6	0
8	26.3	2012	152.9	2.5	0
9	21.8	1801	85.3	2.2	0
10	16.2	1863	51.9	2.2	1.2
11	9.4	1647	39.3	2.3	9.4
12	3.3	1576	17.5	2.3	21
累全年月	14.4（累月均值）	20970（累年均值）	912.8（累年均值）	2.6（累月均值）	79.9（累年均值）

二、物候

【春季】 初春，是冬季进入春季的过渡时期。一般开始于2月下旬后期，结束于3月中旬，日平均气温3～6℃，约为20天左右。此时，严冬已过，仍是结冰，积雪少见，春寒未止，土壤表层夜冻日消现象时而发生，大地野草发青，树木幼芽相继萌动或膨大。仲春，开始于3月中旬后期，气温上升至6℃以上。仲春开始，初闻雷声。春分过，杏花开，树叶展，晨冰少见。清明至，燕始见，蛙初鸣，刺槐展叶，桑芽初放。日平均气温上升至10℃左右，霜冻未止，春玉米下种，棉花、山芋、水稻等开始薄膜覆盖育苗、育种，三麦拔节孕穗，油菜盛花。日平均气温上升至13℃时，仲春结束，历时1个月。季春，从4月中旬到5月中旬，日平均气温为14～16℃，果树发芽，桑树展叶，继而布谷鸟始鸣，三麦抽穗扬花，油菜结荚，病虫害（蚜虫、红蜘蛛、金龟子，三麦白粉病、赤霉病）相继发生。立夏过后，气温上升至17～18℃时，棉花、春茬稻开始移栽。暮春时节，榆钱成熟，柳絮飞扬，果树开花，春归去。

【夏季】 初夏，5月下旬至6月中旬前期，日平均气温升至20～23℃，刺槐盛花，枣树开花，油菜、大麦、元麦成熟收获。之后，小麦成熟收获，水稻移栽，夏玉米、花生、大豆播种出苗，棉花现蕾，稻蓟马、棉蚜虫、螟虫相继发生。仲夏，是最热时期，一般从6月下旬后期到8月下旬，月平均气温从24℃升至28℃，历时两个多月，蝉初鸣，7月上旬布谷鸟已终见。在高温多雨季节里，秋熟作物繁茂生长，春玉米结实成熟，棉花进入花铃期，水稻、夏玉米抽穗扬花，山芋根块膨大，大豆开花，在高温高湿的气候条件下，水稻、棉花病虫害进入盛发或暴发期。季夏，当日平均气温从26℃逐渐下降到21℃，这时，酷暑渐消，但中午仍热，早晚已感凉意。从8月下旬末至9月中旬，历时20余日，木槐开花结实，蝉鸣渐稀，油菜播种育苗，早茬稻、夏花生、夏玉米成熟收获，稻、棉病虫害盛发期已过，唯有褐稻虱始盛发。

【秋季】 初秋，9月中旬末至10月上旬，日平均气温由21℃逐渐下降至17℃，经历近1个月，梧桐果熟，枣树开始落叶，蝉终见，燕南飞，雷鸣止，正是棉花吐絮盛期，水稻、大豆、花生、山芋等秋熟作物相继成熟收获，早茬麦开始播种。仲秋，从寒露至霜降后5天，为期半月余，日平均气温从16℃降至14℃，油菜开始移栽，农作物害虫已不多见，蛙已终鸣，野草开始枯黄，大部分树木叶子初变秋色。季秋，至立冬前约半个月。日平均气温由13℃降至11℃，时已深秋冷空气南侵，天晴风小可见初霜，晚茬麦出苗，早茬麦开始分蘖。

【冬季】 初冬，从11月中旬至12月中旬初，历经月余，日平均气温由10℃降至3℃，树木开始落叶，结冰初见，土壤表层开始冻结，晚茬麦开始分蘖。隆冬，日平均气温下降至3℃以下，落叶树木叶子先后脱落，植物进入越冬期，降雪增多，积雪可见，大多数年份土壤冻结，河流封冻，直至次年2月下旬冬尽春来。隆冬时间最长，历经两个多月，严寒期一般在1月，但每年受冬季风的强弱或进退早迟的影响，年际间冬季冷暖变化差异很大，冬作物越冬期长短不一，有的年份冷自小寒前，有的年份冷至立春后。

区境内部分动植物物候期一览表

表1-2-3

动植物名称	平均时间		最早时间		最迟时间	
	月	日	月	日	月	日
水杉叶芽开放	3	27	3	6	4	10
水杉展叶	4	7	3	26	4	24
水杉开花	4	16	4	15	4	18
水杉落叶	11	13	10	30	12	1
泡桐叶芽开放	4	10	4	3	4	20
泡桐展叶	4	18	4	9	4	26
泡桐开花	4	17	4	9	4	26
泡桐落叶	11	10	10	18	12	1
家燕始见	4	5	4	2	4	11
家燕终见	9	24	9	21	9	27
蛙始鸣	4	9	3	29	5	4
蛙终鸣	10	19	9	30	10	28
蝉始鸣	6	24	6	12	7	6
蝉终鸣	8	30	8	7	9	13

第三节　水系　水文

一、水系

境内水系是以废黄河为界，向南北两侧逐渐倾斜而形成的。南边入洪泽湖属淮河水系，北边入沂河属沂沭水系。境内水资源较为丰富，河网纵横，沟渠密布，西南有洪泽湖水域，纵贯南北的有二河、淮沭新河、跃进河、民便河、张福河，横卧东西的有中运河、盐河、六塘河和废黄河。地表水和地表径流比较充足，地下水补给的重要来源是河湖水的渗入。地下水埋深度较浅，灌溉水资源充足。

【淮河水系】 是境内废黄河以南的水系，包括中运河、张福河、废黄河、赵公河等。主要河道或上起、或下讫、或河河相通，都与洪泽湖水相连。

湖泊：洪泽湖位于区境南端，其中淮阴区辖5700公顷。湖底平坦，水面海拔10.5米左右，水位真高12.5米时，可蓄水31.27亿立方米。正常时可供全区灌溉、航运用水。

河流：大运河，又叫中运河，是京杭大运河的一段，从三树镇入境，经凌桥、吴城、码头3个乡镇到王营镇，长21.23千米，河底宽70～45米，水深4～5米。此为境内主要航道，并有灌溉、排涝作用。

张福河，南起洪泽湖，北讫五河口（京杭运河、盐河、废黄河、二河、淮沭河），长28千米，河底海拔上下游皆8米，流量每秒53立方米，为淮水入运主要航道，对排涝、灌溉起重大作用。

废黄河，以码头镇二闸村为界，以东原为淮河故道，以西原为泗水下游故道的一部分，境内河道起自吴城镇堡工村，经码头、南陈集、王营、新渡4个乡镇，长22.4千米，流向盐城滨海县入海。自宋绍熙五年（1194），黄河自河南原阳决口夺淮后，其间几经变迁，泥沙淤积，形成河床高出两岸地面的地上悬河，现王营镇杨庄以东无航运价值，有灌溉之利，是淮阴主城区居民的主要生活水源。

赵公河，北起吴城镇河滩村，南讫洪泽湖，长11千米，河底高程9米，底宽10米，排涝能力为每秒26立方米，主要为排涝、灌溉服务。

【沂沭水系】 是境内废黄河以北水系，包括盐河等多条河道，流入沂河，对北片区域的排涝和灌溉具有十分重要的作用。

盐河，又名下中河，流经王营、新渡、王兴3个乡镇，境内河长23千米。河底海拔上游5米，下游2.5米，河底宽40～20米，为区内运输主要航道，并有灌溉、排涝作用。

淮沭河，1958年开挖的人工河，南起淮阴闸，北穿六塘河入沭阳县，东西两堤距1400米，东泓底高程4～3.5米，底宽30～24米；西泓底高程4～3.5米，底宽52～40米（主航道）。境内总长36千米，主要起分洪排涝、灌溉和航运作用。

淮泗河，清同治八年（1869）开挖，由泗阳县经西宋集镇入地下涵洞至六塘河，主要起排涝作用。境内河长7.33千米，开挖时，面宽20米，底宽13.3米，深20～20.3米不等，有3座石木桥。新中国成立后进行数次疏浚，后逐渐淤塞。

二河，明清时期，在构筑洪泽湖大堤时，于东侧取土而形成一条排水河道。1958年，开凿淮沭新河时拓浚，从赵集镇十堡村入境，河底宽360～250米，主要起调节水位和分洪作用。境内二河是淮沭新河的三段之一，自二河闸至区境杨庄淮阴闸。二河是在旧二河的基础上开挖的，自淮阴闸向北过沭阳闸至新沭河，再向北至黄泥蔷薇河入海。

跃进河，上起凌桥乡豆瓣集，下至六塘河地下涵洞，南北流向，长33.6千米，主要是灌溉、排泄淮沭河西的农田用水。

渠西河，1958年开挖的一条排水河道，南北流向，上起王营镇杨庄村，下讫六塘河地下涵洞。

渠东民便河，上起三干渠北堤，下讫北六塘河口，长36.2千米，清乾隆八年（1743）开浚，为淮沭河东排水河道之一。

六塘河，位于区域西北边境，由泗阳县至西宋集镇王码村入境，流经徐溜镇、古寨乡，长30千米，标准流量每秒326立方米，上游排涝水位8.04米，河底宽20米，向东经武障河汇流入灌河。服务于灌溉、排涝及民运，是淮阴与宿迁市泗阳、沭阳两县的界河。

图1-2-1　淮阴区水系图

孙大泓，南北流向，流经王营、丁集、棉花庄、刘老庄、老张集等5个乡镇，长27千米，入涟水县杰勋河，为境内淮沭河以东主要排涝河道之一。

二、水文

境内有西宋集镇六塘河地下涵洞站（北纬33°53′、东经118°52′），老张集乡堆东庄站（北纬33°48′、东经119°04′），丁集镇农田水利试验站（北纬33°40′、东经119°02′），王营镇杨庄村驻有淮阴闸省水文站。各条河流的水文特征一般表现为夏秋水位高、流量大，而冬春水位低、流量小，大多数为长年性流水河。

1978～2008年部分年份区境内主要河流流量特征值一览表

表1-2-4　　　　单位：立方米/秒

河名	站名	最大流量	发生时间
二河	二河闸	1220	1991.7.17
		3250	2003.7.11
		2510	2007.7.11
中运河	淮阴闸	1210	1991.7.17
		1440	2003.7.11
		495	2007.7.9
废黄河	杨庄闸	142	1991.7.12
		231	2003.7.25
		171	2007.6.13

1978～2008年部分年份区境内主要河流水位特征值一览表

表1-2-5　　　　单位：米

河名	站名	地点	最高水位	发生时间
二河	二河闸	洪泽	13.45	1991.7.17
			13.78	2003.7.14
			13.50	2007.7.12
中运河	淮阴闸	淮阴	12.75	1991.7.18
			13.38	2003.7.14
			10.97	2007.7.11
废黄河	杨庄闸	淮阴	9.59	1991.6.15
			9.93	2003.5.15
			9.66	2007.7.8

第四节　自然资源

一、土壤

【土壤分类】 1980年淮阴县第二次土壤普查结果显示，境内土壤分为1个土类、3个亚类、7个土属、26个土种。一个土类即潮土类，潮土类耕层厚度一般为16厘米左右，有强石灰反应，耕层容重为每立方米1.29克左右，孔隙度为50.42%，非毛管孔隙度耕层稍低，而通体较高，故该土类一半土体内通气透水性良好，土壤pH值介于7.9～8.3之间，呈碱性。

1980年淮阴县第二次土壤普查分类表

表1-2-6

土类	亚类	土属	土种	土种主要特征	面积（公顷）
潮土	黄潮土	飞沙土	飞沙土	1米土层内质地为松砂和紧砂，易随风扬	2360.00
			粘心飞沙土	心土层30～60厘米以内，有一层大于10厘米厚的黏土，其余同上	
			粘底飞沙土	底土层60厘米以下，有一层大于10厘米厚的黏土，其余同上	126.67
		沙土	沙土	1米内质地为砂土或砂域	28473.33
			粘心沙土	心土层有一层大于10厘米厚黏土层，耕层质地为砂土或砂壤	2506.67
			粘底沙土	底土层有一层大于10厘米厚黏土层，其余同上	31966.67
		两合土	两合土	1米内质地为均质，轻到中壤	7206.67
			砂心两合土	耕层为轻到中壤，心土有一层大于10厘米厚的砂土层	973.33
			砂底两合土	底土层有一层大于10厘米厚砂土层，其余同上	3626.67
			厚砂底两合土	耕层为轻到中壤，以下即为细砂或紧砂层	
			粘心两合土	耕层为轻到中壤，心土层有一层大于10厘米 厚的黏土层	2340.00
			粘底两合土	底土层有一层大于10厘米厚的黏土层，其余同上	1733.33
		淤土	淤土	一米土层内质地重壤到黏土	4933.33
			砂心淤土	心土层有一层大于10厘米厚的细砂或砂壤，耕层质地为重壤到黏土	1346.67
			砂底淤土	底土层有一层大于10厘米厚的细砂或砂壤，其余同上	6833.33
			厚砂底淤土	耕层为黏土，耕层以下即为细砂到砂壤	
			底黑淤土	60厘米以下为黑色土层，其余淤土	
潮土	碱化潮土	面碱土	面碱土	含硫酸盐，重碳酸盐，地表发泡，呈灰白色，全盐0.2% ～4%左右居多，pH＞9	2680.00
			粘心面碱土	心土层有一层大于10厘米厚的黏土层，其余同上	580.00
			粘底面碱土	底土有一层大于10 厘米厚的黏土层，其余同上	5533.33
		沙碱土	沙碱土	质地为砂壤，全盐0.1% ～2%左右，碳酸盐和重碳酸盐为主，pH＞9	
			粘心沙碱土	心土层有一层大于10厘米厚的黏土层，其余同上	1146.67
			粘底沙碱土	底土层有一层大于10厘米的黏土层，其余同上	800.00
	盐碱化潮土	盐碱化土	盐碱土	氯化物为主，雨后地表发暗，晴后白色盐霜，干旱呈疏松层，口试发咸	2066.67
			粘心盐碱土	表土为轻壤—砂壤，心土层有一层大于10厘米厚的黏土层，其余同上	106.67
			粘底盐碱土	底土层有一层大于10厘米厚的黏土层，其余同上	66.67

【土壤养分】 境内土壤有机质含量平均值很低，不同质地存在差距。淤土属的有机质含量相对较高，平均在12‰～18‰之间。而飞沙土和盐碱土是全区有机质含量最低的两个土属，平均都在5‰～8‰之间。在有机质分 级统计中，飞沙土属中未超过1%的，而沙碱土属中也只有10.5%的面积有机质含量超过10‰。全区土壤有机质绝大部分都在15‰以下。土壤全氮含量以淤土属最高，飞沙土、沙碱土、面碱土、盐碱化土等土属全氮含量最低，其余一些土属的全氮含量在它们之间变化。土壤含磷较高，速效磷大部分田块偏低。速效钾的含量较低，大部分田块低于100ppm。土壤主要是由黄河多次泛滥沉积而成，呈现出地域性分布规律。总的分布规律是：由主流、急流地段起，逐渐向河道两侧至远离河道的低平部位延伸，流速逐渐减缓，沉积物的颗粒逐渐变细，依次出现沙土、两合土与淤土，即“紧沙、慢淤、不紧不慢两合土”的沉积规律。地势由高到低，沉积的土粒由粗到细，相应形成飞沙土—沙土—两合土—淤土的分布状况。

二、植被

境内人工林品种主要以杨树为主，另有极少量的刺槐、柳树、榆树、桑树等树种。果树主要以梨、苹果、桃、葡萄、石榴等为主，面积也很小。天然植被类型主要包括花碱土植被区、落叶阔叶树种、水生植物。西伯利亚蓼、海乳草、狗牙根、节节草、蒲公英、刺槐、柳、桑、芦苇等是上述植被类型中的典型代表。

三、土地资源

1978年，境内耕地面积为65853.33公顷，人均0.09公顷。1980年第二次土壤普查，全县土地资源按用途划分为耕地、林园地、居住地、工矿用地、交通用地、难利用地、水域等七大类型。其中，耕地类中分为水田、旱地；林园地中分为果园、竹园、桑园、苗圃、成片林；居住地中分为城镇、农村、场头；交通用地中分为公路、机耕路、农村大路；难利用地分为坟地、荒地、沼泽地；水域中分为湖泊、水库、汪塘、鱼塘、沟渠、苇地、坝堤、河流。计24个二级分类。耕地面积为74800公顷。1985年，武墩、和平两乡划归清浦区，境域面积缩小。1993年2月至1994年5月，根据国家《土地利用现状调查技术规程》进行土地资源调查，境内土地划分为7个一级类、33个二级类、4个三级类地及未利用土地。至1996年，全县耕地面积75996.35公顷。除王营镇外，人均耕地占有较为均匀，一般在0.07～0.17公顷之间，耕地面积最大的是渔沟镇，达3786.38公顷，最小的是韩庄乡，为1205.30公顷。人均占有耕地面积最多的是凌桥乡，为0.17公顷；最少的是杨庄乡，为0.07公顷。2008年，全区土地总面积126407公顷。农用地面积98900公顷，其中耕地面积76642.63公顷，园地面积4445.56公顷，林地面积1456.60公顷，其他农用地面积16357.19公顷；建设用地面积21780公顷，其中居民点工矿用地面积19440.07公顷，交通运输用地面积1124.66公顷，水利设施用地面积1213.83公顷，未利用地面积10320公顷。

1980年淮阴县第二次土壤普查各类土地面积表

表1-2-7　　　　单位：公顷

项目＼地类	总面积	耕地	林地	城镇村庄	交通用地	水利用地	难利用土地
面积	126406.64	74800	1446.66	17993.33	2546.66	11993.33	17626.66
占总面积（%）	100	59.17	1.14	14.23	2.01	9.49	13.90

四、水资源

【分布】 境内水资源较丰富，河网纵横，沟渠密布，主要有二河、淮沭河、跃进河、民便河、张福河、中运河、盐河、六塘河、废黄河以及洪泽湖水域。

洪泽湖蓄水面积2090平方千米。死水位11.0米，死库容6.4亿立方米；蓄水水位12.5米，灌溉库容25.0亿立方米；防洪水位16.0米，防洪库容126亿立方米。洪泽湖以上干、支流入湖水量多年平均为328.5亿立方米，其中6～9月为213.7亿立方米，约占全年的65%；最大年为783.9亿立方米，汛期为646.5亿立方米，占全年的82.5%。1978～2008年，汛期大量水源废泄，冬春季节缺水，水资源不敷运用，每年都要江水补给。

【地表水】 境内地表水总量年平均为6.45亿立方米，其中地表径流为1.58亿立方米。降水量年际变化不大（年降水量基本稳定在1000毫米左右），历年淮河泄洪时带来充足的补充水源，因而地表水资源的特点是：地表径流比较丰富，约占地表水总量的24.5%。

境内工农业生产，大部分是利用过境水，主要是洪泽湖水。如遇到特枯水年份，则由京杭大运河供水，在丰水年份过境水量为36.83亿立方米，可利用量为6.8亿立方米；枯水年为16亿立方米，可利用量为4.7亿立方米；特枯水年份为4.58亿立方米，可利用量为2.87亿立方米。淮阴境域处于上游，有水源利用优势，每年灌溉期间，只要二河、中运河、盐河、淮沭河等流域性河道有水，总是有水可用。境内地势较高，提水工程设施不齐全，一旦二河水位骤降，水量不足，全境大部灌溉水源不足。每年5月上、中旬至6月中、下旬，约40～50天时间，上述河道常出现枯水位、小流量，是用水最困难的时期，严重影响农业生产，是水稻面积不能稳步发展的因素之一。

【地下水】 淮阴为近海冲积平原，远离山系，地势平坦，地下水的补给来源主要是大气降水及河湖水的渗入。根据省地质局二分队钻孔资料显示，均被第四纪全新统覆盖，晚第三纪及第四纪地层发育较全，沉积物厚度薄，一般为80～150米左右，这一套地层成岩作用概属松散岩层，并会有多层叠置砂层，是主要的含水地层。含水层基本受废黄河的控制。黄河夺淮后，袭夺淮河水道，使河水携带大量的泥沙，由于泥沙不断沉积，淤变了河床，最后高出地面形成地上悬河。地上悬河的河床具有易变性，在洪水期往往冲开河堤形成广阔的泛滥沉积。地上悬河的沉积方式决定了全区地貌景观及水文地质的物征，废黄河蛇曲带及自然堤高于地表6～8米，岩性以粉细砂为主，地势高亢，有如沙垄，延展于废黄河两侧，宽度10～15千米。往外侧地势逐渐倾斜，沉积物颗粒变细。废黄河不仅成为全区地表分水岭，而且也是潜水的分水岭。它还控制潜水含水层的富水性，境内潜水层的水文地质物征表现为：废黄河附近，地势高亢，沉积物的颗粒粗，地层透水性好，降水的渗入量大，潜水位埋深大，径流条件好；向两侧地势逐渐降低，岩性变细，透水性减弱，地下水受阻，使潜水位变浅。境域内划分为三个含水岩组。

浅层水（弱水层）：属潜水和浅层承压水。浅层地下水位的埋深受地形、地貌控制。总的特点是：西部埋深大，东南部埋深小。废黄河自然堤区水位埋深一般在5～6米，水位标高12～13米。含水层时代相当于第四纪全新世—晚更新世或第四纪。该层黏土夹砂礓，分布全区，埋藏深1～3米，含水层厚度12～15米，主要岩性为黏土，砂质壤土头有大小不等、圆度不均的钙质结核、铁锰质结核，黏土或亚砂土作顶板，亚黏土夹有少量砂礓为底板，故含水层河界并不明显。

中层水（亚含水层）：属中层承压水，含水层时代相当于早、中更新世。该层为亚黏土砂类，夹有大量灰白色砂礓。该层主要特点，根据钻孔剖面，含水层成透镜体出现，砂礓颗粒大者5～6厘米，小者2～3厘米，含量达30%～40%，其隔水顶底板皆为黏土夹砂礓层，二者隔水相对而已。埋深不定，一般在5～7米，厚度6～8米，其渗透系数每日0.65米。单位涌水量每日8.86立方米（淮沭新河以西）。

深层水（强含水层）：含水层顶板埋深一般都大于150米，个别在100～120米。该层黏土、砂土、夹多量的石英质粗砂，中砂—细砂及具有棱角颗粒在0.2～1厘米的石英砾石，钙质结核长石颗粒、铁锰质结核云母片等，埋深15～16米，厚约13～15米。该层组织松散，水流舒畅，据钻孔抽水试验，渗透系数每日11.4米，单位涌水量每日83立方米。

2008年棉花庄镇、西宋集镇钻探地下水量一览表

表1-2-8

乡镇	钻孔深度	孔径	下降水位	涌水量（Q）	渗透系数（K）
棉花庄镇	39.2米	0.1米	2.45米	1.6公升/秒	2.04米/日
西宋集镇	30.3米	0.1米	3.5米	0.36公升/秒	0.6米/日

境内第四纪沉积物较薄，总厚度为50～80米。上部全新统主要是粉砂及细砂，下部早、中更新统为粉砂及亚砂土，上下之间无稳定的隔水层，加上以前农灌浅井都是混合开采，上下含水层水力联系强烈。其含水层的岩性以细砂—粉细砂为主，局部有少量中砂，厚度一般在10～15米，砂层透水性较好。根据抽水资料显示，淮沭河以西总储量为0.448亿立方米。

淮沭河以东总储量为1.87亿立方米。全境总静储量为46.48亿立方米，总开采年储量为8.12亿立方米。渗透系数一般在每日15～20米，单井涌水量均大于每日1000吨，一般在每日1000～1500吨，地下水位埋深1.5～2.5米。水质比较好，矿化度小于每升1克，硬度20～25德度，多属HCO_3-CaNa型水。

五、生物资源

【动物】 哺乳类　野兔、猪獾、草狐、野猫、蝙蝠、狗獾、鼠（水鼠、田鼠、水线姬鼠）、黄鼬（俗称黄鼠狼）、刺猬、狐狸、貂、山狸猫以及猪、狗、猫、牛、马、驴、羊等。

鸟类　雉（俗称野鸡）、鸮（又名猫头鹰）、斑鸠、鹁鸪、鸢（老鹰）、杜鹃（又称布谷鸟）、大山雀、翠鸟、鹦鹉、相思鸟、柳莺、鹌鹑、啄木鸟、百灵鸟、画眉、麻雀、黄鹂、鹧鸪、白脸山雀、鸬鹚、山喜鹊、鹭鸶、鹜、白鹳、沙鸥、乌鸦、白头翁、楝鹊、云雀、凫（俗称水鸭）、燕子、天鹅、鸳鸯、大鸨。

爬行类　壁虎、鳖、龟、蜥蜴、蛇（有水蛇、蟒蛇、火赤蛇、蝮蛇、竹叶青蛇等）。

两栖类　青蛙、蟾蜍、蝾螈、树蛙、泽蛙。

软体类　螺、蚌、蜗牛、蛞蝓。

环节类　蚯蚓、水蛭。

节肢类　虾（青虾、龙虾等）、中华绒线鳌、蟹、河蟹、土蟹、东亚钳蝎、天牛、蜻蜓、蝴蝶、巨斧螳螂、蜣螂（俗称屎壳郎）、灶马（俗称蟑螂）、斑蝥、蟪蛄、蟋蟀、蚜虫、红铃虫、棉铃虫、地鳖虫、粘虫、金龟子（金壳郎）、复带虻（俗称牛猛子）、蝉（俗称知了）、九香虫（俗称嗅虫）、非洲蝼蛄（俗称土狗子）、红娘子、钻杆虫（玉米螟）、蝗虫、稻飞虱、蚱蜢、蛾（天蛾、麦蛾、螟蛾）、蝇、蚊、眼斑芫青（俗称放屁虫）、少棘巨蜈蚣、犬腹圆蛛、中华地鳖、中华蜜蜂、梨足长黄蜂、黄蜂（俗称马蜂）、蚁（黄蚁、黑蚁、白蚁）、天牛地蚕（俗名地老虎）、稻苞虫、跳蚤、稻蓟马。

【植物】 菌类　黑粉菌、蘑菇、麦角、木耳、银耳、黑伞菌、马勃。

藻类　色球藻、念珠藻、胶须藻、微毛藻、裸甲藻、多甲藻、圆筛藻、合形藻、异极藻、曲壳藻、窗纹藻、菱形藻、环菱藻、柄裸藻、衣藻、团藻、绿球藻、小桩藻、胶球藻、小球藻、卵形藻、胶网藻、水网藻、栅藻、丝藻、微泡藻、双星藻、鼓藻。

地衣类　水棉、地钱、卷耳（俗称地皮菜）、葫芦鲜、灵芝（亦称树台）、白石花。

蕨类　槐叶萍（俗称四叶萍）、笔管草、贯众、问荆（俗称五节草）、井栏边草、渐尖毛蕨、满江红苹、节节草。

单子叶植物　水烛（俗称蒲棒）、慈菇、薏苡（俗名棒头）、狗尾草、狗牙根、牛筋草（又名蟋蟀草）、大麻、白芽（俗名茅草根）、淡竹（俗名竹丝）、芦苇、菰、莎草、光鳞水蜈蚣、水葱、柳、枫杨、麻栎、菖蒲、

异叶天南星、直立百部、小根蒜、宝铎草、萱草（俗名山药）、鸭跖草、木柴头、鸭舌草、半夏（俗名天鹅蛋）、大漂（俗称水浮莲）、马蔺、绶草、黄背草、马唐、水葱、泽泻、芦竹、画眉草、野芋浮萍、牛尾草、野灯蕊草、风莲（俗名水葫芦）、荩草、水车前、粉条儿菜、天门冬、石人柏、紫萼、知母、黑三棱。

双子叶植物　木防己（俗名鸡藤子）、芥、荠、无瓣苋菜、绣球、扯根草、中鼻栓、鸡冠花、粟米草、漆枯草、雀舌草、折耳根（又名鱼腥草）、大花马齿苋、粘卷毛耳、玉兰、乌头、白头翁、阔叶十大功劳、南天竹、樟树、反枝苋、竹节蓼、柳叶箬（俗称水油草）、稗、马来眼子菜、篦齿眼子菜、水鳖、轮叶黑藻、女娄菜、黄蜀葵、野西瓜苗、野豇豆、苜蓿、楝树、野花椒、小鱼仙草、杏菜、女贞、小叶女贞、二色补血草（俗称兰花草）、胡梅椒、椰榆、构树、柘树、无花果、桑树、葎草（俗名拉拉藤）、苎麻、透茎冷水花、百蕊草、绵毛马兜铃、萹蓄（俗名铁片菜）、虎杖（俗名紫金龙）、水蓼、红蓼、何首乌、杠板归、酸模、地肤、猪毛菜、土牛膝、空心莲子草（俗名水花生）、苋、青箱（俗名野鸡冠花子）、紫茉莉、石竹、麦兰菜、芡实（俗名鸡头果）、威灵仙、芍药、回回蒜、毛茛、腊梅、辛夷、芸苔、擘兰、播娘蒿、菘蓝、碎米荠、菥冥、菡菜、晚红瓦松、雪松、景天三七、虎耳草（俗名金丝荷叶）、杜仲、龙牙草、木瓜（又名光皮大瓜）、野山楂、蛇莓、委陵菜、翻白划、蛇含、欧李、桃（俗称毛桃仁）、茅莓、蔷薇、棠梨、地榆、合欢、紫云英（俗称红花草）、云实、小叶锦鸡儿、望江角（俗名金豆子）、决明（俗名草决明）、皂角、野大豆、米口袋、长萼鸡眼草、鸡眼草、截叶铁扫帚、草木樨、草莓、洋槐、苦参、歪头菜、酢浆草、老鹳草、蒺藜、白藓、枳、臭椿、香椿、苦楝、远志、铁苋菜、月腺大戟、泽漆（俗称五点草）、地绵草、乌桕、地构叶、卫茅、丝棉木、梭枣、白蔹、乌蔹草、扁担杆、菌麻、陆地绵、木槿、圆叶锦葵、贯叶连翘、紫花地丁、芫花（俗称老鼠花）、乌菱、江紫胡、芫荽菱、窃衣、珍珠草、轮叶排草、杏菜、马鞭草、白薇（俗称白马尾）、萝藦、牵牛、胫骨草、夏至草、野芝麻、益母草、地笋（俗称地藕）、薄荷、石荠、白苏、紫苏、夏枯草、丹参（俗名红根）、雪见菜、半枝莲（俗名牙刷草）、曼陀罗、枸杞、苦蘵、龙葵、柳穿鱼（俗名面条菜）、胡麻、爵床、车前草、四叶草、蓬子菜、白花蛇舌草、鸡矢藤、茜草、六月雪、忍冬、括楼、杏叶沙参、半边莲、黄花蒿、艾蒿、桔梗、牛蒡（俗名万把钩）、茵陈蒿、白术、鬼针草、狼把草、飞廉、无名精、石胡妥、刺儿苋、野菊、蓟、华东兰刺、醴草、小百酒划、鼠曲草、旋伏花、苦卖草、鸡儿肠、台湾莴苣、腺梗稀签、兔耳金（俗名鬼打伞）、蒲公英、苍耳、水芹、金鱼藻、荇菜、轮生菜、聚草、菱、狸藻、苦苣菜、笔管草、桐、宝盖草、风轮菜、胫骨草、多苞斑种草、附地菜（俗名豆瓣菜）、梓木草、梓树、中华长春藤、异叶茴芹、龙胆、梧桐、地构叶、苦皮藤、月见草、冬青卫予（俗名大叶黄杨）、冬青、小百酒草、猪殃殃（俗名锯镰藤）、木蔓青、半边莲（俗名小鱼肠）、东风菜、一年蓬、曾见草、水苏（天苓麻头）、白英（白毛藤）、叶下珠、螯柑草、鼜菜、毛白杨、意杨、旱柳、河柳、枫杨、胡桃、榆树、羽叶槭、毛泡桐、紫穗槐、杞柳、接骨木，以及大豆、花生、苹果、枣、菊花、棉花、向日葵等。

六、矿产资源

【岩盐矿产】 岩盐矿产主要集中在西南部的洪泽盆地赵集次凹地段，在洪泽湖畔81.96平方千米范围内的地下。经勘察确认，岩盐矿石储量达270.48亿吨，纯盐储量215.06亿吨。丰度达每平方千米3亿吨，埋深1500～1800米，矿石平均品位70%以上，高的达85%～90%。含盐系地层厚度193.36米，盐层厚度80～160米，单层厚度30～45米，是中国东部大型优质石盐矿床。

【无水芒硝】 芒硝主要赋存于洪泽盆地境内赵集次凹含盐系地层的下盐亚段，是含有结晶水的硫酸钠的俗称。经查确认的硫酸钠储量达14.3亿吨。矿床埋深1850～2200米，矿石品质达80%～90%，矿床单层厚度5～20米，是全国罕见的优质大型无水芒硝矿床。

【油气矿】 经江苏省第六勘探大队两次地质勘探，确认赵集次凹是一个南断北超的新生代断陷盆地，沉积厚度达5千米，是油气矿藏区域。

【天然碱】 天然碱赋存于赵集次凹含盐系地层下盐亚段的上部，埋藏1700～2000米，单层厚度1～1.5米。

【黏土】 黏土矿区境内广泛分布，主要是第四系的砂质黏土和亚黏土，以渔沟、赵集为两个主要沉积中心，共有三层，埋深0.5～15米。

【矿泉水】 境内矿泉水分布在王兴—棉花庄—王营一线，是呈北东向条带分布的碳酸岩裂隙溶洞承压水，埋深90～170米。含水岩性为震旦系的灰岩、白云岩。水质优良，矿化度小于每升1克，是碳酸氢钠～偏硅酸类矿泉水。标准型单井涌水量每日2500吨以上。

第五节 自然灾害

一、旱灾、涝灾

【旱灾】 境内干旱发生机率少于涝渍。1978年境内干旱，从2月10日至5月26日，降水量仅为72毫米，造成全县2.33万公顷农作物受灾。1979年境内干旱，从9月25日至11月31日，降水量仅为5.6毫米，造成三麦受灾15840公顷，油菜受灾2186.67公顷，三麦普遍缺苗。1980年秋雨偏少，9月中、下旬仅降雨2.9毫米，影响秋播，12月只有1日、2日降雨1.8毫米，雨量明显偏少，对三麦出苗有影响。1981年2月下旬至6月中旬雨量仅有106毫米，春旱严重，对春播不利。1988年7月5～10日和16～20日高温天气，日平均气温30℃以上，最高温度达38℃，稻田龟裂，稻株黄枯死亡。1991年11月，夏家湖洼地和湖滨农业区（淤土）土表干旱，6666.67公顷三麦出苗不齐、断垄，有的二次播种。1992年降水量795.0毫米，比常年少162.9毫米，且整个雨季降水量只有154.7毫米，全县干死秧苗1066.67公顷，有21333.33公顷稻田受旱。1994年7月上、中旬干旱，各种旱作物受灾严重，玉米枯死，失收面积占26%。

【涝灾】 夏涝一般出现在每年的6月下旬至9月上旬；秋涝出现在9月中旬至11月下旬；连阴雨有春季、初夏和秋季三种情况。重大涝灾为四、五年一遇。1980年雨量比常年偏多156.7毫米（年平均雨量为957.9毫米），主要集中在5～8月和10月。初春阴雨时间比较长，汛期开始早，雨季长，暴雨多，雨量大，给农业生产带来严重危害。特别是6月24～26日，过程性降水量达176.1毫米，造成积水面积15826.67公顷，玉米倒伏2286.67公顷，绝收146.7公顷；倒塌房屋55150间；死亡1人，死亡牲畜2头。7月，因暴雨受灾，春玉米减产650万千克。1981年6月26～27日，出现暴雨，过程性降水量达143.9毫米。丁集乡受灾面积1760公顷，三树乡秋豆被大雨冲毁66.70公顷，房屋倒塌125间，冲坏地下涵洞1座，死亡1人。1983年7月20日降水量150.9 毫米，18～21日降水总量325.2 毫米，运河以北27个乡镇平均积水在70 毫米以上。秋季遭遇连阴雨，主要时段集中在10月3～8日（29.2 毫米），13～21日（72.9 毫米），尤其是10月18日一天的降雨量为52.0 毫米，秋播无法进行，已出麦苗大部分淹没在水中。1984年8月31日，全县普降大暴雨，日降水量153.8 毫米。全县农作物积水面积17811.93公顷，占在田作物面积38.6%；受渍面积9240公顷，占在田作物面积20%，减产1620万千克。全县倒房11728间，砸死1人，砸伤34人，砸伤牛4头，死伤猪羊269头，死伤鸡鸭鹅无数，粮食受潮51.5万千克，化磷肥被雨淋816吨，鱼塘被水冲毁426个，冲跑鱼143.5万尾，冲坏桥梁193座，毁坏电灌站、涵洞若干个。1985年10月10日，出现雷雨，雨量达暴雨，日降水量72.3毫米，降水一直持续至21日，因连阴雨，全县部分乡镇农作物受灾。山芋渍害3360公顷；水稻霉烂发芽，失收353.33公顷；三麦僵种283.33公顷，个别地方进行第三次播种；油菜损失545.33公顷，进行第二次移栽。1986年6月12日发生涝灾，日降雨量80.1毫米，造成田间未收获的农作物受灾23.6公顷，房屋倒塌378间，树木被折断1870株。1989年5月24日，全县油菜受菌核病和大风雨袭击，受灾油菜占总面积15%。6月4～15日，出现连阴雨天气，总降雨量151.2毫米，全县29266.67公顷三麦倒伏8000公顷，发芽1133.33公顷，减产3250万千克；倒塌房屋127户266间，损坏房屋632户1327间。7月11日和15日两次遭暴风雨袭击，最大风力10级，拔树倒屋，造成1人死亡、72人受伤（18人重伤），死亡牲畜35头，倒塌房屋26131

间，倒伏作物694公顷，经济损失总计342.8万元。1990年8月3～5日，全县范围连降大暴雨，总降雨量169.6毫米，部分地区降雨量240毫米，全县倒塌房屋449户1086间，损坏房屋4426间，砸伤4人，1333.33公顷夏熟作物受淹，出现大面积水稻叶枯黄现象。1991年2月中旬和3月上、下旬降水较多，19600公顷三麦、7000公顷油菜受涝，植株中下部叶片黄枯。6月中旬至7月末，遭受罕见暴雨、洪水、大风等灾害，死亡4人、伤47人，财产、牲畜等严重损失，全县3467公顷水稻、5800公顷玉米受灾，还有大豆等旱作物不同程度受灾。1994年10月，暴雨严重影响三麦播种，全县有3000公顷三麦播种第二次。1998年，因连续降水、暴雨以及上游客水入境，使全县遭受巨大损失，部分乡村房屋倒塌，农作物受灾情况普遍较重。2003年7月1日，全区出现洪涝灾害，因连续暴雨降水，造成全区大片农作物受灾，其中夏玉米受灾较重，其他各种作物也不同程度受灾。2006年6月下旬至7月上旬，全区出现涝灾，夏玉米、大豆受灾严重。2007年7月暴雨频繁，仅7月5日降水量达99.5毫米，部分乡镇受灾严重。2008年7月2日、30日分别出现74.3毫米和69.0毫米的暴雨，局地受灾。

二、风灾　雪灾

【风灾】 1979年7月15～16日，全县遭受暴雨大风袭击，其中15日12时35分左右，最大风速每秒25米，受灾作物面积13233.33公顷，其中绝收998.60公顷，春玉米受灾433.60公顷，山芋受灾66.70公顷，经济作物受灾33.40公顷，集体倒塌房屋62340间，个体倒塌房屋9982间，伤亡4人。1981年8月20日，出现大风，最大风速达每秒20米，20%夏玉米茎杆被折断。1983年4月26日夜间、29日下午出现大风，风速达每秒19米，部分乡镇房屋、树木遭受破坏。8月29日下午出现大风，并下了短时间冰雹，刮倒县造船厂厂篷，损失10万元以上；县糖厂因电线刮断掉在酒精罐上引起火灾，损失酒精23吨左右；掀掉草房100间左右，刮断树木约1000株。1984年5月29日，雷雨并伴大风，最大风速每秒23米，县植保站围墙被刮倒。1985年7月16日下午至17日上午，全县受大风暴雨影响，给农业生产带来一定损失，以丁集乡为最重，降雨158.3毫米，西南风达10级，五里和王兴等乡还降小冰雹。据统计，全县1000公顷春、夏玉米倒伏严重，333.33公顷大豆受渍，131.40公顷山芋受淹，刮倒大树13453棵，倒塌房屋1035间，倒围墙41415米，损失小麦15000千克，冲坏桥梁、涵洞7个，刮倒广播电线杆17根、折断13根。1986年8月14日19时30分，韩圩乡出现龙卷风，砸死1人、重伤13人、轻伤24人，房屋倒塌856间，损失粮食11790千克。1988年5月7日，受雷雨大风影响，平均风力6级，阵风8～9级，并持续5小时之久，全县农作物倒伏率87%左右。1990年5月15～16日，全县三麦受大风灾倒伏10%。7月14～20日，全县共下5场暴雨，并伴有每秒20米以上的大风，对农业生产及人民生命财产造成重大损失，全县倒塌房屋1201户2754间，损坏房屋8623户13796间，17666.67公顷水稻、4504.87公顷玉米、4264.40公顷山芋、1466.67公顷花生、466.67公顷棉花、166.67公顷烟叶、273.33公顷大豆受淹，淹没鱼塘120公顷，死伤耕牛各1头，砸死5人、伤16人。8月31日夜，第15号热带风暴影响淮阴，9月1日上午最高风速达7～8级，瞬时最大风速每秒18.5米，由于风大并持续时间长，对临近成熟的水稻影响较明显，全县水稻严重倒伏约占5%～8%，大约0.13～0.27万公顷，减产100～150万千克，还造成民房损坏、树木刮倒等灾害。1994年5月2日大风灾，全县8000公顷油菜全都倒伏，受损严重。7月12日大风灾，夏玉米倒伏严重，计2000公顷，占总面积30%。8月26日大风灾，全县4666.67公顷水稻倒伏。2008年7月9日19时20分起，王营镇左庄村出现雷雨大风，最大风速每秒25.3米。7月30日～31日，受8号热带风暴“凤凰”外围云系影响，全区出现大范围暴雨，局部达大暴雨，并伴有5～7级东南风，造成一定灾害。

【雪灾】 1990年1月30日，北方强冷空气入侵，暴风雪和低温相继持续8天之久，其间降雪量87毫米，积雪深度9厘米，降温明显，温差较大。1991年12月下旬强寒流入侵，伴有大风暴雪，河湖水面封冻，湖面冰厚10厘米。2008年1月19～20日、28～29日，出现大到暴雪，其中1月28～29日积雪深度达8厘米。

三、冻灾 雹灾

【冻灾】 1980年1月30日，全县最低气温为-11.7℃，是该年入冬以后气温最低值，越冬作物遭受冻害。1981年11月17日，强冷空气使早播小麦叶片上半部约42%受冻害。1982年3月17～18日，受寒潮侵袭，三麦受冻严重。1984年12月18日，受冷空气影响，温度持续在0℃以下（下旬平均温度-3.3℃，为历史上所少见），三麦叶稍、油菜叶片不同程度被冻死。1987年11月27日，北方强冷空气影响全县，同时伴有大风雪天气及低温（-8.0℃），平均降温幅度达18℃，最大降温幅度23℃，水面封冻，屋檐下挂着15厘米左右长冰凌，严寒天气持续6天之久，蔬菜类遭受严重冻损，29200公顷三麦植株受冻害（叶片）达100%，叶片冻死密度达5.4厘米；棉花植株受冻害叶片达100%，叶片冻死密度占总叶长68%，叶上部冻死达6.9厘米；油菜植株遭受冻害达100%，叶片冻死达81.9%，全县18333.33公顷冬油菜受冻。1990年2月1日，日平均气温-9.3℃，极低气温-15.2℃，河港封冻，土地严重结冰，农作物普遍遭受冻害，三麦、油菜凋萎，全县受冻小麦28000公顷，油菜约6666.67公顷。1993年11月22～30日，全县受强冷空气影响，三麦受灾严重，冻株率达50%。1994年10月，全县6000公顷油菜叶片15%受冻害。1995年2月4日、29日，全县两次受低温袭击，三麦受灾严重，冻灾率60%。1998年3月1～10日，全县三麦、油菜遭受冻害，其中三麦受灾10666.67公顷，油菜受灾3866.67公顷。2008年12月4～5日、21～22日，全区出现两次强冷空气过程，48小时降温均达10℃以上，其中21～22日出现严重冰冻。

【雹灾】 1983年5月20日16～21时，受北方强冷空气影响，先后两次发生冰雹、雷雨、大风天气，20时前后一次较重，冰雹粒一般有鸟禽蛋大，少数有小茶盅口大，大风9～11级，范围北起西宋集，南至杨庄，西至跃进河，东到淮沭河，呈狭长带状，受袭有西宋集、汤集、北吴集、渔沟、韩圩、三树、袁集、杨庄、丁集、五里、徐溜11个乡，农作物受灾面积9073.33公顷，其中三麦受灾6673.33公顷，毁坏房屋1100余间，树木折毁4000余株。1988年6月2日，发生雷雨、大风、冰雹天气，冰雹一般鹌鹑蛋大，最大鸡蛋大，全县受灾严重，其中重灾区古寨乡9个村三麦颗粒无收。1996年12月31日，全县出现一场历史罕见的大范围雷暴、冰雹天气，降雹持续4分钟，冰雹最大有鹌鹑蛋大。2007年5月5日、5月18日和7月28日，出现3次雹灾，全区部分乡镇受灾。2008年7月9日19时26分，有冰雹出现，冰雹最大如鸟蛋，持续2分钟。

四、雷电灾害

1983年4月26日夜间、29日下午，区域内各有一妇女被雷击死亡。1985年10月10日，出现雷雨，雷击死亡2人（高堰乡、王兴乡）。2006年7月2日，渔沟镇2人遭雷击身亡、1人重伤。2007年7月1日和20日雷击引起火灾，遭雷击身亡4人、伤3人。

五、虫灾

1978～2008年，淮阴境内农作物虫灾水稻主要有螟虫、飞虱、稻蝗和稻象甲，三麦主要有蚜虫、蜘蛛、粘虫，以及花生地下害虫、大豆食心虫等虫灾。虫害发生时，严重影响农作物生长。（参见第十二篇《农业》第二章《种植业》第六节《农作物保护》）

第二篇 人 口

1978～2008年，全区（县）上下大力推行计划生育政策，人口的过快增长得到有效控制。1978年，淮阴县总人口为74.29万人，之后20余年人口呈快速增长的趋势。2000年，全县总人口84.91万人，人口出生率为18‰，人口自然增长率为12.59‰。随着计划生育工作不断深入、计生服务机制的逐步完善和养老保障水平的日益提高，人们的传统生育观念出现明显变化。2001年，人口出生率和人口自然增长率开始回落，全区人口逐步进入老龄化社会。2008年，辖区总人口达90万人，人口出生率和自然增长率分别为13.74‰、6.67‰。

随着改革开放的深入和经济社会的发展，以及工业化、城镇化步伐的加快，淮阴区境内人口的民族构成、城乡构成、职业构成、文化构成、年龄构成等人口状况发生较大的变化，人口的密度、人口的素质、外来人口的数量以及城镇人口的占比均有明显提高。丰富的人口资源为淮阴经济的腾飞提供了不竭的动力。

第一章 人口状况

第一节 人口总量

1978年末，全县总户数156903户，总人口742941人，其中非农业人口31176人。1982年7月1日第三次全国人口普查时，全县人口762864人，比1978年增加19923人。1985年，武墩、和平两乡划出，归清浦区管辖，人口比1982年减少4万余人。1990年7月1日第四次全国人口普查时，全县人口778912人，比1982年第三次全国人口普查时增加16048人。2000年11月1日第五次全国人口普查时，全县人口849071人，比1990年第四次全国人口普查时增加70159人。2008年末，全区总户数274812户，总人口900054人，其中非农业人口246788人。是年，全区新生婴儿12368人，人口出生率13.74‰，自然增长率6.67‰；死亡6363人，死亡率7.06‰。

1978～2008年淮阴区（县）人口汇总表

表2-1-1

年份	总户数	总人口	其中		性别比（女=100）
			男	女	
1978	156903	742941	375331	367610	104.77
1979	157372	742762	378708	364054	104.03
1980	160366	744728	378757	365971	103.49

续表2-1-1

年份	总户数	总人口	其中		性别比（女=100）
			男	女	
1981	160871	753229	384146	369083	104.08
1982	161197	762864	389085	373779	104.09
1983	154121	719845	367120	352725	104.08
1984	156718	720572	367924	352648	104.33
1985	157093	721352	367899	353453	104.09
1986	159286	721386	367906	353480	104.08
1987	164309	726835	375001	351834	106.58
1988	168189	730209	379435	350774	108.17
1989	173526	746816	389396	357420	108.95
1990	175878	778912	401922	376990	106.61
1991	183724	774023	404938	369085	106.61
1992	186541	779876	404139	375737	109.71
1993	185663	787988	408180	379808	107.47
1994	193311	793372	413055	380317	108.61
1995	198429	798823	414881	383942	108.06
1996	203206	805669	418286	387383	107.98
1997	211462	811348	420807	390541	107.75
1998	213820	821825	426113	395712	107.68
1999	214700	830818	427217	403601	105.85
2000	208281	849071	436068	413003	105.58
2001	239039	854981	439435	415546	105.75
2002	250720	856360	439807	416553	105.58
2003	251228	859283	443522	415761	106.68
2004	260398	874193	449770	424423	105.97
2005	263564	881981	454565	427416	106.35
2006	268006	891525	459712	431813	106.46
2007	269662	890464	459584	430880	106.66
2008	274812	900054	464598	435456	106.69

说明：表中1982年、2000年总人口数为当年全国人口普查时数据。

第二节　人口分布与密度

1978年，全县人口密度每平方千米567人。1982年第三次全国人口普查时，全县人口密度每平方千米约582人。1990年第四次全国人口普查时，全县人口密度每平方千米603人。2000年第五次全国人口普查时,全县人口密度每平方千米672人。2008年,全区人口密度每平方千米712人。王营镇人口密度最高,每平方千米2480人;凌桥乡人口密度最低,每平方千米442人。1978～2008年,境内人口密度逐年增加,城区大于边远乡镇,农村人口逐步减少,出现人口城市化的趋势。

2008年淮阴区各乡镇人口分布情况表

表2-1-2

乡镇	总面积(平方千米)	总人口(人)	人口密度(人/平方千米)
合计	1264.10	879507	712
王营镇	61.87	153426	2480
赵集镇	53.15	42673	803
吴城镇	54.23	33961	626
南陈集镇	94.20	64521	685
码头镇	40.86	25647	628
王兴镇	59.82	34941	584
棉花庄镇	73.62	42247	574
丁集镇	42.46	33727	794
五里镇	53.56	29701	555
徐溜镇	64.93	39122	603
渔沟镇	98.00	58014	592
吴集镇	57.48	35594	619
西宋集镇	83.09	50802	611
三树镇	79.10	40257	509
韩桥乡	45.67	33384	731
新渡乡	46.94	28370	604
老张集乡	51.36	28429	554
凌桥乡	67.76	29925	442
袁集乡	39.91	27073	678
刘老庄乡	56.76	25640	452
古寨乡	39.33	22053	561

说明:王营镇含淮阴经济开发区。

1978～2008年淮阴区(县)人口密度统计表

表2-1-3 单位:人/平方千米

年份	人口密度	年份	人口密度
1978	567	1994	627
1979	567	1995	631

续表 2-1-3

年份	人口密度	年份	人口密度
1980	570	1996	638
1981	580	1997	642
1982	582	1998	650
1983	549	1999	657
1984	550	2000	672
1985	550	2001	676
1986	551	2002	678
1987	555	2003	680
1988	557	2004	692
1989	591	2005	736
1990	603	2006	705
1991	612	2007	705
1992	617	2008	712
1993	623		

第二章　人口变动

第一节　自然变动

1978年后，境内生育率呈上升趋势。1982年第三次全国人口普查时人口自然增长率比1978年低0.88‰。20世纪90年代进入第三次生育高峰。1990年第四次全国人口普查时人口自然增长率比1982年人口高6.25‰。2000年以后，人口出生率和自然增长率开始回落。2000年第五次全国人口普查时人口自然增长率比1990年低6.8‰。至2005年，人口出生率下降到10.37‰，自然增长率7‰。2008年人口出生率13.74‰，自然增长率6.67‰。

1978～2008年淮阴区（县）人口自然变动情况统计表

表 2-2-1

年份	出生		死亡		自然增长	
	人数	出生率（‰）	人数	死亡率（‰）	人数	增长率（‰）
1978	14891	20.16	4531	6.14	10360	14.02
1979	13099	17.64	4876	6.56	8223	11.08
1980	12259	16.46	4633	6.22	7626	10.24
1981	15407	20.45	4593	6.10	10814	14.35

续表 2-2-1

年份	出生		死亡		自然增长	
	人数	出生率（‰）	人数	死亡率（‰）	人数	增长率（‰）
1982	12538	16.40	4591	6.01	7947	10.39
1983	8243	11.07	4402	5.91	3841	5.16
1984	6749	9.37	4310	5.98	2439	3.39
1985	5511	7.64	3759	5.21	1752	2.43
1986	6873	9.53	3721	5.16	3152	4.37
1987	10396	14.36	4210	5.82	6186	8.54
1988	8771	12.01	4160	5.69	4611	6.32
1989	11188	14.98	3912	5.23	7276	9.75
1990	12955	16.63	3826	4.91	9129	11.72
1991	14088	18.20	4275	5.52	9813	12.68
1992	9361	12.00	4456	5.71	4905	6.29
1993	8951	11.35	4630	5.87	4321	5.48
1994	9473	11.94	4595	5.79	4878	6.15
1995	8670	10.85	4549	5.69	4121	5.16
1996	9342	11.60	4374	5.40	4968	6.20
1997	10384	12.80	4249	5.20	6135	7.60
1998	10721	13.00	4672	5.70	6049	7.30
1999	9141	11.00	4331	5.21	4810	5.79
2000	15291	18.00	4598	5.41	10693	12.59
2001	9327	10.90	3932	4.59	5395	6.31
2002	8434	9.84	4341	5.06	4093	4.78
2003	8037	9.37	6027	7.03	2010	2.34
2004	10274	11.85	4284	4.94	5990	6.91
2005	9110	10.37	2960	3.37	6150	7.00
2006	10612	11.90	4793	5.38	5819	6.52
2007	13018	14.62	13035	14.64	–17	–0.02
2008	12368	13.74	6363	7.06	6005	6.67

说明：1982年、2000年人口数为当年全国人口普查时数据。

第二节　机械变动

1978年，全县接收外地迁入人口10143人，向外地迁出人口11685人。后来由于20世纪60年代下放知青回城，压缩城镇人口回城，子女顶替招工招干户口迁移，学生考取学校后户口变迁和小城镇户口办理农转非（农业户口转为非农业户口），职工居民家属“三投靠”（夫妻投靠、子女投靠、父母投靠）户口变动以及井下矿工家属户口农转非等，全县人口变动增大。此间境内人口机械变动总趋势迁出人数多于迁入人数，部分年份的人口总量出现负增长。1995年11月1日至2000年10月31日，迁入48562人，迁出45269人。迁移的主要原因是，婚姻迁入占41.11%，学习培训占21.10%，随迁家属占3.14%，因务工经商随迁占7.38%。婚姻迁移中女性占42.25%，女性出嫁的传统没有改变。2000年第五次人口普查时，迁入12605人，迁出7863人。

1978～2008年淮阴区（县）历年人口迁移情况表

表2-2-2　　单位：人

年份	迁入	迁出	年份	迁入	迁出
1978	10143	11685	1994	6882	7334
1979	13694	22275	1995	8448	7770
1980	9071	11504	1996	6127	6777
1981	11964	11347	1997	5756	7657
1982	8647	8994	1998	7154	6927
1983	7171	9077	1999	8472	8275
1984	11440	12404	2000	12605	7863
1985	9805	11823	2001	6493	8411
1986	8605	10701	2002	6493	8411
1987	10169	11396	2003	4996	8437
1988	9031	9949	2004	4493	6571
1989	27959	22500	2005	1592	3721
1990	—	—	2006	6512	3922
1991	8929	8668	2007	4783	5754
1992	6255	9467	2008	6989	5913
1993	7632	8086			

第三章　人口构成

第一节　性别构成

1978年，淮阴县总人口742941人，其中男375331人，女367610人；1982年第三次全国人口普查时，全县总人口中男性389085人，占总人口的51.00%；女性373779人，占总人口的49.00%，性别比例（女=100，下同）104.09，男性多于女性；1985年，全县总人口721352人，男性367899人，女性353453人。1990年7月1日，第四次全国人口普查时，全县总人口中男性401922人，占总人口51.60%；女性376990人，占48.40%，性别比例106.61，男性多于女性；2000年11月1日零时，第五次全国人口普查时，全县总人口838164人，男性占总人口的51.33%，女性占总人口的48.67%，总人口的性别比105.47。至2000年12月31日，全县总人口为849071人，男性多于女性。2005年全区总人口881981人，其中男性454565人，女性427416人。2008年，全区总人口900054人，其中男性464598人，女性435456人，性别比106.69。

淮阴县第三次至第五次全国人口普查性别构成情况表

表2-3-1

年份	人数			性别比（女=100）
	合计	男	女	
1982年（第三次人口普查）	762864	389085	373779	104.09
1990年（第四次人口普查）	778912	401922	376990	106.61
2000年（第五次人口普查）	849071	436068	413003	105.58

1990年淮阴县第四次全国人口普查人口年龄性别构成表

表2-3-2

年龄	人数			年龄	人数		
	合计	男	女		合计	男	女
0	19175	11559	7616	51	6896	3658	3238
1	16976	9880	7096	52	6885	3596	3289
2	16789	9454	7335	53	6550	3366	3184
3	14658	8044	6614	54	6367	3254	3113
4	12359	6659	5700	55	6048	3101	2947
5	11588	6302	5286	56	7125	3665	3460
6	11835	6352	5483	57	5634	2845	2789
7	12198	6436	5762	58	4976	2423	2553
8	15763	8120	7643	59	5041	2448	2593
9	13708	7060	6648	60	5192	2526	2666
10	14094	7305	6789	61	5386	2558	2828
11	15358	7882	7476	62	4547	2178	2369
12	14393	7341	7052	63	4297	2073	2224
13	13339	6825	6514	64	4550	2102	2448
14	12115	6167	5948	65	4896	2178	2718
15	12107	6168	5939	66	4640	2032	2608
16	12546	6317	6229	67	3518	1528	1990
17	14044	7074	6970	68	4044	1746	2298

续表 2-3-2

年龄	人数			年龄	人数		
	合计	男	女		合计	男	女
18	17328	8763	8565	69	4140	1742	2398
19	20785	10390	10395	70	3922	1621	2301
20	20225	9968	10257	71	3043	1258	1785
21	22054	10850	11204	72	2464	925	1539
22	18719	9217	9502	73	2714	1048	1666
23	15641	7889	7752	74	2181	828	1353
24	21720	11205	10515	75	2108	786	1322
25	14032	7056	6976	76	2650	984	1666
26	13716	7116	6600	77	1183	441	742
27	16040	8479	7561	78	856	319	537
28	12363	6473	5890	79	834	318	516
29	10965	5865	5100	80	1162	402	760
30	9846	5258	4588	81	1347	410	937
31	9765	5224	4541	82	670	228	442
32	12334	6620	5714	83	633	216	417
33	13197	7063	6134	84	667	206	461
34	13217	7000	6217	85	473	151	322
35	14756	7878	6878	86	407	109	298
36	10778	5766	5012	87	342	95	247
37	12238	6523	5715	88	257	77	180
38	11007	6080	4927	89	208	62	146
39	6311	3414	2897	90	131	39	92
40	8644	4887	3757	91	69	23	46
41	7726	4239	3487	92	53	10	43
42	7979	4523	3456	93	37	11	26
43	6716	3750	2966	94	32	6	26
44	6414	3574	2840	95	17	1	16
45	6703	3661	3042	96	12	4	8
46	7225	3858	3367	97	10	3	7
47	6748	3553	3195	98	11	3	8
48	7362	3833	3529	99	6	0	6
49	7203	3798	3405	100岁及以上	6	2	4
50	6873	3600	3273				

2000年淮阴县第五次全国人口普查人口年龄性别构成表

表2-3-3

年龄	人数			年龄	人数		
	合计	男	女		合计	男	女
0	8423	4453	3970	51	7663	4280	3383
1	5740	3300	2440	52	7653	4223	3430
2	7742	4485	3257	53	6855	3850	3005
3	8660	4953	3707	54	6231	3546	2685
4	9821	5689	4132	55	6112	3320	2792
5	11526	6500	5026	56	6764	3570	3194
6	10956	6095	4861	57	6164	3231	2933
7	12727	6969	5758	58	6519	3317	3202
8	15222	8329	6893	59	6714	3523	3191
9	18458	9826	8632	60	6962	3584	3378
10	24907	13234	11673	61	5638	2958	2680
11	22809	12028	10781	62	6678	3482	3196
12	18627	9651	8976	63	6046	3081	2965
13	17849	9244	8605	64	5570	2770	2800
14	14278	7398	6880	65	5489	2632	2757
15	11874	6182	5692	66	5459	2668	2791
16	12402	6447	5955	67	8366	2608	5758
17	11776	6053	5723	68	4211	1960	2251
18	13366	6913	6453	69	3725	1673	2052
19	11851	5932	5919	70	4432	2058	2374
20	10952	5464	5488	71	3762	1661	2101
21	11907	5953	5954	72	3938	1761	2177
22	12504	5967	6537	73	3110	1329	1781
23	11954	5767	6187	74	3080	1270	1810
24	12618	6079	6539	75	3167	1304	1863
25	11872	5765	6107	76	3002	1168	1834
26	11817	5697	6120	77	2281	874	1407
27	11777	5773	6004	78	2204	812	1392
28	14237	7091	7146	79	2230	817	1413
29	17295	8617	8678	80	2236	761	1475
30	20393	10151	10242	81	1647	558	1089
31	18668	9292	9376	82	1392	422	970
32	20574	10259	10315	83	1096	386	710
33	15150	7560	7590	84	964	265	699

续表2-3-3

年龄	人数			年龄	人数		
	合计	男	女		合计	男	女
34	18250	9277	8973	85	755	214	541
35	17988	9203	8785	86	788	229	559
36	12641	6414	6227	87	470	130	340
37	15183	7874	7309	88	284	91	193
38	13551	6992	6559	89	132	50	82
39	10846	5652	5194	90	209	59	150
40	11089	5865	5224	91	162	42	120
41	9221	4888	4333	92	139	35	104
42	11685	6391	5294	93	76	13	63
43	12152	6493	5659	94	55	11	44
44	13213	6933	6280	95	44	7	37
45	14317	7643	6674	96	33	8	25
46	11879	6338	5541	97	21	4	17
47	10965	5845	5120	98	12	4	8
48	12253	6609	5644	99	8	2	6
49	7365	3927	3438	100岁及以上	16	2	14
50	7411	4180	3231				

第二节　年龄构成

1982年第三次全国人口普查时，全县人口年龄的中位数22.3岁，0～14周岁少年儿童260528人，占总人口34.15%；65周岁以上老年人口37922人，占总人口4.97%。1990年第四次全国人口普查时，全县人口年龄的中位数24岁，0～14周岁少年儿童214348人，占总人口27.52%；65周岁以上老年人口49743人，占总人口6.39%。2000年第五次全国人口普查时，全县人口年龄的中位数31岁，0～14周岁少年儿童占总人口24.78%，65周岁以上老年人口占总人口7.86%。全县步入老龄化社会。

第三次至第五次全国人口普查人口年龄构成表

表2-3-4

指标	年龄中位数	少儿系数(%)	老年系数(%)	老化指标(%)
1982年第三次人口普查	22.30	34.15	4.97	14.56
1990年第四次人口普查	24.00	27.52	6.39	23.21
2000年第五次人口普查	31.00	24.78	7.86	31.73

说明：少儿系数是指0～14周岁人口占总人口比重，老年系数是指65周岁以上人口占总人口比重，老化指标=（65周岁以上人口数/0～14周岁人口数）×100%。

第三次全国人口普查淮阴县重要年龄组人口构成表

表 2-3-5

年龄组	人口数（人）	比重（%）
总人口	762864	100
学龄前儿童（0～6周岁）	104564	13.71
少年儿童（7～11周岁）	85045	11.15
青年（15～25周岁）	168949	22.15
兵源（18～22周岁）	69495	9.11
育龄妇女（15～49周岁）	181929	23.85
劳动力小计	409879	53.73
男（15～59周岁）	221277	29.01
女（15～54周岁）	188602	24.72
老年（男60周岁女55周岁以上人口）	75399	9.88

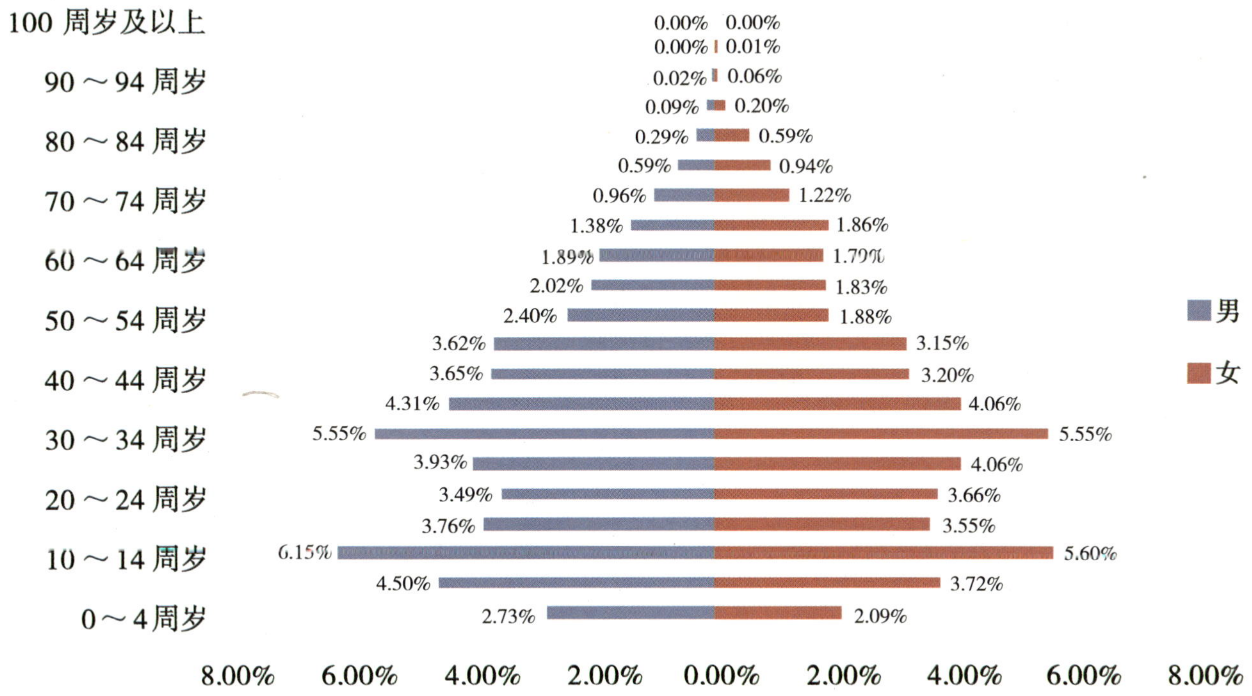

图 2-3-1　1990年人口年龄结构金字塔数据图

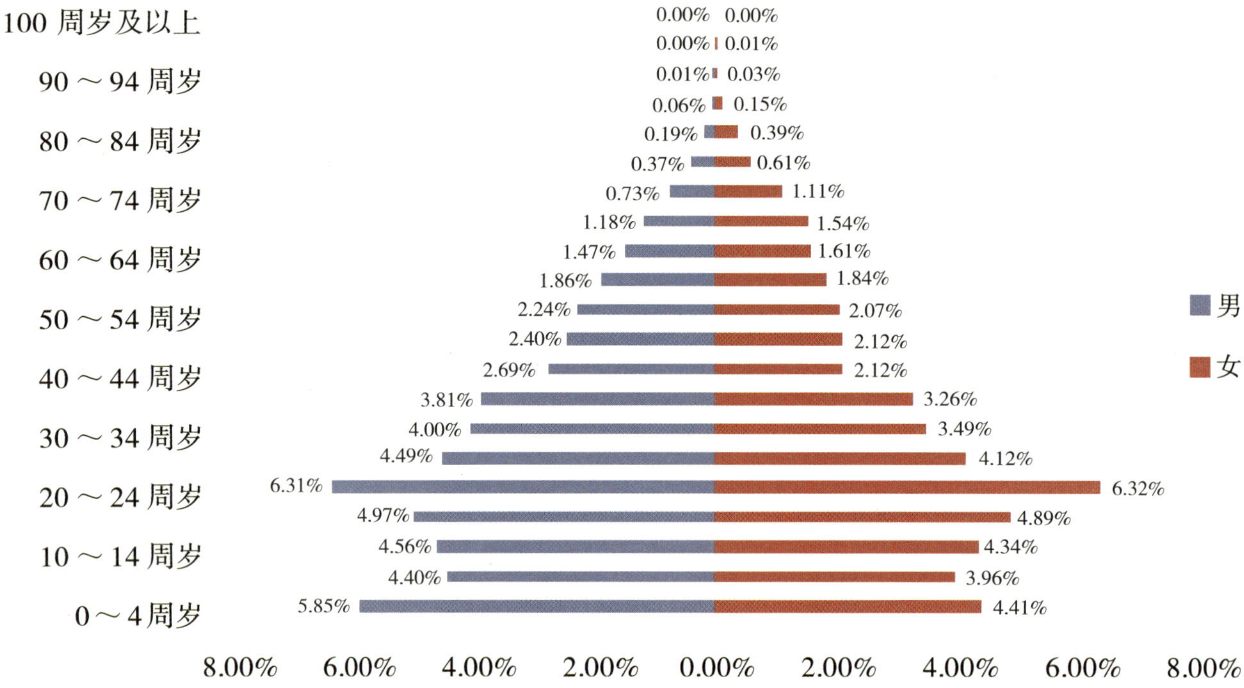

图 2-3-2　2000 年人口年龄结构金字塔数据图

第三节　文化构成

1982年第三次全国人口普查时，全县受过各种文化教育的人口398973人，其中大学1137人，大学肄业及在校生106人，高中40967人，初中134719人，小学222044人。12周岁以上文盲、半文盲人口243279人，其中女性174318人，男性68961人，男女比例约1:3。

1990年第四次全国人口普查时，全县6周岁以上人口687367人，其中大学本科828人，大学专科3119人，中专7879人，高中44375人，初中225279人，小学354647人，文盲、半文盲178989人。文盲、半文盲人口中，15周岁及以上172199人，其中女性125343人，占45.08%。

2000年第五次全国人口普查时，全县6周岁以上人口786272人，接受大学及以上教育的11994人，占1.52%；接受高中（含中专）教育的79294人，占10.08%；接受初中教育的332619人，占42.3%；接受小学教育的295222人，占37.55%。全区15周岁以上的文盲人口67142人，文盲率7.91%，比1990年下降17.5个百分点。其中，男性3.81%，女性12.09%，分别比1990年下降12.54个百分点和32.99个百分点。

1982年、1990年、2000年人口普查文化构成表

表 2-3-6

年份	大学		高中		初中		小学	
	人数	每千人拥有数	人数	每千人拥有数	人数	每千人拥有数	人数	每千人拥有数
1982	1243	1.62	40967	48.88	134719	160.73	222044	264.91
1990	3947	5.78	52254	77.89	225279	289.22	354647	455.31
2000	11934	14.05	79294	93.39	332619	391.78	295222	347.70

说明：大学中含研究生、本科、大专，高中含中专。2000年大学生内有研究生60人。

2000年11月1日零时淮阴县人口普查登记6周岁以上各种受教育人口情况表

表2-3-7

文化程度	1990年			2000年		
	人数	比重(%)	每10万人拥有数	人数	比重(%)	每10万人拥有数
6周岁以上人数	687367	100		786272	100	
大专及以上	3947	0.58	574	11994	1.52	1431
高中和中专	52254	7.60	7602	79249	10.08	9460
初　中	197624	28.75	28751	332619	42.3	39683
小　学	254553	37.03	37033	295222	37.55	35222
文盲与半文盲	178989	26.04	26040	67143	8.54	8011

第四节　民族构成

1982年第三次全国人口普查时，全县有8个民族，分别为汉族、回族、蒙古族、维吾尔族、苗族、彝族、壮族、满族，少数民族有1767人，其中回族居民1743人。1985年后，婚嫁到境内的少数民族妇女逐年增多。

1990年第四次全国人口普查时，全县有29个民族。1996年，全县进行少数民族情况调查，仍有29个少数民族2702人，其中回族2207人。2000年第五次全国人口普查时，全县有32个少数民族，比1990年新增7个民族，分别是朝鲜族、拉祜族、纳西族、达翰尔族、毛南族、阿昌族、仡佬族；减少4个民族，分别是东乡族、普米族、京族、独龙族。汉族人口835489人，占99.68%；少数民族人口2694人，占0.32%。超过10人的有12个民族，分别是布依族52人、白族119人、土家族30人、哈尼族10人、蒙古族10人、回族1949人、侗族36人、苗族258人、彝族86人、壮族33人、黎族13人、佤族11人。在少数民族人口中，男性1010人，比1990年增长27.4%，占少数民族人口的比重37.5%；女性1684人，比1990年增长41.39%，占少数民族总人口的62.49%。2008年少数民族增加到36个，比2000年增加4个，人口增长到2997人，比2000年增长11.25%。

1982年、1990年、2000年人口普查淮阴县部分民族人口构成情况表

表2-3-8　单位：人

年份	总人口	汉族	回族	蒙古族	维吾尔族	苗族	彝族	壮族	满族
1982	762864	761097	1743	1	3	3	1	8	8
1990	778912	776737	1861	1	20	94	31	25	15
2000	849071	835489	1949	10	2	258	86	33	10

2008年淮阴区少数民族人口构成情况统计表

表2-3-9　单位：人

民族	人数	民族	人数	民族	人数	民族	人数
蒙古族	23	布依族	51	哈尼族	6	水族	7
回族	2479	朝鲜族	8	傣族	8	俄罗斯族	1

续表 2-3-9

民族	人数	民族	人数	民族	人数	民族	人数
藏族	12	满族	32	黎族	11	纳西族	2
苗族	88	瑶族	4	傈僳族	14	羌族	1
彝族	87	白族	40	佤族	10	仫佬族	2
壮族	32	土家族	34	畲族	3	维吾尔族	2
侗族	16	高山族	1	门巴族	1	布朗族	3
仡佬族	5	土族	3	拉祜族	2	阿昌族	3
毛南族	1	怒族	1	鄂伦春族	3	锡伯族	1

第五节　城乡构成

1982年第三次全国人口普查时，没有进行城乡构成比例调查和统计，其时，全县处在改革开放初期，农村人口占绝大多数。1990年第四次全国人口普查时，全县总人口77.89万人，其中农业户口70.63万人，非农业户口6.26万人。2000年第五次全国人口普查时，城镇人口调查登记范围的变化包括：县政府所在地的居委会人口，城市建设延伸到的行政村人口，各乡镇政府所在地的行政村人口。人口城乡构成的区分不再以非农业户口和农业户口为界定。是年，全县城镇人口156282人，占总人口的18.65%。至2008年末，城镇人口增至270588人，占总人口的30.06%。

第六节　职业构成

1982年第三次全国人口普查时，全县在业人口主要为农、林、牧、渔业生产人员323171人，占在业人口总数84.8%；其次为生产工人和运输工人34053人，占在业人口总数8.9%；各种专业技术人员16247人，占在业人口总数4.3%。在全部在业人口中，脑力劳动者占5.5%，体力劳动者占94.5%。

1990年第四次全国人口普查时，全县在业人口总数452061人，其中农、林、牧、渔、水利业从业人员376910人，占83.88%；工业从业人员28495人，占在业人口总数7.98%；交通、运输、邮电业从业人员8395人，占在业人口总数2.35%；商业、饮食、物资供销业从业人员16013人，占在业人口总数4.48%；教育、文化、广播电视、卫生、体育、社会福利业从业人员12322人，占在业人口总数3.45%；国家机关、政党、社会团体工作人员2874人，占在业人口总数0.8%；建筑、房地产、金融业从业人员等20690人，占在业人口总数5.79%。

2000年第五次全国人口普查时，全县从事农业的人口仍然占大多数。抽样调查数据显示，农、林、牧、渔、水利从业人员占在业人口总数77.45%；工业从业人员11962人，占在业人口总数3.07%；建筑业从业人员40675人，占在业人口总数10.45%；交通、运输、邮电、仓储从业人员11520人，占在业人口总数2.96%；批发、零售贸易、餐饮从业人员17876人，占在业人口总数4.59%；金融保险从业人员772人，占在业人口总数0.2%；房地产业、社会服务业从业人员1762人，占在业人口总数0.45%；卫生、体育、社会福利业从业人员2569人，占在业人口总数0.66%；科技、教育、文化、艺术、广电从业人员10356人，占在业人口总数2.66%；国家机关、政党机关和社会团体从业人员4695人，占在业人口总数1.21%。

第四、第五次全国人口普查淮阴县在业人口职业分布比照表

表2-3-10　单位：人

职业	1990年（全部）		2000年（抽样数）	
	在业人口	比重（%）	在业人口	比重（%）
国家机关、党群组织、企业、事业单位负责人	6195	1.37	406	0.88
专业技术人员	15150	3.35	1682	3.64
办事人员和有关人员	3503	0.77	445	0.96
商业、服务业人员	13027	2.88	3181	6.89
农、林、牧、渔、水利生产人员	376910	83.88	35744	77.45
生产运输设备操作及有关人员	37148	8.22	4691	10.18
不便分类的其他劳动者	128	0.03		
总计	452061	100	46149	100

第四、第五次全国人口普查淮阴县不在业人口状况比照表

表2-3-11　单位：人

	1990年（全部）		2000年（抽样数）	
	人数	比重（%）	人数	比重（%）
总计	112503	100	12201	100
在校学生	25919	23.04	2338	19.16
料理家务	48450	43.07	3958	32.44
离退休人员	6706	5.96	1103	9.04
丧失工作能力	27411	24.36	3761	30.82
正在找工作	3127	2.78	822	6.74
其他	890	0.79	219	1.8

第七节　家庭构成

1978年，全县有家庭157399户，其中农村家庭149913户。1982年第三次全国人口普查时，全县有家庭161197户，总人口762864人，平均每户4.64人。1990年第四次全国人口普查时，全县有家庭175878户，总人口778912人，平均每户4.43人。2000年第五次全国人口普查时，全县有家庭208281户，总人口838184人，平均每户4.02人，境内家庭户的规模逐渐缩小。

1990年、2000年淮阴县家庭户规模及家庭户结构状况表

表2-3-12

1990	规模		总计	1人户	2人户	3人户	4人户	5人户	6人户	7人户	8人上
		户数	175878	6978	13615	33098	49173	36952	17957	9347	8758
		比重（%）	100	3.97	7.74	18.82	27.96	21.01	10.21	5.31	4.98
1990	结构		总计	一代户	二代户	三代户	四代户	五代及以上户			
		户数	175878	12403	108989	38808	2047	3			
		比重（%）	100	7.05	61.97	22.07	1.16	—			
2000	规模		总计	1人户	2人户	3人户	4人户	5人户	6人户	7人户	8人上
		户数	208281	8938	20527	55140	55895	40175	16961	6507	4138
		比重（%）	100	4.03	9.90	26.50	26.84	19.30	8.14	3.12	1.99
	结构		总计	一代户	二代户	三代户	四代户	五代及以上户			
		户数	208281	23566	120053	61165	3493	4			
		比重（%）	100	11.35	57.64	29.37	1.68	—			

第八节　婚姻状况

1982年第三次全国人口普查时，全县15周岁及以上的人口502336人，其中男性255157人、女性247179人。全县未婚152072人，占15周岁及以上人口的30.3%。其中，未婚男性91831人，占男性总数35.99%；未婚女性60241人，占女性总数24.4%，性别比为152.4（女：100）。男性未婚率高于女性，而且随着年龄的增大，悬殊越大。全县有配偶的307033人，占15周岁及以上总人数的61.1%，其中男性151188人，女性155845人，性别比97，基本平衡。全县离婚人数2038人，占15周岁及以上总人数0.4%，其中，男性1522人、女性516人；30～49岁984人，占离婚总人数的48.1%，男性894人、女性90人。中年时期是离婚率最高的时期。

1990年第四次全国人口普查时，全县有15周岁及以上人口564564人，其中，男性286537人、女性278027人。全县未婚143174人，其中男性85789人、女性57385人。全县有配偶的379572人，其中，男性188488人、女性191084人。丧偶40004人，其中男性10844人、女性29160人。离婚1805人，其中，男性1407人、女性398人。

2000年第五次全国人口普查时，全县有15周岁及以上人口620459人，占总人口的75.32%，其中，男性318110人、女性302349人，性别比101.88。15周岁及以上人口中约有16.41%的人口处于未婚状态，比1990年下降8.95个百分点，未婚者主要集中于15～24周岁的人群，25周岁以上未婚的绝大部分是男性。有配偶的占73.50%，比1990年上升6.27个百分点；离婚者占0.56%，比1990年上升0.07个百分点，离婚的高峰主要在25～44周岁之间；丧偶者占6.9%，比1990年上升4.64个百分点。在有配偶的人群中，未满法定年龄的人数占15周岁及以上人口的0.33%。

第四章　人口控制

第一节　机　构

一、区级管理机构

1978年，县计划生育办公室设在县卫生局，由县卫生局长兼任办公室主任。1979年7月，县计划生育办公室与卫生局分开办公，成为政府的职能机构，编制8人。1982年11月，县计划生育办公室更名为淮阴县计划生育委员会（简称计生委），未设科室。1984年，县计生委内设人秘、宣传、业务3个股，1996年，内设办公室、宣传科技科、规划统计科、政策法规科。2001年，淮阴县计生委更名为淮阴区计生委。2006年，区计生委更名为区人口与计划生育委员会（简称区人口计生委）。至2008年，内设机构未变，有工作人员17人。

二、基层管理机构

1978年，各公社（镇）都建立由社镇领导，妇联主任、卫生院长、团委书记等7～9人组成的计划生育工作领导小组，具体工作由妇联主任、卫生院长承担。生产大队一级建立由大队干部、妇联主任、团支部书记等5～7人组成的计划生育领导小组。1979年底，全县开始配备公社、镇（场）计划生育专职干部。1983年起，先后成立乡镇计划生育办公室，配备工作人员3～7人，主要负责统计、经费、药具技术服务管理与发放等工作。1984年，全县各行政村均配备计划生育副主任，村民组配备计划生育组长。1988年4月，县计划生育宣传指导站成立，为计划生育服务性组织。1995年，29个乡镇（场）成立计划生育服务站，实现人员、设备、房屋三配套。2001年，撤乡并镇，全区乡镇计划生育服务站合并为21个。此建制至2008年未有变化。

第二节　政策法规

1986年以来，省政府多次以文件形式明确规定再生育一个孩子的政策要求。1990年起，施行《江苏省计划生育条例》。2002年10月，省人大常委会颁布《江苏省人口与计划生育条例》（以下简称《条例》），并于2002年12月1日施行。

一、计划生育的奖励与社会保障

《条例》鼓励公民晚婚晚育，晚婚公民可以延长婚假10天、晚育公民可以延长女方产假30天，给予男方护理假10天，并享受有关工资、奖金和其他福利待遇。对领取独生子女父母光荣证的夫妻，从领证之年起至孩子14周岁，每年可各领取20元以上的独生子女父母奖励金；独生子女父母满60周岁时，农村地区的每人每月领取50元的奖励扶助金，机关企事业单位的职工退休时可加发5%退休金，有的单位给予一次性奖励或者为其办理补充养老保险；独生子女在入托、入园、入学、医疗、安排宅基地等方面享有各镇（乡）规定的优惠和照顾。2003年，取消符合政策生育一孩的生育证发放，实行免费发放生育保健服务卡。

2005年，全区相继实行农村计划生育家庭奖励扶助和独生子女伤残、死亡家庭扶助政策，独生子女意外伤残、死亡，其父母不再生育和收养子女的，到女方满49周岁时，政府给予每人每月80～100元的扶助金，并纳入大病医疗保险。是年，王武云等10个放弃再生育的农村独生子女户获奖励金1000元或1500元。全区统一兑现农村独生子女父母奖励金161.2万元，911户符合条件的农村部分计划生育家庭获得奖励扶助金54.66万元。是年11月，在丁集中学举行农村部分计划生育家庭奖励扶助金集中发放仪式，左成忠等领取奖励金每人每年600元。在工作、生产、生活多方面对农村实行计划生育的家庭和育龄人群给予优先、优惠扶助待遇，免费享受计划生育放置（取出）宫内节育器、流产、引产、绝育及复通等手术服务；其他人员的手术经费在医疗保险中列支，未参加医疗保险的由单位列支，并享受国家规定的休假；符合法定生育条件的妇女怀孕、生育和哺乳期间，按照国家有关规定享受特殊劳动保护并可获得赞助和补偿。

《条例》继续提倡一对夫妻只生育一个孩子，凡符合《条例》规定条件的可以申请再生育一个孩子；不应当生育而妊娠的应及时终止妊娠；禁止违反规定条件多生育孩子和非婚生育孩子。至2008年，奖励政策没有变化。

二、生育二胎照顾性政策

1981年，县八届人大一次会议通过《关于计划生育工作的决议》，规定一对夫妇只准生一个孩子，如第一胎孩子因严重病残不能成为正常劳动力的和重组家庭只有一个孩子的，或婚后多年不育现抱养一个孩子的，凭县级以上医院诊断证明并经计划生育部门批准，可以生育第二胎，坚决杜绝第三胎。1982年，执行的主要政策是：国家干部和职工、城镇居民除特殊情况经批准外，一对夫妇只生育一个孩子；农村普遍提倡一对夫妇只生育一个孩子，某些群众确有实际困难要求生二胎的，经过审批可以有计划地安排。城市和农村符合下列情况之一者，可以批准生二胎：第一个小孩有非遗传性残疾，不能成为正常劳动力的；重新组合的家庭，一方原只有一个孩子，另一方系初婚或未育的；婚后五年未育，抱养一个孩子后，自己又怀孕的。另外，农村中兄弟两个以上只有一人生育一个孩子，其他兄弟已丧失生育条件的；两代均系独生子女，只生育一个孩子的，由本人申请，群众评议，县人民政府批准可酌情照顾生第二个孩子。

1984年7月1日起，照顾生育二孩的条件由1982年的5条增加到11条，规定凡符合下列情况之一者，由本人申请、群众评议、乡镇人民政府或街道办事处审核，经过县人民政府批准，允许再生一个孩子。即：独生子女有非遗传性残疾，不能成为正常劳动力或者严重影响婚配的。夫妇一方为二等乙级以上因公致残的军人或烈士的独生子女，只有一个孩子的。丧偶再婚，另一方系初婚或未育的。再婚家庭，再婚前一方只有一个孩子（含收养），另一方系初婚未育的。夫妇一方系华侨、归侨或从港澳台来江苏省定居，只有一个孩子的。婚后五年未育，经医生诊断确实已丧失生育能力的，经批准，可以收养一个孩子，或允许其只生一个孩子的兄弟姐妹中的一人再生一个，由其领养其中的一个孩子。婚后五年未育，经批准收养一个孩子后，自己又怀孕的。夫妇一方两代单传，或夫妇双方均为独生子女，只有一个孩子的；农村夫妇一方为独生子女，只有一个孩子的。农村兄弟两个（含）以上只有一个生育一个孩子，其他兄弟均无生育条件的。农村中有女无子户，一女招婿（负责赡养老人），只有一个女孩的。农村中一女一子户，其子只有一个女孩的。从事井下作业连续五年以上，现仍从事井下劳动的矿工，只有一个女孩的。专业从事海洋捕捞五年以上，现仍从事海洋捕捞业的人员，只生了一个女孩的。在人均土地五亩以上的沿海垦区定居的农民（人均土地以村或村以上行政区划计算）只生一个女孩的。1985年9月1日起，将照顾生育二孩的规定由1984年的11条扩大到14条。

1986年后，依据《条例》，照顾生育二胎的条件主要是：只有一个孩子，经病残儿医学鉴定机构鉴定为非常严重的遗传性残疾，目前无法治疗或者经系统治疗仍不能成长为正常劳动力或者将严重影响婚配的；一方为二等乙级以上因公致残的军人、武装警察、公安民警、见义勇为人员，或者一方为烈士的独生子女，只有一个孩子的；一方系丧偶者，另一方未生育的；一方系离婚者且只有一个孩子或者依法生育过两个孩子，另一方未生育的；双方均未生育，依法收养后又怀孕的；一方为两代独生子女或者夫妻均为独生子女，只有一个孩子的；女方为农村居民的夫妻，一方为独生子女，只有一个孩子的；只生育一个孩子，男方的其他兄弟均无生育条件的；男方无兄弟且只有一个姐姐或者妹妹，只有一个女孩子的。1997年，全县计划生育率90.77%。2000年，全县计划生育率94.82%。2008年，批准再生育一孩697例。

三、社会抚养费征收

1982年，对于违反规定生育二胎的上缴夫妇双方工资或劳动收入的10%作为社会抚养费，期限7～10年；对于生育三胎和三胎以上的夫妇，上缴双方工资或劳动收入的20%，期限7～10年。上缴的社会抚养费，纳入本单位的福利基金或公益金，冲抵奖励的支出。

1990年后，违反《条例》规定生育孩子的，男女双方分别按照国务院《社会抚养费征收管理办法》和《条例》的规定缴纳社会抚养费，且不享受生育奖励待遇，若严重违法生育，则征收更高倍数的社会抚养金。社会抚养费的征收，城镇居民以孩子出生前一年城镇居民年人均可支配收入为计征的基本标准；农村居民以孩子出生前一年乡（镇）农村居民年人均纯收入为计征的基本标准。实际收入是城镇居民年人均可支配收入或者农村居民年人均纯收入2倍以上的，除按照规定缴纳社会抚养费外，对其超出人均收入部分还应当缴纳1～2倍的社会抚养费。2004年，清理欠缴社会抚养费11573户，欠缴1.1亿元。2008年，全区按生育政策下达征收社会抚养费决定书1263份，征收社会抚养费1031.06万元。

第三节　计划生育宣传教育

1979年起，国家提倡“一对夫妇只生一个孩子”，县计划生育部门、卫生部门采用图片、幻灯等形式巡回到各公社宣讲生理、避孕节育、优生优育知识。各公社制作图板深入到大队、生产队进行展览。码头公社创办全县第一个计划生育展览室。1982年冬，淮阴县开展第一个计划生育宣传月活动，全县组织数万人上街宣传。各公社组织基层干部深入到群众中宣传，深入大、小队演出计生文艺节目，宣传计划生育政策。1984年，开展第二个计划生育宣传月活动。1987年7月11日，为纪念世界50亿人口日，县计生委、团县委联合举办计划生育大型图片展览，又与县广播站联合举办每天10分钟的计划生育专题节目，使群众受教育面达到50%～60%。各乡镇在集市、活动室、路口、墙头刷标语，编出墙报、黑板报，还以口号、诗词、通报、电影幻灯片等多种形式常年进行计划生育宣传。

1991年，县委成立计划生育宣传教育领导小组，全年召开专题会议、组织培训、专题报告127场次，书写墙头标语3万余条，印发《江苏省计划生育条例》15万份。全县有24个乡镇成立计划生育宣传队、宣讲组。1992年，全县组织报告会等150场次，出黑板报180余期，书写固定宣传标语3.2万余条，20多个乡镇文艺宣传队常年在村组巡回宣传演出。1995年，为纪念江苏省全面推行计划生育工作25周年、中共中央《关于控制我国人口增长问题致全体共产党员共青团员的公开信》（简称《公开信》）发表和中国计划生育协会成立15周年、《江苏省计划生育条例》颁布5周年，县下发《关于开展计划生育宣传教育活动的意见》，组织人员参加市“中华一剪梅杯”人口与计划生育知识竞赛；举办全县及各乡镇25年计划生育成果板报展；在全县范围内创建人口学校，为育龄人群提供“生产、生育、生活”服务；与县电视台联合创办计划生育专题节目和市《淮阴人口报·淮阴县计划生育专版》，规范计划生育宣传标语口号50条。1996年，全县制作国策宣传牌6000余块，其中每村1～2块，在广播、电视、报刊上播发或刊登计划生育新闻120多篇。同时，组织文艺演出40多场，上街咨询服务50多次。

1997年，在纪念“9·25”（中共中央《公开信》发表日）期间，全县组织10个单位到广场开展咨询活动，印发宣传资料1万多份。《淮阴报》开设计划生育专版，全年刊登计生宣传稿件60多篇。县电视台增设《人口之窗》栏目，每月播出专题节目2档。1998年，发放各类科普知识宣传资料3万余份，开展计划生育科普知识图片展26场次。2000年，全年召开计划生育宣传工作会议3次，广电局、党校等61个单位下派宣传工作人员到村蹲点。2003年，累计出动宣传车120余辆次，设立宣传咨询点60余个，组织文艺演出50余场次，发放各类宣传资料20余万份，刷新宣传标语5000余条，接受群众计生咨询4万余人次，举办万人参加的《人口与计划生育法》知识竞赛。2005年，分片对各乡镇"秋之声"计生特色宣传教育活动进行现场观摩评比，评选出王营、棉花庄、新渡、五里、吴城、三树、韩桥、老张集8个乡镇为特色宣传教育活动先进集体。出动10辆宣传车和20余名宣传员，在现场进图片展览和咨询服务，发放宣传资料18000余份。各乡镇在现场用气球悬挂宣传标语30余幅，市、区电视台均作专题报道。2008年，计划生育科普知识普及率92%，信息准确率98.31%，群众满意率92.28%。

第四节　技术服务与药具管理

一、技术服务

20世纪80年代初期，全县计划生育技术服务完全由卫生系统承担，服务项目以孕检、上环、取环、人工流产、引产、结扎为主。指定县人民医院、南陈集中心卫生院、渔沟中心卫生院、丁集中心卫生院、棉花庄中心卫生院为引产点。县组织卫生技术骨干成立两个结扎手术小组，巡回到各公社进行结扎手术。全县医务人员由卫生局统一调配、管理，以保证计划生育手术顺利进行。1983年4月，县计生委、卫生局联合举办计划生育四项手术（放置或取出宫内节育器、流产术、引产术、绝育及复通术）培训班，为期一年。经过理论学习和实践培训，全县30名女赤脚医生获得计划生育四项手术合格证，并很快成为县计划生育服务的技术人员。1995年，全县各乡镇建立计划生育服务站，并能开展孕情检测、上环、人工流产、环情医学监护等基本服务项目，70%的村建立计生服务室。

图2-4-1　卫技人员深入湖区为群众提供计生服务

1996年底，全县村计生服务室普及率达到90%以上，并能开展以孕情检测、宣传教育、避孕节育指导等为主要内容的服务工作。是年，淮阴县制定乡镇计划生育服务站管理办法，对服务的任务、机构、人员、房屋及设备、避孕药具管理等作明确规定。从2001年10月起，全区向农村实行计划生育的育龄夫妻免费提供避孕节育技术服务。2002年，技术服务重点项目是避孕节育知情选择、育龄妇女生殖道感染防治和出生缺陷干预。2003年10月，招聘妇产科专业技术人员，充实区计生服务站的技术力量。2004年1月，正式面向全区育龄妇女提供上（取）环、人工流产、钳刮、引产、输卵管结扎、生殖道感染综合防治等计划生育技术服务。

2007年5月，按照江苏省建设计划生育"世代服务"中心的要求，区投入50万元对指导站房屋、设施进行改造，成为"去医院"化、体现人性化服务模式的工作场所。是年12月，通过省人口计生委验收，投入正常运行。2008年，区计划生育指导站组织技术骨干，成立技术服务小分队，利用计划生育服务车，深入到边远乡村和田头、湖区，为广大育龄妇女防病、查病、治病，累计下乡38次，为4万余名育龄妇女提供优质服务。是年，全市首家已婚育龄妇女免费体检中心在南陈集镇建成并投入运行。

二、避孕药具管理

1978年，计划生育避孕药具管理与发放工作由县、公社（镇、场）两级卫生单位负责。1982～1988年由县计生委业务科负责。1988年，县计划生育技术宣传指导站成立后，避孕药具管理发放工作移交到指导站。1989年3月，成立县避孕药具管理领导小组，与计生委合署办公，避孕药具仓库10平方米左右。避孕药具管理发放工作由市药具站每年按计划免费供应。节育环由淮阴市药具站统一到省药具站订购，县领导小组从市药具站购回，乡镇再到县站购买，年底上报使用年报。全县29个乡镇都配备一名药具管理员，每年按照使用药具人数和所需品种、规格、型号由每季度乡镇药管员例会时领回并发给村级药管员，由村级药管员再把避孕药具送到每一个使用者手中，并负责随访工作，填写随访卡。1989年以前，县古淮商场和医药公司设有避孕药具零售点，向有需求的育龄人群提供有偿服务。

1992年，建立避孕药具计划、管理、发放、随访、例会、考核等制度。1994年，计划生育管理由孕后管理向孕前管理转化，避孕药具管理纳入区计生委目标考核范围。1997年3月，坐落在金淮商业街北首的县计划生育指导站综合服务大楼建成并投入使用，配备货架、温度计、除湿机、灭火器等硬件设施，各种药品实行分类存放、挂牌管理、进出有据、逐级申领、实耗实消的管理机制。是年，批准设立6个药具零售点，做到避孕药具“双轨制”供应。2005年9月，全区设有18个避孕药具免费发放点。2000～2008年，全区（县）免费提供避孕药具经费66.32万元。

第五节　生育管理

一、目标管理

1978～1985年，全县计划生育下达指令性指标，并与奖惩相结合。1986～1990年，制定县计划生育管理目标，人口计划是最主要的目标。20世纪90年代初，淮阴县计划生育工作出现反复，又适逢第三次生育高峰。1991年全县人口出生率上升至24.2‰，在全省排名倒数第三，在全市排名倒数第一，计划生育工作水平处于全省后进位置，被省列为33个重管县之一。1992年，全县人口出生率14.37‰，比省标15.31‰低0.94个千分点；计划生育率84.19%，比省标低0.81个百分点；生一孩放环率92.8%，比省标低2.2个百分点；生二胎及二胎以上夫妇绝育率86.55%，比省标低3.46个百分点。1993年，淮阴县被列为全省10个后进县之一。1994年，实现计划生育率90%，比省、市下达的责任目标高5个百分点，人口出生率13.48‰，一胎育龄妇女积累率32.24%，比市下达责任目标高0.24个百分点；计划外怀孕率2.68%，比市下达责任目标低0.82个百分点。

1995年，由于前几年对计划生育率指标的层层加码、层层加压，有的乡镇出现政策与现实脱节的现象，导致计划生育工作的浮夸风、高指标、高压力带来上报数字的高水分，瞒报、漏报现象在村一级十分普遍。同时，随着市场经济的发展和农村产业结构的变化，农村人口流动量急剧增加，年轻夫妇外出打工逐渐增多，加上当时婚姻、户籍管理制度上的漏洞，计划生育工作出现一些新情况、新问题，呈现滑坡的态势。1996年，全县育龄妇女228228人，已婚育龄妇女170863人，已婚育龄妇女综合节育率为88.02%，占56.93%；放环61659人，占40.58%；使用药具1940人，占1.28%。全县全年出生9287人，出生率11.93‰，自然增长率6.35‰，计划生育率87.11%。1999年末，计划生育基础知识得到普及，乡镇计生服务站建设又有明显进展，依法治育的大环境初步形成，全县有25个村被一票否决，80%以上村的计生服务站与卫生室“两室合一”。2000年全县人口出生率为8.5‰，一胎妇女期内放环率96.82%，二胎以上期内绝育率96.36%，一胎积累率46%，乡镇建站率100%，合格村率73.22%，出生统计准确率98%。2005年，计划生育率95%以上，综合避孕率80%以上，避孕节育全程服务和生殖保健服务率75%以上，人口与计划生育知识普及率85%以上，计划生育行政执法责任和行政执法规范落实率90%以上，无违反国家人口计生委规定的“七个不准”的行为。

2008年，全区计划生育率96.83%，出生人口男女性别比107.12:100，政策落实率100%，综合避孕率90.91%，优质服务率95%，避孕节育和生殖保健服务率95%，知识普及率92%，信息准确率98.31%，行政执法责任制和行政执法规范落实率100%，群众满意率92.28%，流动人口服务率90%。计划生育奖扶金落实到位，“世代服务”体系建设完成序时进度。全区上报四项手术18885例，同比增加1322例。上报出生人口7160人，其中计划内出生6933人，出生率8.42‰。

二、流动人口计划生育管理

1978年11月，人口规划纳入国民经济总体规划，计划生育工作摆上议事日程。随着改革开放的深入，境内农村出现青壮年男女劳动力外出务工、进城打工的现象，人口流动性加大，原有的计划生育管理秩序被打乱，出现流动人口计划生育管理失控的局面，流动人口中时有计划外超生、甚至多胎生育的行为。

20世纪90年代初，对流动人口计划生育管理仍以户籍地管理为主，实行外出签订服从本地计生管理合同，交纳一定数额的保证金，定期回原籍参加妇检，或以在外地参加县级以上计生、医疗卫生服务机构妇检并出具有效证明的方式进行管理。1993年，参与流动人口计划生育管理有公安、工商、交通、城建、房管、卫生、计生等部门，相关部门各司其职，密切配合，对城区的流动人口进行一次彻底清查。各乡镇对本地的流入、流出人员同样实行清理登记，纳入管理范围。发出《关于大力治假治乱，整顿生育秩序的若干规定》，要求各部门结合自身的工作特点，严格把关。卫生部门对职工进行思想教育，增强责任感，不做假手术，不出假证明。民政部门在进行结婚登记时，审核双方年龄，对无证结婚的进行清理，达到婚龄的补领结婚证；对未到法定婚龄而非法同居的，按规定进行处罚。工商部门对进城务工和个体工商户中计划生育对象户进行管理。1994～1995年，随着城市经济体制的改革，一些企业实行“关停并转”，企业下岗、待岗人员逐渐增多，人员的流动性继续增大。1999年，出台《淮阴县流动人口计划生育工作管理暂行办法》，对流动人口计划生育管理采取因地制宜的方针，本着“谁用工谁负责、谁服务谁收费、谁的地方谁管理”的原则，对流出人员完善手续，登记造册，建立档案，要求外出已婚育龄妇女至少每半年妇检一次，对未婚人员要掌握恋情、婚情；对流进人员，按时入册妇检，查明计生情况；对城区的计划生育工作，推行“单位负责、条条保证、以块为主、条块结合”的管理体制，加强对城区无固定职业、下岗待岗、人户分离等特殊人群的管理，有关部门紧密配合，扎实有效地管好城区、农村流动人口的计划生育。

2002年1～10月，全区流出人口8.7万人，其中育龄妇女2.9万人，占流出人口的33%，办证率50%；流入人口1165人，其中育龄妇女578人，占流入人口49%，办证率为15%。是年，区成立城区流动人口计划生育办公室，配备两名专职人员，对流动人口计划生育实行综合治理，以流入地管理为主，流出地协助流入地做好流动人口计划生育管理和服务工作。2003年后，建立“属地管理、单位负责、居民自治、社区服务”的城市人口与计划生育管理新机制，健全工作网络，配备专（兼）职人员，依托社区卫生资源，在社区建立计划生育服务中心和服务站，流动人口同样享受知识普及、知情选择、随访服务、咨询指导等计划生育优质服务。2008年，各乡镇已婚育龄妇女家庭服务中心为12613名流动已婚育龄妇女提供妇科医疗及免费体检等服务。

第三篇　乡镇　场圃

1978年，全县辖26个公社、1个镇、1个场，427个生产大队，3530个生产队，156903户。全县工农业总产值16115万元。1983年9月，增设韩桥、凌桥、大兴庄、韩庄等4个乡。1985年7月，武墩、和平两乡划归清浦区管辖。1987年，码头、渔沟撤乡设镇。全县辖26个乡、3个镇、1个场，另有国营场圃6个。是年，全县辖村民委员会和居民委员会420个、村民小组3655个、自然村庄3029个、164309户。2001年，乡镇合并，全区辖21个乡镇、249个行政村、1961个村民小组、239039户。

2008年，全区辖21个乡镇，其中镇14个、乡7个，249个行政村，10个社区，村民小组1957个，274812户。全区农业总产值577626万元，农村规模以上工业总产值43876万元。

第一章　镇

第一节　王营镇

一、基本情况

【境域】 王营镇系区治所在地，南临废黄河与清河区为界，北与丁集镇、棉花庄镇毗邻，东跨宁连一级公路与淮阴经济开发区、新渡乡接壤，西衔杨庄水利枢纽（古清口区域）与凌桥乡、码头镇相连。全镇地势平坦，沟河交错，京沪高速、宁连高速、同三高速、宿淮盐高速、205国道、305省道穿越境内，国家一级铁路新长铁路贯穿全境，京杭大运河、淮沭河、盐河、废黄河、张福河等河床纵横其间，新长铁路淮安火车站坐落于镇内，淮安市汽车北站紧邻淮安火车站，淮安涟水机场距城区东北15千米，形成以高等级公路为主骨架，水、陆、空并举的立体交通网络。镇政府驻星光社区居委会。

【建置区划】 1978年，辖3个生产大队、14个生产队。1992年，小营乡并入王营镇，辖6个村、8个居委会、110个村民小组。是年12月，左庄村划归淮阴县经济技术开发区。2000年，淮阴县经济技术开发区、果林场并入王营镇。杨庄乡以淮阴30孔大闸中心线为界，以东划归王营镇，以西划归凌桥乡。是年，对辖区内村（居）进行区划调整，同兴村、南桥居委会合并设同兴居委会，盐河居委会划归小营村，刘渡村和于和村一、二、三组划归杨井村，于和村四、五、六组划归左庄村，王圩村划归崔庄村，蔬菜村划归沈渡村，张庄村划归王庄村，盐闸村更名为杨庄村，并与杨庄居委会合并。2001年5月，淮阴县经济技术开发区从王营镇划出。8月，盐北村与杜庄村合并为长安村，大埝村与官庄村合并为双和村。区划调整后，王营镇辖长安、双和、营东、星光、沈渡、越河、小营、左庄、杨井、王庄、淮闸、杨庄、营北、果林、崔庄、营西等16个村，同兴、北桥、营中、东街、西坝、机关等6个居委会。2003年，杨井村、王庄村、左庄村的十一至十四组划入淮阴工业园。至2008年底，王营镇辖双和、左庄、越河、长安、营西、崔庄、沈渡、淮闸、杨庄、果林等10个村（同时挂居委会牌子），76个村民小组，营东、小营、营北、星光、东街、同兴、营中、北桥、机关、西坝等10个社区及1个果林场、1个王营镇工业集中区。

2008年王营镇村（居）及所辖自然村庄一览表

表3-1-1

村（居）名称	村（居）民小组（个）	合并前村（居）名称	主要自然村庄
淮闸	7	淮闸	徐庄、淮涟、同兴、桂塘、窑河、浦渡、淮闸、盐中、盐北、闸北、红旗
杨庄	5	盐闸、杨庄	河滩、小坝、小桥、条河、浦堆、盐南、盐东、街头、杨庄
越河	4	越河	桃园、河头、程王庄、越河、李庄、和尚庄、美人湾、兰河、纺织、后堆、小河
沈渡	6	沈渡、蔬菜	黄渡、沈渡、吴渡
崔庄	7	崔庄、王圩	崔家庄、许庄、陈庄、丁庄、朱庄、雍庄
长安	10	盐北、杜庄	石庄、叶庄、沈庄、杜庄、罗庄、渡口、林庄、张庄、周庄、杂塘、沟东、大渡口
营西	13	营西	林庄、徐庄、姚庄、张小碾、张庄、后王庄、前王庄
果林	6	果林	高小碾、三朱庄、于庄、赵庄、徐庄、费庄、贵八庄、王庄
左庄	8	左庄	赵庄、石大汪、周花园、匡小碾、薛庄、小陈庄、蔡庄、后蔡庄、小王庄、桥马庄
双和	10	官庄、大埝	王渡、刘渡、许庄、孙大沟、小刘庄、大埝、河滩、周庄、罗口、二堡、三堡
营东		营东	张庄、余王庄、韩洞、横堆、马东、马西、徐吴庄、皮渡、赵庄、邵庄、马号
小营		小营、盐河	盐河东街、盐河西街、淮北路、盐河新村、赵庄
营北		营北	砖井崖、韩庄、谢庄、王庄、于庄、大柳庄、树北
星光		星光、营西	公德街、长发巷、茂盛街、杨码街
西坝		星光、西坝	小盐庄、五条路、民政巷、工商巷
机关		星光、机关	盐南西路、北京路后街、红旗巷、光明巷、北京西路、镇小西路
北桥		北桥	步行街、盐场路、盐河南路、物资路、化工路
营中		营中	前进街、中星巷、大安巷、毕家巷、大堂巷
东街		东街	菜场路、新街、东大街、幸福路、骡马街、星新巷
同兴		同兴、南桥	步行街、建设路
果林场		果林场、国有场圃	一工区、二工区、三工区、四工区

【土地·人口·收入】 1978年，境内面积7.79平方千米，可耕地面积108.93公顷，人口2.51万人，农民人均纯收入97.21元。1991年，可耕地面积97.6公顷，人口4.52万人，农民人均纯收入878.45元。2008年，全镇面积60.89平方千米，可耕地面积5436.33公顷，人口15.34万人，财政收入1.64亿元，农民人均纯收入8728元。2004～2008年，王营镇连续5年获淮安市“十强乡镇”称号。

二、农业

1978年，王营镇粮食作物以水稻、小麦、玉米、大豆、山芋等为主。全年粮食种植面积164.53公顷，总产量2515吨。经济作物主要有蚕桑、油菜、花生、麻类等。油料种植面积3.67公顷，总产量3.4吨；

图3-1-1　王营镇生源奶牛场

麻类种植面积1.6公顷，总产量2.4吨；蔬菜种植面积116.73公顷；养殖业以养猪、鱼、鸡、鹅、鸭、兔等为主。桑园面积2.33公顷，产蚕茧0.35吨。有手扶拖拉机9台，农业动力排灌机械22台，农机总动力268千瓦。1983年，实行联产承包责任制，农村经济快速发展，全镇蔬菜产量2590吨。1992年，粮食总产量9000吨，蔬菜种植面积200公顷，涌现出一批蔬菜生产专业户。1993年起，调整种植业结构，改变"一麦一稻"的种植传统，重点种植蔬菜，全镇建春季大棚100公顷，蔬菜种植面积466.67公顷，形成城郊型农业特色和优势。1994年，继续调整种植业结构，发展蔬菜生产，种植反季节蔬菜170公顷，收入1200万元，其中蔬菜收入万元以上户250个、3万元以上户20个、15万元以上户1个。1995年，建成3个千亩连片保护地蔬菜生产基地，蔬菜保护地面积比上年净增66.67公顷，为203.33公顷，平均每公顷收入9万元以上。1996年，全镇有专业组30个、专业户1021个。1997年，投入15万元在沈渡村建立高标准蔬菜科技示范园3.33公顷，春提早蔬菜保护地面积433.33公顷，实现千亩连片的保护地蔬菜生产基地5个，增加蔬菜专业村1个。特种养殖达市、县级专业大户标准的10户。1998年，全镇大棚蔬菜面积1333.33公顷，建成10个千亩连片和14个蔬菜专业村。2002年，建成千亩连片蔬菜基地10个和科技示范园2个，全镇蔬菜面积1600公顷，其中春提早蔬菜1000公顷，秋延后蔬菜200公顷。2003年，沈渡村、果林村辣椒、西红柿、大白菜被国家农业部批准认证为"禾王"牌无公害绿色食品，果林村被批准为绿色无公害蔬菜生产基地。2005年，有绿色蔬菜200公顷，无公害农产品基地600公顷。2008年，发展荷仁豆、地梅等订单农业570.67公顷。建成千头猪场1个、规模鸡场3个、农业生态园1个、千头羊场1个及特种水产养殖基地34公顷。全镇粮食作物1783.33公顷，总产量10099吨；油料种植73公顷，产量203吨；蔬菜种植932公顷，总产量27236吨，其中大棚蔬菜238.67公顷；大牲畜年末存栏0.19万头、猪1.92万头、羊0.05万只、兔0.01万只、肉鸽32.08万羽、禽7.96万只；水产品养殖面积86公顷，总产量237吨。有大中型拖拉机35台、小型拖拉机596台，农业动力排灌机械299台，农机总动力27244千瓦。

三、工业

1978年，主要有水泥制品厂、金属制品厂、服装厂、食品厂、纸箱厂、阀门厂等镇办企业，从业人员361人，工业总产值68万元。1980年，镇办工业主要有化工厂、阀门厂、针织内衣厂、水泥制品厂、金属制品厂、纸箱厂、无线电厂、塑料一厂、织布厂、服装厂、食品厂等，从业人员680人。1988年，镇政府出台《1988年至1990年企业承包经营责任制的意见》。全镇工业企业22家，职工3000多人，年总产值3506.4万元，利润144万元，其中利润在20万元以上的大户有金属制品厂、化工厂、阀门厂等。1989年，镇办工业产值3469万元，利润123.83万元，村办及村以下工业产值403.15万元，利润32.88万元。1995年企业改制，镇办企业实行风险抵押承包有14家，租赁经营13家，兼并企业2家。全镇工业形成以化工、食品、机械、塑料、丝绸、服装等为主的6个支柱行业，缫丝厂、粮油食品厂、橡胶厂、化工厂、阀门厂等成为骨干企业。全年镇、村工业总产值2.36亿元，其中镇办工业产值2亿元，利税903.2万元。1996年，淮阴市商业局投资300万元在蔬菜村盐河边兴办华元化工厂，淮阴市外经贸局在营东村兴办深特木业有限公司，淮阴市环保局租赁星光村厂房兴办"辉煌"牌热水器，与淮阴县供电局联办越河回水电站，镇农机配件厂在越河工业小区建设新厂区。是年，增加民营企业20家，营东村建设私营加工区，加工项目30余个。1997年，实行以产权拍卖与协议转让为主的企业改制。1998年，25家工商企业实行各类形式的改制，其中拍卖5家，协议转让10家，建新租旧3家，租赁经营7家。

2001年，24家镇属企业进行改制，拍卖金属制品厂，成立淮阴民生金属制品公司。是年，辉煌太阳能、嘉诚化工、华钛化学品公司等外引企业投产，全年工业企业销售收入12.76亿元，利税8220万元，入库税金1413万元。2002年，启动王营镇化工园区建设。2003年，民营经济发展加快，至2004年增加民营企业158家，有15个投资超千万元以上的项目进园区。2005年，全镇规模以上企业工业产值9.76亿元，增加民营企业198家。是年，被评为全国“千强乡镇”。至2008年，王营镇有工业企业865家，注册资金6亿多元，投资额亿元以上项目3个、5000万元以上项目2个、3000万元以上项目8个、1000万元以上项目16个，其中有32个项目落户化工园区，安置就业6000余人；实现总产值27.57亿元，销售收入27亿元。初步形成以建材、机械加工、服装加工为特色的工业产业格局。

图3-1-2　返乡民工创业示范点——高盛皮革制品有限公司

四、服务业

1978年，有商业服务业企业22家，从业人员232人。至1987年，有镇办商业、服务企业10家，居委会及村办服务企业22家，个体服务企业520家，从业人员1983人，三产营业额796万元。1989年，镇办商业营业额615.4万元，利润5.02万元。居委会办商业企业产值450万元，利润10万元。1992年，镇办商业营业额1000万元，其中供销经理部、人民商场、工业公司3个单位的利润总额16万元。1993年，兴办星光农副产品批发市场、西马路口招商市场、王营镇宾馆（鑫源宾馆）、营东村黄河住宅区开发等骨干工程。1995年，全镇个体工商户1694家，个体私营经济成为全镇经济重要的组成部分。1996年，建成前进街综合市场一期工程、营东农贸市场一期工程。1997年，建筑业、房地产业成为全镇三产的龙头企业。建成前进街综合市场和星光小商品市场，越河村自筹资金建成淮杨路菜场。1998年，镇房地产开发有限公司开发商品房和营业门面房约9万平方米，收入100万元，缴纳企业所得税、增值税等104万元，代征契税22万元。全镇增加个体工商户630家，发展私营企业91家，个体私营入库税金489.5万元。2002年，投入200多万元，新建、扩建星光蔬菜批发市场、生猪屠宰场、苏北果品交易市场和小营农贸市场。建成农工商大卖场，启动东方建材市场二期工程，建成营东加工区沿路门面楼，建黄河大厦、黄河娱乐城等。至2008年，境内有批发零售市场10个、商业网点400家、星级宾馆3家、旅游定点饭店1家、中档餐饮企业23家、特色小吃部180家、娱乐场所3家、洗浴中心16家，从业人员3.4万，占就业总人数40%。有个体工商户3437家，服务业增加注册资本20.9亿元，全年三产服务业税收7096万元，占财政收入总量43.32%。

五、村镇建设

1978年以后，加大资金投入，改造农村道路、背街小巷及河道港口。1984年，新建淮海路盐河桥（紧贴老盐河桥）、营西桥。至1987年，城区有4条主干道，镇内有15处码头、42个泊位，可停靠200吨级驳船。2000年起，先后高标准配套建设7个中心村，入住居民万户。沼气建设与改厨、改厕、改圈（指猪圈）、改水等配套结合，农民生活方式得到改变。2002～2008年，投入资金700余万元，建公厕33座，改造无害化户厕2758座、户厕5000座，在城郊村、居委会建标准式、水冲式公厕20座。投入资金800万元，平整废塘4座，清理河塘15个，建配套路涵86座，改造危桥3座，改建电站2座，安装排水管2条。

投入6800万元，完成长安路、帝景豪庭南支路等城市道路8千米；投入980万元，完成背街小巷道路改造52千米，建下水道6.3千米；投入650余万元，铺设村级道路9条27.8千米。全镇建成垃圾池10座，建成沼气池10座，改、建沼气厕所19座及沼气池480座。建成“中国南北地理分界标志”。城区主要干道由1987年的4条，增至2008年的16条。村村通水泥路，通公交车。2003～2008年，累计建成四级水泥路23条34.17千米。

图3-1-3　入住上千户拆迁安置居民的御花园安置小区

六、社会事业

【**教育**】1978年，有镇办小学3所，在校生4055人，教职工200余人。1980年，建王营镇中学，学校最多时有32个教学班，在校生2300余人，教职工114人。2004年，所辖学校全部创建为省“三新一亮”（新课桌、新板凳、新讲台、电灯亮）学校。2005年，在巩固“三新一亮”基础上，创建“六有学校”（有整洁的校园，有满足师生就餐需要的卫生食堂，有冷热饮用水，有水冲式厕所，有安全宿舍，寄宿生1人有1床）。2006年，实施“校校通”工程（以多媒体网络教室为基础，建设覆盖学校主要教育教学和教育管理活动场所的校园网，并建有多媒体投影教室，网络到班，班班都上网，初步拥有数字化校园必备的应用系统）。2007年，启动“四项配套”工程（加强学校实验设备、图书资料、体育、艺术教育器材等设施、设备的建设，达到省定标准）。2008年，全镇有中学2所，在校生3400多人，教职工162人；有九年制学校2所，在校生1142人，教职工155人；有6所小学和1所公办幼儿园，在校生11000人，教职工600余人。

【**卫生**】1978年，有镇办中心卫生院1所，医务人员30人；卫生室4所，医务人员8人。1992年，小营乡并入王营镇，原王营中心卫生院更名为淮阴县第二人民医院，划归县直管。小营乡卫生院更名为王营中心卫生院，有卫生人员23人。有村卫生室13所，医务人员23人。1999年12月，杨庄乡卫生院、果林场卫生院并入王营中心卫生院，形成一个总院、两个分院的医疗服务网络，有卫技人员110人，开设内儿科、中医科、外科、妇产科、口腔科、放射科、检验科、心超室、防保科等业务科室。有村卫生室16所，乡村医生46人。2000年，王营中心卫生院开展社区卫生服务工作，设王营、杨庄、果林3个社区卫生服务中心，下辖城北、杨井、河北、同兴4个社区卫生服务站以及12个村卫生室。2008年，王营中心卫生院有医务人员116人，本科以上学历14人，大专学历35人；副主任医师2人，中级职称46人；有村卫生室12所、乡村医生46人。王营社区卫生服务中心成为全省有中医药特色的城市社区卫生服务中心建设单位。全镇有王营中心卫生院（王营镇社区卫生服务中心）、杨庄卫生分院（杨庄社区卫生服务中心）、果林卫生分院（果林社区卫生服务中心）等医疗机构。有社区卫生服务站4所、医务人员22人。

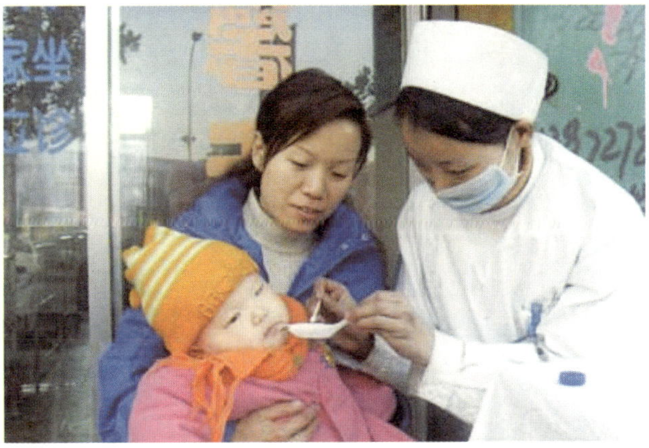

图3-1-4　社区医务室人员给婴幼儿治疗

【**文化**】1978年，王营镇有文化站1所，办公用房4间100平方米，图书400册，有锣、鼓、琴、二胡等乐器；电影放映队1支，放映设备1套；3个大队都有业余文艺宣传队，每年春节期间举行文艺汇演。

1992年，文化站有2名工作人员。2000年，文化站有3名工作人员。2001年，王营镇文化广播电视服务站成立，有10名工作人员，下辖3支文艺宣传队。2002年，在全镇村（居）逐步安装健身器材，推广全民健身操。2005年，开展送书下乡活动，村（居）均配有农家书屋，每村（居）藏书2000册以上。2003～2006年，获"江苏省文明乡镇标兵"称号。2008年，有线电视入户率、电话普及率85%，互联网入户率80%。全镇每个村（居）均设有文化活动室，内设图书阅览室、棋牌室、舞厅、健身房、台球室、乒乓球室、少儿活动室、老年活动室、文艺创作室、残疾人康复中心等。镇内文化市场有60余家，有荷花公园、黄河广场、人民广场、西坝公园等休闲场所。是年，获创建全国文明乡镇工作先进镇称号。境内有郑文英墓、清真寺、西坝盐栈等景点，有中共西坝党支部活动旧址——郑家大楼，产生过革命先烈孙汉文，及"越河太平宫""荷花汪由来"等传说。

图3-1-5　新春团拜会

第二节　赵集镇

一、基本情况

【境域】 赵集镇位于淮阴区城区西南30千米处，南濒洪泽湖，北与南陈集镇接壤，西、北同韩桥乡相邻，东南隔张福河与洪泽县顺河镇相望，东依高家堰（洪泽湖大堤）。镇政府驻赵集街。

【建置区划】 1978年，公社内辖19个大队、216个生产队。1983年，政社分开，赵集公社更名为赵集乡。是年，原五号沟以北的张圩、王集、天河、韩桥、临湖、郑场等8个村划出组建韩桥乡。1987年，辖沟北、街西、赵集、邱集、马场、小滩、红星、庆丰、汪场、老场、条湖、杨场、洪湖、分洪14个村、152个村民小组，6441户28709人。1994年12月，撤乡建镇，赵集乡更名为赵集镇。2000年1月，撤乡并镇，原高堰乡的高堰、十堡、九堡、张福等4个村划归赵集镇，共辖18个村。2008年，并组联村，全镇辖12个建制村、96个村民小组。

2008年赵集镇村（居）及所辖自然村庄一览表

表3-1-2

村(居)名称	村(居)民小组（个）	合并前村(居)名称	主要自然村庄
小滩	7	小滩	周庄、苏庄、傅庄、马庄、严庄、洪庄、孙庄、蔡庄、崔庄、河底、小横庄、桃园
庆丰	6	庆丰	三徐庄、庄王庄、黄庄、十号、庆丰庄、小张庄、魏庄、刘庙、庙西、张庄
分洪	6	分洪	桂莲庄、孙庄、曾庄、陈场、客庄、洪圩、小张庄、范庄
洪湖	8	洪湖、杨场	潘庄、石庄、杨场、杂姓庄
汪场	10	汪场	红圩南、红圩北、陈场、客庄、桂明路、桂明西、孔庄、曾庄、汪场、小后庄

续表3-1-2

村(居)名称	村(居)民小组(个)	合并前村(居)名称	主要自然村庄
红星	8	红星	孙庄、曹庄、六号沟、七号沟、八号沟、九号沟、史庄、周庄、新庄
沟北	7	沟北	龚庄、赵庄、小方庄、余庄、仲庄、郭庄、交庄、蔡庄、杂姓庄、张庄、陈庄、后狄庄、前狄庄、大张庄
街西	7	街西	孙庄、蔡庄、张庄、小狄庄、黄庄、金庄、小刘庄、陈庄、狄庄、方庄、杂姓庄
十堡	8	十堡、九堡	杨庄、李庄、小周庄、西庄、丁庄、小刘庄、夏庄、田庄、孙计、卞庄、九堡、于庄、陈家渡
高堰	7	高堰、张福	猪场、宋庄、潘圩、张庄、六堡、新街、三堡、七堡、四堡、季庄、高庄、高堰街、新庄、杨庄、周庄、徐庄、王庄、林庄、陈庄
老场	6	老场	陈庄、小黄庄、唐庄、毛庄、潘庄、老场庄、前潘庄、殷庄
赵集	16	赵集、马场、邱庄	六号庄、郑庄、管庄、张庄、孙庄、蔡庄、赵集街、曾庄、韩庄、上七号、薛庄、潘庄、姚庄、杨庄、李庄、前邱庄、沈庄、后邱庄

【土地·人口·收入】 1978年，境内面积85.5平方千米，其中湖面面积45.5平方千米，可耕地面积3250.60公顷，人口4.4万人，农民人均纯收入37.45元。1991年，境域可耕地面积2045.13公顷，人口3.14万人，农民人均纯收入434.18元。2008年，全镇面积98.65平方千米，其中绿地面积53.15平方千米，可耕地面积2113.47公顷，人口4.27万人，财政收入1622.83万元，农民人均纯收入5810元。

二、农业

1978年，粮食作物以小麦、水稻、山芋、玉米、大豆等为主。全年粮食播种总面积4293.53公顷，总产量11409.15吨。经济作物主要有棉花、花生、油菜、麻类等；油料作物播种面积86.67公顷，总产量44.3吨；麻类播种面积52.8公顷，总产量87.15吨；烟草面积268.27公顷，总产量329.5吨；桑园面积42.4公顷，产蚕茧25.75吨。水利设施有6千米长挡浪堤1条，5千米长二道护堤1条，机电排灌站13座，灌溉渠6条，农业动力排灌机械196台。大中型拖拉机2台，手扶拖拉机46台，农机总动力3626千瓦。1980年，小麦每公顷产量由1978年的2625千克提高到5250千克，水稻每公顷产量由1978年的3750千克提高到6750千克，山芋每公顷产量由1978年的22500千克提高到45000千克。1984年起，购买农业机械农户逐年增多。1987年，发展蚕桑、油料、畜禽、渔业、林木等多种经营生产，每年栽种山芋666.67公顷，80%山芋加工成粉丝，销往安徽、山东、河南、上海等省市。1989年起，扩大粉丝加工产业规模，年产粉丝50万千克以上。同时，以粉丝产业为依托，发展养猪业，平均每户年出栏生猪4头。全乡年出栏3万头以上，产生一批养猪专业户、专业组、专业村。1995年起，利用洪泽湖滩涂发展围网养殖，并逐步成为群众致富的重要渠道。1996年，全镇有鱼塘50公顷，临湖建有高标准水田养蟹66.93公顷；农业机械增加到600台。1997年，全镇有山鸡养殖场16个，年出栏15万只以上。

图3-1-6　赵集绿色大山芋生产基地

1998年，全镇湖区水域开发面积466.67公顷，有近千亩水产养殖大户2个。1999年，全镇多种经营形成生猪、粉丝、水产、家禽、蔬菜五大格局。2000年，建成高标准稻田养殖66.67公顷。

2002年，发展洪泽湖养殖水面133.33公顷，芦蒿种植面积13.33公顷，栽植意杨73.33公顷。2003年，栽种山芋1868.67公顷，种植芦蒿12.4公顷，兴建冷库22家，有各类经纪人165名。2004年，山芋面积1866.67公顷，其中淮薯18脱毒高产山芋面积66.67公顷。2007年，建成年出栏10万只的养鸡场2家。

2008年，高效农业面积2046.67公顷（复种），高效渔业面积313.33公顷。全镇粮食作物面积5338.67公顷，总产量22690吨；山芋面积1333.33公顷，总产量3000万千克，推广脱毒山芋133.33公顷，有大小粉丝厂23家，粉丝总产量4200吨；油料面积275.73公顷，总产量731吨；百亩连片钢架蔬菜大棚268个、面积327.2公顷，总产量12738吨；瓜类面积11.6公顷，总产量56吨。全镇大牲畜年末存栏0.18万头，有千头猪场2个、百头猪场4个。年末猪存栏2.09万头、羊0.37万只、兔1.01万只；有规模养鸡场16家，家禽年存栏8.63万只，肉鸽饲养33.56万羽。水产品养殖面积993公顷，总产量1640吨。桑园面积21.33公顷。有大中型拖拉机24台、小型拖拉机750台、大型收割机82台、全自动山芋出浆机360多台。有各类排灌电站26座，农业动力排灌机械80台，农机总动力18254千瓦，农业基本实现机械化。

三、工业

1978年，境内有社办企业3家，从业人员265人，总产值72万元。1986年，建东窑厂。1987年，全乡有企业306家，总产值463万元。1989年，华东石油地质局在红星村投资1000万元兴建赵集盐矿。1992年，盐矿由赵集乡政府接管，属县经贸委管理，税收分成，年创利税100万元。1996年，镇政府投资400余万元建粉丝厂。全镇有工业企业23家，其中镇办9家、村办14家，从业人员2546人，专业技术人员21人。主要产品有砖瓦、楼板及面粉等，总产值3342万元，其中镇办工业产值1938万元。1999年，引进上海太平洋集团淮阴元明粉有限公司。2000年，引进南风集团淮阴元明粉公司。是年，东窑厂、西窑厂、粉丝厂、自来水厂改制，实行对外发包和产权转让，共有工业企业60家。赵集粉丝厂生产的“天泉”牌粉丝获淮安市名牌农产品称号。2002年，中国石化江苏石油勘探局在红星村兴建淮安采输卤首站，引进复合塑管生产线项目；江苏华尔润化工集团输卤工程项目；建成兴淮编织袋厂和高堰面粉厂。2003年，镇属企业有5家。2005年，建成淮安市白玫化工有限公司。2007年，引进嘉源元明粉化工公司。2008年，引进华南台玻输卤项目。江苏盐业集团在红星村成立江苏盐业集团采输卤公司。增加盐化工规模企业7家，其中元明粉开采企业4家、采输卤企业3家，成为全市盐化工采输卤基地。全镇有各类工业企业102家，从业人员6133人，全年总产值21亿元。

图3-1-7　赵集盐化工基地

图3-1-8　盐都生态园的游艇部

四、服务业

1978年，有商业服务业企业5家，大队供销点4家，从业人员201人。1979年起发展运输业，至1987年，有从业人员1000人；集市上有个体商业网点140家，农村各村庄亦有个体商业购销点。

1996年，全镇共有商业网点55家，贸易市场3个，固定摊位85个，临时个体摊位220个，第三产业增加值1753万元。1998年，投资50万元，建农贸市场1个。1999年，有多条民船自发成立4个运输公司。2002年，投资15万元建成小商品市场。2003年，改造和完善小商品市场。2008年，成立运输企业5家，有各类水运、陆运企业11家，全年上交利税300万元。境内有个体工商企业110家，注册资本550万元，其中规模较大的有浴室2家、旅馆和酒店3家、照相馆2家、超市2家、电器专营超市1家、农用物资门市8家。社会消费品零售总额5244万元，服务业增加值1000万元，从业人员2230人。

五、村镇建设

图3-1-9　赵集镇迎宾大道

1978年，赵集街道长500米，面积0.6平方千米，有住户36家，均为草房，沿街为砂石路面，居民全部用上照明电。有顺吴、洪滩、林柴、轮窑等5条主干道，均为土路。1985年，乡村道路开始砂石化。1996年，有4个村开通程控电话。1998年，共投入资金1580万元，铺设2千米长的水泥路、计10842平方米；建下水道5千米；拆除房屋11800平方米，建二层以上楼房25800平方米，其中三层楼房占30%；铺设自来水主管道2千米，自来水用户300户。1999年，累计投入资金1228万元，拆除旧房面积3600平方米，建成商住楼2.06万平方米，中心街修建花坛80个，栽植花木500余株，铺设下水道500米，安装垃圾筒30个，铺设自来水管道1千米，建移动通信塔1座，集镇街道由原来3.5米宽的砂石路拓宽为10.5米宽的混凝土路面。2000年，村村通程控电话，建调频广播发射塔、无线通讯接收塔。2002年，开工建设中心村4个。2003年，铺设3条砂石路4.5千米，铺设水泥路9.9千米；开通光缆信号，实现区乡联网；建自来水厂2座。2005年，街道铺设道板砖5200平方米，铺彩砖8000平方米、路牙1.45千米，栽植绿化树木1200株、景观树木364株，安装路灯38盏，铺下水道6.5千米；成立由13人组成的城管队伍，配专职环卫工作人员6名；添置垃圾车2辆、标准化垃圾筒48个。2007年，投资371万元，铺设镇村水泥路53千米，水泥路总长60千米；投资1500万元，建4个农民集中居住点，100余户居民入住。2008年，投入资金340多万元，实施小城镇建设项目8个，集镇建成三纵四横道路。镇村水泥路23条，总长49.25千米，其中三级水泥路1.63千米、四级水泥路47.42千米，道路两旁入住居民300多户。集镇面积扩大到2平方千米；建成小学教学楼、中学教学楼、学校住宅楼、医院门诊楼、农民广场等标志性建筑，扩建文化中心、垃圾处理场等社会公益性建筑；开发建设高堰、张福住宅小区，200户农村居民进镇落户择业。

六、社会事业

【教育】 1978年，境内有中学1所、联中2所、中心小学1所、村小学18所，在校生7000多人，教师281人。1981年，撤销赵集中学高中部。2002年，完成中小学布局调整，境内有中学1所，在校生1820人，教职工61人；中心小学1所，完小4所，教学点8所，在校生4700多人，教师194人。2004年，投入资金400万元，建中学教学楼3幢，总面积4948平方米；建成男女生宿舍各1幢960平方米，学生餐厅1幢、600平方米，水冲式厕所168平方米，铺设校园水泥路3600平方米。重建赵集小学教学楼以及中心幼儿园。2005年，镇中心幼儿园创建为市级一类园。2008年，有初级中学1所，在校生476人，教师68人；小学4所，在校生2100多人，教师110人；各类幼儿园8所，幼儿960人，教师32人。

【卫生】 1978年，赵集有卫生院1所，床位45张，医务人员35人；卫生室19所，乡村医生45人。

1996年，卫生院建门诊大楼，置显微镜、X光机、B超机、200毫安摄片机、心电图机、进口全自动生物分析仪、血球计数仪等设备。2003年，卫生院有病床17张，购价值近10万元的酶标仪1部，有医务人员35人。2008年，卫生院有业务用房0.3平方千米，床位30张，医务人员70人；有救护车1辆、空调40台、电脑20台，设内科、儿科、妇产科、外科、防保科、口腔科、放射科、化验室、心超科、治疗室、中医药房、药库等科室，能开展内科、外科、儿科、中医、口腔等常见病、多发病的诊治和境内群众的疾病预防；建社区卫生服务站10所，有医务人员28人。

图3-1-10　洪泽湖水上小学

【文化】 1978年，文化站有文艺宣传队1支，电影放映队2支，图书3000余册，广播放大站1个，每户均安装有线广播。1987年，有乡文化中心1所，电影放映队1支。1988年，建成能容纳1000人的赵集影剧院。1995年，开通有线电视，发展用户260户。1996年，赵集影剧院被评为淮安市明星剧院。1998年，建公共娱乐场所10个，其中溜冰场4个、歌舞厅1个。2004年，开通有线电视村5个。2006年，新建657平方米镇文化活动中心，内设乒乓球室、棋牌室、电子图书室、阅览室、健身房等多种活动场所。2007年，建占地1000多平方米的休闲文化广场；投入42万元，建文化中心大楼。2008年，村村通有线电视，有线电视普及率95%。村村有体育活动场地，11个村建农家书屋，每村藏书约1000册。境内有高家堰铁水牛、石工堤、洪泽湖大堤、大堤石刻、侯二门等文物古迹及乾隆、道光御碑和古洪泽镇遗址（洪泽湖中）。

第三节　南陈集镇

一、基本情况

【境域】 南陈集镇是淮阴区运南片中心乡镇，位于淮阴区城区西南26千米处，东至高家堰北段大堤与清浦区武墩镇隔河相望，南与赵集镇、韩桥乡相连，西与吴城镇接壤，北与码头镇交界。王顺路纵贯南北，陈武路、陈吴路横穿东西，是运南片的交通枢纽。镇政府驻南陈集镇老街。

【建置区划】 1978年，境内辖20个大队、156个生产队。1980年，地名普查时因与涟水县成集公社谐音，又位于涟水县成集公社南，故更名为南陈集公社。1983年，政社分开，南陈集公社更名为南陈集乡。2000年，撤乡建镇，将原高堰乡的孙庄、包庄、官沟、窑厂、头堡、罗庄、张周、淮丰、叶庄、小桥、高庄、孔庄等12个村及原高堰中学、原高堰乡敬老院并入南陈集镇。区划调整后，全镇辖34个村、256个村民小组。2001年，并村联组，全镇辖22个村、155个村民小组。至2008年，全镇建制村、村民小组无变化。

2008年南陈集镇村（居）及所辖自然村庄一览表

表3-1-3

村（居）名称	村（居）民小组数	合并前村（居）名称	主要自然村庄
陈集	7	陈集	陈庄、街北、谭庄、新街、街西、街南、街东、窑河、谷庄、老街
高福	6	福河、高庄	桥北庄、桥南庄、吴庄、陆庄、严庄、高庄、郭庄、小朱地、后朱地

续表 3-1-3

村（居）名称	村（居）民小组数	合并前村（居）名称	主要自然村庄
镇西	7	新生、镇西	前于庄、中于庄、后于庄、新千庄、老千庄、东高庄、南高庄、西高庄、北高庄、前王油坊、中王油坊、后王油坊、新周庄、老周庄、新包庄、老包庄、左朱庄、右朱庄、左刘庄、右刘庄、前杨桂庄、中杨桂庄、后杨桂庄
镇北	8	谭庄、联堡	新姚庄、老姚庄、左小马庄、右小马庄、左沈庄、右沈庄、左小租地、右小租地、前杜庄、中杜庄、后杜庄、前新六堡、中新六堡、后新六堡、六组一庄、二庄、三庄、五组一庄、二庄、三庄、四庄、四组一庄、二庄
合心	8	三赵、联堡	前三赵庄、中三赵庄、后三赵庄、前高庄、中高庄、后高庄、前裴庄、中裴庄、后裴庄、大肖庄、中肖庄、小肖庄、左杜庄、右杜庄、左五堡、右五堡、新吴庄、老吴庄
果林	7	翻身、梨园	前南陈庄、中南陈庄、后南陈庄、左尹庄、右尹庄、左马庄、右马庄、前和尚庄、中和尚庄、后和尚庄、前北陈庄、中北陈庄、后北陈庄、左叶庄、右叶庄、左郭庄、右郭庄、前祁庄、中祁庄、后祁庄、左客庄、右客庄、前邢老庄、中邢老庄、后邢老庄、新邢老庄
学田	6	学田	新周庄、老周庄、新姬庄、老姬庄、前高庄、中高庄、后高庄、前王庄、中王庄、后王庄、四组一庄、四组二庄、四组三庄、前钱庄、中钱庄、后钱庄、新杨庄、老杨庄、前丁庄、中丁庄、后丁庄、左张庄、右张庄、前吴庄、中吴庄、后吴庄
高成	6	高成	前葛庄、中葛庄、后葛庄、前陈庄、中陈庄、后陈庄、前路西庄、中路西庄、后路西庄、前西庄、中西庄、后西庄、左刘庄、右刘庄、东包赵庄、南包赵庄、西包赵庄、北包赵庄、东薛庄、南薛庄、西薛庄、北薛庄
林圩	6	林圩	左蒋庄、右蒋庄、前吴庄、中吴庄、后吴庄、前杨庄、中杨庄、后杨庄、东小前庄、南小前庄、西小前庄、北小前庄、前林庄、中林庄、后林庄、新浦庄、老浦庄、左新庄、右新庄
渔塘	9	天桥、渔塘	东丁庄、南丁庄、西丁庄、北丁庄、左万庄、右万庄、东汪庄、南汪庄、西汪庄、北汪庄、前殷陈庄、中殷陈庄、后殷陈庄、八组一庄、八组二庄、八组三庄、东张庄、南张庄、西张庄、北张庄、新汪庄、老汪庄
蚕桑	6	蚕桑、鲁黄	左陈庄、右陈庄、包庄、新王庄、老王庄、左鲁黄、右鲁黄、前史庄、后史庄、左孙庄、右孙庄、新盛庄、老盛庄、东刘庄、南刘庄、西刘庄、北刘庄、中刘庄
梅畅	8	冯庄、梅畅	前尹庄、中尹庄、后尹庄、前梅畅庄、中梅畅庄、后梅畅庄、前张屠庄、中张屠庄、后张屠庄、前蒋庄、中蒋庄、后蒋庄、新蒋庄、新董庄、老董庄、东葛庄、南葛庄、西葛庄、北葛庄、东冯庄、南冯庄、西冯庄、北冯庄、前周夏庄、中周夏庄、后周夏庄
寿塘	5	寿塘	李庄、刘蛮庄、南范庄、三太庄、史王庄、夏庄、朱庄、张庄、陈庄
竹园	8	蚕桑、竹园	左赵庄、右赵庄、左孙庄、右孙庄、左刘庄、右刘庄、左董庄、右董庄、前大路庄、中大路庄、后大路庄、前卢庄、中卢庄、后卢庄、前小路庄、中小路庄、后小路庄、新大路庄、前小卢庄、中小卢庄
乔庄	8	双河、乔庄	董庄、前汤庄、乔庄、史庄、田庄、王庄、吴庄、小南庄、新庄、后史庄、陈庄、后汤庄、朱渡、祖庄、倪庄、贾庄
孙庄	6	孙庄	左小南庄、右小南庄、左陈庄、右陈庄、左宋庄、右宋庄、左梅庄、右梅庄、左卢庄、右卢庄、左夏庄、右夏庄、八组一庄、二庄、三庄、四庄、前孙庄、中孙庄、后孙庄、前淮局庄、中淮局庄、后淮局庄、新小北庄、老小北庄、新张庄、老张庄

续表3-1-3

村（居）名称	村（居）民小组数	合并前村（居）名称	主要自然村庄
窑厂	4	窑厂	前潭庄、中潭庄、后潭庄、前新大沟、中新大沟、后新大沟、新潭庄、左朱庄、右朱庄、左李庄、右李庄、新三堡、老三堡
南双庄	10	罗庄、孔庄	左小屠庄、右小屠庄、左东庄、右东庄、左刘庄、右刘庄、左渠南、右渠南、左小李庄、右小李庄、左东刘庄、右东刘庄、左王庄、右王庄、左蒋庄、右蒋庄、左吴庄、右吴庄、左罗庄、右罗庄、前孔庄、中孔庄、后孔庄、前余庄、中余庄、后余庄、前李庄、中李庄、后李庄
小桥	8	官沟、包庄、小桥	新范庄、老范庄、包庄、左小包庄、右小包庄、小桥街东一庄、二庄、小桥街南一庄、二庄、小桥街西一庄、二庄、小桥街北一庄、二庄、前史庄、中史庄、后史庄、前平安、中平安、后平安、前金庄、中金庄、后金庄、前左庄、后左庄、中左庄、新史庄、左万庄、右万庄、左小南庄、右小南庄、新金庄、新包庄、老包庄
淮丰	11	叶庄、淮丰	王三老庄、龚奚庄、李庄、宋庄、王庄、薛庄、俞庄、周庄、丁庄、杨庄、杜庄、叶庄、袁庄
张周	6	张周	李庄、张庄、夏庄、朱庄、周庄
头堡	5	头堡	六组、七组、八组、武家墩、小王庄、顾庄

【土地·人口·收入】 1978年，境内面积54.1平方千米，其中可耕地面积2810.2公顷，人口3.6万人，农民人均纯收入41元。1991年，境域可耕地面积3073.47公顷，人口3.93万人，农民人均纯收入558.29元。2008年，全镇面积94.2平方千米，其中可耕地面积4069公顷，人口6.45万人，财政收入1068.42万元，农民人均纯收入5550元。

二、农业

1978年，农作物主要品种是小麦、水稻、玉米等。小麦每公顷产量2.2吨，水稻每公顷产量3.41吨。粮食作物播种面积3713.73公顷，总产量9015.05吨。经济作物主要有油菜、花生、棉花、麻类等。种植棉花2.13公顷，总产量1.1吨；油料作物230.87公顷，总产量108.95吨；麻类105.8公顷，总产量234.8吨；烟草248.4公顷，总产量493.85吨；桑园92.4公顷，产蚕茧41.2吨。全镇有大中型拖拉机8台、手扶拖拉机36台、农业排灌动力机械107台，农机总动力1805瓦。1981年，成立水利管理服务站，开展水利工程建设。1983年，成立镇农技站，开始农业技术推广工作。1986年，建土温室大棚6公顷。1991年，建成大沟2条、中沟16条、小沟208条、干渠2条、斗渠41条、机电排灌站25座、大沟级农桥10座、中沟级农桥128座、涵闸1826座等排灌体系。1996年，推广水稻旱育稀植技术。桑园面积426.67公顷。1998年，推广玉米、山芋套作266.67公顷，玉米每公顷产量6.8吨。2000年，开始实施"无草害"工程，使用化学除草法根治草害，推广高产优质品种58个，其中小麦20个、水稻21个、油菜12个、花生5个。2001年，农技站同农机站合并，成立农业技术服务站。2003年，推广地膜覆盖技术。2005年起，推广高效低毒、低残留农药，遏制剧毒农药使用。推广测土配方肥料2666.67公顷，有效改变土壤性状和农作物的品质。发展订单农业233.33公顷，主要品种为荷仁豆、蚕豆、地梅、胡萝卜等，平均每公顷收入约6万元。2007年，在淮丰、双庄、高成等村建成千亩钢架蔬菜大棚。2008年，发展荷仁豆、地梅等订单农业570.67公顷，发展设施化栽培483.4公顷，头堡村建成连片日光能大棚3.33公顷。全镇粮食作物播种面积6678公顷，总产量39848吨；蔬菜358.07公顷，总产量8130吨；油料作物328.93公顷，总产量791吨；瓜类8.53公顷，总产量177吨。全镇年末存栏大牲畜0.28万头、生猪2.42万头、羊0.51万只、兔0.18万只，鸡、鸭、鹅12.61万只，肉鸽饲养35.48万羽。水产品养殖面积173公顷，总产量720吨。桑园面积

350.67公顷。有大型拖拉机70台、小型拖拉机830台、联合收割机48台、播种机42台、插秧机4台、农用排灌动力机械76台，农机总动力19740千瓦，90%的农户拥有农业机械。

三、工业

1978年，境内有骨干企业2家，工业总产值49万元，从业人员131人。1986年，有乡办企业11家，村办企业21家，户办、联户办企业1184家，从业人员4404人，总产值534万元。1990年，有骨干企业8家，工业总产值1300万元。1996年，有工业企业22家，其中乡办企业6家，村办企业16家，从业人员2300人。工业投入604万元，总产值5905万元，其中乡办工业产值4505万元，村办工业产值1400万元。1998年企业改制，乡办企业改制4家。2001年，有骨干企业7家，工业技改投入1400万元，销售收入1.9亿元，利税1380万元，利润770万元，入库税金171万元。2005年，有工业企业56家，从业人员2382人。

图3-1-11　村创业点工厂

2008年，建成工业集中区，进驻企业有淮安信达五金医疗器械厂、淮安天龙保温材料厂、淮安飞马针织服装有限公司、淮安市伟超混凝土制品有限公司、淮安飞华纸品贸易有限公司、淮安市普利包装有限公司、淮安市华电环保机械制造有限公司、淮阴区南陈集砖瓦厂、淮安市金陵米厂等9家骨干企业，初步形成以工商贸易、建筑材料为特色的产业格局。全镇工业产值35290万元，销售收入33380万元，入库税金182万元，吸纳本地农民工1256人。

四、服务业

1978年，有商务服务业企业11家，从业人员214人。1985年，有商业服务业经营户46家，社会商品零售总额180余万元。1990年，有国营、集体、个体商业网点235家，设固定摊位180个、临时摊位1200多个。1996年，有国营、集体、个体商业网点386家，建贸易市场7个，设固定摊位320个、临时摊位2000个，实现三产增加值1906.23万元。2000年，有商业网点423家，从事餐饮服务业企业13家，建小商品市场1个、农贸市场门面房计1000余间。引进烟酒百货批发部、家电商场、家家福超市、万家福超市等商务服务企业。2002年，有服务业大户45户，从业人员1000余人，其中从事餐饮业人员200人，从事流通行业人员340人。2008年，境内从事批发贸易1659人，金融保险127人，餐饮旅馆业452人。

五、村镇建设

1978年，集镇有3条街道，计3.46千米，沿街均为土路，大队道路也均为土路；集镇面积0.8平方千米，无电力设施。1980年，建农电站，有2间配电间。当年，有3000余户通电，配变压器10台，总容量500千伏安。1982年，设立村镇建设工作办公室。1985年，启动集镇开发建设，农村道路开始砂石化，邮政、电信、供电等基础设施建设快速发展。1996年，投资20万元铺设沥青街道1.3千米；程控电话装机容量520部，有12个村开通程控电话。1997年，村村通电，通电话，通砂石路；建成计生、医药、财政、地税、法庭等单位大楼；筹措资金165万元，建成“四纵两横”4千米街道黑色路和排水系统；拆除300户700多间土草房、土瓦结构的低矮房，主要街道房屋墙壁全部贴上面砖；建成连接22个村共25.5千米的环乡砂石路。1999～2001年，全镇累计投入6000万元，改、扩、建集镇面积10万平方米。供销社内部斥资建营业楼1000平方米，开发门面房20余间；建健康北路，长640米、宽30米，柏油路面21840

平方米，安装双向路灯48盏；全镇铺砂石路13千米，完善镇村道路网，实现镇村道路内循环。农户程控电话普及率75%。2007年，铺四等级水泥路4条，长11千米，全镇水泥路循环线实现贯通。完成集镇农贸市场建设的前期土方和王顺路街道彩砖铺设及下水道建设。2008年，全镇22个村中主要道路硬化占76.3%，集中供水占95.2%，垃圾集中堆放占80%；全镇有高压线路118.79千米、低压线路286.52千米，配变压器157台，总容量9357千伏安；投入150万元完成小桥村居民集中点的路、水、电及下水道等基础设施建设；建成垃圾中转站1座、垃圾收集房12个，设垃圾箱86只；有四级水泥路29条共80.28千米；建成沼气池600座，改厕550座；建成4条主街道，集镇面积扩大至2.73平方千米；开发建设镇北农民集中居住点。

图3-1-12　南陈集镇商业步行街

六、社会事业

【教育】 1978年，有完全中学1所，联中4所，在校生800余人，教师80人；有小学16所，学生3728人，教师86人。1988年，南陈集中学取消初中班，筹建淮阴县南陈集二中。1989～1991年，乔庄、高成、翻身和鲁黄等4所联中并入南陈集二中。1998年，南陈集二中更名为淮阴县南陈集第一初级中学，在校生1600多人。是年，加强学校改造、危房改造，撤并福河、双河、蚕桑、联堡等小学。2000年2月，原高堰乡小桥等7所小学划入南陈集镇。是年，撤销官沟、三赵两所小学；南陈集中学建成5000平方米主教学楼。2004年8月，南陈集第一初级中学并入南陈集中学。2005年，撤并梅畅等8所小学。2006年，有初中班30个，高中班24个。2007年，南陈集中学成为二星级高中；撤销孙庄小学。2008年，有完全中学1所，在校生4000多人，教师200余人；有中心小学1所，完小6所，在校生2146人，教师161人；在园幼儿230人。

【卫生】 1978年，有卫生院1所，床位6张，医务人员15人；大队卫生室21所，乡村医生25人。1986年起，卫生院先后开设内科、儿科、五官科、推拿理疗科、皮肤科、中医科、内科、外科等。1992年，增设普内科、神经内科、消化内科、呼吸内科、泌尿外科、肛肠科、骨科等，有床位20张，医务人员46人。有村卫生室22所、乡村医生24人。1997年4月，南陈集中心卫生院更名为淮阴县第三人民医院。1999年，有床位70张，住院病人2000人次，手术近1000例次。2006年11月，南陈集中心卫生院并入淮阴医院，成为淮阴医院南陈集分院，有医务人员79人。是年，有村卫生室22所、乡村医生36人。2007年，建标准化社区卫生服务站14所。2008年，开设外科病区30张床位，医务人员增加至150人；建成省级标准化社区卫生保健所15所，有村卫生室22所、乡村医生46人。

图3-1-13　淮安市首家育龄妇女免费体检中心在南陈集镇建成

【文化】 1978年，有文化站、电影队、广播站、新华书店等单位。文化站主要任务是出板报、专栏，成立电影放映队、文艺宣传队等。广播放大站主要任务是收转上级规定的广播节目和线路架设，全社入户小喇叭2000多只。主要广播设备有150瓦扩音机1台、柴油发电机1台，播《陈集新面貌》等自办节目，每周两档，每档20分钟。新华书店占地面积150平方米，有图书1500册。有电影放映队1支，工作人员3人。有大礼堂1座，面积约800平方米，能容纳1000人，用于电影放映、开会、演出等。1983年，增加小喇叭3000多只。1986年，广播放大站配备750瓦扩音机2台、电源立体柜1套、输出柜1套、录音机数台，实现有线广播网络化，有工作人员4人。1987年，设立文化中心，内设书场、电视录像室、娱乐室等。1996年，投资23万元，新建有线电视站。1998年，新华书店书籍增加到10000册。2003年，有线电视节目信号由光缆线路提供，开通加密频道，电视节目增多。2006年，新建文化楼1200平方米。2008年，全镇22个村均建农家书屋，每村藏书约2000册；有线电视用户4500户。境内有老三堡等遗址。

第四节　码头镇

一、基本情况

【境域】 码头镇位于淮阴区城区西南12千米处，东距淮安市中心10千米，与淮安市区隔二河相望，南与南陈集镇接界，西连吴城镇，北枕京杭大运河；废黄河、张福河穿境而过。镇政府驻码头街。

【建置区划】 1978年，辖14个生产大队、88个生产队、1个居委会。1983年9月，政社分开，码头公社更名为码头乡。1987年3月，撤乡建镇，码头乡更名为码头镇。2001年，并村联组，全镇辖9个村、1个居委会，分别是码头、郑台、玉坝、陶闸、旧县、仲弓、新河、泰山、张庄镇村和码头居委会。1996年辖码头、二闸、泰山、桃园、郑台、张庄镇、玉坝、太平、新河、大沟、仲弓、惠民、陶闸、旧县14个行政村和码头1个居委会。2008年，全镇辖8个村、2个居委会，60个村民小组。

2008年码头镇村（居）及所辖自然村庄一览表

表3-1-4

村（居）名称	村（居）民小组数	合并前村（居）名称	主要自然村庄
张庄镇	6	张庄镇	杜庄、米市、新庄、史庄
玉坝	10	玉坝、太平	袁福庵、瑶河、公义庄、卢菜园、小滩、七堡、和尚庄、十堡、熊渡、玉坝、四龙碑、桃园庄、王圩、小孙庄、黄河堆、孙庄
旧县	5	旧县	高庄、旧县
新河	7	新河、大沟	邵庄、朱庄、赵庄、夏庄、葛庄、戴庄、庄房
仲弓	4	仲弓	新庄、小仲弓、大仲弓、双银闸、张庄、大如庵
码头	6	码头、二闸	二闸庄、白果树、惠济祠、方小垛、龙亭、关帝庙、法堂
陶闸	7	陶闸、惠民	陶家闸、欧家渡、顺兴河、靳庄、周庄、冯庄、李庄、张庄、王庄
郑台	10	郑台、桃园	和尚庄、刘大河庄、大李庄、东仓房、西仓房、新堆、小孙集、吴圩庄、小李庄、小郑庄、任老庄、头坝、二坝、三坝、四坝、郑台、太和庄、郑庄
泰山	5	泰山	长堆、石工头、苏庄、朱庄、西王庄、东王庄、惠济闸、李庄、武庄、南坝头
安澜		码头	铁水牛、喇叭巷、同兴巷、复兴巷、安澜街、牌字口、北圩外、官巷

【土地·人口·收入】 1978年，境内面积33平方千米，可耕地面积1700.07公顷，人口2.2万人，农民人均纯收入53.62元。1991年，境域可耕地面积1779.6公顷，人口2.49万人，农民人均纯收入

614.97元。2001年，张庄镇村、郑台村和码头居委会是回族居住地，有回民1100多人，占总人口4%。2008年，全镇面积40.86平方千米，可耕地面积1477.73公顷，人口2.56万人，有回民1500余人。财政收入714.49万元，农民人均纯收入5750元。

二、农业

1978年，境内主要农作物有小麦、山芋、玉米等，经济作物主要有棉花、大豆、蚕桑、蔬菜、花生、油菜等，养殖业以猪、羊、鸡、鸭等畜禽为主，兼少量水产养殖。是年，全社粮食播种面积2305公顷，总产量6879吨。林业面积400公顷，森林覆盖率15%。桑园面积66.67公顷。水产品养殖面积80公顷，主要分散在村庄周围，年产量350吨。农机总动力210千瓦，有大中型拖拉机8台、各类配套农机具94台。1982年，桑园面积200公顷，蚕茧产量51吨，收入30万元。1990年，有大中型拖拉机14台、手扶拖拉机343台，农机总动力5516千瓦。1998年，实施二河堤、张福河堤退耕还林以及废黄河故道绿化造林工程，增植意杨333.33公顷。1999年，建成泰山村、桃园村两个千亩连片地膜花生，二闸村和码头村千亩连片玉米套种梅豆以及沿县、乡路两侧133.33公顷蔬菜。2001年起，发展订单农业，推广“豫麦34”200公顷。实施优良品种工程，种植优质水稻“粤优938”226.67公顷。2005年，推广水稻良种“粤优938”733.33公顷、小麦良种“豫麦34”866.67公顷和玉米良种“农乐998”266.67公顷。全镇共有养殖大户21户，吸收230余名剩余劳动力。2007年，推进高效农业规模化，增加蔬菜钢架大棚26.67公顷、订单蔬菜33.33公顷、特种蔬菜23.33公顷，建成10公顷淮山药种植基地。

图3-1-14　台创园蔬菜大棚

2008年，淮阴台湾农民创业园项目获得国家有关部门批准，并落户码头，是全国15个台湾农民创业园之一。建农业生态园4900平方米、高科技农业示范园4500平方米、绿色无公害蔬菜示范园3000平方米、葫芦岛观光农业示范园3000平方米，建千亩高效农业示范区2个。全镇钢架蔬菜大棚发展至2400余个，有订单马铃薯133.33公顷、大豆200公顷、毛豆133.33公顷，出口蔬菜订单93.33公顷。全镇粮食播种面积2617.47公顷，粮食总产量16256吨，农业总产值12843万元。年末存栏大牲畜1000头、猪59400头、羊27200只、家禽11.28万只。桑园面积60公顷。水产品养殖面积123公顷，年产量858吨。高效渔业面积46.67公顷。有大中型拖拉机39台、小型拖拉机480台、水稻插秧机3台、联合收割机70台，农机总动力14113千瓦。全镇森林面积增加至866.67公顷，覆盖率33%，活立木蓄积量25000立方米。修建沟渠路涵78座，河塘整治、河道疏浚、中小沟疏浚等共挖土方50.2万方。

三、工业

1978年，域内有砖瓦厂、缫丝厂等社办企业，从业人员216人，总产值50万元。1982年后，社办和队办企业逐年增多，每个大队都有小企业。队办企业中规模较大的是码头玻璃厂。1985年，先后兴办食品厂、修船厂、水泥制品厂、针织厂以及建筑站等。1986年，淮阴县玻璃器皿厂成为乡办骨干企业。1988年，乡办企业发展到12家，从业人员400人，年产值450万元。1992年，乡镇企业总产值2613万元，其中工业产值1083万元。1994年5月，淮阴县玻璃器皿厂停产，投资1000万元在原厂基础上，改建码头缫丝厂，年产各种规格生丝80吨，从业人员120人。1996年，淮阴香格尔食品有限公司成立，主要生产小包装牛羊肉系列食品，被列入江苏省星火计划项目，成为淮安市食品加工龙头企业。全镇拥有工业企业25家，专业技术人员10人，企业拥有固定资产899万元，流动资金529万元，总产值6634

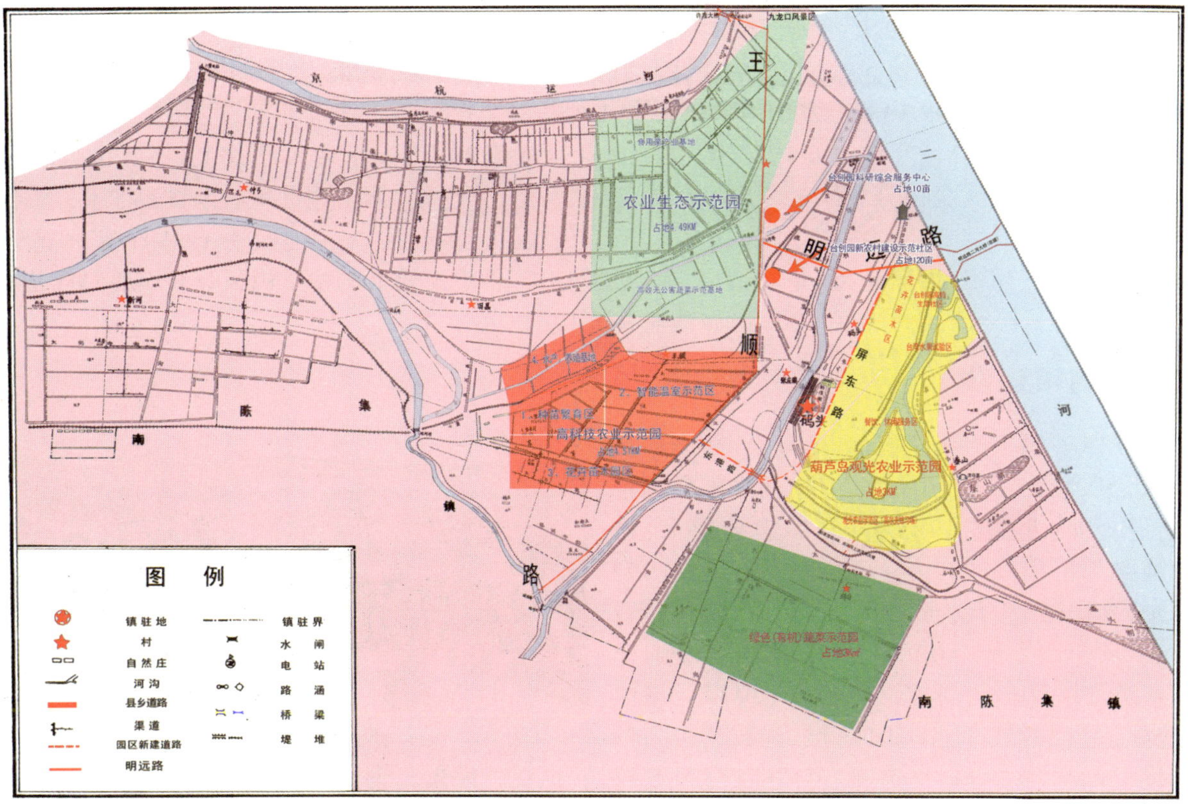

图3-1-15　淮安淮阴台湾农民创业园核心区四大园区分布示意图

万元，其中乡办工业总产值3502万元。1997年，工业产值12057万元，销售收入10248万元，利税184万元，入库税金28.5万元。1998年，工业产值11540万元。全镇拥有加工企业36家，从业人员830人。淮阴香格尔食品有限公司生产的牛羊肉真空小包装系列食品，先后获省消协推荐产品，被市评为名特优产品，被国家定为星火计划产品。1999年，建成私营加工小区，进区加工户8家。投入131万元建成永兴玻璃厂，年创产值100万元，利税10万元。建成制氧厂，年生产氧气30万瓶。2000年，建成龙亭玩具厂，产值32万元，利税3万元。2001年，启动招商引资项目，引进项目8个，引进资金800万元。全年工业总产值1.6亿元，利税850万元。2002年，在二河边兴办全区第一家上规模的船舶工业园区，总投资1.2亿元。船舶工业园区吸纳当地500多名农民就业，初步形成修、造船产业链。全镇工业总产值2.71亿元，营业收入2.43亿元，利税1260万元。2004年，引进船厂8家，总资产5000万元。2007年，成立工业集中区，规划面积26.68万平方米，当年开发面积10万平方米。

2008年，码头船舶修造园区成为淮阴船舶修造重点基地，可建造2000吨位及以下的各类钢质货船和专业船舶，其中高桥船厂具有承建海船零部件的能力。是年，全镇有工业企业20家，从业人员1199人，总产值4.4亿元，其中规模以上工业产值2.34亿元，初步形成以船舶修造、建材加工为特色的工业产业格局。

四、服务业

1978年，有服务业企业20家，从业人员90人，个体摊点62个，贸易额85万元。1985年后，每村都有2家以上个体工商经营户，2户以上粮食加工户。有服务业经营户80家，贸易额180万元。1990年，有个体工商户290家，总贸易额300万元。1996年，全镇服务业向交通运输业、批发零售业、农副产品购销业和饮服业发展，有国营、集体、个体商业网点102家。建贸易市场1个，设摊位400个。第三产业增加值20万元，从业人员260人。1998年，拥有大小商业网点233家，个体摊位400多个，增加个体工商户138家，其中运输户62家、商店户63家、其他13家。2000年，小城镇建设加快，第三产业发展势头强劲，镇政府出台系列优惠政策，发展个体私营经济，鼓励和扶持能人、大户进街建房，从事经营活动，当年新增进街经营户50家。2001年，有牛羊肉风味餐馆5家，有大小商业网点256家、个体工商户400多家。2005年，新增个体工商户35家，第三产业增加值30万元，从业人员260人。2008年，建成牛羊肉美食一条街。全镇有个体工商户400家，经营服装、羊毛衫、床上用品等针纺织品5家，经营五金电器配件、油漆、涂料、日用玻璃等商品6家，经营豆制品、蛋糕、冷饮、肉类等副食品16家。规模较大的商家有时代超市、商联超市、华联超市、大润发超市等。规模较大的牛羊肉风味餐馆有马四饭店、沙忠林饭店等。第三产业增加值120万元，从业人员1731人。

五、村镇建设

图3-1-16　农民广场

1978年，码头集镇面积0.5平方千米，老街长500米，其他有5条街、6条路，有东西和南北两条主干道，均为土路。1985年，开始实施供水、排水、铺路等工程。1989年，开通程控电话。1992年，先后铺设16.5千米长砂石路，有4个村通砂石路。1996年，投资70.08万元，完善基础设施建设，有两个村建1.6千米长砂石路。1997年，境内铺设县乡道路6.56千米。1998年，建成仿古一条街，建成商居楼22000平方米，街道铺设水泥路面8000平方米、下水道420米和人行道1600平方米。建成镇村砂石路20.2千米，村村通砂石路。1999年，村村通电话，安装电话800余户。2001年，投资28万元加固张福河大桥，投资48万元建成电信大楼。2002年，修建乡村砂石路5.5千米。是年，全镇拥有电话3000部。开办宽带互联网业务，有宽带用户10户。2003年，建成镇区通往泰山村的1千米沥青路；建成水泥路面3000平方米的露天集贸市场；投资80万元建郑台、玉坝、仲弓、新河等自来水厂。2004年，老街改造扩至3千米长。2005年，投入1780万元，铺设45千米镇村四级路，形成村村水泥路相通及各旅游景点相连的道路网络；投资30万元植树造林42.67公顷，植树13万株，其中旅游景点道路两侧栽植12500棵垂柳；投入200万元，街区到景点实现水、电、路、邮政电信、下水道五通；投入200万元，建成码头中学门前仿古一条街，建筑面积3000平方米；投资210万元，建玉坝四组仿古街道，建筑面积4000平方米；投资68万元，建镇派出所办公楼880平方米。2006年，村村通宽带。投资110万元，铺设下水道3千米，完成主街道两侧绿化，对主干道进行全面整修，镇区道路全部达到硬化标准。全年供电量785.63万千瓦时。2007年，铺设码头到武墩便捷通道；改厕530座，建成公厕4座；建成农民集中居住点2个，入住72户。

2008年，投资30余万元改造码头入口广场，修建下水道0.87千米，铺设自来水管道1.2千米。有103户居民入住集中居住点。建成无害化厕所700座。投入42万元建敬老院居住楼1幢。先后改造、扩建文化中心、居民广场等社会公益性建筑。集镇绿地面积18公顷，绿化覆盖率40%，人均公共绿地近5.6平方米。有256户农村居民进镇落户择业。集镇面积扩大至0.76平方千米，累计有道路6条9.8千米。

六、社会事业

【教育】 1978年，有完全中学1所，联中1所，学生1100人，教师58人；小学15所，学生1300人，教师65人。1987年，有初级中学2所，小学14所，在校生6000余人。1996年，有初级中学1所，小学

10所，学生2734人，教师168人。1998年，投入49万元，建1幢面积356平方米的教学楼，改造危房360平方米。1999年，实施小学布局调整，学校由10所调减为7所。投资78万元，建成码头小学教学楼2幢。2001年，中小学校舍改造工程全部完成，并通过市级验收。2008年，全镇有初级中学1所，在校生620人，教师51人；小学2所，在校生679人，教师76人；各类幼儿园3所，入园幼儿650人，教师21人。码头初级中学占地面积2.5万平方米，建筑面积5300平方米；全镇小学占地面积2.33万平方米，建筑面积5114平方米。

【卫生】 1978年，有卫生院1所，医务人员12人；大队卫生室14所，乡村医生23人。1996年，有卫生院1所，医务人员12人；村卫生室14所，乡村医生33人。2005年，创建标准化卫生院，添置500毫安X光机1台、B超机1台、半自动生化分析仪1台。2006年，镇卫生院建700平方米标准化妇产科、规范化治疗室和输液室、标准化消毒供应室，改建规模化防保所，建水冲式厕所。2007年，创建规范化社区卫生服务中心，添置电脑12台、微波治疗仪1台等。2008年，全镇有卫生院1所，医务人员28人，设内科、外科、妇产科、中医科、检验科、放射科等，有心电图、脑电图、B超机以及半自动生化分析仪、胎心监护仪、心电监护仪等设备。建卫生服务站8所，有医务人员18人。

【文化】 1978年，有文化站和广播站。文化站有办公用房5间60平方米。文化活动主要有宣传演出、电影放映等。1986年，成立文化中心，有图书馆、阅览室、青少年活动中心等。每个村都成立业余文艺宣传队，村与村经常交流演出。是年，从各村抽调20名文艺骨干，成立乡业余文艺宣传队。2003年，成立文化广播站。2006年，省文化厅出资37万元，镇政府自筹部分资金，建成1幢文化综合楼，内设图书馆、阅览室、青少年活动室、乒乓球室、健身房等。2008年，文化站有图书5000多册，村村建成农家书屋。是年，全镇对不可移动的文物进行普查，登记文物81处，其中复查22处、发现59处。境内有韩侯故里、韩信钓鱼台、漂母岸、漂母墓、古枚里、甘罗城、惠济祠、清口灵运记碑、四龙碑、旧县玉坎、清口枢纽遗产区以及头闸、二闸、三闸和清口新、旧大墩等古迹，产生过韩信、漂母、枚乘、枚皋、步骘、甘罗等历史名人。码头镇还是淮阴区佛教、道教、伊斯兰教和基督教的汇集地，有宗教庙宇遗址多处。

图3-1-17　韩信纪念馆

图3-1-18　龙亭

图3-1-19　枚乘故里

图3-1-20　公祭漂母大典

图3-1-21　牌坊

第五节　吴城镇

一、基本情况

【境域】 吴城镇位于淮阴区城区西南30千米处，东与南陈集镇、码头镇相连，南与韩桥乡接壤，西隔淮泗河与宿迁市泗阳县新袁镇相连，北隔京杭大运河与凌桥乡相望，废黄河贯穿东西。其境在元、明、清时期有洪水走廊之称。镇政府驻吴城街。

【建置区划】 1978年，全社辖18个生产大队、161个生产队。1981年，吴集公社更名为南吴集公社。1983年，政社分开，南吴集公社更名为南吴集乡。1987年，全乡辖南吴集、南圩、更生、淮泗、集西、堡工、黄河、河滩、头庄、二庄、运河、联泗、陶庄、小河北、头堡、果林场、农科站等17个村（场、站），128个村民小组、6120户30440人。2000年6月，撤乡建镇，南吴集乡更名为吴城镇。2001年5月，并村联组。2008年，全镇辖城南、淮泗、城西、吴城、堡工、黄河、河滩、头庄、利民、三园等10个村，73个村民小组。

2008年吴城镇村（居）及所辖自然村庄一览表

表3-1-5

村（居）名称	村（居）民小组数	合并前村（居）	主要自然村庄
城南	11	更生、南圩	蒋庄、赵庄、史圩、石庄、薛庄、石桥庄、小朱庄、圩后、王圩
淮泗	4	淮泗	美人湾、小伍庄、邵庄、新庄、李庄、沟西、大杨庄
城西	6	集西、农科	陶庄、宋庄、浦庄、戴庄、陈庄、张土圩、葛庄
吴城	10	吴集、小河北	肖庄、二河头、吴庄、李王庄、孙庄、陈庄、李庄、杨庄、许庄
堡工	6	堡工	朱庄、邵庄、卜庄、夏庄、前蒋庄、刘庄、孙庄、蒋庄、纪庄
黄河	5	头堡、黄河	金庄、高庄、头堡
河滩	6	河滩	汪庄、顾庄、朱庄、河滩一组、河滩二组、河滩三组
头庄	8	头庄	新庄、头庄一组、头庄六组、后六堡
利民	9	二庄、运河	三堡、四堡、渠北、二庄村、史庄
三园	8	联泗、林场、陶庄	胡庄、刘庄、董庄、江庄、河滩头、梨园庄、唐徐庄、孙王组、吴庄、学校组、交界组、林场一组

【土地·人口·收入】 1978年，可耕地面积4057.20公顷，人口3.92万人，农民人均纯收入49.06元。1991年，境域可耕地面积2755.67公顷，人口3.08万人，农民人均纯收入516.83元。2008年，全境南北长9千米，东西宽5.5千米，地势西北高、东南低。全镇面积51平方千米，可耕地面积2709.13公顷，人口3.4万人，财政收入558.45万元，农民人均纯收入5199元。

二、农业

1978年，粮食作物主要以小麦、玉米、大豆、山芋等为主。全年粮食作物播种面积4756.4公顷，总产量11343吨。经济作物主要有棉花、花生、油菜、麻类等。种植棉花6.8公顷，总产量46吨；油料187.93公顷，总产量85.45吨；麻类57公顷，总产量84吨；烟草251.07公顷，总产量477吨。养殖业以养猪、鸡、鹅、鸭、鱼、蚕等为主。桑园面积162.2公顷，产蚕茧96.35吨。有大中型拖拉机3台、手扶拖拉机63台、农业排灌动力机械160台，农机总动力3181千瓦。1987年，有桑园256.20公顷，年产蚕茧290.1吨；有大型拖拉机1台、手扶拖拉机183台，各类运输船只208条；初步形成农、林、牧、副、渔并举的农业经济格局。1996年，种植大棚蔬菜87.67公顷；蚕桑159公顷，养蚕3000张，总产值90万元。1997年，有桑园200公顷，养蚕6000张。种植蔬菜1000公顷，其中保护地蔬菜333.33公顷，建成蔬菜专业村5个。1999年，农业结构调整，压缩粮食作物1000公顷，其中小麦600公顷、水稻133.33公顷、单作玉米266.67公顷。经济作物扩大种植面积，种植蔬菜996.67公顷，其中保护地蔬菜296.67公顷，推广麦套菜700公顷；扩大双油田种植模式，种植油菜666.67公顷、花生666.67公顷。2000年，种植大棚蔬菜474.67公顷；植桑122.67公顷，产茧165吨；饲养生猪5.7万头，出栏4万头；饲养四季鹅18万只；引进并种植中药材红花草53.33公顷。2001年，通过招商引资，在黄河故道建野鸭养殖基地，年饲养野鸭30万只。建成蔬菜大棚千亩片2个。2002年，种植山芋800公顷，并对山芋进行深度加工；种植地膜花生、油菜，分别为186.67公顷、453.33公顷；四季鹅存栏50万只，肉鸡饲养20万只；从事粉丝、四季鹅贩运的农民经纪人200名。2003年，在废黄河沿线拓植意杨近20万株。2005年，成立26个专业合作社，头庄、三园、利民、河滩、城南等村共种植80公顷订单农业。2007年，采取大户基地引带、群众股份参与的发展模式，建钢架蔬菜大棚6.67公顷，建堡工立体养猪场和吴城村万头养猪场。

图3-1-22　万亩蔬菜生产基地（1）

图3-1-23　万亩蔬菜生产基地（2）

2008年，建成高效农业示范田2533.33公顷，其中建成保护地蔬菜大棚1733.33公顷。全镇粮食作物播种面积4129.53公顷，总产量28875吨；种植蔬菜559.53公顷，总产量15472吨；油料作物播种面积590.33公顷，总产量1166吨；种植瓜类25.87公顷，总产量488吨。全镇年末存栏大牲畜0.16万头、生猪2.76万头、羊0.44万只、兔0.12万只、“三禽”（鸡、鸭、鹅）10.62万只、肉鸽32.47万羽；水产品养殖面积80公顷，总产量341吨；桑园63.33公顷。有大型拖拉机33台、小型拖拉机470台、农用排灌动力机械46台，农机总动力13474千瓦。

三、工业

1978年，有社办工业企业4家，从业人员527人，产值65万元。至1987年，全乡有8家乡办企业、23家村办企业以及1132家户办、联户办企业，从业人员1935人，年创产值434万元。1996年，有工业企业17家，其中乡办企业4家，村办企业13家，从业人员658人，主要生产曲颈安瓿建筑材料、加工木材等，总产值3245万元，其中乡办工业1045万元。1998年，完成乡办企业改制，乡液化气站、面粉厂和农具厂相继拍卖，砖瓦厂对外承包。1999年，吸引外企19户，引进外资658万元。2005年，工业总产值24580万元，入库税金42万元。2007年，依托小城镇为主体，发展一体两翼式工业集中区，总面积70.13公顷。2008年，引进投资1.05亿元的淮安通淮工贸有限公司，同时引进上海美星电子、吴城农贸市场、吉玉玻璃、堡工生态园、磁性材料等企业，其中投资3000万元以上项目5个。全镇有各类工业企业10家，从业人员1665人，总产值25867万元，形成以服装、电子、液压件制造为特色的工业格局。

四、服务业

1978年，有邮电所、粮管所、供销社、食品站、农电站、信用社等服务业11家，从业人员149人。1985年，全乡供销合作商业、集体商业与个体私营商业并存，供销合作商业占主导地位。1987年，有个体商业网点192家，大多为饮食、服务、缝纫等行业。1996年，有国营、集体、个体商业网点286家，贸易市场3个，摊位80个，临时摊位500个。1997年，有个体工商户360家。2003年，有超市2家。2008年，建成农贸市场，吸引56家商户进场经营，市场容纳500个摊位，每年增加集体经济收入3万元。全镇有商业企业82家，个体工商户1500家，其他各类经营户120余家，社会消费品零售总额14700万元，第三产业增加值4100万元，从业人员3870人。先后引进上海、浙江等地客商投资兴建小商品市场、华联超市、商联超市、吴城大澡堂、美味佳肴大酒店、吴城农贸市场等项目，综合开发惠丰家园、锦绣家园房地产。

五、村镇建设

1978年，有一条老街，长0.26千米，砂石路面，集镇面积0.4平方千米，社队道路均为土路。1985年，启动集镇开发建设，农村道路开始砂石化。邮政、电信、供电等基础设施建设快速发展。1996年，开通5个村程控电话，全乡村组通电，有9个村通上砂石路，投资35万元铺设街道9400平方米沥青路面。投资41万元，对街道输电线路进行整改。1998年，建成商业街、街心花园、农贸小区、公共绿地、商品批发市场和文化娱乐设施等。街道入住居民6800多人，主街道4条，全长6千米，其中沥青路面2千米，砂石路面1.5千米。村村通砂石路，总长27.3千米。建成液化气站、自来水厂各1座。1999年，建下水道1.05千米，安装路灯41盏。2000年，铺设3千米“井”字型沥青路面，完成“二横二纵”街道建设格局，开通与泗阳县新的接线工程，完成农村电网改造。2001年，新建自来水厂3座，投资38万元建成吴城东城门。2002年，铺设15千米砂石路，美化中心转盘集镇环境，集镇形成“四纵四横”框架。2003年，新建自来水厂2座，全镇共有自来水厂6座。2004年，铺设高标准水泥路12.3千米，四级路总里程23千米。自来水管网覆盖全镇村组。2005年，铺建农村标准化水泥路9.87千

图3-1-24　吴城牌楼

米，村村通水泥路。投资8万元，在东外环城门处建停车场。投资近2万元维修下水道近1.5千米；投资2.6万余元，绿化街道1千米，栽植合欢、垂柳等风景树160余棵；投资90万元，铺设水泥路面示范一条街，街道两旁人行道铺设彩砖，重建下水管道。2007年，投资120余万元，铺设集镇道路2.5千米、人行道彩砖6平方千米，修建下水道3千米，4千米长的街道全部实施绿化工程；投资840万元，铺设农村四级水泥路40千米；投资1159万元，铺设三级水泥路18.7千米，村村通水泥路。全镇10个中心村及农民集中居住点实现规划全覆盖，启动建设头庄、吴城两个农民集中居住点。

图3-1-25　示范一条街

2008年，建成示范街道1.5千米，安装新式路灯120余盏，镇、村绿化道路8千米，建下水道6千米，街道配备垃圾桶100个，增添保洁人员16名，充实城管中队；总投入354.5万元，建道路8千米。2003～2008年，全镇建水泥路21条51.67千米，其中三级水泥路4.51千米，四级水泥路47.16千米。村村通上自来水。集镇有8条街道，面积扩大到0.64平方千米；先后建成中小学综合楼、敬老院、行政服务中心、农电楼、信用社大楼、电信楼等标志性建筑；改造、扩建文化中心、垃圾处理场等社会公益性建筑；开发建设吴城家苑、惠丰家苑、丰登路商业街、城西小区、华城小区、头庄农民集中居住点、城南农民集中居住点等住宅小区，吸引172户农村居民进镇落户择业。建成示范街道、农贸市场、休闲广场、小商品市场及多层商业服务中心等重点工程，通过全市绿化示范集镇验收，成为全区市级绿化示范集镇。

六、社会事业

【教育】 1978年，有完中1所，联中4所，学生900人，教师67人；小学14所，学生3400人，教师170人；幼儿园1所，入园幼儿120人，教师4人。1981年，撤销南吴集中学高中部。1987年，全乡有初级中学5所，小学14所，学生5300余人，教职员工230人。儿童入学率96.8%，村村有幼儿班。1995年，撤销境内4所联中，保留南吴集中学，有15个班级，学生900人。1997年，南吴集中学有24个教学班，在校生1540人；投资150万元，建教学楼4幢5646平方米，通过省九年制义务教育验收。是年，全乡有中心小学1所，村小14所，中心幼儿园1所。1999年，投入54.4万元，改造危房教室68间。2004年，吴城中学占地面积32平方千米，校舍面积6.26平方千米，通过省级示范初中验收。全镇中小学校舍改造工程全部完成并通过验收。2008年，吴城中学有学生510人，教职工55人。小学完成布局调整，学校由14所调减为3所，学生1406人，教职工50人。各类幼儿园3所，入园幼儿934人，教师39人。中心幼儿园投入30万元，改建600平方米，并通过市一类园验收；投资40万元为中心小学、二庄及更生小学建微机房。

【卫生】 1978年，有卫生院1所，床位9张，医务人员24人；大队卫生室22所，乡村医生50人。至1987年，全乡有卫生院1所，村卫生室16所。1996年，卫生院增添B超、心脑电图、X光放射机、化验仪器等医疗设备。2005年，对全镇17所卫生室进行整合，创建社区卫生服务站9所，医务人员41人。卫生院购置多功能手术床、自动血液分析仪、尿液分析仪、B超机，病房添置空调6台。2006年，建卫生院病房楼，购置120急救车1辆。2008年，卫生院建门诊楼，设内科、外科、妇产科、中医科、肛肠科、检验科、放射科、B超室等科室，有DR（直接数字化X射线摄影系统）、彩超、XD-6511心电图、全自动电脑生化分析仪、尿十一项分析仪、监护仪、X光机等设备，业务用房3500平方米，其他用房1100平方米，病床35张，职工42人，其中医务人员37人。建社区卫生服务站9所，医务人员41人。

【文化】 1978年，有文艺宣传队，电影放映队，每月每大队放映电影1次；有广播放大站，每天定时转播新闻。1987年，有文化中心、电影放映队（2支）、电视录像室、广播放大站。1997年，开通有线电视，村村通程控电话。2002年，增加有线电视用户500户。2005年，建成多功能文化活动中心，有线电视入户率40%。2008年，村村通有线电视，入户率60%。全镇10个村都有农家书屋，每村藏书约1500册。文化活动中心对群众免费开放，每年参加各项活动的群众近1万人次。境内有吴城遗址，隋朝大将军张犞墓、曾出土汉半圆方枚神兽镜；马灯舞被列入江苏省非物质文化遗产名录。

第六节　王兴镇

一、基本情况

【境域】 王兴镇位于淮阴区城区东北13千米处，东隔盐河与涟水县保滩镇相望，北与涟水县陈师镇接壤，西与棉花庄镇毗邻，南连新渡乡。镇政府驻王兴街。

【建置区划】 1978年，社内有19个生产大队、167个生产队。1983年，政社分开，王兴公社更名为王兴乡。1987年，全乡辖陈杨、渠南、陆杨、安庄、开庄、高荡、三尖、桃田、盐坝、王兴、练湖、桥口、薛渡、轮窑、沿河、利农、肖荡、农场、长兴、后肖、尹庵等21个村，168个村民小组，6546户30565人。2000年，撤乡设镇，王兴乡更名为王兴镇。2001年，并村联组，全镇辖12个村、120个村民小组、8148户。2008年，辖12个建制村、94个村民小组。

2008年王兴镇村（居）及所辖自然村庄一览表

表3-1-6

村（居）名称	村（居）民小组数	合并前村（居）名称	主要自然村庄
王兴	5	王兴	袁庄、街西庄、街北庄、吕陈庄、孙黄庄、吴庄、陈庄、傅庄、街东庄
新兴	11	陈杨、渠南	张庄、刘庄、赵庄、朱庄、李庄、郭庄、朱梨园、韩庄、徐庄、卜庄、陈庄、窦庄、魏庄
安庄	9	渠北、陆杨	李庄、顾庄、袁庄、袁槽坊、张炮丈店、安庄、徐庄、齐大庄、袁庵、高李庄、周袁庄、陆杨庄、朱三庄、韩刘庄
开庄	7	开庄	杨庄、纪庄、开庄、王庄、顾庄、仇庄、席庄、龚庄、朱庄、胡庄、唐庄、鲍庄、黄庄、靳庄
桃田	9	桃田、盐坝	张老庄、孙顾庄、石桥庄、小南庄、三刘庄、耿庄、后何庄、小后庄、南何庄、刘庄、大刘庄、小王庄、何庄、田于庄、吴庄、圩西庄、鲁郑庄、袁庄
高荡	5	高荡	厉庄、唐王庄、陈庄、鲍庄、高庄、陈刘庄、前高庄
长兴	8	长兴、三尖	长兴庄、陈庄、韩庄、西王三庄、中王三庄、东王三庄、马庄、罗庄、侯赵庄、小王庄、赵庄、翟庄
沿河	5	沿河	周庄、杨庄、林庄、张庄、卢庄、尹庄、丁庄、王庄、香油庄
肖荡	9	肖荡、后肖	中肖庄、于庄、齐庄、赵庄、张冯庄、新庄、王庄、何庄、张庄、新张庄、贾庄、前肖庄、青年庄、陈贾庄、戈庄、卢庄、胡庄、徐庄、小李庄、范庄、肖张庄、臧庄、尹臧庄、尹大庄、崔尹庄、周刘庄、小前庄、后肖庄、老庄、肖李庄、谢庄、东何庄、前何庄、小韩庄
团结	8	利农、尹庵	周庄、朱庄、袁庄、姜庄、戴庄、卢庄、胡庄、刘庄、齐老庄、王庄、吕庄、尹庄、滕庄、方庄、臧庄

续表3-1-6

村（居）名称	村（居）民小组数	合并前村（居）名称	主要自然村庄
两淮	8	轮窑、薛渡	唐庄、薛庄、杨码、董庄、厉庄、张庄、邹庄、赵庄、刘庄、厉新庄、前张庄、王庄、郭庄、邢庄、安庄
练湖	10	练湖、桥口	梁庄、郭庄、侯庄、刘桃园、染匠坊、赵庄、陈庄、宋庄、王大庄、条河庄、胡庄、刘庄、洪庄

【土地·人口·收入】 1978年，境内面积59.3平方千米，可耕地面积3915.67公顷，总人口3.2万人，农民人均纯收入37.77元。1991年，全乡可耕地面积3677.93公顷，人口3.19万人，农民人均纯收入510.45元。2008年，全镇面积59.82平方千米，人口3.49万人，财政收入727.19万元，农民人均纯收入6040元。

二、农业

1978年，社内粮食作物播种面积4023.93公顷，总产量8794.8吨；油料作物播种面积188.8公顷，总产量92.65吨；麻类作物种植面积49.53公顷，总产量49.75吨；甜菜播种面积285.67公顷，总产量2294.5吨；桑园面积304.83公顷，产茧89.75吨。境内有干渠6条、支渠21条、电站23座。1979年，有桑园291.23公顷，产茧135.64吨。1996年，粮食总产量24458吨，油料总产量823吨。蚕桑面积282公顷，总产值285.6万元；生猪圈存量4.7万头，出栏2.5万头；家禽45万只。有灌溉电站39座，装机容量849千瓦；灌溉干渠4条17.5千米，斗渠46条60千米。有农业机械520台。有高标准农田水利示范片466.67公顷。1998年，开始种植大棚蔬菜，面积61.4公顷；常规蔬菜面积933.33公顷。2003年，蔬菜面积1400公顷，其中大棚蔬菜266.67公顷；生猪饲养4.5万头，出栏3.5万头；食用菌栽培220万平方尺；养蚕6000张。2008年，粮食播种面积4856.07公顷，产量29920吨；油料种植面积207.20公顷，产量739吨；蔬菜种植面积414.67公顷，产量9330吨；瓜类种植面积10.47公顷，产量360吨。年末存栏大牲畜0.17万头、猪2.59万头、羊0.14万只、兔0.03万只、肉鸽36.02万羽，禽5.97万只。养鱼面积169公顷，总产量656吨。桑园面积101.33公顷。有大中型拖拉机40台、小型拖拉机805台、农业动力排灌机械62台，农机总动力20175千瓦。农业基本实现机械化。

图3-1-26　王兴镇养猪场

图3-1-27　村民在渔公园里垂钓休闲

三、工业

1978年，有企业13家，从业人员557人，总产值130万元。至1985年，先后开办地毯厂、服装绣品厂、四门方塔窑等乡办企业。1987年，有企业446家，从业人员1000多人，年产值440万元。1996年，有工业企业19家，从业人员789人，其中专业技术人员48人，主要产品有白厂丝、地毯、精米等，总产值2535.93万元，其中乡办工业产值2214.53万元。1999年，引资206万元，建兴达畜禽制品厂。完成对缫丝厂和精米厂的改制工作。2000年，引进工业项目9个，累计引资1915万元；拥有工业企业12家，从业人员789人，其中专业技术人员42人。2001年，形成以建材、缫丝、精米加工、地毯、日用化工等为主的产业格局。2002年，有工业企业54家。2005年，增加列统企业2家。2006年，建成王兴工业集中区。2008年，全镇有工业企业59家，从业人员1760人，总产值36180万元，形成以建材、粮食加工、日用化工为特色的产业格局。

四、服务业

1978年，有商业服务业企业32家，社会消费品零售总额800万元，从业人员127人。1980年，中心集市王兴街有个体户116家，小张集有个体户64家，高荡有个体户42家。1987年，有各类商店、摊点等经营场所190多家。1990年，有县属集体商业企业3家、乡办企业35家、私营企业20家以及个体商店210家、饭店15家、个体理发和缝纫等服务性店（摊）30家。1996年，有国营、集体、个体商业网点120家。建农贸市场3个，设固定摊位66个，临时个体摊位158个，从业人员4000人，社会消费品零售总额1500万元。1998年，建农贸市场、工业品市场各1个。2000年，有商业网点256家，零售总额1800万元。引资110万元，建农贸市场和小商品市场，设固定摊位66个，门面房84间，临时摊位160个；引资800万元，建成宁连公路餐饮、商品、娱乐综合服务区。全年三产增加值1584万元。2002年，有商业网点200家，农贸市场4个，固定摊位150个，临时摊位500个。2006年，建成新型农贸市场1个，建筑面积6200平方米。2008年，引进外地客商投资建成超市15家、连锁店10家、休闲浴室8家、大酒店5家，综合开发王兴街南房地产。全镇社会消费品零售总额5000万元，三产增加值1000万元，从业人员3000人。

图3-1-28　淮安市平安市场现场会在王兴镇召开

五、村镇建设

1978年，域内农村道路均为土路。王兴街道长500余米、宽6米，有200多户居民，集镇面积0.24平方千米，街道居民全部用上照明电。1987年，集市街道总长1800多米，建筑面积2.7万平方米。1996年，投资47万元，铺设长4千米乡村柏油路；投资15万元，建高荡自来水厂。有6个村开通程控电话。1997年，建成信用社营业楼、计生服务站及水利站办公楼，改建街道门面房。1998年，投资28万元，建长387米、宽39米的水泥街道，安装路灯，建成高标准商业街。1999年，建两座移动通讯塔。2003年，开始按四级水泥路标准铺设农村公路。2005年，村村通水泥路。街道建成机关楼、营业楼及民宅楼房66幢，面积14107平方米。2006年，创

图3-1-29　投资3000万元的渔公园度假村

建示范街道1条，建停车场1个。2008年，投入300万元，铺设街道中心路700米，铺沥青路1000米，安装路灯50盏；投入资金200万元，改造集镇供电线路6000米；投入300万元，建3.5万伏变电所；投入400万元，建成中心自来水厂和3个自来水分厂；投入120万元，建街道下水道2000米，改造下水道1000米；投入80万元，植风景树1200株，绿化1000平方米，铺设人行道彩色地砖20000平方米。集镇有5条街道，长3600米，平均宽26米，下水道9500米，路面全部为水泥路，集镇面积扩大到0.48平方千米，有门市商铺1200间，中小超市14家。是年，境内有水泥路23条，长55.71千米，其中三级路6.1千米、四级路49.61千米，公路形成网络化，获江苏省农村公路"百强乡镇"称号。

六、社会事业

【教育】 1978年，有完中1所、联中3所，在校生2118人，教师105人；有小学17所，在校生4100人，教师131人。1987年，全乡有初级中学3所、小学17所、在校生4300人，教师141人。1998年，中小学校舍改造工程全部完成并通过验收。是年，香港陈廷骅基金会捐资20万元，建王兴小学教学楼。2000年，杭州万向集团董事局主席鲁冠球向王兴小学捐资20万元建幼儿楼。2008年，有各类幼儿园4所，幼儿870人，教师37人；小学4所，在校生2044人，教师96人；初级中学1所，在校生1475人，教师74人。小学占地面积3.7万平方米，建筑面积16400平方米；初级中学占地面积2.8万平方米，建筑面积8500平方米。

【卫生】 1978年，有卫生院1所，病床5张，医务人员20人；大队卫生室20所，乡村医生36人。1987年，有卫生院1所，病床5张，医护人员23人；村卫生室20所，乡村医生38人。2000年，卫生院床位增至30张，有救护车1辆。2002年，卫生院配置X光机、B超、心电图、半自动生化分析仪等基本医疗设备。2005年，建成社区卫生服务站3所，有乡村医生40人。2006年，投入56万元，建卫生院病房楼，总面积800平方米。2008年，集镇社区卫生服务站有床位30张，医务人员30人，有救护车1辆、空调10台、电脑6台；有乡村社区卫生服务站6所，村医41人。是年，集镇社区卫生服务站有500毫安X光机、心电图、B超、半自动生化分析仪、血球仪等主要设备，设有内科、儿科、妇产科、外科、防保科、口腔科、放射科、化验室、心超科、治疗室、中医药房、药库等科室，能开展内、外、儿、中医、口腔等科常见病、多发病的诊治和境内群众的疾病预防。

【文化】 1978年，有文化站、文艺宣传队、电影放映队（2支），每月每大队放映电影两次。广播放大站每天定时转播中央新闻。1980年，建文化活动中心，有电影、电视、录像、图书借阅、报刊阅览等室，开展球类、棋类等活动。2000年，镇文化综合楼建成，内设图书室、阅览室、乒乓球室、多功能厅等。2008年，实现有线电视村村通。全镇12个村均建农家书屋，每村藏书约1000册。文化活动中心对群众免费开放，每年参加各项文体活动的群众近4000人次。境内有薛渡、尹庵、染匠坊等历史文化遗迹。

第七节　棉花庄镇

一、基本情况

【境域】 棉花庄镇位于淮阴区城区北6千米处，东与王兴镇、新渡乡接壤，西隔孙大泓与丁集镇相望，南与王营镇和淮阴经济开发区交界，北与老张集乡毗邻。镇政府驻棉花庄街。

【建置区划】 1978年，社内有19个生产大队，166个生产队。1983年9月，境内的安东、大兴、张河、军田、大西等5个村划入新组建的大兴庄乡。是年，政社分开，棉花庄公社更名为棉花庄乡。1987年，全乡有15个村、135个村民小组、28294人。2000年1月，棉花庄乡与大兴庄乡合并成立棉花庄镇。2001年8月，并村联组，全镇有15个村、126个村民小组、11869户50299人。2006年4月，三朱村和徐梅村划入淮阴经济开发区。2008年，全镇辖13个村、105个村民小组。

2008年棉花庄镇村（居）及所辖自然村庄一览表

表3-1-7

村（居）名称	村（居）民小组数	合并前村（居）名称	主要自然村庄
联旺	10	支庄、安东	毛二庄、杨庄、张庄、孙庄、陈杨庄、朱庄、陈庄、周庄、王庄、赵小井
顾庄	6	顾庄	西顾庄、东顾庄、秦王庄、靳庄、郁庄、崔庄、刘庄、范庄
军田	8	军田、张河	陈庄、后牌庄、前牌庄、陈老庄、姚庄、梁庄、顾庄、童庄、仲庄、军田、王庄、周庄、蒋庄、方庄、肖庄、岳庄、翟庄
大兴	3	大兴	后园庄、张庄、老街、小农场
大西	9	大西、马塘	漆庄、孙庄、张庄、杜庄、陈庄、熊庄、张祠堂、陶庄、马塘、马庄、郁庄、刘庄、赵庄、杨机房、季庄、周庄、小李庄、石庄、鲁庄、何庄
团结	7	花庄、丁庄	李庄、丁庄、条河庄、姜庄、谷庄、石庄、秦西庄、秦东庄、花庄、立新、何庄、焦南、焦北、陈庄、赵庄
三河	14	刘庵、条洪、机房	吴庄、胡庄、张小油坊、翟庄、李庄、刘庄、朱庄
新河	8	纪庄、范洼	罗庄、于庄、机路（张庄）、沟南、洪崖、马庄、朱庄、李庄、刘庄、范庄、高庄、石庄、何庄
十里	9	十里、马庄	陈庄、姚庄、张庄、狄庄、纪庄、张集、杨庄、后马庄、马庄、马老前庄、顾庄、辛庄、何庄
鑫园	9	棉花、皂角	马庄、西王庄、孟石庄、王庄、石洼、沈庄、何庄、于庄、皂角、马集、张庄、东于
刘河	8	夏庄、刘河	李庄、纪庄、夏庄、万庄、范庄、王庄、刘庄、高庄
袁庄	7	袁庄	袁庄、王庄、戴庄、前刘庄、后刘庄、前石庄、后石庄、梅庄、季庄
大福	7	大福	大福庄、兔庄、黄庄、万庄、团结队、展庄、林庄、严庄、吕庄、孙庄、叶庄

【土地·人口·收入】 1978年，境内南北长12.2千米，东西宽6.5千米，面积35.7平方千米，可耕地面积3453.87公顷，总人口3.54万人，农民人均纯收入40.49元。1991年，境域可耕地面积2607.73公顷，总人口2.96万人，农民人均纯收入480.95元。2008年，全镇面积73.62平方千米，可耕地面积2798.93公顷，总人口4.22万人，财政收入1521.36万元，农民人均纯收入6388元。

二、农业

1978年，粮食作物播种面积5799公顷，总产量8988.5吨；棉花种植面积17.2公顷，总产量5吨；油料作物播种面积371公顷，总产量296.4吨；麻类作物播种面积79.2公顷，总产量104.55吨；甜菜种植面积163.47公顷，总产量1410.95吨；桑园75.93公顷，产茧37.55吨。1981年起，农民开始独资或联户购买大型拖拉机，农业机械持有量逐年增加。1990年，有农业机械356台。1992年，开始种植"苏蜜一号"西瓜。1997年，生猪存栏2.69万头，出栏2.38万头。1998年，蔬菜种植面积1307公顷，其中保护地西瓜133.33公顷，麦套瓜240公顷，大白菜366.67公顷。2000年，

图3-1-30　省委书记梁保华来棉花庄镇调研高效农业

蔬菜种植面积2200公顷，其中大棚蔬菜1066.67公顷，早熟西瓜、地膜马铃薯266.67公顷。是年，江苏快鹿牛奶有限公司的第六、七、十一牧场在棉花庄落户。2003年，蔬菜种植面积1666.67公顷，其中西瓜400公顷、辣椒200公顷，订单出口蔬菜66.67公顷。西瓜和蔬菜注册“兴棉”牌商标。2005年，全镇有大型收割机58台。蔬菜种植面积1700公顷，其中大白菜600公顷、西瓜400公顷，订单出口蔬菜133.33公顷，初步形成“南瓜北菜西牧草、中间订单春提早”的农业生产格局。2008年，经多年调整，种植业形成以稻、麦为主，以西瓜、大白菜、辣椒等经济作物为辅的高效农业结构。养殖业以奶牛、生猪、家禽为主。全镇粮食作物播种面积4538.87公顷，总产量29130吨；蔬菜种植面积1866.4公顷，总产量111656吨；油料作物种植376.27公顷，总产量977吨；瓜类种植面积328.33公顷，总产量12450吨。全镇年末存栏大牲畜0.14万头、生猪2.93万头、羊0.09万只、兔0.06万只、“三禽”51.77万只、肉鸽28.15万羽；水产品养殖面积153公顷，总产量338吨；桑园98.7公顷。有大型拖拉机41台、小型拖拉机500台、农用排灌动力机械65台，农机总动力19006千瓦。

图3-1-31 棉花庄镇西瓜大棚

三、工业

1978年，社办工业有砖瓦厂、织布厂、服装厂、机电加工厂、综合厂、镀锌厂、木器厂等18家企业，总产值125万元。1987年，乡村企业有125家，从业人员1808人，总产值343万元。1994年，建棉花、大兴两个缫丝厂。1996年，有工业企业17家，从业人员591人，总产值4771万元。1998年，外引项目建成投产4个，引进资金568万元。2005年，有各类工业企业331家，年产值41863万元，利税2089万元。2006年，建成镇工业集中区，进驻企业12家。2008年，有各类工业企业58家，从业人员3771人，总产值4.3亿元；进驻镇工业集中区项目19个，实现销售收入2.8亿元、利税1862万元。镇工业集中区初步形成以食品加工为特色的产业格局。

图3-1-32 淮阴棉花庄工业园

四、服务业

1978年，有服务业企业11家，从业人员138人。1985年，有商业服务企业220家，社会商品零售总额5200万元。1990年，有个体经营户110家。1996年，有商业网点216家。建贸易市场4个，设固定摊位160个，临时个体摊位800个，第三产业增加值68万元。1998年，增加个体工商户120家，个体私营经济入库税金68万元。1999年，投资60万元，建成工业品市场，有摊位120个。新增个体工商户98家，入库税金98.5万元。2000年，增加个体工商户120家，入库税金240万元。2005年，增加个体工商户213家，入库税金98万元。至2008年，全镇有商业企业473家，个体工商户450家，其他经营户52家。全镇社会消费品零售总额46455万元，第三产业增加值11773万元，从业人员1560人。引进苏南、浙江等地客商投资兴建棉花超市、逸和轩休闲浴业、王府井大酒店、棉花鑫园农贸市场等项目。

五、村镇建设

1978年，集镇街道南北长不足200米，东西宽不足150米，有住户100家，房屋均是草屋，沿街路为砂石路，面积1平方千米，居民用上照明电。全社有电话21部。社队道路均为土路。至1992年，陆续铺成砂石路约42千米。1996年，电信事业快速发展，建邮电楼1幢，有7个村开通程控电话；4个村铺砂石路，总长4千米。1997年，实现村村通程控电话。增铺4个村砂石路，长6千米。建成街道门面楼46幢，建筑面积5870平方米。1998年，新建临街门面楼890平方米，吸引120户居民进镇经商办企业，乡政府综合楼、地税大楼、幼儿楼竣工，集镇东西主干道铺成柏油路，长380米，宽15米。1999年，村村通砂石路。辟致富路一条街，建商住楼1.5万平方米，四干渠风光绿化带完工。增加程控电话780部。2000年，开始按四级水泥路标准铺设镇村道路。集镇向西向北扩展，周边农户进街建房。2005年，启动农民集中居住点建设，建成三朱、鑫园两个中心村，入住310户。安装固定电话8100部、宽带190户。2000～2005年，铺设水泥路63.64千米，实现村村通水泥路。2007年，建成13个农民集中居住点。新铺、改造农村等级公路2.8千米。

2008年，投入资金340万元，在淮高路集镇路段铺设下水道1620米、人行道8400平方米、绿化带2400平方米、集镇道路4100平方米，建成四干渠绿化带和居民健身广场，集镇面积扩大到4平方千米，有水泥路19条54.39千米，其中三级路3.2千米、四级路51.19千米；开发建设石洼和西苑小区，800户农村居民进镇落户择业；集镇绿地面积440公顷，绿化覆盖率35%，人均公共绿地近11平方米。

六、社会事业

【教育】 1978年，有中学2所、小学23所，教学班191个，在校生6549人，教职工323人。1984年，创办棉花小学中心幼儿园。1987年，有完全中学1所、联中1所、小学13所。1997年，有幼儿园15所，在园幼儿622人，教师45人；小学15所，在校生3256人；中学2所，在校生1420人，教师76人。2005年，成立大兴九年制义务教育学校。棉花中心幼儿园升格为二类园。2008年，有4所小学、4个教学点；棉花中学、棉花第一初级中学和大兴九年制学校共有教学班173个，在校生7448人，教职员工501人。

【卫生】 1978年，有卫生院1所，床位5张，医务人员18人，大队卫生室15所，乡村医生32人。1987年，有卫生院1所，床位60张，医务人员45人，有万能手术床、无影灯、产床、电动吸引器以及各种手术器械；有村卫生室13所，村医26人。1992年，增添B超仪、心电图机、X光机、化验仪器、胃镜等医疗设备。1997年，有9个村卫生室达甲级标准。1998年，棉花卫生院挂淮阴县肛肠专科医院牌子。1999年，卫生院升格为中心卫生院，有医务人员50人，能做胆囊切除、胃切除等手术，骨科、肛肠等为特色专科。2005年，建爱婴小区800平方米。添置500毫安X光机，从德国进口B超、胃镜等大型仪器设备。

2008年，卫生院有床位70张、医务人员103人；有救护车1辆、空调32台，电脑32台；有500毫安X光机、心电图、B超、半自动生化分析仪、血球仪等主要设备，设有内科、儿科、妇产科、外科、防保科、口腔科、放射科、心超科、化验室、治疗室、中医药房、药库等科室。建社区卫生服务站1个、村卫生室12所，村医24人。

图3-1-33　吴鞠通故里

【文化】 1978年，文化站有工作人员2人，有文艺宣传队1支、电影放映队1支。每户均安装有线广播。1998年，建成乡文化中心，开通有线电视，建成有线电视信号放大站。2000年，有线电视用户850户。2005年，有线电视用户发展到1300户。是年起，组织文化下乡和送图书下乡活动。2007年，完成“万村体育健身工程”，10个村建成文化活动中心，并配齐音响、书籍等相关设施。增加有线电视用户780户。

2008年，成立农民文艺表演队3支，有民间艺人20余人。实现村村通有线电视，村村有体育场地。境内有线电视用户9678家，有线电视入户率70%。有13个村建有农家书屋，每村藏书约600册。境内产生过中医大师吴鞠通等历史名人，历史遗迹有吴鞠通故里、吴鞠通墓园、皂角树、十里井等。

第八节　丁集镇

一、基本情况

【境域】 丁集镇位于淮阴区城区西北9千米处，北与五里镇相依，南与王营镇、袁集乡接壤，东隔孙大泓与棉花庄镇相望，西与渔沟镇为邻。205国道和新长铁路贯穿南北，325省道和宁连一级公路绕城段横跨东西，宁淮高速出入口和新长铁路袁北货站坐落境内，39路公交车起点站位于丁集街。地理区位优越，交通便捷，是淮安市区北郊重要的交通枢纽镇。镇政府驻丁集街。

【建置区划】 1978年，社内辖19个生产大队、147个生产队。1983年，政社分开，丁集公社更名为丁集乡。2000年，撤乡建镇，丁集乡更名为丁集镇。2001年实行并村联组，原17个村合并为浪石、西站、农庄、七一、潘谈、劳动、丁集、宗楼、娘庄、胡庄10个村。至2008年底，全镇辖10个村、72个村民小组。境内驻有淮涟灌区、市22万伏变电所、市乳糜尿专科医院（丁集中心卫生院）、新长铁路袁北货站、中央储备粮库等单位。

2008年丁集镇村（居）及所辖自然村庄一览表

表3-1-8

村（居）名称	村（居）民小组数	合并前村（居）名称	主要自然村庄
丁集	7	丁集、公路	蒲包庄、丁庄、何小油坊、张庄、东牛行、东农庄、公茂庄、桃园、毛庄、西农庄、街南、老街
劳动	5	劳动	胡庄、陈庄、严庄、徐庄、钱庄、安庄、周庄、魏庄、东刘庄、张庄、袁庄、王家、孙家、高家、戴庄、王庄、丁家、西刘庄、肖家、嵇家、姜家、赵家
农庄	7	农庄、董周	顾庄、常庄、相庄、周安庄、岳庄、张庄、董何庄、周庄、陆庄、宋庄、胡庄、卢瓦房
西站	8	南农、新民	葛庄、安庄、刘庄、岳庄、袁庄、李庄、宋庄、蒋庄、王庄、海庄、朱庄、南王庄、徐庄
浪石	5	浪石	陈庄、力庄、赵庄、徐庄、王庄、河堆、左庄、杨庄、刘庄、后赵庄、传平庄、青年庄、夹堆庄、厚培庄、炳付庄、街头庄、后庄、李庄
七一	9	新堆、齐庄	安庄、杜庄、许庄、刘庄、夏庄、沈圩子、王庄、齐庄、后夏庄、程庄、单庄
娘庄	10	共和、娘庄	丁庄、张王庄、严庄、沈庄、何庄、前何庄、丁钱庄、何小油坊
胡庄	7	桥东、胡庄	农庄、顾圩、马路口、赵庄、鲁庄、张圩、王庄、胡庄、严庄、张庄
宗楼	9	宗楼、路西	沙庄、穆庄、王庄、卢庄、付庄、李庄、马庄、张庄、小李庄、前宗庄、后宗庄、袁庄、石茶滩、韩庄、赵庄
潘谈	5	潘谈	封庄、小卢庄、小张庄、左庄、杨庄、谈庄、小刘庄

【土地·人口·收入】1978年，境内南北长11.5千米，东西宽7.7千米，面积42.07平方千米，可耕地面积2809.73公顷，总人口2.8万人，农民人均纯收入41.66元。1991年，境域可耕地面积2499.93公顷，人口2.98万人，农民人均纯收入528.58元。2008年，全镇面积42.47平方千米，可耕地面积2020.73公顷，总人口3.37万人，财政收入2263.75万元，农民人均纯收入7393元。

二、农业

1978年，粮食播种面积3261.67公顷，总产量7928.65吨；经济作物种植488.2公顷，总产量1158.85吨；桑园14.33公顷，蚕茧15.34吨。有大中型拖拉机1台、手扶拖拉机60台、农业动力排灌机械131台，农机总动力2248.37千瓦。1991年，建成26个日光温室蔬菜大棚，种植黄瓜、辣椒等反季节蔬菜。投入63万元，建成共和节水示范园，占地30公顷。1996年，饲养肉鸽100万羽，产值500万元，全年肉鸽贩运量283万羽，从事贩运业159家。2000年，蔬菜种植面积933.33公顷，其中日光温室大棚533.33公顷，建成滴灌大棚42个。引资120万元，建成6500平方米康泰种鸽场。有饲养100对以上白羽王种鸽的养殖大户120个，日光温室总数867个。2001年，成为苏北重要蔬菜、家禽、肉鸽等农副产品基地和交易中心。在丁集大转盘建成“神州鸽市”雕塑。2002年，受技术和自然灾害等因素影响，蔬菜种植规模萎缩，效益滑坡，日光温室大棚总数降至757个。2003年，聘请国内外蔬菜专家和技术人员驻镇指导，开展农民技术培训。2005年，全镇日光温室大棚总数1100个，生产的黄瓜、萝卜、土豆、洋葱、扁豆等蔬菜通过无公害农产品认证，“丁集黄瓜”“丁集草菇”通过国家绿色食品认证。全镇粮食总产量15638吨。建专业生猪养殖场4个，生猪存栏量47572头。2008年，被国家确定为优质稻米生产基地。全镇粮食作物播种面积3227.27公顷，产量19697吨；油料作物种植166.33公顷，产量414吨；蔬菜瓜类种植面积630公顷，产量18806吨。全镇年末存栏大牲畜0.08万头、猪1.67万头、奶牛0.07万头、羊0.27万只、兔0.08万只、肉鸽752.50万羽、禽6.64万只。养鱼67公顷，总产量203吨。有大中型拖拉机32台、小型拖拉机580台、农业动力排灌机械65台，农机总动力16708千瓦，农业基本实现机械化。是年，获淮安市“高效农业规模化十强乡镇”称号。

三、工业

1978年，有农具厂、印刷厂、砖瓦厂、小型化工厂等4家社办工业，从业人员221人，总产值130万元。1987年，有乡办企业15家、村办企业9家、户办及联户办企业426家，从业人员1181人，产值333万元。1990年起，外引内联，相继引入多批客商投资办厂。1995年，引进淮安市奥特快化工有限公司，总资产570万元。1996年，有工业企业16家，总产值2150万元。1998年，引进拉丝厂、服装厂、煤球厂、正大储运公司、长城塑料厂、神州鸽宴城等企业，销售收入3655万元。2008年，有工业企业68家，从业人员3075人。规模以上企业产值5.06亿元，利税6687万元。骨干企业有友文人造板、明德矿冶、中腾汽配等。

四、服务业

1978年，有供销社、粮油购销站、食品站、机电产品供应站、邮电所、新华书店、剧场等服务业企业15家，从事商务服务人员241人，贸易额846万元。1987年，有饭店50多家；有以批发零售为主的商业网点25家，销售额85万元。1990年，有服务业企业87家，从业人员956人，贸易额4260万元。1996年，境内服务业以交通运输、批发零售、农副产品购销和餐饮等为主，三产增加值2650万元，从业人员1260人。2000年，小城镇建设加快，三产发展势头强劲。政府鼓励和扶持能人、大户进镇建房，从事经营活动，当年有经营户45家，建成农贸市场、副食品市场、宗楼村肉鸽贩运中心、淮安机动车交易市场等。有个体工商户316家。2005年，增加个体工商户65家，三产增加值6840万元，从业人员1486人。2008年，有个体工商户486家，规模较大的商家有苏果超市、新时代超市等；规模较大的餐馆有丁香大酒店、苏北酒家、大不同饭店等。三产增加值11400万元，从业人员1765人，社会消费品零售总额2.44万元。

五、村镇建设

1978年，丁集十字型街道南北、东西各长1千米，宽30米，沿街为土路，集镇面积0.76平方千米。1986年，街道铺成砂石路，农村道路逐步开始砂石化，有1个村铺砂石路。1992年，街道居民始建砖瓦结构平房，有21户居民建两层小楼。1995年，开通程控电话，安装程控电话800部。1996年，改建综合大楼1幢，建成邮电楼1幢，程控电话1000部；有3个村铺砂石路，完成205国道丁集至徐溜拓宽改造工程；劳动村建成自来水厂。1997年，沿街204户居民有137户建楼房，完成550户扶贫通电任务，程控电话用户1000家。1998年3月，小城镇建设加快，街道路面全部铺成沥青或水泥路，实现机动车道与非机动车道分离；完成村级电网改造，砂石路村村通，程控电话组组通，程控电话用户1800家；袁北火车站投入营运。1999年，铺设18千米黑色化乡村道路，丁集至城区39路公交车开通。2000～2002年，总投资314.36万元，铺设镇村道路33.08千米。2003年，铺镇村道路9000平方米。8月，宁淮高速工程在境内开工，全长3.7千米，设淮安丁集出入口。2004年，投入228.2万元，铺四级水泥路13.1千米；投入50余万元，对两个农贸市场进行改造，建玻璃钢大棚2000平方米；成立城管中队，招聘12名环卫工人；投资15万元，建水厂3座，管网延伸3个 村，村村通自来水。2005年，街道改造，设立45个集中居住点。是年，累计铺设四级水泥路28.62千米。2007年，投入89.5万元铺设农村水泥路2.94千米，“三纵六横”道路主框架形成。2008年，铺四级水泥路5.58千米，形成“田”字型镇区道路网。集镇面积扩大到2.23平方千米。建卫生院住院部大楼、丁集中学教学楼、地税大楼、神州鸽市广场等标志性建筑，改造、扩建文化中心及垃圾处理场等社会公益性建筑，开发建设丁香花园住宅小区，吸引245户农村居民进镇落户择业。

六、社会事业

【教育】 1978年，有幼儿班20所，入园幼儿553人，教师21人；小学17所，在校生2264人，教师117人；初级中学1所，联中2所，在校生465人，教师48人。1995年，丁集中学建成1227平方米学生宿舍楼、784平方米教学楼和395平方米学生餐厅。2000年，开展“六有”工程创建活动。2003年，中学投入115万元，建1227平方米学生宿舍楼1幢、784平方米教学楼1幢和395.5平方米学生餐厅1个，并改造学生活动场所；小学投入65万元新建1幢1300平方米的教学楼，改造教师宿舍。2005年，通过“六有”工程验收。是年，建立的淮安市淮阴中英文学校，属民办全寄宿制学校。2008年，有幼儿园1所，幼儿601人，教师28人；中心小学1所，完小1所，教学点2个，在校生1358人，教师127人；初级中学1所，在校生495人，教师79人。全镇小学占地面积2.95万平方米，建筑面积12500平方米；初级中学占地面积3万平方米，建筑面积8835平方米。是年，丁集小学被评为省级文明学校。

【卫生】 1978年，有中心卫生院1所、卫生室17所，医务人员42人。著名老中医王绍和在丁集中心卫生院创建乳糜尿专科，设有中医专科病床30张。1979年，卫生院设立淮阴县人民医院卫生学校，首批招收的40名学员，于1981年毕业。此后停招。1985年，中心卫生院挂淮阴县乳糜尿专科医院、淮阴市淮阴糖尿病研究所牌子。1987年，有中心卫生院1所、村卫生室17所。1996年，中心卫生院新建病房楼1幢，增加床位48张，安装自动寻呼系统。1997～1998年被评为市“十佳”医院。2002年，中心卫生院挂淮安市淮阴区中医院牌子，职工88人，其中中高级职称10人，设有乳糜尿、糖尿病专科、中医肝胆专科、针灸理疗专科以及骨科、内科、外科、妇科、儿科、五官科等20多个临床科室。拥有日本阿洛卡-370B超机、遥控遥篮闭路系统500毫安X光机、全自动生化分析仪、血球计数仪、德国产膀胱镜、纤维胃镜、电脑乳腺诊断仪、心电监护仪、胎儿监护仪等医疗设备，能够常规开展普外、肿瘤、骨科、泌尿、肛肠及各类妇科、产科手术。2003年，投入150万元，建2200平方米的住院部大楼。2006年，添置西门子彩超1台，引进1台美国GE全身CT；建成住院楼、门诊楼、防保楼、宿舍楼等，创建社区卫生服务站8所。至2008年，有中心卫生院1所、村卫生室8所，卫生技术人员69人；卫生院设内科、外科、妇科、中医内科等科室，有心电图、脑电图、B超机、电刀、半自动生化分析仪等各1台，以及胎心监护仪3台、心电监护仪4台、救护车1辆、空调30余台、电脑22台。

【文化】 1978年，有1支13人的文艺宣传队，有1支3人的电影放映队，使用F16–4型放映机。每户均安装有线广播。1979年，农庄大队电影队成立，有工作人员2名。1980年，电影队共放映电影602场，受教育观众近60万人次。公社文化站建立图书室，藏书5000册。1987年，有文化中心1个、电影队2支、电影院2座、广播放大站1个。1992年起，每年都举办春节文艺汇演、业余歌手大奖赛等群众性文化活动。1999年，成立乡有线电视服务站，开通有线电视，有用户120户。2000年，建老年活动中心。2004年，有线电视光缆实现村村通。至2005年，全镇有线电视入户1230户。2007年，建成农家书屋10个。镇文化活动中心占地945平方米，建筑面积610平方米，内设书刊阅览室、老年少儿活动室、综合展示室、体育健身房、文化信息共享室、教育培训室等。是年，镇文化活动中心通过省级验收。2008年，投资5.78万元对有线电视线路进行升级改造，形成覆盖全镇的数字化广播网，镇广播电视站被省广播电视局表彰为“优秀乡镇广播电视站”；有线电视入户率75.7%；每村藏书约2000册。境内有娘子庄、浪石等历史遗迹。

第九节　五里镇

一、基本情况

【境域】 五里镇位于淮阴区城区西北16千米处，东与棉花庄镇、老张集乡交界，西隔渠西河与吴集镇相望，南与丁集镇、渔沟镇毗邻，北与徐溜镇、刘老庄乡相连，205国道穿镇而过。镇政府驻五里街。

【建置区划】 1978年，社内有20个生产大队、165个生产队。1983年，政社分开，五里公社更名为五里乡，辖五里、新农庄、刘洼、纪吴、丁圩、大王庄、香庄、老香庄、郑洼、树东、大树、树西、路东、涧桥、新淮、花园、茶庵、刘桃园、农科19个村，198个村民小组，6700户27057人。2000年6月，撤乡建镇，五里乡更名为五里镇。2001年7月，并村联组，辖11个村、97个村民小组。至2008年，建制村、村民小组无变化。

2008年五里镇村（居）及所辖自然村庄一览表

表3–1–9

村（居）名称	村（居）民小组数	合并前村（居）名称	主要自然村庄
五里	5	五里	丁邵庄、戴庄、街中、街南、街西、陈庄
镇南	12	王庄、香庄	大王庄、万庄、何庄、南徐庄、东徐庄、苗庄、陈庄、杜庄、沈庄、唐庄、嵇台庄、小香庄
老郑	11	老香庄、郑洼	周庄、郭庄、老香庄、张庄、戴庄、岳庄、孟庄、小西庄、东庄、沈庄、前郑庄、西地庄 、赵庄、殷庄
大树	8	大树、树东	南郭庄、前郭庄、后郭庄、郭大树、西郭庄、陈庄、西陈庄、佘庄、万庄、张庄、孙于庄、后张庄、徐庄、刘庄
镇北	12	路东、树西	丁庄、郁庄、吴老庄、小马庄、小郭庄、金小钱庄、西丁庄、小周庄、树西街、隽庄、周庄、石圩、吴庄、洪庄、陈小油坊
涧桥	9	涧桥、新淮	圩南、涧桥街、宋庄、三里庄、小王庄、羊庄、曹庄、金庄、蒋庄、刘庄、钱庄、顾庄

续表3-1-9

村(居)名称	村(居)民小组数	合并前村(居)名称	主要自然村庄
花园	7	花园、团结	前金庄、蒋庄、余庄、蒋五庄、东园、后地、夏庄、祖庄
桃园	9	桃园	肖宋庄、张庄、张王庄、潘庄、刘王庄、张刘庄、周王庄、周团庄、高刘庄、刘桃园庄、小张庄
刘洼	5	刘洼	刘庄、小尹庄、农庄、西曹庄、姜大庄、李庄、张庄、郭庄
民强	9	丁圩、纪吴	姚庄、丁庄、孟王庄、纪庄、吴庄、陈蒋庄、周庄、李庄、嵇庄、陈庄、丁小圩、东南庄
双农	10	农庄、农科	唐庄、陆庄、顾周、农庄、曹庄、西张庄、东张庄、孙庄

【土地·人口·收入】 1978年,境内面积53.1平方千米,可耕地面积3000公顷,人口2.86万人,农民人均纯收入38.69元。1991年,可耕地面积2898.87公顷,人口2.74万人,农民人均纯收入467.66元。2008年,全镇面积53.56平方千米,可耕地面积2564.4公顷,总人口2.97万人,财政收入462.75万元,农民人均纯收入5138元。

二、农业

1978年,粮食作物播种面积2566.73公顷,总产量7416.5吨;棉花种植面积4.47公顷,总产量1.15吨;油料作物种植面积120.47公顷,总产量62.35吨;麻类作物种植面积88公顷,总产量125.95吨;甜菜种植面积118.27公顷,总产量693.9吨;桑园55.67公顷,产茧24.67吨。1992～1994年,共投入80万元,先后建农庄防渗渠1.5千米,建路东七中沟补水电站1座,改造自排涵洞4座、电站5座,建大沟级桥梁1座、中沟级桥梁5座。1995年,投入水利建设资金50万元,改造农庄片低产田100公顷,平田整地40公顷,改造电站1座,筑防渗农渠4条1.7千米,建中沟级桥梁18座、小沟级桥梁22座。1997年,投入养鸽资金192万元,存栏12.8万羽,饲养量65.9万羽,上市量60万羽,产值720万元。1998年,经济作物种植面积173.33公顷,占种植业面积42%。1999年,经济作物面积1855.73公顷,粮经比为4:6。2000年,油菜面积扩大到1066.67公顷,油菜茬播种地膜花生1000公顷,“双油”面积占耕地总面积41.2%;蔬菜面积扩大到600公顷,其中大中棚面积66.67公顷。2002年,实施科技兴农战略,推广粤优938优质籼稻133.33公顷,发展订单油菜400公顷。2004年,日光能蔬菜大棚发展32.67公顷、钢架大棚88.67公顷。

图3-1-34 五里镇肉鸭场

2008年,创建农村经济合作组织24个。推广小麦新品种2133.33公顷,占小麦总面积90%;推广水稻新品种2000公顷,占水稻总面积95%。全镇粮食作物播种面积2666.67公顷,总产量40000吨;蔬菜种植面积1169.93公顷,总产量80000吨;瓜果种植面积20公顷,总产量450吨;油料作物种植面积100公顷,总产量225吨;年末存栏大牲畜0.23万头、生猪2.42万头、羊0.11万只、兔0.02万只、“三禽”5.97万只;水产品养殖面积61公顷,总产量280吨。有大型拖拉机20台、小型拖拉机850台、农用排灌动力机械62台,农机总动力19478千瓦,90%的农户有农业机械。

三、工业

图3-1-35　百欣食品有限公司

1978年，有农具厂、砖瓦厂、综合厂、米厂、电子原件厂、金箔厂等小型工业企业6家，总产值400万元，从业人员168人。1997年，乡办工业产值1815万元，利润42.5万元；外引内联企业4家，利用外引内联资金180万元。1998年，引进宝丰米业，从事大米加工，年加工1万吨。1999年，建成神州加油城等企业5家，工业销售收入6908万元，利润165.32万元，入库税金60.01万元。2002年，增加私营企业12家。2003年，引进的淮安市百欣食品有限公司，是境内农副产品加工龙头企业，拥有1套年产1000万只鸡鸭加工生产能力的现代化全自动生产设备，企业用工150人，年创产值800万元。2006年，有服装加工企业7家、稻米加工企业10家。2008年，有工业企业32家，从业人员1799人，总产值26000万元，利税473万元，初步形成以服装加工和稻米加工为主的工业发展格局。

四、服务业

1978年，商业服务业有供销社、粮管所、食品站、综合商店和各大队代销点等。1987年，街道有商业服务网点244家。全乡用于运输的汽车、小三轮车35辆，大、小型拖拉机277台，马、骡、驴板车330辆，从业人员900余人。1996年，有商业网点163家，建贸易市场2个，固定摊位30个，临时个体摊位120个。1997年，转移剩余劳动力，全年输出劳务6100人，人均增收370元。有个体工商户116家，个体私营经济入库税金27.5万元。是年，全乡共有商业网点515家，农贸市场1个；有加工、销售旧门窗专业市场，从业80余户，年销售额1000万元。2008年，兴建6个专业市场，有个体工商企业22家，注册资本160万元，其中有规模较大的浴室1家、旅馆和酒店4家、照相馆2家、商品超市3家、电器超市2家、农用物资门市2家。

五、村镇建设

图3-1-36　民强中心村

1978年，街道长300余米、宽10米左右，沿街居民300多户，街区面积不到0.6平方千米。1992年，街道铺砂石路，安装路灯，中心路两旁挖排水明沟。1996年，投资400万元，开通11个村程控电话512部，有4个村建砂石路6千米。1997年，街道形成“两纵两横”格局，建成十字形街道黑色路面11000平方米，开挖排水渠7100米。街道两旁有平房124间2860平方米，门面楼60间11500平方米。实现村村通程控电话。投资21万元，建成五里自来水厂。1998年，全乡总体规划编制完成，规划集镇“三纵三横”格局，设立41个农村集中居住点；建成临街门面楼1280间32000平方米；投资80

万元，铺3条6.1千米长2.135万平方米的乡村沥青路；新街、府前、老街铺成沥青路3300平方米。1999年，建商住楼6270平方米。建街道绿化带3200米、花坛208个、路灯40盏、明改暗下水道4500米，栽景观苗木1.9万株，铺水泥路3100平方米；铺设民强、五兴两条柏油路7千米。2000年，投资30万元，建繁荣路、西门桥。2002年，街道中心路铺成简易黑色路。安装电话4914部。建涧桥、镇南水厂2座。2003年，铺沥青路12千米、水泥路2.5千米，建民强、大树水厂2座。2004年，投资120万元建裕源、中源水厂2座。2005年，成立五里镇城管执法大队，招聘环卫人员8人。2006年，投入30万元，改造府前路；投入10万元，铺设街道路面和疏通农贸市场下水道。2007年，建农民集中居住点4个，入住98户。

2008年，建繁荣路商住楼30幢，建成农贸市场商住楼56幢，共有门面房112间；建成大棚市场1800平方米，内设摊位200个；街道建成下水道1200米，绿化带1200米，铺设混凝土路面940米。全镇有四级水泥路13条32.41千米，村组水泥路21千米，实现村村通水泥路，组组通砂石路。集镇面积扩大到1.5平方千米。开发建设丁圩、纪吴、涧桥等小区，吸引360户农村居民进镇落户择业。

六、社会事业

【教育】 1978年，有初级中学1所、联中2所、中心小学1所、大队小学19所，在校学生1963人，教师166人。1987年，有初级中学3所，在校生1500多人；小学16所，在校生3900人。1996年，全乡有县属职中1所、初级中学2所、小学15所，在校生3457人，教师282人。2000年，五里初级中学通过市级示范初中验收。2002年，有中学1所、小学5所。2005年，有初级中学1所、中心小学1所、村小2所。中学通过省级示范初中验收。2008年，有小学6所，在校生654人，教师32人；中学1所，在校生820人，教师55人。

【卫生】 1978年，有卫生院1所，医务人员17人，医疗、办公、职工宿舍用房36间600平方米；卫生室19所，乡村医生34人。1979年，卫生院购置30毫安X光机1台。1988年，更换50毫安X光机1台，添置A超机1台。1994年，A超机更换成B超机。1996年，添置心电图机等医疗设备。1998年，增添生化分析仪等设备。2000 年，50毫安X光机更换为200毫安X光机。2003年，建成规范化防保所。2008年，创建卫生服务站7所，有乡村医生62人；卫生院建门诊楼、病房楼、防保楼和爱婴小区，有职工37人，其中大中专以上学历21人，设有内科、儿科、外科、中医科、妇产科、骨科等，拥有先进的8100型迈端B超机、200毫安X光机、自动生化分析仪、心电图机等设备。是年，防保所通过市级规范化验收。

【文化】 1978年，文化站图书室藏书5000册。有文艺宣传队1支、电影放映队1支，每月每大队放映电影2次。1980年，全乡村村通有线广播，入户率97%。电影队放映电影692场，受教育观众近60万人次。1981年，建成800多平方米影剧院，为文化活动重要场所。1987年，有文化中心1个、电影队1支、广播放大站1个。1999年，成立乡有线电视服务站，有线电视用户700户。2000年，建成镇老年活动中心。是年，建成文化中心楼，内设录像室、图书室、舞厅、卡拉OK厅、溜冰场等群众休闲、娱乐场所。2004年，有线电视光缆实现村村通，至2005年，有线电视1500余户。

2008年，全镇有8个村建有农家书屋，每村藏书约0.6万册；有线电视用户3000余家，实现有线电视村村通；有书店4家、网吧4家、电脑打字复印社3家。各村都建有篮球场、乒乓球室等体育活动场所。境内有五里老香庄、茶庵、郭土树、涧桥等历史文化遗址。

图3-1-37　农家书屋

第十节 徐溜镇

一、基本情况

【境域】 徐溜镇位于淮阴区城区西北25千米处，北与宿迁市沭阳县钱集镇隔六塘河相望，东与刘老庄乡、古寨乡接壤，南与五里镇交界，西与西宋集镇毗邻，205国道贯穿南北。镇政府驻徐溜街。

【建置区划】 1978年，辖19个生产大队、135个生产队。1983年，政社分开，徐溜公社更名为徐溜乡，辖徐溜、徐西、徐东、潘圩、潘祠堂、苏营、金城、茶棚、糖坊、老张庵、董荡、清河、冯大庄、吴庄、安集、谷庄16个村、125个村民小组。2000年，撤乡建镇，原韩庄乡（辖小房、江桥、河东、范冲、涵洞、三岔、韩庄7个村）并入徐溜乡，新组建徐溜镇。并村联组后，有吴江、徐溜、金城、民主、淮北、韩庄、涵洞、创业、张庄、长庄、新和11个村、111个村民小组。2008年，辖11个建制村、113个村民小组。

2008年徐溜镇村（居）及所辖自然村庄一览表

表3-1-10

村（居）名称	村（居）民小组数	合并前村（居）名称	主要自然村庄
徐溜	20	徐溜、徐东、徐西、安集、河东	徐庄、西溜、于庄、和尚庄、安集、潘头庄、时庄、孙庄
金城	12	茶棚、金城、糖坊	苏庄、金茶棚、蒋庄、蒋老庄、朱庄、丁糖坊
新和	9	苏营、潘庄	苏老庄、苏糟坊、边庄、陈庄、潘大庄、张南圩、小郭庄、小杂庄
张庄	6	张庄	金庄、周庄、老张庄
民主	12	清河、潘圩	郑庄、杂姓庄、程庄、小丁庄、徐庄、圩里
长庄	10	谷庄、董荡	谷庄、朱庄、李庄、潘长庄、杜圩、葛庄
淮北	10	冯庄、小房	赵庄、冯庄、卞庄、新农庄
吴江	10	江桥、吴庄	吴老庄、程庄、侯庄、杨庄、吴庄、祁庄
创业	11	三岔、范冲	周庄、卞庄、五小碾、涵洞口、于老庄
韩庄	7	韩庄	程庄、赵庄、刘庄、吴庄
涵洞	6	涵洞	周庄、漆大庄、马庄

【土地·人口·收入】 1978年，境内南北长13千米，东西宽3.5千米，面积46平方千米，可耕地面积2192.27公顷，总人口2.4万人，农民人均纯收入40元。1991年，境域可耕地面积2192.93公顷，人口2.22万人，农民人均纯收入529.09元。2008年，全镇面积64.93平方千米，可耕地面积3172.8公顷，总人口3.91万人，财政收入1150.14万元，农民人均纯收入6320元。

二、农业

1978年，粮食播种面积2752.27公顷，总产量7225.05吨；经济作物种植面积235.47公顷，总产量272.5吨。1981年后，水稻、小麦面积分别保持在1066.67公顷和833.33公顷左右。1987年，建成机

图3-1-38　陈宗阳千头养猪场

灌站16座，修干渠、支渠39条，平整土地253.33公顷。粮食总产量12891吨，油菜种植面积600公顷；桑园189.33公顷，产茧150吨；养猪1.57万头，羊0.08万只，鸡、鸭、鹅5.2万只。1990年，粮食播种面积2576.73公顷，总产量13473吨。2000年，形成沿淮沭河意杨经济带，沿淮沭河四季鹅养殖带，沿205国道两侧蔬菜、"双油"田种植带，沿民便河、六塘河万亩桑园带。花生种植面积800公顷，蔬菜种植面积602.67公顷，其中大棚蔬菜74.76公顷，粮经比例为4.6:5.4。年末生猪存栏2.2万头；饲养肉鸽405万羽，上市489万羽；饲养四季鹅82.6万只。2005年，粮食总产量21800吨。蔬菜大棚78.67公顷。有规模养猪场9家，年出栏生猪1.56万头；千只养鸡场10家，年销售161万只，出栏鸭鹅20万只。是年，有鱼塘146.67公顷，农田林网333.33公顷。至2005年，先后建成大型翻水站1座、电灌站57座、防渗渠28.5千米、桥梁闸坝111座。

2008年，争取资金158万元，建防渗渠3400米、电站3座，建成农田林网2000公顷。粮食播种面积4182.47公顷，总产量29094吨；油料作物种植面积97.47公顷，总产量225吨；蔬菜瓜类种植面积131.33公顷，总产量2746吨。全镇年末存栏大牲畜0.18万头、猪0.71万头、羊0.48万只、兔0.13万只、肉鸽38.87万羽、家禽11.95万只。有鱼塘113公顷，总产量408吨。有桑园88.67公顷。有大中型拖拉机35台、小型拖拉机630台、农业动力排灌机械58台，农机总动力19410千瓦，农业基本实现机械化。

三、工业

1978年，境内有徐溜缫丝厂、丝棉厂、砖瓦厂、农具厂、植物油厂等社办企业5家，从业人员410人，总产值110万元。1987年，有乡办企业10家，村办企业7家，从业人员1000人。1996年，引进"三资"企业2家。有乡办企业10家、村办企业15家，从业人员1400人，其中专业技术人员86人，工业总产值1175万元，其中乡办工业产值1011万元。1997年，乡镇企业改制，成立私营股份有限公司2家、私营独资企业29家。1999年，引进项目7个，总投入600万元。2002年，引进淮安港凌软包装等8个项目。木材加工企业成为纳税大户，意杨加工成为特色产业，形成沿205国道吴庄村至小房村6千米长的木材加工带，有木材加工企业29家，固定资产1500多万元，销售收入20840万元，利税

图3-1-39　汇福制衣有限公司

图3-1-40　淮安市万城管业有限公司

1206万元。2004年，淮安市国业日化有限公司被淮安市政府授予"诚信企业"，"黑脸"牌蚊香被授予市"名牌产品"和"质量信得过产品"称号。2005年，有私营企业35家，入库税金185万元。2008年，建徐溜工业集中区，规划面积66.67公顷，其中工业用地62.67公顷，其他用地4公顷。全镇有规模以上企业4家，私营企业40家，从业人员2200人。主要产品有旋切芯板、多层板、防水模板、塑料扣板、黑脸蚊香、84消毒液、气雾杀虫剂、除草剂、太阳能、化工气阀、手工足球、汽配以及面粉、大米、挂面、干红葡萄酒等。工业入库税金380万元，个体私营经济入库税金770万元，工业销售总额4亿元。

四、服务业

1978年，有服务业企业13家，从业人员49人，商品贸易额130万元。1980年后，集镇部分居民以沿街商住房或自住房开店经商。1987年，有私营商业网点738家，从业人员1050人。1990年，有全民商业企业3家、县属集体商业企业6家、乡办集体商业企业4家、个体商店438家、个体服务性店（摊）48家。1997年，有国营、集体、个体商业网点875家，有贸易市场2个、固定摊位185个、临时摊位260个，服务业增加值1263万元。1998年，有商贸服务业企业187家，其他服务业企业970家。至2008年，有个体工商户697家，其中有规模较大的浴室8家、旅馆酒家78家、照相馆4家、商品超市22家、电器超市6家、建材超市4家、农用物资门市12家，从业人员1714人。

五、村镇建设

1978年，集镇街道长300米，有居民86户，面积0.4平方千米，民居多草房，有日供水量3800吨的自来水厂1座。乡村道路都是土路。1984年，境内使用载波电话。1985年后，街道居民先后将草房改建成砖瓦房。1990年，村村通程控电话。1998年，街道两侧建两层楼，建筑面积3万平方米，商铺34个。是年，铺设6个村砂石路12.6千米，全乡装电话376部。1999年，通过市级小城镇验收，街道两侧有127户居民建两层楼房，村村通砂石路，增开程控电话400部。2000年，街道形成"井"字型格局，主道路有5条2200米长水泥路，集镇面积增加到0.8平方千米。2001年，完善镇村道路网络，全长11.5千米的中心路铺成砂石路。建成自来水厂2座。2003年，铺街西沥青路，扩宽七支渠，建成自来水厂5座。2004年，建自来水厂4座，铺水泥路21千米、砂石路4.3千米。2005年，全镇有固定电话4700部，移动电话1.8万部；铺设农村四级水泥路15千米，集镇水泥路街道2千米，铺排水管道2500米；建成农贸市场1个、停车场1个、社区服务中心1所。2006年，铺设农村四级水泥路8.8千米，村村通水泥路。建成集镇示范一条街、农贸市场、公厕等，街道两侧建绿化带1030平方米、下水道1500米、垃圾池10个，架设路灯46盏。2007年，完成镇村布局规划和43个集中居住点规划。

2008年，改建下水道1500米，街道两侧绿化3000平方米，建公厕2座、垃圾房6座，配置垃圾筒60只。建成街道长1400米、宽23米，下水道3700米，全部为水泥路面，街区面积1.2平方千米，有居民2621户、门市商铺234间、超市30多家。建成农民集中居住点3个，入住336户。是年，境内有水泥路25条全长73.71千米，其中三级路2.54千米、四级路71.17千米，公路形成网络化。

六、社会事业

【教育】 1978年，有小学17所、农中1所、联中2所、完全中学1所，在校生4910人，教师214人。1987年，有初级中学1所、联办初级中学1所、小学14所，在校生3800余人，学龄儿童入学率97.3%。1996年，有初级中学1所16个班，在校生860人，教师51人；小学12所82个班，在校生4310人，教师151人。2000年，有小学19所59个班，在校生3160人，教师130人；初级中学2所27个班，在校生1960人，教师98人。2001年，徐溜第一初级中学争取日本利民工程援助款9.15万美元，建1幢32间教学楼，建筑面积2860平方米。2003年，徐溜第一小学建1914平方米教学楼和标准化教室；徐溜第二小学建630平方米标准化教室。2004年，中小学投入137万元，建2795平方米教学楼和餐厅，徐溜小学被评为省德育先进学校。2008年，有幼儿园14所，入园幼儿498人，教师19人；小学4所75个班，在校生2465人，教师142人，教学用房6800平方米；中学有27个班级，在校生1131人，教师50人，教学用房5340平方米。

【卫生】 1978年，有卫生院1所，床位20张，医务人员20人；大队卫生室16所，乡村医生30人。1987年，有卫生院1所，床位40张，医务人员38人；有村卫生室14所，医务人员26人。1996年，卫生院建门诊楼，增添X光机和脑电图仪各1台。2000年，有卫生院2所（原韩庄乡卫生院并入），医务人员48人。2001年，中心卫生院添置价值16万元的医疗设备，建1幢230平方米的输液楼。2003年，投入26万元，购胎儿监控仪等医疗设备。2004年，中心卫生院投入30万元，购电子胃镜、全自动生化分析仪等设备。对30所卫生室进行整合，创建社区卫生服务站11所，有医务人员43人。2005年，中心卫生院有床位50张，医务人员72人，有门诊楼863平方米、病房楼955平方米，固定资产总值580万元。

2008年，有中心卫生院1所、床位50张，医务人员46人；卫生服务站11所，医务人员41人。卫生院有B超、X光机、心电图监护仪、胃镜、血分析仪、血常规机、麻醉车、电子吸引器、显微镜、血球计数仪、高频刀等仪器，设内科、外科、儿科、妇产科、五官科、中医科、康复科、影像室、化验室、B超室、防保所等科室。

【文化】 1978年，有文艺宣传队1支、电影放映队1支。是年，建成900多平方米的徐溜影剧院。1980年，民间成立文艺表演小分队，徐溜大队徐玉琢，韩庄大队刘敬才、韩以前、吴友林等人组成的戏班最为活跃，自编自演节目。书画业余爱好者赵国虎，擅长花鸟、山水，有“农民画家”之称。2000年，文化站、广播站更名为文化广播电视服务站，电视入户率45%。2001 年，全镇有文化个体户20家。是年，成立由高西虹、吴友林等10人组成的业余文艺创作组，为韩庄村文艺宣传队、徐溜村文艺宣传队、徐溜村少儿宣传队、徐玉成业余宣传队、周兴才业余宣传队、宗教文艺宣传队编创文艺节目，淮海戏《书记帮工》《重返校园》《蜜月中的心事》及快板《变》、小品《等车》等节目在群众中较有影响。

2008年，有11个村建有农家书屋，每村藏书约500册。有文艺宣传队4支、成员45名。实现有线电视村村通。境内有丁塘坊战斗旧址，另有古迹遗址潘祠堂、地藏庵、白鹤墩、张庵、金城等，此外还有六塘河地下涵洞。

第十一节　西宋集镇

一、基本情况

【境域】 西宋集镇位于淮阴区城区西北35千米处，西、北隔六塘河与宿迁市泗阳、沭阳两县相望，是“两市三县”的交界地带，东距新长铁路、205国道约3千米，南距305国道16千米。渔宋路纵贯境内南北，淮沭河、徐西河、跃进河、淮泗河和六塘河纵贯而过，水陆交通便利，辖宋集、汤集、洪北3个集市，是“两市三县”农副产品的集散地。镇政府驻宋集街。

【建置区划】 1978年，社内辖16个生产大队、151个生产队。1980年全国地名普查时，因淮安县境内亦有宋集公社，便更名为西宋集公社。1983年，政社分开，西宋集公社更名为西宋集乡，划出涵洞等5个村归韩庄乡，辖12个村、129个村民小组。2000年，汤集乡并入西宋集乡，辖25个行政村、365个村民小组。是年6月，撤乡建镇，西宋集乡更名为西宋集镇。2001年7月，并村联组，辖14个行政村、146个村民小组。至2008年，建制村、村民小组无变化。

2008年西宋集镇村（居）及所辖自然村庄一览表

表3-1-11

村（居）名称	村（居）民小组数	合并前村（居）名称	主要自然村庄
兴旺	8	曹圩、大桥	曹老庄、后枣园、严庄、蒋庄
三王	7	三王	浦庄、小王庄、张庄、三王庄、东张庄、纪庄、丁庄、徐庄
同丰	13	同丰、张庄	大徐庄、瓦房庄、孙庄、同丰圩、殷庄、夹堆、苗李庄、高刘庄
汤集	14	汤集、汤圩	杨大庄、杨葛庄、戈庄、杨圩
沈圩	11	沈圩、高庄	丁庄、袁庄、李庄、网庄、杜庄、和尚庄、朱庄、田庄、沈庄、杨庄
朱庄	14	朱庄、义和、高庄	高庄、王庄、义和庄、徐庄、朱庄、马庄、安庄、刘庄
合兴	11	新庄、条河	条河庄、小南庄、陈庄、南庄
宋集	11	宋集、河南	周庄、吴圩、孙庄、顾圩、蒋庄、刘庄
新园	11	刘桥、汪渡	小皮庄、小刘庄、王庄、孙冲、李庄、张庄、卢庄
戴梨园	10	戴庄、梨园	王祠堂、欧庄、周圩、万庄、老蒋圩、金庄、戴庄
蒋渡	11	蒋渡、蒋圩	孙庄、皮老庄、倪湾、蒋庄、蒋圩、张庄
跨洪	11	孙赵、跨洪	姚吴庄、戴圩、夏庄、孙庄、崔庄、小王庄
王码	7	王码	前倪湾、后倪湾、野场、王庄、王圩、杜庄、吴邵庄、杜槽坊
洪北	7	洪北	杜庄、戴庄、孙庄、蒋庄

【土地·人口·收入】 1978年，境内东西长8.5千米，南北宽5.75千米，面积48.88平方千米，可耕地面积2323.53公顷，人口2.86万人，农民人均纯收入41.06元。1991年，境域可耕地面积1697.27公顷，人口2.19万人，农民人均纯收入708.8元。2008年，全镇面积83.09平方千米，可耕地面积3486.67公顷，人口5.08万人，财政收入426.48万元，农民人均纯收入5198元。

二、农业

1978年，粮食作物播种面积2766.53公顷，总产量7860.25吨；棉花种植面积0.8公顷，总产量0.3吨；油料作物种植面积125.4公顷，总产量86.05吨；麻类作物种植面积61.07公顷，总产量70.9吨；桑园30.07公顷，产茧17.2吨。有大中型拖拉机1台、手扶拖拉机48台、农业排灌动力机械100台，农机总动力1531.74千瓦。1980～1987年，为改善农业生产条件，先后开挖大型沟渠12条，建成40千瓦翻水站10座、排灌涵洞57座，初步具备涝能排、旱能灌的农田水利体系。1990年，全乡有手扶拖拉机263台、农业排灌动力机械8台，农机总动力3501千瓦。1998年，建成6个养鸽专业村，饲养菜鸽132万羽，上市107万羽。建成朱庄、河南等养猪专业村，生猪饲养3.73万头，出栏2.75万头。2000年，油菜种植面积200公顷，蔬菜种植面积200公顷，秋播作物以400公顷油菜接茬花生为主。扩植芦笋200公顷。2001年，造林1256公顷，森林覆盖率17.9%，淮沭河滩面建成万亩意杨林种植带，六塘河沿线建成万亩桑园种植带；淮沭河沿线5个村建成100万只四季鹅养殖带，西片6个村建成100万只菜鸽养殖带；建成合兴、朱庄、同丰、王码、孙赵、蒋渡等万亩“双油”示范田，跃进河沿线7个村万亩山芋种植带，宋集、汤集、洪北、合兴蔬菜专业村，沈圩、跨洪、王码、蒋渡花生专业村，朱庄、同丰旱毛豆专业村。规模养殖的比重逐年提高，汤集双玉养鸡场饲养量6万只，日产蛋2.2吨。全年养禽总量20.95万只，大牲畜饲养量0.27万头。2005年，先后实施洼地治理、灾后重建、农田水利等工程项目，增加土地面积100公顷，改造中低产田80公顷。累计投入400余万元，建成桥11座、涵34座。

2008年，粮食播种面积6207.73公顷，总产量34245吨；蔬菜种植面积314.93公顷，油料种植面积311.87公顷，桑园种植面积37.33公顷；淡水养殖面积115公顷，产量414吨；年末存栏大牲畜0.19万头、生猪2.26万头、羊0.59万只、家禽9.29万只、肉鸽46.23万羽。有大中型拖拉机28台、小型拖拉机1000台、农用排灌动力机械150台，农机总动力23597千瓦，86%的农户拥有农业机械。

三、工业

1978年，工业企业有农具厂、电瓶车厂、砖瓦厂等5家，从业人员135人，总产值25.5万元。1987年，有乡办企业7家，从业人员180人，总产值240.6万元。1990年，有工业企业10家，从业人员204人，总产值632万元。1996年，有工业企业16家，总产值1285.07万元。1998年，大力发展乡镇企业，总产值达2958万元。2000年后，引进外资兴建泗淮胶合板厂、吴淮人造板厂和淮阴市玉高粉丝厂，总产值14100万元，利税715.3万元。2003年，引进康宝食品等企业，增加私营企业19家。2005年，引进项目18个，民营企业39家，总产值34500万元。2007年，增加民营企业11家，总数58家。

图3-1-41　西宋集镇亿德蛋白项目竣工现场

2008年，境内骨干企业有泗淮胶合板厂、吴淮人造板厂、淮安市玉高粉丝厂、牵引车辆厂、康宝食品厂、西宋集包装箱厂、康佳丽纸箱有限公司、西宋集建材厂、慧琳日化、大叶工具厂、环玉服装厂、鸿基伟业物资等企业。增加民营企业达18家，总数67家，从业人员1631人，总产值36208万元。

四、服务业

1978年，有服务业企业8家，从业人员30人。1987年，有个体商业店铺及摊点18家、饮食服务业企业60家、从事水陆运输企业16家，年产值255万元。1990年，有全民商业企业5家、县属集体商业企业2家、乡办集体商业企业1家、私营商业企业2家、个体商店658家，以及理发、缝纫、饮食等服务性店（摊）300家。1997年，有国营、集体、个体商业网点198家，贸易市场2个，固定摊位190个，临时摊位468个。1998年，建成商业、小商品市场和农贸市场，有商贸服务企业10家、餐饮及服装加工等服务企业5家，增加个体工商户114家，固定资产总投入900万元。2000年起，培育第三产业大户，三产项目总投入411.7万元。2008年，个体工商户总数达726家，从业人员1235人。是年，先后引进浙江、南京等地客商来淮投资兴建专业市场6个和时代超市、宋集大酒店等服务型企业。

五、村镇建设

1978年，仅街道为一条砂石路，其余均为土路。街道长200多米、宽5米，沿街两侧有100户居民，面积0.6平方千米。1983年，成立村镇建设服务站。1988年，启动集镇开发建设，集镇规模有所扩大，街道总长1千米。1994年，投资30万元，建成三层邮电大楼。1996年，建成长680米、宽7米的水泥街道。有4个村共建4.8千米砂石路，7个村开通程控电话。1997年，有10个村乡村道路实现砂石化，村村开通程控电话。是年，开发西宋集、洪北两集市门面房6.6平方千米。1998年，增铺2个行政村砂石路计11.7千米。建成商业街1条、农贸市场1个。1999年，建1条商业街，增加住户111户。铺设3条砂石路，总长9.5千米。2000年，建成工业小区1个。建成砂石路2条，总长7.9千米。是年，农电线路

图3-1-42　西宋集镇街道绿化

整改，架设10千伏线路18.55千米，改造32.32千米；架设400伏线路73.97千米；架设220伏线路117.08千米，改造2.51千米。2001年，架设联通和电信通讯塔各1座，安装程控电话2800部。2002年，投资55万元，建成有800个摊位的农贸市场2个；建成十字街，实现"三纵三横"规划格局，集镇常住户920多户。2003年起，实施农村道路灰黑化工程，铺设道路4条，全长10千米；建成合兴、沈圩、蒋渡3座水厂；建成昌盛路、华夏路。2004年，扩建汤集、宋集、洪北3条集镇街道。2005年，改造10千伏线路42.9千米，建10千伏线路51.2千米，改造低压线路48.07千米，建低压线路186.2千米。全镇用电10230户，安装程控电话6909部。村村通水泥路和自来水，村村通程控电话。2006年，建成华夏路商业街，建门面房5000平方米。

2008年，启动7个集中居住点建设，其中洪北集中居住点成为省级试点单位。铺设下水道5千米。成立城管中队，组建专职保洁队伍。集镇面积扩展到1.8平方千米，常住户1000余户5000余人，有临街商铺96户。是年，全镇有四级水泥路10条41.32千米。

六、社会事业

【教育】 1978年，有完全中学1所、联中1所、小学16所，学生3600人，教师123人。1987年，有初级中学2所、小学11所。1988年，七年制学校全部撤销。1995年，通过国家级扫盲验收，普及九年制义务教育。投资48.05万元，新建中学教学楼1幢。1997年，江苏省委宣传部支援西宋集中心小学建教学楼1幢。1998年，中心小学建成总面积1182平方米的三层教学楼。2000年，有初级中学2所、小学23所、幼儿园10所23班。2001年，小学合并为7所，在校生7145人，教师369人。2002年，改造中小学危房131间，西宋集第一初级中学通过省示范初中验收。2004年，美国唐仲英基金会捐资中心小学，建三层教学楼1幢，面积665平方米。是年，有完小4所，在校生3200余人，教师110人。2008年，有各类幼儿园7所，入园幼儿1800人，教师56人；小学4所，在校生2480人，教师82人；初级中学1所，在校生534人，教师48人。小学占地面积4.02万平方米，建筑面积8660平方米；初级中学占地面积2.5万平方米，建筑面积8120平方米。

【卫生】 1978年，卫生院有床位4张，医务人员12人；卫生室16所，乡村医生21人。1987年，有卫生院1所、卫生室12所。1992年，建成卫生院门诊楼，医疗条件有所改善。1997年，有8个村卫生室达到甲级卫生室标准。投资4万余元改善群众就医条件。2001年，有村级卫生室25所，医务人员88人。是年，投资189万元扩建卫生院门诊楼，购置B超、X光机等医疗器具。

2008年，投入400万元，建综合病房楼，改建防保楼；建成7个140平方米的标准化村卫生室，完成4个村级卫生室的硬件改造；卫生院有西门子彩超、全自动生化分析仪、心电监护仪、麻醉机、多功能手术床等医疗设备，有全自动尿分析仪2台，14个村卫生室配套常用医疗设备。全镇有医务人员100人。卫生院年门诊46926人次，住院1755人次。

【文化】 1978年，文化站有4间活动室，有业余文艺宣传队和电影放映队。每逢节假日宣传队到街头、村庄巡回演出，电影队每大队每月放映电影1次。每个大队都有篮球代表队，每月都举行比赛。乡文艺宣传队在1989～1995年县文化局组织的分片汇演和调演活动中，均被评为一等奖。1992年，自编自演节目《喜赞新貌》参加县文艺汇演，被评为创作二等奖；戴梨园村民间艺人戴明兴，每年春节自发组织花船队到街头、村庄演出。1999年建成文化中心，面积1150平方米。文化活动中心配备活动座椅760张，礼堂灯光、音响设备齐全，文化活动楼设有乒乓球室、图书室、阅览室、台球室、棋牌室、舞厅、书画室等。文化中心每年举办一次歌咏、诗歌大奖赛。2000年，文艺宣传队参加县文化局组织的文艺汇演，获一等奖。2003年，镇政府投入26万元，开通有线电视，发展有线电视用户300户。2006年，发展有线电视用户800户。全镇14个行政村都建有篮球场、乒乓球室。

图3-1-43　西宋集镇农民广场

2008年，《宋集跑驴》被淮安市政府批准为市级非物质文化遗产项目，王汝乾为区级传承人。境内有线电视用户32111户，有线电视入户率61.7%。全镇14个村建有农家书屋，每村藏书500册。镇内有著名水利工程六塘河地下涵洞，产生过革命烈士戴家英，还有帽庄、白鹤灯、义和、王码、王祠堂等传说。

第十二节　吴集镇

一、基本情况

【境域】 吴集镇位于淮阴区城区西北约25千米处，西隔淮泗河与宿迁市泗阳县八集乡接壤，东临淮沭河与五里镇相望，南与渔沟镇接壤，北与西宋集镇毗邻，淮泗河、跃进河、渔宋路纵穿南北，吴八路横贯东西。镇政府驻吴集街。

【建置区划】 1978年，全社辖18个生产大队、154个生产队。1983年，政社分开，北吴集公社更名为吴集乡。2000年，撤乡建镇，因运河南的南吴集乡更名为吴城镇，遂去掉方位“北”字，称吴集镇。2008年，辖吴集、兴和、包圩、后荡、新园、黎明、民主、淮西、倪祠堂（淮泗）、振兴、三和等11个行政村，86个村民小组。

2008年吴集镇村（居）及所辖自然村庄一览表

表3-1-12

村（居）名称	村（居）民小组数	合并前村（居）名称	主要自然村庄
吴集	5	吴集、俞庄1～3组	吴集街、江庄、林庄、沈庄、高庄、王庄、吴庄、高沈庄、俞庄、大程庄、庙西
兴和	11	史夏庄、二甲	刘庄、条河、史小后庄、史夏庄、小陈庄、史庄、林庄、程庄、王庄、金庄、田庄、陶庄、包庄、韩庄、高庄、梁庄、杜庄、吴庄、周庄、西吴庄、李庄
包圩	5	包圩	圩后、圩里、圩东、圩南小庄、新庄、唐庄、金庄、葛冲子、韩庄、新人庄、包庄、小东庄
后荡	6	后荡	姚夏庄、包庄、小金庄、杨庄、乱丁庄、丁大庄、高唐庄、金庄、寇庄、严庄、王庄、小杨庄
新园	13	五甲、俞庄4～10组、何赵	前吴小园、后吴小园、兽医庄、吴庄、桥头庄、吴大圩、五甲圩、杜庄、周庄、史庄、小陈庄、后刘庄、夏庄、刘庄、蒋史庄、何赵庄、韩姚庄、张周庄、王庄、汪庄、包庄
黎明	9	桥北、刘庄	徐圩、陈庄、朱庄、刘庄、葛宁庄、史庄、杂姓庄、高段庄、尚庄、钱庄、丁庄、王庄、左庄、李任庄、杨庄、李庄

续表3-1-12

村（居）名称	村（居）民小组数	合并前村（居）名称	主要自然村庄
民主	9	东徐、淮东	徐圩、陈庄、成庄、吴庄、鲍庄、张胡庄、刘庄、卜经庄、孙庄、卜庄、安庄、杜庄、罗庄、周庄
淮西	6	淮西	葛庄、周庄、倪庄、李庄、张庄、周刘庄、葛宁庄、蔡庄、昌庄、陈庄
倪祠堂（淮泗）	3	倪祠堂（淮泗）	倪大庄、倪祠堂、韩庄
振兴	6	桥南、王集	李庄、张庄、沈庄、朱庄、倪庄、唐谷庄、新王庄、王大庄、王庄、徐庄、丁沈庄、张圩
三和	13	李葛、姚庄、唐谷	吴庄、王庄、韩庄、李葛庄、王韦庄、蒋刘庄、后沈庄、前沈庄、姚庄、张庄、谢庄、李庄、腰庄、蒋庄、唐谷庄、吴圩、圩西

【土地·人口·收入】 1978年，境内南北长5千米，东西宽10千米，面积56.6平方千米，可耕地面积3210.87公顷，人口2.98万人，农民人均纯收入48.5元。1991年，境域可耕地面积1697.27公顷，人口2.19万人，农民人均纯收入708.8元。2008年，全镇面积57.48平方千米，可耕地面积2685公顷，人口3.56万人，财政收入1615.19万元，农民人均纯收入5485元。

二、农业

1978年，粮食播种面积3453.73公顷，总产量8989.25吨；经济作物种植面积659.6公顷，总产量989.05吨；桑园种植面积76.47公顷，产茧27.02吨。1981年起，农民开始独资或联户购买拖拉机，农业机械持有量逐年增加。1982年，扩大栽桑面积，连片桑园433.33公顷。因种植水稻水费较高，沙碱土保水性较差，土壤易板结，水稻种植全部被旱作物取代。1983年，全乡有80%以上的农户在宅基、沟堤、路旁种植杨树苗木。1984年后，全乡433.33公顷桑园，被2000余名养蚕户承包。1985年，花生种植面积563.2公顷，梅豆种植面积1000公顷，脱水梅豆远销日本及东南亚等国家。至1995年，境内林业覆盖率15%，桑园面积恢复到166.67公顷。1996年，植树180万株，建设高标准农田林网2666.67公顷，成片林面积增加到533.33公顷。花生种植面积1666.67公顷，成为花生之乡。1997年，地膜花生种植200公顷，总产5000吨，形成以姚庄为中心的炒花生加工区。1998年，在全乡推广花生地膜覆盖技术，形成吴集、王集、姚庄一线花生加工基地。1999年，投入115万元，建成66.67公顷花生科技示范园，全年种植地膜花生1760公顷，形成生产、加工、销售花生一条龙，花生成为全乡农业支柱产业。2000年，全镇芦笋种植面积133.33公顷。2001年，芦笋面积扩至266.67公顷；新拓桑园73.33公顷，有桑园213.33公顷；植意杨20万株，增植意杨成片林28.13公顷。年炒花生600万千克，从业2000多人，产值2000万元。是年，该镇生产的黑粒花生在淮安农产品展销会上，被台商订购一空。2004年，推广黑粒保健花生、史力丰油菜等新品种，引导农民发展订单农业；成片林及道路两侧共植树160公顷。至2005年，森林覆盖率30%，通过省级绿化达标示范乡镇验收。

2008年，三和村实施旱改水，改造低产田66.67公顷。全镇完成6个66.67公顷、2个133.33公顷高效连片花生种植工程。全镇花生种植面积874.2公顷，其中与玉米套种66.67公顷。全镇粮食播种面积5917.8公顷，总产量31648吨；蔬菜种植面积604.07公顷，总产量7283吨；油料作物种植面积992公顷，总产量3273吨。发展规模养殖，全年引进养猪场3家、养牛场2家、万只鸡场2家、种苗培育基地1家，总投入5000万元。年末存栏量大牲畜0.11万头、生猪2.93万头、羊0.11万只、兔0.08万只，“三禽”圈存量7.3万只。水产品养殖60公顷，总产量262吨。桑园面积90公顷。有大型拖拉机15台、小型拖拉机550台、农用排灌动力机械25台，农机总动力13548千瓦，90%的农户拥有农业机械。

三、工业

1978年，境内有农具厂、木材加工厂、水泥制品厂等社办企业，从业人员190人，总产值50万元。1982年，建轮窑厂1座，是全社龙头企业。1987年，有乡办企业4家、村办企业11家、户办及联户办企业35家，产值211万元。1988年，兴办蔬菜脱水厂，固定资产总投入126万元。1996年，拥有工业企业15家，工业总产值4200万元。1997年，引进东徐食品厂、河东木材加工厂、后荡面粉厂等企业，吸引资金170万元。1998年，引进深圳、浙江、南京等地客商来淮兴办砖瓦厂、农具厂、面粉厂、木材加工厂等企业，解决260名农民就业问题。1999年，全乡企业总数21家。2000年，引进木材加工企业3家。2001年，外引企业8家，引资800万元。2003年，永森木业、鹏翔实业、中意粉业、佳电机械厂等企业实现增产增效，成为新的经济增长点。2005年，增加私营企业4家。

2008年，全镇有引资企业36家，骨干企业8家，固定资产累计投入1.28亿元，从业人员1807人，工业总产值4210万元，销售收入2100万元，利税154万元，初步形成以粮食加工、服装加工、机械加工为特色的工业产业格局。

图3-1-44　吴集镇招引的江苏翔宇电力装备有限公司

图3-1-45　投资5000万元的淮阴力源电力实业开发有限公司

四、服务业

1978年，有服务业企业26家，从业人员118人，社会消费品零售总额110万元。1987年，有集体、个体商业网点139家，从事第三产业1840人，年创产值439万元。1990年，有全民商业企业5家、县属集体商业企业2家、乡办集体商业企业4家、私营商业企业3家、个体商店146家、饭店3家、个体理发和缝纫等服务性店（摊）8家。1996年，有国营、集体、个体商业网点210家，建贸易市场3个、固定摊位142个、临时摊位710个，从业人员830人，社会消费品零售总额2180万元。2000年起，培育服务业大户，发展个体工商户18家，社会消费品零售总额3010万元。2008年，建成超市3家、休闲浴业3家、酒店3家；个体工商户233家，注册资本5000万元。其中，规模较大的有：浴室3家、旅馆酒店4家、照相馆2家、商品超市6家、电器超市3家、建材超市2家、农用物资门市6家。全镇社会消费品零售总额4527万元，服务业增加值1460万元，从业人员4249人。

图3-1-46　农贸市场

五、村镇建设

图3-1-47　具有新农村气象的蔡园新村

1978年，街道有长200余米、宽4米左右的土路，居民160多户，集镇面积0.6平方千米。全社电力线路1500米，用电户600户。1988年，建繁荣街、商业街、刘桥街和淮泗街。1990年，电力线路增加到44.89千米，用电户发展到5689户。1996年，建成3座自来水厂，有11个村开通程控电话。全乡有7个村通砂石路，5个村铺柏油路。1997年，全乡户户通电；19个村全部通上程控电话；打两口深水井，解决五甲、姚庄两个高氟村群众卫生饮用水问题；完成县乡道路黑色化工程，吴集街铺成长800米、宽9米的柏油路面。1998年，铺设砂石路6.5千米，完成吴八路修复工程。1999～2001年，实施农网改造，通电户8726户。2000年，拥有电话3180部，建成无线通讯信号中转塔。2001年，投资20万元，铺设1000米新街道，形成"三纵三横"格局，铺设砂石路7.5千米。2005年，改造农桥5座，建成跃进河大桥，所有村通上自来水。

2008年，铺设农村四级水泥路22千米，建成大小桥梁300余座。投资8万元，改造街道绿化，建垃圾池30个；完成电力线路维修3条，用电户8786户。全镇有四级水泥路11条，总长37.51千米。建成繁荣街、利民街、商业街和镇政府、中学、小学、卫生院大楼；开发建设乐园住宅小区，吸引86户农村居民进镇落户择业。集镇形成"四纵三横"格局，有临街商住楼、商铺酒馆60多家，集镇面积1.3平方千米。

六、社会事业

【教育】 1978年，有小学18所102个班级，在校生3500人，教师198人；中学1所、联中3所，24个班级，在校生1200余人，教职工60多人。1981年，启动"一无两有"工程（无危房、校校有围墙、班班有课桌）。1984年，启动"草改瓦"工程，用3年时间使全乡学校全部瓦房化。1990年，投资40万元，新建北吴集中学两层两幢教学楼1800平方米。2002年，投资150万元，共建中小学教学楼3幢、宿舍楼2幢。2003年，中心小学投资300多万元，建教学楼5幢、宿舍楼3幢和标准化教室1幢。2005年，中学投入300万元，建1700平方米宿舍楼2幢、800平方米餐厅1个、水冲式厕所2座、运动场13300平方米，校园绿化3000平方米，完成校内道路铺设1400平方米等。2008年，全镇在校小学生3048人，教师104人；中学生1000人，教师60人，有电脑160台、多媒体设备2台、电化教学设备2套、实验仪器5800件等。

【卫生】 1978年，有卫生院1所，但设施简陋，仅有15间瓦房，医生诊病靠听诊器和1台显微镜、1台X光机，医务人员13人。有大队卫生室18所，乡村医生28人。至1991年，计投入15余万元，建成80平方米门诊楼，添置B超机、X光机、心电图机、尿分析仪等仪器设备。1996年，村卫生室改造，各个村都建成60平方米标准化卫生室，添置常规医疗设备。2005年，投资40万元，建成卫生院病房楼。2008年，建成规范化防保所、病房楼、爱婴小区和10所卫生服务站，添置心电监护仪、半自动生化分析仪、电解质分析仪、电刀，更新B超、X光机等仪器设备；添置电脑15台、打印机10台，空调和彩电各15台。卫生院有医务人员42人，能开展常见病的诊断与治疗。全镇54名乡村医生全部取得执业证书。

【文化】 1978年，文化站有活动用房4间，有一支10人的文艺宣传队，不定期到各大队巡回演出。

广播站有办公用房2间，小喇叭户户通，电影放映队每月到各大队放映电影1次。1982年，建成920座的影剧院。1987年，建文化活动中心1个，电影放映队增加到2支。1988年，每个村都成立文艺宣传队，乡政府引进外地文艺人才，成立吴集剧团。1998年，建成有线电视接收塔1座。2000年，成立文化广播电视服务站，有工作人员4人。有线电视改为光缆线接收，有用户2000户。2008年，全镇创建淮西、黎明、吴集、三和等4个农家书屋，每村藏书1200册。各村建有篮球场、乒乓球室。村村通有线电视。境内古迹遗址有福禄庵、兜率院、火神庙等，产生过名中医徐估堆、革命烈士吴志举等。

图3-1-48　大佛寺

第十三节　渔沟镇

一、基本情况

【境域】 渔沟镇位于淮阴区城区西北部16千米处，西与宿迁市泗阳县来安乡接壤，东与丁集、五里两镇交界，北与吴集镇毗邻，南与袁集乡、三树镇相连。镇政府驻渔沟街。

【建置区划】 1978年，全社辖17个生产大队、126个生产队。1983年，政社分开，渔沟公社更名为渔沟乡。1987年3月，撤乡建镇，渔沟乡更名为渔沟镇，辖渔沟、陶营、卢华、杨庙、孙庵、文庵、河塘、蒋口、渔南、蒋桥、横沟、柿树园、渔西、汪庄、六里、彭堆、夏桥、西街、李大庄等19个村和1个居委会，166个村民小组。2000年，韩圩乡并入渔沟镇。2001年，并村联组，辖18个村和1个居委会、140个村民小组。2008年，辖18个建制村、1个居委会、136个村民小组。

2008年渔沟镇村（居）及所辖自然村庄一览表

表3-1-13

村（居）名称	村（居）民小组数	合并前村（居）名称	自然村庄
陶营	7	陶营	徐庄、隽庄、陶庄、郭庄、薛庄、周庄、滕庄、李庄、新农庄、姜庄、王庄
卢华	6	卢华	胡庄、蒋庄、纪庄、郑庄、罗庄、张庄、卢华周、陆庄、周庄、谈庄、卢庄
杨庙	7	杨庙	吴庄、刘庄、葛庄、周庄、相庄、石庄、张庄、杨庄、陈庄、王庄、李庄
新民	8	孙庵、李大庄	王庄、吴茶园、孙庵、相庄、汤庄、张大庄、陈庄、孙庄、李庄、蒋庄、曾庄
淮河	8	文庵、河塘	蒋庄、王庄、仲庄、孔沈庄、郭庄、洪郑庄、吴庄、孙庄、陆庄、陶庄、李庄、曾庄
西河	8	蒋口、夏桥	李刘庄、吴庄、张庄、蒋庄、夏庄、许庄、马庄、刘庄、华庄、葛庄、孙庄
蒋桥	15	柿树园、横沟、蒋桥	李庄、吴庄、潘庄、王庄、高庄、董庄、顾庄、蒋庄、蒋小庄、汤庄、柿树园、横沟
汪庄	5	汪庄	谈庄、胡庄、彭庄、赵庄、小胡庄、李庄、窦庄、殷庄、相庄、董庄
鹏里	7	彭堆、六里	彭庄、何庄、刘庄、孙庄、王大园、前堆、张庄、李庄、窦庄、殷庄、相庄、董庄
兴渔	8	渔南、渔西	岳老庄、谢庄、郑庄、张庄、董庄、杜庄、吴庄、前老庄、西元庄

续表3-1-13

村（居）名称	村（居）民小组数	合并前村（居）名称	自然村庄
渔沟	6	渔沟、西街	吴庄、殷庄、王庄、尹庄、鞠庄、陈庄、骡马街、文昌街、中市街、后大园、滑庄
程圩	7	程圩、交通	张庄、刘庄、叶庄、程圩、王庄、汤庄、陈庄、史庄、小何庄
何庄	8	何庄、包吴	何庄、王庄、刘庄、叶夏庄、包庄、任庄、周庄、姜庄、谷庄、吴庄、小裘庄
裘庄	8	裘庄、郑李	东楼庄、裘老庄、裘庄、韩老庄、韩庄、姬庄、葛庄、李庄、郑庄、东李庄、西李庄
韩圩	12	韩圩、朱湖、圩西	韩圩街、陈庄、刘庄、韩圩子、韩大庄、王庄、赵庄、吴庄、郑大庄、徐庄、万庄、朱双庄、李庄、胡庄
董巷	4	董巷	张刘庄、董巷、杨庄、马庄、金城庄、胡庄、大刘庄、李庄、臧庄
包河	5	包河	王庄、翟庄、丁庄、李庄、周庄、刘庄
徐赵	7	徐赵、刘赵	徐庄、窑滩庄、王庄、高宅基、孙庄、吴庄、赵庄、新吴庄、刘庄
街东	—	渔沟	—

【土地·人口·收入】 1978年，境内面积56.84平方千米，可耕地面积2955.67公顷，人口3.03万人，农民人均纯收入50.98元。1991年，可耕地面积2924公顷，人口3.38万人，农民人均纯收入479.37元。2008年，全镇面积98平方千米，可耕地面积4027.20公顷，人口5.8万人，财政收入1055.33万元，农民人均纯收入5699元。

二、农业

图3-1-49 渔沟镇卢华村钢架大棚辣椒

1978年，粮食播种面积3934.87公顷，总产量10852.45吨；经济作物259.87公顷，总产量140.65吨；年末存栏大牲畜0.11万头、猪0.93万头、羊0.23万只、兔0.66万只、家禽2.52万只；桑园107.97公顷，产茧45.99吨；有大中型拖拉机8台、手扶拖拉机95台、农业动力排灌机械108台，农机总动力2234千瓦。1980年，增加13.33公顷鱼种场1家。1978～1987年，先后开挖中沟21条、小沟524条，同时开挖渠西河和渠东河，建电灌站20座和涵洞100座，农业生产条件得到改善。1994年，种植反季节蔬菜，有蔬菜品种10个。1995年，养殖业成为农民新的经济增长点，主要养殖水貂、河蚌珍珠、甲鱼和鱼类等。1996年，粮食总产量2.6万吨、油料总产量304吨，大棚蔬菜面积37.33公顷，生猪存栏1.38万头、出栏3.17万头，家禽74.5万只。1998年，种植大棚蔬菜连片300公顷，投资310万元建成蔬菜科技示范园。1999年，扩大林业面积，栽植意杨20万株。2001年，养殖四季鹅104.2万只，饲养生猪12万头、出栏9万头。拓植意杨成片林133.33公顷。2005年，扩大“淮稻7号”和“徐稻3号”等优质粳稻1600公顷；年内出售生猪2.6万头、四季鹅35万只、肉鸡270万只；培植汪庄村意杨苗基地23.33公顷，营造成片林21.13公顷，建成农田林网133.33公顷，栽植意杨46万株。

2008年，实现高效种植业1426.67公顷、高效渔业面积278公顷。粮食作物播种面积7314.6公顷，总产量4.5万吨；油料作物种植面积371.2公顷，总产量896吨；蔬菜瓜类作物种植面积328.53公顷，总产量5519吨。年末存栏大牲畜0.12万头、猪2.26万头、羊0.84万只、兔0.21万只、肉鸽45.15万羽、家禽75.66万只。渔业面积143公顷，总产量518吨。桑园面积55.40公顷。有大中型拖拉机35台、小型拖拉机1650台、农业动力排灌机械170台，农机总动力34381千瓦。1978～2008年，兴建电灌站36座，开挖中小河沟300条，建中沟桥涵400余座。

三、工业

1978年，有社办企业16家，从业人员320人，总产值160万元。1987年，有镇办企业16家，村办20家，总产值620万元。1990年，工业总产值2200万元，从业人员670人。1995年，引进淮阴市康平医用材料有限公司，年产值4000万元。1996年，有工业企业26家，从业人员2086人，总产值1.11亿元。1997年，有镇村工业企业29家，从业人员3000人，总产值1.32亿元，利税300万元。1999年起，从浙江嘉兴等地引进木材加工项目5个，引进资金400万元。2001年，兴建工业集中区，一期面积37.33公顷，进园企业7家。是年，园区企业实现销售收入1.2亿元、利税267万元。2002年，镇工业集中区占地80公顷，进园企业8家，投入160万元。2003年，引进工业项目15个，固定资产投入4281万元。2004年，有工业企业158家，其中私营企业47家；年销售收入500万元以上规模企业9家、超亿元1家，销售收入4.7亿元，利税2505万元。2006年，镇工业集中区占地110公顷，进区项目13个，总产值4.8亿元，销售收入2.4亿元，入库税金1200万元。2008年，引进投资3000万元以上工业项目4个，全镇工业企业49家，从业人员4500人，总产值6.7亿元。

图3-1-50　兴立乳业

图3-1-51　怀中手套厂

四、服务业

1978年，国营商业有粮管所、食品站、百货公司、医药公司；集体商业有供销合作社；集市贸易有粮行、牛行、猪行、木行、鸡鹅鸭鸽行等。有商业企业12家，从业人员83人，年营业额40万元。1985年，投资6.57万元，建农贸市场5300平方米。1987年，有各类商店、摊点680多家，营业额4200多万元，农副产品贸易额5000万元。1990年，有个体经营户420家，上规模商场有淮河商场、商联超市、费三林商店等；餐饮业有东大、朱大龙饭店和业华、庆泉酒家等；有私营浴室、美容美发、服装等服务业企业65家，从业人员170人。1996年，服务业增加值2704.25万元。1999年，发展个体工商户135家。2000年，增加个体工商户150家。2004年，增加个体工商户190家，从业人员2718人，增加值1100万元。2005年，服务业增加值5490万元。2007年，投资500余万元，建成1万平方米贸易市场，有门面48家、摊位400个。2008年，有商业企业20家，个体工商户789家，其他各类经营户95家，社会消费品零售总额6846万元，服务业增加值8742万元，从业人员8650人。引进客商投资兴建市场5个、超市4家、休闲浴业2家、大酒店4家、农贸市场2个等项目。

五、村镇建设

1978年，集镇有骡马街、文昌街和中市街3条街道，共长1500米，面积1.5平方千米，居民全部用上照明电；沿街为砂石路，大队道路均为土路。1996年，被淮阴市政府确定为全市22个小城镇建设重点乡镇。是年，建成移动通讯微波中继塔，开通程控电话和有线电视；7条主街道全部铺设混凝土路面，居民全部用上自来水。1998年，开发商住楼，建筑面积4万平方米。1999年，加快新型小城镇建设，铺设两条街道人行道彩砖18000平方米、下水道3600米，安装路灯51盏；完成8个中心村规划，进行农村电网改造，有线电视新增用户50户，电话扩容450部。2000年，有线电视新增用户35户，电话扩容816部。2001年，建商住房3800平方米，铺人行道彩砖2800平方米，建灯光球场1个，集镇有线电视用户380多户；铺中心路8.2千米，集镇道路0.8千米，实现镇村道路砂石化。是年，通过市级新型小城镇验收。2005年，铺设韩蒋路、同心路等，总长17.9千米。建镇政府大楼2780平方米。2006年，被省政府列为全省98个重点建设中心镇。集镇面积扩大至2.4平方千米。2007年，完成绿化2万平方米，铺设道砖1600平方米，安装路灯52盏；建成垃圾房17个、垃圾收集点35个。2008年，投入85万元实施3条主街道及淮泗路两侧的亮化、绿化工程，完成绿化15000平方米，安装路灯70盏；建成垃圾房9个，增添流动垃圾收集箱40个，建成公厕3座，铺设四级路6千米。全镇各村通上水泥路，村村通有线电视。集镇有9条街道，面积扩大至5平方千米；建政府办公楼、医院门诊住院大楼、戏园街牌楼广场等标志性建筑，改扩建文化中心、垃圾处理场等社会公益性建筑；开发建设万隆、乾隆、东街、骡马、临川等住宅小区；建成杨庙、卢华、韩圩、新民等集中居住点，吸引2100多户农村居民进镇落户择业。

六、社会事业

【教育】 1978年，全社有小学14所，在校生4400人，教师182人；完中1所。1983年，渔沟中学成为县重点中学。2004年，所辖学校全部创建为省"三新一亮"学校（新课桌、新板凳、新讲台、电灯亮）。2005年，有小学5所，设11个教学点，在校生4026人；幼儿园20所，入园幼儿616人。渔沟中学有教学班40个，在校生2090人，教师128人。第一初级中学更名为区职业学校，在校生685人，教师49人。第二中学和韩圩小学合并更名为渔沟镇韩圩九年制学校，在校生2189人，教师82人。2008年，全镇有各类幼儿园20所，入园幼儿532人，教师26人；小学10所，在校生2960人，教师152人；有完中1所，在校生2116人，教师154人。

【卫生】 1978年，有卫生院1所，床位15张，医务人员28人；卫生室20所，医务人员56人。1987年，有卫生院1所、病床20张，医护人员33人，设中医、西医、内科、外科、妇科、放射科及手术室；村卫生室20所，医务人员43人。2000年，原韩圩卫生院并入渔沟中心卫生院，成为渔沟中心卫生院分院。是年，有中心卫生院1所、分院1所；村卫生室18所，医务人员56人。2001年，整合村级医疗资源，创建10个社区卫生服务站。2008年，有卫生院1所，在编职工74人，医务人员68人，病床52张，下设卫生服务站10所、村卫生室8所。卫生院有B超、X光机、心电图监护仪、胃镜、血分析仪、血常规机、麻醉车、电子吸引器、显微镜、血球计数仪、高频刀等设备，设有内科、外科、妇科、儿科、骨科、肿瘤科、泌尿科、中医科、针灸理疗科、口腔科、康复科、五宫科等科室，有500毫安电视遥控X光机、日本阿洛卡B超、

图3-1-52　为留守妇女全面体检

全自动生化分析仪、血球计数仪、甲钠分析仪、心电监护仪、三道心电图等医疗设备50多台。

【文化】 1978年，文化站的主要工作是出黑板报，开展棋类、球类活动，管理民间艺人等。文化站有一支16人的文艺宣传队，不定期到各大队巡回演出。电影放映队配置放映机1台、发电机1台、三镜头幻灯机1台、平车1辆，有专职放映人员3人，每月每大队放映电影1～2场。广播站有工作人员6人、扩大机2台，农户有广播喇叭近5000只，广播线路近40千米。1980年，建成1000座位的电影院。1985年筹建文化活动中心。是年，乡文化站被省政府授予"群众文化先进集体"称号。1987年文化中心落成，占地面积7500平方米，有房屋40间，建筑面积620平方米。1988年，文化站组建文艺创作组，创作剧本《打碗记》等。1994年，被省文化厅授予"群众文化先进乡镇"称号。1998年，淮海戏《打碗记》参加市县文艺调演，分别获创作一等奖和演出优秀奖。1999年8月，创作歌曲《淮海名镇渔沟美》，获市文艺创作一等奖。2008年，有老年文艺宣传队4支，业余文艺骨干90余人；建农家书屋18个，藏书15.8万册；有书画协会1个，会员66人；有远程电教中心18个。村村建有篮球场、乒乓球室、室外体育运动器材等。境内遗址遗迹有隋炀堤、六里墩、八角琉璃井、临川书院（渔沟中学前身）以及革命烈士张芳久牺牲地和五条路战斗纪念碑等。是年，《渔沟花鼓会》被列为淮安市非物质文化遗产项目。

第十四节　三树镇

一、基本情况

【境域】 三树镇位于淮阴区城区西15千米处，西临大运河与宿迁市泗阳县李口镇隔河相望，东临淮沭河与袁集乡相隔，北邻渔沟镇，南与凌桥乡接壤。镇政府驻三树街。

【建置区划】 1978年，社内辖17个生产大队、121个生产队。1983年，政社分开，三树公社更名为三树乡，并将李庵、四河、毛湖、三堡等4个村划归凌桥乡。2001年7月，并村联组，25个村撤并为15个村，226个村民小组并为116个村民小组。2002年，撤乡建镇，三树乡更名为三树镇。2008年，三树镇辖15个建制村、112个村民小组。

2008年三树镇村（居）及所辖自然村庄一览表

表3-1-14

村（居）名称	村（居）民小组数	合并前村（居）名称	主要自然村庄
张桥	10	张桥、杓股	杨庄、花园、王兴庄、油坊、王庄、张庄
跃进	12	仲庄、陆庵	黄庄、严庄、蒋庄、常庄、仲庄、陈庄、周陈庄、周庄、朱庄、曹庄、陆蒋庄、陆庄、何庄、杜庄、杨庄、蒋孟庄、夏庄、沈庄、王庄、汪南、邵庄、陆小碾庄
三树	12	三树、树南、黄华	南街、东街、西街、北街、农庄、陈庄、果林、何庄、黄庄、华庄、徐庄、王圩、潘庄
新星	10	大陈庄、树北	陈庄、唐庄、高周、吴头庄、王庄、关庄、何庄、胡堆、杂姓庄、夏庄、孙庄、林庄、蔡庄、李庄、周庄、宋庄、大陈庄、刘庄
树西	6	树西	蔡庄、毛庄、冯庄、王庄、朱庄、赵庄、郑庄、汪庄、于庄、杨庄、蒋庄、何庄、张庄
四门闸	5	四门闸	陈庄、蔡庄、丁庄、汤庵、后韩、前韩、狄庄、小丁庄、宋庄
汪洼	5	汪洼	王庄、万庄、彭庄、张庄、丁庄、汪庄、郁庄
联盟	9	丁大庄、汪梨园	陈庄、王庄、高庄、胡庄、丁大庄、谢庄、徐庄、吴庄、丁庄、李庄、杨庄、张庄、周庄、汪庄

续表 3-1-14

村（居）名称	村（居）民小组数	合并前村（居）名称	主要自然村庄
周集	8	周集、潘庄	庞庄、王庄、刘庄、赵庄、刘王庄、吴庄、孙庄、汪庄、万庄、项庄、丁庄、夏庄、狄庄、唐庄、薛庄、许庄、戚庄、潘庄、景庄、景王庄、刘庄、周庄、颜庄
梨园	5	梨园	贡何、朱曹、韩庄、后郁庄、郁梨园、郑庄、胡庄、张庄、范庄、陈小碾、前郁庄
三岔	4	三岔	唐徐、张庄、桥河、杨庄、梁庄、三岔、渔场、程庄、孙庄
三坝	4	三坝、小闸	戴庄、赵庄、陈季、卢老庄、卢庄、刘赵、蒋庄、范庄、魏庄、坝南、王庄、三坝、窑场、小闸、闸南、张刘、堆南、周殷、河南、河西
蒋集	9	蒋集、杨柳	包庄、王庄、汪庄、陈油坊、周庄、于庄、刘庄
渠北	8	油坊、刘庵	董庄、刘庄、王庄、杨庄、丁庄、倪庄
高尚	5	高尚	高尚村、蒋庄、郑庄、俞庄、倪庄、陆庄、费庄、夏庄、王庄、李庄、胡庄、周庄、后王庄

【土地·人口·收入】 1978年，境内面积37.36平方千米，可耕地面积2880.13公顷，人口2.46万人，农民人均纯收入50.1元。1991年，境内可耕地面积2261.93公顷，总人口2.09万人，农民人均纯收入528.25元。2008年，全镇面积79.1平方千米，可耕地面积4018.73公顷，人口4.03万人，财政收入441.77万元，农民人均纯收入5411元。

二、农业

1978年，全境粮食播种面积3578.53公顷，总产量8242.5吨；经济作物种植面积388.33公顷，总产量105.1吨。1981年，粮食面积3431.21公顷，总产量9907.15吨。全社有机电泵站22座，装机容量601千瓦。有灌溉干渠5条，总长约12千米；支渠18条，总长约20千米。有农业机械877台（套）。1985年，农作物种植面积3573.73公顷，总产量1.09万吨。1991年，农作物种植面积3379.2公顷，总产值1914.47万元。2000年，在淮三路沿线种植200公顷连片荷仁豆；蔬菜种植面积958.05公顷，其中大棚蔬菜123.33公顷；建成蒋集、周集两村地膜花生示范园30.52公顷；发展食用菌栽培，汪梨园村栽培食用菌6.67公顷；推广优质粳稻2333.33公顷；建成四季鹅50万只养殖基地，在淮三路沿线形成100万只肉鸡养殖带，正淮公司建成肉鸡及杂交鸡50万只规模饲养场。2002年，与淮阴正大公司联合推行“公司+农户”经营模式，建成标准化鸡舍200栋，年出栏肉鸡200万只。出栏生猪1万头，获利200万元。2005年，种植优质小麦1215公顷、优质粳稻2200公顷、“双低”油菜340公顷；发展无公害肉鸡养殖大户50户，年出栏肉鸡400万只；实施意杨产业化，营造成片林，建成农田林网533公顷，栽植杨树24.8万株。利用秸秆栽培蘑菇，种植面积扩大至150公顷，成为淮安市蘑菇生产基地。

图3-1-53　三树镇肉鸡合作社

2008年，种植业形成以稻、麦为主，以反季节蔬菜、生猪、肉鸡、四季鹅、蛋鸡、食用菌等经济作物为辅的高效农业结构。养殖业形成500万只肉鸡、60万只蛋鸡基地和30万只白鹅、20万只卢鸭、1万只山羊、5万头生猪基地格局。全镇有以产业为纽带的农民专业经济合作社37个、专业协会2个。是年，全镇粮食播种面积5473.8公顷，总产量36620吨；蔬菜种植面积141.33公顷，总产量3475吨；油料作物种植面积65.13公顷，总产量215吨。年末存栏大牲畜0.22万头、生猪2.26万头、羊0.15万只、兔0.35万只；“三禽”59.73万只；水产品面积145公顷，总产量441吨。有大型拖拉机40台、手扶拖拉机1120台、农用排灌动力机械64台，农机总动力24215千瓦，农业基本实现机械化。

三、工业

1978年，有社办企业5家、队办企业8家，从业人员340人，总产值56万元。1987年，有乡办企业7家、村办企业8家、户办及联户办企业27家，年产值304万元。1990年，有工业企业15家，总产值632万元。1995年，有工业企业20家，其中乡办企业7家、村办企业13家，从业人员近400人，总产值2495万元，其中乡办工业产值1180万元。1998年，新增企业8家，企业总数35家，总产值5070万元，销售收入4760万元。2000年后，乡政府出台系列优惠政策，吸引一批私营企业入住，销售1.47亿元，利税817万元，入库税金155万元。完成固定资产200万元以上重点项目5个。2004年，全镇有企业66家，销售3.2亿元，利税1800万元，其中销售收入500万元以上规模企业2家。2005年，有企业76家（其中骨干企业13家），总产值3.55亿元，销售收入3.37亿元，入库税金89万元。

2008年，全镇有工业企业82家，从业人员1206人。规模以上工业企业总产值27962万元，开票收入4547万元。投资6000万元，建成江苏南翔阀门制造有限公司，年产阀门5万套，税收200万元。在江宁区和省扶贫工作队的扶持下，建成三树工业集中区，占地总面积80公顷，分期实施，有5家企业入园。

四、服务业

1978年，有供销社、综合商店和各大队代销点等商业服务单位，从业人员127人。1986年，全乡有商业网点77家、个体运输户8家。1990年，个体私营商业发展速度加快，部分集镇居民和农村居民利用沿街商住房或自住房经商，全乡有全民商业企业1家、县属集体商业企业1家、私营商业企业3家、个体商店365家、个体理发和缝纫等服务性店（摊）38家。2000年，全乡发展个体工商户100家，入库税金254.8万元。2004年，投资81万元建农贸市场，海尔、TCL、济南轻骑等品牌专卖店相继落户，万家福超市连锁店开张。镇政府出台农民进镇建房及经商办企业优惠政策，吸引200户居民进镇经商兴业，发展个体工商户171家，增加从业人员431人，服务业增加值5610万元，个体工商户入库税收180万元。2005年，新增个体工商户109家、从业人员504人，私营个体经济入库税金105万元。

图3-1-54　农贸市场

2008年，先后引进苏州、浙江、上海、南京等地客商，投资兴建专业市场6个和商联超市、上海世纪华联连锁店、新街休闲浴业、三树大酒店、隆缘大酒店和潇洒美食城等服务型企业，综合开发淮三路房地产。全镇有个体工商户537家，注册资本2742万元，其中规模较大的浴室2家、旅馆及酒店8家、照相馆2家、各种超市21家、电器门市14家、建材门市6家、农用物资门市36家，从业人员2545人，社会消费品零售总额3106万元，服务业增加值413万元。

五、村镇建设

1978年，三树街南北长1千余米，东西长0.7千余米，街道宽4米，有360多户居民，集镇面积0.8

平方千米。1985年，街道农户、机关用上自来水。1987年，建成人民路、光明路两条街，计2.4千米。1997年，全乡通电户371家，砂石路1条计1.5千米；有14个村通程控电话，2个村通自来水。1998年，投资30万元，铺设砂石路2千米；投资425万元，建成商业街1条、铺设下水道1千米。街道电力改造投入52万元，新增程控电话216户。1999年，建成前进街，投入658万元改造街道；铺设砂石路9条，总长15.5千米；投入62万元，村村道路循环。2004年，铺设水泥路11.7千米，村村通水泥路。2005年，集镇面积扩展至1.2平方千米，常住8000余人，街道形成“四纵四横”格局。投资300万元，铺设下水道3千米。投资15万元用于街道绿化、净化。投资5.2万元铺设自来水管线，投资10万元兴建水冲式厕所2座。2007年，建成农民集中居住点2个，入住90户。2008年，扩建农贸市场商住楼2000平方米，铺设街道外环水泥路2.19千米；全镇建成水泥路17条，总长52.38千米；启动建设蒋集、张桥、周集、跃进、高尚等5个农民集中居住点；建成2833平方米绿化带，添置垃圾箱50个，建成垃圾堆放点12处，安装街道路灯70盏，建成水冲式公厕1座，成立由12人组成的环卫队伍。是年，沿街有临街商住楼、商铺酒馆、家电家具门市580多户。

图3-1-55　三树镇乡村公路

六、社会事业

【教育】 1978年，境内有中学1所、联中1所、农中1所、小学附设初中班5所、完小6所、中心小学1所。1983年，幼儿教育快速发展，12所村小学全部开办幼儿班。1987年，全乡有中学1所、联中2所、小学12所。1989年，成立三树中心幼儿园。1991年，初中有教学班22个，在校生1300人。1996年，全乡有初级中学1所、小学12所、中心幼儿园1所，在校学生3287人，中小学教师150人。2000年，改造学校危房700平方米，建设教学楼2幢，其中三树中心小学永珍楼由香港张永珍女士捐资10万元兴建。2002年，三树中心小学足球队在淮安市“金谷空调杯”第四届青少年足球比赛中获二等奖。2003年，投入420余万元，实施“三新一亮”工程。2005年，三树中心幼儿园创建成市一类园。2006年，三树中学建设多媒体教室、电脑室、实验室、音乐室、图书室、阅览室、教工活动室等。2007年3月，江苏省海峡联谊基金会捐资20万元，新建三树中心小学教学楼1幢。2008年，小学在校生21036人，教师128人；中学在校生666人，教师63人。有电脑73台、多媒体教学设备3台、电化教学设备43套、实验仪器2640件。是年，三树中心小学获市第六届运动会中小学生足球比赛团体第三名。

【卫生】 1978年，卫生院占地3200平方米，业务用房516平方米，床位6张，医务人员13人，设内科、外科、儿科、中医药房等科室。有卫生室12所，乡村医生12人。1996年，卫生院添置B超仪、X光机、摄片机等医疗设备各1台，床位5张，医务人员28人。1997年，卫生院增设口腔科门诊，全院有医务人员30人。2000年，卫生院有职工50人。2003年，卫生院购半自动生化仪1台，建70平方米输液室。2004年，有卫生院1所、村卫生室15所，卫生技术人员93人。2007年，建标准化乡镇卫生院1所，新建农村社区卫生服务中心3所。2008年，卫生院有业务用房1660平方米，其他用房826平方米，有床位16张、救护车1辆、空调6

图3-1-56　三树卫生院

台、电脑12台，医务人员37人。购置300毫安X光机、心电图、B超、半自动生化分析仪、血球仪等设备。设内科、儿科、妇产科、外科、防保科、口腔科、放射科、化验室、心超科、治疗室、中医药房、药库等科室，能开展内科、外科、儿科、中医、口腔科等常见病、多发病的诊治和境内群众的疾病预防。是年，建设社区卫生服务站8所、村卫生室7所。

【文化】 1978年，有文艺宣传队1支、电影放映队1支，每户均安装有线广播。1992年起，每年举办春节文艺汇演、业余歌手大奖赛、农民艺术节等群众性文化活动。2004年，集镇开通有线电视。2006年，开通光缆有线电视，先后铺设有线电视光缆6千米。2007年，新建文化活动中心，占地960平方米，建筑面积460平方米，内设书刊阅览室、老年少儿活动室、综合展示室、体育健身房、文化信息共享室、教育培训室等。2008年，境内有线电视用户1824户。3个村建有农家书屋，每村藏书约400册。境内有竹络坝旧址、三棵树、陆庵、汤庵等历史文化遗址。

第二章　乡

第一节　韩桥乡

一、基本情况

【境域】 韩桥乡位于淮阴区城区西南35千米处，西与宿迁市泗阳县裴圩镇隔河相望，东与赵集镇、南陈集镇相连，北与南陈集镇、吴城镇接壤，南临洪泽湖。乡政府驻韩桥街。

【建置区划】 1983年9月，经江苏省人民政府批准，成立韩桥乡，辖13个村、94个村民小组、27821人。1989年，调整为15个村、102个村民小组。2001年，并村联组，调整为8个村、81个村民小组。2003年，调整为8个村、64个村民小组。2008年，辖8个建制村、81个村民小组。

2008年韩桥乡村（居）及所辖自然村庄一览表

表3-2-1

村（居）名称	村（居）民小组数	合并前村（居）名称	主要自然村庄
韩桥	18	韩桥、郑场、王集	小王庄、郑场庄、韩庄、小郭庄、尤庄、穆庄、前吴庄、后吴庄
河头	8	西河头、东河头	西河头庄、东河头庄、后河头庄
湖滨	5	湖滨	岳庄、小杨庄、小蒋圩庄、滑庄、大行庄、新建庄
兴旺	7	兴旺	葛庄、宋庄、朱庄、于庄、桂庄、焦庄
沙河	9	沙河、赵河	孙圩庄、张庄、姚庄、王庄、华庄、胡庄
天河	8	天河	金庄、方庄、鲍庄、同兴庄、二号庄、于庄、赵庄
庆华	14	庆华、五号	刘庄、张庄、董庄、小南庄
沿湖	12	张庄、临湖	周庄、曹庄、兴农庄、前场庄、王庄、前五号庄、张长庄、下五号庄

【土地·人口·收入】 1983年，境内面积120.7平方千米，其中湖面面积63平方千米，可耕地面积1933.33公顷，人口2.78万人，农民人均纯收入392.59元。1991年，可耕地面积2195.8公顷，人口

2.97万人，农民人均纯收入486.91元。2008年，全乡面积45.67平方千米，可耕地面积1828.13公顷，人口3.34万人，财政收入642.74万元，农民人均纯收入5433元。

二、农业

1983年，全乡粮食播种面积3913.2公顷，产量14684吨；经济作物种植面积373.33公顷。是年，成立乡水产养殖公司，淡水鱼养殖面积46.67公顷。桑园种植面积161.07公顷，产茧119.6吨。有机电排灌站21座、防渗渠13.93千米、农桥16座、田间生产桥100余座。1987年，烟草种植面积533.33公顷，建炕房380间，每年产干烟草250吨。1984～1988年，推广小麦和水稻新品种26个，小麦主要种植“淮麦20”和“华麦1号”，水稻主要种植“汕优63”。1990年，烟草种植渐减。1992年，花生、油菜取代烟草种植，种植面积333.33公顷以上。1993年，开发洪泽湖水域滩涂，组建特种水产养殖场，主要养殖河蟹。1995年，开发水面233.33公顷。1996年，开始推广水稻旱育稀植技术。1999年，山芋栽种面积666.67公顷，油菜、花生连片种植266.67公顷。引进45户外地客户承包水产品养殖，总面积466.67公顷。2000年，水产养殖面积733.33公顷。2001年，引进水芹菜种植，面积66.67公顷；引进“落莲4号”浅水藕，面积53.33公顷。2002年，韩桥牌螃蟹获省商标局注册，水产养殖面积1400公顷。

图3-2-1　韩桥出产的洪泽湖螃蟹

图3-2-2　韩桥出产的洪泽湖龙虾

2008年，粮食作物播种面积3625.93公顷，总产量26699吨；蔬菜种植面积187.13公顷，总产量5365吨；油料种植面积304.2公顷，总产量771吨。年末存栏大牲畜0.08万头、猪1.92万头、羊0.62万只、兔0.28万只、“三禽”9.29万只、肉鸽36.23万羽。韩桥水产养殖公司有池塘养殖面积100公顷，湖面养殖水面2566.67公顷，养殖虾、蟹、贝、鱼等。水产品养殖年产量12000吨，捕捞产量2600吨，有水产经纪人50余名。是年，投入530万元，改造危桥38座；投入450万元，改造中沟级路涵55座、电站7座；投入240万元，建防渗渠14460米；投入120万元，疏浚河道2条。全乡有联合收割机29台、播种机27台、开沟机20台、大型拖拉机24台、手扶拖拉机368台，农机总动力13298千瓦。

三、工业

1983年韩桥建乡时，乡村工业企业是空白。1984年起，先后兴办多家企业。1987年，有乡办企业10家、村办企业13家，总产值148万元。1996年，有工业企业25家，从业人员800人，其中专业技术人员45人，总产值1495.8万元。1997年，招引南京客商投资100万元新建木材加工厂。1998年，引进宁韩实业公司，外引资金228.9万元。1999年，有工业企业32家，其中合资企业3家，私营企业29家，从业人员596人。有4家外引企业，外引资金508万元。2005年，新增运举粉丝厂、兴旺木制品厂等工业项目，引资1432万元。2008年，有工业企业65家，从业人员895人，总产值29651万元，销售收入

图3-2-3　沙河村的广达鞋业有限公司

26472万元。是年起，全乡初步形成以生产山芋粉丝、成衣加工为特色的工业产业格局。

四、服务业

1983年，街道有供销社、食品站等服务型企业，从业人员69人。1990年，有个体经营户86家，从业人员159人。1992年，粮食市场开放，有粮食经营户8家。1996年，有国家、集体、个人商业网点120家，固定摊位132个，服务业增加值1436万元，从业人员320人。1998年，新增个体工商户140家，建成商业街1条，建成农贸市场、小商品市场各1个。1999年，进街经营户66家，有大小商业网点156家，新增个体工商户125家。2002年，引进家家福超市。2003年，建成水产品交易市场。2005年，新增个体工商户112家，从业人员213人，产值0.54亿元。2008年，全乡粮食经营户36家，化肥经销户19家，柴油经销户4家，木材加工户9家。有经营服装、床上用品等针纺织品的商户43家，经营五金电器配件等的商户24家，经营豆制品等的商户52家。规模较大的超市有好又多、家德利、上海世纪华联、王波、富民等，规模较大的餐馆3家。服务业增加值6754万元，从业人员2094人，社会消费品零售总额6.9亿元。

五、村镇建设

1983年，韩桥街道长150米、宽8米，沿街路为砂石路，两侧有居民150户，多为草房，集镇面积0.4平方千米。乡村道路为泥土路。1985年，启动集镇开发建设。至1990年，集镇共有3条街、5条路计4千米。1996年，全乡村村通电，8个村安装程控电话。1997年，建成主街道黑色路面1.8千米、乡村砂石路5.2千米，修建街道排水系统4千米及公共厕所1座。1999年，村村通砂石路，户户通电，组组通电话。建成商住楼，建筑面积5280平方米。2001年，乡村道路黑色化，铺设韩吴沥青路；新建联通、电信信号接收塔。2003年，按三、四级水泥路标准铺设农村道路。2004年，投入50万元新建乡政府办公大楼。2005年，完成小城镇规划修编工作。组建城管中队。2008年，扩宽王集路1000米，扩建改造道路600米，植绿化苗木1500余株；启动4个村的集中居住点建设；集镇面积1.64平方千米，街道长3000米，两侧有临街商住楼、商铺酒馆120家，常住500户1.7万余人。是年，全乡有水泥路19条，长49.79千米，其中三级水泥路8.88千米，四级水泥路40.91千米，水泥路网实现村组全覆盖。

图3-2-4　洪湖路示范街

六、社会事业

【教育】1983年，全乡有联中2所、中心小学1所、村小11所、中心幼儿园1所，在校学生3368人，教师138人。1985年，成立韩桥中学，占地1公顷，有学生300人，教师15人。1987年，全乡有初级中学1所、联中1所、小学11所，学生4550人；有幼儿班15所。1996年，全乡有初级中学2所、小学12所，学生2616人，教师256人。2006年，中心幼儿园移址至中心小学院内，建幼儿教学楼1幢，建筑面积776平方米，入园儿童336人，教师10人，成为市级一类幼儿园。2007年，村小设幼儿班，每班45人，每班配1名教师。

图3-2-5　韩桥中学

2008年，韩桥中学有学生1132人，教师65人。有完小3所、教学点3个，学生2144人，教师83人。中小学有电脑109台、多媒体教学设备3台、电化教学设备1套、实验仪器48件。

【卫生】 1983年，成立韩桥卫生院，有医务人员7人；村卫生室13所，乡村医生36人。1987年，有卫生院1所、村卫生室13所，医务人员55人。1999年，村级医疗网点增加到18个。2002年，卫生院设内科、外科、儿科、妇产科、中医科、五官科、治疗室、药房、化验室、放射科、B超室、手术室等科室。2005年，配备300毫安X光机、全自动血球分析仪、尿液分析仪、半自动生化分析仪、洗胃机、阿洛卡B超机、心电图机、十二孔无影灯等各1台，手术床1张，手术器械全部更新。2007年，卫生服务中心建成1幢800平方米的病房综合楼。建成沙河、河头、沿湖3所卫生服务站。2008年，有卫生服务站8所，医务人员37人。乡卫生服务中心有门诊楼、病房楼、防保楼等医疗用房，建筑面积2520平方米，医务人员52人。

图3-2-6 韩桥卫生院

【文化】 1983年，乡设立文化站、广播站，每户均安装有线广播。1987年，有文艺宣传队1支、电影放映队1支、广播放大站1个。1997年，建成乡文化中心，建筑面积400平方米。是年起，每年举办春节文艺汇演、业余歌手大奖赛等群众性文化活动。2000年，成立乡有线电视服务站，开通有线电视。2006年，有线电视村村通，入户 1088家。是年，乡文化活动中心面积520 平方米，设书刊阅览室、老年少儿活动室、综合展示室、体育健身房、文化信息共享室、教育培训室等。2007年，建成篮球场9个。2008年，全乡有线电视用户1200家，有线电视入户率42%。8个村建有农家书屋，每村藏书约1800册。境内有天河、马灯舞等传说。

第二节 新渡乡

一、基本情况

【境域】 新渡乡位于淮阴区城区东5千米处，东隔盐河与涟水县保滩镇相连，南隔废黄河与淮安市经济开发区相望，西与淮阴经济开发区、棉花庄镇交界，北与王兴镇毗邻，废黄河、盐河由西向东流经境内，京沪高速公路、宁连一级公路穿境而过，新长铁路经西侧而行。乡政府驻佟洼街。

【建置区划】 1978年，境内有14个生产大队、127个生产队。1983年，政社分开，新渡公社更名为新渡乡。1987年，辖淮涟、双坝、新渡、沙荡、洪南、观音堂、三杨、朱集、谢庄、刘渡、杨码、王大庄、临河、佟洼、夏圩15个村，135个村民小组，5432户27390人。1992年，刘渡与王庄两村全部、临河与谢庄两村部分先后划归淮阴县经济技术开发区。2001年，并村联组，辖新渡、沙荡、淮涟、双坝、新桥、三杨、朱集、夏圩、佟洼9个村和1个蚕种场，共66个村民小组。2008年，全乡辖9个建制村、1个蚕种场、64个村民小组。

2008年新渡乡村（居）及所辖自然村庄一览表

表3-2-2

村（居）名称	村（居）民小组数	合并前村（居）名称	主要自然村庄
双坝	3	双坝	杨湾、草湾、吕马口、戴庄、横堤
淮涟	6	淮涟	夏坝、堆上、周庄、大盐码、杨庄、殷渡、租田庄、东夏庄、老庄

续表3-2-2

村（居）名称	村（居）民小组数	合并前村（居）名称	主要自然村庄
新渡	5	新渡	沿堆路、堆东庄、堆西庄、新庄、谢庄、李庄、中心路庄、唐庄、堆南庄、华庄、堆北庄、老街、老街东庄
夏圩	11	洪南、杨码、夏圩	宋庄、王庄、沈庄、张庄、时庄、姚庄、戴庄、后朱元庄、杨元庄、前朱庄、杨庄、周庄、小王庄、夏圩庄、桃园庄、孙庄、娄庄、夏庄
沙荡	5	沙荡	徐庄、仇庄、沙庄、张庄、袁范庄、旗杆庄、尹庄、刘庄、李庄
新桥	6	新桥	前王庄、周庆、小王庄、姜庄、俞庄、曹庄、后郭庄、前郭庄、刘庄、小后圩
三杨	6	三杨	前朱庄、夏庄、薛庄、尚庄、前杨庄、后杨庄、东朱庄、西朱庄、前卢庄、后卢庄、张庄
朱集	12	谢庄、洪北、朱集	郭庄、韩庄、朱庄、船李庄、集西庄、合兴庄、集北庄、集南庄、谢庄、姚庄、辛庄、王庄、卜庄、杨庄
佟洼	10	佟洼、临河	佟庄、张庄、蔡庄、于庄、吴庄、傅庄、小张庄、石庄、北魏庄、南魏庄、小李庄、夏庄、姜庄、梁庄

【土地·人口·收入】 1978年，境内面积44平方千米，可耕地面积2817公顷，总人口2.49万人，农民人均纯收入40.9元。1991年，可耕地面积2777.07公顷，总人口2.8万人，农民人均纯收入518.65元。2008年，全乡面积46.94平方千米，可耕地面积1905.8公顷，总人口2.84万人，财政收入1068.79万元，农民人均纯收入6048元。

二、农业

图3-2-7　新渡大棚草莓

1978年，粮食播种面积3300.6公顷，总产量7801吨。经济作物主要有蚕桑、棉花、花生、油菜、麻类等，其中桑园种植面积104.67公顷，产茧28.67吨；棉花种植面积1.2公顷，总产量0.65吨；油料作物种植面积248.13公顷，总产量102.55吨；麻类作物种植面积37.53公顷，总产量40.35吨；甜菜种植面积199.6公顷，总产量1532.15吨。1987年，粮食总产量15830吨。有桑园75.73公顷，年产茧56.9吨；养猪2.55万头、家禽17万只；蔬菜166.67公顷，养鱼30.8公顷。1996年，蔬菜种植面积540公顷，总产值2210万元；蚕桑种植面积76公顷，发放蚕种2500张，总产值111万元；饲养生猪3.26万头、家禽28.9万只。灌溉电站装机容量1102千瓦。有农业机械510台。1997年，建成草莓千亩、西瓜千亩、千亩葡萄园等农业科技示范片。1998年，建成专业村10个、专业户1395家。1999年，蔬菜面积发展至1266.67公顷，建成占地267公顷的新世纪草莓园和占地2公顷的新世纪花卉园。2000年，建成26.67公顷的临河大棚蔬菜示范片。2002年，发展订单农业，种植牧草233.33公顷、草莓140公顷、草菇7.2万平方米。2004年，建成沼气池230户，建成生态农业6.67公顷；植树造林26万株，营造成片林89.33公顷。2007年，高效农业发展迅速，草莓、草菇、牧草、蔬菜面积扩大，实现保护地栽培146.67公顷，增设大棚蔬菜61.33公顷。植成片林23.33公顷，新增农田林网60公顷，植树19.5万株。

2008年，完成高效农业种植面积1133.33公顷，占农作物面积的31%，粮食总产量20863吨；油料种植面积67.06公顷，总产量170吨；蔬菜种植面积306.67公顷，总产量5435吨；瓜类种植面积32.22公顷，总产量501吨。年末存栏大牲畜0.11万头、猪1.08万头、羊0.13万只、兔0.09万只、肉鸽21.25万羽、“三禽”3.32万只；水产品养殖面积77公顷，总产量264吨；桑园种植面积94公顷；栽成片林38公顷，完善成片林10公顷，新增农田林网666.67公顷，完成淮涟公路绿色通道2.48千米。有大中型拖拉机30台、小型拖拉机620台、农业动力排灌机械50台，农机总动力13693千瓦，农业基本实现机械化。

三、工业

1978年，有建筑站、综合厂、轮窑厂、水泥预制品厂、面粉厂等企业，从业人员350人，总产值85万元。1987年，有乡办企业4家、村办企业4家、户办及联户办企业6家，总产值192万元。1993年后，轮窑厂、面粉厂相继承包给个人经营。1996年，有工业企业26家，从业人员370人，总产值2431万元，其中乡办工业产值1610万元。2002年，引资1300万元，建成岳皇加油站。2007年，建成乡工业集中区，进区项目有环能市政、淮海米业、行吊生产线、星辰制刷、云达鞋料、赞安电子、圣茂工程等。

2008年，有工业企业37家，从业人员2057人，总产值4.67亿元，其中规模以上工业企业开票销售收入4837万元，入库税金285万元。华东减速机、日月猪鬃、顺达运输等成为乡内骨干企业，初步形成以机械、建材、电子、印刷、包装等为特色的工业产业格局。

四、服务业

1978年，有商业服务业企业8家，从业人员79人。1987年，有集体和个体商业网点120家，运输从业人员225人，乡村两级建筑队伍600余人。1997年，建成提供车辆加油、修理、餐饮一条龙服务的新大集团，与华西村联营新建华西霓虹广告公司淮阴分公司。1998年，开发集镇门面房，有35家大户进街经商。1999年，发挥郊区优势，发展个体私营经济和劳务输出，新增个体工商户93家。2000年，新增个体工商户71家。

2008年，有个体工商户930家、个体私营企业32家，注册资本1.8亿元。其中，规模较大的有照相馆1家、商品超市12家、电器超市3家、建材超市2家、农用物资门市2家，社会消费品零售总额82亿元，服务业增加值7500万元，从业人员1186人。

五、村镇建设

图3-2-8　新渡境内杨湾立交桥全景

1978年，街道长约500米，全为土路，有居民50户，多为草房，集镇面积0.5平方千米。乡村道路亦为土路。1986年，集镇有2条街、3条路计2.2千米，道路开始砂石化。1996年起，加大村镇开发建设力度，完善基础设施建设，建成朱集自来水厂，9个村开通程控电话。1998年，有4个村通砂石路，建成1座自来水厂。进行街道大开发，全部建成商住两用的两层楼房，新进街35户。开辟1条长100余米、宽22米的南北街道，初步形成“丁”字形框架。建成信用社大楼、财税综合楼、中学教学楼等，供电线路整改，程控电话扩容。1999年，街道继续向西延伸，建成佟洼一条街，新增进街户51户。建成计划生育服务楼、土地及国地税办公楼。村村道路砂石化。2000年，建成无线通讯塔、夏码翻水站、新渡村自来水厂。2002年，建成6千米长砂石路，开通公交车。2003年，建成2.6千米长的夏码水泥路。2005年，村村通自来水。2007年，投入20万元，改造集镇道路，镶嵌路牙，建成绿化带；投入90余万元，下水道明改暗1000余米；投入30万元，建成1000平方米停车场；投入4万元，建成2个垃圾房、14个垃圾池、700多米创卫墙。

2008年，乡内建成商业街、水产食品街和工业街等3条街道，总长2.2千米。2003～2008年，累计有四级水泥路5条，总长17.6千米；砂石路15条，总长21千米，公路形成网络化。街道有居民105户，集镇面积扩大至0.8平方千米。改造文化中心，建成垃圾处理场等；开发建设澳翔大厦及佟洼、双坝、淮涟等3个安置小区，500多户农村居民进镇落户。

图3-2-9 集镇夜景

六、社会事业

【教育】 1978年，有中学1所、联中2所，在校生约1500人，教师40人；有中心小学1所，大队小学16所。1987年，有中学3所、小学17所，在校生3700多人。1994，撤销2所联中。1996年，有中学1所、小学12所，在校生4060人，教师191人。1997年，中小学修建校舍1500平方米，添置课桌凳500套。1999年，建成中心小学教学楼。2000年，建成三层中学教学楼1幢。2004年，中学建成学生宿舍楼、学生餐厅、水冲式厕所及700米水泥路。投资50万元，中心小学建成学生宿舍楼、餐厅。是年，通过市级高标准“普九”乡镇验收。2005年，中学通过江苏省教育厅“省级示范初中”验收。2007年，中小学全面完成“六有”（有校园、有食堂、有饮用水、有水冲式厕所、有宿舍、寄宿生有床）工程。2008年，有完小1所、教学点4个，在校生1326人，教师102人；中学1所，在校生1100人，教师68人。中小学有电脑120台、多媒体教学设备5台、电化教学设备32套等。

图3-2-10 新渡中心小学

【卫生】 1978年，社内有卫生院1所，床位2张，医务人员11人；大队卫生室13所，乡村医生19人。1987年，有卫生院1所、村卫生室15所。1996年，卫生院增添B超、X光机、化验仪器等医疗设备。1997年，卫生院有床位8张，医生25人，设门诊部2个，新增光电比色器、心电图机等医疗设备。1999年，卫生院建成门诊楼。2004年，卫生院投资20余万元，建成市级规范化防保所500平方米、花园80平方米，购置多功能手术床、12头无影灯等医疗设备。

2008年，卫生院有床位9张，医务人员30人；社区卫生服务站9所，村医37人。卫生院有业务用房820平方米，其他用房110平方米，设内科、外（骨）科、肛肠科、妇科、产科、儿科、中医科、慢性病科等临床科室，有500毫安X光机、半自动电脑生化分析仪、多功能电脑微波治疗仪、24小时动态心电图机、脑血流图机、心电监护仪等诊疗设备。

【文化】 1978年，有文化站、广播放大站、电影放映队等文化服务单位。文化站成立文艺宣传队，每逢重大节日组织文艺演出；每月每大队放映电影1次；广播站转播天气预报、革命歌曲、中央新闻等内容。1987

图3-2-11 老年文艺宣传队

年，有文化站1所、电影放映队1支、广播放大站1个。1999年，建成乡文化中心。2002年，有线电视铺设光缆20千米，覆盖5个村。2006年，启动乡文化站改造工程，新增有线电视用户400余户。2007年，投入30万元，建成街头体育健身广场。2008年，每村建篮球场、乒乓球台等体育运动设施。全乡有线电视用户4200家，入户率82%；村村建有农家书屋，每村藏书500～2000册。境内人物遗迹有八面佛石刻、玉露庵、观音庵、张益斋墓等，另有新渡口旧址，产生过朱泊、戴舟、熊月之，海外学者张绍进、张纯如等文化名人。

第三节　老张集乡

一、基本情况

【境域】 老张集乡位于淮阴区城区北20千米处，北与涟水县成集镇接壤，东与涟水县蒋庵乡、陈师镇相连，南邻棉花庄镇、王兴镇，西邻刘老庄乡。孙大泓、四干渠、小张河贯穿南北，京沪高速公路与236省道贯穿全境，南部有京沪高速公路淮安北出口，淮安涟水机场距乡境东北3千米，另有淮高路穿越南北，交通便利。乡政府驻张集街。

【建置区划】 1978年，张集公社辖20个生产大队、1个农科站、142个生产队。1980年地名普查时，因重名，更名为老张集公社。1983年，政社分开，老张集公社更名为老张集乡。1987年，全乡辖老集、靳庄、金星、斗篷、代河、桑庄、街东、前湾、后湾、八盘碾、大雄庵、川星、孙圩、桥头、洪涯、窑庄、健康、胜利等18个村，157个村民小组。2001年9月，并村联组，全乡辖9个村、91个村民小组。至2008年，辖区建制未变。

2008年老张集乡村（居）及所辖自然村庄一览表

表3-2-3

村（居）名称	村（居）民小组数	合并前村（居）名称	主要自然村庄
张集	13	老集、川星	老张集、李庄、沈庄、万庄、王庄、堆东庄、小楼庄、川星庄、南川星庄、刘庄、张庄、孙老庄、八塘、孙庄
金星	9	金星、靳庄	园南、大南庄、丁庄、杜庄、朱前庄、姜庄、漆庄、靳老庄、周陈庄、任庄、朱兴庄、冯小圩、南窑、朱庄、孙庄、徐庄、东升庄
代河	7	斗篷、代河	斗篷庄、孙庄、馒庄、石桥、桃园庄、前陆、后陆、陆槽坊、刘庄、马庄、漆庄、南孙庄、小王庄、陈吴庄、小刘庄、北孙庄、周庄、岳庄、王庄
玉尧	15	桑庄、街东、胜利	孙庄、刘庄、桑庄、王庄、郑庄、崔洼、李庄、大王庄、陆庄、韩庄、小郑庄、梁庄、南园、马路口、胡庄、周庄、陈庄、张庄、鬼联庄、小孙庄
郑湾	12	前湾、后湾	李庄、徐庄、窑庄、立新、前郑湾、新庄、刘庄、皇庄、余庄、牌坊、大后庄、后郑湾、汪庄、后湾、小园、卜庄
健康	7	八盘碾、健康	八盘碾、李庄、俞庄、孙庄、屠庄、叶庄、徐庄、刘本庄、沈小圩、孙竹园、胡庄、张庄、赵庄、邹庄、傅庄、张大庄
新桥	6	大雄庵	北张庄、周小庄、贺庄、南园、俞庄、季庄、西滩、南庄、梨园、倪庄、新桥镇、丁头庄、大雄庵
孙圩	11	孙圩、桥头	孙圩子、圩西、孙刘庄、圩北、居庄、高庄、桥西、桥头庄、于庄、张庄、姜塘、万庄、石庄、道口庄
洪涯	10	洪涯、窑庄	前农庄、前高庄、杨庄、后高庄、石庄、崔庄、洪庄、何尾庄、丁庄、李庄、孙庄、顾庄、曹庄、五大姓、孔庄、窑庄、陈庄、万庄

【土地·人口·收入】 1978年，境内南北长9千米，东西宽5千米，可耕地面积3320.73公顷，总人口2.78万人，农民人均纯收入46.62元。1991年，全乡可耕地面积2881.87公顷，人口2.67万人，农民人均纯收入558.04元。2008年，全乡总面积51.36平方千米，可耕地面积2603.87公顷，总人口2.84万人，财政收入1593.02万元，农民人均纯收入5880元。

二、农业

1978年，粮食播种面积3742.73公顷，总产量7697.15吨；棉花种植面积43.8公顷，总产量11.85吨；花生种植面积433.67公顷，总产量608.7吨；麻类种植面积75公顷，总产量81.25吨；甜菜种植面积150.67公顷，总产量1085.65吨；桑园种植面积54.26公顷，产茧19.73吨。1980年，栽桑238.87公顷。1997年，建成千只以上种鸽场7个，饲养肉鸽100万羽，圈存21.84万羽。建成百头猪场2个。扩大花生种植面积，推广地膜花生866.67公顷。1999年，压粮扩经，压缩小麦200公顷，扩大油菜面积800公顷，推广食用菌33.33公顷。2000年，压缩小麦面积933.33公顷，经济作物面积1233.33公顷，粮经比例4:6。2001年，发展订单农业，种植地梅53.33公顷、架梅66.67公顷、芦笋133.33公顷、菠菜66.67公顷、荷仁豆80公顷，形成郑湾、健康、洪涯等淮高路沿线订单农业种植示范区。2003年，发展钢架大棚与竹木大棚蔬菜，面积600公顷。2007年，优化农业产业结构，新增高效蔬菜200公顷。

2008年，高效种植业面积2200公顷，高效渔业面积53.33公顷。粮食播种面积4391.4公顷，总产量27459吨。通过旱育移植技术，水稻每公顷产量增加到9000千克；油料种植面积239.6公顷，总产量565吨；蔬菜种植面积1166.87公顷，总产量42737吨；瓜类种植面积192.07公顷，总产量5986吨。水产养殖面积80公顷，总产量300吨。桑园种植面积18.67公顷。年末存栏大牲畜0.09万头、猪1.84万头、羊0.13万只、兔0.06万只、肉鸽21.76万羽、禽类9.96万只。有大中型拖拉机39台、小型拖拉机574台、农业动力排灌机械135台，农机总动力18976千瓦。

三、工业

1978年，全社工业企业有食品厂、综合厂、农具厂等，从业人员462人，总产值65万元。1987年，有乡办企业5家、村办企业9家、户办及联户办企业3家，从业人员400余人，总产值295万元。1996年，有企业25家，从业人员211人，总产值4436万元。1997年，有6家企业改制成私营企业。外引康捷医用纱布漂炼有限公司、葡萄糖厂等企业。投资200万元，建成盐酥花生加工厂。2001年，引进省高速公路养护中心、天益公司等项目，产值13899万元，销售收入12765万元，其中规模以上企业产值7073

图3-2-12　华兴工艺品车间

图3-2-13　全区乡镇工业集中区项目集中开工仪式在老张集乡举行

万元，利税1061万元，利润672万元，入库税金70万元。2002年，引进宏源塑料厂、红旗米厂等企业。2003年，引进省高速公路养护中心沥青生产线等项目，总投资5410万元。2004年，引进郑湾预制砖瓦厂、台资养殖企业等项目。2007年，建成工业集中区。2008年，共有企业43家，总产值2.48亿元，销售收入2.45亿元，其中规模以上工业企业总产值27264万元，销售收入7437万元，初步形成以建材为特色的工业产业格局。

四、服务业

1978年，服务型企业有供销社、食品站、日杂门市、粮管所等，从业人员26人，社会消费品零售总额1723万元。1987年，有商业网点150家。1997年，有个体工商户95家。建成农贸市场、小商品市场各1个。1999年，新增个体工商户120家。2005年，先后建成川星服务区、瑶台大酒店、王五饭店、嘉福美食、鸿发汽修、大润发超市及批发部和零售店等，共有个体工商户432家。2007年，新增个体工商户164家，从业人员684人，增加注册资本1560万元，入库税金574万元。2008年，有个体工商企业820家，注册资本39782万元，其中有规模较大的市场4个、浴室3家、旅馆酒店6家、照相馆3家、超市10家、农用物资门市7家，从业人员1729人，社会消费品零售总额17629万元，服务业增加值9354万元。

图3-2-14　农贸市场商住楼

五、村镇建设

1978年，集镇街道长350米，有住户200余家，均是草屋，居民全部用上照明电，沿街路为砂石路，面积0.4平方千米。大队道路均为土路。1986年，农村道路开始砂石化。1996年，有4个村开通程控电话。1997年，拆除旧房屋228间，新建两层楼房520间1.2万平方米，建成下水道1400米；铺设乡村道路4条2.7千米；12个村通自来水，受益7000人；农电楼、医院门诊楼、邮电楼、税务大楼、信用社营业大楼等相继竣工。全乡组组通电，村村通电话。1998年，建成商业街1条。1999年，村村通砂石路。2001年，开发老街道，拆除旧房100间2000平方米。集镇房屋开发面积6000平方米，进镇26户。2002年，投入资金500万元，建成房屋230间8000平方米，拆旧房40间800平方米。村村用上自来水。2003年，集镇铺设长2.5千米、宽7米的水泥路，铺设下水道10千米，绿化3000平方米。铺设农村四级路27千米。建成自来水厂7座。修建移动塔4座、联通塔1座，实现组组通电话。2004年，投资40万元，建成长420米、宽7米的老街水泥路。2005年，老街道改造结束，修建1千米长的示范路；成立城管中队，加强市场管理；铺设农村四级路25.7千米、砂石路51.4千米；村村通水泥路。2007年，村镇建设稳步推进，投入60万元完成全乡9个村43个居住点的测绘、规划、编制任务，启动建设玉尧中心村。

图3-2-15　老张集乡街道

图3-2-16　老张集乡敬老院

2008年，街道形成“三纵两横”主框架。玉尧农民集中居住点达省级康居示范点标准，孙圩农民集中居住点入住30户。铺设3条四级水泥路共计16千米。启动淮高路张集街改造工程，铺设下水道，建成绿化带，安装路灯等。全乡铺设柏油路1条1.3千米、水泥路3条21千米、砂石路2条8千米。建成老街、新街、农贸市场街等街道4条，集镇面积扩大至1.61平方千米。2003～2008年，铺设水泥路14条32.55千米；建成电信大楼、中心小学教学楼、乡政府办公大楼、农民广场等标志性建筑；开发建设翠亭住宅小区，吸引216户农村居民进镇落户择业；建成农民集中居住点4个；集镇绿地面积25.27公顷，绿化覆盖率62%，人均公共绿地9.2平方米。

六、社会事业

【教育】 1978年，境内有小学12所，在校生683人，教师67人；中学3所（含联中2所），在校生340人，教师49人。中学占地面积2.67公顷，建筑面积2200多平方米，为砖木结构。2005年，中心小学建成840平方米教学楼，新增活动场地600平方米。1989年，洪涯联中、健康联中并入老张集中学。1998年，孙圩小学、桥头小学合并为孙圩小学，新桥小学与北张庄小学合并为北张庄小学。小学学制改为六年制。2002年，调整小学8所。2008年，中学有18个班，在校生877人，教师73人；建筑面积25000多平方米，建成两幢教学楼3000平方米，建成宿舍楼1300平方米与标准化水冲式厕所；有实验室、微机室、多媒体教室，图书室藏书40000册，理化生器材总价值50万元，体育器材总价值20余万元。有完小3所、片小6所，在校生1321人，教师90人，全乡小学占地面积18000平方米。幼儿园11所，入园幼儿412人，教师29人。

【卫生】 1978年，有卫生院1所，床位37张，医务人员16人；大队卫生室18所，乡村医生19人。1996年，卫生院投资28万元，建成门诊楼640平方米，增添B超仪、心电图机、X光机等医疗设备。1997年，创建甲级卫生室4所。2007年，卫生院通过淮阴区平安医院验收，代河村社区卫生服务站达到省级社区卫生服务站标准。2008年，卫生院有门诊楼和防保大楼各1幢，病床40张，医务人员29人，设内科、外科、妇科、儿科、中医科、健康教育科以及检验室、X光室、B超室、预防接种室等科室，有救护车1辆以及200毫安X光机、阿洛卡B超机、心电图仪、脑电图仪、雾化吸入器、尿液分析仪、血糖仪、双目显微镜、自动洗胃机、电动吸引器、手术床等大中型诊疗设备。建社区卫生服务站8所，医务人员21人。

【文化】 1978年，有文化站、广播放大站、电影放映队、大礼堂等文化服务单位或场所。文化站成立文艺宣传队，每逢重大节日都组织文艺演出。每月每大队放映电影1次。1998年，建成乡文化活动中心500平方米，内设多功能大厅、图书室、电子阅览室、乒乓球室等。2000年，开通有线电视。2001年，新增有线电视用户120户。2005年，开通光缆线路，提供有线电视信号，有线电视用户600户。2007年，完成乡文化中心装修工程，建成乡电视电话会议系统，开通电了政务内网及老张集乡政府门户网站，互联网用户270户。2008年，村村建有篮球场、乒乓球台，以中小学、文化站为依托，建成乡体育健身中心。全乡有线电视用户1326户，入户率23%；新增互联网用户126户，4个村建成农家书屋，每村藏书3600多册。境内古迹遗址有淮海二中等，并涌现出李兰贞、刘犟、孙旗等人物。

第四节 刘老庄乡

一、基本情况

【境域】 刘老庄乡位于淮阴区城区北部25千米处，西以民便河为界与徐溜镇相望，东至孙大泓与老张集乡毗邻，南临五里镇，北靠古寨乡。乡政府驻刘皮街。

【建置区划】 1978年，刘皮公社更名为刘老庄公社，辖13个生产大队、112个生产队。1983年，政社分开，刘老庄公社更名为刘老庄乡，辖13个村、130个村民小组。1994年，小圩村划出部分组建八庄村，全乡有14个村和1个县属蚕桑场、1个县属种猪场，133个村民小组。2001年，种猪场、蚕桑场划归乡管。是年，并村联组，辖10个村和1个种猪场，蚕桑场并入刘皮村，有村民小组87个。至2008年，辖10个建制村、1个种猪场、58个村民小组。

2008年刘老庄乡村(居)及所辖自然村庄一览表

表3-2-4

村(居)名称	村(居)民小组数	合并前村(居)名称	主要自然村庄
郑河	9	郑庄、河头	史小桥、前王庄、苏庄、郑庄、杜庄、胡庄、魏庄、周庄、王圩、东郑庄、小李庄、大白庄、钱庄、朱庄、刘庄、小史庄、池庄、新庄
刘皮	5	刘皮	陆庄、赵庄、观音庵、高刘庄、刘皮、赵刘庄、郭庄、刘新庄
刘老庄	5	刘老庄	孙庄、刘老庄、苏庄、葛吴庄、金庵、于庄
南营	5	南营、街南	吴庄、陈庄、黄陈、张庄、金陈、郭庄、丁庄、于庄、胡庄、葛庄、干庄
红星	9	红星、马湾	张庄、周庄、马庄、任庄、孙庄、刘庄、卢庄、吉庄、蔡庄、黄庄、徐庄、殷庄、李庄、楼庄、龙形庄
姜庄	5	姜庄	吉小圩、于庄、陈庄、刘庄、和尚庄、姜庄
夹树	5	夹树	于庄、王庄、洪庄、严庄、陈庄、丁潘庄
杨庄	5	杨庄	小南庄、刘庄、陈庄、孙庄、袁银庄、杨庄、小王庄、周刘庄
双 庄	4	双庄	双庄、龙窝塘、谈庄、张庄、谢庄、石庄、陈庄、弯庄、卜庄
同心	6	小圩、八庄	金庄、八庄、大兴庄、高屋基、刘庄、李庄、小圩、西汪、北大兴庄
种猪场		种猪场	刘胡庄、郝庄、农庄、路南、陆庄、东农、西农

【土地·人口·收入】 1978年，境内面积41平方千米，可耕地面积2860.07公顷，总人口1.99万人，农民人均纯收入43.86元。1991年，可耕地面积2827公顷，人口2.34万人，农民人均纯收入490.1元。2008年，全乡面积56.76平方千米，可耕地面积2557.93公顷，总人口2.56万人，财政收入425.12万元，农民人均纯收入4521元。

二、农业

1978年，粮食播种面积2974.6公顷，总产量7124.95吨；棉花种植面积11.2公顷，总产量4.55吨；油料作物种植面积104.73公顷，总产量59.9吨；麻类种植面积68公顷，总产量62.75吨；甜菜种植面积46.47公顷，总产量240.5吨；桑园种植面积40.83公顷，产茧18.08吨。1982年，建成电灌站16座。每个家庭年平均出栏生猪3～5头。1985年，生猪出栏1.6万头。1987年，粮食总产量14369吨，油菜籽总产量1183吨。1990年，生猪出栏2万头。1996年，建成养猪专业村4个，建成标准化猪

图3-2-17 刘老庄乡杨庄村千亩连片马铃薯种植基地

图3-2-18 刘老庄乡董氏养殖合作社

图3-2-19 刘老庄乡日光能大棚

圈248间。1997年，建成千只鸽场3个，形成年饲养量60万羽的养鸽基地。1998年，调整农业产业结构，扩种地膜花生面积533.33公顷，扩栽水稻面积133.33公顷，扩大套种面积200公顷。1999年，建成5个养猪专业村，生猪饲养量5.2万头。家禽饲养104.2万只。2000年，农民自购大型收割机5台、大型拖拉机6台。是年，压粮扩经，蔬菜种植面积600公顷，油菜种植面积666.67公顷。2001年，有种猪场1家。有肉鸭养殖基地1家、肉鸭加工厂1家，养鸭大棚33.33公顷，年出栏肉鸭800万只；有肉鸡养殖大户60户，鸡舍380间，年出栏肉鸡40万只；有年出栏生猪100头以上生猪养殖大户40户，规模养殖业带动就业8000人。2002年，发展订单油菜，种植"扬油4号"666.67公顷。2006年，建成高效农业集中区，有钢架蔬菜大棚500个。2000～2007年，成立经济合作社55个，有农民经纪人110名。

2008年，全乡粮食作物播种面积4626.87公顷，总产量25944吨；油料作物种植面积265.67公顷，总产量543吨；蔬菜种植面积273.33公顷，总产量4409吨；瓜类种植面积28.27公顷，总产量529吨。建成日光能温室90个，钢架蔬菜大棚 220个。建成养鸭标准棚600个，养殖户210户，投放鸭苗10万只。年末存栏大牲畜0.14万头、猪1.92万头、羊0.12万只、兔0.1万只、肉鸽21.72万羽，"三禽"养殖以鸭为主，共养禽38.49万只。水产养殖面积112公顷，总产量389吨。桑园种植面积40公顷。有大中型拖拉机40台、小型拖拉机810台、农业动力排灌机械110台，农机总动力21785千瓦。

三、工业

1978年，有综合厂、农具厂、粮油加工厂、窑厂等社办企业4家，从业人员280人，总产值90万元。1996年，有工业企业23家，从业人员590人，总产值1345万元。1998 年，引进企业5家，总产值3000万元。2001年，划出工业用地13.33公顷，建厂房60间，供引进企业使用。2007年，建成工业集中区，引进君泰食品有限公司、隆宸装饰材料厂、奥利莱羊毛衫厂、国泰服饰、远征鞋帽等企业5家。2008年，主要工业企业有葡诚（淮安）水泥有限公司、君泰食品、君昊包装公司、大宇服饰、奥利莱羊毛衫厂、兴源米厂、兴旺面粉厂、浩源铜厂、隆晟装饰材料、骑士金属制管厂等，从业人员1667人，总产值33125万元，销售收入31283万元，利税125万元。

图3-2-20　葡诚水泥有限公司新建厂区

四、服务业

1978年，全社有商业服务企业10家，其中集体6家，有村供销点13家，从业人员86人。1987年，全乡服务业从业人员近500人。1996年，有商业网点168家。建成贸易市场2个，设固定摊位70个，临时摊位380个。2000年，先后在小圩、红星、杨庄3个村开设贸易点，有店铺、小型超市、加工修理、饮食服务等服务网点。2008年，引进专业市场5个，建成超市连锁店1家、休闲沐浴业1家、大酒店2家，有个体工商户268家，注册资金1亿元。社会消费品零售总额600万元，服务业增加值1000万元，从业人员1120人。

五、村镇建设

1978年，街道长约500米，面积0.5平方千米，道路为土路，居民多住草房，有居民150余户。1981年，街道铺成砂石路。1986年，乡村道路开始砂石化。1992年，街道铺成柏油路。1995年，先后铺设砂石路13千米，街道全部瓦房化。1997年，街道铺成长1.2千米、宽9米的水泥路面。建成乡有线电视中心站，村村开通程控电话。1998年，投入资金600余万元，建成乡政府办公楼、邮政楼、门诊楼、科技楼、财政楼、税务楼以及街道居民楼计2万多平方米。投入20万元，修建街道两侧排水系统。1999年，架设移动电话信号接收塔。开始农网改造，改造220伏线路41.5千米。2000年，架高低压线路41.6千米。投资60万元，实现村村通砂石路。2002年，铺设乡村砂石路18千米。集镇铺设下水道7千米，绿化6000平方米。2004年，村村开始铺设水泥路。2005年，有8个村民小组通上自来水。2006年，开辟南北两条街，长1.5千米，入住30户。2007年，启动红星村集中居住点建设，入住48户。2008年，铺设集镇外环路2.4千米，建成窨井45个。完成集中居住点规划31个。建成街道3条，有居民400户，集镇面积扩大至4平方千米。全乡道路28条48千米，建成砂石路10条185千米。2003～2008年，先后规划刘老庄、夹树、郑河3个村居住点，开发建设红色家园、金色家园、绿色家园等住宅小区，吸引近400户农村居民进镇落户择业。集镇绿地面积132公顷，绿化覆盖率32%，人均公共绿地近5平方米。户户通电，村村通水泥路，组组通砂石路。

图3-2-21　刘老庄振兴路商业街

六、社会事业

【教育】 1978年，全社有小学9所，在校生2681人，教师172人；完全中学1所，在校生308人，教师41人。1996年，全乡有高、初级中学各1所，小学13所，在校生3873人，教师249人。1997年，投资23万元，新建中心小学教学楼1幢，改建小学2所。1999年，拆除危房1440平方米，建成标准化校舍1200平方米。2008年，中学占地面积8.3万平方米，10个教学班，在校生384人，教师51人；中心小学占地面积1.2万平方米，18个教学班，学生782人，教师37人；有幼儿园2所，入园幼儿703人，教师30人。

图3-2-22　刘老庄乡中心小学教学楼

【卫生】 1978年，卫生院有砖瓦结构房屋15间，面积不足300平方米，医护人员10人；卫生室13所，乡村医生26人。1987年，有卫生院1所，村卫生室13所，医务人员46人。1991年，卫生院建成门诊药房楼，增添一般性检查器械，有职工25人。2000年，投资40万元，建成门诊楼。配置300毫安双床双管X光机、阿洛卡B超仪、心电监护仪、TCD、胎心监护仪、高频电刀、呼吸机、全自动血球计数仪、全自动生化分析仪及救护车等设备。2004年，投资6.5万元，购置心电图机、尿十项分析仪、综合手术床等设备。2005年起，先后建成康复楼、宿舍楼、输液大厅、防保楼13350平方米。2008年，建成综合病房楼，建成社区服务站8所。卫生院有业务用房12000平方米，其他用房1350平方米，床位100张，医务人员90人；有救护车2辆、空调120台、电脑37台；设内科、外科、儿科以及放射科、检验科、妇产科、五官科、康复科、中医科等临床科室。有村卫

图3-2-23　淮阴医院刘老庄分院康复部

生室10所，医务人员24人。

【文化】 1978年，有文化站、广播放大站、电影放映队等文化服务单位。文化站成立文艺宣传队，每逢重大节日举办演出活动。广播放大站主要是收转上级规定的广播节目。电影放映队每月每大队放映电影1次。1987年，有文化中心1所、电影放映队2支、广播放大站1个。1990年，成立乡广播电视站，有工作人员3人。

图3-2-24　刘老庄新四军八十二烈士纪念馆

1997年，全乡有6个村开通有线电视。1999年，投入28万元，在刘皮街中心地段，于五古路和徐张路的交汇点，立新四军塑像1尊。2001年，投资6万元拍摄专题片《崛起的刘老庄》；投资1万元拍摄宣传片《走进科技》。2005年，开通有线电视光缆线路，入户500户。2006年，有线电视村村通，入户1200户。投资33万元，建成乡文化活动中心，面积598平方米，设书刊阅览室、老年少儿活动室、综合展示室、体育健身房、文化信息共享室、教育培训室等。2008年，成立乡文化广播电视服务站，有文艺宣传队、电子阅览室等。有线电视用户1800户，入户率40%；10个村、1个场建有农家书屋，藏书约2000册。境内有全国闻名的刘老庄八十二烈士陵园，产生过“周家三只虎”（周文科、周文忠、周道）、“苏家二条龙”（苏子龙、苏子凤）等抗日英雄。有观音庵、龙窝塘、洪口门等遗址。

第五节　古寨乡

一、基本情况

【境域】 古寨乡位于淮阴区城区北30千米处，北与宿迁市沭阳县钱集镇、张圩乡隔六塘河相望，东与涟水县余圩乡接壤，西与徐溜镇毗邻，南与刘老庄乡相连。乡政府驻古寨街。

【建置区划】 1978年，社内辖13个生产大队、96个生产队。1983年，政社分开，古寨公社更名为古寨乡。1987年，古寨乡辖13个村、106个村民小组。2001年，并村联组，辖8个村、59个村民小组。2008年，辖8个建制村、53个村民小组。

2008年古寨乡村（居）及所辖自然村庄一览表

表3-2-5

村（居）名称	村（居）民小组数	合并前村（居）名称	主要自然村庄
九房	8	九房、六冲	孙庄、郑庄、吴庄、六冲、张庄、包庄、程庄、王庄
银猫	6	寨南（部分）、银猫	桥口庄、小李庄、胡谢庄、南圩庄、合兴庄、小古寨、前园庄、塘坊庄、堆根、老庄
对口	7	对口、寨南（部分）	南地、金庄、李庄、汪庄、蛙庄、小西庄、小碾庄、小陈圩、树圩庄、对口庄、小后庄、小叶庄、大叶庄
古寨	7	古寨、严圩、三杨	老虎庄、胡南园、街北组、街南组、前汤圩、后汤圩、沙庄、小张庄、窑庄、严后庄、严前庄
新公	6	金北（部分）、新公	严庄、杨庄、河滩庄、圩里庄、章庄、集品庄、祁庄、新公庄、和庄
古西	8	老圩、金口、金北（部分）	金庄、王庄、小李庄、陈庄、老圩庄、吴庄、后楼庄、小简圩庄、小前庄

续表 3-2-5

村（居）名称	村（居）民小组数	合并前村（居）名称	主要自然村庄
友谊	7	二圩、万柳	二圩、三圩、李胡庄、小官庄、涵洞庄、徐圩
后河	4	后河	李庄、章庄、后堆庄、周庄、贾庄、刘庄、张庄

【土地·人口·收入】 1978年，境内南北长5.9千米，东西宽3.3千米，面积43平方千米，可耕地面积2237.27公顷，人口1.79万人，农民人均纯收入43.5元。1991年，可耕地面积2213.47公顷，人口2.04万人，农民人均纯收入552.92元。2008年，全乡面积39.33平方千米，可耕地面积1607.5公顷，总人口2.21万人，财政收入758.55万元，农民人均纯收入5011元。

二、农业

1978年，粮食播种面积2408.27公顷，总产量5817.7吨。棉花种植面积4.53公顷，总产量2.25吨；油料作物种植面积126.87公顷，总产量88.05吨；麻类种植面积74.6公顷，总产量75.4吨；甜菜种植面积39.27公顷，总产量246.5吨；桑园153.6公顷，产茧81.5吨。建成机灌站6座，筑干渠2条、支渠15条、农渠90条，挖大沟4条、中沟18条、小沟131条，建成沟渠桥梁14座。平整土地320公顷，旱田改水田400公顷。1990年，种植蚕桑面积400公顷。1997年，推进农业产业化，建成专业村6个，推广地膜覆盖栽培技术。1998年，地膜花生种植面积266.67公顷，专业村9个，各类专业户1880户，其中大户230户。1999年，花生种植增加至712公顷，蔬菜种植面积101.33公顷。2000年，推广大棚蔬菜86.67公顷。1995～2000年，累计推广高产优质品种58个。2005年，植树造林666.67公顷。有规模养鸡户200户、养鸭户80户。成立肉鸡、肉鸭2个农民协会，发展农民经纪人126人。2006年，首批订单农业品种为优质水稻，面积200公顷。2007年，獭兔、肉鸡养殖初具规模，有养殖大户150户。

2008 年，全乡高效农业面积656.67公顷。粮食播种面积2538.93公顷，总产量15845吨；油料作物种植面积204.27公顷，总产量430吨；蔬菜种植面积167.6公顷，总产量3040吨；瓜类种植面积30.33公顷，总产量364吨。引进千头猪场3个、500头猪场3个，建成肉鸭养殖大棚17个。年末存栏大牲畜0.45万头、猪1.67万头、羊0.11万只、兔0.85万只、肉鸽32.25万羽、禽类17.92万只；水产品养殖面积103公顷，总产量265吨；桑园种植面积70.67公顷。有大中型拖拉机10台、小型拖拉机750台、农业动力排灌机械54台、电站23座，农机总动力15017千瓦。

图3-2-25　古寨乡友谊鸭场

图3-2-26　古寨养鸡场

图3-2-27　古寨乡农产品专业合作社

三、工业

1978年，社办企业主要有综合厂、水泥制品厂、农具厂等，从业人员210人，总产值70万元。1985

年，新建饲料加工厂。1987年，有乡办企业10家、村办企业16家、户办及联办户企业236家，从业人员1137人，总产值213万元。1988年，建成乡丝织厂和老圩砖瓦厂。1996年，有企业26家，其中乡办14家、村办12家，有外引内联企业3家，总产值3200万元，利税26万元。1998年，工业总产值5500万元，税金95万元。2000年，引进木业企业5家，其中固定资产投入200万元以上的有3家，引进资金1200余万元，产值4000多万元，利税300万元。2007年，建成乡工业集中区，进区企业有手套厂、麒麟电动车有限公司等。2008年，全乡有各类工业企业7家，从业人员650人，总产值1.3亿元，销售收入0.9亿元，其中规模以上企业销售收入0.2亿元，入库税金100万元，初步形成建筑材料、木材、粮食加工等特色工业体系。

四、服务业

1978年，有商业服务企业10家，街道有各类小商品摊点8家、饮食店6家，从业人员131人。1985年，有经营户20家。1991年，有餐饮服务店3家、浴室1家、服装店1家，从业人员42人。1996年，有商业网点30家。建成贸易市场3个，设固定摊位6个、临时摊位15个，服务业增加值186万元。1998年，有个体工商户132家。2000年，新增个体工商户70家。2008年，有个体工商户200余家、各类经营户7家、商贸服务企业5家，从业人员400人，社会消费品零售总额260万元，服务业增加值4000万元。

五、村镇建设

1978年，集镇有1条长400米、宽4米的街道，住户200余家，沿街为土路，集镇面积0.3平方千米。是年，改造老街道，拆迁43户，街道扩宽至8米，路面铺成砂石路，街道居民全部用上照明电。1986年，组织农用运输车40辆，历时50多天，垫土3.5万立方米，整治街南大汪塘，建成一条步行街，街道向东、向南延伸。1991年，9个村用上照明电，用电户超过1000家。1992年，县乡道路黑色化，境内铺设沥青路6千米。1995年，全乡户户通电。1997年，投入12.5万元，拆迁街道房屋6户32间，建成两层以上楼房3200平方米。铺设黑色街道5000平方米。开通程控电话，15个村实现线杆到组。1998年，投资40万元，铺设砂石路6千米。建成商业街1条，拆迁房屋232间，建成楼房50幢。1999年，建成小商品市场、农贸市场。乡政府办公楼、财政楼建成使用。铺设乡村自来水主管道，乡村砂石路全面贯通。2000年，建成小商品市场一条街，进驻个体大户100家。2001年，架设联通、电信信号接收塔。2004年，铺设水泥路10.46千米、砂石路3千米。2005年，铺设水泥路18.5千米、砂石路4.5千米。村村通自来水。

图3-2-28　古寨街道

2008年，投资40万元，辟沿街绿化带，栽植风景树1000余棵；投资15万元，安装农民阅报栏6个、公益广告6个；投资40万元，安装80盏LED节能路灯，整修下水道3000余米。铺设柏油路2条7.5千米，铺设砂石路6条20.5千米。全乡有四级水泥路17条52.82千米。先后建成计生楼、中小学教学楼以及金六塘广场等标志性建筑；建成六塘美墅等住宅小区，吸引230户农村居民进镇落户择业；建成5条街道，集镇面积扩大至0.56平方千米，住户增至325户，常住人口3210人。绿地面积0.19平方千米，绿化覆盖率22%，人均公共绿地1.2平方米。

六、社会事业

【**教育**】1978年，有小学11所，在校生1945人，教师112人；中学3所，在校生1770人，教师106

人。1987年，有小学11所、初级中学2所，在校生2911人，教师160人。1996年，有初中1所、小学12所，在校生3462人，教师119人。2001年，实施“三新一亮”工程，学生全部使用省市标配课桌。2005年，实施“六有”“校校通”等工程。2007年，实施“四配套”（实验室、图书馆、器材室、体育场地）工程。2008年，有幼儿园1所，入园幼儿296人，教师11人；小学占地面积1.8万平方米，教学班32个，在校生1126人，教师55人；初级中学占地面积2.11万平方米，教学班12个，在校生600余人，教师39人。

图3-2-29　古寨小学

【卫生】 1978年，有卫生院1所，床位5张，医务人员13人；大队有卫生室15所，乡村医生18人。1987年，有卫生院1所、村卫生室15所，医务人员58人。1996年，建成卫生院门诊楼。2005年，新建卫生院防保楼。2006～2008年，先后投入50万元，卫生院配备300毫安X光机、全自动血球分析仪、尿液分析仪、半自动生化分析仪、洗胃机、上海阿洛卡B超机、心电图机、手术室十二孔无影灯、手术床等医疗设备；投入150万元，建成病房综合楼。乡卫生院有业务用房2200平方米、其他用房1200平方米，有床位20张、空调10台、电脑8台，医务人员15人。设内科、儿科、外科、妇产科、五官科、康复科、中医科等临床科室。建成社区卫生服务站8所，有医务人员28人。

【文化】 1978年，有文化站、广播放大站、文艺宣传队、电影放映队等文化服务单位。广播放大站有2名工作人员，负责收转上级规定的广播节目和线路架设、维护等工作，实现家家通广播。1986年，章凤山等人发起成立六塘诗词协会，有成员60余人，每年出刊《六塘诗词》两期。1990年，成立乡广播电视站，工作人员5人，开播《六塘河畔》等自办节目。2005年，开通光缆线路，提供有线电视信号，有线电视用户600户。2006年，实现有线电视村村通，入户1900家。建成乡文化活动中心，面积800平方米，内设书刊阅览室、老年少儿活动室、综合展示室、体育健身房、文化信息共享室、教育培训室等。2008年，有线电视用户2600户，入户率60%；8个村建有农家书屋，每村藏书约2000册。

图3-2-30　古寨乡六塘诗社成立20周年

图3-2-31　省文化厅副厅长王慧芬参观乡文化活动中心

第六节　袁集乡

一、基本情况

【境域】 袁集乡位于淮阴区城区西6千米处，东、南接王营镇，北临丁集镇，西邻三树镇。宿淮盐、宁淮等高速公路及新长铁路、淮三路穿境而过。乡政府驻袁集街。

【建置区划】 1978年，社内辖16个生产大队、116个生产队。1983年4月，政社分开，袁集公社更名为袁集乡。2001年，并村联组，全乡辖10个村、96个村民小组。2008年，辖10个建制村、63个村民小组。

2008年袁集乡村(居)及所辖自然村庄

表3-2-6

村(居)名称	村(居)民小组数	合并前村(居)名称	主要自然村庄
桂塘	9	桂塘、诸庄	张庄、葛安、叶庄、李庄、油坊、河北、华光、直属、范庄、杨庄、蒋圩、河南、金庄、邵庄、惠庄、诸庄、兴庄
干庄	7	干庄、砖井	干庄、杨庄、老庄、红专、张庄、桥南、蔡庄、郑庄、程庄、孙庄、胡一、胡二、砖井、葛庄、盐北、条河
李庄	6	李庄	西韩、韩庄、周刘、李庄、后李、李大庄、堆头、卢庄、东韩、徐庄、赵庄
辣树	8	辣树、沙庄	中心、新民、辣树、黄庄、赵滩、姬安、崔庄、新河、陈庄、姜拐、蒋庄、张庄、前圩、河塘、沙庄
草庙	7	草庙、干闸	桃园、王庄、后圩、东庄、吴庄、沈庄、草庙、陈刘、范庄、陈庄、张庄、圩北、前双
双庄	6	双庄	杨庄、后双、河西、皮庄、郭庄、后陈、渠东、槽坊、合心、隽庄、前陈
袁北	4	袁北	刘庄、陈庄、路南、农科、赵庄、袁庄、桥口、尹庄
袁东	6	袁东、林蚕	路南、路北、陈庄、杜庄、周庄、李庄、路东、乔庄、洪南
袁集	7	袁集、袁南	街东、砖井、街北、街西、蒋庄、街南、井东、鲍庄、路西、沟东、费庄、团井、齐心、王庄
农科	3	农科	杨庄、赵庄、饭棚、赵集、孙庄、张庄、王庄

【土地·人口·收入】 1978年，境内南北长7.5千米，东西宽4.5千米，面积33.79平方千米，可耕地面积2103.93公顷，总人口2.23万人，农民人均纯收入53元。1991年，可耕地面积2079.33公顷，人口2.44万人，农民人均纯收入594.12元。2008年，全乡面积39.91平方千米，可耕地面积1658.73公顷，总人口2.71万人，财政收入586.97万元，农民人均纯收入6031元。

二、农业

1978年，社内粮食播种面积2775.2公顷，总产量7700吨；棉花种植面积2.8公顷，总产量0.8吨；油料作物种植面积118.73公顷，总产量61.5吨；麻类种植面积27.13公顷，总产量22.45吨；甜菜种植面积99.93公顷，总产量865.15吨；桑园种植面积38.4公顷，产茧14.53吨。年末存栏大牲畜0.07万头、猪0.68万头、羊0.11万只、兔0.29万只、禽1.85万只。有大型拖拉机4台、手扶拖拉机55台，农业动力

图3-2-32　袁集乡辣树村马铃薯种植基地

图3-2-33　袁集乡袁北村连片日光能大棚

排灌机械74台，农机总动力1714.02千瓦。1985年，开始种植大棚蔬菜，推广高效农业。1987年，初步形成林、牧、副、渔并举，服务城市的郊区型农业经济格局。1994年，有部分农户开始种植春提早大棚蔬菜。2002年，种植春提早蔬菜面积1066.67公顷，大棚蔬菜面积1101.33公顷。实施节水灌溉示范工程，面积66.67公顷。2004年，注册"袁集"牌蔬菜品牌，成功申报500公顷无公害蔬菜生产基地。

2008年，农科、袁北、双庄、袁东等村成为淮安市大棚蔬菜种植示范村。经多年调整，种植业形成以稻、麦为主，以大豆、油菜、蔬菜、花卉、花生等经济作物为辅的高效农业结构。形成肉鸡、生猪、奶牛规模饲养格局。形成节水防渗渠道灌溉体系。粮食作物播种面积3054.8公顷，水稻机械化插秧面积占水稻面积的70%，总产量20367吨。油料种植面积45.67公顷，总产量122吨；蔬菜种植面积212.67公顷，总产量4765吨；瓜类种植面积120公顷，总产量2700吨。年末存栏大牲畜0.08万头、猪1.67万头、羊0.21万只、兔0.06万只、肉鸽24.57万羽、禽类9.29万只。养鱼面积109公顷，总产量362吨。桑园种植面积8公顷。有大中型拖拉机42台、小型拖拉机595台、农业动力排灌机械42台，农机总动力16616千瓦。

三、工业

1978年，工业企业有砖瓦厂、泡化碱厂、建材厂、水泥制品厂、农具厂、纸箱厂等，从业人员365人，总产值75万元。1983年，建成袁集造纸厂，固定资产107万元，职工151人，总产值100万元。1986年，投资110万元，建成袁集丝织厂，职工179人，总产值200万元；总投资30万元，建成袁集化工厂，总产值110万元。1987年，乡办企业初具规模，户办、联办企业从无到有，全乡共有工业企业16家。1996年，有乡办企业19家，从业人员2946人，其中专业技术人员14人，总产值1亿元。1998年，私营企业发展加快，全乡有企业37家，其中集体企业4家、私营企业18家、个体企业15家，主要生产化工、包装、建材、日用化工等产品。1999年，新增私营企业15家，引进骨干企业4家，个体私营经济入库税金168万元，占全乡财政收入的63%。2000年，有工业企业45家，总产值2.8亿元。建成工业小区，进区企业16家。2001年，招引企业6家，工业总产值3.1亿元。2005年，建成工业集中区，进区企业4家。2008年，有企业136家，从业人员635人，规模以上工业企业总产值3.18亿元，规模以上工业企业开票销售收入5430万元。全年引进古清口生态园项目和兴安建材亿元项目2个，引进3000万元以上项目4个。境内骨干企业有华石建材、华天建材、红几度服饰、发华制衣、绿福缘食品、南方食品等，初步形成以建材、服饰、食品加工等为特色的工业产业格局。

图3-2-34　淮安华石建材有限公司

四、服务业

1978年，有商业服务企业25家，从业人员445人。1990年，有个体商店98家，理发、缝纫、饮食等服务性店（摊）28家。1997年，有商业网点179个。建成农贸市场2个，设固定摊位276

图3-2-35　农贸市场

个、临时摊位315个。2000年，有个体工商户222家。2002年，开发供销社闲置土地，建成临街商住房4000平方米、天棚市场2000平方米。2008年，有个体工商户351家，注册资本702万元。街区有规模较大的浴室2家、旅馆及酒店4家、照相馆5家、商品超市9家、农用物资门市4家，从业人员1789人。

五、村镇建设

1978年，集镇有一纵两横街道800米，住户300余家，房屋均是草屋，居民全部用上照明电，沿街为砂石路面，面积0.54平方千米。大队道路均为土路。1986年，农村道路开始砂石化。1991年，街道两旁新建楼房10幢，集镇居民用上自来水。1996年，投资40万元，建成邮电大楼，有11个村开通程控电话；投资100万元，铺设袁集街长1000米、宽9米的水泥路，6个村铺设砂石路10千米。1997年，村村通程控电话。全乡5个村铺设长12千米砂石路。1998年，拓宽长安路、袁桂路、华青路等4条干道，全长25千米。1999年，投资28万元，铺设乡村道路9千米，村村通砂石路；投资300万元，铺设宽7米沥青路5千米。2001年，组组通程控电话。建成长560米水泥路面新街道，吸引85户进住。2002年，建成35千伏袁集变电所。2003年，建成桂塘中心村，为淮阴区第一个农村现代化中心村。投入26万元，铺设街道水泥路3千米、24000平方米。2004年，设立城管办，取缔马路市场。铺设民主、袁北水泥路2条5.5千米，建成2个自来水厂，自来水管网覆盖全乡。2005年，桂塘中心村入住260户、1600人；启动中心村工程3个。2008年，铺设柏油路2条11千米，砂石路2条13千米。集镇面积扩大至1平方千米。全乡累计有道路15条45千米，其中有四级水泥路9条20.49千米。

图3-2-36　袁集新街道

六、社会事业

【教育】 1978年，全公社有小学10所，在校生2500人，教师80人；完中1所，联中2所，在校生970人，教师79人。1987年，幼儿园有15所，小学11所，中学3所，在校生4248人，教师216人。1992年，袁集初级中学有教学班18个，在校生1100人。1997年，全乡有初级中学1所，小学11所，在校生1124人，教师208人。2001年，建成中心幼儿园和中小学教学楼，总建筑面积2480平方米。2003年，袁集中学通过省级示范初中验收。2008年，全乡有幼儿园3所，入园幼儿520人，教师18人；小学5所，在校生1599人，教师115人；初级中学1所，在校生1260人，教师82人。小学占地面积5.336万平方米，建筑面积9981平方米；中学占地面积2.87万平方米，建筑面积9950平方米。

图3-2-37　袁集中学教学楼

【卫生】 1978年，有卫生院1所、大队卫生室14所，医务人员17人。卫生院设中医、西医等简单科室，有门诊部、输液室等20多间业务用房，病床30张。1987年，有卫生院1所、村卫生室16所，医务人员24人。1996年，卫生院增添B超、激光等设备。1997年，投资40万元，建成卫生院门诊楼，建筑面积700平方米。1998年，卫生院新建病房8间。2001年，卫生院购置医疗设备6台（套），建成病房楼965平方米、爱婴小区970平方米及功能康复中心。全乡有卫生服务站5所、村卫生室5个。2008年，有卫生院1所，医务人员25人；社区卫生服务站7所，医务人员22人。卫生院设内科、外科、妇产科、儿科、中医科及康复理疗室、检验室、影像诊断室、护理室等临床科室，有500毫安X光机、进口B超诊断仪、全自动生化分析仪、电子血糖监测仪、全自动尿样分析仪、全自动心电分析仪、激光治疗机、多功能理疗仪、超声雾化机、自动洗胃机、DR等诊疗设备。

图3-2-38　卫生院病房楼

【文化】 1978年，设社广播站、文化站、电影放映队等文化服务单位。春节期间，各大队都有文艺宣传队参加汇演。有电影放映队1支、放映设备1套。每个大队均有广播室。至1987年，有简易电影院2所，电影放映队增至3支。1992年起，乡文化站每年举办春节文艺汇演、业余歌手大奖赛等群众性文化活动，成立业余文艺宣传队，自编自演节目，走村串户演出。1999年，成立乡有线电视服务站，开通有线电视，有线电视用户300户。2000年，建成乡文化活动中心800平方米，内设多功能大厅、图书室、电子阅览室、乒乓球室等。2005年，有线电视光缆实现村村通，有线电视用户1600户。2007年，桂塘等3个村率先建成农家书屋，藏书4000多册。2008年，建成农家书屋7个，藏书10.54万册、音像资料10套；有线电视用户2600户，入户率37%。境内有古清口、辣树、桂塘等遗址。

第七节　凌桥乡

一、基本情况

【境域】 凌桥乡位于淮阴区城区西南20千米处，东隔三十孔大闸与王营镇相邻，南隔京杭大运河与吴城镇、码头镇相望，西北紧邻宿淮盐高速公路与三树镇接壤。乡政府驻凌桥街。

【建置区划】 1983年9月，经江苏省人民政府批准，成立凌桥乡。由原杨庄乡的豆瓣集、周庄、西金圩、泗河、凌桥和原蒋集乡的磨盘、徐圩、二堡以及原三树乡的西庵、毛湖、三堡共11个村、90个村民小组组成。2000年，区划调整，原杨庄乡淮沭河以西的夏家湖、湖心、闸西、金圩、许渡、双闸、盐河等7个村划入凌桥乡，辖18个村。2001年，并村联组，辖11个村、78个村民小组。2008年，辖11个建制村、88个村民小组。

2008年凌桥乡村（居）及所辖自然村庄一览表

表3-2-7

村（居）名称	村（居）民小组数	合并前村（居）名称	主要自然村庄
鑫联	16	金圩、闸西、湖心	中沟、沟南、兴旺、高庄、河南、河北、闸西、方庄、新堆、李庄、王庄、苗庄、渠北、周庄、引河、金庄、唐庄、梁庄、沈庄、吴庄、史庄、行宫、堆头、新河
夏家湖	5	夏家湖	圩南、圩北、黄桥、韩庄、沈庄
许渡	7	许渡	堆东、圩里、毛庄、许渡、合兴、朱庄、堆上、缪庄、黄码、盐河
双闸	7	双闸	黄庄、前堆、闸东、坝头、河头、王庄、千庄、刘兴庄、河西

续表 3-2-7

村(居)名称	村(居)民小组数	合并前村(居)名称	主要自然村庄
泗　河	5	泗河	柏庄、杜庄、臧庄、汪庄、新庄、吴大圩、肖庄、卜庄、孟庄
凌　桥	10	凌桥、西金圩	谢老庄、倪庄、史庄、蔡庄、凌庄、彭庄、王庄、小史庄、谢堆
李　庵	5	李庵	丁庄、高庄、李庄、孙庄、新庄、东李庄
豆瓣集	6	豆瓣集	桥南、桥北、西北庄、小学、曹庄、孙庄
毛　湖	6	毛湖	大尧、涵洞、毛庄、卜庄、小闸、小学、毛集、毛湖
三　堡	5	三堡	陈庄、刘庄、席庄、新堡组、三堡组、小桥、张庄、前进、横堆、沈庄、黄庄
新　堡	16	徐圩、磨盘、二堡	磨盘、黄庄、张庄、李庄、赵幢、徐庄、马庄、陈庄、小新庄、孙庄、小南庄

【土地·人口·收入】 1983年，境内南北长6千米，东西宽7.7千米，面积46.2平方千米，可耕地面积1972.23公顷，总人口1.64万人，农民人均纯收入471.42元。1991年，可耕地面积1913.6公顷，人口1.66万人，农民人均纯收入499.93元。2008年，全乡面积67.76平方千米，可耕地面积2413.53公顷，人口2.99万人，财政收入1121.29万元，农民人均纯收入4347元。

二、农业

1983年，全乡农作物播种面积3487.53公顷，夏粮总产量2163.65吨，秋粮总产量7165.95吨。经济作物种植面积69.53公顷，总产量69吨。1984年，建成鱼苗池3个，初步形成鱼苗培育、鱼种培育、成鱼生产一条龙的水产养殖格局，年繁殖鱼苗1000万尾，年培育鱼种100吨。全年植树1200株，成片林1.76公顷，森林覆盖率2.3%。1986年，改造鱼塘66.67公顷，年产成鱼350吨。

图3-2-39　凌桥优质稻米产业基地

图3-2-40　凌桥乡"凌双"牌香瓜

1983～1987年，先后建成电灌站3座，井挖中、小沟渠257条，配套桥梁32座、涵闸22座，改善灌溉面积366.67公顷，新垦耕地面积66.67公顷，改造沙碱地面积53.33公顷，建成旱涝保收田面积1000公顷。1987年，有600户农民培植草菇，年产量35吨。1988年，饲养耕牛3100头、生猪2.6万头、山羊8200头、家禽29万只，畜禽饲养量达到高峰期。1994年，养殖水牛2100头、黄牛1900头。全乡种植蔬菜面积53.33公顷。1996年，饲养家禽29.29万只。2000年，建成优质稻基地6666.67公顷，种植蔬菜793.33公顷；饲养生猪3.8万头、肉鸽39万羽、四季鹅93.6万只，成为四季鹅养殖特色乡。建成养殖重点村5个、养殖重点组25个。种植中药材面积140公顷、牧草面积200公顷、油菜面积566.67公顷。推广颗粒饲料养鱼，获得成功，每公顷产量由传统的1500吨提高至3375吨。2003年，改造中低产田面积200公顷，修建防渗渠4.7千米，大、中、小型农田配套设施42座。2005年，建成无公害水稻生产基地面积2333.33公顷，建成工厂化育秧房1100平方米。香瓜种植面积53.33公顷。

2008年，种植业形成以稻、麦为主，以玉米、大豆、蔬菜、油菜、香瓜等经济作物为辅的高效农业结构。养殖业形成奶牛、生猪、鸡、鸭、鹅、肉鸽等并举的格局。粮食播种面积4950.4公顷，总产量34971吨，其中水稻面积2384.33公顷，总产量19621吨。香瓜种植面积400公顷，设施蔬菜面积233.33公顷。出栏家禽150万只，有蛋鸡养殖大户4户，存栏1.3万只；生猪出栏3.6万头；存栏奶牛320头。建成千头猪场2个、万只鸡场3个。水产品面积284公顷，总产量1040吨。种植桑园17.33公顷。有大中型拖拉机30台、小型拖拉机910台、农业动力排灌机械150台，农机总动力21688千瓦。是年，成立香瓜协会，申报注册"凌双"牌香瓜商标，香瓜种植户发展至203户。

三、工业

1983年，凌桥建乡时筹建乡村工业企业，1984年即建有工业企业5家，从业人员144人，总产值80万元。1985年，工业总产值600万元。1986年，新建砖瓦厂1家。1987年，乡办企业固定资产50多万元，总产值143万元。1990年，工业总产值1200万元。1996年，有工业企业11家，从业人员216人，总产值2148.5万元。1997年，外引内联，引进企业3家，利用资金740万元。1998年，新增预制厂2家。三堡畜禽养殖加工厂投产。外引内联4家企业，利用资金1283万元。1999年，建立米业有限公司。2000年，工业企业销售收入11690万元，利税831万元。2001年，有工业企业56家，从业人员580人，销售收入14345万元，利税990万元，税金116万元。2002年，引进100万元以上项目3个。2005年，凌桥米业有限公司、建材厂、木材加工厂、预制厂成为全乡骨干企业。凌桥米业有限公司年创产值8600万元，利税326万元。全乡有预制厂5家，从业人员51人，总产值1180万元；有砖瓦生产经营企业5家，从业人员300人，总产值1460万元。全年工业总产值3.5亿元，税金85万元。2008年，有工业企业316家，从业人员1412人，总产值41200万元。

图3-2-41　龙头企业凌桥米业有限公司

四、服务业

1983年，有商业服务企业16家，从业人员93人。1987年，有水上运输企业10家，陆地运输企业220家，商业网点11家。1990年，有全民商业企业2家、县属集体商业企业3家、乡办集体商业企业16家、私营商业企业7家、个体商店31家、个体理发和缝纫等服务性店（摊）53家。1999年，建成商业街1条，农贸市场1个，新增个体工商户98家，个体私营企业入库税金65万元。2000年，新增个体工商户92家，建成5300平方米的小商品市场。2004年，有酒店2家、桑拿中心1家、糕点房2家、美容美发店4家、百货批发部2家，新增个体工商户102家。2008年，有规模较大的浴室3家、旅馆及酒店6家、照相馆2家、商品超市5家、电器超市3家、建材超市7家、农用物资门市6家，从业人员2397人，社会消费品零售总额8763.5万元，服务业增加值4739.5万元。

五、村镇建设

1983年，凌桥街只有长200多米、宽4米的土路，有100多户居民，集镇面积0.3平方千米。1984年，建成凌杨砂石路，全长13千米。1990年，建成集镇到磨盘村砂石路，全长9千米。1996年起，投资

36万元建成邮电楼，开通程控电话村3个，铺设砂石路4.5千米。1997年，组组通电，增通砂石路2个村，11个村全部通上程控电话，装机230部。1998年，3个村增通砂石路，长8千米；程控电话杆线到组率100%。1999年，5个村增通砂石路，1个村增通自来水，新增程控电话330部。2000年，新增程控电话786户。2001年，街道铺设两条水泥路，形成“二纵二横”框架，新增程控电话500户，完成农村电网改造。2002年，建成政府办公楼、职工宿舍楼、卫生院门诊楼、财税征收大厅、计生楼等。新增程控电话790户。2003年，建成粮管所门面楼、敬老院门面楼、农机站门面楼。投入30万元，建成新街道东延等项目。2004年，成立环卫、城管中队。2005年，铺设乡村水泥路6.8千米、四级水泥路15.8千米、砂石路22.3千米。2006年，启动夏家湖农民集中居住点建设，首期建成二层居民楼25幢。

图3-2-42 在建的夏家湖村农民集中居住点

2008年，集镇面积4.15平方千米，常住人口3300人，形成“三纵三横”格局；有146家零散住户入住集中居住点。建成泗河、三堡、凌桥等农民集中居住点3个，入住300户。全乡实现村村通水泥路，组组通程控电话，通自来水。有水泥路12条，全长43.22千米。

六、社会事业

【教育】 1983年，全乡有小学11所，在校生4000人左右、教职工120余人。各小学均设幼儿班，入园幼儿700余人。1984年，新建凌桥中学，有班级2个，学生100人，教师7人。1987年，全乡有中学1所、村小学11所，在校学生2500人。1990年，中学在校生700人，教职工33人，校园面积2.27公顷。1996年，金鹰集团捐资25万元，为二堡小学、西金圩小学各建成12间标准化教室。2000年，凌桥中心幼儿园被评定为淮安市级二类园。2001年，教育部财政司拨款100万元，建成凌桥中学教学楼。2008年，全乡有中心小学1所、完小2所、教学点8个、教学班57个，学生2300人，教职工102人；入园幼儿700人；中学1所，在校生1130人，教职工71人。

【卫生】 1984年，成立卫生院，临时租用草房3间；有村卫生室11所，乡村医生11人。1986年5月，建成门诊简易平房10间250平方米，设内科、妇产科及诊疗、药房、检验等科室，能开展一般疾病的诊疗工作。1987年，有卫生院1所，医务人员10人。新建医疗用房350平方米，增设中医、心电图等科室。有村卫生室11所，村医14人。1991年，购进50毫安X光机1台。1997年，购进B超机1台，增设X光线室、B超室。2001年，建成卫生院门诊楼，面积680平方米。2004年，建成病房楼和防保楼，面积840平方米，增设外科，能独立完成普外基本手术。

2008年，卫生院有业务用房1600平方米，其他用房600平方米，床位20张，医务人员30人，有救护车1辆、空调4台、电脑3台等。有300毫安X光机、心电图、B超、半自动生化分析仪、血球仪等主要设备。设有内科、儿科、妇产科、外科、口腔科、放射科、化验室、心超室、治疗室、中医药房、药库等科室，能开展内科、外科、儿科、中医科、口腔科等常见病、多发病的诊治和境内群众的疾病预防。是年，建成社区卫生服务站9所，有医务人员28人。

【文化】 1983年，乡文化站有工作人员1名，有文艺宣传队、电影放映队各1支。每户均安装有线广播。1984年，创作淮海戏《给儿子一封回信》，参加县文化局组织的文艺汇演，获二等奖。1985年，创作小品《喝鱼汤》，参加县文化局组织的春节文艺汇演，获一等奖。1986年，创作的淮海戏《三比一》，参加淮阴市文化局组织的春节文艺汇演，获三等奖。1983～2000年，文艺宣传队共演出300多场。2001年，文化站和广播站合并，成立文化广播电视服务站。2005年，举办乡第一届农民运动会，参加1000人。

2008年，文化广播电视服务站有6名工作人员。投资100万元建成占地500平方米的文化活动中心，内设健身活动、图书阅览、老年活动、棋牌、成果展示、多功能排练和科普培训等活动室。有线电视用户5620户，有线电视入户率70%。11个村均建有农家书屋，每村藏书约2000册。境内有凌桥战斗旧址，有“双金闸”等文物古迹。

图3-2-43　许渡村文化活动中心农家书屋

第三章　场　圃

第一节　淮阴区原种场

1976年12月，江苏省革命委员会发文批复“同意淮阴县建立夏家湖原种场”，场址位于凌桥乡夏家湖村，属国营场圃，财政差额拨款性质，主要从事稻麦良种繁育。场区面积148公顷，其中耕地面积120公顷，水面5公顷，设立3个生产管理区。1984年，划归县委农工部管理。至1985年，每年繁育稻麦良种250～300吨，同时承担市、县小麦良种的提纯复壮工作，提纯复壮小麦当家品种4个，生产原种15吨。实行承包责任制后，繁育良种较少，后逐步恢复。1990年5月，划归县农业局管理。1995～2005年的11年间，共繁育稻麦原良种12660吨。其中2003～2005年，每年繁育提供稻麦原良种1540吨，成为淮安市农科院良种繁育基地。2005～2008年，投资262万元，建成南北水泥路3千米，建成办公楼260平方米、种子仓库380平方米和标准化示范基地13.33公顷。

第二节　淮阴区蚕种场

蚕种场建于1958年，位于新渡乡朱集村南首，时名淮阴县蚕桑场，属国营场圃，占地20公顷。1981年之前生产丝茧，之后生产转向，以制种为主，更名为淮阴县蚕种场。1987年，场内桑园66.67公顷，耕地157.07公顷，职工136人，总人口1005人，年制蚕种5万余张。1995年制种量15万张，此后产量渐降。2001年，归属新渡乡管理。至2008年，场内有桑园26.67公顷，耕地40公顷，年制种量3.5万张。有职工124人，生产用房8200平方米。

第三节　淮阴区种猪场

种猪场位于城区北郊25千米处，东邻刘老庄八十二烈士陵园，西毗205国道，被刘老庄、徐溜两乡镇环抱。原系省级重点种畜场。该场创立于1950年，原名江苏省苏北种畜场，为省农林厅直属单位，属国营场圃。1970年划归地方管辖，为县属场，更名为淮阴县种猪场，2001年归属刘老庄乡管辖，更名为淮安市淮阴种猪场。1998年，启动新淮猪瘦肉系——苏淮猪培育工程项目，与南京农业大学及省内有关养猪科研机构协作交流，开展科学系统的选育工作。苏淮猪各项性能指标和经济指标明显提高，种猪产仔13头以上，胴体瘦肉率56%、屠宰率72%，料肉比3.1:1。经江苏省科技厅组织专家委员会鉴定，该成果在国内同行业中居先进水平。2008年，全场有土地300公顷，其中可耕地260公顷，人口3000余人，在职职工499人。场部下属农业分场3个，种畜培育场2个（1个新淮猪资源开发中心、1个畜牧科技开发推广中心），主要种猪品种有新淮猪、苏淮猪、长白猪、大约克、杜洛克等。种猪基础群660头，其中苏淮猪基础群520头、公猪血统16个；新淮猪60头、公猪血统6个，年可供各类种猪及商品苗猪13000头。新淮猪培育推广工作先后获国家农牧渔业部颁发的"技术改进一等奖"、江苏省政府颁发的"开发苏北优秀科技项目一等奖"。20世纪80年代初，新淮猪作为优良猪种出口越南和澳大利亚等国家。

1988～2008年新淮猪推广情况表

表3-3-1　　单位：头

年份	新淮母猪数	推广种猪数	年份	新淮母猪数	推广种猪数
1988	130	2232	1999	202	—
1989	132	2240	2000	232	—
1990	134	2318	2001	251	4382
1991	128	2160	2002	284	5160
1992	140	2480	2003	336	5846
1993	140	2522	2004	340	5790
1994	120	2141	2005	388	6634
1995	122	2118	2006	422	7144
1996	126	2247	2007	480	8862
1997	126	2236	2008	520	9643
1998	82	—			

第四节　淮阴区苗圃

淮阴区苗圃建于1975年10月，位于徐溜镇东南，西距205国道1千米，北邻红色大道，东邻淮阴种猪场，是全区唯一国有育苗单位，属国营场圃，归区林牧渔业局管理。面积19.73公顷，育苗面积8.67公顷。投产前几年，主要育苗品种为德杨、水杉、泡桐等。1981年后，意杨培育逐渐成为主导产品。1983年起，育有少量花卉、果树。2008年，有职工221人，育苗面积9公顷，产苗36万株，主要树种有意杨、杂交柳、女贞、棕榈、水杉、樟树、朴树、银杏等。

1979～2008年部分年份苗圃育苗情况表

表3-3-2　　单位：公顷、万株

年份	面积	树种	产苗	年份	面积	树种	产苗
1979	12.07	德杨、水杉、川楝、法桐	55	1995	7.67	意杨、泡桐、花木	35
1980	9.00	德杨、意杨、水杉	42	2000	6.00	意杨、花木、水杉	27

续表3-3-2

年份	面积	树 种	产苗	年份	面积	树 种	产苗
1981	10.53	意杨、水杉	17	2001	6.67	意杨、蜀桧、棕榈	30
1982	8.87	意杨、水杉、杂交柳、紫穗槐	24	2005	7.67	意杨、花卉、蜀桧	32
1983	10.47	意杨、水杉、泡桐、花木	28	2006	8.00	意杨、红叶李、花卉、蜀桧	35
1985	9.20	意杨、水杉、山楂、苹果	42	2007	8.13	意杨、女贞、花卉、蜀桧	36
1990	8.67	意杨、水杉	20	2008	9.00	意杨、中华红叶杨、蜀桧、棕榈	39

第五节　淮阴区鱼种场

淮阴区鱼种场1957年筹建，位于凌桥乡双闸村西夏家湖境内，属国营场圃，1958年4月正式投产，总面积46.67公顷，其中养殖面积21.6公顷，护场河2.67公顷，饲料地6.67公顷。从1978年开始培育鲢鱼、鳙鱼、草鱼、青鱼（俗称“四大家鱼”）以及鳊鱼、鲤鱼、银鲫等鱼苗。2005年4月，被东台市绿源化工有限公司负责人刘从铭租赁，期限50年，主要项目是水产品加工与开发。至2008年，情况无变化。

1978～2005年部分年份鱼苗、鱼种生产情况表

表3-3-3

年份	鱼苗生产（万尾）	夏花培育（万尾）	鱼种生产（万尾）	成鱼养殖（吨）
1978	5832	812	131.5	40.3
1983	6622	1212	151	45.2
1988	6951	1417	182.9	53.1
1993	7328	1519	241.5	60.7
1998	8523	1703	281	70.4
2005	12116	2005.6	300.4	80.1

第六节　淮阴区农科所

淮阴区农科所成立于1952年8月，位于渔沟镇桃园街，属国营场圃。占地23.3公顷，主要从事农业生产、试验、示范、新品种推广及自主创新项目的实施。1978年，农科所土地面积16.6公顷，其中耕地面积15.6公顷、水面1公顷。1984年，农科所划归县委农工部管理，1990年5月划归县农业局管理。每年繁育水稻、小麦良种200吨，同时承担水稻、玉米、棉花制种及各种试验以及小麦提纯复壮工作。2000～2008年，每年承担农业部以及省、市、区农业部门水稻生产中间试验、品种比较试验展示、小麦品比试验和展示等品种50～168个，为稻、麦新品种的审定及推广提供依据。

第四篇 国土资源管理

1978年，淮阴县计划委员会基建科办理土地征用等事宜。1982年5月，国务院发布《国家建设征用土地条例》。1986年6月，国家颁布土地管理法，境内土地管理被提到重要位置。1987年1月1日以后，全县土地资源纳入依法管理轨道，建立统一管理机制，地籍管理、各类建设用地管理，土地开发、利用、保护及监察等工作全面启动。1988年7～10月，全境范围内开展非农业用地清查工作。1989～1990年，完成全县土地申报工作。1994年，完成农村集体土地建设用地使用权登记发证工作。1995年3～12月，对城区8.99平方千米的土地进行定级评估。2000年4月，成立土地勘测事务所，有专业人员8名。2001年2月，更名为淮安市淮阴区国土资源管理局。至2003年，境内建设用地虽有一定数量增加，但耕地有增无减。

2004年，境内实施新一轮基本农田保护措施，将比较集中、排灌条件较好、土地肥沃、高产稳产的田地划定为基本农田。是年，全区划定基本农田保护774块，面积为66666.67公顷。

2005年，全区建设用地总量21204公顷，比1996年增长4.63%。2008年，全区在大力推进城镇化和工业化的过程中，以保护基本农田为基本点，进一步科学规划各类建设用地，适当扩大工矿用地规模，调整、控制农村居民点面积，达到经济社会发展和土地协调利用的统一。

第一章 机构与规划

第一节 机 构

一、管理机构

1978年，淮阴县土地管理由县计划委员会基建科负责。1983年，成立基建局，土地管理由基建局负责。1986年1月，在县农业局挂牌成立淮阴县土地管理办公室。1988年2月，淮阴县土地管理局挂牌，内设人秘股、建设用地股、地政地籍股、法规监察股，县土地管理办公室撤销。1995年7月，增设财务股，成立土地估价所、土地监察中队。1997年6月，淮阴县土地管理局更名为淮阴县国土管理局。2001年2月，更名为淮安市淮阴区国土资源管理局。是年11月，组建淮安市淮阴区国土资源局。2003年12月，国土局实行省以下垂直管理，内设办公室、建设用地管理科、地籍测绘管理科、矿产资源管理科。2004年10月28日，淮安市淮阴区国土资源局更名为淮安市国土资源管理局淮阴分局，内设办公室、土地利用管理科、测绘地籍管理科、矿产资源管理科、法规监察股。至2008年，内设机构无变化。

二、直属单位

【淮阴国土资源监察大队】 1995年11月，成立淮阴县土地管理局法规监察中队，编制5名，为正股级全民事业单位。其职责是负责全县土地管理法律法规宣传、涉土信访问题处理、土地资源管理，以及土地执法监察巡查和违法用地案件查处等工作。2001年2月，更名为淮安市淮阴区国土资源管理局法规监察中队。2005年12月，监察中队编制人员依照公务员制度管理。2008年8月，原监察中队调整为淮安市国土资源管理局监察支队内设机构，更名为淮阴国土资源监察大队，为副科级单位，编制10名。

【淮阴区征地事务所】 2000年6月，成立淮阴县征地事务所，为正股级直属事业单位，编制6名，经费渠道自收自支。2001年2月，更名为淮阴区征地事务所，负责全区土地征收报批和征地补偿安置、耕地占补平衡等工作。2004年10月，在原淮阴区征地事务所增挂“淮安市淮阴区土地整理中心”牌子，负责全区土地开发、复垦整理和耕地补充，以及农村土地综合整治等工作。至2008年，编制、职能无变化。

【淮阴区土地勘测事务所】 2000年6月，成立淮阴县土地勘测事务所，为正股级直属事业单位，编制5名，经费渠道自收自支。2001年2月，更名为淮阴区土地勘测事务所，负责全区土地分类测量和土地勘测定界等工作。至2008年，编制、职能无变化。

【淮阴区土地估价事务所】 2000年6月，成立淮阴县土地估价事务所，为正股级直属事业单位，编制4名，经费渠道自收自支。2001年2月，更名为淮阴区土地估价事务所，负责全区国有土地分等定级、国有土地使用权出让中的地价评估及低价管理等工作。至2008年，编制、职能无变化。

【淮阴区土地储备中心】 2000年6月，成立淮阴县土地储备中心，为正股级直属事业单位，编制5名，经费渠道自收自支。2001年2月，更名为淮阴区土地储备中心，负责全区国有土地开发储备，以及管理国有土地使用权的招标、挂牌和拍卖，对国有土地使用权出让进行管理等。至2008年，编制、职能无变化。

【淮阴区土地交易所】 2007年12月，成立淮阴区土地交易所，为正股级直属事业单位，核定编制4名，经费渠道自收自支，人员从征地事务所、土地勘测事务所、土地储备中心调剂，负责全区土地二级市场交易。2008年，编制、职能未变。

三、乡镇国土管理所

1988年6月，全县各乡镇（场）设立土地管理所，编制为35名，负责辖区内土地管理法律法规宣传、土地资料管理、土地执法监察巡查等工作，配合县土地管理局对违法用地案件的调查取证工作。1995年11月，重新核定全县乡镇土地管理所28个，核定编制97名。2003年撤乡并镇后，设立乡镇和经济开发区国土所22个，编制仍为97名。2005年12月，经考试、考核及省人事厅、省国土厅批准，乡镇国土所正式编制人员依照公务员制度管理。至2008年，乡镇国土资源管理所设置及人员编制数无变化。

第二节　土地规划

一、淮阴县土地利用总体规划（1991～2000）

1993年12月，首次组织专业技术人员编制《淮阴县土地利用总体规划（1991～2000）》。规划以1990年为基期年，1995年为过渡年，2000年为目标年。土地面积以1986年土地详查数和1988年土地监测数为基数，期间内应保有的最低耕地良田面积为66773.34公顷，以此作为基本农田宏观保持控制数，其中粮食面积57780公顷，油料面积666.67公顷，蔬菜面积2326.67公顷。农业用地、非农业化转移的数量控制在市下达的1%范围内。基本农田一级保护率按照90%的指标落实。耕地减少的面积主要用于城乡建设和工业开发。以1990年全县城乡建设用地17993.33公顷为基数，规划到2000年将调整到19193.33公顷。期内增加用地1200公顷，其中县城建设增加466.67公顷；各乡镇建设增加600公顷；独立工矿建设用地增加133.33公顷；农村居民点用地将通过规划进行小村庄归并，至2000年减少用地333.33公顷；交通建设用地，1990年为2546.67公顷，至2000年调整到3793.33公顷，增加用地

1246.67公顷，主要用于宁连一级公路、同三高速公路、京沪高速公路、宿淮盐高速公路、新长铁路等交通建设以及原有公路的拓宽改造工程；在规划期内的水利建设，主要是沿湖堤防的加高巩固、排水河整治，以及建设吨粮田、改造中低产田的三沟（墒沟、腰沟、田头沟）建设，修通田间机耕道路和农田配套设施，建设工程主要是在原有基础上进一步加工，不新占用土地。总体规划于1994年底通过市验收。

二、淮阴县土地利用总体规划（1997～2010）

此规划从1996年开始组织制定，1998年进行调整修编，以1996年为规划基期年，2010年为规划目标年，包括城乡建设用地规划、交通建设用地规划及水利建设用地规划等。修编后的规划确定：全县耕地保护面积76249.8公顷，其中列入基本农田保护的面积66734.8公顷。至2010年底，耕地总面积稳定在76266.67公顷，基本农田保有量73402.17公顷；一般农田保护区面积9514.3公顷，提供建设用地2254.07公顷，其中占用耕地914公顷，复垦开发土地后备资源494.7公顷，土地整理8405公顷。1998年12月17日，此规划通过省、市有关部门专家现场验收认定。2006年，根据1997～2005年的土地利用实际情况作出调整，并对下一阶段各项建设用地需求作出预测。2007年，对全区土地利用现状进一步调查，对涉及规划修编的耕地保有量、基本农田保护面积、建设用地总量等关键数据进一步核实，为新一轮土地利用《规划大纲》的编制做好准备工作。2008年，对涉及9个乡镇的148.85公顷土地利用总体规划进行局部调整。

【城乡建设用地规划】 1996年为基期年，全县居民点及工矿用地总量18093公顷，占土地总面积的13.81%。至2008年，居民点及工矿用地总量控制在15765.2公顷以内，占土地总面积的12.03%。

城镇规划：基期年城镇居民点及工矿用地总量1533.7公顷，占土地总面积的1.17%。至2008年总量控制在1897.7公顷，占土地总面积的1.45%，净增364公顷，其中1997～2000年增201.3公顷，2001～2008年增162.7公顷。

农村建设规划：基期年农村居民点用地总量为16281.7公顷，占土地总面积的12.43%。2008年农村居民点用地总量控制在13589.9公顷，占土地总面积的10.65%，净减2691.80公顷，其中1997～2000年减931.1公顷，2001～2008年减1760.7公顷。

【交通建设用地规划】 1996年为基期年，全县交通用地总量2705.6公顷，占土地总面积的2.07%。至2008年，交通用地总量达到3332.8公顷，占土地总面积的2.54%，净增627.2公顷。其中1997～2000年增501.8公顷，2001～2008年增125.4公顷。

【水利建设用地规划】 1996年为基期年，全县实有水域面积25719.8公顷，占土地总面积的19.63%。至2008年，水域面积计划减至25563.4公顷，占土地总面积的19.51%，净减156.4公顷，其中1997～2000年减39.9公顷，2001～2008年减116.5公顷。

第二章　土地保护与利用

第一节　基本农田保护

1978年后，全县将养地护田、改良土壤作为加快农业发展的一项战略性措施。1994年12月，开始制定全县基本农田保护专项规划，与土地利用总体规划相衔接。至1995年8月，全县完成基本农田保护区的划定工作，划定基本农田保护片2212个。1996年，全县确定一级基本农田保护面积66733.33公顷，二级基本农田保护面积12800公顷，设立保护区标志牌1078块，绘制保护区图2000余幅，同时做好农田保护区与小城镇建设规划的衔接工作。1998年，通过产业结构调整增加耕地819.89公顷，建设用地占用耕地357.77公顷，符合国家对耕地保护实行占补平衡的原则。2002年，全区耕地面积为76543.11公顷，基本农田保护面积为66735.5公顷。划定基本农田保护区，设立基本农田保护标志牌。2004年，根据《基本农田保护条例》规定和淮阴区土地利用总体规划的要求，实施新一轮基本农田保护工作。具体做法是：将连片集中、排灌条件较好、土壤肥沃、高产稳产的田块划定为基本农田，每个行政村划为一个保护片，再以村民小组为单位划定基本农田保护块，共划定基本农田保护区241片、774块，面积为66666.67公顷，耕地保护率在87%以上；投入保护资金50余万元，设立基本农田保护标志牌1241块，埋设界址桩2000根；建立健全区、乡（镇）、村、组、户五级管理网络，层层签订基本农田保护责任状2182份，向农户发放《基本农田保护通知书》22485份。2005年，进一步落实基本农田保护措施，完善基本农田保护制度。是年，全区拥有一级基本农田66875公顷，二级基本农田12912公顷。2007年，定期组织对全区基本农田保护情况进行复查，对发生变化的基本农田及时补缺或调整，不断巩固基本农田保护活动成果。

2008年初，区政府与各乡镇政府签订耕地保护责任状，责成乡镇人民政府对本行政区域内耕地保有量、基本农田保护面积执行情况负总责，对区相关部门提出责任要求，承担耕地保护共同责任，及时调整19个乡镇的耕地保护工作领导小组，在区、乡（镇）、村、组、户五级之间重新签订基本农田保护责任书2万余份。是年，全区一、二级基本农田保有量为79754公顷。

第二节　土地利用状况

1993年2月至1994年5月，完成全境土地资源调查，其中耕地74016.22公顷，占总面积56.54%；园地8388.25公顷，占总面积6.41%；林地1445.89公顷，占总面积1.1%；居民点及工矿用地17991.93公顷，占总面积13.74%；交通用地2546.8公顷，占总面积1.95%；水域25703.55公顷，占总面积19.63%；未利用土地824.6公顷，占总面积0.63%。1994年8月10～11日，省级验收组对淮阴县土地利用状况调查进行验收鉴定。

1996年末，开展土地利用状况变更调查。结果显示，全县耕地面积（可耕地）为75996.35公顷，人均占有0.09公顷。1997年，全县耕地总面积76509.97公顷，比1996年增加513.61公顷，人均占有耕地比1996年增加了0.02公顷。1998年，全县耕地总面积77383.98公顷，比1997年增加874.02公顷；建设用地占用耕地357.77公顷，继续保持全县耕地总量未减少，符合国家对耕地保护实行占补平衡的原则。1999年，新增建设用地总面积305.15公顷。是年末，全县耕地总面积77134.98公顷，比1998年初减少249公顷。2003 年，全区耕地总面积76462.19公顷。2007年，农用地面积98968.39公顷，其中耕地面积76658.85公顷，园地4456.44公顷，林地1457.87公顷，其他农用地16395.23公顷；建设用地21533.1公顷，其中居民点和工矿用地19194.27公顷，交通运输用地1126.67公顷，水利设施用地1212.16公顷，未利用地10497.86公顷。2008年，年度地籍变更调查数据显示，全区土地资源利用满足经济社会发展的需要，同时也控制在规划范围之内。全区农用地面积减至98901.97公顷，建设用地面积增至21778.56公顷，未利用地面积减至806.73公顷。

1997年淮阴县土地利用状况调查分类表

表4-2-1　　　　单位：公顷

地类名称		分类面积	占总面积（%）
合计		130999.07	100.00
耕地	小计	76509.97	58.40

续表 4-2-1

地类名称		分类面积	占总面积(%)
耕地	灌溉水田	39623.63	30.25
	望天田	107.53	0.08
	水浇地	41.67	0.03
	旱地	33120.63	25.28
	菜地	3616.51	2.76
园地	小计	5676.80	4.33
	果园	391.79	0.30
	桑园	5281.55	4.03
	竹园	0.11	0
	其他园地	3.35	0
林地	小计	1462.01	1.12
	有林地	1434.07	1.09
	灌木林	4.37	0
	疏林地	4.28	0
	苗圃	19.29	0.01
居民点及工矿用地	小计	18099.48	13.82
	城市	0	0
	建制镇	743.97	0.57
	农村居民点	16288.12	12.43
	独立工矿	789.05	0.60
	盐田	5.95	0
	特殊用地	272.39	0.21
交通用地	小计	2714.39	2.07
	铁路	80.51	0.06
	公路	546.65	0.42
	农村道路	2085.06	1.59
	港口、码头	2.17	0
水域	小计	25744.46	19.66
	河流水面	3138.32	2.40
	湖泊水面	5921.99	4.52
	坑塘水面	3806.14	2.91
	苇地	462.17	0.35
	滩涂	553.33	0.42
	沟渠	10487.68	8.01
	水工建筑	1374.83	1.05

第三节　建设土地利用

一、交通建设土地利用

1978年，境内交通建设用地较少。1985年，全县公路面积循环网基本形成，以205国道、305和204省道、淮涟公路为主。主干道又分出若干支线通往各乡镇，构成四通八达的交通网。农村道路支线呈辐射状遍布全县乡村。1996年全县交通建设土地利用面积为2705.57公顷，占土地总面积1.95%。1998年，土地利用主要是国家重点建设项目，如沂淮铁路、淮江高速公路、丁集国家粮库等建设用地均先后报批办理，获准占用耕地357.77公顷。2002年，建成214省道大福收费站；建成凌桥乡至三树镇5千米长、5.5米宽的沥青路，107千米乡村砂石路，盐河护岸四期560米护岸等工程。

2008年，区内交通快速发展，使土地得到有效利用，年内承担187个单体项目建设任务，成为淮安市范围内交通建设的密集区域。贯通宿淮盐高速淮安西互通连接线，完成237省道淮阴区段一级化工程，基本完成农村公路281千米，全部建成刘老庄等外环线，全部完成宿淮盐高速凌桥互通线连接工程建设，建成27所农村中小学等级道路连接线11千米。

二、城乡建设土地利用

1982年前，乡村建设缺乏统一规划，村落布局零乱，农民居住分散，土地浪费严重。1983年，开始对乡村建设进行规划，编制28个乡镇以及29个村所在集镇的现状图、总体规划图和说明书，并逐步投入实施。1987年后，随着农村经济持续发展，全县农户纷纷新建或扩建住宅，乡镇企业不断发展，对土地利用提出新要求，乡村建设用地面积快速扩大。1994年，全县城乡建设土地面积为17993.33公顷，占土地总面积13.74%。1999年，建设用地面积305.15公顷，其中居民点和工矿用地62.37公顷。2000年，建设用地63.6公顷。2001年，建设用地87.5公顷。2005年，针对全区城乡建设不同情况，采取收购、分割收回、无偿收回等方式对9宗土地进行处置，提高土地利用率。

2008，全区共获准城乡建设用地136.86公顷，盘活利用存量建设用地39宗计97.89公顷，完成城区建设土地使用计划，城区新增绿化面积75万平方米，建成盐河风光带和小游园4个，39个市政建设项目得到合理用地。是年，农村100个集中居住点有了用地规划，城市储备地块、拆迁地块和重点建设地块均得到合理利用。

第四节　废弃地复垦

1978～1984年，县内建大轮窑27座，各种小窑、立窑123座，占地总面积588.69公顷，其中属于永久性占地146.46公顷，规划取土用地442.23公顷。县土地管理局成立后，把窑厂挖废土地的复垦利用作为一个重要项目，经常进行督促检查。1988年2月，县内零星荒废地复垦利用纳入复垦项目，将计划落实到各个乡镇。同时，留足必要的复垦资金，县级从耕地占用税留成中提取5%，从土地使用税留成中提取10%～15%，专款专用，用于土地复垦。乡镇收取的土地使用费除上交部分之外，主要用于土地复垦。是年起，凡建设用地涉及损坏、塌陷、压占其他土地时，均按照“谁破坏、谁复垦”的原则处理。1990年6月，大窑复垦35.93公顷，小窑复垦5.95公顷，分别占挖废土地的15.7%和15.1%。边取土边复垦用于养鱼的，大窑78.3公顷，小窑5.85公顷，分别占挖废土地的34.2%和14.9%。1997年，全县共复垦开发土地50.41公顷。2000年，通过复垦整理，年内耕地增加54.91公顷。因各类建设报批农用地转为建设用地16.66公顷，年内净增耕地15.87公顷。建立土地复垦开发整理项目库13个，面积为100公顷。上半年，经省国土资源厅验收合格4个，面积为52.83公顷，净增耕地45.33公顷，其余项目年底全部通过省国土资源厅验收。2005 年，全区复垦土地 193.25 公顷，新增耕地 166.67 公顷。申报国家级和省级土地整理项目 8333.33 公顷。其中，吴集镇 2000 公顷土地整理项目获国土资源部批准，西宋集镇 2000 公顷土地整理项目立项获财政部验收通过，五里镇 333.33 公顷土地整理项目获省国土厅批准。2008 年，五里镇东北片 349.65 公顷土地整理项目通过省级验收，吴集镇 1571.84 公顷、西宋集镇 1659 公顷土地整理项目尚在进行中。申报成功土地整理项目的乡镇有南陈集镇 1476.06 公顷、五里镇 648.87 公顷、刘老庄乡 611.59 公顷、古寨乡 742.2 公顷。17 个土地开发复垦项目一次性通过验收，增加耕地 145.77 公顷。

1987～2008 年淮阴区（县）土地复垦统计表

表 4-2-2　　单位：公顷

年份	实际复垦	复垦土地用途				
		农田	园地	林地	鱼塘	其他
1987～1989	292.21	149.20	21.23	107.17	—	14.61
1991	140.84	66.97	—	38.73	31.47	3.67
1993	103.66	33.33	—	13.33	53.33	3.67
1994	84.51	55.31	6.93	—	22.27	—
1995	68.98	42.78	7.53	—	18.20	0.47
1996	166.32	79.35	13.63	—	67.60	5.74
1997	50.41	49.33	—	—	—	1.08
1998	42.04	41.35	—	—	—	0.69
1999	48.82	47.40	—	—	—	1.42
2000	56.19	54.91	—	—	—	1.28
2001	277.58	238.11	—	—	—	39.47
2002	100.84	80.59	—	—	—	20.25
2003	83.09	71.08	—	—	—	12.01
2004	313.40	282.75	—	—	—	30.65
2005	193.25	172.37	—	—	—	20.88
2006	249.38	235.79	—	—	—	13.59
2007	210.48	195.22	—	—	—	15.26
2008	160.66	145.77	—	—	—	14.89

第三章　地籍管理

第一节　土地调查

一、城镇地籍调查

【权属调查】 1996年4月，在王营镇北桥居委会进行城镇国有土地使用权的权属调查试点，后在取得直接经验的基础上全面铺开。这次权属调查包括现场调查核实宗地的权属情况、界址调查、设置界标。是年，完成152个单位的土地使用权权属调查，完成3650户居民使用国有土地的权属调查。2002年，开展对城区约0.6平方千米400余宗土地权属调查工作，办理城区零星登记225宗，抵押登记10宗，变更土地登记293宗，调查终结28起土地权属纠纷，完成城区拆迁改造及新增建设用地142宗计12公顷的权属调查任务，集体土地所有权证书登记发证率85%以上。2008年，全区开始实施第二次土地调查。是年，完成城区及乡镇集市地籍调查，面积14平方千米，基本完成地形图测绘工作。

【地籍测量】 1996年4月，在权属调查的同时，县土地管理局与青海测绘局第二测绘队签订县城地籍调查协议书，技术工作由测绘队负责。测量北至盐河，南至废黄河，西至北京北路，东至营东大沟，计43个街坊，单位用地152宗，居民用地3650宗，面积4平方千米。2000年，对北京北路以西，北京西路以南，西安路以东2平方千米范围内的建设用地进行定点调查测量，确定每座建筑物占地面积，测量区内1547宗地，年内发证1023宗。2005年，对全区54个测量水准点和36个测量三角点的测绘标志进行普查。2008年，对辖区内的水准点、三角点和GPS点等120多个测量标志点进行全面维护。

二、农村地籍调查

1988年，境内农村开始非农用地清查工作。清查的主要对象是1982年以后经批准建设的全民、集体所有制单位的建设用地、民房宅基地以及专业户、经济联合体、砖瓦厂的占地情况。是年7月27日，在棉花庄乡进行非农用地清查试点工作，历时12天。试点期间，抽调30人组成专业清查队伍，对棉花庄乡的6477户宅基地、31个国有建设用地单位、46个乡村建设用地单位以及10个专业户和4个砖瓦厂用地进行外业丈量工作。经测量，全乡各项建设占用土地234.44公顷，其中农户宅基地占地面积194.92公顷，平均每户占地0.53亩，严重超过新的宅基地占地0.2亩的规定标准；1982年后，单位、专业户和砖瓦厂等各项建设占用土地计34.05公顷，其中大部分属耕地。

1991年，在丁集乡劳动村进行农村地籍调查试点。1992年，全县开展农村地籍调查工作，组织专业队伍403人，组成勘量小组76个（每组6人左右），至1993年底完成。调查的结果是，全县农村宅基地共163224宗，完成权属调查160820宗，占总数98.53%，从此境内农村建立了宅基地档案。1999年底，对全县当年土地利用现状作变更调查，调查确认增建设用地总面积305.15公顷，全县耕地总面积77134.98公顷，比年初减少20.31公顷。2008年，开始对全区22个乡镇（开发区）1:5000农村土地调查，至年底调查工作仍在进行。

第二节　土地登记

一、初始土地登记发证

1978年前，因制度不健全，境内土地不能实行有效管理，土地权属积累了诸多问题，由此而引发的矛盾纠纷不断。1991年，全县国有土地申报工作结束。1992年，完成土地权属调查。1993年起，在全县范围内开展土地初始登记发证工作。1994年3月在丁集乡进行试点。至1996年，全县发放国有土地使用证128本，面积116.4万平方米；发放集体土地使用证154979本，占应发证的95%，面积约4649.37万平方米；建立地籍档案16万余份。

二、土地变更登记

1995年9月16日起，在全县范围内普遍开展土地变更调查工作，共查出变更图斑1646块，变更面积1958.2公顷。随后，将变更地类在土地利用全信息图上进行修改，对新增地物进行补测，从而准确反映土地利用现状。是年，全县办理土地使用权变更32宗，面积0.7公顷；用途变更17宗，面积1.2公顷。2002年，全区土地使用权变更293宗。2005年，办理使用权变更登记46宗。1995～2008年，全区（县）国有、集体土地变更登记共9419宗。

三、城乡土地登记发证

1998年，城区开展土地登记发证工作，先后完成宗地发证2988宗，累计发证3016户；旧城改造新批用地发证12宗，用地面积7公顷。1999年，对调查清楚的用地单位和个人继续办理发证，共测量土地466宗，发证397宗，发证率85.2%。是年，全县启动城区房改房发证工作，先后有66个单位申报登记，核发国有土地使用证1200余本。2000年3月，在城区部分区域建设用地调查测量中，测量区内土地1547宗，在权属调查的基础上颁发土地使用权证书，发证1023宗，发证率75.2%。2002年，办理集体土地所有权证，发证率85%以上。2003年，对城区85宗165公顷土地权属进行调查，办理城区登记发证1941宗，办理房改房登记发证620宗，办理商品房发证210宗，为用地企业发证31宗。2004年，全区有251个行政村集体土地使用权证书发放到位。2005年，各类土地使用权登记发证1403宗。2008年，应用计算机土地登记发证系统，办理商品房土地登记发证3445宗。

第四章　用地管理

第一节　国家建设用地

1978年，凡国家建设征用土地，无论用地数量多少，一律逐级报经省革命委员会批准。是年，全县国家建设用地6.8公顷。根据国家规定，国家建设用地均采用无偿划拨的供地方式。1982年，国家建设征用一般土地0.67公顷以上、蔬菜地0.2公顷以上，则须逐级上报，由省人民政府审批。1987年后，随着改革开放的深入，境内建设用地出现诸如出让国有土地使用权、出租或转让土地使用权等多种形式。1988年，境内国家建设项目，如机关、学校、国营企事业单位等，征用耕地1公顷以上，蔬菜地0.2公顷以上，其他土地1.33公顷以上，均须按程序报批，由省人民政府批准。1993年，境内兴建新长铁路（沿线），征用土地140.76公顷，补偿11957.08万元。同年，筹建淮阴华能电厂，征用杨庄、袁集两乡3个村7个村民小组的土地63.84公顷，补偿当地农民1512.89万元。是年起，对新报批国家建设用地，采取签订土地使用合同的办法，以加强用地管理。1997年，全年审批国家建设用地27项，批准一般土地9.83公顷，批准使用耕地2.27公顷。1998年起，县土地主管部门先后为境内沂淮铁路、淮江高速公路、丁集国家粮库办理建设用地手续，报批占用耕地357.77公顷；补办县内国家建设项目21个，获准用地17.49公顷。1999年，建设用地占用基本农田耕地的要报经国务院批准。是年，境内国家建设用地和旧城改造用地，获省人民政府批准2个批次计4.36公顷，农用地转用2.38公顷，划拨使用国有土地4.99公顷。以上用地除国家重点项目外，均推行存量土地使用。2000年，根据经济建设需要，县政府先后向省政府报批城市建设6个批次、村镇建设2个批次的用地，获准征用土地82.33公顷，其中一部分按农用地转为建设用地报批。2001年，报省审批城市建设用地10个批次，村镇建设用地5个批次，单独选址项目2个，共获准用地面积76.92公顷。2002年，全区招商引资项目增加，工业迅速发展，国家建设用地76.73公顷。2003年，报省审批建设用地12个批次，征用集体土地216公顷，农用地转用181.35公顷。是年，国家建设用地236.1公顷。2005年，实际经省国土资源厅批准各类建设用地和补办用地项目共计287.47公顷，其中单独选址项目1个面积32公顷，补办用地审批手续43宗计91公顷。2006年，报省国土资源厅审批国家建设用地263.03公顷，盘活利用存量土地57.53公顷。2007年，经省国土资源厅批准，国家建设用地93.41公顷，其中农用地转用68.67公顷。是年，区政府将15个乡镇325.25公顷的建设预留地调整到开发区，用于淮阴经济开发区的拓展。2008年，共批国家建设用地153.38公顷，争取使用城乡挂钩周转指标66公顷。

第二节　集体建设用地

1978年，全县农村社队建设用地14.67公顷。1980年9月，县建筑公司办公及生产用房，征用小营公社营东大队土地0.6公顷，合计补偿31253元，安置剩余劳动力18人。1985年，县政府出台两份文件，严禁乱占耕地。1987年，全县乡、村集体建设用地5.77公顷。1988年，对乡、村集体建设用地实行计划管理，审批乡、村集体建设用地0.13公顷。1996年，开始对全县窑业用地进行专项治理，至1998年，共拆除250多座小土窑。2003年，对全区30家砖瓦窑企业用地情况进行年检，发放延续登记手续29家。是年，拆除严重毁坏耕地取土烧砖小土窑31座、小立窑122座，复垦窑业用地面积67.67公顷。2004年，30家砖瓦窑企业年检合格，收取矿产资源补偿费51万元，拆除小土窑、小立窑234座。2006年，拆除三树镇树北窑厂和徐溜镇韩庄窑厂。2008年，为农村集体建设报批转用土地11.46公顷。

第三节　居民建设用地

一、农民宅基用地

1978年，全县农村居民宅基地由个人申请，经生产队、大队审查，报公社批准。1982年后，农村出现建房热，乱占滥建、未批先建现象较为严重。1982年12月，县政府规定农村建房坚持统一规划、合理布局、节约用地的原则。1982～1987年，未经用地审批擅自建房的有6347户，平均每户占有宅基地0.02公顷。1988年，县土地管理局对农民宅基地的使用加强管理，明确申请宅基地使用具备的条件与审批程序。1990年，开始对农村宅基地实行计划管理。1996年，批准宅基地361户，用地5.18公顷，其中占用耕地3.77公顷。1997年起，宅基地办理控制在存量土地上，全年批准宅基地152户，用地2.22公顷。1998年，在存量土地上办理宅基地77宗，批准用地1.64公顷。2000年，批准新建宅基地226户，用地3.98公顷。2001年，在存量土地上新批农民宅基地56户，用地0.79公顷。2002年，新批农民宅基地185户，用地2.44公顷，批准翻、扩建550户，用地7.26公顷。2003年，批准农民宅基地18户计0.24公顷，批准翻、扩建183户计2.41公顷。2004年起，全区冻结农村零星宅基地及住房建设的批准手续，农民新建住房必须到规划的中心村或乡镇所在集镇，或到城区购买商品房。此后，全区不再审批农民宅基地。

二、城镇居民宅基用地

1978～1987年，城镇居民建房使用宅基地由个人申请，经居民委员会和镇政府审查，报城建部门批准，发给建筑执照，同时划拨土地。1988年，城镇居民建房需使用宅基地的，按原规定程序报县政府审批，领取用地许可证，凭用地许可证向城建部门申请，领取建筑执照后方可施工建房。1995年5月，居民在王营镇、果林场、开发区范围内申请建房，无论占用的是耕地还是非耕地，是新建还是翻建、扩建，均需报县政府批准。2000年起，县城规划区内禁止单门独院建设，禁止新建零散的住宅楼。此后，全区（县）不再审批市民单建住宅。

1987～1996年淮阴县各类建设用地情况一览表

表4-4-1　　单位：公顷

年份	国家建设		集体建设		私人建设		三项建设批准用地合计	三项建设占用耕地合计
	批准用地	占用耕地	批准用地	占用耕地	批准用地	占用耕地		
1987	4.10	2.98	3.15	14.75	46.59	28.55	53.84	46.28
1988	9.65	6.35	0.82	0.31	6.88	6.42	17.35	13.08
1989	22.40	16.48	0.80	0.17	26.17	11.22	49.37	27.87
1990	16.03	10.40	3.50	0.74	18.20	11.10	37.73	22.24
1991	64.66	28.13	0.66	0.16	9.98	3.94	75.30	32.23
1992	6.77	4.60	0.23	0.07	6.62	2.31	13.62	6.98
1993	9.25	6.81	0.97	0.65	4.27	1.20	14.49	8.66
1994	2.56	1.15	—	—	5.95	1.71	8.51	2.86
1995	2.83	2.49	0.66	—	5.48	3.40	8.97	5.89
1996	3.74	3.40	0.10	0.10	5.18	3.77	9.02	7.27

1999～2008年淮阴区（县）各类建设用地统计表

表4-4-2　　单位：公顷

年份	批准用地面积	实际用地面积	年份	批准用地面积	实际用地面积
1999	25.97	21.28	2004	438.04	375.36
2000	75.13	49.74	2005	300.47	225.69
2001	70.82	44.63	2006	258.21	183.63
2002	75.60	58.53	2007	92.48	72.13
2003	232.73	193.45	2008	150.73	103.23

第四节　征地补偿与安置

一、征地补偿

1978年，国家建设用地及城镇非农业户口居民建房使用集体土地，均采用无偿划拨的方法。对被征用单位划拨后土地过于缺少的，适当安排一部分劳动力进国营企业或集体企业务工。1981年1月1日起，县政府规定，国家、集体建设需要征用农田及其附属物的，发给生产队一定经济补偿。1983年11月起，开始实行土地有偿征用与安置，并制定土地补偿费标准。是年，全县支出土地征用补偿费8万元。1986年12月起，城镇非农业户口居民建住宅需要使用集体土地的，参照国家建设征用土地标准支付补偿费。1987年1月起，国家、集体建设征（拨、使）用土地、城镇非农业户口居民建房使用集体土地，均按《土地管理法》规定交付土地补偿费及青苗、附着物补偿费。1988年，房屋拆迁补偿纳入征用土地补偿，并规定具体的补偿标准。1990年9月，市政府根据物价因素，对征用土地的补偿及时作出补充规定，淮阴县即按市政府的统一规定执行新的标准。1991年后，征地补偿和安置标准先后进行五次调整。1996年8月，对征用土地各项补偿又作出新规定。1999年，批准用地面积25.97公顷，实际用地面积21.28公顷，补偿766.2万元。2006年，淮安市政府颁布征地补偿和被征地农民基本生活保障实施细则。是年，全区批准用地面积258.21公顷，实际用地面积183.63公顷。2008年，批准用地面积150.73公顷，实际用地面积103.23公顷，补偿3266.84万元。

1990年淮阴县城市郊区房屋拆迁补偿标准一览表

表4-4-3　　单位：元/平方米

类别	等级	结构情况	补偿金额
楼房	甲	三年内新建房屋，门窗齐全，结构完好，有水电	100～120
	乙	一般房屋，结构墙身基本完好	75～85
	丙	旧房，质量不好	60～70
瓦房	甲	三年内新建房屋，门窗齐全，屋面完好，水泥地坪，有水电	70～75
	乙	旧房屋，结构基本完好	60～70
	丙	房屋较破旧，简易地坪	50～60
草房	甲	砖墙身，门窗齐全，有电	45～50
	乙	半砖、半土墙身，门窗齐全，简易地坪	35～40
	丙	土坯墙，门窗尚全，房屋破旧	20～30
披房	甲	砖墙、瓦屋面	25～30
	乙	乱砖墙、草屋面	15～20
	丙	简单结构	8～10

1996年淮阴县农村及城市郊区房屋拆迁（自拆自建）补偿标准一览表

表4-4-4　　单位：元/平方米

类别	等级	结构情况	补偿金额	备　注
楼房	甲	三年内新建房屋，门窗齐全，结构完好，有水电	280～350	水泥砂浆砌筑，外粉刷的房屋酌情增加10%～15%；新房基需增高者，费用另按实际计算或由建设单位平整。拆迁费用，包括室内水电拆迁费用，外线不在内；市、县城镇建制镇的房屋拆迁不执行此标准；有营业执照的经营用房，按注册资金的5%～10%给予补偿营业损失
	乙	一般房屋，结构墙身基本完好	250～300	
	丙	旧房，质量不好	160	
瓦房	甲	屋面完好，水泥地坪，有水电	200～250	
	乙	旧房屋，结构基本完好	170	
	丙	房屋较破旧、简易地坪	100～140	
草房	甲	砖墙身，门窗齐全，有电	80～120	
	乙	半砖、半土墙身，门窗齐全，简易地坪	100	
	丙	土坯墙，门窗尚全，房屋破旧	80	
披房	甲	砖墙、瓦屋面	40～70	
	乙	乱砖墙、草屋面		
	丙	简单结构		

1996年淮阴县征用各类土地补偿标准一览表

表4-4-5　　单位：万元/公顷

土地类别		平均年产值	补偿标准
粮田	水田	1.8～2.4	年产值的6倍
	旱田	1.35～1.8	年产值的6倍
菜地		3～3.6	年产值的6倍
精养鱼塘		2.25～3	年产值的5倍
藕菱		1.2～1.5	年产值的5倍
园地、苗圃		2.25～3.75	年产值的5倍
经济作物		1.5～2.1	年产值的5倍
柴地、山地、滩地		0.75～1.2	年产值的3倍
水塘、苇塘、水沟		0.375～0.525	年产值的3倍
林地	意杨	1.05～1.2	年产值的5倍
	水池杉	1.05～1.2	年产值的5倍
	泡桐	1.2～1.35	年产值的5倍

续表4-4-5

土地类别		平均年产值	补偿标准
林地	刺槐、柳、国外松	0.375～0.45	年产值的5倍
	其他树种	0.3～0.6	年产值的5倍

二、征地安置

1981年，根据上级有关规定，县内对被征地单位剩余劳动力予以安置。1983年11月起，国家、集体建设征用土地，需付给安置补助费，并负责被征地单位剩余劳动力的安置。1986年，征用土地的各项补偿费和安置补助费，除被征用土地上属于个人的青苗和附着物补偿费支付给本人外，其余部分由被征地单位用于发展生产和安排多余劳动力就业，以及对不能就业人员的生活补助。1990年，原则上实行谁征地谁安置，机关、事业单位征地也要承担统筹安排的任务。2001～2003年，淮阴区城区有40个拆迁改造项目，涉及3220户搬迁，其中1380户选择货币补偿，1140户选择回迁房，700户选择到政府提供的集中安置点宅基地建房。2004年后，陆续取消宅基地安置，实行公寓房安置，除了开发项目原地回迁外，区政府成立安置房领导小组，先后规划、新建御花园、锦阳花园、锦绣嘉园、长江路小区、沈阳路小区、桃李家园、汇达花园等多个居民安置小区。2006年3月，征收土地的安置补助费，按照需要安置的被征地农民人数计算，标准为每人1.1万元；征收耕地的，确定需要安置的被征地人数，按照被征耕地数量除以征地前人均耕地数量计算，不足1人的，按1人计算；征收耕地以外其他农用地的，需要安置的被征地人数，按照该农用地土地补偿费总和的70%除以当地人均安置补助费计算，不足1人的，按1人计算。征地前人均耕地数量0.07公顷以上的，需要安置的被征地农民人数按每公顷15人计算。至2008年，执行此标准不变。2008年，城区征地安置居民2259人，补偿费用2484.9万元。

2003～2008年淮阴区征地安置情况统计表

表4-4-6　　单位：人、万元

年份	安置人数	安置补助费
2003	3426	3768.6
2004	6523	7175.3
2005	4325	4757.5
2006	3842	4226.2
2007	1724	1896.4
2008	2259	2484.9

1978～2008年淮阴区（县）城区不同时期补偿安置情况对比表

表4-4-7

拆迁时段	面积（万平方米）	拆迁数（户）	产权调换（户）	货币补偿（户）	自谋宅基地（户）
1978～2000	62.5	5400	950	2300	2150
2001～2003	44.5	3220	1140	1380	700
2004～2008	78.8	5300	4350	710	240

第五章　土地规费

第一节　土地管理费

一、征（拨、使）用土地管理费

1988年，开始征（拨、使）用土地管理费，标准为征地费用总额（税不进入基数）的3%。1988～2008年，共收取征（拨、使）用土地管理费678万元。

1988～1996年淮阴县征（拨、使）用土地管理费实收情况表

表4-5-1　单位：万元

年份	收取金额	年份	收取金额	年份	收取金额
1988	5.27	1991	5.20	1994	1.10
1989	30.20	1992	34.70	1995	3.67
1990	3.30	1993	12.90	1996	7.21

二、土地出让业务费

1989年，开始收取土地出让业务费，按出让金的2%～5%收取。1989～2008年，全区（县）共收取土地出让业务经费1236.3万元。

三、经营性临时用地管理费

1988年，县政府根据国家规定，开始收取经营性临时用地管理费，每平方米的收费标准为：县城5元、集镇3元、农村2元。1988～2008年，累计收费2484.5万元。

四、城乡居民建房用地管理费

1991年，省物价局、省国土管理局要求，居民建房用地管理费按省财政厅规定收取，标准为每平方米0.3元，最高每户不超过50元。1996年，省物价局、省国土管理局将居民建房用地管理费收费标准调整为：占用耕地建房的每平方米最高不超过1.5元；占用非耕地建房和原地翻建房屋的每平方米不超过0.7元。城乡居民建房用地管理费，由乡镇土地管理所负责收取。此项收费从1988年开始执行，2005年取消。1988～2004年，共收取299.8万元。

1988～1996年淮阴县城乡居民建房用地管理费收取情况表

表4-5-2　单位：万元

年份	收取金额	年份	收取金额	年份	收取金额
1988	4.1	1991	7.1	1994	20.7
1989	3.7	1992	6.3	1995	17.9
1990	10.2	1993	7.9	1996	17.9

五、土地登记费

1990年，开始收取土地登记费，属一次性收费。该项费用由土地注册登记及证书费、土地权属调查费和地籍测绘费组成。1993年，为减轻农民负担，土地注册登记及证书费取消从农民每证收取3元的部分。1992～1996年，共收取土地登记费51.84万元。1997年起取消该项收费。

六、土地权属用途变更费

1992年，开始收取土地权属用途变更费，收取对象为变更使用土地用途的单位或个人。县城按变更面积每平方米2元收取，乡镇按变更面积每平方米1元收取。1992～1996年，共收取土地权属用途变更费65.5万元。1997年起取消该项收费。

七、土地荒芜费

1989年起，对自批准后半年未用且撂荒的土地收取土地荒芜费，标准为每公顷0.9万～3万元。淮阴县从1989年开始收取，到1998年共收33.8万元。此后取消该项收费。

八、土地复垦保证金

1988年，开始收取土地复垦保证金，标准为每公顷3万元。1988～2008年，共收土地复垦保证金690.55万元，基本都用于土地复垦开发。

第二节　土地有偿使用费

一、国有、集体土地有偿使用费

1989年前，土地使用未设置有偿使用费项目。1990年始，实行集体土地有偿使用，规定使用集体土地的各类非农业生产经营的单位或个人，需逐年缴纳土地有偿使用费，每平方米为0.10～0.15元。1991年，省规定国有土地有偿使用费收费标准为每平方米15～45元。至1993年，共收取土地有偿使用费17.57万元。1994年后，为减轻农民负担，集体土地有偿使用费停收。1995年，全县开始执行国有土地有偿使用收费，按每平方米30元收取，当年收取3.08万元；国有荒山、荒滩、荒地按每平方米7.5元收取；城镇以外的其他国有土地按每平方米15元收取。国有土地有偿使用费在办理国有土地划拨批准手续时收取，上缴同级财政部门。1996年收取金额为2.3万元。2000年，对全县村民宅基地进行全面清理，共清出超过县规定每户150平方米的超占户6.3万户，超占面积0.21公顷，收取土地有偿使用费139.4万元。2008年，收取国有、集体土地有偿使用费2064.67万元。

1999～2008年淮阴区（县）土地有偿使用费收费情况统计表

表4-5-3　　　　单位：公顷、万元

年份	收费土地面积	征收金额	年份	收费土地面积	征收金额
1999	21.28	425.69	2004	375.36	7507.12
2000	49.74	994.79	2005	225.69	4513.81
2001	44.63	892.55	2006	183.63	3672.66
2002	58.54	1170.87	2007	72.13	1442.56
2003	193.45	3869.07	2008	103.23	2064.67

二、非农用土地有偿使用费

1990年起，对除城镇以外的非农业用地单位或个人收取非农业用地有偿使用费，标准为企业用地每年每平方米0.1～0.2元，宅基地每年每平方米0.1元。1992年，国营、大集体企业每年每平方米0.15元，乡镇企业每年每平方米0.1元，宅基地标准内的每年每平方米0.04元，超标准的分别按1982年2月13日以前、1987年1月1日以前和1987年1月1日以后三个超标时间的收费标准收取。1993年，通过清理农村行政事业性收费，停止收取农民宅基地的非农用土地有偿使用费。1994年起，农民宅基地免缴非农用土地有偿使用费。1991～2008年，全区（县）共收取非农业用地有偿使用费415.9万元。

1991～1996年淮阴县非农用土地有偿使用费收取情况表

表4-5-4　单位：万元

年份	收费金额	年份	收费金额
1991	13.80	1994	7.00
1992	16.80	1995	10.90
1993	9.10	1996	8.75

第三节　国有土地出让金

1989年后，县内开始出现出让、出租等用地方式，土地管理部门从出让金中提取业务手续费，比例为出让金的2%～5%，即按宗地评估价格实行招标、拍卖、挂牌出让的成交价计，收取出让业务费（最低不得低于基准地价）。全区征收土地使用权出让金：2003年3.2亿元，2004年4.1亿元，2005年2.87亿元，2006年2.88亿元，2007年5.97亿元，2008年5.05亿元。

第四节　农业重点开发建设资金

1991年，省政府文件规定，对国家、集体、个人非农业建设征（使）用土地的，征收农业重点开发建设资金，标准为每公顷1.2万元。1995年7月增至每公顷2.4万元。所收资金按规定比例30%返县，专项用于土地复垦，其余全部上交省国土管理局。2008年，全区收费土地面积150.73公顷，征收金额361.74万元。

1999～2008年淮阴区（县）农业重点开发建设资金征收情况表

表4-5-5　单位：公顷、万元

年份	收费土地面积	征收金额	年份	收费土地面积	征收金额
1999	25.98	62.35	2004	43.80	105.13
2000	75.13	180.32	2005	300.49	721.12
2001	70.13	169.40	2006	258.21	619.70
2002	75.59	181.43	2007	92.48	221.96
2003	232.73	558.55	2008	150.73	361.74

第六章 土地市场

第一节 土地定级估价

一、城镇土地定级

1995年6月起，淮阴县对城区和近郊的8.99平方千米土地进行评估，实施土地定级估价，建立由基准地价到宗地标定地价的修正体系，以及建立土地定级估价信息系统等，认定一级地、二级地和三级地的范围。一级地范围是东边起点由县招待所折向北，经物资局沿北京东路向西，至淮阴商场、糖烟酒公司折向淮海北路，至小营转盘路北侧，折向西经过银河商场，穿长江西路折向南，沿淮海北路向南，经植物油厂、市一院宿舍区折向西，沿北京西路经淮阴县中学东侧折向南，经市一院、传染病院折向东，经织布厂，穿过前进街，经实验小学北侧界线所围成的封闭区域。二级地范围是自淮海中学东侧折向北，沿盐河南侧折向西，经过糖厂折向北，穿长江东路至县交警大队东侧折向西，西北侧至淮阴交通专科学校，穿长江西路向东，经丝织厂至公路管理站折向南穿过盐河，至县房地产公司折向西，至王营镇政府，穿北京北路向南，至废黄河向东折经无线电厂、卫校，沿淮涟路，至淮海中学界线所围成的除去一级地以外的封闭区域。三级地范围是评价区内除去一级地和二级地以外的区域。此次城区和近郊范围的土地定级估价，确定县城的基准地价，绘制1:5000基准地价图，建立城区范围的土地估价信息系统。当年12月29日，经省国土管理局验收，认定合格。此后直至2008年，再未开展城区土地定级工作。

1996年淮阴县城区土地级别范围及面积统计表

表4-6-1

土地级别	面积（公顷）	占总面积百分比（%）
一级	41.02	5.00
二级	213.36	26.03
三级	565.46	68.97
合计	819.84	100.00

1996年淮阴县城区各类用地级别基准地价表

表4-6-2　　单位：元/平方米

土地级别 / 基准地价 / 地用类	一级	二级	三级
商业用地	900～1600	450～900	250～550
住宅用地	510～810	380～580	300～460
工业用地	300～600	220～420	160～280
综合	1000	550	350

二、集镇土地分等定级

1996年，对除王营镇以外的其他乡镇政府所在集镇的土地进行分等定级。此次分等定级的目标是统一管理、规划境内集镇土地，为集体土地有偿使用提供价格体系标准，从而促进集镇土地进入土地市场。全县集镇分为4个等次，并建立各乡镇土地定级估价信息系统。1997～2008年，未开展大规模集镇土地分等定级工作。

1996年淮阴县各乡镇集镇区土地等次、用途及基准地价一览表

表4-6-3 单位：元/平方米

土地等次	土地用途 乡镇名称	商业			住宅	工业
		一级	二级	三级		
一	渔沟	650	420	250	300	200
	南陈集	620	400	220	280	190
	丁集	600	380	210	270	200
	袁集	600	380	200	270	190
二	赵集	550	270	—	250	180
	徐溜	550	270	—	240	180
	南吴集	540	270	—	230	170
	三树	540	270	—	240	170
	五里	550	260	—	230	160
	码头	530	260	—	240	160
	棉花庄	520	250	—	230	180
	北吴集	520	250	—	220	160
	老张集	520	260	—	210	160
	王兴	520	260	—	220	170
	杨庄	510	250	—	230	180
三	大兴庄	480	240	—	190	150
	韩桥	470	230	—	190	140
	新渡	450	220	—	180	140
	刘老庄	460	220	—	170	130
	西宋集	460	230	—	170	130
	蒋集	450	210	—	160	130
	古寨	440	210	—	160	130
	汤集	440	210	—	160	130
四	韩圩	370	180	—	130	110
	凌桥	380	200	—	140	120
	高堰	370	180	—	130	110
	韩庄	365	170	—	130	110

第二节 土地交易

一、隐形交易

1978年，土地作为国家和集体资产，不允许进入市场交易，境内国家、集体和个人用地，均要通过征用或行政划拨取得使用权。1987～1992年，有多起买卖土地事件发生，致使国有土地资产严重流失，地租标准混乱。1992年，确定以清理整顿土地隐形市场为途径，培育和发展由政府垄断土地一级市场，规范和完善受政府调控的土地二、三级市场。是年3月10～20日，县土地管理局成立国有土地隐形市场调查小组，对县城4个街道居委会和城郊小营乡土地隐形市场进行调查，共查出该区域内土地隐形市场交易117起，交易面积9955.35平方米，交易额20.4万元。1991年之前42起，面积7042.7平方米，金额12.01万元。其中，转让21起，面积6505.2平方米，金额11.72万元；出租21起，面积537.5平方米，金额0.29万元。1992年，转让出租75起，面积2912.65平方米，金额8.39万元。其中，转让6起，面积134平方米，金额7.03万元；出租69起，面积1572.65平方米，月租金额1.36万元。1993年，建立公开土地交易市场。交易形式主要为国有土地使用权的转让、出租、抵押。1995年，补办土地使用权转让、抵押手续62件。1996～2008年，全区（县）清理出非法转让土地使用权32宗。

二、公开交易

【出让】 1978年，全县非农业建设用地一般都实行土地征用制和行政划拨，既无偿使用又无限期使用。1986年，开始非农业用地清理。此后，非法占地、非法买卖土地和转让土地及毁田卖土等行为得到了遏制。自1992年起，全县逐步改革非农业用地的土地使用制度，变无偿使用为有偿使用，变无限期使用为有限期使用，变无“流动”（不可转让）为有“流动”（可转让），并逐步完善由政府调控的土地一级市场（由政府出让土地使用权的市场）。对商业、旅游、娱乐等经营性用地，外资企业用地以及具备条件的工业用地，从1993年起全面实行出让供地，并建立城镇国有土地二、三级市场，把划拨土地使用权自发交易行为纳入依法运行的轨道。1995年5月10日，境内首例国有土地使用权出让合同在县政府会议室草签。将位于盐河东路两侧的面积15260平方米国有土地使用权，出让给金淮房地产公司进行商业一条街开发，出让年限为50年，总地价为220万元。此后，类似的土地使用权的出让还进行多次。1992～1996年，全县出让土地使用权4宗，面积23445平方米，出让金额为251.3万元。1995年12月，土地市场不够活跃，全县经批准出让土地使用权仅1宗，将苏北市场西侧的非耕地出让给县经济开发区房地产公司，用于建设小商品批发市场二期工程，面积6472平方米，地价每平方米150元。1997年，小城镇国有土地以拍卖方式出让土地使用权实现了“零”的突破。4月，在西宋集乡召开小城镇国有土地使用权拍卖现场会，拍卖国有土地13宗，面积468平方米。经过竞价，13宗土地全部拍卖成功，收取土地出让金200282元，平均地价每平方米427.95元。是年，全县拍卖小城镇土地132宗，面积5854平方米，收取土地出让金261万余元。1998年，先后在5个乡镇办理土地拍卖现场会6次，出让集镇国有土地86宗3674平方米，收取土地出让金131万余元，平均地价每平方米356.6元，低于邻县（区）拍卖的地价。

2002年，分别在市、区新闻媒体上公开发布土地使用权招标、拍卖或挂牌出让公告，涉及19宗地，面积为80.78公顷。其中，位于区医院西侧面积为0.28公顷的国有土地使用权通过公开招标，被区医院以386万元竞得，地价每平方米1378.5元。是年9月，对城区规划区内土地实行“五统一”（统一规划、统一征用、统一开发、统一出让、统一管理）管理，明确规定一切经营性用地必须实行计划控制，进入土地有形市场，由区国土局土地交易中心采取招（标）、拍（卖）、挂（牌）方式供地，实行“一个渠道进水、一个水池蓄水、一个龙头放水”的土地资产管理新体制，严禁任何单位和个人以任何方式非法转让土地，进行私下土地交易。2003年9月，成立淮阴区土地储备城市资产投资发展中心，代表区政府具体办理城区规划区土地收购、储备、出让业务。规定城区规划区内的所有建设用地由区建设局统一规划，国土资源局代表区政府统一征用、统一供地，城市资产经营有限公司统一开发，严禁任何单位和个人擅自与规划区内的镇、村、组签订土地征（使）用协议。土地有形市场设在区国土资源局交易大厅，土地使用权出让、转让、出租，必须在土地有形市场公开进行。2004年，公开发布国有土地使用权出让公告，此次公告涉及24宗地，面积101.73公顷，成交10宗，计45.55公顷，收取土地出让金26637万元。其中，位于北京东路南侧、承德路西侧，约10.53公顷，使用年限为70年的住宅用地，以1.45亿元成交，为首次实现区国有土地使用权挂牌交易超过亿元的地块。2006年4月，区政府成立淮阴区土地使用权拍卖领导小组，进一步规范完善国有土地使用权出让以及招标、拍卖、挂牌出让等流程和制度。2007年，挂牌成交10宗35.55公顷经营性国有土地使用权，收取土地出让金64851万元。2008年，挂牌成交30宗计95.4公顷国有土地使用权，收取土地出让金54847万元。

【划拨】 1991年12月，境内土地划拨，城镇国有土地每平方米30元，城镇以外每平方米15元。划拨的对象是机关、学校、社会公益事业以及配合住房制度改革的职工住房等非经营性用地。划拨土地使用权不得转让、出租、抵押。2000年，将原县阀门厂的存量土地1.35公顷，由划拨使用改为国有土地出让供地，支持辉煌太阳能公司发展，并为其用地面积进行科学的勘测定界。县大北农厂改制时，用同样的方式把划拨用地改为出让供地。

1995～1996年淮阴县国有土地使用权出让情况一览表

表4-6-4　　单位：平方米、万元

出让时间	地块位置	受让单位或个人	用途	出让年限	地块或宗地面积	成交地价	
						总地价	每平方米地价
1995.5	盐河东路两侧	金淮房地产公司	建房	50	15260	219.74	0.0144
1995.7	王营玻璃厂原址	王营镇政府	建房	40	6533.36	9.80	—
1995.12	盐河居委会顺河街北	苏北市场二期工程	广场	40	6472	97.08	0.015
1996.6	王营镇北京路126号宗地	吴延俊	商住	50	551.3	4.96	0.009
1996.9	苏北市场南侧	同上	广场	40	1100	16.50	0.015

1997～2008年淮阴区（县）国有土地使用权出让面积统计表

表4-6-5　　单位：平方米、万元

出让时间	宗地出让面积	出让金额
1997	5854	261
1998	3674	131
1999	—	—
2000	13534	482.56
2001	12900	2.65
2002	84.92	2789.69

续表 4-6-5

出让时间	宗地出让面积	出让金额
2003	596.79	2259.96
2004	432.26	26637.02
2005	865.91	41526.26
2006	576.177	28867.05
2007	1160.60	64851.00
2008	1431.60	54847.00

【转让、出租】 1992年起，县内搞活由政府调控的二级市场（用地者转让、出租、抵押土地权的市场），规定土地使用权转让（包括出售、交换和赠与）人应向国家交付土地增值税；规定土地权出租（将土地使用权同地上建筑物等出租）人亦应向国家交付土地增值税。1993年，县发文规定：明确转让土地使用权必须向财政补交不低于标定地价40%的出让金；土地使用权出租根据不同用途、不同土地级别收取年租金。一级地段每月每平方米4～6元，二级地段每月每平方米2～4元，三级地段每月每平方米1～3元。乡镇土地使用权出租、收费标准，按县城二、三级地段标准执行。此项工作由于涉及面广、认识差异、人力不足、租金收取难度较大等原因，开展缓慢，2001年后停止执行。

【租赁】 1997年，对企业用地采用转权承租办法，与企业签订国有土地使用权租赁合同，以收取年租金的办法抵交出让金。2001年，办理出让供地32宗，出让面积43公顷；办理划拨供地13宗，面积56.89公顷；办理土地使用权交易25宗，面积1.29公顷，当年收取租金（出让金）2.65万元。组织城区招标、拍卖供地11宗，乡镇招标、拍卖供地1宗，面积计12.52公顷。是年，对1999年1月1日以后的土地批租情况进行清理，清查出让国有土地88宗，批准用地面积66.8公顷，租赁国有土地1宗，利用存量建设用地2.14公顷，划拨国有土地55宗，批准建设用地面积87.5公顷。此后，停止收取租金。

【抵押】 2003年，为10家企业办理26宗土地使用权抵押手续，抵押土地资产总额8000余万元。2004年，加强对土地二级市场管理，为区资产经营公司30余宗土地和辉煌太阳能等35家企业办理土地使用权抵押登记手续，为城区居民办理土地使用权抵押登记65宗，实现融资2亿余元。1996～2008年，全区（县）为企业和个人办理土地使用权抵押登记1450宗计5.02公顷，金额189亿元。

第三节 土地储备

1995年9月4日，全县开始调查土地后备资源，至1996年5月25日结束。经查，土地后备资源面积585.16公顷，其中荒废地415.16公顷，废弃地230.29公顷，荒滩地132.3公顷，可围垦的湖荡地37.33公顷。2000年，成立淮阴县土地储备交易中心。对县城规划区范围内的部分国有农用地和存量土地实行转用、征用和收储，作为政府储备用地。2001年，新增储备土地11.51公顷。2005年，全区21个乡镇的耕地后备资源面积总计为2782.11公顷，仅占全市后备资源总量的5.37%，属于后备资源匮乏县区。其中，可开垦类耕地后备资源2083.24公顷，占74.88%；可复垦类耕地后备资源698.87公顷，占25.12%。耕地后备资源只占耕地总量的9.4%。2007年，政府新增储备土地16宗70.17公顷。2008年，依法新增储备土地15宗82.02公顷。

第七章 土地执法监察

第一节 土地权属纠纷调处

1978年后，境内土地权属纠纷不断发生，大致可分为两种类型：一是国家和农民集体的土地所有权争议，二是国有土地使用权和集体土地使用权争议。有的发生在集体与集体之间，包括城市集体所有制单位与农民集体单位之间等；有的发生在城市、农村集体所有制单位与个人之间；有的发生在个人与个人之间。究其原因是多方面的，有历史遗留的因素，有人为争取土地使用权的因素，也有土地测量不准确或用地手续不完备等因素。依据国家土地管理局《关于确定土地权属问题的若干意见》，境内发生的土地权属纠纷实行县、乡两级分级调处，调处工作按一定程序进行。首先是调解，根据争议双方意愿，签订调解协议书，经调解不能达成协议的，则由县、乡人民政府行文作出处理决定。1991年10月，境内刘老庄乡刘老庄村三组与刘老庄八十二烈士陵园管理处就无名烈士墓土地权属问题发生争议，经调查取证和案件分析，于1993年2月作出处理决定，明确无名烈士墓原先占有的土地及后扩征的土地均为全民所有的国有土地，确定陵园管理处继续享有对该土地的使用权。

1996年6月26日，作出《关于淮阴县码头镇玉坝村三组与码头镇西渔场土地权属争议的处理决定》。《决定》认为：码头镇西渔场的土地历史上从未分配给任何单位或个人，也未列入农民集体土地范围。1985年，由政府投资将废滩地开发为渔场，渔场范围内的20.97公顷土地所有权属国家所有，该宗土地继续由码头镇人民政府使用。此决定下达后，案件申请人即码头镇玉坝村三组农民不服，并以该处理决定认定事实错误，应依法予以纠正为由，于1996年7月22日，向淮阴县人民法院提起行政诉讼。县人民法院受理此案后，依照法律程序进行了审理。审理的结果是：原告对本案只提供80年代的各种承包合同书，未能提供1950年颁发的土地证以及实施“六十条”后将土地划入集体范围的证据；被告对本案所述均有书证及人证、言证在卷。因此，法院判决：维持淮阴县人民政府〔1996〕130号文件所作出的《关于淮阴县码头镇玉坝村三组与码头镇西渔场土地权属争议的处理决定》。县人民法院作出一审判决后，原告仍不服，理由是原判决事实不清，随后于1996年11月15日又向淮阴市中级人民法院提起上诉。淮阴市中级人民法院依照法律程序进行审理。结果认为，原审判决事实清楚，适用法律、法规正确，程序合法。故依照《中华人民共和国行政诉讼法》第六十一条第（一）项之规定，作出终审判决：驳回上诉，维持原判。

1996年9月，妥善处理县种猪场西农组与县苗圃之间发生的土地使用权争议问题。在1996～1997年的土地权属调查中，有200余宗土地存在争议，经县土管局会同居委会调解，80%的争议得到调处，土地权属得到确认。

2002年，淮阴区依据土地证书法律文本调解土地权属纠纷20余起。2008年，调处土地权属纠纷26起。

第二节 土地案件查处

1988年2月，县土地管理局设法规监察股。1990年，查处党政干部违法占地建私房案件19宗。1994年，查处各类非法占地案件10宗。1996年4月，县土地管理局立案查处老张集乡农机管理服务站违反土地法规，炒卖集体土地案，作出没收非法转让土地收入19379元的决定。1997年10月，淮阴县土地监察中队对全县窑业用地开展清查整顿，对无土源可用的40座小土窑实行拆除管制；根据群众举报先后立案查处王营镇营东村4户群众非法买卖土地一案；强制拆除果林场王圩一组胡某和杨庄乡金圩村王某未经批准非法占用耕地建房；没收三树乡供销社非法出租的土地使用权。1999年，全县立案查处违法占地25起，其中4起在下达处罚通知后自行结案，其余21起提请县人民法院依法审理。县法院裁决：维持土地管理部门的行政处罚决定，对违法占地建房予以强制拆除。2000年9月，对韩桥粮管所非法转让国有土地立案调查。2001年，先后查处违法用地案件16起，面积2783平方米，并在年内全部结案。2003年，共查处各类违法用地175宗，面积198.57公顷，涉及耕地面积183.31公顷，追缴违法用地罚款351.7万元；拆迁非法占用基本农田建筑4宗；拆除小土窑31座、小立窑122座，复垦窑业用地面积66.67公顷。2004年，深入开展土地市场治理整顿，对2003年以前发生的175宗违法案件所涉及的用地单位，责成交清违法用地罚款后依法补办用地手续；对清理出的86宗违法用地案件进行严肃查处，其中5宗占用基本农田案件，申请区人民法院予以强制拆除；责成拖欠3745万元农民征地补偿款的用地单位，在规定时间内发放到位。2005年，对无证开采的三树树北窑厂和徐溜韩庄窑厂进行拆除，对位于城市规划区内的区第二建材厂和官庄建材厂实施关闭。2007年11月8日，对淮安市禹益金属制品厂作出“责令退还非法占用的土地，拆除在非法占用土地上新建的建筑物，并处64867元罚款”的行政处罚决定。2008年，对当事人拒不履行处罚决定的23宗土地违法案件，依法申请区人民法院强制执行，有48个责任人受到责任追究。

第三节　非农业建设用地清查

1988年7月始，全县开展非农业建设用地清查工作，首先在棉花庄乡试点，然后在面上普遍推开。列入清查的有161887个单位（含农户），土地面积4791.93公顷。通过清查，全县有23737个单位（包括农户翻建）补办用地批准手续。1989～1995年，查处党政干部违法违规占地建私房60件。1997～1998年，县国土管理局、县监察局联合组成检查组，对全县土地行政执法和1991年以后非农业建设用地情况开展专项清理，清理未批先用、少批多用等违法用地661宗计1179.07公顷。至1999年5月，违法用地单位均主动到县土地管理部门申报并补办用地手续。

2000年后，由于加强对非农业建设用地的管理，工矿单位和个人住宅的建设用地得到适时、有效的监督和管控。至2008年，境内未开展大范围的非农业建设用地清查工作。

第五篇　环境保护

20世纪80年代初，淮阴县城区主要有化肥、制药、纺织、印染、缫丝、制糖、酿造、造纸、机械等企业，农村有30多家乡镇企业，水、气、声等污染物均直接外排，未进行治理，污染较为严重。80年代中期至90年代中期，随着国家环保法律法规和政策的不断完善，境内污染防治工作逐步走上制度化、常规化轨道，尤其是开展淮河流域治理及工业污染源达标排放行动，推动全县环境污染治理进程，先后关停了污染严重的造纸厂、化肥厂，限期治理了酿造、印染等污染企业，工业污染严重的势头得到有效遏制。

2000年后，淮阴城镇化进程加快，一方面通过城市规划调整，淘汰一些工艺落后、污染严重的小企业，建立城市工业集中区，老城区的工业企业通过技术改造和产业结构升级，解决城区局部污染严重的问题；另一方面，城市人口和服务设施的迅速增加，使包括第三产业在内的生活污染逐渐成为环境治理的主要对象。

2006年底，城区建成日处理2万吨的污水处理厂，缓解生活污水污染程度，环境状况向好，主要污染物化学需氧量、二氧化硫有一定幅度的消减；空气质量达到国家二级标准。2008年，城区烟尘、污染化工企业违法排污等行为受到强力整治，城乡饮用水源地污染的查处力度加大，城区大气、噪声等主要环境质量指数均在国家规定标准以内，淮阴区被环保部命名为国家级生态示范区。淮州中学创建省级绿色学校通过验收。淮阴区环保局通过省级环境宣教现代化建设试点单位验收，成为全省首批的三家试点单位之一。

第一章　机　构

第一节　管理机构

1980年11月，成立淮阴县环境保护办公室，核定编制4人。1984年2月，淮阴县城乡建设局与淮阴县环境保护办公室合并，成立淮阴县城乡建设环境保护局，内设环保股，下设环境监测站。1988年7月，环境保护职能从城乡建设环境保护局析出，成立淮阴县环境保护局，内设人秘股、监督管理股、自然环境保护股，核定行政编制13人。1997年7月，县环保局内设办公室、综合计划股、监督管理股、自然保护股4个职能科室。2000年5月，人员编制增至25人。2001年，更名为淮阴区环境保护局。2002年，改股为科。2008年，内设管理科、计划科、办公室、法制宣传与教育科，人员编制未变。

第二节　直属单位

【环境保护监测站】 1983年，成立县环境保护监测站，编制5人，隶属县城乡建设环境保护局。1989年，更名为县环境监测站，为县环保局下属单位，技术业务受市环境监测部门指导。2000年6月，编制增至26人。2005年，在区环境监测站增挂区环境信息中心牌子。2008年，配备原子吸收分光光度计等大型仪器60多台，承担区内环境质量监测、污染源监测、环保工程设施验收监测、污染事故及纠纷仲裁监测和委托样品监测等项任务。

【环境监察局】 1994年3月，成立淮阴县环境监理站，编制3人。为县环保局下属全民事业单位。1995年10月，成立淮阴县环境保护局王营环境监理所，属事业编制。1998年12月，县环境监理所更名为县环境监理大队。2000年6月，编制数增至11人。2003年8月，更名为区环境监察大队。2005年11月，更名为区环境监察局，同时挂区环境监察大队牌子。2008年9月，区环境监察局升格为副科级事业单位。在乡镇设立4个环境监察分局，为区环境监察局派驻机构，正股级建制，同时挂区环境监察中队牌子，各分局设局长1名，同时划定环境监察分局管辖范围：一分局辖韩桥乡、赵集镇、吴城镇、南陈集镇、码头镇、工业新区，驻地设在赵集镇；二分局辖袁集乡、三树镇、凌桥乡、渔沟镇、吴集镇、西宋集镇，驻地设在渔沟镇；三分局辖新渡乡、王兴镇、棉花庄镇、老张集乡，驻地设在棉花庄镇；四分局辖丁集镇、五里镇、徐溜镇、刘老庄乡、古寨乡，驻地设在徐溜镇。

【乡镇与企业环境保护站】 1984年起，各乡镇相继成立环境保护办公室，兼职城建环保员改为兼职环保员。1994年成立的华能淮阴电厂环境监测站，是境内第一家企业环境监测站。2001年，全区各乡镇建设服务站均增挂环境保护站牌子，形成区、乡（镇）两级环境监督管理网络。至2008年，没有变化。

第二章　环境监测与质量

第一节　环境监测

一、废黄河水质监测

1987年，废黄河就被列为水环境质量重点监控河流。1986～1990年，对水质16个项目进行监测，在杨庄、双坝设2个断面。1991～1995年，对水质23个项目进行监测，在小坝、水厂、双坝设3个断面。1996～2000年，对水质21个项目进行监测，在小坝、水厂、双坝设3个断面。2001～2003年，监测项目21个。2004～2008年，监测项目扩至28个，在水厂设1个断面。

二、盐河水质监测

1986～1990年监测项目15个，1991～1995年监测项目20个，1996～2000年监测项目19个，2001～2002年监测项目21个。2003～2008年监测项目25个，在沈渡、磷肥厂、新渡设3个断面。

三、地下水水质监测

1986～1990年，对市一院、县化肥厂和丝织厂3家深井进行监测，监测项目为总硬度、硝酸盐氮、挥发酚、总氰化物、总砷、六价铬、高锰酸盐指数、生化需氧量、氨氮、亚硝酸盐氮、细菌总数、大肠菌群12个，每年丰、枯水期各采样监测一次。1991～1995年，对市一院、县化肥厂和丝织厂3家深井进行监测，监测项目为总硬度、氨氮、亚硝酸盐氮、硝酸盐氮、挥发酚、总氰化物、总砷、汞、六价铬、氟化物、镉、细菌总数、大肠菌群13个。1996～2000年，淮阴县丝织厂、市一院两口井相继停用，对化肥厂深井进行监测，监测项目为pH、总硬度、矿化度、氨氮、亚硝酸盐氮、硝酸盐氮、挥发酚、总氰化物、总砷、氟化物、总镉、总汞、铁、六价铬、化学需氧量、细菌总数、总大肠菌群17个。2001～2008年，对区化肥厂深井进行监测，监测项目为pH、总硬度、高锰酸盐指数、亚硝酸盐氮、硝酸盐氮、挥发酚、总氰化物、总砷、总汞、六价铬、总镉、氨氮、铁、氟化物、矿化度、细菌总数、总大肠菌群17个。

四、空气环境质量监测

1986～1990年，县环境监测站布置监测点4个，即西坝（清洁对照点）、监测站（一类混合区）、酒厂（二类混合区）、邮电局（交通功能区），监测项目为二氧化硫、氮氧化物和总悬浮颗粒，每年监测4次，每次连续5天。1991～1995年，布置监测点3个，即西坝（清洁对照点）、化肥厂（混合区）、邮电局（交通功能区），监测项目为二氧化硫、氮氧化物和总悬浮颗粒，每年监测4次，每次连续5天。1997年，取消原化肥厂、西坝2个监测点，在城区布设监测点3个，即营东开发区（清洁对照点）、区环境监测站（混合区测点）、邮电局（交通区监测点），监测项目为二氧化硫、氮氧化物、总悬浮微粒。每年监测4次，每次连续5天。2000年，在城区布设监测点3个，即营东开发区（清洁对照点）、邮电局（交通区监测点）、区环境监测站（混合区测点）。2002年，在城区布设监测点2个，即邮政局（交通区监测点）、区环境监测站（混合区测点），营东开发区（清洁对照点）停测。2003～2005年，采用空气自动监测仪，监测频率为24小时采样监测。2006～2008年，环境监测站采用环境空气质量自动监测系统，在全区设一个点，即老干部局清洁对照点，监测项目为二氧化硫、氮氧化物、可吸入微粒。采用空气污染综合指数评价方法，全天24小时连续监测。

五、声环境质量监测

【道路交通噪声监测】 1986～1990年，县环境监测站在城区6.5千米交通干线上布设8个点。1991～1995年，设交通噪声监测点8个。1996～2000年，道路交通噪声监测5条交通干线，布设监测点13个。2004年，城区主要交通干线由2003年的9.52千米增加至19.94千米，监测点由16个增加至25个。2005年，由于市整体规划要求，监测点调整为15个。2006～2008年，区环境监测站在城区19.94千米长的道路上布设监测点15个。

【区域环境噪声监测】 1986～1990年，县环境监测站对建成区进行网格布点划分，其网格面积为250米×250米，布设监测点101个，5年内取得有效数据505个。1991～1995年，县环境监测站对建成区进行网格布点划分，其网格面积为250米×250米，布设监测点100个，5年内取得有效数据500个。1996～2000年，随着建成区面积不断扩大，测点从1996年的100个扩大至2000年的105个，5年内取得有效数据514个。2001～2005年，随着城市化的发展，应“二淮一体”（原地级淮阴市、原县级淮安市、原淮阴县）整体规划要求，区环境监测站在2001～2003年采用250米×250米网格布点。从2004年开始改为500米×500米网格布点，前3年布设测点数103个，后两年布测点数63个，5年内取得有效数据435个。2006～2008年，区环境监测站对建成区进行网格布点划分，其网格面积为500米×500米，布设监测点63个，3年内取得有效数据189个。

第二节　环境质量

一、水环境质量

【废黄河水质】 1986～1989年，境内所有项目全部达标。1990年，权均值污染指数为0.34，属尚清洁。1991年、1993年和1995年废黄河水中非离子氨年均值超标；1993年酚年均值超标，其他项目年均值全部达标。1995年，权均值污染指数为0.27，属尚清洁。1996～1999年，废黄河水中高锰酸盐指数年均值超标。1996年非离子氨、汞年均值超标，其他项目全部达标。2000年，权均值污染指数为0.36，属尚清洁。2005～2008年，权均值污染指数为0.23，属尚清洁。

1987～1990年废黄河水质主要监测项目监测结果统计表

表5-2-1　　单位：毫克/升

项目 年份	pH（－）	溶解氧	高锰酸盐指数	生化需氧量	氨氮	亚硝酸盐氮	硝酸盐氮	酚	总氰化物	总砷	总汞	总镉	六价铬	铅	石油类
1987	8.28	7.2	4.2	0.9	0.66	0.006	0.63	0.001	0.007	0.004	0.00007	0.002	0.002	0.002	0.02
1988	8.09	7.6	4.2	1.0	0.65	0.036	0.98	0.001	0.007	0.006	0.00006	0.002	0.002	0.002	0.02
1989	7.97	8.3	4.1	1.5	0.63	0.049	1.24	0.001	0.004	0.005	0.00007	0.002	0.002	0.002	0.18
1990	8.10	8.9	5.1	1.7	0.58	0.023	1.42	0.002	0.003	0.005	0.00005	0.002	0.002	0.002	0.31

1991～1995年废黄河水质主要监测项目监测结果统计表

表5-2-2　　单位：毫克/升

项目 年份	pH（－）	总硬度	溶解氧	高锰酸盐指数	生化需氧量	非离子氨	亚硝酸盐氮	硝酸盐氮	酚	总氰化物	总砷	总汞	六价铬	铅	总镉
1991	8.36	5.73	7.1	3.9	1.0	0.03	0.070	0.46	0.002	0.000	0.000	0.00001	0.000	0.000	0.000
1992	7.78	8.90	8.1	3.9	1.8	0.002	0.034	0.57	0.000	0.000	0.007	0.00001	0.000	0.000	0.000
1993	7.56	9.32	8.2	4.4	2.7	0.024	0.029	1.43	0.010	0.000	0.000	0.0001	0.004	0.004	0.000
1994	7.95	8.71	8.9	4.4	1.8	0.01	0.028	1.38	0.002	0.000	0.004	0.00016	0.001	0.000	0.000
1995	8.39	8.11	8.3	5.1	1.1	0.03	0.025	0.95	0.000	0.002	0.003	0.00001	0.002	0.001	0.001

1996～2000年废黄河水质主要监测项目监测结果统计表

表5-2-3　　单位：毫克/升

项目 年份	pH（-）	溶解氧	高锰酸盐指数	生化需氧量	非离子氨	亚硝酸盐氮	硝酸盐氮	总氰化物	挥发酚	总砷	总汞	六价铬	铅	总镉	氟化物
1996	8.44	8.1	4.8	1.1	0.07	0.038	1.39	0.003	0.001	0.005	0.00008	0.002	0.007	0.002	0.40
1997	8.21	8.0	4.4	1.4	0.02	0.018	1.90	0.002	0.001	0.005	0.00004	0.004	0.001	0.001	0.37
1998	8.21	8.6	4.6	1.5	0.02	0.030	1.94	0.002	0.001	0.006	0.00002	0.004	0.001	0.001	0.38
1999	8.20	8.3	4.2	1.0	0.02	0.016	0.71	0.002	0.001	0.004	0.00002	0.006	0.002	0.001	0.38
2000	8.10	9.0	4.0	1.2	0.02	0.024	1.41	0.002	0.001	0.004	0.00002	0.003	0.004	0.001	0.35

2001～2005年废黄河水质主要监测项目监测结果统计表

表5-2-4　　单位：毫克/升

项目 年份	pH（-）	溶解氧	高锰酸盐指数	挥发酚	氟化物	粪大肠菌群	氨氮	石油类	硫化物	生化需氧量	六价铬	硝酸盐	总氰化物	总砷	总汞	总铅	总镉	总锌	铁	硫酸盐	总锰	总铜	总磷	总氮	氯化物
2001	7.95	9.3	3.8	0.001	0.38	1932	0.261	0.07	0.01	1.1	0.002	1.7	0.002	0.004	0.00002	0.006	0.001	—	—	—	—	—	—	—	—
2002	8.14	8.7	4.1	0.001	0.41	1876	0.420	0.04	0.01	1.1	0.002	1.46	0.002	0.004	0.00002	0.01	0.001	—	—	—	—	—	—	—	—
2003	7.95	9.0	4.8	0.001	0.49	1513	0.648	0.02	0.01	1.9	0.002	1.28	0.002	0.004	0.00002	0.01	0.001	—	—	—	—	—	—	—	—
2004	7.96	8.6	4.7	0.001	0.51	1273	0.640	0.02	0.01	1.6	0.002	1.47	0.002	0.004	0.00002	0.01	0.001	0.02	0.02	41.0	0.01	0.001	0.11	1.87	34.8
2005	7.81	8.5	4.6	0.02	0.58	1380	0.387	0.01	0.005	2.6	0.004	1.22	0.004	0.007	0.00005	0.01	0.001	0.05	0.03	60.9	0.01	0.001	0.12	1.53	49.7

2006～2008年废黄河水质主要环境指标监测结果统计表

表5-2-5 单位：毫克/升

项目 年份	pH（－）	溶解氧	高锰酸盐指数	生化需氧量	氨氮	挥发酚	总氰化物	石油类	总磷	氟化物
2006	7.77	8.0	4.3	2.0	0.414	0.002	0.004	0.02	0.08	0.65
2007	7.56	8.2	4.2	2.2	0.522	0.002	0.004	0.04	0.10	0.67
2008	7.29	8.5	4.4	2.2	0.535	0.002	0.004	0.02	0.100	0.62

【盐河水质】 监测点分别设在城区的上游、中游和下游。1986～1990年，水质达标。1990年，权均值污染指数为0.15，属尚清洁。1991年、1992年和1995年悬浮物超标；1992年石油类超标，其他项目达标。1995年，权均值污染指数为0.20，属尚清洁。1996～1998年，石油类超标，其他项目达标。2000年，权均值污染指数为0.54，属轻污染。2004～2005年，总氮含量超标，其他项目达标，2005年，权均值污染指数为0.34，属尚清洁。2007年，总含氮超标，其他项目达标。2008年的权均值污染指数为0.25，属尚清洁。

1986～1990年盐河水质主要监测项目监测结果统计表

表5-2-6 单位：毫克/升

项目 年份	pH（－）	DO	高锰酸盐指数	BOD5	氨氮	亚硝酸盐氮	硝酸盐氮	酚	氰化物	砷	汞	镉	六价铬	铅	石油类
1986	8.13	9.5	4.1	4.6	0.58	0.010	0.52	0.002	0.002	0.017	0.00007	0	0.005	0.002	0.25
1987	8.16	9.1	4.6	1.9	0.58	0.025	0.55	0.001	0.011	0.004	0.00002	0	0.002	0.002	0.05
1988	7.86	8.8	3.4	1.7	0.80	0.014	1.11	0.001	0.0043	0.004	0.00002	0	0.003	0.002	0.38
1989	8.23	9.1	5.2	2.2	0.64	0.026	1.53	0.002	0.0017	0.011	0.00002	0	0.002	0.002	0.39
1990	7.95	8.4	4.6	2.5	0.49	0.031	0.36	0.001	0.001	0.014	0.00002	0	0.002	0.002	0.24

1991～1995年盐河水质主要监测项目监测结果统计表

表5-2-7 单位：毫克/升

项目 年份	pH	悬浮物	总硬度	DO	高锰酸盐指数	BOD	非离子氨	亚硝酸盐氮	硝酸盐氮	挥发酚	氰化物	砷	汞	六价铬	铅	镉	石油类	电导率（μS/cm）
1991	8.04	116	5.90	7.9	3.9	1.6	0.017	0.043	1.2	0	0.003	0.009	0.00011	0	0	0	0.48	30.4
1992	7.74	109	7.39	7.7	5.2	2.6	0.006	0.038	0.9	0.003	0.002	0.011	0.00064	0.001	0	0	1.07	37.2
1993	7.99	40	8.28	8.3	4.8	3.0	0.021	0.024	1.4	0.010	0	0.001	0.00011	0.002	0.003	0	0.61	41.0
1994	7.95	54	9.30	8.9	5.1	3.1	0.041	0.028	1.6	0.006	0	0.004	0.00031	0.002	0.002	0	0.67	39.0
1995	8.32	145	7.43	8.1	5.2	2.8	0.077	0.041	0.8	0.001	0.004	0.004	0.00011	0.004	0.001	0	0.36	40.2

1996～2000年盐河水质主要监测项目监测结果统计表

表5-2-8　　单位：毫克/升

年份＼项目	pH	DO	高锰酸盐指数	BOD5	非离子氨	亚硝酸盐氮	硝酸盐氮	挥发酚	总氰化物	总砷	总汞	六价铬	总铅	总镉	石油类
1996	8.36	7.6	4.8	1.9	0.11	0.046	1.39	0.001	0.002	0.005	0.00010	0.002	0.004	0.003	0.56
1997	8.20	8.0	5.2	2.4	0.20	0.032	2.23	0.001	0.003	0.005	0.00009	0.005	0.001	0.001	0.54
1998	8.14	8.1	4.5	2.1	0.04	0.042	1.83	0.001	0.002	0.006	0.00002	0.003	0.002	0.001	0.95
1999	8.26	8.4	4.1	1.4	0.02	0.024	0.84	0.001	0.002	0.005	0.00003	0.004	0.004	0.001	0.30
2000	8.12	8.8	4.1	1.7	0.03	0.038	1.50	0.001	0.002	0.004	0.00003	0.004	0.004	0.001	0.16

2001～2005年盐河水质主要监测项目监测结果统计表

表5-2-9　　单位：毫克/升

年份＼项目	pH	溶解氧	高锰酸盐指数	生化需氧量	氨氮	挥发酚	总氰化物	总砷	总汞	六价铬	总铅	总镉	石油类	化学耗氧量	硫化物	总铜	总锌	总氮	总磷	氟化物	粪大肠菌群
2001	8.16	9.0	4.0	1.0	0.451	0.001	0.002	0.004	0.00002	0.002	0.005	0.001	0.09	20.5	0.01	—	—	—	—	—	—
2002	8.10	8.2	4.6	1.1	0.627	0.001	0.002	0.004	0.00002	0.004	0.005	0.001	0.12	19.0	0.01	—	—	—	—	—	—
2003	7.98	8.3	5.1	1.6	0.820	0.001	0.002	0.004	0.00002	0.002	0.005	0.001	0.12	18.3	0.01	0.001	0.02	1.44	0.08	0.58	1974
2004	7.94	8.13	5.3	2.07	0.671	0.001	0.002	0.004	0.00002	0.002	0.01	0.001	0.04	21.3	0.01	0.001	0.02	2.32	0.12	0.49	2990
2005	7.80	7.87	4.6	2.37	0.523	0.002	0.004	0.007	0.00005	0.004	0.01	0.001	0.02	16.3	0.05	0.001	0.05	1.66	0.15	0.61	2323

2006～2008年盐河水质主要监测项目监测结果统计表

表5-2-10　　单位：毫克/升

年份＼项目	高锰酸盐指数	生化需氧量	氨氮	石油类	化学需氧量	总氮	总磷	氟化物
2006	4.7	2.6	0.542	0.04	19	1.35	0.08	0.68
2007	4.5	2.2	0.668	0.05	18	1.58	0.11	0.68
2008	4.7	2.7	0.564	0.02	16	1.42	0.11	0.61

【地下水水质状况】 1990年，高锰酸盐指数年均值超标。1991年，氨氮超标。1992～1994年，细菌总数超标。1995年，大肠菌群超标，其他项目年均值都达标。1996年，亚硝酸盐氮超标。1997年，氨氮超标。2006～2008年，水质达标。

二、空气环境质量

1986～2000年，境内总悬浮颗粒日均值全部超标。2000年空气污染综合指数为1.97，属轻度污染。2005年空气污染综合指数为1.62，属轻度污染。2006年，全年空气质量优良天数336天，优良率92%。2008年的空气污染综合指数为2.47，属轻度污染。

1988～2008年淮阴城区空气日均浓度值统计表

表5-2-11　　单位：毫克/N立方米

年份＼项目	二氧化硫	氮氧化物	总悬浮微粒
1988	0.043	0.048	0.878
1989	0.039	0.045	0.538
1990	0.041	0.034	0.637
1991	0.037	0.032	0.58
1992	0.022	0.062	0.82
1993	0.028	0.054	0.32
1994	0.030	0.052	0.31
1995	0.034	0.055	0.55
1996	0.033	0.038	0.58
1997	0.037	0.056	0.56
1998	0.027	0.045	0.24
1999	0.030	0.052	0.34
2000	0.035	0.046	0.19
2001	0.027	0.041	0.26
2002	0.020	0.040	0.24
2003	0.010	0.028	0.184

续表 5-2-11

年份 \ 项目	二氧化硫	氮氧化物	总悬浮微粒
2004	0.015	0.044	0.216
2005	0.014	0.035	0.146
2006	0.034	0.039	0.087
2007	0.031	0.044	0.091
2008	0.032	0.030	0.077
执行标准	0.15	0.08	0.15

三、声环境质量

【道路交通噪声】 1986～1990年，道路交通噪声等效声级均超标。1991～2008年，道路交通噪声等效声级均达标。

1986～2008年道路交通噪声监测情况表

表 5-2-12　　单位：分贝（A）

年份	测点数（个）	测量道路总长（千米）	平均路宽（米）	等效声级dB（A）
				Leq
1986	—	3	12.7	81.0
1987	—	3	12.7	70.6
1988	—	3	12.7	80.4
1989	—	3	12.7	80.3
1990	—	3	12.7	75.8
1991	—	3	12.7	—
1992	—	3	12.7	76.7
1993	—	3	12.7	77.0
1994	—	3	12.7	75.5
1995	—	3	12.7	79.6
1996	8	5.76	24.5	74.4
1997	13	8.21	26.8	68.1
1998	13	8.21	26.8	68.3
1999	13	8.21	26.8	66.5
2000	13	8.21	26.8	69.6
2001	16	9.52	29	69.8
2002	16	9.52	30	69.4
2003	16	9.52	30	68.2
2004	25	19.94	26	68.7
2005	15	19.94	26	64.8
2006	16	9.52	26	66.5
2007	16	9.52	26	66.0
2008	16	9.52	26	65.7

【区域环境噪声】 1986～1990年间，只有1990年年均值超标。1991～2008年，建成区采用不同的网格布点，区域环境噪声均达标。其中，2006年城市环境噪声达标区覆盖率71%，区域环境噪声52.6分贝。

1990～2008年淮阴区（县）部分年份区域环境噪声年均值统计表

表5-2-13　　单位：分贝（A）

年份	网格大小（米×米）	网格总数（个）	网格覆盖人口数（人）	Leq
1990	250×250	101	34000	60.1
1995	250×250	100	42000	57.4
2000	250×250	105	64000	58.9
2005	500×500	63	128000	53.4
2008	500×500	63	237000	53.8
年均值标准				60

第三节　环境污染事件

【果林村境内私自排放氯气特大事故】 1999年11月19日，北吴集乡吴某某等人擅自存放废弃的氯气罐，因无知，在果林村私自打开罐盖，造成罐内残留氯气排放，导致果林场林庄小学204名师生中毒，3名学生重度中毒，经抢救脱离危险，其余师生为轻度中毒，经治疗恢复健康；8.53公顷庄稼受到污染减收，附近牲畜受害，一头10千克小猪被毒死。事故造成损失10万元。事故发生后，3名犯罪嫌疑人被拘捕，事故责任人王某被判处有期徒刑3年。这是全省首例因环保责任事故而被判刑的案例。

【元明粉生产企业含盐废水污染张福河特大事故】 2004年6月16日，赵集镇境内，南风集团元明粉有限公司和上海太平洋元明粉有限公司（另有洪泽县境内元明粉生产企业两家）向淮阴区境内张福河排放大量含盐废水，使张福河水体受到严重污染，水体功能受到破坏，致使运南片赵集、码头等3个乡镇66.77公顷的水稻秧苗受盐渍害，农灌期间不能取水灌溉，农户所育秧苗数量不足，整个播种插秧受到重创。事故发生后，境内南风元明粉有限公司和上海太平洋元明粉有限公司及邻县两个企业赔款43万元。

【袁集双联化工光气泄露特大事故】 2005年2月26日，袁集乡境内，袁集双联化工厂发生爆炸事故，引起大量光气泄露，导致周边数百名群众中毒入院治疗，未有人员死亡，造成经济损失近百万元。事故发生后，有关责任人被查处。

【"3·29"货车相撞液氯大面积泄露特大事故】 2005年3月29日，王兴镇境内京沪高速路段，一辆载有35吨液化氯气的山东籍槽罐车与一辆大货车相撞，造成液化氯气大面积泄露，并迅速向周围村庄扩散。市、区两级政府组织生死大营救，连夜抢险消防，淮阴区王兴镇、老张集乡和涟水县蒋庵镇等乡镇的11个村庄，近万人连夜大转移，村镇空无一人。距事故地最近的村庄，飞禽走兽几乎死光，一片萧杀凄凉景象。此次特大事故造成当地群众及抢险人员死亡29人，毒伤373人，农作物受灾133.33公顷，附近农田绝收，经济损失约2901万元。

【袁集瑞尔化工光气中毒特大事故】 2006年2月14日，袁集乡境内，袁集瑞尔化工厂（原双联化工厂）因工人操作不当，造成光气泄露，1名工人因中毒死亡。

1978～2008年，境内发生环境污染事故17起，其中一般环境污染与破坏事故4起，较大意外环境污染与破坏事故4起，重大环境污染与破坏事故4起，特大环境污染与破坏事故5起。

1987～2008年淮阴区（县）重大及以下污染事故统计表

表5-2-14

发生时间	名称	主要情况	损失与赔偿	污染与破坏等级
1987	省农垦棉纺厂污染鱼塘事故	生活废水污染鱼塘，使水中溶解氧下降造成鱼死亡	约损失1000元	一般
1988～1990	市石油公司油品泄露事故	地下输油管线漏油，污染土壤及鱼塘，影响渔业生产	约损失5000元	一般
1990.06	县自来水厂氯气泄漏事故	消毒用液氯泄漏，造成人员及植物轻度中毒	损失估计1000元	较大
1990.12	山东运酸货车翻车事故	车中3吨浓硫酸翻倾，水渠及土壤受到污染，植物受酸雾灼伤	损失估计3000元	较大
1991.10～1992.02	淮阴市电化厂有毒废弃农药污染事故	未经环保部门允许，随意将废弃农药扑虱灵向境内杨庄乡盐闸村倾倒、掩埋、焚烧，严重危害人畜安全	1430平方米耕地不能种农作物，严重污染农田。赔偿损失3800元，罚款1万元	重大
1992.04	清河区环卫所生活垃圾污染事故	数百吨生活垃圾倾倒于淮阴县果林场营北村五组的水塘内，破坏生态环境	水塘报废，赔偿损失5000元	一般
1992.06	赵集盐矿污染事故	由于盐卤的污染，使分洪村6.63公顷水稻秧苗受害	赔偿损失4万元	较大
1993.05	赵集盐矿污染事故	由于盐卤的污染，1.33公顷稻秧死亡	赔偿损失4000元	一般
1995.10	淮阴市电化厂三氧化磷翻车污染事故	运载三氧化磷的货车在新渡乡淮涟村二组翻车，附近的树木、蔬菜、牲畜受到严重危害，污染面积达10公顷，有6户居民不能在家中居住	赔偿损失3700元	重大
1996.08.25	山东两大货车相撞致溴素泄漏事故	青岛城阳区大货车与相对行驶的山东莱州市土山镇大货车在高速公路五里段相撞，造成危险品溴素大量外泄，给五里镇造成严重环境污染，无人伤亡	对主要责任人分别处以罚款7000元和3000元	重大
2004	科苑公司、上海日化厂排污事故	科苑公司和上海日化厂因排污问题，导致越河村0.53公顷鱼塘受损	两家企业赔偿2.8万元	较大
2007.08.01	振达钢管擅自转移废酸事故	崔大泓工业园区淮河路至宁连路绕城段河水发黄，经取样分析，河水铁含量较高，经调查确认是振达钢管公司擅自转移废酸造成的污染	河水变黄，呈酸性，罚款8万元	重大

第三章　环境污染治理

第一节　污染源调查

第一次专项调查工作始于1985年，至1986年结束，历时10个月，主要调查全县工业污染源情况。调查结果是：全年工业废水排放量853.5万吨，城区生活污水排放量82.13万吨，污染源主要是县化肥厂、县糖厂、县造纸厂和县酒厂；工业废气排放量为68492.6立方米，污染主要来自乡镇窑厂、县布厂和县印染厂；全县34个工业企业，有19个企业噪声超过90分贝。1989年4月10日，开展全县第一次乡镇工业污染源调查及评价工作，历时15个月，投资近3万元，建立个体、村级、乡镇级工业污染源档案，基本摸清淮阴县乡镇工业污染源的数量、类别及分布情况，为环境管理和乡镇工业结构调整提供科学依据。1994年3月，开展废黄河沿岸污染源调查，为饮用水源保护提供依据。1996年3月25日至4月10日，开展全县环境污染源现场调查活动。2007年，开展持久性污染物杀虫剂类POPs（滴滴涕、六氯苯、氯丹、灭蚁灵、毒杀芬、五氯酚、五氯酚钠、POPs的混合物共8种）调查工作，对全区杀虫剂类POPs及二恶英现状进行调查。调查结果显示，未发现杀虫剂类POPs类有机污染物，在殡仪馆一处发现有二恶英污染。淮阴区是全国首批开展持久性有机污染物调查试点单位之一，也是全市唯一试点单位。2008年，开展第一次全国污染源普查工作，对140多名普查员及普查指导员进行污染源普查培训。主要普查工业、生活污染源，农机排气污染源，养殖业污染源，水产养殖污染源，种植业污染源，机动车尾气排放等6个方面问题，涉及全区1017个排污单位。

1978～2008年，全区（县）共进行18次环境污染专项调查。

2008年淮阴区污染源在线监控企业名单表

表5-3-1

企业名称	监控项目及仪器
淮阴区饮用水源自动监测站	水温、pH、总磷（以P计）、高锰酸盐指数、溶解氧、电导率、浑浊度、总氮、氨氮在线监测仪
淮安市振达钢管制造有限公司	流量计、pH在线监测仪、在线视频设施
江苏淮安双汇食品有限公司	流量计、pH、COD、氨氮在线监测仪
江苏万邦香料工业有限公司	流量计、COD在线监测仪、在线视频设施
淮安鼎蓝化工有限公司	流量计、COD在线监测仪、在线视频设施
淮安天虹染织厂	流量计、COD在线监测仪、在线视频设施
淮安富泰革基布有限公司	流量计、COD在线监测仪、在线视频设施
淮安杰隆蛋白质科技有限公司	流量计、COD在线监测仪、在线视频设施
淮阴区污水处理厂	流量计、COD在线监测仪、在线视频设施
上海太平洋淮安元明粉有限公司	流量计（水）、流量计（气）、烟尘、二氧化硫在线监测仪
江苏白玫化工有限公司	流量计（水）、流量计（气）、烟尘、二氧化硫在线监测仪
南风集团淮安元明粉有限公司	流量计（水）、流量计（气）、烟尘、二氧化硫在线监测仪

续表 5-3-1

企业名称	监控项目及仪器
华能淮阴电厂	流量计（气）、烟尘、二氧化硫、氮氧化物在线监测仪
淮安天益化工厂	流量计
淮安鑫缘丝绸有限公司	流量计
淮安双鹤药业有限公司	流量计
江苏淮安友文人造板制造有限公司	流量计
江苏佳阳塑胶制品有限公司	流量计
老侯珍禽养生食品有限公司	流量计
江苏民康油脂有限公司	流量计
淮安市第一人民医院	流量计
淮阴医院	流量计
淮阴自来水厂	流量计

第二节　污染源状况

一、水污染源

20世纪80年代初，境内水环境开始出现污染。1985年后，污染加重。当年工业废水排放量853.5万吨，废水中化学需氧量、氨氮、石油类排放量分别为5547吨、254.7吨、29.69吨。城区生活污水排放量为82.13万吨，污染物以有机质为主，排放化学需氧量120吨。主要污染源是县化肥厂、县糖厂、县造纸厂和县酒厂。1990年，工业废水排放量543.18万吨，废水中化学需氧量、石油类排放量分别为659.51吨、0.1233吨。1995年后，水污染进入最重期，工业废水排放量1215.68万吨，废水中化学需氧量、氨氮、石油类排放量分别为3094.03吨、77.62吨、58.5吨。1996年，新增加污染源单位有华能淮阴电厂。2000年，工业废水排放量239.9万吨，废水中化学需氧量、石油类排放量分别为123.7吨、5.5吨。生活污水排放量为573万吨，化学需氧量排放量为2292.9吨。新增污染源单位有上海太平洋淮安元明粉有限公司。2005年，工业废水排放量148万吨，化学需氧量、石油类、氨氮排放量分别为126.17吨、2.96吨、0.75吨。生活污水排放量为1126万吨，化学需氧量排放量为3378吨。新增污染源单位有南风集团淮安元明粉公司、江苏白玫糖业有限公司和江苏民康油脂有限公司等企业。2008年，工业废水排放量407万吨，比1985年减少446.5万吨，化学需氧量、石油类、氨氮排放量分别为369.9吨、10.37吨、34.6吨。生活污水排放量为1627万吨，化学需氧量排放量为4217吨。

二、大气污染源

20世纪70～80年代，全县工业迅速发展，工业废气排放处理能力低。1985年，境内始监测大气污染源排放污染物状况。是年，境内企业排放工业废气量为68492.6万标立方米，废气中二氧化硫排放量为2635.67吨，烟尘排放量为1460.33吨，氮氧化物排放量为551.81吨，粉尘排放量为1179.79吨。主要污染源是各乡镇窑厂、县糖厂、县布厂、县印染厂等企业。1990年，工业废气排放量为49120.68万标立方米，废气中二氧化硫排放量为1215.78吨，烟尘排放量为672.95吨，氮氧化物排放量为254.54吨。1995年，工业废气排放量为1218001万标立方米，其中燃烧排放的废气为1188090万标立方米，工艺废气为29911万标立方米。废气中二氧化硫排放量为19688吨，烟尘排放量为5362.4吨，氮氧化物排放量为7590.8吨。污染物增多主要原因是1993年、1994年华能淮阴电厂投产2台22万千瓦机组。2000年，全年排放工业废气量为65660万标立方米，其中燃烧排放的废气为65600万标立方米，工业废气为1600万标立方米，废气中二氧化硫排放量为6008吨，烟尘排放量为1983吨，氮氧化物排放量为2196吨。主要污染源新增上海太平洋淮安元明粉有限公司。污染物减少，是因为2000年华能淮阴电厂停产1台22万千瓦机组。2005年，排放工业废气量为2878000万标立方米，其中燃烧排放的废气为2594200万标立方米，工业废气为283800万标立方米，废气中二氧化硫排放量为23694吨，烟尘排放量为5948吨，氮氧化物排放量为11495吨。主要污染源是华能淮阴电厂、上海太平洋淮安元明粉有限公司、南风集团淮安元明粉有限公司等企业。2008年，排放工业废气量为3626602万标立方米，其中燃烧排放的废气为2829256万标立方米，工业废气为797346万标立方米，烟尘排放量为4318吨，氮氧化物排放量为13470吨，废气中二氧化硫排放量为23115吨。污染物增多的主要原因是2006年华能淮阴电厂投产2台33万千瓦机组。

三、噪声污染源

1978年，交通噪声、工业噪声和生活噪声是影响环境质量的主要噪声源。1985年开始，境内对城市区域环境噪声进行监测，有34家工业噪声源，19家超过90分贝，以纺织行业噪声污染和机动车噪声污染为最。1990年，工业企业噪声超标率达49.4%，西马路和北京西路2条交通干线噪声平均值分别为76.53分贝和82.63分贝，全部超过国家规定的75分贝标准。1995年，交通干线噪声平均值为79.61分贝，工业集中区昼夜噪声为51.88分贝，交通噪声是主要噪声污染源。2000年，噪声污染主要是以交通噪声污染为主，夜间污染较重。因老城区改造，建筑噪声污染也逐渐加大。2008年，城区噪声污染仍以交通噪声和建筑噪声为主，由于政府对环境质量的综合治理力度加大，生活噪声和工业噪声得到有效治理，城区生活环境质量明显改善。

四、工业固体废弃物污染源

1978年，工业固体废弃物主要是炉渣、粉煤灰和企业污泥。对环境污染较小且产生量不大，主要通过企业内部消化和再利用等方式进行处理，炉渣用作建材添加剂，污泥主要由企业锅炉焚烧。1985年，对企业固体废弃物数量、种类进行申报登记，并加强监督管理，严禁企业私自外排、外放，逐步实现固废的减量化、无害化、资源化。是年，全县工业固体废弃物排放单位主要有36家，排放废弃物总量4.53万吨，主要污染物为工业垃圾和炉渣，主要污染源以食品、化工医药行业为主。1990年，全县固废产生量为2.32万吨，废弃物的来源主要是工业企业的煤渣、粉煤灰及其他固废。主要污染源以食品、化工医药行业为主。1995年、2000年，全县固废产生量分别为40.5万吨、23.29吨，废弃物的来源主要是工业企业的煤渣、粉煤灰，主要污染源为华能淮阴电厂。2005年，全区固废产生量为67.5吨，废弃物的来源主要是工业企业的煤渣、粉煤灰，主要污染源为华能淮阴电厂、上海太平洋淮安元明粉有限公司等企业。2008年，全区固废产生量为132.34吨，废弃物的来源主要是工业企业的煤渣、粉煤灰，主要污染源为华能淮阴电厂、上海太平洋淮安元明粉有限公司、淮安市振达钢管制造有限公司等企业。

第三节　环境整治

一、烟尘整治

1990年12月，投资10万元，完成王营镇挂面厂粮食粉尘治理工程，调解其与近邻染料公司长达3

年的污染纠纷。1997年，对未经环境保护部门审批，擅自生产不合格锅炉的县热管锅炉厂，处以400元罚款。这是淮阴县第一例环保行政处罚案。1998年，对城区27家小浴室下达烟尘限期治理任务，锅炉由单层直烧改为双层直烧，处罚浴室19家，罚款6850元。1999年，进行烟尘整治，限期治理15个单位，包括被纳入省排污口整治名单的市第四人民医院、县油厂、酒厂和二布厂；关闭未经审批的溶剂厂扑虱灵生产项目，罚款6000元；对列入省重点烟尘治理达标名单的白玫糖业、县化肥厂、淮阴民康油脂有限公司等6家企业，以及城区个体饭店和浴室，责令烟尘限期治理。其中，印染厂和色织厂被关闭，其他4家企业通过验收；对25家未完成治理任务的小浴室实施处罚，对其中10家作出关闭处置决定，并召开环保、工商、公安、法院、劳动、城管等部门的小浴室烟尘管理协调会，决定城区及省、国干道两侧所有沐浴业单位的手烧炉，于2000年1月10日前必须全部改用无烟煤。2000年，先后对城区80多家烟尘污染源进行全面检查，城区小浴室的所有手烧炉限期改烧无烟煤，对千禧浴室、香江浴室等32家烟尘污染严重的沐浴企业下达行政处罚决定。2002年，区人大常委会、法院与工商、城管、防疫等部门召开城区烟尘管理专题会议，成立沐浴业行业协会，评定"蓝色企业"7家、"黄色企业"5家、"黑色企业"1家。2004年，对全区78家排污单位限期治理，城区烟尘控制区面积达17.4平方千米，2005年8月10日通过市专家组验收。2007年，东至宁连路，西至韩侯大道，南至废黄河，北至沂淮铁路区域被定为禁燃区，禁燃区范围内禁止新建、改建、扩建燃用高污染燃料设施的项目，工业锅炉和服务业单位的卧式锅炉必须采取措施，达到烟尘排放标准，集中供热条件具备后，自行拆除。在禁燃区范围内，一律淘汰烟煤（包括各种生物质燃料）茶水炉和浴室烟煤小锅炉。2008年，对重点企业6吨以上锅炉全部安装脱硫设施，其他企业1吨以上锅炉安装除尘装置。拆除城区87家小浴室锅炉，119家餐饮单位安装油烟净化装置。是年，境内农村及城郊秸秆焚烧现象严重，区、乡对此实行定人分片，包干管理，对不听劝阻严重违规者给予处罚。

二、化工企业整治

1978年，境内固体废物污染主要来自化工、医药和食品行业，污染排放单位有36个。是年，县化肥厂、县制药厂被限期清理随地堆放的污染物。1990年，对用煤企业的煤渣、粉灰进行专项整治。1996年，县政府下令6月30日前关闭淮阴县造纸厂。1997年，关闭高堰染料化工厂和棉花三朱皮革厂。2000年，查封大华化工厂；拆除淮阴县造纸厂蒸球；关闭富春、永光两个小电镀厂；关闭徐溜挂面厂；万国福利塑料厂、橡胶厂实施搬迁。2004年，对全区10家化工企业进行检查，瑞农、双联、太阜3个化工企业因证照不全、事故隐患多，被停产或关闭；富洋化工、思源磷肥厂等10家未经环评审批的项目被关闭或拆除；天惠化工、万邦化工等5家企业被责令停产搬迁。2007年，天益化工、鼎蓝化工等10家化工企业停产整顿；万邦香料公司、民康油脂公司、和丰公司、天龙酒业、双鹤药业、润通食品公司、大北农公司、白玫糖业公司等8家企业迁入淮阴工业园。全年有30家企业整改，建脱硫设施4台，有2家化工企业被处罚，1家化工企业被拆除。2008年，取缔2家生产危废的企业，对3家私营化工企业作出限期整治的处罚。

三、饮用水源地整治

1983年，召开全县电镀废水防治会议，对城区电镀企业进行整治，限期改造废水排放设施。1997年，县政府责成淮阴织布厂染色车间停产治理，确保生产废水达标排放。是年3月，1家制药厂被停止使用旧瓶，县皮革厂等3家企业被关闭处理，市染织总厂等4家企业被要求限期整治，全县顺利通过淮河流域达标排放验收。2006年3月开始，区政府组织人员对集中式饮用水源地进行专项治理，清除王营镇星光村2个养猪场，关闭华能淮阴电厂废水排污口，清理码头船舶工业区生活污染源；开展废黄河南岸生活污水截污和北岸防护带建设。通过整治，饮用水源水质稳定，农村地表水水质达标率90.2%，集中式饮用水水源地达标率98.7%，达到地表水Ⅲ类水标准。2008年，区政府投入92

万元，建立饮用水源自动监测站，24小时监测饮用水源水质。是年，对城区河流河道的黑臭现象进行整治；工业园区废水、城区生活废水全部接入污水处理厂，经处理后达标排放；盐河水质得到有效保护和改善；孙大泓沿岸畜禽养殖业实行限批；淮阴师范学院生活废水于2008年8月底接入污水管网，孙大泓水质黑臭现象彻底解决；崔大泓护坡、绿化、清淤工作结束；太平洋元明粉公司实行硝盐联产工程；万邦香料、杰隆蛋白质等单位新上污水处理设施；封闭黄河风光带走廊取水口段；关闭影响饮用水源的江淮纺织公司码头；城市自来水厂废水改道排入污水处理厂，安装饮用水源自动监控装置。

四、违法排污整治

1985年4月6日，将分散的11家电镀厂点集中合并成淮阴县电镀中心，性质属小集体。1988年，淮阴市第一人民医院投资21.3万元，安装2台日处理废水300吨的设备，完成医疗废水处理工程。1995年，开始施行《淮河流域水污染防治暂行条例》，禁止一切工业企业向淮河流域水体超标排放水污染物。1997年，对县糖厂、制药厂、高堰乡等单位集中检查，发现有水体超标排放水污染物，遂对其实行限期治理。是年，全县被列入省控重点治理达标排放企业有8家。1998年，对和丰塑胶基布等7家日排废水100吨以上企业进行调查和治理，关闭企业3家。是年2月25日，城区首次开展排污口规范化整治工作。经查，重点污水源企业13家，决定合并排污口4个，规范排污口22个，安装排污口标志牌25块，安装污水流量计2台，投入资金19.8万元。2000年，重点对江苏白玫糖业有限公司的废气和老张集康捷医用纱布炼漂有限公司的废水进行限期治理。白玫糖厂投入20多万元，对10吨抛煤机锅炉进行全面改造，重砌燃烧室烟道，并更换水膜除尘器。老张集康捷医用纱布炼漂有限公司投资5万元，对排放的废水、废气进行处理。2008年，依法取缔小电镀厂2家、产生危废的企业2家，行政处罚产生危废企业8家。同时，整治新建设项目的违法违规行为。投资132万元，安装在线监控设施26家，安装COD在线监测仪4家，安装pH在线监测仪1家，安装流量计26家。3家元明粉公司和华能电厂安装烟尘和SO_2在线监测仪。关闭1家小造纸厂，查处3个污水排放不达标的养殖户。依法取缔2家小电镀厂、2家产生危废的企业，规范危废管理，行政处罚8家企业。是年，立案查处违法案件42起，决定罚款金额110.62万元，执行金额70.8万元。2002～2008年，全区共开展排污专项整治20次。

第四节　环保案件查处

1982年7月27日，县玻璃厂在厂门外堆放散发农药气味的碎玻璃，污染周围环境，环保办对其进行处罚，限3日内将厂外碎玻璃清理干净，并罚款1500元。1991年10月，淮阴市电化厂农药废渣未经环保部门允许，也没有任何处理措施，随意向杨庄乡盐闸村倾倒、掩埋、焚烧，严重危害人畜安全，成为当时一大污染事故。县环保部门依法令其清除污染物近百吨，赔偿受害人损失3800元，罚款1万元。1997年，关闭楚大丝绸印染厂印染车间，停产治理，确保生产废水达标排放。2002年1月18日，万国福利塑料厂未经环评审批擅自建设，对周边环境造成较大污染，受到行政处罚。该厂接到行政处罚告知书后，提出听证要求，区环保局依法召开听证会，这是淮安市第一例环保听证案件。2002年2月28日，因城区黄河浴室环评审批通过，周围居民有异议，对环保局提起行政诉讼。区法院开庭审理，对沈席斌等28户居民诉讼黄河浴室审批侵权一案进行判决，确认区环保局建设项目审批行为合法，后原告未上诉。该案是淮安市第一例环保民告官案。2004年，对江苏白玫糖业有限公司等11家烟尘污染单位进行处罚，并责令其限期整改。2006年6月12日，发出南风和太平洋元明粉公司停止向张福河排放含盐废水的通知。2007年7月22日，责令淮安市富洋化工有限公司、腾飞化工厂停产整顿。2008年，责令太平洋化工淮安元明粉有限公司等4家单位限期整改。至此，全区共立案查处企业662家，其中行政处罚企业230家，限期整改企业272家，限期治理企业83家，关停取缔企业65家，申请法院强制执行企业12家。

第四章　生态保护与建设

第一节　生态工业

20世纪90年代末，淮阴县以城市规划调整和产业结构升级为契机，开始建设工业集中区，一、二、三期区域环评，均获得省环保厅的批准。2000年后，区（县）政府将加快发展先进制造业作为改善生态环境、提升环保水平的治本之策，严格限制高污染行业进入，依法关停重污染企业，从严控制各类污染排放总量，重点解决传统产业存在的消耗高、污染重等问题，使区域内工业环境污染得到有效治理。2008年，关停、淘汰污染严重和治理得不偿失的企业13家；建设日处理污水2万吨的淮阴区污水处理厂和大气自动监测站；完成8家企业的污水处理工程建设；华能淮阴电厂等重点大气污染企业安装静电除尘、脱硫设备；新建和扩建的工业项目，原则上全部进入开发区和工业集中区。是年，对产业链进行整合和生态化改造，形成以秸秆和粉煤灰为中心的循环经济模式，其中鼎元科技有限公司年生产人造板5万立方米，可利用秸秆6万吨，海螺水泥有限公司、三鑫建材有限公司烧结砖项目年消化粉煤灰32.77万吨。

第二节　生态农业

见本志第十二篇《农业》第八章《生态农业》。

第三节　生态人居环境

1993年，全县加快改造城区生态人居环境，投资150万元，开始治理营东大沟，1996年8月完成综合治理。进入21世纪，城区利用废黄河和盐河的绿水特色，打造居住佳境，改善废黄河、盐河两岸的生态环境，重点对河岸的污染源进行综合治理，营造良好的城市生态环境，先后投资5000余万元，建成废黄河一期、二期、三期风光带，长约8千米，一期、二期宽80米，三期宽200米。风光带的建成，不仅优化美化环境，防风固沙和防止水土流失，同时也从根本上解决了废黄河城区段的水污染问题。废黄河生态环境的修复，使不曾见过的野鸭、鸬鹚频频浮游水面。2005年，城区又建成盐河风光带，全长2.2千米、宽50米，彻底改变盐河两岸的人居环境。2006年，对城区两条黑臭河流孙大泓、崔大泓进行综合整治，封堵沿岸排污口，疏浚河道，建立护坡，设置绿化带，从而改善周边整体环境。2006～2007年，为适应城市人居环境建设需要，政府先后投入330万元用于改造垃圾中转站和购置垃圾中转运输车。至2008年，全城区共有压缩式中转站6座、压缩式中转场1座、垃圾中转运输车11辆，每天产生100吨左右的生活垃圾，被送往淮安市王元垃圾无害化填埋场处理。

第四节　省级自然保护区

2003年，建立淮阴区洪泽湖北岸市级湿地自然保护区。2006年，该保护区被省政府批准为省级湿地自然保护区。保护区面积3700公顷，其中核心区700公顷，实验区1600公顷，缓冲区1400公顷。保护区水域、滩涂广阔，生态系统保存完好，生物种类丰富。主要有浮游植物165种，水生高等植物81

种，底栖动物76种，鱼类67种，鸟类194种，其中属国家Ⅰ类重点保护动物有大鸨、白鹳、黑鹳和丹顶鹤等4种；Ⅱ类重点保护的有白额雁、大天鹅、鸳鸯、灰鹤、猛禽（鹰11种、隼3种）等26种。

详见本志第一篇《政区　环境》第二章《自然环境》第四节《自然资源》。

第五节　生态功能区

2005年4月，全区开始重要生态功能保护区划分工作，被省环保厅确定为5类6个保护区，即淮沭河洪水调蓄区、洪泽湖（淮阴区）重要湿地、废黄河（淮阴区）重要湿地、淮安市淮阴区饮用水源保护区、京杭大运河（淮阴区）清水通道维护区、二河生态公益林区。区环保部门对各生态功能保护区明确划界，严格规定禁止开发或限制开发的区域范围。区域所在乡镇责任到人，组织巡查队，定期查看调蓄区是否乱堆乱建、乱栽树木，查看湿地区内是否有捕鸟及乱砍乱伐行为，查看饮用水源保护区内是否有违法排污现象，查看生态林区是否有盗砍盗伐行为，还查看禁止开发的功能区是否有人蚕食性开发。2008年，出台《淮阴区生态红线保护规划》《淮阴区生态红线资金使用管理办法》，确定4大类14个生态保护项目，安排资金1970万元，其中污水处理设施9座，安排资金310万元；污水管网项目29千米，安排资金1250万元；饮用水源保护及环境整治生态恢复项目安排260万元；环保能力建设安排150万元。在生态红线区域设立红线保护宣传标牌。同时，调整生态功能区保护范围，新增生态红线保护区面积69.83平方千米，全区生态红线保护区域达284.49平方千米。在生态红线区域内没有发生重大环境污染、生态破坏事件。

淮阴区生态功能保护区区域一览表

表5-4-1

名称	主导生态功能	范　围
淮沭河洪水调蓄区	洪水调蓄	限制开发区位于淮沭河东西偏泓之间，东偏泓及东偏泓向东700米。区域内有王营、凌桥、袁集、渔沟、五里、吴集、徐溜、西宋集等乡镇
洪泽湖（淮阴区）重要湿地	生物多样性保护、洪水调蓄	位于淮阴区西南片，东西长约13.5千米，南北宽约9.18千米，包括赵集镇、韩桥乡的河头、沿湖等3个村。内含洪泽湖北岸湿地自然保护区，外围距洪泽湖大堤0.4千米。洪泽湖北岸湿地自然保护区面积为88.72平方千米，其中禁止开发区为自然保护区的核心区和缓冲区，面积为23.8平方千米，其余为限制开发区
废黄河（淮阴区）重要湿地	湿地生态系统维护	二河至淮涟交界处22.4千米，流经王营镇，新渡乡的杨庄、越河、沈渡、星光、营东、双和、双坝、淮涟8个村，含韩侯大道至宁连路段（11.4千米）沿岸60米，其余段沿岸100米。其中，禁止开发区为饮用水源地（取水口上游1千米，下游0.5千米），面积为0.09平方千米。其余为限制开发区
淮安市淮阴区饮用水源保护区	水源水质保护	禁止开发区为一级保护区：取水口上游1千米至下游0.5千米，及其岸背水坡之间的水域范围和一级保护区水域与两岸背水坡堤脚之间的陆域范围；限制开发区为二级保护区：一级保护区以外上溯1.5千米、下延0.5千米的水域范围和二级保护区水域与两岸背水坡堤脚之间的陆域范围
京杭大运河（淮阴区）清水通道维护区	水源水质保护	流经三树、吴城、凌桥、码头4个乡镇，沿河有三坝、三岔、新堡、三园、豆瓣集、头庄、仲弓、双闸、许渡、陶闸10个村。限制开发区为清水通道两岸1千米范围，禁止开发区为水面到0.1千米处（于凌豆线公路豆瓣集大桥东西各保留0.3千米，用于港口建设），面积约36.2平方千米
二河生态公益林区	水源涵养、水土保持	禁止开发区位于淮阴区南部，南北总长26千米，总宽50米，包括码头、南陈集、赵集3个乡镇；涉及陶闸、码头、泰山、头堡、张周、窑厂、孙庄、高堰、十堡、小滩等10个村

第五章 环境管理

第一节 建设项目管理

一、环评制度

1988年，县内环境管理开始施行环评审批制度，遏制了电镀企业对环境造成的污染。当年共审批项目2个，其中华能淮阴电厂一期项目，是淮阴县第一个有环境影响报告书项目。1992年，对县化肥厂、越河村化工厂、自来水厂、徐溜缫丝厂扩建工程等22个项目进行环评审批。1994年，袁集葵二酸项目，委托市环科所编制的环境影响报告表，是淮阴县审批的第一份环评报告表项目。是年，否决了王营镇直排黑染料项目。1996年，开始规划环评工作，环保部门先后参与县总体规划及渔沟镇总体规划的评审。2000～2004年，依照地区排污总量及污染集中控制原则，对一些容易造成污染的制革、化工、印染、电镀、酿造项目严格把关，或缓批，或不予批准。2005年，排污许可证制度在区域内得到全面贯彻，履行环保审批手续项目851个，办理排污许可证的污染源250个，对进入工业园区项目实行环保会审制，并建立建设项目管理电子档案，环评审批开始走向规范化。是年，淮阴工业园区域开发环境影响评价通过省环保厅审批。2008年，全年受理环评建设项目550个，环保审批率和环评执行率均为100%，对环保设施齐全的200个项目进行验收，拒批化工、电镀等污染严重项目15个。

二、"三同时" 制度

1988年，淮阴县环境管理执行 "三同时"（污染治理与主体工程同时设计、同时施工、同时投产）制度。1988年6月，投资10万元的食品公司扩建项目，是淮阴县第一个实行 "三同时" 的建设项目，该项目于1989年通过验收。1993～1994年，试行 "三同时" 保证金制度，对建设项目环境管理的方法进行尝试，后被取消。2000年前，建设项目环境管理重审批轻管理现象比较严重。1988～2000年，进行 "三同时" 竣工验收的项目只有44个。进入21世纪，环保污染防治设施建设不到位引起的污染问题愈来愈突出，"三同时" 制度的执行受到高度重视，尤其是环保模范城市创建活动推动了这项工作的开展。2001～2008年，进行 "三同时" 竣工验收的项目612个。

第二节 排污许可证发放与排污收费

一、排污许可证发放

1992年，境内开始实行排污申报和排污许可证发放工作，当年仅9家重点源企业纳入申报范围，并发放排污许可证。1997年，有240家完成排污申报。1998年，除加大城区企事业单位和三产服务业申报力度外，还扩大对乡镇、村办企业申报范围。2004年，淮阴全面推广排污申报登记和排污许可证制度，共发放申报登记和发放排污许可证263家，工业企业占44%，沐浴业占30%，餐饮业占16%，医疗及教育单位占10%。全年查处超证排污案件3起，罚款共计10万元。2004年后，排污申报登记和排污许可证发放工作逐步纳入正常管理轨道。2006年，纳入申报登记300余家，为258家换发排污许可证，对12家重点污染企业实行排污许可证月测月报制度。2007年，有284家企业进行排污申报。2008年，排污申报总数为220家，其中纳入排污收费154家。全区排污申报工作范围从工业企业扩展到饭店、浴室等三产服务业和房地产业，实行所有排污单位全申报。

二、排污收费

1981年，颁发《淮阴县排污收费和罚款实施细则》。1982年7月18日，县糖厂锅炉改造，返还防污资金6万元。1985年，收取排污费25.9万元。1987年，管理部门加大排污费收缴工作力度，同时制定淮阴县乡镇排污费管理办法。1988年9月，市第一人民医院建废水治理设施2台，日处理污水每台300吨，总投资21.3万元，返还8.1万元。1989年，县磷肥厂利用污染防治资金6万元，建设氟气回收项目。1991年12月，县化肥厂利用污染防治资金35.3万元，完成县化肥厂废水治理一期工程，开始全县污染大户治理工作。1997年前，征收排污费，托收无承付，由银行直接划入排污费账户。是年，开始按排污总量收费。糖厂酒糟废液全回流工程获得省环保厅科技贷款20万元。财政拨付环保专项资金45.5万元，用于淮阴市染织总厂染色废水治理，工程于1998年通过竣工验收。1999年1月20日，省化工厅补助资金200万元，对县小氮肥厂进行治理。是年4月，淮阴县排污收费开始根据水、气、声多因子收费。2000年收取排污费52万元。2002年，拨10万元治污资金扶持印染厂达标排放。是年，争取到省环保厅有机食品基地建设补助基金10万元和废黄河环境综合补助基金20万元。2003年7月，开始按国务院《排污费征收使用管理条例》征收排污费，排污收费工作逐步走上规范化、制度化、程序化的轨道。2005～2007年，淮阴区连续三年被省环保厅评为全省排污收费工作先进单位。2008年收取排污费1598万元。1980～2008年，共返还污染防治资金860万元。

1982～2008年部分年份淮阴区（县）排污费征收和使用情况表

表5-5-1

年份	征收金额（万元）	使用情况
1982	15.6	返还县糖厂6万元，用于锅炉改造
1985	25.9	返还18.7万元，其中县化肥厂10万元，用于排污治理
1988	27.5	返还市第一人民医院8.1万元，用于废水处理
1989	29.1	拨给县磷肥厂6万元，用于氟气回收项目
1991	30.5	拨给县化肥厂35.3万元，用于废水治理
1997	45.5	拨给市染织总厂50万元，用于染色废水处理
1999	51.3	拨给县化肥厂30万元，用于两水闭路循环工程建设
2000	52	拨给城建40万元，用于废黄河绿化带建设
2001	65	拨给赵集粉丝厂30万元，用于环境建设
2002	80.55	拨给区印染厂10万元，用于达标排放，另拨省环保厅废黄河治理基金20万元
2003	114	拨给城建80万元，用于盐河风光带绿化建设
2006	650	投入资金190万元，安装26家企业在线监控、监测仪等设施
2008	1598	投资92万元，建立饮用水源监测站，投入43.5万元用于拆除87台立式手烧炉等

第六章　环保规划与宣传

第一节　总体规划

1982年起，依据淮阴市城市环境保护规划，开始制定年度工作目标，列入全县国民经济发展计划。1985年，制定较为简单的淮阴县“七五”（1986～1990年）环保工作计划，分为总体目标、工业污染控制、生态保护和工作措施等内容。1992年初，完成全县“八五”（1991～1995年）环保规划编制工作，制定总体目标，明确污染物排放、废水排放量，大气污染防治，工业废弃物综合利用，生态建设等指标及工作措施。1995年，编制《淮阴县环境保护“九五”计划和2010年长远规划》。规划进一步明确环境保护目标任务，对控制环境污染、改善全县大气质量、地面水水质，以及工业固体废物的综合利用率，制定相应的对策和措施。2000年，编制“十五”（2001～2006年）环境保护规划。对工业污染源排放、环境空气质量标准、地面水水质达标率、全县饮用水源达标率、城区噪声达标区覆盖率，以及推进环保新技术应用，发展清洁生产和低排污生产工艺，利用新能源，实现工业固体废弃物综合利用率、处置率，制定相应的对策和措施，突出生活垃圾无害化处理、筹建日处理能力5万吨污水处理厂等工作。

2006年，编制《淮阴区“十一五”环境保护规划与2020年远景目标》。规划根据国家和省、市有关规定，结合全区实际情况，提出“十一五”（2006～2010年）期间的环境保护任务、指标和污染防治措施。规划包括工业污染防治、大气环境保护、水环境保护、声环境保护、固体废物管理与安全处置、生活垃圾袋装化收集、放射性与电磁污染监督管理规划。规划以建设生态区为目标，对自然环境保护、城镇生态保护、农村生态环境建设、生态产业建设提出具体指标。同时，进行投资估算及效益分析，并明确实施保障措施。

第二节　环保宣传

一、社会宣传

1980年起，每年围绕“5・22”世界地球日、“6・5”世界环境日开展内容丰富的主题日宣传活动，从5月下旬至6月下旬，通过组织环保知识竞赛和文艺晚会等活动做好环保宣传工作。每年均举办专题讲座，对厂矿企业干部职工和科技人员进行环保知识培训。境内环保工作还使用广播电视进行宣传。是年11月，《中华人民共和国环境保护法》被纳入“二五”普法内容，县环保局编制1.2万字的环保普法材料，深入乡镇、机关、学校、企业开设讲座40场，受教育近万人次。1993年6月5日，为纪念国家开展环保工作20周年，由常务副县长向全县干群发表广播讲话，宣传环保工作。1994年4月，全县开展副科级以上领导干部环保知识培训，参训人数超过200人。1996年12月24日，发出《关于加强环境保护宣传教育工作的意见》。同年，县电视台开设《县长谈环保》专栏。1999年6月5日，分管环保副县长在县电视台发表环境保护电视专题讲话，动员全县上下保护环境，市第一人民医院、县植物油厂等单位悬挂环保标语，县环保局出动宣传车上街宣传，并组织环保知识竞赛等宣教活动。2000年，开展环保“四进”（进社区、进企业、进村镇、进学校）宣传活动，在县级媒体上公开全县58家企业环境信息行为。2001年6月15日，举办环保业务知识培训班，各乡镇环保助理、企业分管领导及环保员参加培训。是年7月，邀请省环科学会理事长、省环保厅原厅长、南京大学客座教授袁克昌为区四套班子、部委办局和乡镇一把手、企业厂长作环保形势报告。2002年6月26日，对13个重点工业企业污染源环境行为进行评级，并将结果在区报上进行公布。2007年4月1日至6月5日，区环保局先后到黄河广场、农工商大卖场，以及渔沟、古寨、凌桥等地集中宣传12场次，现场散发环保法律知识、环保健康知识、绿色消费知识计12650份。2008年，区政府领导在区电视台发表纪念“6·5”世界环境日电视讲话，并在《新淮阴》上发表署名文章，倡导保护环境。是年12月，区环保局通过省级环境宣教现代化建设试点单位验收，成为全省首批达标的3家试点单位之一。

2000～2008年，在开展的环保“四进”活动中，建成一批省、市、县级绿色学校、绿色社区和环境友好企业。2003～2008年，每年邀请专家开办生态知识讲座，强化各级干部尤其是领导干部的生态保护意识和可持续发展意识，年均培训上万人次。

二、学校教育

1980年起，城区学校成立课外环保兴趣小组，并逐步向所有学校渗透扩展。1991年4月23日，县环保局和团县委联合举办淮阴县青少年环保、绿化知识竞赛，有8支中学生代表队参加比赛，五里中学代表队获第一名。1994年，组织中小学生参加省百万中小学生环保宣传和作文竞赛等系列活动，淮阴县中学、淮海中学分别有5名学生获一等奖。全县中小学乃至幼儿园均将环境保护列为教育内容之一，并开展“绿色学校”创建活动。1992年6月，为纪念联合国环境与发展大会的召开，淮阴县召开由500人参加的纪念大会，并举办环保专场文艺演出。近2000名小学生走上街头宣传，制作宣传画廊、板报80余块，张贴标语700余条。2005年，在区职教中心举行“走进绿色”大型广场文艺演出。2007年，建立中小学环境教育基地，区实验小学建成国家级绿色学校。至2008年，有国家级绿色学校1所、省级绿色学校1所、市级绿色学校6所。

第六篇 城乡建设

1978年，淮阴县城面积5平方千米。城区内有淮海路、北京路和淮涟路等干道3条，为泥结碎石路面或沥青路面；有桥梁2座。境内无自来水厂，部分居民由清江水厂供水。城区以35千伏输电网络供电。农村集镇土墙草房居多，砖木结构瓦房少见。道路皆为土路，集市街道很少绿化，用水取自河塘或浅井。1985年后，农民收入提高，境内农村普遍新建、翻建住房。

1994年，依据《淮阴市城市总体规划》，县委、县政府重视编制各类规划。1996年起，县城开始大规模改造扩建，先后开工多项建筑工程，重点抓好城区道路、桥梁、绿化以及各项基础设施建设。至2000年，城区形成"三纵三横"的交通框架，面积扩大至29平方千米。

2001年后，城市规模进一步扩大，城市面貌发生很大变化，加强城市管理被提到重要日程。农村小城镇建设步伐加快，由零星建设转向集中开发住宅小区，村庄建设开始构建集中居住点模式。

2007年，经国家卫生城市考核检查组全面考核，淮阴区获"国家卫生城市"称号。袁集乡桂塘村通过省级康居示范村验收。是年底，城区形成"六纵五横"的大宽度道路格局。2008年底，城区面积35平方千米。城区"六纵五横"道路绿化带建设进一步完善，南昌路盐河大桥建成通车，城区52个居民小区计11298户用上管道天然气，盐河风光带四期工程竣工，城区63条道路安装路灯计6123盏。全区建成农民集中居住点131个。

第一章 城乡规划

第一节 机构与管理

一、机构

1979年1月，淮阴县始设城市规划办公室，属县基本建设局的职能部门。2000年9月，城市规划职能从县建设局析出并升格，成立淮阴县规划局，独立建制，为副科级事业单位，核定编制10人。内设办公室、技术管理科和工程管理科。主要职能是承担淮阴县城市规划管理工作，审核、发放城市建设规划许可证。2001年，更名为淮安市规划局淮阴分局。是年11月，经市人民政府批准，淮安市规划局淮阴分局为淮安市规划局派出机构，由副科级事业单位升格为正科级，编制仍为10人。2008年4月，增设村镇科，负责区内各乡镇规划管理，核发乡镇建设规划许可证。

二、规划管理

1979年，规划管理的范围主要在县城城区，由县建设局下设的城市规划办公室履行职能，对城区规划区内的建设项目选址、建设用地、建设工程进行规划管理。首先是确认建设项目的选址，再根据规划确定建设用地的定点、位置，指导各类建设活动，并对建设工程进行控制、引导。“工程规划许可证”由规划职能部门严格审核后发给，从而保证建设工程按规划要求进行有序建设。同时，对建设工程规划许可项目进行跟踪监督管理，如有未按批准内容进行建设的，依法给予行政处罚。2002年后，随着地方政府加大招商引资力度，一批新企业落户境内，单位建设工程面积不断攀升，2005年达到80万平方米。2006年，随着城市建设整体布局的调整，城市规划区内不再安排个人住宅用地，需要迁移的住户由政府集中安置，规划分局在规划区内停止对个人住宅进行审批。2000～2008年，共核发单位《建设项目选址意见书》204份、单位“建设用地规划许可证”675份、单位“建设工程规划许可证”1676份，建筑面积计265万平方米；核发民房“建设工程规划许可证” 3455份，建筑面积计50万平方米。2008年4月，境内农村乡镇规划管理职能从区建设局调整到淮安市规划局淮阴分局，由淮安市规划局淮阴分局行使审核发放“一书两证”（建设项目选址意见书、建设用地规划许可证、建设工程规划许可证）的职能。

2000～2008年淮阴区（县）建设规划管理统计表

表6-1-1

项目 / 年份	单位建设用地		单位建设工程		规划区内个人住宅	
	件数	用地面积（平方米）	件数	建筑面积（平方米）	建房户数	建筑面积（平方米）
2000	24	599069	20	29268	224	30538
2001	49	709225	87	523232	965	148365
2002	35	1122959	55	369830	1208	182876
2003	128	3920390	123	521402	400	54285
2004	128	4162704	23	767749	465	76908
2005	101	3345130	279	809995	193	12261
2006	100	1710000	312	122500	—	—
2007	69	3312200	329	133440	—	—
2008	41	1670000	236	105600	—	—

第二节　城乡体系规划

1994年，依据《淮阴市城市总体规划》，淮阴县城市规划办公室承办《淮阴县县域城镇体系规划》编制工作，历时2年，对域内的城镇土地利用、规模、功能、空间结构、交通、电信、电网建设等7个方面进行较为详细的规划。1996年5月6日，县政府邀请专家、工程技术人员和市县有关部门的领导对县域城镇体系方案进行论证。5月17日，提交淮阴县第十二届人大常委会第二十六次会议审议并通过。规划的核心内容：到2000年，全县耕地面积165041公顷，交通用地、居民点及工矿用地则分别增加613.33公顷、433.33公顷；城镇建设用地预测为36.5平方千米，比1994年增加10.5平方千米；区域内城镇分为中心城镇、片中心城镇、建制镇和乡集镇4个层次，其数量比为1:4:9:14；各城镇按现有基础和发展趋势，分别按照综合型、工贸型、工业型、水产加工型和集贸型等七类功能发展；全县中心城区人口达18万人，用地18平方千米，向东向北扩展市区；片中心城区的南陈集集镇、渔沟集镇、徐溜集镇的人口分别达到1.2万人、1.8万人、1.2万人；改造升级县乡、乡乡和乡村公路，形成结构较为完善的区域交通网络；盐河航道由1996年的六级改造达到四级，可通航200吨驳船的拖带船队。

第三节　城市总体规划

一、1982～2000年淮阴市总体规划（淮阴县部分）

1982年，淮阴市人民政府组织编制淮阴市总体规划（1982～2000），淮阴县城所在地王营镇纳入统一规划。在城市布局中，王营镇和小营乡，以及杨庄乡的淮闸、盐闸，新渡乡的王庄、刘渡、谢庄，果林场的果林、营北、营西、王圩、崔庄等村全部纳入城市规划区范围，面积143平方千米。规划盐河两岸为县城工业区。2000年前，除发展陆路交通外，盐河纳入五级航道疏浚。小营乡地域内，在盐河北侧的淮海北路兴建小营广场。淮阴邮政局王营支局装2000部自动电话。在杨庄建60～100万千瓦的电厂，建4个11万伏变电所。淮海北路西侧的荷花池建1座公园。

二、1995～2010年淮阴市城市总体规划（淮阴县城区部分）

1997年7月28～30日，淮阴市第三届人大常委会第三十二次会议批准《淮阴市总体规划（1995～2010）》，淮阴县县城王营镇被纳入淮阴市中心城市规划。在远景规划中，城市空间结构由淮阴市区、淮安市区、淮阴县城共同构筑中心城市格局，即“三淮一体”。

在城市发展方向与结构形态规划中，王营片区和小营片区被纳入规划范围，涉及淮阴县王营镇、果林场、袁集乡、杨庄乡、新渡乡等区域。王营片区，范围为废黄河以北、盐河以南的城市建设用地，包括华能淮阴电厂的建设用地，面积8.5平方千米，规划人口分布8.5万人，其主要功能是淮阴县的政治、经济、文化、金融、贸易中心。西部为淮阴市电力基础及配套工业，东部以生活居住为主。小营片区，范围为盐河以北、新长铁路线以南的城市建设用地，面积为6.5平方千米，人口分布为6.5万人。规划中的火车北站及汽车北站位于该片区。西部规划为铁路综合货站，以仓运为主，适当发展一、二类工业，生活居住、公共设施相应配套。

三、2001～2020年淮安市城市总体规划（淮阴区部分）

规划确定淮阴片区为淮安市主要的工业基地、仓储区以及配套设施完善的生活居住区。

布局规划：规划淮阴区政府位于长江路与承德路交叉口的西北。规划淮阴片区相应规模的文化中心，居住区建设区级文化中心，包括图书阅览室、多功能电影院以及青少年活动中心等文化娱乐设施。规划改建淮阴区北京西路南侧居住区体育设施，用地3.2公顷，新建淮阴区黄河东路南侧居住区体育设施，用地10.62公顷。

居住用地规划：规划淮阴片区居住用地685.03公顷，居住人口约24万人，人均居住用地28.54平方米。

工业用地规划：淮阴片区设城东北、城西北仓储区。东北仓储区位于主城区东北部，是服务于城市生产和生活的普通仓库用地，规划用地45.49公顷。城西北仓储区位于韩侯大道以西、盐河以北，主要配套服务于西北工业区，规划用地87.04公顷。

港口布局规划：沿盐河北岸规划2个港区，分别是淮阴西港和淮阴新港。远期规划港口用地81.7公顷。淮阴新港港区位于淮阴片区东部，占地5公顷，为件杂货港区。淮阴西港位于淮阴片区西部，占地1.2公顷，为矿建材料和三材作业区。

污水工程规划：淮阴区污水处理厂位于市区北部，盐河北岸、黄庄西侧。2020年，设计规模日处理污水15万立方米，占地约15公顷。

农副产品基地规划：规划蔬菜生产基地主要分布在淮阴区的棉花庄、丁集、王兴、渔沟等乡镇。规划畜禽养殖基地主要分布在淮阴区的赵集、南陈集、三树等乡镇。规划水产基地主要分布在淮阴区的赵集镇。保护现有水产养殖场，逐步扩大规模，积极发展特种水产。

第四节　分区规划

一、王营分区（1996～2010年）

规划于1996年3月开始编制。规划王营分区为淮阴县人民政府所在地，规划城市向北发展，东西延伸，用地北至新长铁路，南至废黄河，东至新长铁路，西至华能淮阴电厂与市综合货站铁路专用线，规划用地面积3456公顷。规划期内，规划建设用地范围北至新长铁路，南至废黄河，东至沈阳路，西至电厂铁路专用线，规划建设用地面积1503公顷。规划中，王营分区位于盐河与废黄河之间，再分王营东区、王营西区2个部分。

王营东区：在盐河与废黄河之间，淮海北路与城东沈阳路所含区域。西部靠近淮海北路部分为商业、金融最为集中的区域，规划强化中心商业功能，逐步降低工业用地比例，增加公共设施用地与居民用地比例，旧城改造时注重道路网系统趋于合理。

王营西区：在两河之间，淮海北路以西至城西西安路。现状为城区行政中心及医疗中心，规划加强此功能，降低此区域工业用地比例，相应增加医疗卫生与行政办公用地比例。

二、小营分区（1996～2010年）

在盐河以北地域。规划为城区用地扩展的主要区域，包括城东发展区、城中发展区、城西发展区。

城东发展区：在淮海北路以东区域。该区生产性用地在东、南两个方向，生活用地在西面，两种用地向北发展，同时在盐河边布置服务整个城区的码头及仓储区，该区工业用地以Ⅰ、Ⅱ类为主。

城中发展区：在淮海北路与西安路之间区域。规划降低工业、居住用地比例，相应增加市场、文化教育用地比例。

城西发展区：在西安路以西区域。结合淮阴市铁路综合货站发展，以仓储货运和Ⅱ、Ⅲ类工业用地为主。

第五节　控制性详细规划

一、淮阴区中心城区控制性详细规划

土地使用控制：在结构布局上，规划形成“一轴、两核、四心、四区”的布局结构。“一轴”为贯穿南北的淮海路城市商务主轴线；“两核”指在北京路、长江路与淮海路交叉路口形成的两个商业节点；“四心”即为淮阴区的行政、文化、体育、医疗中心；“四区”指的是4个居民社区。

规划居住用地布局：规划居住用地397.29公顷，占规划建设用地的50.14%，人均26.29平方米。

社区划分：社区采用“居住社区、基层社区”两级组织结构。以盐河、淮海路、银川路为界将规划区域分为4个居住区：西北居住社区3.2万人，分为3个基层社区；东北居住社区2.8万人，分为3个基层社区；西南居住社区4万人，分为3个基层社区；东南居住社区5万人，分为4个基层社区。

公共设施用地：规划公共设施用地121.14公顷，占规划建设用地的15.29%。其中，行政办公用地27.68公顷，围绕行政中心布置行政办公用地，使行政单位相对集中。商业及金融用地43公顷，占建设用地的5.43%，围绕淮海路块状发展，长江路、北京东路拓展完善传统的商业空间，规划设置6个农贸市场，每个服务半径500米。文化娱乐用地3.45公顷，占建设用地0.44%。规划行政中心西侧布置体育中心，用地16.9公顷，占建设用地2.13%。医疗卫生用地15.27公顷，占建设用地的1.93%，在现有基础上

扩展完善。

建筑控制：建筑高度指从室外地平起至建筑物最高层部分的高度，规划根据用地性质、景观设计、城市建筑群体空间组织等要求加以控制；建筑间距控制、建筑后退距离控制依据《江苏省城市规划管理技术规定》的相关要求执行。

二、黄河东路两侧控制性详细规划

1997年12月，由淮阴县城市规划办公室负责编制黄河路东西两侧控制性详细规划。方案分为上、下两部分，设9章，规划范围西至淮海路，东至承德路，全长1.7千米，道路两侧70～180米，覆盖面积约39.5公顷。

规划区的主要职能：通过对黄河东路两侧的控规编制，力求使规划区域内成为小康住宅区和现代化商业文化、娱乐区，同时成为现代化县城的居住区和公共服务设施的展示窗口。

土地利用规划：区域内用地功能分为4个部分，分别为居住区（包括1所小学）、商业文化娱乐区、城市休憩广场、公共绿地和街头绿地。道路主干道40～60米，次干道25～30米，支线15米，居住区等道路8～12米。

用地布局：规划区内居住以二类为主，在老城区（淮海路—银川路）和新区（银川路—承德路）均有布置，适当进行老城区改造和新区开发，使其纵横协调发展。规划区内的公共设施采取集中布局方式，在规划区的东西两端均有布置。在西端结合城市休憩广场和黄河路布置市级文化娱乐区，在东端黄河东路和承德路交叉口西南角布置居住区级商业文化娱乐区。城市休憩广场布置在规划区范围西端——黄河桥头。规划区内市政设施保留原市政公司用地，结合现有环卫设施，布置1处垃圾中转站和3处公厕用地。规划区内结合城市休憩广场沿废黄河布置公共绿地，废黄河绿化带和黄河东路两侧布置绿地为街头绿地。

三、承德路两侧控制性详细规划

1998年4月，淮阴县城市规划办公室组织编制承德路两侧的控规编制。主要内容为规划范围南起废黄河，北至长江东路，全长2.05千米，道路两侧100～150米，规划区规模为54013.33公顷。土地利用规划由6个方面组成，分别为居住用地、办公用地、商业服务用地、公共绿地、市民广场和市政用地。规划区的道路系统由城市主干道、支路和居民区道路等系统组成，道路主干道33～44米，支路15～20米，居住区等道路10～15米。规划区内居住用地以二类为主，承德路沿线均有布置，包括1所小学，沿路的二类居住地原则上不得置换成商住等复合用地。规划区内公共设施用地采取集中布局的方式在承德路与长江东路、北京东路交叉口、黄河东路以南均有布置。在承德路与北京东路交叉口结合城市广场布置办公区、市级商业区，在黄河东路以南布置居住区及商业区，结合公共绿化布置办公区。公共绿地主要沿废黄河、盐河两条河流布置，适当延伸。市政用地主要为承德路与北京东路交叉口西北角的消防用地。

四、西安路两侧控制性详细规划

1999年10月，淮阴县城市规划办公室组织编制西安路两侧控制性规划。主要内容是：规划区范围为南起废黄河，北至淮沭路，全长3.6千米的西安路两侧20～100米范围内，规模约51.18公顷。规划区范围内主要由9个部分组成，即居住、公共设施、工业、仓储、市政、绿地、水域、道路广场等用地和村镇建设用地。规划区内居住用地为二类居住地，主要在黄河西路与滨河路之间，西安路东侧沿线布置，该用地不得置换成商住等复合用地。公共设施用地集中在西安路与黄河西路交叉口一带，布置有商业、服务业、游乐、旅馆业及办公用地。工业用地集中在盐河以北的西安路两侧，以三类工业为主。仓储用地布置在盐河以北、黄河路以南的西安路西侧用地范围内。市政用地主要为北京西路南侧的加油站用地和沿线布置的两座公厕和两个垃圾站用地。沿西安路两侧布置道路广场用地，主要为两个社会停车场用地。绿地在盐河以北西安路两侧20米范围内为防护绿地，盐河以南西安路两侧20～80米范围内为街头绿地，滨河路以南、西安路东侧为园林生产绿地。水域指盐河水域及泰山路以北道路两侧的排水明沟。道路部分由城市主、次干道组成。主干道40米，次干道25～33米，支路为15～20米。西安路西侧、黄河西路与北京西路之间规划村民住宅用地，保留现有的村级企业用地。

五、沈阳路两侧控制性详细规划

2001年9月，淮安市规划局淮阴分局组织编制《淮安市淮阴区沈阳路两侧控制性详细规划》。规划范围为北至黄河东路，南至废黄河，东至沈阳路东200米，西至沈阳路西200米，约45.81公顷，规划范围人口0.09万人。规划区用地由3部分组成，即服务于城市的公共绿地、沿道路的商业服务设施用地以及设施齐全的居住小区。其中，一类居住用地中绿地率不低于40%，二类居住用地中绿地率不低于35%，沿街公共建设用地中绿地率不低于25%，小学托幼绿地不低于40%。

六、前进小区控制性详细规划

1998年6月，淮阴县城市规划办公室组织编制《淮阴县前进小区控制性详细规划》。规划范围东至前进北街，西至淮海北路，南至北京东路，北至盐河绿化带，规划用地5.13公顷。通过规划的编制以及实施，打造现代化的淮阴县商业、居住中心。土地规划两个部分，即为沿淮海北路、北京东路为商业金融区，内部为二类居住区。涉及道路分为4级，即城市主干道、次干道、支路和居住区组团级道路，前三级宽度分别为46米、33米、12米，第四级宽度为9米、7米或5米。绿地系统由单位内部专用绿地、宅旁绿地、组团绿地和滨河带绿地组成，地块中绿地率不得低于20%。

第六节 城市设计

一、火车站周边地区城市设计

2005年，东南大学城市规划设计研究院承担淮安火车北站城市设计。规划范围西至香港路，东至经一路，北至铁路北100米，南至淮河路，总用地面积2平方千米。设计景观总体结构为“一带、两轴、

图6-1-1 淮安火车站周边城市设计规划图

四核、四区”，将新的城市区域合理嵌入城市之中。“一带”，北起火车北站广场向南连接淮阴体育中心，向西连接淮海路商业轴，中部连接区内最主要城市道路——银川路，以及香江路交叉口的步行商业绿色景观带。“两轴”，即火车站至体育中心的城市轴线以及沿香江路开展的城市绿色轴线。“四核”，即火车站南侧广场、香江路与银川路交叉口广场、体育中心北侧绿化公园和广场区绿色共享中心。它们都处于两条重要轴线上，并与区内重要的城市道路相联系，组成城市空间节点体系。“四区”根据分区规划，结合现状建筑质量、风貌以及地权情况，对区内用地进行整合，可分为四大主要空间区块，即市场及相关功能区、中央商业金融区、居住区、车站及防护绿区。

二、西坝公园周边地区城市设计

2008年，南京市规划院设计和淮安市规划局淮阴分局共同负责西坝公园周边景观规划及编制工作。淮阴盐文化主题公园——西坝公园周边城市设计规划范围，北至盐河，南临废黄河。用地范围以淮阴盐运文化主题公园为中心，位于两条水系中间，南至废黄河，北至盐河，东至北京北路，西至西安路，规划用地138公顷。淮阴盐文化主题公园的规划构思以商业服务、娱乐休闲为主，吸引游客和本地顾客。在城市公园周围布置住宅、旅馆和商住，其结构为“工”字形的景观带和商业带。北京北路、北京西路和黄河西路共同组成的双“工”型轴，“工”字形的滨水景观片和商业景观区共同组成双“工”型的景观体系。规划用地分休闲景观区和旅游服务区。规划形成“一心、一轴、五带、五片、五节点”的结构。“一心”是指由盐文化主题公园的中心向东、向南延伸的旅游中心广场；“一轴”为沿次一路的特色旅游商业轴；“五带”指沿黄河西路和北京西路的商业带，以及盐运公园、盐河滨水公园、古黄河滨水公园景观带；“五片”为5个居住区；“五节点”分别为黄河西路与北京北路交叉节点、黄河西路与西安路交叉节点、北京西路与北京北路交叉节点、北京西路和次一路交叉节点、北京西路与西安路交叉节点。居住用地规划在规划区东西两侧，规划用地面积59.09公顷，占总用地的42.76%。保留现已建成的两个小区2.34公顷，新住宅区规划在黄河西路北侧41.49公顷，沿黄河西路和北京西路安排部分商住混合用地9.74公顷，规划七轨九年一贯制学校1所，幼儿园2所。九年一贯制学校在原有王营中学和西坝小学的基础上扩展。公共设施用地主要包括旅游配套设施、城市商业服务、居住社区服务等用地13.68公顷，占总用地的9.9%。绿地面积41.5公顷，占总用地的30.03%，人均绿地面积13.8平方米，主要为盐运公园、盐河滨水公园、古黄河滨水公园，三园形成“工”字型。道路广场用地23.13公顷，占总用地的16.7%，其中道路18.62公顷、广场3.57公顷、停车场0.94公顷。市政公用设施用地0.79公顷，占总用地的0.16%，主要为西安路东侧加油站、王营水利站。规划区域内分为旅游商业服务区、旅游休闲景观带、生活性商业设施带、居住区、教育区5个功能区。整个景观系统形成双“工”字型的结构，包括“工”字型滨水景观片，“工”字型商业景观区，及“六园”出入口节点，形成“游市、游水、穿桥、穿楼、观景、观城”的盐文化景观风貌。

第七节 村镇规划

一、村庄规划

1978年，淮阴县村庄建设没有统一规划，农民多是依照习惯选址建宅，确定朝向，村庄都依近水傍路而设。1983年，境内开始行政村的初步规划工作，1985年12月完成规划，主要是对一些地理位置偏僻、交通条件差的自然村落的迁移调整进行规划。1996～1999年，先后完成渔沟镇蒋桥村等193个中心村建设规划。2002年，完成渔沟镇东街居委会小区和工业园区的详细规划，完成韩圩、大兴、汤集、蒋集等7个中心村建设规划和编制工作。2005年，对袁集乡袁东等3个村和韩桥乡滞洪安置小区进行选址和设计。2006年初，淮安市规划局淮阴分局协助省规划院对境内高速公路环内村民集中居住点进行布点规划，当年完成区工业园区王庄村、三朱村二期拆迁安置点，以及王营镇沈渡、越河、盐河等村的农民新村规划。同年，邀请淮安市城市建设设计院有限公司、淮安市建筑设计有限公司编制全区882个农民集中居住点平面布局规划，并于2007年底完成居住点地形图测绘工作。2008年，全区完成589个村庄的平面设计。

二、集镇规划

1978～1982年，先后编制全县28个公社所在集镇的现状图、总体规划图、建设规划图和规划说明书。1996年，完成丁集镇规划地形图补测。1997年，完成丁集、王兴两个乡镇的总体规划以及袁集一条街街景规划。1999年，先后编制棉花庄、三树、刘老庄等11个集镇的总体规划。至此，全县26个集镇第三轮规划编制完毕，其中徐溜镇集镇总体规划被省建设厅评为三等奖。根据规划，截至2008年，淮阴区内（除王营镇以外）集镇用地1320公顷，集镇住户2.39万户、人口9.83万人。

第二章　城市综合建设

第一节　机　构

一、管理机构

1978年，淮阴县计划委员会内设基本建设科，主管全县建设工作。1979年1月，基本建设科析出升格，独立设置为淮阴县基本建设局，下设人秘、建安、规划、财务、环保等股室，编制人员28人。1984年，成立淮阴县城乡建设环境保护局，下设人秘财务、建工建材、城镇建设、农村建设、规划设计、环境保护等股室，编制人员26人。1988年7月，环保职能划出，分别成立县环境保护局和县城乡建设局。县城乡建设局下设人秘、建安、城建、审计、财务等股室。1989年，增设农建股。1997年，淮阴县城乡建设局更名为淮阴县建设局，下设办公室、工程建设、村镇建设、财务审计、规划等股室。2000年9月，规划职能划出，另成立淮阴县规划局。2001年，淮阴县撤县建区，淮阴县建设局更名为淮阴区建设局，核定行政编制16人，内设科室不变。至2008年，内设机构和人员编制未变。

二、直属单位

【拆迁管理办公室】 成立于1991年，属县建设局下设的事业单位，编制2人，行使城市拆迁管理职能。2001年，更名为淮阴区城市房屋拆迁办公室，编制增至8人。2005年4月，更名为淮阴区城市房屋拆迁管理办公室。2006年3月，升格为副科级单位，更名为淮阴区人民政府拆迁管理办公室，编制不变，仍隶属于淮阴区建设局。至2008年，机构设置未变。

【建筑工程管理局】 1978年，境内没有专门的建筑业管理机构，管理职能由主管建设的基本建设科承担，1984年由县城乡建设环境保护局建设安全股承担。1986年，全县建筑工程由建工质量监督站负责监督。1995年4月，淮阴县建筑管理处成立，成为专门从事建筑业管理的事业单位，编制8人，隶属淮阴县建设局。1998年12月，淮阴县建筑管理处更名为淮阴县建筑工程管理局，内设4个股室，属县城乡建设局下设的二级局，编制不变。2000年后，境内建筑市场和建筑安全质量改由建工局负责管理。2001年，县改区，淮阴县建筑工程管理局更名为淮阴区建筑工程管理局。至2008年，建筑业管理职能仍由区建工局负责，内设机构及人员编制未变。

【城市园林管理办公室】 1978年，县城只有一个绿化小组（1976年组建），1984年改称绿化队，同年改为县花木公司，之后又改称绿化队，归城政工程公司管理。1998年，有专业绿化维护人员28人。1999年，实行政企分离，成立城市园林管理办公室，全民事业单位，核定编制6人，主要职能是负责城区园林绿化的规划、实施和监管工作。2002年，绿化队撤销，成立绿化公司，归园林管理办公室管理。2004年，园林公司改名为淮阴园林工程建设有限公司，有事业性质工作人员8名、企业性质员工25名，实行企业化管理，负责城市绿化施工和养护工作。至2008年，基本情况未变。

【淮阴区测绘院】 该院前身为1989年成立的县测量队，隶属淮阴县建设局，全民事业单位，成立之初编制为6人，主要工作是工程地形图测绘、城市导线测量、水准测量、旧城改造、城市规划、道路桥梁等工程测量，住宅小区和商住楼的放线、竣工测量以及沉降观测等。2000年，有专业测绘人员16名。2001年5月，更名为淮阴区测绘院。2008年，专业技术人员增至26名，其中高级工程师2名、工程师8名，测绘设备增加至20台（套）。

第二节　旧城改造与扩建

一、旧城改造

1978年，淮阴县城区面积仅5平方千米。城区铺设营东路、营西路（后改为北京东路、西路）排水主干道，拆迁11户470平方米。1986年1月，县城镇房屋综合开发公司成立，建设第一个住宅小区——西坝住宅小区。是年，建成自来水厂（黄河自来水公司二期），先后铺设前进街、粮食街、新街、糖厂路等计5.9千米的柏油或水泥路面，铺设地下排水管道16.03千米，安装路灯521盏。1987年，王营镇纳入淮阴市城市总体规划。1988年，建小营广场；建供销商场，共4层3600平方米。1990年12月，工商银行、保险公司、银河商场等营业楼相继建成使用，道路、绿化、给排水等基础设施建设进入大投入、大发展阶段。城区面积扩大到8.5平方千米，城区人口由1985年的3.2万人增加到4.9万人。

1991年，县城市拆迁办公室成立。王营镇中心小学、肠衣加工厂、王杨路拆迁项目启动。1993年，完成邮电局、酒厂扩建地块的拆迁，同时完成西马路东北角的大沟整治。1994年，建北京北路，完成155户16000平方米的拆迁工作。1995年10月，县政府决定，对县城黄金地段淮海北路、长江西路、香港路进行拆迁改造、开发，拆除沿线破旧房屋，搬迁68户，总投资5000万元。城区形成“两纵两横”的主框架。是年，糖厂路和卫生路改建拆迁，搬迁居民96户。1996年，境内第一个商品房即苏北市场实施开发，拆迁36户；县土地局、劳动局综合楼开工，拆迁居民11户。1997年，老城改造及城市拆迁由宅基地安置向公寓房集中安置。1998年，三民小区开发，前进街改造，黄河东路、古黄河护坡等工程项目启动，拆迁总数430户，面积5.2万平方米。1999年，开发黄河花园17地块以东住宅小区、东街常乐巷和复兴巷，共搬迁居民68户。2000年，老城改造进入鼎盛时期，建郸小区、香港路、苏北市场、东方装饰城、黄河大厦、黄河广场、市第一人民医院扩建，黄河花园五、六地块开发，黄河风光带、实验小学幼儿园扩建，苏北市场三区批发门面房、阳光小区、淮阴师范学院校园扩建，黄河西路17个项目开发等，累计搬迁居民910余户，面积10万平方米。2001年2月，按照“南融东进北扩西延”“递次推进”战略，淮阴区加大老城改造力度，增加城市建设资金的投入。至2002年，区政府启动新街小区、通胜花园、黄河花园九地块商住楼、盐河护岸工程、城中花园、星光苑二期、淮北路广场、迎宾花园二期康怡广场、樱花小区二期、富豪花园二期、区行政中心等11项工程，拆迁710户，面积8.8万平方米，其中城中花园、富豪花园二期是旧城改造的两个最大项目，搬迁居民均超过120户。

2002～2003年，因安置房价格和市场价基本持平，拆迁居民一般都选择货币补偿。2004年，城市房屋拆迁进入市场化、规范化阶段，市场评估取代政府定价。是年，淮安市政府出台《淮安市城市房屋拆迁管理实施办法》，老城改造及城市建设进入大拆迁、大发展阶段。城中花园二期、淮阴师范学院新校区二期、樱花小区二期、阳光小区二期、苏北市场和糖厂路两块储备地、淮阴卫校校区扩建、荷花公园、银川路等9个项目共23万平方米、1450户相继拆迁，除阳光小区二期工程中途停工外，其他拆迁项目年内结束。因市场房价不断攀升，是年起，多数拆迁居民选择产权调换。

2005年，老城改造覆盖面由主城区向四周扩散。区政府出台《城市房屋拆迁估价技术细则》和《淮阴区城市房屋拆迁补偿补助标准》，拆迁评估由过去的综合评估法变为市场比较法。集体土地拆迁也进入大征收、大拆迁阶段，全年共完成集体土地拆迁项目10个，拆除面积6.6万平方米，搬迁社区居民274户。国有土地重点项目完成长江路安置小区拆迁；化肥厂土地储备项目，拆迁160多户，计2.5万平方米；境内最大的安置小区御花园小区一期建成48幢住宅楼，可容纳1600余拆迁户入住。2006年，淮阴卫校校园改建，帝景豪庭小区一、二期，鞠通路，银川路（黄河路—北京东路），府升小区一期，民康油脂地块拆迁，共9个项目，拆迁353户，征收8.9万平方米集体土地。城市房屋拆迁最低补偿标准由2005年5.5万元提高到6万元，产权调换可享受一套55平方米的两居室房屋；鞠通路和银川路两个项目被淮安市政府评为优秀拆迁项目。

2007年，实施盐河南岸污水管网、二布厂、江淮人家东地块、富豪花园四期、移动公司、黄河西路、酒厂地块、民康油脂、樱花小区四期、燃料公司10个重点项目拆迁，搬迁老城区居民980户。是年，受《物权法》颁布实施的影响，旧城改造及城市拆迁进入困难时期，纳入旧城改造计划多年的幸福路商业街项目最终未能实施。市一院门诊楼、急诊楼拆迁因为拆迁群众反对，年内未能实施。2008年，受国际金融危机影响，纳入年度拆迁计划的12个重点项目仅实施樱花小区四期二地块、三期一地块，市一院门诊楼和急诊楼，多瑙河二期和淮州中学新校区项目。1991～2008年，全区（县）先后依法发放王营镇中心小学、苏北市场、市一院门诊楼等102个国有土地房屋拆迁项目的“拆迁许可证”，其中，举行行政许可听证会的项目有26个。

二、城市扩建

1978年，淮阴县城区范围西至北京北路，东至承德北路（原营东小桥），南至淮涟路，北至盐河及由盐河桥连接西北方向的小营街区。在此方圆内，有的方向仅有一条道路，许多地段是大片的树林或田地，有的地段是河滩洼地，有的只有分散的居民、菜地或小厂。1990～1995年，主城区东、南、西、北主干道两侧布局凌乱，在城市扩建过程中，建设部门按规划分步骤拆除道路两旁建筑，城区向外围扩建，扩建总面积12平方千米。

1996年开始，主城区向四面扩建延伸加快。城东、承德路以东、黄河东路（原淮涟路）向南至废黄河边，陆续建成樱花小区一、二、三、四期住宅小区，总面积38.72万平方米。1999年，废黄河沿岸建成43万平方米的樱花园。再向东过翔宇大道沿河建成风光带，直至南昌路，总面积32万平方米。风光带北侧陆续建成金都花园、国华·御翠园、国华·御景园、益兴名人湾、爱琴海、左岸王府等8个住宅区。黄河东路以北，2002年建成淮宁中学，面积8万平方米。在城西方向，原王营镇西坝地段的河滩洼地、零星村落、轴承厂等，以及原北京北路以西的营西路两侧，均陆续扩建成小区、街市或菜场（星光菜场），总面积2.5平方千米。城北方向，盐河北的长江东路建成，与承德北路过盐河桥的延伸段交汇。承德北路路东建成23万平方米的淮阴区工业园区，路西于2004年落成区政府行政办公中心，面积0.7万平方米。路西向北延伸，区检察院、法院等机关大楼相继建成。2005年后，长江东路西段先后建成区行政服务中心，营北菜场以及银河湾、法国小城、府升小区等住宅小区，总面积1.2平方千米，整个长江东路至南昌路，成为城区扩展面积最大的区域。城西北方，2006年后，盐河北岸的长江西路两侧，除原小营街区及苏北市场外，威尼斯等小区以及沿淮海北路向北的区体育馆、城北汽车站、火车站、台州商城等，均相继建成，进一步扩大区域的城市范围。长江西路西段延长约1.5千米。至2008年，西段建成淮州中学新校区，面积8.4万平方米；淮阴师范学院继续扩建，总面积55万平方米；此前建成的民办学校阳光学校坐落于西段南侧，西段尚书房小区等相继开工建设。

2008年，淮阴城区东至宁连路，南至废黄河，西至西安路，北至淮安市城北绕城段，城市范围由1990年8.5平方千米扩展至35平方千米。

第三节　道　路

一、发展历程

1978年，淮阴县城区主干道有淮海北路、北京路（检察院—西坝派出所）和淮涟路，其中北京路为泥结碎石路面，淮涟路为沥青路面，宽均为8米。1983年，淮海路和北京路完成改造。至1985年底，城区改建主干道4条，均为沥青路面，总长6.8千米，同时结合老城区改造，先后建成支干道13条，总长5.9千米，路面宽3～7米，皆为石子路面。1986年，建成长江西路（淮高路—营西桥），该路段长1.2千米、宽44米，沥青混凝土路面。至1990年，城区王营镇有主干道24.27千米，面积36.11万平方米。1993年，拓宽改造长江东路，长1.4千米，宽48米，沥青混凝土路面。1994年，新建北京北路。1997～1998年，分期新建承德北路。1999～2003年，改造黄河东路、西路。至20世纪末，城区主干道形成“三横三纵”格局。“三纵”即北京北路、淮海北路、承德路，“三横”即黄河东路、北京东西路、长江东西路。进入21世纪，城区规模不断扩大，旧城改造和基础设施投入不断增加，每年新增的城区道路面积均在10万平方米以上。2000年，新建西安路（205国道—废黄河），长3.74千米；新建珠江路（淮海北路—沈阳路），长1.6千米。2001年，扩建淮海北路北段（长江东路—珠江路）。2002～2005年，分期分段建设淮河路，自淮海北路至南昌路，向东通往新渡，全长7.8千米；沈阳路、南昌路先后建成通车。至2008年，城区形成“六纵五横”的道路框架。“六纵”即西安路、北京北路、淮海北路、承德北路、沈阳路、南昌路，“五横”即黄河路、北京东西路、长江东西路、淮河路、珠江路。城区道路总长93千米，总面积206万平方米，人均道路面积12.2平方米。

1982～2008年淮阴区（县）城区主干道建设情况一览表

表6-2-1　　单位：米

道路名称	起点	终点	长度	宽度	竣工时间
北京西路	西马路	星光桥	1288	40	1982
北京东路	西马路	营东大沟	1180	40	1983
淮海北路	黄河路	盐河桥	636	46	1985
长江西路	淮高路	营西桥	1200	44	1986
长江东路	小营广场	承德路（规划）	1400	44	1993
北京北路	黄河路	长江西路	1250	46	1994
香港路	新渡路	长江路	2701	26	1996
北京东路	营东大沟	承德路	714	40	1997
承德北路	盐河	废黄河	516	34	1998
黄河东路	承德北路	淮海北路	1700	40	1999
西安路	205国道	废黄河	3740	40	2000
珠江路	淮海北路	沈阳路	1600	40	2000
纬一路	承德北路	沈阳路	860	10	2001

续表6-2-1

道路名称	起点	终点	长度	宽度	竣工时间
长江东路	沈阳路	承德北路	1720	44	2001
淮海北路北段	小营广场	珠江路	3600	60	2001
北京西路	星光桥	西宿舍	1080	40	2001
九江路	承德路	南昌路	860	25	2002
淮河路	沈阳路	承德路	1420	50	2002
承德北路	长江路	珠江路	1908	34	2002
沈阳路	长江路	珠江路	1580	40	2002
黄河西路	淮海北路	北京北路	840	40	2003
纬五路	沈阳路	南昌路	1100	18	2003
纬三路	承德路	南昌路	1730	18	2003
樱花路	沈阳路	承德路	1020	18	2004
长江东路	合肥路	沈阳路	2050	44	2004
淮河路	沈阳路	南昌路	2040	50	2004
纬一路	承德路	区政府前	235	10	2005
体育路	北京西路	黄河路	450	15	2005
淮河西路	承德路	淮海北路	1340	50	2005
香江路	承德路	沈阳路东	1237.5	25	2005
北京东路	沈阳路	南昌路	1150	40	2006
沈阳路	珠江路	宁连路	2000	40	2006
樱花路	沈阳路	曙光路	800	25	2006
经十路	松江路	崔大泓	2304	40	2006
曙光路	黄河滨河路	北京东路	1430	34	2006
纬五路	沈阳路	南昌路	1037	18	2006
南昌北路	钱江路	宁连路接线	1000	40	2006
香江路	承德路	淮海北路	800	25	2006
嫩江东路	沈阳北路	宁连路	7126	40	2006
松江路	沈阳北路	崔大泓	2924	24	2006
南昌路	黄河路	废黄河	839	40	2006
黄河滨河路	沈阳路	南昌路	507	15	2006
沈阳路	黄河路	长江东路	845	40	2006
钱江东路	沈阳路	淮河东路	2600	25	2006
樱花东路	曙光路	南昌路	704	25	2007
北京东路	沈阳路	承德路	880	40	2007

续表6-2-1

道路名称	起点	终点	长度	宽度	竣工时间
钱江南路	淮河路	纬五路	780	20	2007
纬五路	南昌路	合肥路	786	18	2007
合肥路	长江东路	纬五路	402	40	2007
鞠通路	长江西路	废黄河	717	25	2007
南昌路	长江东路	黄河路	1200	40	2008

二、主要道路简介

【西安路】 于2000年新建，原是城西通往杨庄的简易石子路。新建的西安路从205国道至古黄河桥，为淮阴区城区路段，全长3740米，宽40米，水泥混凝土路面。

【北京北路】 于1994年新建，全长1250米、宽46米，为沥青混凝土路面，南自古黄河桥向北，穿过北京西路，再过盐河桥，直至长江西路。该路段处城西西安路东面，为“六纵”之一。古黄河桥向南通往清河区境内。

【淮海北路】 县城最早建设的南北大通道，亦为城区南北走向的唯一主干道。1959年，原淮海北路古黄河桥废除，向西180米处新建桥梁，道路也随之移位。1985年前，淮海北路即古黄河桥至盐河桥（亦称北大桥）路段。1985年，政府对该路段进行扩宽改造，扩建后的道路全长636米、宽46米，沥青路面，机动车道与人行道之间没有绿化带。2001年，延长淮海北路北段，过盐河桥向北，从长江西路上的小营广场至珠江路，全长3600米、宽60米，沥青混凝土路面。至2008年，城区内淮海北路成为城市的南北中轴线。

【承德北路】 1997年开工，1998年完成，南至古黄河桥，北至盐河桥，全长516米、宽34米，沥青混凝土路面。此为从淮阴市清河区延伸至淮阴县城区新开辟的道路，原是王营镇营东村河滩低洼地带。2001年开工新建延长路段，自盐河桥北首长江东路至珠江路，全长1908米、宽34米，水泥混凝土路面，于2002年竣工。至此，承德北路在淮阴区城内全长2424米，成为城东由南向北通往区政府及工业园区的主干道，亦为“六纵”之一。

【沈阳路】 2002～2006年，淮阴区城区分期新建沈阳路，该道路自古黄河桥至宁连一级公路，全长3580米、宽40米，沥青混凝土路面，开发前为王营镇人总村和杨井村的农田。

【南昌路】 2004年开工新建，全长3040米、宽40米。该路段为城市东面最外侧一条主干道路，南北走向，起自古黄河桥，过黄河路至长江东路，再至钱江路，直达宁连一级公路连接线。

【黄河路】 该道路即原淮涟路（淮阴—涟水），东西走向。1999年开工改造，自淮海北路至承德路路段，长1700米、宽40米，水泥混凝土路面。2003年，自淮海北路向西至北京北路路段完成改造，长840米、宽40米，水泥混凝土路面，前后两次改造扩建，共2540米。2008年以后继续向东延伸改造。

【北京路】 北京路是淮阴县老城区东西方向的一条主要街道，几经扩建改造。1982年，改造扩建北京西路，自西马路向西至星光桥，长1288米、宽40米。1983年，改造扩建北京东路，自西马路向东至营东大沟，长1180米、宽40米。2001年，改造北京西路，自星光桥至区政府西宿舍，长1084米、宽40米。2006年，向东延伸新建沈阳路至南昌路，长1150米、宽40米。2007年，改造扩建承德路至沈阳路段，长880米、宽40米。至2008年，城区东西主干道北京东路、西路改、扩建工程基本完成，全长5526米。

【长江路】 1985年，新建长江西路，自淮高路至营西桥段，长1200米、宽44米，沥青混凝土路面。1993年，拓宽改造长江路，自淮高路经小营广场至承德路，长1600米、宽44米。2004年，长江东路延伸新建沈阳路至合肥路段，长2900米、宽44米。2006年开始，长江西路继续向西扩建，与西安路交汇。至2008年，城区长江东路、西路全长已达6270米。

【淮河路】 全长7800米、宽50米，沥青混凝土路面，处城市北片，横贯东西。2002～2005年分期分段建成，自南昌路至淮海北路，计4800米。其中，2002年建成承德路至沈阳路路段，长1420米、宽50米；2004年建成沈阳路至南昌路路段，长2040米、宽50米；2005年建成承德路至淮海北路的淮河西路，长1340米、宽50米。

【珠江路】 地处城区北片，东西方向，西起淮海北路，东至沈阳路，全长1600米、宽40米，沥青混凝土路面，此路段于2000年建成，亦为"五横"之一。

第四节 桥 梁

1978年，城区桥梁有淮海路黄河桥（又称南大桥或王营大桥）、盐河桥。黄河桥东侧180米处河中桥墩，为1954年在该处建桥报废所留，原桥下部采用钢筋混凝土排架桩桥墩，入土深度7米，木质桥面，桥梁总长128米、宽6米，采用16孔×8米跨径组合，设计荷载采用Q-8级。1982年12月，在淮海北路盐河桥老桥东侧14.5米处新建一座桥梁，是为中桥，于1984年建成通车。1984年12月，营西桥建成通车，长26米、宽18米。1991年5月，淮海路黄河桥完成拓宽改造工程，分别在老桥两侧新建一座宽10米的简支梁桥，采用钻孔灌注桩基础，钢筋混凝土T形预制梁结构。改造后桥面净宽30.1米，工程总造价387.6万元。1994年，淮阴市规划建设北京北路，同期规划建设北京北路跨越废黄河和盐河的两座桥梁。黄河桥长100米、宽20米，盐河桥长110米、宽20米。两桥均采用桩柱式墩台基础，简支T形梁结构体系，均于1995年9月建成通车。1996年，建设承德路黄河桥和盐河桥。承德路黄河桥长120米、宽20米，于1997年3月开工，8月底完成通车；承德路盐河桥长140米、宽20米，桥梁上部结构采用下承式钢管混凝土系杆拱结构体系，桩柱式墩台基础，于1998年建成通车。2000年，西安路黄河桥和盐河桥开工，黄河桥长185.2米、宽20米，盐河桥长155.4米、宽20米。2001～2003年，为满足城区发展和交通需求，拆除1958年建设的淮海路老盐河桥，保留1984年的中桥，并在该桥两侧分别建一座新桥，称为东桥和西桥。1984年的中桥作为机动车道，两座新桥作为非机动车道和人行道，两座新桥长155.04米、宽10.65米。2001年，由于盐河桥狭窄的桥面不能满足交通需求，使用37年的盐河老桥被拆除，在新桥两侧再建两座拱式桥梁。

2002年，建设沈阳路黄河桥，长140米、宽20米，2002年9月建成通车。2005年，建沈阳路盐河桥，长180米、宽20米，2006年5月建成通车。是年8月，鞠通路盐河桥开工建设，长164米、宽20米，于2006年底建成通车。2005年9月，建银川路黄河桥，长120米、宽20米，于2006年8月建成通车。2007年7月，建南昌路盐河桥及桥头连接线工程，总长1200米、宽40米，其中桥长334.3米、宽22.5米，其主跨采用单跨跨径103米的下承式钢管混凝土系杆拱结构体系、桩柱式墩台基础，于2008年底建成通车。

2008年，淮安市人民政府利用1954年建淮海路黄河桥的废弃桥墩改建为中国南北地理界线标志，成为城区废黄河上的一道景观。

1984～2008年淮阴区（县）城区主要桥梁建设情况一览表

表6-2-2 单位：米

桥梁名称	建设单位	施工单位	长度	宽度	竣工时间
淮海北路盐河中桥（新建）	淮阴市交通局	江苏交通工程总公司	79.02	12	1984
淮海北路黄河桥（拓宽改造）	淮阴市建设局	江苏交通工程总公司	116.8	30.1	1991
北京北路盐河桥（新建）	淮阴市建设局	江苏淮阴水利建设有限公司	110	20	1995
北京北路黄河桥（新建）	淮阴市建设局	江苏淮阴水利建设有限公司	100	20	1995

续表6-2-2

桥梁名称	建设单位	施工单位	长度	宽度	竣工时间
承德路黄河桥（新建）	淮阴市建设局	江苏淮阴水利建设有限公司	120	20	1997
承德路盐河桥（新建）	淮阴市建设局	铁路公司	140	20	1998
西安路盐河桥（新建）	淮阴市交通局	江苏交通工程总公司	155.4	20	2000
西安路黄河桥（新建）	淮阴市交通局	江苏交通工程总公司	185.2	20	2000
淮海路盐河东桥（新建）	淮阴区交通局	建湖县交通工程处	155.04	10.65	2001
沈阳路黄河桥（新建）	淮安市建设局	淮安市市政公司	140	20	2002
淮海路盐河西桥（新建）	淮阴区交通局	江苏捷达交通工程有限公司	155.04	10.65	2003
银川路黄河桥（新建）	淮阴区建设局	江苏信成交通工程有限公司	120	20	2006
鞠通路盐河桥（新建）	淮阴区建设局	江苏淮阴水利建设有限公司	164	20	2006
沈阳路盐河桥（新建）	淮安市建设局	江苏捷达交通工程有限公司	180	20	2006
南昌路黄河桥（新建）	淮安市建设局	四川攀枝花公司	120	20	2007
南昌路盐河桥（新建）	淮阴区建设局	江苏淮阴水利建设有限公司	334.3	22.5	2008

第五节　广　场

一、黄河广场

位于淮海北路与黄河东路交叉口，南临废黄河，融入古黄河风光带，是以自然、休闲、健身、娱乐活动为主题的区级综合性广场，占地面积3.9万平方米。工程投资596万元，2001年5月20日开工，年底竣工。广场依地势而建，中心位置建16米高的雕塑，为不锈钢制成的圆珠，被三羽飞翼拥抱；有音乐喷泉柱，晚间随灯光变幻而闪烁；东侧有购物、娱乐楼宇；南侧有半月形亭榭、亭台、垂柳和芳草。

图6-2-1　黄河广场

二、盐河广场

位于淮海北路盐河桥东北侧，为盐河风光带的一个重要节点，占地面积1.8万平方米。工程投资200万元，于2004年10月开工，2005年6月竣工。广场由南北和东西两条轴线组成，南北轴线延伸至盐河风光带，轴线上地势由高而低，用台阶降坡处理，在轴线上采用水地、台地、树地、包座、小品等丰富轴线。设有旱喷、包座及雕塑小品，其中主题雕塑“淮阴风光”位于两轴线交汇处。在东西轴线上，旱喷小广场周围建弧形休闲廊和历史文化长廊，两边的绿地骨架由树列构成，中间为草地。

三、人民广场

位于区行政中心南侧，占地面积6.1万平方米。广场南临长江东路，北依区行政中心，是由树阵、草坪、石块组成的树林式广场。工程投资507万元，由上海上农环境设计公司设计，于2004年3月开工，年底竣工。栽植多种乔木，品种以女桢、香樟、石楠、桂花为主。广场分为迎宾广场、迎宾大道、人民广场、健身广场等8个功能区。通过放射性的环状园路将各个景点联系在一起。

四、韩信广场

位于北京北路东侧的废黄河北岸。建于2001年，占地6000平方米。韩信广场凸显以人为本、人景和谐之主题。设前贤雕塑、宛曲长廊、人物图赞碑勒、抒怀观景台榭，环以青竹、红枫、女贞、腊梅、草坪、石径。广场中央，一尊高9.6米、重达96吨的巨型花岗岩雕像傲然挺立，这就是被后人称为"兵仙"的中国古代伟大的军事家、战略家、军事理论家韩信的塑像。此雕塑造型为韩信披战麾，跨骏马。韩信广场西侧回廊为淮阴历史杰出人物画像碑廊。碑廊遴选韩信、漂母、枚乘、张耒、龚开、吴鞠通、孙长源等淮阴最杰出的20位历史人物，为其勒石图赞。碑廊中有韩信、漂母石刻各一尊，上半部为画像，下半部为人物简介。

图6-2-2　韩信广场

五、淮安火车站站前广场

2006年，建淮安火车站站前广场一期工程，总建筑面积45740平方米，其中主广场25390平方米，两侧停车场20350平方米。二期在两侧停车场外侧及珠江路南侧继续扩建。主广场绿化用地面积2035平方米，占主广场面积的8%，绿化部分主要为腊梅、广玉兰、国槐、雪松、桂花及铁树等。电气灯具为大台阶下高杆灯4盏、行道灯84盏、射树灯48盏、草坪灯47盏，广场中央南北向6米高大型行道灯10盏。主广场设有下沉广场及水池景观墙，高3米，正面为浮雕，背面为彩花玻璃，与水池连为一个整体。水池内设有喷泉彩灯。

第六节　公　园

一、樱花园

位于承德路黄河桥北首东侧，水陆总面积45.33公顷，基础设施总投资2400万元。1998年，市委、市政府为加快城市绿化建设，美化城市环境，决定在城东北建一座公园，于1999年建成。公园由东南大学规划、设计，由市水利局建设，是集休闲、娱乐于一体的现代化公园。园区南侧紧临废黄河，地形、地貌、灌木及水塘均保持原生态。樱花园设有樱花广场、娱乐城、牡丹园、木樨园、翠竹林、紫竹林、勇士乐园、梅花岭、名人字碑等。建有石板小道，通往狮子山、梅花岭、爱莲岛等处，利用自然地形建成土建高岗或长堤。园区东面建水上乐园，有环道漂流、人工造浪和高架滑水等游乐项目；中部建有两个南北走向的长廊，两长廊之间，建有樱棠苑；园区西有3000多平方米的人造水面。园内有揽胜桥、金川桥、花王桥、仙女桥、卧龙桥等8座拱形桥，其中6座桥栏皆为白大理石石柱和石板构建，石柱顶端有雕件。公园西门进口处的揽胜桥长38米、宽7.5米，两侧桥栏石柱顶端各雕刻25座小石狮，石板上雕二龙戏珠纹饰。公园中间地带自西向东建有卧龙涧、金水川、牡丹溪和瑶池等弯曲而有形的水域，石砌水岸，垂柳掩映。瑶池中央建猴岛。园中有大象顶球、母子长颈鹿、斗牛前冲、卧狮小憩、狗熊啃玉米等21座石雕；有18块经过加工的连体雕奇石，如"熊猫吃竹""嫦娥奔月""神鹰展翅"等；有11件精选的天成奇石，如"鳌背观音""驻云峰""火焰山""龙马岩"。揽胜廊和逸仙廊各长120米，上有紫藤，下铺石板。设观景亭3座，报春亭设在原生态地带的梅花岭处，轩桂亭设在东部的水上乐园内，牡丹亭设在牡丹苑旁。

为纪念周恩来诞辰100周年，表达家乡人民的缅怀之情，故以他喜爱的樱花命名为樱花园。园中的樱棠苑栽植约400株樱花和2100株西府海棠。此外，整个公园分布数十种景观树木和花卉。樱花园的东北角是由南京市园林局下属单位红山森林动物园、园林实业总公司、玄武湖公园合资而建的苏北规模最大、珍稀兽类最多、生态规划建设最好的野生动物园，也称苏北野生动物园。该园于2003年10月建成开放，占地约26公顷，主要展区有狮虎生态园、中型猛兽馆、亚洲食草动物散养区、澳洲动物区、孔雀园、鸵鸟园、猴岛、湿地生态区、宠物园、驯兽表演场、两栖爬行动物馆等，有动物100余种、1000余头（只）。

二、荷花公园

位于黄河西路北侧鞠通路东侧，因清康熙、乾隆时期构筑废黄河堤坝取土成池，池内长满荷花故名。公园占地6.8公顷，工程投资约450万元，于2004年6月开工，年底竣工。由杭州园林设计研究所设计，杭州申华市政园林工程公司承建，为2004年创建“四城”重点项目和为民办实事的民心工程，被评为市级优秀项目。全园以水面为中心，周围分布着主入口广场、次入口广场、老人活动区、儿童活动区、文化娱乐区、亲水平台、观景亭等。2007年，增建“荷花仙子配藕郎”雕塑、爱莲亭、“荷塘月色”景观墙、雕塑藕等景点。

图6-2-3 荷花公园

第七节 风光带

一、黄河风光带

黄河风光带一期位于废黄河北岸，东至承德路，西至淮海北路，全长约1.2千米，宽30～60米，占地面积5万平方米。工程投资365万元，于1999年春季开工建设，同年10月竣工。风光带包括休闲活动区、思古情怀区和时代广场区三大功能区。风光带中的绿化种植以沿河绿化为重点，功能区植物景观各有特点，形成春、夏、秋、冬四季常青的景观效果。风光带与城市小区道路相对应，设立11个出入口。黄河风光带二期位于古黄河北岸，东至淮海北路，西至北京北路，东西长约0.9千米、宽30～40米，绿化面积约3.5万平方米。工程投资238万元，于2001年秋季开工，2002年5月底竣工。整体布局从西向东分为三个部分：第一部分为历史人文区，建有韩信雕塑、淮阴名人碑廊等，植物配以秋景为主，有银杏、雪松、鸡爪槭等；第二部分为老人、儿童活动区，建有曲艺、棋社、沙坑旋舞广场等，植物配以夏景为主，有竹、女贞、栀子花等；第三部分为青少年活动娱乐区，建有广场看台、英语角、廊桥、伞亭等设施，植物配置以春景为主，有毛鹃、海棠等。黄河风光带三期位于古黄河北岸，东至南昌路，西至沭阳路，全长1.6千米，均宽200米，绿地面积32万平方米。工程投资1480万元，于2004年9月底开工，2005年12月底竣工。整体布局以气势磅礴的绿化景观效果为主，局部区域风格各有特色，形成丰富的景观效果和迥异的景观体验，为市民及游客提供人性化的场所空间。

二、盐河风光带

盐河风光带一期位于盐河北岸，东起淮海北路，西至北京北路，全长1.1千米，平均宽约40米，绿化面积4.4万平方米。工程投资354万元，于2003年春季开工，年底竣工。盐河风光带二期位于盐河北岸，全长1.5千米，平均宽约50米，绿化面积约7.5万平方米（其中盐河广场1.8万平方米）。工程投资684万元，于2004年4月开工，2005年6月竣工。盐河风光带三期位于盐河北岸，总长1.5千米，平均宽度30米，绿化总面积4.5万平方米，工程投资436万元。盐河风光带四期位于盐河北岸，总长约3.2千米，平均宽度30米，绿化总面积约10万平方米。工程投资880万元，于2008年3月10日开工，9月竣工。盐河风光带，融城市人文景观和自然生态景观于一体，形成总体格调，突出自然和谐、滨水绿化特色，栽植大量色叶乔灌木和观花树种，主要有乌桕、水杉、鸡爪槭、夹竹桃、桃花等，增加有遮阴效果的大乔木，对已有的重复砂浆砌石驳岸进行了生态补充，增加了垂直绿化。

图6-2-4　盐河风光带

三、孙大泓风光带

位于盐河北岸，此处原来两岸垃圾一片，杂草丛生，环境脏、乱、差。为彻底改善环境面貌，2006年，区委、区政府把孙大泓风光带建设列为“创园”和“创卫”重点工程项目和民心工程筹资进行建设。孙大泓风光带建设定位以环境综合治理为主，围绕河流两岸堆土、筑路、建亭、造景，为城市居民营造一个观赏和休闲活动的良好环境。在植物种植上，沿河两岸广植垂柳、桃花、紫叶李、迎春花等观赏花木。风光带绿地面积5万平方米，工程总投资900万元，于2006年4月开工，年底全面竣工。

图6-2-5　孙大泓风光带

第八节　城市绿化

1978年，淮阴县在城区主要街道两旁种植行道树。1982年，县城进行总体规划，荷花池作为公园用地控制。1984年开展全民义务植树活动后，单位居住区绿化工作进入快速发展时期。至1985年，街道绿化总长度16.28千米，绿化道路主要有淮海北路和北京东路、西路，植树8.71万株，栽植花卉、灌木65.27万株，绿化覆盖率27.43%。至1987年，街道绿化总长度26.85千米，绿化街道主要有淮海北路，北京东路、西路和淮沭路城区段，植树14.79万株，道路花坛总面积9.88万平方米，栽植花、灌木约70万株，建苗圃0.47公顷，绿化覆盖率27.79%。1987～1998年，城区绿化仍以道路绿化为主，先后对长江西路、北京北路、香港路、承德路、卫生路、红旗巷、新街、前进街、粮食街、糖厂路等道路进行绿化，主要是行道树绿化和分车带绿化。1995年，北京东路、西路道路扩建，取消原分车带绿化，行道树由原法桐改为女贞。1997年，淮海北路由于道路扩建，其绿化亦重建，行道树由法桐改为女贞，分车带亦重新绿化。1998年，淮阴市水利局投资在承德路黄河桥东北荒滩上建樱花园，这是城区第一个公园。

至1998年，城区各类绿地面积91公顷，绿化覆盖率25.5%，绿地率24.8%，人均公共绿地面积0.05平方米。1999年起，城市绿化进入快速发展时期。1999～2001年，相继建成黄河风光带一期工程、黄河广场。2002年，市委、市政府提出创建国家园林城市，城区绿化力度加大，结合盐河、废黄河穿城的城市特色，连续5年实施滨河生态修复工程，完成盐河、黄河风光带建设工程；相继建成荷花公园、人民广场、盐河广场，建成合欢园、芙蓉园等街头游园17个；建设南昌路、淮河路等道路绿化带77条；完成25个市级园林式单位（居住区）建设，有15个单位（居住区）绿化达标。同时，达到城市居民出行500～1000米就能见到一片绿地的创建要求。1999～2008年，累计新增绿地面积324公顷，城市绿地总面积415公顷，城区绿化覆盖率39%，绿地率34.58%，人均公共绿地面积8.5平方米。至2008年，城市新建或改建的道路绿化带共77条，道路绿地覆盖面积143公顷，主要为道路车辆分离绿带、行道树或道路红线外绿地等类型。分车带以紫薇、桂花等花灌木和海桐、石楠等色块为主；行道树是女贞、香樟等常绿树和国槐、法桐等落叶树相结合；两侧绿带以生态为原则，注重乔、灌、草的合理搭配；重点区域立雕塑，设小品，与街道楼群整体相辉映，美化街景市容。

1978～2008年，全区（县）建成樱花园与荷花公园两大综合公园，建成黄河风光带与盐河风光带两处带状公园，以及合欢园、芙蓉园、清华园、承露园等17处街头游园，公园绿地面积149公顷。

1999～2008年淮阴区（县）街旁绿地统计表

表6-2-3

名称	地点	绿地面积（平方米）	主要树种	建设时间
小营广场及小游园	淮海北路与长江路交叉口	3426	月季、丝兰、花柏、迎春、黄杨球等	1999
承德路广场	承德路	1963	丰花月季、蜀桧、草坪等	1999
合欢园	区建设局门前	4900	雪松、银杏、合欢、栾树、龙柏球等	2000
芙蓉园	北京北路	8900	雪松、香樟、银杏、腊梅、棕榈、樱花、红枫、海桐球等	2001
迎宾公园	西安路	66000	香樟、雪松、国槐、女贞、垂柳等	2003
怡情园、双拥园	长江西路	8650	樱花、红枫、广玉兰、棕榈、紫叶李、海桐球等	2003
振淮园	淮海北路	5979	雪松、香樟、广玉兰、桂花、楝树等	2003
崔樱园	承德路	3500	雪松、晚樱、香樟、桂花、国槐、银杏、腊梅等	2003
营东小游园	承德北路与黄河东路交叉口	3500	广玉兰、意杨、合欢、腊梅、构骨球、刚竹等	2006
卫校小游园	黄河西路与淮海北路交叉口	2600	雪松、女贞、紫叶李、桂花、毛鹃、金边、黄杨等	2006
多瑙河游园	北京北路盐河桥东	15000	雪松、广玉兰、五针松、垂丝海棠、法青等	2006
清华园	污水处理厂东侧	12000	雪松、香樟、女贞、红枫、栾树等	2007
东方园	消防大队西侧	3000	雪松、香樟、女贞、红枫、栾树、紫薇等	2007
东方家园	东方家园前	10000	香樟、女贞、夹竹桃、栾树、紫薇等	2007
富豪小游园	富豪花园旁	3000	夹竹桃、刚竹等	2007
卫校小游园	卫校西侧	2000	广玉兰、雪松、红枫、女贞、法青、紫叶李、慈孝竹等	2007
承露园	承德路与长江东路交叉口	2600	广玉兰、雪松、香樟、女贞、红枫、紫薇、刚竹等	2008

第九节　路　灯

1978年，县城仅有3条街道安装路灯，即王营南大桥至县第二农业机械厂，王营中学至县物资公司，前进街南首至轮船码头，共有路灯67盏，采用60瓦白炽灯泡，线路总长4千米，其后线路不断增加，灯具亦有所改善。至1987年，城区淮海北路与北京路装上功率110瓦的汞灯。同时，粮食街、新街、东大街等18条街巷均装上功率80瓦的水银灯，路灯计521盏，线路总长24千米。1990年后，陆续对城区主次干道上的照明设备进行增加或改善。1995～1997年，分期在承德路、北京东路、黄河路等10条道路上安装路灯1586盏。1996年，改造路灯1000多盏。2001～2006年，分期在淮河路（淮海路—新渡）、珠江路（淮海路—沈阳路）、淮海北路北段（小营广场—珠江路）、沈阳路（废黄河—宁连路）等10条道路安装路灯1146盏。2007年，28条道路安装路灯683盏。2008年，5条道路安装路灯341盏。至2008年，63条道路安装路灯6123盏。

第十节　排水与污水处理

一、排水

1978年，城内北京路两侧埋设排水主管道，东至县招待所，全长1.5千米。至1985年，建成县城地下排水系统网络，埋设地下排水管道12.7千米，石砌方沟625米，雨污合流，就近入河，排水面积1.8万平方千米，占城区的36%。至1990年，县城下水道总长23.2千米。2001年9月，区污水处理厂及配套管网工程获批建设后，建排水管网。2002年，承德路与沈阳路排水工程开工建设，建成两条污水管道。此后，排水工程均按"雨污分流"制设计施工。至2008年，城区污水管网总长69.1千米，辐射全部老城区及开发区大部地区，每日承担近2万吨的污水输送，城区排水管道总长120千米。

二、污水处理

污水处理厂位于沈阳路西侧，长江东路南侧，2006年投入运营。一期工程设计规模日处理污水2万吨，配套管网10.54千米，主要分布于盐河城区段两岸，将直接排入盐河的污水截流并送入污水处理厂。一期工程投入运行后，日处理污水1万吨。2008年，日处理污水2万吨，污水处理率85.7%。

第三章　水、电、燃气供应

第一节　供　水

1978年，王营镇部分居民用上自来水，由清江水厂供水，供水管道长2.2千米，供水范围仅限于前进街、淮海北路与王营东路交汇处附近的工厂、医院、浴室及旅社等，水量不足，水压较低，其余居民用水主要是到废黄河和盐河挑取，或自打水井汲取地下水。1979年，在王营南大桥（淮海路黄河桥）北首西侧150米处废黄河畔建自来水厂，1983年建成投产，第一期反应沉淀池处理为1万吨，供水量不足。1985年筹建二期水处理沉淀池，1986年6月建成，日处理水1.5万吨，用水人口1.83万。1990年，水厂日生产能力2.5万吨，供水管道长20千米。1993年，自来水公司对一泵、二泵、配电、加氯间进行改造，并安装日处理3.5万吨三期水处理设备，于1994年建成，日处理水3.5万吨。由于当初反应沉淀池和无阀滤池是按国家生活饮用水5度水处理能力设计，而2000年国家生活饮用水水质由过去的5度提高到1度，水质标准的提高使实际生产能力下降，仅能生产日供水3万吨的标准饮用水。2002年，日处理3万吨供水能力达不到用水需求，水厂对老设备进行改造，增加滤池喷头，供水能力提高至日产合格水4万吨。至2008年底，供水范围已覆盖东至南昌路DN300管4.2千米，东北至宁连公路绕城段DN200管4.7千米，北至沈阳路与宁连路绕城段DN200管3.8千米，西北至长江西路淮州中学新校区DN200管4.5千米，西至越河西苑小区DN150管3.6千米。

第二节　供　电

一、机构

【管理机构】 1978年，淮阴县供电局内设技术组、材料供应组、农电组等，有工作人员15名。1979年10月，调整内设机构，撤组建股，设人秘股、生技股、财供股、农电股、用电营业管理站。1981年9月，用电营业管理站更名为用电股。1985年，内设机构调整，设人秘股、生技股、财供股、劳动服务公司。1986年成立企业管理办公室，负责企业整顿管理工作。是年9月，设立行政股，负责职工后勤工作。1988年6月，成立电力服务公司。

图6-3-1　国家重点工程北电南输500千伏姚泰线线路工程

1991年3月，成立淮阴县农电总站。农电总站为供电局农电管理的职能机构，负责淮阴县农村用电的统一管理。是年9月，按国家经委、电力部批示精神，成立县“三电”（安全用电、节约用电、计划用电）办公室。1993年7月，经淮阴市供电局批准，县局管理职能机构调整为办公室、用电股、财供股，生产机构定为调度室、生技股、车队，并设立后勤服务股。8月，成立淮阴县电力实业开发公司。1994年12月，生技股改为生产技术安全监察股，简称技安股。1995年10月，成立安全监察股。原技安股恢复为生技股。1997年6月，内设机构为办公室、党委办公室、生技股、财务股、安监股、用电股。1999年12月，撤销县农电总站，成立农电管理所。

2001年3月，淮阴县供电局更名为淮安市供电局淮阴供电分局。2002年9月，淮安市供电局淮阴供电分局更名为淮安市淮阴供电公司，实行企业化管理。2007年1月，内设机构调整为办公室、人力资源部、监察审计部、财务部、安全监察部、生产技术部、发展建设部、营销部（农电工作部）。

2008年6月，调整部分中层管理机构，设调度信息中心、变电运行工区、变电检修工区、线路工区、配电工区，撤销配电工程处、变电工程处、线路工程处、信息管理处、车辆管理处，增设材料加工处，共有工作人员123名。

【直属单位】 1987年，成立淮阴县供电局汽车队（股级建制）。1988年6月，成立电力服务公司，下设变电工程队、电器门市部。1991年8月，淮阴县电力实业开发公司下设生活服务公司、输配电安装工程公司、电力器材公司。1997年6月，生产单位有变电工区、线路工区、调度所、农电总站、电力实业开发公司、电力器材公司；车队更名为运输公司。2007年1月，生产单位有调度中心、运行工区、变电检修工区、配电工区及淮阴力源电力实业开发有限公司、淮阴力源物业管理有限公司、淮阴力源电力设备制造厂。淮阴力源电力实业开发有限公司下设事务部、经营部、财务部、器材供应处、设计咨询处、配电工程处、线路工程处、变电工程处、信息管理处、车辆管理处。2008年6月，发展建设部增设二级机构物资配送管理中心，增设服务类机构车辆管理所，经营性企业变更为集体企业性质。成立后勤服务公司，撤销电力设备制造厂。

【乡镇供电所】 1999年12月，成立各乡镇供电所，撤销乡镇电力管理站、供电营业所。各供电所为供电局派出机构，履行原电力管理站、供电营业所的管理职能。2008年，全区有赵集、韩桥、吴城、南陈集、码头、袁集、三树、凌桥、渔沟、吴集、西宋集、徐溜、古寨、刘老庄、五里、丁集、老张集、王兴、新渡、棉花庄、王营、营北等22个供电所。

二、电源

20世纪70年代中期，淮阴县王营35千伏中心变电所建成并投运，由淮阴电厂以2号线作为主电源。至1985年，全县主供电源仍是淮阴电厂，并以北郊变电所作为备用电源。至2008年，淮阴区电网供电的主供电源主要有6条110千伏线路，形成双电源供电网络，确保用电的可靠性。此外，淮阴区利用丰富的水力资源，先后建立活动坝等3座水电站，为缓解电力紧张状况起到一定的补充作用。

【盐河水力发电站】 位于王营镇杨庄老街西北距盐河口东北450米处，地处水陆交通要道。初建于1957年，1959年停建，1970年续建，1973年5月1日投产发电。该电站装有发电机组3台，单机容量500千瓦，总装容量1500千瓦，主变容量1800千伏安，总投资142万元。至1978年，累计发电1270万千瓦时，创产值90余万元。1983年，淮阴市政府下拨改造经费2万元，该电站出电率提高3%。1986年，发电121万千瓦时。1997年，发电176万千瓦时。该站一直处于较低出力下运行。2008年，年发电量为445万千瓦时。

【活动坝水力发电站】 位于淮安市西郊，杨庄节制闸北首350米处，建在废黄河旧河床上游，与淮沭河、淮河二河段、大运河、盐河、废黄河五河相连。属于低水头、大流量、径流式电站。电站设计水头350米，上游正常水位7.86米；正常流量每秒5立方米，实测每秒6立方米。电站集水情调度、防汛防旱、排涝灌溉、水力发电等功能于一体，服务于地方经济发展。1976年，活动坝水电站兴建项目获省水电局批复，总投资312万元，两年时间完成24台水轮机组的安装工作，装机容量1920千瓦，整体工程于1979年10月1日竣工，1980年11月投产发电。至1985年，累计发电1015万千瓦时，实现产值172余万元。2008年，该电站输出有功电量1205万千瓦时。

【退水发电站】 1995年在杨庄兴建华能淮阴电厂。1997年，王营镇与供电公司合作，利用华能淮阴电厂的循环水建退水发电站，不但变废为宝，而且为地方经济建设作出贡献。1997年发电180万千瓦时，2008年发电45万千瓦时。

1980～2008年淮阴区（县）水力发电情况统计表

表6-3-1　　单位：万千瓦时

年份	盐河水力发电站	活动坝水力发电站	退水发电站
1980	316.11	167	—
1981	212.10	147	—
1982	320.40	197	—
1983	432.87	216	—
1984	465.60	109	—
1985	693.78	179	—
1986	121	360	—
1987	207	750	—

续表6-3-1

年份	盐河水力发电站	活动坝水力发电站	退水发电站
1988	283	452	—
1989	284	558	—
1990	301	699	—
1991	335	652	—
1992	195	237	—
1993	222	452	—
1994	235	408	—
1995	189	445	—
1996	201	538	—
1997	176	561	180
1998	289	763	179
1999	174	430	192
2000	270	526	194
2001	250	463	218
2002	215	571	223
2003	428	872	220
2004	478	890	245
2005	510	912	234
2006	500	1148	167
2007	510	1212	79
2008	445	1205	45

【自备电源】 1978年，自备电源主要为解决老百姓文化生活需求，主要有各公社放映队累计购进总计容量41.75千瓦的45台汽油发电机。另有县属农具厂、轮窑厂、水利制品厂、交管站、建材厂、蚕茧站、米厂、面粉厂、造纸厂、邮电局、粮管所、卫生院等单位为生产经营需要，累计购置装机容量达4398千瓦的柴油发电机。随着城乡工业的发展，境内出现连续性生产单位兴办自发电热。1979年4月，杨庄大闸为解决自身开启和关闭之用，安装100千瓦、160千瓦水轮发电机各1台，年发电量45万千瓦时。1981年12月，县制糖厂750千瓦汽轮发电机投入生产，是年利用余热发电9万千瓦时。至1985年，累计发电1091万千瓦时，平均年发电量200万千瓦时左右。该企业后改制为江苏白玫糖业有限公司，使用2台750千瓦的抽凝机组热电联产，利用余热发电，主要用于车间生产。至2003年，累计发电2604万千瓦时。

1985年，境内先后有217个单位安装有汽油、柴油、水力、余热4种类型的自发电设备，装机容量5528千瓦。经过社会发展与企事业单位的改制重组，截至2008年，境内的自备电源建设趋于完备，全区37家重要客户、重要场所以及一些企事业单位的重要设备建有装机容量达4185千瓦的汽油、柴油发电机39台，正常使用网上电源，在停电时启用发电机自发电源，主要解决重要设备的运行或临时照明。区内金融、移动公司、淮安火车站、淮州中学等单位备有UPS、EPS等不间断电源予以保障。同时，全区有4家装机容量达5285千瓦利用水力发电的水电站，以及3家装机容量7500千瓦在国家政策允许范围内，为降低企业生产成本，提高资源利用效率，利用企业自身生产过程产生的余热余压发电的企业自备电厂。

至2008年，全区有活动坝、盐河、退水3座水力发电站，其中活动坝水电站安装200千瓦水轮发电机2台，160千瓦水轮发电机16台，累计发电量16119万千瓦时；盐河水电站安装500千瓦水轮发电机3台，累计发电量9258.86万千瓦时；退水水电站安装500千瓦水轮发电机1台，累计发电量2176万千瓦时。上述3座水力发电站累计发电量27553.86万千瓦时。全区有3家自备电厂的企业，其中上海太平洋化工（集团）淮安元明粉有限公司安装1500千瓦汽轮发电机2台，累计发电量9263万千瓦时；江苏白玫化工有限公司安装3000千瓦水轮发电机1台，累计发电量2733万千瓦时；江苏白玫糖业有限公司安装750千瓦汽轮发电机2台，累计发电量4707万千瓦时。

三、输电线路

【35千伏输电线路】 1978年，县内第一条按部颁标准设计施工的由王营变到220伏农庄变作备用电源的12千米35千伏线路建成。1987年，全县有35千伏线路12条。1996年，因上海元明粉厂在淮投资办厂，架设35千伏364线，线路长4.59千米。1999年，由省扶贫建35千伏营东变电所，架设35千伏左营352线作为主供线路，是年12月23日投入运行。2004年，全区35千伏输电线路网络结构由简单的树干型结构向环网方向发展，形成以110千伏左庄变电所、110千伏南陈集变电所、110千伏五里变电所、220千伏淮阴变电所为中心，以35千伏网络为放射源，使输电线路网络结构日趋完善，特别是随着220千伏淮阴变电所35千伏电压等级的释放，形成双电源环网供电网络，供电可靠性得到增强。至2008年，35千伏输电线路有26条，总长204.88千米。

图6-3-2　35千伏越三线线路

1987～2008年淮阴区（县）35千伏输电线路建设情况一览表

表6-3-2　　单位：千米

线路名称	开关编号	起点	终点	线路长度	投运日期
陈赵线	—	南陈集变	赵集变	9.80	1987.12.31
左丁线	356	左庄变	丁集变	8.60	1991.12.27
丁刘线	361	丁集变	刘老庄变	14.60	1992.01.18
左越线	358	左庄变	越河变	9.56	1993.11.27
左袁线	—	左庄变	袁集化工厂变	7.93	1994.07.11
盐矿线	364	赵集变	盐矿变	4.59	1996.05.22
左营线	352	左庄变	营东变	4.70	1999.12.23
吴集线	373	淮阴变	吴集变	14.3	2001.06.28
大兴线	371	淮阴变	大兴庄变	9.16	2001.06.28
丁集线	372	淮阴变	丁集变	1.90	2001.06.28

续表6-3-2

线路名称	开关编号	起点	终点	线路长度	投运日期
左王线	359	左庄变	王兴变	10.21	2001.12.18
北徐线	366	吴集变	徐溜变	11.55	2002.06.25
西赵线	367	赵集变	顺河变	4.29	2002.12.30
三树线	374	淮阴变	三树变	13.12	2002.12.31
袁集线	375	淮阴变	袁集变	6.70	2002.12.31
五丁线	381	五里变	丁集变	8.61	2003.04.18
五刘线	382	五里变	刘老庄变	6.03	2003.04.18
五徐线	383	五里变	徐溜变	8.00	2003.04.18
营华线	337	营东变	华庄变	8.65	2003.07.04
左棉线	354	左庄变	棉花庄变	5.79	2004.12.31
陈三支线	343	陈三支线001	三树变	8.27	2005.04.16
振达线	357	左庄变	振达钢管厂变	3.33	2005.09.30
陈赵线	322	南陈集变	赵集变	9.10	2005.11.30
棉大线	363	棉花庄变	大兴庄变	6.48	2006.04.27
王兴支线	363	王兴支线001	王兴变	8.07	2006.07.26
左越线袁集支线	358	左越358线36#塔	袁集变	1.54	2008.04.18

【110千伏输电线路】 1978年，境内尚无110千伏输电线路。1984年，110千伏淮左线建成，此线路起自220千伏丁集农庄变，止于110千伏的小营左庄变，全长7千米。1996年，在南陈集街西建110千伏南陈集变电所，电源由华能淮阴电厂接入，架设110千伏杨陈725线，经王营、凌桥、码头、南陈集4个乡镇。110千伏杨陈725线是华能淮阴电厂通往淮阴县的唯一一条110千伏线路。1999年8月投入运行的110千伏左清716线（原名清左线），自110千伏清河变电所，至110千伏左庄变电所，途径清浦区和淮阴县王营镇。2003年，建110千伏五里变电所，进线从灌南供电公司的110千伏淮灌线44号杆开断环入，双回路架设，当年3月投入运行。至2005年，全区110千伏线路有6条，形成了110千伏双电源环网供电网络，改变了过去因输电线路检修而造成限电局面。同时，对线路设备进行积极维护管理，在历次的设备定级中，均被评定为一类设备，其中110千伏淮左757线在1996年、1997年淮阴市专业劳动竞赛中被评定为"红旗线路"。

2007年，110千伏淮左线改造工程更换为LGJ-240/30钢芯铝绞线，地线选用GJ-50钢绞线，有杆塔38基。至2008年，全区110千伏线路有14条，全长149.87千米。

1986～2008年淮阴区（县）110千伏输电线路建设情况一览表

表6-3-3　　单位：千米

线路名称	开关编号	起点	终点	线路长度	投运日期
淮左线	757	淮阴变	左庄变	7.01	1986.04.29
杨陈线	725	淮阴华能电厂	南陈集变	16.80	1996.07.18

续表 6-3-3

线路名称	开关编号	起点	终点	线路长度	投运日期
左清线	716	清河变	左庄变	13.24	1999.08.24
五灌线	758	五里变	淮灌线南侧变	9.50	2003.03.31
关陈线	772	关成变	陈集变	12.10	2004.07.23
淮五线	756	淮阴变	五里变	19.80	2004.06.27
淮井线	755	淮阴变	杨井变	12.18	2005.06.03
井振线	860	杨井变	46#塔变	9.93	2005.06.03
厂渡线	734	59#塔	沈渡变	2.33	2005.06.21
淮渡线	759	35#塔	沈渡变	2.33	2005.06.21
新陈线	840	新港变	南陈集变	17.20	2007.06.18
淮左线	757	淮阴变	左庄变	7.24	2007.06.25
五旗线	851	五里变	旗杰变	17.30	2007.09.13
清北线	713	清北线 17 #	清北线 27#变	2.91	—

四、电网改造

【城区电网改造】 1985年，淮阴城区供配电10千伏线路有7条。1986年，淮阴县第一座110千伏左庄变电所建成投运，城区供电线路原来由王营变电所主供改为110千伏左庄变电所供电。110千伏左庄变电所供城区10千伏线路5条。1986年，35千伏王营变电所退出运行，城区供电全部由110千伏左庄变电所供电。1987年，110千伏左庄变电所增加专用线2条。20世纪90年代末，结合市政道路建设，先后对北京路、淮海北路、盐北西路、香港路、承德路等路段高低压网络进行全方位改造，由原来的架空线路改用电缆引入地下。1998年，在承德路电网改造中，铺设10千伏电力电缆320米，架设10千伏线路1.6千米，拆除高低压线路1千米，拔杆23根，拆移和新架变压器6台。在香港路电力线路改造中，新架10千伏线路0.38千米。在低压线路改造中，完成无线电厂、党校路、盐北六组低改任务，架设10千伏线路8千米、400伏线路21千米，安装变压器5台，变压器高耗改低耗20台。

2001年，改造10千伏线路23.636千米，改造400伏及以下线路40.43千米，更换变压器10台，计2450千伏安，增变压器26台，计5380千伏安，增无功补偿1080千伏安，增10千伏负荷及联络开关10台。同年，城改工程项目38个，建成和改造10千伏线路40.55千米，400伏及以下线路65.79千米，更换变压器6台1500千伏安，增32台8655千伏安，增无功补偿1500千伏安，增10千伏开关14台。同年，城改工程继续完善配网网架结构，增10千伏城网线路3条，完成建35千伏袁集变电所配套的2条城网10千伏出线工程，35千伏营东变电所扩建配套的10千伏115樱花线工程。改造10千伏182丝织线、183小营线、116供电线、117营东线、114淮涟线等10千伏主干线路。在工业园区建沈阳路、淮河路、珠江路、长江东路等10千伏线路，投资1000余万元对低压台变、老城区的接户线及计量进行改造。2003年，新建或改造10千伏线路33.07千米，400伏及以下线路52.13千米，更换变压器6台1780千伏安，增变压器69台容量9540千伏安，增无功补偿2250千伏安，增10千伏开关15台。2003年，重点对35千伏营东变电所及越河变电所的出线进行改造，实现配网手拉手环网供电的目标。建10千伏188淮河路支线、10千伏186纬六路支线、10千伏188纬六路支线、10千伏188九江路支线、10千伏188纬五路支线、10千伏188南昌路及化工园区10千伏化经一路、化经二路等线路。至此，10千伏供电网络已经覆盖工业园区及化工园区。2001～2003年城网改造，建成和改造10千伏线路97.26千米，配网10千伏线路长度127.78千米，配网10千伏线路由改造前的9条增加至16条，其中13条具备手拉手环网供电的要求。增10千伏智能型开关39台，10千伏配网开关由改造前的11台增加至40台。增10千伏配变149台，容量29305千伏安，10千伏配电变压器由改造前的294台43505千伏安增加至401台111600千伏安。建成和改造400伏及以下线路158.35千米，增无功补偿4380千伏安。

2006年，先后对北京路、淮海北路、盐北西路、香港路、承德路等路段高低压网络进行全方位改造，由原来的架空线路改用电缆引入地下，使城区电网结构更趋合理。在长江东路延伸段10千伏线路新建工程中，共铺设10千伏电力电缆150米，架设10千伏线路1645米，安装变压器1台，架设低压线路1千米。在钱江路至纬五路10千伏线路新建工程中，架设10千伏线路850米。在低压线路改造中，完成营北五组公变、盐北七组公变、左庄小学附近低压线路等低改任务，架设低压线路22千米，安装变压器13台。是年，城区供配电10千伏线路有22条，其中110千伏左庄变电所8条，110千伏沈渡变电所3条，110千伏杨井变电所7条，35千伏营东变电所4条，线路总长度144.192千米，总容量174340千伏安，杆上公变269台，容量82760千伏安。2007年，上报56个城网项目，包括袁集变第二电源配套项目2个。架设10千伏架空线路25.39千米、10千伏电缆线路1.85千米，改造10千伏架空线路10.11千米、10千伏电缆线路2.87千米。架设三相变压器16台，改造3台，架设单相变压器38台，总容量为4945千伏安。

2008年，省公司对淮阴供电公司配网资金投资规模批复为2500万元。淮阴供电公司上报城网项目35个，包括王兴变配套出线3个工程，共新建和改造10千伏架空线路26.87千米。架设三相变压器11台，容量为7395千伏安，架设低压线路25 千米。

【农村电网改造】 1998年底至1999年3月，是农村电网第一批改造工程的前期准备阶段，实际操作从1999年4月开始，至2000年底工程改造项目全部竣工。2001年2月，省下达淮阴区100万元资金用于全区农林场圃电网改造，工程于2001年底全部完工。第二批农村电网建设与改造工程是从2002年4月申请立项，分两期进行。第一期工程从2002年8月启动，至2002年11月底全部完成；第二批工程从2002年12月启动，至2003年2月全部完工。1998～2003年，改造110千伏变电所1座，改造35千伏变电所7座，改造高能耗主变6台，容量28.15兆伏安，建35千伏变电所1座。农村电网新上改造变压器1515台，总计容量73525千伏安；增户外箱1421台；装电容柜44台、10千伏隔离开关41台；架110千伏线路14千米，建35千伏线路52千米；架10千伏线路496.81千米，改造10千伏线路1152.34千米；架400伏线路1138.45千米、220伏线路1339.92千米，改造220伏线路1541.69千米。农村通讯网建设架设光缆83.3千米。

五、变电所建设与设备技改

【变电所建设】 1979年5月，三树变电所增建配电室36平方米；8月，陈集变电所增建配电室20平方米。1980年，棉花庄变电所增建配电室20平方米。1981年3月，刘老庄变电所增建配电室40平方米。1987年8月，在赵集乡赵集村3组征用土地3600平方米建赵集变电所，建配电房252平方米。1989年1月，35千伏丁集变电所破土动工，当年12月投运。1996年12月，建徐溜变电所，面积443平方米。1998年12月，建35千伏营东变电所，1999年4月开工建设，当年8月竣工投入使用。2001年1月，开工建设35千伏王兴变电所，11月投入运行。2002年12月，建35千伏袁集无人值班变电所。该所的10千伏开关，是淮阴区供电史上第一个采用10千伏手推式开关。2003年底，在五里建成110千伏无人值班变电所，占地322035平

图6-3-3　淮阴县第一座变电所——南陈集变电所

方米。至2008年，淮阴供电公司有35千伏及以上变电所17座，主变30台计411.95兆伏安。其中，110千伏变电所5座，主变7台计266兆伏安；35千伏变电所12座，主变23台计145.95兆伏安。高压断路器251台，其中，110千伏断路器18台、35千伏断路器67台、10千伏断路器166台。35千伏及以上线路35条，总长314.49千米。其中，110千伏线路10条，总长115.87千米；35千伏线路25条，总长198.62千米。

图6-3-4　南陈集变电所

【设备技改】1982年，县供电局对各35千伏变电所开关放油阀CT、PT增1装呼吸器。是年12月，将刘老庄变电所原手动操作改为电动操作。1985年起，陆续以变电所管辖区域为单元，分期分批对已建成的564千米10千伏线路由原两线制改为三线制。1986年，容量为31500千伏安的110千伏左庄变电所建成，淮阴县电力网络初步形成。1990～1996年，设备改造工作陆续开展，重点是对原有变电所主变容量进行增容，将10千伏手分手合开关及少油开关更换成电动操作分合的真空开关，完成35千伏越河、三树、丁集、赵集变电所室内外设备“五防装置”的改造，完成14台35千伏开关机构箱电动操作的改造，以及35千伏丁集、三树、赵集、北吴集变电所无功装置的安装及文明变电所的建设。从1997年开始，进行无人值班变电所改造工作，先后完成35千伏赵集、越河、北吴集、大兴等变电所综合自动化改造，将变电所原110千伏和35千伏油开关更换为真空开关或SF6开关，10千伏油开关更换为真空开关。截至1999年底，全县所有10千伏开关实现无油化。1998～2002年，结合国家农网改造工程，对所辖变电所的设备进行改造。改造35千伏以上变电所7座，更换35千伏越河、三树、刘老庄、丁集等变电所高耗变压器6台，容量为28.15兆伏安。对110千伏左庄、南陈集及35千伏丁集、刘老庄、三树等变电所综合自动化进行改造。2003年底，所有变电所均达到无人值班变电所的要求。2005～2006年，完成110千伏左庄变电所老旧设备改造，将10千伏GGA开关柜更换为中置柜，将所有35千伏真空断路器更换为SF6断路器；完成陈赵线、棉大线改造工程；完成35千伏赵集变电所综自改造；完成赵集、袁集、丁集等三个变电所主变增容工程，主变容量增加15兆伏安。至2008年底，城区共有10千伏配电线路24条，线路总长149.05千米，其中电缆线路54.4千米；有柱上开关141台（包含用户投资56台），其中联络开关14台；变压器596台（包含用户288台），总容量197390千伏安，其中箱变109台计容量90190千伏安，公变199台计容量53750千伏安；环网柜21台，10千伏杆塔2496根，其中铁塔135基，电杆2361基。2006～2008年，共新建及改造10千伏线路68千米，架设变压器73台，总容量为13340千伏安。上柱上开关25台，环网柜7台。

六、售电

1978年，县供电局除对王营镇及周边地区少数居民提供照明用电外，还对20多家企业以及6座排灌站和棉花庄公社井灌提供电力，年售电量不足200万千瓦时。至1985年，用电最高负荷为16000千瓦，全年完成供电量8420万千瓦时，售电量7590万千瓦时。1986年，110千伏左庄变电所建成后，供、售电量年年上升，1988年供电量首次突破1亿千瓦时，1989年售电量首次突破1亿千瓦时。1990年，全县供电量为12710万千瓦时，售电量为11609万千瓦时，最高用电负荷2.9万千瓦时；全县

图6-3-5　淮阴供电公司新营业大厅

人均用电量154.23千瓦时；城乡居民生活用电1167万千瓦时（人均15.1千瓦时）。1995年供电量为20680万千瓦时，首次超过2亿千瓦时，售电量为19140万千瓦时。20世纪末，引资企业赵集元明粉、海螺水泥的投产，使淮阴工业园区成为境内新的用电大户，用电量迅猛攀升。2004年后，振达钢管、力诺太阳能、万邦香料、江苏油田、民康油脂、双汇集团等大型企业相继投产，用电负荷继续攀升，用电量高速增长。至2008年，供电量为74429万千瓦时。

1985～2008年淮阴区（县）供、售电量统计表

表6-3-4　　单位：万千瓦时

年份	供电量	售电量	年份	供电量	售电量	年份	供电量	售电量
1985	8420	7590	1993	16300	15039	2001	22540	20920
1986	9024	8006	1994	18800	17500	2002	25750	22150
1987	9660	8724	1995	20680	19140	2003	27657	24077
1988	10110	9193	1996	20190	18700	2004	33778	29253
1989	11140	10093	1997	19000	16432	2005	45796	40137
1990	12710	11609	1998	17800	16500	2006	54518	48051
1991	13650	12560	1999	17470	16197	2007	67793	61023
1992	15000	14197	2000	18560	17226	2008	74429	66997

七、用电结构

1978～1985年，用电结构分农业、工业和生活用电。农业用电：1978年，农业用电量882万千瓦时。1985年，农灌、脱粒、粮食加工等均使用电力，年农业用电量2920万千瓦时，是1978年的3.31倍，占全社会用电量的37.23%。工业用电：1978年工业用电量1432万千瓦时。1985年，工业用电户98个，年工业用电量4623万千瓦时，是1978年用电量3.23倍，占全社会用电量的58.94%。生活用电：1978年，生活用电量170万千瓦时。1985年，居民家庭逐步普及电视机、洗衣机、电冰箱等家用电器，年生活用电量300万千瓦时，是1978年的1.76倍，占全社会用电量的3.83%。

1978～1985年淮阴县用电结构一览表

表6-3-5　　单位：万千瓦时

年份	农业	工业	生活	全社会用电量
1978	882	1432	170	2484
1979	918	1869	263	3050
1980	1058	2387	311	3756
1981	1354	2920	162	4436
1982	1537	3258	230	5025
1983	2388	3556	246	6190
1984	2623	3815	243	6681
1985	2920	4623	300	7843

1986年后，用电结构分为农林牧渔水利、工业、建筑业、交通邮电业、商业仓储业、城乡居民生活和其他事业等7项。农林牧渔水利业：1986年，用电量2242万千瓦时。之后，农林牧渔水利用电持续增加，至1995年增至7192万千瓦时。其后，随着产业结构调整，农村灌溉、脱粒播种等大量以柴油机为动力，用电量逐渐下降，2001年用电量降至4854万千瓦时，比1995年减少2338万千瓦时。至2008年，用电量1151万千瓦时，比1986年减少1091万千瓦时，占全社会用电量的1.46%。工业：1986年，用电量6506万千瓦时。因工业经济发展迅速，至1995年，用电量增至10580万千瓦时。1996～2001年，大型工业结构调整，用电量徘徊。2002年起，工业经济稳步发展，用电量逐年增大。至2008年，用电量51743万千瓦时，是1986年的7.95倍，占全社会用电量的65.83%。交通运输、邮电通信业：1986年，用电量41万千瓦时。1996年后，交通基础设施建设和运输通信业不断发展，用电量呈逐年增长态势，至2008年，用电量578万千瓦时，是1986年的14.1倍，占0.74%。建筑业：1986年，用电量34万千瓦时。1986年后，城镇建设规模不断扩大、城乡居民改善住房条件要求不断提高，建筑业发展一再增速。至2008年，用电量增长至1419万千瓦时，是1986年的41.74倍，占全社会用电的1.81%。商业仓储业：1986年，用电量104万千瓦时。1994年后，商业、物资供销及仓储业日趋繁荣，用电量增长迅速。至2008年，用电量1655万千瓦时，是1986年的15.91倍，占全社会用电量的2.11%。城乡居民生活：1986年，用电量157万千瓦时。1986年后，用电环境逐步改善，家用电器走进居民家庭，拉动用电量增长，1990年增长至1167万千瓦时。至2008年，用电量增至16663万千瓦时，是1986年的106.13倍，占全社会用电量的21.2%。其他事业：包括信息传输、计算机服务和软件业，金融、房地产、商务及居民服务业，公共事业及管理组织等，1986年，用电量206万千瓦时。随着各项事业的发展，用电量增幅较快。至2008年，用电量5390万千瓦时，是1986年的26.17倍，占全社会用电量的6.86%。

1986～2008年淮阴区（县）用电结构一览表

表6-3-6　　单位：万千瓦时

年份	农林牧渔水利	工业	交通邮电	建筑工业	商业仓储	居民生活	其他事业	全社会用电量
1986	2242	6506	41	34	104	157	206	9290
1987	2594	6404	—	29	106	573	229	9973
1988	2950	7258	—	—	—	279	—	11300
1989	3093	7425	32	42	75	601	182	11450
1990	4024	7218	39	62	90	1167	223	12823
1991	4854	6950	74	68	86	1362	263	13657
1992	4960	8254	72	63	72	1710	286	15417
1993	5402	8809	72	70	72	—	255	14680
1994	6652	9791	57	143	184	1752	351	18930
1995	7192	10580	58	86	231	2260	706	21113
1996	6385	10145	85	256	301	2483	942	20597
1997	6839	8782	132	130	233	2247	473	18836
1998	5240	8429	215	515	496	2342	861	18098
1999	5500	7290	285	515	597	2350	935	17472

续表6-3-6

年份	农林牧渔水利	工业	交通邮电	建筑工业	商业仓储	居民生活	其他事业	全社会用电量
2000	5107	7885	380	661	598	2927	1005	18563
2001	4854	9312	233	293	354	6419	1079	22544
2002	—	14836	—	—	—	6902	—	26047
2003	—	17026	—	—	—	7454	—	29562
2004	1327	19813	527	1000	968	9914	2253	35802
2005	1029	30436	506	1180	981	11115	2685	47932
2006	1076	35960	360	1476	1199	12871	3666	56608
2007	1094	47626	512	1404	1480	14340	4744	71200
2008	1151	51743	578	1419	1655	16663	5390	78599

第三节　供　气

一、罐装液化气

1989年，县石油液化气供应公司成立，配置50立方米储气罐1只、30立方米储气罐1只、25立方米残液罐1只，储气能力105立方米。1990年，县液化气站成立，配置50立方米储气罐2只、20立方米残液罐1只，储气能力120立方米。1992年，县煤气公司成立，拥有50立方米储气罐2只，储气能力100立方米。1999年，县营北液化气站成立，拥有50立方米储气罐2只、20立方米残液罐1只，储气能力120立方米。2001年，原淮阴县石油液化气供应公司因淮高路扩宽搬迁至王营镇双和村，更名为淮阴区大堰液化气站，该站储气能力105立方米。是年，淮安市合欣液化气有限公司成立，该站储气能力520立方米，拥有50立方米储气罐4只、100立方米储气罐3只、20立方米残液罐1只。2003年，运南液化气站由吴城镇拆建到南陈集镇，该站储气能力120立方米，拥有50立方米储气罐2只、20立方米残液罐1只。2004年，吴集液化气站成立，该站储气能力125立方米，拥有50立方米储气罐2只、25立方米残液罐1只。2005年，原淮安市合欣液化气有限公司因经营亏损欠款被法院拍卖，后更名为淮安市同欣液化气有限公司，更名后仍保持原规模。2006年，城西液化气供应公司因城市道路扩建拆迁。2008年，除原有罐装液化气站外，营东新建由个人投资的营东罐装液化气站，拥有30立方米储气罐2只。

二、管道燃气

2002年11月前，境内没有管道燃气。2002年12月，城东管道从淮安市清河区经沈阳路黄河桥进入淮阴区，城西管网从北京北路过黄河桥进入淮阴城区。是年，管道燃气用户8500户，日供气能力1万立方米。2003年，管道燃气新增用户300户，日供气能力2万立方米。2004年，管道燃气用户增至9000户，日供气能力2.2万立方米。2005年增至9200户。2006年，新增400用户，日供气能力达3万立方米。2007年，用户发展至1万户。2002～2007年，城区黄河东西路、北京东西路、淮海北路、沈阳路、承德路、长江东西路、北京北路等路均有中压管道，累计30多千米。淮阴区管道燃气是由淮安新奥燃气有限公司独家经营。该公司2006年10月30日正式与淮安市城市资产经营公司签订特许经营权协议，协议约定在淮安城市规划区域内，独家经营燃气年限为26年。至2008年，城区用上管道天然气的有52个小区11298户，工商业用户有12家。

第四节　供　热

2005年，城区部分住宅小区和办公场所陆续安装热力管道采暖。是年，淮安市地税局、金都花园、翠景美墅、国华·御景园建设时安装热力管道，由淮安市汇能热力服务有限公司提供热蒸汽热源，小区的日常热力管理由淮安市阳光热力服务有限公司负责，热力管道从市区经沈阳路黄河桥过废黄河进入淮阴区，主管道直径为133毫米，主管道总里程2千米，每年12月至次年3月供暖气。至2008年，使用暖气的单位有淮安市地税局，小区有金都花园、翠景美墅、国华·御景园等，总数约1000户。

第四章　城市管理

第一节　机　构

一、管理机构

1978年，淮阴县城市管理属于临时性突击管理，管理人员多从公安、交通等相关部门抽调，此后多年一直采取这种管理方式。2002年10月，成立淮阴区城市管理局、城市管理行政执法局（两块牌子、一套班子），内设办公室、督查科2个职能机构，核定编制7人。至2008年，内设机构增加法制科，人员编制数未变。

二、直属单位

【城市管理行政执法大队】 2002年10月成立，副科级事业单位，核定编制52人，设有市容一、二中队，城建一、二中队，广告中队，渣土中队，综合股，法制股，督查科等。主要职责是行使市容环境卫生管理方面法律、法规、规章规定的行政处罚权，强制拆除不符合城市容貌标准、环境卫生标准的建筑物或设施，行使城市规划管理和绿化管理的行政处罚权，对无照商贩和侵占道路行为进行管理。

【环卫所】 2008年1月成立，工作职责是负责城区道路的清扫保洁、垃圾收集和转运以及环卫设施维护等。有环卫工人600余名，有垃圾清运车8辆、洒水车1辆、清扫车4辆。

第二节　市容管理

一、环境整治

2002年，淮阴区城市管理局正式成立，城区市容秩序管理开始推行“岗片”管理责任制，重点是治理乱停乱放、乱摆乱设、乱拉乱挂、乱堆乱倒、乱贴乱画等行为。是年下半年，对淮海北路未经批准设置的户外广告牌进行强制拆除，共8处；城区主干道两侧配置300只不锈钢果皮壳箱，解决乱丢乱倒问题。2004年，整治乱贴小广告，铲除乱贴小广告2万余张，拆除破损广告牌、门店招牌2100余块，取缔占道经营大排档42家。2005年，对城区主干道违章广告牌和店铺招牌进行重点整治，发出整改通知600份，拆除违规广告牌和店铺招牌1500余块，同时，涂刷行道地面、建筑墙体及线杆上小广告1万余张。2006年，对主干道、窗口地区进行数次清理，取缔占道经营和流动摊点2300余起，查处乱停乱放车辆1800辆次，乱堆乱放货物或杂物700余起，违规占道维修点300余处。2007年，城管执法部门出动车辆3400辆次，巡查乱停乱放、乱倒垃圾、乱倒泔水等行为；对6名乱贴小广告的人员进行处理。2008年，全城开展“百日活动”，共拆除违章广告牌、店铺招牌900余块；出动巡查车辆200多辆次，对市民乱倒垃圾、饮食店乱倒泔水、修理门市乱倒油污等行为进行严肃整治；组织100多人对乱贴乱画进行全面清除。

二、拆除违章建筑

2002年8月1日，在主干道、城市出入口处拆除102处计4万平方米的违章建筑及有碍市容市貌的设施。2003年，每月确定4天专门拆除违章建筑，全年拆除约4万平方米。是年4月，拆除王营镇左庄村、营东村、三中路等地段违章建筑139户。2006年起，强化对在建建筑和违建建筑巡查，对重点地段、拆迁地块的违章建筑物，即时拆除。2006～2008年，全区依法拆除违章建筑262处，计12.5万平方米。

第三节　环境卫生

一、清扫保洁

1982年前，城区保洁由街道居委会安排人员负责，由于缺少人手，街道清洁工作不到位、不及时，卫生死角较多，常有脏乱差现象发生。县爱国卫生委员会定期组织机关单位进行大扫除，一度缓解城市的清洁卫生问题，但难以做到保洁常态化。1982年后，每年主要依靠“文明礼貌月”活动和元旦、春节等节点，开展以机关单位工作人员和中小学师生为主体的清扫保洁工作。1991年后，利用创建卫生城市的契机，城市清扫保洁逐步高标准、全覆盖，市容市貌发生较大变化。2002年后，环卫总公司全面负责，保洁队伍扩大，采取分片分路段包干、责任到人，主干道保洁无缝隙对接，不留死角。2003年，推行“保洁全天候、管理全方位、责任全覆盖”的环卫作业模式。清扫保洁实行“一扫全保”，即早晨一次全面清扫，全天候保洁；坚持“六净一无”标准，即路面净、路牙净、绿化带净、人行道净、窨井口净、行道树坑净，保洁范围内无废弃物和污水。2004年，城区主干道更换果皮壳箱200个，新建垃圾房30个，保证市民垃圾袋不着地，垃圾及时收集，做到即产即清。2005年，城区新建垃圾中转站1座，环卫清运车及时清理中转站、垃圾房、垃圾池以及果壳箱内产生的垃圾。2006年，主干道上的10座公厕免费向市民开放，并设立公厕指示牌。2007年，更换破损的果皮壳箱120个，并定期保洁，保持道路两侧果壳箱清洁卫生。2008年，全城开展环境卫生集中整治12次，专职保洁员工650人，城市卫生保持常扫常新、日保日洁。

二、环卫设施设备

1990年前，城区无专门垃圾中转站，仅有因地段而建的用砖墙围成的露天垃圾堆放处，也无专用的垃圾清运车和冲洗车。其时，县环卫所只是定期派人用手扶拖拉机将各处垃圾运走。城区主干道摆放一些小型垃圾箱，其他街道无垃圾箱，街道路口垃圾杂物甚多。1995年后，主要街道两边开始建设一些环卫设施设备。1999年，境内建成承德路垃圾中转站、卫生路垃圾中转站。2004年，建成星光垃圾中转站、葡萄路垃圾中转站，共有果皮壳箱800余只。2005年，全区建设垃圾中转站8座，其中城区3座，赵集、棉花庄等乡镇5座。城区有公厕18座，有垃圾清运车14辆、冲洗车2辆，有垃圾房80余个。是年，开始垃圾分类收集试点工作。2008年，城区有垃圾中转站（场）7座，有保洁手推车120辆、分类果皮壳箱200余只。

第四节　创建卫生城市

1978年，淮阴县城环境卫生状况较差。1981年9月，出台《城镇卫生管理暂行规定》。1982年3月，出台《关于开展全民文明礼貌月活动的通知》，规定每周二、四、六下午县直机关全体人员参加打扫除，并有计划种树、种花、种草。是年4月起，开展"文明礼貌月"活动，全县投入大扫除30万人次，清扫街道468次，疏通阴沟8万多米；填平污水沟塘3000多处，处理蚊蝇孳生地4.4万多处，处理垃圾10万吨；建垃圾箱40余个，增设痰盂若干，新建和改造公共厕所20座、下水道1.7千米、自来水管道4.1千米；义务植树45万株，栽植各种花卉4万余株。1989年，拨款30万元，在王营镇新建公共厕所3座，购买垃圾清运车1辆和垃圾筒51只。1991年，成立创建卫生城市工作领导小组，制定《淮阴县创建卫生城市标准》，提出在5年内淮阴县城镇达到省级卫生城市标准，并出台《淮阴县县城"门前三包"责任制管理办法》。"门前三包"即包卫生、包绿化、包秩序。从年初开始，城区各单位对内外环境进行彻底整治，清除卫生死角，实现"五无"，即无乱堆乱放、无乱搭乱建、无垃圾杂草、无积水坑洼、无散养禽畜。是年起，城区街巷有专人清扫，垃圾日产日清；街巷的垃圾箱（密闭式）、果皮箱增加，道路两侧每50米、居民区每30米设1个，主要街道两侧每30米设1个；公共厕所服务半径100～150米，并有专人保洁。1992年，新建、改建公共厕所5座，垃圾处理场2座。1993年7月，成立创建北京路"文明街"工作领导小组，用半年时间在王营镇北京路开展创建"文明街"活动。1994年5月，成立创建卫生城市工作领导小组，制定驻城卫生单位创建卫生城市活动方案。1995年4月，正式启动创建卫生城市活动，成立创建卫生城市工作领导小组，与20个责任单位签订目标责任状，成立由20多人组成的全天保洁队伍，定人定位定责任；实行路段长效管理责任制，任命11名正科级领导干部担任路段长，授权对所辖路段"门前三包"等创建内容实施监督管理；从有关单位抽调专人负责创卫工作，并配备宣传车进行巡回宣传；组织执勤员和保洁员，逐街逐巷巡查，逐门逐店保洁，对临街临道的墙体、地面、线杆的小广告进行彻底铲除。1996年，出台《淮阴县沿街主干道实行"门前三包"及垃圾袋装化管理的通知》，对城区沿街主干道实行垃圾袋装化管理，各单位、宿舍区建设垃圾房，用于存放袋装垃圾，家庭垃圾袋装后由环卫工人上门收集。1997年下半年，城区垃圾处理采取集中填埋方式，及时消毒处理，无害化处理率100%。是年12月25日，淮阴县被淮阴市政府命名为"市级卫生城市"。1998年，提出"一年一个样、三年大变样"的战略目标，以治脏、治乱为重点，全面开展争创省级卫生城镇活动，将创卫工作纳入各乡镇年度责任目标并进行考核，在全县范围内开展争创"文明卫生集镇"活动。1999年，出台《淮阴县建筑垃圾管理暂行办法》，城区各路段沿街门店、单位配置垃圾桶1200个，设置垃圾投放点100个；对城区所有小饮食店、小食品加工店、小理发店、小旅店、小浴室等进行全面整顿，对不符合卫生标准的限期整改，对整改后仍不达标的吊销营业执照和卫生许可证，对无证经营的坚决予以取缔。2002年，淮安市开展"国家卫生城市""国家园林城市""国家环保模范城市"和"江苏省文明城市"创建活动。是年10月，成立创建国家卫生城市、园林城市、环保模范城市和省文明城市领导小组，成员由公安、城管、卫生、教育等23个部门组成，领导小组下设办公室，办公室下设4个工作组。2003年，在城区投放不锈钢垃圾桶300个，建水冲式厕所13座，配置垃圾清运车17辆，并对城乡接合部厕所进行改造。2004年4月，制定下发《创建国家卫生城市责任分解表》。6月，成立创建国家卫生城市指挥部，指挥部下设办公室，并设立12个创卫项目工作组。7月，开展创建无烟单位、控烟达标单位活动，在车站、码头、商场等公共场所张贴醒目禁烟标志，设立专门的吸烟室，并开展"文明卫生大院""卫生家庭"评选活动。8月，成立"五小"行业（小饮食店、小理发店、小浴室、小旅社、小食品加工厂）专项整治领导小组，成员由卫生、公安、城管、工商、环保、劳动等部门组成。2005年9月，开展城中村及城乡接合部的环境卫生整治工作。2007年，经过国家卫生城市考核检查组全面考核，淮阴区获得"国家卫生城市"称号。2008年，不断完善城区道路绿化、亮化工程，沿河风光带、综合性公园以及街头公园增多，城市卫生水平明显提升，“国家卫生城市” 的成果得以巩固。

第五章　集镇与村庄建设

第一节　集镇建设

一、住宅

1978～1985年，全县集镇民宅以土墙草房、土墙瓦房为主，砖木结构很少。1986年，集镇农户由于收入增加，纷纷投资改善居住条件，住宅兴建出现高潮。是年，全县集镇居民人均住房面积10.3平方米。1986～1995年，政府推出的第三轮集镇规划逐步得到落实，集镇住宅建设速度加快，逐渐以砖木结构为主、以砖混结构为辅。至1995年，全县38个集镇住宅面积增加至111.63万平方米。1996～2000年，继续落实全县第三轮集镇规划，境内集镇民宅建设快速发展，不仅速度快、规模大，而且建筑质量、建设方式都有较大变化，钢筋混凝土砖混结构楼房日益增多。至2000年，全县集镇居民住宅面积203.03万平方米，人均住房面积20.7平方米。2002年后，住宅建设由零星分散建设向集中开发住宅小区转变，同时开始向商品化方向发展。2007年，集镇住宅建筑面积新增14.12万平方米。至2008年，全区集镇实有住宅建筑面积321.03万平方米。

二、道路

1978年，由于经济落后，集镇街道全为土路，通往周边乡镇及乡内村庄的道路亦是土路，凡遇雨雪天气，行道泥泞不堪，居民行路难。1985年后，随着改革开放，农村经济发展，境内集镇逐渐铺设石子路。1990年，部分集市街道铺沥青路。1998年，大多数集市街道开始铺设水泥混凝土路，但宽度有限，且质量较低。2001年后，境内集镇路况有很大改善，沿国道、省道的集市道路不仅宽敞，且有绿化隔离带，其他集市道路纷纷拓宽改造，有砂石混凝土路面，也有沥青路面，许多集镇铺设行人道，街道建设为城镇化增添亮色。至2008年，全区集镇黑色道路256.27千米、面积367.65万平方米。

三、绿化

1978年，境内集镇农户在宅基地种植树木，仅是从经济着眼，并非为了绿化。1985年后，集镇新扩街道零星种植行道树，种类仅限于泡桐、意杨、垂柳、洋槐、榆树等，大多数是居民在门前自栽自种。至2000年，随着小城镇建设步伐加快，以及居民对美化生活环境的需求，集镇绿化被纳入新农村建设规划。2006年，集镇新建住宅小区绿化均达到规定标准。至2008年，全区集镇绿化覆盖面积263公顷，园林绿地面积13.36公顷，其中公园绿地面积13.16公顷。2000～2008年，全区（县）集镇平均每年植树21.55万株。

四、生活设施

1978年，生活资料虽然匮乏，但农民购物还算方便，集镇有供销合作社，供人们购买生活用品，有食品供应站供人们购买肉类食品，有粮食站供人们卖粮或买粮（凭票证购买），还有2～3处私人经营的小商店。每个集镇上有公办文化站，但条件较差，文娱活动很少，没有公园和娱乐场所。集镇农民日常生活用水主要利用河塘水、浅层井水。至1990年，全县集镇有简易供水设施（压力罐）27个，日供水能力3180吨，供水管道45.6千米，用自来水2.28万人；排水系统14千米。1992年，境内集镇饭店、卡拉OK厅等消费或娱乐场所增多。1996年后，因省政府实施淮北农村改水攻坚战略，境内各集镇新建水厂，居民普遍饮用自来水。1997年前后，境内各集镇陆续建集贸市场共22个，面积2.5万平方米，便于农副产品交易。2002年，省政府继续推进农村改水工作，全区集镇加大投入，新打水井改进调速装置，是年，新增自来水受益人口8.8万人。2005年，新增自来水受益人口14.1万人。至2008年，每个集镇均有数家超市，集镇农民购物方便；80%集贸市场扩建或新建，规模较大。是年，全区集镇水厂达32座，日供水能力约为22500吨，供水管道长145千米，年供水总量447万吨，用水人数10.94万人；集镇路灯共682盏，排水管道64千米；拥有环卫垃圾清运车25辆、公共厕所35座。

第二节　村庄建设

一、农民集中居住点

1978年，境内村庄均为自然分布，大小不一，零星分散，有的自然村仅有几户人家。1985年完成行政村规划。1998年，出现中心村建设热潮。2006年，全区村庄布局规划保留农民集中居住点882个。2007年，国家建设新农村政策出台后，全区掀起新一轮农民集中居住点建设高潮，是年，建成农民集中居住点60个，其中袁集乡桂塘村通过省级“康居示范村”验收，徐溜镇吴江村、赵集镇张福村、五里镇民强村等集中居住点达市级“康居示范村”标准。2008年，全区开展特色村庄建设，建成农民集中居住点131个。

2008年淮阴区农民集中居住点（部分）情况一览表

表6-5-1　　单位：平方米

乡镇	居住点名称	地理位置	面积	竣工时间
王营镇	双和中心村	御花园小区西侧	207000	2002.03
	沈渡越河小区	越河一组西	147000	2006.01
	崔庄小区	崔庄村五组东	42000	2007.01
	盐河小区	双和村九组西	147000	2007.03
王兴镇	桃田	吴杨庄	16000	2005.09
	练湖	刘庄	7700	2006.01
	高荡	高荡街	7500	2006.06
棉花庄镇	军田村	军田村五组	40000	2008.03
丁集镇	农庄	农庄村	75000	2001.06
	刘庄	七一村	50000	2008.03
五里镇	丁圩小区	民强村	18000	2006
	涧桥小区	涧桥村	39500	2007
	纪吴小区	民强村	14500	2008
西宋集镇	同丰村	同丰村	18000	2008

续表6-5-1

乡镇	居住点名称	地理位置	面积	竣工时间
吴集镇	淮泗村	淮泗村淮泗街	12000	2006
	刘桥	黎明村刘桥街	18000	2007
渔沟镇	杨庙	杨庙村	69520	2006
	卢华	卢华村	26400	2006
	骡马小区	渔沟村	11000	2008
	东街小区	渔沟村	22880	2008
新渡乡	朱集	宁连路西侧	35000	2008
老张集乡	玉尧小区	玉尧村	9960	2006.08
	翠亭小区	乡政府东	9860	2007.06
袁集乡	陈庄	桂塘村	170000	2002
	蔡庄	干庄村	52000	2008
凌桥乡	夏家湖小区	夏家湖村	5400	2006
	新堡小区	新堡村	11700	2007

二、村庄民房

1978～1985年，全境村庄民居大都为草顶、土墙，杂木桁条，一般正屋3间，长10米左右，宽5米左右，檐高2.2～2.5米，无正规窗户，仅在前墙的左右两间各留一个30厘米的方形小窗，正屋以外，还会搭建一两间简易小草屋。1988年，草房改瓦房日益增多，和集镇建房一样，多数是砖木结构，少数居民建砖土混合结构。至1990年，全县村庄民房建设的数量剧增，质量比以前也有较大提高，瓦房率51.06%，楼房率1.72%，人均居住面积16.14平方米，新建房屋基本无草房。1998年后，村庄出现平房改楼房的高峰期。2000年，当年竣工的村庄住宅建筑面积61.48万平方米。至2008年，全区村庄住宅建筑面积2006.67万平方米。

三、生活设施

【道路】 1978年，境内公社至大队和大队至生产队及农户的道路全为土路，此状况持续多年。1990年后，大部分乡政府至村委会道路建成石子路，大村之间的道路也建成石子路。2000年，村与村之间道路出现水泥路。此后两年，全区80%的村与村之间道路建成水泥路，但路面仅3米左右，质量不高。至2008年，全区村镇、村村之间通上三、四级或以下公路，道路总长1921千米，面积1876万平方米，但境内村庄道路没有路灯，生活污水或小微企业用水无正式的排水设施。

【饮用水】 1978年，村庄居民饮水均是河塘水、井水。1985年后，随着条件改善，有28个行政村建设简易自来水厂。1990年，一些较大村庄新建水厂，靠近集镇的村庄延伸管网，自来水受益人口增加2.5万人。1996年，村庄新建水厂14座，受益人口2.27万人。2000年，全县村庄有供水设施62个，受益人口17万人。2002～2005年，两轮改水战略攻坚，境内村庄通过打井、使用变频调节装置或利用管网延伸等方法，增加饮用自来水人口22.9万人。2008年，全区村庄有供水设施122个，受益人口58.29万人。

【环境卫生】 1978年前后，农村居民生活垃圾均是投入禽畜圈栏或粪坑，沤成土杂肥施入农田。1998年，村庄环境卫生设施仍然严重不足，较大的村庄购买小型车辆用于拖运垃圾。2006年，各乡镇成立城管中队，农村道路开始纳入管理范围，村道、乡道上的乱堆乱放现象得到治理，机动车通行得到保证。2008年，全区村、镇均无独立的垃圾处理厂，城区生活垃圾送区外王元垃圾厂处理。

第七篇　交通　邮电

1978年，县城至公社只有部分砂石路，集镇通往村庄均为土路。1985年，县城无正规汽车站，城区仅有公交线路1条；境内有航道5条，水上运输为木船或水泥船。1990年起，境内路况有所改观，部分县乡道路建成水泥路。1993年，通往境外的淮高、淮沭等线路拓宽改造。1995年11月，途经县境的宁连一级公路通车。1998年后，随着经济发展，路况及交通配套设施不断改善。2001年后，全区实施以五大工程（高速公路联网工程，干线公路改造工程，农村公路通达工程，水运航道整治工程和港、道路端口、站、场配套工程）为重点的交通基础设施建设。2004年7月1日，新长铁路开通客运业务，经过区境。至2005年，全区综合运输格局基本形成。2007年，淮安火车站投入使用，5条高速公路从境内穿过，4条国、省公路以及县乡公路形成公路网。农村大小客车增多，客运量增大；城市公交线路增多，货运量逐年增加。2008年，全区等级公路超过1000千米，249个行政村全部通上等级公路，新长铁路通车，淮安火车站货运、客运正式运营。境内有桥梁306座，航道8条。21个乡镇中有14个乡镇通航。

1978年，境内包裹邮寄按重量计价，电报按字数收费，电话是传统的“手摇式”。1986年，开设邮政储蓄业务。1998年，邮政电信分营，成立县邮政局和电信局。2000年后，境内居民通信方式不断改进，中国电信、中国移动、中国联通等分公司在城乡相继成立。电话、小灵通、手机等通信工具逐渐走进千家万户，电报、信函业务量逐渐减少。2008年，区内实现全国联网、村村通电话、宽带，固定电话、移动电话基本普及，宽带用户突破2万户。电子政务、电子商务等信息化建设基本完成，数字化、网络化通信技术使居民社会生活更加快捷、高效。

第一章　交　通

第一节　机　构

一、管理机构

1978年，县交通局内设办公室、工程股、财务股、安技股，有工作人员8人。1983年8月，成立淮阴县交通监理所。1985年，成立县运输管理所。县交通局内设人秘、工程、财务等3个股，直属事业单位有交通监理所和运输管理所。1987年8月，交通监理所陆上交通监理职能划归公安部门，县交通局设立淮阴县港航监督所，负责水上交通监理。是年，县交通局内设人秘、财务、工程、企管等4个股。1997年，淮江高速公路开工前，高速公路指挥办公室成立，为交通局下设科室。2001年，淮阴县交通局更名为淮阴区交通局。2005年，在原有机构基础上增设综计科、后勤科。2008年，内设办公室、后勤科、财审科、综计办、高指办、工程办等科室，有工作人员12人。

二、直属单位

【淮阴区公路管理站】 1952年，县公路管理站成立。1992年11月，明确为副科级事业单位。2001年，更名为淮阴区管理站。7月，区路政大队成立，与区公路管理站合署办公。公路站内设办公室、财审股、建养股和工会等，路政大队内设路政综合股、路政一中队、路政二中队、路政三中队。主要负责全区道路建设和养护管理等；承担路政管理，征收养路费等。至2008年，区公路管理站职能未变，核定编制25人。

【淮阴区航道管理站】 1979年，县航道管理站成立，核定编制6人。2001年，更名为淮阴区航道管理站。2002年12月，经淮阴区机构编制委员会批准，增挂"淮阴区航政稽查大队"牌子。区航道管理站负责全区航道建设和养护管理、航政管理、航道规费的征稽管理。2008年，区航道管理站编制人数19人，职能没有变化。

【淮阴区港口管理局】 2007年3月成立，在区航道管理站增挂"淮阴区港口管理局"牌子，无编制，无经费。是年9月，运输管理所的港口管理职能划归港口管理局，主要负责区内港口建设、养护、稽查和经营管理工作。2008年，职能没有变化。

【淮阴区运输管理所】 1985年1月，县运输管理所成立，为正股级事业单位，编制10人。1993年6月，运管所组建交通道路稽查队，设2个中队。1994年3月，升格为副科级事业单位。4月，经批准，县运输管理所兼并县汽车维修行业管理所。2001年，更名为淮阴区运输管理所。是年，全区21个乡镇交管所合并成立运南、城区、淮高、淮泗、淮沭、淮西等6个中心交通管理所。2004年8月，经区交通局批准，交通道路稽查队更名为区交通运政稽查大队，与区运输管理所一套班子、两块牌子。2005年，区机构编制委员会下文，明确区运输管理所为副科级管理执法类事业单位。其职能是：负责全区公路、水路运输管理；负责汽车维修市场、搬运装卸业、营业性停车场、驾驶员培训等服务业的管理；监督、维护运输市场的秩序；承担水陆运输管理费、客货附加费及"五小车辆"养路费的征稽管理工作。2008年，编制86人，职能没有变化。

【淮阴区港务管理处】 1981年12月，县港务管理处成立，为城区专业港口的管理机构，属事业单位。1982年4月，县政府制定港务管理细则，港务管理处负责对城区3个港区的管理。2001年，更名为淮阴区港务管理处。2005～2007年，因城市改造需要，3个港区单位先后撤销，职工身份置换，港务管理处仍负责对城区港区内市场运价、码头安全进行监管。2008年，编制16人，职能没有变化。

【淮阴地方海事处】 前身为淮阴县港航监督所。1987年，县港航监督所成立，为事业单位，省编17人。1994年，县港航监督所划市港航监督处垂直领导。1997年9月，成立县水上交通稽查大队，与县港航监督所合署办公，一套班子、两块牌子。2001年8月，淮阴县港航监督所更名为淮阴地方海事处，省编17人。2006年，淮阴地方海事处与淮安市地方海事局直属海事处合并，沿用淮阴地方海事处名称。至2008年，人员编制未变。

【淮阴区水上交通检查站】 1989年，县水上交通检查站成立，主要职能是水运安全监督管理、运政管理与航道稽查等。2001年，更名为淮阴区水上交通检查站。该站是区运输管理所因工作需求而成立的，无编办批文，无编制人员。

【淮阴区路政大队】 2001年7月成立，性质为副科级事业单位，核定编制22人。2008年，实有18人。

第二节　公路交通

一、公路建设

(一)高速公路

【沂淮高速公路淮阴段】 1997年3月始建，2002年12月建成通车。沂淮高速公路即新沂至淮安高速公路，全长106.92千米，路基宽28米，双向四车道，境内长27.87千米，起点古寨乡，讫点王兴镇，途经刘老庄、老张集两乡。至2008年没有变化。

【淮江高速公路淮阴段】 1997年6月15日始建，2000年12月8日建成通车。淮江高速公路即淮安至江都高速公路，路基宽28米，双向四车道，境内长7.61千米，起点王兴镇，讫点新渡乡。至2008年没有变化。

【宁连一级公路高速化改造后淮阴段】 2002年3月始建，2003年底建成通车。宁连一级公路高速化改造后淮阴段全长6.99千米，路基宽24.5米，双向四车道，起点新渡乡，讫点丁集镇，途经王兴镇。至2008年没有变化。

【宿淮高速公路淮阴段】 2002年7月8日始建，2005年12月1日建成通车。宿淮高速公路即宿迁至淮安高速公路，全长109.724千米，路基宽28～35米。境内长20.632千米，起点三树镇，讫点袁集乡，途经凌桥、王营两乡镇。至2008年没有变化。

【宁淮高速公路淮阴段】 2003年8月28日始建，2006年10月1日建成通车。宁淮高速公路南起南京长江三桥北接线，北至王兴镇与京沪高速公路相连，全长112.84千米，路基宽28～35米。境内长21.83千米，起点王营镇，讫点新渡乡，途经袁集、丁集、棉花庄、王兴4乡镇。至2008年没有变化。

（二）国道、省道公路

【205国道淮阴段】 民国15年（1926），从王营黄河桥至沭阳钱集始筑淮沭路，全长42千米，为土质路面的公路，于当年通行。1978年，205国道淮阴段北起沭阳钱集大桥，南至淮海北路黄河桥，全长35.07千米。1983年，营西桥至丁集转盘6.5千米改为一级路后，中间设置绿化隔离带，因无人行道，人车混行形成安全隐患，事故多发。是年，对小营小堆头路段营西桥至淮高路头进行改造，将堆坡取平，改造后为11米宽的沥青路面。1988年，针对205国道淮阴段部分路段路面窄、路况差的状况，对丁集西街头向北1.7千米路段进行改造，由7米宽渣油表路面改为9米宽的沥青路面。1993年，拆除营西桥至丁集转盘中间绿化隔离带，加宽路面。1995年，对205国道淮阴县境内道路全面改造。1996年，丁集转盘至徐溜收费站13.5千米由7米宽拓为12米宽的沥青路。1997年，徐溜收费站至钱集大桥7.13千米由7米宽拓为12米宽的沥青路，营西桥至废黄河桥3千米沥青路由12米宽改造成15米宽的水泥路。2001年，城区段路线由原西安路头沿长江西路经小营转盘再沿淮海北路至黄河桥，调整为沿西安路北端经西安路黄河桥至桃花岛进入市区，全长35.4千米，并将原205国道城区段移交给市政管理。2008年9月道路拓宽改造。

【325省道淮阴段】 325省道原名305省道，境内东起丁集转盘，西至韩圩与泗阳相接，全长16.43千米。1986年之前为7米宽的简易沥青路面，路基宽12米。1996年10月，305省道列为改造范围，全线路面拓宽改造成12米宽的沥青路面，路基宽16米，其中跃进河桥至泗阳交界处为沥青路面，拓宽至16米，跃进河桥到七孔桥路面由宽12米逐渐过渡至宽16米。1999年，东西偏泓之间路段改造成12米宽的水泥路面，全线实施标准化美化工程。2001年，该线编号由原省道305改为省道325，起讫地点由王兴谢庄大转盘至韩圩，全长26千米。2008年9月，325省道向东延伸段工程开工。

【236省道淮阴段】 原名214省道，又称淮高路（淮阴至高沟），南起小营原二农机门前，北讫老张集乡与涟水成集镇交界处，境内长22.28千米，原为7米宽的沥青简易路。1981年，从小营淮高路头向北2千米段改造为9米宽的沥青路，并易名为香港路。2000年，逐段改造成9～12米的沥青路面。2001年更名为236省道。至2008年没有变化。

（三）一级公路淮阴段

【宁连一级公路】 为南京至连云港公路，路基宽24.5米，双向四车道，1994年5月始建，1995年11月建成通车。境内长26.6千米（其中谢庄大转盘至丁集大转盘9 .99千米为联络线），途经新渡、王营、棉花庄、丁集4乡镇。宁连一级公路于2000年开始高速化改造，至2003年，境内共改造6.99千米。2004～2008年没有变化。

【淮涟一级公路淮阴段】 淮涟一级公路即淮安至涟水的淮涟路，境内长2 .44千米，路基宽26米，双向四车道。此路段的前身为老淮涟路一段，2006年8月开工建设，2008年1月建成通车。

图7-1-1 淮涟一级路

图7-1-2 宿淮高速公路淮安西互通连接线

【宿淮高速淮安西互通连接线】 建于1996年3月，经过两次绿化、改扩，2008年1月通车。西互通连接线境内从淮阴城区至袁集乡境内，长6. 55千米，路基宽26～40米，双向四车道。

（四）县级公路

1978年，境内县通乡砂石路有5条。1987年，县乡道路全部砂石化，均为3.5米宽的单车道，路况差，密度低，没有形成大循环，在当时全市11个县市中处于滞后位置。1995年，开始铺设县乡道三级沥青路。至2000年，全县共铺设县乡道三级沥青路157.17千米，乡乡道砂石路 123.07千米，改建大小桥梁27座、涵洞205座，总投资6500万元，县城至乡镇的道路全部黑色化，形成县至乡、乡至乡的公路大循环。至2008年没有变化。

【黄河东路】 为国防公路309省道，称0601线，1999年改为309省级公路，该道在境内西自淮海北路黄河桥北端，东至新渡乡淮涟村与涟水相接，全长12.27千米。1986年，东段10.2千米段路面由原来3.5米宽的砂石路面改造成7米宽沥青路面。1992年，将剩余的2千米段再次改造为9米宽的沥青路面。1997～1998年，将杨湾立交至承德路4千米段列为宁连路的配套工程，再次进行改造，并由7米宽的沥青路面拓宽成21米宽的水泥路面。2000年，将城区2千米段改造为快车道15米宽的水泥路面，并易名为黄河东路。是年，又将淮涟村至杨湾立交段路面由7米宽改为9米宽的沥青路面。2001年，该道降为县道。至2008年没有变化。

【王顺路】 王营镇至洪泽县西顺河镇，全长42千米，途经王营、码头、南陈集、赵集等乡镇。1982年始建，路基宽3.5米，砂石路面。1996年后，由于该路段超年限使用，路损现象严重。1996～1998年，改造成路基宽6米、路面宽4.5～5.5米的沥青路。王顺路王营镇至杨庄船闸，闸群较多，线型差，路面狭窄，2003年，经洪水浸泡，路面损坏严重。为了避开此段线型差的路况，2004年，将王顺路王营至杨庄段进行改道，即从王营镇经205国道进入林蒋路至5 千米处向南，途经袁集乡桂塘村至30孔大闸接入原线，该段改造5.2千米，改造后路宽7米，为沥青路。2005年，升级改造成路基宽9～12米的二级沥青路。至2008年没有变化。

【五古路】 五里镇至古寨乡，全长21千米，途经刘老庄乡。1996年前为3.5米宽砂石路。1997～1999年，逐步改造成5.5～7米宽沥青路面，其中五里镇至刘老庄乡为7米宽沥青路面，刘老庄乡至古寨乡为5.5米宽沥青路。2006年，五古路升级改造成9米宽沥青路。至2008年没有变化。

【渔宋路】 南起渔沟镇西1千米处，北讫西宋集镇，全长17.65千米，途经吴集镇。1996年前为3.5米宽砂石路。1997～1998年，改造成5.5～7米宽沥青路。2006年，升级改造为9米宽沥青路。至2008年没有变化。

【林蒋路】 东起王营镇林庄，西讫三树镇蒋集村，全长22千米。1996年前为3.5米宽砂石路。1997年，改造成5.5～9米宽沥青路。2005年，全线改造成9米宽沥青路。至2008年没有变化。

（五）乡镇公路

1978年，境内乡村公路有4条简易砂石路，即县城通往三树镇蒋集村的淮三路，通往南片的运南路，五里通往刘老庄、古寨的五古路和渔沟通往西宋集的渔宋路，贯穿部分乡镇，其他均为土路。此种交通状况维持多年。2003年，境内开始铺设乡村水泥路。2004年，江苏省交通厅对全省农村公路建设给予政策和资金上的支持，地方每建1千米3.5米宽的水泥路，省交通厅补助15万元，其中二级路每建1千米补助45万元。全区开始进行大规模乡村水泥路的建设。至2008年，共投入5亿余元，新建、改造农村等级公路1148.144千米，其中三级路89.75千米、四级路927.534千米。完成通往131个农民集中居住点的道路建设任务，全区249个行政村全部通上等级公路，实现“村村通”目标。

2008年淮阴区部分乡镇公路一览表

表7-1-1　　单位：千米

序号	公路名称	线路编号	路线起迄点		等级	所经乡镇	里程
			起点	迄点			
合　计							295.36
一、放射状道路（2条）							12.07
1	王新线	X101320804	王营	新渡	二级	王营—新渡	5.57
2	西互通连接线	X102320804	王营	袁集	二级	王营—袁集	6.50
二、南北向道路(2条)							163.50
1	古赵线	X202320804	古寨	赵集	二级	古寨—刘老庄—五里—渔沟—袁集—码头—南陈集—赵集	58.50
2	徐韩线	X202320804	徐溜	韩桥	二级	徐溜—宋集—吴集—渔沟—三树—凌桥—吴城—韩桥	51.10
三、东西向道路（10条）							173.69
1	古徐线	X301320804	古寨	徐溜	三级	古寨—古西—创业—韩庄	9.90
2	老西线	X302320804	老张集	西宋集	三级	老张集—刘老庄—徐溜—西宋集	25.22
3	陈八线	X303320804	涟水陈师	泗阳八集	三级	老张集—五里—吴集—八集	28.96
4	张吴线	X304320804	老张集	吴集	三级	老张集—五里—吴集	18.30
5	保丁线	X305320804	涟水保滩	丁集	超二级	王兴—棉花庄—丁集	18.20
6	王三线	X306320804	王营	三树	二级	王营—袁集—三树	22.00
7	王凌线	X307320804	王营	凌桥	超二级	王营—桂塘—凌桥	6.90
8	武吴线	X308320804	清浦武墩	吴城	二级	南陈集—吴城	18.31
9	和韩线	X309320804	清浦和平	韩桥	三级	赵集—南陈集—韩桥	9.60
10	西裴线	X307320804	赵集	韩桥	三级	赵集—韩桥	16.30

二、桥梁建设

1978年，境内干线公路和县城道路桥梁有14座。2008年，境内有桥梁306座，其中大桥15座、中桥82座、小桥209座。中、小桥均为水渠、沟壑之桥，其中60%为永久性桥梁。

【淮安大桥】 淮安大桥也称五河口斜拉桥，是区域内标志性建筑，位于宿淮高速公路杨庄京杭大运河、废黄河、盐河、二河、淮沭河等5条河流交汇处，为双塔双索面预应力混凝土斜拉桥，桥长2062米，宽38.6米，主跨370米，边跨152米，双塔高137.1米，全漂浮体系。该桥2个主墩分别位于京杭大运河、盐河的河堤边上，采用群桩基础，均为46根、直径2.5米的钻孔灌柱磨擦桩。92根基础桩长约100米，由体积近万立方米的承台组成。该工程总投资3.2亿元，于2003年3月开工，2005年12月1日建成通车。至2008年没有变化。

【二河武墩大桥】 位于清浦区武墩街和淮阴区南陈集镇头堡村之间，桥长636米，桥面宽12米，总投资2518万元。桥梁下部构造采用柱桩式墩台，钻孔灌注桩基础。2004年1月开工，12月28日建成通车。至2008年没有变化。

【京杭大运河豆瓣集大桥】 位于凌桥乡豆瓣集村。大桥北接凌桥乡，南接吴城镇，总长992米，宽12米，总投资4100万元。豆瓣集大桥为淮安市农村公路规模最大的桥梁，主桥采用70+125+70米预应力混凝土变截面连续桥，北引桥为15米×30米，南引桥为9米×30米部分预应力混凝土组合箱梁。设计荷载为公路Ⅰ级。2007年3月开工建设，2008年在建中。

图7-1-3　京杭运河淮阴凌桥豆瓣集大桥建设现场

【许渡大桥】 位于凌桥乡许渡村，距淮阴闸上游1.2千米处，横跨大运河之上，主跨50米，3孔，全长207.48米，宽7.5米，双车道，混凝土中墩，浆砌块石桥台，灌注桩基础，荷载标准为汽-15、挂-80。1984年12月2日开工，1986年12月竣工，总投资14万元。至2008年没有变化。

1984～2008年淮阴区（县）部分新建公路桥梁一览表

表7-1-2　　单位：米

名称	所在位置	长	宽	始建时间	通车时间
盐河王营大桥（中桥）	城区西马路北侧	155	12.6	1983.09	1984.06
大运河许渡大桥	凌桥乡许渡村	207.5	7.5	1984.12	1986.12
淮海北路黄河大桥（东桥）	城区黄河广场西侧	110	10	1989.04	1990.12
淮海北路黄河大桥（西桥）	城区黄河广场西侧	110	10	1990.02	1991.11
盐河华能灰管一桥	王营镇越河村	120	6.5	1990.03	1991.08
盐河宁连路大桥	王营镇双和村	163	31	1992.02	1993.12
盐河北京路大桥	城区北京路	130	20	1994.02	1995.10
北京北路黄河桥	王营镇星光村	185	20	1994.03	1995.12
承德路黄河桥	王营镇营东村	120	20	1996.02	1997.08
盐河承德北路桥	王营镇营东村	138	20	1997.04	1998.12
盐河新长铁路桥	王营镇双和村	152	9	1997.05	1998.12
盐河华能铁路桥	袁集乡李庄村	150	47	1998.02	1999.12
盐河王营大桥（西桥）	城区西马路北侧	155	10.7	1999.02	2000.10
盐河西安路大桥	王营镇长安村	155.4	20	1999.02	2000.12
沈阳路黄河桥	王营镇营东村	151	20	2000.04	2002.09
西安北路黄河桥	王营镇星光村	185	20	2001.02	2002.12

续表7-1-2

名称	所在位置	长	宽	始建时间	通车时间
盐河王营大桥（东桥）	城区西马路北侧	155	10.7	2001.05	2002.12
淮安大桥	运河、废黄河、盐河、二河、淮沭河交汇处	2062	38.6	2003.03	2005.12
二河武墩大桥	武墩与南陈集头堡村交界处	636	12	2004.01	2004.12
盐河沈阳路桥	王营镇双和村	170	20	2004.02	2005.12
大运河豆瓣集大桥	凌桥乡豆瓣集村	992	12	2007.03	—
张福河南陈集大桥	南陈集镇街东	136	10	2007.05	2008.12

三、公路养护

1978年，境内国、省公路的管理养护，试行养护百分考核制，层层签订养护承包责任状。1980年，境内公路养护采用灌入法补塘，巩固和提高了路况质量。1985年，县城通往不同方向的几条砂石路，有多处损毁，当年补砂填坑计45千米。1993年，对境内柏油路面干线的养护维修工作加大投入，全年共投入150万元，投入劳动力1200人次。1999年，全县干线好路率70.8%，县乡道好路率70.3%。2000年，县交通局成立乡镇道路办公室，负责对全县乡镇道路的管理。是年起，省拨乡镇每年每千米4000元的养路补助，用于乡镇道路的养护。2003年4月7日，各乡镇建立道路管理养护组织机构，明确一名领导具体负责乡村道路管理养护工作，每3千米配备1名养护工，及时清理辖区内农村公路路面及公路桥下的堆积物和垃圾，对路段内摆设摊点、打谷晒场、路肩边坡种植物和违章建筑进行清理或拆除。2006年，农村公路的养护管理经费由乡镇政府承担，日常保养和修理经费每月每千米300元以上。2007年，乡、村道路的管理养护经费由区交通局分别按每千米1200元和每千米600元的年基数，根据对乡镇道路养护的考核情况，采取“以奖代补”的形式拨付各乡镇。是年，全区农村公路管养基本做到路面无堆积物，路肩无种植物，路边无违法建筑物，路肩硬化到位，交通标志到位，绿化栽植到位。2008年，乡镇中心交管所增挂路政中队牌子，形成区道以上由路政大队管理，乡道和村道由路政中队管理的格局。

四、车站

（一）淮安汽车北站

1978年，将王营南大桥桥北路西侧3间砖瓦结构简易平房，作为过往班车停靠点，公路客运统一由市总站经营，群众出行一般都是到市汽车站乘车。1981年，县汽车运输公司客车服务部与市汽运分公司联营。1983年，在王营西马路汽车运输公司原址上建150平方米简易候车室，作为临时车站。1991年，建成淮阴汽车站，位于淮海北路32号，小营转盘北侧300米，占地面积约10.172公顷，主站楼3层，局部4层。一楼为售票厅、候车室、站房等总建筑面积约5000平方米，工程总投资476万元。

1997年，将淮阴汽车运输总公司客运四公司、九公司，从淮阴汽车总站整迁至淮阴汽车站，原淮阴客运四公司、九公司及十公司等3个公司所有班车从淮阴汽车北站始发，同时客运二公司、八公司部分班线一并进入北站配载，经营发往省际的班线有广东省深圳、珠海、汕头，福建省石狮，浙江省杭州、宁波、义乌、海盐、嘉兴、柯桥，安徽省合肥、芜湖、马鞍山、安庆、明光、阜阳、蚌埠、宿州、滁州、天长等，山东省济南、济宁、青岛、烟台、日照、东营、枣庄、淄博、潍坊、临沂，湖北省武汉，河北省石家庄，辽宁省沈阳，河南省郑州，山西省太原，陕西省西安，以及北京、天津、上海和江苏省内各县市客运班线。2001

年2月，淮阴汽车站更名为淮安汽车北站，由淮安汽车总站统一经营管理，票务管理通过光纤与市总站、南站实行微机联网，客票通达全国13个省市200余个县市。

（二）客运服务管理站

1978年，县城客运服务站设施简陋。1991年8月，淮阴汽车站投入使用后，淮阴县参加市联营的车辆可以进站，未参加联营的车辆不能进站。1981～1991年，客运市场逐步放开，经县交通局审批新增加的客运车有几十辆（包括个体户的小面包车），但不能进站营运。为了解决这部分有手续客运车辆进站问题，1992年，成立淮阴县客运服务管理站，租用小营村一块场地作为停车场。1997年，租用县轻工机械厂大院作为停车场。2000年，又租用淮阴汽车北站部分场地作为停车场，不能进站的农村客运班车集中统一停放。2001年，租用淮安汽车北站为农村客运班车发班站点。至2008年没有变化。

（三）乡镇客运站

1981年前，境内乡镇无客运站。1981年后，随着运输市场的放开，乡镇通往县城的客运车辆不断增多，全县22个乡镇集市设客运小站，站点只有两间平房，无其他配套设施。2004年起，全区开始建设或改建农村客运站。2005年，丁集客运站进行改造扩建。2006年，建成吴城、老张集客运站。是年，全区21个乡镇249个行政村共设站、亭（牌）188个，行政村通达率76.1%。2007年，完成赵集客运站主体工程建设。是年，投资2.59万元修复林蒋路、陈吴路等路段38个站、亭（牌）。2008年，全区21个乡镇249个行政村设站、亭（牌）仍为188个。

五、公路运输

（一）公路客运

【城乡客运】 1978年，全县农村公路客运统一由江苏省汽车运输公司淮阴分公司经营，县内农村客运主要由江苏省淮汽分公司客运班车在国、省干线沿途乡镇设立停靠点，居民出行一般都是到淮阴市汽车站乘车。1981年，县内农村客运先后开通王营至武墩、王兴、古寨、南吴集、老张集、蒋集、西宋集、徐溜等8条线路，全县17个乡镇通客运班车，但客车数量少、路况差、运行班次不多。1985年，营运线路发展至17条，正常发车51对。客运班次平均日行程183千米，日均旅客流量4000～5000人，同时接纳县外路过班车85对，并开通王营、南吴集到南京长途客运线路2条。1988年，各乡镇基本通上班车，但由于路况原因，高堰、凌桥、新渡等3个乡镇通车不正常，其余27个乡镇政府所在地通车基本正常。随着改革开放不断深入，全县农村客运市场逐步放开，个体户客运车辆逐年增加。是年，经县交通部门批准，增加16辆个体户客车，增加农村客运线路22条，年运量48万人次，周转量1015万人次千米。1996年，全县客车总量101辆1351个座位，运输企业（户）28个，从业人员196名。全县有60%行政村通客运班车，年运量164万人次，周转量4100万人次千米。2002年，农公线路改造全部完成，线路改造率100%，经营主体减少至6户。农村公交车辆全部更换为新款牡丹或友谊中巴车。是年，有客车276辆座位3476个，运量383万人次，周转量9565万人次千米。2008年，更换公交化新型客车185辆，建成42个候车亭、454块站牌。通客运班车行政村245个，通达率99.6%，城乡客运一体化覆盖率60%。是年，全区拥有载客汽车275辆3853个座位，年客运量956.8万人次，客运周转量18727万人次千米。

图7-1-4　淮阴—蒋集农村客运班车

1986～2008年淮阴区（县）公路客运发展情况表

表7-1-3

年份	运输企业（户）	从业人员（人）	客车（辆）	座位（座）	运量（万人次）	周转量（万人次千米）
1986	3	41	22	436	47	786
1987	3	43	22	436	49	810
1988	3	45	21	418	48	1015
1989	11	61	29	550	64	1418
1990	14	67	32	665	108	2417
1991	16	71	29	393	91	2268
1992	15	69	25	483	103	2563
1993	17	74	35	705	113	2818
1994	21	82	39	811	128	3200
1995	26	91	44	974	122	3038
1996	28	196	101	1351	164	4100
1997	31	248	120	1494	215	5377
1998	29	283	138	1724	186	4656
1999	28	410	200	2147	240	5993
2000	33	553	269	2692	191	7263
2001	32	551	261	3323	349	8713
2002	6	480	276	3476	383	9565
2003	6	480	276	3476	436	10898
2004	6	480	276	3476	463	11575
2005	6	478	275	3446	500	12050
2006	4	392	264	3090	605	12100
2007	11	356	263	3149	927.6	18156
2008	4	370	275	3853	956.8	18727

【城市公交】 1978年，县城只有淮海北路一条公交线路，公交车实行人工售票，票价是每人每次0.1元。至1999年，城区东西两侧新建南北主干道2条，公交线路增至8条。2004年后，城区范围扩大，纵横道路和街区增多，公交线路进一步增多。2005年，南北主干道增至5条，东西干道亦增多，以及火车站、汽车站、台州商贸城等投入使用，公交线路增至14条。2008年，公交车实行投币式无人售票，票价统一每人每次1～2元，城市公交有1、2、7、11、12、15、16、19、33、34、36、39、52、53、69、86、88、89、100路等共19条线路，日均客流量15000人次。

【出租车】 1980年前，境内无出租汽车。1980年后，王营汽车站周边有个体户出租自行车。1985年，王营汽车站周边出现摩托车带客。1994年，市交通局分配给淮阴县80辆面的指标，下达给汽车运输公司40辆，由侯泉生投资，分两批购进40辆，兴办蓝宇出租公司，挂靠汽车运输公司，每月每辆收取管理费400元，此业务直到企业改制后蓝宇独立，并改为老侯公司。其余面的属由扬州人投资兴办的荣华出租公司。1996年，始有公路出租车，其企业为淮阴蓝宇汽车出租公司和荣华汽车出租公司，运营的车型有“昌河”47辆、“夏利”13辆。2002年，出租车更换为“普桑”车型。2003年，荣华汽车出租公司并入蓝宇出租公司。2006年，蓝宇公司更名为淮安市老侯汽车运输有限公司。市交通局分配给淮阴区交通局20辆出租车指标，17辆指标拨给老侯汽车运输公司，3辆指标拨给区汽车运输公司。2008年，运营的车型更换为“东风雪铁龙”和“爱丽舍”。全区有出租车公司1家，出租车90辆，日均客运量1万余人次。

【三轮车】 1990年前，境内无三轮车。1990年后，县城始有个体人力三轮车和机动三轮车载客。1990～2002年，城区有人力三轮车500余辆。2003年，有人力三轮车1600余辆。2004年，市政府进行城区人力三轮车客运市场整顿，将清浦、清河和淮阴区人力三轮车纳入市区统一管理，并更新车型。淮安市成立人力三轮车公司，对人力三轮车统一发证，统一管理。2008年，境内有人力三轮车1200余辆。

（二）公路货运

1978年，境内有淮高路、淮沭路、淮涟路、淮泗路等几条道路承载境内外的货运，境内乡镇之间的道路均为土路，货运能力小，货运量更少。1985年后，随着经济进一步搞活，各类物资的运量增加，公路货运逐步呈现繁忙景象。1993年后，境内公路不断扩宽改造，加之国道、省道穿境而过，公路货运能力提升很大，但国家对货运运力增加实行宏观调控，采取先申请后购置等原则，运力处于稳步发展状态。2003年，货运市场实行行政许可制，国家对货运准入条件全面放开，并受企业大量改制下岗职工涌入的影响，货运运力猛增，从业人员、运量、周转量处于平衡上升趋势，年均增长分别13.56%、9.7%、11.2%。2007年，全区拥有载货汽车2346辆12912吨位，完成货运量375.4万吨，货物周转量每千米21894万吨。2008年，境内有公路运输企业2085家，从业3848人，货车3052辆15438吨，运量435.4万吨，周转量25833万吨千米。

图7-1-5 公路运输能力稳步提高

1986～2008年淮阴区（县）公路货运发展情况表

表7-1-4

年份	运输企业（户）	从业人员（人）	货车（辆）	吨位（吨）	运量（万吨）	周转量（万吨千米）
1986	3	78	43	264	14	671
1987	4	101	55	307	5	851
1988	6	142	66	445	6	1003
1989	6	140	64	431	5	890
1990	91	223	149	839	34	1633
1991	229	570	422	1736	52	2664
1992	246	610	443	1797	54	2707
1993	253	670	481	1857	57	2718
1994	269	700	503	1902	58	3053
1995	287	720	521	1941	61	3250
1996	306	780	565	2542	73	3920
1997	304	790	570	2590	81	4057

续表7-1-4

年份	运输企业（户）	从业人员（人）	货车（辆）	吨位（吨）	运量（万吨）	周转量（万吨千米）
1998	339	790	572	2541	99	3666
1999	637	1340	957	3837	125	5665
2000	811	1580	1134	4213	123	6870
2001	926	1700	1240	4285	128	6617
2002	1092	1740	1346	4392	130	7162
2003	1260	2390	1728	6696	145	7875
2004	1603	2830	2051	6333	165	9197
2005	1614	2760	1985	7504	197	11256
2006	1513	2710	1932	7363	184	12150
2007	1837	3470	2346	12912	375.4	21894
2008	2085	3848	3052	15438	435.4	25833

（三）公路运输企业简介

【淮阴区汽车运输公司】 1978年前，境内水陆交通运输由县交通运输公司负责。1978年4月22日，交通运输公司撤销，人员和运输工具按水上和陆上分开，原陆运部分车辆加上新购进的客车归淮阴县汽车运输公司。公司成立时由县财政拨款购进4辆客车，加上原交通运输公司的货车10辆，总吨位70吨，在职人员60余人。1981年，增加客车3辆，于同年6月1日和江苏省淮阴市汽运分公司实行客车运输联营。1986年7月，汽车运输公司从淮阴市联营公司独立，公司拥有货车16辆140吨、客车7辆460个座位。此时，公司客货运输车辆老化现象严重，收入不高，周转资金不足。1987年，自筹资金11.2万元，购进4台CA-15货车，每台载重10吨。1988年，两次利用工商贷款50余万元，购进8台141解放第三代，每台载重10吨，货车达到28辆，能正常行驶的有20辆。1989年，从邵伯油田购进旧车，将已老化、运行困难的16辆货车更换。1991年，贷款24万元，购进6台45座客车投入客运市场，主要在县内4条线路上运行。由于运输市场放开，大量社会车辆拥入，县汽车运输公司仍然难以摆脱困境。1995年，将客运部分划出，建淮阴汽车北站，人员、车辆、资产一并划出。汽车运输公司在开展主业的同时，兴办第三产业，利用土地资源，采取出租和联办方式，先后兴办加油站、木材加工厂和煤球厂，解决职工生活问题。2005年4月，淮阴区汽车运输公司整体出让，由私人购买，职工身份置换。

【淮阴区第二汽车运输公司】 1986年1月，县港务处下属单位淮阴县搬运装卸运输公司更名为淮阴县第二汽车运输公司。1987年10月，淮阴县汽车运输公司二队与淮阴县第二汽车运输公司合并，仍称淮阴县第二汽车运输公司。合并后，第二汽车运输公司有11辆货车并入。公司设在淮阴县小营营西桥，淮阴师范学院对面，为集体性质。公司年运量1.6万吨，周转量300万吨千米，营业收入57万元，利润1万元。1989年，运输市场疲软，加之公司运力有限，竞争没有优势，公司为了走出困境，用自筹与贷款相结合的方式，购置了7辆客车投放客运市场。1996年，公司所有车辆报废淘汰。是年5月，成立淮阴县交通工程构件厂，后改为永盛交通工程公司，主要还是第二汽车运输公司人员经营，为交通工程生产一些水泥预制品，承揽乡镇道路建设。2001年，二汽公司与永盛公司经资产评估后进行改制，实行股份制。

【淮安市东南城镇公交运输有限公司】 成立于2006年10月，注册资金50万元，公司注册地位于淮阴区王营镇香港路104号，有管理人员12名。2008年，拥有客运班车149辆，运营区内农村客运班线12条。

【淮安市中北客运有限公司】 成立于2001年，公司注册资金50万元。2008年，拥有营运车辆16

辆，主要经营淮阴至徐溜专线，日发120班次。

【淮安市连淮客运有限责任公司】 成立于2001年，公司注册资金55.4万元。2008年，拥有营运车辆13辆，主要经营淮阴至吴集班线，日发110余班次。

第三节　铁路交通

一、线路

（一）新长铁路淮阴段

新长铁路淮阴段（又称新淮铁路）与东陇海线新沂站接轨，跨新沂河经沭阳、泗阳，越六塘河进入淮安市，自徐溜、五里、丁集至城区，境内长24.4千米，设计标准为国铁一级。1985年初步勘测，1989年定测。1990年1月，新淮铁路在时属淮阴市的沭阳县境内破土动工。淮阴县地方铁路办公室于1992年11月组建。1993年春，开始征地拆迁，是年秋季结束。其间，拆除民房118户1.15万平方米，砍伐林木2万棵，征用农田81.87公顷。1994年，新沂至沭阳完成铺轨。1995～1996年，县政府组织12个乡镇1.8万民工，完成路基土方工程46万立方米。1998年3月，沭阳至淮阴段完成铺轨。是年3月5日，新淮铁路开始投入货物运营。年末，累计货运量11.4万吨。江苏省、浙江省及铁道部决定在原新淮铁路基础上合资建设新长铁路。新长铁路（含海安至南通铁路）以新淮铁路为首段，向南经淮安、盐城、海安、靖江，轮渡过江至江阴，经武进、锡山、宜兴，进入浙江省与宣杭铁路长兴站接轨，全长638千米。全线按国铁一级标准设计，设计时速120千米。2000年，货运量为81.09万吨，最高月货运量10万吨。2001年9月，全线建成通车。2005年，新长铁路并入国家铁路网。至2008年没有变化。

图7-1-6　新长铁路淮阴段

（二）专线铁路

华能淮阴电厂专用线铁路与新淮地方铁路袁北站接轨，长9.8千米，经淮阴区丁集、袁集、王营等乡镇。1997年4月定测，1999年建成，征地26.33公顷，取土用地16.43公顷，拆迁97户11852平方米，其中小学1所1096.69平方米，企业厂房1869.62平方米。至2008年没有变化。

二、站场

（一）淮安火车站

淮安火车站为客运站，距区行政中心1千米，在淮海路与承德路之间珠江路的北侧，占地10公顷，站台全长1.6千米，站房主体总长181.5米，宽42.8米，高23米，总建筑面积10784.3平方米。站房主体两层，采用高进低出，总平面呈“一”字形，运用柱廊为基本元素，建筑外部轮廓精美，体量高大，敦实厚重，内部空高广阔。工程建设应用新结构、新技术和新材料，有现代建筑品位。站房采用空间网架结构形式，站台柱雨棚采用桁架与网架组合形式单

图7-1-7　新长铁路淮安火车站

跨跨越站台。技术上，候车厅采用天雨自喷防水炮系统，照明系统采用智能时控设计，使电能得到合理利用。站房中央空调采用地源热泵系统，为国内首次在单体面积1万平方米以上的大型公共设施中使用。2006年4月10日，站场和站房改造工程开始施工。2007年3月底，改造工程全部完成。4月18日，开站启用。7月1日6时20分，第一趟旅客列车5186次正点从海安站开出，9时51分准时到达淮安站。10时20分，开往南通的5187次旅客列车从淮安站出发，15时3分客车到达南通站。至2008年正常运营。

（二）袁北货运站

新淮铁路（新沂—淮阴）袁北站，位于淮阴区丁集镇，占地面积4.6万平方米，是新长线（新沂—浙江长兴）上第一个正式投入使用的火车站。1998年3月5日开通运营，主要开办货运业务，之后，每年发货3万～5万吨，进货80万～100万吨，最多150万吨。至2001年，完成货运量43万吨，运输收入700万元。至2008年，完成货运量2000万吨。

第四节　水上交通

一、航道

（一）发展历程

1978年，境内航道有9条，总长189.02千米，其中等级航道5条109.93千米。2008年，境内航道共有8条，总长173.02千米，其中等级航道4条93.93千米，等外级航道3条75.92千米，专用航道，即华能淮阴电厂航道，长3.17千米。京杭大运河在境内长16千米（从淮阴船闸到三树镇蒋集村三岔），为二级航道。全区21个乡镇，有14个乡镇通航，乡镇通航率66.6%。

（二）航道简介

【盐河航道】 从王营镇杨庄运河口向东贯穿淮阴区，经涟水、灌南、灌云至连云港入海，全长152.9千米，为国家五级航道，局部地段为四级航道。淮阴区境内23.89千米。1978年，盐河航道状况较差，共有9道弯，主要弯道有6处，不符合标准要裁弯的有3处（王营、刘渡、沈渡3个弯道）。航段主要处于城区，两岸有工厂、公司35家，码头（驳岸）24个。1981年，航段发生沉船事件8起。1978～1986年，平均每年打捞沉船5.8只，清除沉石近千吨。王营城区每年在河边堆料和倾倒垃圾2000吨以上。1987年，王营镇杨庄村至新渡段开始创建省级文明航道。1988年，对王营、刘渡裁弯疏浚，完成土方11.33万立方米；对糖厂门前浅滩进行疏浚，完成土方637立方米。是年至1990年，王营镇杨庄村至新渡22千米航道共完成裁弯、浅滩疏浚土方22.4万立方米，总投资约180万元。组织清除违章碍航码头4座，管道27处，桩648根，房屋3间，渔网渔簖138处，堆料7159吨，竹木排筏1.35万米，沉船36艘，沉石3047吨，碍航倒树1400棵。1990年，完成盐河沈渡裁弯工程。1993年，经省交通厅验收定为省级文明航道。1998～2008年，分七期在盐河王营城区两侧全部建成直立式护岸5675米。

【淮沭河东偏泓航道】 从王营镇淮闸村至沭阳县钱集闸西，途经凌桥、袁集、丁集、五里、徐溜等5个乡镇，长34.69千米，主要功能是用于淮河、洪泽湖遇洪水时分洪。航道枯水期底宽最窄处为6米，水深1.5～3.7米，全年均能通航30～50吨级船舶。由于东偏泓航道与西偏泓主航道平行，中间仅相距1.5千米，故通过船舶很少，年运量不足10万吨。从2007年12月1日起限航。

【淮沭河西偏泓航道】 从王营镇运河口至徐溜镇六塘河船闸上游引航道河口，全长35.86千米，作为淮河、洪泽湖遇洪水时分洪之用。该航道枯水期底宽18～40米，水深2～4米，最小曲度半径80米。1983年，航道沿途两侧用于水利护坡的沉石约有万吨以上，岸边设立的临时码头多。1986年10月18日，经省交通厅检查验收，淮沭河西偏泓航道符合省级文明航道标准。1987～2008年没有变化。

【张福河航道】 从洪泽县西顺河镇向北，途经赵集、南陈集、码头等镇至张福河船闸下游二河口，长20.29千米。1994年3月，经省政府批准定为国家六级航道。上游通洪泽湖与淮河相连，下游经二河与京杭大运河相通。张福河船闸上游水位最高13.5米，最低11.7米；船闸下游通航水位最高13.2米，最低10.8米。"九五"期间，县航道站对张福河寿堂段浅滩进行疏浚，总长1130米，投入42.09万元；对南陈集镇窑河段浅滩疏浚，总长876米，投入33.8万元。该航道年货运量约200万吨。至2008年没有变化。

【北六塘河航道】 从西宋集镇到钱集船闸，向东经古寨乡达涟水县境内，长13.89千米。为一条水利、航运综合利用航道。六塘河船闸上游通航水位最高9.5米，最低7.5米；下游通航水位最高9米，最低7.5米。1985年5月六塘河船闸损坏后，因一直未修复，只能分段通航，年货运量不足20万吨。至2008年没有变化。

【二河航道】 从洪泽县二河闸至王营镇运河口，长29.3千米，属等外级航道，途经淮阴区赵集、南陈集、码头以及清浦区和平、武墩等乡镇。此河开凿于1958年，主要用于淮河、洪泽湖泄洪。由于二河闸没有配套船闸，所以二河航道的货运量不大。航道沿线码头设置较多，水面污染严重。为防止水源污染，从2006年9月10日起二河水域禁航。

【赵公河航道】 从吴城镇河滩村至洪泽湖口，属等外级航道，长11.93千米。该航道承担淮阴区运南片吴城、韩桥、南陈集等乡镇的水上运输，货运量很小。至2008年没有变化。

【华能淮阴电厂专用航道】 华能淮阴电厂专用航道从活动坝至王营镇运河口，位于废黄河与运河交汇口，长3.17千米。航道两岸华能电厂、海螺水泥厂、金达构件厂和沈渡砖瓦厂，均通过此航道运送煤炭、水泥、砖瓦和矿石等，年货运量350万吨。2008年货运量为400万吨。

二、港口码头

（一）发展历程

仅1978～1986年，境内企业主要集中在王营城区盐河航道两侧，故在沿盐河航道设有码头，但机械化程度较低，多为肩扛担挑，仅个别企业码头安装吊车，半机械化作业。1987～1996年，城区盐河航道北侧有酒厂、公路站、土产公司、水利局、石油公司等自备码头近20家。只有少数几个单位用块石在河边砌筑直立式码头800米，符合规范要求的建设港口140米。化肥厂有3吨固定式起重机2台，但由于码头水位浅，船舶靠不上，使用率不高。燃料公司与港务三区联合安装5吨固定式起重机3台，其余自备码头无机械作业，靠人抬肩扛。2001年，全区拥有港口码头38个，其中城区5个、乡镇33个，港口岸线长3318米，泊位106个，从业人员950人，装卸机具50台。2002年后，随着城市化改造以及盐河风光带的建设，盐河两岸的城区码头迁移、关停。2005年，全区有港口码头96处。盐河在城区各港区的河岸线总长约4.5千米。2008年，在张福河、淮沭新河等航道两侧，因当地生产建设需要，建有一些简易码头，用来装卸砂石、生产资料等。是年，全区有港口码头107处，岸线长度5.2千米。

（二）主要港口码头简介

【王营新港口】 位于开发区杨井村七组盐河北岸。1997年9月8日开工建设，1998年8月完工。新港口占地2.4公顷，建设板桩直立式岸线150米，前沿货场2280平方米，安装吊机5台，设计年吞吐量50万吨，总投资400余万元。2005年8月，新港口进行技改，投资200万元，安装32吨龙门起重机1台，由淮安振达钢管有限公司投资，建成后交付盐河新港口用于振达钢管的原材料及产品装卸，10月工程完工，并投入运营。2008年，年吞吐量200万吨。

【王营港1号码头】 1986年10月，王营港1号码头（港务二区货场）建成投入使用。1号码头岸线长80米，安装固定式起重机3台。2008年，该港口吞吐货物58万吨。

【华能淮阴电厂码头】 位于王营镇越河村华能淮阴电厂专用航道活动坝上游引航道左岸。1991年开工建设，1993年8月投入使用。码头岸线长200米，作业区3200平方米。安装桥式卸船机4台，每台每小时可吞吐量180吨，年吞吐量150万吨，泊船能力1000吨。至2008年没有变化。

【淮安海螺水泥有限责任公司码头】 位于华能淮阴电厂专用航道上游引航道右岸。2000年开工建设，是年7月投入使用，总投入720万元。岸线长150米，货场1500平方米。主码头安装10吨抓机4台，年吞吐量120万吨，泊船能力800吨。至2008年没有变化。

【太平洋淮安元明粉码头】 位于赵集镇小滩村张福河段，始建于2008年。有港口吊机2台、30米运输机2台、铲车2台，驳岸线长160米，同时能容纳船舶泊位2个，货场面积1500平方米，最大泊船能力200吨，年吞吐量10万吨。

【南风淮安元明粉厂码头】 位于赵集镇小滩村张福河，始建于2008年。有吊机2台、30米运输机2台等设备，岸线长60米，泊位2个，货场面积3500平方米，最大泊船能力200吨。2008年没有变化。

【公路站拌和场码头】 位于王营城区盐河北岸，始建于1997年。有吊机2台、60米运输机4台，岸线长60米，泊位2个，年吞吐量42万吨，货场面积3000平方米。至2008年没有变化。

（三）港务管理

1981年12月，成立淮阴县港务处。1982年4月，颁发《淮阴港务管理规则》，明确划分王营港区管理范围。1983年3月，成立3个港务作业区。第一港务作业区位于淮海路盐河桥东侧，服务客户主要有王营粮管所、植物油厂、糖厂等单位。第二港务作业区成立时租用农干校对面民房办公。第三港务作业区办公地点位于苏北市场境内，作业场所主要为县燃料公司和县生产资料公司服务。第三港务作业区1984年5月与县燃料公司合作建设码头，安装港口吊机2台。1986年10月，盐河王营1号码头建成交付使用，拥有5吨吊车3台，60米运输机4台，最大泊位200吨，货场面积3500平方米。1992年7月自筹资金安装港口固定吊机1台。1995年10月，通过引资安装第二台吊机。此外还配有铲车等设备。河岸线160米，泊位2个，年吞吐量15万吨，最大泊船200吨，货场面积8000平方米。

1998年9月23日，成立淮阴县王营港新港区，有上述3个港务作业区，隶属淮阴县港务处，注册资金52万元，从业人员30人，全民企业，独立核算，自负盈亏，具有法人资格。2001年，获发牌照的本地船只800余艘，其中包括货船和渔船。负责测量航道、制作航道图，以及每两星期发出航行通告修订航行图，及时发布港口拓展和安全程序等最新消息。2005年3月，因盐河王营城区航道护岸工程建设第三港务作业区被撤销，企业改制，46名职工身份置换。2006年，第二港务作业区因盐河王营城区护岸工程建设被撤销，企业改制，42名职工身份置换。2007年3月，因盐河王营城区航道护岸工程建设第一港务作业区被撤销，企业改制，65名职工身份置换。

三、船闸

（一）淮阴船闸

位于淮安市西郊，地处淮安市清河区、清浦区、淮阴区三区交界处，占地20.27公顷，上游与二河、废黄河、淮沭新河相交，下游与里运河相通，连接淮安市区。淮阴船闸原有老船闸、一线船闸、复线船闸、三线船闸等4座，老船闸于1985年拆除。一线船闸1959年10月开工，1961年4月建成并交付使用，船闸尺寸230米×20米×5米，设计年通过量2100万吨。设计通航水位高程：上游最高15.4米，最低10.5米；下游最高10.8米，最低8.5米。最大水位差6.9米，上下游引航河底宽70米，水深5米，长均为800米。复线船闸1984年12月开工，1987年12月建成并交付使用，船闸尺寸230米×20米×5米，设计年通过量1632万吨。三线船闸位于一线船闸南侧，始建于2000年10月。船闸尺寸260米×23米×5米，设计年通过量5800万吨。至2008年，工程尚在建设中。

（二）杨庄船闸

位于王营镇杨庄五岔河口盐河入口处，始建于1959年，1961年完工。闸室长230米，宽20米，最大水深6.9米，为钢筋混凝土结构，于1961年5月通航。杨庄船闸是连接京杭大运河与盐河的交通枢纽，船闸设计年通过能力300万吨。1997～1998年，投资80万元修建下游护岸200米，疏浚航道200米。1999年分别对上游驳岸、导航桥踏步下游引航道左驳岸墙前土疏浚。2003年，建成船闸控制与监控系统，对上游护坡进行修理。2004年，建船闸大门，改造操作室楼梯，维修大门前道路，绿化工作区。2005年，实行全省计算机联网收费。是年，船舶年通过量470.91万吨，超过原设计300万吨的通过量。2008年，通过货物量455.42万吨。

（三）淮沭河船闸

位于王营镇杨庄五岔河口、大运河与淮沭新河交汇处，在淮阴大闸西侧，建于1965年。闸室长135米，可一次性通过800吨的标准船队，年通行货物量320万吨。2008年，通行货物量1000万吨。

（四）张福河船闸

位于张福河的末端（码头镇陶闸村），距离二河约300米，始建于1974年，1976年11月竣工并投入使用。张福河为六级航道，船闸设计年通航能力200万吨，闸室有效长度100米，有效宽度13.5米，上、下游闸首净宽8米，上、下游闸门为人字型推拉式钢闸门，闸门顶部高程15米，闸底板高程8.5米，闸室底板结构为框格式干砌块石，2008年大修中改为钢筋混凝土结构。该闸自建成以来，历经1980年、1985年、1990年、2002年、2008年5次较大的维修，累计投入资金560万元。维修后，未发生因工作状况和设施运行而导致的运行事故。2008年，通行货物量742.9万吨。

（五）六塘河船闸

位于徐溜镇涵洞村，1971年建。该船闸于1985年5月损坏后，未能修复，此后六塘河航道实行分段通航。至2008年没有变化。

四、渡口

1978年，境内有渡口90余处，分布在张福河、二河、大运河、盐河、六塘河和淮沭河上，大型渡口有高堰、码头和武墩3处。武墩渡口为苏北内河最大的汽车渡口。其东岸码头位于武墩镇，西岸码头位于南陈集镇头堡村，是市区、县城与运南片的快捷通道，是运南片农业生产物资、大型运输机械进出的唯一通道。武墩渡口为公益性事业单位，以渡养渡，仅在设备改造时有上级交通部门予以补助。武墩渡口有3艘渡船。淮武渡1号船为二车渡、双向双动力渡船，可同时装5吨运输车2辆，为常用渡船。淮武渡2号船，能载5吨汽车1辆、双动力，但由于使用中转向不太灵敏，故使用较少，只是在1号渡船大修时替代使用。淮武渡3号船为12马力小机动渡船，主要用于过渡人员较少时渡运，一次能渡10人左右。1989年，境内有渡口112处，从业人员117人，渡船115艘，后逐步整治和撤渡建桥，渡口随之减少。2005年4月18日，武墩交通渡口因武墩二河大桥的建成开通而撤渡。2008年，境内渡口共有21处，分布在大运河、二河、盐河、六塘河、淮沭河西偏泓等5条河流上。大运河上设渡口7处，分别为三树镇轮窑、三岔渡口，吴城镇二堡渡口，凌桥乡头堡、豆瓣集、双闸渡口，王营镇黄河渡口。二河上设渡口4处，即赵集镇高堰渡口，码头镇码头、泰山、二闸渡口。盐河上设渡口5处，即新渡乡周庄、新渡渡口，王营镇林码、江渡、侯湾渡口。六塘河上设渡口3处，均在西宋集境内，即蒋渡、赵庄、董渡渡口。淮沭河西偏泓上设有渡口2处，即徐溜镇塘坊渡口、五里营花园渡口。21处渡口除码头渡口为集体性质、个人承包外，其余20处均为个体性质。被列为市重点渡口的有13处。

五、水上运输

（一）发展历程

1978年，境内水上运输船舶为木船或水泥船，水泥驳船吨位一般在40～70吨。1985年后，船主不断增大水泥船吨位，对水泥船进行改装，加长加宽，不少船主拥有100吨以上的水泥船。1986年，全县有运输船舶86艘计6305吨，其中钢质船18艘2535吨，拖轮7艘820.08千瓦，运量21万吨，周转量5635万吨千米。全县淘汰木驳船。1989～1999年，大量个体船舶竞争、钢驳船严重老化、部分熟练工人自谋职业、单位大部分船舶老化以及内河运输船舶实行大型化等，运输市场不景气。2000年后，推进船型标准化，船主都改外装机为内装机，废除水泥船，船舶质量升级。2004年，运量及周转量均大幅上升。2008年，由于受船舶改造的影响，船舶数量、吨位有所减少，但运量、周转量仍处于上升状态，分别为45.4万吨、11702万吨千米。

1980～1985年淮阴县水路货运发展情况表

表7-1-5

年份	运量（万吨）	周转量（万吨千米）	营业收入（万元）
1980	17	3114	92
1981	17	3089	—
1982	17	3286	—
1983	15	3441	—
1984	16	3454	129
1985	18	4479	157

1986～2008年淮阴区（县）水路货运发展情况表

表7-1-6

年份	运输企业（户）	从业人员（人）	船舶（艘）	吨位（吨）	运量（万吨）	周转量（万吨千米）
1986	2	248	86	6305	21	5635
1987	2	249	86	6305	18	5988
1988	2	261	86	5965	17	5590
1989	3	285	93	6460	10	3925
1990	3	287	93	6460	11	2792
1991	4	386	145	9651	13	3750
1992	4	395	167	11098	14	2662
1993	4	426	179	12550	15	3012
1994	4	543	231	14680	18	3524
1995	4	598	262	15845	19	3802
1996	5	289	97	9958	12	2868
1997	5	294	95	8894	11	2563
1998	5	297	96	8974	11	2585
1999	5	326	121	11261	13	3242
2000	5	342	126	16095	20	4634
2001	5	339	123	15489	20	4666
2002	5	349	125	16090	20	4723
2003	5	327	121	17680	20	4780
2004	5	332	129	18900	21	6040
2005	6	348	102	14450	25	6048
2006	7	312	65	14098	29	6940
2007	7	205	60	15200	40.89	10402
2008	8	262	58	16138	45.4	11702

（二）淮阴区航运公司

1978年，淮阴县航运公司有运输船舶15艘1300吨位。1986年，有驳船85艘6283吨位，其中钢质驳船18艘2535吨，其余驳船为水泥结构，承载能力每艘50吨以上，另有拖轮7艘1115马力。1987年，添置600吨水泥船，是年运量20.42万吨，周转量5800万吨千米，营业收入224万元，利润10万元，上缴税金24.53万元。公司有职工400余人。1989年，水上运输市场疲软，大量个体船舶参与市场竞争，航运公司根据水运市场变化情况，将所属的8个船队，划小核算单位，将职工的收入与船队收入、成本、利润挂钩。1995年，公司将63条水泥驳船进行拍卖，每条价格5000～15000元不等。是年，从上海等地购进的钢驳船严重老化，难以胜任水上运输，企业面临严重困境，职工遇到生活难题，于是从交通局借款100万元，加之单位筹资、职工集资30多万元，购买了39艘钢质拖轮和48艘钢质驳船，淘汰一些老船舶，重新组建906、907两个船队，装载能力5100吨。是年，船舶总吨位7040吨，企业固定资产402万元，人员增至625人。1996年，航运公司成立挂机大队，面向社会引进船舶挂靠，共引进机船48艘，装载量4000吨；货驳21艘，装载量2200吨；改造船舶20艘，增加装载量1000吨，运力增加至12万吨。1997年，从省信托投资公司交通分部贷款50万元，自筹20万元，购进170吨钢驳船5条，组建一个船队，吨位850吨。公司彻底淘汰水泥船，实现运输船舶钢质化。1998年后，运输市场不景气，一部分熟练工人因工资收入不高，难以维持生活，与单位脱钩，自谋职业。2004年，将小马力拖轮和小吨位货驳全部报废处理。2006年，投资117万元建造两艘600吨标准化货轮。2008年，因航运公司没有资产，土地已置换，为交通部门唯一没有改制的企业。

1997～2008年淮阴区（县）航运公司货物运载情况统计表

表7-1-7

项目 年份	从业人员（人）	船舶（吨/艘）	运量（万吨）	周转量（万吨千米）
1997	125	5596/54	11.25	3775
1998	185	7821/85	16.25	4875
1999	182	7821/85	16.60	4980
2000	221	10794/103	21.60	6480
2001	205	11404/101	21.90	6570
2002	176	7885/86	16.50	4950
2003	151	6405/71	12.10	3630
2004	132	6150/59	12.50	3750
2005	119	5885/56	11.60	3480
2006	120	5885/56	8.50	2550
2007	52	1590/6	4.35	1305
2008	52	1590/6	4.85	1385

第五节　交通管理

一、路政管理

1978年，境内路政管理由县公路管理站负责。2001年7月，成立淮阴区路政大队。路政人员围绕公路管理与养护工作目标，依法加强公路环境整治，加大巡查力度，控制违章搭建，查处超限运输。每天上路巡查国省干线不少于1次，联合乡镇政府及公安部门进行集中清障，对境内国道、省道马路市场进行重点监管，控制干线公路两侧违章建筑，对所辖的国省干线实行大队包片、中队包线、个人包段的管理模式，对公路边的马路市场、废品回收点、违章搭建实行集中整治。每年6月初和10月底，联合交警部门集中一周时间，突击整治公路打谷晒粮行为。

2004年，拆除公路两侧各类违章建筑53处2730.9平方米、摊点904个，清理障碍物6910立方米、非标悬挂物711块；236省道淮阴段沿线乡镇马路市场基本消除，查处超限2453起，收取公路超限运输赔偿费75万元。2005年，拆除违法建筑5处计115平方米，清除障碍物5517立方米，清除摊点414个，清除非标悬挂物566块；查处交通行政案件387起，罚款62.71万元，路赔费29.37万元；查处超限运输车387辆，罚款62.71万元，收取路赔（补）费29.37万元。2006年，拆除违法建筑45处计320平方米，清除障碍物2800立方米、摊点1400余处、非标悬挂物634块，查处交通行政案件285起，收取路赔费1.98万元，罚款20.9万元。2001～2006年，查处超载超限车辆20000余辆，卸载货物35000余吨，超载率由60%下降至10%。2008年，清除公路障碍物1419立方米、摊点1260个，拆除违章建筑5处112平方米，查处超限车辆180辆次，卸载货物700余吨。为保护路产路权，通过加强对超限运输的查处，2008年过境超限运输车辆比往年有明显减少。

二、运输管理

1978～1984年，淮阴县机动车很少，运输主要靠人力平板车，运输管理主要是管理平板车。其间，各乡镇交通管理所负责管理所在乡镇的车、船，收取运输管理费。城区的人力平板车及驴拉平板车则主要由交通警察进行管理，保证道路畅通。1985年1月，成立淮阴县运输管理所，履行运政管理的职能。全县30个乡镇成立乡镇交管所。是年初，对全区一类、二类维修企业的生产经营条件、内部管理、维修质量等方面进行检查，对企业不完善的地方责令限期整改到位，全区一类汽车维修企业微机管理率100%。1990年后，全县有大量柴油三轮车、革新三轮货车等“五小车辆”和其他各类客、货车辆进入运输市场从事客货运输。针对“五小车辆”及其他各类客、货车辆普遍存在漏缴交通规费的现象，稽查队将逃、拒、抗、漏缴交通规费的车辆作为管理重点，对无证未缴费车辆实行补费，促进交通规费的征收。1992年，集中开展车辆技术等级评定工作，加强汽车维修工上岗培训和质检人员的培训，加强对汽车维修市场路边店的检查，治理非法经营，取缔无证经营和超范围汽车维修业户，全县汽车维修市场步入健康有序的轨道。1996年，查补交通规费100多万元。1997年，巡查里程1100多千米，拆除非法标志牌9块，查处超限运输12辆次。1998年12月，县交通道路稽查队下设4个分队计16名人员，检查小货车带客、稽查各类违章1.3万辆次，查补交通规费105万元。

2001年10月，合并21个乡镇交管所，组成6个中心交管所。2003年，中心交管所并入区运管所，中心交管所所长兼任所在中心交管所的稽查中队中队长，全年查处各类违章车辆12460辆次。是年，运管所组织执法人员对区内2家一类汽车维修企业、5家二类汽车维修企业的生产经营条件、内部管理、维修质量等方面进行检查，对企业不完善地方，责令限期整改到位。组织42名汽车维修工、16名质检员参加市处组织的统一培训；打击非法经营，取缔无证经营5户，处罚超范围维修业11户。2004年8月，区交通道路稽查队更名为区交通运政稽查大队，交通道路稽查工作的运政、路政、稽征3项职能履行结束。稽查大队专司运政稽查职能，履行运输市场管理职责，全年查处各类非法营运车辆、违章经营车辆300余辆次，取缔“黑站点”5处。2005年，推行“三关一监督”措施，即严把运输经营资质关、驾驶员资质关、车辆技术关和客车站的监督。把好运力准入市场关，实行机动车辆先申请后购置制度。全年稽查各类车45200余辆次，查处违章车6200余辆次，查处无证营运黑车近90辆次。是年11月，运管部门与公安、城管等部门组成联合执法队伍，出动执法人员532名，检查各类车138辆，立案查处违章违法案件18件，其中无证营运17辆，串线经营长途车1辆。2008年，查处各类违章行为10000余起。

三、航政管理

1978年，淮阴县水上安全监督由县交通局监理股负责。1985年，境内大运河航标全部使用半导体闪光仪，其他航道也安装标志牌。1988年，杨庄港航监督站（后更名为杨庄海事所）对杨庄五岔河实行联动管理，在汛期、枯水期等通航条件异常情况下，海事、船闸等部门联动，合理调度船舶运行，保障航行安全。1996年6月，水上交通稽查机构检查过往船舶2700余艘次，纠正无证无照20余艘、违章300余艘次，换、核发航行证书150余本，审验船员证书400余本。1998年初，水上交通稽查大队对流量较大的杨庄五岔河口及盐河一线实施现场24小时稽查，3月又组织力量分别对运河、盐河进行航查，征收水上交通规费近2万元。是年底，禁止上航上线稽查，强化源头管理，水上交通稽查职能取消。2001年，地方海事处将杨庄、五岔河口作为监管重点。2002年起，区航道站每年都组织开展航道建设、养护、管理、监督和规费征收等方面工作，区航道站航政稽查大队所属3个中队组织航政人员对辖区173千米干、支线航道进行两次全面清障扫床。2007年，整治盐河两岸非法小码头和占用通航水域过驳作业等违章行为，取缔非法经营码头12个，拆除违章吊机6座，制止违建码头5处，阻止违规架设电线1次，注销和废止3个港口码头立项批文。抢救遇险船舶28艘，挽回经济损失近350万元，护航护拖3200艘次，护送物资140万吨。投入资金20余万元，对辖区5道渡口进行改造，新建候渡亭9座、渡口码头10个、道路10条，更新船舶7艘。辖区21道渡口已全部通过达标验收。1998～2007年，全站航政人员上航巡查累计约1921天，巡航里程16000多千米，制止和强行拆除违章临河建筑物32处，实施行政处罚（处理）4300多起，及时更新、补缺残损破缺的航道标志标牌，有效地维护了航产、航权。

2008年，对辖区干、支线航道进行清障扫床，清除碍航物5.5吨，拔除暗桩40余根，保证航道畅通。先后开展危化品船舶、"三无"船舶、水上污染等多项水上安全整治活动，维护全区水上安全秩序。

四、交通规费

（一）公路养路费

1978年后，征收对象主要是从事交通运输的单位和个人，包括各类客货汽车、胶轮拖拉机、拖挂车、革新机动车、特种车、三轮车、摩托车和其他机动车辆等。其中，汽车养路费由公路管理部门稽征，"五小车辆"养路费由运输管理部门稽征。征收标准因车而异，并随着社会经济发展适时作出调整。2008年，共征公路养路费4400万元。

1986～2008年部分年份淮阴区（县）公路养路费征收情况表

表7-1-8　　　　单位：万元

年份	完成数	年份	完成数
1986	137.00	2003	1629.23
1987	182.00	2004	1884.52
1988	221.46	2005	2377.66
1989	230.59	2006	2622.48
1990	244.83	2007	3264.00
2001	1230.87	2008	4400.00
2002	1598.36		

（二）航道养护费

1978年，境内航道养护经费由政府财政拨款解决。1986年起，根据有关政策，加大航道费征收力度，此后连续五六年时间，每年增收额在20万～80万元。1987年，依据国家《水路运输管理条例》收取的养护费仍然有限，而实际支出太大。1992年，交通部、财政部、物价总局发布《内河航道养护费征收和使用》，县域内河道养护依靠财政拨款，通过征收养护费来改善通航条件，加强航道养护。2006年，实行征收业绩与工资挂钩，实行全员征收，从领导到办事员均有征收指标，对超额完成任务的，按规定给予奖励，完不成任务的，予以罚款，是年征收航道养护费615.9万元。2008年，征收航道养护费582.9万元。

1986～2008年部分年份淮阴区（县）航道养护费征收情况表

表7-1-9　　单位：万元

年份	完成数	年份	完成数
1986	23.46	1995	170.00
1987	35.28	2001	372.37
1988	41.53	2002	370.37
1989	45.68	2003	314.43
1990	55.18	2004	312.00
1991	45.50	2005	335.40
1992	84.70	2006	615.90
1993	166.80	2007	632.00
1994	180.00	2008	582.90

（三）运输管理费及客、货运附加费

1986年，根据国家新颁布的公路运输管理费征收和使用的规定，淮阴县开始征收运管费，征收标准依据国家规定执行。运管费和客、货运附加费由交通运管部门和乡镇交管所征收。征收工作立足源头管理，采取多点征收，从掌握车头、船头、户头基础台账入手，以车船集散地为重点，全方位、多渠道查漏补缺，辖区内持证率和交费率均达100%，每年征收任务都提前完成。2003年，区运管所运政稽查大队对每个乡镇中心交管所分别派驻运政稽查中队，由各中心交管所所长兼任中队长，乡镇中心交管所规费征收能力得到提高。2004年，征收客运附加费235万元、货运附加费196万元、运管费140万元、“五小车辆”养路费463万元。2008年，征收客运附加费261万元、货运附加费438万元、运管费268万元、“五小车辆”养路费738万元。

1986～2008年淮阴区（县）运输管理规费征收情况表

表7-1-10　　单位：万元

年份	客运附加费	货运附加费	运管费	“五小车辆”养路费
1986	3.8	8.2	14.8	6.3
1987	4.2	17.5	16.5	7.5
1988	5.8	26.4	22.4	10.6
1989	6.4	51.3	29.5	15.4

续表7-1-10

年份	客运附加费	货运附加费	运管费	“五小车辆”养路费
1990	8.9	81.7	36.4	20.1
1991	16.1	100.9	42.3	22.4
1992	20.3	126.6	49.6	26.1
1993	26.0	166.0	58.0	29.0
1994	37	139	104	36
1995	41	219	112	28
1996	50	170	102	35
1997	77	238	124	97
1998	112	255	141	155
1999	160	158	131	197
2000	164	188	158	208
2001	192	160	138	306
2002	237	168	142	420
2003	137	173	129	434
2004	235	196	140	463
2005	238	199	142	467
2006	236	231	151	604
2007	238	318	196	656
2008	261	438	268	738

说明：2003年“非典”期间，免征客运附加费等规费近100万元。

第二章　邮　政

第一节　机　构

1978年，淮阴县邮电局内设通信股、计财物资股和政秘办公室，生产班组6个，设邮电支局（所）28个，其中27个设在农村，包括邮电支局6个。1983年，县行政区划调整增设4个乡，遂增加4个邮电代办所。1987年，县邮电局下设支局11个（赵集、三树、汤集、刘老庄、丁集、老张集等6个邮电所升格为邮电支局）、邮电所5个、邮电代办所12个。1995年，全县有邮电支局（所）29个。1998年，邮政和电信分开经营，成立淮阴县邮政局，内设综合办公室、经营服务部、计划财务部。1999年，邮政支局（所）增至33个。2001年，撤县设区，淮阴县邮政局更名为淮安邮政局淮阴分局，全区邮政服务网点32个。2003年，分局增设储汇、发行、速递、广告等公司，为职能兼生产单位。2008年，淮安邮政局淮阴分局设服务网点27个，其中城区4个、农村23个，有工作人员14人。

第二节 邮 路

1978年，全县邮路总长2748千米，其中机动车邮路82千米，非机动车邮路2666千米。是年，使用邮政编码。县城所在地王营镇设城市邮路投递段2个。其时，县内邮件仍由淮阴地区邮政局汽车干线邮路（5条）向外发送，以后多年如此。1985年，境内乡村共有70条投递邮路计1270千米，有70个投递员，分别逐日将邮件投送到乡、村、组，此种投递方式延续多年。1987年，城市邮路发展为4个投递段。是年，县邮政局自办淮涟、淮沭、淮泗和运南等4条干线邮路，途经不同方向的14个农村邮件交换点，有自行车投递邮路12条118千米。2001年后，邮路信函投递业务逐渐减少，而邮政速递、特快邮件和物流逐步成为邮递业主导。2008年，全区有服务网点27个，投递段道62条，投递线路总长约3100千米。邮政编码书写合格率达100%。

1978年淮阴县各投递区邮政支局邮政编码一览表

表7-2-1

邮政支局	邮政编码	邮政支局	邮政编码
长江路	223300	新渡	223302
承德路	223300	丁集	223304
西马路	223300	凌桥	223306
小营	223300	棉花庄	223311
越河	223300	大兴庄	223313
三树	223333	汤集	223332
南陈集	223341	蒋集	223334
袁集	223303	韩圩	223336
杨庄	223305	刘老庄	223322
王兴	223307	古寨	223325
老张集	223312	南吴集	223342
渔沟	223331	高堰	223344
北吴集	223335	韩桥	223346
徐溜	223321	西宋集	223326
五里	223323	码头	223345
赵集	223343		

第三节 设施设备

1978年，全县邮政有自动包裹收寄机1台、包裹磅秤（50千克）28台、保险箱26只、铁皮柜28只、汽车1辆，以及函件分拣台及报刊分发台等。每个投递职工均配有自行车。是年，建王营镇西马路邮电综合大楼4层1400平方米。1980年，新增邮递摩托车4辆。1990年，县邮电局建邮电综合楼3050平方米，同时在院内建办公楼3层518平方米。1994年，先后建农村邮电支局（所）邮电楼11幢4055平方米，配有邮政用汽车4辆。1995年，邮政用汽车增至7辆。1997年，有邮政用汽车8辆；建袁集、棉花庄两个支局办公楼，面积共1170平方米；改造农村11个支局（所）的邮电用房，面积共2000平方米。1999年，全县邮政用房建筑面积13277平方米。2000年起，逐步对支局进行标准化改造。至2005年，有15个支局（所）完成改造。2008年，全区完成26个网点视频监控系统联网工程，解押款交由保安公司负责，城区住宅小区全部安装信报箱。是年，全区有邮政用汽车9辆、投递电瓶车26辆、投递自行车40辆、计算机60台、邮政信箱（筒）33个、邮政报刊亭37处、自动取款机（ATM）7台，28个农村支局有22个得到改造，城区营业厅和其他办公场所均有较大程度改善。

第四节　邮政业务

1978年，境内各邮政所均办理报刊发行业务，当年报刊发行3.63万份。同时，全县函件、包件、汇兑业务量比往年均有增大，仅函件业务量即达111.76万件。1980年起兼办报刊零售业务。1987年，全县发行报刊1000余种。此后，报纸、杂志流转额逐年上升。1994年，在保持传统业务的同时，开拓邮储、企业广告、明信片、邮政贺卡等业务。1996年，报刊发行业务量累计807万份，业务收入125万元。2008年，全区共发行报刊966万份，业务收入197.92万元，发行杂志1820种、报纸520种，杂志和报纸期发数分别为1.47万份和2.83万份，报刊流转额480万元。随着经济社会发展，邮储、集邮等业务兴起，既增加了收入，也给邮政发展带来活力。

1978～2008年部分年份淮阴区（县）函件、包件、汇兑、报刊、邮储业务统计表

表7-2-2

年份	函件（万份）	包件（万份）	汇兑（万张）	报纸期发数（万份）	刊物期发数（万份）	储蓄年末余额（万元）
1978	111.76	2.78	2.34	1.73	1.90	—
1981	127.41	2.45	3.13	2.60	3.24	—
1984	112.57	1.66	2.78	4.47	4.84	—
1989	166.65	1.43	4.12	3.81	2.69	—
1992	155.69	1.29	3.56	935.99	33.97	—
1996	194.63	10.84	4.93	305.76	—	5200.41
1999	168.97	9.41	3.78	968.52	20.79	9280.40
2001	126.10	2.22	3.69	1018.82	19.81	18849.35
2006	86.12	1.18	3.36	2.80	1.08	56519.81
2007	72.93	1.23	6.73	2.00	1.54	66977.48
2008	52.58	0.57	11.04	2.83	1.47	81362.39

说明：①1992年前，邮政储蓄未作统计。②2002年后，函件、包件、报刊等业务未作记录。③1992年报纸期发数和刊物期发数为年累计数；1996年报纸期流转额单位为万元；1999年和2001年函件、包件、汇兑为出口数，报纸期发数和刊物期发数为年累计数。

第五节　集邮业务

1983年，县邮电局成立集邮门市，开办集邮业务，集邮爱好者有18户，集邮收入5268元。至1995年，有集邮爱好者100余户。在随后较长一段时间，集邮业务收入小幅度增长，但集邮数一直在百户左右。1996年，集邮业务量28万枚，业务收入34.55万元。进入21世纪，通过制作贺年卡等形式增加业务收入。2005年，集邮业务量25万枚，业务收入22.74万元。2008年，有集邮爱好者360户，组织销售奥运邮品收入22万元，集邮业务量5万枚，业务收入28.01万元。

1983～2008年淮阴区（县）集邮收入统计表

表7-2-3　　单位：元

年份	集邮收入	年份	集邮收入
1983	5268	1996	345500
1984	8563	1997	380000
1985	11589	1998	375460
1986	17922	1999	400100
1987	23858	2000	401035
1988	32728	2001	402017
1989	30357	2002	390800
1990	40000	2003	391847
1991	61797	2004	307800
1992	101174	2005	227400
1993	212963	2006	141300
1994	198822	2007	192000
1995	200285	2008	280100

第六节　快递业务

1994年，全县开办邮政速递业务，国内特快出口760件，收入15338元。是年，县邮电局成立速递公司，统一管理特快专递业务。1997年，全县国内特快出口4040件，收入8.08万元。2001年后，快递业务发展迅速。2002年，全区国内特快出口20750件，收入41.5万元。2006年，全区国内特快出口44730件，收入89.49万元。2008年，全区国内特快出口34710件，收入69.42万元。

1994～2008年淮阴区（县）国内特快出口收入统计表

表7-2-4

年份	国内特快出口		年份	国内特快出口	
	件数（件）	收入（元）		件数（件）	收入（元）
1994	760	15338	2002	20750	415000
1995	1800	36000	2003	24825	496500
1996	2750	55000	2004	24815	496300
1997	4040	80800	2005	33700	674600
1998	7650	153000	2006	44730	894900
1999	11050	221000	2007	31165	623300
2000	14250	285000	2008	34710	694200
2001	16800	336000			

第三章　电　信

第一节　机　构

1978年，电信业务由邮电局管理。有电报投递员1人，1980年增为2人，1987年全县各乡镇增设1名电报专递员。电信业务由通信股负责。1998年9月，电信与邮电分营，成立淮阴县电信局，隶属淮安市电信分公司，内设办公室、市场经营部、计划财务部和维护安装部。2003年，成立江苏省电信有限公司淮阴分公司，与区电信局两块牌子、一套班子。2008年3月，江苏省电信有限公司淮阴分公司更名为中国电信股份有限公司淮阴分公司，内设综合管理部、市场营销部、维护安装部等3个职能部门，下辖农村支局28个，有员工124人。

第二节　线路设备

一、交换机

1978年4月，引进1000门纵横制交换机，1980年10月正式开通，县电信业务进入常规发展轨道，每年市话单机和农村电话数成倍增长。1991年，扩容500门ZJ型纵横制自动化电话交换设备。是年11月，县邮电局与上海贝尔公司签订购买S1240-4000门程控数字自动电话交换设备合同书，总投资172万元。1993年8月19日，小营邮电通信综合楼安装4000门自动电话交换设备，9月28日投入使用，同时淘汰ZJ型纵横制1500门的通信交换设备。1993年9月10日，县邮电局再次与贝尔公司签订4000门程控交换机购货合同，于1995年1月28日开通，全县程控电话交换机总容量达8000门。

1995～2000年，县电信投资和电话放装快速发展，全县农村实施程控电话自动化工程，28个乡镇均安装程控自动化电话交换设备，总容量8300门。2003年，全区固话总数22.43万部，交换机总容量24万门。2008年，全区固话总数25.6万部，交换机总容量30万门。

二、通信线路

1978年，县城区杆路长度21千米，县城至各公社杆路总长度26千米，其中水泥杆线路24.6千米；全县有29个生产大队通电话；全县杆路总长度1094千米，其中水泥杆路325千米，县城至公社中继线杆路长256千米；全境明线线路总长度1024千米，电缆总长度73千米。1996年前，全县通信线路以木杆架设铁丝为主体。是年3月，境内通信线路开始向村一级普及。1997年，全县城乡通话自动化后，固话通信电缆线路遍及全县城乡。2005年，全区固定电话、电缆线路总长度6200千米，用于互联网业务的光缆线路总长度2233千米。2008年，全区通信线路总长6500千米。

第三节　电信业务

1983年，农村电话发展提速。1984年9月，全县有82%的村通上电话。1986年8月30日，市、县电话并网成功，解决了市、县电话难打状况。10月，县城至各乡镇都开通直达电话。是年，共增加市话48部，农话单机增加27部。至年底，市话用户电话数612部，其中私人住宅电话43部。王营镇电话普及率为每百人2.45部。1991年，市内电话用户总数1197部，其中私人电话308部，电话号码也由五位升六位。1993年，县邮电局开通无线寻呼业务，发展BP机中文、数字机同户473部，城区范围内建无线寻呼基站1个，容量可达5000户。1993年底，程控电话开通，仅3个月，发展用户电话919部，电话总数4093部。1994年，此项业务由联通公司管理。1995～2000年，县内用户话机达3594部，其中私人住宅电话2535部，按全县农村71万人口计算，电话普及率为每百人0.5部。1997年，城区用户电话总数跃升至5980部，其中私人住宅电话4708部，公用电话由1980年设在邮电营业厅的2部发展到123部，其中私人代办107部。至此，城乡均开通程控电话，彻底丢掉延用近百年的"摇把子"电话机，通信发展实现新跨越。1998年，在实施农村程控自动化工程的同时，"杆线到村"工程开始实施。1998年7月，村村通电话。1998年邮电分营后，经过5年的发展，境内固定电话每年均以1.5万部的速度递增。

2002年8月，全区固定电话号码由7位升8位，固定电话又一次实现质的飞跃。2004～2005年，小灵通等主营业务也有了长足的发展。2005年，有小灵通5.8万部。2008年，境内有固定电话23.5万部，由于电信业务重点转移到宽带、小灵通、网络电视等业务上，固定电话首次出现负增长。

2004年、2006年、2008年淮阴区电话用户统计表

表7-3-1 单位：万户

年份	本地电话用户	城市电话用户	农村电话用户	移动电话年末用户	移动市话用户	住宅电话用户	国际互联网用户
2004	19.20	—	—	4.50	2.60	16.40	0.64
2006	21.99	21.68	—	8.36	6.87	21.18	1.40
2008	23.50	12.18	16.60	11.05	5.00	23.20	1.70

1978～1998年部分年份淮阴县电话电报业务统计表

表7-3-2

年份	市话		农话		长话		电报（份）
	交换机总容量（门）	业务量（张）	交换机总容量（门）	业务量（张）	交换机总容量（门）	业务量（张）	
1978	400	—	920	287000	—	—	3300
1981	1530	—	1400	403560	—	47040	48285
1986	1000	—	1590	—	—	105955	53686
1991	1500	—	1960	526700	—	21912	74894
1995	8000	—	8300	—	—	1283500	45500
1998	18000	—	31000	—	—	3944300	—

说明：1978年交换机总容量不含公社610门，业务量指去话。

第四节　电报业务

1978年后，城乡经济日益活跃，境内电报交换量逐年递增，其时，国内电报资费每字0.07元，国际电报每字0.33元。1981年，电报交换量4.56万份。1985年3月，邮电部在南京安装256路自动转报设备后，全县电报电路实现自动转报，每份电报处理时限为3～5分钟，缓解电报积压现象。1986年，电报交换量5.27万份。此后，因长途电话和传真通信的迅速发展，电报业务呈逐年下降之势，1995年的电报交换量为4.55万份。1996年起，电报每年以1.5万～2万份的速度递减，1996年有3万份，1997年降至2.2万份，1998年降至0.7万份，1999年降至800份，2001年不足百份。2002年开始，营业窗口取消电报业务。

第五节　互联网业务

1997年，实现全省电话自动化后，互联网业务随即诞生。是年，全县窄带拨号上网用户不足20户。1998年，境内综合业务数字网（一线通ISDN）投入使用，上网带宽128千比特。2000年，互联网窄带用户总数近2000户，网吧均使用ISDN业务。2001年，全区第一台宽带交换机投入使用，宽带逐步替换窄带。2003年，各乡镇均开通宽带接入设备，宽带用户达到3000户，总出口带宽达到2G。2005年，在5个乡镇部署宽带汇聚交换机，增40个农村宽带接入点，基本满足城乡居民的宽带上网需求，宽带总容量12000线、用户1.2万。2008年，境内宽带用户突破2万户。

第四章　移动通信

第一节　中国移动

1985年，淮阴设126寻呼台，城区出现个人佩带寻呼机现象，当时主要集中在企事业单位、行政机关的主要负责人手中，大部分属因公佩戴，少部分是个体老板或生意人。1988年，境内出现移动手机，体积大，形似砖块，号码为9字开头的模拟机，数量很少，一部手机市值近2万元。1992年后，寻呼机有了改进，由当初寻呼台告知对方号码，到中文直接显示，方便获知对方来意。1998年，成立淮阴县移动公司，有职工30余名，在城区西马路交通大楼一楼设立办公、营业厅，主要经营手机、充值卡等业务。1998年后，模拟机逐渐退出市场，取而代之的是手机，最初号码主要为139起头。起初在政府的推动下，各部、委、办、局主要负责人可佩戴手机，并且每月有100元的通信费补助。后来随着手机越来越经济实惠，逐渐进入寻常百姓家，绝大部分家庭至少拥有一部手机。2000年后，城区主干道两侧及主要街道都设有营业厅，每乡镇均设有代理点。2002年，架设杆线或铺设管道，提供宽带服务。2004年，开通集团专线宽带业务。2005年，淮阴区行政办公大楼落成，淮阴移动公司中标，获行政办公大楼宽带业务。2008年，移动通信境内全覆盖，区移动分公司的经营范围已由当初的语音、IP电话，发展

图7-4-1　中国移动江苏公司淮安分公司淮阴第二机房楼奠基典礼

图7-4-2　淮阴农信通启动仪式

到多媒体业务，基于移动通信的各类增值业务，形成"全球通""动感地带""神州行"三大客户品牌。分公司在城乡自建营业厅23个，有职工150人。全区形成城区、乡镇、行政村均有移动服务网点的网络，成为服务范围覆盖全区的移动运营商。在全区农村推广"农信通"业务，为广大农民提供致富信息平台；在中小学校推广"校信通"业务，为外出打工的父母及时掌握子女在校情况提供方便。是年底，境内用户达35.79万户，总收入2772.59万元，城乡共建移动通信基站163座，铺设光缆1020千米，铺设管道104.85千米，建成杆路487.9千米。

第二节　中国联通

1998年4月，移动寻呼业务从电信部门分离出来，成立淮阴县国信无线寻呼经营部。成立时规模较小，办公地点设在小营转盘电信大楼一楼。设一个经营门市，主要经营126数字和中文寻呼业务，业务单一。2000年，淮阴市联通公司与各县无线寻呼经营部合并，成立联合网络通信有限公司。是年，成立中国联合网络通信有限公司淮阴县分公司，下设综合部、集团部、市场部等部门，有职工50人，推出新时空和133开头的新业务。由于联通秉承低资费的服务理念，服务范围不断扩大。是年，有用户6000户，营业额270万元。2005年后，营业收入每年超千万元，上交税金50万～60万元。2006年，办公地点搬迁至承德路承德府小区18号。2007年，有用户数2.6万户，营业额975万元。2008年，与成立不久的网通公司合并，合并后有职工51人。在城区、乡镇均设服务网点。业务经营范围扩大至移动通信、IP电话、165互联网等业务，寻呼机逐步被手机取代，形成"世界风""新势力""如意通"等服务品牌。网络建设累计投资6000万元，建成传输光缆杆路430棵，传输光缆480千米，完成城区通信管道建设3.2千米。建有各类移动通信基站210个、传输设备130套、2.5G传输环路2个、622M传输环路5个。服务范围覆盖至全区各乡镇。是年，有用户2.8万户，营业额1060万元。

第八篇　水　利

1978年后，淮阴县治水以“旱田改水田”为目标大规模平整土地，贯彻“以河联网、全面配套、主攻明涝暗渍、大力发展灌溉”的方针，重点转入农田基本建设。主要有灌排配套的干、支、斗、农渠和排涝除渍的大、中、小沟，并建造相应的配套建筑设施，增建机电排灌站，巩固和扩大旱涝保收田。

1978～1989年，投入防汛抗旱资金559万元。至20世纪90年代后期，农田水利建设工程投资1亿元，共挖有效工程土方1.5亿立方米，完成200多千米的防洪堤防整修工程，建成一套防涝、防渍水系与一套灌溉水系，形成机电排灌网络，配套一批骨干建筑物。开展治水综合利用工作。全县拥有排涝支渠6条、大沟32条、中小沟6125条、干渠2条、支渠13条、斗农渠4805条；机电泵站473座，装机3.2万千瓦；建成稳产旱涝保收田4.13万公顷。

20世纪末，水利工作的重点是加固河、湖堤防，更新设备。10年间，5条县际河道、6条县内河道及沿洪泽湖治理投资计8960万元；加固维修洞、闸、站22座。2003～2008年，疏浚河道189条、长731.38千米，完成土方1408.04万立方米，投资7545.48万元。

经过30年的建设与治理，至2008年，全区水利工程形成规划科学、沟河配套、设施齐全、排灌两便的水利工程体系。

第一章　机　构

第一节　内设机构

1978年，水利行政管理由淮阴县水电局负责，有工作人员10名。1981年，水、电分设，恢复水利局建制，内设人秘股、财供股、农水股、工程管理股、综合经营股，有工作人员12名。1987年12月，经县编委会核定编制19人。1999年机构改革，水利局内设机构由5个股改设办公室、水政水资源科、农田水利科、工程管理科、财务科、审计科、节约用水办等7个职能科室，2001年，淮阴县水利局更名为淮阴区水利局。至2008年，内设机构不变，有工作人员22名。

第二节　直属单位

一、淮阴区盐河水力发电站

建于1957年，1959年土建竣工，1970年续建，1973年5月1日竣工发电，为差额拨款全民事业单位，有工作人员63名。主要职能：为防汛防旱、水情调设和下游农田灌溉提供服务；利用洪泽湖汛期洪水进行水力发电，调节上下游水位和防洪安全，保证下游船舶航运水位和日常用水。2001年，淮阴县盐河水力发电站更名为淮阴区盐河水力发电站。2005年有编制68人，2008年，职能未变，有工作人员56名。

二、淮阴区竹络坝灌区管理所

1957年成立，差额拨款事业单位，编制22人。主要职能：负责灌区内水利工程设施的管理运行、维修养护工作；负责灌区范围内各乡镇灌溉用水调度与排涝，协调乡镇间用水矛盾，为农业排灌服务；实施灌区范围内规划、节水改造、农田水利建设等工作；履行水政职能，调解灌区范围内水事纠纷，查处水事案件等。2001年，淮阴县竹络坝灌区管理所更名为淮阴区竹络坝灌区管理所。2005年，核定编制32人，实有在编人员30名。至2008年，职能及编制未变。

三、淮阴区淮涟灌区水利管理所

1966年5月成立，差额拨款事业单位，编制22人。主要职能：负责灌区内水利工程设施的管理运行、维修养护工作；负责灌区范围内各乡镇灌溉用水调度与排涝，协调乡镇间用水矛盾，为农业排灌服务；实施灌区范围内规划、节水改造、农田水利建设等工作；履行水政职能，调解灌区范围内水事纠纷，查处水事案件等。2001年，淮阴县淮涟灌区水利管理所更名为淮阴区淮涟灌区管理所。2005年，核定编制22人，在编人员21名。至2008年，职能及编制未变。

四、淮阴区淮高灌区管理所

1970年成立，差额拨款事业单位，编制13人。主要职能：负责灌区内水利工程设施的管理运行、维修养护工作；负责灌区范围内各乡镇灌溉用水调度与排涝，协调乡镇间用水矛盾，为农业排灌服务；实施灌区范围内规划、节水改造、农田水利建设等工作；履行水政职能，调解灌区范围内水事纠纷，查处水事案件等。2001年，淮阴县淮高灌区管理所更名为淮阴区淮高灌区管理所。2005年，核定编制19人，在编人员18名。至2008年，职能及编制未变。

五、淮阴区临湖灌区管理所

1970年成立，差额拨款事业单位，编制13人。主要职能：负责灌区内水利工程设施的管理运行、维修养护工作；负责灌区范围内各乡镇灌溉用水调度与排涝，协调乡镇间用水矛盾，为农业排灌服务；实施灌区范围内规划、节水改造、农田水利建设等工作；履行水政职能，调解灌区范围内水事纠纷，查处水事案件等。2001年，淮阴县临湖灌区管理所更名为淮阴区临湖灌区管理所。2005年，核定编制20人，实有在编人员10名。至2008年，职能及编制未变。

六、淮阴区六塘河船闸管理所

1971年成立，差额拨款全民事业单位。主要职能：为过往船舶提供过闸服务，调节上下游水位和防洪、排涝、灌溉、航运安全。2001年，淮阴县六塘河船闸管理所更名为淮阴区六塘河船闸管理所。2005年，核定编制18人，实有在编人员14名。至2008年，职能及编制未变。

七、淮阴区张福河船闸管理所

1974年成立，差额拨款全民事业单位，有工作人员20名。主要职能：为过往船舶提供过闸服务，调节上下游水位和防洪、航运安全。2001年，淮阴县张福河船闸管理所更名为淮阴区张福河船闸管理所。至2008年，职能未变，有工作人员32名。

八、淮阴区农田水利试验站

1974年成立，差额拨款全民事业单位，有工作人员14名。主要职能：承担农田水利科研工作，推广水稻浅湿调控节水技术等。2001年,淮阴县农田水利试验站更名为淮阴区农田水利试验站。至2008年,职能未变,有工作人员7名。

九、淮阴区活动坝水力发电站

1976年10月始建,差额拨款事业单位,有工作人员80名。1979年10月18日水电站竣工,1980年11月14日投产发电,有工作人员56名。主要职能:利用洪泽湖汛期洪水进行水力发电,调节上下游水位和防洪安全,保证下游日常用水。2001年,淮阴县活动坝水力发电站更名为淮阴区活动坝水力发电站。至2008年,职能未变,有工作人员64名。

十、淮阴区水利工程队

1988年5月成立,自收自支全民事业单位,有工作人员28名。主要职能:承建各类水利水电工程,维修水利设施,保证水利设施安全运行。2001年,淮阴县水利工程队更名为淮阴区水利工程队。至2008年职能未变,有工作人员25名。

十一、淮阴区防汛防旱物资储备中心

1992年成立,由原来的水利器材供应站调整变更而来,差额拨款全民事业单位,有工作人员28名。主要职能:承担各类防汛抗旱物资、器材、设备的储备、维护、调配、供应、日常管理等职责。2001年,淮阴县防汛防旱物资储备中心更名为淮阴区防汛防旱物资储备中心。至2008年,职能未变,有工作人员16名。

十二、淮阴区水政监察大队

1996年2月成立,自收自支事业单位,有工作人员6名。主要职能:依照《水法》等法律、法规、规章,对水资源管理、水工程管理、河道管理、水土保持管理和防汛、水文设施管理的违法违章行为进行监察,处理各类水事纠纷和案件。2001年,淮阴县水政监察大队更名为淮阴区水政监察大队。至2008年,职能未变,有工作人员9名。

十三、淮阴区供排水管理处

2001年1月成立,自收自支事业单位,有工作人员10名。主要职能:负责农业用水供需水量预测、分析,农作物灌溉面积测算和统计分析,参与制定全区水利工程供水计划;负责全区水利工程供排水成本测算与价格分析,拟订供排水价格调整方案,指导、监督水价政策的落实;负责全区水利工程水费的收取、管理与使用,完成省、市下达的水利工程水费上缴任务;负责水利供排水工程固定资产的管理。至2008年,职能未变,有工作人员10名。

十四、淮阴区河湖管理处

2001年1月2日成立,由原淮阴县堤防管理所、中运河堤防管理所、废黄河堤防管理所、淮沭河堤防管理所合并组建而成,全额拨款事业单位,编制81人。主要职能:承担全区境内185千米流域性河道堤防防洪、排涝等水利工程管理运行和维修养护工作。至2008年,职能未变,有工作人员70名。

十五、淮阴区防汛机动抢险队

2006年3月成立,将撤销的原淮阴区水利机电排灌管理所部分排灌抢险职能一并划入,设置成立江苏省第四支防汛机动抢险队,自收自支全民事业单位,有工作人员4名。主要职能:承担防汛抗洪专业抢险,开展突击抢险任务,及时控制重大汛情及险情,同时参加市、县联动突击抢险。至2008年,职能未变，有工作人员7名。

第三节　基层水利站

1982年，境内30个公社都设立水利站，属水利局下设机构，为差额拨款事业单位，每站有工作人员2～4名。1983年，因新设韩桥、凌桥等4个乡，新增4个乡水利站。主要职能：负责乡镇境内农田水利规划、工程管理、防汛抗旱、水利设施维护和日常管理工作。1999年机构改革，全县共设28个乡镇水利服务站。2001年起，因撤乡并镇，全区设21个乡镇水利服务站，工作人员设4～5名。至2008年，基层水利站设置未变。

第二章　河湖治理

第一节　县际河道

一、中运河

中运河是京杭大运河中的一段。北起宿迁闸，南至淮阴闸，长89.48千米。中运河从三树镇小闸村的竹络坝入境，经三树、凌桥、吴城、码头和王营等5个乡镇，至王营镇杨庄村与废黄河、张福河、盐河交汇，经淮阴船闸与里运河衔接。1984年11月，淮阴、淮安等8个县区10万民工对中运河淮泗段进行疏浚、拓宽，投资2780万元，完成正项土方444万立方米、杂项土方137万立方米，砌石方139370立方米、混凝土6321立方米，12月竣工。1985年11月10日，运河淮泗段淮阴县境护坡工程开工，1986年5月10日竣工，累计完成土方17.44万立方米，浆砌石方12844立方米，干砌石块55312立方米，石子垫层16200立方米，投入总工日223506个，耗资312.1万元。治理后的中运河在淮阴县流域面积47.8平方千米，保护面积262.2平方千米。在县境底宽45～70米，河底真高6.5～7.5米，河底比降1:10000，平均水深4～5米。设计流量每秒10000立方米，设计水位为泗阳闸真高17.4米，淮阴闸上水位真高14.6米。此后的治理重点是加固堤防。

2005年，对中运河堤12.015～12.8千米段进行干砌石护坡翻砌。2006年，投资30万元，完成防风岁修中运河200米块石护坡。2008年，投资15万元，完成中运河左堤蒋集小闸段块石护坡损坏维修工程；投资20万元，完成左堤凌桥段250米块石护坡工程；投资30万元，完成堤防防汛道路应急维修工程。

二、废黄河

废黄河原为淮河下游黄淮合流入海的故道（王营杨庄以下河道即古淮河）。在境内自吴城堡工村起，经码头、王营、新渡等乡镇，长22.4千米。新中国成立后，人民政府于1951～1952年在杨庄闸旧址上重新建闸坝。1978～2001年无重大治理工程。2002年3月，实施废黄河护岸工程，5月30日全部竣工。工程在淮阴区城区段淮海北路以西1.1千米的废黄河北岸，为改变河滩洼地，防止水土流失，结合城市环境建设，建设重力式浆砌石三级挡土墙，一级护岸底高程6.0米，顶高程8.5米；二级挡土墙底高程8.7米，顶高程11.5米；三级挡土墙底高程11.7米，顶高程14.2米；在一、二级挡土墙间留平台宽8米，二、三级挡土墙间平台宽8～40米。重力式挡土墙底板及封顶采用C20混凝土结构，在浆砌石挡土墙混凝土底板前趾增设齿坎。工程总投资395.23万元，其中省级以上投资200万元，区级配套投入195.23万元。吴城镇堡工村起至码头的废黄河故道汛期有排水功能。

1978～2008年，五河口以东的废黄河没有发生过行洪决口事件，其间有5年泄洪流量均超过设计每秒500立方米标准，但河堤无恙。

三、盐河

又名下中河。清康熙二十六年（1687），筑废黄河北岸遥堤，自宿迁张庄的运口起，经清河（淮阴）县治北边，向安东（涟水）县延伸，到卢家沟的平旺河上，与唐垂拱四年（688）开的海州至涟水的运盐河相接，全长135千米。遥缕二堤之间，因挖土筑堤而开的下中河、宿迁至清河（清口出水处）仲家庄口一段90千米，称为中运河。仲庄以下（南）称下中河、分泄黄涨，兼利盐运，故名盐河。

盐河流经淮阴的王营、新渡、王兴等3个乡镇，长23千米，是一条航运、排涝、灌溉的河道。河底高程上游5米，下游2.5米，河底宽20～40米，边坡1:3。1959年4月在杨庄新建盐河闸1座，设计灌溉面积172000公顷，设计流量每秒230立方米，总投资137.1万元。1961年5月，在杨庄新建盐河船闸1座，总投资250万元。1970年，在杨庄盐河新建发电站1座，1973年并网发电，投资155.802万元。1974～2008年，盐河无治理工程。（参见本志第七篇《交通　邮电》第一章《交通》第四节《水上交通》）

四、二河

二河是古代构筑洪泽湖大堤时于东侧取土而形成的一条排水河道，二河闸以南，古称三河，二河闸以北至高堰称二河。因历史上筑高家堰用于运输筑堰物资，也称运料小河。上起赵集镇十堡村，下迄王营镇境内淮阴闸，1958年4月，二河拓宽、疏浚全面开工，1959年1月竣工。1964～1974年，由县水利局及县治淮团部，先后6次加固西堤块石护坡工程，计长20.5千米，共完成干砌块石9.01万立方米，投资270万元。20世纪80年代，二河闸向北至淮阴闸一段统称二河，源于洪泽湖，南北流向。二河闸至头堡一段，规模不大，南陈集镇头堡村至淮阴闸一段是新开河道（淮阴闸下游连淮沭河）。此后至2008年，二河无治理工程。

五、淮沭新河

又名淮沭河，南北流向，上起王营镇境内淮阴闸（南通二河），下至沭阳闸，全长59.6千米，在境内由淮阴闸至徐溜镇境内北八塘河，长36千米。该河东西两堤相距1400米，中开东西两泓。东泓底高程真高3.5～4米，底宽24～30米；西泓底高程真高3.5～4米，底宽40～52米。坡比靠大堤面1:3，靠滩面真高7米以上1:7；真高7米以下1:3。设计流量每秒3000立方米，设计水位为淮阴闸下真高14.23米。开挖此河后，增辟淮河下游供水的出路，调蓄淮、沂、泗等河的水量，解决淮阴以北及连云港市的工农业用水。1976～1983年先后5次做护堤石坡，计29.2千米，干砌石块10.96万立方米，卵石和石子垫层3.48万立方米，投资320万元。1996年，淮阴县段全部做了护坡。在河塘滩地中间，筑南北中心路1条，自杨庄元宝头起至西宋集条河村吴圩桥止，全长34千米（因作用不大，已基本毁坏）。路顶宽10米，高出地面1.1米，与滩地两侧子堰形成南北三条交通干道。东西向每千米左右设机耕路1条，共25条，顶宽6米，高出地面0.8米；另东西向每200米左右增设生产便道1条，计135条，顶宽4米，高出地面0.8米。是年，建成电站24座，装机750千瓦；建成中沟机便桥涵74座，斗渠机便桥涵93座，小沟跃水桥涵138座，自排闸10座，穿中心路沟99条，穿中心路渠涵99座，农门216座，毛门1156座，毛洞1137座。两堤均铺设石子简易防汛公路。1997年7月25日至10月30日，实施淮沭河西堤应急处理工程。对渔沟大桥南12.2千米～12.8千米段600米淮沭河大堤进行两级导渗处理，10.0千米～10.5千米段500米淮沭河大堤进行灌浆处理。1998年6月，增筑12.2千米～12.4千米段。1999年，完成东堤徐溜段截水沟砌筑工程，完成淮沭河塘子埝加固68千米，土方110万立方米。

2003年，淮沭河漫滩行洪时，由于洪水流量大、持续时间长，滩地农田全部受淹，行洪时洪水对滩地冲刷严重，致滩地子堰决口，滩地内排灌泵站、排涝涵洞、偏泓生产桥、滩地子堰及滩地内部沟渠桥涵等建筑物损坏严重。区政府投入606万元，用于圩、闸、站修建。2004年1月拆除、重建境内淮沭河西洼地跃进河调度闸、夏东自排闸老化严重的建筑物，工程投资458万元。2005年5～10月，对淮沭河滩地水毁一期工程进行修复。工程项目包括加固西偏泓宋集桥、花园站排涝洞、河东中排灌站，拆建蒋口北排灌站，加固蒋口南站、刘洼南站、刘洼北站、桃园南站、桃园北站、花园西站、河东北站、韩庄泵站、张庄排灌站、吴圩泵站、条河泵站、条河中排灌站；拆建淮沭河滩地内部桥梁6座、排灌涵洞24座、涵闸18座。一期工程概算投资428.4万元。

2007年，实施淮沭河滩地水毁二期工程。投资253.79万元，先后加固淮闸泵站、干闸排灌站、蒋口南站、韩庄泵站、条河北站；建生产桥2座，维修袁集桂塘自排洞、渔沟3座涵洞、五里3座涵洞及花园大桥、徐溜4座涵洞、条河自排涵洞、偏泓文庵桥、老淮泗路桥、韩宋路桥及生产桥等。2008年，完成淮沭河东堤12千米防汛道路维修工程，投资40万元。

六、六塘河

由泗阳县至西宋集镇王码村入境，经徐溜镇、古寨乡，长30千米，标准流量每秒326立方米，上游排涝水位8.04米，河底宽20米，向东经武障河汇流入灌河。服务于灌溉、排涝及民运。1978年无治理工程。1983年冬，疏浚总六塘河泗阳县程道口至庄滩越闸段，长14千米，排水能力每秒476立方米。1984～2008年无治理工程。

第二节　区内河道

一、张福河

张福河是明代因黄河夺淮后堵塞张福口，康熙及其之后又因导淮水至清口而疏浚的一条河。20世纪80年代，张福河上起赵集镇境内洪泽湖，下讫王营镇杨庄村，长28千米，流域面积107平方千米，流量每秒53立方米，排涝水位为上游12.5米、下游8米，河底高程为上游8米、下游8米，河底宽15米，边坡1:3。1978～2000年无治理工程。

2001年11月，全区投入民力10.8万人，投入机械530多台（套），投资3000多万元，成立3个指挥部对张福河、砂礓河、跃进河进行全面疏浚，其中张福河疏浚工程长20.7千米。2002年1月1日，实施张福河船闸加固工程，6月18日竣工并投入运行，总投资107.43万元。是年4月10日，实施张福河一期整治工程，7月20日竣工。2003年11月，实施张福河二期整治工程，2004年4月完工，总投资246.89万元。2005～2008年，张福河无治理工程。

二、赵公河

赵公河，上起吴城镇河滩村，下讫韩桥乡境内洪泽湖，流经吴城、南陈集、韩桥等3个乡镇，长11.3千米，面宽10米，河底高程9米，底宽10米，边坡1:3，流域面积56平方千米，排涝能力每秒26立方米。1978～2008年，无治理工程。

三、跃进河

跃进河是为了适应淮沭河水势而开挖，用于调整解决运北淮沭河西的排水问题。上起中运河凌桥乡豆瓣集，下至六塘河西宋集镇地下涵洞，流经三树、渔沟、吴集、西宋集等4个乡镇，南北流向，长33.6千米，排水面积167平方千米，流量每秒74立方米，排灌水位上游10.25米，下游8.2米，河底高程上游

7.83米，下游4.5米，底宽6～21米，边坡1:3。该河于1958年按沂南地区排涝频率20%的标准设计，挖土328万立方米。1959年冬，由国家补助少量经费继续施工，但排水效能很低。1972年列入治淮附属工程，疏浚土方161万立方米，支河打拆坝7万立方米，共增62万立方米。沿河接长桥7座，改建2座，支流跌水22座，西南洼地开挖大沟3条。2003年11～12月初，全区21个乡镇筹资353万元，区级以上投资500多万元，采用分标段招投标方式，承包给4个单位施工，出动机械100余台（套），完成区级骨干工程跃进河清淤疏浚39.04千米131.3万立方米任务。该工程全部由机械施工。2004～2008年无治理工程。

四、渠西河

渠西河是1958年新开的一条排水河道，南北流向，上起王营镇杨庄村，下讫西宋集镇六塘河地下涵洞，流经王营、渔沟、吴集、西宋集等4个乡镇，受益人口18.5万人，排涝面积160平方千米，流量每秒80立方米，排灌水位上游9.31米、下游8.1米，底面高程上游6.4米、下游4米，底宽3～5.3米，边坡1:3。该河在淮沭河以西，沿淮沭河大堤，排泄东西宽5千米、南北长35千米之水，地形狭长，南洼北高，沿途多系粉砂土壤，河口河坡不稳定，雨淋沟塘很多，中沟入水处跌差大，冲刷严重，水草丛生，淤淀严重。1958～1971年的14年中，由国家投资开挖5次。1975年，省治淮指挥部批准疏浚渠西河，并补助经费35万元，以及成品粮435吨、煤1406吨、水泥400吨、木材20立方米、钢材20吨，动员杨庄、张集、丁集、五里、刘老庄、徐溜、古寨、宋集、汤集、北吴集、韩圩、渔沟、袁集、三树、蒋集15个公社19455人，再次进行疏浚，是年12月8日开工，实做土方135万立方米。1997～2008年，渠西河无重大治理工程。

五、渠东民便河

渠东民便河，是利用旧便民河总河的中段，加以疏浚、拓开，改名曰民便河。上起王营镇境内三干渠北堤，下迄徐溜镇境内北六塘河口，长36.2千米，排涝能力每秒116.1立方米，水位上游9.96米，下游7.2米。河底高程上游7.96米，下游1.0米；底宽7～16米，边坡1:3。1959年淮沭河开挖后，截断民便河，因淮沭河东排水的需要，沿淮沭河东堤开挖一条渠东河，在五里乡的刘洼村与旧便民河相接，又在古寨乡的金口向北经万柳、严圩二村之间新开河道，入北六塘河。1972年10月25日，成立渠东民便河指挥部，动员民工1.39万人疏浚、开挖该河。涧桥以北14.4千米河道疏浚土方200万立方米，涧桥以南至二大沟节制闸北7.5千米，疏浚土方26.4万立方米，投资48.07万元。河道疏浚工程于1973年1月20日竣工，实挖土方200万立方米。河道配套工程有友谊支渠渠首闸1座、徐（溜）古（寨）路民便河机桥1座、徐古路贴堤渠机桥1座、古（寨）钱（集）路民便河机桥1座、友谊民便河便桥1座、古西民便河便桥1座、古西贴堆渠便桥1座，二至三条中沟合建跌水1座。渠东民便河工程总投资75万元。

2007年，渠东民便河上游段河道疏浚，长11千米，完成土方51万立方米。2008年，民便河无治理工程。

六、孙大泓

孙大泓系古运河故道，由南向北，是境内盐河以北、淮沭河以东主要排涝河道之一。流经王营、棉花庄、丁集、刘老庄等5个乡镇，下接涟水县杰勋河，长27千米，受水面积126.38平方千米。1978年无治理工程。1981年2～4月，动员张集、

图8-2-1 综合治理后的孙大泓

刘老庄等公社民工1200人，疏浚淮涟交界段，投资2万元。是年11月至1982年6月，疏浚孙大泓老张集、刘老庄、棉花庄3公社地段。1982年6月，动员蒋集、三树、码头、高堰、赵集、南陈集、南吴集、杨庄、渔沟、北吴集、汤集、徐溜、五里、古寨、刘老庄、袁集、小营、棉花庄、王兴、新渡、老张集、和平、武墩23个公社1.4余万人，疏浚孙大泓，长9345米，投资24万元，粮食360吨，完成土方116万立方米，工日588247个。1984年2月，动员刘老庄、老张集、大兴、棉花庄、丁集等5个乡的民工对四干渠北至五兴桥一段进行疏浚，全长5300米，投资0.99万元，完成土方21.13万立方米，于3月3日竣工。该河经过多次疏浚后，排涝能力达到10年一遇标准。2006年，为彻底解决孙大泓脏、乱、差现象，区政府投入100万元，组织施工单位清理河道沿线障碍物。2008年，投资70万元，完成城区孙大泓南段清淤工程。

第三节　沿湖水利工程

境内濒临洪泽湖的有赵集、韩桥两个乡镇14个村。中华人民共和国成立后至1978年，先后8次加固洪泽湖大堤淮阴段。1978年，洪泽湖大堤管理职能全线收归于省，由省属三河闸管理处洪泽湖大堤管理所统一管理。1985年，境内的护堤员由沿堤的乡或村选，大堤管理所每年定额补助堤防管理费。工作人员每半年对湖堤沉陷和渗水观测一次。1986年，县内设立洪泽湖堤防管理所。至1996年，湖堤县内段长度为23.4千米（从码头镇石工头北至洪泽县老堆头），归设在高堰的县湖堤管理所管理，采取专业人员和当地群众共同管理方式。1997年，对头堡洞进行加固，浆砌石坡380立方米，干砌石块51.6立方米。1999年，组织运南片赵集等4个乡镇2万民力加固洪泽湖挡浪堤15千米，完成土方70万立方米。2000年2～12月，实施临湖洼地治理工程，总投资273.68万元。工程项目为拆建赵公河东站、洪湖站、分洪东站，建南圩中站、洪湖南圩涵洞、石庄圩涵洞、南圩交界涵洞、分洪南圩涵洞及迎湖挡洪堤1千米，更新老场站、分洪下站及管理设施，建临湖灌区管理所办公用房500平方米。工程利用国债资金170.7万元，专项建设基金15.7万元，市级资金51.5万元。工程由淮阴县水利工程队实施，因县级配套资金未到位，石庄圩涵洞、南圩交界涵洞、老场站和分洪下站未实施，共拆建泵站4座，装机4台共170千瓦，更新泵站2座，装机3台共165千瓦，新建配套引排洞4座，在洪泽湖进圩挡浪堤上建干砌块石护坡1千米。

2001年12月，实施码头镇北湖大堤封闭工程，2002年2月工程完成并投入试运行，总投资560.23万元，修复堤长1.89千米，采取打坝抽水结合张福河疏浚复堤方案，不足土方在堤后征地取土，取土区远离大堤堤脚，不影响堤身安全。大堤设计断面为堤顶高程19.0米，顶宽8.0米，边坡1:3，在迎水面18.0米、背水面17.5米处分别加筑6米宽平台1道。堤顶铺设3.5米宽20厘米厚泥结碎石防汛道路，并建堤上配套排涝洞1座。2003年12月至2004年 4月，实施泵站改造工程，总投资238.6万元。工程项目有头堡、四堡、八堡3座泵站拆建，三堡泵站拆建并延长穿堤涵洞，头堡涵洞接长。泵型均为500QHB0.6-8型，配75千瓦电机。头堡泵站设计流量每秒1.51立方米，配泵3台；三堡泵站设计流量每秒0.61立方米，配泵1台；四堡泵站设计流量每秒1.52立方米，配泵3台；八堡泵站设计流量每秒0.41立方米，配泵1台，完成洪泽湖大堤桩号0+000—17+500段狗獾洞、雨淋沟处理工程。2004年，投资365万元，实施洪泽湖穿堤建筑物工程，主要有洪泽湖大堤头堡排涝洞加固工程，头堡、三堡、四堡、八堡电灌站及穿堤涵洞拆建工程；投资290万元，实施洪泽湖挡浪堤护坡工程，至湖底护坡2.5千米。是年，投资906万元，实施韩桥保庄圩工程。该工程圩堤长5.1千米，总土方量25万方，圩堤设计堤顶高程17.5米，顶宽6米，圩堤迎水坡1:3，背水坡1:4，圩内建配套排涝泵站2座，旱闸3座。该工程共安置移民324户1252人，可保护面积1.64平方千米，保护圩内2个行政村2500名群众安全渡汛，同时可安置4500名群众临时避洪。

2008年，投资918万元，完成洪泽湖周边防堤加固1.24千米、护坡3.21千米、涵闸17座、泵站3座。

第四节 杨庄水利枢纽

杨庄水利枢纽位于境内杨庄街西侧，为中运河、里运河、二河、淮沭河、盐河、张福河、废黄河等7河交汇处。

中运河尾闾北岸有盐河口，口内有双金闸，临运口有钳口草坝，为中运河减涨处，并为淮阴盐河之上源。中运河水又东流，至杨庄入旧黄河槽，即淮、运与黄河相通之处。民国23年（1934），开新运河，引中运河水，自杨庄直出到中码头，沟通里运河，在新河北端，建淮阴船闸1座，缩短航程10余千米。民国25年，在废黄河上建五孔活动坝一座，分洪每秒500立方米，抗日战争期间遭到破坏。新中国成立后，先后建成分淮入沂、淮水北调等大型水利工程，同时配套建成淮阴闸、淮涟闸、淮阴船闸、复线船闸、盐河闸、盐河船闸等10余座船闸。1952年修复杨庄活动坝和淮阴船闸。1958年实施分淮入沂、淮水北调工程，开挖二河和淮沭河，截断张福河并拆除福兴、正越二闸。1959年在淮沭河口门建成淮阴闸，计30孔，总净宽300米，分洪每秒3000立方米，向北送灌溉水每秒440立方米。同年于闸右侧建淮涟渠首闸，由淮涟干渠向北输运水每秒110立方米，解决淮阴、涟水部分地区灌溉用水问题。同期于盐河入口处建盐河闸，规模为9米×3米+3米×4米（发电），在保证闸下200平方千米区间排涝情况下，该闸最大流量每秒270立方米；左边的三孔结合发电，年发电量700万度。1961年，在盐河闸右侧建盐河船闸，规模为135米×10（12）米×2.5米。是年，整治京杭运河，在淮阴船闸的右上方，建大船闸一座，规模为230米×20米×5米，中、里运河航运更为方便。其过载能力按2000吨拖驳设计。1963年，为解决废黄河泥沙出路，在瑶河口建瑶河闸，上设沉沙地，达到过水但泥沙不流入张福河，设计排洪每秒152立方米。在码头镇北2.5千米处张福河口建码头船闸，规模为100米×8（14）米×1.5米，既防洪又通航，达到过船不过水的目的。1965年，于闸左侧建淮沭河船闸，规模为135米×10（12）米×2.5米，沟通淮阴至沭阳的航运。1978年以后进行扩建或改造维修，包括淮阴船闸的复线船闸和三线船闸。以上船闸及水系构成既能分淮入沂，又能淮水北调、江水北调，且能发挥抗洪泄洪及小水利和发电等功能，形成极具特色的杨庄水利枢纽。1979年在杨庄活动坝的左侧175米处，建杨庄水电站1座，12台机组装机1920千瓦，年发电量700万～1100万度。1986年在淮阴县小船闸位置上，又新建复线大船闸1座，规模为230米×23米×5米。在3平方千米内、8条河道上分布水工建筑物12座，形成杨庄水利枢纽。1987～2008年，此枢纽无重大维修工程。

第三章 涵闸泵站

第一节 涵 洞

一、头堡洞

位于二河大堤北段的南陈集镇境内，建于1959年，排涝面积11.33平方千米。结构形式系全部浆砌条石和干砌条石1.1米×2.5米的双孔污工涵洞。设计流量每秒17立方米，设计闸上水位13.3米，闸下水位13米，单孔净宽为1.1米×2.5米，闸底高程11米，闸顶高程13.5米。1978～2008年，无重大维修工程。

二、六塘河地下涵洞

六塘河地下涵洞上口在西宋集镇汪渡村，下口在徐溜镇涵洞村，位于总六塘河入淮沭河口东侧，建于1959年5月，完成土方113万立方米，砼6.9万立方米，总造价1270万元。可排除淮沭河以西部分地域和渠西河、跃进河、淮泗河的来水，受益面积486.5平方千米；同时担当挡蓄部分地面倒流和回归之水的任务，以利灌溉沿岸农田。地下涵洞计12孔，其中北3孔为高排孔，建有导流墙与低排孔隔开，以利排泄淮泗河和流域比较高的170平方千米的涝水；其余9孔为排渠西河、跃进河承受的316.5平方千米的洼地涝水。地涵设计流量为每秒223立方米，其中3个高孔每秒67立方米。地涵单孔断面3.4米×3.4米。洞底高程是进水口4米，出水口1.0米；洞顶高程是进水口12.5米，出水口9.0米；胸墙底高程是进口7.4米，出口4.4米。地涵中断最低处-4.8米。洞身总长500.22米，从淮沭河底下穿过。1978～2008年，此涵洞无重大维修工程。

三、四堡洞

位于南陈集镇境内二河西堤上，建于1965年3月26日，投资4.44万元。1982年，由于堤身呈弯曲现象，改建设计标准，洞加长10米，在原下游消力池（真高10.25米）处增做洞身，原上下游扭曲坡改为重力式挡土墙，增加护底、护坡，改建经费10.6万元，用水泥191.72吨、木材6立方米、钢筋4.32吨。设计排水流量每秒14.6立方米，设计闸上水位14米，闸下水位10.5米；1孔，单孔径为2.5米×2.5米，闸底高程9.5米，闸顶高程12米。改建后，洼地排涝面积733.33公顷，灌溉面积2000公顷。地面真高一般为15米。1983～2008年，此洞无重大维修工程。

第二节　水　闸

一、废黄河杨庄活动坝节制闸

位于城西5千米处，在王营镇杨庄活动坝水利发电站右侧350米处，坐落在废黄河上。建于1936年，时为控制淮、沂、泗洪水，建5孔活动坝1座，分洪每秒500立方米。单孔净宽10米，闸底高程8.5米，闸顶高程16.5米，胸墙底高程13.6米。在抗日战争中，活动坝悉遭破坏。1951年国家拨款61万元，修复活动节制闸，1952年2月完成。1978～2008年，此闸无重大维修工程。

二、夏家湖进水闸

位于凌桥乡豆瓣集村东200米的中运河北堤上，建于1951年。闸底高程为10米，孔径1.2米×1.2米，设计进水流量每秒9立方米，灌溉跃进河以东、渠西河以西、北至渔沟镇的土地，灌溉面积800平方千米。1966年新建夏西电站，此闸移交县鱼种场，为鱼种场引水之用。1966年1月18日，夏家湖进水闸扩大，建造西闸，工程经费5.8万元，于1966年建成。设计灌溉10个流量，设计水位闸上12.2米，闸下11.5米，孔2个，单孔净宽和高为1.6米×2.7米，闸底高程8.0米，闸顶高程16.5米，可以改善灌溉面积513.33公顷。1978～2008年，此闸无重大维修工程。

三、竹络坝进水闸

位于三树镇三坝村小闸段中运河东岸。于1957年6月20日验收交付使用。工程总造价1.81万元。灌溉设计流量每秒26立方米，设计闸上水位12米，闸下水位11.8米，孔数3个；单孔径为2.5米×2.5米，闸洞底8.0米，闸顶高18.0米。1978～2008年，此闸无重大维修工程。

四、淮阴闸

位于王营镇杨庄村境内的淮沭河与中运河交汇处，是淮水北调分淮入沂的枢纽工程之一，属Ⅲ级建筑物。该闸由江苏省水利厅勘测设计院于1958年4月设计，江苏省水利厅第二工程队负责施工，1958年7月16日开工，1959年10月13日竣工。在淮沭河非常洪水年份，可泄放从二河来水流量每秒3000立方米，经淮沭河入新沂河转而入海，在一般年份可挡洪水入淮沭河滩地，使0.33万公顷农田免遭淹没。引水灌溉流量每秒440立方米，保证46.27万公顷农田灌溉，还调节航运水位，使中运河常年满足通航要求。

图8-3-1　淮阴闸

闸共30孔，每孔净宽10米，总宽345.4米，每两孔做成一块底板，共15块，底板高程6米，胸墙底高程14.5米，闸净高8.5米，闸顶高程17米。钢架钢丝水泥面板呈弧形，闸门4×15吨卷扬式启闭机。设计流量每秒3000立方米。闸墩上游面设计工作桥，桥面高程27米，宽4.6米；做插板槽上设小工作便桥，桥面高程17米，宽2米。下游面设计公路桥按汽–10设计，拖–60校核，桥面净宽7米，下设人行道，两岸岸墙为扶壁式，长20米，高11米，共5格。上游乙墙为浆砌块石重力式，圆弧扩散，两格，半径20米、30米。上游钢筋混凝土护坦长25米，按干砌块石护坦长30米；下游乙墙为浆砌块石重力式，喇叭口扩散，高9米，仍用块石护坡；下游消力扩长17米，干砌块石护坡长35米，工程造价722万元。1968年曾对该闸11、12、13、14等孔闸墩进行喷浆加固处理。1974年因原木质闸门腐烂严重，改换成钢网水泥面板闸门。该闸建成后，泄放最大流量在1991年7月10日，为每秒1000立方米，因没有遇到淮河非常洪水年份，分淮入沂效益还没有充分发挥。该闸设计灌溉面积46.27万公顷，实际达到灌溉面积31.33万公顷；运行后，没有发现严重损坏现象，主体工程尚可达到原设计标准。1978～2008年，此闸无重大维修工程。

五、盐河闸

图8-3-2　淮阴盐河闸

位于王营镇杨庄村境内的盐河上，距市区10千米。工程于1958年7月23日开工，1959年4月20日竣工。工程造价137.1万元。其作用为灌溉该地区17.2万公顷农田；控制中运河及淮沭河的洪水不改道入盐河，保证闸下200平方千米地区不受洪水淹没；利用进水闸蓄水发电，解决该地区电力紧张矛盾。进水闸设计水位为上游真高14.6米，下游真高9.0米。进水闸与开敞式涵洞结构共13孔，每孔净宽3米，墩厚0.5米，共44米，分4块座板，3孔一块，每块11.0米。涵洞长20米，进水口1.5米，真高6.8米。随后按1:2坡度下降至真高6.3米，至出口处设有0.5米高的消力坝涵洞，洞顶真高11.85米，上面填土至14.6米，胸墙厚度0.3米，底部11.0米，顶部与便桥相平，真高15.8米，便桥宽5.5米，按2吨荷重设计。上下游为重力式浆砌块石翼墙，墙底板为混凝土，上下游各分5块施工。上游护坦度1:4，下游护坦度3:10，上下游护坦坡均以块石做至防冲柜为止，坡度均按1:3.5，厚度0.4米。闸身上游设有40米护坦（厚为0.4米），其中20米为干砌块石，20米为混凝土。混凝土护坦分两层浇筑，下层30厘米为140号混凝土，上层9厘米防渗层为90号砼，中间夹1厘米柏油（油毛毡）。防冲柜3米。闸身下游设有混合消力池，前面5米倒滤层为140号砼，后面15米灌砌块石，砂浆标号为110号，池面设有17米干砌护坦，厚度为0.4米，3米防冲柜。涵洞为闸门，其面积为4.5×3.38平方米，真高6.8米～11.3米，12扇，每扇设启闭机1台，每台为6吨手摇直立齿轮启闭机。该闸用料：钢筋165.24吨，块石6819.11立方米，混凝土6266.2立方米（包括浆砌4432.66立方米，干砌2165.47立方米，条石220.98立方米）。1978～2008年，此闸无重大维修工程。

六、淮涟进水闸

位于王营镇杨庄街西北首，距淮阴闸200米。1958年10月开工，土方工程于是年12月14日完成，混凝土浇筑推迟至1959年1月15日开始，至当年4月2日完工。全部工程于1959年4月20日竣工。总造价60.9万元。为淮阴区（部分）、涟水县灌溉用水的渠首，引二河之水，灌溉范围北至六塘河，南至盐河，西到淮沭河，东至盐河，灌溉面积7.93万公顷。该闸孔净宽24米，分6孔，每孔4米。闸高3.5米，上设胸墙，采用开启式小孔径结构。闸底板高程7.5米，闸顶高程15.8米。公路桥、工作桥及墙面填土为15.8米，另建1.2米挡流板栏杆。闸门采用平板式木闸门，以6吨手摇螺杆式启闭机操纵。全部工程完成混凝土2751.3立方米，浆砌块石4457.8立方米，干砌块石11160立方米，木闸门6扇，6吨手摇启闭机6台，土方137045立方米。工程原设计为进口水泥、钢筋混凝土砼结构为主，后因节约钢筋及进口水泥，改修设计，采用以当地水泥混凝土结构为主。此闸由省淮沭河管理处管理。1978～2008年，此闸无重大维修工程。

七、钱集闸

位于淮沭河东堤、六塘河地下涵洞北侧（原六塘河南岸），坐落在徐溜镇涵洞村。1959年11月下旬开挖闸塘，1961年3月中旬竣工。工程总造价154.97万元。此闸是分淮入沂、淮水北调的工程之一，同时担负排除淮沭河以东，总六塘河西674平方千米的涝水，且在特大洪水的时候，可分泄骆马湖洪水每秒300立方米，每秒600立方米校核。该闸9孔，每孔净宽4米，1块座板，每块座板为Y闸塘。闸板宽1.1米，滨于底板中间，两旁悬臂5块，闸身内总宽44.8米，闸底板长18米，上设公路桥及工作桥。闸底高程4.6米，闸顶高程15米，上游护坡至下游护坡总长139.5米。闸身混凝土结构，上游翼墙墩为80号，浆砌块石护坡墩分别为80号和浆砌块石及干砌块石结构。闸门为钢架木面门，计9扇，用8吨启闭机启闭。1978～2008年，此闸无重大维修工程。

八、淮涟三干渠节制闸

位于刘老庄乡南营村三卢庄西侧，1959年始建，后因不符实际情况而拆除，重建于刘老庄乡刘皮街东首三干渠上，建成于1971年，工程造价10.65万元。该闸的建成既调剂水位与流量，又解决淮、涟两县部分地域灌溉用水的矛盾。节制闸的水位（根据淮涟进水闸闸下水位10.9米，允许过每秒90立方米），闸上最高水位为12.5米，保证灌溉水位10.325米，闸下水位10.5米；设计灌溉流量每秒42.3立方米，设计闸上水位9.77米，闸下水位9.67米；闸孔有3个，单孔净宽和高为2米×2.7米；闸洞底高程6.8米，闸洞顶高程12.5米。工程效益灌溉农田3000公顷。1978～2008年，此闸无重大维修工程。

九、瑶河闸

位于码头镇西3.5千米、南陈集镇北2.5千米的吴城堆南，即废黄河入瑶河之七堡口门处。该闸作用为控制废黄河来自徐州市铜山、睢宁，宿迁市泗阳等地200余千米的来水，使其深水澄清，再经瑶河、张福河，流入洪泽湖，达到过水不过沙的要求，同时控制洪水冲刷张福河两岸，配合张福河船闸，封闭张福河入二河的口门，彻底解决废黄河泥沙入二河的淤积问题。1974年4月开工，10月竣工，总经费28.2万元。挖土5.3万立方米，浆砌块石2100立方米，干砌块石600立方米，混凝土及钢筋混凝土1300立方米，用水泥460吨、钢材10吨、木材45立方米、块石2800立方米、黄砂2000吨、石子2700吨。该闸6孔，每孔净宽3米，总净宽18米，总宽24米，门顶高程16.15米，闸底高程13.0米，闸顶18.0米，消力池10.0米，上门底13.0米，公路桥长18.23米、宽4.14米，工作桥长20.30米、宽2.14米。闸身结构形式为反拱板浆砌石墩；闸门结构为铜丝网扁光水泥闸门；启闭方式为螺杆手摇，启闭机6台，启闭力8吨。上游最高水位16.3米，最低水位13.0米；下游最高水位15.0米，最低水位11.0米。最大水位1.3米，最大流量每秒150立方米。2000年，为防止废黄河泥沙继续淤积二河，投入维修资金20万元。2001～2008年，此闸无重大维修工程。

十、渠东民便河蓄水闸

该闸1997年8月20日开工，1998年12月30日竣工，工程总造价191.84万元，为新建泵闸，征地0.37公顷，无拆迁和移民，1999年4月30日通过验收。工程由淮阴市水利勘测设计院设计，淮阴县水利工程队承建。该闸设计为2孔，每孔净宽5米，闸室长13米，闸底板顶面高程1.0米，闸墩顶面高程7.5米，闸上设计水位7.7米，闸下设计水位7.4米，设计标准十年一遇，设计流量每秒161立方米，建筑物等级为4级。2000～2008年，此闸无重大维修工程。

2008年淮阴区其他较大涵闸基本情况一览表

表8-3-1

河名	涵闸名称	地点	设计流量(立方米/秒)		设计水位(米)		孔径(米)		主要部位高程(米)		建成时间
			排	灌	闸上	闸下	孔数	单孔径(宽×高)	闸底	闸顶	
淮涟总干	二干渠首	袁集乡		7	10.79	10.4	2	2.4×2.4	7.2	13	1966
淮涟总干	二大沟退水闸	丁集镇	20		10.4	8.5	2	2.6×2.8	7.95	12	1966.05
竹络坝总干	四干地涵	三树镇		12.5	12	11.4	3	2.3×2.7	9.0	16.8	1972
淮涟总干	一干闸	王营镇		15	10.5	10.4	1	3.5×3.5	7.8	13.5	1972.05

第三节 船 闸

一、淮阴船闸

详见本志第七篇《交通　邮电》第一章《交通》第四节《水上交通》

二、盐河船闸

1961年5月，在盐河闸的右侧建成盐河船闸，以维持盐河通航，闸室长135米、宽12米，可通过800吨标准船队，年通航能力300万吨。1978～2008年，此闸无重大维修工程。

三、淮沭河船闸

位于王营镇杨庄村境内淮阴闸西侧，1965年1月建成。闸室长135米、宽12米，可一次性通过800吨标准船队，年通航能力225万吨。1978～2008年，此闸无重大维修工程。

四、张福河船闸

详见本志第七篇《交通　邮电》第一章《交通》第四节《水上交通》

第四节　泵　站

一、夏家湖抽水站

位于凌桥乡豆瓣集村东，1966年建成。因电机、变压器、排涝闸启闭机等设备年久失修，夏家湖抽水站维修工程于2001年2月22日开工，5月23日竣工。该工程市水利局下达经费241.93万元，其中省补94.66万元，市配套73.6万元，县配套73.6万元。工程项目：更换JSL-14-12型280千瓦电机4台（套），更换主、副变压器各1台，更新高低压配电设备及电缆线路，更换排涝闸启闭机1台；修补出水池、进水池、前池、出水涵洞等；更换拦污栅、穿堤涵洞闸门喷锌，更换配套扎钢筋砼上下扉门；河道疏浚10千米。2002～2008年，该站无重大维修工程。

二、竹络坝四干渠灌溉站

1998年11月新建，1999年3月竣工，工程投资130.67万元。工程建设项目：建泵站1座，设计流量每秒4.5立方米，设计扬程6.2米，装机3台（套）700ZLB-125型轴流泵配JC-12-8型130千瓦电机，500千伏安变压器，进水池底板高程6.02米，池宽10米；配套建四干渠节制闸1座，闸孔设计过流量每秒7.5立方米，闸上水位11.4米，闸下11.2米，闸底板高程8.5米，孔宽2.5米，孔高1.8米。工程主要利用竹络坝灌区回归水，在自流灌溉无法保证的情况下，提水灌溉，提高四干渠控制范围内2733.33公顷耕地的用水保证。1999～2008年，该站无重大维修工程。

三、淮涟四干渠排灌站

因原盐河西电站老化，设备功能下降，无配套涵洞。1999年12月25日开工改造，2001年6月5日完成，工程总投资252.95万元。工程项目主要是拆除原盐西电站，移址重建，将盐西电站与盐西涵洞站洞结合。改造后的电站设计流量每秒4.3立方米，站底板高程5.2米，装机3台700ZLB-100型轴流泵，配JSL-12-10型95千瓦立式电机3台（套）。配套涵洞位于电站南侧，单孔，断面尺寸为1米×1.5米；拆建原革新河北岸小排灌站，装机1台20ZLB-70型轴流泵配30千瓦电机及50千伏安变压器1台；改造十支地下涵洞；改造林码闸，抬高胸墙，更换钢闸门与启闭机，并在下游建消力池；疏浚革新河、引水河。2002～2008年，该站无重大维修工程。

图8-3-3　淮涟四干渠正在排涝的排灌泵站

四、码头泰山电力排灌站

位于码头镇泰山村境内。2003年，因原泰山电站泵站装机容量小，主变压器已经老旧损坏，泰山电站已不能满足当地排涝之需。改造工程于2004年3月开工，5月竣工，工程建设经费228.4万元。改造后的泵站装机总容量为440千瓦，配套630千伏安主变压器1台，50千伏安站用变压器1台。主要工程：拆建泰山电排站，建抽排流量为每秒4.56立方米的抽排涵洞；装机4台，单机容量110千瓦；配4台700QZ-70GC型潜水轴流泵；建穿堤涵洞为2孔钢筋砼箱涵，孔径1.5米×1.5米×34.2米。2005～2008年，该站无重大维修工程。

五、韩桥保庄圩排水站

2004年8月开工建设韩桥保庄圩排涝泵站和筑堤工程。南站于2004年8月12日开工，2005年1月26日完成；北站于2004年8月开工，2005年1月21日完成；东西北旱闸于2004年11月25日开工，2005年4月25日完成。工程建设经费752.8万元。工程项目包括复堤加固圩堤2.65千米；新筑圩堤2.45千米，设计堤顶高程17.5米，顶宽6米，圩内侧边坡1:3，外侧边坡1:4；建排涝泵站2座，单座泵站设计流量每秒1.87立方米，配2台600ZLB-100型轴流泵，装机机泵2台，各55千瓦；建旱闸3座，每座宽6米；配防洪叠梁门。此工程征地10.33公顷，拆迁房屋33户2369平方米。2007年4月，完成韩桥保庄圩泵站和筑堤工程全部项目，并通过验收。2008年，该站无重大维修工程。

第四章　农田水利

第一节　农田渠系配套

20世纪70年代中后期，淮阴县境内掀起兴修水利高潮，大力发展机电排灌。1978年，全县新建机电排灌站12座，增加灌溉面积0.7万公顷、除涝面积1万余公顷；1979年，采取土洋结合的方法，建中沟级以上桥涵闸533座，小沟级以下建筑物近万座。20世纪80年代，采取"以河联网、全面配套、主攻明涝暗渍、大力发展灌溉"的方针，完成整修防洪堤防200多千米，初步形成"旱能灌、涝能排"的灌排体系。1981年，拥有排灌动力机械2981台，有效灌溉面积2.42万公顷。1983年，全县井灌农田0.67万公顷，大多数村有井灌，全县有15个乡镇拥有百口井以上，用井水灌溉蔬菜田175.47公顷，有条件的农户在自己包干田地上也打井灌溉。1985年后井水灌溉逐步淡出。1987年，由于部分机泵年久失修损坏，全县排灌动力机械尚存838台，有效灌溉面积减至1.73万公顷，但随着各乡镇供电设施的发展，多数村庄通上了电，先后新建一批电排灌站，全县初步形成覆盖农村全境的电排灌网。1990年，境内西片将集、三树、渔沟、韩圩、杨庄等5个乡镇有泵机1520台。至1994年，全县有机电泵站473座，装机3.2万马力。1995年秋，省里作出加快淮北地区中低产田改造的重大决策。仅1996年，全县就投入农田水利经费754.75万元，增加灌溉面积0.27万公顷，改善灌溉面积0.2万公顷，增加除涝面积0.07万公顷，改善中低产田排涝面积0.27万公顷，增加旱涝保收田0.53万公顷，建成吨粮田0.67万公顷。

2000年后，农村农业生产的组织形式发生变化，出现许多种植大户或联合体以及土地转包等，加之大量壮劳力外出务工，境内由政府或集体组织实施的大规模农田排灌基础设施等小水利建设停止，此状况延续至2008年。

第二节　农村沟、河、渠疏浚

20世纪50年代至1978年，全县组织常年水利专业队2万人，冬春农闲又组织9万劳力突击，平田整地1.15万公顷，深翻土地15公顷，造田533.33公顷，挖土2566万立方米，新建机电排灌站12座。全县改造低产田1400公顷，增加和改善灌溉面积0.7万公顷，除涝面积1万公顷，初步建设连片综合治理样板田2.15万公顷，建设高产稳产田2.67万公顷。

图8-4-1　疏浚后的淮涟四干渠

80年代，农田水利建设提出“以河联网、全面配套”的治理原则，执行“主攻明涝暗渍、大力发展灌溉”的方针，全县渠系配套基本上形成格局。1980年，平田整地1.53万公顷，完成土方1715.3万立方米。以生产大队为单位，平整增产潜力大的农田，以腰沟为界进行平整，打埂划块，见坡就平，使所平农田达到五变，即碎田变整田，小田变大田，坡田变平田，“三跑田”变“三保田”，低产田变高产田。至80年代末，全县建旱涝保收高产稳产田4.12万公顷（平原3.68万公顷、圩区0.44万公顷），平整深翻土地4.35万公顷，有效灌溉面积5.303万公顷（其中自流灌溉0.33万公顷、井灌0.008万公顷、机灌0.045万公顷、电灌4.92万公顷）。

图8-4-2　疏浚后的淮阴竹络坝二干渠

1996年，全县拥有排涝支河6条、大沟33条、中沟578条、小沟5848条、干渠2条、支渠13条、斗渠539条、农渠4578条，机电泵站473座，装机3.2万千瓦。1996年农田水利完成投入399万元，上级有关部门下拨700万元中低产田改造资金，全县完成土方1293万立方米，增加灌溉面积0.04万公顷，改善灌溉面积0.3万公顷，增加除涝面积0.1万公顷，改善除涝面积0.4万公顷，改造中低产田0.67万公顷，新增旱涝保收田0.08万公顷，建设吨粮田0.1万公顷。1998年，疏浚大沟、支河6条，长36.1千米；开中沟2条，长12.5千米；疏浚中沟172条，长485千米；新开小沟33条，长18.5千米；疏浚小沟1243条，长621千米。开挖鱼池60公顷。1999年，完成农水骨干工程王兴革新河疏浚10千米，土方18万立方米；完成竹络坝二干渠疏浚11千米，土方20万立方米；完成古寨八支渠疏浚4千米，土方8.5万立方米。

2000年，全县共完成工程总土方1213万立方米，其中完成洪泽湖挡浪堤加固工程、王兴翻身河疏浚工程、夏家湖干渠疏浚工程、外乔河疏浚工程、宁连路及绕城段取土塘整治等5项骨干土方工程，总长22千米。面上土方工程有疏浚中沟171条、长423千米，新开小沟13条，疏浚小沟1340条。2002年，制定《淮安市淮阴区2003～2007年河道疏浚规划》，计划疏浚区级河道10条，长138.1千米，土方423.1万立方米；疏浚乡级河道151条，长415.8千米，土方608.9万立方米。1978～2002年，全区（县）完成土方13355.22万立方米。

2003年，开始推进机械化施工，全区21个乡镇筹资353万元，区级以上投资500多万元，采用分标段招投标方式，承包给4个单位施工，出动100多台（套）机械，完成区级骨干工程跃进河清淤疏浚39.04千米，土方131.3万立方米。

图8-4-3　新疏浚的县乡河道

2008年，实施区级竹络坝四干渠、竹络坝二干渠末段、小张河等3条河道疏浚，长44.8千米，完成土方141.67万立方米；实施乡级28条大中沟疏浚，长94.42千米，完成土方142.5万立方米。2003～2008年，先后疏浚区级河道15条，长193.2千米，完成土方728.98万立方米；疏浚乡级河道174条，长538.54千米，完成土方679.06万立方米。

2003～2008年淮阴区区级河道疏浚情况表

表8-4-1

年份	疏浚渠系	疏浚长度（千米）	完成土方（万立方）	投资（万元）				
				合计	省	市	区	自筹
2003	崔大泓、二大沟等2条	19.10	78.50	592.50	62.80	6.28	18.84	504.58
2004	跃进河	39.04	127.25	810.65	185.86	11.30	30.54	582.95
2005	孙大泓等5条	38.35	155.38	1041.04	279.68	15.54	15.54	730.28
2006	淮涟东西四干渠	16.95	73.40	413.24	132.12	5.87	46.98	228.27
2007	渠西河上游段等3条	34.60	152.78	860.15	275.00	—	42.61	542.54
2008	竹络坝四干渠等3条	44.80	141.67	697.89	254.99	14.85	132.81	295.24

2003～2008年淮阴区乡级河道疏浚情况表

表8-4-2

年份	疏浚条数	疏浚长度（千米）	完成土方（万立方米）	投资（万元）				
				合计	省	市	区	自筹
2003	24	50.26	70.51	510.65	28.20	4.23	7.05	471.17
2004	34	67.50	63.10	278.01	42.83	3.79	6.31	225.08
2005	20	95.95	107.00	456.80	72.65	6.42	10.70	367.03
2006	31	110.20	132.62	600.68	159.14	7.96	55.70	377.88
2007	37	120.21	163.33	721.92	196.00	9.80	9.80	506.32
2008	28	94.42	142.50	561.59	171.00	—	8.55	382.04

说明：1978～2002年区（县）、乡河道疏浚情况无记载。

第三节　节水灌溉

20世纪70年代后期，境内农业水利灌溉有较大改善，但渠道多为土渠，输水损失大、渗漏严重，土渠水利用系数极低，一遇干旱年份，灌溉用水十分紧张。此种土沟土渠灌溉条件一直持续至80年代中期。1984年，境内开始探索节水灌溉方法，启动节水灌溉示范工程，如中低产田改造项目、淮涟灌区和竹络坝灌区节水改造项目、小型农田水利项目等，累计建防渗渠3条13.5千米、防渗斗渠1180条980千米，经费分别由国家、省、市、县及群众分担。1985年，全县推广蒋集乡、王兴乡水土保持的经验，即结合水利建设，搞好渠堤绿化。至1996年，全县在堤渠植树199.71万株。古寨乡万柳村五组村民樊成洪，1985年3月和村组签订承包友谊渠及建筑物合同，承包期为10年。由于责权利明确，是年栽树苗2000棵，经过精心管理，成活率90%以上。

1999年，全县在沟渠路边植树170.6万株，以防水土流失。2000年，建成淮涟灌区节水改造工程，完成中低产田改造、古寨南片和果林场片的节水示范片建设，共栽植意杨万株。2006年4月，淮阴区被省委、省政府确立为首批节水型社会建设试点地区。2007年，淮阴区先后在渔沟镇杨庙、新渡乡佟洼、丁集镇潘谈等村建立高标准节水灌溉示范片，其中渔沟镇杨庙境内的淮安市水文科技示范园建设面积146.67公顷，园区内规划稻麦轮作120公顷，商品蔬菜区26.67公顷，建成防渗渠道23条11.7千米，另建成沙土小沟混凝土透水板护坡2条1.2千米，建高标准钢架大棚72个，有13.33公顷蔬菜建设微灌设施。至2008年，全区建成斗渠以上砼防渗渠道1072.84千米，防渗率24%，有效灌溉面积5.28万公顷。通过加强以防渗渠道建设为重点的农田水利建设，渠系水利用系数达到0.58。

图8-4-4　改造中低产田修建防渗渠道施工现场

第四节　低洼地治理

【夏家湖洼地】 1958年冬开始治理，先是按低标准开挖渠西河、跃进河。1959年，在夏家湖圈圩40平方千米，新建夏家湖东电站，装机1040千瓦，抽水每秒12立方米，国家投资94万元。1963年和1964年，先后疏浚跃进河、渠西河，国家投资约30万元。1964年又在夏家湖西部洼地圈圩20平方千米，新建夏家湖西电站，装机容量650千瓦，流量每秒6.5立方米，国家投资42万元。淮西区域地形中高南低，原建工程不能彻底解决排涝问题，加上粉沙土质，田面易冲毁，河道易淤塞，1960～1971年，国家投资170万元，疏浚渠西河，接长桥20座，新建夏家湖南电站，在包河上段西岸洼地圈圩34平方千米，新建18座圩工泵电排站和三树降压站，装机1163千瓦。

【跃进河西南洼地】 1958年淮沭河开辟后，切断了向盐河排水的出路。1972年，淮沭河西侧疏浚跃进河等高截水向北排入六塘河地下涵洞。为尽快把三树、凌桥南部洼地建成高产稳产农田，1972年实施洼地排涝工程，将西部2.88平方千米高水穿过一干渠，截走一干北大沟；为减轻电排站的压力，将原一干四支以西11.5米高程以上地面来水，用桥河自排流入跃进河。东部特洼地带的1.96平方千米已于1971年建电动圬工泵站向跃进河打水；原电站范围缩小至东到跃进河，北至一干渠，西沿四支渠，南到桥河，面积为15.8平方千米。四干渠以西磨盘村南部洼地0.97平方千米，圈圩建站，向桥河排水。1978～2008年，无重大治理工程建设。

第五章　灌　区

第一节　临湖灌区

临湖灌区北抵中运河，南临洪泽湖，东界二河，西至淮泗河。灌区内有韩桥、赵集、吴城、南陈集、码头等5个乡镇、61个村（居委会），人口19万人，劳力10万人，总面积246.7平方千米，可耕地面积12388公顷。

一、除涝降渍工程

1978年，灌区内两条支河（张福河、赵公河）均有引、排、通航等能力，在支河控制的170平方千米范围内，有圩子45个、电站114座、电机122台，装机容量6085千瓦，其中排灌结合站35座，容量为3225千瓦。80年代后泵站设备老化，排涝附属工程又不配套，达不到原设计标准，还有20%的海平面高程14.5米以下地区，没有提排能力。至1996年，建成大、中、小腰沟等四级排水系统，建有配套建筑物，其中渠道320千米，建筑物2191座。2008年，排灌水系的土方工程配套较为完善，但内部配套建筑物不足。

2008年淮阴区临湖灌区排涝渠道一览表

表8-5-1

级别	长度（千米）	间距（米）	深度（米）	底宽（米）	边坡	条数	流量（每秒立方米）
大沟	98.5	1500	4	5～3	1:2.5	12	35
中沟	492.0	500～100	3	2.5	1:2	123	15
小沟	705.6	150～200	1.5	1	1:2.5	1176	3.2

二、灌溉工程

1978年，灌溉水源主要靠洪泽湖水，部分地域用废黄河和中运河之水。至1996年，有效灌溉面积16933.33公顷，实际灌溉面积13333.33公顷，水田占40%，旱地占60%。灌溉配套建筑物有支渠首16座、支渠涵10座、斗渠首30座、斗渠涵56座、农渠首219座、农渠涵109座。1994年10月，疏浚赵公河、张赵调度河，投入劳力2.3万人，用工日47.5万个，完成土方58万立方米。该河疏浚后，韩桥、南吴集、南陈集等3个乡改善农田排灌条件0.4万公顷，改造中低产田0.11万公顷，增加旱涝保收田520公顷。至2008年，无重大水利工程建设。

2008年淮阴区临湖灌区各级灌溉渠道一览表

表8-5-2

级别	条数（条）	长度（米）	间距（米）	深度（米）	底宽（米）	边坡	流量（每秒立方米）
支渠	2	6000.0	—	2.0	1.5	1:2	3.5
斗渠	110	297.0	500～700	1.5	1.0	1:1.5	0.5～1.5
农渠	664	385.2	150～200	1.0	0.5	1:1	0.03～0.1

第二节 竹络坝灌区

竹络坝灌区位于淮沭河西岸，北抵六塘河，西邻淮泗河，南临中运河，总面积333.6平方千米，耕地面积18099.6公顷。灌区内有西宋集、吴集、渔沟、三树、凌桥等5个乡镇，121个村（居委会），19.8万人口，劳力6.5万人。

一、除涝降渍工程

1978年，灌区总排水出路是由跃进河、渠西河两支河经六塘河地下涵洞入北六塘河。灌区地面较为平坦，中沟间距较密，排水系统采用支河、大沟、中沟、小沟、腰沟等五级沟网，依灌区南高北低的地形，支河由南向北的势态（支河间距五千米左右），中沟直入支河，由西向东，对部分特殊地区适当增设大沟。至1996年，灌区内的圩洼地，均采用自排和拦排相结合，如夏家湖洼地、西南洼地都设有电排站，向中运河和淮沭河提排。1996～2008年没有变化。

1996年淮阴县竹络坝灌区排涝中小沟情况表

表8-5-3

级别	条数	间距（千米）	底宽（米）	深度（米）	边坡	总长（千米）
中沟	135	0.5～1.2	2	3	1:2.5	607
小沟	1966	0.16～0.3	1	2	1:1.5～2	1376.2

二、灌溉工程

1978年，灌区规划标准是以运河正常水位13米、较枯水位12米来确定的。地面高程在11.5米以下为自流灌区，11.5米以上为提水灌区。灌区渠首闸中运河左岸为开敞式，3孔，孔径为2.5米×2.5米，方形，重力式、浆砌条块石闸墩墙。闸设计水位上游12米，下游11.8米，设计流量每秒20立方米。灌区渠系采用干、支、斗、农四级渠道。引水建筑物有竹络坝进水闸（1957年建），年设计引水总量2.5亿立方米，正常年引水为1.5亿立方米；夏家湖豆瓣集进水洞（1965年建），其控制面积30平方千米（包括王营、凌桥、三树等乡镇和淮三路以南地区），设计流量每秒8立方米，其结构为钢筋砼6洞，块石墙，洞门为2孔，孔高2.7米，孔宽为1.7米，底板真高为8米。

1996年，该灌区有效灌溉面积15333.3公顷，占总耕地面积的75%。全灌区有干渠首闸2座、支渠首闸3座、斗渠首闸106座、农涵首闸896座；干、支、斗渠上的节制闸106座，其中干渠上1座、支渠上6座、斗渠上99座；退水闸4座，灌溉站84座，其中单灌机站10座10台机组74千瓦；单灌电站60座62台机组1754千瓦；灌排结合站14座22台机组899千瓦。2005年，竹络坝灌区续建配套与节水改造设施。是年，实施一期项目。疏浚竹络坝总干渠9千米及混凝土护砌2.5千米；新建竹络坝三干渠首涵洞及渠首泵站；建竹络坝三干渠防渗渠4.35千米，配套放水口门6座、生产桥8座、渡槽2座；吴集业庙支渠衬砌2.9千米，配套生产桥9座、放水口门10座；拆建渔沟镇何庄泵站、吴集镇淮泗村泵站及淮泗村三组泵站；新建竹络坝灌区管理房600平方米及管理设施。

2006年实施二期项目，建吴集泵站工程，设计流量每秒4.47立方米；二干渠吴集段防渗工程，砼衬砌6.52千米，配套支渠首9座、生产桥9座；竹络坝二干渠上段疏浚整治11.6千米，拆建沿线生产桥4座；拆除包河涵洞。

2007年实施三期项目，渠道衬砌5条，总长15.67千米；新建渠首建筑物四干渠渠首泵站、西宋集六塘河泵站；疏浚干渠1条，长8.3千米；新建西宋集、吴集两镇泵站2座，拆建三树、渔沟两镇泵站2座；拆建总干渠桥梁1座、四干渠沿线支渠首8座。

2008年实施四期项目，渠道衬砌5条，总长15.2千米；新建兴旺中沟跌水1座，拆建三岔排涝站1座。是年实施五期项目，支渠级渠道衬砌21条，总长46.81千米。末级渠系配套2片，灌溉面积556.67公顷，配套衬砌农渠17千米、土渠15千米。新建吴集六中沟跌水1座，新建骨干排涝河道桥梁5座，拆建小型灌溉泵站10座。疏浚河道27条，总长131.1千米。新建凌桥乡三堡斗渠、吴集后荡斗渠、淮西斗渠、刘桥斗渠等4条混凝土防渗渠道7.43千米；淮西片防渗农渠5条2千米，后荡片防渗农渠10条4.8千米。拆建凌桥乡三堡东站、磨盘小电站，三树镇高尚北电站、渠北电站，渔沟镇蒋桥八支泵站，西宋集镇刘桥泵站、汪渡泵站等7座电灌站，小型配套建筑物285座。四期项目总投入8600万元。

2005～2008年淮阴区竹络坝灌区续建配套与节水改造投资情况表

表8-5-4 单位：万元

分期	总投资	国家投资	省投资	市投资	区投资	自筹
一期	1250	375	375	250	—	250
二期	750	225	225	150	—	150
三期	2100	700	467	466	—	467
四期	4500	1500	1000	—	270	1730

第三节 淮涟灌区

淮涟灌区属于中型提水灌区，位于淮沭河东，废黄河北，东临孙大泓，北与沭阳后六塘河接壤，灌区内面积246.1平方千米，耕地面积1.57万公顷，设计灌溉面积1.33万公顷，有效灌溉面积1.27万公顷。水稻面积稳定在0.83万公顷，占耕地面积75%。灌区内沙土占80%，黏土占20%。受益的有袁集、丁集、五里、刘老庄、古寨、徐溜等乡镇105个村，901个村民小组，总人口15.3万人，农业人口14.4万人，整半劳力6.56万人。灌溉渠道为淮沭河长20.3千米，斗渠5条；一干渠长33.9千米，斗渠35条；二干渠长18千米，斗渠24条；三干渠长31.5千米，斗渠66条。其主要闸站为一干渠首闸、二干渠首闸、三干渠首闸、三干渠退水闸（市管）、二干渠节制闸、一干渠徐溜节制闸、徐溜翻水站等。

一、除涝降渍工程

淮涟灌区内主要骨干排水河道为南北走向，中沟为东西走向，小沟平行于支沟，排涝分大、中、小、腰、墒级泄水。1978年，灌区内主要排水河道有小洋河、渠东民便河、二大沟、三排水、二排水等大沟15条，长2490千米。排水标准一般按5年一遇设计，10年一遇校核。

至1996年，通过多年使用，均比较安全。渠东河中部及五里镇刘洼、桃园境内约3千米，因沿线无跌水控制，同时水草、柴丛较多，严重阻水，影响局地除涝降渍。至2008年，无重大水利工程建设。

1990年淮阴县淮涟灌区排涝沟道一览表

表8-5-5

名称	规格						
	条数	深度（米）	口宽（米）	边坡	长度（千米）	间距（米）	流量（每秒立方米）
大沟	15	3～4	20～150	1:3	140	6000	40
中沟	158	2.5～3	12～15	1:2.5	395	800～1000	1.4
小沟	2681	1.5～2	6～8	1:1.75	2145	200	0.14

二、农田整治及灌溉工程

灌区总耕地面积1.57万公顷，其中沙土、盐碱土1.2万公顷，黏土0.31万公顷。由于灌区内沙土面积占比例较大，水土流失十分严重，土壤肥力较低，易涝易旱。1978年前，开展大挖土方、治水改土、修建道路、植树绿化等水利综合治理，使占耕地总面积70%的洼地逐步得到改善。至1996年，基本上达到灌得上、排得出、降得下的标准。灌区累计农田建设完成有效土石方8330万立方米，其中固定沟渠土方4608万立方米，平整深翻土方3714万立方米，石方8万立方米，平整土地0.25万公顷，建成高产稳产农田1.57万公顷，计投工5743个。水利建设总投资762.8万元，其中国家补助611.8万元，自筹151万元。建成骨干排水河道15条140千米，中沟158条395千米，小沟2681条2145千米。灌溉水系分干、斗、农、毛四级配套。主要建筑物有灌区渠首淮涟进水闸，一、二干渠首闸以及二干渠的二大沟节制闸（光明小闸）、三干渠上的三干渠节制闸、古寨退水闸，另外还有斗渠首闸110座，农渠首闸1500座。机电排灌站建成213座249台7643千瓦，其中单灌机站8座8台128千瓦，单灌电站201座231台7170千瓦，排灌结合电站4座10台345千瓦。全灌区工程完好率90%，渠系配套85%，建筑物配套52%，全面配套的可达50%左右。此后至1999年，无重大水利工程建设。

1996年淮阴县淮涟灌区灌溉渠道一览表

表8-5-6

渠道名称	规格									
	条数	底宽（米）	深度（米）	顶高（米）	顶宽（米）	边坡	长度（千米）	间距（米）	比降	流量（每秒立方米）
一干渠	—	4～10	3～3.6	11.5～13	3～6	1:3	36	—	1/10000	10.5
二干渠	—	4～6	3.5	12.5～13.5	4～6	1:3	18	—	1/10000	6
三干渠	—	10～15	4～5	11.5～13	4～6	1:3	36	—	1/10000	36
斗渠	121	1～2	1.5	2	2～5	1:1.5～1:2	563.3	800～1000	1/5000	0.5～0.7
农渠	1567	0.5～1	1.0	1.5	1～3	1:1.5 1:1	962	150～200	1/4000	0.05

2000年，开始实施淮涟灌区续建配套与节水改造项目，对灌区内灌溉泵站进行更新改造，灌溉斗渠进行防渗衬砌，并配齐各类建筑物。是年，实施一期项目和二期项目。一期项目是建翻身河泵站，设计排涝流量每秒28立方米，泵站设计流量每秒3.48 立方米，配3台600ZLB-100/55千瓦机泵；夏码大沟闸站新建工程，设计排涝流量每秒25立方米，泵站设计流量每秒3.48立方米，配3台600ZLB-100/55千瓦机泵；新建民便河补水泵站工程，设计流量每秒3.48立方米，配3台直立式潜水轴流泵，型号为900QZ；新建一干渠节制闸，设计流量每秒6.52立方米，1孔，孔宽3米，底板高程6米；新建四干渠引水涵洞，设计流量每秒6.5立方米，1孔，孔宽2米，底板高程6.5米；新建金北支渠防渗渠道2.5千米，设计流量每秒2.5立方米，控制灌溉面积733.33公顷。二期项目是建徐溜干渠混凝土防渗渠道0.68千米，控制面积3893.33公顷，设计流量每秒7.3立方米，纵坡3/100000，边坡1:2，渠底宽1.5米；新建三干八支砼防渗渠道3.5千米，控制面积1200公顷，设计流量每秒2.14立方米，纵坡1/10000，边坡1:1.25，渠底宽1米；徐溜翻水站改造，泵站设计流量每秒7.3立方米，选用6台800ZLB-125型水泵，配6台JSL-12-10型95千瓦电机，800千伏安变压器及100千伏安变压器各1台；拆建站房165平方米；建张庄泵站，设计流量每秒0.4立方米，配水泵、电机、变压器各1台；改造三干八支泵站，更换600ZLB-100水泵3台，55千瓦电动机3台；改造二大沟光明闸，设计流量每秒20立方米，更换闸门、启闭机、启闭机房15平方米，上游护坡、护底接长225平方米；建设管理设施320平方米。

2003年实施三期项目，建徐溜七支渠混凝土防渗渠道3.5千米，控制面积213公顷，设计流量每秒0.44立方米，纵坡1/6000，边坡1:0.75，渠底宽0.6米；建刘老庄七支混凝土防渗渠道3.5千米，控制面积255.33公顷，设计流量每秒0.5立方米，纵坡1/6000，边坡1:0.75，渠底宽0.8米；建新桥泵站工程，设计流量每秒0.4立方米，配水泵、电机、变压器各1台；改造梅庄西站，更换500ZLB-125水泵1台、55千瓦电动机1台，及进出水池维修；改造二排水退水闸及建设管理设施400平方米。

2004年实施四期项目，建徐溜五支渠防渗渠道3.6千米，控制面积300公顷，设计流量每秒0.92立方米，纵坡1/6000，边坡1:0.75，渠底宽0.8米；建刘老庄六支泵站工程，设计流量每秒0.44立方米，配水泵、电机、变压器各1台；建刘老庄杨庄泵站工程，设计流量每秒0.32立方米，配水泵、电机、变压器各1台；改造徐溜范冲泵站工程，设计流量每秒0.6立方米，更换600ZLB-100水泵1台、55千瓦电动机1台、55千瓦配电盘1台。

2005年实施五期项目，建古寨大寨渠、棉花庄梅庄渠、老张集新桥支渠、徐溜六支渠、丁集公路渠等5条防渗渠道，总长15.45千米；改造五里农科南站工程，设计流量每秒0.44立方米，配水泵、电机、变压器各1台；改造丁集公路站工程，设计流量每秒0.4立方米，配水泵、电机、变压器各1台；改造老张集北站工程，设计流量每秒0.38立方米，配水泵、电机、变压器各1台；改造刘老庄八庄站工程，设计流量每秒0.57立方米，配水泵、电机、变压器各1台。

2006年实施六期项目，实施一干渠道闸、小张河节制闸拆建工程；建古寨新公站电灌渠、王兴三支渠、五里民东七斗渠和丁圩灌溉渠、丁集农庄斗渠、袁集袁北中站渠、老张集防渗渠、棉花庄张河南站渠、新渡支渠等9条防渗渠道衬砌工程，总长18.29千米，配套建筑物115座；拆建古寨新公泵站、徐溜六支泵站、刘老庄小圩西站及袁集袁北南站；新建管理房400平方米。

2007年实施七期项目，建淮涟一干渠护砌工程5.9千米、二干渠护砌工程1.4千米；王兴渠北站、五里二干渠补水站和农庄二干渠生产桥、丁集宗楼渡槽拆建工程；孙大泓北段、二大沟北段及5条中沟疏浚工程。至2007年，共实施7期项目，总投资6617万元。2008年，无重大水利工程建设。

2000～2008年淮阴区（县）淮涟灌区续建配套与节水改造项目投资情况表

表8-5-7　　单位：万元

分期	总投资	国家投资	省投资	市投资	区投资	自筹
一期	400	136	88	88	88	—
二期	550	220	110	110	110	—
三期	385	120	115	75	—	75
四期	320	96	96	64	—	64
五期	1212	364	364	242	—	242
六期	1500	500	335	300	365	—
七期	2250	750	500	375	625	—

第四节　淮高灌区

淮高灌区位于废黄河北，孙大泓东，东、北与涟水县相接。灌区内控制面积224.8平方千米，耕地面积1.43万公顷，有效灌溉面积1.13万公顷，水稻面积0.68万公顷左右。灌区内沙土面积占75%，黏土面积占20%，盐碱地占5%。受益的有王营、新渡、王兴、老张集、棉花庄等乡镇，人口16.68万人，其中农业人口15.89万人，整、半劳力6.64万人。灌区拥有电灌泵站154座，机组174台（套），装机容量为6283千瓦，引提四干渠和盐河水源。有干渠2条24.3千米，支渠4条17千米，斗渠147条192.7千米，农渠993条698千米，防渗渠道39.98千米，其中暗灌3.1千米。

一、除涝降渍工程

1978年，灌区有大沟级排水河道10条，其中6条为南北走向，4条为东西走向，其中中沟291条，大多为东西走向。至1996年，累计完成土方4814万立方米，有效土方655.56万立方米，砂石6.28万立方米。基本达到灌得上、排得出、降得下的要求。此后至2008年，无重大水利工程建设。

二、灌溉工程

1978年后，灌区做了大量土方工程。至1996年，有效土方达693.2万立方米，投入工日5123个，水利建设总投资1838.05万元，建成标准化农田6593.33公顷。此后至2008年，无重大水利工程建设。

1996年淮阴县淮高灌区排涝沟道一览表

表8-5-8

沟河名称	规格							
	条数	底宽（米）	口宽（米）	深度（米）	边坡	长度（千米）	间距（米）	流量（每秒立方米）
大沟	10	8～20	30～60	4	1:3	140	6000	40
中沟	291	2	12～18	3	1:2.5	728	800～1000	1.4
小沟	2768	1	8	2	1:1.75	2190	150～200	0.14

1996年淮阴县淮高灌区灌溉渠道一览表

表8-5-9

渠道名称	规格									
	条数	顶高（米）	顶宽（米）	边坡	长度（千米）	间距（米）	比降	流量（每秒立方米）	底宽（米）	深度（米）
四干渠	1	12～13	4～7	1:3	28	—	1/10000	8	4～10	4
斗渠	147	2	2～5	1:1.5～1:1.2	192.7	800～1000	1/5000	0.5	1～2	1.5
农渠	993	1.5	1～3	1:1.5～1:1	698	150～200	1/400	0.05	0.5～1	1.0

说明：盐河、孙大泓见区际河道。

第六章　防汛防旱

第一节　抢险救灾

一、抗旱

1978年，县内遭遇60年未见的旱象，4～7月总降水量仅187毫米，5.75万公顷庄稼受旱。全县投入21.6万人抗旱，筑站打坝70多处，抗旱20余日，2.05万公顷三麦、1.57万公顷玉米、0.67万公顷山芋、1.07万公顷其他农作物取得较好收成。1995年秋冬，境内出现历史上罕见的严重干旱，10～12月降雨量仅30毫米，占常年同期降雨量的三分之一，导致三麦、油菜播种困难，三麦大面积出苗不齐或成片干枯。全县投入抗旱劳力18.9万人，组织临时抗旱机泵180台（套），抗旱用电量56.8万千瓦时，抗旱用柴油25.6吨，提水量1688.1万立方米，抗旱面积2.52万公顷，投入抗旱经费248.7万元。

1996年春天，全县降雨稀少，5月平均降雨仅17毫米，不足常年同期平均降雨量的四分之一。随着水稻栽插用水高峰的来临，缺水形势更加严重。县防汛防旱指挥部适时组织竹络坝翻水站补水，6月18日至9月4日，竹络坝翻水站开机1108台时，耗电16.1万千瓦时，支出费用12万元。淮涟一干渠尾部古寨、韩庄等乡5月用水紧张，通过对上游五里、徐溜供电调节，限制泵站开机时间，保证下游古寨、韩庄两乡用水量。2000年上半年降雨稀少，1月1日至5月20日，降雨量仅为96毫米，只有常年同期平均数的三分之一。洪泽湖5月20日水位11.3米，为新中国成立后同期最低水位。县防汛防旱指挥部于3月20日要求各乡镇对引水沟渠进行清障，切除阻水埂坝，维修抽水泵站，对进水口进行清淤，迅速投入抗旱。4月初，防指组织调度抗旱水源，并向上级防指请示向竹络坝干渠，淮涟一、二、三、四干渠充水，同时关闭民便河、孙大泓、六塘河地涵等节制闸闸门拦蓄回归水，保证全区泵站都能提水抗旱。5月5日，竹络坝翻水站开机翻水，补充河渠水量，累计翻水432万立方米，并调4台（套）20寸混流泵到韩桥翻洪泽湖底水。赵集镇组织4艘挖泥船突击疏浚老场沟、丁场沟等通湖河道，尽力引用洪泽湖水。5月9日，气象部门抓住云团来临时机，在刘老庄发射3颗降雨弹进行人工降雨，全县普遍降雨9毫米。6月正值水稻栽插季节，农业灌溉用水量大幅上升。6月7～22日，竹络坝翻水站开机翻水，补充竹络坝总干渠水量，竹络坝四干渠补水泵站也开机翻水补充四干渠水量，累计开机翻水1660台时，耗电21.6万千瓦时，支出经费13万元。淮涟一干渠尾部徐溜、古寨等乡镇用水也十分紧张。6月16～22日，徐溜翻水站开机翻水向一干渠补水，耗电7.7万千瓦时，支出经费4.6万元。淮涟四干渠尾部，盐河沿线新渡、王兴等乡镇水源严重不足，水稻栽插困难，政府组织20台10寸混流泵用于王兴、新渡等乡镇抗旱。

二、抗洪排涝

1978～1990年，境内无重大涝灾。1991年，县内遭遇特大洪涝灾害，由于淮河上游也连降大到特大暴雨，湖、河、沟、塘水位暴涨，主要行洪河道水位均超历史最高水位，洪泽湖入湖流量，最高达每秒9800立方米。7月11～21日，洪泽湖平均水位一直保持在14米以上，超过警戒水位0.5米。政府组织20万名民工及机关人员投入抗洪救灾。7月10日，淮沭河开始小流量分洪，同时开沟排涝，挖土方20多万立方米。是日下午5时，河滩内人员全部转移，障碍物全部拆毁或炸开。7月16日，泄洪量加大，水位不断上升。运河南赵集、南陈集、韩桥等乡镇群众保护洪泽湖大堤，运河北乡镇群众守卫淮沭河大堤。7月20日，全境沿河万亩水旱作物露出水面。

1996年6月下旬，淮河流域普降大到暴雨，雨量大而集中。7月6日，洪泽湖入湖流量每秒6556立方米，水位上升至13.29米，境内二河、中运河、淮沭河、废黄河、盐河全部泄洪，淮沭河淮阴闸流量由每秒400立方米逐步增加至每秒650立方米。淮阴县组织淮沭河沿线10个乡镇干群，对自排洞及泵站引水洞进水口进行封堵，加固封闭子堰缺口。

2000年8月27～31日，受12号台风外围影响，境内突降大暴雨，形成涝灾。8月28日，县防指要求所有排涝泵站全部开机，抢排涝水，并要求各乡镇迅速拆除排涝沟河上的阻水障碍，突击清沟理墒，尽快排出田间积水，共投入抗灾机泵210台（套），投入动力1.45万千瓦，用电106万千瓦时，投入经费64万元。

2003年6月21日至7月22日，连续出现多次强降雨过程，总降雨量758.1毫米。面对淮河上游大量下泄的洪水，淮沭河沿线乡镇组织4万民工封堵东西子堰自排洞29个，加高子堰道路道口21处，加固电站15座，填复雨淋沟70处，完成土方3万立方米。运南5乡镇动用客车305辆，货车290辆，安全撤离老弱病残25835人。全区累计投入民力10万人次，出动各类车1万辆次，组织防汛草包、编织袋115.5万只，土工布、彩条布4.56万平方米，黄砂、石子1.58万吨，安全转移群众2.58万人。

2007年，淮河流域发生仅次于1954年的大洪水，境内从6月19日入梅至7月25日出梅期间，多次发生强降雨过程，平均降雨量526毫米，造成境内部分低洼地区受涝，组织25台（套）潜水电泵及柴油机泵，架设在受灾较为严重的赵集、码头及淮沭河滩地沿线三树、渔沟、五里等乡镇，时间长达20天，耗用柴油12吨。2008年，境内无涝灾。

第二节 抗灾保障

1978年，全县投入防汛防旱经费58.5万元。1982年，投入防汛防旱经费38.05万元，块石3215吨。1987年，投入经费27.65万元。1978～1987年，全县共投入防汛防旱经费1044.36万元，累计用块石6.31亿吨、草包8000只、柴席2800张、铅丝500千克等。1990年投入防汛物资21万元，防旱物资3万元。1992年，投入防汛物资188.5万元，防旱物资13万元。1995年，投入防汛物资20万元，未投入防旱经费。1997年，完成洪泽湖头堡洞维修加固工程，计1700立方米，浆砌块石380立方米，干砌块石51.6立方米，投资20万元。完成淮沭河12.5千米处的堤身防渗加固任务，工程投资94.11万元。新建杨场涵洞1座，拆建杨场电力排灌站，改造更新王集站设备，工程投资50.84万元。1999年，完成三项岁修防汛急办工程：中运河块石护坡翻砌100米，投入经费10万元；淮沭河东堤徐溜段截水沟砌筑以及六塘河船闸迭梁闸门喷锌，投入经费20万元；完成洪泽湖周边滞洪撤退道路，投入经费70万元。2003年，完成防汛急办工程，投入6万元，用于淮沭河西堤狗獾洞及雨淋沟回填；完成2002年度防汛应急工程，投入15.37万元，用于头堡三、四组穿堤涵维修；完成泰山、惠民、六堡排涝站维修，投入4.04万元；完成淮沭河西堤防汛路维修，投入30.8万元。2004年，完成中央特大防汛经费项目，用于淮沭河塘水毁工程修复，共131.1万元。灾后重建的扫尾工程有韩桥保庄圩、跃进河调度闸、泰山排涝站、洪泽湖挡浪堤护坡等，投入1000万元。2005年投入30万元，实施防汛岁修应急工程；完成淮沭河西堤防汛道路维修，投入20万元；完成淮沭河滩地水毁工程，投入96.47万元，实施13座自排洞维修加固及5座泵站拆建维修加固；完成六塘河船闸机电设备维修，投入23万元。2006年，完成防汛岁修中运河200米块石护坡工程，投入30万元；完成淮沭河西堤14千米防汛路维修，投入30万元；完成骨干排涝涵闸维修，投入20万元。2007年，完成淮沭河大堤防汛路维修，投入40万元；完成中运河堤防护石护坡维修，投入30万元；完成特大防汛任务，投入30万元；完成淮泗闸维修，投入20万元；完成防汛急办小张河节制闸改造工程，投入15万元。

2008年，完成淮沭河东堤12千米防汛道路维修工程，投资40万元；完成中运河左堤蒋集小闸段块石护坡损坏维修工程，投资15万元；完成中运河左堤凌桥段250米块石护坡工程，投资20万元；完成中运河堤防防汛道路应急维修工程，投资30万元；完成洪泽湖大堤码头镇堤防应急加固，投入100万元；完成淮沭河堤防防汛道路维修、中运河左堤块石护坡维修，各投入20万元；完成夏南排涝站16米堤顶防汛路、夏西排涝站120米上堤路1500米防汛道路，投入30万元；完成淮沭河堤防道路修复工程，投入10万元；完成中运河护坡水毁修复工程，投入10万元。

是年，储备省级防汛块石39245吨，其中洪泽湖大堤八堡段8565吨、洪泽湖大堤侯儿门段5013吨、淮沭河西堤渔沟段15000吨、西宋集段7737吨、淮沭河东堤徐溜段2930吨，市级防汛块石2060吨，区级防汛块石1000吨。所有防汛块石均已在流域性河道堤顶码放。中运河防汛仓库存有防汛编织袋18万只、土工布3600平方米、彩条布3.44万平方米。防汛机动抢险队仓库存放防汛编织袋18万只、土工布3600平方米、彩条布4万平方米、区级防汛木材60立方米。

1978～2008年部分年份淮阴区（县）防汛防旱经费投入统计表

表8-6-1　　单位：万元

年份＼项目	防汛			防旱	
	省	市县	小计	省（县）	小计
1978	—	—	—	58.5	58.5
1979	9.17	—	9.17	15	15

续表8-6-1

年份＼项目	防汛			防旱	
	省	市县	小计	省（县）	小计
1980	170.86	—	170.86	27.0	27.0
1981	40.21	—	40.21	—	—
1982	37.35	0.70	38.05	4.9	4.9
1983	70.37	8.82	79.19	—	—
1984	9.99	12.21	22.20	—	—
1985	0.67	12.21	12.88	—	—
1986	7.64	12.65	20.29	—	—
1987	16.30	11.35	27.65	—	—
1988	7.78	11.80	19.58	—	—
1989	2.00	12.00	14.00	—	—
2001	109.00	85.00	194.00	51.0	51.0
2002	145.00	145.40	290.40	—	—
2003	115.00	43.50	158.50	45.0	45.0
2004	133.00	39.62	172.62	—	—
2005	187.00	3.90	190.90	42.0	42.0
2006	336.00	45.50	381.50	60.0	60.0
2007	80.00	50.00	130.00	50.0	50.0
2008	361.50	15.00	376.50	—	—

第七章　水利管理

第一节　农田水利工程管理

1978年，境内农田水利工程实行统一管理与分级管理相结合的方式，影响范围较大的工程由县管单位管理，较小工程由公社水利管理服务站管理。县属灌区管理所负责所在片的农田水利及建筑物的管理，并对公社水利服务站实行指导、监督。各公社水利服务站负责社内水利设施的管理。1987年后，随着经济改革推进，县内水利工程、设施逐步实行所有权和经营权分开原则，实行经营承包责任制，即由专业组、户、个人承包管理。至1988年5月，各乡镇成立水利工程管理委员会。全县有专、兼职水利管理人员5838名。年末，对农田水利产权制度进行改革试点，分别在新渡佟洼片、渔沟杨庙片，对小型排灌站实行公开拍卖；对于公益性闸站工程，结合所在圩区地段圩堤绿化等效益型工程，实行竞争承包或拍卖绿化权，同时承担闸站工程管理责任，或由所在村组落实专人管理，签订管护合同，明确管理责任，并由承包租赁者对一些零星损毁工程进行维修，按规定收取费用。1999年后，全县小型水利工程改革进展顺利，先后完成水利工程改制1247项，其中拍卖19项，竞争承包1227处，个人投资1处。通过改制，共回收资金577.83万元。由于缺少政策支撑，加之经营管理不善，基金无着落，当初确定的收费标准不足以支付维修成本，承包租赁者无利可图，最终导致小型水利的管理归于失利。2001年后，小型农田水利的管理又恢复到1998年以前的运行机制，但产权制度改革并未形成气候，效果也不理想。至2008年，采用以农民用水者协会的形式来加强农村小型农田水利工程管理，实行谁使用、谁受益、谁管护的管理模式，使全境小型农田水利工程发挥较好的效益。

第二节　农村饮水安全工程

1994年，淮阴县启动农村饮水安全工程，由县爱委会负责实施，因投入经费渠道不同，所有水厂都由个体大户负责管理与收费，水价、管理模式不一。2004年起，该工程由水利部门负责对农村饮水安全状况进行调查评估，根据省政府提出的在“十一五”末基本解决农村饮水安全问题的指示精神，淮阴区委托淮安市水利勘测设计研究院编制完成《淮阴区农村饮水安全工程可行性研究报告》。报告显示，2004年底，全区农村总人口70.65万人（不含集镇），饮用安全自来水52.97万人，饮用不安全自来水及未饮用自来水17.68万人，自来水普及率75%。至2008年底，农村饮水安全工程投资3733万元，其中中央1242万元，省1611万元，区配套880万元。该项目涉及赵集、韩桥、吴城、南陈集、码头、凌桥、三树、渔沟、吴集、西宋集10个乡镇、共76474人。是年，改造水厂27座，铺设各类管道436.33千米，改造水厂厂房1022平方米，拆建水厂围墙1.3千米，受益人口7.65万人，受益率100%。

第三节　用水管理

一、用水状况

1978年后，淮阴县经济总量逐步增长。进入20世纪90年代，城市化进程进一步加快，产业结构进一步调整，原有的粗放式生产方式和不完善的管理体制逐渐制约发展，用水结构发生很大变化。至2008年，全区加大对农田水利工程的投入力度，配套设施逐步完善，农业用水效率得到显著提高，同时由于产业结构的调整，农业用水所占比重不断下降，由1980年的94.1%降至2008年的83.8%。生活用水相应增长明显，其比重分别由1980年的2.2%上升为2008年的9.8%。

1980年，全县实际用水总量41809万立方米，人均用水595立方米，实际单位GDP用水量每万元7066立方米。2008年，全区实际用水总量34518万立方米，人均用水383立方米，实际单位GDP用水量每万元279.4立方米。

1980～2008年部分年份淮阴区（县）用水构成情况表（%）

表8-7-1

年 份	1980	1985	1990	1995	2000	2005	2008
农业	94.1	92.7	89.7	87.4	85.4	85.3	83.8
工业及建筑业	3.1	3.5	4.2	4.9	5.2	5.1	3.9
生活	2.2	2.9	4.7	5.8	7.2	7.5	9.8
三产及生态	0.6	0.9	1.4	1.9	2.2	2.1	2.5

1980～2008年部分年份淮阴区（县）用水状况表

表8-7-2

年份	实际用水总量（万立方米）	人均用水（立方米/人）	实际单位GDP用水量（立方米/万元）
1980	41809	595	7066
1985	39472	547	4331
1990	37958	491	2968
1995	38986	488	1784
2000	37944	447	958
2005	38728	439	516
2008	34518	383	279.4

二、供水量

20世纪80年代后，全县农业、工业和生活用水量激增，为保证工农业生产用水和居民生活用水，县内新建或改建了大量蓄水、引水、提水、地下水等供水工程，同时建设一批自来水供水工程和工矿企业的自备水源工程等。2008年，全区蓄水工程供水能力0.8亿立方米，引水工程供水能力4.72亿立方米，提水工程总规模每秒1014 立方米，提水能力6.25亿立方米；地下水供水能力0.2亿立方米；工业企业自备水源供水总量0.19亿立方米，自来水供水工程生产能力达0.08亿立方米。上述供水工程中，农村生活用水、第三产业用水主要来自于城镇自来水供水和开采地下水；第二产业用水主要来自于城镇自来水厂供水、开采地下水和用水单位的地表自备水源；第一产业用水，特别是农业灌溉用水主要是来自地表水的蓄、引、提工程供水，其供水能力与来水保证率关系密切，可供水量以不同保证率下实际蓄、引、提水量计算。

每逢丰水年，淮阴区最大可供水量11.97亿立方米，一般干旱年7.66亿立方米，特殊干旱年7.02亿立方米。

2008年淮阴区供水量情况表

表8-7-3

供水分类		供水能力（亿立方米）	可供水量		备注
			一般干旱年保证率（p=75%）	特殊干旱年保证率（p=95%）	
地表水供水工程	蓄水工程	0.8	0.38	0.08	
	引水工程	4.72	1.82	1.76	
	提水工程	6.25	5.26	4.98	提水能力为306.2立方米/秒
地下水开采量	深层地下水	0.15	0.15	0.15	
	浅层地下水	0.05	0.05	0.05	
合计		11.97	7.66	7.02	
其中	城镇公共供水	0.08	0.08	0.08	
	企业自备水源工程	0.19	0.19	0.19	

三、取水许可

2005年始，全区地下水严格执行“四个一”管理制度，即一证（取水许可证）、一表（计量设施）、一牌（深井编号牌）、一卡（管理档案，即台账）制度，并对地下水实行网络监测，全区工业企业等年取用水量在3万吨以上的单位进行全面水平衡测试工作，并编写报告书，落实节水技改措施。是年5月，在区行政审批中心设立水利窗口，严格按照《取水许可和水资源费征收管理条例》的要求，对取水项目进行审批。2006～2008年，先后组织对淮阴盐矿采输卤工程、上海太平洋化工（集团）淮安元明粉有限公司三期工程、淮安市双汇食品有限公司等34个项目进行水资源论证，审批项目办结率100%。2008年，全区取用水户换发新式取水许可证，共核发农业取水许可证872套，核定水量34880万立方米。其中，地表水687套，核定许可水量33750万立方米；地下水185套，核定许可水量1130万立方米。非农业灌溉用水取水许可证193套，核定取水量1880万立方米。

四、地下水资源管理

2007年，出台《加强城区浅层地下水资源管理工作的实施意见》，加强城区浅层地下水资源管理。2008年，在全市地下水开采专项整治行动中，专门成立领导小组并制定详细的整治方案，出台《淮阴区人民政府关于对地下水开采进行专项整治的通告》，水利、住建、环保、城管等各相关职能部门配合，共排查出城区浅层地下水取用水户162户，动员违法取用水户自行拆除取水设施150户，依法强制拆除取用水设施12户。同时，继续加大城区深层地下水的管理，对经济开发区34家无证取用深层地下水企业进行专项整治，21家企业25眼井联合补做《水资源论证报告》，依法办理取水许可证。7家企业7眼井申请封闭，2家企业2眼井已经封闭，还有4家企业既不补办取水手续也不申请封闭，区水利局依法对其从严处理。

第四节　水政典型案件

1978年，县内未建立专门的水利执法机构。1989年，淮阴县被列入水利执法体系建设试点县，水利局增设的水政水资源股，作为水利执法的专门机构。水政股、工管股、农水股、县水利局直属管理单位和各乡镇水利站均配备专门的水政监察员。1990年4月，在淮沭河渔沟堤段，蒋某某、陆某某、李某某等8人在堤上违章建房。违章建房屋主陆某某，为经商个体户，经过堤防管理人员耐心细致宣传《中华人民共和国水法》，主动拆除违建的“益民商店”。他的行动带动其他违建户，不到20天时间，各户拆除各自的违章建筑。共拆除违章建房31间，价值15万元。2002年9月，吴某某在淮沭河西堤违章建房25平方米、搭建凉棚28平方米。根据《中华人民共和国水法》《江苏省水利工程管理条例》有关规定，对吴某某作出限期拆除违法建筑、罚款1000元的行政处罚。拆除违章建筑，并将拆除部分砖瓦材料作价后冲抵罚款。1996～2008年，立案查处各类水事违法案件236起，挽回经济损失1500余万元。

第九篇　体制改革

1978年后，淮阴境内经历了从农村到城镇、从宏观到微观，各行各业全方位的改革过程。

逐步完善人民代表大会和政治协商制度，村民和社区自治，促进淮阴和谐政治生态的形成；依法治区，依法行政，严格行政执法监督，推进淮阴民主法制建设。县（区）和乡镇党政机构、事业单位以及人事制度的改革，初步建立职能明确、结构合理、运转协调、精干高效的管理体系和运行机制。

逐步建立和完善家庭联产承包责任制，推进农村税费改革，创新农村财务管理，逐步建立农村社会化服务体系，培植一大批有影响的农村合作经济组织。工业企业改革则从改革管理制度入手，实施经营体制、产权制度改革，对企业扩权让利和实施利改税，坚持公退民进，搞活经营机制，释放发展活力，加快做大做强步伐。财政重点围绕分税制，先后进行县级和乡镇财政体制改革，逐步建立起以流转税和所得税为主的利税体制，财政体制由收支挂钩、比例分成演变为分税制。商业、粮油、物资、供销等部门在市场经济体制建立的过程中，绝大部分企业通过清算解体、租赁、破产、拍卖、重组等形式，进行经营体制改革，实现公转民营。

同时，办学体制及招生制度的改革、医疗卫生领域的改革以及住房制度等方面改革，使淮阴基本建立起适应经济社会发展要求的社会保障体系，促进了社会日渐繁荣和稳定。

第一章　政治体制改革

第一节　民主政治建设

一、完善人民代表大会和政治协商制度

1978年后，县乡（镇）两级人民代表大会每年举行一次全体代表会议，并按期换届。出席两级人民代表大会的代表均由选民直接选举产生，全县享有选举权和被选举权的公民参选率在98%以上。两级人大代表来自境内各行各业，具有广泛的代表性。会议期间，代表们依据工作实际和群众意愿，提出许多积极有效的议案，认真审议政府工作报告。全县每年举行一次县政协全体委员会议，并按期换届。1987年起，建立乡镇政协工作联络组。1998年起，县政协增设专委会。全县大政方针以及政治、经济、文化和社会生活中的重大问题决策之前、决策执行之中均进行政

图9-1-1　政协常委听取政府工作通报

治协商。2000年开始，每年在人代会期间，组织代表按工业经济、农村工作、社会事业和法制工作等4个专题进行审议，县政府对代表审议意见的办理方案向大会主席团会议汇报。在大会闭会期间，县（区）人大常委会依法行使人代会的权力，每2个月举行例会1次，听取和审议"一府两院"工作报告，讨论决定县（区）内重大问题。

二、村民自治

1978年，淮阴县农村基层组织为生产大队革命委员会，设主任、会计、妇联主任等职位。全县有427个生产大队。1982年12月，生产大队革委会更名为村民委员会（简称村委会），村委会由主任、副主任、委员等3～5人组成。自1983年起，村民委员会逐步实施村民自治。1～5届村委会换届选举均采用等额选举。1987年1月，全县组织选举第一届村委会，任期3年。村委会民主选举产生后，逐步改变过去少数人说了算的管理模式，对集体财务、宅基地审批、经济项目承包等群众关心的热点问题，由村民代表会议讨论决定。建立和完善村级财务管理、民主评议干部、村民委员会定期报告工作、村干部离任审计等制度，强化对村民委员会工作情况和村干部行为的监督。1989年12月、1992年12月和1996年12月分别举行第二、三、四届村委会换届选举。

1990年，出台《1990～2000年淮阴县村民自治工作初步规划》，抓好村委会民主选举、村民议事、村务公开3项制度建设，构建以民主选举、民主决策、民主管理、民主监督为核心内容的村民自治体系。1992年后，每3年举行一次村委会换届选举。1996年，全县开展第四届村委会换届选举。全县427个村委会，实行换届选举409个。1997年4月，再次开展村民自治示范活动，全县427个村推行财务公开，12月25日，全县有15个乡镇通过市级村民自治模范乡（村）示范的验收。1998年底，第五届村委会换届选举在蒋集乡实行"海选"试点。农村群众依法办理自己的事务，自主行使管理村级政治、经济、文化和社会事务权力。此后，村委会换届选举均采用差额选举。全县有10个乡镇创成村民自治模范乡镇。是年，完成城镇居民委员会等级评定工作。

2001年7月，第六届村委会换届选举结合并村联组和居委会设置调整工作进行。下发《关于进一步开展村民自治示范活动的意见》，指导各乡镇、村依法制定《村民会议和村民代表会议制度》《民主理财制度》等，强化村务公开工作。2004年10月，举行第七届村民委员会换届选举，在丁集镇先行试点的基础上，至11月，98%的村委会依法完成换届选举工作。2006年，出台《农村基层民主管理八项制度》，王营镇率先出台村民自治新规定。是年，全区有24个村委会改为居民委员会。5月，区政府命名表彰225个村民自治模范村。12月，经省民政厅验收，授予淮阴区2004～2006年度"省级村民自治模范区"称号。袁集乡桂塘村、西宋集洪北村被省民政厅表彰为民主管理示范村。2007年，在第八届村委会换届选举工作中，选民登记率50.6%，参选率96%，全区249个村一次性选举成功。

2008年，全区继续推进村务公开和民主管理工作。赵集、丁集、三树、老张集、古寨5个乡镇被表彰为"村民自治模范乡镇"。

三、社区自治

1978年，全县仅有王营、渔沟等两个乡镇设立居委会。1990年，始设社区，并通过社区居委会、协商议事会对社区公共事务进行民主决策，或通过召开居民代表会议听取居民关心的问题。2001年起，全区乡镇所在地设立社区，挂居民委员会牌子。是年，全区共有12个社区，其中王营镇10个、码头镇1个、渔沟镇1个。王营镇下设机关社区、营中社区、北桥社区、东街社区、同兴社区、西坝社区、营东社区、营北社区、小营社区、星光社区；码头镇设码头社区；渔沟镇设街东社区。2002年，建成王营镇社区服务中心和星光、小营两个市级示范社区居委会，并在王营镇进行社区居委会改制试点，6名社区居委会干部面向社会公开进行招聘。2003年3月11日，区政府对王营镇10个社区进行区划调整，界定辖区范围。11月28日，社区居民委员会体制改革，终止社区干部委任制，采取等额选举的办法，进行第一届社区居委会选举，面向社会公开招聘6名大专以上文化程度的人员进社区，并通过选举任职。2004年，在市级社区建设示范镇和示范居委会创建活动中，王营镇被评为市级社区建设示范镇。是年4月1日，王营镇10个社区居委会启用新印章。2005年1月，王营镇星光社区获市"十佳社区"称号。2006年6月，区政府将王营镇原10个建制村和农村14个镇政府所在地的建制村一律改为社区。至此，全区已设36个社区。11月27日，第二届社区居委会换届选举，王营镇10个社区采取差额选举方法，选出主任10名、副主任17名、委员37名、社区专职工作者64名。王营镇机关社区被省民政厅表彰为"和谐示范社区"。2007年3月20日，印发《淮阴区和谐社区示范标准（试行）》，各社区按照"居民自治、管理有序、服务完善、治安良好、环境优美、文明祥和"的和谐社区建设目标要求，开展和谐社区示范创建工作，王营镇机关社区获市"十佳社区"。8月，社区统一增挂社区标识。9月，淮阴区被省、市确定为全国首批农村社区建设示范县区，确定王营镇果林村、袁集乡桂塘村等10个村为首批试点村。王营镇机关、北桥两个社区被市政府表彰为"和谐示范社区"。2008年1月10日，王营镇营北社区获省"和谐示范社区"称号。3月10日，下发《关于印发淮阴区农村社区建设实验方案的通知》，确定王营、棉花庄、西宋集等乡镇10个村为农村实验社区。11月，同兴社区居委会建成省级"绿色社区"，西坝社区居委会建成市级"绿色社区"。12月，王营镇小营社区获省"和谐示范社区"称号。王营镇机关社区、北桥社区建成市"和谐示范社区"。至2008年，城区有社区20个，居民69012户136505人。

第二节　民主法制建设

一、依法治区

1995年，依法治县工作全面展开。县委对全县依法治县工作作出部署，通过开展依法治村（居）、依法治乡（镇）、依法治理企事业单位等工作，逐步实现依法治县。1997年，制定《淮阴县1996～2000年依法治县工作规划》，对全县第一个五年依法治理工作进行安排部署，并制定《淮阴县依法治县工作标准》。全县确定不同类型的依法治理试点单位15个，即杨庄乡、南陈集乡、西宋集乡、渔沟镇、果林场、土地局、供电局、环保局、农业局、职业培训中心、王营镇中学、西坝小学、医药公司、成大集团、金属制品厂。

1998年，县委成立依法治县领导小组及办公室，办公室设在县司法局。是年4月，出台《关于推进依法治县工作的决定》。

2002年11月，召开依法治区领导小组成员会议，对"12·4"法制宣传等活动进行部署。12月，组

图9-1-2　区法制辅导员到社区给孩子们上课

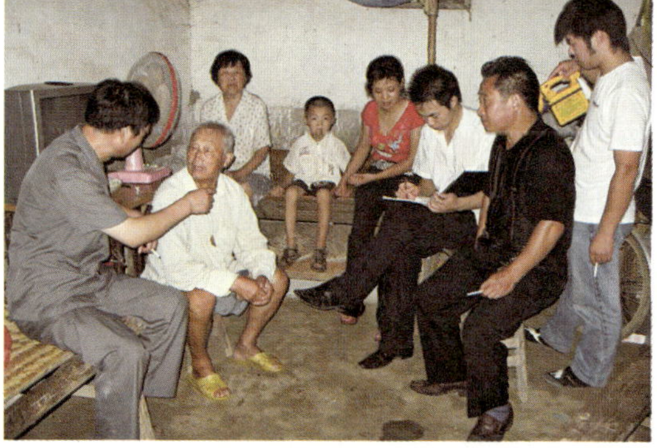

图9-1-3　法官送法服务进农家

织各乡镇、各单位法制宣传骨干参加全市依法治市联络员培训。2004年，进一步宣传依法行政、公正司法、法制建设等重点工作。棉花中学、区司法局、王营镇在全市基层依法治理工作经验交流会上作经验介绍。2005年，印发法治淮阴建设实施纲要，突出加强与群众生产生活密切相关的法律法规宣传教育，开展以领导干部、国家公职人员、青少年等为重点对象的学法用法活动。2006年，区依法治区办公室与区政法委合署办公。2008年，全区推进行政执法规范化建设，结合开展依法行政示范点和“法治江苏合格县”创建活动，开展“法治淮阴”合格乡镇、合格村（社区）、示范单位创建活动。

图9-1-4 关护“留守孩子”政法志愿者服务队

二、依法行政

【规范性文件审核】 1989年4月，成立淮阴县法制局。为防止规范性文件出现“政府权力部门化、部门权力利益化”的不良现象，先后制定《淮阴县人民政府工作规则》《政府规范性文件制定和备案规定》，理顺规范性文件的起草、审核、备案和清理程序。1990年，对1980～1990年出台的所有规范性文件进行清理，其中废止文件102件。2000年，将依法行政列入县委、县政府对乡镇及县机关年度双文明岗位责任目标进行考核，且研究制定考核细则。2001年，制定《行政执法目标责任制》《错案责任追究制》《执法过错责任追究制》等多项规章制度，建立健全考评标准，并将考评情况纳入目标管理体系。区政府与各乡镇和各执法部门签订《依法行政目标责任状》，对依法行政工作进行考评。是年，县法制局更名为淮阴区人民政府法制局。2002年，全区对行政权力进行梳理，依法界定执法职责，解决了长期存在的部门间因职权交叉重叠导致推诿、扯皮的问题。2005年，国务院《全面推进依法行政实施纲要》颁布后，制定《淮阴区依法行政实施方案》《淮阴区推行行政执法责任制实施方案》《规范行政自由裁量权的意见》等文件，对执法单位行使行政自由裁量权加以规范，杜绝违法、随意、滥用自由裁量的现象，审核区政府规范性文件（含行政措施）计16件。至2008年，制定《淮阴区行政问责暂行办法》《淮阴区办理行政复议、应诉案件程序的有关规定》《行政首长行政诉讼出庭应诉制度》《领导干部带头学法制度》《依法行政工作报告制度》《依法行政年度百分考核制度》等20多项依法行政工作制度以及《淮阴区行政执法评议考核办法》和《行政执法过错责任追究制度》等配套制度，审核区政府出台的规范性文件400多件。是年，区政府法制局更名为淮阴区人民政府法制办公室。

【行政复议】 1997年，县政府开始受理行政复议案件。1999年，共受理行政复议案件8起，受县政府委托县法制局代理出庭应诉的行政纠纷案件12件。原告镇江某公司诉被告县政府合同纠纷一案，原告要求被告偿付本金及违约金等合计21.24万元，经庭上两轮辩论，代理意见被法庭采纳。合议庭动员原告依法撤诉。2000年，县法制局受理复议案件6件，转送复议申请2件，运用其他方式解决行政争议6起，接待有关行政复议来访及法律咨询近300人次。受理的复议案件中，申请人撤回申请2件，作出确认违法、责令履行、变更决定各1件，未结案1件。承办县政府应诉行政案件6起，主要涉及拆迁、发放房产证、土地使用证等，其中开庭前经协调解决有关问题，原告撤诉2件，胜诉4件。2000年起，县政府建立健全办公会议集体讨论行政复议案件制度、立案初审制度、每月案情通报制度和重大、疑难案件的信息专报制度等。2001年，区政府正式受理并依法审结行政复议案件8件，运用其他方式解决行政争议7起，接待有关行政复议来访及法律咨询200余人次。行政复议涉及计划外生育费征收、公安行政拘留、土地违法案件行政处罚、拆迁、教师工资发放等。所受理案件均在法定期限内审结，其中作出维持决定4件、撤销决定1件，其余3件在审理过程中，因被申请人主动纠正了原具体行政行为，申请人自行撤回申请而终止。2004年，正式受理行政复议案件5件，均依法审结，其中维持2件，不予受理1件，申请人撤回申请2件，另采取其他方式解决行政争议6件。行政复议被申请人为区政府部门的2件，乡镇政府的3件，案件涉及城管、财税、土地管理等。承办区政府向市、区法院的行政应诉案件7件，其中区政府作为第三人的应诉案件1件，区政府作为被告的6件，已审结并获维持判决4件，驳回原告请求1件，原告撤诉1件。承办区政府向市政府的行政复议答复2件，其中因市政府维持区政府具体行政行为结案1件，因申请人撤回申请终止1件。2005年，受理行政复议案件5件，并依法审结，其中维持3件，撤销1件，撤回申请1件。行政复议被申请人为区政府部门的2件，乡镇政府的1件，案件涉及交通、土地管理、劳动和社会保障领域。采取其他方式解决行政争议5件。承办区政府向省、市、区法院的行政应诉案件11件，并全部审结，其中被清河法院裁定驳回起诉1件，省高级法院裁定发回市中级法院重审1件，原告自行撤诉1件。同时，承办区政府向市政府的行政复议答复3件，并提出其中1件复议案件系民事合同争议，不是具体行政行为，不属于行政复议审查范围的主张，得到采纳后，案件终止。

2000～2008年，全区（县）审理各类行政复议案件105件，处理政府涉法案件62件。

三、行政执法监督

1989年，为全县部分行政执法人员办理行政执法证件，同时开展对全县行政执法单位行政执法监督工作。1999年，转发《江苏省行政处罚监督办法》，规定各行政执法部门、各乡镇政府一把手对本部门、本单位的行政处罚监督工作负总责；各部门、各乡镇必须明确一名领导分管法制工作，没有设置法制工作机构的行政执法单位要指定专门机构兼管本单位的法制工作。聘任各乡镇党委秘书为所在乡镇政府法制工作联络员，并明确其工作职责。是年，开展行政执法证件换核发工作。2001年，开展行政执法证件注册工作，通过年审的有效注册证件500余份，未能通过的100余份。2004年，部署各部门行政许可项目清理工作，保留法律法规设定的许可项目208项，并依法由实施部门予以公布。是年12月，集中公布全区43个行政许可实施主体和239项行政许可实施项目，制定《进一步规范行政许可实施行为的通知》，就增强意识、明确责任、规范操作、健全制度、加强监督等方面提出具体要求。全区行政执法部门和乡镇共有607名行政执法人员的执法证件通过2004年度注册，有126名工作人员因岗位变动、考试不合格及执法过错等原因未能通过年检注册。全区有1008名在职在岗行政执法人员获得换核发新证件资格。2005年，设立区行政服务中心，集中27个区直部门和8家中介机构，对全区各类行政审批、服务事项实行“一站式”服务，涉及行政许可、行政审批、便民服务项目239项。在全区行政审批部门全面推行公开承诺、限时办结、超时认可、并联审批和责任追究等制度，严格收费登记，规范检查行为，扩大政务公开，设立电子监察，提高行政效能。2006年，对全区行政执法权限进行梳理，确认行政执法主体47个，执法权4983项，执法依据1046件。

2008年，制定《规范行政自由裁量权的意见》，对执法单位行使行政自由裁量权加以规范，杜绝违法、随意、滥用自由裁量权的现象，提高依法行政水平，优化经济发展环境，加强源头预防腐败，促进社会公平正义。

第三节 党政机构改革

一、区（县）级党政机构改革

1978年，全县有县级党政机构48个，工作人员677名。1984年2月，县党政机构重新设置，其中县委设工作部门6个，县政府设工作部门28个，机关编制636名。1993年后，全县陆续推行公务员录用、考核、奖惩等制度。

1997年，淮阴县根据中央和省、市部署，按照政企、政事分开和“精简、统一、效能”的原则，以“三定”（定职能、定内设机构、定人员编制和领导职数）为中心内容，按一类县标准实施党政机构改革，实行机构分合、撤并或新建，撤销县委组织员办公室，其职能移交县委组织部；撤销县委政策研究室，其职能移交县委办公室；县委保密委员会办公室（县国家保密局）归口县委办公室管理；县委机要室更名为县委办公室机要室，归口县委办公室管理；县委老干部局归口县委组织部管理；撤销县标准计量局，组建县技术监督局；撤销县教育局，组建县教育委员会，将县职工教育办公室并入县教育委员会；将县对外经济贸易委员会列入县政府工作部门；撤销县档案局，其职能移交县委办公室；撤销县财贸办公室、县外事办公室、县侨务办公室、县经济体制改革委员会，其职能移交县政府办公室；撤销县经济技术协作委员会、县第三产业办公室，其职能移交县计划委员会；县政府法制局与县政府办公室合署；县机构编制委员会办公室与县人事局合署；县体育运动委员会与县文化局合署；县监察局与县纪律检查委员会合署；撤销县城市管理委员会办公室，组建县城市管理办公室；组建县机关事务管理局、县房产管理局；撤销县岩盐开发利用办公室，组建县地质矿产局；组建县地震局；县物资局转为县物资集团总公司；县商业局转为县商业总公司。是年4月，县编委下达县乡（镇）两级党政机关编制数。6月，设县级党政机构39个，其中县委工作机构7个，即县委办公室、县委组织部、县委宣传部、县委统一战线工作部、县政法委员会、县委农村工作部（含扶贫办公室）、县委台湾工作办公室，另设部门管理机构3个，即县委保密委员会办公室、县委办公室机要室、县委老干部局。县政府工作机构32个，即办公室、计划委、经委、乡镇局、农业局、多种局、教委、公安局、民政局、财政局、人事局、卫生局、计生委、审计局、工商局、统计局、劳动局、科委、建设局、交通局、司法局、地税局、国土局、文化局、环保局、物价局、水利局、监察局、外经委、技术监督局、粮食局、县志办公室。另设部门管理机构2个，即县委政府信访局、县人民防空办公室。县委设纪律检查委员会机关。县人大、政协机关机构改革按上级有关文件精神，逐步过渡到位。县法院、检察院的机构改革，按照中央和省委有关规定执行。反贪污贿赂局为检察院内设局，为副科级。工会、共青团、妇联、科协、工商联等人民团体机构按照改革的要求，从有利于加强、改善党和政府对群团组织的统一领导和依法管理，有利于各群团更好地依照各自章程独立负责开展工作的要求出发，精简内部机构和人员编制，理顺关系，改变行政化的倾向。此次改革核定全县行政编制780名。至12月底，定岗、定职和定编工作完成，县政府部门比改革前精减26.9%，党、政、群机关工作人员精减13.3%，党委部门领导职数精减7.7%，政府部门领导职数精减27.6%，人大、政协和群团部门精减15%。

2001年，根据市委、市政府批准的方案，再次进行党政机关机构改革，实行机构分合、撤并或新建。区委办公室机要室改为区委办公室内设机构；区信访局改为党委部门管理机构，由区委办公室和区政府共同管理；保留区台湾工作办公室（挂区政府台湾事务办公室牌子），与区委办公室合署办公；区民族宗教事务局与区委统一战线工作部合署办公，列政府序列，不计机构个数；区社会治安综合治理委员会办公室与区委政法委合署办公；区农村集体资产管理办公室与区扶贫工作领导小组办公室的职能交区委农村工作部；区委农村工作部挂区扶贫工作领导小组办公室牌子，不再保留区农村集体资产管理办公室牌子；保留区财政局，不再挂区国有资产管理局牌子，其职能并入区财政局；区经济委员会更名为区经济贸易委员会，将区乡镇企业管理局并入区经济贸易委员会，挂区乡镇企业管理局牌子；区体育运动委员会更名为区体育局，并入教育局，其职能交区教育局，挂区体育局牌子；不再保留区政府法制局，其职能交区政府办公室，挂区政府法制局牌子；在区劳动局基础上，组建区劳动和社会保障局，将区级政府相关部门的社会保险管理职能统一交新组建的区劳动和社会保障局；不再保留区国土管理局、地质矿产局，组建区国土资源局，同时将区政府相关部门的自然资源规划管理、保护利用的职能划入区国土资源局；不再保留区蔬菜局，其职能并入区农业局；区人民防空办公室为区国防动员委员会的常设办事机构，不计机构个数；区城市管理办公室更名为区城市管理局，为区政府直属事业局；组建区招商局，为区政府直属事业局。是年11月，党委部门设区纪律检查委员会机关，区委设工作机构6个，即区委办公室（台湾工作办公室，挂区政府台湾事务办公室牌子，与其合署办公）、区委组织部（挂区委组织员办公室牌子）、区委宣传部（挂区精神文明建设指导委员会办公室、区委对外宣传领导小组办公室牌子）、区委统一战线工作部（区民族宗教事务局，与其合署办公室）、区委农村工作部（挂区扶贫工作领导小组办公室牌子）、区委政法委员会（区社会治安综合治理委员会办公室与其合署办公）、区机构编制委员会办公室（不计机构个数）、区委区级机关工作委员会（不计机构个数）。部门管理机构3个，即区委老干部局、区信访局、区委保密委员会办公室。区政府设工作部门26个，即区政府办公室（挂区政府法制局、外事侨务旅游办公室、经济体制改革办公室、机关事务管理局牌子）、发展计划委员会、经济贸易委员会（挂乡镇企业管理局牌子）、教育局（挂体育局牌子）、科学技术局、公安局、民政局、司法局、财政局、人事局（机构编制委员会与其合署办公）、劳动和社会保障局、国土资源局、建设局、交通局、水利局、农业局、对外贸易经济合作局（挂内贸局牌子）、文化局、卫生局、计划生育委员会、审计局、环境保护局、统计局、粮食局、林牧渔业发展局、物价局（监察局、民族宗教事务局，分别与纪律检查委员会、区委统一战线工作部合署办公，均列入政府工作部分序列，不计政府机构个数。）。直属事业局6个，即农业机械管理局、农业资源开发局、广播电视局、房产管理局、城市管理局、招商局。区人大、政协和各人民团体的人员编制精简、人员分流工作与面上同步进行。使用政法专项编制的区法院、检察院、公安局，先清理超编人员，再进行人员编制精简和人员分流工作。区检察院、法院、公安局先后于2001年12月至2002年5月启动机构改革，区人大、政协机关于2002年11月启动机构改革，区总工会、共青团、妇联、科协、残联等于2003年3月启动机构改革。

是年，区级党政机构由原来的38个减少至32个（其中区委部门6个、政府部门26个），精减率15.8%。通过改革，党政机关编制精减22%，编制总数由1704个减少到1332个，区级党政机关行政编制数由780名减少至620名，对年龄偏大、体质较差的276人办理提前退养手续，有36人因考试、考核、测评综合成绩较差，被列为直接分流人员。此次改革，全区行政总编制削减372个。

2005年，根据《中共中央办公厅、国务院办公厅关于地方政府机构改革的意见》，本着坚持“上下基本对应、权责一致、依法行政”的原则进行政府机构改革，实行机构分合、撤并或新建。将区经济体制改革委员会办公室的职能并入区发展和改革委员会，撤销区经济体制改革办公室；将区安全生产监督管理局调整为区政府工作部门，正科级建制；将区计划生育委员会更名为区人口和计划生育委员会；将区卫生局承担的保健品审核的有关职能划入淮阴食品药品监督管理局；在区科学技术局增挂区知识产权局牌子。区政府设置工作部门26个，即区政府办公室（挂区政府法制局、外事侨务旅游办公室、机关事务管理局牌子）、安全生产监督管理局、发展和改革委员会、经济贸易委员会（挂乡镇企业局、中小企业局、民营经济发展局牌子）、教育局（挂体育局牌子）、科学技术局（挂知识产权局牌子）、公安局、民政局、司法局、财政局、人事局（机构编制委员会与其合署办公）、劳动和社会保障局、建设局、交通局、水利局、农业局、对外贸易经济合作局（挂内贸局牌子）、文化局（挂新闻出版局、版权局牌子）、卫生局、人口和计划生育委员会、审计局、环境保护局、统计局、粮食局、林牧渔业发展局、物价局、监察局（与纪律检查委员会合署办公，列入政府工作部门序列，不计政府机构个数）、民族宗教事务局（与区委统一战线工作部合署办公，列入政府工作部门序列，不计政府机构个数）。区级党政机关行政编制622名。至2008年，区级党政机构设置未变。

二、乡镇党政机构改革

1978年，全县有28个公社（镇、场）党政机构，有工作人员752名。1983年9月，建立乡镇经济管理委员会，1985年3月撤销。1997年4月，县编委下达乡镇党政机构改革方案。全县28个乡镇，其中一类乡镇9个，即王营镇、南吴集乡、南陈集乡、棉花庄乡、王兴乡、丁集乡、渔沟镇、北吴集乡、赵集镇；二类乡镇19个，即韩桥乡、高堰乡、码头镇、新渡乡、杨庄乡、凌桥乡、袁集乡、五里乡、徐溜乡、韩庄乡、古寨乡、三树乡、蒋集乡、韩圩乡、汤集乡、大兴庄乡、老张集乡、刘老庄乡、西宋集乡。各乡镇均设置6个办公室，即党政办公室（保留团委、妇联牌子）、财经办公室（挂财政所牌子）、社会事务办公室（挂社会治安综合治理办公室牌子）、乡（镇）村建设办公室、工业办公室、农业办公室。市核定淮阴县乡（镇）级机关行政编制937名，领导职数：乡镇党委书记1人、副书记3人（含乡镇长），乡镇政府乡镇长1人、副乡镇长4人，乡镇人大主席1人，由乡镇党委书记兼任或专职，兼任的设专职副主席1人。根据县实际情况，王营镇编制数为42名，其余8个一类乡镇37名，19个二类乡镇33名。乡镇领导职数按照上级有关规定，结合县情逐步过渡到位。除领导干部和有专门称谓外，一律称干事（科员级）、办事员。1997年，乡镇领导职数精简27.7%，乡镇人数精简367人。至9月上旬，乡镇党政机构挂牌工作结束。

2000年1月，全县开展撤乡并镇工作，辖13个镇、8个乡，乡镇党政机构同步改革，取消助理制，设置综合办公室（挂团委、妇联牌子）、财政办公室（挂财政所牌子）、社会事务办公室（挂司法所、统计办公室、社会治安综合治理办公室牌子）。乡镇领导职数：乡镇党委书记1人、副书记（含乡镇长）2～3人，乡镇人民政府乡镇长1人、副乡镇长2～4人，人大专职主席或副主席1人。规模较大的乡镇增设副书记、副乡镇长、人大副主席各1人。党政办公室设组织、纪检监察、宣传统战、人武、秘书、工会、共青团、妇联等职位，财政办公室设总账会计、税收征管员等职位，社会事务办公室设民政、教育、卫生、综治、统计、科技、司法、内务等职位。乡镇行政编制数减少263人，核定编制712人。其中，王营镇编制50人，南陈集镇编制42人，其余11个镇行政编制34～38人、8个乡行政编制29人。2005年，党政机构改革未涉及乡镇。至2008年，乡镇党政机构设置和职数未变。

第四节　人事制度改革

一、干部人事制度改革

【管理制度改革】 1979年，实行干部离退休制度。1985年，改革干部管理体制，下放干部管理权限。原属县委管理的县属企业单位党政正副职，改由县委委托各主管部门管理，原属县委组织部管理的县属企业单位中层干部，改由各主管部门和单位管理。1988年，明确乡镇（场）宣传委员兼统战工作。1989年，在县工商系统试行逐级聘任干部，对144名股级以下干部实行定编定员。是年，干部调动实行离任审计。1992年，实行县乡机关领导职务助理制。下放企业干部管理权限，企业正职由主管部门聘任，副职由正职聘任，中层行政干部经党政共同讨论后由厂长任免。1993年，在经委系统22家企业中推行行政常务副职制。1994年，把全县企业分为三种类型，并分别明确各类型企业干部的管理权限。1995年，推行乡（局）长助理制和企业常务副职制，集中考察15名乡（局）长助理，任用12名乡（局）长助理；提拔使用17名常务副厂长。是年，试行聘任制的县工商局、税务局、教育局、经委、农机化服务公司等单位，中层干部任免报县委组织部审批，不再试行聘任制。1999年，实行领导干部任期经济责任审计制度。2002年，实行区委研究党政主要领导干部票决制。乡镇和区直党政正职干部拟任人选由区委常委会投票表决，并逐步做到由区委全委会票决。区委全委会票决至少应有三分之二以上委员到场，采取无记名投票，以应到会委员过半数同意形成决定。是年，实行领导干部试用期制度。对通过委任制提拔任用和公开选拔产生的副科级领导干部，实行试用期制度，试用期一般为一年。2003年，实行区委研究党政主要领导干部和新提拔干部票决制。新提拔干部、乡镇和区直党政正职领导干部拟任人选由区委常委会投票表决，其中乡镇党委书记、乡镇长的任用实行区委全委会投票表决。全委会闭会期间，区委常委会形成决定前书面征求全委会委员意见。至2008年，此项管理制度未变。

【选拔任用制度改革】 1987年，试行干部招聘制，破除干部终身制，公开招考、择优录用70名乡镇机关干部。1989年，全县第一次公开选拔干部，公开选拔政府办主任和组织部副部长。1995年，对乡镇机关副乡级以上干部、乡镇党委委员本着“公开、平等、竞争、择优”的原则进行招录。1996年，吸收50名乡镇选聘制干部为国家干部。2002年，确定9个职位，在全区各级机关、企事业单位中公开选拔副科级领导干部。公开选拔12名乡镇中小学校长、3名乡镇卫生院院长和1名区水产站站长，在全区范围内实施区、乡机关中层干部竞争上岗制度。2003年，采取“自荐公推”的方式，公开选拔区政府代区长及区政府驻温州、台州招商办事处的主任和工作人员。2003年底，参与“市县联动”公开选拔领导干部活动，并于2004年初选出8名副科级领导干部。2006年，区乡机关15个中层岗位，面向全市公开选调。2008年，为提升专业招商水平，面向全市公开选聘3名招商分局局长。是年8月，采取公推公选的方式选拔码头镇党委书记。

【考察考核制度改革】 1978年，制定《关于实行干部考核制度的意见》，将干部平时考察和定期考核结合起来。是年，两次组织对公社和厂矿企事业单位的中青年领导干部进行考核。1987年，采用定性、定量相结合的办法，对全县30个乡镇领导班子的183名领导干部进行全面考察，为乡镇128名领导干部定职定位。1988年，对表现差的干部实行免职教育，采用转（行）、免（职）、退（编）等方法，对全县30个乡镇的51名不能胜任的中层干部进行调整。1991年，采取民主测评、民主推荐、个别访谈等方式，考察各类干部1300余名。1992年，制定《关于认真做好干部考绩工作的意见》，规范干部实绩考核的内容、方法、程序、标准。1995年，对33名乡科级党政正职领导干部实施离任审计，对县直14个单位及徐溜、南陈集两个缫丝厂的干部进行审计。1996年，建立各级干部“实绩台账”。1999年，制定《关于建立县管领导干部选拔任用公示制的意见》，在全县范围内推行县管干部任前公示制，并对37名拟提拔干部进行任前公示10天。2000年，围绕市县两级年度重点项目（工程），为30名县级领导干部建立实绩记录卡。2002年，建立乡科级领导干部述绩评议制度，明确述评对象、时间、内容和步骤，完善群众问绩、干部述绩、民主评绩、组织考绩等程序，736名干部公开述绩。2003年，实行干部访谈、组织函询和诫勉谈话制度，对16名干部进行组织函询，对5名干部进行诫勉谈话。2004年起，在全区21个乡镇、57个区直单位开展年度述职述廉考核工作。

2008年，制定《关于建立干部平时考察工作制度的意见》，并对全区16家机关、21个乡镇开展平时考察工作。是年，区委出台《淮阴区领导干部任前实绩公示暂行办法》，对拟提拔的担任乡镇正职和区直单位党政正职的干部，公示其基本情况、简历和前三年的工作成绩，接受群众评议。

二、乡镇干部选聘

1984年，乡镇新增干部采用聘用合同制。聘用对象主要是乡（镇）、村基层退伍军人、知识青年、不脱产农技人员等。选聘对象要求具有高中（含相当高中）以上文化程度；身体健康，年龄一般未超过35岁；政治可靠，思想作风正派，有一定的组织领导能力和业务能力，热爱乡镇工作。是年，首批招聘合同制乡镇干部29名，分别被安排到乡镇人武部、妇联、共青团3个岗位工作。1988年、1990年、1994年先后3次招聘乡镇合同制干部77名。此后取消此项工作。

三、工资制度改革

1985年6月，全县国家机关和事业单位11880人参加工资改革，将执行的级别工资制改为由职务工资、基本工资、工龄工资组成的结构工资制。1993年8月14日《国家公务员暂行条例》公布后，相应改革工资制度，公务员的工资实行职级工资制，即由职务工资、级别工资、基础工资、工龄工资等4部分组成。同时，机关工人和事业单位工作人员也实行新的工资制度，全县有12882名机关和事业单位工作人员参加工资改革。2006年1月，《中华人民共和国公务员法》公布实施，公务员实行国家统一的职务与级别相结合的工资制度，将公务员的级别由原来的15个增加到27个。为适应事业单位改革的需要，建立规范的事业单位收入分配制度，建立以岗位绩效工资为主体的工资收入分配制度。是年，共对13400名机关、事业单位工作人员实行工资改革。至2008年，工资制度没有变化。

四、实施公务员制度

1993年，淮阴县全面推行公务员制度的时机尚未成熟。是年，对党政机关工作人员实施年度考核，开始走上全面建立考核制度的轨道。1994年6月，成立推行国家公务员制度和工资制度改革工作领导小组，县长任组长。1997年9月，实施党委机关、人大机关、政府机关、政协机关、民主党派和群众团体、审判机关、检察机关的工作人员向国家公务员过渡工作。1997年9月22日，县委、县政府召开全县机关实施和参照实施公务员制度人员过渡动员大会。过渡单位：党委有县委办、纪委、组织部、宣传部、统战部、农工部、政法委、机关党委、对台办、老干局、党史办；人大办、政协办、总工会、团委、妇联、工商联、侨联、科协；政府有政府办、计划委、经委、科委、计生委、人事局（含编办）、劳动局、民政局、财政局、物价局、乡镇局、交通局、建设局、环保局、国土局、农业局、水利局、多种局、审计局、粮食局、教委、文化局、卫生局、信访局、统计局、外经委、技术监督局、人防办、区志办；公安局、检察院、法院、司法局。10月25日和11月29日，分别进行机关和乡镇公务员过渡培训考试工作。县组织人事部门对符合公务员过渡条件和考试合格的人员，按照干部管理权限进行审核审批。1998年6月，全县31个政府工作部门和2个部门管理单位的343名干部过渡为国家公务员，23名不予过渡，2名暂缓过渡，1名辞退，2名分流。至1998年底，全县公务员制度过渡工作完成，公务员制度在全县范围初步建立。2005年4月27日，第十届全国人大常委会第十五次会议通过了《中华人民共和国公务员法》，并决定从2006年1月1日起施行。2007年12月底，完成全区党委机关等七类机关工作人员的公务员登记审核审批工作，1887名机关工作人员法定为公务员。2008年，公务员制度没有变化。

五、人事代理制度

淮阴县实行人事代理制度较早。1994年6月，为无人事管理条件的"三资"企业、民办企业和私营企业等各类流动人员提供人事代理服务。随着人事代理制度的不断完善，县人事代理范围逐步从非公有制经济单位发展到公有制经济单位和混合所有制经济单位，人事代理内容逐步从档案保管发展到包括聘用签证、专业技术职称代评、多种保险费代缴等一系列人事服务项目。2000年后，淮阴县（区）相继对进入事业单位的试用期毕业生和部分事业单位聘用人员实行人事代理，打破事业单位人员终身制，畅通人才进出渠道，促进用人机制的转换。至2008年底，区人才交流服务中心共委托代理8000人。

第五节　事业单位改革

一、乡镇事业单位改革

1986年后，随着改革开放不断深入和社会主义市场体制的建立，乡镇事业单位的改革也在不断探索与尝试。

2001年，根据省委办公厅、省政府办公厅《关于乡镇事业单位机构改革及人员分流的意见》，淮阴区开始对乡镇事业单位进行改革，坚持政事分开、精简、统一、效能、因地制宜、公平择优的原则，以理顺乡镇事业单位管理体制、综合设置乡镇事业单位、精简事业单位人员编制为主要内容实施改革，着重对乡镇事业机构进行重组整合，通过"撤、并、转、脱"等方式，将法律服务所转制为社会中介机构，撤并联防队。各乡镇重新设置事业单位9个，即农业技术服务站、农村经济服务站、乡镇企业服务站、文化广播电视服务站、计划生育服务站、畜牧兽医服务站、水利服务站、国土资源管理站。调整后的乡镇事业机构中，直接从事社会服务和为农服务的事业单位，实行条块结合、以块为主的管理体制；水利服务站、国土资源管理站等具有执法职能、涉及区域建设和管理的事业单位，实行条块结合、以条为主的管理体制。乡镇事业单位人员，遵循公开、公平的原则，实行竞争择优上岗，通过报名、考试、测评、考核等环节，竞争上岗人员，按综合成绩3%的比例实行末位分流。全区乡镇事业单位编制比原来消减24.6%，分流乡镇事业单位人员302名，其中办理提前退养262名，自主创业、充实乡镇企业或到村组任职等40名。原每乡镇20个左右的事业站、所，压缩至9个，个别情况特殊的乡镇设置10个事业站，全区乡镇事业站、所精简幅度达到53%。至2008年，全区乡镇事业单位149个，有在职人员1009名。

二、区直属事业单位分类改革

2003年9月，区内239个区直事业单位进行分类改革，按照“脱钩、分类、放权、搞活”的原则，根据事业单位的性质、职责和任务，将事业单位分类为管理执法类、社会公益类、生产经营类等3种，其中管理执法类39个、社会公益类179个、生产经营类21个。2003～2005年，淮阴区先后对原区政府招待所、区测绘院和7个区政府驻外办事处等事业单位进行改制转企，共分流各类事业单位人员138名，其中办理提前退养手续22名，办理“协保”13名，实行身份置换101名。至2008年底，区直属事业单位309个，有在职人员10788名。

第二章　经济体制改革

第一节　农村经济改革

一、人民公社经营体制

1978年，淮阴县农业管理由以人民公社为基本核算单位改为以生产大队为基本核算单位，实行独立核算。土地、耕畜、农具等生产资料所有权归生产小队所有，原大队所有归生产小队使用的物资，其所有权下放到生产小队。公社和大队不再从生产小队提取公共积累，生产小队有生产经营和收益分配的自主权。在劳动管理上，建立相对固定的或临时的劳作组，推行小段包工（包到劳作组或到户），实行定额管理和评工记分（按工时或按件记工）。在基本口粮分配上推行“三基本”制度，即制定社员基本投工日、基本投肥量、基本口粮标准，超额完成基本工日、基本投肥量的，可增加基本口粮。生产队粮钱结算，每年两次。一次在夏收后，一次在年底。生产队与社员依据社员劳动手册和社员往来账手册结算，并公布上墙。各种农具由专人保管，履行借还手续。耕牛、生猪由生产队推选责任心强的社员饲养，生产队与其定饲料、定膘成、定肥料、定繁殖、定工分，明确奖惩条件。粮食由生产队统一保管，实行账、印、锁分管牵制制度，进库、出库必须由会计、保管员和管印员同时到场。

二、家庭联产承包责任制

1979年开始，县内少数公社中少数生产大队和生产小队自发实行不公开的以包产到组、包产到户为形式的农业生产责任制。1982年10月，出台《农业生产统分结合，联产承包责任制试行办法》。1983年，进入土地一轮承包期，全面实施家庭承包经营、统分结合的双层经营体制。在坚持土地等基本生产资料公有制的前提下，接受国家计划指导，兼顾国家、集体、个人三者利益，统筹安排生产和劳力，全县所有生产小队逐步全面实行联产承包责任制。1984年，全县全部实行“大包干”农业生产责任制，承包地15年不变。随着“大包干”农业生产方式的变革，农村耕地全部承包到户。1998年，全面贯彻落实中共中央、国务院延长土地承包期30年不变的政策，积极稳妥地开展土地二轮承包工作，下发

《农村土地承包经营权证书》，按"大稳定、小调整"原则，对全县原土地承包中部分矛盾突出的土地进行调整。2004年2月，在棉花庄、码头两个镇先期试点基础上，在全区全面推开农村土地承包经营权流转及规范管理工作。全区21个乡镇统一依托农经站增挂土地流转服务站牌子。全区补签农村家庭承包土地的承包合同15.2万份，完善和规范土地流转协议1133份，流转土地面积243.2公顷。2006年2月，在码头镇试点成功的基础上又对全区有条件的袁集、赵集、西宋集、徐溜、刘老庄、五里、古寨、老张集等乡镇全面补发《农村土地承包经营权证书》，共向农户发放土地经营权证书8300份。

2008年，开展示范乡镇土地流转服务站创建活动，全区累计流转土地面积6240公顷，占承包土地面积14.8%。在码头、吴城等乡镇创建土地股份专业合作社5个，总入股承包土地面积达到333.33公顷。

三、农村财务管理制度改革

1984年，全县实施财务清理、财务审计、村财乡管、村务公开等一系列规范化管理措施。1995年，全县农村实行"村账乡管"，村、组集体资金由乡镇统管，会计每月集中记账会审、按月向群众公布收支账目。1996年，全县有83%的村达到规范要求，150个村完成市级财务管理规范化验收任务。1997年，实行"村务公开"试点工作。1998年，在全县范围内推行以财务公开为主要内容的农村村务公开制度，建公布栏420个。2002年6月，全区进行村级债务清理并在王兴镇对农村财务进行整顿试点，开展"清财化债"（清理村级财务、化解村级债务）工作。2003年普遍推开后，对村级财务管理工作实行"村账镇管"制度。全区大部分乡镇以村为单位建立健全村级财务管理档案，委派村级会计103人，村级会计持证上岗率达到92%。全区清理出村级集体资产账面总额11056万元，村级债权总额5206.34万元，平均每村20.7万元；村级债务总额6466.2万元，平均每村31.43万元。全区清理收回债权1599.46万元，占债权总额的30.6%；化解村级债务2803.4万元，占债务总额的43.5%。2004年，推行村级财务电算化工作。2007～2008年，全区开展农村财务规范化管理"合格村、示范村、示范乡（镇）"创建活动，对照创建标准，区、乡两级农经部门成立专门班子，制定创建计划，定期督查指导，落实创建措施。经省、市组织验收，王营、棉花庄、老张集、新渡、袁集等5个乡镇获评省级农村财务规范化管理示范乡（镇），王营镇小营村、营东村等14个村获评省级农村财务规范化管理示范村，其中王营镇小营村获农业部表彰。全区有90%以上的村达到农村财务规范化管理合格村标准。2008年，淮阴区被省评为农村财务规范化管理先进区。

四、农村社会化服务体系改革

1978年，县内无正式经济合作组织，仅在每公社（场）建立农业科技实验站，但规模小，实效也不大。1983年，农村推行家庭承包责任制后，农技推广工作对象由原来的大队、生产队变为千家万户，技术推广内容更加广泛。各乡镇先后成立农技站、农机站、林业站、蚕桑站、水产站、畜牧兽医站等服务单位。1985年，农村社会化服务主要是抓好农业服务站建设，初步建立村级服务体系。1988年，撤销农业局下属的农业技术推广站、植保站、农业股、科教股，保留人秘股，增设生产股，成立具有技术推广、试验示范、化验测验、信息传递、科教培训、技术市场等6项职能的县级农业技术推广中心。乡设农技站，村有农技员。1990年，98%的村配备专职农技员，农村科技服务网基本建成。2002年，根据区级机构改革方案，乡镇农技站人、财、物划归乡镇属地管理。乡镇成立农业技术服务站。2005年，结合事业单位改革，先后两次对农村社会化服务体系实行市场化改革，成立农业、经贸、农经管理、人力资源、村镇建设、计划生育、文化广播电视等7个服务中心。至2008年，对农民所能提供的服务已经涵盖销售、信息、科技、资金、法律服务等多个领域。销售服务主要由收购部门与农民签订保护价合同，再按合同规定的价格、数量收购。信息服务主要通过网络服务，有农业生产项目信息、打工信息、农副产品销售信息。资金服务主要靠农村信用银行为农民提供小额贷款服务。

五、农村税费改革

1979年，国家大幅度提高农副产品价格，加之实行“大包干”，农民收入大幅度增加，农业税虽然减少，但税外负担依然较重，乱收费现象严重，使农民难以承受。1984年后，境内农民负担项目为“两金一费”（公积金、公益金、管理费）、村提留乡统筹、“两工”（劳动积累工、义务工）、农业税、农林特产税、水资源费、水利工程水费等。1993年，全县控减农民负担力度加大，共停止执行省以上收费项目49项，废止市及市级以上收费28项。1997年，农村乱集资、乱收费、乱摊派现象有所好转，农民上访明显减少，干群民主法制意识增强。1998年，中共十五届三中全会提出逐步改革农村税费制度，全县农民负担控减后总额为7526万元，乡统筹为3000万元，人均负担106元，占上年农民人均纯收入的4.1%。1999年，开始实行农民负担监督卡制度，将农民负担的项目、数额一次性上卡。是年，全县在7个乡镇开展“依法治负”试点工作，依据政策减免54个农户的提留统筹，累计金额4.5万元；通过法院起诉的有83户，涉及金额5.4万元。2000年，为进一步维护农村稳定局面，保护农民利益，调动农民生产积极性，县政府采取一系列减负措施，农民减负人均96元。2004年起，取消“两工”，改为实行“一事一议”筹劳，同时推行农村税费改革，主要是落实农业税调整政策，严格实行“三不变”（计税单产不变、计税价格不变、计税面积不变）、“一降低”（农业税正税由7%下降到4%，农业税附加同比降低）措施。调整和规范监督卡内容，入卡项目有农业税及附加、“一事一议”筹资、“一事一议”筹劳，其他项目一律不准入卡。2005年起，全区全面免征农业税。此后，农民负担为“一事一议”筹资筹劳。农民负担监督卡发放到户率98%，收费使用统一票据。“一事一议”筹资执行上限控制，每人每年不超过20元。“一事一议”筹劳，每个劳动力原则上控制在5个工作日，最高不超过8个工作日，禁止向农民搭车收费和卡外乱收费。2008年，全区农村除“一事一议”筹资筹劳以及水利工程水费外，取消其他各种税费。

六、农村合作经济组织

图9-2-1　农业产业化项目——老侯食品系列产品

1989年之前，境内出现一些具有经济头脑，以粮食、家禽等农副产品为经营主体的个体“农民经纪人”队伍，利用区域间差价组织农副产品经营销售。随着市场经济的不断发展，单个经纪人应对市场风险的能力明显不足，经纪人的联合成为必然。与此同时，境内农业龙头企业领办的经济联合体成立协会，采取企业+农户的经营模式。1997年，成立淮阴县农副产品销售者协会。1998年，全县组建营销联合体210个，培育营销大户和农民经纪人4800户。1999年，开拓农副产品外销市场，在大、中城市和交通枢纽设立销售窗口。扩建星光蔬菜批发市场，筹建丁集肉鸽交易市场，培育产业化合作社5个，在大中城市设立农副产品窗口40个。2000年，境内首家农民合作组织协会成立。此后，具有关管理部门推进农业产业化，形成“龙头企业+专业合作社+农户”或“专业合作社+龙头企业+农户”的运行机制。农民专业合作组织得到迅速发展。是年，獭兔养殖户刘传柱加入农民獭兔养殖协会，一期饲养700余只，一年出售獭兔3000余只，年净收入8万多元。丁集镇菜鸽营销协会成立后，县内菜鸽养殖量从几千羽发展到两千多万羽，从事菜鸽贩运的农民达120多人，年销售在100万元以上的农民经纪人有20多人。随后，三树肉鸡、赵集水晶粉丝、凌桥大米、老侯野鸭、三鱼挂面等行业协会陆续成立。截至2000年底，全县发展合作协会近200个。2000年后，淮阴区高效规模农业发展迅速，各种农民经济组织逐渐建立。2001年，组建产、加、销一体化的专业合作经济组织和市场中介组织。2004年，分别成立淮安市淮阴生态农副产品营销协会、淮安市淮阴无公害食用菌产品营销协会、淮安市淮阴油料油脂产品营销协会、淮安市淮阴凌桥米业协会、淮安市淮阴农协会、淮安市淮阴区粮食行业协会等。按照“建龙头、带基地、联农户”的基本思路，发展农业龙头企业、农村专业合作经济组织，壮大农民经纪人队伍。同时向上争取扶持资金20万元，用于扶持专业协会的发展壮大。是年，全区合作经济组织发展到165个。2005年，成立老张集乡蔬菜协会、棉花庄镇西瓜协会、赵集粉丝协会等，全年新增各类合作经济组织21个。老张集、徐溜、古寨、棉花庄、三树等乡镇成立出口蔬菜、鹅、獭兔、绿色西瓜、肉鸡等农民专业合作协会，创建市级农民专业合作组织2个。2006年，先后成立草莓、牛羊肉、神州鸽业等农民专业合作协会29个。2007年，发展五里养猪协会、韩桥生猪营销协会、渔沟兴立奶牛养殖合作社等27个合作经济组织。至2008年，全区农民专业合作经济组织发展到772个，其中注册登记为专业合作社711个。参加合作组织的农户6.26万，带动农户8.3万。全区农民从专业合作经济组织获得的收入人均1800元。凌桥米业协会和老侯特禽行业协会被确定为江苏省重点农民专业合作经济组织。以赵集粉丝、苏粤乳鸽、码头牛羊肉等为主要产品的多个合作经济组织，在全市享有盛誉。全区有17个蔬菜产业发展合作经济组织成立协会。棉花庄镇西瓜协会，有会员1286户、基地324公顷，每公顷效益75000元左右。

第二节　工业企业改革

一、管理制度改革

1978年，县经贸委负责国营工业企业和城镇手工业企业管理，主要是实行计划管理，下达生产计划和控制市场，实行统购统销的计划经济。至1982年，县政府对国营企业和集体企业的管理仍然是计划经济时代的管理，在企业中推广邯钢的管理经验，督导各企业依据自身特点制定一系列管理制度。1985年，县委、县政府对国有企业生产经济活动与奖励挂钩，即企业在完成一定的经济指标时，从企业利润中提设奖励基金。是年，县级企业仍然实行国家指令性计划或指导性计划，企业很少有生产、销售自主权。化肥厂、磷肥厂、农机修造厂、犁耙厂等企业执行国家指令性计划，在完成国家指标的同时，企业有一定的生产、销售自主权。服装厂、染织总厂、棉纺厂、无线电厂等企业实行国家指导性计划，企业经营以市场经济为主。企业工人由县劳动局统一管理，干部由人事局统一管理。1987年，县内工业企业全面实行生产经营责任制，推行厂长、经理负责制，实行党政分离。企业内部全部实行浮动工资制。1990年后，企业实行质量管理认证，实行ISO9000质量管理体系和生产许可证制度。1991年，县政府成立茧丝绸联合公司。1992年，县委、县政府制定《关于激励工业企业领导干部建功立业的若干规定》。自规定发布起，全县工业企业干部全部实行聘任制和经营目标责任制，有条件企业推行股份制，并根据经营和劳动力市场供求，适时调整工资水平。是年，县政府对染织总厂、汽修厂、王营镇橡胶厂、王营镇金属制品厂、王营镇塑料一厂等5个企业进行“双分法”改革试点。1993年，成立县丝织公司，领导县属丝织行业各企业。由于运作未到位，1995年，撤销县丝织公司。是年，县政府引导各企业争创国家、省、市名牌产品以及著名商标，促进企业抓质量管理。1998年起，政府允许企业有自主招工权，企业用工实行全员劳动合同制，企业与职工双向选择，签订劳动关系，不再由县劳动主管部门包揽企业用工。2001年，工业行政管理改为宏观调节与行业管理。至2008年，境内企业基本实现股份制和股份合作制改革，组建企业集团、推进企业内部改革、开放式改制取得显著效果，淮阴工业实现公退民进。

二、经营体制改革

1978年，县内国营企业只有少量的企业基金和利润留成，企业基本上不具有财权。1983年，开始实施第一步利改税财务管理制度。1984年，国有企业实行利改税的第二步改革，将企业应上交的收入按税种、税率交税，由税利并存改为以税代利，税后利润由企业自主安排。是年，全县企业开始推行承包经营制。1985年初，制定《淮阴县经济体制改革实施意见》，主要是实行政企职责分开，把部分权利下放给企业，推行以承包为主的多种形式的经营责任制，实行厂长（经理）负责制，改革经营方式和企业内部管理机制。是年底，企业取消利润上缴的形式，以税代利，税后利润归企业自主使用。1986年，县服装厂、丝织厂、酒厂3家县属工业企业进行厂长负责制试点工作，县毛纺厂进行深化经济承包责任制改革试点，全面推行浮动工资，企业活力增强。1987年，为活跃企业生产，将“增产节约、增收节支”活动和深化企业改革结合起来。在利改税的基础上，推行多种形式的承包经营责任制。是年，出台《关于国营企业实行承包经营责任制的意见》，有24家企业签订1987～1990年承包合同，并经公证处公证，以法律形式固定下来，其中工业企业12家、商业企业3家、物资企业5家、其他企业4家。1988年，外贸企业管理权下放，财务上与县财政脱钩，实行自负盈亏的承包经营责任制。国务院《全民所有制工业企业承包经营责任制暂行条例》颁布后，对已实行承包经济责任制试点企业的管理体制进行完善，实行工资与经济效益挂钩，解决企业内部吃大锅饭的问题。1989年后，制定《推行企业全员风险抵押承包的意见》和《企业优化组合意见》，对企业实行招标承包、风险抵押承包经营责任制，完善企业承包和劳动用工制度。其间，境内个体、民营经济迅速崛起，多种经济成分并存，企业向多元化方向发展，企业逐步成为自主经营、自负盈亏的经济实体。1990年，县造纸厂、胶带厂进行劳动人事、工资、社会保险3项制度改革试点。1992年起，县内企业推行全员劳动合同制，至1993年，绝大部分职工与企业签订劳动合同。1995年，实施企业风险抵押承包责任制。3月，县酒厂、染织总厂、丝织厂实行投入产出包干，其他企业实行所得税包干。1998年起，大多数企业由于资金有限，都形成股份制经营；汽修厂、开关厂、无线电厂、减速机厂、供销公司等5家企业为私营独资企业。2000年，出台《关于进一步推进县属工业改革和发展的若干意见》，为县属工业企业推进深层改革的主要依据。在此阶段，重点突破大而难、大而空、大而亏企业的改制。坚持公退民进的改革思路，改组改制为股份有限公司或有限责任公司；先租后股，挂靠大企业、大集团，改制为有限责任公司；建新买旧设立有限责任公司；改制为股份合作制；建新租旧，分块搞活，售、租、破产等多种形式并举。

2001年，进一步明确“区属企业实行一退一破两置换”改制方针，即对大而盈的国有企业，两年内国有股全部退出，一般性企业实施依法破产重组；所有国有、集体企业和改制不规范企业都进行企业性质和职工身份置换。是年，先后有16家企业进行改制，其中无线电厂因经营不善，启动破产程序，政府用土地出让款对职工进行安置补偿并交纳养老金、失业金和医保金。制药厂被双鹤药业公司整体收购，其富余人员由县政府用其他企业的土地出让金安置。糖厂改制时，将土地一并出让，成立白玫糖业有限公司，为股份制企业。职工身份置换后，与新的企业重新建立劳动关系。其余13家改制企业，用国有资产变现款和土地出让金对职工进行安置补偿，并补交所欠养老金、失业金、医保金。县缫丝厂、丝织厂破产，其破产费用由区财政分别垫付266.44万元和25.51万元。原纳入工交企业财务管理的企业20家，实行改制的10家，破产的2家，停产半停产的5家，维持生产3家。2002年，相继出台《关于深化企业改制工作的意见》《关于在企业改制过程中简化办事程序、减免有关收费的规定》。工业企业改革力度加大，按照“全面、彻底、规范、配套”的要求，突出公退民进，加大开放式改制力度，实施资产重组。2003年，按“四到位一保障”（企业产权转让到位、职工劳动关系调整到位、资产处置到位、内部机制转换到位，建立完善的社会保障体系）要求，完成轻工机械厂、自来水厂、胶合板厂等12家国企改制工作，退出国资1.1亿元，置换职工身份5500人。

图9-2-2　改制后的江苏白玫糖业有限公司

2003～2004年，在重点完成流通企业改革的同时，突出工业企业改革的深化完善工作。《关于进一步深化企业改制工作的若干实施意见》《关于改制企业退休人员参加医疗保险的意见》《区政府关于企业改制工作有关问题的补充意见》，进一步推进企业改制进程，采取招商重组、整体出售、竞价拍卖、"退二进三"或"保二进三"（分别指第二产业、第三产业）等改制形式，推进企业改制，大而赢和大而亏企业的改制取得突破。白玫糖业、丝织厂、胶合板厂、轻工机械厂、成大公司、福达制衣、苏粤乳鸽、亨达印业、淮洲公司、江洲公司等20余家企业改制到位。全区区属工业企业56家，完成改制48家，退出公有资本1.74亿元，理顺职工劳动关系6987人。化肥厂、丝织厂等12家企业顺利改制，共退出国有资本2.3亿元，理顺职工劳动关系4497人。

2005年，区政府对减速机厂、犁耙厂、服装厂、工业供销公司等企业进行彻底改制，并对第二制药厂部分职工进行劳动关系清算，退出公有资本2146万元，理顺职工劳动关系923人，发放经济补偿和安置费826万元。

2008年，全区为16家企业6984名职工身份进行置换，发放安置费和补偿金5415万元，支付所欠职工各种债务2005万元，退出国有资产2.41亿元。区属企业只剩缫丝厂尚未改革到位。

三、产权制度改革

20世纪80年代后期，淮阴县开始第一轮企业产权制度改革，县染织总厂成立福达制衣公司，但仍然没有经营自主权。1990年，香港企业家李嘉诚主动与福达公司联系要求合作，但公司因没有经营自主权而失良机。1994年，福达公司受命兼并县服装厂，自主权增加，规模扩大。1997年12月，淮阴县乡镇企业拍卖会在工人电影院举行，全县有19家企业参加拍卖，18家拍卖成功。1998年1月，淮阴县举行第二次乡镇企业拍卖会，成交额超过2500万元，溢出底价600万元，参拍的27家企业全部售出。至1999年，全县229家乡镇集体企业完成集体改制工作，通过市级验收，其中公开拍卖43家、协议转让50家、直接私营68家、租售结合22家、建新租旧11家、股份制9家、注销25家、兼并1家。此后，县属企业改制力度持续强化，加快了国退民进步伐。

1998年起，境内县属企业开始以"四到位一保障"为主要内容的二轮改制。县胶带厂、造纸厂、犁耙厂、无线电厂、服装厂、供销公司、水泥厂、酒厂、开关厂、减速机厂、汽修厂、磷肥厂、建材厂等13家企业改制完成。福达制衣有限公司作为县内第一家改制企业，从染织总厂院内搬迁至北京路另建新厂区。这一轮改制的主要形式是将企业有效资产出售给个人经营。在14家改制企业中，福达制衣、供销公司将土地出售给经营户，土地按评估价的一半进行出售，其余12家企业的土地为有偿租用，其租赁费为每两年递增一次。改制企业职工身份性质不变。在组建新企业过程中，第一年原企业职工的上岗率不得低于85%，以后逐年递增，保证所有人员都有岗可上。企业拥有产销自主权，效益有一定提高。随着市场竞争加剧，企业对员工素质提出较高要求，部分企业效益不佳，于是大量裁员；职工的养老金、失业金等都不能缴纳，造成大批职工到市、县上访。针对这些问题，继续推行"四到位一保障"改革措施。1999年，亏损、倒闭企业不断增加，企业资金周转缓慢，隐性坏账增加，支付能力减弱，不少企业在困境中挣扎。为改变这种状况，县委、县政府决定深化企业产权制度改革。县制药厂、米厂、面粉厂、大北农饲料公司等未改制企业，实施规范的股份制改造；造纸厂、汽车修造厂、农机修造厂等小型企业，实施以产权转让为主要方式的改制；无线电厂、缫丝厂、丝织厂等困难企业实施改组、改造，符合破产条件的，实施破产；加速国有资本全部退出，鼓励外来资本、民间资本参与企业产权制度改革进程。是年，县内共有外商投资企业21家，正常运行企业9家。

2001年，完善工业企业改制措施，在公有资产全部退出的基础上，利用土地等资产变现支付改制成本，全面调整职工的劳动关系。2003～2004年，丝织厂和轻工机械厂利用存量资产分别引进投资3500万元的吴江林缘纺织项目和1500万元增量项目，并通过"退二进三"（20世纪90年代，当时经济调整，鼓励一些没有产品，或者濒于破产的中小型国有企业从第二产业中退出来，从事第三产业）形式成功改制；胶合板厂利用海螺水泥项目招商重组，通过整体出售，顺利改制；黄河自来水厂成功拍卖；

白玫糖业、苏粤乳鸽、福达制衣实行内部改制，进行股份制改造；淮洲建设公司、江洲建设公司等建筑企业实行股份制改制。按照“真正改、彻底改、改到位”的要求，通过多轮商谈，与华融资产公司打包处置26家企业1.32亿元的债权，与长城公司打包处置1.5亿元的债权。丝织厂改制，在土地资产暂时难以变现的情况下，区政府委托城市资产经营公司先行收购储备，并拿出1000万元资金垫付职工安置费，为5000多名失业职工发放失业金600余万元，保障改制企业失业职工的基本生活。是年，出台《关于改制企业退休职工参加医疗保险问题的意见》，为近3000名退休职工办理医保手续，退休人员老有所医。通过“退二进三”推进化肥厂等沿街、沿路企业改制；通过竞价拍卖，推进汽运公司改制；通过股份制改造，推进东方设计院等单位改制；加速劣势企业淘汰步伐，对减速机厂等严重资不抵债和空壳企业，筹措破产费用，妥善安置职工，依法实施破产，实现经济结构整体优化。2003年，福达公司依法改变国有企业性质，置换企业员工身份，组建股份制有限公司。至2004年，经贸委系统的建材厂、丝织厂改制到位，化肥厂、减速机厂、造纸厂、服装厂采取捆绑式改制尚在实施，粮食系统的金谷粮行、楚泰公司等改制到位，建设系统的东方建筑设计院、淮洲公司改制到位，三淮公司、市政公司正在做改制前的准备工作，外经系统的蔬菜公司实施二次改制，交通系统的汽车运输公司改制到位，港务处第一作业区进行改制，水利系统的鞋帽厂、水泥预制品厂完成改制前的准备工作。

2005年，经委系统25家企业中，有国有（集体）11家、股份合作制4家、民营（私有）10家。而后，区属犁耙厂、减速机厂、服装厂、工业供销公司等4家国企完成彻底改制，全区企业改制率95%以上。企业改制后遗留的历史问题是，原企业欠交职工养老金2161万元、失业金578万元、医保金1094万元。这些经费由政府财政逐年偿还，但企业所欠社会债务3641万元（不含银行债务），偿还困难。

2008年，全区除缫丝厂外的区属企业产权制度均彻底改制到位。

2004～2007年淮阴区工业企业改制情况一览表

表9-2-1

企业名称	企业性质	所属系统	改制时间	改制形式	企业总资产（万元）	改制成本（万元）	总人数（人）
化肥厂	国营	经贸委	2004.08	出售资产、理顺关系	3109.00	2864.90	1009
汽修厂	国营	经贸委	2004.11	出售资产、理顺关系	208.00	447.13	234
船舶修造厂	集体	交通局	2004.12	出售资产、理顺关系	—	231.97	156
服装厂	集体		2005.09	关闭清算	232.00	367.00	252
减速机厂	集体		2005.10	关闭清算	600.60	576.00	278
犁耙厂	国有		2005.12	关闭清算	210.00	371.40	280
淮阴酒厂	国有		2007.03	破产清算	664.80	697.70	225
水泥厂	集体		2007.04	破产清算	515.00	693.00	239
开关厂	集体		2008.12	破产清算	406.00	354.00	178

第三节　财政体制改革

一、县级财政体制改革

1978年，省政府对淮阴县实行“收支挂钩、超收分成”的财政管理体制。1981年，实行“划分收支、超收留成和增长分成”的财政管理体制。1982年，实行“全额比例包干”的财政管理体制，即“分灶吃饭”的财政体制。在明确财政收支范围的基础上，按核定的1981年收支包干基数，确定收入留缴比例。支出包干基数大于收入包干基数部分，实行定额补助。县包干范围内的收入比上年增长部分，凡留成比例低于1980年增收分成比例的，仍按1980年增收分成比例计算分成。1983年，继续实行“定额比例包干”的财政管理体制。是年，淮阴县支大于收，收入全留，并差额补助179万元，成为淮阴市6个差补县之一。1985年，淮阴市对淮阴县实行“全额比例包干”的财政管理体制，核定淮阴县差补49万元。1986年，继续实行“总额分成”的财政管理体制。以1985年收支决算为基数，对财政收支基数重新核定。差补县仍实行定额补助的办法，淮阴县补贴49万元。1986～1993年，根据淮阴市有关政策，淮阴县实行“收支挂钩，全额比例包干”（即划分税种、核定收支、分级包干）的财政管理体制，坚持“统一领导、分级管理”的原则，进一步明确了各级财政的权利和责任。

1994～2000年，实行分税制财政管理体制。根据事权与财权相结合的原则，将税收收入划分为中央固定收入、地方固定收入、中央和地方共享收入。淮阴县列入中央固定收入项目主要是消费税，全额归中央；列入地方固定收入项目主要是营业税、地方企业所得税、个人所得税、房产税、农业税、耕地占用税；列入中央和地方共享收入项目主要是增值税，中央与地方按75:25分成。实行分税制财政体制后，中央对地方实行税收返还制度。以1993年中央从地方净上划的收入数额为基数，基数内部分全额返还，超基数部分，每年按上年实际返还数和上划两税递增率及1:0.3系数计算新增返还。1993年以前原体制应当上缴中央的分成收入继续上缴。对增值税地方分成的25%部分省与各地对半分成。对上划中央税收返还的收入，省对下按1:0.25的系数返还，省级保留1:0.05的系数。印花税、城镇土地使用税、资源税、土地增值税、排污费、水资源费等按比例分成。为保证分税制财政体制改革的顺利推进，原财政管理体制的分配格局暂未改变，实行分税制与原体制双轨并行，即原体制中央补助、地方上解及有关结算事项的处理规定等继续执行，省、市对县的收入递增包干任务继续递增上解。

2001年，省调整分税制财政管理体制，确定体制运行期限为5年。2002年，打破原来按隶属关系和税目划分所得税收入的办法，实行所得税中央与地方共享。所得税收入实行两级政府间直接分享。企业所得税和个人所得税收入实行中央和地方按比例分享。分享比例是：中央分享50%，地方分享50%；2003年中央分享60%，地方分享40%；以后年度的分享比例根据中央政策再行考虑。以2001年省核定数为基数，基数内全额返还，超基数部分按新分享比例执行。省核定淮阴区所得税基数为4302万元。

2004年，国务院改革出口退税机制。以2003年出口退税实退指标为基数，基数内由中央承担，超基数部分由中央、省和县按75:5:20的比例共同负担，出口退税改由地方库直接退库。省核定淮阴区的出口退税基数是1022万元。2005年，中央调整与地方出口退税分担比例。国务院批准核定的各地出口退税基数不变，超基数部分中央、省和县按照92.5:1.5:6的比例共同负担，出口退税改由中央统一退库。

2006年，预算单位的一切收支全部纳入预算管理，预算编制和审批程序规范化。扩大国库集中支付范围，将区直所有行政事业单位及农村中小学纳入国库集中支付。撤销预算单位所有账户，区级各预算单位不再设立基本账户，均实行财政直接支付和备用金制度。少数业务量较大的单位，经审核批准后，支付中心可为其开设小额现金账户，用于财政授权支付。改革后，资金拨付环节进一步减少，纳入国库集中支付的单位数从原来的95个增加至149个。全年集中支付资金58754万元，直接支付率达到88%，支付中心日沉淀资金800多万元。开展行政事业单位公有资产管理改革，成立公有资产管理机构，对行政事业单位资产进行全面清查，摸清各单位的资产“家底”，建立全区行政事业单位公有资产管理系统，实现对行政事业单位公有资产从入口、使用到出口的系统管理，提高行政事业单位公有资产管理信息化水平。出台相应的管理制度，规范行政事业单位公有资产的产权登记、出售、拍卖、转让、出租、划转等行为。2007年，形成“扎口征收、按时缴库、规范操作、集中支付”的预算管理新机制，建立起“单位开票、银行代收、财政统管”的收缴分离新模式。财政国库集中支付单位174家，比改革前增加62家。通过集中支付，累计核减单位不合理开支130笔，核减不合理支出近180万元。2008年，全区193个单位实现非税收入征缴系统信息化。成立财政专项资金监督检查管理办公室，通过对2007年财政支农资金整合试点项目、小麦良种繁育、基地建设等36个项目进行检查和审计，并对2007年未完工及2008年开始实施的26个项目进行有效跟踪，整改项目22个，挽回项目资金78.8万元。提出政府采购工作实行“抓大放小”，改进政府采购工作机制，深化国库集中支付制度改革，及时方便单位报账，财政直接支付率90%。

二、乡镇财政体制改革

1985年，制定“核定收支、超收按比例分成，减收按超收分成比例减支，超支不补，结余留用，一年一定”的乡财政管理体制。1986～1987年，实行“全额比例包干”财政体制。具体内容是“收支挂钩、确定比例、全额分成”。1988～1993年，各乡镇实行“核定收支基数、超收分成”的财政体制，即对参加体制分成的集市贸易税等13个税种以上年实绩为基数，超基数增长部分，乡镇财政留用60%；对农业特产税、耕地占用税超计划任务部分乡镇财政留用70%，完不成任务部分与支出挂钩，短收短支。具体分为3种形式：赵集、南陈集、码头、渔沟、徐溜、王营等乡镇实行“核定收支、基数内比例分成、增长分档分成、多超多留”，南吴集、韩桥、三树、丁集、王兴、袁集、凌桥、老张集、五里、北吴集、西宋集等乡镇实行“核定收支、差额补助、逐年递减、限期自给”，刘老庄实行“核定收支、定额上交、逐年递增、超收全留、短收自补”。

1994年，乡镇财力结算，由征管部门按照1993年各乡镇实绩，减去1993年收入中1992年以前欠税部分，加上1993年当年的欠税以及1994年财政收入适当增长的部分作为各乡镇收入任务的分配依据。按年初各乡镇的刚性支出预算，加上工改调资缺口，补发调整退休费、部分人员增发粮贴等政策性增支因素作为乡镇的正常支出基数。建设性支出按各乡镇专项收入和规定的留用比例留给乡镇。各乡镇总可用财力剔除专项收入安排的建设性支出后，与各乡镇正常支出基数比较，对分成留用财力大于支出基数的乡镇暂定为定额上解，对分成留用财力小于支出基数的乡镇由县按一定比例给予返还或补助。收入分税分成办法：中央固定收入任务内全额上解中央，超任务部分暂定全额留乡镇，完不成任务扣其差额部分的100%财力；共享收入任务内75%上解中央，县、乡镇25%部分全额留给乡镇，超任务部分暂定全额留乡镇，完不成收入任务扣其差额的75%财力。地方固定收入全额留给乡镇，超收全留、短收自补。固定比例分成收入主要按上级规定的比例结算，其中城市维护建设税暂按73.5%留乡镇；土地使用税交省50%后全部留乡镇；印花税交省25%后全部留乡镇；当年新增农业税交省10%后全部留乡镇；农业特产税70%留乡镇，30%交县用于农业投入；耕地占用税在上交上级60%后，其余县、乡对半分成；教育费附加100%留乡镇。

1995年，乡镇财力结算，按征管部门测算的税源以及当年财政收入适当增长的部分作为各乡镇收入任务。按照财权与事权相统一的原则和保吃饭、保基本运转的要求，将属于乡镇范围内的一切支出列入乡镇财政。对经常性支出中各项人员经费按实计算，公用经费按照有关定额标准计算。对建设性支出，按各乡镇专项收入和规定的留用比例留给乡镇。对各乡镇总可用财力剔除专项收入安排的建设性支出后，再与各乡镇正常支出基数比较，对分成留用财力大于支出基数的乡镇暂定为定额上解，对分成留用财力小于支出的乡镇暂定为定额返还及补助。收入分税分成办法：中央固定收入任务内全额上解中央，超任务部分乡镇不参与分成，完不成任务扣其差额部分的100%财力；共享收入任务内75%上解中央，县乡25%部分全额留给乡镇，超任务部分乡镇不参与分成，完不成收入任务扣其差额的75%财力。地方固定收入全额留给乡镇，超收全留、短收自补。固定比例分成收入主要按上级规定的比例专项结算，其中城市维护建设税暂按90%留乡镇；土地使用税交省50%后全部留乡镇；印花税交省25%后全部留乡镇；1994年新增农业税交省10%后全部留乡镇；农业特产税70%留乡镇，30%交县用于农业投入；耕地占用税在上交上级60%后，其余县、乡镇对半分成。

1996年起，实行乡镇财政新体制，根据分税制财政管理体制改革要求，坚持收支挂钩、责权利相结合的原则，制定以“划分收支范围，核定收支基数，收入分税分成，增收分类结算，短收自补或赔补，上解定额递增，补助逐年比例递减或不变”为基本内容的分税制财政体制。在划定收入类型、实行分税分成的基础上，根据各乡镇经济发展状况、财政收支规模及人均财力等指标确定4种体制类型，即赵集、徐溜、王营等镇“定额逐年递增上解”，渔沟、南陈集、码头、棉花庄、五里、三树、老张集、韩庄等乡镇“核定补助、逐年递减”，韩圩、韩桥、袁集、北吴集、王兴、凌桥等乡镇“定额补助、一定3年不变”，刘老庄乡“3年自给”。收入分税分成办法：中央固定收入全额上解中央，超基数部分按中央返还财力县、乡对半分成，完不成收入任务，扣其差额部分的100%财力。共享收入基数内75%上解中央，25%留给乡镇，超基数部分87.5%上解中央及省财政，12.5%部分和中央返还财力县、乡对半分成；完不成收入任务，按其差额的93.75%扣其财力。地方固定收入全额留给乡镇，超收全留，短收自补。固定收入分成收入按上级规定的比例专项结算，其中土地使用税50%交省，50%留乡；印花税25%交省，75%留乡。1994年新增农业税10%交省，90%留乡；农业特产税70%留乡镇，30%交县用于农业投入；耕地占用税在交上级60%后，其余县、乡对半分成。1998年，《淮阴县乡镇预算外资金管理办法（试行）》出台，进一步增强乡镇政府宏观调控能力，规范乡镇预算外资金收支行为。2000年，先后抽调72名业务骨干分成24个检查组，对全县113个县直单位和20个乡镇进行检查，共查出违规违纪金额522.25万元，补缴入财政专户资金127万元，追缴入库86.3万元。2001年，对乡镇财政体制采用划分税种、核定收支、定额补贴（上解）、超收分成、短收自负、超支不补“一定两年”的办法。2003年，取消村级财务，实行村账乡管。精减村组干部，将村定补干部由原来的18人减至8人，取消村会计和助理会计，只设一名报账员；取消村级招待费，将村级年度报刊费控制在2000元以内，并由区财政集中统一征订。清理债权2.78亿元，回收债权1.78亿元，债权回收率64%；清理债务3.27亿元，化解债务2.18亿元，债务化解率66.6%。2005年，乡镇财政管理体制由“乡财乡管”向“乡财区管”转变。

2003～2008年，针对农村税费改革不断完善和农村义务教育管理体制上划，区、镇两级政府职能及事权、财权发生很大变化的实际，从2003年起调整乡镇财政体制，在合理划分事权的基础上，重新划分区、镇收支范围，核定收支基数，收入分税分成，超收比例分成，短收自补或赔补，一定三年不变。收入分成办法：①中央固定收入即消费税，基数内镇级不参与分成；超基数部分，按上级返还财力区、镇7:3分成；短基数部分，按差额全额赔补。②共享收入即增值税、所得税，基数内镇级不参与分成；超基数部分，按上级返还财力区、镇7:3分成；超区下达任务部分，按上级返还财力区、镇4:6分成；短基数部分，按差额全额赔补。③基数内地方固定收入剔除专项分成后，全额留给镇，其小城建税按镇级留成的70%（但不超过该镇支出基数的20%）列专项支出；耕地占用税按留用财力区、镇5:5分成；超基数部分剔除专项分成后，区、镇6:4分成；短基数部分，按影响上级财力部分全额赔补；超任务部分按上级返还财力区、镇4:6分成。上解或补助办法：根据各镇收入基数计算留用财力，与各镇支出基数进行比较，财力大于支出基数的，全额上解，财力小于支出基数的，全额补助。在此基础上，根据各镇人均财政贡献比镇级平均财政贡献和各镇近三年财政收入增幅比镇级平均增幅增减情况，分别按照1:0.2和1:0.3的比例增加补助或上解。

三、国库集中支付

1986年，淮阴县财政在金库设立预算内和预算外两个账户，分别核算预算内、预算外资金。1987年起，县支库将中央级和省级预算收入的缴款书及收入退还书，随同收入日报表上报省分库，省分库经审核记账后，将省级预算收入的缴款书及退还书随同省收入日报表转送省财政。1990年1月1日起，贯彻实施《中华人民共和国国家金库条例实施细则》。1993年7月1日起，贯彻执行《乡镇金库管理办法（试行）》。1996年，依据《淮阴市乡镇国库管理暂行办法》《淮阴市乡镇国库业务核算暂行办法》，进一步明确乡镇金库的职责，规范乡镇预算收入的收纳、划分和留解，统一乡镇金库的核算办法，严格乡镇金库的核算手续。在市财政局的支持下，淮阴县本着“加强监督、公开透明、积极推进、稳步实施，集中支付与集中核算并行”的原则，对财政国库管理制度实施改善。2003年10月1日，以广电局等8个单位集中支付为试点单位正式进入中心运行。11月，撤销乡镇金库，全面实施“乡财县管”改革，对乡镇财政收支实行集中收付管理。撤销乡镇财政及乡镇各行政事业单位在金融机构开设的所有账户，由区国库集中支付中心设立乡镇财政“结算专户”，并在各乡镇金融机构统一开设“结算分户”“支出专户”两个分账户。乡镇各项税收直接缴入区国库，非税收入先缴入“结算分户”，按资金性质定期分别解缴区国库和区“预算外资金专户”。2004年7月，区出台《淮阴区国库管理制度改革资金支付管理暂行办法》《淮阴区国库集中收付业务内部操作办法》《淮阴区区直报账制单位财务管理制度》等管理制度和办法。2005年，各项财政性资金实行集中支付，减少资金周转环节，杜绝资金的挤占、截留和挪用，财政直接支付比例86%。并将传统支付方式下分散闲置在各单位银行账户的资金集中起来，日集中资金量在800万元左右，增强政府对资金的调控能力。是年，在保证全区干部职工工资按时足额发放和各项重点支出及时拨付到位的前提下，拒付违规支出82笔，节约资金1000多万元。2006年，预算单位的一切收支全部纳入预算管理，预算编制和审批程序规范化。扩大国库集中支付范围，将区直所有行政事业单位及农村中小学纳入国库集中支付。撤销预算单位所有账户，区级各预算单位不再设立基本账户，均实行财政直接支付和备用金制度。少数业务量较大的单位，经审核批准后，支付中心为其开设小额现金账户，用于财政授权支付。改革后，资金拨付环节进一步减少，纳入国库集中支付的单位数从原来的95个增加至149个。全年集中支付资金58754万元，直接支付率88%，支付中心日沉淀资金800多万元。

2007年，纳入集中支付的单位174家，比改革前增加62家。通过集中支付，累计核减单位不合理开支130笔，核减不合理支出180万元。2008年，财政直接支付率90%。

四、政府采购

【控购】 1978年，淮阴县革命委员会生产指挥组要求县内任何单位、任何个人都不得不经审批使用国家资金（包括预算内、预算外、企业管理费、福利费等）购买控购商品。全县控制社会集团购买（控购）商品项目有小汽车、摩托车、大轿车、沙发、地毯、钢丝床、电冰箱、空调、洗衣机、电影放映机等15种商品。1980年，财政部统一全国专项控制商品，控购商品项目共32种。1985年，专控商品由32种调为18种，即小汽车、大轿车、摩托车、沙发、地毯、沙发床、空调、录音机、录像机、照相机、放大机、大型或高级乐器、家具、呢绒及其制品、纯毛毯、彩色电视机、电冰箱、洗衣机。1988年，将19种（上半年增加2种）专项控制商品扩大至29种，增加的12种控购商品是电取暖、电煮水设备、复印机、打字机、电传机、羽绒服、风雨衣、吸尘器、丝绸及其制品、50元以上钟表、100元以上灯具、国家13种名烟和进口烟、国产13种名酒和进口酒。1990年，淮阴市财政局下达县1990年控购指标672万元，指标中包括200人以上的乡镇企业和城市街道企业。1996年，共停批、缓批小汽车10辆，其中县以上单位控制4辆，乡镇企业控制6辆。1997年，国家规定的专项控制商品有：小汽车、大轿车、摩托车、录像设备、空调、音响设备、照相机和放大机、无线电寻呼机和移动电话等8种。2001年，取消控购制度。

【采购】 1999年，县成立政府采购中心，原控制社会集团购买力办公室的职能并入其中。全县行政事业单位实施政府采购的范围包括汽车、摩托车、计算机及其网络工程、空调、打印复印设备、音像设备及其他单价500元以上或单价低于500元但一次性购置总价高于5000元的设备、车辆保险。全县通过政府采购招标实行保险的汽车87辆，节约资金7.6万元。2001年，政府集中采购目录是汽车、电视机、电冰箱、吸尘器、摄影机、摄像机、空调、计算机及外部设备、打印机、打字机、传真机、复印机、速印机、投影机、扫描机、家具、办公用纸、通讯设备、印刷设备、网络设备、医疗设备、计划生育设备、教学及科研设备、广播电视及影像设备、灯光音响设备、体育设备、电梯、锅炉、软件、大宗印刷、汽车保险、汽车加油、汽车维修。工程类指使用财政性资金新建、改建、扩建、装修各类建筑物公共工程。全年政府采购97批次，实现政府采购额1150万元，节约资金127万元，资金节约率10%。2002

年，财政部颁发《中华人民共和国政府采购法》。是年，健全政府采购预算制度，全面建立政府采购资金国库集中支付制度。政府集中采购119批次，采购额2440.5万元，节约资金281万元，资金节约率11.5%。2003年，建立供应商市场准入制度，规范政府采购行为，全年政府采购5705.7万元，其中货物类3007.16万元，工程类2055.34万元，服务类643.2万元，节约资金829.33万元，资金节约率12.6%。严格控制小汽车审批手续，全年共报批各类汽车59辆，其中企业17辆，行政事业单位42辆。2004年，出台《淮阴区工程采购试行办法》，乡镇行政事业单位纳入政府采购管理范围，工程采购列入正常的商品采购，使政府采购额得到显著提高，全年完成政府采购额6921.68万元，完成年度任务6800万元的101.8%。严格控制小汽车审批手续，全年报批汽车36辆，其中企业7辆，行政事业单位29辆。2005年，出台《淮阴区财政性资金建设工程管理办法》，工程采购真正纳入政府采购管理范围。在公务车辆保险采购中，经过公开招标，车辆保险费由134.2万元降至26.8万元，节约资金107.4万元。全年完成政府采购额8800万元，节约资金10.56万元，资金节约率12%。2006年，设立供应商投诉制度，对重大工程采购邀请纪检、监察部门共同参与。开展商业贿赂专项整治工作，坚决杜绝不正当交易，提升政府采购形象。全年实际完成政府采购额12900万元，节约资金1680万元，资金节约率14%。2007年，推行以公开招标为主的政府采购运行机制。全年完成政府采购额13073万元，节约资金1754万元，资金节约率13.42%。2008年，政府采购工作实行“抓大放小”，改进政府采购工作机制，提高政府采购的灵活性和时效性。

2001～2008年淮阴区政府采购情况表

表9-2-2　　　　单位：万元

年份	金额	年份	金额
2001	1150.00	2005	8800.00
2002	2440.50	2006	12900.00
2003	5705.70	2007	13073.00
2004	6921.68	2008	14530.00

第四节　流通体制改革

一、商业系统企业改制

1978年，境内商品流通管理由县商业局负责。县城范围内商业网点单一，门市很少，主要有百货公司、五交化公司、糖烟酒公司和蔬菜公司等。百货公司是城区唯一销售日用百货的商店，两层楼，约3000平方米。食品公司设业务、生产、卫检、财审、政工、后勤和教育等组，人事归县商业局管理，生产、业务分别由淮阴地区食品公司、县商业局双重管理。农村副食品统一由县供销社基层门市部、分销店经营。城镇副食品零售网点归县商业局管理。非计划供应副食品经营放开，主要副食品经营和价格逐步放开，计划商品供应和批发274种。直至1988年，城内建成银河商场，门市开始增多。1989年，新建淮阴县肉类联合加工厂，冷库容积300吨。是年，计划商品供应和批发3种，出现代批代购、联购联销购销形式。其后，因调整国营合作商业分工和商业所有制结构，部分产品实行产销结合。1991年计划商品供应和批发全面放开。五交化公司、糖烟酒公司和蔬菜公司均于1998年改制，以后其地块陆续用于开发住宅小区。

1982年，三级批发企业冲破商品购进地域界限，在计划外采购适销对路商品。1985年，商业系统的流通体制改革全面推开，百货、五交化、糖烟酒等3个国营商业公司实行批零兼营、独立核算、自负盈亏经营体制。1987年8月起，国营商业系统打破固定工资制，实行效益工资，推进承包责任制或租赁制。商业系统人事制度改革推开，所属企业经理由任命制改为聘任制。1988年，商业系统国营企业实行第一轮经营承包责任制，实行经营权和所有权适当分离。

1990年底，商业企业第一轮承包结束。1991年，商业系统实施第二轮承包，承包指标和承包内容进一步完善。1992年，全县商业系统批发零售企业全面实行经营、价格、分配、用工四放开。商品产销全面分开，开始双层经营。1993年，商业系统第二轮承包结束。1996年，成立淮阴县食品集团，隶属于县政府。生猪集中统一屠宰，副食品经营市场形成以大中型综合商场、自选超市和个体副食品门店为主的国有及集体商业或社会办商业、个体商户经营体制。1997年起，县百货公司、糖烟酒公司、五交化公司、饮服公司、第二饮服公司、蔬菜公司等国有企业先后实行股份制改造，国有资本逐步退出，形成以股份制及民营经济为主体的商业结构。随着商品市场的开放和不断扩大，多种经济成分的商业企业蓬勃兴起，国营体制下统购统销模式逐步为联营或个体所取代。

1998年3月，县酱醋厂以等额资产承担等额债务的形式进行整体出售，单位职工李祥生等6人自愿接受合同条款并出资30万元（变现资金），购买公司部分资产及企业经营权。改制后名称为淮安市丰鱼调味品公司。5月，银河商场以等额资产承担等额债务的售租结合形式进行出售，单位职工傅新轩等17人自愿接受合同条款并出资30万元（变现资金）购买公司部分资产（一、二楼）及企业经营权。县饮服公司以等额资产承担等额债务的售租结合形式进行出售，单位职工刘俊州等9人自愿接受合同条款并出资15万元（变现资金），购买公司部分资产及企业经营权。改制后名称为淮安市华都饮服公司。6月，县糖烟酒公司以等额资产承担等额债务的部分资产出售形式进行出售，单位职工李登宝等9人自愿接受合同条款并出资15万元（变现资金），购买公司部分资产及企业经营权。改制后名称为淮安市宝业糖烟酒公司。县蔬菜公司以等额资产承担等额债务的整体出售形式进行出售，单位职工张春和等9人自愿接受合同条款并出资15万元（变现资金），购买公司资产及企业经营权。县工业品公司以等额资产承担等额债务的整体出售形式进行出售，单位职工尹耀玲等25人自愿接受合同条款并出资30万元（变现资金），购买公司部分资产及企业经营权。改制后名称为淮安市古淮百货公司。8月，县五交化公司以等额资产承担等额债务的整体出售形式进行出售，单位职工李军等5人自愿接受合同条款并出资15万元（变现资金），购买公司部分资产及企业经营权。改制后名称为淮安市新星五交化公司。11月，县糖果厂采取等额资产承担等额债务形式，商联公司整体兼并县糖果厂。

2000年4月，县碧泉公司资产（不包括土地）整体出让，李建淮出资90.22万元，购得公司资产，后改为大上人间洗浴中心。2002年，银河商场实行二次改制，傅新轩等股东出资101.51万元，购买公司剩余资产和土地使用权，并按改制文件精神对职工身份进行置换。改制后名称为淮安市银河商贸公司，后为万客隆超市。是年，撤销县食品集团，成立县食品公司，归县贸易委管理。2003年6月，区资产公司回购公司资产，出资310万元对淮安市丰鱼调味品公司职工身份进行“双置换”，与全体职工解除劳动关系，公司拆除。因旧城改造，区资产公司回购公司资产用于四季苑项目开发，出资290万元对淮安市华都饮服公司职工身份进行“双置换”，与全体职工解除劳动关系，公司拆除。因旧城改造，回购公司资产用于城中花园项目开发，出资364万元对淮安市宝业糖烟酒公司职工身份进行“双置换”，与全体职工解除劳动关系，公司拆除。出资540万元对淮安市古淮百货公司职工身份进行“双置换”，与全体职工解除劳动关系，公司拆除。出资423万元对淮安市新星五交化公司职工身份进行“双置换”，与全体职工解除劳动关系，公司拆除。2004年，蔬菜公司实行二次改制，张春和等股东出资256.8万元，购买公司国有土地并用此款按改制文件精神对职工身份进行置换。改制后名称为淮安市诚信蔬菜有限公司，后重新注册为淮阴区一品香大酒店。

2006年，撤销区对外贸易经济合作局，组建区服务业发展局，将原苏北市场管理委员会、台州商城管理委员会职能划入，增挂区市场管理委员会牌子，原区对外贸易经济合作局所承担的“三外”（对外贸易、利用外资、外经合作）职能划出。至2008年，全区社会商品零售总额达33.54亿元。

二、粮油经营管理体制改革

1978年，淮阴县粮油仍然沿袭统购统销的计划经济体制，在农民完成征购任务后对其所售粮食加价50%收购。政府粮食部门所设的粮油供应站点对城镇居民、职工和国家工作人员实行“以人定量”供应粮食，以成品粮面粉、大米为主，价格由政府统一定价，价格较低。采取以证为主、票证结合的粮食供应管理办法。城乡无粮油自由贸易市场，政策上也不允许个体收购和售卖大宗粮食。1979年，境内农村有粮食贸易，但是须在完成国家征购（包括超购）任务后，再由政府宣布市场开放。市场议购议销仍由政府粮食部门经营。1982年，按照计划经济为主、市场调节为辅的原则，改革粮食商品流通体制，对完成国家征购任务以后的粮食，粮食部门在做好计划供应的前提下，通过议购议销来参与市场调节，平抑市场粮食价格，采取征购、超购、换购、议购等多种方式搞活粮食流通市场。1983年5月，成立县粮油议购议销公司、县饲料公司。允许粮食多渠道经营和出省贩运，允许以粮食为原料的工商企业、农村“四坊”（豆腐坊、粉坊、豆片坊、搁炸坊）和粮食部门、机关、部队、学校、团体、工矿企业以及事业单位自由购买部分粮食加工成品出售或食用。对菜农、蚕农、果农、渔民均实行产品交售和粮食挂钩供应的办法，即“交平价产品的，供应平价粮食；交议价产品的，供应议价粮食”。经过调整，使城郊菜农与定量人口的比例缩小。1985年起，县内粮食统购统销政策由强制购销改为合同定购。合同定购的粮食按比例价计算，粮食按倒四六（四成按原统购价，六成按超购价）收购，油料按倒二八（二成按原统购价，八成按超购价）收购，所定粮油根据农户承包的种植面积，经产、购、留测算，其出售部分由农户与当地粮管所签订合同。1987年，经营议价粮油的单位（包括粮食部门和其他部门），议销价格掌握以保本微利、略低于集市价格为原则，当地收购、当地销售的议销价，全年经营利润率一般控制在2%，不突破3%；省内产区向省外销售调拨，利润率可适当放宽1%；销往省外的议销价格，由供需双方协商议定。1988年，全县议销粮油价格坚持“管而不死、活而不乱”的原则。

1991年，在完成定购任务后，允许市场放开，实行多渠道经营，农村集市贸易常年开放，方便群众调剂余缺，但禁止私人从事粮食批发业务。是年，粮油购销价格倒挂，各项政策性补贴大幅上升，财政不堪重负，全县根据上级政府的决定，提高粮油统销价格。1992年7月，粮食实行购销同价，城乡粮行、粮食批发市场日趋活跃，全县城乡逐步建立粮食经营市场化的运营机制。1992年12月，县粮食汽车队开展保定汽车制造厂田野汽车销售业务。1993年4月，县清江粮油转运站更名为市华楚粮油物资综合公司。是年，取消粮食、油料收购任务，收购价格放开，对定量、定（统）销供应的粮食价格放开，不再使用粮票、油票（军用粮票、油票除外）。夏粮收购保护价略高于省下达的保护价。取消城镇居民粮食供应制度。1993年4月，县粮油装具库改为自主经营，后随着粮食流通市场改革退出经营范畴。1994年5月，全县继续坚持政府定购，适当增加收购数量，除定购粮食落实到户外，还下达议购计划。6月15日，成立军粮供应站，事业单位性质，负责军粮供应。县植物油厂股份制改组成立县油脂公司。购销价格市场放开，农村统销也随之取消。1997年7月，国家定购粮按1996年确定的定购价收购，而议购粮按保护价敞开收购，保护价就是国务院确定的定购基准价，全县要求粮食部门敞开收购、常年收购，不拒收、不限收、不停收，不压级压价、不打“白条”。1998年，县成立粮食市场管理稽查大队，主要负责粮食市场流通的检查监督，维护正常的粮食市场收购秩序，规范粮食市场经营行为。是年6月，县组织物价、公安、工商、粮食等部门人员，对粮食市场进行监督管理。查处私商粮贩和未经批准收购粮食的单位违法收购粮食行为，取缔无照经营，严格批发经营企业的资格审查和经营行为的监管，加强粮食运销过程中的销售发票管理。1999年8月，为推进粮食流通体制改革，实施粮食企业购销业务与附营业务分离，政企分开，成立粮油购销总公司、县粮油工贸集团，撤销县粮油总公司。

从2001年秋粮收购起，取消粮食定购任务，放开粮食收购市场，放开粮食市场价格，实行粮食购销市场化，购销主体多元化。至此，原计划经济粮油购销体制彻底退出历史舞台。2002年3～9月，全区29个乡镇粮油管理所（粮食购销企业）进行内部改革，剔除按规定不予转换身份的职工，对1692名职工依法进行身份置换，理顺劳动关系。为319名符合政策的职工办理内退手续，支付改革成本资金1325万元。对区粮油储运公司、市通大粮油物资公司淮阴分公司、粮食饲料综合厂、粮食印刷厂改制兼并。是年5月，市华楚粮油物资公司更名为市楚泰粮油转运站。11月，淮安苏粤食品有限公司实行产权制度改革，成立淮安苏粤食品加工有限公司。2004年4月，市楚泰粮油转运站、区粮油贸易公司（原粮油议价议销公司）、区金谷粮油物资公司改制兼并。取消《市镇居民粮食供应转移证明》。是年，由于原粮油转运站内的文庙被相关部门接管，区属清江粮油转运站被改制撤销，场地开发成佛教活动场所兼旅游景点。2006年，出台小麦最低收购价预案，收小麦8万多吨。至2008年，全区为34家国有企业、24家加工厂及15个粮食经营者办理粮食收购许可证。

三、供销体制改革

1979年2月，县供销社从县商业局析出。1982年12月，各公社供销社体制改制工作结束。1983年8月，县供销社召开第三届社员代表大会，县供销社正式更名为淮阴县供销合作联社。1985年，全县29个基层供销社继续深化改革，扩大社员股金，增加民办因素，增扩社员股金27.02万元。每入股5000元以上者，可招收其1名符合条件、业务需要的子女或亲属到供销社工作，全县共招收“入股带劳工”人员50名。1987年，供销社的领导体制进行进一步改革。合作联社理事会和监事会改为社务管理委员会，吸收农民代表参加社务管理工作。基层供销社共选出管委会成员255名，其中农民代表141名。1989年9月，县供销合作联社召开第四届社员代表大会，县供销联社更名为淮阴县供销合作总社。1990年10月，在系统内集资200万元建成供销商场，成为全县同行业营业面积最大、经营品种最全的工业品批发与零售基地。1991年1月，县土产棉麻公司析分为土产、棉麻两个公司，分别独立核算、自主经营、自负盈亏。同时，县土产业务从土产棉麻公司划出，成立土产公司。1992年12月，成立淮阴县供销（集团）公司，与县供销合作总社一套班子、两块牌子。1993年，各基层供销社实行“双层经营、柜组承包”经营模式。是年10月，县日用杂品公司实行柜组承包。1995年，供销社进行机关人事制度改革，共有15名机关工作人员到所属公司领导班子里担任相应的职务，与机关完全脱钩。1999年6月，王营供销社的小铝厂划出，成立淮安市顺达再生资源有限公司。2002年，淮安市兴农农资有限公司成立，主要负责淮阴区及周边县区化肥供应工作。

2002年开始，区供销合作总社着手启动企业产权制度改革，先后对所属日杂商场、物资回收公司、农业生产资料公司和王营供销社等4个单位进行企业改制和职工身份置换工作。是年6月，经区政府批准，日杂商场资产拍卖，转为民营，由区供销总社出资与全体职工解除劳动关系。是年，因招商引资需要，供销商场房屋和场地全部租给广大环球家具超市，有职工180人。商场用租金为职工缴纳养老保险，不足部分由职工缴纳。租赁期限为15年。供销商场职工除返聘一部分外，大多数职工下岗自谋职业。2003年6月，因支援驻军单位建设，经区政府批准，物资回收公司进行企业改制，并由区资产经营公司出资151万元与全体职工解除劳动关系，公司用房拆除。2004年2月，因威尼斯二期工程用地需要，企业房屋、土地由政府收购，区农业生产资料公司注销改制，区资产公司出资191万元，与全体职工解除劳动关系，公司拆除。至2005年，职工身份置换340人，改制支出425.98万元。2006年12月，经区人民法院依法裁定，棉麻公司破产，由区资产公司出资398.9万元，与全体职工解除劳动关系，原棉麻公司出租房屋收益由区资产公司收取。2007年4月，土产公司破产，由区资产经营公司出资212.5万元，与全体职工解除劳动关系，公司出租房屋收益由区资产公司收取。同时，白云缫丝厂破产，由区资产公司出资653万元与全体职工解除劳动关系。白云缫丝厂出租房屋收益由区资产公司收取。

2008年，区供销总社内设机构有办公室、人事科、财会科、资产管理科、纪委，下辖4个公司、21个基层供销社，有干部职工1850名，实现总销售19.98亿元，其中生活资料零售3.71亿元，农资销售3.53

亿元，农副产品销售8.53亿元，批发、废旧物资销售4.21亿元。全区共建为农综合服务社26个、“万村千乡市场”工程农家店50个、市场2个、农资连锁网点40个。淮安市兴农农资有限公司销售网点覆盖全区及周边市县，辐射周边32个乡镇、349个村，实现销售收入2亿元。是年，总社获全省供销系统农副产品购销先进单位称号。

第三章 社会事业体制改革

第一节 教育改革

一、办学体制改革

1981年，县内开始出现社会办学机构，但办学形式单调，办学内容以短期文化补习和初级技能实习为主。1998年，城乡出现民办幼儿教育。小学、初中九年义务教育仍以政府办学为主，允许设立民办小学和初中。城区有70多所私立幼儿园，30%的乡镇幼儿园改制，成为公办民营幼儿园。全县以社区为依托，公办和民办并举发展幼儿教育。1999年，全县推行幼儿教育产业化，对徐溜等乡镇中心幼儿园办学体制进行改革，实行公有民营、民办公助、股份制等形式办学。是年，贯彻市委、市政府《关于深化教育改革，加快教育发展的意见》，义务教育以政府办学为主，非义务教育阶段大力发展民办教育，逐步形成公办学校与民办学校共同发展，政府办学和社会各界参与办学相结合的办学新体制，发展以社区为依托，公办与民办并举的幼儿教育。

图9-3-1 淮阴区教育局与山西省山阴县签订合作办学协议

2003年，全力保证办好九年义务教育，办好公办小学、初中，巩固提高“普及九年义务教育”成果，同时放开幼儿教育、普通高中教育、职业教育。幼儿教育逐步形成以公办幼儿园为中心，以社会力量兴办的幼儿园为主体，公办与民办相结合、灵活多样的幼儿教育新格局。普通高中教育允许与各名牌学校、投资集团、大型企业等合作，形成国有资本、集体资本和非公有资本等所有制形式的多元化、多形式的办学新格局。在原有财政投入不减少的前提下，根据市场需求，通过联合、挂靠、转制等形式发展职业教育，在学制、招生、管理等方面因校制宜，因时制宜，着力培养学生的就业能力、创新能力和创业能力。

至2008年，全区先后成立20所民办教育机构，其中全日制教育机构4所，幼儿教育机构10所，机械、电子、计算机、职业技能等培训机构4所，文化娱乐教育机构2所。

【民办幼儿园】 1981年，在县化肥厂、制糖厂、联合织布厂和染织总厂等处，由私人投资建成最早的民办幼儿园，教学用房、活动场地和课桌凳基本满足所需。1986～1989年，县图书馆院内、粮食局院内、王营镇粮食街及前进街等处也先后建成8所民办幼儿园。此后，民办幼儿园快速发展。至1995年，全县有民办幼儿园30所47个班级1134名在园幼儿。1999年，启动徐溜镇中心园为公办幼儿园产业化改革试点，改制为私人投资办园，2000年在全县推开。2003年，根据国务院《幼儿教育改革与发展》的文件精神，全区幼儿教育仍以公办为骨干和示范，改制乡镇中心幼儿园回归公办。

2008年，全区有民办幼儿园46所102个班级4026名在园幼儿，管理人员、专职教师、兼职教师共182名，校园场地、设施设备等办园条件能够满足需要。

【民办小学】 1999年9月，创办淮阴县赵集镇渔民子弟小学，位于赵集镇境内，办学条件简陋，借用一条民船在洪泽湖上开班上课，有教师1名、学生7人。随着学生数的增加，加之民船狭小无活动场地，2000年遂弃船上岸，自筹资金在洪泽湖岸边垫土墩搭大棚，架设临时照明线路。2001年春，学生增至20多人。淮安市供电局主动支持变压器、水泥杆线等用电设施。是年秋，创办淮阴区渔沟镇益民育才小学，位于渔沟镇淮河村境内。初创时招收一年级新生1个班20余人，有平房校舍6间。此后，每年增设一个年级，每个年级1个班级，每班学生20～30人。从创办起，就开设英语课程，其他课程与公办小学相同。2003年，赵集镇渔民子弟小学办学申请得以批复，学校命名为淮安市赵集镇渔民子弟学校，民办性质，独立办学，自主管理，收费为每学生每学期200元。2004年，市教育局特批2万元，建砖木结构校舍5间。有学生47人，住校生30人，1～6年级各1个班级，有教师5名。2005年夏，渔沟镇益民育才小学将平房改建为楼房，设小学部7口教室、幼儿园4口教室及教师办公用房。2006年，赵集镇渔民子弟学校新建校舍5间，有教室、宿舍、餐厅，学生增至86人，其中住校生61人，教师7名。学生多来自于江苏、山东、安徽等地渔民子女及少量本地周边乡镇的农家子弟。

2008年，投入30万元，赵集镇渔民子弟学校易地建设占地1875平方米、校舍建筑面积460平方米、操场400平方米的新校园。是年3月，市、区两级领导出席奠基仪式。校长张国凡自力更生创办民办小学，被评为淮安市首届“亲情大使”。6月，学校收归为公办小学。是年，渔沟镇益民育才小学有7个班级，其中一年级双轨，二至六年级单轨，有学生280人、教师12名，是年6月，首届小学生毕业。学校附设幼儿园4个班，有入园幼儿150多人、教师6名。

【民办中等职业学校】 2006年6月，渔沟镇第一初级中学（原渔沟二中）改制为淮阴区蓝翎职业技术学校。2007年9月，因生源所限等原因停办，学生分流至其他学校。是年，全区有美术培训中心和科技教育培训中心两所民办中等职业学校，2008年停办。

【民办十二年一贯制学校】 2001年，淮安市东方双语学校在原果林场境内创办。2004～2005年，淮安市阳光学校、淮宁中学、淮阴中英文学校相继建成始业。淮宁中学创办初期为淮阴区淮海中学高中部新校区，2004年7月改制为民办淮安市淮宁中学，设初中部和高中部，2007年7月经批准收回为公办学校，更名为淮安市淮海高级中学。

2008年淮阴区民办十二年一贯制学校教育基本情况表

表9-3-1

学校名称		淮安市东方双语学校	淮安市阳光学校	淮安市淮阴中英文学校
创办时间		2001年9月	2004年9月	2005年4月
校址		原果林场境内	西安路东侧	丁集转盘西
占地面积（平方米）		40000	40000	76000
建筑面积（平方米）		45000	43000	24400
投资方		陈红光	淮安市清河区新大陆宾馆	北京藏典阁图书有限责任公司
投入经费（万元）		5000	7000	6000
班级数（个）	小学	8	13	8
	初中	14	30	24
	高中	20	38	21

续表 9-3-1

学校名称		淮安市东方双语学校	淮安市阳光学校	淮安市淮阴中英文学校
学生数（人）	小学	280	480	363
	初中	703	1504	1231
	高中	1000	2018	1109
教职工数（人）	专任教师	129	220	150
	其他人员	91	107	75

【公有民办学校】 1998年，淮阴县中学实行初、高中分离，初中部成为淮阴县中学与中国民主促进会淮阴市委员会合办的国有民营初级中学，命名为淮阴县开明中学。2002年，淮阴区政府迁址后开明中学遂迁入，形成独立校园。2005年，改制为股份制学校。2006年，经省教育厅验收，成为江苏省首批合格改制学校。2003～2004年，在淮海中学创办公办民营学校淮阴区英明中学，历时2年，每年招收初一新生2个班，2004年后，并入民办淮宁中学。2004年7月，淮阴区教师进修学校利用本校的设施设备、校舍场地和师资等资源，创办长江路中学，系公有民办初级中学，位于淮阴区长江西路营西桥东侧。校长由区进修学校校长兼任。2004～2006年连续三年招收初一新生。2007年停招。

【联合办学】 2005年，淮阴区职业高级中学（原五里职中、县职业中学）被教育部、国家发改委、财政部、人事部等7部委联合表彰为“全国重点职业教育先进单位”。2006年，山西省山阴县政府代表团慕名来淮，重点考察淮阴区职业教育。在两地政府支持下，淮阴区职业高级中学与山阴县教育局于是年7月签订联合办学协议，并同时揭牌成立江苏省淮阴区职业高级中学山西分校。此后，区职业高级中学选派部分学校领导和教师，赴山阴县协助招生，参与管理。学生在山阴县上课一年，次年来淮上课一年，第三年将学生送至有关单位实习，区职高负责安排学生就业。2007年，区职业高级中学还与山西省兴县、洪洞县实行联合办学。

【租赁办学】 2004年7月，淮阴区职业技术教育中心与上海博尔捷人力资源公司签订租赁合作办学协议，9月1日起学校在公有民营的机制下运行。博尔捷公司投入800多万元，建10000平方米的实训大楼和学生宿舍楼，同时添置近200万元的实验实训设备，学校的办学规模和办学条件得以提升和改善，2005年底通过省合格职教中心验收。2008年9月，经协商终止租赁合作办学协议，学校回归公办。

二、招生制度改革

【幼儿园（含学前班）】 1979年，淮阴县大力发展学前教育，至1987年基本普及学前一年教育，5～6周岁幼儿入园率95%。1995年，乡镇中心幼儿园普及学前二年教育，全县4～6周岁幼儿入园率84%。1999年，3～6周岁幼儿入园率占全县幼儿总数60.3%。2000年，小学学制由五年制向六年制过渡，幼儿入园年龄相应提前一年，城区幼儿园普及三年学前教育，即3周岁幼儿入幼儿小班，4周岁入中班，5周岁入大班，学前班停止招生。乡镇幼儿园也逐步由普及二年向三年过渡。至2008年，全区幼儿园招生制度无变化。

【小学】 1978年后，小学一年级招生由公社组织机关学校，在每年6月底搞好摸底调查，7月初组织适龄儿童到校熟悉环境，进行常规教育，9月开学上课。适龄儿童入学率呈逐年上升趋势。1986年《义务教育法》颁布后，小学招生按施教区就近登记入学。所有适龄儿童，按时到施教区内小学就读，小学毕业后仍就近进入施教区内的初级中学就读。至2008年，全区小学招生制度无变化。

【初中】 1978年，初一招生由所在公社组织考试。初中招生实行就近入学，小学毕业生需参加毕业升学考试。1991年，县城区（王营镇）小学升学考试制度实行改革，城区小学毕业生实行按施教区免试升入初中，淮阴县中学的初中招生不再通过升学考试择优录取。1992年起，取消小学升学统一考试，实行划片就近升入初中。城区的初中招生：县中实行指标分配到城区的6所小学，各小学再根据毕业考试成绩，从高分到低分择优选送。县中录取后，王营镇户口的实验小学和淮北路小学的其余毕业生全部升入淮海中学；北京路小学、王营镇小学、西坝小学和镇西小学的其余毕业生，全部升入王营镇中学。淮海中学继续从营东小学毕业生中招收初一学生25名。农村初中招生仍就近入学。2000年后，公办初中继续执行免试、就近入学和划片录取的办法。民办学校初中提前单独招生，不受施教区范围限制。至2008年，全区初中招生制度无变化。

【高中（含中等职业学校、中等师范学校等）】 1978年，初中应届、往届毕业生均可报名高一招生考试，择优录取。1986年，高一招生在文化考试后确定名单，再进行目测、验证（主要查验毕业证书、准考证、户口簿、学籍卡是否一致，有无弄虚作假），淮阴市下达淮阴县计划内招生指标：普通高中1100人、职业高中750人、中专110人、中师83人。1987年，普通高中招生采取划片招生的办法，应届生按毕业学校、往届生按户口所在地划片。考生第一志愿必须是本片完中。重点中学和中专仍采取限额报考的办法。1992年9月，为满足部分中考落榜生升学要求，在完成普通高中招生计划的前提下，各校挖掘潜力，招收部分高一自费生。1992年起，初、高中实行不留级制度。1996年开始，初中毕业升入高一级学校均需参加升学体育考试，必考项目为50米跑、立定跳远、推铅球，每项15分，总分45分，作为升学依据。是年，初中毕业生可报考五年制大专。1999年，初三学生试行毕业考试与升学考试分开进行的办法。毕业考试由学校自行组织，升学考试由市教育委员会统一组织。历史列为中考科目，与思想政治合卷测试，地理、生物仍继续实行毕业会考制度。2000年，又实行毕业考试与升学考试合并进行，由市统一组织，考试科目为语文、数学、英语、理化、政史，每门均为150分。2005年后，减少毕业生学业考试科目，学校对学生综合实践活动等进行考查，结果作为衡量学生是否毕业的主要依据，是高中招生的重要依据之一。学生的中考成绩分为三部分，即学业成绩、学生综合素质考核认定、体育成绩。学生根据自己的学业成绩和实际情况，可报考重点高中、一般高中、职业高中（含技工学校）。至2008年，全区高中招生制度无变化。

第二节　医疗卫生改革

一、医药体制改革

1978年，政策上不允许存在私人医院，民间只有为数不多的老中医诊室。1981年后，个体开业行医重新兴起。恢复对个体开业行医的审批发证工作。1988年，下发《淮阴县个体开业医务人员管理办法》。1989年，根据《江苏省个体开业医务人员管理办法》，对全县150名个体开业医生进行登记管理，对其中21名符合条件的核发营业执照，规定服务地点、服务范围及服务项目等。1991年，全县整顿社会办医，对35家无证行医、售药的进行清理、登记或取缔，对经考核合格的部分个体行医者发给营业执照，核发个体诊所医疗机构许可证4个、社会办医2个。对县内40多名厂（矿、校）医务室的卫技人员进行培训，逐步将社会办医引入正轨。1993年，对全县个体诊所进行资格审核，对审核合格的给予重新登记，验发行医执照，新发个体行医执照11份。1996年8月，下发《关于加强医疗机构管理、取缔非法行医的通告》。同时，县医药公司从经委系统划出，归淮阴县卫生局管理，公司性质不变。9月初，由县政府抽调公安、工商、卫生、广电等部门人员组成联合执法队，集中对城区及部分乡镇无证行医者进行依法取缔。各乡镇（中心）卫生院在当地政府的支持下，对本地区内的非法行医者实行查处，取缔一批无证开业的诊所。1997年，全县个体医疗诊所控制在20家以内，开设科目主要以内儿、口腔、中医、皮肤、针灸、推拿等为主，对各乡（镇）、村原则上不再发展个体医生的新户，严格控制企事业单位医疗机构对外开放。社会医疗点必须符合省、市、县有关标准，并报市卫生局备案，发给《医疗机构执业许可证》。1998年，制定《社会个体诊所考核细则》，加大对社会医疗机构的管理考核力度。

2001年，在全市城镇医疗机构分类登记中，区内的民营阳光医院、淮安染织总厂医务科等5个单位被定为营利性医疗机构。2002年，新批营利性医疗机构1个，城区范围共有营利性医疗机构6个。2003年3月，启动淮阴医药公司体制改革程序，出台改革方案，由19名股东认购并组建股份制企业，注册资金100万元，更名为江苏淮安淮阴医药有限责任公司，公司下设董事会、监事会、经理室、办公室、财务科、销售部、质检科等。是年，公司成立仓储式医药直销中心。2004年3月，成立淮安淮阴健宁医药连锁有限公司。至2008年，全区民营医疗机构无变化。

二、公费医疗改革

1978年，全县党、政、群机关及事业单位国家工作人员实行公费医疗制度。此后享受公费医疗人数不断增多，公费医疗经费年年增加，公费医疗管理制度不断调整。1993年，印发《淮阴县公费医疗管理办法》，全县公费医疗统一实行医院管理，按照“定额包干、核算到人、结余留用、超支分担”的原则，县医院实行全承包，各乡镇卫生院实行定额包干。是年，全县有11548人享受公费医疗，公费医疗经费支出411.9万元，人均支出356.58元。1994年，进一步改革公费医疗管理办法，推行公费医疗经费由医疗单位包干使用的办法，即根据行政和工资隶属关系，县直单位的公费医疗享受人员由县医院负责，乡镇单位的公费医疗享受人员由各乡镇卫生院负责诊治、转院及经费的核报工作；经费由医疗单位包干统筹使用，结余公费医疗经费全部归医院，超支的公费医疗经费原则上不补，可由乡镇财政适当补助；对癌症、心血管病等重症病人较多、经费支出数额较大，而财政又无力补助的乡镇，年终可经公费医疗办公室审核后适当补助。其标准为：超支1万元以上补助20%，超支2万元以上补助30%，超支3万元以上补助50%，超支4万元以上补助60%。强化就诊转院管理，如需转院，经乡镇卫生院院长批准后转向县医院，向市级以上医院转院需经县公费医疗办公室批准。1997年，随着医药卫生事业的发展和享受人员医疗需求的提高，原有方案的一些弊端日益突出，一部分重症病人的经费严重缺乏与一部分人经费严重浪费现象并存，个人负担比例较大。根据国务院、省政府有关医改精神，淮阴县借鉴镇江、九江的经验，结合县情制定《关于公费医疗改革的意见》，改革的要点是定额到人、重病分担、建立个人账户，从1998年1月1日起施行。是年，全县公费医疗经费财政支出366.76万元，比1997年减少支出311.04万元。

2000年，公费医疗制度改为基本医疗保险制度，全县享受公费医疗的机关事业单位人员和离退休人员均由公费医疗转为城镇职工基本医疗保险，改变传统的公费医疗模式。至2008年，全区公费医疗制度无变化。

三、劳保医疗改革

1978年，全县国营和县属集体企业单位均实行劳保医疗，劳保医疗的对象是国营、集体企业单位的职工。此外，其供养的直系亲属也可报销规定范围内的50%医药费。一般由单位与当地医疗卫生单位特约，工人凭本单位介绍信，到特约医疗单位就诊，由特约医疗单位记账，统一结算。较大的工业企业单位均设有内部医务室，免费为本单位职工防病治病，需转诊者由单位签发特约记账单，到特约医疗单位就诊。1985年后，劳保医疗开始改革，企业单位根据自身情况及经济能力，确定本企业医疗费用的提取和报销标准，由于没有进行全县统一管理，县内企业劳保医疗的报销标准参差不齐，显得不够公平。1995年后，多数国营和集体企业因亏损严重，处于停产半停产状态，职工劳保医疗无力落实，逐步走向名存实亡。1997年，制定《王营镇企业职工合作医疗保险暂行管理办法》，启动企业职工合作医疗保险。1998年，制定《淮阴县城镇企业职工合作医疗暂行管理办法》，设立淮阴县城镇企业职工合作医疗管理委员会，下设办公室，王营中心卫生院为指定医疗单位，医疗基金按照“量入为主、收支平衡”的原则，实行“统一核算、分段补偿”的管理办法。筹集资金为每人每年96元，由集体和个人分别分担，具体比例企业自行决定。2001年起，全区推行城镇职工基本医疗保险制度。至2008年，全区城镇职工基本医疗保险制度无变化。

四、农村合作医疗改革

1978年，淮阴县农村合作医疗执行《江苏省农村合作医疗章程草案》。农村看病仅交挂号费，其他费用和乡村医生报酬从集体公益金中解决。20世纪80年代，随着农村家庭联产承包责任制的实行，以集体经济为依托的合作医疗制度随之瓦解，村卫生室也逐步解体。为此，1983年、1990年两次对村级卫生组织进行整顿，重点抓好财务、药品管理，遏制单干或变相单干等不规范行为。1993年，县卫生局与保险公司联合开展农民住院医疗保险试点，得到投保者的赞同和各医疗单位的支持，但因种种原因，县保险公司于1994年自行终止试点。1997年，相继出台《淮阴县农村合作医疗暂行管理办法》《淮阴县农村合作医疗（试点）保健制度改革实施方案》，成立淮阴县合作医疗管理委员会，采取“先试点、后推开、稳步推进”的方法，在丁集、王营、古寨、王兴4个乡镇开展福利风险型合作医疗（合医合药，分段按比例报销部分医药费）试点。是年至2002年，全区（县）累计62万人次参加合作医疗，筹集合作医疗基金610万余元，报销640万余元，受益65万余人次，其中获得万元以上补偿7人，获5000元以上补偿近40人，防止因病致贫、因病返贫现象的发生。

2003年，淮阴区被列为全省新型农村合作医疗试点单位之一。2月，出台《淮阴区新型农村合作医疗实施方案》《淮阴区大额费用合作医疗保险管理办法》，确立筹资主体和运行机制，对合作医疗资金的使用和管理作出具体要求。资金由全区进行统筹，农村居民以户为单位，根据筹资标准自愿缴纳合作医疗费用。筹资工作由各乡镇政府负责，筹资标准为参保农民人均30元，其中个人出资10元，省财政转移支付10元，市、区、乡三级财政共同承担10元。全区68万农业人口，有51.8万多农民参加新型农村合作医疗，农业人口覆盖率近80%。是年，自筹合作医疗资金513.6万元，省转移补助513万，市补助102万元，区补助255万元，合计1383.6万元。自4月1日起，全区21个乡镇的新型农村合作医疗相继启动运行，全年近30万名参保农民享受到合作医疗补助1352万元，其中补助额达3000元以上的有900人，1万元以上的307人，2万元以上的30人。2004年，引入人寿保险公司承办新型农村合作医疗支付业务。筹集新型农村合作医疗资金530万元，农业人口覆盖率84%，建立“政府筹资、医院看病、公司理赔、全社会监督”的运行机制；投入50万元，为各乡镇定点服务机构购置电脑等设备，开发管理软件，实现合作医疗网络化管理。是年7月，通过对合作医疗定点医疗单位的医疗服务设施建设标准验收和考核，确定淮阴医院等20个医疗单位为淮阴区新型农村合作医疗定点医疗服务机构，实行区内医疗服务“一卡通”制度。2005年5月，全区投入100多万元，建立合作医疗计算机网络管理系统，医药费补偿实现网络结报。12月，出台《关于调整新型农村合作医疗补偿比例、范围及有关标准的通知》。至年末，有55.5万名农民参加新型农村合作医疗，农业人口覆盖率88.3%，为农民补偿合作医疗资金1560万元。是年，区政府被市委、市政府评为新型农村合作医疗工作先进单位。

图9-3-2　省卫生厅厅长郭兴华调研淮阴农村合作医疗村级报销情况

2006～2008年，全区分别有56.8万名、60.47万名、66.47万名农民参加新型农村合作医疗，参合率分别达90.45%、96.29%、98.32%。2008年，全区共有36.45万名农民获得新型农村合作医疗补偿计5737.1万元，受益率为44.19%，同时完成新型农村合作医疗门诊补偿系统与区内定点医疗机构收费系统的接口工作，并在渔沟等3个乡镇开展村级补偿试点工作，逐步实行合作医疗区、乡、村三级联网。

2003～2008年淮阴区新型农村合作医疗经费统计表

表9-3-2　　单位：万元

年份	经费总额				
	小计	省财政	市财政	区财政	自筹
2003	1383.60	513.00	102.00	255.00	513.60
2004	1422.15	524.00	104.63	263.94	529.58
2005	1534.20	701.73	111.00	166.49	554.98
2006	2841.33	1704.09	227.21	342.00	568.03
2007	3023.59	1814.15	120.94	483.78	604.72
2008	6646.75	3988.00	111.00	1218.40	1329.35
合计	16851.62	9244.97	776.78	2729.61	4100.26

2003～2008年淮阴区新型农村合作医疗情况统计表

表9-3-3　　单位：人、万元

年份	参合人数	农业总人口	报销总额	参合门诊人次	参合住院人次	医药费用		
						小计	门诊费用	住院费用
2003	513600	618063	1447.49	278620	14886	4788.70	1430.90	3357.80
2004	529586	598781	747.11	125751	13317	2876.29	350.00	2326.29
2005	554984	628000	1599.29	172447	18439	6474.39	924.10	5550.29
2006	568032	628000	2122.15	218042	22268	8852.31	1620.88	7231.43
2007	604719	628000	3599.54	279499	25846	11532.33	2282.59	9249.74
2008	664675	676000	5137.10	331712	32773	16797.60	3815.50	12982.10
合计			14652.68	1406071	127529	51321.62	10423.97	40697.65

第三节　住房制度改革

一、完善房改制度

1978年，机关、事业单位公职人员和企业员工，大多数被安排居住公产房屋，或者自建住房，此种住房制度一直延续至1992年。1993年12月，县住房制度改革办公室开始制定房改方案并组织实施。1994年，全县住房制度改革正式开始启动。改革内容是：提高公房租金，打破低租金福利制的传统模式；建立住房公积金制度，有160多个机关事业单位开始缴存公积金，缓解公房维修资金不足的矛盾；

通过集资建房，解决公职人员住房困难，增强住房商品化意识；通过优惠出售公有住房，推动房改步伐。1995年9月，发布《关于印发〈深化城镇住房制度改革实施办法〉的通知》，进一步改变以往由单位建设、分配、维修和管理住房的体制，以期形成社会化、专业化的运行体制。1999年2月，出台《关于印发〈淮阴县进一步深化城镇住房制度改革的实施方案办法〉的通知》《关于印发〈淮阴县城镇1998年度出售公有住房实施细则〉的通知》等4个实施细则的文件，明确房改指导思想、目标和基本原则，规定全县自1998年12月1日起，停止住房实物分配，实行住房分配货币化，即职工住房主要实行个人购买，购房资金来源于职工工资、住房公积金、个人住房贷款，以及财政和单位原有住房建设资金可以转化的住房补贴等。1999年4月，举办全县房改政策业务培训班，200多个单位500余人参加学习。2000年4月，出台《县政府关于印发淮阴已购公有住房上市办法的通知》，开始办理房改房上市交易业务。2004年2月，取消房改房上市审批手续。2006年，全区实施廉租住房政策。至2008年底，累计审批发放老职工住房补贴1504人，补贴面积7万平方米，补贴金额1582.48万元，新职工住房补贴2037人；出售公有住房8029户，面积55万平方米；安置廉租住房137户；出售集资建房2022户，面积16.13万平方米。

二、公房租金调整

1993年，县直管公房由县房管部门负责出租，单位自管公房由各机关、企事业单位筹资建设，房产产权归单位所有，自行管理，由产权单位出租。公房租金标准按住房的折旧费、维修费、管理费、投资利息和房产税等5项因素计算成本租金。1995年，县公有住房月租金平均每平方米0.68元，实际租金根据房屋结构、地段、层次等因素调节。1996年起，公房租金逐年提高，逐步向成本租金和市场租金过渡。1997年，县直管公房出租6900平方米，共115户。经过5次调整，至2000年，公有住房平均月租金每平方米使用面积1.28元，住房租金达到夫妻双职工家庭平均工资收入的15%，租金收入归产权单位所有，纳入单位住房基金专户，专项用于住房维修、管理、建设和改造，基本达到"以租养房"的要求。2005年，区直管公房出租3236平方米，计60户，月租金不变。至2008年，区内公有住房出租接近尾声，租金未变。

1994～2000年淮阴县直管公房住宅月租标准一览表

表9-3-4　　单位：元/平方米

时间	砖混一等结构	砖混二等结构	简易不配套平房	砖木结构		
				一等	二等	三等
1994年前	0.22	0.20	0.15	0.22	0.20	0.18
1995	0.75	0.70	0.40	0.75	0.70	0.65
1996	0.90	0.80	0.50	0.90	0.80	0.75
1997	1.05	0.85	0.60	1.05	0.95	0.85
1998	1.25	1.05	0.75	1.25	1.15	1.05
1999	1.25	1.05	0.75	1.25	1.15	1.05
2000后	1.50	1.35	0.80	1.50	1.35	1.20

三、公有住房出售与上市

【出售】 1994年，全县有44个单位向1580户职工出售公有住房15.83万平方米，归集资金1236.68万元。1995年，公有住房成本价为每平方米534元，同时给予现住户成新、工龄及一次付款等项折扣，全县共有13个单位534户购买公有住房计3.86万平方米，归集售房款943.57多万元。购买公有住房折扣种类：现住房折扣，购买已租住的公有住房，1995年度给予成本基价5%的折扣率，以后每年递减1个百分点，至2000年全部取消。1998年砖混一等住房建筑面积每平方米折扣12.44元。成新折扣，以成本价购买旧房，成新折扣按50年计算，每一年折扣为2%，使用年限超过30年的按30年计算。工龄折扣，年工龄折扣率为1.2%。一次性付款折扣，购买公有住房一次性付清房款，1995年付款折扣率为19%，1998年付款折扣率为8%。一次性付款出售公有住房实行最低限价，甲类地段为建筑面积每平方米170元，乙类地段为建筑面积每平方米160元。1994～2008年，累计公有住房出售55万平方米、8029户，回收资金10874.95万元。

1994～2008年淮阴区（县）公有住房出售统计表

表9-3-5

年份	出售建筑面积（万平方米）	出售户数（户）	回收金额（万元）	房改成本价（元/平方米）
1994	15.83	1580	1236.68	375
1995	3.86	534	943.57	534
1996	2.40	331	779.10	534
1997	14.71	2306	4155.55	604
1998	3.27	425	1226.41	622
1999	3.27	638	1009.22	622
2000	1.79	302	538.02	647
2001	2.10	380	160.00	647
2002	0.57	117	157.68	647
2003	2.44	543	160.00	647
2004	3.68	658	213.00	647
2005	0.59	96	186.36	647
2006	0.12	34	28.03	647
2007	0.37	85	81.33	647
2008	0	0	0	647
合计	55.00	8029	10874.95	

【上市】 2000年4月，出台《关于印发淮阴县已购公有住房上市办法的通知》，交易行为包括买卖、租赁、抵押。是年，房改房上市107户，面积0.77万平方米。2001年，房改房上市164户，面积1.16万平方米。2002年，房改房上市107户，面积0.77万平方米。2003年，房改房上市220户，面积1.49万平方米。2004年2月，取消已购公有住房上市审批手续，简化办事程序，提高办事效率。

四、住房补贴

住房补贴分为老职工住房补贴和新职工住房补贴两种类型。1998年11月30日之前参加工作的无房和住房面积未达到规定面积标准的职工，购房时实行一次性补贴；是年12月1日以后参加工作的职工，由所在单位按其月工资基数的8%逐月发放住房补贴，按月记发的补贴进入个人住房专项资金账户，按公积金原则进行管理和使用。工作年限在25年以上（含25年）的职工全额发放，工作年限未满25年的职工按实际工作年限发放，剩余年限的补贴作为借支，在今后工作年限内逐年抵扣。工作年限未满25年的职工调离、辞职时，借支余额由新单位或本人在离开时一次归还。从2000年开始实施住房补贴，当年审批住房补贴77户，补贴金额125.28万元，补贴面积0.51万平方米。2002年开始实施新职工住房补贴，当年发放新职工住房补贴125人。至2008年，累计发放老职工住房补贴1504户，补贴面积7万平方米，补贴金额1582.48万元；新职工住房补贴2037人。职工购房补贴面积标准：一般干部职工75平方米，科级干部90平方米，处级干部110平方米，厅局级干部135平方米。购买现住房面积标准：一般干部职工65～85平方米，科级干部75～100平方米，处级干部90～120平方米，厅局级干部130～150平方米。

1999～2008年淮阴区（县）职工住房补贴统计表

表9-3-6

年份	人数（人）	金额（万元）	面积（平方米）	年份	人数（人）	金额（万元）	面积（平方米）
1999	5	6.89	362.42	2004	170	206.65	10795.97
2000	74	130.70	4813.38	2005	200	196.64	10146.96
2001	95	136.10	5911.75	2006	297	317.09	14758.94
2002	61	70.69	3620.01	2007	203	143.89	6972.24
2003	109	115.90	5784.39	2008	197	180.61	7664.84

五、保障性住房

1994年8月，县城建部门对城区人均居住面积4平方米以下困难户和无房户进行调查，始建解困房。至1998年，第一批保障性住房竣工，共4.45万平方米，有578户住房困难户迁入新居。2004年，出台《淮阴区解困房实施意见》和《淮阴区政策性商品房实施意见》，成立解困房工作领导小组，由房管局、纪委、检察院、审计局等单位人员组成，解困住房实行全程把关，阳光操作，同时聘请专业技术人员，确保工程质量。2005年，出台《关于印发淮阴区城镇廉租住房管理暂行办法的通知》《关于印发淮阴区城区建设拆迁安置解困房建设管理的实施意见》，御花园小区和锦绣嘉园小区工程列为区政府为民办实事项目。2007年初，成立安置房建设领导小组，下设办公室，具体负责安置房建设领导工作。至2008年底，全区共规划建设9个保障性住宅小区，规划总建筑面积154.6万平方米，规划总占地面积95.31公顷，共计437幢13200户，其中辉煌家园、向阳人家、泰和家园、江淮人家等4个小区已设计施工图；御花园小区、锦绣嘉园、汇达花园、北苑家园、桃李花园等5个项目开工建设，累计施工面积71.78万平方米，占规划总建筑面积的46.4%，可安置6289套，占应安置总套数的47.6%。

图9-3-3　江淮人家小区

2008年淮阴区保障性住宅小区规划情况一览表

表9-3-7

项目名称	规划总占地面积（公顷）	规划总建筑面积（万平方米）	规划总幢数（幢）	规划总户数（户）
御花园A、B组团二期	2.77	7.14	19	592
御花园C组团	8.13	13.82	37	1136
御花园D组团	3.64	7.54	20	564
锦绣嘉园	1.97	4.47	11	401
汇达花园	11.13	19.90	56	1662
北苑家园	10.05	13.04	48	1248
桃李花园	12.29	19.75	57	1714
辉煌家园	16.33	25.35	70	2076
向阳人家	13.37	18.18	59	1610
泰和家园	10.29	16.15	35	1416
江淮人家	5.34	9.24	25	781
合计	95.31	154.58	437	13200

2008年淮阴区保障性住宅小区建设情况表

表9-3-8

<table>
<tr><th>项目名称</th><th>施工面积（万平方米）</th><th>幢数（幢）</th><th>套数（户）</th><th>进度</th></tr>
<tr><td>御花园A、B组团二期</td><td>7.14</td><td>19</td><td>592</td><td>已交付使用</td></tr>
<tr><td>御花园C组团</td><td>13.82</td><td>37</td><td>1136</td><td>竣工验收</td></tr>
<tr><td>御花园D组团</td><td>7.54</td><td>20</td><td>564</td><td>基础施工</td></tr>
<tr><td>锦绣嘉园</td><td>4.47</td><td>11</td><td>401</td><td>已交付使用</td></tr>
<tr><td>汇达花园</td><td>19.90</td><td>56</td><td>1662</td><td>已交付使用</td></tr>
<tr><td>北苑家园</td><td>9.59</td><td>30</td><td>774</td><td>一期竣工</td></tr>
<tr><td rowspan="2">桃李花园</td><td>一期2.85</td><td>9</td><td>252</td><td>一期竣工</td></tr>
<tr><td>二期6.49</td><td>16</td><td>510</td><td>基础施工</td></tr>
<tr><td>合计</td><td>71.8</td><td>198</td><td>5891</td><td></td></tr>
</table>

六、集资合作建房和解困房

集资、合作建房采取“政府扶持、单位资助、个人出资”方式进行建设，以建筑成本价直接向职工个人销售。1995年，有5个单位150名职工以成本价购买集资、合作建房1.2万平方米。1998年12月1日，国家机关、企事业单位公职人员实行住房分配货币化，停止实物分配。2006年3月，开始实施廉租住房政策，即通过入户调查，掌握有廉租住房需求的真实情况，按照梯度实施的原则，优先解决无住房的廉租对象住房问题，2006年解决93户，2007年解决26户，2008年解决19户。1995～2008年，累计集资合作建房2022套，计16.13万平方米。

1995～2008年淮阴区（县）集资合作建房统计表

表9-3-9

年份	建筑面积（万平方米）	套数（套）	年份	建筑面积（万平方米）	套数（套）
1995	1.20	150	2003	1.53	165
1996	2.55	250	2004	1.55	169
1997	0.71	86	2005	1.18	148
1998	3.23	376	2006	0.62	56
1999	1.32	161	2007	0.033	4
2000	0.30	39	2008	0	0
2001	0.95	140	合计	16.133	2022
2002	0.96	278			

第十篇　开放开发

随着改革的逐步深入，淮阴对外开放开发不断扩大，经历从只有原粮、山羊板皮、白厂丝、丝绸等销往国外到工农业产品出口贸易大幅增加，从"自家经营"到境内和中国台港澳地区及国外客商到淮阴投资，劳务输出，企业境外经营的过程。

招商机制的建立和不断完善，为开放开发提供保证。优化载体建设、推出优惠政策、改善服务环境等措施，形成"筑巢引凤"的投资环境。每年都举办的各类融资和招商引资活动，引来境内各地和中国台港澳地区以及美国、日本、法国、泰国、葡萄牙等国家大批客商来淮投资兴办企业。引进中国台港澳地区及国外资金，产生"借风行船"的良好效果。对外贸易规模不断扩大，贸易额由小而大，贸易品种从少到多。劳务输出形式由自发向外派演变，行业由粗工型向智能型、管理型方面转变，外派劳务人员遍及科威特、新加坡、日本、韩国、俄罗斯、以色列等20多个国家或地区。境外经营虽起步较晚，但起色明显。

淮阴经济开发区、淮阴工业新区、王营工业集中区规模不断扩大，项目不断增多，良好的效益逐步成为提升淮阴经济实力的主渠道。同时，广泛开展物资、信息、科技、项目、文化等全方位的交流与合作，有力地促进淮阴经济与社会的发展。

第一章　招商引资

第一节　机　构

1999年，淮阴县招商引资办公室成立。2001年11月，组建淮阴区招商局，负责全区招商政策调研、重大招商活动组织策划、投资企业服务协调以及对招商引资任务的完成情况定期向淮安市招商局进行报告等工作，内设综合科、项目科和管理信息科3个职能科室。2003年6月，对招商管理体制进行改革，明确招商局为淮阴区政府直属事业局，取消项目科、管理信息科、保留综合科，成立招商公司，以淮阴驻点招商办事处名义派员赴外地开展工作，分别驻上海、台州、温州等3个地区从事专职招商。原招商分局局长兼任区招商局副局长。2005年7月淮阴工业园区通过区内选调方式成立5个专业招商分局，负责境内境外专职招商工作，设分局局长5名，专业招商业务员10名。5个招商分局均为副科级事业建制。按照区域定位，各招商分局保持相对独立，一分局主攻上海、江苏等地区企业；二分局主攻浙江地区企业；三分局主攻广东、福建、深圳等地区企业；四分局主攻北京、山东等地区企业；五分局主攻外资企业。2005年12月，明确区招商局和淮阴工业园区招商分局合署，原单位人员性质不变，受淮阴区政府和淮阴工业园区管委会共同管理。2006年12月，招商一分局、二分局划归新成立的江苏淮阴经济开发区管理，招商三分局、四分局、五分局划归区招商局管理。2008年6月，区政府新成立3个专业招商分局，隶属区招商局，分局各设局长1名，实行公开招聘，保留原有身份不变，聘期2年，聘期结束后由组织部门进行考核，其他人员编制、性质保持不变。

第二节　投资环境建设

一、载体建设

1992年9月，淮阴县委、县政府批准兴建淮阴县经济技术开发区。开发区位于县城东北，区域面积9.13平方千米，下辖7个行政村，人口12572人。10月正式规划启动建设，启动区面积1.5平方千米。淮阴县经济技术发开区管理委员会作为淮阴县政府的派出机构，享有县政府一级的部分经济管理权限，负责协助项目主办单位办理有关报批手续。管委会下设办公室、财务审计部、农村管理部、规划建设部、项目开发部、城建办、土管所等职能部门。后因开发区建设运转面临重重困难，2000年被撤销，所辖区域并入王营镇。

2002年8月，淮阴区重新规划建设淮阴工业园区，初定区域南邻盐河，西靠承德路，北、东至新长铁路线，整个园区规划面积5平方千米，先期启动面积2平方千米。2003年8月，工业园建设步伐加快，下发《关于建设淮阴工业园区有关问题的意见》，拟定将工业园建设成为全区的经济特区、工业新区、开放型经济的窗口，加快培植全区经济发展的新增长点，使工业园步入"建设高品位、投资高密度、投入高回报、就业高容量"的良性发展轨道，率先建成省级经济技术开发区，并努力建成国家级开发区。是年，调整工业园建设规划，规划总面积23平方千米，南至盐河，北至宁连公路绕城段，西至淮高路、承德路，东至宁连一级公路。至2003年，工业园区面积已扩至6平方千米，当年完成固定资产总投资10亿元。

2005年11月，根据市委、市政府《关于进一步加快全市开发区、园区发展的意见》，市机构编制委员会批复同意设立江苏省淮安经济开发区淮阴工业园区管理委员会，所需人员按照精简、效能的原则，在现有区级行政机关和全额拨款事业单位中调剂解决。12月，下发《关于江苏省淮安经济开发区淮阴工业园区管理委员会机构职能配置和人员编制的实施意见》，决定成立中共江苏省淮安经济开发区淮阴工业园区工作委员会、江苏省淮安经济开发区淮阴工业园区管理委员会、淮安市淮阴经济开发有限公司，实行一套班子、三块牌子，为区委、区政府派出机构，副处级建制。工业园区党工委、管委会下设党政办公室、经贸发展服务局、国土规划建设局、财经局、招商局、社会事业局、盐化工产业办公室等"二办五局"工作机构，均为正科级建制，核定工业园区行政编制16人，事业编制28人。淮阴工业园区建成区面积6.5平方千米，完成固定资产投资40亿元。2006年4月10日，将棉花庄镇三朱村、徐梅村整体划入淮阴工业园区，归属淮阴工业园区管委会管理。4月15日，经江苏省人民政府批复同意设立江苏淮阴经济开发区。9月，成立江苏淮阴经济开发区管理委员会，同时保留江苏省淮安经济开发区淮阴工业园区管理委员会牌子，两块牌子、一套班子，原有机构性质、规格、人员编制、经费渠道均不变。

2008年4月，撤销淮阴区盐化工产业办公室，成立淮安市淮阴工业新区管理委员会。淮阴工业新区是淮安市盐化工园"一园三片"（一园：淮安盐化工园；三片：洪泽片、盱眙片、淮阴片）的重要组成部分，成为区内招商引资的新载体。9月，区政府将左庄第十一、十二、十三、十四等4个组划入杨井村，再将杨井村、王庄村整体划入工业园。是年底，区工业园区面积已扩大至21平方千米，完成固定资产投资100亿元。

二、优惠政策

2000年，明确重大项目除享受规定的优惠政策外，实行特事特办，给予更大的优惠。外商（指县外客商，下同）投资经营期10年以上的工业生产项目，固定资产投资400万元以上，从投产年度起，企业所得税可享受"两免三减半"（实现的企业所得税地方留存部分，财政按前2年全额，后3年减半安排用于支持企业的生产发展）优惠。外商利用本地资源（木材、地下矿产、农副产品等）深加工的项目，固定资产投资500万元以上，从投产年度起，企业所得税可享受“两免三减半”优惠，鼓励外商增资、扩股。外商新增投资400万元以上，用于扩大固定资产规模（不含利用本地资源加工的项目），按新增投资比例确定利润，新增利润可享受所得税“两免三减半”优惠政策。外商投资兴办工业、第三产业项目（不包括房地产），需使用土地的，土地出让价格按基准价优惠50%。外商投资企业需建设生产性用房，免征投资方向调节税、教育费附加、人民教育基金，城市基础设施配套费减免80%，新增自来水增容费减免80%，新增电力增容费缓交50%，其他收费减免50%。投资农业开发项目200万元以上、且经营10年以上的，前三年可享受农业特产税减半征收的优惠。

2003年11月，出台《淮阴工业园招商引资优惠政策》，对税收、地价、规费、服务等方面优惠政策给予明确规定。税收政策规定，凡在淮阴工业园兴办固定资产投入1000万元以上的工业企业，实行“两奖三减半”（前2年所征的企业所得税地方分享部分全额奖励给企业，第3～5年所征的企业所得税地方分享部分减半奖励）。1000万元以上省级以上高新技术项目，实行“三奖两减半”。凡在区化工园区兴办固定资产投入500万元以上的工业企业，通过环保审批、实施治污处理、切实达标排污的，实行“两奖三减半”；固定资产投入3000万元以上的，3年内所征的企业所得税地方分享部分全额奖励给企业，第4～5年减半奖励。工业园外固定资产投入1000万元以上的工业项目视同进工业园项目，享受同档优惠；1000万元以下的，参照执行。规费政策规定，凡在淮阴工业园外兴办的企业，视同进园区工业企业，项目建设过程中免收一切区级规费、各项服务性收费和办理各种证件的工本费等，确保税外无费；凡在区化工园区和民营工业园兴办的企业，实行“扎口收费”，即按实际建筑面积每平方米20元统一收取，测绘费按每幅2000元收取。土地政策规定，凡在淮阴工业园兴办企业，征地价格实行柔性化操作。所有项目的地价，实行一事一议，直至客商满意、双方接受为止。具体价格标准是：一次性固定资产实际投资在1000万元以上的，出让地价每亩5万元左右；2000万元以上的，4万元左右；3000万元以上的，3万元左右。属省级高科技项目或企业年利税率达30%以上的项目，土地价格可比同档项目降低20%。凡在化工园区兴办固定资产投资500万元以上企业，一般土地出让价格每亩5万元左右，根据项目投资规模、科技含量、利税水平等可适当调整土地出让价格。工业园外的非化工项目，参照工业园标准执行；化工园区外的化工项目，参照化工园区标准执行。一次性固定资产投资100万元以上、1000万元以下项目进民营工业园，土地价格每亩4万元左右。经营性三产项目用地实行挂牌拍卖。在淮阴工业园落户项目所征用土地为净地提供给客商，所有补偿费、拆迁费、“六通一平”建设费等由工业园管委会承担。项目服务上，凡进工业园项目均由管委会牵头组织专门班子全程帮办服务。工业园外项目由引资单位全程帮办有关手续，以提高办事效率。对进园项目实行审办、会办、帮办的“三办”制度，即所有进园项目都由区领导及有关部门负责人进行审办；对需要解决的问题，召集有关部门集中会办；工业园招商服务办公室和引资单位全程帮办项目有关手续。实行检查准入制度，全区各行政执法机关、经济管理部门对工业园内企业进行检查时，必须报请淮阴工业园管委会和淮阴区软建办批准，并填写《淮阴区企业检查申报表》，经同意后方可实施；对工业园外企业进行检查，由区软建办批准后实施。实行重点企业重点保护。对固定资产投资超过1000万元的工业企业，颁发《招商引资重点企业挂钩服务牌》《重点企业绿色通行卡》和《外地在淮阴投资客商绿卡》，安排专人为企业提供生产、经营等方面服务，为客商在区内提供交通运输、医疗保健、文化教育、餐饮住宿、邮政通信、金融服务等方面的便利。坚持客商投诉必究。区软建办全天候为外商服务，对客商投诉做到有诉必查、有查必果，所有投诉案件确保在3天内给予回复。工业园内企业发生被盗案件，公安部门15天内不能破案的，由公安局先予全额赔偿。

2005年11月，下发《淮阴区吸引外资企业投资优惠政策》，对在淮阴区兴办注册外资300万美元以上的生产性外资项目，在实行国家“两免三减半”政策基础上，从第6年起，再给予企业所得税地方留存部分“五减半奖励”优惠。地价上实行零价格，区政府以不高于每亩2万元的价格出让土地，等企业竣工投产后，3年内由区财政全额返还。对在淮阴投资的外商，颁发《外商就医绿卡》，实行“两免三优四有”（免收挂号费，免收专家门诊费；优先、优惠、优质；看病有人引，手续有人办，住院有人陪，出院有人送）。外商子女在淮阴读书，学校、班级可以根据外商意愿进行选择，并免收择校费、培养费、学杂费等费用。交通上，颁发在淮投资外商绿卡，外商车辆除严重违章外，一律不罚款、不扣证、不扣车、不扣分。2005～2008年，淮阴区委、区政府没有正式下文出台新的招商引资优惠政策。

三、服务环境

2001年后，加大投资环境建设力度，推行机关效能建设，开展机关效能评议暨星级服务活动，提高引商、留商的亲和力；重抓服务责任细化，完善项目服务第一责任人制度，建立项目服务责任倒查制度，实现项目进区零障碍、客商零投诉、服务零距离。成立区行政服务中心，建立、完善区领导干部领办、会办、督办和专业工作组帮办、代办、协办机制，全方位协调项目手续办理过程中遇到的各种问题，为项目提供从立项到工商执照领取、从土地审批到规划建设的一条龙服务。2002年3月，成立优化经济发展环境工作领导小组，区委书记任组长，下设办公室，由区委常委、纪委书记任主任，优化办设有综合督查组、宣传组和投诉办理组。在项目建设过程中，区重点项目办公室、区督查室、区软建办定期检查项目实施进度，检查帮办单位服务情况，并将督查情况通报全区，促进项目早竣工、早投产。开发区还成立经济“110”帮办中心，及时协调处理企业在建设、生产经营过程中遇到的困难和问题，并为企业提供政策咨询、银企对接、法律援助等服务。2007～2008年，围绕加大机关“三服务”督查力度，提高亲商服务的自觉性与工作效率等内容开展投资服务环境工作。

第三节　重大招商活动

从1990年开始，淮阴县每年均举办各类融资和招商引资洽谈会，寻求国内外商家投资。1990年后，招商主要围绕引进项目和资金、开拓市场开展活动，组织各类招商活动20多次。1996年，围绕引进技术、引进资金、引进项目开展招商活动，组织或参加各类重大招商活动50多次。是年，参加上海春交会、省政府在宁举办的经贸洽谈会。淮阴县矿产开发、农副产品加工等5大类30多个项目引起美、日、德、意、韩以及港台客商的兴趣，达成合作意向10个，累计协议利用外资700万美元，内联合作意向3个，引进县外资金720万元。1998年，淮阴县招商考察团赴福建，先后考察福州、晋江、福清、闽清等市，并与恒安集团等近30个地方企业负责人进行座谈，宣传淮阴县投资环境及优惠政策。2000年起，在“入世”和国际直接投资加快的宏观环境下，淮阴抢抓机遇，积极应对国际国内市场竞争，以招商引资为突破口，增强外向型经济发展后劲。2002年，区委、区政府先后组织参加综合性招商引资活动10多次，邀请温州、昆山、东莞、上海等地的客商组团近300人来淮阴进行实地考察洽谈。此外，区政府还在北京、上海、苏州、东莞、南京等地建立招商办事处，实施定向招商、委托招商、网上招商、行政招商。是年，从温州引进的港凌包装项目开工建设。该项目是第一个落户淮阴区工业园的浙江籍企业，项目总投资3000万元。2003年，先后组织综合性招商引资活动10多次，主要有3月的深圳招商引资活动、4月的温州招商活动、6月的上海驻点招商活动、8月的珠江三角洲招商说明会及连云港农洽会、9月的厦门投资说明会等。2005年，先后组织广东、上海经贸招商活动，举办温州投资说明会、温州企业家淮阴行等重大项目推介活动。是年5月，台州商城项目竣工，从无锡引进的淮安振达钢管制造有限公司正式开工建设，2006年，该公司成为淮阴第一个销售超10亿元的企业。

2006～2007年，境内招商主要以招大企业为重点，围绕招引战略型项目、推进产业集群化、发展园区特色化，组织重大招商活动40多次。2006年，先后组织浙江、深圳、上海、苏州等各类投资说明会和专题招商活动10多次，成立广东商会。全年签订协议项目74个，其中亿元以上项目7个，投资总额60亿元。2007年，重点招商区域主要在香港、台湾、深圳、东莞、上海、温州和苏南地区。分别在深圳、东莞、上海、宁波、杭州、温州、南京、苏州、无锡等地举办投资说明会18次，参会客商620多人次，洽谈意向项目137个，其中签约项目109个。5个专业招商分局招引的项目中，3000万元服装项目投产1个，4000万元钢管项目在建1个，亿元项目签约2个。是年，洽谈意向项目278个，其中165个项目客商先后来淮实地考察。全区有58个单位在深圳、东莞、广州、上海、宁波、杭州、温州、台州、南京、苏州、无锡、常州等地集中驻点招商。招引的项目中，完成1亿元（或1000万美元）以上进开发区（含赵集片区）项目20个。

2008年，全区先后组织招商引资活动20多次，主要有2月的以驻点深圳为中心的招商引资突击月活动、5月的昆山台商投资说明会、9月的福建厦门专题招商活动、10月的浙江温台地区招商活动、12月的“珠三角”地区招商推介活动等。是年，招引双汇食品、60万吨联碱生产线2个亿元以上项目，但境内也发生星宝大厦、爱琴海小区、东郊医院等烂尾楼现象。

第四节　引进港澳台资金

1992年，境内始有港澳台资金进入。是年，香港客商史道成与县丝绸印染厂合资成立淮阴晨楚丝绸印染有限公司，港商出资45万美元；香港利冠国际有限公司与淮阴县无线电二厂合资，成立淮阴华冠电子有限公司，港商出资67.2万美元；香港永才（集团）有限公司与淮阴县化工阀门厂合资，成立淮阴华永洁净设备有限公司，港商出资8.05万美元；台商大申企业有限公司与淮阴县工艺制品厂合资，成立淮阴台申金属加工有限公司，台商出资10万美元；台湾光埔国际贸易实业有限公司与淮阴县丝绸印染厂合资，成立淮阴新楚丝绸印染有限公司，台商出资65万美元；台商沈兆祥与淮阴县新淮毛纺针织厂合资，成立淮阴东淮毛纺针织有限公司，台商出资7.22万美元；新福祥（澳门）实业开发公司与淮阴县茧丝绸公司、染织总厂合资分别成立淮阴新丝绸服装有限公司和淮阴福达制衣有限公司，澳商分别出资56.5万美元、62.5万美元。全年共引进台资82万美元、港资120万美元、澳资119万美元。1993年，引进台资314万美元、港资28万美元。1994年，引进港资64万美元、台资16万美元。1995年，引进台资29万美元。1997年，受东南亚金融危机影响，招商引资步入低谷，是年，港澳台资项目正常运营只有2家。2002年，引进中佳电子项目，由香港中佳控股有限公司独资，总投资100万元人民币；引进云霄服饰，由淮安楚龙制衣有限公司和澳门客商尤奕宗合资，总投资418万元人民币，注册资本300万元，澳资占30%。2003年，引进淮安宜宏服装有限公司，由淮安市勤源服装有限公司、香港易达国际实业有限公司合资；引进江苏鼎元科技发展有限公司，由上海平义国际贸易有限公司、香港中国平义国际贸易有限公司、淮安市中元商贸中心合资。2004年，引进淮安高盛皮革制品有限公司，由香港高盛国际发展有限公司投资；引进淮安鼎蓝化工有限公司，由淮安华钛化学有限公司、常州优唯化工有限公司与华钛（香港）有限公司合资。2005～2008年，重点围绕特色产业招商，寻求港澳台商投资，先后引进港澳台资项目有淮安蓝星塑料器械开发有限公司、淮安喜利达交通工程有限公司、江苏天胧行制帽有限公司等，共引进港澳台到账资金1579.68万美元。

2008年正常运转港澳台投资企业情况表

表10-1-1　　单位：万美元

项目名称	投资方	总投资	协议外资	实际到账	批准时间
淮安宜宏服装有限公司	淮安市勤源服装有限公司、香港易达国际实业有限公司	14.30	5.00	5.00	2003.11
江苏鼎元科技发展有限公司	上海平义国际贸易有限公司、香港中国平义国际贸易有限公司、淮安市中元商贸中心	250.00	121.00	121.00	2003.11

续表10-1-1

项目名称	投资方	总投资	协议外资	实际到账	批准时间
淮安鼎蓝化工有限公司	淮安华钛化学有限公司、常州优唯化工有限公司、华钛（香港）有限公司	35.00	9.68	9.68	2004.05
淮安高盛皮革制品有限公司	香港高盛国际发展有限公司	50.00	35.00	35.00	2004.11
淮安蓝星塑料器械开发有限公司	蓝星实业（香港）有限公司、苏州市蓝星塑料五金器械有限公司	210.00	40.00	40.00	2005.09
淮安喜利达交通工程有限公司	喜利达发展（香港）有限公司	1794.80	1023.00	1019.00	2007.02
江苏天胧行制帽有限公司	香港程小星、程小洋	700.00	350.00	350.00	2008.12

第五节　引进国外资金

1992年，境内第一家中外合资企业淮阴市新区包装有限公司成立，由新加坡盛顺贸易公司与县纸箱厂合资，新加坡盛顺贸易公司出资7万美元。1993年，澳大利亚太平星公司与县内衣针织厂合资，成立淮阴华星制衣有限公司，澳方出资10.5万美元；美国左迪亚光实业有限公司与淮阴县工艺鞋厂合资，成立江苏淮迪有限公司，美方出资14.7万美元；美国加州太平洋电路与淮阴县无线电厂合资，成立淮阴盛强电子有限公司，美方出资2.5万美元。1994年，意大利华利机械进出口公司与淮阴县糖果厂合资，成立淮阴米格苘食品饮料有限公司，意方出资1.75万美元。1995年，美国利康医疗用品有限公司与淮阴远东工贸有限公司合资成立淮阴康平医用材料有限公司，美方出资20万美元；美国彭诺特曼特公司与淮阴县塑料一厂合资，成立淮阴东方模具制造有限公司，美方出资30万美元。1996年，实际利用外资134万美元。1997年，实际利用外资463万美元。1998年，实际利用外资692.89万美元。1999年，实际利用外资170万美元。2000年始，加大外资招商力度，外资企业逐渐涌入，利用外资135万美元。2002年，引进精炼油项目，由淮安市金木来农产品开发有限公司与日籍商人黄玲共同投资兴办，总投资125万美元，注册资本100万美元，黄玲投资80万美元，年生产高级烹调油2万吨。2003年，引进淮安天益食品有限公司，由江海农牧发展有限公司与日商中津川和子合资；引进淮安杰怡电器有限公司，由宁波杰怡实业有限公司与美国安曼克公司合资。2004年，引进淮安盐河热电有限公司，由澳大利亚新世纪国际投资有限公司、纬易集团（澳大利亚）有限公司、淮安苏源投资发展有限公司投资与淮安市淮阴苏源电力实业有限公司合资；引进淮安利马纺织有限公司，由淮安市森远纺织有限公司与秘鲁商人合资。是年，利用外资651万美元，利用外资规模继续扩大。2005年，外商直接投资项目13个，实际使用金额1259万美元。2006年，外商直接投资金额1106万美元。2008年，引进国外投资项目7个，外商直接投资3750万美元。

图10-1-1　淮安万邦香料工业有限公司500立方米循环水池

2008年淮阴区正常运转外商投资企业情况表

表10-1-2　　　　单位：万美元

项目名称	投资方	总投资	协议外资	实际到账	批准时间
淮安英派制衣有限公司	淮安市英佩尔服饰有限公司、美国客商姜兴龙	10.00	2.17	2.17	2001.08
淮安杰怡电器有限公司	宁波杰怡实业有限公司、美国安曼克公司	50.00	18.00	18.00	2003.11
淮安飞昵长马针织服装有限公司	苏州市火炬针织服装有限公司、日本FENIX国际贸易有限公司	107.00	27.75	27.75	2005.09
淮安金鼎工具有限公司	淮安市万润经贸有限公司、法国EFIX公司	186.60	80.00	80.00	2006.09
淮安万邦香料工业有限公司	新加坡万香国际私人有限公司	1589.00	1158.00	1158.00	2007.08
淮安协达房地产开发有限公司	泰国安达有限公司、泰国华尔街大厦有限公司、泰国公民李光隆	1300.00	800.00	800.00	2008.06
葡诚（淮安）水泥制品有限公司	葡萄牙诚通（中国）水泥有限公司	2890.00	1156.00	1156.00	2008.11

第二章　对外贸易

第一节　机　构

1978年8月，淮阴县成立外贸局和外贸公司，一套班子、两块牌子，内设办公室、外资管理科、外经外贸科，有工作人员12名。1982年，撤销外贸局，保留外贸公司，业务上受省、市外贸部门指导和管理，产品收购、货源组织除自营收购外，由各基层供销社及县土产公司代理。1984年，成立淮阴县对外经济贸易委员会，与县对外贸易公司一套班子、两块牌子，内设办公室、财务科和外资外经科，下辖对外贸易公司、经贸实业公司2个专业外贸公司和淮阴县外贸制鞋厂、淮阴县工艺制品厂。1993年11月，淮阴县外经贸委与外贸总公司实行政企分开，隶属县政府管理。1996年11月8日，国家外经贸部正式赋予淮阴县外贸公司进出口经营权。2001年12月，撤销淮阴区对外经济贸易委员会，更名为淮阴区对外贸易经济合作局，挂淮阴区外贸局牌子。2006年5月，撤销淮阴区对外贸易经济合作局，组建淮阴区服务业发展局，原淮阴区对外贸易经济合作局所承担的“三外”（外资、外贸、对外合作）职能划出，成立淮阴区外向型经济发展局，未设内部科室，有工作人员6名。至2008年，机构及人员未变。

第二节　外贸收购

1978年，外贸收购额较低，收购金额50万元。1980年，收购总额247万元。1987年，收购总额2220.2万元。出口商品品种由1980年的5大类20个品种发展到6大类24个品种。在出口商品中，茧丝绸是主要商品，收购额2027.64万元，占出口商品收购总额的91.6%。1990年，外贸实际收购总额

5689万元。1991年，外贸收购总额13756万元。1992年，外贸收购额20842万元。1994年，外贸收购额48042万元。随着外贸体制改革的深入，1995年，县级外贸收购停止。

第三节　进出口贸易

1978年，淮阴县实现出口贸易256万元，其中商业系统221万元，供销系统34万元。出口商品主要有原粮、山羊板皮、白厂丝、丝绸等。1979年出口总额318万元，1980年达到513万元。1982年始，县出口贸易以原粮出口为主，达5600吨，1983年3431吨，1984年707吨。1985年出口油脂100吨，无原粮出口。1987年出口原粮3921吨。1990年起，出口贸易大幅增加，1992年外贸出口总额达19841万元。

1996年，国家外经贸部授予淮阴县对外经济贸易公司进出口经营权。是年，全县外贸出口交货总额6.7654亿元。县外贸部门与生产企业全方位拓展销售渠道，组织生产企业参加全国范围内的各种交易会、洽谈会、恳谈会，以及通过委托代理等多种形式，不断扩大产品知名度，外贸企业和出口供货额得到提升。

1992～1998年淮阴县出口贸易一览表

表10-2-1　　单位：万元

年份	累计实绩	类别						
		丝绸	土畜产品	粮油食品	纺织服装	轻工产品	医药化工	其他
1992	19841.00	7301.70	4450.00	5961.00	2128.30	—	—	—
1993	29527.10	12507.00	3926.20	2450.00	4476.90	1428.40	3010.10	1728.50
1994	48042.50	26848.57	2233.60	894.28	14359.50	1253.00	323.60	2129.95
1995	62928.00	38353.00	3266.00	2724.00	10383.00	1640.00	2812.00	3750.00
1996	67654.00	36857.00	5422.00	2117.00	12310.00	864.00	9988.00	96.00
1997	70193.00	44804.00	2844.00	883.00	10942.00	515.00	4772.00	5433.00
1998	80649.30	61589.00	3606.00	1008.00	6601.00	1085.50	5222.80	1537.00

1999年，完成外贸供货额85710万元，其中自营出口创汇303.4万美元。自2000年起，全区（县）企业参与国际市场竞争，引进国外先进设备。是年，出口总额455万美元。2003年，完成进出口总额577.76万美元，其中进口80.66万美元，出口497.1万美元。2004年，完成进出口总额583万美元，其中进口119万美元，出口464万美元。2005年，全区对外贸易继续稳定增长，完成进出口总额1211万美元，其中进口225万美元。全年有14家企业实现外贸出口1377.08万美元。全区出口企业中，出口近100万美元以上的企业有5家，出口总量986万美元。上海太平洋化工（集团）淮安元明粉有限公司、淮安中天生物工程有限公司、淮安万邦香料工业有限公司、淮安扶桑木业有限公司、淮安辉煌太阳能有限公司等企业成为全区自营出口的主要增长点。2006年，完成进出口总额1959万美元，其中进口总额457万美元，出口总额2000万美元。2007年，实现货物进出口总额5807万美元，其中货物进口1917万美元，货物出口3890万美元。

2008年，全区有自营出口企业26家，实现货物进出口总额7554.55万美元，其中货物出口6252万美元，货物进口1302.55万美元。

第三章　外经合作

第一节　劳务输出

1989年，淮阴县开始发展劳务输出工作，属于自发输出阶段。1992年起，开始推动劳动力转移。1995年始，开展向国外输出劳务，外派劳务209人，其中淮阴县建筑工程公司成建制输出102人。1996年，成立中国江苏国际经济技术公司淮州公司，专门负责全县外派劳务输出工作。是年，淮阴县成为北京中国建筑总公司、中国铁路建设总公司、中国凯城国际合作公司、中国土木建设工程公司的劳务输出基地县。1997年，劳务输出实现由纯建筑劳务向多领域劳务转移，由体力型劳务向智力型劳务转移，全年新外派195人。1999年，淮阴县建筑工程公司继续采取成建制有组织输出。2000年，全县外派劳务289人，外经营业额852万美元。2003年，新签合同金额1222美元，完成营业额2044.4美元，新派出673人次，年底在国外劳务2216人。2004年，新签对外承包工程和劳务合作合同金额1299万美元，完成营业额2638.5万美元，全年派出812人次。2006年，外派劳务980人，完成外经营业额3099万美元。2007年，开展对外劳务市场秩序规范整顿活动，13家劳务公司中，正常运行的劳务公司5家，限期整改4家，取缔4家。是年，经商务部批准，江苏同力建设公司成为淮阴区唯一具有一级资质的建筑企业，获对外承包劳务经营权资格，可直接参与国际市场竞争和承接国外一手业务。至此，出国劳务人员遍及科威特、阿联酋、新加坡、日本、韩国、毛里求斯、以色列等20多个国家和地区，从事的行业，由建筑瓦工、木工、钢筋工、缝纫工等粗工型的20多个工种向护士、餐饮、农业等智能型、管理型方面转变。是年，外派劳务1105人，新签合同额1905万美元，外汇营业额3109万美元。2008年，外派劳务1753人，完成外经营业额4506万美元。

第二节　境外经营

淮阴境外经营工作起步晚。2008年，江苏辉煌太阳能股份有限公司以独资形式在南非约翰内斯堡投资158.73万美元，成立南非辉煌新能源有限公司。主要经营高效太阳能热水器；螺旋套管式双向集热节能装置开发、制造、销售；热泵热水器、冷暖空调热水一体机、空气调节器、燃气热水器、电热水器销售，热水工程设计、安装、销售及咨询服务；太阳能热水器、水暖工程安装及其配套产品销售；新能源的研究与开发；产品售后技术服务；自营与代理各类商品及技术的进出口业务。公司年生产（销售）规模1600万美元，每年可带动出口500万美元。是年，江苏泰隆国际贸易公司在印度尼西亚、摩洛哥等国家开展经营业务，主要经营油漆刷、滚筒刷等产品，年销售额2000万美元。淮安星球工贸有限公司在巴西、俄罗斯开展小型建筑机械经营，年销售额1000万美元。

第四章　开发区建设

第一节　淮阴经济开发区

一、机构与规模

2001年7月，成立淮阴区工业园区管理办公室，隶属区委、区政府，设主任、副主任各1名，并分别从建设局、国土局、王营镇等单位抽调专人脱产办公。淮阴区工业园区管理办公室主要负责园区的整体规划，组织园区的基础设施建设、对外招商、政策宣传，以及进区项目的洽谈、论证、考察、筛选和审核，落实园区对内对外优惠政策，对进园项目统一扎口收取规费，跟踪服务进园项目的全过程，包括项目立项、规划、征地与建设、企业注册登记以及生产经营过程中企业需要服务的工作，负责园区的日常管理。2002年8月，淮安市人民政府批复同意建立淮阴区工业园。2005年12月，成立江苏省淮安经济开发区淮阴工业园区管理委员会。2006年4月，经江苏省人民政府批准设立江苏淮阴经济开发区，9月成立江苏淮阴经济开发区管理委员会。新成立的经济开发区包含原工业园区，挂党工委、管委会两块牌子，属副处级建制，核定行政编制16名，事业编制28名。党工委、管委会设书记、主任各1名，管委会副主任，原则上由部门负责人担任；党政办公室设主任1名，办事员（秘书）2名；招商局设局长1名，副局长（分局局长）5名，专业招商业务员10名，办事员（秘书）3名；经贸发展服务局设局长1名，副局长1名，办事员（秘书）3名；国土规划建设局设局长1名，副局长1名，办事员（秘书）1名；财政经济局设局长1名，副局长1名，办事员（秘书）1名；社会事业局，属副科级建制，设局长1名，副局长1名，办事员（秘书）2名；盐化工产业办公室设主任1名，副主任1名，办事员（秘书）3名。2008年，机构及编制没有变化。

淮阴经济开发区南临盐河，外接宁连、京沪2条高速公路，4条南北主干道与淮安市开发区直接对接，新长铁路穿境而过，淮安火车站坐落其内，下辖徐梅、三朱、王庄、杨井4个行政村、56个村民小组，总人口2.2万，区域总面积21平方千米。

2008年淮阴经济开发区所辖村概况表

表10-4-1

村名	村民小组数	村组合并	人口（人）	耕地面积（公顷）
杨井村	21	杨井村、于和村、刘渡及左庄4个组合并	7860	60
王庄村	15	王庄村、张庄村、临河2个组合并	3510	81
三朱村	11	三朱村与沈庄村合并	6560	182
徐梅村	9	徐庄村与梅庄村合并	4325	230

二、规划

淮阴经济开发区主要集聚固定资产投资200万美元以上的一、二类工业企业，本着"高品位规划、高标准建设"的原则，按照"生态式园区、花园式工厂"的定位，由江苏省城市规划设计院于2005年9

月编制完成，园区总体规划、详细规划、产业发展规划、环境保护规划、分区规划、道路规划、启动区域控制性详规、分区修建性详规等8个规划，高标准规划设计了工业、仓储、市政公用、行政办公、金融、商贸、居住等功能区。土地利用形成“一心、二廓、三片、四组团”的框架结构。“一心”指开发区服务中心，包括办公、商业、金融、文化等功能的综合性园区中心，为开发区提供配套服务；“二廓”为沿盐河滨水绿带和新长铁路防护林带形成的绿色廓道；“三片”是指三片居住生活区；“四组团”依据城市主干道淮河路、沈阳路、南昌路和长江路分为四个工业组团。2008年，开发区一期6平方千米已经建成，二期9平方千米基础设施进一步完善，三期15平方千米详规编制结束。

三、基础设施建设

2001年始，淮阴经济开发区先后投入资金15.2亿元，先后建成承德路、沈阳路、珠江路、淮河路、九江路、钱江路、嫩江路等18条主支干道，形成“四纵四横”道路主框架，区内道路通车总里程90.8千米，绿化面积205万平方米，绿化率35%；投资6.7亿元，建成100多万平方米的厂房；投资90万元，铺设30万米长的供水管道；投资9000万元，建成70余千米的污水处理网；投资3000多万元，架设变压器和供电线路。通讯、有线电视、公交等配套设施同步到位。至2008年，开发区内“七通一平”（给水、排水、通电、通路、通讯、通暖气、通天然气、平整土地）面积扩展到15平方千米，形成以承德路、沈阳路、南昌路和长江路、九江路、淮河路为主的“四纵八横”道路主框架，并以城市支干道和经纬路形成纵横交通网。

四、项目建设

2001年3月，淮阴经济开发区开始运作，当年即签约项目14个，竣工项目6个，开工项目7个，固定资产引资6300万元，实现产值5043万元、销售5132万元、税收981万元。2008年，进开发区项目310个，协议总投资180亿元，固定资产到位资金90亿元。实际开工建设项目67个，其中超亿元项目15个；实际竣工投产项目64个，实际固定资产总投资83.4亿元。在全市率先实行固定资产投资5000万元以上项目选择供地。全年实现规模以上工业总产值104.48亿元、销售109.13亿元、税收2.72亿元。工业规模进一步壮大，列统企业和成长型企业达109家，超过全区列统企业一半，达51%，其中销售超亿元企业17家，占全区68%；骨干企业支撑作用进一步凸现，17家销售超亿元企业实现销售收入45.8亿元、入库税金6000万元，分别占开发区总额的42%和40%。全年投入工业技改资金40.1亿元、工业入库税金1.71亿元，分别占全区56%和34%。产品开发和科技创新取得新成绩，培育市级以上新产品20个，其中江苏淮阴辉煌太阳能有限公司的“辉煌”太阳能品牌被国家工商总局评为“中国驰名商标”，万邦香料公司“蝴蝶”牌香料香精被授予“江苏省名牌产品”称号。是年，开发区基本形成纺织服装、轻工建材、家用电器、汽摩配件、黑色材料延伸加工、印刷包装、机械加工等一批主业突出、特色鲜明的优势产业。

2001～2008年淮阴经济开发区项目建设情况表

表10-4-2

年份	当年新签约项目数（个）	固定资产新引资额（万元）	当年新竣工项目数（个）	当年新开工项目数（个）	累计引进项目数（个）
2001	14	6300	6	7	14
2002	16	8600	10	17	30
2003	19	14700	14	18	49
2004	22	19800	17	20	71

续表10-4-2

年份	当年新签约项目数(个)	固定资产新引资额(万元)	当年新竣工项目数(个)	当年新开工项目数(个)	累计引进项目数(个)
2005	32	48000	27	26	103
2006	50	201000	35	42	153
2007	56	394000	45	50	209
2008	91	834000	64	67	310

2001～2008年淮阴经济开发区规模以上企业经济效益表

表10-4-3 单位:万元

年份	产值	销售	税收	年份	产值	销售	税收
2001	5043	5132	981	2005	286540	2876481	6217
2002	31023	30452	1573	2006	430305	451201	8557
2003	61523	60458	3489	2007	687716	701247	17563
2004	128721	128704	4791	2008	1044811	1091264	27167

第二节 淮阴工业新区

一、机构与规模

2008年4月,撤销淮安市淮阴区盐化工产业办公室,成立淮安市淮阴工业新区管理委员会(简称新区管委会),挂淮安盐化工园区河西片区开发建设指挥部牌子,为淮阴区政府直属正科级全民事业单位,主要负责工业新区的开发、建设、管理等工作。核定编制14人,实际工作人员12人。

工业新区是淮阴区全力打造盐硝及相关配套产业的新的工业集中区,也是淮安盐化工园"一园三片"的重要组成部分,建在赵集、南陈集境内,规划面积7.55平方千米,启动面积3.62平方千米,距淮阴主城区30千米,毗邻洪泽湖,经张福河连接京杭大运河、淮河、盐河、淮沭河、苏北灌溉总渠等内河水运航道,北通徐州、东接连云港、南连黄金水道长江、西达皖北腹地,拥有优越的水上交通优势。工业新区矿区面积73.2平方千米,有192.2亿吨岩盐、12.8亿吨芒硝的资源储量。凭借丰富的岩盐资源、良好的交通运输、优质的投资服务,淮阴工业新区成为采输卤基地和元明粉生产、出口基地。新区落户企业9家,其中元明粉生产企业4家,采输卤企业5家。全年产销元明粉108万吨,年采输卤水640万立方米,开票销售收入7.01亿元,财政收入2亿元。

二、基础设施建设

2008年,根据新区规划和项目建设需要,完成张码路(长3450米、宽7米)和王顺路(长3157米、宽9米)建设;建宜兴东路(长240米、宽24米)作为淮阴工业新区主入口,设立新区标志牌。完成金坛路、铜山东路、西藏东路等3条道路的项目测绘、施工图设计及评审、征地拆迁及青苗附属物补偿费用测算等工作。为规范各企业矿区至厂区的输卤管线铺设,解决各企业自行铺设、管线交叉等问题,制定矿区至新区长7千米的输卤管线走向规划。为解决企业用电问题,启动110千伏张福变电所项目,协助相关部门办理该项目的规划、土地、环评等手续。是年,完成宜兴东路建设,总投资130万元;完成赵堡路的路面扩宽，并进行绿化亮化。

三、项目建设

2008年，实施5个重点项目：白玫化工一期工程5月底完成建设并正式投产，完成投资1.5亿元；上海太平洋日处理1000立方米制硝母液环保工程7月底完工，完成投资1.2亿元，该项目的技术研发获得国家专利；江苏利源实业有限公司年产200万方芒硝输卤项目1月开工建设、9月建成，完成投资1.32亿元；嘉源元明粉年产30万吨硝盐联产项目主体工程顺利完工，完成投资1.5亿元；总投资5.2亿元的江苏省盐业集团淮盐矿业公司年产400万方采输卤工程7月开工建设，完成投资3.2亿元。完成丁场矿段淮发11号井勘探报告，增勘查面积1.5平方千米，增石盐矿石储量3亿吨左右、芒硝矿石储量900万吨左右。对丁场矿段资源进行科学配置，为淮安实源采卤有限公司年产500万方采输卤项目配置1平方千米资源，为年产60万吨盐硝联产环保项目配置1.5平方千米资源。完成淮发21号、淮发22号井段勘探打井工作，增勘探面积1.5平方千米。引进由江苏石油勘探局利源实业有限公司投资的年产200万方芒硝输卤项目，总投资1.32亿元，年内全部建成并调试成功。淮安市实源采卤有限公司是由台玻华南玻璃有限公司投资设立，总投资4亿元，年采卤1000万立方米，其中首期投资2亿元，年采卤500万立方米，6月13日在东莞签订投资协议。年产60万吨盐硝联产环保工程为全区盐化工产业重点项目，该项目于7月获得国家发改委批准，总投资4.2亿元，年产工业盐60万吨、芒硝9万吨，是江苏省非盐业系统单位获批化工盐经营权的项目。

图10-4-1　坐落于工业新区的江苏嘉源元明粉有限公司

第三节　淮阴王营工业集中区

一、机构与规模

2002年9月成立，位于县城西部，东临西安路，西至江苏淮阴华能电厂，南连宿淮盐高速公路，北接长江西路，205国道、新长铁路及国家三级航道盐河穿境而过，规划面积12平方千米。2005年10月，更名为王营镇盐河工业集中区。2008年3月，再次更名为淮阴王营工业集中区，隶属王营镇。淮阴王营工业集中区下设行政办、社会事务办、招商办等，工作人员15名，其中事业编制11名，临时人员4名。至2008年底，王营工业集中区在基础设施建设上累计投入1.5亿元，建成“五横一纵”的道路主体框架，集中区面积9.1万平方米，建成标准厂房14万平方米，其中利用面积13万平方米，初步形成以建材、服饰、机械加工为主导的轻工业产业基地。

二、项目建设

2002年9月建成后，有5个项目落户。至2008年，有32个项目落户集中区，协议投资19.75亿元，其中投资1亿元以上企业7家、5000万元以上企业6家、3000万元以上企业14家、规模以上企业13家。规模以上企业主要有：淮安市强丰革基布有限公司、淮安市恒达纺织有限公司、淮安市犇盛项目建设有限公司、淮安市金星门窗中空玻璃有限公司、淮安市民生橡塑有限公司、淮安市和丰纺织有限公司、淮安市东大钢构彩板有限公司、淮安市兴农农资有限公司等。

三、企业选介

【淮安海螺水泥有限责任公司】 位于王营镇越河村，是由安徽海螺水泥股份有限公司投资兴办，2003年1月成立，注册资金2000万元，项目总投资1.7亿元。2003年6月，年产165万吨水泥粉磨项目开工建设，2004年6月三台直径3.8米×13米磨机相继投产，同期配套建成年运输能力135万吨的码头卸料、装船、包装发运系统。采用海螺优质旋窑熟料，利用华能淮阴电厂粉煤灰及盱眙混合材资源，生产“海螺”牌P.C32.5复合硅酸盐水泥、P.O42.5普通硅酸盐水泥。2008年，销售收入1亿元，税收300万元。

图10-4-2 淮安海螺水泥有限公司的装卸码头

【江苏福聚科技有限公司】 位于西安路西侧，横四路南侧，占地面积3公顷，2005年，由台湾双邦实业有限公司与淮安市嘉诚化工有限公司共同投资兴办。企业注册资本600万美元，其中淮安市嘉诚公司出资150万美元，台湾双邦公司出资450万美元。一期工程投资240万美元，嘉诚公司出资60万美元，以厂房、厂地、道路等折价投入；双邦公司出资180万美元，以机械设备等折价投入。2006年，首期投入60万美元，建厂房1800平方米、办公用房2000平方米及厂区主干道，外方出资部分订购设备。主要生产经营MOCA、MDA、UVA-612、DDE等精细化学品、电子化学品，自营和代理相关产品及技术的进出口业务。2008年，销售收入1.5亿元，税收500万元。

【淮安东大钢构彩板有限公司】 位于王营镇工业集中区横三路南侧、西安路以西，2006年7月开工建设，当年12月竣工投产。占地面积1.67公顷，主厂房7000平方米，办公及附属用房2000平方米，固定资产总投资4000万元，主要产品为钢结构、彩钢板，主要应用于工业厂房或相关民用建筑等，产品在淮安及周边地区销售。年生产钢结构5000吨，彩钢板40万平方米，年创产值6000万元。2008年销售收入2.5亿元，税收900万元。

【淮安犇盛化工设备制造有限公司】 位于王营镇工业集中区盐河北侧，面向西安路，2006年12月开工建设。厂区占地面积3.07万平方米，总建筑面积2.84万平方米，其中公司研发大楼0.62万平方米；主厂房2万平方米，配套建筑0.18万平方米。项目固定资产总投资6000万元，其中制造设备1600万元、热处理设备180万元、起重设备320万元、检测设备210万元、土建投资2300万元。主要从事化工设备制造及销售、碳氨、液氨批发等业务。2008年建成投产，销售收入3亿元，税收1000万元。

第十一篇　宏观经济

1978年，淮阴是典型的农业县，地域经济以农业为主，农业总产值占国民生产总值63.7%。1979年，县内农村全面实行家庭联产承包经营责任制，工业、商贸流通、建筑业中的个体私营经济、合资经济初始出现。20世纪80年代，境内工业所有制结构仍以全民、集体所有制形式为主。1985年，工业总产值1.84亿元，轻、重工业分别占23.74%和76.26%；农业占比很高，第三产业发展缓慢，高新技术产值几乎为零。90年代中期，全县工业企业所有制改革逐步推开，先后经历两次大规模股份制改制，国有、集体股本渐次退出历史舞台。2000年，全县国有经济所占比重为12.63%，集体经济和私营经济分别占8.24%和35.79%，私营经济所占比重大幅提升。全县农业总产值8.57亿元，为1990年的2.92倍。2001年经济总量为44亿元，人均地区生产总值5166元，至2005年，已分别上升为75.09亿元和8986元，经济总量提高75%。2006年，全区三次产业的比重发生明显变化，2007年全区第一产业占24.8%，第二产业占51.9%，第三产业占23.3%。2008年，区域内第一产业经济比重为22.2%，第二产业经济比重为53%，第三产业比重为24.8%。工业企业基本形成以民营经济为主体的格局。是年，全区地区生产总值131.81亿元，财政总收入13.6亿元，完成规模以上固定资产投资70.56亿元；从业人员38.81万人，其中第二产业15.32万人；城乡居民储蓄存款余额25.9亿元，人均2878元，为1978年的45倍。高新技术产值6.8亿元。30年间，境内工业和服务业蓬勃发展，财政收入迅速增长，社会固定资产和社会保障等社会公共事业投入不断增加，城乡居民消费水平稳步提升。

第一章　经济总量与结构

第一节　经济总量

一、淮阴县经济总量

1978年，全县国民生产总值1.84亿元，其中工业总产值0.68亿元，农业总产值0.93亿元，服务业总产值0.23亿元。1980年，全县国民生产总值2.36亿元，财政收入1188.5万元，比1979年增长25%。1985年，全县实现国民生产总值3.99亿元，国民收入2.4亿元，财政收入1642.1万元。1990年，全县以经济建设为中心，克服困难，整顿市场秩序，治理经济环境，工农业生产得以适度发展，国民生产总值7.07亿元，与1985年相比，平均年增长61.6%；国民收入5.1亿元，与1985年相比，平均每年增长16.3%。1996年，国民生产总值21.76亿元，是1985年的5.45倍，固定资产投入1335万元。2000年，全县国民生产总值22.74亿元，年均递增19.6%；人均国内生产总值4603元，年均递增14.5%；全社会固定资产投资16.95亿元，年均递增49.3%；财政收入1.76亿元，年均递增19.9%，高于1995年3.2个百分点；财政支出2.29亿元，年均递增15.6%；城镇居民人均可支配收入4900元，年均递增10%，职工年均工资6600元，比1995年增加2728元，农民年人均纯收入2733.31元。

1978～2000年淮阴县经济发展情况一览表

表11-1-1

年份	国民生产总值（亿元）	第一产业（亿元）	第二产业（亿元）	第三产业（亿元）	基本建设支出（万元）	财政收入（万元）
1978	1.84	0.93	0.68	0.23	394.84	1379.59
1979	1.92	0.97	0.70	0.25	811.38	913.20
1980	2.36	1.03	1.03	0.30	487.61	1188.50
1981	2.63	1.22	1.10	0.31	449.36	1523.30
1982	3.07	1.50	1.09	0.48	396.12	1139.70
1983	3.39	1.55	1.34	0.50	131.40	1538.70
1984	3.54	1.59	1.45	0.50	392.00	1135.50
1985	3.99	1.64	1.84	0.51	82.70	1642.10
1986	4.56	1.75	2.15	0.66	95.30	2037.00
1987	5.27	2.17	2.37	0.73	35.80	3520.90
1988	6.31	2.82	2.57	0.92	31.90	2030.50
1989	6.33	2.57	2.66	1.10	23.60	1700.40
1990	7.07	2.93	2.93	1.21	33.20	2008.50
1991	8.20	2.59	4.28	1.33	55.30	2146.80
1992	10.59	3.49	5.34	1.76	20.00	2557.00
1993	14.52	4.81	7.56	2.15	60.00	3157.00
1994	14.19	7.33	3.74	3.12	22.00	4619.00
1995	18.68	8.69	6.02	3.97	43.00	7122.00
1996	21.76	10.14	7.21	4.41	32.00	9151.00
1997	26.10	11.83	8.58	5.69	50.00	11421.00
1998	29.81	13.31	10.11	6.39	56.00	13711.00
1999	20.30	8.06	8.13	4.11	95.00	16162.00
2000	22.74	8.57	9.41	4.76	115.00	17631.00

二、淮阴区经济总量

2001年1月，撤县建区，淮阴区调整优化经济结构，实施工业强区、外向带动、科教兴区、城镇化拉动、可持续发展五大战略，提高农业，主攻工业，加快发展服务业，重点突破私营个体和开放型经济，逐步实现由农业区向工业区过渡、由拮据型财政向平衡型财政过渡、由基本小康向富裕小康过渡。是年，地区生产总值44.01亿元，人均地区生产总值5166元。2005年，地区国民生产总值75.09亿元，比2004年增长16.9%；财政收入4.61亿元，增长28.6%；全社会固定资产投资47.52亿元，增长20.7%；城镇居民人均可支配收入12319元，增长17.5%；农民人均纯收入3713元，增长9.9%；在岗职工年工资11697元，增长9.4%；社会消费品零售总额20.12亿元，增长16%；外贸出口总额1300万美元，增长122.6%。2006年，地区生产总值89.4亿元，比上年增长15.1%；人均地区生产总值10725元，财政收入6.16亿元，增长33.8%；全社会固定资产投资61亿元，增长28.49%；城镇居民人均可支配收入8720元，增长12.66%；农民人均纯收入4086元，增长12.39%；外贸出口总额2000万美元，增长53.85%。

2007年，地区生产总值105.9亿元，增长15.5%；人均地区生产总值12860元；财政收入10.07亿元，比上年增长63.4%；全社会规模以上固定资产投资63.62亿元，比上年增长34.4%；城镇居民人均可支配收入10041.87元，增长15.16%；农民人均纯收入4634元，增长13.39%；外贸出口总额2850万美元，增长45.48%；实际利用外资2410万美元，增长117.9%；实现外经营业额3410万美元，增长10.04%。城镇登记失业率控制在4%以内。单位地区生产总值能耗下降4%。化学需氧量、二氧化硫排放量分别为4521吨、17444吨。

2008年，地区生产总值完成131.81亿元，比上年增长13.7%；人均地区生产总值16283元；财政收入13.6亿元，增长35%；全社会规模以上固定资产投资70.56亿元，增长26.9%；农民人均纯收入5259元，增长13.5%；城镇居民人均可支配收入11801元，增长17.5%。外贸进出口总额完成7555万美元，增长30.1%；注册外资到账3450万美元，增长42.68%；实现外经营业额4600万美元，增长24.02%。城镇登记失业率控制在3.21%以内。单位地区生产总值能耗下降4.4%。化学需氧量、二氧化硫排放量较2007年分别削减3%和20%。新发展私营企业1040家，新增个体工商户9048家，新增注册资金40.4亿元，新增从业人员2.8万人。新增就业岗位7210个，实现下岗失业人员再就业5023人。新增劳动力转移1.9万人。

2001～2008年淮阴区经济总量统计表

表11-1-2

年份	地区生产总值（亿元）	人均地区生产总值（元/人）	规模以上工业总产值（亿元）	农业总产值（亿元）	社会消费品零售总额（亿元）	固定资产投资（亿元）	财政收入（亿元）	港澳台和外商投资工业总产值（亿元）
2001	44.01	5166	29.95	18.00	9.35	20.92	2.05	2.60
2002	50.18	5656	77.54	19.32	10.31	26.19	2.51	2.71
2003	56.35	6313	91.86	15.86	11.57	29.60	3.06	1.60
2004	70.04	8081	112.76	17.41	13.14	39.58	3.58	1.17
2005	75.09	8157	117.68	18.23	20.12	47.52	4.61	1.83
2006	89.40	10725	121.84	19.82	23.16	61.10	6.16	3.15
2007	105.90	12860	161.67	20.68	26.80	63.62	10.07	4.07
2008	131.81	16283	180.01	54.84	33.54	70.56	13.60	5.43

第二节　经济结构

一、所有制结构

1978年，县内生产资料所有制结构单一，仍实行公有制，政策上不允许私营企业的存在与发展。1985年，有县属与乡镇属企业222家，工业总产值1.84亿元。1995年，工业企业中有外资企业3家，产值占总产值1.13%；私营企业16家，占企业总数6.02%；内联企业9家，产值占总产值5.6%。2000年，全境有规模以上企业62家。其中，国有企业与集体企业20家，占总数32.25%；台商企业与外商企业4家，占总数6.46%；私营企业32家，占总数51.61%。2001年，所有制结构不断调整，国有企业与集体企业、台港澳商企业与外商企业、私营企业所占比重，分别比1995年下降89.3%和上升25%、292%。

2008年，继续调整所有制结构，国有企业与集体企业比重为5%，台港澳商企业与外商企业比重为5%，联营、股份制等其他企业所占比重为90%。

1995～2008年部分年份淮阴区(县)企业法人单位经济成分一览表

表11-1-3

指标分组	1995		2000		2005		2008	
	乡及乡以上企业数(家)	比重(%)	规模以上企业数(家)	比重(%)	规模以上企业数(家)	比重(%)	规模以上企业数(家)	比重(%)
合计	266	100	62	100	167	100	143	100
国有企业	33	12.41	12	19.35	6	3.59	2	1.40
集体企业	190	71.43	8	12.90	1	0.60	5	3.50
私营企业	16	6.02	32	51.61	120	71.86	64	44.76
股份有限公司	4	1.50	1	1.61	7	4.19	36	25.17
股份合作企业	4	1.50	2	3.23	1	0.60	5	3.50
有限责任公司	5	1.88	1	1.61	23	13.77	6	4.20
港澳台投资企业	3	1.13	2	3.23	2	1.20	5	3.50
外商投资企业	3	1.13	2	3.23	3	1.80	2	1.40
其他企业	8	3.01	2	3.23	4	2.39	18	12.58

二、产业结构

(一)三次产业结构

1978年，三次产业比重为63.78:20.46:15.76。1987年，三次产业比重为55.64:25.62:18.74。1991年，三次产业比重为45.74:30.81:23.45。随着淮阴经济快速发展，经济结构不断得到调整和改善。1995年，三次产业比重为46.54:32.22:21.24，2000年为38.81:38.00:23.19，2008年为22.20:53.00:24.80。总的趋势是，第一产业所占比重不断下降，第二产业所占比重不断上升，第三产业所占比重保持平稳。

2001～2008年淮阴区三次产业比重表

表11-1-4

年份	地区生产总值(亿元)	第一产业		第二产业		第三产业	
		增加值(亿元)	比重(%)	增加值(亿元)	比重(%)	增加值(亿元)	比重(%)
2001	44.01	16.06	36.50	17.56	39.90	10.40	23.60
2002	50.18	17.19	34.27	20.94	41.74	12.04	23.99
2003	56.35	16.98	30.10	26.09	46.30	13.28	23.60
2004	70.04	20.74	29.61	33.95	48.47	15.35	21.92
2005	75.09	22.48	29.94	35.02	46.64	17.59	23.42
2006	89.40	23.61	26.40	44.88	50.20	20.91	23.40
2007	105.90	25.14	24.80	55.75	51.90	25.01	23.30
2008	131.81	29.31	22.20	69.84	53.00	32.66	24.80

（二）第一产业结构

1978年，农业经济依旧是县内主体经济，农业以粮为主，同时发展多种经营。全县农业产值0.66亿元，占农业生产总值的67.87%；林业产值0.03亿元，占农业生产总值的3.19%；牧业产值0.14亿元，占农业生产总值的14.84%；副业产值0.13亿元，占农业生产总值的13.9%；渔业产值0.002亿元，占农业生产总值的0.2%。1980年，经济作物和林特产有较快发展，全年农业总产值1.13亿元。1985年，加快产业结构调整步伐，种植业结构调整较大，经济作物在种植业中的比重增加，有计划地缩减粮食播种面积1733.33公顷，扩大经济作物面积4266.67公顷，全年农业总产值2.39亿元。1990年，受自然灾害影响，粮食生产呈现夏增秋减情况，牧业发展趋缓，渔业生产持续发展，全年农业总产值6.31亿元，占地区生产总值的51.77%，继续呈现下行之势。2000年，区域内经济结构调整步伐继续加快，全县国民生产总值22.74亿元，第一产业增加值1.5亿元。全县第一产业在国内生产总值中的比重由1999年的39.7%降到37.68%，比重继续下降。2005年，农业产业化进程持续加快，其特点是大力发展规模农业和订单农业，增加产值1.61亿元，占71.5%。2008年，区内农业经济转型升级，突出培育蔬菜、生猪、家禽三大10亿元产业，新增蔬菜3200公顷，高效种植业面积30533.33公顷，全部蔬菜种植占比27.1%，全年农、林、牧、副、渔增加产值29.31亿元，比重分别为54.32%、1.01%、39.92%、1.29%、3.46%。第一产业占地区国民生产总值比重降至23.81%。

1978～2008年淮阴区（县）第一产业结构表

表11-1-5　　单位：万元

年份	农业		林业		牧业		副业		渔业	
	产值	比重（%）	产值	比重（%）	产值	比重（%）	产值	比重（%）	产值	比重（%）
1978	6599	67.87	310	3.19	1443	14.84	1351	13.90	19	0.20
1979	7880	74.37	130	1.23	1708	16.12	845	7.98	31	0.30
1980	8011	70.52	116	1.02	1705	15.00	1514	13.33	14	0.13
1981	9713	75.45	92	0.71	1726	13.41	1322	10.27	20	0.16
1982	15591	77.51	193	0.96	3952	19.65	269	1.34	111	0.54
1983	15597	71.32	190	0.87	3960	18.11	2010	9.19	111	0.51
1984	15798	67.61	230	0.98	5139	21.99	2041	8.74	159	0.68
1985	16709	69.85	221	0.93	6027	25.19	773	3.23	192	0.80
1986	17707	71.06	227	0.91	5752	23.08	914	3.67	319	1.28
1987	18809	68.27	234	0.85	6229	22.61	1911	6.94	367	1.33
1988	17373	60.86	258	0.90	7106	24.89	3258	11.42	552	1.93
1989	17542	58.40	259	0.86	7224	24.05	4322	14.39	691	2.30
1990	33616	53.27	693	1.10	21072	33.39	5188	8.22	2535	4.02
1991	31139	52.26	689	1.16	22800	38.26	2345	3.94	2617	4.38
1992	35698	54.10	542	0.82	23944	36.29	3114	4.72	2683	4.07
1993	45994	58.70	559	0.72	28624	36.53	—	—	3174	4.05
1994	47911	52.82	736	0.81	38652	42.61	—	—	3412	3.76

续表11-1-5

年份	农业		林业		牧业		副业		渔业	
	产值	比重（%）	产值	比重（%）	产值	比重（%）	产值	比重（%）	产值	比重（%）
1995	51965	51.55	744	0.74	43686	43.34	—	—	4405	4.37
1996	58368	52.57	754	0.68	47214	42.52	—	—	4702	4.23
1997	65356	53.43	693	0.57	50832	41.56	—	—	5431	4.44
1998	71633	50.55	710	0.50	63614	44.89	—	—	5753	4.06
1999	81349	51.55	763	0.48	69289	43.91	—	—	6410	4.06
2000	84159	49.91	904	0.54	75552	44.80	—	—	8012	4.75
2001	89613	49.76	1205	0.67	80828	44.88	—	—	8449	4.69
2002	95125	49.23	1382	0.72	87832	45.45	—	—	8882	4.60
2003	62059	39.16	1482	0.93	86160	54.33	—	—	8853	5.58
2004	83612	48.03	1670	0.96	76647	44.03	2285	1.31	9859	5.67
2005	89173	48.90	1873	1.03	77832	42.68	2627	1.44	10842	5.95
2006	104151	52.54	2181	1.10	77971	39.33	2627	1.33	11309	5.70
2007	109714	53.05	2285	1.10	79837	38.61	2863	1.38	12120	5.86
2008	313789	54.32	5850	1.01	230571	39.92	7452	1.29	19964	3.46

（三）第二产业结构

1978年，淮阴县工业所有制结构以全民和集体为主。集体工业在全县工业中占较大比重，主要分布在县经委系统、供销系统、城建系统及各公社。中共十一届三中全会后，个体民营企业开始起步。1985年，全县全民所有制企业主要有县化肥厂、磷肥厂、制药厂、汽修厂、开关厂、农修厂、无线电厂、建材厂、织布厂、丝织厂、印染厂、糖厂、酒厂等27家；集体企业主要有水泥制品厂、豆制品厂、建筑公司、加工厂、犁耙厂、联合布厂、毛纺厂、化纤厂、印刷厂等19家。20世纪80年代中后期，个体民营企业有所发展。1994年后，原国有及集体企业逐渐改制为股份制企业，同时涌现出一批有代表性的民营企业。1995年后，外商和港澳台企业进入淮阴，2000年，产值比重上升至25.61%。2004年，随着招商引资力度的加大和投资环境的改善，以增强经济综合竞争力和可持续发展能力为目标，大力调整优化所有制结构，全区工业所有制结构基本呈现出以股份制企业、个体私营企业为主的格局，全民及集体企业所有制向其他所有制转变，股份制与私营及其他企业产值占全区工业总产值近90%。2008年，股份制企业产值及私营企业产值占全区工业总产值的90%以上。

1978～1993年淮阴县第二产业结构表

表11-1-6　　单位：万元

年份	全民所有制		集体所有制		年份	全民所有制		集体所有制	
	产值	比重（%）	产值	比重（%）		产值	比重（%）	产值	比重（%）
1978	3656	45.85	4317	54.15	1986	13918	64.64	7612	35.36
1979	4051	49.47	4137	50.53	1987	14548	61.28	9194	38.72

续表11-1-6

年份	全民所有制		集体所有制		年份	全民所有制		集体所有制	
	产值	比重（%）	产值	比重（%）		产值	比重（%）	产值	比重（%）
1980	6280	60.88	4036	39.12	1988	14143	55.00	11568	45.00
1981	6585	62.84	3893	37.16	1989	14943	56.21	11642	43.79
1982	6786	62.26	4113	37.74	1990	30004	64.95	16192	35.05
1983	8665	64.65	4738	35.35	1991	27867	65.06	14968	34.94
1984	8978	62.02	5498	37.98	1992	33077	61.89	20368	38.11
1985	11699	63.57	6703	36.43	1993	46056	60.90	29572	39.10

1994～2008年淮阴区（县）第二产业结构表

表11-1-7　　单位：万元

年份	国有企业		集体企业		股份制企业		外商和港澳台投资企业		私营及其他企业	
	产值	比重（%）	产值	比重（%）	产值	比重（%）	产值	比重（%）	产值	比重（%）
1994	59670	57.16	39839	38.16	4878	4.68	—	—	—	—
1995	55836	29.04	62705	32.61	66705	34.69	6139	3.19	910	0.47
1996	48071	20.34	97985	41.59	74482	31.63	13792	5.87	1306	0.57
1997	95787	17.52	349701	63.97	73713	13.49	27416	5.02	—	—
1998	45404	18.86	71961	29.89	73459	30.51	24967	10.37	24964	10.37
1999	38138	17.49	53752	24.65	68318	31.33	32564	14.93	25317	11.60
2000	66260	20.00	44946	13.57	74742	22.56	84848	25.61	60469	18.26
2001	69045	17.52	143713	36.46	89592	22.73	8523	2.16	83308	21.13
2002	63833	15.79	58494	14.47	108393	26.81	24458	6.05	149083	36.88
2003	56771	8.87	107203	16.76	205569	32.13	16018	2.50	254253	39.74
2004	19928	3.02	36092	5.46	226540	34.29	14977	2.27	363228	54.96
2005	35648	3.35	24306	2.28	429580	40.35	18267	1.72	556917	52.30
2006	40383	2.59	61440	3.94	699842	44.84	31459	2.02	727472	46.62
2007	45428	2.16	93573	4.45	952801	45.28	40748	1.94	971246	46.17
2008	66423	2.72	116076	4.76	1763405	72.26	54313	2.23	440092	18.03

（四）第三产业结构

1978年，全县第三产业主要有商业、邮电、旅社、饮食等行业。1996年，第一次全国基本单位普查时，淮阴县第三产业法人单位从业人员19229名，其中批发和零售贸易、餐饮业、社会服务业、交通运输仓储及邮电通信业、房地产业从业人员占44%。2001年，第二次全国基本单位普查时，淮阴区第三产业法人单位从业人员19727名，年均增加近100人，其中批发和零售贸易、餐饮业年均减少475人，社会服务业年均增加12人，交通运输仓储及邮电通信业年均增加220人，房地产业年均减少0.2人。

2008年，第三产业法人单位总数276个，其中批发和零售贸易、餐饮业7家，社会服务业263家，交通运输仓储及邮电通信业6家。全区实现第三产业增加值32.66亿元，增加值占地区生产总值的比重为24.8%，比2007年上升1.5个百分点。

2006～2008年淮阴区国有第三产业结构表

表11-1-8

行业	2006				2007				2008			
	单位数量（个）	比重（%）	从业人员（人）	比重（%）	单位数量（个）	比重（%）	从业人员（人）	比重（%）	单位数量（个）	比重（%）	从业人员（人）	比重（%）
合计	305	100	15836	100	295	100	15938	100	276	100	15930	100
交通运输、仓储及邮电通信	6	1.07	353	2.23	6	2.03	305	1.91	6	2.17	293	1.84
信息传输、计算机服务和软件	1	0.33	269	1.70	1	0.33	272	1.70	1	0.36	274	1.72
批发和零售	7	2.30	509	3.21	6	2.03	511	3.20	6	2.17	509	3.20
住宿和餐饮	1	0.33	35	0.22	1	0.33	36	0.23	1	0.36	36	0.23
租赁和商务服务	1	0.33	2	0.01	1	0.33	4	0.03	1	0.36	4	0.03
科学研究、技术服务和地质勘查	4	1.31	47	0.30	3	1.02	49	0.31	3	1.08	48	0.30
水利管理	40	13.11	573	3.62	40	13.57	565	3.54	40	14.50	530	3.33
教育	69	22.62	6861	43.33	68	23.06	6590	41.35	67	24.28	6727	42.22
卫生、社会保障和社会福利	33	10.82	1622	10.24	33	11.19	1778	11.16	40	14.50	1815	11.39
文化、体育和娱乐	9	2.95	208	1.31	9	3.05	216	1.36	9	3.26	200	1.26
公共管理和社会组织	134	43.93	5357	33.83	127	43.06	5612	35.21	102	36.96	5494	34.48

第二章 固定资产投资

第一节 固定资产投资规模

1978年，淮阴县固定资产投资0.04亿元，主要用于重大基础设施建设。1988年，固定资产投资0.3亿元。1990年，固定资产投资0.13亿元，比1989年下降40%，投资以工业厂房建设和商业、餐饮业等服务业用房建设为重点。1991～1995年，整个投资环境有所改善，基础设施建设和企业技术改造投资有重大突破。1991年，完成固定资产投资0.24亿元。1995年，固定资产投资管理工作得到加强，投资规模得到控制，全社会完成固定资产投资1.17亿元。2001年，完成固定资产投资26.81亿元。

2006年后，坚持新型工业化，实施招商引资及项目推进战略，固定资产投资规模继续保持增长。2008年，完成规模以上固定资产投资70.56亿元，其中城镇投资41.97亿元、农村投资7.89亿元、房地产投资20.7亿元。

1978～2008年淮阴区（县）固定资产投资一览表

表11-2-1

年份	固定资产投资（万元）	本年比上年（±%）	年份	固定资产投资（万元）	本年比上年（±%）
1978	394.84	—	1994	39093	-27.00
1979	811.38	259.00	1995	11739	-75.35
1980	487.61	-66.40	1996	18849	60.57
1981	449.36	-8.51	1997	29819	58.20
1982	451.00	34.19	1998	69233	132.00
1983	113.40	-70.86	1999	133504	92.83
1984	849.00	546.00	2000	169500	26.96
1985	867.00	2.00	2001	268072	58.15
1986	1637.00	89.00	2002	261912	-2.30
1987	1945.00	18.80	2003	296034	13.03
1988	2989.00	54.00	2004	395783	33.70
1989	2225.00	-26.00	2005	475200	20.07
1990	1335.00	-40.00	2006	610598	28.49
1991	2420.00	81.30	2007	636214	4.20
1992	3555.00	46.90	2008	705646	10.91
1993	41197.00	1059.00			

第二节　固定资产投资比例

一、县属与乡镇以下投资比例

1978年，淮阴县主要以国有投资为主。随着工业的发展、基础建设的增加，县属投资不断提高，乡镇以下投资萎缩，其中农业投资逐渐增多。1990年，县属投资与乡镇以下投资比例是1∶0.36。1995年，固定资产投资管理工作得到加强，投资规模得到控制，全社会完成固定资产投资1.17亿元，比上年增长4.28%。乡镇以下投资8187万元，是1990年854倍。此后，乡镇以下投资稳步增长。2001年，区属以上投资与乡镇以下投资的比例是1:0.44。2002年起，固定资产投资不再分区属与乡镇以下统计。

二、生产性与非生产性投资比例

1978～1980年，县属固定投资主要用于生产性建设。1985年，固定资产投资总额867万元，其中生产性投资393万元，比上年下降37%，非生产性投资474万元。1991年，固定资产投资总额2420万元，其中生产性投资1348万元，占55.7%，非生产性投资1072万元，占44.3%。1993年，投资总额4.12亿元，非生产性投资不断增加，主要用于房地产开发和卫生、文化、体育等设施建设，生产性投资占85%，非生产性投资占15%。1994年起，固定资产投资统计按用途不再分生产性与非生产性，而是按三次产业划分。

1978～1992年淮阴县固定资产投资一览表

表11-2-2

年份	总额（万元）	生产性		非生产性		
		投资额（万元）	比重（%）	投资额（万元）		比重（%）
				总额	其中住宅投资	
1978	394.84	198.30	50.22	196.54	32.60	49.78
1979	811.38	574.39	70.80	236.99	49.30	29.20
1980	487.61	256.30	52.60	231.31	111.90	47.40
1981	449.36	144.19	32.10	305.17	191.06	67.90
1982	451.00	—	—	—	—	—
1983	131.40	26.05	19.80	105.35	45.05	80.20
1984	849.00	624.00	73.50	225.00	94.00	26.50
1985	867.00	393.00	45.30	474.00	153.00	54.70
1986	1637.00	1203.00	73.50	434.00	178.00	26.50
1987	1945.00	1407.00	72.30	588.00	281.00	27.70
1988	2989.00	2354.00	78.80	635.00	302.00	21.20
1989	2225.00	1663.00	74.70	562.00	200.00	25.30
1990	1335.00	697.00	52.20	638.00	337.00	47.80
1991	2420.00	1348.00	55.70	1072.00	480.00	44.30
1992	3555.00	1874.00	52.70	1681.00	671.00	47.30

三、三次产业投资比例

1978年，淮阴县投资主要用于第一产业。1985年，固定资产867万元，用于第一产业及第二产业。1995年，固定资产投资结构继续改善，在城镇集体以上单位投资中，第二产业完成投资9298万元，占比79.2%，第三产业完成投资2441万元，占比20.8%。2006年，第一产业投资6.53亿元，第二产业投资40.8亿元，第三产业投资13.73亿元。2008年，完成规模以上固定资产投资70.56亿元。第一产业投资7.89亿元，主要用于水利建设与农田改造；第二产业投资41.97亿元，占固定资产投资总额的59.48%，主要用于规模企业的升级改造；第三产业投资20.7亿元，主要集中在住宅开发、社会服务业、运输仓储等方面。

1993～2008年淮阴区（县）三次产业固定资产投资一览表

表11-2-3

年份	总额（万元）	第一产业		第二产业		第三产业		
		投资额（万元）	比重（%）	投资额（万元）	比重（%）	投资额（万元）		比重（%）
						总额	其中住宅投资	
1993	41197	1421	3.40	37181	90.30	2595	1421	6.30
1994	39093	1960	5.00	35006	89.50	2127	1888	5.40
1995	11739	1280	10.90	9298	79.20	2441	941	20.80
1996	18849	131	0.70	10360	55.00	8358	1603	44.30
1997	29819	2805	9.40	9597	32.20	17417	5901	58.40
1998	69233	29471	42.60	31941	46.10	7821	3849	11.30
1999	133504	81012	60.70	41909	31.40	10583	2513	7.90
2000	169500	16900	10.00	68300	40.30	84300	2403	49.70
2001	268072	136627	51.60	58880	22.00	72565	8640	27.00
2002	261912	56274	21.50	46335	17.70	159303	35919	60.80
2003	296034	124459	42.04	27725	9.57	143850	—	48.59
2004	395783	95714	24.18	13669	3.46	286400	—	72.36
2005	475200	114933	24.19	292437	61.54	67830	—	14.27
2006	610598	65251	10.69	408015	66.82	137332	—	22.49
2007	636214	74028	11.64	418152	65.73	144034	—	22.63
2008	705646	78887	11.18	419717	59.48	207042	—	29.34

说明：2003～2008年淮阴区统计年鉴未统计“住宅投资”。

四、行业投资比例

1978年，境内县属固定资产投资主要分农林牧渔业、工业、商业、教育、文化、体育等行业。随着经济发展，农业土地投资日渐萎缩，农林牧渔业投资逐渐减少。1995年，全县基本建设投资0.54亿元，更新改造投资0.44亿元，房地产开发投资0.04亿元，集体和私人投资完成1.23亿元。2001年，基本建设投资1.7亿元，更新改造投资1.36亿元，房地产开发投资1.81亿元，城镇投资2.18亿元，农村投资13.66亿元。2008年，规模以上固定资产投资70.56亿元，其中城镇投资41.97亿元，农村投资7.89亿元，房地产投资20.7亿元。

第十二篇 农 业

淮阴是农业大区。1978年前，农村经济管理模式制约生产的发展，农业基础设施薄弱，抗御自然灾害能力不强，农产品产量较低。20世纪80年代后，全县推行家庭联产承包责任制，不断深化农村改革，加强农业社会服务体系建设和农业资源开发，推广新技术、新品种，调整农业结构，促进蚕桑业、畜禽业、水产业协调发展，推进农业机械化，发展生态农业，强化农业科学管理，实行农业产业化发展，农产品数量和农村经济实现跨越式发展。1999年，提出规模化和特色化的产业发展方向。2005年，全区完成国家农业综合开发任务。农业产业化变革，推动全区种植业、林业、木材加工业、畜禽养殖业及各类加工业等行业发展，实现传统农业向现代农业的转变。2008年，农村劳动力向外转移，农业产业化、规模化步伐加快。

1978～2008年，农林牧渔业总产值中各业的比重，农业由67.88%下降到67.11%；林业由3.19%下降到0.85%；畜牧业由14.84%上升到26.75%；渔业由0.20%上升到3.96%；农、林、牧、渔服务业由13.89%下降到1.33%。

淮阴区2004年和2007年两次获全国粮食生产先进县称号，2007年获江苏省2006年度农村清洁能源建设先进单位称号。2008年，袁集乡双庄村被选定为省农业生态环境示范村。

第一章 农业资源开发

第一节 机 构

1988～1990年，淮阴县农业综合开发工作由县农业区划办公室负责，县水利部门协助做好规划、设计工作。1991年3月，成立县农业资源开发局，未设科室，有工作人员5名。2002年3月，内设科教科、开发科、办公室。至2008年，机构没有变化，有工作人员9名。

第二节 国家农业综合开发土地治理项目

1988年，淮阴县被列为国家农业综合开发县，先后组织实施国家1～7期农业综合开发项目。第一期于当年启动，至2005年，农业综合开发总投入17560.2万元，其中综合开发土地治理国家财政投入5598.6万元，世界银行农业节水灌溉项目投入5235.63万元，农业开发产业化经营项目投入1584.8万元，群众和企业自筹5141.17万元。全区共改造中低产田45153.33公顷，新建泵站101座，改建泵站89座，各类渠系配套建筑物6839座，衬砌防渗渠道437.221千米，铺设机耕路176.36千米。建成凌桥、三树、渔沟、袁集、吴城、南陈集等乡镇优质稻米基地1万公顷，老张集特色出口蔬菜基地，丁集、渔沟、袁集、棉花庄等乡镇日光能蔬菜大棚基地，韩桥水生蔬菜基地等。2008年，农业综合开发项目分为国家农业综合开发土地治理项目、省级黄河故道和农业产业化补贴息项目，项目总投资4594.85万元，其中财政投资2995.5万元，治理土地3053.33公顷。是年，国家农业综合开发土地治理项目总投资1859万元，其中财政投资1430万元，治理土地2116.67公顷。该项目分为两个项目区：一是淮泗片一般土地治理。项目区涉及袁集、刘老庄、西宋集和渔沟等4个乡镇的7个行政村，区域总面积24平方千米，耕地面积1583.33公顷。主要建设项目为：新改建电站7座，衬砌防渗渠道26.86千米，建各类配套设施6301座，完成土石方67.2万立方米，加设高压线路0.25千米，铺设田间生产路26.79千米，林网植树4.6万株。二是小滩片规模治理。涉及赵集镇小滩村、庆丰村、赵集村，区域总面积7.62平方千米，治理面积533.33公顷。主要建设项目为：建电站1座，维修电站1座，衬砌防渗渠道12.2千米，埋设低压管道4.82千米，建各类配套建筑物378座，完成土方32.8万方，铺设田间生产路9.73千米，林网植树2万株。项目区内大片中低产田改造成为“旱能灌、涝能排、田成方、林成网、渠相通、路相连”的高产稳产农田，农业综合生产能力和抗灾能力明显增强。项目区成为全区优质粮生产基地，也是先进农技推广和新品种试验示范基地。

图12-1-1 农业综合开发土地治理施工现场

图12-1-2 2005年度农业综合开发南陈集防渗渠项目

图12-1-3 2007年度国家农业综合开发刘老庄项目区土地治理项目

图12-1-4 丁集镇日光温室

第三节 世界银行农业节水灌溉项目

1990年，第一期项目启动，该项目和国家农业综合开发、黄淮海开发项目结合在一起，将国家、省、市、县的财政投入资金，作为世界银行加强农业节水灌溉项目的配套资金，项目于1994年完成。1998～2002年为第二期，该期项目实行单独立项实施，投资6477.02万元，其中财政投资4342.82万元，自筹2134.2万元，改造中低产田17800公顷，衬砌防渗渠道306.6千米，新建泵站20座，改建泵站29座，中沟级以上渠系配套设施501座，小沟级设施2343座，铺设机耕路46.24千米，配套购置农机具62台（套），科技推广6533.33公顷。该项目涉及14个乡镇。2005年，启动三期项目。至2008年，世行三期农灌项目区涉及古寨、徐溜、棉花庄等3个乡镇的3个行政村，土地治理面积593.33公顷，总投资577.838万元，其中财政投资390.182万元。主要建设项目为：建电站4座，衬砌防渗渠道3.31千米，建各类配套建筑

图12-1-5 2007年度古寨世行三期农灌项目

物123座，完成土方30.56万立方米，铺设田间生产路13.94千米，植树35.2公顷，技术培训220人次，示范推广67公顷。

第四节　农业产业化经营项目

1995～2005年，全区（县）农业产业化经营项目总投资2895.7万元，其中财政投资1389.8万元，企业自筹1505.9万元。2000年，赵集粉丝厂扩大规模，年增加粉丝生产3600吨，带动8000个农户增加收入。2005年，建设老侯野鸭特禽深加工项目，年加工各种禽类200万只，实现年产值4950万元，利税676万元，增加就业岗位80个，带动510个农户致富。是年，扩建凌桥米业，增加就业岗位100人，年产优质大米6万吨、五谷饼5000吨，带动5000个农户致富。凌桥米业不断壮大，凌桥大米畅销省内外，在南京、上海、深圳、昆明、新疆等省市设立销售处；五谷饼产品在国内进入苏果、时代、华联、农工商等大型超市，出口日本、韩国、香港以及东南亚等国家和地区。2006年，老侯食品投资375万元，其中财政投资150万元，群众自筹125万元。2008年，境内新上农业产业化经营项目5个，包括江苏润通食品有限公司年产3000吨复合营养型薯制品加工改建项目、五里花卉项目、老侯食品350万只禽类食品加工原料收购项目、凌桥米业6万吨优质稻米加工原料收购项目和民康油脂30万吨油菜籽和大豆加工原料收购项目。

图12-1-6　2007年度农业开发项目韩桥乡沙河电站

第五节　土地开发

一、黄河故道开发

由于废黄河多次决堤泛滥，在县内又有较大决口，遂形成孙大泓、徐大泓、小包河和张福河4条河，南北流向，加之废黄河沿线风沙、盐碱等因素，逐步形成一个独特的低产农业区域。从1986年起，黄河故道区域被列入地方基本建设项目。“七五”计划期间，县内黄河故道区域建设工程正式启动。1990年，国家、省、市、县先后投资148万元，对黄河故道西段及背河洼地（西南洼地）进行局部开发，5年累计完成土方359万立方米，包括疏浚中泓和排灌沟渠、开挖鱼塘、平田整地等工程，建电站10座，建桥、涵、闸、跌水等配套设施198座，开发面积830.47公顷，增加水稻面积67.33公顷、水浇地面积632.33公顷、桑园面积66.67公顷，开挖精养鱼池41.67公顷，开发产值累计930.48万元，获利398.11万元，累计增产粮食755万千克、水产品6.46万千克，造成片林带166.67公顷，拓桑园33.33公顷。1991年冬，境内淮涟片被列入重点开发区，从解决灌溉水源入手，以改造中低产田、扩大旱改水为中心，实行综合开发利用。其时，动员14个村2327个劳动力，从10月27日起，至11月26日止，完成土方27.9万立方米。是年，完成淮涟西站的增容、土建重建工程，淮涟东站的增容和土建改

图12-1-7　2007年度黄河故道开发码头中泓疏浚工程

建工程，以及两站配电设备及泵管更新工程，共投入资金38.15万元。"八五"计划期间，故道区共开发四大片土地，总面积7098.73公顷，其中故道西段4400.93公顷、东段1068.67公顷、背河洼地1354.93公顷、孙大泓南段274.2公顷。上述工程投入建筑费用776.48万元，各种基地开发启动资金130.63万元，土方工程费用1288.05万元，生产费用72614万元。

图12-1-8　2007年度码头镇黄河故道开发项目工程

2006～2008年，区内累计开发面积2800公顷，其中码头镇1733.33公顷、吴城镇866.67公顷、南陈集镇200公顷。通过上述乡镇的黄河故道农业综合开发，改善该区域的农业生产条件。项目建成后，区内累计开发面积2800公顷，均为项目区中低产田，其中改善除涝面积1733.33公顷，新增灌溉面积1200公顷，改善灌溉面积1600公顷，新增生产路125千米，项目区内工程配套率提高到85%以上，水稻和小麦单产分别增加100千克、50千克。优质良种的推广应用带来粮食品质的提高，使每千克单价增加0.2元左右，年增加产值1400万元。设施蔬菜和订单蔬菜的种植，使项目区蔬菜面积增加1000公顷，产量增加4500万千克，年增加产值4500万元。整个项目为项目区农民增加人均纯收入800元左右。区域内林网覆盖率22%，农田林网化率100%。

二、沿湖洼地开发

沿湖洼地开发主要包括洪泽湖周边除涝降渍、洪泽湖平原半高地治理和赵公河圩区开发。沿湖洼地开发工程从1988年开始，至1991年底完成。洪泽湖周边洼地治理总面积42.3平方千米，耕地面积2600公顷，范围涉及赵集、韩桥、南吴集等3个乡的部分地区。该项目计划投资60万元，实际完成47.38万元，实做土方95万立方米，完成配套设施61座，改造低产田533.33公顷，增加灌溉面积166.67公顷、水稻面积166.67公顷、旱涝保收田166.67公顷。几项指标均达到或超过计划指标。改造和治理运南6个乡镇的部分中低产田，工程计划投资150万元，实际完成投资额50.94万元，实做土方160万立方米，建成配套设施79座。此后，又陆续完成一些泵站、渡槽等设施。工程建成后，实现旱改水1866.67公顷，易涝地治理333.33公顷，改造中低产田1333.33公顷，增加旱涝保收田666.67公顷。赵公河圩区开发工程主要是在沿湖的韩桥乡实施。计划总投资20万元，实际完成投资35万元，其中自筹15万元，完成围栏养鱼66.67公顷。工程于1991年4月完成，年内平均每公顷产鱼5250千克，总产值140万元。

三、黄淮海综合开发

黄淮海综合开发水利建设项目从1988年开始至1991年，为一期开发，水利建设有8个子项目，开发期内竣工6个。1989年的两个项目受资金和自然条件影响，至1991年底竣工，完成土方1284万立方米，投入1024万工日，完成各项配套设施486座，比原计划超出143座，总投资为575万元。此外，乡村自筹资金64.5万元，土方及劳务投资2800万元。扩大旱改水面积4333.33公顷，发展水浇地1333.33公顷，治理易涝地2000公顷，改造中低产田5866.67公顷，改善灌溉面积3533.33公顷，改善除涝面积4133.33公顷。1991年第二期农业综合开发，区域包括孙大泓、临湖、黄河故道3个项目区，涉及10个乡镇，耕地面积13333.33公顷，农业总人口15.21万。3年项目总投资1127.06万元，到1994年3月完成投资1117.05万元，占投资额的99.11%。水利建设投资559.56万元，完成540.26万元，占投资额的96.55%，共建中沟级及其以上桥、涵、闸、站等244座，其他小型配套设施427座。累计挖土805.47万立方米，改造中低产田11773.33公顷。改造良种种植面积13333.33公顷，推广机耕面积2766.67公顷，造林面积2306.67公顷，增农田防护林8973.33公顷。

农业低产区孙大泓沿线，有3333.33公顷沙碱薄地，一期农田基本建设投资168.83万元，二期续建工程投入410.37万元，4年建成节制闸1座、电站及其中沟级以上的水利设施236座、小沟级和田间水利设施280座，改造低产田5466.67公顷，建成旱涝保收农田1733.33公顷，增旱改水面积2200公顷，将粮食年单产由开发前的200～250千克提高至500～600千克。

第二章 种植业

第一节 机 构

一、管理机构

1978年，淮阴县农业局内设人秘股、科教股、土肥股、农业股，有工作人员10名。1985年8月，县农业局所属的县农科所、夏家湖原种场和县多种经营管理局所属的种猪场、果林场、蚕种场、鱼种场、苗圃划归县委农工部管理。1988年3月，成立淮阴县农业技术推广中心，撤销农业股、科教股，保留人秘股，增设生产股。1989年4月，县蔬菜生产办公室成立。1997年5月，撤销县蔬菜生产办公室，成立县蔬菜局。2001年1月，淮阴县农业局更名为淮阴区农业局。2001年10月，撤销区蔬菜局，合并至区农业局。2002年1月，区农业局设立蔬菜生产科。是年3月，内设办公室、生产计划科、生态能源科、财务科等，行政编制15人，附属编制2人。2008年，内设办公室、生态能源科、园艺科、科教科、财务科等，人员编制未变。

二、直属单位

【植物保护站】 1978年，成立淮阴县植物保护站，隶属县农业局。1999年，核定事业编制9人。至2008年，人员编制未变。

【种子公司】 1978年，成立县种子公司。2003年，被区政府列入待改制单位，至2007年6月改制工作未能完成。是年7月，种子生产经营许可证被注销，停止经营活动。

【农广校】 1981年，县农广校成立，与县农干校合署办公，实行一套班子、两块牌子。1992年，更名为江苏省农业广播电视学校淮阴市淮阴县分校。2001年，更名为江苏省农业广播电视学校淮阴区分校。2005年，核定编制7人，实有6人，其中管理人员1人、专业技术人员5人。2008年，实有6人，其中管理人员1人、专业技术人员5人。

【农业服务公司】 1985年8月，成立淮阴县农业服务公司，属独立核算自负盈亏集体企业单位。至2008年，单位性质未变。

【农业技术推广中心】 1988年，成立淮阴县农业技术推广中心。1990年10月，县农业技术推广中心作物栽培站分为粮作站和经作站。2004年8月，区农业技术推广中心核定编制25人。2008年，实有工作人员19人，其中专业技术人员17人、工勤人员2人。

【蔬菜生产办公室】 1989年4月，县蔬菜生产办公室成立。1997年5月，撤销县蔬菜生产办公室，成立县蔬菜局。2001年11月，区蔬菜局撤并到区农业局。

【种子管理站】 1993年，成立县种子管理站，与县种子公司形成一套班子、两块牌子。至2008年，单位管理职能未变。

【农业行政执法监察大队】 1999年7月，县农业行政执法监察大队正式成立，核定事业编制6名。2005年12月，区农业行政执法监察大队事业编制12人，其中行政管理人员2人、技术人员9人、后勤1人。至2008年，人员编制未变。

三、基层机构

1978年，全县每个公社（场）都建立农业科技实验站。1983年，农村推行家庭联产承包责任制后，技术推广内容更加广泛，乡设农技站，村有农技员。2002年，根据区级机构改革方案，乡镇农技站人、财、物划归乡镇属地管理。是年，成立乡镇农业技术服务站。2008年，全区有乡镇农业技术服务站21个。

第二节　农作物种植

一、粮食作物

【面积】 境内粮食作物以种植水稻、三麦、玉米为主。1978～1999年，粮食种植面积稳定在8万公顷左右，2000～2003年，因产业结构调整，粮食种植面积下降至6.8万～7.2万公顷，2004年～2008年，粮食种植面积8.30万～9.12万公顷，面积稳步上升。其中：三麦种植面积，1978～1999年稳定在2.58万～3.22万公顷，2000～2003年，因产业结构调整，种植面积降至2.61万～2.91万公顷，2004～2008年种植面积3.03万～4.33万公顷；水稻种植面积，1978～1984年发展迅速，由0.69万公顷发展至2.95万公顷，1985～2008年稳定在2.8万～3万公顷；玉米种植面积由1978年的1.84万公顷，逐年下降，至1992年最低，仅有0.61万公顷，1993～2008年基本稳定在0.69万～1.03万公顷。

【单产】 1978～1981年，每公顷产量不足3750千克；1985～1995年，每公顷产量4650～5250千克；1996～2005年，除2003年每公顷产4320千克外，其他年份每公顷产量都在5700千克左右。2008年，小麦种植4.33万公顷，每公顷产量5920.5千克；水稻种植3万公顷，每公顷产量8032.2千克。

【总产】 1978～1984年，总产20.4万～38万吨，提升迅猛，得益于水稻面积上升，水稻单产提高到每公顷3510～6645千克。同时，玉米单产提升较快，每公顷达1905～4575千克。1985～1995年粮食总产10年徘徊，一直处于38万吨左右。1996～2008年，粮食总产提高至44.8万～58.8万吨。2008年，小麦总产25.6555万吨，水稻总产24.1万吨。

1978～2008年淮阴区（县）粮食作物播种面积产量一览表

表12-2-1

年份	合计			三麦		水稻		玉米	
	面积（万公顷）	单产（千克）	总产（吨）	面积（万公顷）	单产（千克）	面积（万公顷）	单产（千克）	面积（万公顷）	单产（千克）
1978	8.24	2475	203940	2.58	2070	0.69	3510	1.84	1905
1979	8.38	2550	213690	3.19	2625	0.65	3120	1.87	2430
1980	8.17	2580	210786	3.20	2100	0.92	3750	1.62	2685
1981	8.23	3195	262948	2.98	2355	1.18	4575	1.67	3585
1982	8.37	3855	322663	3.00	2895	1.75	5700	1.49	5745
1983	8.26	4395	363027	2.93	3405	2.42	6330	1.13	4395
1984	8.36	4545	379962	3.18	3240	2.95	6645	0.89	4575

续表12-2-1

年份	合计			三麦		水稻		玉米	
	面积（万公顷）	单产（千克）	总产（吨）	面积（万公顷）	单产（千克）	面积（万公顷）	单产（千克）	面积（万公顷）	单产（千克）
1985	8.20	4650	381300	3.10	3300	2.82	6750	0.88	4845
1986	8.02	4815	386163	2.91	3540	2.86	6915	0.83	4500
1987	8.03	4860	390258	2.91	4080	2.89	6420	0.80	4695
1988	8.02	4725	378945	2.83	3915	2.90	6075	0.83	4785
1989	8.30	4725	392175	2.99	3090	2.90	6795	0.83	5085
1990	8.14	3480	283272	3.12	3585	2.83	6900	0.77	4710
1991	7.85	4545	356782	3.14	3315	2.74	6600	0.65	4200
1992	8.00	4950	396000	3.27	4245	2.86	6270	0.61	4995
1993	6.39	5250	335475	3.18	4230	2.51	6615	0.69	5040
1994	7.25	4950	358875	2.95	4095	2.32	6480	0.66	5040
1995	7.39	5100	376890	2.94	3840	0.88	6735	0.76	5595
1996	7.67	5835	447544	3.13	4755	2.40	7665	0.84	5955
1997	8.53	5550	473415	3.66	4575	2.49	7530	0.91	5580
1998	8.12	5655	459186	3.47	3690	2.57	8340	0.84	6405
1999	7.44	6285	467604	3.22	4710	2.47	8325	0.81	7320
2000	6.84	5715	390906	2.67	3810	3.11	7620	0.72	5955
2001	6.84	5775	395010	2.66	3885	2.22	8145	0.82	5955
2002	7.04	5760	405504	2.80	3525	2.27	8430	0.87	6015
2003	7.19	4329	311255	2.91	3210	1.96	6870	1.06	3840
2004	8.30	5910	490530	3.03	4650	2.76	8580	0.98	3375
2005	8.30	5655	469365	3.20	4650	2.74	7950	0.98	4035
2006	8.82	6030	531846	3.60	5190	2.94	7785	1.07	4935
2007	9.07	6225	564607	4.16	5580	2.93	8190	1.07	4200
2008	9.12	6450	588240	4.33	5920.5	3.00	8032	1.03	4545

二、经济作物

境内经济作物以蔬菜、花生、大豆、山芋、油菜等为主。1989年开始统计，1989～1992年，全县种植0.4万～0.67万公顷，1993～1998年，种植1.33万～1.87万公顷，1999～2005年，种植2万～2.44万公顷。山芋种植面积由1978年的2.2万公顷，逐年迅速下降，1984年降至0.95万公顷，1985～2008年稳定在0.6万～1万公顷。

1978～2008年淮阴区（县）经济作物播种面积产量一览表

表12-2-2

年份	蔬菜		花生		大豆		山芋		油菜	
	面积（万公顷）	总产（吨）	面积（万公顷）	单产（千克）	面积（万公顷）	单产（千克）	面积（万公顷）	单产（千克）	面积（万公顷）	单产（千克）
1978	—	—	0.17	1305	0.76	660	2.20	3810	0.26	420
1979	—	—	0.22	1005	0.50	945	2.06	2880	0.41	600
1980	—	—	0.23	900	0.43	885	1.89	3180	0.20	600
1981	—	—	0.23	1500	0.62	1200	1.77	3945	0.31	810
1982	—	—	0.28	1365	0.65	1095	1.41	4440	0.44	1305
1983	—	—	0.18	1725	0.56	1275	1.18	4455	0.55	1485
1984	—	—	0.13	1770	0.39	1200	0.95	3810	0.28	1380
1985	—	—	0.18	1935	0.48	1545	0.89	4260	0.65	1380
1986	—	—	0.20	1725	0.56	1965	0.84	4290	1.35	1485
1987	—	—	0.15	2190	0.57	1920	0.84	4440	1.56	1830
1988	—	—	0.16	2220	0.59	1950	0.85	4815	0.76	1320
1989	0.45	73212	0.15	2070	0.62	1905	0.94	5115	1.18	1155
1990	0.46	79396	0.15	2160	0.51	1845	0.88	4665	0.84	1620
1991	0.46	77099	0.12	1920	0.40	1530	0.87	4275	0.85	1710
1992	0.68	130224	0.11	2040	0.39	1875	0.83	4710	0.75	2010
1993	1.54	331379	0.16	2385	0.50	1965	0.86	4680	0.60	2100
1994	1.62	359623	0.24	2910	0.44	1920	0.79	5580	0.88	2010
1995	1.70	378624	0.22	2715	0.07	1875	0.83	5625	0.85	2250
1996	1.64	473970	0.19	2760	0.41	2025	0.87	6225	0.56	1905
1997	0.15	39393	0.25	3195	0.42	2280	0.96	5745	0.36	2025
1998	1.92	542014	0.77	3510	0.30	2355	0.83	6375	0.48	1755
1999	2.02	589956	1.07	4170	0.27	2625	0.90	6780	0.66	2250
2000	2.22	664163	1.15	4170	0.25	2685	0.79	6435	1.07	1935
2001	2.41	685639	0.95	4335	0.31	2820	0.80	6450	0.99	2055
2002	2.54	740877	0.80	4230	0.29	2730	0.81	6750	0.79	2070
2003	2.57	667515	0.39	2637	0.35	2217	0.68	7370	0.74	1875
2004	2.26	741944	0.33	2925	0.32	2640	1.02	6105	0.81	2400
2005	2.44	780821	0.38	1875	0.30	2550	1.05	5685	0.76	2625
2006	2.05	687990	0.30	3390	0.30	3150	0.79	6150	0.36	2580
2007	2.18	689019	0.27	3450	0.30	3360	0.57	6270	0.28	2625
2008	2.19	731551	0.28	3675	0.34	3780	0.55	6975	0.30	2805

三、种植结构

1978～1998年，全县农作物种植面积一直以粮为主，粮食和经济作物的种植比例为65:35，粮食生产占主导地位。1983年，以效益为中心进行粮林、粮油种植。1985年，优化种植结构，向农林牧、种养加、农工商方向发展。1992年，实施林、桑、果、渔、菜种植结构，发展高产、高效农业，北吴集乡、丁集乡发展万亩特色蔬菜基地。1997年后，稳定发展粮油生产，积极发展专业户、专业村及基地乡镇。20世纪90年代末，由于种田科技水平提高，粮食连年丰收，出现粮食过剩、卖粮难、种田效益低下等突出问题。1998年，全县粮食总产为46万吨，而一年消费粮食（按每人平均400千克计算）大约需要32万吨，过剩14万吨，卖粮难问题十分突出，农民丰产不丰收现象普遍存在。1999年秋播，全县进行种植业结构调整，压粮扩经，发展花生1.07万公顷、蔬菜2.02万公顷、山芋0.9万公顷，全县形成南山芋、北花生、中间菜的布局。即运南片以发展山芋为重点，建成粉丝加工基地；淮泗片、淮高片、淮沭片以发展花生为重点，建成花生生产基地；宁连路沿线和近城郊的乡镇以发展蔬菜生产为重点。2000年，全县蔬菜面积2.22万公顷、花生1.15万公顷、山芋0.79万公顷、油菜1.07万公顷，粮、经比例由65:35调到55:45。种粮与种菜年单产值比1:3.3；种粮与种花生、油菜、山芋单产值比1:1.5，由于产业结构调整，提高种田效益，促进农业增效和农民增收。2002年后，发展规模化农业，实施高效化种植。设施蔬菜由2000年2.22万公顷上升到2005年2.44万公顷。2005～2008年高效农业发展迅速，经济类作物种植面积达到3.05万公顷，占种植业的27.1%。高效蔬菜面积2.27万公顷，设施化蔬菜面积达到1.02万公顷。

第三节　种植技术

一、三麦

1978年，全县三麦播种面积2.58万公顷。播种三麦大多是牛犁条播，一弓（5尺）播麦8行左右，二人一天可播麦子0.13公顷左右。1983～1986年，开始推广三麦轻型耕作栽培技术，小型农机推广使用，三麦机械旋耕作业面积扩大，同时推广适期早播、增施肥料、合理密植、选用良种、化学除草等技术，单产、总产迅速提高。1996～1999年，三麦推广群体质量栽培技术，留高茬、麦田铺草等秸秆还田技术，病虫草害综合防治技术，测土配方施肥技术，三麦单产、总产保持较高水平。2000～2008年，播种三麦大多是采用撒播后机械旋耙盖籽，提高工效，但每公顷多播种子45～75千克，三麦耕翻、播种、收获逐步实现机械化，推广三麦精确定量栽培技术，测土配方施肥技术，病虫草害综合防治技术，三麦单产、总产稳步提高。2001年，区农科所试种小面积稻套麦获得成功，小麦每公顷产7650千克。2002年，稻田套种小麦，面积333.33公顷，效益逐渐影响周边。2005年，全区稻套麦面积3333.33公顷。2008年，播种三麦大多是采用撒播后机械旋耙盖籽。

二、水稻

【育秧技术改革】 1992年前，全县水稻育苗全是传统的水育秧。1993年起，老张集乡推广旱育秧技术，西宋集乡推广水稻塑盘旱育抛秧技术。1994年后，此项技术在全县推广，面积逐年扩大。1995年，塑盘旱育抛秧推广面积3333.33公顷。1998～2008年，每年旱育秧覆盖率都在80%以上。

【直播】 1978～2002年，全县（区）水稻栽培以育苗移栽为主。2003年，因水稻条纹叶枯病发生，凌桥乡水稻出现大面积死苗，在无法挽救的情况下，农民自发直播常规粳稻约133.33公顷，是年直播稻每公顷产量6000～7500千克。2004年，直播稻在三树、袁集、赵集等乡镇推广，种植面积666.67公顷左右，2004～2008年，全区直播稻面积每年保持在2000公顷以上。

【撒播】 2005年，境内水稻实施撒播，面积1.6万公顷。2007年，全区撒播水稻面积2.49万公顷。

2008年，全区撒播面积2.55万公顷。

三、油菜

1989年前，境内因大面积种植“兴化”等常规低产油菜品种和生产技术不到位，每公顷产量在1050～1200千克，效益较低。1989年秋播，淮阴县承担江苏省农林厅“十万亩油菜低产变中产”丰收计划项目，推广杂交油菜秦油2号，推行配方施肥、轮作倒茬以及综合防治病虫害等配套技术措施。通过技术培训和现场观摩引导等形式，全县种植技术得到进一步推广。1990年，油菜单产大幅度提高。1995年，省农林厅授予淮阴县农业局“十万亩油菜低产变中产”丰收计划项目二等奖。2001年，开始大面积推广优质油菜“史力丰”，2002年秋，种植“史力丰”油菜0.8万公顷，占油菜面积80%以上，2003年夏熟，出现许多每公顷产4500千克以上的田块。2003年5月24日，省农林厅在淮阴区召开推广“史力丰”油菜观摩大会，参观吴集镇新桥、河西、吴集三个村高产田块。2008年，推广宁油14号并作为当家品种。

四、花生

1996年前，全县花生都是沿用传统的平作种植方法。1996年，县农技部门开始在北吴集乡试种333.33公顷地膜花生并获得高产，每公顷产量3750千克左右，最高单产6000千克。1997年，地膜花生在全县大力推广，主要技术是“选良种、起高垄、化学除、地膜盖、化调控、配方肥”。1999年后，全区（县）地膜花生覆盖率85%以上。2001年，全区9520公顷花生平均单产4335千克，是1978年单产1305千克的3.3倍。2003年后，因地膜成本较高、花工较大、市场价格较低，地膜花生种植面积大滑坡，单产水平也随之下滑。至2008年，只在吴集等几个乡镇种植。

五、蔬菜

1985年前，全县蔬菜栽培以露地为主。1985年，王营镇部分菜农采用小拱棚温床生产辣椒，比露地栽培提早上市，效益高。1988年，采用“二膜一帘”（大膜、小膜、草帘）春提早栽培辣椒，比单层小拱棚提前上市一个月，1994年大面积推广春提早保护地辣椒。1996～1997年，实施江苏省农牧渔业丰收计划项目，推广棚室“三膜一帘”（大膜、小膜、地膜、草帘）春提早辣椒、日光温室深冬黄瓜栽培、遮阳网育苗栽培、普通大棚蔬菜高产高效栽培、日光温室高产高效和伏缺高产高效栽培技术。2000～2008年，境内设施蔬菜步入飞速发展阶段，其中，大棚蔬菜软管滴灌技术，降低棚内湿度，减少病害发生；大棚辣椒“四膜一帘”（大膜、中膜、裙膜、地膜、草帘）技术与“三膜一帘”比，棚内温度高，可提早10天上市；日光温室卷帘机应用技术，可增加草帘厚度，增强冬季日光温室保温效果，提高蔬菜产量和品质。2008年，全区蔬菜种植面积2.22万～2.57万公顷，其中设施蔬菜0.81万～0.84万公顷，多是有机基质穴盘育苗和日光温室黄瓜、草菇轮作，经济效益明显。有机基质穴盘育苗方法在黄瓜、辣椒、西红柿、西瓜种植中普遍推广应用。日光温室黄瓜和草菇轮作，成为淮阴区最具特色的高效农业种植模式。

第四节　种　子

一、经营管理

1978年，成立淮阴县种子公司，分片设5个种子站（武墩、南陈集、五里、老张集、渔沟）和1个直属库、1个育种站，属事业性质，行政、技术、经营“三位一体”。是年，全县有133.33多公顷杂交制种、繁殖田和666.67多公顷杂交稻示范田。1978～1991年，境内执行“种子生产专业化、种子加工机械化、种子质量标准化、品种布局区域化、县为单位有计划的组织供种"，简称"四化一供"的种子方针。县种子公司牵头组织安排，建立县、乡（公社）两级种子基地，县种子公司统一组织调种、繁殖种子、组织种源，乡（公社）农技站作为种子销售供种渠道。1992年，种子市场逐渐放开，出现多元化、多渠道、多形式、多层次供种新形式。1993年，成立种子管理站。1997年，落实《中华人民共和国种子法》《江苏省种子条例》，履行种子管理职责和规范种子行政许可管理。2004年起，国家实行良种补贴，以鼓励农民种植。2008年，落实水稻良种、小麦良种补贴资金420万元，补贴面积3万公顷，供种量157.5万千克，涉农近20万户。

二、品种更新

【小麦】 1978年后，小麦进行3次品种更新。1978～1985年，主要推广泰山1号、泰山4号、河南758、淮麦11号等品种，推广种植面积占全县播种面积80%。1986年，主要推广"74-22"、百泉3039、扬麦158等品种，每公顷增产750千克以上。2000～2007年，主要推广淮麦20、豫麦18、温麦4号、郑麦9023、内乡188等品种。2008年，推广华麦1号、开麦18号、连麦1号等品种。

【水稻】 1978年，主要推广农垦57、桂花黄、武农早等品种。1985年起，主要推广汕优2号、汕优3号等品种，至1995年，县内有3个村12个组培育汕优63号水稻种子。1988～1995年，籼稻主要推广汕优63品种，粳稻主要推广扬粳20、扬粳186、镇稻88等品种。1996～2002年，主要推广籼稻特优559、汕优559、粳稻86080等品种。2003年开始，推广杂粳九优418、常粳徐稻3号、徐稻4号、杂籼稻II优航1号、II优明86等品种。2008年，推广连粳6号、武运粳21号、10优18号、华粳6号等品种。

【玉米】 1978～1982年，主要推广鲁元单4号、中单2号、郑单2号等品种。1985年，主要推广掖单4号、苏玉1号、丹玉6号等品种。1998年，主要推广农大108、白玉109等品种，这些品种叶片上举，株型紧凑，田间通风透光好，适宜密植，高产栽培每公顷产量7500千克以上。2002年，主要推广浚单18、澄海1号、澄海3号等品种。2005～2008年，主要推广苏玉19、苏玉20、泰玉2号、泰玉11号、泰玉14、济单7号、登海11号、神玉2号等品种。

【油菜】 1978～1989年，主要种植品种为兴化油菜、淮油6号。1990年，主要种植品种为秦油2号。2001～2008年，主要以"史力丰"、宁油14号为当家品种。

【花生】 1978年，全县以山东伏花生为当家品种。1981年始，大面积种植品种为花28、天府3号。1981～2008年，区（县）种子公司、经作站曾引种海花1号1万千克、鲁花9号1万千克、鲁花11号2万千克，因果形大、口感差、商品价位低，种植一年便被淘汰，仍以花28、天府3号为当家品种。

【大豆】 大豆品种更新较慢。1978年后，以"灌豆一号"（土名"四粒仓"）为当家品种。1988年，仍以"灌豆一号"为当家品种。至2008年，品种未变。

【甘薯】 1978年后，以徐薯18为当家品种，该品种一直未变。2008年起，全区推广脱毒山芋。

【土豆】 1978年后，一直种植克新3号、克新4号，至2008年未变。

【辣椒】 1978年后，地方性品种较多。1988年，种植品种早丰一号。1991年，主要种植大果早丰。1995年，主要种植苏椒5号。1999年，以苏椒5号、镇研2号、卞椒等品种为主。2003年，以苏椒5号、博士王、苏椒11号、绿园4号等品种为主。至2008年，种植品种未变。

【茄子】 1978年后，以地方性白茄、紫茄为主。1988年，引进苏畸。2001年，主要以扬茄1号为主。至2008年，种植品种未变。

【西红柿】 1988年后，以早丰、早魁等品种为主。1999年，引进上海宝大906和西粉三号等品种。2002年，以江苏3号、美国3号及906等品种为主。至2008年，种植品种未变。

【黄瓜】 1978年后，以地方性土种为主。1992年后，以津优2号为主。1999年后，引进津优30和津优35等品种。至2008年，种植品种未变。

【西瓜】 1978年后，主要种植地方性品种。1999年后，主要以苏蜜1号和抗病苏蜜1号等品种为主。至2008年，种植品种未变。

第五节 肥 料

一、施用种类

【有机肥料】 1978年，全县有机肥料的施用量总体呈下降趋势。2008年，有机肥施用总量1.5万吨，较1978年3万吨减幅达50%，每公顷平均施用量由1978年0.45吨降至0.225吨，减幅为50%。折合纯氮、磷施用总量减辐分别为10%、5%，钾增加5%；每公顷平均施用量分别下降45千克、15千克，钾增15千克。有机肥料投入中，绿肥、草塘泥施用量大量减少，但境内生猪、羊、家禽和兔的常年饲养量、出栏量逐年增高，人、畜、禽粪和秸秆还田有所增多。

【无机肥料】 1978年，全县无机肥料投入总的趋势是：碳铵、磷肥等低质含量的单质化肥施用量逐渐减少，高含量的尿素、钾肥、复合（混）肥等逐渐增加。20世纪90年代中后期，化肥转入向高效、复合方向发展。全县化肥总施用量1978年仅为万余吨，2008年为20.77万吨，是1978年的17.31倍，其中氮肥施用量增加60%，折纯氮量增加38%；磷肥施用量减少30%，折纯磷减少20%；单质钾肥增加40%，折纯钾增加30%；复合（混）肥施用量大幅度上升，与1978年相比，增加5倍，折纯量增加3倍。

【微量元素肥料】 1992年开始，县内有关经营单位每年购进部分微量元素，用硼肥作油菜基肥和叶面喷施，对增强油菜后期活力，防止其后期病害，提高油菜籽结实率和千粒重有较好的促进作用。

1978～2008年淮阴区（县）农业化肥使用情况一览表

表12-2-3　　单位：吨

年份	合计	氮肥	磷肥	钾肥	复合肥	年份	合计	氮肥	磷肥	钾肥	复合肥
1978	11985	10885	1100	0	—	1994	135147	108580	15980	5467	5120
1979	21511	19551	1960	0	—	1995	142870	110450	16850	8327	7243
1980	30056	26096	3960	0	—	1996	167286	132864	17766	8556	8100
1981	44900	38285	5805	0	810	1997	165763	128750	19875	8788	8350
1982	49116	41245	6845	0	1026	1998	163852	125796	20456	8640	8960
1983	54665	44320	8391	0	1954	1999	149548	110859	20865	8724	9100
1984	69514	58650	8756	0	2108	2000	149418	109453	21560	8955	9450
1985	80823	69400	9023	0	2400	2001	148376	102650	26580	8946	10200
1986	83457	70586	9850	356	2665	2002	153763	98580	34865	8968	11350
1987	85128	71285	10254	768	2821	2003	156989	97895	37583	8957	12554
1988	88344	71982	12456	854	3052	2004	186013	108543	46103	7942	23425
1989	89463	72598	12854	886	3125	2005	220080	119455	53521	8761	38343
1990	92731	74909	13564	906	3352	2006	220989	125694	46258	10211	38826
1991	94306	75803	13970	1025	3508	2007	232727	134680	47401	11346	39300
1992	108192	88592	14485	1486	3629	2008	207650	112948	39280	12562	42860
1993	120127	98520	14590	3167	3850						

二、施肥技术

【配方施肥】 1999年前，境内盲目施肥现象严重，肥料利用率低。2000年后，肥料结构已由氮、磷、钾单质肥料向多元复合高浓度肥料发展。区域性、针对性较强的配方肥料越来越受到广大农民的青睐。2000年，全县配方施肥面积4万公顷，占农作物播种面积30%。是年，全县增补钾肥面积2万公顷。2008年，配方施肥面积占农作物播种面积50%以上。为促进土壤中氮、磷、钾三大元素协调供给作物生长，保证土壤养分平衡，是年增补钾肥面积6万公顷。

【秸草还田】 1978年，境内秸草直接还田主要采用留高茬，再由拖拉机旋耕灭茬还田，全县达2万公顷左右。随后，每年稻、麦两季秸草还田面积逐年增加。20世纪90年代后期，境内逐步推广和使用收割机，田间大量秸草主要以焚烧为主，带来严重环境污染问题。

第六节　农作物保护

一、病虫草害

【小麦赤霉病】 1988年5月，全县13333.33公顷麦田发生赤霉病。1990年5月，三麦赤霉病病穗率30%，受灾面积3133.33公顷。1991年4月下旬至6月上旬，三麦发生赤霉病，受害面积28533.33公顷。1992年5月下旬，12800公顷小麦发生赤霉病，病穗率39.9%。1998年，小麦赤霉病发生严重，病田率100%，病穗率近56%。2008年未发生小麦赤霉病。

【小麦白粉病】 1985年5月多阴雨，发生小麦白粉病，造成减产。1990年3月下旬至4月底，三麦白粉病发生，病穗率达100%，影响较大。1992年5月中旬，25733.33公顷小麦发生白粉病，病株率80%。1998年4月11日至5月3日，小麦白粉病尤为明显。2008年未发生小麦白粉病。

【小麦黑穗病】 1978年，推广多菌灵药剂拌种播种，很好地控制小麦黑穗病的发生。此后，由于放松药剂拌种防病的有效措施，20世纪80年代开始，小麦黑穗病有所回升，但是对小麦一直没有造成明显的危害。2008年小麦未发生该病害。

【小麦纹枯病】 1992年，全县25733.33公顷小麦发生纹枯病，发病率70%，防治面积80%。2008年未发生小麦纹枯病。

【麦粘虫】 1978～2008年，境内重发年份（每公顷平均有虫15万头以上）为1979年、1981年、1982年、1983年、1998年等，其中1998年粘虫卵量为最高。

【水稻白叶枯病】 20世纪70年代后期，由于推广“代森铵”等药剂浸种灭菌的处理方法，在生长期及时使用杀枯净等药剂封锁发病区域，加上施肥方法的改进，使该病逐步得到控制。1982年发生较重，发生面积2200公顷。据1984年、1985年水稻病虫调查，全县水稻白叶枯病发病面积266.67公顷，新渡、老张集、三树等少数乡镇的个别村组危害偏重。2008年未发生水稻白叶枯病。

【水稻纹枯病】 20世纪70年代后期水稻纹枯病不断蔓延，1980年前后已遍及全县，成为水稻高产、稳产的一大威胁。水稻纹枯病发生规律：氮肥施用量大，长势较好的田块发病重；水稻阔叶品种以及长期灌深水田发病重。1985年，纹枯病发生面积1.33万公顷，平均病穴率84%，病株率60.1%，属严重发生年份。此后，纹枯病逐渐成为淮阴区（县）水稻常发、普发性病害。

【二化螟】 水稻二化螟于1975年前发生较轻，1977年后发生面积大幅度上升，年发生面积0.67万公顷左右。1980年后，危害逐年加剧，成为水稻主要害虫，1980年、1981年、1985年、1996年、2001年发生偏重，2005～2008年发生较轻，仅零星发生。

【三化螟】 1979年前，水稻三化螟年年发生很重，漏治田块枯心苗一般在10%～30%，白穗率20%左右，重的超过80%。1980年后，三化螟发生量急剧减少，田间虫卵量仅零星发生，只有1996年偏重发生。2008年水稻基本未发生该病害。

【稻纵卷叶螟】 1978年后，境内稻纵卷叶螟年发生量大，危害重，为常发性害虫，特重发生年份为1978年、1981年，百穴幼虫二代36～820头，平均258.2头；三代百穴幼虫240～4520头，平均1242.6头。1991年、1998年、2003年、2005年三代稻纵卷叶螟大发生。少数氮肥用量过大，长势嫩绿，疏于防治的田块白叶一片，减产5成以上，甚至绝收。2008年水稻基本未发生该病害。

【稻蓟马】 1978年后，稻蓟马一直是全县水稻秧田和大田返青期的常发性害虫，一般百株有虫卵300～500头（粒），高的达千头（粒）以上，一般造成卷叶50%左右。稻蓟马发生严重的田块，叶尖枯黄，僵苗不发。稻蓟马发生的原因主要是稻蓟马具有趋嫩性，这与化肥用量不断提高、大面积种植杂交稻有密切关系。2008年水稻未发生此病害。

【稻瘟病】 1992年，全县6666.67公顷粳稻发生稻瘟病，病叶率20%，病田率50%。2008年水稻基本未发生此病害。

【稻飞虱】 稻飞虱在20世纪70年代发生较为普遍，但尚未成灾。1980年、1981年发生面积均超过0.27万公顷，1984年、1985年达到0.4万公顷。1987年、1991年、1995年，稻飞虱发生严重，逐渐成为影响境内水稻生产的重要害虫之一。2003年，水稻飞虱大发生。2004年，稻飞虱发生面积2.91万公顷。2005年，稻飞虱发生面积3.34万公顷。此后，稻飞虱逐渐得到较好控制。

【条纹叶枯病】 2003年，水稻发生条纹叶枯病。2004年，条纹水稻条纹叶枯病发生面积1.05万公顷，水稻减产严重，部分乡镇甚至出现绝收现象。

【稻粘虫】 1980年前，水稻粘虫发生很轻，没有造成明显的危害和损失。1981年，全县危害面积2000公顷，水稻损失50万千克左右。1982年，危害面积0.6万公顷，水稻损失125万千克左右。1983年，粘虫发生危害最重，发生面积10266.67公顷，虫口密度每公顷45万～75万头，最高330万头，有些漏治田，嫩穗啃落满地，经大力防治，全县水稻仍损失150万千克以上。1998年，发生较重，粘虫卵量为此病害发生最重的一年，每百个稻草把85块。此后，境内稻粘虫发生较轻。2008年未发生此病害。

【麦田草害】 1979年前麦田草害发生很轻，1980年后逐年加重，发生面积逐年扩大，1985年草害面积2.07万公顷，占小麦面积的62%。20世纪80年代后期，麦田草害一直呈偏重发生。境内麦田杂草共有30余种，对小麦产量危害较大的主要有：看麦娘、日本看麦娘、硬草、碱茅、猪殃殃、繁缕、大巢菜、荠菜、播娘蒿、婆婆纳等10余种，通过化学防除，杂草危害得到有效控制。90年代后，麦田草害得到有效治理。2008年，麦田草害基本未发生。

【稻田草害】 稻田杂草主要有稗草、牛毛毡、眼子菜、鸭舌草、野慈菇等。20世纪80年代以前稻田除草全靠人工拔除，此后开始推广稻田化学除草。至2008年，由于水稻直播面积不断扩大，给稻田除草带来了一定难度。

二、病虫草害防治

【农业防治】 20世纪80年代中后期，境内稻、麦种植主要选用抗麦类锈病、赤霉病和抗水稻白叶枯病、条纹叶枯病等品种，较好控制稻麦病害，同时推广开好一套沟的措施，降低田间湿度，减轻小麦赤霉病、白粉病的发生；稻田推广浅水勤灌、适时烤田、适量施肥等措施，控制水稻白叶枯病、纹枯病的发生。此外，推广水旱轮作，减轻农田草害。20世纪90年代中期始，境内推广三麦中、后期综合防治，将防病治虫的农药加入叶面肥混合使用，采用统一防治时间，统一用药配方，有效防治小麦后期病虫害和早衰，保证小麦的丰产丰收。至2008年，除草措施未变。

【化学防治】 1978年后，境内开始使用呋喃丹、杀虫脒等药剂，对稻田进行化学除草。20世纪80年代初，推广敌杀死、速灭杀丁等拟除虫菊酯类杀虫剂和粉锈宁等新型杀菌剂，同时推广麦田化学除草，除草剂的品种有绿麦隆、二甲四氯，此后沿用多年。1990年后，境内推广使用高效、安全、低毒、低残留的新型农药，主要品种有吡虫啉、毒死蜱、阿维菌素、锐劲特等。至2008年，防治措施未变。

第三章　林　业

第一节　机　构

一、管理机构

1978年，县多种经营局内设人秘股、林蚕股、畜牧股、水产股等。1984年8月，县多种经营局改为县多种经营管理局，内设人秘股、财务股、林蚕股、水产股、畜牧股等。1984年12月，撤销林蚕股、水产股、畜牧股。2001年1月，撤县多种经营管理局并更名为淮阴区林牧渔业发展局，内设办公室、综合科、财务科。至2008年，内设机构未变。

二、直属单位

【畜牧兽医站】 1978年，县畜牧兽医站人员为人事部门安排进入的农业院校专业学生或非专业的工作人员。1990年起，县畜牧兽医站工作人员由人事部门安排。2006年始，进入区畜牧兽医站的工作人员必须经人事部门考试考核，择优录用。至2008年，机构设置未变。

【蚕桑技术指导站】 1985年1月，县政府批复成立蚕桑站，核定编制数8人，其中管理人员2人、专业技术不足6人，属全民事业单位。1986年，成立淮阴县多种经营管理局蚕桑站，有工作人员7名。1992年5月，蚕桑站由多种经营管理局划归茧丝绸公司管理，蚕桑站更名为县蚕桑技术指导站，职能仍是负责全县的蚕桑生产发展规划、栽桑养蚕技术指导与管理。1996年，有工作人员17名。1999年11月，蚕桑技术指导站划归多种经营管理局管理。2008年，蚕桑技术指导站编制8人，机构设置未变。

【茧丝绸公司】 1992年5月，县茧丝绸公司成立，位于淮阴区长江西路48号。是年，蚕桑技术指导站由多种经营管理局划归茧丝绸公司管理。2001年，淮阴县茧丝绸公司更名为淮阴区茧丝绸公司。至2008年没有变化。

【林业站】 1985年1月成立县林业站，属全民事业单位。1990年，核定编制8人。1994年编制9人。2005年编制10人。2008年，区站编制11人。

【水产站】 1985年1月，成立县水产站，核定编制8人，实有10人，其中专技6人、工勤3人、其他1人，属全民事业单位。1986年12月，成立县渔政站，与县水产站两块牌子、一套班子。2001年10月，江苏省洪泽湖渔业管理委员会成立，原由淮安和宿迁两市管理，收归洪泽湖管委会统一管理，沿湖各渔政站部分人员抽调到省洪泽湖管委会治理洪泽湖，区渔政站只管理内河。2008年，渔政站编制8人，实有10人。

【林蚕技术指导站】 1981年11月成立县林蚕技术指导站，属全民事业单位，1984年4月撤销。

【多种经营服务公司】 1984年5月成立县多种经营服务公司，属独立核算自负盈亏集体企业单位。至2008年，设置未变。

三、基层机构

1978年，全县28个公社（场）都建立畜牧兽医站，有兽医技术人员278人，国家技术干部18人。1978年后，乡镇畜牧兽医站工作人员处于稳定状态，组成人员大都是祖传或师传的民间兽医，也有少部分农校毕业生。1986年，有乡级科技人员70人。1993年，各乡镇成立蚕桑站，受乡镇政府和县蚕桑站的双重领导，人事、工资归县蚕桑站管理，行政上归乡镇政府领导。1994年开始，对乡镇畜牧兽医体制进行改革，分别于1994年、1995年、2004年在乡镇畜牧兽医技术人员中考录113人招聘干部，以此为基础，后来又在113人招聘干部中考录23人为乡镇检疫员。1996年，有部分畜牧兽医专业大中专毕业生被分配到乡镇兽医站从事技术工作。是年，有乡级科技人员89人。全县有桑园的村组配备技术员，建成县、乡、村、组四级技术服务网络。2001年后，由于撤乡并镇，全区乡镇畜牧兽医站并为21个。2008年，全区21个乡镇有兽医技术人员216人、国家技术干部20人，乡镇林业站编制23人。

第二节　林业资源

林业资源以人工林为主，树种资源比较丰富，有木本植物60科，105属198种，约有198种人工栽培树种。 区域内主要栽培树种有杨树、女贞、柳树、榉树、法桐、香樟、栾树、银杏等；珍稀树种有银杏、湖桑、水杉等。1978年前，境内绿化造林树种有乔木桑、槐树、榆树、柳树、楝树、臭椿等，主要栽植于农户房前屋后。1980年开始引进泡桐、大关杨、德杨、水杉、意杨等树种，此后造林树种90%以上是意杨，其次是大关杨、德杨、水杉和银杏等树种。1987年，全县有林地面积5440公顷，森林覆盖率13.2%，农田林网占宜农田林网69.1%，“四旁”（宅旁、村旁、路旁、水旁）树木410.8万株，林木蓄积量81.11万立方米。1998年通过国家平原绿化先进县验收。是年，意杨产业化启动。1999年后，全县围绕林业产业建设目标，将境内157千米大中型圩堤、1027千米各类公路、323千米沟渠分级规划，形成点、线、片、带的林网结构。新造林树种大部分采用速生丰产的意杨。2000年完成林业资源调查工作，境内共有160块样地。2006～2008年，绿化造林工作被江苏省绿化委、淮安市政府表彰为先进县区。2008年底，全区林地面积35027.09公顷，“四旁”树木637多万株。此间，通过承包拍卖、租赁、股份合作、企业造林等多种形式落实营林机制，全区森林覆盖率26.9%，活林木蓄积量297万立方米。木材资源的丰富，带动了木材加工企业的兴起，东南人造板厂、海通木业两个投资超5000万元的木材加工企业先后落户淮阴区，年消耗木材18万立方米，年产值1亿元。

图12-3-1　意杨林

第三节　林业生产

一、育苗

1978年，县苗圃是境内唯一的育苗基地，面积120公顷，品种多为杨树、泡桐、水杉、刺槐、银杏等。1980年后，以育意杨苗为主。1983年，农村落实生产责任制后，以农户育苗为主，以国营和集体为辅。1984年，从泗阳县林苗圃引进意大利杨树新品种西玛杨和鲁易沙杨，插穗各1000根，分别育苗0.02公顷，产苗2370株。1985年，推广到小营、王兴、袁集、丁集、老张集、棉花庄、新渡等乡镇，全县育苗面积133公顷，产苗4.12万株。1998年后，全县每年杨树苗木产量都在200万株左右，有少量的桃、梨、葡萄、银杏、湖桑等经济苗木。1999年起，逐步推行林业产权制度改革，调动各方造林积极性，育苗量一直稳定在100公顷左右，效益为每年每公顷12.5万元左右。所育苗木树种90%都是意杨，10%为常绿树，包括香樟、蜀桧、龙柏、广玉兰、白蜡、黄杨、女贞、香椿等。2008年，育苗面积266.67公顷，产苗

1400万株，国有和集体占30%，个人占70%。

1978～2008年淮阴区（县）育苗面积与主要品种一览表

表12-3-1

年份	育苗面积（公顷）	主要品种
1978	120.00	刺槐、紫穗槐、桑树
1979	133.33	刺槐、紫穗槐、桑树
1980	193.33	刺槐、紫穗槐、桑树
1981	46.67	意杨、泡桐、刺槐、柳
1982	60.00	意杨、水杉、刺槐、紫穗槐、桑树、泡桐
1983	113.33	意杨、水杉、刺槐、紫穗槐、桑树、泡桐
1984	133.33	意杨、水杉、刺槐、紫穗槐、桑树、泡桐
1985	133.33	意杨、水杉、刺槐、紫穗槐、桑树、泡桐
1986	70.33	意杨、水杉、刺槐、紫穗槐、桑树、泡桐
1987	86.67	意杨、水杉、刺槐、紫穗槐、桑树、泡桐
1988	86.67	意杨、女贞、法桐
1989	86.67	意杨、女贞、法桐
1990	106.67	意杨、女贞、法桐
1991	86.67	意杨、女贞、法桐
1992	80.00	意杨、女贞、法桐
1993	100.00	意杨、女贞、法桐
1994	73.33	意杨、女贞、法桐
1995	93.33	意杨、女贞、法桐
1996	86.67	意杨、女贞、法桐
1997	106.67	意杨、女贞、法桐
1998	120.00	意杨、女贞、法桐
1999	133.33	意杨、女贞、法桐
2000	133.33	意杨、女贞、法桐
2001	106.67	意杨、女贞、法桐
2002	80.00	意杨、女贞、法桐
2003	80.00	意杨、女贞、法桐
2004	200.00	意杨、女贞、法桐
2005	166.67	意杨、女贞、法桐
2006	266.67	意杨、女贞、法桐
2007	166.67	意杨、垂柳、女贞
2008	266.67	意杨、栾树、紫微

二、造林

【绿色通道建设】 1978年，沿国、省、县道主要栽植意杨、柳树、大关杨、德杨、刺槐等树种。1985年，淮泗路、淮沭路路面拓宽，树木更新，栽植西玛杨、鲁易沙杨、214杨、69杨、72杨和意杨等。县道少部分栽植柳树，各支线为意杨和关杨。1990年，加强在国、省、县、乡道路两侧绿化和大田林网建设，重点建设废黄河沿线防风固沙林和沿河路两侧绿色通道，两侧造林宽度5～10米不等，绿化总里程1000余千米，累计营造林面积2000公顷。2000年，栽植国槐、垂柳、蜀桧、高杆女贞等。2001年后，由淮安市公路部门统一安排下拨，树种选择银杏、雪松、榉树、朴树、广玉兰、紫薇、花石榴、合欢、栾树、垂柳、樱花、桂花等。公路护坡绿化，选择狗芽根、石台草、麦冬草地等。边沟外绿化选择榉树、合欢、垂柳、栾树、高干女贞等速生树种。高速公路绿化由高速公路养护部门管理。2003年农村道路铺设水泥路后，境内道路两侧一律栽植意杨树。2006～2008年，完成境内京沪高速公路两侧22.8千米长、10米宽的景观林栽植任务，共栽植景观林苗木及经济林苗木7万余株。

【农田林网建设】 1978年冬至1979年春，在张集公社洪涯大队搞农田林网试点，总结经验后，在全县范围展开。1980～1985年，对各乡（公社）农田林网建设进行重点规划，1986年和1987年在淮泗路和淮沭路两侧进行林网建设，以疏透林带结构为主。境内农田林网以大型河堤为骨干、以中沟支渠为重点的大框架基本形成，网格面积一般在13.33～26.67公顷。至1987年，完成林网面积4.36万公顷。2003年，完成林网造林906.6公顷，其中黄河古道沿线吴城566.6公顷、码头100公顷、王营6.67公顷、新渡66.67公顷，以及二大沟沿线133.33公顷、崔大泓沿线33.33公顷。2005年，与骨干河堤疏浚相结合，崔大泓、孙大泓、一干渠、四干渠等8条大型河道，40多条干支渠，通过招标承包等方式植树100多万株；与农田水利开发、低产田改造相结合，全区建4个连片面积达400公顷以上高标准一级林网，凌桥乡双闸村建千亩林网示范村1个。徐溜、古寨、五里、丁集4个乡镇作为创建绿色乡镇的重点，消灭“光头”沟、渠、路、堤298条，计260千米长，栽植树木14万株。2008年，全境建农田林网666.67公顷，完善农田林网6000公顷。各乡镇高起点规划，多方筹措资金，采取“见缝插绿、不留空白”的方法，宜林则林，宜果则果，在农民庭前屋后、沟边隙地、田间地头等地方栽上树木。

1978～1987年，全县造林980公顷，森林覆盖率13.2%。此后，造林面积增长缓慢。1996～2008年，成片造林1.564万公顷，森林覆盖率比1987年增加12.7个百分点，新建和更新高标准农田林网106.4万公顷，“四旁”树木保存量净增200万株。

1978～2008年淮阴区（县）植树造林一览表

表12-3-2　　单位：公顷

年份	植树造林面积	造林面积保有量	年份	植树造林面积	造林面积保有量	年份	植树造林面积	造林面积保有量
1978	153.33	133.33	1989	106.67	100.00	2000	200.00	186.67
1979	46.67	36.67	1990	173.33	166.67	2001	200.00	193.33
1980	133.33	120.00	1991	73.33	73.33	2002	120.00	113.33
1981	160.00	133.33	1992	86.67	80.00	2003	133.33	120.00
1982	93.33	82.00	1993	86.67	80.00	2004	166.67	160.00
1983	113.33	103.32	1994	93.33	86.67	2005	333.33	306.67
1984	53.33	46.67	1995	106.67	100.00	2006	533.33	506.67

续表 12-3-2

年份	植树造林面积	造林面积保有量	年份	植树造林面积	造林面积保有量	年份	植树造林面积	造林面积保有量
1985	113.33	106.67	1996	80.00	73.33	2007	80.00	80.00
1986	180.00	166.67	1997	86.67	86.67	2008	540.00	533.33
1987	153.33	140.00	1998	86.67	86.67			
1988	100.00	86.67	1999	93.33	86.67			

三、产业带

1998年，启动意杨产业化建设并逐步形成产业带。2001年，形成张福河杨树产业带133.33公顷。2002年，淮沭河、二河建成杨树产业带1333.33公顷。2003年，建成废黄河杨树产业带133.33公顷。2005年，一干渠、四干渠杨树产业带66.67公顷。后受市场影响，产业带面积呈下降趋势。2008年，民便河沿线造林33.33公顷，宁淮高速两侧造林66.67公顷，宿淮盐高速两侧造林26.67公顷。

第四节　果　树

1978年，境内果树面积535.67公顷，树种以苹果、梨为主，辅以桃、葡萄等果树。1985年，农村产业结构调整，发展果树成为产业调整的重点项目。1987年栽植果树1623.1公顷，主要分布在12个重点乡和县果林场。2000年，全县果园400多公顷。此后，各村组逐步淘汰果园，恢复农田，致成片果园数量锐减。至2008年，全区成片果园仅有250公顷，零星果树80多万株。

1978～2008年淮阴区（县）果树面积产量一览表

表 12-3-3　　单位：公顷、吨

年份	面积	产量	年份	面积	产量	年份	面积	产量
1978	535.67	247	1989	1066.60	1500	2000	400.00	550
1979	536.70	330	1990	1100.00	1500	2001	433.30	560
1980	713.30	303	1991	1133.30	1580	2002	333.30	400
1981	589.90	333	1992	1106.60	1500	2003	341.60	420
1982	544.00	336	1993	1133.30	1600	2004	300.00	405
1983	544.00	266	1994	1166.60	1650	2005	300.00	410
1984	544.00	417	1995	1000.00	1300	2006	280.00	367
1985	304.60	451	1996	866.60	1100	2007	250.00	325
1986	815.00	900	1997	800.00	1000	2008	250.00	320
1987	1623.10	1200	1998	766.60	800			
1988	1066.60	1500	1999	533.30	700			

第五节 林业管理

一、林权制度改革

1978前，境内林业产业一直沿袭国家投资、集体投苗的计划经济做法，其产权维持国有、集体所有两种形式。改革开放后，逐步推行“承包管护、收益分成”等责任制，但由于林地、林木的所有权与经营权不清，经济收益与管护者利益不紧密，以及林木管护者的职责不明，重栽轻管现象十分突出，林业应有的经济效益难以发挥，严重制约林业生产发展。1982年，进行林权发证工作，集体所有的树木，由权属单位经营，也可合股经营，承包到生产队或个人，地权不变，林权共有，收益分成。生产队零星分散的隙地，集体不便经营划给社员栽树，地权不变，树木归社员所有。社员房前屋后、自留地上及生产队指定地方栽树归社员个人所有，允许继承。城镇居民在自己房屋的庭园中植树归自己所有。林权证发放工作先在小营乡试点，然后在全县展开，当年发林权证4479份。1998年底，县内开始明晰所有权，放开投资权，搞活经营权，实施责权利相统一的林业产权制度改革，重点对圩堤、农田林网和绿色通道的造林经营权进行改革。此后，将林权改革稳步推向新造林和幼龄林地，推动全县林业生产发展，还采取拍卖形式，把河堤造林售给个人栽植意杨。至2008年，全区林权改制面积3333.33多公顷，发证面积1333.33公顷，占应改制面积的96.3%和应发证面积的53.1%。

二、林木采伐管理

1982年，颁布《关于坚决制止乱砍滥伐林木的布告》。1984年9月20日，第六届全国人民代表大会常务委员会第七次会议通过《中华人民共和国森林法》，有效地保护林业发展。1985年，境内开始出现木材加工业。1986年起，建立限额采伐审批制度。1990年开始，运输木材、种苗、花卉、果品、中药材以及所有林副产品出境，须经县级以上林业主管部门批准并发给运输证和检疫证。1993年，根据省政府的统一部署，对全县木材市场进行整顿，凡是木材加工经营的，一律凭林业主管部门核发的木材加工经营许可证方可经营和生产。1995年，境内大型胶合板企业有深淮木业、东南木业、扶桑木业等。1999年，古寨乡古钱路发生毁林案件，涉案人员被移送司法部门。2005年后，木材企业开始萎缩。2008年，因金融危机，木材小企业纷纷倒闭，全区大小木材加工企业仅有十几家。

1998～2008年，先后出台《关于加强林业资源管理工作的意见》《关于开展严厉打击破坏林业资源违法犯罪活动专项斗争的通告》《关于加强木材市场管理的通知》《淮阴县林木采伐更新管理办法》和《关于规范林木采伐审批程序的规定》等规范性文件，保证法律法规的执行，林业行政案件呈逐年下降趋势，但盗伐、滥伐、非法经营、非法运输、林间非法采土、非法侵占林地林木等违法案件仍时有发生。

三、病虫害防治

境内发生较多的病害有刺槐干腐病、泡桐丛枝病、杨树溃疡病和黑斑病、阔叶树白粉病等。主要害虫有天牛、刺蛾、袋蛾、卷叶螟、柳瘿蚊、金花虫、金龟子、蝼蛄、杨尺蠖、透翅蛾、草履蚧等。随着杨树面积不断增加，杨树病虫害发生的危险机率增多。2000年，南陈集镇学田村发生草履蚧危害，吴城镇跃进河沿线也有部分受害。2003年，全境病虫害发生及防治面积1333.33公顷。2008年，各乡镇均发现草履蚧发生点，后采取统一发放药剂、印发资料图片、定点示范等措施，防治林农草履蚧，取得较好效果。

第六节　古树名木

一、银杏

位于码头镇码头村二组，树龄约800年，树高22米，胸围317厘米，树冠幅东西17米、南北16米。

二、湖桑

位于棉花庄镇军田村，树龄约100年，树高15米，胸围314厘米，树冠幅15米。

三、水杉

位于古寨乡政府院内，树龄约40年，树高26米，胸围191.5厘米，树冠幅8米。

图12-3-2　银杏

图12-3-3　湖桑

图12-3-4　水杉

四、皂角树

位于渔沟镇程圩村六组，树龄100年，树高15米，胸围141厘米，冠幅14米。

五、柘树

位于渔沟镇程圩村五组，别名叶檀，树龄约1000年，树高12米，胸围204厘米，冠幅18米。

六、桑树

位于棉花庄镇团结村秦东组，树龄70年，树高15米，胸围234厘米，冠幅15米。

七、国槐

位于棉花庄镇团结村秦东组，树龄100年，树高15米，胸围162厘米，冠幅5米。

图12-3-5　柘树

第四章 蚕桑业

第一节 植 桑

1978年，为改变桑苗长期依靠外援的状况，淮阴县学习推广河南夏邑县桑苗冬季嫁接的做法，改春季嫁接为冬季嫁接，以普通袋接为主，辅以根接、皮接，提高嫁接体成活率，当年播种实生苗1933.33公顷，嫁接湖桑苗1100万株，栽植桑园495.5公顷。至次年春，全县有26个公社的380个大队建有桑园，栽桑面积1869.2公顷。全县有2116个生产队集体育苗，2.3万户农家自己育苗，不少农户都把育苗当成家庭副业的主要项目之一，古寨、徐溜、陈集等公社都是县内重点产苗区。1981年，县政府发放支持款100余万元、贷款22万元，栽桑3334公顷。1985年，全县栽桑面积4666.7公顷，形成废黄河、一干渠、三干渠、四干渠、跃进河、淮沭河、孙大泓、淮泗河、民便河9个河堤桑带，建成以王兴、棉花庄、老张集等乡为主的四干渠沿线基地，以徐溜、古寨、刘老庄、五里等乡为主的民便河沿线基地，以西宋集、汤集、北吴集、渔沟、三树、韩圩等乡为主的跃进河沿线基地，以赵集、南吴集、南陈集、码头等乡为主的运南片基地等4个蚕桑生产基地。1986年，蚕桑生产出现低潮，蚕农毁桑种粮的较多，桑园面积直线下降，至1990年底，桑园面积仅剩2808.5公顷。1992年开始大栽桑，南吴集、南陈集、码头、高堰、棉花庄、王兴、徐溜、古寨、北吴集9个乡镇成为桑园基地。沟系配套，畦沟、腰沟、田头沟等沟沟畅通，涝能排，旱能灌，合理施肥，多施有机肥；推行速成丰产栽培技术，当年栽桑当年投产，使桑园提前进入丰产期。1994年，全县拓桑至5843公顷。1995年，全县桑园栽植面积8651.6公顷，建成南陈集、高堰、南吴集、王兴、徐溜、古寨、北吴集、码头、棉花庄9个重点乡镇。栽植品种主要以湖桑为主，盛行的品种是湖桑32号、199号，育71-1、育71-2号等。

1978～1985年，每公顷栽植密度在12000～15000株之间，1990年后提高到15000株。推广速成丰产和一步成园技术，苗木实行自采籽、自育苗、自嫁接、自栽桑。1995年，茧价下跌，农民毁桑种粮。至2008年，全区桑园面积只有1333.3公顷。

第二节 养 蚕

一、品种

1978～1980年，春季养蚕用种以东肥×华合、华合×六东、新九×新汗等为主。1981～1993年春季以苏5×苏6为主。1992年引进部分青松×皓月品种。夏秋季养蚕用种以东34×603、苏3秋3×苏4、丰一×5.4A、57AB×24.46、75新×7532、1.3A×2.4A等为主。1994年起，推广应用新品种有青松×皓月、春蕾×锡方、苏镇×春光、苏菊×明虎、春蕾×镇珠等，以提高秋蚕茧质量和出丝率。在上述5对品种中又以青松×皓月、苏菊×明虎、春蕾×锡方为主。1995年，全县桑园面积8651.6公顷，饲养蚕种228594张。古寨、刘老庄、徐溜、王兴、南陈集、南吴集等9个乡镇桑园面积保持在4996公顷，占全县的57.75%；养蚕发种132091张，占全县57.78%。此后，受市场影响，上述基地面积逐年减少。2004年后，主要推广春蕾×锡方、苏镇×春光等品种。小蚕集体共育，炕房加温补湿，执行小蚕规范化饲育标准，减少蚕头损失，确保无病高产；大蚕推广大棚条桑育、省力化饲养技术，节省劳力，节约成本，提高养蚕经济效益。2008年，区内蚕业生产规模扩大，桑园面积1333.3公顷，饲养蚕种23000张，同时发展订单蚕业，政府为养殖户提供产前信息、产中技术指导和产后蚕茧收烘等服务。

二、布局

1985年之前，全年饲养春、夏、早秋、中秋、晚秋等五期蚕，随着农作物布局的调整和受气候变化的影响，夏蚕、早秋蚕收益减少。1986年始，实行布局改革，取消晚秋蚕，一年养4期蚕，推迟早秋、中秋蚕出库时间，增加秋蚕的饲养量。1993年起，取消夏蚕，一年只养3期蚕。由于水稻治虫对早秋蚕影响较大，经济效益降低。2003年起，改一年养春、秋两期，全部养多丝量品种，同时注重养蚕技术的提高。至2008年，一年仍养两期蚕。

三、产茧

1978年，蚕茧产量716.2吨，1979年超1000吨，1985年为3130.2吨。1986年，受蚕茧收购市场压级压价影响，相当一部分蚕农毁桑种粮，蚕桑生产出现低潮，蚕茧产量回落至2636.4吨。1987年起，国家采取扶持政策，蚕茧产量又开始逐年上升，1995年7326吨。1996年，茧丝绸市场行情严重滑坡，茧价急剧下跌，对蚕桑生产影响非常大，蚕茧产量骤降至2107.4吨，此后连续5年，在2100～2400吨之间波动。2002年起，再度下降，原因是农民养蚕花费时间，且经济收入不理想。至2008年，全区仅产茧1050吨。

1978～2008年淮阴区（县）桑园面积、养蚕、产量情况统计表

表12-4-1

年份	桑园面积（公顷）	养蚕发种（张）	蚕茧产量（吨）	年份	桑园面积（公顷）	养蚕发种（张）	蚕茧产量（吨）
1978	1723.4	35658	716.2	1994	7847.5	214915	7006.0
1979	1869.2	46360	1013.3	1995	8651.6	228594	7326.0
1980	1998.4	57850	1292.6	1996	2053.3	62626	2107.4
1981	4523.7	69237	1479.6	1997	2053.3	66366	2403.0
1982	4556.7	77600	1581.0	1998	2053.3	66433	2475.0
1983	4006.9	93561	1656.1	1999	1763.7	49012	1900.3
1984	3428.1	112885	2710.3	2000	1763.7	56224	2103.2
1985	4666.7	106953	3130.2	2001	1443.9	61729	2381.6
1986	3670.3	91018	2636.4	2002	1403.7	52464	1881.0
1987	3312.8	102029	2763.0	2003	1345.8	43020	1701.4
1988	3312.8	114454	3142.0	2004	1728.0	45030	1751.6
1989	3312.8	122561	3321.4	2005	1733.3	30010	1351.5
1990	2808.5	124155	3635.0	2006	1733.3	26100	1087.1
1991	3637.7	132299	4034.0	2007	1666.7	30000	1249.8
1992	4332.2	153440	4185.0	2008	1333.3	23000	1050.0
1993	7036.9	144970	4808.6				

第三节　技术推广

1992年，县蚕桑站在高堰乡推行“袋接体一步成园栽桑技术”和“新栽桑速成丰产技术”试点，在棉花庄乡推行“小蚕二回育技术的试验应用”试点，1993年在全县推广应用。“新栽桑速成丰产技术”获1993年县政府科技进步奖推广类三等奖，“小蚕二回育技术的试验应用”获1993年县政府科技进步奖推广类四等奖，“蚕种简化催青的推广与应用”获1993年县政府科技进步奖推广类三等奖。1995年，引进全国先进的TFC98匀风式高密度蚕种催青设备与技术，提高房屋设备利用率，省工省本，提高蚕种孵化率，一日孵率达98%以上。1998年，推广应用大棚养蚕和大蚕斜面条桑育技术，节约成本，节省劳力，减轻养蚕人员劳动强度。2000年，全县有大棚3246个。2003年，区蚕桑站在吴集镇姚庄村、渔沟镇裘庄村、徐溜镇茶棚村进行方格蔟室外预挂室内营茧技术的质量兴蚕工程试点，取得成功后在全区推广。2005～2008年，在吴集镇，徐溜镇，南陈集镇乔庄村、竹园村、学田村、联堡村、潭庄村，棉花庄镇顾庄村、马庄村等镇村全面推广应用。

第五章　畜禽业

第一节　养殖品种

一、猪品种

【淮猪】 1980年前，淮猪为境内普遍饲养的一种猪种。淮猪的特征是毛黑色，杂色，耳大嘴长，骨架大，体型粗犷，耐粗饲抗病力强，母猪产仔率高。因其骨架大，耐粗食，能适应淮阴穷养猪的饲养要求。至2008年，仍为农户乐于饲养的主体猪种之一。

【淮阴黑猪】 起源于淮猪，历经多年选育演变形成的地方特色黑猪品种，区域环境适合该品种猪生长，以淮阴种猪场为中心，区内刘老庄、古寨、徐溜、吴集等8个乡镇养殖。特点为性情温顺，耐粗饲，抗病力强，繁殖率高。全身被毛黑色，嘴筒平直或微凹，耳中等大小并略向前倾垂；背腰平直，腹稍大但不下垂，四肢强壮有力；经产母猪平均产仔数不低于12头，育肥性能好，育肥猪平均日增重600克以上，瘦肉率50%以上，屠宰率72%。

图12-5-1　刘老庄万头猪场内景

【新淮猪】 以淮阴原有老淮猪为母本，以引进外地优质猪种大约克为父本，自1963年开始，经省农科院和南京农学院等有关单位协助，经过多年杂交改良，于1977年被国家定为优良猪种。新淮猪在以青饲料为主的饲养条件下，肥育猪2～8月龄全期日增重为0.49千克，肥育猪最适屠宰体重80～90千克。至2008年，新淮猪仍是农户猪饲养户的首选品种。

【苏淮猪】 1998年，由于新淮猪生长速度慢，瘦肉率及屠宰率较低，已不能适应生猪产业快速发展的需要，经省农林厅组织专家论证，决定在保护地方品种的基础上，对新淮猪进行重新选育，培育新品系苏淮猪。2008年，苏淮猪进入六世代选育阶段，其各项育种指标性能均已达到预定目标，先后通过省农林厅、省科技厅阶段性成果验收。苏淮猪保留新淮猪产仔率高、肉质鲜美、适应性强等优点，又具有生长速度快、瘦肉率高等特点。境内苏淮猪培育基地成为苏北地区规模较大、设备先进、功能齐全的良种猪培育基地。2008年，基地有核心母猪群500余头。为加速苏淮猪的扩繁与推广，建立年饲养200头以上的苏淮猪扩繁场6个，淮阴种猪场西分场、吴城镇堡工生猪养殖小区、棉花庄镇十里生猪养殖小区、码头镇陶闸养猪场、王营镇果林生猪猪业、韩桥乡生猪业合作社生猪养殖基地，每年向社会及示范户提供优质苏淮母猪1万余头。

【其他品种】 1982年后，陆续引进杜洛克、汉普夏、长白、大约克等外来纯种种公猪作为人工授精父本，对全县饲养母猪实行人工授精，提高育肥猪群瘦肉率；引进太湖猪，提高繁殖率。2000年后，部分养殖户引进斯格种公猪作为杂交父本使用。2008年，棉花庄镇十里猪场从上海购进PIC种猪4头、母猪194头，进行自繁自养。

二、大牲畜品种

【黄牛】 淮阴属旱作地区，多使用黄牛，无固有种系。1957年后，多次引进徐州黄牛和本地黄牛进行杂交，同时引进山西秦川牛杂交改良，因此淮阴黄牛以徐州黄牛的杂交后代为主体。1990年后，随着农村机械化的明显提高，黄牛作为耕牛的作用已逐步退化。至2008年，境内黄牛主要分布在吴集、西宋集等乡镇。

【水牛】 1990年前，主要分布于沿洪泽湖乡镇和水稻种植区，此后各乡镇均有饲养。至2008年，淮阴水牛无特有品种，饲养的水牛多为盱眙水牛与安徽水牛、姆拉水牛的杂交品种。

【奶牛】 境内奶牛品种大都为黑白花奶牛，也有一些养殖场养殖极少量的黑白花奶牛与其他牛的杂交品种。1983年后，境内出现个体养殖户，开始多集中于小营乡沈渡村，杨庄乡也有几户。至1990年有8户，养奶牛13头。徐溜乡奶牛场是境内最早的集体奶牛场，1985年有母牛50头，并开展乳品加工生产练乳，后因经营不善倒闭。1990年后，随着奶牛养殖经济效益的提高，境内奶牛业迅速发展，个体养殖户逐渐增多。至2008年，100头以上奶牛养殖场有13个，规模较大的有杰隆牧业，兴立乳业第一牧场，淮阴快鹿第五、六、七、十一牧场等，存栏奶牛均在200头以上。其他奶牛养殖户160多户，其中20头以上奶牛养殖户10余户，存栏奶牛4189头。

图12-5-2　渔沟百头奶牛牧场内景

【肉牛】 2007年初，棉花庄镇引进肉牛60头。是年9月，棉花庄镇一个体养殖场引进夏洛莱牛130余头。2008年，境内规模较大的肉牛养殖场有棉花庄镇军田肉牛场，老张集乡郑湾肉牛场，徐溜镇民主村迎风肉牛场、华波肉牛场，吴集镇利恒养牛合作社肉牛养殖场、李前肉牛养殖场等。

【马、驴、骡】 1978年，境内驴的数量较多，为灰色小驴，品种为苏北毛驴，多为役用。马匹较少，有部分骡，多为役用。自1990年后，马、驴、骡数量渐少。2007年，吴集镇一饲养户开始饲养肉驴。2008年，全区马、驴、骡总数不足200头。

三、山羊品种

【淮阴小山羊】 1978年，境内淮阴小山羊群体不大，但饲养较久，是境内养羊户普遍接受的一种当地羊种，其特点是个体小，繁殖能力强，有较强的抗病力，有综色与纯白两种，是兼用的种群。淮阴山羊皮，质坚皮薄而细密，是外贸销路较好的羊皮。1979年，淮阴县被国家经济委员会批准为山羊板皮基地。后此种群有扩展趋势，但进展不快，由于多年未进行选育，体型已退化。至2008年，个体饲养户很少。

【波尔山羊】 波尔山羊属于大型肉羊品种，从1990年开始，政府及养羊户为提高经济效益，引进波尔山羊与本地山羊杂交改良。至2008年，境内个体户仍以饲养此品种为主。

四、家禽品种

【淮阴草鸡】 1980年前，境内鸡种多为本土长期饲养的一种黄色或麻褐色的小个体鸡，多为蛋鸡，但产蛋率不高，每只每年产蛋100个左右，境内居民一般习惯称之为草鸡。其个体小，毛色杂，属于多种来源混合杂交的一种鸡群。至2008年，仍为农户散养的主要品种。

图12-5-3　规模蛋禽场内景

【来航鸡】 1978年前引进的品种，此品种在淮阴长期落户，生长繁殖，因其优势多于草鸡，深受农户欢迎。2008年，饲养量有所增加。

【澳洲黑、洛岛红、九斤黄】 此三种鸡是与来航鸡同时在淮阴落户的鸡种，引进初期有所扩展，20世纪90年代后逐渐消失。

【新狼山鸡】 1978年前由外地引进，在淮阴落户后繁殖情况不理想，至2008年，该品种所存不多。

【罗斯鸡、西塞斯、红玉】 此三种鸡20世纪80年代后在淮阴落户，其中罗斯鸡以1982年、1983年最为盛行，西塞斯是1984年开始进入境内的鸡种，至2008年已少见。

【艾维茵】 此种鸡是美国艾维茵国际家禽有限公司培育的白羽鸡，肉料比为1:1.91。至2008年，境内养殖的肉鸡多为此品种。

【罗曼蛋鸡】 原产于德国，2008年占淮阴蛋鸡饲养量的40%。

【海兰蛋鸡】 原产于美国，2008年占淮阴蛋鸡饲养量的60%。

【鸭】 1978年前境内饲养量较小，之后逐渐增加，但鸭种来源复杂，1989年前多为高邮、宝应一带麻鸭，为肉蛋兼用型品种。1990年后，随着养殖户的增多，品种也逐渐增多，北京鸭、樱桃谷鸭、番鸭、绍兴鸭、高邮鸭等均有饲养。2008年，年加工屠宰1000万只肉鸭的淮安君泰食品有限公司，以刘老庄乡为中心，发展肉鸭代养，品种为樱桃谷鸭。

【鹅】 1978年前饲养数量极少，1980～1987年，专业养鹅大户增加，主要以饲养白、灰鹅为主，即四季鹅（浙东白鹅、皖西白鹅、雁鹅等）。至2008年，仍是境内养鹅主体群，太湖鹅、狮头鹅境内也有饲养。

图12-5-4　丁集养鸽场

【鸽】 品种较杂。1992年前，有极少数人饲养信鸽，以赏玩为主。之后，随着人民生活水平的提高，肉鸽的养殖量逐渐增加，成为农民致富的一个项目，主要引进外国著名品种如王鸽（主要为白羽王鸽）、卡奴鸽等较大型肉鸽，与本地肉鸽进行杂交，以提高经济效益。1997年，肉鸽养殖迅速崛起，县政府把肉鸽作为农村产业结构调整的重点，确定丁集、五里、徐溜、老张集、渔沟、刘老庄等乡镇作为肉鸽发展重点乡镇。2002年，肉鸽饲养及贩运量1151.31万羽。至2008年，康泰鸽场是本地较大的鸽场之一，存栏白羽王鸽5000余对。

【鹌鹑】 1988年前后为鹌鹑养殖高峰，县畜牧兽医站和杨庄鹌鹑养殖场年饲养量均在万只以上，后逐渐萎缩。

五、兔、蜂品种

【皮用兔】 以“力克斯”“青紫兰”等品种为主。

【毛用兔】 以1974年引进的安哥拉长毛兔为主。

【日本大耳兔】 1980年后引进的主要品种，1980～1985年为养殖户所采用，发展为较大种群，至2008年很少饲养。

【獭兔】 皮肉兼用型，1990年后引进，发展迅速，至2008年一直是境内养殖户的主要品种。

【淮阴土蜂】 淮阴饲养历史长久，由于饲养方法陈旧，蜜源不多，取蜜方法原始，因此种群很难扩大，至2008年，野外养蜂有少量存在。

【意大利蜂】 1958年引进，至1987年发展到最高峰，有蜂1544箱，后逐渐减少，至2008年，全区仅有400余箱。

第二节 畜禽产量

1978年，出台政策鼓励农户发展养殖致富，畜禽养殖得以发展，专业养殖大户越来越多。是年，全县饲养猪29万余头，出栏10.47万余头；饲养牛2.6万余头，出栏745头；饲养羊4.6万余只，出栏2.05万余只；饲养兔近8万只，鸡、鹅、鸭共49万余只。1980年起，先后成立养兔和养鸽等专业协会。1983～1984年间，县委发出“百万雄鸡”（百万只菜鸡）过大江的号召，并在丁集乡召开现场会。1985年，养鸡171万余只。1990年，饲养猪58万余头，出栏26.3万余头；牛2.6万余头，出栏1800多头；羊10.69万只，出栏5.6万只。养鸡近173万只、鹅12.8万只、鸭20余万只。1993年，市场对肉鸽的需求量剧增，农民从养鸽及加工肉鸽中获得较大收益，肉鸽产业得到快速发展。是年，全县饲养肉鸽137.91万羽。

1998年，养猪105.65万头，出栏66.38万头；养牛6.27万头，出栏2.15万头；养羊29.51万头，出栏18.34万只；养鸡220.94万只、鹅60.91万只、鸭47.3万只；饲养肉鸽2236.34万羽。丁集镇被誉为“神州鸽市”，加工的肉鸽产品销往全国各地。1998～2005年，是淮阴肉鸽迅速发展时期，最高一年饲养贩运2567.22万羽。2006年，规模养殖户逐渐增多，全区饲养生猪85.75万头，出栏优质瘦肉猪59.1万头，年出栏50头以上的规模户1175家，规模养殖比重从2005年的26%上升到31.3%；饲养牛3.58万头，其中奶牛6000余头；养羊21.13万头，出栏17.73万只。是年，全区优质家特禽饲养量4000万只、年出栏2000只以上的家禽规模养殖户1098家，肉鸡规模养殖比重占55%。上市肉鸽1318.94万羽。

2008年，全区饲养生猪137.07万头，出栏94.09万头，其中万头猪场12个，千头猪场137个，规模养殖场饲养79.51万头，出栏52.83万头，规模养殖比重为58%；饲养牛4.06万头，出栏1.17万头；饲养山羊16.7万只，出栏11.91万只；饲养兔4.06万只；饲养鸡261万只，其中肉鸡规模养殖比重为72%；饲养肉鸭74.8万只，饲养四季鹅62.3万只，肉鸽上市1250万羽，养蜂400箱。是年，全区新增百头奶牛场4个，新建新淮猪瘦肉系扩繁场3个，被农业部列为全国生猪调出大县。

1978～2008年淮阴区（县）生猪牛羊生产情况统计表

表12-5-1　　单位：头（只）

年份	猪			牛			羊		
	饲养量	出栏量	年末存栏量	饲养量	出栏量	年末存栏量	饲养量	出栏量	年末存栏量
1978	298471	104724	193747	26827	745	26082	46611	20529	26082
1979	363801	133287	230514	27050	1194	25856	91669	31604	60065
1980	379800	167100	212700	25312	788	24524	100818	36097	64721
1981	368777	158722	210055	24213	699	23514	99300	34500	64800
1982	414400	168800	245600	24367	682	23685	92650	32350	60300
1983	408157	184336	223821	24778	609	24169	82941	28216	54725
1984	432302	189092	243210	23360	688	22672	91229	46999	44230
1985	474300	188200	286100	23929	750	23179	98393	68100	30293
1986	607588	255208	352380	24478	467	24011	169634	111161	58473
1987	553727	281444	272283	22644	1026	21618	135752	81591	54161
1988	545300	238800	306500	25294	1387	23907	139891	82591	57300
1989	577394	245109	332285	26134	2706	23428	132699	70977	61722
1990	580207	263207	317000	26753	1831	24922	106891	55948	50943
1991	589470	300120	289350	28188	2800	25388	98030	53100	44930
1992	616993	315812	301181	27848	2830	25018	128512	71197	57315
1993	663956	345303	318653	28332	2455	25877	187219	110008	77211
1994	798046	429620	368426	35786	7994	27792	279612	172870	106742
1995	879114	481141	397973	47777	15024	32753	285825	188000	97825
1996	1015000	625000	390000	71283	25434	45849	294267	191745	102522
1997	935451	565596	369855	66482	23348	43134	291620	181905	109715
1998	1056485	663829	392656	62694	21473	41221	295286	183358	111928
1999	1076342	673555	402787	53590	15863	37727	307033	187801	119232
2000	1369000	924000	445000	40429	10612	29817	245746	145760	99986
2001	1171200	747900	423300	35800	11500	24300	272500	202500	70000
2002	1211300	793300	418000	30895	9845	21050	276920	196420	80500
2003	1129261	742783	386478	38874	14649	24225	260991	180271	80720
2004	1140000	750000	390000	34058	10970	23088	152630	123400	29230
2005	986323	650000	336323	51005	18005	33000	367000	163000	204000
2006	857500	591000	266500	35800	7300	28500	211300	177300	34000
2007	1173000	814000	369000	40540	11640	28900	159100	114100	45000
2008	1370700	940900	429800	40610	11660	28950	167000	119100	47900

1984～2008年淮阴区（县）鸡鸭鹅年末存栏量统计表

表12-5-2 单位：万只

年份	鸡	鸭	鹅	年份	鸡	鸭	鹅
1984	123.75	10.47	2.47	1997	239.17	35.73	35.16
1985	171.42	2.13	15.24	1998	220.94	47.30	60.91
1986	115.53	11.30	2.56	1999	227.51	42.65	79.14
1987	122.83	7.64	5.22	2000	201.32	55.44	123.58
1988	164.52	10.61	8.58	2001	188.61	43.57	198.51
1989	167.77	13.70	14.22	2002	254.83	52.00	137.50
1990	172.99	20.16	12.80	2003	245.68	62.81	101.46
1991	181.31	23.94	13.84	2004	224.03	37.34	112.02
1992	190.26	17.44	14.16	2005	195.76	27.07	142.91
1993	232.34	26.36	21.09	2006	209.76	16.03	78.28
1994	232.13	26.99	29.20	2007	289.30	16.07	69.60
1995	251.95	32.55	53.63	2008	261.00	74.80	62.30
1996	277.37	35.10	58.77				

1978～2008年淮阴区（县）家兔年末存栏量统计表

表12-5-3 单位：只

年份	年末存栏数	年份	年末存栏数	年份	年末存栏数
1978	79915	1989	43000	2000	39065
1979	76551	1990	33000	2001	38000
1980	39236	1991	28330	2002	36000
1981	38099	1992	20830	2003	50050
1982	48243	1993	28952	2004	31550
1983	66816	1994	65687	2005	37800
1984	46677	1995	63280	2006	48800
1985	47900	1996	53089	2007	40500
1986	22091	1997	54681	2008	40600
1987	53473	1998	45485		
1988	57800	1999	39293		

1993～2008年淮阴区（县）肉鸽饲养及上市量统计表

表12-5-4 单位：万羽

年份	饲养量	上市量	年份	饲养量	上市量
1993	137.91	90.21	2001	2622.68	2327.10
1994	299.98	213.99	2002	1151.31	1139.35

续表 12-5-4

年份	饲养量	上市量	年份	饲养量	上市量
1995	376.83	266.48	2003	2567.22	2288.93
1996	401.91	280.53	2004	2002.90	1891.30
1997	1080.00	831.10	2005	2100.00	2011.00
1998	2550.07	1968.55	2006	1500.11	1318.94
1999	2236.34	1698.41	2007	1503.00	1286.00
2000	2563.36	1989.90	2008	1460.00	1250.00

1978～2008年淮阴区（县）年末蜂群量统计表

表 12-5-5　　单位：箱

年份	蜂群	年份	蜂群	年份	蜂群
1978	1211	1989	1800	2000	816
1979	2023	1990	1899	2001	600
1980	1860	1991	1599	2002	410
1981	1864	1992	1340	2003	473
1982	2247	1993	1573	2004	470
1983	1693	1994	2525	2005	473
1984	1553	1995	3393	2006	400
1985	1107	1996	3903	2007	400
1986	1218	1997	3627	2008	400
1987	1544	1998	2395		
1988	1635	1999	974		

第三节　饲草饲料

一、饲草

1978年后，境内饲草主要是“五花草”和水草等。1985年，饲草没有变化。1998年后，相继引进黑麦草、菊苣、肥猪菜、饲用玉米、串叶熏香草等饲草进行种植，丰富境内饲草的种类。至2008年，饲草种植未变。

二、饲料

1978年后，境内饲料主要是谷实类、块根类和工业副产品等。精饲料谷实类有大麦、小麦、元麦、玉米、稻等。块根类有山芋、胡萝卜、甜菜等。工业副产品有麸皮、豆饼、棉籽饼、酒糟、酱渣、豆浆、豆渣等。工业性饲料有混合饲料、预混料、饲料添加剂、生长素、多维素、微量元素及泔水等。粗饲料主要是农业副产品山芋糠、米糠、稻草糠、青草糠、豆叶糠、山芋藤、玉米瓤、花生壳等。青绿多汁饲料有南瓜、南瓜藤、白菜、七角菜、野苋菜、洋槐叶，以及其他能食用野草等。1998年，奶牛用粗饲料减少，转而使用优质干草和青贮饲料；生猪用谷实类、块根类和工业副产品减少，转而使用全价饲料、自配料、浓缩料、预混料、饲料添加剂、生长素、多维素和微量元素等。至2008年没有变化。

第四节 畜禽繁育

一、耕牛繁殖

1983年，实行家庭联产承包责任制后，耕畜为私人饲养，大都采取自然交配。1980～1985年，南陈集、老张集等乡镇引进姆拉水牛、秦川牛、夏洛莱牛的冷冻精液，对当地耕牛实行人工授精繁殖。1990年后，全部实行人工授精，至2008年未变。

二、生猪繁殖

1978年，境内推广新淮猪。民间有土种公猪286头。1980年建立猪人工授精站，新淮猪在全县基本普及。1982年，开始推广猪人工授精，培训输精员29名，专职授精员负责精液的保存、供应、输精及授精登记等工作。1985年前，境内生猪的配种繁殖一直是以自然交配为主，个体农户把饲养种公猪作为副业。1985年后，政府开始大力推广猪人工授精，人工授精率最高时达到66%以上。1986年，从外地引进纯种种公猪与新淮母猪杂交，利用杂种优势提高养猪经济效益，成立淮阴县家畜改良站，引进长白、大约克等外国纯种种公猪，猪人工授精工作在全县普遍开展。全县设立供精点4个，配备送精员4人，西北片送至北吴集，西片送至三树，南片送至南陈集，中片送至老张集。1998年，全县再次淘汰劣质种公猪，猪人工授精工作再次在全县推广。是年，由于新淮猪在生长速度及瘦肉率等性能上已不能满足市场需求，省政府决定，在新淮猪基础上，重新进行新品种培育。由省农林厅牵头，组织南京农业大学及市、县科技力量进行新淮猪瘦肉系培育。至2008年底，新淮猪瘦肉系培育已进入六世代，并命名为“苏淮猪”。

三、家禽繁殖

1978年前，县食品公司设孵化房，部分公社食品站也有孵化房炕孵家禽。自1978年起，县食品公司孵化房开始孵化水禽，农户养殖的家禽大多进行炕孵。1990年后，水禽孵化渐趋萎缩，家禽孵化也仅限于草鸡、肉鸡、肉鸭、蛋鸡等，其他苗禽均从外地购进。2007年，淮阴宏宇科技在区内建种鸡场，结束了肉苗鸡全部依赖外购的局面，鹅及散养草鸡仍采取种禽抱孵的传统育雏方法。2008年，此状况未变。

第五节 疫病防治

一、畜禽传染病

1990年前，境内畜禽传染病有口蹄疫、猪瘟、猪丹毒、鸡新城疫等，随着畜禽养殖量的增加，畜禽调运日益频繁，外来疫病不断侵入，畜禽传染病也逐渐增多，主要有口蹄疫、禽流感、猪蓝耳病、猪高热病、猪瘟、猪丹毒、鸡新城疫、猪附红细胞体病、猪链球菌病、鸡法氏囊、鸡传染性支气管炎、鸡痘、禽霍乱、鸭瘟、鸭病毒性肝炎、小鹅瘟、兔瘟等。2008年，此状况未改变。

二、防疫

1978年后，境内动物疫病防治由兽医站承担，各公社兽医站均配备专业技术人员，从事动物疫病防治。1980年，部分公社开始试行动物防疫目标管理责任制。1999年，推行动物防疫双轨目标责任制，动物防疫开始落实“预防为主、防重于治”和“外堵内防”的综合性防治措施，对发病的牲畜按照“早、快、严、小”的防治原则，执行“防、检、消、杀”的方针。2002年后，采取督查方式，根据领苗数、塑料耳标数和抽检血样确定免疫率。2008年，全面贯彻落实《动物防疫法》，组织实施春季集中免疫、夏季集中免疫监测和补免及秋冬季集中防疫三大行动，对全区1250个养殖场（户）实施防疫监管，防疫密度98%。

【猪防疫】 1978年，境内猪瘟防疫采取春秋防疫，夏天补防，并实行防疫证制度，每猪一证，边防疫边登记，同时取消防疫收费，此制度直至1987年才有改变。1980年，猪防疫工作进行第一次技术改进，先在棉花庄公社试点，后普遍推开，当年全县防疫密度达到96%以上，基本上控制猪瘟、丹毒的流行。1984年，防疫工作实行第二次改进，主要将打防疫耳标为夹耳豁，其他未作变动。1999年，防疫工作第三次改进，将原防疫标记从夹耳豁改为打防疫耳标。2005～2008年，防疫技术有了新的改变，即将原防疫耳标改为二维码耳标，通过二维码识别器对牲畜防疫信息进行录入。

【牛、羊防疫】 1978年后，县内牛、羊口蹄疫防疫采取与生猪防疫相同的措施。2003年后，牛口蹄疫抗体检测水平达到省规定要求，主要使用O型口蹄疫苗。2005～2008年，改用O型-亚Ⅰ型口蹄疫苗。

【家禽防疫】 1978年，家禽防疫与生猪防疫同时开展，主要以鸡新城疫防疫为主。鸡法氏囊、马立克、传染性支气管炎、霍乱等均为养殖户自己防疫。1982年，购鸭瘟疫苗，专为养鸭大户防疫，每年约20万只左右。2002年后，购部分禽流感苗。2004年，境内外禽流感疫情相继发生，为确保禽流感不在当地蔓延，淮阴区防治重大动物疫病指挥部分别在丁集、徐溜、棉花庄等乡镇设检查点3个，对过往运送畜禽车辆进行检查和消毒，严防疫区车辆过境，同时对区内的家禽用禽流感疫苗进行免疫，并进行全面消毒。2006年，全区使用禽流感疫苗225万毫升。2007年，使用禽流感疫苗188万毫升，使用禽流感新城疫二联苗126万羽份。是年，从扬州大学购进部分小鹅瘟苗，供养殖户自购防疫。2008年，共使用禽流感H5N1疫苗176.3万毫升、禽流感双价苗6万毫升，禽流感新城疫二联苗870万羽份。

第六节　养殖基地

一、猪

【淮阴区种猪场】 参见第三篇《乡镇　场圃》第三章《场圃》第三节《淮阴区种猪场》

【淮阴正大有限公司第二种猪场】 位于棉花庄镇十里村三组，建于2007年，由淮阴三环养殖有限公司投资兴建，占地2.67公顷，建筑面积4000平方米，总投资200万元。

【吴城镇生猪养殖小区】 位于吴城镇吴城村，建于2007年，由金殿富等人与淮阴正大公司联营，占地1.3公顷，养殖品种为长白猪，年存栏1500头，每年产值120万元。

【堡工生猪养殖小区】 位于吴城镇堡工村一组，建于2006年，由陈开洪等人与淮阴正大公司联营，占地2公顷，建筑面积3000平方米。养殖品种为长白猪，年存栏1000头，年产值80万元。

【士杰良种猪场】 位于徐溜镇徐溜村一组，建于2008年，是陈士杰与淮阴正大公司的生猪代养项目，固定资产投资60万元，占地0.7公顷，养殖品种为长白猪，年存栏500头，产值40万元。

【吴城城南养猪场】 位于吴城镇城南村，建于2008年，由王友伟投资，占地1公顷，建筑面积3000余平方米，总投资200多万元。养殖品种为长白猪，年存栏1000头，年产值80万元。

【韩桥乡兴旺生猪养殖小区】 位于韩桥乡兴旺村四组，建于2008年，由钟翠萍投资，占地2.53公顷，总投资200万元，常年存栏母猪350头，养殖品种为长白猪，年产值120万元。

二、奶牛

【淮安快鹿第四牧场】 位于新渡乡佟洼村，建于2008年，分东、西两个牧场，由上海客商黄岳、何玉龙投资，有奶牛近100头，养殖黑白花奶牛，年产值100万元。

【淮安杰隆牧业】 位于丁集镇丁集村，由聂德智等人投资建设，占地1.8公顷，有奶牛200余头。公司于2005年从澳大利亚引进高产奶牛利用胚胎移植技术进行扩繁，养殖品种为澳洲黑白花奶牛，年产值250万元。

【兴立乳业奶牛场】 位于渔沟镇杨庙村，由罗以力等人投资，占地2.2公顷，建于2007年。该牛奶场集奶牛饲养、乳制品加工、销售为一体，有奶牛300头，养殖品种为黑白花奶牛，年产值300万元。

三、禽

【同玉禽业有限公司】 位于西宋集镇汤集村，是专业养殖商品代蛋鸡的民营企业，由汤玉高投资，建于2003年，占地2.7公顷，常年存栏蛋鸡8万只以上，年产值300万元。

【宇顺科技种鸡场】 位于棉花庄镇刘河村，由淮安市宏宇科技开发有限公司投资建设，饲养1万套肉种鸡，年可提供商品代肉鸡160万只。

第六章　水产业

第一节　水产养殖

一、鱼种繁育

1978年，境内养殖主要有青鱼、草鱼、鲢鱼、鳙鱼、鲤鱼、鲫鱼、团头鲂、日本白鲫、异育银鲫等鱼类，放养鱼种350万尾。当年全县生产鱼种350万尾，1979年生产530万尾，1980年生产580万尾。1986年，放养鱼种2157万尾，比1978年增长6倍。1987年，国家提出“自繁苗、自育种、自放养”的“三自”方针，全县鱼种繁育场由1978年的8个增至16个，鱼苗养殖470万尾。20世纪90年代初，境内水产养殖业发展迅速，养殖面积扩大。1993年养殖鱼苗1.6亿尾，1995年养殖1.8亿尾。2000年，水产市场饱和，水产养殖经济效益不高，鱼苗种产量有所下降。当年全县鱼苗养殖下降至0.5亿尾，鱼种生产582吨。2003～2008年，境内有区鱼种场、凌桥乡三堡村及二堡村鱼种繁殖基地，鱼苗种生产基本保持稳定。

2000～2002年淮阴区（县）鱼苗种生产情况表

表12-6-1

年份	鱼苗（亿尾）	鱼种（吨）	仔口（吨）	斤两（吨）
2000	0.5	582	255	327
2001	0.5	588	258	330
2002	0.4	579	250	329

二、淡水养殖

1978年，境内养殖面积666.67公顷左右。1980年后，水产养殖面积逐年上升。1990年后，随着洪泽湖开发，围网养殖面积开始逐年增加，池塘养殖面积保持稳中有升。养殖方式呈多样化，包括池塘养殖、围栏养殖、网箱养殖、河沟养殖、稻田养殖等。至2005年，池塘养殖面积2153.33公顷，占全区水产养殖面积58%，池塘养殖产量6928吨，占全区水产养殖产量88%；稻田养殖，主要为稻田养蟹、养鱼、培育蟹种等；围栏养殖主要有网围、竹箔和低埂高围，养殖品种有草鳊鱼、河蟹等。由于大面积发展湖泊围栏养殖，给湖区生态环境造成极大破坏，水生植被破坏严重，加之水产养殖的自身污染，湖泊富营养化程度加大，抵御自然灾害能力下降，经济效益严重下滑。网箱养殖主要集中在六塘河西宋集段水域。境内河沟养殖起步较早，是传统的水产养殖方式之一，此种养殖技术粗放，产量不高。2008年，全区淡水养殖面积4313.33公顷，鱼种放养912吨，水产品总产量20000吨，其中养殖产量12840吨，捕捞产量7160吨。常规鱼养殖产量分别为青、草鱼4351吨，鲢、鳙鱼3925吨，鲤鱼1119吨，鲫鱼1338吨，鳊鱼808吨。

1978～2008年淮阴区（县）水产品总产量统计表

表12-6-2　　单位：吨

年份	总产量	养殖产量	捕捞产量	年份	总产量	养殖产量	捕捞产量
1978	426	320	106	1994	8306	5722	2584
1979	474	356	118	1995	9000	5272	3728
1980	695	521	174	1996	10017	6513	3504
1981	720	541	180	1997	12031	9056	3416
1982	826	620	206	1998	12472	9244	3228
1983	907	680	227	1999	12514	9294	3220
1984	1345	1009	336	2000	14122	10536	3584
1985	1750	1312	438	2001	13600	10014	3586
1986	2610	1958	652	2002	12700	9114	3586
1987	3356	2517	839	2003	10800	7200	3600
1988	4510	3382	1128	2004	11600	7830	3770
1989	5650	4237	1413	2005	12000	7900	4100
1990	6150	4412	1738	2006	18500	11550	6950
1991	6350	4463	1887	2007	19000	12000	7000
1992	6500	4558	1942	2008	20000	12840	7160
1993	7700	5334	2366				

1993～2008年淮阴区（县）常规鱼养殖产量统计表

表12-6-3　　单位：吨

品种 年份	青、草鱼	鲢、鳙鱼	鲤鱼	鲫鱼	鳊鱼
1993	1310	1250	600	500	300
1994	1900	2250	950	800	450

续表 12-6-3

年份＼品种	青、草鱼	鲢、鳙鱼	鲤鱼	鲫鱼	鳊鱼
1995	1350	1850	900	719	450
1996	2027	2458	614	430	614
1997	1314	1566	1040	992	1150
1998	3754	3055	604	241	690
1999	2759	2225	958	768	699
2000	4089	2582	984	865	637
2001	4089	2582	984	865	637
2002	2646	2582	984	871	637
2003	2285	1715	562	589	574
2004	2849	2528	727	854	551
2005	2739	2528	691	815	506
2006	3609	3117	963	1156	674
2007	4198	3526	1044	1296	748
2008	4351	3925	1119	1338	808

第二节　渔业基地

1978年，境内渔业基地主要以集体渔场为主，至1980年，生产大队集体渔场发展至11个，集体渔场面积所占比例不大，但产鱼数量占境内产鱼一半以上。20世纪90年代中后期，随着水产养殖市场行情下滑，村渔场全部承包给私人养殖。2000～2008年，村集体渔场保持在20个左右，其中面积20公顷以上的有10个，每年养殖产量在1200吨左右。

1980年淮阴县集体渔场水面及鱼种生产情况表

表 12-6-4

名称	水面（公顷）	生产鱼种（万尾）	名称	水面（公顷）	生产鱼种（万尾）
北吴集桥头渔场	3.33	10	丁集劳动渔场	2.67	12
赵集条湖渔场	5.67	25	蒋集杨柳渔场	2.00	60
三树渔场	3.33	15	种猪场渔场	6.67	30
赵集洪湖渔场	5.67	25	王兴桥口渔场	2.00	15
和平渔场	2.00	35	码头渔场	30.00	35
南陈集陈圩渔场	0.80	20	刘老庄夹树渔场	3.33	25
和平和平渔场	1.00	15			

1987年淮阴县集体渔场水面一览表

表12-6-5　　　　单位：公顷

名称	水面	名称	水面
韩桥第一渔场	36.00	南吴集堡工渔场	7.00
韩桥第二渔场	26.67	南吴集更生渔场	9.47
凌桥南渔场	20.00	王兴桥口渔场	0.67
凌桥北渔场	3.33	王兴渔场	5.53
高堰渔场	10.67	赵集渔场	28.87
棉花庄渔场	7.60	赵集老厂渔场	7.80
刘老庄渔场	7.73	丁集渔场	3.47
码头西渔场	7.87	韩庄渔场	4.00
码头东渔场	30.00	汤集渔场	2.67
徐溜渔场	23.33	袁集桂塘渔场	10.00
徐溜六塘河渔场	3.60	三树渔场	4.27

2000年淮阴县渔场养殖情况统计表

表12-6-6　　　　单位：公顷、吨

乡镇	养殖场数	养殖面积	产量	乡镇	养殖场数	养殖面积	产量
赵集	1	17.53	80	三树	2	12.00	46
韩桥	4	130.07	650	渔沟	3	10.00	40
南陈集	1	8.00	30	古寨	1	2.00	8
码头	2	20.00	70	棉花庄	1	8.00	35
凌桥	2	16.67	71	王兴	1	5.33	25
徐溜	1	25.33	108	丁集	1	2.00	7

第三节　水产捕捞

1978年后，境内渔民把淡水捕捞作为兼职。1987年，韩桥乡从泗洪迁来定居的专业渔民2户，有渔船4条、员工8名，在洪泽湖从事渔业生产。此后，随着社会不断发展，从事渔业养殖、捕捞的收入高于农业收入，专门从事水产养殖、捕捞的渔民逐渐增多。20世纪90年代后，水域污染加重，渔业水域环境恶化，本地土著鱼种面临绝迹。每年夏季洪泽湖上游污染水随洪水进入，使围网养殖和捕捞业产量逐年下降，从事捕捞的渔民越来越少，至2008年更少。

1991年淮阴县渔业人口统计表

表12-6-7　　　　单位：人

乡镇	渔业户数	渔业人员	专业渔民	专业渔民中		兼业渔民
				捕捞专业人员	养殖专业人员	
赵集	173	226	111	90	21	115
韩桥	113	314	183	83	100	131
南吴集	150	153	27	9	18	126
南陈集	110	171	28	9	19	143
高堰	156	164	68	36	32	96
码头	140	143	76	25	51	67
王营	15	20	4	2	2	16
小营	5	23	9	7	2	14
新渡	70	75	16	5	11	59
王兴	159	168	59	25	34	109
果林场	11	19	11	—	11	8
棉花庄	8	27	17	2	15	10
大兴庄	55	86	28	—	28	58
老张集	70	82	25	10	15	57
杨庄	53	100	55	40	15	45
凌桥	171	189	46	—	46	143
袁集	81	109	31	10	21	78
丁集	48	79	13	2	11	66
五里	43	77	15	3	12	62
徐溜	153	181	44	5	39	137
韩庄	33	45	21	7	14	24
刘老庄	150	170	35	10	25	135
古寨	81	139	41	6	35	98
三树	85	117	30	7	23	87
蒋集	47	73	28	15	13	45
韩圩	46	84	23	11	12	61
渔沟	200	310	50	19	31	260
北吴集	54	113	19	2	17	94

第四节　洪泽湖渔业综合开发

1984年，赵集、韩桥两乡的水产品总产量仅100余吨。1985年，根据淮阴市政府决定，东起圩土大沟，西止淮泗河，再从挡浪堤向湖区延伸7千米的水面划给淮阴县，共1.24万公顷，由赵集、韩桥两乡管辖。1986年，有6个洪泽湖开发项目列入国家投资开发项目，投资额50.07万元。是年，赵集、韩桥两乡水产品产量740吨。1987年，韩桥乡的围网养鱼投资总额24万元。赵集、韩桥两乡水产品产量达950吨，比1984年增产8倍。1990年后，随着洪泽湖开发，围网养殖面积开始逐年增加。1999年始，洪泽湖围网养殖发展迅猛，养殖面积迅速扩大，洪泽湖围网养殖达到高峰，内陆池塘养殖也稳中有升。2004年始，随着螃蟹市场行情走低，很多洪泽湖围网养殖户亏本，纷纷弃围。2008年，由于市场对花鲢鱼需求量大，网围面积重新扩大，养殖花鲢鱼666.67公顷，养殖龙虾333.33公顷。整个湖区养殖以河蟹、龙虾和花白鲢为主。

1990～2008年洪泽湖围网养殖面积统计表

表12-6-8　　单位：公顷

年份	1990	1991	1992	1993	1994	1995	1996	1997	1998	1999
面积	80.00	80.00	66.67	53.33	106.67	166.67	233.33	166.67	237.33	600.00
年份	2000	2001	2002	2003	2004	2005	2006	2007	2008	
面积	800.00	1003.33	1336.67	1403.33	1933.33	1383.33	1500.00	1486.67	1566.67	

第五节　渔政管理

1985年前，淮阴县没有专门的渔政管理机构，渔政隶属于县多种经营管理局水产股，由各乡镇渔技人员具体负责管理。1985年，水产股撤销，成立县水产站，负责全县渔政管理工作。是年，洪泽湖实行“分治统管”，由原来的洪泽县一家管理分给沿湖五县管理（洪泽县、淮阴县、泗洪县、泗阳县、盱眙县），统一管理权由淮阴市水产局渔政站负责。1986年，县成立渔政站，与县水产站两块牌子、一套班子，负责全县内河水域和洪泽湖淮阴水域的渔政管理。1987年，先后配备车船、对讲机和电台等渔政执法工具。1995年后，全县内河水域主要由县渔政站管理，洪泽湖水域的渔政管理由县渔政站和沿湖的赵集、韩桥两乡镇共同管理。2001年10月，江苏省洪泽湖渔业管理委员会成立，整个洪泽湖归洪泽湖渔管会统一管理，区渔政站只负责内河管理。2008年，淮阴区成立渔船检验站，行使全区渔船和渔港行政管理权。

第七章　农业机械

第一节　机　构

一、管理机构

1975年7月，成立县农业机械管理局。1983年更名为淮阴县农业机械化服务公司，内设人秘股、财务股、管理股，有行政编制8人。1996年更名为淮阴县农业机械管理局，内设办公室、计划财务股、农机管理股、科教股。2001年更名为淮阴区农业机械管理局。2008年，区农业机械管理局是区政府主管全区农业机械化行政管理的工作部门，内设办公室、计划财务科、农机管理科、科教科等4个职能科室，为参照公务员管理事业单位，人员编制14名。

二、直属单位

【农业机械推广服务站】 原名县农机研究所，成立于1975年8月。主要任务是对引进的新式农机具进行适应性试验、改进、示范、推广，承担省、地、县下达的课题，配合农机化综合试点工作。其间进行4D—120型多用收获机、苦子点播机、掩青机和太阳能灶的研制，太阳能灶是淮阴太阳能热水器的雏形。1981年，调整农机化研究方向，任务是引进外地先进农机具并进行试验、改进、示范、推广，承担农机新技术的传授。1987年8月，更名为淮阴县农机化技术推广服务站，编制25人。2001年，更名为淮阴区农业机械推广服务站，人员编制20人。2005年12月，人员编制调整为18人。2008年，服务站为全额拨款事业单位，主要担负农机新机具、新技术的引进、试验、示范、推广，农机化技术培训和农机信息服务，编制18人。

【农业机械安全监理所】 1978年4月成立，位于城区北京东路59号，主要负责全县农业机械的登记、安全检查和技术检验、报废回收以及驾驶、操作人员的考试等管理工作。核定编制13人。2008年在职人员14名。

【国营拖拉机站】 成立于20世纪50年代。1978年，全县有国营拖拉机站6家，分别是南陈集、武墩（后划归清浦区）、三树、汤集、刘老庄、棉花庄等拖拉机站，承担全县部分土地的耕翻任务。1992年，撤销国营拖拉机站，资产划归所在乡镇农机站，人员分流至各乡镇农机站。

三、乡镇农机站

成立于1975年10月，每个公社配1～2名农机管理员，人员为亦工亦农，主要任务是农机管理、培训、统计等。进入20世纪80年代，部分公社把农机站和公社拖拉机站合并形成实体。1985年开始实施计划农田柴油供应。90年代，全县乡镇农机站都建立柴油供应门市、农机修理门市、农机配件供应门市等3个实体，农机站的职能由单纯管理型向管理服务型转变，有条件的农机站利用自身积累购买大型农机具，农机服务功能有所提升。1993年，农机站人员定编定岗，各站配有站长、副站长、管理员、监理员和会计等5人，全县乡镇农机站编制132人。2001年11月，乡镇农机站人、财、物权统一划归所在乡镇农业技术服务站。2008年，乡镇农技站工作主要是宣传落实农机购置补贴政策、协助农机具推广和农机安全监管等，业务上由区农业机械管理局指导。

第二节 农机装备与作业

一、农机装备

1978年，全县有大中型拖拉机135台、小型拖拉机1597台、配套农机具3670台（部），主要承担机耕作业和农业生产运输。1985年后，各种农机具逐年增多。1988年，全县拥有大中型拖拉机134台、小型拖拉机8248台，多数为个体所有，少量为五家国营拖拉机站所有。1996年秋季，县农机化服务公司利用世界银行贷款80万元购买清江拖拉机制造厂生产的拖拉机7台（套）、配挂桂林3号或上海向明联合收割机，组建淮阴县农机服务大队。1997年底撤销农机服务大队，农机具转卖给农户经营。2001年初，利用世行二期贷款购新疆2号联合收割机34台，每台补贴近2万元。2003年，农机总动力29.8万千瓦，每百公顷耕地拥有481.5千瓦，综合机械化水平达78%，全区拥有大中型拖拉机339台、小型拖拉机14349台、联合收割机705台、水稻插秧机41台、三麦精少量播种机769台。2005年，全区联合收割机拥有量1035台，其中高性能联合收割机124台。2008年，全区拥有大中型拖拉机699台、联合收割机1539台、插秧机555台、手扶拖拉机15510台、条播机2368台、农副加工机械3312台、农用运输车3767辆。

1978～2008年淮阴区（县）农机保有量一览表

表12-7-1　　　　单位：台（辆）

年份	大中型拖拉机	联合收割机	插秧机	手扶拖拉机	条播机	农副加工机械	农用运输车
1978	135	—	39	1597	—	2481	45
1979	174	—	27	2108	—	2173	49
1980	193	3	—	2387	—	2373	35
1981	204	—	—	2634	—	2387	62
1982	215	—	—	3177	—	2215	98
1983	155	—	—	3235	—	2137	126
1984	157	—	—	4348	—	2248	146
1985	153	—	—	5178	85	2367	185
1986	145	—	—	6052	153	2298	202
1987	142	—	—	6722	186	2164	215
1988	134	—	—	8248	217	1976	234
1989	117	—	—	9215	243	1948	223
1990	106	—	—	9998	256	1863	218
1991	105	2	—	10373	261	1815	236
1992	101	4	—	10562	274	1836	467
1993	95	6	—	11176	282	1845	825
1994	83	8	—	11278	297	1798	1065
1995	70	11	—	11333	312	2017	1136
1996	89	13	—	11446	328	1779	1278
1997	116	24	—	14383	347	2527	1862
1998	146	35	—	14295	389	2557	2134
1999	176	85	—	14029	408	2365	2435
2000	247	189	2	14114	422	2187	2679
2001	308	282	15	14330	1819	2439	3003
2002	376	612	23	14396	1102	2475	3078
2003	339	705	41	14349	826	2575	3288
2004	485	818	56	15845	853	2628	3316
2005	590	1035	100	15781	1143	2734	3407
2006	728	1207	251	15615	1518	2690	3489
2007	872	1326	451	15808	1768	3002	3823
2008	699	1539	555	15510	2368	3312	3767

二、农机作业

1978年，淮阴县机耕面积28800公顷，机播面积373公顷，机收面积30公顷，机植保面积1000公顷。1980年，全县机耕面积40933公顷，机播面积8533公顷，机收面积333公顷，机植保面积3200公顷。1988年，全县机耕面积53733公顷，机播面积7067公顷，机收面积9200公顷，机植保面积23600公顷。1996年，全县机耕面积58000公顷，机播面积20400公顷，机收面积32733公顷，机植保面积39467公顷。是年夏收期间，境内农机开始跨区作业，苏北地区受降雨影响，抢收进度慢，省农机局从苏南部分地区抽调35台联合收割机帮助淮阴县抢收小麦。2001年，全区机耕面积57600公顷，机播面积20400公顷，机收面积39733公顷，机植保面积50400公顷。2003年，组织跨区作业队60多个1200台次，年增收3200多万元。2008年，全区机耕面积74267公顷，机播面积43933公顷，机收面积65333公顷，机植保面积60000公顷。是年，培植农机规范化服务组织和农机大户，发展农机专业合作社42个，扶持发展农机大户26个，成立农机作业队68个，组织农机跨区作业1280台次，实现跨区作业收入3500万元，农机作业总收入1.51亿元。

1978～2008年淮阴区（县）农业机械化作业面积一览表

表12-7-2　　单位：公顷

年份	机耕	机播	机收	机植保	年份	机耕	机播	机收	机植保
1978	28800	373	30	1000	1994	56800	15867	27667	36067
1979	29600	407	113	2400	1995	57867	20000	30800	37800
1980	40933	8533	333	3200	1996	58000	20400	32733	39467
1981	38067	4733	2400	4333	1997	61533	26867	40067	41667
1982	37200	3067	3467	6133	1998	58133	23533	34867	43867
1983	35600	1733	4267	10267	1999	57800	21133	36667	46067
1984	37600	1467	5000	11133	2000	56400	20400	38933	48133
1985	38400	933	5400	12800	2001	57600	20400	39733	50400
1986	40733	2133	6800	14267	2002	57067	21000	43667	52800
1987	46400	5733	7733	21533	2003	57067	21000	43667	54333
1988	53733	7067	9200	23600	2004	57267	21333	46667	55867
1989	53667	8333	12267	25200	2005	55533	30000	59067	56800
1990	54200	13200	16200	28067	2006	56333	34667	60533	58267
1991	56867	16733	19467	29467	2007	56933	40867	64200	59067
1992	56600	13600	21400	32333	2008	74267	43933	65333	60000
1993	56200	15067	25267	34133					

第三节　农机购置补贴政策

1989～1991年，世界银行一期贷款设立农机发展扶持基金，全县每个乡镇均得到5万～6万元贷款，用于扶持农机站发展。1993年，设立县农机化发展基金，按农村每公顷土地15元、工厂企业利润15%征收，这一政策一直实施至1999年。2001年，世行二期贷款农机扶持基金对购买联合收割机进行补贴，当年补贴34台，每台2万元。2002年，省级财政对插秧机购买者实行补贴，区级用扶贫基金对插秧机购买者实行补贴。2003年，插秧机推广纳入区级财政补贴。2005年，国家农机装备推进项目一期工程在淮阴区实施，当年对购买大中型拖拉机、反转灭茬机、高性能收割机、插秧机、稻麦条播机等机具实行补贴。2008年，全区争取农机补贴资金686.954万元，其中中央财政481.8万元、省级124.604万元、市级5.2万元、区级75.35万元。因有财政补贴资金的引导，拉动农民个人投入1434.32万元，补贴农机具总额2101.35万元。是年，全区推广补贴农机具17种，累计1867台（套），其中大中型拖拉机180台、秸秆还田机197台、插秧机104台、条播机600台、油菜收获机5台、打捆机1台、开沟机20台、担架式弥雾机50台、背负式弥雾机450台、半喂入联合收割机6台、全喂入联合收割机57台、玉米收获机1台、大棚卷帘机150台、草帘编织机17台等。补贴购机对象为直接从事农业生产的农机服务组织、农机大户以及以从事农业生产、农产品加工为目的而购置新型先进适用农业机械的农民个人、农场职工。主要农机具补贴标准为：40马力以上拖拉机30%、步进式插秧机每台0.74万元、乘座式插秧机每台2万元、油菜收获机每台0.5万元、秸秆还田机每台0.15万元。

第四节　农机推广

1978年前，境内主要农机具有中型拖拉机、排灌机械、柴油机及少量手扶拖拉机等。1980年起，推广免耕条播机、开沟机。1985～1990年，推广割晒机、化肥深施器，其中1986～1987年推广不折卸油耗检查仪和简易测功仪，全县乡镇农机站全部配备。1990年后，推广稻麦割晒机，境内主要农机具是手扶拖拉机、免耕条播机、开沟机、稻麦割晒机、脱粒机及农副产品加工机械。农机供应的主渠道是农机公司，农机推广站承担新式农机具的引进、试验、示范、推广和农机化新技术的传播、培训等工作。1991年，引进机动弥雾机。1993年，引进联合收割机。2000年后，大型拖拉机、联合收割机发展迅速，小型柴油机、手扶拖拉机则逐渐萎缩，低性能机具逐步被高性能机具取代。2001年，区农机推广站组织专业技术人员研究机插秧苗育秧方法，探索总结出“软盘旱育秧苗操作技术”。是年，推广插秧机10台，其中“东洋”牌插秧机2台，国产“北大荒”牌插秧机8台。2002年，省级财政将东洋插秧机纳入补贴，全区当年推广8台，2003年推广15台，2004年推广18台，2005年推广50台，全区机插秧面积666.67公顷，全部获得高产。2008年，重点推广蔬菜大棚卷帘机、多功能田园管理机、静电式喷雾器等机械，建成丁集镇娘庄、七一两村高效农业特色农机示范区 。是年3月，淮安市在丁集镇娘庄村召开蔬菜大棚系列机械现场演示推进会。邀请南通华辉、苏州黑猫、南京大浩、无锡凯马、宜兴常福、苏州稼乐等8家企业参会，近40台（套）机具现场进行演示推介。

第五节　农机监理

1978年4月，成立淮阴县农机安全监理所。由于人手少，安全监理工作无法开展。1984年，农机安全监理所正式挂牌并独立开展工作。1993年，全县检验各类农机具8000余台，核发证牌3000余台。2002年，农机安全监理所增挂淮阴区农机安全稽查大队牌子。是年，检验上路机和两用机1800余台，核发拖拉机牌证700余副，检验联合收割机500余台，核发收割机牌证300余副，核发各类驾驶证件900余本。全年进行路查660次，检查各类农机具3800余台次，纠正各种违章行为2200台次。发放农用号牌近6000副。2005年，年检各类拖拉机1400台，核（换）发新式号牌700副；年检联合收割机650台，核发号牌220副；核发驾驶证380本；检查各类农机具2400台次，纠正各种违章行为1150台次。农机事故、死伤人数和经济损失进一步下降，农机安全生产形势趋于平稳。2008年，共检验各种农业机械1891台，创建平安农机示范乡镇9个，全年未发生重特大农机安全事故和道路外死亡事故，依法行政示范点创建工作通过市级验收。

第八章　生态农业

第一节　沼气利用

1976年，淮阴县沼气办公室隶属于淮阴县农业局，专门从事农村沼气建设。是年至1983年，为解决农民生活燃料严重短缺问题，境内全面推广使用沼气，全县建户用沼气池3000余个，主要分布在徐溜、赵集、五里、王兴等乡镇，徐溜乡户用沼气池有2800余个。由于仓促上马，急于求成，缺乏成熟的技术和外部支持，以及管理不善等，造成数量上高速发展后，紧跟着出现大回落。1984年，成立淮阴县农村能源办公室，隶属于淮阴县计划委员会。是年至1991年，放慢发展速度，对沼气技术进行系统研究，修理病态池，每年建设数量基本保持在30个左右。1992～1998年，沼气建设回升发展，科研与示范工作取得重要成果，沼气与生态建设有机结合，每年建50余个。1997年，撤销县农村能源办公室，职能划入县农业局。1999年起，农业部提出“能源环保工程”和“生态家园富民工程”计划，并于21世纪初将农村沼气小型建设列为农业部为民办实事的项目工程。2002年始，沼气建设作为农村小型公益设施，进一步受到重视，并有较快发展。省财政对沼气项目和生态家园富民工程项目给予资金补助。2005年，棉花庄镇徐梅、丁集镇农庄、袁集乡双庄等3个村以沼气为纽带，发展生态农业，加快老灶台改造，生态环境和卫生环境得到改善。是年，西宋集镇洪北村有100余户建沼气池，配用太阳能，进行再生能源综合利用。2008年，王兴、王营、新渡、棉花庄、丁集、五里、凌桥、南陈集等乡镇建农村户用沼气池2530个。是年，丁集镇农庄村沼气点被市政府定为创模示范点。

第二节　生态农村创建

“七五”期间，淮阴县在南吴集乡更生村开始生态农业试点工作，其模式为粮—渔—桑混合生产，利用各种物料的潜在能量，减少化肥的使用量，保护益虫益鸟，开展生物防治病虫害，减少各种农药的使用量。1987年，渔沟镇渔南村、南吴集乡更生村被评为市级生态村。1992年，渔沟镇开展生态“611”工程建设，1995年12月通过验收。“九五”期间，淮阴县开展“农村三创建”试点工作，其中渔沟镇蒋桥村作为“百佳生态村”试点，1999年通过省环保厅、农林厅的联合验收，被授予江苏省“百佳生态村”称号。2000年，开始创建生态农村。2002年6月，淮阴区被国家环保总局批准为全国第六批生态示范区建设试点单位。2003年起，开始创建全国生态示范区。2004年，淮阴区生态示范区规划大纲和规划文本，通过专家评审。2005年，区内农村开始对农作物秸秆进行综合利用，禁止焚烧。同时，科学使用化肥、农药，综合防治农作物病虫草害，有效治理工业“三废”等，棉花庄镇徐梅、丁集镇农庄、袁集乡双庄等3个村开始实施“生态家园富民工程行动示范村”建设。是年，渔沟镇建成市级环境优美乡镇，王营镇果林村建成市级生态村。2006年11月，委托南京农业大学区域农业研究所对淮阴区的生态建设进行规划编制，规划文本几经修改通过省环保厅组织的专家评审。2007年9月，生态示范区通过省级验收。2008年，袁集乡双庄村被选为省农业生态环境示范村。是年，淮阴区获“全省农村清洁能源先进单位”称号，丁集、码头、韩桥、三树等乡镇分别建成市级环境优美乡镇，袁集乡桂塘村、开发区徐梅村分别建成市级生态村。淮阴区被环保部命名为国家级生态示范区。

第三节　无公害农产品

2002年起，进行无公害农产品及绿色食品认证，全区先后通过省无公害农产品产地认定28633.33公顷，其中无公害蔬菜面积5733.33公顷，无公害粮油面积22900公顷。2003年，有3家企业16种产品获农业部农产品质量安全中心无公害农产品认证。通过中国绿色食品发展中心许可使用绿色食品标志有4个产品，分别是"民康"牌食用精制菜籽油、"禾王"牌大白菜、"禾王"牌辣椒、"禾王"牌番茄。2004年，有6家企业17种产品获农业部农产品质量安全中心无公害农产品认证。至2008年，有6家企业33种产品获农业部农产品质量安全中心无公害农产品认证。绿色食品基地认证面积2000公顷，其中"民康"牌食用油基地1333.33公顷、"禾王"牌蔬菜基地666.67公顷。

2003～2008年淮阴区无公害农产品名称与生产企业一览表

表12-8-1

产品名称	企业名称	证书编号	认证时间
丁集土豆	淮阴区蔬菜科技开发部	WGR-3200-00513-2003	2003.01
丁集洋葱	淮阴区蔬菜科技开发部	WGH-03-01746	2003.12
丁集扁豆	淮阴区蔬菜科技开发部	WGH-03-01747	2003.12
丁集萝卜	淮阴区蔬菜科技开发部	WGH-03-01748	2003.12
丁集黄瓜	淮阴区蔬菜科技开发部	WGH-03-01749	2003.12
袁集豇豆	淮阴区蔬菜科技开发部	WGH-03-01741	2003.12
袁集辣椒	淮阴区蔬菜科技开发部	WGH-03-01739	2003.12
袁集西瓜	淮阴区蔬菜科技开发部	WGH-03-01738	2003.12
兴棉菜豆	淮阴区蔬菜科技开发部	WGH-03-01740	2003.12
兴棉西瓜	淮阴区蔬菜科技开发部	WGH-03-01742	2003.12
兴棉辣椒	淮阴区蔬菜科技开发部	WGH-03-01743	2003.12
苏兴辣椒	淮阴区蔬菜科技开发部	WGH-03-01744	2003.12
苏兴黄瓜	淮阴区蔬菜科技开发部	WGH-03-01745	2003.12
凌优大米	淮安市凌桥米业有限公司	WGH-03-01367	2003.12
郑盘湾荷兰豆	淮阴区老张集乡自来水厂	WGH-03-01737	2003.12
郑盘湾花菜	淮阴区老张集乡自来水厂	WGH-04-1471	2004.04
"兴棉"牌黄瓜	淮阴区蔬菜科技开发部	WGH-04-08186	2004.09
金伯利面粉	淮阴区金伯利面粉厂	WGH-04-09811	2004.12
兴棉辣椒	淮阴区蔬菜科技开发部	WGH-04-10047	2004.12
吴集花生	淮阴区蔬菜科技开发部	WGH-04-09814	2004.12

续表12-8-1

产品名称	企业名称	证书编号	认证时间
青山平菇	苏北生态农业开发有限公司	WGH-04-10037	2004.12
青山草菇	苏北生态农业开发有限公司	WGH-04-10036	2004.12
青山蘑菇	苏北生态农业开发有限公司	WGH-04-10035	2004.12
天益辣椒	淮安市天益食品有限公司	WGH-04-10046	2004.12
天益黄瓜	淮安市天益食品有限公司	WGH-04-10045	2004.12
天益萝卜	淮安市天益食品有限公司	WGH-04-10044	2004.12
天益牛蒡	淮安市天益食品有限公司	WGH-04-10043	2004.12
天益白菜	淮安市天益食品有限公司	WGH-04-10042	2004.12
天益洋葱	淮安市天益食品有限公司	WGH-04-10041	2004.12
天益菠菜	淮安市天益食品有限公司	WGH-04-10040	2004.12
天益胡萝卜	淮安市天益食品有限公司	WGH-04-10039	2004.12
天益菜豆	淮安市天益食品有限公司	WGH-04-10038	2004.12
凌优大米	淮安市凌桥米业有限公司	WGH-04-09794	2004.12
食用菌	苏北生态农业开发有限公司	WNCR-JS04-20937	2004
蘑菇	苏北生态农业开发有限公司	WNCR-JS04-20937	2004
玉米	苏北生态农业开发有限公司	WNCR-JS07-01022	2007

2003～2008年淮阴区绿色食品名称一览表

表12-8-2

绿色食品名称	企业名称	标志编号	许可时间
“禾王”牌大白菜	淮阴区王营镇农业技术服务站	LB-15-0309100540A	2003.09
“禾王”牌辣椒	淮阴区王营镇农业技术服务站	LB-15-0309100539A	2003.09
“禾王”牌番茄	淮阴区王营镇农业技术服务站	LB-15-0309100538A	2003.09
“民康”牌食用精制菜籽油	江苏民康油脂有限公司	LB-10-0311100894A	2003.11

第九章 农业管理

第一节 农业执法

1978～1989年，淮阴县农资销售实行统购统销，市场上无个体经营户经营农资；农药、肥料由供销部门统一经营，种子由县种子公司统一经营。1990年始，部分个体户开始经营种子、农药、肥料。1992年，县内种子、农药、肥料市场混乱，市场上假冒伪劣农资盛行，县农业局组织专门人员下乡进行农业执法。1999年7月，县农业行政执法监察大队成立，负责全县农资市场的监管工作。2003年，凌桥乡泗河村、凌桥村某药店错将除草剂当作杀虫剂卖给农民，造成66.67公顷水稻失收，区农技站予以检测处理，受贿者隐瞒事实被判刑4年。2004年，小麦杀虫剂误作除草醚，使200公顷小麦枯萎。2005年取缔制造、销售假肥料窝点1个，假农药窝点2个，调解各类纠纷200起，查处各类农资违法案件30起。此后，每年都开展“春季农资打假保春耕”“秋季农资打假”和“高剧毒农药集中治理”3项专项整治活动。截至2008年，查处各类农资违法案件565起，抽检种子样品421个，抽查农药样品1502个，抽查肥料样品213个，调解各类涉农纠纷420起，为农民挽回损失近千万元。其中典型案件：2005年查处的造成4300余亩小麦绝收假农药“虫病无影”案；2008年查处的王营镇沈渡村83户椒农受损假农药“百菌清”案。

第二节　农业产业化

一、农副产品生产基地

1990年后，淮阴县围绕农业产业结构调整，加强生产基地建设。至1996年，王营、袁集、丁集、果林、棉花庄等乡（镇、场）利用城郊和宁连路绕城段优势，加快蔬菜基地和“绿色长廊”建设。蒋集、五里、新渡、北吴集、韩桥、老张集等乡镇利用传统优势，生猪养殖向专业化发展，建成赵集山鸡养殖基地，创建老张集、丁集、南吴集、徐溜、韩庄等乡镇肉鸽养殖基地，农业产业化逐步形成。1997年，成立农业产业化办公室，承担全县农业招商引资、项目推进、农产品创牌、龙头企业发展和农民合作经济组织建设等方面管理职能。是年9月30日，出台《关于加快推进农业产业化经营的意见》《关于推进全县农业产业化经营的若干政策规定》。是年，全县蔬菜向区域化、规模化、大棚化方向发展，王营、丁集两乡镇基本形成规模化大生产格局。在农业产业化经营中，侧重发展蔬菜、肉鸽两个重点项目，以区域化、规模化、特色化为特征的“南山鸡、北菜鸽、东西猪牛中间菜”的产业化格局初步形成。1998年，全县农业围绕猪、禽（包括菜鸽）、菜三大主导产业，培育产业基地11个。此后，全县农业产业结构调整力度加大，市场在农副业生产中的导向作用愈加明显，农民根据市场需求和经济效益，自主选择和发展农副产品生产项目，全县农副产品生产区域扩大，规模与层次不断提升。1999年，实施新一轮调整规划，养殖业按照“稳定总量、改良品种、提高效益”的基本思路，加快特色基地建设，建成淮沭河沿线的四季鹅养殖区，稳定提高生猪、肉鸽、“三禽”生产，形成规模效益，建成赵集、高堰、韩桥水产综合养殖区。是年，本着布局区域性、种植规模化、产品特色化的原则，全县初步建成王营、丁集、袁集、棉花庄蔬菜万亩片4个，果林、渔沟、王兴等蔬菜千亩片8个，建成北吴集及淮沭路沿线地膜花生万亩片2个，赵集、韩桥等乡镇分别开发滩涂、废河、废塘养殖，均在666.67公顷以上，丁集、五里、老张集等乡菜鸽饲养量都在80万羽以上。

图12-9-1　袁集高效农业示范园

2000年，蔬菜生产由季节化向常年化、设施化方向发展，全年新增大棚蔬菜2000公顷。重点开发淮江路、淮沭路、华青路沿线新的蔬菜基地，提高淮高路、淮泗路、淮涟路、宁连路及其绕城段沿线大棚蔬菜生产水平，山芋、油菜、花生均达到13333.33公顷，其中地膜花生12000公顷。新拓桑园2000

公顷，新植牧草1000公顷，芦笋、食用菌、中药材、淮山药等经济作物1066.67公顷。养殖业以稳定总量、提高品质为目标，重点发展新淮瘦肉型生猪，全年生猪上市量85万头，肉鸽饲养量1200万羽，四季鹅养殖量超1000万只。水产面积3066.67公顷，赵集、韩桥以及淮沭河沿线乡镇特种水产养殖面积1333.33公顷。全县建立订单农业基地13333.33公顷，其中以江苏民康油脂有限公司为龙头，建成8826.67公顷优质油菜生产基地；以淮安市大地公司和江海农牧发展有限公司为依托，建成266.67余公顷刀豆、胡萝卜、荷仁豆、芦笋、菠菜等订单蔬菜基地。是年，食用菌和蔬菜两大特色产业有所发展，全县蘑菇、草菇、平菇、金针菇等食用菌栽培面积406.67公顷，年产量58000吨，年产值2.5 亿元；全县蔬菜种植面积17000公顷，其中大棚面积5666.67公顷，年产量75万吨，产值8.2亿元，农民种菜人均纯收入突破千元。2003年，建成13333.33公顷无公害农产品生产基地，"袁集"牌辣椒、"兴棉"牌西瓜等9个无公害农产品，"禾王"牌番茄等4个绿色食品分别通过省级和国家级认证。建成无公害优质稻米、蔬菜、花生、山芋及特种经济作物五大主导产业基地：以凌桥、三树等乡镇为中心的6666.67公顷优质稻产业基地，以王营、袁集、丁集、棉花庄、新渡等城郊乡镇为中心的蔬菜产业基地，以吴集、西宋集、五里、老张集等乡镇为中心的花生生产基地，以赵集、韩桥、吴城等乡镇为中心的山芋产业基地，以老张集、吴集、西宋集、五里、徐溜、凌桥等乡镇为中心的特种经济作物产业基地。2005年，境内加快发展优质粮油、蔬菜、奶业、特种水产等优势产业，建成优质农产品基地33333.33公顷。

2008年，农业经济转型升级，突出培育蔬菜、生猪、家禽三大10亿元产业，新增设施蔬菜3200公顷，新增千头猪场50个、万只禽场163个，再次获得"全省高效农业规模化先进区"称号。

二、龙头企业

20世纪90年代初，淮阴县面粉加工、果品饮料、酱醋生产等农业龙头企业发展加快，县委、县政府多次出台文件，将培植农业龙头企业列入农业发展规划，形成畜产品、水产品、优质粮棉、特种经济作物等四大主导产业加工中心和恒通食品、县植物油厂、方圆禽业、冠华水产、乡绿海蓝等龙头企业。

1996年起，重点发展粉丝、肉鸽、大米、面粉、菜籽油、木材加工等龙头企业，全县新办龙头企业10家。王营镇星光村蔬菜批发市场建成后，年成交额5000万元，年销售蔬菜万吨以上，带动3～5个基地乡、20多个专业村蔬菜产业发展。赵集镇提高粉丝加工经济效益，调动群众加工粉丝生产积极性，年产小包装粉丝40万箱，产值1600万元，利税16万元。1997年，有初具规模的县、乡龙头企业11家，其中列入市目标考核的有苏北农贸市场，投资540万元；苏粤乳鸽加工厂，投入200万元。1998年，改扩建王营星光蔬菜批发市场、苏北农贸市场、丁集肉鸽交易市场等3个专业市场。1999年，扶持赵集粉丝厂、汤集粉丝厂、码头香格尔牛羊肉厂、北吴集花生加工厂等企业进一步扩大生产规模。围绕主导产业，全县先后建成辐射能力较强的苏粤乳鸽、赵集粉丝等龙头加工企业12家。2000年后，加快建设产业化龙头企业，重点扶持蔬菜、四季鹅、缫丝加工及花生调和油、木材加工等产业，拉长农业产业链，新建南陈集粉丝加工、丁集装饰材料等龙头企业。2002年，依托民康油脂公司、凌桥米业公司、赵集粉丝厂、淮安江海公司、上海宝山良畜繁殖场、淮阴正大公司等龙头企业，推广"公司+基地+农户"等经营模式。2005年，加大农业招商力度，重点培植市级以上龙头企业15家、销售超亿元龙头企业5家。2008年，全区拥有规模农业龙头企业68家，其中省级龙头企业3家、市级龙头企业21家，固定资产总额10亿元，年销售收入25亿元。

第三节　农业标准化

1978～2000年，淮阴没有农业标准化建设项目。2001年，淮安市下达淮阴区两个市级农业标准化示范区建设任务，经过3年的发展建设，至2004年，王兴镇200公顷无公害西瓜标准化示范区、丁集镇133.33公顷无公害黄瓜标准化示范区通过市农业标准化委员会验收。2005年，江苏省农林厅、江苏省海洋渔业局、江苏省林业局联合下达淮阴区666.67公顷无公害出口蔬菜标准化示范区建设任务，通过

3年的建设，至2007年底，通过省农业标准化委员会专家组的审核验收。至2008年，通过无公害农产品认定粮油基地18个、面积22900公顷；认定蔬菜基地8个、面积5733.33公顷；认定无公害农产品31个，有“天益”牌菜豆、菠菜、胡萝卜、洋葱、辣椒、黄瓜、牛蒡、萝卜、白菜9个，“郑盘湾”牌花菜、荷仁豆2个，“兴棉”牌黄瓜、辣椒、菜豆、西瓜4个，“吴集”牌花生1个，“金伯利”牌面粉1个，“丁集”牌洋葱、扁豆、萝卜、黄瓜、土豆5个，“袁集”牌豇豆、辣椒、西瓜3个，“苏兴”牌辣椒、黄瓜2个，“凌优”牌大米1个，“青山”牌草菇、平菇、蘑菇3个。

第四节　农业区划

1981年，开始农业自然资源调查和农业区划工作，1982年完成调查。全县划分为4个农业区，分别是：运河北沙碱土农业区、夏家湖洼地农业区、二河东农业区和滨湖农业区。1988年，开始农业综合开发区域划分工作，由县农业局承办。1993年，根据地域差异规律，按照地型、地貌、水利、土质、农业经济的自然资源和社会经济的发展方向，坚持以提高经济效益、生态效益和社会效益为前提，划分农业综合开发4个区域，即滨湖周边高亢开发治理区、黄河故道沿线开发治理区、夏家湖低洼地开发治理区、运北片沙碱土开发治理区。滨湖周边高亢开发治理区有韩桥、赵集、高堰、南陈集等4个乡镇，60个行政村，584个村民小组，人口11.9万，土地面积9733.33公顷，地面高程11.2～20米。黄河故道沿线开发治理区，有南吴集、码头、王营、新渡等4个乡镇，61个行政村，503个村民小组，人口11.9万人，土地面积9933.33公顷，地面高程11.5～19.5米。夏家湖低洼地开发治理区，有杨庄、凌桥、蒋集、三树、渔沟、袁集6个乡镇，79个行政村，685个村民小组，人口12.62万，土地面积12333.33公顷，地面高程9～12米。运北片沙碱土开发治理区，有丁集、五里、刘老庄、古寨、徐溜、韩庄、西宋集、汤集、北吴集、韩圩、老张集、大兴庄、王兴、棉花庄14个乡镇，208个行政村，1793个村民小组，人口32.6万，土地面积33266.67公顷，地面高程10～12.5米。至2008年，境内通过开展国家网点县农业资源卫星遥感监测工作，利用高科技仪器设备，定期野外测量，结合农业遥感卫星测量数据，综合分析各经济区农业生产，农业区划进一步完善。

第五节　对外合作

20世纪90年代后期，淮阴农业企业开始有对外业务。1997年7月，法国植保专家彻布兰斯·吉尔伯特到淮阴讲学，研讨如何减轻大棚蔬菜的连作障碍和防治根腐病方法。1999年4月，加拿大农业专家尊·白朗沙教授到淮阴传授农业科技知识。2002年，凌桥米业公司经过转口贸易，出口吉尔吉斯斯坦价值312万元的凌桥大米1300吨。2003年7月，中日合资股份制企业——淮安市天益食品有限公司成立，公司主要从事蔬菜种植、加工、出口，一期工程建成盐渍、保鲜两条生产线，500吨冷库1座。该公司拥有自主进出口权，是淮阴区唯一拥有出口自主权的农业企业。2004～2008年，天益食品有限公司出口盐渍、保鲜蔬菜20000吨，出口额250万美元。淮安市凌桥米业有限公司经过转口贸易，出口吉尔吉斯斯坦凌桥大米7700吨，价值1967万元。

第六节　科研与教育

一、农业科学研究

1978年起，县农业科学研究所等科研部门不定期承担多项省、市、县各类农业试验，至1999年共承担12类农业实验项目。2000年，完成夏玉米24个品种的比较试验，10个大豆品种的比较试验，94个小麦品种的比较试验。2001年，完成超大穗小麦示范种植和超级大豆试种。2002年，完成省种子站安排的62个水稻及小麦品种试验。2003年，完成市种子站安排的60个水稻品种试验。2004年，完成市农科所、市种子公司安排的84个水稻品种和17个小麦品种试种观摩。2008年，完成省种子站安排的48个水稻品种试种，引进推广农业“四新”成果12项，其中新品种有泰玉14号333.33公顷、神玉2号666.67公顷，油菜新品种宁油14号1333.33公顷，小麦新品种华麦1号3333.33公顷、开麦18号200公顷、连麦1号3333.33公顷，水稻新品种连粳6号2666.67公顷、武运粳21号3333.33公顷、10优18号666.67公顷，脱毒山芋13.33公顷。推广高效生物农药1项。

1979～2005年，淮阴区（县）农业系统获科技成果71项，其中省级以上39项、市级26项、区级6项，获市政府以上先进集体和个人16项。

1984～2003年部分年份淮阴区（县）农业科技成果获省奖项情况一览表

表12-9-1

获奖时间	成果名称	授奖单位和等级	完成单位及主要完成人
1984	花生蛴螬测报及综合防治研究及应用	省政府表彰三等奖	县植保站（协作单位）
	花生蛴螬测报及综合防治研究及应用	省农林厅一等奖	县植保站（协作单位）
1987	江苏省不同生态类型地区、小（大）麦高产模式化栽培研究及其应用	省科技进步奖二等奖	县农业局
1994	秦油2号推广及其高产栽培技术研究与应用	省农林厅科技进步奖三等奖	县粮作站
1995	水稻抛秧百亩丰产方竞赛	省农林厅三等奖	县农业局
	小麦低产变中产综合增产技术	省农业丰收奖三等奖	县农业局及韩圩、北吴集、汤集、西宋集等乡镇农技站
1996	10万亩油菜低产变中产综合生产技术	省农林厅科技进步奖二等奖	赵克亮、杨庚周、尚文成、孙龙友、孙仕楼等
	水稻肥床旱育秧高产配套技术的研究与推广	省科技进步奖二等奖	县农业局　县作栽站
1997	农业领导工程丰产方竞赛中荣获玉米高产奖	省农林厅二等奖	县农业局
	优质甘薯高产高效配套技术	省农林厅农业丰收奖三等奖	县农业局及赵集、南陈集、码头、南吴集农技站和赵克亮、安明生、卢以洪、孙仕楼、秦进华、刘正柱、赵传尧、漆勇、赵传喜、汪广林
1998	花生地膜覆盖栽培综合配套技术推广	省农林厅科技进步奖三等奖	县经作站及尚文成、夏金豹、孙仕楼
	蔬菜高产优质新品种及综合增产技术	省农林厅农业丰收奖二等奖	赵克亮、戴朝新、王素珍、孙仕楼
	蔬菜设施栽培配套新技术推广	省农林厅农业科技推广奖一等奖	王素珍（完成人之一）
	淮阴市大面积迟熟中粳平衡增产配套技术	省农林厅科技进步奖三等奖	县农业局
1999	小麦中后期病虫害综合防治技术研究与推广	省农林厅科技进步奖三等奖	县植保站，施保国、刘绪平、周磊之、夏继忠、胡东波、倪玲、尚文成、孙龙友
2000	省领导工程丰产方	省农林厅二等奖	县经作站，尚文成、夏金豹、孙龙友
2003	生物有机肥开发与应用科技推广	省政府三等奖	王恒卫（完成人之一）

二、农业教育与培训

1981年起，县农广校招收成人中专学历班，学制三年。1992年后，由江苏省农业广播电视学校淮阴分校招生，学制仍为三年，有农经、农学、畜牧兽医、市场营销、蚕桑等5个专业。1996年始，农广校招收蚕桑、营销、农经、农学、畜牧兽医、市场营销等专业。1999年，农广校开设农村自考大专班。2002年后，区农广校招收中专业余脱产班。2003年，农广校成为淮安市唯一厨师培训基地，拥有特级厨师2名。全年培训厨师502人，厨师就业率95%。2004年，农广校招收首届中专全日制脱产班（机电、电子、计算机），与东北农业大学网络教育学院联合办学，开设大专、本科层次学历教育。

2006年后，实施农村劳动力转移培训工程（阳光工程）、新型农民科技培训工程、农业实用技术培训工程、致富工程、农民创业培训工程、科技入户工程、扶贫培训工程等七大培训工程，采取区、乡、村三级联动的培训模式。至2008年，共开办大中专学历教育19个专业，毕业班次65个，毕业学员5632人；开展农业系统专业技术人员继续教育3200人次，农村劳动力转移培训4070人，农业实用技术培训20.5万人次，农业职业技能培训9545人，农业信息技能培训2810人；农民创业培训23个班次，培训种养大户、村组干部、经纪人等2980人；引导2378名学员参加农业行业职业技能鉴定。其间，区农广校开设车床专业，投资52万元，添置数控车床7台，培训车床专业技术人员800名，车床专业人员就业率85%。

三、农业示范园区建设

1990年，境内开始农业示范园区建设，选址在丁集乡。当年建成丁集乡日光能温室示范园区，主要种植深冬黄瓜、草菇新品种，采用穴盘基质育苗和嫁接换根、二氧化碳气肥应用等新技术。丁集乡农庄村四组种植1.2公顷，七组种植1.33公顷，两个组建成日光能大棚95个，每个大棚收益1000元。此后，日光能大棚温室面积迅速扩大，1995年发展至6.67公顷，范围扩大至潘谈村、娘庄村，大棚平均收益7000元。1996年，县内建设钢架大棚示范园区，涉及王营、渔沟、王兴、棉花庄4个乡镇，占地33.33公顷。全县建成无公害蔬菜生产基地5000公顷。1998年后，推广应用PVE无滴膜及卷帘机等新资材，运用生物有机肥、生物农药等新技术。2004年，日光温室大棚改由砖墙水泥结构，每个大棚面积扩大至0.03公顷。至2008年，先后在王营、渔沟、棉花庄、王兴、袁集、码头、新渡等乡镇建成面积均为6.67公顷以上钢架大棚蔬菜示范园区，丁集日光能温室面积66.7公顷。是年，淮阴区获“全省高效农业先进县（区）”称号。

第十章　名牌农副产品选介

第一节　国家级与省级品牌

一、“凌优”牌大米

“凌优”牌大米是凌桥米业有限公司的名牌产品。1994年，凌桥乡政府创办凌桥米厂。凌桥乡地势低洼，地下水位高，水源充足，稻油轮作，生长期长，生产的大米晶莹透亮，入口有香、甜、绵、柔之感，凌桥大米进入市场后很受人们欢迎，畅销市内外。1996年，凌桥米厂进行改制，与政府脱钩。2000年，成立凌桥米业有限公司，公司占地4.2公顷，固定资产2680万元，年产优质大米6万吨。2001年，引进优质稻米加工机械设备，去杂包装生产一条龙，生产出的“凌优”牌大米颗粒整齐，洁净无杂，做饭免洗。

产品远销深圳、上海、南京、昆明、四川、新疆等地，并通过上海、新疆转口韩国、哈萨克斯坦、土耳其等国。是年10月被认定为淮安2001（上海）农产品展销会名优产品，2002年4月被中国技术监督情报协会食品专利委员会认定为中国市场放心健康食品，12月获2002中国（淮安）优质稻米博览交易会十大金奖大米，2003年2月获首届江苏省名特优农产品（上海）交易会产品畅销奖，12月获2003年中国（淮安）优质稻米博览交易会十大金奖大米，2004年11月获第三届中国优质稻米博览交易会金奖大米，2005年11月由北京世标认证中心高岚签发国际标准认证证书，凌桥大米成为国家级名优品牌产品。

二、"民康" 牌食用油

"民康" 牌食用油是江苏民康油脂有限公司的名牌产品。公司始建于1970年，原名为淮阴县植物油厂。公司为一家以油菜籽、大豆为主要原料，专业从事油脂加工的农业产业化国家重点龙头企业。2008年拥有总资产2.7亿元，公司占地面积12公顷，具有年加工油料40万吨的生产能力。主要产品为食用大豆油和国标一级、二级豆粕及附加值较高的全脂膨化大豆粉等。公司在同行业中率先通过ISO9001国际质量体系认证、ISO14001环境管理体系认证及HACCP食品安全管理体系认证，是中国粮油食品协会会员单位，江苏省油脂协会理事单位。油脂类产品 "民康" 牌注册商标、"民康" 牌大豆油被评为江苏省名牌产品、江苏省著名商标。

三、"新象" 牌小麦粉

"新象" 牌小麦粉是江苏省淮安新丰面粉有限公司的名牌产品。公司始建于1956年，由原江苏省淮阴新丰面粉厂经股份制改造于2003年4月成立。"新象" 牌小麦粉为第一批中国名牌农产品、中国粮食行业协会首批 "放心粮油"、中国食品工业协会 "质量合格达标食品"、江苏省名牌产品。"新象" 商标在2002年、2005年被认定为江苏省著名商标。主要产品中筋粉（1千克、5千克、10千克、25千克/袋），采用进口工艺从优质小麦中心部位提取的麦心粉，具有精度高、色泽白、粒度细、筋力适中的特点，是制作高档点心、馒头等面制品的最佳原料；精制小麦粉、精白粉（25千克/袋），从优质小麦次中心部位提取的系列面粉，具有筋力高、粉色白、口感好的特点，是专用于制作面条、方便面、面皮的理想原料；油条专用粉（25千克/袋），从优质小麦特定部位提取的专门用于炸制油条的粉种，具有筋力高、弹性和延伸性俱佳的特性，制作油条膨发快、个头大、油耗低、色泽亮、不回软；营养荞麦粉（1千克、千克、5千克/袋），是用优质小麦的荞麦混合提取的特殊面粉，富含维生素、氨基酸、矿物质等营养元素。

四、"润通" 牌水产品与 "浦发" 牌淀粉制品

"润通" 牌水产品与 "浦发" 牌淀粉制品是江苏润通食品有限公司的名牌产品。公司是加工食品的专业生产型企业，始建于2003年，注册资本2866万元，主要加工龙虾、鮰鱼、蚬肉、河虾等各种水产品。有年产万吨红薯粉丝的粉丝生产线、肉食加工生产线和蔬菜冷冻保鲜生产线。年产各类水产品5000余吨、淀粉及制品超万吨，是国家质检总局出口注册企业，美国HACCP出口认证企业，企业产品通过ISO9001：2000和QS认证，产品远销日、韩、欧美等市场。2004年获国家出入境检验检疫部门出口卫生注册。2008年，获得ISO9001：2000、ISO9001，以及2008质量管理体系认证和ISO22000食品安全体系认证。

五、"丁集" 牌黄瓜

"丁集" 牌黄瓜生产始于1991年，在丁集农庄村三、四两组共建日光温室40幢。至2002年初步形成规模，先后发展日光温室870座，占地面积266.67公顷，涉及农庄、娘庄、七一、潘谈、宗楼等村72个村民小组185户。丁集黄瓜瓜条长且直，肉质绿嫩，口感好，带花带刺保鲜时间长。丁集黄瓜主要销往上海、苏州、无锡、常州、宁波及周边地区大中城市的超市和农贸市场。2007年底，全镇温室总数1509

座，黄瓜总产2263.5万千克。2002年10月，丁集黄瓜经国家农产品质量安全中心认证为无公害农产品。2003年6月，注册“丁集”牌黄瓜。2006年8月，丁集黄瓜被农业部绿色食品发展中心认证为绿色食品。

六、“天泉”牌水晶粉丝

“天泉”牌水晶粉丝是淮安市赵集粉丝有限公司主要产品，选用洪泽湖畔无污染的优质红薯淀粉为原料，采用传统方法与现代科技相结合的工艺精制而成，形成晶莹碧透、久煮不糊、柔韧爽滑等特点，有“人造鱼翅”的美称，是江苏大娘水饺餐饮有限公司、南京回味鸭血粉丝汤店等大型连锁餐饮企业指定使用产品。获1999中国国际农业博览会名牌产品、江苏省名牌产品、淮安市名牌产品、淮安市十佳旅游商品、淮安市知名商标、淮安市优质品牌等称号。产品销往浙江、上海及苏南等20多个城市和地区，深受消费者青睐。

第二节　市级品牌

一、“吴集”牌花生

吴集镇地处黄河泛滥沙带，以白沙土质为主，适宜种植花生。该镇以盛产小花生而闻名大江南北，该地产出的小花生壳薄、粒饱、色美、味香、含油量高、入口无渣、食之不腻，有“将军果”“长生果”的美称。吴集花生含有丰富的蛋白质、脂肪酸、维生素和多种微量元素，具有滋阴生津、健胃补肾、降血压、减少胆固醇和防止皮肤老化等功效。吴集炒花生具有香脆可口、久置不软、红衣易褪、多啖不渴等特点，声誉逾200年。获1998年度淮安市名牌农产品称号。2003年开始，先后注册吴集牌、刘桥牌商标。吴集炒花生主销南京、扬州、上海、杭州等大中城市。

二、“兴棉”牌西瓜

“兴棉”牌西瓜是棉花庄镇的特色产品之一。在栽培过程中，施用生物有机肥，未施化学肥料；使用生物农药，未用化学农药。其外观好，瓜身结实，外皮纹路清晰，颜色浓淡分明，皮薄音脆。2003年通过江苏省无公害产品生产标准认定符合A级绿色产品标准。“兴棉”牌西瓜蔗糖、果糖、葡萄糖含量高，口感佳，富含维生素A、B、C和烟酸，有机酸、钙、磷、铁等微量元素，有利尿降压之功效，富含蛋白酶，是治肝炎的天然食疗良药。

三、“玉高”牌粉丝

“玉高”牌粉丝是西宋集玉高粉丝厂生产的快餐类食品。西宋集镇有百年山芋种植和粉丝加工历史，随着人民生活水平的提高，对食品色泽、口感、营养以及卫生指标要求越来越严格，传统工艺生产的山芋粉丝色泽灰暗，口感粗糙。为改变传统的粉丝生产工艺，采用手工脱色工艺和高温处理成型技术，所生产的“玉高”牌快餐粉丝洁白细柔，口感细腻，风味独特。“玉高”牌快餐粉丝于2000年1月获第五届江苏省食品博览会金奖，成为淮安市名牌产品。

四、“苏粤”牌乳鸽

“苏粤”牌乳鸽是淮安苏粤食品加工有限公司的名牌产品。“苏粤”牌乳鸽选用全国最大的肉鸽生产基地丁集镇280户养殖户提供的生长期30天左右的健康乳鸽，配以多种名品中药材，并佐以特制辅料，采用现代加工技术精制而成，肉质鲜嫩、味美。该系列产品采用真空包装，高温高压杀菌，咸淡适中，开袋即食，老幼皆宜。1997年，苏粤乳鸽在中国国际食品博览会上获得“国际名优”称号；1999～2000年度获江苏省消费者协会推荐产品，2000年获淮阴市第五届食品博览会金奖。

五、"姜哥"牌休闲食品

"姜哥"牌休闲食品是上海云清食品淮安有限公司的名牌产品。公司创建于1995年，是一家以传统烘炒、油炸豆类食品为主营，集自主研发、规模生产、市场营销为一体的现代休闲食品企业，主要生产"姜哥"牌休闲食品。客户主要分布在江苏、安徽、浙江、上海、北京、新疆、宁夏、辽宁、广州、湖南、陕西、甘肃、四川等地。公司通过ISO9001质量体系认证、ISO14000环境体系认证、HACCP体系认证。是市级农业产业化重点龙头企业、市级供销企业标识推广先进单位、新网工程建设先进奖、重合同守信用企业，资信等级为AAA级，中国食品行业"改革创新优秀单位"。"姜哥"牌休闲食品香酥、可口，含有大脑和神经组织的重要组成成分磷脂，并含有丰富的胆碱，有增强记忆力的健脑作用。

六、凌桥香瓜

2003年，凌桥乡开始种植小香瓜，每年种植1000公顷左右，3～6月上市，每亩产值3万元左右。凌桥香瓜具有甜、香、脆特点，可与西瓜媲美。

第十三篇　工　业

1978年，淮阴县工业主要为全民与集体所有制企业。20世纪80年代初，倡导“无工不富”，利用淮阴依城靠矿地理优势，乡村以及联户个体企业蓬勃兴起。1986年后，工业经济遭遇重重困难，经济效益总体下滑，进入磨合调整期。90年代在努力培育壮大骨干企业的同时，推进企业产权制度改革。坚持以卖为主、买后私营原则，发展个体私营经济或混合所有制企业。加大改革力度，抓企业内部配套改革。县域整体工业经济运行质量明显提高，产品结构进一步适应市场变化，市场份额不断扩大。2001年后，淮阴区工业经济进入快速发展时期。在“工业强区”战略指引下，开展招商引资，加大工业投入，加快科技创新，调整优化经济结构，增强区域经济竞争力和发展活力。

2008年，区委、区政府成立重大项目服务办公室，加强重大项目建设推进力度。新增规模企业23家，总数143家，其中超10亿元项目3个。工业形成跨越式发展态势。全区规模以上工业经济总产值180.01亿元，实现利税13.43亿元、利润8.71亿元。

第一章　机构与发展历程

第一节　机　构

一、综合管理机构

1978年，淮阴县工业生产指挥部成立，内设工业科和轻工业科，有工作人员5名。1979年3月成立工业交通办公室，下设工业局、轻工业局。7月，工业交通办公室更名为淮阴县经济委员会（简称经委），下设工业局、轻工业局、手工业局、社队工业局、供电局、邮电局和交通局。1981年，手工业局撤销，所属企业划归工业局和轻工业局管理。

1984年，工业管理机构有经委、社队工业局、交通局、供电局、邮电局。原工业局和轻工业局撤销，所属企业归经委领导。社队工业局、交通局独立。供电局、邮电局归属上级系统和淮阴县政府双重领导。1992年，县政府成立淮阴县茧丝绸公司，将经委系统管理的丝绸行业划归茧丝绸公司管理。2000年，茧丝绸公司所属3家企业再次划归经委管理。

2001年，组建淮阴区经济贸易委员会（简称经贸委），原独立的乡镇企业局划归区经贸委。区经贸委内设办公室、经济运行科、电力能源科、技术科（增挂区技改办牌子）、企管科、财务科，有工作人员22名。是年，成立安全生产监督管理局，隶属经贸委管理。2005年，安全生产监督管理局从经贸委分离，为区政府直属管理机构。至2008年，内设机构未变，有工作人员18名。

二、乡镇企业管理机构

1978年，淮阴县社队工业局主管全县社队企业，有工作人员4名。各公社主管辖区内工业企业。1983年，淮阴县社队工业局更名为县社队企业管理局。1984年，淮阴县社队企业管理局更名为淮阴县乡镇企业管理局，各乡镇企管站（工业公司）主管辖区内工业企业。2001年，淮阴县乡镇企业管理局更名为淮阴区民营经济管理局，在区经贸委挂牌，有工作人员6名。至2008年，机构设置及人员编制未变。

第二节　工业规模

1978年，淮阴县有独立核算工业企业253家，其中全民所有制工业企业27家，占10.67%；集体所有制企业226家，占89.33%。全部从业人员年末平均32472人，固定资产原值3489万元，总产值6839万元，销售产值4197万元，实现利税421万元。

1986年，乡镇企业加速发展，独立核算企业数量较1978年减少23家，工业和固定资产投入均有大幅度提高。是年，固定资产原值和工业总产值分别是1978年的2.75倍和3.18倍。1988年，销售市场不畅、生产速度回落和部分企业管理不善，企业经济效益下降，产品积压严重，部分产品质量不够稳定，成本上升，全县独立核算企业数量比1986年增加37家，总数263家，全部从业人员年末平均41434人，固定资产原值13632万元，总产值25711万元，销售产值23061万元，实现利税2514万元。

1990年，全县独立核算工业企业277家，全部从业人员年末平均24965人，固定资产原值14563万元，总产值42156万元，销售产值30498万元，实现利税1477万元。1994年，加快企业组织结构调整步伐，非公经济成分增加，优化工业生产结构，提高效益基础，实现较快增长。全县独立核算工业企业264家，全部从业人员年末平均49253人，固定资产原值32662万元，总产值133602万元，销售产值77035万元，实现利税3545万元。1995年，工业生产保持较快速度，全县独立核算企业266家，全部从业人员年末平均48759人，固定资产原值147378万元，总产值192294万元，销售产值163541万元，实现利税1261万元。

1996年起，工业企业深化产权制度改革，非公经济迅速增加。2000年，全县规模以上工业企业62家，全部从业人员年末平均15410人，固定资产原值153476万元，总产值255435万元，销售产值247713万元，实现利税3415万元。

2000年后，全区（县）工业经济规模不断扩大。至2008年，全区规模以上工业企业143家，从业人员年末平均15410人，年末全区规模以上工业企业职工20334人，固定资产原值644626万元，总产值1800105万元，销售产值1753389万元，实现利税134287万元。区内形成以振达钢管、双汇食品、桑乐太阳能热水器、盐业采输卤、元明粉加工等为主体，工业门类和行业布局较为齐全的现代化工业体系。

1978～1997年淮阴县独立核算工业企业情况统计表

表13-1-1

年份	企业数（家）	职工数（人）	固定资产原值（万元）	总产值（万元）	销售产值（万元）	利税（万元）
1978	253	32472	3489	6839	4197	421
1979	269	32812	1995	7048	3000	301
1980	253	34742	5215	10316	9190	1584
1981	232	35607	6086	10956	10540	1832
1982	232	35447	6414	10899	8360	1078
1983	208	35562	2748	13403	9724	1249

续表13-1-1

年份	企业数（家）	职工数（人）	固定资产原值（万元）	总产值（万元）	销售产值（万元）	利税（万元）
1984	222	36699	7400	14476	10362	951
1985	222	39412	7902	18402	10486	1482
1986	226	40049	9584	21530	14036	1598
1987	237	39709	11482	23742	16849	1689
1988	263	41434	13632	25711	23061	2514
1989	268	10207	6295	26586	17728	1475
1990	277	24965	14563	42156	30498	1477
1991	273	25425	21584	42835	28661	1815
1992	260	44123	23429	53445	47172	2611
1993	258	49531	25734	75628	70760	3591
1994	264	49253	32662	104387	77035	3545
1995	266	48759	147378	192294	163541	1261
1996	280	46676	152863	235635	223536	12328
1997	239	47313	155252	283609	270487	11818

1998～2008年淮阴区（县）规模以上企业情况统计表

表13-1-2

年份	企业数（家）	职工数（人）	固定资产原值（万元）	总产值（万元）	销售产值（万元）	税金（万元）
1998	69	17344	144005	211734	202028	2860
1999	69	16722	151597	218089	205156	3728
2000	62	15410	153476	255435	247713	3415
2001	75	12523	168569	299522	289931	1218
2002	82	13717	173082	355652	344957	34426
2003	101	13064	178503	424648	402082	42676
2004	126	17072	256400	570966	534225	26036
2005	167	14400	472054	808831	773047	82123
2006	203	19806	624594	1218370	1172169	127179
2007	223	23550	832338	1616641	1577888	160408
2008	143	20334	644626	1800105	1753389	134287

第三节　工业结构

一、轻重工业比例

1978年，全县以建筑材料、食品、纺织、缝纫及皮革加工等轻工业为主，轻工业产值占地区生产总值23.46%，重工业产值比重为13.71%。随着改革开放的深入，县属工业快速发展，轻工业不断壮大，重工业有所发展。1990年，有轻工业企业180家，产值2.28亿元；重工业企业97家，产值0.65亿元，分别占77.95%和22.05%，占地区生产总值的比重为28.6%。1996年起，全县工业门类在调整中稳步发展，茧丝绸、棉纺织、医药化工、建筑建材、机械、电子、轻工、食品成为支柱行业，占地区生产总值的比重为32.2%。2000年，全县规模以上工业企业62家，总产值23.16亿元，其中轻工业企业38家，产值14.37亿元；重工业企业24家，产值8.79亿元。2001年，轻工业企业44家，重工业企业31家，总产值28.99亿元。2005年，轻工业企业95家，重工业企业72家，总产值80.88亿元。2008年，全区轻重工业比重有所变化，轻工业比重有所下降，重工业比重有所上升，全区轻工业企业61家，产值53.92亿元；重工业企业82家，产值126.09亿元。第二产业占国民生产总值比重达53%，主导地位已确立。

1978～2008年部分年份淮阴区（县）规模以上轻重工业比重一览表

表13-1-3　　单位：万元

年份	工业总产值	轻工业		重工业	
		产值	比重（%）	产值	比重（%）
1978	6839	4316	63.10	2523	36.90
1985	18402	14033	76.26	4369	23.74
1990	42156	32616	77.37	9539	22.63
1995	114114	68559	60.08	45555	39.92
2000	231578	143709	62.06	87869	37.94
2005	808831	325070	40.19	483761	59.81
2008	1800105	539167	29.95	1260938	70.05

说明：此表数据源于淮阴区（县）统计年鉴。

二、高新技术产品产值比例

1978年，淮阴县没有高新技术产品。至2001年，规模经济进一步发展，高新技术产品较大幅度增长，重点发展制药、嘉诚化工、中天生物等高新技术产业，推进规模经营，形成以骨干企业为依托、传统产业为基础、支柱产业互补、高新技术产业突破的具有地方特色的工业新格局。2006年，区内推进新型工业化，培育盐化工、建材、纺织服装、木业加工、电子电器、食品加工等支柱产业，逐步实现由企业集中向产业集中迈进，形成门类集聚型特色产业。是年，第二产业占地区生产总值的比重为50.2%。2008年，全区高新技术企业11家，主营业务收入67949万元，占工业总产值2.7%。

2001～2008年淮阴区高新技术产品产值占工业产值比重一览表

表13-1-4　　单位：万元

年份	规模以上工业总产值（现价）	高新技术产品产值	比重（%）
2001	299522	766	0.26
2002	355652	1006	0.28
2003	424648	224	0.05
2004	570966	—	—
2005	808831	—	—
2006	1218370	60769	4.99
2007	1616641	4026	0.25
2008	1800105	67949	3.77

说明：此表数据来源于淮阴区统计年鉴。

三、工业行业结构

1978年，全县主要工业门类有化学、机械、建筑材料、食品、纺织、缝纫及皮革加工等行业，有工业企业253家，工业总产值0.68亿元，其中轻工业产值0.43亿元，占工业总产值63.10%，重工业产值0.25亿元，占工业总产值36.90%。此后，外引、内联、“三资”、私营企业快速发展，工业行业不断增多。至1990年，丝绸、纺织、机械、盐化工等行业得到巩固加强，轻纺、食品、饲料、建筑业成为支柱产业，有工业企业277家（不包括村及以下），按现价计算，工业总产值6.098亿元。

1995年工业普查时，淮阴县有工业企业266家，分布在服装、制糖、机械、化工、纺织、酿酒等行业，其中茧丝绸工业成为县域经济新的支柱产业，矿盐资源得到深度开发。1996年，第一次基本单位普查时，淮阴县有机械制造业10家、化学原料及化学制品制造业14家、服装加工业7家、食品加工业32家。2001年，第二次基本单位普查时，淮阴区有轻工业企业44家、重工业企业31家。2008年，区内盐化工、钢铁和机械加工、食品加工三大销售百亿元主导产业不断发展壮大，以元明粉、振达钢管、民康油脂等企业为支撑，主导产业链不断延伸，全区工业经济显现出跨越发展的态势。是年，全区有规模以上工业企业143家，总产值180亿元。

2008年淮阴区规模以上工业企业行业结构表

表13-1-5

行　业	总产值比重（%）	全部从业人员平均人数比重（%）	利税总额比重（%）	固定资产净值年平均余额比重（%）
总计	100	100	100	100
造纸及纸制品	0.75	1.73	0.67	3.54
印刷业和记录媒介的复制	1.42	1.45	1.45	0.77
文教体育用品制造	0.24	1.56	0.23	0.15
石油加工、炼焦及核燃料加工	0.72	0.36	0.42	0.23
化学原料及化学制品制造	6.97	8.60	5.98	5.23
医药制造	1.02	3.71	0.40	0.96
橡胶制品	1.72	6.59	1.66	0.80
塑料制品	1.31	3.77	1.25	2.90
非金属矿物制品	14.16	9.56	12.76	15.62
黑色金属冶炼及压延加工	29.36	9.41	35.94	35.78
有色金属冶炼及压延加工	8.66	4.81	9.20	9.40
金属制品	7.78	11.85	6.79	2.67
通用设备制造	6.35	11.66	5.38	4.64
专用设备制造	5.66	5.98	5.07	4.46
交通运输设备制造	1.75	2.92	1.77	1.01
电气机械及器材制造	11.55	15.74	11.02	10.73
通信设备、计算机及其他电子设备	0.58	0.30	0.01	1.14

说明：此表数据来源于淮阴区统计年鉴。

第四节　工业门类

1978年，全县形成以纺织、食品为主，包括化工、机械、建材等工业在内的9个工业门类，其中纺织、食品、机械、化工等行业年产值均超过0.1亿元。1985年，全县以工业企业改革为动力，搞好企业整改，进一步放开搞活。境内企业开发一些新产品、新品种，工业门类发展至26种，其中纺织工业年产值0.89亿元，年产值超过0.10亿元的有食品、化工、建材等行业。

1990年，工业生产稳步增长，全县乡及乡以上工业门类仍为26种，全年工业总产值2.93亿元，其中纺织工业1.25亿元，食品工业0.37亿元，饲料工业0.09亿元，建材工业0.37亿元，金属制品0.13亿元，机械工业0.14亿元。1996年，全县乡及乡以上工业门类未变，全县工业生产值7.21亿元，其中食品工业1.6亿元，化学工业1.49亿元，医药制造业0.47亿元，普通机械制造业年产值0.91亿元，交通运输制造0.31亿元，金属制品工业年产值0.65亿元。2000年，全县地方规模以上工业主要门类33种，年产值超亿元行业有6家，超2亿元有2家，超5亿元有1家。纺织服装、生物化工、日用电器制造、粮食及饲料加工、植物油加工、制糖等行业成为支柱行业。

2002年后，全区掀起新一轮工业发展高潮。通过招商引资和岩盐开发，至2008年，全区规模以上工业主要门类29类，其中年产值超10亿元的行业有农副食品加工、非金属矿物制品、黑色金属冶炼及压延加工、电器机械及器材制造、电力热力生产和供应等7个工业门类。轻工业产值53.92亿元，重工业产值126.09亿元。

1978年淮阴县全民所有制独立核算工业企业主要门类一览表

表13-1-6

工业门类		企业总数（家）	年末固定资产原值（万元）	产品销售税金（万元）	利润税金总额（万元）	工业总产值（万元）	职工数（人）
电力工业		2	150	1	4	10	192
煤炭及炼焦工业		1	124	—	-22	70	505
化学工业		3	690	1	-29	291	639
机械工业	农业机械制造	2	187	4	4	108	150
	电子工业	2	75	2	2	72	228
	建筑材料工业	1	48	4	5	46	950
食品工业		4	110	2	12	486	1674
纺织、缝纫及皮革工业		3	340	28	32	1260	106
造纸及文教用品工业		1	42	3	3	29	—

1990年淮阴县全民所有制独立核算工业企业主要门类一览表

表13-1-7

工业门类	企业总数（家）	工业总产值（万元）	工业净产值（万元）	产品销售收入（万元）	利税总额（万元）	固定资产原值年末数（万元）		职工数（人）
自来水生产和供应业	1	46	27	104	26	207	192	81
食品制造业	6	1167	822	4183	133	1881	1444	1055

续表13-1-7

工业门类	企业总数（家）	工业总产值（万元）	工业净产值（万元）	产品销售收入（万元）	利税总额（万元）	固定资产原值年末数（万元）		职工数（人）
饮料制造业	1	252	100	550	27	225	171	308
饲料加工业	1	6	1	26	1	9	9	22
纺织业	5	3605	1572	12706	750	6156	4777	6701
造纸及纸制品业	1	-9	-21	18	-44	222	211	118
电力工业	1	15	6	30	6	158	80	56
化学工业	2	434	126	2178	55	1485	1284	1006
医药工业	1	103	69	358	32	141	120	142
建筑材料	1	66	18	173	19	86	56	220
机械工业	2	90	-15	293	-10	215	177	494
交通、运输制造业	1	29	4	95	7	31	15	101
电力机械制造业	1	21	-12	63	2	66	56	151
电子及通信制造业	1	196	121	237	74	182	123	202

2000年淮阴县规模以上工业企业主要门类一览表

表13-1-8

工业门类		企业总数（家）	工业总产值（万元）	产品销售收入（万元）	利税总额（万元）	固定资产原值（万元）	职工数（人）
粮食及饲料加工业	碾米	1	24634	15938	74	6389	165
粮食及饲料加工业	磨粉	2	34656	26913	551	3777	113
粮食及饲料加工业	面、米制品	1	43725	39954	415	1162	58
粮食及饲料加工业	配合及混合饲料制造	1	56198	38416	500	5010	80
植物油加工		1	120042	119548	5438	17126	188
制糖		1	120096	124707	7030	33766	364
水产品加工		1	6000	5000	500	1006	51
其他食品加工		1	18100	14472	—	2134	86
其他食品制造		1	24200	25052	2317	2626	48
纤维原料初步加工		1	38610	40744	5056	6281	130
其他纤维原料初步加工		1	38610	40744	5056	6281	130
棉纺织	棉纺	1	108317	106757	10138	69469	2187
棉纺织	棉织	2	110080	72874	3600	53121	2401
丝绸纺织	缫丝	6	156955	152627	6851	26886	1389
丝绸纺织	丝织	1	42688	12643	-153	92243	1349
丝绸纺织	丝印染	1	24071	1184	80	2300	30
丝绸纺织	丝制品	1	36050	35600	1410	1420	70

续表13-1-8

工业门类		企业总数（家）	工业总产值（万元）	产品销售收入（万元）	利税总额（万元）	固定资产原值（万元）	职工数（人）
服装制造		1	144850	128000	527	3650	380
制鞋		1	7205	7008	503	505	125
人造板制造		3	66150	45277	2484	8470	230
胶合板制造		3	66150	45277	2484	8470	230
纸制品		3	86903	81325	2867	5283	197
文化用品制造		1	30080	18020	3550	5800	131
文具制造		1	30080	18020	3550	5800	131
基本化学原料制造	纯碱制造	2	31000	29917	2071	15176	52
基本化学原料制造	无机盐制造	1	10883	10433	311	1510	70
化学肥料制造		1	15235	17188	28	17890	621
有机化学产品制造	有机化工原料制造	1	30032	30032	1890	3000	120
有机化学产品制造	其他有机化学产品制造	1	2400	2400	10	1924	30
专用化学产品制造		1	37445	35019	311	1520	30
日用化学产品制造	肥皂及皂粉、合成洗涤剂制造	1	17000	16800	615	3600	38
日用化学产品制造	其他日用化学产品制造	1	36100	34600	1340	620	60
化学药品制剂制造		1	14722	13071	889	24108	318
生物制品		2	101250	92783	2442	3820	505
塑料薄膜制造		1	4919	4780	276	2436	31
塑料零件制造		1	46001	44365	495	3066	53
稀有稀土金属冶炼		1	6200	6100	1180	2800	38
钨钼冶炼		1	6200	6100	1180	2800	38
金属结构制造		1	50150	43540	632	1126	76
其他金属制品		1	11750	10800	2188	949	12
铁制小农具制造		1	11750	10800	2188	949	12
通用设备制造		2	37314	37264	1143	4560	177
其他通用设备制造		2	37314	37264	1143	4560	177
轴承、阀门制造	轴承制造	1	12450	7637	-685	8600	164
轴承、阀门制造	阀门制造	2	17940	15754	460	3321	331
农、林、牧、渔、水利业机械制造		2	63208	57668	944	5227	279
拖拉机配件制造		2	63208	57668	944	5227	279
医疗器械制造		1	65130	52100	3520	5910	54

续表13-1-8

工业门类		企业总数（家）	工业总产值（万元）	产品销售收入（万元）	利税总额（万元）	固定资产原值（万元）	职工数（人）
医用材料及医疗用品制造		1	65130	52100	3520	5910	54
日用电器制造业		2	109992	116627	15231	10898	1665
其他日用电器制造		2	109992	116627	15231	10898	1665
电力生产	火力发电	1	522805	—	—	1045828	746
	水力发电	1	4543	4545	192	3374	65
自来水生产		1	6269	5122	874	15068	103

2008年淮阴区规模以上工业企业主要门类一览表

表13-1-9

工业门类	企业总数（家）	工业总产值（万元）	利润总额（万元）	利税总额（万元）	固定资产净值年平均余额（万元）	职工数（人）
非金属矿采选	5	—	17871	29041	35014	1053
农副食品加工	12	230293	7640	9672	9181	1435
食品制造	1	5978	549	583	106	66
饮料制造	2	17072	1765	2376	2098	292
纺织	15	87672	7202	8460	11664	3246
纺织服装、鞋、帽制造	10	51786	3946	4440	8398	2025
皮革、毛皮、羽毛（绒）及其制品	2	12029	1145	1175	849	273
木材加工及木、竹、藤、棕、草制品	9	66847	6261	8155	19325	1314
造纸及纸制品	2	7427	670	713	4560	166
印刷业和记录媒介的复制	2	13920	1494	1549	996	139
文教体育用品制造	1	2384	178	242	200	150
石油加工、炼焦及核燃料加工	1	7149	406	450	291	35
化学原料及化学制品制造	8	68785	5535	6391	6764	827
医药制造	2	9948	226	421	1230	357
橡胶制品	2	17004	1587	1780	1033	634
塑料制品	4	12959	1237	1337	3753	363
非金属矿物制品	11	139692	10037	13660	20195	919
黑色金属冶炼及压延加工	1	289595	33612	38467	46258	905
有色金属冶炼及压延加工	7	85455	7003	9836	12163	463
金属制品	12	76654	6624	7269	3441	1140
通用设备制造	8	62641	4869	5760	5995	1121
专用设备制造	7	55826	5145	5432	5772	575

续表13-1-9

工业门类		企业总数（家）	工业总产值（万元）	利润总额（万元）	利税总额（万元）	固定资产净值年平均余额（万元）	职工数（人）
交通运输设备制造		2	17284	1608	1899	1311	281
电气机械及器材制造		13	113772	10182	11793	13855	1514
通信设备、计算机及其他电子设备		1	5720	21	41	1480	28
工艺品及其他制造		1	—	48	48	160	84
电力、热力的生产和供应		1	264449	-49892	—	427816	881
水的生产和供应		1	761	123	—	720	103
高新技术产品	电子及通信设备制造	1	—	21	—	1480	28
	医药制造	2	—	226	—	1230	357
	专用科学仪器设备制造	1	—	130	—	1123	85
	电气机械及设备制造	3	—	1689	—	4040	257
	新材料产品	4	—	3762	—	606	285

第二章　盐化工业

第一节　发展历程

一、机构

1986年7月，淮阴县成立矿产资源管理办公室，负责县内矿产资源的行政管理。1988年3月，成立岩盐开发利用办公室，负责盐类矿产的开发管理。1991年5月，县岩盐开发利用办公室列入行政正式编制，为正科级单位。1993年3月，岩盐开发利用办公室与计委矿产资源管理办公室合署办公，承担矿产资源行政管理职能。1996年3月，县政府成立芒硝开发利用办公室，主持赵集石盐矿区庆丰东段的无水芒硝资源勘探工作。1997年3月，芒硝开发利用办公室更名为淮阴县重点项目办公室。在岩盐开发利用办公室基础上，成立淮阴县地质矿产局。

图13-2-1　淮阴工业新区赵集盐化工基地

2001年11月，淮阴区国土资源局地矿科承担矿产资源行政管理业务工作。

2005年1月，淮阴盐矿划归区财政局管理。2006年，淮阴区重点项目办公室更名为淮阴区盐化工产业办公室，负责全区盐化工业规划、盐化项目调研申报、资源勘探和盐化工企业管理。是年，淮安市规划盐化工产业园，将赵集沿张福河以西，赵集镇区以北7.55平方千米土地划为河西片区。2007年1月，淮阴区成立淮安工业园赵集片区开发建设指挥部，负责片区基础设施建设。

2008年3月，市政府批准成立淮阴工业新区管委会，正科级编制，同时撤销原淮阴区盐化工产业办公室和原淮安工业园赵集片区开发建设指挥部。4月18日，在淮成立江苏省盐业集团淮盐矿业有限公司，注册资本2亿元，股东为江苏省盐业集团有限责任公司、江苏金桥盐化集团有限公司、江苏省银宝盐业有限公司、淮安市淮阴盐化工发展有限公司。

二、勘探与开发

【勘探】 1958～1959年，地矿部华东石油勘探局对淮阴县域内进行二十万分之一重力和磁力普查，地矿部航空物探大队进行五十万分之一航磁普查，发现域内西南洪泽湖断陷中有重力负异常区，为油气地震勘探提供初步依据。1974～1975年，为寻找油气资源，江苏省第四物探大队对洪泽湖断陷赵集次凹进行地震普查。1975年后，江苏省第六普查勘探大队在赵集镇十堡村和韩桥乡先后施工地质勘探井苏-72井、苏-142井，在十堡的苏-72井首次钻遇厚达38米的工业盐层，验证地震波组属性，并建立赵集次凹第三系地层剖面，推测认定在赵集次凹存在大型盐类矿床，为在淮阴开展盐类矿产的普查提供直接依据。1976～1979年，江苏省第六物探大队继续进行地震勘探，完成2千米×2千米、2千米×4千米地震测网，获得系统的地震波组反射资料，确认赵集次凹是一个南断北超的新生代断陷盆地，沉积厚度达5000米，是有油气矿藏的良好区域。

1980年，华东石油地质局地质研究大队对洪泽湖断陷的地球物理、地质条件进行系统的综合研究，充分阐述盐类矿产的成因和属性，为评价、勘探赵集次凹盐类矿产提供理论依据。

1980～1983年，江苏省第二水文地质工程大队对淮泗地区进行全面系统的水文地质调查，提交淮泗涟地区农田供水水文地质勘探报告，为盐类矿产的评价提供完整系统的区域水文地质资料。

1982～1985年，化工部第三钾盐地质大队根据华东石油地质局提供的地震勘探、钻井地质和盐类矿产研究资料，开始在洪泽湖断陷开展钾盐普查工作。在赵集红星、庆丰先后施工洪钾1号井和洪钾3号井，钻遇所有含盐地层和工业盐层，进一步证实赵集次凹蕴藏特大型优质盐类矿床，并首次钻探到无水芒硝矿层和天然碱矿层。

1988年3月，淮阴县政府成立盐化工开发公司，联合华东石油地质局利用苏-72号井，进行石盐水溶开采试验研究，取得重要的工业技术数据，为盐类资源的大规模开发利用奠定技术基础。9月，经淮阴市人民政府批准，淮阴县人民政府联合洪泽县人民政府，共同委托华东石油地质局对洪泽盆地赵集次凹的盐类矿产资源进行全面系统的普查研究。由华东石油地质局地质研究大队承担普查研究，是年10月完成。提交的江苏省淮阴市洪泽盆地岩盐普查评价报告，经国家地质矿产部专家评审，获得批准。报告研究并确定，在淮阴县赵集和洪泽县西顺河境内，地下蕴藏着一个特大型优质盐类矿床。盐矿层累计厚度197米。在洪泽湖畔陆上81.96平方千米范围内，石盐矿石储量270.48亿吨，其中氯化钠工业储量215.06亿吨、无水硫酸钠（芒硝）工业储量14.3亿吨。在淮阴县境内地下矿石储量241.7亿吨、氯化钠储量192.18亿吨、无水硫酸钠12.79亿吨，占总储量89.3%。

1989年6月，由淮阴县人民政府投资，委托华东石油地质局在赵集镇庆丰境内实施详细勘探。设计并施工赵1号、赵2号、赵3号3口探井。利用洪钾1号井、洪钾3号井勘探资料，在圈定的3.44平方千米矿区内，确认石盐矿石储量7.223亿吨，其中石盐工业储量5.01亿吨，伴生芒硝储量1531万吨。是年10月，淮阴县赵集石盐矿区庆丰块段地质勘探报告获江苏省矿产资源储量委员会批准。

1991～1992年，由华东石油规划设计院负责的“洪泽盆地无水芒硝深井水溶开采试验研究”取得成果，为无水芒硝的深井水溶开采奠定工业技术基础。

1996～1997年，由淮阴县人民政府投资，在赵集矿区庆丰东段实施无水芒硝资源的详细勘探，庆丰1号井、庆丰2号井、庆丰3号井施工。在圈定的0.25平方千米矿区范围内，测得无水芒硝矿石储量

1662.5万吨，其中硫酸钠工业储量1454.55万吨。淮阴县赵集矿区庆丰矿段东段无水芒硝及石盐矿勘探地质报告，于1999年2月获得江苏省矿产资源储量委员会批准。

1998～1999年，在赵集矿区苏庄块段实施无水芒硝的滚动勘探，丰收1号井、丰收2号井、丰收3号井施工。在圈定的0.32平方千米矿区内，测得无水芒硝矿石储量1178.8万吨，其中硫酸钠工业储量1022.68万吨；测得石盐矿石储量3100万吨，其中氯化钠工业储量2514万吨。于2000年6月获得国土资源部矿产资源储量认定批准。

2001～2002年，由淮安华尔润化工公司投资，在赵集矿区红星矿段进行石盐、芒硝的勘探，红星1号井、红星2号井、红星3号井施工，在圈定的1.93平方千米范围内，测得石盐矿石储量2.46亿吨，其中氯化钠工业储量1.69亿吨。

2003～2004年，由中国石化集团江苏石油勘探局投资，在赵集矿区汪场矿段进行石盐矿的详细勘探，苏盐1号井、苏盐2号井、苏盐3号井施工。在圈定的1.28平方千米矿区内测得石盐矿石储量3.31亿吨，其中氯化钠工业储量2.37亿吨。2004年6月，获得江苏省国土资源厅储量备案批准，为中石化实施的全国规模最大、管线最长的石盐卤水输送工程提供储量保障。

2005年3月，由淮阴盐化工发展有限公司投资，委托江苏油田物探处和江苏油田地质科学研究院，实施赵集矿区西部15平方千米的高精度二维地震地球物理勘探，取得精确的石盐、芒硝矿床在西部的分布地质物探资料。

2006年，淮阴盐化工发展有限公司在赵集矿区丁场矿段进行石盐芒硝资源勘探，淮发1号井、淮发2号井、淮发3号井施工。在圈定的1.06平方千米范围内，测得石盐矿石储量3.51亿吨、氯化钠工业储量2.64亿吨；测得无水芒硝矿石储量2945.88万吨，其中硫酸钠工业储量2601.77万吨，验证地震物质成果。

2007年，由江苏石油勘探局矿业开发总公司投资，在赵集矿区汪场矿段进行石盐、芒硝资源的扩大勘探，苏盐11号、苏盐12号、苏盐13号、苏盐14号等4口探井施工。在圈定的3.43平方千米范围内，测得石盐矿石储量11.7亿吨，其中氯化钠工业储量8.6亿吨；测得无水芒硝矿石储量8936.9万吨、硫酸钠工业储量7641万吨。是年3月，勘探储量获得江苏省国土资源厅备案批准。由江苏省白玫糖业有限公司投资，在赵集矿区成长块段进行石盐、芒硝资源勘探，成长1号、成长2号2口探井施工，会同江苏石油勘探局的苏盐11号井、苏盐12号井资料。在圈定的2.87平方千米范围内，确定石盐矿石储量10.28亿吨，其中氯化钠工业储量7.55亿吨；无水芒硝矿石储量6535.3万吨，其中硫酸钠工业储量5706.2万吨。

至2008年，淮阴区在赵集实施20.45平方千米的地质详勘，形成8个分矿区，确认石盐矿石储量37.32亿吨，其中氯化钠工业储量27.21亿吨；无水芒硝矿石储量2.65亿吨，其中硫酸钠工业储量2.17亿吨。

【开发】 1988年3月，淮阴县盐化工业开发公司组建，与华东石油地质局东进资源开发公司签署《建立江苏省淮阴县盐矿联合开发利用岩盐资源的协议》。两家各出资165万元，股份各占50%，规模为年产原盐10万吨，并决定对赵集矿区庆丰块段石盐资源进行详勘。同时开展矿卤摊晒、平锅熬盐、碳氨法纯碱生产等开发应用研究。1991年，庆丰块段的赵1号井、赵2号井相继建成投产，开采的卤水通过水运外输给淮阴电化厂、盐城电化厂、扬州农药厂、蚌埠电化厂氯碱生产使用。1997年，由上海太平洋化工集团公司与江苏淮阴糖厂联合组建上海太平洋化工（集团）淮阴元明粉公司，改造并利用糖厂原年产2万吨真空制盐装置，建成年产3万吨元明粉装置。是年，庆丰1号井建成投产，利用其提供的芒硝卤水，生产出合格的元明粉产品。开展年产10万吨元明粉、5万吨硫酸钾等项目的可行性研究。1998年，县盐矿由于长期经营亏损而停产。是年10月，由淮阴盐矿董事会发包，将盐矿承包给赵集镇政府经营，人财物全部由赵集镇政府管理。

1999年，由上海焦化集团公司、上海白猫化工有限公司、白玫化工有限公司共同组建的上海太平

图13-2-2　坐落在工业新区的山西南风化工集团淮安元明粉公司

洋化工（集团）淮安元明粉公司正式运营，年产10万吨元明粉工程在赵集矿区开工建设。2000年，盐矿实施技术改造，总投资40万元，并开通庆丰地块赵2号井，是年完成销售卤水9.86万立方米，实现利税100余万元，扭亏为盈。

2001年，由山西南风化工集团和白玫化工有限公司合资组建的南风化工集团淮安元明粉公司成立。以赵集矿区苏庄矿段为矿基地，建设年产10万吨元明粉工程，是年5月建成投产，年产元明粉20万吨。

2003年，由江苏华尔润集团淮安华尔润化工公司投资，以赵集矿区红星矿段为矿基地，成立淮安淮阴华尔润化工公司红星盐矿有限公司，建设年采输卤200万立方米的石盐采输卤工程，用26千米管线输送至淮安市区淮安华尔润化工公司，为年产30万吨的联碱原料。是年，中国石油化工集团为保证连云港碱厂年产100万吨纯碱的原料供应，批准江苏石油勘探局年产400万立方米采输卤工程项目。该工程以赵集石盐矿区汪场矿段为基地，采用173.8千米输卤管线将卤水输送至连云港碱厂。这是全国规模最大、管线最长的采输卤工程。

2004年3月，江苏东进资源开发公司淮阴盐矿股份转让给淮阴区盐化工开发公司（原淮阴县盐化工公司），转让费150万元。至此，淮阴盐矿的股权归淮阴区盐化工开发公司。

2005年1月，淮阴盐矿由淮阴区财政局发包给赵集镇政府工作人员王立富个人承包，承包期限为14个月，缴纳承包费65万元。9月15日，区政府与江苏盐业集团公司达成淮阴盐矿国有产权转让的合作意向。12月28日，正式签署双方合作协议，建设从淮阴至盐城灌东盐场年产400万立方米采输卤工程项目。是年，由江苏白玫糖业有限公司、淮阴盐化工发展有限公司、江苏华茂贸易有限公司共同组建的江苏白玫化工有限公司成立。以赵集矿区丁场矿段一部和成长矿段为原料矿，采用国内先进技术，建成年产30万吨硝盐联产工程。

2006年，开展年产60万吨盐硝联产环保工程、年产800万立方米淮阴至长江采输卤工程、年产30万吨离子膜氯碱工程等项目的调研工作并进行申报，完成赵集镇7.5平方千米盐化工业园区的规划设计，并正式纳入淮安市化学工业园区的整体规划，启动盐化工业园区基础设施建设。是年，江苏盐业集团公司进行资产重组，兼并江苏淮阴区盐矿。

2007年，江苏盐业集团公司联合连云港金桥盐化集团公司、江苏银宝盐业公司共同组建江苏盐业集团淮盐矿业有限公司，以赵集矿区庆丰段为采卤矿基地，建成年产100万吨原盐采输卤工程，用164千米输卤管线，将卤水输送至盐城灌东和灌西盐场，进行矿卤摊晒制盐。是年，由淮安市嘉诚化工公司、淮安市华阳置业有限公司、淮安市鑫龙房地产公司共同组建的江苏嘉源元明粉有限公司成立，与江苏油田矿业开发总公司合作，以赵集矿区汪场矿段为采卤矿，建成年产30万吨硝盐联产工程。

图13-2-3　坐落于工业新区的江苏白玫化工有限公司

2008年，淮阴工业新区逐步建设成为全国最大的采输卤基地和重要的元明粉生产、出口基地，成为拉动全区经济发展的重要增长极。园区内有企业9家，其中元明粉生产企业4家，分别是上海太平洋化工（集团）淮安元明粉有限公司、南风集团淮安元明粉有限公司、江苏白玫化工有限公司、江苏嘉源元明粉有限公司。采输卤企业5家，分别是中石化江苏石油勘探局淮安采输卤管理处、淮安淮阴华尔润红星盐矿有限公司、江苏利源实业有限公司、江苏省盐业集团淮盐矿业有限公司、台玻集团淮安实源采卤有限公司。是年4月28日，淮阴至盐城响水灌东盐场输卤工程举行开工仪式。7月，国家发展和改革委员会正式批准江苏白玫糖业公司申报的60万吨盐硝联产环保工程项目。投产后形成60万吨精制工业盐、9万吨元明粉的生产能力。

2001～2008年淮阴区盐化工工业情况统计表

表13-2-1

年份	企业数（家）	职工数（人）	总资产（万元）	总产值（万元）	销售产值（万元）	利税（万元）
2001	3	238	15855	5165	5165	3520
2002	3	403	20951	14369	14369	5768
2003	3	418	22130	19482	19482	7701
2004	3	433	23345	21475	21475	8036
2005	5	546	35920	29466	29466	13849
2006	6	716	75212	35649	35649	20260
2007	6	953	80185	49688	49688	25011
2008	6	1155	91620	69365	69365	28732

第二节　企业选介

一、中国石化集团江苏石油勘探局淮安采输卤管理处

该企业位于赵集镇红星村。2003年12月28日，中国石化集团江苏石油勘探局实施的淮阴至连云港碱厂输卤工程在赵集镇举行开工奠基仪式。2005年2月2日工程投入试运行。该工程是中石化江苏石油勘探局在非烃类矿藏资源开发方面一次性投资额最大的项目，总投资3.1亿元，主要产品为石盐卤水，年采集（输送）能力为500万立方米（折合原盐150万吨）。产品主要供给南京化学工业公司连云港碱厂，供给方式是管道输送。管道全长173.8千米，内防采用无溶剂环氧涂料，是亚洲地区最长的一条输卤管道。采输卤管理处拥有位于赵集镇庆丰矿段西段、登记面积为4.56平方千米的勘探地块。首期开采赵集盐矿汪场矿区1.1559区块，可采氯化钠储量5413万吨，设计开采年限37年。主要设施有：采输卤首、末站各1座；管径508毫米输卤管道173.8 千米；水厂1座，取水泵站1座；总控制室1个，卤水化验室1个；集输泵站1座，配水间2座，井组10对。2008年，有工作人员110名，产量470万立方，产值1.05亿元，利税4100万元，其中税收3000万元。

二、上海太平洋化工（集团）淮安元明粉有限公司

该企业位于赵集镇小滩村，1997年成立。由原上海太平洋化工（集团）有限公司和原淮阴制糖厂分别按51%和49%的股份进行合作，在制糖厂厂区内建成1套年产2万吨元明粉生产装置，并先后在赵集镇庆丰村钻芒硝矿井2口，用船将采集的卤水从赵集镇运至制糖厂作为原料加工生产元明粉。1998年，上海白猫有限公司加入，股东增加至3家。1999年1月，上海焦仪集团、淮阴制糖厂和上海白猫有限公司在上海正式签署组建上海太平洋化工（集团）淮安元明粉有限公司的合资合同。合同约定一期

项目总投资6995万元，上海太平洋化工（集团）有限公司、淮阴制糖厂和上海白猫有限公司的出资比例分别为51%、39%和10%。4月，开始土地征用、农民搬迁安置等工作。6月，年产10万吨一期元明粉项目正式开工建设。2000年9月，一期项目建成投产，是年生产元明粉2.42万吨，实现产值1040.6万元、利税195万元。2001年4月，一期工程月产量1.2万吨，元明粉产量、质量均达到设计要求。2001年6月，股东方研究决定进一步加大投资规模。2001年9月，二期工程正式启动，并于2002年4月建成投产。二期工程投产当年，产量25.9万吨，完成利润2768万元、税收1893万元，经济效益跃居当年淮安市十强企业之列。公司建筑面积2.2万平方米，固定资产1.3亿元。2003年，生产元明粉35.5万吨，完成利润3539万元、税金3049万元。2004年，生产元明粉34.5万吨，完成利润3036万元、税金2998万元。2005年，生产元明粉35.1万吨，完成利润1849万元、税金2769万元。2006年，完成产值15083万元、利润4643万元、税金6733万元。2007年，完成产值16275万元、利润5810.6万元、利税8303.9万元。2008年，完成产值19424万元、利润6310万元、利税9005万元。

三、南风集团淮安元明粉有限公司

该企业位于赵集镇小滩村。公司于2000年3月开始组建，占地面积4.13万平方米，拥有年产10万吨元明粉生产线1套，项目总投资5000万元，由山西南风化工集团股份有限公司和江苏淮阴白玫糖业有限公司共同投资兴建，其中南风集团出资4700万元，占总投资94%，江苏淮阴白玫糖业有限公司出资300万元，占总投资6%。公司产品为“运”牌无水硫酸钠，在全国设立产品经销处、办事处4家，拥有固定的国际和国内客户，产品畅销整个华东市场。2001年5月投产运营，产量8.71万吨，销量7.76万吨，销售收入2994.29万元，实现利税1900.54万元，其中税金600万元。2006年，完成产值7992万元、销售收入7956万元、利润2319万元、税金995万元。2007年，完成产值9273万元、销售收入9199.3万元、利润3002.2万元、税金1199.1万元。2008年，完成产量18.75万吨、销量18.26万吨、销售收入7587.6万元、利税3304.89万元，上交税金1646万元。

第三章　生物化工业

第一节　发展历程

1978年，全县生物化工企业12家，全部为社办企业，实现产值15万元。20世纪80年代，企业生产总体比较平稳。90年代后，随着市场经济体制的建立，市场竞争日益加剧，12家企业相继倒闭，为盘活企业资产，加强招商引资，淮阴市第二制药厂与双鹤药业合作，成立淮安双鹤药业。2008年，全区有生物化工规模企业3家，分别为双鹤药业、万邦香料、杰隆蛋白质。行业实现产值2.71亿元、销售2.73亿元、利税933万元、利润457万元。

第二节　企业选介

一、江苏淮安双鹤药业有限责任公司

该公司于2001年由原淮阴市第二制药厂与北京双鹤药业股份有限公司合资建成，位于淮阴区北京西路123号，2001年11月登记注册，注册资本956万元。有职工324人，其中专业技术人员77名，

中级职称以上人员18名，大专学历以上人员40名，取得药师资格人员22名、执业药师8名。公司占地面积1.5万平方米，建筑面积0.95万平方米，资产总额3021万元，其中固定资产1831万元，主要设备有280套。淮安双鹤药业是江苏省高新技术企业、淮安市企业管理创新二级企业。主产品为大容量注射液，年生产能力4000万瓶。主要有盐酸环丙沙星注射液、氟康唑注射液、葛根素葡萄糖注射液、苦参素注射液、克林霉素注射液、法莫替丁注射液、阿昔洛韦注射液等40个品种规格。产品市场主要分布在江苏、安徽、山东、河北、四川等省的二、三级医药采购站和乡级以上医院。新产品覆盖全国各个主要城市和地区。2008年，总产值9948万元，主营业务收入8115万元，利税总额421万元。

图13-3-1　淮安双鹤药业有限责任公司

二、淮安万邦香料工业有限公司

该公司于2002年成立，位于淮阴区长江东路216号。2004年12月，通过ISO9001:2000认证，产品一次合格率99.5%，产品出厂合格率100%。该公司为新加坡上市公司。2008年，公司有员工300余人，技术人员50余名，总资产7000万元，主要生产香芹酮和水杨酸系列产品。全年生产香芹酮1200吨，工业总产值1.2亿元，销售收入9000万元，利税总额1400万元。

第四章　化工肥料工业

第一节　发展历程

1978年，全县化工肥料企业有3家，主要产品为合成氨、氮肥和磷肥。全年生产合成氨0.49万吨、氮肥1.62万吨，磷肥0.23万吨，产值335万元，其中化肥厂产值313万元、磷肥厂产值22万元，但整个行业处于亏损状态，其中化肥厂亏损13.5万元、磷肥厂亏损15.82万元。20世纪80年代，企业经营体制转换，扩大企业生产自主权，农产品市场需求增加，产品供不应求，国家对企业实行价格补贴，企业产能得到释放，整个行业生产比较平稳。90年代，国家对“五小”企业进行整顿，取消原来各类补助，同行业竞争激烈，市场主要产品被复合肥取代。因企业产品单一，磷肥、碳酸氢铵市场需求下降，产品滞销和积压，库存不断增加，生产成本增加，经营状况恶化，处于亏损状态。磷肥厂2002年停产，化肥厂2004年8月停产改制。

第二节　企业选介

一、淮阴磷肥厂

该厂建于1970年，位于淮阴区北京东路，占地面积3.5万平方米，建筑面积0.72万平方米，有固定资产157万元，产品主要有磷肥、复合肥。1985年，国家对小化肥企业实行优惠政策，企业生产比较正常。其后，农资原材料上涨，企业年年亏损，1998年5月，磷肥厂改制，企业效益暂时好转。2002年后，外地肥料进入境内市场，企业因周转资金困难停产。2007年，该企业破产。其后，原厂区建成金碧湖畔住宅小区。

二、淮阴化肥厂

该厂1971年筹建，位于淮阴城区东盐河南岸，1972年3月投产。主要产品有液氨、农用碳酸氢铵。起初生产规模很小，有两炉四机，1995年有四炉十四机，年产碳酸氢铵10万吨。1998年，经技术改造，原直径600毫米的合成塔增大至1000毫米，产量大幅提高。2000年5月，企业全面停产。2004年8月，企业改制，资产出售。其后，原厂区开发建成东昇花园居住小区。

第五章　太阳能热水器制造工业

第一节　发展历程

一、项目建设

江苏淮阴辉煌太阳能股份有限公司和“辉煌”品牌创始于1994年。公司原为淮阴市环境研究所实验工厂。1995年，购置J21S-25深喉冲床、J23-16普通冲床各1台。1996年，“辉煌”商标在国家工商局商标局登记注册。1997年，辉煌企业获得全国太阳能行业唯一的国家星火计划项目，辉煌产品获第六届中国专利新技术、新产品博览会太阳能行业唯一特别金奖。

2002年7月30日，辉煌太阳能列入国家经济贸易委员会、国家发展计划委员会下达的2002年国家重点技术改造项目计划（第八批国债专项资金项目）。2002年11月15日，江苏省经贸委向国家经贸委上报江苏淮阴辉煌太阳能有限公司年产10万台高效太阳能热水系统技术改造项目可行性研究报告。11月26日，江苏省环保厅对该项目环境影响报告表作了批复，同意该项目在拟定地点建设。2003年2月17日，淮阴区发展计划委员会批复同意该项目立项建设，6月27日获得建设用地规划许可证。项目厂区位于淮阴区淮河路109号，占地面积12.3万平方米，7月开工建设。2005年4月建成并投入试生产，各项技术指标基本达到预期目标，符合竣工验收条件。经专项审计，项目实际完成固定资产投资4336.65万元，其中国债专项贷款2900万元，企业自筹资金1436.65万元。是年，生产设备实现机械化流水线的布局。该生产线设备总计182台（套），其中外桶加工设备60台（套），涵盖开卷机、液压剪板机、冲床、点焊机、油压机、外端盖剪圆机、外端盖翻边机、台钻、扎制机、气动缩口机、压筋机、

图13-5-1　坐落在淮阴工业园的江苏淮阴辉煌太阳能有限公司

滚筋机、外桶压平机、折弯机、液压小叉车等。内桶设备45台（套），涵盖管接头焊机、滚筋机、内桶翻边机、压平机、折弯机、冲床、四轮封口机、咬边机、孔口压筋机、电阻焊机、直缝焊机、龙门直缝焊机、内桶劈边机、剪圆机、空压机、液压小叉车等。喷塑设备4台（套），涵盖喷塑生产线、电阻炉、酸洗生产线、液压小叉车等。发泡设备16台（套），涵盖发泡机、压盖机、排风设备、加温设备、打标机、空压机、液压小叉车等。包装设备2台（套），涵盖包装生产线、液压小叉车等。购置维修辅助设备42台（套），购置成品检测、研发试制、产品实验等保障性设备13台（套）。

图13-5-2　江苏辉煌太阳能有限公司生产线

二、研发与效益

【研发】 1995年起，江苏淮阴辉煌太阳能股份有限公司设置研发部，负责新能源综合利用领域的技术和产品的研究与开发。公司从太阳能热水器产品起步，研制开发出具有鲜明企业特色和自主知识产权的太阳制热水、空气制热水、循环制热水三大产品集群。1997年，在全国太阳能行业中率先研制并推广“光电互补型”太阳能热水器。在全国第一次实现太阳能热水器全天候使用，解决长江以北地区太阳能热水器冬季难以使用的问题。2000年9月，研制成功管道排空技术及其产品，实现管道无冷水，冬季不冻堵的创意，解决太阳能管道冷水和管道冻堵的难题。2002年，公司成功研制高效能太阳能热水系统，标志着中国太阳能热水器行业进入一个新的发展阶段。是年，公司对严重侵权的某太阳能公司提起法律诉讼，侵权单位被江苏省南京市中级人民法院判决赔偿辉煌公司30万元，并公开赔礼道歉。2003年，公司成功研制空气制热水产品，被列为江苏省政府重大科技转换资金支持项目。2004年，成功研制循环制热水产品。该产品是公司的专利产品、辉煌产品，是由“中国制造”向“中国创造”转变的代表产品。

1995～2008年，公司先后申报48项专利，获得授权45项。45项专利技术均为公司自主研发，公司拥有自主知识产权，其中国内专利42项，国外专利3项（美国发明专利1项、日本和德国实用新型专利各1项）；涵盖发明专利3项、实用新型专利33项、外观设计专利9项。

2008年，辉煌太阳能公司有各类技术人员105名，其中高级工程师5名、工程师35名、技术员65名，人员平均年龄40岁。公司先后与中国科学技术大学、上海交通大学、东南大学等高校建立长期合作关系，建立联合开发基地，研究开发新能源和高效节能新产品；与上海交通大学成立联合研究所，共同研制开发多功能太阳能复合冷管，获得国家发明专利。公司还通过专利转让、独家许可使用的方法进行节能产品的研制开发。是年12月，江苏数字化桑乐太阳能有限公司落户淮阴。

江苏淮阴辉煌太阳能股份有限公司专利情况一览表

表13-5-1

名　称	专利号	授权公告日	专利类型
多功能组合式太阳能热水器系统装置	97247305.X	1999.07.16	实用新型
可控承压式太阳能热水器	98227990.6	1999.08.14	实用新型

续表13-5-1

名　称	专利号	授权公告日	专利类型
管道防冻式太阳能热水器	98227989.2	1999.08.21	实用新型
跨顶式太阳能热水器支架	98227082.8	1999.09.18	实用新型
太阳能热水器组合进水阀	98227081.X	1999.09.18	实用新型
电动阀自动控制器	98242957.6	1999.11.20	实用新型
节能型热水空调复合机	99229203.4	2000.06.24	实用新型
装配式螺旋套管热交换器	99229955.1	2000.07.28	实用新型
一种带节能型热水器的洗浴装置	99230191.2	2000.09.02	实用新型
可控管道排空阀	99229954.3	2000.09.09	实用新型
装配式螺旋套管热交换器	00201305.3	2000.10.07	实用新型
热泵式热水器	00205812.X	2000.11.04	实用新型
简易管道防冻式太阳能热水器	99230616.7	2000.11.11	实用新型
太阳能热水器全玻璃真空集热管防冻裂装置	00241157.1	2001.09.26	实用新型
多功能调节阀	00241155.5	2001.10.03	实用新型
顶水式真空管太阳能热水器双管道自然排空装置	00261772.2	2001.10.10	实用新型
太阳能热水器管道排空阀的防冻装置	00261974.1	2001.10.10	实用新型
一种带自动控制防冻系统的太阳能热水器	01217311.8	2001.12.26	实用新型
制冷和供热两用的多功能太阳能冷管	01228952.3	2002.05.08	实用新型
装配式螺旋套管热交换器	DE20121520.9	2003.02.27	德国实用新型
新型多功能调节阀	01263065.9	2003.03.12	实用新型
装配式螺旋套管热交换器	JP2002-007820	2003.04.02	日本实用新型
一端输出冷量、另一端输热量的太阳能冷管	02244295.2	2003.08.20	实用新型
洗浴废水的余热回收装置	02263931.4	2003.10.22	实用新型
洗浴废水过滤、排污专用装置及洗浴废水余热回收利用淋浴装置	02246742.4	2004.04.14	实用新型
装配式螺旋套管热交换器	US6736198B2	2004.05.18	美国发明
制冷和供热两用的多功能太阳能冷管	01129539.2	2004.06.16	发明
洗浴废水过滤排污装置及洗浴废水回收装置	02263930.6	2004.07.28	实用新型
太阳热水器（豪华A型）	200430018469.5	2004.12.22	外观设计
太阳热水器（豪华B型）	200430018470.8	2005.03.23	外观设计

续表 13-5-1

名　称	专利号	授权公告日	专利类型
太阳热水器（豪华C型）	200430018471.2	2005.05.04	外观设计
太阳热水器（豪华D型）	200430018472.7	2005.05.04	外观设计
太阳热水器（豪华E型）	200430018473.1	2005.05.04	外观设计
并联套筒直抽式热交换器	200520069653.1	2005.05.17	实用新型
节能型准即热式电热水器	200420028156.2	2005.08.03	实用新型
太阳热水器（坡顶型）	200430018784.8	2005.09.14	外观设计
太阳热水器真空管尾托	200420027193.1	2005.09.24	实用新型
热水多路补给循环系统	200520073736.8	2006.12.20	实用新型
太阳能热水器支架（HA）	2006300811544	2007.01.17	外观设计
底脚（太阳热水器支架用）	2006300851325	2007.02.21	外观设计
U型管道防堵器	200620069518.1	2007.04.18	实用新型
螺旋波纹管式热交换器	200620069519.6	2007.05.02	实用新型
电加热棒接线盒	200630085133.X	2007.05.02	外观设计
洗浴废水过滤排污装置及方法	02138173.9	2007.10.10	发明
太阳能热水器新型排空阀	200620077247.4	2007.10.17	实用新型

【效益】 1997年，辉煌太阳能热水器年产销量不足万台，产值2000万元，利税300余万元。1998～2000年，产量、产值、销售及收入、利税均实现逐年翻番。2000年，年产销量4万台，产值亿元，利税千万元。2001～2005年，各项经济指标呈小幅增长、持平、下滑态势。2006年，公司遇"国债项目"还贷高峰和市场低迷导致销售滑坡。2008年，企业年产销量9.53万台，完成产值1.81亿元，销售收入2.14亿元、利税3267万元。

第二节　企业选介

一、江苏淮阴辉煌太阳能股份有限公司

公司创始于1994年，位于淮阴区淮河路109号，公司占地面积18公顷，厂房面积4万余平方米，是国内大规模的太阳能整机产业基地。公司是全国大规模专业化生产、销售太阳集热管及太阳能热水器的骨干企业，江苏省重点高新技术企业，全国重合同守信用企业，企业资信等级AAA级，通过ISO9001国际质量管理体系认证、ISO14001国际环境管理体系认证。1998年起，"辉煌"商标连续多年被评为江苏省著名商标，2008年被司法认定为中国驰名商标。公司研制开发出具有鲜明企业特色和自主知识产权的太阳制热水、热泵制热水、循环制热水的三大产品集群。系列产品有光电互补型、智能型、管道排空式太阳热水器、高效能太阳热水系统、全自动太阳能热水器、分体式太阳能热水器、平板式太阳能热水器等。其中，光电互补型产品通过中国3C安全认证、欧盟CE安全认证、德国GS

安全认证；管道排空式产品获国家专利授权和国家重点新产品称号；高效能太阳热水系统产品分别于1997年和2001年列入国家星火计划项目、火炬计划项目。空气源热泵产品被列为江苏省科技成果转化专项资金项目。公司建立遍布全国的营销网络和服务体系，建有480个加盟商、经销商的销售网络，遍布全国28个省、市、自治区。产品出口德国、新西兰、印度、泰国、菲律宾、突尼斯等近20个国家。

二、江苏数字化桑乐太阳能有限公司

公司成立于2008年12月，位于淮阴区嫩江路117号，注册资本1000万元，为国有控股公司，建成事业部4个、产品线22条，主要开展太阳能热水系统、地源及空气源热泵系统、光伏发电、水净化处理设备、空气净化设备的研发、生产和销售。公司建有省级工程技术研究中心和市级技术中心，通过ISO9001质量管理体系认证、ISO14001环境管理体系认证、OHSAS18001职业健康安全管理体系认证、3C产品强制性认证，获淮安市两化融合示范企业、淮安市企业（职工）文化建设示范单位、江苏省工程技术中心、江苏省高新技术企业等称号，专业产品制造综合实力国内同行业排名第二。

第六章　机械工业

第一节　发展历程

1978年，全县有机械工业企业60家，职工2203人，总产值1184万元，利税114万元。主要生产产品有金属切削机床13台、割晒机11台、机动脱粒机102台、排水量2400吨拖轮6艘、排水量200吨水泥农船9艘，以及中小农具43万件、粉碎机741台、机引犁耙1451台等。犁耙厂生产的ILS330江苏三铧犁获全国科技大会科技优秀成果奖。1980年，全县个体铁匠铺116个，生产各类小农具67万件。农村市场被个体铁匠铺占领，集体农具厂陷入困境。集体农具厂在搞好农具供应的同时，发展日用小五金、翻砂等业务，为大工业加工配件。是年，小营公社农具厂生产钢窗、组合家具等。1983年，全县有机械工业企业65家，职工3306人，总产值1644万元，利税89万元。主要生产产品有机动饲料粉碎机610台、机动脱粒机348台、机引农具1185台、机动扬场机390台，以及民用钢质船4艘，每艘240吨。汤集农具厂开始生产电瓶车。徐溜农具厂为连云港洗衣机厂加工洗衣机配件。1985年，全县有机械工业企业12家，职工1685人，总产值1703万元，利税82万元。全境农具行业拥有各式机床182台。粉碎机、半导体收音机、中小农具等10个产品产量下降。全县主要工业产品产量有机动饲料粉碎机372台、农用拖车223辆、手扶拖拉机及配套农具5231台、机引耕作机械197台、民用钢质船9艘、民用水泥船6艘，以及中小农具18万件。

1987年，全县机械制造行业有企业49家，职工3007人，产值2425万元，生产中小农具26万件、粉碎机1222台。20世纪90年代起，机械制造行业发展缓慢，一些小规模企业开开停停。机械加工企业不能适应市场需求，经过租赁、改制、拍卖等形式转换企业经营机制，减速机厂、轻工机械厂等企业依然效益下滑，生产开工不足，陷入停产、半停产状态。1990年，全县有机械工业企业14家，职工1606人，总产值1671万元，利税10万元。主要工业产品产量有饲料粉碎机2372台、农用拖车7辆、中小农具49万件、民用钢质船7艘、工程用船7艘。

2001年后，全区确立“工业强区”发展战略，主抓工业，突出招商引资。兴建工业园后，振达钢管、力达机械、瀚杰液压、清淮船舶等一批机械加工企业落户淮阴，机械加工行业焕发出生机，盘活存量资

产，行业规模不断扩大，经济总量占全区规模工业总量的六分之一以上，成为淮阴六大支柱产业之一。全区有规模以上机械工业企业12家，职工1744人，工业总产值23323万元，利税548万元。2005年，规模以上机械工业企业25家，职工2278人，工业总产值110500万元，利税2015万元。

2008年，全区有电器机械及器材制造企业13家，从业人员1514人，资产35300万元，产值113800万元，利税11800万元；规模以上机械工业企业30家，职工3491人，总产值249500万元，利税16300万元。

第二节　企业选介

一、淮安振达钢管制造有限公司

该公司是江苏振达钢管集团有限公司下属子公司，2005年4月开工建设，位于淮阴区翔宇北道623号，注册资金5000万元，占地面积25.87万平方米。公司主导产品为大口径冷拔无缝钢管，产品适用于油井用管、高压锅炉用管、低中压锅炉用管、输送流体用管、工程机械用管、管线管等。建设项目分两期进行。是年5月，一期工程正式启动，10月18日投产，固定资产投资额1.4亿元，建成一期工程第一条冷拔无缝钢管生产线，外径分别为90毫米、150毫米、180毫米，热穿孔机组及延伸机组各1套，热定心机组及缩口机组各2套，酸洗、润滑设施2套，大型液压冷拔机7台（200～400吨），退火炉2座，正火炉1座，矫直机2台，无损检测设备2台，以及金属性能、金相、理化分析设施设备，并有完善的环保设施。2005年12月，二期工程正式启动，2006年4月投产，固定资产投资0.7亿元，产品规格为外径168～351毫米，壁厚6～25毫米，年生产能力40万吨左右，产值20亿元。公司总建筑面积8000平方米，有14.5米环型炉2座。是年，实现产值11.35亿元、销售收入11.6亿元、利润0.74亿元、利税0.88亿元。2007年，实现产值21.25亿元、销售收入20.18亿元、利润1.2亿元、利税1.49亿元。2008年，实现产值28.96亿元、销售收入27.93亿元、利润3.36亿元、利税3.85亿元。公司员工500余人，技术人员75名，其中高中级职称56人。公司的“豪人”商标为江苏省著名商标，产品远销国内外。

图13-6-1　坐落在淮阴工业园的淮安振达钢管有限公司的生产车间

二、淮安市清江托普轴承有限公司

该公司由原江苏清江轴承集团有限公司改制后于2000年成立，位于淮阴区王杨路60号。公司占地5.56万平方米，有职工400余人，其中各类专业人员40余名。2005年，作为招商引资企业进驻王营镇工业园区。20世纪80年代初，开发生产外球面系列球轴承，形成规模，是国内外球面轴承主要生产制造企业之一，具有尺寸范围外径35～160毫米沟球轴承和外球面轴承400余种、800万套的系列产品的生产能力。产品主要为农业机械、工程机械、电机、汽车、摩托车等行业配套。公司制造的流动轴承50%出口，销往几十个国家和地区，是江苏省轴承行业首家名牌产品。主要生产设备300余台。2006年，实现产值4968万元、销售收入4357万元、利润128万元、利税205万元。2007年，实现产值3851万元、销售收入3705万元、利润-23万元、利税-2万元。2008年，实现产值4621万元、销售收入4541万元、利润-213万元、利税-180万元。

三、淮阴县轻工机械厂

该厂建于1956年，属于集体企业，位于小营老街西南500米。1978年，沿袭以前生产项目，生产皮革机械和制鞋机械，产品分为机械传动、液压传动和程序控制三大类。至1982年，生产规模基本未变，销售范围除本省外，远销四川、安徽、湖南、内蒙古、甘肃等地。1983年，皮革机械和制鞋机械滞销。1984年生产阀门，实现产值83万元。1985年2月，采取“分灶吃饭”的方法，总厂下设阀门分厂和电梯分厂，实行集体承包、单独核算、自负盈亏等改革措施，生产情况有所好转。1987年，有职工265人，产值189.9万元、利税12万元。至2003年，企业总资产257万元，固定资产70万元，流动资产187万元，有职工365人，其中固定工102人、合同制工人125人、离退休138人。2004年，该企业实行“退二进三”（退出式部分退出第二产业，发展第三产业）改制，以土地出让金收益作为改制成本，对职工身份进行置换，理顺职工劳动关系。2005～2008年，厂区内仍由私营企业生产电梯及翻砂产品。

第七章　食品饲料工业

第一节　发展历程

20世纪70年代后期，农业发展促进社队粮油加工业迅速发展，各社队相继办起小榨油厂、碾米厂等。1980年，有社队粮油加工企业111家，年加工粮食450万千克。1981年，建县内第一个国营饲料加工厂。1982年，新渡、王兴、码头、袁集、高堰、赵集等公社先后建成日产量13吨规模的面粉厂6家，老张集公社建成社办饲料加工厂。1983～1985年，县米厂、面粉厂及植物油厂对原有设备进行更新改造。1987年，全县粮油加工企业年产大米10000吨、面粉5000吨、食用植物油4266吨。全县有副食品加工厂24家，其中制糖厂1家、糖果糕点厂19家、调味品制造厂1家，年产绵白糖2.18万吨、各类糕点432吨，年产值1019.8万元（包括村及村以下35万元）。1997年，粮油食品工业主要产品有大米、面粉、食用植物油、挂面、苏粤乳鸽等，年生产加工大米5.4万吨、面粉2万吨、食用植物油4.30万吨、挂面0.8万吨、乳鸽50万只。苏粤食品加工厂、民康油脂公司、凌桥大米加工厂等3家企业被列入全县8家龙头企业之中，是年，苏粤乳鸽获国际食品博览会“国际名优”称号。2002年，民康油脂有限公司、白玫糖业有限公司等销售超亿元的企业，产品销及全省，并不断向外发展，形成民康油、白玫糖、凌桥大米、老侯野鸭、苏粤乳鸽、赵集粉丝等知名品牌。

2008年，江苏民康油脂有限公司在工业园区开工建设，该项目由南通亿德国际贸易有限公司投资兴建，总投资1.7亿元。白玫糖业改制后，在中国食糖基地广西开辟糖源市场，年加工白糖6.5万多吨，获国家食糖进口一般贸易配额4000吨，日产量由280吨提高至350吨。是年，全区共有饲料加工企业4家、酿酒企业2家。

第二节　企业选介

一、江苏白玫化工有限公司

该公司属民营企业，1999年成立，位于淮阴区赵集镇小滩村。前身是江苏淮阴制糖厂，始建于

1959年10月，位于淮阴区盐河街6号。1978年，为淮阴县内工业骨干企业、纳税大户。公司占地面积10万平方米，厂房面积1.28万平方米，职工212人，其中技术人员52名，糖业总产量522吨，利润62万元。1999年与上海焦化有限公司、上海白猫化工有限公司合作，投资1.5亿元，在赵集镇小滩村新建年产20万吨元明粉生产线，公司占股39%。2003年7月，企业内部实行改制，将可出售的国有资产全部买断，成立江苏白玫糖业有限公司，公司注册资本1690万元。2004年，公司总资产8759万元，净资产2284万元，占地9万平方米，厂房面积12800平方米，有750千瓦背压式发电机组2台，年发电量900万度，年加工优质绵白糖8万吨，年产食用酒精1万吨。是年，销售收入1.7亿元，入库税金305.58万元、利润552.5万元。2005年，"白玫"牌商标被江苏省工商行政管理局认定为著名商标。是年，公司与江苏华茂贸易有限公司、淮阴盐化工发展有限公司、广西桔源糖业有限公司4家企业合资，新建江苏白玫化工有限公司，总投资1.2亿，白玫糖业有限公司占股60%。2008年，实现销售收入2亿元。

图13-7-1　江苏白玫化工有限公司厂区

2006～2008年江苏白玫糖业有限公司经营情况一览表

表13-7-1

年份	产量（吨）	销售收入（万元）	利润（万元）	税收（万元）
2006	32797	1122	52	148
2007	238351	10822	1975	2373
2008	446616	20029	4379	4076
合计	708764	31973	6406	6597

二、江苏民康油脂有限公司

该公司1995年成立，位于淮阴区长江东路188号。其前身是国营淮阴县植物油厂，用小营粮管所厂房，面积2513平方米，职工56人。1970年建厂，位于淮阴区淮北路72号，1972年投产。有小红车6台、滤油机1台，年加工油菜籽100万～125万千克。1978年，产值87万元、利润0.42万元。1983年，县粮食局投资31万元（其中贷款16万元）对原有旧车间进行改造，购置200型榨油机4台，安装精炼油设备1套。1985年，投资225万元，建立浸出车间，安装直径650×800轧胚机2台、直径180五层蒸炒锅2台、202型榨油机3台、JD320浸出器1台、直径160立式脱溶机1台、4吨蒸汽锅炉1台。1986年投产，年加工油菜籽1.25万吨。1987年，生产的二级菜籽油被评为淮安市优质产品。1988年，产值725.8

图13-7-2　江苏民康油脂有限公司厂区

万元、利润66.3万元。1995年初，对预榨生产线进行局部改造，将直径180五层蒸炒锅2台更换为直径210五层蒸炒锅2台，加工油菜籽能力由每月1700吨增至2500吨。6月，实行先售股后改制，将可出售的国有资产全部买断，成立江苏民康油脂有限公司。是年，公司对浸出车间平转浸出器进行改造，加工油菜籽能力每月由2500吨增至3500吨。1996年，加工原料2.4万吨，销售收入6237万元。1997～1998年，公司对生产工艺进行一系列改进，逐步掌握大豆及进口油菜籽的加工技术。1999年，加工原料3.5万吨，销售收入8658万元、利润196万元。是年，196名员工自筹资金，投资500万元实施每天200吨粕浸出工艺改造项目，2000年5月试机投产。是年，销售收入1.21亿元、利税500万元。2005年，销售收入1.98亿元、利税320万元。2008年，公司成为农业产业化国家重点龙头企业，注册资本550万元，固定资产3560万元，职工102人。公司拥有日加工大豆或菜籽500吨生产线1套，年加工原料10万吨，主要产品为四级大豆油和四级菜籽油，其中“民康”牌四级大豆油被评为江苏省名牌产品。

三、淮安市老侯珍禽养生食品有限公司

该公司成立于1998年，位于棉花庄镇工业集中区，是民营高科技食品企业、市级农业龙头企业。公司年加工特禽500万只，产品主要有老侯野鸭等五大系列66个品种。2000年，公司投资100多万元建立养殖基地。2003年，公司牵头成立淮阴区行业特禽协会。2005年，成立珍禽养生餐饮管理有限公司，始建老侯养生汤馆。全年集团公司实现销售收入1.12亿元、利税962万元、税收534万元。

四、赵集天泉粉丝有限公司

该公司成立于1991年，位于淮阴区赵集镇境内。采用现代化工艺生产加工的“天泉”牌粉丝畅销全国，年产量1500吨。产品先后被评为淮阴市技术监督局推荐产品、淮阴市知名商标、江苏省消费者协会推荐商品、首届江苏名牌农产品、中国国际农业博览会名牌产品、淮安市名牌产品。产品主要销往北京、上海、南京、苏州等国内大中城市及大型连锁餐饮企业。2008年，公司年生产粉丝4000余吨，成为赵集镇支柱产业。

五、淮安市橄榄绿米业有限公司

该公司是淮安市唯一指定的军粮供应企业，2001年7月成立，位于淮阴区袁集乡境内，占地面积10000平方米，建筑面积2000平方米，注册资金50万元，职工11人，其中工程技术人员4人，有日产50吨大米生产线1条。主导产品是大米制品，年生产能力12500吨。2004年，在第三届中国优质稻米博览交易会上，“橄榄绿”牌系列大米被评为优质产品。2008年，上缴利润3000余万元。

六、淮阴大北农饲料股份有限公司

该公司1984年建成，位于淮阴区钱江路278号，前身为国营淮阴县饲料厂，隶属于县粮食局。1995年，淮阴大北农饲料厂投资400余万元，建成万吨级颗粒车间。1996年10月，加盟北京大北农集团，成立淮阴大北农饲料有限公司，隶属淮阴县粮油工贸集团，主要经营“大北农”牌系列配合饲料、浓缩料、预混料的制造与销售。2000年8月，由北京大北农集团出资实施公司改制，置换国有资金，变更公司国有性质，90余名企业员工以身份置换金入股，组建淮阴大北农股份有限公司。改制后，2006年入驻淮阴区工业园区，购置土地5公顷，一期新建年产18万吨颗粒饲料车间、年产1万吨预混料车间，购置相关配套设施，2008年建成投产。是年，改变产品单一状况，以三大系列150多种规格产品投放市场，销售半径300多千米，销售额超亿元。

七、淮阴正大饲料有限公司

公司位于淮阴区正大路118号。2005年，江苏淮阴正大有限公司在淮阴区开展畜禽代养项目，实

行“公司+基地+农户”的养殖模式，即淮阴正大有限公司与农户签订养殖合同，由公司提供苗猪、苗鸡、饲料及技术服务，养殖场或小区提供猪（鸡）舍，负责饲养，每出栏一头商品猪可获得60～70元利润，养殖收益稳定。正大代养户的畜禽圈舍全部按正大公司标准和要求建设，舍内设施齐全，夏季降温，冬季保暖，通风换气，四季保持畜禽生长的适宜条件，在此养殖条件下，畜禽存活率高，生长速度快，养殖周期短，且养殖规模大（生猪年出栏1000头以上，肉鸡年出栏5万只以上），有较高的养殖收益。年产值600万元。

第八章 木业加工工业

第一节 发展历程

1978年，淮阴县木材公司组建附属木材加工厂，以“三成”（指成材、成品、半成品）产品满足市场需要，提高木材的综合利用率。全县有木业加工企业6家，加工木材860立方米，主要生产木业制品，年产值150万元。1981年，增置设备投产，以生产锯材为主，是年加工原木528立方米。1982年，加工量增至1220立方米，同时招收外包工制作门窗、柜台等成套家具。1984年，县内有木业企业7家，年产值231万元。1987年始，木业加工业一度低迷。1995年，木材加工业呈停产状态。随着民营木业加工企业增多，市场复趋兴旺。2002年，木业产业逐步以木业加工为主导，配套发展林业、家具、包装等产业，产品以高、中、低密度板为主，带动其他附属产品的发展。

2008年，境内有木业加工企业76家，从业人员1306人，固定资产1.48亿元，其中规模以上企业23家，销售收入超1000万元企业16家，超亿元企业6家，有14家企业通过ISO9000认证。全区木业企业用地规划面积366.67公顷，开发面积160公顷，建标准厂房16万平方米，累计投入15亿元，销售收入8亿元、增加值1.56亿元、利润3830万元、税金1500万元。主要产品有：旋切板、多层板、细木工板、防水模板、芯板、胶合板、普通建筑模板、复膜模板、异型板、包装板、中高密度板、刨花板、装饰板、线条、科技木刨切面板、科技木贴面等几十个品种及各种家具。

第二节 企业选介

一、淮安友文人造板制造有限公司

该公司于2002年12月成立，位于淮阴区丁集镇潘谈村七组，是由无锡客商与江苏东盾集团有限公司共同投资兴办的专业生产中高密度纤维板的股份制企业。占地8万平方米，员工314人，注册资金1180万元。 2003年5月1日竣工投产，建成年产8万立方米中密度纤维板生产线1条。2005年，追加投入5200万元扩大生产规模，再建年产6万立方米中密度纤维板生产线1条。2008年，公司成为初具规模的中密度纤维板专业生产企业，年生产中密度纤维板14万立方米。

二、淮安扶桑木业有限公司

该公司2002年成立，位于淮阴区古寨乡银猫村境内，占地5.93万平方米，员工105人。公司固定资产3500万元，有LVL集层材生产线2条，年产6000立方米LVL集层材，产品远销日本、东南亚等地。2008年，产量7200立方米。

三、江苏海通木业有限公司

该公司2003年成立，位于淮阴区长江东路119号，由浙江杭州海通企业集团投资5000万元新建，项目占地8.67万平方米。企业主要生产各种规格的环保型胶合板、多层板及地板基材，年生产各种板材5万立方米，产品出口东南亚及欧美市场。2004年，该公司和美国客商达成合作协议，总投资3000万美元，专业生产各种规格的地毯垫条，每年需要原料6万立方米。2008年，生产各种规格板材5.3万立方米。

第九章　建材工业

第一节　发展历程

1978年，县内有轮窑厂16家333门，其中乡镇轮窑厂15家；土窑厂394家，年出窑红砖7497万块、青砖和大方砖等6255万块，瓦265万片；水泥制品厂756家。1985年，有建材企业37家，其中砖瓦厂26家，年产砖1.9亿块、瓦4037万片，从业人员4830人。1986年，淮阴水泥厂建成投产，年设计能力6万吨，厂区位于淮阴区北京东路，占地2.67万平方米，产品为“犟牛”牌325号、425号水泥，生产高峰时职工达300余人。20世纪90年代，受国家土地政策影响，小窑厂及部分轮窑厂被关停。1995年，境内有砖瓦厂26家、水泥制品厂74家，多数企业规模小，管理混乱，且严重污染环境。

2001年，国家对高能耗“五小”（浪费资源、技术落后、质量低劣、污染严重的小煤矿、小炼油、小水泥、小玻璃、小水电等）企业实施整治，淮阴区水泥厂因能耗较高、规模小、质量差而关闭。此后，随着科学技术的不断进步，新型建材发展迅猛，至2005年，淮阴新型建材企业有56家，其中混凝土公司4家、彩钢板企业8家、钢结构企业6家。2003年，海螺集团落户淮阴，总投资1.7亿元，年产水泥180万吨，年创利税5000余万元，成为淮阴利税大户。鑫华建材有限公司、旺城新型建材有限公司等企业，利用淮阴华能电厂的粉煤灰生产加气混凝土砌块砖，年生产能力折合标准砖4000万块。2008年，淮阴建材行业从业人员5680人，年产值23亿元，创利润2.4亿元、税收0.85亿元。

第二节　企业选介

一、淮安旺城新型建材有限公司

该公司原为华能电厂投资的三产企业，位于淮安市淮海西路291号，最初投资3000万元，其产品为黏土加粉煤灰空心砖，后因亏损，2004年对外招标，由福建客商何城坤中标，组建旺城新型建材有限公司，公司性质为股份制企业，有职工126人。2005年5月，追加投资2000万元进行技术改造，11月投产。主要产品为加气混凝土砌块砖，年设计生产能力30万立方米。2008年，该厂产品以华能电厂排放的粉煤灰和脱硫产品磷石膏等废弃物为主要原材料，年利用粉煤灰15万吨、脱硫石膏1万吨，年处理华能电厂工业废渣20余万吨，年节约土地资源30万平方米。

二、淮安鑫华新型建材有限公司

该公司于2001年9月成立，位于淮阴区王营镇越河村，2002年投产。为淮安华能实业有限公司、中淮建设淮安有限公司、淮阴黄河自来水公司共同投资3300万元建成的股份制企业，年设计生产能力为4000万块粉煤灰多孔烧结砖。投产后效益不佳，于2005年2月实施资产重组，深圳万顺建设有限公司占60%股份，华能实业公司占40%。重组后，月产量50万块，经济效益稳步提高。2008年，年产砖块5200万块。

三、淮安海螺水泥有限责任公司

该公司于2003年6月建成，位于淮阴区王营镇越河村，占地面积7.9万平方米，总投资1.7亿元，2004年6月投产，年设计生产能力165万吨水泥。公司有职工158人，其中专业技术管理人员22名，中专以上学历人员占职工总数的49%。主要设备为直径3.8球磨机3台，以及装卸能力120吨的码头1座。主要产品为PO425、PC325水泥，销往淮安、宿迁、连云港等地。产品多次被评为中国名牌产品、国家驰名商标。2008年，年产水泥180万吨，利润2000多万元。

四、淮阴区水泥厂

该厂于1986年建成，位于淮阴区北京东路，有职工231人。厂区占地面积2.7万平方米，建筑面积0.73万平方米。主要设备为机械立窑1座、球磨机2台，主要产品为“犟牛”牌325号、425号水泥，年设计生产能力为6万吨。1992年生产能力达到最高峰，年产水泥4.8万吨。该厂主要原材料矿石和煤炭全部异地购进，生产成本较高，自投产后基本上处于亏损状态。1998年下半年，工厂处于停产状态。2001年，国家对高耗能企业进行整治，该厂关闭。该厂关闭后一直无资金转产，所有职工都自谋职业。2008年后，原厂区被开发建成住宅小区。

第十章　纺织服装工业

第一节　发展历程

纺织服装行业一直是淮阴传统的支柱产业。1978年后，境内纺织服装企业发展势头迅猛，至1985年，全县共有普通织机431台，其中乡村织布厂68台。淮阴织布厂、县联合布厂分别形成1500万米、273万米棉布的生产能力，年产棉布890万米。

1987年，淮阴织布厂更名为淮阴染织总厂，拥有各种织布机475台，各种浆纱机、整拉机、卷纬机等相应配套。是年，全县有棉纺织企业6家，其中县属2家、乡镇企业3家、村办企业1家，棉纺织产品27种。全县棉纺织企业年产各种布料959万米，其中纯棉布237万米、棉纯纺交织布605万米、纯化纤布117万米；色织布大整理730万米，产纱14312件2575吨。全县有丝绸企业15家，其中县属3家、乡镇及其他12家，有各种立缫机480台、丝织机268台、卷染机7台（套），其他丝绸印染和缫丝设备齐备，县属缫丝业拥有年产90吨白厂丝、1100万米丝绸及相应的印染能力。县丝织厂的绢纬塔夫绸和印染厂的玫丝线绨被面等产品多次被评为省市优质产品。1987～1999年是县纺织印染、缫丝行业发展的鼎盛时期。

2002年，淮阴区染织总厂引进宏利达染整生产线，落户淮阴工业园区，投产运行后态势平稳，订单充足；恒达纺织有限公司在区成大公司改制基础上投产达效；福达制衣、丝织厂、印染厂等通过企业内部责任制改革实现平稳运行。是年，服装纺织行业利税占全区工业利税的34%。2003年，全区有丝绸工业企业17家，其中缫丝11家、丝织3家、印染1家、生产丝绸服装企业2家。主要设备丝织厂有梭织布机300台、喷水织布机84台、剑杆织布机24台、缫丝设备41580台、印染和砂洗等设备46台、丝绸服装设备241台。丝绸工业企业产值1.5亿元、利税2500万元，产值、利税两大经济指标均占全区工业企业指标的40%左右。2004年下半年，受国际市场及相关政策影响，部分企业产能下降。2005年，有丝绸工业企业11家，正常经营4家。企业经过改制，11家缫丝企业中10家改为私营，租给私人经营1家（区缫丝厂）。因产业政策调整，3家丝织企业全部停产，淮阴丝织厂由于资金不足，喷水织机改为生产化纤产品，并采用来料加工方式，剑杆织机24台租给个体户；印染厂印染设备租给市区下岗工人经营，产品以全棉、牛仔面料为主；福达公司、印染厂生产部分丝绸服装。原茧丝绸3家全民企业在“九五”期间大量投入，投入后没有达到预期效果，银行停止贷款，并逐步抽回本息，缫丝厂、丝织厂、印染厂等3家企业都先后半停产或停产，资不抵债。至2008年，上述企业均采取切块租赁形式，盘活了部分固定资产。

第二节　企业选介

一、淮安成大实业（集团）公司

该公司1994年成立，位于淮阴区北京西路190号。原名淮阴县联合织布厂，1982年筹建，1985年形成规模，1987年更名为淮阴染织总厂。1994年1月，淮阴染织总厂与淮阴毛纺织厂合并成立淮安成大实业（集团）公司。公司下设县棉纺织厂、县丝毛纺织厂、县花岗岩墙地砖厂3个分厂以及劳动服务公司。公司占地面积6.67万平方米，其中生产用地3万平方米、生活用地1万平方米、待建厂房用地2.67万平方米。有FA503型细纱机22台、织布机240台，其中1515–75型织机192台、1511–56型织机96台、高速缝纫机38台，具有年产400多吨棉纱、500多万米棉布的能力。有职工1000多人，固定资产800多万元，销售收入1000多万元。产品主要有21支、32支、45支棉纱，以及白坯布和床上用品，形成纺、织、床上用品生产一条龙经营模式。公司成立初始，产销两旺，特别是床上用品三件套和四件套远销至非洲和南美洲。20世纪90年代后期，由于国际大气候的影响和公司自身管理不善，公司年年亏损，直至全面停产。2002年8月，公司对职工身份进行置换，产权出售给福建客商。

二、淮安楚大丝绸集团公司

该公司原名淮阴县丝绸印染厂，建于1980年，位于淮阴区长江西路132号，属江苏省丝绸生产定点企业，占地面积2.38万平方米，其中生产区占地1.41万平方米，两个生活区占地0.97万平方米，建筑面积0.77万平方米，企业职工500人，其中中高级工程技术人员17人，专业技术人员67人。1994年，在县丝绸印染厂基础上，组建淮安楚大丝绸集团公司。1996年获直接对外贸易许可权。至2008年，企业拥有固定资产2500万元，有闲置厂房1500平方米，拥有整套服装生产线设备，平缝机76台（套）。主要产品有真丝、仿真丝等五大类70多个品种，年生产2000万米丝绸和丝绸服装万件（套）。

三、淮安市淮阴染织总厂

该厂建于1956年，位于淮阴区淮海北路21号。其前身为一家一户织布手工业者组织起来的淮阴棉织社，后相继更名为淮阴织布厂、淮阴市染织总厂，最多时期有职工2200多人，工程技术人员180多人，占地面积4.72万平方米，建筑面积4.15万平方米。拥有织布机396台，其中1511型44织布机84台、1515型56织布机120台、1515型75织布机120台、国产GA741型挠性剑杆织布机48台，引进意大利TM–11型剑杆织布机24台，具有年产650万米色织布的能力，同时拥有年产量1500万米的整理生产线和年产120万件服装生产线，是具有纱线染色、织布、整理和服装生产一条龙的经营实体，产品远销日本、美国、加拿大等11个国家和地区，年创汇400万美元，是江苏省色织布出口基地、淮阴市出口创汇骨干企业之一。主要产品有各类纯棉、涤棉、中长、麻棉、牛仔布等系列产品，每年可推出各类花型200只以上,“佛”牌高中档系列衬衫(纯亚麻系列、真丝系列、丝绒系列、平绒系列、羊毛绒系列、太空棉系列)和中高档牛仔系列服装(茄克衫、男女长裤、童装、裙装)等在市场上均有一定影响。

20世纪90年代中期,由于国际大气候的影响和体制方面的原因,该厂不能适应市场经济大潮的发展要求,1997年8月停产。其后,贷款500万元资金,利用原厂房、设备、原辅材料,成立淮阴色织厂。经营20个月,全面停产,亏损近300万元。2002年7月,市、区政府引进上海农工商超市,用每年的租金解决企业部分退休职工养老金及缓解下岗职工的养老保险金问题。

四、淮阴区服装厂

该厂建于1970年10月,原厂址位于淮阴区王营镇西马路口东南200米。1979年,迁址至淮阴区王营镇营东村幸福路88号,占地面积1.03万平方米,建筑面积0.65万平方米,其中生产区约0.46万平方米,生活区0.19万平方米。1989年,有职工385人、各种缝纫设备230台(套),服装生产能力60万件(套),年产值750万元,销售800余万元,利税60余万元,产品远销东南亚、欧美等30多个国家和地区。1994年6月,因服装技术工人流动性较大,服装厂并入苏美集团染织总厂,与福达制衣有限公司合并办公。1997年7月,与福达制衣有限公司分开,成为独立县属企业,归县经贸委管理。1998年,实行首次企业改制,因企业流动资金严重短缺,加工费用低,造成成本增加,利润空间缩小,企业连续亏损,是年停产。1999年8月,以105万元出售给淮阴市服装进出口公司,成立金鲨制衣公司。后因该公司存在经营不善,对原购买服装厂协议中的部分承诺不能兑现,扣发原服装厂职工加班工资,在职和退休人员的医保不能解决等问题,造成职工多次上访,企业停产。2004年,由区城市资产经营公司出资218万元将区服装厂收回。2005年3月改制。2008年规划为待开发住宅小区。

五、淮阴县缫丝厂

该厂建于1969年,位于淮阴区北京西路95号。1975年5月正式投产,占地面积4.2万平方米,建筑面积2.3万平方米,固定资产1929万元,净值1760万元。主要设备有立缫机360台、自动缫丝机6组、复摇机350窗、煮茧机3台、干缫机28台及相关配套设施,年设计生产能力300吨。职工1143人、其中固定工152人、合同工875人、计划内职工116人。该厂是省丝绸总公司白厂丝出口生产定点单位、淮阴市重点工业企业。出口丝质达3A级以上,年出口量占厂年产量30%以上。最高年份出口丝量约占80%,年创汇350万美元,是全县税收大户、支柱型企业。“七五”期间,累计实现利税900万元,相当于“七五”期末企业固定资产净值的2倍。“八五”期间,工厂调整产品结构,进行产品深度加工,增加产品品种,增加出口比重。1988年,企业生产的“梅花”牌白厂丝获淮安市优质产品、江苏省优良产品称号,1989年,白厂丝采用国际标准验收合格,计量达二级标准,1990年,标准化水平达三级,企业升为中二型企业。1994年,经考核验收升为中一型企业,被江苏省评为AAA特级信用企业。后因改制停产,1996年后引进浙江客商通过租赁形式恢复生产。至2008年一直在生产经营。

六、淮阴丝织厂

该厂建于1970年,位于淮阴区长江西路136号,是省丝绸总公司定点出口丝织品的国家中一型企业、淮阴地区出口创汇骨干企业之一。有职工1600余人,具有专业职称的技术管理人员156人,固定资产8209.1万元,有韩国产喷水织布机84台、意大利剑杆织布机24台、国产有梭织布机336台,年生产能力1000万米绸料,主要产品有真丝绸、化纤绸、仿真丝几大类40余个品种,其中真丝绸产品畅销十几个国家和地区,在国际、国内市场上均享有较高信誉,开发的高强捻化纤织物在国内市场上相当走俏。1985年起,企业生产出口产品,至1996年,累计出口创汇3100万美元。2000年后,由于丝绸市场滑坡、丝价不稳、绸价下跌等因素，企业资不抵债，2003年进入破产程序。

七、淮安瑞祥福达制衣股份有限公司

该公司2003年组建。1989年，从淮阴染织总厂析出成立福达制衣有限公司，厂房是总厂院内1956年的旧厂房，产权仍隶属于总厂，产品销售款入账总厂。1990年，自创品牌产品“佛”牌衬衫。1994年，顺应改革大势，在吸纳全体员工、承担350万元债务的条件下，奉命兼并县服装厂。1998年，公司获得更多的自主权，由染织总厂厂区搬迁至淮阴区北京东路19号，在原糕点厂厂址上另建新厂区。2003年，依法改变国有企业性质，置换国企员工身份，组建淮安瑞祥福达制衣股份有限公司，员工自愿入股，职工股总计50%，管理人员及法人占股总计50%。2004年，获淮安市著名商标、淮安市名牌产品称号。

2006年，因城市建设需要迁入淮阴区工业园区纬六路26号，公司占地面积0.67公顷，有员工270人，170余台（套）的6条日本衬衫生产流水线。公司实行内外贸并举的经营形式。出口产品以行销德国为主，内销产品有注册品牌“BUDDHA”“佛”牌衬衫及注册品牌“喜和”职业装。“佛”牌衬衫以天然纤维织物为主，品种有全棉、高支棉、竹纤维、全毛、丝绸、桃皮绒衬衫等；“喜和”职业装主要经营大中型企业的职业装业务。外贸产品长年主线产品日本职业装、美国衬衫等。公司是淮安服装行业首家获得ISO9002国际质量体系认证的企业。2008年，产量60万件套，产值1000余万元。

第十一章　名牌产品选介

一、“辉煌”牌太阳能热水器

江苏淮阴辉煌太阳能股份有限公司生产的新一代节能热水器产品，热能取自空气和水体，基本不受天气条件影响，产热效率高、同等制热水用电量低。高效能太阳热水系统与普通太阳能热水器相比，热水量增加一倍以上，“一台顶二台”；长江以北地区，冬季晴天当天水温可达60℃以上；阴、雨、雪天用电加热时间比普通真空管太阳能热水器少一半，热水量比普通真空管太阳能热水器增加一倍以上；光照不足地区，全年能洗澡的天数比普通真空管太阳能热水器平均增加30%；热起动快，一般到中午，水温即可达到洗浴温度（冬季当天可达洗浴温度）；承压排空运行解决底楼用户和顶楼用户用水的矛盾，各楼层的使用效果一样；自动排空，一开就有热水；可以放置庭院等地面上，楼上多个卫生间可同时使用。

二、“桑乐”牌太阳能热水器

江苏桑乐太阳能公司桑乐数字化太阳能技术全面升级换代，智能语音——会“说话”的太阳能热水器，七彩液晶——大屏幕图形点阵显示，升温快捷、出水恒温。是全国太阳能行业首台光电一体机，整机实现自动防冻、自动上水、电辅助加热、水温水位显示、安全自检等全套功能。

三、“Flightee”牌输电线路铁塔及“Flightee”牌高性能钢管杆

江苏翔宇电力装备制造有限公司拥有江苏省名牌产品——“Flightee”牌输电线路铁塔，淮安市名牌产品——“Flightee”牌高性能钢管杆，江苏省著名商标——“Flightee”商标，公司被认定为国家高新技术企业。“防屈曲铁塔”“多性能多功能钢管杆”“一种插接式电力钢管杆”三种新产品被江苏省认定为“江苏省高新技术产品”。“Flightee”牌输电线路铁塔具有坚固可靠、使用周期长的优点。“Flightee”

牌高性能钢管杆具有占地面积小、施工方便、节约钢材、整体美观等优点。

四、"淮海HUAI"牌门、窗用未增塑氯乙烯型材产品

淮安淮海塑钢型材有限公司成立于2001年，是专业生产门窗用塑料型材的独立法人企业，注册资金3600万元，该公司有两个生产区，一个位于淮阴区嫩江路188号，一个位于清浦区金象路3号，占地共10万平方米，厂房建筑总面积7.8万平方米，年设计生产能力5万吨；拥有80余名高中级生产技术人员，为江苏省和淮海经济区产销量最大的塑钢型材生产企业。在苏、鲁、豫、皖4省建立完善的销售网络，进入浙、闽、沪、赣、鄂、川、陕、晋、冀、京、津等地市场。企业通过质量管理体系认证、环境管理体系认证、职业健康安全管理体系认证，获江苏省名牌产品、江苏省著名商标、国家免检产品等称号。2003年起，企业产品先后被认定为淮安市名牌产品、高新技术产品、高新技术企业、淮安知名商标、淮安市质量信得过产品、江苏省著名商标、江苏名牌产品。是年，获淮安市优质品牌称号，被国家质检总局评为质量免检产品。

五、"正兴"牌塔式起重机

江苏正兴建设机械有限公司位于淮阴区嫩江路11号，是建设部生产塔式起重机重点企业、参与制定国家标准塔式起重机（GB/T5031–2008）单位，获中国质协建机行业分会质量效益型先进企业奖、用户满意先进企业奖，中国建筑业协会机械管理与租赁分会授予的全国施工企业设备管理优秀单位奖。1999年，企业通过ISO90021994牌质量体系认证。2006年，通过GB/T19001、GB/T24001、GB/T28001三合一体系认证。产品历年在国家、省、市监督抽查中合格，塔式起重机产量排名江苏省第一。2005年，企业取得对外出口经营权，产品于2007年通过欧盟CE认证，2008年通过俄罗斯GOST认证。

六、"远翔"牌节能型塑钢门窗、幕墙、装饰装修品

江苏远翔装饰工程有限公司成立于2003年，位于淮阴区钱江路69号，分南北两厂区，共占地3.5万平方米，建筑面积约2.8万平方米，是以生产经营远翔牌节能型铝合金门窗、远翔牌节能型塑钢门窗、幕墙、装饰装修品等为主的综合性企业。生产车间拥有各种完整的节能型铝合金门窗、节能型塑料门窗、节能型幕墙生产线，设备生产性能在国内处于领先地位。企业具有年生产优质门窗50万平方米的能力，企业凭借实力，在华东门窗市场占有举足轻重的地位。产品形成系列，节能环保，价格适中。

第十四篇　建筑业　房地产业

淮阴建筑业是在改革开放的大潮推动下发展起来的。20世纪80年代中期，县内建筑业先是大胆拓展国内市场，继之承揽国外工程。2001年后，全区建筑业工程施工量增加，技术水平攀升，质量、安全管理规范。城区保障性住房建设快速发展，涌现出多家较大型建筑企业，乡镇建筑企业的实力也逐步增强，城区大型住宅区不断建成，明星小区和地标性建筑不断出现。80年代后期，商品房开发逐步发展，从改造旧房、建造职工宿舍楼等小面积建设，逐步走向开发大的高档居民小区。90年代初期，随着经济发展，房屋开发项目、面积逐渐增长，至2006年，城区已建成富豪花园等44个住宅小区。2008年，房屋建筑面积544.5万平方米，竣工面积379.5万平方米。1997～2008年，全区（县）城区累计办理存量房买卖12139宗，成交金额36.37亿元。

90年代初，对全县房产开发、房产市场、房屋权属等实行统一管理，并逐步走向依法管理的轨道。住房制度改革稳步推进。1994年全县实行住房制度改革。1995年，县政府出台深化城镇住房制度改革实施办法，取消传统的福利分房制度，国家机关、企事业单位工作人员住房进入市场化运作。90年代末，建立城镇保障性住房制度，建设经济适用房，解决城区部分低收入家庭和其他居民的住房困难。

第一章　建筑业

第一节　机　构

一、管理机构

【淮阴区建筑工程管理局】（详见第六篇《城乡建设》第二章《城市综合建设》第一节《机构》）

二、直属单位

【东方建筑设计有限公司】 该公司1985年成立，设计资质丁级，归县建设局主管，属事业单位，有设计人员4名。1989年，增设勘察室，勘查资质定为丙级。1995年，资质升为丙级。2001年，东方建筑设计院更名为淮安市东方建筑设计院。2004年，设计院改制，成为法人股份公司，更名为淮安市东方建筑设计有限公司，员工增至29名，内设规划、建筑、结构、给排水、电气、暖道、勘查等专业，有国家注册二级建筑师2名、国家注册二级结构师2名，勘查资质升为乙级。2007年，建筑设计公司资质升为乙级。2007～2008年，公司引进高级工程师2名，引进国家注册一级建筑师1名、一级结构师2名、注册岩土师1名。公司主要承接工业和民用建筑勘察和设计工作。1985～2008年，共设计工程877项，建筑面积约184万平方米。

【淮阴区测绘院】（详见第六篇《城乡建设》第二章《城市综合建设》第一节《机构》）

第二节　勘察设计

一、勘察测绘

1988年前，淮阴县没有测绘成果。1989年4月成立淮阴县测量队，由主管局下拨J6测绘仪、S3水准仪和大平板仪等设备。成立后首先完成杨庄乡1:2000地形图测绘。1990年4～5月，会同淮阴市测量队联合测量"淮阴县城区首级导线控制网"，导线等级为一级。县测量队利用此控制网完成1:1000地形图14.5平方千米的测绘，包括北京北路、淮海北路、盐河东路（后改为长江东路）、北京北路、黄河路、承德北路、光明路、葡萄路、卫生路等工程线路测量和道路放线。6月，测量人员开始城区四等水准测量。1991年，开始城区1:1000地形图测绘。1995年底，从南京市国土局地籍调查处承接南京胜利圩4.2平方千米的地籍图测量任务。这是县测量队第一次对外承接业务。1991～1996年，测绘1:1000地形图14平方千米。1995～1998年，测量仪器逐步更新，先后购置常州大地测距仪2台、PC-E500计算机1台、J2经纬仪3台、同创586计算机1台、地形图数字化仪1台、水准仪和大平板仪数台等。1998年，城市建设快速发展，前期导线控制点大量被毁，点位密度已不能满足城市建设发展的需要，开始新布设城区一级导线网，历时1个月，完成导线网的设计、观测与平差。是年，完成王兴乡一级导线网观测与平差工作。此两项工程分别被市建委评为优质测绘产品二等奖和三等奖。2001年5月，淮阴县测量队更名为淮阴区测绘院。2003年，区测绘院购买第一台全站仪和清华三维电子平板软件，测绘方式向数字化转变。2004年，实现全数字化测绘。至2005年，先后完成多种比例尺地形图416平方千米，完成城区各等级导线测量180多千米，水准测量90多千米。是年，在旧城改造中，相继完成道路、桥梁等重要工程的测量工作。2006年，淮阴区测绘院先后完成城区银河湾、爱琴海、盐河花园、益兴·名人湾、樱花园、国华·御锦园、黄河花园等20多个小区400余幢商住楼的放线、竣工测量、沉降观测等测绘任务；为淮阴工业园区和淮阴资产经营公司提供测绘服务500余项；对码头景点区、赵集盐化工和淮阴工业园区提供高质量的地形图测绘达36平方千米。2007年，对全区887个村庄规划进行测量。至2008年，区测绘院在城区测设导线、水准等各种控制网，控制范围越来越大，测绘手段逐步由数字测绘向信息化测绘转变。是年，区测绘院有各种现代仪测绘设备20台（套），设计和观测的"淮阴区城市首级平面控制网"获市优秀勘察设计项目三等奖。

二、工程设计

1985年，县建筑设计院设计工程4项，计0.1万平方米。1987年设计工程8项，计1.4万平方米。1989年，设计工程15项，计2.9万平方米。1991年，设计工程20项，计4万平方米。1993年设计工程29项，计5万平方米。1995年设计工程28项，计6.8万平方米。1999年设计的淮海中学科技楼获淮阴市三等奖。2002年设计工程52项，计7.2万平方米。2003年设计洪泽湖渔业管理办公楼。2006年设计淮州中学教学楼。2007年设计工程61项，计25.7万平方米。是年，全区村镇设计方案等均获淮安市优秀勘察设计一等奖。至2008年，设计工程877项，建筑面积约184.2万平方米。主要工程有王营镇人民政府社区服务中心综合楼、鸿坤大厦、公安局办公楼、刘老庄八十二烈士纪念碑、樱花小区等，均获淮安市优秀工程勘察设计奖；银河湾小区工程获市勘察设计三等奖。

第三节　建筑施工

1982年，建成24米跨钢屋架、双层座位的武墩影剧院，县织布厂工人俱乐部，县化肥厂2万吨水处理池以及县百货公司第二门市部的6层营业楼等。1987年，韩庄乡建筑站和北京市三建公司联合承建

第一机械部第八研究所科研楼，高17层。1982～1987年，县、乡两级建筑企业共建成33幢大小不一的楼房，均为市、县全优工程。1987年，境内有县属建筑施工企业2家，乡镇集体建筑企业30家，施工地点分布于上海、南京、北京、黑龙江、湖北、山东以及邻县。1990年，韩庄乡建筑队承接北京亚运会曲棍球场、医测中心等工程并顺利竣工。此后，建筑施工企业开始向国外承包工程，主要以劳务输出为主，分包国外工程。

1991～2000年，境内施工企业完成县内地标性建筑有县税务局办公楼、县邮电局综合楼、淮阴市一院病房楼、淮阴师院科技楼、淮阴市卫生职业技术学校图书楼、县新华书店发行大厦、县广电大楼等。1995年，境内乡镇建筑企业创产值1.92亿元。

2001年，建筑企业向国外劳务输出人数快速增加，全年输出900人。2003年，全区拥有建筑从业人员56000人，其中出区施工42600人。2004年，出区施工45000人。2006年，出区施工46400人。2008年，区内建筑业施工遍布全国各地，境外有以色列、科威特、利比亚、沙特、新加坡等国家，出区施工49000人，向国外输出建筑劳务1500人。是年，乡镇建筑企业创产值8.19亿元、利税0.46亿元，全区建筑业总产值70.85亿元。2001～2008年，境内施工企业完成淮阴区行政办公中心、区公安局培训楼、淮州中学图书馆、区医院病房楼、国信（京园）大酒店、欧华大酒店等区内地标性建筑。

1997～2008年淮阴区（县）建筑企业生产情况一览表

表14-1-1

年份	企业（个）	总产值（亿元）	竣工产值（亿元）	增加值（亿元）	占地区生产总值比重（%）	单位工程施工数（个）	房屋施工面积（万平方米）	优良工程（个）	从业人员（人）
1997	21	2.63	1.54	1.04	10.08	435	47.36	144	10718
1998	32	3.18	2.38	1.61	10.67	553	65.54	130	7790
1999	34	5.49	4.49	2.50	16.24	429	129.10	173	15130
2000	28	7.58	4.68	1.07	19.59	410	85.58	126	33256
2001	31	16.16	8.47	3.82	36.72	479	161.78	90	38756
2002	31	8.12	4.84	5.48	16.18	309	121.49	210	14480
2003	31	21.71	7.60	6.76	38.53	365	226.44	223	57484
2004	31	12.72	92.56	8.76	18.16	349	139.89	205	15986
2005	38	25.59	197.18	4.92	34.08	395	245.23	239	27135
2006	30	34.22	247.48	6.17	38.28	371	322.31	195	51542
2007	39	48.72	346.33	7.42	46.01	432	511.33	221	49839
2008	50	70.85	467.21	10.13	53.75	493	765.41	146	48431

第四节　建筑技术

一、基础形式

20世纪80年代，淮阴地域房屋多为1～2层，3层以上建筑少见，房屋建筑的基础形式多采用天然地基。90年代初，建筑以6层以下多层为主，建筑高度一般不超过18米，基础形式普通采用人工挖孔桩、锤击灌注桩、冲孔灌注桩。其间，人工挖孔桩使用频率较高，这种桩单桩承受力较高，施工简单，但人工作业危险性大，且受到建筑物周围降水影响较大，此后很少应用，个别工程需用这种形式，须经有关部门审批；锤击灌注桩桩径一般为直径480毫米，桩长在24米以内，施工方式为现场搅拌混凝土，这种桩质量偏低，承载力一般为450千牛/单桩～600千牛/单桩；冲孔灌注桩形式的应用亦较为普遍，随着环保要求提高，以及预应力管桩技术的出现，这种基础形式被逐步淘汰，仅限于在市政桥梁工程中应用。2003年后，建筑工程多为优先考虑预应力管桩这种形式，单桩直径400毫米承载力1600千牛/单桩～1700千牛/单桩，直径500毫米可达到4800千牛/单桩～5200千牛/单桩，比其他形式承载力明显提高，且环保成桩质量更有保障，施工方式由单一锤击发展为锤击和静压并用。地下室外墙板及顶板采用DTM聚酯复合高分子防水卷材。

二、墙体结构

20世纪70年代，境内建筑工程普遍使用钢筋混凝土结构，如县百货公司门面楼、邮电局营业楼、县第一饮食服务公司楼、淮阴地区人民医院门诊楼以及县人民医院的群体建筑等。80年代，低层建筑的结构形式为砖混结构，墙体多采用黏土砖、三合土（细砂、红泥土、石灰按比例混合而成）、水泥、钢筋混凝土及砂、石。县内一些建筑企业能够建造高层、大跨度的公共建筑和工业设施。80年代中期至90年代初期，建筑物多为3～6层，结构形式有砖混结构、框架结构，外立面多采用水刷石、马赛克及条砖。门窗采用木质，后出现钢窗、古铜色铝合金、白色铝合金窗。90年代中期至2008年，淮阴建筑向高层、超高层发展，为适应荷重需要，建筑结构形式改进为框架、框剪、剪力墙及筒式结构，外立面为五彩缤纷的彩码、玻璃幕墙、石材幕墙所取代，有的外墙还采用高性能防水涂料，塑钢门窗大量采用，局部采用新型建筑网架结构，代表建筑为框架剪力墙结构的淮阴区行政中心以及淮阴师范学院科技楼等。为节约能源，保护环境，墙体材料限制使用实心黏土砖，建筑物内墙开始使用新型墙体材料，其中使用最多的是混凝土空心砌块。施工技术仍然采用传统的现浇方式，预制装配几乎未被采用，施工采用整体提升式爬架体系等方法，各楼层、梁、板、柱混凝土一次浇捣成型，少了主体结构混凝土施工缝的留设，确保混凝土的施工质量。

三、屋面工程

80年代初，建筑屋面多为斜屋面及不上人的平屋面，造型比较单一，屋面材料多采用汉瓦。80年代中期至90年代初，建筑物的屋面造型多为平顶式，屋面一般铺设架空式隔热板。90年代中期至2008年，广泛采用新技术、新材料，屋面造型多姿多彩，由单一功能走向多种功能。淮阴区行政中心办公楼屋面通过隔断及简单造型，成为新颖别致的天蓝色弧形；位于淮河路的公安局培训楼屋面采用太阳能发电装置的玻璃框架，达到装饰、环保和为该办公楼提供日常照明的电力供应等目的。与此同时，屋面防水工程也有较大改进，由单一的自防水结构构造转为应用各种高分子防水材料，防水效果提高。现浇板采用胶合板，减少拼缝和漏浆，提高屋面自防水能力。

第五节　大型与标志性建筑

【淮阴卫生学校图书楼】 位于黄河桥与淮阴区王营镇黄河西路交界处西南一侧。淮阴市设计院设计，淮阴市建筑工程公司施工，淮阴县质检站监理。1996年7月开工，1997年8月竣工。砖混结构，5层，建筑面积3130平方米，造价224万元。梁式带形基础，屋面二布三油，蛭石保温，五层隔热架空板，水磨石地坪，木门或铝合金门，铝合金窗，外墙以面砖装饰，室内以106涂料装饰。工程质量等级为优良。

【淮阴区新华书店发行大厦】 位于淮阴区王营镇北京北路与北京路交界处西北一侧。淮阴县建筑设计院设计，淮阴县建筑工程公司施工，淮阴县建筑质量监督站监理。1998年3月开工，1999年10月竣工。框架6层，建筑面积6300平方米，工程造价745万元。基础为圆管灌注桩深11.35米，现浇混凝土成分C20，基础梁连结柱。主体结构为C30全现浇框架深板柱M43度硅酸盐砌坻，混合砂浆砌筑。层面为找平层，70厘米厚珍珠岩保湿块，钢性，PVC卷材，钢丝网保护层。铝合金窗，木制门。工程质量等级为优良。

【淮阴区广电楼】 位于淮阴区王营镇北京东路18号。淮阴市设计院设计，淮阴县建安总公司施工，淮阴市筑苑监理公司监理。1999年12月开工，2000年8月竣工。砖混结构，局部7层，建筑面积4400平方米，造价1080万元。以浇式整板为基础，部分彩瓦层面，部分钢筋混凝土平层面，塑钢窗，胶合板门。

【淮阴区公安局培训大楼】 位于淮阴区王营镇北京西路与鞠通路交界处西北一侧。淮阴县建筑设计院设计，淮阴市第二工业设备安装公司施工，锦丰监理公司监理。2000年10月开工，2001年12月竣工。框架结构，6层，建筑面积8300平方米，造价700万元。整板基础，全框架、全现浇结构，复合倒置式层面，地面铺设地砖，公共部分为大理石，木门，塑钢窗，弹性乳胶漆外装饰，乳胶漆内装饰。质量等级为优良。

【淮安市第一人民医院病房楼】 位于淮阴区王营镇北京路与淮海北路交界处西南一侧。徐州建筑设计院设计，江苏中淮建设工程有限公司施工，淮阴工学院监理事务所监理。2001年6月开工，2003年9月竣工。框架一剪力墙，地下室1层，主楼15层，建筑面积43500平方米，造价5280万元。桩基础地梁承台体系，地下室一层，层高4.8米，按六级人防设计施工；主体结构为15层，其中1～3层及设备层，层高分别为5.1米、3.9米、5.1米和3.2米，标准层为3.65米，填充墙空心砖和CRC板；屋面C7.5炉渣混凝土2%找坡，SBS卷材防水，挤塑板保温，C20混凝土面层和地砖面层；1～3层大厅及楼梯间地面铺大理石和花岗岩，卫生间、污洗间等铺地砖，设备用房等做成水泥地面，其余均为水磨石地面；大部分为普通平开门，亦有部分防火门、自动门，全为铝合金窗；1、2层外饰石材，3层外饰铝塑板，4层以上均为涂料，北立面圆弧部分为玻璃幕墙；室内吊顶内走廊为矿棉板，房间为纸面石膏板，卫生间等为PVC扣板，墙面为瓷砖墙裙和乳胶漆；建有给水、排水、消防、喷淋及通风空调等系统；设有高低压动力照明、消防报警、综合布置、电视监控及强弱电系统。质量等级为省优。

【淮安市淮阴医院综合病房楼】 位于淮阴区王营镇北京西路38号，集办公、会议、病房为一体。江苏省水文地质工程地质勘察院勘察，浙江东华规划建筑园林设计有限公司设计，南通四建集团有限公司施工，淮安市建设监理咨询公司监理。2005年5月开工，2007年7月竣工。地下1层，地上16层，建筑主楼高60.95米，建筑面积24778平方米。采用钢筋砼框架结构、钻孔灌注桩，筏板基础，倒置式防水上人屋面和倒置式防水不上人屋面，地砖楼地面及实木地板楼面，木门、防火门、铝合金窗及玻璃幕墙窗，1层入口为无框玻璃门。外装修，1～4层为石材幕墙、5层以上为氟碳漆饰面；内装修为石膏板、硅钙板及穿孔铝板吊顶，瓷砖和乳胶漆墙面。全埋式人防地下室，位于该建筑地下一层，抗力等级六级，防化等级六级，战时为二等人员掩蔽所，平时为自行车车库及设备用房，战时设水冲厕所；设两个防爆单元；防火设计建筑为一类高层，耐火等级地上主楼和地下室为一级，裙楼为二级。

【淮安国信大酒店】 位于淮阴区翔宇北道1号。浙江东华规划建筑园林设计有限公司设计，浙江省东阳第三建筑工程有限公司施工，淮安市建源建设监理有限公司监理。2005年8月开工，2006年6月竣工。以桩为基础，主体为全现浇砼框架结构，建筑结构设计安全等级二级，框架按三级抗震等级设计。地下1层，地上6层，总建筑面积36566平方米，建筑总高度为23.95米，室内外高差为0.3～0.9米。南楼为6层，北楼为5层，南楼和北楼之间5层，贵宾楼为6层。主要使用功能由宾馆部、餐饮部、休闲部三部分组成，建筑标高±0.000相当于绝对标高15.9米，室内外高差0.6米。该工程建筑等级为一级，旅馆按二级标准设计；结构设计使用年限为50年；建筑耐火等级地下层为一级，地上部分为二级；建筑抗震设防烈度为七度，框架结构；建筑防雷等级为二类。屋面防水和地下室防水设计为Ⅱ级，即除采用结构自防水外，另采用高聚物改性沥青防水材料或合成高分子防水材料。工程设计新颖，造型美观庄重，功能齐全，给排水、消防、电气、通风空调等采用智能化系统和综合布线系统；消防系统采用综合分区、集中监控、远程控制的自动化控制系统；电气工程采用火灾报警、消防联动、紧急广播、消防电话、电梯疏散等安全控制系统。

【淮阴区行政办公中心大楼】 位于淮阴区承德北路606号。浙江城建设计院设计、浙江曙光建设集团有限公司建设、江苏华宇装饰有限公司和江苏深圳装饰有限公司装饰，上海外建建设监理咨询有限公司监理。2003年3月开工，2005年3月竣工，工程造价3300万元。附楼是呈扇形分布在主楼北侧，通过北面左右出入口与主楼相连。建设用地6万平方米，大楼建筑占地7000平方米，总建筑面积32000平方米，东西长133米，南北宽50米，高40米，框架剪力墙结构。共10层，地下1层，地上9层。桩承台基础，框剪12层，防水平屋面，地砖地面，铝合金门窗、部分木制防火门，刷外墙涂料、部分干挂花岗岩，内装饰为混合砂浆底细纸筋及涂料面，部分精装修。

第六节　建筑企业

一、发展历程

1978年，淮阴县建筑工程公司是境内唯一县级建筑企业，另有公社、镇属建筑企业26家，主要是各公社建筑站，从业人员2352名，年产值285万元。是年，成立淮阴县建筑民兵团，各公社建筑站成立建筑民兵连，全县建筑民兵8000余人。1980年，淮阴县建筑民兵团更名为淮阴县第一建筑工程公司，为县直属集体企业，先后承建淮阴县新华书店、大华饭店、供销商场、银河商场、工商银行及县保险公司办公楼等优质工程。1985年，有县、乡建筑企业63家，从业人员8383名，年产值4408.61万元。淮阴县属2个建筑工程公司被淮阴市城乡建设局审批为三级施工企业。是年，全县建筑业开始实施改革。1986年，县建筑工程公司率先实行定额工资承包制。是年，王营镇建筑站经县政府批准更名为淮阴县第三建筑工程公司，经淮阴市建设局审定批准为四级施工企业。1987年，淮阴县第二建筑工程公司打破过去单纯管理各乡建筑站收取管理费的模式，成立直属工程队，利用技术优势开拓经营，一年时间，直属工程队完成工程安装投入45万元，施工面积1250平方米。同年，由于管理经营不善，公司濒临倒闭。根据公司财务混乱、严重负债的情况，淮阴市建委和淮阴县政府公选招聘淮阴县第一建筑工程公司经理，公司开始起死回生，当年实现建安产值1601万元，实现利润11.64万元。1990年，全县建筑从业人员2万余名，建筑企业32家，主要分布在县内、市区以及南京、北京、济南、黑龙江等地。第二建筑公司下辖的果林场、棉花庄、新渡、丁集、袁集、三树、南吴集等建筑站均被淮阴市建设局审定批准为四级施工企业，同年相应更名为建筑公司。全县有县属建筑施工企业2家，乡属建筑施工企业30家。有工程技术人员180名，其中工程师8名、助理工程师22名，施工地点分布在上海、南京、北京、黑龙江、湖北、山东和邻近市、区。1996年，全县开展工程建设专项治理，其目的是反腐败、反不正当竞争。是年，县级建筑企业投入工程项目招投标竞争，在竞争中求得发展。是年底，由于市场和管理问题，淮阴县第一建筑工程公司亏损严重。1997年4月，公开选拨淮阴县第一建筑公司总经理，调整企业的人员、财务等工作，着手企业内部改革，兴办境内外建筑劳务项目，并收取适当的建筑劳务费和管理费，公司逐步走出困境。2000年后，淮阴建筑队伍开始在黑龙江、山东、北京等地找到建筑市场，先后参与北京新世纪饭店、北京一机部科研楼、解放军301医院、北京亚运村等建筑项目施工。一建在建筑施工过程中采取“包工、包料、包清工”的做法，受到北京市三建公司的嘉奖。2001年，区内有5个企业施工工地被评为省级文明标化工地，其中包括区公安局培训大楼工地。2004年，有完成一级总承包企业1家、完成二级专业承包企业4家。2005年，全区有55家建筑企业完成改制。2006年，境内所有等级以上建筑企业完成改制，实行股份制或私有化。2008年，全区有建筑施工企业50余家，其中总承包企业22家，一级企业4家、二级企业7家；专业承包22家，劳务分包16家。全区有一级建造师71人、二级建造师198人，从业人员6万人，年产值70.85亿元。建筑施工分布在全国各地以及以色列、科威特、利比亚、沙特、新加坡、厄立特里亚等国家。

二、企业选介

【江苏同力建设工程有限公司】 2006年，以淮安市甄阳市政建设工程有限公司为主体，兼并江苏三淮建筑工程有限公司组建而成的江苏同力建设工程有限公司，位于淮阴区长江东路11号。江苏三淮建筑工程有限公司前身为淮阴第一建筑公司。江苏同力建设工程有限公司为国家房屋建筑工程施工总承包一级企业、市政公用工程施工总承包一级企业，具有境外工程承包经营资格。2008年，公司拥有各类专业技术人员320名，其中高级职称19人，大专以上学历172人，一级建造师24人、二级建造师42人。公司下辖职能科室6个、驻外分公司6个、劳务公司2个、直属构件厂1个、试验室1个、项目部20余个。企业有各类大中型施工机械20余台（套）、现代化高精设备30余台、各式工程机械350余台（套），可承接包括房屋建筑工程、市政公用工程、土石方工程、机电设备安装工程、混凝土预制构件等一系列工程业务。2006～2008年，承建淮州中学教学楼及其新校区2号、3号、4号宿舍楼，承接淮阴师范学院19号宿舍楼、沈阳路安置小区、三朱安置小区、淮河东路，以及泗阳县江淮农副产品批发大市场、南京六丰康居小区、盱眙县盱马路及一横路、金源大道改造等一批有影响的房屋建筑和市政公用工程。

【江苏亘盛建设工程有限公司】 公司始创于1997年12月，位于淮阴区飞耀路23号，前身为江苏淮州建设工程有限公司，属淮阴县建设局下属单位，系国家一级房屋建筑工程施工总承包企业，注册资金5788万元，固定资产7800万元。2008年，有职工1750人，其中高、中、初级职称工程技术人员，会计，统计人员共268名。具有房屋建筑安装一级、市政工程二级、工艺管道二级、钢结构二级、消防工程三级、地基与基础三级等多种专业施工能力。下辖建筑分公司8个、安装工程处5个、石油设备安装公司1个，年均完成房屋建筑安装面积57万平方米。

【江苏翔森建设工程有限公司】 公司1993年8月成立，前身为江州建设有限公司，位于淮阴区三民小区内，为房屋建筑施工总承包一级资质企业，注册资金5270万元，总资产9031万元，主要机械设备200多台（套）。有技术职称人员314名，其中高级职称13人、中级职称77人，一、二级建造师41人，员工持证上岗率100%。公司是集房屋建筑工程施工总承包、市政公用工程、装饰装潢工程、钢结构工程、消防工程、土石方工程、管道工程、工业设备安装工程等为一体的综合型施工企业。公司设6个职能科室，以及若干驻外分公司和工程项目部，施工队伍遍及北京、上海、南京、苏州、连云港、宿迁等地。公司承建北京红居小区4号楼25层、淮安市一院综合楼、淮阴区锦绣嘉园一期、泗阳县开发区管委会综合楼、泗阳县解放北路改造、泗洪县环城北路改造、连云港东海工业园标准化厂房建设等一批有影响的工程项目。2006年9月，公司派出技工比武小组参加全国青工技能大赛，青工韩美建夺得全国建筑行业砌筑比赛第一名，获全国技术状元、技术能手荣誉称号，受到团中央、全国总工会及建设部表彰，并获全国五一劳动奖章。2004～2008年，公司共创市级文明标化工地30余项、市级优质结构工程30余项、市级优质工程26项。

【江苏南国装饰工程有限公司】 公司创建于1998年，位于淮阴区淮海北路554号，主要经营建筑装饰装修工程（施工一级、设计甲级）、建筑幕墙工程（施工一级）、园林古建筑工程（施工一级）、机电设备安装工程（施工一级）、消防设施工程（施工二级）、钢结构工程（施工二级）、建筑智能化（设计与施工一体化二级）等工程的设计与施工，注册资金1500万元。2008年，有职工1150人，专业技术人员120名，其中高级职称8人、中级职称55人，国家一级建造师10人、二级建造师16人。1998～2008年，先后承接林海集团信息大楼内装饰、天福源度假酒店（五星级）装饰、财富中心（5A智能化高档写字楼）装饰、苏皖边区政府新陈列馆陈列布展装饰、淮阴区烟草公司办公楼装饰、泰州地税局装饰、沭阳文化艺术中心装饰等大中型公共建筑装饰工程。

【淮安市宏宇建筑劳务有限公司】 公司于2006年3月成立，是国家一级建筑劳务企业，地处淮阴区丁集镇18号。公司注册资金1860万元，年施工能力200万平米。公司目前自有职工1600余人，其中大专以上学历282人，有技师以上职称60人，持证上岗的高级技工321人、中级技工641人，同时还建有长期合作的多支合格联营队伍、施工班组等其常年固定的施工人员1800余人。

公司先后与中建总公司,中建海外公司,中建一局、二局、四局、五局、八局,中建城市发展,中建交通,北京建工、城建,住总集团,田华集团,南通三建、四建集团,泰州五建,高碑店三建等20多家大中型企业集团建立了良好的合作伙伴关系。从1999年进入北京以来,先后参加了通用时代国际中心、总参将军住宅楼、解放军302医院综合楼、乔波冰雪世界会议中心、国家安全局36号楼扩建工程、机场能源中心、国家游泳中心水立方配套工程、城南500千伏变电所、62301部队经济适用房、诺华制药厂、望京A3商业楼、北京盈之宝商业楼、红居危改楼、永泰公寓、西罗园、怡海花园、东1时区、首特八区三期D4楼及地下车库、运河文化广场、太原万达广场、中国工信部业务办公大楼、三亚ALOHA清水湾工程、三亚红树山谷项目、海口丹娜国际游艇都会、北京丽泽金融商务区等工程施工。所施工程曾获得“军优”“长城杯”“市优”及北京市“安全文明工地”等荣誉。2005年被江苏省建筑业评为优秀建筑劳务企业,董事长纪怀武多次被市委表彰为“优秀带头人”。

第七节 行业管理

一、资质管理

1978年,县建筑工程公司无资质定级。1985年7月,县第一建筑工程公司和第二建筑工程公司同时被定为三级资质,12月,由原王营镇建筑站发展起来的第三建筑工程公司被定为四级资质。1987年,果林场、棉花庄等7个乡镇(场)建筑站被定为四级资质。2000年后,随着建筑市场的扩大和房地产开发的兴起,施工企业的资质成为工程中标的要素。2002年起,管理部门开始在工程招投标阶段对投标单位的资质进行严格审查。2004年,建设安全管理部门把企业资质管理与现场监管结合起来,对3个获得“扬子杯”优质工程奖的施工现场进行全程管理,对其资质进行验证。2008年,全区有建筑施工企业60家,其中总承包22家、专业承包22家、劳务分包16家,具有一级资质的4家、二级资质的7家,有一级建造师71名、二级建造师198名、三级项目经理460名,从业人员6万名。

二、安全管理

1984年,县城乡建设环境保护局设立建设安全股。1984～1998年,境内建筑工程施工中,发生大的安全事故3起。1992年,县第三建筑工程公司在王营镇第二丝织厂车间工程施工过程中,一名工人在对屋面清扫杂物时,被屋面东北角的高压电击中死亡。1993年夏,县第四建筑公司在工兴供销社营业楼施工中,一名电工在二层楼面布管时,因手中的管材与高压线接触致其死亡。1998年6月,县建筑安装公司承建的淮海中学教工宿舍楼工程,在搭设高压线防护架时,一名工人被高压电击中死亡。12月,县内建筑质量安全管理划归新成立的建工管理局的质安股,负责工地安全生产和大型机械安全测试等。2000年,全县开展建筑安全专项整治,就施工现场的高支模、脚手架、大型机械设备、防坍塌、防高空坠落、防中毒、防扬尘等方面进行业务指导和技能培训,对从业人员进行安全教育。通过一年的专项整治,全县建立安全生产的长效机制。此后,安全事故很少发生。2002年,将企业安全生产状况记入企业和项目经理个人的信用档案。2003年起,开始对曾经发生过安全事故的建筑企业负责人进行约谈。2005年,城区建筑工地开展争先创优活动,比质量水平,比工地现场防护水平。2000～2008年,淮阴区(县)创建市级文明标化工地175个、省级文明标化工地20个,创市级优质工程52个、省优质工程11个。

三、招投标管理

1994年7月至1996年4月,全县在建、竣工项目35个,其中报建数28个,招投标工程19个,招投标率54.28%。1996年4月,县成立建设工程招标投标办公室,负责全县建设工程招投标工作的监督指导工作,隶属于县城乡建设局。2000年1月1日,国家招标投标法颁布实施,全县招投标范围从原来单一的房屋建筑工程施工招标，拓展至市政工程、园林绿化工程、设备安装工程、古建工程等。是年，监理及设计等服务项目开始进入招投标市场。

1996～2007年，全区（县）开工工程项目（50万元以上）736个，建筑面积464.86万平方米；中标价37.75亿元、标底价41.8亿元。工程全部实行报建、招投标，累计节省资金3.4亿元，工程造价下浮率8.26%；工期提前8068天，工期提前率6.1%。2008年，全区议标及邀请招标的行为继续减少。

1996～2007年淮阴区（县）工程招投标情况统计表

表14-1-2

年份	全年招投标项目（个）	建筑面积（平方米）	中标价（万元）	标底价（万元）	造价下浮率（%）	定额工期（天）	中标工期（天）	工期提前率（%）
1996	25	51997	3391.81	—	—	—	—	—
1997	48	131693	8719.32	8800.21	0.92	10202	9273	9.10
1998	28	84117	6394.64	6600.69	3.12	5400	4650	13.8
1999	35	92464	6624.43	6787.68	2.40	5932	5390	9.14
2000	26	97855	6724.45	6856.91	1.93	4946	4859	17.58
2001	56	405983	21779.23	22280.24	2.25	11098	10637	4.15
2002	45	295774	20748.18	22050.11	5.90	9583	9583	0
2003	50	304220	20404.25	22015.50	7.32	8858	8858	0
2004	88	537527	40652.43	45080.30	9.82	13464	13464	0
2005	82	576354	52495.68	59470.92	11.70	12547	12547	0
2006	117	736094	63572.24	69753.95	8.86	14922	14922	0
2007	136	1334521	126001.14	138263.11	8.87	20243	20243	0

四、工程质量监督

1985年前，全县建设工程均由建设单位监督，施工单位自己管理。1986年，成立县建筑工程质量监督站，是年监督建设工程9项、面积2万平方米。1990年，监督、检测建设工程22项，检测项目限于混凝土、砂浆试块、钢筋力学性能等。1995年，监督建设工程37项。1999年，境内建设工程规模快速增大，新成立的检测中心设备增多，中心试验面积增大至600平方米，可对15项建筑常规材料进行检测。2000年，监督建设工程102项。2003年，工程质量检测中心改制为中介服务机构，检测项目130项，基本满足建筑工程检测市场的需求。2004年，境内建筑工程质量监测和管理的重点是土建材料、室内环境、材料有害物质、现场热工性能以及建筑沉降等。2007年，受监工程291项，面积113.8万平方米。2008年，位于淮阴区樱花路169号的爱琴海住宅小区，已经入住的5、6、8幢近两年的业主尚未拿到房产证及土地使用证，三期的21、22、23、26幢楼房停工半年，延期交付一年的19号楼曾因三期楼盘施工而发生楼体倾斜。政府加大监管力度，维护百姓权益，是年底开始赔偿工作，并对19号楼进行匡正。是年，受监工程187个，工程监理覆盖率100%；竣工工程196个，竣工工程合格率100%；不合格项目140个，并进行及时予以重建或更换。

1986～2008年，全区（县）监督建设工程2040项，建筑面积610.8万平方米。其中，2002年，黄河花园小区8-8号楼、淮阴工学院王营校区3号宿舍楼被评为江苏省“扬子杯”优质工程。2004年，淮安市第一人民医院病房综合楼、淮阴师范学院王营校区7号学生宿舍楼、淮阴师范学院王营校区实验中心被评为江苏省“扬子杯”优质工程。2006年，淮阴师范学院王营校区图书楼、淮阴区东升花园19号楼被评为江苏省"扬子杯"优质工程。2007年,淮阴师范学院王营校区科技综合楼、淮阴区人民法院审判综合楼被评为江苏省"扬子杯"优质工程;区鑫源宾馆装修改造、市国土资源局淮阴分局办公楼装修获江苏省建筑装饰优质工程奖("紫金杯")。其间,获市优质工程、优质结构工程200余项。

1986~2008年淮阴区(县)建筑工程质量监督情况表

表14-1-3

年份	受监工程(个)	受监面积(万平方米)	年份	受监工程(个)	受监面积(万平方米)
1986	9	2.0	1998	61	15.0
1987	12	2.5	1999	97	23.0
1988	18	4.0	2000	102	25.0
1989	17	4.0	2001	165	41.0
1990	22	5.0	2002	154	39.9
1991	26	5.1	2003	130	40.0
1992	26	5.5	2004	177	56.7
1993	30	6.0	2005	166	53.5
1994	34	8.0	2006	191	56.9
1995	37	8.5	2007	291	113.8
1996	42	9.0	2008	187	75.4
1997	46	11.0			

五、建筑材料管理

1978年,县内有小型水泥厂1个。无专门管理机构,无专项基金。由于市场变化等因素,1990年县水泥厂停产。2002年起,淮阴区对新建筑的基础以下部位实行"禁实",即禁止使用实心黏土砖。2004年,实行"禁黏",即禁止使用实心黏土砖和空心黏土砖。是年,区内新的建筑在全省率先对框架结构实行"禁黏"。2005年前,散装水泥和商品混凝土的管理由区经贸委负责。2005年,成立散装水泥及商品混凝土管理办公室,属区建设局内设机构,负责全区散装水泥及商品混凝土专项管理,散装水泥专项基金亦从规划局划转到建设局管理。2006年,成立淮阴区墙体材料改革与建筑节能管理办公室,加强对全区新型墙体材料与建筑节能的管理。是年,区内散装水泥产量快速增加,年产68万吨。2007年,年产散装水泥120万吨,产黏土实心砖1.64亿块。2008年,通过江苏省联合检查组的验收,成为省农村散装水泥达标县,年产散装水泥135万吨。黏土实心砖实行限产,年产1.2亿块。至年底,境内建筑材料生产企业有常安商品混凝土公司、淮安海螺水泥有限责任公司,有混凝土砌块企业17家。

第二章　房地产业

第一节　机　构

1978年,全县公产房屋由县公产公房管理所管理。1981年,房产管理事宜由更名后的县房产公司负责。1983年,县房产公司划归县城乡建设局。1993年,成立县政府住房制度改革办公室,下设住房公积基金管理中心。1994年，成立县经济适用房发展中心，与住房制度改革办公室合署办公。1997年12月，成立淮阴县房产管理局，为县政府直属正科级事业单位，内设办公室、住房制度改革股、房产交易股、产权监理股、房产管理股等股室，编制10人。是年，县房产管理局接管原房地产公司移交的房屋产权产籍管理职能。2004年，房管局增设物业管理科。2008年，房地产公司改为房产管理局下属单位，内设机构及人员编制未变。

第二节　房地产开发

一、发展历程

1993年12月，县出台房改方案并启动住房制度改革，打破低租金或福利分房体制，住宅建设采取单位集资、合作建房和筹建解困房。1996年，全县11个单位集资、合作建房2.55万平方米，竣工1.8万平方米。1997年，开工建设解困房1.91万平方米，解困250户。是年，县政府出台《关于加强淮阴县城区房地产开发、住宅建设管理的意见》，限制零星建设，统一规划区域建、购住房，城区兴起组团建房购房的热潮，新村和小区增多。房地产开发贯彻"综合开发、配套建设"方针，实行开辟新区与旧城改造并举。是年4月，开工建设的前进小区，成为城区最早的房地产开发项目，位于西马路东南侧，原先是杂乱无序的老住宅区，有居民私建的，也有单位筹建的公有住房，环境较差，且位于城中心。是年，商品房施工面积6.4万平方米，竣工面积2.9万平方米。1999年5月，开工建设黄河花园。11月，开工建设盐河花园。由于受社会经济发展水平的影响和城市规模的限制，淮阴县住宅建设发展一度较为缓慢。2000年起，房产开发建设在区（县）内迅速兴起，涌现一批上规模的大型住宅区，浙江、福建、苏南等外地开发商进入淮阴房地产市场，呈现本地企业与外地企业共同竞争的局面，先后建成富豪花园、樱花小区、城中花园、江淮人家、通胜花园、幸福新苑、翠景美墅、法国小城、银河湾、益兴·名人湾、多瑙河·国际公寓、金碧湖畔、威尼斯·城市佳苑、国华·御锦园等44个住宅小区，其中建设规模在5万平方米以上的小区32个，占73%。2004年起，苏北温州大市场、台州商城、淮安国际商贸城等6个商贸市场相继建成。2005年，黄河花园、富豪花园、江淮人家、东昇花园、翠景美墅、法国小城、银河湾、益兴·名人湾、多瑙河·国际公寓、金碧湖畔、威尼斯·城市佳苑、国华·御锦园、金都花园、帝景豪庭等小区成为区城内知名楼盘。至2008年，城区累计完成房地产开发施工面积462.11万平方米，竣工面积307.32万平方米，投资100.62亿元。普通商品住宅楼户型每套二至三居室，有客厅、

图 14-2-1　银河湾花园

图 14-2-2　多瑙河·国际公寓

图 14-2-3　富豪花园

厨房、卫生间、前后封闭阳台，每套面积80～130平方米；复式楼一般为四层，每套多居室，二卫、二厅、一厨、前后阳台，每套面积160～220平方米；别墅有中式、欧式、美式等风格，每栋面积200～400平方米。大多数居住小区实行全封闭物业管理。

1998～2008年淮阴区（县）房地产开发面积统计表

表14-2-1　　单位：万平方米、万元

年份	施工面积	竣工面积	投资	年份	施工面积	竣工面积	投资
1998	9.90	5.30	6338	2004	65.61	49.22	75514
1999	18.62	6.86	14395	2005	59.33	40.02	78065
2000	25.04	17.47	20347	2006	77.08	35.92	153770
2001	41.59	22.17	22682	2007	117.93	35.92	153770
2002	43.90	28.57	34131	2008	196.79	42.00	245098
2003	39.63	16.99	27799				

二、住宅小区选介

【东昇花园】 位于淮阴城区北京东路北侧，东临承德路。总建筑面积8.06万平方米，其中商业面积1.05万平方米。有28幢楼，其中9层小高层2幢，休闲会所1幢，住宅657套，商用87间。小区配套设施齐全，有迎宾水道、网球场、假山、会所、幼儿园，配备智能化监控系统，有外围防侵入系统和安保型可视对讲系统。整个小区于2004年4月25日开工建设，2005年9月15日全面竣工，10月30日全面交付使用。

【翠景美墅】 位于淮阴区古黄河风光带北侧，西临沈阳路。总建筑面积2.1万平方米，占地约3.34万平方米，容积率0.6。小区有34幢楼，其中1幢为会所。建筑层数为3层，独栋11幢，每栋面积352～377平方米；双拼18幢，每栋面积270～290平方米；联排别墅4幢，每幢面积175～200平方米；会所1幢466平方米，每户享有车库和花园。小区配套设施齐全，有水、电、燃气、电信、宽带网络，冬季由热力中心集中供暖气，24小时集中提供热水等，配备智能化监控系统、小区外围防侵入系统、无线电子巡更系统和安保型别墅可视对讲系统。小区于2005年8月8日开工建设，2007年6月交付使用，入住127户。

图14-2-4　国华·御锦园

【国华·御锦园】 位于淮阴区樱花路北侧，曙光路西侧。占地面积10公顷，建筑面积约15万平方米，住宅面积约14万平方米，公共建筑面积约1万平方米，绿化率35%。开发建设物业管理、活动中心以及相关配套设施，小区形成规划布局合理、空间组织有序、建筑人文景观协调的绿色家园。一期16幢楼、二期10幢楼、三期8幢楼，整个小区2009年底全面建成，可入住1623户。

图14-2-5　金都花园

【金都花园】 位于淮阴区樱花园东侧、市地税局办公区以北，占地面积约6.67公顷，总建筑面积约11万平方米，绿化率48.4%。小区由28幢多层和小高层住宅组成，总计546户。2005年3月开工，2007年全面竣工，内设会所900平方米，幼儿园、沿街商业用房6734平方米，4个半地下车库、1个全地下车库，共计300多个车位。

【益兴·名人湾】 位于淮阴区樱花路南侧、曙光路东侧。项目规划建设用地面积15.65万平方米，总建筑面积21.58万平方米，住户1310户，有多层建筑24幢、小高层建筑8幢、低层建筑25幢、社区服务用房1幢，其中住宅19.97万平方米、商业用房2148平方米、配套用房1010平方米、人防工程及地下车库建筑面积1.30万平方米，建筑密度22.9%，绿化率40%，总投资5.4亿元。项目于2007年7月28日一次性全面开工，2009年9月底全面交付使用。小区中心景观面积2.6万平方米，总体水面面积1.1万平方米，其中中心景观水系面积4000平方米，周边护宅河水面面积7000平方米；六层住宅之间最大间距33米，最小距离为24米，小高层前后楼间距45米；小区沿四周城市干道均为通透的绿篱，未设任何商业建筑。建有供暖供热水配套工程，确保供暖期24小时供应暖气，平时24小时供应热水。

图14-2-6 益兴·名人湾

【帝景豪庭】 位于淮阴区北京东路与承德北路交汇处，北临北京路，西临承德路。小区占地3.5万余平方米，建筑面积近15万平方米，由11幢多层与沿主干道的5幢高层组成，近1000套住房、400多个机动车停车位。小区房屋分为多层、高层，尚有1幢高度约99米、挑高5.2米的超高度公寓，为城区地标性建筑，每套住房设计面积45～79平方米。在沿主干道的住宅楼下均带三层商铺，99米超高公寓楼下带有商铺约3000平方米。

第三节 房地产开发企业

1993年12月，建设部《房地产开发企业资质管理规定》颁布，房地产开发企业按资质条件划分为5个等级，自有流动资金分别不低于2000万元、1000万元、500万元、200万元、30万元。主管部门对开发企业资质实行审批和年检制度，建立能进能出的动态资质管理机制。1997年12月，江淮房地产开发有限公司成立，这是境内第一家房地产开发企业，资质为二级，注册资本2000万元，是年开发江淮人家小区。同年，由本地企业——王营房地产开发有限公司（后改为圣创房地产开发有限公司）开发位于淮海北路黄河桥东侧的黄河花园，该企业具备二级资质。2000年3月，建设部《房地产开发企业资质管理规定》修订，房地产开发企业按资质条件划分为4个等级，注册资本提高幅度较大。是年，淮安市鑫龙房地产有限公司在王营镇营东村开发承建樱花小区。该企业为二级资质，注册资本2000万元。2001年，县改区后，淮安市建设局规定在区内开发的企业必须具备暂定三级以上的资质。2003年，在区内开发的有资质企业23家。2008年，有资质的房地产开发企业38家，其中外地企业30家，占78%。

2008年淮阴区部分房地产开发企业一览表

表14-2-2 单位：万元

企业名称	成立时间	资质	主要开发项目	注册资本
淮安市江淮房地产开发有限公司	1997.12.17	暂定二级	江淮人家	2000
淮安市怡华房地产开发有限公司	1998.12.18	三级	怡丰苑	800
淮安市鑫龙房地产有限责任公司	2000.01.26	二级	樱花小区	2000
淮安市飞翔城镇建设开发有限公司	2001.04.06	暂定二级	长江路小区	2000
淮安市富豪房地产开发有限公司	2001.05.24	二级	富豪花园	2000
淮安市颐丰置业有限公司	2004.12.23	暂定三级	威尼斯	2000
淮安扬帆房地产开发有限公司	2005.01.28	暂定二级	金碧湖畔	6000
淮安市浙商投资建设有限公司	2005.03.31	暂定三级	国际农贸城	2000

续表14-2-2

企业名称	成立时间	资质	主要开发项目	注册资本
淮安市九天置业有限公司	2005.07.07	暂定二级	迎春嘉园	7000
淮安市世邦房地产开发有限公司	2005.11.18	暂定二级	帝景豪庭	3000
江苏环宇置业有限公司	2006.01.11	暂定二级	银河湾	4200
淮安益兴置业有限公司	2006.12.27	暂定二级	益兴·名人湾	9000
淮安天喜置业有限公司	2007.01.23	暂定二级	四季花园	2000
淮安豪景房地产开发有限公司	2007.07.26	暂定二级	豪景华庭	3000
淮安祥龙房地产开发有限公司	2007.08.02	暂定三级	风荷丽景	3000
江苏怡宁置业有限公司淮安分司	2007.12.31	三级备案	书香名苑	2000

第四节　房产交易

一、预（销）售

1998年，县内商品房预（销）售实行许可制度。1999年，开发企业在销售商品房时，必须具备“两书一册”，即《住宅质量保证书》《住宅使用说明书》《房地产开发项目手册》。2004年，全区21家开发企业建立销售窗口告示牌制度和一价清制度，具备预售条件的商品房按套内建筑面积计价，现房也可以按套（单元）计价，实行总价交易，严禁价外价，减少面积纠纷，消除消费者对公摊面积的疑虑。是年6月，实行商品房买卖合同备案制度，建立以小区为单位、建档到幢、明细到户的档案管理制度，避免一房多售现象。是年起，每年开展诚信企业评比活动。2005年，开始建立商品房预售联审制度，分别由物管、测绘、产权监理、房管共同把关，实现四部门联动。是年5月，建立房地产开发企业诚信档案，对取得资质证书从事房地产开发经营活动的所有企业实行量化考核。考核内容分为5大项28个小项，其中预、销售过程中的制度执行，手续是否齐全，面积、单价是否讲求诚信，质量、交付期限是否保证等等，均作为考核的重要依据。是年，全市81家企业参与“十佳诚信企业”评选活动，淮阴区21家企业参评，占25.93%。淮安市华发置业有限公司（开发销售的楼盘为东昇花园）在2005年度和2006年度连续两次获“淮安市首届十佳诚信企业”称号。淮安市同业房地产开发有限公司（开发销售的楼盘为法国小城）获2006年度“淮安市房地产十佳诚信企业”称号。

2006年5月1日，淮阴区在全市率先开通网上楼市，商品房买卖合同由手工签约改为网上签约，实行网上合同备案。2006年，销售1396套16.82万平方米，每平方米均价2465元。2007年，销售3317套39.7万平方米，每平方米均价2910元。2008年，销售1513套16.91万平方米，每平方米均价3335元。

至2008年，商品房买卖合同网上备案累计8800多份，网上核发预售商品房许可证339份，核准预售面积127.52万平方米，其中商品住宅100.59万平方米，占78.9%。淮安市颐丰置业有限公司（开发销售的楼盘为威尼斯·城市住苑）和淮安市国华房地产开发有限公司（开发销售的楼盘为国华·御锦园）获2007年度“淮安市房地产开发经营诚信企业”称号。2008年，银河湾、帝景豪庭等两个项目被省建设厅评为江苏省优秀住宅小区。

二、价格（见第十九篇《经济综合管理》第六章《物价管理》第四节《房地产价格》）

三、交易

1993年前，全县机关、企事业单位工作人员的住房多由本单位安排或由房管部门租给。1994年7

月，《城市房地产管理法》颁布后，房地产管理向市场化管理的方向发展。1999年，城区建成房屋产权、中介、置换、担保、交易服务有形市场——淮阴县房地产交易中心，于2000年4月正式挂牌成立，成为全县唯一合法的各类房屋交易场所，县内房地产交易市场由民间的自发交易走向规范，房屋买卖、租赁均须收缴契税和土地收益金。2000年后，随着住房市场化、住房制度改革、土地使用制度改革及老城区改造的步伐加快，城区私有房屋大量增加，私房买卖更加活跃，房屋产权转移时，房屋占用土地的使用权同时转移。1997～2008年，累计办理存量房买卖12139宗，完成交易建筑面积160.79万平方米，成交金额363730万元。

1997～2008年淮阴区（县）成量房买卖统计表

表14-2-3

年份	套数（套）	面积（万平方米）	金额（万元）	年份	套数（套）	面积（万平方米）	金额（万元）
1997	102	3.14	2355	2003	538	7.35	14700
1998	196	5.29	4497	2004	1226	14.62	38012
1999	137	4.73	4635	2005	2128	22.97	52831
2000	148	5.08	5588	2006	3248	39.28	86728
2001	240	7.13	9296	2007	1872	23.41	71424
2002	261	8.02	13233	2008	2043	19.77	60431

第五节　房产管理

一、房屋权属登记

1978～1983年，县城公产房屋的产权产籍归公产公房管理所（1981年改为房产公司）管理。1983年，产权产籍划归县城乡建设局主管，由新划入的房地产公司具体负责。其时对房产权属的管理范围主要是由县直接掌管的公产房屋，对县直单位自建自用的公产房屋实行登记、备案，负责县直管公房的划拨使用、维修和档案管理等工作。1985年4月，专门成立县房产普查办公室，对王营镇范围的工业用房、交通用房、商业用房、文教卫生用房，以及其他全民、集体单位的房屋进行一次全面普查，详细造册登记，拟作产籍备案。1997年6月，房屋产权产籍管理由原县房地产公司移交给县房产管理局。7月，以建立一流档案管理体系为宗旨，对全县1.7万余份产权档案重新进行规范化整理、装订、归档；年底完成产权登记发证667份，登记面积79267平方米，完成房改售房发证406份，其中公房发证320份，占78.82%，确权面积23971.5平方米，直接成本价房发证86份，占21.18%，确权面积7070.26平方米。1997～2000年，累计完成产权登记证6817份，登记面积96.2万平方米，房改房发证4104份，登记面积29.64万平方米。2001年，产权产籍工作经市房产管理局授权委托管理，正式启用全国统一防伪产权证，实行计算机缮证。是年，全区2万余份产权产籍档案全部录入。2003年，通过产权档案清理出违规住房10余宗。至2008年，累计完成产权登记发证47154份，登记面积969.78万平方米，房改房发证3892份，登记面积17.42万平方米。

二、房地产抵押

1996年，制定《淮阴县单位建（购）住房政策性抵押贷款暂行办法》《淮阴县职工个人购（建）住房政策性抵押贷款暂行办法》，人民银行、房产管理局等单位出台具体实施办法，规定借款人向银行贷款须以数额相当的房地产作抵押，抵押当事人签订书面抵押合同，县房产管理部门核发《房地产价值评估报告》和《房屋他项权证》后，银行给予贷款人以不超过房地产总值的70%贷款。1997～2008年，累计抵押登记15697件，抵押登记面积346.81万平方米，抵押金额16.01亿元。

1997～2008年淮阴区（县）房地产抵押统计表

表14-2-4

年份	抵押登记件数（件）	抵押登记面积（万平方米）	抵押金额（万元）	年份	抵押登记件数（件）	抵押登记面积（万平方米）	抵押金额（万元）
1997	41	2.10	212	2003	1091	20.30	13263
1998	40	2.30	1405	2004	2276	42.75	21743
1999	88	6.30	4069	2005	1943	40.94	19912
2000	227	4.50	1800	2006	3280	59.67	30424
2001	330	8.50	4640	2007	2241	68.15	20743
2002	716	15.40	8949	2008	3424	75.90	32916

三、危房鉴定

1999年，县房产管理部门公布《关于加强房屋安全管理工作通知》，将房屋安全鉴定作为一项重要工作。2001年6月，开展危旧房屋安全大检查，要求各单位对所属房屋进行一次安全自查，严防房屋倒塌等重大事故发生，保障国家和人民生命财产安全。在房屋安全鉴定中做好勘查、测试、记录、拍照等技术性工作，为安全鉴定提供全面准确依据。至2008年，累计实地查勘1149户，出具危房鉴定报告8069份，鉴定面积4.8万平方米。

四、白蚁防治

1978年后，县内白蚁防治坚持"预防为主、综合防治"的方针，新建、拆建和扩建的房屋建筑单位在开工前必须进行白蚁防治，防治人员持证上岗，对地槽、土、木门窗等关键部位，做到一次防治到位，药物管理实行专人负责制。2006年，完成白蚁防治面积45万平方米。2007年，完成白蚁防治面积20万平方米。至2008年，白蚁防治面积累计250万平方米，施药合格率98%以上，合同兑现率100%。2000～2008年，白蚁防治工作连续9年获省先进单位称号。

第六节　住房基金管理

一、机构

1993年，成立淮阴县住房基金管理中心，负责全县住房基金的归集和管理，有工作人员4名。2003年3月，区住房公积金管理中心移至淮安市住房公积金管理中心，形成市、区一体化管理格局，有工作人员8名。

二、管理体制

淮阴县住房基金管理中心负责住房基金的归集、管理、使用和偿还，对归集的住房公积金实行专户管理，保证资金的安全，促进资金增值，逐步建立城市、单位、个人三级住房基金，实现住房资金投入、产出的良性循环。1994年5月，出台《关于住房基金营运管理暂行办法》。1997年，淮阴市城镇住宅区物业管理暂行办法出台，县内开始建立物业专项维修资金。是年5月，县政府印发《关于加强住房公积金归集和管理工作通知》，住房公积金管理进一步完善。1999年，按照国务院《住房公积金管理条例》精神，全县全面建立住房公积金制度，深入住房改革，引导住房消费。管理中心按审批程序，对职工个人购房、建房或大修住房给予支付，职工退离休时，本息余额一次结清，退还职工本人。2003年3月归并至淮安市统一管理。至2008年，管理机构未变。

三、住房公积金缴存

淮阴县住房公积金由在职职工个人及其所在单位按职工个人工资总额的一定比例逐月缴纳，归个人所有，存入个人公积金账户。新参加工作的职工，从参加工作的下一个月起缴纳住房公积金。住房公积金的本息免征个人所得税，住房公积金经营净收益亦免征所得税。1995年11月，建立住房公积金管理制度，单位和个人住房公积金的征缴率分别负担5%。1996年10月，城区有200个单位报批开户，覆盖面达80%，归集额445万元，归集率超过70%。1997年7月1日起，单位和个人住房公积金缴存比例分别调整为6%，征缴基数按职工本人上年度月平均工资核定。是年，全县城区应建立住房公积金单位250家，人数2万人，实际开户职工1.8万人，占应开户职工人数90%。1999年将全额和差拨行政事业单位负担后的公积金纳入年度财政预算，促进公积金的归集工作。2001年，归集住房公积金960万元，审批政策性住房贷款150户540万元，累计余额750万元，贷款额度占本期余额32%。是年11月，开通住房公积金电话查询系统，并向社会公布电话查询号码，录入身份证5018人，占正常缴存人数83%。2002年，全年归集住房公积金1500万元，公积金支取480万元。同时，开展政策性贷款业务，全年共发放贷款180户758万元，回收贷款276万元。2003年，实行会计电算化，改手工记账为电脑做账，住房基金管理逐步走向规范化。2005年，全年归集住房公积金2712万元，公积金支取1763万元，发放公积金贷款205户2178万元。2008年，住房公积金在提取、运用、专项资金的资源利用以及使用方面，管理部门均有与之配套的相关规范。

四、维修基金归集

1997年，淮阴县开始建立物业公共部位、共用设施设备专项维修资金。2000年，共归集存缴101.1万元，使用20.7万元。2003年8月，区房产管理部门发文规定，维修资金由新建商品房的建设单位按房屋使用性质和楼层数，分别按售房数的一定比例缴交，公有住房的售房单位向房管部门缴交，从地方政府城市维护费中按5%提取；建设单位和公房售出单位缴交的维修资金归业主所有，专项用于物业的公共部位维修、更新和改造，不得挪作他用。专项维修资金由房产行政部门代管，实行专户存储、专款专用。是年，全区归集存缴203.7万元，支付使用6.3万元。2006年，归集存缴826.6万元，支付使用20.5万元。2008年，全区归集住房专项维修基金3430万元，支付使用40万元。

第七节　物业管理

一、发展历程

1997年，《淮阴市城镇住宅区物业管理暂行办法》出台，推行社会化、专业化、市场化的物业管理方式，县内物业管理开始起步。1998年，县城前进小区开展创建“优秀物业管理小区”活动。2001年，物业管理企业与开发企业脱钩，实行现代化企业法人治理结构，单独运作，自负盈亏。是年，黄河花园小区被表彰为省物业管理优秀小区。2003年8月，《淮安市物业管理实施细则》出台。是年，全区有资质的物业管理企业5家。2004年8月，区房管局增设物业管理科，加强全区物管企业管理。至2008年，先后获评省物业管理优秀小区3个、市物业管理优秀小区6个；小区通过民主选举产生业主委员会23个，实行业主自治与专业管理相结合；城区在管的物业项目42个，在管房屋建筑面积435万平方米。

二、收费

物业管理收费标准大多是政府物价部门按照质价相符原则定价，物业管理企业在规定的收取范围内收取费用。2003年前，物业管理费基本上为每月每平方米0.1～0.15元。2004年，东昇花园的物业管理费按多层每月每平方米0.22元征缴，小高层按每月每平方米0.88元征缴。2005年，实行招标的物业管理费标准分别为：翠景美墅每月每平方米1.1元；多瑙河·国际公寓多层每月每平方米0.4元，小高层每月每平方米征缴0.4元。2006年，御花园为全区第一家解困房安置小区，物管费按每月每平方米0.27元征缴。2007年，普通多层物业管理费收费标准：国华·御锦园按每月每平方米0.45元征缴；帝景豪庭、金碧湖畔、银河湾3个小区的6层以下楼盘物管费均为按每月每平方米0.5元征缴，小高层物业管理费均在每月每平方米1.1元以上。

三、物管前期招标

1998年，黄河花园、前进小区在规划建筑阶段，物管企业已提前介入，对住宅配套设施提出建议。2004年，城区新建住宅区销售前，建设单位通过招标方式选择具有相应资质的物业管理企业提前介入，与物业管理企业签订前期物业服务协议，承担前期物业服务。东昇花园小区是全区首家实行前期招投标并提前介入的小区。此后，房地产开发主管部门把物业管理提前介入作为核发商品房预（销）售许可证的前置条件，新建住宅区物业出售时，物业管理企业与物业购买人签订前期物业服务协议，协议中约定的物业服务事项、服务质量、服务费收取标准均与物管企业和建设单位签订的前期物业服务协议中有关内容相一致。2005年，引入市场机制，进一步规范预售前实行前期物业管理招投标制度，实行前期物业管理招标投标的小区有2个。2006～2007年，实行前期招投标的新建小区有7个。2008年，翠景美墅、多瑙河·国际公寓、法国小城等11家房地产开发项目实行前期物业管理招投标，物业管理形成竞争机制，为规范物业管理提供保障。

2004～2008年淮阴区实行前期物业管理招投标的项目统计表

表14-2-5

项目名称	招投标时间	项目总建筑面积（万平方米）	中标多层物管费（元/月·平方米）	中标小高层物管费（元/月·平方米）
东昇花园	2004.05	8.059	0.22	0.88
多瑙河·国际公寓	2005.12	5.25	0.40	0.40
翠景美墅	2005.11	2.00	1.10	—
御花园	2006.04	17.00	0.27	—
法国小城	2006.06	6.50	0.35	0.90
南洋花园	2006.07	7.00	0.35	0.85
国华·御锦园	2007.03	15.09	0.45	1.10
帝景豪庭	2007.07	14.78	0.50	1.20
金碧湖畔	2007.07	10.00	0.50	1.26
银河湾	2007.07	20.28	0.50	1.10

第十五篇 商 业

1978年，境内各类商品实行计划经营，日用商品多由百货公司、五交化公司、糖烟酒公司、蔬菜公司、食品公司、供销社等零售供应，农业生产资料由县生产资料公司、供销社零售供应。20世纪80年代初，商品流通领域打破传统的计划经济模式，市场渐次开放，商业规模由小而大，商业网点由少而多，批发业、零售业日趋兴旺，逐步形成国营、集体、个人和私有商业的多种经济成分、多种经营方式、多条流通渠道并存的局面。90年代后，市场经济确立和深化，促进商品流通体制改革、商业企业改组改制、催生新的商贸业态和结构调整，推动各类商品贸易、个体经营商业、服务业的快速发展，推进商贸市场持续兴旺、繁荣。1998年起，政企分开，职能部门由过去直接管理向依法调控、监督、指导、服务转变，先后对银河商场等9家企业实行改制，或整体出售，或部分资产出售，或售租结合，或整体兼并。2001年后，围绕"绿水新城、居住佳境、商贸中心、工业新区"的战略定位，利用独特的区位优势，建立多渠道投、融资机制，结合加快城市改造，推进商业网点合理布局与建设，推动区域商贸业快速发展。2008年，城区利用区位优势，着力打造城市中心商业区，以苏北温州大市场为中心的综合贸易市场群、以火车站为中心的物流市场群等商圈逐步形成；广达汽贸商城、南联汽摩配商城、台州商城、国信大酒店、淮安国际农贸城等一大批流通、服务设施陆续建成；上海农工商超市、广大家具广场、苏果超市等一批规模化商业企业到淮阴投资，江苏商联、万客隆、茂林等本土超市快速兴起，淮阴商务服务业网点建设有了长足发展。是年，全区社会消费品零售总额33.54亿元。

第一章 机 构

第一节 服务业发展局

1978年，淮阴县商业局内设办公室、财务股、业务股、人事股、统计工业股等股室，有工作人员15名。1997年，县商业局更名为县贸易局，成立商业集团总公司，和县贸易局一套班子、两块牌子。是年，商贸局下辖的食品公司划出，组建县食品集团、县畜禽管理办公室。

2000年8月，撤销县物资局、县商贸局，组建淮阴县贸易委员会，原县物资集团总公司、县商业集团总公司划归县贸易委员会管理。是年，撤销县食品集团、县畜禽管理办公室，将其人、财、物划归县食品公司，县食品公司隶属于县商业总公司。

2001年12月，撤销区贸易委员会、区对外经济贸易委员会，合并组建区对外贸易经济合作局，挂区内贸局牌子。区食品集团公司、茧丝绸集团公司流通经营职能归其管理，局机关设办公室、外资科、贸易市场科、财务科。2006年5月，撤销区对外贸易经济合作局，在此基础上组建淮阴区服务业发展局，将原苏北市场管理委员会、台州商城管理委员会职能划入，增挂淮阴区市场管理委员会牌子。是年，区对外贸易经济合作局所承担的"三外"职能划出，组成外向型经济发展局。2008年，内设办公室、服务管理科、商贸管理科、市场管理一科、市场管理二科，编制20人。

第二节　粮食局

1978年，县管理机构为淮阴县革命委员会粮食局。1979年5月，淮阴县革命委员会粮食局调整内设机构，设立人秘股、购销股、生活安排股、仓储股、财会股、加工股、饲料股7个职能部门，有工作人员15名。1981年5月29日，恢复县粮食局。1983年4月，增设职工教育股，撤销饲料股、生活安排股。1984年4月，调整内设机构，内设人秘股、财务基建股、计划购销股、储运股、加工股，撤销职工教育股。1991年，内设人秘股、财务基建股、计划购销股、储运股、加工股、行政监察室、综合经营办公室、粮油中心化验室、粮油防治队等。1992年12月，成立县粮油总公司，与县粮食局两块牌子、一套班子。1993年3月4日，内设组织人事科、财务基建科、业务科、工业科、审计科、行政监察室、综合经营办公室、粮油中心化验室及粮油防治队。1998年5月，设组织人事股、财务审计股、业务股、科技工业股、办公室、行政监察室、综合经营办公室、粮油中心化验室及粮油防治队等。1999年8月，实施粮食企业购销业务与附营业务分离，政企分开，成立县粮油供销公司、县粮油工贸集团，撤销县粮油总公司。2000年3月，增设工业办公室。2001年，淮阴县粮食局更名为淮阴区粮食局。2002年，内设机构调整为办公室、人秘科、招商引资办公室、产业指导科、市场监管科、财务审计科、纪检监察室、信访办公室等，有工作人员21名，另有直属单位18个、乡镇粮油管理所（站）27个。至2008年，内设机构和人员编制不变。

第三节　贸易委员会

1978年8月，恢复成立县物资局，隶属于县计划委员会，内设人秘、计财、业务3个股，编制5人，下辖物资公司和煤炭石油公司。1987年，下属企业有物资公司、燃料公司、生产资料服务公司、金属机电化工公司、木材建材公司、金属回收公司、物资服务公司、金属机电公司、木材公司、建材化工公司等。1992年5月，成立县物资集团总公司，和县物资局一套班子、两块牌子，下属单位有燃料公司、金属机电公司、木材公司、建材化工公司、生产资料服务公司、金属回收公司等。局机关内设办公室、计财股、业务股，编制8人。2000年8月，撤销县物资局、县贸易局，组建县贸易委员会，原县物资集团总公司及其下属单位划归县贸易委员会管理。

第四节　供销总社

1978年12月，恢复淮阴县供销合作社，编制12人。1979年2月，县供销合作社从商业局划出，内设秘书科、人事科、计划业务科、财会物价科、基层工作科和工副业科，工作人员21名，下辖棉麻公司、农业生产资料公司、土产公司。1983年，县供销合作社更名为淮阴县供销合作联社。1989年9月，淮阴县供销合作联社更名为淮阴县供销合作总社，取消原理事会、监事会，改为社务委员会。1990年6月，调整内设机构，增设办公室，人秘科改为人事科，秘书业务划归办公室，财务科改为财务基建科。1992年12月，成立淮阴县供销（集团）总公司，与县供销总社一套班子、两块牌子。2001年，淮阴县供销合作总社更名为淮阴区供销合作总社。至2008年，内设机构未变，人员编制50名。

第五节　烟草专卖局

1978年，主要由棉麻公司、烟酒公司负责卷烟经营业务。1985年4月，成立淮阴市淮阴县烟草专卖局、淮阴市烟草公司淮阴县分公司，其主要职责是对淮阴县烟草公司人、财、物、产、供、销进行集中统一管理，并负责淮阴县卷烟市场供应和烟草专卖管理。是年，卷烟批发业务从县糖业烟酒棉麻公司划出，由烟草公司专营。专卖局与公司合署办公，一套班子、两块牌子，为科级建制，属卷烟三级批发单位。内设机构主要有政秘、销售、专卖、计财等4个股，下辖烟叶站和1个零售门市部，经营35个品种卷烟批发业务。省烟草公司下达调拨计划，县公司按计划在烟厂进货，再由县内基层供销社、联购分销处等批转给各零售点。2001年，淮阴市淮阴县烟草专卖局、淮阴市烟草公司淮阴县分公司更名为江苏省淮阴区烟草专卖局、江苏省烟草公司淮阴区公司。2005年9月，取消县区级法人资格，江苏省烟草公司淮阴区公司更名为淮安市烟草分公司淮阴区市场营销部。2008年，内设办公室、客户服务科、专卖监督管理科、财务委派室、专卖监督管理科，下设一中队、二中队、三中队，有员工94名。

第六节　盐务管理局

1978年，江苏省盐业公司淮阴批发站负责淮阴盐产品计划调拨工作，淮阴县食盐由原清江蔬菜公司专设的食盐管理办公室负责市场供应，有工作人员3名。1983年7月，成立江苏省盐业公司淮阴支公司批发部，为省属国有专营企业，负责淮阴县食盐及工业盐供应，下设业务股、财务股、办公室、批发部，辖大运河盐库、钵池盐库和王营盐库。1993年4月，淮阴盐业分公司批发部更名为淮阴盐业支公司。1994年12月，成立淮阴县盐务管理局，两块牌子、一套班子合署办公，有工作人员18名。2000年，淮阴盐业支公司更名为淮阴盐业分公司。至2008年，内设机构及人员编制不变。

第二章　商业构成

第一节　商业网点分布

一、城区商业

1978年，县城王营镇是全县商品的主要集散地。1980年，县城有全民所有制商业企业26家、集体所有制商业企业12家、代购代销店30家，从业人员461名。1986年，县城国有商业企业有食品、糖烟酒、蔬菜、百货、五交化、燃料、农机、化建、机电设备、医药、粮油运输、油脂工业、饲料工业、粮油贸易等公司。供销系统有土特产、农业生产资料、工业品、副食品等公司和古淮商场，合作商业有供销综合公司、商业综合公司。上述企业共有零售商店65家。是年，个体商业户发展至124家。至1990年，具有法人资格的私营企业18家，投资者54人，职工170人。

1991年，城区市场欠旺，全年社会商品零售总额2585万元。全县有商业零售机构414个、从业人员977名。1995年，各种经济类型商业消费品零售额全面增长，全社会消费品零售总额4411万元。全县批发业有法人机构25个、网点318个、从业人员405名；零售业有法人机构28个、网点83个、从业人员832名。2000年，通过加大市场开拓力度、发展新型流通方式等措施，促进消费品市场稳中趋活，全年实现社会消费品零售总额4.19亿元。有限额以上法人企业5个、餐饮单位25个、经营网点26个，营业面积12988平方米，从业人员786名。开展促销活动、发展现代营销方式和打造新型流通业态等措施，促进消费市场稳步回升。2003年，城区有各类商品交易市场37家，成交额8.3亿元，超市、便民连锁店、专卖店、仓储式商场等新型零售业迅速增长。

2008年，城区限额以上批发和零售业与住宿和餐饮业81家，从业人员270名，全年社会消费品零售总额18.54亿元，比上年增长15.1%。

二、农村商业

1978年，县内28个社镇共有收购、批发、零售商店287家，其中供销社38家、代销店249家。1986年，县内27个农村乡镇共有商业网点1494家，其中供销社36家、代销店219家、个体商店1239家。自然村庄中大都有代销店，百户以上自然村的村民购买日常用品可不出村。1989年，农村个体商业1542家、从业人员1678名，资金432万元，年营业额1823万元。其中食品业267家、百货业1115家、废旧物资收购60家、图书业27家、其他73家。2000年，境内农村有个体商业户2087家，占全县个体商业户总数3237家的64.47%，注册资金1645万元，从业人员3341名。2008年，境内农村有个体商业户3045家，注册资金2341万元，从业人员4033名。

第二节　商业经济类型

一、国有商业

1978年，淮阴县有国营商业企业7家。1980年，全县有全民所有制商业企业386家、从业人员1745名。1985年，在各种类型的商品零售中，国营经济增长0.6%。1986年国有商业企业有食品、糖烟酒、蔬菜、百货、针棉织品、服装、五金交电、化工建材、机电设备、煤炭、粮油、物资、医药、书店等398家，其中食品购销45家、粮油55家，工业品批发12家、零售24家，物资146家，其他116家。1998年后，工业品公司、银河商场、五交化公司、糖烟酒公司、蔬菜公司等国有企业先后进行产权制度改革。至2000年末，国有商业仅有食品、盐业、粮食收储、烟草公司和新华书店。2008年，国有企业限额以上营业额2.08亿元。

二、集体商业

1978年，县城有集体商业企业5家，农村有集体商业企业29家，全县共有集体商业网点106个。1980年，全县有集体所有制企业72家、代购代销店330个，1985年，在各种类型的商品零售中，集体经济下降15%。1986年，集体商业部门包含1983年国营改集体的供销社企业、合作商店以及农村代购代销店。其时，供销社企业有农资、土特产、工业品和副食品等公司，以及南陈集、渔沟、徐溜、丁集、棉花庄等基层供销社，计257家1205人。另有农村代购代销店324家，合作商业公司2家及商店67家，其他集体商业59家。1990年，非国有商业、供销社部门即工矿企业、机关、学校等办的集体商业78家，职工207人。2000年，县供销社重组为6个经营机构，主要经营农资、蚕茧、棉花、烟花爆竹、房地产和日用工业品等。2008年，限额以上批发和零售集体企业总额2300.5万元。

三、民营商业

1978后，逐步打破商贸流通领域限制，商业网点建设步伐加快，放宽集体商业政策，推行经营承包责任制。1980年，全县有个体商贩152人。1985年，在各种类型的商品零售中，个体经济增长2倍。1986年，个体商业户613家，从业人员843名，注册资金154万元。1990年，民营企业812家，其中食品198家、从业人员1365名、资金420万元，百货和图书业分别为189家、从业346名、资金103万元和15家、从业人员29人、资金5.6万元，其他企业410家、从业人员1090名。其时具有法人资格的民营企业27家、投资者67人、员工254名，注册资金312万元，营业额334万元。2003年，民营企业1312家，其中城区536家、农村776家。2008年，限额以上批发和零售私营企业总额39487.8万元。

第三节 商业行业分类

1978年，淮阴县商业行业主要有粮油、食品、副食品、五金交电、机电设备、农副产品、农业生产资料、石油、煤炭、化工建材、糖烟酒、百货、针棉织品、服装、医药、图书等类。1988年，商业零售机构4815个7857人，其中县级239家1041人，县级以下4576家6816人。按行业分，粮油商店14家145人，副食品商店14家97人，其他副食品商店80家223人，百货商店87家414人，纺织品商店55家197人，五金、交电、化工商店43家253人，医药商店6家83人，书店7家37人，煤炭商店4家48人，石油商店2家25人，日用杂品商店57家138人，农业生产资料商店55家335人，综合商店544家1003人，个体有证商店3847家4859人。商业零售额19009万元，比1987年增长15%。20世纪90年代，专业商店和新兴行业陆续出现并逐渐增多。至2000年，商业行业已有40多种，其中副食品批发零售400余家。城区服装业47家、鞋业43家、鲜花业15家、眼镜业6家、书画装裱业2家、石油业9家、家具业28家、苗木业7家。农业生产资料58家，通讯器材业、灯具业、书店和音像制品业分别为12家、29家、34家和28家。摩托车业15家，销售摩托车1000余辆。医药公司1家，城乡有批发部5个、药品商店18家。卷烟经营管理单位为县烟草公司，下设批发网点6个，卷烟零售商2034家。

2008年，批发和零售业零售额24.41亿元，比2007年增长22%；其他行业零售额0.4亿元，增长1%。在限额以上批发和零售业零售额中，粮油类下降0.7%，食品类增长17.8%，肉禽蛋类增长55%，服装类增长17.2%，汽车类增长5.4%，日用品类增长11.5%，文化办公用品类零售额比上年增长49.6%，通信器材类下降26.9%，家用电器和音像器材类增长10%，中西药品类增长57.1%，化妆品类下降6.1%，五金电料下降29%。

第三章 商品经营

第一节 日用百货经营

一、网点

1978年，县百货公司经营业务有文化用品、纺织品、针织品和糖烟酒等，稍后又增营钟表和医药等九大类商品1.6万余个品种。1987年，公司下设百文（百货、文化）、纺织、针织、小百货批发部和淮阴商场零售部，有职工280名，营业场地3500平方米，仓库7645平方米，固定资产价值98.32万元，年销售额2502万元，利润43万元。1988年，公司投资110万元，在小营淮高路头建设银河商场，时为淮阴规模较大的商品零售网点。1994年，百货公司拆分为工业品公司、银河商场和百货公司。其中，百货公司负责原公司债权债务，百货公司的古淮商场（原淮阴商场）及仓库等划归工业品公司，银河商场组建为单列的一个单位。1998年后，工业品公司和银河商场先后进行产权制度改革。工业品公司与烟草公司合作兴办烟草专卖连锁店；银河商场由内部职工分两次购得全部产权，组建淮安市银河商贸公司，后更名为万客隆超市。

二、批发

20世纪90年代前，商品批发有平价和议价两种，日用工业商品进货渠道实行垂直管理，上承省和市一、二级批发供应站，下供城乡基层供销社、商场、商店、商业综合公司。县百货公司为县级三级批发供应站，在南京和淮阴市等市一、二级批发供应站设有常驻办事处，负责日用工业品采购工作。县百货公司作为日用工业品流通环节的三级批发机构，均设有经营批发部门。百货公司下设日用百货、洗涤化妆品、文化用品、针织服装、鞋帽等专业批发部；百货公司配备专门的运输车队，负责乡镇网点计划供应和商品的运输、送货。1993年，有批发网点125个、从业人员989人，商品销售批发总额3.75亿元。1995年，有批发网点318个、从业人员4057人，商品销售批发总额5.83亿元。90年代中期，商业企业公退民进，市场经济逐步建立，国营日用工业品批发业全部退出市场。1998年，苏北小商品批发市场、星光蔬菜批发市场相继建成开业。2000年，限额以上批发贸易总额1.45亿元；限额以上批发网点23个，从业人员364名。2005年，限额以上批发业总额0.2亿元，从业人员25名；限额以下批发业总额2.9亿元。2008年，限额以上企业批发总额196.3万元，经营网点17个，年末从业人员483名；限额以下企业和个体批发总额2.92亿元。

三、零售

1978年，国营商品零售实行国有国营、统收统支，商品购进只限于当地三级批发站，商品零售价格由三级批发站根据上级物价政策核定。紧俏商品凭票出售，计划分配生活必需品凭票或证供应。一般商品逢年过节竞相抢购，商品货源供不应求，各大商场分别设有自行车、钟表、缝纫机、家电等紧俏商品经营专柜。是年，社会商品零售额6074万元，其中国营企业零售额1945万元、供销系统零售额3226万元，具有私营色彩的合作商店零售额仅有577万元。1982年，国营零售企业可跨行政区域进货。是年，社会商品零售额12107万元。1983年，商品零售额12931万元，个体商户零售额占比仅5%，占国营零售额21%。1984年，商品零售额14095万元，个体商户零售额是国营零售额的36%。1990年，商品零售额2.4亿元，零售机构4014个，其中县级463个、县以下3551个，从业人员7680名。1993年起，计划分配商品全部取消，国营商业零售市场份额逐年下降，民营和个体经营渐次主导商品零售市场。是年，社会消费品零售总额1.4亿元，全县有零售业机构63个、网点567个、从业人员6228名。1995年，社会消费品零售总额1.5亿元，全县有零售业法人机构28个、网点5802个、从业人员11832名。2000年，限额以上零售业总额0.8亿元，限额以上法人零售贸易企业3个，限额以上零售贸易业从业人员422名。2005年，社会消费品零售总额14.84亿元，限额以上零售企业从业人员年平均数677人。至2008年，限额以上企业零售总额3.43亿元，限额以下企业和个体零售总额20.98亿元，经营网点97个，从业人员1517名。

第二节　五交化经营

1978年，县五交化公司有职工20多名，租房经营业务，1980年10月设立门市部，扩大经营范围。1981年投资28万元，建营业大楼。1983年前，五金交电化工商品主要由商业企业和供销社经营，体制改革后，流通渠道逐步放开。1985年，国有商业企业、供销社组织计划外货源，自行车、电视机、电灯泡销售量分别比上年增长31.5%、93.3%和13.31%。1987年，拥有营业用房1256.32平方米、仓库2122.6平方米、职工宿舍1454平方米，职工增至138名。经营方式为批发与零售同步。是年，零售额增至1353万元，利润24万元。

1988年，电冰箱、电视机、电风扇、洗衣机、电炒锅、电饭煲等家用电器销售紧俏，全县销售电冰箱210台、电视机1213台（其中彩色电视机215台）、台扇和吊扇4358台、洗衣机258台、自行车5315辆。1989年，购进计划外电视机432台、电冰箱305台、元钉8.53吨、铁丝13.9吨、电灯泡8万只、油漆46.6吨，货源充足，放开供应。20世纪90年代前，五金公司设有五金、家电、交电、化工批发部。1990年，电视机、电冰箱、台扇、吊扇等商品供过于求，国有商业的家用电器和化工类商品销量下降。1993年，国有商业自行车、电视机、电扇、电冰箱的销量比1990年分别下降33.1%、9.98%、110.3%和119.2%。此后，境内一批经营五金家电的个体私营商业企业兴起，国营商业逐步退出五金交电商品流通渠道。1998年，公司进行产权制度改革。至20世纪末，此类商品全由私营商业企业经销，并出现空调、电子计算机等新型产品市场。

2003年6月，因旧城改造，区政府回购五交化公司资产用于城中花园开发项目，出资423万元对公司职工身份进行“双置换”，与全体职工解除劳动关系。2008年，全区五交化限额以上批发和零售业中，商品购进总额936.8万元，销售2036.3万元。

第三节　禽蛋肉类经营

1978年，淮阴县食品公司统一收购生猪、牛、羊及家禽、鲜蛋等，主要经营业务为生猪、牛、羊及家禽、鲜蛋的收购、加工、调拨、库存和炕孵生产。农村食品站在完成调拨任务的前提下，屠宰加工生猪直接供应当地市场，城镇食品部门凭肉票、按计划供应城镇非农业人口、机关团体、企事业单位和驻淮部队等集体单位和人员。1980年，肉票停止使用。1981年，猪肉销售价格每0.5千克由0.73元上调为0.99元。1982年，城镇非农业人口居民凭证定量供应的副食品主要有淀粉、鸡蛋、白糖、火柴、肥皂、豆制品等；节日凭证定量补助鸡蛋（每户增供1千克）、鱼类每人0.5千克、调味品1份；凭票定量供应肉食品有猪肉、牛肉、羊肉以及豆制品，节日凭证每户增供0.5千克；糕点供应按比例收取粮票。1983年起，停发购货券，副食品基本敞开供应。1988年，禽蛋肉类供应市场放开，区域内商场、超市及农贸市场均有销售。1989年起，取消城镇非农业人口副食品凭票证供应。2005年，全区生猪统一屠宰。2008年，双汇集团投资3.99亿元在新渡乡新办屠宰加工公司。

第四节　粮油经营

一、粮食收购

【征购（统购）】 1978年，粮食征购任务按1976年实绩定，增产不增购或少增购，留给生产队发展养殖业和搞好农田水利。是年，全县粮食总产量20394万千克，征购2847万千克，占总产量13%。1979年7月31日，对农民要求多卖的余粮，粮食部门采取不限收、不停收、不降价政策。1981年，粮食征购试行粮食产、购、销差额包干。粮食征购品种夏季占40%，秋季占60%，夏季多交小麦不得抵算秋季稻谷征购任务。1982年，实行粮食征购、销售、调拨，包干一定三年的政策。粮食包干一年一结，四年统算，同时取消交售大豆0.5千克抵算1千克征购任务的规定。1983年，全县粮食产量363027万千克，比1978年增产14392万千克，增长60%。长期紧张的粮食形势得到缓解，卖粮难现象出现。1984年，农民担心国家降价限购粮食，争相出售。全县征购6630万千克，超历史最高水平。是年9月，县政府发出《关于做好粮食征购工作的通知》，对农民要求出售的粮食不拒收、不限收、不降价。

【合同定购】 1985年，粮食取消统购，改为合同定购。确定小麦、稻谷、玉米3个品种按合同定购价收购，由基层粮食部门与农户签订合同，正常年景必须保证完成任务。定购价格粳稻按“倒二八”（20%按原统购价，80%按原超购价）、红小麦按“倒四六”（40%按原统购价，60%按原超购价）、其他按“倒三七”（30%按原统购价，70%按原超购价）计价。在落实合同定购任务过程中，由于各地强调发展商品经济，农村产业结构调整不断深入，种粮收益相对较低，农民不愿种粮，同时，市场粮价不断上涨，甚至超过原来的超购价格，加之在合同定购的宣传上存在片面性，全县只收购粮食5559万千克，比1984年少1071万千克。1987年，市政府下达淮阴县粮食合同定购任务3980万千克，同时实施定购任务与化肥、柴油供应、定金发放“三挂钩”政策，即农民每出售50千克原粮，奖售平价化肥（碳铵）15

千克、平价柴油1.5千克，对人均售粮超过250千克的，每超售15千克，再增供平价碳铵5千克。农户按合同任务少交售1千克定购粮，向粮食部门赔款一角钱。当年定购3950万千克，占任务99.2%。

1993年，粮食购销逐步放开，定购任务调减为2200万千克，同时取消“三挂钩”（实行合同订购粮食与预购定金、平价化肥、柴油挂钩）政策。是年，实际完成3119万千克，超计划40.9%。1994年，全县安排定购粮食计划3550万千克，其中市级储备收购计划300万千克，是年完成定购粮4037.7万千克，超额13.74%。1996年，削减定购任务520万千克，调减为2680万千克,是年实际完成定购任务5867.4万千克。1998年，按保护价敞开收购农民余粮，收购4182.2万千克，其中定购粮2435.2万千克、议购粮1747万千克。自2001年秋粮收购起，取消粮食定购任务，放开粮食市场、粮食收购、粮食价格，实行粮食购销市场化。粮食购销经营主体迅猛增加，粮食市场渐趋活跃，全区粮食经营主体由2000年的38家增加至2005年的65家。至2008年，为全区73户符合条件的粮食企业核发《粮食收购许可证》。

【议价收购】 粮食议价收购从20世纪60年代开始，当时议购量很少。80年代后，随着粮食流通体制改革的深化，统购统销范围缩小，议购量逐年增多。1982年，全县议购粮206万千克，是1978年的1.72倍。1983年，议价粮油实行多渠道经营，全县议购粮食75万千克。1987年，全县议购粮食1179万千克。1997年，议购粮食3022万千克。2001年，秋粮收购取消粮食定购任务，实行粮食购销市场化，议价收购退出粮食购销行业。

改革开放后，境内粮管所还有委派人员收购外销粮食，以及个体商贩收购外销粮食。

1978～2008年淮阴区（县）粮食收购情况统计表

表15-3-1　　单位：万千克

年份	总计				其中							
					国家政策性收购				议价粮收购			
	合计	小麦	稻谷	其他	小计	小麦	稻谷	其他	小计	小麦	稻谷	其他
1978	2847.0	482	1050	1315.0	2727	449	1024	1254.0	120	33	26	61.0
1979	3105.0	1016	1014	1075.0	2973	962	987	1024.0	132	54	27	51.0
1980	3404.0	867	1445	1092.0	2919	646	1380	893.0	485	221	65	199.0
1981	3829.0	866	1780	1183.0	3712	840	1735	1137.0	117	26	45	46.0
1982	4053.0	1056	2369	628.0	3847	983	2289	575.0	206	73	80	53.0
1983	4830.0	2095	2357	378.0	4755	2079	2314	362.0	75	16	43	16.0
1984	6630.0	2313	2361	1956.0	6568	2302	2314	1952.0	62	11	47	4.0
1985	5559.0	2226	3199	134.0	4630	1886	2631	113.0	929	340	568	21.0
1986	5492.7	1942	3324	226.7	4733	1623	2884	226.0	759.7	319	440	0.7
1987	5129.0	2361	2743	25.0	3950	1745	2180	25.0	1179	616	563	—
1988	5571.3	2510	3053	8.3	3950.6	1756	2187	7.6	1620.7	754	866	0.7
1989	4132.0	1731	2388	13.0	3837.8	1588	2237	12.8	294.2	143	151	0.2
1990	5541.6	2616	2925	0.6	5307.6	2561	2746	0.6	234	55	179	—
1991	2425.3	908	1517	0.3	2425.3	908	1517	0.3	—	—	—	—
1992	5903.0	2010	3893	—	4693	1800	2893	—	1210	210	1000	—
1993	3119.0	2063	1056	—	3119	2063	1056	—	—	—	—	—

续表 15-3-1

年份	总计				其中							
					国家政策性收购				议价粮收购			
	合计	小麦	稻谷	其他	小计	小麦	稻谷	其他	小计	小麦	稻谷	其他
1994	4037.7	1972.7	2065	—	3951	1886	2065	—	86.7	86.7	—	—
1995	3848.0	1781	2066	1.0	3848	1781	2066	1.0	—	—	—	—
1996	5867.4	2634	3179	54	2932	1117	1815	—	2935	1517	1364	54.0
1997	6051.2	3547	2496	8.2	3029.2	1466	1555	8.2	3022	2081	941	—
1998	4182.2	1836	2339	7.2	2435.2	1000	1428	7.2	1747	836	911	—
1999	3726.0	2644.3	1081.6	0.1	3722.1	2643	1079	0.1	3.9	1.3	2.6	—
2000	6519.0	5578	941	—	2401	1568	833	—	4118	4010	108	—
2001	2913.0	2529	384	—	2913	2529	384	—	—	—	—	—
2002	4443.0	2862	1581	—	4443	2862	1581	—	—	—	—	—
2003	3232.0	1181	1778	273.0	2959	1181	1778	—	—	—	—	—
2004	4836.0	2622	1941	273.0	4836	2622	1941	273.0	—	—	—	—
2005	7445.0	5163	2128	154.0	7445	5163	2128	154.0	—	—	—	—
2006	12290.0	9278	2259	753.0	12290	9278	2259	753.0	—	—	—	—
2007	10186.0	8207	1673	306.0	10186	8207	1673	306.0	—	—	—	—
2008	11135.0	9776	1359	—	11135	9776	1359	—	—	—	—	—

二、粮食供应

【城镇人口粮油供应】 1978年，城镇人口实行定量供应，城镇机关、部队、学校、团体、工矿、企业等集体伙食单位，按实有人数，根据实际需要，编制分月需粮计划，经当地粮食部门核准后，凭证至指定供应点购买。城镇居民经当地粮食部门核准，发给购粮证，到指定供应点购粮。每人每月供应数量根据所从事的工种和年龄划分，特殊重体力劳动者供应成品粮22.5千克，重体力劳动者供应成品粮18.5～21千克，轻体力劳动者供应成品粮16～18千克。城市干部供应成品粮15千克，农村干部职工供应成品粮15.5千克，大中学生供应成品粮16.5千克，机关团体工作人员、企业职员及其脑力劳动者供应成品粮为城市15千克、农村15.5千克。居民每人每月供应成品粮为1～3周岁4千克、4～6周岁7千克、7～9周岁11千克、10周岁以上一般市民13.5千克。1991年，农业人口每人上缴1.2万元，可以转为地方城镇户口。1992年，每人上缴0.5万元，可转为地方城镇户口。是年，全县供应量增至1289.5万千克。1993年起，除军供粮油仍按平价供应外，其他粮油销售价格全部放开，取消定量供应。2001年5月，停止办理一切粮油关系手续。城镇人口有关优惠政策和定点、定量供应取消。

【补助供应】 1978年，大专院校学生入伍，按士兵标准补足。在校集训每天补足0.6千克，民办、代课教师按公办教师定量标准补足。脱产的“七二一”工人大学学员，实习时按同工种标准补助。1979年后，规定劳动服务公司在册待业人员安排劳动项目后，每人每天补助轻体力劳动0.05千克、重体力劳动0.1千克、特重体力劳动0.15千克。固定工种按区（街道）集体单位同类企业补助。1981，城区幼儿园、托儿所在自办食堂就餐的儿童，每月补助黄豆0.25千克。1985年，对每个补助项目进行整顿。除县以上党委、政府召开的党代会、人代会、政协会、先代会仍按原规定补助，回民等10个少数民族在开斋节每人补助面粉0.25千克以及转业军人岗前培训补助继续执行外，其余补助项目一律取消。1978～1995年，全县城镇非农业人口供应口粮18056.5万千克，平均每年供应1003.14万千克，其中供应量最高的年份为1991年和1992年，均为1289.5万千克。

【农村定销供应】 1978年,企事业单位和一些集体性质企业的部分从业人员,包括经劳动部门批准的公路养护员工,社办的手工业和运输合作社的常年固定职工,国家、公社和大队(菜农)管理的机电灌溉站的机工和管水人员以及自流灌区、水库涵闸管理人员的常年固定职工,信用社的脱产干部,有组织的合作商店、合作小组从业人员,农村联合诊所、畜牧兽医站的专业医生和兽医人员,民办中小学和其他民办教育事业的教职员工改由国家常年定销供应。1981年4月后,退休回农村的城镇职工,也由国家常年定销供应。定销供应标准每人每月成品粮12.5千克。1988年后,随着粮油市场放开,定销供应的方式逐步退出。

【比例价供应】 1978年,对专业经营蔬菜、果树等缺粮生产队口粮常年供应比例价原粮,其标准是根据人均占有土地不足部分补足。以种植经济作物为主、粮食作物为辅的生产队,社员口粮不低于邻近的生产队标准。1993年4月停止供应。

【返销粮】 1979年5月,除了个别经济困难的社员允许卖些周转粮外,集体不准卖周转粮,全年缺粮的生产队,夏季不收购,也不允许卖周转粮。1983年,国家收购销售的周转粮13.8万千克。1993年停止返销。

【奖售粮】 1978年,凡出售生猪每4元奖售粮1千克,超过50元的部分,每2元再加奖粮1千克。1985年4月1日后取消奖售,改为换购,每头猪给粮50千克,粮食由国家商业部专项安排。羊皮每张奖售原粮2.5千克,蓖麻子每50千克奖原粮25千克或食油15千克,鸡蛋每千克奖售原粮200克。1993年停止奖售粮。

【种子粮】 1978年,大批量的良种仍由粮食部门经营销售。20世纪80年代起,良种由农业部门(子种站)经营。

【农村产业结构调整用粮】 1985年5月起,生猪换购粮与收购调拨挂钩,收购按合同每头猪供应粮食50千克,调出生猪,县调给市每头返还饲料粮20千克,调给省每头返还饲料粮40千克。1993年此政策停止执行。

【议价销售】 1979年前,省内议价粮销售主要用于加工熟食和口粮调剂,省外销售主要用于物资协作。1980年后,省内销售以食品加工业、工业、饲料业为大宗,省外销售主要是小麦、籼米和二棱大麦。

【熟食用粮】 1978年,熟食用粮主要安排给国营、集体食品行业,用以平抑食品价格。供应数量按城市人口每人每月成品粮0.3~0.35千克计算,粮源由当地议购解决,不足部分由省粮食厅核拨。议价粮和食品的销售价格,由省粮食厅核定。1983年,粮食实行多渠道经营后停止。

【口粮调剂】 城市粮食供应较紧时,有计划地固定供应部分议价粮。1978年,定量标准14千克的每月供应议价粮1千克,定量标准14.5~16千克的供应议价粮0.5千克,价格由省统一规定,至1985年6月底停止。

【平价转议销】 1984年,平价转议销粮食主要用于发展议价饲料,促进肉、禽、蛋、奶等生产;增加食品酿酒用粮,丰富市场供应;在农村缺粮地区供应议价粮。议销价格本着有利于稳定市场物价和销得出的原则,稳定在超购价格水平,并区分不同品种、不同地区、不同季节有所浮动。1993年停止执行。

1978~1998年淮阴县平价(含比例价)粮食销售分对象情况统计表

表15-3-2 单位:吨

年份	合计	非农业					农业			
		小计	口粮	食品酿造等	工业	其他	小计	口粮	饲料	其他
1978	31590	13205	7960	—	10	5235	18385	7180	1055	10150
1979	32020	14565	7875	690	15	5985	17455	7000	495	9960

续表15-3-2

年份	合计	非农业					农业			
		小计	口粮	食品酿造等	工业	其他	小计	口粮	饲料	其他
1980	34935	12795	8495	670	15	3615	22140	10830	235	11075
1981	33175	15535	8610	635	75	6215	17640	6390	360	10890
1982	32140	12055	8945	690	30	2390	20085	5820	520	13745
1983	23400	10125	9230	675	25	195	13275	5450	690	7135
1984	30430	14450	10175	925	15	3335	15980	6070	1605	8305
1985	49035	11651	10026	1344	1	280	37384	7301	5500	24583
1986	46554	12635	11199	1027	—	409	33919	7473	—	26446
1987	42228	12582	11185	1099	—	298	29646	8085	—	21561
1988	21109	12159	11341	608	—	210	8950	8947	—	3
1989	20280	11988	11358	628	—	2	8292	8043	—	249
1990	30381	18760	18299	316	—	145	11621	7318	—	4303
1991	32397	13181	12895	130	—	156	19216	18717	—	499
1992	32397	13181	12895	130	—	156	19216	18717	—	499
1993	3583	3583	3572	—	—	11	—	—	—	—
1994	8425	8425	8425	—	—	—	—	—	—	—
1995	29163	8480	8080	—	—	400	20683	20683	—	—
1996	11941	—	—	—	—	—	11941	10871	1070	—
1997	4833	373	—	—	—	373	4460	4365	47	48
1998	49	—	—	—	—	—	49	49	—	—

三、油料购销

【油料收购】 统购　1978年前，油料生产一直不够稳定，国家收购数量时多时少，食油供应标准时高时低，油脂产需供求矛盾时紧时缓。中共十一届三中全会后，境内大力发展油菜生产，采取一系列促进生产的经济政策，油料产量始有较大幅度增长，油脂购销形势进一步改善。是年3月，省计委、农办、财办出台《关于大力发展油料生产的意见》，规定将超产超购比例调为70%，并取消留油最高限额。生产队完成超购任务后，多余的可以自由处理，也可以继续卖给国家。此政策一直沿用至1982年。其间，菜籽的超产超购比例于1982年4月改为60%。商业部、财政部批准增加淮阴地区低芥酸油菜籽收购计划5000吨。由县粮食部门按此发给队、户计划出售证，凭证按计划出售。在收购计划以内按“倒四六”（40%按原统购价，60%按原超购价）比例计价，计划以外出售的仍按原统购价计价。1983年1月，省政府通知秋季油料统购也改按比例计价：花生、芝麻、油菜籽按“倒四六”比例计价，棉籽按“正四六”（60%按原统购价，40%按原超购价）比例计价。1984年，油菜籽统购改为不分计划内外，统一按“倒四六”比例计价，至1985年计价方法不变。

合同定购　1985年，根据省政府下达粮食实行合同定购的通知，油菜籽收购政策不变，其他油料实行合同定购。1990年，淮阴市政府下达淮阴县油菜籽定购任务500万千克，花生定购任务13万千克。是年，实际收购油菜籽738万千克，占任务148%；收购花生2万千克，占任务15.4%。1993年起，油料收购放开，收购油菜籽、花生400万千克，占任务100%。1994年恢复油菜籽合同定购。1998年油菜籽收购放开。

【食油销售】 定量供应　1978年，城市食用油定量每人每月250克，农村常年定销每人每月200克。1981年9月，县城集镇和农村常年定销人口每人每月暂行增供50克，全省食油供应标准统一为250克，至1992年3月粮油市场放开前未变。

补助供应　1978年中秋节、国庆节、春节，城镇定量人口每人每节补助供应食用油100克。凡有显著职业性毒害、可能引起职业中毒，并对营养有特殊需要的工种每人每月补助250克。回民每人每月补助100克。县以上召开人代会、党代会，另每人每天补助5克。归侨侨眷凭侨汇证每百元人民币供应食油0.75千克。1981年，每个节日补助250克。1982年国庆节和1983年春节，对每个非农业人口各增供菜油1千克。1985年7月，县以上党政机关召开的党代会、人代会、政协会、先代会继续按原规定补助，其他补助一律取消。1993年，粮油市场放开，取消补助供应。

1978～1993年淮阴县油脂销售情况统计表

表15-3-3　　单位：吨

年份	合计	非农业	农业	省统一拨付	年份	合计	非农业	农业	省统一拨付
1978	279.5	231.0	—	48.5	1986	452.0	421.0	31.0	—
1979	307.0	204.5	69.5	33.0	1987	844.0	364.0	480.0	—
1980	335.0	189.0	97.0	49.0	1988	275.0	100.0	175.0	—
1981	447.5	222.5	153.0	72.0	1989	340.0	276.0	64.0	—
1982	407.0	205.0	202.0	—	1990	450.0	410.0	40.0	—
1983	405.0	364.5	40.5	—	1991	161.0	135.0	26.0	—
1984	692.0	434.0	258.0	—	1992	—	—	—	—
1985	685.0	427.0	258.0	—	1993	418.0	418.0	—	—

四、粮油储备

【调拨】 1978年后，淮阴县大搞农田基本建设和中低产田改造，粮食产量逐年上升，粮油调拨数量不断增加，同时为搞活市场流通，增加议价粮油的调拨，先后向广西、青海、内蒙古等地调出大批大米、面粉，并出口大米。1980年，全县从省内调入粮食8904吨，调出粮食2029吨。1990年，从省内调入粮食2991吨，调出粮食11738吨。1992年，从省内调入粮食769吨，调出粮食2362吨。1993年，随着粮食流通市场进一步深化改革，粮油计划调拨的功能逐步退出粮油流通市场，实行市场化粮油流通，并取消调拨。

【仓库建设】 1978年，全县各粮管所都设粮仓。至1987年，共建仓库110幢，面积4.18万平方米，仓容8.15万吨。储粮仓库类型分为仓库、土元仓、摺席露天屯、露天囤堆放，露天存放粮食的方式至20世纪末基本结束。2008年，全区有30多个存粮点，9万余吨仓容的储粮规模。

【土圆仓】 1970年5月，县革委会发出建土圆仓指示，全县仓容增加8000余吨，土圆仓用稻草、黏土做成，仓顶用草覆盖，经不起较长时间的自然侵害，而且适于麻雀栖身，多次维护，至90年代报废一半以上，后陆续停用、报废、拆除。2004年，最后一个土圆仓在王兴镇被拆除。

【基建仓】 1978年，全县开始建设砖混结构基建仓。主体结构为砼豪式屋架，砖柱墙承重，屋面为挂瓦板钢混凝土檩条、平瓦，檐高56米，跨度有18米、21米。地坪为油毡防潮层，上铺砖。仓型容量大，堆粮高度小麦为4米、稻谷为4.5米，防潮隔热性能好，利于粮食机械操作。1985年，全县有基建仓房85幢、仓容5万吨。2008年，有基建仓房96幢、仓容9.25万吨。是年，渔沟米厂新建仓房2幢、容量0.8万吨。全区粮食仓库容量10万吨。

【储油罐】 1978年，境内油脂加工业加工数量较少，一般都采用标准铁桶存放。县植物油厂建造4个小储油池，容量300吨。1981年，县植物油厂建造5个小储油池，容量550吨；1984年，建造钢板圆罐2个，容量为0.1万吨；至1985年，有油罐11个，容量为0.22万吨。随着国有粮食流通体制改革的逐步深化，淮阴县植物油厂改制为江苏民康油脂有限公司。2008年，江苏民康油脂有限公司有储油罐17个，储油能力1.2万吨。金未来油脂有限公司有储油罐6个，储油0.1万吨。

【储藏方法】 1978年，储粮条件较差，粮食简单地整晒入仓储存，有虫就大量使用化学药剂，造成粮食污染和保管费用提高。1981年，推广低温封闭，即利用冬季气温低的有利时机，将粮堆的温度降至15度以下，春季温度回升后，采用塑料薄膜覆盖来隔绝空气交换，保持粮堆的相对低温。1984年，推广“三低”（低温、低氧、低剂量）和“双低”（低氧、低剂量）保粮法。1985年，开展“四无”（无虫蛀、无霉变、无鼠害、无雀扰）粮仓免鉴活动，全县首批实现“四无”粮仓免鉴的单位有县粮油转运站及大兴庄、码头、果林等粮管所。20世纪80年代初，开始电子测温试点。1987年，在各个存粮点推行电子测温，全县普遍推广使用将电阻测温仪装入铁杆的方式，由铁杆插入粮堆。2008年，全区实现规范化储粮单位21个，“四无”粮仓率100%，电子测温100%。

五、国家粮库

中储粮淮安直属库位于丁集镇境内，占地8.2公顷，库容6万吨。1998年10月，淮安国家粮食储备库筹备小组成立，选定中储粮淮安直属库建在丁集乡境内，并按属地管理原则，由淮阴县粮食局负责中储粮淮安直属库筹建的具体工作。1999年，建成每幢储粮5000吨、跨度21米房式仓10幢。库内建成铁路复线，可同时接纳60吨标准箱40～60节，实现全天候、机械化作业。2000年4月投入使用。2006年，追加建设1万吨库容。2008年，中储粮淮安直属库承担国家以及周边市、县区的粮食库存、周转、调剂、储备任务。全库有员工124名，其中工程技术人员66名。建有行政办公楼、业务办公楼，实现生活区、办公区、储粮区分开运行的格局。

第五节　物资经营

一、燃料

1978年，燃料经营主要由县燃料公司负责。公司主要负责调拨计划内煤炭，供应居民生活用煤，组织计划外煤炭，满足工业生产需求。供应原则是先保生活、后保生产。公司固定资产12.9万元，有职工75人，城区设5个门市，乡镇设25个代供点，全年煤炭销售额324万元。1982年后，工业用煤价格不断上升，货源组织难、运输难。1988年，公司固定资产近200万元，有职工211人，煤炭销售额1896万元。1990年，民用煤实行城镇居民定量供应。是年，煤炭销售额5634万元。1992年，取消计划供应。随着市场经济强势取代计划经济的步伐，旧式经营企业渐显颓势。1995年，公司固定资产增至1500万元，有职工408人。1998年后，企业基本处于半瘫痪状态。2005年，区资产管理经营公司对燃料下属企业进行改制、清算、拆除、解体，除委托2名主要干部负责处理遗留事务和清理债权债务外，其余职工全部身份置换、下岗。2006～2008年，煤炭由私人销售。

二、木材

1978年，木材由县木建材公司经营，主要经营地产杂木、南方杂木和杉木，销售至扬州、南通、无锡、镇江等船厂或农具厂。1980年起，木材需求量增加，计划材减少，主要组织计划外木材供应市场，并开始进口菲律宾柳安木和美国花旗松、红松、白松等。1982年起，城乡居民建房倍增，建房用材供不应求。公司先后在乡镇设立销售服务网点8个，外派办事处2个，除占领本地市场外，还组织货源外购外销。1987年12月，木材公司由木建材公司划出，主要负责计划内外木材的组织调拨。1990年，销售木材1.55万立方米。1992年，销售木材1.29万立方米，销售额2400余万元。2000年后，替代材料不断出现，木材用量逐年减少。公司逐步处于半瘫痪状态，除留1名干部负责处理有关事务外，其余职工全部下岗。2005年，启动企业改制程序，土地由区政府收回作为储备用地，其余财产物资局收回，120余名职工身份置换，中断国企职工身份，公司撤销。2006～2008年，木材销售情况不再统计。

三、机电与钢材

【机电】 1978年，机电货源70%左右来自淮阴地区物资公司的计划调拨。供应的统配产品根据国家计划委文件精神实行分配，对二类机电产品一般实行核实供应，产品供不应求，全年销售47.1万元。1980年起，机电产品除汽车外，其他取消计划分配供应，供不应求状况大为缓解。1987年，全县机电销售额上升至2091万元，其中汽车275辆，销售额1635万元，占当年机电类销售总额的78.2%。汽车市场放开后，物资公司不再经销汽车，经营重点为购销钢材、板材、电机、电焊条、轴承等。1998年起，公司逐步处于半瘫痪状态，企业职工先后下岗。2005年，公司进行改制清算解体，资产由物资公司收回，土地为政府储备用地，80余名职工身份置换。2006年后，机电销售情况不再统计。

【钢材】 1978年，淮阴机电与金属材料主要由县金属机电化工公司经营，货源渠道分计划内、计划外两种，以计划内指标为主。是年，销售钢材1173吨，计划内899吨。1987年12月，原金属机电化工公司划分后成立金属机电公司，有职工59人，主要经营计划内外钢材、生铁、有色金属、机电产品等。是年，销售钢材7429吨，计划内593吨。1993年起，钢材取消按计划分配供应，经营市场放开。此后钢材销售情况不再统计。

四、建筑化工材料

【建筑材料】 1978年，建筑材料主要由县建材公司经营，全年销售水泥1574吨、玻璃1.69万平方米、油毡1964卷。1987年12月，原建材公司划出建材部分，和原金属机电化工公司划出的化工部分合并成立建材化工公司，有职工178人。公司主要负责组织调拨计划内、计划外建筑材料和化工产品供应本地市场。经营品种有水泥、石料、黄砂、油毡、平板玻璃、有色瓷砖、防水剂、耐火材料、玻璃钢瓦、浴缸、钙塑板等。建筑材料中的水泥、油毡，货源来自洪泽、盱眙、宿迁3家水泥厂，主要供应农田水利建设和基建维修。油毡对用户实行核实后供应，紧张时还需计委批条供应。黄砂、石子购销量不大，玻璃主要购自宿迁的江苏玻璃厂，以3毫米平板透明玻璃为主，除整箱供应外，公司在门市实行开片销售。1988年计划指标全部取消，市场放开，经营渠道拓宽，竞争开始激烈，国有企业、集体企业、个体经营户迅速增多，全年销售水泥1.2万吨、玻璃8.04万平方米、油毡8521卷。1995年，经物资局引进台企和丰基布厂，与化轻公司一起，以公司不动产及职工入股，组建股份制公司。至2006年，和丰基布退出，公司清算改制，解体拆除，职工身份置换。此后建筑材料销售情况不再统计。

【化轻材料】 化轻产品用于农机维修和轻纺、化学工业的生产及维修等方面，供应品种主要有轮胎、“三带一管”（三角带、平胶带、运输带和胶管）、电石、纯碱、硫铵、尿素等。1978年，轮胎供应紧张。1980年起，开始调拨废旧轮胎翻新供应，后以计划外供应为主，供求矛盾趋缓，供应量上升。三角带、平胶带是境内化轻物资中供应量最多的品种，主要是用于农业、工业、交通等工程。电石、纯碱、漂白粉购销量较小。1983年前，计划分配的硫铵、尿素，主要供应于织布、制糖、食品工业和农村。1984年后，组织尿素货源，供应农村。1987年，公司从南化公司一次性购进尿素2356吨投放市场。1993年，建筑材料市场完全放开。1995年，公司与台商合资组建股份制企业和丰基布厂，公司以不动产及工人入股。2006年，合作生产期满后，区资产管理经营公司进行旧城改造，公司改制、清算、拆除、解体，职工身份置换。此后化轻材料销售情况不再统计。

1978～1995年淮阴县主要物资购销统计表

表15-3-4

年份	煤炭（吨）		木材（立方米）		钢材（吨）	
	购进	销售	购进	销售	购进	销售
1978	52109	44658	2680	2318	1255	1173
1979	47625	49540	3137	3212	1049	914
1980	68086	62887	3427	3389	1849	1914
1981	53107	50117	3884	3582	1319	1279
1982	47782	42725	4826	4731	1747	2025
1983	37947	36880	9081	8461	1637	1654
1984	40388	36459	9883	7279	3088	3087
1985	75736	83048	8857	9994	4708	4515
1986	122791	81525	19001	16379	7955	7486
1987	192365	194961	34899	35948	7397	7429
1988	337583	284636	36780	34283	7568	7324
1989	358680	284636	38978	39782	73245	12002
1990	492178	481162	19458	15537	80234	7919
1991	386626	322204	21851	20870	7457	7037
1992	589869	516828	13250	12850	8240	8125
1993	11138678	1025679	9256	8698	8680	8450
1994	901785	867809	8450	8320	7746	7250
1995	612870	573268	7280	6280	6258	5860

第六节　供销合作经营

一、化肥、农药供应

【化肥】 1978年，销售化肥2.91万吨。是年后，境内大面积种植水稻、小麦、玉米、大豆等粮油作物，对化肥的需求量越来越大。1990年前，化学肥料采购与供应实行计划经济模式。是年后，随着市、县小化肥厂陆续建成投产、进口肥料的增加和农资部门多渠道采购，一度货源充足，品种齐全，有传统的氮、磷、钾肥及混合肥，一些含镁、锰、锌等微量元素的专用肥、复混肥也大量使用。1996年后，依据国务院文件精神，生产厂家、农业科技服务部门和民营企业等均可经营化肥，供销社经营受到一定影响。2008年，全区销售各类化学肥料20.14万吨。

【农药】 1978年，农药供应量570吨，之后数年供应量波动较大。1986年，农药进入高速更新换代期，传统的高毒、高残留农药被国家陆续禁令生产、销售、使用，新型农药不断上市。1987年，供应农药437吨。1990年前，由于农村种植的大部分是传统旱作物，如小麦、玉米、大豆等，使用的农药量小，品种一般是1605浮剂、敌敌畏和少量的杀虫剂、除草剂，供应量一度有所上升，后因价格提高，供应量又呈下降趋势。是年后，随着农村产业结构调整，进行大面积“旱改水”，农药使用量开始逐年回升，使用品种比较繁杂，普遍使用除草剂类有二钾四氯，杀虫剂类有杀虫双，杀菌类有多菌灵等。1997年起，农药经营由供销社独家专营变为由供销社、农业部门、生产厂家等多方经营。2004年，供销社供应农药912吨。2008年，供销系统销售农药1498吨，总值1947万元。

1978～2004年部分年份淮阴区（县）供销合作社化肥、农药供应情况一览表

表15-3-5　　单位：吨

年份	肥料类	农药类	年份	肥料类	农药类
1978	29062	570	1996	124540	782
1980	50422	516	1999	146716	825
1982	78986	895	2002	171256	846
1984	73183	426	2004	181361	912
1987	52137	437	2006	180000	—
1990	68043	652	2007	300000	—
1993	96254	713	2008	201400	1498

二、生活资料购销

1978年，全县生活资料由供销社独家经营，[illegible]个社镇有[illegible]个供销社，商品严重匮乏，是年全县生活资料销售额2339万元。之后计划经济体制逐渐被市场经济体制取代，国营商业和供销合作社商业独家经营的格局被打破。1985年，各基层供销社一年四季组织进货人员前往昆山、义乌、石狮等大型小商品批发市场看样订货或直接进货。此后几年间，各供销社想方设法筹集资金，改造老旧柜台和货架，先后建成县城供销商场以及渔沟、南陈集、南吴集、棉花庄、徐溜、王兴等乡镇供销商场，扩大经营范围，可供选择的商品增多。1995年，成立工业品联购分销公司。2008年，供销系统销售额2034万元。

1978～2004年部分年份淮阴区（县）供销合作社生活资料销售情况

表15-3-6

品种 年份	销售额（万元）	卷烟（箱）	白酒（吨）	食糖（吨）	食盐（吨）	茶叶（担）	棉布（万米）	化纤布（万米）	毛线（千克）	汗衫背心（百件）	棉毛衫裤（百件）	胶鞋（百双）	全塑料鞋（百双）	火柴（件）	肥皂（箱）	各种服装（百件）	洗衣粉（千克）	水瓶（百个）	缝纫机（架）	手表（百只）	收音机（百台）	自行车（辆）	元钉（千克）	铁丝（千克）	铁锅（百口）	日用陶器（万件）	日用瓷器（万件）	文教用品（百元）	普通电话机
1978	2339	7934	736	488	3762	111	339	25	7128	1517	369	616	404	13551	11096	—	—	354	692	22	7	1923	61283	70754	347	10	81	—	—
1980	2711	9193	744	537	3694	108	364	38	6077	1582	492	864	1028	13809	13809	—	—	255	1221	49	24	1350	58941	75351	378	13	90	5848	—
1982	2772	8806	853	693	3528	93	374	87	9698	2060	688	1492	1177	16833	5903	—	—	301	1482	66	48	5228	12345	67144	414	13	147	3787	—
1984	2280	13619	949	521	2348	61	123	90	16145	1187	646	1551	479	13764	4725	—	—	259	1270	59	27	3828	80335	71987	403	6	184	—	—
1986	2215	7756	900	464	2297	32	113	62	17805	1155	641	1945	478	8566	1657	—	—	279	1165	66	28	2402	44228	40511	336	5	197	—	—
1988	2196	7053	886	473	2183	54	107	59	15893	1047	654	1893	446	4876	1367	—	—	287	923	71	31	2513	45126	41623	348	4	164	—	—
1991	2096	6347	827	423	1961	73	92	63	15617	986	678	1768	425	1965	1275	—	—	241	681	62	26	2210	42360	38175	312	3	152	—	—
1993	2134	6753	804	381	1875	92	85	78	13845	1085	583	1678	483	843	843	825	204216	227	343	42	22	1892	38691	38261	343	3	161	—	—
1996	2058	5124	789	164	1560	113	59	81	10235	1064	594	1735	527	125	375	1532	293673	215	281	28	18	1765	36980	37260	279	2	142	—	405
1999	2034	4705	758	53	273	135	26	31	9878	939	483	1634	347	19	137	1732	389245	161	120	16	9	1235	26182	21390	223	1	108	—	653
2001	1901	4684	703	41	267	103	21	23	9826	924	424	1725	365	16	131	1827	438932	62	70	3	6	1026	18120	17480	183	1	93	—	780
2004	1823	4456	657	32	228	121	15	19	9608	894	392	1804	321	12	126	1976	475761	31	—	2	2	903	10851	11723	192	—	82	—	720

三、农副产品收购

【棉花】 1990年前，县内没有计划性的植棉任务，只有一些零散农户在小园田（自留地）、路边、沟旁少量种植，一般是自用。供销社籽棉收购量最多的是1987年，有28吨。1990年始，境内扩大棉花种植面积，收购量逐年增加。1993年，全县收购籽棉913吨。1996年，收购量达到1009.25吨。1997年起，随着农村产业结构的调整，棉花面积逐年减少，收购量也呈下降趋势，2004年以后停止收购。

【蚕茧】 植桑养蚕是境内农村商品生产的骨干项目，历史悠久。中共十一届三中全会后，政府采取奖售化肥、发放扶持资金等一系列优惠政策，鼓励蚕农扩桑养蚕。1987年，全县湖桑面积46.67平方千米，收购鲜茧2426.1吨，以后每年都有一定幅度增长。1997年起，蚕茧收购业务划归县茧丝绸公司，供销社不再直接收购蚕茧。

【土特产品】 1978年后，随着流通体制改革的不断深入，土产日杂品实行多渠道经营，随着个体商业成分不断增大，农副土特产品如土纸、草席、草包、摺子等收购波动大，有的随市场日益放开，产销门路较多，供销社收购量呈逐年下降趋势。至20世纪90年代，供销社主渠道经营的格局已完全被打破，绝大部分市场已被个体和民营商业所占有。此后放开经营，亦不再进行专项统计。

1978～2002年部分年份淮阴区（县）供销社土特产品收购情况一览表

表15-3-7

品种 年份	棉花（吨）	蚕茧（吨）	芦柴（吨）	草席（百张）	草包（百条）	土纸（百条）	摺子（百窝）
1978	30.75	820.30	33.50	1	10771	385	110
1980	192.60	1401.95	8.60	16	1636	1022	203
1982	37.00	1710.30	10.45	72	921	606	28
1984	34.35	2595.75	30.30	327	1194	203	392
1987	28.00	2426.10	—	809	130	628	9138
1990	411.75	2661.75	—	950	275	475	10250
1993	913.00	3163.55	—	706	189	368	9026
1996	1009.25	98.75	—	504	97	87	7321
1999	306.50	—	—	307	—	—	5403
2002	32.25	—	—	—	—	—	304

【畜产品】 1978年后，供销社收购的畜产品主要为两大类：毛类，一般是羊毛、兔毛，收购量极少；皮类，即牛皮、羊皮、黄鼠狼皮，收购量较为稳定。1985年，收羊毛205千克，收羊皮23282张、牛皮2172张、黄鼠狼皮4773张。1996年，收羊毛26千克，此后羊毛停止收购。是年，收牛皮10270张、羊皮86357张、黄鼠狼皮28672张。2005年，收购牛皮4935张、羊皮6843张、黄鼠狼皮6231张。2006～2008年，区内畜产品收购数逐步减少，原因是农村饲养黄牛、山羊数量减少。

1985～2005年部分年份淮阴区（县）供销合作社畜产品收购情况一览表

表15-3-8

品种 年份	收购总值（万元）	羊毛（千克）	牛皮（张）	羊皮（张）	黄鼠狼皮（张）
1985	125	205	2172	23282	4773
1986	199	124	5628	35887	10413

续表15-3-8

品种 年份	收购总值（万元）	羊毛（千克）	牛皮（张）	羊皮（张）	黄鼠狼皮（张）
1988	123	373	597	51865	27212
1990	187	75	8217	72851	29230
1993	234	135	9135	83243	30147
1996	241	26	10270	86357	28672
1999	194	—	8734	49476	26342
2002	153	—	6241	15267	9143
2004	125	—	5847	7482	8343
2005	109	—	4935	6843	6231

四、废旧物资回收

1978年，县、公社两级供销社承担废钢铁、废铝、废铜、旧报纸、破布、废胶、猪毛、杂骨等20多个品种的收购、加工和销售工作。是年，收购额21万元。80年代初期，尽管对废旧金属实行计划管理，但物资部门并未完全控制回收市场。此后，废旧金属市场基本放开，经营点、经营户不断增多，除控制废旧汽车业务外，其他废旧物资回收无法参与市场竞争。1983年前，收购量不大，收购额在20～40万元之间徘徊。1984年，废品回收业务从县土产棉麻公司划出，成立县物资回收公司，回收品种逐渐增多，由原来的20多种扩大至30多种。公司内部执行工效挂钩制度，激励收购人员广开收购门路，同时在全县范围内建立众多的收购站、点（供销社收购站除外）和200多个废品收购联系户，与他们签订回收合同，制定相应的奖励办法，收购量逐年大幅度上升。1996年，王营镇淮闸村中学教师孙福成停职经营废旧物资收购，2005年收购额达2375万元。废钢和报废汽车收购业务主要由物资系统的金属回收公司负责，对收购的废钢分两步处理，敞开货场，让用户自由挑选，切割购买，售价分为4个等级，平均价低于正品的二分之一。将挑剩的废钢，部分送往市公司，多数发往无锡等地钢厂。对废旧汽车进行拆卸解体，将其中可用的零配件供应用户。2008年，区内有3个收购点，资产2亿元。

1979～2004年部分年份淮阴区（县）供销合作社废旧物资收购情况一览表

表15-3-9

品种 年份	收购额（万元）	废铜（吨）	废铁（吨）	废胶（吨）	破布（吨）	破布鞋（吨）	废纸（吨）
1979	25	9.75	362.05	48.10	101.15	120.50	129.75
1981	21	13.75	261.75	19.85	72.05	113.40	123.85
1983	40	12.80	454.60	5.85	106.25	177.25	148.60
1987	210	64.90	1694.30	346.60	380.30	190.20	2633.00
1989	621	158.80	2038.25	360.50	4.90	211.75	2673.60
1991	896	194.55	2617.00	383.85	—	235.30	3137.10
1993	1030	239.00	3448.50	404.65	—	195.20	3445.20
1996	1891	304.85	3542.45	316.25	—	185.30	3542.10

续表15-3-9

品种 年份	收购额(万元)	废铜(吨)	废铁(吨)	废胶(吨)	破布(吨)	破布鞋(吨)	废纸(吨)
1999	2019	369.45	4535.15	305.05	—	144.65	4546.05
2002	2515	395.30	4735.20	204.45	—	95.10	4935.15
2004	2375	410.15	4842.35	188.25	—	94.70	4880.20

第七节 烟草经营

一、卷烟营销

1984年前，由棉麻烟酒公司、烟酒公司负责卷烟经营业务，并委托各级供销部门具体经营，由县供销联社自行组织货源向基层供销社供货，各村代销店则到乡供销社进货，没有法定专设供、进货渠道。受国家政策限制，个体经营没有全面放开，卷烟营销基本上由县、乡、村三级供销（代销）部门经营，很少有个体零售经营户。1985年4月，开始实行卷烟联营，由烟草公司统一组织和供应货源，委托各级供销社代为经营，供销社按双方商定的比例收取一定的手续费，每月底供销部门与烟草公司进行货款和代销手续费的结算。这种代销联营模式一直延续至1986年初。是年后，烟草部门与供销部门的卷烟联营模式正式解体，由县烟草公司自行设立网点，全面实行自主经营，包括自主设立网点、组织货源、制定营销策略、进行营销核算、开展促销宣传、确定营销方式等。全县设立的卷烟批发网点最多时有10余个，也设立过零售专卖店。1996年，突出销售“长颈鹿”牌卷烟，共购进16597箱，销售16180箱，销售额7372万元。2005年，商业流通体制改革，取消区级烟草公司的法人资格，收回区级公司的卷烟三级批发权，卷烟经营主体从区级公司初步转向市级公司，由市公司统一组织货源向区级企业分配，统一与各烟厂开展商品调拨和货款结算，统一开展广告入市宣传活动，区级企业自行到市公司运送分配货源。推行“三集中”改革，即集中呼叫、集中营销、集中配送，市级公司完全成为卷烟营销的主体，撤销区级营销部的所有下设营销机构，设立市场营销部和市场经理岗位，取消区级企业呼叫中心，全面实行网上订货，全市卷烟零售客户的订货业务由市公司呼叫中心电话访销员统一进行电话订货，保留客户经理。区级营销部则全面承担服务营销的职能。是年，销售卷烟22381箱，实现销售收入1.66亿元，其中税利3636万元、税收1777万元、利润2775万元。2008年，销售卷烟21984箱，实现销售收入2.23亿元、税利5674.97万元、利润4584万元。

1985～2008年淮阴区（县）烟草销售额一览表

表15-3-10　　单位：万元

年份	销售额	年份	销售额	年份	销售额	年份	销售额
1985	1058	1991	3721	1997	9117	2003	13168
1986	1590	1992	5155	1998	9553	2004	15589
1987	1794	1993	5910	1999	8529	2005	16641
1988	2291	1994	3995	2000	8467	2006	17709

续表 15-3-10

年份	销售额	年份	销售额	年份	销售额	年份	销售额
1989	2094	1995	5407	2001	10909	2007	19889
1990	2898	1996	7372	2002	11946	2008	22300

二、专卖管理

1985年，成立淮阴县烟草专卖局稽查队，下设稽查一、二、三中队，有烟草专卖管理人员10名，专用汽车1辆。2003年，成立专卖监督管理股（稽查大队）、案件审理室、稽查中队3个、机动中队1个、二级机构6个，共有专卖管理人员6名、稽查人员20名、稽查车辆4部、摩托车26辆、通讯工具26部。1996年，立案查处烟案8起，罚没款4.12万元，其中查获走私贩烟40条、假烟35条。在南桥市场和苏北市场堵源头，狠刹乱渠道进货。2005年，查获违法卷烟4.59万条，区专卖局获江苏省卷烟打假工作先进集体和特殊贡献奖。2008年，检查管理零售户近万余户次，查扣各类违规卷烟0.84万条，处理案件98起，罚款2.42万元，受理许可申请287份，核发许可证件140份，规范许可证件（证与地址不符、证照不符、法人不符）管理173份。对违反法规经营卷烟或证件不符合规定的停止专卖业务117家，涉烟案件当事人被司法机关刑事处罚13人，破获、办结国标网络案件5起，查处市标案件2起，辖区市场净化率保持在98%以上。内管监督机制保持长效，卷烟销售实现“入网、落地、到户”3个百分之百。

第八节　食盐经营

一、食盐购销

1978～1982年，食盐购销业务由淮阴县蔬菜公司负责，按指令计划调拨，向农村供销社、国营商店和企业用盐单位直供。1983～1990年，供应盐种以原盐、粉洗盐、再制盐、精制盐、肠衣盐为主。1991～1995年，食盐供应为1千克装的再制盐和散装粉洗盐、散装原盐，市场销售以乡镇供销社和国营商店为主，供销部门直接到淮阴盐业分公司批发部的3个盐库开票提取。工业用盐以原盐、粉洗盐、肠衣盐为主，用盐单位可直接到批发部购买。食品加工、畜牧业、渔业等用盐单位凭生产卫生许可证、营业执照到盐务局办理行业用盐购盐证，凭盐务局核发的购盐证到淮阴盐业分公司购买所需的加碘食用盐种，其规格为50千克大包装。1995年8月起，淮阴盐业支公司将自行拌碘剂渗到食盐中进行分装。食盐包装分为粉洗盐0.5千克单膜装，加碘盐0.5千克单膜装，腌制盐为原盐、中粗粉洗盐散装（麻袋装）。工业用盐为原盐、精制盐、肠衣盐。1996年底起，加碘盐由食盐定点厂家生产，均为50千克编织袋包装，购进后由淮阴支公司分装车间分装。淮阴城区设苏北市场和营东批发部等几家碘盐代销点，居民、零售商店直接到淮阴支公司和城区代销点购买。1997年，销售4197吨，其中小包装3157吨，利润28.86万元。1998年，以送销到户形式销售，提高碘盐占有率。是年，碘盐包装由单膜改为复合膜0.5千克装，提高碘盐的碘剂保质期。食盐市场销售全部为小包装加碘盐。1999年，调整盐业购销政策，食盐代销点代替了过去乡镇送销到户的强销推广形式，转变为各乡镇供销社和批发大户代销。2000年5月，包装车间撤销，食盐小包装由食盐定点厂家直接分装成品，复合膜包装的碘盐全部改为500克纸塑。特许经销商开票后，由分公司业务科直接按计划和销售数量从厂家直配至各乡镇特许网点，由特许网点免费送销至各零售商店和批发部。淮阴城区同时实行免费送销服务。1998～2002年，淮阴盐业分公司利润由28万元增加至210万元。2003年初，受“非典”影响，出现抢购加碘盐现象，一时间供不应求，淮阴区盐务局（盐业公司）在井神盐厂和淮海盐化厂等生产单位组织盐源，确保市场供应，一周内调运食盐800余吨，加上原有库存，半月内销售碘盐900余吨，盐源供应充足及时，盐业市场稳定，没有发生囤积抬高盐价行为，年底食盐市场销售恢复原有水平。是年，购进食盐、工业用盐7040吨，销售6810吨，实现利润196余万元。2004年前，食盐、工业用盐实行准运证制，之后食用盐实施准运证制，工业用盐实施承运证制。2004年，淮阴分公司提出"企业增效、职工增收"的经营方针，年销售7909吨、利润290万元。2008年，食盐购进5638吨，销售7485吨，其中小包装销售3402吨，品种盐销售60吨，工业盐销售1806吨；年末库存盐716吨，其中食盐400吨、工业盐316吨。是年，实现销售收入超千万，碘盐合格率100%，碘盐覆盖率98%。

1990～2008年淮阴区（县）食用盐销售及食用碘盐情况一览表

表15-3-11

年份	总销售（吨）	碘盐合格率（%）	碘盐覆盖率（%）	人均年碘盐食用量（千克）	年份	总销售（吨）	碘盐合格率（%）	碘盐覆盖率（%）	人均年碘盐食用量（千克）
1990	7738	—	—	—	2000	5024	98	97	3.7
1991	9059	—	—	—	2001	6981	98	98	4.6
1992	6442	—	—	—	2002	5718	98	98	4.1
1993	6116	—	—	—	2003	6810	98	99	4.6
1994	4474	—	—	—	2004	7909	97	99	4.4
1995	2403	80	40	2.4	2005	6961	97	98	4.3
1996	3908	90	92	3.1	2006	7240	99	99	4.9
1997	4197	95	95	3.5	2007	6578	99	98	4.7
1998	4819	97	99	3.9	2008	7485	100	98	4.7
1999	5623	98	99	4.6					

二、专营管理

1978～1982年，淮阴盐业由淮阴县蔬菜公司负责统购统销管理。1983年，盐业实施专营后，由淮阴盐业分公司和淮阴市盐务局根据国家《盐业管理条例》行使对盐业市场秩序整治及规范管理工作。1993年，淮阴县检察院在淮阴盐业支公司设立检察室。1994年起，盐业市场管理逐步走上法制化轨道。1994～1995年，赵集境内平锅熬盐和地头摊晒制盐现象泛滥，扰乱盐业市场秩序，县政府用3年时间取缔摊晒盐、平锅熬盐等违法行为。1995年后，为私盐违法案件多发期，其原因为食盐加碘，盐价高于行业用盐和工业盐，私盐贩子进行走私活动。1996年，强制碘盐覆盖率，各乡镇成立加碘盐工作领导小组。各乡镇成立的碘盐销售管理站，大多为农经站代管，负责本区域私盐、劣质盐市场管理协查工作，全县共有协查管理销售人员96名。1997年8月，成立淮阴县碘盐市场专项打击私盐领导小组。2000年，经县政府批准，在全县范围内成立以碘盐送销、宣传服务和市场协查为主要职能的12个特许经销商。在全县21个乡镇设立销售管理网点，成立12个盐管所，负责本区域市场管理。

2001年4月，在城区苏北市场破获以季某某为首的7人特大用工业盐分装成冒牌劣质加碘盐案件，数量15吨。季某某等人将私盐销往涟水等地，淮阴区盐务局移交涟水县盐务局、涟水县公安局立案处理，首犯被判有期徒刑7年。是年，徐溜镇金城村蒋某某多次从连云港盐贩手中倒卖私盐，连云港市公安局盐场分局对其追究刑事责任，蒋某被判有期徒刑3年。10月，区盐务局与区公安局建立"110"盐政联动平台，接受群众举报，形成快速、高效、协同的盐政举报和执法网络。2002年6月，新渡乡双坝村陈某某、李某某伙同连云港盐贩在淮阴和连云港之间大量倒卖私盐，是年底被连云港市公安局盐场分局立案并追究其刑事责任，均被判处有期徒刑2年。2004年，将原盐管所职能转变成特许经销商的形式，全区特许经销商为15人。此后，碘盐销售由过去的“管理促销售”转变为“服务促销售”。2005年，对私盐集散地王兴、新渡两乡镇市场进行检查净化，对有私盐地区及老私盐犯住所定期进行跟踪。是年，共出动车辆1262台（次），出动执法人员5048人次，查处私盐0.94吨，罚款1291.6元。签订《行业用盐供需协议》，严防用盐户将行业用盐流入食盐市场。至2008年，查处各类大小私盐案件380多起，没收私盐130余吨、卤水30多立方米，罚款近10万元。

第九节　医药经营

一、中药购销

1978年，淮阴县中药材购销业务由县医药公司负责。主要经营安徽、四川等地产的花、草、虫、籽、叶等草药、药材1000余种，销售部门以淮阴县城药店及淮阴地区县（市）各医院为主。是年，收购佩兰227千克、芡实1682千克、白芍398千克、接骨木59268千克、益母草2465千克、地丁草1573千克、桑白皮16630千克、瓜蒌皮1248千克、白根776千克、半边莲674千克等，收购野生药材613564千克，收购总量661988千克，调出337000千克，药材批发42万元，中成药批发30万元，中药零售3万元。1981年，随着社会经济发展，医药商品购买力提高，商品结构出现变化，开始推行营养保健品零售。是年，中药批发33万元、零售11万元，

1984年，收购太子参731千克、佩兰106千克、芡实3710千克、白芍666千克、益母草16466千克、地丁草3265千克、桑白皮3394千克、瓜蒌皮623千克、白根7232千克、半边莲1203千克等，收购野生药材175150千克，收购总量317298千克，调出312000千克，药材批发46万元。1987年，收购太子参4479千克、佩兰242千克、芡实3624千克、白芍2397千克、接骨木6288千克、益母草14090千克、地丁草37156千克、桑白皮5417千克、瓜蒌皮1133千克、白根5418千克、半边莲574千克等，收购野生药材247183千克，收购总量587921千克，调出585700千克，药材批发98万元。是年，中药材批发98万元，中成药批发184万元，中药零售15万元。1988年后，中药材收购与销售逐渐走上市场化。1989年，公司投入3.4万元添置打包机、剪刀机、切药机、快速水分测定仪、电光分析天平、半自动封口机、塑料周转箱等设备，初步实现中药饮片包装化，改变中药传统的蒲包、麻袋包装。1990年，中药材批发119万元。1992年，中药材批发126万元，中成药批发373万元，中药零售50万元。1997年，药材批发153万元。2001年，中药材批发101万元。2005年，中药材批发168万元，中成药批发1238万元，中药零售198万元。2008年，中药材批发303万元，中成药批发1197万元，中药零售369万元。

二、西药销售

1978年，县医药公司负责组织全县药品购销，以下农村、下工厂、下医院送药上门为主。药房、门市经营实行分柜核算和动态盘点制度。西药销售总额214万元，其中批发206万元、零售8万元。1981年，西药销售总额348万元，其中批发325万元、零售23万元。1987年，西药销售总额689万元，其中批发645万元、零售44万元。1992年，西药销售总额809万元，其中批发757万元、零售52万元。1996年，公司强化调整经营、稳定县内市场、开拓县外市场，充分发挥国有医药商业主渠道作用，利用公司知名度和资金、品种、质量、信誉、储运、服务上的优势抢占市场。2003年，公司经过改制后，企业活力逐步加强，药品销售额逐年上升。2005年，西药销售总额4444万元，其中批发3466万元、零售978万元。2008年，西药销售总额6249万元，其中批发5184万元、零售1065万元。销售品种由1978年的100余个增加至2008年的2000余个，销售额从1978年的200余万元上升至2008年的6249万元。

1978～2008年淮阴区（县）医药公司销售一览表

表15-3-12　　单位：万元

年份	职工人数	中药				西药		
		销售总额	药材批发	成药批发	中药零售	销售总额	药品批发	药品零售
1978	75	75	42	30	3	214	206	8
1979	82	77	40	28	9	215	206	9
1980	94	65	33	22	10	259	247	12
1981	100	78	34	33	11	348	325	23
1982	101	97	39	46	12	334	303	31
1983	115	102	34	57	11	350	315	35
1984	125	128	46	68	14	397	360	37
1985	130	170	61	91	18	532	493	39
1986	143	225	91	118	16	559	517	42
1987	150	297	98	184	15	689	645	44
1988	166	392	116	258	18	800	758	42
1989	167	382	100	257	25	621	580	41
1990	163	427	119	278	30	779	734	45
1991	171	483	115	336	32	806	755	51
1992	179	549	126	373	50	809	757	52
1993	188	631	130	450	51	900	826	74
1994	198	520	89	366	65	806	734	72
1995	199	602	113	402	87	912	837	75
1996	210	707	129	469	109	900	790	110
1997	217	847	153	595	99	870	769	101
1998	217	780	120	560	100	930	820	110
1999	218	905	89	706	110	986	861	125
2000	218	835	79	610	146	964	789	175
2001	196	1057	101	825	131	1207	1018	189
2002	221	581	130	321	130	1408	1278	130
2003	210	1059	135	812	112	1199	1014	185
2004	220	1281	155	990	136	2623	2198	425
2005	225	1604	168	1238	198	4444	3466	978
2006	223	1793	215	1285	293	5518	4312	1206
2007	228	1972	287	1342	343	6124	5083	1041
2008	229	1869	303	1197	369	6249	5184	1065

第四章　市场建设

第一节　农贸市场建设

1978年，全县有农贸市场38个，设集市42个。1981年，增加至45个，是年成交额3258万元，多为马路市场地摊式经营业态。1989年，随着市场建设步伐加快，全县市场数量和规模不断扩大，交易额大幅度上升。境内有各类交易市场42个，面积29.5万平方米，从业人数4997名，交易额7986万元，多为钢架大棚柜台综合性经营模式业态。1992年，贷款225万元新建丁集蔬菜批发市场，占地4000平方米。市场建成后，因蔬菜产业跟不上，一直没有投入使用，后该市场连同贷款转入县服务业发展局，贷款由市场偿还。1993年，"建设一处市场、带动一片产业、富裕一方群众"成为政府和社会的广泛共识，是年全县市场建设总投入近1000万元，建成市场4个，占地面积5000平方米，日均人流量10万人次，年成交额6500万元。1995年，全县建成市场2个，维修市场5个，全县有各类市场56个，其中消费品市场41个、农副产品市场13个、工业消费品市场1个、生产资料综合市场1个，全年各类商品交易市场成交额2.9亿元。1996年，投入200余万元，建星光蔬菜批发市场，交易品种包括蔬菜、鱼虾、肉类、蛋、禽、水果、粮食、油脂油料等4800余种。1997年，建苏北农贸市场、前进街饮食市场和双拥小商品市场，建筑面积7905平方米，总投资510万元，同时扩建市场4个，总投资1535万元。1998年，全县投入311万元，增建市场5个，占地面积2.56万平方米，建筑面积1.2万平方米，其中门面房108间2152平方米、柜台616节。1999年，境内有各类交易市场73个，面积59.7万平方米，从业人数12457名，交易额8013万元，多为楼层大棚柜台组合式经营业态。

至2000年，有赵集、吴城、头庄、南圩、南陈集、张圩、王圩、高堰、小桥、码头、棉花庄、新渡、王兴、老张集、丁集、五里、刘老庄、徐溜、韩庄、古寨、西宋集、汤集、北吴集、韩圩、渔沟、袁集、三树、蒋集、凌桥、杨庄、大兴庄31个主要集市，其中码头、杨庄等每天均为市日（交易日），其余各集市市日多为10天4个，交易商品从传统的农产品、手工业品扩展至日用工业品、生产资料等。是年，集市商品成交总额10.13亿元，比1978年增长32.54倍。

2001年，全区增建市场4个，改扩建市场1个，扎口管理市场2个，规范化管理市场2个，全年各类市场成交额15亿元。境内有各类交易市场79个，面积62.7万平方米，从业人数13424名，交易额120313万元。2002年，对营北综合市场进行改扩建。此后，淮阴城区市场建设速度加快。2006年始，全区各有形市场的标准化建设得到提升。

2007年，成立市场管理办公室，主要负责全区市场卫生工作，承担星光菜场划行归市、亮照经营以及食品安全管理工作。是年，全区建有淮安国际农贸城、苏北温州大市场、营东菜场、荣标二手车市场等一批设施完善、环境舒适、管理规范、安全有序的新型市场，同时改造苏北大市场、新街市场。是年，全区有市场70个，面积59.68万平方米，交易额21.54亿元。苏北温州大市场年交易额超亿元。2008年，通过政府投入、招商引资等形式，投入近600万元，对星光蔬菜批发市场、营北市场进行改造升级，修建封闭式熟食、肉类售货亭，安装空调等保鲜设施，改造水产品、禽畜专卖区供水排水设施。全区初步形成小商品、汽车贸易、汽摩配件、建材等一大批规模批发市场。是年，境内有各类交易市场78个，面积63.5万平方米，从业人员16437名，交易额23.08亿元。是年，域内集市商品成交总额35.43亿元，比2000年增长3.5倍。

第二节　专业市场选介

【苏北温州大市场】 该市场建于1989年，位于淮阴区淮海北路盐河桥北侧，由最初的马路市场发展而来，县工商局为投资兴建主体，商业局系统百货公司、酱醋厂等单位也出资并取得门市。1996年，海华地产公司将原近盐河边汪塘垫土投资开发兴建市场五区，1998年建成开业，总投资1200万元，占地面积13340平方米，建筑面积12675平方米，主要经营五金交电、日用杂货等。2001年，万星房地产在市场西侧投资开发六区，2002年建成，总建筑面积2.6万平方米。2002年，淮安侨兴房地产拆除原老市场，投资开发改造新建苏北温州大市场，2002年动工，2004年建成，总建筑面积5万平方米。市场占地5.8万平方米，总建筑面积11.7万平方米，有1200多个经营户，主要经营小五金、服装鞋帽、食品酒类等小商品，市场辐射淮安市及周边地区。2005年，实现销售额4.5亿元、利税3650万元。2006年5月，成立淮阴区市场管委会。2008年，实现销售额5.2亿元、利税4217万元。

【广大环球家具超市】 该超市建于2002年，位于淮阴区长江西路117号，系区供销合作总社招商引资企业。由广东引资4000万元进驻，租用供销总社既有的四层楼房1幢，平房6栋，自建彩钢简易房7000平方米，主要销售沙发、办公桌椅等各式家具，辐射淮安市及周边地区。经陆续改建扩建，至2005年，超市占地面积4万平方米，2006年、2008年两次被淮安市标准计量局评定为质量信得过单位。2008年，销售额6000万元、利税1200万元。

【台州商城】 该商城建于2004年，位于淮安火车北站对面，由浙江台州客商投资、江苏前程房地产开发公司开发建设，2004年4月开工，2005年5月建成并投入使用。商城占地8万平方米，总投资1.2亿元，建筑面积8.86万平方米，其中商业面积6万平方米，商铺1580间，住宅2.86万平方米。主要以经营摩配为主，兼有五金、家具、装饰材料等经营项目。2008年，总营业额2500万元、利税520万元。

【木材市场】 该市场位于淮阴区王营镇崔庄村境内淮沭路两侧，占地约2.67万平方米，经营户62家，产品来自东北、福建、湖南、江西等地，销售范围辐射苏北各市。2008年，销售额3亿元、利税1350万元。

【苏北建材市场】 该市场位于淮阴区淮高路果品市场北侧，占地约2.47万平方米，经营户72家，主要经营木材、钢材等建筑材料。2008年，实现销售7500万元、利税1000万元。

【江苏商联超市有限公司】 该公司成立于1998年，位于淮阴区翔宇北道618号。1998年底，由原县商业联合公司经改制成为民营股份制企业，初始创业店面位于北京东路。改制后，保留三鹿、正元、圣元等系列奶粉，莲花味精，维维豆奶等40余个国内知名品牌的总经销业务，主要发展超市连锁经营。2008年，超市有直营店18家、加盟店8家、物流配供中心2个、配供仓库1万平方米，资产总额2000多万元，店面分布在淮阴、清河、清浦、淮安、金湖、洪泽等县区。2008年，商品销售额超1亿元。

【淮安农工商大卖场有限公司】 该公司成立于2003年，位于淮阴区淮海北路503号，为原淮阴县染织总厂改制后招商引资引进项目，是上海农工商超市（集团）有限公司连锁店之一，是淮阴规模最大、经营品种最多的大型综合性购物场所。总投资6954万元，占地面积3.6万平方米，营业面积1.4万平方米，有员工350人，其中80%为下岗失业人员，主营商品1.5万余种，其中食品5000余种，年销售总额超过7500万元。2007年，被淮阴区创建办授予“放心消费示范店”和“放心食品店创建单位”称号。2008年，销售额8785万元。

第十六篇 服务业

1983年，全县有集体餐饮企业34家，营业额100万元左右。随着经济体制改革的逐步深入和老城区的拆迁改造，国营、集体性质的老字号餐饮业逐渐萎缩，个体服务业迎来发展的春天，服务网点遍地开花，从业人员迅速增加，服务范围由传统几个行业扩大至家政、婚丧喜庆、洗染、文印、汽车维修、广告、物流、会计、税务、法律、房地产中介等诸多领域，在发展中不断壮大，涌现出一批规模较大的企业，如南海商务酒店、淮阴宾馆、凤凰台宾馆、鑫源宾馆、一品香大酒店、回春楼菜馆、新年华酒店、诚信物流、中捷建材贸易公司、禧年华会计师事务所、法轩律师事务所、广达汽贸汽车修理厂、大发进口汽车修理厂等。至2008年，境内服务业基本覆盖社会生活的方方面面。是年，住宿和餐饮业营业额2.91亿元，比上年增加25.4%；商务服务业0.67亿元，比上年增加31.4%。服务业的发展，促进了就业，搞活了经济。

第一章 餐饮旅馆业

第一节 餐饮业

1978年，淮阴县餐饮业零售额64万元，国营企业有县饮食服务公司，县城及社镇有个体餐饮业店223户。1979年，全县有集体所有制餐饮企业44家，从业人员458名；个体餐饮企业46家，从业人员207名。1980年，全县有集体餐饮企业46家，从业人员653名；个体餐饮企业51家，从业人员51名。1983年，县内主要有大华饭店、淮都菜馆、淮阴饭店、回民饭店等集体经营饭店34家，营业面积不足1万平方米，年均营业收入不到100万元，有等级厨师10余人。特色菜（点）有白玉鱼圆、金钱虾玉、黄焖羊肉、砂锅牛肉、生炒牛肉、油大头等。个体经营的饭店有269家。1984年，县饮食服务公司拆分为第一饮食服务公司和第二饮食服务公司，第一饮食服务公司属国营性质，第二饮食服务公司属集体性质。是年，第一饮食服务公司创办淮阴小吃部，有二级厨师1人、三级厨师1人，每天承包酒席10桌，月营业额2万元。该店的白玉鱼圆、金钱虾玉和蒸饺颇具特色。1985年，淮阴小吃部更名为淮都菜馆。蔬菜公司建一品香饭店。食品公司建淮阴饭店，营业面积1501平方米，从业人员25名。全县乡镇有个体饮食店184家。是年，全县有集体所有制餐饮企业13家，个体餐饮企业517家。1987年，第二饮食服务公司更名为回春楼菜馆。1990年，全县有全民所有制餐饮企业3家，从业人员40名；集体所有制餐饮企业32家，从业人员273名；个体餐饮企业470家，从业人员907名。1991年，全县个体饭店增加至512家，从业人员1241名。1995年，境内有餐饮店2380家，从业人员7205名。是年起，国营餐饮业效益开始下滑，淮都菜馆、淮阴饭店相继歇业。乡镇有个体饮食店764家。1996年，境内餐饮业有法人机构2家、网店1694家，从业人员共4332名，其中正餐网点26家、从业人员372名；快餐网店1668家、从业人员3960名。1998年，县老城区一期拆迁改造，大华饭店被拆除。2000年前后，随着经济体制改革的深入，国营、集体餐饮服务企业逐步萎缩，网点减少，人员分流，或转为个人承包，或售给个人经营。快餐服务全面放开，主要经营面点、熟食、熏烤、小吃、大排档、自助餐等，休闲娱乐场所亦大多兼营快餐业务。2002年，餐饮业消费总额8070万元，有正餐营业店2家、营业面积5980平方米、从业人员197名，营业总收入740.9万元。2003年，境内私营正餐服务企业发展至数百家，较大的酒楼饭店，均配备空调、彩电、卡拉OK等设施。至2005年，全区限额以上餐饮企业年末有餐位2242个，其中正餐服务餐费收入1164.3万元。至2008年，城区有南海商务酒店、淮阴宾馆、凤凰台宾馆、鑫源宾馆、新年华大酒店等星级酒店，乡镇有中小型饭店866家。全区有淮安市首席烹饪师1名、一级烹饪师5名。特色菜（点）有羊肉羹、特色蜂蛹、香辣童子鸡等。全区有限额以上法人餐饮企业9家、营业面积9250平方米，餐位2535个，从业人员269名，营业额3795万元，餐费收入2096.2万元。其中，正餐业营业面积7600平方米，从业人员247名；快餐业营业面积1500平方米，从业人员12名；其他餐饮服务营业面积150平方米，从业人员10名。

第二节 旅馆业

1978年，商业系统旅馆企业有14家600张铺位，另有县农干校、招待所、粮食贸易大楼等旅馆计铺位570张。1979年，境内有旅馆23家、从业人员90名。1980年，有旅社21家、从业人员73名。1985年，蔬菜公司新建商业招待所，有铺位200张；食品公司新建淮阴饭店旅馆部，有铺位100张。是年，有旅社9家、从业人员61名。1987年，第二饮食服务公司建回春楼，挂大华旅社牌子，有铺位100张。是年底，县城有集体旅社18家、营业面积近3000平方米；个体旅社150家，从业人员500多名；农村乡镇有旅社近百家，从业人员约300名，年营业额近80万元。是年，县政府招待所开始对外营业。1990年，全县有旅馆业机构87家、从业人员198名。1995年，大华旅社（淮阴旅社）、县农干校、粮食贸易大楼、商业招待所、淮阴饭店旅馆部等旅社对外承包，实行公有民营。

1998年后，县城相继兴建一批档次较高的星级宾馆，主要有鑫源宾馆、凤凰台宾馆、南海商务酒店、新年华大酒店等。2000年，县政府招待所更名为北郊宾馆，2001年更名为淮阴宾馆，并被评为三星级宾馆。2005年，星级住宿业客房收入462.5万元，年末拥有铺位378张。至2006年，除凤凰台宾馆外，全区国营集体旅馆均改制，有的被拍卖或拆除。2008年，按限额以上登记注册类型统计，住宿业限额以上法人企业3家。是年，全区旅馆营业面积6000平方米、从业人员437名，营业额1887.3万元，客房203间，铺位382张。

第三节 企业选介

一、淮安市民生实业淮阴宾馆

该宾馆位于淮阴区北京东路30号，始建于1952年，其前身为淮阴县招待所，1973年由市区迁现址。1984年，政府投资100余万元新建近2000平方米、内部装潢风格别致的四层宾馆楼。1997年，政府投资2700余万元，按三星级旅游饭店标准，对原四层宾馆楼进行改扩建。1999年建成，2000年更名为淮阴北郊宾馆并投入运营。新馆占地20000多平方米，建筑面积15000多平方米。2001年3月，通过省、市旅游局评审，成为全区首家三星级旅游饭店。餐饮部有豪华小厅26个、大型宴会厅1个、中型宴会厅1个、多功能宴会厅1个。客房部设有标准房78间、商务房13间、豪华套间3间。会议中心有5个，大型会议室能容纳500人以内的商务会议和行政会议。康乐中心设有洗浴中心、健身房、棋牌室、舞厅、茶吧等。2003年5月，区政府对北郊宾馆进行改制，由国有事业单位改制为民营独资企业，并更名为淮阴宾馆，隶属淮安市民生实业有限公司。改制后，公司投资800万元，对餐饮、客房、洗浴、会议厅等设施进行升级改造。改造后的宾馆，拥有固定资产3000余万元，职工220余人，其中等级厨师、技师、会计师、园艺师、裱画师等技术人员45名。特色菜肴有蜂蛹炖蛋、双色脆嫩虾、蟹黄豆腐扒辽参、金桂银丝、红烧“马鞍条”等。宾馆曾接待过不同级别的中外来宾，美国VFV篮球运动员曾入驻该馆。宾馆年收入1600余万元，创利税220万元。

二、淮安市民生实业鑫源宾馆

该宾馆位于淮阴区北京北路536号。1995年10月，王营镇政府投资450万元，新建集餐饮、客房、洗浴、会议于一体的淮安鑫源宾馆，1997年9月正式投入运营。宾馆占地面积1公顷，建筑面积4500平方米，拥有员工50名，以政府接待为主，对外经营为辅，年营业额280万元、利税20万元。1999年6月，王营镇政府将鑫源宾馆对外整体承包，租赁期7年。租赁期间，经营业绩逐年提高，年营业额超500万元。有员工65名，其中电工、维修工、等级厨师、财务等各类技术人员32名。2006年，鑫源宾馆改制为淮安市民生实业鑫源宾馆，隶属于淮安市民生实业有限公司。改制后，公司投资近千万元对设施进行升级改造，增设酒店管理系统、消防自动控制系统、燃煤锅炉、厨房灶具、客用电梯、变频空调和餐椅、餐桌等现代设施，2007年1月，正式对外试营业。改制后，鑫源宾馆拥有豪华套房4间（套）、豪华单人房5间、各类标准房37间；拥有宴会大厅1个、多功能餐厅1个和风格各异的宴会厅20个；有职工120余人，其中各类技术人员35名（等级厨师25名及网管、音响师、服务师、会计师等10名），能接待中型会议，可供各型宴会及散客约600人同时餐饮，年收入1200万元，创利税200余万元。

三、苏源淮阴凤凰台宾馆

该宾馆位于淮阴区承德北路508号，2002年11月正式开业。饭店按照三星级宾馆标准建设，占地面积1.33公顷，建筑面积6000平方米，有各式客房40间及大小餐厅，员工100余人，院内免费停车场可以同时停泊各型车辆80台。2006年，宾馆进行内部扩编整改升级，下设前厅、房务、餐饮、财务、采购、工程、市场开发等七部及稽核办公室、综合管理办公室，内设豪华套房、商务套房、标准间、单人间等60间，设宴会大厅、零点餐厅、豪华包间等，可接待大中型宴会及散客餐饮共计600个餐位，另有桑拿、芬兰浴、保健按摩、美容美发、歌厅、KTV包间等娱乐设施，配有一级厨师6名、二级厨师8名、专职面点师2名，其他技术管理人员30余名，年创利税70万元，上缴税款45万元。

四、一品香大酒店

该酒店位于淮阴区北京西路28号。1985年，县蔬菜公司建一品香饭店，有客房20间，床位80张，营业面积150平方米，从业人员28名，餐桌30张，可同时接待300人就餐。1998年改制为股份制企业，更名为一品香大酒店。后扩大餐饮部，撤销住宿服务，客房改为餐厅。至2008年，拥有大型宴会厅4个、豪华包间15个，可同时举办60桌规模的酒宴，正常接待区（县）“两会”、三级干部会等各型会议。有一级厨师2名、二级厨师2名、员工40人。在原有久享盛誉的冰糖蹄膀、桂花藕、芙蓉蛋清、罗汉鸡腿等特色菜肴基础上，创新开发香酥鸭、金陵豆腐、特色猪手、山粉卷煎以及4种各具特色口味的龙虾等品牌菜肴。

五、回民饭店

该饭店位于淮阴区北京东路35号，始建于清道光年间（1821～1850），时王家营清真寺主持教务的常廷璋阿訇倡导、族人赞助，在王家营御膳街北头亮出“清真菜馆”的字号。抗战胜利后，苏皖边区政府主席李一氓在清真菜馆招待淮阴名儒秦选之、张煦侯、吴次藩等人。1958年，清真菜馆并入淮阴饮食服务二公司。1959年底，清真菜馆搬迁到北京路78号，前3间为门面房，后4间为库房、配菜间、厨房，员工10人。“文化大革命”后期，清真菜馆更名为回民饭店。其后，原房屋拆除，建成两层楼房，将原店名改为回春楼。1987年，回春楼有二级厨师1名、三级厨师4名，年营业额27万元、利润8.5万元。回春楼菜馆的黄焖羊肉、砂锅牛肉成为特色菜肴，油大头驰名县内外，时有外地客商专门光顾品尝，最高销量每天7000根。20世纪90年代中期，通过江苏省民族事务委员会“清真”认证。2003年4月，组团参加江苏省第四届烹饪技术比赛并获银奖，被授予“江苏特色宴”称号，清真全羊席获“江苏特色宴”铜匾。7月，回春楼菜馆改制，原饭店员工买断工龄，回春楼亦在城区改造中被拆除。朱姓夫妇租下淮阴区胶带厂门面楼3间，投资20余万元对其进行装潢，更名为回民饭店。至2008年，回民饭店先后接待新疆、宁夏、青海、甘肃、内蒙古、湖南等地穆斯林信徒以及马来西亚、埃及、伊朗等国家的伊斯兰教代表团。

第四节　淮阴名吃

一、软兜长鱼

软兜长鱼（黄鳝）是淮扬菜系中一道主打的传统品牌菜。

选料：小长鱼（1000克）、味精（1克）、香醋（15克）、白胡椒粉（0.5克）、姜片（10克）、绍酒（10克）、蒜瓣片（10克）、粗盐（75克）、水淀粉（25克）、葱结（5克）、酱油（25克）、熟猪油（100克）。

烹制：锅内放入清水2000克、香醋100克及粗盐、葱结、姜片，用旺火烧沸，速倒入长鱼，盖紧锅盖，待长鱼停止窜动，嘴张开，水沸后再加入少量清水，并用手勺轻轻地将长鱼推动翻身，焖约3分钟，将长鱼捞出，放入清水中洗净、捞出，取脊背肉一掐两断，放入沸水锅中烫一下，捞出沥去水分。

炒锅置旺火上烧热，舀入熟猪油75克，烧至七成热时，投入蒜片炸香，放入长鱼脊背肉，加入绍酒、味精、酱油，用水淀粉勾芡，烹入香醋15克，淋入熟猪油25克，颠锅装盘，撒上白胡椒粉即成。

二、清蒸大闸蟹

洪泽湖大闸蟹体青腹白，体净、肉多、味鲜、黄满膏肥，富含蛋白质、脂肪、钙、铁以及维生素等多种营养成分。

清蒸大闸蟹的制作方法：把挑选好的蟹洗净束肢，放入蒸盘中，周围放些姜片、葱段、香菜以去腥味，后放锅里大火热蒸，至螃蟹背、肢由青色变得红润即可出锅。食时佐以陈醋、酱油、蒜茸或姜丝，更觉鲜美，妙不可言。

三、清蒸淮白鱼

淮白鱼是洪泽湖以及淮河水系里的名贵鱼种之一，以其肉质细嫩鲜美而著称。

清蒸淮白鱼的制作方法：取一淮白鱼净身剞刀，用沸水烫后洗净，置盘内，加鸡冠形肥膘、熟瘦火腿片、笋片、冬菇片、葱、姜、花椒、猪油，浇上调料汁后，上笼蒸至熟。出笼，去葱、姜、花椒后，滗出卤汁，于卤汁内加白胡椒粉和匀，浇淋在鱼身上即成。其色泽白亮，味道清鲜香美。在区内饭店、餐厅乃至百姓人家其常常是饭桌上的一道主菜。

四、淮山鸭羹

淮山鸭羹是淮扬菜席上的一道不可或缺的汤羹，它选用古镇码头栽种的山药为主要原料，配有熟鸭肉、火腿末、蛋糕丁、虾米、青蒜丝、鸡汤等，把山药蒸熟后，去皮，同熟鸭肉均切成小丁，再加上配料放入热锅里烧开后，用湿淀粉勾芡，淋上少许熟猪油、芝麻油，撒上胡椒粉、青蒜丝即成。做成的淮山鸭羹，山药软糯，鸭肉酥烂，羹汤香浓鲜美。

五、四喜肉圆

四喜肉圆取名“四喜”，寓意喜庆吉利。在淮阴城乡，每逢喜庆节日宴席，常有此菜。

制作方法：用去皮胡萝卜、白萝卜、土豆、红营等，分别煮熟成茸，加上淮山药、猪五花肉茸、鸡蛋、小麦面粉、盐、绍酒拌匀，逐个做成直径为8厘米左右的扁圆子4只，入油锅炸至金黄色，入味后捞出。然后再把姜、葱放入油锅炒出香味，加素汤、红酱油、糖、胡椒、味精、黄酒、菜心等。菜心摆在盘中，呈放射状，再放上4个圆子，锅中汤汁勾二流芡，淋于圆子上即成。四喜肉圆色泽红润，肥美酥烂。

六、拆骨掌翅

鸡跖之美味早为世人所知，淮上美其名曰"凤爪"。拆骨掌翅为淮阴名菜，以鸡爪（跖）、鸡翅熟制后去骨再浇上鲜香卤汁而成。此菜形态完整，翅肥掌脆，鲜香爽口。

七、金针菜烧仔鸡

金针菜是一种营养价值和药用价值很高的花卉食品，俗名黄花菜。此菜在境内寻常百姓家常见。

选材方便，制作也简单易行。只要将金针菜洗净，仔鸡作常规处理，佐以姜、葱等家常烹饪佐料，进行正常烧煮即可。

八、脆皮乳鸽

此菜采用生长期在30天左右的鲜活乳鸽通过精心炸制而成。主要原料有乳鸽、白卤水、蜂蜜、葱、姜、绍酒、精盐、味精、植物油、甜面酱、椒盐等。将洗净的乳鸽加葱、姜、调料擦抹腌渍，焯水，入白卤水锅中卤透，捞出趁热抹上蜂蜜，入热油锅中炸酥。在炸制过程中，火候、油温以及炸制的时间要求最为考究。炸制完好后，改刀装盘即成。以甜面酱、椒盐佐食。脆皮乳鸽的主要特点是皮脆肉嫩、色泽枣红、油而不腻。此菜于20世纪80年代至90年代在县内各大宾馆盛行。

九、霉干菜焖肉

霉干菜焖肉是淮阴最具代表性、最富乡土风味的菜肴，是淮阴人钟情的家常特色菜。霉干菜焖肉讲究焖烧入味，蒸制酥糯，以味取胜。颇有香酥绵糯、油润不腻、色泽枣红、咸鲜甘美的田园风味。

制作霉干菜焖肉的基本要领：原料必须正宗而且质量好，猪肉以肥瘦兼有的五花肉为佳。猪肉切成块状，干菜切成短短的小条（可以根据自己的喜好切成很短，甚至成末状）。传统做法是在碗内铺一层干菜后再放一层猪肉，然后上面再放一层干菜、一层肉，装满放好为止，适当加上少许白糖和料酒即可上笼水蒸，直至肉酥。也有改用煮和蒸相结合的办法，即将干菜和猪肉按需要切好后，混放入锅内，加水将原料全部浸没，然后用旺火将水烧开后改用文火，烧至水干，发出香味，盛入碗中再用水蒸，肉变红，干菜变酥即成。

十、码头汤羊肉

码头汤羊肉是淮安码头镇传统名菜。早在明代就是贡品，与北京的涮羊肉、新疆的烤羊肉、西安的羊肉泡馍，被世人称为"羊肉四绝"。相传清朝道光年间，码头镇有一位沙德胜厨师，回族人，在朝廷御膳房供职。他采用隔年的公羊，配以佐料，主辅料有生羊肉750克、水发粉丝200克、菠菜200克、香菜25克。调料有精盐8克、味精2克、酱油15克、绍酒20克、葱段10克、姜块10克、白糖10克、白胡椒粉1克、羊肉汤500克、烹调油50克。制法是将生羊肉洗净、切块，炒锅上火，放底油、葱段、姜块煸香，加羊肉汤、绍酒，煨至肉块酥烂，汤色浓白，然后将煨好的羊肉连汤一起盛入火锅内煮沸，加入酱油、精盐、味精、白胡椒粉等调味品，撒上香菜末上桌。另用小碟装上粉丝、菠菜等围放在火锅周围佐食。经过泡、刷、沃血、炒干等16道程序，再加水先武后文，烧、焖、煨。码头汤羊肉口味咸鲜，汤汁稠浓，酥烂味美。

十一、拔丝山芋

淮阴盛产山芋，皮黄，肉或红或白，味道鲜甜。受特定的土质、水质影响，赵集镇的山芋个头大、品质好。1958年，赵集公社因产一窝重达19千克的山芋送往北京中南海，被周恩来总理称赞。拔丝山芋以该地种植的山芋为主料，以白糖、蜂蜜、熟芝麻、糖桂花卤、熟猪油等为辅料，做法讲究，火候适宜。其特点是表脆里嫩，热烫甜香，爽口异常。拔丝形似金线，细如蚕丝，愈拉愈长，五光十色，如雨后彩虹，煞是夺目。

十二、鸡汁小刀面

小刀面，是淮阴常见的面食品种，完全靠人工擀压切成。鸡汁小刀面主要采用面粉加碱、清水和制成面团，经多次搓（压）条、擀（压）面，切成淮阴地方的刀切面。入开水锅煮熟，捞入碗中。鸡汤加调料和匀，浇入面碗，撒上胡椒粉、青蒜花即成。吃到口中爽滑有劲，味道清香。

十三、淮阴小馄饨

其吃法多样，制皮尤奇，500克面粉可制成七八百张馄饨皮，且隔皮可映字，点火即可燃。这是淮阴饮食的一绝。其馅主要选用鲜嫩的猪后腿精肉制茸，然后加入冬笋米、青蒜花、葱姜汁、肉骨汤、绍酒、酱油、味精、干淀粉、胡椒粉、芝麻油等，搅拌后，包入面皮中，再入沸水中煮，待上浮水面片刻捞出，佐以勾兑现成的圆骨汤，即可食用。在食用时配以蒜泥、酱、醋炝之，口味更绝。馅鲜细嫩，皮薄爽滑，风味独特。此小馄饨在境内大小餐馆随时可以吃到。

十四、油大头

油大头是清真食品中的一种油炸风味小吃，它外形小于油条，长不足4寸，选用回族传统的配料。吃起来外硬内绵、香甜实绉、风味纯正，令人回味。炸油大头须用上等素油，绝不可采用荤油。油炸时一定要掌握火候，火大会使其颜色变黑而失去光泽。炸油大头的锅是平底，且一边高一边低放置，锅低洼处的油大头通过高温油炸后再翻置到锅的无油处经煎炕后即成。20世纪90年代前，县城只有大华饭店等二三个饭馆可以品尝到此风味小吃，农村集市很少见到，其后逐渐被其他食品所代替。

十五、宁家大饼

境内吴集大饼历来以重、大、香、绵称奇，其中以宁家为最，旧时每块饼用麦面一斗，饼重10余千克。饼外观光洁无糊斑，粗看如生，细看似蒸而成，厚2～3厘米，但熟透，入水即化，吃起来香绵可口。素有“若到小吴集、宁家饼要吃”之说。宁家大饼焙制精细，焙成一块饼需从晚饭后忙至半夜，故当地人说：“宁家打块饼，出门见三星。”宁家烤饼系祖传手艺，誉满区内西北半边天。

第二章　商务服务业

第一节　物　流

1978年，境内物流业滞后。至1988年，物资流通主要以计划经济运行模式为主，初步形成以国有企业为主导，集体所有制与个体经济共同发展的流通格局。1988年后，市场经济逐步取代计划经济，国有企业的优势逐步丧失，大部分物资流通企业都处于瘫痪、半瘫痪状态。1992年5月，成立县物资集团总公司，物资局与县财政脱钩，县财政不再拨予经费。2001年后，全区物流业有较快发展。2004年8月，区燃料公司、木材公司、金属机电公司、建材化工公司等传统的国有物资流通企业相继被政府改制清算解体，职工全部解除劳动关系。2008年，全区物流企业主要有诚信物流、泰和物流、顶通物流、回民金鑫等。诚信物流主要业务是为徐州、盐城、连云港、宿迁等市配送光明和蒙牛牛奶；泰和物流主要是为苏北各市配送“康师傅”“福满多”方便面；顶通物流主要负责苏北地区“康师傅”饮料、方便面的仓储。区内有货运中介组织（配载部）3家，道路货运2085户，其中单位运输193户，个体运输1892户；货运汽车3052辆15438吨，其中危险品运输车54辆948吨，牵引车372辆，挂车280辆5688吨，厢式货车705辆2945吨，集装箱货车13辆398吨，专项作业车（水泥搅拌车、冷藏车）23辆212吨，大件运输车2辆46吨，罐式车18辆398吨等。水路运输6户，普通货运船舶15208吨。

第二节　广　告

1985年前，境内无专业广告服务机构。1985年，县广播站为全县唯一的广告兼营单位，从业人员4名。1986年，县城及农村集市建立贴纸广告张贴栏37块、墙壁广告张贴栏112块。90年代，境内广告业发展迅速，内容涉及农业、工业、医药等100余种，形式有固定、流动，电视、报纸、传单以及口头等。1988年，全县有广告经营单位1家。1995年，核准广告经营单位1家，并核发广告经营许可证。2005年，全区拥有广告经营单位12家，其中企业10家、个体工商户2家。广告业服务性收入由1988年的2800余元增至2005年的620万元。业务范围扩大至举办会展、文艺演出、组团推广等。2006年，发展广告经营单位3家，进行户外广告登记30件。至2008年，经工商登记广告商户22家，其中公司12个、个体10户，从业人员52名，全年营业额740万元，其业务范围扩大至设计、制作、代理、发布国内各类户外、印刷品广告等。除区广播电视台发布广告外，还有淮安市公元广告有限公司、淮安纵横广告有限公司、淮安市淮商文化传播有限公司等开展广告业务。

第三节　文　印

1986年，西马路晒图社为县内第一家私营文印企业。20世纪90年代初，境内文印业开始兴起，有小型文印社13家，均为铅字打印，从业人员37名，客户多为单位，业务量不大。1996年，县内共有文印社48家，从业人员103名。乡镇陆续出现居家式打字复印社。文印社大都添置电脑、复印机、半自动油印机等设备，主要经营打字、复印、名片制作、人像印制、证卡制作、电脑刻字、牌匾锦旗制作、烫金字等业务，有一些规模较大的经营户，如机关打印社、文教打印社等企业设备投资上百万元，并从事快印业务。区印刷厂为国营性质，2002年改制。2008年，全区有文印经营户152家，其中经工商登记的文印商户80余家，从业人员390名。

第四节　租　赁

1978年，物资系统的建材、木材、机电、金属、燃料等8家公司有租赁经营部，后因企业破产或改制而相继关闭。1985年后，淮阴个体租赁业经营户产生，一般都挂靠在企业名下，从业人员近30名，经营钢（木）建筑模板、竹木脚手架等出租业务。2003年始，租赁经营户和挂靠企业逐步分离，经工商部门登记注册有10家、从业人员60名，租赁业务仍然比较单一，年营业额70万元。2005年，发展至18家、从业人员110名，主要经营房产、场地和市场设施租赁，年营业额150万元。至2008年，经工商部门登记注册的有108户，其中公司79家、个体29户，从业人员439名，年营业额538万元。境内租赁经营从最初传统（简单）租赁，向直接租赁和转租赁、出售回租、风险租赁、制度租赁和厂商租赁等方向发展。

第五节　会计、审计事务

1988年，淮阴县审计师事务所成立，为县审计局下属自收自支事业单位，开展全县78个公司企业的注册资金验证工作。1989年3月，江苏淮阴会计师事务所成立，为县财政局下属国有事业单位，有工作人员3名。1993年，县审计师事务所实行业务全员承包制度，完成审计查证27项，服务收入5.7万元。1994年，江苏淮阴会计师事务所独立，调用注册会计师3名。是年6月，县审计师事务所选调审计专业人员4名。1995年，县审计师事务所受托审计财务收支企业24家。

1996年，办理受托审计173项，其中验资评估131项、财务收支审计35项、基建预决算审计2项，核减基建预决算14万元，核减虚假注册资金220万元。1997年，完成委托审计事项119项，其中财务收支审计31项、承包离任审计17项、验资评估50项、基建项20项。年内为委托单位挽回损失152万元，核减虚假注册资金250万元，审定核减基建预决算150万元。根据1998年国务院对经济类鉴证机构进行清理整顿的要求，淮阴县审计师事务所与主管部门脱钩改制。1998年，县会计师事务所取得江苏省国有资产管理局核发的资产评估资格证书。是年，县财政部门根据国务院的统一部署，以财政部规定的全国统一改制基准日——1999年6月30日为时点，从人事、财务、资金、业务上与事务所彻底脱钩，事务所人员分流，原江苏淮阴会计师事务所于1999年底撤销，重新申请成立由注册会计师为发起人的新事务所。

2000年初，县会计师事务所与审计师事务所合并成立淮安禧年华会计师事务所。该事务所注册资金50万元，依法提供验证注册资本（金）、会计报表审计、各类资产评估和基建工程预决算编制、审核以及会计代理记账、司法鉴定等业务。改制后，财政审计部门对原取得注册审计师资格人员进行资格认可，统一称为注册会计师，并取消注册审计师称谓。全所从业人员中有注册会计师6名、注册评估师3名、工程造价师6名。2005年，承办验资业务350件，验证注册资本金总额5.6亿元；审计业务150件，审计资产总额270亿元，资产评估50件，评估资产6.5亿元；基建工程预算编制84笔，预算总额2.6亿元，决算编制审核项目52笔，决算总额6.5亿元。2006年，完成全区注册资本验资120户，外商投资企业年报审计9家，审定净资产1943.85万元。资产评估31户，其中企业改制评估6家，工商年检审计120户，司法鉴定审计工程造价审核31户，核减金额485.34万元。2007年，业务开始幅射至涟水、洪泽等周边县市。2008年，公司内设审计部、验资部、资产评估部、基建工程部、招投标代理师，有职业会计师6人、注册资产评估师5人、注册造价师7人。是年，为淮阴区行政事业单位资产清查审计152户，为涟水县行政事业单位清查审计92户，企业工商年检审计162户，外资年检26户，审计资产总额5895亿元，各类验资232户，验证资本总金额206亿元。资产评估978户，评估资产16.8亿元。招投标代理36户，基建工程预决算审核、标底编制、工程量清量编制112户，决算额及审核额2.6亿元。

第六节　税务事务

1996年，淮阴县税务事务所成立，为县国家税务局下属自收自支事业单位，财务独立核算。2000年1月，根据国家税务总局关于税务代理机构与税务机关脱钩改制的文件要求，县国家税务局解除与淮阴税务事务所的隶属关系，改为股份制性质的淮阴县国源税务事务所，其中注册税务师5名、聘用专业会计23名。1995～1998年，开办税务登记886户，为大中型企业代办纳税申报、购领普通发票业务868户，开展税务咨询、税收筹划、涉税培训1036户。1999～2008年，开办税务登记1745户，为大中型企业代办纳税申报、购领普通发票业务1190户，开展税务咨询、税收筹划、涉税培训2232户。2004～2008年，为小规模企业代开增值税专用发票962户。2007～2008年，为企业出具涉税鉴证报告268户。2008年，有注册税务师7名、聘用专业会计33名。

第七节　价格事务

1994年，淮阴县价格事务所成立。建所初期，受聘担任企业价格顾问，以赃物、罚没物、过期无主物、纠纷财物价值鉴定为主要服务内容。2001年后，拓展服务领域，形成价格顾问、价格纠纷的调解与仲裁、价格认证、司法鉴定、公物拍卖、工程造价稽核、银行抵押物估价、车损评估、房地产评估、资产评估等众多服务内容在内的价格认证体系。1994～2008年，承办各类价格认证、资产评估等业务343件，受理涉案财产价格鉴证2739件，两项业务评估总额6.13亿元；承办交通事故车（物）损评估2307件，评估总额7548万元。

第八节　房地产中介服务

一、集体房地产中介

1995年前，住房交易多由“中间人”牵线进行。1996年1月，《城市房地产中介服务管理规定》颁布，淮阴县房地产主管部门对中介机构进行清理整顿，统一启用房地产买卖合同和租赁合同文本，制定《房地产经纪人行为规范》《房地产经纪人工作职责》以及服务收费标准，公布监督电话，中介服务管理走向市场化、规范化。1999年8月，建立县房地产中介事务所，承接房地产转让、抵押、租赁、评估等业务8697例。2001年12月，根据建设部《关于房地产价格评估机构脱钩改制的通知》要求，在人员、财务、职能、名称等方面与区房地产主管部门彻底脱钩。区内房地产中介服务业皆依法运行，随市场需求兴衰增减。2004年，成立淮安市大友房地产中介事务所有限公司，注册资本62万元，主要提供房地产估价服务、咨询服务、经纪服务、房产测绘服务等。在二手房交易、个人消费贷款、房地产估价、测绘服务等方面为客户提供帮助。是年，承接业务9180例。2008年，承接业务1万例。1993～2008年，淮阴区（县）房管局累计发放房屋租赁许可证540本。

二、个体房地产中介

1997年9月，淮安市淮阴兴淮房地产开发有限公司成立，注册资本2078万元，经营房地产开发、销售以及房地产中介服务，从业人数18人。2002年11月，淮安市昶青物业管理有限公司成立，注册资本50万元，经营物业管理、房屋中介、建筑材料批发与零售、装潢、园林绿化，从业人员20人。2004年5月，淮安市江淮物业管理有限公司成立，注册资本50万元，经营物业管理、家政家教服务、房屋维修、商品房代理销售、营销策划、房产信息咨询等，从业人员22人。2006年8月，淮安市隆达物业管理有限公司成立，注册资本300万元，经营物业管理服务、房产中介服务，从业人员24人，其中安置下岗职工10人。2007年8月，淮安市俊杰物业管理有限公司成立，注册资本50万元，经营物业管理、房地产中介、保洁服务及其用具销售，从业人员10人，均为下岗职工。是月，淮安市星宇地产营销公司成立，注册资本50万元，经营商品房楼盘营销代理、二手房信息咨询服务、企业品牌形象策划与推广、建筑材料销售。10月，淮安格泰房地产投资顾问有限公司成立，注册资本50万元，经营房地产经营策划、咨询服务、房屋销售代理，从业人员15人。12月，淮阴区新渡乡永昶中介服务部成立，为淮阴区乡村第一家房地产中介服务场所，经营场所面积50平方米，资金2万元，从业人员5人。2008年，淮阴私营房地产中介发展至30余家，注册资本近千万元，从业人员100余人。

第三章　生活服务业

第一节　洗　浴

1978年，城区有浴室1家、从业人员16名。农村每个集镇一般有1个浴室，但多在春节前后营业。1979年，城区有浴室7家、从业人员31名。1980年有浴室8家、从业人员45名。1985年，全县有集体所有制浴室2家、从业人员46名。1990年，城区有浴室9家、从业人员63名，营业总面积1200多平方米，年营业额50万元。随着洗浴业经营及消费理念发生较大变化，以及桑拿、芬兰等现代洗浴休闲经营品种的出现，1998年后，淮阴县陆续投资兴办北郊宾馆、南海商务、鑫源宾馆、碧泉等档次较高的洗浴中心。2000年，城区洗浴企业数量迅速增加，规模不断扩大，年底有32家。2005年，全区洗浴企业扩展至72家，从业人员363名。城区鑫森浴室、培兰城等浴室为中低档消费者服务，热带雨林、荷花池等浴室服务设施齐全，集洗浴与休闲为一体，满足域内中高档消费者需求。城区沐浴行业已是沐浴休闲、桑拿、足疗、温泉洗浴等多种业态并存。2008年，全区经工商部门新登记的洗浴经营户153家，从业人员828名，网点遍布城乡各地，档次高中低皆有，能够满足不同层次消费者的需求。是年，城区所有浴室由燃料加温改为热水直供。

第二节　美容美发

1978年，商业系统从事美容美发的店面有大华理发店和美化理发店，职工不足30名，主要经营项目有理发、洗发、染发、修面等。全县美容美发行业网点少，个体理发户不多，农村理发师经常走村串户，流动服务，无照经营，缺乏管理。1979年，县城有理发店9家、从业人员39名。1980年，境内有理发店54家、从业人员127名。1985年，全县换发全国统一制式的营业执照。是年，城区有理发店5家、从业人员28名。此后，县内美容美发行业发展迅猛，开始向专业化、品牌化发展，走上专业经营、连锁经营的道路。至1987年，全县进行工商登记的理发店有213家、从业人员267名，其中集体2家、从业人员17名；个体户211家、从业人员250名。1990年，有理发店181家、从业人员237名，其中大华理发店从业人员20名，每人每次收费0.3～0.5元。2003年企业改制，集体性质理发店人员与单位解除劳动关系，多数自营开店。2008年，全区持证理发店327家、从业人员498名，均为民营或个体经营，网点遍布城乡社区、街道和村庄，烫发、造型、护发、盘发、接发、面膜、美眉等新的服务项目越来越多。

第三节　洗　染

1978年前，境内没有专业洗染企业。1979年，有洗染企业4家、从业人员11名。1980年，有洗染企业10家、从业人员20名，主要经营染布、染衣业务。1990年，有洗染业经营企业14家、从业人员26名，主要经营衣服洗、熨业务。随着人民生活水平的提高，市民穿着名牌高档服饰日益增多，对服饰洗涤、保养的要求也越来越高。同时，市民工作与生活节奏加快，到洗衣店洗衣已成为生活中不可缺少的需求，域内专业洗衣店急剧增多。2008年，全区有干洗、整烫、皮衣上光等洗染店25家，从业人员40名。绿色健康洗衣和专业化洗衣成为区内洗衣业的主流，用四氯乙烯干洗剂及开启式干洗机的洗衣店开始升级改造，逐步采用石油（碳氢）溶剂洗涤、二氧化碳干洗等环保安全的全封闭式洗涤方式。

第四节 摄 影

1978年，城区有大华照相馆从事摄影服务。主要使用胶卷相机拍摄家庭和单位的证件和资料等普通照片。1979年，境内有照相馆7家、从业人员18名。1980年，有照相馆14家、从业人员28名。1984年彩照兴起，大华照相馆加大投资，增加新技术设备，年营业额2.76万元。1987年，个体摄影业快速发展，全县个体照相馆37家，年营业额4.63万元。1990年，从事摄影业务的商户增加至48家，从业人员90余名。此后，境内摄影业得到长足发展，设备从普通相机到数码相机、摄像机，拍摄的人物和景物从静态到动态，服务内容从普通的黑白照片到封塑的彩照和全程摄像，特别是婚纱摄影档次越来越高。1990年，全县有照相馆52家、从业人员62名。2008年，全区有摄影商户32家，均是个体经营户，从业人员61名。

第五节 家 政

1986年前，境内没有专门商户从事家政服务，至1986年，一些劳务中介兼营此业，家政服务范围为带小孩或照顾老人，从业人员多为没有经过专业培训的民工。20世纪90年代后，县劳动部门加强执业培训和指导，县内从业人数逐年增加，不断向外地输送家政人员。2002年，全区有家政公司6家。随着家庭小型化、人口老龄化、生活现代化和劳动社会化，居民生活水平日渐提高，对家政服务需求日益增多，至2008年发展到86家，从事家政服务人员286名。每年元旦、春节期间是家政服务消费的高峰。业务涉及专业保洁、钟点业务、搬运、庭院绿化、内外墙粉刷、保姆业务、家教服务等方面。

第六节 帮 办

1986年，婚丧喜庆服务的流动人员在淮阴出现，大都是来自附近的熟人组合，主要提供烧饭、帮工等单项服务，工资一般按天（桌）计算，从业人员50名。1996年，出现2～5人的为婚丧喜庆服务的流动队伍，通过熟人亲友接头洽谈生意，开始提供用车、宴席、住宿、迎送、仪式、冰棺、彩篷、餐饮器具租赁等服务。2000年，各乡镇均有民间自发成立的帮办团体，主要业务是帮厨、帮工等，并带菜带餐具上门提供服务。2002年始，业主购置桌凳和音响设备等进行全程帮办，收费标准是每桌100～150元。2005年后，这种服务方式在淮阴开始兴盛。2006年，王营镇盐闸村村民组织丧事帮办队，村民遇到丧事，上门联系，帮助料理丧事，拿尸、散灯、抬棺、安葬，收费一般在1200～1500元。2007年，仅袁集乡就有帮办户43家。至2008年，城区有婚姻喜庆服务经营户9家，陆续推出灯光音响、礼仪小姐、场地布置、充气彩虹门、彩色气球制品、歌舞表演、戏曲演唱、狮子盘鼓、军乐演奏、花篮花簇、摄影摄像、专题片、VCD和DVD编辑制作等婚庆服务项目。是年，经工商登记的丧事服务商户9家，从业人员18名。

第七节 修 理

1978年，淮阴县内修理业主要从事补锅锔碗、修伞修锁、修钟表、修钢笔等日用品维修业务。1985年，全县有消费品修理业11家、从业人员11名。1987年，经过多年发展，全县汽车维修业已由作坊式管理模式，眼观、手摸、耳听等原始的修理方式，逐步转变为“管理科学化、操作机械化、检测仪表化、质量标准化”的现代化管理和维修方式。是年，全县有汽车维修业50家，其中一类1家、二类1家、三类3家、四类45家，从业人员250名。1990年，个体经济迅猛发展，无照经营情况十分突出。县工商局与公安局联合发出《关于加强城乡个体工商户管理，坚决取缔无照经营的通知》。其中规定，凡从事修理钟表、家用电器及照相机等技术性行业的，县主管部门要按规定从严掌握，核发营业执照。此后，工商部门和农机、农技、劳动等部门连续数年举办农机具修理、钟表及家用电器修理培训班，取得资格证书方可领取营业执照，依法经营。是年，有日用品修理业542家、从业人员848名。1995年后，政策放宽，不再执行上述规定。1999年，从事修理和生产的国营淮阴县二农机厂及专修农业机械的棉花拖拉机站改制。2000年后，境内维修业规模逐步扩大，服务项目增多，技术要求渐次提高，从业人员大都为经过技工学校专业培训后持证上岗，从维修传统机械、电子产品发展至维修手机、电脑、空调、电动车、汽车等高新技术产品。全区汽车维修企业有78家，其中一类2家、二类5家、三类71家，从业人员560名。2008年，全区有修理行888家、从业人员1762名，其中汽车维修企业105家，一类3家、二类10家、三类92家，从业人员1500名。全区较大的汽车维修企业有淮安市广达汽贸汽车修理厂，是省级文明企业、AAA信誉企业，年产值500万元；淮安市大发进口汽车修理厂，年产值980万元。

第十七篇　金融业

1978年，淮阴县人民银行下辖28个公社（镇、场）基层营业所，存款余额1464万元，贷款年末余额4754万元。其后十年间，淮阴金融机构由少而多，先后建立中国农业银行淮阴县支行、中国建设银行淮阴县支行、中国工商银行淮阴县支行、中国银行淮阴县支行、淮阴县信用合作联社。随着金融体制改革的不断深入，淮阴县逐步建立起在中央银行宏观调控和监督下，以国有银行为主体，政策性金融和商业性金融相分离，其他金融机构并存的金融组织体系。中国银行股份有限公司淮安淮阴支行、中国工商银行股份有限公司淮安城北支行、中国人民建设银行股份有限公司淮安城北支行、中国农业银行淮安市城北支行等4家专业银行通过改革，顺利完成向商业化银行的转轨，人民银行的调控能力明显增强，金融监管的独立性、公正性和严肃性大为提高。同时，建立金融监管机制，严肃金融纪律，清理整顿违规行为，化解金融风险，抑制不良贷款，清理撤并农村合作基金会，金融队伍逐步壮大，人员素质不断提高，各项硬件建设有较大改善。2008年，境内银行机构有中行、工行、建行、农行、农发行、农商行、邮政储蓄银行等金融机构，年末各项存款余额50.66亿元，比上年增长33.2%；贷款余额24.17亿元，比上年增长10.2%。

1980年，人民银行淮阴县支行设立保险股，恢复开办以企业财产保险、机动车辆保险、家庭财产保险为主的保险业务。其后，人民保险通过产险、寿险业务分离和股份制改革，以及其他成分保险机构的介入，淮阴保险市场形成多元化竞相发展的格局。2008年，保险公司保费收入10980万元，比上年增长13.1%。其中，寿险业务保费收入8927万元，财产险业务保费收入2053万元。支付各类赔款及给付2028万元，其中寿险业务给付1252万元，财产险业务赔款776万元。

第一章　银行业

第一节　中国人民银行淮阴县支行

一、机构网点

1978年，县人民银行内设人事秘书、计划、信贷、农村金融、会计出纳和营业室等股室，下辖县内28个人民公社（镇、场）营业所。1980年，县人民银行所属营业所划归重新恢复的县农行。1983年，县人民银行内设人事秘书、信贷、会计、计划、出纳、储蓄、保卫等股室。1985年1月1日，淮阴市人、工两行分设后，在淮阴县未设立人民银行机构，其人员划归县工商银行，中国人民银行淮阴县支行只对外保留一块牌子。1989年2月，重新启动组建中国人民银行淮阴县支行。1990年1月1日，人行淮阴县支行住房信贷部成立。1992年，国家外汇管理局淮阴县支局设立，隶属国家外汇管理局淮安分局领导，对外挂国家外汇管理局牌子，对内为人民银行淮阴县支行外汇管理股，两块牌子、一套班子。

1997年，人民银行淮阴分行审核通过淮阴县支行机构编制方案，县人行内设金融监管管理股、农村金融合作管理股、稽核股、货币信贷统计股、外汇管理股、会计国库股、办公室、纪检组和监察室。2001年，中国人民银行南京分行发文，撤销中国人民银行淮阴县支行，其职能并入中国人民银行淮安市中心支行。

二、存款

【单位存款】 淮阴县内单位存款包括企业存款、财政性存款、基存款、农村存款、机关团体存款、信托存款等类型。1978年，县内金融机构仅有县人民银行及农村信用社。是年，县人民银行存款1919万元。1980年，县农业银行恢复后，接办人民银行移交的国营农业存款，集体农业存款，信用社转存款，乡镇企业存款，农机、水产、种子公司和供销社等企业存款，以及机关团体存款等，计897万元，并于1984年增加个体存款。1985年，企业存款由县工商银行、农业银行、建设银行揽收，存款余额1051万元，农村存款由县农业银行、农村信用社揽收。1985年1月1日起，县人行执行“实借实存”新的信贷资金计划管理体制，原代理人民银行业务改为自营业务，并增加信用社交存准备金。实行农村家庭联产承包责任制后，农、林、牧、副、渔、工、商、建、运、服各业得到全面发展，集体经济不断壮大，乡村企业逐年增多，农村单位存款逐年上升。1989年，银行分专业揽收单位存款的格局被打破。年末县人行开办单位存款业务，是年存款余额2196万元，1990年增加至2449万元，存款品种涉及进出口企业存款、外事企业存款、单位定期存款、其他企业存款。1991年，县内国民经济快速发展，工业生产稳步增长，农业连年丰收，乡镇企业大量出现，单位存款迅速增长，达到3093万元，是1978年的2倍。以存款类型分，财政性存款110万元，机关团体存款3万元，其他存款2976万元。是年，县人行完善储蓄承包制和对公存款管理机制，努力拓宽存款渠道，对公存款净增340万元，完成当年任务的113.5%。1994年，金融改革进一步深入，政策性金融业务与商业性金融业务分离。1995年全县单位存款余额6575万元。1996年，农村信用社与农业银行脱钩。11月10日，农村信用社在农业银行的转存款（备付金）和存款准备金，全部划转给县人民银行。

2000年后，国民经济迅速发展，金融机构千方百计扩大存款业务，强化宣传、改进服务、增设网点、实行考核，单位存款业务不断扩大。2001年，县人行广辟储源，扩大通存通兑面，拓展信通卡业务范围，提升结算手段，单位存款5557万元。

【城乡储蓄存款】 1978年，县人民银行办理城乡储蓄存款业务，是年存款余额560万元，储蓄种类包括定期、活期、定活两便、零存整取以及小额储蓄等。1980年，县人行开办城乡储蓄存款业务，是年存款余额282万元。1983年，县人行城镇储蓄存款余额551万元。1984年，县工行接收县人民银行储蓄业务。1987年后，央行先后5次对储蓄存款利率进行调整。县内银行增加有奖贴花储蓄、独生子女定期储蓄、保值储蓄和定期有奖有息储蓄等品种，组织开展储蓄宣传，增加储蓄网点，促进存款逐年递增。1989年，县人行储蓄存款余额达到2196万元。90年代，随着居民收入不断提高，县人行加大吸储存款力度，城乡居民储蓄存款余额跳跃发展。县人行立足“存款立行”，积极组织储蓄存款，设立储蓄宣传栏，宣传储蓄政策，介绍储蓄品种，还制定储蓄增长任务，落实责任，实行储蓄任务承包，增加储蓄新品种，主要有定期存单到期自动转存、存单抵押贷款、储蓄定额、存贷结合专项储蓄等。进一步完善储蓄承包经营责任制，把吸储与绩效工资挂钩，提高服务意识，优化服务条件，推出“生活保障定期储蓄”“兴农有奖有息定期储蓄”“通知存款”等新储种吸引顾客，存款实现稳步上升。县人行根据农民收入大幅增长的情况，增设村组社区储蓄网点，开拓新储源，1998年存款余额达到6042万元。2000年，县人行存款余额4690万元，其中城镇储蓄存款879万元，农村储蓄存款345万元。2000年4月1日，金融机构实施个人存款账户实名制，是年全县城乡居民存款余额达到976万元。之后，金融机构存款经营全面运用高科技手段，实现业务处理电子化、网络化，各储蓄机构告别了手工操作和微机单机处理，实现多家银行联网电子化处理业务，开办自助银行、电话银行、实行通存通兑，建立了自动柜员机及商业终端机。2001年，县人行城乡储蓄存款2517万元，其中城镇储蓄存款1812万元，农村储蓄存款705万元。

1978～2001年中国人民银行淮阴县支行存款余额统计表

表17-1-1　　　　　　　　　　单位：万元

余额\项目\年份	各项存款合计	企业存款	财政性存款	特种存款	基建或机关团体存款	城镇储蓄存款	农村存款	其他存款	结益
1978	1464	310	463	3	128	169	391	385	112
1979	1598	316	331	2	83	238	628	626	112
1980	897	279	158	—	151	282	—	27	42
1981	1197	439	120	—	266	333	—	39	55
1982	1201	443	72	—	187	459	—	40	113
1983	1456	546	68	—	225	551	—	66	107
1984	—	—	—	—	—	—	—	—	—
1985	1051	—	29	—	—	—	—	1003	19
1986	993	—	105	—	—	—	—	872	16
1987	1474	—	124	—	—	—	—	1319	31
1988	1596	—	168	—	—	—	—	1402	26
1989	2196	—	214	—	—	—	—	1855	60
1990	2449	—	65	—	1	—	—	2325	58
1991	3093	—	110	—	3	—	—	2976	4
1992	3327	—	10	—	2	—	—	3300	15
1993	4245	—	72	—	13	—	—	4130	30
1994	5666	—	30	—	17	—	—	5702	-83
1995	6575	—	149	—	—	—	—	7412	-986
1996	11442	—	—	—	—	—	—	11442	—
1997	15562	—	120	—	—	—	—	15442	—
1998	6042	—	312	—	—	—	—	6839	-109
1999	7011	—	—	—	—	—	—	7011	—
2000	4690	—	128	—	—	897	345	5293	-731
2001	5557	—	—	—	—	—	—	5557	—

三、贷款

【农业贷款】 1978年，县人行农业贷款余额1355万元，其中国营农业贷款2万元，社队农业贷款1353万元。1981年开始发放扶持贴息贷款。1982年全县农村基本上实行联产承包责任制，农业贷款的主要对象由原来的生产队，转变为承包经营户、专业户、重点户，全年发放的农民农贷资金，主要用于购买农药化肥等生产资料以及添加修理等。1985年，乡镇企业开始发展壮大，乡镇企业贷款迅速增加。1990年，坚持“优化投向，改善结构，分级管理，确保重点”的指导思想，支持乡镇企业健康发展。是年，老少边穷发展经济贷款30万元。1994年，加强乡镇企业贷款风险管理，实行“区别对待，保证重点”原则，重点支持较大型骨干企业和A级以上信用企业。是年，老少边穷发展经济贷款440万元。1996年后，人行淮阴县支行未经营农业贷款业务。

【工商信贷】 1978年，淮阴县人民银行工商贷款余额3399万元。其中，工业贷款497万元，商业贷款2902万元。改革开放后，全县工商贷款剧增。1980年，全县工商贷款余额3199万元。1985年起，工商信贷强化“区别对待，择优扶持”信贷政策，合理使用资金，评估资金投放，支持适销对路产品，扶持优质企业。1989年开始治理整顿经济秩序，金融系统贯彻“紧缩银根，稳定金融”方针，大力筹集资金，调整贷款结构，支持经济发展。1990年后，人行淮阴县支行未经营工商贷款业务。

1978～1983年中国人民银行淮阴县支行贷款余额统计表

表17-1-2 单位：万元

余额 项目 年份	各项贷款合计	工业贷款	商业贷款	农业贷款	固定资产贷款	社队农业贷款
1978	4754	497	2902	2	—	1353
1979	5196	568	3217	2	—	1409
1980	3236	715	2484	—	37	—
1981	4308	905	3368	—	35	—
1982	5271	1070	4143	—	58	—
1983	6217	1357	4733	—	127	—

1990～2003年中国人民银行淮阴县支行部分年份贷款余额统计表

表17-1-3 单位：万元

余额 项目 年份	各项贷款合计	老少边穷发展经济贷款	其他专项贷款	金融机构贷款
1990	8899	30	—	8869
1991	10878	30	—	10848
1992	12650	115	—	12535
1993	13990	455	—	13535
1994	1125	440	—	685
1995	1260	440	—	820
1996	440	440	—	—
1997	710	—	65	645
1998	670	—	—	670
2002	10900	—	—	10900
2003	11900	—	—	11900

四、金融监管与服务

1979年底，基层28个营业所划归淮阴县农业银行管理，淮阴县人民银行保留1个营业部。1997年，排出高风险信用社17个，建立考核台账，提出防范化解风险措施36条，查出现金违规251笔1694万元。1998年，收纳县级财政预算收入6757万元，报解省级预算收入1193万元，上划中央预算收入4849万元，办理退库371万元，拨付预算内资金9882万元。是年，核发企业许可证252户，核发行政事业单位80户，清理违规账户18家。1999年，县人行为1184户企事业单位生成货款卡号，并上报市行数据库；为63家企业贷款证年审，核发货款卡70家。2001年，中国人民银行淮阴县支行撤销。

第二节　中国银行股份有限公司淮安淮阴支行

一、机构网点

1989年10月，成立中国银行淮阴县支行，有员工11名。1990年6月，内设存汇股、会计股和人保股，人员15名。1991年4月增设小营储蓄所，1992年9月增设新街储蓄所，1993年4月设立中国银行淮阴县支行北京路分理处。1993年6月设立古淮储蓄所，10月设立中兴储蓄所。1994年6月增设长城分理处。2000年，淮阴市实施"三淮一体"规划。是年6月13日，中国银行淮阴县支行更名为中国银行淮阴市城北支行，内设行长室、人秘科、存汇科、信贷科、会计科、营业部。2001年7月28日，中国银行淮阴市城北支行更名为中国银行淮安市城北支行，内设行长室、办公室、业务发展部、业务管理部、营业部，下属网点有北京路分理处、长城分理处、小营储蓄所、新街储蓄所、中兴储蓄所、古淮储蓄所，有员工67名。2002年5月，根据网点整合提升需要，撤销古淮储蓄所，账务并入营业部。8月，撤销中兴储蓄所，账务并入北京路分理处。2003年实施股份制改造，12月，新街储蓄所升格为分理处。2004年1月，小营储蓄所升格为分理处，其职能增扩办理对公存款及会计结算两项业务。2005年5月，中国银行整体上市。5月31日，中国银行淮安市城北支行更名为中国银行股份有限公司淮安城北支行。2008年1月，城中支行清河分理处划为城北支行管理。10月，淮安分行对城区支行实行扁平化管理，将城北支行定格为单体经营性支行，更名为中国银行股份有限公司淮安淮阴支行，撤销内设机构，并将原隶属的北京路分理处、新街分理处、小营分理处及清河分理处划归城中支行管理，人员由66名减少至32名。

二、存款

【人民币存款】 1989年11月，开始办理人民币定期、活期储蓄及单位人民币活期存款、结算业务，年末人民币储蓄存款62万元。1990年7月，推出人民币定期大额有奖储蓄存款业务，年末该种存款余额占全行人民币储蓄存款的45%。1991年4月，开办人民币"家家乐"定期定额有奖储蓄业务。随着各专业银行业务分工放开，各项业务交叉拓展，逐步形成同业竞争的格局。1992年2月，推出人民币定期定额金鸡奖储蓄业务、异地托收业务。企业存款由于受信贷业务单一影响，存款增速缓慢，1992年，企业存款665万元。1993年4月，淮阴支行机关及营业部迁至淮海北路521号新大楼办公，同时开办长城信用卡存款业务、人民币单位定期存款、协定存款、大额定期存款等金融新产品。1994年7月起，储蓄存款业务实现办公电子化，取消手工记账、计息方式，大大提高工作效率和准确率。1994年底实现省辖联网，活期存款通存通兑。1995年，实现全国联网并开通电子联行，实现"汇款一日通"，人民币储蓄存款实现全国通存通兑。是年，推出14种有奖储蓄金融产品。1999年，国家对个人储蓄利息开征个人所得税。2000年实行的存款实名制，给人民币储蓄存款带来一定影响。2001年，推行"客户经理制"，全行储蓄存款发展势头迅猛，开办教育储蓄、个人通知存款、活期一本通、定期一本通业务。随着储蓄业务电子化不断创新，开办人民币活期存款结算账户，实现卡、折合一，代收代付、电话银行、网上银行等多功能服务，为客户提供更快捷、更便利金融服务，提升人民币储蓄业务的发展速度，是年推出企业存款“四重战略”，即重点地区、重点行业、重点客户、重点产品，全行对公存款大幅度上升。2005年，全行人民币储蓄存款余额24860万元，企业存款余额13658万元。至2008年，各项人民币存款余额34286万元，其中企业存款18685万元，储蓄存款15601万元。

1989～2008年中国银行股份有限公司淮安淮阴支行存款一览表

表17-1-4　　单位：万元

年份	对私存款	对公存款	年份	对私存款	对公存款
1989	62	77	1999	15438	4364
1990	624	294	2000	16247	6793
1991	1149	434	2001	16563	7128
1992	1996	665	2002	16252	2348
1993	2885	899	2003	19784	12316
1994	4122	1864	2004	22136	12853
1995	5818	3044	2005	24860	13658
1996	7126	4267	2006	28867	22972
1997	10252	2492	2007	12462	13316
1998	11692	3582	2008	16120	19732

【外汇存款】 1989年11月始，办理个人及单位外汇存款，币种有美元、港币、英镑、日元、德国马克、法国法郎和加拿大元等。根据款项来源又分为现汇户和现钞户两种，起存金额为人民币50元等值外币。开办个人和单位外汇存款、侨汇解付、代客外汇买卖、国际汇兑、个人结售汇等多项国际结算业务，对单笔金额超过300万美元的整存整取外币，可在相应档次存款利率基础上享受利率上浮的优惠政策。2002年底，外币存款余额60万美元。随着欧元区货币改革，至2005年末，中国银行可直接办理外币存款货币有9种，即美元、英镑、港币、瑞士法郎、新加坡元、日元、加拿大元、澳大利亚元和欧元，对其他可自由兑换的外币可按当月外汇牌价折算成以上任一种货币存入。2008年，外币存款余额137万美元。

三、贷款

1989年11月，中国银行淮阴县支行开始办理自营贷款业务，重点支持外贸企业发展和外向型经济及一部分工商企业的发展。是年开办进出口企业流动资金贷款、出口商品生产中短期技术改造贷款及外贸企业贷款，主要支持淮阴县对外贸易公司、县茧丝绸总公司、丝织厂、王营缫丝厂及新亚包装有限公司等县内出口加工生产企业，年末贷款余额745万元。1990年，开始办理“三资”企业流动资金贷款，信贷投放坚持区别对待，一企一策，扶优限劣，支持的行业主要有外贸进出口企业、外事企业、外事生产企业。1992年，随着金融体制改革的不断深入，存、贷款业务同业竞争全面展开，在保证当地出口企业信贷资金需求的基础上，对其他企事业单位信贷投放稳步推进，主要支持淮阴师范学院基本建设项目、淮阴市第一人民医院流动资金贷款、淮阴市第四人民医院流动资金贷款、淮海中学、淮阴县中学、清江轴承（集团）星光轴承分厂、淮阴福达制衣公司、辉煌太阳能股份有限公司、民生实业有限公司等企事业单位。至1995年末，贷款余额7141万元，其中外贸行业贷款5624万元，占总贷款79%。这一时期国内市场行情变化，国家产业政策调整以及部分企业自身经营管理不善等因素，部分企业项目贷款出现风险，县外贸公司、茧丝绸公司、丝织厂等企业逾期贷款比重大，贷款到期难以收回，形成不良资产。1996年，根据上级行部署，对贷款企业实行普查，针对不同企业实际，制定"保、压、清"措施，对已出现或即将出现风险的贷款企业进行依法清理。2002年，办理个人经营短期贷款、个人消费贷款业务，对个人贷款营销和个人贷款管理部门实行前、中、后台分离。个人贷款主要有个人投资经营贷款、商铺贷款、个人信用循环贷款、个人抵押循环贷款及存单质押贷款。个人消费贷款主要有一手住房按揭贷款、二手房抵押贷款、汽车消费贷款、家居装修贷款等。2005年末，全行个人贷款余额3042万元，对公贷款余额5440万元，无不良贷款。2008年末，各项人民币贷款余额29367万元，其中公司授信贷款9350万元、个人消费贷款余额20017万元，全年无不良贷款。

四、中间业务

1989年始，承办政府债券、国库券、金融债券、基本建设债券和保值债券的承销、兑付工作，并经营国际结算、信用卡、汇兑、代理国内外结算、外汇买卖等业务。此后，随着国家经济的发展，逐步加大国际结算业务和各种代理业务的发展步伐，新开办银行卡直购业务、代发工资业务、ATM机自动取款业务、POS机的交易收费、代理国债收益，与华泰证券开办银证通、银券通、银证转账业务，代理保险公司业务、代收保费、代销各类开放式基金、代理客户理财等各种中间业务。2008年，代销奥运商品110万元，国际结算量3536万美元，代理销售保险685万元，全年中间业务净收入240万元。

第三节　中国工商银行股份有限公司淮安城北支行

一、机构网点

1984年1月1日，中国工商银行淮阴县支行从中国人民银行淮阴县支行中分离出来，接管中国人民银行淮阴县支行的人民币存款、贷款、结算、汇兑等相关业务，内设信贷股、计划股、会计股、储蓄股、稽核股和办公室，有工作人员87名。8月，增设保卫股。1987年8月增设老干部股。1990年1月成立淮北路分理处。1991年3月成立县工行经济民警支队。是年底，内设9个专业股室，下辖城东、城中、城西、王营、机关、淮阴市第一人民医院、化肥厂、二布厂、丝织厂、银河商场、淮北路分理处、营业部12个储蓄网点，其中自办9个、联办3个，有员工128名。1992年7月开通电脑联网。1993年5月成立牡丹卡业务部。1996年8月8日，将内设部门整合为"四科一室"，即信贷计划科、会计结算科、个人业务科、稽核保卫科和办公室。1999年，因亏损严重，县工行被降格为淮阴市分行王营办事处。2000年，淮阴市实施"三淮一体"规划。是年8月，王营办事处复位并更名为中国工商银行淮阴市城北支行，内设信贷科、会计科、个人业务科、办公室、营业部。2001年，中国工商银行淮阴市城北支行更名为中国工商银行淮安市城北支行。2006年，随中国工商银行总体实施股份制改革，并获批整体上市，中国工商银行淮安市城北支行更名为中国工商银行股份有限公司淮安城北支行。2008年，城北支行设有公司业务科、个人业务科、业务管理科和办公室，下设营业室、淮北路支行、王营支行3个综合性营业机构，有员工46名。

二、存款

【个人存款】 1984～1993年，县工行先后开办定活两便储蓄、零存整取储蓄、人民币保值定期储蓄、有奖储蓄、大额可转让定期存单储蓄等业务，推行指标到单位责任制，全县开展重大节日储蓄宣传活动，促进个人储蓄。个人存款余额逐年增加，从1984年723万元增加至1993年7118万元。1994年储蓄业务取消手工记账，实现计算机记账计息方式，年底实现储蓄业务省辖联网，活期存款通存通兑。是年，拓展代收电费、交通罚款等个人业务。1995年，拓展代发工资业务，是年个人储蓄存款余额9233

万元。1999年,国家对个人储蓄存款利息开征个人所得税。2000年实行存款实名制。县工行加快储蓄电子化进程,推行客户经理制,储蓄存款增长较快。2000年起,先后开办教育储蓄、个人通知存款、活期一本通、定期一本通,以及人民币活期存款结算账户等业务,实现卡折合一、代收代付、电话银行、网上银行等多功能服务。2006年,储蓄存款余额2.54亿元。2008年,储蓄存款余额3.44亿元。

【对公存款】 对公存款有工业、商业专业基金、农业企事业、财政、机关团体、特种和基本建设存款等项目。1984年存款余额1258万元。1987年起,对公存款范围开始放开,不少企业亏损严重,甚至资不抵债,面临倒闭或拍卖,对公存款形势严峻,为稳住企业存款,县工行对对公单位存款设置大户专柜,提供结算、取现、提取工资、查询、对账等优先服务,同时拓展行政机关、事业单位代发工资,新存开户和县预算外资金、住房公积金入存等业务,并从1991年起对公存单位存款推行稳存增存,纳入经营管理目标。1994年,新增存户358户,增加存款3941万元。对学校、商场、医院实行上门服务,累计上门收款4800笔,金额超亿元。推出对企业存款重点地区、重点行业、重点客户、重点产品指导,对公存款大幅度上升。2008年,全年新开人民币账户260户,新开外汇账户12户,其中外汇资本金账户6户,到账资金980万美元;新开新农合基金、区医院、区国土局等机构客户,新增存款近4000万元;新增房地产客户资金2000万元,年末总存款余额10.88亿元。

三、贷款

【贷款投放】 1984年,县工行接管原人民银行淮阴县支行各项贷款业务,贷款主要是面向国办、县办大中型企业。是年至1994年,每年新增贷款80%以上集中投向县染织总厂、丝织厂、缫丝厂、印染厂、酒厂、制药厂、化肥厂等企业;商业贷款主要集中投向县百货公司、烟酒公司、五金公司、食品公司等企业。至1995年末,工商企业贷款上升至1.69亿元。1996年起,贷款主要面向大中型优质企业,把信贷目标对准市场有发展前景的企业。实行客户经理制,将存量贷款户的贷后管理分解到每个客户经理,制定考核办法,责任到人,确保信贷资产质量。至2006年,各项贷款余额3.61亿元,是年新增贷款不良率为零。2007年后,重点定位小企业贷款、住房贷款(含住房按揭贷款),营销爱琴海、公园一号、四季花园、怡宁置业、法国小城等重点楼盘,保持区域占比第一的市场份额,年末住房按揭贷款余额1.46亿元,个人消费贷款余额1.1亿元。2008年,各项人民币贷款余额5.02亿元,其中企业贷款1.61亿元、个人贷款2.42亿元;全年累计发放贷款1.5亿元,其中发放小企业贷款6150万元,发放住房按揭贷款7015万元。

【不良贷款清收】 1993年后,不少企业严重亏损,资不抵债,纷纷倒闭,形成一大批呆账、滞账、烂账等不良资产。1996年,取得受偿权债贷款558万元,依法清收4笔105万元。1998年,对亏损严重又无现款还息,但有部分资产可抵债的企业采取以物抵债,全年以物抵债收息12.5万元。1999年,采取重点帮扶政策,对付息存在较大难度的企业提前给予资金安排,使其正常运转至年底,先后从染织总厂、丝织厂、化肥厂收回利息1500万元。2000年剥离相关企业不良贷款7500万元。2001年6月,经国家工商银行总行批准,核销县工行呆账贷款6986万元、表内利息4656万元、表外利息855万元,共计1.25亿元。2005年,经上级批准投入资金对历史遗留问题进行处置,清收不良贷款115万元,核销不良贷款67万元,剥离不良贷款8300万元,不良贷款额和不良贷款率均为零。2008年,资产步入良性循环的正常轨道。

四、中间业务

1993年5月,成立牡丹卡业务部,开始经营牡丹信用卡业务。牡丹信用卡是集商业存款、取款、结算、消费、透支为一体的新型信用工具。1994年,县工行开办代理业务,12个营业网点代收电费,为3598个用户代理电费业务,代扣金额193万元。1995年,开办对县属机关代发工资业务。是年,所辖网点获省工行批准受理牡丹卡业务,年末发放牡丹卡4016张。1996年末发卡6507张,存款余额485万元,月平均余额788万元,直接消费额和大额结算分别为833万元和2.72亿元。2004年,开办保险代理业务，完成代理寿险378万元，代理公司财险7户、保费4538万元，个人财险4100万元。是年，新发牡丹卡265张、牡丹灵通卡6516张，建立各种委托代扣、代收关系1650个，发展理财客户101户，销售国债291万元，发行各类基金20万元，办理电子银行12户、网上银行67户，代理个人保险398万元。2005年，代收业务营业额1.08亿元。2006年，中间业务收入185.41万元。2007年，中间业务收入282万元。2008年，中间业务收入1544万元，实现全球快汇业务收入945万元、其他国际业务结算收入44万元、代理资金交易业务收入75万元、个人理财业务收入82万元、人民币结算收入62万元、对内担保业务收入100万元、常年财务顾问收入15万元、代理个人基金收入4万元。中间业务形成牡丹信用卡、牡丹贷记卡、牡丹灵通卡三大系列。

第四节　中国人民建设银行股份有限公司淮安城北支行

一、机构网点

1978年11月，成立中国建设银行淮阴县办事处，办公地点设在淮阴县财政局内。1981年5月，经淮阴县革命委员会批准，升格为科级单位，与财政局分开，有职工6人，其中主任1名、拨款员2名、技师1名、会计2名。1983年3月，设立中国人民建设银行淮阴县支行，履行基本建设拨款、贷款、管理职能，设行长室、业务科、会计科。1987年，建行行使财政、银行双重职能。1990年，有职工81人，设行长室、政教科、办公室、建经科、信贷科、住房信贷部、财会科、保卫科、筹资科、储蓄专柜、渔沟分理处，以及西坝、北桥、南大桥、营东、大华、苏北市场、营中等储蓄所。1994年，由政策银行转变为以经营中长期信贷业务为主的国有商业银行。1995年，设行长室、办公室、政教科、保卫科、会计科、建经科、住房信贷部、筹资科、信贷科、储蓄专柜、渔沟分理处、西坝分理处，以及营东、北桥、南桥、大华、营中、苏北、三八、淮师等科室和储蓄所。1998年，职能科室由原来的7个变为2科1室，所柜由原来的11个变为9个，领导班子由6人减至3人，科室中层干部由原来21人减少6人，员工由原来108人减少为89人。

2000年，设行长室、办公室、人秘科、保卫科、业务科、财会科、拓展部、咨询分部、储蓄专柜和西坝、开发区、淮师等分理处，以及北桥、营东、营中、大华、南大桥等储蓄所。2001年，设行长室、办公室、计财科、筹资科、信贷科、营业部和开发区、西坝、淮师分理处，以及营东、北桥、南桥、大华等储蓄所。2002年，淮安市建行对城区建行网点实行扁平化管理，该行网点划归市行直管，只设置客户部、营业室两部门，员工31人。2008年，内设行长室、办公室、客户部、营业部以及开发区、西马路两个分理处，在职职工56人，派遣用工3人。

二、拨款

1978年开始，主要完成基本建设投资拨款工作。1979年，各类基建投资389.79万元，上年结转奖金283.59万元，全年总投资673.38万元，其中国家预算投资539.22万元，地方自筹投资134.16万元。1980年，结转资金91.03万元，投资295.25万元，完成投资额264.77万元。1981年，办理各类基本建设投资204.22万元。1980年，结转资金91.03万元，共投资295.25万元，完成投资额264.77万元，占总投资额的89.6%。1982年，全年基本建设计划47个，投资453.43万元（包括上年结转87.12万元），其中国家预算内项目11个97.57万元，自筹基建项目22个222.56万元，挖潜革新改造14个133.3万元。1984年，县建行首次承担中央级预算内建设项目“京杭大运河淮阴复线船闸工程”投资管理，该项目总投资1400余万元。

1987年，国家基本建设管理体制进一步深化改革，基建资金来源渠道增多，由国家单一预算拨款转变为国家预算资金、利用外资、银行贷款等多种形式筹集资金，全年经办拨贷款任务146个，总投资2318.5万元，其中贷款项目71个988万元，拨款项目75个1330.5万元；经办各类基本建设总投资额1579.85万元，实际完成投资额1349.9万元，占计划的85.44%；年财务计划1562.92万元，实际支出1469.25万元，为年计划的94%。其中，中央级项目7个，计划投资725.35万元，实际完成投资700万元，占计划的96.5%；地方级项目6个，计划投资48.62万元，实际完成投资42.62万元，占计划的87.7%；全民自筹项目10个，计划投资262.6万元，实际完成262.6万元，占计划100%；集体自筹项目15个，计划投资320.7万元，实际完成投资210.68万元，占计划的65.7%；其他不纳入基建规范的项目36个，计划投资222.58万元，实际完成投资134万元，占计划的60.2%。全年共收到预决算73份、价值651.19万元，审查68份537.22万元，占收到数的82%；核减价值51.59万元，核增9.75万元，净核减41.84万元，占审查价值的7.7%。

三、存款

1987～1993年，是建设银行行使财政、银行双重职能的国家专业银行时期。1987年6月27日，对外开办居民储蓄业务。是年12月中旬，开办单位对公存贷款结算业务。1988年，存款余额1184万元，比1987年净增289万元，其中企业存款834万元、储蓄存款350万元。1990年，企业存款2031万元，储蓄存款1356万元，比上年新增1544万元。1991年，一般性存款4452万元，其中企业存款2739万元、储蓄存款1713万元。是年11月10日，正式成立住房信贷部，经办淮阴县房改金融业务。住房信贷部成立后，吸收单位和个人住宅存款120余万元。1995年，承办（全县）政策性房改金融业务，全县193个单位开立公积金账户，缴存单位45个，金额27万元，全年累计吸收住房存款1686万元。1997年，一般性存款余额2.69亿元，其中储蓄存款9661万元，储蓄网点全城实现通存通兑。2000年，一般性存款余额2.47亿元，其中企业存款余额1.23亿元，储蓄存款余额1.23亿元。2001年，一般性存款2.62亿元，其中企业存款1.17亿元，储蓄存款余额1.45亿元。2002年，全口径存款1.96亿元，其中一般性存款1.8亿元，居民储蓄存款0.75亿元。2003年，存款动荡较大，一般性存款2.23亿元，其中居民储蓄存款0.94亿元，企业存款1.29亿元。

2005年，全口径存款2.97亿元，其中企业存款1.85亿元，新增3771万元；储蓄存款1.12亿元，比上年新增6200万元。是年，对公存款实行承包制，加大贷款营销力度，促进对公存款的增长。同时，利用商业住房按揭、公积金贷款作为与客户沟通的手段，吸收大部分售房款，至年底储蓄存款余额1.12亿元。2006年，一般性存款总额3.28亿元，其中储蓄存款1.33亿元，企业存款1.95亿元，比上年新增3000余万元。2007年，全口径存款总额6.28亿元，其中对公存款3.25亿元，储蓄存款3.03亿元。2008年，一般性存款总额8.2亿元，其中对公存款4.44亿元，储蓄存款3.76亿元，比上年新增1.92亿元。

四、贷款

1978～1983年，是建设银行办理基本建设投资拨款时期。1983年3月，淮阴县支行履行基本建设拨款、贷款、管理职能。1985年，全年共经办各类贷款42个项目，发放贷款611.93万元。其中，物资企业贷款464万元，资金利用率100%，项目成功率100%；贷款回收计划469万元，实际收回464万元，占计划的98.9%。1987年，本着"一要控制、二要搞活"的原则，先后向县轻工系统建材行业所属12家企业发放贷款464万元。1987年，贷款项目71个988万元。1988年，合理调整贷款结构，保证重点建设，经办各类贷款119户1148.51万元，发放各类贷款1083万元，年末余额766.4万元。1991年，发放各类贷款3553万元，比上年新增424万元，回收到逾期贷款2882万元，贷款余额1556万元。是年，开始发放房地产开发流动资金，发放流动资金贷款50余万元。1993年，各项贷款余额3309万元，其中计划内2293万元，其他1016万元；发放各项贷款5462万元，收回4594万元。先后争取省行专项贷款512万元，支持县重点项目和重点企业建设，为县公路站淮泗路淮师至新堆桥段扩宽工程提供资金150万元，染织总厂剑杆织机填平补齐项目提供资金166万元、酒厂扩建工程提供资金126万元、糖厂发电机组改造工程提供资金70万元。发放住房贷款400万元，支持县丝织厂、县政府行政科、房产公司、房地产开发公司等单位新建住房230余套12000平方米，支持9户城镇居民自建房600余平方米。

1994年，建设银行结束兼负财政、银行双重职能的国家专业银行的历史，按现代商业银行经营机制运行，全方位开办商业银行业务。是年，发放各类贷款6310万元，新增2028万元，发放住房贷款1119万元，支持建设住房312套2.5万平方米。1996年，发放各项贷款1.06亿元，年末贷款余额5693万元。其中，技术改造投入863万元、市场及基础设施投入915万元；发放住房贷款2400万元，比上年新增800万元。发放技改贷款863万元。1997年，发放住房贷款454万元，支持经济适用房建设80000平方米。新增贷款规模1500万元，发放城乡道路贷款1500万元，向县邮政局贷款500万元，向县制糖厂提供流动资金贷款2098万元。2000年，全行实收贷款利息738.7万元，应收利息年初173万元、年末169万元，催收利息年初618.8万元、年末122.9万元，剥离呆账应收利息221万元，其中已核销利息171万元，剥离呆账催收利息576万元，划转剥离1999年不良贷款催收利息3.5万元，贷款利息实收率83.12%。贷款余额为1125.4万元，比上年增加557万元，剥离呆账贷款950万元。

2001年，贷款余额1.52亿元。贷款主要投放给淮阴制糖厂、淮阴师范学院、县公路站、县中、淮安元明粉有限公司、淮阴县广电局等重点客户，以上重点客户贷款占该行贷款总额83.95%，不良贷款1650万元，其中逾期贷款216万元，呆滞贷款1343万元，呆账贷款90万元，不良贷款比年初减少141万元，不良率为10.33%，较年初不良率14.9%有大幅下降，主要原因是核销呆账贷款140万元；通过收回贷款偿债物，收回不良贷款218万元，累计发放个人贷款509.3万元，逾期6.17万元，呆滞贷款7.55万元，其他消费贷款29.43万元，逾期10万元，呆账贷款1.48万元，小额储蓄抵押贷款197.85万元，逾期44.06万元，呆账20.19万元。2002年，贷款余额1.54亿元。贷款实行五级分类，其中正常类贷款0.572亿元，关注类贷款0.848亿元，次级类贷款0.0053亿元，可疑类贷款0.093亿元，损失类贷款0.022亿元。个人住房贷款余额1110万元，其中个人住房贷款1106.42万元，个人商业用房贷款3.35万元。正常个人住房贷款1095.83万元，呆滞个人住房贷款13.94万元。2003年，贷款余额1.82亿元。个人住房贷款余额3131.46万元，其中个人住房贷款2427.42万元、个人商业用房贷款690.14万元、个人再交易住房贷款13.9万元。2005年，全年发放各类贷款1.31亿元，实现利润1211万元。2008年贷款余额3.2亿元，全年办理公积金个人住房委托贷款367.3万元。

1987～2008年中国人民建设银行股份有限公司淮安城北支行资金动态一览表

表17-1-5　　　　单位：万元

种类／余额／年份	企业存款	储蓄存款	贷款	住房贷款
1987	545	168	—	—
1988	834	350	766.4	—
1989	1176	667	980	—
1990	2031	1356	1118	—
1991	2739	1713	1556	—
1992	3810	2333	1754	—
1993	5226	3561	3309	—
1994	7026	4609	6310	1119
1995	9389	6362	5800	49
1996	13530	9419	5693	2400

续表17-1-5

种类 余额 年份	企业存款	储蓄存款	贷款	住房贷款
1997	17211	9661	8100	2940
1998	22049	10463	9930	3204
1999	10500	11122	11474	4240
2000	12324	12343	11300	1898
2001	11729	14507	15200	737
2002	11000	7520	15400	1110
2003	12900	9400	18200	3130
2004	12800	10700	12500	5620
2005	18500	11200	13100	10700
2006	19480	13266	37340	2800
2007	32534	30311	22284	13560
2008	44421	37611	32048	11041

2000～2008年中国人民建设银行股份有限公司淮安城北支行公司类贷款一览表

表17-1-6 单位：万元

年份	贷款余额	信用贷款	正常贷款	关注贷款	次级贷款	可疑贷款	损失贷款
2000	1125.40	62.50	8594.85	890	998.50	723.25	47.00
2001	15236.19	130.00	6813.06	6863	536.00	887.13	137.00
2002	15377.16	—	5723.06	8483	5.28	937.07	228.75
2003	12403.71	—	9195.91	2140	123.00	622.98	321.82
2004	4631.62	—	3815.90	—	649.01	75.71	91.00
2005	15698.17	—	12460.00	2700	76.70	295.47	166.00
2006	37340.00	—	37002.00	—	70.00	102.00	166.00
2007	22284.00	—	21770.00	—	75.00	274.00	165.00
2008	32048.00	—	27732.00	3600	550.00	—	166.00

五、中间业务

1994年起，全方位开办中间业务。1994～1995年业务量较少。1996年起，中间业务量快速增长，新增发卡1004张，中介业务全方位发展，审查工程预、决算，编审标底4003.93万元，为建设单位节约资金13.31万元，共审查县商业鞋帽市场、市热电大厦、省交专汽车修理车间等36个项目。全年发卡1004张，发卡量1738张，新增存款91万元，卡存款余额142万元，实现交易额6570万元。1998年，房改金融业务本着“干一项事业、树一块牌子、占一方市场”的精神，以房改为契机，积极吸收房改资金，全县共有售房资金2500万元，其中建行归集1600万元，占总售房款64%。信用卡业务长足发展，为居民代收电费增发卡3000余张，年代扣金额750万元，月沉淀资金200余万元。中介业务市场得到巩固和提高，归集住房公积金848万元，当地市场份额占比95.82%。全年编审决算51份、价值6150万元，市场占比75%以上。完成咨询收入12万元，新增信用卡4016张，实现交易额6000万元，消费额110万元。

2002年，办理银行承兑汇票50万元，办理银行保函1915.21万元。2005年，中间业务收入950万元，结汇415万元，全年实现利润2696万元。2006年，中间业务收入990万元、利润1821万元。2007年，中间业务收入859万元、利润1907万元。2008年，中间业务收入952万元、利润1898万元。

第五节　中国农业银行淮安市城北支行

一、机构网点

1979年，中国农业银行淮阴县支行恢复，设会计股、计划股、农金股、信用合作股、人事股、秘书股、保卫股等7个部门，有员工86名。1982年1月起，淮阴县农村信用社并入中国农业银行淮阴县支行统一管理，对外一套班子、两块牌子。1985年1月，信用社账务分设，成立淮阴县农村信用合作联社，行政上仍隶属中国农业银行淮阴县支行。1994年3月，设立房地产信贷部、国际业务股及江苏国际咨询评估公司淮阴县代理处，恢复监察室、审计稽核股、职工培训中心，撤销原监察审计股、职工教育培训中心。6月，增设西郊分理处、星光储蓄所。至是年底，县农业银行有营业部1个、储蓄部1个和王营、渔沟、码头等3个办事处，小营、果林、新渡、王兴、老张集、大兴庄、棉花庄、丁集、五里、徐溜、韩庄、古寨、刘老庄、袁集、三树、蒋集、韩圩、北吴集、汤集、西宋集、杨庄、凌桥、南陈集、南吴集、韩桥、赵集、高堰等分理处27个，城区有盐河、淮涟路、西郊、东郊、新桥、营北、前进街、同兴、星光等储蓄所9个。

1995年，因业务发展调整，中国农业银行淮阴县支行相继缩减高堰、凌桥、韩庄、大兴庄、韩圩、蒋集、古寨、刘老庄、韩桥、西宋集等营业所10个，全行职员241名，机构44个。1995年2月，监保股分设为监察股、保卫股。1995年3月，内设人秘股、监保股、资金计划股、会计稽核股、信贷股、资金组织股、国际业务代办处、房地产信贷部、信用卡部、职工教育培训中心、信息电脑服务中心、经济民警分队等。1995年11月，增设北京北路储蓄所。1995年12月，中国农业银行淮阴县支行与淮阴县农村信用合作联社正式分离。

1996年10月，根据国务院《关于进一步深化农村金融体制改革的决定》精神，政策性业务与经营性业务实行分离，农业银行一分为二，成立淮阴县农业发展银行，并从农行划转15名工作人员到淮阴县农业发展银行。1996年，中国农业银行淮阴县支行内设人秘股、会计股、计划股、信贷股、审计股、监察室、保卫股、微机股、职教中心等。城乡营业网点有31个，其中营业部1个，王营、渔沟、码头办事处3个，小营、果林、新渡、王兴、老张集、棉花庄、丁集、五里、徐溜、袁集、三树、北吴集、汤集、杨庄、南陈集、南吴集、赵集、东郊、淮涟路、盐河、营北等分理处21个，西郊、前进街、同兴、新桥、星光、北京北路等储蓄所6个。

中国农业银行淮阴县支行于1997年通过改制改为国有商业银行，设立六科一室，即办公室、计划会计科、资金组织科、信贷科、人教政工科、监审科、保卫科。9月，资金组织科内设市场拓展部。10月，撤销所属储蓄代办站，清退代办员，并做好安抚工作。1998年起，相继对新渡、渔沟等16个经济基础差、长期亏损且无发展后劲的网点予以撤并。1999年11月，业务拓展部更名为零售业务部。

2001年2月，中国农业银行淮阴县支行更名为中国农业银行淮安市城北支行，所辖机构有中国农业银行淮安市王营分理处、小营分理处、盐河分理处、营北分理处、承德路分理处、淮海路分理处、苏北市场分理处、香港路储蓄所、西郊储蓄所、同兴储蓄所。是年，成立中国农业银行淮安市城北支行客户经理部（主要负责辖区内客户拓展、贷前调查、贷后管理、贷款收回和信贷资料的收集整理上报工作）、后勤服务中心（负责后勤事务）。2002年9月，同兴储蓄所更名为黄河分理处。2003年，经警队撤销。同年11月，相继撤并苏北市场（原新桥）、香港路（原果林）、营北、城西（原西郊）4个分理处。

2008年，有职工209名，内设5个职能部门，即客户业务一部、客户业务二部、计划财会部、综合办公室和资产经营中心。10月，成立个人贷款经营中心，归属客户业务二部统一管理。下设营业网点6个，即王营、小营、长江路、淮海路、承德路5个分理处和支行营业部。

二、存款

1978年，农业银行各项存款余额907万元，其中储蓄款项800万元。1979年，农业银行各项存款余额1105万元，其中储蓄存款1030万元。1992年，各项存款余额8713万元。1998年，各项存款余额2.71亿元，其中储蓄存款余额1.61亿元。按上级行要求撤并13个农村分（办）理处，撤销代办站和清理养老防身储蓄等，造成8000万元资金缺口（主要划到信用社），实际增存7000余万元。2002年，各项存款余额4.58亿万元，其中储蓄存款余额2.46亿元，对公存款余额2.12亿元。营业部储蓄存款增加2000余万元，各项存款超1亿元。2005年，各项存款余额5.79亿元，其中储蓄存款余额4.23亿元。2008年，全行本外币存款11.23亿元，其中人民币储蓄存款余额7.2亿元。

1978～2008年中国农业银行淮安市城北支行存款余额一览表

表17-1-7 单位：万元

年份	个人存款		对公存款		年份	个人存款		对公存款	
	定期	活期	定期	活期		定期	活期	定期	活期
1978	380	420	32	75	1994	4115	3591	1485	3841
1979	410	620	40	35	1995	6350	6027	1560	4606
1980	16	24	648	810	1996	8148	7857	1550	5048
1981	41	60	913	1110	1997	9420	9023	1990	7774
1982	456	640	285	501	1998	8132	7936	2550	8466
1983	195	294	640	825	1999	9750	8720	2995	9218
1984	201	325	624	834	2000	10030	9070	3750	11229
1985	296	364	736	1186	2001	11095	10035	5685	13145
1986	476	674	834	1404	2002	12695	11858	6130	15074
1987	582	809	1125	1736	2003	15830	14404	6280	13865
1988	836	1008	901	1370	2004	18950	16948	5260	11599
1989	1052	1233	1020	1783	2005	22465	19857	5050	10505
1990	1603	1545	1225	2255	2006	27490	24938	7380	13001
1991	1830	1811	1360	2458	2007	30012	28376	9838	23065
1992	2090	2262	1470	2891	2008	37493	34499	19660	20636
1993	3204	3087	1625	5628					

三、贷款

1979年2月，县农业银行恢复后，其资产业务主要包括农业贷款、乡镇企业贷款、农村流通企业贷款（粮食、食品、供销、烟草）、涉农国营（集体）工业贷款、中长期农业开发和企业固定资产贷款等。1980年，各项贷款余额3322万元，其中商业贷款2013万元、乡镇企业贷款368万元、农业贷款559万元、中长期贷款382万元。1983年9月，在全县29个营业网点首次发放农户个人贷款，主要用于农户承包地生产经营。1984年，随着农村流通企业的不断发展和壮大，贷款增幅较大，至年底各项贷款余额7750万元。1993年12月，国务院作出《关于金融体制改革的决定》，要求通过改革逐步建立起在中国人民银行统一监督和管理下，中国农业发展银行、中国农业银行和农村合作金融组织密切配合、协调发展的农村金融体系。自县农业发展银行成立后，全县粮、棉、油收购及加工贷款和农业开发贷款划归农业发展银行，原淮阴县农业银行贷款降至19862万元，其中工业短期贷款4820万元、商业贷款6498万元、乡镇企业贷款1120万元、农业贷款2606万元、中长期贷款4801万元、其他贷款17万元。

1993年11月，中共中央、国务院发布《关于当前农业和农村经济发展的若干政策措施》。1994年起，县农业银行开设扶持粮棉大县发展经济贷款，集中支持粮棉大县提高粮棉生产能力，增强综合经济实力，加快农村经济发展，重点支持乡镇企业的粮棉油和丝绸加工业，累计发放资金6800万元。1996年8月，国务院作出《关于农村金融体制改革的决定》，要求建立和完善以合作经营为基础，商业性金融、政策性经营分工协作的农村金融体系。是年，所、社"分家"，农行在自身经营比较困难的情况下，从信用社划入一部分发放时间长、难以收回的老贷款近4500万元。1998年国务院决定，中国农业发展银行只经营粮棉油流通企业和农业开发贷款，粮棉油加工企业贷款全部划归农业银行。原淮阴县农行接收农发行划入粮棉油加工企业贷款6842万元，县农行各项贷款余额3.5亿元。

2000年，县农行筹划个人住房贷款业务，8月开办住房按揭贷款5000余万元。是年，中国长城资产管理公司成立，根据政策要求，原县农行部分信贷资产划归中国长城资产管理公司，至年底，农行贷款余额1.91亿元。2002年7月，国家经贸委、国家发改委联合下达2002年国家重点技术改造项目计划（第八批国债专项资金项目），原江苏淮阴辉煌太阳能有限公司年产10台高效太阳能技术改造项目就在其中。通过中国农业银行淮安城北支行申报，经省、市分行审批，发放辉煌太阳能公司3000万元国债项目贷款。2003年，根据人民银行和农业银行联合下发支持贫困地区生产经营通知的要求，农行和区扶贫办联手向丁集乡发放扶贫贴息贷款100万元。2005年起，农行调整经营策略，加大对招商引资企业、民营企业的支持力度，改善居民生活条件，贷款规模迅速增长，支持来淮投资企业贷款1亿余元，投放当地民营企业贷款5000万元，发放居民消费贷款2亿余元。

2008年，各项贷款余额4.48亿元，其中工业短期贷款余额2.15亿元，短期个人贷款余额74万元，中期个人住房贷款余额872万元，长期个人住房贷款余额2.03亿元，非企业贷款余额10万元，票据贴现余额540万元。

1978～2008年中国农业银行淮安市城北支行贷款余额一览表

表17-1-8

年份	贷款余额（万元）		不良贷款占比（%）		年份	贷款余额（万元）		不良贷款占比（%）	
	法人	个人	法人	个人		法人	个人	法人	个人
1978	849	101	43.18	26.42	1994	17746	2116	46.48	33.60
1979	1100	140	36.09	31.35	1995	19453	2320	47.85	32.59
1980	2968	354	24.57	25.88	1996	23019	2745	49.36	31.67
1981	3959	472	29.02	29.73	1997	24095	2873	51.39	28.04
1982	3019	360	21.13	22.05	1998	31287	3730	56.78	29.35
1983	5046	602	31.36	32.13	1999	31053	3703	57.44	32.65
1984	6924	826	30.72	34.35	2000	17032	2030	59.72	31.82
1985	7847	936	37.39	41.35	2001	18486	2184	64.00	30.00

续表17-1-8

年份	贷款余额(万元)		不良贷款占比(%)		年份	贷款余额(万元)		不良贷款占比(%)	
	法人	个人	法人	个人		法人	个人	法人	个人
1986	10422	1243	31.24	46.65	2002	18946	2259	63.65	28.82
1987	10887	1298	38.29	41.70	2003	23977	2433	49.87	25.89
1988	10761	1283	39.67	43.60	2004	26831	2036	43.84	30.65
1989	14178	1690	37.76	31.04	2005	25416	2111	46.10	29.56
1990	16014	1909	42.48	35.43	2006	35748	3905	32.18	15.88
1991	18875	2250	46.85	29.59	2007	35417	12495	30.57	4.99
1992	22205	2648	42.78	34.67	2008	23520	21261	—	0.10
1993	12530	1494	42.44	36.99					

四、中间业务

1978～1990年，农业银行中间业务主要有代售国债、国际结算等少数业务，中间业务收入列入营业外收入科目核算。1990年后，中间业务扩展至系统内托管业务手续费、银行卡业务、代理保险业务、代收代付业务、代理金融机构业务、结算业务、代理基金业务、国债手续费、电子银行业务、投资银行业务、其他中间业务、外汇买卖等多个收费项目。1997年，农业银行完成“分脱”改革任务，向商业银行转轨。年末，金穗一卡通发行5470张，外币存款突破30万美元。1998年，信用卡发卡量10725张，卡存款余额245万元；外币存款余额45.3万美元。1999年，信用卡发卡量12242张，卡存款余额339万元，外币存款余额63万美元。

2000年，中间业务列入发展日程。是年，中间业务收入同比增收1.3万元，其中银票手续费收入占40%左右。全年新增代收代付业务项目5个，累计代收款1.8亿元(含代收学费)。其中，代收寿险保费1900万元，代收国税户数580户，代收税款200万元。一卡通发卡总量14210张，卡存款余额540万元。外币存款余额74万美元，较年初上升11万美元。2001年，中间业务收入14万元，同比增加6万元，主要是签发银行承兑汇票的增加，三费手续费基本足额收取。2002年，累计开出承兑汇票15732万元，年末余额5956万元。2005年，发卡46897张，银行卡存款8212万元，卡消费额超亿元。网上银行发展365户，交易额44000万元，其中银行卡及电子银行业务在全市农行综合考评中位列第二，全年共代理保险318万元、基金200万元、苏通卡52张。

2008年，银行卡发卡82917张，银行卡存款24719万元，银行卡消费69050万元。网银企业客户59家，个人客户4284户。电话银行客户签约24385户，短信通客户14939户。金穗支付通交易金额407743万元。代理寿险721.25万元，财险38.33万元。中间业务收入422万元，同比多增118万元。

第六节 中国农业发展银行淮安市淮阴区支行

一、机构网点

1996年10月，成立中国农业发展银行淮阴县支行，有员工15名，全部由农行划入。办公地点在中国农业银行淮阴县支行三楼，2000年10月迁至淮阴区北京东路12号。2001年2月，中国农业发展银行淮阴县支行更名为中国农业发展银行淮安市淮阴区支行。2008年，有员工23名，内设办公室、计划信贷部、财务会计部。

二、业务及信贷资产变更

支行成立初期，有基本农产品收购贷款、农产品加工企业贷款、农业综合开发贷款、扶贫贷款和技术改造贷款等业务。1996年10月成立时，由农行划转信贷资产2.17亿元。1998年，国务院决定深化粮食流通体制改革，农业政策性银行的信贷业务调整为专营支持粮棉油收购和资金封闭管理，随着粮食流通体制改革的顺利进行和农村经济发展需要，2004年恢复粮棉油产业化龙头企业贷款，开办农、林、牧、副、渔业范围内产业化龙头企业的流动资金贷款、技术改造贷款和基础设施建设中长期贷款，以及农业科技成果转化和农业化项目贷款等，逐步扩大对淮安市农村经济服务范围和对农业经济发展的支持。2008年，各项信贷资产规模2.94亿元，比成立之初增长38.5%。

三、粮棉油收购贷款

1996年，收购粮食1011.5万千克，投放资金1020万元；收购棉花25万千克，投放资金410万元。粮食部门清欠资金到位170万元，棉花调销回笼款到位110万元，财政部门到位资金110万元。各项贷款规模2.07亿元，其中农业贷款1.71亿元、加工企业贷款2681万元、农业综合开发贷款904万元。1997年，业务全面自营，贷款总规模28284万元，累计收回利息2403万元；清理收回不合理资金1962万元，逾期贷款盘活315万元。2000年，在“以销定贷、以效定贷”的原则指导下，全年投放资金3357万元，确保做好粮油收购资金供应管理工作。

2002年，发放贷款510万元，贷款余额2.8亿元。2006年，全行累计投放各项贷款1.9亿元，各项贷款余额3.73亿元。2007年，全行累计投放各项贷款2.59亿元。2008年，贷款支持范围扩大至区农业科技、农业基础设施、禽类加工、水产品加工、畜牧业等涉农项目，投放各项贷款2.57亿元，各项贷款余额比年初净增9211万元；各项存款余额1.28亿元，比上年增长8809万元。是年，被农发行江苏省分行评为二级行，获得农发行江苏省分行“信贷资产优质行”称号。

1996～2008年中国农业发展银行淮安市淮阴区支行贷款余额一览表

表17-1-9　　单位：万元

年份	1996	1997	1998	1999	2000	2001	2002	2003	2004	2005	2006	2007	2008
投放数	1430	28284	6777	7390	3357	3069	510	1152	9415	11065	18971	25905	25713
贷款余额	21694	32100	31776	32594	30264	31426	28023	25361	26076	29200	37328	25905	29367

第七节　江苏银行淮安淮阴支行

一、机构网点

2003年12月18日，成立淮安市商业银行淮阴支行，内设办公室、业务部，有网点1个、员工18名。2007年1月，江苏省内无锡、苏州、南通、常州、淮安、徐州、宿迁、扬州、盐城、镇江、连云港11家城市商业银行合并组建成江苏银行股份有限公司，淮安市商业银行淮阴支行随市行入股，并更名为江苏银行淮安淮阴支行，内设办公室、营业部、业务部，网点1个，有员工19名。至2008年，机构人员不变。

二、存款

2004年，吸储总额1.83亿元，其中对公存款1.14亿元，基本户70户，一般户278户，临时户4户。储蓄存款6870万元，其中活期存款4700万元，定期存款2170万元。2005年，存款总额2.58亿元，其中对公存款1.65亿元，基本户170户，一般户102户，专用账户5户；储蓄存款余额9376万元，其中活期存款5456万元，定期存款3920万元。2006年，存款余额超3亿元，存款总额3.19亿元，其中对公存款1.92亿元、储蓄存款1.27亿元。开设基本户251户，一般户129户，专用账户8户。2007年，存款余额4.44亿元，其中对公存款2.78亿元，比上年增长8565万元，储蓄存款1.66亿元。2008年，存款余额2.7亿元，其中对公存款8544万元，储蓄存款1.85亿元。

三、贷款

2004年，贷款余额1.45余亿元，其中对公贷款1.42亿元，消费贷款370.24万元。2005年，开办个体工商户"快捷通"贷款和私营企业"快易通"贷款，向15户符合条件的民营企业发放贷款授信证书，授信总额1.2亿元；向淮阴区城市资产公司等8家企业投放流动资金。是年，累计投放贷款1.53亿元。2006年，贷款余额1.84亿元，其中对公贷款1.78亿元、个人消费贷款306万元、按揭贷款306万元。2007年，各项贷款余额2.24亿元，其中对公贷款2.07亿元。2008年，各项贷款余额2.6亿元，其中对公贷款2.46亿元。

四、中间业务

2004年，中间业务以代收代支为主，代发工资6000余户，为企业客户办理承兑汇票300万元，另外代收电话费、税费，代发化肥厂改制工人置换工龄款和居民土地拆迁补偿款。2005年，代收电话费、联通手机费、煤气费、税费等业务，代发工资业务10000多户，代收政策性商品房款和解困房购房款。为企业客户办理银行承兑汇票业务697万元。2006年，代收电话费160万元、联通手机费100万元、煤气费700万元、税费1300万元，代发工资业务12000余户，代收政策性商品房购房款和解困房购房款。为企业客户办理银行承兑汇票业务4066万元。2007年，代发工资13000户，计发1.8亿元，业务209856笔；代收煤气费1000万元、税费2200万元；为客户承兑汇票业务4647万元。2008年，全年开立银行承兑汇票450万元，办理票据贴现106万元，实现利润1904万元。

第八节　中国邮政储蓄银行有限责任公司淮安市淮阴区支行

一、机构网点

1986年9月，淮阴县邮政局成立邮政储蓄台，在全县农村24个邮政支局、所设立邮政储蓄网点。2008年，邮储银行淮阴支行成立，下设营业部、信贷部、综合经营部等3个部门，邮政储蓄银行一类网点1个、二类网点21个。

二、存款业务

1986年，储蓄存款余额62万元。1987年，储蓄存款余额101.99万元。1995年，存款余额3164万元，邮政储蓄业务收入60.03万元。县邮政局西马路储蓄台、小营储蓄台和丁集、越河两个储蓄点使用微机操作，实行通存通兑。服务种类有活期、定活两便、整存整取、零存整取、大额储蓄、保值储蓄、定期定额储蓄、代发工资转储蓄、汇款转储蓄、中小学生储蓄及有奖有息储蓄业务。1996年，邮政储蓄期末余额5200万元，邮政储蓄业务收入完成100万元。1997年，邮政储蓄业务收入累计122万元。2002

年，邮政储蓄余额1.88亿元。2005年，邮政储蓄余额3.72亿元。2008年，邮政储蓄余额8.13亿元。

第九节　淮阴区农村信用合作联社

一、机构网点

1985年，淮阴县农村信用合作联社（以下简称县农联社）成立，归属农业银行淮阴县支行管理。县农联社下辖营业部1个、信用社30个、信用分社7个、信用站191个，有职工280名。1996年9月，淮阴县农联社正式与农业银行脱钩，由中国人民银行淮阴市支行接管，日常归属淮阴市农村金融管理体制改革领导小组办公室领导。11月5日，完成行、社资金账务划转工作，并在县人民银行开设有关结算账户。

2000年12月，以淮阴市郊区为主要经营范围的淮阴市信达城市信用社更名为淮阴县信达农村信用社，同时纳入2000年12月31日县农联社的相关报表分类汇总核算工作，并按照县农联社为统一法人的有关规定实施经营管理。2001年2月，因行政区划调整，县农联社撤销韩庄、高堰信用社，增设北桥分社。是年，县农联社更名为淮安市淮阴区农村信用合作联社。9月，江苏省内各信用合作联社共同集资入股成立江苏省农村信用合作社联合社。2003年，区农联社转由银监局淮安分局监管。11月，区农联社依法召开理事会、监事会和社员代表大会，提交并通过会议表决，一致通过区农联社和郊区农村信用合作联社合并重组的决议。重组后于2004年3月成立淮安市淮阴区农村信用合作联社。淮阴区所辖37个网点隶属淮安市区农村信用合作联社管理。

二、存款

1990年，县农联社存款余额5178万元。1995年，县农联社与农业银行分门办公，是年存款余额1.72亿元，年增长24.8%。1996年，县农联社营业部开办电脑储蓄业务。1997年，储蓄存款余额2.31亿元，此后逐年增加。至2003年，存款余额达5.39亿元。

1990～2003年淮阴区（县）农村信用合作联社存款余额一览表

表17-1-10　　单位：万元

年份	存款余额	年份	存款余额	年份	存款余额
1990	5178	1995	17154	2000	32757
1991	6075	1996	19885	2001	35861
1992	6964	1997	23059	2002	41895
1993	9281	1998	27184	2003	53879
1994	12890	1999	28013		

三、贷款

1992年，对全县农户发放蔬菜大棚生产费用贷款计460万元。1993年7月，执行“多收多放、少收少放”原则，清收蔬菜贷款，年度收回蔬菜贷款70%以上。1994～1995年，投放扶贫专项贷款，重点帮助贫困乡镇发展拳头产品，扩大农民就业，引导农民规模种植，帮助农民脱贫致富。1995年，信贷投入向农业倾斜，全年累计投放农业贷款8447万元，净投放2473万元，支持农村各业生产发展。是年，安排专项贷款计划500万元，用于支持王营、丁集、袁集、赵集、南吴集、棉花庄、西宋集、果林场、开发区9个蔬菜基地乡（镇、场）446.67公顷普通大棚蔬菜生产。1996年，对6个乡优选7个项目，共投放扶贫贷款355万元。2000年1月，对部分符合条件的农村合作基金会申请小额农户贷款进行收购，收购66.09万元，计409户。是年，共投放专项蔬菜贷款3200万元，其中上半年春季投放1200万元，下半年秋季投放2000万元，主要分布在王营、新渡、王兴、大兴庄、棉花庄、老张集、袁集、丁集、渔沟、刘老庄等乡镇。2001年，开办一般商业性助学贷款和国家助学贷款业务。年末，区农联社发放一般助学贷款84人，余额3.52万元；地方财政贴息贷款17人，余额9.48万元。2002年6月，全区25个单位使用支农无息再贷款5900万元，支农再贷款4500万元，主要用于农业生产与多种经营项目发展。是年，推广"信用一证通"，并将原有的农户贷款证置换成"信用一证通"。2003年，放大"信用一证通"功能，增加"信用一证通"授信额度，支持个体工商户、私营业主的生产经营，洪涝灾害之后，受灾农户凭"信用一证通"到区农联社办理贷款用于灾后重建、生产自救，共发放此类贷款5600万元。

1990～2003年淮阴区（县）农村信用合作联社贷款余额一览表

表17-1-11　　单位：万元

年份	贷款余额	年份	贷款余额	年份	贷款余额
1990	3519	1995	7370	2000	22628
1991	4180	1996	10870	2001	29206
1992	3523	1997	12009	2002	39467
1993	4022	1998	15484	2003	48378
1994	5050	1999	17333		

四、中间业务

1990～1994年，中间业务以办理支票、汇票结算业务为主。1994年后，淮阴县农联社在开办支票、汇票的基础上，新开办银行承兑汇票、票据贴现、委托收款等结算业务，并参加全国特约电子汇兑、全国电子联行，推动以结算业务为主要内容的中间业务。2000年1月，县农联社开始代理县内23个乡镇地方国库业务工作。按照国家国库管理条例、办法和《淮阴区乡镇国库管理实施细则》以及《乡镇国库业务代理考核细则》，完成2001年度的国库业务处理、上解和报表编制工作。2002年，有21个信用社代理全区财政工资发放业务，月代理发放工资740万元9938户，占全区财政统放工资数额的70%。

第十节　农村合作基金会

1987年，县内各乡镇成立农村合作基金会，主要向当地农民发放贷款，支持农副业生产，扶助专业户发展商品流通。1990年后，乡镇经济困难，村级上交提留款和乡镇各级干部工资都从农村合作基金拆借，不能按期还款，加之管理混乱，投放额过大，备付率低，逾期率高，贷款回收较难。1994年，成立淮阴县农村合作基金联会，以指导管理监督协调各基金会业务。出台《关于加快发展农村合作基金会的意见》，就加快发展与规范化管理提出明确要求。1996年，县整顿农村合作基金会，加大监督力度，健全管理网络，建立风险保障机制，保规范运作。是年，资金投放余额0.8亿元，股东金额0.9亿元。1999年，撤销农村合作基金会机构，移交农村信用社。县成立清理整顿农村合作基金会工作领导小组，向各基金会派驻清产核资小组，全面清理资产负债，至年底清理整顿结束。清理整顿后，各乡镇政府成立清偿办公室，对剥离的农户个人股金，由各乡镇政府向股民承诺分期兑付，同时负责清收投放资金，兑付个人股金。2006年，省政府为妥善解决农村合作基金会清理整顿遗留问题，安排专项借款，用于弥补个人股金兑付的资金缺口。区安排专款520万元清理整顿遗留问题，至2007年底，全部偿还完毕，完成合作基金会遗留问题的处理工作。

第二章　保险业

第一节　中国人民财产保险股份有限公司淮安市淮阴支公司

一、机构网点

1979年，国务院批准恢复办理国内保险业务，淮阴县没有设立保险机构。1980年12月，在淮阴县人民银行内设立保险股，恢复开办以企业财产保险、机动车辆保险、家庭财产保险为主的保险业务。1982年6月起，保险实行单独核算，对外称淮阴县保险公司，行政上仍隶属淮阴县人民银行，业务上接受清江市保险公司领导。是年，与县人民银行分离，淮阴县保险机构升格为正科级单位，称中国人民保险公司淮阴县支公司。1989年，移至淮阴区北京东路47号新落成的办公大楼办公。1995年产、寿险分业经营，中国人民保险公司淮阴县支公司更名为中保财产保险股份有限公司淮阴市淮阴县支公司，经营财产险、责任险、人身意外险等系列险种。1997年5月，公司内部机构调整，设立运输工具保险部、财产保险部。7月1日，根据上级公司要求，淮阴市分公司国内业务与国际业务并轨，对县（市）支公司国际业务不再行使管理权。1998年2月，公司增设个人代理保险部，负责保险个人代理人培训、管理和业务指导工作。1999年5月，中保财产保险有限公司淮阴县支公司复名为中国人民保险公司淮阴县支公司。

2003年，中国人民保险公司淮阴县支公司更名为中国人民财产保险股份有限公司淮安市淮阴支公司，下设办事处13个、保险营销服务部1个，分布在全区21个乡镇的保险员有66名。至2008年，机构设置未变。

二、险种保费

1980年12月3日，办理县酒厂企业财产保险业务，为恢复保险业务后第一份保单。是年，全县参加企业财产保险62家，保费13.9万元。同时，恢复开办以企业财产保险、机动车辆保险、家庭财产保险为主的保险业务，年保险费收入10余万元。

1982年3月，淮阴织布厂884名职工参加家庭财产保险。是年，委托淮阴县港监部门代办船舶保险，委托县石油公司在各供销社购油时代办货物运输保险业务。全县农村参加企业财产保险社队企业117家。

1983年后，由于政府的推动，开展一些适合农村参保的险种业务，委托农业银行各营业所办理社队企业财产保险，保费收入100万元。1984年10月，国务院规定“第三者责任保险列为国家法定保险”，县保险公司与交通局、公安局、农机化公司、农业银行联合发出《关于执行机动车（船）法定保险的通知》，并委托县交警队和交通监理部门，在车辆年检时办理机动车辆保险业务。1985年7月，在杨庄乡开展农村家庭财产保险试点，全乡95%的农户参加家庭财产保险，每户投保财产险2000元。是年，相继开办货物运输保险、机动车驾驶员意外伤害保险、学生团体平安保险、简易人身意外伤害保险、企业职工养老金保险。为配合农村的产业结构调整，公司在全县农村开办农村家庭财产、生猪、耕牛、稻麦场、农民团体人身意外伤害保险等业务。

1986年10月，承办耕牛、生猪保险。是年，全县承保耕牛3300头、生猪3260头。续保中明确规定特困户由乡民政部门统一登记、统一代保，按八折缴纳保费。1987年，全县开办保险的险种有两大类10项17种，保费总收入234.2万元，比1980年增长14倍。1996年，专营财产损失险、责任保险、信用保险等业务，承担各类风险总额38亿元，为全县260个企事业单位、620辆机动车、4万农户计166.67公顷农作物提供风险保障，县内业务收入850万元，国际业务收入10万元，比上年同期增长20%。1997年，保费收入895万元，承担风险金额15.3亿元，其中企业财产险保收入350万元、机动车辆保费收入461.3万元、家庭财产保险收入29.2万元、其他险种保险收入54.5万元。1998年，公司实现保费收入1040万元，其中企业财险保费收入419万元、机动车辆保费收入510万元、家庭财产保险收入45万元、货运险保费收入41万元、其他险种保费收入25万元。2008年，实现保费收入1806万元，其中车辆保险800万元、交强险460万元、企财险120万元、责任险140万元、意外险68万元、货运险97万元、家财险6万元、工程险6万元、健康险6万元、政策性农险103万元。主要险种有企业财产保险、家庭财产保险、货物运输保险、责任保险、机动车辆保险、建筑安装工程保险、公众责任保险、意外伤害保险等。

2005～2008年中国人民财产保险公司股份有限公司淮安市淮阴支公司保费一览表

表17-2-1　　单位：万元

年份	车险	交强险	责任险	企财险	家财险	意外险	工程险	货运险	其他
2005	914	0	31	191	4	54	6	80	0
2006	1001	0	90	221	7	82	0	94	5
2007	740	310	128	190	5	131	22	97	77
2008	800	460	140	120	6	68	6	97	103

三、理赔

1985年，杨庄乡遭受龙卷风袭击，有144户投保的农村家庭财产受损，保险公司及时查勘，及时定损，及时理赔，并在杨庄乡召开理赔兑现会，当场向144名受灾户发放赔款4300元。是年7～8月，连遭暴雨龙卷风袭击，有2万多户投保的房产受损，支付家财保险赔款95.7万元，是当年所收该项保险费的2.5倍。1996年赔款476万元。1998年支付1100笔、赔款584万元。2001年赔款709万元。2003年支付1419笔，赔款898万元。2005年赔款937.5万元。2007年赔款1046.5万元。

2008年，支付赔款1480万元，先后为染织总厂、华能淮阴电厂、市一院、糖厂、油厂、制药厂、化肥厂、辉煌太阳能、南风元明粉、太平洋化工等大中型企事业单位提供各类保险保障。

第二节　中国人寿保险股份有限公司淮安市淮阴支公司

一、机构

1980年，淮阴县在工商银行内设保险股。1984年，成立中国人民保险公司淮阴县支公司。1986年，中国人民保险公司淮阴县支公司设业务股、理赔股、财务股和文秘股等。1995年，产、寿险分设，设立南京人寿保险股份有限公司淮阴办事处。1996年，随着总公司改组成立中保人寿保险有限公司，淮阴办事处更名为中保人寿保险有限公司淮阴支公司。1999年，总公司改组为中国人寿保险公司，中保人寿保险有限公司淮阴支公司相应更名为中国人寿保险公司淮阴支公司，内设业务股、理赔股、财务股和文秘股、客户服务处理中心等。2003年，随着总公司重组更名，中国人寿保险公司淮阴支公司相应更名为中国人寿保险股份有限公司淮安市淮阴支公司，内设经理室、个险部、团险部、代理部、综合部和客服部。至2008年没有变化。

二、险种保费

1980年，淮阴县开办国内保险业务，是年保费收入15.62万元。1982年增加险种1个，1983年险种5个，收入26.52万元。1984年，增开办理团体人身和养老金保险两个险种，保费收入37.59万元。1985年，以养老金保险为发展重点，同时拓展开办各类人身保险，险种19个，保费收入92.41万元。1986年上半年，在开办团身险、驾驶员意外险、养老保险、学生平安险、意外险的基础上新开办简易人身保险。8月，在棉花庄乡和新渡乡试办农民团体人身保险，并及时扩大至县内18个乡镇，是年总保费收入229.58万元。1987年，团体人身保险重点开办农民团身险，是年开办子女教育婚嫁金保险、建筑工人意外伤害保险和农民寿寝险，保费收入274.7万元。1988年，农团险人员由上年的69171人上升至88275人，保费收入由20.8万元上升至31.6万元，同时承保驾驶员意外险，保费收入4.4万元。是年，新办母婴安康保险，全县简易人身保险大幅下降，保费减少13.6万元。1989年，在继续办好既有险种的基础上，新开办人身意外伤害还本保险、计划生育系列保险和企事业单位领导人意外伤害保险。1990年，新增开办义务兵及其父母平安保险，保费收入245.7万元。1995年后，一些险种逐渐被营销险种所取代。

1996年开办“少儿一生幸福”“为了明天”等递增型养老保险。1997年，保费收入1200万元。1998年，保费收入1500万元。是年至1999年开办的主要险种有重大疾病定期保险、重大疾病终身保险、66鸿运（A）、66鸿运（B）、88鸿利终身保险等。1999年保费收入2200万元。是年6月，营销险种逐渐走上主导地位，新开办的险种有五类（传统险、健康险、分红投资险、附加险及卡式服务）30余种。2002年，传统直销寿险有所增加，短险提前完成指标，代理业务成为业务发展的支柱产业，保费收入5035万元。2003年，公司完成股份制改造，内部机构完善，有员工及代理人员562名，个人保险收入4944.9万元，保费总收入7000万元。2005年保费总收入8200万元。2008年实现保费收入1.23亿元。

1980～2008年部分年份中国人寿保险股份有限公司淮安市淮阴支公司保费一览表

表17-2-2　　单位：万元

年份	保费收入	年份	保费收入	年份	保费收入
1980	15.62	1990	245.70	2000	2591.55
1981	16.39	1991	—	2001	2200.00
1982	16.85	1992	—	2002	5035.00
1983	26.52	1993	—	2003	7000.00
1984	37.59	1994	—	2004	7901.00
1985	92.41	1995	860.00	2005	8200.00
1986	229.58	1996	1015.00	2006	9310.64
1987	274.70	1997	1200.00	2007	8011.95
1988	267.00	1998	1500.00	2008	12320.00
1989	274.70	1999	2200.00		

三、理赔

1980年，理赔主要为企业财产保险、家庭财产保险、汽车保险等三大险种。1981年理赔金额2.18万元。1984年理赔19.11万元，其中企业产险占额最大，超过10万元。1985年，随着家庭财产保险的增加，理赔款也相应扩大，理赔款30.27万元，其中有13.1万元为家庭财产险的理赔。1986年，人保淮阴支公司承保学生意外伤害保险，参加保险的学生有9.9万人，共收保费11万元。是年，有21名学生遭受意外事故致伤、致死，保险公司赔付保险金额0.7万元。1990年遭遇洪灾，淮阴为重灾区，理赔180.51万元，其中财产险理赔119.4万元。1995年发生理赔案件2000起，理赔金额198万元。1996年理赔案件下降，理赔金额上升，共有1600起，理赔金额284万元。1998年，理赔案件较前一年增加上千起，理赔款258万元。随后三年，随着保费的增加，理赔金额也有小幅度增长，一般在200万元～300万元。2001年，理赔案1.1万件，理赔款1000万元，其中学生险赔款700万元。2005年，王兴发生氯气泄露突发事件，理赔298.55万元。是年保险理赔501.25万元。王营镇居民许某，2007年12月5日参保“康宁终身保险”，保额为30985.92元；2008年1月1日，又参保《新型农民简易人身保险》，保额20000元。是年1月22日，参保“全家福”保险，意外伤害保额15000元。2008年10月26日凌晨，许某突遇车祸身亡。经调查核实，被保险人许某车祸死亡，情况属实，理赔款金额合计127957.76元。是年，理赔款计486.58万元。

1980～2008年部分年份中国人寿保险股份有限公司淮安市淮阴支公司理赔一览表

表17-2-3 单位：万元

年份	赔款	年份	赔款	年份	赔款
1980	1.95	1990	180.51	2000	321.63
1981	2.18	1991	—	2001	1000.00
1982	1.82	1992	—	2002	314.84
1983	16.52	1993	—	2003	620.00
1984	19.11	1994	—	2004	1015.12
1985	30.27	1995	198.00	2005	501.25
1986	130.59	1996	284.00	2006	298.55
1987	85.37	1997	230.00	2007	359.28
1988	60.10	1998	258.00	2008	486.58
1989	98.60	1999	220.46		

第三节 政策性农业保险

2004年起，淮安市率先在全国、全省开展政策性农业保险试点工作，淮阴区为先行试点的两个县区之一。2004年11月，成立淮阴区促进农业保险发展委员会，12月，在赵集镇和老张集乡开展小麦政策性保险试点工作，是年投保小麦面积1783公顷。2005年，试点工作扩大至11个乡镇，全年落实小麦投保面积4533公顷，水稻投保面积5800公顷。2007～2008年，农业保险在全区推开。

第三章 担保与投资

第一节 担 保

2003年12月，由民营企业老板王明生等人注册资金1000万元，成立淮信信用担保有限公司。该公司是淮阴区首家为中小型企业、个体工商户提供融资担保、信用担保、代理记账、财务咨询等多功能信用担保公司。2004年，累计为中小企业及个体户担保贷款42笔、金额3380多万元。2005年，为中小企业、个体工商户担保贷款50笔，贷款总额3885万元。2006年，为79家企业和个体工商户提供担保服务，担保总额4509万元，年末保有余额4296万元。2007年，为112家企业和个体工商户提供担保服务，担保总额9633万元。是年，公司担保的227家中小企业和个体户累计销售收入7亿多元。2004～2007年，为扶持担保企业，财政部门先后给予淮信信用担保公司800万元资金支持，公司注册资金1850万元。

2008年，公司为116家企业提供担保贷款13261万元。2003～2008年，累计为308家企业提供融资担保34518万元，提取两项准备金315万元，未出现资金损失。

第二节 城市资产经营

2002年11月，经市政府批准成立淮安市淮阴区城市资产经营有限公司，2003年5月正式组建，注册资本10.1亿元，属区政府直属国有独资企业，主要承担城市建设筹融资及城市资产经营工作，负责城市土地征用、储备、收购、包装、推介、上市、客户服务工作以及城市建设资金运营管理工作。公司组织结构为董事会领导下的总经理负责制，企业管理层由淮阴区人民政府委派，设有监事会，公司内设综合科、融资科、开发经营科、拆迁安置科、资金管理科、督查科、资产管理科，以及多家全资控股子公司，主要经营范围为区政府授权经营的城市国有控股企业和其他企业的国有资本投资经营、管理、转让、企业兼并联合、资产重组、承包租赁以及所批准的其他业务。对拥有所有权的淮阴区路桥冠名及城市无形资产进行有偿转让。为土地整理开发，待开发土地收购，农业综合开发，农村基础设施建设，房地产开发、销售，市政道路、桥梁工程，绿化工程，房屋建设工程施工，房屋征收安置等提供服务。至2008年，增资6000万元，注册资本合计8000万元，完成融资17.05亿元，挂牌上市土地467.76公顷，实现城市土地出让经营净收益13.33亿元，收取城建规费1.58亿元，收购置换企事业单位资产56家，承建市政建设工程80余项，投资推进道路、桥梁、公园、绿化等大型城市公共事业工程，推动旧城改造工作，改善城区面貌，取得显著的社会效益和经济效益。

第十八篇　财政　税务

1978年后，省对县先后实行“县财政收入包干，固定比例分成”“收支挂钩，定额比例包干”和“递增包干”财政体制，淮阴县财政收入0.11亿元，一度被列为江苏省13个财政倒挂县之一。1991年后，全县财政收入逐年增长。1996年后，财政改革步伐加快，财政收入增加幅度较大，财政支出结构化调整，财政监督进一步强化。2007年，区内财政管理推行部门预算、政府采购、会计委派、乡镇账区管和国库集中支付等制度。全区财政工作发展较快，财政收入逐年增长，财政预算内总收入10.07亿元，增收3.91亿元，增长63.4%。2008年，财政预算内总收入13.6亿元，比上年增收3.53亿元，增长35.1%。财政支出1979年0.15亿元，1989年4.79亿元，增加31.93倍；2008年12.3亿元，增加77.23倍。全区财政支出结构趋于合理，支出质量和效率不断提升，促进收支平衡。

1978年后，税收工作不断加强，税收制度不断改革优化。1983年，财政、税务分设。2001年后，税务机关加大税款征管力度，同时根据境内招商引资和工业兴区的新格局，注重税源建设，挖掘新增税源，稽查漏税盲区，使全区税收总量年年增长。2005年，税收从小到大，从弱到强，“保吃饭”的贫困财政成为历史，税收占财政收入的比重猛增，地税收入2.5亿元，地方基金费收入由1994年的0.006亿元增长至2005年的0.15亿元，社保费收入由2000年的0.09亿元，增长至2006年的0.54亿元。2008年，各项税收收入5.52亿元，增收1.38亿元，增长33.3%。

第一章　财　政

第一节　机　构

一、管理机构

1978年，县财政局下设税政、综合、农财、企财、稽征、监察等股室，在编人员13名。1981年，成立国库券推销委员会，内设办公室，办公地点设在财政局，专门负责县国库券的承购推销工作。1983年8月，稽征、监察股从财政局划出，分别成立县税务局和县审计局。1984年，县财政局增设综合计划股，专职管理预算外资金。1988年11月，撤销企财股，分设工业交通股和商业贸易股。1995年，县财政局增设社会保障股。1997年，县财政局设办公室、预算股（挂县控制社会集团购买力办公室和税政股牌子）、工业交通股（挂外经股和基本建设股牌子）、商贸股、文教行财股、社会保障股、农业股、农业税征收管理股、综合股、会计股、财政监督股、国有资产管理股12个股室。2002年3月，股改科，区财政局内设办公室、预算科、综合科、企业科、行政科教文科、社会保障科、农业科、农税科、会计科9个职能科室。2008年，区财政局设办公室、预算科（税政国库行财科）、科教文科、社会保障科、农业科（农业发展基金管理办公室）、农税科、企业科（统计与外经科）、综合科、会计科，在编人员22名。设立会计管理办公室、非税收入管理局城市建设收费中心、政府采购中心、契税征收管理所、会计函授站、财政国库集中支付中心等事业单位。

二、直属单位

【会计师事务所】 1989年3月，组建县会计师事务所，工作人员3名，隶属于县财政局。1994年，会计师事务所独立，有注册会计师3名。1999年6月，撤销县会计师事务所，人员分流，人、财、物、资金与原会计师事务所脱钩。是年，由注册会计师为发起人，申请成立淮安禧年华会计师事务所，属中介服务机构，有注册会计师6名。

【区国有资产管理局】 1991年，成立县国有资产管理办公室，有工作人员6名，1995年撤销。1995年11月，成立县国有资产管理局，副科级机构，编制3人，隶属于县财政局。2001年，淮阴县国有资产管理局更名为淮阴区国有资产管理局。至2008年，机构设置未变。

【区财政信用资金管理所】 1992年，成立县投资公司，隶属于县财政局，实行企业化管理，定编4人。1994年4月，撤销县投资公司，成立县财政信用资金管理所，编制4人。2001年，淮阴县财政信用资金管理所更名为淮阴区财政信用资金管理所。至2008年，机构设置未变。

【区非税收入管理局】 1996年8月，成立县预算外资金管理局，隶属于县财政局，副科级全民事业单位，内设计会股、稽查股、票证股、征收股，编制4人。2006年11月，更名为淮安市淮阴区非税收入管理局。至2008年，机构设置未变。

【区城市建设收费中心】 1999年9月，县政府在财政局设立政府采购中心，原控购办职能并入。2002年，成立区城市建设收费中心，为区财政局下属事业单位，核定编制5人。至2008年，机构设置未变。

【区财政国库集中支付中心】 2004年，区财政国库集中支付中心正式挂牌营业，全区103个行政事业单位进入中心运行，编制5人。至2008年，机构设置未变。

三、乡镇财政所

1982年，各公社、镇（场）均设立财政所。2001年2月，全区21个乡镇同时成立会计管理站，为股级事业单位，与财政所一套班子、两块牌子。2008年，全区保持乡镇财政所21个。

第二节　财政收入

一、预算内收入

1978年，全县财政预算内收入主要为工商税收入和农业税收入及企业收入。是年，预算内收入1126.9万元，其中工商税收入844.9万元，占预算内收入61.24%；企业收入192.9万元，占预算内收入14%；农业税收入86.9万元，占预算内收入6.3%。1985年，全县工商业发展较快，市场繁荣，工商税收入增加明显，工商税收规模逐年扩大，占财政收入的比重不断增加，全县工商税收入1486万元。1986年，全县预算内财政收入1509.3万元，其中工商税收1429.8万元，企业收入-77万元，农业税141.6万元，比上年增收13万元，其他收入14.9万元。企业减收原因是受国家政策影响，纺织行业实行增值税后，税负下降，县丝织厂、联合布厂免税一半，税收减少40万元；化纤企业受价格影响，由盈利变为亏损，减少利润80万元；化磷肥降低价格，退库40万元；食品公司亏损退库40万元。1994年，实行分税制财政管理体制（简称分税制）后，全县预算内总收入2744万元。其中，工商税收入1764万元，占64.29%；农业税收入624万元，占22.74%；企业收入77万元，占2.81%；其他收入279万元，占10.17%。1997～1998年，冻结非农业建设项目占用耕地税。1999年，全县预算内收入首次突破亿元大关，财政收入10591万元。其中，工商税收入6351万元，占59.97%；农业税收入498万元，占4.7%；企业收入1027万元，占9.7%；其他收入2715万元，占20.54%。此后，市场活跃，工商税收入大幅增加，农业税收入增长较快。2001年，全区预算内收入13633万元。其中，一般预算收入1294万元，占14.11%；工商税收入7180万元，占52.67%；农业税收入2364万元，占17.34%；企业所得税收入2795万元，占20.5%。2004年，全区房地产业迅猛发展，税源丰厚，契税收入成为全区财政收入新的增长点。同时，教育费附加、养老保险基金收入开始快速增长，在预算内收入中的比重也逐渐增加，全年预算内财政收入19839万元、工商税收18494万元、增值税收入12029万元、营业税收入7402万元、企业所得税收入3295万元、个人所得税收入1574万元、消费税收入9万元、农业税收入3624万元。2005年，停止征收农业税。全区预算内收入突破2亿元大关，地方一般预算收入24515万元。2006年，地方一般预算收入突破3亿元，全区地方一般预算收入33014万元，比2005年增收8499万元，增长34.67%。2007年，全区一般预算收入53368万元。2008年，全区地方一般预算收入77007万元。

1978～2000年淮阴县预算内财政收入一览表

表18-1-1　　单位：万元

年份	工商各税	农业税	企业	其他	合计
1978	844.9	86.9	192.9	2.2	1126.9
1979	859.6	22.3	–42.4	0.2	839.7
1980	949.2	19.4	75.8	0.5	1044.9
1981	1203.5	26.0	74.0	5.0	1308.5
1982	1038.5	22.8	72.1	6.3	1139.7
1983	1046.3	84.6	–81.4	5.0	1054.5
1984	1182.8	100.0	–150.4	37.8	1170.2
1985	1486.0	128.6	–310.4	36.8	1341.0
1986	1429.8	141.6	–77.0	14.9	1509.3
1987	1501.9	158.0	14.0	90.0	1763.9
1988	1749.1	179.0	42.4	85.0	2055.5
1989	1454.5	246.4	99.4	63.8	1864.1
1990	2151.9	335.5	96.6	55.9	2639.9
1991	2280.0	194.8	94.3	180.4	2749.5
1992	2414.0	453.0	46.0	208.0	3121.0
1993	3651.0	305.0	7.0	99.0	4062.0
1994	1764.0	624.0	77.0	279.0	2744.0
1995	2264.0	881.0	203.0	416.0	3764.0
1996	3184.0	1124.0	221.0	325.0	4854.0
1997	4055.0	1096.0	635.0	16.0	5802.0
1998	5423.0	500.0	742.0	2061.0	8726.0
1999	6351.0	498.0	1027.0	2715.0	10591.0
2000	6819.0	495.0	1018.0	2470.0	10802.0

2001～2008年淮阴区财政收入一览表

表18-1-2 单位：万元

年份	一般预算	工商税收	增值税	营业税	企业所得税	个人所得税	消费税	农业税	合计
2001	1294	7180	—	—	2795	—	—	2364	13633
2002	14556	12678	2567	—	—	—	—	3392	33193
2003	20279	14722	2668	—	—	—	—	2938	40607
2004	19839	18494	12029	7402	3295	1574	9	3624	66266
2005	24515	21832	16736	8680	5015	2636	33	—	79447
2006	33014	27376	24368	9428	5705	2600	29	—	102520
2007	53368	41393	31640	11998	12887	3905	103	—	155294
2008	77007	55184	34504	21189	13042	5200	427	—	206553

二、预算外收入

1978年，县内机关、企事业单位，依据国家法律、法规和具有法律效力的规章，收取、提取和安排使用未纳入国家预算管理的各种财政性资金规模很小。1983年，预算外资金收支范围有所扩大。1989年起，预算外资金收入规模逐年扩大。1996年后，预算外收入每年超过5000万元。2001年后，预算外收入每年超1亿元。2004年，财政专户储存额突破3亿元，预算外资金收入15214万元，政府集中调控资金800余万元。2006年，预算外收入1.65亿元。2008年，预算外收入突破2亿元。

1989～2008年淮阴区（县）预算外资金收入一览表

表18-1-3 单位：万元

年份	预算外收入	年份	预算外收入
1989	31	1999	6935
1990	58	2000	7284
1991	75	2001	10504
1992	73	2002	15949
1993	2336	2003	15089
1994	2549	2004	15214
1995	3185	2005	14046
1996	5898	2006	16474
1997	7515	2007	17258
1998	6744	2008	20155

第三节 财政支出

一、预算内支出

1978年，全县财政预算内支出总额1593.49万元，其中经济建设类支出745.97万元、科教文卫事业支出686.38万元、行政管理支出156.6万元。此后，基本建设、企业挖潜改造资金、城市维护费、支援农业生产等方面支出比例增加，社会文教和行政管理支出仍保持小升不降的平稳状态。1985年，文化、教育、卫生、科技和行政管理支出都有较大幅度的增长。是年，全县财政预算内支出总额2604.8万元，其中建设类支出767.8万元、科教文卫事业支出1332.8万元、行政管理支出404.5万元。1986年，全县财政预算内支出总量增大，项目增多，预算科目不断细化，支援农村建设支出比重下降，城市维护费支出比重增加，科教文卫事业、优抚救济和行政支出比重基本保持上年度水平，是年实际支出2614.3万元。1995年，财政支出过亿元，全县财政支出10633万元，其中支农支出和农业综合开发支出706万元、农林水气等部门事业费支出293万元、城市维护费支出157万元、文教卫生事业费支出5227万元（其中教育事业费支出3997万元）、抚恤和社会福利救济费支出643万元、行政管理费支出1737万元、公检法司支出452万元。

2000年，全县财政支出由政府财政向民生财政转变，各项事业经费支出总额大幅度增加，但所占比例基本稳定，基本实现财政收支平衡，年度财政支出22948万元，其中基本建设支出115万元、企业改造资金支出8万元、科技三项费用支出81万元、支农支出及农林水气等部门事业费和农业综合开发支出1750万元，省、市下达专项指标比较多，工交等部门事业费支出124万元、文化体育广播事业费支出450万元、教育事业费支出5880万元、科学事业费支出11万元、卫生事业费支出1285万元、抚恤和社会福利救济费支出1217万元、行政事业单位离退休支出3142万元、社会保障支出533万元、行政管理费支出4107万元、公检法司支出1377万元、城市维护费支出801万元、价格补贴支出63万元、支援不发达地区支出134万元、各项支出179万元。2004年，财政收支实现硬平衡，消化掉剩余的老赤字。2005年，财政支出较为均衡，支出结构日趋合理，工资性支出、社会保障支出占财政总支出的79%，支农、文教科卫等重点支出得到保证。是年，财政支出31005万元。2008年，全区财政支出123020万元。

1978～2000年淮阴县财政支出一览表

表18-1-4　　　　单位：万元

年份	经济建设费类	科教文卫费类	行政管理费类	其他费类	合计
1978	745.97	686.38	156.60	4.54	1593.49
1979	610.10	673.30	166.10	24.20	1473.70
1980	554.60	851.00	215.40	45.90	1666.90
1981	542.50	897.30	203.40	49.40	1692.60
1982	592.30	934.90	237.70	40.50	1805.40
1983	672.50	1061.10	297.50	183.00	2214.10
1984	706.40	1239.60	352.00	57.90	2355.90
1985	767.80	1332.80	404.50	99.70	2604.80
1986	477.80	1329.70	507.20	299.60	2614.30
1987	590.90	1333.40	500.00	231.00	2655.30
1988	455.70	1695.40	551.20	307.30	3009.60
1989	1976.20	1966.50	596.70	255.20	4794.60
1990	2134.20	2204.40	621.80	161.80	5122.20
1991	3110.00	2377.80	663.30	387.50	6538.60
1992	2431.00	2824.00	856.00	299.00	6410.00
1993	3604.00	3569.00	991.00	410.00	8574.00
1994	2740.00	5138.00	1628.00	223.00	9729.00

续表 18-1-4

年份	经济建设费类	科教文卫费类	行政管理费类	其他费类	合计
1995	3124.00	5227.00	1737.00	545.00	10633.00
1996	4761.00	4807.00	2069.00	429.00	12066.00
1997	7286.00	4745.00	2162.00	582.00	14775.00
1998	8467.00	4597.00	3174.00	549.00	16787.00
1999	10265.00	5216.00	3702.00	843.00	20026.00
2000	11719.00	5880.00	4107.00	1242.00	22948.00

2001～2008年淮阴区财政支出一览表

表 18-1-5　　单位：万元

年份	基本建设	文体卫事业	科学事业	教育事业	支农	社会保障	科技三项	合计
2001	101	1926	16	11848	2451	3193	300	19835
2002	136	10307	14	7688	1027	1546	165	20883
2003	279	10116	15	7499	2652	3418	193	24172
2004	2186	7260	18	8798	3135	3050	321	24768
2005	2591	7213	19	11201	3823	5696	462	31005
2006	4164	8618	27	18394	4618	6943	590	43354
2007	26248	8598	997	30075	9139	19590	1532	96179
2008	34211	10912	3384	37418	13439	22243	1413	123020

二、预算外支出

1978年，预算外资金支出规模很小，资金分散在各个单位和部门，遵循以收定支、量入为出、先收后支、留有结余的原则。1983年，预算外资金的支出范围包括行政事业费、基本建设、增补流动资金、科技三项费、城市维护和建设、福利奖励、更新改造、其他等各项支出。行政事业费支出包括工资、补助工资、职工福利费、公务费、业务费、修缮费和设备购置费等。1987年，行政事业单位实行全额预算管理、企业化管理和自收自支管理，并选择各自适用的核算科目。县预算外资金收支核算科目31个，资金来源科目15个，资金运用科目10个，资金结存科目6个。1989年起，县预算外资金支出增长速度加快，支出规模和总量不断扩大。

2002年后，财政收入壮大，预算外资金支出突破亿元。2007年起，实行部门综合预算改革，取消预算外支出，纳入预算支出统一管理。2008年，预算外资金支出2381万元。

1990～2008年淮阴区（县）预算外资金支出一览表

表 18-1-6　　单位：万元

年份	预算外资金	年份	预算外资金	年份	预算外资金
1990	58	1996	6126	2003	14153
1991	70	1997	7165	2004	14681
1992	73	1998	6113	2005	12313
1993	1864	1999	7253	2006	10731
1994	2528	2001	6580	2007	4783
1995	3266	2002	14680	2008	2381

第四节　国库券发行

1981年，县成立国库券推销委员会，内设办公室，办公地点设在县财政局，专门负责本县国库券的承购推销工作，是年推销国库券21万元，全部由集体购买。1986年，城乡个体工商户列为国库券的主要对象之一。是年，推销国库券102万元，其中单位购买11.3万元、个人购买90.7万元。1988年，推销国库券153万元，其中单位购买36.8万元、个人购买116.2万元。完成1982～1983年个人购买国库券部分还本付息工作，全县兑现11.1万元。1990年，推销国库券154万元，含特种国债32万元。1992年，国库券推销实现历史性突破，全年共推销国库券510万元，同时兑付到期国库券160万元。1981～1995年，有16个券种到期兑付。1996年，国库券发行方式由行政干预改为市场招标，资金划拨由过去的6个月改为3～15天。县财政局采取预约发行方式，先后发行国库券5期，总金额395万元，其中一年期记账式贴现国债60万元、三年期票面国库券两期150万元、五年期凭证式国库券150万元、五年期国家特种定向国债35万元，全年发行总额比1995年增加245万元。是年为到期国库券兑付的高峰年。1998年，推销国库券119万元，全年兑付到期国库券33.16万元。1981～1998年，共推销国库券3259.6万元。此后国库券由商业银行代理，县财政局不再推销国库券。

1981～1998年淮阴县发行国库券一览表

表18-1-7　　单位：万元

年份	发行数	年份	发行数	年份	发行数
1981	21.0	1987	105.0	1993	250.0
1982	68.0	1988	153.0	1994	380.0
1983	61.6	1989	154.0	1995	150.0
1984	61.0	1990	154.0	1996	395.0
1985	105.0	1991	205.0	1997	266.0
1986	102.0	1992	510.0	1998	119.0

第五节　专项财政管理

一、行政事业费财务管理

【人员经费】 1978年，人员经费实行报账制。1985年，行政机关和人民团体执行“工资基金手册”规定。是年，对国家机关和事业单位现行的工资制度进行改革。工资改革从是年下半年起兑现，工改增支204万元，是年财政年终赤字90万元。1993年前，境内执行五类工资的标准，是年后，废除类别工资标准。1994年工资改革兑现，全县增加财政支出2200万元，是年财政赤字2049万元。1995年后，对各单位人员经费实行零基金预算。2005年后，全区经济状况好转，财政收入增长较快。财政体制向贫困地区实施倾斜政策，省财政对淮阴区实行转移支付和“乡财区管”试点工作，全区干部职工工资及时发放，多年欠发省出台的调资部分从2002年起全部兑现。2008年，兑现淮安市政府出台的调资部分。

【公用经费　会议费】 会议费标准经历多次制定、调整、充实、完善的过程。1978年，规定会议工作人员，每人每天补助0.3元；半脱产人员，每人每天补助0.4元；不脱产人员按会议实际情况全部报销。1984年，对会议费开支规定进行第三次修改。1992年，对会议费开支规定进行第五次修订。1998年，县下发《淮阴县会议管理制度》，从9个方面对会议标准作出规定。至2008年，会议费仍按1998年规定执行。

1984年淮阴县县级会议伙食费和补助标准一览表

表18－1－8　　单位：元/天·人

项目	会议伙食标准	月标准工资在100元以上人员		月标准工资在100元以下人员		农村村组干部和社员、城镇居民和个体劳动者伙食补助（个人免缴）
		伙食补助	自缴伙食费	伙食费补助	自缴伙食费	
党代会、人代会、政协会	1.7	1.1	0.6	1.3	0.4	1.7
工、青、妇、群众团体劳模代表会	1.5	0.9	0.6	1.1	0.4	1.5
各种工作会议	1.2	0.7	0.5	0.9	0.3	1.2

1998～2008年淮阴区（县）会议费综合定额标准一览表

表18－1－9　　单位：元/天·人

会议类别	合计	其中		
		住宿费	伙食费	公杂费
一类会议	70	20	35	15
二类会议	50	15	25	10
三类会议	35	10	20	5

说明：公杂费含场租费、交通费、材料印刷费等。

【差旅费】 1978年后，差旅费标准经过多次修改、补充和完善，至1996年，第八次修订《淮阴县国家机关、事业单位工作人员差旅费开支标准》。出差人员住宿费实行限额凭据报销的方法，按出差实际住宿天数计算报销。伙食补助费和市内交通费实行包干办法，按出差自然（日历）天数计发，不足一天按全天计发。1991年，全县差旅费支出40.3万元。1996年，到淮阴市境外出差人员伙食补助费，指定地区每天20元（按在该地区实际住宿天数计发伙食补助费，在途时间按到达地区标准计发伙食补助费）。指定地区指广东省、海南省全境及北京市、上海市、厦门市，一般地区每天15元。在淮阴市境内出差到其他县（不含清河区、清浦区）的每天10元。在本县境内出差到其他乡镇的不发伙食补助费。工作人员出差当天或出差回来的当天，不足一天的，按全天计发出差伙食补助费。至2008年，仍执行此标准。

1996～2008年淮阴区（县）乘坐车、船、飞机的等级标准一览表

表18－1－10　　单位：元/天·人

标准 项目 / 职务	火车	轮船	飞机	其他交通工具（不包括出租小汽车）
相当于市级正、副市长级人员，以及高等学校教授，科研单位研究员，医疗卫生单位主任医师，文化艺术单位一级人员，职务工资在五级（含五级）以上的高级工程师、高级经济师、高级会计师、副教授、副主任医师、艺术二级人员，以及相当以上技术职务人员	软席车	二等舱位	普通舱位	按实报销
其余人员	硬席车	三等舱位	普通舱位	按实报销

1996～2008年淮阴区（县）执行的出差住宿费等级标准一览表

表18-1-11 单位：元/天·人

项目 / 标准 / 等级	市内（不含乡镇）	县内乡镇	市外一般地区	北京市、上海市、厦门市和广东省、海南省
县级正副县长及相当职务的人员	45	10	55	75
县级正副局长及相当职务人员	35	10	45	65
其余人员	25	10	35	55

二、企业财务管理

1978年起，国营企业先后实行企业基金和利润留成制度。企业建立各项专用资金，扩大企业自身财权，同时对企业实行资金有偿占用制度，上交资金占用费，促进企业节约使用资金，将企业的流动资金改为银行贷款，统一归银行管理；基本建设投资由拨款改为贷款。1983年，实施第一步利改税财务管理体制。1984年，县内国有企业实行利改税第二步改革，企业应上交的收入按税种、税率交税，由税利并存改为以税代利，税后利润由企业自主安排。1986年起，企业交纳的城市维护建设税、批发营业税和教育费附加，不再执行返回利润和抵扣调节税、所得税的有关规定，工业微利企业由于开征城建税和教育费附加，对企业留利发生影响，由财政退库解决。1989年后，县财政局每年都向上级财政部门拆借资金作为财政专项资金贷款，用于企业技术改造和流动资金短缺。1992年，县财政继续抓国营企业工效挂钩工作，逐步实行“国家宏观调控、分级分类管理、企业自主分配”的工资管理目标。1999年，亏损、倒闭企业不断增加，企业资金周转缓慢，隐性坏账增加，支付能力减弱。2001年，出台《淮阴区工业企业国有资产管理暂行办法》。2002年，贯彻实施《淮安市财政支持企业专项资金管理暂行办法》，对专项资金的使用实施跟踪管理，确保财政资金的支持效果。2005年，配合区经贸委等部门为9家企业申报省、市财政贴息164万元，其中6家企业争取到省级财政贴息129万元，3家企业争取到市级贴息35万元。为企业筹集250万元的省、市担保资金，支持民营企业快速发展。2008年，财政部门与企业财务关系从过去的参与、管理转变成指导与服务。

三、农业财务管理

【农业税收管理】 1978年，农村实行联产承包责任制，土地划分到户，农业税征收依每户承包土地亩数、产量、税率交纳。是年，全县农业税收入86.9万元。1980年，实行免税一定三年的办法，支持穷队发展生产。是年，县农业税收入19.4万元，历史最低。1985年起，农业税改为按粮食“倒三七”比例折价征代金，调整后农业税增收35%。1990年，实施《江苏省农业税收会计制度》，全县农业税收入148万元，耕地占用税收入141万元，比1989年增收110万元，增长3.5倍。1994年，调减农业税征收任务，调整后县农业税计税面积6.31万公顷，常年产量3379.9万千克，依率计征税额272.7万千克，应征税额235.95万千克，折征金额391.7万元，提取业务费后1994年预算任务数376万元。2003年，省、市财政抽查王兴、棉花庄、老张集、丁集等乡镇，均未发现减免款发放问题。是年，出台《农业税纳税须知》《农业税收执法制度》《农业税减免规定》《农业税收征收“六不准”》等多项管理制度，规范农业税征收和减免行为。2004年，全区调整农业税税率，从7%统一调减为4%，农业税附加按调整后的农业税20%计征。2005年，取消征收农业税及其附加税。

【耕地占用税】 1987年，下发《关于耕地占用税征收管理问题的通知》，开征耕地占用税，执行标准为每平方米税额：王营镇、小营乡、果林场7元，乡政府所在地5元，其他4元。农民建房减半征收，其他全额征收。至2008年，计征收3743万元。

【契税】 1978～1992年，全县契税征管工作处于停顿状态。1993年，恢复征收契税。1997年，国务院颁布新的《契税暂行条例》，淮阴县实用契税税率为4%。1993～2005年，契税收入4683万元，其中1993～1995年契税收入23万元，1996～2000年契税收入742万元，2001～2005年契税收入3918万元，契税收入的增长随着房地产形势的好转而较快上升。2006～2008年契税收入分别是2600万元、6230万元、600万元，其中房地产契税收入成为财政收入的重要支柱。

【农业特产税】 1987年，开征农业特产税，执行省政府颁发的《江苏省农林特产农业税征收管理办法》，征收范围主要包括园艺收入、林木产品收入、水产收入、其他农业特产收入，税率5%～8%不等。由乡镇政府核定到纳税单位或纳税户，乡镇财政所负责征收。1994年，实施分税制财政管理体制，部分应税农产品改为征收农业特产税，随着国务院《关于对农业特产收入征收农业税的规定》的颁布，农业特产税的征收更趋规范化。1987～2001年，县（区）农业特产税收入3523万元。2003年，农业特产税改征农业税。

1989～2001年淮阴区（县）农业四税一览表

表18-1-12　　单位：万元

年份	农业税	耕地占用税	契税	农业特产税
1989	177.8	30.7	—	37.9
1990	147.8	141	—	46.7
1991	127.4	21.7	—	45.7
1992	238	160	—	55
1993	238	2	6	59
1994	351	76	7	190
1995	345	23	10	503
1996	523	49	46	506
1997	502	43	50	501
1998	500	274	225	515
1999	498	672	282	651
2000	495	269	139	330
2001	2364	55	62	25

【农业事业费财务管理】 1978年，对农业、小农水、林业、水产等事业费的财务管理实行收支两条线，收入全部上交，支出财政拨款。1980年，农业事业单位实行预算包干办法。1988年，财政支农资金实行项目目标管理。1991年起，开始筹集防洪保安资金和农业重点开发建设资金。1993年，出台《农发资金使用管理办法》，保证农发资金的使用效益。1991～2004年，区（县）财政对三期农业综合开发、二期世行贷款、中低产田改造资金的使用管理情况，每年组织两次专题审计，及时纠正各种违纪行为。2004年，是财政支农资金整合优化改革的第一年，区财政在管理机制上实行专家评审、卫星定位、项目入库管理、项目公示、招投标、抵押担保、专户直拨、项目监理等项制度。2005年，农业开发资金使用推行区级财政报账制，强化“专账、专户、专人”管理措施，农业综合开发投入财政资金1212万元。2008年，全区财政事业费支出3292.09万元。

【财政支农周转金管理】 1981年，国家财政部颁发《关于加强财政支农周转金使用管理的暂行规定》，将支援农村社队资金由无偿改为有偿周转使用，明确财政支援农村发展生产的周转金，是财政支农资金的一个组成部分。1985年，投放乡镇企业的无息贷款清理后，落实回收计划，回收后按4:6分成。1988年，市财政下达县财政支农周转金回收任务267万元，县财政将回收任务落实到各乡镇和有关主管部门，对只借不还的单位，采取财政往来结算的办法扣还借款，同时以后不再借款。1996年，充实和完善县财政支农周转金管理办法，县财政只对乡镇财政和主管部门借款。2000年底，所有到期的省、市支农周转金全部回收上解。2005年，支农有偿资金回收任务完成160万元，支农有偿资金的投放、回收工作进入良性循环的状态。2008年，回收财政支农周转资金5719万元。

第六节 社会保障资金管理

一、社会保险基金财务管理

1992年起，县内所有国营企业、集体企业职工全部实行养老保险制度。1993年，加强职工养老保险基金和待业保险基金管理，保证两项基金安全和完整，同时加强农村社会养老保险基金财务管理和会计核算，保证该项基金和提取的管理费分账核算，专户储存，专款专用，基金实行县级自求平衡，略有结余。1997年，对全县企业职工养老保险基金、失业保险基金、农村社会养老保险基金、机关养老保险基金等进行兜底清查，摸清各项基金收入、支出、结余情况，后将保险基金全部转入社会保障基金财政专户，用保险基金购买的所有有价证券全部集中到财政局，实行统一管理、统一核算。是年，取消从保险基金中提取管理费的做法，社保经办机构实行全额预算管理，对社会保险经办机构实施“四统一”管理，即统一会计核算科目、统一预决算制度、统一财务管理制度、统一会计报表，社会保险基金的财务管理初步走上规范化轨道。1998年，出台《淮阴县社会保障基金纳入财政专户，实行收支两条线管理办法》，从基金筹集、支付、结余、账户、预决算等方面强化管理。是年，出台《关于特困职工生活资金筹集、使用、管理的暂行办法》。2006年，区社会保险基金财务管理实行收支两条线和专户管理，社保基金专储面100%。2007年，健全社保基金拨付制度，严格审批权限，规范拨付程序，确定专项专用。2008年，全区社会保险基金在规范财务管理的基础上加强财务信息管理，对社保基金基础资料实行规范化管理。

二、抚恤和社会福利救济费管理

【优抚经费财务管理】 1978年，优抚经费实施办法为财政拨款、银行支付。1982年起，优抚金列入财政包干基数不再下达经费指标。1984年，残疾军人因伤口复发住院治疗期间，伙食费由本人负担三分之一，其余三分之二由民政部门负担。在职和离退休人员，由所在单位或发放离退休费的单位在有关费用内报销；在乡的由县民政部门从抚恤费内报销。对个别在乡残疾军人负担三分之一住院伙食费仍有困难的，经民政部门批准，予以全部报销。2005年，“三属”（烈士、因公牺牲军人、病故军人的家属）、在乡残疾军人、带病回乡退伍军人、在乡老复员军人的抚恤金和优待金实行“两金合一”，全部纳入区财政预算，给予保障。2008年，优抚金发放形式改为由乡镇民政办开单，经当地财政所审核盖章后到银行领取。

【社会救济费管理】 1978年，农村救济费由农业银行监督支付。1982年起，民政事业费列入同级财政预算包干基数，省财政不再下达经费指标。县财政根据事业发展与实际可能，编制民政事业费预算，年终预算经费指标结余数结转下年度继续使用。1984年，县民政事业费由财政支出，列入预算；受特大自然灾害所需的赈灾救济款，在地方无力解决时，由省人民政府向国务院申拨专款。县民政局配备专职会计人员，统一管理事业财会工作，会计、出纳分设，账、钱、物分人管理，民政会计人员支付、汇拨和报销事业费的凭证，须经单位财务主管负责人审核批签，民政事业费必须按国家规定的使用范围和标准，按预算有计划地使用，各项专款分清渠道，分设账户，专款专用。1999年，县财政制定救灾救济事业费管理制度，在年度预算编制时，根据上年实情和救灾资金需求，结合县财力编制相应的自然灾害救济事业费预算，执行中根据灾情程度进行调整；遇到特大自然灾害，县财政通过自身努力难以解决时，向省、市财政申请救灾资金。救灾款严格遵循专款专用、重点使用的原则。乡镇财政所和民政办将救灾款使用情况翔实地向县财政和县民政书面报告，县财政和县民政办将救灾款使用情况向省、市书面回报。

三、公费医疗和医疗保险财务管理

1978年，公费医疗享受标准提高至每人每月2.5元，实行定点医疗，包干使用，超支不补。1989年，出台《关于改革县级公费医疗管理制度的试行办法》，制度规定按享受人员工龄长短确定包干定额。

1989年淮阴县公费医疗包干标准一览表

表18-1-13　　单位：元/人·年

工龄	包干定额	工龄	包干定额
15年以下	60	30年以上	80
16～29年	70	离退休、二等乙级以上残疾军人	100

门诊费用在包干定额内个人负担10%，超过包干定额部分，个人负担20%；住院费在1000元以内的个人负担10%，1001～2000元的个人负担5%，超过2000元以上的免于个人负担；离退休人员、二等乙级以上伤残军人、照顾病种（癌症、精神病、职业病、危重病人等）、计划生育四项（结扎、上环、引产、流产）手续费，不实行个人负担的办法。县财政按人、按季、按定额将经费拨给单位，年终结算时，其结余部分70%发给个人，30%结转下年使用；超支部分，财政不予补贴。各单位和接诊医院，按人按单位设立公费医疗核算账簿，同时按季度向县财政和公费医疗管理办公室报送公费医疗经费收支情况表。县直单位享受公费医疗人员实行定点就诊。1997年，颁发《关于公费医疗改革的意见》，实行定额到人，包干使用，结余结转下年使用，超支自负的办法。2000年，城镇职工医疗保险制度改革启动。2001年，区财政多方筹集，安排专项资金521万元，用于农村中小学教师的基本医疗保险和大病救助统筹，解决农村中小学教师看病难问题。2003年，基本医疗保险基金收支运行过程中实行收支两条线管理。2005年，城乡职工全部参加医疗保险。2008年，参保人数扩大至50073人。

四、农村合作医疗经费管理

1996年，淮阴县在全市率先启动农村合作医疗工作，先在王营镇和丁集乡试点，参加合作医疗的农民每人每月统筹1元，县财政补贴每人每月1元。是年，参加合作医疗的农民2万余人。1997年后，对农村合作医疗工作加大宣传力度，同时财政也加大投入，参加人数逐年上升，至2000年，参加合作医疗20余万人。2003年，淮阴区被省政府确定为全省新型农村合作医疗试点县（区）之一。2004年，全区参加合作医疗52.29万人，区财政安排专项资金1621万元，支持新型农村合作医疗制度推广，参保农民报销医疗费用1441万元。1996年，县财政对农村合作医疗资金实行收支两条线的财政专户储存管理，专款专用。2008年，全区参加新型农村合作医疗66.5万人，比上年末增加6万人，区安排专项基金4365万元。

五、职工福利费管理

1982年，县内行政、事业单位在职职工和离休人员享受洗理费，男职工每人每月1.5元，女职工每人每月2元，经费来源于单位福利费或预算包干结余，财政不另加指标。1987年，行政、事业单位职工福利费提取每人每月4元，1.5元由县人事局统一掌握使用，其余2.5元由单位自行掌管。全县烤火费、冷饮费、交通费、独生子女费等财政支出2341万元。1990年,洗理费标准调整至8元,列支渠道不变。各种福利费支出3542万元。1991年,计划生育补贴23.2万元,洗理卫生费259.7万元,冬季取暖补贴81.4万元。1993年第三次工资改革后,与工资一起发放的洗理费并入工改中。2006年,机关单位实行阳光工资,各种福利费全部取消。

第七节 国有资产管理

1991年前,县财政局有关业务股室管理国有资产。1992年,下发《国有资产产权登记管理办法》,在全县范围内开展国有资产产权登记工作,全年对46家预算内工交、商贸企业进行产权登记。1993年,对全县328家行政事业单位进行财产清查。1995年,成立淮阴县国有资产管理局,加强行政事业单位、企业的国有资产管理,促进企业国有资产保值增值。1997年,对城镇122家集体企业进行清产核资工作,清查资产69447万元,负债65446万元,所有者权益4001万元。完成国有企业年报和产权登记任务61家。核定行政事业单位国有资产年报和产权登记年检256家,完成国有企业产权登记证发放50家。核定1997年度国有企业国有资产保值增值考核指标户数41家,占应核定企业户数100%。1998年,出台《淮阴县行政事业单位国有资产处置管理实施办法》《淮阴县行政事业单位机动车辆处置管理办法》和《淮阴县公有资产改制收入管理暂行规定》。2001年,制定《淮阴区工业企业国有资产管理暂行办法》,规定境内新老企业的国有资产,不准随意动用、拆借、变现和分割,确需处理,报主管部门和国有资产管理部门批准后,方可实行。2005年,区财政参与国有企业、事业单位改制工作,参与企业财务审计和国有资产评估的备案和确认工作,先后参与开明中学和淮州建筑工程有限公司改制工作。为改制单位的资产划转、债权债务清理和核实、不良资产的核销和剥离等做了大量工作,确保国有资产保值增值。2008年,对全区214家行政事业单位进行国有资产清查,全区行政事业单位有国有资产10.89亿元。

第八节 财政监督管理

1979年,县财政局设立财政监察股,每年定期组织财政财务检查,对各财政单位实施财政监督。1981年6月,组织全县230多名财务人员参加财经纪律检查,抽查单位58个,查出违规金额36万元,全部收缴入库。1993～1997年,查出违纪金额888.7万元,实际入库656.3万元,入库率74%。此后三大检查取消。1998年,《淮阴县乡镇预算外资金管理办法》出台,对财政专户管理、乡镇预算外资金收支管理、票据管理、会计人员管理、奖罚等方面作了规定。2000年8月,全县行政事业单位实行会计委派制。2005年,创新财政监督方式,委托中介机构对城市建设维护费等财政专项资金进行审计,查出各类违规资金393万元。取消账外账,往来款调整为收入125万元,追缴上年解困金24.7万元,处罚入库13.3万元。2001年,开展预算外资金收支两条线管理检查,先后3次组织对全区113个行政事业单位和20个乡镇预算外资金的收支两条线管理检查工作,共查出违规违纪金额522.25万元,补缴入财政专户资金127万元,追缴入库资金86.3万元。2006年,出台《淮阴区财政性资金审批管理暂行规定》,开展会计信息质量检查和收支两条线管理检查,重点检查15个单位,查处违规金额120多万元。2007年,实行定期财务会审和财政涉农补贴"一折通"发放、村级"三项资金"使用等专项监督检查,确保各项资金专款专用。区财政局下发检查情况专题通报,要求各单位加强加大对涉农补贴的安全管理。2008年,全面实施非税收入管理改革,全区有193个单位实现非税收入征缴系统信息化。成立财政专项资金监督检查管理办公室,通过省、市、区对2007年财政支农资金整合试点项目、小麦良种繁育、基地建设等36个项目检查和审计,对2007年未完工及2008年实施的26个项目进行有效跟踪,整改项目22个,节约项目资金78.8万元。

第九节 会计管理

1978年，会计管理工作由县财政局企业股负责。1980年9月，县财政局举办为期40天的培训班，分批对社队企业财会人员进行业务培训。1982年，开展会计人员技术职称评定工作，县财政局两次集中全县400余名财务人员，进行为期30多天的业务学习，评定助理会计师173名、会计员153名。1989年，县财政局设会计股，专门负责会计管理工作。1992年，会计职称评定实行考试制，不再进行相应的资格评审。是年5月，出台《淮阴县实施会计证管理办法》，规定无会计证人员不得担任会计岗位工作。1993年，县财政局组织会计专业资格考试，全县有687名会计人员报考；举办3期考前培训班，600名学员参加考试。1997年起，会计证实行考试制度和年检制度。1999年，对各行政事业单位会计人员实行统管制。2000年，在全县行政事业单位实行会计委派制，管理模式发生根本性变化。是年，通过公开招考方法，从653名报考人员中录用会计人员247名。2001年，淮阴区会计函授站与江苏理工大学工商管理学院联办财会专业大专班，招收学员167名，学制三年，学员参加自学考试，毕业96人。2002年，会计证更名为会计从业资格证书，会计从业资格证书考试通过方可取得。是年，开展会计证年检及《会计从业资格证书》换发工作。2003年底，全区所有行政事业单位全部实现会计电算化。

至2008年，全区有会计从业资格持证人员2426名，通过初级资格考试并取得初级会计专业技术资格541名，通过中级资格考试并取得中级会计专业技术资格232名。

第二章 国家税务

第一节 机 构

一、管理机构

1978年，淮阴县税务工作由财政局税政股负责。1983年8月，财税分开，成立淮阴县税务局，设税政、稽管、计会、人秘等4个股。1991年4月，人秘股分为人事教育股、秘书股，税政股分为税政一股、税政二股。1993年，淮阴县税务局下设秘书股、人教股、监察股、工会、计会股、税政一股、税政二股、稽管股、稽查队、票管所等10个内设机构，在职税务人员205名。1994年9月，国、地税分设，成立淮阴县国家税务局。撤销秘书股、稽管股、稽查队、票管所，成立办公室、事务所、稽查分局，监察股改为监察室，计会股改为计财股，在职税务人员163名。1997年，撤销税政一股、税政二股，成立综合业务股、涉外税收分局2个内设机构。2001年，淮阴县国家税务局更名为淮安市淮阴区国税局，撤并综合业务股、计财股、征收管理股、发票管理所、涉外税收分局为税政管理股、征管法规股，在职税务人员142名。2002年，部分内设机构名称由股更名为科，税政管理股、征管法规股合并为政策法规科。2008年，内设办公室、人教科、监察室、政策法规科、征收管理科、计划统计科（信息中心），在职税务人员157名。

二、派出机构

1981年，全县设南陈集、杨庄、渔沟、徐溜、棉花5个中心税务所和直属、王营2个税务所。1985年，武墩、和平两乡划归淮阴市清浦区，两个税务所随即划出。1991年3月，除中心所驻地外，成立18个基层乡镇所，由经济区划内的中心所领导。1993年，有直属税务所、城镇一所、城镇二所以及赵集、南陈集、杨庄、三树、棉花庄、老张集、丁集、徐溜、渔沟、汤集10个中心所共13个派出机构。1994年，派出机构中直属税务所改为直属分局，城镇一所、城镇二所合并成立城镇所。2001年，稽查局转为派出机构，原有的派出机构撤并为征收数据局、王营管理局、稽查局以及赵集、渔沟、丁集3个管理分局。2002年，派出机构调整为第一至第五管理分局，稽查局保留。2008年，派出机构有第一、第二、第三、第四、第五、第六税务分局和稽查局。

第二节 税种 税率

一、流转税类

【工商税】 1978～1984年，工商税分为工业、交通运输、农林牧水产品采购、商业零售及其他业务，共44个税目。除发电企业以每千度电6元定额征收外，其他均采用比例税率征税，最低税率3%，最高税率66%。1984年，工商税制全面改革，划分为产品税、增值税、营业税和盐税等。

【产品税】 1984年10月1日起开征产品税。产品税税目划分为工业品和农林牧水产品两部分，工业品部分有24类260个税目，农林牧水产品部分有10个税目。产品税税率有固定比例税率和定额税率两种，除个别产品外都适用固定比例税率。1985年2月1日起，对国营和城镇集体企业用议价或加价粮食和薯类酿酒，给予以下减免照顾：粮食白酒（包括用粮食酒精生产的白酒）税率由原来50%减为30%；啤酒和薯类白酒税率由原来40%减为20%。1988年7月，县税务局对高中档卷烟提价后的出厂提价部分按规定征收60%的产品税，同时按甲级卷烟20%、乙级卷烟5%的比例征收专项收入。使用议价粮食生产粮食白酒的产品税率由30%调整为35%；议价粮食生产啤酒的产品和议价薯类生产白酒产品税率由20%调整为25%；对白酒和啤酒的产品税一律不予减免。国家名酒价格放开后，实际价格（出厂价）低于“计税基础价（出厂价）”的，对提价部分，按“计税基础价（出厂价）”征收35%的产品税，同时征收30%的专项收入；实际价格（出厂价）高于“计税基础价（出厂价）”的部分，仍按规定征收35%的产品税，同时征收30%的专项收入。其他粮食白酒、薯类白酒和啤酒调整价格后，对出厂价提价部分，按调整后税率征收产品税，同时对啤酒和省、部优白酒按25%比例征收专项收入，对原产地零售价每瓶3元以下的省、部优白酒和普通酒不征专项收入。1989年1月1日起，县税务局对工业企业自销产品不再征收营业税，一律按实际售价征收产品税、增值税；对生产销售的烟、酒、鞭炮等30种产品一律不予减免产品税（增值税）；对小毛纺厂、小棉纺厂、小丝织厂等八类小企业一律不予减免产品税（增值税、所得税）。1990年3月8日，乡镇、村、户、联户办的工业、手工业（八小企业和30种产品外），经市、县（市、区）税务部门批准，减免产品税、增值税1年。1992年8月1日，在境内开发区兴办合资、合作企业，从获利年度起，所得税征收享受“五免五减半”（第一年至第五年免征企业所得税，第六年至第十年减半征收企业所得税）优惠政策，投产后减半征收产品税、增值税。国内、市内迁入的企业享受同等待遇。1994年1月1日，产品税废止。

【增值税】 1983年1月1日起，依照财政部《增值税暂行办法》，将企业生产的机器机械、农业机具、缝纫机、自行车、电风扇等产品在工业环节交纳的工商税，改征增值税。1986年1月，对原实行产品税的纺织产品、日用机械、日用电器、电子产品和搪瓷制品、保温瓶由产品税改征增值税。1987年1月1日，调整税目税率，对化学纤维、毛纺织品（不包括地毯毛纱）、其他纺织品、日用机械、日用电器、电子产品、机械零部件，按照14%的税率计算扣除税额。对农业机具暂按应纳税额减征20%，对电子元器件暂减按12%的税率征税。对原征收产品税的化纤、中成药、兽药产品，以及轻工产品、玻璃及其制品改征增值税。1988年，对服装、药品、日用电器等产品先后改征增值税。1989年，县税务局在纺织品、有色金属等行业试行价税分流购进扣税法。是年10月，对年增值税应税收入在300万元以下的纳税人采用定期定率方法征收增值税。1992年底，所有增值税产品除烟、酒、皮毛、其他轻工产品、药类、橡胶制品、成品油、化工、黑色金属、农林牧水产品等13类外，其余全部改征增值税。1993年12月，增值税征税范围扩大至全部商品。1994年，国、地税分设后，增值税由国税系统负责征管。淮阴县增值税起征点为：销售货物的月销售额600元，销售应税劳务的月销售额300元，按次（日）的销售额50元。1998年7月1日，国务院将商业企业小规模纳税人增值税征收率由6%调减为4%。2002年12月，区国家税务局调高增值税起征点：销售货物的起征点为月销售额1000、1500、2000元3个档次，销售应税劳务的起征点为月销售额500元，按次纳税的起征点为每次（日）销售额80元。2003年6月29日，区国税局再次调高增值税起征点，销售货物的增值税起征点为月销售额5000元，销售应税劳务的增值税起征点为月销售额3000元，按次纳税的增值税起征点为每次（日）销售额200元。

【营业税】 1984年10月1日起，全县开征营业税。1989年1月1日起，国家税务总局对个体商贩和部分集体商业零售企业实行由批发部门代扣零售环节营业税规定。同时，对工业企业自产自销产品不征收营业税；对其设立独立核算部门销售、临时至外县市销售及委托其他企业销售自产产品，在销售地缴纳营业税。1990年1月1日起，对临时经营者贩运粮食、粮油副产品按5%税率征收临时经营营业税。1991年9月12日，对国营粮食企业按照统销价等7种价格销售的粮食暂免营业税；以其他价格销售的粮食，按对象划分为销售给商业批发、零售单位、个体商贩的粮食以及销售给工业企业、饮食服务企业的粮食，其计税依据以销售价与实际收购价的差额计征批发环节营业税，其他一律按零售征税。1993年5月1日起，商业零售营业税率由3%提高至5%，其他饮食营业税率亦由3%提高至5%。8月1日起，固定业户经营商品零售业务的起征点，城区为每月销售收入额800元，固定业户经营其他业务的起征点为每月销售收入额300元，从事临时经营的起征点为每次（日）营业收入（收益）额20元。1997年1月1日起，国家将金融保险业营业税税率由5%提高至8%。农村信用社营业税，1997年12月31日前按5%征收，1998年1月1日起，按8%的税率征收，仍作为地方财政收入。金融保险业营业税税率调整后，对随同营业税附征的城市维护建设税及教育费附加，仍按原税率5%计征，提高3%税率的部分予以免征，附征的收入仍归地方财政。由地方税务局所属征收机关负责征收的金融、保险企业营业税改为：按原5%税率计征的部分，由地方税务局所属征收机构负责征收，提高3%税率计征的部分，由国家税务局所属征收机构负责征收。2004年1月1日起，国税机关停征金融保险业营业税。

【牲畜交易税】 1982年12月，国务院公布《牲畜交易税暂行条例》，规定征税对象为牛、马、骡、驴、骆驼5种大牲畜，税率为5%。1984年5月，农民购买大牲畜用于农业生产的，给予减征40%照顾。

【消费税】 1989年2月14日和4月1日，国家税务总局先后发出《关于对彩色电视机征收特别消费税有关问题的通知》和《关于对小轿车征收特别消费税有关问题的规定》，是年2月1日起施行。其中彩色电视机征收的特别消费税至1992年4月24日停止征收。1994年1月1日起开征消费税。

2001年6月1日起，调整酒类产品消费税政策。粮食白酒、薯类白酒计税办法由《中华人民共和国消费税暂行条例》规定的实行从价定率计算应纳税额的办法，调整为实行从量定额和从价定率相结合计算应纳税额的复合计税办法。

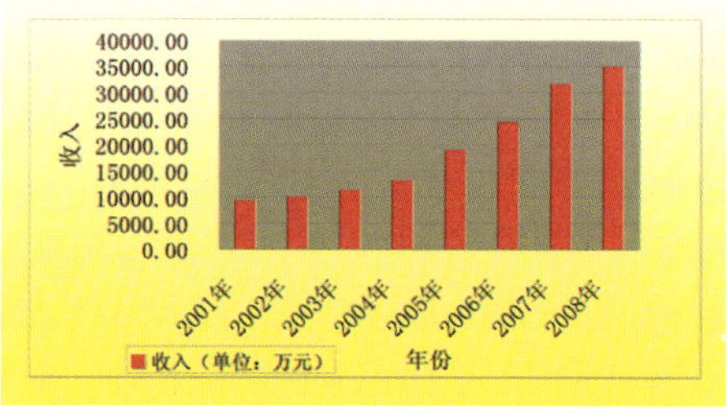

图18-2-1　2001～2008年“两税”收入增长图

二、所得税类

【工商所得税】 1978年后续征工商所得税。1979年7月，对基层供销社经营的饮食以及实行单独核算的服务、修理行业按20%税率征收所得税。1980年，亏损企业扭亏增盈后的利润

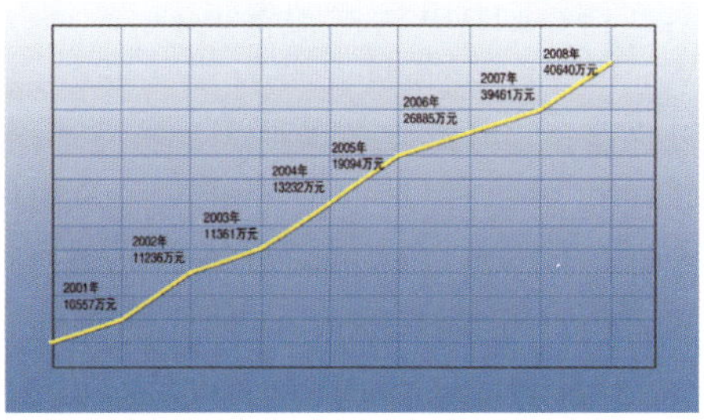

图18-2-2　2001～2008年国税收入攀升图

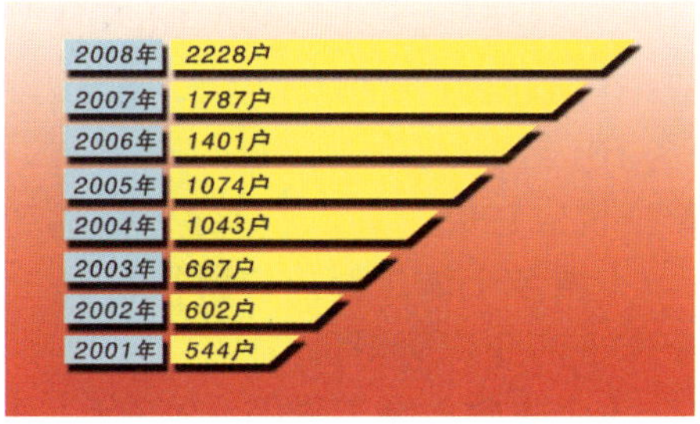

图18-2-3　2001～2008年企业户数递增图

减半征税。是年4月，个体经济所得税改按八级超额累进税率征收。1981年起，集体所有制企业实行增长利润减半征收所得税。1984年4月后，工商所得税分解为集体企业所得税和城乡个体工商业户所得税两个税种。

【国营企业所得税】 1983年，对国营企业推行利改税改革，由上交利润改为征收所得税。县税务局对营业性的宾馆、饭店、招待所和饮食服务公司，按15%税率征收所得税。1984年，再次在国营企业推行利改税改革，大中型企业所得税率仍为55%；国营小型企业，按新的八级超额累进税率缴纳所得税后不征收调节税，由企业自负盈亏，国家不再拨款；营业性的宾馆、招待所和饮食服务企业亦按照新的八级超额累进税率缴纳所得税。对文教系统的出版业等一律适用55%的固定税率。1988年4月27日，对盈利企业承包上交利润的范围是所得税、调节税、利润；实行所得税税后承包的，是所得税后的调节税、利润。1989年12月26日，对国营饮食服务企业所得税的计征办法作出规定：实行提成工资办法之日起，按20%税率征收所得税。1992年9月8日起，国营大中型企业所得税税率由55%降为33%。是年11月30日，财政部规定企业发生年度亏损可以用下一年度的利润弥补；下一年度利润不足弥补的，可以在5年内用所得税前利润延续弥补；延续5年未弥补的，用缴纳所得税后的利润弥补。1999年11月1日起，开征储蓄存款利息个人所得税，即利息税。

1984年执行的新的八级超额累进所得税税率一览表

表18-2-1

级次	全年应纳税所得额级距（元）	税率（%）	速算扣除数（元）
1	1000以下	10	0
2	1000～3500	20	100
3	3500～10000	28	380
4	10000～25000	35	1080
5	25000～50000	42	2830
6	50000～100000	48	5830
7	10000～200000	53	10830
8	200000以上	55	14830

【国营企业调节税】 1984年10月起，对国营企业征收调节税。1994年1月1日，国营企业调节税停征。

【集体企业所得税】 1985年起开征集体企业所得税。征收对象为工业（包括手工业合作厂、社）、商业企业（包括供销合作社、合作商店）、服务合作企业、建筑安装企业、交通运输企业（包括搬运装卸）、街道企业、乡镇集体企业和其他集体企业。1987年，对集体企业从1987～1990年增长的计税利润减半征收所得税；对客观原因造成亏损的集体企业，当年扭亏为盈的企业，经市税务局批准免征所得税，第二、第三年减半征收所得税。1991年，对实行各种形式包干经营责任制的集体企业，因客观原因造成亏损的，经淮阴市税务局审批，当年扭亏为盈的，免征所得税，第二、第三年减半征收所得税。财政部规定从1992年起，集体企业发生年度亏损当年解决不了的，可以用下一年度的所得弥补，下一年度所得不足以弥补的，可逐年连续弥补，最长不得超过3年。1992年，对集体企业从中外合资、合作经营企业中分得的利润，经县税务部门批准，在5年内免征所得税。1993年7月1日起，年度亏损可以用下一年度的利润弥补；下一年度所得不足弥补的，可以在5年内用所得税前利润延续弥补，延续5年未弥补的亏损，用缴纳所得税后利润弥补，亏损连续弥补时间由3年改为5年。1994年1月1日，集体企业所得税停征。

【私营企业所得税】 1989年1月1日起开征私营企业所得税。凡从事工业、建筑业、交通运输、商业、饮食业及其他的城乡私营企业，按35%的比例税率缴纳所得税。1994年1月1日，私营企业所得税停征。

【企业所得税】 1994年，开征企业所得税，税率为33%。是年2月，国家税务总局规定纳税人年应纳税所得额在3万元以下（含3万元）的，可减按18%的税率征税；年应纳税所得额在3万～10万元（含10万元）之间的，可减按27%的税率征税；年应纳税所得额超过10万元的，一律按33%的比例税率征税。1995年1月1日起，调整淮阴县个体工商业户个人所得税附征率。

【城乡个体工商业户所得税】 1986年起，征收城乡个体工商业户所得税。1994年1月1日，城乡个体工商业户所得税停征。

【个人收入调节税】 1987年1月1日起开始征收个人收入调节税。征收范围为个人的工资薪金收入、承包转包收入、劳务报酬收入、财产租赁收入、专利权转让、专利实施许可和非专利技术的提供、转让取得的收入，投稿翻译收入，利息、股息、红利收入，以及经财政部确定征税的其他收入。1994年1月1日，个人收入调节税停征。

三、财产行为税类

【车船购置使用税】 1986年10月1日起开征车船使用税，对外商投资企业等涉外单位及外籍人员仍继续按车船使用牌照税的有关规定执行。个人拥有自用的自行车和其他不从事经营业务的非机动车船暂缓征收。1987年1月，对个人自有自用自行车恢复征税，每辆自行车每年缴纳使用税4元。1990年6月起，对实行经费自收自支的事业单位原免税3年的恢复征税，未到期的，可继续免至满3年为止。2001年1月1日起，开征车辆购置税。2001年1月1日至2004年12月31日，车辆购置税由交通部门代征。2004年，完成车购税征收人员向国税部门划转和业务移交工作。车购税实行从价定率的办法计算应纳税额，税率为10%，实行一次征收。2005年11月15日，国家税务总局以15号令发布《车辆购置税征收管理办法》，自2006年1月1日起实施。

【房产税、城市房地产税】 1978年仍续征城市房地产税。1986年10月1日起，在县城、建制镇和工矿区征收房产税，房产出租的，依照租金收入计算缴纳17%税金。1990年6月，对实行自收自支的事业单位原免征房产税3年的恢复征收，但对原免3年未到期的，继续免征至期满为止。

四、特定目的税类

【屠宰税】 1978年4月，对单位和个人自养自宰生猪，一律征收屠宰税，每头定额3元；菜牛从价计征，税率4%，自养自宰菜牛暂不征税。1980年6月，对自养自宰自食生猪免征屠宰税。1983年12月1日起，恢复征税。1985年10月，对经营生猪（包括菜牛、菜羊）的单位和个人，由收购者根据收购金额按3%的税率计缴产品税，不再征收屠宰税；对农民和集体伙食单位收购生猪、菜牛、菜羊，亦改为缴纳产品税，不征屠宰税；对农民和集体伙食单位自养自宰的生猪，按照规定税额每头缴纳3元屠宰税；单位和个人自养自宰的羊，暂缓征收屠宰税，宰杀大牲畜依4%税率从价征收屠宰税。

【国营、集体企业及事业单位奖金税】 1984年开征国营企业奖金税。1985年，开征集体企业奖金税、事业单位奖金税。1994年1月1日，国营、集体企业和事业单位奖金税停征。

【国营企业工资调节税】 1985年开征国营企业工资调节税。1994年1月1日，国营企业工资调节税停征。

【城市维护建设税】 1985年起开征城市维护建设税。纳税人所在地在市区的，税率为7%；在县城、镇的为5%；不在市区、县城或镇的为1%。

五、资源税类

淮阴县资源税只有盐税。1983年前，盐税是淮阴主要税种之一。1983年后，由于灌云县划出，盐税收入显著减少。1983年后，淮阴盐税主要来自备战盐库、小盐场、盐化厂、再制盐厂、盐业批发单位及新开发的地下盐矿。1993年，每吨税额海盐125元、粉洗盐110元、精制盐75元、井矿盐75元。1994年1月1日，盐税并入资源税。

第三节　征收管理

1978年，全县税款征收实行专管员制度，工商税收入844.9万元，农业税收入86.9万元。1981年，征管实行管户交流和岗位轮换，全县工商税收入1203.5万元、农业税收入26万元。1985年，县级工商税收入1360万元，免税206.2万元，其中经委系统98.9万元、供销系统10.8万元、乡镇企业46.8万元、入库税款58.59万元。1987年，增加税利72.3万元，全年各项税收收入1556万元。1989年，加强小税种征管和新开税种的征收，每头生猪征收税款不少于30元，全年工商税收入2077万元，农业税收入177.8万元。1990年3月、7月，税收同比各减收90万元。个体税收入库371.2万元，比1989年增长26.8%；工商税收入2275万元，农业税收入147.8万元。1995年，实行“申报、代理、稽查”征管模式。1999年，实行“以申报纳税和优化服务为基础，以计算机网络为依托，集中征收，重点稽查”模式，建立纳税人自行申报纳税制度；建立以税务机关和社会中介组织相结合的服务体系、以计算机网络为依托的管理监控体系、人工与计算机结合的稽查体系和以征管功能为主的机构设置体系。2001年，推行征收、管理和稽查联动管理机制。2005年起，全面推行税收管理员制度，实现“管事”与“管户”相结合。2007年，境内市属企业华能电厂入库税收10577万元，振达钢管制造有限公司增收明显，实现销售收入15.4亿元，入库税收5478.46万元，其中增值税入库2652.56万元，所得税入库2825.9万元，两者占区级税收增收总额12460万元的43.97%。是年，赵集盐化工企业实现增收，全区6家盐化工企业实现销售收入49688万元，入库税收5772万元，占区级税收增收总额12460万元的46.32%。2008年，全球经济增长放缓，金融危机、人民币升值、通货膨胀的风险加大，生产要素供应趋紧，企业生产经营成本上升，特别是振达钢管出现大额退税，原材料涨价，入库税款大幅减少。华能电厂受煤价影响销售收入大幅滑坡，国税收入增长缓慢，但区域内收入总量继续保持增长态势，各项税收入库40645万元，同比增长2.99%。其中，“两税”入库34929万元，同比增长10.04%；企业所得税入库5290万元，同比下降25.2%。

1978～2008年淮阴区（县）国税征收入库税款统计表

表18-2-2　　　　单位：万元

年份	入库总额	其中主要税种	年份	入库总数	其中主要税种
1978	931.80	工商税	1994	4380.00	增值税
1979	853.00	工商税	1995	4855.80	增值税
1980	949.00	工商税	1996	5626.20	增值税
1981	1229.50	工商税	1997	6670.10	增值税

续表18-2-2

年份	入库总额	其中主要税种	年份	入库总数	其中主要税种
1982	1039.00	工商税	1998	7193.10	增值税
1983	1044.00	工商税	1999	7815.00	增值税
1984	1183.00	工商税	2000	8606.00	增值税
1985	1360.00	产品税	2001	10181.00	增值税
1986	1469.00	产品税	2002	10251.60	增值税
1987	1556.00	产品税	2003	12238.67	增值税
1988	1832.00	增值税	2004	14925.64	增值税
1989	2254.80	增值税	2005	21556.83	增值税
1990	2275.00	增值税	2006	26465.00	增值税
1991	2297.00	增值税	2007	38923.00	增值税
1992	2538.00	增值税	2008	40645.00	增值税
1993	3897.98	增值税			

1993～2008年淮阴区（县）国税局征收入库税款统计表

表18-2-3　　单位：万元

年份	收入总额	税种						
		增值税		消费税		营业税	企业所得税	
		内资	外资	内资	外资		内资	外资
1993	3897.98	3065.17	36.51	91.60	0	618.30	86.40	0
1994	4380.00	3472.90	17.10	87.00	0	725.00	78.00	0
1995	4855.80	4535.70	40.40	100.00	0	59.60	116.90	3.20
1996	5626.20	5204.40	85.70	110.00	0	6.20	212.10	7.80
1997	6670.10	6034.40	145.10	100.50	0	202.40	187.10	0.60
1998	7193.10	6427.00	177.30	119.70	0	265.70	183.00	20.40
1999	7815.00	7179.00	169.00	56.00	0	182.00	182.00	47.00
2000	8606.00	7811.00	244.00	24.00	1.00	219.00	257.00	50.00
2001	10181.00	9066.00	288.00	35.00	2.00	130.00	446.00	214.00
2002	10251.60	9795.00	255.80	3.00	3.00	57.00	64.60	73.20
2003	12238.67	11089.96	270.78	4.27	1.00	8.18	708.90	155.58
2004	14925.64	12910.94	320.93	1.82	7.50	0	1629.50	54.95
2005	21556.83	18783.09	311.14	32.54	0	0	2390.30	39.76
2006	26465.00	23637.00	816.00	29.00	0	115.00	1868.00	0

续表18-2-3

年份	收入总额	税种						
		增值税		消费税		营业税	企业所得税	
		内资	外资	内资	外资		内资	外资
2007	38923.00	30472.00	1271.00	103.00	0	0	7077.00	0
2008	40645.00	32585.00	2344.00	426.00	0	0	5139.00	151.00

第四节　登记管理

1978年，县内工商业在开业、歇业、转业前，向工商管理机关领取或缴销营业许可证，副本送税务机关存档，由税务机关核发税务登记证。是年，全县登记纳税户企业923家、个体工商户1602家。1982年，对一切有经营收入、收益，依法负有连续性纳税义务的单位和个人，不论工商管理部门是否登记发照，都必须在开业后或停业前30日内，向税务机关申请办理税务登记；原登记事项发生变化，应于15日内书面报告，予以变更。对不具有连续性纳税的义务人，要求建立纳税底册。是年，全县登记的纳税单位计2717户，其中国营124户、集体835户、个体商贩1758户。按规定发证的2192户，登记不发证的412户。通过登记查出漏管户192户（集体36户、个体156户），应纳税款补征入库。1986年4月，纳税人登记申报时，提供上级批准文件、营业执照等证件。纳税人在办理注销登记时，必须结清应纳税款，缴销未使用的发票。1987年8月，对全县税务登记进行复查和换证工作。清理的重点是新办企业，合作经营企业，联户、承包户和跨地区经营户。已经办理税务登记的，收回旧证，换发新证；没有办理税务登记的，补办税务登记，并补缴应纳税款。基层税务机关建立税户登记、税户变更管理、税户迁地交接、税户定期核对等项制度，将所有税户分工落实至专管员。单位和个人税务登记证的税号由市、县税务局确定。1992年5月，对全县税务登记情况进行"三清"检查，即税务登记户数与工商登记户数差距清楚，税务登记户数与征管户数差距清楚，征管户数与征税户数差距清楚。1993年，税收收入超50万元企业有16家。1994年1月1日起，税务登记查验全国统一代码证书。1999年，全县国税系统换发税务登记证。是年，税收收入在50万～500万元之间的企业有9家，纳税超500万元的企业有2家。2000年，纳税超500万元的企业有2家。2000年，税收收入超100万元的企业有6家，2001年有13家。2004年，全区国税系统换发税务登记证。

2008年，全区税收收入100万～500万元的企业10家、500万～1000万元的企业3家、1000万元以上的9家。

1993～2008年淮阴区（县）税务登记户一览表

表18-2-4　　单位：户

年份	企业						个体
	内资	外资	50万～100万元	100万～500万元	500万～1000万元	1000万元以上	
1993	601	18	10	5	0	1	3196
1994	834	22	8	4	0	1	3207
1995	579	27	5	3	0	1	2376
1996	591	34	6	2	0	1	2086

续表 18-2-4

年份	企业						个体
	内资	外资	50万～100万元	100万～500万元	500万～1000万元	1000万元以上	
1997	376	14	5	5	0	1	2238
1998	686	28	4	4	0	1	2085
1999	584	30	4	5	1	1	2372
2000	551	16	6	4	1	1	2756
2001	529	15	4	12	0	1	2614
2002	589	13	5	10	1	1	2518
2003	650	17	6	5	0	1	2549
2004	1023	20	6	7	2	2	2918
2005	1051	23	5	11	3	2	3312
2006	626	24	25	27	4	4	1788
2007	813	33	33	32	6	7	2133
2008	1057	37	44	10	3	9	2510

第五节 税源建设

1978年，全县税收来源主要集中在化工、医药、机械制造、电子、纺织、饮食服务、食品、粮食、供销等行业，税收大户有县制药厂、无线电厂、棉纺厂、化肥厂、食品公司、制糖厂、丝织厂、缫丝厂等。食品行业的生猪税、烟草税以及建材行业的砖瓦厂税收，鼎盛时期都在100万元左右。1985年，丝绸纺织行业缴纳产品税371.1万元，占县级税收收入28%。1986年后，乡镇工业企业增多，税收主要集中在化工、医药、机械制造、电子、纺织、食品、建筑、缫丝等行业，如乡镇企业中的徐溜缫丝厂、县三建公司等。县缫丝厂形成年产白厂丝150吨的能力，征收增值税333.4万元，占是年县级税收收入19%；1987年征税200万元，占总收入15%。白厂丝销往日本、印度等国家，创利81万元、缴税38万元；绢丝绸、绢纬塔夫绸及绵绸畅销美国、德国及港澳地区，出口产值746.91万元，利润132.9万元，税金45.96万元。1989年后，丝绸纺织行业税收收入占比略有下降，且不稳定。20世纪80年代末，丝绸行业初具规模，逐步取代烟草税和食品行业的生猪税收成为县主要税源大户，占整个年度税收收入的20%左右。1990～1992年，境内华能淮阴电厂实现营业税分别为26万元、193万元、318.1万元，成为县内纳税最多的企业。其间，税收收入超50万元的企业有12家，丝绸纺织行业主要有农垦棉纺厂、丝织厂和缫丝厂等3家企业，平均年缴税近100万元，为全县工业税收的半壁江山。1993年后，全县工业主要有华能淮阴电厂、棉纺丝织、制糖业、制药业等，随着国际、国内市场变化，棉纺丝织、制糖等行业出现变化，作为重点税源的重要性渐弱。1995年后，部分乡镇企业的生产经营出现滑坡，全县财政收入主要依靠化工、供电、医药、纺织等行业，税收大户主要有华能淮阴电厂、棉纺丝织业、制糖业、制药业、元明粉厂、供电公司、烟草销售等行业和单位。1996～2000年，县织布厂、缫丝厂、丝织厂、县棉纺厂等重点税源企业由于经营或改制先后被注销。2001年后，随着盐矿产资源的开发利用，元明粉生产加工逐渐成为全区的新兴工业。商业侧重点集中在电力供应、烟草销售等行业。2003年后，政府实施招商引资、工业兴区战略，全区税源结构和税源总量发生较大变化，除原有的化工、纺织、供电行业为税收主要来源外，钢铁、房地产业等成为区内税收重要组成部分，招商引资企业和民营企业逐渐成为主要税源。除元明粉行业外，新增的规模化行业税源很少。2004年，重点税源企业棉纺厂、制糖厂、供电公司、烟草公司、华能淮阴电厂、制药厂、振达钢管等发展比较平稳，总体发展趋势曲线向上，制糖厂、供电公司、烟草公司、华能淮阴电厂、制药厂、振达钢管等企业尤为明显。增幅最为明显的是华能淮阴电厂，至2005年，企业实现增值税19094.23万元。2008年，实施税收风险管理。

1993～2008年淮阴区（县）税收收入一览表

表18-2-5 单位：万元

年份	增值税	商业	电力煤气	制造业	其中纺织业	企业所得税
1993	2869.60	869.50	1160.80	1109.70	921.30	86.40
1994	3489.90	998.70	1180.90	1201.80	943.20	78.00
1995	4779.90	864.00	2645.70	763.10	449.10	120.10
1996	5290.10	1054.40	3284.00	854.70	476.60	219.90
1997	6179.50	1126.00	3737.30	1467.00	608.80	187.70
1998	6604.30	1234.70	3603.50	1700.30	715.60	203.40
1999	7648.00	1696.00	3411.00	2185.00	636.00	229.00
2000	8055.00	1731.00	3454.00	2801.00	790.00	307.00
2001	9354.00	1693.00	4174.00	3000.00	358.00	660.00
2002	10050.80	1523.90	3902.40	4263.60	566.70	137.80
2003	11360.74	1572.40	4339.92	4646.02	403.49	864.48
2004	13231.87	1807.12	5255.76	4637.81	572.43	1684.45
2005	19094.23	2601.64	6945.21	4902.51	973.07	2430.06
2006	24453.00	2544.00	11821.00	8983.00	1037.00	1868.00
2007	31743.00	3007.00	11590.00	15698.00	943.00	7077.00
2008	34929.00	3465.00	8545.00	19872.00	879.00	5290.00

第六节 税务稽查

1978～1986年，税务稽查工作与征收管理合一，一员进户，征、管、查统管。1989年，县税务局成立税务稽查队，专门负责税务检查工作，推行“多员进厂，征、管、查分离”的征管模式，强化内部约束监督机制，实行征管和稽查形式上的“两分离”。县税务局与县检察院双方派员联合成立税务检察室，与稽查队合署办公，强化税务稽查，打击偷税行为。1993年，县公安机关向县税务局派驻治安办公室。1999年，县国税局设立稽查局，具有独立的行政执法主体资格，并调整充实稽查人员，稽查人员的数量达到税务业务人员的15%。是年，县国税局与工商、银行、物价、审计、交通、邮电等部门建立固定协作关系，对纳税人开业、歇业、变更、注销等变化情况，存款及资金运用情况，生产经营财务收支情况，运输邮寄应纳税货物有关情况，纳税人及其货物出入境有关情况进行监控，同时与纳税人的行业协会（主管单位）、乡镇街道等建立网络关系，对纳税人生产经营等有关情况进行监控，设立举报电话、举报箱，聘请义务税务监督员等，疏通举报渠道，构建群众性护税网络。1997年，各类涉税案件的侦查，转由公安局负责管辖，检察机关不再受理涉税案件，税务检察室撤销。是年，对粮食行业进行检查，检查13家粮管所，查补税款40.2万元。1999年，在全县范围内分组分片开展个体私营税收专项检查，重点放在小水泥预制厂、小土窑砖瓦厂、木制品加工厂、个体私营大户、生猪税收等方面。是年7月，对上海市青浦区、松江区骗购倒卖增值税专用发票案件，协同县公安经侦大队进行检查，对7份发票作出补税1.5万元、罚款4万元的处理。2000年5月，稽查局根据计算机选案，对某贸易有限公司进行纳税检查，发现该公司有部分发票未入账，并对伪造增值税专用发票等问题进行处理。2003年8月，稽查机构从职能导向型转变为流程导向型。2004年，组织开展农业产品统一收购发票、废旧物资统一收购发票等专项检查。2007年，重点查处利用做假账、两套账和账外经营等手段进行偷税的涉税违法犯罪行为，在市级媒体公开曝光案件2起。2008年，打击制售假发票和非法代开发票行为。

1993～2008年淮阴区（县）税收稽查情况一览表

表18-2-6

年份	案件数量（件）	查补金额（万元）	罚款、滞纳金（万元）	大要案（件）	移送司法机关（件）
1993	234	415	380	0	0
1994	197	268	207	0	0
1995	305	410	370	0	0
1996	312	418	406	0	0
1997	297	620	518	0	0
1998	343	519	468	0	0
1999	411	380	316	0	0
2000	538	200	86	0	2
2001	179	158	47	2	0
2002	113	87	42	3	4
2003	54	140	75	5	5
2004	56	208	48	2	2
2005	55	91	41	3	4
2006	58	183	107	4	8

续表18-2-6

年份	案件数量（件）	查补金额（万元）	罚款、滞纳金（万元）	大要案（件）	移送司法机关（件）
2007	58	132	76	6	0
2008	34	145	70	5	7

第三章　地方税务

第一节　机　构

一、管理机构

1994年9月，成立淮阴县地方税务局，内设办公室、人事教育股、地方企业所得税管理股、营业税管理股、地方税管理股、征收管理股、计划财务股、监察室（与纪检组合署办公）。1999年，县地方税务局由省地方税务局、市地方税务局垂直管理，同时接受县人民政府领导，机构为正科级。2001年3月，淮阴县地方税务局更名为淮安市淮阴地方税务局。2003年6月，淮阴地税局内设办公室、人事教育股、计划财务股、征收管理股、税政股（政策法规股）、信息管理股6个股室。2008年，淮阴地税局内设办公室、人事教育科、计划财务科、征管信息科、政策法规科5个科室。

二、直属机构

1994年，县地税局设稽查分局1个、直属分局2个。1996年8月，成立县地方税务事务所。1997年7月，经县委批准，直属分局明确为副科级单位。2000年10月，经市地方税务局批准，成立县地方税务局检查一分局、二分局、三分局。2001年3月，经市地方税务局批准，下设淮阴地方税务局稽查局、淮阴地方税务局直属分局，设淮阴地方税务局检查一、二、三分局。至2008年，机构设置未变。

三、派出机构

1994年，设王营中心地税所，下设王营、果林2个乡镇地税所；赵集中心地税所，下设赵集、高堰、韩桥3个乡镇地税所；南陈集中心地税所，下设南陈集、南吴集、码头3个乡镇地税所；杨庄中心地税所，下设杨庄、凌桥2个乡地税所；三树中心地税所，下设三树、蒋集、袁集3个乡地税所；渔沟中心地税所，下设渔沟、韩圩2个乡镇地税所；汤集中心地税所，下设汤集、北吴集、西宋集3个乡地税所；徐溜中心地税所，下设徐溜、韩庄、古寨3个乡地税所；丁集中心地税所，下设丁集、五里2个乡地税所；老张集中心地税所，下设老张集、刘老庄2个乡地税所；棉花庄中心地税所，下设棉花庄、王兴、新渡3个乡地税所。1999年12月，经淮阴市地方税务局批准，原中心所更名为淮阴县地方税务局直属分局、赵集分局、南陈集分局、杨庄分局、渔沟分局、丁集分局、徐溜分局、棉花庄分局。2001年4月，经市地方税务局同意，撤销淮安市淮阴地方税务局杨庄分局，成立淮安市淮阴地方税务局三树分局。2003年6月，设第一税务分局（负责王营镇范围内地方税、基金、费的征收工作，内设征收所，管理一、二所）、第二税务分局（赵集）、第三税务分局（南陈集）、第四税务分局（三树）、第五税务分局

（棉花庄）、第六税务分局（丁集）、第七税务分局（渔沟）、第八税务分局（徐溜）。2005年1月，经市地方税务局批准，撤销全职能征管机构，实行集中征收模式。2008年11月，成立淮安市淮阴地方税务局纳税服务中心。

第二节　税种　税率

一、营业税

1994年9月，营业税由淮阴县地税机关征收，税率为交通运输业3%、建筑业3%、金融保险业5%、邮电通信业3%、文化体育业3%、娱乐业5%～20%、服务业5%、转让无形资产5%、销售不动产5%。是年，营业税起征点（适用范围限于个人、个体工商户）为月营业额300元，营业税收入638万元。2002年7月1日，营业税起征点调整为月营业额600元。2003年7月1日，营业税起征点调整为月营业额1000元。2003年10月，营业税起征点调整为月营业额5000元。1994～2008年，该税入库总量85093万元，年均增幅29.09%。营业税收入22939万元，增幅74.14%。

二、企业所得税

1994年1月1日起，淮阴县地税局实行统一的内资企业所得税制度，征收企业所得税。除法定税率之外，为照顾盈利较少的企业，设置18%和27%两档低税率。2000年1月1日起，对个人独资企业和合伙企业不再征收企业所得税，对个人独资企业、合伙性质的私营企业投资者，生产经营所得参照个体工商户的生产经营所得项目征收个人所得税。2002年1月1日起，按照国家税务总局关于所得税收入分享体制改革的规定，新设立（开业）企事业的企业所得税改由国税机关负责征收和管理，原有企事业的企业所得税仍由地税机关负责征收和管理。企业所得税是境内地税征收的第二大税种。1994～2008年，该税年平均增幅30.34%，入库税额由1994年的78万元增至2008年的7779万元。

三、个人所得税

1994年1月1日起，征收个人所得税，个人收入调节税和个体工商业户所得税停止征收。工资、薪金收入法定扣除费用为800元，是年入库个人所得税6万元。1999年11月1日起，淮阴县对储蓄存款利息所得征收个人所得税，由县国家税务局负责征收和管理。2006年1月1日起，工资、薪金收入法定扣除费用调整为1600元。对劳务报酬、稿酬、特许权使用费及财产租赁所得，每次收入不超过4000元的，减除费用800元；超过4000元的，减除费用20%，以其余额为应纳税所得额，税率为20%。对财产转让所得，以纳税人转让财产取得的收入额减除财产原值和合理费用以后的余额为应纳税所得额，税率为20%。对利息、股息以及红利、偶然和其他所得，以纳税人每次取得的收入额为应纳税所得额，税率为20%。2008年，全月应纳税所得额税率依次为：500元5%，500～2000元10%，2000～5000元15%，5000～20000元20%，20000～40000元25%，40000～60000元30%，60000～80000元35%，80000～100000元40%，100000元以上45%。全年应纳税所得额5000元以内5%，5000～10000元10%，10000～30000元30%，50000元以上35%。是年，该税收入5201万元。1994～2008年，年平均增幅59.71%。

四、资源税

1994年1月1日起，征收资源税，盐税同时停止征收。是年，资源税收入2万元。2000年后，淮阴盐化工行业蓬勃发展，资源税收入快速增长。1994～2008年，盐化工税年平均增幅64.86%，2008年资源税收入2675万元，排在营业税、个人所得税、城市维护建设税、企业所得税后，成为淮阴区地税第五大税种。

五、城镇土地使用税

1994年，土地使用税收入26万元。其后，县内继续征收城镇土地使用税。城镇土地使用税实行等级幅度税额标准，县城、建制镇、工矿区每平方米应税土地的税额标准每年0.2～4元。2000年，城镇土地使用税税额标准及等级范围进行调整。2001年1月1日起，税额为每平方米年一等土地1.5元、二等土地1元、三等土地0.5元。建制镇、工矿区税额为每平方米年一等土地0.6元、二等土地0.4元。城镇土地使用税为比较稳定的税种，呈逐年增长态势，年平均增幅35.94%。2008年，土地使用税收入2472万元。

六、房产税

国家机关、人民团体、军队自用的房产，由国家财政部门拨付事业经费的单位自用的房产，宗教寺庙、公园、名胜古迹自用的房产，个人所有非营业用的房产经过有关部门鉴定停止使用的毁损房屋和危险房屋，可以免税。随着淮阴经济发展，企业数量增多，个人营业性用房增加，房产税占税收的比重逐年增加。1986年9月15日，国务院发布《中华人民共和国房产税暂行条例》，从1986年10月1日起施行。房产税的计税方式有：按房产余值计征，税率为1.2%；对出租房产按租金计征，税率为12%。1994～2008年，房产税年平均增长幅度24.33%。2008年，该税收入877万元。

七、城市房地产税

1994年，税制改革对城市房地产税未作调整，房产税税率分两种，即以房价为计税依据，适用税率为1.2%；以出租房屋的租金收入为计税依据，适用税率为18%。对新建房屋，从落成的月份起免税3年；翻修房屋超过新建费用50%的，从竣工的月份起免税2年；其他有特殊情况的房产，经过省级以上人民政府批准，可以减税或者免税。至2008年税率未变。

八、固定资产投资方向调节税

1991年，淮阴县开始征收固定资产投资方向调节税，建筑税停止征收。1994年税制改革对固定资产投资方向调节税未作调整，该税收入55万元。1999年，固定资产投资方向调节税减半征收，该税收入162万元。2000年1月1日起，全面暂停征收固定资产投资方向调节税。

九、车船使用税

1994年，税制改革对车船使用税未作调整，车辆税额标准为乘人汽车每辆每年60～320元；载货汽车每吨（净吨位）每年16～60元；摩托车每辆每年20～80元；非机动车每辆每年1.2～32元。船舶税额标准为机动船按照净吨位计征，每吨每年1.2～5元；非机动船按照载重吨位计征，每吨每年0.6～1.4元。是年，该税收入42万元。1997年，首超百万元。2003年2月1日起，全区暂停征收自行车使用税。1997～2003年，保持10.1%的年增长速度。2007年8月1日前，在新车船税条例执行前，车船税基本处在停征状态。2008年，该税收入165万元。

十、车船使用牌照税

1994年，税制改革对车船牌照使用税未作调整。车辆使用牌照税税额标准为乘人汽车，每辆每季15～80元；载货汽车，按照净吨位计征，每吨每季4～15元；摩托车，每辆每季5～20元；非机动车每辆每季0.3～8元。船舶使用牌照税税额标准按照净吨位计征，每吨每季0.3～1.1元；非机动船按照载重吨位计征，每吨每季0.15～0.35元。

十一、屠宰税

1994年1月1日起，地税续征屠宰税，税额分别为生猪每头10元，牛、马、驴、骡每头18元，羊每只2元；自养、自宰、自食的，按照实际宰杀头数计算缴纳，税额分别为生猪每头5元，牛、马、驴、骡每头9元，羊每只1元。凡在收购环节缴纳屠宰税的，宰杀时不再缴纳。该税为淮阴农村税收的重要来源。1994～2000年，该税年平均增幅47.98%。1999年，该税收入866万元，占地税收入14.43%。2001年，取消屠宰税征收。

十二、土地增值税

1994年1月1日起，征收土地增值税。建造普通标准住宅出售，增值额未超过各项规定扣除项目金额20%的，以及因城市实施规划、国家建设需要依法征用、收回的房地产，可以免税。1996年6月，全县实行土地增值税预征制度，预征的计税依据为纳税人转让房地产取得的收入，包括开发产品的销售收入和预售收入，预征率为普通住宅0.51%，写字楼1%，营业用房（门面房）1.5%，别墅、度假村2%，实行预征的房地产开发项目，在竣工结算后，须进行土地增值税清算，多退少补。1997年，全县首次有土地增值税收入入库，当年入库4万元。2004年4月1日起，调整土地增值税预征率，普通住宅按0.5%的预征率预征，营业用房、写字楼、高级公寓、度假村、别墅等，按2%的预征率实行预征。此后，土地增值税收入呈现高增长态势，其中2005年增幅179.17%，土地增值税税率逐年提高。2008年，该税收入949万元。

十三、印花税

1994年，继续征收印花税，收入6万元。1994～2008年，印花税收入迅速增长，年增长40.13%。2008年，该税收入752万元。

1994～2008年淮阴区（县）印花税税目、税率一览表

表18-3-1

税　目	税率（税额）	税　目	税率（税额）
一、购销合同	0.3‰	九、财产保险合同	1‰
二、加工承揽合同	0.5‰	十、技术合同	0.3‰
三、建设工程勘察、设计合同	0.5‰	十一、产权转移书据	0.5‰
四、建筑、安装工程承包合同	0.3‰	十二、营业账簿	—
五、财产租赁合同	1‰	1.记载资金账簿	0.5‰
六、货物运输合同	0.5‰	2.其他账簿	每件5元
七、仓储、保管合同	1‰	十三、权利、许可证照	每件5元
八、借款合同	0.05‰	十四、股票交易	4‰（B股为3‰）

十四、城市维护建设税

1994年起，县地税部门续征城市维护建设税，县城税率5%，其他地区税率1%。1994～1999年，该税收入占税收收入的比重为15%左右。2000年后，该税所占比重有所下降，但税收总量仍居前列，是境内主体税种之一。2008年，该税收入4182万元，排在营业税、个人所得税之后，是全区第三大税种。1994～2008年，该税保持较快的增长速度，年平均增幅26.44%。

第三节 基金(费)种类与费率

一、市场物价调节基金

市场物价调节基金是1989年江苏省政府开征的基金(费)。销售收入或营业收入的企事业单位、个体工商户,均按销售收入或营业收入1‰征收,其中从事调拨批发业务按进销差价的3‰计征,银行、保险部门按营业税额2%计征。至2008年未变。

二、粮食风险基金

1995年1月1日开征粮食风险基金。商业、粮食、外贸、物资、工业供销和供销社等商品流通企业按上年销售收入1‰征收,主要从事商品批发销售的企业按上年销售收入0.5‰征收;餐饮、旅游、娱乐等服务企业按营业收入1.5‰征收;工交企业按上年销售收入(或营业收入)的1‰征收;建筑安装企业按工程结算收入的1‰征收;银行部门按上年利息收入1.5‰征收;保险部门按上年财产保险费收入1.5‰征收;各类信托投资企业按上年业务收入1.5‰征收;个体工商户按注册资本1%征收;其他企业和自收自支事业单位的征收比例,由同级财政部门根据本地实际情况自行确定;转制为中外合资、中外合作企业,按中方投资比重计算确定销售收入(营业收入)份额,征收率比照上述同类企业征收标准执行。国有企业和国家控股股份制企业由财政部门(或由地方税务局)负责征收,集体企业由地方税务局负责征收,私营企业和个体工商户由各地根据具体情况落实征收部门。至2008年未变。

三、防洪保安基金

1992年开征防洪保安基金。工业、交通、农业等生产企业按上年销售收入1‰征收;商业、外贸、物资、供销等商品流通企业中的零售企业按上年销售收入1‰征收;批发企业按上年销售收入0.5‰征收;银行(信用社)按上年利息收入0.6‰征收;保险公司按上年保费收入0.6‰征收;各类信托投资公司、财务公司、证券公司等非银行金融机构按上年业务收入1‰征收。其他行业的各类企业按上年销售收入或营业收入1‰征收。跨行业经营的企业,如涉及不同征收标准,分别核算并适用相关标准征收,不能分别核算的,从高适用征收标准。事业单位和其他经济组织按上年营业收入1‰征收,该营业收入指事业收入(主营收入)、经营收入计征营业税或增值税的营业额。城镇个体工商户按上年营业收入1‰征收,无法确定营业收入的,可实行定额征收。城乡有固定工资性收入的在职职工每人每年缴纳10元。至2008年未变。

四、教育费附加

1994年开征教育费附加。纳税人以实际缴纳的“三税”(增值税、营业税、消费税)税额为计税依据,附加率为3%,分别与“三税”同时计算缴纳。对从事生产卷烟和经营烟叶产品的单位,减半征收教育费附加。至2008年未变。

五、地方教育附加

1994年开征地方教育附加。地方教育附加的征收标准为单位和个人实际缴纳“三税”总额的1%。至2008年未变。

六、地方教育基金

1994年开征地方教育基金。月工资性收入(以国家统计局劳动工资的统计口径为准)401～500

元每月征收1元；501～600元每月征收2元；601～700元每月征收3元；701～800元每月征收4元；801元以上每月征收5元。至2008年未变。

七、旅游事业发展费

1996年开征旅游事业发展费。旅行社、饭店、餐馆、车船公司、包机公司、管理公司、广告公司、娱乐场所、旅游景点等企事业单位均按营业额1%征收旅游事业发展费；旅游商品定点生产企业、旅游商贸企业按销售额0.5%计算缴纳旅游事业发展费。至2008年未变。

八、人防建设经费

2002年开征人防建设经费。企业和实行自收自支以及企业化管理的事业单位按上年末职工在册人数每人每年缴纳13～15元，列入各单位生产成本或经营费用；个体工商户每户每年缴纳60元。至2008年未变。

九、残疾人就业保障金

1997年1月开征残疾人就业保障金。用人单位每年安排1名残疾人就业，按统计部门公布的本地区上年度职工平均工资的一定比例缴纳保障金，按规定就业比例安排残疾人不足1人的单位，根据实际差额比例缴纳保障金。至2008年未变。

十、基本养老保险费

2000年7月1日起，征收基本养老保险费。征缴范围为国有和国有控股企业、股份有限公司、外商投资企业（包括外国企业的分支机构，下同）及其职工，城镇集体企业、城镇私营企业和其他城镇企业及其职工，实行企业化管理的事业单位及其职工，国家机关、事业单位、社会团体及其编制外聘用人员，民办非企业单位及其职工，城镇个体工商户及其雇工。缴费基数为职工个人其上一年度月平均工资收入，企业为上一年度支付给劳动者的全部劳动报酬。费率为用人单位按上一年度支付给劳动者的全部劳动报酬20%缴纳，职工按其上一年度月平均工资收入的8%缴纳。至2008年未变。

十一、基本医疗保险费

2000年7月1日起，征收基本医疗保险费。征缴范围为国有和国有控股企业、股份有限公司、外商投资企业及其职工，城镇集体企业、城镇私营企业和其他城镇企业及其职工，国家机关及其工作人员，事业单位及其职工，社会团体及其专职人员，民办非企业单位及其职工，城镇个体工商户及其雇工。缴费基数是职工个人其上一年度月平均工资收入，用人单位为上一年度支付给劳动者的全部劳动报酬。职工工资无法确定时，按上一年度职工社会月平均工资为缴费基数。费率是用人单位按上一年度支付给劳动者全部劳动报酬的8%缴纳，在职职工按照本人工资收入2%缴纳，退休人员个人不缴纳基本医疗保险费。至2008年未变。

十二、失业保险费

2000年7月1日起，征收失业保险费。失业保险费征缴范围为国有和国有控股企业、股份有限公司、外商投资企业及其职工，城镇集体企业、城镇私营企业和其他城镇企业及其职工，事业单位及其职工，社会团体及其专职人员，国家机关及其编制外聘用人员，民办非企业单位及其职工，有雇工的城镇个体工商户及其雇工。缴费基数为职工个人其上一年度月平均工资收入，企业为上一年度支付给劳动者的全部劳动报酬。费率为城镇各类企业（包括个体工商户）和实行企业管理的事业单位、外商投资企业、乡镇企业、国家机关、社会团体和实行财政补贴的事业单位均按2%缴纳，职工个人按其上一年度月平均工资收入的1%缴纳。至2008年未变。

十三、工伤保险费

2000年7月1日起，征收工伤保险费。工伤保险费征缴范围为各类企业，未依照或者参照国家公务员制度进行人事管理的事业单位、社会团体，民办非企业单位，有雇工的个体工商户。缴费基数为用人单位上一年度支付给劳动者的全部劳动报酬。费率为按行业风险、伤亡事故和职业病发生频率实行从0.2%～1.5%的差别费率，由用人单位缴纳，职工个人不缴纳。至2008年未变。

十四、生育保险费

2000年7月1日起，征收生育保险费。生育保险费征缴范围为国有和国有控股企业、股份有限公司、外商投资企业、城镇集体企业、城镇私营企业和其他城镇企业。缴费基数为用人单位上一年度支付给劳动者的全部劳动报酬。费率为0.6%～0.8%，最高不超过1%，由用人单位缴纳。至2008年未变。

第四节 征收管理

一、基金(费)征收

1989年，代征市场物价调节基金，一般采取按月计算、次月交纳的征收办法。1994年，除征收地方税收外，地税部门还负责征收教育费附加、地方教育附加、人民教育基金等政府性基金。1995年，代征粮食风险基金，采取年度应缴数的季平均数，按季征收，交纳单位和个人在季度终了7日向征收机关交纳或直接采取委托银行收款的办法。是年，税务部门征收基金98万元。2001年征收742万元，2008年征收3128万元。

1995～2008年淮阴区(县)地方税务基(资)金(费)收入统计表

表18-3-2　　单位：万元

年份	合计	教育费附加	地方教育附加	防洪保安资金	残疾人就业保障金	工会费	粮食风险基金	市场物价调节基金	其他
1995	98	20	22	30	—	—	5	9	12
1996	178	78	27	16	—	—	7	38	12
1997	233	101	32	14	—	—	16	54	16
1998	324	106	67	23	—	—	24	83	21
1999	485	107	133	36	2	—	35	153	19
2000	543	142	125	44	6	—	30	175	21
2001	742	277	130	55	5	—	52	198	25
2002	751	313	145	51	7	—	59	149	27
2003	1028	415	127	79	7	40	113	208	39
2004	1296	547	171	110	19	45	118	261	25
2005	1511	677	226	172	9	56	164	175	32
2006	2350	1223	372	219	4	56	230	220	26
2007	2400	1277	373	221	23	71	245	137	53
2008	3128	1595	518	339	104	106	343	56	67

2002～2008年淮阴区社会保险费收入统计表

表18-3-3　　单位：万元

名称＼年份	2002	2003	2004	2005	2006	2007	2008
养老保险	1960	2428	2836	3492	4856	6488	10326
医疗保险	520	890	1673	1520	1582	2198	2786
失业保险	310	446	309	307	372	560	546
工伤保险	21	15	25	48	50	113	178
生育保险	16	14	23	45	50	79	127
合计	2827	3793	4866	5412	6910	9438	13963

二、地方税征收

1995年，是全县征收地方税的第一个完整年度，全年入库税收收入1570万元，比上年增收457万元，其中入库省级税收237万元，增收76万元；入库市、县级税收1333万元，增收381万元。营业税和城市维护建设税是地方税的主体，约占70%；房产税、城镇土地使用税、车船使用税、印花税、固定资产投资方向调节税、个人所得税等税种相对稳定。省属驻淮企业缴纳地方税580万元，约占全县地方税比重的43%；农村27个乡镇缴纳的地方税250万元，约占20%；城区缴纳的地方税收410万元，约占37%。1996年，国、地税征管范围进行调整，增值税附征城建税、缴纳营业税的个体工商户及缴纳增值税的个体工商户附征的个人所得税划归地税局征管。是年，县设立乡镇金库，对乡镇财政实行“核定收支、自收自支、超收留用、短收不补”的财政管理体制。全年入库税收2646万元，比上年增收1076万元，增长68.54%，其中入库省级税收602万元，市、县级税收2044万元。2001年，入库税收7906万元，其中省级税收423万元，市、县级税收7483万元。2002年，入库税收8592万元，其中省级税收460万元，市、县级税收8132万元。上海太平洋化工集团淮安元明粉有限公司、南风集团淮安元明粉有限公司入库税收共计1450万元，占区级税收的31%。是年，全区建筑、房地产市场发展良好，入库税收总量增大；农村税收日趋规范，税收减少较多。2003年，入库地方税收10790万元，其中省级税收485万元，市、县级税收10305万元。2006年，入库税收22311万元，其中省级税收868万元，市、县级税收21443万元。是年，地税各项收入总量31571万元。2007年，全区征收入库地方税收31231万元，其中省级税收1185万元，市、县级税收30046万元。入库的市、县级地方税收中，一般预算收入24214万元。2007年，全区征收的各项收入43069万元。

2008年，各项收入总量65082万元。全年入库税收47991万元，其中省级税收1772万元，市、县级税收46219万元。市、县级税收中，一般预算收入38445万元。

1994～2008年淮阴区（县）地税收入征收情况一览表

表18-3-4　　单位：万元

年份	收入总量	税收			其他收入			
		总计	省级	市县级	总计	其中		
						教育费附加	社保费	其他基金收入
1994	1173	1113	161	952	60	9	—	51
1995	1668	1570	237	1333	98	20	—	78

续表 18-3-4

年份	收入总量	税收			其他收入			
		总计	省级	市县级	总计	其中		
						教育费附加	社保费	其他基金收入
1996	2824	2646	602	2044	178	78	—	100
1997	4003	3770	616	3154	233	101	—	132
1998	5321	4997	473	4524	324	106	—	218
1999	6486	6001	448	5553	485	107	—	378
2000	7753	6346	493	5853	1407	142	864	401
2001	10704	7906	423	7483	2798	277	2056	465
2002	12170	8592	460	8132	3578	313	2827	438
2003	15611	10790	485	10305	4821	415	3793	613
2004	20701	14539	526	14013	6162	547	4866	749
2005	25199	18276	778	17498	6923	677	5412	834
2006	31571	22311	868	21443	9260	1223	6910	1127
2007	43069	31231	1185	30046	11838	1277	9438	1123
2008	65082	47991	1772	46219	17091	1595	13963	1533
合计	253335	188079	9527	178552	65256	6887	50129	8240

1994～2008年淮阴区（县）地税税收分税种情况一览表

表 18-3-5　　单位：万元

年份	合计	营业税	企业所得税	个人所得税	城建税	资源税	房产税	印花税	土地使用税	土地增值税	车船使用税	固定资产投资方向调节税	屠宰税
1994	1113	638	78	6	156	2	58	6	26	—	42	55	46
1995	1570	501	206	16	477	4	67	8	37	—	65	69	120
1996	2646	1001	232	98	687	5	153	69	53	—	77	70	201
1997	3770	1394	725	247	475	49	174	97	57	4	106	120	322
1998	4997	1774	768	535	719	18	216	31	46	2	125	105	658
1999	6001	2256	1066	715	549	11	166	40	35	—	135	162	866
2000	6346	2776	1084	914	638	2	199	43	52	—	148	7	483
2001	7906	2786	2688	1226	657	29	204	44	104	—	132	—	36
2002	8592	3425	2116	1294	1057	69	209	173	109	—	140	—	—
2003	10790	4894	2598	1231	1121	231	274	149	130	11	151	—	—

续表18-3-5

年份	合计	营业税	企业所得税	个人所得税	城建税	资源税	房产税	印花税	土地使用税	土地增值税	车船使用税	固定资产投资方向调节税	屠宰税
2004	14539	7834	2617	1574	1444	187	311	179	151	144	98	—	—
2005	18276	9420	3384	1826	1976	414	395	212	224	402	23	—	—
2006	22311	10282	3817	2600	2873	998	695	383	359	298	6	—	—
2007	31231	13173	5825	3905	3867	1077	847	479	1490	551	17	—	—
2008	47991	22939	7779	5201	4182	2675	877	752	2472	949	165	—	—

第五节　登记管理

1994年9月，地税部门登记企业有747家，其中国有企业219家，集体企业503家，私营企业25家。1996年5月1日后，新办企业和个体纳税人一律按调整后的征管范围实行分别登记，即只要缴纳地方税的纳税人均办理地税税务登记。是年，开展税务登记换证工作，全县换证3000家。此后，注重利用各种专项工作进行漏征漏管户的清理。2001年10月，再次进行辖区内的换证工作。2002年后，通过加强与工商部门和国税部门的信息交流，将相关登记信息及时反馈给基层征管分局，办理税务登记证并纳入正常税户管理。2004年，全区累计税务登记11406家。2005年7月1日起，在全区范围内国、地税联合办理税务登记。2006年，与区国税局召开联席会议，对税务登记换证的有关细节问题予以明确，具体包括换发税务登记的时间、地点、范围、程序、所需资料、工本费、违章处理等，并在新闻媒体上公告，此次换证国税部门以增值税、消费税户为主，地税部门以营业税户为主。2008年，全区累计税务登记13578家。

第六节　减免税管理

社会福利企业、资源综合利用企业年检从1995年开始，校办企业年检从1995年开始，至2004年校办企业减免税取消时结束，劳动就业服务企业年检从1995年开始至2007年结束，安置失业下岗职工再就业企业年检从2003年开始。1994～2002年，企业减免税申请报区（县）地税局后，由税政部门审核，经局主要领导同意后即发文批准。2003年4月，成立淮阴地税减免税审批管理委员会。企业减免税申请一律报送减免税审批管理委员会集体讨论决定。2005年4月，对行政审核、审批办法进行改革。凡属政策性（包括各税种条例、细则列举）的免税项目，一律由基层地税分局审核确认后，直接给予免税照顾。凡属经批准才能给予减免税的项目，由区地税局办税服务大厅窗口受理，并按要求对其资料进行审核，符合条件的，直接进行审批。纳税人凭减免税批准文件在各申报期进行免税申报，并在年度结束后将全年减免税款情况报区地税局备案；属上级审批权限的，纳税人按期缴纳税款，年度结束再向区地税局提出减免税申请，由区地税局按减免税程序报上级地税部门审批。减免税改由办税大厅窗口直接审批后，加强减免税管理，特制定减免税事后监督工作流程。办税大厅窗口根据纳税人申请资料审核批准减免税后，每月上报减免税统计资料，并在审批后将申请资料传递至区地税局管理分局，由管理分局指派2名以上税务人员进行减免税实地核查并出具调查意见。减免税审批管理委员会根据窗口审批及管理分局调查意见，对减免申请进行合议。符合减免税条件的，窗口归档资料，管理分局进行跟踪管理，每年组织专项督查；不符合减免税审批条件的，指令窗口取消减免税。

2001～2008年淮阴区地税减免税统计表

表18-3-6 单位：万元

类别 \ 年份	2001	2002	2003	2004	2005	2006	2007	2008
营业税	26	—	312	67	562	148	65	69
企业所得税	35	215	180	137	78	69	—	2
个人所得税	—	—	22	51	89	53	39	32
城建税	—	—	1	4	14	10	4	5
房产税	—	—	13	—	—	—	—	—
合计	61	215	528	259	743	280	108	108

第七节 税源建设

1994～2000年，年纳税10万元以上的企业被纳入重点税源管理，没有纳税超50万元的税源户。地税工作重点抓个体工商户、集贸市场及零散税收，农村税收主要抓好屠宰税与自行车税的管理。由于这些小税种面广量大，在构建协税护税网络建设中，一度出现“摊派”与“收过头税”的问题，1999年整顿税收秩序后，逐步得以纠正。2000年后，原有的重点税源户相继消失，房地产开发企业及招商引资企业逐步被纳入重点税源管理，重点税源户标准提高至50万元以上。2001年，《淮阴区地税局重点税源监控管理办法》实施，确定重点企业24家，首次开始实行专职管理员制度，并将此项工作纳入全局目标责任制考核范畴。2002年，按照“高收入、大行业”的原则，区重新确定重点监控户33家，涉及元明粉、饮食、金融、建筑、房地产、运输等六大行业，呈现国有、集体、有限公司、私营的多元化企业形式，纳税总量占全区的四分之一以上。2008年，全区重点税源监控户有60家。

第八节 税务稽查

1994年，坚持“以查促管、以查促收”的工作方针，稽查工作重点转向监督检查，是年稽查查补税款298万元。1995年，查补税款入库351万元，占全年收入35.6%。个人所得税，主要靠稽查收缴入库。1996年，对重点企业、纳税“钉子户”、难缠户和偷税抗税行为进行重点稽查。督促赵集运输站、县水泥厂、染织总厂、糖厂等单位理清账目，建好账册，追缴税款；稽查沈渡砖瓦厂、袁集食品站等单位的账目，追补欠税；处理渔沟、王营等地的抗税案件；查处赵集食品站职工及大兴庄、老张集两乡村民无证屠宰、贩运生猪的偷税案件。全年查补税款315万元。1997年，开展城区个体税收、集贸市场、企业所得税汇算清缴、中介机构、个人所得税、房地产企业、固定资产投资方向调节税、车船使用税等10项专项检查，检查纳税户357家，查补税款487万元。2000年，稽查工作以提高征管质量为宗旨，以组织收入为中心，实行日常税收检查与专项检查相结合，重点查办案件及人民来信来访举报案件，严厉打击各类偷逃税行为，查补税款与治理税收环境相结合，提高入库率、处罚率、查补比率等“三率”硬指标。全年检查各类纳税户56家，补税、罚款534万元，其中税款481万元、罚款53万元。税款入库率94%，处罚率10.3%，查补比率8%。全年接受信访、举报案件12起，查处12起，查补税款36万元。2002年，税务稽查工作在全市率先使用计算机稽查模块。在查结的184家案件中，无一户申请行政复议和听证，无一户提起行政诉讼，入库率和结案率均在99%以上。全年查补地方税407万元，完成全年任务134%，比上年同期增加28%。是年，开展对工商、税务中介、房地产评估各类事务所等单位的检查工作。检查高收入者5户，结案5户，查补入库税款、滞罚收入50万元；检查餐饮业4户，结案4户，查补入库税款、滞罚收入5万元；检查娱乐业1户，结案1户，查补入库税款、滞罚收入1万元；专项检查加油站9户，查补入库税款28万元。同时，严厉打击各种偷逃税犯罪行为，整顿、规范税收秩序，营造良好的税收环境。是年，税务治安办公室协助稽查办案10件，查补、追缴税款30余万元，查处涉税信访、举报案件10件，查补税款22万元。2003年，稽查体制改革，稽查手段由"权威性执法"向"人性化执法"转变。对上海太平洋（集团）淮安元明粉有限公司通过查前告知方式，入库税款69万元，及时纠正该企业工作失误，避免更大损失。全区共检查各类案件177件，结案率100%；查补总额419万元，入库总额416.38万元，查补入库率99%，完成年任务的136%；税务案件处罚率82%，公告税务违法案件19件，公告率11%；提请审理重大税务案件18件，重大案件提请审理比例为10%；移交司法审理1件。2005年，成立重大税务案件阳光审理委员会，专门审理重大税务案件。2008年，开展驻淮省、市直属企事业单位个人所得税检查工作。对淮阴卫生学校、淮阴电信局、淮阴供电公司等企事业单位进行税收检查。在对淮阴卫生学校2007年度纳税情况进行专项检查中，查补税款17.93万元，处以罚款9.39万元，教育费附加合计0.22万元，总计27.54万元，全部入库。4月22～24日，开展打击制售假发票和非法代开发票专项整治工作，抓获携带代开、传递建筑安装假发票1人，散发代开假发票名片2人，没收违法所得7000余元。5月，调查房地产企业缴税情况，逐户发放《淮安市淮阴地方税务稽查局税务稽查查前告知书》《淮安市淮阴地方税务局地方各税自查申报表》。通过自查，查补税款34.4万元，其中营业税14.57万元、城建税1.62万元、房产税0.3万元、土地使用税3.84万元、印花税3.49万元、土地增值税3.46万元、企业所得税4.05万元、其他税费3.07万元。

1994～2008年淮阴区（县）查补税款一览表

表18-3-7　　单位：人、万元

年份	稽查人数	查补收入	年份	稽查人数	查补收入
1994	2	298	2002	9	407
1995	4	351	2003	25	419
1996	4	315	2004	25	421
1997	4	487	2005	15	255
1998	4	301	2006	15	240
1999	4	296	2007	15	235
2000	4	534	2008	15	538
2001	9	728			

淮安市淮阴区志

（下册）

淮安市淮阴区地方志编纂委员会　编

HUAIANSHI

HUAIYINQUZHI

1978~2008

方志出版社

总目录

目　录

（下　册）

第十九篇　经济综合管理

第二十篇　中国共产党地方组织

第二十一篇　人大　政府　政协

第二十二篇　军　事

第二十三篇　民主党派　工商联　社会团体

第二十四篇　政　法

第二十五篇　科学技术

第二十六篇 教 育

第二十七篇 文化 旅游

第二十八篇　韩信故里

第二十九篇 大运河清口枢纽遗产

第三十篇 卫 生

第三十一篇　体　育

第三十二篇　民　政

第三十三篇　劳动和社会保障

第三十四篇　社会生活

第三十五篇　精神文明建设

第三十六篇　人　物

附　录

第十九篇　经济综合管理

1978年，在计划经济体制下经济综合管理部门尚不健全，职能划分不清晰，缺乏综合性和专业性。1980年后，经济综合管理职能不断明确细化，淮阴县政府先后成立县统计局、县审计局、县安全生产委员会、县物价局和县标准计量局。

1986年后，市场建设、道路修建和旧城改造项目增多，工程审计任务繁重，面广量大，依法对本级财政、地税预算执行、乡镇财务、企业及行政事业单位实行严格审计。1993年后，加强引进外资、扩大外贸及项目投入的落实；扩大财政收入，并采取“收支两条线”的管理机制，优化财政收入与支出的管理。对各类产品质量的检查、认证进一步规范，监管执法力度加大。

至2008年，计划管理、统计服务、工商行政管理、质量技术监督、物价管理、审计工作、安全生产监督管理以及食品药品监督管理等逐步走向规范化、制度化、科学化。各管理部门在管理和监控区域经济运行的各个环节中，根据市场经济的实际，逐渐变革传统的管理模式，在注重运用经济和法律手段的同时，强化服务功能，维护淮阴经济社会的持续健康发展。

第一章　计划管理

第一节　机　构

1978年，淮阴县计划委员会（简称县计委）主要职能是负责全县经济综合管理，下辖物资、统计、劳动、物价、基本建设5个局以及燃料、建筑、物资、机电、木材5个公司。1980年后，物资、城建、统计、劳动、物价等单位与县计委先后分离，成为独立的政府职能机构，企业随之划出。县成立物资协作办公室。县计委内设计划股、基建股、综合股。1988年，物资协作办公室分出，成立经济技术协作委员会。1989年，内设机构调整为办公室、计划科、投资科、综合科。1997年，内设办公室（县目标管理领导小组办公室）、综合计划股、固定资产投资股、工业交通股、农村经济股、第三产业办公室。2001年，淮阴县计划委员会更名为淮阴区计划委员会。2002年，淮阴区计划委员会更名为淮阴区发展计划委员会，内设办公室、产业发展科、发展规划科、投资科。划出4项职能，即产业政策制定和实施，引导企业和商业行业金融投资方向职能划给区经济贸易委员会；编制重大科技攻关项目及经费安排职能划给区科技局；对外贸易、经济合作、外商投资的具体政策职能划给区对外贸易经济合作局；制定国土规划和与土地利用总体规划有关职能划给区国土资源管理局。增加4项职能，即负责制定全区城市规划，推进城市经济和社会发展，协调城市化过程中的有关工作；负责对国家、省、市、区出资的重大基本建设项目初步设计的审批或上报，以及竣工验收工作；负责重点建设项目领导小组办公室职能；负责全区目标管理工作。2005年，淮阴区发展计划委员会更名为淮阴区发展和改革委员会，内设办公室、国民经济综合科、发展规划科、固定资产投资科、综合改革科、区重大项目稽查办公室。至2008年机构设置未变。

第二节 五年计划

【"五五"（1976～1980）计划与执行】 计划的主要目标是：集中力量把农业搞上去，逐步将淮阴县建设成为一个商品粮基地、蚕桑基地、油料基地、山羊禽兔等副业生产基地，促进工农业生产和各项事业协调发展。1978年，县内经济开始恢复和发展，但粮食产量仍徘徊不前。"五五"期间，计划粮食总产量100239.1万千克，年均增长1.4%。五年农业总产值57088.72万元，年均增长4.9%，其中种植业与多种经营总产值的比例为63.1:36.9。五年工业总产值39470万元，年均增长16.3%。工农业总产值的比例为44.8:55.2。基本建设投资总额1998万元。

1980年，全县工农业总产值2.06亿元，其中工、副业产值占48%，单一农业结构开始改变，粮食产量22361.5万千克。全县甜菜总产1500万千克，桑园1978.27公顷，蚕茧131.04万千克，林木2000公顷，圈存生猪21.92万头，出栏肥猪15.01万头、羊3.61万只。全县工业产值8858万元。36家工业企业的全员劳动生产率7969元，全民工业企业9363元，县属集体企业4012元。城镇街道和公社企业较低。在36家工业企业当年新增加的产值中，因提高劳动生产率而增加的产值占77.9%。全县36家工业企业中，27家实现利润253万元。社队工业从无到有。全县有社办厂255家，镇办厂25家，社办企业产值2151万元，镇办工业产值1143万元，占全县工业产值31.9%，共实现利润330万元，并为外贸出口、市场供应、城乡建设提供一定数量的产品，填补县某些产品缺口。全县有国、省公路干线110千米，其中沥青路面97千米；县乡道路9条115千米，其中石子路面72千米；内河航程215千米。公路货物周转量435万吨千米，水运货物周转量4800万吨千米。有209个农村生产大队通电话，占全县大队总数一半，王营镇全部改装为自动电话。是年，全县商品纯购进额5761万元，社会商品零售总额8787万元。全县人口出生率下降至16.46‰，自然增长率控制到10.24‰。"五五"期间，经济建设取得显著成绩，但存在盲目追求高速度、缺乏实事求是的问题，提出一些一时办不到的口号和指标，没有严格按照经济规律和自然规律办事。农业发展路子多变，布局不稳，措施不力。对党在此阶段的经济政策理解不深，在集市贸易、家庭副业和农业生产责任制等方面，有时分不清是非界限，推行一些"左"的东西。有些工作人员存在官僚主义、主观主义等脱离群众、脱离实际及搞特殊化的作风。这些问题挫伤群众积极性，阻碍生产力发展。

【"六五"（1981～1985）计划与执行】 计划的主要目标是："六五"期末，计划全县粮食总产量171074.6万千克，年均增长12.6%，五年内农业总产值97825.16万元，年均增长13.4%，其中种植业与多种经营总产值的比例为66.4:33.6。五年内工业总产值67658万元，年均增长12.3%。工农业总产值的比例为43.5:56.5。基本建设投资总额3028.4万元。

1985年，全县实现社会生产总值5.5亿元，国民收入2.4亿元，财政收入1642.1万元，全县农业总产值2.39亿元。粮食由供应县变成差出县，粮食产量38130万千克，人均占粮超500千克；各类农副产品大幅度增长，油料总产1236.5万千克，五年平均每年增长34.1%，蚕茧量313万千克。农民生活水平不断提高，农民年人均纯收入299.53元，农民粮食自给有余，基本解决温饱问题。实现工业总产值18402万元。完成固定资产投资867万元，其中全民所有制单位固定资产投资840万元。

"六五"期间经济效益不高，人力、物力、财力浪费现象严重，一些经济部门重速度、轻效益，高消耗、低效益的状况没有改观。产业结构不合理，有6个偏低现象：在工农业产值中工业产值低，只占41%，而全省是68%；乡镇工业产值低，在工农业总产值中比重很少，占10.6%；在农业内部结构中农林牧渔产值偏低，1985年仅实现10056万元，占农业总产值的37%；种植业结构不合理，经济作物比例偏低，水面利用不高，农民年人均纯收入299.53元，在全省、全市处较低水平，全县仍有8%～9%的农民生活困难；科学技术落后，全县工农业科技人员2828名，农业人口平均万人占有技术人员2.26名，低于全市水平；资金能源紧缺，财政收入低，收支倒挂，"六五"期间财政收支差4000万元，制约经济发展。

【“七五”（1986～1990）计划与执行】 计划的主要目标是：工农业总产值计划平均每年增长15%（保证数）至17.6%（争取数），即在1990年达到9亿元，力争10亿元；国民生产总值平均每年增长14%，1990年达到5.3亿元。在工农业总产值中工业和农业比重为55:45。人均产值1250～1323元。1986年工农业总产值计划5亿元，比1985年增长10.7%。工业总产值平均每年增长22.1%，1990年达到5亿元，其中全民、集体各占一半，轻纺食品工业占工业的比重80%，其间重点装备一批骨干企业，提高现代化水平。农业总产值平均每年增长8.4%，即至1990年达到4亿元。农业内部结构将有较大调整，多种经营产值上升到1.9亿元，占47.5%，种植业产值2.1亿元，占52.5%，在保证粮食稳定的前提下，仍然沿用以往的思路，加快发展经济作物、多种经营。1990年粮食总产达到4.5亿千克，年递增3%；油料总产3100万千克，年递增18%；经济作物重点放在油料、蚕茧等产业上，其中蚕茧产量突破500万千克，生猪饲养量64万头，家禽饲养量700万只，山羊、绵羊饲养量40万只，家兔饲养量100万只，水产品750万千克。财政收入年增长10%，至1990年达到2356万元；“七五”期末，财政支出2351万元，基本达到收支平衡，扭转在全省财政倒挂的状况。固定资产投资规模五年累计在8000万～10000万元之间，重点投资轻纺、食品、建材、汽车站、供销中心、小水电以及商业、邮电大楼等。

“七五”期间，全县以经济建设为中心，整顿市场秩序，治理经济环境，克服困难，使“七五”计划的主要指标基本完成，工农业生产得到适度发展。1990年，社会总产值13.8亿元，与1985年的5.5亿元相比，平均年增长20.2%，实现翻番有余；国民生产总值7.07亿元，与1985年的3.99亿元相比，平均每年增长12.1%；国民收入5.1亿元，与1985年的2.4亿元相比，平均每年增长16.1%；社会生产总值、国民生产总值和国民收入均超额完成计划。1990年，工农业总产值5.86亿元，未能完成计划，与1985年的3.48亿元相比，平均每年增长10.98%，占计划的86.3%。固定资产投入1.335亿元。

“七五”时期，农业服务体系不够完善，物质消费增加，经济效益不高。1985年，全县农业物质消费1.27亿元，占农业总产值（现行价）45.5%，而1990年农业物质消费2.8亿元，占农业总产值的50%，五年增加4.5%。据资料统计，耕地面积逐年下降，人均耕地面积减少，全县减少耕地560公顷；农业投入不够，抗自然灾害能力薄弱。工业发展后劲不足，固定资产原值全县有1.92亿元，难以发挥较大效益。原料需求与发展能力不相适应，县纺织厂是纺织大户，形成1万纱锭的生产能力，缺少1500吨棉花；全县缫丝能力有780台缫丝机，耗茧3900吨，连同上调600吨，缺少1000吨。“七五”期间，全县人口增长过快，1985年全县人口是72.13万人，1990年人口普查时为77.89万人，净增5.76万人。人均占有粮食由1985年527千克，下降至1990年509千克，减少18千克。

【“八五”（1991～1995）计划与执行】 计划的主要目标是：以提高经济效益为中心，以调整结构为重点，加快技术进步，加强基地建设，增强经济发展后劲，促进城乡经济和社会事业长期、持续、稳定、协调发展。进一步开创社会主义物质文明和精神文明的新局面，为本世纪末淮阴县经济振兴，人民生活达到小康水平奠定基础。规划安排至1995年，工农业总产值20亿元，年递增9.4%，其中农业总产值8亿元，年递增4.9%。工业总产值12亿元，年递增13.4%；国民生产总值9.25亿元，年递增9.8%；固定资产投资规模6.735亿元，年递增38.2%；财政收入1995年达到0.34亿元，年增长11.1%。

1995年，全县国民生产总值完成18.68亿元，比“七五”末增长2.64倍，年均递增25.4%；财政收入7121万元，比“七五”末增长3.6倍，年递增28.8%；工农业总产值（1990年不变价）29亿元。

“八五”期间，全县工业经济规模总量小，效益水平比较低；农业产业化进程缓慢，流通环节跟不上，龙头加工企业薄弱；县、乡财政累计赤字较多，包袱沉重；生产要素始终趋紧，尤其是资金严重短缺；交通等基础设施建设严重滞后，制约经济的发展；少数职工和农民的生活还比较贫困；充分利用和发挥市郊县优势还做得不够。

【“九五”（1996～2000）计划与执行】 计划的主要目标是：进一步巩固和加强农业基础地位，农村产业结构更趋合理，多种经营和乡镇企业有新的突破；工业规模总量不断扩大，整体素质和效益均有明显提高；财政收支基本平衡，综合实力有较大增强；第三产业和各项社会事业得到较快发展；交通、通信、水利、电力等基础设施建设步伐加快，投资环境明显改善；城乡人民的收入水平、生活质量、生活环境有较大改善，1999年实现小康。1996～2000年，规划全县实现国民生产总值61亿元，年均递增27.6%，按1990年不变价计算，全县国民生产总值26亿元，年均递增16.7%，人均国民生产总值3106元（1990年不变价），年均递增16%；工农业生产总值100亿元，年均递增28.1%，其中农业总产值16亿元，年均递增9.9%，工业产值84亿元，年均递增34.6%；固定资产投资累计17.5亿元，比"八五"期间增加约12亿元；财政收入1.5亿元，年均递增16.5%，财政供给人员人均财政收入8000元。人民生活水平有较大幅度提高，农民年人均纯收入3880元，年均递增16.2%。基础设施有较大改善，实现县、乡道路黑色化，乡村公路砂石化，村村通电话，城区交换机总容量达到1.6万门，农村交换机容量达到4.3万门，电话普及率达到每百人4.67部。

"九五"期间，主要经济指标在"八五"基础上实现翻番，至2000年全县实现国内生产总值38.66亿元，年均递增15.7%，其中农业实现14.98亿元，年均递增11.5%；工业实现14.63亿元，年均递增19.4%；第三产业9.09亿元，年均递增18.1%；人均国内生产总值4603元，年均递增14.5%；全社会固定资产投资16.95亿元，年均递增49.3%；全县税收总规模从初期的0.45亿元增加至2000年的1.15亿元，四年实现翻番；财政收入1.76亿元，年均递增19.9%，高于"八五"3.2个百分点；财政支出2.29亿元，年均递增15.6%；城镇居民人均可支配收入4900元，年均递增10%，职工年均工资6600元，比1995年增加2728元，农民年人均纯收入3152元，年均递增15.7%。

"九五"期间，经济总量小，人均GDP占有量低于全国水平。经济结构不合理，第二、三产业指标低，低于小康指标应占有65%的要求。财政仍然拮据，社会保障体系不够完善。

【"十五"（2001～2005）计划与执行】 计划的主要目标是：大力实施工业强区、外向带动、科教兴区、城镇化拉动、可持续发展五大战略，提高农业，主攻工业，加快发展服务业，重点突破私营个体和开放型经济，逐步实现由农业区向工业区过渡、由拮据型财政向平衡型财政过渡、由基本小康向富裕小康过渡，努力使经济发展速度更快，经济效益更好，人民群众得到的实惠更多。主要目标是：国民经济保持较快发展，财政收支达到平衡，经济社会结构逐步优化，人民生活继续改善。"十五"末，全区国内生产总值78亿元，力争80亿元，确保年均递增15%，人均国内生产总值9000元，全社会固定资产投资120亿元，是"九五"累计数的2.5倍。财政收入3.6亿元，年均增长15%以上。进一步加大产业结构调整，使三次产业结构调整为27:43:30，第一次实现由"一、二、三"变成"二、三、一"。城镇居民人均可支配收入和农民年人均纯收入分别达7500元和4300元。

"十五"末年，地区国民生产总值75.09亿元，增长18.7%，其中第一产业增长6.5%，第二产业增长29.8%，第三产业增长15.7%；人均地区生产总值8552元；三次产业比例由2000年的38.81:38.00:23.19变为29.94:46.64:23.42，与"九五"末相比，二、三产业占地区生产总值的比重上升9.2个百分点；财政收入完成4.61亿元，计划增长18%，实际增长28.6%；全社会固定资产投资完成47.5亿元，计划增长30%，实际增长20%；城镇居民人均可支配收入7740元，计划增长9%，实际增长9%；农民年人均纯收入3713元（未达到4300元的计划数）；在岗职工年工资11697元，年均递增11%。城乡居民人均储蓄年均递增10.2%。社会消费品零售总额20.12亿元，年均递增13.2%。外贸出口总额完成1300万美元，计划增长33.3%，实际增长122.6%；城镇登记失业率计划控制在4%以内，实际3.97%；人口出生率计划控制在8‰以内，实际10.37‰。

"十五"期间，全区经济总量小、结构层次低的问题仍然突出；工业化水平依然偏低，缺少一批带动作用大、科技含量高、市场竞争力强的骨干企业及大项目，中小企业核心竞争力不强；服务业发展滞后，占地区生产总值比重偏低；城乡发展不平衡，农民持续增收难度加大，农村基础设施欠账较多；财政收支矛盾比较突出，部分乡镇财政入不敷出；就业和再就业压力较大，社会保障体系尚不完善，部分群众生活比较困难。"十五"期间，资源制约日益明显，特别是经济增长对土地的依赖性越来越大，环境承载能力弱，环境压力进一步加大。

【“十一五”（2006～2010）规划及前三年执行情况】 规划的主要目标是：坚持工业强区、三产活区、环境立区、科教兴区，大力实施新型工业化、城市化、农业产业化、外向化、城乡一体化五大战略，加快推进工业大区、现代城区、商贸新区和社会主义新农村建设，全力打造实力淮阴、开发淮阴、和谐淮阴，努力实现经济社会的快速发展、协调发展、共同发展。到“十一五”末，主要经济指标要在“十五”末基础上实现翻番。五年内地区生产总值达到165亿元，年均递增17.1%；人均地区生产总值突破2000美元，高于全国平均水平；全社会固定资产投资累计达到420亿元，是“十五”时期的2.6倍；财政收入达到13亿元，年均递增23.1%。三次产业结构由“二一三”调整为“二三一”，达到16.4:56.9:26.7，二三产业占地区生产总值的比重达到83.6%，比“十五”末上升13.2个百分点；工业投入220亿元，占全社会固定资产投资的比重超过50%；财政收入占地区生产总值的比重达7.9%，比“十五”末上升1.8个百分点。单位生产总值能耗比“十五”末降低20%左右。2010年，城镇居民人均可支配收入达到12600元，农民年人均纯收入达到5600元，年均递增10.2%和8%；恩格尔系数降至40%以下；城镇人均居住面积20平方米，农村人均住房面积40平方米；城镇职工五大保险和新型农村合作医疗实现全覆盖；城镇登记失业率控制在3.8%以内；科技对农业和工业的贡献份额达到60%和40%；高中阶段毛入学率90%以上；城乡文化、体育设施明显改善；乡村有线电视通达率100%，入户率90%以上。人口自然增长率控制在5‰以内。累计引进外资2亿美元，年均递增46%；进出口总额2.3亿美元，年均递增50%；外经营业额累计1.2亿美元，比“十五”期间增长8.2%。全区森林覆盖率和城市绿化覆盖率分别达到25%和36%，人均公共绿地面积超过15平方米；环境质量综合指数80分以上，工业污染源达标排放率100%。

财政收入、人均地区生产总值提前完成“十一五”规划目标，地方一般预算收入、全社会固定资产投资、社会消费品零售总额、进出口总额等主要指标达到“三步并作两步跨、三年力争翻一番”目标体系的序时进度。2008年，地区生产总值完成131.81亿元，增长20.87%，其中第一、二、三产业分别增长8.43%、25.70%、22.59%；三次产业比重调整为22.20:53.00:24.80；财政收入预计完成13.6亿元，计划增长30%，实际增长35%；其中地方一般预算收入预计完成7.7亿元，计划增长30%，实际增长44.28%。全社会固定资产投资预计完成135.2亿元，计划增长35%，实际增长35.2%。外贸进出口总额预计完成7100万美元，计划增长17.1%，实际完成7555万美元，实际增长22.27%；注册外资实际到账资金3450万美元，增长42.68%；实现外经营业额4600万美元，增长24.02%。城镇登记失业率计划控制在4%以内，实际控制在3.21%以内。单位地区生产总值能耗计划下降4.4%，实际下降4.4%。化学需氧量、二氧化硫排放量计划分别削减3%和3.6%，实际分别比2007年削减3%和20%。人民生活水平不断提高，城镇居民人均可支配收入和农民人均纯收入分别达到11801元、5259元，分别增长17.5%、15%。新发展私营企业1040家，新增个体工商户9048户，新增注册资金40.4亿元，新增从业人员2.8万人。新增就业岗位7210个，实现下岗失业人员再就业5023人。新增劳动力转移1.9万人，其中成建制转移1.1万人。

存在的不足与问题是：经济建设应对复杂经济形势的办法不多，化解企业经营困难的措施有待加强，规模以上固定资产投资偏低，外资利用机制在探索完善之中，推进城乡经济社会一体化发展需要付出更大的努力；社会保障体系尚不完善，保障标准尚需进一步提高，新农村服务中心等民生实事项目有的没有达到进度要求，安全生产薄弱环节还不少，维护社会稳定的任务依然很重，个别部门、少数公务人员责任感不强、服务意识淡薄，执行不力、作风不实现象不同程度地存在，行政效能建设需要进一步加强。

第三节　年度计划

1978年，淮阴县国民经济计划内容主要包含工农业生产总值、全社会固定资产投资、主要商品收购量、物资分配等指标，另有专项计划具体分解到各个基层单位。1980年，农业生产计划具体到各种农作物、畜牧业的种养规模和配套设施，具体任务分解到每个公社；工业计划中，将主要工业产品的生产任务分配到企业；对社会固定资产投资和生产、生活资料的流动方向均做出明确规定。1982年，提出调整农业内部结构，因地制宜，合理布局，建立农林牧副渔全面发展、农工商综合经营的农业经济体制。1983年，提出调整经济结构，发展多种经营。1984年，国民经济计划调整为国民经济和社会发展计划。计划内容涵盖农业、工业、交通、邮电、城镇建设、人民生活、财贸、主要商品收购、人口、教育、科技、基本建设投资等方面。1985年起，对农业生产、工业总产值、固定资产投资规模实行指导性计划，提出经济建设加速对外开放，扩大横向经济联系新思路。1990年，提出调整产品结构，发展工业经济，重点扶持利税大户企业。1993年，突出发展多种经营、"三外"（外资、外经、外贸）经济、个体私营经济和第三产业，实现计划经济向市场经济转变。1995年，提出加快发展规模经济，放手发展个体私营经济；首次提出三次产业结构比重，当年三次产业在国民生产总值中的比重分别为第一产业占46.54%、第二产业占32.22%、第三产业占21.24%。1996年，提出大力发展开放经济、实施外向带动及科技兴县战略，提高经济素质和运行质量。1998年，提出积极稳妥推进产权制度改革，加大结构调整力度，全面对外开放，选择和培植新的经济增长点，提高经济效益，实施再就业工程。2000年，确立工业经济的主导地位，加大非农业产业化进程，全面对外开放，通过招商引资，培植新的经济增长点。2001年，重点是以主攻项目和增加效益为突破口，提高工业经济总量和整体竞争实力；以增加农民收入为主线，以发展高效农业、提高加工农业、培植含税农业为重点，巩固和加强农业基础地位；以招商引资为主攻点，以经济合作为突破口，提高对外开放水平。2003年，全面发展农业和农村经济，推进产业化经营，发展生态农业，加快劳动力转移。提升工业经济的发展水平，培育盐化工、农副产品加工、纺织服装、新型建材等支柱产业，推动工业经济迅速扩张。发展壮大骨干企业，放手发展民营经济，大力发展建筑业。扩大对外开放。建设区域商贸中心。强化中介服务和社区服务。规范发展房地产业。2005年，重点是按照"布局科学合理、产业特色鲜明"的总体思路，打造四大工业板块：工业园区、盐河工业走廊、盐化工产业基地、乡镇特色加工小区。加快农村劳动力转移，发展规模农业，引导土地向大户流转。培育壮大龙头企业，推进农副产品转化。实施标准化生产，促进农业种养方式转变。加快城市建设，提高城市品位。加快小城镇和中心村建设，改善农村面貌。2008年，提出推进新型工业化，提升工业经济主体地位。强化政策扶持，培大培强企业。引导要素集聚，壮大特色产业。围绕培育盐化工、钢铁和机械加工、食品加工三大百亿级产业，招引新上龙头项目，发展上下游产品，拉长产业链，形成产业群。

第四节　重点项目立项审批

1978年至20世纪90年代中期，项目审批主要包括开办企业、项目开发、基建项目、用汇额度、"农转非"指标、重要生产资料等物资计划、固定资产投资项目等审批。审批的重点项目有：1978年，地区交通工程处（桥）投资13.8万元；无线电厂厂房设备投资48万元等。1979年，丝织厂厂房扩建，投资89.14万元；制糖厂厂房扩建，投资80万元；活动坝水电站投资209万元；新建淮阴师范学校及淮阴卫校，投资158.24万元。1980年，农垦第二纺织厂扩建，投资77万元；洪泽湖大堤加固，投资93.45万元。1981年，县人民医院投资137.7万元。1983年，县供电局投资207万元。1984年，淮阴市第一人民医院投资150万元。90年代中后期，项目审批逐渐弱化。企业开办审批手续简化，除特殊行业（化学危险品、易燃易爆、废金属回收）外，县计划委不再审批，由县工商部门按规定审批。1996年，编制整理工业重点建设投资项目29个，其中农副产品深加工项目15个、农业开发项目12个、市场建设项目2个，构成初具规模的项目库。1997年，申报并获批粮棉大县项目4个，其中蔬菜项目2个、木材加工项目1个、种子包衣项目1个，获省计经委项目贷款1317万元。1998年，立项项目有2万平方米新街副食品商城改造、南北挂钩张集漂炼石油二期、年产10万吨硫基PNK高浓度复合肥等工程。1999年，主要立项项目有苏北市场六区改扩建、淮阴国家粮储备库一期工程项目。2002年，重点项目立项18个，其中农业及农产品深加工项目8个、工业项目5个、城建交通项目5个。区植物油厂、凌桥米厂跨入省级农业龙头企业行列。1997～2002年，审批的重大项目有粮棉大县、南北挂钩、苏北市场、华能电厂二期工程、国家粮食储备库、采输卤工程、灌区改造工程、粉煤灰环保、国家级蔬菜园、火车北站选址等，项目资金全部到位。2003年，日处理2万吨污水处理项目的可行性研究报告论证工作结束。完成省农村道路灰黑化项目申报工作；完成水利部门对淮河流域的水利实施改造项目的申报工作；完成法院新审判楼项目审批程序，并争取到国债资金100万元。2004年，浙江省湖州商人投资6亿元建淮安国际农贸城，项目建议书和可行性研究报告获淮安市计划委批准。2005年，国家重点投资项目，新长铁路扩能改造工程立项，沿线3镇增加13个道口。2007年，年产1.6万吨盐硝联产项目为申报的重点项目之一，以白玫糖业为项目主体，实行盐硝联产，为区内盐化工产业的龙头项目。国家发改委于是年6月初委托中国国际工程咨询公司对该项目进行评估。2008年，60万吨盐硝联产环保工程项目获得国家发改委核准；生物质热电联产项目，位于淮阴经济开发区内，总投资3.6亿元，工程建设规模为3台75t/h秸秆直燃锅炉、2台15兆瓦抽凝式汽轮发电机组及相应辅助设施，该项目于是年8月获得省发改委正式批复，项目注册资金2000万元。

第二章　统　计

第一节　机　构

一、管理机构

1978年前，统计工作分别由计划、农业、工业、劳动、邮电等政府主管部门承担。1978年，县经济计划委员会设计划统计科，编制6人，负责全县统计业务管理工作。1979年，计划统计科从县计划委员会析出单立。1980年9月，淮阴县统计局成立，内设综合股、农业股、工业股、商业股，编制9人。1984年，增设淮阴县农村抽样调查队，副科级单位，国家事业编制7人。2001年，撤县建区，淮阴县统计局更名为淮阴区统计局。2003年，内设机构调整为办公室、法制科、工业科、农业科等，编制12人。2005年，增设淮阴区社会经济综合抽样调查队，副科级单位，内设人口与社会、服务业统计、城镇住户、信息网络等4个调查科，地方事业编制4人。2007年，淮阴区农村抽样调查队脱离统计局独立办公，更名为国家统计局淮阴调查队，核定编制7人。2008年，内设办公室、综合科、工业科、农业科4个科室，在编在职人员22名。

二、基层机构

1984年，各乡镇设立统计助理岗位，行政编制1人。2008年，全区21个乡镇、1个经济开发区均设立统计办公室，王营镇配备统计人员5名，其他乡镇及开发区各配备统计人员3名，全县共有乡镇统计人员68名。村一级统计人员由村会计兼任，区各机关、事业、工业企业、服务业企业等单位配备专（兼）职统计人员。

第二节　统计调查

一、国民经济核算统计

1978年后，衡量宏观经济的主要指标是国民收入。1985年，经国务院批准，正式建立国内生产总值和第三产业统计制度，开始在国民收入的基础上计算国内生产总值。其间，国民收入和国内生产总值两套指标同时并行。1993年，停止国民收入计算，按照联合国推荐的国民账户体系（SNA）的基本原则和方法进行国内生产总值核算，国内生产总值成为国民经济核算的主要指标。至2008年，建立年度和季度国民生产总值（GDP）核算制度。

二、农林牧渔业统计

1978年后，农村实行各种形式的生产责任制，农业生产管理发生深刻变化，农村统计工作任务逐步加重，农业统计报表制度日臻完善。1985年后，全县农村经济由过去单一的农业经济向农业、工业、商业、建筑业、运输业、服务业全面发展，农业统计内容增多。20世纪90年代后，国家统计局要求贯彻执行新国民经济核算体系，农村统计报表又有新的变化。新增加的农村经济综合年报有《现价农村社会总产值》《农业总产值和农业商品产值》《农业增加值》《农业净产值》《农村经济收入分配和效益》《农村固定资产结构》《区农村经济卡片》《沿海开放区和农副产品生产基地农村社会经济卡片》。2008年，全区农村统计报表定期报表主要有《农作物播种面积季节报表（全社会）》等5种表式，综合年报有《农村组织和从业人员情况》等10种表式。

三、工业统计

1978年，全县工业报表的填制，以企业为起报单位，由统计部门负责汇总，逐级上报。1987年，以统计工业总产值为主。统计的内容主要包括生产、销售、库存和成本、费用、价格、盈利、资产负债情况及其构成等经济指标。1992年，年报开始对乡及乡以上工业企业进行增加值统计，并建立以6项指标为基础的工业经济效益评价考核体系。1998年，对国有及年销售收入500万元及以上的非国有工业企业实行全面调查。统计内容主要包括工业总产值、工业增加值、销售收入、利税总额、利润总额等经济指标。统计月报，全部实施国有及年产品销售收入500万元以上企业的统计。1999年月报开始，对国有及年产品销售收入500万元以上工业企业，进行计算机汇总。2008年，工业统计定期报表有工业产销、产值及主要品种产量4种表式，年报有《产业活动单位基本情况》《工业产销总值》等6种表式。

四、固定资产投资统计

1981年起，固定资产投资统计范围由全民所有制单位和城镇集体所有制单位扩大到全社会各种经济领域。1985年，固定资产投资统计年报分为五大部分，即全民所有制基本建设统计、全民所有制更新改造措施统计、全民所有制其他固定资产投资统计、集体所有制固定资产投资统计、私人固定资产投资统计。1989年，《基本建设本月新开工100万元以上项目一览表》填报范围扩大至全部基本建设和更新改造项目。90年代，形成一套以投资效果为中心，全面反映投资过程和结果的指标体系，其内容包括固定资产建设项目、固定资产投资价值量、新增生产能力（或效益）、房屋建筑面积、投资效果等方面。1993年，《固定资产投资统计基层表标准表式》的部分指标再作调整，增加商品房屋销售额、商品房屋销售建筑面积、商品房屋配套设施完成投资、该年交付使用财产等指标。1996年，工业统计单设《房地产开发统计基层标准表》，分为投资额和新增固定资产、土地开发、资金来源、施工竣工房屋面积及竣工价值、商品房屋销售与出租情况、开发经营情况、利用外资情况等部分。1997年，境内固定资产投资范围扩大。1999年，建立全社会固定资产投资统计制度，将个体、私营的固定资产投资纳入统计范围，采用抽样调查方法，对5万～50万元零星投资进行统计，完善全社会固定资产投资统计体系。

2004年，取消全社会表，分城镇和农村两块，城镇投资统计50万元以上项目，农村投资统计500万元以上项目。2005年，城镇投资、农村投资的统计口径都调整为50万元。2006年，城镇投资、农村投资的统计口径都调整为500万元。2008年，全区固定资产投资统计报表统一为固定资产投资完成情况基层表。

五、建筑业统计

20世纪80年代，随着国民经济加快发展，建筑业成为发展生产、增加收入的重要产业部门。为此，国家统计局决定从1982年起，恢复“文化大革命”期间中断的建筑业统计。1983年，建筑业统计基本上步入正常轨道。1985年，增加《建筑安装企业、自营施工单位生产情况》《建筑业劳动生产率》《工程质量》等报表。1990年起，实行计算机汇总，各级统计部门不再上报纸质报表，改为以磁盘方式上报经过计算机处理的数据库。1996年起，统计范围由乡镇集体以上企业，改为建筑业资质等级四级以上的各种经济类型的建筑业企业。建筑业统计合并为《建筑企业生产情况表》1张报表。2000年，增加《建筑企业财务状况表》。2001年，增加《建筑业企业建筑材料消耗情况表》。2003年，增加《劳务分包建筑业企业生产经营情况表》《建筑产品产量完成情况表》2张表。2005年，增加《建筑业企业出省生产情况表》。2008年，报表统计未增加内容。

六、贸易业统计

1978～1980年，贸易业报表主要有社会商品零售额、国合商业购销存、社会消费品零售量、社会农副产品收购量和商业、饮食业机构人员等统计。1981后，随着经济体制改革的不断深入，社会商业、饮食业从单纯的国营商业逐步扩大至集体、个体、工业部门直接销售，集市贸易及其他行业直接经营。1993年，社会性商品零售总额统计口径发生变化，改为社会消费品零售总额，统计中剔除“农业生产资料零售”项，增加大中型批发零售贸易业企业报表，由同级统计部门直接布置、收集和汇总。1997年起，贸易业统计有较大改革，小型贸易业、餐饮业的抽样调查正式开展。1999年，亿元商品交易市场正式纳人贸易统计报表。2000年，对个体批发零售业、餐饮业进行抽样调查，调查以县（区）为总体，以从事批发和零售贸易业、餐饮业个体户为基本抽样单元。2005年，增加星级住宿业企业报表，由同级统计部门直接布置、收集和汇总。2008年，全区批发和零售业、住宿和餐饮业统计综合定期报表月报有批发和零售商品销售情况、住宿和餐饮业经营情况、限额以上批发和零售业商品销售分类情况、社会消费品零售总额、限额以下和个体批发零售业、住宿和餐饮业抽样调查推算资料汇总表等表式；年报有亿元以上商品交易市场基本情况、批发和零售业、住宿和餐饮业连锁总店经营情况、外省批发和零售业、住宿和餐饮业连锁总店在江苏分店经营情况等表式。此外，还有批发和零售业、住宿和餐饮业样本单位（户）基本情况一次性调查表。

七、劳动工资统计

1978年后，随着改革开放的不断深入，劳动工资统计在各个领域各个层次发生深刻变化，劳动工资统计报表制度更加充实和完善。1985年，劳动工资统计定期报表有7种，综合统计年报13种。1988年停止执行。是年，布置《各类专业技术人员情况》综合统计年报表。1992年，劳动工资综合统计年报有12种。1996年后，县内国有、集体企业改制，出现多种经济形式并存和职工失业、下岗现象，劳动统计及时调整统计口径和统计指标，增加在岗职工人数和在岗职工工资、离岗职工和离岗职工生活费情况等指标。2005～2008年，统计范围扩展至私营企业中的规模以上工业、限额以上住宿、贸易和餐饮业以及资质以上建筑和房地产业。

八、民营经济统计

2005年，开始实施民营经济统计报表制度。民营经济统计调查的范围和对象为行政区域范围内所有私营企业、股份合作企业、其他联营企业、其他有限责任公司（剔除国有控股企业）、股份有限公司（剔除国有控股企业）、其他内资企业和个体经营户。民营经济统计报表制度设置综合报表16张，内容包括反映全省民营经济发展规模、结构和效益等方面的主要指标。执行年报、半年报、季报调查制度。至2008年，统计报表制度无变化。

九、人口统计

1978年，结合建立户口登记制度，逐步推行经常性的人口统计报表制度，搜集人口资料。人口统计年报，一年统计一次，其基础资料来源公安部门的户籍年报。统计报表内容有户籍、性别、出生、死亡、出生率、死亡率、自然增长率等人口变动指标；统计范围是县内所有乡、街道以及场矿、企业、农场等政企合一单位；统计口径是公安部门户籍资料的户籍人口；统计方式是各乡镇负责收集本地人口信息，各公安部门派出所负责汇总上报，县公安局负责汇总后报县统计局，再由县统计局审核汇总后上报市统计局。至2008年，先后进行第三、四、五次人口普查以及多次人口抽样调查和专项调查，取得丰富的人口统计资料。

十、科技活动监测统计

科技统计工作是从1985年全国科技普查开始后逐步开展的。科技统计内容主要反映企事业单位兴办科研和技术开发机构、开展科研和技术开发活动以及科研和技术开发资金投入等方面的情况。2000年，开展一次清查，取得部分基础资料，此后，科技统计工作纳入统计年报制度。2005年，科技统计年报对大中型工业企业和一级资质建筑企业科技活动进行统计，由区统计局直接开展此项调查工作。大中型工业企业科技统计年报包含8大项68个调查指标，一级资质建筑企业科技活动年报包含5大项26个指标。至2008年，科技活动年报未变。

十一、服务业统计

1999年，按照统一制度规定，开始对旅馆业抽样调查，对星级以外住宿业进行抽样调查。调查的主要内容为单位财务状况及营业状况，主要有营业收入、营业支出，利润、固定资产等财务指标，以及客房数、床位数、年入住旅客人数和床位周转率等营业状况指标。此项调查一直持续至2003年年报。2004年，开展全国第一次经济普查，按照全国统一的调查方案，全区对服务业单位和个体经营户进行全面普查。此后，随着服务业经济的快速发展，全面加强服务业统计。2005年7月，淮安市第一个服务业综合统计调查制度《2005年淮安市服务业统计制度（试行）》出台。至2008年，服务业统计调查制度未变。

第三节　专项调查

一、农产量调查

1984年，淮阴县农村抽样调查队成立后，根据国家统一网点抽选方案，抽选新的农产量抽样调查点，上报江苏省农调队审批。1985年是全县农产量调查网点启用的第一年，调查的主要内容为农作物播种面积，包括上年秋冬播和本年春播面积以及全年播种面积；夏收粮食预计产量，夏收粮食实测产量；秋收粮食预计产量，秋收粮食实测产量；全年粮食预计产量等。1991年，建立粮食数据评估制度，以保证农产量抽样调查工作的质量，提高农产量调查数据的可信度。1995年夏季开始，江苏省统计局规定县区以上粮食产量采用以抽样调查数字定案。1999年，省农调队制定下发《1999年江苏省农村抽样调查区以下样本轮换实施细则》。按照《细则》要求，样本点开始实行五年轮换一次的制度。2004年，抽选新一轮的产量样本点。样本点于2005年开始正式使用。2006～2008年，无此调查。

二、农村住户抽样调查

1978年，公社社员家庭收支调查恢复。1984年5月，江苏省农村抽样调查队正式成立，经过测算，江苏省农村住户国家调查区为34个、3400户。淮阴县被国家抽中，调查100户。1990年进行第一次样本轮换，1995年、1999年、2004年分别进行样本轮换。2005～2008年，无此项调查。

三、人口抽样与劳动力调查

1980年后，淮阴区（县）组织多次人口抽样调查和专项调查，每五年进行一次1%人口抽样调查，每年进行一次1‰人口变动情况抽样调查，取得丰富的人口信息资料。1987年，全县进行1%人口抽样调查。1995年，全县1%人口抽样调查登记时间为10月1日零时。2005年，全区1%人口抽样调查登记时间为11月1日零时。是年，首次劳动力调查结合人口抽样调查同时进行。区统计局调查人员对抽中的98个小区、67个村居委会内的全部16岁及以上人口共19856人的就业状况入户进行调查。2006年11月，进行1‰人口变动情况调查。是年起，劳动力调查制度进一步完善，每年增加至两次。调查的范围为全区16岁及以上人口。调查内容包括调查对象的年龄、性别、居住地、婚姻状况、受教育程度、就业状况、所从事的行业和职业、工作时间、失业原因、失业时间、收入以及参加社会保障情况等。2008年，开展全区劳动力调查，境内有劳动力342693人。

第四节　国情国力普查

一、基本单位普查

1996年，对全部法人单位和产业活动单位进行普查，即第一次全国基本单位普查。2001年9月，进行第二次基本单位普查，2002年6月底结束。普查表式包括基层表和综合表。基层表分为甲、乙两种表式。甲表为《法人单位基本情况表》，乙表为《产业活动单位基本情况表》。普查综合表分5种表式，即《法人单位及产业活动单位数》《按单位类别分组的法人单位数》《按单位类别分组的产业活动单位数》《法人单位基本情况》《产业活动单位基本情况》。普查内容主要包括单位的基本标识、主要属性、基本状态和主要数据等。法人单位和产业活动单位的登记工作于2002年3月底完成。普查表经过普查员的初审后，区普查办组织业务人员集中审核、编码，进行数据录入处理。5月底，数据处理工作完成。个体工商户普查于2002年4月进行登记，6月底结束，7月开始进行编码审核和录入处理。2008年，无此普查。

二、农业普查

全国农业普查是重大的国情国力调查，每10年进行1次。1996年底，进行第一次农业普查。普查的主要内容包括：农业生产经营单位的数量、规模和结构；农业用地在各生产经营单位的分布和使用情况；农业生产性固定资产的数量、结构和性能；农村劳动力的数量、素质、从事的行业和流动情况；乡镇企业和建制镇的基本概况。

2006年底，进行第二次农业普查，普查的具体内容有：农户人口与劳动力就业状况；农户家庭生活设施和生活条件；农户承包与经营的农业用地；农户农业生产条件和农业生产情况；各种企事业单位的农业生产经营情况；乡镇和村的社会经济与发展情况。

三、工业普查

1986年，进行第二次工业普查。普查内容主要是1985年工业经济情况，包括产、供、销、人、财、物，并以工业装备的技术状况、经济效益、工业内部结构和职工状况为重点。普查对象是全部工业企业，并以与国计民生关系较大的工业企业为重点。普查经费按财政体制分别列入中央和地方财政年度预算。普查表由基层企业填报，县审核，分县造册，1986年4月底，报送省工普办。1996年，进行第三次工业普查，普查对象、内容和组织方法和第二次工业普查相同。

四、三产普查

1993年，开展三产普查，普查范围包括区域内所有的第三产业企业、事业、行政单位和社会团体。普查时间段限是1991～1992年。普查内容包括反映第三产业发展规模的指标，如单位数量、从业人员等；反映第三产业（经营）活动成果的指标，如销售（营业）收入、销售（营业）成本费用、销售税金、经营利润、行政事业单位业务收支、预算外收支和专项资金收支等；反映第三产业实物资产情况的指标，如固定资产原值、库存总值等。

五、人口普查

第三次全国人口普查的标准时点为1982年7月1日零时，普查项目共19项，其中按人填报的项目为13项，姓名、与户主的关系、性别、年龄、民族、常住人口的户口登记状况、文化程度、行业、职业、不在业人口状况、婚姻状况、妇女生育的子女数、1981年育龄妇女生育状况。按户填报的项目为6项，即户的类别（家庭户或集体户）、住址编号、人数、1981年出生人数、1981年死亡人数、有常住户口、已外出一年以上的人数。

第四次人口普查的标准时间为1990年7月1日零时。这次人口普查比前三次人口普查规模更大，调查项目更多，在1982年第三次人口普查19个项目的基础上，增加为21项，其中按人填报项目为15项，即姓名、与户主关系、性别、年龄、民族、户口状况和性质、1985年7月1日常住地状况、迁来本地的原因、文化程度、在业人口的行业、在业人口的职业、不在业人口状况、婚姻状况、妇女生育、存活子女数、1989年1月1日以来的生育状况；按户填报的有6项，即本户编号、户别、本户人数、出生人数、死亡人数、户籍人口中离开本县（市）一年以上的人数。超生人口和流动人口的准确登记成为这次人口普查的难点。普查方法改变前三次以设站登记为主的方法，采取以入户访问为主的普查登记方法。

第五次人口普查的标准时间为2000年11月1日零时。该次人口普查比前四次人口普查规模更大，调查项目更多，共计49项，比上一次人口普查增加28项，其中，按人填报有26项，按户填报有23项；按人填报的项目主要增加人口迁移情况和人口的经济活动情况；按户填报的项目主要增加住房情况；采用短表长表技术：90%的户填报短表，包括反映人口基本状况、反映人口受教育程度和反映户的基本状况的项目，共19项；10%的户填报长表，包括反映人口基本状况、反映人口迁移流动、反映人口受教育程度、反映人口经济活动、反映妇女生育状况、反映户的基本状况和反映住房的项目。首次采用光电录入技术。该次普查组织和动员3000余名普查工作人员、普查指导员和普查员，克服众多困难，按预定的工作流程，开展工作。从1999年3月组建普查机构开始，至2002年8月编印好资料，历时两年半时间，完成人口普查准备、登记复查、数据处理、资料开发应用等各阶段工作。

六、经济普查

2004年，开展第一次全国经济普查。经济普查集工业、建筑业、第三产业和基本单位普查于一体，普查对象涉及从事第二、三产业活动的全部法人单位、产业活动单位和个体经营户。对法人单位、产业活动单位全面调查，对个体经营户抽样调查。经济普查的标准时点是2004年12月31日，时期资料为2004年度。2005年1月1日，开始正式登记填报。普查表填报内容包括单位基本属性、从业人员、财务状况、生产经营情况、生产能力、原材料和能源消耗、科技活动情况等，是年底完成普查工作。

第五节　统计服务

一、统计资料的整理和编印

1978～2008年，区（县）统计局整理编印调查统计资料40册，其中年度统计资料31册（包含年度统计资料手册）、专题统计资料4册。

【年度统计资料】 1978～2008年，每年度根据各种统计调查报表资料，经加工整理，汇编成反映年度国民经济和社会发展情况的《淮阴区（县）统计年鉴》，每年一册。至2008年，编印《淮阴区（县）统计年鉴》31册。

【专题性统计资料】 1978～2008年，整理编印各种专题性资料9册。包括1984年整理编印的《淮阴县第三次人口普查资料》、1991年整理编印的《淮阴县第四次人口普查资料》、1994年整理编印的《淮阴县第一次三产普查资料》、1997年整理编印的《淮阴县第三次工业普查资料》《淮阴县第一次农业普查资料》、2001年整理编印的《淮阴区第五次人口普查资料》、2002年整理编印的《淮阴区第二次基本单位普查资料》、2005年编印的《淮阴区第一次经济普查资料》和2007年编印的《淮阴区第二次农业普查资料》。

二、统计检查

1985年，国家统计局组织开展首次全国统计执法大检查，全县统计执法检查全面展开。1991年，《江苏省统计管理奖惩办法》颁布实施。1994年，淮阴县成立由统计、纪检、司法等部门组成的联合检查组，开展统计执法大检查。1999年始，每年开展统计监审工作，对虚报、瞒报、迟报和拒报等统计违法行为进行立案查处。2001年，“三五”普法第一年，政府牵头，举办淮阴区统计法律法规学习班，区四套班子领导、各单位负责人、分管统计工作负责人、区直企业负责人、统计员等300余人参加学习。

1999～2008年，通过执法大检查和统计监审，全区（县）立案查处各类统计违法案件100余件。

第三章　审　计

第一节　机　构

1983年8月，淮阴县审计局成立，内设信访案件、审计股室，编制6人。1988年，设信访案件科、审计科、行政事务办公室，编制13人。1993年，设立工交审计股、商贸审计股、农水审计股、人秘股。2002年12月，撤股设科，设立办公室。2008年，淮阴区审计工作领导小组办公室设在审计局，区审计局挂淮阴区审计工作领导小组、淮阴区投资审计中心牌子，统一组织、指导、协调全区审计工作。内设办公室（法规科）、财金科等7个科室及固定资产投资审计中心，有工作人员25名。

第二节　国家审计

一、财政预算执行审计

1995年，开始对本级财政预算执行情况进行审计监督工作，之后成为年度内例行审计。是年10月，对县财政1995年1～9月预算执行情况进行预审，同时对财政、地税部门代收政府管理的专项资金、基金进行审计，并对有关重点税源进行审计调查，发现的主要问题有：农业方面税款已收3.7万元，但未及时入库；收到市拨车辆购置附加费分成款20万元及存款利息收入3.7万元，未作预算外收入项目入账；违反有关规定，多提留各项税收手续费32.6万元；各项基金入库相互调节；地税局违规提取教育费附加手续费计4万元；财政下拨教育事业费增长比例低于财政经常性收入增长比例；拖欠中小学教师工资等。1996年底，累计应回收财政专项周转金贷款6028万元，累计实际回收938万元，回收率15.56%。1997年，对1996年度财政局、地税局预算执行情况就地审计，主要问题是应缴未缴预算收入46.78万元，其中县财政局三大检查办公室已收未入库预算收入23.59万元，县物价局已收未入库预算收入23.09万元；财政专项周转贷款回收率低。1999年初，对1998年度预算执行情况审计时，发现少记预算收入250万元。

2000年，在对1999年度预算执行的审计中发现，预算执行中存在违规金额548万元。2002年，财政、地税部门预算执行中存在追加支出但未及时履行报批手续，未设置财政总预算费，地税部门多提退手续费，纳税户欠税数额较大等问题。2005年，查出部分专项指标拨付不及时，占用社保资金，农户自筹入户费未纳入专户管理等问题。2006年，对区财政管理的预算外资金进行审计，主要问题是对审计查出的预算批复不及时，超预算安排支出地方教育基金和地方教育附加费。2007年，对区级预算情况和区地税局税收征管情况进行审计，发现预算执行中存在未按区人大批准的本级预算及时批复，乡镇级预算支出无明细、专项基金和附加未及时入库等13个问题。在2008年的同级财政预算执行情况审计工作中，有关部门存在未按区人大批准的预算执行、滞留预算收入、资金拨付不及时、收费中心缓减收取建设规费等问题。

二、乡镇财政财务审计

1988年起，进行乡镇决算审计，对违规问题，按国家财经法规和纪律制度相应进行处理。1989年，对老张集乡、西宋集乡财政决算进行审计，老张集乡投入财政周转金50.2万元没有收回；西宋集乡年报前没有调整好账务，致部分账表、表表、账账不符，财会人员变动银行存款余额，改动银行对账单和收、付银行存款不做账，占用财政资金。1992年初，对三树乡13个村（1989.1～1992.4）的财务收支情况进行清理。经清理查出，个人贪污额2.68万元，村级招待费19.39万元，树东村会计贪污较多，被移交县检察院立案查处。1995年5月，对南吴集乡1994年度财政预决算情况进行审计，发现该乡征收农业特产税14.89万元，没有全部上交。1996年，对王营镇1995年度财政决算进行审计，发现其财政收支挂账现象较为突出。1997年，对北吴集、王兴、高堰3个乡农业契税征收情况进行审计，主要问题：支出挂账29万元，虚列调入资金和自筹资金收入55万元，将预算内支出转预算外列支计15万元。1998年，对新渡、棉花庄和码头3个乡镇基金设立、税费征收情况进行审计，经过审计核查，存在的主要问题：从预算外空调资金116.9万元搞虚假平衡（新渡乡42.7万元、棉花庄乡54.2万元、码头镇20万元），无依据提取教育集资、道路集资手续费，农业税社会减免款未兑现到农户，会计基础工作簿弱，存在账表、账证不符，以及固定资产不记固定资产账等问题。

2000年，对三树乡、丁集镇1999年度财政决算进行审计，主要问题：用乡财政资金以纳税人名义缴纳地方税收45.21万元；调空资金83.54万元搞虚假财政平衡；财政决算未能全面真实反映财政收支状况，存在账外账；乡财力紧张，欠发工资经费等数额较大；存在挤占挪用教育资金问题。2007～2008年，对6个乡镇财政决算进行审计，发现私设"小金库"、挤占挪用专项资金等问题。

三、金融保险审计

1987年，由审计署授权地方审计机关对金融机构进行审计，对审计发现的违规问题，按国家财经金融法规和纪律制度进行相应处理。是年，对淮阴县工商银行进行审计，发现违规金额4万元。1991年，对7家金融单位进行审计，发现违规金额28万元，存在以贷还贷、以贷还息、违规拆借资金、超规模发放贷款、贷款逾期、呆账较多、行政干预发放贷款数额大、银行自办公司经营失误、长期占用信贷资金等问题。1994年，对县中国银行进行财务审计，发现该单位以业务费和租赁费名义，列支营业大楼基建款支出40万元；提高贷款利率，多收利息0.28万元。是年，对县保险公司1993年度的财务情况进行审计，发现该单位以房租费的名义转移资金17.4万元，以支付查勘费名义弄虚作假，虚列支出6万元，两项金额合计23.4万元。经核实，此两项经费均由保险公司开出连号收据给有关单位加盖公章后，列入本单位业务管理费和查勘费支出，但款项并未支付给相关单位，由保险公司分别以现金提出存入农业银行（9.9万元）、中国银行（13.5万元），1993年年底用于购买天津牌面包车（12.35万元）和213吉普车（10万元）各1辆，尚余10.05万元。对余款10.05万元予以没收，并根据有关规定处以1.17万元罚款。1996年，分别对县中国银行、县农业银行、县财产保险公司的1995年度资产、负债、损益情况进行审计，查出违纪金额41万元。1998年，对中保集团淮阴县人寿保险公司、淮阴县财产保险公司的资产、负债、损益进行审计，发现保险行业存在少缴营业税14万元、少缴防洪保安资金10.8万元、少记保费收入40万元、超计税工资限额发放工资16.9万元等问题。

2000年，对县农村信用合作联社1999年度资产负债损益情况进行审计，发现信用联社和下属的2个营业部，少记贷款利息收入21.17万元，少提少纳税款，少提营业税款1.36万元，少交税款6.25万元，少提折旧费46.28万元等问题。2003年后，国家审计署没有再次授权审计机关对金融机构进行审计。

四、企业审计

1984年起，开始进行企业审计，1984～1988年，共审计企业16家，发现违纪违规金额284万元。主要问题：县日杂公司内管失控，公司资金长期被人占用、套用；县建材厂财务管理混乱，单位亏损严重；农资公司严重损农坑农。1988年，对县粮食企业进行审计，被审计的有渔沟粮管所、蒋集粮管所、县粮油贸易公司、饲料公司、县米厂、面粉厂等6家单位，查出各类违纪金额721.98万元。1991年，对县属外贸公司和茧丝绸公司进行分家独立核算审计。经审计，分清购置固定资产84.16万元的资金来源，核实外欠蚕种款12.08万元，查清1991年秋茧收购亏损65.5万元，上报亏损71.04万元，实际相差6万余元等问题。在1992年度的审计工作中，发现县自来水厂少缴纳水附加费7.28万元，作出上交县财政3.83万元的处理决定。在县造纸厂审计中发现，该厂负债大于资产102.98万元。1995年，对破产企业进行资产审计，组成破产企业审计组进入鞋帽厂，进行资产清算审计。2001年，对区烟草公司资产负债损益进行审计，发现资产不实、行政性收费管理不严格、欠缴税费等问题。2005年后，随着全区国有企业改制为民营企业，企业逐渐退出审计监督范围。

第三节　行政事业单位审计

1984年，对全县5个行政事业单位进行审计，查出违纪违规金额6万元。1989年，审计县科委掌管的科技三项费用，发现三项费用被挤占1.98万元。1992年6月，对县文化局财务收支和债权债务情况进行查证审计。经审计，该局累计欠债12.28万元，在没有资金来源的情况下购买小汽车。1993年，在对县教育局1993年度财务收支审计中发现，该局各股室预算外资金收支自设账户，分散管理。

2001年，对区国土局进行审计，发现超范围收取有关规费，巧立名目收费，将预算内资金转为预算外资金，不使用专用票据收费，坐支应缴财政专户款，违规使用票据等问题，查出违纪金额81万元。2007年8月，对区教育局及其直属事业单位教研室2006年度财政财务收支情况进行审计，发现收入挂往来账31.322万元，应扣未扣个人所得税1.59万元，应上缴未上缴抗洪捐款5.12万元等七类问题。是年，审计计划生育查处办公室财务收支情况，发现主要问题是违规支出4.67万元，未按规定发放补贴、津贴0.45万元。是年，对镇领导干部经济责任进行审计，棉花庄镇镇长在任期内为单位套取专项资金，私设“小金库”，在道路建设拆迁赔偿过程中内控不严，脱离财政监管，费用开支基本失控，财政财务支出审核审批把关不严，截留、挪用有关专项资金，“白纸据”等支出现象较为严重。2008年7月，对农业局下属推广中心等8家单位进行审计，发现内控制度不完善，违规报销局机关25.1万元“白纸据”招待费，因不及时拨付救灾种子造成6450千克水稻种过期浪费。

一、经济责任审计

【企业厂长、经理承包经营经济责任审计】 1988年，对淮阴酒厂、县开关厂、县第一建筑工程公司等企业承包经营责任进行审计，查出违规资金23万元。1990年，第一轮企业承包到期，开始首轮承包终结审计，被县政府列入1990年度承包终结审计的有71家单位，主要存在乱挤乱摊成本费用、产品质量差等问题。

【党政领导干部和国有企业法定代表人经济责任审计】 1992年3月，对县化肥厂原厂长进行离任审计。1995年初，对14个科级机关的离任领导干部进行审计。1996年，对县粮油总公司领导干部进行离任审计，发现主要问题是采取费用挂账方法虚报利润645万元，累计亏损1458万元。1997年，对标准计量局领导进行离任审计，发现欠交罚没款收入13.5万元，漏交税金4.1万元，超标准发放工资、补贴等项金额9.8万元，以及目标责任奖发放较多等问题。是年，对县物资局、土地局、开发区、供销社、蚕丝绸公司等14个科级单位进行领导干部离任审计，发现的问题是领导干部变动前后突击花钱、乱发奖金、低价处理公物；新购置的固定资产不入固定资产账，在正常费用中列支；有的单位亏损严重。经审计核实物资系统亏损3300万元。1998年，对半停产企业缫丝厂领导任期进行经济责任审计。截至1998年8月末，该厂资产为2510.6万元，负债为4692.1万元，所有者权益为负2181.5万元，累计亏损3110.7万元。1999年开始，领导干部任期经济责任审计列入正常审计工作范畴。

2000年，领导干部任期经济责任审计工作全面开展。是年，完成对西宋集、五里、韩桥、刘老庄、徐溜、渔沟、袁集、凌桥、吴城、王兴等乡镇及县经委等24个单位的29名领导干部的审计工作。2001年，对区种子公司、化肥厂等11个单位14名领导干部进行任期经济责任审计，发现化肥厂存在严重亏损问题，厂长曹某某的违法行为受到纪委查处。

2008年7月，对区农业局的主要领导进行任期经济责任审计，发现主要问题：违反规定抽调下属单位资金35万元，违规下达上缴任务并将局机关招待费直接抵下属单位管理费25.1万元，为该单位以虚报、冒领等手段骗取财政资金23.66万元，挤占、挪用、调剂使用专项资金111.44万元，滞留应下拨的财政资金40.78万元等，违规违纪金额总计269.05万元。

2000～2008年，全区（县）党政机关和企业经济责任审计涉及100多名领导干部，有7人受到法律、党纪惩处。

二、固定资产投资审计

1987年，开始基建工程项目审计。是年，对县五交化公司、外贸公司和缫丝厂等单位自筹资金基建工程项目进行审计。在对缫丝厂基建工程项目审计时，发现自筹资金开工建设的项目15个，工程预算为173.26万元，资金来源120.07万元（其中各项扣压金计11.82万元），建设项目资金缺口近三分之一（53.19万元），直接更新改造资金中支出项目7.1万元，资金缺口60余万元。1989年，对县邮政局、供电局、自来水厂等单位的城市建设资金使用情况进行审计。1996年，在对县公安交警大队和县医院2个单位的1995年度基建决算审计中，核减高估冒算金额34万元，查出漏缴税款4.4万元。1997年，对国土局、公路站、饲料公司、县中等9个单位的基建项目进行审计，核减高估冒算39万元。1999年，对废黄河一、二级护坡土石方工程竣工决算，长江东路建设竣工决算，承德路二期工程等重点基础设施项目进行审计，核减工程造价305万元，核减率14.5%。1999年，完成基建审计项目12个，为政府财政节约基础设施建设资金385.44万元。

2000年，完成10个基建项目审计工作，核减451万元，核减率15%。某镇政府综合服务楼竣工决算送审造价870.6万元，审定造价624万元，核减246.6万元，核减率28.3%。2001年，完成基建项目审计7个，核减711万元，核减率16.53%。2002～2004年，完成基建工程项目审计32项，核减702.05万元，核减率9.7%以上。淮河路等接线工程，送审造价117.7万元，审定核减63.9万元，核减率54.3%。2006年，固定资产投资审计项目63个，查出违规金额3159万元，其中金额最大的是基建项目。某单位在送审的2231万元基建项目中，审定造价1700万元，核减531万元，核减率31.2%。

2006～2008年，完成审计项目91个，送审造价33423.04万元，审定造价29719.95万元，核减3703.09万元，核减率11.1%。

三、专项审计

【国家专项审计】 1993年，县审计局对县外贸企业亏损（潜亏）专项进行审计，发现县外贸公司1992年度潜亏40.06万元。2000年，对工商行政管理局进行审计，发现的主要问题：经常性支出超预算102万元，专项支出超预算33万元，虚列支出10万元，漏记固定资产695万元，欠缴各项资金、基金78万元。

【省、市指令专项审计】 1993年，对县1991、1992两个年度利用世界银行低息（或无息）贷款为灌溉农业项目进行专项审计，查出7个问题，如无会计核算体系、资金到位不够及时、有极少数专项资金被挪作他用等。1995年，对上年教育经费和教育费附加征收管理使用情况进行审计，突出问题是县财政投入不足，欠拨款650万元；城市、农村教育附加、教育集资征收不足。2000年，对境内农村电网建设改造项目进行审计，审计发现工程用材料超限价255万元。2002年，省审计厅授权淮阴区审计局，开展社会保障基金审计。2004～2006年，开展农村五件实事专项资金审计，发现农村五件实事在实施过程中存在专项资金管理、使用不规范，乡镇配套资金不到位等问题。

四、审计调查

1984～1986年，对技术改造、小汽车购置和发展粮食生产等专项资金进行审计调查。经查，1984年底，全县有小汽车98辆，购价普遍较高。1986～1988年，对县农业、水利等部门发展粮食生产专项资金使用情况进行审计，发现50.23万元未用于发展粮食生产。1990年开始，对乡镇教育费附加征收及使用情况进行全面审计调查。经查，有的乡镇将招待费、干部培训学习费、会议费、绿化费、农经费、广播费、报刊费等，从教育费附加征收的款项中支出，经费使用混乱。1996年，对普教经费管理使用情况进行审计调查，存在的主要问题：财政拨付教育事业费增长比财政经常性收入增长低16.58%，未达到《中华人民共和国教育法》规定要求。县财政部门未按预算足额、及时拨付教育部门经费67万元。2000年，在成大集团实行改革之前，对公司资产、负债、损益情况进行审计，查清该集团公司虚增资产4万元、虚减负债1393万元、虚增所有者权益1397万元、虚增利润1399万元。

2008年，对农村环境整治、农村文化建设、农村教育培训、农村道路通达、农民健康工程，以及省2006～2008年度支农资金、全省中小学公用经费、低温雨雪冰冻救灾资金、抗震救灾资金等专项资金进行审计调查，发现存在专项资金配套不到位、核算不规范等问题。

五、协办案件

1985年，对小营乡该年度财政决算进行审计，查出该乡财政所前任会计陈某某将1984年行政经费其他暂存户的两户暂存款，通过上下年账户结转之机，调整账户的手法，从推销国库券中取用1580元。在经管支农周转金中以其子、兄买牛、养猪之名动用1200元。又以于和村二组修手扶拖拉机之名动用441元，乘财政核免无法收回1981～1983年支农周转金之机，予以核销。经财政局核实确有严重贪污行为，责令其停职检查，并退还被贪污的公款。其先后采用不同手法，贪污3180元（相当于当时1名临时工10多年的工资收入）。陈某某受到开除党籍、行政开除留用察看2年的政纪处理。

对机电公司1986年7月10日与华夏风机联合开发公司北京分公司签订1000吨马口铁经济合同，机电公司交现款定金5000元及票汇预付货款40万元给北京华夏风机联合公司，以及该公司某副经理与甘肃桥梁工程安装公司胡某某签订一份协议书，付给马口铁代购费（信息费），货收到前已支付10万元。发现合同无监证章，货未到先付款，合同未执行结束，对方账户已被封等问题；对马口铁信息费等事项进行审计，存在付款方式不正常，转签协议仅有私人签名，没有单位印章。查清问题后，主管部门采取措施，组织相关人员追回欠款，至1986年底追回货款6.4万元。1987年9月，对该公司的马口铁案等进行续审。因购销马口铁被骗货款51万元，审计发现后，责成机电公司追回欠款。至1987年6月分别从上海、北京追回货款30.51万元，尚有15.64万元没有追回，成呆账。该公司于1985年4月经营纯碱纠纷案，8.9万元被供货单位长期占用。该公司两次向连云港市新浦区法院申诉，均未落实。以上2宗业务被拖欠货款计44.43万元（不含已追回的货款），按1987年9月银行利率计算多支出7万余元。为追回欠款，支出差旅费等计1.07万元。

第四节　内部审计

1988年9月，县供销合作联社设审计科，县粮食局、物资局、商业局、城建局、经贸委设审计股，工商银行、农行等金融部门，以及供电、邮电、染织总厂和王营镇政府等单位都陆续建立内审机构。此后，各单位陆续建立内审机构，配备审计人员。1989年，县政府进一步明确在各系统主管部门建立内部审计机构，充实审计人员，开展经常性的审计工作，实行半年审计制度，以减少和避免企业在经营活动中出现无法弥补的损失。至1997年，全县各经营企业的主管部门，均建立内审机构，有7个部门的内审机构加入省内部审计协会。是年，内审项目390个，其中财务收支审计97项、效益审计116项、经济责任审计53项，查出损失浪费117万元，促进增收节支230万元，纠正违纪金额上千万元。被采纳的意见和建议160余条。1998年度完成审计项目188个，其中财务收支审计81项、经济效益审计10项、经济责任审计41项、其他审计56项，查出损失浪费363万元，促进增收节支22万元。被采纳建议意见130条，纠正违规金额40万元。向司法机关移送案件2件，建议给予行政处分4人。至2008年，全区有内审机构44个，其中专职机构19个，配备内部审计人员92人，其中专职人员35人。

1988～2008年，审计单位2679个（户次），查出损失浪费金额3214万元，促进提高经济效益3500万元，查处违纪人员46人。

第四章　工商行政管理

第一节　机　构

一、管理机构

1978年，淮阴县革命委员会工商行政管理局内设政秘、市管、企业、合同4个股室。1981年，淮阴县革命委员会工商行政管理局更名为淮阴县工商行政管理局。1997年，内设办公室、人事教育股、法制股、企业登记管理股、市场监督管理股、个体私营经济监督管理股、商标广告监督管理股、经济合同监督管理股、财务审计股等股室，另按有关规定设立纪检组（监察室）。1998年，实行垂直领导，淮阴县工商行政管理局更名为淮阴市淮阴工商行政管理局。2001年，淮阴市淮阴工商行政管理局更名为江苏省淮安工商行政管理局淮阴分局。2002年，机关内设办公室（财务室）、人事教育股、法制股、登记注册股、监督管理股（含企业、商标、广告、个体）、市场合同监督管理股、公平交易监督管理股（消费者权益保护股）7个职能股室。另按有关规定设置纪检监察室，下设经济监督检查大队。2008年，内设公平交易科、经济监督检查大队、监督管理科、市场合同科、消保科、法制科、人教科、纪检监察室、办公室、党办10个职能科室。

二、直属单位

1996年，成立淮阴县市场建设服务中心。2001年，淮阴县市场建设服务中心更名为淮阴区市场建设服务中心并移交地方政府管理。2002年，成立营北、王营、棉花庄、渔沟、五里、三树、南陈集7个工商分局。2004年，营北工商分局并入王营分局，增设赵集工商分局。2008年，下辖7个基层分局均为副科级单位。王营分局管辖王营镇，行政编制15人，附属编制3人。棉花庄分局管辖棉花庄镇、老张集乡、王兴镇、新渡乡，行政编制14人，附属编制2人。三树分局管辖三树镇、袁集乡、凌桥乡，行政编制13人，附属编制2人。渔沟分局管辖渔沟镇、吴集镇、西宋集镇，行政编制13人，附属编制2人。五里分局管辖五里镇、丁集镇、刘老庄乡、古寨乡、徐溜镇，行政编制14人，附属编制2人。码头分局管辖码头镇、南陈集镇、吴城镇、赵集镇、韩桥乡，行政编制14人，附属编制2人。开发区分局管辖淮阴经济开发区，行政编制15人，附属编制2人。

三、基层工商行政管理所

1979年，成立王营、陈集、和平、杨庄、渔沟、汤集、五里、张集、王兴9个工商行政管理所。1984年，增设韩桥工商行政管理所，管辖韩桥、赵集和南吴集3个乡，增设徐溜工商行政管理所，管辖徐溜、韩庄和古寨3个乡；大兴庄乡划归老张集工商所管辖，凌桥乡划归杨庄工商所管辖，刘老庄乡和种猪场划归五里工商所管辖，码头乡和高堰乡划归南陈集工商所管辖。1988年，增设三树工商行政管理所。1989年，增设苏北市场管理所。2000年，杨庄工商所更名为营西工商所，王营市场管理所更名为营北工商所；汤集工商所更名为西宋集工商所，在西宋集办公；苏北市场管理所合并到营北工商所。2001年，老张集工商所更名为棉花庄工商所，在棉花庄办公；韩桥工商所更名为赵集工商所，在赵集办公。至2008年，机构设置无变化。

第二节　企业登记

一、公有企业登记

1978年前，受“文化大革命”影响，工商企业登记中断。1979年，成立企业管理领导小组，对全县所有全民、集体性质的工商企业进行登记，无营业执照的不准开业，银行不予开户。至1980年底，全县共登记发证620家，其中全民所有制企业113家、集体所有制企业507家。1983年，全年新增企业191家，其中工业63家、交通运输业5家、建筑业9家、商业92家、餐饮业6家、服务业9家、修理业7家。1996年，登记全民企业31家、集体企业224家。1997年，全县有162家企业办理有关变更登记手续，注册吊销86家企业，为全县22家党政机关所办企业按规定办理划转手续，按国家政策不再允许党政机关办企业。2000年，登记规模以上国有企业12家、集体企业8家。2002年，登记规模以上国有企业9家、集体企业7家。2008年，有规模以上全民所有制企业2家、集体所有制5家、国有独资1家，部分国有、集体企业注销，企业数量有所减少。是年末，全区有国有、集体企业444家。

1985～2008年淮阴区（县）公有企业统计表

表19-4-1　　单位：家

年份	全民所有制	集体所有制	联营	国有独资	年份	全民所有制	集体所有制	联营	国有独资
1985	29	193	0	0	1997	22	243	3	0
1986	28	198	0	0	1998	21	24	4	0
1987	28	209	0	0	1999	12	24	4	0
1988	31	232	0	0	2000	12	8	4	0
1989	36	232	0	0	2001	13	8	6	0
1990	35	242	0	0	2002	9	7	9	1
1991	37	236	0	0	2003	6	7	11	1
1992	35	225	0	0	2004	6	4	22	0
1993	32	226	2	0	2005	6	1	33	2
1994	29	220	1	0	2006	4	3	48	0
1995	33	210	0	0	2007	4	7	41	0
1996	31	224	3	0	2008	2	5	111	1

说明：1998～2008年为规模以上企业。

二、私营经济与个体工商户登记

1978年底，全县有个体工商户1200家，从业人员1380名。1981年，全县核发个体工商营业执照1850家。1983年，本着积极鼓励，适当发展的原则，放宽个体工商业经营发照的条件，个体工商业迅速发展，至年底，全县共有个体工商户4319家。1985年，个体工商户达到10424家，从业人员14847名。但因发展过快，网点太多，且大多资金不足，年底即有3701家歇业。1987年，有个体户7716家，从业人员10232名。至2008年，个体工商户达到19000余家，从业人员44000余名，注册资金29.7亿元，户均注册资金15.03万元；私营企业达到3210家，从业人员42000余名，注册资金52.65亿元，户均注册资金164万元。

1986～2008年淮阴区（县）私营企业统计表

表19-4-2　　单位：家、万元

年份	本期开业	新增注册资本	期末总数	注册资本	年份	本期开业	新增注册资本	期末总数	注册资本
1986	1	97.80	2	97.80	1998	91	7597.51	362	70326.88
1987	1	127.00	4	224.80	1999	211	12623.90	573	82950.78
1988	1	625.85	12	850.65	2000	138	15760.19	711	98710.97
1989	31	4147.55	39	4998.20	2001	172	37166.79	883	135877.76
1990	18	1012.33	52	6010.53	2002	301	42245.91	1184	178123.67
1991	17	3581.53	69	9592.06	2003	344	50825.16	1528	228948.83
1992	14	1579.48	83	11171.54	2004	375	46155.15	1903	275103.98
1993	25	11784.60	108	22956.14	2005	338	63321.90	2241	338425.88
1994	26	4239.30	134	27195.44	2006	290	57898.20	1849	299303.38
1995	31	6188.30	165	33383.74	2007	347	61544.10	2196	360847.49
1996	35	9568.73	200	42952.47	2008	1014	165606.52	3210	526454.01
1997	71	19776.90	271	62729.37					

1991～2008年淮阴区（县）个体工商统计表

表19-4-3　　单位：家、万元

年份	本期开业	新增注册资本	期末总数	注册资本	年份	本期开业	新增注册资本	期末总数	注册资本
1991	—	0.30	5146	0.30	2000	332	816.16	18067	89.65
1992	—	1.50	5610	1.80	2001	59	72.15	10547	96.86
1993	—	0	8243	1.80	2002	318	823.50	10860	1792.11
1994	—	0	11341	1.80	2003	1552	4713.00	8846	6505.10
1995	—	0	12057	1.80	2004	1585	4921.61	9914	11426.71
1996	4	1.90	12967	3.70	2005	1585	9893.06	11272	21319.77
1997	3	40.10	13579	43.80	2006	2503	12343.99	9080	42171.63
1998	5	22.90	16440	66.70	2007	2737	37206.01	11817	79377.64
1999	16	13.60	19207	80.30	2008	7957	217797.24	19774	297174.88

三、外资企业及港澳台资企业登记

1992年，境内第一家中外合资企业淮阴市新亚包装有限公司成立。2000年始，工业园区建设力度加大，优化投资环境，大力招商引资，港澳台客商相继到淮阴考察投资，外资及港澳台资企业逐渐涌进。至2008年，境内共有外资企业及港澳台投资企业55家，其中法人企业15家，分支机构40家（移动公司居多），淮安市万邦香料工业有限公司、淮安市佳阳塑胶有限公司、江苏鼎元科技发展有限公司在同行业中均具有一定地位。

1995～2008年淮阴区（县）外资企业及港澳台资企业情况统计表

表19-4-4

年份	企业数（家）	固定资产（万元）	总产值（万元）	销售产值（万元）	增加值（万元）	全部从业人员平均人数（人）
1995	6	894.1	6138.9	5500.7	664.8	1000
1996	7	940.6	13791.2	12181.3	2893.8	992
1997	7	1540.0	27416.3	26273.1	4183.0	1241
1998	6	2153.8	24966.5	24334.1	5139.3	1206
1999	6	2399.5	32564.3	28104.2	9421.4	1566
2000	4	2250.0	33759.2	31322.9	7199.4	1049
2001	5	1721.1	25950.3	25870.5	6313.2	591
2002	5	1178.0	27113.0	26912.0	5533.0	596
2003	3	944.9	16047.5	15186.3	2876.7	392
2004	3	1472.0	16906.0	14977.0	3673.0	483
2005	4	1744.0	18267.0	16559.0	4422.0	546
2006	4	2621.0	31459.0	29724.0	7214.0	516
2007	7	5187.0	40748.0	30044.0	7010.0	113
2008	7	7967.0	54313.0	53798.0	7967.0	1416

说明：1998～2008年为规模以上企业。

第三节　市场管理

1978年，集市贸易逐步放开，上市品种渐多。1979年5月，撤销市场管理检查站，改限价管理为随行就市成交，允许社队多余产品上市销售，允许小作坊到集市购买原料和销售产品。1988年，建立粮食批发市场，组织市场调节，加强粮价管理。1989年，对城区部分市场的设施、电线线路进行改造。1990年，取缔8户“店外店”占道经营行为。1999年，市场的监督管理力度加大，查处各类案件672件，罚没金额22.2万元。全县培育发展个体经纪人734名。建市场3个，改扩建市场3个，扎口管理市场2个。2000年，全县各类市场成交额10.3亿元，增建市场2个，改扩建市场2个，扎口管理市场2个，规范化管理市场2个。查处市场违法违章案件469件，罚没金额9万元。全县有经纪人960名，其中个体经纪人953名，合伙经纪人4名，公司经纪人1名，其他组织2名。2001年，工商部门开始培育发展农民经纪人，至2002年末，全区有经纪人966名。2003上半年，受非典型性肺炎流行的影响，人员跨域流动量减少，商品交易被抑制，市场需求疲软，局部地区经济运行供大于求，市场成交额大幅下降。2004年，推进“肉菜粮放心工程”，区政府投入10余万元，配流动检测车，对市场经销的肉菜粮及其他农产品进行定期检测，并将检测结果及时公示，引导消费者安全消费。2005年，开展农资市场打假，查处各类市场违法违章案件226件，罚没款31万余元。2006年，出台《淮阴区市场防控禽流感应急预案》，关闭活禽市场23处，取缔违规经营户42家。2007年，对城区8家有形市场实行信用分类监管。2008年，清理整治二手车交易市场，共取缔非法二手车中介7家，规范3家。

第四节　经济合同管理

1978年，经济合同制得以恢复和发展。1981年，县工商局设立经济合同股，开始全面管理经济合同。是年，全县鉴证经济合同26份，金额149.2万元，调解经济合同纠纷2起。1982年，《中华人民共和国经济合同法》颁布实施，鉴证各类经济合同1685份，金额1501.4万元，其中工商合同14份，金额13.3万元；农商合同1559份，金额1226万元；异地合同8份，金额6.5万元。1984年，开展生猪鲜蛋派购合同的签订工作，全县鉴证生猪派购合同573份，计生猪16.75万头，金额2355.19万元，下达鲜蛋派购任务100万千克，签订配购合同573份，金额97.483万元，合同数占计划指标的55.64%。是年，成立经济合同仲裁委员会。1985年，仲裁委首次受理邗江县汉和磷肥厂申诉淮阴县职业中学拒付磷肥款一案，经裁决认定淮阴县职业中学违约。全年调解经济合同纠纷41起，仲裁7起，帮助企业追回货款30.8万元，确认无效合同48起，金额780.7万元。至1985年底，全县93%的有合同往来的企业在签订合同中实行法人委托书制度。

1990年，开展"重合同守信用"企业评比活动，评出"重合同守信用"企业39家。1993年，扩大合同鉴证范围，重要生产资料购销、企业承包、财产租赁、借款等合同均纳入鉴证范围，规定建筑工程承包合同必须鉴证。1996年，为企业办理动产抵押登记，解决企业融资难题。全年检查394家企业的经济合同签订履行情况，协助经济合同当事人挽回或避免损失32件，金额820万元。1997年，为11家企业办理动产抵押登记，融资985万元。1998年，成立淮阴县合同争议调解委员会，查处县丽华服装厂下岗职工曹某某与安徽省合肥市国信商贸公司价值63万元的中粮面袋加工合同案。经确认是一起合同欺诈案件，为合同承揽方避免经济损失63万余元，追回合同保证金3000元。1999年，新《合同法》颁布实施，是年鉴证合同345件，鉴证金额2634万元，查处违法合同案件37件，罚款8万余元。2000年，办理房地产抵押登记10起，抵押物价值1907万元，借贷金额1907万元。为企业办理动产抵押19起，抵押物价值4897万元，借贷金额4897万元。

2001年，工商部门不再受理房地产抵押登记工作。是年，为企业办理动产抵押28起，抵押物价值6052万元，借贷金额3918万元。2002年，抵押物登记工作趋于规范，逐步建立起抵押物台账，抵押物登记信息系统资料。是年，为企业办理动产抵押登记20起，抵押物价值13826万元，主债权7765万元。其中，为江苏民康油脂有限公司办理动产抵押登记1件，抵押物价值2515万元，借贷金额1750万元；为淮阴棉花纺织厂办理动产抵押登记1件，抵押物价值2376万元，借贷金额1000万元。是年，成立淮阴区企业合同信用管理协会。2003年，80%的购房消费者与售房企业签订标准示范合同文本，并进行合同鉴证，全年鉴证合同271份，鉴证金额31792万元。为企业办理动产抵押登记20起，变更登记3起，抵押物价值13510万元，借贷金额7701万元。其中，为江苏省淮阴丝织厂办理动产抵押1起，借贷金额3000万元，抵押物价值4528.3万元；为淮安市淮阴王营缫丝厂办理动产抵押2起，借款金额740万元，抵押物价值1190万元。2004年，为企业办理动产抵押登记12起，抵押物价值8072.72万元，借贷金额3017.5万元。其中，为江苏鼎元科技发展有限公司办理动产抵押1起，借贷金额1000万元，抵押物价值2353.71万元；为江苏白玫糖业有限公司办理动产抵押1起，借贷金额1123.26万元，抵押物价值1123.26万元。2005年，为企业办理动产抵押登记20起，抵押物价值9048万元，借贷金额5210万元。其中，为淮安市振达钢管制造有限公司办理动产抵押2起，借贷金额1200万元，抵押物价值3009.57万元；为江苏海通木业有限公司办理动产抵押1起，借贷金额600万元，抵押物价值1813.8万元。

2008年，为企业办理动产抵押登记30起，抵押物价值70431万元，借贷金额27040万元。

第五节　商标广告管理

一、商标注册

1978年，开始办理商标注册工作。1979年11月，恢复全国商标统一注册工作。“梅花”味精、“双塔”酒、“玫瑰”纺织品、“牡丹”纺织品以及“熊猫”等商标被核驳，保留6枚。1978～1979年，全县注册商标15枚，其中县属10枚、社办5枚。至1986年，有注册商标27枚，其中县属企业17枚、乡镇企业10枚。1990年4月，县工商局举办一期商标广告法规学习班，41家企业负责人参加。1994年，县工商局设立商广股，专门负责商标广告管理工作。是年，新发展注册商标10枚，续展商标7枚。2000年，全县实施创名牌工程，开展“乡乡有名牌、厂厂有商标”活动。是年，完成注册商标15枚，培育省、市级商标12枚。2004年，实施品牌兴农战略，申报注册农产品商标63枚，注册商标总数167枚。指导推荐“古楚”酱醋、“民康”油脂、BUDDHA（福达制衣）等3件商标申请认定市知名商标。2005年，降低商标注册成本，对涉农商标，每件由政府补贴1000元。全区注册商标63枚，其中涉农商标37枚。全区商标注册量291枚，创省级著名商标2枚、市级知名商标12枚。2006年，新发展注册商标60枚，申报著名商标1枚、知名商标7枚，查处商标侵权案件15枚件。2007年，发展注册商标62枚，申报市知名商标6枚。2008年，发展注册商标70枚，创省著名商标2枚、市知名商标10枚，辉煌太阳能被认定为中国驰名商标，区内驰名商标实现“零”的突破。

二、广告管理

1982年，国务院发布《广告暂行管理条例》。1985年，淮阴县广播站为全县唯一的广告兼营单位，经市工商局核准登记领取广告经营许可证。1990年，针对户外广告张贴混乱的现象，县工商局在县城增设32块广告张贴栏，并对户外广告的设置、张贴作了具体规定，铲除乱张贴的户外广告1000多张，同时加强对广告经营单位的管理。1995年，核准1户广告经营单位，并核发广告经营许可证。是年，县工商部门集中开展两次虚假违法医疗药品、保健食品广告专项治理。2002年，对房地产开发企业、房地产权利人、中介服务机构的房地产项目预售、预租、项目转让以及相关的广告宣传集中整治，依照《广告法》《房地产广告暂行规定》对3家违法违章的当事人给予相应的处罚。2004年，随着广告业的发展，全区广告违规现象也逐年增多。至2005年，全区有广告经营单位12家，广告业服务性收入由1988年2800余元，增至2005年620万元。2006年，发展广告经营单位3家，查处虚假违法广告案件5起，进行户外广告登记30件。2007年，实行广告监测制度，区电视台违法广告播出率降低。2008年，整治文化市场的广告发布，上半年共监测广告200余条，其中药品广告5条、医疗广告20条、违法广告18条。

第六节　监督检查

1978年，主要针对粮、肉、油等重点商品开展市场监督检查，肥猪、苗猪、母猪未经县商业局、工商局许可，严禁运往县外。1980年后，市场监管重点打击“投机倒把”违法活动。其时，全县严格控制粮油外流，棉农生产的棉花须到指定收购单位出售，不准上市，不准自由买卖。至1986年，处理违法经济案件6542起，“投机倒把”案件458起，罚没款16.4万元。1987年，县工商局设立经济监督检查中队，负责对经济案件的监督检查和查处。查处各类违法违章案件411起，查处“投机倒把”案件13起，其中包括倒卖生产资料案件3起、倒卖生活资料案件1起、掺杂使假案件2起；查处劣质化肥88吨、假农药17.95吨、假洋河酒26500瓶、冒牌香烟100条，罚没款共计2.81万元。1995年，查办商标类案件，查处假冒他人注册商标案件9起。1998年后，重点监督检查粮食市场。1999年，查办伪造他人注册商标标识案件4起、销售假冒注册商标商品案件5起、销售侵犯他人注册商标专用权商品案件2起。2000年，查处不正当竞争案件20起，其中假冒他人注册商标案件3起、冒用他人企业名称案件12起、伪造产地案件3起、强制交易案件2起。2001年，查处各类违法违章案件1037起，案值499万元。查获违法物资铝材23吨、蚕茧4000千克，各类假冒啤酒、白酒81573瓶、运动鞋4112双，查扣“三无”（无生产日期、无质量合格证、无生产厂名称）食品28113千克。2003年，整顿规范市场经济秩序，查处各类违法违章案件684件，其中反不正当竞争案件27起，罚没款入库140万元。2004年，安徽阜阳“问题奶粉”出现以后，境内查获各类“问题牛奶”605袋。取缔黑网吧38家，没收用于经营的电脑350台。是年，查处传销案件65起，遣散传销人员4000余人，查封传销窝点69个。查处坑农、损农案件20起，没收不合格化肥586吨。2005年，开展全区农资商品监督抽查和农资市场专项整治工作，查处损农、坑农案件62起，没收假种子1250千克、假农药1600瓶、劣质肥料260吨。2007年，查获假冒旺仔牛奶75箱、知名品牌饮水机150台、双沟大曲酒2500余瓶、鸡精103箱、胡椒粉160箱、“飘柔”等洗发水300余瓶，以及质量不合格辣酱420箱、肉制品400千克，不合格的木工板40张。是年，查处不合格肥料案件25起，没收不合格肥料40余吨。2008年，取缔小食品非法加工点3处，查办质量不合格食品案件63起，查处虚假宣传食用油案件2起，没收侵权白酒307箱、侵权饮料56箱；立案查处农资违法案件33起，取缔传销窝点52个，教育遣返非法传销参与者1253人。

第七节　消费者权益保护

一、组织建设

1989年1月，成立淮阴县消费者协会（简称县消协），挂靠淮阴市淮阴县工商行政管理局，接受县工商局工作指导，与工商“12315”合署办公，实行理事会制度。理事会由各有关人民团体、社会团体、各有关新闻单位、境内各消协分会等组织推举的理事及消费者代表组成。理事会每届任期2年，理事会全体会议每年召开一次，设常务理事会。第一届理事会审议并通过《淮阴县消费者协会章程》。1994年，县消协扩大基层体系建设，共建成投诉处理站13个、投诉联络站17个、消费者联络站1个。1997年，对县消协章程作了修改。1998年，将原来以工商所为依托建立的13个投诉站扩建为以乡镇为依托的30个投诉站，由工商干部兼任站长、副站长，在村设立联络员。是年，全县427个行政村中，设立第一批联络员60名。2002年，结合工商所改制，对原消费维权网络作部分整改，并设立7个消费者协会分会，合并成王营、营北、五里、渔沟、棉花庄、南陈集、三树等7个投诉站，并在企事业单位中设联络站8个。2004年，淮阴区消费者协会更名为淮安市淮阴区消费者权益保护协会。2005年，按照“一会三站”模式在全区各乡镇、行政村（居委会）和有关企业成立消协分会8个、投诉站21个、联络站37个、监督站10个、调解洽谈室（企业）5个。2007年，工商分局建立消协分会7个，乡、村、街道建立投诉站点251个，其中规范化示范投诉站30个、监督站10个；企事业单位设立消费维权监督示范站点9个，各乡镇均设有“一会两站”。2008年，在乡、村、街道建立投诉站点261个，其中规范化示范投诉站30个；商业、服务企业及其他场所设立监督站10个，教育、卫生、电力等部门所属的企事业单位设立消费维权监督示范站点9个。

二、主要活动

1994年1月1日，《中华人民共和国消费者权益保护法》施行，县消协在全县范围内宣传《消费者权益保护法》《江苏省保护消费者权益条例》《淮阴市保护消费者权益若干问题的暂行规定》等相关法律法规及相关消费常识，发放宣传册5000余本，举办企业单位负责人和个体工商户代表法律法规培训班2期。1995年，受理消费者投诉225起，结案率100%，为消费者挽回经济损失21.6万元。1996年，参加各类检查5次，查获假冒伪劣产品酒61箱、烟2000条、服装300余件、皮鞋300双、饮料68000余瓶（袋）。1999年，发布县消协第一号消费警示“啤酒瓶易爆，消费者慎防”。“3·15”期间，全县检查饮食服务单位281家，食品经营单位184家、批发点24家，医院及药品经销单位10家，抽查药品140个品种，查获“三无”食品227千克、过期啤酒4980瓶、非食用油饼干159箱、假阜宁大糕100余条、假洋河酒85箱。

2002年，协会受理投诉308件，调解成功290件，为消费者挽回经济损失3.37万元，消费预警使消费者免受经济损失47.5万元。2003年，受理消费者投诉375起，解决368起，为消费者挽回经济损失27.4万元；支持消费者起诉3件，接待相关咨询476人次；查处侵权案件2起，处理申诉320起，查处假冒伪劣商品案件62起。2004年，由协会牵头，会同工商部门开展“12315”进农村、进社区等系列活动，对食品市场进行专项检查，捣毁制假售假窝点8个，查处制售假冒伪劣食品案件56件，罚没款18.56万元，吊销营业执照8户。2005年，受理各种消费纠纷投诉543件，为消费者挽回经济损失58.6万元。2006年，接受消费者咨询1824起，受理消费者投诉282件，为消费者挽回经济损失22.8万元。

2008年，区消协共受理消费者投诉356件，为消费者挽回直接经济损失26万元。

1997～2008年，每年均开展大型消费维权主题宣传活动，依次为“讲诚信·反欺诈”“为了农村消费者”“安全健康消费”“明明白白消费”“绿色消费”“科学消费”“营造放心消费”“为农服务”“健康·维权”“消费与环境”“消费和谐”“消费与责任”等主题。

第八节　个体私营经济协作

一、组织建设

1984年，成立淮阴县个体劳动者协会（简称县个协），设立乡镇（场）分会32个，建立行业小组252个。3月，召开淮阴县首届个协代表大会，出席大会代表120名，选举产生第一届理事会，其中会长1人、副会长2人、秘书长1人、理事11人。1987年1月，召开县第二届个协代表大会，出席代表180名，选举产生新一届理事会。1989年1月20日，召开县第三届个协代表大会，大会决定每两年换届选举一次。是年，全县个体工商户发展至6415家，从业人员8625名。1991年，个体劳动者协会开始聘用个协专职干事，并签聘用协议书。1992年，建立会员之家2个、业余学校1所。9月，召开基层个协专职干事第二轮聘用大会。是年，全县个体工商户发展至5657家，从业人员8358名；私营企业8家，从业人员148名。1993年3月，召开县第五届个协代表大会，选举产生新一届理事会成员17名。县个协下辖32个乡镇（场）基层个协，各基层个协分别设会长、副会长、理事3～5人。1997年5月10日，召开县第六届个协代表大会，完成换届选举工作。1999年10月，召开县第七届个协代表大会。是年，非法人社团淮阴县私营企业协会变更为法人社团。2000年8月24日，注销淮阴县私营企业协会，成立淮阴县个体私营经济协会（简称县个私协），成立基层分会14个。2008年4月1日，召开区第八届个私协代表大会，出席代表160名，其中党员代表45名、女代表19名，聘请名誉会长和顾问。大会向全区个私企业会员印发《关于在淮阴区个体私营企业中开展文明诚信经营创建活动的倡议书》。

二、主要活动

1984～1989年，县个协定期组织会员培训，举办形势、法制教育培训班246期，平均每年受教育6000余人，教育面80%。认购国库券12万元，为社会捐款8万元。1989年8月4日，举办首届中国个体劳动者绘画、“光彩杯”摄影大奖赛。

1990年4月起，创办《淮阴县个体工商业》，每月1期。1991年6月，举办画展7次，送展作品1000

多幅，12人35幅作品在省、市老龄书画展中展出或被有关画刊录用。1992年，举办不同规模的技术培训班3次，参培人员150人次。是年3月，参加市个体工商户首届“个体之声”业余文艺会演，获集体组织奖，节目《护苗》被省个协评为二等奖。1993年，开展“争先创优”活动，被市工商局、市个协授予先进个协称号，县民政局授予先进社团称号。会员中出席全国首次先进个体劳动者表彰大会1人，被市政府评选为“致富标兵”6人，受到市工商局、市个协表彰45人，受到县政府表彰158人。县个协获“全省抗洪救灾先进单位”称号。1997年，开展《城乡个体工商户管理暂行条例》10周年纪念活动，表彰先进加工大户、先进营销大户和市场建设先进单位；评出“青年文明号”16个，“户户讲道德、店店无假货”文明个体工商户95个，其中省级1个、市级14个、县级80个；评出先进个协工作者21名，其中省级1名、市级3名。1998年，开展“学雷锋、树形象”及“3·15”国际消费者权益日纪念活动，举办个体私营企业安置下岗职工洽谈会，组织19家个体大户、63家私营企业参加洽谈会，81家个体私营企业安排招工工种60多个，就业岗位804个。1999年，在会员中开展争创“光彩之星”“劳动模范”“青年文明号”以及“户户讲道德、店店无假货”活动。是年，县个体工商户有17092家，注册资金6522万元，从业人员33904名；私营企业726家，注册资金17386万元，从业人员10380名。纳税总额4600万元。

2001年，开展第六次“光彩服务周”活动，组织有影响的大户结对帮扶，资助特困学生，组织个体户到敬老院，为五保老人义务理发、修理家电等。2002年起，按照省、市协会的要求，每年春节前，区个私协和各基层分会开展扶贫济困送温暖活动，每年春节均捐出2万元慰问金，在个私会员中排出80名特困会员，为他们送去猪肉、大米、面粉、食用油、粉丝等年货。2003～2005年，区个私协每年均举办下岗职工再就业洽谈会，举办招聘会6次，联系有用工需求企业120余家，累计为下岗职工和党员职工提供就业机会3000余人次，帮扶实现再就业1600余人。2004年4月，组织宣传队赴五里、南陈集、渔沟3个乡镇开展“送政策到农村”法律法规宣传咨询服务活动，印发宣传材料15000余份，现场受理农民投诉50余起，解答农民和下岗职工提出的咨询近300人次，调处会员中消费纠纷12起，受教育达5000余人次。2005年，区个私协通过协调，约定区医院、健宁医药连锁有限公司、合草庭大药房有限公司、区新华书店、商联超市等9家企事业单位、40家连锁店，在就医、购药、生活消费、文化消费、法律服务、娱乐、旅游等方面，对个私会员给予优惠。区个私协出资15万元制作光彩卡15000张，发放到全区个私会员手中，个私会员凭卡可以享受5%～20%的优惠。2006年，开展私营经济党建工作调查，私营企业有党员278名，占全区个私从业人员的1.82%；业主为党员有18人，占私营业主总人数的0.95%；成立党支部15个，占个私企业总数的0.79%。

2008年汶川地震发生后，区个私协向全区会员发出援助灾区的倡议，组织会员捐款11.6万元，其中直接捐给四川地震灾区失学儿童9.1万元。6月18日，区个私协举办百姓创业与小康建设专题研讨会，邀请工商企业精英共同研讨应对金融危机办法。

第五章　质量技术监督

第一节　机　构

1978年，淮阴县计量管理所负责全县计量器具的检查、监督、维修工作。1985年，淮阴县计量管理所更名为淮阴县标准计量管理工作所，隶属县科学技术委员会。1989年，成立淮阴县标准计量局，县标准计量所为下设事业单位。1990年4月，县标准计量局与县标准计量所合署办公。1997年机构改革，淮阴县标准计量局更名为淮阴县技术监督局，为县政府工作机构，内设办公室、标准化股、计量股等3

个职能股室，负责全县质量监督工作。是年12月，撤销县标准计量所，分设县产品质量监督检验所、县计量管理所、县技术监督情报服务所、县技术监督稽查大队。1999年1月，质量技术监督工作实行垂直管理体制。12月，淮阴县技术监督局更名为淮阴市淮阴质量技术监督局，县技术监督稽查大队更名为县质量技术监督稽查大队。原县经委所属的质量管理职能，原县劳动局所属的锅炉、压力容器等安全监察管理职能，连同机构名称、编制、人员、资产一并划转县质量技术监督局管理。2001年，淮阴市淮阴质量技术监督局更名为淮安市淮阴质量技术监督局，下属单位质量监督检验所、计量管理所被整建制剥离，分归淮安市质量检验所、市计量管理所管理，并划转人员8名。是年，淮阴市淮阴质量技术监督局更名为淮安质量技术监督局淮阴分局。2002年，淮安质量技术监督局淮阴分局更名为淮安市淮阴质量技术监督局，为江苏省淮安质量技术监督局直属机构，内设办公室、代码室、质量管理与监督科、标准计量科和特种设备安全监察科5个职能科室，下设质量技术监督稽查大队。同时，将区电力、通讯、邮政等行政管理部门承担的用于贸易结算的电能表、电话计费器等计量器具强制检定的行政监督管理职能，农药质量工作的宏观指导和农药质量的监督职能划入质监局，将流通领域商品质量监督管理职能划归淮安工商行政管理局淮阴分局。2004年12月，食品生产加工环节的质量卫生监督职能划入质监部门。2008年，内设办公室、质量管理与监督科、标准计量科、特种设备安全监察科、食品生产监管科5个职能部门，下设1个技术监督稽查大队，编制33人。

第二节　质量管理

一、质量检验

1978年，产品质量检验主要通过企业内部自检和行业互检完成，境内无产品质量监督检验机构。1982年，产品质量监督检验工作由淮阴地区产品质量监督检验所负责。1986年，在商贸企业中开展“物价计量信得过单位”评比活动，全县有市级“双信”单位6家、县级“双信”单位16家，县五交化公司被评为江苏省“双信”单位。1989年县标准计量局成立后，开展化肥、白酒检验项目。1992年起，在小型国营、集体、个体经销企业中开展“商品质量合格企业”活动。1993年，开展“无伪劣假冒商品”单位活动，县五交化公司、百货大楼等10家企业被县政府评为“无伪劣假冒商品”单位。1994年起，组织推广先进质量管理经验和方法，推进名牌战略，管理工业产品生产许可证工作。1997年，成立产品质量监督检验所，隶属县技术监督局。2002年起，开展企业服务质量奖培育工作。2003年，开展“淮安市质量诚信单位”申报评比活动。至2008年，有8家企业获淮安市服务质量奖，有51家企业被评为淮安市质量诚信单位。是年，全区培育市级质量信得过产品24个，江苏辉煌太阳能热水器、淮安万邦香料成为省级质量信得过产品。

二、品牌创建

1999年，名牌创建工作在全县启动。2002年，提出“十五”期间名牌发展目标。2003年，出台《关于推进工业企业名牌战略的实施意见》。2005年，制定全区“十一五”期间名牌发展规划。是年，辉煌太阳能热水器成为国家级品牌，淮安市国业日化有限公司生产的蚊香等7种产品成为市级品牌。2006年7月，出台《关于加快推进品牌建设的意见》。2007年，淮安市国业日化有限公司生产的蚊香等10种产品成为市级品牌。2008年，出台《关于激励工业企业做大做强的意见》。是年，淮安万邦香料工业有限公司生产的“蝴蝶”牌L-香芹酮成为省级品牌，淮安市幸福食品有限公司生产的“老俞”牌系列糕点、淮安市卞老二炒货有限公司生产的“卞老二”牌系列瓜籽、淮安苏粤食品加工厂有限公司“苏粤”牌乳鸽等13家企业的15个产品荣获2008年淮安市名牌产品称号。是年，区内有国家级名牌产品1个、省级名牌产品3个、市级名牌产品23个。

2005～2008年淮阴区名牌产品一览表

表19-5-1

企业名称	产品名称	名牌级别	获得时间（年）
江苏淮阴辉煌太阳能股份有限公司	“辉煌”牌太阳能热水器	国家级	2005
淮安市国业日化有限公司	蚊香	市级	2005
淮安市赵集天泉粉丝有限公司	“天泉”牌粉丝	市级	2005
淮安瑞祥福达制衣股份有限公司	“福”牌衬衫	市级	2005
江苏白玫糖业有限公司	“白玫”牌绵白糖	市级	2005
淮安市卞老二炒货有限公司	“卞老二”牌系列瓜籽	市级	2005
上海太平洋淮安元明粉有限公司	元明粉	市级	2005
淮安市凌桥米业有限公司	大米	市级	2005
淮安市国业日化有限公司	蚊香	市级	2007
上海太平洋化工（集团）淮安元明粉有限公司	元明粉	市级	2007
江苏白玫糖业有限公司	“白玫”牌绵白糖	市级	2007
江苏鼎元科技发展有限公司	板材	市级	2007
淮安纵横生物科技有限公司	有机肥	市级	2007
江苏民康油脂有限公司	“民康”牌食用油	市级	2007
淮安市凌桥米业有限公司	大米	市级	2007
淮安老侯珍禽养生食品有限公司	“老侯”牌捆鸭肘	市级	2007
淮安市华夏庄园葡萄酒厂	葡萄酒	市级	2007
淮安万邦香料工业有限公司	“蝴蝶”牌L-香芹酮	省级	2008
淮安市幸福食品有限公司	“老俞”牌系列糕点	市级	2008
淮安市卞老二炒货有限公司	“卞老二”牌系列瓜籽	市级	2008
淮安苏粤食品加工厂有限公司	“苏粤”牌乳鸽	市级	2008
淮安万邦香料工业有限公司	“蝴蝶”牌L-香芹酮	市级	2008
淮安康维化工科技有限公司	“卧尔康”牌海绵、枕垫制品	市级	2008
淮安市淮阴金鑫面粉厂	“韩侯”牌小麦粉	市级	2008
淮安市正林炒货食品有限公司	“纤手”牌系列瓜籽	市级	2008
淮安市淮阴区金阳光米厂	新一李大米	市级	2008
淮安市华东减速机制造有限公司	“华松”牌减速机	市级	2008
淮安市淮阴韩侯酒业有限公司	“韩侯”牌大曲酒	市级	2008
淮安市淮阴区蔬菜科技开发部	“丁集”牌黄瓜、草菇	市级	2008
淮安市赵集国华食品有限公司	“赵集”牌粉丝	市级	2008
淮安乔氏建材发展有限公司	“乔氏”牌钢化中空安全玻璃	市级	2008

三、食品企业普查

1997年，县产品质量检验所开展食品类19个项目的检验，主要包括食油、冰淇淋、雪糕、冰棍、碳酸饮料、食醋、酱油、饼干、蛋卷、大米、小麦粉、蛋糕、糕点、月饼、方便面、速溶豆粉等。2005年，开展食品生产加工企业普查，普查对象为已获得生产许可证的食品生产企业、具有营业执照和卫生许可证但未获得生产许可证的食品生产企业，以及无营业执照、无卫生许可证和生产许可证的小作坊或一家一户的食品加工点。有56名专、兼职普查人员参与，历时4个月，对全区21个乡镇、247个村、1个工业园区、11个居委会的食品生产加工企业进行普查。经查，全区有食品生产加工企业1068家，其中中型企业3家、小型企业157家、小作坊及小加工点908家。

四、质量认证

1997年，县产品质量检验所通过省、市业务主管部门计量认证，开展建材类21个项目的检验，主要包括砖瓦、水泥、油漆、涂料、混凝土预制构件等。2006年，开展“质量兴区”活动，成立“质量兴区”活动领导小组，出台《关于开展“质量兴区”活动实施意见》，每年对40个单位“质量兴区”活动工作进展情况进行定期或不定期检查，此活动于2008年底通过省“质量兴区”验收组考核验收。2008年，对全区列统企业贯彻ISO9000质量管理体系情况进行调查，全区120家列统企业中通过ISO9001质量体系认证的有46家，未通过ISO9001质量体系认证的企业有74家。不属于列统企业范围的企业，有60家通过ISO9001质量体系认证。

第三节　标准化管理

1978年，县内企业按国家或部门标准生产产品。1979年，《中华人民共和国标准化管理条例》颁布，全县组织宣传学习，但实施较晚。1986年，国务院发布《工业产品质量责任条例》。1989年，推行企业标准化管理，境内5家企业制定产品标准。1991年起，受理企业产品标准备案。1996年，开展消灭无标生产试点县工作。1998年9月，通过省消灭无标生产验收，王营镇、赵集镇被评为江苏省执行标准优秀乡镇。是年，开始创建农业标准化示范区工作。丁集镇开始建设省级白羽王鸽万对鸽场农业标准示范区，于2001年8月通过省级示范验收。2004年，老张集乡建设省级出口无公害蔬菜标准化示范区。2005～2008年，境内先后有淮安海螺水泥有限责任公司、淮安拥俊电工材料厂、淮阴正力成套设备厂等10家企业采用国标标准组织生产。至2008年，全区有100多人持有标准化人员岗位培训合格证，171家企业250项标准通过审查备案。

第四节　计量管理

1978年，县内使用的计量器具主要有木杆秤、磅球秤和竹木直尺、木折尺、皮尺等，县计量管理所对不合格的尺、秤予以没收。1984年起，在全县推行法定计量单位，开始对工业企业进行计量管理，对乡镇企业衡器进行检定、修理。每年在粮食、棉花收购前，对27个粮食收购站和10个棉花收购站在用计量器具进行检定和维修。对各乡镇医疗单位使用的血压计每年均进行强制检定，不合格的限期修理。1986年，对全省第一批公布强制管理的33项64种计量器具进行普查登记建卡，对其中部分计量器具进行检测、审定、发放。36家工业企业经检查验收，定为计量三级合格企业；5家企业经检查验收，定为计量二级合格企业。1987年，开展对商贸系统、工厂企业、医疗卫生部门、环境监测部门的长度、力学、电学、天平和衡器等5项10种强检计量器具的检定和测试工作。1988年4月起，禁止使用市斤计量秤，推行千克制。1994年，县标准计量局新增低压电器、三项性能测定仪、燃油加油机检定项目，对X光诊断仪、B超、心电图仪、血压计、屈光度计等医用器具进行检定，检测302台（件），合格259台（件），合格率86%。1996年，对液化气、石油成品油、农用物资等市场计量行为进一步规范，全县社会公用计量送检率98%，企事业单位计量标准和工作计量器具送检率97%。1997年，开展计量确认工作，有11家企业通过计量合格确认审核。1999年，有50家企业建立和完善计量结构，检查定量包装商品16个品种，有10家企业被淮阴市技术监督局评为计量信得过单位。2001年，对棉花庄、丁集等8家卫生院和太平洋元明粉厂进行计量合格确认。8家加油站经过严格评定，被评为计量合格单位。2003年，区技术监督局开展对电能表、水表强检情况执法检查，对锅炉在用压力表、安全阀实行登记备案管理。是年，对加油、医疗等行业实行考核发证工作。2005年，开展对流通领域定量包装商品计量监督。2008年，区内有2个省级企业、10家市级企业计量检测体系被确认，2个市级企业计量诚信单位和1家企业完成“C”标志。

第五节　特种设备安全监察

一、特种设备管理

2000年，开展锅炉、压力容器、电梯、起重设备、厂内机动车辆等摸底统计、分类建账工作，对所有在用特种设备进行定期检验，检验率100%。至2005年，注册特种设备854台，其中锅炉435台（在用287台）、压力容器250台（在用202台）、机电类特种设备169台（在用157台）。是年，组织特种设备安全检查6次，检查锅炉186台（次）、压力容器132次、电梯40台（次）、厂内机动车辆22辆（次）、起重机械61台（次），查出各类大小事故隐患182处，下达监察指令书40余份。举办特种设备作业人员培训班8期，培训各类合格作业人员423名，基本保证在岗特种设备作业人员持证上岗。2006年4月，对全区22家化工企业使用的特种设备进行现场检查。2007年，增加注册特种设备280台。2008年是特种设备“隐患治理”年，查出事故隐患160余处。

二、土锅炉整顿

2001年，区内先后安装61台土制锅炉（非国家定点许可厂家生产），这些设备主要分布在各乡镇小浴室、小板厂、小豆腐坊等生产经营单位。2002年4月，区政府发布拆除土锅炉公告，同时将拆除任务按行政辖区分别下达给相关乡镇政府。6月，由区质监局牵头并提供技术支持，分别对各乡镇拆除情况进行现场督查。7月，全区在用土锅炉全部拆除报废。8月，通过江苏省质量技术监督局检查验收。2004年，对全区浴室小锅炉进行治理整顿。经调查摸底检查核对，全区浴室锅炉202台，其中47台为汽、水两用锅炉。经过治理整顿，有35台锅炉拆除并更换成较高压力蒸汽锅炉，有8台改造成无压热水锅炉，4台申报停用。2005年，检查发现4台土锅炉，2006年发现2台土锅炉，均予以取缔。2007年、2008年未发现土锅炉，土锅炉整治基本结束。

第六节　质量监督执法

一、质量抽查

1978年起，淮阴县标准计量所对产品质量进行监督抽查。1985年，主要对过磷酸钙、冰棍、食醋、酱油、饼干、蛋卷、小麦粉、蛋糕、糕点、月饼、混凝土预制构件等28个项目进行抽检，合格率97%以上。1987年，抽查48家经销低压电器商店，查出假冒伪劣商品15.65万件，价值62.16万元，其中销毁价值2.5万元假冒伪劣商品。1988年，假冒伪劣商品呈逐渐蔓延势头，从一般生活用品扩展至农业生产资料，抽查6个企业18件产品。1989年，实行食品标签制度，检查18家企业50多个产品的标签，合格率42%。1986～1990年，对建筑、食品、针织品、日用电器、仪器仪表、计量器具、皮革制品、日用化学产品、电子器具等行业抽查175家，抽查产品1512件。1999年，加大对产品的抽检力度，增加抽检批次，共抽检产（商）品600余批次，主要涉及食品、机械、化工、石油、建材、农资、卫生等7大类40余种。2008年，推进食品市场准入制度，取得市场准入资格企业29家，全区累计食品QS认证企业85家，获证率90%以上。

1992年国家、市、县三级质量抽查一览表

表19-5-2

项目	抽查品种数（种）	合格（种）	合格率（%）	不合格（种）	不合格率（%）
三级抽查总计	212	179	84.43	33	15.57
国家抽查	12	7	58.33	5	41.67
其中：皮革产品	7	4	57.14	3	42.86
灯具产品	2	—	—	2	100.00
机械产品	1	1	100.00	—	—
五金产品	2	2	100.00	—	—
市局抽查	120	105	87.50	15	12.50
其中：玩具产品	6	6	100.00	—	—
五金产品	32	27	84.38	5	15.63
化妆产品	24	24	100.00	—	—
机械产品	9	9	100.00	—	—
电器产品	12	10	83.33	2	16.67
水泥产品	4	4	100.00	—	—
凉鞋产品	2	2	100.00	—	—
灯具产品	6	6	100.00	—	—
气体产品	2	2	100.00	—	—
三投锦纶产品	6	6	100.00	—	—
羊毛衫产品	2	2	100.00	—	—
食品冷饮产品	10	7	70.00	3	30.00
油漆产品	1	—	—	1	100.00
煤饼产品	4	—	—	4	100.00
县所抽查	80	67	83.75	13	16.25
其中：冷饮产品	10	7	70.00	3	30.00
皮鞋产品	18	16	88.89	2	11.11
塑料电线产品	8	7	87.50	1	12.50
涂料产品	7	2	28.57	5	71.43
羊毛衫产品	10	9	90.00	1	10.00
计量工具产品	11	11	100.00	—	—

续表 19-5-2

项目	抽查品种数（种）	合格（种）	合格率（%）	不合格（种）	不合格率（%）
砖瓦产品	8	8	100.00	—	—
电池产品	1	—	—	1	100.00
食油产品	7	7	100.00	—	—

二、查处伪劣产（商）品

1986年6月，全县开展商品质量大检查，重点消除“三无”（无厂名、无厂址、无质量检验合格证）商品。1988年，对16个乡镇48户企业400多家经销低压电器的商店进行重点突击检查，共收缴无证假冒劣质低压电器8万余件，价值31万元，经县公证处公证后，现场销毁。1988～1990年，检查商店69家，查处假冒劣质商品15.65万件，价值62.16万元。1991年，对36户厂家、商店所生产、销售的产（商）品进行检查，查出无证产品4种9988件，价值56万元。1992年，检查商店、批发部309家，检查商品388种45549件，查封没收的假冒伪劣商品有食品、罐头饮料、烟酒、低压电器、医疗器械和汽车润滑油等6类54种17047件，价值9.3万元。1996年，全县立案查处各类行政违法案件232起，罚没金额6.3万元，调解仲裁案件5起，为消费者挽回经济损失49万元。1997年，组织实施对农资、煤炭、汽车零配件、农机零配件、液化气灶、碘盐、酱醋、家电、石油、酒等10类市场进行专项集中打假活动，共查处涉及假冒伪劣产（商）品标值203万元，没收假冒伪劣产（商）品11万元，罚没款累计59442.5元。1998年，配合县化肥厂、酱醋厂、水泥厂、酒厂等企业开展市场专项整顿。1999年，共查处质量、计量、标准违法案件600余起，查处假冒伪劣商品标值400余万元，没收假冒伪劣商品20多万元、罚没35万元，取缔制假窝点27个。

2004年，组织打假活动12次，查处食品、电器、农资、建材、婴儿奶粉等假冒伪劣商品标值160万元，没收假冒伪劣产品标值514万元，立案65起，其中万元以上大案13起，取缔制假窝点3个。2005年，共办理万元以上大要案件11起，其中无证生产建筑幕墙某企业被处罚65万元。2006年，办理罚没万元以上大案21起，其中3万元以上15起，取缔制假窝点9个。2007年，开展食品加工企业、农村集贸市场、大型超市、宾馆饭店等专项整治活动11场，查处案件共64起。

2008年，查处立案案件40起，其中群众举报投诉35起。查获违法生产销售产品货值110万元，取缔制假售假窝点6个，移送司法机关2起，涉案人员2名。2001～2008年，查处行政执法案件共520余起，查处假冒伪劣、假生产许可证、假3C强制认证、特种设备等案件货值超过1000万元，先后移交司法机关追究刑事责任案件13起。

第六章　物价管理

第一节　机　构

一、管理机构

1978年，淮阴县计划委员会内配备物价员1名。1979年10月，成立淮阴县物价委员会，配备兼职正、副主任3名，内设物价科，配正、副科长各1名，物价员1名。1985年，物价委员会配副主任2名、办事员2名。1987年7月，撤销淮阴县物价委员会，成立淮阴县物价局，配正局长1名、副局长2名、办事员5名，行政附属1名，内设办公室、综合科等职能科室。2001年，淮阴县物价局更名为淮阴区物价局。2008年，区物价局内设办公室、综合科，编制9人。

二、直属机构

1984年10月，成立物价检查所，受县物价委员会领导，并与其合署办公。1985年，物价所配所长1名、副所长2名、办事员4名。1994年，成立县价格事务所，实行两块牌子、一套班子，隶属县物价局，为股级全民事业单位，编制2人，承担价格鉴证、价格认证、信息服务等工作。2001年，区价格事务所更名为区价格认证中心，编制2人。2004年，区物价检查所更名为区物价局检查分局，由原来的全民事业单位改为行政直属机构，编制8人。2008年，设立物价检查分局、价格认证中心。

三、基层检查站

1990年3月，在赵集、码头、渔沟、汤集、丁集、刘老庄、棉花庄、小营成立物价检查站，为股级事业单位，每站核定编制3人，性质为县物价检查所的派出机构。2005年12月，区机构编制委员会对物价检查站实施改革，由8个检查站合并为丁集、南陈集、渔沟3个物价检查站。丁集物价检查站依法履行对丁集、五里、刘老庄、古寨、棉花庄、新渡、王兴、老张集8个乡镇市场价格和行政事业性收费监督检查的管理职能，核定事业编制6人，其中站长1名、专业技术人员编制5名。南陈集物价检查站依法履行对南陈集、赵集、韩桥、吴城、码头、凌桥6个乡镇市场价格和行政事业性收费监督检查的管理职能，核定事业编制4人，其中站长1名、专业技术人员编制3名。渔沟物价检查站依法履行对渔沟、三树、袁集、徐溜、吴集、西宋集6个乡镇市场价格和行政事业性收费监督检查的管理职能，核定事业编制6人，其中站长1名、专业技术人员编制5名。

第二节　农副产品价格管理

一、粮油价格管理

【市场价】 1979年，粮油市场同时实行计划价格、议购议销价格和集市贸易价格等多种价格。1981年，农村实行联产承包责任制后，农民存粮逐年增多，各类粮食、油料、油脂大量进入集贸市场。地区、品种之间存在求过于供的矛盾，粮价时有波动。1991年，境内粮食市场零售价每50千克标准面粉27元、特二粉32元、特一粉35元，每千克晚籼稻标一0.5元、标二0.52元，每千克杂交米标一0.54元、标二0.6元、特等0.64元。1995年，每千克特二粉2.18元、特一粉2.88元，每千克杂交米标一1.88元、粳米特等2.66元。2002年，每千克特二粉1.6元、特一粉2元，每千克杂交米标一1.36元、粳米特等2.9元。2006年，每千克标准面粉2.4元、特一粉2.74元，每千克晚籼稻标一2.44元，每千克粳米特等2.9元。2008年，每千克标准面粉2.6元、特一粉2.86元，每千克晚籼稻标一2.8元，每千克杂交米标一2.9元，每千克粳米标一2.75元、特等3.05元。

【统购、超购价】 1978年，大豆统购价与上年比提高23.4%。1979年，从夏粮上市起，提高小麦、稻谷等6种粮食统购价格，平均每50千克由10.64元调为12.86元，提高20.86%。超购加价幅度，按新的统购价增加至50%。对油料、油脂实行全国统一价。主要食用油料的加权平均统购价每50千克提高26.6%。食用油脂、油料超购部分在调高统购价的基础上加价50%。1985年起改为比例价。是年，国家取消粮油统购统销制度，实行粮油合同定购制度。2001年，全面放开粮食购销价格，从秋粮上市起，粮食购销价格由市场形成，随行就市。

【定购、比例价】 1985年取消统购价，实行合同定购。合同定购的小麦、稻谷、玉米，国家按比例价格收购，其中花小麦、白小麦、籼稻、糯稻、玉米按“倒三七”（30%统购价、70%超购价）比例计价，按比例收购价的粮食占商品粮80%左右。1987年，提高稻谷定购价格。1988年5月，调高小麦定购价格，1989年7月，提高合同定购小麦、稻谷、玉米的价格，相应调整成品粮油价格，销售价格不变，按原规定执行。1992年4月1日，调整定购粮食收购，小麦提价23.4%，稻谷提价13.6%，玉米提价16.4%。1993年4月起，政府取消粮油定购任务，收购价格放开。

【定购、保护价】 1993年4月起，粮食收购实行指导价和保护价。1996年，为补偿粮食生产成本上升，缩小定购价格与市场价格的差距，从新粮上市起，提高粮食定购价格。1998年，对农民生产的粮食，由国营粮食企业按不低于保护价敞开收购，顺便销售。是年，小麦、稻谷收购保护价略低于上年。1999年，推行保护价格和依质论价办法，在收购现场公布价格、质量标准。2000年，国家取消粮食定购价，实行定购价与保护价同一价格。至2008年价格政策无变化。

【统销价】 1978年，粮食统购价格未调整。1979年，提高小麦、稻谷等6种粮食统购价格，同时扩大超购加价幅度，而未调高粮食统销价格，致使粮价出现3次购销价格倒挂。1993年，此政策取消。

【销售、比例价】 1978年后，多次提高粮油收购价格。1985年7月，调整农村粮油销售价格，由原来统销价和统购价改为比例价，对农村返销粮实行购销同价，对国家正式职工、菜农等10种由国家供应的口粮销售价格维持原价不变，对制药、淀粉等工业用粮改为议价供应。1989年，调高面粉、杂交米、粳米、菜油、豆油的比例价格。1992年4月，再次调高粮油统销价格，并发给国家机关、企事业单位职工每人每月5元粮食提价补贴。1993年4月，在放开粮油收购价格的同时，对定量、定（统）销的供应价格放开，不再使用粮食、食油票券（军用粮、油票除外）。1995年，规定定购粮食的供应价格、出厂（批发）价格、调拨价格和零售价格均实行政府定价。2001年，全面放开粮食购销价格，从秋粮上市起，粮食购销价格由市场形成，随行就市。2008年粮食供应充足，零售价格涨幅不大，每千克特一面粉2.86元、晚籼米标一2.8元、粳米标一2.85元、玉米粉3.1元、绿豆8元。

【议购议销价】 1978年后，逐步进行价格体制改革。1979年，粮油价格实行国家指令性价格、指导性价格和自由价格。1983年实行多渠道经营后，社会各部门和个人均可以经营粮油，集市价格灵活。1988年，粮油贸易公司对城区议价粮油实行指导性销售价格。1993年，放开粮油购销价格。1997年，议购议销价格被集市价格取代。2001年秋粮上市起，全面放开粮食购销价格。2004年实行粮食直补政策。2006年后国家出台最低收购价格。

二、棉花价格管理

【原棉】 1978年，淮阴境内标准级皮棉收购价每50千克115元，供应价格每50千克132.9元。1984年，等外级棉花允许上市买卖，多渠道经营。标准级皮棉收购价每50千克180.79元，超购加价款由国家财政补贴。1985年，取消棉花统购政策，改为合同定购。合同内定购的棉花实行“倒三七”比例价，标准级每50千克调整为176.42元。对合同定购以外的棉花，按1980年牌价收购，不加价。1986年，合同定购的棉花，改为“倒四六”比例价，标准级每50千克调为172.04元。纺棉供应价格，标准级每50千克调至172元。1990年，再次提高棉花收购价格，标准级皮辊棉每50千克（仓库交货）供应价324元。1994年，棉纺工业迅速发展，原棉供需矛盾突出。棉花继续实行国家统一定价，不放开经营，不放开市场，不放开价格。皮棉供应价格，标准级每50千克调至607.76元（含增值税）。1995年，境内标准级皮辊棉每50千克统一调至855元（含增值费），允许上下浮动4%。1996年，棉花产销供大于求，棉花供应价格由国家定价改为国家指导价，并取消指令性计划调拨，实行棉花交易会制度。1997年，棉纺企业不景气，棉花销价持续下跌。1998年，棉花价格改革，收购价格由政府定价改为政府指导价，标准棉皮辊棉中准级每50千克收购价为650元，可上下浮动5%。棉花供应价格放开后，价格水平由供需双方根据市场行情确定。1999年后，放开棉花收购价格，凡有棉花收购经营资格的企业，有权自主制定棉花收购价格。

1978～1999年部分年份淮阴县原棉收购价格一览表

表19-6-1　　单位：元/50千克

年份	1978	1984	1986	1988	1989	1994	1998	1999年后放开
收购价	115	180.79	172.04	197.02	255	607.76	650	

1998～2000年淮阴县标准级皮辊棉年均销售价格一览表

表19-6-2　　单位：元/50千克

年份/价格/购销	1998		1999		2000	
	指导价	下浮价	最高价	最低价	最高价	最低价
收购价	650	617.50	420	380	510	390
供应价	680	645	500	470	600	450

【絮棉】 1978年，棉花收购价格提高10%，絮棉批零价格不动。1979年，提高棉花收购价格，二级絮棉价格不动，产生的价差由财政单独实行定额补贴。1987年，机弹絮棉乙级批发价每50千克为115.45元，零售每0.5千克调为1.27元。1990年，城区絮棉P1弹皮辊棉的零售价每0.5千克调至4.50元。此后，市场絮棉零售价格随着棉花收购价格的调整有较大幅度升降。

1994～2000年淮阴县絮棉销售价格一览表

表19-6-3　　单位：元/0.5千克

年份/价格/等级	1994	1995～1997	1998	1999	2000年9月	2000年10月
机弹絮棉	6.80	8.80	8.20	5.40	6.80	5.00
机弹棉胎	7.50	9.40	8.90	6.00	7.60	5.80

三、蚕茧价格

1978年，江苏省调整蚕茧收购价格和等级差价，从新茧上市起，收购价格标准品每50千克调为138元。1986年下半年起，国内外市场对厂丝需求量迅速上升，蚕茧供不应求，一些地方发生哄抬价格、抢购蚕茧的混乱状况。1988年，对蚕茧收购价格和质量差价进行整顿。1989年，蚕茧收购实行最高限价，价外补贴一律取消。1990年起，蚕茧收购价格大幅度提高，蚕茧量逐年增加，而国际丝绸市场持续疲软，价格下跌。1992年，收购价格按国家牌价下浮10%，供应价格随行就市。1994年，省调整蚕茧收购中准级（干壳量9.2克）价格。1995年6月，春茧收购中准价（干壳量9.2克）每50千克为770元，秋茧价调为630元，其他等级差价不变。1997年，鲜茧收购中准价格（干壳量9.2克）每千克调为730元（含税）。1998年，蚕茧收购价格由政府定价改为政府指导价，收购中准价和浮动幅度由省物价局制定。是年，省定中准价（干壳量9.2克）每50千克春茧730元、秋茧680元。1999年，省定收购中准价每50千克春茧640元、秋茧630元。同时严格执行质量标准，实行仪评检验计价。2000年，中准价每50千克春茧640元、秋茧630元。此后，蚕茧收购退出本地市场。

四、畜产价格

【生猪】 1978年后，生猪收购等级、规格统一改为5个等级、1个特级，以三等出肉率63%～65%为基价，县收购价每50千克为49.6元。此后，生猪饲养量逐年上升，并相继出现一批养猪专业户。1985年4月1日起，放开生猪收购价格，取消派购，实行合同定购，采取有指导性的议购议销。收购价格放开后，计价办法改为"出肉率定等、毛重定级、毛斤计价"的方法，等级差价仍为4.5%。同时取消奖售粮制度，生猪收购价格提高20%左右。市场三等生猪收购价每50千克74～78.5元。1986年，省定生猪收购指导价为每50千克79.9元。1988年3月1日起，提高生猪收购价格，合同定购以外的生猪价格放开。1989年，生猪价格稳中有升，豆饼、麸皮等饲料价格上涨（63%以上），养猪成本增加。

1990年，生猪收购量增多，库存难容，外调困难，为解决购销矛盾，5次降低生猪收购指导价格。1991年，生猪价格改革，实行指导性议购议销。是年8月，受百年未遇的洪涝灾害侵袭，生猪饲养影响较大，为稳定生猪生产，县生猪收购价格上涨2%～5%。1992年，生猪收购价格由国家指导价改为市场调节价，生猪收购价格比上年上升30%左右。1993～1995年，生猪收购价格继续上升，每50千克240～320元。1996年2～3月，生猪收购每50千克下降至250元。8月，猪源减少，收购价格逐步上涨至370元。1999年，农副产品价格普遍下跌，5月生猪收购价格每50千克210～230元，10月收购价格上升至260元以上。

2000年，生猪收购价格每50千克最低230～280元，最高405～530元。2006年，生猪价格下跌，每50千克从360元降至300元，10月跌至230元，12月回升至450元。2007年，生猪价格上升，5月每50千克收购价格为820～850元。2008年1月，每50千克收购价格最高涨至910～920元。4月起收购价格开始下跌为860元。5月，生猪收购价格降至每50千克780～790元。8月，降至600元以下，11月初为570元。

1978～2008年部分年份淮阴区（县）生猪收购价格一览表

表19-6-4　　　　单位：元/50千克

年份	1978	1980	1983	1984	1985	1986	1987	1989
价格	49.6	52.5	52.5	61.5	76.88	82.3	100	165
年份	1990	1991	1996	2003	2004	2005	2006	2008
价格	155	151	147	310	436	370.83	300	860

说明：表中以三等或二级生猪为准。

【菜牛】 20世纪80年代起，农业机械化程度提高，对役畜需求量逐年减少，老弱残菜牛收购实行议购议销，多渠道经营。1992年，菜牛收购价每50千克水牛250元、黄牛280元左右。1998～2000年，水牛、黄牛市场收购价格每50千克在300元左右，而且多是有价无货。2000年后，境内基本没有牛市。

【菜羊】 1979年4月，每50千克山羊由27元提高至37元、绵羊由29元提高至39元。1980～1982年，山羊收购价格与绵羊相同。1983年3月，菜羊实行议购议销，食品部门收购价格放开，随行就市，购销按保本微利的原则定价。1984年，菜羊收购价格进一步放开，价格逐年上升。1988年，山羊、绵羊收购价格每50千克超过80元。1994年，市场菜羊销售价每50千克120元以上，1998～2000年，每50千克上升至140元左右。2000年后价格逐步上升，2008年菜羊每50千克价格上升至550元左右。

1979～2008年部分年份淮阴区（县）菜羊收购价格一览表

表19-6-5　　　　单位：元/千克

	1979		1980～1982		1988		1994	1998～2000	2008
品种	菜羊	绵羊	菜羊	绵羊	菜羊	绵羊	菜羊	菜羊	菜羊
价格	37	39	39	39	80	80	120	140	550

五、肉、禽、蛋价格

【猪肉】 1979年，猪肉零售价格每0.5千克1.02元。1980～1981年，猪肉销价持续下跌，每0.5千克最低降0.07元，最高降0.2元。1982年，推行猪肉分部位供应，扩大肥瘦差价。1985年7月1日起，放开猪肉批零价格，实行指导性议购议销，取消城镇人口定量供应，同时对城镇职工发放副食品价格补贴。1991年6月1日起，猪肉销售价格全面放开，随着其他农副产品价格提高，肉价大幅度上升。1996年，对猪肉实行分部位限价销售。2000年，猪源充裕，集市肉价回降。8月，受特大水灾影响，猪肉价格上涨，鲜猪肉（去骨腿肉）每千克14元。2004年，受生猪收购价格上升影响，猪肉及肉制品价格上涨，鲜猪肉（精瘦肉）每千克20元。2007年，猪肉价格大幅上升，鲜猪肉（精瘦肉）每千克24～25元。2008年，生猪价格较高，但猪肉价格相对稳定，带骨统货和精肉每千克市场价格分别为26元和29元。

1979～2008年部分年份淮阴区（县）猪肉（去骨后腿）零售价格一览表

表19-6-6　　　　单位：元/0.5千克

年份	1979	1980	1981	1983	1984	1986	1987	1988	1991	1994	1998	1999
价格	1.02	1.08	1.02	1.32	1.21	1.30	2.35	3.20	3.25	6.00	7.00	6.50
年份	2000	2001	2002	2003	2004	2005	2006	2007	2008			
价格	6.50	6.50	6.00	7.00	10.00	9.00	8.30	12.50	14.50			

【牛、羊肉】 1979年11月，提高牛、羊肉等副食品的销售价格。黄牛肉（去骨净肉统货）零售价每0.5千克0.85元，水牛肉比黄牛肉差低0.02元；山羊、绵羊肉（带骨统货、同价）每0.5千克0.74元。是年11月22日，市场零售价每0.5千克下浮至0.63元。1983年，随着菜牛、羊实行议购议销，牛、羊肉销价随行就市。至1986年，县内市场零售价牛肉每0.5千克0.95～1.2元，羊肉0.9元左右。1990～1992年，市场每0.5千克零售价牛肉1.8～2.2元，羊肉1.7～2.1元。1997年后，牛、羊肉零售价格成倍上涨，每0.5千克牛肉3.4～4.6元、羊肉3元。2002年，去骨皮统货牛肉每千克13元。2006年，鲜牛肉去骨后腿肉每千克21元，鲜羊肉（后腿肉）每千克19.2元。2008年，鲜牛肉去骨后腿肉每千克28元，鲜羊肉（后腿肉）每千克33元。

1979～2008年部分年份淮阴区（县）牛、羊肉零售价格一览表

表19-6-7　　　　单位：元/0.5千克

年份	1979	1986	1990～1992	1997	2002	2006	2008
黄牛肉（去骨）	0.85	0.95～1.20	1.80～2.20	3.40～4.60	6.50	10.50	14.00
水牛肉	0.83	—	—	—	—	—	—
山羊、绵羊肉	0.74	0.90	1.70～2.10	3.00	—	9.60	16.50

【家禽】 1978年6月，提高家禽购销价格，境内鸡、鸭收购价格平均提高31.04%，同时调整家禽等级差价。是年，零售价每0.5千克活母鸡三等0.88元、活公鸡三等0.69元、活鸭三等0.69元、活鹅二等0.57元。1983年9月，实行议购议销，购销价格由市、县食品公司掌握。1984年后，价格全面放开，由经营者自主定价。1985～1992年，家禽市价稳中有升，每0.5千克活母鸡2.3～3.6元、活公鸡1.8～2.7元、活鸭2.1～3.2元、活鹅1.7～2.6元。随着其他食品价格不断上升，家禽购销价格大幅度上涨。2000年，家禽购销价格回降，每0.5千克活母鸡5.5～5.8元、活公鸡4.3～5.8元、活鸭3.6～4.2元、活鹅3.5～4.2元。2001年，中等草母鸡每千克11元。2005年，鸡、鸭零售价格波动较大，因禽流感疫情影响，消费量减少，年初销售价格下降，年底销售价格开始回升。2008年，每千克鸡（白条鸡、开膛）14元，草母鸡28元、公鸡18元，鸭（净膛鸭、上等）8.2元。

1978～2008年部分年份淮阴区（县）家禽零售价格一览表

表19-6-8　　单位：元/0.5千克

年份	1978	1985～1992	2000	2001	2008	2008
活母鸡三等	0.88	2.30～3.60	5.80～5.50	5.50	7.00	草母鸡14.00
活公鸡三等	0.69	1.80～2.70	4.30～5.80	—	—	草公鸡9.00
活鸭三等	0.69	2.10～3.2	3.60～4.20	—	4.10	—
活鹅二等	0.57	1.70～2.60	3.50～4.20	—	—	—

【鲜蛋】 1978年，鲜蛋购销价格调整为：鸡蛋收购价每0.5千克0.83元，鸭蛋比鸡蛋低0.03元，鹅蛋比鸡蛋低0.05元，购零差率缩小为6%，零售价格仍为0.8元。1979年，提高鲜蛋购销价格，鸡蛋收购价格每0.5千克提高至0.905元，鹅蛋比鸡蛋低0.06元，鸡蛋零售价每0.5千克1.74元。1985年，鲜蛋购销价格全面放开，价格随行就市。鸡蛋零售价格每0.5千克在1.1～1.5元之间。至2000年，鲜蛋市价下跌，草鸡蛋每0.5千克3～4.5元、良种鸡蛋2.2～2.8元，鸭蛋比鸡蛋低0.01～0.2元，鹅蛋比鸡蛋低0.4元左右。2003年，受特大水灾影响，鸡蛋每千克零售价格上涨至5元。2004年鸡蛋价格上涨至每千克7元。2005年，因禽流感疫情影响，鸡蛋消费量下降，鸡蛋价格下跌至每千克5.6元。是年12月，鸡蛋恢复性上涨，每千克5.9元。2006年，鸡蛋（洋鸡蛋）零售价格每千克6元。2008年，鸡蛋价格从高点下滑，每千克从7.8元下降至7.2元，主要是本地养殖户扩大养殖数量，山东等外地新鲜鸡蛋大量涌入。

六、蔬菜价格

【鲜菜】 1978年，鲜菜产销执行定购包销和统一购销价格。1979年起，农产品价格大幅度提高，鲜菜价格逐年上升。1985年，取消蔬菜指令性计划种植和派购任务，改统购包销为合同定购。蔬菜实行多渠道经营后，逐步形成国营、集体、个体和菜农等多种销售形式。县城先后建立蔬菜购销贸易货栈或批发市场。1987年，境内蔬菜价格全部放开，实行议购议销。1988年1～2月，市场鲜菜零售价平均上涨30%以上。1996年，蔬菜批发市场实行批发成交价格管理。2000年，批零差率放开，实行市场调节价，基本上由市场决定菜价。2003年，受非典型性肺炎流行影响，蔬菜价格大跌。2008年6月，青菜、青椒、大白菜、黄瓜、茄子、韭菜、豇豆每千克价格分别为1.5元、0.5元、0.7元、0.7元、1元、1元、1元。12月，青菜、青椒、大白菜、黄瓜、茄子、韭菜、豇豆每千克价格分别为1元、2.2元、0.5元、1.5元、1.8元、2.3元、4.5元。

1978～1984年淮阴县市场鲜菜旺期零售价格一览表

表19-6-9　　单位：元/0.5千克

品种＼年份	1978	1979	1980	1981	1982	1983	1984
青菜	0.035	0.045	0.04	0.045	0.05	0.04	0.05
大白菜	0.025	0.035	0.03	0.035	0.04	0.035	0.04
黄芽菜	0.055	0.07	0.065	0.065	0.06	0.07	0.06
菠菜	0.07	0.08	0.075	0.075	0.09	0.08	0.08
韭菜	0.10	0.12	0.12	0.11	0.13	0.12	0.13
萝卜	0.05	0.06	0.08	0.07	0.065	0.06	0.07
马铃薯	0.08	0.12	0.13	0.15	0.16	0.17	0.16
茄子	0.10	0.12	0.12	0.13	0.15	0.14	0.15
扁刀豆	0.08	0.08	0.10	0.12	0.09	0.10	0.10
长豇豆	0.12	0.13	0.15	0.16	0.14	0.15	0.13
毛豆角	0.11	0.15	0.16	0.13	0.12	0.13	0.15
莴苣	0.04	0.05	0.045	0.07	0.05	0.06	0.05
荷藕	0.15	0.18	0.20	0.21	0.23	0.20	0.22
黄瓜	0.09	0.12	0.12	0.10	0.13	0.15	0.12
冬瓜	0.035	0.05	0.05	0.045	0.04	0.04	0.05
葱头	0.10	0.12	0.11	0.13	0.12	0.13	0.15
青蒜	0.17	0.18	0.20	0.18	0.22	0.08	0.20
青椒	0.15	0.16	0.17	0.16	0.18	0.20	0.18

1986～2008年部分年份淮阴区（县）市场鲜菜旺期零售价格一览表

表19-6-10　　单位：元/0.5千克

品种＼年份	1986	1987	1988	1990	1991	2000
青菜	0.090	0.150	0.120	0.150	—	0.600
大白菜	0.090	0.150	0.150	0.180	0.150	—
萝卜	0.120	0.130	0.200	0.200	0.400～0.500	—
马铃薯	—	—	—	—	0.200～0.300	0.700
黄瓜	0.340	0.295	—	—	1.000～1.200	0.700
青椒	0.595	0.570	0.800	—	—	1.000

续表 19-6-10

品种＼年份	2004	2005	2006	2007	2008	—
青菜	1.000	1.100	1.300	1.100	1.300	—
大白菜	—	0.900	0.950	1.000	0.600	—
萝卜	—	—	—	1.000	1.000	—
马铃薯	—	0.900	0.900	1.100	1.200	—
黄瓜	0.700	1.600	1.100	1.900	1.200	—
青椒	0.700	1.700	1.200	1.900	1.000	—

【豆制品】 1978年，供应城镇（定量户口）居民的豆制品以平价为主，议价为辅，平价产品的价格由物价部门制定和调整。农村居民均以议价供应，产品价格高低随行就市，议价水平总体高于平价。至1998年6月，执行30多年的平价豆制品退出计划，对城镇居民全部按议价供应。

1991～2008年部分年份淮阴区（县）豆腐零售价格一览表

表19-6-11　　单位：元/千克

年份	1991	1992	1993	1995	1996	1997	1998	1999	2008
价格	0.80	1.40	1.20	1.80	1.80	2.40	2.60	4.00	4.00

第三节　生产资料价格

一、农业生产资料价格

【化肥】 1986年，县磷肥厂生产的磷肥出厂价由每吨143元调至164元（自产酸），自销价每吨不得超过180元。1991年，化肥执行政府指导价，企业自主经营。复合肥实行以指令价和指导价相结合的方式定价。1998年，碳铵出厂价格（中准价）每吨由550元下调为490元，旺季上浮8%。1999年，化肥出厂价格实行政府指导价，市场零售价格实行市场调节价。2002年8月，救灾尿素到户价格为每吨1135元。2004～2008年，化肥价格继续实行政府指导价管理，即企业经营化肥从出厂至零售的综合经营差率最高仍不得超过7%。

【农药】 5%井冈霉素水剂1983年调至每吨2800元，1989年调至每吨3300元。1992年，除省管品种按省有关规定执行外，农药出厂价格放开。1994年，敌敌畏（80%乳剂，1千克瓶装外钙塑箱）出厂价每吨12500元，1995年调至17400元，敌百虫（90%原粉，0.5千克袋装）出厂价每吨8000元，1995年调至10800元。2000年后，农药价格稳中有升，涨幅不大。2007年，多菌灵每吨由2.5万元涨至3万元，杀虫剂每吨从11万元涨至13.5万元。2008年，农药价格涨幅变大，小麦除草剂每吨涨至9.6万元，水稻除草剂每吨4.5万元。

【种子】 1983年，杂交稻种子的收购价格一级标每千克4元，四项指标有一项达不到指标的每千克3.6元（但芽谷允许2%～3%，水分不得超过13%），丙级种子每千克3.2元，低于二级标准的不收购。2004年10月，每千克红小麦种基准批发价2.4元，白小麦2.36元，零售价分别为2.72元、2.68元。2006年，淮稻9号、淮优粳2号新品种销售基准价格均为每千克8元。2007年，淮麦21、淮麦23批发价格为每千克3.2元、零售价3.6元。2008年，常规粳稻种子销售价格每千克4.53元，淮稻11号原种批发价每千克6.4元、零售价7.3元，良种批发价每千克6元、零售价6.5元，淮稻10号原种批发价每千克6.2元、零售价7.1元。杂交稻价格每千克40元，每千克粳稻3.6元、籼稻21元。

二、工业生产资料价格

【煤炭】 地产煤价格　1978年，矿煤出矿价在原有基础上每吨平均提高10元，超产部分在调整后的出矿价基础上每吨再加15元，加价部分收入归矿所有。1979年，淮阴县新庄矿原煤（12级气煤）每吨27.1元，1983年每吨37.1元。1984年，原煤平均售价每吨37.02元，比1983年提高56.27%。1985年起，超产煤价格由公司自定。1987年，原煤出矿价平均每吨44.83元，超产煤销售价每吨平均100元左右。1992年，徐州煤矿价格放开，除计划分配的生活用煤和化肥生产用煤外，其余全部实行市场价，由供需双方商定。淮阴县矿煤价格从1995年起全部放开。

工业生产用煤价格　1981年10月，境内从浦口转运的徐州洗混煤内部调拨价每吨32.2元，市场批零牌价与供应价按徐州一吨煤同价批行。1991年，工业用煤的供应价格每吨为阳泉混128.3元、晋城混125.4元、阳泉块160.5元、徐州混97.3元、徐州块157.6元、徐州特号119.4元、徐州二号96.9元、陕西煤炭111.5元。1992年1月1日起，对工业用煤供应价进行调整，各种煤每吨提高额度为徐州混12.5元、徐州块18.2元、徐州精26.8元、外省混5.2元、外省块7.5元、外省精13.9元。淮阴市燃料公司对邳县站调拨价的提高额度为：徐州混9.9元、徐州精24元、徐州特号15.1元。10月，再次调整工业用煤价格和各煤种的供应价格。2004年，5500大卡烟煤每吨价格上涨至450元，比2003年上涨36%。2005～2007年，煤炭价格稳中有升，批发价格每吨在475～480元之间。2008年，烟煤价格每吨由8月481.07元下降至11月454.92元。

协作煤炭价格　1981年4月，对从山西、山东协作购进的煤炭港口调拨价和地区燃料公司代理价作出调整，代理价按港口内部调拨价加实际运杂费和1.5%的管理费计算。1986年12月，淮阴主要工业生产资料实行最高限价，其中挂牌价每吨为大同烟煤115元、阳泉煤97元。1992年9月，取消计划外生产资料最高限价规定，全部实行市场调节。是年，徐州煤矿煤炭价格放开，江苏除计划分配的生活用煤和化肥生产用燃料油外，其余实行市场价，由供需双方协商定价。1995年后，淮阴工业用煤价格起伏变化较大。

【石油价格】 煤油　20世纪80年代中期，境内灯用煤油供应价格每千克0.68元。1991年，灯用煤油的批发价格每吨调整为城区700元、郊区703元，计划内高价煤油标准品每吨批发价1070元、调拨价1058元。2000年后逐步实行市场调节价。

柴油　1978年，农用、渔业用柴油每吨125元。1980年，20号农用柴油每吨308元。1984年，零号柴油批发价平均提高每吨100元，县以下农村市场恢复城乡差价。淮阴市场每吨490～500元，其他市场每吨500～520元。1995年9月，零号柴油每吨批发成交价2250元。1996年，零号柴油每吨批发成交价2180元，是年12月，零号柴油临时性批发价调整为每吨2906元，批零差率6%。1997年，根据上级规定，成品油实行批发最低控制价格。6月，零号柴油批发最低控制价由每吨2110元调整为2240元。1998年6月，成品油市场零售价格实行政府指导价，由省制定中准价，经营单位在一定幅度内上下浮动，零号柴油中准价每吨2374元（每公升2元）。2000年，调整零号柴油的零售中准价格，由每吨2615元调至3500元。2008年12月19日零时起，零号柴油最高零售价格每升调整为4.94元。

2000～2008年部分年份淮阴区（县）柴油零售价格一览表

表19-6-12

时间	标号	零售中准价（元/吨）	折算后价格（元/升）
2000	零号	3500	—
2003.02.01	零号	3395	2.89

续表19-6-12

时间	标号	零售中准价（元/吨）	折算后价格（元/升）
2003.05.10	零号	3130	2.63
2004.05	零号	4365	—
2006.03.25	零号	4515	3.86
2006.05.24	零号	5015	4.29
2007.11.01	零号	5515	4.72
2008.12.19	零号	—	4.94

汽油　1991年，计划外石油产品价格实行国家指导价。1994年，成品油价格并轨后，70号汽油每吨批发价2777元、零售价2930元。1995年，70号汽油每吨批发价2500元，90号汽油每吨批发价2600元。1998年，成品油价格改革后，境内中国石化总公司供应的90号含铅汽油每吨2615元（每公升1.95元）、90号无铅汽油每公升2.05元；省内地方炼油厂生产的90号含铅汽油每吨出厂价2100元。2000年，90号无铅汽油每吨零售中准价3715～4160元。2000年后逐步调高。

2000～2008年部分年份淮阴区（县）90号汽油零售价格一览表

表19-6-13

时间	型号	零售价格（元/吨）	元/升
2000	90号无铅汽油	3715～4160	—
2003.02.01	90号无铅汽油	3760	2.78
2003.05.10	90号无铅汽油	—	2.57
2003.07.02	90号高标准清洁汽油	3560	2.63
2004.08	90号高标准清洁汽油	4300	3.18
2005.03.23	90号加燃油清洁剂	4600	3.40
2005.05.24	90号加燃油清洁剂	4450	3.29
2005.06.25	90号加燃油清洁剂	4650	3.44
2005.07.23	90号加燃油清洁剂	4950	3.66
2005.12	90号无醇汽油	4950	3.66
2006.03.26	90号无醇汽油	5200	3.85
2006.05.24	90号无醇汽油	5700	4.22
2007.01.14	90号无醇汽油	5480	4.06
2007.11.01	90号无醇汽油	5980	4.72
2008	90号乙醇汽油	6405	4.74

【建筑材料】　*砖瓦*　1985年，用计划内煤炭生产的机制红砖，一等品每万块410～450元，机制红平瓦一等品每万片1400～1500元；用计划外煤炭生产的机制标准红砖，一等品每万块450元，机制红平瓦一等品每万片1550元，脊瓦在平瓦价格基础上每万片加200元，青砖、瓦比红砖、瓦高10%。1986年，机制标准红砖，每万块一等品国家计划内调拨部分495元，计划外工厂自销部分市内530元；

机制红平瓦国家计划内调拨部分每万片1650元、脊瓦每万片1850元，调拨部分以外由工厂自行定价。青砖、瓦，异型砖瓦由工厂自行定价。1988年9月，实行砖瓦最高限价机制，红砖每万块最高限价750元，红平瓦每万片最高限价2200元，并继续执行省优上浮规定。1989年，县内砖瓦厂标准红砖（240×115×53）最高限价为每万块950元，下浮不限。1996年后，砖瓦价格退出政府管理序列，价格由生产企业自主制定。2006～2008年，少数砖窑出厂的红砖市场价格为每万块5000余元，红瓦每万块1万余元。

1977～1989年部分年份淮阴县砖瓦零售价格一览表

表19-6-14　　单位：元/万块（片）

年份	1977	1985	1986	1988	1989
机制一级品红砖	185～275	410～450	495～530	750	950
机制一级品红瓦	900	1400～1500	1650～1850	—	—

水泥　1985年，粉煤灰水泥每吨调拨价格为425号102元、325号96元（均不含包装）。是年8月，调整计划内水泥定额费标准：县外计划水泥，南方水泥定额费每吨由23元调为28元，北方水泥每吨为33元。市产水泥调拨给各县（区）公司的每吨1元，直供的每吨4元。1991年，统配水泥企业水泥及省统调企业的水泥取消双轨制价格，实行计划内外统一出厂价格。境内销售价格在出厂价格的基础上加定额费：南方水泥每吨65元，北方水泥每吨75元。1998年5月1日起，水泥价格退出监审范围，实行市场调节价。

2002～2008年部分年份淮阴区水泥零售价格表

表19-6-15　　单位：元/吨

时间	型号	零售价	型号	零售价
2002	42号	230	325号	195～210
2004.01	425号	270	325号	245
2004.10	425号	330～340	325号	280～300
2008.12	425号	250	325号	210

第四节　房地产价格

1994年，境内房地产开始开发。1998年前，房地产价格比较平稳，普通商品住宅价格为每平方米800元。1998年，核定王营镇房地产开发有限公司的商品房销售价格每平方米870元。1998～2000年，核定部分小区每平方米基准价格：黄河花园870元、前进小区911元、新街副食品商城商品房945元、富豪花园1294元、建邺小区1317元、江淮人家1650元、通胜花园1327元、樱花小区2380元、多瑙河·国际公寓2330元、南洋花园2495元。2000～2003年6月，普通商品房住宅每平方米价格从980元上涨至

图19-6-1　富豪花园小区

1250元，2003年下半年房价快速上涨，普通商品房住宅价格每平方米1325元。2004年，对中低价住宅商品房实行政府指导价管理，放开高档化住宅商品房价格，实行市场调节，同时进一步扩大价格浮动幅度，由3%扩大至5%，普通商品住宅平均价格出现较大幅度上涨。是年1～6月，每平方米1800元。2005年，每平方米2125元。2006年，每平方米2365元。2007年，每平方米2910元，与上年相比，每平方米上涨545元，涨幅为23.04%，涨幅最大。2008年每平方米3335元。是年12月，省政府暂停普通商品住宅政府指导价格管理，零售价格实行市场调节价。

图19-6-2　江淮人家小区

1998～2008年淮阴区（县）普通商品住宅平均价格表

表19-6-16　单位：元/平方米

年份	平均价格	年份	平均价格	年份	平均价格
1998	800	2002	1150	2006	2365
1999	880	2003	1325	2007	2910
2000	980	2004	1725	2008	3335
2001	1080	2005	2125		

第五节　服务业价格

一、交通运输

【内河航运价格】 1978年，实行大船与小船、轮船与木船同价。1980年7月16日，执行全省重新修订的水运货运价格，运价增长指数约12.4%。1986年8月，全面调高货运价格，吨位基价由1.2元调为1.5元。1997～2000年，春运期间水上客运票价均按票面额上下浮动10%～20%。2001年5月1日起，水运客货运输实行市场调节价格。具体价格由水运企业根据经营成本和市场供求情况自行确定，至2008年无变化。

【客运价格】 1978年，农村公共汽车运价按每人每千米0.02元计算。1980年，原客运价格不变，客运直达快班可加收快费每50千米0.4元。1985年起，农村公共汽车每人每千米由1978年的0.02元调整为0.023元。1992年，客运票价区分不同车型的舒适程度，适应相应的运价率，实现优质优价，普通大型客车每人每千米运价0.38元，农村公共汽车每人每千米运价0.12元。300千米以上的直达客运班车客票，按其车型运价加成10%。使用空调时，按车型加收20%空调费。1997年，对公路汽车客运价格进行调整。1998年7月1日起，公路汽车票征收附加费。1999年1月，春运期间汽车客运票价按票面额上浮10%。2000年1月，春运期间执行省定汽车客运价格浮动幅度，即按现行票面额最高上浮20%。2002年，农村公共汽车基本运价为每人每千米0.12元。境内以城区为中心，辐射至乡镇之间农村公共汽车的客运票价由区物价局核定。至2008年客运价格未变。

1978～2002年部分年份淮阴区（县）农村公路客运价格（基本运价）一览表

表19-6-17　　　　单位：元/千米·人

年份	1978	1985	1989	2002
价格	0.02	0.023	0.055	0.12

【货运价格】 1985年起，长途、短途运输，均实行普通货物与特种货物、中型车与小型车的差别运价。2002年8月1日起，《江苏省汽车运价行为规则》全面实施，除政府指令性运输，如军事、防汛抢险救灾物资等运输价格，最高不超过每吨每千米0.5元外，其他货物运输价格均实行市场调节价。2007年，农公车票价在2002年票价基础上上浮10%。2008年，货运价格没有变化。

二、邮电资费

【函件资费】 1978年，信函每重20克以下本埠0.04元、外埠0.08元，一直沿用至1990年。1990年7月31日，国家统一调整邮政资费标准，函件每20克，外埠由0.08元调整至0.2元，本埠由0.04元调整至0.1元。印刷品每重100克外埠0.08元、本埠0.04元。1996年12月1日，国家再次调整邮政、电信资费标准，国内平信资费每20克以下由本埠0.1元、外埠0.2元调整为不分本、外埠一律0.5元；挂号费由每件0.3元调整为1元。1999年3月1日，国家计委和信息产业部发出通知，适当提高部分国内邮政资费标准，以缓解邮政亏损的矛盾。国内平均资费在城市、城区和行政县范围内的通信，首重资费每20克提高至0.6元；发往城市、城区外和行政县外信函的首重资费标准提高至0.8元。其他邮政资费作相应调整。至2008年邮政资费未变。

【电报资费】 1978年，新闻电报每字0.01元，普通电报每字0.03元，加急电报加倍收费，译费每字0.005元，电报挂号费3个月为3元，汇款电报每份1元。省内外电报收费实行统一标准。1983年，电报资费调整，普通电报每字由0.03元调整为0.07元，译费不变；新闻电报每份由0.5元调整为1元；电报挂号费由3元调整为10元。1987年5月，经农村线路的电报，不分类别和等级，不分昼夜和假日，不分字数多少，一律加收过线费0.5元。1992年，公众电报资费每字由0.07元调整为0.13元，公众电报其他业务资费标准随工作相应调整。1994年，特约话传电报手续费每份0.3元。鲜花礼仪电报定时投递每次10元，代办国内电报每份0.5元，国际电报每份1元，公众用户电报每份1元。至2000年电报资费未变。2001年以后取消电报业务。

【长话资费】 1979年，恢复首次通话3分钟计算的方法，同时恢复销号费、传呼费和叫人附加费，夜间减价时间改为晚上7时至次日凌晨7时。1987年，经农村线路接转的长途电话，首次3分钟，收取过线费0.3元。超过3分钟按实际通话时间计算，每分钟加收0.1元。是年7月1日起，长途每分钟加收0.1元附加费，加急电话附加费不加倍，节假日和夜间电话加费不减半。10月起，长话资费标准由13级调为12级，长话的分级基本价目为一级1～25千米为0.1元。第十二级2001千米以上为1.2元。1999年3月，省内长途每分钟0.8元，省标800千米及以内长话，每分钟1元，省标800千米以上长话每分钟1.2元，同时降低国家电话资费标准。从中国大陆打往除中东地区以外亚洲国家或地区的国际话费，凡每分钟高于12元、低于10元的维持原标准。从中国大陆打往中东地区以外和从中国大陆打往其他国家或地区的国际长话资费全部调至每分钟15元。内地（不含广东省）打往港澳台的长话每分钟资费由8.1元降为5元。至2000年没有变化。2001年2月21日起，国内长途电话计费单元为6秒钟，资费标准为每6秒钟0.07元。国际及港澳台电话计费单元改为6秒钟，国际电话不再区分被叫地点，统一调整为6秒钟0.8元；港澳台电话不再区分广东省和内地呼叫，统一调整为每6秒钟0.2元。2005年10月1日起，对长途电话资费实行上限管理，资费上限标准暂时不变，各电信企业在不高于上限标准之下自主制定具体实行标准。

【月租费】 1988年，调整电话月租费，在现行基础上月租费加收40%。2001年，固定电话营业区范围扩大至一个行政县，一个县范围内的城乡同价。住宅电话城区月租费为1元，办公电话月租费为15元。同时调整营业区内电话计费单元，由3分钟1次计费改为首次按3分钟，以后每1分钟计费1次。2001年，住宅电话月租费淮安市区为15元，城区及农村12元，办公电话月租费市、城区及农村均为25元。此标准执行到2008年未作调整。

【初装费】 1979年9月，按各单位使用电话机部数，每部收取500元初装费，专用于市内电话建设。1987年9月，对初装费进行调整，工商企业新装电话每部收取初装费2400元；行政事业性单位及个体每部电话初装费按工商企业标准的五分之一收取；私人自费装用住宅电话（不经营业务）免收初装费，按规定收取手续费和工料费，在市内电话基本营业区外的新装用户，收取界外线路建设费，每对50千米，不足1千米的按1千米计算；人工电话改为自动电话，以及机电式改为程控交换机时，原有工商企业老用户，每部收取设备改造建设费600元，其他单位减半收取。1990年，工商企业用户资费标准为每部3400元，由财政拨款的机关、团体、事业单位、中小学及非经营用户住宅的初装费减半收取，即1700元。1992年1月1日起，调整初装费标准，程控电话工商企业用户每部3400元，其他用户1700元；非程控电话工商企业用户每部1400元，其他用户每部700元。1998年，取消农话过线费、话机代维费、固定电话通话费上加收的城市公用事业附加费、月租费上加收的通信建设费，固定电话初装费降为每部2500元，市话装机工料费降为每部400元。1999年3月1日起每部1000元，2001年7月1日起取消市话初装费。

1979～1999年部分年份淮阴县电话初装费一览表

表19-6-18　　　　单位：元/部

年份	初装费		材料费
	工商企业用户	非工商企业用户	
1979	500		—
1990	3400	1700	—
1992年程控电话	3400	1400	—
1992年非程控电话	1700	700	—
1998	2500		400
1999	1000		400

【农话资费】 1985年，月租费改为按交换机容量分级计费。1992年，农村自动电话同乡以内用户相互通话，采用长话自动计费方式，通话费标准为0.1元1次，异乡用户之间通话，采用长话自动计费方式，通话费标准为0.5元1分钟。1996年，境内电话网资费级别为二级，第一级为营业区内通话，资费标准每分钟由0.1元调整为0.14元（营业区内通话含市话营业区、农话营业区内及市区与郊区、郊区与郊区之间市话通话），第二级为营业区间通话，资费标准为每分钟0.6元（营业区间通话含市与县之间、县与县之间、市话与农话之间、农话区间通话）。2001年，农村住宅电话月租费12元，办公电话月租费25元。江苏省在一个行政县范围内实行城乡通话费同价，农话执行本地网资费标准，营业区内通话甲种用户首次3分钟0.2元，以后每分钟0.1元；乙种用户首次3分钟0.22元，以后每分钟0.11元，营业区间电话每分钟0.2元。此标准执行至2008年未变。

【中国移动资费】 1995年，开通移动电话（全球通）服务项目，基资费标准为月基本费50元，基本通话费为每分钟0.6元，漫游通话费每分钟0.8元，国内长途按每分钟0.6元、0.8元、1元进行三级计费。2000年7月起，月基本费仍为每月50元，基本通话费每分钟0.6元，国内长途费仍执行原规定标准。2001年2月，国内长途费原三级计费改为一级计费，按每分钟0.7元计收。11月，淮阴移动又开通金卡快捷通服务，该项目无月基本费，非漫游状态下，每分钟基本通话费0.6元，省内长途1.2元，省际长途1.4元。漫游状态下，每分钟漫游通话费0.8元，省内长途1.4元，省际长途1.6元。是年，基本用户本地通话费，每分钟由0.4元调整为0.36元，普通用户漫游通话费0.56元调整为0.54元。长途按国家标准执行，取消所有附加费。7月1日，取消移动电话入网费。2003年，增加来电显示功能使用费，每户每月5元。2005年10月1日起，国家调整部分电信资费管理方式，对移动电话漫游通话费实行资费上限管理，资费上限标准暂时不变。各电信企业在不高于上限标准之下自主制定具体执行标准。2007年4月，本地网全面实施接听免费。2008年4月起，对漫游通话费和漫游状态下的国内长途通话费进行合并，使用国内长途电话不再另加收国内长途通话费。

【中国联通资费】 1998年5月正式投入试运营，试运营阶段标准为入网费每户380元，月租费免收；SIM卡费每张200元；频占费每年50元；执照费15元，通话每分钟0.36元；每分钟漫游话费省内0.54元、省外0.6元；通建费每分钟0.09元（长途）。1999年5月26日，淮阴市联通进入正式运营期，资费标准为月入网费每户700元（全国漫游），区域漫游每月30元。SIM长费、频占费、执照费、通话费、漫游话费、通建费等，维持原标准不变。9月，调整入网费，每分钟全国漫游由原来0.45元调为0.48元，长途仍维持原标准0.18元不变。2001年，基本用户本地通话费，每分钟由0.4元调整为0.36元，每分钟普通用户漫游通话费0.56元调整为0.54元。长途按国家标准执行，取消所有附加费。是年7月1日起，取消移动电话入网费。2002年1月，江苏联通CDMA移动电话投入运营。资费实行双向收费，基本月租费每月50元，每分钟业务区通话费0.4元，国内漫游通话费0.6元。2003年，新增来电显示功能使用费，每户每月5元。2005年10月1日起，国家调整部分电信资费管理方式，对移动电话漫游通话费实行资费上限管理，资费上限标准不变。各电信企业在不高于上限标准之下自主制定具体执行标准。随着通信业务改革的深入，各种移动电话业务和资费套餐种类繁多，用户可以自由选择。2008年，资费未变。

【包件资费】 1979年7月，恢复收取国内包裹逾期保管费，自包裹详情单投递之日起，超过7天不领取按日计收逾期保管费，每件每天0.05元，最多不超过0.15元。国内邮件撤回或更改收件人地址、姓名时，每件收取申请费0.2元。1985年1月，包裹逾期保管费改为超过3天，每件每天收取保管费0.2元，超过7天不领取，每件每天0.5元。1986年，调整商品包裹资费，按普通包裹资费加收50%。1996年12月1日起，国家调整邮政、电信资费，以缓解邮政行业亏损，理顺电信资费结构，包裹资费规定按现行标准上调50%。1999年3月1日，国家调整邮政电信资费，包裹仍维持原标准即每500克为一个计费单位，寄费标准按照寄递里程分区核定，每件挂号费2元，至2000年未变。2006年1月1日起，包裹每件挂号费调整为3元，寄费标准按照寄递里程分区核定，此标准执行至2008年未变。

【汇率】 1978年，全国统一费率，普汇、通汇、通票汇费，按汇款金额的1%收取，每张最低汇费0.1元，电报汇票每份加收0.1元电报费，附言按每字0.07分收取。1996年国家调整邮政、电信资费标准，汇兑标准1987年至1996年仍按1%收取汇费，规定每笔每款最低收取1元资费。1999年再次调整标准，规定每笔汇款汇费最低2元、最高50元，其他维持原标准。2008年，汇费标准未作调整。

第六节　公用事业价格

一、居民用电价格

1978年，境内部网、省网的售电价格，执行水电部1976年电价标准。1983年，在执行《功率因素调整电费办法》及优待电价等规定的基础上，除城乡居民生活照明以外的各类用电，开始执行国家及省有关煤炭加价和铁路运煤加价的规定，其标准为统配电量6%，每千瓦时加0.04元。1993年下半年，执行新的目录电价。依据新的目录电价，1千伏以内的各类用电每千瓦时电度电价为：居民生活0.26元，非居民照明0.37元，非工业、普通工业0.302元，农业生产0.25元，农业排灌0.06元。大工业电度电价（1～10千伏）每千瓦0.213元。基本电价最大需量每月每千瓦时15元，容量每月每千伏安10元。1997年5月，调整省新建电厂的上网电价及售电价格，其中淮阴发电厂到户售电价每千瓦时0.485元，上网电价每千瓦时0.398元。9月，调整淮阴市小火电上网价格，淮阴县执行市标准。是年，省网各类用电价格为：不满1千伏的每千瓦时居民生活0.36元，非居民照明0.456元，非工业、普通工业0.374元，农业生产0.315元，农业排灌0.124元，大工业1～10千伏电度0.273元，基本电价最大需量每月每千瓦18元，变压器容量每月每千伏安12元。1999年8月，执行省集资大电厂降低上网价格的规定。2003年，全省试行居民用电峰谷分时电价，每千瓦时峰时0.55元，谷时0.3元。居民电价分为高峰和低谷时段，8时至21时为峰时，21时至次日8时为谷时。是年，全省城乡非居民用电实行同网同价，城乡农业生产用电和非工业、普通工业用电也实现同网同价。此种计价方法一直沿用至2008年。

1978～2008年部分年份淮阴区（县）居民用电价格表

表19-6-19　　　　单位：元/千瓦时

年份	不满1千伏	1千伏以上	年份	不满1千伏	1千伏以上
1978～1992	0.19	0.185	1999	0.52	—
1993	0.26	—	2008	0.5283	0.5183
1997	0.485	—			

二、农业用水价格

1978年，水资源费每吨0.1元。1982年，建立有偿供水制度。1983年，开始征收水利工程水费，征收单位以四大灌区为主。水价定为每公顷水稻田4.5元、旱谷田3元。1985～1988年，水价标准为每公顷水稻田10.5元、旱谷田3元。1986年，水费收缴工作由水利局财务科代管。1989年，首次确立供水成本核算观念。农业用水标准按低于供水成本核定（扣除乡镇自筹和农民投劳折资部分及固定资产折旧），工业用水按全部供水投资计算供水成本。是年，制定《淮阴县水利工程水费核定、计收和使用管理实施细则》，分别对农业用水、工业用水、小水电用水、水产用水、城镇用水、工矿排污等6类水费标准进行核定。核定农业水费收费标准为水稻田每公顷60元、旱谷田15元。1995年水费列入生产成本，农业水费仍按低于供水成本收费，工业用水按全部投资并加供水投资5%的盈余核定其标准。确定水利工程水费标准分别为洪泽湖片农业水费按公顷收费，每公顷稻麦田120元、旱田30元、经济作物75元。收费主体仍是4个灌区水利管理所，水费收取率全县平均为60%左右。其主要原因是有的乡镇政府将农户上交的水费挤占挪用。1999年征收水费15.6万元。2000年，水价纳入商品价格管理范畴，水利工程供水市场化运作起步，供水价格进行调整。每公顷稻麦田由120元调整至180元，旱田由30元调整至45元，经济作物由75元调整至120元。2001年，水利工程水费自收，按照经营性收费管理的要求，实行水费收缴公示制度。水费由原来4个灌区收取改为由21个乡镇水利站收取，水费收缴率由60%提高至88%。是年，全区水利工程水费由事业性收费转为经营性收费，改乡代收为水利部门直接收取，收费主体发生根本改变。2003年后，水费收缴率95%以上。是年，水费办、水费所统一更名为供排水管理处，并明确各供排水管理处为收费主体。全区所有用水户台账实行信息化管理。2004年，水价管理进入法制化、规范化、科学化的轨道，水价改革进入一个新的阶段。2008年，省水价实施办法出台。

2006～2008年，全区征收水资源费近500万元，征收污水处理费100余万元，并按规定用途规范使用水资源费，无坐支、挪用等违规行为。取水户取水计量设施安装率100%。

1978～2000年部分年份淮阴县水利工程水费价格表

表19-6-20　　单位：元/公顷

年份	水稻田	旱谷田	经济作物
1978	4.5	3	
1985～1988	10.5	3	
1989	60	15	
2000	180	45	120

三、自来水价格

1976年，淮阴县自来水厂兴建。1983年正式供水，水价每立方米0.12元。1990年，自来水价格调整为每立方米0.15元。1992年，调整自来水价格，生产营业性用水和生活用水分别调整为每立方米0.278元和0.22元。1993年1月1日起，营业性用水和民用水价格统一调整为每立方米0.3元；水厂建设费每立方米由0.05元调整为0.1元；城市公用事业附加费，仍按生产营业性用水价格的8%征收。2000年，对自来水价格进行调整，居民生活用水到户价每立方米由1.15元调整至1.4元，每立方米调高0.25元（其中城市污水处理费每立方米提高0.2元、基本水价每立方米提高0.05元），工业用水到户价每立方米由1.45元调至1.6元，每立方米调高0.15元（其中污水处理费每立方米提高0.1元、基本水价每立方米提高0.05元），其他仍按原标准执行。2005年，调整自来水价格，居民生活用水、工业用水、经营用水、特种用水含税基本水价每立方米分别为1.15元、1.43元、1.78元、2.2元，同时代收城市公用事业附加、污水处理、水资源、省水处理专项等4项费用，即水价到户价每立方米分别为2.15元、2.88元、2.85元、3.3元。2006年，根据省物价局规定，工业用水与经营用水价格合并执行工贸服务用水价格，价格为原工业用水标准每立方米1.43元。2007年，省政府征收南水北调工程基金，每立方米0.07元，取消省水处理专项费用每立方米0.02元，淮阴区征收时间从2007年10月1日起执行8年。

1983～2007年部分年份淮阴区（县）自来水价格调整情况表

表19-6-21　　单位：元/立方米

年份	居民生活用水	工业用水（均价）	年份	居民生活用水	工业用水（均价）
1983	0.12	—	2000	1.40	1.60
1990	0.15	—	2005	2.15	2.88
1992	0.22	0.278	2006	2.15	2.89
1998	1.15	1.45	2007	2.20	2.94

第七节　价格监督检查

一、收费项目管理

1978年后，一些行政事业部门出现“三乱”（乱涨价、乱收费、乱罚款）现象。1986年，对行政事业单位的收费规定、项目和标准进行清理。1987年，全县实行行政事业性收费许可证制度，明确规定经批准的行政事业性收费单位必须向物价部门申领收费许可证。1988年，县政府成立治理“三乱”领导小组，组织工作班子对行政事业单位的收费文件、项目和标准进行清理和审定，分4批公布公安、城建、交通、环保等7个部门《行政事业性收费项目目录》，确认合法收费项目，明令取消94项乱收费项目。1993年起，全县行政事业性收费管理实行年审制度，对收费单位的收费项目、范围、标准、票据使用等情况逐一检查审验，严肃查纠乱收费。1996年，全县建立健全行政事业性票据管理与监督制度，对收费票据的印制、发放、购领、使用、保管及核销等均作出明确规定，并明确收费单位必须使用由财政部门统一印制或监制的收费票据。1998年5月，《价格法》正式实施，对原有的行政事业性收费从法律上调整为5个部分，即国家行政机关、中介机构、公益服务、公用事业和其他经营性收费。8月起，降低税务登记证工本费、室内装潢资质审批费、组织机构代码IC卡收费等10项收费标准。2001年4月，取消工商部门营业执照打印费、营业执照框工本费和经济合同示范文本工本费。9月，取消劳动、工商等部门的收费项目4项。全区收费公示制度在结合涉农价格和收费公示工作的基础上开始试行，凡涉及农民的国家行政机关收费、公益事业收费等，均实行收费公示制度，采取设立公示栏、公示牌、价目表等方式，或者通过新闻媒体公示。2003年12月，对46个系统370项（类）行政事业性收费项目、收费标准及依据进行公布。2005年起，全区全面实行收费公示制度，推行企业（个体）付费登记制度，规定境内各类生产、经营企业及个体工商户均应持有缴费明白卡和登记卡，收费单位收费时，必须依照缴费明白卡，有关内容填入登记卡。至2008年，收费项目没有变化。

二、专项检查

1978年，价格监督检查一般在重大节日或重要商品价格调整时组织实施，检查内容比较单一。1984年，县物价检查所进行集中大检查3次、突击检查5次，查处价格违纪案件300余起，收缴罚没款5万余元。1985年1月，县物价检查所查处县农业生产资料公司一批生产、流通领域的价格违法案件。1986年，对县人民医院医疗收费情况进行检查，共抽查医疗收费项目81个，发现该院对新增项目进行自行定价的有24项。1987年6月，开展对生产资料价格专项检查，全县查出违纪案件23件，违纪金额15.5万元。1988年，进行农业生产资料价格检查，查处违法案件15起，违法金额5万元；组织开展全县石油行业价格大检查，查处违法案件45件，经济制裁总额28.6万元。1989年，开展棉花价格专项检查，查出违法金额27万元，没收38万元，罚款2万元，退还用户和棉农12万元。

1991年，开展第一次公安系统收费专项检查，检查单位37个，查出违法案件31件，查出违法所得金额13.87万元。1992年，共查处各类价格违法案件83件，经济制裁总额35万元，其中上缴财政27.24万元。1993年，开展中小学收费专项检查，共查出各类违纪金额123.86万元。是年，开展农资及涉农收费检查，共检查各种违纪案件14件，违法总额15.37万元。对县邮电局及29个乡镇支局1992年以来的电信收费情况进行重点检查，共查出违纪金额11万余元。1994年，开展金融收费检查，检查单位7个，查出乱收费项目17项，违纪总额22.9万元。1995年，开展农业生产资料价格检查，检查生产经营单位21家，查出违法案件18件，违法金额40万元。对全县1994年以后邮电收费情况进行重点检查，查出各类违纪金额31.39万元，经济制裁总额24.07万元。对1994年以来的储备粮抛售、定购粮调拨、城镇居民定量供应粮等安排计划和价格政策执行情况进行检查，查出违法案件13件，违法金额20.64万元。1996年，对县供电局、三电办及29个乡镇农电站1995年以来价格政策执行情况进行检查，查出各类违纪案件15件，违纪金额142万元。1997年，开展建设收费专项检查，查出有价格违法行为的单位16个，违法金额43万元。1998年，开展农村电价、农业生产资料及涉农收费、药品价格、涉企收费（包括交通、公安）、税务收费等专项检查多次，全年查处非法所得万元以上案件79件。1999年，开展农资价格及涉农收费专项检查，对擅自扩大种子差率以及计划生育乱收费、提价收取水费等价格违法行为，实施经济制裁40万元。

2000年，查处乱收费案件32件，违法金额38万元。开展药品价格和医疗收费检查，检查28家，查出违法收费10余项，药品超规定差率28种，违纪金额100余万元，收缴入库11万元。对公安部门及相关单位的收费情况进行检查，查出5大类60个方面的问题，查出各类违法金额30万元。2003年，共查处各类价格违法行为案件92件，实行经济制裁270.64万元，上缴财政70.64万元。2004年，开展医疗服务和药品价格专项检查，立案查处28家，查出违法金额60万元，没收违法所得34.44万元。2005年，查处价格违法案件151件，查出价格违法金额531万元，实行经济制裁400.96万元，上缴财政85万元，责令退还消费者315.93万元。2006年，开展涉农收费和农资价格、成品油价格、医疗服务、药品价格等专项检查，立案查处价格违法案件156件（其中价格举报案件71件），查出违法金额541万元，实行经济制裁409.93万元，上缴财政85.5万元，责令退还消费者325.43万元。2007年，查处各类价格违法案件144件，实现经济制裁186.85万元，其中没收184.85万元、罚款1万元，清退消费者多付价款1万元，罚没款全部上缴财政。

2008年，对境内颐丰置业有限公司、国华房地产有限公司、同业房地产有限公司、东方家园、扬帆房地产等6家房地产开发企业进行检查，收缴罚没款29万元。查处各类违法案件71件。开展春运等各类专项检查6次，经济制裁156.21万元，其中没收153.11万元、罚款0.6万元，清退消费者多付价款2.5万元，153.71万元全部上缴财政。

三、市场检查

1982年，在中秋节、国庆节期间进行市场检查。1984年，检查国营、集体和个体商贩112家，违法性质主要涉及乱涨价。1986年，推行明码标价制度。2000年3月，检查加油站4个、乡镇卫生院3个、村级卫生室2个、自来水公司1个、村建办4个、中小学5所，查处违法案件31件，实施经济制裁3万元。对314家饭店送达培训通知，发放宣传培训材料60余份。分检查组7个，出动80余人次，对城区范围内近30家餐饮餐店进行拉网式检查，查处各类价格违法案件41件，实施经济制裁8200元。2001年3月，开展明码标价整顿和规范活动，累计检查各类商品2万余笔，发出限期整改通知书100余份，经济处罚5000余元。2005～2008年，共组织节日市场检查5次，累计查处各类价格违法行为30起，涉案金额6万元，媒体公布的典型价格欺诈行为9起。

四、价格举报

1984年，查处的60多起案件中，30%是根据信访举报而立案审查的。当年，第一次向社会公布价格举报专用电话“4922825”。1989年，收到举报电话、来信来访120余件，其中大要案4件，查处非法所得43.41万元。1990～1991年，受理农民举报农村乱收费、乱摊派等案件91起。1997年，接待各类举报68件（次），为上年2.5倍，查出违纪金额14万元，实施经济制裁12万元，其中罚没款11万元，退还群众1万元。1998年，受理各类价格违法举报91件（次），比上年上升22%。全年办结91件，办结率100%，回复率100%。实施经济制裁16万元，其中退还群众2万元。受理教育乱收费举报16起，占举报总数的25%；涉农收费及水、电、道路集资、捐资、摊派举报6起，占举报总数16.7%。2001年，受理举报案件72件，办结72件，办结率100%。2001年，区价格举报中心受理各类举报案件58件，实施经济制裁15万元，退还举报人11.5万元，罚款3.7万元，没收400元。2002年，在受理的38件举报案件中，教育收费、房地产价格、医疗价格及服务收费占前三位。2003年，全区受理举报案件50件，实施经济制裁6.3万元，其中退还消费者0.74万元，没收2万元，罚款3.6万元。2005年，查处价格举报案件69件，经济制裁5.9万元。2008年，受理价格举报案件和价格咨询128件。

第七章　安全生产监督管理

第一节　机　构

1978年，境内安全生产监督管理工作由淮阴县劳动局负责。县劳动局内设劳动保护监察股。1985年，撤销县安全卫生领导小组，成立安全生产委员会，分管副县长任主任，下设办公室，办公室设在县劳动局。1993年2月19日，成立淮阴县劳动保护技术服务公司。该公司为独立核算、自负盈亏的集体所有制企业，属县劳动局管理。1995年3月24日，淮阴县劳动局内设劳动监察股。1999年，县劳动局安全监察股职能划归县质量技术监督部门管理，人员划出。2001年，区劳动局劳动保护监察股从劳动局划出，成立淮阴区安全生产监督管理局，副科级建制，隶属区经贸委。区安监局下设综合管理科和安全生产监督科。2002年3月20日，原区劳动局承担的安全生产综合管理、职业安全监察、矿山安全监察职能和区安全生产委员会办公室承担的安全生产检查等方面的职能，交由区经济贸易委员会承担。2006年，区安监局单列，正科级建制，为区政府工作部门。2008年，区安监局内设办公室、监督管理科，下属单位为安全生产监察大队。区安监局行政编制7人，行政附属编制1人，事业编制5人。

第二节　专项治理

1991年，根据国家、省、市的统一部署，全县针对高危行业和使用锅炉压力容器企业进行专项治理。1992年，在市政府统一组织下，于6月开展“安全生产月”活动，开展演讲比赛、集中宣传咨询“六进”（进机关、进企业、进校园、进乡村社区、进家庭、进清真寺）等活动，宣传安全生产常识，提升民众安全意识。1996年，全县在用65台锅炉和34台压力容器接受年检。1997年，重点加强对压力管道、电梯、起重机械、厂内机动车辆等特种设备进行监察，整顿非法制造的土锅炉，整顿液化气站3家。1999年，检验在用橱炉62台、压力容器28台、电梯10台、塔吊31台、厂内车辆6台。

2000年，安全生产检查累计68次，控制工伤事故的发生，死亡、重伤均控制在市政府下达的控制指标之内。2001年，开展用煤、危险化学品、民用爆破器材、烟花爆竹、道路和水上交通运输、公共聚集场所消防设施等安全生产专项整治，消除部分高危行业安全隐患，确保重点行业、领域不发生大的生产安全事故。2006年，分别在元旦、春节、五一、国庆等节日，或根据国家、省、市、区统一安排，开展安全生产大检查活动。2007年，重视企业“三项岗位”（高危企业主要负责人、安全管理人员和生产经营单位特种作业人员）人员持证上岗工作。

2008年，开展交通安全隐患排查整改工作，排查登记客车、校车、危化品运输车、三轮汽车、低速载货汽车和拖拉机等6000余辆，排查出交通安全隐患1862处，完成整改1830处，整改率98.3%，签订交通安全责任状4820份，清理不合格驾驶人4名，淘汰不合格农村班车、校车215辆。

第三节　执法检查

1978年后，每年均开展安全生产执法检查，检查分4个阶段，分别是春节安全生产大检查、安全月（5月）安全生产大检查、夏季百日安全竞赛、冬季安全生产大检查。1996年，进行安全生产综合检查4次、专业检查5次，查出事故隐患350余处。1998年，企业重伤1人，无死亡事故。2001年，区安监局成立后，在全区建立起“专家查隐患、政府搞督查、部门抓监管、企业抓落实”的安全检查和隐患整改机制，制定出台《淮阴区安监系统安全检查工作规范（试行）的通知》。2007年，邀请资深专家组成检查组，到每个危险化学品生产企业进行逐一排查，排查隐患100余处，下达整改指令书18份。2008年1月，会同有关部门，深入排查危险化学品、非煤矿山、烟花爆竹、建筑施工、交通、学校、人员密集场所的安全隐患，共组织节庆安全检查3次，被检查单位100余家，发现隐患103处。5月，组织两次隐患排查治理督查督办工作。第一次排查隐患528处，整改326处；第二次排查隐患528处，整改448处。

第四节　劳动保护

1978年，县属各企业中，涉及粉尘、有毒有害的企业22家，其中规模较大的有县化工厂、磷肥厂、化肥厂、制药厂、淮阴酒厂、丝织厂等，涉及工种岗位有化工、医药、水泥、纺织、印染等，接触上述岗位的职工3987人。是年起，各企业采取增加吸尘、滤尘和通风设备，减少粉尘等有毒有害气体的浓度，降低粉尘，有的采取湿式作业。各企业内部开展技术革新、改进工艺流程、加强科学管理，防止和减少生产过程中的跑、冒、滴、漏现象，提高原材料的利用率，减少“三废”（废水、废气、废渣）产生。1980年，加强对锅炉、压力容器的安全监察和管理。1982年，县化肥厂、丝织厂分别投资10多万元购置设备，对污水进行处理。对接触有毒有害工种的职工，确保口罩、手套、防尘帽、防护眼镜、工作服以及防毒面具的供应与发放。对夏季高温下生产的职工，除设置通风、降温设备外，还增发冷饮和发给冷饮费，冬季加挂门帘，配发火炉和发给烤火费，保证高温和严寒期间的职工福利。县制药厂、化肥厂、磷肥厂、丝织厂等企业为职工修建专门的浴室，给女职工设立哺乳室，针对女职工的生理特点，修建冲洗房。县防疫部门定期为接触有毒有害工种的职工检查身体，建立个人健康档案，对查出有病的职工，及时调整工种并给予治疗。20世纪80年代，经县防疫部门体检的职工累计1560余人。

1990年后，经济发展，科技水平提高，对企业生产环境提出更高的要求，工业园区引进的外资企业，从厂房修建到厂区布局以及“三废”排放等均按规范要求进行施工，厂房、车间达到“通、透、明”要求。淮阴酒厂、淮安双鹤药业有限责任公司、淮安万邦香料工业有限公司等企业实施整体搬迁或厂区改建，企业生产环境和职工劳动保护得以改善。1997年发出《关于加强燃气安全工作的通知》《境内使用土锅炉处理意见》。1999年2月，县政府发出通知，境内禁止制造、安装和使用土制锅炉。至2008年，每年均组织接触有毒有害工种职工进行身体检查。

第八章　食品药品监督管理

第一节　机　构

1978年，全县药品监督管理工作由县卫生局药政科和县药检所负责。2001年11月，在区卫生局药政股与药品检验所的基础上，成立淮安市药品监督管理局淮阴分局（简称淮阴分局），科级建制，实行省以下垂直管理，内设办公室、综合监管科、稽查科、药品检验所等4个科室，原县卫生局药政股和县药检所13人整建制划入。2005年8月，组建淮安市淮阴食品药品监督管理局，为江苏省淮安食品药品监督管理局直属机构，主管淮阴区药品监督以及食品、保健品、化妆品安全管理的综合监督工作，行政编制19人（含纪检监察编制），行政附属编制（后勤服务人员）2人，设办公室、食品综合监督股、药品综合监管股和药品稽查股（淮安市淮阴药品监督稽查大队）等4个职能股室。是年，成立淮阴区食品安全委员会，办公室设在淮阴食品药品监督管理局。至2008年，机构及人员编制未变。

第二节 药品、医疗器械质量管理

一、稽查执法

1978年，淮阴县药检所抽检药品112件，其中不合格62件，不合格率55%。1980年6月，出台《制剂室若干规定》。1981年5月起，对全县制剂室进行整顿。1982年，经过整顿验收，全县19个卫生院制剂室停办9个，取消14个品种药品的生产，配制品种由64种减少至50种。1983年，查处游医药贩190人次。1985年，出台《对封存的淘汰药品进行销毁的通知》，全县销毁价值1101万元的淘汰药品。全年查出过期药品64种1991瓶（盒）、变质药品181种2461瓶（盒）、"三无"（无中文标志、无中文批号、无中文说明）药品80种63355瓶（盒）、假药材8种197千克，没收游医药贩药品144种，价值1092.5元。1986年，查销伪劣药品231种，查处游医药贩74人，查出伪劣药材120千克。1996年，全县医院制剂室仅存县医院1家，乡镇卫生院制剂室先后被关停。2001年，立案查处涉药案件10件，没收假劣药品1519件（盒），取缔无证经营户2家，查获假冒伪劣药品标值0.9万元，罚没收入3万余元。12月上旬，根据市卫生局提供的假冒广东龙川制药厂的壮腰健肾丸线索，集中检查医药卫生单位25家，有11个乡镇卫生院存有违禁药品，涉及淮阴、泗阳、商丘、亳州、沭阳等地医药制售单位，数量1000余瓶，货值6000余元。

2003年，组织开展"正源行动在农村"药品监督专项执法检查活动，重点查处乡镇卫生院和零售药店在销售药品、医疗器械过程中的违法违规行为，检查单位473家，药品190批次，合格率88%。全区涉药单位检查覆盖率70%，查处各类涉药品、医疗器械违法案件136起，案值总额34.7万元。2004年，组织开展"正源行动保健康"药品监督执法大检查，立案查处涉药器械违法犯罪案件131件，涉案总额42万元，移交司法机关5件，有5人被依法逮捕。2005年，开展"一次性使用无菌医疗器械""特殊药品""疫苗类药品"等10类专项检查，抽检药品180批次，不合格检品16批次。2006年3月，开展基层药品质量大检查活动，有假冒国内外知名品牌药械、假劣疫苗、假劣血液制品、冒充药品、擅自添加药品活性成分、擅自更改药品名称、夸大疗效宣传药品等8个专项，共检查涉药单位114家，立案查处各类药品案件15起，其中查处假劣药品案件12起。2007年，开展整顿和规范药品市场秩序、计划生育药具、狂犬病疫苗、违法药品广告、骨接合用无源金属植入医疗器械产品等10多次专项检查，共检查涉药单位428家，查处假劣药品案件47起，无证经营药品2起，其他案件19起，医疗器械案件16起，移交司法机关1件。

2008年，相继开展人血白蛋白药品、医疗器械产品、超方式和超范围经营等专项整治行动。在药源性兴奋剂检查中，与涉药企业签订《兴奋剂生产经营专项治理工作承诺书》，对全区所有药品经营企业进行拉网式检查。在伪药品专项检查中，对全区227家药店消、妆、健字号的产品进行全面排查，共查出疑似品种28种，药品抽检200批，检测出不合格药品36批。是年，查处违法药械案件82起。

二、药品与医疗器械质量综合监管

1978年，成立药品检验所，设化学、药理、中药、技管等业务科室。1979年，颁发《医院药房管理暂行规定》，执行中西药剂人员职责；全部实行拨货计价；麻醉药品管理严格执行"五专一权一登记"（专用账册、专人保管、专人门诊处方、专人发药、专柜加锁、处方权定人、处方逐日登记）的麻醉药品管理制度。1980年，取缔游医药贩，打击"投机倒把"，查处哄抬物价，确保用药安全有效，成立游医药贩管理领导小组。1983年，强痛定、盐酸哌甲脂列入医疗用毒药、限制性剧药品管理，查处游医药贩190人次。1984年，查处无证行医185人次、无证经营药品248人次，取缔游医药贩36人，销毁伪劣药材714

千克，纠正混乱药名4种。1986年，为严防购进假药，县卫生局规定不得向个体户和外地来历不明者购买中西药品。1988年，按《中华人民共和国药品管理法》要求，县卫生局对辖区医药市场进行监管，对不法游医药贩进行打击。1989年，北吴集乡淮泗村农民倪某某制售假药氨基比林针剂和黄连素针剂（兽用），被处以300元的经济处罚。

1990年后，全县村卫生室药品一律由所在地乡镇卫生院代购。1995年，禁止采购无批准文号、无注册商标、无厂牌的“三无”药品。年内，县医药公司清理1992年以前的老批号药品28种，价值数万元；查出不合格药品10余种，价值2万余元。1996年，出台《关于进一步加强医疗单位药品采购管理工作的通知》，规定负责药品采购人员须持有淮阴市（县）医疗卫生机构药品采购员证。1997年，南陈集、王营等12家乡镇卫生院进行药剂整顿。1998年5月，出台《关于进一步加强药品、器械采购供应管理的通知》，实行药品采购计划表制度和药品质量出入库验收登记制度，在县内经营药品的企业须持有药品生产企业许可证、药品经营企业许可证、营业执照和与卫生主管部门签订的行风共建协议书等。

2001年5月，区组建药、械采购招标办公室，出台《淮阴区药、械采购招投标办公室章程》和《淮阴区药、械采购招投标管理办法》等规范性文件和具体操作细则。对40家进入境内药、械招投标市场的单位资质进行审查，批准21家进场，并对全区各医疗单位25名采购人员审查发证。11月，区药、械招投标采购工作并入市区。2002年，有个人申办零售药店73家，审核上报62家，批准立项60家，经过市、区联合现场验收，发证57家。2003年，取消三级麻醉药品供应点，转为二级麻醉药品供应点，完成麻醉药品经营体制改革。是年，启动零售药店GSP认证准备工作。2004年，全区农村药品供应网络形成，有零售药店161家。2005年，境内有零售药店178家，其中农村药店119家。是年，对农村药品零售企业全面实施《药品经营质量管理规范》（GSP）认证工作，参加认证零售药店60家，通过58家。2006年，受理、申报、办理药品经营许可证35份、医疗器械经营许可证4份，办理变更事项99份；指导新开办零售药店通过GSP认证12家，GSP跟踪检查药品零售企业80家。7月，启动药品、医疗器械不良反应监测工作，上报不良反应230份，向工商部门移交违法药品广告6起。2007年，通过GSP认证17家，GSP跟踪检查80家，向工商管理部门移交违法药品、保健食品广告13起，上报药品不良反应报告475份；142个基层医疗卫生机构建成合格药房，15个乡镇卫生院建成规范药房；170家药品、医疗器械经营企业与软件公司签订使用合同，94家经营企业安装使用远程监管系统。向淮安双鹤药业有限公司派驻监督员，督促其严格按照核准的生产工艺和处方组织生产，加大对其GMP认证现场的检查力度和频率。

2008年，创建规范药房21家、合格药房200家。经评定，药品经营守信企业17家、基本守信181家、失信26家、严重失信2家；医疗器械生产经营企业A级5家、B级14家、C级13家、D级3家。在药品广告大检查“飓风”行动中查获3个违法品种并移交工商处理，185家药品零售企业安装远程监控软件。有110余家药品经营企业、18家医疗机构、1家药品生产企业开通网上在线呈报药品不良反应。是年，淮阴区被评为“江苏省农村药品两网示范区”。

第三节　食品卫生监督管理

1978年起，全县定期对城区食品卫生及公共场所卫生进行检查。1981年起，根据《中华人民共和国食品卫生管理条例》规定，对食品从业人员开展定期健康检查。1982年3月，在县卫生防疫站和各公社卫生院设立食品卫生监督员、助理监督员和食品卫生检查员，统一配发食品卫生监督员证。1989年5月，组织87名药品检查员、管理员和部分药剂人员参加医疗单位的药品质量自查验收。5月下旬，分组对自查上报合格的387个单位逐个复查验收，对部分单位进行药品质量检查，查出过期、变质等不合格药品354种（次），价值6523.53元。1995～1997年，全县食品卫生执法检查28次。

2004年起，全区餐饮服务单位、学校食堂和饮用水生产经营单位按照“突出重点、分类指导、分步实施”的原则，实行食品卫生监督量化分级管理。是年2月，重点整治赵集镇家庭作坊式的粉丝生产厂，依法取缔违法经营户12家。年内，淮阴宾馆、渔政苑大酒店、天顺祥大酒店、永和大酒店等单位被认定为全市食品卫生量化分级管理A级单位。2005年，全区开展食品卫生安全保障行动及食品放心工程"卫剑"行动，查获不合格虾仔面50袋、不合格月饼26千克、假冒伪劣名酒28箱；取缔1个销售、加工病死鸡的不法经营户，查处无证食品经营户900余户，取缔违法盐贩3户，收缴私盐684千克。2006年，组织开展豆制品、保健食品违法添加药物、婴幼儿配方奶粉专项整治，及时消除劣质奶粉、不合格保健食品的卫生安全隐患。8月，出台《淮阴区食品安全重大案件督查督办制度》《淮阴区食品安全委员会联络员制度》《淮阴区食品安全委员会工作例会制度》《新闻舆论监督制度》，初步形成政府管理、群众监督的群管群防长效监管机制。2007年，推进区、乡、村三级食品安全监管责任网络建设，出台《淮阴区重大食品安全事故应急预案》和《淮阴区重大食物中毒事故应急预案》等，提高区域内的应急处置能力。

2008年，加大污染乳制品的应急处置力度，出动执法人员1838人次，下架"问题奶粉"4900.9千克、液态奶3288.7千克，集中封存后全部销毁。

第二十篇　中国共产党地方组织

中共淮阴区（县）委员会是中共淮阴区（县）地方组织。中共淮阴区纪律检查委员会是中共淮阴区纪律检查机关。区委工作部门为办公室、组织部、宣传部、统一战线工作部、政法委员会、农村工作部、机构编制委员会办公室。部门管理机构有区委老干部局、信访局、机要局，直属事业机构有党校、档案局（馆）、党史工作办公室。

1978～2008年，召开6次区（县）党员代表大会，历经7届委员会。召开常委会1000余次，全委（扩大）会63次。1978年，全县有党员23513名、党（工）委28个、总支17个、支部845个。2008年，全区有党员36519名、党（工）委48个、总支186个、支部1274个。其间，组织、宣传、统一战线、对台事务、机关党建、党校教育、老干部、党史以及党风廉政建设、案件查办、纠风治乱等项工作与时俱进，有序推进，成效显著。从改变贫困落后面貌到过上小康生活，从物质富有到精神追求，淮阴各项事业蒸蒸日上，生机勃勃。

第一章　中共淮阴区委员会

第一节　工作机构与领导成员

一、工作机构

1978年，淮阴县委设办公室、组织部、宣传部、机关党委、县委党校。1979年6月，恢复县纪律检查委员会，增设统战部、政法委员会、农村工作部、老干部局、党史资料征集办公室。1987年7月，增设县委组织员办公室。1987年，县委有11个工作部门，即县委办公室、组织部、宣传部、统一战线工作部、政法委员会、农村工作部、纪律检查委员会机关、老干部局、机关党委、党史资料征集办公室、县委党校。1994年，增设台湾工作办公室。1996年，增设信访局。2008年，区委机构设区纪律检查委员会机关（区监察局与其合署办公）。区委工作部门为办公室（挂区委台湾工作办公室、区委保密委员会办公室、区国家保密工作局牌子）、组织部（挂区委组织员办公室牌子）、宣传部（挂区精神文明指导委员会办公室、区文学艺术界联合会牌子）、统一战线工作部（挂区民族宗教事务局、区归侨侨眷联合会牌子）、政法委员会（区社会治安综合治理委员会办公室与其合署办公）、农村工作部、机构编制委员会办公室（与区人事局合署办公）。部门管理机构3个，即区委老干部局、区信访局、区委机要局；直属事业机构3个，即区委党校、区档案局（馆）、区委党史工作办公室。

二、领导成员

1978年，中共淮阴县委有书记1名、副书记2名、常委6名。从1978～2008年，历经7届委员会，先后任区（县）委书记14名、副书记70名、常委153名。

1978～2008年中共淮阴区（县）委历任书记、副书记、常委更迭一览表

表20-1-1

届　别	职　务	姓　名	性别	任职时间	籍贯	备注
中共淮阴县第四届委员会（1978.01～1984.10）	书记	朱德功	男	1978.01～1979.04	泗洪	
		杨宝林	男	1979.05～1984.01	河北保定	
		姜立宽	男	1984.01～1984.10	江都	
	副书记	朱宝华	男	1978.01～1980.11	灌南	
		周　平	男	1978.01～1979.05	沭阳	
		王宝善	男	1979.03～1981.05	淮阴	
		屠文生	男	1979.03～1982.12	沭阳	
		刘启文	男	1981.03～1983.06	盱眙	
		周　平	男	1981.12～1984.05	沭阳	
		章利才	男	1982.02～1984.02	溧水	
		祝以信	男	1982.10～1984.10	阜宁	
		李国平	男	1982.10～1984.10	武进	
		苏尚忠	男	1984.02～1984.10	涟水	
	常　委	戴炳文	男	1977.07～1982.12	涟水	
		黄汉书	男	1978.01～1982.06	涟水	
		吴之和	男	1978.01～1981.05	沭阳	
		杨家禄	男	1981.05～1983.06	淮阴	
		秦华英	女	1981.05～1984.02	淮阴	
中共淮阴县第五届委员会（1984.10～1988.03）	书　记	杨基厚	男	1984.10～1988.03	高邮	
	副书记	李国平	男	1984.10～1985.08	武进	
		章利才	男	1984.10～1987.02	溧水	
		苏尚忠	男	1984.10～1987.02	涟水	
		沈业富	男	1984.10～1987.01	淮阴	
		苗秀章	男	1987.02～1988.03	涟水	
		李忠善	男	1987.02～1988.03	涟水	
	常　委	王玉家	男	1984.10～1988.03	沭阳	
		尹耀文	男	1984.10～1987.04	涟水	
		耿开龙	男	1984.10～1988.03	沭阳	
		皇甫贯虹	女	1984.10～1985.03	淮安清河	
		钱　勇	男	1985.03～1988.03	泗阳	
		李孔惠	男	1987.04～1988.03	福建福州	

续表 20-1-1

届　别	职　务	姓　名	性别	任职时间	籍贯	备注
中共淮阴县第六届委员会（1988.03～1991.03）	书　记	杨基厚	男	1988.03～1989.01	高邮	
		张　凯	男	1989.01～1991.03	宿迁	
	副书记	苗秀章	男	1988.03～1989.08	涟水	
		李忠善	男	1988.03～1991.03	涟水	
		陆欣荣	男	1988.12～1989.12	—	省下派
		冯加庚	男	1989.08～1991.03	沭阳	
		李孔惠	男	1989.12～1991.03	福建福州	
		曹　雄	男	1990.02～1991.02	—	省下派
		魏嘉陵	男	1990.12～1991.03	泗阳	
	常　委	钱　勇	男	1988.03～1989.09	泗阳	
		王玉家	男	1988.03～1990.03	沭阳	
		耿开龙	男	1988.03～1990.12	沭阳	
		周明成	男	1988.12～1991.03	淮阴	
		苏振远	男	1989.09～1991.03	涟水	
		周云飞	男	1989.12～1991.03	海门	
		陈志桂	男	1989.12～1990.12	涟水	
		朱　锦	女	1990.12～1991.03	泗阳	
中共淮阴县第七届委员会（1991.03～1996.03）	书　记	张　凯	男	1991.03～1995.04	宿迁	
		冯加庚	男	1995.04～1996.03	沭阳	
	副书记	冯加庚	男	1991.03～1995.04	沭阳	
		李忠善	男	1991.03～1992.12	涟水	
		李孔惠	男	1991.03～1992.12	福建福州	
		魏嘉陵	男	1991.03～1995.10	泗阳	
		姚立武	男	1991.04～1992.04	—	省下派
		朱　锦	女	1992.10～1996.03	泗阳	
		周云飞	男	1993.01～1996.03	海门	
		薛　健	男	1995.05～1996.03	涟水	
		刘文宇	男	1995.10～1996.03	沭阳	
	常　委	周明成	男	1991.03～1995.04	淮阴	
		苏振远	男	1991.03～1991.11	泗洪	
		嵇　文	男	1991.03～1995.02	淮阴	
		谢怀玲	女	1991.11～1995.12	淮安	
		刘广洲	男	1993.05～1996.03	金湖	
		刘金山	男	1994.04～1996.03	淮安	
		李　源	男	1995.05～1996.03	东台	
		邓金良	男	1995.11～1996.03	沭阳	
		冯建国	男	1996.01～1996.03	灌云	

续表20-1-1

届　别	职　务	姓　名	性别	任职时间	籍贯	备注
中共淮阴县第八届委员会（1996.03～2000.12）	书　记	冯加庚	男	1996.03～1999.12	沭阳	
		周云飞	男	1999.12～2000.12	海门	
	副书记	周云飞	男	1996.03～1999.12	海门	
		朱　锦	女	1996.03～1996.09	泗阳	
		刘文宇	男	1996.03～1996.12	沭阳	
		刘广洲	男	1996.10～1999.12	金湖	
		刘金山	男	1996.10～1997.12	淮安	
		王建军	男	1997.02～2000.03	泗阳	
		顾　星	男	1997.02～1999.08	—	挂职
		张允乐	男	1997.03～1998.10	沭阳	
		姜夕泉	男	1999.08～2000.12	涟水	
		夏心旻	男	1999.12～2000.12	盐城盐都	
		周　飞	男	1999.12～2000.12	淮安	
		唐道伦	男	1999.12～2002.11	南通	
		赵　淮	男	2000.03～2000.12	淮阴	
	常　委	冯建国	男	1996.03～2000.06	灌云	
		刘广洲	男	1996.03～1996.10	金湖	
		李　源	男	1996.03～1997.11	东台	
		邓金良	男	1996.03～1998.07	沭阳	
		戚寿余	男	1996.10～1998.06	洪泽	
		韩　斌	男	1996.10～2000.12	沭阳	
		王志强	男	1996.12～2000.12	淮安	
		王祥生	男	1997.11～2000.12	淮阴	
		肖本明	男	1998.06～1999.12	盐城	
		杨正斌	男	1998.07～1999.09	洪泽	
		崔业权	男	1999.12～2000.06	盐城	挂职
		沈在宏	男	2000.06～2000.12	金湖	
		胡涟忠	男	2000.06～2000.12	淮安清河	
中共淮阴区（县）第九届委员会（2000.12～2006.06）	书　记	周云飞	男	2000.12～2003.01	海门	
		夏心旻	男	2003.08～2005.07	盐城盐都	
	副书记	夏心旻	男	2000.12～2003.08	盐城盐都	
		姜夕泉	男	2000.12～2002.01	涟水	
		周　飞	男	2000.12～2003	淮安	
		赵　淮	男	2000.12～2002.01	淮阴	
		王祥生	男	2001.03～2002.01	淮阴	
		孙广辉	男	2002.01～2005.12	洪泽	

续表 20-1-1

届　别	职　务	姓　名	性别	任职时间	籍贯	备注
中共淮阴区（县）第九届委员会（2000.12~2006.06）	副书记	陆益民	男	2002.01~2005.12	宿迁	
		王祝庆	男	2002.03~2003.03	—	挂职
		葛志胜	男	2002.09~2005.12	宿迁	
		盛卫国	男	2003.03~2004.02	—	挂职
		计家荣	男	2003.09~2004.10	—	挂职
		王兴尧	男	2003.11~2005.12	沭阳	
		石中炜	男	2003.11~2005.12	吴江	
		葛　莱	男	2004.01~2005.12	盱眙	
		陆文伟	男	2004.02~2005.12	—	挂职
	常　委	沈在宏	男	2000.12~2002.01	金湖	
		胡涟忠	男	2000.12~2001.08	淮安清河	
		沈友松	男	2000.12~2001.10	涟水	
		吴晓丹	女	2000.12~2004.01	淮阴	
		尹金田	男	2001.08~2002.05	—	挂职
		侯龙春	男	2002.01~2002.08	南京	
		葛　莱	男	2002.01~2004.01	盱眙	
		朱仲彦	男	2002.05~2005.12	淮安	
		郑建宁	男	2002.06~2005.12	—	挂职
		顾登生	男	2002.11~2003.12	淮阴	
		安立波	男	2002.12~2003.12	淮阴	
		徐子佳	男	2004.01~2005.12	涟水	
		张建扬	男	2004.01~2005.12	宝应	
		王向红	女	2004.12~2005.12	宝应	
		时洪兵	男	2005.08~2005.12	淮阴	
中共淮阴区第十届委员会前三年（2006.06~2008.12）	书记	戚寿余	男	2005.12~2008.03	洪泽	
		刘学军	男	2008.03~	淮阴	
	副书记	王兴尧	男	2005.03~2006.03	沭阳	
		孙广辉	男	2005.12~2006.04	洪泽	
		陆益民	男	2005.12~	宿迁	
		葛志胜	男	2005.12~2006.05	宿迁	
		葛　莱	男	2005.12~	盱眙	
		刘军辉	男	2005.12~2006.03	—	挂职
		石中炜	男	2006.06~2006.12	吴江	
		王文斌	男	2006.03~2008.02	—	挂职
		吴学明	男	2006.12~	吴江	
		谢润盛	男	2008.03~	—	挂职

续表20-1-1

届　别	职　务	姓　名	性别	任职时间	籍贯	备注
中共淮阴区 第十届委员会前三年 （2006.06～2008.12）	常　委	朱仲彦	男	2005.12～2006.04	淮安	
		徐子佳	男	2005.12～2006.05	涟水	
		张建扬	男	2005.12～2006.04	宝应	
		王向红	女	2005.12～	宝应	
		时洪兵	男	2005.12～	淮阴	
		张年松	男	2006.04～	涟水	
		李正国	男	2006.05～	涟水	
		朱从耀	男	2006.05～	涟水	
		杨恒忠	男	2006.05～	泗阳	
		蔡绍忠	男	2006.05～	宿迁	
		杨维东	男	2006.05～	盱眙	
		孙　涛	男	2007.05～	丰县	
		刘玉忠	男	2008.03～	南京	

第二节　区（县）委重要会议

一、区（县）党代表大会

【第五次代表大会】 中共淮阴县第五次代表大会于1984年10月21～25日在县招待所举行，出席会议代表336名，特邀代表28名，列席代表38名，共计402名，代表全县25269名党员。县委书记杨基厚向大会作县委工作报告，提出加强党的领导，加快改革步伐，为建设富裕文明的新淮阴而奋斗；县纪委书记皇甫贯虹向大会作县纪委工作报告。此次党代会选举产生30名县委委员、5名候补委员。第一次县委全体会议选举出县委常委8名、县委书记1名、副书记3名。会议通过《中共淮阴县第五届委员会关于加强自身建设、改进领导作风的决定》《关于加强农村党的建设工作的决定》《中共淮阴县委组织部关于1972年至1984年9月底全县党费收缴、使用和管理情况的报告》。

【第六次代表大会】 中共淮阴县第六次代表大会于1988年3月25～27日在县招待所举行，出席会议代表288名，列席代表71名，共计359名。此次党代会选举产生26名县委委员、5名候补委员。新产生的县委第一次全体会议选出常委7名、县委书记1名、副书记2名。会议听取和审议县委书记杨基厚所作的中共淮阴县第五届委员会工作报告、县纪委书记钱勇所作的中共淮阴县纪律检查委员会工作报告，并对以上报告作出相应的决议。会议还听取并审议《集中力量发展经济，集中力量搞好改革，为全面振兴淮阴而努力奋斗》的县委工作报告。

【第七次代表大会】 中共淮阴县第七次代表大会于1991年3月16～18日在县招待所举行，出席会议代表290名，特邀代表48名，列席代表68名。会议听取和审议县委书记张凯所作的中共淮阴县第六届委员会工作报告、县纪委书记苏振远所作的中共淮阴县纪律检查委员会工作报告。此次党代会选举产生31名县委委员、5名候补委员。新产生的县委第一次会议选举产生常委11名、县委书记1名、副书记4名。

【第八次代表大会】 中共淮阴县第八次代表大会于1996年3月25～28日在县招待所举行，出席会议代表307名，特邀代表52名，列席代表84名。会议听取和审议县委书记冯加庚所作的中共淮阴县第七届委员会工作报告、县纪委书记所作的中共淮阴县纪律检查委员会工作报告。此次党代会选举产生24名县委委员、5名候补委员。县委八届一次全委会选举产生常委9名、县委书记1名、副书记3名。

【第九次代表大会】 中共淮阴县第九次代表大会于2000年12月12～14日在县工人电影院举行，出席会议代表345名，列席代表61名。会议听取和审议县委书记周云飞所作的中共淮阴县第八届委员会工作报告、县纪委书记沈在宏所作的中共淮阴县纪律检查委员会工作报告，审议通过《中共淮阴县委2001～2005年党建工作规划（草案）》。选举产生26名县委委员、5名候补委员。九届一次全体委员会议选举常委11名、县委书记1名、副书记4名。

【第十次代表大会】 中共淮阴区第十次代表大会于2006年6月14～16日在区行政中心一楼报告厅举行，应到代表278名，实到代表273名。会议听取和审议区委书记戚寿余所作的中共淮阴区第九届委员会工作报告、区纪委书记蔡绍忠所作的中共淮阴区纪律检查委员会工作报告。选举产生26名区委委员、5名候补委员。十届一次全体会议选举产生常委11名、区委书记1名、副书记2名。

二、区（县）委常委会议

【中共淮阴县第四届委员会】 1978年，共召开30次常委会。12月18日，召开第二十六次常委会，学习贯彻党的十一届三中全会精神。1979年，共召开44次常委会。1980年，共召开52次常委会。5月5日召开第二十一次常委会，贯彻中共中央《关于加快农业发展若干问题的决定》，切实执行“调整、改革、整顿、提高”的八字方针，解决实行生产责任制的有关问题。同时，组织工作队，帮助穷队改变贫困面貌。1981年，共召开40次常委会。1982年，共召开38次常委会。4月5日，召开第九次常委会，决定成立经济案件领导小组，部署打击经济领域犯罪行为。1983年，共召开39次常委会。12月31日，召开第三十九次常委会，贯彻中共中央、国务院关于实行机构改革的指示精神，将原有的66个部、委、办、局精减为42个，其中县委部门8个、县政府部门27个、群团组织3个、其他4个。1984年1～10月，共召开26次常委会。

1978～1983年，中共淮阴县委对全县自然、经济与社会发展状况进行分析研究，认为淮阴县今后一个阶段，要进一步解放思想，加强领导，认真落实生产责任制，根据实际情况分别采取不同形式。主要工作目标是：继续贯彻党的十一届三中全会以来的一系列方针、政策；经济实行进一步调整，政治实现进一步安定，调动一切可以调动的积极因素，实事求是，一切从实际出发，进一步调整农业政策，落实好农业生产责任制，逐步把淮阴建设成为商品粮基地、蚕桑基地、油料基地及山羊、禽、兔等副业生产基地，促进工农业生产和各项事业协调发展，努力使淮阴县贫困落后面貌有一个较大改变。提出实现目标的具体措施为：（1）进一步调整农业政策，认真落实农业生产责任制，根据实际情况分别采取不同形式。（2）进一步调整农业内部结构，走稳产高产、逐年增产之路。（3）调整农业基本设施投资方向，平田整地，改造自然面貌，提高土地利用率。（4）完善四级科技网，办好农科所、农技站、农科队、农科组，办好农干校。（5）挖潜、革新、改造，压缩基本建设战线，全面调整经济结构，合理组织工业生产，发展消费品生产，逐步使经济结构、组织结构和产品结构合理。

【中共淮阴县第五届委员会】 1984年11～12月，共召开7次常委会。12月召开第五次常委会，讨论整顿工业企业，落实工业经济责任制。1985年，共召开42次常委会。1月7日，召开第四次常委会，贯彻落实中共中央、国务院《关于严禁党政机关和党政干部经商、办企业的决定》，检查清理党政机关和党政干部经商、办企业的问题。6月15日，召开第二十三次常委会，贯彻市委、市政府《关于扶持乡镇企业的十条规定》。1986年，共召开33次常委会。4月，召开第四次常委会，传达学习省、市党风大检查会议精神，分析全县党风存在的问题，研究部署整党有关工作。12月30日，召开第三十三次常委会，就机关作风中存在的问题作出规定：刹住争相购买和更换小汽车的不正之风；禁止用公款吃喝招待、请客送礼；控制各种会议，严禁节日、年终突击花钱；禁止借参观、考察之名公费旅游；禁止党政干部在工资和机关集体福利以外获取不正当的收入；严禁党政机关、领导干部及其子女、配偶利用职权或各种方便经商谋利；纠正超标准建房等。1987年，共召开30次常委会。1988年1～2月，共召开4次常委会。1月，召开第一次常委会，布置召开中国共产党淮阴县第六次代表大会有关工作，讨论如何抓住机遇，发展外向型经济。

1984～1987年，中共淮阴县第五届委员会主要工作目标是：继续贯彻落实党的十一届三中全会以来的一系列方针、政策，动员全县人民按照党的十二大指引的方向，进一步解放思想，振奋精神，放宽政策，搞活经济，大力发展商品生产，把以经济建设为中心的各项事业继续推向前进，为振兴淮阴、促进淮阴经济的全面高涨而努力奋斗。具体措施为：（1）延长土地承包期，加强土地管理，鼓励农民开发各种资源。（2）以提高经济效益为中心，有重点、有步骤地整顿工业企业，充分发挥现有企业的作用。（3）大力推进流通领域改革，促进商品生产发展。（4）解放思想，拓宽眼界，搞好“南北对话”，吸取南方大办工业和乡镇企业的有益经验。（5）加强城乡建设事业，逐步形成商业服务中心，文化教育事业中心，工厂企业生产区域和各乡镇的政治、文化、经济中心。（6）切实做好与人民生活密切相关的住宅、影剧院、贸易大楼建设，解决机关干部上下班交通不便问题，王营镇居民基本用上自来水，整顿全县村卫生室，改善农村小学办学条件，乡乡用上自来水，90%的村送上电，搞好蔬菜供应等实事。

【中共淮阴县第六届委员会】 1988年3～12月，共召开36次常委会。9月18日，召开第二十七次常委会，贯彻中共中央《关于加强党的纪律维护改革大局》的指示精神。10月，召开第三十次常委会，决定全面推行企业承包责任制，完善企业内部的配套改革。1989年，共召开26次常委会。1990年，共召开28次常委会。9月12日，召开第十八次常委会，就深化农村改革，加强对农业的领导和服务，确保农业和农村的持续、稳定发展进行讨论。1991年1～2月，共召开6次常委会。1月10日，召开第三次常委会，研究讨论减轻农民负担问题，成立淮阴县农民负担清理整顿领导小组。2月8日，召开第五次常委会，学习宣传中央《关于坚决制止乱收费、乱罚款和各种摊派的决定》。

1988～1990年，中共淮阴县第六届委员会提出的主要工作目标是：全县工农业总产值至1989年实现7.67亿元，力争8亿元，年递增13.9%～15.5%左右。1987年完成工农业总产值5.8亿元，比1986年增长11.9%，力争突破6亿元，增长15.76%。至1989年，工业总产值实现4.89亿元，年递增22%，力争5亿元，年递增22.9%。1987年确保工业总产值完成3.15亿元，增长17.1%，力争完成3.36亿元，年递增24.9%。至1989年，财政收入2000万元，年递增8.9%，1987年完成1759万元。财政支出除价格补贴、抚恤和社会救济外，在上年执行数的基础上压缩10%，农村人均分配至1989年达到370元，年递增7.8%；1987年实现人均分配320元，比1986年增长6.1%。具体措施为：（1）贯彻落实中央五号文件精神，继续贯彻“决不放松粮食生产、农林牧副渔全面发展”的方针，建立健全农业服务体系，强化产前、产中、产后服务。（2）深化企业内部改革，增强企业活力，探索所有制形式的改革，实现企业所有权和经营权的分离，深化同吴江、余杭等挂钩地区的联系。打破地区、部门、城乡所有制界限，实行城乡、工商、商商联合。（3）发展乡镇企业坚持“一手抓提高、一手抓发展”的方针，发展户办、联户办企业。（4）开拓多种渠道，进一步搞活商品流通和资金融通。

【中共淮阴县第七届委员会】 1991年3～12月，共召开30次常委会。6～7月，先后召开4次常委会，研究部署抗洪救灾有关工作。1992年，共召开28次常委会。1月3日，召开第一次常委会，讨论研究对县染织总厂、县汽修厂、王营镇橡胶厂、王营镇金属制品厂、王营镇塑料一厂等5家企业进行“双分法”改革试点工作。1993年，共召开29次常委会。1月9日，召开第一次常委会，传达学习中央、省、市关于农业和农村工作的传真电报精神，会议要求各乡镇、各部门把解决“打白条”问题作为取信于民的大事抓好。1994年，共召开34次常委会。7月14日，召开第二十一次常委会，集中学习中共中央办公厅《关于组织广大干部学习社会主义市场经济理论和基本知识的通知》，并听取技术改造工作的汇报，会议讨论7家重点企业“九五”发展规划。1995年，共召开25次常委会。3月2日，召开第六次常委会，研究部署在全县开展“学先进、树形象、兴淮阴”活动。1996年1～3月，共召开12次常委会。1月5日，召开第一次常委会，研讨全县农村经济工作。

1991～1995年，中共淮阴县第七届委员会主要工作目标是：提高农业、主攻工业、开发盐业、大兴商业，相应发展各项事业。坚持改革开放，坚定而稳妥地推进各项改革，充分调动人的积极性，竭尽全力提高社会生产力。坚持以“农业为基础、工业为主导”的发展经济的基础方针，在提高农业的同时，重点发展工业，以农促工，以工补农，促进工农业协调发展。坚持突出重点，兼顾一般的原则，努力提高经济管理水平，依靠科技开发、技术进步提高经济效益，坚持速度与效益并举，抓住机遇，增强发展后劲。在搞好物质文明建设的同时，大力加强精神文明建设，保证物质文明建设的发展。具体措施为：（1）根据自愿互利的原则，引导和发展多种形式的规模经营，围绕“增粮、保油、上棉、扩桑”，全面发展多种经营，大力发展家庭经济，继续调整农村产业结构与种植业结构。（2）开发盐化工，1995年年产矿盐4万吨。（3）重视人才培训和人才引进，大力推进企业技术进步。（4）推进深化改革，促进企业联合，发挥群体优势。（5）创办“三资”企业，搞好补偿贸易和合资、合作项目。（6）大力发展外向型经济，开拓产品市场。（7）在淮北路广场及新车站，结合城镇建设，兴建一批商业网点。（8）改善办学条件，实现“一无两有”，实行多层次、多渠道、多形式办学，逐步实现九年制义务教育，加强幼儿教育，办好职业中学。（9）发展乡镇村及户办联户办企业，大力发展林、牧、副、渔，发展第三产业。（10）对废黄河、盐河污染监测，抓好污染源的综合治理，大力发展城区的园林绿化，建成荷花公园。

【中共淮阴县第八届委员会】 1996年4～12月，共召开21次常委会。5月20日，召开第九次常委会，传达学习省第十九次公安会议精神，研究部署严打斗争工作。1997年，共召开28次常委会。1月2日召开第一次常委会，会议提出：解放思想，改革分配制度，改变坐商作风，实行“一企多制”“一企多策”“一企多业”，以入库税收和企业利润为考核目标。6月22日，召开第十二次常委会，讨论研究关于庆“七一”、迎回归纪念活动计划，在全县上下深入进行热爱党、热爱祖国、热爱社会主义的教育。11月17日，召开第二十四次常委会，会议听取《认真落实十五大精神、推动第三次思想解放，努力实现全县企业所有制结构调整的新突破》的报告，决定加大经济结构调整力度，搞活县属工业企业，全面推行乡镇企业产权制度改革。1998年，共召开26次常委会。8月4日，召开第十六次常委会，研究部署全县下岗职工基本生活保障和再就业工作。1999年，共召开26次常委会。2000年，共召开28次常委会，深入学习“三个代表”重要思想。

1996～2000年，中共淮阴县第八届委员会主要工作目标是：全面贯彻党的十五大精神，围绕建立社会主义市场经济的新要求，加大改革开放力度，加快结构调整步伐，加速社会主义市场经济的发展。解放思想，突出中心，真抓实干，穷办苦干，使经济效益有明显增长，经济素质有明显提高，经济环境有明显改善，集中精力做好富县、富民、富集体的大文章。加快改革步伐，扩大对外开放，大力调整和优化结构。加快基础设施建设，努力提高城乡人民生活水平，坚持“两个文明”一起抓。具体措施为：（1）加快改革步伐，改革的重点是“两转一配套”，即企业转换经营机制，政府转变职能，配套改革财政金融制度、社会保障制度、城乡住房制度等，进一步搞活企业的发展机制、营销机制、分配机制、用人机制和调控机制，使企业走向市场。（2）稳定以家庭承包经营为主的责任制，进一步健全农产品流通与服务体系。（3）搞活现有流通企业，所有商业零售企业全面实行柜组承包，实行“国有私营、两权分离”，做到自筹资金，自主经营，自负盈亏，自主分配。（4）进一步建立和完善保险、待业、养老、医疗等社会保障制度。（5）简政放权，强化服务，兴办实体，人员分流。（6）面向市场，规模经营，主攻效益，在稳定粮食生产的基础上，努力扩大经济作物，重点突破多种经营，大力发展乡镇企业。（7）落实关键措施，促进工业经济上水平。（8）进一步扩大对外开放，大力发展外向型经济。（9）办好经济开发区。（10）放手发展个体和私营经济。加快速度，放开政策，搞好服务。（11）大力兴办第三产业。（12）以工程建筑为主，成建制、有组织地搞好劳务输出。

【中共淮阴区（县）第九届委员会】 2001年，共召开32次常委会。5月6日，召开第十三次常委会，传达省委书记回良玉、省长季允石在苏北区域发展座谈会上的讲话精神，讨论就如何抓住省支持苏北发展的机遇，发展淮阴经济的工作思路。2002年，共召开33次常委会。2003年，共召开36次常委会。4月13日，召开第九次常委会，研究部署全区非典型性肺炎防治工作。2004年，共召开26次常委会。3月6日，召开第六次常委会，会议交流招商引资情况，对全民创业调研服务活动、计划生育、软环境建设和拆违等工作进行讨论研究，研究部署全区高致病性禽流感防治工作。2005年，共召开32次常委会。1月20日，召开第三次常委会，研究部署在全区开展保持共产党员先进性教育活动有关工作。2006年1～4月，共召开14次常委会。4月4日，召开第九次常委会，专题研究拆迁、基础设施建设、重点项目推进和园区整治工作。

2001～2005年，中共淮阴区第九届委员会主要工作目标是：以邓小平建设有中国特色社会主义理论和党的基本路线为指导，继续贯彻执行"抓住机遇、深化改革、扩大开放、促进发展、保持稳定"的方针，不断加强农业的基础地位，充分发挥工业的主导作用，大力发展第三产业，加强基础设施建设，积极发展各项社会事业。具体措施为：(1)坚持以农业为基础，初步实现农业生产区域化、服务社会化、经营规模化，致力于提高农业的商品率。(2)坚持以工业为主导，围绕市场，调整发展老行业，积极开拓新行业。(3)充分发挥市场机制作用，大力发展第三产业。(4)加强基础设施建设，集中力量搞好交通、水利、邮电和电力等方面的建设。(5)实施"科教兴区"战略。(6)进一步提高经济外向度，改善投资环境，扩大竞争能力。(7)保持社会稳定，推动社会进步。(8)控制人口增长，加强环境保护。(9)大力发展市场农业，加速推进农业产业化进程，逐步实现农业大区向大农业区的转变。(10)按照"扩大总量、提高质量、加大投入、强化管理"的总体要求，全力突破工业经济。(11)增加商业网点，扩大市场容量。(12)规划金融保险业的发展，巩固、完善、提高信息咨询、项目评估、会计审计、公证等中介服务体系。(13)利用区内外力量，积极开发房地产，规范管理好房地产市场。(14)加强基础设施建设，全区基础设施建设投资3.2亿元(不包括国家重点道路)。(15)建立适应社会主义市场经济体制需要的现代企业制度。

【中共淮阴区第十届委员会】 2006年6～12月，共召开16次常委会。12月14日，召开第十四次常委会，专题研究财政"三项改革"工作和事业单位养老保险工作。2007年，共召开28次常委会。2008年，共召开30次常委会。2月26日，召开第五次常委会，确立"争先淮安、崛起苏北、赶超苏中、学习苏南"的目标新定位，讨论制定发展新举措。

2006～2010年，中共淮阴区第十届委员会主要工作目标是：坚持以邓小平理论和"三个代表"重要思想为指导，以科学发展观统领建设全面小康社会的全局，坚持工业强区、三产活区、环境立区、科教兴区，大力实施新型工业化、城市化、农业产业化、外向化、城乡一体化五大战略，加快推进"工业大区、现代城区、商贸新区和社会主义新农村"建设，全力打造实力淮阴、开放淮阴、和谐淮阴，努力实现经济社会的快速发展、协调发展、共同发展。具体措施为：(1)主攻大项目，培植大企业，建设大载体，不断壮大工业经济整体实力。(2)围绕"布局科学合理、产业特色鲜明"的总体思路，精心打造淮阴工业园、赵集盐化工城、盐河工业带三大工业板块和乡镇工业集中区。主动策应"市经济开发区和淮阴、楚州、清河工业园区"联动发展战略，按照"淮安新城区、工业密集区、对外开放先行区"的定位，完善淮阴工业园总体规划，加快供电、供水等配套设施建设。(3)立足资源和产业基础，精心培育盐化工、建材、纺织服装、木业加工、电子电器、食品加工等支柱产业，逐步实现由企业集中向产业集中迈进，尽快形成门类集聚型特色产业，增强工业经济核心竞争力。(4)加快发展农村教育事业，实施农民健康工程，加快推进有线电视进村入户工程，加强农村精神文明建设，加快推进农民教育工程，扩大农村基层民主，建立健全村委会工作制度。(5)加大城市建设力度，做到规模与完善功能并举，新城拓展与老城改造齐抓，加快城区"东进北扩西延"。(6)加速实现与以上海为龙头的长三角城市群之间的产品、信息、交通、市场、现代物流、旅游资源、文化教育等全方位接轨，加入长三角相关协会，服务长三角发展，承接长三角辐射。(7)按照"市场成群、商铺归类、旅游连线"的要求，进一步明确功能分区，强化要素配置，促进产业集聚，实现服务业错位竞争、差别发展。(8)推进行政管理体制改革，大力发展民营经济，深化农村各项改革，积极鼓励创业。

三、区（县）委全委（扩大）会议

中共淮阴县第四届委员会共召开10次全委（扩大）会议，核心议题有：依照省、地和县委的部署，围绕清理“左”的影响，修补历史伤痕，促进政治上安定团结和经济建设走上健康轨道等方面进行讨论研究。

中共淮阴县第五届委员会共召开10次全委（扩大）会议，核心议题有：传达贯彻中共十一届三中全会以来的一系列方针、政策；就如何维护安定团结的政治局面进行工作布置；研究调整经济结构思路，就如何将淮阴建设成为一个商品粮基地、蚕桑基地、油料基地，以及山羊、禽、兔等副业生产基地制定意见；围绕贯彻落实中共十二大精神，进一步动员和组织全县广大干部群众解放思想，加快发展。

中共淮阴县第六届委员会共召开12次全委（扩大）会议，核心议题有：研究制定放宽政策、搞活经济、发展商品生产的有关意见；传达1987年中央1号文件和胡耀邦视察江苏时的重要讲话精神，研究深化城乡改革问题；研究全县经济发展战略思想，提出稳定提高农业，积极发展多种经营，重点突破工业和乡镇企业，相应发展第三产业，全面提高经济效益，提高农村人均收入发展思路。

中共淮阴县第七届委员会共召开11次全委（扩大）会议，核心议题有：加强领导班子建设，推动全县两个文明建设，学习中共十三届六中全会公报，解决农业生产中几个突出问题，抓好工业，促进淮阴县经济建设持续、稳定、协调、健康发展。研究如何搞好淮阴县预算内企业和各系统重点骨干企业的发展工作，讨论县委《关于“八五”经济和社会发展战略的意见》，审议通过“九五”计划及《2010年远景目标的建议》。

中共淮阴县第八届委员会共召开8次全委（扩大）会议，核心议题有：讨论《淮阴县社会主义精神文明建设“九五”规划纲要》，研究部署财税、“三外”、扶贫促小康农业产业化经营、农民负担及生猪市场管理等重点工作，审议通过《关于进一步加强招商引资工作的意见》。

中共淮阴区（县）第九届委员会共召开8次全委（扩大）会议，核心议题有：讨论确定工业、农业、基础设施以及社会事业等实施的重点项目，以及“十一五”奋斗目标和战略重点。

2006～2008年，中共淮阴区委共召开4次全委（扩大）会议，核心议题有：提出“苏北争第一、全省争进位”，加快淮阴发展的“双争”目标，部署“十一五”后三年的具体工作任务；提出掀起新一轮思想大解放热潮，推进淮阴在新的发展起点上实现大跨越的发展目标。

第三节　组织工作

一、党员

【党员发展】 1978年，全县有党员23513名，其中正式党员22926人、预备党员587人，男党员19845人、女党员3668人。至1987年，全县有党员27544人，其中正式党员26988人、预备党员556人，25岁以下878人、26至45岁14202人、46岁以上12464人。1989年，制定《关于做好推荐和吸收优秀共青团员入党的工作意见》，并在发展党员工作中引入监督机制。1994年，制定《关于在劳务输出人员中发展党员工作的暂行规定》，全年在劳务输出人员中发展党员36名。1995年，对498名入党积极分子、1100名预备党员进行培训。2000年，制定《中共淮阴县委2001～2005年发展党员工作规划》和《关于实行发展党员公示制的意见（试行）》。2008年，发展新党员415名，其中女性131名，占31.6%；35岁以下320名，占77.11%；高中以上文化376名（大专以上文化201名），占90.6%；生产一线324名，占78.07%。是年，全区共有党员36519名，其中女性20.28%。入党年龄按当年分类累计，25岁以下占15.4%，26至35岁占45.7%，36岁以上占38.9%。

【党员管理】 1984年，在外出党员比较集中的地区建立临时党组织，全县建立临时党支部3个，临时党小组15个。1985年8月至1986年12月，全县分三批整党。印发《全县党员教育培训工作实施意见》。1985年，全县30个乡镇（场）全部办起业余党校，农村有427个村办起党员活动室。是年起，每年民主评议党员1次。1986年，发放农村地下老党员生活困难补助14310元。1988年，淮阴染织总厂将"黄牌"警告引用至党员考评中，对连续2年被评为较差的党员，在支部会上点名批评。1989年，民主评议党员活动在农村全面推开，336名党员被评定为不合格党员，16名党员受到党纪处分，142名党员被开除党籍。1991年，发放846名农村地下老党员一次性补助66405元。1992年，一次性发放843名农村地下老党员补助60800元。1993年，制定《关于加强农村劳务输出中党员管理的暂行规定》。1994年，发放困难老党员补助96500元。2002年，下拨24户农村1949年10月1日前老党员草危房改造经费8.4万元。2008年，各乡镇建立流动党员党支部电子信息库，采用短信群发、网络互动、编发《流动党员简报》、重大节日回乡座谈等形式，与流动党员联系，进行教育管理。

二、组织建设

【机关党建】 党委（总支）　1979年，成立县计划委员会党的核心小组，县物资局、农业局、社队工业局、供销合作总社等单位设立党总支。1980年，成立县农水、经委、宣传、财贸、公安系统党委。1984年，机关党委新建总支17个。1987年，组建乡镇（场）党总支8个。1992年，成立县物资集团总公司党委；撤销原商业局党组，成立商业总公司党委；成立县供销集团公司党委，撤销原供销合作总社党组；成立粮油总公司党委，撤销原县粮食局党组；成立县供电局以及人民银行、工商银行党组。1997年，改设县教育局等党委7个、县建设局等党组7个，成立县总工会等党总支13个。1999年，成立粮食局党委，撤销原县粮油总公司党委。2000年，成立县机关工委，撤销县机关党委；成立县邮政局、电信局党委，撤销县邮政局、电信局党总支；成立县贸易委党委，撤销县商业总公司党委、县物资集团党委、县食品集团党委；成立县财政局党委，撤销原县财政局党组；成立县农村信用社党委。供电所党员纳入供电局党委管理。2001年，成立区国税局党委。是年，全区有党委45个、党总支64个。2002年，下发《关于调整区直单位党组织设置的通知》，对区直机关党组织设置和隶属关系作出调整，区委老干局党支部划归区委组织部党总支管辖。是年，成立区地税局党委，供电局淮阴分局党委更名为淮阴供电公司党委。2003年，成立人民法院党委。2008年，全区有48个基层党（工）委、65个党总支。

党组　1980年成立纪委党组、法院党组。1981年，分别成立县政府、人大常委会、政协、检察院党组。1986年，分别成立商业局、卫生局、物资局、工商局、文教局、税务局、水利局、交通局、供销社、粮食局、城建环保局、县联社等12个党组。1987年，成立县农业银行党组。1992年，成立供电局党组、县人民银行党组、工商银行党组。1994年，成立县地税局党组。1995年，成立民政局、财政局等党组。1996年，成立县人寿保险公司党组、建设银行党组。1999年，成立县广电局党组。至2008年，没有设立新的党组。

【农村党建】 1979年，在新渡公社谢庄大队采用差额选举的方法，进行支部改选试点。在袁集公社党委及其所属各党支部中开展基层党组织改选工作。1980年，制定《关于基层党支部改选工作的意见》，年底前完成支部改选。1982年，整顿农村后进党支部90个。1985年，全县农村427个基层党支部换届改选，组织对10个乡党委、100个村党支部班子建设情况进行调查。1989年，农村党支部改选。1993年，制定《关于认真做好农村党支部换届改选工作的意见》，农村党支部由2年一选，调整为3年一选。1994年，制定《淮阴县1994～1996年后进村和经济薄弱村党支部整顿工作三年规划》。1995年，制定《关于加强农村基层组织建设的意见》《关于在农村党支部中开展创建"五好支部"活动的意见》，集中整顿后进村40个，成功转化34个。2003年，出台《关于加强社区居委会党的建设工作的意见》，公开招聘社区工作人员。2004年，区农村基层组织建设工作领导小组更名为区基层党组织建设工作领导小组。是年，建立村级党组织党员月例会制度，把每月10日定为农村党员例会日。2008年，改革村级党组织设置，成立社区党委1个、村级党总支22个。设立蔬菜业、加工服务业等各类专业党支部55个。聘请江苏民康油脂有限公司、民生实业有限公司董事长分别担任西宋集镇宋集村、渔沟镇韩圩村党总支书记。

【企业党建】 1979年，成立犁耙厂、航运公司等党总支。1984年，成立县织布厂党委。1987年，成立南陈集乡办企业党总支、小营乡工商联合公司党总支。1988年，成立淮阴丝织厂党委。1990年7月，召开企业党建和思想政治工作会议，制定《关于开展评选企业优秀党务工作者和优秀厂长（经理）活动的决定》。1996年，企业党建着重开展企业领导干部“抓管理、创效益”活动。是年，成立县舒美集团党委、县食品集团党委。1997年，全县开始在个体、私营企业中建立党组织并加强改制企业的党组织建设。县委根据企业规模和实绩，对企业干部实行分类管理。2000年，县内国有企业党组织参与重大问题决策。2002年，对改制重组、关闭破产企业调整党组织设置，理顺党员党组织隶属关系，做好党组织关系转移工作。是年，下发《关于调整区直单位党组织设置的通知》，对企事业单位党组织设置和隶属关系作出调整。2003年，制定《淮阴区非公有制企业党组织工作暂行办法》，在工业园区实行部门与招商引资企业党建结对，帮助园区4家民营企业建立党组织。是年，成立江淮纺织有限公司党委。全区非公企业建党总支4个。2004年，向17家非公企业派驻17名党建工作指导员，建立全区非公有制经济组织党建工作情况统计、定期通报制度和区四套班子党员领导干部联系非公有制企业党建制度。是年，举办全区非公有制企业党建工作培训班，对52名企业主和48名党组织负责人进行培训。江苏淮阴白玫糖业有限公司党委更名为江苏白玫糖业有限公司党委，撤销淮阴丝织厂党委，成立淮阴丝织厂党支部。

2005年，采取“双荐双考双选”方式选聘非公企业党组织负责人，开展“五好”党组织创建活动。2006年，抓典型培植，创建非公有制企业党建工作示范点，并制定相应考核标准，开展“规模以上非公企业党组织组建月”活动，评选优秀非公企业党组织书记。2007年，推进非公企业党建工作示范点建设，落实非公企业党组织活动经费问题，实行非公有制企业党建工作“登记申报、年检年报”制度，落实全省非公企业招聘万名党员活动。2008年，全区有80%的非公企业建立党组织。

1978～2008年淮阴区（县）基层党组织基本情况一览表

表20-1-2　　单位：个

年份	党（工）委	总支	支部	年份	党（工）委	总支	支部
1978	28	17	845	1994	57	48	902
1979	28	23	845	1995	60	48	902
1980	35	23	845	1996	64	48	902
1981	39	23	845	1997	78	47	947
1982	39	23	845	1998	78	47	947
1983	39	23	845	1999	79	47	947
1984	40	40	858	2000	80	45	947
1985	45	40	858	2001	45	64	1179
1986	51	40	858	2002	46	64	1179
1987	52	48	872	2003	48	63	1179
1988	53	48	872	2004	34	65	1070
1989	53	48	872	2005	33	62	1028
1990	53	48	872	2006	33	64	1045

续表 20-1-2

年份	党（工）委	总支	支部	年份	党（工）委	总支	支部
1991	53	48	902	2007	33	64	1048
1992	57	48	902	2008	48	186	1274
1993	57	48	902				

三、干部选配

【党政干部】 1978年，从外省调进干部23名，本县干部调出省外11名，调到本省其他地区226名，下放干部12名。1979年，28个公社、场、镇配备专兼职纪检委员以及干事。1983年，录用12名农村半脱产干部。1985年，全县调整干部523名。1986年，结合县、乡机关整党“回头看”活动全面考察干部，全县调整干部244名，提拔10名副局级领导干部。1991年，选调11名县直机关干部到乡镇担任副乡级领导干部。1994年，调整乡局级干部240名，其中调整一把手5名，提拔88名，平职级交流61名，降职2名。1997年，乡镇机构改革，乡镇党委设书记1名、副书记3名（含乡镇长），设镇长1名、副镇长1名。人大主席由书记兼任，设专职副主席1名。是年，全县参照公务员管理单位人员过渡。通过考试、审核，县直过渡173名，乡镇过渡719名，不能过渡33名，暂缓过渡13名。2000年，结合区划调整考核干部400余人次，提拔44名，降职2名。是年，乡镇行政区划调整，将28个乡镇、1个开发区、1个果林场调整为21个乡镇，分流乡镇在职干部237名，其中副乡级干部124名、股级干部97名、办事员15名，涉及离休人员16名、退休人员32名、乡镇“七所八站”（泛指县市区及上级部门在乡村的派出机构）人员426名。2006年，结合党委换届，调整乡科级干部141名，其中提拔41名、交流100名。2008年4月，公开选聘3名专业招商领导干部。7月，经过自荐、公推、组织考察、现场调研、公开演讲中答辩、常委统一评分票决等环节，公推公选产生码头镇党委书记。

【企业干部】 1991年，选拔部分乡镇企业负责人担任副乡镇长，聘任部分乡镇企业负责人为乡镇工业、农水、计划生育助理。1991年，选调7名县属企事业单位中青年干部到乡镇工作。1996年，县属28家一、二类企业有26家企业班子配备35岁左右干部共30名。1997年，县委根据企业规模和实绩，规范企业干部任免权限，对企业领导干部实行分类管理，一类企业党政正职和二类企业党政正职由县委组织部管理，二类企业副职由县委组织部和主管部门共同管理，三类企业干部由企业配备一名35岁左右的年轻干部。1998年，对全县29家企业63名领导干部进行调整，其中一类企业3家共6名、二类企业13家共46名，推荐2人到乡镇任职。2000年后，县属企业改制，企业干部不再属于组织部管理范围。

【年轻干部】 1978年，选拔配备中青年干部89名。1980年，选拔中青年干部124名。1981年，提拔任命公社党委书记16名、公社党委副书记8名、公社管委会主任16名、公社管委会副主任26名、局长2名、副局长10名，另有工厂、公司的正副厂长和正副经理41名。是年，公社管委会主任和镇政府正副镇长的平均年龄下降至44.3岁，28个公社党委书记平均年龄下降至45.1岁。1982年，打造革命化、年轻化、知识化、专业化的干部队伍，选拔中青年干部468名，其中提拔271名，选拔县管中青年干部197名。1983年，选拔中青年干部360名。1985年，提拔58名优秀中青年干部进入乡镇和县机关领导班子。1993年，开展“推荐优秀青年干部”活动，重点推荐35周岁以下青年干部。1995年，制定《关于选拔任用优秀年轻干部的规划》，先后选拔13名35周岁以下的干部任乡镇党政正职，全县乡镇党政一把手平均年龄39.9岁。1997年，乡镇党委换届，28个乡镇党政班子342人中，40岁以下180名，35岁以下党政正职15名，18个党政班子中有1名30岁左右的干部，73名部委办局班子中有37名35岁左右的年轻干部。2000年，选拔21名35岁以下的青年任副乡级以上干部。乡镇党政班子平均年龄由40.8岁下降至39.8岁，县直领导班子平均年龄44.43岁，其中40岁以下83名。2001年，区乡机构改革，区直部、委、办、局和乡镇领导班子平均年龄分别为46.04岁和41.31岁，比改革前下降2.1岁和3.5岁。其中，区直部、委、办、局党政正职平均年龄47.1岁，下降1.6岁；乡镇党政正职平均年龄41.98岁，下降1.9岁。

2005年，确立实绩用人导向，区委向市委推荐10名乡科级党政正职作为县处级后备干部。2008年，全区有干部11483名，其中机关干部1956名、副处以上干部38名、正科职193名、正科级97名、副科职429名、副科级216名。

【妇女干部】 1991年，14名女干部进入乡科级领导班子。1994年，开展推荐优秀中青年女干部活动，选拔16名优秀中青年女干部，全县乡科级女干部总数64名，其中担任党政正职8名。是年，确立后备女干部48名。1995年，选拔32名妇女干部担任乡科级领导干部。2000年，选拔6名中青年妇女干部进入班子。是年，21个乡镇有20个配备女干部。2002年，制定《淮阴区2002～2005年培养选拔女干部，发展女党员工作规划》。是年，提拔科级女干部3名。2006年，提拔9名中青年女干部进入班子。2008年，提拔科级女干部4名。

【后备干部】 1982年，培养后备干部154名。1983年，建立"第三梯队"乡级后备干部35名。1988年，选配后备干部1221名，上岗锻炼521名，全县培养乡级后备干部57名。1991年，对经委系统14家全民预算内企业的领导班子进行考察，初步建立企业领导班子后备干部队伍。是年，县、乡两级班子换届选举，2名原县处级后备干部进入县级领导班子，51名原乡科级后备干部进入乡镇领导班子，并确定县处级后备干部20名、乡科级后备干部142名。1994年，建立155名乡科级党政正职和大中型企业党政一把手后备干部队伍，88名年轻股级干部充实到乡科级后备干部队伍中。1996年，公开推荐经营管理人才，250多人报名参加。对列为后备干部的60名人选，选送到南京航天航空大学脱产学习36名，到市、县大中型企业跟班见习11名，到乡镇企业挂职锻炼13名。1997年，全县共有县处级后备干部27名，乡科级后备干部290名，非党后备干部35名。2000年，全县有乡科级后备干部300余名，其中女后备干部50名、党外后备干部37名。2001年，开展集中推荐民主党派和无党派后备干部活动，储备乡科级党外后备干部37名，并从后备干部中选拔一批优秀者充实到各级领导班子中。

2005年，抽调乡科级干部和后备干部100名赴经济发达地区进行短期脱产培训和挂职锻炼，100名赴长三角和珠三角等发达地区专职招商，实绩突出的优先推荐为后备干部。2008年，选聘500名优秀外出务工经商人员回村挂职，任村委会主任助理。

四、干部管理

【企业干部管理】 1991年，制定《关于加强县属企业单位领导干部管理工作的意见》。1992年，制定《关于激励工业企业领导干部建功立业的若干规定》，提出把企业干部的任免、升降、政治荣誉、经济待遇、奖励惩戒全部与企业经营状况、效益高低挂钩等12条奖惩措施。1994年，企业干部按企业分类、分层次管理，企业按规模、利税指标及发展潜力分为三类。1995年，初步规范企业领导干部管理制度。1997年，制定《关于改进和加强企业领导班子建设的意见》，明确企业党组织负责人产生和参与重大问题决策的方法和途径。2003年，对企业领导干部进行考核和民主评议。国有企业改制以后，取消企业干部管理工作。

【村组干部管理】 管理制度　1991年，制定《关于进一步加强农村党支部书记队伍建设的意见》，对村党支部书记的选拔、培养、使用、管理、监督、激励等作出规定。建立全县村主要干部分类档案。1996年，对生活困难的486名离任村干部，给予每人一次性补贴100元。1997年，制定《关于加强村级干部队伍建设的意见》，对村干部的选拔、培训、工资、保险等作出明确规定。1998年，编制村级干部定编制、定岗位、定职责"三定"方案。通过清编、精简职数，全县村级干部总数为2980名。2001年，全区1260名离任村干部开始享受每年发放的生活困难补助，根据连续任职年限、年龄分档实施。2003年，制定《淮阴区村组干部规范化管理办法（试行）》，对村组干部职位设置、职责任务、选拔任用等作出明确规定。2004年，统一村干部工资标准，韩桥、吴城、吴集等乡镇试行村干部兼职兼薪。制定《关于为村干部办理养老保险的工作意见》，村干部养老保险与城镇职工社会养老保险并轨。2005年，实行村干部队伍信息化管理，将全区1700余名村主要干部的基本情况输入数据库。2006年，出台《关于做好农村离任村干部生活困难补助费发放工作的通知》。2008年，出台《淮阴区村干部农村养老保险办法》，明确参保范围、缴费标准、参保手续等。

选拔任用　1991年始，县委开始在优秀村支书中录用国家干部。是年，录用3名优秀村支书为国家干部。1992年，开展“荐贤举能”活动，录用村级干部142名。是年，五里乡党委抽派12名乡机关干部到村任职，全县转发该乡党委《关于抽派乡机关部分干部到村任职的有关规定》。1994年，制定《关于进一步做好从农村经济能人中选拔基层干部工作的意见》，广泛开展举荐农村能人任基层干部活动，推荐各类经济能人837名，考察使用228名，其中村支书22名、村主任34名。1995年，制定《关于从农村党支部书记中选拔任用乡科级干部的若干试行规定》。是年，村支部改选时，新充实45名村党支部书记。从县乡机关、企事业单位选派45名年轻干部到村任职，其中23名任村党支部书记、22名任村委会主任。1996年，村“两委”换届，对825名“双带”（带头富、带领富）能人进行考察，充实到基层班子334名，其中任村党支部书记98名。是年，从县乡机关选派45人到村任职锻炼。1997年，选拔“双带”能人875名，考察录用331名为村支书。1999年，制定《关于选派大中专毕业生赴村任职的实施意见》。2000年，全县43名赴村任职的大中专毕业生与有关乡镇签订下村工作协议，选派18名乡镇新录用的公务员到后进村任职。2001年，推行“双推一选”，公开选拔村党支部书记，选派第二批47名大中专毕业生进村任职。是年，结合区划调整，对村“两委”进行换届。换届前，全区村组干部7706名，换届精简至4918名。2008年，王营镇营东社区党组织书记明确享受副科级经济待遇。

村级后备干部队伍　1988年，配备村级后备干部1843名。1992年，开展“荐贤举能”活动，充实村级后备干部1136名。1994年，453名各类能人列为村级后备干部。是年，制定《关于组织部分村级后备干部赴苏南等经济发达地区以打工形式加强培养锻炼的意见》，县乡选派87名后备干部到吴江、张家港等地锻炼。1995年，全县推荐各类经济能人795名，作为村级后备干部培养。是年，与淮阴师专联合举办农村经济及社会管理大专班，40名村级后备干部参加学习。选送17名乡镇分管工业的干部和134名优秀村级后备干部，到大中型企业及苏南经济发达地区“跟班见习”“以工代训”。组织48名大学生村干部赴华西村接受教育培训。2008年，区委开展“举贤荐能”“凤还巢”等活动，将727名优秀能人大户和外出创业有成人员作为村级后备干部并跟踪培养。

第四节　宣传工作

一、主题教育

【“五讲四美三热爱”活动】 1981年，在全县人民群众和青少年中广泛开展以五讲（讲文明、讲礼貌、讲卫生、讲秩序、讲道德）四美（心灵美、语言美、行为美、环境美）三热爱（热爱祖国、热爱社会主义、热爱党）为主要内容的社会主义精神文明宣传活动。在活动中，全县城乡团员青年12000人组成567个学雷锋小组或青年突击队，为烈军属、五保、病残困难等1625户排忧解难。1986年1月，团县委在县境黄河故道沿线开展“为黄河故道披绿装”活动，2万名团员青年义务植树，营造青年绿化工程500多处，受到省委、市委表彰。全县妇女积极开展创“五好”（爱国守法，热心公益好；学习进取，爱岗敬业好；男女平等，尊老爱幼好；移风易俗，少生优育好；勤俭持家，保护环境好）活动，涌现出“双文明户”3500个。

【“学全党楷模、做合格党员”活动】 1985年7月，组织全县党员干部开展“学全党楷模、做合格党员”活动。通过瞻仰周恩来故居，记一句周恩来名言，听（讲）一个周恩来的故事等形式，使周恩来同志积极进取、勇于创新、全心全意做人民公仆的精神深入广大党员心中，使做一名合格党员的信念成为每个人的自觉行动。1986年3月，县妇联组织全县广大妇女党员开展“六个一”（为贫困户做一件好事、为“两山”前线战士做一双鞋垫、为五保老人赠送一件礼物、为纪念周恩来诞辰88周年表一项心愿、为儿童福利基金会捐一角钱、为纪念“八十二烈士”牺牲43周年做一件有意义的事）活动，为贫困户做好事5568件，为市儿童福利基金会捐款2000余元。

【“淮阴精神”集中宣传活动】 1995年8月开始，在全县征集“淮阴精神”，收到“淮阴精神”表述语1500条，经各乡镇、各部门、各单位干群反复酝酿、充分讨论，是年10月，县委常委会研究确定“淮阴精神”为：团结、务实、拼搏、争先。并决定每年10月为“淮阴精神”集中宣传月。

【庆香港回归系列活动】 1996年，组队参加全市“迎回归、庆七一”万人大合唱比赛，组织全县“迎回归、庆七一”大合唱比赛，举办“迎回归、庆七一”形势报告会。其他有机关体育运动会、中小学生作文大奖赛、卡拉OK大奖赛、书画展、读报知识竞赛、少儿书法竞赛、国防知识竞赛等一系列庆祝活动。

【“三德”教育活动】 1999年，在“三德”教育活动中，以省编的《社会公德、职业道德、家庭美德知识读本》和市编《“三德”教育手册》为主要教材，运用报纸、广播、电视等各种媒体广泛宣传，对全县党员开展教育。

【“三讲”教育和作风整顿活动】 2000年4～5月，利用两个月的时间，在党组织中开展“三讲”（讲学习、讲政治、讲正气）教育和作风整顿。通过开展“三讲”教育，切实提高县级以上领导干部素质，加强领导班子思想政治建设，改进工作作风，推进全县改革开放和现代化建设步伐。11～12月，开展“三讲”教育“回头看”活动，对县直机关作风进行整顿。

【“三个代表”重要思想学习教育活动】 “三个代表”即中国共产党始终代表中国先进生产力的发展要求，代表中国先进文化的前进方向，代表中国最广大人民的根本利益，是党的立党之本、执政之基、力量之源。2001年，在21个乡镇和76个区直单位党组织领导班子中开展“三个代表”学教活动。在白玫糖业、淮阴双鹤、江苏三淮等8家国有骨干企业中开展国企“三个代表”学教活动，并与评议考察企业领导班子结合起来。活动共发放征求意见表510份，召开各类座谈会18次，个别访谈280人次。

【弘扬“三创”精神主题教育活动】 2005年，区四套班子成员将弘扬“三创”（创文明村镇、创文明行业、创文明单位）精神与全民创业活动相结合，深入基层，现场服务，帮助民营企业和个体工商户解决各类问题1450余个；开展“交通风采杯”青年歌手大赛、“我爱淮阴”知识竞赛、弘扬“三创”精神机关文艺汇演；区电台、电视台推出《三创巡礼》专栏，播出“三创”典型先进事迹；《淮阴工作通讯》开设“三创”论坛；对“三创”典型，以图片附文字的形式制作展板8块，在全区巡回展出。

【保持共产党员先进性教育活动】 2005年1月开始，开展保持共产党员先进性教育活动。活动共分三批进行，第一批从2005年1月至2005年6月，主要对象是区级机关和部分企事业单位党员；第二批从2005年7月至2005年12月，主要对象是区基层机关和各乡镇机关党员；第三批从2006年1月至2006年6月，主要对象是农村基层党员和部分党政机关党员。

【弘扬社会主义荣辱观主题教育活动】 2006年，组织开展机关党员干部“八荣八耻”（以热爱祖国为荣，以危害祖国为耻；以服务人民为荣，以背离人民为耻；以崇尚科学为荣，以愚昧无知为耻；以辛勤劳动为荣，以好逸恶劳为耻；以团结互助为荣，以损人利己为耻；以诚实守信为荣，以见利忘义为耻；以遵纪守法为荣，以违法乱纪为耻；以艰苦奋斗为荣，以骄奢淫逸为耻）赛诗会和图片书画征集、评比、巡展活动。教育局党委在学校组织开展“八荣八耻”讲座、书画展、辩论赛和征文活动。企业党组织开展以“辛勤劳动为荣”为主题的比生产、比销售、比管理、比服务、比卫生系列竞赛活动。突出“美化家园、喜迎美食节”主题，组织开展“知荣辱、讲卫生、树新风——家庭创卫突击月”活动。

【解放思想主题教育活动】 2008年，突出“鼓励探索、崇尚实干、支持创业、宽容失误”主题，创新载体，精心组织，深入开展解放思想主题教育活动，编发两辑13万字的《学习资料汇编》，制作专题片《解放思想天地宽》，开展形式多样的学习讨论活动。全区深入排查思想不解放、影响发展的5大类110个问题，形成各类调研报告579篇，收到各类建议2537条，以及“我为淮阴跨越发展献计策”征文260篇。先后召开“弘扬创业文化、推动全民创业”“村级集体经济破零”等8个专题座谈会，探寻解决制约淮阴科学发展、跨越发展的有效对策。组织召开解放思想现场评议会，现场抽取8家管理执法部门面对200名各界代表当众自我剖析、接受点评，并对全区所有单位进行民意测评，满意率较低的36个单位被责令“回头看”。

二、农村党员干部冬训

1978年起，县、公社（乡）两级每年年底都举办一期党员干部冬训班。在农村党员干部中开展以学习时事政策为主要内容的冬训活动，此后冬训的内容不断丰富。每年冬训工作，通常先组织宣传干部参加市、县培训班，选择一个乡镇试点，后在全县面上推开。学习内容一般重点安排4个专题，邀请县直部门的理论、农技行家作辅导讲座。1989年，组织全县247个村党支部书记集中冬训。随着农村党员外出打工增多，集中培训难度增大。1996年，以党员“双学”（学理论、学党章）、“双带”（带头致富，带领群众共同致富）活动为主题，加强教育，全面提高农村党员素质，充分发挥基层党员在奔小康进程中的先锋作用。1999年12月14日，全市农村党员冬训现场会在王营镇召开。2007年，组建政治理论、政策法规、农业科技理论宣讲服务团，到各乡镇开展宣讲。是年，全区农村党员参训率达到93.8%，干部参训率100%。2008年，以学习贯彻中共十七大、十七届三中全会精神为重点，运用农村党员冬训、政工培训和基层理论宣讲等载体，组织基层党员干部的理论学习。全区2万余名农村党员干部和专业大户参加冬训，参训率95%以上。是年，农村党员冬训工作被评为全省一等奖。

三、基层党校

1980年起，全县各乡镇和县属各系统先后建立党校，利用轮训办法，对党员干部进行培训。各乡镇党委副书记兼任乡镇党校校长，另外配备专职副校长，负责党校的日常工作。20世纪90年代，全县乡镇党校与成人教育中心校合一，采取开办全日制补习班等形式，解决师资和经费问题。1996年，党校、成人中心校的培训和冬训相结合，以党员“双学”“双带”活动为主线，加强教育。1997年，全县各基层党校全年培训356期，其中经济实用科技方面的培训班238期。1998年，全县各基层党校全年培训600多期，其中经济实用科技方面的培训班400期。1999年，举办全县基层党校骨干教员培训班，就如何加强基层党校规范化建设和党员轮训重点进行培训，50多名骨干教员参加培训。是年，全县基层党校累计培训358期，培训党员干部26000余人次；播放科教录像片20余部600余场次。2000年6月中旬，市委宣传部组织市级先进基层党校验收，王营镇等7个乡镇党校受到市委表彰。此后，因教育体制改革，教育收归县级管理，乡镇党校的师资受到影响，发展受到制约，工作职能有所弱化。2004年，在王营镇星光社区创办全市首家社区党校。西宋集镇等3所党校被评为省级红旗党校或先进基层党校，徐溜镇等7所党校被评为市级先进基层党校。2008年，全区举办党员培训班580期，区国税局等4家单位分别获省级红旗党校或先进基层党校称号。

四、社会宣传

【重大节日宣传】 1978年后，每逢重大节日均组织系列宣传活动，通常采用征文、文艺调演、主题展览等形式。1996年，开展庆祝中华人民共和国成立47周年和迎接香港回归系列活动，主要开展“学习革命史、建设新淮阴”读书教育系列活动，有读书征文比赛、演讲比赛、讲故事活动等，其中读书征文竞赛活动，收到基层单位推报的稿件400余篇，经读书征文活动评委会评定，全县评出特别奖3名、一等奖5名、二等奖10名、三等奖20名、纪念奖25名。县教委等11个党委在教育活动中成绩显著，被县委表彰为先进集体。2004年，开

图20-1-1　组织中秋茶话会，强化各界联络联谊

展节庆文化活动，春节期间，举行广场专题文艺演出和民间文艺演出队伍大巡游、演出活动，组织书法家为市民义务写送春联1000余副；"五一" 国际劳动节，举办 "庆五一" 和 "老歌回放" 广场专场文艺演出；国庆节和淮安美食文化节期间，在黄河广场举办全市 "颂祖国" 歌咏比赛，组织20场文艺演出和为期一周的书画、摄影展览。2006年，元旦和 "五一" 期间，分别在滨海、淮阴两地举办 "淮阴 · 滨海书画交流展"，并会同市摄影家协会共同举办 "美在新淮阴" 摄影大赛和摄影家集中采风活动。2008年，举办全区大型春节团拜会、节日广场文艺演出、春节民间文艺大巡游等活动。

【重要活动宣传】 1980年，加强对农业生产责任制、计划生育、婚姻法的宣传。1992年6月，宣传《人类环境宣言》发表20周年，出各种画廊、板报80余块，写标语700余条。1997年，《淮阴报》和县电台、电视台先后开辟《扶贫新闻》《来自扶贫第一线的报道》《扶贫人物》等专栏、专题，组织记者、编辑采写和编发270多篇（则）新闻稿件，其中《结对帮扶传佳话》等稿件产生较大影响。1998年，在农村广泛开展 "四好"（住上好房子、过上好日子、养成好习惯、形成好风气）农户创评活动。是年，为纪念改革开放20周年，举办 "辉煌二十年" 大型图片展，组织拍摄《古楚淮阴展新姿》电视专题片，从不同侧面展现各行各业20年改革开放取得的辉煌成就。2000年，组织开展 "百城万店无假货" 示范店创建活动，淮阴商业联合公司被授予市级示范店称号。电视剧《浴血刘老庄》分别在南京有线电视台、淮阴市电视台和县电视台播放。该剧在省金凤凰电视剧评奖活动中，被评为优秀短篇电视剧。2002年，在首届 "中国淮安 · 淮扬菜美食文化节" 期间，组织拍摄专题片《千年美食走淮阴》，组织黄河广场文艺演出。2005年，组织全区新闻工作者深入留守儿童家中、学校，采写宣传品学兼优的留守儿童典型及各类人群关护留守儿童典型30多个。组织乡镇、村（居）干部与本辖区内的留守儿童家庭建立长期帮扶关系和乡村结对帮扶制度，定期走访，发现问题，及时解决。该活动获首届江苏省未成年人思想道德建设创新案例三等奖。2006年，以 "建漂母纪念工程、说漂母动人故事、学漂母博爱情怀、助四类弱势群体" 为主要内容，启动漂母墓景区建设工作。成立区音乐舞蹈家、作家、象棋、乒乓球等协会。组织首届 "农民读书节" 征文及农民 "读书、用书" 演讲竞赛活动。举办纪念红军长征胜利70周年伟人碳精画像巡回展览活动。开展以革命题材为主要内容的送戏，送电影，送书进社区、进居民小区和进农村活动。建立中小学生爱国主义教育碟片库，开展爱国主义读书、征文、演讲活动。开展形势政策宣讲活动110场。2008年，举办淮阴改革开放30周年成就展、"聚焦新北城" 摄影大赛和书画展、征集评选淮阴改革开放30周年大事记、纪念改革开放30周年征文等活动。出版《韩信评传》《历代诗人咏韩信》等图书；举办 "漂母杯" 全国母爱主题散文大赛，策划 "韩信杯" 中华传统诗词大赛；结合创建 "中华诗词之乡"，面向全国征集漂母祠、枚乘故里对联1700多副；特邀象棋大师徐天红来淮为象棋师资培训班授课，组织开展象棋进校园活动，举办 "白玫杯" "新北城杯" 中国象棋锦标赛和国庆广场象棋擂台赛，推动 "象棋之乡" 建设；组织 "迎奥运，淮阴 · 阜宁书画精品展" 等。

图20-1-2　区委、区政府举行公祭漂母大典

【先进典型宣传】 1978年，在发现典型、树立典型、宣传典型、推广典型上形成一套较为完善的制度。是年，县召开三级干部会议，贯彻中共十一大和省第六次党代会精神，作出《关于向十个标兵学习的决定》。1983年3月2日，作出《在全县党员中开展学习司明业同志活动的决定》。司明业原是南吴集公社果林大队党支部书记，积劳成疾，于1982年2月4日逝世，值全国第二个文明礼貌月活动之际，授予司明业 "为共产主义事业奋斗终身的模范共产党员" 称号。1999年，市电视台《中国淮阴》栏目采访刘老庄乡农民李有生，把他常年坚持不懈开展爱国主义教育的感人事迹，制作成专题片在全

市播出。2003年10月28日，长期投身社会公益事业的嘉诚化工董事长石祖嘉获“全国十大社会公益之星”提名奖，这是淮安市民在此类评选活动中所取得的最高荣誉。2005年，集中宣传凡人善举，弘扬时代精神，倡导文明新风，并借助媒体宣传普通劳动者的先进事迹。区内组织“淮安亲情大使”评选活动，“江苏省孝亲敬老之星”、自费创办幸福托老所的周凤英和被誉为“孤岛红烛”的洪泽湖渔民子弟学校校长张国凡获此荣誉。2008年，在全区开展“凡人创举”先进典型推荐评选活动，重点宣传“传播星火科技的土专家”、丁集镇农民技术员李树民。李树民是来自山东寿光的技术员，他引进成本低、产出高的蔬菜新品种，创新推广“瓜菇轮作”的新型种植模式，其中“丁集”牌黄瓜、草菇以过硬的品质，顺利通过国家绿色食品认证。周边乡镇纷纷来邀请他去给农户讲课，他从不推托，且从不收钱，以辛勤的劳动赢得广大农户的赞誉。

五、媒体宣传

全县各媒体积极宣传推介淮阴，展示淮阴形象，提升淮阴美誉度。1981年4月中旬，《解放军报》报道县人武部、民政局与接兵部队签订《部队培养人才，地方使用人才》协议书的做法。1989年10月29日，《坚持合法经营，严格按章纳税，淮阴县正确引导个体经济健康发展》被《新华日报》报道。11月1日，江苏电视台在《江苏新闻》节目中头条报道：淮阴县坚持党要管党的原则，在党建工作中充分发挥县、乡两级党委全体成员的作用，全面实行党建工作联系点责任制，用点上的经验指导和推动面上工作，促进全县党的建设。4日，江苏电视台在《江苏新闻》节目中报道：淮阴县韩庄乡开展“党群互助致富”活动，解决新形势下农村党员如何发挥先锋作用的问题。7日，《中国教育报》在头版头条刊登《党员带头办教育，争为党旗添光彩——淮阴县南陈集乡党员捐资助学纪实》一文。17日 ，《农民日报》一版头条发表淮阴县小营乡《吸收群众参政，缓解干群关系，维护安定团结——小营乡设农民议事室》的报道。1990年5月27日，《新华日报》在头版头条刊登题为《示范培训承包三位一体，淮阴县搞好农技服务促粮棉生产》的报道。6月4日，《新华日报》在头版显著位置刊登题为《淮阴县委从农村基层实际出发，引导村级干部自觉密切党群关系》的报道。10月8日，中央电视台《午间新闻》中播出淮阴县老张集乡203户灾民喜迁新宅新闻。1991年8月20日，《新华日报》在头版显著位置报道淮阴县开展农村万名党员科技致富共富竞赛活动的情况，标题是《当推广运用科技先锋，做科技致富共富模范，淮阴县万名党员成为科技兴农“领头雁”》。

1995年，结合全县的经济建设，突出宣传发展“两专一基”、县乡道路建设等方面的内容，注重突出全县在两个文明建设中涌现出来的先进典型，展示淮阴人民崭新的精神风貌。1997年，采写的《山鸡变成金凤凰》《共和村再掀白色浪潮》《蔬菜为淮阴县农民撑起钱袋子》等稿件被省、市新闻媒体采用。是年，邀请《新华日报》记者和市电视台记者一同采写题为《在结构调整中奋起》等稿件，被《淮阴日报》连续报道。1999年，宣传农业产业化结构调整、推动农业增效、农民增收方面取得的显著成绩，通讯《蛟龙出水舞蹁跹》《淮阴县向农民增收目标迈进》《淮阴县借助外力装扮田野》等一批稿件，先后被省市媒体采用。电视专题片《锦绣田野读华章》，在省电视台《江苏新闻》和市电视台《今晚8点》栏目中播出。摄制的全面反映淮阴养鸽业、贩鸽业蓬勃发展情况的外宣专题片《放飞的希望》，于4月3日在市电视台《中国淮阴》栏目中播出。《淮阴民康油脂有限公司步入佳境》《民康公司加强成本管理收实效》《企业怎么办，职工说了算》《淮阴二药厂迎来艳阳天》《淮阴县着力做好工业经济大文章》《淮阴县建成10万吨元明粉工程》《策应三淮一体战略，淮阴县加快建设黄河花园小区》《淮阴县借助外力做扩需文章》等稿件，先后被省、市级媒体采用。2000年，《农民日报》《新华日报》等报纸刊登《淮阴县意杨产业渐入佳境》《千亩连片、万顷成波——淮阴县亮出蔬菜大棚新景观》《淮阴县赴京招商首轮告捷》《淮阴大北农借船出海》《淮阴二药厂产销两旺》等文章。2002年，与省电台联合举办“农民经纪人，农业合作经济组织与社会主义大市场”理论研讨会，并以此为主题，组织撰写的《淮阴区经纪人沟通产销对接》《淮阴区活跃着万余农民经纪人》等稿件在《新华日报》显著位置刊发。2003年，《淮阴，转换观念换来13亿投资》一文被《新华日报》头版采用。是年,《新华日报》用稿64篇、《光明日报》用稿3篇、《人民日报》用稿4篇。2005年,《淮阴推行基本农田网络管理》《淮阴规范公务消费》《淮阴全力加快工业化进程》等16篇稿件被新华社采用;《淮阴"先锋工程"使党员"靓"起来》《农村党员说话管事了》《奶牛成为淮阴最好产业》等6篇稿件被《人民日报》采用;《淮阴区千名干部开展全民创业调研服务活动》《淮阴龙头企业出资培训农民》等81篇稿件被《新华日报》采用。2006年,《关护留守孩子在行动》一文先后被新华社新华网、《人民日报》华东版、《新华日报》头版头条采用;《淮阴:四轮驱动农民增收》被《新华日报》头版采用,此稿同时还被新华社新华网、中新社中新网等网络媒体采用。

2008年,"三大攻坚工程"(农村贫困户脱贫、村级集体经济破零、乡镇财政收入超千万)外宣报道,先后在《农民日报》《新华日报》刊发。举办"中国村级集体经济发展机制创新高层论坛",邀请人民日报、新华社、经济日报、农民日报等20多家媒体到淮阴区采访,发稿200余篇,中国江苏网现场直播高层论坛。

六、"三下乡"活动

1996年起,每年开展"文化、科技、卫生"三下乡活动。"三下乡"活动由多个部门和单位共同组织开展,县财政平均每年安排专项资金200多万元资助"三下乡"活动。规定每年组织"三下乡"集中行动不少于2次,小分队下乡不少于50场次。1998年起,"三下乡"活动逐渐规范,变"三下乡"为"常下乡""常驻乡"。2000年,"三下乡"活动结合全县农业产业化实际,完善"常下乡"工作机制。全年"三下乡"活动30余次,文化、科技、卫生人员下乡累计3100人次。2001年,组织20多个有关部门分别在吴集镇、王兴镇、五里镇开展"三下乡"集中行动,赠送、散发给农民科技书籍1.2万余册,科技卫生知识等资料1.5万余份,义诊3000多人次,演出180多场次。2003年,组织"三下乡"集中活动10次,5人以上"常下乡"活动300余次。2005年,开展"三下乡"集中行动4次,组织小分队下乡150场次,举办各类形势教育培训班120期,赠送各种科技资料40万份,送戏、送电影下乡126场次。2006年,组织21个"三下乡"成员单位开展集中行动6场,对农民进行现场科技指导26场次,发放科技宣传资料15.7万份,捐赠图书资料2000余册。开展5人以上的小分队"常下乡"活动126场次。至2008年底,全区共培训农村文化骨干16万人次,培训农民30万人次;送图书65万册,送戏1800场,送电影1.8万余场;科技人员下乡4000多人次,医疗队下乡240多支,为农民义务服务20万人次。

第五节　统一战线

一、统战宣传

1978年后,每年春节期间,对台胞、台属、侨眷、少数民族宗教界人士进行慰问。每年召开"迎中秋、庆国庆"茶话会,邀请台侨胞、党外人士、民族宗教、非公经济代表人士参加,宣传党的统战方针政策,通报全县经济社会发展情况,介绍相关政策及投资环境。1988年,全县召开广播大会宣传统战工作方针政策,并召开接待台胞工作座谈会,利用党校、广播等阵地开展广泛宣传。1990年,精编两版统一战线成果图片,以配合宣传全国、全省统战工作会议精神。1991年,举办全县统一战线知识大奖赛。1999年,召开首次统战理论研讨会,建立统战工作信息员队伍。2002年,在全区非公

图20-1-3　统战工作座谈会

有制经济人士中开展“致富思源、富而思进”教育活动，举办党外知识分子理论培训班。2003年起，统战工作纳入区、乡党委的重要议事日程，纳入区、乡目标管理考核内容，纳入党校的教学内容，纳入党委年度宣传工作计划。至2008年，每年在《淮安日报》《淮安统战》等刊物上发表统战宣传文章均有10篇以上。

二、党外人士工作

1978年后，历届区（县）委认真做好党外人士的选拔、培养和使用工作。1982年，在调查研究、考察了解的基础上，安排党外人士实职。至1987年，有8名党外代表人士担任行政职务，其中县人大常委会副主任、县政协副主席5名，乡（科）级副职干部3名。1989年，下发《关于培养、选拔、安排党外干部的意见》，全县共推荐人选33名，经筛选后推荐副处级人选3名、乡（科）级人选8名。此后，调整充实党外后备干部队伍人才库，每年推荐党外干部人选。1990年，有102名党外人士担任县第四届政协委员。1991年，全县具有中高级职称的党外知识分子1100名，建立50名重点党外代表人士档案。1993年，举办党外中青年人士培训班，有40名党外人士参加。1994年，充实健全党外后备干部50多名。1997年，举办党外后备干部及党外代表人士培训班，新一届党外政协委员增加至111名。1995～1999年，贯彻《淮阴市1995～1999年培养党外领导干部工作规划》，推荐党外干部人选52名。2002年，出台《淮阴区2002～2005年培养选拔党外领导干部工作规划》。2003年政协换届，党外政协委员增加至126名。因年龄等原因，每年党外政协委员都有增补、替换。2005年，建立223名重点党外知识分子档案。至年底，全区有党外干部12名，其中副处级5名、乡（科）级7名，有党外后备干部52名。2008年，有党外代表人士及后备人才182名。是年10月23日，召开无党派知识分子联谊会成立大会，选举产生区无党派知识分子联谊会首届理事会，其中会长1名、副会长3名、秘书长1名、理事15名，吸收53名无党派知识分子代表为区无党派知识分子联谊会首届会员。

图20-1-4　党外人士培训班

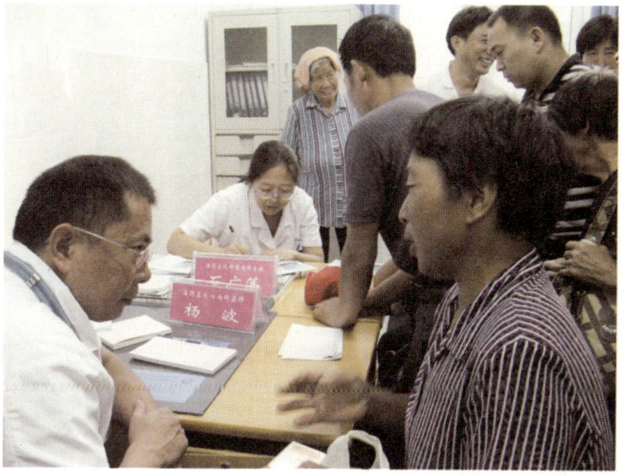
图20-1-5　党外人士和谐淮阴建设志愿团送医、送法下乡

三、民主党派工作

1989年始，坚持每季度召开各民主党派、无党派代表人士协商座谈会，每年召开全县（区）情况通报会2次以上。1990年，加强政府同民主党派的联系和合作，进一步发挥民主党派在人大和政协中的作用，选拔、培养、安排民主党派人士担任各级行政领导职务，加强和改善党对民主党派的领导。1992年，全县有民进、民盟、民革3个民主党派，成员46名。1993年，县各民主党派提出各种提案50余件。1994年，县委、监察局聘请9名民主党派或无党派人士担任党风和廉政建设监督员，县委、县政府邀请6名民主党派成员参加行风大检查，进行考评监督。此后，每年民主党派、无党派人士担任特约监督员

的名额均有所增加。1995年，收集到民主党派各种提案、建议和意见190余件。1997年，召开迎春茶话会、迎回归座谈会、中秋茶话会及民主协商会、情况通报会等8次。是年，县内民主党派成员76名，发挥参政议政和民主监督作用。1998年，组织民主党派人士开展调研活动，形成有价值的调研报告4篇，其中报市委统战部和县委分管领导2篇、转送有关部门2篇。1999年，组织座谈会、茶话会和通报会6次，收到各类提案和意见133件。2000年，组织县各民主党派基层负责人对县农业产业结构调整、老城区改造、码头镇文物古迹保护和综合开发利用等方面进行考察调研、座谈讨论。是年，民进、民盟、民革的6个支部先后进行换届选举。2004年，区政协和区委统战部主要领导逐一登门拜访区各民主党派支部，并通过走访和座谈，增进了解，深化友谊。是年，民盟成员中有2人分别担任区政协副主席、常委，有4人当选政协委员，1人担任市软环境和行风监督员，3人担任区软环境和行风监督员、党风廉政特邀监督员。2007年，出台进一步完善区委常委与民主党派人士联系交友制度，建立区委常委与民主党派人士交友对子14个。同时推荐民主党派人士参与民主监督，担任区特邀监察员、检察员和执法监督员。1985～2008年，民盟淮阴区（县）组织先后有2人担任区（县）人大常委会副主任、政协副主席职务，5人任区（县）政协常委，22人任市、区人大代表或政协委员。区各民主党派、无党派人士33人担任区（县）特邀监察员、检察员和行风监督员。2008年，民进在职人员中，有区人大常委会副主任1名、副区长1名，单位中层干部10名，市、区人大代表、政协委员13名。

图 20-1-6　民主党派人士座谈会

图 20-1-7　民主党派组织发展

四、经济服务

1987年，县内经济领域的统战工作开始。企业改制前，以服务少数民族集体企业及统战对象私人企业为主。1988年，帮助回春楼菜馆、回民食品厂、侨荣针织厂、码头镇张庄回民皮张加工厂更新设备，调整产供销结构，提高企业经济效益。1989年，对个体工商业者代表和私营企业作专项调查，建立调查对象基础资料台账。1991年，个体工商户及私营企业捐资近万元慰问孤寡老人，此后每年均有上万元捐款及物资。1993年，淮阴县非公有制经济涌现出一批新的代表人士，县委统战部会同县工商局对全县的私营企业、个体工商业者、“三资”企业及其重点代表人士进行走访调查。1993年，帮助私营企业县水泥制品二厂协调解决生产启动资金10万元。1994年，建立60名非公经济代表人士名册，坚持“团结、帮助、引导、教育”八字方针，进行爱国、敬业、守法教育。是年10月，成立淮阴县工商联组织，召开发展非公有制经济大会，制定鼓励和支持非公有制经济发展的政策措施，对徐继方等30余名私营和个体企业者进行表彰。1995年，非公有制经济人士担任县政协委员11名，其中常委1名；担任工商联执委19名。至1996年，全县29个乡镇（场）均成立工商联组织，形成全县经济统战工作网络，支持非公企业发展。1999年，走访个体私营企业100多家，召开个体私营经济代表人士座谈会2次，了解思想动态，有针对性地开展工作，增强非公有制经济代表人士的社会责任感。是年11月26日，成立淮阴县光彩事业促进会，建立领导机构，制定活动章程。2000年，非公有制经济人士捐资8万余元支持黄河广场建设，捐资10万余元助困助学。2003年，开展以乡镇为单位的“个、十、百”竞赛活动，招引工业或经营性三产项目；培育10个私营企业大户，收纳百名农村劳力或下岗职工再就业。是年，全区由专兼职统战委员牵头，完成招商引资项目6个，引资960万元，新增个体私营大户182家，劳务输出和介绍就业人员626名。至2008年，全区有26名非公有制经济代表人士担任市、区政协委员，实施光彩事业项目19项，筹资133万元。

五、海外服务

1978～1987年，海外统战工作以与归国华侨、侨眷及淮阴籍海外人士联络联谊为主，为其做好各项服务工作，同时建立56名重点海外人士的档案资料，逐步健全涉侨人员信息资料。至2005年，共建立466名侨胞档案。1987年，旅美华侨王承先出资在北吴集乡兴建佛光寺，1990年5月23日建成并举行开光仪式。1993～1995年，接待台胞、侨胞、港澳同胞500多人次。2000年后，台胞、侨胞、港澳同胞回乡人数减少。每年主要为定居侨胞及侨眷解决实际困难，做好服务工作，节日上门慰问。2008年，向海外友人邮寄联谊信函100多件，邮寄《淮阴投资指南》等宣传材料。

第六节　对台事务

一、对台宣传

1978年，对台宣传形式单一，内容主要是淮阴变化发展情况。20世纪80年代，主要是利用台湾淮阴籍人士回淮探亲、观光之际，宣传淮阴改革开放成果。1995年，对台宣传工作主要是利用报刊、广播等传媒向台湾民众宣传祖国大陆改革开放和和平统一的方针政策，介绍家乡的巨大变化、风光名胜、风土人情。台湾当局开放大陆探亲后，两岸交流日益频繁，在接待台胞回淮阴探亲、祭祖、投资考察期间，面对面宣传祖国大陆的对台方针政策，宣传家乡巨大变化，介绍家乡的投资环境。1996年，召开台湾工作会议，传达中央、省、市对台工作会议精神，宣传稿件在《人民日报》海外版、香港《民报》刊登，在中央人民广播电台、金陵之声电台、海峡之声广播电台等媒体播出。稿件主要是结合本地特点，宣传淮阴投资环境、投资政策。1997年，利用发行对台杂志进行宣传，征订《台湾工作通讯》20份、《海峡广角》286份。全年向县籍台胞寄去贺年卡近200份、信件200余封，动员、组织台属寄去宣传信件1300余封，邮寄或请台胞、台属带去各种宣传资料2600余份，接待县在台知名人士6人。2003年，向台湾打电话52次、发信件33封，以区长名义向重点台胞、台属发去贺年卡、慰问信400余件。2006年起，第一代台胞由于年龄原因，回乡逐渐减少。重点向在台的二、三代台胞宣传党的方针政策，激发其亲情乡情，增强其对家乡的认同感和责任感，招引其来淮考察、投资。2007年，在接待和看望来淮的重点台胞时，宣传反对分裂和发展两岸关系。2008年，以向在台亲友寄发贺年卡、信件、电子邮件等多种方式加强两岸联系，以来淮阴投资的台资企业为平台，与回淮阴探亲、祭祖、投资考察的台胞叙乡情、友情，扩大共识，和台属一起邀请二、三代淮阴籍台胞回乡探亲祭祖、旅游考察、追宗思源，激发台胞爱国爱乡情感。

二、台属工作

1978年，贯彻中共中央台胞台属政策，全面普查，摸清全县台属底数。对一些因海外关系造成的冤假错案，政治上予以平反昭雪；对失去工作的台属恢复工作并补发工资，被查抄的房产、财物予以退还。至1987年，纠正历史错案64件；因历史错案株连台属子女的，办理户口农转非74名，安排子女工作9人；错处已死亡台属给予平反昭雪1件；归还台属房产19件；“文化大革命”中台属被查抄给予经济补偿20件，计补偿人民币17850元。1988年始，引导台属勤劳致富奔小康，在全县实施“台属致富达小康”工程，同时在政策上支持、技术上指导、资金上扶持。至1998年，全县台属全部进入小康行列，600余户台属尖子户进乡、进镇、进城兴办个体私营企业和购买乡办企业。1999年始，在台属中实施“五个一”工程（写一封信、打一个电话、引荐一名台商、介绍一个项目、献一条招商引资计策），发动台属通过台湾亲友进行招商引资；指导台属发展民营企业，并对其进行分类指导、全程服务，发挥其在农业产业结构调整中的典型示范作用，用以辐射周围，带动其他农民共同致富；为台属企业员工提供培训机会，提高其综合素质，引导台属企业走规模化生产道路；帮助台属寻找亲友、落实政策、赴台探亲和遗产继承、子女入学、房屋拆迁等，为台胞台属办实事85件，中秋、春节期间举行不同形式的台属联谊会，增强其向心力和凝聚力；介绍台属劳务输出65名，办理个体营业执照16个。

2008年，全区有台胞亲属5000户20000余人。全年举行台属代表大会3次，利用台属联谊会开展联谊交友工作，鼓励和引导台属致富奔小康，以发展台属经济为纽带，推进“工作在大陆、影响在岛内”工作。接待返乡台胞，安置定居台胞10人，协助办理公证1600件，办理赴台人员手续230人次。

三、对台交流

1978年，淮阴籍在台同胞有2060多人，多为中华人民共和国成立前去台人员，其中有台湾知名政要赵耀东、著名农场主朱筱甫、著名作家司马中原等，赴台老兵占台胞总数的23%。1985年，淮阴县在台同胞2054人。1987年，台湾当局开放台胞赴大陆探亲后，台胞回大陆探亲人员增多，对到淮阴寻根问祖、探亲、旅游的每位台胞均做好接待工作。对台胞“四有人士”（政治上有地位、经济上有实力、学术上有造诣、社会上有影响）到淮阴，县委主要领导都亲自接待、洽谈，陪同参观考察。1993～1995年，接待台胞300余人次。至1996年，遵照中央“一个不漏地接待好每一位台胞”的指示，从县到乡、村，层层建立组织，使台胞接待工作逐步走向网络化、规范化、制度化。对回乡探亲、旅游和进行商务活动的台胞，热情服务，排忧解难，及时解决吃、住、行、游等方面遇到的困难；为台胞寻找亲人，处理台胞在淮遇到的突发性问题，为台胞寻找到亲人123位，为台胞购买飞机、汽车票462张，为台胞解决其亲属入学、入伍、做工、购置房屋等1860件，为台胞解决亲属宅基纠纷、婚姻、修坟等问题628件。接待回乡台胞近4000人次，平均每年接待来淮台胞400人。对赴台台属进行党的对台方针政策等有关宣传。2004年，组织赴台团组7个，突出交流促招商主题，联络一批大企业大公司，邀请一批大客商到淮阴区考察洽谈。是年9月，接待台湾淮阴区同乡会秘书长任振宗率领的区籍台商一行18人到淮阴区考察投资。2007年，接待著名作家、台胞同乡会会长司马中原到淮阴区探亲、祭祖，聘其为淮阴驻台招商代表。2008年，境内在台同胞（含二、三代）5000余人，从事军政、工商、科技、教育、文化和卫生工作居多。是年，区内组织4个经贸考察团赴台考察交流。

1978～2008年，组织16个经贸考察团，赴台湾进行经贸考察和文化交流，接触450余名台商，签订投资意向近亿元，接受台胞捐赠折合人民币1000万元，全部用于公益事业，接待到淮阴交流考察台胞近万人次。

第七节　机关党建

一、党员发展

1978年起，机关党员发展数量逐年增多，主要在一线产业工人、青年中发展党员。1995年，首次在高中应届优秀毕业生中发展学生党员3名。1997年，党委严守发展程序和纪律，在审批前做到“三个百分之百”，即对发展对象进行百分之百的直接考察，对材料进行百分之百的审查，百分之百的见面谈话，共发展党员88名，其中高中以上文化84名。1999年，县级机关工委试行发展党员公示制，接受社会监督，发展党员65名。2000年，选拔入党积极分子1070名；举办机关培训班4期，培训476名；举办预备党员培训班1期，受训117名，发展党员210名。2001年，开展“三服务”（党的上级组织为基层服务、党的基层组织为党员服务、党的各级组织和党员都为群众服务）党建联系点共建活动，选拔入党积极分子826名，举办入党积极分子培训班4期，受训680名；举办预备党员培训班1期，受训220名，发展党员208名。2007年，发展党员34名，其中非公企业1名。2008年，发展党员28名，预备党员按期转正35名。

1997～2008年淮阴区（县）级机关工委发展党员基本情况一览表

表20-1-3　　单位：人

年份	发展新党员总数	性别		年龄	文化程度
		男	女	35岁以下	高中以上
1997	88	59	29	63	84
1998	70	48	22	59	67
1999	65	45	20	62	63
2000	210	141	69	197	203
2001	208	138	70	198	206
2002	220	147	73	214	217
2003	202	134	68	200	202
2004	38	24	14	38	38
2005	32	21	11	32	32
2006	39	24	15	39	39
2007	34	22	12	29	34
2008	28	16	12	28	28

二、组织建设

1978年，县直机关党委所属党组织有党总支16个、党支部133个、党员2594名。1984年3月，撤销农水、经委、宣传、财贸系统党委会，其党务工作由县直机关党委负责。1996年，县直机关党委共设总支22个、支部200个、直属支部61个、党小组442个，有党员3718名，其中正式党员3620名，预备党员98名；在职党员3091名、离退休党员627名。1997年，机关党委下辖党组织中，县农业局、多种局、交通局、城建局、卫生局、水利局、教委等党总支划出，成立党委，下辖的县委办、纪委、工商局、国税局、广电局、劳动局、房管局、事务局、石油公司等党支部成立相应总支，隶属机关党委。是年，党委下辖总支20个、支部128个，其中直属支部48个；共有党员2160名，其中预备党员49名。2000年，县级机关工委成立，及时指导所属总支、支部换届改选，改选总支11个、支部20个，建立总支7个。2003～2004年，对检察院等28个基层党组织进行换届选举。2005年，对新华书店等单位的党组织进行改选，在工业园区非公企业中组建一批党组织。2006年，组建区行政服务中心等单位党（总）支部3个，对区委党校等16个党（总）支部的班子结构进行调整充实。2007年，对所属任期届满的43个党支部进行换届改选。是年，机关工委有党员1618名，直属党（总）支部56个，基层党支部103个。

2008年，机关工委有党员1862名，直属党（总）支部57个，按程序改选党（总）支部7个。成立区人才交流服务中心流动人员党支部。

三、主要工作

【理论学习】 1978～1985年，组织开展学习中共十一届三中全会公报，开展真理标准问题的讨论、学习中共十二大文件和《邓小平文选》等活动。在县直机关开展"五讲四美"活动。1997年，在开展"学理论、学党章""双学"活动的基础上，组织机关党员干部学习邓小平理论，举办培训班6期，受训1200余人次；举办党风廉政教育培训班4期，参训520人。1998年，建立和完善学习日、中心组学习、理论培训、学习考核、学习交流反馈等制度。组织党员干部学习邓小平理论和各类法律法规知识。全年指导所属总支、支部召开民主生活会2次。2000年，通过举办党务干部培训班、召开党务书记例会等形式组织党员干部学习贯彻《中国共产党和国家机关基层组织工作条例》，编印《机关党务工作者实用手册》，出台机关党建目标责任考核细则。组织党员学习邓小平理论、"三个代表"重要思想、党的十五届五中全会精神、WTO知识，做到"四有"（有计划、有领导、有重点、有措施）"三到位"（思想到位、责任到位、工作到位）。2001年，开设机关全体党员中心党课1次，开展"党在我心中、我为党旗增光辉"系列活动。2005年，开展机关党建调研论文评比活动，收到参评论文78篇，在市级评比中获奖11篇，名列全市第一。在党员先进性教育活动中，开展调研摸底、思想动员、分类指导等各项工作，配合区先进性教育办公室做好对区级机关先进性教育的督察工作。"七一"期间，组织区直机关144名新党员赴刘老庄八十二烈士陵园集中宣誓。组织机关党员学习《中国共产党章程》《中国共产党党内监督条例》《中国共产党纪律处分条例》，落实党风廉政建设责任制。2006年，以建设学习型机关为切入点，加强党员教育培训工作。开展保持共产党员先进性教育活动与党的先进性建设的理论研讨，收到论文86篇，评选出优秀论文20篇。2008年，开展"学恩来精神、赛优质服务"主题教育活动，引导机关干部树立社会主义核心价值观，践行全心全意为人民服务的宗旨。

【创建活动】 1978～1985年，连续八年开展"创先争优"活动，半年进行初评，年终总评，评出先进党（总）支部92个、优秀共产党员627名。1997年，根据县委统一部署，对20个总支、48个直属支部、2106名党员开展民主评议工作，评出优秀党员168名，有1800多名党员和支部签订目标责任状。1998～2000年，开展以"优质服务、优良作风、优美环境，群众满意、基层满意、县委县政府领导满意"为内容的"三优、三满意"创建活动。2004年，坚持全年6个"学习日"和年底考核、表彰制度，有8个单位、4名党员干部被市委表彰为学习型机关创建活动先进单位或先进个人。2005年，在争创"学习型基层工会"活动中，树立市级示范点2个、区级示范点3个。2007年4月，召开全区文明机关创建工作会议，开展文明机关创建活动。2008年，开展"五好党支部"（支部班子好、党员队伍好、活动开展好、制度建设好、作用发挥好）和"党员示范岗"创建活动。继续开展文明机关创建活动。

【爱心活动】 1998年，组织1000多名机关干部到五里乡义务植树5000余棵，组织机关干部为机关困难户捐款近2万元，为灾区人民捐款15万余元。2000年，开展机关干部帮扶企业困难职工活动，共为企业困难职工提供帮扶资金6万余元，棉衣棉被630余件，面粉、大米、食用油、猪肉等2600余斤。2002年，开展"献爱心、送温暖、办实事"活动，走访帮扶对象3865人次，捐款67.29万元，捐赠面粉2868千克、油2819千克、棉衣棉被2579件，介绍就业1649人。2003年，机关党员干部走访慰问帮扶对象3668人次，捐款68.29万元，捐赠米面油7600余斤、棉衣被2326件，介绍劳务输出1896人。2004年，开展与五里镇五里村扶贫挂钩工作，年终走访慰问工业园区内7名老党员、老干部。2007年，组织区直机关76个单位与农村留守人群结对帮扶。2008年，组织机关干部职工向汶川地震灾区捐款，并组织机关党员交纳特殊党费25.8万元（其中交纳1000元以上的有60人）。是年，处理城市长效综合管理交办工作70余项，组织40多个机关单位深入挂钩社区为"创模"办实事200余件。

【文体活动】 1984年，开展庆祝中华人民共和国成立35周年活动，组织开展县直机关体育三赛活动，举办革命历史歌曲演唱比赛。1998年，开展"学十五大文件、学党章"知识竞赛活动，举办"奉献在岗位"演讲会。1999年，在机关党员干部中开展"讲学习、讲政治、讲正气"教育，开展"看变化、论发展、争贡献"活动，举办"看、论、争"主题教育演讲会和知识竞赛。2001年，举办"迎七一"书画展。2005年，举办"我爱淮阴"知识竞赛，组织弘扬"三创"（创新、创意、创业）精神机关文艺汇演。2007年，开展优质服务、技能竞赛活动，组织机关创卫专题辅导培训和健康知识测试。2008年，举办机关干部"创模"知识电视大奖赛、机关干部太极拳培训班，组织文艺节目参加市级机关首届文化艺术节"激情淮安"大型文艺汇演。是年，举办两期机关干部"创模"知识讲座和"亿万农民健康促进行动"专题讲座。

第八节　党校教育

一、干部培训

1978～1982年，先后举办中共十一届三中全会公报学习班、十一届六中全会《关于建国以来党的若干历史问题的决议》学习班、农村大队书记轮训班、县直机关领导干部轮训班、农村党员干部轮训班、中小学校长冬训班、经济理论学习班、中共十二大文件轮训班等各类班型21个，参训5160人次。1983年8～9月，连续举办领导干部《邓小平文选》读书班4期，轮学人数255名。1984年1～2月，连续举办全县机关、企事业、乡村负责人轮训班3期，培训人数1000名，主要学习《中共中央关于整党的决定》及《党章》等。1984年12月至1985年2月，举办党员干部学习班6期，参学对象为机关、事业、企业（工厂、公司）负责人，参学人数400名，主要学习《中共中央关于经济体制改革的决定》《中共中央关于整党的决定》等内容。为让参学者掌握中共十二届三中全会《关于经济体制改革的决定》精神实质，组织编印《经济体制改革学习问答》手册发给学员。1996年，围绕全县经济发展对人才的要求，改进干部培训的内容和方式，实行脱产培训、学历培训、函授学习等。2001年10月，开通中央党校远程教育网C级站。2007年，应邀为区物价局、烟草局、劳保局、公安局、服务业发展局、人大机关等21个区直部门，以及王营、三树、王兴、刘老庄、韩桥、新渡等6个乡镇作专题讲座35场次；配合区人事局开办教育培训班13期，培训各级各类干部1600人次。至2008年，通过短期培（轮）训班、联办班、专题宣讲（辅导）等多种培训形式，举办培（轮）训班210期、各种专题宣讲和辅导讲座400场次，培训人数58892人次。

二、学历教育

1985年3月，淮阴县委党校创办学历教育，成立中央党校干部函授学院（简称中函院）淮阴县辅导站。1988年，成立江苏省委党校干部函授学院（简称省函院）淮阴县学区，同时招收省函学员，招收中函1985级、1987级大专班119名，设行政管理、经济管理专业，学制为三年。为贯彻落实中共中央批转中组部、中宣部《关于加强干部培训工作的报告》的通知要求"对于45岁以下，不到中专文化程度的干部，要采取有力措施，加快培训速度"的精神，经省委党校及市、县组织部批准，开办1986级、1987级、1988级中专班，学员共80名。招生对象为本县县直机关、乡镇、公司、厂（场）站等企事业单位从事党政工作、年龄在40岁以下、具有初中以上文化、身体健康、政治表现好的党员干部，学制为脱产学习二年。课程设置有哲学、政治经济学、科学社会主义、中共党史、党的建设、语文、数学、历史、地理、党的方针政策、思想政治工作、国民经济管理、领导方法和工作方法、科学技术知识等。1988年，省委党校与省委组织部、省委宣传部、省教委、省人事局联合办学，成立省委党校干部函授学院，县委党校成为省函院淮阴市分院淮阴县学区，中函、省函同时招生。招收中函1988级、1993级、1994级行政（党政）管理、经济管理专业本科班级3个，学员71名。招收省函1988级、1989级、1992～1998级行政（党政）管理、经济管理专业大专班，1995～2000年，中函本科班县委党校教学点收归市委党校。1999～2000

级法律、经济管理专业大专班19个，学员655名。2001年1月，县委组织部、县委党校联合下发《关于组织“两下”乡科级干部参加党校大专班学习的通知》，要求40周岁以下、高中（中专）学历以下的乡科级干部必须参加党校函授大专班学习，推动党校学历教育发展。2002年，区委党校恢复中函本科班招生，先后招收中函2002～2007级法律、经管专业本科班级7个，学员456名；中函2007级经管专业大专班40名。先后招收省委党校2002级经管专业大专班1个，学员63名；省函2001～2007级法律、经管专业大专班9个，学员474名；省函2008级法律、经管专业本科班4个，学员260名。2007年，招收本科、专科学员352名，是区委党校招生人数最多的年份。是年底中函全国停办，2008年底省函全省停办。至2008年底，累计招收各类学历班级50个，毕业40个，培养中专学历毕业生80名、专科学历毕业生1027名、本科学历毕业生305名。

第九节　老干部工作

一、离休干部状况

1978年，按照上级有关规定，为符合离休条件的老干部办理申报审批手续。1982年4月起，将符合离休条件的退休干部改为离休，享受离休干部的政治、生活待遇。1985年，全县改办退休为离休的干部766名。至1987年，全县共有办理离休手续的干部1152名。1988年，全县有离休干部1234名，其中享受地市级待遇28名，享受县处级待遇351名，其他855名。1995年，全县有离休干部877名。2008年底，全区有离休干部413名，其中享受地市级待遇28名，享受县处级待遇385名。

二、政治待遇

1982年，成立老干部工作领导小组，定期召开会议，研究老干部工作，重点抓好离休干部的政治待遇基本不变和生活待遇略为从优工作。建立老干部学习制度、向老干部通报情况制度、老干部阅文制度、组织老干部视察制度、走访慰问老干部制度等。1982年后，坚持向老干部通报情况，编印《信息摘报》，定期组织老干部学习政治理论，每年均组织老干部开展党的知识竞赛，邀请老干部参加重要会议，经常组织外出参观考察，走访慰问老干部，认真落实好老干部政治待遇。每年“七一”“八一”、国庆、重阳、元旦、春节等重大节日均召开老干部茶话会、座谈会；定期通报情况，介绍全县政治、经济形势；在重大决策出台前，主动征求老干部意见；每年春节前夕，县委、县政府均邀请享受县处级政治生活待遇的离休干部参加各界人士新春团拜会；县委组织部每年均从党费中拿出一部分资金，为老干部征订报刊。2008年，为适应新形势发展需要，根据党和国家老干部工作方针政策以及省、市有关要求，出台《关于进一步加强老干部工作的意见》，加强老干部党支部建设，单位或社区离退休干部党员有3名以上的，在充分征求老同志意见的基础上，单独建立老干部党支部。区人大办、政协办、粮食局、外经局、经贸委、供销总社、水利局、卫生局、教育局等老干部人数较多的单位率先成立老干部党支部，离退休干部人数较少的单位成立老干部党小组，先后举办老干部党支部书记培训班。建老干部活动室，为老干部老有所乐、老有所学、老有所为创造条件。

三、生活待遇

1982年7月，制定《关于退休改办离休和今后老干部工作意见》，明确行政、事业单位离休干部，按规定发放的工资和生活补贴费，根据财政管理体制，均由地方财政负责。企业单位由企业按照规定发给工资及生活补贴，享受医药费全额报销的待遇。1983年起，建立老干部健康保健制度，每年定期对老干部进行健康检查并建立老干部健康档案，使老干部无病早防，有病早治。1984年，重点解决老干部看病难和医药费报销难问题，规定离休干部看病，仍按公费医疗制度执行，医药费实报实销。1986年，按规定收缴老干部特需费等经费，对个别发不出工资的亏损企业，其离休干部的工资福利等问题，按照分级管理的原则，由主管部门负责解决。老干部因病、学习、公出所需车辆优先保证。1989年6月，为增加老干部工作透明度，编制《离休干部生活待遇一览表》和《离休干部政治待遇一览表》并发至有关单位。1992年，为解决微利、亏损企业老干部的实际困难，采取“扶、统、先、调、转”的方法落实老干部待遇，解决26名老干部生活待遇问题。1995年，出台《关于解决拖欠老干部经费的处理意见》，对拖欠老干部经费做出硬性规定并限期解决。县财政采用借款、拨款方式，用于行政事业单位完成清欠工作；县劳动保险处拿出部分资金解决企业离休干部“两费”。2000年，下发《关于调整童朝干等7名离休干部“两费”渠道的决定》。将7名享受市级以上待遇企事业离休干部的离休金和其他经费改由县财政全额负担，并享受公费医疗待遇。县财政每月拨款6万元，由劳保处负责发给企业离休干部。是年，离休干部医疗费实行全县统筹。

2003年，对离休干部的医疗统筹和医药费报销实行收支两条线管理。机关、全额拨款事业单位和乡镇离休干部的医疗统筹经费由区、乡财政全额垫支，差额拨款、自收自支事业单位和企业离休干部医疗统筹费分别由财政部门和地税部门负责征收。财政全年为困难企业离休干部垫支医疗统筹费和“三项经费”100余万元。2004年，区直行政及全额拨款事业单位离休干部费用由区财政局统一拨付。乡镇行政、事业单位离休干部费用由乡镇支付，区财政局负责征收。差额拨款和自收自支事业单位的离休干部费用由所在单位支付，区财政局负责征收。企业由地税部门负责征收。对特别困难的企业，经区委、区政府同意后，缺口部分由财政负担。全区有21名离休干部分别给予享受厅局级医疗、乘车待遇，交通费标准从2004年4月起每人每月40元调整至60元，离休费调整为正处级标准。2005年，卫生系统44名离休干部的经费发放，由财政差额拨款，各单位发放，改为区财政部门直接发放。2007年2月，出台《淮阴区离休干部医疗管理暂行办法》，自2月1日起，提高全区470名离休干部医疗待遇，根据《办法》规定，离休干部就医实行A、B卡制度，持A卡离休干部每人每年9000元，持A卡者若当年卡中尚有结余，结余款项在下年初以现金形式返还持卡人。设立离休干部困难救助基金，由区财政每年从医疗统筹经费中拨出30万元，用于对家庭特别困难的离休干部实施医疗救助。2008年，为全区无工作、无固定收入的191名离休干部配偶办理医疗保险，解决其就医问题。

四、文体活动

1991年始，每年分别举办象棋、桥牌、麻将、扑克、乒乓球、桌球等项比赛。2002年起，每年均举办诗词、书画展览活动。2006年，组织老干部代表队参加市老干部文体比赛活动，象棋代表队获第一名，书画代表队获第二名。2007年，老干部活动中心扩建用房160平方米，为老干部老有所学、老有所乐创造良好环境。是年7月，举办庆祝香港回归祖国10周年和中国人民解放军建军80周年老干部书画展。2008年3月，举办纪念周恩来同志诞辰110周年书画展，展出老干部创作的百余幅书画作品。8月，举办迎奥运和区老干部书画协会成立20周年主题书画展，编印《岁月如歌》书画册。11月，举办由25个代表队近百人参加的“新北城杯”象棋锦标赛。1991～2008年，共举办棋牌比赛17届，诗词、书画展览活动6届，收到书画作品220幅、诗词作品186首。

第十节　党史工作

一、资料征编

1978年后，党史工作坚持“存史、资政、育人”的方针，为社会主义物质文明、精神文明建设，特别是党的建设服务。1981年7月18日，成立中共淮阴县委党史资料征集领导小组。是年起，每年均派出人员到省内外、县内外征集党史资料。1985年4月3日，中共淮阴县委党史资料征集领导小组更名为中共淮阴县委党史资料征集研究委员会。1997年，改为中共淮阴县委党史工作办公室，为县直事业单位。2003年，被定为淮阴区委正科级参照公务员管理工作部门，主要职责为承担域内重要党史资料的征集、整理、编纂等工作，编写中共淮阴地方历史，开展党史宣传教育，对涉及地方党史、革命史及革命英烈的展览、纪念馆陈列进行审查。

至2008年，派出人员先后走访全国十几个省、市、自治区，行程4万余千米，访问历史知情人900余人次，召开座谈会50余次，征集各类历史资料1000余万字、革命文物5件、革命历史照片400余张，整理录音磁带100余盒。配合区（县）委举行纪念张芳久烈士牺牲50周年、纪念刘老庄战斗60周年等活动，配合区民政局等单位布展淮阴区党史陈列室和刘老庄八十二烈士纪念馆，并按省、市党史工办的统一部署，开展抗战时期淮阴县人口伤亡和财产损失的调研活动。

二、专题研究

1981年起，主要对淮阴县地方组织在社会主义革命和社会主义建设时期的主要活动、重要事件和成就等党史课题进行专题研究。在省委党史工办主编的党史期刊《世纪风采》，市委党史工办编辑出版的《热血忠魂》《淮安抗日战争风云录》《淮安解放战争风云录》《星火》等党史书籍，《淮安日报》《新淮阴》等市、区（县）机关报以及政协文史各类书籍上发表反映淮阴地区革命斗争史的专题报告、战争研究、人物传记等文章30余篇，约10万字；编辑出版《淮阴县革命斗争大事记》《纪念八十二烈士》《刘骥回忆录》《淮阴县党史大事记》《淮阴县革命斗争史》《虎啸淮海——纪念周文科牺牲五十周年》《江苏人民革命斗争群英谱·淮阴县分卷》《人民公仆周文忠》《巴根草——吴觉与淮阴革命》等中共地方史书籍，计154万字。2006年6月，对抗战时期淮阴县人口伤亡和财产损失情况进行调研，47名调研人员对全区21个乡镇及工业园区的360名"亲身经历、亲耳所闻、亲眼所见"人员进行走访调查，其中75岁以上的知情老人300名，发放各类表格1000份，收集证人证言275份。组织人员在中国第二历史档案馆、江苏省档案馆、安徽省档案馆、镇江市档案馆、淮安市档案馆、苏皖边区纪念馆、沭阳县档案馆等单位查阅相关历史档案材料114卷，查阅文献资料120本，复印资料106份，并结合清河区调查取证的资料，经比较、甄别，形成准确、全面、科学的调研报告。在1937～1945年抗战期间，淮阴县直接伤亡3530人，其中因抗战死亡2515人，因抗战致残1015人，灾民53493人，居民财产损失3151万元法币。

第二章　中共淮阴区纪律检查委员会

第一节　党风廉政建设

一、宣传教育

1979年10月后，全县组织学习中共中央下发的《关于党内政治生活的若干准则（草案）》，至1981年2月，通过上党课、党校培训、冬训等形式培训党员和积极分子2.3万名，90%以上的党员受到党风党纪教育。1982年9月，中共第十二次全国代表大会召开以后，全县对党员进行以学习新党章为主要内容的党风党纪教育，举办党员学习班、冬训班216期，轮训党员21568人次。1983年11月，按照中共中央的统一部署，

图20-2-1　全区落实党风廉政责任制汇报会

全县进行党性、党风、党纪教育，2.3万名党员参加整党。1985～1989年，主要开展反对资产阶级自由化、严格遵守党的政治纪律的教育以及坚持改革开放、搞活经济与遵守纪律相统一的组织纪律教育。调查和处理党内反对四项基本原则、违反党的政治纪律的案件，进行党的基本理论、基本路线、基本知识和党风党纪教育。1990年9月起，用16个月时间，在党内开展普及党的纪律基础知识教育活动。1994年，在全县党员干部中开展以“学习邓小平建设有中国特色社会主义理论，增强党性观念，做清正廉洁的模范”为主题的教育活动。1995年，召开党风工作经验交流会，先后到15个乡镇和县级机关作报告23场，听取报告的党员干部13000余名。2000年，对县处级以上领导干部开展以讲学习、讲政治、讲正气为主要内容的党性党风教育。利用反面典型进行鉴戒教育。2006年，组织全区党员领导干部到监狱、看守所参观，旁听职务犯罪开庭。2008年，在春节、中秋等重大节日前夕，向全区600余名科级干部发送廉政短信6000余条（次），向领导干部及其配偶赠送“保廉卡”500余份，组织全区30余个单位主要负责人在区级媒体上作出公开承诺，接受群众监督。

图20-2-2 全区党风廉政建设和反腐败斗争工作会议

图20-2-3 全区机关干部廉政歌曲比赛

1978～2008年，全区（县）党风廉政建设共组织开展主题教育活动60余项，召开各种廉政教育会议280场次，播放廉政电教片304部，下发反腐倡廉教育资料12000余册，开展党纪条规知识竞赛、先进典型事迹巡回演讲22次，开展廉政文化进机关、进社区、进家庭、进学校、进企业和进农村等活动。

二、制度建设

1981年，出台《关于纠正不正之风的八条规定》，内容包括禁止用公款请客送礼；禁止干部住房搞特权；禁止利用职权弄虚作假，擅自改变户口性质；禁止以私人关系安排家属、子女、亲友到县、社、队工厂以及其他企事业单位工作；不准拖欠国家和大队、生产队、社办单位公款；禁止利用婚丧喜庆，请客送礼，铺张浪费；禁止利用职权，受礼受贿，到农村生产队购买国家统购的农副产品等物资；禁止赌博、打人骂人和打击报复。1982年，制定全县实现党风根本好转的规划和措施。1991年起，先后出台“两公开一监督”（公开办事制度、公开办事结果、依靠群众监督）制度、干部离任审计制度、纪检机关与组织部门关于领导干部勤政廉政情况通报制度以及领导干部廉洁自律各项规定。建立党风联络员、特邀监察员制度，建立和完善党政机关乡科级以上领导干部收入申报制度。建立党政机关干部建购、装修住房申报制度，以及县属企业业务招待费情况向职代会报告制度等。1995年起，制定《落实党风廉政建设责任制规定的实施办法》和《责任追究实施细则》，明确责任追究内容和程序，每年初均下发《党风廉政建设责任目标》及《考核细则》，履行监督检查职责，严格执行责任追究制度。会同财政部门对预算外资金实行收支两条线管理，全县103个部门和单位的预算外收入全部纳入专户储存。加强监督检查，对检查出的违规行为进行纠正。全面推行机关事业单位会计委派制。2006～2008年，制定出台规范性制度6类34项。主要有《乡科级党政主要负责人监督管理的若干规定》《关于加强公务性支出管理的暂行规定》《关于加强行政效能建设的若干规定》《关于实行提醒警诫制度的若干规定》《关于建立乡科级领导干部廉政档案的暂行办法》等。

1978～2008年，先后制定出台反腐倡廉制度168项，各乡镇、区（县）级机关各部门结合实际，突出重点部位和关键环节，制定规章制度641项。

第二节 案件查办

中共十一届三中全会后，主要查处抵制和反对中央的路线、方针、政策，利用职权搞特权、谋私利、生活特殊化、请客送礼、索贿受贿以及失职渎职、严重官僚主义等方面的案件。1980年至1981年上半年，在打击经济领域严重犯罪活动的斗争中，全县查处贪污盗窃、行贿受贿、投机倒把、敲诈勒索等严重经济犯罪案件75起。1982年，全县收到信访检举控告98件，其中经济犯罪方面问题占40%。立案查处的案件中，涉案金额千元以上15起、万元以上1起。1985年后，围绕改革开放、经济发展和治理整顿，着重查处破坏改革开放和经济发展的违法违纪案件。1985～1989年，各级纪检机关共查处违纪案件186起，处分党员、干部175名，其中贪污受贿、弄权勒索、徇私枉法、投机倒把35名，严重以权谋私和挥霍浪费48名，严重官僚主义44名，生活腐化堕落13名。在受处分的党员中，开除党籍12名、留党察看18名、撤销党内职务23名、移送司法机关21名。处分乡科级党员干部15名，其中"一把手"4名。1989年，加强惩治腐败工作，查处公司中违法违纪案件4起，查处贪污受贿、投机倒把、弄权勒索、徇私枉法等违纪案件12起，处分违纪党员36人。1990～1995年，持续不断查处各类违纪案件，纪检监察机关共受理各类违纪案件574起，立案查处468起，处分党员336名，其中开除党籍60名、留党察看43名、撤销党内职务32名，处理乡科级干部47名。立案查处万元以上大案28起，挽回经济损失449万余元。其中，查处少数党员干部在1991年特大洪涝灾害抗洪救灾中严重不负责任、贪生怕死、临阵逃脱以及搞不正之风、违法乱纪的行为，查处违纪案件2起，处分党员干部1名。

1996～2000年，重点查办领导干部以权谋私、生活腐化堕落、损害群众利益案件，纪检监察机关共立案1025起，给予党政纪处分469名，其中开除党籍58名、留党察看45名、撤销党内职务20名、党内严重警告164名，乡科级以上案件94起，万元以上经济案件108起。其中，影响较大的案件有：梦思酒楼女老板陈某非法集资案、刘老庄乡原党委书记张某受贿案、五里乡原党委书记陆某受贿案、蒋集乡原党委书记高某受贿案、凌桥乡原党委书记徐某受贿案等，为国家和集体挽回经济损失875.37万元。2001～2005年，区纪委查办以影响经济发展软环境、以权谋私、贪污受贿、"三机关一部门"（党政机关、行政执法机关、司法机关、经济管理部门）案件为重点，立案1134件，党政纪处分1038人，其中乡科级干部案件72件，万元以上经济案件188件，为国家和集体挽回经济损失2485万元。2006～2008年，把治理商业贿赂、领导干部以权谋私、损害群众利益以及工程领域腐败等案件作为查办重点，立案356件，查处乡科级干部案件20件，万元以上经济案件42件，为国家和集体挽回经济损失338.81万元。

第三节 纠风治乱

一、清理乱收费、乱罚款、乱摊派

1987～1990年，县、乡、村先后取消乱收费46项，降低不合理收费20余项，并处理截留、坐支、挪用收费和罚没款的违法违纪者。1991年，实行"三查四整"（查收费集资项目依据、查执行范围标准、查资金用途和收罚款单位的管理状况，整顿收费、罚款、摊派项目，整顿收罚机构，整顿票证，整顿现行规章制度和纪律），制止"三乱"（乱收费、乱摊派、乱罚款）行为。1993年下半年起，将"三乱"作为专项治理的重要内容。至1994年底，累计公布取消收费项目34项，共为企业、群众减轻负担100余万元，上交财政40万元，退还给企业和群众80万元。1995年起，重点对群众反映突出的公路、河道上“三乱”行为进行整治。先后组织明察暗访50余次，受理群众投诉78件，查处各类“三乱”问题27个，给予党纪政纪处理19人，通过新闻媒体曝光典型案件8起。撤除违反规定设置的公路检查站、河道检查站6个，整顿规范各类站卡4个，纠正公路和城市入口处强制拦车清洗的站点2个。1996～2008年，查纠公路河道“三乱”问题248个，组织专项检查和明察暗访活动65次，纠正违规执法行为18次，遏制公路、河道“三乱”行为。

二、清理公费出国出境考察学习

1992年下半年，境内出现公费出国（境）旅游的不正之风，至1993年，近20人借“考察”“学习”之名用公费出国出境旅游观光。1993年，开始清理1992年下半年后的公费出国出境旅游现象，清理公款出国出境旅游和变相旅游9人，制止公费出国出境旅游和不必要的公务出国出境活动7批15人，为国家和集体节省资金50余万元。1994年，制止不必要的公费出国出境团组4个26人，节约经费21万元，清理公费出国出境旅游1人，收缴三项费用等违纪金额9000元。1995年，清理用公款出国出境旅游10人，制止公款出国出境旅游3批5人次，节约经费12万余元。1996～2008年，清理用公款出国出境考察培训学习33人，制止公款出国出境旅游6批11人次，节约经费35万余元。

三、清理干部职工非正常拖欠公款

1991年，少数干部利用职权长期拖欠公款，占用国家和集体大量资金，有的用来为个人或亲友买房、建私房，有的购置大件商品，甚至进行个人营利或非法活动。全县进行清理，限期归还拖欠的公款。对其中数额较大、拖欠时间较长的，原则上按银行同期贷款利率付息；凡构成贪污、挪用公款罪的，依法处理。全县清理干部、职工和群众非正常拖欠公款100余万元，至1994年底，收回90余万元，其余大部分订还欠计划，逐步归还。至1995年，清理党政机关及其工作人员无偿占用企业的钱物32万余元，清理1850人拖欠公款399万元。

四、清理党政机关经商办企业

1991年，对党政机关经商办企业进行专项清理。1992年后，在深化改革、发展经济、转换政府职能过程中，党政机关陆续组建和兴办一批经济实体，出现政企不分的“翻牌公司”，以权经商，强买强卖，垄断经营，引起群众不满。1993年9月起，开展全面清理党政机关经商办企业现象，明确“三不准、四脱钩”：乡镇和县直部门，不准组建任何类型的经济实体，不准以部门名义向经济实体投资、入股，不准接受各类经济实体的挂靠；在职能、财务、人员、名称四个方面与机关彻底脱钩，自主经营，独立核算，自负盈亏。各类经济实体均不得有行政管理职能。原在企业兼职的机关干部15人，至1994年，回机关6人，脱钩后留在经济实体的9人。至1995年，清理县属“三不准”机关所办的经济实体13个，划转出去或者停办。其他国家机关所办经济实体应脱钩8个，实脱钩7个。

五、治理公款吃喝送礼

1978年后，对用公款吃喝玩乐歪风，开展明查暗访，督促自查自纠。1991年，下发《关于进一步强调严禁用公款吃喝玩乐的通知》。1995年，制定下发并落实《关于禁止党员干部大操大办子女升学宴的规定》，倡导文明节俭新风。至此，查处用公款吃喝玩乐36起，受到党政纪处分12人，通报批评22人；处理大操大办6起，罚款15人。2005年，出台禁止党员干部大操大办婚丧喜庆事宜的规定，重申党风廉政建设“八项规定”。2006～2008年，查办用公款吃喝玩乐4起，通报批评16人；处理大操大办7起，罚款7人。

六、清理违规购车

1991～1995年，清理违控购置小汽车25辆，清理公款购置摩托车220辆。1997年，制止不符合条件购车7辆，降低标准1辆，节约资金150余万元。1998年，制止超标准或不符合条件购车9辆，节约资金180余万元。

七、清理教育乱收费

1991～1994年，取消校内外乱摊派、乱收费项目35个，减轻学生负担12万余元。1995年，对确定取消的收费项目落实情况开展检查，控制新增收费项目，加强收费票证管理，取消中小学自定收费项目18个，制止向学生摊派或搭售商品计16万元，清理乱收费28万元。1996～2000年，查纠中小学乱收费问题35起，遏制中小学乱收费行为。2001～2006年，取消或降低收费项目39个，并实行收费公示制、责任追究制，清退不合理收费650余万元，8名责任人受到党政纪处分。2007～2008年，对全区中小学教育"一费制"执行情况进行专项检查，发现违规行为2起，纠正并清退不合理收费20余万元。

八、工程建设专项治理

1996年始，开展工程建设专项治理。对全县新开工的3个50万元以上工程招投标实行监督，节约建设资金695万元；会同审计部门加强对在建和竣工工程的审计，核减工程造价43万余元；立案查处工程建设领域违纪违法案件44起，纪律处分44人。2006～2008年，建立完善重大建设项目、重要行政事项派驻纪检监察员和立项监察制度，对建设工程、交通工程、水利工程和土地批租、政府采购等220个项目实施驻点现场监督，节省资金1.68亿元，查处土地违法行为8宗，叫停6宗。

九、制止医药购销不正之风

2001～2008年，对全区23家公立医疗机构的药械全面实行集中比价采购，成交额1.62亿元，节约采购成本2630万元。依纪依法查处非法行医、假冒药品、违反医药价格政策等违规问题58个，处理违纪人员14人，刑事处罚7人。

十、清理小金库

1991年，开始清理小金库。至1995年，全县清理出小金库金额122万元，上缴财政118.5万元。至2008年，全区各单位未发现设立小金库。

第二十一篇　人大　政府　政协

1981～2008年，淮阴区（县）人民代表大会历经八届，其中第八届至第十一届人民代表大会每届任期3年，第十二届人民代表大会起每届任期5年。1981年5月，淮阴县第八届人民代表大会第一次会议召开，开始设置区（县）人民代表大会常务委员会。1981～2008年，淮阴区（县）人民代表大会共召开28次会议。期间，区（县）人大认真行使权力，履行监督职能，任免国家机关工作人员，对淮阴政治、经济、文化等事业的发展起到推动和促进作用。

1978年后，淮阴区（县）人民政府贯彻落实党的工作重心转移到经济建设上来的方针，实施“对内搞活、对外开放”的政策，顺利完成“七五”“八五”“九五”计划的主要指标，人民群众解决温饱问题。1999年，淮阴县总体上实现小康。进入21世纪，抓住2001年撤县建区机遇，解放思想，开拓创新，攻坚克难，经济社会保持快速健康发展，“十五”计划的各项目标如期完成，“十一五”计划实现良好开局。财政收入、人均地区生产总值提前完成“十一五”规划目标，地方一般预算收入、全社会固定资产投资、社会消费品零售总额、进出口总额均完成规划指标的序时进度。淮阴向全面小康迈进。

中国人民政治协商会议淮阴县委员会于1981年5月成立，至2008年，区（县）政协历经8届。在中共淮阴区（县）委领导下，认真履行“政治协商、民主监督、参政议政”职能。期间，淮阴区（县）政协广泛开展调查研究，了解社情民意；利用多种形式加强与海外联络联谊，宣传党的方针政策及改革开放以来社会各项事业取得的重大成就；切实做好民主监督工作，拟写涉及各行各业的提案、报告5000余件，汇编具有地方特色的文史资料20余册近200万字，为淮阴社会经济的健康、持续、稳定发展服务。

第一章　淮阴区人民代表大会

第一节　区（县）工作机构与组成人员

一、工作机构

1981年5月，淮阴县第八届人民代表大会设常务委员会，为人民代表大会常设机构。县人大常委会由主任1人、副主任若干人、委员若干人组成，下设办公室。1984年12月，淮阴县九届人大常委会第四次会议作出关于成立4个委员会的决定，即法制建设、财政经济、科教文卫和代表资格审查委员会。1990年3月，淮阴县十一届人大常委会第一次会议对上届人大常委会4个委员会进行调整，将代表资格审查委员会合并到内务工作委员会，新设农业经济委员会和城建环保委员会，即内务工作委员会、城建环保委员会、财政经济委员会、农业经济委员会、教科文卫委员会、法制工作委员会。1995年1月，淮阴县十二届人大常委会第十五次会议决定成立县人大民宗侨台委员会，与法制委员会合署办公。1996年，淮阴县十二届人大常委会设办事机构7个，分别为内务工作委员会、教科文卫工作委员会、农村经济工作委员会、法制及民宗侨台工作委员会、城建环保工作委员会、财经工作委员会和办公室。1997年9月，淮阴县人大机关内设机构由原“六委一办”精简为“四委一办”，即办公室、内务司法工作委员会、社会事业工作委员会、人事代表联络委员会、财政经济工作委员会。2001年2月，淮阴县人民代表大会常务委员会更名为淮阴区人民代表大会常务委员会。11月，增设人大常委会农村经济工作委员会。2008年，淮阴区人大常委会内设机构有办公室、内务司法工作委员会、财政经济工作委员会、农村经济工作委员会、社会事业工作委员会、人事代表联络工作委员会。

二、组成人员

1981年5月，淮阴县人大常委会设主任、副主任、委员。常委会组成人员按法定人数由人民代表大会选举产生。从1981年5月至2007年12月，选举产生8届人大常委会，13位人大常委会主任，45位副主任，129名委员。

1981～2007年淮阴区（县）人民代表大会常务委员会主任、副主任更迭一览表

表21-1-1

届　次	职　务	姓　名	性别	任职时间	籍贯
第八届（1981.05～1984.04）	主任	屠文生	男	1981.05～1984.04	沭阳
	副主任	丁　梅	男	1981.05～1984.04	淮阴
		王名扬	男	1981.05～1984.04	沭阳
		孙保民	男	1981.05～1984.04	淮阴
		沈　华	男	1981.05～1984.04	淮阴
		徐维良	男	1981.05～1984.04	淮阴
		靳育广	男	1981.05～1984.04	涟水
		戴炳文	男	1981.05～1984.04	泗阳
第九届（1984.05～1987.03）	主任	杨宝林	男	1984.05～1987.04	河北保定
	副主任	王正榜	男	1984.05～1987.03	淮阴
		曹孝相	男	1984.05～1987.03	阜宁
		庄洪凤	男	1984.05～1987.03	泗阳
		丁　梅	男	1984.05～1987.03	淮阴
第十届（1987.04～1990.03）	主任	杨基厚	男	1987.04～1989.04	高邮
		张　凯	男	1989.04～1990.03	宿迁
	副主任	王正榜	男	1987.04～1990.03	淮阴
		尹耀文	男	1987.04～1990.03	涟水
		邱敦姬	女	1987.04～1990.03	福建
第十一届（1990.03～1993.02）	主任	王宝善	男	1990.03～1993.02	淮阴
	副主任	王正榜	男	1990.03～1993.02	淮阴
		尹耀文	男	1990.03～1993.02	涟水
		邱敦姬	女	1990.03～1993.02	福建
		汪广西	男	1992.04～1993.02	淮阴

续表21-1-1

届　次	职　务	姓　名	性别	任职时间	籍贯
第十二届（1993.02～1998.01）	主任	张　凯	男	1993.02～1995.04	宿迁
		冯加庚	男	1996.02～1998.01	沭阳
	副主任	汪广西	男	1993.02～1998.01	淮阴
		邱敦姬	女	1993.02～1998.01	福建
		祁进川	男	1993.02～1998.01	淮阴
		王祥生	男	1993.02～1996.02	淮阴
		嵇　文	男	1995.03～1998.01	淮阴
		吴引华	男	1996.02～1998.01	淮阴
第十三届（1998.01～2003.01）	主任	冯加庚	男	1998.01～1999.12	沭阳
		周云飞	男	2000.01～2003.01	海门
	副主任	李　源	男	1998.01～2003.01	东台
		高友富	男	1998.01～2003.01	淮阴
		嵇　文	男	1998.01～2003.01	淮阴
		吴引华	男	1998.01～2000.12	淮阴
		王文军	男	1998.01～2003.01	淮阴
		于建斌	男	1998.01～1999.01	淮阴
		黄希文	男	1999.02～2001.10	上海
		何桂华	男	1999.02～2000.03	淮阴
		邓金良	男	2001.01～2003.01	沭阳
		史国友	男	2001.01～2003.01	淮阴
第十四届（2003.01～2007.12）	主任	周云飞	男	2003.01～2003.02	海门
		夏心旻	男	2004.01～2005.07	盐城盐都
		戚寿余	男	2006.01～2007.12	洪泽
	副主任	邓金良	男	2003.01～2006.01	沭阳
		史国友	男	2003.01～2007.12	淮阴
		韩竹生	男	2003.01～2006.01	淮阴
		穆文清	男	2003.01～2007.12	淮阴
		马　萍	女	2004.01～2007.12	淮阴
		葛志胜	男	2007.01～2007.12	宿迁
第十五届（2007.12～　　）	主任	戚寿余	男	2007.12～2008.05	洪泽
	副主任	葛志胜	男	2007.12～	宿迁
		史国友	男	2007.12～	淮阴
		穆文清	男	2007.12～	淮阴
		马　萍	女	2007.12～	淮阴
		皇甫启全	男	2007.12～	涟水

第二节　人民代表大会会议

一、区（县）乡人大代表的选举与构成

【第八届人民代表大会换届选举】 1981年1～3月，选举出公社代表2074名，其中男性1639名、女性435名，党员1376名、非党员698名，工人19名、农民1566名、知识分子90名、少数民族9名。选举出县人大代表344名，其中男性240名、女性104名，党员230名、非党员114名，工人14名、农民230名、知识分子19名、军人2名、其他14名，少数民族4名。

【第九届人民代表大会换届选举】 1984年2月26日至5月15日，县乡两级人大换届选举，选出乡镇人大代表2180名，其中党员1410名、妇女471名、知识分子231名、少数民族41名。选出县人大代表340名，其中党员207名、妇女75名、知识分子58名、农民182名、干部68名、少数民族6名。

【第十届人民代表大会换届选举】 1986年12月24日至1987年2月28日，县乡两级人大换届选举，选出乡镇人大代表1592名，其中党员1155名、妇女324名、知识分子126名、干部422名。选出第十届县人大代表327名，其中党员195名、妇女72名、知识分子53名、干部81名、少数民族5名。

【第十一届人民代表大会换届选举】 1989年10月25日至1990年1月9日，县乡两级人大换届选举，全县159个选区，选出乡镇人大代表1678名，其中妇女335名、知识分子106名、农民1309名、干部212名、少数民族7名。选出第十一届县人大代表324名，其中党员216名、妇女68名、知识分子52名、农民143名、干部93名、少数民族7名。

【第十二届人民代表大会换届选举】 1992年10月30日至1993年1月8日，县乡两级人大换届选举，选出乡镇人大代表1638名，其中妇女306名、知识分子94名、党员1052名、少数民族4名。选出第十二届县人大代表323名，其中党员223名、妇女65名、知识分子26名、少数民族5名。

【第十三届人民代表大会换届选举】 1997年10月底至12月20日，县乡两级人大换届选举，选出乡镇人大代表1624名，其中党员1090名、妇女344名、知识分子182名、农民1190名、干部339名、少数民族6名。选出第十三届县人大代表284名，其中农民129名、妇女62名、知识分子44名、干部83名。

【第十四届人民代表大会换届选举】 2002年10月上旬至12月14日，区乡两级人大换届选举，选出乡镇人大代表1171名，其中党员795名、妇女213名、知识分子171名、农民817名、干部227名、少数民族3名。区人大换届选举，在140个选区中选举产生人大代表280名，代表结构合理，大专以上文化程度121名。

【第十五届人民代表大会换届选举】 2007年9月下旬至11月30日结束。区乡两级人大换届选举，选出乡镇人大代表1386名，其中党员1053名、知识分子394名、农民886名、干部145名、少数民族7名。区人大换届选举，在22个选举单位136个选区中选举产生代表284名，其中工人45名、知识分子57名、农民78名、干部101名、军人3名、妇女57名、非党员51名、企业代表37名、少数民族7名、大专以上文化程度182名。

二、区（县）人大历届会议

【第八届人大第一次会议】 1981年5月22～27日，淮阴县第八届人民代表大会第一次会议召开。会议应到代表344名，实到代表334名。会议听取和审议县委书记、县革委会主任杨宝林代表县革委会所作的《淮阴县人民政府工作报告》、县财政局局长陈源成所作的《淮阴县财政预决算报告》、县法院院长皇甫广所作的《淮阴县人民法院工作报告》、县检察院检察长沈银章所作的《淮阴县人民检察院工作报告》、县计生委主任钱文生所作的《淮阴县计划生育工作报告》，讨论并通过上述5个报告的决议。会

议选举产生县人大常委会主任1名、副主任7名、委员13名，县人民政府县长1名、副县长7名，县人民法院院长和县人民检察院检察长。会议期间，收到代表各类建议303件，其中农田水利82件，公交、邮电、供电41件，财政、经济30件，教科文卫93件，计划物资、城建、人民生活36件，组织、干部21件。

【第八届人大第二次会议】 1982年8月27～31日，淮阴县第八届人民代表大会第二次会议召开。会议应到代表344名，实到代表320名。会议听取和审议县长刘启文所作的《淮阴县人民政府工作报告》、县人大常委会副主任戴炳文所作的《淮阴县人大常委会工作报告》、县财政局局长万宜祥所作的《淮阴县1981年财政决算和1982年财政预算报告》、县人民法院院长皇甫广所作的《淮阴县人民法院工作报告》、县人民检察院检察长沈银章所作的《淮阴县人民检察院工作报告》，讨论并通过以上5项报告的决议。会议期间，收到代表各类建议251件，其中农田水利61件，公交、邮电、供电36件，财政、经济26件，教科文卫58件，政法12件，计划、物资、城建、人民生活42件，组织、干部14件，宗教2件。

【第八届人大第三次会议】 1983年3月27～31日，淮阴县第八届人民代表大会第三次会议召开。会议应到代表356名，实到代表342名。会议听取和审议县长刘启文所作的《淮阴县人民政府工作报告》、县人大常委会副主任沈华所作的《淮阴县人大常委会工作报告》、县法院院长皇甫广所作的《淮阴县人民法院工作报告》、县检察院检察长沈银章所作的《淮阴县人民检察院工作报告》、县财政局副局长陈源成所作的《淮阴县1982年财政预算执行情况及1983年财政预算安排情况报告》，讨论并通过上述5个报告的决议。会议酝酿协商产生出席淮阴市第一届人民代表大会代表52名和出席省第六届人民代表大会代表4名。会议期间，收到代表各类建议150件，其中农田水利47件，公交、邮电、供电18件，财政、经济21件，教科文卫27件，政法9件，计划、物资、城建、人民生活26件，宗教2件。

【第九届人大第一次会议】 1984年5月23～27日，淮阴县第九届人民代表大会第一次会议召开。会议应到代表340名，实到代表336名。会议听取和审议代理县长苏尚忠所作的《淮阴县人民政府工作报告》、县人大常委会副主任戴炳文所作的《淮阴县人大常委会工作报告》、县财政局局长万宜祥所作的《淮阴县1983年财政决算和1984年财政预算报告》、县人民法院院长皇甫广所作的《淮阴县人民法院工作报告》、县人民检察院检察长吴引华所作的《淮阴县人民检察院工作报告》，讨论并通过以上5项报告的决议。会议选举产生新一届县人大常委会主任1名、副主任4名、委员18名，县人民政府县长1名、副县长6名，县人民法院院长和县人民检察院检察长。会议期间，收到代表各类建议17件，其中农田水利4件，公交、邮电、供电2件，教科文卫9件，其他2件。

【第九届人大第二次会议】 1985年5月4～6日，淮阴县第九届人民代表大会第二次会议召开。会议应到代表347名，实到代表341名。会议听取和审议县长苏尚忠所作的《淮阴县人民政府工作报告》、县人大常委会副主任王正榜所作的《淮阴县人大常委会工作报告》、县财政局局长万宜祥所作的《淮阴县关于1984年县财政预算执行情况和1985年财政预算的报告》、县人民法院院长皇甫广所作的《淮阴县人民法院工作报告》、县人民检察院检察长吴引华所作的《淮阴县人民检察院工作报告》，讨论并通过上述各项报告的决议。会议增选淮阴县第九届人大常委会委员2名。会议期间，收到代表各类建议151件，其中农田水利30件，公交、邮电、供电38件，财政、经济13件，教科文卫26件，政法12件，计划、物资、城建、人民生活12件，县政府17件，县人大3件。

【第九届人大第三次会议】 1986年4月14～18日，淮阴县第九届人民代表大会第二次会议召开。会议应到代表335名，实到代表331名。会议审议和批准副县长王玉家所作的《淮阴县国民经济和社会发展第七个五年计划草案》、县计划委员会主任高从政所作的《淮阴县1986年国民经济和社会发展计划（草案）的报告》、县财政局局长万宜祥所作的《淮阴县1985年财政预算执行情况和1986年财政预算报告》，听取和审议县人大常委会副主任王正榜所作的《淮阴县人大常委会工作报告》、县人民法院院长皇甫广所作的《淮阴县人民法院工作报告》、县人民检察院检察长吴引华所作的《淮阴县人民检察院工作报告》，讨论并通过以上6个报告的决议。会议增选淮阴县第九届人大常委会委员1名。会议期间，收到代表各类建议160件。

【第十届人大第一次会议】 1987年4月4～8日，淮阴县第十届人民代表大会第一次会议召开。会议应到代表327名，实到代表319名。会议听取和审议代理县长苗秀章所作的《淮阴县人民政府工作报告》、县人大常委会副主任王正榜所作的《淮阴县第九届人大常委会工作报告》、县计划委员会主任高从政所作的《淮阴县1987年国民经济和社会发展计划（草案）的报告》、县财政局局长万宜祥所作的《淮阴县1986年财政预算执行情况和1987年财政预算（草案）的报告》、县人民法院代理院长王志发所作的《淮阴县人民法院工作报告》、县人民检察院代理检察长孙德梅所作的《淮阴县人民检察院工作报告》，讨论并通过上述6个报告的决议。会议选举产生新一届县人大常委会主任1名、副主任3名、委员14名，县人民政府县长1名、副县长4名，县人民法院院长和县人民检察院检察长。会议期间，收到代表各类建议180件，其中农田水利30件，公交、邮电、供电59件，财政、经济11件，教科文卫23件，政法53件，县人大4件。

【第十届人大第二次会议】 1987年11月27～29日，淮阴县第十届人民代表大会第二次会议召开。会议应到代表329名，实到代表321名。会议学习中共第十三次全国代表大会有关文件，选举出席淮阴市第二届人民代表大会代表，县人大代表同县人大常委会、县政府领导协商对话，听取县人民政府办公室主任《关于县十届人大一次会议代表所提建议、批评和意见办理情况的报告》。

【第十届人大第三次会议】 1988年5月9～12日，淮阴县第十届人民代表大会第三次会议召开。会议应到代表323名，实到代表313名。会议听取和审议县长苗秀章所作的《淮阴县人民政府工作报告》、县人大常委会副主任王正榜所作的《淮阴县人大常委会工作报告》、县计划委员会主任高从政所作的《淮阴县1988年国民经济和社会发展计划（草案）的报告》、县财政局局长万宜祥所作的《淮阴县1988年财政预算（草案）的报告》、县人民法院院长王志发所作的《淮阴县人民法院工作报告》、县人民检察院检察长孙德梅所作的《淮阴县人民检察院工作报告》，讨论并通过上述6个报告的决议。选举县第十届人大常委会法制委员会主任1名、城建环保委员会主任1名、财经工作委员会主任1名、代表资格审查委员会主任1名。

【第十届人大第四次会议】 1989年4月10～14日，淮阴县第十届人民代表大会第四次会议召开。会议应到代表317名，实到代表308名。会议听取和审议县长苗秀章所作的《淮阴县人民政府工作报告》、县计划委员会主任刘广华所作的《淮阴县1989年国民经济和社会发展计划（草案）的报告》、县财政局局长万宜祥所作的《淮阴县1988年财政预算执行情况和1989年财政预算（草案）的报告》、县人大常委会副主任王正榜所作的《淮阴县人大常委会工作报告》、县人民法院院长王志发所作的《淮阴县人民法院工作报告》、县人民检察院检察长孙德梅所作的《淮阴县人民检察院工作报告》，讨论并通过上述6个报告的决议。

【第十一届人大第一次会议】 1990年3月7～11日，淮阴县第十一届人民代表大会第一次会议召开。会议应到代表324名，实到代表308名。会议听取和审议代理县长冯加庚所作的《淮阴县人民政府工作报告》、县计划委员会主任刘广华所作的《淮阴县1990年国民经济和社会发展计划（草案）的报告》、县财政局局长万宜祥所作的《淮阴县1989年财政预算执行情况和1990年财政预算（草案）的报告》、县人大常委会副主任王正榜所作的《淮阴县人大常委会工作报告》、县人民法院代理院长吴引华所作的《淮阴县人民法院工作报告》、县人民检察院检察长孙德梅所作的《淮阴县人民检察院工作报告》，讨论并通过上述6个报告的决议。选举产生县人大常委会主任1名、副主任3名、委员15名，县人民政府县长1名、副县长4名，县人民法院院长和县人民检察院检察长。会议收到议案64件，其中工业和电力供应17件，农水8件，城建、交通23件，财贸3件，科教文卫8件，廉政建设4件，政法1件。

【第十一届人大第二次会议】 1991年4月14～18日，淮阴县第十一届人民代表大会第二次会议召开。会议应到代表310名，实到代表306名。会议听取和审议县长冯加庚所作的《淮阴县人民政府工作报告》、县人大常委会副主任王正榜所作的《淮阴县人大常委会工作报告》、县人民法院院长吴引华所作的《淮阴县人民法院工作报告》、县人民检察院检察长孙德梅所作的《淮阴县人民检察院工作报告》，审查和批准县长冯加庚所作的《淮阴县国民经济和社会发展第八个五年计划（草案）》、县计划委员会主任刘广华所作的《淮阴县1990年国民经济、社会发展计划执行情况和1991年国民经济、社会发展计划的报告》、县财政局局长袁洽所作的《淮阴县1990年财政预算执行情况和1991年财政预算的报告》，讨论并通过上述7个报告的决议。会议接受1人辞去县十一届人大常委会委员职务的请求，并补选县十一届人大常委会委员1名。

【第十一届人大第三次会议】 1992年4月9～12日，淮阴县第十一届人民代表大会第三次会议召开。会议应到代表305名，实到代表297名。会议听取和审议县长冯加庚所作的《淮阴县人民政府工作报告》、县人大常委会副主任王正榜所作的《淮阴县人大常委会工作报告》、县人民法院院长吴引华所作的《淮阴县人民法院工作报告》、县人民检察院检察长孙德梅所作的《淮阴县人民检察院工作报告》，审查和批准县计划委员会主任刘广华所作的《淮阴县1992年国民经济和社会发展计划（草案）的报告》、县财政局局长袁洽所作的《淮阴县1991年财政预算执行情况和1992年财政预算（草案）的报告》，讨论并通过上述6个报告的决议。并增选县人大常委会副主任1名。会议前后，收到代表关于经济建设和社会发展等方面的建议、批评和意见190件，其中工交20件，农水52件，财贸25件，科教文卫25件，城建、环保、供电、邮电27件，劳动人事、监察、政府法制17件，其他24件。经政府各部门办理，于1992年底基本办结。

【第十二届人大第一次会议】 1993年2月15～19日，淮阴县第十二届人民代表大会第一次会议召开。会议应到代表323名，实到代表310名。会议听取和审议县长冯加庚所作的《淮阴县人民政府工作报告》、县人大常委会副主任王正榜所作的《淮阴县第十一届人民代表大会常务委员会工作报告》、县计划委员会主任刘广华所作的《淮阴县1993年国民经济和社会发展计划（草案）的报告》、县财政局局长袁洽所作的《淮阴县1992年财政预算执行情况和1993年财政预算（草案）的报告》、县人民法院院长吴引华所作的《淮阴县人民法院工作报告》、县人民检察院检察长孙德梅所作的《淮阴县人民检察院工作报告》，讨论并通过上述6个报告的决议。会议选举产生县人大常委会主任1名、副主任4名、委员14名，县人民政府县长1名、副县长6名，县人民法院院长和县人民检察院检察长，并选举产生出席淮阴市第三届人民代表大会代表（含市直7名）46名。会议前后，收到代表关于政治、经济、文化和社会治安等方面的建议、批评和意见136件，其中交通、城建22件，农水32件，财贸16件，科教文卫19件，社会治安13件，环保、人事、计划生育等20件，其他14件。经政府各部门办理，于1993年底基本办结。

【第十二届人大第二次会议】 1994年3月15～17日，淮阴县第十二届人民代表大会第二次会议召开。会议应到代表302名，实到代表298名。会议听取和审议县长冯加庚所作的《淮阴县人民政府工作报告》、县人大常委会副主任汪广西所作的《淮阴县第十二届人民代表大会常务委员会工作报告》、县计划委员会主任刘广华所作的《淮阴县1994年国民经济和社会事业发展计划（草案）的报告》、县财政局局长袁洽所作的《淮阴县1993年财政决算和1994年财政预算（草案）的报告》、县人民法院院长吴引华所作的《淮阴县人民法院工作报告》、县人民检察院检察长孙德梅所作的《淮阴县人民检察院工作报告》，讨论并通过上述6个报告的决议。会议期间，人大代表就全县政治、经济、文化教育、社会治安等方面提出建议、批评和意见79件，其中农水16件，广播、教育16件，交通、城建19件，金融、财贸9件，计划生育、社会治安等19件。在规定时间内全部办结。

【第十二届人大第三次会议】 1995年3月5～8日，淮阴县第十二届人民代表大会第三次会议召开。会议应到代表310名，实到代表301名。会议听取和审议县长冯加庚所作的《淮阴县人民政府工作报告》、县人大常委会主任张凯所作的《淮阴县人大常委会工作报告》、县财政局局长袁洽所作的《淮阴县1994年财政预算执行情况和1995年财政预算（草案）的报告》、县计划委员会主任刘广华所作的《淮阴县1995年国民经济和社会事业发展计划（草案）的报告》、县人民法院院长吴引华所作的《淮阴县人民法院工作报告》、县人民检察院检察长孙德梅所作的《淮阴县人民检察院工作报告》，讨论通过上述6项报告的决议。会议期间，代表们就全县经济建设和社会事业发展等方面提出议案19件，其中交通、城建8件，教育、卫生4件，治安1件，农水1件，土地1件，其他4件。经此次大会议案审查委员会审查并报大会主席团讨论，根据确定议案的有关规定，上述19件都不作为议案，全部列为建议、批评和意见，加上此次大会期间提出的83件建议、批评和意见，共102件，其中交通、城建21件，财贸16件，工商、税务、物价、供电4件，农水21件，教育卫生16件，土地3件，民政3件，人事3件，其他15件。

【第十二届人大第四次会议】 1996年2月27日至3月1日，淮阴县第十二届人民代表大会第四次会议召开。会议应到代表314名，实到代表297名。会议听取和审议代理县长周云飞所作的《淮阴县人民政府工作报告》、淮阴县人大常委会副主任汪广西所作的《淮阴县人大常委会工作报告》、淮阴县人民法院代理院长陈升业所作的《淮阴县人民法院工作报告》、淮阴县人民检察院代理检察长左荣华所作的《淮阴县人民检察院工作报告》，审查和批准周云飞所作的《淮阴县国民经济和社会发展"九五"计划及2010年远景目标纲要》、县计划委员会主任刘广华所作的《淮阴县1995年国民经济、社会发展计划执行情况和1996年国民经济、社会发展计划的报告》、县财政局局长所作的《淮阴县1995年财政预算执行情况和1996年财政预算的报告》，讨论并通过上述7个报告的决议。会议选举冯加庚为淮阴县第十二届人大常委会主任，补选副主任1名，选举周云飞为县人民政府县长，补选副县长1名，以及县人民法院院长、县人民检察院检察长。会议期间收到代表建议、批评和意见65件，其中农水30件，城建、交通10件，科教文卫13件，工商财贸7件，环保、社会治安等5件。在规定时间内全部办结。

【第十二届人大第五次会议】 1997年2月15～18日，淮阴县第十二届人民代表大会第五次会议召开。会议应到代表323名，实到代表319名。会议听取和审议县长周云飞所作的《淮阴县人民政府工作报告》、县人大常委会副主任汪广西所作的《淮阴县人大常委会工作报告》、县人民法院院长陈升业所作的《淮阴县人民法院工作报告》、县人民检察院检察长左荣华所作的《淮阴县人民检察院工作报告》，审查和批准县计划委员会主任刘广华所作的《淮阴县1996年国民经济、社会发展计划执行情况和1997年国民经济、社会发展计划的报告》、县财政局局长所作的《淮阴县1996年财政预算执行情况和1997年财政预算（草案）的报告》，讨论并通过上述6个报告的决议。

【第十三届人大第一次会议】 1998年1月3～7日，淮阴县第十三届人民代表大会第一次会议召开。会议应到代表311名，实到代表303名。会议听取和审议县长周云飞所作的《淮阴县人民政府工作报告》、县人大常委会主任冯加庚所作的《淮阴县人大常委会工作报告》、县计划委员会主任所作的《淮阴县1997年国民经济和社会事业发展计划执行情况及1998年国民经济和社会事业发展计划（草案）的报告》、县财政局局长所作的《淮阴县1997年财政预算执行情况和1998年财政预算（草案）的报告》、县人民法院院长陈升业所作的《淮阴县人民法院工作报告》、县人民检察院检察长左荣华所作的《淮阴县人民检察院工作报告》，讨论并通过上述6项报告的决议。选举产生县人大常委会主任1名、副主任6名、委员16名，县人民政府县长1名、副县长8名，县人民法院院长和县人民检察院检察长。会议期间，收到代表建议、批评和意见92件，其中农水方面17件，交通、城建28件，工商财贸29件，科教文卫10件，社会治安8件。在规定时间内全部办结。

【第十三届人大第二次会议】 1999年2月25～28日，淮阴县第十三届人民代表大会第二次会议召开。会议应到代表313名，实到代表295名。会议听取和审议县长周云飞所作的《淮阴县人民政府工作报告》、县人大常委会副主任李源所作的《淮阴县人大常委会工作报告》、县计划委员会主任所作的《淮阴县1998年国民经济和社会事业发展计划执行情况及1999年国民经济和社会事业发展计划（草案）的报告》、县财政局局长所作的《淮阴县1998年财政预算执行情况和1999年财政预算（草案）的报告》、县人民法院院长陈升业所作的《淮阴县人民法院工作报告》和县人民检察院代理检察长刘淮所作的《淮阴县人民检察院工作报告》，讨论并通过上述6个报告的决议。补选县人大常委会副主任2名、委员1名，县人民检察院检察长。

【第十三届人大第三次会议】 2000年1月21～23日，淮阴县第十三届人民代表大会第三次会议召开。会议听取和审议代县长夏心旻所作的《淮阴县人民政府工作报告》、县人大常委会副主任李源所作的《淮阴县人大常委会工作报告》、县计划委员会主任所作的《淮阴县1999年国民经济和社会发展计划执行情况及2000年国民经济和社会发展计划（草案）的报告》、县财政局局长所作的《淮阴县1999年财政预算执行情况和2000年财政预算（草案）的报告》、县人民法院院长陈升业所作的《淮阴县人民法院工作报告》、县人民检察院检察长刘淮所作的《淮阴县人民检察院工作报告》，选举夏心旻为县人民政府县长，补选县第十三届人大常委会委员4人。会议通过关于推进依法治县的决议。

【第十三届人大第四次会议】 2001年1月10～12日，淮阴县第十三届人民代表大会第四次会议召开。会议应到代表297名，实到代表295名。会议听取和审议县长夏心旻所作的《淮阴县人民政府工作报告》、县人大常委会副主任李源所作的《淮阴县人大常委会工作报告》、县计划委员会主任所作的《淮阴县2000年国民经济和社会发展计划执行情况和2001年国民经济社会发展计划（草案）的报告》、县财政局局长所作的《淮阴县2000年财政预算执行情况和2001年财政预算（草案）的报告》、县人民法院院长陈升业所作的《淮阴县人民法院工作报告》、县人民检察院检察长刘淮所作的《淮阴县人民检察院工作报告》。依法补选县人大常委会副主任2名、委员4名。通过《关于错案及执法过错责任追究监督试行办法》。

【第十三届人大第五次会议】 2002年1月18～20日，淮阴区第十三届人民代表大会第五次会议召开。会议应到代表312名，实到代表308名。会议听取和审议区长夏心旻所作的《淮阴区人民政府工作报告》、区人大常委会副主任李源所作的《淮阴区人大常委会工作报告》、区计划委员会主任章建华所作的《淮阴区2001年国民经济社会发展计划执行情况和2002年国民经济社会发展计划（草案）的报告》、区财政局局长所作的《淮阴区2001年财政预算执行情况及2002年财政预算（草案）的报告》、区人民法院院长皇甫启全所作的《淮阴区人民法院工作报告》、区人民检察院检察长刘淮所作的《淮阴区人民检察院工作报告》，听取《淮阴区十三届人大五次会议议案审查情况的报告（草案）》。

【第十四届人大第一次会议】 2003年1月5～8日，淮阴区第十四届人民代表大会第一次会议召开。会议应到代表280名，实到代表278名。会议听取和审议区长夏心旻所作的《淮阴区人民政府工作报告》、区人大常委会副主任李源所作的《淮阴区人大常委会工作报告》、区发展计划委员会主任章建华所作的《淮阴区2002年国民经济和社会事业发展计划执行情况及2003年国民经济和社会事业发展计划（草案）的报告》、区财政局局长所作的《淮阴区2002年财政预算执行情况和2003年财政预算（草案）的报告》、区人民法院院长皇甫启全所作的《淮阴区人民法院工作报告》和区人民检察院检察长刘淮所作的《淮阴区人民检察院工作报告》，讨论并通过以上6个报告的决议，选举产生区人大常委会主任1名、副主任4名、委员18名，区人民政府区长1名、副区长8名，区人民法院院长和区人民检察院检察长。

【第十四届人大第二次会议】 2004年1月7～10日，淮阴区第十四届人民代表大会第二次会议召开。应到代表298名，实到代表298名。会议听取和审议代理区长所作的《淮阴区人民政府工作报告》、区人大常委会副主任邓金良所作的《淮阴区人大常委会工作报告》、区发展计划委员会主任所作的《淮阴区2003年国民经济和社会事业发展计划执行情况及2004年国民经济和社会事业发展计划（草案）的报告》、区财政局局长所作的《淮阴区2003年财政预算执行情况和2004年财政预算（草案）的报告》、区人民法院院长皇甫启全所作的《淮阴区人民法院工作报告》和区人民检察院检察长刘淮所作的《淮阴区人民检察院工作报告》，讨论并通过以上6个报告的决议。补选夏心旻为出席淮安市第五届人民代表大会代表，选举夏心旻为区人大常委会主任，补选区人大常委会副主任1名、委员6名。

【第十四届人大第三次会议】 2005年1月7～10日，淮阴区第十四届人民代表大会第三次会议召开。会议应到代表297名，实到代表289名。会议听取和审议区长所作的《淮阴区人民政府工作报告》、区人大常委会副主任邓金良所作的《淮阴区人大常委会工作报告》、区发展计划委员会主任所作的《淮阴区2004年国民经济和社会事业发展计划执行情况及2005年国民经济和社会事业发展计划（草案）的报告》、区财政局局长所作的《淮阴区2004年财政预算执行情况和2005年财政预算（草案）的报告》、区人民法院院长皇甫启全所作的《淮阴区人民法院工作报告》和区人民检察院检察长刘淮所作的《淮阴区人民检察院工作报告》，讨论并通过以上6个报告的决议。补选区人大常委会委员2名。会议和闭会期间，收到代表建议、批评和意见172件，其中农业、水利40件，城建、城管20件，交通基础设施建设22件，科教文卫22件，财政、税收40件，政法8件，社会保障4件，其他16件。在规定时间内全部办结。

【第十四届人大第四次会议】 2006年1月4～6日，淮阴区第十四届人民代表大会第四次会议召开，278名代表出席。会议听取和审议区长所作的《淮阴区人民政府工作报告》、区人大常委会副主任邓金良所作的《淮阴区人大常委会工作报告》、区发改委主任所作的《淮阴区2005年国民经济社会发展计划执行情况和2006年国民经济社会发展计划（草案）的报告》、区财政局局长所作的《淮阴区2005年财政预算执行情况和2006年财政预算（草案）的报告》、区人民法院院长皇甫启全所作的《淮阴区人民法院工作报告》、区人民检察院检察长刘淮所作的《淮阴区人民检察院工作报告》，讨论并通过上述6项报告的决议。会议还听取和审议《淮阴区国民经济和社会发展第十一个五年规划纲要》。选举戚寿余为人大常委会主任。会议期间，收到代表建议、批评和意见112件，其中农业水利24件，城建城管9件，交通基础设施建设25件，科教文卫16件，财政税收21件，工业1件，社会保障3件，社会稳定2件，其他11件。在规定时间内全部办结。

【第十四届人大第五次会议】 2007年1月5～7日，淮阴区第十四届人民代表大会第五次会议召开，278名代表出席。会议听取和审议代区长葛莱所作的《淮阴区人民政府工作报告》、区人大常委会党组书记葛志胜所作的《淮阴区人大常委会工作报告》、区发改委主任所作的《淮阴区2006年国民经济社会发展计划执行情况和2007年国民经济社会发展计划（草案）的报告》、区财政局局长汪厚明所作的《淮阴区2006年财政预算执行情况和2007年财政预算（草案）的报告》、区人民法院院长皇甫启全所作的《淮阴区人民法院工作报告》、区人民检察院检察长刘淮所作的《淮阴区人民检察院工作报告》，讨论并通过上述6个报告的决议。会议选举区人大常委会副主任1名，补选区人大常委会委员2名，选举葛莱为淮阴区人民政府区长。会议和闭会期间，收到代表建议、批评和意见204件，其中农业水利32件，城建城管20件，交通基础设施建设58件，科教文卫35件，财政税收37件，工业4件，社会保障3件，社会稳定2件，其他13件。在规定时间内全部办结。

【第十五届人大第一次会议】 2007年12月27～30日，淮阴区第十五届人民代表大会第一次会议召开，284名代表出席。会议听取和审议区长葛莱所作的《淮阴区人民政府工作报告》、区人大常委会副主任葛志胜所作的《淮阴区人大常委会工作报告》、区发改委主任所作的《淮阴区2007年国民经济社会发展计划执行情况和2008年国民经济社会发展计划（草案）的报告》、区财政局局长汪厚明所作的《淮阴区2007年财政预算执行情况和2008年财政预算（草案）的报告》、区人民法院院长颜赤所作的《淮阴区人民法院工作报告》、区人民检察院检察长黄学东所作的《淮阴区人民检察院工作报告》，讨论并通过上述6个报告的决议。会议选举产生区人大常委会主任1名、副主任5名、委员121名，区人民政府区长1名、副区长6名，区人民法院院长和区人民检察院检察长，并选举产生淮安市第六届人大代表61名。

第三节　履行职能

一、工作监督

【第八届人大常委会（1981.05～1984.04）】 1982年1月，第四次会议听取和审议县政府关于王营城镇建设规划情况汇报、文化教育工作情况汇报。5月，检察院贯彻全国人大常委会关于打击经济领域犯罪活动的决议和中共中央、国务院的决定执行情况汇报。11月，第九次会议审议和批准县城镇建设管理委员会关于《淮阴县城区总体规划》的汇报，视察全县市场物资供应情况。1983年6月，第十二次会议听取和审议县体改办主任张一农关于全县政社分设工作情况的报告。8月，视察新渡、五里、徐溜等乡“两户”（专业户、重点户）发展和秋季生产情况。10月，第十四次会议听取和审议县公安局局长庄洪凤关于淮阴县打击刑事犯罪活动情况及今后工作意见的汇报。1984年1月，第十五次会议听取和审议副县长曹孝相关于社队企业情况的汇报。

【第九届人大常委会（1984.05～1987.03）】 1984年7月，视察全县农村“四夏”（夏收、夏种、夏插、夏管）工作情况。10月，视察全县轻纺工业情况。11月，调研法制建设情况以及农村经济情况。12月，视察袁集乡供销社工作情况。1985年3月，县内全国人大代表和省人大代表偕同县人大常委会副主任王正榜、曹孝相、丁梅先后视察县燃料公司、丝织厂和杨庄运河大桥工地。7月，县人大常委会委员会同物资、工商、粮食、商业、供销、税务和计量等部门，调研王营镇、小营乡的物价问题。

【第十届人大常委会（1987.04～1990.03）】 1987年6月，第二次会议听取和审议县政府办公室、计生委、文教局、卫生局、农业局、水利局、多种经营局等单位的工作情况汇报。8月，第三次会议听取和审议县乡镇企业局、税务局、物价局、经委、粮食局、商业局等6个单位工作情况汇报。1988年9月，视察王营镇城镇建设情况。10月，组织省、市人大代表视察渔沟、徐溜、丁集、袁集等乡镇家庭经济发展情况，视察县丝织厂、化肥厂、百货公司物价情况。11月，调查和视察县计划生育、集资办学收入和中小学危房修建等情况。12月，视察县乡公路交通情况。是月，第十一次会议听取和审议县城建局、交通局、公安局和司法局的有关工作情况汇报，组织人员分别对全县城乡规划建设和道路交通情况进行视察。1989年6月，第十七次会议听取和审议县政府关于治理经济环境、整顿经济秩序情况的汇报，县文教局关于文教工作情况的汇报。7月，视察全县公路建设和航道管理工作。10月，第二十次会议听取和审议县监察局关于监察工作情况汇报，县计生委关于如何控制计划外生育有关情况汇报。

【第十一届人大常委会（1990.03～1993.02）】 1990年5月，视察老张集、韩圩两乡殡葬改革工作，视察有关乡镇三麦品种混杂情况，听取信访局信访工作情况汇报。9月，组织4名省人大代表、26名市人大代表视察全县工农业生产和财贸工作。10月，视察物价工作，主要视察猪肉、化肥、农电价格和教育收费情况。11月，组织部分省、市人大代表视察全县农业生产、农民负担、计划生育、廉政建设和文化市场管理情况。12月，第七次会议听取和审议县长冯加庚关于年初县人代会通过的《淮阴县人民政府工作报告》中“十件实事”办理情况汇报，县监察局、审计局、计量局、文化局有关工作情况汇报。1991年6月，第十一次会议听取和审议县土管局、水利局、粮食局、环保局有关工作情况汇报，县政府关于县联合布厂发生火灾事故的情况汇报，审议批准《淮阴县卫生发展概略规划（1990～2000年）》。8月，第十二次会议听取县长冯加庚关于全县抗洪斗争和生产自救情况汇报，听取和审议县司法局关于“二五”普法规划汇报，交通局关于城乡道路建设和管理情况汇报，科委关于科技工作为工农业生产服务情况汇报，批准县人民政府提交的《淮阴县初级卫生保健规划（1990～2000年）》。9、10月，专题调研农民负担问题。

【第十二届人大常委会（1993.02～1998.01）】 1993年6月，第四次会议听取和审议县政府关于公安、土地、交通、司法等工作情况汇报。8月，第五次会议听取和审议县政府关于工业经济、审计、劳动以及1993年1～7月份财政预算执行情况汇报。10月，第六次会议听取和审议县政府关于教育、水利、人事等工作情况汇报。1994年1月，组织全县6名省人大代表视察县内社会治安综合治理情况和减轻农民负担工作情况。6月，第十八次会议听取和审议县政府关于“种子纯良化工程”和“三麦无草害工程”实施情况汇报、县土地局关于全县土地利用总体规划情况汇报。8月，第十八次会议审议批准《淮阴县土地利用总体规划（1991～2000年）》。12月，组织全县6名省人大代表、46名市人大代表视察农业生产和农村经济发展情况，继续转换国有企业经营机制和进行现代企业制度试点情况，城市交通基本建设情况。1996年5月，第二十六次会议审议通过《淮阴县县域城镇体系规划（1996～2010年）》和《淮阴县渔沟镇总体规划（1996～2010年）》。12月，第四十一次会议审议和批准《淮阴县城区总体规划（1996～2010年）》。

【第十三届人大常委会（1998.01～2003.01）】 1998年7月，第二次会议听取和审议县政府关于上半年经济工作、1998年财政预算执行情况、办实事计划落实情况以及县十三届人大一次会议期间代表建议办理情况等4项汇报，审议通过县人大常委会《关于错案及执法过错责任追究监督试行办法》。9月，第五次会议听取和审议县政府关于农业产业化经营情况和教育工作情况汇报，组织部分县人大代表视察全县教育工作，组织县乡人大代表视察农村合作医疗工作。10月，视察调研全县小城镇建设工作。11月，第七次会议听取和审议县政府关于外引内请工作、行政事业单位收费及财政收支两条线管理办法的说明和贯彻实施情况汇报。12月，第八次会议听取和审议县政府关于1998年15件实事办理工作情况和1999年办实事计划汇报。1999年2～3月，调研土地二轮承包与中心村建设用地情况。5月，调查全县个体私营经济和"三外"（外资、外贸、外经）工作情况。8月，调查全县个体、私营经济发展情况。9月，调查全县农业产业结构调整工作情况，调研教育工作情况。11月，组织省、市人大代表视察全县10万吨元明粉项目工程以及袁集、凌桥两乡蔬菜、牧草示范园等项目。第十五次会议听取和审议县政府关于全县社会保障工作、办理代表建议和办实事计划落实情况汇报。2000年4月，组织部分人大代表和有关部门对城区浴室进行专项检查。4月、7月，组织人大代表视察农业产业化加工、销售龙头企业发展和市场建设情况，提出加大扶持力度，促进现有龙头加工企业发展。12月，县人大常委会组织县内省、市人大代表视察上海太平洋化工集团淮阴元明粉有限公司、山西南风集团淮阴元明粉有限公司建筑工地及袁集乡桂塘村蔬菜示范园区，视察丁集镇潘谈村、共和村蔬菜示范园区、棉花庄镇志亚养鸡合作社及新渡乡临河示范园区、淮阴民康油脂有限公司。

【第十四届人大常委会（2003.01～2007.12）】 2003年4月，第三次会议听取和审议区工商局关于整顿和规范市场经济秩序工作情况汇报。7月，第四次会议听取和审议区政府关于招商引资工作情况汇报、代表建议办理和政府办实事项目实施进展情况汇报。11月，第六次会议听取和审议区政府关于劳动和社会保障工作情况汇报。2004年4月，调查"三资"（资金、资产、资源）农业发展情况。5月，评议区国土局、交通局工作，调查农村初级卫生保健情况。6月，第十次会议听取和审议区国土局、交通局工作汇报。7月，调研上半年农民收入情况。9月，调查部门预算执行情况。是月，第十二次会议听取和审议区国土局、交通局工作评议整改情况汇报，区林牧渔业局、科技局负责人述职报告。10月，调研订单农业发展情况。2005年4月，第八次主任会议听取和审议区政府关于农副产品龙头加工企业培植和发展情况汇报。8月，第十次主任会议听取和审议区政府关于农村危桥改造情况的汇报。是月，视察农村合作医疗制度建设情况。11月，视察城市建设、小城镇和中心村建设、农村公路建设以及农业开发项目情况。12月，第二十一次会议听取和审议政府工作报告和区人大常委会工作报告讨论稿、区生态示范区建设总体规划、区政府关于区十四届人大三次会议代表建议办理情况。2007年，区人大常委会建立健全信访联动协调、分工督办落实、信访处理结果反馈、常委会领导信访接待日等一系列信访工作机制，先后听取和审议区政府关于工业重点项目推进、开发区规划建设、招商引资、企业改制以及区政府关于农民增收、政策落实、农副产品龙头加工企业培植和发展、小城镇和农民集中居住点建设等工作情况汇报，检查《农业法》《种子法》《农机化促进法》《土地承包法》等法律法规的实施情况，对农村公路建设、危桥改造、冬季农田水利、农业开发项目、土地整理、防洪防汛、畜禽防疫、农资市场整顿等工作开展视察，对高效规模农业、"三资"农业发展、土地流转等工作进行调研。督促区政府加强审计工作，延伸预算审计单位，严格审计执法，支持审计机关依法独立开展对预算执行、政府投资、社会公益性资产等方面审计，解决审计中发现的问题。常委会分别采取审议、评议、视察、调研等方式，对广大群众普遍关心、反映强烈的教育、医疗、住房等问题开展监督，听取全区教育工作情况汇报并开展工作评议，听取农村新型合作医疗运行情况汇报并开展视察，听取政府安置房工程实施情况汇报并开展调研。常委会还听取和审议全区劳动保障、食品安全、城市建设、人口和计划生育、环境保护等工作情况汇报，对全区农村药品市场药价情况、创建环保模范城市、生态示范区建设等工作进行调研，针对存在问题，提出意见和建议。

【第十五届人大常委会（2007.12～　　　）】 2008年，区人大常委会启动规范性文件备案审查工作，全年共对区政府报送的《关于改革和完善乡镇财政管理体制的意见》《关于进一步规范和完善村级"三项资金"管理的通知》《关于加强行政效能建设的若干规定》《关于下达2008年区级部门预算的通知》等4份文件进行备案审查。听取和审议区政府关于服务业发展、社会治安、城乡居民住房、经济薄弱村整村推进、2007年度财政决算及审计、高效规模农业、2008年国民经济社会发展计划及财政预算上半年执行、财政决算审计整改、户籍管理、卫生乡镇创建、2008年财政预算调整、代表建议办理、办实事项目建设及2009年办实事项目计划、区政府对常委会年内作出的审议意见落实情况等专项工作报告。

1981～2008年，历届区（县）人大常委会会议听取工作报告367次，其中人民政府及其办公室60次，经济部门90次，农林部门45次，教科文卫部门39次，公安司法部门36次，建设交通部门33次，工商、劳动、民政等部门40次，人民法院9次，人民检察院15次。

二、法律监督

【第八届人民代表大会（1981.05～1984.04）】 1983年5月，组织部分人大代表视察城乡学习、宣传和贯彻新宪法情况。6月，县八届人大常委会第十二次会议作出《关于进一步学习、宣传和贯彻〈中华人民共和国宪法〉的决议》。

【第九届人民代表大会（1984.05～1987.03）】 1985年1月，县人大副主任曹孝相、庄洪凤、丁梅带领城建局、司法局、法院、爱国卫生委员会、防疫站、经委等单位负责人和技术人员共21人，对县城附近水污染大户、直接影响饮用水源的县属5个工厂和省市驻县的3个单位学习贯彻执行《中华人民共和国水污染防治法》情况进行实地视察。7月，视察《物价法》贯彻执行情况。1986年初，视察《药品管理法》贯彻执行情况。6月，根据《食品卫生法》，视察夏季饮食卫生工作。

【第十届人民代表大会（1987.04～1990.03）】 1987年6月，县人大常委会听取县公安局《治安管理处罚条例》贯彻执行情况汇报 。是月，县十届人大常委会第二次会议听取《食品卫生法》和《土地管理法》贯彻实施情况汇报。7月，视察《药品管理法》贯彻实施情况。8月，第三次会议听取县财政局关于《会计法》、县工商局关于《经济合同法》贯彻执行情况汇报。1988年6月，对《食品卫生法》和《药品管理法》贯彻情况、防氯改水和群众生活用水情况进行视察和调研。7月，对《计量法》实施情况进行全面检查。8月，对《文物保护法》和《公共场所管理条例》进行视察和调研。9月，对《义务教育法》和《扫盲工作条例》进行视察和调研。1989年7月，检查《江苏省食品商贩和城乡集中贸易食品卫生管理办法》贯彻执行情况。8月，第十八次会议听取和审议县土地管理局关于《土地管理法》贯彻执行情况汇报。9月，检查《药品管理法》贯彻执行情况。

【第十一届人民代表大会（1990.03～1993.02）】 1990年6月，县人大常委会调研社会治安问题。8月，视察行政拘留所工作情况。9月，听取县人民检察院关于经济案件情况汇报。10月，听取县公安局关于刑事案件情况汇报。11月，听取县人民法院关于行政庭工作情况汇报，检查公安派出所工作情况。1991年6月，组织4名省人大代表及市、县部分人大代表视察《土地管理法》实施情况，检查《义务教育法》贯彻实施情况，视察公、检、法1～4月自办案件结案情况。7月，视察《水法》贯彻落实情况和防汛排涝工作情况。9月，视察乡镇法律服务所情况。1992年4月，县十一届人大常委会第十九次会议听取和审议县档案局关于《档案法》贯彻执行情况汇报。5月，视察《水法》和《企业法》实施情况，视察"两所一科"（看守所、行政拘留所、检察院监所检察科）工作。7月，视察《食品卫生法》贯彻实施情况。

【第十二届人民代表大会（1993.02～1998.01）】 1993年10月，县十二届人大常委会第六次会议听取和审议《传染病防治法》实施情况汇报。1994年12月，宣传贯彻《审计法》。1995年8月，第十九次会议听取和审议县标准计量局关于《标准化法》《计量法》《产品质量法》贯彻实施情况。1997年4月，检查《档案法》贯彻执行情况。7月，检查《食品卫生法》贯彻执行情况。9月，听取和审议县反贪局、检察院批捕科及起诉科工作汇报。

【第十三届人民代表大会（1998.01～2003.01）】 1998年上半年，县十三届人大常委会检查《江苏省计划生育条例》贯彻实施情况，检查《农机管理条例》执行情况。5月，检查《水法》贯彻执行情况，调查行政执法责任制执行情况。6月，检查《税收征收管理法》执行情况。7月，检查《土地管理法》贯彻执行情况。8月，检查《食品卫生法》执行情况，检查《消防法》贯彻实施情况。9月，检查《计量法》等贯彻实施情况。2000年4月，检查《防震减灾法》实施情况。6月，检查《传染病防治法》实施情况。7月，检查《环境保护法》实施情况。8月，检查《土地管理法》《档案法》《食品卫生法》实施情况。2001年3月，检查《消费者权益保护法》《律师法》实施情况。4月，检查《人民防空法》实施情况。6月，检查《公路法》实施情况。7月，检查《食品卫生法》实施情况。

【第十四届人民代表大会（2003.01～2007.12）】 2003年4月，区十四届人大常委会检查《老年人权益保障法》实施情况。6月，检查《水法》实施情况。8月，检查《红十字会法》实施情况。2004年3月，检查《水法》实施情况，评议区法院、检察院工作。6月，检查《农业法》实施情况。7月，检查《大气污染法》实施情况。是月，组织人大代表对“两院”（法院、检察院）贯彻执行国家有关法律、加强队伍建设、依法履行审判和检察职能等情况进行工作评议，听取“两院”工作报告和自查自评报告。在评议中，肯定“两院”取得的成绩，指出调查中发现的问题，并提出整改建议，促进“两院”改进工作作风，提高办案质量。常委会还推进和落实人民陪审员制度、人民监督员制度和人大代表“旁听庭审”制度，不断丰富监督形式，努力拓宽监督渠道。8月，检查《土地承包法》实施情况。9月，检查《人民防空法》实施情况。是年，区人大常委会先后对《劳动法》《监察法》《安全生产法》《个人所得税法》《药品管理法》等32部法律法规的贯彻执行情况进行执行检查，提出整改意见100余条。区人大常委会坚持党管干部，依法任免和集体行使职权的统一，审议有关人事任免事项，按照法定程序，听取对拟任命人员的考察情况说明，实行任前法律知识考试、任职表态发言等，增强拟任命人员依法行政、执政为民的责任心和使命感。2005年5月，调查《矿产资源法》实施情况。6月，检查《未成年人保护法》《预防未成年人犯罪法》实施情况。7月，检查《种子法》实施情况。8月，检查《税收征管法》实施情况。9月，检查《行政复议法》实施情况。10月，调查《归侨侨眷权益保护法》实施情况。

2006年4月，区人大常委会主任会议听取区法院关于民事案件执行和区检察院关于职务犯罪防范工作情况的汇报。针对民事案件执行工作中存在的问题，提出进一步提高执行效率、加强与被执行人的沟通、改进执行办法、加强队伍建设等建议，针对职务犯罪预防工作中存在的投入不足、执法和监督的机制不够健全等问题，提出加强预防网络建设、构筑社会化大预防格局、加大投入、加大宣传力度、坚持打防并举、建立健全相关预防机制等建议。12月，区人大常委会专题听取区法院、检察院的工作汇报，视察全区平安创建工作。是年，先后对《道路交通安全法》和《江苏省宗教事务条例》的实施情况进行检查。针对《道路交通安全法》实施中存在的问题，提出深入宣传、增强全民守法意识、加强执法队伍建设、提高交通管理水平、完善道路交通设施、加强交通环境建设、完善交通事故处理措施、保障受害人权益等建议。通过检查，完善信访工作机制，加强与“一府两院”的工作协调，认真督办代表和群众来信来访反映的实际问题。对于上级人大常委会转办的重要信访案件，常委会领导都亲自交办，并明确专人督办。全年共受理群众来信137件，接待群众来访131人次，承办全国人大和省、市人大交办的信访函32件，一些矛盾比较突出的信访案件的办理工作取得成效。2007年，先后听取和审议区人民法院的民事审判、民事案件执行和行政审判等工作情况汇报，听取和审议区人民检察院的反贪污贿赂、职务犯罪预防和侦查监督等工作情况汇报。

2003年1月至2007年12月，区十四届人大依法任免干部317人，接受辞职56人。区人大常委会根据代表意见每年选定两名所任命干部作为述职评议对象，先后对区计生委、林牧局、科技局、物价局、民政局等5个部门主要负责人和法院、检察院的有关负责人任职以来的履职情况进行述职评议，并将评议、整改情况通报区委、区政府和区直有关部门。2007年，区人大常委会建立健全信访联动协调、分工监督落实、信访处理结果反馈、常委会领导信访接待日等一系列信访工作机制，接待和督办群众的来信来访，全年共接待来访1262人次，处理代表和群众来信895件。

【第十五届人民代表大会（2007.12～　　　　）】 2008年，区人大常委会先后组织8个检查组，对《农产品质量安全法》《森林法》《残疾人权益保障法》《道路交通安全法》《产品质量法》《环境保护法》《职业教育法》《价格法》8部法律法规在全区的贯彻实施情况开展检查。检查前，常委会组织检查组成员学习相关法律法规条文，确定检查重点内容。检查时，通过看现场、听汇报和召开座谈会等多种方式，了解法律法规在实施过程中尚存的困难和问题，在此基础上，形成向常委会会议送审的专题报告，肯定成绩，指出存在问题，提出具体的意见和建议，并经区人大常委会会议审议通过后，以执法检查通报的形式印发。全年执法检查8次，向区政府提出意见和建议32条。区政府针对这些意见和建议，均明确相关责任部门，逐一整改落实。全年共受理人民来信6520件，接待来访4962人次。

三、人事任免

1981年5月至1984年4月，县第八届人大常委会3年任期内，依照地方组织法规，以无记名投票方式共任免机关工作人员16批151人次，其中任命代县长1人、副县长3人，免去副县长职务2人；任免县人民政府组成部门负责人45人次；任命县人大常委会工作机构负责人26人次；任免县人民法院副院长、审判委员会委员、庭长、副庭长、审判员51人次；任免县人民检察院副检察长、检察员23人次。

1984年5月至1987年3月，县第九届人大常委会3年任期内，任免国家机关工作人员23批168人次，其中决定接受代县长辞职2人，任命代理县长1人、副县长6人，免去副县长职务8人；任免县人民政府组成部门负责人69人次；任命县人大常委会工作机构负责人28人次；任命县人民法院代理院长1人；任免县人民法院副院长、审判委员会委员、庭长、副庭长、审判员33人次；任命县人民检察院代理检察长1人，任免县人民检察院副检察长、检察员16人次。

1987年4月至1990年3月，县第十届人大常委会3年任期内，任免国家机关工作人员16批153人次，其中接受县长辞职1人，任命代县长1人、副县长3人，接受副县长辞职1人；任免县人民政府组成部门负责人100人次，撤销职务1人；任命县人大常委会工作机构负责人9人次；接受辞职请求1人；任命县人民法院代理院长1人；任免县人民法院副院长、审判委员会委员、庭长、副庭长、审判员19人次；任免县人民检察院副检察长、检察员16人次。

1990年3月至1993年2月，县第十一届人大常委会3年任期内，任免国家机关工作人员15批36人次，其中决定接受副县长辞职3人，任命副县长9人，免去副县长职务1人；任免县人民政府组成部门负责人14人次；任命县人大常委会工作机构负责人5人次；任命县人民法院审判员5人。

1993年2月至1998年1月，县第十二届人大常委会5年任期内，任免国家机关工作人员24批220人次，其中决定接受县长辞职1人、副县长辞职1人，任命代理县长1人、副县长11人，免去副县长职务8人；任免县人民政府组成部门负责人104人次，撤销职务1人；任命县人大常委会工作机构负责人34人次；决定接受县人民法院院长、县人民检察院检察长辞职；任命县人民法院代理院长、县人民检察院代理检察长；任免县人民法院副院长、审判委员会委员、庭长、副庭长、审判员48人次；任免县人民检察院副检察长、检察员7人次。罢免淮阴市第三届人大代表资格2人。

1998年1月至2003年1月，区（县）第十三届人大常委会任期5年内，任免国家机关工作人员21批143人次，其中决定接受区（县）长辞职1人、区（副）县长辞职7人，任命代区（县）长1人、副区（县）长21人，免去副区（县）长职务12人；任免区（县）人民政府组成部门负责人49人次；任命区（县）人大常委会工作机构负责人8人次；任命区（县）人民法院代理院长1人、代理区（县）人民检察长1人；任免区（县）人民法院副院长、审判委员会委员、庭长、副庭长、审判员21人次；任免区（县）人民检察院副检察长、检察员21人次。

2003年1月至2007年12月，区第十四届人大常委会任期5年内，任免国家机关工作人员53批452人次，其中决定接受区长辞职3人，任命代区长2人、副区长33人，免去副区长职务29人。任免区人民政府组成部门负责人112人次；任命区人大常委会工作机构负责人110人次；任命区法院代理院长1人；任免区人民法院副院长、审判委员会委员、庭长、副庭长、审判员126人次；任免区人民检察院副检察长、检察员36人次。

2007年12月至2008年12月，区第十五届人大常委会任期5年的第一年，任免国家机关工作人员15批148人次，其中任命副区长6人、挂职副区长5人；任免区人民政府组成部门负责人57人次；任命区人大常委会工作机构负责人24人次；任免区人民法院副院长、审判委员会委员、庭长、副庭长、审判员50人次；任免区人民检察院副检察长、检察员12人次。

四、代表建议办理

县第八届人大代表建议704件，其中农田水利190件，公交邮电供电95件，财政经济77件，教科文卫178件，政法21件，计划、物资、城建及人民生活104件，组织干部35件，民族宗教4件。由县人大办交给有关部门限期办理。

县第九届人大代表建议328件，由县人大办交给有关部门限期办理，并在每次大会上向代表报告上次会议所提建议办理情况，让代表监督。第八、九届县人代会的代表建议共办理779件，占建议总数的75.5%。

县第十届人大四次会议上，丁德贵、何立国、黄桂英等代表提出“要加强思想政治工作”的建议，县政府专门成立文化市场清理整顿领导小组和办公室，组织宣传、文化、广播、公安、工商等部门对全县文化市场进行突击清理整顿，对黄色书刊、淫秽录像带等一律没收销毁，对传播黄色书刊、播放淫秽录像者依法惩处，对全县30个录像放映点及32个磁带及唱片销售点进行验收。同时大力推广健康书刊，在城乡巡回放映健康影片。对全县副科级以上干部专门进行加强思想政治工作的脱产学习，在全县农村开展“走千家访万人”活动，在企业开展“双文明”（物质文明和精神文明）目标承包试点，在小营乡创办农民议事会。成立农村思想工作研究会，开展“文明新事”评选活动。

县第十一届人大三次会议上，杨彩云代表提出“关于加强对个体经济管理，打击假冒伪劣商品”的建议，县工商局高度重视，履行工商行政管理职能，引导个体私营经济健康发展，并联合相关部门开展打假治劣活动。1992年上半年，组织1000多人次在境内进行3次打假治劣专项活动，检查国营单位21个、集体单位184个、个体户2549个、市场摊点4191个，立案查处18起，没收假洋河商标5500套、其他酒类假商标1217套、劣质蜂王浆10万盒、劣质饮料1050瓶、假洋河酒11060瓶、假分金亭酒6500瓶、假凤凰自行车200辆、劣质水泥50吨，捣毁制售假冒伪劣商品地下作坊3个。

县第十二届人大四次会议上，孙汉启等30位代表提出“关于保住桑园面积、扶持蚕桑生产”的建议，县政府多次召开会议研究，下发淮政发〔1996〕156号文件，对稳定和加强全县蚕桑生产提出10条意见，强化保桑责任，健全服务体系，使境内桑园面积稳定在3.08万亩。

县第十三届人大一次会议期间，王兆凯等7位代表提出“关于增设或改建淮阴县中医院”的建议，县委、县政府同意淮阴县乳糜尿专科医院增挂淮阴县中医院的牌子，并开展相关医疗业务。

区第十四届人大五次会议期间，代表提出建议、意见204件，其中农业水利32件、城建城管20件、交通基础设施建设58件、科教文卫35件、财政税收37件、工业4件、社会保障3件、社会稳定2件、其他13件。在规定时间内全部办结。至2007年12月，解决或基本解决的有87件，占总数的42.6%；正在解决或列入计划逐步解决的有67件，占总数的32.8%；因当时条件限制或其他原因暂时不能解决的有43件，占总数的21%。周晋代表提出的“适当提高改制企业内部退养人员补助”的建议，区委、区政府决定将改制企业内部退养人员补助标准由每月原来165元提高至264元。曹正峰代表提出“提高新型农村合作医疗报销比例”的建议，区委、区政府组织相关部门调研后，决定对报销比例进行调整，提高大病医疗费1000元以上的报销比例，尤其是1万元以上的报销比例，同时将补偿最高标准从3万元提高至4万元。

区第十五届人大一次会议期间，代表提出的建议、批评和意见有210件，其中10名以上代表联名提出的议案51件，即农业水利4件、城建城管5件、交通基础设施建设13件、科教文卫2件、财政税收13件、工业2件、社会保障7件、其他5件。

第四节　乡镇人大工作

一、乡镇人民代表大会

1983年，各乡镇均设立人民代表大会。乡镇人民代表大会每届任期3年。2007年起乡镇人民代表大会任期改为5年。1981～2008年，乡镇人民代表大会共举行10次换届选举。2007年，各乡镇召开人代会，选出正副乡镇长84名。乡镇人民代表大会每年至少举行一次会议，听取和审查本级政府工作报告，审查和批准上年度财政预算执行情况和本年度财政预算的报告，决定经济、文化事业和公共事业的建设计划，选举人民代表大会主席、副主席和乡镇长、副乡镇长，并提出议案、建议及意见。

二、乡镇人民代表大会主席团

乡镇人民代表大会主席团由本级人民代表大会会议在代表中选举产生，名额7～11人，9万人口以上的乡镇不超过13人。主席团主持代表大会会议，在会议期间行使职权。1990年起，乡镇人民代表大会设主席，任期与大会任期相同，在大会闭会期间负责组织代表学习，宣传宪法、法律和法规，联系代表和在本乡镇的上级人民代表大会代表，组织执法检查、视察、调查，督促议案和建议批评意见办理，反映代表和选民对本级人民政府工作的意见，做好召集本级人民代表大会下次会议的准备工作。

第二章　淮阴区人民政府

第一节　政府工作机构

一、区（县）政府工作机构与领导成员

【政府工作机构】 1978年，淮阴县革命委员会行使政府职能，下设办公室、经济委员会、外贸局、计划委员会、人事局、工业局、轻工业局、民政局、财政局、商业局、工商管理局、交通局、文教局、卫生局、多种经营局、农业局、供电局、邮电局、社队工业局、农业机械局、公安局、计划生育办公室、体育运动委员会、档案馆、中国人民银行淮阴县支行。1981年5月，撤销县革命委员会，恢复县人民政府，下设办公室、档案馆、民政局、人事局、文教局、体育运动委员会、卫生局、计划委员会、经济委员会、科学技术委员会、农业局、水利局、多种经营局、供电局、邮电局、农机局、交通局、财政局、工商银行、农业银行、商业局、供销合作联社、粮食局、工商局、税务局、物资局、物价委员会、统计局、司法局、计划生育办公室、城建局、信访办。

1984年，县人民政府机构改革，县政府部门由46个减少至24个，即办公室、计划委员会、农业局、多

种经营局、城乡建设环境保护局、水利局、乡镇企业管理局、交通局、财政局、商业局、工商行政管理局、粮食局、文教局、卫生局、统计局、物资局、劳动局、人事局、老干部局（1985年划属县委机构）、民政局、审计局、司法局、公安局、农机化服务公司。是年，设立县侨务办公室。1985年，设立县外事办公室。1986年，成立县地方志编纂委员会办公室，为县政府直属事业单位。1988年，设立县监察局、土地管理局、标准计量局、社会福利有奖募捐委员会、档案局、经济技术协作委员会。撤销县城乡建设环境保护局，设立县城乡建设局、环境保护局。1989年，设立县经济体制改革委员会。撤销县文教局，组建县教育局。

1997年，县人民政府机构按照政企分开、政事分开的要求，将属于企业经营自主范围内的职能还给企业，把属于市场调节职能转给市场，建立宏观调控体系，强化宏观管理职能，弱化微观职能，加强服务功能，走“小机构、大服务”的路子。县政府机构改革有六类，即规范名称的机构2个，撤销及新组建的机构9个，合署或一个机构两块牌子的机构6个，部门管理的机构2个，改为和新组建为事业单位的机构9个，转为经济实体的机构2个。经调整，县政府工作机构32个，另设部门管理机构2个。（详见第九篇《体制改革》第一章《政治体制改革》第三节《党政机构改革》）

2001年，经调整，区政府工作机构26个，直属事业局6个。（详见第九篇《体制改革》第一章《政治体制改革》第三节《党政机构改革》）

2005年，根据《中共中央办公厅、国务院办公厅关于地方政府机构改革的意见》及《省委办公厅、省政府办公厅关于印发〈江苏省市县政府机构改革的意见〉通知》精神，开展区政府机构改革工作，实行分合与撤并，区政府设置工作部门26个。（详见第九篇《体制改革》第一章《政治体制改革》第三节《党政机构改革》）

2008年，撤销区物资局，成立金融管理办公室。撤销区城镇集体工业联社，成立区固定资产投资审计中心。在区人民防空办公室增挂区民防局牌子。在区人民政府办公室挂牌的区政府法制局更名为区人民政府法制办公室。是年，区政府工作部门27个，即政府办公室、发改委、安监局、科技局、民政局、劳动局、建设局、交通局、外经局、计生委、统计局、人防办（议事协调机构，不计个数）、经贸委、教育局、公安局、财政局、水利局、文化局、审计局、物价局、司法局、人事局、农业局、卫生局、环保局、粮食局、林牧局。此外，区政府直属事业局（单位）有：农业机械管理局、农业资源开发局、广播电视局、房产管理局、城市管理局、区志办公室。招商局属区政府和工业园区管委会共同管理。

【领导成员】 1981年5月，淮阴县第八届人民代表大会第一次会议召开。根据《中华人民共和国地方各级人民代表大会和各级人民政府组织法》，撤销县革命委员会，恢复县人民政府名称。政府设县长、副县长。从1981年5月至2008年12月，选举产生8届区（县）人民政府，选举区（县）长12人，副区（县）长129人（含科技、挂职、互派、下派）。

1981～2008年淮阴区（县）历届区（县）长、副区（县）长更迭一览表

表21-2-1

届　次	职　务	姓　名	性别	任职时间	籍贯	备注
第八届（1981.05～1984.04）	县长	刘启文	男	1981.05～1983.05	盱眙	
	县长（代）	祝以信	男	1983.05～1984.04	阜宁	
	副县长	杨家禄	男	1981.05～1983.06	淮阴	
	副县长	祝以信	男	1981.05～1983.05	阜宁	
	副县长	王正榜	男	1981.05～1984.02	淮阴	
	副县长	尹耀文	男	1981.05～1984.02	涟水	
	副县长	马乃珍	男	1981.05～1984.02	灌云	
	副县长	秦华英	女	1981.05～1984.04	淮阴	

续表21-2-1

届 次	职 务	姓 名	性别	任职时间	籍贯	备注
第八届（1981.05～1984.04）	副县长	曹孝相	男	1981.05～1984.02	阜宁	
	副县长	张学敏	男	1982.04～1984.02	淮安	
	副县长	沈业富	男	1983.08～1984.04	淮阴	
第九届（1984.05～1987.03）	县长	苏尚忠	男	1984.05～1987.01	涟水	
	县长（代）	苗秀章	男	1987.01～1987.03	涟水	
	副县长	章利才	男	1984.02～1987.03	溧水	
	副县长	秦华英	女	1984.05～1987.03	淮阴	
	副县长	王玉家	男	1984.02～1987.03	沭阳	
	副县长	沈业富	男	1984.05～1985.03	淮阴	
	副县长	张士杰	男	1984.02～1987.03	淮安	
	副县长	周齐汉	男	1984.02～1987.03	浙江	
	副县长	陈志桂	男	1987.01～1987.03	涟水	
	副县长	周盘大	男	1987.02～1987.03	溧阳	
第十届（1987.04～1990.03）	县长	苗秀章	男	1987.03～1989.08	涟水	
	县长（代）	冯加庚	男	1989.08～1990.03	沭阳	
	副县长	王玉家	男	1987.04～1990.03	沭阳	
	副县长	陈志桂	男	1987.04～1990.12	涟水	
	副县长	周盘大	男	1987.04～1990.08	溧阳	
	副县长	周齐汉	男	1987.04～1989.12	浙江	
	副县长	杨政明	男	1988.06～1990.03	—	科技
	副县长	李 源	男	1989.01～1990.03	东台	
第十一届（1990.03～1993.02）	县长	冯加庚	男	1990.03～1993.02	沭阳	
	副县长	王文军	男	1990.03～1993.02	淮阴	
	副县长	陈志桂	男	1990.03～1990.12	涟水	
	副县长	周盘大	男	1990.03～1990.08	溧阳	
	副县长	李 源	男	1990.03～1993.02	东台	
	副县长	杨政明	男	1990.03～1990.08	—	科技
	副县长	何泽华	男	1990.06～1991.09	泗阳	
	副县长	谢再鸣	男	1990.08～1992.08	东台	科技
	副县长	韩竹生	男	1990.08～1993.02	淮阴	
	副县长	周明成	男	1990.12～1992.10	淮阴	
	副县长	夏春阳	男	1991.09～1993.02	射阳	
	副县长	翁祥林	男	1992.05～1992.10	—	挂职
	副县长	张敖根	男	1992.08～1992.10	射阳	科技
	副县长	黄希文	男	1992.12～1993.02	上海	
第十二届（1993.02～1998.01）	县长	冯加庚	男	1993.02～1995.04	沭阳	
	县长（代）	周云飞	男	1995.04～1996.02	海门	
	县长	周云飞	男	1996.02～1997.12	海门	

续表21-2-1

届　次	职　务	姓　名	性别	任职时间	籍贯	备注
第十二届（1993.02～1998.01）	副县长	周明成	男	1993.02～1995.04	淮阴	
	副县长	李　源	男	1993.02～1998.01	东台	
	副县长	王文军	男	1993.02～1998.01	淮阴	
	副县长	韩竹生	男	1993.02～1998.01	淮阴	
	副县长	夏春阳	男	1993.02～1997.04	射阳	
	副县长	侯龙春	男	1993.02～1997.12	南京	
	副县长	黄希文	男	1993.02～1997.12	上海	
	副县长	翁祥林	男	1993.02～1994.06	—	
	副县长	张敖根	男	1993.02～1994.12	射阳	科技
	副县长	施根林	男	1994.06～1996.06	—	挂职
	副县长	马　骏	男	1994.12～1996	吴江	挂职
	副县长	沈善铜	男	1996.01～1997.02	—	科技
	副县长	王祥生	男	1996.02～1997.12	淮阴	
	副县长	屠金林	男	1996.06～1997.04	吴江	
	副县长	金　虹	女	1996.10～1997.12	淮安	
	副县长	张国兴	男	1997.01～1997.12	—	挂职
	副县长	于鲁粤	男	1997.02～1998.01	—	挂职
	副县长	羊杏平	男	1997.02～1997.12	—	挂职
	副县长	金玉林	男	1997.04～1997.12	—	挂职
	副县长	顾登生	男	1997.05～1997.12	淮阴	
第十三届（1998.01～2003.01）	县长	周云飞	男	1997.12～1999.11	海门	
	县（区）长	夏心旻	男	1999.11～2002.12	盐城盐都	
	副县（区）长	王祥生	男	1998.01～2002.02	淮阴	
	副县长	金玉林	男	1998.01～1998.03	—	挂职
	副县（区）长	侯龙春	男	1998.01～2002.08	南京	
	副县长	黄希文	男	1998.01～1999.01	上海	
	副县（区）长	金　虹	女	1998.01～2002.01	淮安	
	副县（区）长	顾登生	男	1998.01～2003.01	淮阴	
	副县长	张国兴	男	1998.01～1998.12	—	科技
	副县长	羊杏平	男	1998.01～1999.07	—	科技
	副县长	于鲁粤	男	1998.01～1999.07	—	挂职
	副县长	钱增才	男	1998.02～1999.04	—	挂职
	副县长	吴根荣	男	1998.04～1999.04	—	挂职
	副县长	费云平	男	1998.12～2000.01	—	挂职
	副县长	夏继忠	男	1998.10～2000.12	淮阴	
	副县长	沈友松	男	1999.01～2001.02	淮安清浦	

续表21-2-1

届　次	职　务	姓　名	性别	任职时间	籍贯	备注
第十三届（1998.01～2003.01）	副县（区）长	于建斌	男	1999.01～2003.01	淮阴	
	副县长	薛　涛	男	1999.04～2000.03	—	挂职
	副县长	徐惠民	男	1999.04～2000.03	—	南北互派
	副县长	王伟明	男	1999.09～2000.03	—	科技
	副县长	夏心旻	男	1999.11	盐城盐都	
	副县（区）长	张　平	男	2000.12～2003.01	淮阴	
	副县（区）长	张锦宏	男	2000.03～2001.02	—	挂职
	副县（区）长	张益民	男	2000.03～2001.04	—	挂职
	副区长	林步涛	男	2001.04～2002.01	—	挂职
	副区长	严　起	男	2001.12～2002.12	—	挂职
	副区长	唐道伦	男	2002.01～2002.09	海安	
	副区长	曹德银	男	2002.01～2003.01	—	市下派
	副区长	李正国	男	2002.01～2002.12	涟水	
	副区长	朱从耀	男	2002.02～2002.12	涟水	
	副区长	王月明	男	2002.02～2002.12	—	挂职
	副区长	庄东星	男	2002.03～2002.12	—	挂职
	副区长	刘翠花	女	2002.09～2002.12	淮阴	
	副区长	王兴尧	男	2002.11～2002.12	沭阳	
第十四届（2003.01～2007.12）	区长	夏心旻	男	2003.01～2003.08	盐城	
	区长	王兴尧	男	2003.08～2006.04	沭阳	
	区长	葛　莱	男	2006.04～2007.12	盱眙	
	副区长	顾登生	男	2003.01～2004.01	淮阴	
	副区长	于建斌	男	2003.01～2007.11	淮阴	
	副区长	张　平	男	2003.01～2006.04	泗阳	
	副区长	李正国	男	2003.01～2007.12	涟水	
	副区长	朱从耀	男	2003.01～2006.05	涟水	
	副区长	刘翠花	女	2003.01～2007.12	淮阴	
	副区长	严　起	男	2003.01～2004.03	—	科技
	副区长	王月明	男	2003.01～2004.03	—	科技
	副区长	张建平	男	2003.01～2004.01	—	挂职
	副区长	李凤朝	男	2003.03～2005.03	山东菏泽	挂职
	副区长	庄东星	男	2003.03～2004.03	—	挂职
	副区长	林　肃	男	2003.06～2007.11	宿迁	
	副区长	王兴尧	男	2003.01～2003.08	沭阳	
	副区长	葛　莱	男	2004.01～2006.04	盱眙	

续表21-2-1

届　次	职　务	姓　名	性别	任职时间	籍贯	备注
第十四届（2003.01～2007.12）	副区长	李前光	男	2004.01～2005.11	—	挂职
	副区长	周　锋	男	2004.03～2005.03	盐城	挂职
	副区长	高吉祥	男	2004.03～2005.03	江宁	挂职
	副区长	杨俊才	男	2004.08～2005.03	六合	挂职
	副区长	李建柏	男	2004.12～2006.03	淮阴	挂职
	副区长	王向红	女	2005.01～2007.12	宝应	
	副区长	陈建安	男	2005.03～2006.03	—	挂职
	副区长	薛小台	男	2005.03～2006.03	江宁	
	副区长	茆鸿耘	男	2006.04～2007	灌云	挂职
	副区长	王思连	男	2006.04～2007	沭阳	挂职
	副区长	蒋启波	男	2006.06～2007.12	淮阴	
	副区长	孙　涛	男	2006.07～2007.12	丰县	挂职
	副区长	高吉祥	男	2006.12～2007.12	江宁	挂职
	副区长	张　蓬	男	2006.12～2007	—	挂职
	副区长	邱华康	男	2007.11～2007.12	沭阳	
	副区长	陈　张	男	2007.11～2007.12	淮阴	
第十五届（2007.12～　　）	区长	葛　莱	男	2007.12～	盱眙	
	副区长	王向红	女	2007.12～	宝应	
	副区长	李正国	男	2007.12～	涟水	
	副区长	刘翠花	女	2007.12～	淮阴	
	副区长	蒋启波	男	2007.12～	淮阴	
	副区长	邱华康	男	2007.12～	沭阳	
	副区长	陈　张	男	2007.12～	淮阴	
	副区长	孙　涛	男	2008.03～	丰县	挂职
	副区长	刘玉忠	男	2008.03～	南京	挂职
	副区长	屠　法	男	2008.03～	睢宁	挂职
	副区长	金宝山	男	2008.03～	江宁	挂职
	副区长	高吉祥	男	2008.07～	江宁	挂职

二、乡镇政府工作机构

1978年，全县辖26个公社、1个镇、1个场，实行人民公社革命委员会管理体制，配主任1名，副主任、委员若干人。1981年，撤销公社革命委员会，恢复公社管理委员会。1983年，党政分开，政社分设，成立乡镇人民政府和公社经济管理委员会。全县辖28个乡、1个镇、1个场。乡镇人民政府置正副乡（镇）长，下设办公室、财政所等工作机构及民政、司法、计划生育、公安助理等。1985年1月，原属公社经济管理委员会的农经站、农技站、工商公司、多种经营服务公司、农业服务公司归乡镇人民政府管辖。

1987年，全县辖26个乡、3个镇、1个场。乡镇人民政府下设办公室、民政办公室、司法办公室、文教办公室、农经站、农技站、农机站、工商公司、多种经营服务公司、建设办公室、计划生育办公室、统计办公室、财政所等工作机构，编制24～33人。

1997年，全县乡镇党政机构改革，采取党委、政府领导下的组合办公形式，乡镇设党政办公室（保留团委、妇联牌子）、财经办公室（挂财政所牌子）、社会事务办公室（挂社会治安综合治理办公室牌子）、区村镇建设办公室、工业办公室、农业办公室。监察室与乡镇纪委机关合署，人武部单列。乡镇政府设乡镇长1名，副乡镇长3～4名，各办公室由乡镇党政领导兼任主任或副主任。

2000年起，撤乡并镇。至2001年12月，淮阴区辖7个乡、14个镇。区级党政机关和乡镇机关进行机构改革，乡镇机关综合设置3个办公室，即党政办公室、社会事务办公室、财税办公室。至2008年，全区所辖乡镇和乡镇内设机构不变。

第二节 施政辑要

一、施政纪略

【淮阴县革命委员会（1978.01～1981.05）】 县革委会在县委领导、县人大监督下，通过集体领导和个人负责相结合的方式，对全县行政事务进行管理。该届政府召开县政府组成人员会议6次，学习贯彻中共十一届三中全会精神，落实党和政府的各项方针、政策，改变落后面貌，改变单一农业结构。至1980年底，全县工农业总产值2亿余元。

【第八届人民政府（1981.05～1984.04）】 1981年4月20～22日，讨论《政府工作报告》，制定1981～1983年淮阴县国民经济发展规划。1982年5月15日，发布《关于加强河道堤防管理的布告》，以保证县内200余千米防洪河道堤防完整安全，发挥河道和堤防效益，完成防洪、排涝、灌溉和输水任务，保障工农业生产发展和人民生命财产的安全。1983年2月27日，讨论《政府工作报告》，发布《关于村镇建房用地管理的布告》，以维护社会主义土地公有制，充分挖掘土地潜力，制止村镇乱占、滥用耕地建房，保障农业生产发展。1984年2月13日，部署调整农业经济结构，决定扩大油菜种植面积1333公顷、蚕桑种植面积共4667公顷。

该届政府共召开县政府常务会议53次。1981年11月15日、12月5日，研究兴建联合布厂、成立劳动服务公司等有关工作。1982年12月16日，讨论改善商品流通、恢复基层供销社等工作，会议决定在丁集、五里、刘老庄3个供销社试点。1983年12月19日，研究抵制和消除精神污染等问题，决定查禁、收缴、销毁各种反动、黄色书刊、图片和影音制品。

该届政府集中力量抓农业，着力建设商品粮基地以及蚕桑、油料、山羊、禽、兔等副业生产养殖基地，促进工农业生产和各项事业协调发展。

【第九届人民政府（1984.05～1987.03）】 该届政府召开组成人员会议6次。1984年5月10日，检查全县经济运行进度，学习讨论《政府工作报告》。1985年6月23日，贯彻淮阴市委、市政府《关于扶持乡镇企业的十条规定》。1986年3月12日，讨论县政府《关于县国民经济和社会发展第七个五年计划（草案）和1986年国民经济和社会发展计划（草案）的报告》。

该届政府共召开县政府常务会议56次。1984年7月20日，听取殡葬改革方案、制定落实措施情况汇报。10月，听取疏浚二大沟、四干渠、跃进河情况汇报。1985年8月10日，讨论城镇规划和土地使用，以及工程建筑、道路建设、交通规划、环境卫生等一系列工作并作出决定。1986年8月下旬，研究部署打击盗窃犯罪活动工作。12月30日，就政府机关作风中存在的问题等方面进行研究部署。1987年3月15日，研究建立21个农村派出所、种猪场33人户口、民政优抚、新渡乡成立电子整修总厂、码头和渔沟建镇等问题。

该届政府解放思想，放宽政策，搞活经济，着力发展商品生产。

【第十届人民政府（1987.04～1990.03）】 该届政府共召开组成人员会议6次。1987年6月24日，总结上半年改革和“双增双节”（增产节约、增收节支）活动情况，检查全县经济运行进度和质量。1988年6月27日，讨论集体领导负责及调查研究制度。通过《关于加强和改善政府工作的暂行规定》。1989年3月20日，讨论《政府工作报告》，制定十项扶贫规划。1990年1月20日，讨论工业、农业、财贸、教育三年调整规划。

该届政府共召开县政府常务会议54次。1987年3月4日、8月4日分别就1961年1月1日至1965年6月9日期间因精简下放的干部职工和城镇居民户口、粮油关系就地落实农转非问题，县直机关与各乡镇（场）开展挂钩工作，以及扶持贫困户和发展乡镇企业等工作进行部署。3月19日、7月6日、11月16日分别听取关于成立县盐化公司，新建苏北市场，县与华东石油地质局联合开发盐矿，成立淮阴县盐矿第一届董事会，庆丰段赵1、赵2、赵3三口井试开采情况汇报。1989年9月25日，研究干部建私房清理工作。

该届政府共召开县长办公会议108次。1987年4月18日，讨论集体领导负责制度、研究县长办公会议、政治业务学习、民主生活会、调查研究、财力申请和审批权限等制度。9月2日，讨论财贸工作、土地管理、设立淮阴县农机服务社等工作。12月21日，研究民办教师工资、肥料、财政分析及城镇困难职工等工作。

该届政府坚持改革、开放、搞活的方针，稳定提高农业，积极发展多种经营，重点突破工业和乡镇企业，发展第三产业，开展“双增双节”运动，全面提高经济效益，提高农民人均收入。

【第十一届人民政府（1990.03～1993.02）】 1990年5月，县政府组成人员会议改为县政府全体（扩大）会议。该届政府召开县政府全体（扩大）会议7次。1990年5月12日，分析全县经济形势，明确工作目标，研究落实措施。1991年1月10日，通报全县经济情况、研究部署家庭经济“百村千组万户”竞赛活动，通过为人民群众办实事的决定。7月21日，研究淮沭河沿岸各乡镇确保行洪安全有关计划实施方案。1993年1月26日，部署全年经济和社会发展奋斗目标、工作重点和关键措施。

该届政府共召开县政府常务会议52次。1990年3月20日，对淮阴县工业、农业、财贸、教育三年调整规划及1990年重要相关工作意见进行讨论。7月12日，讨论研究预算外资金管理、工业新上项目和技改项目、1990年秋播规划和冬季水利建设等方面工作。

该届政府共召开县长办公会议124次。1990年5月3日，研究落实公交、财贸生产等工作，并讨论研究亏损企业扭亏增盈工作。11月7日，召开由水利局、财政局负责人以及废黄河开发指挥部全体成员参加的办公会议，讨论四项水利工程资金问题和县废黄河开发总体规划建筑物的相关工作。11月28日，讨论研究县城区环境卫生管理有关工作。

该届政府以经济建设为中心，以改革为动力，在治理整顿中积极调整经济结构，促进农工商贸协调发展，在提高整体经济效益的基础上，保持经济发展速度，为尽快摘掉财政倒挂的帽子打好基础。

【第十二届人民政府（1993.02～1998.01）】 该届政府共召开全体（扩大）会议11次。1993年6月21日，研究政府在发展社会主义市场经济的新形势下，加强自身建设，提高决策和管理水平，通过《淮阴县人民政府工作规则》。1994年7月18日，专题研究工业技改，讨论7家重点企业“九五”发展规划。1995年2月14日，部署1995年各项目标任务，通过《关于1995年为人民办实事的决定》。7月25～26日，传达省张家港会议精神。会议确定“团结、务实、拼搏、争先”为淮阴县精神。1996年7月30日，研究工农业发展思路。1997年7月21日，就产业结构调整、基础设施建设以及加快政府自身建设作出部署。

该届政府召开县政府常务会议90次。1996年，主要就中低产田改造、兴办个体私营经济加工区等工作进行研究。1997年，研究茧丝绸体制改革、县重点项目、文化建设、农村改水、财税改革、开放型经济、金融、电价整顿、副县长分工调整、企业改革、农机化、工业重点项目、公安、教师工资、城区环卫、财政收支、县城区主干道及旧城区改造建设、大中专毕业生分配、新街市场扩建改造、技术监督、国土管理、财政目标调整等项工作。1998年，就国民经济和社会发展规划、工业重点技改项目、县招接待楼建设、卫生、城区绿化规划、拆迁和多种经营生产等方面工作进行研究。

该届政府共召开县长办公会议234次。1996年1月17日，召开全县企业改制领导小组会议，研究县属企业改制、改组、改造的有关工作。1月30日，研究北京西路二期工程的管线埋设工作。2月5日，研究该年度工业项目有关工作，确定推进芒硝开发及深度加工粉煤石灰、回水电站等项目建设。2月8日，就淮高路铺设下水道及拓宽、拆迁工作进行研究。3月4日，就北京东西路和淮高路供电线路改造工作进行研究。8月23日，听取庆丰一号井开钻情况汇报。1997年1月12日，就营东个体私营加工区建设等工作召开专题会议。

该届政府着力加强农业基础地位，农村产业结构更趋合理，多种经营和乡村企业有新的突破；工业规模总量不断扩大，整体素质和效益均有明显提高；财政收入保持基本平衡，综合实力有较大增强；第三产业和各项社会事业得到较快发展；交通、通信、水利、电力等基础设施建设步伐加快，投资环境明显改善；精神文明与民主法制建设水平有新的提高；城乡人民的收入水平、生活质量、生活环境有较大改善。

【第十三届人民政府（1998.01～2003.01）】 该届政府共召开全体（扩大）会议10次。1998年7月29日，会议提出下半年政府工作重点为突出农民增收和财政增收，狠抓各项工作落实，确保实现经济增长18%。1999年1月28日，讨论修改提交淮阴县第十三届人民代表大会二次会议审议的《政府工作报告》。2002年10月11日，总结分析全年经济运行情况，研究部署四季度经济工作任务和措施。

该届政府共召开区（县）政府常务会议68次。1998年召开常务会议21次，主要研究困难职工节日生活安排、元明粉项目建设、袁集桂塘农转非、省三产引导资金、农村合作医疗、“三外”、生猪改良、教育等工作；研究全国农业科技促小康现场会问题，以及财政工作。1999年1月14日，就人事、房管等工作进行研究。3月2日，就贯彻省建设工程质量会议、县中扩班、乡镇工业1998年奖惩兑现及1999年目标考核等工作进行研究。3月10日，就生猪管理及新街副食品商城筹资等工作进行研究。8月21日，就建立政府采购制度、地税征管改革、机关事业单位养老保险、市级劳模评选、建立农机化发展基金和城市“创卫”等工作进行研究。12月14日，就下一年政府工作、委派会计招考、体育、人防等工作进行研究部署。2000年1月7日，研究企业解困、民政、生猪管理等方面工作。3月10日，就工农业生产、基础设施建设、招商引资等工作进行研究部署。此外，会议还研究无线电厂破产、双鹤药厂改制、外事旅游、扶贫等工作，通报第五次人口普查有关准备情况。8月29日，对企业转业干部解困、社会保障费征管等工作进行研究。2002年2月24日，主要研究地方性政策措施文件清理、私有住宅规划管理、城镇居民低保“应保未保”对象纳入保障、城区违法建设拆除、农村合作医疗、组建城市资产经营公司、启动工业园区建设等工作。5月23日，听取区教育局关于提高聘用教师工资待遇工作汇报。会议决定，按照择优录用的原则，通过考试、考核等方法，逐步解决聘用教师同工同酬问题。就组建城市资产经营公司，听取城市资产经营公司组建方案的汇报。

该届政府共召开区（县）长办公会议182次。1998年5月5日，就盐河航道王营弯段整治工程征地、拆迁等有关工作进行研究。1999年2月24日，就上海—淮阴10万吨元明粉项目建设有关工作召开办公会议，对该项目建设中需要解决的问题进行研究和部署。2000年3月20日，在元明粉工程基地召开现场办公会议，就10万吨元明粉工程后期建设中的供电、征地、质量检测等工作进行研究落实。8月6日，研究二期10万吨元明粉项目实施事宜，就项目立项、用地手续、执照等工作进行会办。2001年9月2日，专题研究农村中小学教师工资区级统一发放问题。2002年9月21日，专题部署华能电厂二期项目论证的准备工作。

通过该届政府努力，实现企业产权制度及经营机制转换，所有制结构和经济结构得到有效调整和优化，个体经济、民营经济及外向型经济得到快速发展，初步培育一批优势互补的重点产业及高税利骨干企业。彻底转变经济增长方式，推动产业化进程，初步走出一条快速高效的集约型可持续发展路子，全区（县）经济的整体素质和综合实力明显提高。城乡环境面貌有根本性改观，城区及集镇的基础设施基本配套，功能比较先进。科学、教育、文化、卫生、体育事业得到较快发展，科学技术在经济发展和社会事业中贡献份额明显加大，全民受教育程度和劳动者素质明显提高，城乡人民群众的医疗卫生保健条件大为改善。养老、失业、医疗、人寿、财产保险等社会保障体系更加完善。环境与经济协调发展，人口再生产适度增长。社会稳定，城乡人民安居乐业。城乡居民收入水平不断提高，以乡为单位实现全区（县）小康，部分乡村开始由小康走向富裕。城乡全部开通有线电视，彩电、电话、电脑普及率大为提高。

【第十四届人民政府（2003.01～2007.12）】 该届政府共召开全体（扩大）会议10次。2003年1月24日，会议明确区长、副区长的分工，讨论全区年度重点工作。2004年1月31日，提出要始终抓住招商引资和园区建设不放松，主攻重点、突出驻点抓招商。2005年6月26日，贯彻落实全市经济形势分析会议和区委扩大会议精神，要求以扎实措施解决经济工作中的突出问题。2006年2月26日，贯彻落实区委扩大会议、区人代会、区委工作会议和各级廉政工作会议精神，坚持一手抓经济工作，一手抓廉政建设，确保“十一五”开好头、起好步。2007年12月20日，回顾总结全年工作，明确加快建设更高水平小康新淮阴的目标任务和工作重点，为加快全区经济社会更好更快发展指明方向。

该届政府共召开区政府常务会议67次。2003年4月12日，讨论全区安全生产、城镇退役士兵自谋职业安置、贯彻省市拆迁条例、2003年全区财政预算、加强对违法用地整治和规范用地手续、提高伤残军人待遇、改革卫生监督与疾病控制以及区人才工程实施意见等工作。2004年，区政府常务会议研究的主要工作有：安全生产、市政府拆迁管理办法贯彻情况、淮阴区2001～2010年交通运输业发展规划、区法院综合楼建设、王营镇中心教堂建设规费、教育经费和初中教师紧缺、区职教中心对外承包、农村有线电视发展、企业退休人员社会化管理服务、人才队伍建设、建立农产品市场质量安全准入和粮食生产、防雷工程设计审核验收、企业改制、财政国库管理制度改革、近郊乡镇农民建房及中心村建设、洪泽湖滞洪区二期保庄圩建设、2005年农村公路建设、乡镇财政管理方式改革、开明中学股份制改革、区文化艺术中心、区医院病房楼及公益设施建设、社会保险等。2005年4月13日，研究2005年度财政预算工作，城市房屋拆迁补偿估价技术细则和补偿标准。6月15日，研究招商引资工作完成情况，区直有关部门小汽车配置审查。8月9日，研究原农具厂职工待遇、水价调整、教育体制和经费、“十一五”规划编制工作。12月1日，研究2006年项目重点初排、企业退休人员医疗保险等工作。2006年，区政府常务会议研究的主要工作有：征求《政府工作报告》修改意见、财政性资金审批管理、淮河东路延伸段项目建设、城乡居民最低生活保障、敬老爱老工程、特困居民医疗救助工程、城镇“4050”人员（指处于劳动年龄段中女40岁以上、男50岁以上的，自身就业愿望迫切，但因其就业条件较差、技能单一等原因，难以在劳动力市场竞争就业的劳动者）就业再就业工程、助残工程、育才助困工程、安居工程、事业单位公开招聘人员、解决免除农村义务教育阶段学生学杂费专项配套资金、提高离岗民师和定补民师生活待遇、失地农民基本生活保障工程、2007年重点项目初排、城区建设项目收费管理、2007年为民办实事项目计划、城镇土地等级范围及使用税税额标准调整情况、区污水处理厂管理等。2007年区政府常务会议研究的主要工作有：2007年部门综合预算编制、政府投资建设项目审计监督和领导干部任期经济责任审计结果运用、王营镇派出所等公安基层单位记功情况、残疾人就业、退休人员管理中心建设、加油站点专项整治、城区个人出租房屋税收征管、扶持骨干企业发展、城乡建设用地挂钩试点、2008年为民办实事项目计划、征求《政府工作报告》修改意见等。

该届政府共召开区长办公会议239次。2003年，专题研究淮安海螺水泥项目开工前准备、企业军转干、华能电厂二期项目建设服务、城区美化亮化集中整治、解决万邦公司环保纠纷、丝织厂改制等工作。2004年，专题研究化肥厂等企业改制、古黄河风光带三期及沈阳路绿化工程建设、城建重点项目进度、区政协第72060号提案办理、“运南第二通道”建设项目、社会保障基金征管、沈阳路拆迁户安置、淮安至连云港采输卤工程项目建设、城区违法建设拆除和草危房改造、城乡绿化建设、淮安市东方建筑设计院改制、淮安紫光水业有限公司污水处理项目拆迁、吴集镇跃进河大桥建设、淮安市看守所易地建设、火车站广场建设、体育场建设、残疾人就业保障金征收管理、台州商城项目建设和经营等工作。2005年，专题研究查处违法用地及补办用地手续有关情况、淮安万邦香料公司易地重建、污水处理厂建设、新长铁路北侧及宁连路绕城段南侧乡（镇）村道路建设、城市建设重点项目推进、盐河滨河路建设、韩桥保庄圩工程建设与移民安置、御花园小区建设、"3·29"氯气泄漏事故现场废塘污土处理情况、黄河大厦和幸福路步行街建设、韩侯故里二期工程（韩信会馆）建设、城区出入口整治、人武部新区建设、草危房改造、土地抵押贷款、法国利雷亚国际控股公司投资建设大型综合性养猪项目、上海申淮金属制品公司淮安分公司建设用地、淮安市双联化学品有限公司事故处理、营东菜场改造、锦阳花园小区建设、淮海北路美化亮化、供销系统部分企业改制、城建重点项目推进、淮安市淮宁中学建设、王营缫丝厂整体搬迁、区政府与江苏省盐业集团有限责任公司会谈纪要、三朱中心村建设、城市经营融资贷款、淮安润雨食品有限公司建设、2005年度各项基金征收管理、中山北路盐河桥南岸拆迁、江苏三淮建设工程公司改制、区职教中心等职业教育学校建设、淮安振达钢管制造有限公司和三朱中心村征地农民基本生活补助、区工业园区供电等工作。2006年，专题研究淮阴农工贸职教中心规划建设、苏北市场东侧地块拆迁安置补偿、粮食系统部分企业单位退休职工信访、区医药公司改制、拆迁地块被拆迁户产权调换或购房有关契税、烟草局办公楼置换、黄河大厦整体转让、车船使用税征收、经贸委系统已改制企业职工失业金发放、银川路淮阴供电公司生产区整体搬迁、吴集镇淮西河大桥建设、原淮阴县武墩渡口管理所退休人员工资待遇、城建重点项目建设、工业园区基础设施建设、淮阴师范学院新校区扩建土地征用及拆迁、城区非机动车辆管理职责调整、乡镇农技推广人员工资待遇落实、调整民康油脂地块规划红线等工作。2007年，专题研究丁集镇境内新长铁路过路涵建设、区消防大队综合楼建设、国家预算内基本建设项目区小麦良种繁育基地建设、"村村通宽带"丁集站房建设、全区23名动物检疫员工资待遇、省盐业集团在淮阴区投资建设采输卤工程项目、追缴京园大酒店相关规费、调整民康油脂地块规划、聘用教师和合同合格民师等人员工资待遇、区财政局会计师事务所拆迁安置、五里镇淮沭河花园大桥维修、年产20万吨机械制浆及延伸产品项目报批帮办服务、区盐河新港作业区扩建、住宅室内及沿街门面装饰装修管理、文化系统事业单位改制、部分场圃退休职工生活补助费、淮州包装厂项目用地、乡镇兽医站部分退休人员集访、区文化系统事业单位改制、吴集镇吴圩小学土地权属、东郊加油站拆迁、20世纪50年代退休人员医疗保险、淮河东路征地拆迁等工作。

【第十五届人民政府（2007.12～　　　）】 该届政府在2008年共召开常务会议7次，研究的主要工作有：年度重点工作任务分解、企业技术机构建设、入园企业管理、做大做强工业企业、乡村环境综合整治暨创模迎检、农业开发资金审计、支援四川地震灾区抗震救灾、城乡建设用地挂钩试点、学校交通安全、乡镇工业集中区建设、为民办实事项目实施、区招投标中心建设、发展农民专业合作经济组织、新型农村合作医疗筹资、城市建设重点项目等。

2008年，区长办公会议研究的主要工作有：西互通连接线绿化、提高区部分场圃退休职工生活补助费、落实乡镇农民技术员生活补助、237省道淮阴段工程建设、土地利用总体规划局部调整、长江东路等污水管网工程建设、安全生产和平安创建、新渡乡蚕种场工人工资补助、老张集乡招商引资企业申雅密封件退税、烟花爆竹安全生产管理、淮安瑞祥福达制衣有限公司破产改制、淮河西路建设、西马路西储备地块拆迁、淮安国际农贸城招商优惠政策、年度招商引资经费安排、垂直部门服务地方经济奖励办法、公安综合楼建设、染织总厂等3家企业破产改制、金达构件项目码头建设、帮扶老张集乡金星村发展、路灯管理职能移交、市地税局产权置换契税缴纳等。

该届政府坚持工业强区，加快推进新型工业化；拓展发展空间，加快推进城市化；突出农民增收，加快推进农业产业化；全力招商引资，加快推进经济外向化；构建和谐社会，加快推进城乡一体化。2008年实现地区生产总值128亿元；人均地区生产总值突破2000美元，达到15680元；财政收入13.5

亿元；全社会固定资产投资135.2亿元；城镇居民人均可支配收入、农民人均纯收入分别达到11800元和5259元。优化结构，一、二、三次产业由23.74:52.64:23.62调整为21.3:54.7:24，实现第三产业超第一产业的新突破。

二、政府实事工程

1978年后，县政府每年都兴办一定数量实事工程项目。1990年，县政府向全县人民作出承诺每年为人民群众办10件实事。此后，每年年初区（县）政府均明确一批实事工程。从2004年开始，区委、区政府提出各项工作项目化、项目工作目标化、目标任务责任化，根据每年工作重点，分门别类确定项目，按计划实施推进。

1990～2008年淮阴区（县）政府实事工程项目一览表

表21-2-2

年份	政府实事工程项目
1990	汽车客运站投入使用；铺设韩圩至蒋集、蒋集至凌桥的石子公路；改建城区幸福路、北京路后街等道路；改建王营大华浴室，建淮北路浴室；小营变电所第二套3.15千伏安变压器投入运行；集资400万元，解决中小学危房1.2万平方米，改造不合格教室2万平方米；100万吨输卤工程在省里立项；更新县乡广播信号线路4条53千米，完成村组线路整网90%以上，农户安装广播喇叭83%以上；汤集、凌桥、杨庄、袁集、高堰等乡政府所在地通上自来水
1991	建校舍1.5万平方米，添置课桌凳1.05万套；改造王营至杨庄和杨庄至码头公路，建蒋集至磨盘、三岔公路，建赵集、南陈集大桥2座；增市话交换机500门；完成供电量1.35亿千瓦时；帮助4000个贫困户脱贫
1992	丁集到营西桥路段建成文明路段，拓宽林庄到蒋集路面，铺营东路快车道水泥路面1.5千米和砂石路面3.5千米，完成淮涟路城区段扩建工程，完成赵集至洪泽顺河桥路段的路基土方工程；增市话话机130部、农话话机110部，市话交换机总容量4000部；完成35千伏越陈线部分线路改造更新，完成三树、棉花庄2个35千伏变电所改造和刘老庄变电所35千伏“二改三”工程
1993	建各类市场15个，其中以西马路小商品市场、苏北纺织品批发市场、丁集蔬菜批发市场为主体的3个市场群建设初具规模，启动以乡镇集贸市场为中心的农村市场建设；调频广播电台铁塔落成；铺营杨路、糖厂路、幸福路等城区道路13条；铺设乡乡道路7条，计50千米；改建张福河赵集大桥和调度河南陈集大桥；创建杨庄至新渡省级文明航道22千米；市话变换机扩容1000门，增农村电话412部，有4个乡镇实现自动化，19个乡镇实现半自动拨号；完成11万千伏左庄变电所扩容，架设左越线10千米，建成丁集交电所，6个35千伏变电所增容1万千伏安；建供销大厦、烟草大楼和银河商场，建苏北市场、淮阴汽车北站、西马路小商品市场；完成荷花公园一期工程和淮涟路改建工程的拆迁任务；帮扶特困户8200个；扩建新建29个乡（镇）敬老院；安置城镇待业人员4995名，输出农村富余劳动力5.2万人
1994	完成境内205国道营西桥至新堆桥5千米改建、宁连一级公路3个标段土路基工程和盐河大桥、杨湾立交桥等桥涵水下工程以及20.3千米的进场路工程，完成新长铁路66座铁路桥涵工程，完成境内北京北路拆迁任务、淮海北路绿化带改造工程、荷花汪公园部分工程、卫生南路废水塘改造以及下水道延伸工程；铺盐河东路、营东路快车道和小营广场至淮高路头两侧慢车道，增王营大桥至小营广场道路隔离栏杆；完成35千伏三树变电所、棉花庄变电所的改造工程；增通电行政村5个；增市话1500部，完成第二个4000门程控交换机扩容、10个乡镇农村交换机扩容和运南片光缆工程；维修、改建中小学危房3.6万平方米；完成5个乡镇的卫生院门诊楼建设
1995	全年推广新产品、新技术20余项，水稻肥床旱育秧面积6666.67公顷，快速养猪法全面推开；全县建教学楼24幢，总面积1万余平方米；完成宁连一级公路和北京北路境内的铺设任务。完成205国道一期改造工程；完成8个乡镇50千米公路扩建的路基土方工程和68千米扶贫路工程；完成县卫生局至公安局1.4千米快车道混凝土路面；改造县招待所至西坝派出所及北京北路、盐河东路给水管道；完成县自来水公司三期扩建工程；城区建公厕2座、垃圾中转站1个；完成试点乡镇的区域规划和中心村规划；完成25个村扶贫通电任务，全县消灭无电村，农户通电率86%；建成16个乡镇程控电话自动点，全县乡镇全部具备电话交换自动化条件；建成黄淮海开发工程、农补工程、粮专水利工程等项目建筑物800座；建成县有线电视台，入网突破6000户

续表21-2-2

年份	政府实事工程项目
1996	建成星光蔬菜批发市场、营北建材专业市场、果林农贸综合市场等7个市场；投资2000多万元高标准改造北京东西路2.5千米；投资150万元完成营东大沟排水一期工程，解决城区东南片52公顷范围内居民及单位的排水问题；完成北京北路慢车道铺设；开工建设淮高路头至新渡路1.2千米拓宽改造工程；投入1500多万元，完成205国道丁集至徐溜段13.5千米的拓宽改造工程，建成徐溜收费站；筹资1530多万元，铺设县乡沥青路面43.4千米，其中王营至西顺河27.9千米、林庄至东偏泓7.5千米、汤集至西宋集8千米；铺砂石路20千米，增通砂石路行政村21个；农话扩容4000部，村通电话142个；投资1100万元实施扶贫通电工程，消灭无电组，增用电1.3万户；投资292万元实施高氟改水工程，打井20口，配套14口，增卫生水受益人口2.6万；启动小城镇建设
1997	完成205线徐溜至钱集、305线跃进河至韩圩的国省干道改造工程；铺县乡黑色化沥青道路45.8千米；增通柏油路乡镇10个；铺砂石路100千米，增通砂石路行政村35个；完成淮海北路、长江西路和香港路高起点、高标准改造，城区交通初步形成“两纵两横”的主框架；小城镇建设累计拆除沿街旧房屋4000余间、6万多平方米；拍卖土地4800平方米，开发和新建各类房屋10万余平方米，改建集镇路面、下水道等配套设施；全县新、改、扩建市场12个；完成杆线至村151个，杆线至村率83%，市话扩容4000门，农话扩容4000部，话机总门累计3万部；实现城区主干道“明线”改“暗线”；增用电1.8万户，农户通电率90%以上；开工建设县职教中心一期工程、教师公寓4幢和县图书大楼；开展农村合作医疗试点工作，实施城镇居民和农村贫困户最低生活保障制度；以乡镇为单位农民草房率平均为7.18%，村均低于20%以下，全部达到省定脱贫标准
1998	建产业基地11个，累计建基地乡镇16个，专业村230个；开办上海华联超市282连锁店、古淮超市、商联超市等；建苏北市场五区、七区，改建长江路市场；建赵集农贸市场、南陈集小商品市场、徐溜综合市场等；改建、扩建农副产品市场32个，设立直销市场15个、外销窗口30个；完成承德路二期工程1.5千米、长江东路延伸工程1千米、淮高路拓宽改造工程3.2千米以及古黄河风光带二级护坡工程1650米；建香港路民营商业一条街，吸纳各类个体工商户（企业）170余户；建一批综合楼，完成城区房地产开发18万平方米，全年累计投放1.4亿元，拆迁房屋11.3万平方米，铺设黑色化路面20.8千米，建沿街商住楼1714幢，竣工面积19.8万平方米；徐溜、渔沟、赵集、五里、丁集等乡镇小城镇建设初具规模；完成淮沭河西偏泓蒋集、赵集红星至韩桥、南陈集至南吴集等45.26千米的沥青公路铺设，建赵公河大桥，县乡道路黑色化率90%；增通砂石路行政村110个；完成洪泽湖防洪堤15千米和淮沭河东西偏泓68千米子堰加固，疏浚竹络坝二干渠、王兴革新河等骨干灌溉渠道；农话扩容7000部、市话扩容3000部，电话装机容量4.2万部，杆线到组率85%，程控电话用户3万户
1999	制药厂人输液GMP改造二期工程6月竣工，8月试生产；建成10万吨元明粉生产线，设备及附属设备安装结束；建新街副食品商城；完成城区房地产20万平方米任务；完成古黄河绿化风光带三级护坡建设任务1650米；建新长铁路袁北站向南延伸段土方工程；市话扩容4000门，建移动通讯网基站7座；开工建设广电中心大楼；完成黄河路快车道建设和慢车道的路基土方工程；建淮海北路都市一条街；建县乡沥青路面8.2千米，修建乡村砂石路132千米；建张福河大桥；35千伏营东输变电工程安装调试工程完成；开通乡镇有线电视网7个；完成改水打井12口，增受益人口2.5万；建设八十二烈士纪念馆，主体工程完工
2000	完成县油脂公司油料加工任务7万吨；完成凌桥、三树、渔沟、袁集4个乡镇7066.67公顷优质粳稻基地建设；扩建蔬菜科技示范园11个，总面积186.67公顷；建标准化公厕8座；县中创建国家级重点中学；总投资近1000万元，完成市民广场及步行街建设；猪种改良，发展二元母猪1万头；306个行政村电网改造工程完成；建县社会福利院，一期工程9月底竣工，公寓楼11月底竣工；淮海北路向北延伸快车道工程完成1.8千米；建住宅小区1个，完成城区房地产开发30万平方米；完成薄弱学校改造34所；建成淮阴县广电中心，主楼4500平方米、附楼3100平方米
2001	建成年产4000万标块烧结粉煤灰多孔砖生产线；完成区工业园区0.5平方千米“四通一平”工程；建蔬菜示范园3个；三元杂交猪上市量30万头，供精2万瓶；完成苏北市场改扩建一期工程；建成东方装饰城；建设住宅小区3个，完成城区房地产开发40万平方米，总投资4亿元；完成星光大沟及205国道营西桥至淮三路头排水工程；淮海中学新校区建设，占地8公顷，总投资5000万元；完成淮海中学“国标省重点”创建二期工程，占地2.67公顷，总投资3000万元。农村改水增受益人口3万，总投资330万元

续表21-2-2

年份	政府实事工程项目
2002	完成上海太平洋集团淮安元明粉有限公司年产10万吨元明粉工程设备安装工作，并开始生产；张福河河堤绿化206.67公顷，植树7万株；上海万香日化公司年产3000吨冬青油生产线竣工投产；农村改水，打深水井22口，增受益人口6万；承德路水泥路面二期工程开工，全长1908.7米、宽34米，9月底完成；城区电网改造一期工程8月底竣工；投入60万元，推广瘦肉型苗猪4万头；城区有线电视网络升级改造，增区乡有线电视联网乡镇4个，发展城乡有线电视用户7000户（其中乡镇4000户）；老张集乡至徐溜镇的黑色化道路项目获省交通厅批准立项；实验小学扩建2700平方米的幼儿楼；征地1.33公顷，建实验小学新校区，规划征地工作结束
2003	开发再就业岗位1500个，其中政府购买200个；开发就业岗位2030个，其中政府差额购买就业岗位210个；筹集下岗职工基本生活保障基金450万元；工业园基础设施建设投入1.72亿元，"六通一平"面积由原来的2平方千米扩大至6平方千米；建成无公害、绿色农产品生产基地1.33万公顷，无公害农产品9个、绿色食品通过省级认证4个；完成苏北市场改造二期主体工程，总投资3500万元；打井48口，增改水受益人口14.2万人；完成有线电视区乡联网乡镇7个，增城乡有线电视用户6500户；建区青少年宫，占地1.33公顷，建筑面积2800平方米；建盐河西桥，总投资750万元；沁畅园于4月初竣工，总投入15万元；建盐河风光带，位于淮海北路与北京北路之间，东西长1100米，总面积4.43万平方米，于11月15日竣工；新华园绿化工程于12月15日竣工，总投入460万元；工业园完成道路绿化11.2万平方米，总投入约360万元
2004	投资448.6万元，新建和改造农村桥梁23座；修复淮沭河沿线水毁工程，包括修复子堰排涝涵洞13座，加固排灌泵站20座、生产桥4座，土方复堤6处；修建跃进河沿线配套建筑物9座；打水井9口，配套安装水井32口，实施管网延伸20处，增改水受益人口14.3万人；农民参加新型农村合作医疗53万余人，人口覆盖率84%，超过省定标准4个百分点；改造农村草危房1000户；增有线电视联网行政村96个，7414户；修建和改造农村公路297千米；投资3610.5万元，建运南第二通道全长41.3千米；扶持特困生7719人；致富技能培训困难群众4687名；创造再就业岗位5123个；建立企业退休人员管理服务中心1个，依托社区建立企业退休人员管理服务站2个；投资640万元，建成荷花公园，绿化面积7.3万平方米；建成盐河广场主体工程；投资439万元，新建和改造旱厕84座；改造背街小巷28条7.2千米，面积3.2万平方米；投资806万元，改造韩桥、五里等乡镇中低产田2000公顷
2005	改造中低产田1333.33公顷，修复淮沭河塘水毁工程；投入1625.73万元，改造中低产田3260公顷；投入428.4万元，实施淮沭河河滩地水毁工程一期、二期修复项目；投入609万元，修建农村桥梁60座；建农村户用沼气池1030座；投入270万元，建成丁集镇绿色食品蔬菜设施化栽培基地333.33公顷；新型农村合作医疗人口覆盖率85%以上；增加农村改水受益人口14万；50%村级卫生室达到社区卫生服务站标准；参加合作医疗农民55.5万人，参合率88.3%；完成农村改水三年攻坚任务，建农村水厂70座，实施管网延伸82处，增加改水受益人口42.1万；投入540.56万元，改扩建乡镇敬老院12所。农村低保扩面至8166户16843人，覆盖率2.4%，城市低保扩面至1852户4055人，覆盖率2.8%，基本实现应保尽保；增有线电视光缆联网行政村51个，行政村联网率90%以上，发展城乡有线电视用户9000户；投入5950万元，建农村四级路66条238千米；建三星级劳动力市场1个，创造再就业岗位1800个；投入159.45万元，建扶贫村5个；发放小额扶贫贷款6127户2166.8万元；帮扶贫困学生16197人次，资助总金额250余万元；致富技能培训困难农民4150名，输出培训劳动力6000名；筹资850余万元，建成职教中心实训楼、学生宿舍楼和区职业高级中学实训中心，两所职业学校顺利通过省级合格职教中心验收；渔沟第一初级中学调整为区职业高级中学分校，利用原杨庄乡政府大院闲置土地新建淮海职业技术学校，并作为区职业高级中学分校；建御花园安置小区、长江路小区，建成锦绣嘉园安置小区一期，建成政策性商品房10万平方米；新建和改建城区公厕60座，改造背街小巷57条
2006	改造中低产田0.2万公顷；投资517万元，改造泵站34座；建户用沼气池1400个；致富技能培训农民6500名；新型农村合作医疗补助标准每人每年提高至50元，参合率90.5%；建标准化乡镇卫生院13个，增达标村卫生室100个；改造乡镇敬老院11所；改造乡镇文化站14个；完成淮安西互通连接线工程征地拆迁；建乡村公路100千米，完成218千米；建化肥厂、食品公司、星光村退休人员服务中心3个，建星光、小营、营东等社区就业平台7个；开展农村劳动力转移培训15000人，培训率70%以上，转移22000人，培训16000人，培训率72.7%；落实资金500万元，扶持中小学贫困生9884人、特困大学生142人、职教贫困生786人；城乡有线电视用户增10460户；建淮河东路、曙光路等19条；改造背街小巷15千米；投入461万元，添置城管环卫设施；改造、新建农桥60座；争取资金162万元，完成5个扶贫村建设；投资170万元改造棉花至大兴线35千伏输变电工程、投资500万元建大兴至王庄线35千伏输变电工程；建御花园小区14.8万平方米和锦阳花园小区4万平方米政策性商品房；建区行政服务中心，5月8日投入运行

续表21-2-2

年份	政府实事工程项目
2007	建营新路、鞠通路、银川路等15条道路，建城市主次干道面积近30万平方米；投入470万元，完成背街小巷改造10万平方米；投入98万元，新建、改建公厕22座；投入20万元，更换、安装果壳箱600个；盐河城区七期护岸工程全面竣工；污水处理厂盐河南岸管网11月10日开工建设；增东方园、清华园、卫校西北角小游园等街头游园7个，完成曙光路、北京东路、银川路等12条道路绿化，实施古黄河三期风光带东段等绿化，增城区绿化面积50万平方米；樱花小区农贸市场完成主体工程，营东农贸市场开业；建成锦阳花园一期、长江路小区一期等安置房7.2万平方米，基本建成御花园小区五期工程一、二标段3.1万平方米；开工建设三朱、沈阳路等安置小区7个，开工面积28万平方米；符合廉租房保障的低保和特困家庭110户，租金补贴百分之百发放，通过租金核减给予补助60户，购买解困房3户，购买政策性商品房5户；建全民健身点4个；开发城区就业岗位8120个，实现城区就业再就业4621人，扶持特困职工363人，增社会养老保险参保人员4000名；建御花园、江淮人家等小区监控中心6个和监控点30个；80个消防栓全部到位；完成营北、左庄、杨井等5个配电台区改造；完成医药公司宿舍、原物资局宿舍等3个生活大院电表分户改造和供销合作总社宿舍、日杂公司宿舍等9个生活大院水表分户改造工作；增高效规模农业0.58万公顷，全区生猪规模养殖比重45%，肉禽规模养殖比重63%，奶牛规模养殖比重95.5%；培训农村劳动力1.52万人次，转移农村劳动力2.28万人，其中成建制1.38万人；建沼气池2800座，改厕12600座；完成高效农业示范区、世行三期农灌、省级黄河故道农业综合开发等农业开发项目，改造中低产田0.32万公顷；投入328万元，完成80所农村小学“四配套”工程基础设施；中小学特困生资助实现全覆盖，资助公办学校特困大学生总额306.16万元，扶持各类困难学生10372名；7所标准化乡镇卫生院达到市级验收标准，另外1所基本完成；建社区卫生服务站166个；新型农村合作医疗参合率96.3%；凌桥、王兴、丁集等5个乡镇文化站正式对外开放；大运河豆瓣集大桥6月1日开工；建农村公路193千米，修农村危桥75座，改建泵站32座；丁集、南陈集、徐溜3个乡镇敬老院投入使用，其他14个乡镇敬老院改造主体完成，入院率45%，工程全部完成后入院率达50%；增农村有线电视用户1.2万户
2008	完成盐河广场、荷花广场等8座公厕新建改建任务，平整所有背街小巷路面；南陈集和渔沟垃圾中转站建成并投入使用；御花园小区农贸市场建成，杨井农贸市场竣工；西坝公园园建完工，绿化完成70%；城区新增绿化面积75万平方米；汇达家园、北苑家园、桃李花园等7个安置小区在建26万平方米，建成32万平方米；住房保障覆盖面人均使用面积由原来8平方米提高至12平方米，住房保障扩大至人均月收入300元以下低收入住房困难家庭；对符合廉租住房保障条件急需政府救助的低保无房家庭，提供实物配租房源76套；对126户已享受低收入住房困难家庭实施租金补贴；增住房保障对象19户；开发就业岗位7210个，实现就业再就业5023人；退休人员活动场所投入使用，增企业养老保险参保14808人；社区医疗保障服务平台建成；城镇居民医疗保障人数达到17.2万人；城区建成主支干道路灯全部安装完毕，黄河西路、西互通等6条道路自来水管网改造完成；实施城区有线电视数字化改造工程；王营社区卫生服务中心通过省、市两级社区卫生服务中心验收；污染源自动在线监控中心建成使用；城区建成技防一条街11条；150家党政机关、医院、学校、宾馆等重点单位、部门和48个公共复杂场所完成技防监控系统建设；980户家庭安装CK、电话报警等系统；开展农村劳动力培训13.6万人次；发放扶贫贷款3061万元，实现12089个低收入户脱贫；开展脱贫攻坚工程，区乡机关、事业单位干部职工与全区25690户99899人低收入农户结成帮扶对子；增新海养猪场、苏粤食品等2家市级以上龙头企业；发展君泰畜禽养殖专业合作社、绿色食品蔬菜协会等年营销额1000万元以上农民专业合作经济组织10个，发展农民经纪人2200名；完成竹络坝二干渠、崔大泓南段等31条区乡河道疏浚，整治村庄河塘420个，改造泵站30座；建户用沼气池4050座；改造农村户厕20267座；吴集镇和西宋集镇土地整理项目扫尾；完成农业综合开发高效农业示范区建设、土地治理项目、世行三期农灌项目以及黄河故道开发等土地治理面积0.39万公顷；义务教育阶段平均公用经费标准提高至小学300元、初中500元；对全区义务教育阶段学生实行“两免一补”（免杂费，免书本费，补助寄宿生生活费）政策，为中小学所有学生免费发放教科书301万册；帮扶各类特困生9729名；刘老庄、韩桥等5家单位顺利通过市级示范化社区卫生服务中心验收；建成社区卫生服务站50个；渔沟、韩桥、刘老庄3个乡镇实行社区卫生服务站与社区卫生服务中心计算机联网试点，完成社区卫生服务体系网络建设；建成农村等级公路281千米；修建完成农村桥梁100座，通过市级验收；增农村有线电视用户19100户；王营、渔沟、新渡等6个乡镇敬老院全部建成；农村五保供养对象集中供养率55%；21个乡镇文化活动中心和体育健身中心全部建成；建成农家书屋50个；21个乡镇便民服务中心投入使用

第三节　侨务与港澳事务

【侨务】 1978年，淮阴侨务工作由县委统战部侨务科具体负责。全县有华侨以及留学生2420多人，分布在美国、日本、加拿大、俄罗斯、英国、法国、意大利、印度尼西亚、马来西亚、泰国、新加坡等20余个国家，其中美国、日本、加拿大、印度尼西亚人数最多，达到1200余人；归侨2人，侨眷有2210户13000多人。

1983年，设立淮阴县人民政府侨务办公室，属政府序列。1997年7月，撤销县政府侨务办公室，设立侨务科，职能归县政府办公室。2001年底，外事、侨务合并成立淮阴区人民政府外事侨务旅游办公室。成立由区长任组长、分管副区长任副组长，区侨办、侨联及部分乡镇、部门统战宣传委员为成员的维护归侨侨眷合法权益工作领导小组。采用多种形式宣传相关法规。利用淮安市电视台《县（区）领导专访》栏目，以答记者问的形式采访分管副区长，对《中华人民共和国归侨侨眷权益保护法》进行宣传。在《淮阴工作通讯》《法律法规》设栏目及《淮阴报》上整版登载江苏省实施办法。利用中秋节和春节，召开归侨侨眷和侨法宣传网络人员座谈会，学习相关法律法规，了解归侨侨眷工作、生活及权益保护等情况。

1983～2008年，接受捐赠20宗，总额为387.56万元，其中货币15宗385.06万元，物品5宗2.5万元，所赠款物均按捐赠者的意愿用于发展教育、建宗教场所等公共福利事业。接待来访300余人次，处理来信200余件，为侨民办实事230件，主要有家庭安置、房屋拆迁补偿、子女工作、大病救助等问题。

【港澳事务】 1978年，淮阴籍港澳同胞有400余人，多在1949年以前至港澳定居，以从事商贸、加工、科技、教育、文化、卫生等工作为主。此后，旅居港澳人数逐年增多。至2008年，接待回乡探亲、旅游和经贸考察的港澳同胞700余人次，接受港澳同胞捐赠人民币399万元。

第四节　机关事务管理

1978～1996年，机关事务工作由政府办行政科负责。主要负责行政办公中心及宿舍区安全保卫、环境卫生、绿化养护及公用水、电设施维护等。1997年，政府机构改革，撤销政府办行政科，成立淮阴县县级机关事务管理局，为正科级事业单位，主要负责安全保卫、基建、车辆、物业管理等工作。2000年后，车辆管理实行定点凭票加油的管理办法，驾驶员凭定车号的油票到指定加油站加油，规定一次领油不得超过50公升，建立专门账册，领油登记签字；按车型、车况，结合出厂耗油核定车辆百千米油耗标准，按月抄录、统计、公布。车辆维修分层次选择维修厂家，普通车辆一般问题进小厂，特殊车辆重大问题进专业修理厂。核定费用，主要是配件和工时费用，一律按市场最低价核算，对修理厂价格过高的配件，自己采购。车辆维修期间，驾驶员全程监督，车辆修好后由车管人员、驾驶员核对维修内容是否属实，更换零件是否合格，核对无误后由车管人员、驾驶员在维修明细清单上签字并与维修厂签订维修质量“三包”（包修、包换、包退）协议。实行非现金结算，减少中间环节。

2001年，淮阴县县级机关事务管理局更名为淮阴区区级机关事务管理局，为正科级行政单位，下设4个股室，即办公室、财务股、房产水电股、保卫股。是年，区委、区人大、区政府、区政协车辆划归机关事务局统一管理。2002年5月4日，安全保卫通过公开招投标，淮阴区公安分局保安公司中标，投保人员15名，按每人每月800元标准，全权负责区政府行政中心安保工作。2005年4月26日，淮阴区行政中心启用。机关事务管理局制定《淮阴区行政中心管理办法》，保洁、保安、电梯、消防、空调、安防经过公开招标，承包给专业公司进行维护管理，机关事务管理局对专业公司进行督查管理。水电日常维护和管理由机关事务管理局设备中心负责，责任到人，确保水电系统正常运行。整体绿化由区绿化公司负责施工并做好养护工作。区行政中心、服务中心内花卉、盆景摆放，经过公开招投标，由淮安市蔡氏园艺公司中标后采取租赁方式进行。区行政中心、服务中心保洁工作，由淮安市天成物业管理有限公司中标，负责区行政中心、服务中心大楼所有通道、楼梯、卫生间、电梯、茶水间及院内道路保洁工作。至2008年，机构职能未变。

第五节　行政服务

淮阴区行政服务中心于2005年11月筹建，2006年5月8日正式挂牌运行。为区委、区政府派出机构，主要履行有关行政审批的组织、协调、监督、管理等职能，对全区行政审批、服务事项实行“一站式”服务，由管理机构和窗口单位两部分组成。管理机构下设办公室、业务科和督查科，窗口单位有32个区直部门、7个中介机构。设立投诉中心，由区软建办安排专人进驻，负责群众投诉的处理。首批进驻部门29个、中介机构4个，涉及各类审批事项180个。至2006年9月1日，第二批部门和事项进驻到位。进驻部门共32个、中介机构7个，涉及各类审批事项239个。2007年，累计接待群众咨询4万余人次。房管局窗口将房产证办理由三审制改为两审制，出证时间由原承诺15个工作日压缩为3个工作日；劳动、卫生、文化、安监等20个窗口，对82个事项累计压缩承诺期限709个工作日，平均每个事项压缩办理时间为8.65个工作日，工作效率提高43.92%；地震、国土、发改、公安、气象、交通、环保等9个窗口，对19个事项累计减少申报材料30份，平均每个事项减少申报材料1.6份。至2008年，行政服务中心累计受理事项305954件，办结事项297431件，承诺时间内办结率100%。

第六节　信访工作

一、信访制度

1978年，淮阴县革命委员会设信访科，隶属县委办管理。1984年，更名为淮阴县信访办公室。1985年起，实行县级领导接待日制度。1986年，县委制定《县级机关部门归口处理信访问题的办法》，建立“分级负责、归口办理”的信访责任制度。1989年，淮阴县信访办更名为淮阴县信访局。是年起，与各乡镇、部分机关单位签订目标责任状，实行信访工作目标岗位责任制度，培训基层信访干部98人次。1992年，建立并推广逐级上访制度和信访办公会议制度，在部门和乡镇设立专职或兼职信访干部，共有专、兼职信访干部61人，形成工作网络。1993年，信访工作写入淮阴县党代会和人代会工作报告，列入乡镇、部门工作考核目标，机关部门建立信访领导小组，各类纠纷大部分在基层得到解决。1995年10月，制定《淮阴县实行逐级上访和接待处理的暂行规定》。1999年，县委提出信访创“四无”（无集体上访、无越级上访、无信访老户、无信访积案）要求，并下发《开展创建信访“四无”活动的通知》，推行逐级上访和文明上访。2000年，实行县级领导信访包案制，开展信访稳定工作突击月活动，11位县级领导包案13件全部解决。在香港回归、中共十六大以及省、市人大政协“两会”期间，成立信访工作临时机构，乡镇部门建立信访值班和每日一报告制度，排摸化解不安定因素。2001年，淮阴县信访局更名为淮阴区信访局，下设办公室、查办科、接访科。2005年，实行信访不稳定因素排查制度，规定每两月上报一次排查情况。

2008年，对全区21个乡镇值班室实行“四个统一”，即统一部门标识、统一人员编号、统一挂牌上岗、统一工作制度，并在接待场所设立明显标识，接访领导公示上墙，严格执行24小时值班制度。对省、市交办的重信重访事项做到“一案一策、一人一档”，运用法律、经济、行政、教育等综合措施予以化解。

二、信访接待

1985年前，来信来访主要集中在要求解决“文化大革命”等政治运动的遗留问题。1985年后，反映党风党纪方面的信访逐渐增多。20世纪90年代初，以反映农民负担、计划生育等问题居多。90年代中后期，淮阴开始加快经济和基础设施建设，与之相关的矛盾显现出来，信访数量增多，出现第一次信访高峰，集体上访的主要内容是反映农民负担、征地补偿、企业改制、城市建设拆迁以及因城市管理力度加大而引起的人力三轮车、残疾人车车主多次集体上访等问题。1999年，处理淮阴师范学院王营校区建设征用营西村土地一案。县委成立专门工作组，驻村工作，化解矛盾。是年，接待集体上访18批。信访量增加的主要原因是，在决策的执行中存在偏差，群众切身利益受到损害，政策不公开不透明，宣传解释不到位，基层干部工作方法简单粗暴。2000年，34名残疾人联合赴京上访要求残疾人车辆上路运营合法化。2003年起，信访量开始下降。反映的问题较过去更为分散，包括城镇拆迁、征地补偿、企业改制、一事一议收费、拖欠工资、城市管理、小区物管等问题。2005年出现第二次信访高峰。3月29日，因京沪高速王兴段发生大量液氯泄露，致当地村民中毒，引发村民多次集体上访，后经区政府妥善处理和协调，事态平息。

2008年，接信访333件、来访418件，其中重复信访33件、集体信访22件，解决问题420余件。

1984～2008年淮阴区（县）信访受理情况表

表21-2-3

年份	来信来访数量					信访交办件		区（县）领导批信接访		越级上访情况	
	总计（件次）	来信（件）	来访（批次）	其中重复信访（件）	集体上访（批次）	中央、省、市（件）	区（县）（件）	来信（件）	来访（批次）	赴省（批次）	赴市（批次）
1984	935	524	411	—	6	—	—	—	—	—	—
1985	1054	602	452	—	4	—	—	—	51	—	—
1986	994	599	395	—	7	—	—	—	—	—	—
1987	980	651	329	—	7	—	—	5	—	—	—
1988	893	520	373	—	8	—	—	—	—	—	—
1989	771	412	359	—	12	3	—	12	—	—	—
1990	721	402	319	—	14	—	—	28	—	—	—
1991	795	366	429	—	12	2	—	22	—	—	—
1992	774	325	449	—	10	5	—	20	—	—	—
1993	912	420	492	—	14	7	—	—	—	—	—
1994	820	369	451	—	13	5	—	17	—	—	35
1995	853	367	486	71	15	6	57	26	—	6	41
1996	881	396	485	75	18	9	60	21	—	10	46
1997	866	365	501	65	16	9	68	23	—	11	39
1998	846	324	522	69	20	12	62	30	—	8	55
1999	975	374	601	98	26	11	89	61	—	12	63
2000	985	350	635	78	29	9	75	55	—	15	57
2001	979	358	621	61	26	7	90	42	—	13	59

续表21-2-3

年份	来信来访数量					信访交办件		区（县）领导批信接访		越级上访情况	
	总计（件次）	来信（件）	来访（批次）	其中重复信访（件）	集体上访（批次）	中央、省、市（件）	区（县）（件）	来信（件）	来访（批次）	赴省（批次）	赴市（批次）
2002	939	349	590	68	21	10	88	47	162	17	45
2003	846	322	524	52	19	8	95	50	185	14	38
2004	756	335	421	55	16	11	92	65	220	12	35
2005	780	350	430	59	12	10	101	72	254	15	24
2006	790	320	470	24	22	14	101	80	266	18	24
2007	822	300	522	30	20	18	112	109	277	16	24
2008	751	333	418	33	22	27	131	122	240	15	30

三、信访办理

1986年，县委要求各部门、各单位把解决历史遗留问题、工作难点和群众迫切要求解决的问题作为一项重要任务。1988年，信访工作采取领导交办、协商会办和有关部门联办的方式，交办9件，会办3件。1989年，信访工作列入乡镇工作考核范围，纠纷大部分在基层解决。1996年始，每年开展一次信访问题集中处理活动。渔沟镇杨某因与邻居土地纠纷，上访3年，通过集中交办县领导包案处理，得到妥善解决。赵集镇钮某反映村委会欠其债务，讨要几年未果，通过集中交办和县领导包案处理，10天时间处理到位。1999年，信访数量有所增加，不稳定因素较多，全县贯彻信访工作“一把手工程”，县级领导加强批阅群众来信，批办的61件全部按期报结。2000年，县四套班子领导人人包案，分案落实，一包到底，负责对报结材料进行把关，并指导相关单位与信访群众见面反馈。一些涉及多头、跨部门的案件通过县领导包案协调得以解决。是年，县委、县政府实行“两手抓、两手硬”，即一手抓信访问题的解决，一手抓信访秩序的规范。推行依法信访，引导上访群众按法律法规文明上访，对违法者通过法律程序依法处理，信访工作逐步纳入法制化轨道。全县信访总量平稳下降，信访秩序进一步规范，大规模集体上访、异常上访现象明显减少。2002年，区领导在接待日中接待上访交办案件63件，按期报结58件。2005年，以国务院《信访条例》颁布为契机，在全区开展大规模、持续集中宣传教育活动。通过宣传提高群众的法制观念，加强对违法上访的管理。分别在王营镇和经委系统举行两场大型的《信访条例》宣传咨询活动，印发《信访条例》8000余份，组织人员进行知识竞赛，提高干部依法行政水平，增强群众依法上访自觉性。对多次无理上访、反复缠访而且有违法行为的，在说服教育无效后，采取果断措施。是年，因违法上访劳教1人、治安拘留2人、训诫谈话5人。

2008年，全区在奥运会期间共排查各类不稳定隐患477件，集中交办72件。各乡镇和部门针对排出不在省、市交办范围内的不稳定因素405个，逐一落实责任。全区排查重信重访的不稳定因素82件，其中化解44件，引导复查复核11件，明确区领导牵头会办6件，落实教育稳控措施21件。

第七节 人事管理

一、机构

【内设机构】 1978年，淮阴县革命委员会人事局内设综合股、工资股、调配股，军队转业干部安置办公室、机构编制委员会办公室与人事局合署办公，编制8名。1981年5月，淮阴县革命委员会人事局更名为淮阴县人事局。1989年3月，县人事局内设人秘股、科技干部股、工资福利股、退休干部股等。1997年，县科委职称评定聘任管理职能划归县人事局，内设办公室、录用调配股、科技干部股、工资福利股、综合计划股、职称股等，人员编制18名。2001年2月，淮阴县人事局更名为淮安市淮阴区人事局。是年，根据淮阴区区级党政机构改革精神，区人事局内设办公室、公务员管理科、科技人员工作科、专业技术人员职称管理科、工资福利与退休管理科、综合计划科等。2008年，内设机构不变，共有6个科室，工作人员26名，下属事业单位4个，行政编制17名。

【直属单位】 人才交流服务中心　1988年9月，成立淮阴县人才交流服务中心，为县人事局下属股级事业单位，编制1名。主要职责是引进科技人才，搞活人力和智力交流，逐步筹办人才市场。1994年，编制2名。2005年，淮阴区人才交流服务中心增加职能和人员编制。主要职责是负责人才交流工作和大中专毕业生就业指导工作；负责人才市场建设和管理，完善人才流动政策；审批办理企事业单位工作人员引进、招聘、辞职事宜，负责人才流动争议仲裁工作；负责企事业单位聘用制干部的管理工作；负责流动人员档案管理工作；按照有关规定，为人事代理人员办理社会保险费收缴、职称评定、档案工资等各项代理工作及合同鉴证工作。是年，编制4名。至2008年职能、人员编制未变。

机关事业养老保险处　1994年8月，成立淮阴县机关事业养老保险处，为县人事局下属股级事业单位，编制5名。2001年，区人事局承担的机关事业养老保险管理职能划归区劳动和社会保障局。

工人技术等级岗位考核办公室　1995年11月，成立淮阴县工人技术等级岗位考核办公室，编制1名。至2008年人员编制未变。

人事考试培训中心　2002年3月，成立淮阴区人事考试培训中心，原人事考试培训业务归人事考试培训中心负责。承担机关事业单位录用、聘用工作人员的考试、考务工作；承担机关事业单位人员继续教育培训及考试工作；承担职称晋升培训、机关事业单位技术工人定级培训、考试、考核工作。至2008年职能、人员编制未变。

二、在职干部管理

【录用】 1978年，干部结构发生较大变化，一些老干部恢复工作，全县有干部6074名。1979年，重新录用在"文化大革命"中被错误开除公职且已平反的干部689名。1981年，面向社会，通过公开考试，从不同渠道择优录用税务干部47名。1983～1984年，进行"以工代干"整顿工作。全县"以工代干"人员805名，补办符合干部手续的436名，符合转干条件的219名。1984年，进行"以工代教"人员整顿工作，符合条件的"以工代教"人员700名转为国家正式教师。1985年，招收录用法院干部15名、工商局干部8名、税务干部7名。1989年，考试录用县直属机关干部9名。1990～1992年，县直党政机关通过考试补充工作人员39名。1994年，录用法院干部6名。1995年，面向社会公开招录公安巡警20名。是年，为税务系统24名聘用制干部和财政系统33名聘用制干部办理录用手续。至1997年，通过省统一组织的考试，为112名乡镇副科级以上聘用制干部办理录用手续。1998年，公开招录公安民警43名、乡镇司法工作人员4名。1999年，干部录用工作转入公务员考试录用。是年，面向普通高校毕业生招录乡镇机关工作人员28名和公安民警4名。2003～2008年，全区面向社会公开招考区、乡机关公务员和工作人员195名。

【考核】 1979～1993年，全县党政机关工作人员实行岗位目标责任制考核。1994年，全县行政机关考核工作实现向公务员考核制度过渡。公务员考核分为平时考核和年度考核。机关事业单位科级干部的年度考核，由县委组织部负责实施。考核内容分德、能、勤、绩4个方面，重点考核工作实绩。考核结果分优秀、称职、不称职3个等次。1997年起，按照公务员管理权限，逐年对公务员的德、能、勤、绩、廉5个方面进行全面考核。全区（县）事业单位工作人员参照公务员考核办法管理。至2008年，进行年度考核12次。

1996～2008年部分年份淮阴区(县)公务员考核情况统计表

表21-2-4　　单位:人

年份	考核人数	优秀	合格	基本合格	不合格	未定等次	未考核
1996	14486	1607	12332	—	6	541	40
2001	12507	1385	10690	6	4	422	46
2002	12524	1321	10891	2	2	308	35
2003	12328	1334	10502	2	4	486	26
2004	12563	1326	10869	6	5	357	16
2006	13296	1468	11587	3	6	232	18
2007	13337	1551	11558	1	18	209	16
2008	12438	1482	10767	1	15	173	9

【奖惩】 1982年,干部奖惩制度恢复,淮阴县人事局设立行政监察股,配备专职人员,具体办理干部奖惩的审批手续。是年,处分干部4人,其中记大过处分2人,撤职1人,开除留用察看一年1人。1985年5月,将“先进工作者”“模范工作者”增列为奖励项目。是年,共评出1984年度先进集体10个、先进工作者139名,给予6名干部记功,并发给奖状、奖金。1986年起,县委、县政府每年召开机关岗位责任制总结表彰大会。1994年起,全县实行公务员奖惩制度。对年度考核连续3年优秀或连续5年称职的,在本职务对应级别内晋升1级;连续2年称职以上的,在本职务工资标准内晋升1个工资档次;连续2年被确定为不称职的,按规定予以辞退。1983～1994年,全县机关事业单位共表彰奖励2470人次,其中记功124人,记大功37人,升级4人,嘉奖2人,评为先进工作者或先进个人2303人次;给予行政纪律处分的82人,其中开除13人,开除留用察看19人,记大过14人,记过6人,警告21人。1999年5月,对行政奖励实行“一票否决制”,凡违反计划生育、环境保护、安全生产、社会治安综合治理等政策规定的,一律取消获奖资格。奖励人选在确定奖励前,须先行通过县纪律检查部门审核。县政府人事部门综合管理公务员奖励工作,负责奖励工作的实施和监督。1995～2008年,全区(县)机关共奖励3126人次,处分117人,其中开除21人,降级撤职16人,记大过13人,其他处分67人。

三、离退休人员管理

【离休】 1978年6月,开始办理老干部离休手续,凡土地革命战争时期参加革命工作的干部、抗日战争时期参加革命工作的副县长及相当职务或行政18级以上干部、解放战争时期参加革命工作的行政专署专员以上职务或行政14级以上干部,年老体弱不能坚持工作的,均可离休。1982年,对新中国成立前参加革命战争、脱产享受供给制待遇和从事地下革命工作的老干部,达到离职休养年龄的均办理离休。对新中国成立前参加工作、享受供给制待遇的退休人员改办离休手续。是年12月后,行政14级、18级以上干部离休后,分别享受司局级或处级待遇,并颁发“老干部离休荣誉证”。至1987年,全县共办理离休手续1152人,其中退休后改办离休766人。至2008年底,全区尚有离休干部408名,其中享受地(厅)级待遇的12名,享受部分地(厅)级待遇的29名,享受县(处)级待遇的151名,享受科级待遇的216名。其分布情况为:党政机关216名、事业单位162名、企业单位120名。

【退休】 1978年6月,国务院颁发《关于安置老弱病残干部的暂行办法》,干部退休制度得到恢复。至2008年底,全区国家机关和事业单位共有退休干部5133人。

【退职】 国家正式干部，不具备国家规定的退休条件，但因身体有病，基本丧失工作能力，辞去干部职务。至2005年，全区办理退职手续34人。20世纪50年代，全县动员592名干部（原小乡干部）退职回乡参加生产劳动。70年代后，由于部分人员年老体弱、无经济来源等原因，1981年始，省财政拨出专款，用于解决小乡干部的生活困难，是年，全县发放小乡干部生活救济费2500元。1983年3月起，对50年代退职的小乡干部实行定期生活补助，全县审核审批享受定补的原小乡干部277名。1985～1986年，由县安排专人对50年代曾任小乡主要干部又不能提供退职证的人员进行调查，对符合条件的97名原小乡干部办理生活定补手续。至2005年，淮阴区有小乡干部134名。2008年，有小乡干部105名。

四、专业技术人员职称管理

【专业技术人员职称评定】 1979年，启动专业技术人员职称评定工作。对从事工程、农业等自然科学的技术人员，进行技术职称的套改。套改的对象为1966年底以前，已定为技术员、助理技术员和大学本科、专科和中专毕业并从事技术工作的人员。县人事部门在各有关业务主管部门和各专业学会的配合下，对全县486名工程、农业科技干部的技术职称进行套改、复查、考核、晋升。1980～1983年，经复查评定，向淮阴地区职称部门推荐报批工程师39名、农艺师22名、畜牧兽医师6名、助理工程师129名、助理农艺师95名、助理畜牧兽医师23名、技术员154名。1982年上半年，对会计、统计、经济等社科系列技术人员进行职称评定工作，被授予职称的会计专业干部403名、统计专业干部47名、农经专业干部36名。1983年，淮阴县停止职称评定工作，职称工作进入整顿阶段。同时，县人事部门将技术职称的管理工作移交县科学技术委员会负责。1988年，开展专业技术人员评聘工作。是年，共评定教育、卫生等系列专业技术职称5244名，其中高级职称85名、中级1372名、初级3787名。评定农民技术职称401名，其中助理农艺师和助理畜牧兽医师168名、技术员164名、助理技术员69名。1990年，为进一步深化职称改革，国家开始在相关专业实行专业技术资格考试制度。是年，对计算机软件人员和统计员进行资格考试。相继开展经济、会计、审计、建筑工程、执业药师、中药师等相关专业系列的中初级技术资格、执业资格考试。1997年，县职称管理职能由县科技部门划转县人事部门。是年，成立初评委6个、中评委2个，职称工作领导机构和业务评审机构得到调整充实。年内晋升高级专业技术职务58名、中级365名、初级610名。1998年，开展专业技术人员的继续教育工作，全县有近6000名专业技术人员接受不同内容、不同形式的继续教育培训。1999年，开始把职称工作向农村和非国有单位延伸，共为200多名有一定技能、技术的农民和乡镇企业等非公有制单位的专业技术人员评定相应技术职称。2001年，卫生专业系列全部实行中、初级技术资格考试制度。至2008年，全区有11574名专业技术人员获得不同级别的专业技术任职资格，其中正高4名、副高609名、中级5004名、初级5957名。1999～2008年，共评定农民技术职称和乡镇企业专业技术职称2203人。

【专业技术职务评聘分开制度】 2003年，在全区事业单位推行专业技术职务评定与职务聘任分开制度。专业技术人员个人申报专业技术资格评定（考试）不受单位专业技术职务岗位数额限制，可根据相应专业技术资格条件，经过一定的程序及途径，向有关评定机构申请相应专业技术资格评定或向有关考试机构申请相应专业技术资格考试。专业技术人员获得的专业技术资格不与工资待遇挂钩，但可作为竞聘专业技术职务、进行人才交流、参加学术和技术等活动的依据。用人单位根据专业技术职务岗位的需要，在国家或系列主管部门核定的专业技术职务岗位设置及结构比例范围内，自主聘任具备任职条件的专业技术人员担任相应的专业技术职务。专业技术人员受聘专业技术职务后，享受相应的工资待遇。

五、毕业生就业管理

【统招大中专毕业生分配】 1978年起，大中专毕业生分配工作历经国家计划分配、指令性计划和双向选择相结合、以双向选择为主的3个阶段。1979～1985年，共接收大专院校毕业生401名、中专毕业生747名。1986～1991年，接收分配大中专毕业生1029名，其中分配到行政机关107名，分配到事业单位347名。1992年，采取指令性计划和双向选择相结合的办法安置毕业生。8月5日，举行首次毕业生分配双向选择会，有136名毕业生与企事业单位达成就业协议。是年，县政府制定《关于选拔部分大中专毕业生到基层工作的意见》，派遣26名统配大中专毕业生到乡镇企业或行政村工作。从外县生源中调剂12名紧缺专业的毕业生来淮工作，其中为县茧丝绸公司调剂分配2名制丝、丝织专业的大专毕业生。是年，共接收分配大中专毕业生243名。1992～1999年，共接收统配大中专毕业生1569名，其中分配到行政机关43名、事业单位297名。1995年，根据上级下达的安置计划，接收安置4名三峡地区的移民毕业生。2000年，出台《关于事业单位接收大中专毕业生实行公开招考的意见》，在全市率先对进入事业单位的毕业生实行公开统一招考。有用人需求的事业单位，先申报计划，然后由县人事部门组织统一考试，择优录用。2000～2005年，全区（县）通过公开考试录（聘）用549名毕业生进入事业单位工作。为加强高层次人才引进工作，2001年，区政府出台《关于加强人才招聘工作的若干意见》，规定事业单位自然减员空出的编制或新增编制主要用于本科以上高层次人才的引进。在专业对口、单位急需的情况下，单位无编制的，可增人增编；进入企业工作的本科生，区人才基金予以补助，确保其工资收入不低于事业单位工资标准；淮阴区生源的本科以上毕业生和自愿来淮就业的外地本科生，人事部门根据专业对口或相近的原则，实行指令性安置，为本科以上人才引进建立了绿色通道。2000～2008年，共引进本科以上、副高以上职称的高层次人才1439名。

【地方大中专毕业生分配】 1987年8月，对职大、夜大、函大、成人教育、电大（简称“五大”）毕业生非在职者实施聘用工作，实行计划管理。1988年，全县录用17名“五大”毕业生到乡镇企业工作，聘用19名毕业生到企事业单位工作。1992年，聘用农村户口的“五大”毕业生17名，录用城镇户口的“五大”毕业生2名。1993年，录用、聘用“五大”毕业生54名。1994年，录用、聘用76名。1995年，录用、聘用122名。1996年12月，为解决边远乡镇中小学教师暂时短缺的矛盾，县政府出台《关于从地方大中专毕业生中聘用中小学教师的暂行意见》。是年，共录、聘用地方大中专毕业生180名。1997～1999年，录、聘用444名。此后，事业单位用人实行双向选择、公开招考制度。

六、人才流动调配管理

1978年后，经济和社会发展加快，产生多层次、多样化的人才资源需求。1981年，对闲散在社会上的科技人员进行调查统计，全县共有闲散科技人员213名，其中工程技术人员32名、农林牧技术人员134名、卫生技术人员25名、其他人员22名。录用52名，临时雇用技术员、代课教师、民办教师154名。是年，为新成立的县人民医院调配32名技术人员和行政管理人员，为轻工部门调配干部11名，为各公社调配干部121名。1982年，对用非所学科技人员进行复查调整。据调查，全县共有科技人员2200名，其中用非所学的有140名。1985年，除2名因本县无对口专业外，其余均得到调整。是年，引进各类专门人才（不含大中专毕业生）12名，其中工业技术人员8名、农业技术人员4名。此后，人才流动趋于活跃，县人事部门通过参加人才交流会、发函联系等方法，引进企事业单位急需的各类专业技术人才。1986年，引进各类专门人才20名。1987～1988年，为县政法部门调配干部45名，为工商、税务、财政等经济监督调节部门调配干部51名。1988年，引进各类专门人才13名。是年，还接收安置2名西藏内调干部。1989～1991年，共引进各类专门人才47名。1992年，县政府出台《关于引进经济建设中紧缺人才的暂行规定》，全年共引进各类人才18名，其中从中国船舶工业总公司第七研究所引进淮阴县紧缺的工业自动化专业人才1名，从盱眙县引进高级建筑工程师1名。1993年，成立淮阴县人才市场，与人才交流服务中心合署办公，隶属县人事局管理，主要承担聘干审批、人事档案管理、人才引进、人才交流和人才市场开发工作，中专以上或初级以上职称人才通过人才市场全部实行双向选择就业。1995年，引进中国药科大学毕业的工程师1名，引进三级以上演员6名。1992～2008年，引进各类人才（不含大中专毕业生分配）295名。

七、军队转业干部管理

1978年，军队转业干部实行指令性计划安置，主要是根据工作需要和军转干部的具体条件，尽可能做到妥善安置、合理使用。1980年，对1969年至1975年7月之间复员安置军队干部改办转业手续（犯有严重错误除外），并恢复干部身份和工资级别。1984年，接收军队转业干部42名，其中团职5名、营职19名、连排职13名、技工5名。1985年，接收军队转业干部86名，安置74名，分配至机关24名、事业单位15名、企业35名。1992年，接收安置军队转业干部7名，其中团职1名、营职3名、连排职2名、技干1名。2001年，以计划安置为主，允许部分符合一定条件的军队转业干部自主择业，自主择业军转干部按月领取国家发放的退役金，并参照公务员待遇标准，为自主择业军转干部办理医疗保险手续。至2005年，全区自主择业的军转干部有4名。

1985～2005年，接收安置军转干445名，其中团职干部23名、营职干部153名、连排职干部254名。2008年，区内机关接受安置8名。

1985～2008年淮阴区（县）军转干部安置情况一览表

表21-2-5　　单位：人

年份	总数	安置去向			年份	总数	安置去向		
		机关	事业	企业			机关	事业	企业
1985	74	24	15	35	1997	7	5	2	0
1986	109	29	32	48	1998	9	7	1	1
1987	47	13	12	22	1999	11	10	0	1
1988	15	5	4	6	2000	12	12	0	0
1989	13	6	1	6	2001	8	8	0	0
1990	5	1	1	3	2002	3	3	0	0
1991	7	5	1	1	2003	3	3	0	0
1992	7	2	2	3	2004	12	10	2	0
1993	15	2	2	11	2005	21	20	1	0
1994	7	6	1	0	2006	4	4	0	0
1995	6	4	1	1	2007	8	8	0	0
1996	7	7	0	0	2008	8	8	0	0

八、工资管理

【工资（津贴）制度】 1978年底，全县调整部分职工工资。是年，全县职工总数11222人，实际受益人数8106人，占职工总数72.23%。1979年11月起，全国40%的职工增加工资，至1980年10月底，调资工作结束。其时，全县全民所有制职工12276人，升级指标为5779人，实际受益6662人。1980年，淮阴县由三类工资区调整为四类工资区。1982年10月1日起，调整国家机关、科学文教卫生等部门工作人员的工资。县内参加调资的有122个单位4271人，其中国家机关1466人、全民事业单位1168人、集体事业单位227人、“小三场”（小农场、小渔场、小林场）1265人。批准升一级的4271人，再补升一级的860人，因违反计划生育等原因不升级的149人。调资工作于1985年6月底全部结束。

1985年，国家对机关事业单位工作人员的工资制度进行改革，实行以职务（岗位）工资为主要内容的结构工资制。普通中小学和幼儿园从1985年1月1日起执行新的工资制度，主要内容是国家机关、事业单位行政人员、专业技术人员均改行以职务工资为主要内容的结构工资制，按照工资的不同职能，将工资分为基础工资、职务工资、工龄津贴和奖励工资4个部分。为鼓励中小学校、中等专业学校、技工学校的教师和幼儿老师及护士长期从事本职业，除按规定发给工龄津贴外，另外分别加发教龄津贴和护士工龄津贴。建立正常的晋级增资制度，每年根据国民经济计划的完成情况，适当安排国家机关、事业单位工作人员的工资增长指标，建立分级管理的工资体制。国家机关和其他事业单位从1985年7月1日起执行新的工资制度，全县参加工改总人数为11880人，工改前人均月工资58.89元，工改后人均月工资76.86元，人均月增资17.97元。是年7月，淮阴县由四类工资区调整为五类工资区。1988年，由五类工资区改为六类工资区，提高工资标准的共有12087人，其中行政机关2126人、事业单位8447人、“小三场”1514人。是年，中小学教师工资标准提高10%，有6418人办理提高标准手续。同时为职称改革中聘任的1450名全民事业单位工作人员兑现工资待遇。1989年，234名护理人员提高工资标准10%。

1990年，为国家机关事业单位工作人员普调一级工资和复调一级工资，普调11974人。1992年，国家机关和事业单位工作人员提高奖励工资（职务津贴）标准。职工工龄工资津贴标准从每人每年0.5元提高至1元。1993年，再次提高奖励工资标准。1994年，进行新的工资制度改革，从1993年10月1日起执行。此次改革对不同行业事业单位专业技术人员分别建立与其岗位特点相适应的不同类型工资制度，对事业单位管理人员实行职员职务等级工资制。将事业单位工作人员的工资构成分为固定部分和浮动部分两块，分别与工作人员的职务高低和实际工作量大小挂钩，同时根据事业单位经费来源的不同，对全额拨款、差额拨款、自收自支三种不同类型的事业单位实行分类管理，鼓励有条件的事业单位向自收自支、企业化管理过渡。全县有12882名机关、事业单位工作人员参加此次工资改革。1994年后，淮阴县对机关事业单位人员的工资进行多次调整。

1995～2005年，先后6次对机关事业单位工作人员的职务（岗位）津贴进行调整，5次进行两年晋升一档工资的调整。2007年3月，对机关事业单位工资制度进行新中国成立后的第四次重大改革（新工资制度从2006年7月起执行）。主要内容为：公务员实施职级工资制，机关工人实行岗位技术等级工资制，事业单位实行岗位绩效工资制。2008年12月，实施规范公务员津贴补贴工作。

【福利费】 1978年，淮阴地区机关福利委员会恢复。机关事业单位主要福利为福利费、丧葬费及抚恤费、遗属补助等。是年7月，按每人每月1.6元标准提取福利费开支。此后，福利费标准多次调整。1987年，干部福利费每人每月2.5元提取。1992年7月起，福利费每人每月4元提取。1999年7月起，每人每月20元提取。2008年底，机关事业单位福利费每人每月20元，丧葬补助费标准为600元，病故者抚恤金按20个月工资计发，因公牺牲者按40个月计发，遗属补助为每人每月200元。

【假期】 1978年后，机关事业单位正常执行产假、病假、婚丧假、探亲假等制度。1995年，国家机关、事业单位实行“双休日”制度。2008年，国家对法定节假日时间安排进行调整：元旦放假1天；春节放假3天，放假起始时间由农历年正月初一调整为除夕；“五一”国际劳动节由3天调整为1天；国庆节放假3天；清明、端午、中秋增设为国家法定节假日，各放假1天。

【奖金】 1978年，全县机关事业单位工作人员实行副食品价格补贴和行政经费节支奖金。1985年，进行工资改革，专门设立奖励工资，奖金纳入工资范畴。1993年，在新工资构成中不再设立奖金，改为在年终时对考核优秀和称职的公务员发给一次性奖金，数额相当于其一个月的基本工资。对事业单位实行奖励制度，主要对有突出贡献的专家、学者和技术人员实行政府特殊津贴。2006年，公务员工资制度改革后，在公务员中继续实行年终一次性奖金，对年度考核为称职（合格）及以上的工作人员发放年终一次性奖金，奖金标准为其当年12月的基本工资。至2008年，奖金制度无变化。

第三章　中国人民政治协商会议淮阴区委员会

第一节　工作机构与领导成员

一、工作机构

1981年5月，中国人民政治协商会议淮阴县委员会成立，内设秘书处和提案工作委员会、经济工作委员会、文教卫生工作委员会、文史工作委员会、祖国统一工作委员会5个专门委员会。此后，根据全县社会事业发展和政协工作需要，下设工作机构逐步加以调整和完善。1990年3月，增设学习委员会。1993年2月，文教卫生工作委员会更名为科教文卫法制委员会，取消秘书长、副秘书长建制，设立办公室。1995～1997年，恢复秘书长、副秘书长建制，取消办公室。1998年1月，恢复办公室，秘书长兼办公室主任。将学习委员会与文史工作委员会合并为学习文史委员会。2003年，经济工作委员会更名为经济科技和城乡建设委员会，科教文卫法制委员会更名为文教卫体法制和人资环境委员会，学习文史委员会更名为学习宣传文史资料委员会，祖国统一工作委员会更名为港澳台侨委员会。至2008年，机构设置未变。

二、领导成员

1981年5月，政协淮阴县第一届委员会第一次会议召开。从1981年5月至2008年12月，历经8届，选举产生主席8名、副主席44名、秘书长8名、常委339名。

1981～2008年淮阴区（县）政协历届主席、副主席更迭一览表

表21-3-1

届　次	职务	姓　名	性别	任职时间	籍　贯
第一届（1981.05～1984.04）	主席	吴之和	男	1981.05～1984.05	沭阳
	副主席	黄汉书	男	1981.05～1984.05	涟水
		陈汝流	男	1981.05～1984.05	沭阳
		刘玉厚	男	1981.05～1984.05	淮阴
		陈建国	男	1981.05～1984.05	南京
		李兰珍	女	1981.05～1984.05	灌云
		闵克廉	男	1981.05～1984.05	淮阴
		胡志明	男	1981.05～1984.05	沭阳
		吴太洪	男	1981.05～1984.05	沭阳
		钱振基	男	1981.05～1984.05	南通
		杜元炽	男	1981.05～1984.05	淮阴

续表21-3-1

届　次	职务	姓　名	性别	任职时间	籍　贯
第二届（1984.05～1987.03）	主席	周　平	男	1984.05～1986.12	沭阳
		王宝善	男	1986.12～1987.04	淮阴
	副主席	马乃珍	男	1984.05～1987.04	灌南
		张学敏	男	1984.05～1987.04	淮安
		钱振基	男	1984.05～1987.04	南通
		杜元炽	男	1984.05～1987.04	淮阴
		李兰珍	女	1984.05～1987.04	淮阴
第三届（1987.04～1990.03）	主席	王宝善	男	1987.04～1990.03	淮阴
	副主席	秦华英	女	1987.04～1990.03	淮阴
		唐达孝	男	19870.4～1990.03	湖北武汉
		蒋镇海	男	1987.04～1990.03	泰州
第四届（1990.03～1993.02）	主席	王玉家	男	1990.03～1993.02	沭阳
	副主席	秦华英	女	1990.03～1993.02	淮阴
		唐达孝	男	1990.03～1993.02	湖北武汉
		蒋镇海	男	1990.03～1993.02	淮阴
		秦家香	男	1990.03～1993.02	淮阴
第五届（1993.02～1998.01）	主席	王玉家	男	1993.02～1995.03	沭阳
		沈业富	男	1995.03～1998.01	淮阴
	副主席	秦华英	女	1993.02～1998.01	淮阴
		梁培祚	男	1993.02～1998.01	山东
		秦家香	男	1993.02～1998.01	淮阴
	副主席	蒋镇海	男	1993.02～1998.01	泰州
		王风亮	男	1993.02～1997.01	淮阴
		孙德梅	女	1996.02～1998.01	滨海
第六届（1998.01～2003.01）	主席	沈业富	男	1998.01～2000.01	淮阴
		赵益群	女	2000.01～2002.01	淮阴
		王祥生	男	2002.01～2003.01	淮阴
	副主席	秦华英	女	1998.01～2003.01	淮阴
		韩竹生	男	1998.01～2002.01	淮阴
		孙德梅	女	1998.01～2003.01	滨海
		秦家香	男	1998.01～2003.01	淮阴
		徐　潼	男	1998.01～2003.01	扬州
		穆文清	男	1998.01～2002.11	淮阴
		蒋镇海	男	1998.01～2001.01	泰州
		许同华	男	1999.02～2002.12	淮阴
		丁祖奎	男	2001.01～2003.01	淮阴
		孙效德	男	2001.01～2003.01	淮阴

续表21-3-1

届　次	职务	姓　名	性别	任职时间	籍　贯
第七届（2003.01～2007.12）	主席	王祥生	男	2003.01～2007.12	淮阴
	副主席	孙德梅	女	2003.01～2004.01	滨海
		秦家香	男	2003.01～2006.11	淮阴
		徐　潼	男	2003.01～2007.11	扬州
		孙效德	男	2003.01～2007.12	淮阴
		丁祖奎	男	2003.01～2007.12	淮阴
		乔俊华	男	2003.01～2007.11	淮阴
第八届（2007.12～　）	主席	王祥生	男	2007.12～	淮阴
	副主席	孙效德	男	2007.12～	淮阴
		丁祖奎	男	2007.12～	淮阴
		赵　欣	女	2007.12～	内蒙古
		谈效艳	女	2007.12～	涟水

第二节　政协全委会议

一、第一届委员会

【第一次会议】 1981年5月21～28日在县航运公司会堂举行。应到委员92名，实到89名；特邀列席人士11名，实到9名。中共淮阴县委书记杨宝林致词，副主席刘玉厚、陈建国分别作政协工作报告和致闭幕词。全体委员列席县第八届人大一次会议，听取和讨论政府工作报告和其他报告。第一届委员会第一次会议选举县政协第一届委员会主席1名、副主席10名、秘书长1名、常委31名。

【第二次会议】 1982年8月27～31日在县招待所召开。应到委员102名，实到98名。吴之和致开幕词，中共淮阴县委书记杨宝林讲话，陈建国作政协淮阴县委员会第一届常委会工作报告，闵克廉作政协淮阴县一届一次会议以来提案处理情况的报告，刘玉厚致闭幕词。全体委员列席县第八届人大二次会议，听取和讨论政府工作报告和其他报告。

【第三次会议】 1983年3月26～30日在县招待所召开。应到委员102名，实到99名。中共淮阴县委书记杨宝林讲话，吴之和作政协淮阴县委员会常委会工作报告，黄汉书作政协淮阴县一届二次会议以来提案处理情况的报告，陈汝流致闭幕词。全体委员列席县第八届人大三次会议，听取和讨论政府工作报告和其他报告。

二、第二届委员会

【第一次会议】 1984年5月23～28日在县招待所召开，出席委员143名。中共淮阴县委书记姜立宽致词，县委副书记周平致开幕词，张学敏作政协淮阴县第一届常委会工作报告，陈建国作第一届政协以来提案处理情况报告，钱振基致闭幕词。全体委员列席县第九届人大一次会议，听取并讨论县政府工作报告和其他报告，选举产生县政协第二届委员会主席1名、副主席5名、秘书长1名、常委42名。

【第二次会议】 1985年5月3～9日在县招待所召开，出席委员142名。中共淮阴县委副书记沈业富讲话，张学敏作《关于落实政策情况的报告》。全体委员列席县第九届人大二次会议，听取和讨论县政府工作报告及其他报告。

【第三次会议】 1986年4月14～18日在县招待所召开，出席委员154名。张学敏致开幕词，中共淮阴县委副书记沈业富作《肝胆相照，团结奋斗，开创我县政协工作的新局面》的报告，王宝善致闭幕词。全体委员列席县第九届人大三次会议，听取并讨论县政府工作报告和其他报告。会议选举县政协第二届委员会主席1名，增选常委3名、委员6名。

三、第三届委员会

【第一次会议】 1987年4月3～8日在县招待所召开，出席委员179名。政协淮阴县第二届委员会主席王宝善致开幕词，中共淮阴县委副书记李忠善作《坚持四项基本原则，发扬社会主义民主，把政协工作提高到新水平》的讲话，王宝善作《肝胆相照，奋力工作，为振兴中华、统一祖国服务》政协常委会工作报告。参会委员列席县第十届人大第一次会议，听取并讨论县政府工作报告和其他报告。到会委员对政府、政协工作提出意见和建议59条。选举产生县政协第三届委员会主席1名、副主席3名、秘书长1名、常委38名。

【第二次会议】 1988年5月8～12日在县招待所召开，出席委员197名。中共淮阴县委书记杨基厚讲话，秦华英作《发展民主政治，奉献聪明才智》政协常委会工作报告。全体委员列席县第十届人大三次会议，听取并讨论政府工作报告及其他报告。

【第三次会议】 1989年4月9～12日在县招待所召开，出席委员205名。王宝善致开幕词，中共淮阴县委书记张凯讲话，秦华英作《肝胆相照，群策群力，使政协工作跨上新的高度》工作报告，蒋桂田作提案工作报告。全体委员列席县第十届人大第四次会议，听取并讨论县政府工作报告及其他报告。

四、第四届委员会

【第一次会议】 1990年3月5～10日在县招待所召开，出席委员179名。王玉家致开幕词，中共淮阴县委书记张凯讲话，秦华英作县政协常委会工作报告，蒋桂田作提案工作报告，梁培祚作政协人事安排情况报告，唐达孝致闭幕词。全体委员列席县第十一届人大一次会议，听取并讨论县政府工作报告和其他报告。会议选举产生县政协第四届委员会主席1名、副主席4名、秘书长1名、常委39名。

【第二次会议】 1991年4月13～16日在县招待所召开，出席委员214名。王玉家致开幕词，中共淮阴县委书记张凯讲话，秦华英作政协第四届常委会工作报告，蒋镇海作提案委员会工作报告，秦家香致闭幕词。全体委员列席县第十一届人大二次会议，听取并讨论县政府工作报告和其他报告，增补常委3名。

【第三次会议】 1992年3月7～10日在县招待所召开，出席委员154名。中共淮阴县委副书记李忠善讲话，王玉家作政协常委会工作报告，唐达孝作《政协淮阴县委员会提案委员会四届二次会议以来提案处理情况的报告》。全体委员列席县第十一届人大三次会议，听取并讨论县政府工作报告和其他报告。

五、第五届委员会

【第一次会议】 1993年2月14～17日在县招待所召开，出席委员202名。秦华英致开幕词，会议听取并讨论中共淮阴县委书记张凯在开幕式上的讲话，王玉家所作的政协常委会工作报告、提案工作报告，听取大会发言。全体委员列席县第十二届人大一次会议，听取并讨论县政府工作报告和其他报告。会议选举产生县政协第五届委员会主席1名、副主席5名、秘书长1名、常委39名。

【第二次会议】 1994年2月12～15日在淮阴县招待所召开，出席委员213名。秦家香致开幕词，中共淮阴县委书记张凯作《履行协商监督基本职能，为改革发展稳定作贡献》报告，王玉家作《政协淮阴县常务委员会工作报告》，克步广作提案工作情况报告，蒋镇海致闭幕词。全体委员列席县第十二届人大二次会议，听取并讨论县政府工作报告和其他报告。

【第三次会议】 1995年3月4～7日在县招待所召开，出席委员210名，秦家香致开幕词，听取和讨论中共淮阴县委书记张凯在开幕式上的讲话，王玉家所作的县政协第五届常委会工作报告，吴礼国所作的《政协五届委员会提案工作委员会关于五届二次会议以来提案工作情况的报告》，沈业富致闭幕词。通过会议决议。全体委员列席县第十二届人大三次会议，听取并讨论县政府工作报告和其他报告。会议选举产生县政协第五届委员会主席1名，增选常委3名。

【第四次会议】 1996年2月27～29日在县招待所召开，出席委员199名。秦家香致开幕词，听取并讨论中共淮阴县委书记冯加庚在开幕式上的讲话，沈业富作县政协第五届常委会工作报告，陈廷玉作提案工作情况报告，秦华英致闭幕词。会议听取大会发言，通过会议决议。全体委员列席县第十二届人大四次会议，听取并讨论县政府工作报告和其他报告。会议增选县政协第五届委员会副主席1名、秘书长1名、常委3名。

【第五次会议】 1997年2月14～17日在县招待所召开，出席委员209名，会议听取并讨论中共淮阴县委书记冯加庚在开幕式上的讲话，听取和审议沈业富所作的政协常委会工作报告、提案工作报告。听取大会发言，通过会议决议。全体委员列席县第十二届人大五次会议，听取并讨论县政府工作报告和其他报告。

六、第六届委员会

【第一次会议】 1998年1月3～6日在县招待所召开，出席委员186名。秦华英致开幕词，会议听取并讨论中共淮阴县委书记冯加庚在开幕式上的讲话，听取和审议沈业富所作的政协常委会工作报告及朱学群所作的提案工作报告，秦家香致闭幕词。听取大会发言。全体委员列席县第十三届人大一次会议，听取并讨论县政府工作报告和其他报告。会议选举产生县政协第六届委员会主席1名、副主席7名、常委48名。

【第二次会议】 1999年2月25～28日在县招待所召开，出席委员196名。蒋镇海致开幕词，会议听取并讨论中共淮阴县委书记周云飞在开幕式上的讲话，听取和审议沈业富所作的政协常委会工作报告及朱学群所作的提案工作报告，孙德梅致闭幕词。听取大会发言。全体委员列席县第十三届人大二次会议，听取并讨论县政府工作报告和其他报告。会议增选县政协第六届委员会副主席1名、常委2名。

【第三次会议】 2000年1月20～22日在县招待所召开，出席委员204名。秦家香致开幕词，会议听取并讨论中共淮阴县委书记周云飞在开幕式上的讲话，听取和审议政协淮阴县第六届委员会常务委员会工作报告、提案委员会关于六届二次会议以来提案工作情况的报告。全体委员列席县第十三届人大三次会议，听取和讨论县政府工作报告和其他报告，协商通过人事安排和其他有关事项，穆文清致闭幕词。听取大会发言。会议选举县政协六届委员会主席1名、增选常委3名。

【第四次会议】 2001年1月8～10日在县北郊宾馆召开，出席委员193名。秦家香致开幕词，听取并讨论中共淮阴县委书记周云飞在开幕式上的讲话，听取和审议韩竹生所作的政协常委会工作报告、葛以政所作的提案工作报告。听取大会发言。全体委员列席县第十三届人大四次会议，听取和讨论县政府工作报告和其他报告。赵益群致闭幕词。会议增选县政协第六届委员会副主席2名，选举秘书长1名、增选常委7名。

【第五次会议】 2002年1月17～19日在区北郊宾馆召开，出席委员190名。秦家香致开幕词，会议听取并讨论中共淮阴区委书记周云飞在开幕式上的讲话，听取和审议韩竹生所作的政协常委会工作报告、葛以政所作的提案工作报告。听取大会发言。全体委员列席区第十三届人大五次会议，听取和讨论县政府工作报告和其他报告，协商通过人事安排和其他有关事项。会议选举区政协第六届委员会主席1名，增选常委6名。

七、第七届委员会

【第一次会议】 2003年1月5～7日在淮阴宾馆召开，出席委员196名。秦家香致开幕词，会议听取并讨论中共淮阴区委书记周云飞在开幕式上的讲话，听取和审议王祥生所作的政协常委会工作报告、孙效德所作的提案工作报告。听取大会发言。全体委员列席区第十四届人大一次会议，听取和讨论区政府工作报告和其他报告。会议选举区政协第七届委员会主席1名、副主席6名、秘书长1名、常委53名。

【第二次会议】 2004年1月7～9日在淮阴宾馆召开，出席委员203名、特邀人员51名。会议听取并讨论中共淮阴区委书记夏心旻在开幕式上的讲话，听取和审议王祥生所作的政协常委会工作报告、王兆学所作的提案工作报告。听取大会发言。全体委员列席区第十四届人大二次会议，听取和讨论区政府工作报告和其他报告。会议选举秘书长1名、增选常委7名。

【第三次会议】 2005年1月7～9日在淮阴宾馆召开，出席委员205名、特邀人员52名。会议听取并讨论中共淮阴区委书记夏心旻在开幕式上的讲话，听取和审议王祥生所作的政协常委会工作报告、王兆学所作的提案工作报告。听取大会发言。全体委员列席区第十四届人大三次会议，讨论"一府两院"工作报告，围绕推进全区科学发展和跨越发展，提出意见和建议。

【第四次会议】 2006年1月3～5日在淮阴宾馆召开，出席委员205名。会议听取并讨论中共淮阴区委书记戚寿余在开幕式上的讲话，听取和审议王祥生所作的政协常委会工作报告、王兆学所作的提案工作报告。听取大会发言。全体委员列席区第十四届人大四次会议，听取和讨论区政府工作报告和其他报告。会议增选常委2名。

【第五次会议】 2007年1月3～6日在淮阴宾馆召开，出席委员207名。会议听取并讨论中共淮阴区委书记戚寿余在开幕式上的讲话，听取和审议王祥生所作的政协常委会工作报告、提案工作报告。听取大会发言。全体委员列席区第十四届人大五次会议，听取和讨论区政府工作报告和其他报告。会议增选常委1名。

八、第八届委员会

【第一次会议】 2007年12月26～29日在淮阴宾馆召开，出席委员226名、特邀人员55名。会议听取并讨论中共淮阴区委书记戚寿余在开幕式上的讲话，听取和审议王祥生所作的政协常委会工作报告、孙效德所作的提案工作报告。听取大会发言。全体委员列席区第十五届人大一次会议，听取并讨论"一府两院"工作报告。会议选举区政协第八届委员会主席1名、副主席4名、秘书长1名、常委49名。

第三节　主要工作

一、调研视察

淮阴县政协第一届委员会3年任期中，8次组织部分常委和委员深入工厂、学校和企事业单位、乡镇（公社）、村（大队）、组（生产队）视察和调查研究。1982年10月，围绕贯彻落实环境保护法，对县内部分企业展开调研，形成调研报告呈报县政府及相关部门，报告提出塑料制品厂位于人口稠密区，生产时释放出的氯化烯气体会对人体神经中枢造成麻痹作用，建议政府采取措施。县政府责成主管部门，采取果断措施，迁移厂址，消除对群众健康的危害。1983年4月，组织委员专题调研县丝织厂经济承包制，总结经济变革中的新经验，形成《解放思想、大胆变革、生产上升、效益显著》的调查报告。1983年11月，对落实党的民族政策和宗教政策作专题调查，省对台广播部向台湾播放，并在《淮阴政协》和

《淮海报》上刊载。

县政协第二届委员会3年任期内，与统战、侨、台、民族宗教等部门配合，写出各种调查报告、专题总结40余篇，有专题调查2篇，获市委富民兴淮调查竞赛优胜奖杯。县政协农业组围绕“发展蚕桑生产、促进经济翻番”召开座谈会，与有关单位领导和职工共同总结发展蚕桑生产正反两方面的经验，倾听他们的建议和意见，深入到重点村、组调查了解，进行综合分析，写出专题调查报告。为总结经济改革和企业管理的新经验，组织政协委员调查经济体制改革情况，总结县丝织厂、鞋帽厂等企业实行改革、搞活企业、提高经济效益的经验，分别在淮阴市三级干部大会和市场经济改革工作会议上介绍。县政协文卫组、科技组、农业组还对职业技术教育、市政管理、环保卫生、砖瓦生产、河塘养鱼等专题进行调查。农业组对油菜种植连续进行咨询服务，对油菜生产进行科学研究，获市科委颁发的科技成果奖。文教组和民主党派联合创办振兴业余学校，1986年参加学习的120名学生中有44名考取本科或大专。卫生组在城区食品厂、饮服公司进行咨询服务，宣传食品卫生法。科技组配合城建部门举办乡镇级建筑技术人员培训班，有40余人获得技术员证书。同时，还举办电脑使用、机械制图、环境保护、食用菌生产等专题学习班。

县政协第三届第一次会议后，面向全县“两个文明”建设和群众关心的实际问题，进行多门类的调查研究，写出调查报告、专题总结10余篇。

县政协第四届委员会3年任期内，组织常委、委员深入工农业生产、城建、社会治安、财贸、教育、卫生、粮食等30余个行业和全县30个乡镇（场）进行深入调查，共撰写调查报告97篇。内容涉及韩庄乡建筑队在北京城建施工、县粮食车队狠抓内部管理、部分乡镇菜鸽生产、县二建公司在南京修筑古城墙、南陈集中学学生负担情况、韩圩乡提高水稻单产推广两段育苗的经验等。1992年初，组织部分常委、委员对全县蚕茧生产状况进行调查，指出上年度缫丝厂损失近千万元的原因是蚕茧生产只重数量而忽视质量，建议政府解决蚕茧收购的无序状况、本位主义及蚕桑生产技术服务跟不上等问题。是年，县委决定政协负责抓全县的蔬菜生产，成立以政协主席为组长、1名县委副书记和2名政协副主席为副组长的蔬菜生产领导小组，设立蔬菜生产领导小组办公室。组织20余个乡镇2000余人次去山东等地参观学习，在各乡镇（场）逐一落实蔬菜种植规划1.3万公顷，通过借贷、集资等多种渠道筹集资金700余万元。

县政协第五届委员会5年任期内，组织委员开展10余项调研视察活动。1993年，组织委员分别对兴淮建筑公司、县供电公司等单位“两个文明”建设和企业负担、全县蔬菜生产情况进行调查研究。1994年，对一些乡村办学难、劳动就业难等问题进行调查，调查报告先后在《新华日报》《农民日报》《江苏工人报》等报上发表。1996年，对计划生育和蔬菜生产情况进行调查，向县委、县政府提交《关于计划生育工作的建议案》和《关于搞活蔬菜流通环节的建议案》，受到县领导的重视和落实。1997年，政协主要负责人组织调研并撰写的《浅议农副产品加工与流通中的问题和对策》的调研报告，先后在《淮阴日报》、市委办公室和研究室的《调研通讯》和市政协《淮阴政协》上发表，并编入《人民日报·时代潮》经济论文集。

县（区）政协第六届委员会5年任期内，每年开展调查研究，范围涉及工业、农业、教育、税收、房地产开发、社会稳定等10余个专题，并就政府办实事情况、意杨产业化生产、小锅炉环境污染、城市管理和创建卫生城市等多项工作组织视察。

区政协第七届委员会5年任期内，围绕党委、政府工作重点和群众关心的热点问题，先后对中小学卫生状况、农民集中居住点建设、招商引资、农村道路建设、农村卫生服务站建设、“四城”（全国文明城市、国家卫生城市、国家环保模范城市、国家园林城市）同创、水利建设、文化工程、安居工程以及公安、供电、法院、房管、交通等系统的工作，开展30余次专题视察和调研，针对存在问题提出意见和建议。第七届第十四次常委会议就如何改进学校卫生工作进行专题视察，提出创新投入、健全监管机制、强化专项整治等建议。第七届第十五次常委会议就农民集中居住点建设开展专题视察活动，并围绕政策宣传、科学规划、部门协调、试点工作等方面积极建言。各专委会联合职能部门就劳务输出、职业教育、安全生产、环境保护、整顿市场秩序等内容开展视察工作，先后重点选择新型农村合作医疗、企业改制后运行情况、农村建设全面小康、高效农业规模化工程等课题，组织委员开展专题调研，形成调研报告30余份。关于新型农村合作医疗试点工作的调研报告被《领导参考》《江苏政协》刊载。2005年，就全区软环境建设情况进行历时两个月的专题调研，调研成果被区委、区政府以文件形式下发各部门。关于乡镇清财化债、省财政扶贫“整村推进”工程实施情况等课题的调研成果，在市政协会议上进行交流。

区政协第八届委员会任期内，组织专题调研160余次，形成报告、建议92篇。围绕城市供水、古镇旅游开发、农村商贸流通等专题调研形成各类稿件50余篇，在《新华日报》《江苏政协》《淮安政协》《淮安历史文化研究》《淮安日报》等报刊上发表。

二、民主监督

1982年，农业组在调查后，对全县农村工作提出完善生产责任制、科学种田、落实作物布局、搞好农田基本建设等建议4条。是年4月，县政协召开各界知识分子代表座谈会，就落实政策、发挥知识分子在“四化”建设中的作用进行座谈，县委、县政府及有关部门负责人出席会议，听取意见。12月，视察县化肥厂、磷肥厂、酒厂、印刷厂、王营镇金属制品厂等企业，对贯彻环保法提出意见。1987年，县委印发《关于充分发挥县政协“政治协商、民主监督”职能作用的意见》。1992年，召开中小学收费标准的专题协商会议，事先组织几个小组分别深入农村中小学进行收费情况调查研究，在专题协商会议上提交委员讨论，最后向县政府提出书面意见。第六届政协期间，针对委员《关于加快私营经济发展的建议》《关于挂牌保护重点工商企业》等提案，县委、县政府先后出台《鼓励和加快个体私营经济发展的若干意见》《关于对重点私营企业挂牌保护的通知》，把60多家企业列入重点保护单位，遏制“三乱”现象。对《实施素质教育、减轻沉重课业负担》和《不要随意补课》的提案，教委采取有效措施，禁止寒暑假和双休日补课，减少家庭作业，严格控制教辅用书。2003年，区政协在全市率先开展民主评议工作。七届一次会议后，先后对区交通局、公安局、农业局、劳动局和区行政服务中心等14个区直部门进行民主评议。评议过程中不回避矛盾，对存在问题提出明确的整改意见。七届政协期间，区政协分别就《着力培育盐化工产业和新型建材产业》《规范义务教育阶段办学行为》《注重老城区的建设与管理》《加强现代农民教育和培训》《建设新淮阴，我来献计策》和《银企对接》等20个课题开展委员约谈，收集委员意见和建议，扩大参政议政效果。2006年9月，区政协开办委员论坛，以“落实科学发展观、加快发展服务业”为首届论坛主题，在深入调研的基础上，精心组织论文12篇，分别就商贸流通、物流发展、社区服务等课题进行交流与探讨，对全区服务业发展提出意见和建议。八届政协通过听取专项汇报履行民主监督，听取校舍安全、城乡住房建设等工作汇报16项，通过组织民主评议履行民主监督，对区教育局、农机局等4个部门进行民主评议。通过开展专题视察履行民主监督，对宿淮铁路、农村垃圾中转站等35个重点工程进行视察。

三、提案工作

县第一届政协收到提案213件，参与提案的委员124名。提案围绕“两个文明”建设和清除“文化大革命”极左影响，内容有广泛的代表性。关于王营镇基督教堂的保护，新建县图书馆、文化馆的提案获得落实。少数民族委员关于修缮和新建王营镇、码头镇两地回民清真寺的提案，以及关于回民三大节日油面供应问题的提案，县委、县政府均予采纳并下达文件，拨出专款解决。

县第二届政协收到委员提案300余件，内容涉及王营镇道路铺设、盐河桥及盐西桥建设、文物保管、专业户发展、饲料加工，以及建立牙科医院、落实知识分子政策等。

县第三届政协收到委员提案182件，来信来访120多件（人次），提案内容涉及经济、城建、卫生、教育、统战等方面。主要提案有《稳农、保农、扩桑、种棉》《在小营建立大型贸易市场，增强商业、农贸竞争力》《加强科技队伍建设、做好农村科技普及工作、提高居民科技素质》《办好职业学校》《改革公费医疗》等。

县第四届政协收到委员提案433件，其中有关农业生产、农田基本建设、市政建设、环卫环保方面的提案217件，占提案总数50%；有关科技推广、文化教育、卫生体育、妇幼保健、计划生育等方面的提案96件，占提案总数22%；有关统战政法、廉政建设、社会治安方面的提案68件，占提案总数16%；其他方面的提案52件，占提案总数12%。

县政协第五届第一次会议及会后征集提案103件，二次会议及会后征集提案109件，三次会议及会后征集提案106件，四次会议征集提案223件，五次会议征集提案279件，提案办理满意率97%。

县第六届政协第一次会议及会后，收到委员提案214件，承办满意及基本满意率99%。二次会议后，收到委员提案132件，承办满意率95%。三次会议及会后，收到委员提案177件，立案173件，承办满意及基本满意率98.3%。其中，《关于加快私营经济发展的建议》和《关于挂牌保护重点工商企业》等提案县委、县政府采纳后，出台《鼓励和加快私营经济发展的若干意见》《关于对重点私营企业挂牌保护的通知》等文件。关于《实施素质教育、减轻沉重课业负担》和《学校不要随便补课》的提案，被县教委采纳并采取有效措施予以制止。

区第七届政协第一次会议后，提案工作得到区委、区政府的高度重视。2006年，淮阴区在全市率先将政协提案办理纳入全年目标考核，促进提案工作的开展。任期5年内立案交办867件，经过各承办部门的共同努力，提案办结率99.9%，委员满意率和基本满意率98.1%。

区第八届政协收到委员各类提案823件，全部办结，委员满意、基本满意率99.6%。

四、文史工作

1981年，第一届政协文史资料委员会召开座谈会，通过《政协淮阴县委员会文史工作座谈会纪要》，组织编写《刘老庄八十二烈士》《渔沟暴动》《国民党中统在淮阴》《西坝盐务活动》等史料8篇，编成《淮阴县文史资料》第一辑。第三届政协拓宽文史资料征集范围，征集政治、文化、地域水系、宗教等方面资料，先后整理出版《淮阴县文史资料》第二辑、第三辑、第四辑。第四届政协加强文史资料的征集出版工作，编辑出版文史资料第五辑、第六辑和第七辑。在第七辑《淮阴县古今人物》中，编辑淮阴县具有一定影响的知名人物传记，对国民党要员作客观的介绍，对统战工作起到较好作用。第五届政协征集、整理、出版《淮阴县文史资料》第八辑《现代人物》。1999年，第六届政协编辑文史资料第九辑《淮阴县教育简史》，2000年编辑《政协委员风采选录》，2001年编辑《淮阴政协二十年》，2002年编辑《淮阴侯韩信》。第七届政协期间，每年确保编撰一辑文史资料，共征集史料130余万字，先后编辑出版《淮阴访胜》《淮阴金石录》《沧桑西坝》《淮阴老字号》和《走进淮阴》等文史资料5辑，编印《委员风采录》1辑。其中，《淮阴访胜》中的许多内容被市博物馆《历史文化名城淮安展》采用，《淮阴金石录》获2004年度市社科优秀成果奖，《淮阴老字号》获市社科优秀成果三等奖、江苏省文史资料优秀奖，《沧桑西坝》获省社科优秀奖。第八届政协共编辑出版《文化韩信》《古淮风情》《王营清真文化》等文史资料。

五、社情民意

县第五届政协组建一支24人的信息员队伍，提出反映社情民意的任务和要求，产生积极效果。“整顿校园零售摊点，净化教书育人环境”“必须加强对饮料市场的管理”等社情民意信息，被市政协采用，并被市长批示办理。2000年3月《淮阴县社情民意》创刊，先后出刊13期。第1期反应的“教师公寓一人巷何时变通衢”问题，在政府重视下，当年10月教师公寓出口即建成宽广大道。第3期反映“加速幼教改革、提高幼教质量”和“部分乡镇对农民养猪乱收费乱罚款”的问题，受到政府重视。

区第七届政协期间，通过完善编报形式、加大考核力度等措施，激发委员反映社情民意的积极性，收集有价值信息80余条，编印《淮阴社情民意》简报61期。“建议成立淮阴吴鞠通研究会”“加强文化遗产开发和保护，守护淮阴精神家园”“关于西坝公园规划建设的几点建议”等得到有关方面落实。

区第八届政协期间，收集有价值信息60余条。“加强文化遗产开发”“凌蒋路亟待重修”等信息在政府工作中落实。

六、联络联谊

1981年，县政协成立侨台工作组，负责与侨胞和台湾同胞联络联谊工作。县政协三届一次会议后，增补台侨界委员38名，加强对台侨胞回乡探亲接待工作。美籍华人、洛杉矶华文《论坛报》副董事长张绍迁回故园探亲祭扫，受到盛情接待，回美后，在《论坛报》上发表《中国三周行》系列文章12篇，盛赞中国亲人。政协淮阴县第五届委员会开始加强海外联谊和联络活动，与全县居住在25个国家和地区的老一代华侨加强联系，并进行“新移民”的调查工作。开展侨务、对台、民族宗教为经济建设服务活动。接受以陈江和为代表的金鹰集团建筑工程捐赠200万元，在全县16个乡镇的26所小学建校舍，配备课桌、长凳、办公桌等。六届政协通过各种渠道加强与港澳台及海外侨胞的联系，重视与在外有影响的淮阴籍人士联谊，先后3次协助区委、区政府召开淮阴籍在外人士春节联谊会，同时加强与区外单位的联络交往，先后组织委员赴烟厂、淮钢集团及有关县区考察交流，宣传淮阴区改革开放、经济社会建设成就和良好的投资环境。七届政协在开展好政协委员异地交流考察的同时，加强与上级政协和其他县市政协的联系、沟通，协办全市政协工作经验交流会，协助省、市及外地政协在淮阴区开展的各项调研考察活动，增进相互交流，较好宣传淮阴的发展和淮阴政协工作。八届政协通过走出去、请进来和资料交流方式，加强与各级政协组织之间的互动交流，先后组织部分委员赴山东、河南、苏南、苏中及市内县区政协开展学习交流，同时做好省、市政协及县、市政协组织到淮阴区开展各项调研及交流活动工作，共与44个县、市政协联系交流，有效增进全国及省内各地政协组织相互间的友情，宣传淮阴的发展和政协工作。

第二十二篇　军　事

1978年，淮阴县组建武装基干民兵团，生产大队建基干民兵营，生产队建基干民兵排或班。20世纪80年代，民兵训练工作调整改革，县人武部每年组织新配备的民兵干部及专业技术教员集中训练，或送到淮阴军分区教导队培训。全县实施全民国防教育，通过组织中小学生祭扫革命烈士陵园，观看战争题材电影，宣传和学习英烈、模范人物等形式进行爱国主义教育。1992年7月，淮阴县政府被省政府、省军区表彰为“拥军优属”先进单位。1998年，全县基干民兵执行16课时教育制度，并结合征兵和重大节日进行政治教育，同时把刊授教育纳入全县国防教育，开展随机教育和国内外形势教育。是年，全县高中毕业生征集数量占被征兵总数的50%以上。2003年后，民兵骨干和部分预备役人员开展科技练兵成果演练。依托驻区部队，每年均对民兵高炮连、排、班长及担任高炮教学的教员实施训练。至2005年，国防动员、人民防空以及双拥与军民共建等工作不断推进。驻区部队适时参与地方建设。

2008年，完成军地互办实事项目20件，有28个单位与驻军开展军民共建活动，并举行签约仪式。是年，全区基干民兵总数6000人，应急分队840人。

第一章　机　构

第一节　淮阴区人民武装部

1978年，中国人民解放军淮阴县人民武装部，隶属淮阴军分区，为正团级单位。下设政工科、组织动员科、作战训练科和装备科。1981年7月，装备科更名为后勤科，作训科和组织动员科合并为军事科。1986年3月，县人民武装部划归地方建制，更名为淮阴县人民武装部，为副县（团）级单位，隶属淮阴县委、县政府，业务上接受淮阴军分区领导，其性质和任务不变。下设军事科、政工科、办公室，编制22人，其中干部14人、职工8人。1996年3月，淮阴县人民武装部更名为中国人民解放军江苏省淮阴县人民武装部，收归部队建制，机构等级为正团级，下设军事科、政工科、后勤科，科室为正营级，编制25人，其中干部11人、职工14人。2001年2月，更名为中国人民解放军江苏省淮安市淮阴区人民武装部，下设军事科、政工科、后勤科。2008年，编制21人，其中干部7人、职工14人。

1978～2008年淮阴区（县）人民武装部部长、政委更迭一览表

表22-1-1

部长			政委		
姓　名	任职时间	籍贯	姓　名	任职时间	籍　贯
颜士超	1976.06～1983.06	涟水	李景秀	1976.10～1981.07	山东沂水
耿开龙	1983.07～1990.12	沭阳	固　别	1981.08～1983.07	如皋

续表 22-1-1

部长			政委		
姓　名	任职时间	籍贯	姓　名	任职时间	籍　贯
邓金良	1990.12～1998.04	沭阳	陆新民	1983.07～1984.12	淮安
崔业权	1998.04～2000.04	东台	杨益昌	1985.12～1990.12	淮安
胡涟忠	2000.04～2002.04	涟水	嵇　文	1990.12～1995.06	淮阴
蔡小章	2002.04～2004.03	泰兴	杨正斌	1995.07～1999.03	洪泽
朱仲彦	2004.03～2006.03	涟水	尹金田	1999.04～2002.03	溧水
赵云军	2006.04～2007.03	淮安清浦	朱仲彦	2002.04～2004.03	涟水
宋德成	2007.03～2009.03	大丰	张年松	2004.03～	涟水

第二节　基层人武部

1978年，基层人武部有部长1名、专职干事1名。1983年4月政社分开，全县30个乡镇（场）均成立人武部，配部长、干事各1名。1996年，全县有专职人武干部45名。1999年，撤并4个基层人武部，新增茧丝绸公司、第二制药厂、酒厂、福达制衣公司、教委、卫生局、电信局、邮政局、广电局9个单位人武部。同时，配备专（兼）职人武干部。2002年，调整、交流和提升专（兼）职人武干部14名。2005年，专职人武干部提升担任乡镇领导11名。是年，筹备并建立淮阴工业园区人民武装部。2008年，淮阴区辖基层人武部42个，其中乡镇人武部21个、机关企事业单位人武部21个，在编专职人武干部46名。

第二章　驻　军

第一节　陆军第12集团军防空旅

陆军第12集团军防空旅，前身系南京军区第1野战炮群。1969年，改编为中国人民解放军炮兵第75师，隶属南京军区。1982年，划归陆军第12军建制。1985年，改编为陆军第12集团军高射炮旅。2003年12月，改编为陆军第12集团军防空旅。

第二节　武装警察驻淮阴区部队

一、武警淮安市支队淮阴区中队

武警淮阴区中队隶属武警淮安市支队，组建于1983年10月，正连级，编制31人。2005年，因城市建设需要，统一规划开发“江淮人家”小区，于1月27日拆掉淮阴区看守所，在押人员实行分流，其中大部分在押人员合并到淮安市看守所，小部分归楚州区看守所。淮阴区武警中队由看守任务转换为临时驻守机动任务。7月1日，市武警支队党委经过研究决定，对淮阴区武警中队官兵进行分流，31名官兵分别分配到机关和市、县、区各武警中队，指定1名机关干部带2名战士留守看管区中队营房。武警淮阴区中队空编。

二、武警淮阴区消防大队

武警淮阴消防大队始建于1979年，前身为淮阴县公安局专职消防队，1988年，消防大队编入武警序列。1994年12月，成立武警淮阴县消防大队。2001年，更名为中国人民武装警察部队淮安市消防支队淮阴区消防大队。2008年，有编制30人、消防执勤车4辆，主要担负全区消防安全保卫任务。

第三章　民　兵

第一节　组织建设

1978年，全县组建武装基干民兵1个团、11个营，1个机枪连、1个通讯连，1个高射机枪连，下辖3个六〇迫击炮排、7个反坦克排、36个反坦克班，配10部电台。1981年，对民兵组织进行调整，取消武装基干民兵，保留基干民兵和普通民兵形式。本着“减少数量、提高质量”的要求，民兵从占总人口的24.3%下降到12.1%，基干民兵从占总人口14%下降到1.92%。对专业技术分队采取“有多少装备编制多少民兵”的策略，专业分队编制有所压缩，装备少、人员超多、选点不适当的专业分队撤销合并。1983年，民兵总数较多。1986年起，全县民兵再次减员，并逐年小幅度递减。1987年底，在各乡镇（场）分别组建1个快速反应排，以便应对突发情况。1988年，组建步兵、高炮、高射机枪、通信等专业分队4个。1989年，组建一支100人左右的应急分队，王营镇、渔沟镇、码头镇各组建一支30人左右的应急小分队，由县人武部管辖。1991年开始，淮阴县民兵建设以稳定和压缩基干民兵数量，改善基干民兵结构，提高基干民兵质量为重点。1993年，在领导层中达成抓经济工作的同时不忘抓民兵工作的共识。1996年，民兵工作重点向城市倾斜，民兵应急分队建设达到组织健全、政治合格、训练有素、装备良好，能随时执行各种应急机动任务。2001年，基干民兵占总人口比例1.39%，专业技术兵占基干民兵比例68.39%，退伍军人占基干民兵比例19.89%。普通民兵有所增加。2002年，组建高炮连3个；区属街道建立民兵应急排，人员在位率95%以上。在编组方法上，强调灵活机动，集中和分散相结合，各个基层单位宜班则班，宜排则排。2008年，淮阴区民兵有防空、地面炮兵、舟桥、工兵、侦察、防化、通信、装备维修、摩步、人防、交通等专业对口分队，特种工兵，运输专业，卫生勤务，科技支前保障，雷达阵地勤务保障，应急分队17个兵种及战时首批兵员动员储备队伍。全区基干民兵总数和2002年持平，应急分队成员840人，城区设应急连，重点乡镇设应急排。

第二节　军事训练

一、步兵分队训练

1978年，军事训练为有计划有重点的军事训练阶段。民兵实施周期训练制度，每3年一个周期，在每个周期内，公社、企业的专武干部训练1个月。训练对象突出专武干部，以民兵营、连长和武装基干民兵为重点。训练内容突出“三打”“三防”（ 打隐形飞机、打巡航导弹、打武装直升机；防精确打击、防电子干扰、防侦察监视）的训练，普通民兵在劳动间隙适当训练，基干民兵每年集训15～20天，采取小型、就地、分散和集中相结合的方法。1979年，为落实徐州、丹徒防化工兵现场会和镇江通信兵专业现场会精神，全县开始组建民兵技术兵专业分队，并在棉花中学设报务分队。至1994年底，相继组建侦察、高机、通信、防化、报务、地炮、军械修理等专业分队10余个，有侦察、报务、线路架设、有线、无线技工等专业兵种5个。是年，组织高机专业分队部分民兵参加射阳靶场高机对空实弹射击，在近似实战的条件下从难从严取得优异成绩。

20世纪80年代后，民兵训练工作调整改革，减少训练人数、精减训练内容，将训练周期由3年改为2年，集中一次完成，由小型就地分散训练，逐步向以公社（乡、镇）集中训练为主，年度固定训练日22个。1982年11月至1984年，训练对象以基干民兵和民兵干部、民兵教员为主；训练内容，普通民兵以运用手中现有轻武器进行单兵战术为主，技术兵主要训练12.7毫米高射机枪、六〇炮、八二炮和四〇火箭筒。进行报务、侦察分队（民兵以战场救护）的专业兵训练。1985年起，由乡镇集训与县训练基地训练相结合改为全县划片，组成训练中队与县训练基地组织训练相结合，由几个兵种相同的单位组成一个训练中队。1986年，专业分队主要进行通信、侦察、八二炮、六〇炮的专业训练，普通民兵主要进行轻武器射击、投弹、三防、单兵战术、队列等训练，同时还进行少数女民兵战场救护训练。此后进入科技练兵时代。90年代，随着社会主义市场经济的进一步深化，人们的价值观念转换，民兵军事训练在新的条件下出现许多新情况，主要表现在部分干部群众国防观念有所淡薄，对民兵军训缺乏正确认识，参训人员难落实，时间难保证，经费难筹集，保障难解决，人员难集中。

1990年，训练对象是民兵干部、专业分队和民兵应急分队。专业分队训练以八二炮、六〇炮、12.7高射机枪为主，侦察、有线、无线通讯、应急分队和步兵分队适当安排训练。1993年，增设军械修理、应急分队等专业技术兵训练。1994年，民兵训练全部集中在县民兵训练基地进行，突出强调规范化。训练对象为当年新入队未训的基干民兵和未经过训练的民兵干部，重点进行民兵干部和民兵专业技术兵训练。步兵分队主要训练射击、投弹、爆破、战术及队列基础动作。1995年后，县设训练大队，片（训练点、基地）设训练中队。1997年，贯彻立足现有装备，突出训练重点，实行规范化训练，达到训练一批、合格一批、储备一批要求。1998年，组建一〇七火箭炮分队，在参加淮阴军分区实弹射击的考核竞赛中，取得好成绩。2000年，进行网上练兵，将防空袭作为探索的重点，开展新的"三防""三打"研究。2003年，组建高炮分队。民兵专业分队占民兵总数三分之一多。此后，区人武部每年均组织民兵专业分队集训。

2004～2008年，民兵骨干和部分预备役人员开展科技练兵成果演练，完成机关上、下级的网络攻击，高射阵地示假伪装，八二迫击炮模拟弹观察射击演练，民兵应急分队快速反应和快速机动训练，以及处置突发事件能力等方面的训练。

二、干部训练

80年代始，县人武部每年均组织新配备的民兵干部及专业技术教员集中训练，或送到淮阴军分区教导队培训。1985年，建立县民兵教学协作网，教员除兼职现役干部和聘请驻淮部队外，还采取兼、抽、选、聘4种方法，民兵干部和退伍军人（民兵）由乡、镇人武部推荐，经县人武部考核合格，发给聘书，正式接纳为协作网教员。1990年后，每年组织一批专武干部参加军分区集训，并注重将新任职、刚提升的专武干部集中进行培训。培训的主要内容有人武工作基本知识及技能等。1994年，组织全县专武干部和民兵营长集训，主要进行军兵种知识、"三防"知识、民兵工作、队列、步兵连攻防战术及战地勤务等科目的学习和训练。2000年，民兵营长全部由转业退伍复员军人或经过军事训练并考核合格的优秀民兵担任，民兵营长经训率100%。2004～2008年，依托驻区部队教导队，每年对民兵高炮连、排、班长及担任高炮教学的教员实施训练，使其进一步掌握现代防空知识。

三、应急分队训练

1989年，各乡镇都组建民兵应急分队。各乡镇根据实际情况安排7天的应急常识训练。1990年后，民兵应急分队的训练采取县、乡两级分散与集中相结合的方式进行，以乡镇训练为主。1995年后，民兵应急分队结合民兵冬训由县人武部统一组织训练，下达训练科目，有针对性地组织训练。1997年，为策应淮阴市考核，全县应急分队于4月13～5月2日在县训练基地集中训练，训练内容有3000米越野、捕俘拳、盾牌、盾牌术、隐现目标射击、手榴弹投掷、电台开设与撤收、政治理论、带应急背景检验性综合演练等。至2008年，训练科目没有变化。

第三节　政治教育

1978年，民兵政治教育主要是批判“江青反革命集团”组织“第二武装”，破坏民兵建设的罪行，开展党的路线、方针、政策等教育活动。每次民兵训练，均安排一定时间进行政治教育。1981年5月，根据淮阴地区民兵政治工作会议精神，民兵政治工作重点是政治教育、专职武装干部队伍建设和创先进三项工作。1984年，民兵政治教育实行每月一课制。1985年起，根据农村实行生产责任制的新情况，着重从宣传效果出发，对民兵政治教育进行改革，政治课由一月一堂变为一季度一课，以乡镇为单位分片实施。1990年，县人武部制定《民兵政治教育各级基本职责》，明确从县人武部部长到基层人武部长、民兵营（连）长的政治教育任务、责任及考核方法。县、乡（镇）成立全民国防教育委员会和领导小组，形成全民国防教育组织网络。主要学习、宣传和贯彻《江苏省全民国防教育条例》，组织民兵学习参观国防教育馆和烈士陵园，在全县中小学校开设国防教育专业等课程。1998年始，民兵政治教育侧重于对民兵进行系统的革命人生观教育和国防教育。其后，在完成基干民兵16课时和普通民兵结合征兵、整组、重大节日等进行政治教育的基础上，把刊授教育纳入全县国防教育并进行随机教育和国内外形势教育。2001年，完成季课教育，对民兵、预备役人员和全区人（专）武干部及机关职工进行“神圣使命”教育，开展共产党员先进性教育。2002年，组织全区民兵、预备役人员开展向全国劳动模范孙大友学习活动。2003～2008年，民兵政治教育内容突出对邓小平理论、“三个代表”思想和科学发展观的学习教育。

第四节　以劳养武

1984年起，全县开展民兵以劳养武活动，由县人武部和基层人武部组织实施，形成“人武一条线、重点抓一业”局面。1986年，全县有25个民兵组织，先后兴办面粉厂、手套厂、渔场、苗圃等经济实体，产值150万元，有9个单位民兵活动经费不需农民负担。1987年，全县创办以劳养武实体28个。1990年后，民兵以劳养武活动不断发展，民兵成建制的劳务输出增多。兴办的实体向养殖业、加工业或第三产业等多种产业、行业延伸。1996年，乡镇人武部和机关人武部年初制定以劳养武具体规划，采取挂靠、自办、组织民兵劳务输出等多种形式，全县基层民兵以劳养武和县人武部机关均完成分区下达的任务指标，县直机关人武部创办的玻璃厂、化学试剂经营部等劳武企业收效明显。高堰乡人武部在南方开辟劳务市场，组织民兵及农村剩余劳力3000余人外出务工。2000年，训练基地食堂作为以劳养武项目，租给个体户经营，收取一定租金，遇重大活动，如征兵、民兵训练的就餐由食堂全力保障。此后，在市场竞争中，逐步调整，实现规范化。

第四章 兵 役

第一节 机 构

1978年，县征兵办公室由中共淮阴县委书记、县委人民武装委员会主任任主任，县人武部部长任副主任，设秘书、政审、体检3个组，组成单位有县公安局、卫生局、交通局等。公社设征兵站，大队（居委会）设征兵点。1983年后，县征兵领导小组由一名副县长任组长，县人武部副部长和县政府办公室主任为副组长，领导小组成员增加县委宣传部部长、县农工部部长等，下设县征兵办公室。1984年起，县人武部负责承办全县的兵役登记、征兵、民兵预备役以及上级赋予的其他工作。1990年，县征兵办公室主任由县人武部副部长兼任，副主任由县人武部军事科科长兼任（后改为县国防动员委员会人民武装动员办公室专职副主任担任）。1992年，淮阴县征兵领导小组成员增加县纪委、妇联、总工会、民政局、劳动局、教育局、团县委以及县人武部政工科等。1995年12月，县国防动员委员会成立，设人民武装动员办公室与淮阴县人武部军事科，其主要职能是负责全县征兵和民兵预备役工作。2002年，增加一名区政府办公室副主任为国防动员办公室副组长。征兵办公室主任由区人武部副部长兼任，副主任由区国动委人民武装动员办公室专职副主任兼任。2005～2008年，征兵办公室主任由区人武部副部长兼任。

第二节 兵役制度

一、志愿兵役制

1978年，中国人民解放军实行义务兵役制和志愿兵役制相结合的兵役制度。1987年，义务兵转志愿兵工作及转后的管理、待遇、退伍安置等工作走向常规化、制度化。1998年，志愿兵可直接从非军事部门具有专业技能的公民中招收。1999年，志愿兵改为士官制度。2008年，淮阴区首次从社会上招收士官。

二、义务兵役制

1978年，根据上级文件规定，考入军事院校学习的学生享受应征入伍义务兵待遇，淮阴县每年均有高中毕业生被军事院校录取入伍。1984年起，实行以义务兵役制为主体，义务兵与志愿兵相结合，民兵与预备役相结合的“一个主体、两个结合”的兵役制度。至2008年，此规定未变。

第三节 义务兵征集

一、登记

1978年，由县人武部负责对年满18周岁的男性公民进行兵役登记。1984年，县人武部推行征兵、民兵整组、民兵训练“三项工作一体抓”制度，设立“三项工作”办公室，兵役登记工作由办公室秘书负责。乡镇及各系统基层人武部设立相应的兵役登记组织，登记从9月1日起开始，采取适龄青年主动到站登记，基层人武部上门登记，适龄青年家属代登记和外出务工人员信函登记等多种方法。登记过程中，同时开展身体目测、政治初审、文化摸底、病史调查等4个环节工作，从中择优预征对象，登记工作9月30日前完成。1987年7月，兵役登记工作从5月1日开始，至8月22日结束。是年，县成立征兵联络站，并由县人武部、公安局、卫生局各抽调1名干部在征兵办定点办公，指导全县兵役登记和其他有关征兵工作。乡镇（场）指定1名专职人武干部担任征兵联络员，具体负责辖区内兵役登记工作。1995年，《江苏省征兵工作条例》颁布实施，淮阴县兵役登记工作走上法制化、规范化道路。1996年，淮阴县实行兵役证制度。2001年，预征对象率，高中以上文化程度的选入率，目测、初检、初审的淘汰率，所征新兵中预征对象的占有率，被列为征兵工作考核指标。2005年起，兵役登记实行信息化管理，未经逐级推荐的预征对象，不得进站体检。至2008年，登记方式未变。

二、兵员征集

1978年，征兵以农村为主。应届初、高中毕业生未升学的均可征集。是年，从初、高中应届毕业生中招收飞行学员。1979年后，飞行学员招收仅限应届高中毕业生。1989年，在少数民族居住集中的乡镇，征集少数民族青年入伍。在企事业单位中征集具有高中文化程度的青年职工入伍。1990年，全县非农业人口的征兵数量控制在20%范围内。1994年，在征集农业户口青年时，侧重征集具有高中毕业文化程度的青年。1998年，高中毕业生征集数量占征兵总数的50%以上。在征集企事业单位具有高中以上文化程度的优秀青年职工（包括工人、管理人员、技术人员）时，重视征集下岗、待业人员中符合征集条件的优秀青年入伍。2001年，非学历教育的民办大学在校学生、高等院校招收的无学籍学生以及各类高考补习班的适龄青年亦可征集入伍。依法可以缓征的正在全日制高等院校读书的学生，本人自愿应征并且符合条件的，可以批准入伍，原学校保留学籍。2003年，从非军事部门具有专业技能的公民中直接招收志愿兵。

2005～2008年，征集的新兵中，高中以上文化程度的人数超过50%，非农业人口征集数量控制在规定范围内。

第四节　预备役

1979年，淮阴县恢复预备役登记制度，复员退伍军人为一类预备役，未服过现役的公民为二类预备役，两类预备役人员按年龄均分为一、二等。年满18～40岁的男性公民，编入第二类预备役，30岁以下为一等，31岁至40岁为二等。预备役人员随时准备服现役。1980年，整顿民兵独立团，编组上做到班不出生产队，排不出生产大队，连建在公社。次年，整顿武装基干团。1981年，对民兵年龄进行压缩，不再编普通女民兵，将基干民兵中女民兵数控制在10%以下。1983年后，民兵整组、训练工作，结合征兵工作同步进行。1984年，实行民兵与预备役相结合的兵役制度，应征公民未被征集服现役的，服士兵预备役。预备役年龄为18至35岁。士兵预备役分为一、二类。第一类包括经过预备役登记的28岁以下的退伍士兵、军外技术人员及基干民兵，第二类包括经过预备役登记的29岁至35岁的退伍士兵、普通民兵及其他符合士兵预备役条件的男性公民。第一类预备役士兵至29岁时转入第二类预备役，第二类预备役士兵年满35岁退出预备役。1986年，对服一类预备役和服军官预备役人员进行登记。解放军三总部发出通知，规定预备役部队正式列入人民解放军建制序列，此制度至2008年未变。

第五章 国防教育与国防动员

第一节 国防教育

1978～1990年，淮阴县实施全民国防教育，主要以爱国主义教育为主，通过组织学生祭扫革命烈士陵园、观看战争题材电影，宣传和学习英烈、模范人物等形式进行。1991年，成立淮阴县全民国防教育委员会，由县委副书记任主任。各乡镇、县直各单位相继成立国防教育委员会或国防教育领导小组。1994年，制定《淮阴县全民国防教育实施细则》。1995年，结合抗日战争胜利50周年，开展爱国主义电影周活动；县电影公司举行革命历史故事巡回展播，县人武部下发《长城在我心中》录音带近百盒。"八一"建军节期间，县直机关及企事业单位举行传统革命歌曲演唱会，参加和观看演出人员近万名。1996年，先后在人武部机关进行"讲大局、听召唤、讲奉献、迎回归"和"讲政治、讲纪律"教育，开展学习张家港精神活动。1997年，有22个乡镇利用党校开办国防教育学校，90%以上的民兵连利用党校开办国防教育园地。1998年，在国防教育中，多数乡镇的主要领导亲自组织和授课，利用清明、"八一"、国庆等节日，对民兵进行爱国主义教育。在冬季征兵中，县人武部在刘老庄八十二烈士陵园举行新兵宣誓仪式，激发新兵的爱国主义热情。2000年，针对形势和要求，开展不同内容的国防教育，国防教育面扩大。2001年2月，淮阴县全民国防教育委员会更名为淮阴区国防教育委员会，办公地点设在区人武部政工科。2005年，区人武部组织专职人武干部、退伍战士100人为中小学生军训，受训学生6320人。至2008年，全区国防教育人数占应受教育总人数的85%，基层干部受教育面95%，民兵、学生受教育面98%。

第二节 国防动员

一、领导体制

1978年，淮阴县设战备后勤办公室、人民防空办公室。1982年，成立兵员动员领导小组，由县长任组长，人武部部长、政委分别担任副组长。1995年12月，县国防动员委员会成立（简称国动委），县委书记、县长分别兼任第一主任、主任，人武部部长、政委和常务副县长任副主任，人武部部长兼任秘书长，下设综合办公室、人民武装力量动员、经济动员、人民防空、交通战备5个办公室。县国防动员委员会与县人武部合署办公，综合办公室、人民武装力量动员办公室设在县人武部军事科。经济动员办公室设在县经委，人民防空办公室设在县人民防空委员会办公室，交通战备办公室设在交通局。原人民防空委员会、县交通战备领导小组撤销。2001年，淮阴区国动委增设政治动员办公室，设在区人武部政工科；增设科技动员办公室，设在区科技局。2002年，增设信息动员办公室。至2008年，设置没有变化。

二、国防动员活动

【政治动员】 1978年，县战备政治工作由县委、县人武部共同领导和组织实施。1979年，县成立交通战备领导小组，归口管理交通战备政治动员工作。是年初，发生中越边境自卫反击战，县人武部对全县民兵普遍进行一次爱国主义和保卫国防教育。1983年9月11日，县人武部组织全县基干民兵，参加搜捕全国通缉的持枪杀人犯罪嫌疑人王宗玮、王宗昉行动。1991年7月，淮阴县发生新中国成立以后特大洪水灾害。县人武部组织抗洪救灾民兵队伍，动员车辆、器材，规定联络信号。广大民兵在和洪水灾害斗争的同时，带头搞好生产自救，协助地方维护社会治安。县人武部成立新闻报道组，对重大抢险活动跟踪报道，险工险段确定专人报道。2001年，国动委成立政治动员办公室，国防政治动员有专门机构。2003年春夏之交，非典型肺炎在全国流行，区人武部组织民兵预备役人员在地方政府领导下，参加防堵巡查、封闭隔离行动。是年7月，淮阴区发生中华人民共和国成立以后第二次特大洪涝灾害。区人武部组织全区民兵预备役人员，协调驻区部队官兵投入抗洪第一线。

【经济动员】 1984年，淮阴县委人民武装委员会负责全县经济动员工作，县人武部后勤科参与领导并作为协调和办事机构。1988年，全县进行新一轮国防经济潜力调查。2004年，完成物资油料资源及保障力量调查，掌握全区战时保障需要的物资、油料生产，流通企业和专业油料运输，制定地方物资战时联合保障预案，成立战时物资联合运输保障中队。建立平战结合、军地联供联储的物资保障体系，进行军民通用重点战略物资，如粮食、棉花、食用油、石油产品以及药品的库用建设和储备。

【交通战备】 1979年，淮阴县成立交通战备领导小组。1984年，建成县汽车连，汽车连与汽车运输公司对口编制。1986年，编制《淮阴县战时交通保障方案》，对《淮阴市战时交通保障计划》中赋予淮阴县境内的保障任务制定具体方案。1993年，编制完成《淮阴县应急交通保障方案》，对抗洪抢险以及反恐维稳等斗争中可能承担的交通运输任务，制定组织指挥措施和技术保障预案。此后，为使应急方案保持高度的实时性、可行性和先进性，均坚持每年定期修改制度。1987年，淮阴县组建交通专业保障队伍。全县共组建综合保障、运输、工程、交通等专业分队4个。1988年5月至1989年5月，省交通战备办公室下达“8803工程”战备演练。县交通专业保障分队参加淮阴军分区组织的徐淮公路淮沭新河西偏泓高架浮桥架设及通载测试任务。1993年10月19～20日，为南京军区代号为“三界93-1”摩托化部队实兵检验性演练过境实施交通保障。县交通战备办公室组织沿途乡镇分管领导及公安、交通、人武、工商、城建、水利等部门的相关人员参加保障行动。2001年，在战时交通保障方案修改后，明确全区重点保障路线、目标和运输、通信、抢修力量，并根据上级下发的编制大纲要求，以高技术局部战争交通保障为目标，编制区、乡（镇）两级综合保障方案，全区形成上下结合、条块结合、综合保障和专业保障相结合的保障体系。是年8月，为海训部队返回驻地组织实施交通保障。海训部队4个运输队的468台军车及火炮装备，使用境内宁连等干线公路，由西、北、东不同方向经淮阴区和谢庄收费站向南开进。沿途乡镇及区有关部门参加保障。2002年，再次修改制定《淮阴区战时交通保障方案》。同时，依据乡镇区划调整、交通基础设施发展等实际情况，对应急交通保障方案进行修改和补充。2003年7月，为到淮阴参加抗洪抢险的73071部队官兵组织交通保障。区交通专业保障分队多次动用车辆，保证部队入境、出境道路畅通无阻。2005年，区国防交通保障大队成立，下辖机动、应急、基本保障等3个分队和1个汽车运输连。是年5月，为南京军区501远航训练车队宁连路南向过境淮阴区实施交通保障，动用民兵、公安干警，开通谢庄收费站绿色通道，宁连一级公路交道口均安排警戒人员，淮阴区电信公司开设专用电话，保证训练车队安全过境。

【科技动员】 1978～1995年，淮阴县科技动员由县人武部和县政府有关机构负责。1987年组建地方专业对口分队。1997年，开始组建高科技民兵专业分队。2000年，科技潜力调查工作归口县国动委负责。是年后，民兵高科技专业分队涵盖医疗救护、车辆修理、通信电子、交通运输、电子对抗、防化救援、军械修理、计算机应用、治安消防、空情报知、网络保障、军需供给12个专业。2001年，对全区科技动员潜力进行调查，确定一批可用于战争动员的民用企业和科研单位，拟制战时科技动员总体预案和组织实施的配套方案。是年，区国防动员委员会设立科技动员办公室，办公地点设在区科技局，由区科技局局长兼任办公室主任。2003年，根据科技动员预案，成立淮阴区民兵科技支前保障分队，本着“战时部队装备保障急需什么，本地相关专业有什么，保障分队就建什么”的原则，将组建范围划定在装甲、舰船、车辆等行业。2004年，民兵科技支前保障分队更名为科技支前装备保障分队。

是年，淮阴区国动委科技动员办公室组建民兵科技支前应急分队。至2008年，科技动员体制和方案未变。

【信息动员】 1979年，淮阴县成立交通战备领导小组，兼管邮电通信战备。1991年，县人武部将信息产业、信息技术及信息队伍动员作为高科技条件下国防建设的一项重要任务。是年后，在组织民兵训练活动中，通讯和侦察分队的参训人数列各类专业训练之首。1999年，开展"电子干扰"练兵活动。2000年，县人武部结合科技动员试点工作，对全县电信、电力、交通等部门进行信息动员潜力调查，获取全县信息产业规模、设备、技术、人才及发展前景等方面的基础数据。2001年，区人武部按照城市反空袭作战任务要求，组建民兵空情报知分队和电子干扰分队，编制信息动员预案、交通战备预案。至2003年，全区建成上下贯通、左右相联、信息流畅的国防动员信息网络系统。是年，淮阴区国防动员委员会增设信息动员办公室，区人武部军事科长兼办公室主任，将原有交通战备办公室负责的邮电通讯战备工作，调整由信息动员办公室负责。信息动员办公室组建民兵信息作战分队，设电子干扰和电子对抗小分队2个。2008年，区信息动员指挥网络系统实现数据信息化、标准化和信息智能化，建成人武部机关办公、指挥自动化、国防动员信息等相对独立的局域网3个，建成集视频会议和网上演练等多功能为一体的作战指挥中心，实现同淮安军分区通信网、视频会议网、国防动员网、综合信息网等"四网"联通，实现网上同步训练、同步教育、同步管理。

第六章　人民防空

第一节　机　构

1977年12月，淮阴县设人民防空领导小组，下设办公室，从县人武部、计划委、工交办、农办共抽调7人到人防办公室集中办公。1994年7月，县人民防空领导小组撤销，成立淮阴县人民防空委员会，下设办公室，防空业务由市人防办、县人武部指导与管理。1995年12月，县人民防空委员会撤销，成立淮阴县国防动员委员会，下设人民防空办公室。1997年，设立县人民防空办公室（简称人防办），归口县政府办公室管理，副科级建制，核定行政编制2人，实行由县级人民政府和同级军事部门双重领导体制。1998年，为理顺机构关系，县人民防空委员会办公室更名为县人防费征收管理科，属事业机构，编制4名，隶属县人民防空办公室管理。1999年2月，市人防办将县政府防空地下室、淮阴县糖烟酒公司防空地下室、县公安局防空地下室移交县人防办管理。2001年2月，淮阴县人民防空办公室更名为淮阴区人民防空办公室，为政府职能部门之一。2007年3月，升格为正科级单位，增加行政编制1名。是年，成立战时人民防空指挥所，成员由区政府、人武部、人防办以及其他有关部门领导组成。区人民防空指挥所受区委、区政府和区人武部的直接领导，业务上受淮安市人防指挥所指导。2008年，淮阴区人民防空办公室增挂淮阴区民防局牌子，人防办核定行政编制3名、事业编制4名，下设综合科、工程科、人防经费征收所。

第二节　人防工程

1978～1980年，境内建有县政府地下防空室、县糖烟酒公司地下防空室、县公安局地下防空室等3个人防工事，建筑面积1916平方米，使用面积1533平方米，防护等级为五级。1983～1984年，加固改造人防工程3个，面积1472平方米。1985年，对县政府防空工事加固改造，投入5.24万元；对糖烟酒公司地下防空工事加固改造，投入2.66万元；对公安局地下防空工事加固改造，投入3.09万元。改造后的工程均达到五级人防工事标准。1996年起，人防工事开始有计划，有图纸，有战术技术要求，质量逐步提高。2002年9月，构筑淮安市第一人民医院地下防空工事，建筑面积3000平方米。11月，构筑淮阴师院宿舍楼地下防空工事，建筑面积2412平方米。2004年底，构筑淮阴师院图书馆地下人防工事，建筑面积900平方米。2005年，构筑淮阴区医院地下防空室，面积910平方米；构筑淮阴区南洋花园地下防空室，建筑面积1473平方米。至2005年，全区人防工程总面积8678平方米，有6个人防工事全部安装台风机、除湿机、防密闭门和密闭窗。2006年，区人防工程建设逐步纳入法制化轨道，人防工程布局进一步趋向合理。是年，开工建设人防工程3个，总建筑面积5745平方米。2007年，竣工验收人防工程3个，开工在建8个，建筑面积18427.5平方米。2008年，开工建设人防地面指挥中心，总投资800万元。对辖区内可作防空林的林地资源进行调查摸底，结合城区绿化建设，编制防空林建设五年规划。是年10月，盐河风光带三期工地防空林竖牌。

第三节　通信警报

1998年5月，在华能淮阴电厂、鸿坤大厦各安装1台7.5千瓦防空电动警报器。2003年，配备通信指挥车1辆。2005年，全区安装电动警报器9台、防空电声警报器2台，城区音响覆盖率100%。2006年，城区安装固定防空警报器12台和车载警报器1台。9月30日，组织防空警报试鸣放，城区防空警报音响覆盖率100%。其后，每年9月18日，城区均拉响防空警报。2008年5月19日14时28分，淮阴城区拉响防空警报，境内汽车、火车、船只同时鸣笛，向四川汶川地震遇难者默哀三分钟。是年，筹资15万元，对防空警报集中控制系统进行升级改造。

第四节　专业队伍

2003年前，淮阴区未组建人防专业队伍。2004年起，组建医疗救护、抢险抢修、消防等专业队伍3支。2005年，区人防办建立人防专业队伍7支，共402人，其中抢修队150人、医疗救护队50人、防化队20人、通信分队40人、消防分队42人、治安分队50人、运输分队50人。2006年，筹措资金50余万元，在人武部院内建5000平方米的人防专业队训练场地和绿化工程，为人防专业队训练提供场地设施。2008年5月19～22日，组织通信、防化、供水、电力、燃气等人防专业队50人，参加淮安市人防办组织的集中训练。

第五节　经费管理

1995～2005年，全区（县）累计收取人防经费586.7万元。1997年，上级补助2万元，开发利用人防工事3533平方米。人防财务管理实行统一领导、分级管理、财务归口、专款专用、注重效益的原则，人防易地建设费由城建收费中心代收，“四项费用”（人员工资、福利、劳保、零星工具等经费）由地方税务部门代收，所收经费全部上缴行政专户，专款专用。经费实行预算管理，根据人防建设计划和任务，编制年度财务收支计划。2003年，上级补助5300元，平战结合收入2万元。2005年8月，撤销人防办银行账户，实行财政报账制，经费收支受上级人防部门的领导和监督，接受同级财政部门的指导和监督。2006年，收取人防建设经费360.72万元，其中易地建设费351.35万元，“四项费用”9.37万元。2007年，平战结合收入6000元，征收人防建设费497.55万元，其中易地建设费488.8万元，“四项费用”8.75万元。2008年，平战结合收入1.35万元，筹集人防经费803.73万元，其中易地建设费789.26万元，“四项费用”14.47万元。经费上缴财政专户，纳入区财政预算管理。

1995～2008年淮阴区（县）人防经费收入统计表

表22-6-1　单位：元

项目 年份	易地建设费	四项费用	利息收入	合计
1995	117927	—	—	117927
1996	126913	—	1771	128684
1997	280000	—	2194	282194
1998	138945	2600	973	142518
1999	51000	23400	123	74523
2000	112000	11050	36	123086
2001	464628	61050	79	525757
2002	987622	80402	106	1068130
2003	408759	110402	137	519298
2004	—	114892	108	115000
2005	2655824	114094	44	2769962
2006	3513514	93674	—	3607188
2007	4888008	87464	—	4975472
2008	7892550	144735	—	8037285
合计	21637690	843763	5571	22487024

第七章　双拥与军民共建

第一节　双　拥

一、拥军优属

1978年后，先后出台《淮阴县拥军优属实施细则》《淮阴县抚恤定补标准自然增长机制》等政策性文件，为开展拥军优属工作提供政策支撑，优先保证抚恤定补经费及时足额发放到重点优抚对象手中。每年八一建军节、春节等重大节日，区（县）委、区（县）政府均组织慰问团，为驻淮部队官兵庆贺节日，赠送慰问金、慰问品。节日期间，区（县）、乡（镇）组织活动，慰问烈军属、残疾军人和复员军人。1982年“八一”建军节，全县开展较大规模的庆祝人民解放军建军55周年纪念活动，有的公社与当地驻军开展联欢活动。1991年5月8日，组建县长任组长，分管副县长、县人武部政委、“两办”（县委办、政府办）主任为成员的双拥工作领导小组，下设办公室，办公地点设在县民政局。1992年，全县各乡、村均成立双拥工作领导小组。是年7月，淮阴县政府被省政府、省军区表彰为拥军优属先进单位。1996年

11月，县双拥领导小组下发《淮阴县双拥（拥军优属）基金管理暂行规定》，共6章22条。1997年7月，县委下发《淮阴县创建省级双拥模范县实施意见》。1998年1月，县双拥办公室正式挂牌成立，2000年6月，县委、县政府及时调整县双拥工作领导小组，组长由县委书记担任，副组长由常务副县长、县人武部政委、分管副县长和驻淮部队1名首长担任，县直40个部门主要负责人和3个有驻军乡镇的党委书记及驻淮部队相关负责人为成员。区政府将棉花庄镇大福村一块1.02公顷优质农田置换给驻淮某部作为副食品基地，资助12万多元为某部副食品基地铺设一条进出通道。全年安置随军家属25人，其中进机关事业单位23人。淮阴区实验小学、淮州中学共接收随军入学子女63人，免收各种费用80万元。全年投入资金353万元支持部队科技练兵，向部队赠送图书3100册，无偿为部队举办科技培训班6期，培训官兵400余人次。2001年，落实科技拥军办实事项目30件。

1998～2001年，筹资216万元，新建作为国防和双拥教育基地的刘老庄八十二烈士纪念馆，建筑面积1127.2平方米。2002年，完成科技拥军互办实事41件，区广电局无偿为军分区弹药库安装有线电视接收系统，建设局无偿为武警中队建摔擒场，电信局为某部安装磁卡电话4部。2003～2005年，全区科技拥军、军地互办实事总投入460万元。淮阴区国土、建设、规划等部门和棉花庄镇政府积极协调，为驻淮部队解决新营房建设用地52.8公顷，同时先后安置12名军嫂工作。2006年2月，区交通局为驻淮某部修建副食品基地门前砂石路1.2千米，组织各双拥成员单位为驻区部队赠送彩电、空调、电脑、复印机、图书等物品，累计投入110万元。2007年，全区发放义务兵优待金259万元，重点优抚对象抚恤实行“四金合一”（抚恤金、补助金、优待金、立功荣誉金）打卡发放，计1200余万元。2008年，双拥工作向基层延伸，淮阴区内各车站、医院、银行、公园、商场、超市都在显著位置设立“军人优先”服务标志，现役军人、残疾军人凭有效证件享受乘车、看病、购物等相关优待政策。全区共发放义务兵优待金216万元，发放重点优抚对象抚恤定补金1967万元。同时，在全市率先进行城镇退役士兵安置形式改革，自谋职业率95%。

二、拥政爱民

1978年后，中国人民解放军驻淮部队和淮阴县人武部关心支持淮阴的经济建设和社会事业的发展，与淮阴人民结下深厚的鱼水之情。驻淮部队协助地方政府维护社会治安，参与抢险救灾、水利建设、城乡建设、精神文明建设、扶贫促小康建设等活动。1986年，城区2000余名民兵参加植树造林活动，植树10万株。1987年，县人武部下发《关于发动民兵参加社会主义两个文明建设的意见》，全体民兵、人武干部参加社会主义精神文明建设。1988年7月，丁集、棉花庄、王兴、新渡等乡遭龙卷风袭击，群众受损严重，县人武部在全县民兵中开展捐献救灾工作，累计捐款物价值6万元。1990～1995年，驻淮部队年均出动官兵5000余人次，为驻地疏通沟渠15千米，植树2万余棵，整修道路50千米，为淮阴城区改造下水道3千米。1996年，赵集乡组织民兵帮助军烈属抢收抢种三麦12公顷、山芋9.33公顷、水稻13.47公顷，义务帮助敬老院、街道打扫卫生多次。1997年，组织民兵开展“学雷锋、做好事”“讲文明、树新风”和“创建市级卫生城镇”等活动，并为军烈属及孤寡老人代耕代种333.33公顷，参加义务清理街道500余人次。1998年，洪泽湖发生较大洪水险情，县人武部组织抢险预备队，担任洪泽湖大堤淮阴段警戒、巡逻及加固、清障工作。2002年，协调军地双方共同完成辖区内通信光缆铺设任务，一批专业对口的民兵预备役人员协助工作。2003年6月下旬，淮河流域发生重大洪涝灾害，区人武部组织民兵预备役人员1.8万名，投入抗洪斗争，及时启动国防动员应急系统，紧急征调车辆、粮油等抗洪物资，协调部队官兵885人参加抗洪抢险，排除重大险情，抢修险工险段，加固堤坝，转移群众。2004年，驻淮73106部队参加淮安市开展的“创建全国双拥模范城”活动，出动兵力1500余人次，开展创卫活动。4月，投入人力500人次，财力5万余元，在王营镇植树造林10余公顷；向驻地贫困群众捐款1.72万元。2005年，驻淮73106部队开展扶贫济困活动，挂钩帮扶刘老庄、王营、棉花庄等乡镇贫困户90个，送慰问款（物）3万余元。驻淮部队为区中小学配备政治辅导员112名，帮助淮州中学、淮海中学高一新生开展军训，受训学生9000人。2006年，驻淮部队先后派出3200余官兵参加“四城”（全国文明城市、国家卫生城市、国家环保模范城市和国家园林城市）同创工作，选派优秀官兵为中学军训，受训学生3860人；先后投入兵力300余人次、车辆80余台（次），对黄河路、北京路、长江路等进行全面整治。2008年，军地互办实事项目20件，投入经费120余万元。

第二节　军民共建

1978年，淮阴县人武部和驻淮部队重视军民、军政关系建设，组织节日走访活动，广泛征求地方政府和群众意见，动员和组织人力物力，支援地方建设。1984～1987年，全县军民共建活动成效显著：初步建成文明街1条、文明村58个、文明单位25个，另有40个村建立“民兵之家”。1989年，淮阴县召开军政座谈会，决定将每年“八一”、元旦、春节的双拥活动制度化。1998年，淮阴军分区及淮阴县人武部帮扶刘老庄乡双庄村、韩庄乡韩庄村、古寨乡古寨村等15个村达小康。2002年，淮阴区被江苏省命名为“双拥模范区”。2005年，淮阴区人武部组织输出农村剩余劳动力，扶持贫困小学，资助特困生，并帮助协调资金，为刘老庄乡郑河村修建村级公路1条。2006年，完成军地互办实事33件，累计投入资金180余万元；开展军警民共创文明路活动，两次组织部队官兵和公安干警在境内淮海北路开展便民服务。

2007年，实施军地互办实事20件。地方为部队办实事主要有：元旦、春节和“八一”期间区四套班子领导走访慰问驻淮部队，为驻淮部队家属提供劳动技能培训及就业服务，帮助73016部队协调解决新营房建设土地置换等相关事宜，帮助73016部队新营区建设配套电力保障，帮助73016部队汽车连营院改造三相电设施，为73016部队棉花庄副食品基地提供技术服务等。驻淮部队为地方办实事主要有：73016部队开展“为贫困群众送温暖、帮助驻地政府分忧解难”活动；开展消防宣传“四进”（进农村、进社区、进企业、进学校）工作；武警淮安支队教导队开展与烈士陵园共建活动，维护刘老庄八十二烈士殉难纪念日活动安全秩序等。是年，全区有26个单位与驻军结对共建，使军地双方实现互动发展的良好局面。

2008年，完成军地互办实事项目20件，全区有28个单位与驻军开展军民共建活动，并举行签约仪式。驻淮73106部队累计出动1200人次参加国家卫生城市创建活动。

第二十三篇　民主党派　工商联 社会团体

中国国民党革命委员会淮阴区支部、中国民主同盟淮阴区总支、中国民主促进会淮阴区总支积极参政议政，力行民主监督，为推动社会和谐进步，促进淮阴政治、经济、科学、文化、教育等方面不断发展作出了贡献。

1978年，淮阴县主要有工会、共青团、妇联等社会团体。1979年，恢复淮阴县科学技术协会。1984年，成立淮阴县归国华侨侨眷联合会。1988年，成立淮阴县红十字会。1991年，成立淮阴县残疾人联合会。1991年6～7月，全县连遭暴雨，县红十字会争取到中国香港、台湾地区以及有关国家的红十字会救灾物资，价值40余万元。1995年，成立淮阴县文学艺术界联合会。1997年，成立淮阴县青年联合会。至2008年，全区100人以上的33家非公有制企业全部实行职工代表大会制度。

1978～2008年，淮阴区（县）总工会、共青团淮阴区（县）委员会、淮阴区（县）妇女联合会等9个群众团体，在构建和谐社会进程中发挥积极作用，促进民主政治发展，缓解社会矛盾，维护社会稳定，推动区域内学术交流，在改善区内经济环境及科技发展环境等方面作出重要贡献。全区（县）各条战线的干部、群众获全国五一劳动奖章2名，获省、部级劳动模范称号44名，获市级劳动模范称号144名，被授予全国“三八红旗手”4名、省“三八红旗手”20名、市“三八红旗手”23名。

第一章　民主党派　工商联

第一节　中国国民党革命委员会淮阴区支部

一、组织建设

1987年8月，中国国民党革命委员会（简称民革）王营支部成立，有党员7名。1990年，第二届支部选举，有党员13名。1991年，更名为民革淮阴县支部。1994年，第四届支部选举，有党员16名。1996年，第五届支部选举，有党员24名。第二届至第五届周明超任主任委员。1998年，第六届支部选举，有党员28名，王敏任主任委员。2000年，第七届支部选举，王芸任主任委员。2001年，民革淮阴县支部更名为民革淮阴区支部。2002年，第八届支部选举，王芸任主任委员。2004～2005年，发展党员2名。2006年，第九届支部选举，张强任主任委员。2007年，吸收新党员2名。2008年，吸收新党员1名，共有党员33名。

二、主要活动

1987～2003年，先后提交区（县）政协提案120余件。2004年后，提案数量每年都保持在15件以上，质量有所提高，其中《关于农村饮水安全工程运行管理的建议》《关于提升五保事业水平的建议》《关于学习“藏书”经验，促进码头牛羊肉产业发展的建议》等多件提案被列为市、区领导督办内容。2008年，“两会”提案26件。

第二节 中国民主同盟淮阴区总支部

一、组织建设

1985年，成立中国民主同盟（简称民盟）淮阴市王营直属小组，有盟员3名。1993年10月，成立民盟王营支部和淮阴县中学支部。1995年后，重视吸收作风正派、业务能力强、知识层次高、社会知名度好的人士入盟，至2003年，共发展盟员16名。2004年，成立民盟淮阴区总支部，主任委员秦家香，副主任委员杨振华、蒋同钧。总支下辖支部2个、直属小组1个，即民盟王营支部、淮州中学支部和职教中心小组。2004年，支部在会计师事务所和银行系统发展新盟员2名。是年，民盟王营支部被民盟江苏省委评为优秀基层支部。2005年，在主体界别（从事文化教育以及科学技术工作的中、高级知识分子）发展盟员5名，在非主体界别发展盟员2名。2006年，申请加入民盟组织的人员增多，发展新盟员3名。2007年发展新盟员3名。2008年发展新盟员4名。是年，民盟淮阴区总支有盟员56名。

二、主要活动

1985年后，民盟淮阴县组织主要在城建、城管、教育、服务业、外派劳务、银行信贷、人民调解等方面提出有质量的调研报告和集体提案。2004年，提交提案、建议6件，其中《解决西坝区域下水道和西坝小学危房拆建问题迫在眉睫》和《加快建设王营盐河大桥东附桥刻不容缓》2件提案被列为区政府重点提案并进行跟踪督办。2005年，集体提交提案3件、个人提案20件、社情民意18条，其中大会发言《利用区位优势，大力发展商贸流通业》的建议被评为市政协优秀提案。2006年，提交提案12件、社情民意14件。2007年，提交集体提案2件、个人提案10件、社情民意30件。2008年，提交提案16件、社情民意12件，其中《提升淮阴区教育竞争力》《关于培养选拔优秀企业人才的建议》《建议减扣解困基金》等提案、建议被区政府采纳。是年5月，汶川特大地震发生后，总支组织盟员为灾区捐款7000多元。

第三节 中国民主促进会淮阴区总支部

一、组织建设

中国民主促进会淮阴区总支部（简称民进）前身为民进淮阴师范学校支部。1989年，先后成立淮阴县中学、王营镇和进修学校3个支部。支部成立后，重视发展高素质人员入会。1989～2005年，发展会员40名。2003年9月，成立民进淮阴区总支部，主任委员穆文清，副主任委员乔宏权、刘家骥、董应芬。2006年，民进淮阴区总支部及所属3个支部进行换届选举。选举民进淮阴区总支部主任委员1名、副主任委员3名。2008年，民进淮阴区总支吸收会员2名。是年，总支有会员43名，其中淮州中学支部18名、王营支部13名、进修学校支部12名。

二、主要活动

1989年后，民进淮阴县组织每年均开展关于社会热点、国计民生问题的调研活动，提出建议和提案。2002～2004年，民进组织中的区人大代表、政协委员在“两会”期间提出建议、提案50余件，《关于在全区小学开设英语课的建议》《在全区开展“〈公民道德纲要〉宣传活动月”的建议》《关于加强农村危桥改造的建议》《关于进一步加强食品安全的建议》《加强公安队伍建设，保一方社会平安》《在淮阴城区竖立淮阴名人塑像》《教师流失现象应当引起各级领导重视》《关于高中扩规后提高教学质量的几点建议》等被评为优秀提案或建议，并被区政府采纳。2005年，《营西桥路段安全隐患较大，应安装路灯》的提案被区政府采纳。2006年，在市、区人大政协会议上提出建议、提案50余件。民进淮州中学支部被民进淮安市委表彰为先进集体。2007年，总支向民进淮安市委上报信息10余条。2008年，支部成员就教育事业发展、扩大就业、安居工程等问题开展调研，在“两会”上提出建议、提案20余件。会员在《半月谈》《挚友》《中国老区建设》《周末》《淮安日报》及人民网、民进江苏网等媒体上发表文章20余篇。

第四节　工商业联合会

一、机构

“文化大革命”中，县工商联组织被解散。1994年10月，县委决定恢复淮阴县工商业联合会（简称县工商联），有工作人员1名。1997年12月，有会长1名、秘书长1名。2006年11月28日，增加行政编制1名，无内设机构。至2008年，人员编制及机构未作调整。

二、会员代表大会

【第一届会员代表大会】 1994年10月，淮阴县工商联第一届会员代表大会在县招待所举行。时有会员60名，出席会议代表40名。会议选举县工商联第一届会长，选举第一届常务委员10名、执行委员15名。

【第二届会员代表大会】 1997年4月，淮阴县工商联第二届会员代表大会在北郊宾馆举行，出席会议代表114名。会议选举县工商联第二届会长，选举常务委员21名、执行委员47名。

【第三届会员代表大会】 2001年12月，淮阴区工商联第三届会员代表大会在北郊宾馆举行，出席会议代表135名。会议选举区工商联第三届会长，选举常务委员25名、执行委员55名。

【第四届会员代表大会】 2006年12月，淮阴区工商联第四届会员代表大会在淮阴宾馆举行，出席会议代表156名。会议选举区工商联第四届会长，选举常务委员41名、执行委员88名。

三、组织建设

1994年，淮阴县召开工商联成立大会。1995年，王营、杨庄、南陈集等乡镇成立工商联分会。至1996年12月，各乡镇（场）都建立工商联分会组织，发展会员810户。1998年，王营镇召开私营企业主会议，发展私企会员20名。是年，乡镇分会首次换届选举工作结束。1999年，县工商联加强会员数据库和代表人士数据库建设，发展私企会员90名。2003年，开展对会员和非公有制经济代表人士建档工作，并通过市工商联验收。是年，发展会员120户，其中企业会员66户，涉及农林渔业、交通运输、食品生产、建筑装饰、金属制造、机械加工、化工生产、饮食服务等十几个行业。会员素质有较大提高，增加的66家企业会员中，企业法人具有大专以上学历8名、中专以上学历16名，中级以上技术职称4名、初级以上职称15名。2004年6月，组建美容美发业商会。9月，召开区工商联美容美发业商会成立大会，选举产生第一届领导班子，共有理事45名。2005年，发展企业会员12家。各乡镇工商联分会通过淮安市工商联标准化、规范化验收，达到专职人员、办公地点、工作制度、办公经费、服务载体“五落实”。2006年，吸收振达钢管、太平洋元明粉、南风元明粉、辉煌太阳能等65家纳税大户入会。2008年，全区共有21个乡镇分会，有美容美发业和餐饮业2个行业商会，有会员1072名，其中企业会员419名、团体会员3个、个人会员650名。

四、主要工作

（一）参政议政

1994年，县工商联组织系统内非公有制经济代表人士和广大会员围绕地方经济建设中心，每年在县“两会”期间提出建议、提案，是年提建议5条。1996年，县工商联围绕经济建设中心，就改革开放、建立和完善社会主义市场经济体制中的重大问题开展调查研究，撰写调查报告3篇，其中《对发展淮阴民营经济的几点建议》一文，受到淮阴市委统战部肯定。1997年5月，淮阴市工商联在杨庄乡召开乡镇分会工作研讨会。6月，省工商联在江阴市召开乡镇分会工作经验交流会，县工商联、杨庄工商联分会在会上分别介绍经验。县工商联被淮阴市工商联评为先进集体。1998年，先后两次深入苏北市场和改制企业，对个体私营经济中存在的主要问题及对策、改制企业的运转情况进行调查研究，形成两篇文字材料，报县委供其决策参考。2003年4月，组织人员去外县学习调研运作担保公司，提出组建担保公司的可行性及运作建议，得到区委、区政府领导重视。2004年，参加政府有关部门组织的税收、财务、司法、物价、环保等专项检查，发挥工商联民主监督、参政议政作用。2007年，撰写《关于淮阴区个体私营经济发展调查与思考》《积极参与促进新农村建设又好又快发展》两篇调研报告，获淮阴区政协八届一次全委会交流材料二等奖。2008年，举办以工商联为主体的民营经济发展论坛，围绕民营经济发展中出现的土地、税收、融资等热点问题展开讨论。在企业调研服务月中，撰写《构建和谐劳动关系促进民营经济健康发展》调研报告。区“两会”期间，提交政协提案23件、人大议案2件。1994～2008年，围绕境内非公经济健康发展的主题，开展一系列专题调研，先后撰写调查报告40篇，累计提交议案、提案340余件。

（二）光彩事业

1994年后，动员和组织会员参加抢险救灾、扶贫济困、希望工程、修桥铺路等公益活动，并开展非公有制经济代表人士履行社会责任统计调查，建立光彩、公益事业台账。1996年，共收到捐款5000元，扶持因身体致残的贫困户2个。1998年，组织部分会员在县民政局会议室召开“献爱心、捐款赈灾”座谈会，会员在会议现场捐款5700余元。1999年11月26日，成立淮阴县光彩事业促进会，建立领导机构，制定活动章程。2000年，在全县实行资助百名贫困生活动，8个会员大户到徐溜乡河东小学开展结对帮扶活动，捐资2400元。2003年，淮阴区遭遇百年一遇的特大洪涝灾害，部分乡镇受损严重，灾区群众生活困难。老侯食品、辉煌真空镀膜、淮安国际广告、民生实业、义和坊酒业等会员企业购买价值5000元的大米、面粉、烹调油等物品到吴城镇慰问受灾群众。在和重灾村结对帮扶活动中，组织下老二炒货有限公司、今明茶酒楼、海鸥冷饮有限公司、星月床上用品厂、幸福食品厂等会员企业到南陈集窑场村慰问重灾户，向4个重灾户每户捐款500元。在赈灾活动中，全区非公经济人士累计捐钱（物）价值13万元。2004年3月上旬，会员企业万邦香料工业有限公司在吴集小学举行“春蕾班”捐助仪式。该企业每年捐资1万元，连续捐助5年。2005年，全区实施光彩事业项目19项，筹资133万元。会员企业对淮州中学、淮海中学25名家境贫寒且品学兼优的高中学生实行结对帮扶。9月28日，在淮州中学举行捐资助学仪式，16名企业代表参加，25名学生每人获捐1000元。

2008年5月16日，区工商联和区文化局、淮安市歌舞二团在农工商超市门前联合举行赈灾义演活动，会员企业江苏商联、民生实业、方圆锻造、辉煌镀膜、华淮建筑、新淮开电器、康维化工、古楚酱醋、中帮涂料、天山建材、幸福食品等企业参与捐赠，义演当场收到社会各界捐款6万余元。全区会员累计向灾区捐款180余万元。振达钢管、太平洋元明粉、万邦香料、民生实业等企业捐款均在10万元以上。9月，组织太平洋元明粉、南风元明粉、白玫糖业、友文人造板、辉煌真空镀膜、富泰革基布、申雅密封件等企业向34名贫困大学生现场捐赠现金近4万元。是年，组织会员企业开展“百企帮百村”活动，共有105家会员企业和贫困村挂钩。1994～2008年，全区（县）民营企业用于光彩事业的资金1.02亿元。

（三）服务会员企业

1994年起，县工商联为会员企业协调资金20万元，办实事5件。1996年，市委统战部、市工商联、淮阴日报社联合在《淮阴日报》开辟《百星风采》专栏，专门宣传优秀个体大户和私营企业者在发展非公经济中的先进事迹。1999年，探索为会员企业技术人员评定职称工作，有3名技术人员被评为助理工程师。为会员企业协调资金、扩建用地各1次。2003年，组织会员企业、非公经济人士参加省市统战部、工商联举办的研讨、培训活动。嘉诚化工、中天生物、民康油脂等会员企业参加省工商联组织的出口企业海外市场推广研讨会。7月，组织民生实业等会员企业参加市工商联、市九三学社联合举办的企业财务实用知识培训班。是年，组建区工商联法律维权工作委员会，工商联主席担任主任，明确专委会开展典型案例调研，帮助会员企业依法维权，常年为会员企业提供法律服务，且按低限收费。会员合法权益受到侵害，委员会帮助协调，维护其合法权益。2004年3月，组织幸福食品有限公司、卞老二炒货有限公司等企业会员赴南京、杭州、温州、义乌等地考察学习。4月，组织工商联正、副会长及部分会员赴浙江考察学习，组织圣创集团、开关厂、国际广告有限公司等企业会员赴浙江省委党校学习进修。2005年，将瀚杰液压有限公司、南海商务酒楼等企业的创业典型事迹拍摄成宣传片，在淮安市电视台黄金时段播放；组织近30名企业负责人参加市工商联、淮安市仲裁委员会举办的有关《劳动仲裁法》等法律知识培训班。2006年，为40余家民营企业担保贷款3000余万元，为企业维权4次，减少直接经济损失6万元。2007年3月，组织民生实业、振达钢管、王营缫丝厂等会员企业20余名员工参加市工商联举办的英语口语和电脑实务培训班。9月，组织辉煌太阳能、友文人造板、华淮建筑、白玫糖业等30余家企业财务人员和管理人员参加市工商联和地税局举办的税务知识培训班。2008年，淮信信用担保公司为20余家民营企业担保贷款总额9000余万元。

（四）友好商会联络联谊

1994年后，利用商会平台，加强与友好商会及兄弟县市工商联之间的沟通与联络。2004年2月，邀请南京江宁区工商联10余人来淮考察。5月，邀请上海南汇区工商联组织常委以上企业家来淮考察。9月，再次邀请江宁区工商联组织20余名企业家来淮考察，与江宁、南汇等地工商联结成友好商会。2005年9月，应邀参加全国友好商会南京江宁联谊会。会上，与马鞍山花山区、山东莱阳市、江西宜丰县、黑龙江通河县、济南槐荫区、江苏丹阳市、江苏东海县等地工商联缔结成友好商会。2006～2008年，在企业家会长、执委、行业商会中开展“联系一批客商、引进一个项目”活动。

第二章　社会团体

第一节　总工会

一、机构

1978年，淮阴县总工会下设组织部、宣传部、生产保护部和办公室，有工作人员6名。1982年4月，成立淮阴县工人文化宫，隶属县总工会，内设影剧院、图书馆、录像厅、职工旅社、经营服务部等。1997年，淮阴县总工会下设组宣部、生活保障部、生产保护部和办公室。2008年，淮阴区总工会下设基层工作部、维权工作部、办公室，有工作人员8名。

二、代表大会

1978年起，整顿各级工会。1988年6月21～22日，淮阴县总工会第七次代表大会在县工人电影院召开，出席代表180名、列席代表26名。会议审议并通过县总工会第七届委员会报告与财务工作报告，选举产生县总工会第七届委员会，其中执行委员会委员28名、常务委员会委员7名、经费审查委员会委员5名、工会主席1名、副主席2名。

1994年4月28日，县总工会第八次代表大会召开，出席代表172名，列席代表23名。大会听取和审议县总工会七大以来工作报告和财务工作报告，选举产生县总工会第八届委员会，其中工会主席1名、副主席2名、常务委员会委员9名、执行委员会委员30名。

2005年4月26日，淮阴区总工会第九次代表大会在区总工会五楼会议室召开，出席会议代表121名，列席代表26名。大会听取和审议《工会工作报告》《工会财政工作报告》《工会经审工作报告》《女工委工作报告》和《实行会员代表常任制的意见》，大会选举产生区总工会第九届委员会，其中工会主席1名、副主席4名、常务委员会委员8名、执行委员会委员35名。

三、组织建设

1979年1月，恢复党委领导下的职工代表大会制度，建立文教、卫生基层工会组织120个。1980年，淮阴县200人以上单位均建立职工代表大会，有工会会员16256名，县总工会对全县175个基层工会整建及其他工作情况进行一次摸底大检查。1984年10月，县总工会根据全国总工会要求，用4年时间全面开展工会组建工作，至1986年，全县有产业工会委员会1个、系统（集团）工会工作委员会9个、基层工会委员会300个，其中教育系统74个、卫生系统35个、粮食系统40个、供销系统36个、经委系统22个、农机化系统5个、物资系统8个、商业系统12个、城建系统7个、交通系统7个、水利系统6个、茧丝绸系统4个、金融保险系统6个、淮沭新河管理处8个、县级机关15个、其他基层工会委员会11个、厂圃基层工会委员会3个、乡镇企业工会委员会1个。1989年8月25日，在县染织总厂召开全县首次直选基层工会主席现场会。1991年，成立淮阴县职工俱乐部。1994年，县金属制品厂建立工会，它是县内第一家乡镇企业工会。1995年，先后指导县液化气公司、王营镇钢圈厂、化工阀门厂、县计量局等5个单位组建工会，指导县公路站、开关厂、商业联合公司进行换届选举。1996年，境内企业设立工会委员会105家。1997年，企业设立工会委员会115个。1998年，有企业工会119个、会员2.45万人。

2000年，全县外商、私营、乡镇企业工会组建率、职工入会率100%，发展工会会员10275名。2003年，有工会会员4.9万名。此后，企业工会数较为稳定。2007年9月，独立基层工会总数386家，正常生产经营单位中独立基层工会总数（全事业）318家。联合工会44家，覆盖法人单位总数1276家，全区会员总数为40513名，其中农民工会员总数31006名、外资企业建会总数12家。2008年，企业设立工会124家，独立基层工会总数387家，会员40715名。

四、主要工作

（一）职工教育

1978年，职工教育主要为日常培训学习，举办各种业余技术班42个，参加学习职工3251名。1980年，在职工中开展“振兴中华、勤奋读书”活动。1981年，先后组织组长以上的工会干部参加学理论报告会、“五讲四美”经验交流会，青年职工参与文化补习班、安全知识学习班。1984年，成立淮阴县职工读书领导小组，开展“振兴中华”读书活动，县染织厂等36家企事业单位256名职工参加读书竞赛活动。1985年6月，第一期职工业余学校在淮阴县中学开学，有学员261名。1987年，举办全县首届“青春杯”职工读书演讲比赛。是

图23-2-1 职工安全生产演讲比赛

年，召开“职业道德标兵”表彰大会。1993年，举办“建立社会主义市场经济体制”培训班。2000年，举办各类技术培训班43期，参训2420人，举办各类操作竞赛87次。2001年，举办“工人阶级永远跟党走”职工演讲比赛。2004年3月，召开再创新业座谈会，表彰15个再创新业典型。是年，召开“再就业示范基地”和“创业带头人”经验交流会。2006年，举办《劳动合同法》等法律培训班2期，培训工会干部260人次。2007年9月，在王营镇双和村召开“职工书屋”现场会。2008年，开展“高举旗帜、科学发展、共建和谐”主题教育活动。

图23-2-2　淮阴区优秀女性事迹宣讲会

（二）文体活动

1978年12月，举办县直属单位职工乒乓球比赛等文体活动。1979年，会同县体委、文教局等单位联合举办县直单位职工篮球比赛。1981年“三八”妇女节，与县直属机关党委、体委、妇联在县体育场联合举办县直单位女职工、女学生参加的广播操、拔河和篮球比赛；“五一”期间，与县体委在县体育场和文化宫联合举办县直单位职工篮球比赛，有35个单位组织男、女代表队参加活动。1984年，组织50余名职工参加淮阴市第一届工人运动会，参加篮球、武术、田径、棋类等5个项目比赛，淮阴县获团体总分第四名。1986年12月，组织基层工会开展“高产、优质、革新、节约、管理”五项全能的社会主义劳动竞赛活动，全县21人被评为市五项能手、687人被评为县五项能手，有292人立功。是年，成立淮阴县职工书法、美术、摄影工作者协会，会员近300名。与县司法局、团县委联合举办首届职工“保险杯”乒乓球赛，淮阴县中学教工队获冠军。1991年5月，在县工人电影院举办以“三热爱”为主题的职工文艺调演，20个单位参演，演出29个节目。1992年5月，与县职工美术、书法摄影协会共同举办职工美术、书法、摄影作品展览，100件作品在“五一”前后作汇报展览。1996年，县职工代表队参加市第三届职工运动会，分别获男子篮球第三名、羽毛球第三名、围棋团体第五名、太极柔力球第五名，县总工会获县政府颁发的“优秀组织奖”。1999年，福达制衣有限公司工会组队参加“新亚杯”中日友好马拉松接力赛，获全市女子组第六名。2004年，组队参加淮安市第五届运动会职工部大众体育比赛，获优秀组织奖。“五一”期间，组织“咱们工人有力量”大型专场文艺演出。2007年，五一国际劳动节举办“联通杯”职工象棋大赛。2008年，组织“‘太平洋杯’我为减排献行动、我为创模作贡献”

图23-2-3　职工象棋比赛

图23-2-4　淮阴区首届财税运动会开幕式

演讲比赛，23名选手参加演讲。5月中旬，举办“财税杯”迎奥运、创和谐职工运动会，全区15个机关300余名职工参加比赛。

（三）职工弱势群体救助

1990年，淮阴县总工会启动实施“送温暖”工程，是年救助特困职工家庭42个，发放救助金5000元。1995年，成立职工特殊疾病互济会，有50个单位1万余名职工参加，筹集互济金额11万元。1996年，对全县85家双停亏损企业700余个困难职工家庭发放慰问金13万元，特殊疾病互济会得到进一步完善和发展，全年为15名癌症、高位瘫痪病人解决互济金1.2万元。1997年，制定《解困资金筹集、使用、管理办法》，为150户特困职工发放特困职工优待证，启动特困职工建档工作，建立特困职工档案1900户。1998年，在全市率先兴办职业介绍所，介绍800余名下岗职工和社会劳动力就业。1999年，协助劳动部门为全县1000余个困难职工家庭发放救济金110万元，为300名特困职工发放保障金36万余元。第二轮特殊疾病互济会新增入会会员1000余名，筹集互济金11万余元，全年共为两轮入会患病会员发放互济金4万余元。2000年，开展党员干部与特困职工家庭结对帮扶活动，女工委与10名单亲特困女职工建立帮扶关系。县特殊疾病互济会入会人数增加至1.36万人。2002年，召开特殊疾病互济会理事会，启动第三轮互济工作，筹集资金16万元。2003年，发动职工参加第三轮互济会，全年为41名患病职工发放互济金3万余元。2004年，成立困难职工帮扶中心，发放特困证280份。2006年，全年3次对下岗人员进行面点和插花技术培训，受训326人次，介绍302人就业，救助115名困难职工，救助资金2.3万元。2007年，发放特困职工证100份。2008年，王营镇总工会在全省率先成立乡（镇）级帮扶工作站，帮扶工作开始向乡镇、基层、社区延伸。1990～2008年，共帮扶特困职工700余人次，累计进行培训、职业介绍、劳务输出困难职工3200人次。筹集送温暖资金1650余万元，慰问特困职工4万余人次；筹集职工特殊疾病互济会资金60余万元，发放特困补助金30.2万元。

图23-2-5　发放困难职工“送温暖”资金

图23-2-6　在职工中组织特殊疾病互济会动员

（四）女职工工作

1978～1988年，淮阴县总工会每年均组织女工干部学习党的各项方针政策，学习科学文化知识和业务技术，先后开展争当“贤内助”、争当“五一巾帼标兵”、争创“五一巾帼标兵岗”等项竞赛活动。检查女工妇女病3.51万人次，占应检查人数91%以上。1989年6月10日，成立女职工委员会。是年，女职工妇女病普查率在98%以上。在全县女职工中开展“女职工工作竞赛”活动，有19个单位被评为县女职工工作先进单位。至1990年，全县举办女工干部培训班6期，参加培训的女工干部300余人次。1991年，评出先进女职工委员会

图23-2-7　组织中青年女干部培训班

36个、先进女职工42人。2001年，开展女性保健知识讲座，邀请妇科专家现场咨询答疑，参加活动1200余人次。2004年起，每年组织女职工特殊权益与最低工资标准宣传月活动，开展免费为困难企业女职工体检活动。2006～2007年，71个单位签订女职工特殊保护专项集体协议，覆盖女职工4363人。2008年，全区签订女职工特殊权益专项集体合同企业41家，覆盖面90%。

图23-2-8　在企业开展“关注健康，抗击艾滋”宣传咨询活动

（五）民主管理工作

1978年，淮阴县总工会在化肥厂推行民主管理试点，吸收8名工人参加企业监督管理。1979年，将试点经验在全县推广。1983年，在不足200人的企事业单位，推行职工代表大会制度。1993年，开展对企业和职工负担过重问题以及职工生活状况等问题调查，完成《企业和职工负担过重问题》调查报告，并发表在淮阴市政府《内部信息》上。1995年，48个基层工会成立调解组织，全年调解争议49件，结案率95%。1997年，首次开展民主评议企业领导干部工作，经过评议，全县150家企业的507名领导干部中，优秀198名、称职259名，对22名基本称职的和28名不称职的领导干部分别进行梳理和处理，其中25人被降职使用。是年，全县工会共收集提案1590件。1998年，各改制企业工会全程参与宣传发动、清产核资，参与有关改制文件、政策、实施意见的制定和监督实施。1999年，在9个单位进行厂务公开试点，11月召开现场会，推广经验。2001年，淮阴区公路站事务公开工作受到省总工会表彰。2005年，出台《关于推进工资集体协商工作的意见》，区、乡两级先后成立工资协商指导委员会或工作小组，聘任一支由86人组成的懂法律政策、懂财务管理、有协商谈判能力的指导员队伍。2006年8月，在外资企业宜宏服装厂召开工资协商观摩会，推进集体合同签订。2008年，全区100人以上的33家非公有制企业全部实行职代会制度，21个乡镇和54个基层工会建立职代会制度。全区108个事业单位、25家集体及控股的公有制企业和185家非公有制企业全部实行厂（事）务公开，受到省总工会表彰。

（六）维护职工权益

1979年，淮阴县委批转县总工会《关于积极推行职工代表大会制度的几点意见》，全县200人以上的企业全部推行职工代表大会制度。1986年6月，企业工资改革全部结束，全县13942名职工参加工改，月增工资225876元，人均增资16.2元，人均月工资由工改前的44.53元增加至60.83元。是年12月，淮阴县职工物价监督总站正式成立。1989年12月，按全国总工会要求，组织2个调查组对4个系统9家企业的停产、半停产以及职工工资减发、停发情况进行调查，涉及职工838人。1994年11月，对企业主要负责人、工会主席进行《企业法》《劳动法》《工会法》学习辅导。1995年，会同县委组织部、宣传部等单位搞好集体合同签订试点工作。11月，召开民主管理交流会，县糖厂等7家单位作经验介绍。1998年，县委、县政府出台《关于推行平等协商、签订集体合同工作的意见》，签订集体合同企业77家，占市总工会任务数的111.1%。县总工会参与县政府关于下岗再就业有关政策的制定，提出职工下岗必须经职代会讨论通过等合理化建议。2001年，全区开展工资专项集体协商70家，新签乡镇区域性集体合同19份，覆盖企业396家。2003年，出台推行“1+2集体合同制度”实施意见，推动工资协商、集体合同签订工作开展。王营镇24家企业全部签订《工资集体合同》。2004年，为农民工讨要企业务

图23-2-9　区总工会举行“五一”表彰大会

工欠款3.3万元。2005年，区政府出台《关于推进工资集体协商工作的意见》，全区44家100人以上企业全部进行工资协商，并签订集体合同。是年，17个乡镇建立劳企矛盾调处中心。2006年8月，在外资企业宜宏服装召开工资协商观摩会，推进集体合同签订。是年，百人以上和50人以上企业推进面达到市标。2008年，在淮阴区建设局召开建筑行业工资协商推进会，推动行业工资协商开展。

（七）劳模评选工作

1978～2008年，淮阴区（县）总工会先后承办4届全国劳模、12届省级劳模、12届市级劳模的评选工作，评选出全国“五一”劳动奖章获得者2名，评选省、部级劳动模范44名，市级劳动模范144名。

第二节　共青团

一、机构

1978年，共青团淮阴县委员会（简称团县委）设书记1名、副书记1名，下设办公室、学少部、组织部、宣传部。1993年机构改革，下设办公室、青工学少部、组织宣传部、青农部。1997年，成立淮阴县青年联合会，有委员156名。2001年，团县委更名为中国共产主义青年团淮阴区委员会。是年，成立青年知识分子联谊会。2004年8月，团区委机关行政编制5名，内设办公室、青少部。团区委设书记1名、副书记2名。至2008年，机构设置及人员编制未变。

二、代表大会

1979年12月23～25日，共青团淮阴县第八次代表大会在王营召开，出席代表635名。大会选举产生共青团淮阴县第八届委员会书记1名、副书记1名、常委7名、委员39名。

1988年7月11～12日，共青团淮阴县第九次代表大会在王营召开，出席代表249名，列席代表20名。大会选举产生共青团淮阴县第九届委员会书记1名、副书记1名、常委7名、委员35名。

1994年5月5～6日，共青团淮阴县第十次代表大会在王营召开，出席代表196名，列席代表30名。大会选举产生共青团淮阴县第十届委员会书记1名、副书记1名、常委6名、委员35名。

1998年5月4～5日，共青团淮阴县第十一次代表大会在王营召开，出席代表132名。大会选举产生共青团淮阴县第十一届委员会书记1名、副书记1名、常委7名、委员35名。

2002年3月22日，共青团淮阴区第十二次代表大会在王营召开，出席代表183名。大会选举产生共青团淮阴区第十二届委员会书记1名、副书记1名、常委7名、委员35名。

2007年9月13日，共青团淮阴区第十三次代表大会在王营召开，出席代表191名。大会选举产生共青团淮阴区第十三届委员会书记1名、副书记1名、常委7名、委员40名。

三、组织建设

1978年，淮阴县有42个团委（总支）。1979年，全县有团员3.9万人，青年中的团员率达到25%以上。1987年，有基层团委40个、总支部54个、支部986个、团员22986人。1991年，有基层团委50个、团总支68个、团支部1042个、三类团支部32个。1993年，有基层团委53个、团总支64个、团支部803个、团员23568名。1996年，基层团委增加至56个。1998年，全县有178名优秀团员入党，其中学生党员10名，发展团员3528名。1999年，调整配备8名乡镇团委干部，2名团县委干部被提拔。基层团委干部配备率100%，村团干部配备率95%以上，健全县、乡、村三级团干部档案。发展新团员4512名。2003年，全区有在职团干120名，直属团委50个、中学团委38个、团员4.7万余名。2005年，在非公企业中拓展团组织建设，10余家非公有制企业建立团组织。2008年，探索到村任职的高校毕业生兼任团组织负责人工作，成立到村任职高校毕业生联谊会和联合团总支。是年，全区共有中学团委40个、团支部1320个、基层团委63个、团员5.2万名。

四、主要工作

（一）思想道德建设

1978年始，在淮阴县青少年中广泛开展讲文明、讲礼貌、讲卫生、讲秩序、讲道德，心灵美、语言美、环境美、行为美和热爱祖国、热爱社会主义、热爱党的“五讲四美三热爱”活动。1986～1995年，先后开展“高举团旗跟党走”“发愤学习创业，立志成才报国”“党在我心中”“与党同心、共渡改革难关”“庆回归、迎千禧”“唱响主旋律、高扬爱国情”等主题教育活动，引导青少年坚定永远跟党走的理想信念。2003年3月17日，刘老庄乡团委、韩桥乡初级中学团委、古寨乡初级中学团委及部分少先队，组织新团员、少先队员到刘老庄八十二烈士陵园参加入团、人队仪式，隆重纪念八十二烈士牺牲60周年。2005年1月，区卫生局、区医院等单位在丁集镇开展“乡村青年文化节”活动，展览图板80余块，发放各类卫生资料2000余份，现场免费为农村青年义诊50人次。6月，举办青年歌手大奖赛，40名来自全区各个行业的青年歌手参加比赛。7月，在丁集镇成立区属第一个农村青年活动中心。2006年4月，开展“八荣八耻”社会主义荣辱观教育活动，召开基层团干部和各界青年代表座谈会。2008年，开展“祖国发展我成长、红领巾与光荣同行”主题教育活动。1978～2008年，共开展思想道德建设主题活动73次。

（二）青年志愿者行动

1990年3月起，团县委组织团员青年成立扶贫帮困服务队，帮助五保户、军烈属等缺乏劳动力的农户抢收、抢种。1996年，实施以青年志愿者服务为龙头的“送温暖工程”，全县团组织结对救助五保户、烈军属、老干部60余人。1997年5月，开展“真情暖人心、文明在淮阴”专题活动，组织建立服务队128个、志愿者10万人，开展助残帮困、义务医诊、参加“四夏”大忙、绿化造林等活动。1998年3月5日，组织城区20多个单位的400余名青年志愿者、2000多名中小学学生开展便民一条街服务。2003年，在第二届淮扬菜美食文化节活动中，100名青年志愿者为黄河广场的文艺演出服务。“非典”期间，区医院、卫生局等单位先后成立青年志愿者服务队参与到抗击“非典”第一线。2005年，成立志愿者协会，增加注册青年志愿者900余人。2006年，开展“弘扬雷锋精神、参与志愿服务”集中服务行动月活动，全区千名青年志愿者深入社区、农村开展家电维修、绿色环保、法律援助等志愿服务活动。2008年，开展“雷锋精神与我同行、奉献爱心创和谐”、青年志愿服务进社区等活动，扩大青年志愿者工作影响力。

（三）希望工程

1992年起，团县委开展“手拉手、与我同行”“捐出一点压岁钱、援助失学小弟妹”“新春我为希望工程献爱心”“希望工程圆梦大学行动”、春秋两季“农村助学行动”等活动。是年至1994年，累计筹资200余万元，资助1600余名大中小学生。1996年，全县救助学生400人，援建希望书库10个，建新渡平安希望小学，与吴江市结成“手拉手”联谊学校27所。1997年，共筹集希望工程助学金10万余元、建校资金40余万元，建希望小学3所，资助贫困学生300余名，爱心储蓄总数123万元。2000年，开展“百号帮千户”助学活动，共筹集资金6000余元，资助贫困生20余名。是年，获省“希望工程”工作先进县称号。2004年6月，举办首次“明德奖学金”发放仪式，淮州中学、吴集中学、韩桥小学等学校102名学生获得奖励。2006年，募集、发放希望工程资金29.06万元，援建希望小学1所，资助贫困学生470名。2007年，争取希望工程资金138.95万余元，惠及全区427名中小学生，组建希望图书室4个，建设希望小学3所。2008年，募集希望工程资金94.2万元，资助小学生619名、中学生217名、大学生106名。韩桥乡张圩小学、南陈集镇鲁黄小学、五里镇纪吴小学等3所希望小学竣工。广州宝洁公司和时代超市捐资25万元，建西宋集镇洪北希望小学。设立青年文明号奖学金10万元，设立民生奖学金、茂华助学金等长久性助学基金。组织开展第二届“七月阳光、圆梦大学”行动，资助大学新生106名。

（四）服务青年就业创业

1978年起，团县委开展“学雷锋、创红旗、争模范”活动。1983～1985年，分别举办“三争三创”“创新、创业、创一流”“青年创业竞风流”“创业淮阴·青春行动”等活动。1996年，开展拜师学艺等活动，培养岗位能手100名，培养科技兴农带头人200名。1997年起，“淮阴县十大杰出（优秀）青年”每两年评选一次，选出淮阴县首届十大杰出青年科技致富状元。邵汉中获得首届淮阴市“十大杰出青年农民”称号。1998年，对淮沭片部分农村青年进行农业技术培训，参加培训500余人。1999年，县、乡、村三级团组织围绕农村经济的发展，筹办农业科技推广项目8个，建成共青产业示范村4个。2000年，棉花庄镇机房村农民张志亚获第四届江苏省“十大杰出青年农民”称号，李松等被评为市“十大杰出青年农民”，郑厚柏等被评为市“青年致富能手”。2003年，成立驻无锡劳务输出机构、区青年职业介绍所。培训农村青年800余人，各级团组织输出2000余人。2004年，开展“十佳青年园丁”“十佳青年医务工作者”“十佳青年卫士”以及“十大杰出青年创业之星”“十大优秀青年企业家”评选表彰活动。2004年3月，在区职业高级中学成立农村青年人才培训基地，全年组织培训输出2000余人，其中成建制输出183人。2007年起，以“双十百千工程”为抓手，重点实施现代新型青年农民培训工程、村级团组织负责人网络培训工程以及“青年创业贷款扶持项目”，争创青年创业示范基地，培植市、区级青年创业示范基地18个，累计培训乡村团干部203名、青年农民3241人次、青年农民经纪人1526人次、青年技能培训2400人次。首届淮阴青年创业大赛获评团省委“创业江苏、青春行动”十大工作项目，团区委、丁集镇团委被团市委表彰为青年创业服务先进集体，丁健被团市委表彰为“农村青年创业致富能手”。2008年，会同区新闻中心、区广播电视局及全区22家行政执法部门主办首届“争先崛起·淮阴青年创业大赛”，108名青年参加。为50家中小企业提供贷款1281万元，发放近百张创业卡，并拍摄20部创业典型事迹电视片。

（五）少先队工作

1978年，以学校、生产大队为单位成立少年先锋大队407个，队员总数82363人，恢复校内外辅导员5068人。少年先锋队经常开展以增进少年儿童身心健康、培养共产主义道德情操为主要内容的活动。1983～1984年，号召少先队员为“六五”计划作贡献，全县有1个少先队集体被团省委命名为功勋队、4名少先队员被团省委命名为功勋队员。1985年，在全国万人“创造杯”少先队竞赛活动中，获“创造杯”9个。1990年4月，召开县首次少先队员和辅导员代表大会，出席代表273名，特邀代表6名。是年，成立县少工委，配备县级总辅导员，聘任少先大队总辅导员38名。1992年后，全县少先队特色活动主要有“雏鹰争章”活动、“五自”实践活动、城乡“手拉手”活动、“少年儿童平安行动”以及少儿文体、科普、环保等竞赛活动。1998年起，每年3月均组织万名中小学生参加义务植树、护绿、保护母亲河活动，上万学生走上街头，清扫街道，慰问敬老院。1999年3月，全县重新聘任少先队总辅导员14名，少先队辅导员配备率100%，县、乡、村少先队工作形成健全的体系。2000年9月，成立县未成年人保护委员会，开展“少年儿童平安行动”“青少年网络文明行动”“远离毒品”“青少年自护教育”以及《未成年人保护法》宣传等活动。2007年，开展关爱农村留守儿童活动，通过开展结对帮扶、城乡青少年“手拉手”等活动，帮助留守儿童解决学习、生活中的困难。2008年，组织发动团员青年捐款、捐物，支援汶川抗震救灾工作，全区共缴纳特殊团费52340元。是年，全区有少先队员70230名、辅导员168名。

第三节　妇女联合会

一、机构

1978年，淮阴县妇女联合会（简称县妇联）配备专职妇联干部2名，设主任1名、副主任1名，下设生产福利部、宣传部、少儿部、维权部和办公室。1993年，县妇联主任更名为县妇联主席。2001年后，区妇联内设城乡发展部、权益部、宣教部，配备专职工作人员6名，其中主席1名、副主席2名。挂区妇女儿童工作委员会办公室、城镇妇女巾帼建功活动领导小组办公室、农村妇女双学双比竞赛活动领导小组办公室牌子。2008年，区妇联设主席1名、副主席2名，其他专职工作人员3名。

二、代表大会

1979年12月27日，淮阴县妇联第六次代表大会在县招待所召开，正式代表580名，特邀代表21名。大会主要议程：总结几年来妇女工作经验，明确新时期妇女工作任务；动员全县广大妇女为加速实现"四个现代化"而努力奋斗；表彰"三八红旗手"15个、"三八红旗集体"3个及先进个人144名；选举淮阴县妇联第六届执行委员会主任1名、常委5名、委员40名。

1985年5月18日，淮阴县妇联第七次代表大会在县工人会堂召开，正式代表465名，特邀代表33名和工作人员27名。大会主要议程：听取和审议县妇联第六届执行委员会工作报告；表彰"三八红旗手"71名，"三八红旗集体"9个，好园、所13个，好娘家20个，好园丁102名，贴心人28名，双文明户1000户；选举产生县妇联第七届执委和候补委员59名，主任1名、副主任2名、常委11名。

1990年9月18日，淮阴县妇联第八次代表大会在王营召开，正式代表381名，特邀代表10名。大会主要议程：听取和审议县妇联第七届执行委员会工作报告；县委表彰"三八红旗手"5名、"三八红旗集体"5个、优秀妇女干部5名；县妇联表彰"三八红旗手"50名、"三八红旗集体"30个、优秀妇女干部62名、"一教四普及"先进集体30个及先进个人59名、家庭教育先进集体12个及先进个人19名、普法学习先进集体9个及先进个人22名、"五好"家庭34户；选举产生县妇联第八届执委49名，主任1名、副主任2名、常委13名。

1995年10月27日，淮阴县妇联第九次代表大会在王营召开，正式代表231名，特邀代表21名。大会主要议程：听取和审议县妇联第八届执行委员会工作报告；表彰"三八红旗集体"15个、"三八红旗手"34名、优秀妇女干部56名、妇女工作先进集体14个；选举产生县妇联第九届执委59名，主席1名、副主席2名、常委11名。

2004年10月28日，淮阴区妇联第十次代表大会在淮阴宾馆举行，正式代表194名，特邀代表10名。大会主要议程：审议通过区妇联第九届执委会工作报告；表彰"三八红旗集体"18个、"三八红旗手"50名、优秀妇联干部43名、关心支持妇女儿童工作先进集体19个；选举产生区妇联第十届执委53名，主席1名、副主席2名、常委11名。

三、组织建设

1978年，淮阴县26个公社、1个场、1个镇各配备妇联主任1名，420个大队各配备妇代会主任1名。1989年，全县有26个乡镇陆续进行妇代会换届选举，选出26个乡镇妇联主任。同时，选举出席淮阴县妇女第八次代表大会代表381名。1990年，县直单位建立妇女委员会26个，配专兼职妇委会主任26名。1998年，境内企业建妇委会或妇联小组4个，配专兼职负责人4名。2001年，全区249个村（居）均建立妇代会，每个村妇代会推选委员3～5名，主任1名。2003年并村联组后，村级妇代会组成人员大幅度削减。2008年，全区有17个专职村妇代会主任。是年，全区有各级基层妇联组织272个。区直一级机构建妇委会或妇女小组27个，配专兼职妇委会主任27名，有妇委会委员107名。

四、主要工作

（一）"五好"家庭、"三八红旗手"评选

1978年起，淮阴县妇联不断修订"五好"家庭创建标准，开展"五好"文明家庭创建活动。至1987年，全县先后被评为全国、省、市级"三八红旗手"35名、"三八红旗集体"8个。1988～1995年，被评

为“十佳”新女性120名，受到县委、县政府表彰；评选“三八红旗手”50个，由县妇联、人事局、总工会联合表彰。1996年，全县开展“好园丁”“优秀妇联干部”“五好农家女”“五好家庭标兵”“十佳家庭标兵”创建评比赛，建立农村妇女文化中心户等活动。1998年，“三八”节期间，先后宣传表彰各类先进典型220个，其中县委、县政府表彰优秀妇联干部10名、行业标兵20个、“五好”文明家庭10户。1999年，与县委宣传部联合表彰“五好”文明家庭37户，与县蔬菜局联合表彰蔬菜种植女能手44名，县妇联表彰下岗创业先进个人8名、文化中心户9个。各基层妇联开展“敬老好儿媳、好婆婆、‘五好’农家女、优秀女干部”等各具特色的创评活动。2001年后，将文明家庭与扶贫济困、移风易俗、绿色环保、文明村镇、文明城市、文明行业、文明机关创建等活动相结合，先后评出“五好”文明标兵户2348户、“五好”文明家庭84877户、“五好”文明家庭示范村（居）126个。2008年，开展首届“十行百佳”评选活动，评选范围为全区农村女致富带头人、妇女工作者、关爱留守儿童工作者、创业女性、环卫女工、女新闻文化工作者、女教师、女医务工作者、女税务工作者、女政法干警等，受到表彰214人。

（二）“双学双比”竞赛活动

1985年，淮阴县、乡两级妇联，共举办科技培训班85期，参加培训8621人次。1987年，动员450名妇女参加“中国农业致富大学”学习种、养、加工以及乡镇企业管理技术。是年起，在全县农村妇女中开展“学文化、学技术、比成绩、比贡献”的“双学双比”竞赛，提高妇女科技文化素质。1996年5月，与县农业局联合举办“绿色证书”培训班，6000多名妇女取得绿色证书，农村妇女骨干309名参加培训。1997年3月17～30日，举办农村妇女骨干实用技术培训班6期。组织426名村妇代会主任参加“绿色证书”考评，全部合格。在全县树立1000户年收入2万元以上女科技示范户，县委、县政府在全县树立女致富能手和致富标兵120名，1000名妇女参加全县足球加工、草帘加工、草菇栽培、蘑菇栽培等10个龙头项目竞赛。1998年，根据淮阴“南山芋、北花生、中间沿路菜”和“南水产、北肉鸽、遍地猪牛羊”的区域格局，组织1.04万名妇女种植大棚蔬菜900公顷，带动320个农户脱贫致富。1999年，举办农村妇女骨干培训班5期，536名乡村妇干、“四大员”家属参加蔬菜栽培、四季鹅养殖等新技术的培训。培训班邀请县农业局、蔬菜局等技术人员和五里乡养殖大户到场讲课，有241名妇女取得“绿色证书”资格。2000年3月，举办农作物栽培技术、病虫害防治及新品种推广应用等内容的培训班4期，全县乡村妇女骨干参加培训320名。2003年，全区妇联组织共举办农村妇女实用技术培训班59期，培训妇女6000人次，其中区妇联培训270人次；组织劳务技能培训班35期，培训妇女3200人次；参与组织转移妇女劳动力2720人次。2005年，妇联系统共组织技能培训班22期，参训800人。2006年，区妇联组织技能培训班20期，参训850人。2007～2008年，全区妇联系统共办各类技能培训班57期、科技培训班31期，共培训妇女3433人次，发放科普资料3万余份，开展科普咨询12次。利用省发放的农村劳动力转移培训卷，免费对250名妇女进行技能培训。

（三）巾帼建功活动

1995年起，县妇联和县总工会等15个部门联合发起在全县城镇妇女中开展“巾帼建功”活动，先后召开“巾帼示范岗”创建会、女个体私营经济工作经验交流会、下岗女工再就业先进事迹报告会、“巾帼建功”流动现场会等多种会议，推进巾帼建功活动开展。1997年，开展十个巾帼文明行业、百个巾帼文明岗位、千个巾帼岗位明星的“十行、百岗、千颗星”活动，推动岗位建功竞赛，培养巾帼服务明星。1998年，开展以“创一流工作成绩、做职业文明标兵”为主题的创建“巾帼示范岗”活动，表彰创建活动行业标兵106名、巾帼示范岗10个。1999年，创建“巾帼示范岗”21个，参赛女职工736名，获“巾帼示范岗”称号11个。2000年，淮阴县“巾帼建功”活动领导小组表彰“巾帼示范岗”16个和下岗创业先进个人9名。2003年10月，制定《淮阴区“巾帼示范岗”管理办法》，举行“巾帼示范岗”授牌仪式，命名表彰淮阴供电公司营业厅等在“巾帼建功”活动中取得突出成绩的先进单位和先进岗位30个。2004年，区“巾帼建功”活动领导小组命名区级“巾帼示范岗”15个。2006～2008年，先后召开“建设新农村、当好带头人”女干部座谈会、“共谋发展、再立新功”巾帼群英座谈会，开展创业女标兵评比表彰、“巾帼示范岗”及岗位明星评选活动，评出岗位明星30名，评选创业女标兵80名。1978～2008年，全区（县）被授予全国、省、市“三八红旗手”称号的分别为4名、20名、23名。

（四）妇女儿童合法权益维护

1978～1984年，县妇联每年都开展不同规模的维护妇女儿童合法权益的法制宣传月活动，不定期在街头设置咨询接待站，宣传维权信访方面的法律法规、相关政策。1987年3月，开展“维护妇女儿童合法权益宣传周”活动。1992～1994年，邀请县人大代表、政协委员视察各单位贯彻实施《妇女法》情况。1996年，对境内妇女进行《妇女权益保障法》《婚姻法》《未成年人保护法》《母婴保健法》等法律法规宣传，全年接待来信来访35件（次），结案率100%。1998年，配合公安等部门打击拐卖妇女儿童犯罪活动，解救被拐妇女12人；帮教失足妇女19人，并帮其掌握实用新技术1门。1999年，邀请专业人士为城乡586名妇女骨干讲解有关妇女、儿童法律法规，组织1000名妇女参加“三五”普法知识考试。2000年3月，成立妇女权益法律援助站，开通热线服务电话，为全县妇女儿童提供婚姻、优生优育、家庭教育等8个方面的服务。2003年，王营镇妇联成立妇女权益法律援助工作站，社区维权站建设逐步推开。2004年，区妇联建立健全妇女权益联席会议制度、妇女干部特邀陪审员制度、妇女权益法律援助制度3项制度。2005年，向区法院推荐14名妇联干部任人民陪审员，有9人参加市法院组织的人民陪审员资格考核。2008年，在第二十届科普宣传周期间，古寨、韩桥等乡镇开展宣传咨询活动，接待咨询200余人次，向群众宣传环保知识，发放《妇女法》《未成年人保护法》以及《消除白色污染的倡议书》等学习宣传材料4000余份。

第四节　科学技术协会

一、机构

1979年，淮阴县科学技术普及协会（简称县科协）恢复，与科学技术委员会合署办公，由科学技术委员会代管，主席、副主席及委员52人均为兼职人员。1984年8月，县科协独立办公，核定编制8名、专职副主席2名、专职委员4名。1985年，专职主席1名、增补专职副主席1名，同时成立科协党支部。是年，分别设立学会工作部、新技术开发部、农村科普工作部、青少年工作部，有工作人员10名。1986年10月，成立淮阴县发展经济战略研究会。1987年7月，由县科协牵头，成立县科协扶贫工作领导小组，承担全县科技发展工作。1994年11月，成立淮阴县科学技术研究所，所属高新技术开发应用、现代科技与市场经济结合、蔬菜、食用菌、畜禽、水产、棉花、蚕桑、林业、乡镇企业等10个专业科学研究所，有正、副所长18名，课题组长16名，8个民营科技企业经理、副经理14名。2008年，区科协内设办公室、学会学术部、科学技术普及部。

二、代表大会

1979年11月，淮阴县科协第一次代表大会在王营召开，听取县科协工作报告，选举产生县科协第一届委员会主席1名、副主席13名、委员38名，均为兼职人员。

1982年12月，淮阴县科协第二次代表大会在王营召开，听取县科协第一届委员会工作报告，选举产生县科协第二届委员会主席1名、副主席5名、常委18名、委员79名。

2008年9月，淮阴区科协第三次代表大会在王营召开，听取区科协第二届委员会工作报告，选举产生区科协第三届委员会主席1名、副主席3名、秘书长1名、委员86名。

三、组织建设

1979年，开始筹建基层科协。1982年，有24个乡镇（场）重组科协。1987年，全县乡镇（场）完成基层科协组建工作。县级学会发展至21个,有各类县级学会会员2057名。1988年,有农民专业技术研究会152个,在农村专业户中发展农民专业技术研究会会员8.2万名。1997年2月,成立县老科技工作者协会。2004年,有20个学会召开会员大会,选举产生理事会、理事长、秘书长等学会领导成员。2005年,恢复农学、畜牧、蚕桑、林学、水产、数学6个学会,重组会计、统计、人口、粮油、化工、中医、护理、理化、农机、环保、预防医学11个学会。在农村专业户、城镇私营企业中吸纳会员9000余名。2006年,21个乡镇成立科协组织,村、社区建立科普分会,根据产业结构特点,成立农技协会等农村专业合作经济组织35个,成立企业科协3个,19个区级专业技术协会建立、健全相关组织活动制度。2008年,全区有区级学会21个、乡镇科协21个、企业科协5个、农村专业技术研究会42个、村科普分会156个,吸收各类学会会员1620名。

2008年淮阴区各类学会统计表

表23-2-1

学会名称	挂靠单位名称	会员数(人)	成立时间
淮阴区水利学会	区水利局	104	1978
淮阴区轻纺食品学会	区经委	48	1979
淮阴区林蚕学会	区多种局	95	1979
淮阴区畜牧水产学会	区多种局	106	1979.07
淮阴区医学会	区卫生局	300	1979.07
淮阴区农学会	区农业局	181	1980.04
淮阴区护理学会	区卫生局	194	1980.08
淮阴区农机学会	区农业机械管理局	198	1980.09
淮阴区机械学会	区科委汽修厂	32	1980.10
淮阴化工电业电子学会	区经委	71	1980.11
淮阴区建筑学会	区城建局	105	1980.11
淮阴区数学学会	区教育局教研室	107	1981.12
淮阴区理化学会	区教育局教研室	60	1981.12
淮阴区粮油学会	区粮食局	11	1982.10
淮阴区环境科学学会	区环保局	55	1984.11
淮阴区幼儿学会	区教育局教研室	34	1985.01
淮阴区科技管理学会	区科学技术局	165	1985.01
淮阴区饲料养殖业学会	区粮食局	31	1985.08
淮阴区家电维修技术协会	区服务业发展局	40	1986.06
淮阴蜂业协会	区农业局	42	1987
淮阴区牛蛙养殖协会	区水利局	37	1997.08

四、主要工作

（一）学术交流

1979年，中华医学会淮阴县分会召开全县第一次学术讨论会，收到论文44篇，参加人数40名。其后，医学分会所属的内科、外科、妇产科、五官科、中医等10个学科组，每年均分别举行全县性学术活动，交流学术论文。1984年，淮阴县农学会在农技站举办淮阴县第二次土壤普查成果展览，展出土壤普查中获得的大量资料与实物普查成果应用。截至1985年，淮阴县医学分会向省、市推荐论文63篇，在省级以上学术刊物上发表40篇。淮阴县理化学会会员先后在全国性各类杂志上发表论文16篇，其中物理学会《用白炽灯和验电器演示光电现象》一文，在全国优秀物理实验中被评为三等奖，获中国物理学会颁发的奖状和奖品。县林蚕学会《浅谈蚕桑生产中产前、产中、产后服务问题》的论文，参加省蚕业学会年会交流获省科协优秀学会论文三等奖。1986年后，每两年举办一届优秀学术论文成果评审。至1987年，举行学术报告会250次，参加1.2万余人；举办学术论证会45次，参加200人；举行学术交流210次，参加3200人。有17篇学术论文获市级以上优秀奖，12篇论文发表在国家级杂志上。1988年，征集"为富民兴淮献计献策"论文140余篇，年会上交流9篇。1991年，成立淮阴县自然科学优秀学术论文成果评审委员会。1992年，评选出1989～1991年优秀学术论文93篇。1994年，收集学术论文496篇，其中在全国性杂志上发表115篇，参加省市交流184篇，县医院报送的《合金万尾螺文钉治疗股骨粗隆骨折100例分析》《乳糜尿验案》获市县科技进步成果奖。2008年，丁集蔬菜协会等3个基地被淮安市科协命名为淮安市农村科普示范基地。1995～2008年，全区（县）共评出优秀学术论文成果368项。

（二）科技咨询

1979年后，各学会根据自身特点，开展多种形式的科技咨询活动，取得较好的经济效益和社会效益。1983年，县畜牧水产学会组织科技人员深入到乡村中为7800人次解答农副业生产上的难题；县农学会通过对全县农业综合考察，提出发展经济十大战略建议，被县委采纳；县科协会同省、市科协邀请大专院校100名专家学者，在全县开展20个农副业综合论证。1986～1987年，有17个项目在全县推广，收益4197万元。1990年起，区（县）级学会与乡镇专业技术研究会挂钩，"送科技下乡"与种养殖大户联营，为农民解决种、养及加工中的技术难题。此后每年均开展此项活动。2007年，8次深入乡镇开展科技咨询活动，服务2.7万人次。2008年，农业系统9个学会组织农技宣讲团，宣讲40余场次，编印发放技术资料8万份。卫生系统3个学会送医下乡，开展专家义诊，编印发放卫生健康宣传资料2万余份。

（三）科普宣传

1982年，码头科普协会为全县基层科协宣传科学知识树立样板，利用广播向全社会宣传，印成资料发给群众。1984年，在王营、小营、淮阴师专等地和单位，举办"破除迷信"图片展览；在县政府大门两边建起造价1.2万元的钢筋水泥结构的大画廊，长50余米，有40块版面，年展出各种科普画片280余幅。1985年，县科协配备1辆"万山"牌科普面包车、1台电影机、1台放像机，在城乡巡回宣传科普知识，受教育10万人次。1986年，全县乡、村、专业研究会结成科普网络，开展科普宣传，印发资料120.8万份、科普书籍8.67万本。是年，组织农副业科技讲师团，由1名副主席带队，分赴全县22个乡讲解农业实用技术24场，受教育1.12万人次；发放农业、工业、实用技术资料1万本；县科教电影队深入农村放映科技影片52场。1991年9月，在全县农村基层干部和农民党员中举办实用技术知识竞赛，编发实用技术知识问答134题，印发14万份，参加活动的党员5000余人。1992年7～10月，由县委宣传部牵头，科协具体实施，在全县农村开展"科技兴农"知识竞赛活动，内容主要包括科学生产、科学生活、科学致富等方面的知识440题，参赛1.3万人次，袁集乡代表队获得一等奖，蒋集、韩庄代表队获二等奖，新渡、果林代表队获三等奖。1993年，举办科普讲座50次，展出科技宣传栏65次，请专家讲座2次，受教育超万人。县科协科教电影队先后放映科普电影165场次，受科普教育2.3万余人次；播放科技录像159场，受教育1万余人次。1996年，在省扶贫工作队的支持下，高新技术开发应用所向棉花庄、徐溜、汤集等乡镇赠送科技书籍1000余册，向专业村、专业户发放科技图书3000册。1997年，高新技术开发应用所分别到棉花庄、丁集、王营、徐溜、汤集等乡镇开展送科技下乡活动，无偿赠送科技书刊5000份。是年，县科协被市科协授予1997年度先进集体称号。1999年，在袁集、西宋集、王营等乡镇开展送科技下乡活动，发放科技书籍1200余册、科技资料5000余份，并举办现场咨询、科技讲座。是年，蔬菜研究所印发蔬菜技术资料1.2万份、科学养猪技术资料1.2万余份。2000年，会同县卫生局、农业局、多种局、蔬菜局等单位分别到赵集、丁集、棉花庄、码头等乡镇开展送科技下乡活动，共赠送科技资料1万余份、科技图书700余册，接待咨询群众500余人次。2001年1月8日、9日、13日赴吴城、王兴、五里等乡镇开展送科技下乡活动，举办科技培训3场，重点宣传《春提早茄果类蔬菜定植技术》以及有关蔬菜新品种介绍，印发《科技实用资料》1200份，赠送科技图书500余册。是年，创办《淮阴科普报》，每年发行12期，每月发行1800份。2004年4月，围绕创建文明城镇开展科普进社区活动，会同区委宣传部、组织部，由农业、林牧、卫生、水利等部门百余名科技人员组成科技服务团，8次深入乡镇，直接服务群众8000余人次，发放宣传资料2.3万份，放映科普电教片300多部（集）。2005年，《淮阴科普报》每月发行量增至1万份，免费赠送到农村党员、基层干部、科技大户手中。2006年，发行《淮阴科普报》8000份。2008年，区广播电台、电视台及《新淮阴》均设科普专题，《淮阴科普报》年发行12万份。

（四）科普活动周

1990年1月5～12日，举办淮阴县第一届科普宣传周，围绕“科技兴县、科技兴农”的战略决策，全县17个系统189个单位参加活动。在首届科普宣传周活动中，举办科技讲座（报告）72场，放映电影（录像）141场，新建科普画廊1600平方米，发布科技信息142条，设立科技咨询服务40处，售出科技书籍100余册，散发科技资料（科技小报）10万余份，出动科普宣传车8辆，安排科普广播节目231小时，表彰科普宣传先进单位30个、先进科技工作者150名，受教育群众城市辐射面85%，农村约60%。此后每年均开展一次科普宣传周活动。1992年，科普宣传周主题为“科学与健康”，无偿赠送机关、乡镇500本《科学与健康200问》，开展“疾病防治与健康”咨询活动。1993年，科普宣传周主题为“科学技术是第一生产力”，放映科教电影75场，受教育3.7万人次，放映科教录像105场，培训从事种、养、加农户10余万人次。1994年，科普宣传周围绕“科学与健康”主题，通过电视、广播、电视板报、专题讲座、宣传画、科普报刊、街头咨询等形式进行广泛宣传。1997年9月15～21日，开展以“科学在我身边”为主题的第九届科普宣传周，向全县中小学生发放“科学在我身边”专辑《科学大众》杂志2510本。依靠“金桥信息网”向全县各行业无偿提供科技信息1500条，办《农业科技快讯》10期，发送1.2万份，向农民赠送科技书籍5000册。1998年9月21～27日，科普宣传周主题是“提高国民科技素质、迎接二十一世纪”，利用讲座、送科技下乡、现场会等形式，开展科普知识宣传活动，举办各类讲座74场，现场咨询4场，播放科技录像21场，发放科技资料4万份，参加活动2万人。2000年9月17～23日，科普宣传周主题是“提高全民创新意识、促进21世纪跨越发展”，展出板报200余块，观展群众2000余人，培训群众2000余人次，赠送各类资料1万余份，播放科普录像7场。2000年起，在《淮阴报》开办《科普宣传》专栏，在县广播电

图23-2-10　淮阴区第二十届科普宣传周开幕式

台开办《科普之声》专栏，在有线电视台开办《农技讲座》专栏，在县广播电视报开设《科普苑》专栏，与县卫生局共同创办《淮阴健康教育》专刊；各乡镇设有图书资料室、文化活动中心，并建成农村党员干部现代远程教育系统，形成县有电教中心、镇有电教站、村有电教点的现代科普宣传网络。2001年，科普宣传周组织2000余人参加省百万农民科技知识竞赛活动，1人获二等奖、3人获三等奖。2002～2005年，科普宣传周的主题分别是“环境保护——安全与健康”“科技创造未来”“依靠科学、战胜非典”“科技以人为本、全面建设小康”。2006年，结合创建“全国卫生城”和“省级科普示范区”，投资5万元在城区主要公众活动场所建科普画廊35个，总长60余米。2007年5月19～25日，科普宣传周期间，全区28个科普联席单位和21个乡镇科协共同参与活动，240名科技人员接受咨询超过3000人次，受教育群众近2万人。2008年5月，组织参加主题为“‘携手创新、促进和谐’2008年全国科技活动周暨江苏省第二十届科普宣传周”活动，举办百姓科普专场活动，接受咨询1.5万人次，赠送科技资料万余份。

（五）科技培训

1979年，淮阴水利学会举办财会、工程、机电人员培训班，年集训500人。1981年，农机学会集中培训农村拖拉机手，以培训人员为骨干，用30台（套）马力耗油测定仪，先后检测6298台手扶拖拉机、调修2400台，调修后平均功率从每台9.77马力提高至11.4马力，耗油从235.11克/马力小时，降至218.33克/马力小时，节油16.78克/马力小时。1983年，城建学会分批分期培训乡建筑站施工技术人员411名。1985年，管理学会举办企业管理培训班，培训工厂企业管理人员456名；粮食学会举办微机使用培训班，培训300名微机工作人员；县科协组织家电维修使用培训班，培训80人次。是年，全县乡级科协、学会举办技术培训班210期，培训2.6万人次。1988年，举办各类科技讲座和各类专业技术培训班98期，培训8000余人次。1990年，举办县级科技培训班27期，培训5700人；乡镇级科技培训班427期，培训6万余人。1995年，县属22个学会、农村151个专业技术研究会全年培训10万余人次，培训农村党员干部3.2万人次。王营镇被省评为实用技术培训先进单位。1996年，配合县委组织部、宣传部，开展以“应用科技发展市场经济”为主题的农村党员干部实用科技培训，有2万余名党员干部参训，食用菌研究所专门编发食用菌操作规程。1999年，围绕《农村实用技术培训九五规划》，在南吴集、韩圩、赵集等乡镇开展《食用菌高产栽培技术》《西瓜高产栽培技术》及蔬菜病虫害防治技术、特种水产养殖技术培训，参训5000人。2000年，在王营、袁集等12个乡镇开展蔬菜、畜禽、养殖、水产、肉鸽等方面技术培训，发放培训资料近1万份，参训人员近1万人次。2001年，多次在吴城、王兴、五里、赵集等乡镇开展草菇、平菇栽培要领及茄果类蔬菜栽培、肉鸽饲养等方面技术培训，印发资料2万余份，培训农村党员及基层干部6000余人次。2003年，科技培训4000人次。2004年，科技培训8000人次。2006年，各类科技培训680人次，培训种、养大户520户，实现劳动力转移426人，培训经纪人150名。2007年，全区实施项目17个，对接行政村49个，参与对接专家68人，资金投入2313万元，直接受益2300户，辐射带动1.6万户。2008年，会同区委组织部开展农村党员、干部科技素质培训，以及不同农时的实用技术培训和不同层次的办班培训。

（六）科技普及

1979年，科委、科协运用画廊、样板宣传山芋防腐贮藏、农药使用、玉米地下害虫防治等科普知识21场次，推广固盐发酵法、肝硬化腹水防治等先进技术，散发资料7万余份，推进农村科学技术的进步。1982年，码头科普协会通过现场指导，解决生产关键问题，提高科学种田水平，粮食总产由1981年的9785吨上升至1.08万吨，亩产由1981年的425.4千克上升至469.5千克；蚕茧总产值由1981年的14万元上升至25万元。1986年，组织农副业科技讲师团，分赴22个乡镇讲解农业实用技术24场，参加11238人次；推广水稻小温床育秧两段大苗移栽新技术，推广面积633.33公顷，每公顷产量9.82吨；编写农业、工业、实用技术资料1万本，发放到各乡镇；县科教电影队到农村放映科技影片52场。1986年，全县推广水稻小温床育秧两段大苗移栽新技术，面积633.33公顷。是年，全县培训人员1.91

万名，推广科技成果50项。1987年，在小营乡典型的带领下，全县开展以家庭经济为主题的科技扶贫，肉兔、皮山羊、优质蚕茧、内塘养鱼、水生甲鱼、大棚栽椒、裘皮水貂等都有较大发展，省、市科协领导给予录像宣传、调拨良种、分配资金等多方面赞助。1990年，蔬菜方面，主要引进无丝梅豆、早熟长紫茄、四季胡萝卜等新品种41个。1992年，开展吨粮田、油菜、蚕桑、棉花、蔬菜等5个单项达标竞赛活动，共建立科技示范田17.93万公顷，推广日光能蔬菜大棚新技术、高效栽桑养蚕法、三八植棉法、失铃棉花使用增铃素高技术等新技术10项。1994年，全县有82个良种、238项先进技术、128个高新项目在农村得到有效推广和应用，增加经济效益1.3亿元。1995年，全县推广水稻肥床旱育稀植新技术，共推广7000公顷，平均单产565千克，亩净增80千克，全县增产840万千克，增收1000余万元。推广蘑菇大棚生产栽培新技术，自编食用菌材料近2万份，培训蘑菇生产大户和技术骨干105人，并组织种植大户到姜堰市红林乡学习。推广棉花亩产100公斤皮棉栽培新技术，引进泗棉3号良种，全县最高亩产105千克。1996年，推广农业新技术、新品种、新材料，组织引进山芋脱毒素、苏芋303及新型稻田除草剂——稻草畏、旱育87秧和抛秧综合技术、苏椒5号辣椒、鲁花11号花生、双能温室蔬菜高产栽培及二氧化碳气肥开发利用等新品种、新技术20余项。向上争取科技贷款2000万元，同时为企业争取贴息资金13万元。1999年，利用华能淮阴电厂余热搞特种水产养殖。是年，蔬菜研究所开展春提早反季节蔬菜日光能大棚相同基础性研究，获得成功并在王营镇推广，当年培训1368人。食用菌研究所进行蘑菇、平菇、草菇高产栽培技术培训25438人次，培养专业大户89户，总产值1008万元。畜禽研究所建新式猪舍3万间，引进良种公猪110头，举办技术培训班2次，培训4868人次，推广全价饲料1400吨，年底生猪出栏56万头。蚕桑研究所抓好0.87万公顷桑园技术管理，培训3.2万人次，发放蚕种23万张，蚕茧总收入7841万元。市现代科技经济结合所推广水稻旱育秧技术，培训10328人次，引进新品种98个。

2005年，开展“三农服务月”活动，进行大棚蔬菜、畜禽养殖方面的技术培训，全年共举办各类技术培训班120期（场），受教育干部群众2万人次；与区委组织部联手创办“淮阴区农村党员科教网”，设置13类可供点击的文章分类（农科动态、种植养殖技术、区内外专家介绍、供求信息、他山之石等），全年更新网页46次，发布科技资料960篇，提供科技信息480余条。2005年，采取“公司+农户”的经营模式，建立无公害出口蔬菜基地666.67公顷，拥有66.67公顷实验农场，带动1万户农民发展出口订单种植，推广出口蔬菜高产高效栽培模式20余种，出口各类蔬菜产品近5000吨，创汇150万美元。2006年，抓好科技专家与示范基地对接工作，科学栽培西瓜106.67公顷、“凌桥”牌大米水稻1万公顷及食用菌233.33公顷。2008年，实施“百村万户科技兴农富民工程”，项目投资2536万元，直接受益农户2430户，辐射带动农户18760户，推广新品种、新技术46项，建立示范基地12个，培训农民33620人次，带动农民增收16882万元。培育农村科普示范基地16个，形成区级科普示范乡镇11个、科普示范村25个，培育农村专业大户1860户、科普示范户153户。 完成全省17个“一站、一栏、一员”试点县（市、区）建设工作，在全区80%的乡镇建立科普活动站，85%以上的村配备科普宣传员，建成科普宣传栏。是年，全区培育农村科普示范基地16个，形成区级科普示范乡镇11个、科普示范村25个，培育农村专业大户1860个、科普示范户153个。

（七）青少年科技活动

1983年，淮阴县理化学会举办全县高中学生科学实验竞赛，评选出15名获奖者，并从中筛选4名参加市级竞赛，获二等奖1名、三等奖1名。1984年，县理化学会组织部分学生参加淮阴市科协和物理学会举办的电子夏令营和省科协举办的微电脑夏令营。同时，理化学会还在县中等学校开展校外科普讲座、科技兴趣小组、放映科普教育电影等活动，在丰富学生课外活动，提高学生的科学兴趣方面，作了有益的尝试。1985年，县科协会同文教局、团县委，在全县青少年中开展“五小”（小发明、小创造、小革新、小设计、小建议）发明创造活动，取得24项成果，创造产值40万元，评选出先进集体3个、先进个人17名，同时筛选出10项成果参加省科协组织的“五小”发明竞赛，获二等奖1项、三等奖2项。1986年，开办中央农广校，有215名青年参加学习。举办两次科技夏令营，共106名中小学生参加活动；开展科技竞赛3次，183名初中生参加。是年，西宋集星火农校培训出192名高中毕业生，成为当地乡土农技员、致富能手。1987年，淮阴县中学领头举办4次青少年科技夏令营，有214人参加；开展4次初、高中学生科技竞赛，有201人参加。1990年后，每年均组织近万名中小学生参加省"金钥匙"科技竞赛活动，每年均有近百名同学在竞赛中获奖。2008年，在淮安市青少年科技创新大赛中，有3名学生分获一、二等奖。

第五节 残疾人联合会

一、机构

1989年6月，成立淮阴县残疾人工作办公室，由县民政局代管，县民政局一名副局长分管残疾人工作。1991年，成立淮阴县残疾人联合会（简称县残联），民政局一名副局长兼任理事长。1993年，县民政局1名副局长兼任理事长，有理事2名。1994年，全县各乡镇（场）全部成立残疾人联合会。1996年，有理事长1名，有民政局副局长兼任，有副理事长1名，理事3名。是年，乡镇残联和民政办合署办公，民政助理兼任残联理事长。1998年，成立县残疾人劳动就业服务所、县残疾人康复指导站、用品用具供应站、残疾人服务社。是年，县委明确乡镇民政助理任乡镇残联理事长，全县各乡镇均配备专职工作人员，并成立残疾人服务站、助残志愿者联络站。2000年，县残联设理事长1名、副理事长1名、理事3名。全县成立聋人协会1个、盲人协会1个、肢残人协会1个、智力残疾人亲友会1个、精神残疾人亲友会1个。是年，县残联从民政局析出，升格为正科级单位。2007年，区残联设理事长1名、副理事长2名、理事4名。全区各乡镇残联和村居残协都配齐残疾人专职委员，同时完成乡镇残联换届工作。2008年，区残联设理事长1名、副理事长2名、理事3名。经区委组织部批准，全区各乡镇残联理事长全部实行专职，和民政工作分离。同时，全区所有行政村（居）均成立残协，残协主席由村（居）支部书记兼任，村会计兼任残协专职委员。全区形成乡镇残联、残疾人服务社、志愿者联络站的"三位一体"组织体系。

二、残疾人口状况

1991年，全县有残疾人3.7万。2005年，有各类残疾人4.3万，男女性别比例为1.49:1，其中视力残疾5477人、肢体残疾15013人、听力残疾5156人、语言残疾2633人、智力残疾8985人、精神残疾5544人；15岁以下（含15岁）1624人、16～55岁22587人、56岁以上18603人；文盲半文盲21975人、小学13057人、初中以上7776人。2008年，全区有各类残疾人50062人，约占全区总人口的5.61%。其中，城镇残疾7230人，占城镇人口总数的3.13%；农村残疾42830人，占农业人口总数的7.3%。农村残疾人比例高于城镇。各类残疾人中，肢体残疾17557人、视力残疾6405人、听力残疾6030人、语言残疾3078人、智力残疾10508人、精神残疾6484人。全区高中以上文化程度的残疾人占5%，初中文化占30%，小学及文盲占65%，小学文化及文盲所占的比例较大。

三、代表大会

1991年11月30日，召开淮阴县残联第一次代表大会，代表70名。大会选举产生县残联第一届主席团，主席团主席、副主席，聘请主席团名誉主席。推举产生第一届执行理事会理事长1名、理事2名。会议主题是发扬社会主义的人道主义精神，理解、尊重、关心和帮助残疾人，促进残疾人平等参与社会生活，鼓励残疾人坚持爱国主义和乐观主义，自尊、自强、自信、自立，为社会主义建设贡献力量。

1996年5月8日，召开淮阴县残联第二届代表大会，代表78名。大会选举产生县残疾人联合会第二届主席团主席、副主席，聘请主席团名誉主席，推举产生第二届执行理事会理事长1名、副理事长1名、理事3名。会议主题是继续抓好残疾人职业教育与培训，稳步发展福利企业，采取多种就业形式解决残疾人就业，努力实现残疾人"平等、参与、共享"的目标，促进淮阴残疾人事业持续、快速、健康发展。

2008年2月26日，召开淮阴区残联第三届代表大会，出席大会正式代表95名，会议选举产生区残联新一届主席团，主席团主席、副主席、委员，推举产生第三届执行理事会理事长1名、副理事长2名、理事3名。

四、主要工作

（一）扶残助残活动

1991年，淮阴县政府对残疾人实行农业税减免、一事一议等照顾政策。对无依无靠、丧失劳动能力的残疾人实行"五保"即保吃、保穿、保医、保住、保葬，对部分特困残疾人实行低保。残疾人低保标准比健全人提高15%。将有条件的残疾人纳入养老、基本医疗等社会保险，对特困残疾人日常生活、危房改造、康复医疗、助学和意外灾害等都给予特殊补助。是年，扶持城镇31名残疾人创业，开办盲人推拿诊所2家，安置盲人5人。1997年，县政府出台《关于对残疾人优惠照顾的暂行办法》。1998年，县政府在全县实行最低生活保障线，全县有最低生活保障对象3184人，其中残疾人1655人、552户。在全县残疾人中实施"果木扶贫工程"，向部分贫困残疾户无偿支付5～8棵嫁接银杏和大枣树苗，为550个残疾人户提供银杏和大枣4500棵。全县副科级干部共包扶贫困户、特困户682个，其中残疾户331个。全县各扶贫单位共为残困户赠送化肥、籽种、农药、粮食价值20余万元，为残疾户助收助种2000人次。1998年，全县有1800个残疾户脱贫。1999年，实施安居工程扶贫，全县共为困难户建房937户2400间，其中残困户157户408间。2000年，出台残疾人优惠政策具体规定，全县21个乡镇制定出台该乡镇的残疾人优惠政策实施措施，为1.34万名残疾人免去乡统筹、村提留67万元及农业税1.6万元，免去学生学杂费601人2.54万元，免去义务工53.1万个，减免或补助医疗费2607人7.92万元。全县有低保对象2882人、1131户，其中残疾人1167人、460户，占总保对象41%；敬老院集中供养残疾人47人。是年，县主干道有12处建立残疾人无障碍通道。至2005年，共为残疾人减免农业税612.7万元，社会负担减免366万元。全区残疾人特困户瓦房率95%，有300户残困户生活生产条件得到基本改善。乡镇机关、企业事业单位与残疾人家庭结对帮扶，投入帮扶资金3.2万元。全区累计将808名"三无"（无生活来源、无劳动能力、无法定抚养义务人）残疾人纳入"五保"供养，将1726残疾户纳入低保对象。2007年，全区有六类（视力、听力、言语、智力、肢体、精神）重度残疾6737人。对符合低保条件的二级以上重度残疾1636人实行单独全额施保，符合低保条件的三级以下残疾1194人全部纳入低保范围，低保标准提高15%。残疾人全部纳入新型农村合作医疗，对特困残疾人给予医疗救助和生活救助，重度残疾人的社会保障问题基本得到解决。至2008年，符合条件的残疾人全部纳入救助范围，全区对二级以上重度残疾4668人、三级以下贫困轻度残疾1255人按照不低于低保标准按月发放生活救助金，残疾人的生活得到基本保障。

（二）残疾人教育培训

1991年，组织农村种植业、养殖业、加工业实用技术培训2期，培训200人；组织城镇职业技术培训4期，培训80人。1994年，创办特殊教育学校。1999年，吸收208名残疾人参加实用技术培训。2000年，免费为残疾人举办形式多样的技术培训班，全县有2505名残疾人参加各类技术培训。是年10月8～28日，在县供销学校举办盲人按摩培训班，通过培训，有10名盲人拿到劳动部门发给的技术等级证书。是年，对全县未入学适龄残疾少年儿童进行调查，共有未入学适龄残疾少年儿童649人，其中应救助的贫困残疾少年儿童610人，实际救助601人。2003年，城镇残疾人职业技能培训88人，农村可就业残疾人培训167人，救助适龄失学残疾少儿17人。2005年，特殊教育学校发展至6个班级71名学生，有19名教职工。有7名毕业于特教学校的学生考取高等院校，其中5名学生已就业，2人在高校就读。2007年，残疾人职业技能培训纳入政府各部门劳动力转移培训计划，全年举办厨师、钳工、机电、自行车和家电维修、服装缝纫、保健按摩等专业技能培训班4期，培训残疾人412名。2008年，举办残疾人种、养、加实用技术培训班6期，培训残疾人184名；举办美容美发培训班，培训残疾人6名；举办保健按摩培训班，培训残疾人4名；举办服装缝纫培训班，培训残疾人40名。

（三）残疾人就业

1991年后，淮阴县稳步发展社会福利企业，妥善安置残疾人就业。残疾人就业分为集中就业、分散按比例就业、自愿组织就业和个体从业。1998年，县政府按比例安排残疾人就业，全年安排残疾人就业25名，其中事业单位8名、企业单位17名。1999年，安置残疾人就业76名，其中财政拨款事业单位6名、企业单位10名、福利企业33名、淮阴市天然毛纺织有限公司6名、个体私营大户安置4名、个体从业17名。2000年，安置残疾人就业75名，其中按比例就业21名、集中就业18名、个体就业36名。城镇残疾人就业率85%，农村残疾人就（从）业率95%。2003年，实现残疾人就（从）业130人。2005年，全区福利企业集中安置残疾人18名，私营企业中安置残疾人28名，协调残疾人集中就业16名，鼓励扶持残疾人个体从业31名，介绍残疾人劳务输出80名。2007年，通过组织参加全市残疾人劳动力转移现场招聘会、协调有关部门按比例安排残疾人就业、督促福利企业集中安置残疾人就业、举办职业技能培训班、鼓励扶持残疾人自主经营等措施，增加161名残疾人就业。2008年，全区按比例安排残疾人就业41名、集中就业51名、个体从业49名、劳务输出82名。

（四）残疾人康复

1991年，淮阴县康复指导站逐步完善集功能培训、康复服务、残疾预防于一体的康复体系。1998年，全县完成白内障复明手术360例，其中城市136例、农村224例，儿麻矫治手术20例，聋儿康复10例，聋儿家长培训4名，弱智儿童机构家庭训练18名，肢体残疾训练15名，装配假肢30例，装矫形器19例，特殊人群补服碘油丸2.8万人。1999年，全县共完成白内障复明手术350例，低视力配助视器19例，肢体手术12例，聋儿康复10例，家长培训5名，弱智儿童机构家庭训练10名，肢体残疾训练27名，装矫形器15例，残疾人用品用具450件，特殊人群补碘油丸2.5万元。2003年，经普查，全区精神病检出率6.5‰，超过省市标准。2005年，全区完成100名白内障患者复明手术，1名麻疯致畸患者矫治手术，为麻疯致畸患者配备辅助用具100件，为20名低视力者配助视器，完成12名聋儿听力语言训练任务，配用助听器7只，为8名肢残人安装普及型假肢，系统训练肢残人140名。

2007年，为下肢重度残疾者发放轮椅车140辆。淮阴区阳光医院被审定为白内障复明手术定点扶贫医院，签订《白内障复明工程协议书》，先后为462例白内障患者进行复位手术，其中免费142例。是年，全区为310名精神病患者免费给药，为残疾人捐赠轮椅车140辆，供应相关用品用具206件。2008年，确立淮安市第三人民医院为淮阴区贫困精神病患者医疗救助定点机构，双方协商制定《贫困精神病患者药品救助实施办法》。同时出台《淮阴区创建白内障无障碍区实施意见》，是年完成白内障手术540例，其中贫困患者免费手术300例，实现省级“白内障无障碍区”目标。

（五）文体活动

1991年后，全县经常组织开展丰富多彩的残疾人文化体育活动。1995年，县特教学校学生朱正山的绘画《家乡》获得全国“双龙杯”书画大赛铜牌，吴兵、李剑等学生的书法作品在全国性大赛中获得二、三等奖。组织5名残疾人参加淮阴市第二届残疾人运动会，7人次夺得名次、奖牌，并获得总分第一名。西宋集乡残疾人刘华礼夺得3个项目金牌，被选调淮阴市队参加省第四届残运会，并摘取了游泳项目金牌。2005年，组织21名残疾人运动员参加淮安市第四届残疾人运动会，获得金牌10枚、银牌14枚，团体总分第四名的好成绩。是年，淮阴区残联被省残工委授予“全省社区残疾人工作示范区”称号。

至2008年，全区共培养出国家级运动员1名、省级运动员3名、市级储备体育人才25名。赵集镇肢体残疾青年陈业刚，在国内、国际比赛获得金牌7枚、银牌2枚，被市委、市政府命名为“十佳”残疾人标兵。

第六节　归侨侨眷联合会

一、机构

1984年，成立淮阴县归国华侨侨眷联合会（简称县侨联），设主席1名、副主席1名、秘书长1名（副主席兼）、常委5名。2001年，更名为淮阴区归国华侨侨眷联合会。2004年，区侨联机关行政编制2名，设主席1名、副主席1名。有驻会副主席1名（主持工作）、不驻会副主席1名。至2008年，机构设置没有变化。

二、代表大会

1984年8月25～28日，淮阴县侨联第一届代表大会在王营召开，会议正式代表131名，列席代表51名。全体代表学习省、市侨代会精神，选举产生县侨联第一届委员会主席1名、副主席1名、秘书长1名（副主席兼）、常委5名。

1989年12月7～8日，县侨联第二届代表大会在王营召开，出席大会代表58名。大会审议县侨联第一届委员会工作报告，选举产生县侨联第二届委员会委员，选举产生主席1名、副主席1名、常委5名、秘书长1名（副主席兼）、委员15名。

1994年7月22日，县侨联第三届代表大会在王营召开，出席代表83名。大会审议县侨联第二届委员会工作报告，选举产生县侨联第三届委员会委员，选举产生主席1名、副主席2名、秘书长1名（副主席兼）、常委6名、委员17名。

三、主要工作

（一）侨眷利益维护

1984年后，淮阴县每年召开一次侨界人士座谈会，为归侨、侨眷解决生活中的实际困难。1996年，县侨联走访城乡归侨、侨眷40余户，看望归侨、侨眷200人次，为侨眷办实事2件。1997年，处理各种纠纷18起，涉及就业、住房拆迁、民事纠纷、计划生育等。1998年12月，召开侨界人士座谈会，春节期间县侨联领导走访慰问归侨3户。是年，美籍华人邱亚凤侄女邱某中专毕业在家待业二年多，一直未能找到合适的工作，其父患癌去世，母亲身体不好，全家仅靠遗属补助维持生活。邱亚凤写信给县侨联请求帮助。县侨联立即向县委领导反映。在县委领导协调下，其侄女邱某被优先安排到效益较好的县自来水公司工作。是年起，经县侨联协调解决的侨眷事务有街道建设收费、安葬、拆迁补助、老年归侨医疗费等问题。2007年，归侨梅超群外孙女大专毕业一年多，工作一直未解决，侨联得知后向区领导反映，她被安排在区广播电视局工作。至2008年，召开侨界人士座谈会8次，举办侨界人士侨法培训班6期，印发宣传材料16000余份，解决侨务纠纷30多起。

（二）海外联谊

1984～1995年，通过"走出去、请进来"、寄发贺卡和电话电子邮件等形式，加强与海外联谊。1996年，收到境外来信、来电33次，接待来自美国、新加坡等地的客人9名。1997年，县侨联和淮阴市侨联组织"庆回归·游洪泽湖"活动，县归侨、侨眷以及回乡探亲的华侨共6人参加活动。1998年，完成侨情调查，建立新移民、留学生侨情登记表，涉侨同胞近百人。1999年，全县出国深造、经商以及来淮探亲、访问、考察的海内外朋友增多，接待来自美国、巴西等国家华人华侨8名。2000年，接待侨居新加坡的徐军、侨居美国的胡康美和王振华以及侨居日本的孙江回国探亲。2001年，建立100多人的淮阴籍海外"四有人物"（政治上有影响、经济上有实力、社会上有地位、学术上有造诣）信息库，接待来自美国、加拿大、日本等10余个国家的华人华侨16批次。2008年，淮阴区出国留学人员回国发展、探亲不断增多，全年接待来访侨眷约30人次。

第七节　红十字会

一、机构

1988年9月，成立淮阴县红十字会，选举产生淮阴县红十字会第一届理事会。1989年5月，成立淮阴县红十字会办公室，县卫生局为其主管部门，核定编制3人。年内，县医院、防疫站、皮肤病防治所、县妇幼保健所及全县30个乡镇（场）先后成立红十字会组织。1998年，成立淮阴县红十字会志愿工作者委员会和县红十字医疗队，下设救助、医疗、运输等志愿工作者小组。2004年3月，淮阴区成立红十字青少年工作指导委员会，负责组织和指导学校红十字青少年工作。2008年，淮阴区红十字会有团体会员单位5个，分别是淮阴医院、区卫生监督所、区疾病预防控制中心、区保健所、苏果超市。红十字基层组织22个。全区有红十字会会员1382名。区红十字会设常务理事12名、理事61名，正式编制3名。

二、主要活动

（一）救灾活动

1990年，县红十字会接受江苏省红十字会拨给的棉毯500条、衣服40件等价值9000元的救灾物资，发放给全县近600个受灾农户。1991年6～7月，淮阴县连遭暴雨袭击，县红十字会先后收到法国、美国及香港、台湾等地红十字会救灾粮食、衣服、棉被、食品、药品等救灾物资价值43.8万元，并协助县政府在本县募捐11.9万元救助灾民。7月，县抗洪抢险医疗队赴赵集乡，搭乘民船至县麻风病医院解救被困在洪水中的24名医患人员。8～11月，接收七批淮阴市红十字会分配的国际红十字会组织捐赠的救灾药品、食品、物品等物资15种，价值10.86万元，并分配至全县30个红十字会基层组织和县实验小学聋哑班、县皮肤病防治所。1992年，接受淮阴市红十字会拨发的喷雾器10台、除虫剂4箱，并分配至县卫生防疫站，用于灾区疫源地处理及蚊、蝇消杀。1996年12月，县红十字会接受淮阴市红十字会转赠的大米4吨、棉被100床及现金3500元，分发给遭受自然灾害较重的韩圩、韩桥等乡镇灾民。1998年，境内先后遭受低温、洪涝、龙卷风、暴雨、冰雹、干旱等自然灾害，县红十字会于11月接受淮阴市红十字会拨发的大米533袋（每袋30千克），价值3.68万元，分发给部分灾民。1999年6月，接受淮阴市红十字会拨发的阿莫西林、氟哌酸、乙酰螺旋霉素等救灾药品，价值4.11万元，分配至部分乡镇卫生院。2002年9月，接受江苏省红十字会下拨的感乐等救灾药品，价值3万元，分配至部分乡镇卫生院。2003年5月，区“非典”防治工作指挥部在《新淮阴》公布区红十字会接受捐赠的银行及账号，区红十字会先后接受13个机关事业单位及部分企业、个人的捐款合计6.35万元，其中用于“非典”防治的定向捐赠3.035万元。6月下旬，淮阴区涝灾，争取到省红十字会援助价值3.5万元的消毒药品用于灾后防病，接受省红十字会拨发的大米30吨，拨给码头、渔沟、五里等受灾严重乡镇及区麻风病医院，受益2000人。区红十字会接受中国红十字总会用彩票公益金项目款购置的救灾大米2000袋（每袋15千克）。是年，淮阴医院接受新加坡金鹰国际集团捐赠的价值21.4万元依维柯救护车1辆及价值2.2万元的遥控医用床1张。2005年，境内遭受台风暴雨灾害，淮安市红十字会拨发淮阴区夏被300床、大米5吨等救灾物资，价值2.18万元。2008年，实施医疗救助1246人次，发放救助金203.5万元。

（二）救助活动

淮阴县红十字会成立后，经常组织红十字志愿者和红十字青少年到敬老院、聋哑学校，为孤寡老人和孤残儿童送去生活必需品，同时组织医疗专家在城区及边远乡镇为群众义诊。

1991年3月，县红十字会接受南京市第三中学全体同学捐献的衣服1300余件，分发至丁集乡部分贫困户手中。向县实验小学聋哑班捐赠缝纫机3台，教育系统红十字会为195名患儿捐赠款(物)价值11万元。1996年11月，在县直单位和王兴乡为患白血病的王兴中学学生谢宁募捐9060元；接受市红十字会拨发的云丝被100条、大米4吨，分发给韩圩、韩桥、大兴庄等乡镇的特困户、缺粮户。2000年春节，开展"扶贫济困送温暖"活动，协调配合有关单位、各乡镇慰问优抚对象、五保户、特困户378个，发慰问金7万元，面粉、大米等慰问品价值8.74万元。2001年1月，接受淮安市红十字会下拨的棉被70床，用于春节送温暖活动。2002年，江苏省红十字会下发区红十字会扶贫物资棉被150床、衬衫60件、AB童装10箱、运动服320件、床单100条，价值11万元，用于春节扶贫送温暖活动。在全区卫生系统为患有系统性红斑狼疮的五里卫生院职工张惠捐款2.8万元。2004年1月，江苏省红十字会下拨至淮阴区棉被320床及配套物资100件等送温暖物资，价值3.54万元，及时分发至部分特困家庭。5月，向全区卫生系统广大干部职工发出倡议，为白血病患者王云捐款2.61万元，为白血病患者景艳荣捐款3.06万元。2008年，江苏省红十字会下拨至淮阴区棉被240床、大米4吨、服装10箱等送温暖物资，价值2.88万元。淮安市红十字会下拨大米、食用油、棉被等"博爱温暖送万家"物资，价值14.46万元，用于元旦、春节期间慰问当年部分受灾家庭和困难群众。

(三)募捐活动

1988年，县红十字会开展"88国际体育援助计划"活动，共募捐3万余元，支持全县儿童保健事业。1991年，为支持淮阴市淮安县周恩来纪念馆建设，全县医务工作者捐款1.2万元。1998年，长江、嫩江流域发生特大洪水，在全县开展赈灾捐赠活动，接受捐款49.44万元，捐物折款57.57万元，及时通过省红十字会援助灾区。2002年，为支持建设中国造血干细胞捐献者资料库中华骨髓江苏省分库，区红十字会、卫生局在卫生系统内开展募捐资金活动，动员红十字会员和志愿者捐献一次特别个人会费，履行一次支持骨髓库的特殊义务，所有在职职工每人捐献10元。是年5月8～31日，全区开展纪念"五八"世界红十字日活动，活动宣传主题为"关爱生命、捐款建库——红十字在行动"，组织发动全区人民"每人捐出一元钱、为建设中华骨髓库江苏省分库奉献爱心"募捐活动，全区社会各界捐款51356.6元。是年，分别在淮阴苏果超市及华联超市282店举行红十字募捐箱设置仪式，在超市内设置红十字募捐箱，吸引更多的社会各界人士关心和支持公益事业。2008年汶川地震发生后，会同区民政局，动员社会各界奉献爱心，接收社会各界捐款累计332.84万元，及时汇往灾区。

第八节　文学艺术界联合会

一、机构

1995年12月，成立淮阴县文学艺术界联合会(简称县文联)，主席、副主席分别由县委宣传部副部长、县文化局副局长兼任，相关工作由县委宣传部、县文化局代管。至2004年，文联主席空缺。2005年后，设文联主席1名(兼)，配专职工作人员1名。至2008年，先后成立区作家协会、美术家协会、书法家协会、摄影家协会、诗词协会、音乐舞蹈家协会6个协会，淮阴书画院、韩信书画院、刘老庄书画院3个画院，会员320人。

二、主要工作

1995～2001年，淮阴县文联每年会同县委宣传部、县文化局等单位举办春节文艺晚会、迎春书画展，参与县委宣传部组织的"三下乡"系列活动，举办摄影展2～3次。2002年2月1～7日，与沭阳县文联联合举行"淮阴·沭阳迎春书画作品展"。5月23日，举办"淮安市淮阴区纪念毛泽东《在延安文艺座谈会上的讲话》发表60周年摄影作品展览"。9月，组织多幅美术、书法、摄影作品参加市文联举办的"中国·淮安淮扬菜美食文化节书法、美术、摄影大赛及展览"。11月，组织全国书画(业余)等级考核，共有35名书法、绘画爱好者参加。2003年1月，与大丰县文联联合举办

“淮阴·大丰书画作品联展”。3月18日，组织书画家在刘老庄八十二烈士纪念馆举办书法家笔会。9～10月，举办“迎国庆美食节”淮阴区书法、美术、摄影展览，组织成立淮阴书画院。2004年，组织成立区文化艺术创新发展基金会。开展设立个人藏书专柜活动，共有10余名藏书爱好者向区图书馆存书8000余册。启动民间文艺和特色文化普查。组织实施韩信故里历史文化发掘整理工程，编辑出版图书《韩信的传说》，拍摄电视专题片《韩信与故乡》。组织132人参加书画等级考试。2005年，设立“淮阴区文化艺术创新（枚子）奖”，有6名文艺爱好者获奖。2006年，组织4个门类12件优秀文艺作品参加淮安市“全国五个一工程”评选，拍摄淮阴文化名人电视专题片。举办淮阴建设成果画展。全年组织淮安市歌舞团到全区各乡镇开展文艺演出70场次。2007年，组织优秀文艺作品参加市重点文艺作品评选，有1件篆刻作品获得市一等奖。2008年，编辑出版110万字的《淮阴这片土地——江苏淮阴改革开放三十年文学作品选》，散文《向生命借贷》获全国第三届冰心散文奖，广播剧《补票》获省“五个一工程奖”，歌曲《景仰八十二》《快乐万岁》及图书《韩信研究文集》获市“五个一工程奖”。举办“聚焦新北城”摄影大赛，收到1135幅参赛摄影作品，评选出获奖作品136幅。举办“漂母杯”全国母爱主题散文大赛，比赛以母爱为主题，弘扬中国传统美德，表现人类的真善美。

第九节　其他协会

一、诗词协会

（一）组织建设

1986年6月，淮阴县诗词协会创建，选出第一任会长1名、副会长4名，有会员20余名。是年，六塘诗社成立，成员来自淮阴、涟水、沭阳、泗阳等4县。1999年6月，选出第二任会长1名、副会长5名、主编1名（兼），有会员30余名。2006年8月，选出第三任会长1名、副会长8名、主编1名（兼），有会员40余名。2008年8月，选出第四任会长1名、副会长10名、主编2名（兼），有会员500余名，先后有28人成为中华诗词学会会员。

（二）主要工作

【编辑刊物】 1986年，创会刊《淮水吟》，原《中国书法》杂志主编谢冰岩题写刊名，编印出版第一期。1990年12月出版发行第二期《淮水吟》，1999年10月出版第三期《淮水吟》，2001年11月出版第四期《淮水吟》，2007年8月出版第五期《淮水吟》，2008年12月出版会刊诗集《淮水吟》。

【创建活动】 2008年9月11日，淮阴区委、区政府召开全区创建“全国诗词之乡”推进大会，淮安市诗词协会要求诗词进校园、进机关、进乡镇、进企业、进社区、进家庭，区委、区政府发专文，各乡镇、各单位先后建立诗教领导小组和诗词兴趣小组，刘老庄、古寨、老张集、丁集、西宋集、吴城、码头等乡镇诗社应运而生。

【创作成果】 淮阴区诗协与六塘、古寨、刘老庄、西宋集等诗社组织诗友到六塘河采风，写作“古寨乡风采”诗词300余首。《古寨诗词》（前身是《金六塘诗声》）出刊30期；刘老庄乡《红色诗花》出刊29期，每期15本；西宋集镇编印《四如吟萃》。区诗词协会编写的纪念刘老庄八十二烈士专辑《淮水吟》14期特刊，印刷800本。区诗词协会先后有100余人参加全国各地不同层次的竞赛，多人获奖。吴保玉、戴伟、蒋同章、张其礼、包善安等人的诗词多次获奖。至2008年，在《淮海诗苑》《江海诗词》和《中华诗词》以及各级杂志上发表诗词近万首，20余人出版诗集。

二、关心下一代工作委员会

（一）组织建设

1993年8月，淮阴县关心下一代工作委员会（简称县关工委）成立。委员会下设办公室。县关工委成立后，全县有25个乡镇、各村（居）社区、部分县直单位、中小学校以及部分企事业单位相应成立关工委组织。1996年，县关工委成立有126名“五老”（老干部、老专家、老军人、老教师、老模范）人员参与的淮阴县关心下一代工作报告团。1997年4月，县委发文调整组成人员。2000年后，随着机构改革、乡镇合并，基层关工委组织随之作相应调整。2001年，淮阴县关工委改名淮阴区关工委。2003年6月，区委再次发文调整关工委组成人员。至2008年底，全区有关工委组织307个，组成人员1038名，参与关心下一代工作活动的“五老”人员有3180多名。

（二）主要工作

【青少年思想道德教育】 县关工委成立后，为加强未成年人的思想道德建设，各级关工委配合有关部门，对青少年进行以理想信念为核心的爱国主义、集体主义、社会主义、革命传统和艰苦奋斗教育。每年均组织“五老”报告团成员深入基层，结合“五一”“七一”和“十一”等重大节日庆祝（纪念）活动，通过报告会、讲座等形式，引导青少年树立正确的世界观、人生观、价值观，每年受教育青少年7万余人次。袁集、新渡两乡关工委常务副主任姬玉明和夏应海，分别受到国家和省关工委的表彰。

【法制宣传教育】 区关工委抓住“四五”“五五”普法契机，会同教育等相关部门，为全区近120所中小学配齐法制副校长，聘请100余名公检法司等部门人员和部分“五老”人员担任法制辅导员，深入学校，为三年级以上学生每年上法制课4次，向青少年宣传《未成年人保护法》《预防青少年犯罪法》《义务教育法》以及《道路交通安全法》等法律法规；举办法制报告会、法律知识讲座和上法制课等，引导青少年从小学法、懂法、守法，自觉抵制不良倾向，依法维护自身的合法权益；对失足青少年和“问题青少年”，组织“五老”人员结对帮教。1998年起，共组织146名义务网吧监督员，配合有关职能部门抓学校和社会环境净化工作，对全区（县）网吧、游戏机室进行检查监督；成立有927名“五老”人员参加的帮教小组313个，对刑释解教的失足青年实施重点帮教。经过5年努力，使201名重点帮教对象悔过自新重新做人。

【青年农民科技培训】 2002年起，区关工委主动与区扶贫办联系协调，动员组织中、高考落榜生到乡镇农科校或区农科总校接受培训，农科校免费为其传授劳动技能和城乡就业实用技术。至2008年，培训青年农民17805人。区农科总校组织百余名讲师团成员，深入全区各行政村面对面解答农民提出的生产科技知识和实用技术等问题，深入村组、田头作示范辅导，义务送科技下乡。同时，区、乡关工委配合区劳动就业处和乡劳力站等单位，通过多种渠道输出青年劳务人员3100余名。

【家庭教育】 区、乡关工委配合教育、妇联等部门在全区各乡镇（开发区）办家长学校56所。2003年起，组织“五老”人员配合中小学校确定教学内容，制定家长学校教学计划，指导家长学校每学期开课两次以上，适时组织有家教经验的家长进行交流，树立并在全区推广家教典型10余个。

【为青少年办实事、做好事】 区（县）关工委自成立以来，会同乡镇关工委发动并组织“五老”人员为青少年办实事、做好事。针对贫困家庭子女失学、辍学现象，把开展捐资助学活动作为区、乡关工委的一项重要工作来抓。2007年起，在全区推广赵集镇捐资助学的做法和经验，号召全区“五老”人员学习老张集乡、赵集镇关工委常务副主任郑继新和范云华的“三不怕”（不怕跑腿、不怕磨嘴、不怕冷嘲热讽）精神。2004～2007年，全区由关工委开展活动筹集的132.98万元捐助款，使3746名中小学生重返校园，帮助291名特困家庭子女圆了大学梦。

三、老区开发促进会

（一）组织建设

根据中央、省、市委要求，1999年4月，淮阴县老区开发促进会（简称县老促会）成立。首届县老促会组织以退休老同志为主体，部分在职的党政领导干部参与其中，选出名誉会长1名、理事长1名、副理事长4名、常务理事16名、理事29名（聘请有关局负责人）。1997年6月，组织机构延伸至乡镇一级，会员领导小组至8月组建完毕，小组成员1～5名。是年，乡镇级组织全部改称老促会，属县老促会分支机构。1999年，组织延伸至村一级，村主任或村会计为组长，会员由村民组长兼任。次年，全县老促会组织全部组建完毕。2001年，更名为淮阴区老区开发促进会，为民间社会团体，旨在帮助老区振兴经济。2003年6月20日，召开区老促会第二届理事会，选出理事长1名、副理事长4名、常务理事24名、理事21名。2008年，召开区老促会第三届理事会，选出理事长1名、副理事长4名、常务理事24名、理事21名。全区乡镇级分会有21个，村（居）级会员小组有251个。是年，区老促会有会员1852名，其中离退休干部24名、退下来的村组干部516名、专业大户251名、在职干部251名。

（二）主要工作

【调查研究】 为当好区委、区政府的参谋助手，淮阴区老促会根据党政中心工作，结合工作实际，经常开展调查研究，至2008年，共向各级党委、政府和有关部门提供62篇调研文章，有56篇被区委、区政府内刊及省、市老促会刊物和有关报纸登载。

【参与做强第三产业】 1999年，淮阴县老促会撰写的搞好绿色革命调研报告3篇，县委书记批示转发全县，并多次带领乡镇负责人赴山东参观，协助县委开办绿色革命培训班。2001年后，区老促会通过内调外研和考察，发现养菜鸽和四季鹅是农民致富的一个好途径，撰写调研报告8篇，建议区委大力发展养鹅、养鸽产业，区委采纳其意见，全区饲养菜鸽最高年份1500余万羽，养鹅最高年份1200余万只。2008年，全区有绿色基地2000余公顷。

【帮扶刘老庄乡】 刘老庄乡是新四军八十二壮士以身殉国的地方。2005年，乡财政收入只有47万元，农民人均收入1900元。为争取上级领导支持，使刘老庄乡尽快改变面貌，淮阴区老促会宣传刘老庄人民为民族做出的牺牲和贡献。2005年底，江苏省老促会决定把刘老庄乡作为工作联系点。2006年2月28日，省老促会名誉会长、省委原书记韩培信，省老促会理事长、原副省长凌启鸿联名给省委书记李源潮、省长梁保华写信，建议省委将刘老庄列为重点扶贫乡。李源潮和梁保华均做出批示。2006年至2008年上半年，省直机关支持刘老庄乡7000余万元。2008年，区老促会为区委、区政府起草《两年多来帮扶刘老庄乡情况的汇报》，得到省委书记梁保华、省长罗志军等5位常委的批示。

2001～2008年，区老促会连续8年被中国老促会授予特等奖，3次被江苏省老促会评为先进集体。

第二十四篇 政 法

1978年起，全县政法系统积极探索改革内部管理体制，创新工作机制，加强干警队伍建设，司法行政和服务职能不断强化，依法治县步伐加快。

1979年始，依法先后惩办一批“文化大革命”中“打、砸、抢”骨干分子，专门查处严重经济犯罪，从重从快严打严重刑事犯罪行为。1986～1999年，司法机关根据境内刑事犯罪的特点，继续实施专项严打，重点对涉枪、涉毒和带黑社会性质的犯罪实施有力打击。开展“三打一整”（打击车匪路霸、船匪水霸、流氓抢劫和机动车专项整治）、“追逃”和“反盗窃”专项斗争。政府千方百计做好信访工作，集体和越级上访趋于缓解，其中合理诉求得以解决。

至2008年，全区依法治区、依法行政的氛围日益浓厚。政法队伍建设不断加强，干警力量充实，公、检、法、司等部门内设机构增多，功能增强，侦查、检察、审判中技术含量提升，执法更趋法治化、专业化。公安户政管理、出入境管理、内部执法监督的职能日趋健全，人民法院的民事审判更多地体现以人为本，注重调解，但部分民事案件判决后仍存在执行难问题。组织实施5个“五年普法”规划，建立健全区（县）、乡镇（街道）、村（居）民事调解组织。

第一章 社会治安综合治理

第一节 机 构

一、内设机构

1979年春，中共淮阴县委政法委员会恢复成立（简称县委政法委）。县委政法委书记由县委副书记兼任，嗣后，历任政法委书记均由常委担任，配副科级副书记3名、秘书1名。政法委委员由县公安局、检察院、法院、人武部等部门主要负责人担任。1984年6月，县委政法委设立办公室，配备工作人员3名。1985年增设综合治理股，1995年增设案件协调科，2002年综合治理股改设为综合治理科，案件协调科改设为执法督查科。2006年，增设依法治区工作科，至2008年内设机构未变。

二、合署办公机构

1985年1月，淮阴县成立社会治安综合治理领导小组，县委副书记任组长。内设淮阴县社会治安综合治理办公室，配工作人员1名，与县委政法委合署办公，各乡镇（场）也建立相应机构。1988年，撤销淮阴县社会治安综合治理办公室。1991年8月，成立社会治安综合治理委员会，设综治委主任1名、副主任2名、委员25名，其后，曾设副主任2～4名，委员曾增至42名。内设淮阴县综合治理委员会办公室（简称综治办），配综治办主任1名，综治办与县委政法委合署办公。综治委委员由县直各有关机关、企事业综治成员单位分管政法、综治负责人担任。1992年，成立淮阴县见义勇为奖励基金会，与县委政法委合署办公。1996年8月，县综治办配主任、副主任各1名。1998年，县见义勇为奖励基金会移交淮阴县公安局管理。2001年撤县建区后，成立淮阴区社会治安综合治理委员会和淮阴区社会治安综合治理委员会办公室。各乡镇先后配备综治专干，并设社会治安综合治理办公室。2006年，淮阴区依法治区工作领导小组办公室与区政法委合署办公。

第二节　专项治理

图24-1-1　严厉打击严重违法犯罪

1982年，全县推行各种形式的治安防范责任制，县公安机关与县直85家厂矿、企事业单位签订治安合同书714份。是年底，县政法系统举办“打击经济领域中严重犯罪活动成果”大型图片展览。1987年8月，召开严厉惩处流氓犯罪和违法犯罪分子万人大会。是年，县政法各部门抽调150余名干警分赴全县各乡镇基层协助工作。共排查出“八种对象”193人，对这些人进行疏导教育和合理解决实际问题相结合的工作。制止三起60余人因户口、工作准备聚众集体上访事件，劝阻准备进京上访人员12人，疏导和化解可能酿成恶性案件的民间纠纷15起，整改县乡两级内部单位存在的隐患234个，集中保管和验证汽枪、猎枪310支，另收缴手榴弹7枚和部分炸药、凶器。1988年，召集公、检、法、司负责人开会，研究春节前后在全县范围内组织一次禁赌专项斗争，参加专项治理的党政干部、公安干警、治保干部共1350余人。现场抓赌112场，抓获赌博人员450名，排查出有赌博行为人员845名，依法处理参赌人员455名。4月7日，在五里乡召开禁赌组织建设现场会。8月，开展打击“两拦一捅”（拦路抢劫、拦路强奸、捅刀子）专项斗争。同时，在工人影剧院召开打击经济领域犯罪活动大会。县检察院宣布对6名经济领域涉嫌贪污人员执行逮捕。是年起，开展“两反一打”（反盗窃、反扒窃、打流窜）专项斗争。1989年5月，印发《关于开展集中打击流窜犯罪活动统一行动的工作要点》，县成立指挥部，设指挥1名、副指挥4名，县公、检、法、司有关领导为成员。同时，在县公安局刑警队设立办公室、业务指导组、综合组、审查组，各乡镇成立相应的领导班子。8月，根据江苏省委、淮阴市委政法委文件精神和要求，发出《关于集中清理动乱期间摄取的录像、照片的通知》。

1991年8月，按淮阴市委统一部署开展“一整三打”（整顿治安混乱重点地区、打击盗窃抢劫、打击地方恶势力、打击卖淫嫖娼活动）斗争，先后召开公判公处大会8次，各乡镇召开宣判大会70场次，共宣判各类刑事犯罪分子200余名，收到群众检举揭发违法犯罪线索2200条，有84名犯罪嫌疑人被群众扭送政法公安机关，有42名犯罪嫌疑人主动向政法公安机关投案自首。是年，根据淮阴市“一整三打”的部署，印发《关于集中打击卖淫嫖娼犯罪活动的决定》。这次打击行动共排查出卖淫嫖娼违法犯罪人员262名，其中暗娼47名、嫖客65名，容留介绍卖淫人员9名；打击处理87名，其中逮捕10名、劳教8名、收审63名、治安处罚105名；遣返原籍46名。拆除色情招牌234块，关闭无证经营路边店61家，对7名有性病从业人员进行强制治疗。另外，在古寨乡挖出一个涉及11名暗娼和20名嫖客的犯罪团伙，在赵集、韩桥、南陈集乡挖出3个卖淫嫖娼团伙，涉及成员41人。1994年，县委政法委针对淮阴县淮泗、淮沭、淮高3条干线公路沿线车匪路霸活动猖獗，路边店卖淫嫖娼及敲诈勒索等违法犯罪活动突出，农村偷盗家禽家畜和盗窃自行车违法犯罪活动等普遍影响群众安全感的问题，适时协助县委、县政府组织政法部门开展集中打击车匪路霸和整治路边店、打击盗窃家禽家畜的专项斗争。同时，县委政法委又协助县委、县政府组织政法部门开展收缴非法枪支管制刀具专项斗争。

1995年5月，为了贯彻落实全国人大常委会《关于严惩拐卖绑架妇女儿童犯罪分子的决定》，成立“打拐”工作领导小组，制定《淮阴县打击拐卖妇女儿童斗争方案》，并印发《打击拐卖妇女儿童案件的有关法律要求》。在6月16～17日两天统一集中搜捕行动中，共抓获拐卖妇女儿童犯罪嫌疑人47名，抓获触犯刑律买主11名，解救被拐卖妇女儿童38名。1996年，深入“五路一河”（淮泗、淮沭、淮高、淮涟、宁连、大运河）沿线乡、镇、场开展打击车匪路霸、船匪水霸专项斗争，查处一批违法犯罪分子，取缔一批违法违章经营摊点、游戏室、饭店，拆除一批违章建筑。是年，解决因非法集资“打会”而引发的社会矛盾，公安机关依法对部分大“会头”住宅进行搜查，检察机关对少数涉及触犯刑律的“会头”进行起诉，县法院受理民间“打会”债务纠纷案件3909件，涉案标的1000余万元。

1997年，组织开展“三禁一打”（禁毒、禁赌、禁娼、打击暴力犯罪）专项治理。制定《淮阴县“三禁一打”斗争方案》。1999年，制定《淮阴县校园及周边地区治安秩序整治工作方案》，共整治、检查辖区内338所小学、40所中学、3所大专院校的校园及周边地区治安秩序，取缔不符合规定的游戏室24个、录像厅12个、台球室15个、歌舞厅4处及其他摊点48个。

2000年5月，印发《关于在中小学设立法制副校长和法制辅导员的通知》，经县综治办、县教育委员会研究，为城区县属5所学校法制副校长（辅导员）颁发聘任书。2003年，分别向淮安市淮阴医院等7个治安防范存在问题或发生案件单位发出了7份《社会治安综合治理整改通知书》，要求这些单位接通知后，针对存在问题，迅速采取整改措施，区综治委组织人员对整改措施落实情况进行检查。

2006年，印发《关于在全区中小学校开展“法制·安全”集中教育活动的通知》，开展“十个一”活动，即举行一次“法制·安全”教育报告会，召开一次“法制·安全”教育主题班队会，办好一期“法制·安全”教育宣传板报，举办一次“法制·安全”教育征文活动，开展一次“法制·安全”教育演讲活动，组织一次“法制·安全”教育图片展，放映一部“法制·安全”教育影视片，开展一次“法制·安全”社会调查，组织一次“法制·安全”知识测试，建好一本“法制·安全”教育台账。区内各学校举办“法制·安全”教育报告会110场次，编出宣传板报（栏）130余期，散发宣传材料14万余份。

2008年，印发《关于转发区检察院〈关于加大预防城建领域商业贿赂犯罪的报告〉的通知》，做好预防和减少城建领域商业贿赂职务犯罪案件的发生。是年2月和5月，分别组织开展春季严打斗争和夏季严打斗争“百日行动”，共破获现行案件421起，抓获刑事作案成员312名，摧毁犯罪团伙31个，抓获网上逃犯197名，其中全国重点逃犯5名，缴获赃款赃物折合人民币12.8万元。区乡矛盾调解中心化解各类矛盾纠纷1000余起。

第三节 “平安淮阴”创建

1997年起，成立淮阴县创“三安”（安全文明小区、安全文明村镇、安全文明单位）工作领导机构。1998年3月11日，古寨乡农村合作基金会因执行管理制度不严，值班人员玩忽职守，致使该基金会保险柜被盗，造成25.68万元现金被盗的重大经济损失。对此，县综治委决定对该单位实行社会治安综合治理一票否决权，取消其1998年度评先受奖资格，取消单位有关领导评先受奖、晋职、晋级资格。1997年1月至1999年12月，全县参加创“三安”单位1231个，达标1078个。其间，县综治委先后对24个单位进行治安责任追究，有10个单位被一票否决。2003年10月下旬，开展“建设平安淮阴、创建最安全地区”活动，成立“建设平安淮阴、创建最安全地区”活动领导小组，下设办公室（简称“创建办”）。2004年6月，召开“平安乡镇创建”和“综治建设”工作现场会。2006年，一次性投入经费400万元，在20个农村乡镇建立各类视频监控中心113个，安装电子监控摄像头1000只，安装与“110”指挥中心联网CK报警系统用户753个。在259个村（社区）建立综治办、警务室。组建1.5万个十户联防组，建立以治安自愿者为主体的义务治安防范队伍1000人。

2008年，开展社会治安综合治理宣传月活动，宣传的重点主要是围绕“建设平安淮阴、守护和谐家园”主题，共组织报告会、讲座112场次，书写、张贴或悬挂宣传标语、条幅7900余条，散发各类宣传材料12万余份，文艺汇演22场次，设置宣传展牌20余块，接受群众咨询近600人次。区供电局、建设局、交通局等单位出动宣传车30余辆次，在城区干道巡回宣传。区教育局组织全区各类学校举办法制、安全教育报告会78场次，受教育师生14万余人次；设立宣传点66个，印发宣传材料5万余份。9月20日，五里镇发生2名学生被火车撞死事故，造成一定的负面影响。为杜绝此类事件再次发生，向铁路沿线各乡镇综治委、区相关部门印发《关于进一步加强铁路沿钱安全管理工作的通知》。

第二章　公　安

第一节　机　构

一、内设机构

1978年，淮阴县公安局内设秘书、政保、刑侦、治安、预审、消防、看守等7个股所。武装警察中队归县公安局管辖。是年，设水上派出所。1979年，设自行车管理所。1980年，增设行政拘留所。是年，全县有干警177名、工勤人员15名。1982年，成立政工办公室，改刑侦股为刑警队。1984年5月，政工办公室更名为政教室，撤销自行车管理所。7月，经省厅同意，建立淮阴县公安局交警中队，编制20人。1985年1月，设档案史料股。9月，设通讯股，将政教室更名为政工股。1986年，政工股更名为政工办公室。1987年，设装备股，政工办公室恢复为政教室，恢复自行车管理所。1988年，交警中队升格为交警大队。1989年5月，政教室更名为政工办公室，秘书股更名局办公室，交警大队升格为副科级建制。1991年，增设户政股、法制股和税务治安办公室。1994年6月，自行车管理所更名为非机动车辆管理所，法制股更名为法制办公室。7月，成立淮阴县公安局巡警大队。1997年5月，交警大队增挂公路巡逻警察大队牌子。1998年3月，实行机构改革，县公安局内设机构为政工办公室、行政装备股、通信股、政治保卫股、法制办公室、治安管理股、内部保卫股、户政管理股、信访股、警务督察大队、指挥中心（设指挥调度股、警务指导股、秘书股、档案股、处警队），另设纪委（监察室）。1999年，全县有公安干警442名。2001年2月，淮阴县公安局更名为淮安市淮阴区公安局。2002年，区公安局内设机构13个（含指挥中心6个科室）：政治处、警务督察大队、经济文化保卫科、出入境管理科、法制科、信访科、后勤管理科、指挥中心。是年，指挥中心升格为副科级建制，编制干警29人。指挥中心设秘书科、督查科、指挥调度科、信息调研科、档案科、通信科。2004年6月，水上警察大队收归淮安市公安局直属管理，淮安市淮阴区公安局更名为淮安市公安局淮阴分局。2005年3月，看守所收归淮安市公安局管理，驻淮阴区武警中队撤出。是年，淮阴公安分局有在编民警482人。2006年，增设网上作战行动队。2007年8月，设立淮阴分局车站派出所，股级建制。2008年，淮阴分局设有局长室、政委室和纪委书记室。内设政治处、监察室、监督大队、指挥中心、后勤管理科、法制科、信访科、经济文化保卫科、工会、妇联等，增设科技科，有在编民警543名、工人14名。

二、直属单位

【刑事警察大队】 1978年，淮阴县公安局设刑侦股，有刑侦人员13名。1982年，刑侦股更名为刑警队，有刑侦人员30名，配备步法、指纹、足迹、法医、照像、警犬、化验等技术人员。1983年，配备刑事现场勘察等科技设备。1995年，刑警队更名为刑事警察大队，由股级升为副科级建制。1998年3月，撤销预审股，在刑警大队设侦审中队。2000年，案件审核由法制办负责。是年，刑事警察大队设秘书科、特情中队、技术中队、重案中队以及淮泗、淮沭、淮高、运南责任区刑警队。至2008年，刑事警察大队内设机构不变，有刑侦人员40名。

【消防大队】 1974年12月，成立消防股和消防队。1978年12月，组建县公安局消防中队，实行义务兵役制，编制16人。1983年4月，公安消防部队纳入武警序列，县公安消防股和消防中队18名官兵转入现役，授予武警警衔序列，隶属淮阴市消防大队。1994年12月，成立淮阴县公安局消防大队。2001年3月，县消防大队更名为淮安市淮阴区消防大队。2008年，消防大队有武警33名，执勤消防车5辆。

【交通警察大队】 1984年8月，成立交警中队，编制20人，其中地方事业编制12人，主要负责王营镇主城区交通管理。1987年10月，县交通监理机构的交通管理职能及人员划归公安部门。1988年2月，交警中队升为交警大队。1989年，升格为副科级建制，下设车辆管理所、行政秘书股、业务股、城区中队，以及丁集公安交通检查站、老张集交管所、徐溜交管所、渔沟交管所，有交警36人，负责全县范围内的道路交通管理和交通事故处理。1989年起，先后从社会上招收21名青年为合同制交警，参加交通管理。1991年7月，城区设立第一中队、第二中队，老张集、徐溜、渔沟交管所更名为第三中队、第四中队、第五中队。1992年11月，撤销境内所有道路检查站。1993年8月，淮阴县丁集公安交通检查站更名为第六中队。1995年7月，成立第七中队。县公安交通警察大队人员编制增加到32人。1995～1996年，17名合同制交警和29名"以工代干"人员被录用为人民警察。1997年5月，交通警察大队增挂淮阴县公安局公路巡逻警察大队牌子，所属7个中队一并增挂公路巡逻民警中队牌子，实行一个机构、两块牌子。9月，成立第八中队。1998年3月，公安交通警察大队和公路巡逻警察大队合并，更名为公安交通巡逻警察大队，下设办公室、装备股、事故处理股、秩序管理股、机动车管理所、非机动车管理所、一中队、二中队、三中队、四中队、五中队、六中队、七中队、八中队。9月，成立淮阴县公安交通警察大队。2001年2月，更名为淮阴区公安交通巡逻警察大队，所属中队也相应更名。3月，成立第九中队。12月，第八中队保留建制，人员分流。2002年10月，公安交通巡逻警察大队为事业机构，内设秘书股、秩序股、法制宣传股、事故处理股、装备股、车辆管理所、非机动车管理所、机动中队、一中队、二中队、三中队、四中队、五中队、六中队、七中队、八中队、九中队等17个股所队。2005年7月，交通巡逻警察大队有在编交巡民警99人、工人11人。2008年，交通巡逻警察大队设秘书股、秩序股、法制宣传股、事故处理股、装备股、车辆管理所、非机动车管理所、机动中队、一中队、二中队、三中队、四中队、五中队、六中队、七中队、八中队、九中队、十中队、女子中队，有交通警察110名。

【经济犯罪侦查大队】 1998年4月，经济犯罪侦查工作从刑警大队析出，成立淮阴县公安局经济案件侦查大队，为副科级建制，内设办公室和3个侦查中队，共有在编民警12人。2004年，经济案件侦查大队更名为经济犯罪侦查大队。2008年，内设机构不变，有干警16名。

【治安警察大队】 1978年，县公安局设治安股。2000年8月，撤销治安管理股，成立淮阴县公安治安警察大队，为副科级建制，内设案件查处股、场所行业管理股、户政管理股、机动队，编制33人。2008年，内设秘书股、治安行动中队、场所行业管理股、户政股、派出所工作指导股、危险物品管理股、特警中队等，有干警36名。

【水上警察大队】 1978年，县公安局设水上派出所。1998年2月，水上派出所更名为水上警察大队，副科级建制，设办公室、两个中队。2004年5月，淮阴区水警大队划归淮安市局直属领导。

【国内安全保卫大队】 2002年10月，成立国内安全保卫大队，副科级建制，设内综合中队、基础工作指挥中队、侦查保卫中队及反恐中队。至2008年机构设置未变。

【治安防控大队】 2007年9月，成立淮阴公安分局治安防控大队，副科级建制，核定编制17人，下设秘书股，4个直属中队和24个乡镇中队均为股级建制，24个乡镇中队与派出所合署办公，一套班子、两块牌子。2008年，机构设置未变。

【城管治安办公室】 2003年6月，成立淮安市淮阴区城市管理治安办公室，为淮阴公安分局派驻机构，副科级建制。至2008年机构设置未变。

三、公安派出所

1978年，淮阴县公安局设王营、渔沟、码头、杨庄和水上等5个派出所。1987年6月，新成立果林、丁集等22个派出所，全县各乡镇（场）均设立公安派出所。1992年12月，撤销水利（堤防）派出所。1997年，全县设31个公安派出所。1998年4月3日，经县政府批准，王营、西坝、小营、果林派出所合并成立王营警署，2001年5月明确为副科级建制，行政编制50人。2000年2月，撤乡并镇，撤销高堰、蒋集、小营、果林、韩圩、大兴庄、杨庄、汤集、韩庄等9个行政乡（场），派出所同时撤销。2001年12月，撤销王营警署，保留王营派出所，为副科级派出机构，其管辖范围、执法权限、人员编制不变。2003年11月，恢复西坝、果林、小营3个派出所建制，撤销原王营派出所内设机构。2007年8月，成立车站派出所。2008年，全区设25个派出所。

2008年淮阴区公安机关基层派出所警力及管理范围情况表

表24-2-1　　　　单位：人

名　称	类别	警力情况			管理范围	
		合计	干部	民警	辖区常居人口	警力占辖区人口（‰）
赵集派出所	镇	6	2	4	42673	1.4060
韩桥派出所	乡	6	2	4	33384	1.7972
吴城派出所	镇	6	3	3	33961	1.7667
南陈集派出所	镇	9	3	6	64521	1.3948
码头派出所	镇	6	2	4	25647	2.3394
新渡派出所	乡	6	2	4	28370	2.1149
王兴派出所	镇	6	2	4	34941	1.7171
棉花庄派出所	镇	7	2	5	42247	1.6569
老张集派出所	乡	7	3	4	28429	2.4622
刘老庄派出所	乡	6	3	3	25640	0.2340
古寨派出所	乡	6	2	4	22053	2.7207
丁集派出所	镇	6	3	3	33727	1.7789
渔沟派出所	镇	7	3	4	58014	1.2066
五里派出所	镇	6	3	3	29701	2.0201
徐溜派出所	镇	6	3	3	39122	1.5336
西宋集派出所	镇	7	2	5	50802	1.3778
吴集派出所	镇	6	3	3	35594	1.6856
三树派出所	镇	6	2	4	40257	1.4904
凌桥派出所	乡	6	2	4	29925	2.0050
袁集派出所	乡	6	3	3	27073	2.2162

续表24-2-1

名 称	类别	警力情况			管理范围	
		合计	干部	民警	辖区常居人口	警力占辖区人口(‰)
王营派出所	城区	35	5	30	69973	1.1339
西坝派出所	城区	36	5	31	42473	1.9809
小营派出所	城区	7	4	3	20547	1.1715
果林派出所	城区	30	5	25	40980	1.8504
车站派出所	城区	5	2	3		

第二节 刑事案件侦查

一、刑事技术

【痕迹检验】 1987年，对未破刑事案件现场痕迹物证开始建立档案。2002年，利用痕迹检验技术破获一系列盗窃案，案件都发生在夜间，袭击的对象是医院、学校等机关单位，且一夜都袭击两家以上，盗窃的物品杂乱，包括现金、首饰、衣服、食品、家禽等。刑侦人员将上述案件串并侦查，通过现场痕迹信息，破获该串系列案件150余起。2007年，刑事科学技术实验器材逐步配备到位，适应检验鉴定的需要。在侦破“3·27”故意杀人案件中，采用指纹查档直接认定犯罪嫌疑人，为案件侦破起到关键作用，荣立区政府三等功。2008年，刑事科学技术室被公安部评为一级刑事科学技术室。2006～2008年，共提取生物检材400余份，通过DNA检验比对破获案件110余起，抓获犯罪嫌疑人94名，分局刑事科学技术室通过痕迹检验破案1363起。

【法医检验】 1983年，开始法医检验工作，有法医检验人员1名，后被淮阴市局调走，法医工作一直由上级业务部门负责。1997年3月，调入法医1名，1998年起，法医检验工作开始正常化。2004年、2005年，先后特招、选调法医2名。2006～2008年，法医室共开展活体损伤鉴定2500余人次，尸体检验500余具，出具鉴定书2900余份，现场勘验检查重大刑事案件100余起。

【指纹管理】 2003年7月，购置指纹远程查询系统，实现全省范围内资源共享，有指纹管理人员1名。2003年4月5日上午，韩桥乡境内河中发现一具男尸，尸体被尼龙绳捆绑，头部缠有塑料胶带。痕检人员在里层胶带的胶面上发现一枚清晰的指纹。经过检测，雷某某有重大作案嫌疑，技术人员捺取雷某某的十指纹，经检验，确认胶带上的指纹为雷某某所留，案破。2004年4月16日夜，区糖厂宿舍1号楼305室刘某某地下车库防盗门被撬，被盗电瓶车1辆、酒1箱。技术人员勘查现场，在被行为人搬动过的纸箱上，提取指纹1枚。经指纹自动识别系统查询，认定现场指纹为李某左手中指所留。归案后，嫌疑人认罪，并交待自2003年后伙同姜某某在淮阴区等地盗窃作案80余起。2003～2005年，利用指纹查询系统查档直接认定作案人132名，破案400余起。至2008年，刑事技术人员共勘验各类刑事案件现场1784起，勘查率100%，共收集入库档案指纹7560份，现场指纹612枚，利用指纹比对系统查破140起案件，抓获犯罪嫌疑人90名，带破案件951起。2006～2008年，技术室共勘查各类刑事案件现场3031起，现场指纹3152枚，利用指纹比对及DNA检验破获案件1025起，抓获犯罪嫌疑人715人次，带破案件2178起。

【警犬管理】 1985年起，成立警犬工作管理室。先后饲养“亮衣”“狮勇”2条警犬，其间，共利用警犬出现场261起，受理鉴别案件196起。1988年和1990年，两次派员携犬赴公安部南京警犬研究所培训。1990年，在侦破韩桥张某某被杀案中，警犬发挥重要作用，训犬员陈中宝立三等功。1997年，“亮衣”“狮勇”2条警犬被省厅警犬训练基地收回。

1995～2008年淮阴区（县）刑事技术工作情况表

表24-2-2　　单位：起

年份	现场勘查		重大案件“三率”（%）			检验鉴定			指纹管理
	一般案件	重大案件	勘查率	采痕率	利用率	合计	痕检	法医	十指纹捺印
1995	126	24	100	75.1	60.2	60	60	—	180
1996	135	28	100	75.8	60.8	72	72	—	198
1997	141	37	100	76.3	61.5	76	76	—	560
1998	182	35	100	78.1	62.3	282	82	200	627
1999	198	41	100	78.9	64.5	322	92	230	580
2000	213	49	100	79.2	65.7	385	114	271	1026
2001	300	58	100	80.4	67.4	388	126	262	1426
2002	413	66	100	82.5	71.6	452	146	306	1836
2003	461	87	100	84.2	73.7	484	156	328	2267
2004	579	99	100	85.7	78.6	629	216	413	2609
2005	671	114	100	86.4	82.1	736	268	468	2819
2006	651	115	100	85.9	80.3	1251	366	885	5890
2007	846	181	100	86.3	81	1563	592	971	10038
2008	1027	211	100	86.6	82.9	2121	766	1355	12358

二、刑侦技术装备

1978年，只有现场勘查包等简单的检验器材和120、135照相机等装备，使用钢卷尺量步法，用石膏取足迹，照个案案发现场。1982年，省公安厅下拨县刑事技术经费1.5万元，用于购买现场勘查器材、照相机等，现场勘查器材得到更新。1982～1990年，加快刑事技术装备和技术用房的建设，先后购置现场勘查、痕迹检验、法医现场检验、照相录像等科技装备。1999年，购置多波段警用光源1套。2003年起，加大现场勘查、痕迹检验、法医检验等器材投入。至2006年，刑事技术室设有痕迹、法医、照相、指纹、技术管理等专业，承担全区各类刑事案件的现场勘查、尸体检验和各种非刑事案件的检验鉴定任务。刑事技术室有警察9名，其中中级职称2名、初级职称2名。当年，购置两台电脑指纹自动识别系统、4台电脑安装活体指纹采集仪多波段光源、茚三酮熏显柜、金属探测仪、3台数码照相机、2台数码摄像机、翻拍仪、干燥箱、静电吸附仪、刑事现场勘察车等一系列科技设备。至2008年，有现场勘查器材4套，有静电吸附器、紫外灯金属探测器等较为先进的现场勘查器材。

三、案件侦破

1978年，境内发生刑事案件104起、破案78起，重大案件发生10起、破案4起。刑事犯罪活动的主要特点是盗窃案件比重大，贪污案件增多，诈骗案件突出，重大凶杀案件不断发生。1979年，发案地区由农村向城镇转移，发生在王营镇范围内有49起，占38%；发生在机关、工厂、事业单位内部34起，占28.5%。是年，发生重大案件18起，其中凶杀6起，死5人、伤1人，强奸案件12起。1981年，刑事犯罪活动的特点是凶杀案件增幅较大，伤害案件增多。发生刑事案件163起，破案153起，破案率93.9%，其中重大案件发生23起，破案22起。是年，发生凶杀案件7起，破获6起。1983年9月，发生刑事案件257起，破案217起，其中重大案件发生41起，破案41起。是年，刑事案件发生的主要特点是流氓强奸案件突出，发生64起；其次是盗窃案件发生31起，占12%，犯罪分子作案目标主要是电器等。1986年，共立案149起，破案131起，发生重大案件33起，破案31起。1987年初，发生刑事案件26起，其中大案5起。其特点是盗窃案件突出，城镇高于农村，作案手段狡猾，主要是"白日闯""预伏作案"和"揭天窗"，流窜犯作案比例较大。1991年，刑事犯罪活动的特点是盗窃、抢劫案件发案多。盗窃大案发生47起，万元以上案件4起，抢劫杀人案件3起。1999年，开展"三打一整""追逃"和"反盗窃"专项斗争，全年共立各类刑事案件568起，破案813起。2001年，重点打击黑恶势力犯罪和爆炸、杀人、抢劫、强奸、绑架等严重暴力犯罪以及盗窃案件等严重影响群众安全的多发性犯罪。2003年，重点打击杀人、抢劫、强奸、伤害等严重暴力犯罪和入室盗窃等严重影响群众安全的多发性侵财犯罪。2005年，开展打击"两抢一盗"犯罪、迎十运百日专项行动、侦破命案专项行动，打击非法传销"闪电行动""双百会战""农村社会治安整治"等专项行动，及时打击顶风作案的犯罪分子。全年共立各类刑事案件3345起，破案1670起，破年前积案933起。2006年，共立各类刑事案件3298起，破案1536起，其中立"八类"(杀人、纵火、投毒、抢劫、强奸、绑架、爆炸、故意伤害)案件119起，破案106起，抓获刑事作案成员974人，摧毁犯罪团伙114个377人，追回网上逃犯375人。吴集镇"3·1"故意杀人案、古寨"2·27"故意伤害致死案、果林"4·25"故意杀人案、刘老庄"5·17"故意杀人案、三树丁某某故意杀人案均在短时期内相继告破。7～10月，连续破获绑架案件3起，解救受害人3名，抓获涉案嫌疑人8名。全年共梳理各类涉黑涉恶线索27条，共查获涉黑涉恶犯罪嫌疑人39名，摧毁黑恶势力团伙3个10人。2007年，打掉20个经省厅认定的黑恶势力团伙，抓获涉案人员107名。4月3日至7月3日，组织开展集中打击高速公路和国省道车匪路霸犯罪专项行动，共破获案件70余起，抓获犯罪嫌疑人17名，打掉团伙3个8人，缴获汽车6辆。5月24日至8月底，开展灭枪行动，共破获涉枪案件18起，收缴枪支21支，抓获犯罪嫌疑人11名。在"秋季严打百日行动"中，共破获各类刑事案件845起，其中命案4起；抓获刑事作案成员437名，其中盗窃电动自行车嫌疑人110名；摧毁犯罪团伙39个44人，其中黑恶势力团伙13个；抓获网上逃犯321名，缴获赃款赃物折合人民币17.9万元。是年，共抓获网上逃犯832人，其中外省逃犯108人、本省外市逃犯317人、命案逃犯13人。2008年，全区共立各类刑事案件3359起，破案1545起。其中，"八类"案件立120起，破案110起，7起命案全部告破，破获公安部挂牌案件1起、省厅挂牌案件2起，共抓获各类刑事作案成员1071名，其中网上逃犯582人；摧毁各类犯罪团伙83个241人，缴获赃款赃物折合人民币136万余元。是年，获"全省打击两抢一盗犯罪工作先进集体"称号。

1978～2008年淮阴区（县）刑事案件发生、破获情况表

表24-2-3　　　　单位：起

年份	全部案件			重大案件		
	发案	破案	破案率（%）	发案	破案	破案率（%）
1978	104	78	75.0	10	4	40.0
1979	119	89	74.8	18	17	94.4
1980	172	158	91.9	16	16	100
1981	163	153	93.9	23	22	95.7
1982	217	175	80.6	35	34	97.0
1983	257	217	84.4	41	41	100
1984	124	108	87.1	33	33	100
1985	142	134	94.3	29	29	100

续表24-2-3

年份	全部案件			重大案件		
	发案	破案	破案率(%)	发案	破案	破案率(%)
1986	149	131	87.9	33	31	93.9
1987	146	133	91.1	27	26	96.3
1988	215	186	80.9	29	36	73.0
1989	446	392	87.9	76	69	66.2
1990	382	296	84.3	71	54	60.9
1991	781	615	78.7	112	99	88.2
1992	342	2153	73.3	41	39	80.7
1993	303	1003	85.8	118	78	66.0
1994	403	771	61.0	110	105	88.2
1995	378	955	82.2	176	151	85.7
1996	262	597	81.5	127	112	88.2
1997	263	208	79.1	103	89	86.1
1998	551	676	46.4	109	70	64.2
1999	568	813	44.0	131	83	63.4
2000	1825	1064	58.3	209	168	80.4
2001	1240	651	52.5	112	80	71.4
2002	1402	775	55.3	93	76	81.7
2003	1431	632	44.2	128	115	89.8
2004	2886	797	27.6	125	112	89.6
2005	3345	1670	49.9	121	113	93.4
2006	3298	1536	46.6	103	90	87.4
2007	3396	1658	48.8	122	109	89.3
2008	3359	1545	46.0	120	110	91.7

说明：1988年后破案数中有积案数。

四、重、特大刑事案件侦破选录

【邓某某遇害案】 1981年11月13日上午，县公安局刑侦股接武墩公社电话：武墩公社普墩大队社员王某某在四门闸放鸭子时，发现闸旁有血迹，闸洞内有一具尸体。四门闸位于淮阴城南15千米，处在普墩大队的一片旷野地段，周边800米内无村庄，当地群众称之为“十里荒”。民警现场发现闸西路面上留有血迹，现场脚印痕迹遭围观群众破坏，尸体被急于辨认的本地群众从闸洞里拖出。经尸检鉴定，死者为男性，30多岁，头部有伤，腰间无裤带，颈部被裤带勒住，初步认定系凶杀，死者为邓某某。民警连夜深入到普墩周围的武墩、吴圩、王庄、唐庄、严集、窑场和淮安县的沿河、王元大队走访群众。经走访调查，指挥部认为张某某作案嫌疑较大，决定对其监控审查。经了解，张某某当晚出礼没有回来，可能在沿河供销社他的一个同学处。民警立即赶到沿河供销社找到张某某，死者的自行车就在他身边。突审后，张某某对杀害邓某某（男，35岁）的犯罪事实供认不讳。

【“10·7”杀人分尸案】 1998年10月7日晨，县局王营警署接到群众报案：县缫丝厂后面盐河里漂着一颗人头。经过现场勘查，该头颅系被刀具割下，死时距被发现时5天左右，是一起杀人碎尸案。当晚又有群众报告，在废黄河北侧王营镇星光段有一具无头无臂的尸体。次日下午，死者的右臂浮出水面。经法医鉴定，死者为男性，身高1.76米，年龄25岁左右。专案组通过市、县电视台在黄金时间反复播放认尸通告。沈渡村九组吕某前来认尸，称其子吕某某10月2日晚被本地男青年何某叫出后一直未归。经辨认，死者就是吕某某。案发后何某神秘失踪，专案组找蔬菜村二组何某的好友郑某某，郑家已关门上锁。据村干部反映，郑上午称有急事，借人150元钱走了。在村长陪同下，将郑某某家门撬开，民警发现郑家蚊帐、衣服上有明显血迹。指挥部认定郑、何已构成重大杀人嫌疑。围绕郑、何等人的社会关系，兵分四路追捕嫌疑人。11日下午，追捕小组在上海宝山区警方的配合下，将郑某某、何某擒获。经审讯，郑、何交待伙同石某、陈某等人杀死吕某某后分尸、抛尸的犯罪事实。嫌疑人供认：董某的一只BP机被吕某拿去后，董多次索要未果，遂与郑、何、陈、石等谋划教训一下吕。他们于10月2日晚将吕诱出，骗至果林场崔庄村，对吕进行毒打，致吕死亡后，移尸郑某某家。3日晚，将吕尸体移至星光村四组蔬菜地里分尸后抛入盐河、废黄河。

【洪泽湖浮尸案】 1999年9月30日，韩桥派出所接群众报案称：韩桥乡西河头村挡浪堤南侧7.5千米的水面上漂浮着一具男尸。尸体打捞后发现，尸体上坠有近50千克重的砂袋，死者头部受钝器击伤，颅骨骨折，颈部及四肢被绳索捆绑。刑警查明：死者童某某，男，27岁，韩桥乡西河头村三组村民。9月19日晚8时许，在湖畔自家蟹池旁小屋里看螃蟹时失踪。刑警分析认为犯罪分子具备船只抛尸或将被害人带到现场将其杀害条件；其次，熟悉驾船技术，与死者有过接触。据此开展调查，终破案。

段某某，男，25岁，抽烟喝酒，赌钱，好吃懒做，为了享乐，起初自己养鱼出售，后来便把手伸向别人家的鱼塘。两年前，段结识童，拉童和他一起到洪泽湖里偷鱼捞外快。夜深人静，两人开船到湖里偷鱼偷网。随着童与段“合作”成功，两家往来次数逐渐增多，时间长了，段打起童的体娇貌美妻子葛某的主意，从开玩笑到动手动脚，终于在1995年11月的一天夜里，两人勾搭成奸。9月19日晚，段用从袁家借来的编织袋装满砂子上船，开到童小屋旁。船到出事地点，段到船头用绳子扎好装砂子的袋口，童走近问：“这是什么呀”？段乘其不备用准备好的短棍猛击其头部，童跌入水中，昏死过去。段用勾子把他捞上船，将童脖子和四肢用绳子捆好，系上砂袋沉入湖底。

【嵇某一家4口被杀案】 2004年9月5日零时35分，古寨乡新公村嵇某家发生一起恶性惨案：妻子张某某（35岁）、长女嵇某某（13岁）、次女嵇某某（12岁）、儿子嵇某某（9岁）一家4口被人杀死后并浇上汽油焚尸灭迹，主屋被烧毁，两具尸体被烧焦。接到报警后，市、区公安部门迅速开展调查、访问，组织警力破案。原来，嵇某的妹妹嵇四（33岁）在家排行第四，所以从小就叫她小四子。村里人一提起她就头疼，说她好吃懒做，且不安分，先后换了3个男人。2004年8月初，嵇四遇到开马自达的严某某（男，33岁，淮阴区南陈集镇张周村三组人），就跟严某某过了20多天的“夫妻”生活，后来离家出走。9月4日，严某某骑着一辆借来的破自行车来到古寨（嵇四娘家地址）嵇四家中。当知道嵇四在外边已跟过3个男人时，严某某恨得咬牙切齿，在古寨街上仅30元钱将自行车卖掉，买了汽油，于9月5日零时许潜入嵇某家中，用斧头砍死睡在西头房床上的张某长女和次女，又到东头房砍死张某某和其了，浇上汽油，焚尸灭迹。

是日下午，民警在嵇家东侧向北300米处玉米秸下发现已服毒身亡的严某某，后提取胃内食物送做毒物化验，检出甲胺磷农药成分，据此认定严某某系甲胺磷中毒死亡。案破。

【陶某、高某、李某等盗窃案】 2007年1月后，境内多所学校的教学电脑和电脑内存条连续被盗。案发后，市、区两级公安机关先后发布预警提示。分局刑警大队抽调警力成立专案组，全力侦破此案。在调查走访的同时，技术人员对现场遗留的痕迹物证强化了比对力度，利用网络优势，在全国指纹库中进行比对，确认此系列案件是犯罪嫌疑人陶某某所为。陶某某被抓获后交代：2006年起，伙同高某、李某、唐某某在区实验中学电脑室、工学院电脑室等作案20余起，窃得电脑及其配件价值数万元。

第三节 经济案件侦查

一、案件侦破

1997年1月起，刑警大队开始查办由检察院经办的50余种经济犯罪案件。1998年4月，成立经济案件侦查大队，专项查处经济犯罪案件。2004年，经济案件侦查大队更名为经济犯罪侦查大队。1998～2005年，立案185件，破案154起，破案率83.24%。2006年，立案侦查10起经济案件，破案10起，抓获犯罪嫌疑人18名，挽回经济损失279万余元。成功破获严某某非法吸收公众存款案，涉案317万余元；查获陈某某销售烟用丝束案，没收600吨烟用丝束，使国家避免数亿元的经济损失。2007年，开展打击"四涉"（涉众、涉农、涉企、涉税）经济犯罪专项行动，破案30起，抓获犯罪嫌疑人14名；开展保护知识产权专项行动，立案13起，抓获犯罪嫌疑人4名，捣毁假冒注册商标窝点1个，查获假冒注册商标标识8万余个；打击非法传销经济犯罪活动，会同工商局经检大队先后20余次组织警力1000余人次，其他力量300人次集中行动，共捣毁传销窝点48个，驱散传销人员900余人次，解救被骗传销人员13名，侦办刑事案件6起；开展以"打团伙、抓逃犯、追赃款"为重点的"雷霆行动"，抓获B级以上头目7人。

2008年，查结经济案件66起，打击处理犯罪嫌疑人46名，追回逃犯32人，挽回经济损失800万余元；捣毁传销窝点30余个，驱散传销人员620余人次，解救被骗传销人员7名，其中在校大学生2人。

1998～2008年淮阴区（县）经济犯罪案件侦破一览表

表24-2-4　　单位：起

年份	立案	破案	破案率（%）	打击处理	年份	立案	破案	破案率（%）	打击处理
1998	9	8	89	14	2004	40	37	92.5	7
1999	10	10	100	18	2005	52	46	88	24
2000	24	18	75	12	2006	10	10	100	18
2001	18	15	83	12	2007	80	80	100	53
2002	17	14	82	11	2008	66	66	100	46
2003	15	6	40	8					

二、重大经济案件侦破选录

【伯兰化学有限公司偷税案】 江苏伯兰化学有限公司从1999年12月至2003年7月采用抵货销售不开发票、不入账、不申报等手段偷逃增值税626520.8元，其中偷税所占当年应纳税款：2000年度为86.6%，2001年度为83%，2002年度为94%。具体偷税共有18项。2003年11月10日，经侦大队依法对该公司总经理金某以涉嫌偷税罪予以刑事拘留。其行为已触犯《中华人民共和国刑法》第二百零一条之规定，涉嫌偷税罪，2003年12月被逮捕。

【持有假币案】 犯罪嫌疑人汪某某，淮阴区三树镇汪梨园村八组农民。因涉嫌持有假币罪被区公安分局刑事拘留，经区检察院批准，于2004年6月9日被依法逮捕。经依法侦查查明：犯罪嫌疑人汪某某于2004年5月26日晚8时左右，在淮阴区黄河花园广场将2500元假币（50元票面42张、100元票面4张）卖给一男子，得款1000元，交易后被民警现场抓获，并从汪携带的包内搜出假币7780元（100元票面53张、50元3张、20元106张、10元21张）。同时查明，假币来自于安徽省利辛县西潘楼镇江姓女子手中，江的丈夫纪某某因贩卖假人民币获刑。

【伪造货币案】 2004年12月28日，淮阴分局破获以胡某某、王某某为首的特大伪造货币案件，共抓获伪造货币、运输、购买假币的犯罪嫌疑人15名，扣押面额为10元、50元、100元的成品假币127.8万元，缴获用于伪造货币的电脑4台、切纸机4台、点钞机3台、完好的打印机1台、被拆散的打印机30余台，以及伪造货币的纸张、墨粉等物。经侦查查明：2004年4～12月，在胡某某组织、指挥下，王某某、宁某某等12名犯罪嫌疑人分别在王营镇营东村、营北村、左庄村的5个造假窝点，共伪造10元面额人民币1420余万元。纪某某于2004年9～12月间，向胡某某购买假币270万元。主要犯罪嫌疑人王某某、胡某某、宁某某、王某某、王某某、成某某等12人于2006年7月分别被判处有期徒刑15年至有期徒刑3年缓刑5年不等的刑罚。纪某某犯购买假币罪被判处有期徒刑12年。

【非法吸收公众存款案】 2006年2月27日，淮阴分局经侦大队通过举报，破获非法吸收公众存款300余万元的案件。1999年下半年至2006年初，犯罪嫌疑人严某某利用其曾在古寨乡合作基金会做信贷员的身份，擅自以个人名义在古寨乡、沭阳县张圩乡、涟水县余圩乡等地大肆非法吸收公众存款，计317余万元。犯罪嫌疑人严某某获刑4年6个月，并处罚金15万元。

第四节　治安管理

一、公共场所治安管理

1978年，对境内影剧院、放映点进行安全大检查，采取边查、边整、边改、边建方法，完善各项规章制度。20世纪80年代，影剧院观众人数下降，不再纳入特种行业治安管理范畴。舞厅、游戏室、音乐茶座、台球、康乐球、录音录像制品放映日益增多，利用公共娱乐场所进行赌博、传播淫秽物品等治安问题亦日益突出，公安部门将其作为整顿重点。1985年，查处扰乱公共秩序案件24起、妨碍公务案件8起、调戏妇女案件27起。1989年11月，将影剧院、舞厅、溜冰场、康乐球活动场、商场等公共场所作为重点，进行全面清理整顿，采取“提倡有益的、允许无害的、抵制有害的、打击犯罪的”方针，加以正确引导。1990年起，境内文化、娱乐、饮食、服务、旅游等公共场所发展加快。是年，查处扰乱公共秩序案件24起、哄抢案件1起、损坏公共财物案件3起。2000年，全面取消公共场所前置审批制度，境内有洗浴桑拿场所13家。治安管理的方式由管制型向服务型转变，履行治安管理职责的重点向加强事中、事后监督转移。是年，受理治安案件696起，查处597起，查处率84.8%。查处违法人员862名，其中行政拘留336名、罚款359名、警告63名、其他处罚104名。2005年，境内有娱乐场所（歌舞、游戏、棋牌）56家，服务场所（洗浴、按摩、美容美发、酒吧茶座、网吧）164家，演出场所、大型集市贸易场所、体育场所、公共交通场所21家。受理治安案件1起，查处1起。2008年，受理治安案件4923起，查处违法人员960名，其中罚款332人、拘留473人、劳教5人、其他处理150人；全区登记暂住人口3953名，工作对象12468人，重点人口2951名，私房出租户3289户，旅馆业175家，浴室56家，网吧33家，歌厅3家，收旧业28家。是年，有娱乐场所（歌舞、游戏、棋牌）12家，服务场所（洗浴、按摩、美容美发、酒吧茶座、网吧）83家，演出场所、大型集市贸易场所、体育场所、公共交通场所11家。是年7月23日20时至24日2时，在全区范围内组织开展“飓风行动”集中行动，先后出动警力600余人次，设卡5个，清查公共娱乐场所、出租房屋、工地工棚、网吧、宾馆、招待所等场所957个，清查车站、广场、风光带等开放型人员密集场所11个，盘查可疑车辆754辆、可疑人员427名，抓获各类违法犯罪嫌疑人21名、网上追逃4人，摧毁犯罪团伙2个7人，破获各类案件37起，缴获赃款赃物折人民币2万余元。2008年共受理治安案件92起，查处79起。

二、特种行业管理

【旅馆业管理】 1978年，境内旅店在经过工商管理部门或服务部门批准，公安机关登记备案后，方可营业。对住店旅客，查验证明，登记入住，制定旅客须知。各行业部门招待所，建立健全治安保卫制度。1982年，个体经营的旅店、客栈增多。国营和集体经营的招待所、旅社、浴室等住客单位，因管理混乱，制度松驰，成为违法犯罪分子的落脚点，旅社的发案情况增多。7月，武墩公社居某某等人在王营淮阴旅社、红光旅馆开房卖淫被查获。是年，落实“谁主管、谁负责”的治安责任制。1983年，境内有旅店91家。1989年，结合“扫黄打非”专项斗争，对全县的旅馆业进行全面清理，依法取缔3家非法经营的个体旅店和出租屋。1990年，针对卖淫嫖娼案件由城镇向公路沿线路边旅店蔓延的倾向，组织全县公安干警进行摸底调查，开展整治“路边店”统一行动。凡经整顿合格的“路边店”，由公安机关挂“治安合格单位”红牌，对检查验收不合格的挂“治安整顿单位”黄牌，并停业整顿。2002年起，旅客登记实行信息化管理，由旅社将旅客身份信息录入微机，传输至辖区派出所。旅馆安全要达到出口畅通、疏通指示标志齐全、灭火器材到位、防盗设施安装落实等。2005年，境内有旅店161家。2006年，全区所有旅馆和留宿洗浴场所全部纳入旅馆信息系统管理，单独安装旅馆业治安管理信息系统共有68家，50张床位以上旅馆、星级宾馆及留宿洗浴场所全部安装视频监控系统。是年，通过旅馆业信息比对抓获违法犯罪分子23名，依法处罚违规经营的旅馆33家。2007年，全区116家旅馆单独安装旅馆治安管理信息系统，单独装机率96%。全年旅馆业抓获逃犯21人，检查各类场所行业60余场次，发整改通知书80余份，行政处罚违规违法经营场所41个。2008年，全区176家旅馆均已纳入旅馆信息系统管理，信息系统覆盖率100%；全区20张以上床位旅馆单独装机率50%，月传输旅馆信息量3500人，数据采集率95%。2002～2008年，通过安全大检查，发出整改通知书216份，查处卖淫嫖娼案件129起，其中逮捕21人、收容教育8人、治安拘留97人、罚款176人。通过旅馆信息系统抓获网上逃犯33人。

【旧货收购业管理】 1978年，对收旧、修旧行业进行全面清理整顿，实行登记发证报告制度，符合条件的继续经营，有违法行为的予以处罚或取缔。是年，处罚旧货收购站2个。1980年，在废品收购站点清理整顿过程中，发现少数农民工以拾荒、收旧为名大肆偷盗有色金属，是年治安拘留23人、逮捕3人。1981年，实施“经营废旧物资单位，需经主管部门和公安机关同意，县工商局审查登记，发给执照，方能经营”制度，经营废旧物资单位不准从个人手中收购生产性的废金属器材，违者除没收其物资外，根据情节轻重给予处理。是年，境内有废旧收购站18个，查处收旧业站点6个、罚款42人。1990年，境内有肩担流动收旧人员607人。1990～2008年，针对废旧收购业治安问题突出的情况，公安部门每年均对收旧业站点进行集中清查，通过专项整治，以拾荒收旧为名，从事违法犯罪的行为得到遏制。2008年，境内有废旧金属收购站点46个，查处18个，治安拘留5人，逮捕1人，罚款12人。

【印刷、刻字业管理】 1978年，印铸刻字业属特种行业，公安机关督促印刷、刻字业经营户建立健全行业制度，规定承印文件图表不准留底，凡经该社承印均须登记，以资考查。对从业人员进行严格的人事审查。是年，境内有印刷业8家、工人126名，刻字店12家。对承印簿册证券、商标等类和铸字、制版等核发许可证并进行管理。至1981年，境内有印铸刻字业14家。随着开放搞活政策的进一步贯彻落实，印刷业发展迅速增长，1983～1986年，境内共有印铸刻字业116家。2008年，淮阴区有印刷业71家，其中出版物印刷1家、包装装潢印刷2家、彩色复印2家、其他印刷品66家。公安部门通过定期检查，上门登记，走访群众等方式督促其规范经营。至2008年，共查处印刷、刻字业违法案件32起。

三、非法枪支弹药管理

1978～2000年，查处违反枪支、爆炸物品案件81起。1996年，全县收缴各种非法枪支277支、子弹70发、管制刀具118件。2001年治爆缉枪专项行动中，收缴各类非法枪支1117支、子弹8298发，查处持有、使用、私藏枪支案件16起，抓获违法嫌疑人18名，其中起诉6人、行政拘留3人、罚款4人、警告2人。2005年治爆缉枪专项行动中，收缴各类枪支57支、子弹156发、手榴弹2枚、管制刀具1048件。2006年3～9月，开展两次治爆缉枪行动，全区收缴各类枪支195支、子弹36721发、手榴弹2枚、炸弹3枚、仿真枪772支、管制刀具1346件；查破涉危案件102起，抓获涉危违法犯罪嫌疑人124名，其中刑事拘留33人，行政拘留27人。2007年4月，开展深化治爆缉枪专项行动，全区收缴各类枪支30支、子弹19006发、仿真枪297支、管制刀具437件。2008年，开展治爆缉枪专项行动，共签订各类责任状590份，收缴各类枪支11支、仿真枪374支、子弹300发、管制刀具200余件。是年，淮阴区公安分局获评省"排查整治治安混乱地区和突出治安问题先进集体"。

四、危险物品管理

1978年，淮阴公安机关将爆炸物品、易燃物品、剧毒物品作为治安部门管理的一项重要工作内容，严密注意并掌握有关单位对爆炸性易燃性物品的制造、使用、储藏、运输的基本情况。此后，每年元旦、春节前后，均会同交通、航运部门在车站、码头、公路卡口对旅客违章夹带易燃易爆危险品进行严格检查，防止和减少爆炸火灾事故发生。1981年9月，爆炸物品管理由治安股划归消防部门管理。1984年，对流散社会的爆炸物品，继续清理收缴，扭转爆炸物品生产、销售、储藏的混乱状况。1985年，对烟花爆竹的销售进行整顿，实行"三不"（进货不盲目、库存不超量、销售处不存引火物）、"四定"（定点、定人、定责任、定制度）规范管理措施。对节日期间临时销售烟花爆竹的单位或个人，实行"烟花爆竹临时销售许可证"审批制度。1996年，共收缴火药39.1千克、导火索840米、雷管35枚。1998年，收缴炸药75千克、鞭炮111万头；收缴毒鼠强300余包，其他剧毒鼠药270余包，水剂100余瓶，查封私人制售点1个。

2001年6月，核准王营镇合理布设烟花爆竹零售网点30个，发给《爆炸物品销售许可证》。7月26日晚，对苏北市场进行检查，在个体业主王某某的仓库内查获非法储存爆竹720万头、烟花1000只，价值3万余元，全部予以没收，并依法对王某某实施治安拘留。另有3家个体户主动将21万头鞭炮送交公安分局。是年，收缴黑火药256千克。2005年，收缴黑火药11千克、炸药4.24千克、雷管65枚。是年，查处涉危案件92起，其中刑事案件21起，行政案件71起。2006年3～9月，取缔危险物品非法制贩窝点6个，通过清查收缴危险物品提供的线索，查破涉恶同伙3个，抓获涉案成员14名，检查发现安全隐患44条，下发整改通知书27份，接到群众举报线索53条，查证属实28条。是年，组织260余名警力，开展53次专项检查，发放整改通知书67份。全年受理违规运输危险化学品案件72起，72家有关企业受到处理并被责令整改；收缴炸药4.7千克、雷管183枚、导火索6202米、烟花爆竹967件、黑火药11.5千克、毒鼠强3.8千克、氰化钾0.8千克、其他剧化品1173.4千克。2007年4月，查破涉危案件36起，抓获涉危违法人员53名，其中刑事拘留14人，行政拘留32人；检查发现安全隐患39条，下发整改通知书27份，接到群众举报线索78条，查证属实41条。开展危险物品集中清缴行动20余次，检查涉危单位200余家次，签订危险物品治安防范责任书113份，检查烟花爆竹零售点300余个，发现各类安全隐患20处，发出隐患整改意见书20份，取缔非法烟花爆竹销售点5个，收缴炸药1.9千克、雷管18枚、黑火药7.8千克、烟花爆竹4897件。2008年，查破涉危案件32起，抓获涉危违法人员51名，其中刑事拘留14人、行政拘留37人；检查发现安全隐患39处，下发整改通知书27份，接到群众举报线索56条，查证属实31条，共收缴雷管35枚、烟花爆竹4587件。有3家剧毒物品使用单位因违反管理规定被依法查处。

五、水上治安管理

1978年，淮阴县渡口安全管理实行定渡口、定渡船、定渡工、定客位、定安全制度的"五定"原则，发放渡工证、渡船证，没有县级以上公安机关批准的危险品准运证，而夹带危险品的旅客，严禁上船。1999年，开展换发船民证、船舶户口簿工作。全县在航船舶约400条，换发船户牌392块、船舶户口簿395本，办理船民证500余份。换发工作严格按照县财政局、物价局核准的收费标准收取工本费。是年，接警报案16起，查处治安案件7起，罚款26人，警告8人，民事调解37起。检查过往船队计1000余艘，挂机船500余条，取缔"三无"（无船名船号、无船舶证书、无船籍港入）船只32条，协处碰船事故28起，查处电捕鱼船17起。京杭运河流经淮阴27千米，上游紧靠淮阴闸，过往船队停靠在杨庄的许渡和双闸、码头的惠民和仲弓附近河道等待过闸，高峰时期船只多达上百条。由于船多停留时间长，沿河村民借向船队出售蔬菜、食品等之机，顺手偷卖运输船上的煤炭等物资，影响航道安全。是年6月，先后开展集中清查行动9次，收缴“小划子”41条、煤炭42吨，对7名违法人员实行治安处罚。2001年，查获“小划子”8条，治安处罚违法人员8名，水上治安秩序明显改观。2004年，水上治安归并到市公安局水警支队管理。

六、禁毒、禁黄、禁赌

【禁毒】 1991年，境内发现种植罂粟案例。4月13日，公安机关抓住罂粟开花季节，集中开展铲除非法种植罂粟专项治理行动，查处私种罂粟案件27起。1993年，查处非法种植罂粟案件24起，抓获种植人员36名，其中治安拘留26人、收审2人、逮捕3人、其他处罚5人，铲除罂粟28587株。王兴派出所查处安徽省来安农民赵某某等人，以种药材为名，租种王兴乡安庄村其侄女家1亩地，种植罂粟9447株，刮浆1000余克。该涉毒案是新中国成立以来境内首例种植毒品大案。1994年，共查处种毒案件12起，铲除罂粟1.3万株。1995～1999年，查处非法种植罂粟案件151起，铲除罂粟19636株，治安处罚68人；查处涉毒案件21起，涉案人员21人。2000年起，境内非法种植毒品原植物案件和查获数量逐年下降。2004年之前，境内尚无吸毒、贩毒违法犯罪行为。随着人员流动加大和娱乐服务业的发展，吸毒贩毒现象在境内首次出现。2005年3月16日，在王营镇新姿旅行社查获陆某某等5名外地聋哑人吸食毒品案，缴获海洛因0.8克，5人均被行政拘留10天并处1500元罚款。3月27日，李某、孙某等5名外地人在黄河娱乐城包厢内吸食毒品被查获，李某、戚某某涉嫌贩卖毒品被逮捕，其他3人被行政拘留。2001～2005年，铲除罂粟25637株，立刑事案件19起，追究责任11人；治安案件208起，拘留31人，罚款215人，批评教育15人。2006年，开展创建“无毒社区”工作，有19个乡镇及4个社区、60个行政村通过区达标验收。是年，破获非法种植罂粟案件18起，铲除罂粟1864株，查获违法人员34名，抓获吸毒人员13名，立刑事案件1起、治安案件13起，追究刑事责任1人，治安拘留7人，罚款10人。2007年，在重点地区、重点人头附近配治安信息员72名，及时收集相关线索，提供有价值线索18条，破案13起。是年，全区共破获非法种植毒品原植物案件13起，铲除毒品原植物罂粟2387株；抓获涉案成员13人，其中取保候审1人，治安拘留8人，罚款4人。为彻底解决境内非法种植毒品原植物问题，与全区各单位签订责任书138份，乡村干部、保安联防队员等辅助力量签订禁毒责任书310余份。

【禁黄】 查处卖淫嫖娼　1980年，绝迹多年的卖淫嫖娼丑恶现象在境内再现，起先集中在丁集的“路边店”（饭店、旅店、停车场），之后向公路沿线路边店和市区的一些洗浴中心蔓延。浙江丽水人居多，夫妻两人带2～3名年轻貌美的女孩经营开张，嫖客多为过往汽车司机。1982年7月，在王营镇淮阴旅社查获卖淫案件2起。至20世纪90年代，浙江人基本上都被挤离路边店。1990年，查获卖淫嫖娼案件2起，抓获卖淫妇女16人、嫖客40人。1991年，路边店卖淫嫖娼、敲诈勒索、寻衅滋事等治安问题日益严重，全县开展打击取缔卖淫嫖娼活动，加强旅店业、公共娱乐场所治安管理专项斗争，经过3个多月的整顿，全县共查获卖淫嫖娼等违法嫌疑人262名，其中卖淫女47人、嫖客65人、容留介绍卖淫人员9人，打击处理86人，其中逮捕10人、劳教8人、收审63人、治安拘留105人、遣返原籍45人。按照打、治、建结合的原则，拆除色情招牌234块、违章建筑251家，其中7名性病患者被强制治疗；印发《路边店治安管理暂行规定》1000份，建立治安组织32个，配治安人员15名。1993年，共查处路边店治安案件127起，其中卖淫嫖娼27起、敲诈70起、赌博30起，治安处罚违法人员236名；印发路边店管理规定1000份，给过往司机、乘客公开信400份，与路边店签订《治安合同书》450份，统一制作饭菜价目表500份。1994年，清查路边店350家，处理134家，其中取缔56家、停业整顿30家、限期整改25家、挂警告牌23家。查处卖淫嫖娼20起55人，逮捕3人、收审7人、治安处罚77人、其他处理25人。1995～2005年，查处卖淫嫖娼案件441起，涉案成员691人。2006～2008年，区公安部门每年均对路边店、公共娱乐场、洗浴场所进行专项整治，卖淫嫖娼案件得到控制，数量下降。其间，共查处卖淫嫖娼案件13起，涉案成员52人。

查禁淫秽物品　1982年5月，全县开展收缴淫秽书刊行动，在58所中学、774个班级、40363名中学生中开展教育784次，开学生干部会156次，个别走访谈话千余次，收缴在中学生中流传的手抄本《少女之心》《青年爱好集》《幸福的秘密》淫秽书刊14本。1985年，一些淫秽物品相继流入县内，公安机关与有关部门密切配合，对境内录像放映点进行清查，收缴各种违法录像带250部，停止整顿录像放映点12家，收缴录像机1台，收缴《少女之心》13本、非法刊物400余本、不健康小报200余份。1998年，开展查缴《17岁》《浪漫恋物语》《美丽的女豹》《男孩、女孩》《舞姬恋歌》《花花公主》《写真集少女》等系列卡通书行动，查缴82本。1990～2008年，收缴各类违禁书刊18780册、淫秽录像带188盘、录音带100余盒、裸体扑克牌13副、裸体画册4本，查缴淫秽图片案件34起，查处传播淫秽物品人员50名。

【禁赌】 1978年，发出《通令》《布告》，明令赌博是违法行为，予以查禁，赌博活动得到遏制。1983年，开展禁赌集中行动，印发《通告》1万张。通过统一打击行动，刹住赌博风蔓延势头。1984年，共查处赌博案件65起，抓获赌徒293人。1987年1月22日，依据《治安管理处罚条例》，集中打击处理一批赌徒，其中行政拘留并罚款68人，单处罚款25人。1988年，开展禁赌专项治理斗争，抓赌112场，抓获赌徒450人，排出犯有赌博行为845人，其中依法捕办2人、劳教1人、治安处罚452人。赌风严重的五里、丁集等6个乡镇对15名惯赌进行收审并处以1000～3000元罚款。1990～1997年，查处赌博案件1410起，赌博案件数量呈上升态势。1998年，公安部门组织清查电子游戏机经营市场5次，当场缴获游戏赌博机5台，并对容留青少年进行游戏机活动的业主进行处罚。是年至2004年，查处赌博案件488起，处理赌博违法成员2117人，其中行政拘留140人、罚款1077人、其他处理101人，缴获游戏赌博机12台。2005年，查获赌博案件54起，查处赌博违法人员244人，其中刑事拘留7人、行政拘留55人，缴获赌资32万余元，收缴电脑主机1台、电脑显示器19台、电子游戏机268台、具有赌博功能电路板32块，处罚电子游戏机室经营业主13人。2006年，抓获利用赌博机进行赌博的违法人员26人，在棋牌室内抓获参赌人员23人，缴获赌资10万余元，收缴赌博机80余台、电脑板90余块。2007年，收缴各类赌博机80余台，查处进行赌博活动的场所14家，打击处理涉赌人员6人，取缔无证游戏机房2家。2008年6月，治安大队成功侦破李某聚众赌博案，抓获涉赌人员11人，缴获涉案赌资金额20余万元，该案中2人被判处有期徒刑及罚金，9人被治安处罚。

七、治安灾害事故处置

1978年，境内共发生工伤事故1起，死4人，伤5人。1982年，发生治安灾害事故7起，死4人，伤24人。其中，中毒事故2起，死2人，伤14人；沉船溺水事故5起，死2人，伤10人。1990年，发生治安灾害事故341起，死3人，伤8人。其中，工伤事故4起，死2人，伤3人；中毒事故1起，伤1人；爆炸事故4起，死1人，伤5人。1995年，发生事故471起，死1人，伤1人。1978～1996年，境内共发生治安灾害事故2747起，及时处置率98%。1997年，发生事故1258起，死3人，伤1人。1999年，全县发生各类群体性上访闹事事件17起，涉及群众900余人。2005年3月29日晚，京沪高速淮安段王兴境内发生一起交通事故，造成肇事车辆槽罐车内的液氯大面积泄漏。“3·29”事故发生后，迅速启动《淮阴公安分局处置突发性事件预案》，组织指挥中心、治安、交巡、刑侦和派出所90余名民警和20余名保安巡防队员，调集25辆警车赶到现场，迅速采取相关措施，开展现场处置工作。事故处置中，共出动警力1100人次、保安巡防队员300人次、车辆400余辆次，抢救伤员119人，疏散受灾最严重地区群众1400余人，有14名民警受伤。事故致当地村民29人死亡、120人受伤。

八、治保与治安联防

1978年，淮阴治保会一般由3～5人组成，设主任1名，成员由群众民主协商，基层党政组织和公安保卫组织审查后选举产生。对不适宜做治保工作或不称职的，由人民群众选换。是年，全县有治保会454个。1992年，为充分发挥群防、群治、治安防控工作作用，全县将治保会与联防组织相结合，建立农村治安联防办公室93个，有联防队员489人，治保会434个。1993年，组建淮阴县保安服务公司，有保安驻点单位100余家，派驻保安人员300余名。2001年，实现保安、联防一体化，全区共有联防队26个1048人，治保会248个3820人。2004年4月，组建淮阴区治安巡防大队，城区有联防队员160人，隶属淮阴分局治安大队统一管理，巡防大队大队长由治安大队长兼任，下设王营、西坝、果林、小营中队以及治安机动中队，分设15个巡防分队，每个巡防分队负责一个巡防区，每个巡防区设立一个巡防站，担负着淮阴城区和淮阴工业园区的治安巡防任务。2005年，全区有保安驻点单位60余家，派驻保安人员300余名。2004～2006年，通过巡防，现场抓获违法犯罪嫌疑人277名，破获各类案件402起，为公安机关提供线索187条。2007年，专职巡防队伍在实行打防控巡逻任务中共抓获各类违法犯罪人员484名，其中破获各类盗窃案件196起，抓获作案成员381人，摧毁犯罪团伙18个，作案成员37人，破获抢劫案件3起、交通肇事逃逸案件5起、诈骗案件4起9人、打架斗殴8起，盘查嫌疑人8025人、嫌疑车辆8142辆。2008年，成立治安防控大队，有专职巡防民警14人，专职巡防队员75人，配备3台警用巡逻车，抓获各类违法犯罪嫌疑人174人，破获各类案件213起。5月初，在城区建成8个治安岗亭并正式投入使用。治安岗亭投入使用后，现场抓获违法犯罪嫌疑人50余名，预防案件200余起，接受群众报警求助12000余人次，盘查嫌疑人3万余人次。至2008年，全区共有治保会248个，保安驻点单位100余家，派驻保安人员300余人，治安联防队员1048人。

图24-2-1　公安基层所队增发警用车辆，增强快速反应能力

图24-2-2　开展街面治安巡逻

第五节　户政管理

一、常住户口管理

【城镇户口】 1978～1980年，恢复、完善城镇常住、暂住、出生、死亡、迁入、迁出和变更更正户口事项等7项登记制度，保证各项户口管理制度的落实。1992～1998年，共办理投靠城镇职工、民办转公办等农转非户口1300余人，办理地方城镇户口14000余人。1999年开始办理小城镇户口，第一批办理的有南陈集、渔沟、赵集、徐溜等镇，2000年扩大至全县办理，2002年上半年结束，共办理小城镇户口76202人。凡是在建成区域范围内的居民或在建城区经商、办企业人员，缴纳一定的配套费就可以转为小城镇户口，在参军、升学等方面享受城镇户口待遇。2003年10月，取消户口性质，统称“居民户口”，对户口实行联网管理，实行全市网上迁移户口一站式服务。

【农村户口】 1978年，全县农村有150676户708883人。1981年，为做好第三次全国人口普查工作，对农村户口进行整顿和调查摸底，共查出有户无人1388人，占人口总数0.195%；有人无户口3301人，占总人数0.47%；重复登记1855人，占总人数0.261%；应销未销5445人，占总人数0.77%；漏登户口2451人，占总人数0.35%。根据省政府办公厅有关文件精神，及时解决农村无户口人员落户问题，完善农村户口管理工作。1987年始，全县各社镇陆续增设公安派出所，农村户籍管理逐步加强。1996年，借鉴城市户口管理经验，改革农村户口管理工作，推行农村户口城市化管理，各派出所配置微机室，统一使用微机管理。建立“一村一图（平面地形图）一册（户口底册）一户一簿（户口簿）一牌（门牌）”制度，在村一级设立户口室，配置一名（兼）户口协管员，并落实责任制，健全工作制度。是年起，农村户口全部实施城市化管理，统一使用微机操作管理。1998年，开展实际居住人口调查工作，历时5个月，登记常住211462户，实际居住851491人，其中在户籍地实际居住的常住人口794859人，有人无户的寄住16489人，应落未落常住户口20719人，暂住人口19424人。核出有户无人的空挂户28701人，应销未销户口7142人，在外务工、经商外流人口13442人。在暂住人口中，有云、贵、川等外省流入妇女4652人。2000年8月15日至9月15日，全县开展户口整顿，共核对未落常住户口25249人，其中出生未报户口18967人；应销未销常住户口19729人，其中死亡12455人；底册重登1024人，漏登12441人；发现差错23717项。核对登记有人无户（寄住人口）6017人，有户无人（空挂户）31654人，外出人口19028人，清理登记暂住人口10992人。在户口整顿期间，全县共办理未落常住户口21224人（其中报出生的15863人），占应落户人数的84%；注销户口16779人（其中死亡10638人），占应销户口的85%；为12441人补建底册；纠正户口差错21645项，占应纠错项目总数91.3‰。另外，还办理户口迁移手续10433人，其中迁入5164人，迁出5269人。2008年，全区农村有17.42万户71.76万人。

【户口迁移】 1978年，户口迁移实行三级审批制度，即淮阴地区公安局负责审批由农村迁往城市的户口，经批准迁入的，由迁入地市、县公安局发给准予迁入证明，在原住地户口登记机关办理迁出手续，凭迁移证和准予迁入证明到迁入地户口登记机关办理落户手续；县（市）公安局负责审批农转非或非农业人口迁入城市的户口；派出所负责办理国家已有明文规定，凭有关证明迁入的户口。1992年起，县办理地方城镇户口。1999年起，县办理小城镇户口。2003年10月1日起，取消农业户口与非农业户口，地方城镇户口等各种户口性质，按照实际居住地登记户口，统称为“居民户口”，全面建立户口迁移条件准入制。2004年12月，实行全市联网一站式办理户口迁移服务，全市范围内户口迁移取消户口准迁证和迁移证。2007年，户政部门规范户口审批工作，简化户口审批程序，推行网上办理户口迁移，全年接待群众3万人次，接待基层业务请示850人次，协调处理各类户口2000余件，提供信息查询3000余次；开展居民身份证重错号纠正工作，共清理市局下发的跨省市重错号1061人、531对；注销属本区迁出未销的11人，改正信息录入差错的8人，对需要本地重新编码的409人，重新赋号。2008年，接待群众咨询3.5万余人次，办理户口2万余件，为群众和有关单位提供查询服务2万余人次。

1978～2008年淮阴区（县）人口迁移情况一览表

表24-2-5　　单位：人

年份	人口数	迁入	迁出	年份	人口数	迁入	迁出
1978	742941	10143	11685	1994	793372	6882	7334
1979	742762	13694	22275	1995	798823	8448	7770
1980	744728	9071	11504	1996	805669	6127	6777
1981	753229	11964	11347	1997	811348	5756	7657

续表 24-2-5

年份	人口数	迁入	迁出	年份	人口数	迁入	迁出
1982	762864	8647	8994	1998	821825	7154	6927
1983	719845	7171	9077	1999	830818	8472	8275
1984	720572	11440	12404	2000	849071	12605	7863
1985	721352	9805	11823	2001	854981	6493	8411
1986	721386	8605	10701	2002	856360	6493	8411
1987	726835	10169	11396	2003	859283	4996	8437
1988	730209	9031	9949	2004	874193	4493	6571
1989	746816	27959	22500	2005	881981	1592	3721
1990	778912	—	—	2006	891525	6512	3922
1991	774023	8929	8668	2007	890464	4783	5754
1992	779876	6255	9467	2008	900054	6989	5913
1993	787988	7632	8086				

二、暂住户口管理

1978年，商品经济发展，过去封闭式的人口结构被打破，人、财、物流动量不断增大。农村实行家庭联产承包责任制后，大批长期被束缚在土地上的农民被解放出来，农村剩余劳动力大量涌向城市，涌向经济发达地区。暂住人口在促进经济发展的同时，也给社会治安带来不利影响，特别是“四工”（临时工、合同工、农民工、外包工）人员中违法犯罪情况不断出现。1988年9月，将年满16周岁从所在地到城镇、农村、工矿企业的务工、经商、办服务业及从事其他职业人员纳入暂（寄）住人口登记管理范围；对暂（寄）住时间预计超过3个月，从事各种职业的人员，进行发证管理。2007年，全区登记暂住人口8561名，应发证6374人，实发证6374张。登记出租房屋2043户并签订治安责任书，累计登记工作对象7011人。2008年，通过检查整改暂住人口不完善数据58775项，新增1374人，注销11534人，整改工作对象不完善数据15422项，整改重点人口不完善数据2201项，整改房屋出租户平台不完善数据4637项，共接受有关部门转来的“两劳”释放人员材料328份，并录入警务平台管理。

1991～2008年部分年份淮阴区（县）暂住人口管理情况表

表 24-2-6　　单位：人

年份	登记	发证	年份	登记	发证
1991	1586	1069	2003	3480	3244
1993	2853	1922	2004	2167	2144
1994	3017	2896	2005	3311	2314
1995	4278	2217	2006	7325	5412
1998	3127	1395	2007	8561	6374
2000	3152	2491	2008	10377	8446
2002	2838	2817			

三、居民身份证管理

1978年，居民没有正规的身份证明，居民外出，用介绍信、户口簿，机关单位工作人员使用工作证等证明身份。1986年11月，成立颁发居民身份证办公室，乡镇、街道成立相应机构。1989年5月，全省颁发居民身份证工作第四次会议在淮阴召开，传达公安部1989年全国居民身份证工作会议精神，落实1989年发证工作任务。是年9月，发到群众手中的身份证464372份，完成工作量87.5%。至2005年10月，累计办理身份证77万张。2005年11月初组织开展换发二代身份证工作，截至2007年4月30日，办理二代证45万张。2008年，完成二代证1.8万余份，审核二代证照片信息2万余人，分发和读写二代证4万余张，发放二代证1万余张。

第六节 内保工作

1978年12月20日，全县贯彻省公安厅下发《关于加强内部保卫工作的通知》，整顿和加强内保队伍建设，调整内保管理范围。1979年3月，县公安局增设内保股，配备内保干警5名。1980年起，企事业单位陆续组建经济民警。1985年，公安内保部门按照“以块为主、条块结合、分级管理”的原则，再次对内保管理范围进行调整，将辖区内具有重大影响的企业列为内保管理重点。1989年7月10日，在全县各机关、团体、企事业单位开展以落实治安承包责任制，创建“安全合格仓库”“安全财会室”等为主要内容的“治安安全单位”活动。1990年7～10月，落实“谁主管、谁负责”的原则，层层签订治安保卫责任状。在列管的33个单位中，签订一级签证32份、二级签证271份、三级签证400份、四级签证5300份。1992年，保留内保股建制，专人负责文化保卫工作。是年，在华能淮阴电厂设立民警值班室，由县局2名正式民警和电厂8名联防队员组成。至1993年，经省公安厅批准中国农业银行淮阴县支行、中国人民银行淮阴县支行、淮阴棉纺织厂先后成立经济民警分队。1993年3月9日，开展“集中力量打盗窃、挖团伙”专项行动，排出嫌疑线索141条，破获各类案件15起，抓获违法犯罪嫌疑人10名。1994年，开展“严打”斗争和“双百”会战（百日安全竞赛、破案百日竞赛）行动，破获化肥厂诈骗案，挽回经济损失22万元；破获水泥厂诈骗案，挽回经济损失2.3万元；破获群众哄抢省电建三公司物资案，追回赃款赃物7.5万元；破获淮阴市一院药品被盗案，追回损失1.6万元。1996年，开展争创“合格警队”活动，县人民银行经济民警队由于兼职人员多、年龄老化等问题，经内保股向市公安局申请予以撤销。至1996年，经省公安厅批准，淮阴县邮电局、华能淮阴电厂先后成立经济民警分队。1998年，破获内部单位刑事案件4起，查处治安案件2起。

2001年，金融系统体制改革，县级人民银行所属金库收归市人民银行。金融系统撤销经济民警建制。2002年2月，淮阴公安分局在21个派出所明确21名兼职经济文化保卫干事。2003年7月，省统一核发金融机构安全防护设施合格证，对全区的金融网点、金库的安全保卫进行安全检查，对申请验收的6家银行12个金融网点安全合格情况进行先期验收。是年，在全区经济文化内保单位开展以“防群体性事件、防多发性事件、防安全生产事故、打击盗窃破坏农村电力设施”为主要内容的“三防一打”专项斗争。2004年1月，内保股更名为经济文化保卫科。2005年2月，开展金融安全大检查行动，发现各类隐患45处，发整改通知书3份。对境内学校保安人员配备进行摸底调查，有保卫组织的4所，保卫人员35人；聘用保安的5所，有保安队员18人；文化单位保安人员配备不足。2006年3月1日起，全区有11类53个经济文化单位的内部治安保卫工作列入经济文化保卫科管理，其余单位的内部治安保卫工作由属地公安派出所管理。2007年，先后化解、阻止10余起特殊群体非法聚集策划去省进京上访事件，全年共治安拘留24人，警告4人。至2008年，形成全区各单位落实治安责任制，明确内部单位经济文化保卫任务，定期对企事业单位治保人员开展安全业务知识培训，健全信息收集、巡逻防范、要害保卫、内外协作等工作机制，构建人防、技防、物防相结合的内部治安防范网络。

第七节　出入境管理

一、出境

1986年，淮阴居民因私事批准出国出境34人，其中定居美国5人，探亲2人；定居香港2人，探亲1人；会见台湾亲属24人。1987年始，县公安局在政保股设淮阴县公安局出入境管理股，由政保股长兼任出入境管理股股长，确定专职民警负责出入境管理工作。是年，县内出境81人。1992年，批准出国出境35人，其中留学日本2人，秘鲁、美国、巴西各1人，香港11人，台湾19人。1999年，批准出国出境124人，其中美国5人、日本4人、加拿大2人、新西兰1人、柬埔寨1人、泰国2人、罗马尼亚1人、法国1人、新马泰32人、香港10人、台湾65人。2000年10月，县公安局启动《关于执行法定不批准出境人员通报备案的规定》。《规定》对报备对象和范围、报备制度、报备程序和工作日、管理与考核及执行单位和负责人等都作了明确规定。2001年，共受理出国出境申请127人，其中去日本10人、美国8人、泰国5人、俄罗斯2人、澳大利亚2人、韩国6人、法国1人、马来西亚1人、德国1人、印度1人、肯尼亚1人、斐济1人、阿曼1人、加拿大1人、毛里求斯1人、意大利1人，去新马泰港澳旅游26人。2002年，按照省公安厅要求，依托市公安局对出入境计算机管理系统进行改造，共受理出国出境申请787人，涉及34个国家或地区，其中申请劳务去阿尔及利亚404人、以色列84人、俄罗斯65人，去新马泰港澳旅游25人。2003年4月，阻止一名法定不准出境人员出境。12月，淮安市淮阴公安分局出入境管理科更名为淮安市公安局淮阴分局出入境管理科，成为独立的股级建制机构，设科长1人、外事民警2人。是年，启动报备数据库，实现出入境全部业务的计算机管理。2004年，出入境管理系统再次进行升级改造，在服务器上安装ORACLE数据库，对境内公民因私出境、境外人员管理、境外人员临时住宿登记管理、涉外单位与常住境外人员管理等全部采用数据闸管理，并与省厅、市局进行联网，实现网上审批、传输，审批项目缩短至5～7个工作日办结。自信息系统应用以来，先后共阻止非法出境12人次。2005年，受理公民出国出境申请1230人。2006年，受理公民出国（境）申请1872人次，其中出国劳务505人次，探亲、访友137人次，商务、培训139人次，个人旅游370人次，团队旅游96人次，自费留学12人次，就业10人次，定居5人次，其他类申请6人次。撤销不合格报备数据414份（其中包括续报时同一个人被录入两次），继续报备数据158份，新报备数据156份。2007年，受理居民出国（境）申请2231人次，上报法定报备数据102份，撤销28份。2008年，受理公民出国（境）申请出国申请2943人次，录入法定不批准出境人员数据407条，撤销报备数据316条，为境外人员办理签证（注）延期12人次。

二、赴港澳台

1978年，申请去港澳一律由地区、县公安局受理审查后提出意见，报省公安厅审批发证。1982年6月，内地居民申请前往国外和港澳地区会见台湾近亲属的持有可资证明的台湾亲属证件，并有明确的会亲时间和地点，经本人所在单位审查同意后，由所在地市、县公安局受理，报省公安厅审批发证。1988年11月，前往台湾探亲或奔丧的，均可向户口所在地的市、县公安局出入境管理部门提出申请。是年，去香港2人、台湾39人。2001年，受理申请去香港定居2人、探亲6人，港澳旅游10人，去台湾探亲50人。2002年，申请去探亲、进行商务活动的香港20人、澳门2人，申请去台湾探亲49人、港澳旅游8人。2006年，赴港澳探亲15人次、团队旅游238人次、商务13人次、定居1人次、其他类1人次，赴台湾探亲（病）16人次，应邀赴台2人次，居留5人次，定居1人次。是年，开展清理中共党员干部、国家公务员办理因私出入境证件专项工作，共查档50盒、3629卷、4779人次，其中1996年1月1日至2006年8月31日期间，淮阴区（县）共有295名中共党员干部、国家公务员办理因私出入境证件，中共党员办理因私出入境证件295人次，公务员办理因私出入境证件189人，其他党派党员干部106人，副处级3名（2名离休），异地办理证件1名。2008年，受理赴港澳申请389人次，赴台申请35人次。

三、华侨、港澳台胞入境

1985年7月，华侨短期回国，只须凭中国驻外使领馆或国内主管机关颁发的有效护照或有效旅行证件入出境，不需再办理签证。华侨入境来江苏后，向当地公安局或派出所、乡镇政府申报户口，办理住宿登记即可。对临时回国后要求定居的，一般不予受理。1987年11月，台湾当局放松台湾居民来大陆探亲旅游限制后，台湾同胞探亲、旅游人数剧增。县公安机关为台胞来大陆探亲、旅游等提供方便，做好安全保卫工作，对解放前有人命案的人员探亲，会同有关部门做好受害人亲属的工作，宣传党和政府的有关政策，保证台胞来去自由。是年，有香港1人、台湾121人入境。1991年2月，省公安厅规定对在台孤身一人无人赡养，在江苏省拟定居地有直系亲属，且该亲属有能力赡养并保证赡养，生活费用及住房等能够自理的可申请来江苏定居。由省委统战部审批，省公安厅审核签发《台湾同胞定居证》。2005年10月，受理、审批、签证5年期台胞证，同时启用5年期台胞证系统。2007年，受理台胞延期申请8人次，换发台胞证申请3人次。2008年，为台湾居民临时入境办理住宿登记54人次，为香港居民临时入境办理住宿登记8人次。是年，有常住境外人员10名，全部为台湾居民，分别居住在果林、韩桥、徐溜、赵集、渔沟、南陈集、丁集等派出所辖区。

四、外国公民入境

1978年后，中国确立对外开放政策，不断有外国人来淮阴参观、旅游、探亲、访问、考察。根据“依法管理、宽严得当、维护主权、保障安全”的原则和“热情接待、提供方便、内外有别、掌握情况”的要求，对外国人进行管理和接待工作。1985年6月，经国务院批准淮阴市为乙类对外开放地区，外国人持有效签证或居留证，均可前往旅行。1986年1月，江苏省全部对外国人开放，确定南京机场和南京、连云港、南通、张家港等4个港口为中外籍人员入出境通行口岸。是年，境内没有外国人入境。2000年，有24名美国人、1名加拿大人入境。2006年，全区有临时入境人员46人次，为入境人员办理各类签注（证）延期18人次，发生各类涉外案（事）件3起，其中违反住宿登记1起，非法就业1起，非法入境1起，处罚3起5人次，查处各类弄虚作假出国境申请5起25人次。开展打击出入境领域违法犯罪活动，查处2名非法入境的缅甸妇女，在拘留审查后依法遣送出境；查处3名非法就业的外国人并依法进行处罚。2008年，为德国居民临时入境办理住宿登记1人次，为境外人员办理签证（注）延期12人次。

1986～2008年部分年份淮阴区（县）接待入境人员统计表

表24-2-7　　单位：人

年份	入境数	人员情况	年份	入境数	人员情况
1986	39	港澳台同胞	1998	90	日本1人、华侨2人、港澳4人、台胞83人
1987	125	美国、日本、古巴各1人，香港1人，台胞121人	1999	94	巴西1人、美国1人、香港5人、台胞87人
1988	413	华侨旅游4人、港澳6人、台胞403人	2000	93	美国24人、加拿大1人、香港5人、台胞63人
1990	398	均为台胞	2006	44	台胞34人、香港4人、外国6人
1992	332	华侨3人、香港1人、台胞328人	2007	38	台胞31人、香港5人、外国2人
1997	125	日本、美国、巴西各1人，香港1人，台胞121人	2008	72	台胞60人、香港9人、外国3人

第八节　内部执法监督

1978年，内部执法监督由预审股负责，通过讯问和调查、收集证据、查清案件的全部事实真相，认定被告人有罪、无罪、罪重、罪轻，直至把案件移送人民检察院审查处理或由预审部门撤销案件作出其他处理为止。1991年5月，增设法制股，负责案件审核监督。1992年，行政诉讼1起。1994年6月15日，法制股更名为法制办公室，编制5人，负责治安案件的裁决、行政复议、行政诉讼及报批劳动教养案件的审核、执法监督等，内部执法监督得到进一步规范。1995年，行政复议2起。1998年3月，撤销预审股，实行侦审合一，其职能划归刑警队和法制办公室，内部执法监督逐步得到加强和规范。是年，审核治安案件703起、刑事案件612起，行政复议4起。2002年2月，法制办公室更名法制科。分局执法业务部门均设置兼职法制员，形成以专职为主、兼职为辅、专兼结合的法制工作网络。所有治安行政案件和刑事案件的办理一律扎口由法制科指导、审核、监督，一案一考评一记载并及时公布。是年，审核治安案件1388起、刑事案件396起，行政复议8起。2003年，审核刑事案件578起，行政复议7起，行政诉讼1起。2004年，被省公安厅评为“执法质量优秀单位”。是年至2005年，审核治安案件605起、刑事案件2451起，行政复议案件11起。2002～2008年，相继出台《淮阴公安分局执法质量考评办法》《案件内部管辖分工制度》《主协办民警制度》《涉案财物管理制度》《案件审核制度》《个案考评规范》《执法过错责任追究制度》《执法联席会议制度》《执法档案暂行规定》等制度或规定，形成结构严谨、操作性强的规章制度体系。2006～2008年，审核治安案件3281起、刑事案件2985起，行政复议案件14起，诉讼案件5起。

第九节　监所管理

一、看守所

1978年，淮阴县看守所从前进街迁至王营镇北京路85号，有监房15间，每间可容犯罪嫌疑人13人，有民警3名。监房内设有自来水、抽水马桶、通风设施、放风场所，并配有专门的狱医，犯罪嫌疑人身体健康得到保障，犯罪嫌疑人每人每月伙食标准9元。1979年，根据《看守所工作制度》，组织犯罪嫌疑人编织手套等劳动用品。1980年，执行四部委通知，犯罪嫌疑人每月伙食费12元，粮食27斤，副食品按需供应。是年，有在押犯132人。1981年，配发政治书籍，对犯罪嫌疑人开展英雄模范、先进人物的学习教育。取消犯罪嫌疑人管理犯罪嫌疑人的做法，通过教育，犯罪嫌疑人提供3起盗窃案件线索，挤清余罪。1982年，每人每月伙食标准增加到20元。1983年，开展“三年为期、三个战役”的严打斗争。在押犯猛增，监狱拥挤，超过设计犯罪嫌疑人1倍多，有犯罪嫌疑人586人。1992年，有犯罪嫌疑人477人。看守所干警科学分工，严格制度，加班工作，坚持科学管理，全年大课教育26次，个别教育2500余人次。1993年，执行全体工作人员集体交接班制度，每天集体巡视监房一次，每月评选一次文明监室，并通过广播公开宣布。全年给犯罪嫌疑人上大课13次，个别谈话教育1700人次。1996年，全年关押犯罪嫌疑人902名。看守干警坚持双人值班，武警双人执岗，在夜间使用人犯双人坐班。1998年，省公安厅下拨看守所维修经费10万元，对看守所电网、放风网罩屋面、监房进行维修和改造，建造武警执勤岗楼。2000年，投入经费5万元改善监所环境，在监室内投塑料衣架300只，绿化130平方米，设立学习园地20个，在监室内推行“日记载、周考评、月考核和参务会制度”。2001年，省公安厅下拨30万元对看守所进行修建，以解决犯罪嫌疑人人数居高不下、严重超押的情况，新建10间监房及审讯室、办公室，维修监房设施。因看守所处于学校和居民区包围之中，又处于旧城改造开发的地段，西墙外的江淮人家小区与看守所的围墙接壤，安全隐患较多，于是在2005年3月，撤销淮阴区看守所，并入淮安市看守所。是年，全所有干警22名。

1980～2005年淮阴区(县)羁押嫌犯统计表

表24-2-8　　单位:人

年份	逮捕	拘留	年份	逮捕	拘留
1980	129	20	1993	210	79
1981	155	68	1994	368	130
1982	165	112	1995	178	23
1983	475	135	1996	359	180
1984	346	53	1997	244	62
1985	127	77	1998	128	162
1986	78	59	1999	293	51
1987	73	66	2000	39	300
1988	103	50	2001	285	360
1989	170	147	2002	290	354
1990	71	—	2003	254	309
1991	246	120	2004	311	384
1992	396	81	2005	351	545

二、行政拘留所

1979年,恢复执行《治安管理处罚条例》,对结伙打架,扰乱公共秩序,侵犯人身权利,违反交通规则,损害公私财产,要流氓、盗窃、赌博等违法人员,执行拘留、罚款、警告等治安处罚。1980年10月4日,县公安局设立行政拘留所,设所长、副所长各1人,民警4人。拘留所驻王营镇前进街,有办公室、值班室各1间,男、女拘留室各1间,总面积118平方米,放风场所面积30平方米,办公设施简陋。1985年,公安机关将逮捕犯、刑事拘留犯同行政拘留人员分开关押,改变看守所混关混押现象。是年,行政拘留20人。1998年5月,行政拘留所从前进街临时搬迁至北京路85号淮阴县看守所院内,有办公室、值班室,男、女拘留室各1间,无放风场所。有干警6人,其中所长、指导员、副所长各1人,民警3人。2001年,淮阴市淮阴区行政拘留所更名为淮安市淮阴区行政拘留所。2002年3月,行政拘留所搬至王营镇北京东路62号,占地面积864平方米,建筑面积297.5平方米,设办公室3间,值班室2间,会见室、接待室各1间。设拘留室5间,分别为男拘室、男未成年拘室、男重点人员拘室、司法女拘室,每个拘室均设有放风场所、食堂、洗澡间。安装太阳能热水器2台、办公电话3部,配置电脑3台,传真机、数码相机、刻录机各1台,空调5台,电视机3台,各拘室电风扇1台。2003年,拘留所编制8人,其中设所长、指导员、副所长各1人,民警5人(女民警2人),符合小型拘留所的配置模式。2005年8月,淮阴区行政拘留所更名为淮阴区拘留所。是年,行政拘留人数1983名,其中女性177人。治安拘留1853人,司法拘留130人,转劳动教养24人、收容教育6人、刑事拘留9人。2008年,行政拘留864人。

1980～2008年部分年份淮阴区(县)拘留人员统计表

表24-2-9　　单位:人

年份	拘留	年份	拘留	年份	拘留	年份	拘留
1980	20	1989	166	1997	197	2004	648
1981	44	1990	220	1998	260	2005	1983

续表 24-2-9

年份	拘留	年份	拘留	年份	拘留	年份	拘留
1982	10	1991	150	1999	185	2006	1255
1983	18	1992	191	2000	390	2007	1223
1984	13	1994	116	2001	503	2008	864
1985	168	1995	120	2002	552		
1986	179	1996	154	2003	638		

第十节　道路交通管理

一、交通法制宣传

1978年，将开展交通法制宣传作为改善交通环境、压降交通事故重要手段之一，组织集中宣传3次，增强群众的交通安全意识。1979年，对机动车驾驶人员和群众进行交通安全教育，在国庆、元旦前后，两次组织力量，进行遵守交通秩序宣传教育，印发8000份通告，维护交通秩序，保证交通咽喉王营南北大桥的畅通。1984年8月，县公安局成立交警队，主要负责王营镇主城区交通管理。1987年7月，城乡道路交通管理职能由县交通局移交县公安机关负责。1990年，重点宣传《中华人民共和国道路交通管理条例》《交通管理处罚程序规定》等配套法规，宣传公安部、中国人民保险公司、农业部联合发出的《关于实施拖拉机第三者责任法定保险的通知》。1993年，开展整顿无牌无证车辆和农用运输车道路交通管理规定等宣传活动。1996年，针对城区中小学生的特点，将交通安全宣传印制的交通法规警句、事故案例等材料送至县中、实小、北京路小学，并组织北京路小学8名学生上路宣传，开展“赠你一本书”活动，将交通安全法规、常识书籍送至县政府机关、企事业单位。1999年，在全国第四次交通安全宣传周活动中，投入宣传警力126人次、宣传车42辆次，打出车头标语，每天均在辖区巡回宣传，挂出横幅25条，张贴小标语900余张，给沿线学生、教师、村民、单位印制宣传材料8000余份，赠送交通安全法规500册，发放交通安全报1000份，上交通安全课16次，国、省沿线村民受教育率80%以上，播放交通安全宣传稿件128篇。启动交通安全文明村建设，健全交通治安管理网络。2000年，实施“畅通工程”，确保北京东西路畅通，“严管一条街”取得实效。3月1～12日，采取悬挂横幅、散发通知书、在县电视台滚动播出宣传字幕等方式，营造人人知晓、人人关心的“畅通工程”良好氛围。2005年7月，新长铁路客运列车开通，大队组织警力携带交通安全宣传材料至丁集镇劳动村、潘谈村和王营镇营北村、双和村等铁路沿线乡村、企业、学校、家庭开展交通安全宣传教育活动。2006年～2008年，先后开展“不闯红灯——文明交通行动”、无牌无证车辆专项整治行动，在全区192所中小学、165个村开展宣传教育活动380余场次，有近4万名学生和群众接受交通法规和交通安全常识教育。

二、交通环境整治

1978年，组织2次交通环境整治行动，改善全县交通秩序。因县内机动车辆较少，交通治理没有形成规范体系，发生交通事故77起。1984年交警队在王营镇西马路十字路口使用人工控制的交通指挥灯。1987年7月，开展为期6个月的城乡道路交通安全综合大整治，重点整治城乡道路车辆乱停乱放，商业摊点占道经营、堆物占道、骑路集市、车辆不靠道路右侧行驶等交通违章行为。在城区淮北路、北京东西路设置隔离栏3800米，西马路十字路口改用自动红绿灯控制车辆、行人通行。1990年，开展城区道路交通秩序集中整治，重点整治机动车乱停乱放、超速行驶和摊点占道经营等违章行为，查处乱停乱放机动车383辆次、超速行驶机动车462辆次，清除占道摊点62处，查处无牌照行驶机动车146辆、无证驾车62起及其他违章行为186起。1991年，以“压事故、保畅通”为目标，加强道路值勤，查处违章3251次，指挥分流车辆4562辆次，先后组织公路沿线集中清理行动4次，清除违章建筑55处。在淮高路沿线老张集、大兴庄、棉花庄3个农贸市场与路边店间设置隔离栏。1992年，建立公路联勤、区域联防相衔接的事故报警网络，建立公路交通执勤、车辆受理办牌办证、机动车检测、道路交通信息处理、事故处理等各项工作规范制度，使交通管理基础工作不断增强，交通管理科学水平不断提高。在全县范围内整治交通环境，撤除路边亭棚摊点4213个、路边店432个，配合丁集、渔沟、五里等乡镇整治集镇交通环境。深入各乡镇开展“五小”（小马力机动车、小型手扶拖拉机、轻便摩托车、二轮、三轮机动车）车辆集中整顿，先后审验482辆。1993年7月，重点整顿机动车无牌照行驶、无证驾车、酒后驾驶、乱停乱放、违章超车、违章会车及客车缓行喊客、带客，摊点占道经营等交通违章行为，查处各种违章车辆14630辆，取缔骑路集市6处，清理占道堆物192处、占道摊点963处，遏制有“招手女郎”路边店13处。1997年，西马路改用单相位交通信号灯控制路口交通，同时在北京西路与北京北路十字路口、承德北路与黄河东路十字路口新增单相位交通信号灯。筹集资金600余万元，建设和安装小营广场至营西桥交通护栏19410米、指挥岗亭4个、信号灯20套、警示桩20根，新设交通标志102块，新划城区干道标线17.6千米。1998年3月，开展交通秩序大整顿，对重点路段实行24小时不间断管理，全县共纠正机动车违章153200辆次，暂扣机动车6315辆次，清理违章摊点6382摊次，境内道路畅通，遏制交通事故高发势头。是年，发生上报性道路事故158起，死亡63人、受伤137人，直接经济损失49.72万元。拘留逮捕15人、销证23本、扣证90本、罚款700人次，侦破交通肇事逃逸案12起。在辖区临近国道省道干线中小学校的路边设立标志牌10块。1999年，在淮阴城区安装电子警察3套，实现电子监控。西马路十字路口改用两相位交通信号控制路口行人、车辆通行。在城区西马路口、香港路丁字路口和北京北路与长江西路交叉口共安装电子警察3套，实现电子监控。在渔沟境内安装电子监控系统1套，弥补江苏305线徐州至淮阴全程无监控的空白。2000年，开展客运秩序集中整治、禁止公路打谷晒场等行动，共查纠各类违章11.7万起，查扣机动车辆26084辆次，清理违章摊点8000余处，暂扣各类证件1891本。是年，发生上报性事故576起，死亡83人、受伤441人，直接经济损失290.06万元；侦破交通肇事案件16起，刑拘26人，逮捕26人，吊销驾驶证34本，吊扣驾驶证157本；重新添划、安装各类交通标志53块。2001年，承德北路与长江东路十字路口新增两相位交通信号灯，控制路口车辆、行人通行。是年，设立“122”交通事故报警台，在城区设营东、星光、营西、营北4个治安卡口，加强对出城出租车的登记工作和路面突发交通治安事件的处置工作。2002年，淮海北路与黄河东路十字路口设置两相位交通信号，在205国道徐溜境内安装出入城电子监控，在城区主要路段设置标志20块，漆划标线12万米，增设信号灯1处。发生交通肇事逃逸案件16起，破14起，侦破率87.5%。西马路十字路口改用多相位交通信号灯，控制路口行人、车辆通行。是年，在黄河西路与北京北路丁字路口设立多相位交通信号控制路口交通。撤销星光、营西治安卡口，将营东卡口移至沈阳路以东，更名为杨湾治安卡口；将营北治安卡口移至棉花庄镇皂角十字路口；增设丁集、徐溜治安卡口。在城区主要路段设置标志66块，漆划标线24万米，增设信号灯1处，增设交通护栏200米。全区所有交通巡警基层单位全部联入公安网，且带宽均在2兆以上，所有治安卡口、查报站均联入公安网，为卡口查询被盗抢机动车，核查在逃人员提供基础平台。交巡警大队、中队全部使用交通违章肇事管理信息系统。2005年，开展对骑乘摩托车不戴安全头盔整治10次、营运三轮车三种交通违法行为整治6次。开展超速超载专项整治行动，查处机动车超速2720起、超载12674起。在城区7个新建路口增加多相位多功能交通信号灯，承德北路与黄河东路十字路口改用多相位多功能交通信号灯。淮安市交巡警支队在区营北、杨湾两个治安卡口安装出入城电子监控。在城区主要路段设置标志37块，漆划标线1.32万米，增设交通护栏3900米。在皂角、杨湾卡口安装出入城电子监控系统，实现与机动车登记系统和驾驶员管理系统互联，信息共享，处罚信息实时传递。2007年，共查处各类交通违法行为为25万余起，拘留235人，吊扣驾驶证130本，接处警4521起，查协破案件306起，抓获违法犯罪嫌疑人314名。2008年，全区共建立6个卡口、查报站，堵控点监控。有3台数字化智能型“流动电子警察”，解决固定电子警察控制面窄，查纠违法种类单一的问题。全年查处各类交通违法行为16.65万起，对交通违法行为者实施教育6532人次、警告2783人次、行政罚款处罚123561人，暂扣车辆1378辆，暂扣证件425本，处罚机动车驾驶人闯红灯交通违法行为1356人。2004～2008年，先后购置3台测速仪、酒精测试仪，100支数码录音笔，1台称重仪，利用科技手段查处交通违法行为。

1978～2008年淮阴区（县）交通事故统计表

表24-2-10

年份	事故（起）	死亡（人）	受伤（人）	直接经济损失（万元）	年份	事故（起）	死亡（人）	受伤（人）	直接经济损失（万元）
1978	77	—	—	—	1994	58	37	46	35.91
1979	73	23	75	—	1995	75	42	70	56.35
1980	36	—	—	—	1996	64	31	58	48.94
1981	73	19	52	4.56	1997	63	32	55	47.01
1982	45	9	21	5.53	1998	158	63	137	49.72
1983	34	15	9	6.79	1999	138	63	140	852.74
1984	57	30	19	—	2000	576	83	441	290.06
1985	167	6	76	4.90	2001	310	69	338	62.72
1986	543	44	304	14.6	2002	297	64	285	53.90
1987	264	50	154	41.46	2003	167	64	195	32.50
1988	—	—	—	—	2004	108	67	92	29.80
1989	141	38	83	19.18	2005	108	69	94	28.11
1990	112	42	80	21.67	2006	100	56	90	26.03
1991	129	44	89	49.69	2007	96	45	88	25.51
1992	103	38	68	37.09	2008	90	41	77	21.58
1993	93	37	65	49.17					

三、车辆和驾驶员管理

1986年，淮阴县拥有大货车480辆、小汽车340辆、大拖拉机150辆、小三轮车6000辆、摩托车360辆、轻骑800辆、手扶四轮720辆。1987年，县公安交通警察大队负责全县机动车上牌、年审、驾驶员培训考核工作。1991年，严禁营运客车车主雇用未经批准的驾驶员临时顶班驾驶。1996年，全县机动车突破万辆，达15043辆，驾驶员年审时，须进行健康体检。是年，成立淮阴县车辆驾驶员安全协会。年内共核发“五小”车辆牌证10078份，核发驾驶证6530本，年检市管汽车882辆，年审汽车驾驶证3460本。1999年，在全县范围内开展机动车专项整治工作，交巡警大队调整警力，组成28个办牌办证小组，巡回在全县各乡、村、组办理牌证，截至7月30日，全县清理登记各类机动车27439辆，其中无牌无证14319辆(含报废车等),共核发机动车牌证14193份,核办驾驶证8756本,破获盗抢机动车案件154起,查获涉车犯罪嫌疑人60名,摧毁犯罪团伙3个,查获成员9人,追缴赃车138辆,共清理、整顿涉车行业231家,其中修理业219家、配件商店11家、拆解业1家。根据清理登记中所排出的线索,将重大盗窃摩托车的犯罪嫌疑人陈某某、汤某某、于某、万某某等人抓获,破获4人所为的摩托车盗窃案38起。全年协助市车管所检验合格汽车1264辆,审验汽车驾驶员4975名,核发县管"五小"车辆号牌16328份,办理驾驶证17449本。换发98式自行车牌证59432份、人力三轮车1804份、助力车4632份。2000年,县交巡警大队对交通违章驾驶员实施交通违章记分方法,对记分达到12分的,一律滞留其驾驶证正副本,并进行集中学习考试。是年,安全培训12次,组织安全活动132次,受教育驾驶员13000人次。办理证件4960本,核发行驶证4527本,核验"五小"车辆377717辆,审验驾驶员32828名。办理自行车牌证49108份,客运人力三轮车牌2383份,货运人力车牌1967份,老年三轮车1920份,助力车牌证325份。至2008年,经区车管所培训并领取驾驶证的共有7573人,办理新入户注册登记区管机动车18116辆,核发区管机动车驾驶证7573本,注销区管机动车驾驶证86本,办理驾驶证换证、补证3690本,办理增驾470人,驾驶证转入48本、转出36本。

1988～2008年淮阴区(县)机动车、驾驶员和非机动车注册情况统计表

表24-2-11

年份	机动车(辆)	驾驶员(人)	自行车(万辆)	年份	机动车(辆)	驾驶员(人)	自行车(万辆)
1988	—	—	10	1999	39157	37881	10.1
1989	—	—	9.99	2000	436173	8604	4.91
1990	—	590	10.5	2001	58625	40196	—
1991	—	950	10.06	2002	65805	42001	—
1992	—	1670	10	2003	73009	53713	—
1993	—	2050	8	2004	73749	55400	—
1994	1645	3630	10	2005	71812	70448	—
1995	8044	7175	11	2006	63281	89630	—
1996	15043	12079	11	2007	68795	99183	—
1997	20355	22784	10	2008	86911	106756	—
1998	22989	33150	8.97				

第十一节　消防管理

一、消防装备

1978年,组建淮阴县公安局消防中队,有消防车3辆。至1981年,有消防车5辆、消防泵44部、灭火机5421个。1990年,购置东风140型水罐消防车1辆,载水量为3.5吨。1994年12月,成立淮阴县公安局消防大队。1996年,购置解放141型水罐消防车,载水量为7吨。1999年3月,全县投资146万元扩建消防大楼和车库,投资28万元购置中低压泵东风水罐消防车1辆。2003年,有消防执勤车4辆。投资35万元购置高低压泵解放153型泡沫水罐消防车1辆,承载量为5吨水和1.5吨泡沫。2003年,消防大队通过2兆数字电路接入公安网，实现与分局计算机联网。2005年11月，区政府投资41.6万元，购置斯太尔大型水罐消防车，载水量为8吨。先后配备依格、登月等品牌的空气呼吸器28具、呼救器20个、防化服4套、隔热服4套、避火服1套等个人防护装备以及剪切器、切割机、机动链锯、电器破拆等先进消防器材。购置消防监督检查技术装备、建筑工程消防验收技术装备、火灾事故调查技术装备。农村派出所均建立消防警务室，配备消防专用车辆。2006年7月，119消防指挥中心新大楼建成，大楼局部五层，建筑面积3724平方米，总造价600万元。2007年7月正式启用。2008年，消防大队建成350兆无线集群网和常规网能够保障与区公安分局及其所有下属大队、中队直接进行通信联络，无线网络覆盖率95%以上，通信质量达到三级标准。2005～2008，先后购置32米消防登高车和大吨位水罐消防车各1辆，配发全密封防化服、消防空气呼吸器、新式消防战斗服等个人防护装备，配备侦检、堵漏、破拆等抢险救援器材40件套。

二、消防宣传

1978年后，全县各基层组织把“三防”（防火、防盗、防事故）工作作为常年主要安全任务来抓，编印《家庭防火常识》，制定《防火公约》，出黑板报，写墙头标语，放电影时打幻灯片，大小会议必讲防火防盗。贯彻落实“全民办消防”“以防为主、以消为辅”的方针，开展防火宣传。1984年，《中华人民共和国消防条例》颁布之后，消防工作和防火宣传逐步纳入法制化轨道。1992年，公安消防部门组织重点单位观看纪实火灾影片，举办第二届消防安全知识竞赛，共有1.5万多人参加。2004年，结合“119”消防日开展各种消防宣传活动。在农村主要道路设置宣传牌8块，举办消防培训班6次，组织人员为城中花园、恒源制衣、淮阴卫校、万邦香料等单位授课15次，开展灭火演练12次、电视宣传2次，在小区、厂区、校园内设消防宣传专栏50余块。10月，消防站对外开放，累计接待群众2000余人次，发放宣传资料1万余份。2005年，举办6期消防安全培训班，企事业单位有关负责人、安保干部受训500余人次。派出干警30余人次，为9家企事业单位上消防课，受训1000余人次。2006年，3000余名群众走进消防队，通过看火灾图片、听防火灭火常识、现场操作等系列活动接受教育。干警到各单位及各类公共场所义务讲解消防常识80余次，受教育2600人次。1990～2008年，举办消防培训320次、知识讲座462次，发放消防资料18万份。

三、消防监督与检查

1978年后，消防监督管理工作一直实行市（地）、县（区）和派出所分级管理制度。淮阴县消防重点保卫单位有20家。按照“谁主管、谁负责”的原则，全面实行法人代表防火工作负责制，逐层签订消防安全责任书，按分工逐层逐级签订消防安全责任书和安全承包书，把消防安全与职、权、利结合起来，按《验收细则》规定，于年底检查验收，奖惩分明。在每年的冬春季节以及麦收大忙期间，公安消防部门均配合农机、供电、厂矿企业主管部门，深入农村田间、场头、易燃易爆工厂、仓库等处开展以防火为中心的“四防”大检查。发现火险隐患，及时发出整改通知，督促限期整改，确保防火安全。1982年，落实消防安全保障“十项标准”，即有领导负责的逐级防火责任制，有生产岗位防火责任制，有专职或兼职防火安全干部，有义务工专职消防队和必要的消防器材设备，有健全的消防安全制度，及时发现火险隐患并立案整改，对消防重点部位定点、定人、定措施，普及消防知识和加强重点工作的训练，有防火档案和灭火作战计划，定期总结评比和奖惩。是年，组织检查5次。1978～1985年，消防部门每年均开展消防检查，先后对烟花爆竹、化工、纺织、人员密集场所等处火灾隐患进行监督检查，共检查1623个单位，发现火灾隐患642处，督促整改238处。1987年9月起，公安消防部门在生产建设监督审查中，严格执行消防技术规范、标准，凡严重违反规范、标准的依法纠正和严肃处理。1988年，对全县厂矿企业单位检查火险隐患433处，整改403个，整改率93.1%，21个消防重点单位均未发生火灾，农村麦场、家庭用火均未发生重大火情。全年发生一般火灾19起，死3人，伤3人，损失6万元。

1990年，检查发现火险隐患364处，整改344处。1991年，开展“百日防火安全”“防火百日安全赛”活动。在活动期间，检查出火险隐患537处，均落实整改，全县20个消防重点单位的合格率为95%。是年9月，贯彻落实公安部《消防监督程序规定》，对新建、扩建、改建建筑工程的防火设计、施工、验收，按照普遍审查、重点审查和专项抽查相结合的原则，履行审批手续。1993年，对加油站、液化气站等易燃易爆物品场所和人、财、物集中的地方进行重点检查，查出隐患423处，整改399处。1996年，对全县37家重点单位进行消防整改。全县年内共发生火灾13起，伤1人，直接经济损失3.66万元。1997年，在全县37家消防重点单位查出事故隐患516处，整改510处，采取监护措施6处。开展公共娱乐场所安全检查、液化气和石油市场整治、夏收麦场管理及集贸市场管理等专项工作。1998年，查出火灾隐患463处，督促整改462处，查处违法案件3起。对全县消防重点单位进行调整，调整后全县共有重点单位55家。

2002年，开展对易燃易爆场所、单位安全检查，共检查公共场所和单位225家，发现火灾隐患299处，下发《消防安全检查意见书》12份，限期督促整改。2004年7月9日上午7时40分，省消防总队安全督查暗访组，突击对淮阴区广大家具广场进行消防安全检查，对该单位存在的重大火险隐患，责成淮阴消防大队依法对其处罚并责令停业停工。查出该单位存在9处火灾隐患，提出7项整改措施。是年，开展消防监督检查出警670人次，督促整改火灾隐患2482处。2005年，对全区所有重点单位分别建立专门档案并分别制定灭火救援预案，同时结合淮阴区实际建立人员密集场所、高层、地下建筑、化学灾害事故、突发事件等类别的综合预案。是年，按照《消防监督程序规定》，对建筑工程单位核发《建筑工程竣工消防验收意见书》86份；出警400余人次，检查企事业单位160余家，下发各种消防法律文书80余份，处罚消防违法违规行为8起。

2008年，开展奥运安保、火灾隐患排查、住宿制学校隐患排查等专项整治活动，出动2691人次，检查单位1175个，发现火灾隐患718处，下发《责令限期改正通知书》308份、《复查意见书》287份、《消防安全检查意见书》53份，办理消防行政案件（含消防产品案）291起，被罚款单位64个，罚款金额近30万元。督促整改农工商超市仓库和康维科技厂房两个政府挂牌督办的火灾隐患。全年共受理建筑审核项目87个，审核面积近60万平方米，受理验收工程58个，组织火灾调查37起，调查率100%。

四、火灾扑救

1979年，境内发生火灾90起，死5人，损失5.7万元。1983年，发生火灾20起，死2人、伤1人，损失6.42万元。1988年，发生火灾19起，死3人、伤3人，损失6万元。1991年6月8日，淮阴棉纺织厂露天原棉库失火，直接经济损失34万余元。是年发生火灾13起，死3人、伤1人，损失56万元。1992年，全年发生火灾27起，经济损失75.6万元。是年10月，一辆满载服装的外地车在境内自燃。1997年，全县共发生火灾40起，直接经济损失43.4万元，无人员伤亡。1998年，全县共发生火灾32起，伤2人，直接经济损失38.2万元，无人员死亡。农村连续8年麦场无火灾。2002年，发生火灾61起，无人员伤亡，直接经济损失8.8万元。2004年，发生火灾373起，接警261次，出动警力3200人次，车辆650多次，成功扑灭和处置各类火灾事故223起，参加社会抢险救援38次，救助遇险群众49人，保护财产价值3600余万元。2005年，出警268起，抢救遇险群众80余人，保护财产价值3000余万元。2006年，出动警力1000余人次、车辆540台次，成功扑救各类火灾180余起，参加社会抢险救援246起，为国家挽回经济损失1600余万元，成功解救遇险群众24人。2007年，发生火灾168起，出警267人次，抢救群众76人，保护财产价值近4000万元。2008年，发生火灾232起，出警232人次，出动消防车464辆次、官兵2560人次，抢救、疏散群众65人，保护财产价值近4000万元。成功处置“5·21”宿淮盐高速三氯化磷泄漏等事故的抢险救援任务。

1978～2008年，扑救火灾3000余起，保护财物价值1亿余元；参与和完成东风造纸厂、汇通市场、淮阴棉纺厂、化肥厂、淮阴医院等重特大火灾的扑救，疏散和营救被困人员数千名。

1979～2008年淮阴区（县）火灾情况统计表

表24-2-12

年份	火灾（起）	死（人）	伤（人）	损失（万元）	年份	火灾（起）	死（人）	伤（人）	损失（万元）
1979	90	5	—	5.70	1994	24	3	1	66.80
1980	89	3	7	8.70	1995	33	1	8	89.10
1981	54	10	2	4.10	1996	15	1	1	29.70
1982	31	1	—	2.63	1997	40	—	2	43.40
1983	20	2	1	6.42	1998	32	—	2	38.20
1984	19	—	—	3.00	1999	23	—	2	64.90
1985	21	2	—	5.85	2000	32	—	8	61.90
1986	13	2	—	5.69	2001	23	—	—	5.56
1987	12	2	—	19.97	2002	61	—	—	8.80
1988	19	3	3	6.00	2003	34	—	9	47.80
1989	14	—	—	13.00	2004	373	—	—	80.00
1990	19	1	3	67.20	2005	261	—	1	72.00
1991	13	3	1	56.00	2006	94	—	—	16.43
1992	27	—	3	75.60	2007	168	—	—	9.22
1993	12	2	4	40.80	2008	232	—	—	3.09

第十二节　“110”报警服务

1997年10月，淮阴县110报警服务台建成启用，有民警5名，处警队民警12名，装备“110”处警车8辆，“110”执勤巡逻专用摩托车，配置专线电话、电台，人手一部无线对讲机。全县30个基层派出所、交巡警大队及各机动中队安装无线基地电台。是年，“110”接警3625起，处警3001起，直接破获刑事案件62起，查处治安案件577起，处置各种事故568起，调解纠纷499起，抓获各类违法犯罪嫌疑人374名。1998年，接处警4789起，处置各种事故950起，调解纠纷1182件，办理公民求助899件，查破刑事案件44起，抓获违法犯罪嫌疑人96名。1999年，接报警求助电话9202次，除台上解答询问和重复接警外，共指令出警7737次。其中，违法犯罪案件976次、治安事件132次、火灾事故58次、交通事故及交通违章1475次、纠纷2747次、公民求助1046次、走失寻人37次及其他1080起。查破刑事案件79起，抓获各类违法犯罪嫌疑人229名。2000年，接受群众拨打的报警求助电话9700起，台上解答或直接处理1579人次，指令出警8121起，其中违法犯罪案件1098起、治安事件15起、火灾事故44起、交通事故及交通违章1733起、治安灾害4起、自杀6起、纠纷3263起、公民求助669起、寻人18起、警务监督13起、其他1228起。出动机动车辆7774次、警力30020人次，破获刑案33起，抓获作案人员73名。2001年，接报警求助电话11635次，台上解答询问或直接处理1996次，指令出警9739次，其中违法犯罪案件1490起、火灾7起、交通事故及交通违章1897起、治安灾害事故4起、纠纷3973起、公民求助431起、走失寻人36起、警务监督28起、其他1862起。出动机动车辆9751次，出动舟艇52次，出动警力30143人次。处置刑事案件55起，现场抓获作案成员208人，其中逃犯7人、留置盘问115人。2002年，组建并开通至各派出所公安四级网，与“110”联网的CK报警系统和电视监控系统不断完善，在75家金融网点、7个城区税务征收点、烟草、人武部门弹药库建立与“110”报警台联网的CK报警哨，建成电视监控系统，查破获刑事案件52起，抓获作案成员101人，其中逃犯3人。2004～2005年，接各类报警求助电话41825次，指令出警22295起，其中，刑事案件2496起、治安案件2012起、火灾事故203起、交通事

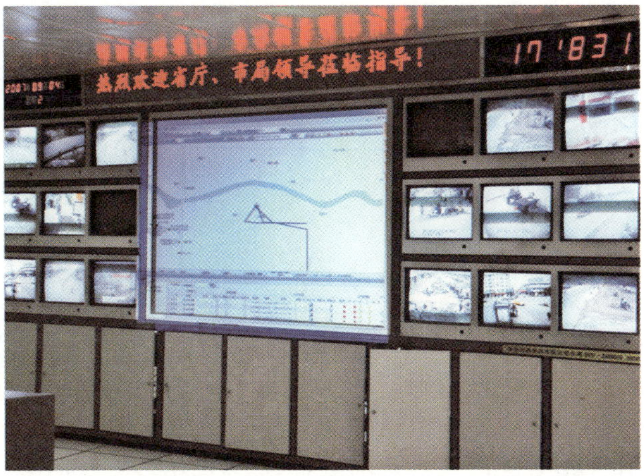

图24-2-3　区公安分局110指挥中心的视频监控和GPS大屏幕

故9177起、集访16起、CK报警336起、纠纷1415起、群众求助1027起、其他5613起。破获各类刑事案件2153起，抓获作案成员1206人。2007年，接报电话147433起，其中“110”台上解答或直接处置的报警求助电话35727起，其他60604起。“110”指令处警单位出警22449起，其中刑事案件1428起、治安案件1589起、火灾事故89起、交通违章及交通事故5935起、各类纠纷5496起、公民求助1603起、各类线索5450起、集访1起、投诉50起、其他808起。共出动警力83627人次，出动机动车34626辆次，查破现行刑事案件138起，抓获作案成员122人，救助群众8916人。2008年1～11月，接报电话117067起，122社会服务求助电话51起，日接警量平均400余起，日有效警约50起，其中“110”台上解答或直接处置的报警求助电话42986起、其他11530起。“110”指令处警单位出警18203起，其中刑事案件1277起、治安案件1528起、火灾事故97起、交通违章及交通事故5617起、各类纠纷4204起、公民求助2157起、各类线索2271起、集访7起、投诉34起、灾害事故1起、其他1010起。出动警力41216人次，出动机动车20131辆次，查破现行刑事案件112起，抓获作案成员131名，救助群众956人。

第十三节　公安信息建设

一、有线通信

1978年，淮阴县公安局每个股均安装电话1部。1983年，配有线电话总机和文字传真机各1套，配有线电话机23门。1984年，有线电话总机增至50门，配话务员2名。9月，开通省公安厅至县公安局长途电话及文字传真等业务。1985年9月，增设通讯股，配备干警5名。1991年，有线通讯得到调整和扩充，全面开通使用三类传真机业务，全年电报传真收287份，发212份，接转有线电话10万余次。1992年，各派出所均安装有线专线电话。1993年，程控交换机割接开通，形成全省公安有线通信自动网络。全年收、发传真329件800余页，收听电话会议8次。1996年，接转电话2万余次，收、发传真信息650余次，新安装保密电话和传真机。1998年收发传真942余次，收发机要传真43份，接转电话2.6万余次，接收电话会议7次。此后有线通讯转110指挥系统。

二、无线通信

1986年2月，组装16台无线报话机，公安无线通信正式开通。1992年，全局手持电台发展至103部，保证随时接转有无线电话，并协助内部单位开展无线电组网开通工作。1995年，设架1座15米天线。1998年，配合110报警服务台，组建110接处警无线调度指挥系统，共安装固定台25个，配置无线对讲机30余只。2002年，加强110防控体系建设，组建并开通至各派出所公安四级网。2005～2008年，区政府投资380万元，在20个乡镇建立20个社会治安图像监控中心和172个图像监控点，在淮海北路、北京东西路、长江东西路建立技防一条街。

三、计算机网络

2002年，计算机网络开始在公安系统内运作，淮阴分局完成公安四级网络建设。2005年，成立科技建设领导小组，先后完成公安三、四级网络改建升级，三级网电视电话会议室建设，基层单位计算机、350兆电台等基层公安机关科技“六小件”设备，全区治安监控系统建设及联网CK报警系统平台系统的推广应用。至2008年，采取多种形式强化培训，组织各类计算机信息系统应用、网络操作技术350兆集群通信组网技术等各类培训班40余班次。参加培训970余人次。分局50岁以下民警均取得计算机等级证书。

四、科技网络建设

1997年9月，建成并开通110指挥中心。2003年，区政府投资25万元，对110指挥中心进行全面技术更新硬件升级。2002年起，使用苏州科达公司产的程控交换机，采用电信提供的DID语言格式，完成全局公安专用电话网的全面建设，所有基层所、队的公安专用电话加上区号后可以与公安部、省厅和其他市县局的公安内线互通。2004年，投入50万元在南陈集镇和徐溜镇建立350兆警用集群基站，并完成与市公安局350兆警用集群系统联网工作。是年，出台多项应急处置预案，包括《淮安市公安局淮阴分局处置突发事件警力调动方案》《淮安市公安局淮阴分局处置恐怖暴力事件及重特大群体性闹事事件预案》等8类51个预案，重大警情处置工作流程及500人以下警力调配方案。2003～2005年，开展技防网络建设，形成以公安机关为枢纽，以连接金融单位、政府部门、重点要害单位，覆盖全市的“110”接处警和服务网络为主线，以居民小区报警技防设施为重点的技防网络，建有社会面各类监控系统100个，技防小区6个，电子监控街3条，电子监控摄像头1000只，CK报警系统750余套。至2008年，联网报警系统等技防手段从金融单位向超市、仓库、财会室等重点单位和部位延伸。全区与“110”联网报警系统用户发展至753个。电话报警系统、无线指挥调度系统、CK电脑自动报警系统、数字录音系统、监控显示系统和大屏显示系统等6大系统成为110指挥系统的核心体系。城区无线通信覆盖面积100%，系统专用移动电台拥有量300余台。分局所有电台通过授权均可在全市局350兆通信网范围内实现全自动漫游。一线交巡警、派出所民警280人，配备公安专用移动电话227人。建成高带宽的内部局域网，各部门配置电脑200余台，98%接入公安局域网，正常开展公安网上信息浏览、查询、公文处理，网上业务管理、行政管理等工作。基层所队采用四级网点对点光纤传输，带宽100兆网络通道。新设监控中心21个，新装探头335个。

五、计算机网络应用

2003～2008年，按照省、市“信息导侦、信息强侦、科技强警”的要求，以公安网络为依托，以刑侦信息平台为载体，以刑事犯罪信息区域共享为目标，以信息研判为手段，开展网上串案和网上破案，为打击犯罪、侦破案件提供服务。共存储刑事案件信息13183条，累计抓获网上逃犯597人；录入被盗抢机动车信息395条，通过查询比对，破获盗抢机动车案98起；利用网上信息和刑事案件信息，开展串案并案工作，破获各类刑事案件631起。

第三章 检 察

第一节 机 构

1978年，淮阴县人民检察院恢复建制，位于王营镇新街65号，有干警8名。1979年12月，检察院设办公室（兼管信访工作），有干警10名。1980年6月，设刑事检察科（兼监所检察工作）、经济检察科、法纪检察科、办公室（兼管人事和信访工作），有干警13名。1982年7月，增设控告申诉检察科，干警增至15名。1984年5月，增设监所检察科，有干警19名。1987年10月，县委经济案件办公室撤销，在县检察院设经济案件办公室，有干警26名。1988年8月，设经济罪案举报室，挂靠控告申诉科。12月，设淮阴县税务检察室，有干警28名。1989年，调整为起诉科、经济检察科、法纪检察科、批捕科、监所检察科、办公室，有干警35名。1993年4月，监所科设看守所检察室，驻所办公。6月，撤销起诉科、批捕科，设立刑事检察一科、刑事检察二科。8月，成立民事行政检察科。是年，内设机构为检察长室、办公室、刑事检察一科、刑事检察二科、经济检察科、法纪检察科、控告申诉检察科、民事行政检察科、税务检察科、监所检察科，有干警37名。1994年6月，办公地址迁至王营镇北京东路88号，有干警40名。1995年3月，设调研室，干警增至45名。6月，成立反贪污贿赂局，并在反贪污贿赂局内设侦查一科、侦查二科、综合科等3个科。9月，增设王营镇检察室。1997年8月，刑事检察一科、刑事检察二科恢复为审查批捕科、审查起诉科，有干警50名。是年，撤销王营镇检察室、税务检察科。1998年2月，增设政工科，撤销调研室，有干警52名。2001年2月，淮阴县人民检察院更名为淮安市淮阴区人民检察院，有干警64名。2002年3月，政工科更名为政治处，审查批捕科更名为侦查监督科，审查起诉科更名为公诉科。法纪检察科并入反贪局，同时反贪局更名为职务犯罪侦查局，内设综合预防科、侦查一科、侦查二科、侦查三科、警务科，有干警66名。2004年，增设人民监督员办公室，有干警73名。2006年2月，增设反渎职侵权局，撤销职务犯罪侦查局侦查三科，有干警78名。2008年，增设案件监督管理中心。设政治处、人民监督员办公室、警务科、办公室、监察室、反贪污贿赂局、反渎职侵权局、公诉科、侦查监督科、民事行政检察科、控告申诉检察科、案件监督管理中心。是年，全院干警82名，其中具有助理检察员以上资格50人。

第二节　刑事检察

一、审查批捕

1979年，恢复刑事检察工作。县检察院设批捕股，逐步承担一般刑事犯罪案件审查批捕任务。1980年，按照依法从重从快的方针，对杀人、放火、强奸、抢劫及其他危害社会治安秩序的“五类”犯罪分子，提前参与侦查、预审，快审快结。1981～1982年，审查批捕工作以整顿社会治安为中心，对杀人、放火、抢劫、强奸、爆炸及其他严重危害社会秩序的“六类”犯罪嫌疑人依法从重从快打击。1983～1986年，全县开展“严打”斗争，4年共受理公安提请逮捕犯罪嫌疑人967名，经审查批捕犯罪嫌疑人919名，不批捕43名，追捕犯罪嫌疑人25名，退回公安机关补充侦查11名。1989年，在批捕的几类严重犯罪嫌疑人中，杀人犯罪嫌疑人9名，抢劫犯罪嫌疑人65名，盗窃犯罪嫌疑人55名，强奸犯罪嫌疑人17名。是年，审查批捕工作的重点是打击严重危害社会治安的犯罪嫌疑人和犯罪团伙。1991年，开展“打拐”和反盗窃专项斗争。1993年，以“严打”斗争为契机，依法从重从快批捕，受理公安机关提请逮捕案件106件198人，经审查，批捕98件172人。1996年，以打击涉枪犯罪、流氓恶势力为重点，全力维护社会稳定。2008年，受理案件273件385人，批捕289人，纠正漏捕13件17人，批捕案件准确率100%。

1979～2008年淮阴区（县）审查批捕情况表

表24-3-1　单位：件/人

年份	受理	批捕	不批捕	年份	受理	批捕	不批捕
1979	80/97	57/65	5/8	1994	177/210	165/170	6/10
1980	119/148	107/133	3/5	1995	138/190	125/170	5/6

续表 24-3-1

年份	受理	批捕	不批捕	年份	受理	批捕	不批捕
1981	148/185	171/213	4/6	1996	273/310	245/270	15/20
1982	129/161	112/140	11/14	1997	205/235	191/205	5/8
1983	140/180	105/118	25/32	1998	141/170	129/142	6/10
1984	135/185	105/150	20/30	1999	139/175	128/156	7/11
1985	115/160	95/130	15/20	2000	321/380	300/345	11/15
1986	113/141	81/101	20/24	2001	269/296	256/276	10/13
1987	85/106	70/80	10/12	2002	255/270	241/255	7/11
1988	168/210	142/177	20/30	2003	247/280	223/254	7/12
1989	194/242	186/190	3/5	2004	252/290	227/245	12/18
1990	152/180	135/150	26/28	2005	274/310	252/300	5/6
1991	342/362	309/315	33/47	2006	230/275	211/243	10/12
1992	367/410	302/357	25/31	2007	274/315	245/270	20/30
1993	106/198	98/172	5/10	2008	273/385	261/289	22/40

二、审查起诉

1978年，属检察院重组时期，审查起诉工作没有正式开展。1979年，受理公安机关移送起诉案件72件83人，经查决定起诉69件83人，免诉2件，不起诉1件。提起公诉69件。1980年，公安机关提请起诉吴某某案，认定被告吴某某犯有拐卖人口罪，经审查发现犯罪事实不清，证据不足，检察人员会同公安人员一起深入实地进行补充侦查，查明被告于1979年上半年伙同孙某某和有夫之妇高某某，到安徽怀远、蒙城等地，以介绍婚姻、伪作结婚等手段，骗得现金260元，孙某某分得100元，高某某分得60元。案情反映，高某某不是受被告蒙骗，她与人伪作结婚，目的是为骗取钱财，公安机关将罪名定为拐卖人口是欠妥的，依据《刑法》第151条，将罪名定为诈骗。1983～1985年，全国开展严惩严重危害社会治安的犯罪分子行动，县检察院参加公、检、法、司联合办公，成立10个联合办案组，开展审查批捕、审查起诉和出庭支持公诉以及对侦查、审判活动的监督等工作。受理公安机关移送起诉641件856人，经审查决定起诉594件794人，免诉26件38人，追诉6人，不起诉19件20人，退查4件4人。1985年，被告张某、陈某某等11人流氓案，原认定被告陈某某等人与被告张某曾多人多次发生两性关系，承办人在审理中通过反复审查，发现各被告交待先后矛盾，而且只有被告人的交待，无其他证据证实，提审中，各被告又均翻供，案件承办人深入实地进行查证复核，弄清张某等11人的流氓团伙案是冤案，遂予以纠正。1993年，县检察院在审查起诉工作中，坚持主罪主证复核、集体讨论、请示汇报、案件定期复查等办案制度，把好事实、证据、法律关。1999年，县检察院推行主诉检察官办案制度，即被选任的主诉检察官依法独立承担审查起诉和出庭公诉任务并承担相应责任。2001年，执行错案责任追究制，先后组织10次出庭观摩评比活动，对有影响的重特大案件，院领导出庭支持公诉。2003年，推行被告人认罪案件简化审理、庭前证据开示、量刑建议制度等改革举措，对出庭预案落实“双重检查、三级负责”责任制。2006年，依法对杀人、抢劫、强奸等严重暴力犯罪和盗窃、抢夺等严重影响群众安全感的多发性犯罪以及破坏市场经济秩序三类犯罪嫌疑人快捕、快诉。审查起诉案件在15天内办结，保持“严打”斗争的高压态势。全年受理移送审查起诉案件346件531人。经审查，向法院提起公诉303件448人，报送市检察院审查起诉4件4人。对应当起诉而未移送起诉的，决定追诉8人。依照法律规定对8名涉嫌犯罪情节轻微、社会危害较小的，决定不予起诉。2008年，受理移送审查起诉案件685件，纠正漏诉7件10人。对应当起诉而未移送起诉的，决定追诉7件10人。根据法律规定对7名涉嫌犯罪但情节轻微、社会危害性较小的，决定不予起诉。

1979～2008年部分年份淮阴区（县）审查起诉情况一览表

表24-3-2　单位：人

年份	受理公安机关移送	审　结		年份	受理公安机关移送	审　结	
	审查起诉	起诉	免予起诉		审查起诉	起诉	不起诉
1979	72	69	2	1996	207	175	—
1980	105	89	13	1997	137	136	—
1981	101	101	11	1998	135	122	1
1982	155	104	—	1999	153	139	—
1986	85	80	—	2000	233	221	2
1987	64	56	3	2001	277	227	2
1988	85	75	2	2002	310	293	6
1989	135	104	12	2003	288	266	—
1990	161	130	8	2004	355	307	—
1991	237	197	6	2005	351	325	—
1992	159	139	2	2006	346	303	—
1993	169	149	14	2007	414	385	8
1994	159	141	1	2008	685	616	7
1995	151	—	7				

三、立案监督与侦查监督

1978～1988年，检察工作坚持纠正刑事侦查中的刑讯逼供、违法取证等问题。1989年，通过侦查监督，增补、增诉犯罪嫌疑人4名。对公安机关提请逮捕的，经审查对不具备逮捕条件的25人作不批捕决定；对公安机关移送起诉，经审查不构成犯罪的1人作不起诉决定；对侦查活动中的违法行为提出书面纠正意见4件4人，口头纠正意见8件13次。1990年，对公安机关提请逮捕，经审查不具备逮捕条件的26人作不批捕决定，通过审查批捕追捕15人；对公安移送起诉的案件，经审查不起诉1人，通过审查决定起诉追诉1人。1993年，依法提起抗诉1件。1998年起，检察工作按照新的刑诉法规定程序办案，对公安机关侦查活动中强制措施不当的行为，提出书面纠正建议。2000年，对应当立案而未予立案的情况，先后向公安机关发出《说明不立案理由通知书》6份，公安机关接到通知后，对6人立案侦查；对公安机关不应立案而立案的1件刑事案件依法提出纠正。审查起诉过程中，改变案件定性12件21人，增加或减少犯罪事实10件10人。2002年，对公安机关应当立案而未立案的情况，先后向公安机关发出《说明不立案理由通知书》11件（次）；向公安机关发出《应当逮捕犯罪嫌疑人意见书》18件（次）；对侦查活动中违法活动提出纠正意见7件（次）；改变侦查机关案件定性7件10人，增加罪名8件8人，变更公安机关不当强制措施3件（次），增捕3人，追捕3人，追诉3人。2004年起，检察工作着重监督纠正有罪不究、以罚代刑问题，共向公安机关发出《说明不立案理由通知书》10件19人次。对应当提请逮捕而未提请的，发出《应当逮捕犯罪嫌疑人意见书》12件13人次；对应当移送审查起诉而未移送的，依法增诉4人；对不构成犯罪或不符合逮捕、起诉条件的，依法决定不批捕8件14人、不起诉6件7人；对公安机关侦查活动发出《纠正违法通知书》30件（次）。2005年，加强对监外罪犯执行刑罚的监督，对全区监外执行人员建立一人一表。是年，共向公安机关发出《说明不立案理由通知书》14份，对应当提请逮捕而未提请、应当移送起诉而未移送的，决定追捕16人、追诉8人。针对公安机关违法取证、违法采取强制措施等行为，及时发出《纠正违法通知书》4件（次）。2006年，重点强化对侦查活动中的违法取证及捕后任意改变强制措施问题的监督，及时对公安机关发出《纠正违法通知书》4件（次）。对有罪不究、以罚代刑问题立案监督1件1人。2007年，对有罪不究、以罚代刑立案监督4件12人。对违法取证及捕后任意改变强制措施问题，发出《纠正违法通知书》13件（次）。2008年，成立案件监督管理中心，在立案监督工作中，重点加强对有罪不究、以罚代刑问题的监督，立案监督3件3人，同时加强对监督立案后的跟踪监督，防止侦查机关不及时立案、立而不破、久侦不结等情况的发生。在侦查监督工作中，重点强化对侦查活动中的违法取证及捕后任意改变强制措施问题的监督，向公安机关发出《纠正违法通知书》5件（次），公安机关均回函并及时纠正。

四、审判监督

1978年，县检察机关恢复重建，并逐步开展审判监督工作。1980年，出庭公诉84场次，发表公诉词54篇。1985年起，对审判活动中的违法事项，向法院发出纠正违法通知书，监督审判过程中罪与非罪及量刑轻重等问题。1989年，检察机关出庭公诉70次130人，纠正审判活动中违法行为2次。1990年，对法院量刑畸轻的案件，检察机关依法提起抗诉。徐某某杀人案，徐妻与拐夫通奸被徐发现，遂激情杀人，诉至法院，判处徐某某有期徒刑5年。县检察院接到判决书后，认为徐犯手段残忍后果严重，量刑畸轻，提起抗诉，后经淮阴市中级人民法院改判徐某某有期徒刑10年。2000年，县检察院对法院确有错误的判决，依法行使抗诉权。谷某盗窃、赵某某销售赃物案，在检察院收到刑事判决书后，通过审查发现，该判决认定事实部分有错误，适用法律也不当，且对谷某的量刑畸轻。对此，检察院提出抗诉，法院作了改判。2002年，对审判活动中的违法情形提出纠正意见6件（次）；对法院判决依法提出抗诉2件2人，市检察院支持抗诉1件1人。2004年，审判监督的重点放在纠正法院不当判决裁定和程序违法上。2008年，立案审查9件，提抗4件，建议提抗2件，终止审查1件，被市检察院采抗4件，法院改判8件，采抗率和改变率均为100%。

第三节　职务犯罪检察

一、贪污贿赂侦查

1980年，淮阴县检察院成立经济检察科。至1985年，受理各类案件175件，立案58件67人，其中贪污案件32件39人、行贿受贿2件3人。1987年，依法查处严重经济犯罪活动，受理各类经济案件20件，经查决定不立案11件，立案侦查6件7人。全年办理立案侦查案件14件16人（含上年积存8件9人），决定起诉1件1人，免诉8件9人，追缴赃款及赃物折款9万余元。1996年，所立案件中，大案占立案总数43%。其中贪污贿赂案比例高，占总数70%。查办“三机关一部门”（党政机关、司法机关、行政执法机关和经济管理部门）案件明显上升，查办8件。全年共立案侦查贪污、受贿、挪用公款等经济罪案40件28人，其中大要案13件，逮捕16人，起诉18件19人，报送市检察院起诉1件1人，免诉10件10人，挽回经济损失72.5万元。1997年，立案侦查贪污、受贿、挪用公款等经济罪案20件21人，其中贪污案（含侵占）13件，受贿案6件，挪用公款2件，逮捕9人，起诉18人，查处犯罪金额94万元。查处案件中贪污贿赂案件占立案总数90%。查办司法工作人员9件9人，占立案数43%，其中法院、法警大队人员涉嫌受贿3件3人，公安交警大队工作人员涉嫌贪污5件5人，派出所民警涉嫌受贿1件1人，犯罪数额均在万元以上。1998年，实施新《刑事诉讼法》，检察机关案件管辖范围予以调整，开始查办渎职、侵权等职务犯罪。是年，立案侦查贪污贿赂等犯罪案件13件13人，其中贪污案5件、受贿案6件、挪用公款案2件。贪污贿赂案件占84.6%，犯罪数额万元以上案件占77%。在交通、物资等系统查办一批窝案。是年，受理调查渎职侵权案件4件。1999年，立案侦查贪污贿赂等犯罪案件13件，其中贪污案件3件3人、受贿案件3件3人、挪用公款案件5件5人，大案要案4件，所立案件数与大案数居全市前列，均侦查终结。经审查，批捕犯罪嫌疑人4名，向法院起诉11件11人。2003年，集中力量查办大要案，先后查办淮安市公路管理处原副书记殷某某、市公路处原收费科科长文某某、清河区原粮食局局长吴某某、渔沟镇原党委副书记沈某某等一批科级干部贪污贿赂犯罪要案，查处区房管局原局长蒋某某受贿40余万元大案。是年，立案侦查贪污贿赂、挪用公款等职务犯罪案件24件，其中涉案金额5万元以上大案7件，副科级以上干部犯罪12件，为国家和集体挽回经济损失260余万元。2006年，以查办工程建设、药品购销、政府采购等领域商业贿赂案件为工作重点，先后查处市建行城北支行原行长潘某、区建设工程质量监督站原站长周某某、区政府采购中心原主任孙某某等人受贿案。全年共立案侦查贪污、贿赂等职务犯罪案件15件15人，其中贪污案3件3人、受贿案10件10人、行贿案1件1人、介绍贿赂案1件1人。2008年，突出查办发生在基层、发生在群众身边，影响恶劣，特别是社会和群众反映强烈的职务犯罪案件，先后查办淮阴区中医院原院长张某某、区水利局原局长崔某某等人受贿案。在查办的贪贿案件中，涉案金额5万元以上大案12件，占92%，是2007年1.5倍。是年，立案查处贪污贿赂犯罪案件13件16人，为国家挽回经济损失近百万元。

1986～2008年淮阴区（县）反贪污贿赂犯罪案件立案情况一览表

表24-3-3

年份	受理（件）	立案（件）	挽回经济损失（万元）	年份	受理（件）	立案（件）	挽回经济损失（万元）
1986	64	28	23.00	1998	28	13	40.20
1987	20	11	9.00	1999	23	13	75.00
1988	30	14	9.83	2000	29	16	203.98
1989	62	20	18.00	2001	35	16	61.72
1990	52	7	17.00	2002	35	21	76.00
1991	54	20	26.40	2003	36	24	260.00
1992	69	30	41.00	2004	28	17	200.00
1993	38	26	60.00	2005	31	18	142.00
1994	64	24	80.00	2006	35	15	84.00
1995	54	28	80.00	2007	39	9	116.00
1996	40	25	72.50	2008	29	13	95.90
1997	35	20	94.00				

二、渎职侵权检察

1980年，淮阴县检察院设法纪检察科。随着检察组织法、刑法、刑事诉讼法的颁布实施，法纪检察工作全面承担起法律赋予的自行侦查权。1984年，查处汤集乡公安办事员周某某贪污、非法拘禁、刑讯逼供案。经查，1982年9月至1983年10月，周某某利用职权对无罪公民张某某等8人进行捆绑并非法关押长达9天。其中，在审查张某某时，令张脱掉棉衣用绳捆绑，用尼龙绳抽打，还令其脱下鞋子，用檀木树条敲戳张的脚心，逼张交待“问题”。检察机关对此起侵犯公民民主权利和人身权利的犯罪及时立案侦查，依法提起公诉，县法院判处该犯贪污罪有期徒刑二年，缓刑二年，判处非法拘禁罪、刑讯逼供罪，免予刑事处分。对此，县检察院依法向中级人民法院提出抗诉。中级人民法院判处周某某贪污罪有期徒刑二年，非法拘禁、刑讯逼供罪有期徒刑6个月。1986年，检察机关重点查处玩忽职守、非法拘禁、诬告陷害、重大责任事故等严重违法犯罪案件。受理法纪案件12件，经查不立案3件，立案侦查6件7人，逮捕5人，取保候审2人。决定起诉6件7人，免于起诉2件2人。1990年，全县共受理各类法纪案件16件，查结14件，调解结案6件，决定不立案6件，立案2件3人。受理案件中非法拘禁案7件。1995年12月，北吴集乡淮西村二组周某某在乡人大代表选举中，强行从工作人员手中抢走大量选票并当众撕毁，致使选举工作中断。检察院接到报案后，组织人员赶赴现场，查证后于1996年6月提起公诉。1996年，重点查办徇私舞弊案、玩忽职守案。某派出所指导员办理一起团伙盗窃案件，收受案犯亲属贿赂后，故意唆使案犯翻供、串供，不予收集犯罪证据，故意隐瞒部分犯罪事实，致使案犯逃避法律制裁。检察院受理后，经缜密侦查获取充分有力的证据，将其逮捕、起诉。8月，县制糖厂在销售白糖过程中致使120吨绵白糖被骗，造成49万元的重大损失。检察院受理该案后，迅即展开调查，并对直接责任人徐某某立案侦查。查明徐在与滨海县副食品厂销售人员邢某洽谈业务过程中，在未对买方资信及买方提供的假汇票进行质证的情况下，轻信对方谎言，致使120吨绵白糖被骗。此案侦查终结后，检察院以玩忽职守罪追究徐某某的刑事责任。1998年，检察机关探索“以事立案”的路子，严格掌握立案标准，将党政机关、司法机关、行政执法机关工作人员徇私舞弊、玩忽职守、刑讯逼供案件作为重点，全年共受理法纪案件线索22件。1999年，重点查办国家机关工作人员渎职、侵权等职务犯罪案件。查办此类法纪案件2件。3月，立案查处汤集乡李某某破坏选举案件，查明李某某在乡换届选举中，为达到当选副乡长目的，采取贿赂手段妨碍人大代表自由行使选举权的犯罪事实。2003年，立案查办渎职犯罪案件7件7人，先后查处渔沟镇原副镇长、派出所原所长徇私枉法案，刘老庄和古寨两个乡分管计生工作的党委原副书记及计生服务站原站长滥用职权案等。2005年5月，查办区农业行政执法大队原大队长刘某玩忽职守案。2008年4月，检察院在对群众举报的南陈集镇某窑厂厂长张某某非法采矿案侦查时，成功查处3名国家工作人员未尽土地监管职责，造成国家矿产资源遭受严重破坏的玩忽职守案。全年查处各类职务犯罪案件13件16人。

1984～2008年淮阴区（县）渎职侵权检察案件受理与侦查情况表

表24-3-4

年份	检察案件受理（件）	侦查（人）	年份	检察案件受理（件）	侦查（人）
1984	1	1	1997	2	1
1985	2	1	1998	2	1
1986	12	6/7	1999	2	2
1987	1	0	2000	2	1
1988	1	0	2001	1	0
1989	2	1	2002	3	2
1990	16	2/3	2003	7	7
1991	1	0	2004	1	0
1992	1	0	2005	3	3
1993	1	0	2006	3	2
1994	3	1	2007	2	1
1995	1	0	2008	3	1
1996	2	1			

三、职务犯罪预防

1998年3月起，淮阴县反贪局成立专门的经济犯罪预防机构，先后与37个单位建立联系制度，上法制课320余场次，针对问题提出检察建议180余条。2001年，初步形成集预防、综治、普法为一体的社会化大预防格局。2004～2005年，对全区40个100万元以上重大工程项目实施跟踪预防，会同有关部门开展工程建筑领域行贿档案查询工作，建立建设市场廉洁准入制度。2006年，检察机关开展以发案单位个案预防、重要领域系统预防、多方参与网络预防为重点的职务犯罪预防工作。开展"预防职务犯罪知识竞赛"宣传活动，全区40个机关企事业单位2000余人参加知识竞赛。2007年，先后在区工商局、电信局、供电公司等单位开展预防职务犯罪讲座28次。立案查办渎职犯罪案件2件2人。2008年，重点开展解困房建设工程项目的职务犯罪预防工作，与城建、国土、教育、卫生、工商等系统和部门签订《关于共同做好开展预防职务犯罪工作的实施意见》，不断推进行业预防职务犯罪工作；参与汇达小区、向阳安置小区、237省道淮阴段等重点工程的职务犯罪专项预防。成立淮阴区预防职务犯罪工作领导小组，出台《关于构建预防职务犯罪人民防线的实施办法》与《关于在全区开展职务犯罪风险点排查防控工作的实施办法》，建立淮阴区预防职务犯罪警示教育基地。依托警示教育基地，在区农业、财政、国税等10余个行业系统开展预防工作，接待省、市、区领导及社会各界55批次，受教育1753人次。受理行贿犯罪档案查询846次，均无单位和个人行贿犯罪记录。

第四节　民事行政检察

1993年8月，县检察院民事行政检察科检察人民法院判决后已发生法律效力的民事及行政判决、裁定，发现确有错误或者违反法定程序，可能影响案件正确判决、裁定的依法提出抗诉。1994年，受理和办理民事行政控告6件，立案4件。1995年，受理民事行政案件6件，全部审结；移送提请抗诉案2件，均被淮阴市中级人民法院采纳。1997年，与县司法局建立司法联系制度。受理不服法院判决、裁定的民事、经济、行政申诉案25件，立案审查17件，其中提请市检察院抗诉8件，建议市检察院提请抗诉4件。1998年，开展民事行政案件检察受案范围宣传，接待群众法律咨询80余人次。受理不服法院已生效的判决、裁定的民事、经济、行政申诉案28件，立案审查27件，其中提请市检察院抗诉5件，建议市检察院提请抗诉9件。2002年，规范和细化起诉工作，以检察建议形式对个案实施监督，受理不服法院已生效的民事、经济、行政判决、裁定的申诉案件46件，立案审查23件。经审查，依法提请市院抗诉9件，上报市检察院5件，其中市院采纳5件，息诉12件，向区法院提出检察建议5件。法院重新审理5件，改判4件。2003年受理不服法院已生效的民事、经济、行政判决、裁定的申诉案件28件，立案审查18件，经审查，依法提请建议抗诉9件，被市院采纳5件，息诉8件，向区法院提出检察建议21件。2005年，受理民事申诉案件17件，立案审查13件。经审查，依法提请抗诉2件，建议提请抗诉3件，被市院采纳3件，再审检察建议1件。2006年，坚持"公开、公正、合法"和"敢抗、会抗、抗准"的原则，对认为确有错误的民事行政生效判决、裁定依法进行监督。受理民事行为申诉案件13件，立案审查12件。经审查，提请抗诉6件，建议提请抗诉2件，被市检察院采纳4件，法院改判2件。2008年，立案审查9件，提请抗诉4件，建议提请抗诉2件，终止审查1件。被市检察院采纳4件，市法院改判8件。

1994～2008年淮阴区（县）民事行政检察受理立案与处理结果一览表

表24-3-5　　单位：件

年份	受理	立案	处理结果
1994	6	4	提请市院抗诉1件，终止审查3件
1995	6	5	建议市院提请抗诉1件，市院采纳并改判终止审查3件，不提请抗诉1件

续表24-3-5

年份	受理	立案	处理结果
1996	13	12	提请市院抗诉5件，建议市院提请抗诉1件，终止审查6件
1997	25	17	提请市院抗诉8件，市院采纳7件，建议市院提请抗诉4件，终止审查5件
1998	28	27	提请市院抗诉5件，市院采纳4件，建议市院提请抗诉9件，市院采纳2件，终止审查13件
1999	32	32	提请市院抗诉11件，市院采纳6件，建议市院提请抗诉5件，市院采纳2件，终止审查16件
2000	42	42	提请市院抗诉24件，市院采纳15件，建议市院提请抗诉7件，终止审查11件
2001	48	47	提请市院抗诉5件，市院采纳4件，建议市院提请抗诉8件，市院采纳1件，终止审查34件
2002	46	23	提请市院抗诉9件，采纳5件，息诉12件，向区法院发出检察建议5件，法院重新审理5件，改判4件
2003	28	18	建议市院提请抗诉9件，采纳5件，息诉8件，发出检察建议21件
2004	25	15	提请市院抗诉7件，市院采纳6件，建议市院提请抗诉4件，建议再审3件，采纳1件，息诉5件
2005	17	13	提请市院抗诉2件，当年采纳1件，建议市院提请抗诉3件，市院采纳3件，再审检察建议1件，采纳1件，终止审查4件，区法院改判2004年提抗案件2件
2006	13	12	提请市院抗诉6件，市院采纳4件，建议市院提请抗诉2件，终止审查4件，再审检察建议1件，采纳1件
2007	12	10	提请市院抗诉6件，市院采纳5件，未采纳1件发再审检察建议，法院采纳并改判，建议提请市院抗诉1件，终止审查1件，不提请抗诉1件，建议不提请抗诉1件
2008	9	9	提请市院抗诉4件，市院采纳4件，再审检察建议2件，建议提请抗诉2件，督促起诉1件，法院改判8件

第五节　监所检察

1980年，在刑检科设专人负责监所检察工作，初步开展监所检察。是年，收押犯罪嫌疑人117名，经检查发现超过拘留时限的有3人，得到纠正。1983年4月，法院工作人员带在押犯罪嫌疑人的亲属，多次非法入监，非法接见在押犯，监所检察人员及时向法院提出意见，法院进行处理。1990年，县看守所人犯猛增，检察院增加驻所人员。1993年4月，设驻所检察室，为人犯上法制课8次，个别帮教人犯70余名。对执法人员违法情况，提出书面纠正2件，提出口头纠正意见7件（次）。立案查处并依法起诉1件1人的脱逃案件。1995年，开展人犯收押、释放验证工作。对不按法定条件留所、服刑的3名罪犯，提出书面纠正意见。1997年3月，驻所检察人员发现有4名余刑一年以上的已决犯不符合留所服刑条件，提出纠正意见，督促纠正，将不符合留所服刑的已决犯送往劳改场所服刑。2001年，监所检察人员纠正看守所对生效判决不及时交付执行8件8人，对看守所报批留所服刑的罪犯严格审查，对不符合法定条件的4名罪犯依法作出不批准留所服刑的决定。2002年，安装看守所检察多媒体信息管理系统，利用其预警功能，提出纠正意见8件9人，报请上级纠正3件3人。参加联合安全防范大检查17次，清查监房17次；清缴金属拉链等违禁、危险品9件；提出安全防范检察建议19次29条，均被采纳。与看守所组建狱政攻势领导小组，为在押人犯上大课7次，个别谈话教育248人次，共收到90余名在押人员举报的违法犯罪线索190余条，公安机关据此查破刑事案件18起、治安案件16起，依法刑事拘留、逮捕犯罪嫌疑人15名，行政拘留违法人员6名。2003～2008年，纠正违法情况52件，提出检察建议89件。

第六节　控告申诉检察

1978年，县检察院控告申诉工作由办公室兼管，逐步建立健全接待、登记、批办、转办、催办、回访、归档、保密等制度。1982年7月，控告申诉检察科正式成立，控告申诉工作逐步走向正规化和专业化轨道。1979～1985年，共受理人民来信2164件，接待来访852人次。

1985年，建立控告申诉备案审查上报制度，受理人民控告申诉信访78件，查办56件，会同有关部门处理21件。1989年，设举报中心，有专人受理人民群众的举报。受理公民举报信函129件，接待群众举报13件（次）。接待来访29人次，办理控申案件12件，提供犯罪线索77件。1995年，受理举报贪污、贿赂等经济犯罪案件93件（次），受理申诉案7件。对3件6人重婚案件立案查处。1997年，开展举报线索初查工作，为反贪部门提高案源。初查15件，移送反贪部门立案侦查6件。受理来信来访141件（次），其中经济案87件，法纪案5件，民事案19件，刑事案1件，立案审查刑事申诉案件1件。2001年，建立检察长接待来访日制度，坚持24小时全天候值班。检察长直接接待人民群众来访，检察主要刑事申诉、控告案件，纠正错案。受理控告、举报线索136件，申诉42件。2002年，受理信访案件及举报信函147件，转区检察院自侦部门32件、民行部门39件、监所部门1件、自查35件（其中刑事申诉1件、立案监督3件），转外单位查处40件，检察长接待日接待批处信访30件。2004年，建立信访公开听证答问制度，受理来信来访61件，均及时转处和自处。2006年，推行检察长下乡巡回接待制度。是年至2007年，受理群众的来信来访166件，均及时转处和自处。2008年，以争创“全国文明接待室”活动为目标，处理重信重访，做好线索受理分流消化工作，共受理群众的来信来访56件，均及时转处和自处。

1978～2008年淮阴区（县）控告申诉受理分流情况表

表24-3-6　　　　单位：件

年份	受理	分流	年份	受理	分流
1978	86	24	1994	112	18
1979	132	22	1995	93	25
1980	151	11	1996	88	27
1981	126	14	1997	141	46
1982	144	21	1998	134	52
1983	128	24	1999	128	45
1984	168	32	2000	132	48
1985	78	21	2001	136	66
1986	64	18	2002	147	112
1987	68	25	2003	124	65
1988	89	22	2004	61	44
1989	129	28	2005	72	32
1990	112	32	2006	88	43
1991	123	31	2007	78	48
1992	144	26	2008	56	32
1993	126	22			

第四章　审　判

第一节　机　构

1978年，淮阴县人民法院内设刑事审判庭、民事审判庭、办公室，下设陈集法庭（辖陈集、高堰、武墩、和平、码头、南吴集、赵集7个公社）、渔沟法庭（辖渔沟、三树、蒋集、袁集、韩圩、北吴集、宋集、汤集8个公社）、丁集法庭（辖丁集、五里、徐溜、古寨、刘老庄、张集、王兴、棉花8个公社）。杨庄、新渡、小营3个公社及果林场、王营镇的民事和轻微刑事案件的审理由县法院民事审判庭兼管。1980年春，成立审判委员会。1980年后，相继成立经济审判庭、执行庭、刑事审判二庭和告诉申诉庭。增设棉花、汤集、徐溜、杨庄和小营法庭，撤销丁集法庭，原属丁集法庭管辖的丁集、王兴、棉花、张集划归棉花法庭管辖，原属丁集法庭管辖的徐溜、五里、古寨、刘老庄4公社划归徐溜法庭管辖，原属渔沟法庭管辖的北吴集、汤集、宋集3公社划归汤集法庭管辖，原属渔沟法庭管辖的袁集公社和院民事审判庭兼管的杨庄公社划归杨庄法庭管辖，原属院民事审判庭兼管的小营公社、新渡公社、果林场和王营镇划归小营法庭管辖。是年，办公地点从王营镇新街搬至北京西路17号。1983年9月，县内新成立韩桥、凌桥、大兴庄、韩庄4个乡，分别由南陈集、杨庄、棉花庄、徐溜法庭管辖。1985年，武墩、和平两个乡划入淮阴市清浦区，司法管辖随之脱离陈集法庭。是年，审判机关补充法警4名，其中女性1名。1987年，县法院内设刑事审判第一庭、第二庭、民事审判庭、经济审判庭、执行庭、人民法庭、院办公室，基层设小营、棉花庄、徐溜、渔沟、杨庄、南陈集、汤集等7个法庭，有干警和职工81名，其中院长1名、副院长2名、庭长4名、副庭长12名、审判员15名、助理审判员12名、书记员（包括法警4名）27名。1988年，增设行政审判庭。1993年，设立纪检组。是年，成立城建、环保、税务、土地、交通等巡回法庭，法警人数增至12名。1994年，撤销巡回法庭。1995年，设政工科和监察室。是年，成立法警大队，人员归口管理。1997年，政工科更名为政工处，其职能不变。是年，设行政装备科。1999年12月，撤销棉花庄、杨庄、汤集3个基层法庭，原3个法庭所管辖乡镇分别划归小营、渔沟法庭管辖。2000年秋司法警察增至14名。2001年2月，淮阴县法院更名为淮安市淮阴区人民法院。2002年，民事审判庭更名为民事审判第一庭，经济审判庭更名为民事审判第二庭，执行庭更名为执行局。是年3月30日，增设研究室。2006年12月，成立审判管理办公室，设主任和副主任各1人。2008年，全院共有办公室、研究室、民一庭等20个部门，院领导7名。至是年底，有法警15名，其中女法警4名。

第二节　刑事审判

1978～1980年，刑事审判的工作重点是打击强奸妇女、奸淫幼女、流氓犯罪首犯及破坏“上山下乡”（知识青年到农村）的地、富、反、坏、右分子和奸污女知青等犯罪分子，惩办“文化大革命”中打、砸、抢骨干分子和主谋者以及“投机倒把”、贪污盗窃犯罪行为。1983年8月，县法院贯彻执行“从重从快”方针，严厉打击各种经济犯罪和刑事犯罪。是年至1987年，审判刑事案件1000余件，平均每年审结案件200多件，1043名案犯被判处有期徒刑，8名被判处死刑。其间，先后组织召开公审公判大会20余次。1989年，县委、县政法委组织“打击抢劫、流氓犯罪活动”专项斗争。是年，全县发生抢劫案件比上年增加20件，涉及未成年人犯罪24人，其中年龄最小14岁。1990年，刑事审判对准“两拦一捅”、重大盗窃以及团伙犯罪活动，全年审结151件刑事案件中，9天内审结的有2件，15天内审结的有19件，

20天内审结的有15件，25天内审结的有20件，一个月内审结的有38件。是年，针对抢劫案件明显上升情况，县法院于8月23日召开万人大会，对7起抢劫案件31名被告人进行公开宣判。1991年，参与县委组织的反盗窃、打流窜、除“六害”（卖淫嫖娼，拐卖妇女儿童，利用封建迷信骗财害命，聚众赌博，制作、贩卖、传播淫秽物品，吸食、制作、贩卖毒品等）等专项斗争，在新渡、袁集、王营等乡镇召开30场公判大会，对抢劫、流氓、盗窃等165名被告人进行就地审判。1994年，刑事审判工作的重点是打击破坏社会安宁与稳定的犯罪活动，严惩领导干部利用职权进行经济犯罪的违法行为。全年受理经济犯罪案件34件，严惩涉案的56名犯罪分子，审理刑事案件178件，审结178件。1995年，刑事审判工作围绕打击拐卖妇女儿童专项斗争和禁毒禁娼活动，县法院依法惩治以朱某某为首的拐卖妇女犯罪团伙成员以及卢某某介绍容留卖淫嫖娼的犯罪团伙成员。4月，在审理一起流氓案中，发现主犯周某某漏诉，在司法建议未被采纳后，法院会同公安机关一起向市检察机关建议，得到市检察机关支持，周某被依法起诉。7月，在审理冯某某贪污案中，发现事实不清，退回县检察院，被拒收，县法院依法通过市中院、市检察院裁决，最终县检察院撤回起诉。1997年，刑事审判贯彻“宽严相济”方针，重点打击流氓犯罪团伙和社会恶势力，分别侦查出一个拦路抢劫团伙和一个流氓团伙，涉案10名成员被判处10～18年有期徒刑。对一般初犯、偶犯、少年犯、有戴罪立功表现的违法犯罪人员，则予以从轻从宽处罚。从宽处罚42名犯罪成员，从宽处治比例是严打以来最高的一年。是年，审结144件刑事公诉案件和28件刑事自诉案件，判决发生法律效力的人犯182名，其中被判处10年以上有期徒刑22人，判处缓刑34人，免处1人，拘役6人，单处罚金1人。1998年，改革刑事审判方式，明确合议庭的分工和责任，强化庭审功能，提高案件当庭宣判量，加快案件审结进度。是年审理191件，当庭宣判率64%，平均每案仅用18天。1999～2000年，涉枪犯罪、毒品犯罪和带黑社会性质犯罪是刑事审判工作的重点。依法审结一批重大刑事犯罪案件，吴某某、王某某、姜某重大环境污染案，造成204名小学师生中毒、8.53公顷农田和部分牲畜受损，损失折合人民币10余万元，3名被告被判处有期徒刑并处罚金。2001～2002年，加大打击经济犯罪和反腐败斗争力度，先后审结沈某等5人生产销售假冒伪劣产品案。审结乡科级以上干部和国家工作人员职务犯罪16件19人，审结诈骗、制售假币、虚开增值税发票、生产销售假冒伪劣产品等破坏市场经济秩序犯罪案件7件8人，为国家、集体挽回经济损失120余万元，收取罚没款30余万元。2003年，刑事审判工作以打击社会黑恶势力、介绍容留卖淫嫖娼、农村多发的盗窃家禽家畜等犯罪活动为重点。全年受理刑事案件300件，判处发生法律效力的被告人351名，其中利用职权从事经济犯罪案件131件，判处13人，依法收取罚款30余万元。2005～2006年，对虚开增值税专用发票、生产销售假冒伪劣产品、合同诈骗等破坏市场经济秩序的犯罪行为予以打击，依法审结周某某、刘某某销售劣质奶粉导致数名幼儿食用后成为“大头娃娃”案，审结井某某等8名被告销售假药案，审结区自来水厂原总经理曹某某等15名贪污受贿案、涉案金额2000万元的陈某某等9人非法生产销售烟用丝束案。其间，刑事审判庭受理各类刑事犯罪案件700余件。2008年，刑事审判工作依法从重打击寻衅闹事、聚众斗殴等暴力犯罪和抢劫、盗窃、诈骗等侵财犯罪，审结案件266件，判处被告520人。

1978～2008年淮阴区（县）刑事审判情况表

表24-4-1　　单位：件

年份	受理	立案	年份	受理	立案
1978	48	40	1994	178	178
1979	97	79	1995	173	170
1980	125	99	1996	291	286
1981	119	100	1997	144	144
1982	172	146	1998	191	173

续表24-4-1

年份	受理	立案	年份	受理	立案
1983	294	397	1999	252	224
1984	261	284	2000	343	298
1985	147	163	2001	297	304
1986	208	199	2002	304	304
1987	114	78	2003	300	296
1988	133	128	2004	373	373
1989	144	126	2005	336	320
1990	151	151	2006	291	364
1991	146	141	2007	478	477
1992	195	195	2008	645	648
1993	150	137			

第三节　民事审判

1978年，民事审判贯彻依靠群众、调查研究、调解为主、就地办案方针和方便群众诉讼原则，依法解决民事纠纷案件。是年，受理民事案件99起。1980年9月，《中华人民共和国婚姻法》颁布实施，法官运用“调解不成即行判决”的法律规定，解决离婚案久调不结的现象。是年，受理民事案件179起。1982年，《中华人民共和国民事诉讼法（试行）》颁布实施，民事审判进入严格按诉讼程序依法办案阶段。至1987年10年内，民事审判庭和基层人民法庭共受理各类民事纠纷案件2761件，其中调解成功1057件，判决211件，转办55件，撤诉151件，中止14件。是年7月，《中华人民共和国民法通则》颁布实施，民事审判工作进入有法可依、依法办案新阶段。1988年，建立民事审判工作岗位目标责任制。全县共受理各类民事案件632件，结案598件。1991年，审判工作有了新的转变，即以公开审判为中心，以庭审调查为主，以庭外调查为辅的审判模式，强化当事人举证意识，发挥合议庭职能作用。1992年，民事审判推进调解创新，通过法庭调解和辩论，改庭前就地调解为庭上调解，推进公开审判。1993年，民事审判执行错案追究制度，审结上诉24起民事纠纷案件，无一件改判或发回重审。针对农民负担过重问题，民事审判人员参与市中院调查活动，走访县内13个乡镇、72个行政村，1700余人，召开座谈会72场次，发现案件线索127条，帮助解决82起，解答法律咨询760人次。是年，受理各类民事案1052件，审结955件，结案率90.8%。受理案件中婚姻案件仍居首位，债权案件增幅较大。1994年，推行“一步到庭”开庭法，当事人举证与法院调查相结合，全年审结899件民事案件，其中有369件是运用“一步到庭”的审判方式结案。1995年，建立和实行庭审中指导举证、证据双向分担、证据当庭确认和当庭裁判四项制度。是年，民事审判注重典型案件，以案说法，教育一片，以增强案件处置的社会效果。棉花庄乡大福村一位七旬老人因子女不承担赡养义务，生活无着，棉花法庭受理此案后，将案件放到该村开庭审理，通知有不孝行为的人到场旁听，审判人员以案说法，进行法律和道义教育，此后该村不赡养和虐待老人的现象消失。1997年，民事案件审判工作对非法侵占耕地、坑农害农、破坏农业生产、拖欠农民卖粮款等涉农案件，进行审慎、及时、公正审理，依法维护农民权利，对生产销售假冒伪劣产品坑农的不法行为，除经济赔偿外，还依法追究刑事责任。全年审结民事案件3597件。1998年，强化合议庭和独任审判员职权，民事裁判文书签发逐步由庭长、审判长和审判员自行负责，审案和定案同步进行。2000年，民事审判工作注重依法处理好群体诉讼案件，及时化解矛盾。2001年，对容易引起矛盾激化的债权债务、劳动争议、劳动报酬、宅基地纠纷、相邻关系、人身伤害、财产赔偿等案件，推行审前会议制度。淮阴鑫华建材公司是招商引资项目，征用的土地已付清全部补偿费用，但在施工时，遭到当地部分村民阻挠，致工程停工月余，政府部门多次协调无果，鑫华公司起诉后，迅速立案，先予强制执行，对少数村民暴力抗法行为，依法拘留闹事者5名。是年，共审结各类民事案件1230件。2002年，经济审判列入民事审判范畴，建立大民事格局。全年审理民事案件1247件，其中审结婚姻家庭案件534件，赔偿类案件270件。2003年，受理民事案件1886件，审结1712件。2004年，审判工作确立平等保护和促进发展新理念，对涉及拆迁安置、企业改制、职工下岗、土地征用等群众关注的社会热点案件，妥善处理，注重法律效果与社会效果有机统一。是年，受理民事案件993件，审结839件。2005年，民事审判工作优先审理“三农”(农村、农业、农民)案件，全年审结涉及“三农”的农业承包合同案件20余件，为农民挽回经济损失80余万元。2007年，区法院设矛盾调解中心、女子合议庭、维护军人合法权益合议庭，维护妇女儿童和军人的合法权益。全年共受理民事案件2577件，审结2547件，其中调解撤诉64%。2008年，区法院坚持用“和谐司法”理念指导民事案件审理，首创的“四心”（细心、诚心、专心、耐心）调解法被省高院通过简报在全省推广。全年受理各类民事案件3678件，调解结案1580件。审结婚姻家庭、物业管理、医疗纠纷、交通事故赔偿等案件1181件。审结涉及土地承包流转、农民工追索劳动报酬纠纷等案件63件，审结群体性诉讼案件697件。1988～2008年，受理各类民事案件38370件，结案37109件。

1978～2008年淮阴区（县）民事审判情况表

表24-4-2 单位：件

年份	受理数	办结数	其中				
			调解	判决	转办	撤诉	中止
1978	99	82	61	4	5	10	2
1979	118	106	74	7	2	19	4
1980	179	161	14	122	5	19	1
1981	257	445	33	383	5	19	5
1982	337	312	233	37	13	27	2
1983	201	197	156	31	0	10	0
1984	260	244	209	28	3	4	0
1985	253	242	182	46	6	8	0
1986	259	339	255	63	4	17	0
1987	422	389	285	74	12	18	0
1988	632	598	346	94	0	158	0
1989	1130	1068	476	382	0	210	0
1990	1018	1324	453	295	0	576	0
1991	978	866	406	234	0	226	0
1992	913	739	326	155	0	258	0
1993	1052	955	431	138	0	386	0
1994	993	899	377	97	0	425	0

续表24-4-2

年份	受理数	办结数	其中				
			调解	判决	转办	撤诉	中止
1995	941	879	365	102	0	412	0
1996	3066	2919	1240	678	0	1001	0
1997	3747	3597	1608	649	0	1340	0
1998	3492	3334	1350	473	0	1511	0
1999	2838	2676	1052	404	0	1220	0
2000	1287	1266	438	242	0	586	0
2001	1322	1230	465	113	0	652	0
2002	1250	1247	470	123	0	654	0
2003	1886	1712	668	302	0	742	0
2004	993	839	307	107	0	425	0
2005	1511	1748	803	276	0	669	0
2006	3066	2919	992	621	0	1306	0
2007	2577	2547	820	477	0	1250	0
2008	3678	3747	1580	417	0	1750	0

第四节　经济审判

1978年，经济纠纷案件是由民事审判庭或法庭代为审理。1980年，设立经济审判庭，是年受理经济案件19件，审结15件。20世纪80年代，经济案件主要是承包合同和经济合同两大类纠纷。审理经济案件，以调解为主，判决为辅。1988年起，随着社会经济发展，经济案件亦迅速增多。经济审判建立岗位目标责任制，全年受理案件205件，比责任状规定指标增加105件；审结190件，所结案件诉讼标的283.09万元，为当事人挽回经济损失150万元。1989年，经济庭审判实行就地审理，就地判决。码头镇经济纠纷较多，在该镇设立临时办案点，定期开庭审理。20天时间为码头信用社收回陈欠到期贷款20余万元。是年，为全县挽回经济损失40.5万元。1991年，淮阴市染织总厂诉广东慧丽商场购销合同纠纷案，争议标的11万元。经半个月调查取证，取得证据100余件，为原告挽回经济损失9万余元。1992年，抽调35名干警对全县78家企业进行调查摸底，发现各类经济纠纷145件，处理45件，为企业挽回经济损失120.37万元。是年，受理经济案件222件，审结210件，解决争议标的407.5万元，为国家和集体挽回经济损失188.94万元。审结的案件中，涉及大中型企业的案件39件，执行120.17万元；协助外地法院调查取证诉讼保全并执行80件。1993年，受理各类经济案件1144件，审结1020件，审结案件总数超过责任状规定指标992件，挽回经济损失1000余万元。1995年，对影响企业生存、阻碍企业生产发展案件，及时立案，优先审理和执行。县燃料公司与河南汝州某煤场签订价值20余万元的煤炭购销合同，货款汇出后，供货方拟将此批货物中途转卖他人，县燃料公司急向法院求助。县法院调查取证后，将运煤船押回淮阴。一年中，县法院为县燃料公司挽回经济损失150万元。是年，受理各类经济案件797件，审结715件，解决争议标的2158.66万元。1996年，为县食品厂、酱醋厂、糖厂、棉纺织厂、金属机电公司和农机配件厂回收外债400万元。受理各类经济案件1535件，审结1511件，解决争议标的2383万元。1997年，审结经济纠纷案件585件。1999年，出台《支持保护个体私营企业的具体办法》，规定为私企服务的优惠措施，受理经济案件，做到快立、快审、快结。全年受理经济纠纷案件371件，审结340件。2000年，审理县无线电厂破产案。县法院组织合议庭，帮助清理债务，追偿债务50余万元，帮助该厂实现资产重组，促成淮阴市外贸华盛公司整体收购该厂有效资产，在原厂地建玩具厂。2002年，以建立金融安全、防止逃避银行债务为重点，运用法律手段，帮助金融部门收清债务，预防和减少国有资产流失。全年依法审结借款合同纠纷案214件，审结买卖、建筑工程承包等合同纠纷案150余件。2006年，落实走访调研、司法建议、诉讼快速通道等三项措施，全年向企业和行业主管部门发出司法建议16件，通过适用简易程序审理各类商业案件200余件，审结买卖、承揽合同纠纷112件，标的680万元；依法加大对金融债权的保护力度，审结金融类合同案件39件，标的1300余万元；审结房地产和建设合同纠纷19件，标的900余万元。2007年，通过适用简易程序速裁各类商事案件200余件，调解结案112件，撤诉94件。2008年，按照市场法则裁判经济纠纷案件，促进市场诚信交易，保障交易安全。全年审理购销、借款、逾期交房等经济纠纷案件740件，依法妥善审理企业破产改制案件4件，未发生因处置不当而引起不安定事件。

1988～2008年淮阴区（县）经济审判情况表

表24-4-3　单位：件

年份	受理数	办结数	年份	受理数	办结数
1988	205	190	1999	371	340
1989	275	203	2000	369	359
1990	272	188	2001	373	343
1991	312	294	2002	224	214
1992	222	210	2003	293	285
1993	1144	1020	2004	387	375
1994	387	375	2005	268	260
1995	797	715	2006	313	282
1996	1535	1511	2007	380	373
1997	613	585	2008	434	443（含旧存）
1998	405	382			

第五节　行政审判

1978年，由民事审判庭负责受理起诉行政案件。1986年后，行政非诉执行案件由执行庭受理。1988年7月，组建行政审判庭，开始受理行政非诉执行案件。是年，受理并审结行政案件1件。1989年，政府行政机关对行政诉讼不理解，怕当被告，对行政审判不配合、不出庭、不答辩的情况较多，行政审判收案困难。是年，共受理行政案件3件，审结3件。1990年10月，行政审判庭人员由原先的2名增至4名。1992年9月，建立交通巡回法庭，协助交通部门审理有关案件5件，解答有关法律问题30余件。是年，行政审判庭共收行政案件24件，审结20件。1993年，在税务、城建、环保、标准计量等单位设立巡回法庭。1995年，行政审判工作侧重支持机关和有关主管部门惩治非法占用耕地建房和拒交规费等不法行为，先后拆除违规建筑28处，建筑面积760平方米，为国家挽回规费59.06万元。1996年，行政非诉执行案件上升，收案类型除房屋拆迁、多占、强占宅基地之外，还涉及假农药、假种子、假化肥、违规计划生育等。是年，受理行政诉讼案件20件，审结20件，执行行政机关申诉执行案259件。依法拆除违章建筑2894平方米。1997年，行政审判方式改革，采用当庭陈述、举证、质证、辩证，实行庭前指导诉讼、当庭即时认证、当庭合议宣判、合议庭集体负责制度。是年，受理行政诉讼案件36件，审结34件；受理行政非诉执行案件203件，全部执结。1998年，汤集乡汤圩村105户村民拖欠"村提留、乡统筹"款，数年不交。乡政府依法下达行政处理决定书，逾期仍无效果，该乡向法院申请执行。行政庭经审查后，作出维护裁决，依法予以执行，仅用几天时间全部执结。是年，执结各类非诉讼案件1095件，经审查，撤销15件。1999年，重点解决农村突出问题和矛盾，推进依法治县进程，审结行政非诉讼案件500件。2000年，"村提留、乡统筹"和计划生育社会抚养费是农村行政工作的突出问题，矛盾多，牵扯面大。是年，受理此类行政诉讼案29件，审结29件。2002年，行政诉讼案源扩大至工商、烟草、种子、质监、规划、交管等范畴，共受理行政诉讼案20件，审结19件。2004年，引入诉讼协调机制，行政诉讼案件和解撤诉率提高，共受理行政案件36件，审结35件。其间，依法审查并执行乡镇人民政府及区行政机关申诉执行的非诉案件380件。2007年，共审查并准予执行的社会抚养费征收、房屋拆迁、卫生处罚等非诉执行案件177件，审理行政诉讼案件56件。2008年，实行诉讼前沟通、诉讼中协商、诉讼外交流的审理新模式，通过协调方式结案54件，撤诉率67.95%。是年，受理行政诉讼案件76件，审结78件（含旧存2件）。1988～2008年，区（县）人民法院共审结行政诉讼案件1609件。

1988～2008年淮阴区（县）行政审判情况表

表24-4-4　　单位：件

年份	受理数	办结数	年份	受理数	办结数
1988	1	1	1999	40	39
1989	3	3	2000	29	29
1990	6	6	2001	25	24
1991	11	10	2002	20	19
1992	24	20	2003	31	29
1993	22	22	2004	36	35
1994	15	14	2005	47	47
1995	22	22	2006	20	20
1996	20	20	2007	56	56
1997	36	34	2008	76	78
1998	1095	1081			

第六节　审判监督

1978年，"文化大革命"结束不久，冤假错案积案甚多。是年7月，县法院组建落实政策办公室，复查280余件"文化大革命"期间的申诉案，其中"反革命"案件60件经复查得到平反昭雪58件，其他申诉案件，仍由刑事审判庭代办。1986年，县法院设立刑事审判二庭，负责各类申诉案件复查工作。1987年，设立告诉申诉庭，负责处理告诉申诉案件和群众接访工作。受理申诉和再审案件18件，涉案18人。至是年，受理申诉案199件，办结197件，其中维持原判153件，平反44件。1995～1997年，完善错案责任追究制、执法责任追究制和每月一次案件质量评查等制度。1999年，县法院实行审务公开，接受社会监督，启动“阳光工程”。审结民事再审案件17件，其中抗诉案件13件，当事人申请再审4件；经济纠纷5件，其中抗诉1件，当事人申请再审4件。2000年，成立审判监督庭，审判工作实行立案、审批、审监分立制度。2001年，全区审结再审抗诉案件15件，其中抗诉理由成立、依法予以改判4件，抗诉理由不能成立、原判正确、依法予以维持6件，调解、撤诉及中止5件。2002年，实行庭长联席会议、旁听庭审、参加合议庭等形式对审判工作实施监督。是年，审结再审案件18件，其中维持3件，改判9件，调解4件，其他处理2件。2004年，区人大代表、政协委员、行风监督员、人民陪审员参与事件审理和评议。是年，邀请人大代表、政协委员150余人旁听60余件案件的审理和评议。2006年，成立审判管理办公室，建立监督检查、通报、审判运行态势分析和审判业绩质效考评等制度。2008年，人民陪审员参与案件审理，对审判实施监督，全年47名人民陪审员参与审理案件481起。

第七节 执行工作

1978年，案件判决生效后，需要进入执行程序的案件较少。1980年后，有不少民事案件、经济纠纷案件以及刑事案件中附带民事赔偿部分，在判决或者裁定后，当事人故意拖延或拒绝执行，致使已经发生法律效力的判决或者裁定得不到兑现和执行。是年，县法院设立执行庭。1981年，县法院仅配备执行员1名，由审判人员担任执行效果差。至1985年，移交执行案件36件，执结19件。1986年，执行庭配备执行员5名。1987年，先后受理各种移办和申请执行的案件85件，执结65件。1990年，执行庭收案280件，当年执结246件，同比多收48件，多执结30件，执行总标的164.2万元，已执行结案的标的为107.4万元，同比多执行39.8万元。1993年，执行案件大量增加，执结案件1818件。1994年，实行审、执分离，运用查封、冻结、扣押、搜查等手段，对当事人强制执行，全年共执行900余次，逮捕1人，司法拘留4人。90年代初起，以刁某某、赵某某等为首的一些社会闲散人员，以民间打会等形式，以高利息为诱饵，吸引王营镇周围近万名群众参与打会，非法集资数千万元。后因无法兑现高额利息，众会头于1995年5月携巨款外逃，数千名被骗群众纷纷涌进政府大院，要求政府解决问题。其间，县法院集中力量审理此案，共审结打会案件4600余件，诉讼总标的2900余万元。至1995年，会头近千万元财产被依法查封或扣押，数名会头被捉拿归案。1997年，进一步解决执行难问题，执结一批重大疑难案件，其中上海金山制药厂等3家单位，拖欠淮阴制糖厂货款70余万元，几年未付。执行人员数次赶赴上海，追回货款及损失近90万元。1998年，成立执行工作领导小组，开展清理未执行积案统一行动。全年执结3万元以上大标的案件56件，为申请人执行兑现370万元，执结积案104件。1999年，召开被执行人教育大会，对70名被执行人进行集体曝光，对7名有能力履行义务但拒不履行的被执行人当场予以司法拘留。是年，执结案件2612件，执行标的2686万元，执行兑现1360万元。1996～1999年，共查封、扣押、冻结被执行人财产1200余万元，执行兑现500余万元。

2001年，实行审查权、审判权、实施权分离，规范公开执行、集中执行、督办执行、委托执行、提交执行等做法。是年，对使用暴力抗拒、阻挠执行人员依法执行公务的违法行为，严肃追究其法律责任，有15名被执行人受到拘留、罚款处罚，有1人被追究刑事责任。12月3日，向权利人当场兑现执行款40余万元。2002年，受理案件2394件，执结2186件，其中执结行政机关申请的非诉执行案件1090件，执结“打会”案件280件。丁集镇政府申请执行本镇62户农民返还财产案，此案多次执行无果，当事人到处上访。5月，区法院组织力量，对该案再次执行，在宣传法律和耐心做好教育工作的基础上，依法对几名有能力但拒不履行义务并带头闹事的被执行人采取强制措施，对自觉履行义务的则减收有关费用。62件案件全部执结。淮安市开展案件集中执行活动，会战70天，被列入集中执行的176件5类案件被攻克144件，执行到位标的380万元。此次活动采取查封、搜查等强制措施398次，对160余名“老赖”在新闻媒体上公开曝光，对48人予以司法拘留。2005年，执行工作采取媒体曝光、悬赏执行、劳务抵债等措施，探索灵活多变的执行举措。当年区内发生60名农民工赴俄罗斯打工被骗案，在国内有重大影响。此案涉及连云港国际经济技术开发公司，区法院仅用10天时间，使被执行方存放在省外贸的100万元保证金执行到位。是年，组织开展为期2个月的打击抗拒执行、妨害执行专项集中治理活动，执结案件312件，执行标的512万元，对25名被执行人采取司法拘留和罚款措施。2008年，全区开展"凌晨突击"行动6次，堵截长期躲债的被执行人30名，开展"季节、节日执行"活动5次，执结案件113件。是年，区内建立执行网络，与工商、国土等部门协调联动，综合治理执行难问题，全年共受理执行案件1512件，执结1498件，执行到位6854万元。

1988～2008年淮阴区（县）案件执行情况表

表24-4-5　　单位：件

年份	受理数	执结数	年份	受理数	执结数
1988	112	105	1999	2644	2612
1989	236	216	2000	2394	2186
1990	280	246	2001	1776	1707
1991	264	217	2002	2394	2186
1992	170	134	2003	2011	1999
1993	2017	1818	2004	978	959
1994	978	959	2005	1024	969
1995	595	549	2006	1881	1786
1996	1889	1786	2007	1148	1145
1997	1620	1462	2008	1512	1498
1998	1431	1431			

第八节　立案信访

1978年，立案工作以各审判庭自立自审为主，信访接待工作以信访接待室为主，各审判庭接待为辅。至1986年，共受理审查各类告诉案件230件，立案173件；处理群众来信1576件，来访2460件，立案1431件。1987年，成立告诉申诉庭，负责立案工作。1988年，为方便群众来访，基层法庭建立信访接待日制度。接群众来信来访1528次，处理来信696件；接待来访832人次，调解简易纠纷107件。1991年，改进信访工作方法，解决告状难问题。接待来信来访903人次，处理简易纠纷案件41件，防止矛盾激化51起，转处非诉讼来信来访74件。1997年，县法院在告诉申诉庭内部成立立案组，专门负责立案审查，不再由各业务庭自立自审。1999年，畅通信访渠道，实行院长、庭长接待日制度和法庭值班制度。6月，院长挂牌接待当事人20名，交办案件10件。2000年，撤销告诉申诉庭，成立立案庭，形成立审分离、信访有序的工作机制。建立院长、庭长联席制度，当天接待当天交办，以遏制信访上访案件多发势头。2001年，健全信访老户档案，配合市中级法院和区有关部门做好息诉息访工作。2002年，实行定期接待制度，集中处理重大信访案件。2003年，建立信访工作责任制和院长、庭长会办制度，推行首问责任制、延时服务制等便民措施，定期下乡接访，变群众上访为领导下访。2005年，电子签章系统投入使用，实现网上远程立案。在基层法院中率先成立信访稳定办公室，为专职机构，负责信访工作。是年，立案受理各类案件3524件。2007年，新的《民事诉讼法（修正案）》出台，案件受理费大幅下调，全区案件受理数量猛增。是年，立案受理各类案件4433件。2008年，对于重大、疑难的信访案件实行领导包案制度，建立涉诉信访案件例查制度，及时发现、化解老信访，杜绝新信访，有12件信访案得到化解。1987～2008年，接待、受理人民来信来访18250件(次)，其中决定立案的各类案件67266件，调处简易纠纷378件，说服息诉2132件(次)，解答法律咨询1762件(次)，处理信访老户12件(次)。

第五章　司法行政

第一节　机　构

一、内设机构

1981年，成立淮阴县司法局，有工作人员11名，未设置内设机构，司法行政工作按人分工，配有正副局长各1名、检查员1名、调解员1名、律师工作者2名、公证员3名(其中1人兼管会计业务)。是年底，成立淮阴县法律顾问处，属事业单位，有工作人员2名。1982年，内设人秘股、法制宣传股、司法行政股(后改为调解股)、法律顾问处(后改为律师事务所)以及公证处。1988年，机关有工作人员27名。1990年2月，县司法局增设政工股。1999年7月，设立淮阴县法律援助中心，股级建制。2001年，淮阴县司法局更名为淮安市淮阴区司法局。2008年，区司法局内设办公室、法制宣传科、基层工作管理科、法律服务管理科、政治工作科和纪检监察室6个职能科室。

二、直属单位

【律师事务所】 1981年底，成立淮阴县法律顾问处，属事业单位，律师制度得以恢复，有工作人员2名。1988年，律师职务实行评聘制，有二级律师1名、四级律师2名、律师助理3名。1990年，县法律顾问处更名为淮阴县律师事务所。1992年4月，县律师事务所拆分为淮阴县律师事务所，有律师6名；淮阴县第二律师事务所，有律师4名。1994年7月，淮阴县律师事务所更名为淮阴四方律师事务所，第二律师事务所更名为淮阴弘大律师事务所。1998年，因淮阴四方律师事务所名称与其他所重叠，更名为淮阴思博律师事务所。2000年改制，淮阴思博律师事务所与淮阴弘大律师事务所合并，并更名为江苏淮阴法轩律师事务所。2001年，江苏淮阴法轩律师事务所更名为江苏淮安法轩律师事务所，有执业律师9名。2008年，江苏淮安法轩律师事务所更名为江苏法轩律师事务所。

【公证处】 1981年2月，成立淮阴县公证处，有工作人员2名。1986年，公证处有工作人员3名，辅助人员2名。1987年，有工作人员5名。2000年，有工作人员5名，辅助人员1名。2001年，淮阴市淮阴县公证处更名为淮安市淮阴区公证处。2003年，有注册公证员5名，其中三级公证员3名、四级公证员2名。2008年，淮阴区公证处更名为江苏省淮安市淮阴公证处，公证员人数没有变化。

【法律援助中心】 1999年7月，成立淮阴县法律援助中心，股级建制，编制2人。2001年，淮阴县法律援助中心更名为淮阴区法律援助中心。2005年编制3人。2008年编制4人。

三、基层司法所

1983～1988年，全县先后配备乡镇司法助理员30名，具体负责本乡镇司法行政工作。1989～2000年，全县30个乡镇全部组建司法办公室，人员由1名司法助理员和2名基层法律服务工作者(事业人员）组成。2001年，21个乡镇司法办公室改为司法所。2002年，乡镇司法所引进大学生4名。2003年，招录乡镇司法所工作人员10名。2008年，全区21个乡镇司法所配备正副所长22名。

第二节　法制宣传

1978～1980年，法制宣传工作由县法院负责。1981年，转入县司法局。1981～1982年，举办两期妇女干部培训班，学习《中华人民共和国宪法》《中华人民共和国刑法》《中华人民共和国刑事诉讼法》《中华人民共和国婚姻法》《中华人民共和国经济合同法》等法律法令，聘请法制报告员53人、法制宣传员537人。1982年5月至1983年8月，宣传全国人民代表大会颁布的《关于严惩严重破坏经济犯罪的决定》，举办“打击经济领域犯罪活动”图片展览，展出120场，受教育4万余人次。通过宣传教育，投案20人，收到检举揭发材料500件。1985年9月，成立淮阴县普及法律常识领导小组及其办公室，为全县普法工作提供组织保障。是年12月，举办为期6天的普法骨干培训班，各乡镇（场）司法助理员、宣传委员和法制宣传员共70余人参加培训，主要宣讲宪法、刑法和经济合同法。1986年后，普法教育逐步在全县范围内铺开。

一、“一五”普法（1986～1990）

普法对象是工人、农（牧、渔）民、知识分子、干部、学生、军人及其他劳动者和城镇居民中一切有接受教育能力的公民。内容主要是“十法一条例”，即宪法、民族区域自治法、刑法、刑事诉讼法、民法通则、民事诉讼法（试行）、婚姻法、继承法、经济合同法、兵役法和治安管理处罚条例。基本目标是通过普及法律常识，使全县公民增强法制观念，知法，守法，养成依法办事的习惯。1986年，各乡镇场县直各部门成立“一五”普法领导小组，并制定“一五”普法实施规划。5年间全县应普对象439728人，参加学习420366人。

二、“二五”普法（1991～1995）

普法重点对象是领导干部、执法人员包括司法人员和行政执法人员，青少年特别是大、中学校在校生。内容是以宣传宪法为核心，以专业法为重点，以社会主义市场经济法律法规为主要内容，学用结合，依法治理。基本目标是紧紧围绕党和国家的中心工作，深入学习宪法，有针对性地学习公司法、反不正当竞争法、产品质量法等法律法规以及经济法基础知识、社会主义法制建设理论等内容，同时实施法律进课堂，加强对青少年法制教育。县成立普法讲师团，深入全县中小学，为师生讲授法律法规近百场次，举办乡科级领导干部法制讲座，受教育2.3万人次。

三、“三五”普法（1996～2000）

普法重点对象是处级以上领导干部、司法人员、行政执法人员、企业经营管理人员、青少年。内容是学习邓小平关于社会主义民主与法制建设的理论，继续开展宪法知识以及和公民工作、生活密切相关的基本法律知识，与维护社会稳定有关的法律知识教育，着重抓好社会主义市场经济法律知识的普及。基本目标是通过在全体公民中继续深入进行以宪法、基本法律和社会主义市场经济法律知识为主要内容的宣传教育，进一步增强公民的法律意识和法制观念，不断提高各级干部依法办事、依法管理的水平和能力。5年中组织各类人员学习讨论，4.5万人接受普法教育。

四、“四五”普法（2001～2005）

普法重点对象是全区各级领导干部、司法和行政执法人员、青少年、企业经营管理人员。内容是继续学习邓小平关于社会主义民主与法制建设理论，宣传宪法和国家基本法律，学习宣传与公民工作、生活密切相关的基本法律知识以及与维护社会稳定有关的法律知识教育，宣传社会主义市场经济相关的法律法规，宣传保障和促进国家西部大开发、加入世界贸易组织、维护社会稳定等社会发展迫切要求的各项法律法规。基本目标是通过“四五”普法规划的实施，努力实现由提高全民法律意识向提高全民法律素质的转变，实现由注重依靠行政手段管理向注重运用法律手段管理的转变，全方位推进各项事业的依法治理，为依法治国、建设社会主义法治国家奠定坚实基础。2002年7月，区普法讲师团为各类人员授课60余场次。建立普法联络员队伍，全区21个乡镇、83个区直单位明确普法联络员。建立法制副校长、法制辅导员队伍，为全区182所中小学配齐法制副校长，每学期开设一堂法制课。5年中，法制宣传形式多样，出动宣传车40余台（次），悬挂标语500余条，散发宣传资料10万份。

五、“五五”普法（2006～2010）

普法重点对象是领导干部、公务员、青少年、企业经营管理人员和农民。内容是通过开展“法律六进”（进机关、进乡村、进社区、进学校、进企业、进单位）活动和法治城市、法治县区创建活动，以及法治文化建设，全面提升法制宣传教育的文化品位和社会法治化管理水平。基本目标是适应党和国家工作大局，适应整个社会和广大人民群众对法律知识的现实需求，通过深入扎实的法制宣传教育和法治实践，进一步提高全民法律意识和法律素质，进一步增强公务员社会主义法治理念，提高依法行政能力和水平，进一步增强各级政府和社会组织依法治理的自觉性，提高依法管理和服务社会的水平。2006年4月，区组织服务团到全区21个乡镇开展以“送法下乡、服务群众”为主题的宣传活动，接待咨询群众460余人次，现场解决群众提出的问题70余个，散发宣传资料4万余份。2007年4月24～27日，举办全区农村基层干部法律知识培训班，对全区21个乡镇、247个行政村、12个居委会共计775名村（居）支部书记、村（居）委会主任、村（居）治调主任进行培训，重点学习信访条例、土地法、村民委员会组织法、人口与计划生育法以及农村土地承包等有关政策法规。开展街头法律咨询活动，分别在黄河花园、东昇花园、通胜花园、江淮人家等小区开展“法律进社区”活动，印发法律援助条例、社区矫正、公证法等宣传资料10000余份，制作宣传展板16块，现场接待咨询群众300余人次。组织法制文艺汇演，情景剧《我的检察官爸爸》被淮安市司法局、文化局选报到全省公演，小品《杨主任的星期天》被选调到全市上演。2008年，区普法工作被省法制宣传教育指导协调小组、省委宣传部、省司法厅评为“五五”普法工作先进区（县）。5年中，开展各类法律法规宣传178场次，接待咨询群众4500余人次，解答群众涉法问题113个。

第三节 人民调解

1978～1980年，淮阴县人民调解工作由法院负责，全县共有调解组织29个、调解员75人。至1982年，全县有423个生产大队和10个城镇居民委员会建立健全调解组织，有调解员2165人。1982～1984年，调解矛盾纠纷3254起，调解成功3089起。1985年，新建调解组织93个，调解组织累计526个，调解员2534人。全年调解矛盾纠纷1134起，调解成功1069起。1986～1987年，有调解组织578个，调解员28134人。受理矛盾纠纷2136起，调解成功2035起。1988～2000年，全县先后建立起乡镇、村（居）、组、10户1名调解员的四级调解组织网络，调解员化解矛盾纠纷11289起，防止民转刑案件87起，避免群众集体上访256起1562人。1999年5月，淮阴县西宋集乡人民调解员刘高明被国家司法部授予“全国优秀调解员”荣誉称号。2001年，建立村（居）调委会259个、调解小组2017个，有调解员1813人，建成区重大疑难纠纷协调指导中心、乡镇重大疑难纠纷调解中心、村（居）调委会、调解小组、10户1名调解员的五级调解网络。全区发生民间纠纷1936起，调解1936起，调解成功1878起。2004年，全区各乡镇、村（居）人民调解委员会聘请首席人民调解员288名，其中乡镇首席人民调解员29名、村（居）259名。首批乡镇、村（居）首席人民调解员持证上岗。2004～2007年，接待来信来访591批次，调处纠纷2680起。2008年，矛盾纠纷调处中心接待群众来访148批次，直接调处13起，分流调处123起，调处成功135件。

第四节　帮教安置与社区矫正

一、帮教安置

1997年，县内成立刑释解教人员安置帮教工作领导小组，以县委副书记、政法委书记为组长，下设办公室。县直各单位和各乡镇成立安置帮教领导小组。1998年，在帮教安置工作中，严格按照“帮教社会化、就业市场化、管理信息化、工作职责化”的总要求，完善衔接管理，拓展安置途径，整合帮教力量，使刑释人员帮教安置工作走上正常轨道。2004年8月，刑释人员朱某自主创业，被淮安市政法委、淮安市综合治理办公室命名为“金不换创业基地”。1998～2005年，全区（县）共接收刑释解教人员2742人，帮教2653人，安置2351人。重新犯罪45人，重新犯罪率1.6%。2006～2008年，接收刑释解教人员779人，落实安置351人，落实帮教378人。

二、社区矫正

2005年，淮阴区被省确定为社区矫正试点工作示范点。区社区矫正工作领导小组成立，并在区司法局成立办公室，各乡镇相应成立社区矫正工作领导小组。5月，制定出台《淮阴区社区矫正试点工作实施意见》，建立一支专职社区矫正志愿者队伍。至12月底，有16个乡镇完成矫正对象移交工作，接收社区矫正对象78人，落实社会志愿者580余人。2006年，全区共有社区矫正志愿者680余人，在册社区矫正对象281人。2007年，全区共有社区矫正志愿者680余人，社区矫正公益劳动基地21个。对生活困难、符合低保条件的矫正对象家庭，由区社区矫正工作小组办公室向民政部门申请纳入低保范围；对自谋职业有困难的，由劳动部门安排免费就业培训，并做好就业指导工作。2008年，对社区矫正对象实行分类管理和分阶段教育，突出思想改造和公益劳动，矫正人员、矫正对象、矫正过程都得到有效落实，接受矫正对象622人，无一脱管、漏管和重新犯罪。

第五节　公证工作

1981年2月，成立淮阴县公证处。是年，县公证处根据当事人的需要办理证明合同（契约）、委托书、遗嘱，证明财产继承、转让和赠予，证明亲属关系等公证业务8项，全年办理公证不足百件。1982年起，公证业务逐渐增多，公证人员上门服务，简化办证程序，扩大办证领域。1983～1985年，县公证处业务开始由单一民事公证为主转向民事公证与经济公证并存，由简单的公证转向提供多样化法律服务。主要涉及确立产权、亲属关系、房屋买卖、保全证据、宅基地使用、赠与、遗嘱、收养子女、土地承包合同等方面。1984年，首次办理涉外公证1件。1982～1987年，办理各类公证3780件，其中经济公证2070件，涉外公证48件。1986～1987年，审查出无效合同14件，避免经济损失311.18万元。1988～1995年，办理各类公证事项14723件，其中经济合同公证5839件、民事公证7486件、涉台公证678件、涉外公证62件。1996年，担任常年公证顾问单位17家，涉外涉台公证数居全市之首。1997年，为8个乡镇84宗土地使用权拍卖提供公证服务。1997～2000年，担任常年公证顾问单位18家，办理各类公证8836件。2002年，业务涉及证明合同契约、委托、遗嘱、财产赠与及分割、证据保全等14类国内公证和各类涉台公证。区公证处有注册公证员5名，其中三级公证员3名，四级公证员2名。2004年起，开办企事业单位常年公证服务。2005年，主要办理与不动产、公司、知识产权、婚姻财产约定等相关的公证事项；承担对有关合同、协议和章程的审查；为区法院、工商、城市执法等部门办理证据保全公证；

为“3·29”氯气泄漏事故受害者提供法律咨询和法律服务；为城市拆违、拆迁提供公证服务，参与拆违120余人次；办理拆迁送达、房屋证据保全等公证50余件。

2006年，完成业务收费近20万元。2007年，参与城市违章建筑集中治理活动60余人次，参与“法律进社区”活动4次，接待当事人来访近万人次，解答法律咨询8000余人次。2008年，为区拆迁办、淮阴工业园区办理拆迁房选定评估机构抽签现场监督公证、证据保全公证、提存公证20件。是年，对封存于淮安三鹿贸易有限公司库房内51吨“三鹿问题奶粉”的清点、集中销毁过程进行现场公证，参加城市违章建筑集中治理活动100余人次。办理拆迁相关公证42件，接待当事人来访1056人次，解答法律咨询11078人次。

1983～2008年淮阴区（县）公证业务办理情况表

表24-5-1　　单位：件

年份	公证数	其中			年份	公证数	其中		
		经济类	民事类	涉港澳台类			经济类	民事类	涉港澳台类
1983	90	0	90	0	1996	2476	1781	509	186
1984	252	0	252	0	1997	2510	1880	501	129
1985	285	0	285	0	1998	2161	1508	560	93
1986	681	0	681	0	1999	2177	1589	492	96
1987	1328	0	1328	0	2000	890	517	281	92
1988	1084	547	537	0	2001	1008	508	500	0
1989	2177	1256	921	0	2002	1356	742	530	84
1990	3166	1587	1579	0	2003	715	0	665	50
1991	2105	559	1514	32	2004	1304	262	982	60
1992	1781	729	963	89	2005	1020	171	801	48
1993	1348	321	863	164	2006	1177	338	788	51
1994	1115	385	580	150	2007	1272	288	930	54
1995	1227	455	529	243	2008	1293	388	867	38

第六节　律师工作

1981年，法律顾问处成立后，律师制度恢复，全县有律师工作者2人。至1988年，律师职务实行评聘制，有二级律师1人、四级律师2人、律师助理3人。1981～1988年，参加刑事辩护89件、刑事自诉代理13件、刑事公诉代理2件、民事代理175件，非诉讼代理19件，担任法律顾问35家，代书法律文书685件，解答法律咨询3014件，接待来访3401人次，为单位追回欠款75.8万元。1996年，四方法律服务所和弘大法律服务所共担任常年法律顾问98家，办理各类案件416件。2000年，律师事务所共担任常年法律顾问50家，办理各类案件117件，为顾问单位和当事人挽回或避免经济损失126.7万元。2001年，办理各类案件256起，其中刑事辩护54起，民事代理89件，经济代理113件；解答法律咨询1030次，代写法律文书79份，为顾问单位和当事人避免或挽回经济损失254万元。2004年，法轩律师事务所共接受民事、经济案件117件，担任59件刑事案件犯罪嫌疑人、被告人的律师、辩护人，被淮安市司法局评为先进律师事务所。是年，法轩律师事务所成功办理赴俄罗斯60名农民工劳务合同纠纷案件。2005年，在“3·29”液氯泄漏事件中，法轩律师事务所为3000余名原告索赔案件担任代理。2008年，法轩律师事务所有执业律师8名，共担任法律顾问27家，代理诉讼和非诉讼共196件，调解纠纷121起，为当事人避免和挽回经济损失1560万元。

1982～2008年淮阴区（县）律师业务一览表

表24-5-2　　单位：家/人/件次

年份	律师事务所	担任常年法律顾问	民事代理	刑事辩护与代理	行政代理	非诉讼代理	代写文书	解答法律咨询	法律宣传	法律援助
1982	1	12	11	6	—	2	99	760	5	2
1983	1	17	13	10	—	4	78	850	7	1
1984	1	23	19	14	—	3	102	640	12	3
1985	1	29	24	17	—	5	113	520	6	5
1986	1	31	21	15	—	1	86	1080	14	4
1987	1	34	37	12	—	2	135	1370	6	2
1988	1	35	50	15	—	4	72	1195	7	3
1989	1	37	63	17	—	7	70	970	9	7
1990	1	54	78	16	9	7	57	640	3	11
1991	1	57	105	29	7	19	77	570	7	17
1992	2	63	127	31	2	17	96	730	14	7
1993	2	66	135	38	12	21	113	950	12	19
1994	2	72	124	32	27	33	87	530	9	8
1995	2	76	124	32	11	18	130	680	15	14
1996	2	98	281	78	6	6	105	800	15	9
1997	2	84	278	64	23	16	279	577	15	19
1998	2	84	302	52	26	14	267	640	11	12
1999	2	84	410	65	9	17	328	422	7	17
2000	1	50	117	45	1	53	65	980	10	7
2001	1	50	202	54	2	78	79	1030	14	12
2002	1	47	153	37	1	85	54	770	19	10
2003	1	43	141	28	3	97	96	560	17	9
2004	1	26	117	59	1	105	121	730	15	5
2005	1	61	148	72	4	185	140	850	28	8
2006	1	26	115	63	1	95	135	970	37	12
2007	1	26	147	47	1	51	109	1050	35	16
2008	1	27	136	32	2	26	74	1140	42	21

第七节　基层法律服务

1987年5月，全县30个乡镇始建基层法律服务所，面向农村开展司法服务。每个基层法律服务所配工作人员2名，服务内容以调解民事纠纷为主。是年，办理诉讼案件56件、非诉讼案件521件，调解民间纠纷1268件。1988～2000年，基层法律服务所有法律服务工作人员62名，其中有执业资格39名。其间，诉讼代理7410件，非诉讼代理16968件，为当事人挽回损失1950万元，代写法律文书22320份。2001年，全区30个乡镇合并为21个乡镇，基层法律服务所从30个缩减为21个。是年，诉讼代理398件、非诉讼代理457件，为当事人挽回损失30万元，代写法律文书782份。2002年，乡镇法律服务所由乡镇事业机构改制成社会中介机构。乡镇法律服务所由21个缩减为7个（改制后的法律服务所是9个），有执业人员21名。担任法律顾问71家，代理诉讼和非诉讼383件，调解纠纷183起。2003～2004年，担任法律顾问35家，代理诉讼和非诉讼共723件，调解纠纷863起。其间，有15人通过省司法厅考核，获得基层法律服务工作者资格，基层法律服务工作者由21名增加至36名，全部取得执业资格。2005～2006年，各法律服务所担任法律顾问57家，办理各类诉讼案件538起，办理非诉讼案464起。2007～2008年，开展规范化司法所创建活动，全区21个司法所规范化创建全部达标，其中20个司法所被省司法厅命名为江苏省规范化司法所，1个司法所被司法部命名为全国先进司法所。

第八节　法律援助

1998年7月，淮阴县法律援助中心挂牌成立。2000年，开通“148”法律服务专用电话，接受咨询电话22次，来访15人次，办理法律援助案件20件。2001年，“148”法律服务专线共接听电话咨询178次，接待来访195人次；法律援助案件24件，其中民事20件、刑事4件。2002年，“148”法律服务专用电话更名为“12348”，除具有人工应答功能外，还具有收听自动信息、咨询留言等功能。是年，办理法律援助案件47件，为当事人避免和挽回经济损失159.66万元。2003年，办理法律援助案件22件，接听来电咨询469人次，接待来访420人次，协调解决纠纷21件。2004年，“12348”法律服务热线共接听来电咨询566人次，接待来访594人次，依法调处纠纷20余件、办理法律援助案件32件。2005年，办理法律援助案件22件，接待来访610人次，接听咨询电话536次，均给予解答，避免集体上访19起，缓解纠纷27起，息诉15起。2006年，法律援助中心开展规范化建设，制定和完善法律援助中心工作职责及相关制度，办理法律援助案件22件，其中刑事案件4起、民事案件18起，结案20件。自办案件17件，指派案件5件。“12348”法律服务专线接听群众咨询电话896次，共接待来访求助群众749人次。2007年，接待群众来访1089人次，接听“12348”法律服务热线电话411人次，代写法律文书87份，解答群众法律咨询1500人次，办理法律援助案件256件，受援400余人次。2008年，区法律援助中心专门设立农民工维权绿色通道，建立健全妇女儿童维权无障碍制度，实行老年人维权一站式服务等一系列便民措施。10月底，区法律援助中心被省司法厅表彰命名为“规范化法律援助中心”。是年，区法律援助中心共办理法律援助案件382起，其中涉及农民工维权案件121起，妇女维权70余起，未成年人维权20余起，老年人赡养案件50余起，受援530多人。

第二十五篇　科学技术

1978年之后，淮阴县科委和县科协相继恢复。淮阴县多次召开全县科学大会，规划科技发展蓝图，对全县科技创新工作目标、方向、重点提出政策规定和措施。农业、工业、医药、卫生、多种经营等方面的项目研究和科学试验不断增多。1988年始，科研工作基本以自主研发为主，承担上级科研项目。1989年，淮阴县开始实施"科技兴县"战略，后来又将这一战略充实为"科教兴县"。通过广泛深入持久地科技普及、咨询与示范，加上强有力的政策导向，全社会形成科技兴工、科技兴农、科技兴事业的热潮，这一切也改变了淮阴人的发展思路、竞争理念与推进方式。1995年后，参研星火计划项目逐渐增多，科技服务范围拓展至农业、食品、地矿、设计、工业等领域。2002年，全区启动实施"人才、挂靠、创办、开发、推广"科技"五大工程"。淮阴辉煌太阳能有限公司和淮安双鹤药业有限公司被批准为省级高新技术企业，区域高新技术产业实现"零"的突破。境内全年新批省星火计划项目4个，承担国家、省级"星火计划"科研项目38个。2003年，淮安中天生物工程有限公司被批准为省高新技术企业，盐硝伴生矿硝卤开采除盐提硝新工艺研究开发被列为省科技攻关计划项目。2008年，全区组织申报各类科技计划项目省级以上25个、市级11个。各类专业技术人员由1985年的4786名增至9657名。

1978～2008年，全区（县）获科技成果奖143项，其中国家级11项、省级24项、市级46项、区（县）级62项。气象服务工作逐步上正轨，防震工作经历由淡化到重视的过程。2003年，淮阴区获江苏省科技进步先进（县）区称号。2006年，淮阴区政府被淮安市政府表彰为科技"六大工程"先进集体。2007年，淮阴区被科技部授予全国科技进步先进（县）区称号。

第一章　机构与队伍

第一节　机　构

一、管理机构

1978年，淮阴县计划委员会科技科具体负责全县的科技工作。1979年10月，淮阴县科学技术委员会恢复设立，内设科协、科技服务、科技管理、科技开发和人秘5个组，同时将原属县计委的计量管理所和地震办公室划归县科委领导。1983年，内设机构由组改科。1984年，成立职称改革领导小组办公室，县计量管理所、科协独立，撤销县地震办公室，县科学技术委员会定编16人，内设办公室、职称改革办公室、科技计划科、科技情报科、科技干部科。1990年，撤销科技干部科。1992年，淮阴县技术市场管理办公室成立，同科技情报科合署办公。1996年，县职称改革领导小组办公室移交县人事局。

2001年，淮阴县科学技术委员会更名为淮阴区科学技术委员会。2002年，淮阴区科学技术委员会更名为淮阴区科学技术局，内设办公室、综合科。2006年，淮阴区科技局增挂区知识产权局牌子，实行一套班子、两块牌子。2008年，内设办公室、综合计划、知识产权、产学研与成果转化等科室，编制9人。

二、科研机构

1978年，全县科研服务机构以农业为主，主要有县农业科学研究所、农业机械研究所、农业技术推广站、种子站、气象站、沼气办公室等。1984年，淮阴县沼气办公室更名为淮阴县农村能源办公室，隶属于淮阴县计划委员会。1985年，淮阴县建筑设计院成立，为丁级设计单位。1988年，撤销农业局下属的县农业技术推广站、县植保站，成立具有技术推广、试验示范、化验测验、信息传递、科教培训、技术市场6项职能的县级农业技术推广中心，下设作物栽培站、土肥站、植保站、中心办公室、科教站、中央农业广播学校淮阴分校、淮阴县农干校。

1989年，淮阴县建筑设计院勘察资质升为丙级。1990年，将农业技术推广中心下属作物栽培站分设为粮作站、经作站。1996年3月，成立芒硝开发利用办公室。1997年，芒硝开发利用办公室更名为淮阴县重点项目办公室。开展“年产10万吨元明粉”“年产5万吨硫酸钾”等项目的可行性研究。撤销县农村能源办公室，其职能划入县农业局。是年，辉煌太阳能有限公司设立研发部，从事新能源综合利用领域技术和产品的研究与开发。2001年，淮阴县建筑设计院更名为淮安市东方建筑设计院。2004年，淮安市东方建筑设计院改制并更名为淮安市东方建筑设计有限公司，勘察资质升为乙级。2007年，淮安市东方建筑设计有限公司升格为乙级设计单位。

2008年，辉煌太阳能有限公司建立行业内全国唯一博士后科研工作站。淮阴区申报贝莱尔电气的碳纤维碳素晶片复合热感管和万邦香料的天然及合成香料2家省级工程技术中心，申报贝莱尔电气的碳纤维碳素晶片复合热感管和鼎元科技环保型秸秆人造板等5家市级工程技术中心。

2008年淮阴区科研服务机构一览表

表25-1-1

机构名称	承担单位	建设时间
博士后科研工作站	淮阴辉煌太阳能有限公司	2008
江苏省碳纤维碳素晶片复合热感管工程技术中心	江苏贝莱尔电气有限公司	2008
江苏省天然及合成香料工程技术中心	万邦香料有限公司	2008
淮安市科技环保型秸秆人造板工程技术研究中心	鼎元科技有限公司	2008

第二节　科技队伍

1978年后，一批科技人员下放或分配到淮阴，多安置在农村基层。1980年始，客籍科技人员陆续调离，淮阴科技人员皙减。1981年，境内有农民技术人员97名。据调查，是年，县科委、计委、交通局、轻工局、工业局、财办、水利局、农机局、农业局、多种局10个部门有技术员以上职称的科技人员数分别为9名、22名、11名、50名、86名、50名、39名、15名、109名、68名。1982年后，随着分配到淮阴的高、中等学校毕业生增多，科技队伍亦不断壮大。至1983年，评定468名技术人员的技术职称，其中中级职称67名、助理级职称247名、技术员154名。1984年，淮阴县落实政策领导小组成立。至1985年，共平反冤假错案341件，清退“文化大革命”中遭查抄财物的家庭173户，补发“文化大革命”中停发、减发工资161人，解决因冤假错案影响农转非39户，出台政策为497个知识分子家属农转非，147名农村科技人员向上浮动一级工资，安置知识分子家属46人。是年5月，县政府出台《乡镇企业技术人员职称考核评定暂行规定》，当年评定乡镇企业农民技术员53名。是年，全县有各类科技人员4786名，取得技术职称有1203人，其中农民技术员87人。1987年，全县共有科技人员4867名，其中自然科学类1192名、社会科学类3675名，分布在农业、畜牧业、水利、卫生、教育、文化、机械、电子、交通、纺织、冶金、食品、石化等行业部门。全县256名农、牧、渔、水利助理工程师级的科技人员中，分布在乡镇27名；72名农艺师级科技人员中，分布在乡镇4名。

1990年7月，对1199名专业技术人员进行技术职称评定，其中评定中级技术职务441人，初级技术职务664人，向高级专业技术职务评委会推荐高级技术人员94名。1991年，对8504名专业技术人员进行年度考核，完成140名高级专业技术人员人才数据库采集工作。1996年，全县有知识分子12600人。在企事业单位中被聘任为高级专业职务的157人，被聘为中级专业职务的2243人，被聘为技术级职务的2811人。农林、水利、气象等部门从事科学研究人员56名。

2000年，淮阴县有专业技术人员9249名，其中农林牧渔业156人，制造业454人，电力、煤气及供水89人，建筑业97人，交通运输、电信145人，贸易、餐饮49人，金融保险286人，房地产业41人，社会服务业12人，卫生体育893人，文化教育5311人，科研人员21人，社会团体、党政机关629人。2005年，淮阴区有专业技术人员9329人，其中农林牧渔业102人，电力、燃气及供水330人，交通运输邮政电信70人，信息传输、计算机服务40人，贸易9人，金融业172人，房地产业15人，租赁和商务服务4人，科研及技术服务地质勘查业38人，水利55人，教育6309人，卫生和社会保障1235人，文化体育145人，社会团体和公共管理805人。2008年，淮阴区有专业技术人员9657人，其中农林牧渔业100人，采矿业20人，制造业21人，电力、燃气及供水277人，交通邮政69人，信息传输和计算机服务41人，贸易71人，餐饮住宿10人，科研技术服务、地质勘查17人，水利80人，教育6469人，卫生和社会保障1401人，文化体育120人，社会团体和公共管理961人。

2001～2008年，淮阴区引进或柔性引进高层次人才273名，引进本科毕业生717名。

第二章　科研项目与成果

第一节　科研项目

1978～1995年，淮阴县承担的科研项目有“IB5-325南方系列水田6铧犁”“ICG-125耕旋犁”“东风69型花生收割机”“新淮猪选育”“甜菜新品种江苏868”“黄淮海夏秋粮食增产综合栽培技术”“稻茬麦栽培配套技术”等80余个。其间，县农业局、制糖厂、农机研究所、轻工机械厂、种猪场、兽医站、无线电厂等单位开发研究新产品、新技术较多，多为自主研发项目。

1995年后，淮阴县科技项目中，农业、食品、医疗、太阳能、盐化工业行业成果较为突出。1997年，淮阴第二制药厂承担的省火矩计划项目“环丙沙星注射液”通过省科委的验收，并享受贴息补助。淮阴县染织总厂承担的国家级星火计划项目“舒美绸”通过省科委验收，并享受贴息补助，同时该厂试制的“高支细旦色织毛涤薄呢”通过市级鉴定。淮阴县液压气动机械厂开发的“汽车制动系统阀组”被列入1997年省级新产品试制计划。

1998年起，实施星火计划项目，被列入国家星火计划项目3项、省星火计划2项，争取科技贷款指标3452万元，5个项目是：元明粉、木制餐具、高支细旦色织毛涤薄花呢、苏粤乳鸽、开关电源变压器。淮阴县无线电厂承担的省星火计划项目微型石英晶体谐振器，是年5月通过省组织的专家验收，享受贴息补助的优惠政策。2000年，淮阴县科技局申报组织实施7个工业项目，推动企业技术进步。“氟康唑注射液”和“无矾粉丝”是国家星火计划项目，下达科技贷款指标900万元。淮阴第二制药厂承担“氟康唑注射液”项目。“年产10万吨元明粉”国家星火计划项目于7月正式投产，生产工艺在国内率先采用DCS集散系统计算机控制技术，该技术是省科技攻关计划项目。香格尔食品有限公司承担的省星火计划项目“带汤牛羊肉真空软包装食品”通过省级验收，并获省贷款贴息补助6万元。全年承担江苏省农业科技项目3项，淮阴市农业科技项目3项，实施县农业科技项目6项。省项目“新淮猪瘦肉型品系培育”，选育出零世代个体，达到项目阶段性目标，7月通过有关专家组的阶段性验收。省县农业科技项目“佟洼节水灌溉科技示范园区建设”，淮阴县投入科技三项经费30万元，省、市投入200多万元，是县农业科技项目中投入最大的一个项目，可建节水灌溉示范面积216.67公顷，其中采用现代滴灌技术30公顷。

2001年，实施6项国家、省、市级各类科技计划项目。新实施的项目有江苏省科技攻关计划“冷冻结晶制硝工艺”、淮安市国际科技合作计划项目“塑胶基布”。围绕盐化工支柱产业规划，在上海太平洋化工（集团）淮安元明粉公司组织实施国家星火计划“元明粉”，实施省重点科技攻关计划“五效逆流制硝工艺DCS系统应用示范工程”，开展省攻关计划项目“冷冻结晶制硝工艺”技术研究。此外，还实施“盐化工数据库”“液相法生产泡化碱新工艺”和“赵集盐矿的技术改造”等项目。组织农业科技项目31个，其中上报省级科技计划项目3个、市级科技计划项目9个、区科技计划项目19个。“新淮猪瘦肉系培育”和“袋料香菇立体小棚栽培技术试验”项目被列入省级农业科技攻关计划和农业科技成果推广计划项目，“淮安草鸡性能改良与推广”“稻麦栽培计算机模拟优先决策系统应用研究”“水稻机插秧及纸盘旱育秧技术应用推广”“漯珍2号黑小麦示范推广与研究”4个项目被列入市农业科技计划项目。是年6月，“农户安全储粮技术”通过省科技厅验收，该项技术在全市推广。“新淮猪瘦肉系培育”培育出零世代猪群，并通过省科技厅的鉴定，各项性能指标达到预定目标。“淮安草鸡性能改良与推广”项目建立繁育基地，并对草鸡品种开展提纯复壮研究。

2002年，在全区启动实施“人才、挂靠、创办、开发、推广”科技“五大工程”。2003年，淮安中天生物工程有限公司被批准为省高新技术企业，“盐硝伴生矿硝卤开采除盐提硝新工艺研究开发”被列为省科技攻关计划项目，苦参素氯化纳注射液、盐酸克林霉素氯化钠注射液和D-氨基酸葡萄糖硫酸钠盐被批准为省级高新产品。全年新批“太阳能冷管”“粉煤灰烧结空心砖”“营养型膨化五谷饼”等星火计划项目3个，争取淮安市科技项目7个，组织实施区级科技项目15个。申报2004年星火计划项目2个，即“葛根素葡萄糖注射液”“年产500万吨环保型水剂卫生杀虫剂”。是年，开发培育新产品36项，其中市级重点新产品6项，即高效太阳能热水器、粉煤灰烧结空心砖、冬青油、凌优大米、硫代硫酸钠、大众液压系列阀等，产品全年实现销售额1.1亿元，实现利税420万元。

2004年，申报国家、省、市级各类科技计划项目25个，开发新产品36个。2005年，申报国家、省、市各类科技计划项目26个，开发新产品43项（其中重点新产品14项），申请专利100项，引进、试验、示范农业“四新成果”（新技术、新工艺、新材料、新设备）20项，建立无公害农产品基地39个，获批无公害农产品43个和绿色食品43个，组织申报市以上各类科技计划项目26个，获市以上立项14个，组织实施区级科技计划项目16个。争取科技经费986.5万元。开发新产品43项，其中重点新产品14项。产品实现年销售额4.2亿元。

2008年，申报国家、省、市级各类科技计划项目36个，开发市级新产品90个，其中市以上高新技术产品7项、市重点新产品25项。全年申请专利419件，其中发明专利60件，完成省“知识产权试点县（区）”验收工作。引进、试验、示范农业“四新成果”20项，每个乡镇至少覆盖1项以上。组织申报省级以上各类科技计划项目25个，市级科技计划项目11个，其中国家星火计划5项，火炬计划3项，省科技支撑项目5个（农业2个、工业2个、社会发展1个），苏北专项特色产业3个，苏北专项富民强县1个，苏北专项科技帮扶“一村一品”高效农业示范（8个村）1项，科技基础设施计划（工程技术中心）2项，国际科技合作计划1项，科技服务发展计划1项，科技成果转化资金3项。组织润通食品和老侯野鸭申报淮安市科技龙头企业，组织申报以丁集镇为核心的省级农业科技园。

1983～2008年淮阴区（县）实施国家科技计划项目一览表

表25-2-1

类别	项目名称	承担单位	委托单位	起止时间
农业	黄淮海夏秋粮均衡增产综合栽培技术研究	县科委、农业局	省科委	1983～1985.11
国家星火计划	绢丝绸系列产品开发	县丝织厂、印染厂	省科委	1986.02～1987.02
国家星火计划	舒美绸	县染织总厂	省科委	1996.02～1997.06
国家星火计划	元明粉	上海太平洋化工（集团）淮阴元明粉有限公司	科技部	1998.08～2000.05
国家星火计划	高支细旦薄花呢	染织总厂	科技部	1998.08～1999.08
国家星火计划	木制餐具	木材公司	科技部	1998.09～1999.12
国家星火计划	无矾粉丝	赵集粉丝厂	省科委	2000～2001.05
国家星火计划	氟康唑	淮安市第二制药厂	科技部	2000.01～2001.05
国家星火计划	鸡肉深加工关键技术研究和产业化	淮安市淮阴海弘禽业协会、淮安市淮阴海弘禽业加工厂	科技部	2008.01～2009.12
国家火炬计划	碳素晶片复合材料热感管	江苏贝莱尔电气有限公司	科技部	2008.02～2009.08
国家火炬计划	EM-AF-MS饲料与生态有机肥的产业化	淮安市华洋生物工程有限公司	科技部	2008～2010
国家星火计划	速冻淡水龙虾仁汤料产品产业化开发	江苏润通食品有限公司	科技部	2008.04～2010.04

1977～2008年淮阴区（县）实施省科技计划项目一览表

表25-2-2

类别	项目名称	承担单位	委托单位	起止时间
省科技计划	4D-120型多用收割机	县农机研究所、农机修造厂	省科委	1977～1980
省科技计划	小麦亩产千斤高产栽培技术研究	小营乡	省科委	1981～1983
省科技计划	新淮猪三元杂交小试	县种猪场	省科委	1981～1982
省科技计划	烟草新品种选育	县科委	省科委	1981～1984
省科技计划	新淮猪三元杂交	县种猪场	省科委	1982.01～1982.12
省科技计划	绢丝纺绢纬塔夫绸	县丝织厂	省丝绸公司	1986.06～1986.12
省科技计划	甜菜良种基地开发	县制糖厂	省科委	1987.01～1988.12
省新产品试制计划	9F-45型高效节能粉碎机	县农机修造厂	省科委	1989.01～1989.12
省科技计划	电瓶液压升降平台	汤集电瓶车厂	省科委	1990.02～1991.12
省科技计划	优质薄荷品种淮阴83-1薄荷高产技术开发	83-1薄荷开发中心	省科委	1991.01～1992.12
省科技计划	示范推广亚优二号高产栽培技术	县科委	省科委	1992.10～1993.07
省地方专项计划	二氧化碳气肥开发利用	县科委	省科委	1993.01～1994.12

续表25-2-2

类别	项目名称	承担单位	委托单位	起止时间
省星火计划	憎水复合硅酸盐保温涂料	县涂料厂	省科委	1993.01～1994.01
省地方专项计划	新型稻田除草剂稻草畏大面积示范推广	县科委	省科委	1993.04～1994.12
省星火计划	录像机用声表面波谐振器	县无线电厂	省科委	1993.05～1994.05
省地方专项计划	CC–I型自动卷染机	县印染厂	省科委	1994.01～1995.12
省火炬计划	环丙沙星注射液	淮阴市第二制药厂	省科委	1994.02～1995.12
省地方专项计划	特种染色雪花彩光色织布	染织总厂	省科委	1994.02～1995.12
省星火计划	PM50–II电脑打印纸机	气动工具元件厂	省科委	1994.02～1995.12
省地方专项计划	微型瓦斯报警器	淮阴育才电子产品制造厂	省科委	1995.01～1995.12
省星火计划	长袋低压大型脉冲袋式除尘器	淮阴环保设备厂	省科委	1995.02～1996.12
省星火计划	超小型晶体谐振器	县无线电厂	省科委	1996.01～1997.12
省地方专项计划	江苏科技信息网、淮阴县局域网	县科委	省科委	1997.01～1997.12
省新产品试制计划	高支细旦色织毛绦薄花呢	淮阴染织总厂	省科委	1997.04～1998.12
省新产品试制计划	汽车制动系统	县液压气动机械厂	省科委	1997.08～1998.08
省星火计划	苏粤乳鸽	淮阴苏粤乳鸽食品加工有限公司	省科委	1998.01～1999.12
省星火计划	开关电源变压器	县无线电厂	省科委	1998.02～1999.08
省星火计划	带汤牛羊肉真空软包装食品	香格尔食品有限公司	省科委	1999.01～1999.12
省攻关计划	五效逆流制硝工艺DCS系统应用工程	上海太平洋化工（集团）淮安元明粉公司	省科技厅	2000～2001
省攻关计划	冷冻结晶制硝工艺	上海太平洋化工（集团）淮安元明粉有限公司	省科技厅	2001～2002
省火炬计划	管道防冻式太阳能热水器	江苏淮阴辉煌太阳能有限公司	省科委	2001.01～2001.12
省星火计划	1%～5%混合饲料	淮安市大北农饲料有限公司	省科委	2002～2003
省星火计划	瘦肉型猪生产及饲料加工	淮安市淮阴种猪场	省科委	2002～2003
省星火计划	钼铁合金（$M_0$70%）	淮安市淮江铁合金厂	省科委	2002～2003
省星火计划	大豆挤压膨化处理浸出新工艺	江苏民康油脂有限公司	市科技局	2002～2003
省星火计划	年产25万支太阳能冷管产品开发	江苏淮阴辉煌太阳能有限公司	市科技局	2003～2004
省星火计划	年产6000万块高掺量粉煤灰烧结砖产品开发	淮安鑫华新型建材有限公司	市科技局	2003～2004
省星火计划	营养型膨化五谷饼产品开发	淮安市凌桥米业有限公司	市科技局	2003～2004
省星火计划	年产500万吨环保型水剂卫生杀虫剂开发	淮安市奥特快化工有限公司	市科技局	2004～2005

续表25-2-2

类别	项目名称	承担单位	委托单位	起止时间
省星火计划	葛根素葡萄糖注射液（麦瑞缘）开发	淮安双鹤药业有限责任公司	市科技局	2004～2005
省星火计划	精制元明粉生产工艺研究与产品开发	淮安元明粉有限公司	市科技局	2004～2005
省星火计划	金属-玻璃热管式太阳能集热管开发及产业化	淮安市淮阴辉煌真空镀膜有限公司	市科技局	2004～2006
省星火计划	年产10000吨蔬菜出口产品项目	淮安市天益食品有限公司	省科委	2005～2006
省星火计划	苦参素氯化钠注射液项目	淮安双鹤药业有限责任公司	省科委	2005～2006
省星火计划	高产大豆品种开豆深加工产品项目	江苏民康油脂有限公司	省科委	2005～2006
省星火计划	热泵热水热能循环利用设备研发及产业化项目	江苏淮阴辉煌太阳能有限公司	省科委	2005～2008
省科技基础设施项目	区盐化工技术创新服务中心建设项目	淮阴区生产力促进中心	省科委	2005～2007
省科技基础设施项目	淮安市淮阴区科技成果转化服务中心	淮阴区生产力促进中心	省科技厅	2008.10～2010.10

说明：国家、省科技计划项目投入经费见第十八篇《财政税务》。

第二节 科研成果

一、发展历程

1978年后，党的知识分子政策充分调动科技人员的积极性，科学技术研究和推广迅速发展，科技成果不断涌现。2000年6月29日，颁发《关于进一步调动专业技术人员工作积极性的意见》，进一步健全和完善机制，重奖有突出贡献的专业技术人员。1978～2008年，淮阴区（县）获科技成果奖143项，其中国家级科技成果奖11项、省级科技成果奖24项、市级科技成果奖46项。

1985～1996年淮阴县获江苏省（厅）科学技术进步奖项目一览表

表25-2-3

获奖时间	获奖项目	获奖单位或个人	颁奖部门及等级
1985	花生蛴虫预测预报及综合防治研究	县植保站　孙龙有	省农林厅科技进步奖三等奖
1987	江苏省不同生态类型地区小（大）麦高产模式化栽培研究及其应用	淮阴县农业局	省二等奖
1989	中华稻蝗生物学特性地方发生规律的综合防治措施	淮阴县植保站	省二等奖
1996	环丙沙星注射液	淮阴市第二制药厂	省科技进步奖四等奖

二、成果选介

【环丙沙星注射液】 淮阴市第二制药厂承担的1994年省火炬计划项目，产品属国内首创，是淮安市1994年唯一的火炬计划项目，该项目按时完成并通过验收，获江苏省科技进步奖四等奖、淮阴市科技进步奖二等奖。

【舒美绸】 淮阴染织总厂承担的国家级星火计划项目，通过省科委验收，获“七五”中国高新技术博览会金奖。

【氟康唑注射液】 淮安市第二制药厂在中国药科大学的帮助下自主研发而成，属国家四类新药，2000年列入国家星火计划项目，总投资499万元，其中贷款400万元。2001年5月通过省科委验收。氟康唑是国外20世纪80年代后期开发的三唑类广谱高效抗真菌药物，氟康唑注射液可广泛用于多种深部真菌感染，疗效是酮康唑的10～100倍，强于咪康唑、克霉唑，可替代从美国辉瑞公司进口的“大扶康”产品。当时国内只有5家企业生产该产品，但多数是胶囊和原料药。经专家评议，该产品技术水平达到国内先进，省内领先，市场前景广阔。

【高效太阳能热水器】 江苏淮阴辉煌太阳能有限公司自主开发而成，获国家专利2项，技术国内领先。高效太阳能热水器由太阳能热水器、热交换器、集水盘、浴房4个部分组成，采用余热回收循环利用原理，通过热交换器加热进水，普通太阳能可将加热后的自来水直接进水箱中，燃气热水器可将加热后的自来水一部分用来兑洗，一部分直接进入水箱。该产品节能效率大于50%，热交换率不低于0.6，废水悬浮物去除率98%，平均日效率≥40%，该产品2001年被确认为省高新技术产品。

【无矾粉丝】 淮阴区赵集粉丝厂利用无锡轻工业大学的技术开发而成，是国家星火计划项目，2001年5月通过省科委鉴定验收，享受星火计划贷款贴息22万元。专家组评议认为该产品技术达到国内先进水平。传统粉丝中含有明矾添加剂，而过量食用明矾，会导致老年痴呆症。该厂为了使粉丝向绿色食品方向发展，以无锡轻工业大学为技术依托，通过在粉丝中增加稳定剂与改良剂，攻克柔韧性差、断条多、损耗大、无法开条等技术难题，实现粉丝生产无矾化。同时解决山芋淀粉脱色技术、粉丝的垂直技术，成功应用山芋淀粉抗氧化技术、无矾粉丝加工技术及粉丝垂直干燥技术，技术水平达到国内领先水平。产品具有条形柔直、久煮不糊、口感细腻、营养丰富等特点。

【采用DCS系统控制生产元明粉】 上海太平洋化工（集团）淮安元明粉有限公司生产，元明粉是国家星火计划项目，总投资5210万元，其中贷款1900万元。该项目2001年5月通过省科委验收，享受财政贷款贴息补助60万元。该项目采用先进的五效逆流外加热强制循环真空蒸发制硝工艺并设计国内第一套DCS技术对真空制硝的集散控制装置，有效地减少物耗、能耗、人员，提高了生产效率和产品质量，其产品质量达到国家元明粉一级标准，技术水平达到国内先进水平。

图25-2-1　上海太平洋化工（集团）淮安元明粉有限公司DCS中控室

【管道防冻式太阳能热水器】 江苏淮阴辉煌太阳能有限公司研制生产，采用陶瓷磨片阀芯、直流微电机、自控仪、探杆、弱电保温等，组成可控管道排空系统，并通过特种单向止回阀通气（不漏水）自然排水，对太阳能热水器进出口水进行控制，实现管道排空，防冻堵功能，并同时实现自动止水，自动显示水温、水位，主要性能指标达到排空及给水时间≤2S/m，平均日效率≥42%平均热损系数5.0w（m2c）。应用排空技术，使太阳能热水器不受地区限制，一年四季均可使用。该产品被确认为省高新技术产品。

【低钠D-氨基葡萄糖硫酸钾盐】 淮安市中天生物工程有限公司开发生产，国内独家，被确认为省高新技术产品。该产品是以废弃虾壳、蟹壳为原料，采用反应脱色、浓缩、提纯合成等工艺研制而成，进一步拓展甲壳资源的综合利用，在中国药科大学、省化工研究所等部门专家教授的帮助下，在国内创造一步合成法工艺，缩短工艺流程，减少设备投资，降低生产成本，使钠含量大幅度下降，低于50毫克/千克，经省科技厅鉴定，达到国内领先水平。该产品在医药上有广泛的应用，具有抗血凝功能，是抗生素等多种药物制剂的辅料，对风湿性关节炎、心脏病、肺火及骨折有辅助治疗的作用，也是食品、日用化工添加剂，市场前景广阔。

【苏粤乳鸽】 苏粤乳鸽是淮安苏粤乳鸽食品加工有限公司依托南京农业大学技术开发的全自动乳鸽加工技术生产的卤制产品。该产品配方科学化、加工自动化，被江苏省科委列为98省星火计划项目。1999年完成并通过省科委星火计划项目验收，项目完成后实现传统式卤制品生产加工现代化，达到国内先进水平。该产品被确认为江苏省首届名牌产品。

第三节　科技成果推广与应用

一、农业科技成果推广与应用

1978年，引进饲料草新品种（爱国草）进行试验示范。是年后，淮阴县科技局、科协、农业局、多种经营局、蔬菜局、农机化服务公司、农业技术推广站等每年都要试验、示范、推广一大批农业科技成果。同时，科委、科协、农业局等部门还利用报纸、刊物、电影、电视、录像等方式宣传新的科技成果，举办技术培训班，送科技下乡，以建立农业科技示范村、示范户和专业户等形式推广科技成果。科技部门、农业局、农技推广部门等科技人员经常深入到田头、农户，把科技成果技术送到农民手中。1979年，县种猪场从四川引进良种内江猪进行推广养殖，推广应用IBS–325南方系列水田耙，试验示范选育甜菜新品种70103。1985年，试验示范双季玉米栽培技术，试验示范推广稻麦免耕栽培技术，试验示范麦田阔叶类杂草化学防治技术，开展膨化颗粒饲料最佳配方筛选及养鱼的高产和缩短养鱼周期的试验示范。1986年，开展罗氏沼虾保种育苗试验；开发研究和推广肉用兔养殖及其产品综合加工技术；引进、试验、推广亚德长毛兔良种繁育；示范推广小蚕共育企业化技术，保证蚕茧的稳产高产，蚕茧产量连续翻番，使淮阴县一跃成为省内“基点”，大幅度提高蚕茧产量、质量，平均张单产提高20%～45%。试验示范日光能大棚栽培技术3公顷，普通大棚80公顷，增加效益720万元。秦油二号新品种推广1000公顷，其中29.4公顷每公顷产量3吨以上。推广应用弥雾机，防治水稻86.67公顷。1992年，推广秦油二号3333.34公顷，增产500吨，增加产值110万元。推广日光温室94.2公顷，普通大棚1701公顷。1993年，开始小面积试验示范水稻肥床旱育秧栽培技术。1996年，科技局在韩圩试验示范蘑菇生产。1997年，先后组织引进并推广镇稻88、兴淮鲫、白羽鸽、山芋脱毒苗、旱育秧、抛秧、双能温室、蔬菜高产栽培、032气肥应用、苏椒5号、低产桑园改造和大水面开发低埂高围养鱼养蟹、三元杂交猪和新式养猪法等新品种新技术20余项。1998年，引进推广23个新品种、22项新技术。引进试验早丰9号水稻、徐州25和优麦3号小麦新品系，试验栽插苏薯2号、8号和宁97–5甘薯新品种；大面积推广特优559、汕优559水稻，豫麦18、皖麦19等小表品种及鲁花9号、J1号花生和泗豆288大豆品种等。全县主要采用地膜覆盖栽培花生、玉米、山芋以及塑盘旱育抛秧、小麦精量半精量播种、多功能花生播种机播种、维他灵使用、山芋脱毒苗等技术。蔬菜生产全县新品种应用率80%，应用面积8333.33公顷以上。在各个示范园引进试验抗病苏蜜西瓜、美国替旦草莓、伊丽莎白甜瓜、有棱丝瓜，大棚滴灌、00l气肥应用、无支架大棚、遮阳网等新品种、新技术、新材料，全县大面积推广苏椒5号辣椒、津春3号黄瓜、霞粉西红柿、苏畸茄、规范化茄果蔬菜育苗以及大棚三膜、帘栽培、立体套种、秋延后蔬菜栽培、高体温农膜、植物动力2003蔬菜专用肥等新品种、新技术、新材料、新药肥。引进推广白羽王鸽、美国青蛙及二元、三元杂交猪新品种和快速养猪法，猪人工授精，大棚养鸡及稻田养鱼、虾、蟹等新技术。2000年，推广应用无矾粉丝，此项目是赵集粉丝厂承担国家级星火计划项目，是年，被评定为江苏名牌农产品，该企业被淮阴市委、市政府授予“科技型示范企业”称号，年销售额8000万元。2001年，试验示范水稻机插秧和配套育苗技术、水稻直播技术、地膜覆盖马铃薯技术、良种离体快繁组织培养技术、增肥补钾技术、农户安全储粮技术和种草、养鹅、养鱼立体养殖技术，示范推广漯珍2号黑小麦、优麦3号、兰考906号。是年，推广低芥酸高产量的宁杂1号、史力丰油菜，花生新品种天府8号、9号，8808辣椒镇2号、3号，淮阴卞椒，黄瓜新品种津研3号，以及丰香草莓、蘑菇、草菇、鸡腿菇、香菇等。2002年，试验示范推广项目向信息化、国际合作计划项目迈进。营养型膨化五谷饼被列入省星火计划项目推广，实施国际合作计划项目玉米新品种中原单-32试验示范项目。2003年，在丁集、棉花庄、新渡、渔沟、老张集等乡镇示范种植玉米新品种面积666.67公顷，籽粒、秸秆蛋白质量达标。2005年，主要推广品种是优等油菜11087、SH19等，玉米秦玉系列、金海28、登海11、东单60、宁玉2号。至2005年，全区共试验、示范、推广科技成果683项。

2006～2008年，“五谷饼”“高产高含油大豆开豆4号种植基地项目及其深加工产品开发”和“年产1万吨出口蔬菜产品开发”等研究被列入国家、江苏省星火计划项目，共引进、试验、示范农业“四新成果”60项。

二、工业科技成果推广与应用

1978年，推广IBS325南方系列水田六铧犁，年销售量2万台，除国内销售外，每年还有少量出口。1979年，推广4D-120型多用收割机。该机可挖掘花生、山芋、甜菜、胡萝卜等块根茎作物，年销售量3万台。1990～1993年，先后有丝织厂新上剑杆织机生产线、喷水织机生产线和缫丝厂新上自动缫丝机。1998年，淮阴县制糖厂同上海太平洋化工（集团）有限公司和白猫化工集团有限公司合作的元明粉项目投产，该项目应用DCS系统对制硝过程和热电供给系统实行可靠控制。1999年6月，江苏省科技厅批准将淮阴县盐化工支柱产业列入省星火产业带优先扶持对象，制糖厂“年产5万吨元明粉”项目被列入国家星火计划，合资组建上海太平洋化工（集团）淮阴元明粉有限公司。之后，“五效逆流制硝工艺DCS系统应用示范工程”“冷冻结晶制硝工艺”“盐化工数据库建设”等一批项目先后被列入省科技攻关计划和其他科技计划。DCS系统成功地应用于制硝装置中，制硝水平国内领先。元明粉产量年产达到40万吨左右。是年，淮阴县制药厂新上自动灌装生产线。2001年，多功能太阳能冷管研究开发成功，在全国推广。是年，还推广氟康唑注射液，经专家评议，该产品技术水平达到国内先进、省内领先水平。2005年，全区工业企业已经拥有多台数控机床、多家机械加工中心。主要工业产品由1978年46种发展至2005年1000余种。年销售收入1000万元以上的重大新产品8项，管道防冻式太阳能热水器、采用DCS系统控制生产元明粉、大北农858浓缩饲料年销售额1.7亿余元，实现利税近3000万元。“白源”牌元明粉（无水硫酸钠）执行GB/T6009-2003标准，获淮安市工业产品贰级质检检验证书，元明粉生产销售通过ICAS英格尔国际认证机构ISO9001：2008质量管理体系认证。公司元明粉采用地下2000米天然芒硝矿经五效逆流蒸发后精制而成，其七大系列产品在印染、洗涤、纸浆、玻璃、纺织等行业皆有应用，销售范围不仅覆盖华东地区各省、市，还远销日本、韩国、澳大利亚、菲律宾及中东等国家和地区，出口占生产量的35%。是年5月，上海太平洋化工（集团）公司淮安元明粉公司被批准为第一批省星火龙头企业，“冷冻制硝工艺研究”“精制元明粉产品开发研究”“盐硝伴生矿除盐提硝新工艺研究”和“盐化工数据库建设”先后被列入省科技攻关计划项目。通过国家星火计划、省科技攻关计划等项目实施，元明粉生产达到全国领先水平，元明粉一等品率90%以上。

2002～2005年，淮阴区组织参加4届淮安科技洽谈会，共签订150余项各类技术合作项目，累计挂靠109家科研部门，与30多家高校、科研院所建立稳定的技术合作关系。上海太平洋化工（集团）淮安元明粉有限公司与南京工业大学、化工部连云港矿山设计院、长沙矿山设计院建立合作机制。农副产品加工，与江南大学、南京农业大学、江苏农学院、南京林业大学建立合作机制。建材产业，与南京工业大学、江苏省建筑设计院建立合作关系。高技术领域与清华大学、上海交大，东南大学、中国药科大学建立合作关系。每年解决重大技术难题8～10项，开发推广新产品10项以上。其间还推广管道防冻式太阳能热水器、低钠D-氨基葡萄糖硫酸钾盐项目。2008年，盐析法提硝工艺技术工业应用示范项目——日处理1000立方米制硝废水环保工程建成投产，公司在同行业中率先达到资源综合利用和污水“零排放”要求。

三、高新技术产业

1997年起，淮阴县开始培育高新技术产业，先后将盐化工、无公害农作物产品深加工、绿色环保建材产业作为域内的新型支柱产业来培育，并向省科委申报省列项支持。1998年，元明粉项目列入国家星火计划，获得1900万元贷款。2001年，盐化工产业列入江苏省苏北星火产业带支柱产业培育，盐化工产品申报的“五效逆流制硝工艺DCS系统应用工程”获得省科技计划项目支持。元明粉生产率先实现DCS自动化控制，上海太平洋化工（集团）淮安元明粉有限公司被批准为省第一批星火龙头企业。其承担的“冷冻制硝工艺研究”和“盐化工数据库建设”被省科技厅列为省科技攻关计划项目和其他计划。2002年，被淮安市确定为重点新产品的精炼食用调和油、PU革基布，采用DCS系统控制生产的新产品实现销售额1.6亿元、利税4800万元。上海太平洋化工（集团）淮安元明粉公司元明粉五效逆流制硝工艺中DCS系统应用示范工程获区科技进步奖一等奖。2003年，有高效太阳能热水器、粉煤灰烧结空心砖、冬青油、凌优大米、硫代硫酸钠、大众液压系列阀等高新产品，全年销售1.1亿元，实现利税420万元。2004年，“大北农”牌1%～5%混合饲料、盐酸克林霉氯化钠、中密度人造板、D-氨基酸糖盐、擦兹智能新型太阳能热水器、钼铁合金等产品，年销售额2.42亿元。是年，开发生产苏粤乳鸽、带汤牛羊肉真空软包装食品、无矾粉丝、五谷饼、精炼食拉油、858浓缩饲料，试验示范应用新型材料高保温无滴膜、纳米材料等，高新技术产业增加值达1.02亿元，占规模以上工业企业增加值的6.72%。2005年，投入350余万元对岩盐资源开采进行科学规划和勘探研究，并着手该产业的技术创新服务体系建设，《淮阴区岩盐资源综合利用暨盐化工支柱产业“十一五”规划纲要》通过省专家评审。是年，由元明粉厂等企业研制精制元明粉、橡胶密封条、海螺水泥、江龙高级棉纱、中密度稻草板、全玻璃太阳能真空集管、膨化大豆粕、整体液压多路换向阀、紫外光吸收剂BP-3、电磁溢流阀、恒业L天门冬氨基酸、天一饲料、“海”牌胶合板等新产品，实现销售额4.2亿元。此外，引进培育团头鲂、罗氏沼虾、鳜鱼、黄颡鱼、翘嘴红鱼白、锦鲤、獭兔等新品种，试验示范稻田养殖虾、鱼、蟹立体养殖新技术。盐化工支柱产业实现数据库管理，开发液相法泡化碱新工艺，开发生产紫外光吸收剂BP-3、UV-9、UV-531和冬青油产品，淮阴区制药厂还开发川芎嗪、利巴韦林和氟康唑注射液。示范推广生物有机肥料维他灵、旱秧绿、植物动力肥2003等生物调节剂，示范推广丰香草莓、苏蜜一号西瓜、特小凤西瓜等一批名特优蔬果新品种，试验示范无土栽培技术、二氧化碳气肥技术、地膜复盖技术、遮阳网技术、山芋脱毒苗技术等。2001～2008年，淮阴辉煌太阳能有限公司、淮安双鹤药业有限公司、淮安中天生物工程公司、万邦香料有限公司、淮安劲风橡塑公司等5家企业被江苏省科委批准为新科技产业。境内有高效太阳能热水器、管道防冻式太阳能热水器、氟康唑注射液、葛根素注射液、苦参素氯化钠注射液、盐酸克林霉氯化钠注射液、D-氨基葡萄糖盐酸盐、D-氨基葡萄糖低钠硫酸盐等11个高新技术产品。

第三章　科技服务

第一节　科技情报

1979年，淮阴县科委设立科技服务科，负责科技情报信息的收集、整理、输出工作。是年，印发

《淮阴县科技简报》，宣传党中央科技方针政策，交流县内和国内外科技信息，普及科学知识，至1982年，共刊印62期。1983年，科技服务科更名为科技情报科，开始着手情报建网的准备工作。是年，创办月报《科技信息报》，每期发行2000余份。农业局主办的《农业科技报》每周一期，每期发行1万余份。淮阴县卫生局主办《卫生报》，半月一期，每期发行1000余份。1984年，召开县首届科技情报工作会议，会议通过《淮阴情报网工作条例》，对淮阴县的科技情报工作进行部署。1985年，全县286家乡镇企业配有信息联络员300名，县经委所属的30家工厂企业均设立技术信息科，配有专职情报人员56名。县科委编印《烟草栽培技术》一书，发行省内外1万余册；淮阴县气象局编印《农业气象手册》，发行2000余册。是年，淮阴县科委选择袁集乡作为科技情报信息服务点，定向提供信息，介绍、转让成果。1986年11月，淮阴县召开首届信息发布会，为县内企业提供投资少、见效快、效益高的项目信息108个，印发信息资料500余项。1987年，县科委情报科通过信函形式与境外400多个单位建立情报交流关系，并与200余名境外高中级知识分子取得联系，形成一个内外贯通的科技情报网络。1989年，县科技局加强科技情报工作，配合县科协、农业局、多种经营局等部门的相关科室开展科技信息的收集、整理及发布工作。1990年，收集、整理科技信息1100条，编印《淮阴科技》12期。与王营镇共同举办一期信息发布会，发布科技信息47项。在450名村支部书记参加的培训班上，发布科技信息108项。1994年，县科委对有价值的科技情报，以各种科技展览会、科技信息发布会、新项目交易会等形式进行发布，先后组织4次，参加1000余人次。

1997年，建立省远程计算机信息网络淮阴县终端站，为全县各部门、各乡镇及所有企事业单位提供科技查询、信息检索等服务。1999年，淮阴县信息网点同因特网联网。1995～2000年，与有关高等院校、科研院所保持经常联系，交流信息，收集有价值实用信息2000余条以上。农业方面引进良种新品的种植技术、耕作管理技术、蔬菜良种栽培技术、旱育秧管理技术等；养殖业方面提供良种兔、鸡、鹅的饲养技术及家畜家禽防病治病技术等；工业方面促进县属企业与科研院所签约10家。推广农业科技成果63项，增加经济效益2300万元。2005年，着手科技信息中心及有关数据库、科技产品库建设，2008年建成。

1997～2008年，信息网络淮阴区（县）终端站每天收集整理实用科技信息，按照用户的要求和WEB信息资源的要求向外发布农村实用科技信息。

第二节　技术市场

1983年，国家科委召开全国首届技术贸易大会，淮阴县组织县乡镇局、县开关厂、县缫丝厂等12家单位参加。1984～1989年，全县技术转让12项，转让金15万元，意向性成交额70万元，实际成交额46万元。1990年，开展《技术合同法》《专利法》专题培训考试，全县有368个单位报名，2665人参考，合格2664人。组织10个单位150多人参加全市组织的知识竞赛，《淮阴报》刊登专题文章10余篇，办画报420期、广播6次。是年，技术转让3项，转让金3.5万元，意向性成交额18万元，实际成交额12.5万元。1991年9月19日，组织全县33个单位560余人参加淮阴市政府举办的金秋交易会，参展产品180种，成交额532.8万元。10月18日，组织14个委、局和30个乡镇领导人以及各企业负责人、科技人员共480人参加市交易洽谈会，签订83项意向性合同，项目总投资3000余万元，正式签订合同7项，成交额139.8万元。1994年，组织17人去新疆参加边贸洽谈会，成交额1000万元以上。

1999年，批准建立淮阴县飞达农村实用技术研究所、淮阴县国华良种场2个民营技术贸易组织。至2000年，全县组织企业参加各级技术交易大会，累计成交额1200万元。2004年，在淮安专利技术展暨科技洽谈会上，淮阴区展示工业、农业技术成果和专利技术20余项，签订28项各类技术项目和24项意向合作协议项目。2001～2004年，累计认定10家民办非企业，签订各类技术服务合同500份，技术贸易额3000万元。2005年，组织800余人参加2005淮安科技洽谈会，签约项目33个，实现技术合同成交额584万元。2006年，组织700余人参加2006淮安科技洽谈会，邀请40所高校、科研院所、高技术企业70多名专家参加，签订技术性合作项目34个，项目总投资额47438万元，项目技术转让费824万元。2007年，组织900余人参加2007年淮安科技洽谈会，邀请著名高校和科研院所的52名专家参加，签订技术性合作项目40个，实施39项；项目总投资9.5亿元，其中技术转让费3837万元；展示20多项实施科技"五大工程"成果和10项高技术产品。2008年，在淮安市科技洽谈会上，征集有效技术难题（技术需求）50项，正式签订技术合作项目40个，项目总投资11.2亿元，其中技术转让费2177万元。

第三节　科技咨询

1983年，全县各科技协会、学会开始对外接受科技咨询服务。是年，黄河故道综合开发领导小组聘请南京农业大学土壤系教授朱克贵和南师大地理系教授魏长怀担任技术顾问。1984年，淮阴县糖酒废料制备酵母蛋白开发领导小组聘请无锡轻工业学院教授金其荣担任技术顾问，承担总体设计任务与技术指导。至年底，县内各学会、协会开展服务320项（次），其中县农业学会接受咨询服务项目12个，实现经济效益18万元。1988～1999年，县科委情报科和县科协咨询部组织各学会有专长的会员按不同学科分成42个咨询小组，开展无偿和有偿两种咨询服务，接受咨询服务15000余人次。其中，专利咨询60余人次，发放宣传手册、技术资料2万余册（份），发布科技信息3000余条，实用技术培训4000余人次。2000年，组织有关专家携带5000份技术资料到丁集、新渡、袁集、西宋集、王兴等乡镇开展服务5次。

2002年，淮阴科技网开通，开展网上科技咨询、网上难题招标，发布农副产品供求信息，专项发布意杨栽培技术、种苗供应、杨树虫害防治、木材加工等信息。2004年2月24日，淮阴区科技局在小营广场宣传禽流感预防知识，发放资料2000余份。5月20日，组织15个区直单位部门去吴城、刘老庄等乡镇送科技下乡，发放各类资料2万余份。是年，明确21个乡镇民政助理为乡镇灾情信息网络员。2004年，全县科技咨询活动逐步以网上咨询为主，辅以科普宣传周和窗口咨询服务，全年接受咨询2000人次。2005年，送科技下乡10批次，发放科技资料1万余份；举办农村科普画展2批次；举办农村实用技术培训班10期，受训人数5000余人次，接受咨询1000人次，累计发放科普资料1万余份；建立丁集镇、袁集乡、徐溜镇等3个市级"学、做、建"科普活动示范点。2008年，组织23个单位参加科技活动周，发放资料8000余份，受教育2万人次，接受咨询4000余人次。

第四节　科技交流

1979年始，淮阴县各类学会普遍开展学术交流活动。1980年，澳大利亚畜牧学家到县种猪场考察。县金属制品厂派人赴日本考察温室大棚栽培技术，先后考察爱知县农业试验场和名古屋市大仙温室工厂，参观温室制造及综合利用现代化农业设备和温室栽培管理情况，并走访部分农户，接触国外温室技术的最新成就。回国后，县金属制品厂参照日本的模式，投资3.5万元，研制一幢800平方米现代化温室，并对淮阴地区农村水稻区1950幢育秧温室进行技术改造。是年起，全县科技人员按专业先后成立21个学（协）会、研究会，利用学科齐全、跨行业、跨部门、横向联系的特点和优势，以学会为阵地开展学术交流活动。1981年，农艺师王冠英、王祖受江苏省轻工业厅委托，赴南京高淳等县进行甜菜生产技术讲学活动。1982年6月20日，轻工业部和省轻工业厅在淮阴召开全国糖业学会第一届年会，主要研讨甜菜露地越冬采种技术。1983年，淮阴县医学会邀请解放军八一医院著名骨科专家到淮讲学，40余名会员听课。1985年2月，淮阴县鞋帽厂引进一套意大利真能公司生产的80年代最新制鞋设备。整套生产线操作仅需2人，设备投资120万元，是苏北同类厂家最大的设备引进项目。技术人员及操作人员先后二次赴真能公司学习培训。意大利真能公司派出3名技术专家到厂进行调试并进行技术培训，经调试制鞋设备运转正常投入生产。9月，淮阴县塑料一厂从奥地利引进3000克注塑机，投资100万元。该厂从香港聘请两位退休厂长到厂指导注塑技术，使进口设备及时投入生产。11月，淮阴县织布厂从英国引进一台IK600型加弹机设备，为该厂原有设备配套生产涤沦特色纤维（异色混纤网络丝）、新型面料。设备投资90万元。

1979～1987年，全县各学会开展学术交流活动71次，参加人数3078人次。其中，1986～1987年，全县各类学会举行学术报告会25次，1200余人参加；举行学术论证会35次，200余人参加；开展学术交流活动21次，320人参加。学会创办的会刊有《物理教研》《化学教研》《卫生报》《农业科技报》等。1998年，全县有38个单位与20所大专院校或研究院所签订技术合作协议77项，与南京化工大学、淮阴工业专科学校合作的"硫基氮磷钾复合肥"和"牛羊肉制品的包装与保鲜技术"申报1999年度星火计划项目。是年，邀请日本福井大学教授、农学博士吉武哲夫来淮就多年难以解决的大棚蔬菜生产茬口连作障碍等技术难题进行指导。

2000年4月11～13日，县科技局邀请加拿大农业专家艾甘保教授到淮阴传授农业技术。是年后，科技交流活动形成常态化。教育、卫生、农业、工业等主管部门每年都邀请科研机构、高等院校专家学者到淮传授科技知识，开展学术讲座。

1988～2008年，全区（县）先后组织科技专题讨论会、学术讲座1800次，参加72300人次；交流学术论文1300篇，推荐到省、市级交流的优秀论文260篇，在市级以上学术杂志发表203篇。

第五节 专利申请

1990年后，淮阴县逐步重视和加强知识产权保护和宣传工作。1991年后，开展知识产权保护宣传活动。1992年9月，出台《淮阴县专利管理工作试行意见》，明确专利工作协调、管理以及专利技术开发、实施、保护、奖励、权属等有关规定。成立专利管理办公室，开展宣传培训、专利网络建设和专利管理等工作。是年至2000年，累计制作专题板报36期、画廊16期，举办各类培训（学习）班3次，受训310余人次。2001年，申请专利10项，获国家授权专利8项。2002年，申请专利15项。2003年，区政府对县内个人申请专利给予资助，规定专利申请人每申报1项发明专利，资助经费800元，实用新型或外观设计的专利每项资助600元。是年，全区申请专利5项。2004年，编印2000余份《专利政策法规选编》宣传手册，加大专利管理宣传。区政府制定对发明人、设计人获得专利给予奖励政策。是年，申请专利47项。2005年，申请专利100项。2006年，申请专利237项，淮阴区被列入省知识产权试点区。2007年，全区申请专利251项，其中外观设计专利184项，实用新型专利34项，发明专利33项，发明专利占专利总数13.15%。2008年，全区申请专利419项，其中外观设计专利339项，实用新型专利20项，发明专利60项，发明专利占总数的14.3%。是年，发放专利申请资助费12万元，区科技局被省知识产权局表彰为"江苏省知识产权宣传培训工作先进单位"和"推进企事业知识产权工作先进单位"。

第四章 气 象

第一节 机 构

1978年，淮阴县气象站内设预报股、测报股、农气股，有工作人员4名，隶属县农业局。下设刘老庄、棉花、陈集、三树、北吴集等气象哨。1980年11月，气象站升格为气象局，隶属淮阴地区气象局。1983年，农气股观测点升级为国家农气观测基本站。1984年，县气象局划归县管，撤销预报股、测报股，成立农业气象站和气象服务站，以抄传市气象台天气预报和地面观测为主。1985年，增设渔沟、王兴两个气象哨。1987年4月气象哨全部撤销。1988年，县气象站地面观测项目改为辅助气候站，农气观测为国家农气观测一级站。1989年3月，县气象局实行双重领导体制，财务、业务隶属淮阴市气象局管理，党务、政务由地方政府负责，内设预报股、测报股、农气股，正科级事业单位。1992年，县气象局停止地面观测项目，保留农气观测项目。1998年，防雷设施检测站成立，负责全县防雷安全管理。2001年，淮阴县气象局更名为淮阴区气象局，下设业务服务股、办公室、防雷设施检测站。2006年，防雷设施检测站更名为淮阴区防雷管理中心。2008年，下设业务服务股、办公室、防雷设施检测中心，有工作人员7名。

第二节　气象观测

1978年，地面观测项目有干湿球温度、气温、气压、风向、风速、地面湿度、曲管湿度、云状、云量、能见度、天气现象、降水、虹吸雨量、地面状态、蒸发、日照、积雪及各种天气现象的起止时间等。农气观测的项目有小麦、玉米、水稻、油菜等各种不同作物的生长发育期，每月8日、18日、20日测定0～100厘米不同深度的土壤含水量。1980年，开始进行物候观测。观测项目有洋槐、水杉、泡桐、榆、桑、柳、杏、枣树等展叶、开花或开放以及落叶的最早和最迟日期；雁、燕、蝉、蛙、布谷鸟等的始见和终见及始鸣和终鸣日期。1985年1月起，使用新版湿度查算表。1998年，气象观测记录资料报表脱离手工抄录，实现计算机编制气象记录报表。2000年5月1日，县气象局承担编发天气加密报任务，在每天8时定时编发。2002年1月起，停止向省气象局上报天气表-1纸质报表。10月，区气象观测站装备ZQZ-CⅡ型地面气象综合有线遥测仪，该仪器由气象仪器传感器、采集器主机箱、电源箱、计算机、UPS打印机等部分组成，对风向、风速、温度、湿度、气压、雨量、地表温度、地表温度（5～20厘米）等气象要素进行连续自动测量，并结合尚未实现自动测量的项目（如日照、云、能见度和天气现象）由人工观测后输入观测结果，经计算机按业务工作规范要求进行计算处理、显示、打印报文和报表，并实现观测资料的存盘和查询。从ZQZ-CⅡ型地面气象遥测仪投入业务运行起，每10分钟通过网络上传本地实时气象资料。

2003～2008年，淮阴区气象局先后在渔沟、南陈集、刘老庄、丁集、王兴、三树、徐溜、古寨、西宋集、棉花庄10个乡镇建立10个雨量自动观测站，在汤集设立1个中尺度自动雨量观测站。

第三节　预报服务

1978年，淮阴县气象站利用农村有线广播站播报气象消息，与县广播站联合开办气象知识专题讲座节目。至1980年，气象站利用收音机收听淮阴地区中心气象台和上级以及周边气象台站播发的天气预报和天气形势。气象信息发布主要通过广播、递送天气公报和邮寄旬报方式向全县发布气象为农信息。1981年，利用卫星云图接收气象信息。20世纪80年代，县气象局以电话、传真等方式向县委、县政府提供决策服务。80年代中期，通过县电视台发布气象信息，由县气象站提供气象资料，淮阴县电视台制作电视气象节目，每天3次向全县发布短期（3天）、中期（旬）和长期（季度）天气预报，开展日常预报、天气趋势、生活指数、灾害防御、科普知识、农业气象等服务。凡长期预报、关键时期预报、降水趋势预报、月平均气温、极端气温，均打印成书面材料寄送有关单位。1987年1月1日起，气象预报节目改为播送淮阴市气象局天气预报。90年代后，逐步开发“天气公报”“重要天气报告”“重大灾害性、突发性、转折性天气预警信息”和“汛期（5～9月）天气形势分析”等决策服务产品，准确预报灾害天气过程，及时向党委、政府和有关部门提供决策服务。

1996年后，县气象局利用电话、传真、“121”（后改为“96121”）、电子显示屏、淮阴电视台播报等方式，发布天气预报、预警信息、天气实况、天气变化趋势以及极端天气态势等，指导农业生产，促进增产增收。围绕构建农村新型气象工作体系，推进现代气象业务体系、气象应急管理体系、公共气象服务向农村延伸，创新气象为“三农”服务模式，实施“农村气象防灾减灾”和“信息进村入户”工程，强化气象灾害防御社会化管理职能。2000年，通过淮阴兴农网、淮阴政务网和淮阴县电视台等媒体，发布农业、气象、政务等各类信息。建立气象网络应用平台、专用服务器和省市县气象视频会商系统，为气象信息的采集、传输处理、分发应用、会商分析提供支持。是年后，区气象局利用“3·23”世界气象日、“5·12”防灾减灾日、“5·18”行政执法服务集中宣传日送科技下乡，举办气象科普电视讲座，让气象科普入村、入企、入校、入社区。2007年，联合区法制局、区安监局印发《防雷安全知识》20万份，全区每个农户1份。2008年，区气象局通过淮阴兴农网、淮阴政务网和淮阴区电视台等媒体，为农业生产、农民生活提供气象服务，同时还聘请全区21个乡镇258名村党支部书记为气象信息员，及时传递重大灾害性、突发性和转折性天气信息和上报灾情等。

2000年～2008年，每逢元旦、五一、国庆、春节等重大节日和人大政协“两会”、招商引资项目集中开竣工、淮扬菜美食节等重要活动及春播、夏收、高考、秋种、汛期等特殊时段，均提供气象服务保障。

第四节　气象行政管理

90年代后期，县气象局逐步开展建筑物防雷装置、新建建（构）筑物防雷工程图纸审核、设计评价、竣工验收、计算机信息系统等防雷安全检测。2000年起，淮阴县（区）气象局每年3月和6月均开展气象法律法规和安全生产宣传教育活动。2000年4月至2006年2月，淮阴区（县）气象局与区（县）建设局联合开展防雷工程图纸审核。2005年4月，出台《淮阴区防雷装置设计审核和竣工验收实施细则的通知》等规范性文件，将“防雷装置设计审核和竣工验收”纳入行政许可审批项目。区安委会明确非矿山企业和危险化学品生产、运输、经营单位及中小学校等为防雷安全重点单位。气象工作纳入区政府目标责任制考核体系。2006年3月，成立区行政服务中心，在该中心设立气象行政许可审批“窗口”，委派中层干部负责气象探测环境保护、气球施放、防雷装置设计图纸审核、施工监督和竣工验收。12月，印发《关于建立淮阴区城乡灾害性天气安全预警系统的通知》，将城乡灾害性天气安全预警系统纳入区政府公共事件应急体系。七项行政许可“窗口”每年审核防雷设计150份以上。2007年，逐步开展农村防雷减灾工作。是年，编制气象灾害应急预案和重大气象灾害应急联动预案。

2008年3月，建立政务信息公开制度，编制政务信息公开目录及内容，接受群众监督。8月，成立气象行政执法大队，4名兼职执法人员均通过区政府法制办培训考核，持证上岗。至年底，区气象局与安监、教育、卫生等部门联合开展气象行政执法检查60余次，气象审批窗口共办理审批事项62件。

第五章　防震减灾

第一节　机　构

1978年，淮阴县设立地震办公室（以下简称县地震办），有工作人员2名。1981年机构改革，撤销县地震办，保留2人在科委从事地震工作。1984年机构改革，科委不再保留地震工作人员。1996年10月，恢复县地震工作机构，淮阴县地震局成立，为县政府直属正科级全民事业单位，编制6人，内设办公室、综合科、震防科。2001年，淮阴县地震局更名为淮阴区地震局。2007年，地震局为区政府参照公务员管理事业单位。2008年，编制6人，设局长1名、副局长1名、科长2名，内设综合科、震防科（挂执法大队牌子）。

第二节　地震观测

1978年，淮阴县有和平等地震观测点3个，设水位和水质观测点1个、宏观观测哨1个，观察动物活动情况。主要观测设备有RYC-2型多功能钻孔应力应变仪、ZNC型质子磁力仪、CZM-2型质子磁力仪、HD-87型动物节律自记仪、CO_2测定仪等。各观测点每天观测1次，记录数据并及时向县地震办上报，县地震办汇总分析后，再及时向淮阴地区地震办公室报告。1980年后，地震观测工作逐渐不受重视，仪器设备长期缺乏管理和维护，仪器观测误差不断加大，宏观观测点也逐步被取消，全县地震观测手段出现空白。1996年恢复地震办后，地震观测手段仍然停留在宏观观测的基础上，主要是设立动物宏观观测点，进行井水异常情况的观察等。1998年后，地震观测逐渐受到重视，在市地震局的支持下，顺利实现震情信息电脑网络化，同时在果林场、新渡、丁集等乡镇各选配1名信息员，对他们进行地震科普知识培训，要求平时从水质、动物活动、时限等方面进行观测、分析，做到观测资料准确、及时、连续、可靠。是年，选定断层气CO_2快速监测项目为适合淮阴县情的地震监测项目，选点投入试运行，并协同县科委联合撰写关于断层气CO_2快速监测可行性报告。1999年，撰写《淮阴—响水断裂带1号断层气CO_2监测和地温监测小结》，取得初步测报经验。协助市地震局完成《关于断层气CO_2观测暂行规定》。2000年，在县果林场场部西孙大泓河东侧建造数字化地震前兆观测站，占地1800平方米，围墙长180米，观测室及磁房80平方米，总投资35万元。2002年1月，建成强震仪测报房，强震仪与省地震局联通。是年，新建一座现代化地震前兆观测台。2004年6月，在新渡乡佟洼村完成七度区农村住房抗震情况的抽样调查工作。2007年，江苏省第一台沙尘应力仪在果林场建成运行。在21个乡镇建立群测群防网络，明确规定各乡镇的民政助理为群测群防联络员。

2008年，地震、规划、城建等部门合作，对区内农民集中居住点的相关资料（图纸、抗震设防要求、勘探报告等）进行统计、收集。对原有群测群防联络人员进行更新调整，并进行相关知识培训，使之能更高效、高质地行使职能。区内建成3个具有一定规模的宏观观测点，定期对观测员进行业务培训，并对其记录进行检查和指导。是年，淮安市东方双语学校被命名为省级防震减灾科普示范学校，王营镇营东社区被命名为省级地震安全社区。

第三节　防震管理

一、震害防御

1993年3月，淮阴县成立防震抗震指挥部，由32人组成，县长任总指挥。5月，出台《淮阴县破坏性地震应急预案》，明确指挥部及办公室组成单位和职责、各相关部门的职责、应急措施等。1997年3月，出台《淮阴县建设工程抗震设防管理及地震安全性评价工作管理办法》，对境内建筑物提出抗震设防要求及实施办法，将地震安全性评价列入基本建设管理程序。同时制定实施细则，对抗震设防要求、管理程序、管理方法、管理权限作了明确规定。对《淮阴县破坏性地震应急预案》进行二轮修订。同期，县地震局、公安局、卫生局、交通局、教育局、自来水公司、供电公司、电信局等主管部门均制定本部门应急预案。1999年，完成《淮阴县防震减灾应急宣传预案（草案）》的制定工作。2004年，中国地震烈度区划图中，淮阴地震烈度定为Ⅶ级。是年，完成全区地震应急预案的修订和完善工作，印发修订后的《淮阴县破坏性地震应急预案》，成立以区长为组长的领导小组和相关职能部门负责人为副组长的应急小组。2005年,再次修订完善破坏性地震应急预案。7月,建立防震减灾工作联席会议制度,统一领导协调防震减灾工作。11月10日,组建区、乡镇两级群测群防网络,明确各级网络的联络员名单,邀请淮安市地震局专家王九祥作地震群测群防知识讲座。出台震情监视工作方案,明确24小时值班制度,加强与市局的联系和沟通,及时掌握各类相关信息。2007年,参照最新的相关文本,对2004年版的应急预案进行重新修订,使破坏性地震应急工作有章可循、有据可依、职责分明。

2008年,指导各乡镇编制本级地震应急预案。组建42人的应急救援志愿者队伍,制定相关章程、制度,举行授旗仪式、宣誓活动,对志愿者进行地震应急救援业务培训。

二、建设工程抗震设防管理

淮阴建设工程抗震设防管理起步较晚。1997年,出台《淮阴县工程建设场地地震安全性评价管理(暂行)办法》,所有建设工程的立项书中均增设地震局意见一栏。是年,全县提供抗震设防管理工程2个,1998年增加至7个。1999年,审批各类建设工程项目89项,并对不同工程项目提出相应的抗震设防要求。2002年,抗震设防管理纳入本区的基本建设程序。2004年,完成区医院综合病房楼和华能热电厂等可能发生严重次生灾害的建设工程地震安全性评价结果审批工作。2005年,帝景豪庭等9个新建工程接受地震安全性评价。是年,区地震局作为第一批进入区审批中心的窗口单位,对全区的建筑工程进行一站式管理,将新建、扩建、改建的建设工程全部纳入建设管理程序。此后,全区的抗震设防管理率达到100%。2006年,先后对银河湾小区、淮阴师范学院教学楼、公安实训大楼等14个新建工程进行安全评价。2007年,完成3个重大项目的建设工程抗震设防安全性评价及60余项建设工程项目审批。

2008年,审批项目20个,完成安评项目5个。与地震、规划、城建等部门合作,对区内农民集中居住点的相关资料(图纸、抗震设防要求、勘探报告等)进行统计、收集。是年,境内未发生地震。

1983~2007年淮阴区(县)地震发生情况一览表

表25-5-1

年份	纬度	经度	震级	
	(北纬)	(东经)	ML	MS
1983	33° 25′	118° 48′	1.7	0.8
1994	33° 55′	118° 58′	1.5	0.6
1995	33° 31′	118° 46′	1.7	0.8
1995	33° 28′	118° 46′	1.7	0.8
1995	33° 37′	119° 01′	1.5	0.6
1996	33° 45′	118° 55′	1.7	0.8
1998	33° 37′	119° 02′	1.4	0.5
2006	33° 37′	119° 02′	1.0	0.1
2007	33° 24′	118° 53′	2.0	1.2

第二十六篇　教　育

淮阴素有尊师重教的传统美德。1978年后，教育愈加受到重视，发展教育事业被列为“科教兴县”战略的重要内容。1985年起，县内义务教育办学体制实行“分级办学、分级管理”的模式。教育经费以乡镇为主。2004年起，实行“分级管理、以县为主”的体制，教育经费投入保障机制得到完善。

1978年，全县有幼儿园1所、完全小学414所、初中10所、完全中学30所。1985年，全县有幼儿园205所（含学前班）、小学375所及教学点8个、初中80所（含联中）、完全中学6所、职业中学1所、电大管理站1个、教师进修学校1所。1988年起，全县中小学实施布局调整。2008年，全区有幼儿园95所、小学76所及教学点68个、初中20所、完全中学4所、高级中学1所、九年制学校8所、民办十二年一贯制学校3所、职业中学5所、特殊教育学校1所、教师进修学校1所、青少年活动中心1个，在校学生113549人。小学生毕业率100%，升学率100%；初中生毕业率99.32%，毕业升学率94.1%；高中入学率57.17%。2005年，对家庭经济困难的学生实行“两免一补”（免杂费、免书本费、补助寄宿生生活费）制度。是年1月，经江苏省教育厅批准，淮州中学晋升为省四星级普通高中。2006年，义务教育阶段所有学生免收杂费。2007年起，义务教育阶段学生免收杂费、课本费。

经过31年的发展，全区幼儿教育初具规模，义务教育均衡发展，高中教育升学率逐年上升，职业教育服务地方经济的能力越来越强，素质教育成为主导。教师政治地位和经济待遇不断提高。

第一章　教育行政

第一节　机　构

一、管理机构

1978年，淮阴县教育工作由县革委会文教局负责。是年，县文教局内设人事科、中教科、初教科、财务科、秘书科，编制12人。1983年，县文教局内设秘书股、人事股、财务股、教育股、文化股。

1990年1月5日，县政府决定将文教局分设为教育局和文化局。教育局内设人事股、教育股、计财股、秘书股、纪律检查组等。1996年8月，撤销教育股，设立初等教育股、中学教育股，此后又增设职业教育股。1997年6月，县教育局更名为淮阴县教育委员会，内设办公室、人事股、计财股、初等教育股、中学教育股、职业教育股、政教股、审计股。

2001年2月，淮阴县教育委员会更名为淮安市淮阴区教育委员会。同年12月，淮阴区教育委员会更名为淮阴区教育局，原淮阴区体委更名为淮阴区体育局后并入教育局，挂区体育局牌子。教育局机关行政编制26人，行政附属编制3人，设局长1人、副局长4人，内设办公室、人事科、计财科、中教科、初教科、德体卫艺科、职业教育科等股级职能科室，并在办公室加挂信访室牌子，在计财科加挂审计科牌子，在德体卫艺教育科加挂体育科牌子。2004年8月，职业教育科更名为职业教育与社会教育科，在人事科增挂教育人才分中心牌子。2005年，撤销基建办，其职能并入计财科；撤销教科室，其职能并入教研室。

2006年12月，教育局内设机构增设安全监督办公室。2008年11月，恢复成立审计科。

二、直属单位

【教研室】 1990年，设立淮阴县文教局教研室，有工作人员51名。2001年2月，更名为淮阴区教育委员会教研室。2008年，更名为淮阴区教育局教研室。

【成人教育办公室】 1994年7月19日，县文教局设立成人教育办公室，有工作人员13名，负责扫盲和成人培训。2004年8月，成人教育办公室更名为社会力量办学管理办公室。至2008年，机构、职能无变化。

【职工教育办公室】 1981年，县政府设立淮阴县职工教育办公室，具体负责各单位职工教育工作。2001年，更名为淮阴区职工教育办公室。至2008年，机构、职能无变化。

【招生办公室】 1984年5月26日，县文教局设立招生办公室，有工作人员2人，负责招生考试。至2008年，机构、职能无变化。

【勤工俭学办公室】 1998年5月26日，县文教局设立勤工俭学办公室，负责校办产业工作。2004年8月，勤工俭学办公室更名为教育装备与勤工俭学办公室。至2008年，机构、职能无变化。

【电化教育中心】 1990年，增设电教装备中心。2004年8月，电教装备中心更名为电化教育中心。至2008年，机构、职能无变化。

【教育档案室】 2001年10月，成立教育档案室，编制3人。至2008年，机构、职能无变化。

三、挂靠单位

【政府督导室】 1990年7月，成立淮阴县教育督导室，建立教育督导制度。1996年8月，县教育督导室为县政府挂靠机构。受县政府委托，履行“督政”“督学”职能。2001年12月，淮阴县人民政府教育督导室更名为淮阴区人民政府教育督导室，其性质、职能隶属关系不变。至2008年，机构、职能无变化。

第二节 教育经费

一、收入与支出

1980年始，全县集中抓“一无两有”（校校无危房、班班有教室、人人有桌凳）工作，其经费三分之一是省、市财政补贴，三分之二是群众集资和学校自筹。学校基建维修经费由县文教局根据各学校具体项目下拨。1984年起，开始征收教育事业附加税。农村由乡镇农经站或财管所按人均承包纯收入的1%～1.5%计征。1985年，农民按社会纯收入1.5%比例征收；城市由税务部门按工业、交通、企业销售和经营收入额2‰计征；建筑、电子、邮电、商业、供销、粮食、农牧、旅游等企业，按1.5‰计征；文教卫生、饮食服务、城市公共及企业化的事业单位，按1‰计征。是年，实施“分级办学、分级管理”。此后，国家拨给乡镇教育事业费，由县下达到乡镇包干使用，不足部分以及发展事业和改善教职工待遇所需经费，由乡镇筹集。乡镇财政收入主要用于教育。1990年，提高城市教育附加费征收标准，按“三税”（增值税、营业税、消费税）2.5%计征，按月拨入教育局预算外账户。农村的教育附加费和农民捐资，一律由乡镇农经站负责筹收，及时交乡镇财管所管理，根据使用计划拨给教育部门使用。20世纪90年代起，连续三年城乡每人每年均捐资助学5～7元，干部职工按每人每年工资总额的1.5%捐资，由各单位收集。农村纳入春定合同一并筹集，城镇居民由镇人民政府筹集，每年7月底汇至教育预算外账户，专款专用。1993年，根据国务院颁发的《中国教育改革和发展纲要》以及省市有关文件精神，县财政教育拨款做到“三增长一优先”（教育拨款的增长要高于财政经常性收入的增长，在校学生人数平均的教育费用逐年增长，教育拨款在财政支出中的比例逐年增长，基本建设投资的增加部分，优先用于教育事业）。1995年，建立人民教育基金，开征地方教育费附加。人民教育基金由县人民教育基金管理委员会具体负责管理，由教育局提出意见经基金会同意后安排使用。教育地方附加费除按规定上交省财政外，其余则按“先收后支、专款专用、结余结转”的原则使用。

1995年淮阴县地方教育费附加征收标准一览表

表26-1-1

<table>
<tr><th rowspan="2">人民教育基金</th><th colspan="2">干部职工</th><th colspan="2">个体工商户</th></tr>
<tr><th>月工资（元）</th><th>计征额（元/年）</th><th>户型</th><th>计征额（元/年）</th></tr>
<tr><td></td><td>401～500</td><td>15</td><td rowspan="2">大户</td><td rowspan="2">30</td></tr>
<tr><td></td><td>501～600</td><td>25</td></tr>
<tr><td></td><td>601～700</td><td>40</td><td rowspan="2">中户</td><td rowspan="2">20</td></tr>
<tr><td></td><td>701～800</td><td>50</td></tr>
<tr><td></td><td>800以上</td><td>60</td><td>小户</td><td>10</td></tr>
<tr><td rowspan="2">地方教育费附加</td><td>名称</td><td>实交三税总额</td><td>新扩建住宅</td><td>楼堂馆所</td></tr>
<tr><td>计征额</td><td>1%</td><td>10元/平方米</td><td>20元/平方米</td></tr>
</table>

1996～2000年，加大基本建设力度，改造危房、改造薄弱学校和中小学布局调整修建校舍共461436平方米，投入经费1.92亿元。资金主要来源为：省财政专项补助、市县财政配套资金、乡镇财政投入、学校自筹、施工单位垫支、社会各界捐款。

2000年12月15日，建立农村中小学教师工资统一管理、分户发放制度，对乡镇中小学预算外资金实行县级统一管理。2001年，贯彻落实以区为主管理体制，调整中小学委派会计管理体制，各乡镇中小学委派会计实行区直管，由财政局会计办公室管理。2002年5月起，全区统一发放教师工资，由区财政直接从国库划拨至代发银行进入教师工资卡。

2001～2003年，全区中小学布局调整（修建校舍）共投入资金9213.1万元。2004～2006年，全区教育设施改造投入经费4706.37万元（不含省配套补助经费）。至2006年，全区公办中小学设施建设负债累计11872万元，其中义务教育阶段负债6869.34万元。2007年，清产化债，由省财政承担并偿还3711万元，余额由区财政承担并偿还。2008年，财政性教育经费支出44927万元，教育事业费支出43722万元。

1988～2008年淮阴区（县）教育经费支出统计表

表26-1-2　　单位：万元

项目 经费 年份	财政性教育经费	教育事业费	教育费附加	教育部门基金
1988	1262.3	1262.3	—	—
1989	1450.2	1450.2	—	—

续表26-1-2

年份＼经费＼项目	财政性教育经费	教育事业费	教育费附加	教育部门基金
1990	1713.1	1696.6	16.5	—
1991	1791.5	1758.5	33.0	—
1992	2151	2119	32.0	—
1993	2445	—	—	—
1994	3988	3943	45.0	—
1995	4125	3997	128.0	—
1996	4571	4481	90.0	—
1997	4548	4439	—	109
1998	4723	4612	111.0	—
1999	7072	6840	119.0	113
2000	7710	7478	141.0	91
2001	12812	12542	169.0	101
2002	10437	10102	335.0	—
2003	10780	10465	294.0	21
2004	13030	12644	318.0	68
2005	16774	15934	825.0	15
2006	20868	19862	1006.0	—
2007	39776	36628	3148.0	—
2008	44927	43722	1205.0	—

说明：1996～1998年为预算内支出，1999～2008年为预算内、预算外支出。

二、勤工俭学

中共十一届三中全会后，校办产业发展较快。1979年，县教育局教研室办印刷厂，挂牌县实验小学印刷厂。1980年，全县有校办厂3家，总产值46728元，纯收入2万元；校办农场、林场等农副业土地16.32公顷，纯收入33107元。1981年，全县校办工厂发展到6家，总产值8.65万元，纯收入2.83万元；校办农场20.43公顷，纯收入8.05万元。1984年，成立勤工俭学办公室。至1987年，县内共有实小印刷厂，县中镀锌厂，淮海中学织布厂、软件厂，赵集小学、三树小学、杨庄中学印刷厂，小营中学大发修理厂，渔沟中学综合厂，教师进修学校小五金厂，新渡小学腐竹厂等16家校办厂，有34个校办商店以及农、牧、渔等校办产业，总产值649万元，纯收入7万元。这些校办小企业因市场等因素，数年后相继倒闭。1988年，淮阴县校办企业服务公司成立，对全县中小学教师的办公用品、学生的学习用品和学校的建筑材料实行包购包销。1990年，撤销淮阴县校办企业服务公司。

1992年，成立淮阴县校办工业公司。1993年，县印刷厂移交给县教委，作为县教委下属企业，后改制为淮阴县亨达印刷有限公司。1996年，成立淮阴县求实科技用品公司。1998年，成立淮阴县教学仪器设备有限公司。均为集体经济性质、独立核算。

1993～1995年，提出大力发展校园经济，把发展校园经济与绿化、美化、净化校园环境结合起来，能种则种、能养则养。校园经济有养猪场、养羊场、养鸽场、滕稔葡萄园等。1996～1999年，校园经济以"万元村小"的普及为重点，以基地建设为突破口，发展第三产业，以三产带二产，促进校办产业全面发展。1998年，淮阴县被省教委评为"校园经济先进县"。

1999年，剥离学校的后勤系统，以企业的模式运行，食堂、商店承包给个人经营，实行一校一店，公开竞标。2002年3月，校办企业改制，亨达印刷有限公司卖给私人经营。是年11月，教学仪器设备有限公司停止经营。2008年，淮阴区校办工业公司与淮阴区教学仪器设备有限公司合并，成立淮安市淮阴区教学用品服务公司。

1988～2008年淮阴区（县）勤工俭学产值、利润统计表

表26-1-3　　单位：万元

年份	产值	利润	年份	产值	利润
1988	676.6	56.6	1999	6230.0	680.0
1989	920.0	79.0	2000	4559.0	792.0
1990	648.0	78.3	2001	7885.0	896.0
1991	644.4	78.7	2002	4610.0	470.0
1992	1001.0	124.0	2003	4038.0	557.0
1993	1314.0	151.0	2004	4428.0	560.0
1994	2892.0	352.0	2005	4650.0	506.0
1995	4590.0	554.0	2006	3486.0	523.0
1996	5347.0	692.0	2007	3743.2	587.5
1997	6520.0	590.0	2008	3914.0	632.0
1998	7002.0	804.0			

三、学杂费

1978年2月，学杂费征收实行县城和农村两种标准。县城学生每学期高中5.5元，初中4.5元，小学高年级3元、低年级2.5元。农村每生每学期比城区同学段学生少交1元。1987年，中小学只收杂费，城区和农村实行一样标准，每生每学期高中7元，初中6元，小学高年级4元、中年级3元、低年级2元。1989年1月，县教育局、财政局、物价局联合发文，义务教育阶段只收杂费，非义务教育阶段（高中、职业高中、幼儿园）征收学费和杂费，实行重点学校、城区学校、农村学校三种收费标准。除学杂费外，学校向学生收取代办费，属于代收代支费用。主要项目有书本费、报刊费、寒暑假作业费、文娱体检费、卫生防疫费等，期终与学生结算，多退少补。后增加住宿费、水电费、人身保险费、电教材料费、计算机上机费、自行车看管费等，这些项目在学生自愿的前提下代收代支。

1991年起，学杂费项目增加外地在淮阴县借读学生培养费（简称"借读费"），每生每学期小学30～40元、初中40～70元、高中60～80元，此后逐年有所调整。1992年，每生每学期杂费调整为小学14元、初中22元、普通高中70元、重点高中84元。1995年秋，普通高中、职业高中计划外招收的学生（简称"自费生"），征收的学费（又称"培养费"）高于计划内招收的学生。

1996～2003年，学杂费收费项目基本没有变化，收费标准不断提高。因初三、高三毕业班教学内容多，星期六上午可对学生进行补课，并收取补课费。

2005年春，推行"一费制"收费办法，"一费制"收费项目、收费标准由区教育局、财政局、物价局核定，开学时公布上墙，一次收取，学期中途不得另立项目收费，期终与学生结算，并公布结算清单。

2006年起，义务教育阶段学生免收杂费。2007年起，义务教育阶段学生免收杂费、课本费。

2003年淮阴区幼儿园收费项目标准一览表

表26-1-4

类别 / 标准 / 项目	一类	二类	三类	学前班
杂费（元/学期）	20	20	20	20
管理费（元/月）	45	45	45	45
保育费（元/月）	45	40	35	35

2003年淮阴区中小学收费项目标准一览表

表26-1-5　　单位：元/生·学期

类别 / 标准 / 项目	小学	初中	高中		
			省重点	市重点	一般
学费	—	—	800	600	450
杂费	60	90	—	—	—
住宿费	100	100	100	100	100
补课费	—	初三70	高三80	高三80	高三80
计算机上机费	30	40	50	50	50
自行车看管费（有车棚专人看管）	6	6	6	6	6

说明：借读费外省每人每学期小学250元、初中390元；省内外市县每人每学期小学190元、初中340元。

四、捐资助学

【减免与育才助困】 每学期开始，学生一次性交清学杂费，对家庭经济困难的学生，学校酌情减免。1982～1995年，减免比例为学杂费总额的10%，受灾年景可适当放宽。

2002年，设立育才助困办公室，出台《淮阴区育才助困工程实施意见》，多渠道筹措资金，对家庭经济困难的中小学学生实行帮扶、资助，对当年考取公办大专院校的家庭经济困难的本、专科大学生分别给予4000元、2000元的资助。2004年9月，开始对进入职业高中的家庭经济困难学生每人每年给予2000元的资助。育才助困经费主要来源于财政拨款，社会团体、私营业主、在职干部和教师捐资，学校减免等。

2005年，对家庭经济困难的学生实行“两免一补”（免杂费、免书本费、补助寄宿生生活费）制度。是年，市、区财政资助特困大学生105人，金额32.1万元；区财政、教育系统、社会团体及个人资助特困中小学生2355人，金额172.53万元。2006年，市、区财政资助特困大学生142人，金额48万元；区财政、教育系统、社会团体及个人资助

图26-1-1　淮阴区资助特困学生就学现场

特困中小学生8025人，金额57.4万元；区财政资助义务教育阶段寄宿特困生生活补助33万元。2007年，补助住宿生生活费，加大对高中特困生资助力度。是年，南锐继保电器有限公司分别资助职教中心、区职高特困学生各30名；江苏中烟集团资助淮州中学特困学生30名，每生每年1000元。2008年，实行大专学生生源地信用助学贷款。是年，市、区财政，社会团体资助特困大学生278人，金额101.6万元；资助高中特困生1877人，金额187.7万元；区财政资助义务教育阶段寄宿特困生生活补助3230人，金额228.88万元；资助职业高中生975.33万元；发放生源地信息贷款1163人，金额614万元。

图26-1-2　富士康希望小学落成剪彩仪式

【兴建希望小学】 1995～2007年，社会团体及个人捐资，由团区（县）委牵头建希望小学13所。2000～2004年，社会团体及个人捐资，由区妇联牵头办“春蕾班”65个，资助品学兼优的小学特困生。2008年，没有建设希望小学。

1995～2007年淮阴区（县）希望小学情况统计表

表26-1-6

年份	名称	捐资人	金额（万元）
1995	五里镇希望小学	日本友好人士	10
1996	新渡乡平安希望小学	中国平安保险公司淮安分公司	30
1997	丁集红盾希望小学	市工商局	10
1997	三树镇希望小学	市供电局	9
1998	王兴镇福和希望小学	香港陈廷华基金会	20
2000	三树镇希望小学	香港陈永珍	10
2002	吴集镇中锐希望小学	上海中锐集团	10
2004	袁集乡石祖嘉希望小学	淮安嘉诚化工有限公司	5
2006	棉花庄镇维德爱心小学	台湾财团法人文教基金会	20
2006	刘老庄乡紫荆花希望小学	常熟紫荆花集团	10
2007	韩桥乡富士康希望小学	富士康集团	25
2007	南陈集镇富士康希望小学	富士康集团	25
2007	五里镇希望小学	富士康集团	25

第三节　设施设备

一、校舍建设

1978年后，学校设施建设以“一无两有”为标准，即校校无危房、班班有教室、人人有桌凳，本着

“自力更生、量力而行、尽力而为”的精神，校舍能大修则大修，不能大修则翻建。1987年起，中小学设施建设按隶属关系，实行县、乡镇、村三级管理，县直属学校由县教育局组织实施，乡镇学校由乡镇组织实施，村校由乡镇政府统一领导、各村组织实施。至1990年，全县基本实现“一无两有”，30个乡镇都在乡镇中学建成实验中心。

1991年，淮阴县遭受百年不遇的洪涝灾害，部分乡镇中小学校舍损坏严重，加之以前老校舍建设标准低，不断产生新的危房。是年，全县有一级危房1959间35777平方米，二级危房1837间34144平方米。

1992～1995年，各乡镇逐步实施九年制义务教育，中小学设施建设按学校隶属关系，由县、乡（镇）、村三级管理，按实施义务教育的要求进行总体规划，尽可能做到教学区、生活区、运动区相对分开；校舍、设施、仪器设备按实施九年制义务教育的标准进行建设和配套。各乡镇新建校舍和改建、修建危房均要由教育部门和承建单位签订合同，由各乡镇、学校负责备料和监造，教育局负责验收。县政府根据各学校基建项目给予一定的经费补助，基建经费专款专用。新建校舍一律不准砌泥口斗子墙，不准用钢架大梁，不准用磷镁板做屋面。

1996年，香港金鹰集团捐赠200万元，通过省侨办在淮阴县农村小学推行“筑基计划”工程，即筑好教育基础的工程。4月20日统一开工，拆除危房309间5724平方米，建校舍33幢10229平方米，总造价395.4万元（捐款200万元，自筹195.4万元）。至6月20日，“筑基计划”工程全部竣工，受益乡镇学校共25所。1997～1998年，改造危房、改造薄弱学校（简称“两改”），全县拆除危房49056平方米，修建校舍161057平方米，改造薄弱学校34所，投入经费6321.98万元。1999～2002年，拆除危房128944平方米，彻底清除中小学危房，淮阴县（区）成为江苏省首批中小学“无危房县（区）”。2001年撤县建区后，中小学布局调整力度加大，依据区教育局“撤并村小、联办完小，加强中心小学和中心初中”的工作思路，进行布局调整。是年至2003年，投入校舍建设经费9213.1万元，实现中小学布局调整“十五”规划目标，并通过省、市验收。

2003年，实施“三新一亮”（讲桌、课桌、课凳全部出新，教室照明达省统一亮度标准）工程，投入经费219.44万元，校园环境整理、绿化投入经费120万元，省配备双人桌椅19700套，市配备单人桌椅13783套、讲台1700张。2004年，实施“六有”工程，投入经费4726.23万元（其中省专项补助经费700万元）。至2008年，全区共有校舍80万平方米，80%为1995年以后新建。

1980～2003年淮阴区（县）设施建设、经费投入情况统计表

表26-1-7　　单位：平方米、万元

年份	修建校舍	投入经费	年份	修建校舍	投入经费
1980	14000	58.00	1992	51591	692.04
1981	16000	64.00	1993	19900	473.68
1982	18000	75.00	1994	33400	1052.52
1983	27000	188.70	1995	58000	1939.07
1984	45000	368.99	1996	51959	1565.80
1985	36000	421.56	1997	53430	2380.85
1986	18200	187.50	1998	55668	2375.33
1987	32500	248.50	1999	229116	9086.68
1988	41000	433.20	2000	71263	3780.60
1989	45000	1237.60	2001	56093	2547.03

续表26-1-7

年份	修建校舍	投入经费	年份	修建校舍	投入经费
1990	43607	863.39	2002	68983	2811.89
1991	41500	605.79	2003	69966	3854.18

二、电化教育与技术装备

1984～1987年，分批建立乡镇实验中心，按14组配置理化演示实验和分组实验器材。1990年成立县电化教育中心，建立地面卫星接收站，启动远程教育。1995年，徐溜中心小学率先建立地面卫星接收站。是年，要求各乡镇中小学逐步实现“三机一幕”（投影仪、收录机、电视机、银幕）进教室。1997年，全县中学、中心小学都建立地面卫星接收站，实现“两机一幕”进教室。是年后，各中小学多方筹措资金，添置电教器材、体育器材、教学仪器、图书资料等。

2005年，实施“校校通”工程项目学校112所，整理计算机、多媒体教室，铺设强、弱电线路等投入经费300万元；省帮扶学生计算机3680台、教师计算机160台。

2006～2008年，实施“四项配套”工程。实施“四项配套”工程项目学校108所，新建、改建、维修房屋301间，添置仪器橱柜、设施设备，共投入经费489万元。省配备仪器设备1430万元。

第四节　教育督导

1978年9月1日起，全国中小学开始执行《小学生守则》和《中学生守则》，县文教局成立教学工作检查组，抽调工作人员19名，对全县中小学执行《小学生守则》和《中学生守则》进行专项检查。

1982年8月，开展普及小学教育专项检查。对全县小学在读学生进行登记，动员280余名适龄儿童进入小学就读。1986年9月，成立督查组，抽调40人，分8个工作小组，检查全县九年制义务教育开展情况。1987年5月，对全县中小学教育教学工作进行督导检查。随机检查学校6所，听课24节，查看德育材料12本，听取6位校长的工作汇报，走访学生家长96人，与120余名教师座谈。

1990年7月，县教育督导室成立，建立教育督导制度。1991年，贯彻国家教委《普通中小学校督导评估指导纲要》，制定《淮阴县普通中小学督导评估方案》《淮阴县中小学常规管理评估细则》《淮阴县中小学德育工作督导评估指标体系》。1992年起，建立乡镇实施义务教育督导评估制度，依据《江苏省乡镇实施义务教育督导评估方案（试行）》对乡镇实施义务教育情况进行督导评估。是年，分期分批对中小学进行综合督导评估，结合教育行政部门中心工作，组织专项督导和随访性督导。对学校教育教学工作、德育工作、学校常规管理情况进行常规督导。1994年起，逐步建立“以学校自评为基础，以综合督导为主导，以专项督导为辅助，以经常性督导为手段”的督导评估制度。1996年，全县基本实施九年制义务教育，基本扫除青壮年文盲（简称“两基”）并通过省级验收。此后，依据省“两基”年审要求，对乡（镇）教育工作目标完成情况进行评估、验收，对教师工资发放、经费投入等热点问题进行督导检查。至是年，县教育督导室对全县中学、中心小学和村小学进行教学常规督导252次，听课496节，查看教案2580本、学生作业9000余本、行政本薄1100余本、档案资料700余本。1997年，县教育局督导室对10所中学、52所村小学进行教学常规督导，听课132节，查看教案1165本、学生作业1980本、行政本薄372本、档案资料156本，帮助全县7所中学、5所中心小学通过市级校园管理评估验收。1998年，制定《淮阴县中小学实施素质教育督导评估方案》。此后，对学校减轻学生过重课业负担，实施素质教育、控辍保学、教育收费等情况开展多项教育督导活动。及时编发教育督导报告、通报，定期编发《教育督导简报》，摄制播放教育督导专题片，促进学校依法治校、依法治教，规范办学行为。

2000年，成立学额巩固工作督查组，深入各中小学，对控制流生工作进行专项督查110余次，出《督查简报》18期，对8所流生较多的重点乡校进行帮扶解剖，全县中小学学额巩固率97%以上。2003年始，根据省、市部署，指导各乡镇创建高水平高质量普及九年制义务教育先进乡镇。2006年，下发“减负”和“禁止有偿家教”通知，多次对“减负”工作和“有偿家教”进行突击检查，行政处分1人。组织招生专项督查190余人次，对有关校长诫免谈话2人，公开检讨1人，取缔各类违规招生宣传广告50余幅。至2008年，21个乡镇全部通过市级验收。全区小学实现无流生，初中生流失率控制在省、市规定之内。

第二章　学前教育

第一节　发展历程

1978年，全县有幼儿园1所4个班、120名幼儿、教职工4人。1979年，要求各级组织办好幼教工作。1987年，境内基本普及学前一年教育，5～6周岁的幼儿入园率95%。凡有500名以上职工的单位均开办幼儿园或混合班，条件较好的幼儿园还向社会开放，接收附近幼儿入园。是年，全县3～6周岁幼儿40673人，入园幼儿18543人，入小学学前班的幼儿2357人，入园（学）率51.39%。1990年，全县幼儿教育逐步规范，乡镇中心幼儿园基本普及学前二年教育。是年，全县有幼儿园39所。其中，3班以上规模的幼儿园17所，2班以下幼儿园22所；教育部门办3所，其他部门办22所，集体办14所；分布在乡镇24所、农村15所。在园幼儿13410人，其中县城2762人，农村10648人；教育部门办1415人，其他部门办943人，集体办11052人。1999年，全县共有幼儿园75所（含已批办的2所民办幼儿园），有幼儿班438个，在园幼儿12388人，全县有二类幼儿园18所、三类幼儿园57所。是年，进行幼儿园产业化试点，部分幼儿园改制，由承租人投资建幼儿楼，幼儿园由出资者经营16年，实行公有民营。2000年在全县全面推开。同时规范对民办幼儿园的管理，城区幼儿园实行“两证”制度，即“办学许可证”和“大班结业合格证”，试行有偿发证，所收费用用于发展城区义务教育，同时鼓励企事业单位和民办力量采取投资、合资、购买、股份制等形式参与幼儿园改革。

2001年，淮阴区对幼儿园采取公有民营、股份制、私人办园三种形式进行改制。幼儿教育工作逐步形成以公办幼儿园为骨干和示范，以社会力量兴办幼儿园为主体，公办与民办相结合的发展格局。

2008年，全区有幼儿园95所，其中省级示范园2所、市级一类园13所、市级二类幼儿园11所，公办28所（城区5所、乡镇13所、村10所），民办60所（城区26所、乡镇8所、村26所），其他部门办2所，均在城区。入园幼儿24689人，城区幼儿入园率95%以上，农村幼儿入园率60%以上，教职工总数612人。

第二节　保育与教育

一、保育

1978年后，淮阴幼儿保育工作不断发展和完善。半托制每两个班配1名保育员，日托制每个班配1名保育员。规模幼儿园设立保健室，配有1名专职保健医师，预防和诊治幼儿传染病等疾病，定期为幼儿进行健康检查和预防接种，设立午休室，做到一人一床，保证幼儿午休。1979年，由于受经济条件制约，全县没有全托班，部分实行日托制，课间餐（上午）费用由家长承担，幼儿园代为办理。上学家长送到幼儿园，放学由家长接回，实行严格的交接手续。1990年，县实验小学幼儿园在全县首先实行日托制度。其后，大部分幼儿园相继实行日托制，幼儿午餐费用由家长承担，幼儿园代为办理，保育人员照顾进餐和护理午后休息，并逐步形成一整套行之有效的管理制度。至2008年，全区幼儿园基本形成以日托为主、半托为辅的办园格局。

二、教育

1981年，全县幼儿园按年龄分班并进行教育。小班为3～4岁、中班为4～5岁、大班为5～6岁。部分幼儿园根据实际情况，以复式班进行教育。幼儿教育的主要内容分为生活卫生习惯、体育活动、思想品德、语言、常识、计算、音乐、美术8个方面，每项内容与具体要求按小、中、大班有所侧重，通过游戏、体育活动、上课、观察、劳动、娱乐等各项活动完成。1983年起，全县幼儿园（班）统一使用人民教育出版社的《幼儿园教材》。90年代初，综合课程兴起。1996年，实行保育与教育相结合原则，对幼儿实施体、智、德、美诸方面发展的教育，促进其身心和谐发展。1999年后，教育观念逐渐转变，注重活动形式多样化，强调幼儿主动参与和实际体验。2001年秋，全区幼儿园根据国家教育部《幼儿园教育指导纲要（试行）》，开展教育工作。2003年起，各类幼儿园在安排一日活动时，坚持以儿童发展为本，给幼儿创设自由活动的时间和空间，通过多种教育手段培养幼儿良好的生活、卫生、学习等习惯，促进幼儿情感、态度、能力、知识和技能等方面发展。

2008年，幼儿园主要课程设置为体育、语言、常识、计算、音乐、美术等科。幼儿园秋季招生，个别有缺额的随时补招。幼儿入园前，按规定进行体格检查，合格者方可入园。幼儿园每班人数一般为小班25人、中班30人、大班35人、混合班30人、学前班不超40人，可按年龄编班，也可混合编班。

1978～2008年淮阴区（县）幼儿园基本情况一览表

表26-2-1

年份	园数（所）	班数（个）	在园人数（人）	教职工数（人）	年份	园数（所）	班数（个）	在园人数（人）	教职工数（人）
1978	1	4	120	4	1994	47	527	16576	713
1979	1	4	120	4	1995	63	556	17937	789
1980	38	85	2382	90	1996	36	578	19255	838
1981	5	92	3475	107	1997	32	564	17818	875
1982	9	126	4662	138	1998	69	527	14253	812
1983	16	154	5674	176	1999	75	488	12388	772
1984	173	327	11463	346	2000	92	419	10645	677
1985	205	396	17799	485	2001	36	408	12356	289
1986	355	463	19890	535	2002	39	383	10438	242
1987	245	474	18543	537	2003	41	374	11170	176
1988	47	474	14236	620	2004	70	478	16552	378
1989	279	475	13028	203	2005	90	558	21095	556

续表 26-2-1

年份	园数（所）	班数（个）	在园人数（人）	教职工数（人）	年份	园数（所）	班数（个）	在园人数（人）	教职工数（人）
1990	39	493	13410	708	2006	416	620	21681	615
1991	57	479	13424	281	2007	86	582	23034	604
1992	51	535	14716	673	2008	95	615	24689	612
1993	53	532	16746	760					

第三节　幼儿园选介

一、淮阴实验小学幼儿园

1964年建园，位于王营镇新街，当年办幼儿班1个，1966年停办，1979年恢复招生。招收学前班2个，有幼儿60余人，教师4名。1985年建幼儿楼1座，有幼儿班6个、教师14名，后逐年发展，规模不断扩大。2003年，征地新建综合教学楼1幢，设有多功能活动室、美术室、科学发现室、教师阅览室、舞蹈房、幼儿活动室、午睡室等，配置电脑、电视、钢琴、空调、消毒灯、消毒柜，建立闭路电视网，食堂配置现代化的厨房设备、消毒设备。2005年，在园幼儿1100人。2008年，在园幼儿数上升至1500多人，班级数扩展为34个班，教职工118名。

二、淮安市棉花中心幼儿园

1984年建园，位于棉花庄镇棉花街，占地面积3916.2平方米，建筑面积1800平方米，幼儿生数不足百人。2005年升格为二类园，2007年被评为市优质幼儿园，幼儿生数500余人。至2008年，有大、中、小和日托等教学班10个，幼儿生数300余人，教职工21名。

第三章　小学教育

第一节　发展历程

1978年，小学教育步入正常发展轨道。全县有小学412所3289个班级，在校生135984人，其中女生59019人；教职工总数4048名，其中专任教师3960名。1987年，全县有小学375所2465个班，其中一年级586班、二年级536班、三年级490班、四年级455班、五年级398班；在校生92889人，其中女生40170人，入学率99%；教职工总数3784名，其中专任教师3645名。

1990年，全县有小学377所，全部为教育部门办，其中县城35所、农村342所，有班级2432个。小学招生14914人，在校生总数86824人，比上年减少2052人，主要原因是人口出生率自然减少，其次是淮阴地理位置的原因，学生流动较多，部分学生转入市区就读。是年，小学升学率99%，学龄儿童入学率100%，巩固率98.7%，毕业率99.6%；小学教职工总数3783名，其中专任教师3720名，行政12人，工勤40人，教办厂、农场职工11人，年老体弱不能工作，经县教育行政部门批准按月发生活补助费的民办教职工38人。

1993年，全县小学在校生77627人，比1987年少15262多人，且学校分布零散，布局不甚合理。全县小学不足25人的班级有486个，同轨不足25人的班级有90个。县委、县政府、县教育主管部门及时作出实施布局调整的决定，调整方针是“村办初小、联办高小、乡镇办中心校”。至1996年，共撤并小学324个班，办起复式教学班49个。全县367所小学，其中城镇52所、农村315所，另有教学点18个。是年，招生18964人，毕业生数12573人，在校生数82928人，总计2423个班，全县平均班额32.2人，但分布不均衡，51人以上班级183个，30人以下有894个班。

1997～1999年，加大布局调整和学校改造的力度，全县完小由306所降为172所，撤销25所。2001年，有63所完小降格为教学点，51个教学点被撤销，2005年又有29个教学点被撤销，至此，全区有完小79所，其中教育部门办77所、民办2所，分布在城区10所、乡镇18所、农村51所（含民办2所）。教学点116个，其中城区1个、乡镇3个、农村112个。教学班级1676个，其中教育部门办1650个，民办26个；在六年制的1676个班中，九年一贯制小学部117个班。班级25人以下有183个，大部分集中在农村；66人以上班39个，大部分集中在县城。小学学龄儿童总计68716人，在校学龄儿童68550人，占总数99.8%；在校学生总数71228人，其中女生33544人。一年级招生人数8970人，其中受过学前教育8824人，占招生总数98.4%。

2005年5月至2007年7月，日本、香港、台湾友人及富士康集团、上海中锐集团、中国平安保险淮安分公司、常州紫荆花集团、淮安嘉诚化工有限公司、淮安市工商局、淮安市供电局等海内外人士及相关团体，国内外大中型企业集团、政府有关部门共捐款200余万元，为五里、新渡、丁集、三树、王兴、吴集、袁集、棉花庄、刘老庄、韩桥、南陈集等乡镇建希望小学13所，添置图书5.4万余册，改善相关学校的体育教学条件，惠及学生5418人，教职工286名。

2005年，全区小学占地面积232.67万余平方米，校舍建筑面积33.81万平方米，其中教学教辅用房24.31万平方米、行政办公用房3.46万平方米、生活用房4.18万平方米、其他用房1.86万平方米，当年新增2.52万平方米。体育运动场面积达标校56所，其中城区3所、乡镇14所、农村39所；体育器材配备达标校44所，其中城区2所、乡镇12所、农村30所；美术音乐器械配备达标校38所，其中城区2所、乡镇11所、农村25所；数学、自然实验仪器配备达标校数53所，其中城区3所、乡镇14所、农村36所；建立校园网校17所，其中城区2所、乡镇6所、农村9所。全区小学体育运动场面积63.32万平方米，计算机3428台，图书127.49万册，电子图书6.29万册，固定资产总值15147.58万元，其中仪器设备总值3777.49万元。

2008年，全区有完全小学76所，较上年减少1所；小学教学点68个，较上年减少8个。在校小学生53446人，其中一年级招生8921人，六年级毕业班生数10533名。小学入学率100%，升学率100%，小学毕业率100%，小学巩固率99.99%。有教职工3511名，专任教师大专以上学历63.48%，较上年提高3.96个百分点。

1978～2008年淮阴区（县）小学教育基本情况一览表

表26-3-1

年度	学校数		学生数（人）	班级数（个）	教职工数（人）
	完小（所）	教学点（个）			
1978	414	—	135984	3289	4048
1979	409	—	130149	3100	4018
1980	412	—	133035	3175	3896
1981	419	—	124002	3117	4013

续表26-3-1

年度	学校数		学生数(人)	班级数(个)	教职工数(人)
	完小(所)	教学点(个)			
1982	414	—	135964	3289	4046
1983	377	10	101448	2586	3657
1984	376	10	96332	2501	3472
1985	375	8	92372	2478	3633
1986	375	6	91455	2477	3576
1987	375	5	92889	2465	3784
1988	374	4	89003	2427	3712
1989	374	2	88876	2445	3710
1990	377	—	86824	2432	3783
1991	374	—	80149	2379	3780
1992	375	—	77608	2340	3759
1993	374	4	77627	2262	3639
1994	369	8	72195	2260	3689
1995	368	9	77614	2294	3723
1996	367	18	82928	2423	3782
1997	357	37	90047	2456	3864
1998	338	19	97372	2516	3642
1999	216	130	99446	2513	3552
2000	213	125	105028	2591	4012
2001	150	124	112089	2480	3982
2002	111	165	93434	2355	3928
2003	99	157	86124	2107	3868
2004	85	157	78949	1905	3708
2005	79	116	71228	1676	3611
2006	79	85	63766	1491	3458
2007	77	76	58358	1357	3379
2008	76	68	53446	1031	3511

第二节　学制与课程设置

一、学制

1978年至2000年7月，全县小学实行五年制。2000年7月，全县小学由五年制向六年制过渡。五年级（即毕业年级）安排一半学生暑假后升入初中一年级就读，另一半学生暑假后升入小学六年级就读。2001年秋开始，全区小学全部实行六年制。至2008年，小学学制无变化。

二、课程设置

1978年，小学设政治、语文、数学、外语、自然常识、体育、音乐、美术等课程。1981年，政治课改为思想品德课，各年级每周1节；高年级恢复历史、地理课，增加劳动课1节。1986年，根据市教育局、卫生局关于加强中小学健康教育工作意见的精神，在实验小学和北京路小学，以及小营、赵集、南陈集、南吴集、王兴、渔沟等中心小学开设卫生健康教育课，每周1节，纳入课表。教学时间从每周3节体育课中安排1节作为健康教育和体育知识课。1992年秋，全县各小学均开设健康教育课。

1993年秋，按国家九年义务教育阶段培养目标和儿童、少年身心发展的规律设置课程。1994年，实行每周44小时工作制，调整语文、数学、自然、社会、音乐、体育等学科和活动的课时。1995年4月，执行国务院关于实行每周40小时工作制的规定，对全日制中小学课程（教学）计划再次调整，小学各年级学科教学每周最高课时数为26课时，周活动总量在30课时以下。1996年，省教委颁发《全日制中小学课程（教学）计划调整意见》，决定江苏省中小学从1997年秋执行，淮阴县小学实行的仍是“五四”学制中小学课程计划。

2001年，采取分科为主、综合为辅的课程设置方案。2004年后，城乡小学逐步开设英语课程，至2008年，全区城乡小学全部开设英语课程。

第三节 学校选介

一、淮安市淮阴实验小学

清雍正六年（1728）建校，位于王营镇新街。1972年，被定为县重点小学。1977年，学校改名王营七年制学校，增加初中两个班级。1980年，学校被命名为淮阴县实验小学，成为县直属小学，同时取消初中班。至1987年，有小学25个班、幼儿园6个班、聋哑1个班，有教职员工90余名、学生1700余人。1985年，建幼儿教学楼1座，计750平方米。

2000年，淮阴县实验小学通过省级实验小学验收，被江苏省教育厅命名为江苏省实验小学。2001年，学校更名为淮安市淮阴实验小学。2004年，学校被定为省级体育传统项目学校。是年，学校修建260平方米的乒乓训练馆，增添球桌，发球机等训练器材，在乒乓馆安装体育场馆专用灯。学校乒乓队组建30年，在各级各类比赛中硕果累累，获全国冠军30余人次、省冠军200余人次，连续在省第十二、十三、十四、十五届运动会中夺得金牌。乒乓球训练成为学校的校本课程，自编的乒乓操为全校师生强身健体的教材。

图26-3-1 淮阴实验小学教学楼

图26-3-2 淮阴实验小学乒乓球训练馆

2002～2008年，学校先后投资500余万元改造校园环境，添置教学设施，建成塑胶操场，教室配置多媒体平台，教学人员配备笔记本电脑。学校占地1.8万平方米，建筑面积1.3万平方米，教职工300名，拥有57个教学班，在校生3300余人，曾两次被评为全国群众体育工作先进单位、全国红旗大队，并受省政府通令嘉奖。

二、淮阴区丁集中心小学

民国14年（1925）建校，位于丁集街西205国道西侧。由第一任校长丁启泰等地方名人发起筹资，县国民政府拨款创办，有教员4名，学生30余人，教室8间草房，课桌凳由学生自带。著名诗人赵恺曾在丁集小学任教，中国外交部官员张家松在该校就读。

图26-3-3　淮阴区丁集中心小学艺术课

1991年，丁集小学建起全县农村小学第一幢两层教学楼，上下8口教室。1996年后，学生1500余人。小学部20余个班级，幼儿园3个班，教职工40余名。学生增多，校舍严重不足，经多方筹措资金，新建3幢教学楼，计30间教室，并铺设水泥人行道，建水冲式厕所等，教学实施渐趋完备。

2002年起，学校新建一幢教学楼12口教室。装备计算机教室2口，建美术室、体育室、音乐室、仪器室、实验室、图书室、阅览室、多媒体功能室各1口，配电脑80台、图书3.5万册及价值10万元的科学仪器，有3副高标准篮球架、1套联合运动器材等价值8.5万元的体育器材，教室配彩电17台、DVD15台，校内装广播系统和红外线监控系统。教学区、生活区、运动区三区分开，布局合理。2004年，学校通过专家组评估验收，成为淮阴区乡镇首家市级实验小学。2008年，全校有学生900人、教职工66名，占地25074平方米，建筑面积1288平方米。

三、王营镇中心小学

民国35年（1946）建校，位于王营镇西马路口，初名为伊光小学，“文化大革命”时改名为卫红小学，“文化大革命”结束后改名为北京路小学。1999年升格为淮阴县王营镇中心小学。2001年，淮阴县王营镇中心小学更名为淮阴区王营镇第一中心小学。2003年，更名为淮安市王营镇中心小学。2004～2007年，强化校园文化和教育现代化建设。至2008年，学校有教学班115个，学生6173人；学前班30个，幼儿1100人；在编教师378名，临时代课教师80名，其中本科学历占教师总数15.1%，大专占73%，中级职称占76.2%，获国家、省、市各级表彰158人次。

图26-3-4　王营镇中心小学信息技术课堂

四、渔沟镇中心小学

清康熙三十二年（1693）建校，位于渔沟街西南，由清河知县管钜创办，名为临川书院。1978年后，学校的办学条件得到改善。1998～2002年，先后建教学楼5幢、综合楼1幢。至此，学校的所有教室及办公室全部实现楼房化，总建筑面积6325平方米。2002年，学校投资27万元建成微机室、语音室。2003年，学校实施布局调整，投资25万元，征地填塘，校园总面积增至16576平方米。班级数增加至32个班，有学生2139人、教师72名。2004年，投入80万元，新建学生宿舍，进行校园绿化、美化，绿化面积7170平方米，绿化覆盖率43.2%。2005年，投入11万元，实施“校校通”网络工程，建成校园广播系统、路灯系统、闭路电视网线系统。2008年，学校计算机室率先达到省定标准。

五、徐溜第一中心小学

民国14年（1925）建校，位于徐溜镇街南205国道西侧，原名第四国民小学校，设在徐溜街北首安集村地藏庵内，有教室3间，学生20余人。1987年，有校舍100余间、班级17个、学生800余人、教职工50余名，有图书近6000册、体育器材1108件。1996年，学生数猛涨，学校房屋等硬件设施不足。1997年，新建1号、2号教学楼。此后几年，先后投入近300万元，建起7幢楼房，修筑校园景点。2000年，徐溜中心小学改名为淮安市徐溜镇第一中心小学。2003年，学校投入10万元，实现“三新一亮”，学校的硬件设施跨入全区前列。2004年，投入70万元，建学生宿舍、餐厅、水冲式厕所等。2005年12月，学校升格为淮安市市级实验小学。2007年，学校新建高标准图书室、阅览室、仪器室、实验室、多媒体教室、音乐室、美术室、电脑室等，按省级A类标准配备多副篮球架、室外乒乓球台和钢琴、电子琴等文体设施，有图书3万余册、电脑100余台。2008年，学校共有20个班1242名学生、71名专任教师，占地面积39508平方米，建筑面积7397平方米。

六、三树中心小学

民国12年（1923）建校，位于三树街西南，有草房1间、教师1名。1998年起，由于布局调整，树北、树南、树西、汪洼等村小先后并入三树小学，学生数猛增。其后，学校多渠道筹措资金，改善办学条件，先后建育才楼、园丁楼、永珍楼、勤奋楼、求实楼、创新楼、学生宿舍楼、标准化餐厅、水冲式厕所、操场等，开通校园网，添置图书、教学设备和器材。2000年9月，组建学校小足球队，三年级以上各班都有代表队。学校每学期举行两次以上班级对抗赛、一次校级比赛，每学年和市、区兄弟学校至少进行两次友谊赛。学校自编《少儿足球》校本教材，进行科学、规范的训练。2002年，校足球队在市中小学生足球比赛暨第四届“金谷空调杯”足球比赛中获第二名。2004年，校足球队在市第五届运动会中小学部足球比赛中获第二名。2005年，校足球队在市第七届“金谷空调杯”足球比赛中获季军。2007年，该校成为淮阴区小足球训练基地，被评为淮安市“艺术教育特色学校”。2008年，学校有教学班26个，学生1300多名，教职工61名。

图26-3-5 淮阴区三树中心小学学生在足球训练

七、淮阴师范学院第二附属小学

2004年9月建成，隶属于淮安市淮阴实验小学，原名淮阴双语实验小学。2007年8月23日正式独立。学校占地55亩，建筑面积1.7万平方米。2008年，全校有48个小学教学班和20个幼儿教学班，有教职员工203名，在校师生3600余人。学校被省京剧院、区棋协分别确定为“京剧小长荣培训基地”和“棋类培训基地”，常年开展乐器、棋类、舞蹈、跆拳道、小主持人、书法、绘画等8大类26个项目的兴趣培训。

第四章　初中教育

第一节　发展历程

1978年始，对初中学校设置进行调整、改革，逐步撤销小学附设初中班（俗称“帽中”），成立联办中学（简称“联中”），业务上实行“乡中管联中、乡中带联中”的管理体制。全县有初中10所675个班级，学生18025人，有专任教师1335名。1980年，新建王营镇中学，9月10日开始上课。1984年在棉花庄皂角联中的基础上成立棉花庄初级中学。是年8月，新建凌桥中学。1985年新建韩庄中学、韩桥中学。至1985年，全县共有初级中学80所（含联办初中），在校学生32282人，初中毕业生升学率22.7%。

1988年，针对部分联中办学规模偏小、生数偏少现象，实施“撤帽中、并联中、办二中、扩大乡初中”的学校布局调整方案。是年，在南陈集中学南边新建南陈集乡第一初级中学。1989年，码头玉坝、旧县联中合并，改旧县联中为码头乡第二初级中学。是年9月，赵集乡新建第二初级中学。1990年，渔沟镇新建渔沟镇第二初级中学。1990年底，全县撤销小学附设初中班级128个。1992年，刘老庄乡马湾、双庄联中与种猪场联中合并，新建刘老庄乡初级中学。1993年8月，改韩桥乡沙河联中为韩桥乡第二初级中学。1994年，码头第二初级中学并入码头中学。同年，在王营镇新建实验中学，1995年更名为王营镇第二初级中学。同年，渔沟镇第二初级中学更名为渔沟镇初级中学。1996年，所有乡镇全部实施九年制义务教育。4月8日，淮阴县实施九年制义务教育通过江苏省人民政府验收。是年，55所联办中学全部撤并到乡中或二中。全县共有初级中学34所，在校学生33436人，初中毕业生升学率36.62%。1998年，淮阴县中学初、高中分离，初中部定名为淮阴县开明中学。是年，五里乡第二初级中学并入五里中学。2000年，渔沟镇第二初级中学更名为渔沟镇第一初级中学。是年，刘老庄初级中学并入刘老庄中学，撤销刘老庄中学高中部，更名为刘老庄乡初级中学。2001年，淮阴县撤县建区，乡镇区划调整，学校名称有所变更，其中被撤并乡镇的乡初中汤集中学、高堰中学、大兴中学、韩圩中学先后改为所在地乡镇的第二初级中学，蒋集中学改为三树中学西校区，韩庄中学改为徐溜中学韩庄校区，果林中学改为王营镇第三中学，杨庄中学改为王营镇第四中学。是年，陈红光投资建民办东方双语学校，赵集第二初级中学撤并到赵集中学。2002年，韩桥乡第二中学并入韩桥中学，改五里镇大树联中为五里镇第二初级中学。2004年，南陈集第一初级中学并入南陈集中学；区教师进修学校附设长江路中学，当年招收初中一年级学生。2005年，由私营企业家陆长贵投资建成民办阳光国际学校。是年秋，民办中英文学校在丁集镇建成并招生。2006年，先后组建8所九年制学校。渔沟镇第二初级中学与渔沟镇第二中心小学合并，组建韩圩九年制学校；三树镇初级中学西校区与三树镇第二中心小学合并组建蒋集九年制学校；王营镇第四初级中学与王营镇淮闸小学合并组建杨庄九年制学校；棉花庄镇第二初级中学与棉花庄镇第二中心小学合并组建大兴九年制学校；南陈集镇第二初级中学与赵集镇高堰小学合并组建高堰九年制学校；徐溜镇初级中学韩庄校区与徐溜第二中心小学合并组建韩庄九年制学校；西宋集镇第二初级中学与西宋集镇第二中心小学合并组建汤集九年制学校；王营镇第三初级中学与王营镇果林小学合并组建果林九年制学校。是年6月，渔沟镇第一初级中学改制为民办职业学校，校名为蓝翎职业技术学校，次年停办。2007年撤销渔沟镇第一初级中学。

至2008年，全区有初级中学20所，在校学生34285人。

1978～2008年淮阴区（县）初级中学教育基本情况一览表

表26-4-1

年份	学校数（所）	班级数（个）	学生数（人）	毕业生数（人）	专任教师数（人）
1978	10	675	18025	13532	1335
1979	10	729	37865	11475	1329
1980	32	774	44192	9823	1535
1981	47	703	36900	19681	1474
1982	—	—	—	—	—
1983	65	607	34384	8624	1406
1984	71	614	34508	19951	1348
1985	80	674	32282	7516	1409
1986	85	631	32969	8370	1462
1987	85	628	33374	8845	1476
1988	83	625	29249	9020	1495
1989	78	623	28640	8449	1495
1990	76	629	30374	8217	1596
1991	70	632	31015	8349	1645
1992	66	629	33414	8205	1642
1993	62	626	32071	9909	1616
1994	53	617	31619	10122	1660
1995	34	614	32549	8581	1601
1996	34	617	33436	9968	1649
1997	33	635	34676	10511	1640
1998	32	624	36447	10479	1534
1999	32	694	38615	10950	1589
2000	33	619	34431	10264	1730
2001	31	514	29065	11757	1609
2002	31	550	32517	11899	1552
2003	30	710	44082	7863	1710
2004	30	829	55562	7255	2009
2005	29	800	51436	14744	2180

续表26-4-1

年份	学校数（所）	班级数（个）	学生数（人）	毕业生数（人）	专任教师数（人）
2006	29	699	42162	17116	2227
2007	29	643	37192	12529	2090
2008	28	608	34285	12444	2064

说明：1982年统计资料缺失。

第二节　学制与课程设置

一、学制

1969年9月至1980年8月，初中学制均为二年制。1980年9月，全县普通中学（初中）从二年制向三年制过渡。农村小学附设初中班，由于条件限制，仍实行二年制。学生修满二年，即可发给毕业证书，毕业后可通过考试升入普通中学读初三。随着小学附设初中班裁减撤销，初中二年制逐步取消。

1991年，在王营镇中学试行"2+1"分流，即部分班级学生升入初中三年级后改为职业技术教育。1993年，王营镇中学初三6个班级，5个班按普通初中要求安排教学，另一个班实行职业技术教育，开设缫丝专业。北吴集中学2个班实行职业技术教育，开设家电维修专业。2001年起，区内职业学校实行春季招生，在本人自愿的基础上部分应届初三学生春季可到职业学校就读，这部分学生的初中学习时间实际只有二年半。

二、课程设置

1978年秋，初中开设政治、语文、外语、数学、物理、化学、生物、历史、地理、音乐、体育、美术、农基等课程。1980年秋，初中增设生理卫生课。1981年秋，初中一年级的数学改为三角、几何、代数3科，初中二、三年级的政治课教授青少年修养、社会发展史和法律常识。1982年秋，全县初中采用全国统编教材，开设政治、语文、代数、几何、物理、化学、外语、历史、地理、动物、植物、生理卫生、音乐、体育、美术15门课程。

1983年，初中阶段学校增设劳动技术课。1987年，初二政治教材由原《青少年修养》改为《公民》，初三政治教材由原《法律常识》改为《建设常识》。1990年，因劳动技术课无统一教材，淮阴县教育局组织人员编写《家政》《养殖》《摄影》《裁剪》4本劳动技术课教材。1992年，初中一、二年级把健康教育课排入课表，正常上课。

1993年，开设思想政治、语文、数学、外语、历史、地理、物理、化学、生物、音乐、体育、美术、劳动技术13门课程，另每周安排地方课程1节。按每周5天半排课，初中每课时45分钟，每天安排广播操20分钟，上、下午各安排眼保健操5分钟。同时要求全县初中减轻学生过重课业负担，并提出一些具体要求。

1994年，实行新工时制，单周工作5天，双周工作6天，课表按11天课程设置，单周上5天课程，双周上6天课程，科目基本不变，课时计划略有变动。1995年秋，执行国务院关于实行每周40小时工作制的规定，每周按5天排课，科目不变，学科教学每周为29课时，周课时总量为33课时。

1997年秋，初中一年级科技文体活动从每周2节调为3节，初中三年级的物理课从每周2节调为3节，化学课从每周3节调为4节，周课时总量为35课时。

1998年，增加地方课程安排，增设计算机课程，初一、初二每周1课时；地方课程采用省、市教育部门编写的《淮海文化》和《可爱的淮安》等教材，学校结合本乡镇情况也自编一些地方教材。2001年，思想政治课改为思想品德课；信息技术、劳动技术课纳入综合实践活动课程，主要包括：信息技术教育、研究性学习、社区服务与社会实践以及劳动技术教育；增加学校课程安排，教材由各学校组织编写；体育课改为体育与健康课。至2005年，每周体育与健康课逐步由2课时调为3课时，周课时总量为34课时。2008年，课程设置未发生变化。

第三节　学校选介

一、淮安市淮阴区开明中学

1998年，淮阴县中学实施初、高中分离，初中部成为由淮阴县中学与中国民主促进会淮安市委员会合办的一所国有民营初级中学，定名为淮阴县开明中学。2002年，淮阴区政府迁址，开明中学迁入，形成独立校园，学校占地21亩。2003年，学校被评为淮安市实施教育现代化工程示范初中。2005年，改为股份制学校。2006年，通过省教育厅验收，成为省首批合格改制学校。是年，被定为中央教育科学研究所“十一五”重点科研课题“传统文化与语文教学”实验学校。2007年9月起，各班级选修现代武器面面观、摄影技术入门、中国古诗词欣赏、英语口语交际、世界名城之旅、历史风云人物介绍、世界名画欣赏、趣味作文等30多门校本课程。是年，该校被评为淮安市实施新课程改革示范学校，参加省第五届“红双喜杯”乒乓球比赛获团体第三名。

2008年，学校有教学楼2幢、宿舍楼2幢，拥有800人同时用餐的餐厅1个，音乐专用教室1口，计算机专用教室2口，每口教室都配备多媒体投影仪和实物展示台；投资300余万元新建能承办省级赛事的高标准运动场；为每位老师配备笔记本电脑，教学设备完全能满足课程建设的要求。学校有专职教师160名，其中具有本科以上学历151人、研究生在读4人、研究生课程班结业4人，高、中级职称教师98人，市、区级名师、骨干教师42人，享受市政府特殊津贴教师1人，市学科专家组成员1人。有56个教学班3600余名学生。

二、淮阴区袁集中学

1960年建校，位于袁集街西首，有教室9间，办公用房2间，教学班级2个，学生112人，有专职老师3名。1983年，为适应社会发展需要，学校高中部设职业教育班，有电工等专业，后又增设财会、农电机械等专业。1986年，高中部并入棉花中学。1990年，学校取消职业教育班。1992～1995年，乡内的草庙联中、干庄联中先后并入袁集中学。学校有18个教学班、在校生1000余人。2000年后，投入近500余万元用于学校硬件建设和校园绿化。2003年，通过省级示范初中验收。2008年，有学生1560人，教职工85名，其中本科学历31人，高级教师5人，区级名师6人。有校舍100余间，其中学生公寓2幢，物理实验室2间，化学、生物实验室1间，能容纳700人同时就餐的餐厅1个，水冲式厕所1个，拥有300米环形跑道多功能运动场1个。

三、淮阴区韩桥中学

1985年春，在王集小学附设初中班的基础上成立韩桥中学，并在韩桥乡政府以南、天河以北征地15亩，筹建韩桥中学新校区。1985年9月至1986年9月，原王集小学附设初中班陆续迁入韩桥中学新校区。1987年秋，张圩小学附设初中班并入韩桥中学。1993年8月，新建韩桥乡实验中心，有实验室2口、仪器室3口，配置实验器材、设备；购置图书1.2万册。2001年秋，韩桥乡第二初级中学并入韩桥中学。学校有班级17个，学生1045名，教职工46名。

2002年，校园南扩西延，以天河为中心，形成南北两个校区，在两校区之间建桥梁将校园连成整体。2002～2008年，新建教学楼4幢、宿舍楼1幢、综合性大餐厅1个、超市1个、水冲式厕所2个，同时进行绿化、美化。按江苏省合格学校标准添置物理、化学、生物实验设备和仪器；新建体育室、音乐室、美术室，新建操场、跑道、水泥球场，添置体育、音乐、美术设施设备；新建学生电脑教室2个、多媒体教室1个、教师电脑备课教室1个，添置电脑86台、多媒体展示平台1套、投影仪21台，添置图书2500册。至2008年，学校有班级27个，学生1889人，教职工68名。

第五章 高中教育

第一节 发展历程

1978年，中共十一届三中全会后，对中学教育进行整顿，全县保留完全中学6所，即淮阴县中学（原名王营中学）、淮海中学、渔沟中学、陈集中学、刘老庄中学、棉花中学，共有24个班级。是年，全县高考录取本科人数102名。

1981年，因部分乡撤乡建镇，陈集乡更名为南陈集镇，陈集中学随之更名为南陈集中学。1983年，“文化大革命”后首届1182名高三学生毕业。1986年，全县完全中学仍为6所，其中城镇2所、农村4所，淮阴县中学为重点中学。全县高中共59班3638名学生，其中县城20班1066人，农村39班2572人，重点中学高中学生655人。全县高中学生中女生925人，高中毕业生1055人。专任教师342名，其中本科及以上学历295人，专科学历46人。至1988年，全部撤并初中和部分小学附设的高中班。

1996年，全县高中80班4453名学生，其中县城51班3061人，农村29班1392人；女生1368人。高中毕业生1203人，高考每万人本科上线数8人，高考升学率40%。全县高中专任教师285名，其中高级职称26人、中级职称130人、初级职称105人。

1998年，淮阴县中学实施高初中分离，初中部命名为开明中学（民办），高中部为公办高级中学。2000年，扩大高中招生规模，全县有高级中学1所（淮阴县中学）、完中5所，其中县城2所、农村4所。全县高中共146班8270名学生，其中女生3002人，高中毕业生1719人；专任教师484名，其中本科及以上学历267人，专科学历216人。是年8月，刘老庄中学高中部撤销。2001年，淮阴县撤县建区，原淮阴县中学更名为淮州中学。

2001年，陈红光在王营镇果林场投资创办东方双语学校（民办十二年一贯制学校）。2004年，陆长贵在王营镇西安路东投资创办阳光学校（民办十二年一贯制学校）。2003年，淮阴区淮海中学在沈阳路建成高中部新校区，2004年，由南京广厦教育投资有限公司投资扩建为民办完中，更名为淮安市淮宁中学。2005年，由北京藏典阁图书有限责任公司投资6000万元在丁集镇创办中英文学校（民办十二年一贯制学校）。是年，全区有高级中学1所（淮州中学），完全中学4所（淮海中学、渔沟中学、南陈集中学、棉花中学），含高中的民办十二年一贯制学校3所（东方双语学校、中英文学校、阳光学校）、民办完全中学1所（淮宁中学）。全区高中241班16853名学生，其中女生5370人，民办高中80班，毕业生3779人；专任教师858名，其中研究生毕业1人、本科毕业773人、专科毕业84人；具有高级职称96人，中级职称336人。

2007年7月底，经淮安市政府批准，淮宁中学收回为公办学校，更名为淮海高级中学。

2008年，全区有高级中学1所（淮州中学），完全中学4所（淮海中学、渔沟中学、南陈集中学、棉花中学），民办十二年一贯制学校3所（东方双语学校、中英文学校、阳光学校）。全区高中336班18759名学生，其中女生8807人，民办高中118班，毕业生5794人；专任教师1143名，其中研究生毕业14

人、本科毕业1061人、专科毕业68人；具有高级职称164人，中级职称595人。

1978～2008年淮阴区（县）高中教育基本情况一览表

表26-5-1

年份	学校数（所）	班级数（个）	学生数（人）	专任教师数（人）	毕业生数（人）
1978	30	185	11394	476	5205
1979	30	94	5829	246	4951
1980	14	60	2903	175	4710
1981	11	71	3463	197	5205
1982	—	—	—	—	—
1983	6	56	3129	217	1182
1984	6	57	3283	188	754
1985	6	58	3404	205	786
1986	6	59	3638	342	1055
1987	6	65	4082	353	1062
1988	6	74	4503	388	1063
1989	6	76	4283	333	1387
1990	6	72	3938	308	1724
1991	6	71	3864	286	1415
1992	6	68	3814	280	1314
1993	6	70	3723	257	1247
1994	6	78	3951	267	1198
1995	6	77	4012	278	1129
1996	6	80	4453	285	1203
1997	6	87	4726	294	1544
1998	6	100	5405	318	1335
1999	6	115	6154	342	1494
2000	6	146	8270	484	1719
2001	8	175	9603	564	2445
2002	7	194	10709	660	2425
2003	7	197	10647	682	3479
2004	7	202	13755	675	3186
2005	10	241	16853	858	3779
2006	10	283	18792	1025	3603
2007	10	323	18764	1105	3674
2008	9	336	18759	1143	5794

说明：1982年统计资料缺失。

1999～2008年淮阴区（县）高考录取情况统计表

表26-5-2

年份	报考人数	录取情况			录取率（%）
		总数	本科	专科	
1999	2143	835	418	417	38.96
2000	2402	981	487	494	40.84
2001	2964	1160	920	240	39.13
2002	3268	1388	742	646	42.47
2003	3837	1596	687	909	41.59
2004	4723	2473	1057	1416	52.36
2005	4829	2376	1021	1355	49.20
2006	4878	2448	1047	1401	50.18
2007	4747	3204	1380	1824	67.50
2008	6339	3686	1669	2017	58.15

说明：1978～1998年资料缺失。

第二节　学制与课程设置

一、学制

1969年9月，“文化大革命”中第一次推荐入学，普通高中学制为二年，推荐入学延续至1976年，但学制未变。1980年，全市普通中学初中恢复三年制，县中高一新生恢复三年制，农村中学过渡为初中三年，高中二年。1983年，农村高中普遍实行三年制。至2008年，高中学制无变化。

二、课程设置

1978年，高中实行文理分科，文科增加史地课时，理科增加理化课时，报考外语专业的增加外语课时。高中开设政治、语文、数学（包括代数、几何、三角）、外语、物理、化学、生物（包括植物、动物和生理卫生）、历史、地理、农基、体育、音乐、美术等课程。1979年，高一开始采用十年制全国统编教材。1982年秋，县内中学改用全国统一的教材和统一的科目课时要求，高中开设政治、语文、代数、几何、三角、物理、化学、外语、历史、地理、生物、体育等12门课程。1982年后，增设劳动技术课、人口教育课、电子计算机课。至1986年，课程设置无大变化，教材前后编排有改动，语文教材篇目略有增加。1987年起，高一政治教材由原《政治经济学》改为《科学人生观》；高二、高三政治教材由原《辩证唯物主义常识》改为高二《经济常识》、高三《政治常识》。1987年下半年开始，开展社会实践教育，组织学生进行社会考察、社会服务和生产劳动。

1991年9月，思想政治课由每周2课时改为3课时，其中1课时用于时事政策教育。是年入学的高一学生开始实行普通高中会考制度。考试科目：语文、数学、政治、物理、化学、历史、地理、生物、外语九门；考查科目：劳动技术课，物理、化学、生物学科的实验操作。会考证书和毕业证书作为毕业生求学就业的重要依据。从1992年秋季入学的高一年级开始，开设世界史，高中二年级开设中国近代和现代史，每周2课时。人口教育为必修内容，总授课时数为8～12课时。

1994年8月，中小学实行单、双周工时制，即单周工作5天，双周工作6天，执行国家教委调整后的普通高中教学计划。适当调整减少必修课中的语文、数学、外语、化学、物理等学科和选修课、课外活动的课时；将艺术学科作为必修课，在高中一、二年级开设；时事教育课利用选修课或课外活动时间安排，每学年不少于17课时。1995年秋季开学起实行每日工作8小时、每周工作40小时标准工作制度，高中各年级每周的活动总量在34课时以下。高中语文必修课3个年级的周课时数不变，对各年级的周课时分配进行适当调整；其他学科必修课课时不变，适当增加选修课课时；课外活动课时从原每周5课时减为4课时。

2000年，将普通高中的体育和保健课更名为体育与健康课。普通高中必修课设有思想政治、语文、数学、信息技术、外语（英、俄、日语等）、物理、化学、生物、历史、地理、体育与健康、艺术及综合实践活动；选修课设有数学、信息技术、物理、化学、生物、历史、地理7门学科，以及地方和学校根据学生兴趣要求和发展需要所开设的课程。此课程设置至2008年没有变化。

第三节　学校选介

一、江苏省淮州中学

1953年春，渔沟中学在王营建立分校，校名为淮阴县渔沟中学王营分校，位于王营镇北京西路75号，有3个班级180名学生，教职工24名，首任校长张亚民。1954年秋，与渔沟中学脱离，命名为淮阴县王营初级中学。1956年秋，开设高中部，更名为淮阴县王营中学，学生增至初中三轨、高中两轨，学生1600余人。1958～1964年，县市合并，更名为淮阴市王营中学。1964年县、市分治，王营镇划归清江市，故校名改为清江市王营中学。1967年春，学校更名为清江市淮海中学，1968年恢复清江市王营中学校名。1972年，王营镇划归淮阴县，校名复为淮阴县王营中学。

图26-5-1　淮州中学新校区开工奠基仪式

1980年秋，定名为淮阴县中学，并被批准为省重点中学。1986年，考取北京大学1人、南京大学1人、上海交通大学1人。1987年，112名学生被重点院校录取，其中清华大学1人、南京大学5人、上海交通大学2人、其他本科院校104人。1992年，90名学生被重点院校录取，其中清华大学1人、北京大学1人、南京大学1人、上海交通大学1人、浙江大学1人、其他院校85人。1993年10月，学校通过省教委检查验收，被认定为合格省重点中学。1996年，1名学生考取清华大学。1998年，根据省教育厅关于普通高中不再设初中部的要求，初中部从淮阴县中学分离出去，成立淮阴县开明中学。至此，淮阴县中学成为一所独立设置的普通高级中学。

图26-5-2　淮州中学新址建设现场

2001年9月，淮阴县中学更名为淮安市淮州中学。是年11月，淮州中学升格为副处级单位。2004年，淮州中学被评为江苏省三星级普通高中。2005年1月，经江苏省教育厅批准，晋升为省四星级普通高中。5月，更名为江苏省淮州中学。是年，全校有62个班级3376名学生，教职工338名，专任教师268名，其中本科学历246人。有16人研究生结业，达标率为98%。高级教师53

人，一级教师155人。学校占地140余亩，建筑面积3万平方米。学校主要设施的容量为：教学楼4000人，实验楼800人，图书楼400人，网络教室360人，餐厅楼2500人，学生宿舍楼3000人。

2008年，学校共有教学班86个，在籍学生4000人，教师320名，其中研究生学历48人，特级教师1人，中高级职称165人，国家级骨干教师培养对象3人，全国优秀教师5人，省师德模范教师6人，淮安市有突出贡献中青年专家1人，享受市政府特殊津贴6人。

1986～2003年，考取重点本科院校3885人，其中清华大学5人、北京大学3人、南京大学63人、东南大学67人、上海交通大学15人、复旦大学1人、浙江大学9人、其他院校3722人。1980～2008年，共为高等学校输送学生5404名。

二、淮安市淮海中学

1978年4月建校，因纪念淮海战役胜利30周年而得名。9月开学时有初、高中各4个班，学生近400人，教师29名。学校仅有简陋平房3排，因校舍紧缺，当时初中部只能实行半日制。80年代初，国家经济对职业人才需求旺盛，学校从1983年起连续4年创办职业班，有财会、丝织、棉织、纺织等专业。

1990年、1993年先后建起两幢教学楼。1996年后，继续加大基建步伐，新建宿舍楼、餐厅、办公楼、科技楼，校园绿化得到较大改观，布局亦趋于合理。1999年，学校升级为江苏省重点中学。2002年3月创建新校区，9月高三学生迁入。2003年后，办学规模继续扩大，又新建教学楼一幢，并建成塑胶操场。2004年，被评为三星级普通高中，拥有96个教学班，近6000名学生，教职员工340名。是年，因改制，新校区改为民办淮宁中学。2007年，淮宁中学收归国有，与原校区合一，更名为淮海高级中学。其时仍为高初中兼办的完全中学。

2008年，学校有专任教师328名，本科及其以上学历310名，其中全国优秀教师1人、淮安市基础教育专家指导组成员1人、享受市政府特殊津贴教师2人；拥有教学楼7幢、实验楼1幢、餐厅1个、宿舍楼2幢，建筑面积4万平方米，图书室有图书5万册。

第六章　民办十二年一贯制学校

第一节　淮安市阳光学校

2004年9月开始筹建，位于淮安市区西安路北首东侧，是一所集小学、初中和高中为一体的全封闭寄宿制学校。占地面积4万平方米，建筑面积4.3万平方米，总投资7000万元。2005年，有教学班37个，其中小学一至六年级6个班、初一12个班、高一16个班、高三3个班，在校生2000余人。

2007年，招生1220名，其中高一560名、初一460名、小学一年级200名。2008年，有小学13个班级，学生480人；初中30个班级，学生1504人；高中38个班级，学生2018人。学校有专任教师220名，其中高中部106名、初中部64名、小学部50名。教师中有市级学科带头人1名、市级骨干教师1名、区级骨干教师38名，硕士生3名，本科学历146名。每个班级均有电脑、背投。学校有实验室5个、微机室2个，图书馆藏书2万余册。

第二节　淮安市东方双语学校

2001年9月建校，位于淮安市淮阴区果林场，是淮安市第一所民办十二年一贯制学校，占地面积4

万余平方米，建筑面积4.5万平方米，总投资近5000万元。学校拥有高标准的电脑室、语音室、理化生实验室、实验准备室、音乐室、画室、多媒体室、多功能会议室、健身房、医务室、浴室、宾馆式宿舍，有标准的塑胶跑道、体育场及各种体育活动器材，教室、宿舍全部装有空调。教学区、活动区和休息区整体规划。教室内42寸数字化液晶电视、投影仪、饮水机一应俱全。

2006年高考达本科线40人。2008年，有42个教学班，在校生数1983人。其中，小学8个班级，学生280人；初中14个班级，学生703人；高中20个班级，学生1000人。有专任教师129名，其他工作人员91名。

第三节　淮安淮阴中英文学校

2005年4月建校，位于丁集镇神州鸽市雕塑西侧100米，是由北京藏典阁图书有限责任公司投资创办的一所集小学、初中、高中十二年一贯制的民办全寄宿制学校。学校占地面积7.6万平方米，建筑面积2.44万平方米，总投资6000万元。2005年秋季开学，有小学6个班，初一8个班，高一10个班，学生1120余人。

2008年，有小学8个班级，学生363人；初中24个班级，学生1231人；高中21个班级，学生1109人。有专任教师150人，其他工作人员75名。是年，学生参加高考，文考达本科分数线2人。

第七章　中等职业教育与特殊教育

第一节　发展历程

1982年，在丁集中学进行结构改革试点，开办建筑班。1983年后，三树、杨庄、南陈集、小营等中学开办植保、建筑、烟草、财会、蚕桑、幼师、丝织等7个职业班，继而增设水产、棉织、缫丝、农机、家禽饲养等班。

1984年8月，在五里乡境内筹办县职业中学。1986年8月，在王营镇北京东路办淮阴县第一职业中学。是年，全县有职业高中班30个，在校学生1342名。其中，二年制1280人，三年制62人；工科720人、农科257人、师范类163人、财经类57人、体育类62人、修理服务类83人；女学生511人。当年毕业568人，其中县城112人、农村456人。6所普通中学附设农职班17个，学生761人。专业设置有电子、建筑、机械、化工、轻工、纺织、蚕桑、水产、农业经济管理、园艺花卉、缝纫服装、家禽及禽病防治等。全县有专任教师84名，兼任教师10人。

全县职中与普通高中比例保持在1:1.25，农村中学（不含完中）普通高中班先后撤销，部分中学开办职业高中班。1987年，部分专业跨县招生，县第一职业中学文艺专业面向各县区招生30人。1988年，除县职业中学和县第一职业中学外，县内有6所中学附设职业班：小营中学幼师班、丁集中学建筑班、袁集中学机械班、杨庄中学水产班，电大附设机电、建筑、施工与管理专业。1989年，王营镇和小营、果林等初中试行初中生分流的办学形式，部分学生在初三即可进入职业班学习，后在县内推开。1990年，全县有职业高中班46个，在校学生2712名，其中，二年制172人、三年制1945人、四年制55人；工科952人、农科336人、文科184人、医药类123人、师范类142人、财经类62人、修理服务类373人；女学生645人。当年毕业437人，其中县城271人、农村166人。6所普通中学附设农职班21个，学生932人。专业设置有建筑、机械、化工、轻工、纺织、保全、水产、农经管理、畜牧兽医、修理、营业员、缝纫服装等。全县有专任教师105人，兼任教师13人。其中，本科学历12人、专科学历68人，本专科肄业及中专、高中学历22人。是年至1994年，普通中学所附设的职业班先后合并到县内2所职业中学。

1996年，全县有职业高中班49个，在校学生1857名。其中，二年制105人，三年制1752人；女生664人；工科722人、农科165人、林科263人、医药卫生类42人、财经类284人、政法类104人、艺术类168人、师范类109人。当年毕业843人，其中县城481人、农村362人。全县有专任教师138人，其中本科学历14人、专科学历106人、中专学历18人；具有中学高级职称11人、中教一级69人、中教二级37人、中教三级2人。是年6月筹县建职教中心，1997年8月，县政府决定撤销县第一职业中学和小营中学，合并组建淮阴县职业技术教育中心，位于王营镇盐北村境内。1998年4月，县职教中心增挂淮阴县预备役学校牌子，开设预备役专业，为职业高中性质，由县教委和人武部本着“双重领导、统一管理、分工负责、通力合作”的原则共同办学。1999年8月，县广播电视大学并入县职教中心，一个机构、两块牌子。2000年，全县有职业高中47班、在校学生1413名。其中，二年制221人、三年制1192人；女生486人；工科903人、农科121人、财经类93人、艺术类214人、师范类82人。当年毕业277人，其中县城204人、农村73人。专业设置有计算机应用、机电一体化、电子电工、服装工艺、幼儿教育、烹饪工艺、餐饮管理、建筑装潢、财务会计、法律和电子商务等。有专任教师134名，其中本科学历33人、专科学历95人、中专学历6人；具有中学高级职称的9人、中教一级58人、中教二级44人、中教三级3人。2001年撤县建区，淮阴县职业技术教育中心更名为淮阴区职业技术教育中心，是年被评定为省重点职业高中。2002年12月，县职业中学更名为淮阴区职业高级中学，并被评定为省重点职业高级中学、省农科教示范基地。2005年，全区中等职业教育班有158个，在校学生6801名。其中，三年制职业高中生6364人，三年制成人中专生437人；女生2259人；职业高中农林类401人、加工制造类1805人、信息技术类2683人、商贸旅游类709人、文化艺术体育类1203人。当年毕业1849人，对口高考有100余人被录取，其中本科46人。专业设置有机电、机械、电子、电工、计算机、旅游管理、数控技术、汽车应用及维修服务、现代农业等14个专业。全区有专任教师298人，兼职教师11人，其中具有中学高级职称9人、中教一级85人、中教二级81人。是年11月，区职业高级中学升格为江苏省农工贸职业教育中心校，形成集职业高中、普通中专等为一体的多元化、综合性中等职业学校，当年被教育部、发改委、财政部等七部委联合表彰为全国职业教育先进单位。有在校学生4068人，分设电子技术应用、机电技术应用、数控技术、汽车驾驶及维修、电子商务、旅游管理、综合高中7个专业。有教师129人，文化课教师本科率87%。学校占地面积108亩，藏书6.5万册，实习实训设施设备齐全。2006年7月，与山西省山阴县教育局签订合作办学协议，同时揭牌成立江苏省淮阴区职业高级中学山西分校。

2008年，全区有中等职业学校5所，其中职业高中学校3所（含民办1所）、成人中等专业学校2所。在校学生7059人，其中加工制造类学生4419人、交通运输类154人、信息技术类1644人、文化艺术与体育类326人、社会公共事业类313人、师范类203人。专任教师311人，毕业学生3527人。

1983～2008年淮阴区（县）中等职业教育基本情况一览表

表26-7-1

年份	学校数（所）	班级数（个）	学生数（人）	专任教师数（人）	毕业生数（人）
1983	2	6	535	40	199
1984	1	5	933	65	235
1985	2	11	1107	74	410
1986	2	30	1342	84	568
1987	2	43	1841	112	604
1988	2	45	1910	74	307

续表 26-7-1

年份	学校数（所）	班级数（个）	学生数（人）	专任教师数（人）	毕业生数（人）
1989	2	46	2081	97	529
1990	2	46	2712	105	437
1991	2	42	2091	108	596
1992	2	47	2186	104	619
1993	2	53	2292	100	697
1994	2	54	2497	102	716
1995	2	51	2427	114	612
1996	2	49	1857	138	843
1997	2	35	1414	98	753
1998	2	42	1012	117	734
1999	2	46	1465	139	394
2000	2	47	1413	134	277
2001	2	55	1916	134	399
2002	2	80	3599	142	459
2003	2	98	4432	163	556
2004	2	119	5001	226	1170
2005	6	158	6801	298	1849
2006	6	205	9230	290	1636
2007	5	203	9150	310	1075
2008	5	156	7059	311	3527

第二节　学制和课程设置

一、学制

1984～1985年，为二年制职业高中；1986～2004年，多数专业为三年制，少数二年制，个别专业为四年制；2005年后，全部为三年制。

二、课程设置

20世纪80年代，专业设置主要有农业、幼师、建筑、机械、电器、烹饪、丝织等专业。1987年起，文化课与专业课的比例，工科类为4∶6，文科类为5∶5。文化课使用国家教育部编写的统一职业中学教材，科目为语文、数学（分理工类和文史类）、物理（分理工类和文史类）、化学、生物学、地理、历史（中国历史和世界历史）、英语和职业道德。

1990年12月，开设的课程分为政治课、文化课、专业课和实习4类，其中文化课有语文、数学和体育，其他课程如物理、化学、生物、外语、历史、地理、音乐、美术等，根据专业、工种的需要开设。

1992年,全县编写乡土职业教材并加以实施。2000年后,设有计算机、机电技术应用、数控、汽修、电子、财会、法律、艺术、服装、烹饪、农业、旅游管理、化工、市场管理、电子信息技术等专业。

2005～2008年,职业高中所设置的文化课程与普通高中相同。

第三节 学校选介

一、江苏省农工贸职业教育中心校

1984年建校,位于五里镇,原名淮阴县职业中学。1993年,被淮阴市教育局认定为“骨干职业中学”。2002年12月,更名为淮阴区职业高级中学,并被评定为省重点职业高级中学、省农科教示范基地。2005年12月,江苏省发改委批准区职业高级中学升格为江苏省农工贸职业教育中心校,形成集职业高中、普通中专等多元化综合性中等职业学校。是年11月,被教育部、国家发展改革委、财政部、人事部等七部委表彰为全国重点职业教育先进单位。

2006年7月6日,山西省山阴县教育局与淮阴区职业高级中学签订合作办学协议书,并同时揭牌成立江苏省淮阴区职业高级中学山西分校。

2008年,有在籍学生4068人,分设电子技术应用、机电技术应用、数控技术、汽车驾驶及维修、电子商务、旅游管理、综合高中等7个专业。学校主校区占地108亩,教学楼、实验楼、宿舍楼、餐厅楼等总建筑面积4万平方米,其中实验楼及实训中心可供10余个专业、500名学生同时进行实习实训。学校图书馆藏书6.5万余册,报刊、杂志百余种,并配有可查阅11万余册图书的电子阅览室,建有宽带校园网及网络控制中心、多媒体阶梯教室和校园广播电视系统。建有400米标准化环形跑道和高标准化篮球、足球、乒乓球、排球等运动场地,并配有艺术练功房、师生健身房、浴室、话吧、超市等教学、生活、服务设施。有在职教师129名(含聘用教师),其中专业教师58名。其中,具有中高级职称35人、初级职称51人,文化课教师本科率为87%。

学校电子、机电类实训中心内设数控编程、计算机操作、电子电器装配、机械模具、机械制图、服装制作、汽车维修、生物工程、建筑工程设计室等实验室,另有车工、钳工、焊工等各类生产实习车间。拥有2台加工中心,数控车床、普通车床30多台,电脑400台,轿车、货车、客车等各种车辆10余辆,汽油、柴油各型发动机10多台,钳工台60台(套),电子装配150台(套),电动缝纫机80台,学校各种实习设备总值500余万元。建成的机电技术应用示范专业、电子电工示范专业,通过省教育厅专家组验收。

二、淮阴区职业技术教育中心

1986年建校,位于长江西路口南50米处,东靠淮阴师院,西邻西安路,北接长江西路。学校前身为淮阴县第一职业中学。1996年,筹建职教中心。1997年,县政府决定将县第一职中和小营中学撤销后组建职教中心,同时异地新征土地作为职教中心新校区。1999年,县政府决定将县电大与职教中心合并,实行一套班子、两块牌子管理体制。2000年,学校改革招生办法,实行春秋两季招生,招生数迅速扩大,办学效益明显改观,2001年通过省重点职业高中评估验收,成为江苏省重点职业高中校。2002年,因行政区划调整,淮阴县职业技术教育中心更名为淮安市淮阴区职业技术教育中心。

2004年,在保持学校公立性质和投入政策不变的前提下,积极寻求与企业合作,吸纳社会资金,引入民营机制,扩大办学规模。是年7月,与上海博尔捷人力资源公司签订合作办学协议,9月1日起,学校在国有民营机制下运行。博尔捷公司投入800余万元,完成近1万平方米的实训大楼和宿舍楼的建设,添置近200万元的实验实训设备,学校办学条件迅速改善,2005年底通过省合格职教中心验收。2006年,区职教中心校园内建起年产值100万元的电子插件和电子装配备两条生产线。当年电子专业通过省级示范专业评估验收。

2008年9月，协商合作办学协议终止，学校回归公办。是年，学校占地180亩，建筑面积2.5万平方米，实验实训设备价值750万元，图书室藏书7.5万册，有电子图书10万册。学校有在编在职专任教师126名，其中，有文化课教师64人、专业课教师40人、实习指导老师22人，有高级教师14人、中级68人、初级38人，本科学历89人。学校主要开设机电技术应用、电子技术应用、计算机应用、服装设计与工艺、汽车修理、烹饪等专业，在籍学生3000余人。

第四节　特殊教育

1986年以前，淮阴市聋哑学校承担淮阴部分聋哑儿童的教育任务，淮阴县大部分有生理残疾（包括视力、听力、智力等方面残疾）的儿童，或弃学在家，或在小学、初中随班就读。1986年秋，在淮阴县实验小学院内创办聋哑班，是年9月开始面向全县招生，共招聋哑儿童16人，招聘教师2名、生活教辅人员3名，隶属于实验小学，学制8年。后办学规模逐年有所增减，总体维持原有状况。

1994年，成立淮阴县特殊教育学校，校址仍设在实验小学院内。1996年有教学班3个，在校学生29人，其中女生9人，均为小学部学生。教职工增加到10名，其中专任教师7人，女职工3人。2001年，特殊教育学校仍为3个教学班，学生26人，其中一年级6人、四年级12人、六年级8人。全区特殊教育当年在校生697人（含特殊教育学校26人），女生166人。其中，视力残疾36人、听力残疾60人、智力残疾601人；在小学就读567人，在初中就读130人。

2005年9月，特殊教育学校从实验小学内整体迁出，迁至原王营镇营北小学（该校在淮阴区教育布局调整中被撤销）院内，形成独立校园，为教育局直属学校。校园占地面积330平方米，建筑面积1100平方米，其中当年新建580平方米、普通教室325平方米、图书室65平方米、行政办公用房130平方米。有生活用房190平方米，其他用房200平方米，图书200余册。是年，特殊教育学校有学生59人，其中二年级30人、三年级15人、五年级14人。全区残疾儿童在校生计742人，女生225人，其中视力残疾96人、听力残疾137人、智力残疾509人。小学随班就读677人，分别为一年级116人、二年级157人、三年级115人、四年级91人、五年级111人、六年级87人。初中随班就读65人，其中初中一年级14人、初中二年级27人、初中三年级24人。742名学生分布在城区91人、乡镇186人、农村465人。

2007年，投入100万元，为特殊教育学校建学生宿舍、餐厅、厕所和铺设水泥地坪，学校被评为省特殊教育先进学校。至2008年，有教职工13名，其中专任教师10人。国家安排课程分学科课程和活动课程。学科课程开设思想品德、语文、数学、自然常识、社会常识、理科、律动、体育、美工和劳技等；活动课程为晨会、班队活动、体育锻炼、兴趣活动、个别矫正、社会实践活动和学校传统活动等。地方安排课程有文化科学或劳动技能提高课，选修课或专题性短期课。

第八章　成人教育

第一节　广播电视教育

1979年建校，原校址先后设在县教研室和县教师进修学校，称淮阴县电视大学管理站。1982年，招收学员2个班113人，设汉语言和理科物理两个专业。1984年，从县教师进修学校独立出来，迁址至小营乡盐北村6组，占地10余亩。1988年，招收经营管理1个专业，学员15人。1989年，淮阴县电视大学管理站更名为淮阴县广播电视大学。1994年，招收工民建和财务会计两个专业39人。1998年，招收财务会计和注册视听两个专业77人。1999年8月与县职教中心合并，一个机构、两块牌子，校址迁至长江西路淮三路口南50米。2000年后，办学规模有较大发展，本科和专科兼招，开放教育与专项教育并举。2001年，淮阴县广播电视大学更名为淮阴区广播电视大学。是年，招收学员352人，设置法律、财会、计算机、小学教育、经济管理等5个专业。2005年，招收学员102人，设置法学、汉语言文学、会计学、小学教育、工商管理、英语等专业。

2008年，招收本、专科学员148人，设置小学教育、工商管理、法学、会计学、英语等专业。建有卫星接收系统、有线电视系统、计算机网络和中央电大教学管理系统，配有网络教室2个、多媒体教室1个、收视教室1个、普通教室10个，藏书10万册。2002年被省教育厅评定为合格电大。1979～2008年，共为社会输送本科生和大专、中专生及其他各类培训生6848人。

第二节　教师进修

1957年建立淮阴县教师进修学校，位于淮阴区长江西路93号，是首批经江苏省教育厅批准备案的师范类中等专业学校。学校占地28亩，有教职工86人，其中专职教师56名、技术人员5名、教学管理人员12名，大都有高、中级以上职称和本科以上学历。

1972～1987年，培训与函授同步进行，小学教师培训37班2246人次，其中20天的7个班370人，1个月的12个班780人，2个月的3个班150人，3个月的8个班400人，4个月的1个班60人，6个月的4个班240人。另外，为淮阴师范学校先后代培二年制5个班246人。中师函授招生4届，招收学员2637人；高师函授招生两期，招收学员789人。

1992年起，学校有幼师专业班、对口高考班、高职班、英语脱产班、中文本科函授班、英语本科函授班、继续教育班、校长培训班等，学员共9000多人。还与淮阴师范学院联合开办小学英语教师和小学计算机教师短期培训班以及1个小学英语教师大专脱产班。2006年，建立西南大学网络教育学院学习中心，共招收学员1700余人。

2007年被西南大学评为优秀月报校外学习中心，2008年被西南大学评为优秀校外学习中心。2008年，学校有班级8个、教职工60人。

第三节　高等教育自学考试

1983年，在县招生办公室内设立高等教育自学考试办公室，负责县内成人自学考试的组织和信息传递工作。是年首次开考，有123人报考中文、法律、党政、英语、统计5个专业。1984～1985年，组织中文、法律、党政、英语、统计、价格、经营、果树、蔬菜和工民建等12个专业的报名考试。1986年，有1800余人报名参加考试。1993年，开设教师自学考试。2004年，划入县高等教育自学考试办公室统一管理。

1999年高校扩招前，自学考试报名人数呈逐年递增趋势。2000年，有5843人报名参考，开考专业114个，其中本科67个、专科47个。受高校扩招、成人高校、远程教育、电化教育、党校等高等教育招生门槛降低等因素的影响，下半年开始，报名人数下降趋势明显。至2005年上半年，毕业1394人，其中本科278人、专科1116人。是年下半年，报名人数1631人，主要报考护理学、汉语言文学、会计学、公共关系学、法律、英语、药学、小学教育等本、专科专业。考生类别主要有干部、工人、教师、军人、待业青年等，农民较少；专科生报考本科者居多，高中生报考专科居次；考生女性较多，男性较少，接近2:1；26～35岁居多，25岁以下居次，35岁以上较少。至2008年，淮阴区自学考试先后开考本科专业28个。2006～2008年，共毕业学生406人。

1983～2008年淮阴区（县）高等教育自学考试报名及毕业生数情况统计表

表26-8-1　　　　单位：人

年份	报名人数	毕业生情况		年份	报名人数	毕业生情况	
		毕业生数	其中本科人数			毕业生数	其中本科人数
1983	123	—	—	1996	1997	21	2
1984	609	—	—	1997	3394	62	1
1985	1703	—	—	1998	4555	71	5
1986	1802	12	1	1999	5309	85	8
1987	1553	11	1	2000	5843	72	8
1988	1577	22	2	2001	5213	126	11
1989	1257	25	1	2002	4228	218	49
1990	1964	24	1	2003	3347	191	51
1991	2046	14	2	2004	3392	179	58
1992	1777	14	1	2005	3333	172	79
1993	1423	18	2	2006	3386	155	69
1994	1484	26	1	2007	3102	125	70
1995	1821	31	2	2008	2515	126	79

说明：1983年为高等自学考试开考第一年，故前三年无数据。

第四节　扫除文盲

1978年，成立县业余教育委员会，重新制定扫盲工作计划，分期分批扫盲和举办民校高小班的形式并头进行。1982年，县扫盲办公室先后在陈集、高堰、果林、宋集等乡开办农技校。1984年，淮阴县基本扫除青壮年文盲，成为全市第四个无盲县。1985年后，农民文化教育逐步由扫盲为主转向以开办业余小学班（校）和科技职业教育为主。

1990年，全县脱盲1047人。1991年，按省教委要求统一使用省编教材，入学文盲人手一套，并学完县编教材20篇课文，全县脱盲1327人。1992年，实现乡乡有成人中心校。1994年7月，撤销县扫盲办公室，成立县成人教育办公室，配备13名专职干部，负责全县扫盲和成人教育工作，并从1994年起，全县按每人每年0.2元筹集，由县财政拨款用于此项工作。

1995年2月，对全县扫盲工作进行全面自查，当年脱盲1720人。1996年通过省政府组织的扫盲验收。1998年10月，对扫除剩余文盲工作进行验收，至年底，全年仅剩文盲331人，均为大龄文盲、妇女文盲和弱智文盲，非文盲率99.98%。1999年继续扫除剩余文盲和新增文盲，年内有290人脱盲。2000年全国第五次人口普查，全县15～40周岁非文盲率为99.48%。

第五节　职工教育

1978年，设职工教育办公室，负责企业职工教育。此后多年，县劳动部门一直承担县内企业职工的技能培训与考核工作。1985年春，淮阴县粮食职工学校成立，校址在现小营大北农饲料厂内。1986～1999年，集中培训全县粮食系统的物价、保管、会计、统计“四大员”及粮管所长500余人次，培训教师一般由粮食局相关科室的股长担任。1992年与省粮食学校联合办班。1997年联办现代企业管理大专班，有88名所长参加学习，参加财会大专班学习65人，每期半年。企业改制后培训渐少，1999年后逐渐停办。

1996～1997年，县劳动局与市纺织学校联办职工技校，挂淮阴县劳动局职业技术培训中心牌子。2003年，创办职业技术培训中心，拥有实习场地2个，有专职培训教师5人、兼职教师4人，投入培训经费180万元。至2008年，就业培训43882人，结业42196人，就业38232人。培训对象为下岗失业人员、农村退伍军人等，培训期6个月，有2899人获得初级职业资格，1375人获得中级职业资格，12人获得技师职业资格。

第六节　农民教育

1978年后，农民教育逐步由扫盲教育转向农业科技职业教育。1985年，各乡镇成立成人教育中心校，主要举办初等职业教育培训班。

1990年，各乡镇成人教育中心校与乡镇农业、文化、广播、畜牧兽医站等单位联合，常年对村干部、农民进行文化技术培训，重点是农村实用人才培训。全县组织4.6万人参加各类文化和技术学习，开办专业主要有种植和加工等。

2000年，开展农村技术培训712期，培训16万人次，建成乡镇示范基地30个，市级教育促小康乡镇4个及市级致富优秀项目1个；成人职业初等教育培训7000人。棉花庄镇志亚养禽合作社、丁集镇万羽种鸽养殖场、新渡乡丰香草莓、吴集镇地膜花生均为致富重点项目。是年，吴城镇、王营镇被省教育厅表彰为实施教育促小康工程先进单位，五里乡被确认为省成人教育重点校，老张集、凌桥、袁集、丁集、蒋集等乡镇为市级成人教育重点校。

2002～2004年，21所乡镇成人教育中心校全年完成农村技术培训23.8万人次，农村剩余劳动力转移培训2.64万人，致富骨干培训6500人，失业下岗转岗培训4000人；创建农科教结合示范基地1个、市级教育致富项目5个。赵集镇成人中心校被评为淮安市示范成人中心校。

2005年，全区有成人中专校3所，其中教育部门办1所、非教育部门办2所。乡镇成人中心校21所，区级成人中心校1所，完成农村实用技术培训12.6万人次，培训困难群众2650人，致富骨干培训2550人，下岗再就业培训1240人，初高中毕业后培训3525人，成人高中教育550人。创建社区教育实验区1个（王营镇），市级示范成人中心校3所（赵集、韩桥、五里）。五里镇成人中心校通过省级农科教示范基地专家组复核。

2008年，全区有乡镇成人中心校21所，专职教干、教师21名，兼职教师168名，举办各类实用技术培训长班28个、短班266个，受训11.2万人次；对农村剩余劳动力转移培训8245人。创建市合格成人中心校8所，12所乡镇成人中心校通过市级示范成人中心校验收。开办专业主要有农经、农学、畜牧、兽医、蚕桑、服装、幼师、建筑施工等。

第九章　教育科研

第一节　教研网络

1978年，教研网络逐步形成，县有教研室和教育研究会，片有教研中心学校，公社有文教办语文、数学教研员，校有各学科教研组，规模较大的学校有年级教研组。1983～1985年，建立健全教学研究机构，高中以县为单位，按学科组成中心教研组，初中按学科组成县、片两级中心教研组，小学按学科组成县、片、乡三级中心教研组。配齐配足小学、初中、高中各学科教研员，初中按学科聘请各片教研活动召集人，小学由各乡配齐语文、数学教研员，其他常识性学科配备兼职教研员。

1986年，全县中小学教学研究网络主要由三大板块构成，即县属完中各科教研组，以中心初中为中心的各乡镇各科教研组，以中心小学为中心的各乡镇小学教研组。县学科教研组织主要有数理化学会、教育研究会和德育研究会。1989年，成立县教科室。此后，县直各学校相继成立教科室，负责学校教科研工作。

1999年，成立县初中学科指导组，以县教研室为中心，建立7个学术圈，以县学科带头人为核心，建立学科教研基地，观摩名师课堂教学，聆听前瞻性讲座，交流教科研经验与信息。是年，淮海中学、实验小学、职业中学通过市教科研实验基地验收。2002年，教研室每学期对全区中小学教学研究工作、各学科的教学工作提出书面指导意见。2008年，有数学、物理、生化、语文、外语、政史地、体育、职业教育、幼儿教育、青少年科技教育、少儿书画、中小学心理教育12个专业委员会。

第二节　教法研究

1978～1983年，全县中小学学生数迅速增加，大量小学教师、临时代课教师任教中学，小学几乎一半以上是民办、临时代课教师。为此，制定《教导工作条例》《教师备课、上课、作业批改条例》《教学工作检查条例》和《考试评估规则》。1985年，初中数学教学引用常州市青浦中学教改经验“激发、序列、尝试、回授”，小学语文、数学、自然学科引进湖北大学黎世法教授的“六因素单元教学法”，初、高中各学科引进黎世法教授的“六步教学法”。

1986年，贯彻实施《江苏省中小学教学改革纲要》，县内教师探索教学方式方法。淮海中学语文教师吴自学的“顾前顾后顾左右、自读自讲自练习”教学法，王营镇中学数学教师万长城的“自学法”，县中物理教师庄宽业的“导学法”，南陈集中学物理教师邵大义的“程序教学法”，县教研员李鹏归纳推广的小学语文“阅读三段式教学法”，北京路小学体育教师范志根的“引进音乐、游戏、舞蹈法”，县中音乐教师刘裔宽的“三分法”等在县内推广。在课堂教学改革的同时，开辟第二课堂，如阅读、写作、演讲、书法、绘画、乐器、歌咏、制作、气象、饲养、园艺种植、采集标本、调查访问等。同时加强农村复式教学的研究，探索其整体改革的思路，分片举行复式教学现场观摩研究活动。1988～1991年，全县小学学习推广南通师范二附小李吉林的“情境教学法”。县教研室研究构建的预习课、小结课、复习课、练习课和实验操作课，在全县推广应用。

1990年，县实验小学“珠心算”实验是全市唯一的省级试点项目，在省级大赛中荣获一、二等奖。1992年，在全县小学推广“情境教学法”“六因素单元教学法”和“阅读三段式教学法”，中学各学科普遍开展课题研究或实验。1993～1995年，全县初中实行课堂教学模式改革，课堂精讲不超过25分钟，课内训练不少于15分钟。3年间，全县先后3次组织200余名教学骨干赴辽宁阜新、山东泰安、河南新乡等地学习目标教学理论。该理论的核心是，课堂教学以教材知识点为导向，并把若干知识点确定为不同层级的教学目标，教者围绕目标进行过程设计，最终实现教学目标。教学过程以及时反馈和小步练习为主。1996年起，中小学教师开展大练教学基本功活动，并组织考核验收。1997年，初中组教研员集体到各乡村中学蹲点，对备课、说课、上课、评课、考核等实行面对面指导研究。1998年，初中各学科普遍学习泰兴市洋思中学经验，推广洋思教学模式；高中语文教学推广魏书生的“自学辅导模式”。1999年，县教科室、教研室会同有关学校申报14个课题，经市、省和国家级科研部门批准立项，全县有89篇论文和41节课获市级以上表彰和奖励。

2002年，区教研室提出突出学生的主体作用，注重学生学习习惯的养成，引导学生发现问题、提出问题、解决问题。2003年，全区开展“说课”活动，推广“六因素表格备课法”；小学思想品德学科实施“活动化”和“合作探索式”教学模式；小学语文学科构建“自探共研学习方式”和“愉快作文教学的策略”以及“语文诗化课外阅读式”。2003年，区教研室确立“导师制”研究项目，每位教研员用3年左右的时间培养出5名以上区级骨干教师。2004年，全区中小学教学研究课题获省级立项5个、市级立项112个，并有2个获得江苏省教育科学“十五”规划滚动立项课题。2005年，初、高中学段提出以学生为主体的课堂教学理念，组织新课程背景下的全区中小学优质课展评活动。全区选派30名教育行政干部、教研员参加省级基础教育课程改革培训，且通过他们开展新课程改革培训，并利用片级教研活动，组织全区学科培训和集体备课，开展优质课展评等活动，提升全区教师对新课程的认知和实施水平。35名教师在市“新课程优质课展评”中获一等奖，10名教师在省级以上教学竞赛中获一、二等奖。

至2008年，全区申报国家级科研课题15项、省级科研课题120项、市级课题170项，每年推荐到省、市参评论文400余篇，在国家级报刊上发表论文286篇，撰写并出版专著85部。是年，全市推广区教科室研创的“科研型人才十种培训模式”。

第三节　素质教育

1985年，随着分级办学、分级管理体制的建立，学校办学条件得到较大改善，但受片面追求升学率的影响，偏重智育、偏重考试科目、偏重分数的现象仍然没有得到解决，学生课业负担仍然过重。1990年9月，发出《关于进一步做好减轻小学生课业负担过重工作的通知》，要求转变教育思想，从升学教育转变到素质教育上来。县城各级各类学校及部分镇（区）中心校的艺术教育开始步入正轨，组织管理和教学管理形成一定的规范和机制，出现一些艺术教育窗口学校。各中小学均开设音乐和美术（图画）课。是年，召开中小学思想政治工作会议，强调爱国主义教育，同时强调在教学活动中教师应注意改进教育方式。

1993年，印发《九年义务教育全日制小学、初级中学课程方案（试行）》的通知，开始实行第七次体现素质教育的新课程改革。1994年，全县组织中小学生开展多种活动，对青少年学生进行爱国主义教育。1995年，贯彻省教委《关于切实减轻中小学过重课业负担的意见》，把减轻中小学过重课业负担纳入实施九年制义务教育的评估验收。1996年，在全县中小学推广湖南省汨罗市实施素质教育的经验。1998年，实行新生军训制度。县成立军训领导小组。淮阴县中学开始对高一新生进行军训。教官由驻淮部队派员担任，军训内容主要是队列、队形练习，观看爱国主义教育影片等。是年，淮阴县对实施素质教育采取“全面推进、分层要求、重点突破”的办法，在部分乡镇、学校进行实施素质教育的试点，实验乡镇是王营镇、开发区、北吴集乡，素质教育实验试点校是全县城区中小学、乡镇中心小学及杨庄、丁集、新渡、北吴集等7所初中。加强小学，启动初中，影响高中。小学大力推行素质教育，全面提高小学生整体素质；初中培养学生自主学习能力，提高其综合素质；在高中开好“研究性学习课程”。1999年，制定《乡镇、学校落实素质教育十条基本要求评估表》，对全县中小学实施素质教育、落实素质教育十条基本要求情况进行督导评估。1999年后，全县中小学全面推进“优化学科课程、强化活动课程、开发环境课程”的工作。2002年，印发《淮阴区2001～2010年学校艺术教育发展规划》，进一步加强全区中小学和幼儿园普及艺术教育工作，确保开课率100%。2003年，淮阴师范学院第二附属小学利用青少年活动中心，开展各类兴趣特长培训活动，开设乐器、棋类、舞蹈、跆拳道、小主持人、书法、绘画等8大类26个项目的兴趣培训，在中低年级中开办器乐特色班，为创建特色学校奠定基础。至2008年，淮阴实验小学乒乓球队逐步形成特色，乒乓球队建立健全运动员档案，对运动员运动水平、身体状况、文化成绩等方面进行跟踪分析，学校制定一系列管理制度，设立运动员学习进步奖、文化课辅导提高奖和对口学校开学奖。

第十章　教　师

第一节　教师队伍

1978年，县内中小学教师紧缺，每年除补充少数师范院校毕业生外，还不断吸收有一定文化基础的民办教师或代课教师，以弥补师资的不足。全县共有初中专任教师1335人，高中专任教师476人，中学长期代课教师83人，临时代课教师125人；小学专任教师3960人，长期代课教师236人，临时代课教师280人。至1987年，全县共有教职工6632人，其中普通中学专任教师1739人，职业中学专任教师112人，小学专任教师3645人，幼儿园教师500人，特殊教育教师6人。

1994年，随着教师数量稳步增长，县教育局组织教师在职培训，规定1950年以后出生的教师，至2000年必须全部达到合格学历，同时实行教师继续教育证书制度，高中教师每年接受培训不少于80学时，初中及小学、幼儿园教师每年接受继续教育不少于72学时，并与职务晋升挂钩。

1995年，因乡镇中小学教师缺编，影响教育教学工作，本着“以需定聘、量才而用、以绩取酬、乡镇负担、公开竞争、择优聘用”的原则，从地方大中专毕业生中招聘中小学教师75名，实行聘用合同制，聘期一年，聘用期满，如工作需要，双方愿意，可以续聘。

1996年，对全县中小学实行定编定员管理，实行岗位责任制，逐步规范小学、初中、高中、职中的师生比例。

1998年，针对各级各类学校学历合格的教师数量相对不足，特别是职业教育教师学历达标率偏低；教师队伍分布不均，城区超编、边远农村严重不足；教师结构不尽合理，中青年教师、骨干教师数量不足；农村成人教育教师没有单独列编、队伍不稳、数量不足、业务素质偏低等问题，县政府、县教育局对全县教职工加大调配和管理力度。坚持超编单位向缺编单位流动、学科富余人员向学科紧缺单位流动，非教育系统人员不准调入教育系统，任何单位不得擅自从缺编单位抽调和借用、聘用教师。对超编学校使用及乡镇自行聘用的代课教师，予以清退。对乡镇教育办公室进行整合，一般只保留教育助理（教办主任）1人、总账会计1人、成人教育辅导员1人（县城所在地王营镇，增配工作人员1人），乡镇教育办公室借用的教师，坚决退回学校。同时实行城镇中小学教师到农村支教制度，凡45岁以下的教师均轮流到边远乡镇农村学校支教，当年抽调126名教师赴边远乡镇支教，为期一年。之后每年均有一批年青骨干教师下乡支教。是年起，全县实施普通教育、职业技术教育、成人教育、幼儿教育等各级各类教育“三名工程”（名学校、名校长、名教师工程）。

2001年，全区各级各类学校教师教学基本功B级（区级）考核过关率35%，232名小学教师教学基本功通过A级（市级）考核，37名中小学教师在区青年教师基本功十项全能大赛中获奖。全区共评出首批区级名校长11人、区级名教师20名、区级学科带头人146名、校内骨干教师877人。70%中小学校长参加提高培训班，20位校长参加教育理论研究生班学习。全区参加继续教育学习5300余人次。有1008名教师参加自考入学考试，722人被录取，占全市录取总数35%，课程报考1584人。

2002年，中小学教师继续教育和骨干教师培训工作得到加强，确立50名省级、112名市级中小学名师培养对象，参加市级、省级培训分别为276人次和69人次。区教师进修学校举办各类培训班15个，参加各类继续教育培训3855人次。对毕业生就业打破传统“包分配”的做法，根据实际需要，进行书面考试，按参考数80%的比例予以录用。2008年，全区中小学有专任教师6389名；幼儿园教职工615名（含非教育部门359名），专任教师612名（含非教育部门215名）；职业技术学校教职工385名

（含非教育部门65名），专任教师311名（含非教育部门35名）；特殊教育学校教职工16人，专任教师12人。小学大专及以上学历52.93%，初中本科及以上学历41.94%，高中本科及以上学历92.49%，中等职业学校学历达标率62.76%。

1978～2008年淮阴区（县）中小学、幼儿园、职（特）校专任教师人数一览表

表26-10-1　单位：人

年份	总计	高中	初中	小学	幼儿园	职（特）校	年份	总计	高中	初中	小学	幼儿园	职（特）校
1978	5775	476	1335	3960	4	—	1994	6253	267	1660	3589	635	102
1979	5490	273	1329	3884	4	—	1995	6343	278	1601	3624	726	114
1980	5626	175	1535	3826	90	—	1996	6549	285	1649	3673	797	145
1981	5724	197	1474	3951	102	—	1997	6640	294	1640	3760	838	108
1982	5497	203	1421	3728	145	—	1998	6290	318	1534	3552	759	127
1983	5411	217	1406	3615	173	—	1999	6243	324	1589	3468	716	146
1984	5346	176	1348	3452	305	65	2000	6917	484	1730	3931	629	143
1985	5679	205	1409	3552	439	74	2001	6364	564	1609	3809	242	140
1986	5909	211	1462	3641	511	84	2002	6214	660	1552	3707	153	142
1987	6002	233	1506	3645	500	118	2003	6423	682	1710	3692	176	163
1988	5982	264	1495	3561	588	74	2004	6840	675	2010	3551	378	226
1989	5611	276	1495	3559	184	97	2005	7335	858	2180	3443	556	298
1990	6372	278	1596	3720	673	105	2006	7486	1025	2227	3329	615	290
1991	5975	284	1645	3714	224	108	2007	7350	1105	2090	3241	604	310
1992	6263	280	1642	3630	607	104	2008	7328	1143	2064	3182	612	323
1993	6218	257	1622	3545	694	100							

说明：1984年创建职业学校，1986年创立特殊教育学校；在此表中简称“职（特）校”。

第二节　教师待遇

1978～1980年，全县落实知识分子政策，对错划“右派”的教师予以“摘帽”，在“文化大革命”中遭迫害的教师，得到平反，恢复公职，补发扣发、停发的工资。各乡镇中小学校长均为县人大代表，城区学校有21人为县政协委员。中小学教师实行班主任津贴，中学每人每月7元，小学每人每月5元。至1984年，中学老民办教师工资补助每月45元，小学老民办教师工资补助每月40元，新民办教师工资补助每月35元（新老民办教师以1966年底前后参加教育工作为界）。1984年起，中教五级（工资）、小教三级（工资）教师，港澳台属教师的配偶及未成年子女，以及大专或中师毕业且工作达到一定年限的教师，实行家属农转非，全县农转非280人。

1985年，实行中华人民共和国成立后第二次工资制度改革，实行以职务工资为主的结构工资制，

逐步建立正常的晋级增资制度。对中小学、幼儿园教师长期从事本职业，除按规定发给工龄津贴外，另外加发教龄津贴。全县中小学、幼儿园及教育行政部门从1985年1月1日起执行工资改革后新的工资制度。公办教师增资额月人均21.31元，民办教师增资月人均22.14元，“大集体”教师增资额月人均14.22元，代课教师增资额月人均25.32元。其增加工资由国家财政和地方教育附加税各负担一半。是年起，每年9月10日（教师节）都举行庆祝活动，表彰先进，慰问教师，对三代从事教育的家庭授于“教育世家”光荣匾。

1987年10月起，中小学和幼儿园教师工资标准提高10%。从事特殊教育的教师再提高15%，提高部分可作为计发离退休费的基数。是年，实行专业技术职务改革。至1988年，共评出高级职称64人，中级职称860人，初级职称2457人。1989年10月1日起，对连续任教30年并在教育岗位上退休的中小学教师增发退休补贴费。退休补贴费可补足至本人退休前原工资的100%，对教龄满25年不满30年的教师，退休补贴费补足到本人退休前原工资的95%，1989年10月1日前退休的教师，也享受同等待遇。

1993年10月1日起，对事业单位工作人员再次进行工资制度改革，依据按劳分配原则建立体现单位不同类型、不同行业特点的工资制度，逐步与机关的工资制度脱钩，引入竞争机制，加大工资中津贴（活工资）部分，使工作人员的报酬与其实际贡献紧密结合，同时将一部物价、福利性补贴纳入工资，建立正常增加工资机制。在职公办教师人均月工资改革前283.8元，改革后435.3元，人均月增资151.5元，略高于公务员的平均工资水平。是年，有离休教师222人，工资改革后每人月增资209元；有退休教师1401人，工资改革后每人月增资164元。建立正常增资机制，凡考核合格者，每两年晋升一个工资档次，不合格者不得晋升。少数考核优秀并作出突出贡献者，可提前晋升或越级晋升。是年，建立民办教师医疗保险和退休养老金制度。

1996年5月，教职工医疗保障制度改革，建立职工医疗保险基金，由学校和教职工共同缴纳，学校缴纳比例不超过教职工工资总额的10%，教职工个人缴纳个人年工资总额的1%，由学校从教职工工资中代扣。建立职工个人医疗账户，教职工个人缴纳医疗保险费和用人单位为职工交缴医疗保险费的一部分（不低于50%），以教职工本人工资为计算基数，划入个人医疗账户，专门用于支付个人的医疗费用。

1997年7月1日起，相应调整中专、技校及中小学教师、职员、工人的工资标准，调整后提高10%的工资标准。是年7月起，县教育局牵头在营东村集资筹建教师公寓，先后新建6幢264套住房，解决城区部分教师住房困难。征地和共同配套设施等费用由各建房单位（淮阴县中学、淮海中学、淮阴县实验小学和教育局）共同分担。房改后，各住户取得房产权，未参加房改住户享受1万元左右的住房补贴。

2000年，江苏省在经济薄弱县农村中小学教师实行工资统一发放专户管理试点，按照“超编按实编、缺编按实有”的原则，从2000年9月1日起，省、市、县财政补助部分按年人均9000元的标准测算进入专户，其中县和乡镇财政划入资金占85%，市财政补助3%，省财政补助12%。2001年9月底，实行区财政统一发放中小学教师工资，对全区在职正式教职工和退离人员（不含已参加社会统筹养老保险的离退休人员）的职务工资、津贴、教龄津贴、特级教师津贴、班主任津贴、特殊教育津贴按规定时间和要求，分解发放到教师设在指定银行的专用卡上。

至2005年，教师获得省部级以上表彰47人，被评为中学高级教师587人、省中小学特级教师5人，享受市政府津贴11人，被评为省市劳模10人。2008年，全区教师人均工资提高至2000元，中学高级教师月工资2400元。

第三节 职称评定

1987年，全县开展“文化大革命”以后的第一次教师职称评定工作，至1988年底完成。1994年开始，全县职称评定工作作较大调整，取消中学三级教师和小学三级教师职务序列。

2000年4月，在中小学教师职称评定过程中，实行量化积分标准。对岗位设置、评审范围、评审条件及评审程序作了适当调整，同时对1979年底前从事小学教育教学工作，取得专科学历和取得本科学历后任小学高级教师并履行职责5年以上，具有三类A级教学基本功的小学教师，可以申报中学高级职称。

2003年，江苏省人事厅、教育厅制定江苏省中小学教师专业技术资格评审条件（试行），为中小学教师专业技术资格评审工作提供规范的操作依据。全区中小学教师技术职务聘评工作，破除专业技术职务终身制，建立聘评分开、能进能出的用人机制，根据教师的实际能力，可以高职低聘，也可以低职高聘，但此种激励机制并未广泛推行。

1988～2008年淮阴区（县）教师职称评定统计表

表26-10-2 单位：人

年份	中学				小学				备 注
	高级教师	一级教师	二级教师	三级教师	高级教师	一级教师	二级教师	三级教师	
1988	64	404	657	209	456	985	517	89	
1989	—	3	54	184	5	728	694	51	含民师7
1990	11	63	162	174	7	152	166	—	含民师24
1991	1	—	22	2	—	2	82	—	
1992	—	183	38	3	173	548	275	4	含民师278
1993	27	103	513	22	167	433	90	—	含民师337
1994	7	105	103	—	306	194	89	—	含民师205
1995	31	108	112	—	243	234	107	—	含民师243
1996	16	79	103	—	326	211	106	—	含民师151
1997	22	157	145	—	80	172	147	—	含民师78
1998	47	221	147	—	124	80	121	—	另有中级工50、初级工19
1999	41	51	114	—	287	130	219	—	
2000	30	88	134	—	252	105	138	—	
2001	15	86	161	—	196	175	188	—	
2002	32	103	209	—	168	150	145	—	
2003	—	147	185	—	163	221	21	—	
2004	46	139	173	—	147	143	8	—	
2005	25	115	153	—	115	170	7	—	含小中高2
2006	66	123	346	—	111	169	5	—	含小中高6
2007	106	207	310	—	194	69	2	—	含小中高9
2008	85	195	331	—	196	154	5	—	含小中高14

说明：1994年后取消中小学三级教师序列。

第四节　民办教师

1978年，教育事业得到迅速恢复和发展，民办教师为缓解教育教学工作中师资不足的压力起到重要作用。1979年，全县有民办教师1780人。

1980年，对全县民办教师进行全面培训、考核、整顿。合格者发给合格证书，并相应增加经济待遇（每人每年增资50元）。合格民办教师比例控制在民办教师总数的70%左右，分三批实施并发予合格证（1981年、1982年、1984年）。

1982年始，对在农村小学从事教育工作、具有高中（含职业高中、中等师范函授）毕业文化，5年以上教龄、35岁以下，已取得合格证或试用证书的民办教师和经县教育行政部门批准录用的合同民办教师，均可报名参加中等师范招生考试。学习期满，成绩及格，实习考核合格，由师范学校发给毕业证书，纳入国家分配计划。是年，全县辞退250名不合格民师。1983年，县内小学出现师资不足现象，又在全县招聘合同代课教师，按照高中毕业文化水平的要求，经统一文化考核合格者，试用半年。试用期间，参加县教师进修学校培训，经乡镇审查试用、学校考核，试用期满且符合条件的，成为合同代课教师。1985年，全县再次经市级统一考试招用一批合同代课教师。1983年、1985年，全县共招聘合同代课教师551人。1985年，政府第一次将工作时间长、具有较高业务水平的民办教师转为公办教师，并办理本人及符合一定条件的子女的户口及粮油农转非手续。

1987年，全县有中小学教师5384人，其中民办教师1967人，占教师总数的36.53%；中学教师1739人，其中民办教师418人，占24.04%；小学教师总数3645人，其中民办教师1549人，占小学教师总数42.50%。1993年，中等师范学校从中小学民办教师中招收学员，从高分到低分依次录取。学员在二年学习期间的工龄、教龄按国家有关规定执行，原工资待遇不变，毕业后纳入国家分配计划。

1994年后，政府有计划地实施民办教师转为公办教师工作。是年至1997年，将1076名民办教师转为公办教师，至1997年底，全县所有合格民办教师全部转为公办教师。

第二十七篇　文化　旅游

1978年，淮阴县文化事业以有线广播、电影、文艺演出和民间艺术为主，有县广播站1个，公社、场、圃均有广播放大站。境内遗址、景区未开发，也无组织机构，旅游业处于自发状态。

20世纪80年代，境内小说、散文、诗歌、戏剧创作以及小品、戏剧等文艺创作和演出较多，成果显著。城乡文化活动丰富多彩，文物古迹保护工作开始启动，广播事业不断发展，接收档案3000余卷，《淮阴县志》编纂工作有序进行。90年代，县文工团、文化馆、新华书店、图书馆文化下乡活动每年一次，城乡文化活动深入开展，有线电视走进用户，舞蹈、书画等艺术创作，涌现出一批新人新作。《淮阴报》复刊，《淮阴县志》出版发行，《淮阴年鉴》出版4卷计230余万字。红色旅游、观光旅游起色明显，先后接待游客近100万人次。

进入21世纪，城乡群众文化活动形式多样，自娱自乐活动增多，文化市场管理增加许多新内容，文物管理与保护备受重视。2001年县改区后，政府注重旅游开发，通过招商引资将古镇码头开发成旅游景区，打造景点10余个。2003年，重新修建刘老庄八十二烈士陵园，并开通交通专线。

至2008年，境内有大型文化设施38处，其中乡镇大型文化设施24处，城区大型文化设施14处；群众文化活动场所368处，其中乡镇文化活动场所247处，城区121处；各类文化机构31个；群众文化组织37个，专业文艺团体3个，各级文物保护单位21处。全区作者发表小说、散文、诗歌2400余篇（首），广播、电视、报纸、档案及地方志事业不断深入。有主要旅游景点21处，先后接待游客近500万人次。

第一章　群众文化

第一节　机　构

一、管理机构

1978年，淮阴县文化工作由县文教局主管。县文教局设立文化股，有工作人员2名，专门负责全县文化工作。1989年，文化股从县文教局划出，成立淮阴县文化局，为县政府直属正科级单位，主管全县文化工作，内设办公室、文化艺术科。2001年3月，淮阴县文化局更名为淮阴区文化局。2004年，增挂新闻出版局和版权局两块牌子。2008年，区文化局内设办公室、文化艺术科，有工作人员8名。

二、直属单位

【文化馆】 1978年，淮阴县文化馆隶属于县文教局，内设文艺股、美术股、摄影股、图书阅览室、书画展览室、棋牌室。主要负责全区城乡群众文化辅导和培训，大型活动的组织、策划、实施，文化艺术创作和非物质文化遗产保护等。县文化馆活动面积510平方米，有工作人员17名。1987年，有1500平方米的活动场所、多功能舞厅和容纳200余人的小型剧场。2001年，因城区建设，办公机构迁至西马路，有办公用房599平方米。是年，淮阴县文化馆更名为淮阴区文化馆。2004年，文化馆办公用房卖给北京路小学，租用图书馆两间房办公。至2008年，机构、职能、人员未变。

【工人文化宫】 1982年4月，淮阴县工人文化宫成立，隶属县总工会，是公益性事业单位，编制19人，负责组织群众文化活动，开展科技知识、劳动技能、文艺创作等培训，内设影剧院、图书馆、录像厅、职工旅社、经营服务部等。至1992年末，有固定资产150万元。2002年，影剧院（工人电影院）划归淮州中学。

【图书馆】 1978年，县图书馆位于王营镇前进街146号。有工作人员3名，其中馆长1名、办事员2名，藏书5000余册，报纸、杂志50余种，日接待读者10余人，持证读者90余人。下设采编、报刊阅览、图书外借、少儿借阅、参考咨询、业务辅导等业务工作部门。1982年6月，迁址王营镇新街17号，占地面积3908平方米。2001年3月，淮阴县图书馆更名为淮安市淮阴区图书馆。2008年，馆舍面积1863平方米，有工作人员8名，藏书11.1万册，其中，古籍书450册，其他图书8.88万册，期刊、报纸合订本2.22万册。年购书经费（含报刊费）4万元，征订报刊174种，购新书1100册，有持证读者520人，日接待读者60人次，日书刊流通100余册次。

【电影公司】 淮阴县电影发行公司为原淮阴县电影管理站。1978年，县电影管理站位于王营镇北堂巷73号，占地2667平方米，有平房89间1128平方米。主要设施有35毫米提包机2套、16毫米放映机2台、发动发电机1台；电动倒片机3台、手摇倒片机2台；电源稳压器、高频发生器、低压发生器各1台等。年放映13632场次，观众1442万人次，放映收入31.38万元，片租收入9.7万元。1984年10月，淮阴县电影管理站更名为淮阴县电影发行放映公司。公司实行企业化管理，在公司内部实行经理负责制，经理室下设行政股、放管技术股、发行宣传股、财会股。1987年，全县有放映单位54个，其中固定放映单位负责人24名，流动放映单位30个，从业人员242名，其中全民性质82名、大集体性质32名、乡办企业性质123名、个体性质5名。2002年，电影公司拆迁改制，拆迁费95万元。2008年改制结束，人员按政策安置后置换身份。

【淮阴会堂】 原是淮阴地区卫校食堂。1972年5月移交淮阴县，后经改造作为电影院使用，但条件仍不符合专业电影院要求。其地处盐河南岸，南邻县委大院，占地面积1333.4平方米，建筑面积1200平方米，观众厅面积792平方米，可容纳观众966人。观众厅外另有附属建筑12间。淮阴会堂使用35毫米氙光电影机，是淮阴县首轮放映影片单位，也是电影公司下属的全民性质企业单位。1986年实行独立核算，有正式职工23人。2001年，以58万元的价格卖给淮安市第一人民医院。

【大众剧场】 1950年，由私人集资入股在都天庙大院内建成小剧场——淮阴大舞台，竹木草结构，可容纳观众600余人。1951年，县工商联以1500千克大米作补偿，大舞台迁址广荫庵，更名为大众剧场，座位增至800个，仍为竹木草结构，性质为小集体。1956年取消股份，改为大集体性质。1960年又改为国营性质，迁至今淮安市第二人民医院对面。1987年，由政府投资进行翻建，更新内部设施、设备，长凳改为椅子，一次可容纳800余人，主要演出小戏剧和放映录像。1990年，因经营不善处于瘫痪状态。1995年，以32万元价格拍卖给私人。

【淮州礼堂】 原名工人影剧院，是县总工会下属文化宫的一部分，位于王营镇北京路120号，属公益性事业单位，编制19人。1982年建成使用，建筑面积1460平方米，观众厅设座椅900张，是淮阴县电影放映和会务、演出场所。2002年10月，工人影剧院经营、管理权划归淮州中学，更名为淮州礼堂，文化宫人员编制性质不变，财产属区总工会。1980～2008年，先后有马兰、柴云清、斯琴高娃、严顺开、金波、六小龄童、迟志强等著名演员前来演出，每年各类演出上百场。

【新华书店】 1970年，淮阴县新华书店成立，位于王营镇前进街128号，属企业性质，营业面积50平方米，内设财务科、业务科、仓库。1980年，书店迁入西马路营业楼，营业面积300平方米，内设办公室、批发部、新华劳动服务站。1997年，改为事业单位性质，人事管理由县劳动局移交至县人事局。

1999年4月，江苏新华发行集团成立，淮阴县新华书店为其子公司，人、财、物划归省集团公司，党组织关系、劳动工资由地方管理。是年，建成新年华大厦，作为县新华书店新开业的北京路门市，成为当时苏北地区图书品种最多、环境最好的县级新华书店。2001年，淮阴县新华书店更名为淮阴区新华书店。2004年，由事业性质转为企业性质，用工管理由人事局移至劳动局。2006年被集团评为“二星级门店”。2008年，淮阴区新华书店撤销，成立淮安淮阴新华书店有限责任公司，下设办公室、财务科、教材科、营销部、直销部、大客户部、仓储部。公司有9个网点，其中城区网点2个、乡镇网点7个，总营业面积1000余平方米。城区的北京路门店系江苏凤凰书业股份有限公司的连锁门店，营业面积700平方米，有图书2万余种，涵盖科技、文艺、社科、少儿、教育五大类图书。门店通过业务连锁系统与总部业务平台连接，可为读者提供近14万种图书查询和订购。1986～2008年，共赠送图书价值57万余元，优惠售书20万余册。

【文化市场管理办公室】 1984年，成立文化市场管理小组，由3人组成。1989年，成立淮阴县文化市场管理委员会，并成立由公安、工商、宣传、文化等部门组成的文化市场综合稽查队。1991年5月17日，成立淮阴县文化市场管理办公室和淮阴县文化系统音像发行站，为一套班子、两块牌子的股级事业单位。2005年，区机构改革，保留淮阴区文化市场管理办公室（挂淮阴区文化综合执法大队牌子），为一套班子、两块牌子的股级事业单位，隶属区文化局领导。核定事业编制7名，其中行政管理人员编制2名、专业技术人员编制5名。至2008年，职能、编制未变。

【剧目工作室】 1978年，剧目工作室（创作组）隶属县文教局，是全民性质的事业单位，编制3人。2005年，区机构改革，区剧目创作室并入区文化馆，编制4人。

三、基层文化站

1978年，淮阴县有26个乡镇文化站，其中公办站20个、民办站6个，每站1名工作人员。1980年，在文化站基础上相继建立文化中心。是年，王兴和码头两乡建立文化中心。1981年，全县共有基层文化站28个，即和平、武墩、赵集（民办）、高堰（民办）、南陈集、南吴集、码头、杨庄、蒋集、三树、韩圩、渔沟、北吴集（民办）、汤集、宋集、王营镇、小营、果林场、袁集（民办）、丁集、五里、徐溜、古寨、刘老庄、老张集、棉花庄、王兴、新渡（民办）乡镇文化站。

1983年9月，淮阴县区域调整，新建的韩桥、凌桥、韩庄、大兴庄4个乡，年底均建立文化站（民办）。全县有32个基层文化站，其中公办站23个、民办站9个。编制为赵集文化站2人，其余均1人。办公经费由县财政拨给，民办站是公办站一半。1985年7月，和平乡、武墩乡划归清浦区管辖，全县有文化站30个。是年至1987年，相继建成刘老庄、南吴集、五里、渔沟、蒋集、南陈集、赵集、高堰、新渡等文化中心。文化站、文化中心主要是配合乡镇政府中心工作，领导和组织乡镇群众性文化娱乐活动。文化站的人、财、物由县文化主管部门统一管理和监督。1995年，小营乡、果林场撤销并入王营镇，全县有文化站27个。1999年，淮阴县机构改革，乡镇文化站和广播站、新闻通讯组合并为文化、广播电视服务站（简称文广站），每站有工作人员3名。2000年，撤乡并镇，文化站由26个减少至21个。乡镇文化站和广播站合并，建立文广站，人、财、物划归乡镇政府管理。

2008年，全区有文广站21个，即赵集、韩桥、南陈集、吴城、码头、凌桥、三树、渔沟、吴集、西宋集、徐溜、五里、刘老庄、古寨、王兴、棉花庄、丁集、新渡、王营、老张集、袁集文化站。

第二节　文艺团体

一、淮安市歌舞二团

1957年，淮阴县成立红旗淮海剧团，表演剧种是单一的淮海戏。1965年，红旗淮海剧团更名为淮阴县文工团，表演形式和剧种趋于多样化，除歌舞、器乐合奏、独奏、演唱外，还上演歌剧、话剧。1986年，淮阴县文工团更名为淮阴歌舞团，职工总数40人，其中演员13人、乐队11人、舞台工作12人、行政管理4人。除演出歌舞、话剧外，还排演黄梅戏、锡剧、越剧、淮剧及滑稽戏。上演剧目中，现代戏多于古装戏，至1997年上演大、中、小型剧目63个，其中话剧9个、歌剧28个、歌舞剧3个、滑稽戏3个、戏曲（黄梅剧、锡剧、越剧、淮剧）20个，自编自演剧目8个。2001年3月，淮阴歌舞团更名为淮安市淮阴区文工团。2004年5月更名为淮安市歌舞二团。每年除在区内巡回演出外，其余常年在安徽、山东等地演出。2006年，获江苏省委宣传部赠送流动舞台车1辆。2008年，淮安市歌舞二团有国家二级演员2人、三级演员5人、四级演员12人。是年，演出230余场，其中送戏下乡100余场，安全生产宣传演出60余场，为区政府举办会议演出2场，到驻淮部队慰问演出1场，各种节庆和春节团拜会大型文艺演出6场，以演出现代歌舞为主。

二、“宝友”文艺团

1997年，王营镇居民李金宝、王际友组织一支9人文艺表演团体，利用街道、广场表演节目。1999年，自筹资金添置乐器、服装、道具，人员发展至35人，平均年龄48岁。以自编自演为主，聘请县文化馆人员担任艺术指导，演出范围主要在王营镇及周边乡镇，主要有小戏剧、花船、跑驴、小品、独唱、表演唱等艺术形式。1997～2008年，共演出310场次，观众10万余人次。

三、“四梅”剧社

2000年初，由王小梅、项梅、王春梅、董小梅4人创建，起名“四梅”剧社。2001年，“四梅”剧社更名为“红梅”文艺演唱队。2005年，挂靠王营镇东街居委会，“红梅”文艺演唱队更名为王营镇东街文艺演出队，演员增至15人。2006年10月，成立王营镇文艺演出队。2008年底，王营镇文艺演出队更名为淮阴区王营镇文艺演唱团，有演员20人。演出节目主要有小戏、表演唱、小品、花船、花篮、独唱等。2000～2008年，共演出309场次，观众6万余人。

第三节　农村文化活动

一、文化下乡

1978年，文化下乡较少，乡村文化氛围不浓。县电影队每月去各公社放映1～2次。1989年，县文化局内设文化艺术科，负责全县文化艺术工作，群众文化活动逐渐活跃。开展的主要文化活动有闹元宵、庆“三八”“五一”“国庆”等文艺演出。传统舞蹈、高跷等在一些乡镇集市、街头经常表演，大鼓、快板书等说唱艺人亦在乡村演出。1992年，印发《关于进一步发展农村群众文化活动的工作意见》。此后，乡村文艺、广场文艺等遍及各乡镇。1996年，淮阴歌舞团排练“学决议·兴淮阴”及“两专一基”先进典型的歌舞节目，赴码头、韩桥、蒋集、韩圩、西宋集、北吴集、韩庄、古寨、徐溜、王兴、老张集等21个乡镇演出。1998年，淮阴歌舞团、文化馆、新华书店、图书馆送文化下乡，在棉花庄等乡镇演出54场，观众6万余人次；开展图书销售（借阅）活动10余次。1999年，淮阴歌舞团、文化馆、图书馆及新华书店配合省、市、县文化下乡活动，赴刘老庄、袁集、西宋集等乡镇演出36场，观众5.4万人次；开展售（借）图书活动40余场次，计30万册；印发《信息窗》专刊1000余份。2001年，组织区文工团、文化馆、图书馆、电影公司送文艺下乡5次，科技书展3次，电影下乡3500场次，送书下乡42次，散发致富信息《信息窗》4000余份，开展系列群众性读书活动10次。2002年，组织区文工团、文化馆、图书馆送文艺下乡15次，向农民赠送对联300余副，借阅图书4600册（次），免费发放农业科技资料700余份，文艺演出12场，观众达3万人次。2003年春节前，组织3次送文化下乡活动，文工团广场演出4场，文化馆送春联1000余副，图书馆送科技图书300余册，区市场办现场开展法规咨询和传授正版、盗版书刊和音像制品甄别知识。是年，区图书馆组织送书下乡活动12次，免费发放《信息窗》等致富资料8000余份。同时，定期走访文明科技户，有针对性送书50册。2004年，组织市歌舞二团、文化馆、图书馆开展"三下乡"活动，举行文艺演出376场，观众30余万人次；向农民赠送对联200余副，展阅图书7000余册，免费发放《信息窗》致富信息资料6000余份，吸引群众万余人次。2005年1月，在文化"三下乡"活动中，赠送渔沟、五里等乡镇书籍1000册，送春联300余副，发放法律服务材料800份，送戏、送电影6场次，观众近万人次。2008年，在21个乡镇开展文艺演出84场次，送图书3万余册。

二、文艺演出

1978年，淮阴县28个公社（镇、场）都有文艺宣传队，忙时务农，闲时演出，重大活动突击排演节目应时演出。春节时，先分片会演，后挑选节目参加县调演，有表演唱、小戏、快板、对口词等艺术形式。

1983年，全县举行分片会演、调演，为期10天，参加会演节目324个，参加调演节目110个。袁集乡选送的黄梅戏《接外婆》、王兴乡选送的淮剧《旱改水》、赵集乡选送的表演唱《喜送公粮》被评为一等奖；西宋集乡选送的小戏《联产计酬》、王营镇选送的表演唱《四个大嫂去赶集》、渔沟乡选送的小品《上茶馆》、南陈集乡选送的表演唱《王大妈赶集》被评为二等奖；杨庄乡选送的小戏《卖牛》、码头乡选送的表演唱《乡镇企业就是好》、南吴集乡选送的小戏《还账》、古寨乡选送的表演唱《逛古寨》、南吴集乡选送的器乐合奏《喜洋洋》被评为三等奖。1989年，为庆祝中华人民共和国成立40周年，各乡镇组织宣传队赴街头演出，村里的书记、主任、会计三大员，纷纷上台献歌。

1990～1998年，农村文化活动较为活跃，逢年过节，各个乡镇的文艺宣传队都排演节目，参加县会演和调演，或给群众拜年演出，主要有舞龙、高跷、花担、花篮、跑驴、花船、花车、舞狮等节目。

1996年2月27日至3月1日，在全县范围内举办农村春节文艺分片会演，演出节目52个。1997年2月12～15日，举行乡镇文艺分片会演，26个乡镇组织宣传队参演，演出节目56个。2月27日，对10个乡镇的14个节目进行调演。是年，庆香港回归，乡镇组织文艺队下村演出，持续7天。1998年2月，举行乡镇文艺分片会演，24支乡镇宣传队参演，演出节目52个。1999年3月，文化局、广电局联合举办"春节农村文艺调演"，11个乡镇代表队演出节目18个，观众1000余人。是年，为庆祝中华人民共和国成立50周年，县委、县政府专门发文，要求全县开展庆祝活动。各乡镇组织文艺宣传队进村演出，组织干部群众联欢唱红歌。2002年2月，举办农村文艺分片会演，共有17个乡镇组队参加，近200名业余演员登台献艺，参演节目49个，观众3000余人。此后至2008年，因乡镇文化站被合并，经费缺乏，乡镇文艺宣传较少，仅在春节组织一些小节目参加区调演。

第四节　城市社区文化活动

一、演出活动

1978年，城区居民的文化生活比农村丰富，每逢节日，文化站和居委会组织文艺宣传队开展文艺演出活动。文艺活动场所有大众剧场、淮阴会堂、县电影站和文化馆。1983年，王营镇组织4支宣传队，白天在广场演出，晚上在礼堂演出，全年编排文艺节目120余个，演出96场次。1986年，王营镇居民自发组织两个民间文艺宣传队，有固定的广场演出时间。1996年7月28日，县文化局与驻淮部队联合举办"八一"军民联欢文艺晚会，淮阴歌舞团、文化馆参演。是年12月28日，在县工人电影院举行县直机关汇报演出，22支代表队参演，有小品、舞蹈、相声、快板等节目37个。经市文化局、市群艺馆专家评定，获一等奖4个、二等奖6个、三等奖11个。1997年6月26日，在县体育场举行"庆七一·迎回归”大型广场晚会，万余名群众观看文艺表演、烟火、电影。1998年，王营镇有6个社区组织文艺宣传队，每支宣传队10～15人，节目形式有小戏、演唱、独唱、小品、划船、花篮、跑驴、腰鼓等，年演出1000余场次。

1999年2月，码头、南陈集、袁集、韩桥、王营镇文艺宣传队进城演出，表演花船、舞狮、龙灯、高跷、大头娃娃等民间文艺节目，演员100余人。9月，国庆50周年文艺晚会在工人电影院举行，演出节目18个，观众1000余人。2001年始，境内兴起广场文化，每年的“五一”、国庆、元旦、春节等重大节日，均在黄河广场等地举办文艺娱乐周活动，邀请省、市及兄弟县区的专业剧团和业余演出团体到此演出。同时举办各种大型书画、摄影展览。

2002年8月，举办为希望工程募捐义演活动，巡回演出10场，参演节目15个。2003年9月，在黄河广场组织“淮阴区宣传公民道德建设”文艺演出。是年10月，组织“淮阴区2003重阳节文艺演出”。2004年春节期间，组织耍龙、花船、跑驴、花车民间文艺大巡游及广场文艺演出，观众3000余人。是年2月，在黄河广场组织“2004’淮阴区迎新春”广场文艺演出。2005年1月，举办王营镇迎新春晚会，举办“我爱你淮阴”大型春节团拜会。2006年2月，组织花船、跑驴、马灯舞等民间文艺演出，开展春节大巡游活动，在黄河广场举行贺新春文艺演出。2007年，在“庆‘十一’——和谐淮阴广场百姓娱乐周”活动中，市京剧院、省淮海剧团、市淮剧团、市歌舞二团及区音乐舞蹈家协会等团体编排、组织文艺演出5场，每场演出到场观众均为1000余人。

2008年4～5月，为欢迎山东日照、洪泽、楚州等党政代表团到访，举行文艺演出6场次。

二、展览活动

1978～1990年，境内展览活动较少。1992年，开展元宵猜谜活动，在县电影院举行书画、摄影展。1996年，在县体育场举办书法作品展览。1999年9月23日至10月5日，在县委大院举行“辉煌五十年”图片展，观众7800余人。1999年12月16～20日，举办“淮阴县庆祝澳门回归书画展”，收到作品150余件，展出70余件。2002年5月，为纪念毛泽东《在延安文艺座谈会上的讲话》发表60周年，组织大型摄影图片展，展出区内优秀作品60余幅。2003年1月21日，举办“淮阴·大丰书画作品联展”，80多幅作品参展。2003年10月，组织“纪念人民代表大会制度建立50周年书画展”。2004年，举办“楚州·淮阴”书画名家作品巡回展。2008年，在行政中心一楼迎客厅举办书画展、摄影展等系列活动。

第五节　企业文化活动

一、演出活动

1978年，企业文化活动主要是文化墙报、文化展报、文化展示厅，或是工间利用广播播放一些革命歌曲。1983年，县犁耙厂、织布厂、水利局工程队先后成立文艺宣传队，节目以自编为主，形式有表演唱、快板、小品、小戏、歌舞等。1994年后，企业改制，职工文化生活较为平淡，大部分私营企业只有报刊阅览室和电视室。

2005年4月，台州商城举办庆“五一”大型文艺晚会。是年6月，举办“交通风采”——庆“七一”大型文艺晚会。2007年，参与淮扬菜美食文化节大巡游，淮阴区企业组成的花车方阵获文化节组委会“最具特色奖”。

2008年中秋节期间，分别为淮阴企业家联谊会、淮阴籍在外人士联谊会等举办专题文艺演出4场次，围绕节庆文化策划、组织中国淮安“淮扬菜美食文化节”系列文艺活动。春节，区文化馆在黄河广场组织“淮阴之春”企业文化宣传周活动，采取“文化搭台、企业唱戏”方式开展活动，主要有文艺演出和图片展览两大部分，有20家企业参加。

二、竞赛活动

20世纪80年代，企业开展大型竞赛活动少，主要在内部开展一些生产性技术比赛。90年代中后期企业改制完成后，企业经济效益提升，企业自主权得到释放，各类竞赛活动逐渐增多。1997年4月，县文化局与地税局、国税局及5家税源大户联合举办“税务之光”卡拉OK大赛，20名歌手进入决赛。2001年国庆期间，区文化馆和金火旺大酒店联合举办“金火旺杯”卡拉OK大赛，全区有86名选手参加预、决赛，20名歌手分别获得淮阴区“十优歌手”和“十佳歌手”称号。2003年，区文化馆举办“人保杯”青年歌手大赛，选出10名青年歌手参加市决赛。2008年5月，举办区“交通风采杯”青年歌手卡拉OK大奖赛，上海太平洋化工（集团）淮安元明粉有限公司、淮安振达钢管制造有限公司、辉煌太阳能有限公司等10家企业参与活动。

第六节　校园文化活动

一、文艺表演活动

1978年后，校园文化活动主要形式有橱窗、板报、音乐、书法比赛等，每年国庆期间，学校多组织文艺演出。至1990年，文化活动形式大多相似。

1998年，全县举行第一届中小学艺术节，由各单位分头排练，共排练300多个节目，后全县调演。节目形式有表演唱、快板、舞蹈、独唱、二重唱等。县教育局获优秀组织奖，县教师进修学校徐兰获独唱一等奖。是年5月4日，县委宣传部、团县委、县教委在工人电影院联合举办“纪念五四运动八十周年文艺晚会”，参演节目18个。

2001年11月，淮阴区举办为期7天的第四届中小学艺术节，演出节目410个，观众3000余人。徐溜第一中心小学《戏曲联唱》、王兴中心小学《板凳龙》、新渡中学《祝福祖国》、王营镇第一中心小学《同一首歌》、区教师进修学校《捉泥鳅》《祝福祖国》、韩桥中心小学《长大我也要当兵》《闺女》、东方双语学校《吐鲁番的葡萄熟了》、古寨中心小学《小木履，青青叶》、袁集中心小学《我和我的祖国》、王营镇第一中学《山丹丹开花红艳艳》、职教中心《想家的时候》、三树第二中心小学《青春少年》等一批节目获奖。2003年，开展大课间文化活动，各校每天均利用大课间50分钟时间有序组织学生开展跳舞、唱歌、下棋、读书等娱乐活动。2004年，结合“6・5”世界环境日，举行全区中小学“庆6・5世界环境日”专场文艺演出。

2005年，淮州中学、淮海中学开展“引领和谐校园”活动，开展以关注贫困生成长为主题的演讲、演唱活动。区实验小学利用板报、画廊以及歌咏比赛等形式，宣传“五讲四美”精神。袁集小学、南陈集中学等学校，每周均组织师生演唱、演讲活动。2008年，区教育局在劳动节、儿童节、国庆及元旦等节日举行文艺演出。蒋集九年制学校在校园墙壁上绘制与《三字经》内容相关的画面。

二、竞赛活动

1978年后，校园主要有体育、文化知识竞赛活动。至90年代，校园竞赛活动形式增多，主要为演讲、体育、书画、征文等比赛。1998年3月16日，县图书馆与县教委联合组织城区6所小学举行“纪念周总理百年诞辰”演讲比赛，近万名学生参加，86名选手进入决赛，20名选手分获一、二、三等奖。1999年，组织少儿书画优秀作品送省参加“老少同乐书画展”，赵菲的少儿国画、宋长浩的少儿书法获三等奖。2000年，在全县中小学开展“宣传科学知识、弘扬科学精神”读书征文活动，收到稿件360余篇；一年一度的“红领巾读书用书”系列活动征集稿件1200余篇。2004年，组织“迎六一供电杯”少儿书画比赛。2005年8月，征集全区少儿书画作品，参加省第四届少儿艺术节，杜鹏、张寅等5人书法作品分别获银奖、铜奖。2008年，在市“和谐社区——戏剧票友大赛”中，淮阴区选手李铭获一等奖和最佳童星奖。

三、培训工作

1978年后，校园培训活动主要以提高文化基础知识为主。90年代，多种兴趣爱好培训活动兴起，境内面向青少年培训机构有20余家，主要有书画、舞蹈、美术、体育等类。1998年7月，县文化馆举办暑期少儿美术、舞蹈、电子琴培训班，参训儿童50人。2001年，区图书馆全年开展红领巾读书征文、座谈、讲座等活动18次。2003年，区图书馆共举办“中小学生作文辅导”“文学创作讲座”“读者座谈会”“读书报告会”“读者读书读报经验交流会”等有一定规模的活动12次。2008年7月，区文化馆组队参加市首届少儿艺术节，群舞《开门红》《乒乓舞》获三等奖。

第二章　文学艺术创作

第一节　小说　散文　诗歌

一、小说

1983年，县文化馆徐东晓的中短篇小说集《陌生的面孔》、长篇小说《悬湖之恋》，分别被省、市作家协会评为二、三等奖。1984年，县剧目室苏毅瑾创作的小说《冤斩韩信》在《雨花》杂志上刊载。1985～1990年，县内作者的《韩信添坟报恩人》《钟声》《新上升的八品芝麻官》《鸽王》《拍板》《父与子》《情敌缘》等短篇小说，分别获得省、市级优秀奖。1992～2002年，徐东晓、周法之、毛立发发表中篇历史小说《少年韩信》、短篇小说集《小街一盏灯》和长篇历史故事《大将韩信》。2005年，吴光辉的小说《魂断花园口》获《中国作家》金秋笔会一等奖。2007年，刘云飞的小说《敌后刘同大队》在《铁军》杂志刊载，并荣获中国人民解放军总后勤部颁发的二等奖。

1978～2008年，浦玉龙出版小小说集《惊梦》《淮上风流》，周法之出版微型小说集《梦断淮沭河》，严苏出版长篇小说《古槐》《官运》、中短篇小说集《换一种活法会如何》《长在天上的庄稼》《天缺一角》《女人》，沙克出版小说集《就是金子》，刘一红出版《短小说作家十人行·刘一红卷》。朱士元出版长篇小说《血溅双竹图》，并获首届吴承恩文学奖。孙大文出版中篇童话小说《天下奇冤》等多部、长篇童话小说《金猫历险记》《金猫大帝》《金猫传奇》（三部曲）及《龙山神童》等。戴珩出版英国长篇小说《刀锋》缩写本。

二、散文

1988年，戴珩散文《伟人之爱》获由人民日报文艺部、共青团中央等单位联合主办的“感动中国的爱情故事”征文大赛一等奖。2006年，吴光辉散文《向生命借贷》（又名《老姨》）获金秋笔会一等奖，并获第三届冰心散文奖优秀单篇奖。

1978～2008年，刘云飞散文《三遇奇缘》在《大方》杂志上刊载，并获二等奖；《支前模范孙二娘》在《铁军》杂志上刊载。唐伟散文《一盏一盏的灯》在《中国教师报》刊载，并获二等奖。赵恺出版散文集《诗雕》，沙克出版散文集《美得像假的一样》，严苏出版散文随笔集《说东道西》，吴光辉出版散文集《七十七盏河灯》《废黄河之恋》，孙大文出版童话散文选《奇石闲思》，戴珩出版报告文学集《爱的丰碑》(与人合作)、《生命的印迹》以及散文集《夜阑人语》《生命的舞蹈》《人生状态》《感受芬芳》，申海琴出版散文集《花开的声音》《三月如歌》。

三、诗歌

著名诗人赵恺的成名之作《我爱》，发表于《诗刊》1980年第十一期，震动诗坛，1981年获1979～1980年全国中青年诗人优秀新诗奖。1981年，其扛鼎之作《第五十七个黎明》在《诗刊》第三期上发表，1983年获1981～1982年优秀作品奖一等奖。1982年，其《我在十字街头站立》诗作，获江苏省首届雨花文学奖一等奖。1983年，其以《我爱》为名的诗歌选集，被诗刊社纳入《诗人丛书》出版。1988年，赵恺的《黑雪》《射日者》等诗作产生较大影响。

1978～2008年，赵恺出版诗集《我爱》《赵恺诗选》、长诗《周恩来》等，沙克出版诗集《春天的黄昏》《大器》《沙克抒情诗》等，刘一红出版诗集《洪泽湖恋歌》、散文诗集《青春的童话》，蔡交俊出版诗集《向日葵》《天涯三人行》(合集)，孙大文出版诗词集《风雨图》，戴珩出版散文诗集《依偎大树》《自己的灯盏》《人文遗韵》、诗集《谁能抚慰一个人》。

第二节　戏剧　小品

一、戏剧

1978年，剧目室创作的大型古装歌剧《杜十娘》获市创作剧目会演演出奖、创作奖。1982年，剧目室创作的歌剧《刘胡兰》，公演160场次。由潘影改编的大型古装戏《孝灯记》，刘作创作的大型现代戏《原来如此》《师徒俩》《一粒黄豆千滴油》在全县公演，其中《一粒黄豆千滴油》在全市公演。1983年，剧目室创作的戏曲《爱的葬礼》，演出87场次。1984年，剧目室的《斩韩信》，在全市文艺调演并被评为优秀创作奖，剧本在《江苏戏曲》第三期上刊载。1985年，由王士爱担任编剧的大型现代黄梅戏《迎凤记》获市会演演出奖、创作奖。1987年，赵宝贵创作的小话剧《扔旧帽》在《淮阴文艺》刊载，获淮阴市创作一等奖。1993年，刘梅创作的黄梅戏《情牵果园》获江苏省戏曲观摩比赛最高奖——紫金杯奖。1999年，由申旭光担任编剧的大型古装戏《梨花情》获市首届文化艺术节新剧目调演优秀音乐设计奖。孙大文先后出版话剧《扁担记》《大路朝阳》、歌剧《育新苗》、豫剧《王新安》、电视剧《刘保的故事》《土地爷蒙难记》、党员电视教育本《闪光的灵魂》《甘洒热血为人民》等。

二、小品

1988年，董志广创作的戏剧小品《天外来客》在江苏省首届业余戏剧小品比赛中，获创作奖，同年获江浙皖沪戏剧小品大奖赛三等奖。1990年，戴珩创作的小品《候补警察》获徐、淮、盐、连四市小品比赛创作、演出一等奖。1999年，小品《爱的呼唤》参加市小品调演并获一等奖，参加省小品调演并获三等奖。

第三节　音乐　舞蹈

一、音乐

1982年，罗月秋创作的歌曲《美丽富饶的洪泽湖》在《江苏音乐》发表。1986年，刘裔宽创作的歌曲《骑着邮车跑得欢》在《江苏音乐》发表。1992年，王春芬在江苏省“双环杯”卡拉OK大赛中获优秀歌手奖。2002年，申旭光创作的笛子独奏曲《淮海情》获首届中国民间艺术节“江苏省民歌民乐民舞大赛”银奖。2003年，申旭光创作的歌曲《天地间大写的人》获江苏省第五届“五个一工程”金奖。

2008年，冯菲创作的歌曲《唱着山歌上山来》，获全国第三届校园歌曲大赛一等奖。朱彩虹作词、申旭光作曲的《漂母谣》获市“全国文化遗产日”优秀奖。

二、舞蹈

1978年，舞蹈出现新的生机。2002年，舞蹈《春到洪泽湖》获江苏省第五届“五个一工程”金奖。2003年，获省“五星工程奖”金奖。吉春华、毛玲、孙秋等获省“舞蹈十佳”称号。是年，淮阴区音乐舞蹈家协会成立。

第四节　美术　书法　篆刻

一、美术

1978年后，境内涌现出王国华、陈林、沈军、赵家葆等一批省、市美术协会会员，成为淮阴画作领军人物。县文化馆专门设立100余平方米的展览室，定期展出书画、摄影等作品。此外，利用一些重大活动和重大节日，举办专题展览。

1996年，沈军《春意盎然》获文化部主办的“中国当代著名花鸟画家作品展”优秀奖。朱代成获“青藤杯”全国书画大赛优秀奖和“同心声”武警部队美术作品大赛优秀奖。1997年，县文化馆举办“迎香港回归大型书画展”。1998年，朱代成获“名酒之乡杯”国际书画大赛优秀奖。1999年9月，沈军作品入选中国美术家协会主办的“纪念孔子诞生2550周年书画展”并获优秀作品。

2001年，区文化馆将书法、美术人才的培养和辅导作为主要工作。是年，全区少儿美术队伍发展至400余人，有60余幅作品参加各级展览或比赛。此后，文化馆辅导的少儿在全国、省、市美术比赛中获金奖3个、银奖6个。2005年，朱代成《运河儿女情》获运河沿线六省市美术书法摄影大赛二等奖。2006年，沈军《春意盎然》入选省“五星工程奖”优秀作品展。

2008年11月，淮阴美术家协会成立，设主席1人，有会员52人。境内每年均举办画展2～3次，1978～2008年，有多幅美术作品参加全国画展，有50余幅美术作品在省以上画展中获奖。

二、书法

1978年后，淮阴县每年均举办各类书画展3～5次，书法爱好者日益增多。1980年，少儿书法培训班兴起，每年均有300～500名少儿书法爱好者参加各级各类书法培训班。1992年12月，包善安作品获“西游记杯”全国书画大赛特别奖。1997年，吴大华作品入选《国际现代书法篆刻大辞典》并获“世界铜奖艺人”称号。1999年，成立淮阴县书法协会，有会员47人。2000年，郁建伟参加西泠印社第五届国际篆刻书法作品大展和全国第八届中青年书法篆刻展览。2002年，吴大华作品在“走进新世纪——江苏省青年书法篆刻精品展”中获银奖。2003年，郁建伟参加“纪念毛泽东诞辰110周年”江苏省名家书法邀请展和《书法导报》国际篆刻书法作品大展。2005年，吴大华作品获“首届全国民营企业字画大赛”银奖。2008年，郁建伟作品参加“中国千名书法精品走进奥运场馆志愿活动”并被国家游泳中心（水立方）永久珍藏，其《钢笔楷书程序训练》一书出版发行。

三、篆刻

1995年10月，吴自标篆刻作品在第三届中国书法篆刻电视大赛中获优秀奖。2004年，吴自标参加“纪念邓小平诞辰100周年”全国书法篆刻展并获优秀奖，参加全国第十三届“群星奖”并获优秀奖，参加《书法导报》国际书法篆刻年展并获铜奖，在全国第八届书法篆刻展中获提名奖。2005年，吴自标参加《书法导报》国际书法篆刻年展荣获篆刻专业组最高奖、江苏省“五星工程奖”金奖，《陶瓷印创作之我见》获西冷印社第五届篆刻艺术评展优秀论文。2006年，吴自标篆刻作品获江苏省第七届“五星工程奖”银奖。2008年，张建祥篆刻作品获江苏省第八届“五星工程奖”铜奖，获江苏省团委、省青年书协主办的第五届青年书法篆刻展金奖。

第五节　摄　影

1978年，私人拥有照相机比较少，主要是政府部门和一些企事业单位集体拥有，机型以120双镜头相机为主，内容多是新闻照片。1981年，张奋图《康乐》发表于《大众摄影》，汤善龙《纺纱女工》在江苏省青年摄影大赛中获三等奖。1982年，周德海《欢乐的春节》在淮阴市文联摄影评比中获优秀奖。1984年，赵家俊《日落满江金》获江苏省百人摄影艺术作品大展银奖。2001年，成立淮阴区摄影协会，会员53人。

2007年5月，朱代成《在水一方》《运河、晨雾、船家》入选中国摄影杂志社主办的“风雅运河”全国摄影大赛。6月，《游山风情》《守望》分别获省“和谐文化”美术、书法、摄影作品大赛铜奖、佳作奖。8月，王烟临作品《渔舟唱晚》入选第九届全国当代摄影艺术邀请赛。10月，朱代成《如歌的岁月》获中国摄影家协会主办的“长江颂”全国摄影艺术大展优秀奖。2008年3月，淮阴区摄影家协会进行改选，会员92人。10月，果泽臣《巡查》《抢收》等6幅摄影作品（一幅作品获优秀奖）入选中国·克什克腾旗世界地质公园四季风光（国际）摄影大展奖。在黄河广场举办庆国庆淮阴“辉煌三十年”大型摄影作品展。

第三章　民间文艺

第一节　民间艺术

1978年秋，淮阴县曲艺家协会恢复，有会员85人。1980年6月，淮阴地区文化局举办曲艺创作会演，吴广才《只生一个好》获创作二等奖，王开鉴、王正萍父女的淮海琴书获优秀演出奖。此后，随着社会的发展、电影事业的繁荣及电视、电脑的普及，民间艺术受到一定的冲击，民间文艺队伍的人员逐年减少。1998年后，曲艺活动没有正常开展。2008年，境内曲艺主要形式有淮海琴书、淮海锣鼓、评书等。淮阴区曲艺协会有会员50人。

一、淮海琴书

亦称打蛮船，流行于淮安、徐州、宿迁、连云港、鲁南、皖北一带，是流行较广的一个曲艺形式。它有说有唱并配以音乐，极富感染力。

相传清乾隆五十一年（1786），江南蛮子罗三元运漕米进京，回来时路过山东临清，拐骗当地妇女，途经宿迁境内，事情败露，当地群众砸船救人，说书人把这个事情编成说唱“打蛮船”，在庙会和街头上说唱，影响深广，故这种曲艺形式被人们称为打蛮船。它利用河南坠子，采用柳琴戏唱腔，后逐渐演变成淮海琴书。淮海琴书清朝末年传入淮阴，相传祖师爷为李义成，安徽人，自幼喜爱吹拉弹唱，其表弟陆成刚、陆成银也有此特长，三人情趣相投，且十分要好。由于荒年在家无法生存，兄弟仨相约外出卖唱，维持生计。三人从安徽向北沿途卖唱，一直走到山东临清，至此安下家来。后来，由于三家人在一起负担加重，陆氏兄弟便和表哥李义成分开，另立门户，向南来到江苏境内，收徒传艺，称南门或南派。李义成收徒庆廷举、徐广才、李道生，创北门或称柴门。

1975年，淮阴专署文教处组织全专区曲艺会演，专区文教处处长吕文樵将这一在淮海大地流传甚广的民间地方曲种定名为淮海琴书。1990年，《中国曲艺志·江苏卷》根据淮阴市文化局上报曲种条目，将淮海琴书载入国家级志书。淮海琴书一般是“双档”演唱，多是一男一女，俗称为“死夹档子”，一人拉坠子，另一人敲琴打板。有时也有单档演出，只敲扬琴唱，或者是只拉坠子唱，用脚绑代板，有时采用多人演唱，则配以笛子、二胡、三弦等。其唱腔曲牌分为“滚板”“抒情”“喜调”和“悲调”等数种类型，不仅演唱者有喜怒哀愁的声调表情，在乐器的过门上亦有明显的区分。淮海琴书演唱的一个特点是：乐器只伴奏过门，唱句中不用器乐伴奏，使演唱吐出的字字句句全部清晰地无干扰地传进听众耳里，保证演唱效果。留给听众的印象是入耳、入脑、好听、好记。2007年，淮阴区淮海琴书艺人韩立祥配以4种乐器到沭阳演出，受到听众一致好评。2008年，淮海琴书被申报为淮安市非物质文化遗产保护项目。

二、淮海坠、板

又叫独脚唱，这种形式主要流传在淮阴一带，就是一个艺人怀抱一把坠子，脚上绑着一个踩板，走村串户或站街头一人演唱，很受广大群众喜爱。2000年后，境内基本没有这种曲艺形式。

三、淮海锣鼓

俗称工鼓锣，又名淮阴大鼓评书，主要流布于淮阴、涟水、沭阳、泗阳、洪泽等地，以淮阴区王营镇、棉花庄镇为核心区。主要道具有一个小锣、一个小鼓，左手敲锣，右手敲鼓，过门时左右开工。淮海锣鼓表演方式自由灵活，艺人只携带一鼓一锣，摆上一条长凳便可说唱。鼓小如碗，两旁有环，宜吊于鼓叉上；锣小如盘。鼓出淮安或沭阳，锣出苏州。淮海锣鼓艺人解放前都是男士，解放后始有少数女性。艺人演唱书目很多，一般分为两大类：一类是传统书目，多为历史人物和历史故事，其中又分为有版本书目和无版本书目两种；另一类是艺人在近代和现代新编配合时政宣传的书目。淮海锣鼓唱腔比较单调，说多于唱，唱法一般分两种：一种是“浮调”，一种是“老工调”。浮调（不带膛音）多用于针线匾和悲叹的内容，老工调（带膛音）多用于刀马词和“叫头”“悲腔”“喜腔”“扬子声”“滚板”“数板”等。淮海锣鼓经有开场锣、收场锣、唱腔锣，开场锣分凤凰三点头、三垛脚、长番锣、短奋锣等，唱腔锣又分老八板、慢流水、点点花、一盆水、鱼啧嘴等。淮海锣鼓的唱词分三字、五字、七字、十字四种句式，三字称“赞”，五字叫“垛”，七字叫“韵”，十字叫“清”。

码头镇的张万才在新中国成立前就师出有门，到处说唱。50年代，王营镇西坝的董林喜爱评书艺术，曾多处拜师访友，学习大鼓艺术，以折扇为道具，演说评书，自成一家，收张言美、王雨泉等人为徒。1964年，王雨泉又随刘万成学唱淮海锣鼓。1981年春天，王雨泉参加淮阴地区十三县（市、区）民间艺术调演，演唱的《淮阴大地展新颜》获最佳剧目创作奖。境内淮海锣鼓传统曲目有《杨家将》《说唐全传》《呼家将》《中唐侠义传》等。作为口头表演艺术形式的淮阴锣鼓评书，其声腔无论是说还是唱，均以江淮官话方言进行表演。

四、河蚌舞

又叫歪歪精。河蚌舞在苏北里下河水乡广为流传，在淮阴，主要流布于洪泽湖周边乡镇。河蚌舞据传起始于清乾隆年间，在洪泽湖周边地区已有二三百年历史。民国期间，韩桥的河蚌舞处于鼎盛时期。60年代，河蚌舞濒临消失。80年代，随着政府对民间文化的重视，河蚌舞又重新得到整理和演出。河蚌舞的道具是蚌壳（骨架为竹篾扎成，以绸、缎饰面，彩墨加绘）、圈网。一般是两人表演，一人扮蚌精，一人扮老渔翁，渔翁捉蚌，蚌精躲闪、逃避。表演以老渔翁为主，演出无固定程式，全凭表演者即兴发挥。蚌精形象优美、活泼可爱，渔翁表演风趣、幽默，深受群众喜爱。蚌精的表演吸收戏曲中跌打滚翻等技艺，在出场时缓缓张开蚌壳，疲倦时躺在地上，激越时翻腾飞舞，加强表现力，形象突出。

五、推花车

推花车舞蹈属于说唱艺术。一般由3人表演，一个是推车的（通常是公公），一个是坐车的（通常是儿媳妇），另一个是扶车的（通常是婆婆）。随着锣鼓的节奏出场，推车步伐或快或慢，或停留或休息，有上坡、下坡、滑坡、抗车、颠簸等动作，步伐协调，有说有唱有调侃。花车车身与车把都是竹竿做成，拉车的绳子，一般用彩绸带来代替，车身系纸扎红绿花朵，车子上有穿着绣花鞋裹着青布的小脚和穿着裤子的假双腿，人居中间，形象逼真，车子边沿用黄色、绿色或红色布围成，老太婆手里拿着花阳伞。表演者均要精力充沛、动作有力、刚柔并济、协调大方，亲情感比较浓，有较强的感染力。

推花车表演内容随着时代变迁而不断变化。50年代前，以反映人们在旧社会所经历的苦难和遭受的迫害为主要内容，表达农民渴望翻身当家作主的心声。50年代后，多以歌颂共产党、歌颂社会主义新生活为主要内容。1978年后，表演内容更贴近生活，以宣传党在农村的方针、政策、法律法规为主要内容。

六、茶伞舞

茶伞舞主要分布在洪泽湖周边地区，盛行于赵集、韩桥等乡镇。茶伞舞是明末清初从河南开封一带流传而来，原名滚灯。演出时，演员多在地上翻滚，而洪泽湖周边地区多是油泥地且多雨，地面潮湿，不宜在地面上翻滚，后逐步演变成如今的茶伞舞。

1950年前，茶伞舞在淮阴非常流行，庙会、祭祀、庆典等活动都有此节目。60年代后，茶伞舞停演。1980年后，茶伞舞得以重生。茶伞舞系说唱艺术，一般有两男一女3名演员，3个人同时登台演出。女演员俊俏靓丽、伶牙俐齿，男演员风流倜傥、精明干练。表演内容贴近生活，以劝人行善为主要内容。主要道具为女演员所用的油纸伞，一般是红色，也有黄色。男演员主要用红绿绸巾，表演时，绸巾随着鼓点有节奏地在手中翻飞。女演员身着唐装，扮相古朴典雅，手撑一柄油纸伞；男演员穿便装，腰间束着红绸带，双手分别执一条红绿绸巾。伴奏音乐多以淮阴民间小调为主。表演时，女演员手撑纸伞边舞边唱。她在男演员中间，悠然自得晃着伞，或上或下，或进或退，巧妙周旋。两位男演员穿梭于女演员两侧，形成“S”形。演出接近尾声时，男演员并排站立，女演员一跃，两脚分别站在两位男演员的左或右肩上，形成一个“众”字。女演员做出“原地踏步”的轻盈动作，还同时上下舞动茶伞。稍后，女演员左腿不动，右腿后伸并上抬，胸部前倾，两臂张开，仰脸朝上嘴咬伞柄，构成一幅“春燕衔泥展翅飞”的杂技动作造型。两男演员肩并肩慢慢旋转几圈，帷幕拉上。

七、渔沟花鼓会

主要流行于渔沟及周边乡镇。渔沟花鼓会具有秦风韵味，是世代渔沟人喜闻乐见的一种民间曲艺演出形式。花鼓会以唱为主，用渔鼓（腰鼓）和竹板及其他民族乐器伴奏。题材原多为道教故事，宣扬出世思想，后演变为以民间故事为主边唱边舞的艺术形式。代表作《五更梳妆台》唱的是男女婚外情的故事，从唱词中“小奴”“金彩”“银彩”及“银壶斟酒”等词语看，可推断《五更梳妆台》创作于清代中晚期。

2002年，渔沟花鼓会演唱中的唱词作了较大改动，陈洪居的徒弟史开才等人把唱词中的樵夫改成绿化护林员，砍柴变成林中除草，主题和内容都贴近生活。

八、玩花船

玩花船在淮阴已有500余年的历史，自明代年间就在境内流传。60年代前，春节期间、端午节前后，玩花船成为淮阴城大闸口与王营镇的一大胜景。它是以舞为主、说唱为辅的曲艺形式，表现与百姓生活息息相关的内容，表演形式没有太大变化，内容则随着时代变迁而多有变化。主要道具是花船、锣鼓。表演人物为顶船的一人（称之白娘子）、引船的一人（称之假大老爷）、两个撑船的（称之伴娘），后面还有一个摆船的（称之把舵的艄公）。表演的形式是假大老爷在前面引船，顶船的白娘子随着假大老爷手势舞动前行。前行时随着锣鼓节奏而动，缓慢休息时，假大老爷和摆船把舵的艄公对话，以此来引起白娘子和伴娘的说唱。

九、码头回民高跷

高跷自明代在境内流传，清代得到长足发展，进入活跃和繁荣时期。80年代前，以码头回族居民为盛。码头高跷队的特点是跷高一丈二（过去都坐在屋檐下绑高跷），技艺纯熟、惊险。

1986年，码头回民高跷队参加江苏省民间艺术表演，荣获一等奖。1988年，参加甘肃省举办的全国少数民族民间艺术表演并获二等奖。至2008年，居住在码头镇的回族居民还经常在春节或其他喜庆活动时表演高跷舞。（见本志第二十九篇《大运河清口枢纽遗产》第五章《清口枢纽地区非物质遗产》第三节《表演艺术》）

十、跑驴

跑驴是一种在淮阴民间广为流传的民间曲艺形式，起源于明代，盛行于清朝、民国年间，其中西宋集一带跑驴最具代表性。

主要道具是驴，表演形式是在锣鼓声中牵驴、骑驴、赶驴的人上场。演员一般是3人或3人以上。角色一般是公公、婆婆、儿媳，多在赶集或回娘家的路上展开情节。路上有过沟、爬坡、驴惊、抢救等情节，有说有唱有舞，诙谐风趣。跑驴伴奏乐器主要有唢呐、锣鼓、大钹和小钹等，常选用苏北民歌曲调。驴用竹、纸或布扎成，由驴头和驴身两部分组成，下面用布围住。表演者多扮成农村少妇，把驴形道具系在腰间，上身作骑驴状，以腰为中心，左右小晃身，下身用颤抖的小步蹭动，模拟驴的跑、颠、跳、踢、惊、犟等动作和神态。演员上下身动作的强弱、大小、高低与此呼应，并与赶驴者相配合。表演内容多以表现人民群众日常生活琐事为主，颂扬真善美，讥讽愚昧及假丑恶。表演场合多是乡村的集镇街道、场头田边、农家院落。演出时间以节庆、庙会居多，尤其是春节或者寻常人家的婚庆、祝寿等。

十一、淮阴小调

亦称淮阴小曲，是民歌中的一种曲调，具有浓厚的地方性色彩，曲调柔婉流畅，结构简朴整齐，歌词通俗形象，表现形式丰富多彩。代表作品有《三十六码头》《姐在房中吃黄莲》《十劝郎》《大补缸》《孟姜女》《八段景》《王妈说媒》《四季游春》等。淮阴小调以说唱为主，表演形式多样，一人、二人甚至五六人均可同时同台演出，独唱、对唱、合唱均可。民间的花船、高跷甚至小戏剧曲调很多都有其身影。伴奏器乐有响板、二胡、三弦、锣鼓等。唱词口语性强，通俗易懂，幽默风趣。主要在庙会、逢集、家庭婚丧嫁娶时表演。

第二节　民间手工艺

一、剪纸

淮阴民间剪纸主要分布在新渡、王兴、渔沟、西宋集等乡镇，其中新渡剪纸在题材、风格、工艺方面较为突出。主要有窗花、门笺、灯花、喜花、衣袖花、肚兜花、裤脚花、鞋花、帽花、鞋垫花、帐帘花、枕头花等，尤以窗花、门笺、鞋垫花、鞋花最为常见。由于纸质不易保存，流传下来的样式极少。新渡剪纸经过几代人传承，有着近百年历史。代表人物庞希志，1899年出生，自民国初年开始学习剪纸，擅长剪古代人物及花、鸟等。其孙庞玉超，自幼对剪纸兴趣浓厚。1980年始，在创作布贴山水画的基础上进一步钻研民间剪纸，自费赴山东费县学习剪纸技术。90年代起，其在家乡走村串巷为群众剪纸，每到春节，其作品《五福来朝》《吉祥如意》《全家福》等供不应求。1996～2006年，他在上海、浙江、苏州等地专心探索剪纸艺术与市场应用，作品在江浙沪等地深受当地群众和外国友人喜爱。其剪纸属典型的江浙派风格，讲究线条精细、流畅、秀丽，有极强的观赏价值。2007年9月，作品《福娃》送北京参加迎奥运展览，并荣获全国剪纸艺术二等奖。其部分剪纸作品被区委、区政府作为外赠礼品，并被淮安市旅游局评为优秀旅游纪念品，同时，被列为淮安市非物质文化遗产保护项目。

2008年，淮阴籍回族人徐军采用民间剪纸艺术把《古兰经》剪贴装裱起来，长208米，宽2米。该作品笔画完整、字体清楚，大小一致，裱装得体、清雅，并成功申报世界吉尼斯纪录。

二、柳编

淮阴柳编技艺历史悠久，主要产地是码头镇御坝村和新渡乡三杨村。柳编的原料是柳条、麻绳、竹片、牛皮筋等。工具有锤、刀、锥、麻绳、线陀、大拿子、筋梭子等。主要产品为各式笆斗、簸箕、匾子、篮子、箱子、帽盔等。制作方法是将每年秋天采伐的柳条先埋藏地下，第二年清明前后，从地下挖出，进行剥皮处理。剥皮处理过的柳条表面光滑、色泽新润，既柔软又坚实，且防虫防腐。从前，编制柳制品一般在地窖子里进行。人在地窖内扳柳，保温保潮，编制的工艺品质地好，不易折断。新渡柳编的编织结构，分为经纬编织结构和骨架编织结构两大类。经纬编织结构，是指柳编制品全部用柳条和其他辅助料，按照一定的经纬编织方法编织而成。骨架编织结构，是指柳编制品以柳条、木条、藤条、竹片等为原料，先制成骨架，然后在骨架上用柳条、柳皮、竹片、牛皮筋及其他辅助编织材料编织而成。新渡乡三杨村是远近闻名的柳编产品生产区。新中国成立前，三杨村几乎家家户户都从事柳编产品的加工、制作。

代表人物有汪厚如、杨玉兵。汪厚如，1941年出生，编柳（俗称扳匠）为祖传手艺。乾隆十六年（1751）御坝堤屡决，汪家数人把柳编成波浪匾并制作成木龙而堵决。后被御赐“善人之家”并令清河县为其四代免赋。新渡乡三杨村杨玉兵，1939年出生，从他曾祖父开始连续6代人从事柳编。其间，族人、邻居、亲戚之间互相传授柳编技艺，以此为养家糊口的手艺。随着现代工业文明发展、工业产品丰富，柳编产品逐渐退出历史舞台。

三、布艺

淮阴最常见的布艺品有虎头鞋、虎头帽、肚兜、香包、荷包、绣花鞋垫、十二生肖等。50年代，淮阴农村家庭妇女几乎人人都会一手布艺。此后，皮革、塑胶制品大量上市，布艺手工制品便渐渐淡出人们的视野。

布艺制作代表人物漆素敏，1949年出生于老张集乡斗篷村漆庄组，她在继承传统技艺的基础上，结合传统与现代、城市与乡村不同地域风格特点，从大量历史资料中吸取养分，注意绣线和布料色彩搭配，采取刺绣与缀饰相结合的手法，凭借其艺术灵感和丰富的想象力，不断创新出造型别致、构思巧妙、配色协调、做工细腻，既有浓厚的传统韵味，又符合现代人审美特点的各种布艺作品。2007年6月，漆素敏的布艺作品获淮安市老年大学2007年艺术节民间工艺类三等奖；9月，参加淮安市民间工艺品展览，获淮安市首批“十佳民间工艺美术家”称号；10月，其布艺作品参加淮安市社区文化节民间工艺现场展示。2008年5月，其布艺作品在淮安市第三届清江文庙庙会展评中获得佳作奖。是年12月，其十二生肖作品在市纪念改革开放三十周年展览中，获工艺类三等奖。漆素敏布艺被列为淮安市非物质文化遗产保护项目。

四、瓷刻

清朝末年，瓷刻技艺传到淮阴，瓷刻艺人自立门户，在继承的基础上不断创新。王营季克泉、季建喜的瓷刻技艺精湛，对淮阴瓷刻艺术的发展作出很大贡献。淮阴传统瓷刻技艺融汇书法、绘画、篆刻艺术形式的特点，以金属、钻石等硬质材料制成不同形式的刀具，在各种瓷质釉面上塑造各种形象，再现人们的生活，并能通过各种刀法运用，形成以屋漏之痕、虫蚀之迹，画面拙中藏巧，笔墨淋漓尽致、图像生动、栩栩如生，给人以美的享受。主要传承人季云华，生于1955年，王营人。季云华在继承老一辈白描法的基础上拓展出彩绘、金属镶嵌、浅浮雕等工艺。2005年，出版《中国大运河历史名人图说》瓷刻专著。2008年，出版《淮安历史名家名人图传》瓷刻专著。传统瓷刻技艺被列为淮安市非物质文化遗产保护项目。

第四章　文化市场与管理

第一节　文化市场

一、娱乐市场

1988年，县文化馆开办淮阴县第一家舞厅——北极星舞厅，不久又开办大布厂舞厅。1993年，王营镇朱兆楼等4人率先开设游戏机室，游戏机台数较少，最多一家只有6台。后国家对游戏机行业压缩整顿。90年代初，境内出现电脑房，提供硬盘游戏，无网络。1997年，境内有2家电脑房，至2000年才有真正意义上的网吧（提供网络服务），由电信局主管。2002年11月15日，《互联网上网服务营业场所管理条例》出台，网吧管理划归文化局，全区有网吧34家。2008年，全区仅剩凯乐舞厅1家，证照齐全的游戏机室有40家，正常营业不足10家。全区依法设立的网吧有40家。

二、音像市场

1980年后，境内出现音像销售。1985年前，新华书店有音乐磁带出售。1985年后，县文化馆、县文化宫、县广播站相继设立录像放映点，录像片有专门的发行渠道，音像市场逐渐开始形成。1990年，全县有录像放映点30个，其中文化系统19个、广电系统11个。每个乡镇都有录像放映点。有音像发行站2个。2007年，境内关闭所有录像放映点。2008年，全区有音像出租点36家，其中新华书店10家。

三、书刊市场

1989年，县内有书刊发行点97家，多为出租点（摊），没有固定的经营场所，投资额只有二三百元（新华书店除外）。随着互联网兴起，书刊发行点有所减少。2008年，全区有出版物经营单位54家，其中新华书店9家、报刊亭24家，其余多以销售教辅读物为主。

四、印刷市场

1978年，淮阴印刷企业较少，除了县印刷厂外，还有四五家小印刷企业，少数集镇有个人办印刷作坊。1989年，全县有印刷企业82家，多数为集体企业，除县印刷厂外，设备普遍简陋（以圆盘机为主，有少量的四开机），投资额较少，大多只有几千元，且技术含量较低。1997年，国家开始对印刷业进行清理整顿，淘汰落后工艺，并压缩总量，减少审批，全县印刷企业有所减少。2008年，全区有印刷企业35家，其中书报刊印刷厂3家、包装装潢11家、专项2家、其他19家。企业总量减少，但规模普遍较大，技术含量亦大幅提升。江苏美嘉包装有限公司、淮阴区一品梅印刷厂等资产总额均超过亿元，且经营状况良好。是年，全区印刷企业工业总产值3亿多元。

第二节　文化市场管理

1978年，文化市场管理的对象主要是民间流散艺人和县外文艺团体在境内演出。1980年，随着市场经济繁荣，一些文化产品成为商品流入市场，营业性录像放映、小书摊、电子游戏等开始兴起。1984年，开始对文化市场进行管理。1985年，取缔私营录像放映点，只允许国家主办的城乡文化馆（站）的俱乐部、广播站等宣传文化部门从事录像放映活动，收取最低成本费。

1988年，文化市场管理的范围扩大到台球、气枪游戏、书摊、印刷、出版、音像制品等行业。1989年，制定《关于文化市场管理的暂行规定》。规定凡以商品形式进入流通领域的精神产品和文化娱乐、服务活动，都属于文化市场管理范围。凡从事经营活动的单位和个人须先到文化行政部门办理许可证，再到公安机关备案后方可经营，并成立由公安、工商、宣传、文化等部门组成的文化市场综合稽查队，稽查队办公室及举报电话设在新华书店。是年2月，全县开展第一次“扫黄打非”集中行动，对出版物市场、音像市场进行专项集中清理整治。1991年成立的文化市场管理办公室，承担文化、新闻、文物、网吧等经营活动的监督检查工作，并依法制止和查处经营活动中的违法行为。制定《淮阴县印刷业管理暂行规定》《淮阴县文化娱乐经营管理暂行规定》《淮阴县音像发行放映管理暂行规定》《淮阴县图书期刊市场管理暂行规定》等一系列管理规定。

2005年，开展“文明平安网吧”创建活动，制定《淮阴区文化局创建“文明平安”网吧工作方案》，并对照标准，组织全体网吧业主进行民主测评，最终确定环球网吧等4家为首批文明平安网吧。是年2月，淮阴公安分局治安大队对南国宾馆三楼曼哈顿演艺厅进行检查，查获新世纪歌舞团组织7名少女进行淫秽表演。

2006年，淮阴区文化市场稽查大队被江苏省委宣传部、江苏省文化厅表彰为“基层文化市场管理先进集体”。2007年8月，根据群众举报，文化市场稽查大队协同民警在苏北市场北大门，将正在卖黄碟的刘某抓获，查获涉嫌黄碟474张，经鉴定，所卖黄碟中有460张为淫秽物品。是年，查办束某伙同陈某等人，在未经著作权人许可的情况下，非法印制他人作品案件，印数1.4万余份。

2008年4月，陈某从一不知名男子手中购买210余张淫秽光盘用于销售牟利。4月13日，他将两盘淫秽光盘以5元价格销售给丁集镇居民，谈价格时被公安机关查获，共查获淫秽光盘209张。是年，查处行政案件88件，其中网吧违规案件49件。查处违规经营网吧12家，联合公安、工商取缔黑网吧2家、无证照游戏机5家，收缴非法出版物2万余盘（册），查处非法经营户13家。

第五章　文物古迹与非遗普查

第一节　文物管理与保护

一、文物古迹

1978年，省、市文化主管部门明确文物工作由县图书馆兼管，配专职干部并拨给专门经费。1982年，成立淮阴县文物管理委员会，由分管副县长任主任，同时公布第一批县级文物保护单位名单10个。是年，成立县文物普查领导小组，下设普查办公室，7月起在全县进行历时一年的文物普查活动。此后，县文博工作走上健康发展的道路。

【西坝老船塘遗址】 位于王营镇沈渡村。老船塘又叫大船坞，半圆形，有1000米宽长，内墙全是条石砌就。

【侯二门】 位于高家堰古十堡和十一堡之间，为高家堰著名险工之一。《淮阴风土记》曰："侯二门者，地当十堡十一堡之间，古时洪水直抵堤下，昔为水口，亦为险工，堤外有月堤以为拦束。自道咸以来，水落而滩出，苟非异涨，未见其险也。"秦汉时期，这里是灌溉和泄洪渠道口。三国时，曹魏邓艾屯田，在富陵湖建造多处堤堰和"水门"工程。明清时高家堰上有一段堤坝托付给侯二夫妇看守。一次，堤坝出现决口，夫妇俩奋不顾身跳入水中，以身堵水。当人们闻讯赶来时，侯二夫妇已被卷入水门之中。为纪念这对舍身挡水的夫妇，便将这里称为"侯二门"，即今侯二门段石工堤。

【惠济祠重建碑】 位于码头镇码头村，碑长1.66米、宽0.34米。嘉靖二十七年（1548）十月，由中顺大夫直隶淮安府知府前监察御使刘良卿撰文，山阳秦仕学书篆，此碑文较为详细地记载了惠济祠建立和维修的过程。

【码头天妃坝石工】 位于码头镇码头村，建于明万历七年（1579），清康熙三十年（1691）重建，乾隆十九年（1754）在石上加砖，嘉庆十四年（1809）加高堤工，石工遂埋于堤内，处洪泽湖大堤的最北端。

【半圆方枚神兽镜】 1984年，在南吴集乡（今吴城镇）吴集村出土。直径18.5厘米，厚0.5厘米。半圆钮，草节纹钮座，为东汉铜镜中的精品。

【青花大口尊（清）】 1999年在王营镇西坝黄河堤上修路工地出土。口径19.2厘米，高16.3厘米，底径14.5厘米。此尊外壁为青花绘"渔、樵、耕、读"山水人物图。

【玉猪（汉）】 蒋集某水利工地出土。长11厘米，高3厘米，宽2.6厘米，属陪葬玉器，新疆和田青白玉料。

【青花孟母教子瓷瓶（清）】 口径8.1厘米，高25.2厘米，腹径10.4厘米。此瓶青花釉色多显灰蓝、浓处泛黑，外壁是以青花所绘"孟母教子"图。

【孙中山安葬纪念章】 该纪念章为黄铜质，圆形，直径7.5厘米，厚0.5厘米，重159克。正面是孙中山先生中年时期半身像，像面凸出。背面为南京中山陵祭堂外景，中间为孙中山手书"天地正气"匾额。

【码头顺黄坝埽工遗址】 位于码头镇玉坝村，为清乾隆年间（1735～1795）预防黄河水冲刷堤坝的护坝工程中的建筑物。

二、文物保护单位

【古清口遗址】 位于袁集乡桂塘村，周长2830米，占地面积45万平方米，在码头与杨庄两个古镇之间，为古泗水（又名清河）入淮口，是古代中国著名的交通枢纽。在史书中出现频率很高，向为史家、兵家所重。2006年被国务院批准为京杭大运河16个重要节点之一。

【洪泽湖大堤淮阴段】 洪泽湖大堤（史称高家堰），北起淮阴区码头镇，南至赵集镇十堡村。2002年10月，洪泽湖大堤被公布为江苏省级文物保护单位。2003年9月，被确定为江苏省推荐申报世界文化遗产名录之一。2006年5月25日被国务院公布为全国重点文物保护单位。

【码头三闸遗址】 位于码头镇码头村。"三闸"是惠济闸、通济闸和福兴闸的简称，在当地俗称头、二、三闸，各闸又有正、越闸之分，是明清时期大运河上的重要水利设施。由南而北依次向东北延伸至中、里运河与二河交汇处，东距漂母墓约500米，西临韩信故里遗址，占地面积约1平方千米。各闸相距一二千米，形成的长仅三四千米的河道是清代中国交通枢纽，清康熙、乾隆二帝曾多次亲临阅视，并在此留下行宫和多处御碑。

【御制重修惠济祠碑】 位于淮阴区码头镇二闸村，碑高4.8米，宽1.4米，厚0.3米。惠济祠，始建于明正德年间（1506～1521），先供奉泰山玉女碧霞元君，后供奉天妃（当地俗称奶奶庙）。清康熙南巡时升天妃为天后，乾隆南巡时建行宫于祠左，乾隆又重修惠济祠，仿清宫式庙宇形制，并立御制重修惠祠碑。被南来北往行船客商视为保佑平安的女神，与黄淮治理和漕运安全有密切关联，是淮阴区境内“清口枢纽”中的重要文物古迹。碑正面刻乾隆丁丑（1757）春二月御笔行书七律诗一首，碑背刻乾隆亲拟称颂康熙治水业绩的碑文。1982年被公布为县级文物保护单位，2003年3月被公布为第二批市级文物保护单位，2006年5月被公布为第六批国家级文物保护单位。

【乾隆阅河御诗碑】 位于码头镇码头村，在乾隆御制重修惠济祠碑南约1千米处。2004年8月11日在码头镇乡村公路施工现场挖掘出土。碑高2.88米，碑身宽0.92米，碑额、碑身可见到的诗文分别镌刻于清乾隆十六年（1751）、乾隆二十七年（1762）和乾隆三十年（1765），与御制重修惠济祠碑一样，同为乾隆南巡期间在淮阴视察高家堰治水工程时留下的御碑。该碑5处有字，除一处字迹脱落严重外，其余4处诗文都较为完整，碑额上文字最为清晰，碑身左下方亦有一块长0.4米、宽0.35米残缺部分。此碑在搬移时因石榫折断，碑额已与碑身分离，碑座不知去向。碑体量较大，碑额镌蟠龙卷云图，纹饰精美，书法流畅，做工考究，具有较高的历史、艺术和科学价值。同时，对于淮阴水利史、交通史及乾隆在淮阴期间巡游线路和日程安排等方面的研究都提供珍贵的史料。

【竹络坝】 位于三树镇三坝村、京杭大运河东岸。建于明代，均为条石构筑，全长15米，坝高9.5米，上宽10.5米，底宽56米，为防御运河洪汛之用。

【琉球使臣郑文英墓碑】 琉球国朝京都通事郑文英墓暨墓碑在王营镇新街淮阴区图书馆内，属市级文物保护单位。乾隆五十八年（1793），琉球国朝京都通事郑文英于赴京途中病逝于此。墓前有碑两块：一块系民国25年（1936）所立，碑高1.14米，宽0.58米，碑周刻有花纹，上书“琉球国朝京都通事讳文英郑公之墓”，上款为“公（以）乾隆五十八年奉使来贡，十一月十四日卒葬此”，下款为“此石原半缺，民国二十五年里人重立，兴化金应元书”。另一块碑高0.37米，宽0.12米，上书“琉球国北京大通事大岭亲云上郑文英之墓”。碑原埋于地下，1979年发现后掘出。1985年重修，2002年大修。

【漂母墓】 漂母祠始建年代无考，明初废圮。2007年，淮阴区人民政府投资700余万元建设漂母墓景区，漂母祠是景区的核心建筑。漂母墓位于景区北部，净高15.8米，底部直径52米。墓四周有甬道，前有祭台，外围是芳草坡，植被茂密，栽植大量松柏、银杏、国槐、垂柳等树木。

【高家堰铁牛】 铁牛长1.73米，宽0.83米，高0.81米。铁牛昂首屈膝伏卧在长0.83米、宽0.7米的铁板底座上。铁牛与底座连成一体，总重2400千克。铁牛形象生动，“魁形巨首，垂耳抱角”，憨态可掬，铸造工艺精湛。高堰铁牛肩胛处镂有铭文：“维金克木蛟龙藏，维土制水龟蛇降；铸犀作镇奠淮扬，永除昏垫报吾皇。康熙辛巳年午日铸，监造官王国用。”据《续纂清河县志》记载：清康熙四十年（1701）五月五日，由河道总督张鹏翮主持，在码头镇铸“镇水犀”16头，分置高家堰和黄、淮、运等河工险要地段，借以镇堤防浪。（别有“九牛二虎一只鸡”之说，俗传无凭，不予采信）今存5头，唯高家堰渡口西河堤这只原位未动。1982年被省政府列为省级文物保护单位。

2008年淮阴区（县）文物保护单位一览表

表27-5-1

名称	地址	公布时间	时代	级别
古清口遗址	袁集乡桂塘村	2006	宋	世界级
洪泽湖大堤	码头、南陈集、赵集	2006	—	国家级
八十二烈士墓	刘老庄乡刘老庄村	1982	1946年	省级
高堰铁牛	赵集镇高堰村	1982	清	省级
郑文英墓	王营镇新街17号	1995	清	省级
漂母墓	码头镇泰山村	2002	汉	省级

续表27-5-1

名称	地址	公布时间	时代	级别
韩侯故里遗址	码头镇码头居委会	1987	明清	市级
淮阴故城遗址	码头镇码头居委会	2003	清	市级
康熙御坝	码头镇玉坝村	2003	清	市级
双金闸	凌桥乡双闸村	2003	清	市级
王营减水坝	王营镇星光村	2003	清	市级
王营清真寺	王营镇东街居委会	2003	清	市级
甘罗城遗址	码头镇码头村	2003	秦汉	市级
正泰浴室	杨庄居委会	2006	民国	市级
御制重修惠济祠碑	码头镇码头村	2006	清	市级
码头三闸遗址	码头镇码头村	2006	明清	市级
乾隆阅河御诗碑	码头镇码头村	2006	明清	市级
竹络坝	三树镇三坝村	2006	—	市级
高堰接筑堤工碑	赵集镇高堰村	1982	清	县级
娘子庄铜台院遗址	丁集镇娘庄村	1982	金	县级
西坝党支部活动旧址	王营镇西坝居委会	1982	1928年	县级
任维增墓	码头镇郑台村	2003	清	县级

说明：古清口遗址（大清口）、竹络坝、王营减水坝本体未定，西坝党支部活动旧址1989年被拆除。

第二节　重要纪念地

一、新渡口

位于新渡乡新渡村六组的盐河岸边。民国31年（1942）下半年，因抗日战争形势需要，交通联络工作日益频繁，中共淮阴县委根据上级指示，在新渡成立交通联络站，开展盐阜、淮海两解放区的军政联络工作，时有20多名交通员掌控渡口。运输工具为1只10米长、3米宽的木桶，一次可乘20～30人或两匹战马，如遇部队过河，则临时用大门板排筏渡过，若人多粮多的大部队过河，则将农村用的大牛车拖到河里，搭便桥。当时，刘少奇、黄克诚、杨纯等都曾在地下交通人员护送下从此渡口经过。军需物资均在夜间通过渡口分送各军政单位。如遇敌人扫荡，则将渡运工具——大木桶隐藏于水底，防止敌人破坏。新中国成立后，大木桶保存于中央军事博物馆。

二、淮海二中旧址

位于老张集乡新桥村。民国32年（1943）冬，淮阴县抗日民主政府文教科特派督学徐季刚筹建淮阴县立中学，校址选在远离县城的张集区北部大雄庵。校长蒋伯寒、副校长徐季刚、教导主任于谦等人均为共产党员。1945年春，学校有师范科、行政科、小教轮训班各1个班，普通科有一、二年级各3个班，9个班学生共400余人。根据时任淮海行署主任李一氓的指示，学校更名为淮海区第二中学（简称“淮海二中”）。1946年9月，解放战争开始，淮海二中师生北撤山东。1947年，淮阴县委决定恢复淮海二中，又办初一、初二4个班，金子进任校长兼党支部书记。1949年，淮海二中迁往渔沟并入渔沟中学。

三、五条路战斗旧址

位于渔沟镇西河村与淮河村交汇处。淮阴抗日义勇队（淮河大队的前身）创立之初，在当地影响很大。1939年3月底的一天，一个日军车队运送弹药和士兵途经渔沟前往淮阴城。淮阴抗日义勇队指挥部知悉，决定由驻扎在渔沟北万寿庵小学的独立中队立即在五条路布阵，伏击敌人。日军遭到意想不到的袭击，慌忙摆开阵势，机枪、小炮盲目开火，并发起冲击。义勇队则利用交错的村庄和地形，迅速撤出战斗，安全转移。这次战斗，打响了淮海区人民抗日武装斗争的第一枪，鼓舞了淮阴人民的抗日斗志。

四、江苏省生产建设兵团纺织厂旧址

位于王营镇越河村，创建于1970年6月26日，用于安置大批回城知青。时江苏省建设兵团总部设在淮阴（淮安）市，兵团司令员由省军区政委黄朝天兼任，省军区副司令傅绍甫担任兵团副司令员，主持工作。兵团有4个师24个团。1975年上半年，国务院、中央军委批复同意江苏省生产建设兵团撤销，纺织厂移交给江苏省农垦局，改名为江苏省农垦局第二纺织厂。

第三节　非遗普查

2006年7月，在全区范围内开展非物质文化遗产的普查、挖掘、整理、申报等工作，历时两年，共排查收集非遗线索1036条，调查项目431个，有民间文学、传统音乐、传统戏曲、传统技艺、传统美术、人生礼俗、生产商贸习俗、消费习俗、传统舞蹈、曲艺、岁时节令、民间信仰、民间知识、传统体育及竞技等16个大类46个种类。2006年，“韩信传说”“马灯舞”申报为市级非物质文化遗产项目。2007年，“韩信传说”“马灯舞”申报为江苏省非物质文化遗产保护项目，分别获得江苏省非物质文化遗产项目保护传承经费30万元和15万元。

2008年4月，公布第一批区级非物质文化遗产名录共计5类12项。入选淮安市非物质文化遗产名录8类20项。

2008年淮阴区入选淮安市非物质文化遗产项目一览表

表27-5-2

类别	名称	分布区域
民间文学	韩信传说	淮安市及其周边地区，以淮阴区码头镇为核心
	漂母传说	淮安市境内，以淮阴区码头镇为核心
民间文学	高家堰传说	淮阴区、洪泽县境内，以淮阴区赵集镇、南陈集镇为核心
	淮阴妈祖传说	淮安市及其周边地区，以淮阴区码头镇为核心
民间舞蹈	马灯舞	主要流布于淮阴区吴城、韩桥、赵集、南陈集、码头、凌桥等乡镇，辐射至洪泽县西顺集以及宿迁市泗阳县新袁等乡镇
	茶伞舞	洪泽湖周边地区，以淮阴区赵集、韩桥等乡镇为核心
	渔沟花鼓会	淮阴区境内，以淮阴区渔沟镇为核心
	宋集跑驴	流行于淮安市境内，以淮阴区西宋集镇为核心
民间手工技艺	码头牛羊肉烹饪技艺	以淮阴区码头镇为核心
	传统瓷刻技艺	淮阴区

续表27-5-2

类别	名称	分布区域
民间手工技艺	老侯野鸭手工制作技艺	淮阴区境内，以淮阴区码头镇为核心
	新渡柳编技艺	淮安市境内，以淮阴区新渡乡为核心
传统美术	淮阴布艺	淮安市境内，以淮阴区为核心
	剪纸	淮阴区、洪泽县、盱眙县等地
传统医药	吴鞠通与山阳医派	淮阴区、楚州区境内
	吴鞠通温病疗法	淮阴区、楚州区境内，以淮阴区中医院为核心
	王氏祖传乳糜尿疗法	淮安市境内，以淮阴区中医院为核心
民俗	出生礼	淮阴区及其周边地区
曲艺	苏北琴书（淮海琴书）	流行于淮安、徐州、宿迁、连云港等地，以淮安市淮阴区为核心
传统音乐	淮阴小调	淮阴及其周边地区，以淮阴区徐溜镇为核心

第六章　广播电视

第一节　机　构

一、管理机构

1978年，淮阴县广播站设编辑组、播音组、服务部等。1989年，淮阴县广播电视局成立，与淮阴县广播站实行一套班子、两块牌子。1994年，淮阴县广播站更名为淮阴县广播电台。2001年，淮阴县广播电视局更名为淮阴区广播电视局，内设办公室、人事教育科、科技科、社会事业管理科、器材供应部、工程服务部、广播电视新闻中心（新闻部、专题部、编辑部）、电视台、有线电视台（安装维护部、用户服务部、稽查大队）。2005年，下设办公室、人秘科、财务科、音像科、工程师办公室、无线电视台（新闻部、专题部、外宣部、播音部、广告部）、有线电视台（工程部、技术维护部、收费部）、广播电台（编辑部、播音部）。2008年，增设稽查科、宽网部、农网部。

二、直属单位

1992年7月，建立淮阴县电视台。1993年9月28日，淮阴县电视差转台节目试播成功。1994年8月，淮阴县广播电视局成立淮阴县有线电视台。1998年，县广播电台、电视台、有线电视台对外统称淮阴县广播电视台，实行“局台合一”的管理体制。至2008年，没有变化。

三、基层机构

1978年，全县公社、场、圃均建立放大站。1987年，全县有放大站30个。1994年8月，乡镇广播站为全民所有制事业单位，配备专兼职人员3～5人。1997年，建成9个乡镇调频广播电台及6个有线电视站。1999年起，29个乡镇广播放大站相继改为广播电视站。2001年，乡镇广播电视站与文化站合并为文广站，人、财、物归乡镇政府管理。至2008年，没有变化。

第二节　广　播

一、有线广播

1978年，县城至运南7个公社埋设地下专用线，到其他公社多为木线杆。1979～1980年，县城至各公社广播线路全部更新为水泥杆专用线。1983年起，县财政自筹资金对30个乡镇有线广播进行全面整网。1990年，县广电局坚持勤俭办事业，干部职工自己动手，预制各种规格水泥杆，并自行生产动圈喇叭箱2万余只，供乡镇、村组安装有线广播使用，保证乡镇建站、整网、建动圈喇叭村需求。

1992年，取消广播筹款，农村有线广播网由于缺少经费保障，广播线路维护队伍解体，部分乡镇站关机停播，网络瘫痪，全县14万只广播喇叭大部分变成“哑巴”。至1993年底，农村有线广播网损坏殆尽。是年12月，省委农工部、省财政厅、省物价局、省广播电视厅联合发出《关于稳定发展有线广播的通知》，县财政恢复每年每户2元的广播筹款。1994～1996年大整网，恢复开机乡镇25个，全县14万农户有广播喇叭9万余只，入户率65.6%。此后，开办无线调频广播节目。

二、节目设置及获奖情况

【自办节目】 1978年，《淮阴在前进》开辟《新闻》节目，每周7档，每档15分钟，每天播音两次。1980年《马列主义广播学校》节目改为《学科技》专题节目，每周3档，每档15分钟，后为每周7档，每档10分钟。1985～1987年，调整自办节目，除《新闻》节目每周7档，每档20分钟；《淮阴在前进》节目改为《淮阴之声》，每周6档，每档15分钟，设有《党的生活》《学科技》《农村新事》《青年之音》《理论探讨》《兴淮富民》等子栏目。1990年，设《新闻》《淮阴之声》《学科技》《少儿节目》《文艺节目》五大栏目，每天自办文学节目25分钟、文艺节目2小时55分钟，每天播音6小时30分钟。1996年，出台《新闻文艺创新创优规划》，推出《市民热线》等一系列自办节目。2001年，开办的广播节目主要有《淮阴新闻》、专题类节目和文艺类节目。《淮阴新闻》每周六档，每档10分钟，周日开办《一周要闻》，节目来源主要是县广播电视台人员自采稿件和各乡镇通讯员供稿。专题类节目有《大潮帆影》《信息广角》《社会写真》《科技生活》等。文艺类节目有《一周歌坛》《艺海缤纷》《周末文艺》《少儿文艺》等。

2002年，专题与文艺类节目进行全新改版，开办《市民热线》《科技与生活》《今日视野》《走进播音室》《文学芳草地》《金色少年》《长篇作品连播》《温馨周末》等。在此基础上，2005年，增辟《农民之友》《健康快车》《人口之声》等节目。2008年，围绕区委中心工作，增辟《创业青年风采录》《脱贫、破零超千》等栏目。

【获奖节目】 1978年后，县广播电台一批优秀广播节目在省、市优秀广播节目评比中屡获奖项。1996年，广播文艺《山沟里走出的音乐人》获得省级三等奖、市级一等奖。2002年，广播剧《柳林渡》和通讯《辉煌的奇迹是这样创造的》获国家级二等奖。至2008年，获市级以上奖项20余个。

淮阴区（县）优秀广播节目获市级以上奖项（部分）统计表

表27-6-1

时间	类型	作品名称	获奖情况
1996	广播文艺	山沟里走出的音乐人	省三等奖市、一等奖
	广播剧	补票	省“五个一工程奖”
	广播剧	扶贫媳妇	省、市“五个一工程奖”

续表27-6-1

时间	类型	作品名称	获奖情况
1996	广播剧	柳林渡	市“五个一工程奖”
2002	广播剧	柳林渡	国家级二等奖
	通讯	辉煌的奇迹是这样创造的	国家级二等奖
	广播剧	追妻	市级一等奖
	广播剧	让我们远离伤害	市级一等奖
	广播剧	包皮书的故事	市级一等奖
	广播剧	唢呐声声	市级一等奖
2006	广播剧	补票	省级三等奖，市级一等奖
2007	广播剧	补票	省第六届“五个一工程奖”
		唢呐声声	省级二等奖，市“五个一工程奖”

三、调频广播

1990年起，县成立调频广播电台，开办第二套广播节目，与有线广播互为补充。1991年，架设广播发射塔1座，高50米，并购进2台300瓦调频发射机、立体声文字编码机、发射天线等设备。1993年4月20日，调频广播自办节目试播成功，使用频率经省、市广电部门批复，原调频87.6兆赫调整为调频100.6兆赫。1994年，更新机房设备，主要机器设备达到部甲级技术标准，完成站改台任务，经省广电厅批准，淮阴县人民广播站更名为淮阴县广播电台。1997年，发射功率增至1000瓦，天线高度81米，调频广播信号覆盖大部分农村乡镇。

四、乡镇广播

1978年，各公社、场、圃放大站配备100～300瓦扩大机1台。1987年，全县有放大站扩大机61台，总功率32550瓦，其中甲级机6台3300瓦，乙级机18台9625瓦，丙级机6台3300瓦，丙级以下31台16325瓦。1994年8月，乡镇广播站属县广播电视主管部门与乡镇政府双重领导，以乡镇政府领导为主。1996年11月，省和县、乡投入扶持资金。1999年，全县29个乡镇配备20瓦以上调频发射机，架设20米高以上的调频发射塔，建成调频广播站，乡以下90%以上的行政村建立村级广播室，调频广播覆盖率95%以上，形成县、乡、村三级广播综合覆盖网，其中棉花庄、渔沟等乡镇达到省厅乙类标准，其余乡镇达到丙类标准，每天除按时转播县台节目外，还结合本地特点，配合乡镇中心工作自办乡土节目。五里广播站每周一、三、五播出《五里之声》，辟有《加快步伐奔小康》《党建园地》《科技兴农》《校园内外》《听众信箱》《为您服务》《点歌台》等栏目。1999年起，各乡镇广播放大站陆续改为广播电视站。2001年乡镇机构改革后，原广电站和文化站合并成立文广站，人、财、物统归乡镇党委政府管理，广电局负责业务指导。2004年，农户由有线网络收听区台节目。是年起，全区21个乡镇实现有线光缆联网，调频节目通过有线网络传输。

第三节　电　视

一、设施设备

1992年7月，县电视转播台建立，转播中央电视台第二套节目，使用12频道。是年，县政府第46

次常务会通过关于“集资建县电视台”的决议，决定开办淮阴县电视转播台，并购置50瓦彩色电视发射机、编辑系统、卫星地面接收设施、2台摄像机、1台字幕机。1993年8月28日试播成功。1994年5月，电视转播台正式开办自办节目。1997年，添置1000瓦电视发射机1台、中档摄像机及与之配套的编辑系统2套。2001年，广电中心大楼落成，电视演播室、制作室、电台、电视台、有线电视台机房迁入新楼，购置多功能非编设备、添置新闻提示器、有线机房大屏幕墙，安装双路电源，实现节目不间断播出。2002年，新上互动点播业务。2003年，对发射天线进行技术改造，将原缝隙式天线改造成为四耦极子式天线，大大提高信号覆盖范围。是年，投入25万元，新上硬盘播出系统，将无线电视台、有线电视台节目传送由人工传递改为计算机联网，实现节目传输现代化，提高节目传输质量。2005年10月，新上1套无线电视分米波频道，开办淮阴有线电视二套节目。2004～2005年，新上3台全固态彩色电视发射机，添置1台1千瓦电台发射机，购置4套非线性编辑系统、1台数字录放机、10台数字摄像机以及矩阵、C38调制器、UPS系统、3台机房避雷装置、20余部电脑、3部工程车、2部轿车，改造装潢新闻演播室、大小会议室及其他办公设备，资产总额3300余万元。2001年，外欠债务近1600万元。至2005年底，外欠债务减至1000余万元。2008年，投入258万元采购器材，较2007年增加61.82%，新上4套排编系统、5套VPS系统、1辆工程车。

二、节目设置

【专题节目】 1994年，县无线电视台除转播中央第二套节目外，还自办新闻、点歌、电视剧特约播出3档节目。《淮阴县新闻》在宣传内容上，坚持以“团结、鼓劲和正面宣传为主”的方针，围绕县委、县政府中心工作，及时全面报道全县各行各业改革开放和“两个文明”建设的新成就、新经验，为全县经济和各项社会事业的发展提供舆论支持。2001年，《淮阴县新闻》更名为《淮阴新闻》，创新节目片头。2002年，设《古楚方圆》《农业之光》《时代潮》《警方热线》《教育撷英》等专题栏目。2003年，开办《图文信息》栏目，设有《政务信息》《每月大事记》《健康生活》等子栏目。2005年，《淮阴新闻》由原来的一周3档，改为一周5档滚动播出。2008年，设有《创业青年风采录》《劳动者》《城市长效管理》等多档栏目。

【获奖节目】 1996年，电视专题片《创造广厦的庄稼汉》获淮阴市首届精神文明“五个一工程奖”，电视新闻片《庆丰一号芒硝井》获市优秀节目一等奖。1997年，电视片《为了明天更美好》被省电视台推荐为与德国电视台交流节目。1998年，电视专题片《锦绣田野读华章》在淮阴市庆祝改革开放二十周年电视片展播中获全市县级台二等奖。2002年，专题片《镜头里的世界》《淮阴新闻》（新闻编排）获省级一等奖。2005年，电视片《工资可以这样谈》等作品获全市一等奖。2008年，广播剧《补票》获省第六届“五个一工程奖”二等奖。

淮阴区（县）优秀电视节目获市级以上奖项（部分）统计表

表27-6-2

时间	类型	作品名称	获奖情况
1996	电视专题片	创造广厦的庄稼汉	市“五个一工程奖”
1997	电视新闻片	庆丰一号芒硝井	市级一等奖
1998	电视专题片	锦绣田野读华章	市级二等奖
2002	电视专题片	政府出资农民培训	市级一等奖
	电视专题片	镜头里的世界	省一等奖
	新闻编排	淮阴新闻	省一等奖

续表27-6-2

时间	类型	作品名称	获奖情况
2005	电视专题片	工资可以这样谈	市级一等奖
2008	电视专题片	阳光总在风雨后	市级二等奖
		剪上生花庞玉超	
		贫困村的新鲜事	
		话说吴鞠通	
		她用生命还原历史的真实	省级一等奖

三、有线电视

【转播频道】 1994年8月，成立县有线电视台，主要通过卫星地面站接收中央台并差转各省、市地方台节目，由县广播电视局利用县供电局杆线架设同轴电缆网传输，东至化肥厂，西至西坝派出所，网络覆盖淮阴城区5.6平方千米、3.2万户居民。是年11月开通前端，当年发展有线用户1000个，县委宿舍区、市一院等成为有线电视首批用户。1997年，与市有线电视台联网，改收转中央台部分加密频道，节目由原12套增至19套，2001年增至24套。2004年，全区21个乡镇全部开通有线电视。2005年节目增至34套，2008年又增加2套。

【城区网络】 2000年，城区网络在原有基础上，架设小营转盘路至棉花庄皂角架空明线，铺设南大桥至小营转盘路、南大桥至有线电视台机房、新街至承德路、王营至淮阴闸有线电视地下光缆线路，形成城区有线电视光缆干线主框架。2003年，投入320万元，对城区网络升级改造，将城区主干线由电缆改为光缆，由架空明线改为地下管线，城区有线信号覆盖范围扩大至16平方千米。至2005年，开通小区20余个，架设光缆线路150千米，改造老线路22千米。2008年，城区架设光缆线路30.7千米，实现城区有线电视网络全覆盖。

【农村网络】 1996年11月至1997年，完成省广播电视传输网淮阴县段31千米架设任务，果林场、棉花庄、丁集、渔沟、韩圩等乡镇（场）顺着省、市杆路"搭车"入网，17个村约1000户开通有线电视信号。1997～1998年，县广电局集中财力架设3条光缆线路，沿途9个乡镇有线电视与县有线电视台联网，另有8个乡镇通过自办前端，从卫星上接收信号，收转有线电视节目。1998年后，提倡社会办事业，乡镇有线电视大多由个人投资经营。至2000年，全县共有30个社会大户个体投资承办有线电视，有线电视村通率提高至10%。2003年，全区开始实施区到乡光缆联网工程，投入5000余万元，架设区乡光缆主杆线路490千米和乡村光缆、电缆线路3000余千米。至2004年8月，区乡光缆全面联网。至此，全区各乡镇有线电视信号传输一律由地面卫星改为光缆传输，农村有线电视用户均可看到和城区有线用户一样多的优质有线电视节目。2005年，省委、省政府实施有线电视"村村通"工程，加大对农村有线电视发展扶持力度，全区有线电视行政村村通率90%以上，农村有线入户率提升至30%。2008年村通率100%，实现全覆盖。

【用户】 1994～2001年，全县（区）有线电视用户共9500户。2001～2003年，全力普及城区用户，扩大集团用户，城区用户共2万户。其中，2001年发展1749户，2002年发展5824户，2003年发展4012户。2004年，区、乡光缆联网后，通过大力发展农村用户、反哺贫困用户等途径，发展农村用户8560户。2005年，发展农村用户8635户，至此，全区共有有线电视用户3.7万户，其中城区2.4万户、农村1.3万户。2008年，城乡用户达6.4万户。

第四节　地面卫星接收设施管理

2004年，区广电局设立稽查科，负责宣传广播电视设施保护法规，查处非法安装地面卫星接收设施，保证全区有线电视网络安全运行。同时，以创建省、市无“小耳朵”先进县（区）活动为契机，采取行政发动、村村动员、层层排查，以自拆为主、辅以帮拆和强拆等办法，加大对区域内非法安装地面卫星接收设施查处力度。至2005年，查处私自安装“小耳朵”572套，其中自拆367套，帮拆205套。2008年排除“小耳朵”526套。

第七章 档 案

第一节 机构 设施

一、机构

1978年，县档案馆有馆长1人、管理员2人。1981年11月，设立淮阴县档案科，与县档案馆合署办公，挂两块牌子。1983年12月，撤销淮阴县档案科，保留淮阴县档案馆。1988年8月，淮阴县档案局成立，为县政府工作部门，与县档案馆合署办公，两块牌子、一套班子，内设秘书股、业务指导股、保管股、编研股、征集股。1997年6月，撤销淮阴县档案局，保留淮阴县档案馆。1998年7月，淮阴县档案馆增挂淮阴县档案局牌子。2001年2月，淮阴县档案馆（局）更名为淮阴区档案馆（局）。2005年11月，恢复淮阴区档案局，挂淮阴区档案馆牌子，机构升格为正科级。内设办公室、业务指导科、档案管理科、征集编研科，核定编制13名，其中行政管理人员3名、专业人员9名、后勤人员1名。至2008年，区档案局（馆）内设机构不变，有工作人员13名，其中副研究馆员2名、馆员6名、助理馆员4名。

二、设施

1978～1988年，淮阴县档案馆位于王营镇北京西路11号，县政府办公楼东半部，库房9间，建筑面积162平方米，有档案箱105套、资料橱19只、木箱30只。1989年，新馆位于县政府院内，建筑面积1560平方米。其中，档案库房8间、资料库房1间，建筑面积960平方米，有环形走廊；办公用房9间，建筑面积600平方米。至2008年，先后添置档案箱272套、资料橱38套、目录橱10套、除湿机2台、温湿度计9套、计算机6台、扫描仪1台、复印机1台、打印机2台、空调4台、电视机1台、VCD1台、音响1套、数码相机1台和录音机1台等。

第二节 档案接收、征集与整理

1978年，淮阴县档案馆馆藏16个全宗、档案866卷，当年接收105卷档案进馆。1979年起，档案接收工作迅速发展，馆藏档案数量逐年增多。1980～1981年，县档案馆遵照“恢复、整顿、总结、提高”的方针，对馆藏1200余卷档案和100余蒲包积存零散文件，按档案业务建设规范要求进行整理。完成县委组织部、县人事局等61个单位1966年以前文书档案保管期限的调整，并对部分全宗价值鉴定不准的档案进行拆卷重整；完成中央、华东局和省地委及上述政府系统第二套文件材料的整理工作；完成地委、地区革命委员会（行署）文件材料的整理、立卷、归档工作；同时完成552册馆藏报刊杂志和内部资料整理、归档工作。1985年，为进一步丰富馆藏，接收9个机关、11个乡镇的文书、会计、违纪和死亡干部档案4336卷，并接收全县59个单位66卷整党档案。1987年，接收县人武部复员退伍军人档案和劳动局、知青办等单位档案17608卷。1988年，整理省档案馆清退的民国诉讼档案和县财办文件材料，立卷归档723卷。1989年，在新馆没有建成、档案库房严重紧缺的情况下接收县户粮办档案1990卷和县知青办档案43卷。同时，对县卫生局、县农业局、县纪委等25个单位约17米长的积存零散文件材料进行突击整理，立卷归档1132卷。1990年，整理馆内积存的34个单位文件材料，立卷归档1172卷；整理市档案馆接收来的市县合并时期（1958～1964年）部分零散文件和县劳动局20世纪60～80年代零散文件，立卷归档655卷。

1992年，接收25个单位4444卷档案，征集档案史料183份。1998年，档案工作以加强档案接收、征集、整理为重点，接收县卫生局、县教育局、县安置办进馆文书档案678卷，征集名人档案材料98份。整理各类档案3446卷，其中为机关、企事业单位档案管理定级达标整理档案2768卷。2000年，接收县委、县委组织部、县委整党办、县委落知办、县人大、县保密委6个单位和沈士祥、杨泰舜、吴向明3位名人档案共883卷。征集到全国人大常委会副委员长费孝通题字手迹2幅、淮阴县“文化大革命”时期《烽火小报》1份。

2001年，主要做好被撤销机关档案的接收工作。是年4月17日，转发中共淮安市委办公室、淮安市人民政府办公室《关于行政区划调整和机构改革中加强档案管理的意见》，指导各撤销单位做好文件材料的收集、归档和移交工作，全年接收撤销单位档案516卷。2003年，区档案馆接收档案857卷、资料95册，整理馆藏档案1258卷。2004年，以建立完整反映历史、内容丰富、结构合理的馆藏体系为目标，开展档案资料征集工作，接收文书和专门档案2155卷、资料60册。2005年，修订《淮阴区档案馆档案收集范围》。依法接收区级党政机关文书和专门档案1052卷，征集进馆文件汇编、报刊杂志、史志谱类等资料142册；对1800余卷进馆档案和3000余册馆藏资料进行分类、整理和编目。2007年6月，印发《关于加强档案资料征集工作的意见》，接收区直机关、事业单位到期文书档案1778卷。2008年，接收机关、事业单位各类档案2505卷，其中文书档案1177卷，专门档案1328卷。

1978～2008年淮阴区（县）档案接收情况一览表

表27-7-1

年份	全宗数（个）	档案接收（卷）	馆藏档案（卷）	年份	全宗数（个）	档案接收（卷）	馆藏档案（卷）
1978	16	105	866	1994	82	1348	40533
1979	19	316	1182	1995	83	504	40967
1980	21	238	1420	1996	84	1105	42094
1981	24	326	1746	1997	85	515	42520
1982	26	54	1800	1998	86	678	43173
1983	38	987	2787	1999	89	945	44100
1984	44	777	3564	2000	94	883	44970
1985	49	4336	7900	2001	95	1909	46860
1986	52	3326	11226	2002	97	271	47103
1987	56	17608	28812	2003	97	857	47933
1988	57	481	29270	2004	99	2155	50054
1989	59	2449	31689	2005	100	1052	51080
1990	60	226	31899	2006	102	2819	53877
1991	63	395	32279	2007	103	1778	55624
1992	78	4444	36663	2008	104	2505	58106
1993	78	2626	39249				

第三节　馆藏档案

淮阴区（县）档案馆保管有党政机关档案、革命历史档案、清代民国田契档案、民国司法档案、史志档案、家谱档案和专门档案，截至2008年底，馆藏档案全宗104个58106卷，档案排架总长度691米，时间跨度为1800～2000年。

【党政机关档案】 主要有中共淮阴区（县）委、区（县）人大常委会、区（县）人民政府、政协淮阴区（县）委员会、区（县）纪律检查委员会，区（县）直各部、委、办、局、人民团体、事业单位和各乡（社）镇党委、政府1949～2008年形成的文件、决议、决定、规划、计划、报告、总结、会议记录、领导人讲话、干部党员名册和各种统计年报等。档案共30035卷，占整个馆藏档案51%。

【革命历史档案】 包括解放战争时期的华中六地委、华中局、苏北区党委、六军分区党委、六专署、华中行政办事处、苏北行署、淮阴行署、淮阴地委、淮阴县委和县政府等党政机关形成的部分文件材料、党员名册、干部名册和土地登记等，其中有国民革命军第八路军山东纵队陇海南进游击支队第八团委任状和新四军淮阴办事处保证书等档案共计21卷318件。

【清代民国档案】 共54卷，其中清代田契、房契档案18卷56件。形成于嘉庆五年（1800）至宣统元年（1909）。这部分档案中有民国年间形成的田契、房契、验契纸、印花税票和田地注册证等。

【民国司法档案】 共372卷3931件，是江苏省档案局1987年11月清退给县档案馆整理后形成，其中江苏高等法院档案16卷、江苏高等检察厅档案4卷、江苏高等法院第一分院档案34卷、淮阴地方法院档案32卷、淮扬道尹公署档案1卷和淮阴知事公署档案285卷。

【史志档案】 共82卷，形成于明嘉靖四十四年（1565）至民国11年（1922）。主要有《清河县志》《江苏清河县志》《淮安府志》《民国淮阴志征访稿》《王家营志》等。

【家谱档案】 共22卷，这部分档案由民间征集进馆形成。主要包括淮阴县部分家族清光绪三十一年（1905）至2006年间形成的《周氏支谱》《徐氏宗谱》《张氏族志》《朱氏宗谱》《程氏宗谱》《吴氏宗谱》《石氏宗谱》《王氏宗谱》和《毛氏宗谱》。

【专门档案】 主要有复员退伍军人档案21336卷、违纪案件档案2989卷、审计档案492卷、死亡干部档案2291卷。

第四节　馆藏图书资料

截至2008年底，淮阴区档案馆馆藏图书、资料共11083册，其中图书2038册、资料9045册，主要是通过征订、征集和有关单位移交进馆后形成。

一、馆藏图书

馆藏图书主要分为马列主义、毛泽东思想类，哲学类，社会科学总论类，政治、法律类，军事类，经济类，文化、科学、教育、体育类，语言、文字类，文学类，历史、地理类，自然科学总论类，数理化类，天文学、地球科学类，医学、卫生类，农业科学类，交通运输类，综合性图书类17个基本大类。主要图书有《马克思恩格斯全集》《资本论》《列宁全集》《斯大林全集》《毛泽东选集》《周恩来选集》《邓小平文选》《江泽民文选》《世界通史》《社会发展史》《二十四史》《史记》《中国历代战争史》《资治通鉴》《西安事变史料选编》《江苏农民运动史史料》《中国人民解放军将帅名录》《淮阴英烈》《淮阴地名录》《淮阴史话》《刘老庄八十二烈士》《中国年鉴》《江苏年鉴》《淮阴市年鉴》《康熙字典》《辞源》《辞海》《四库全书》（部分）、中国法律法规汇编、外国史、党和国家领导人年谱、世界名人传记回忆录等。

二、馆藏资料

馆藏资料分为内部资料、一般资料、期刊资料、统计资料和报纸5个基本大类。

珍贵资料主要有《国务院公报》《江苏省大事记》《淮阴市大事记》《淮阴市志》《淮阴县革命斗争史》《淮阴县概况》《淮阴乡情》《淮阴县革命斗争大事记》《淮阴县“文化大革命”大事记》《淮阴县党史大事记》《中共淮阴县委大事记》《淮阴县人民政府大事记》《淮阴县党史资料》《淮阴县文史资料》《红旗》《求是》《中国档案》《新华月报》《人民画报》《解放军画报》《民族画报》《人民日报》《参考消息》《中国青年报》《新华日报》《淮海报》《淮阴日报》《淮安日报》《淮阴报》、邻县县志、名镇志、淮阴县部分党政机关史志、淮阴区（县）部门大事记、淮阴区（县）年鉴、淮阴区（县）党代会人代会政协会议文件汇编、淮阴区（县）第2～5次人口普查资料、淮阴区（县）国民经济统计资料汇编等。

三、专题编研资料

1985年后，编有多种专题资料，主要有《中共淮阴县组织史资料》《淮阴县党政军机构沿革》《淮阴县区级机构主要领导人演变》《淮阴县撤区并乡概况》《淮阴县县、镇、社、场革命委员会成员基本情况汇编》《淮阴县企事业单位革命委员会（领导小组）基本情况汇编》《中共淮阴县第1～5次代表大会简介》《淮阴县第1～10届人民代表大会简介》《中国国民党淮阴县党务沿革概况》《中共淮阴县委机关报小史》《淮阴刘老庄八十二烈士史册》《淮阴县王营镇清真寺简介》和《韩信文物古迹简况》等。

第五节　档案利用

1978年后，档案馆馆藏档案不断增加，档案利用范围逐步拓展，为县（区）国民经济和各项事业发展提供可靠的历史凭证，并取得较好的社会效益与经济效益。2003年起，区档案馆开展馆藏档案目录数据库建设。2008年，是馆藏档案利用最多的一年，区档案馆围绕落实已故复员退伍军人遗属补助、未满60周岁复员退伍军人参加社会养老保险和企业职工养老保险等惠民政策，接待查档4174人次，利用档案6372卷（次），提供档案复制件26422页。至2008年，录入案卷级和文件级目录共95万条，档案查寻实现计算机检索，实现各全宗档案资源共享，提高查全率、查准率。

1978～2008年淮阴区（县）档案资料利用情况一览表

表27-7-2

年份	档案利用		资料利用		复制档案资料（页）
	人次	卷次	人次	册次	
1978	166	338	23	31	129
1979	209	320	58	65	115
1980	366	306	32	56	252
1981	286	528	72	83	243
1982	211	465	65	109	189
1983	250	435	162	235	145
1984	129	594	96	188	157
1985	244	1317	78	107	203
1986	911	3499	85	186	1636
1987	1154	4984	136	350	1201

续表 27-7-2

年份	档案利用		资料利用		复制档案资料（页）
	人次	卷次	人次	册次	
1988	2217	5540	81	166	3115
1989	1320	3708	59	128	1378
1990	1076	3302	109	251	1433
1991	761	4542	33	54	2791
1992	1085	9271	88	93	825
1993	415	2119	27	67	370
1994	514	918	34	67	655
1995	378	854	29	37	504
1996	316	588	32	58	309
1997	642	1076	10	21	803
1998	344	657	23	33	371
1999	327	565	47	98	433
2000	336	561	19	28	652
2001	378	628	14	32	710
2002	586	694	19	28	991
2003	475	614	21	36	769
2004	564	771	12	22	1234
2005	628	896	26	34	1049
2006	856	1568	69	113	2530
2007	1546	1734	88	119	4334
2008	4174	6372	79	116	26422
合计	22864	59764	1726	3011	55948

第八章　报　纸

第一节　发展历程

《淮阴报》创刊于1956年9月1日，于1957年7月1日停刊。1995年1月，组建淮阴报社，筹办《淮阴报》，为全额拨款事业单位，办公地点设在县委办公大楼。是年7月，《淮阴报》试刊。1996年元旦，《淮阴报》正式复刊，周一刊，4开4版，借用中国人民银行淮阴县支行办公大楼办公。1997年，《淮阴报》改为周二刊，办公地点迁至黄河桥北侧原县金属制品厂三楼，租房700余平方米。1998年，《淮阴报》

改为周三刊。1999年，《淮阴报》改为周四刊。1999年5月，办公地点迁至糖厂路17号，购买房屋1000平方米。2000年，《淮阴报》改为周五刊。2001年，增办都市生活类报纸《三淮都市周刊》，每周一期，每期至少16版，彩色印刷。2002年，因报刊整顿，《三淮都市周刊》停刊。是年1月，《淮阴报》更名为《新淮阴》。1996～2003年，每年事业经费为20万～50万元。2004年8月，因报刊整顿，停刊《新淮阴》，更名为《淮阴工作通讯》。组建淮阴新闻中心，为全额拨款事业单位，办报经费由区财政全额负担，每年事业经费为80万～100万元。主要负责编印区委工作简报，内设总编办、记者部、外宣部、专题部、广告出版部、财务室等，定编人员12名。办公地点迁至淮海北路517号，置换1000平方米房屋，购买5台办公电脑。2005年，按照区委要求，《淮阴工作通讯》改为周四刊。是年9月，《淮阴工作通讯》复名《新淮阴》。2006年9月，《新淮阴》由4开4版改为对开4版周三刊。2007年1月，《新淮阴》改为彩色印刷。2008年底，《新淮阴》更名为《淮阴报》。

第二节 新闻报道与副刊

1996年1月《淮阴报》复刊后，重视重大新闻事件、新闻人物、新闻专题的报道。至2008年，共报道政治、经济、教育、科技、文化等方面新闻2.5万余条，报道各类新闻人物260余名。1996～2008年，副刊先后开设《乡土文艺》《淮阴文苑》《淮阴文史》《教育之窗》《卫生保健》《农家之友》《名家精品》《母爱征文选登》《名家访谈》《楼市资讯》等专题栏目。

第三节 采编 广告 发行

一、采编

1996年后，淮阴报社建立健全内部管理及采编制度，先后下发《三审三校制》《定期改版制》《采编校月评制》《编委会集体发稿制》《新闻及广告采编校工作流程》《评报制度》《分级考核制》《评分细则》等一系列规章制度。县报社先后采访报道全国人大副委员长费孝通来淮视察；省委副书记许仲林来淮视察；历史的飞跃——县城区改造纪实；淮阴军民集会纪念周文科同志逝世50周年；向全省人民交上一份满意答卷——淮阴县80万干群脱贫致富纪实；副省长刘坚到淮阴县检查工作；省委书记陈焕友到淮阴县考察夏收夏种等工作；费孝通到淮阴县考察农村工作，省部分全国人大代表来淮视察，汗洒小康路——省、市扶贫工作队帮扶纪略；水利部领导到淮阴县视察节水农业等重大活动开展情况。2001年后，先后采访报道省委副书记顾浩到刘老庄访贫问苦、全国人大副委员长许嘉璐到淮阴视察工作、国家农业开发办副主任王征到淮阴视察、省委副书记李源潮等瞻仰刘老庄烈士陵园、李源潮称赞淮阴高效农业和规模工业发展等国家、省领导在淮活动及淮阴在发展中的大事要事。及时跟踪报道2002年抗洪、2005年王兴氯气泄露等重大突发事件。

2008年底，制定出台《新闻策划与组织管理制》，进一步加强新闻宣传题材深度的挖掘，通过好题材、新角度来贯彻区委、区政府科学发展主题。

二、广告

1996年成立广告部，2004年成立淮安市都市新闻传播中心。1996～2008年，平均每年广告收入60万元，广告收入最高年份为116万元。

三、发行

1996～2003年年底，报纸由区（县）委组织发行，每期约1万份。2004年1月起，改为免费赠阅，每期1万份。每年印刷152期，发行到全区区直机关、乡镇机关、村支两委和农村致富大户以及在淮各家企业等。

第九章　地方志

第一节　机　构

1986年6月，县政府筹建淮阴县地方志编纂委员会办公室，7月成立县志编纂委员会，设办公室，编制4人。1997年12月，淮阴县机构编制委员会批准其为县政府直属事业单位。县地方志编纂委员会办公室内设秘书科、编辑科。2001年，淮阴县地方志编纂委员会办公室更名为淮阴区地方志编纂委员会办公室。2008年，经省机构编制委员会批准为参照公务员管理事业单位，内设秘书科、编辑科，编制7人。

第二节　地方志编纂

一、区（县）志编纂

1987年春，新中国成立后淮阴县首部县志正式开始编修。其上限自有籍可考起，下限至1987年12月31日。在编修进程中，遵循存史、资政、教化的指导思想，依照“横分门类、纵述史实”的具体要求，按述、记、志、传、图、表、录等体裁征集入志资料。全县投入270余人参加修志工作。1992年底形成送审稿。1993年3月，召开《淮阴县志》评审会，省、市地方志办公室组织30余位专家学者到淮阴对《淮阴县志》送审稿进行全面评审。县志办对与会者提出的意见和建议进行梳理，讨论落实修改方案，至1994年5月，修改稿报省、市志办公室验收。此后又根据验收意见，对志稿再一次进行修改加工。1995年7月，《淮阴县志》完成编纂任务，经批准送交上海社会科学院出版社出版。1996年7月公开发行。全书140万字。淮阴县志编纂委员会历任主任是苏尚忠、苗秀章、冯加庚、周云飞。

2006年4月，规划编修二轮志书，起草《淮阴区志》征集资料总篇目，2007年7月全面启动。续志的时间跨度为1978年1月1日至2008年12月31日。

二、部门志编纂

淮阴县首部部门志编修工作与首部县志编修工作基本同步展开。至2000年，先后编纂出版《淮阴县国土志》《淮阴县税务志》《淮阴县水利志》《淮阴县劳动志》《淮阴县交通志》5部部门志。2007年，与二轮县（区）志续修同步启动编修的有《淮阴区民政志》《淮阴区公安志》《淮阴区电力工业志》《淮阴区军事志》4部部门志。

第三节　年鉴编纂

1996年，始编《淮阴年鉴》。成立由县长任主任、常务副县长为副主任的年鉴编纂委员会，落实出版经费，通过开会和发文形式部署任务，组织业务培训。全县各乡镇、各部门按编写纲目要求搜集资料，以信息条目形式提供文字材料和彩页图照。首部《淮阴年鉴》设有29个类目，具体为文献选编、特载、大事记、干部名录、党政社团、人武政法、城建环保、工业、个体私营经济、外向型经济、开发区、农村经济、水利农机、交通、邮电、供电、商业流通、财政税务、金融保险、综合经济管理、科技教育、文化新闻、卫生体育、社会生活、改革开放新人新典型、文明新事、乡镇风采、光荣榜、人物、附录、廉政规定，并设181个分目。全书60万字，配彩图24页。1996年后，每年1卷，图文并茂地记述上一年度全区（县）政治、经济、军事、文化、社会事业、社会生活及自然等多方面发展情况，充分反映淮阴地方特色和时代特色，为各级党政领导进行科学决策提供可靠依据，为国内外各界人士了解淮阴提供翔实资料，为企事业传播信息提供优质服务，在资政、育人、存史等方面起到重要作用。至2008年，共编纂出版《淮阴年鉴》12卷。其间，类目、分目设置不断调整，内容取舍不断完善，每卷增加至80万字左右。2008卷《淮阴年鉴》设39个类目。

1996～2008年淮阴区（县）各卷年鉴基本情况表

表27-9-1

卷号	主编	字数（万字）	出版社	出版时间
1996	夏际忠	60	JSE-H000507	1997.06
1997	程玉华	58	JSE-H000525	1998.06
1998	程玉华	56.4	JSE-H000565	1999.06
1999	张春旭	59.8	JSE-H000582	2000.06
2000	安建国	59.8	JSE-0004809	2001.06
2002	安建国	42.5	JSE-H000582	2002.09
2003	安建国	54.2	JSE-H000582	2003.08
2004	朱爱民	82.7	远方出版社	2004.09
2005	朱爱民	60	哈尔滨出版社	2005.08
2006	朱爱民	65	内蒙古人民出版社	2006.10
2007	吴如忠	80	陕西人民出版社	2007.11
2008	吴如忠	80	JSE-1002700	2008.10

第十章 旅 游

第一节 机 构

2007年8月前，境内旅游业由区外事、侨务、旅游办公室（简称外侨旅办）代管。2007年8月，淮阴区旅游局成立，挂靠淮阴区服务业发展局，编制3人。2008年，机构、编制没有变化。

第二节 旅游资源开发

一、码头古镇旅游资源开发

【韩信故里系列开发】 1999年，复建“古楚淮阴”牌楼和龙亭两处名胜古迹，新建码头广场与“韩

图27-10-1　韩信纪念馆

信湖”牌坊。铺设码头大桥西侧至县乡道长800米、宽30米的水泥路面和码头大桥东侧至惠济祠通往二河渡口长3000米、宽5米的柏油路面，完善仿古一条街建筑群。是年，淮阴籍台胞潘业银与码头镇政府签订总投资6000万元的韩信故里开发合同。2002年4月，潘业银先期投资1450万元的韩侯故里基础建设工程一期工程正式破土动工。当年建成韩信庙主体工程，庙内彩绘、装潢基本完工；完成韩信湖土方工程及四周块石护坡工程。2003年4月，一期工程总体竣工。淮阴侯庙、韩信湖总体工程，韩信钓鱼台、漂母岸、韩信亭、胯下桥等景点初具规模。9月正式对外开放。二期工程拆迁征地工作全部完成。2005年，韩信故里景区通过国家AA级旅游景区验收。2006年，韩信会馆落户码头。韩侯故里二期工程竣工，总投资2000万元。2008年，区政府投资700余万元，在码头镇码头村建设枚乘故里景区。是年，投资700余万元，在码头镇泰山村建设漂母祠墓景区。

【运河文化系列开发】 2002年11月，码头镇政府与投资商古运河文化旅游开发有限公司签订泰山葫芦岛度假村开发协议，并进入拆迁征地前期准备工作。2003年，拆迁征地工作基本完成，开发项目破土动工。2004年，完成古运河度假村建设，项目集餐饮、休闲、洗浴、垂钓、会议中心于一体，总投资3500万元。2005年3月，古运河度假村对外开放。

【宗教庙宇系列开发】 佛教、道教、伊斯兰教和基督教在码头呈长期并存局面，共有宗教庙宇遗址81处，影响大的有惠济祠、三圣寺、关帝庙等。这些景点都被列入码头镇“十一五”发展规划。2002年，三圣寺复建项目获批，前期准备工作进入实质性阶段。是年底，到位资金50万元，运达檀木佛像多尊。

【饮食文化系列开发】 2005年，建古道山庄，占地25.33公顷，按突出重点、分步实施原则，将山庄建成集旅游、影视拍摄、餐饮、种植、养殖为一体的生态旅游景观，总投资600余万元。2008年，开工建设牛羊肉城、农贸市场。是年，申报“淮扬美食”品牌3个，打造餐饮特色街区2个，固定资产到位资金3574万元，发展一批名菜名点特色店。

二、新四军刘老庄连纪念园

【景区概况】 新四军刘老庄连纪念园坐落在刘老庄乡境内，占地约480亩，绿化覆盖率80%，东接京沪高速，西接205国道，景点核心部分——八十二烈士陵园始建于1955年，陵园内有八十二烈士墓、壮志亭、八十二烈士纪念碑及广场、碑廊、廊柱、八十二棵青松林、浴血刘老庄主题战壕暨战斗遗址、红色纪念林等众多景点。1956年，淮阴县八十二烈士陵园管理处成立，至2008年增挂新四军刘老庄连纪念园管理处牌子，共有工作人员22名，其中管理人员7名、安保人员4名、环卫人员6名、专职导游（讲解）5名。先后被评为全国红色旅游经典景区、全民国防教育基地、全国民政系统行风建设示范单位，国家AA级旅游景区、省级烈士纪念设施保护单位、省级爱国主义教育基地。围绕创建国家AAAA级旅游景区标准和要求，先后投入8000万元进行园区改扩建工程，建八十二烈士纪念馆、红星广场、张芳久烈士纪念碑、无名烈士墓、淮阴散葬烈士集中安葬区（慰烈工程）、刘皮街阻击战纪念亭等景点。

【资源特色】 新四军八十二勇士是中国人民不畏强暴、英勇抗争的杰出代表。景区依托烈士纪念设施所包含的红色文化资源，在全社会积极宣传八十二勇士殉国的忠勇精神，让爱国主义这一特色文化在烈士陵园播撒开来，让红色旅游资源唱响时代主旋律。每年“3·18”勇士殉国纪念日均举行隆重的祭祀、集会等纪念活动。另外，在清明节、青年节、“七一”、建军节、国庆节等重大节日，举行相关公祭，入团、入党宣誓，主题班会等仪式，举办“学雷锋”“祭先烈”“党在我心中”等系列活动。2008年，纪念园接待瞻仰参观游客30万人次。

结合纪念园的实际，景区设计制作以宣传八十二烈士精神为主题的纪念品、宣传册、宣传片、明信片等教育宣传物。提供包括新四军军史、历史人物传、史志汇编等史料书籍。每逢大型纪念活动，提供书画交流平台，用书画形式纪念烈士的丰功伟绩。实时播放《浴血刘老庄》《刘老庄八十二壮士》《砥柱》等影视片，为游客提供手榴弹投掷、机枪扫射、CS游戏对抗等实战体验项目，模拟战斗场景，让游客身临其境般感受和体验刘老庄战斗惨烈悲壮的场面。在勇士浴血刘老庄主题战壕（断头沟遗址）设立支前体验区，让游客用小推车、挑担等方式运送粮食弹药，模拟群众支前情景，使游客体验团队协作重要性。在红色纪念林开展“我为烈士植棵树”活动，让游客亲身体验植树过程，感受植树造林、祭奠英烈的意义。在红星广场设立区域供游客祈福，放飞和平鸽，告慰烈士英灵，祝福祖国繁荣昌盛，祝愿世界和平安宁。

图27-10-2　历史的印记-刘老庄新四军八十二烈士纪念馆

三、主题公园开发

（见本志第六篇《城乡建设》第二章《城市综合建设》第六节《公园》）

第三节　旅游景区景点

一、码头镇AAAA级旅游景区

【韩信纪念馆】 位于码头镇。景区占地10万平方米。韩信故里广场，占地面积6400平方米，取意八卦。广场大门前两座石阙，从烽火台、瞭望哨演变而来，是汉代将军威严的象征；大门两侧石柱，如同两列勇猛威严的士兵，寓意将军统帅千军万马。故里大门形状上部呈八字型，寓意大将军威风八面，韩信故里喜迎八方来客；大门内侧形状像庙宇，寓意韩信用兵变化莫测、神机妙算。大门上“韩信故里”鎏金大字为国民党元老陈立夫99岁高龄时题写。

【韩信钓鱼台】 原建无考，复建于宋。在淮阴故城南半里许，淮水旁。韩信少时曾在此垂钓，后人为纪念他，在此建钓鱼台，并立“韩信钓鱼台”碑。在碑阴面一无名氏撰文曰：“早知结局终烹狗，悔不成功再钓鱼。”后因水患，钓台被毁，碑亦无存。1983年，淮阴县政府拨款重修，建门楼1座，青灰砖石结构，券门上有“韩信钓鱼台”五个大字，将原址遗留湖底之条石、八角石、石鼓等捞出并分置钓台旁。2001年，淮阴籍台胞潘业银在原址今韩侯庙内重建钓鱼台，国民党元老陈立夫书“韩侯钓台”。重建的韩侯钓台为一亭台式建筑，背倚淮阴侯庙，前临韩信湖，亭柱上有抱柱联三副。

【淮阴侯庙】 位于韩信故里景区。淮阴侯庙旧时亦称韩信庙、韩信祠、韩侯祠。淮阴侯庙始建年代无考，唐代就是一处著名的文物古迹。淮阴侯庙屡建屡圮，现存淮阴侯庙为2002年复建。淮阴侯庙由门厅、庭院、回廊和大殿组成，为典型的汉代建筑风格。其主体建筑是兵仙殿，大殿面宽18米、进深11米、高13.8米，殿内正中为韩信登坛拜将时的座像，樊哙、周勃、灌婴、张良、刘邦、萧何像肃立其两侧。韩信塑像高1.9米，宽1.45米，重2600千克，2001年由湖北佛教艺术雕塑协会重塑。塑像前楹柱上有抱柱联两副。大殿门前左侧立有仿宋代著名书法家、文学家苏东坡的《淮阴侯庙记》碑，右侧为荀德麟撰《重建淮阴侯庙记》碑（碑文见本志《附录·艺文》）。大殿后门外两侧墙上有石刻楹联一副。殿前有方鼎式铜香炉一尊，两侧抄手回廊壁上镶嵌关于韩信成语故事的石刻线刻画26幅。

【胯下桥】 韩信少年时在故乡曾经受胯下之辱的磨练，功成名就后以德报怨。他不仅原谅那个曾经羞辱他的“屠中少年”，还任命其为“楚中尉”。后人为彰显其能屈能伸的胸襟，在其当年胯下受辱的地方建立一座胯下桥，其原址去淮阴故城半里许，有一块长条石横担在一小沟上，旁立一块石碑，行书“韩信胯下受辱处”。宋时改建为木牌坊。明永乐年间复修。清乾隆时又重建为砖石牌坊，宽3.8米，高5.2米，光绪时重修一次。1959年和1986年地方政府两次拨款修建，牌坊高6.8米，宽4.8米，正面楷书“胯下桥”。2001年，淮阴籍台胞潘业银投资复建韩侯庙，并在庙大院内重建胯下桥，位于韩信钓鱼台东约40米处。桥为拱型，长7米，宽2.8米，拱桥中间镌刻楷书“胯下桥”。上罩亭盖，亭柱上有抱柱联两副。

【漂母岸】 系韩信湖西岸一组立于水面呈品字形的亭台式建筑，为2003年复建。漂母岸主亭面宽11.6米，侧宽7.8米，两翼亭呈边宽5.2米的正方形，主亭与翼亭之间以曲折回廊相连通，廊宽2.6米，长约40米。主亭上有当代书法家胡道华题写的“漂母古岸”四个大字，南北两翼亭立柱上分别有对联：“漂也劳艰，饭饥只为悯王孙；贫而慷慨，母爱信能弥宇宙。”“爱心未料施豪杰，慈母何须赋姓名。”称颂漂母慷慨予食之美德。

【千金亭】 咸丰《清河县志》记载：“千金亭近胯下桥。”古千金亭已毁于水患。2003年，码头镇复建千金亭。今千金亭位于韩信湖东岸，距胯下桥约120米，亭呈正方形，立柱间距4.2米，亭额上有“千金亭”三个大字，两侧立柱上的抱柱联：“爱心本无价，然诺足千金”，为荀德麟撰联，言恭达书写。

【漂母墓与漂母祠】 位于距码头镇东约1000米的泰山村。漂母墓与漂母祠连为一体，整个景区占地53亩。漂母墓高15.8米，底部直径52米，其造型如金字塔，四周有甬道，前有祭台，外围芳草植被披覆，松柏国槐荫蔽掩映。墓前原有墓碑6通，现存3通。其中一通记述韩信乞食于漂母的史事，为民国19年（1930）5月立；两块为护墓碑，一为清光绪三十二年（1906）四月知县所立，一为1997年淮阴市文物管理委员会所立。

漂母祠始建年代无考，明初废圮。2007年，淮阴区人民政府投资700余万元建成漂母墓景区，其主体建筑为位于漂母墓前的漂母祠，祠内供奉漂母，此前两侧配殿展陈韩信与漂母事迹，回廊内悬挂历代咏漂母、韩信的诗词名篇。漂母祠后有报恩亭，亭内立碑一通。报恩亭后为一尊方鼎式铜香炉，置于墓前。

【韩母墓】 位于清浦区城南乡小河村高庄境内，隔二河与漂母墓相望，两墓相距约3千米。韩母墓称为青墩、青狗墩，或清水墩。墓南北长25.8米，东西长26.4米，高7.95米。墓西、南侧被人取土，见封土为三层。里层高一米，深灰色，中层厚6米，灰白色，介于里层和中层之间，有一层似朽烂薄铁层，铁红色，表层厚0.1米，与周围土质无异。韩信幼年丧母，家贫无力筑成大墓，在其受封后，可能有过衣锦还乡为母亲添土筑墓之事。1987年公布为淮阴市文物保护单位，2002年被列为江苏省文物保护单位。省、市有关部门投入巨资，实施韩母墓一、二期保护工程，为韩母墓覆土，使其恢复至高约16米、直径约30米的旧有规模，并于四周建起高1.2米、长近百米的风墙。于墓前建设长30米、宽20米的祭台，立韩母墓碑、标志牌和说明碑，建围墙、神道、绿化以及外围道路。韩母墓碑为方形，长1.6米，高1.2米，底座高1.2米，长2.1米。

【官巷】 码头古镇街道呈鱼骨状格局，纵向鱼脊为安澜古街，北起圩门口，南至头坝。与安澜街垂直的官巷——兴盛街，位于大街南段，西侧通往御码头、东侧通向东岳庙和头闸（惠济闸），历史上此处为闹市繁华区。其他与安澜大街垂直的小巷主要位于西侧，其中大部分通向与安澜大街平行的临河后街，多有石砌台阶相接。兴盛街有一砖砌门楼，正面刻“安澜马头街”，背面刻“瑶池西望”，兴盛街门坊为民国16年（1927）由码头市商重建。码头安澜古街西侧通向御码头的官巷，传说韩信少年时曾经流落于此。明清时期，巷口建有砖砌拱券式门楼一座，门楣上有“韩信故里”四个大字，1966年拆毁，

1983年重修。西面书“襟带河湖”，东面书“韩侯故里”。1987年，淮阴市人民政府将这里与胯下桥遗址、韩信湖一起确定为韩信故里遗址，并公布为淮阴市文物保护单位。

【枚乘故里】 位于码头镇。历史上这里有多处与枚乘父子有关的历史遗迹和纪念建筑。淮阴历经水患战乱，有关枚氏父子的古迹，早已荡然无存。2008年，区政府投资700余万元，建设枚乘故里景区。

图27-10-3 枚乘故里

【南昌亭旧址】 南昌亭，即韩信“数从其下乡南昌亭长寄食”之处。位于码头镇郑台村和尚庄。

【漂母井】 漂母井在淮阴故城南1.5千米许，今码头镇桃园村二组，相传是当年漂母在淮水南岸桃园庄一财主家用来吊水洗丝之井。井口直径80厘米，用汉白玉雕刻，凿有两个鼻眼，为系桶吊水之用，下端刻着飞云花纹篆字“古井”。井内全用青石围砌，井深8米左右，内径1.5米。井水清纯绵甜，现井尚存。

【淮阴市碑】 碑高2.21米，宽1.12米。正面中间大字楷书“淮阴市”，落款“东鲁刘大文题”；背面中间楷书“汉淮阴侯韩信故里”。正反两面皆配书碑联，正面上联“王孙遗址”，下联“国士流芳”；背面上联“文官下轿”，下联“武官下马”。古“淮阴市”碑为纪念故淮阴侯韩信而立，建于唐代。据《淮阴县志》载，原碑立淮阴故城中（今淮安市淮阴区码头镇），因城久圮废，移置淮安府市口。年久蚀损，明都指挥佥事充左副总兵、代陈瑄镇淮安董漕运的王廷器捐资重建，淮安知府刘大文摹书。“文化大革命”中遭红卫兵毁弃。现碑为1987年仿明碑重建，残碑存淮安区勺湖公园。

【韩侯故里额】 额长3.9米，宽0.9米。正面楷书“韩侯故里”，阴面镌刻“古楚淮阴”。该额建于晋代，在淮阴故城北圩门，今码头甘罗城北。清光绪八年（1882），“韩信故里”重建于码头镇南首官巷。1986年修建一次，旧额已不复存在。2001年，由淮阴籍台胞潘业银投资在码头镇东侧重建韩侯故里，新建韩侯故里所挂额为仿制。国民党元老陈立夫书“韩侯故里”额。

【娑罗树碑】 原碑共六块，块高一尺三寸、长二尺八寸，行书，横刻。据原拓所示：唐开元十一年十月二日立。海州刺史李邕文并书，刻石东海元省己。李邕，字泰和，扬州江都人，唐代著名文学家、金石书法家。娑罗树碑原在淮阴故城南二百步，不知亡于何时，宋拓亦无全本。明隆庆壬申，泗阳陈文烛守淮安府，得旧拓本于邑人吴承恩，以示沭阳秀才吴从道，从道素以善书名，定为北海真迹。中脱十余字。即摹刻诸石，置诸府署宴宾馆，今所传者是也。1999年，码头乡党委依原拓摹刻重树此碑，置码头韩侯庙内。碑高2.1米，宽0.95米。

【石狮】 石狮共雌雄各一尊，雄狮高2.6米，长1.8米，宽0.9米；雌狮高2.6米，长1.7米，宽0.9米，皆昂首收腹，四眼相眯，为坐蹲形。雄狮颈系红缨佩挂环铃，鬃毛直立，根根清晰，耳、眼、口、鼻，确为逼真，底坐四周精刻灵芝状花纹。雌狮前足趾纹精细，环铃系扣红缨，身高略矮，底座花纹呈莲花形。据传此石狮出宋代，系苏轼为古淮阴侯庙所购置，后移置码头镇东岳庙门前。新中国成立后又移置码头镇小学门前。“文化大革命”中，造反派视为“四旧”，雄狮被砸为两瓣。幸得地方乡贤保护，趁夜就地深埋。1981年，地方政府重新将两狮刨出，并请专家修复，这对古狮得以重新面世。石狮现立于码头镇政府门前。

【三圣寺】 原名普云禅寺，位于码头镇张庄镇居委会院内，庙址占地0.33公顷。始建于唐贞观年间（627～649），主要建筑有山门、三门殿、天王殿、大雄宝殿、藏经阁、观音殿、伽蓝殿、钟楼等，踞岗背水，名气远播，香火鼎盛一时。唐天宝年间（742～756）成为江淮流域首刹，至安史之乱，因唐武宗灭佛被毁，后余殿改为普云祠。宋开宝年间（968～976）被毁殿堂逐渐修缮，更名普云禅寺。清乾隆年间

（1736～1795）易名为三圣庙，历经沧桑变迁，至民国31年（1942）部分殿堂被毁用于城防。由于数年战乱，至新中国成立初期，寺内殿堂仅存数间偏殿，“文化大革命”期间，寺庙遭毁。该寺与惠济祠、东岳庙同为码头镇81座寺庙中的最著名庙宇。昔日三圣寺香火常年不断，有香客近万人。

此外，韩信故里码头镇还有众多大运河遗产，诸如码头三闸、高家堰、康熙御坝、顺黄坝等等。（详见第二十九篇《大运河清口枢纽遗产》）

二、洪泽湖北岸湿地自然保护区

洪泽湖北岸（洪泽县西顺河—韩桥）湿地自然保护区为淮安市洪泽湖湿地自然保护区的一部分，由市环保局制定规划，2003年9月，经市政府批准为市级自然保护区，主要保护洪泽湖湿地环境及生物物种。该湿地保护区东西长13.5千米，外围距洪泽湖大堤0.8千米，内湖距大堤约2千米，面积37平方千米（湖岸区10.8平方千米、湖面26.2平方千米），其中核心区5平方千米，缓冲区9平方千米，实验区23平方千米，在赵集、韩桥两个乡镇，湖滨有分洪、洪湖、汪场、老场、沿湖、韩桥、河头7个村。

三、古清口水利风景区

古淮河水自西南而来经码头镇向东北到袁集桂塘附近折而向东，循杨庄以东古淮河道（今废黄河）东流入海。古泗水自西北而来，在明代嘉靖之前，流经泗阳东南分为两条支流进入淮阴境内与古淮河交汇，北支流称大清河，南支流称小清河，两个交汇点分别被称为大清口（也称泗口，在今袁集桂塘附近）和小清口（今码头镇御坝附近）。由此应运而生淮安市西郊一处集生态与人文为一体的旅游风景区，即古清口水利生态风景区。景区范围东起通港大道，西至二河，北至淮阴闸，连同二河河滨地带，总面积10平方千米，其中水域面积3.3平方千米。

四、五河口淮安大桥

五河口淮安大桥是宿淮高速公路重点控制型工程，处于废黄河水系、淮河水系和沂沭泗水系的接合部，跨越京杭运河淮阴船闸远调站、淮阴船闸停泊区、盐河杨庄船闸上游引航道、盐河杨庄水电站上游引水渠等航运、水利设施。淮安大桥主桥是双塔双索面预应力混凝土斜拉桥，全漂浮体系，H型索塔，索塔采用混凝土箱型结构，并采用新型材料——环氧涂层钢绞线作为斜拉索，主梁采用双边箱断面结构。主桥跨径370米，桥面宽38.6米，双向6车道，为国内高速公路同类型桥梁最宽。（参见第七篇《交通　邮电》第一章《交通》第二节《公路交通》）

五、六塘河水利枢纽风景区

六塘河水利枢纽位于西宋集镇和徐溜镇境内，包括六塘河地涵及上下游闸和钱集闸等中大型涵闸，上下游直线距离600米，结构设计上颇像一个“水上立交”。六塘河枢纽属于分淮入沂工程项目，1958年起始建。六塘河地下涵洞穿过淮沭河河床底部，工程建成于1959年，主要承接上游跃进河、包河、淮泗河三河来水，通过六塘河排入东海，从而排除淮阴区、泗阳县淮泗河以南、运河以北地区365平方千米的涝水，同时兼顾蓄水，保证上游2万公顷农田灌溉。六塘河地涵按高低水分开进行排涝设计，高水河为淮泗河，低水河为渠西河，两河涝水经地涵汇入下游六塘河。地涵12孔，每孔3.4米×3.4米，洞长500米。进口用墙隔开，分高低水两部分，设计排涝流量每秒223立方米。排高水位涵洞为3孔每秒67立方米，排低水位涵洞为9孔每秒156立方米。

六、中国南北地理分界线标志园

2008年建，位于淮海北路东侧的废黄河上，该园以南北地理分界标志雕塑为主体，利用历史遗存——西马路黄河桥旧桥墩，赋予科普和文化的新含义。主题雕塑位于河道中心线位置，以球形为母体，分为南北两半球，北侧为渐变冷色调，南侧为渐变暖色调，寓意地球上的南北气候特征。标志园以河道为界，南北两个广场也分别为淮河广场和黄河广场，种植南北方不同的乔灌木植物，市民可从桥上穿越，直观感受南北分界后的差异。标志园由主题纪念广场、旅游接待区、大众休闲区、文化教育基地4个部分组成，与周围自然景观融为一体，是展示淮阴城市地理文化的窗口和普及地理、气象等科学常识的基地。

第四节　旅游服务

一、旅行社

【淮安森源旅行社】 位于淮阴区承德路废黄河桥北樱花园，2008年成立，是经省、市旅游局批准，市工商行政管理局登记注册，以现代企业制度运营的股份制企业。内设计调部、票务部、散客部、导游部等部门。主要经营国内旅游、散客旅游、自助游、冬令营，同时兼营国内包车、商务会议、酒店、交通订票等业务，并根据游客需求开发高品位的旅游精品线路。

【淮安市朝阳旅行社有限公司】 位于淮阴区北京东路23号，2008年成立，是经江苏省旅游局批准、在区工商局注册登记的，以现代企业制度运营的股份制旅游企业。经营国内旅游、入境旅游、旅游咨询、会议服务、票务代理等各项旅游业务，经批准可为有港澳、海（国）外代理权的旅行社开办代收客业务，为淮阴区首家二星级旅行社。公司注册资本30万元，从业人员12名，其中导游5名。年接待5000人，营业收入410万元。

【淮安市万达旅行社有限公司】 位于淮阴区北京东路18-3号，2008年成立，是经省、市旅游局批准，区工商局注册具有独立法人资格的旅游企业，注册资金30万元。从业人员6名，其中导游5名。主要经营国内旅游、入境旅游、旅游咨询、会议服务、票务代理等各项旅游业务，经批准可为有港澳、海（国）外代理权的旅行社开办代收客业务。年接待1万人次，营业额400万元。

二、旅游酒店

【淮安市民生实业鑫源宾馆】 见本志第十六篇《服务业》第一章《餐饮旅馆业》第三节《企业选介》

【淮安市民生实业淮阴宾馆】 见本志第十六篇《服务业》第一章《餐饮旅馆业》第三节《企业选介》

第二十八篇　韩信故里

韩信故里，是西汉开国功臣、汉初三杰之一、中国历史上杰出的军事家韩信出生地，位于淮阴区码头镇。码头镇是秦汉至南宋的淮阴县故城所在地。淮阴县因处淮水之南而得名，码头镇即位于古淮泗水交汇处、古淮河南岸。这里是古老的水陆交通枢纽，更位于明清时期大运河上最重要的水利枢纽——清口水利枢纽的核心区域。

这里，历来是兵家必争之地，很多重大战事在这里上演，很多帝王将相在这里建功立业、彪炳千秋，留下众多传奇故事，围绕码头镇和清口分布着密集的古城遗址。

改革开放以来，针对韩信故里深厚的历史文化积淀，为了弘扬历史文化、发展旅游产业、提高淮阴区知名度与美誉度，不断推进韩信故里的规划和建设。2005年，韩信故里通过国家AA级旅游景区验收。2008年，完成《码头古镇旅游发展总体规划》，并及时进行实施建设。通过连续多年的建设，具有2500年历史的码头古镇已成为人们寻幽追古的胜地。

第一章　地理形势

韩信故里在淮阴区码头镇，位于古淮河南岸、古淮河与泗河的交汇处淮泗口南岸，在上古自然航道为主的时代，是重要的交通枢纽。此后，相继有多条人工运河以这里为起点或终点。同时，这里也是江淮之间重要的陆上交通节点。所以，历代在这里构筑城堡，形成密集的古城堡遗址区。

第一节　河　川

一、淮河

发源于桐柏山，在盱眙以下汇入特大型人工水库洪泽湖。在黄河夺泗夺淮、洪泽湖成湖以前，淮河是一条独流入海的自然河道，与长江、黄河、济水并称“四渎”，其在盱眙以下的流向，《水经注》记载详确：“淮水又东客山（即盱眙山），迳盱眙县故城（在甘泉山圣山湖口）南，《地理志》曰：都尉治。淮水又东迳富陵，历淮阳城，城北临泗水，阻于二水之间。《述征记》：淮阳太守治，自后置戍，县亦有时废兴。又东北至下邳淮阴县西，泗水从西北来流注之。淮、泗之会，即角城也。淮水右岸，即淮阴也。城西有公路浦，昔袁术向九江，将东奔袁谭，路出斯浦，因以为名焉。又东迳淮阴县故城北，城北临淮水，汉高帝六年，封韩信为侯国，王莽之嘉信也。昔韩信去下乡而钓于此处也。城东有两冢，西者，即漂母冢也，周回数百步，高十余丈。昔漂母食信于淮阴，信王下邳，盖投金赠（金其）以报母矣。东一陵，即信母冢也。……又东入于海。”（《水经注》卷三十淮水注）这段记述，可谓一路如绘。直至洪泽湖特大型水库形成之前，淮河河床走向基本没有变化。

二、泗河

发源于鲁南沂蒙山，也是一条自然河道，是古淮河的最大支流。《水经注》载："泗水出鲁卞山……又东过沛县东……又东南过彭城县北……又东下邳县西……东南迳下相县故城东……又迳宿预城（今泗阳县古城山）之西，……又东南迳淮阳城北，城临泗水……又东迳角城北，而东南流注于淮。淮泗之会，即泗口也。"（《水经注》卷二十五）黄河夺泗夺淮后，泗水渐为黄河挤压而改道，在山东境内入会通运河。

三、十八里河

唐广济新渠的一段，后来称为小清河。据《旧唐书·齐澣传》：唐玄宗开元二十七年，采访使齐澣以"淮汴水运路，自虹县至临淮（县名，治今盱眙县城对岸古泗州城）一百五十里，水流迅急，旧用牛曳竹索上下，流急难制。澣乃奏自虹县下开河三十余里，入於清河，百余里出清水（与清河都为泗水别称，因水清而名），又开河至淮阴县北岸入淮，免淮流湍险之害。"又据《新唐书·齐澣传》："开元年间出为汴州刺史。澣以淮（阴）到徐城（县名，治今泗洪县临淮头附近）险急，凿渠十八里入清水，人便其漕。"据荀德麟《广济新渠与十八里河镇考》（见1992.5《江海学刊》）唐以前无大小清河、大小清口，包括郦道元《水经注》，均无记载。从今淮阴区三岔分支的长约20里的小清河，实为唐代齐澣开凿的十八里河。而宋王存《元丰九域志》中所记载的临淮县十八里河镇，就是后来清河县小清口县城的前身，即今码头镇西5里的"旧县"所在地，《金史》中称"十八里河口""十八里口"。

四、黄河

黄河是一条"易淤、易决、易徙"的多沙河流，在历史上，夺占、湮废过很多河道，其入海口也屡次变化，在南达淮河口、北抵渤海湾的大范围内摆动，其中最近一次夺泗夺淮的历史长约700年。南宋建炎二年（1128），为阻止金兵南下，东京留守杜充扒开黄河大堤抵御金兵，使黄河改道，一支由古泗水、在泗口（即大清河口）汇淮河入海，一支由古济水分流，由山东境内入海，拉开了黄河夺淮的序幕。南宋绍熙五年（1194）黄河主流夺淮，此后661年间，黄河不仅干扰淮河的秩序，也影响大运河，影响漕粮运输。元代重新贯通大运河，淮安清口以上直至徐州附近，就是利用已经夺泗夺淮的黄河河道行运的。明永乐年间建都北京以后，大运河重加浚治，淮、徐之间依旧利用黄河漕运，称为"河漕"。明朝中叶，黄河全流夺淮，"夫黄河南行，淮先受病，淮病而运亦病，由是治河、导淮、济运三策，群萃于淮安清口一隅。"（《清史稿·河渠志》）而码头镇首当其冲。为了避开黄河对漕运的不利影响，逐步开辟避开黄河的行运工程。清康熙二十六年（1687）开凿淮安清口至宿迁以上的中运河，"河漕"宣告终结。然而，此段黄河依旧是往来舟船难以逾越的天险。于是，在黄、淮、运河交汇区，以码头镇为中心，修建一系列水利工程。清咸丰五年（1855）六月，黄河在北岸兰阳（属兰考县）铜瓦厢决口改道，夺大清河河道，由利津入渤海，形成如今的黄河下游河道。而河南兰考以下向东南迤逦而行的728公里黄河河道废弃，遂有"废黄河"之名。

五、沙河运河

隋炀帝开大运河，其楚州和泗州之间系利用自然河道淮河连接，而泗州以下，特别是洪泽洼地区，淮水宽阔，航行非常艰险，而此段河道中的山阳湾段，由于泗水汇入，水流尤为迅急，加之弯道、浅滩重重，更被往来舟楫视为畏途。北宋时期，由于漕运量增加，过往舟楫增多，每年在楚、泗二州之间淮河险途上损失的舟船，猛增至170艘左右。于是，沿淮河右岸开凿的复线运河亦随之诞生。北宋雍熙元年（984）首先开凿楚州到淮阴的沙河运河。据《宋史·河渠志》载："楚州北山阳湾尤迅急，多有沉溺之患。雍熙中（984～987）转运使刘蟠议开沙河以避淮水之险，未克而受代。乔维岳继之，开河自楚州至淮阴凡六十里，舟行便之。"据《宋史·乔维岳传》载："维岳规度，开故沙河，自末口至淮阴磨盘口。"今淮阴船闸附近仍有地名叫磨盘庄，宋磨盘口当在今淮阴船闸附近的磨盘庄。《宋史·乔维岳传》又载："维岳始命创二斗门于西河第三堰，二门相距逾五十步，覆以厦屋，设悬门积水，候潮平乃泄之。建横桥，岸上筑土累石，以牢其址。自是弊尽革，而运舟往来无滞矣。"因沙河运河在楚扬运河之西，故称"西河"。二斗门的设置与现代船闸的原理是相同的，可以说，它是现代箱式船闸的前身。

六、洪泽新河

又称洪泽渠，起于淮阴磨盘口，讫于古洪泽镇，长六十里。据《宋史·河渠志》及有关人物传记载，开洪泽渠是由马仲甫首倡，由许元实施，皮公弼复浚。开河时间，在公元1049年至1054年之间。洪泽新河北至磨盘口与沙河运河相衔接。《江苏水利全书》"宣和三年"条注："按洪泽三闸，旧在故沙河磨盘口。"《天下郡国利病书》引旧志云："清口南岸有洪泽闸三座，外有新坝，经元而废，明陈瑄仿其制建五闸。"建在沙河运河入淮处磨盘口的闸，却叫洪泽闸，说明磨盘口已成为洪泽新河下游的入淮口。洪泽新河另一端的洪泽镇运口，也同样设有引潮节制闸。据《宋会要辑稿·食货八》：乾道元年（1165），韩元龙曾在洪泽镇运口"催督整修洪泽两闸"。洪泽镇运口与磨盘口情况相类似，也是龟山运河的入淮口之一，按理也应有三座。但据史载，由于龟山运河深阔，"不置闸堰"，故只需两座即可。到元代，由于大运河改道，粮赋又以海运为主，洪泽新河率先湮废。

七、清江浦河

明永乐十三年（1415）由漕运总兵官、平江伯陈瑄主持开凿。先是陈瑄于永乐二年（1404）在淮安新城东门外新建仁、义二坝，在新城西门外西北新建礼、智、信三坝，坝外即淮河（黄河），过往漕船、商船均于五坝车盘，故"逾淮达清河，劳费甚钜"。（《明史·列传》第四十一陈瑄传）为了"免过坝及风涛之险"，陈瑄进行走访和实地勘察，于永乐十三年（1415）五月奏准朝廷，循宋乔维岳所开沙河故道，开清江浦河道，自淮安城西管家湖，凿渠二十里，导引湖水由鸭陈口（即新庄口，位于今码头镇惠济祠北侧）入淮，以通漕舟。"遂发军民开河，置四闸，曰移风，曰清江，曰福兴，曰新庄，以时启闭，人甚便之。"（《明太宗实录》永乐十三年五月）为了避免黄河倒灌，清江浦河入淮口多有变迁。

八、永济新河

明万历十年（1582）总河凌云翼以运船由清江浦河出口多艰险，另在清江浦河南面开凿永济新河。总理河漕尚书凌云翼以"河趋东北，堤外沙滩，离河甚远。迩来水势南薄，冲涮运堤，万一有虞，不惟淮城郭民生不保，而运道咽喉大有可虑。议于淮郡城南运河之旁，自窑湾至杨家涧一带三十里原有河形，又自武家墩迤东，至新庄旧闸一十六里，开河一道，直接运河通济闸出口，漕艘最便。仍建闸二座，以备蓄泄，将旧运河新庄闸下拦筑大坝，使水入闸口者，转由新渠，自北而南，仍归淮城迤南运河。每岁筑坝、车盘、启闭之法，悉效其旧。于万历九年题奉钦依兴举。"（天启《淮安府志》卷十三《河防志》）遂开凿新河，"长四十五里，建闸三座。"（乾隆《淮安府志》卷六河防）"起自杨家庙，至清河县文华寺止。原因兼行粮运，后因走漏部税，复闭。至天启四年，本司重开行运，以便挑浚正河，河开，仍复筑坝。"（朱国盛、徐标《南河志》卷一）所谓"部税"，是指板闸榷关对过往商船和漕船夹带土宜所征收的户部分司维修常盈仓"仓修"费、工部分司"船料"税等。由淮安老城以南窑湾闸入永济河，至天妃坝入清口，就绕开板闸关，"走漏部税"。永济河客观上成为名正言顺的逃税通道。因此，只通航行运了一年就被关闭了。新河之名，实为新运粮河，系与清江浦河相比较而言。永济河下游在康熙二十五年（1686）曾有较大改道，由原先的在窑湾接入运河，改为由窑湾以西的洋信港转而向南，进入白马湖。康熙二十五年以后的某个年份，永济河下游曾改道向东，穿护城河向东，直接里运河穿运涵洞伏龙洞，以利泄运西田畴潦涝。今运西盐河大部分河段应视为明万历凌云翼所开永济河。"因曾通盐运，故亦称盐河。"（张煦侯《淮阴风土记》391页，方志出版社，2008年）永济河在武家墩以北至文华寺河头这一段，因康熙年间用以运输修筑高家堰堤工的各种物料，又称为运料河。

第二节　交　通

一、水上交通

《禹贡》述九州贡道："沿于江海，达于淮泗，淮海惟扬州""沿于淮泗，达于河，海岱惟徐州"，扬、徐二州贡道，系以淮泗口为转轴。而码头镇则是这一转轴上的核心节点。淮河的主要通航支流都起于黄河南侧，依次有汴河、涡河、颍河等，由这几条自然航道都可以直达中原。因此，握淮水、泗水要枢的码头镇不仅是泗水航道的主要节点，同时也是淮河自然航道的主要节点。

周敬王三十四年（前486），吴王夫差开凿邗沟以后，码头镇作为淮阴县治所在地，依然是重要的水码头。在以水运为主的古近代，码头镇确为交通枢纽。

隋炀帝开凿贯通南北的大运河，码头镇是汴河口与邗沟末口之间的重要节点。而码头镇东侧向南通白马湖的一段古河道，称为"隋炀河"，当地民间称，是隋炀帝下扬州时开凿用以行龙舟的河道。此时泗水航道依然是辅线航道，从而使码头镇及其北侧的泗口镇仍然具有枢纽意义。相继开凿沙河运河、洪泽新河、龟山运河，码头镇作为沙河与洪泽新河交汇点，仍保持枢纽地位。明永乐十三年（1415），陈瑄沿沙河故道开清江浦河，码头镇一直是清江浦河与淮河的交汇点，异常艰险的码头镇三闸，有"难于上青天"的蜀道之称，为漕运、盐运、南北货运输途中滞留重地。明清时期，大运河最大的税关——淮关共有18个收税卡口，其中在码头镇境内就设有天妃口、草坝口、仲庄口3个收税卡口。漕运停废后，仍为淮北盐与南北货运输孔道。这种局面，一直持续至民国24年（1935）淮阴船闸建成使用之时。

二、陆上交通

早在春秋时期，从广陵（扬州）至淮阴就有一条重要的陆上交通干道，其走向为：经过扬州西北的大仪镇、天长的铜城、盱眙的东阳、洪泽共和的三角村，白马湖西侧，到达淮阴故城。1978年，在淮阴故城以东数里发现的高庄战国墓，以及稍后发现的运河村战国墓，从出土器物看，墓主人生前地位都很高，应为王侯。高庄墓中出土的大型铜饰马车，从其制作之精美分析，淮阴故城在战国时期就是舟车通达的重要都会。家住淮阴城的韩信微时，就因为"不能治生商贾"，而落得从人乞食。（《史记·淮阴侯列传》）唐李邕《淮阴娑罗树碑文》中描述淮阴城为"江海通津，淮楚巨防""胜引飞辔，商旅接舻"，就是对唐代淮阴城交通畅达、商旅云集的生动写照。

明代高家堰修筑以后，码头镇又是高家堰堤防道路的北端起点。沿着高家堰至南端的蒋坝镇，向西南可直达盱眙城，向东南经铜城、大仪镇，可直达扬州，向南经马坝、汊涧、六合，可直达浦口。由码头镇渡淮而北，沿着泗水河堤道路，经宿迁可达徐州；沿通京大道经沭阳、郯城可入齐鲁。清乾隆二十五年（1760）以前，著名的清口驿曾经设于码头镇境内。

第三节　城　堡

一、甘罗城遗址

位于码头镇。相传秦统一后，甘罗受封并筑城于淮阴。"甘城晚照"是古代淮阴县八景之一。正德《淮安府志》："甘罗城在旧淮阴治北，或云即淮阴故城。今属清河界，去码头巡检司一里许。相传秦甘罗筑。雨后，常土中得小钱，篆文，不可识。或云：宝应有甘罗庙，此其葬处。"（正德《淮安府志》卷十四）1978年，在淮阴故城以东数里的高庄战国楚墓中，出土了大型铜饰马车（今淮安市博物馆有铜饰马车复制品），从其制作之精美分析，墓主人生前政治经济地位很高，当是当初楚国镇守所谓"甘罗城"的主将。

从甘罗城遗址有大量秦砖汉瓦残片来看，甘罗城也就是秦汉时期的淮阴县城，它始筑于春秋时期。

2008年1月10～22日，淮安市考古队甘罗城遗址考古探查结果证明，所谓甘罗城，乃春秋时期古城，城墙遗址大体呈“甘”字形，长1420余米，其中南北长560米，东西宽200～300米，总面积18万平方米，文化层厚3米左右。如果把甘罗城遗址长度换算成市制，与光绪丙子《清河县志》记载的甘罗城周“四百二十七丈”的长度大体吻合。其地表常有鬲、罐、壶、盆等残器，还曾出土大量绳纹筒瓦、板瓦及条形灰砖。

在东晋永和五年（349）以后1400余年中，甘罗城依然是一座重要的、与淮阴城互为依托的古城堡，其中还多次作为淮阴县或清河县甚至更高行政机关的治所。主要有：宋泰始三年（467），立兖州镇，齐建元四年（482）移去，历时15年；梁改北兖州为淮州，治淮阴故城，历时55年；元泰定中（1324～1328），清河县治由大清口迁至淮阴故城，天历元年（1328）移去，为临时过渡；崇祯末，清河县治移至甘罗城，不久又移去，亦为过渡。

甘罗城在明代设有淮安府管河厅公署（潘季驯《河防一览图》，见《淮安运河图考》21页，中国书籍出版社2008年第一版），清代设有主要负责治理河道的淮安府同知署，以及山清外河同知署、山清外河守备署等（光绪丙子《清河县志》卷三）。然而，由于地势卑下，水患威胁严重，这些机构都在乾隆二十六年（1761）以后撤离，与清河县署一起，搬迁到清江浦。甘罗城随之与小清口旧县城一样，因不再重点防护，遂被黄河洪水所侵入，并逐渐被泥沙所淤垫。（光绪丙子《清河县志》卷二）

二、东晋荀羡筑淮阴城遗址

位于码头镇区南侧，西临张福河，其东为三闸遗址。在淮阴城遗址范围内曾出土大量条石、石础、古钱币、陶瓷器、瓦当等古代遗物。《水经注》淮水：“又东北至下邳淮阴县西，泗水从西北来流往之。淮、泗之会，即角城也。左右两川，翼夹二水，决入之所，所谓泗口也。……又东径淮阴县故城北，北临淮水，汉高帝六年，封韩信为侯国。……城东有两冢，西者，即漂母冢也。”光绪丙子《清河县志》：淮阴故城“秦时所建，以《韩信传》‘钓于城下’知之。按，晋永和五年（349），北中郎将荀羡北讨鲜卑，以淮阴旧镇，地形都要，乃营立城池，似城创于此时。然考《水经注》云淮水东北迳淮阴故城。道元在东魏之世，去穆帝永和时代非远，不当云故城，或令则因旧镇而更新之，非创始也。”（光绪丙子《清河县志》卷二十五）根据实地考察，荀羡筑淮阴城遗址与甘罗城遗址相隔一里许，与历史记载相符。

三、清河旧县遗址

位于码头镇西五里旧县村。位于小清河口，小清河，即唐开元二十七年（739），采访使齐浣所开广济新渠下游别引泗水入淮的十八里河；小清河口，也就是《金史》述及的十八里口。宋《元丰九域志》所载的临淮县十八里河镇，亦即后来清河县小清口县城的前身。元泰定元年（1324），黄河洪水淹没泗口古城，清河县治由大清口迁至小清口西北，成为小清口县城。明中叶黄河全流夺淮后，小清口一带防洪堤迅速高如城堡。每届汛期，四面洪涛激荡，街市若井。清康熙间，凿成中运河，运道易途，县治夹厕于黄、运二水之间，更险象环生。乾隆年间有“凉帽圈之决，城内淤六七尺，人家门不可开。”故乾隆二十六年（1761），从巡抚陈宏谋之议，划山阳之清江浦归清河县以为治所。

嗣后，邑人遂称小清口县城曰“旧县”。

光绪丙子《清河县志》：“天历元年，达鲁花赤哈麻再迁小清口西北而无城。至元十五年，兵起，筑土城，三面周六里有奇，有东西北三门，无雉堞楼橹，因河为池，制度简陋。明季之乱再徙甘罗城，不久复旧。清康熙中，河屡决，县益下，垒土为堤，官署仓库从上视若井，岁水大至，公私忧啜，谋迁于渔沟及罗家荒，议皆格不果行。乾隆二十五年（1760），江苏巡抚陈宏谋疏请移治山阳清江浦。又明年，分地界，计田赋，立寺舍，拨驿马，一切事宜定著。……自县治既迁，旧所营建，率皆荡泯。”清河县治所先后两次设在这里长达400余年。其县署在明代洪武三年（1370）由知县孔克勋兴建，明代重修过两次，明末毁于兵乱。清初李用质修葺恢复旧县，清代又先后重修五次。旧县遗址面积40万平方米，出土有石狮、石匾、旗杆、砖瓦及陶瓷器物等。

四、韩信城遗址

位于码头镇东五里、清浦区城南乡境内，北濒京杭大运河，东南距韩母墓约2.5千米。宋乐史《太平寰宇记》记载："信本此县人，其家宅处所并存，后受封为侯，因筑此城。"有学者据此认为，韩信被贬为淮阴侯以后可能回到故里，并在此筑城，后人称为韩信城。韩信城遗址长约1000米，宽约500米，总面积约50万平方米。韩信城遗址大部分城垣在20世纪60年代以后，因平整土地和砖窑取土被大肆毁夷，现仅存长500余米半截南城垣。遗址下有木桩、陶片等，曾经出土窖藏宋元瓷器。韩信城东有土堆高7米余，底部直径约20米，相传是韩信的点将台，当地群众称其为公龙墩、公墩、公公墩。墩南一里皆为平地，传说此为韩信集军点将的地方。韩信城地理位置重要，宋元时期，有人在韩信城屯兵拒敌，为淮安屏障之一，时为兵家重地。韩信城遗址于1987年被公布为淮阴市第一批文物保护单位。

五、八里庄城遗址

位于码头镇东北方向，在今淮阴船闸北侧、沙河运河入淮口磨盘口西侧，北滨古淮河。因距离淮阴县故城八里而得名。正德《淮安府志》："新庄闸在清河南口。按：本县旧有洪泽砖闸三座，八里庄砖闸二座，在运河内，新坝二座，在八里庄南，运河崩摧入淮，岁久淤塞，平江伯陈瑄即八里庄故道疏浚，以通舟楫。"（正德《淮安府志》卷六）其遗址在明永乐十三年（1415）平江伯陈瑄疏浚八里庄故道以前就"崩摧入淮"。

六、大清口城遗址

位于古淮、泗水交会处淮泗口，旧时与码头镇隔淮相对。泗水别名清水、清河，故亦称清口、清河口、大清口。淮、泗二水为沟通黄河、长江之最早纽带，《禹贡》所谓"沿于江、海，达于淮、泗""浮于淮、泗，达于河"，即述其航路。而淮泗口实扼其襟喉，泗口镇亦因之而兴起。宋绍熙五年（1194），黄河夺泗、夺淮后，清河口也称大河口。南宋咸淳九年（1273）两淮制置使李庭芝于清河口筑城据守，旋置清河县以为县治。元泰定中（1324～1328），汹涌的黄流一夕间吞噬泗口古镇，清河口亦渐形湮废，航道西移小清口。今桂家塘附近尚有部分遗址埋藏在1米多深的地下。

七、其他古城遗址

【吴城】 在清河旧县县治西南二十里，今淮阴区吴城镇境内。有东西二城相向，中隔五里。南北朝时陈国大将军吴明彻率兵伐齐与北齐对抗时所筑。宋高宗南渡，置吴城县。三年，罢为镇，城废。到绍兴中，更成为南北用武之地。明清时河湖交逼，鱼雁为乡。道光十二年（1832）八月，黄河南堤决口于家湾（今泗阳境内），吴城毁。现土垣已废夷，遗址高出地表3米左右，面积8万平方米。

【角城】 取"犄角"之义。位于古泗水入淮处，今淮阴区渔沟镇西南。东晋义熙（405～418）中置县，属淮阳郡。控扼泗水，紧滨淮河，翼夹二川。《魏书·高闾传》载："溯淮沂而上，须经角城。"《水经注》："淮泗之会即角城也。"乃"南必得而后进取有资，北必得而后饷运无阻"的要塞之地。自晋至隋迄为重镇。

【樊毅城】《陈书·樊毅传》：陈太建十年（578），"及吕梁丧师，诏以（樊）毅为大都督，进号平北将军，率众渡淮，对清口筑城，与周人相抗。霖雨城坏，毅全军自拔。"（《陈书》卷三十一《樊毅传》）而《隋书·杨素传》记载："陈将樊毅筑城于泗口，素击走之，夷毅所筑。"（《隋书》卷四十八《杨素传》）说法虽异，而记载实为一事。

第二章　重大史事与故里名人

第一节　重大史事

春秋末，地属吴国。

周贞定王二十四年（前445），楚国东侵，广地至泗上，地入于楚。

秦王嬴政二十四年（前223），秦灭楚，始建淮阴县，治甘罗城。

汉景帝三年（前154），在平定吴楚七国之乱的战役中，周亚夫“使轻兵绝淮泗口，塞吴饷道”，即用轻骑兵袭夺并控制码头镇北侧的淮泗口，断其粮饷通道，结果大获全胜。

魏黄初五年（224），魏文帝曹丕兴兵伐吴，“幸广陵泗口”。

西晋太康三年（282），移广陵郡治淮阴。元帝渡江，广陵郡治移去，而以镇北、征北将军，青、兖二州刺史或徐州刺史镇淮阴，淮阴遂为重镇。

西晋建兴元年（313），以祖逖为奋威将军、豫州刺史，令其自行招募人马，以淮阴为基地，在此铸造兵器，屯兵积粮，而后北伐。

东晋永和五年（349），以驸马都尉荀羡筑淮阴城，屯兵积粮，而后北伐。

东晋太元三年（378），前秦派后将军俱难等率步骑七万大举进攻淮阴、盱眙。东晋大将谢玄等驻守泗口，两军大战于淮阴、盱眙，东晋淮阴失守。谢玄与俱难多次交锋，前秦将军邵保阵亡，俱难被迫撤出已经被其占领的淮阴，退居淮河以北。

东晋元兴三年（404），东晋兖州刺史辛禺率部至淮阴反叛，东晋长史羊穆之斩辛禺，传首京师。

南朝刘宋泰始二年（466），徐州刺史薛安都在彭城反叛，派遣其侄儿薛索尔进攻淮阴，守将肖道成领兵救援淮阴。

南朝刘宋泰始五年（469），以南高平郡寄治淮阴，不久移去。次年，侨立兖州兼设东平郡于淮阴。

萧齐时，北兖州治淮阴，领阳平、东平二郡，东平郡治淮阴。

萧梁天监初（502），立淮州，治淮阴，辖盱眙、山阳、淮阴、阳平4郡。

梁太清三年、东魏武定七年（549），侯景任命萧弄璋为北兖州刺史驻淮阴，州民发兵抗拒，侯景派羊海镇压，结果羊海降东魏。东魏设淮州淮阴郡怀恩县。次年，高齐代东魏，入主淮阴，建置未更。

陈太建五年（573），陈大将吴明彻伐北齐，十一月，淮阴城归降。

陈太建十年、北周宣政元年（578），吴明彻北伐初捷，堰泗水灌徐州城，北周大将王轨驰援，派轻骑兵至泗口，水中多竖大木，以铁锁贯车轮，横截水流，断吴明彻船路。吴明彻破堰退兵，阻于泗口，王轨率兵猛攻，吴明彻及十万将士全部被俘。

隋开皇元年（581），设楚州及淮阴郡于淮阴，开皇十二年州治移山阳。

唐开元十一年（723），著名书法家李邕作《楚州淮阴娑罗树碑文》，并书，为书法名作。

隋炀帝大业初（605），首次将淮阴县并入山阳县。唐初复置淮阴县。

唐高祖武德七年（624），淮阴县再次并入山阳县。乾封二年（667），复置淮阴县。

唐乾宁四年（897），杨行密在楚州抗击汴军，并在清口取得胜利。同年冬，杨行密于清口袭击朱温兵获胜。

后周显德四年（957），后周大将赵匡胤率部沿淮东下，败南唐军于清口、淮阴，并追击至山阳，俘获南唐大将陈承昭。

北宋雍熙二年（985），淮南转运使乔维岳自末口至淮阴磨盘口开沙河运河，创二斗门于西河第三堰。

北宋黄祐年间（1049～1054），许元任发运副使，自磨盘口经淮阴城至洪泽镇开洪泽新河，以避淮河风涛之险。

孝宗隆兴二年（1164），金军趁和议未决之时突然进攻。南宋守将魏胜率军于清河口奋勇迎击，从早晨战至晚上，胜负未决。魏胜派人向大将刘宝求援，刘宝以正在议和为由，不发一兵。魏胜孤军苦战，撤至淮阴东十八里处，中箭落马而死。

南宋绍熙五年（1194），黄河决溢由泗入淮，从此确定了南下夺淮的局面。

南宋咸淳九年（1273），宋两淮制置使李庭芝于大清口筑城抗元，旋设清河县于此。

元泰定中（1324～1328），清河县治由大清口迁淮阴故城，清河县始有淮南之地。天历元年（1328）移治小清口。

明永乐十三年（1415），漕运总兵官陈瑄循沙河运河故道开河，由淮安城西管家湖引水至鸭陈口入淮，以避山阳湾风涛之险。上建移风、清江、福兴、新庄四闸。新庄闸西即鸭陈口，故又称新庄口。（惠济祠北侧）

明正德三年（1508），于新庄运口建惠济祠，以求妈祖神灵护佑。《江苏水利全书》载："新庄运口，正德三年（1508）建惠济祠，一称天妃庙，遂有天妃闸、天妃运口之名。"

明嘉靖三十一年（1552），以新庄运口直对清口，时有倒灌之灾，筑天妃坝堵塞。将运口南移至码头镇东南三里的三里沟。后由于三里沟运口比新庄运口低洼，频繁遭受淮、黄洪水袭击开通启用，到万历六年（1578）三里沟运口被迫放弃。

明万历六年（1578），总河潘季驯移置天妃闸于甘罗城东，"去新庄旧闸不及一里，河口斜自西南，以避黄趋淮。"

明代，淮安府管河厅公署设甘罗城。

清康熙十八年（1679），总河靳辅自文华寺淤高之永济河头起，曲折向南挑河以达烂泥浅引河。又自新庄闸向西南挑河一道，南接太平坝，以达烂泥浅出运口，是谓之烂泥浅运口。康熙三十二年，建大墩（即旧大墩）于运口，以挑湖水。四十年，于墩西接筑排桩拦湖堤，又接建新大墩。四十六年，复移天妃闸于运口头草坝之北。

清康熙二十六年（1687），靳辅上疏开中运河自仲庄至宿迁，立即获得批准。中运河成，漕运船艘得避黄河一百八十里风涛之险。康熙三十九年，中运河口东移杨庄。

清乾隆二年（1737），总河高斌以旧运口径直，去黄、淮交会处不远，每遇西北风劲或淮水微弱时，黄水仍复倒漾，因题请在旧口之南七十五丈处另辟新运口。史称乾隆运口，也就是目前保存比较完整的运口遗址。码头三闸也在乾隆初年基本定位定型。惠济祠东侧不远为福兴闸（三闸），福兴闸南里许为通济闸（二闸），通济闸南二里为惠济闸（头闸）。三道闸皆有越闸，其旁皆有大王庙。

清代，淮安府同知署、山清外河同知署、山清外河守备署设甘罗城。

清乾隆二十六年（1761），淮安府同知署、山清外河同知署、山清外河守备署与清河县署一起，搬迁到清江浦。

民国24年（1935），淮阴船闸建成通航，中里运河直接由淮阴船闸控制，码头三闸遂逐步废弃。

第二节　帝王行迹

明正德十五年（1520），正德帝南征。经临清口，船队由新庄运口（天妃口）入清江浦运河南下。

清康熙二十三年（1684），康熙帝第一次南巡。十月十九日，自宿迁至桃源县，视察黄河北岸一百八十里的各处险要工程。十月二十日视察清口，在总河靳辅陪同下，步行阅视十余里，泥泞没膝，不辞艰难。二十一日，登上天妃闸，亲自勘察水情，见水势湍急，命改为草坝，另设七里、太平二闸，以分水势。并面谕靳辅："朕向来留心河务，每在宫中细览河防诸书及尔历年所进河图与险工决口诸地名，时加探讨。虽知险工修筑之难，未曾亲历河工，其河势之汹涌泛漫，堤岸之远近高下，不能了然。今详勘地势，相度形势，如萧家渡、九里岗、崔家镇……一带,皆吃紧迎溜之处,甚为危险,所筑长堤与逼水坝须时加防护。”回銮途中,十一月初十日,康熙帝船到清河县,登岸阅视王公堤、老坝口、武家墩、天妃闸和高家堰堤工,每到一处必垂询再四。他在视察运口时面谕靳辅:“当添建闸座,防黄水倒灌。”召靳辅入行宫亲加慰谕,并亲洒宸翰,赐靳辅《阅河堤作》诗一首。该诗碑原立于清江闸南岸,久佚,后于淮安市楚秀园重立此碑。

清康熙二十八年(1689),康熙帝第二次南巡。正月二十五日,至清河县,康熙帝谕示河道总督王新命:“中河与黄河逼近,如黄河溃决,将混而为一,宜有预防之法。”康熙帝还诏谕免淮安府等处积年民欠地丁钱粮、屯粮、芦课、米麦豆杂税。三月初七日,康熙帝回銮途中率随从诸臣自七里闸太平闸视察高家堰一带堤岸闸坝,对诸臣说:“堤岸颇为坚固,旧堤之外更修重堤实属无益。”又谕:“先年因高家堰冲决,淮水东流,无敌黄之力,黄水倒灌,湖底淤垫,海口闭塞。……高家堰既有减水坝,不可又令分流使淮河水弱。但遇大涝之年,淮水盛涨,出清口不及,则堤必受伤。”

康熙三十八年(1699),康熙帝第三次南巡。二月二十八日,康熙帝视察黄河南岸归仁堤、高家堰等处堤工,对诸臣说:“治河上策,惟以深浚河身为要。河底浚深,则洪泽湖水直达黄河,兴化、盐城等七州县无泛滥之患,田产自然涸出。若不治源,治流终无裨益。今黄、淮交会之口过于径直,应将河、淮之堤各迤东湾曲拓筑,使之斜行会流,则黄不致倒灌矣。”三月初二日,坐小船视察烂泥浅等处引河与堤防,初三日阅视黄河堤岸。颁布《修浚清口诏》《巡视河湖酌定应办工程诏》,制定新的治河方案:1.深浚河身。康熙帝指出:“此来沿途坐船外审视黄河之水,见河身渐高,登堤用水平测量,见河面高于田。清口、高家堰则洪泽湖水低,黄河水高,以致河水逆流入湖,湖无从出,泛滥于兴化、盐城等七州县,此灾所由生也。治河上策,惟以深浚河身为要。……诚能深浚河底,则洪泽湖水直达黄河,七州县无泛滥之患,民间田产自然涸出。不治其源,徒治下流终无益也。”2.筑挑水坝。康熙帝诏曰:“宜将黄河南岸近淮处河堤东延二三里,筑令坚固,淮水近河之堤亦拓筑使之斜行,会流则黄河之水不致倒灌入河矣。”3.开陶庄引河。康熙帝命:“挑引河从惠济祠后入河,而运河再向东斜流入惠济祠交汇,黄水自然不倒灌。”4.浚直河道。康熙帝谕:“宜于清口西数曲处试行浚直,河直则溜自急,溜急则沙自刷而河自深。”四月二十六日回銮御舟泊天妃庙,次日乘小舟视察新埽,在黄河清口南岸亲自钉桩,令筑挑水坝二三十丈,挑大溜向北,使引河畅流。回京后,康熙帝作出改修河道,使黄河河身稍向北移,淮水得以畅流的决策,于第二年由新任河道总督张鹏翮开始贯彻实施。四十一年夏,黄河发生了特大洪水,清口附近新修的挑水坝(今康熙御坝),在夏秋险情中,逼黄河大流直趋陶庄引河,循北岸而行,淮水从清口畅流敌黄,令康熙帝十分高兴。

清康熙四十二年(1703),康熙帝第四次南巡。二月初四,御舟入清口,康熙帝阅视天妃闸、御坝,颁《奖勉河臣诏》对河道总督张鹏翮及在河各官亲加奖勉,并视察陶庄引河,谕使引溜清口。阅视减水坝,申谕不可迎溜,防夺河洪。阅鲍家营,指授开浚引河,清江以安。阅中河口,命移建于杨庄,康熙帝谕河道总督张鹏翮曰:“仲庄清水出口逼溜使南,运口有碍,应将陶庄以下杨家庄处酌挑引河,令中河从此出口。”时清水出仲家庄,每当黄河暴涨,直射南岸,运口之灌在所难免,中河口门东移后,中运口不再遭受黄河洪水灾患。康熙帝制《河臣箴》于舟中,御书赐予河臣张鹏翮。过清江浦,幸清宴园,御笔题写“澹泊宁静”匾额赐张鹏翮。张鹏翮将其泐石成碑。回銮途中,三月初二,康熙帝再次视察高家堰堤,驻跸关帝庙。次日继续视察直至翟家坝,返回仍驻跸关帝庙。命河道总督张鹏翮将堤岸单薄、桩木渐朽、土石残缺各处立即修筑。堵闭高家堰六道减水坝。回京后,康熙帝对大学士、九卿等说:“向来黄河水高六尺,淮水低六尺,不能敌黄,所以常患淤垫。今将六坝堵闭,洪泽湖水高,力能敌黄,则运河不致有倒灌之患。此河工所以告成也。”

清康熙四十四年(1705),康熙第五次南巡。三月初八日,渡黄河,康熙帝亲阅杨家庄等处新开中河闸口及附近堤岸,见黄河已顺轨安澜,非常高兴,谕河道总督张鹏翮曰:“河工已经告成,善后方略更为要紧。朕今亲临阅视,修建天妃闸,甚当。若遇倒灌,即将天妃闸下板,蓄清水以敌黄,不过数日,黄水即退。粮船过时,即起板开放。”四月初九,康熙帝回銮途中经过清口,遍阅高家堰河堤。十一日,康熙帝来到惠济祠视察堤防后,指示建惠济祠前后二座挑水坝。康熙帝坐在石工堤上,对率大学士马齐、河道总张鹏翮、淮扬道张弼等诸臣说:“朕每至河上,必到惠济祠以观水势。康熙三十八年(1699)以前，黄水泛滥，凡尔等所立之地，皆黄水也。彼时自舟中望之，水与岸平，岸之四围皆可遥见。其后水渐归漕，岸高于水。今则岸之去水，又高有丈余。清水畅流，逼黄竟抵北岸，黄流仅成一线。观此形势，朕之河工大成矣。朕心甚为快然。”归舟欣然赋诗二首，曰：《扬家庄新开中河得顺风观民居漫咏二首》。不料当年七月，黄、淮又发生多年未有的暴涨，造成古沟、塘埂、韩家庄、清水沟几处堤岸冲决，造成水灾。康熙帝闻讯十分生气，立即降旨：“今春朕欲亲视高家堰，张鹏翮奏称堤岸工程俱完，又时当炎暑蚊虻正起，求停止亲阅，恳奏再四。朕以高家堰关系甚大，亲往阅视，见石堤尚有未完之处，所下之埽，已经二三年者朽烂亦多，将此情形一一指示张鹏翮及河工诸臣。朕又谕张鹏翮，大水时发，难以预料，尔务须昼夜防护。至分守堤工人员委用不当，朕亦谕及。今古沟、唐埂、清水沟、韩家庄四处堤岸冲决，河工将有复坏之事。大小河员惟知清水畅流为己功，不知高家堰之坝水泄太多，则清水力微，黄水必倒灌也。”康熙帝命大臣速议具奏。七月三十日，九卿等遵旨议复，处张鹏翮革职留任。

清康熙四十六年（1707），康熙帝第六次南巡。二月二十日，康熙帝由清口上岸，往阅武家墩。又由清口登陆西行，详细视察溜淮套的地势，驻跸曹家庙。当天，康熙帝召集扈从文武、地方大小官员、河道总督及河工官员于行宫门前，严厉斥责张鹏翮不留心河工。对于溜淮套工程，康熙帝对诸臣说：“前阿山等查勘泗州水势，奏称溜淮套地方另开一河出张福口，可以分泄淮水，免洪泽湖并涨，保高家堰之危险。绘图进呈，请朕亲阅。昨日阅武家墩，朕尚谓果如阿山等所奏溜淮套可以开成。今日乘骑从清口至曹家庙地方详看，地势甚高，虽开凿成河，亦不能直达清口，与伊等进呈图样迥乎不同。且所立标杆多有在坟上者，不独坏民田庐，甚至毁坏民坟冢。……数年来，两河平静，民生安乐，何必多此一事？”康熙下谕立停溜河套工程，经反复察视、研究，命挑浚洪泽湖出水口，加宽加深，使清水畅流，以达溜河套工程之效。二十一日，康熙帝命自曹家庙回清口，将沿途所立标杆尽行撤去，百姓欢呼雀跃。并谕令总河张鹏翮，将里运河口大墩分水处加筑宽二丈，共周三十九丈，挑淮水七分敌黄，三分济运，大墩之下建筑头坝以束水。五月初二日回銮泊南运口，部署高家堰修防及治河官员调配事宜。渡黄河视察御坝。

清乾隆十六年（1751），乾隆帝第一次南巡。二月初八日，御舟渡过黄河，至天妃闸，视察下埽，本日和次日均驻跸直隶厂。乾隆帝祭清河神威显王庙，视察“河防第一要区”的黄淮交汇处清口和高家堰。四月回銮时，乾隆帝严厉查处河工贪污黩职案，少数贪官被杀，河道总督高斌受到陪斩罢官、留河工效力的处置，同时对治河有功的河官给予奖励。此间，再次视察高家堰，由北向南，见堤坡树木稀少，即命多植柳树。到达蒋坝，令加筑两座减水石坝，连同原有的3座，成仁、义、礼、智、信五坝，筹定每坝水志。并令将尚存的土堤一律改建为石工。并令重修惠济祠及行宫。

清乾隆二十二年（1757），乾隆帝第二次南巡。二月五日渡过黄河到达天妃闸，阅木龙；深入视察黄淮交汇处和高家堰石堤工程，并部署一系列河工事务，包括令将武家墩以北高家堰建筑砖工等。并令将潘季驯并祀于陈瑄祠，更名陈潘二公祠；高斌与靳辅、齐苏勒、嵇曾筠并祀。他深有感触地说：“湖河要工。所关尤巨，一切应浚应筑奏牍批签，自不如亲临相度，得以随时指示也。”（《东华录》乾隆二十二年二月甲申）此次驻跸惠济祠行宫及直隶厂。三月底回銮时视察洪泽湖。

清乾隆二十七年（1762），乾隆帝第三次南巡。二月壬申，乾隆帝视察清口东坝、惠济闸。回銮时，于四月庚午祭淮河神、黄河神，阅高家堰，检查前次南巡命建的武家墩以北砖堤。他看到自济运坝到运口尚有500多丈旧土堤，遂命一体改筑为砖堤。还再三嘱咐，要把砖烧得“较前宽厚，以期巩固，俾全湖均藉安澜。”（《南巡盛典》乾隆二十七年四月初七日）

清乾隆三十年（1765），乾隆帝第四次南巡。二月初八，由山东入江苏境，乾隆帝在黄淮交汇处清口巡查河务，视察东坝木龙、惠济闸，驻跸惠济祠行宫。准于陶庄积土下添建木龙一架，挑溜北行。三月十九日，乾隆回銮至黄、淮、运三河交界的清口，查看洪泽湖高堰大坝后渡过黄河。第四次南巡以后，乾隆帝经常思考黄、淮交汇处黄河倒灌问题的对策，乾隆四十年（1775）同意将已经淤闭陶庄引河改迁于陶庄积土以北，至四十一年，开陶庄迤北新河，此举获得较大成功，直至道光年间尚能畅行。

清乾隆四十五年（1780），乾隆帝第五次南巡。时乾隆已70岁，二月己未，阅清口东坝堤工，驻跸直隶厂。四月丙辰，驻跸直隶厂大营。次日，巡视武家墩高家堰堤工，指示修建武家墩石工，修建束清坝，裴家场引河等工程。

清乾隆四十九年（1784），乾隆帝第六次南巡。时乾隆帝已是74岁高龄。二月丁丑驻跸杨家庄行宫。次日视察陶庄引河，驻跸直隶厂大营，召集河臣李奉翰等讨论河务，督促抓紧治河。他这次在御制《南巡记》里，对多年大兴河工的情形作了总结，主要是四大工程。第一项大工程是定清口水志，加固高堰大堤，基本上保护了淮安、扬州、泰州、盐城、通州等富庶地区免受水淹。第二项大工程是陶庄引河工程，在陶庄开挖一条引河，宽80～90余丈，长1000余丈，深一丈余，以防止黄河河水倒灌清口。引河开成以后，解决了"倒灌之患"。第三项大工程是在浙江老盐仓一带修建鱼鳞石塘。第四项大工程是将原有范公塘一带的土塘，添筑石塘。这对保护沿海百姓生命财产安全，起了重大作用。

另外，《南巡记》还提到将高家堰的三堡、六堡等原砖堤一律改为石堤。

第三节　故里名人

码头镇作为古近代的水陆交通咽喉，经济繁荣，文化昌盛，历代名人辈出。其中有：

因极具同情心，供应落魄无助的韩信饭食，被千古传诵的东方母爱典型漂母。

中国历史上杰出的军事家、西汉“兴汉三杰”之一、有兵仙神帅之称的韩信。

西汉著名辞赋家、散体大赋与汉赋“七体”创始人、养生学家枚乘。

汉武帝时期，文思敏捷的多产辞赋家、可“倚马作露布”的才子枚皋。

三国时期的政治家、军事家、战略家，吴国丞相步骘。

隋文帝时期的上大将军、平陈勋臣，历任数州刺史、谭州总管张奫。

历仕唐文宗、武宗、宣宗三朝，入则机枢，出则节度重兵的朝廷重臣李珏。

以六首《望夫歌》名世的唐代四大女诗人之一刘采春。

北宋著名诗人、“苏门四学士”之一，被黄庭坚赞为“文字江河万古流”的张耒。

明朝末年热心地方公益和教育事业的进士、清官、不屈于李自成部的“商州名宦”周文炜。

近代民主革命斗士，被俘后“骂贼而死”的辛亥烈士周振铎。

曾任两江政法大学校长，省议会议长，第三战区动员委员会常委、现代著名民主人士、法学教授朱绍文。等等。

第三章　文化景物与开发传承

第一节　历史文化景物

见本志第二十七篇《文化　旅游》第十章《旅游》第三节《旅游景区景点》。

第二节　开　发

一、规划与设计

1998年，淮阴县启动韩信故里基础设施建设。1999年，成立码头旅游开发领导小组，由一名副县长负责指导协调等领导工作，码头镇负责组织前期调研、布局规划、施工建设、全面推进等具体事务。镇党委书记和分管旅游业开发的副书记三上徐州沛县考察汉城建设，四下苏州、扬州学习园林城市建设经验。2000年，码头镇制定码头历史文化旅游资源整体开发规划，由苏州园林设计院进行整体规划设计。2003年，由上海同济城市规划设计院、淮安市规划局规划编制《淮安市码头镇总体规划》，确立码头镇"积极发展以楚汉文化、运河文化、寺庙文化、饮食文化等为特色的旅游业"战略，淮安市旅游局将码头镇旅游发展纳入淮安市域旅游发展总体规划中。是年6月26日，市政府印发《淮安市旅游发展总体规划（2002～2020年）》，要求淮阴区深入发掘韩信文化，开发韩侯故里，建造韩信故园、韩信纪念馆等，抓好名人轶事和军事谋略文化的发掘整理，丰富淮安市名人品牌旅游产品系列；复建甘罗城、惠济祠；发掘码头镇饮食文化。2006年，码头镇旅游纳入淮安市32千米运河文化长廊"一水三线九片"旅游开发"十一五规划"中。码头镇被定位为秦汉文化片，居九片之首。是年，区委、区政府成立码头镇旅游开发办公室。2007年，完成4A级以上景区的总体规划设计。此规划由同济大学建筑与城市规划学院教授、博士生导师、同济大学国家历史文化名城研究中心主任阮仪三领衔设计。区政府委托淮安市交通设计院对码头境内的明远路和张福河大桥进行规划设计。淮阴区国土部门将码头景区用地规划按照4A级景区调整修编，委托淮安市古典建筑园林设计院对码头官巷古民居、漂母墓主题公园等6个小景点进行项目设计。6月，编制京杭大运河文化节重点项目工作方案，策应市委、市政府打造"运河之都"的战略部署，按照市政府第四届中国京杭大运河文化节筹备工作会议有关要求，编制《"第四届中国京杭大运河文化节"淮阴区重点项目工作方案》。11月，专家组评审并通过《码头古镇旅游发展总体规划》，其面积11.18平方千米，规划2个核心景点，即惠济祠、韩信故里；6个附属景点，即漂母祠、枚乘故里、官巷、运河三闸、甘罗城遗址、古运口遗址。又规划五个房地产项目，即36.67公顷古镇改造、26.67公顷住宅、78.67公顷度假村更新区、13.33公顷民俗风情园、11.33公顷五星级宾馆。2008年1月，淮阴区政府批准印发《码头古镇旅游发展总体规划》。

二、管理与发掘

2005年，淮阴区派区、镇干部随市旅游局组织的旅游促销团，赴南京、开封、郑州、西安等地开展宣传促销活动，与当地旅行社进行交流，达成旅游互动协议。2006年，景区从有关旅游学校招聘导游员和景区讲解员。2007年，成立由区委书记任政委、区长任总指挥的淮阴（码头）历史文化保护与建设工作指挥部。是年6月，市领导到码头古镇进行专题调研，明确由相关领导协调解决"两桥一路"立项、设计与建设工作。2008年6月，全国政协文史委副主任范钦臣带领全国政协大运河保护与申遗调研组一行赴码头镇调研。是年，淮阴区组织专业人员深入码头镇等地调查收集整理有关韩信的历史资料和历史遗迹，以及散落在民间的、与韩信有关的各种传说故事，并汇编成册。拍摄《韩信与故乡》电视专题片，系统介绍韩信出生的历史背景、生活环境与成长过程，以及韩信故里的风土人情、历史渊源和人文特性。在韩信故里建造一座韩信图书、音响资料馆，面向海内外征集与韩信有关的各种资料。先后在《淮安日报》《淮海晚报》等媒体上发表相关文章近百篇，编辑出版《韩信评传》《历代诗人咏韩信》《历代诗人咏漂母》等专著。

三、投资与开发

见本志第二十七篇《文化　旅游》第十章《旅游》第二节《旅游景区景点》。

第三节　传承与弘扬

一、弘扬母爱文化

2008年6月16日，淮阴（码头）历史文化保护与建设工作指挥部办公室向全社会征集漂母祠、枚乘纪念园楹联。7月31日，楹联征评结果揭晓。共收到来自全国27个省市社会各界的参选楹联509副。经专家严格甄选，最终漂母祠楹联一等奖获得者为四川成都何长庆，枚乘纪念园楹联则暂时空缺。12月2日，"漂母杯"全国母爱主题散文大赛启动暨中国散文学会洪泽湖创作基地、淮阴青少年传统美德教育基地揭牌仪式在码头镇漂母祠门前举行。征文活动由中国散文学会、江苏省作家协会主办，淮安市委宣传部、市文联、淮阴区委、淮阴区人民政府联手承办。大赛以母爱为主题，以弘扬中华传统美德为旨归。中国散文学会副会长石英、王宗仁，《散文选刊》主编王剑冰，省作协副主席赵本夫、著名诗人赵恺等全国及省、市文学界知名人士，以及市、区领导等出席仪式。淮阴师范学院文学院学生代表参加启动仪式。活动由中国散文学会秘书长红孩主持。首届"漂母杯"全国母爱主题散文征文活动获奖者有：中央军委原副主席、国防部原部长迟浩田，著名作家从维熙获荣誉奖，谢望新、吕锦华、潘向黎获一等奖，柳萌、胡健、孙武臣、庄志霞、梁晴、傅晓红、王童、苗莉、乔秀清、张小童、阿慧获二等奖，张华北、杨献平、赵丰等20位作家获三等奖，50人获优秀奖。大赛共收到来自全国各地和海外来稿3518篇。

二、传扬象棋文化

传说韩信是中国象棋的发明者。象棋在淮阴甚为普及，可谓街头巷尾、林荫廊庑、雅居斗室，处处皆可布枰；贩夫走卒、士农工商，无人不可对弈。淮阴师范学院第二附属小学每年暑假均开设象棋兴趣课。淮阴区每年均举办一次象棋比赛。2008年，淮阴区政府首次邀请到许银川、赵国荣、吕钦、汪洋、洪智等国际象棋大师，参加次年举办的首届"振达·韩信杯"象棋国际名人赛。

三、发展饮食文化

韩信故里流传这样的俗语："吃肉少花钱，喝汤双倍钱。""先上汤，后上菜，先动勺子后动筷。"汤指的是码头汤羊肉，汤羊肉是韩信门下高厨传下的绝活。码头的汤羊肉是经过特殊的烹调加工，装上碗，一半汤，一半肉，汤肉并美。汤，看上去稀，舀起来稠，喝进嘴粘，咽下肚滑，独具鲜、美、香、爽口味；肉，酥而不散，进嘴则骨离筋化，回味无穷。汤羊肉毫无腥膻之味，为冬令食补之佳品，有健胃强身之功。汤羊肉制作用料考究，烹调独特。码头镇饮食服务业繁荣，牛、羊肉风味独特，远近闻名。2002年，全镇拥有大小商业网点267家，个体工商户400余户。2008年，开工建设牛羊肉美食一条街和农贸市场，占地52亩，总投资1.02亿元，注册资金2000万元。

四、提升旅游经济

1997年，境内旅游业几乎没有经济效益。2006年，包括韩侯故里、韩侯广场在内的景区（点）共接待国内外游客35万人次，实现旅游总收入1.2亿元。2008年，接待旅游40万人次，收入2亿元。

附：韩信故事传说

一、跨下之辱

韩信小时侯只知道读书和练武，梦想将来成为一名领兵打仗的将军。后来，父母双亡，家境贫寒，而韩信却不会挣钱，缺乏自立生活的本领，穷得连饭都吃不上，经常到别人家去混饭吃。他衣衫不整，却背着一把宝剑，像个武士侠客似的。淮阴城里一伙少年看着他老不顺眼，就取笑他说："韩信，你文不像文，武不像武，穷不像穷，富不像富，还成天背着把宝剑，像个啥样子?你还是把那宝剑摘下来吧!"

韩信也不与他们计较，这伙少年见韩信老实，就欺负他，其中有一个屠夫的儿子，是个无赖，对韩信说："你老背着宝剑，好像很厉害，而我看你是个胆小鬼，你敢跟我拼一拼吗？你要是敢，就拿宝剑来刺我，要是不敢，就从我的裤裆下面钻过去。"说着，他就在大街上撑开双腿。韩信把他上下打量了一会儿，就从他的裤裆底下钻了过去，在场的人全都笑开了，韩信也尴尬地笑了笑，走开了。从此以后，大家就给韩信起了个外号，叫“钻裤裆的”。

其实，韩信是有能力杀掉那个无赖的，但是，如果杀了他，韩信就得抵命，至少也得判刑，那样，韩信的伟大理想就无法实现了，所以韩信不与这个无赖一般见识。因此，“胯下之辱”意寓奇特之人能忍常人之不能忍，是为了将来成就伟大的事业，也是意志坚强者的素质之一。

二、萧何月下追韩信

刘邦被项羽封为汉中王后，带兵进驻了汉中，而刘邦的兵都是山东人，他们不愿长期呆在四面环山的汉中盆地，因此，到了汉中不久，就不断有人开小差，甚至有一些将军也不告而别了。韩信是在刘邦当了汉中王，把进入汉中的古栈道烧了以后，一个人单枪匹马、步行翻过人迹罕至的秦岭天险来投奔刘邦的。来了以后，人家只给了他一个很低的小职位，后来他见到了萧何，萧何发现韩信是一个非凡的人才，才能远在刘邦的其他将军之上，要打败项羽、夺得天下，非他莫属，就多次向刘邦推荐韩信，请刘邦让韩信作大将军，可刘邦却说：“钻裤裆的还能做将军？要是拜他为大将军，不但三军不服、诸侯取笑，就是项羽听了，也会说我是瞎子，请丞相以后别再提了。”

韩信原先是在项羽军中效力，是一个帐前执戟，他也曾给项羽提过建议，却得不到项羽的重视，所以，他离开项羽，翻山越岭、不远千里来投奔刘邦，却得不到重用，他越来越感到苦闷，左思右想，决定离开。

那一日，天刚蒙蒙亮韩信就出发了，在他走出五六十里路以后萧何才得到报告：韩信出走了，不知道干什么去了。萧何一听急得直跺脚，说：“真让他给走掉了，这还了得？”立即带领几个随从骑快马一路追去，从早晨追到天黑，追得人困马乏，想住下来等天亮后再追吧，又怕明天更追不上，好在那天晚上月光很明亮，萧何在月光下又追了一阵子，转过一个山腰，下了一个山坡，前面有一条河流，泛着银光，远远就看见一个人拉着马在河边来回溜达，那正是韩信，萧何大声呼叫“韩将军，韩将军！”来到韩信跟前，萧何气呼呼地说：“韩将军，你也太绝情绝义了吧？”韩信呆呆地望着他，不说话。

萧何说：“咱们一见如故，够得上朋友吧？你怎么不说一声就走了？急得我好苦啊，走！快跟我回去”。韩信向箫何行了个礼，流下了眼泪，但还是不说话。萧何又跟韩信说了许多话，韩信一会儿点点头，一会儿摇摇头，末了，叹了口气，说：“我一辈子忘不了丞相对我的情义，可是汉王他……”说到这儿，韩信又停住不说了。这时，夏侯婴也赶到了，两个人好说歹说，硬要把韩信拉回去，最后，他们说：“大王要是再不听我们的劝告，我们三个一块儿走，好不好？”韩信这时也很受感动，说：“你们这么瞧得起我，叫我说什么好呢？回去就回去吧，我就是死在你们手里也甘心了。”

他们第三天才回到南郑县，萧何把韩信安排在丞相府，便急忙忙去找汉王，萧何去追韩信后，刘邦得到的报告是：萧何也跑了，所以，刘邦一见到萧何就把他大骂一通，然后，刘邦问：“你说你追谁去了？”萧何说：“淮阴人韩信哪。”刘邦说：“十几个将军都跑了，也没听说你去追过谁，你为啥偏偏要去追他呢？”萧何说：“将军有的是，容易找，可韩信是国家一等人才，哪儿去找？要打天下，非韩信莫属，如果大王愿意在汉中一辈子当王，那韩信就没什么用，要是准备打天下，就非用韩信不可。”

话说到这种份上，刘邦的气也不盛了，说：“我当然要回东边去，谁愿意在这里老憋着?”萧何说：“那就赶快重用韩信，不然的话，他还要走的。”刘邦说：“那就请他做将军。”萧何说：“请他做将军还是留不住他。”刘邦一向信任萧何，萧何这么坚决地、三番五次地推荐韩信，他不得不认真地考虑一番，就说：“那就拜他为大将军！”萧何说：“这才是大王的英明，国家幸甚、幸甚!”

三、明修栈道，暗渡陈仓

栈道，就是在悬崖半空中凿上洞，插入横的木桩，再在两个横木之间担上一根根木椽而建造的一种道路，这是古代劳动人民的一项伟大创造，修建栈道具有极大的危险性和很高的技术性。

栈道是关中进入汉中的唯一道路，修建起来极其艰难，刘邦过了栈道后，为了使项羽相信他不再有夺取天下的野心，就烧毁了古栈道，表明他呆在汉中不再出来了。

刘邦拜韩信为大将军后，与韩信恳谈了几天，对韩信的见解非常佩服，于是他们就准备东征。韩信派周勃和樊哙带一万人去修复栈道，自己与汉王带领大军悄悄地离开了南郑县。原来，韩信到汉中来的时候，栈道已经烧毁，他投奔刘邦来的时候，翻山越岭、日夜兼程，碰到一位砍柴的老大爷，向他打问到南郑去的路，老大爷说："到南郑去的路已经不通了阿!" 韩信央求老大爷说："您看还有没有其他道，远一些也行。" 老大爷挠着头皮说："以前是有一条道，是走陈仓的，可那不是路，很难走，还有野兽，我三十年前走过，已经多年没人走了。" 韩信就请老人把这条道怎么走详细说一遍，韩信则一一记住，拜别了老大爷，向陈仓走去，陈仓在原来宝鸡县的南面。功夫不负有心人，韩信最终走到了南郑县。这次韩信带领大军走的就是他当年来汉中时走的路。项羽封的雍王章邯，得知汉王图谋东征，正在修复栈道，就调集重兵把住了栈道的东口，就在章邯认为栈道修好还早着的时候，突然有一天，在西边巡逻的士兵来报告：汉王的大军已经打到了陈仓。章邯半信半疑：栈道还没修好，难道汉军是长翅膀飞过来的？章邯急忙带兵去抵御汉军，归心似箭的汉军把章邯打得大败。

四、背水一战

韩信带兵攻打赵国时，赵国的相国陈余率领二十万军队在河北省的井陉口布防，韩信所带军队只有三万人，在距离井阱口三十里处驻扎。当天晚上，韩信派两千名骑兵每人各执一面汉军的旗帜，埋伏在可以看得到赵军营寨的山腰上。第二天早晨，韩信带领大军渡过绵河，与赵军摆开了阵势，人称"背水阵"。赵军一看，哈哈大笑：他们笑韩信不懂兵法，在这种地方布阵，一旦败了，便无路可逃。韩信与张耳指挥军队向赵军进攻，赵军出营迎战，赵军在数量上占优势，汉军渐渐支持不住，扔了战鼓和旗帜，向河边退去，赵军见自己获胜了，全营的士兵都跑出去捡汉军丢下的旗子和鼓。这时，在山腰上埋伏的两千汉军骑兵冲到赵军营寨，拔掉赵军的旗帜插上汉军的红旗，而退到河边的汉军，看无路可退，便奋力杀向赵军，赵军正与汉军拼杀，忽然发现自己的营寨全是汉军的旗帜，知道营寨已被汉军占领，顿时慌乱起来，被汉军前后夹击、杀得大败，汉军杀了赵军主帅陈余和赵王，灭掉了赵国。

"背水一战"，就是断掉自己的后路，使自己只有勇往直前，才能获得生路，它与项羽的"破釜沉舟"都有"置之死地而后生"之意。

五、十面埋伏与四面楚歌

刘邦召集各路兵马汇集成皋、荥阳一带，共有五十多万兵马，由韩信统帅，准备围歼项羽的楚军，楚军只有十万人。韩信知道：楚军要比汉军英勇得多，所以，韩信选择好了一个围歼项羽的好地方——垓下，然后，派李左车的一个心腹，假投降到项羽帐下，把项羽骗到了垓下。接下来把楚军层层包围住，号称"十面埋伏"。随后，向楚军发起轮番进攻，楚军杀败一层汉军又攻上来一层汉军，这种车轮战术使得楚军疲惫不堪。到了晚上，张良又利用英布率领的九江地区士兵会唱楚国歌曲这一特点，让他们教会了其他汉军也唱起了楚歌。楚军听到家乡的歌曲后，思念家乡，在内务粮草、外无援兵的被围困情况下，悲从心起，对胜利失去了信心，开始大批逃亡。张良命令汉军：见到逃亡的楚兵不许阻拦。虞姬在听到楚歌以后，急忙把熟睡的项羽叫醒，项羽一听汉军在唱楚歌，说：完了。刘邦可能已经打下了楚国，不然，汉军里为什么会有那么多的楚兵呢?最后，就连跟随项羽多年的将军，比如季布、钟离昧也逃走了，楚军士兵只剩下一千多人，就这样，楚军在听到汉军唱起楚歌以后就垮掉了。

所以，"十面埋伏"就是重重包围圈，"四面楚歌"就是一股势力已经到了孤立无援、四面受敌的最后处境。

六、韩信点兵，多多益善

有一天，汉高祖刘邦与韩信随便闲聊，谈到了楚汉各位将军的才能，说起了各人的优点和缺点，各人打仗如何如何、能带多少兵，等等。刘邦谈话的目地是想知道韩信是不是已经对他心服口服，可惜韩信不理解刘邦闲谈的用意，还真把自命不凡、才华出众的思想表露出来了。刘邦问了韩信这么一句话："那么你看寡人能带多少兵呐?" 韩信回答："陛下可以带十万兵。" 刘邦很不高兴地问："那么你能带多少兵啊?" 韩信说："我吗，那当然是多多益善了。" 刘邦反讥道："多多益善，那你怎么被我逮住了?" 韩信这时才察觉自己说走了嘴，急忙修正道："皇上虽不善于带兵，但却善于带将军，所以，我被皇上逮住了，而且，皇上是上天注定的，不是人的力量及得上的。"

韩信确实有 "连百万之众，战必胜，攻必取" 的指挥才能，而刘邦带领五六十万军队，却被项羽的三万人打得狼狈逃窜，一仗就被项羽消灭四五十万人，连他的父亲和夫人都被项羽俘虏了。项羽确实有万夫不挡之勇，项羽的楚军也的确勇猛，所以，在消灭项羽的垓下之战中，韩信指挥彭越、英布等四路兵马，五十多万人，给项羽设下十面埋伏，一举消灭了项羽军队。

后人在赞扬某某人的领导才能时，有时候会说：某某人是 "韩信点兵，多多益善。"

七、成也萧何，败也萧何

我们知道：萧何是韩信的伯乐，是萧何发现了韩信这个军事天才，并三番五次地向刘邦极力推荐韩信，在韩信出走后，萧何又演绎了 "萧何月下追韩信" 的佳话，最后使刘邦终于拜韩信为大将军。韩信也不负萧何的厚望，为刘邦打败了项羽，成就了汉王朝四百年的历史，可以说：没有韩信就没有汉王朝，同时也可以说：萧何使韩信成就了他的伟大历史功绩。

而在吕后阴谋杀害韩信时，也是命令萧何去骗韩信进宫的。萧何为了自保，便助纣为虐，充当了吕后的帮凶。当时刘邦带兵去镇压陈豨造反，由吕后主持朝政，而吕后历来对韩信不怀好意，韩信当时称病不上朝，萧何来请他进宫，说："陈豨叛乱已被平定，陈豨已经被杀，皇上快回来了，大臣们都进宫向皇后贺喜，你不去不太好吧?" 韩信想：有萧丞相陪着，不会有事的，就随萧何来到长乐宫钟室。而萧何是忠于皇帝、并且惧怕吕后的，是他们合谋逮捕了韩信，杀害了韩信，并且灭了韩信的三族，所以，后人才有 "成也萧何、败也萧何" 一说。

第二十九篇　大运河清口枢纽遗产

淮安清泗口，亦称淮泗口、泗口、清口，是古淮河与其最大支流古泗水的交汇之口。在上古自然航道时代，就是沟通黄淮、江淮的咽喉。隋大运河开凿后，此处仍是大运河上的重要节点和泗水辅线航道之要冲。

南宋初年，黄河夺泗夺淮，直至清咸丰五年（1855）黄河北徙，700余年间，清口起初是淮、泗、黄、运交汇之所，泗水被迫改道后，则成为黄河、淮河、运河交汇之所，成为元明清时期大运河的中枢。“易决、易徙、易淤”的黄河“加入”清口，顿使清口地区变得异常复杂多变和难于治理。正因此，清口地区成为数百年来最重要的水利枢纽，成为古近代运河遗产和现当代水利工程设施最为集中、类型最为丰富的地区，成为中国古近代水工技术的集大成之地，从而使得主要位于淮阴区境内的清口地区有“天然水工博物馆”的美誉。同时，清口地区所积淀的大运河非物质文化遗产非常丰富。

清口枢纽的核心区域位于淮安市淮阴区码头镇、王营镇，其文化元素辐射区域涵盖淮阴区南陈集镇、赵集镇、吴城镇、凌桥乡等部分村庄以及淮安市清浦区、清河区部分村庄和居委会。

第一章　南运口与码头三闸

第一节　南运口演变

淮阴区境内的南运口，可以追溯至宋乔维岳开凿的沙河运河磨盘口，其位置在今杨庄船闸附近。

元代大运河在淮河以北利用淮阴至徐州间的泗水通航，淮河以南的沙河运河时通时淤，南运口废置不常，多在淮安末口附近盘坝入淮，然后溯淮而上，再入清口北上。

一、鸭陈口（新庄口、清江口、天妃口）

明永乐十三年（1415），漕运总兵官、平江伯陈瑄因“逾淮达清河，劳费甚钜。”（《明史》列传第四十一陈瑄传）奏准朝廷，循宋乔维岳所开沙河故道，开清江浦河道，自淮安城西管家湖，凿渠二十里，导引湖水由鸭陈口入淮，以通漕舟。“遂发军民开河，置四闸，曰移风，曰清江，曰福兴，曰新庄，以时启闭，人甚便之。”（《明太宗实录》永乐十三年五月）“自是漕运直达通州，而海、陆运俱废。”（《明史》卷八十五河渠志三）新庄闸以西，就是鸭陈口，在今码头镇惠济祠遗址北侧，距离磨盘口约七八华里。因往来舟船与漕丁、行旅的逗留，在新庄闸附近兴起新庄镇，鸭陈口之名渐被“新庄口”所取代。

清江浦河自永乐十三年（1415）开凿通漕后，黄、淮洪水多次威胁新庄运口，由新庄口（亦称清江口）倒灌，淤浅河床，阻遏漕运。为此，一遇水发，必须筑坝。

明正德三年（1508），于新庄运口建惠济祠，以求妈祖神灵护佑。故《江苏水利全书》载：“新庄运口，正德三年建惠济祠，一称天妃庙，遂有天妃闸、天妃运口之名。”（《江苏水利全书》永乐十三年下注）

明正德六年（1511），以新庄运口艰阻，在清江闸下的水渡口淮河边开清江坝，舟船多由此盘坝入淮。水渡口一度成为南运口。

新庄运口为防止黄河倒灌，于明万历六年（1578）建坝于闸内，名天妃坝。万历十四年，因黄河冲决天妃坝，福兴闸渐淤，朝廷“遣科臣常居敬督塞之。”（乾隆《淮安府志》卷六河防）

二、三里沟与嘉靖三里沟运口

因新庄运口直对清口，屡遭黄河倒灌，明嘉靖三十年（1551），漕运都御史应槚建议堵闭新庄运口，开辟三里沟运口，至通济桥入淮。（《明世宗实录》卷三百七十五，中国书店，1983）

明正德《淮安府志》卷三：“三里沟去治东南三里许入淮。”这里位于码头镇东南侧、新庄运口上游，直通淮河，不再直接通黄，可以避开黄河倒灌之患。三里沟运河与运口的线路：在新庄运口东侧另开运道向南，经甘罗城东南，接三里沟，在向南至码头镇东南半里，穿过通济闸，再向西南，至横跨于三里沟口的通济桥入淮河。

明隆庆三年（1569），自清河县至通济闸抵淮安城西，淤三十余里。“通济闸内外，清江浦上下淤浅”。（《明穆宗实录》卷四十，中国书店，1983）三里沟运口低而外接淮河，新庄运口高而直对黄河，各有利弊，朝臣们也因此而争论不休。

明隆庆四年（1570），工部尚书翁大立建议把运口重新移回新庄闸。（《明穆宗实录》卷四十九，中国书店，1983）隆庆六年，万恭以兵部左侍郎兼都察院右佥都御史总理河道，他在上疏中力陈三里沟运口之弊，并恢复天妃祠旁的新庄运口（天妃口），重建天妃闸。然而，三里沟运口并未被贸然拆除。

明万历三年（1575），“御史刘光国以国初粮运自仪真抵淮安谓之里河，俱分入五坝转盘黄河，谓之外河，原不相通。后平江伯疏开清江浦河，由天妃口径通黄河，设闸启闭。每岁三月后，粮运过即封闸隔黄水，船盘剥如故。后废弛，闸不闭，黄水灌入，乃议塞天妃口，创开三里新河，设通济闸以通淮水。闸废不修，淮水不息，黄水盛大，淮亦因之，高宝湖堤年年冲决，盐、兴等处岁岁被灾。于是建议以天妃闸地势高于通济，淮水灌溢多于黄水，谓‘宜将通济闸及福兴、新庄二闸增卑培薄，令高厚坚固，分司专司启闭。五月后、九月前，水盛发，严加封闭，惟回空船至，二日启放一次，随放随闭，不许官民船擅进，贻水患。’从之。”（《淮安府志》卷六河防）刘光国的建议带有折中性，主张双口并用，被朝廷采纳。三里沟运口使用不到30年就被淤塞、废弃。

三、万历甘罗城运口

明万历六年（1578），潘季驯移置天妃闸于甘罗城东，“去新庄旧闸不及一里，河口斜自西南，以避黄趋淮。”（乾隆《淮安府志》卷六）“然其口距黄、淮交会处不过二百丈，黄水仍复内灌，运河垫高，年年挑浚无已。兼以两河汇合，潆洄激荡，重运出口，牵挽者每船常七八百或至千人，鸣金合噪，穷日之力，出口不过二三十船。而浊流奔赴，直至高、宝城下，河水俱黄，居民至澄汲以饮。于是建闸置坝，申启闭之条，严旨刻石，除重运、回空及贡鲜船只放行外，即闭坝拦黄，凡官民商艇俱令盘坝往来。夫闭坝之制，不独不便于民，且空重往来之时，仍不能禁黄流之不入，乃不得已之图，非不易之策也。盖因当时泰山墩（即漂母墓）一带及七里墩（在漂母墓东南，部分遗址在今二河东堤上）外，皆淼然巨浸，舍新庄闸之外，别无彼善于此之地，地形水势实限之以不得不然耳。”（靳辅《治河书》）

依据实地考察，潘季驯所置万历运口的位置，应在康熙时靳辅所筑新大墩东北方向，今张福河东岸。

四、清康熙烂泥浅运口与新旧大墩

七里运河又称七里闸河，系就七里沟开凿而成的。“七里沟去治东南一十里入淮。”（正德《淮安府志》卷三山川）康熙十八年（1679），靳辅自文华寺淤高之永济河头起，向南由泰山墩（漂母墓）东，再向南，挑河七里，至七里闸；再折向西南，挑河七八里至武家墩；再折向西北，挑河三里许，以达烂泥浅引河。而后，靳辅又自新庄闸向西南挑河一道，至太平闸。该河与七里闸运河并行，南接太平坝，互为月河，俱达烂泥浅，分水十之二佐运，十之八射黄刷沙。所谓其“内则两渠并行，互为月河，以舒急溜，外则离黄、淮交会之处已八九百丈，可免倒灌之虞。”（《淮安府志》卷六河防）

清康熙“三十二年，建大墩（即旧大墩）于运口，以挑湖水。四十年，于墩西接筑排桩拦湖堤，又接建新大墩。四十六年，复移天妃闸于运口头草坝之北。四十七年，圣祖仁皇帝南巡视河，谕令总河张鹏翮，将大墩分水处加筑宽二丈，共周三十九丈，挑淮水七分敌黄，三分济运，大墩之下建筑头坝以束水。”（《淮安府志》卷六河防）

通过挑水、束水设施的建设，有效地对淮河水进行分配。其分配比例从康熙十八年的分水二分佐运、八分刷黄攻沙，到康熙四十七年的“七分敌黄，三分济运”。从二八开至三七开，经历不到30年的时间。

五、清乾隆运口

“乾隆二年，前河院高以旧运口径直，去黄、淮交会处不远，每遇西北风劲或淮水微弱时，黄水仍复倒漾，运口日复淤浅，因题请另辟新运口，在旧口之南七十五丈，避黄流而就清淮，运道永赖矣。”（《淮安府志》卷六河防）运口“两岸筑钳口坝、草坝三道，谓之头、二、三坝。运河自三坝之下东行，过老鹳嘴、绕佘家坝转北，经惠济越闸，历北裹头而西，抵惠济正闸。嘉庆十三年，老鹳嘴之上堤身渐断，水随两行。其后，正越各闸递互启闭，船行只由一闸，复于闸上下筑坝兜托，以防湍溜焉。”“运口头坝，乾隆二年建，乾山巽向，中留金门四丈。嘉庆十三年刷塌，上移六丈。此坝为入运门户，最为关键。金门皆以四丈为率，然司事者每恐水势湍悍，易致蛰塌，不能收窄如式以下，遂少控制矣。”“运口二坝，在头北坝之东。乾隆二年建，亦乾山巽向，金门四丈。嘉庆十三年向上稍移，距头北坝二百五十丈，中留金门五丈九尺。”“运口三坝，在二坝之东，乾隆二年建，亦乾山巽向，金门四丈。嘉庆十三年补筑，距二坝百二十八丈仍留金门四丈。按：今三坝迤下又有四坝一道。”（光绪丙子《清河县志》卷六）目前，运口引河保存完整，四道坝口存有部分遗迹。

第二节　码头三闸与天妃坝遗址

码头三闸，指位于码头镇东部的惠济闸、通济闸、福兴闸，俗称头闸、二闸、三闸，是清口枢纽最具标志性的水利建筑群之一。抗日战争前夕成书的张煦侯《淮阴风土记》对码头三闸有翔实而生动的记载：“吾侪出（惠济）祠门东行，抵福兴闸，又南里许抵通济闸，又南二里抵惠济闸，一般所谓三闸也。三闸皆有越闸，其旁皆有大王庙，其金门皆宽二丈四尺，墙皆高三尺六寸。但上下水面之差，惠济为二尺半，通、福两闸皆半之，故惠为头闸，通为二闸，福为三闸。建闸原为节制水源，而危险亦甚。盖水势束怒，航途艰险，故下闸须善为把舵，上闸又须用力绞关。当绞关时，爆屑纷飞，锣声轰发，一时岸上居民，无老无幼，悉受闸夫雇用，为之邪许，随锣声之紧慢，为用力之缓急。下闸亦不易，迎溜尤为大忌，斯时船主，或因自身无此经验，或见船中人手不齐，每多雇用积年闸夫，为之管舵。故上闸需力，下闸需用巧，闸夫虽不强人雇用，而人自有不敢忽者。大都管舵自（引河上）二坝至三闸上，人可得一二元；遇船只多时，日放闸数番，则七八元。……惠济闸，一名天妃闸，南河有数之大闸也。据舟人言：‘七十二闸，天妃为首。’闸东大王庙，不知曾受多少大员礼拜，多少粮船烧平安香。其闸墙高峻，闸塘深广，一望而知伏秋水涨时奔雷撼海之奇观。当民国二十年时，淮、沂暴涨，天妃闸之水与石工平，闸旁子堰，加不胜加，西风猛雨，日夜而不已。由天妃而下，若双孔，若八段埽，若五孔闸，以至清江，南岸堤身去溃决才一线者七八处，驻军民夫，并力抢修，直至是月下旬而始定。至今思之，犹为股栗。即在平时，断面缩小，舟航不便，既多劳费，又滋危险；而水势大时，又直无法通航，此

淮阴船闸之所以不容不建也。"（《淮阴风土记》第一章第四节码头镇见《淮安文献丛刻》之九369～370页）

一、福兴闸

福兴闸历经多次重建、移建。陈瑄所建福兴闸，在清江闸以西五里，为单孔石闸。明万历间，"潘季驯改建于寿州厂，去清江闸十五里"，分为正闸、越闸，密近韩信城。清乾隆二年又易地重建。光绪丙子《清河县志》卷六："福兴正闸，乾隆二年（1737）建，癸山丁向，金门同前。二十五年（1760）重修，嘉庆十九年（1814）拆修，道光十四年（1834）补修。闸上有钳口坝，闸下有束水坝。按：府志载：明时故福兴闸在清江浦西五里，陈瑄所建，万历中改建于寿州厂，后亦废，至今土人尚有'老二闸'之称。""福兴越闸，乾隆二年（1737）建，壬山丙向，金门同前。二十七年（1762）重修，嘉庆二十一年（1816）补修，道光十九年（1839）拆修。闸下越河长三百六十八丈五尺。按：乾隆二年添建通（济）、福（兴）正越四闸，开挑新河自张王庙前至庞家湾，仍入旧河，长千六十八丈四尺，即今所由也。"当地人又称乾隆二年建的福兴正、越闸为"三闸"，于1958年开凿二河时被拆除。根据2008年张廷皓、荀德麟等实地考察，乾隆二年兴建的福兴正、越二闸遗址，在今清浦区城南乡新闸一组境内，紧贴二河东堤下。

二、通济闸

通济闸"在惠济闸东北，乾隆二年建，癸山丁向，金门同前。二十五年重修，嘉庆十一年拆修。""通济越闸，乾隆二年建，亥山巳向。金门同前。二十七年重修，嘉庆二十一年拆修。闸下越河长三百二十一丈六尺，迤下有双孔涵洞，乾隆十五年建，启洞水达护城河（即今柴米河）。又，洞下有泄水闸，康熙四十五年建，久废。"（《光绪丙子清河县志》卷六）按：这个通济闸，与明嘉靖三十年（1551）连鑛所建三里沟运口内的通济闸、万历六年（1578）潘季驯移建甘罗城东南的通济闸，没有兴替、承接关系，只是名称相同而已。引文中所说通济越闸越河有乾隆十五年（1750）建的双孔涵洞，是为了排泄淮河堤以东与新运道以西的积水。至于洞下有康熙四十五年（1706）建的泄水废闸，那也是同样的功能。清康熙以前淮河东堤以东的积水，主要是通过明万历十年（1582）凌云翼开凿的永济河排泄。康熙时运道局部改线，永济河头被斩断，于是有康熙月河泄水闸的建造。乾隆十五年建双孔涵洞，取代了淤废的康熙四十五年建的泄水闸。按：当地人又称通济正越闸为"二闸"，于"文化大革命"中被当地人拆除，现存闸塘、部分建闸石料。

三、新庄闸（惠济闸）

新庄闸，以闸旁有天妃祠（亦称惠济祠），故亦名天妃闸、惠济闸。光绪丙子《清河县志》卷六："惠济正闸，原名新庄闸，又名天妃闸，旧在惠济祠后，明永乐中陈瑄建。嘉靖中改移于南，名'通济'，万历六年潘季驯又移甘罗城东，康熙十九年又移烂泥浅之上，即七里旧闸，而改名惠济。四十年复移建于旧运口之头、草坝。雍正十年移建七里沟，即今处。闸丑山未向，金门宽二丈四尺，乾隆十一年、二十三年、四十年，嘉庆十五年，道光二十年皆拆修。闸上有升关坝，又有钳口坝，闸下有束水坝。吴廷桢《天妃闸》诗：'断堰锁崔巍，奔流下石隈。势吞淮甸尽，声撼海门开。水气晴吹雨，天风夕送雷。叩弦惊绝险，谁是济川才？'即此。按：惠济闸下张王庙前，乃雍正年间运道。""惠济越闸，康熙四十九年建，亥山巳向，金门同正闸。乾隆二十七年重修，嘉庆十一年、道光十四年皆拆修。闸下越河长四百六十一丈，闸上有钳口坝，闸下有束水坝。又张王庙前有托水坝。"又，《续纂淮关统志》卷四："惠济闸，马头镇东南七里。旧名通济闸，明嘉靖年建，引淮水达漕运。后以河水南侵，闸底淤垫。康熙二十二年，新凿漕河于迤南三里，更建闸座为新运口，名曰'惠济'。"惠济闸是大运河最著名的石闸，清代有"南有惠济闸，北有广源闸"之称。要论绝险，广源闸则远逊于惠济闸。惠济正、越闸于"文化大革命"中被当地人拆除，现存闸塘、部分建闸石料。

四、天妃坝遗址

位于新庄闸遗址西侧，坝外即为黄淮交汇处。黄河主流由大清口转移至小清口以后，黄河口由新庄运口下游移至新庄运口对岸上游，而且正位于黄河湾溜直射之处，小型倒灌频繁出现。于是在新庄闸外临时筑坝，以防倒灌。明嘉靖十五年（1536），从都御史周金建议："于新庄闸更置一渠，约长五丈，立闸三层，重加防护，水发即三板齐下，贴席封固，虽有渗漏，疏浚不难。"（《明世宗实录》，卷一百九十五，中国书店，1983）万历六年（1578），"因议废新庄闸，而建坝于闸内，为车盘入淮之道。"因为坝侧有天妃祠，故名天妃坝。万历十四年五月，黄河"决天妃坝，福兴（闸）渐淤，遣科臣常居敬督塞之。"（乾隆《淮安府志》卷六河防）清代，天妃坝屡有修缮与加高。2009年，中国文化遗产研究院组织考古专家与地方文史专家对该遗址进行部分揭示。已辟为天妃坝遗址公园。

第二章　高家堰与淮口河、坝

第一节　高家堰

高家堰即洪泽湖大堤，是洪泽湖这一著名的"悬湖"得以存在的依托。南起盱眙县原马庄乡张大庄，北经高良涧至淮阴区码头镇张福河船闸，全长67.25千米。

高家堰作为人工修筑的堤防，有着悠久的历史和漫长的形成过程。相传东汉建安五年（200），广陵太守陈登筑高家堰三十里，以束淮水，亦称捍淮堰，即今洪泽湖大堤北段，主要在淮阴区境内。后历代均有修筑。洪泽湖大堤的大规模修筑、加固和形成特大水库性湖泊，是在明代，特别是万历间实施"蓄清刷黄"的治河治运方略以后，历清、民国和新中国成立至今，是一条活态的世界著名的高坝遗产。

在明万历以前，高家堰虽时有修筑，但工程规模都比较小。明永乐八年（1410）五月，工部奏请修筑淮安府淮河堤岸。永乐十三年，平江伯陈瑄大修高家堰。隆庆六年至万历元年（1572～1573），右副都御史衔总督漕运兼巡抚凤阳王宗沐命淮安知府陈文烛拨军饷修筑高家堰，工程北起武家墩，南至石家庄，长5400丈（约合17.28千米），高不下一丈（约合3.2米），顶宽5丈，底宽15丈。冲决口门深一丈，均用实土填平，然后加筑堤防，实做土方约170万立方米。（《行水金鉴》卷六十二）

万历三年（1575），洪水又冲开高家堰，王宗沐重修高家堰。

万历六年（1578）二月，潘季驯再次出任总理河漕，厉行蓄清刷黄之策，大筑高家堰决口，抬高洪泽湖水位，逼淮河出清口。此前，水利道佥事杨化隆在武家墩至越城之间除高家堰中段以外筑成长达5774.3丈土堤根底，超出王宗沐筑堰范围。万历六年九月，潘季驯住在工地督工，对高家堰正堤全面进行加高加厚；在地洼水多处还做了3400丈的笆工。全部工程于万历七年七月竣工。这次工程北起武家墩，南至越城，总长10878丈（180丈为一里），共60.4里，按一丈合3.2米计算为34.81千米。其堤身断面为：底宽15丈、8丈、6丈不等，顶宽6丈、2丈不等，高1丈2尺，总土方量为300万立方米。

万历八年（1580）十月，开始修筑高家堰石工。砌石地点起自武家墩南1013丈（3241.6米）处，南端在高良涧北3842丈（12294.4米）处。石工墙标准为内外两层石，直立墙，每长一丈，砌高一丈，用石"二十丈"，共需六万"丈"（"丈"是当时体积单位，指1丈×1尺×1.2尺）。石料总数量约合今24000立方米。石工墙基础采用桩基，每丈用长杉木桩25根，条石断面以1.2平方尺计，其石料约合24000立方米。石料多取自徐州。石块之间用石灰勾缝。施工历时两年半，从万历八年十月至万历十一年三月。

万历十九年（1591）十一月，潘季驯上疏要求把武家墩至高良涧之间9132丈临水面全部换成石工。老石工墙北端至武家墩长1013丈，就在当年开工。

明代高家堰土坝已筑至周桥一带，周桥以南，地势高亢，原无堤埂。到晚明期间，洪泽湖大堤损坏严重。

清代，从顺治元年（1644）至康熙十六年（1677）的43年间，下游群众开始自发修筑洪泽湖大堤决口，但多是些小修小补工程。康熙十六年（1677）三月，靳辅出任河道总督，继承和发展潘季驯的治河方略，首先培修高家堰残破堤岸，接筑周桥以南至翟坝土堤25里、武家墩以北土堤18里，改变明代将周桥以南作为天然减水坝的局面。并包筑高家堰坦坡，至康熙十八年九月坦坡完成。据《河防杂谈》载，康熙十六年至十八年八月，靳辅修高家堰长度为15644.6丈（50.06千米）。靳辅为了防止洪泽湖大堤决口，在大堤上兴建武家墩、高良涧、古沟、茆家圩、夏家桥、塘埂北、塘埂中、塘埂南8座减水坝，另外在武家墩、小黄庄、周桥3处各建一座排水涵洞，总泄水能力达1000立方米，构成了洪泽湖水库泄洪系统。

雍正七年至九年（1729～1731）连年拨巨款，加修险要石工，并改条石丁顺间隔相砌，以高堰墙高为标准，墙顶一律做平。乾隆十六年（1751），周桥以南、滚水坝南北及蒋坝以北，全用石基砖墙。时大堤全线石墙修建完固，北起码头镇石工头，南至蒋坝镇，堤顶真高17米，全长120里，堤工共长16000余丈。加高后，相应的子堰堰顶高程为16.07米。顶宽9～15丈，底宽近20丈。嘉庆年间（1796～1820），洪泽湖临水面有不少地方做抛石护岸。清代洪泽湖大堤石工墙南起蒋坝船坞，北至码头镇东南石工头，全长60.1千米。黄河北徙后，大堤北段风浪影响不到，石工意义不大。清同治（1862～1874）初年，吴棠为了修筑清江城，从头堡至石工头拆条石墙五里多。

为了伏汛泄洪，自明嘉靖元年（1522）始建减水坝，至清道光六年（1826），有记载的各种减水坝有26座。其中，自明嘉靖元年至清康熙二十一年（1522～1682），先后建武家墩、高良涧、周桥、古沟、古沟东、古沟西、塘埂北、塘埂中、塘埂南、茆家圩南、夏家桥等减水坝12座，这些减水坝皆于康熙三十九年冲坏堵闭。之后，又在高家堰建仁、义、礼3座减水坝。乾隆十六年（1751）又添建智、信两坝。又称“上五坝”。后来都加封土。嘉庆、道光年间，因湖水抬高，又将仁、义、礼三坝移建至蒋坝南地面较高地带。仁坝建于嘉庆二十二年（1817），义坝建于道光三年（1823），礼坝建于道光十八年，并在坝下开河，名仁、义、礼河，又名头河、二河、三河，以分泄部分淮水。咸丰元年（1851）淮水盛涨，冲毁三河口的礼坝，形成淮河洪水以入江为主的泄洪格局。咸丰五年黄河北徙，五坝废弛。仅礼坝常年敞口，每年冬春枯水季节，筑草坝蓄水，以利官盐运输，汛期拆坝排洪。今尚存头坝、信坝、林家坝遗址。

清康熙四十年（1701），河道总督张鹏翮主持9尊镇水铁犀，分置高良涧、周桥、蒋坝、高堰、武家墩、码头等险要堤段，现存5尊，三河闸、高良涧进水闸各2尊，高堰1尊。镇水铁犀大小如真牛，重2000公斤，上铸铭文。清代，高堰、蒋坝还设有水志。高堰石工壁上，尚存有救生桩遗址。

民国32年（1943）春，抗日根据地淮北行政公署水利委员会修复洪泽湖大堤石工墙1340丈，并填补被国民党军队毁坏的三段堤身。民国34年5月，苏皖边区淮宝县人民政府修复被日军破坏的石工墙200余丈，并在洪泽湖大堤黄罡寺树立石碑，碑上镌刻县长方原“永保群众利益”的题词。

新中国成立后，在洪泽湖大堤上，先后建设三河闸、高良涧进水闸、高良涧船闸、二河闸、蒋坝船闸、高良涧水电站，以及周桥、堆头、洪金输水涵洞，并对洪泽湖大堤先后进行过四次较大规模的整理和加固。

第一次加固从1951年开始，陆续进行维修、加固，将战争时期遭破坏的石工墙进行拆修和险处加固。1954年大水后，组织淮阴专区民工2万余人进行复堤，对石工墙97处险工进行修复。

第二次加固从1966年3月开始，完成高良涧至蒋坝段23.67千米拆除老石工墙，加固大堤和新筑防浪林台工程，拆除直立墙条石，砌防浪林台以下浆砌条石；整理部分抛石棱体及蒋坝船坞加固，头堡至十堡段复堤等工程的施工。

第三次加固从1976年7月唐山地震后开始，至1978年5月结束。在堤背增做二到三级戗台，第一级位于高程11.0米，第二级位于高程14.0米，第三级位于高程17.0米，各级戗台顶宽度平均为15米（局部地段增大至18米～25米）。

第四次加固从1992年5月开始，至1997年6月截止，先后对洪泽湖大堤的三河越闸预留段、菱角塘、钱码头、蒋坝、二帝宫、二河闸南、侯二门等七段堤防和三河闸、二河闸等7座建筑物进行了防洪抗震加固。（《洪泽湖志》第六篇"洪泽湖大堤"）

第二节　引清刷黄河道

清康熙十六年（1677）靳辅出任河道总督之后，继承并发展潘季驯"蓄清刷黄"的治理方略，进一步明确洪泽湖对淮河径流的调节作用，利用清口一带"门限沙"蓄水，确保洪泽湖水位高于黄河；挑浚清口，开挖张福口、帅家庄、裴家场、烂泥浅、三汊5道引河，引清水冲刷黄河河床泥沙；坚筑高家堰，保证洪泽湖有足够的刷黄水位和水源。靳辅的这些措施，使洪泽湖水位提高，水面扩大，通过5道引河，"蓄清刷黄"能力显著增强，黄、淮安流十余年。

康熙三十五年（1696），黄河大水，黄水倒灌，引清刷黄的5道引河淤为平陆。三十七年黄河又倒灌，为收缩清口，河督董安国自张福口堤尾接筑临清堤（清口西堤），移清口于风神庙前，并于此建东、西束水坝。四十一年，河督张鹏翮挑浚清口及原5道引河，加上淮水新刷成的天然、天赐2道引河，共有7道引河泄淮水会于清口，宽百余丈。时7条引河自西而东为张福、天然、张家庄、天赐、裴家场、烂泥浅、三汊，各引河总汇点距束水东西坝2里。

为增强淮河清水对清口以下黄河带来的泥沙的冲刷力，乾隆时，增建清口东、西束水坝，并逐步向东北移动，改建为御黄坝；改运口外兜水坝为束清坝，以"蓄清济运"。嘉庆十四年（1809），开始堵塞御黄坝。后御黄坝时开时堵。道光年间，清口一带淤垫更加严重，道光八年（1828），洪泽湖水位要"蓄至一丈七尺以外，仅能与之（黄河）相敌，蓄至一丈八九尺，始能畅出。"道光二十九年黄河异涨，高于湖水位九尺四寸，被迫减黄入湖，洪泽湖淤垫益甚，除张福河外，湖尾各引河尽行淤废。咸丰元年（1851）淮河大水夺路南下入江，从此入江水道成为主要泄洪道。时隔仅4年，黄河便北徙。

张福河为清康熙年间开挖的洪泽湖尾闾众多引河之一，是迄今唯一完整保存并利用的一条引河。相传古代有一位叫张福的人住在河边，后来成仙，后张福遂被命名为河名。今张福河在原张福口引河之东，南起洪泽县西顺河镇南的洪泽湖边，北迄张福河船闸下游的二河口，流域面积107平方千米，全长28千米，是一条综合利用河道。

清咸丰五年（1855），黄河北徙后，屡议疏张福河导淮未果。民国21年（1932），导淮委员会拟疏浚张福河。22年，以泗阳、宿迁县境内废黄河公地20余万亩为担保，借得现款11.2944万元以及拨款25万元，工程才始进行。当年5月开工，7月竣工。疏浚后，河底宽32米，河底高程6.48米～8.62米，完成土方222万立方米。20世纪50～60年代，张福河以通航为主，兼有泄洪功能。1974～1981年疏浚，疏浚后河底宽10米，河底高程8.5米，可通航50～80吨船舶。1976年，在码头镇以北，离淮沭新河口不远的张福河口，建成通过能力为700吨的张福河船闸，成为该河蓄泄的锁钥。

今尚存部分河形的引河有紧贴洪泽湖大堤的太平引河，位于赵集镇境内，河口伸入洪泽湖滩的天然引河。

第三节　淮黄交汇工程遗址

古泗水作为淮河的最大支流，由清口至徐州，既是历史悠久的自然航道，也是北上齐鲁、西入中原的主要水上通道。黄河夺泗夺淮后，徐淮间的泗水河床成为黄河河床，元朝大运河改道后，又成为大运河航道的一部分。

一、大清口与大清口船坞遗址

【大清口遗址】 大清口遗址位于今淮阴区袁集乡桂塘村，原名泗口，又名淮泗口。泗水从山东泰安市经徐、邳至泗阳李口分流，主流向东北经淮阴区渔沟镇，又东南至桂家塘与淮水会合形成大河口。因泗水清流而曰大清口。南宋代以后逐渐淤塞。

【大清口船坞遗址】 大清口船坞在今淮阴区王营镇废黄河西岸蔬菜村，大清口东北一里。又叫大石塘，半圆形，有1000米宽长，内墙全是条石砌就。据秦选之《王家营纪要》："大石塘当在宋之前，因其清口水势凶险，此为船家避风浪之域。"船坞东北方有三座单金门石闸。20世纪30年代被国民政府拆去一部分石头建盐河闸，50年代初又被地方政府拆去一部分建活动坝，现地底下还有一部分石墙。沉船极多，1956年疏浚盐河时就曾挖到4条船，有刀戟、陶器、谷米等。90年代建电站时，在10米深地下挖到芦苇，出水如泉，专家称可能是当年泗水的地下潜流。

二、小清口水利工程遗址

【小清口遗址】 小清口遗址在淮阴区码头镇西北。小清口的形成可分为两个段落。一是泗水支流经仲庄向东南，穿过卞家汪至甘罗城下与淮水会合形成小清口。二是黄河夺泗经仲庄、陶庄至盖坝向东与淮水会合。此处小清口范围较大，北至运河，西至七堡，南至太平汪，东至淮阴故城码头镇。小清口形成后（此时大清口基本闭塞），这里变成唯一的运道口，明清时期更成为黄、淮、运的交汇点。当时，治黄以清口为重点，治淮以疏通清口为关键，治运首推清口上下为难题。朝廷每年花费巨大的人力、财力、物力重点进行治理，可谓中国历史上水利工程最密集、复杂的地方。曾被称为"淮阴八景"之一。

【仲弓遗址】 仲弓，即仲家庄黄河堤工的简称，北岸堤自吴城镇头庄村六堡，经仲弓、旧县，至陶闸村一组，南岸从码头镇大沟村起，经七堡窑河堤。明永乐中建七百六十丈，康熙二十八年（1689）建一千六百九十丈，嘉庆十年（1805）建四百四十丈。黄河北徙后，南岸堤废，北岸堤至今保护完好。

【仲庄埽工遗址】 咸丰《清河县志》载：嘉庆二十年（1815）建，见在修守。今按：迤下有安家房埽工、周家庄埽工，嘉庆十一年（1806）生，皆见在修守。又有外越堤一道，嘉庆十四年（1809）建。今尚有遗迹。

【玉皇阁埽工遗址】 玉皇阁堤工在旧县前。康熙二十二年（1683）建，乾隆四十一年（1776）开陶庄新河，工闭。后复出。按乾隆《清河县志》，又有石人沟旧埽工，久废。

【吴城七堡堤工遗址】 吴城七堡堤工系石工，从吴城七堡（今南陈集联堡村）经码头镇的太平村、御坝村、张庄镇村至桃园村十组（原名盖坝），总长为10里。明弘治七年（1494），黄河水道南移泗水故道入淮，但南岸湖滩未固，黄河泛滥，危害居民田产。万历四年（1576）在黄河南岸进行裁弯工程，建造一道石工堤，"多以杉木为桩，长石为腹，又以乱石镶砌为顶，坚固与大堤同"。清康熙十六年（1677）、乾隆十八年（1753）又相继沿七堡堤建造一条顺黄坝堤工。现该堤尚存，惟堤上条石多被当地群众挖掉。

【吴城七堡埽工遗址】 咸丰《清河县志》卷六《川渎》："嘉庆十一年后，历年接建。有碎石土坝八道，道光二十三年建。今按，吴城七堡九遇洪湖异涨，均经开放，当即堵闭。其上游兵六堡迤下，于道光二十九年六月黄水盛涨拆开口门，以泄黄入湖，其年堵合。埽工见在修守。又兵三堡迤上，乾隆四十四年河南仪考漫溢，湖水异涨，曾经启放。"

【康熙御坝与顺黄坝遗址】 康熙御坝与顺黄坝位于淮阴区码头镇御坝村，为清康熙帝南巡视察清口时敕建的著名水工建筑。咸丰《清河县志》卷六《川渎》："康熙间，黄河直抵惠济祠前始折而东，逼近清口，易于倒灌，屡开北岸陶庄引河，未能奏效。三十八年，圣祖临视，指授方略，令侍卫肩桩订立即于其处筑挑水坝，土人至今称为'御坝'。四十二年，又自挑坝至御黄西坝接筑顺水堤。雍正八年，于坝下接筑头、二、三坝。至乾隆四十一年，改挑陶庄迤北新河，创筑拦黄坝，河遂北徙，越过惠济祠远甚。清口西岸昔日黄流经行之地，民居稠密，情形不同矣。”

“又自拦黄坝南坝头至御坝顺水堤止筑拦堰一道，又自拦黄坝后起至顺水堤尾止筑撑堤一道，又自拦黄坝北尾起至河尾止，于新堤之南筑束水堤一道，又于拦黄坝之外筑土埽坝一道，名顺黄坝，以为重障焉。”光绪《清河县志》卷六《川渎》记载略同，并补记：“又拦黄、顺黄二坝中间空塘，乾隆四十五年以后填与堤平。又筑斜堤一道，自拦黄坝北首起，至新西坝迤上束水堤止。今按，以上诸堰坝皆《续行水金鉴》所载，旧制惟顺黄坝埽工，见在修守，其空塘填平，上建大王庙。”

御坝东西走向，长约2千米，高4～6.5米，上宽10～160米，底宽100～200米。由三合土夹碎石筑成，其附属建筑有木龙、转水墩等。顺黄坝坝体为南北走向，东西宽约82米，部分堤段高出地面尚有2.5～3米。2009年修筑明远路，在路基穿过顺黄坝的地方发现清代治河的重要遗迹。国家考古部门和淮安市博物馆采用开探沟的形式进行两次发掘，揭示了一些非常重要的遗迹现象，主要有埽工、木桩、篾缆、石工堤坝以及施工缝隙中的大量钱币等。

【顺黄坝木龙遗址】 顺黄坝木龙遗址在今淮阴区码头镇御坝村。据乾隆《淮安府志》卷六《河防》：“御坝下首木龙一架，乾隆四年建，挑溜趋北岸；御坝上首木龙二架；王家庄木龙五架，乾隆五年、六年建设。”按：乾隆四年（1739）春，钦差大学士伯鄂巡视南河，相度清、黄交汇形势，拟于御坝之外添建大坝，挑溜北趋，并议疏浚陶庄引河。是年冬，总河高奏请用效力州同李炳条陈，试建木龙挑溜。奉旨准行。遂令李炳督造木龙，设王家庄等工。数年以来，黄溜中泓现行陶庄引河旧址，南岸头、二、三坝险工尽皆淤闭，诚良法也。李炳《木龙说》略云：“木龙之制，创始于宋。史载，天禧五年，陈尧佐知滑州，以西北水坏，城无外御，横木条置水旁以护岸，谓之‘木龙’。”乾隆皇帝南巡时，曾多次阅视木龙。1998年，御坝村村民在顺黄坝上建房时刨出一个木龙，保存完好。

【拦黄坝遗址】 拦黄坝遗址在淮阴区码头镇。《续纂淮关统志》卷四《乡镇》载：“黄水夺淮灌入里运河，不但有妨漕艘，并惠济祠前险工当冲，关系淮城非浅。乾隆四十一年，督臣高晋、河臣萨载钦承圣谕，于陶庄开挑引河一道，旧河口则筑坝拦截黄水，工程巩固，运口亦无倒灌之虞，漕艘、居民永沾利赖矣。”

【东西束清坝遗址】 东西束清坝遗址在淮阴区码头镇。据咸丰《清河县志》卷六《川渎》：“康熙三十七年建于风神庙前，距各引河尾四百二十余丈。雍正元年，仍建。乾隆二十二年，高宗南巡，谕定水制：山盱三坝过水一寸，将东坝拆宽二丈；过水二寸，开宽四丈。四十一年（1776），开陶庄新河，清水出口路长，将坝下移一百六十丈于平成台建筑。四十四年，以湖水盛涨，全行拆除。旋又移下二百九十丈，于惠济祠前建筑。五十一年，大学士阿桂又以运口外之兜水坝于束清相宜，即以为束清坝。其旧有之东西坝再移下三百丈，于福神庵前建设，以为御黄坝。并将东坝加长，以遏黄水回溜。西坝收短，使清水直出。如此，外有东西坝御黄，内有兜水坝束清，相机拆展收束，法无善于此者矣。今按，嘉庆十年（1805）移建于运口之南，此坝全行拆除。”《续纂淮关统志》有“束水三坝”条，曰：“黄河南，新运口内。因运口南接淮水，直泻易溢，乃于上流折流分流，地面建三坝，收束水势，以利漕艘。”

【御黄坝与御黄二坝遗址】 御黄坝，据光绪《清河县志》卷六《川渎》：“旧在福神庵前。嘉庆九年黄水倒漾，议于高家码头西岸河尾，距旧御黄坝三百八十丈处斜筑挑坝，再于东岸筑对头柴坝，名新御黄坝，相机拆筑，如遇水过大，即行堵闭。按：御黄坝金门本宽五丈，嘉庆十九年展宽至五十六丈，二十年收束，存十一丈四尺。道光五年借黄济运，收束至三丈九尺。六年八月，展宽二十丈。又按：御黄坝迤北有钳口坝一道。”

御黄二坝，据光绪《清河县志》卷六《川渎》：“嘉庆十六年于新御黄坝之南百九十丈添筑二坝，旋废。二十二年，就二坝旧基，添建重坝，以资擎束。又嘉庆二十五年，于御黄坝外东岸筑迎水坝。今按，重坝仍名二坝，共长一百二丈五尺，金门宽四丈。”

【临清堰与临黄堰遗址】 临清堰在御黄二坝之内，道光五年（1825）建，东西连坝基，共长二百三十五丈。内有钳口坝一道，口门宽四丈。

临黄堰在御黄坝之外，长四十五丈，口门宽十二丈。每年空、重二运启闭灌放，事竣补还正堤，自此以下皆灌运后新制也。

【旧草闸、新草闸、替河遗址】 旧草闸在临黄堰，道光六年（1826）建，十七年（1837）重建。金门宽二丈四尺。

新草闸在旧草闸之西，道光二十五年（1845）建。金门宽二丈四尺。又有拦河坝一道。

替河，出新草闸，道光八年（1828）挑，二十八年（1848）重挑。

【塘河遗址】 塘河自旧草闸起，至临清堰止，长五百八十八丈。每年空运后挑浚，以利行漕。道光七年（1827）始也。今塘河遗址尚存部分，在二河东堤下。

【顺清河遗址】 顺清河遗址在御黄西坝后，嘉庆十六年（1811）后，遇有南岸漫工，洪湖水大，开御黄西坝后身，以资畅泄，随时堵闭。

【临清涵洞与临黄涵洞遗址】 临清涵洞，道光十年（1830）建二座。十五年（1835）改建二座。

临黄涵洞，道光十二年（1832）建三座。十五年（1835）改建三座。

第四节 清口以下黄淮航道工程遗产

一、清口以下黄淮航道变迁

古淮河在清口上下的流向：古淮河由安徽五河县迤逦入境，经盱眙县城西，东北流至龟山，斜穿洪泽凹陷区，达淮阴故城马头镇西，又东北流经清江浦与王营镇之间东流至草湾，陡折而南流，至淮安新城北，折而东北流，经涟水城南，又东北流，至云梯关入海。古泗水由今徐州市睢宁县古邳镇东南流，大体沿今宿迁、泗阳、淮阴区境内的废黄河东南流，至淮阴区码头镇北古泗口入淮河。古淮、泗水都是感潮河流，潮水上涨极限可分别达盱眙、泗宿境内。

宋建炎二年（1128），东京（今开封）留守杜充以水代兵，人为决河于今滑县李固渡，于徐州附近夺泗水，至清口与淮河相会合。至金明昌五年（1194），北支大为减弱，黄河水大部由泗入淮。

元代淮河以北的大运河改经山东，徐州至淮阴之间系利用泗水自然航道。明代沿袭，以泗水为黄河所夺，故这一段漕运航道也被称为“河漕”。明中叶以后，黄河北决与旁决之路被一一筑绝，万里黄河之水全部由泗水入淮，清口以下河床河堤压力骤增，决溢频繁，包括从草湾决口。明万历四年（1576），黄河在草湾决口，直流四十里与旧河合，旋开凿为草湾新河。淮安新城以北的一段河道渐形废弃。经过这一次巨变，清口以下淮河河道基本不再承担行漕任务。清口以下黄淮航道上，有多处古运口遗址，如埽工、减水坝、过船坝、古渡口遗址等。

二、草湾河与草湾坝口遗址

最初，黄河、淮河在清口交汇后，合流而东，经草湾折而南流，过淮安新城北，转入安东县（今涟水），直下云梯关入海。草湾坝至淮安新城的河床称为草湾河。明嘉靖以后，云梯关海口淤浅，黄淮下流势缓，苦于浅涸，每水发则有逼城之患。万历四年（1576）黄淮洪水大决于草湾，兵备道舒应龙就决溢河道开凿，使之局部改道，直流而东，称为草湾新河。万历十六年（1588）黄河冲决，草湾新河大通。从此黄河离开了淮安新城。而原来的草湾河道，则成为向淮安府城运输鱼盐苇草与农产品的航道。《续纂淮关统志》卷三《川原》载：“凡鱼盐贩脂之属，由新安、安东来者，皆出于此。其若从北河、洪泽而来不入运河者，亦多转至于此。……外河虽有波涛之险，而贾舶殊络绎也。”

草湾坝，亦称永丰坝。在清河县王家营（今淮阴区王营镇）以东十余里的旧草湾镇南侧黄河堤上，今属新渡乡草湾双坝村。此处盐河与黄河“两河相距，才六七百步”。明万历四年（1576）黄河在草湾决口，直流四十里与旧河合，旋开凿为草湾新河，这样，不仅淮安城区北一段黄河河道废弃，而且行盐的支家河也被拦腰斩断。因为河道的变化，淮安坝批验盐引所由原在黄淮北岸变成位于黄淮南岸，盐船赴掣要车驮陆运，越过黄河的两道堤，再水运到河北镇。因此曾有将淮安坝批验盐引所迁至安东的设想。顺治六年（1649）巡盐御史崔应宏奏："淮北商疲，所加戊己之引，仍系淮南运销，且盐所与水次鹜远，车驮陆运，徒费商资，不若移于安东，以就水次。"户部复："盐所就安东水次以免车驮之繁，此在巡盐御史因时权变，务期通商裕课。"（光绪《两淮盐法志》卷四十"引目上"）虽已上奏获准，但此计划最终未能实施，依旧由草湾坝盘坝，然后水运至河北镇盐引所。

康熙二十六年（1687）黄河决口，在永丰坝下游一里筑一条千米长的拦黄坝，称为"下坝"。由于上下二坝间隔不远，统称"双坝"。为加强对盐业的管理，朝廷在此设立盐关，"凡进口盐船到此，皆凭票点捆，交税放行"。双坝盛时，人口近二万，店铺商家数百户，住户几无一家不贩私盐。

"其盐路，凡北盐至此，车盘渡黄，历永丰草坝入盐河（亦称盐岸河），而达于河下之掣验所。坝有老坝、二坝、三坝，相距各里许，车船利其驳运，倚以为食，相传待养于二坝者七百人，余亦称是。抵所，则改五十斤一捆，售于湖贩。湖贩以驳船入乌沙河，经杨家庙、高家堰以出湖。斯时草湾有两浴堂，一质库，其建筑有文昌阁（东直红桥），有盐务大王庙，郁然为淮北名区。而河下东西里，前后坊，脚夫杂沓，昼勤四体，暮则脱草履，易缎鞋，悉仗盐纲为衣食父母。"（张煦侯《淮阴风土记》578～579页，方志出版社，2008年）道光十三年，纲盐改票，盐引掣验所迁西坝，草湾诸坝遂废。然而这一带居民贩私盐的传统一直持续到20世纪初。今双坝尚存。双坝以东，还有"下坝"之名，也是历史上曾经使用过的一个盘坝之处。

光绪《清河县志》卷九《民赋·关税》载：草湾口"在黄河堤上，南去大关十里。旧例专司稽查盘坝，康熙四十九年始行征收钱粮。又二坝地方相离里许，该口分役巡查，并不收税。"

三、烟墩埽工遗址

位于淮阴区王营镇淮海路西侧废黄河北岸，与废黄河大堤融为一体，东西长约1000米。明清时期，王家营地处长淮北岸，地当冲要。境内废黄河屡告决溢。康熙十六年（1677），河道总督靳辅大筑南北缕堤，王家营时有屏障。又建王营减水三坝，市厘逼近水冲。旋又创筑北岸遥堤，开下中河，后称盐河。乾隆中，筑王营越堤，建烟墩埽工，其地万险乃巩于金瓯。烟墩埽工创建于乾隆五十年（1785）。所谓埽就是把芦柴、树枝、石头等用绳子捆紧做成圆柱形的东西，用以保护堤岸防水冲刷，用许多埽做成的水工建筑称为埽工。烟墩埽工遗址是清代"治河、导淮、济运"的历史物证。

四、王家营新、旧减水石坝遗址

在淮阴区王营镇境内。其由来说法不一。乾隆《清河县志》载："减水大坝在蒋家场、王家营之间，靳辅所建。坝长一百丈，上造浮桥，下通水道，名鸡心孔，一百有三座。又有旧减水坝，康熙十九年建。稍东为中坝，又东为东坝，四十四年复修，口宽三十丈。又有新减水坝，在旧坝西八十丈，康熙四十五年建，口宽五十丈。"据此则有两旧减水坝。光绪丙子《清河县志》认为："考辅于康熙十六年督南河，十九年方在职，未闻再建减坝也。至四十四年既已复修，何以四十五年仍行改建？伪以传伪，殆同影响。《行水金鉴》：'王家营减水坝历久废圮，康熙四十年重建土坝，口宽三十丈。'据此则四十年以前只是土坝，未尝砌石。又考《河防杂说》：'王家大减水石坝一座，计长一百丈，中减水坝宽十二丈六尺，东减水坝宽十二丈六尺。'则旧系石坝。诸说参差，未能划一，姑并载之，以待参考。"以后，乾隆、嘉庆、道光年间曾多次移建。

五、西坝与西坝小盐河遗迹

位于淮阴区王营镇废黄河与盐河之间。清康熙年间靳辅治河，在蒋家坊、王家营间建减水大坝，坝分东西，西者即为“西坝”。道光十一年（1831），两江总督陶澍废纲盐行票盐，在西坝建栈囤盐，迁淮盐掣盐所至此，规定盐斤由盐河运到西坝栈积，然后由岸商运到各地销售。西坝成为淮北盐的集散中心。盐商岸贩纷纷投止于此，赁地租房，设场建栈，西坝一时间“闾阎相接，日以繁浩”，盛极一时。民国10年（1921），淮北票盐权取消，加之陇海东段通车、津沪海轮通航，淮盐已无迂道西坝的必要。西坝遂一落千丈。

西坝小盐河在淮阴区王营镇星光居委会西50米。此河北通淮北盐河，南接废黄河。道光十三年（1833），盐商筹资二万两白银，开挖3千米长、40米宽的南北走向小盐河。主要作用是盐船从淮北盐场把盐顺着淮北盐河进入小盐河两岸盐栈栈积，改捆收税后装船入黄河、运河、洪泽湖而销售各地。小盐河为承载盐船而兴盛百年。民国21年（1932）国民政府实行盐政改革，西坝盐业衰败，小盐河随之废弃。现仍有300余米长的河槽基本保持原状，两岸尚有几处盐商住宅遗址，以及历史上曾非常繁华的古街。

六、王家营渡

又叫王家官渡，在淮阴区王营镇南废黄河边，今淮海北路黄河桥东50米。咸丰《清河县志》卷三《建置·津渡》载：“旧设官马船五，救生船四，官报船三，外北厅马船六。”《续纂淮关统志》卷四《乡镇》载：“凡南来起旱北去者，必至此渡黄，雇车上站，实为淮属要津”。

七、清江坝遗址

黄河全流夺淮之初，黄、淮共用河道，系由杨庄、王家营经钵池山以东，至淮安新城折向东北涟水境内迤逦入海。这段河道至今清河区水渡口附近，与故沙河（清江浦河）相距最近。明成化七年（1471），“始筑淮安清江坝。是年秋，淮河泛涨，灌入新庄闸口，至清江浦二十余里淤浅不通，遂筑坝于清江浦北以蓄水。令粮船俱由淮安东北仁字、义字二坝车过，又于浦东、西置二坝以助不及。”（明杨宏《漕运通志》卷八，方志出版社，2006年）成化七年所筑的清江坝，在今水渡口附近淮河边，分为东、西二坝，盘坝时，将淮河、清江浦河船上的货物全数剥卸下来，用车辆转搬，再装船北运、南输。清江浦运河与淮河之间遂形成一条转运的车路，车路与东西横街的交叉处，便叫“车路口”，而这条横街，也就被称为车路口街，是为东长街的最初名称。鼎盛时期，车路口街沿淮河堤一直至草湾，所以，以车路口为界，向东、向西又有大、小车路口街之别。为了方便百货转搬，正德六年（1511），在今水渡口淮河边开清江坝，该坝“去治西北三十里，清江浦之东，正德六年开，遇清江口淤塞，即经此达淮。”（正德《淮安府志》卷五）时里运河船可直抵坝口盘驳，免去陆运之艰。通坝河道与车路口街的交汇处必须设渡，于是有“水渡口”地名。因车路口街东段系沿淮河堤延伸，故咸丰《清河县志·图》将“水渡口”标在黄河汰黄堤下。

明隆庆（1567～1572）后，黄、淮水患愈演愈烈。万历四年（1576）开草湾新河以纾水患，河下一带故道几近断流。因此，淮安城所需“米、薪诸物，必溯清江浦搬坝，由里河以达城西。”（天启《淮安府志》卷一）然而，由于淮河河床日高，致清江坝“淹筑转移不常”。（天启《淮安府志》卷三）大约至万历前期，清江坝已演变为仁、义二坝。

又据《河防一览》载：“仁、义二坝原共一口出船，系黄河埽湾，又与清江闸相邻，恐有意外冲漫之患。见今筑堤在上，以御黄流。”（《河防一览》卷八）可见不仅出船困难，而且已成黄河险工。故万历十八年（1590）《河防一览图》已经将清江坝所在的位置，不标为“清江坝”，而用绿色标为“清江浦堤”。可见到万历十八年前后，清江坝已经不再具有临时盘剥坝口的功能。历史上，清江浦城东长街又叫“仁义洼街”，而《河防一览》中所言仁、义二坝，即“仁义洼”地名的缘起。

清江浦的仁、义二坝，就是“新仁、义二坝”，是相对于早已废弃的淮安新城东门外的旧仁、义二坝而言的。另外，老坝口就是明代的清江坝位置。

八、杨庄活动坝

杨庄活动坝一名杨庄节制闸，属于近现代遗产性闸坝。在今淮阴区王营镇杨庄南的废黄河上。为五孔钢筋混凝土结构，上建有行道桥。闸底高程8.5米，闸顶高程16.5米，胸墙底高13.6米，单孔净宽10米，分洪每秒500立方米。建于民国25年（1936），日本帝国主义侵略中国时悉遭破坏，1951年修复。目前保存完好。其作用为节制淮、沂、泗洪水，保证杨庄以下沿河地区居民的生产和生活用水。

第三章　中运河工程遗产

黄河夺泗入淮以后，徐州以下的泗水河道变成黄河河道，也就是元明时期淮阴至徐州间的大运河航道。黄河含沙量高，流量年内季节变化很大，对漕运十分不利。康熙二十五年（1686），河道总督靳辅在加筑宿迁支河口至淮阴清口黄河北岸遥堤的同时，在遥堤和缕堤之间开挖一条运河，历时两年完竣。（崔文升《靳文襄公治河方略》卷二）该河上接宿迁支河口，引骆马湖水济运，中经宿迁县城以东、桃源县众兴集（今泗阳县城），至清河县城（小清口）以西的仲家庄运口入黄河，顺流东行7里，渡过淮河，即可入清江浦运河口（南运口）。至此以后，“粮艘称便”。（光绪《淮安府志》卷七《河防》）为了防止给骆马湖水增辟下泄通道，并保障中运河堤，又于仲家庄以下开河，与盐河相连接，经清河县杨庄、王家营北，历山阳，至安东县（今涟水县）东北入海。

康熙三十八年（1699），“总河于成龙奏请，中河南岸甚洼，子堤不能久立，将北岸改为南岸，另筑北堤，从中挑河建闸，谓之‘新中河’，而旧中河废。三十九年，总河张鹏翮以新中河敝坏已甚，河首紆曲不利行艘，且三义庙以上三十余里河身浅狭，湖水骤涨，难以容纳，旧中河河首至三义坝河身深广胜新河，惟自坝下至仲庄闸河身极浅，南岸湖水散漫，难筑子堤，兼距黄河岸近，防守不易。”（乾隆《淮安府志》卷六河防·中河）疏请改于三义坝以下用新河，以上用旧河。“遂于三义坝筑堤一道，截旧河改入新河，用旧中河上截与新中河下截合为一河以行运。又于河之首尾各建石闸，以时启闭。”（乾隆《淮安府志》卷六河防·中河）“（康熙）四十二年，上谕：‘以仲庄闸紧对清口，有碍行运。’又于陶庄闸下挑引河一道，改从杨家庄出口，并建束水草坝三座，至今运道通利。”（光绪《淮安府志》卷七《河防》）

咸丰五年（1855），黄河北徙，运河水路交通一度中断。清政府虽一再修复，然通航能力大减，每年数百万石的南方漕粮逐渐由海路北运。中运河两岸堤身矮下单薄，隐患丛生，洪水季节常倒堤决口，漫流成灾，洪水过后则水源枯竭，航运、生产、生活用水得不到保障。国民政府和苏皖边区政府期间，均有所整治。

新中国成立后，对中运河的治理基本没有间断过，治理过程从局部治理到全面治理，从单一开发到全面开发，规模一次比一次大，标准一次比一次高，投资也一次比一次多，如今已成为三级航道。

第一节　北运口与通运工程遗址

北运口与南运口并存、对举。南运口指清江浦河入淮口，在中运河开凿以前，北运口系指淮、黄交汇处的黄河航道口，中运河开凿以后，则指中运河口。

最初在黄河（泗水）主流汇淮处的大清口，在南运口新庄运口下游。明嘉靖初年，桃源县黄河“三义口淤塞，河流南徙清河县前，与淮水交会于小清口，此即今日现行交会之所也。”（乾隆《淮安府志》卷六《河防》）黄河主流改趋清河县城（旧县）之南，至小清口与淮河交会，位置移至新庄运口对岸上游，这时的两个运口，实为东西相对。应当成为“东、西运口”。然而不久，清江浦河口即南移。

因位于黄河湾溜直射之处，小型倒灌频繁出现，于是在新庄闸外临时筑坝，以防倒灌。嘉靖十五年（1536），从都御史周金建议：“于新庄闸更置一渠，约长五丈，立闸三层，重加防护，水发即三板齐下，贴席封固，虽有渗漏，疏浚不难。”（《明世宗实录》，卷一百九十五，中国书店，1983）万历六年（1578），“因议废新庄闸，而建坝于闸内，为车盘入淮之道。”十四年五月，黄河“决天妃坝，福兴（闸）渐淤，遣科臣常居敬督塞之。”（乾隆《淮安府志》卷六河防）

一、仲庄运口遗址

仲庄运口在清河县小清口县城以西三里的仲家庄东侧，今淮阴区中运河南岸（码头镇仲弓村一组）。康熙二十六年（1687）靳辅开中河时，运口即位于此。南来的漕船经码头三闸入张福河，进黄河至仲庄运口，入中运河北上，而北来的漕船要从中运河至仲庄运口入黄南趋。四十二年，运口东移杨庄，仲庄运口废，部分运堤至今犹存。此外，淮安榷关曾在这里设卡收税。光绪《清河县志》卷九《民赋·关税》载：“初设广济闸，即仲庄闸之改名，移设杨庄盐河闸，距大关四十里。外有分口一处，在旧县之西。该口分役稽征，汇入本口报解。”

仲庄闸遗址在淮阴区码头镇仲弓村。康熙二十六年（1687），在仲庄运口建有石闸，以便泄蓄启闭。初名仲庄闸，后更名广济闸。“广济石闸：在旧县西三里仲家庄左。原系行漕之口，康熙二十六年建，名仲庄闸，即所谓单金门大闸也。三十三年修，改名广济。四十二年，改挑中河出杨家庄口，闸闭。”（光绪丙子《清河县志》卷六）康熙三十四年，以仲庄闸紧对清口，有碍行运，又于小清口县城东之陶庄西侧建石闸一座，命名“康济闸”。闸东建撑堤二道，以资保护。然而，此闸建好后没有启用。（光绪丙子《清河县志》卷五）

二、杨庄运口遗址

杨庄运口遗址位于淮阴区杨庄中运河旧运口。咸丰《清河县志》：“康熙四十二年，移建运口于杨家庄，并建御示石闸。五十五年，闸南开挑越河，长二百五十丈，漕船由越河行走，石闸遂废。按：旧志有南北二撑堤、越河、南北二坝。”（咸丰《清河县志》卷六《川渎》）杨庄运口头、二、三草坝，位于运口内西侧，在今淮阴区王营镇盐闸村境内。咸丰《清河县志》：“在运口内，康熙四十二年建。”因头坝临近黄河，乾隆五十五年（1790），修筑杨庄头坝外埽工。（咸丰《清河县志》卷六《川渎》）2009年，淮安市大运河研究中心进行实地考察时，头、二、三草坝遗址尚能辨析。

杨庄石闸遗址在中运河旧运口。康熙四十二年（1703），因仲庄闸直对清口，有碍行运，将运口东移至杨庄，并建御示石闸，名杨庄闸。康熙五十五年，闸南开挑越河，长二百五十丈，漕船由越河行走，杨庄石闸遂废。

三、李庄运口遗址

亦称废李庄运口，在杨庄运口东北侧，位于淮阴区王营镇越河村四组、华能淮阴电厂南。“废李庄运口：乾隆四十一年开陶庄河，杨庄适当回溜，改挑此口。四十八年堵闭。”（咸丰《清河县志》卷六《川渎》）前后仅用7年时间。今运口概况尚能清晰辨别。李庄运口堵闭后，为防止其决口，修筑埽工。“李庄埽工：在杨庄运口之下，近盐河。乾隆五十一年建，今闭。”（光绪丙子《清河县志》卷六）

四、陶庄引河

光绪丙子《清河县志》载：“陶庄引河：康熙三十八年范承勋开，五十一年再开，乾隆七年三开，皆旋经淤闭。至四十一年开陶庄迤北新河，至今畅行。”陶庄引河是舟船由里运河渡过废黄河后，进入中运河杨庄运口的连接河道，因为夹于中运河与废黄河之间，非常关键，但也是一个多事之地。

第二节　中运河堤坝遗产

一、中运河旧堤

即从仲庄到杨庄运口的古黄河北堤，约15千米长。康熙二十六年（1687）开中运河，以黄河北堤为运河南堤，而挖出的河道之土则运往北边堆筑堤防。这条堤也叫老黄河堤，是黄河夺淮后河床逐渐淤高的情况下建成的。由于河道多弯，堤身单薄，明清两代不断加固，堤底皆是条石砌就，堤顶和迎水面全是碎石挡护。万历四年（1576），曾将这条老黄河堤改筑取直。

二、中运河竹络坝

位于淮阴区三树镇三坝村运河东岸。据传，明末这里决口，无法合龙，知县朱龙骑马赶来，情急之下连人带马跃进决口。后此坝被称之“朱龙坝”。康熙三十九年（1700），此坝又决，河臣张鹏翮率民堵决，用毛竹破成竹篾编制成笼，内装碎石和鹅卵石，挨次排砌成坝形。后朱龙坝又称之“竹络坝”。该坝对防洪有着重要作用。解放以后建成电灌站，担负着泗阳、淮阴两县八乡15万亩水稻的灌溉任务。

三、三义坝

在淮阴区三树镇蒋集村境内运河东岸三坝村，原属桃源县（今泗阳县）县域。《桃源县志》载：“古之刘备、关羽、张飞，三人少相友善，恩若兄弟。夫义者，斯人秉彝好德之良心也。大而功天地，感鬼神，此义也。微而格鸟兽，孚草木，亦此义也。桃源非涿郡结义之地，立庙可乎？故摭其实以记庙之兴废，并缘之以铭。”三义庙建置无考，迨洪武二十三年（1424）知县陈德彰重修。明总漕苏茂相诗曰：“惨淡风云挺异人，恩联兄弟义君臣。桃源嘘出炎精烬，别作锦城四纪春。”因三义庙名，随之出现三义镇。据乾隆《淮安府志》卷六《河防》，万历七年（1579）建三义减水坝。康熙六年（1667）后时开时闭，十年改建石闸，三十五年闭。现坝基清晰可见。

四、三百六十丈越堤

在淮阴区凌桥乡双闸村一组西200米，旧盐河头100米处。清康熙三十一年（1692），黄河泛滥，双金闸、中运堤决口200余丈，受淹数十村庄，万亩禾田。此后虽经多次堵塞，但一直被视为险段。为防再决，阻断盐河，乾隆十七年（1752），在此筑三百六十丈越堤。嘉庆十六年（1811）又增筑加固。现在此堤保存完好，为中运河险段重要防线。

第三节　下中河（盐河）

下中河古称官河，一名漕渠，是沟通淮安市和连云港市的人工运道，乃淮北盐运的航道。唐垂拱四年（688），开涟水新漕渠，以通海、沂、密等州，南入于淮，长130里，阔8丈，盐课所经，官舫估舶，帆樯相望，故曰官河。宝应元年（762），海州南有沟水，上通淮楚，为公私漕运通道，因“堰破水涸”，东海县令李知远“修而复之”。北宋元符（1098～1100）初，淮南开修楚州支家河，导涟水与淮通，赐名通涟河，即为盐河的前身。南宋建炎二年（1128），黄水夺淮，常将浊流倾注其中，加之海潮倒灌，到清朝初年，已严重淤塞。康熙二十六年（1687），靳辅挑浚盐河，由中运河的仲庄闸起，经杨庄、王营到朱元庄入涟水县境到平旺河上，全长约65千米。因居中运河之东，故名下中河，为海洲板、中、临三场引盐及苇荡左营租柴运道。每岁粮艘过尽，即放中河水入盐河，但堤堰单薄，每虑溃决，为害民田。雍正九年（1731），大挑盐河。嘉庆十七年（1812），接上自旧钳口坝至旧盐闸，挑河长一千四百二十丈。道光八年（1828），新建钳口坝，又自新坝至旧坝，挑河长一百八十丈。黄河北徙后，河床比较稳定。民国年间有局部疏浚。1949年开挖新淮河，盐河被分成南北两段。1955年，政府发动船民清除盐河线障碍。为便利通航，自1958年起，陆续建起朱码船闸、杨庄船闸、善南套闸、沂河南北套闸，通航标准分别为400吨或500吨级以上。1973年，在杨庄闸口门切坝。至80年代，盐河枯水期底宽约20米，水深2～2.5米，全年可通行100吨级船舶，年货运量300余万吨。

一、盐河口钳口坝

在淮阴区凌桥乡双闸村三组双金闸西500米处。本在旧盐闸上，乾隆三十一年（1766）建，嘉庆十七年（1812）移建双金闸上，道光八年（1828）复移建于新盐石闸上，见停启放仍由双金闸上。钳口坝泄水走双孔闸，穿拦河堰，下单孔闸，入盐河。《淮阴风土记》载："盐河至是斗折而南，承受中运分泄之水，其西作格堤以为揽约。坝旧为柴埽，民国10年（1921）倒坝后，塞以秫秸，12年改用碎石镶砌。"解放后，中运河堤增高，盐河闭塞，钳口坝遂废。

二、盐河双金闸

位于淮阴区凌桥乡双闸村，系淮北盐河与中运河交汇处的节制闸。清康熙二十四年（1685）建（乾隆《淮安府志》曰三十四年（1695）建），泄黄水入盐河，四十二年拆去矶心，改为石裹头。乾隆八年（1743）改为柴坝，相机展束。有南北撑堤二道。道光八年（1828）改双孔石闸，二十七年重经拆建。光绪七年（1881），总督左宗棠、漕督杨昌浚合词疏请移建，乃距旧闸六十丈为新闸，辛山乙向，金门各广一丈八尺，墙高二丈四尺，上裹头广二丈，上迎水斜长五丈，由身长四丈，下分水斜长九丈，下裹头广二丈，矶心围十七丈六尺，梭头式。九年十月兴工，十年六月竣工。

三、盐河船闸

在淮阴区王营镇杨庄村东南。康熙四十二年（1703）建，乾隆二十三年（1758）圮，移建旧闸迤西五十丈。嘉庆十八年（1813）复移于双金闸下新钳口坝内，以上旧闸，皆拆起无存。道光八年（1828），改建双孔石闸于一百八十丈迤上。十六年，又在双孔闸迤下添建单孔新闸，更替启放。又新涵洞二，道光十三年（1833）建于单孔闸之下。道光二十七年，双孔石闸重经拆建。20世纪40年代闸废，1958年在淮阴闸上游东岸盐河口新建，为分淮入沂总河利用的工程之一，也是盐河灌区引水渠首工程。该闸可灌溉该地区的258万亩农田；可控制中运河既淮沭河的洪水，保证闸下200平方千米地区不受洪灾；可利用进水闸蓄水发电。进水闸真高，上游14.6米，下游9.0米。进水闸与开敞式涵洞结构共13孔，每孔净宽3米，墩厚0.5米，共44米。涵洞长20米，进水口1.5米，真高6.8米。闸上为便桥，宽5.5米，按2吨荷重设计。闸身下游设有混合消力池，涵洞为12扇闸门，每扇设6吨手摇直立齿轮启闭机1台。（参见第八篇《水利》第三章《涵闸泵站》）

第四章　祠庙　驿站　金石

漕运盛时，淮阴地处黄淮运交汇处，逾越之难，难于登天，有"水上蜀道"之称。故当时清口枢纽节点、中里运河沿线，水神、河神、风神、湖神等各类祠庙旗幡相望，香火相闻，金石碑记，数不胜数。而上至帝王将相，下至贩夫走卒，过闸过坝，越黄渡淮，无不焚香祭拜，列供跪祷。今遗址存者，十不遗一。清口驿原在小清口旧县，乾隆二十六年（1761）迁王家营，是通京大道上的四大驿站之一，今唯存地望与一架牌坊。

第一节　祠庙　驿站

一、码头惠济祠

惠济祠位于淮阴区码头镇二闸村，民间有“天妃庙”“奶奶庙”“铁鼓祠”之称。明正德初（1506），道士袁洞明卜地河浒，建太山行祠。武宗南巡时，驻跸祠下。嘉靖初，章圣皇太后水殿渡河，赐黄香白金，额曰“惠济”。清即其旧宇，崇祀天后，遂称“天妃庙”。又因庙有铁鼓，故亦名“铁鼓祠”。雍正五年（1727），敕赐天后圣姥碧霞元君。乾隆十六年（1517），皇帝南巡，设行宫于祠左，因命重修，仿内府坛庙式，火珠耀日，飞阁凌空，虽在郊原，而有皇居之美。《淮阴风土记》载：“祠据重冈之土，地势如脊，其左面及前方皆运河。昔日漕运之时，南漕一百五十余万石，舳舻相继，经过此间，望祠三面，乃须三日。故舟抵津沽，恒举以语人，谓‘南河有个奶奶庙，东山头到西山头，三天三夜’。”祠分正殿（又称无梁殿）、篆香楼、三清阁三部分，然均为战火和“文化大革命”所毁，残存者仅有祠门旁所立的一块石碑，乃乾隆皇帝御笔。惠济祠曾为古运河沿岸规格最高、规模最大、香火最旺的一座祠庙，南来北往的船民顶礼膜拜，帝王将相、文人雅士们驻足谒览，乡间百姓更是赶会祈祷。

二、高堰关帝庙

其遗址在淮阴区赵集镇高堰村二河渡口北侧。始建于明万历年间。清康熙、乾隆二帝南巡，视察高家堰、洪泽湖，均曾驻跸于此。清末凋敝圮废。今仅存少量条石基础。2012年，市博物馆对该遗址进行清理、勘探，未有重大发现。

三、王家营马神庙

在淮阴区实验小学院内。现存古井等，有马神庙历史陈列室。据张煦侯《王家营志》卷四宗教：“马明王庙，盖车骡商私祀之神也。乾隆《志》有马神庙，在王营堤上，殆亦即此。志称雍正六年立义学于此，其源最古。乾隆五十四年，车骡商姜进公捐资修建，其前有戏台。值嘉道之交，市廛殷实，歌吹无时休。改国后，其后裔秉衡重修，里人张廷臣三修。民国十八年，县设农民教育馆于王营，秉衡之子道立舍庙及田以入焉。”新中国成立后，改建成王营小学。

四、清口驿

《王家营志》卷三交通：“初，县之未移也。地差僻远，不与镇相属。清江浦为山阳重镇，相去三十里，缓急莫应，轺车往来，清江有绕道拨马之苦，山阳有隔远往返之烦，乘传者病焉。乾隆二十六年，江苏巡抚陈宏谋初奏移县治于清江浦，而改设马号于王家营。王营故有驿路，北起京师，至堤而讫。不知所自始，清初巡幸所经，故亦谓之御路。厥土疏而易陷，雍正八年，尝事修筑，且浚其沟。乾隆八年，更因故制培浚之。又列墩置戍以护行旅。自县治东移，与镇隔河相望，不纡道而达。河堤设马号，濒河置渡以通清江。”“驿之别为塘，凡督抚发递章奏文移用之。自省会至京师为塘四，王家营曰南塘，置塘官主其事。”清口驿遗址在淮阴区王营镇废黄河北堤上，有码头、牌坊。

第二节　金　石

一、淮安清口灵运记碑

明天启六年（1626）立。通高2.2米、宽1.07米，由碑身和碑额组成。额面刻龙纹，背面刻“□阴题名” 4字；碑面刻文已漶漫不清，约800字，落款：“进士通议大夫总督漕运提督户部尚书苏茂相撰并书”，碑阴刻地方绅士名录。碑存三河闸管理处。

二、重修惠济祠碑

清乾隆十六年（1751）勒，碑额刻蟠龙卷云纹，须弥座亦刻龙纹，通高4.8米、宽1.4米，碑面刻文为乾隆皇帝所撰。今立淮阴区码头镇二闸村。

三、惠济祠乾隆诗文碑

该碑通高2.05米，宽0.86米，厚0.35米，须弥莲花座，碑面刻乾隆七律诗一首，碑阴刻乾隆皇帝撰文。原立淮阴区赵集镇高堰村二河南大堤上，20世纪80年代移三河闸管理处。

四、镇水铁犀

清初，黄河决溢频繁，常倒灌清口，淮水决高家堰，冲击里运河，致使漕运受阻。康熙虽权利治河，仍难保证运道畅通。依据五行相克之道，认为蛟龙怕铁，于康熙四十年（1707），铸九牛二虎一只鸡，分别置于洪泽湖大堤、运河和废黄河堤上，反映了镇水祛灾的强烈愿望。今洪泽湖大堤上尚存镇水铁犀5头，其中，三河闸管理处保存2头，洪泽县湖滨公园、高良涧进水闸和淮阴区高堰渡口各保存1头。铁牛为生铁铸造，工艺精湛，身长1.7米、宽0.57米、高0.68米，伏卧在长1.5米、宽0.83米、厚0.07米的铁板之上，重约2250公斤。造型生动，“魁型巨首，垂耳抱角”，大有“翘首茫茫湖天，欲吞万顷波涛”之势。肩胛上铸有阳文楷体七言铭文，曰：“维金克木蛟龙藏，维土制水龟蛇降。铁犀作镇奠淮扬，永除昏垫报吾皇。康熙辛巳年端午日铸。监造官王国用。”或言四言铭文，曰：“维金克木，蛟龙远藏。土能治水，永镇此邦。康熙辛巳年端阳日铸。”铁牛对研究洪泽湖水文和湖堤历史具有一定的科学价值，被评为省级文物保护单位。

五、琉球使臣郑文英墓碑

详见第二十七篇《文化　旅游》第五章《文物古迹与非遗普查》

第五章　清口枢纽地区非物质遗产

第一节　运河歌谣

【淮阴清口枢纽船工号子】

隔河望见一座闸，就像隔着一座山。
有心闸上去苦钱，没匡一过要三天三。

勒紧裤带背着纤，一拽就是日西山。
听从老大摇令旗，不干就得把眼翻。

酷暑弄船撵日头，冰天雪地也不闲。
富人饮酒小高楼，穷富为啥不一般？

喂——嗬——喂——嗬

哼哼歪歪拉上来，衣衫湿透无人疼。
船是木龙离了号不行，人是饭壮离了粮不行。

小曲好唱口难开，樱桃好吃树难栽，
想吃樱桃栽下树，等着樱桃开花来。

【淮阴惠济闸纤夫过闸号子】

呀啦呵咳，大家用力一起拉，河神保佑过头闸，
呀啦呵咳，大家用力一把劲，平安无事过头闸，
呀啦呵咳，大家用力一齐心，“三牲”拜祭过头闸，
呀啦呵咳，大家再来一把劲，平安无事过闸头。
呀啦呵咳，大家再来一把劲，平安无事过闸头。

★在拉船过程中，艄公不时的对拉缆的闸工叫喊“低点头”“高点头”（意为用力拉、放松点）。

【里运河纤夫号子】

哎哩哎呀、哎呀哎哩！
淮阴到宝应呀，里程六十六啊，路经九道弯啊；
高邮到邵伯啊，露筋两头单，一头三十三。
姜堰到泰州，六十六里路，七十二道沟。
哎哩哎呀，弯弯拐拐，拐拐弯弯，
马上就要到江湾，哎哩哎呀！

（码头顾春华口述，毛立发整理）

【淮阴船工号子】

尕尕一只舟，叭叭水上游，
哗啦一声响，霍托到扬州。

★尕尕：淮安方言，很小的意思；霍托：淮安方言，形容速度极快。

【河工打夯歌】

不会喊号只会哼，哼哼呀呀打石磙（方言音拱），
哪天哼到杨柳开，杨柳花开满树红。
正月采花无花采，二月采花花没开。
三月桃花满树红，四月芒种把秧栽。
五月龙船漂过海，六月荷花满地开。
七月里来七秋凉，织女又会牵牛郎，
八月初一雁门开，孤雁头上带霜来。
九月菊花家家有，十冬腊月无花采。
要想采花慢慢等，等到明年春再来。

（摘自《淮阴县志》上海社会科学院出版社，1996.2）

第二节　故事传说

一、洪泽湖大堤的传说

在洪泽湖大堤修筑之前，这里年年洪水泛滥，给下游的人民带来了极大灾难。相传明朝的开国军师刘基，为了消除水患，给人民造福，便在洪泽湖东岸，建造了一条长达60多公里的洪泽湖大堤。大堤的北端，在淮安市淮阴区码头镇的石工头，南端在洪泽县蒋坝镇的老堆头，又叫螃蟹坝。

相传刘基在修筑大堤之前，趁着淮河发洪水、洪泽湖暴涨的时候，在上游水面撒下很多麦壳、麸皮之类的细碎漂浮物。待到洪水过后，这些漂浮物大部分粘结在湖东岸，形成一道清晰的浪迹。于是，刘基命令具体负责施工的官员以这道长长的浪迹为基准，放样筑堤。现在的洪泽湖大堤所以弯弯曲曲，据说就是刘基当初根据浪迹放样而筑成的。

洪泽湖大堤工程十分浩大，临水面全部用条石砌成，堤高两丈多，底宽四十多丈，顶宽十丈，大堤里面全以三合土夯筑（即石灰、糯米汁与粘土混合而成）。

洪泽湖大堤建成后好多年，朝廷为了保堤镇水，命令治河官员铸了九牛、二虎、一只鸡，分别放置在洪泽湖及其附近的险工地带。第一头牛放在淮安市区东边的大口子附近，至今仍有人把那儿叫做铁水牛；第二头被安放在码头镇的街口；第三头放在淮阴区赵集镇高家堰的大堤上；第四头和第五头放在洪泽县高良涧船闸旁边；第六头放在洪泽县城南边的周桥；第七头放在距离洪泽县蒋坝镇五里路的地方，叫五里碑；第八头和第九头牛放在洪泽县三河闸附近。

“二虎”放在码头镇奶奶庙的旁边。一进庙，南北有两个亭子。虎放在亭子里，虎头向西，尾巴翘起来，虎的背上压着一米多高的石碑。“一只鸡”，在淮安市区东边老洋桥口附近有个叫山西会馆的地方，这只鸡就被安放在山西会馆的正中屋顶上。

这九牛、二虎、一只鸡，全用生铁铸造，传说内有金心银胆。其中，尤以铁水牛造得最好，每头4000多斤，昂首屈膝伏卧在铁板上，其肩部铸有文字：“维金克木蛟龙藏，维土制水龟蛇降，铸犀作镇奠淮扬，永除昏垫报吾皇。康熙辛巳年端午日铸，监造官王国用。”

关于铁牛镇水，当地有一个神奇的传说。有一年湖里窜来一条妖龙，闹得洪泽湖周边地区无有宁日。有一天，住在湖边老子山炼丹的老聃骑着青牛在堤边采药，看到那条妖龙又出来准备干坏事，上前好言相劝。可恶的妖龙不仅不听劝告，还口出狂言，要吃掉老聃的大青牛。说着说着，还真的动起手来。老聃见状，下了青牛，在牛屁股上轻轻一拍，神牛摇了摇头，就和妖龙斗了起来。斗了七七四十九个回合，妖龙不仅没有讨到半点上风，还让青牛尾巴扫下三片血淋淋的龙鳞，逃之夭夭。

妖龙从此惧怕神牛不敢再去老子山附近，却跑到洪泽湖北岸、东岸一带兴风作浪，危害百姓。谁知得意之中却听到大青牛的哞叫声，于是掉头就跑。湖边百姓掌握了妖龙惧怕青牛的要害之后，就收集许多生铁铸造了九头铁水牛。每当西风骤起、惊涛拍岸的时候，铁水牛嘴里就会发出“哞哞哞”“呜呜呜”的叫声。说来也怪，只要听到铁水牛嘴里发出的叫声，再大的狂涛也不敢放肆，只有乖乖后退。

二、碧霞元君与惠济祠

碧霞元君是供奉在淮阴码头镇碧霞元君祠里的圣母。碧霞元君祠又叫惠济祠、奶奶庙。

相传明正德年间，淮河里有一水怪，经常兴风作浪，伤害生灵。早晨在河里捕鱼的小船经常是有去无回，连船带人就被那水怪吞掉。水怪夜晚还会到周围的村庄里偷吃牲畜，一时间弄得人心惶惶。那时，淮河里几乎看不到人捕鱼。泰山圣母听说此事，便派碧霞元君来淮河捕捉那水怪。

碧霞元君带上斩妖之宝，骑着水麒麟来到淮阴城北的淮河。太阳刚下山，碧霞元君见那水怪又出来作恶，便从后边绕了过去，放了一个宝物，打在那水怪脊背上。那水怪被击中后，从水中腾起，直向碧霞元君扑来。碧霞元君向左一闪，那水怪扑了个空。水怪刚转过头来，又被碧霞元君放出的宝物击中了头部。就这样你来我往大战了七十回合。人们只听到河里的声音如排山倒海，都彻夜未眠。直到金鸡报晓，淮河里的声音才平息下来。

待到天明之后，人们向河里一看，淮河的水浑浊不清，还有血红色，好大的水怪飘在水面上。那水怪原是条鱼，叫鳄鱼，因海水涨潮流入淮河，后来便在淮河里兴风作浪。人们听说那水怪是被碧霞元君斩除的，都到碧霞元君住的地方叩头拜谢，感谢她为民除害。

为了让淮河两岸百姓永远安宁，碧霞元君还命人将那水怪弄上岸来，将肉分食于百姓，还将骨架造了一条小船。要是在江河湖海中有遇到不测的船只，她便乘上这条神舟，飞将过去，进行救护。人们感谢碧霞元君，便在湖边建起了一座大庙，这就是后来的惠济祠。每到农历六月初六、七月初七，许多船民都会来这里烧香，对碧霞元君表示敬意。

三、蛇加坝的由来

淮阴区码头镇是包含多处世界遗产点的清口水利枢纽所在地，这里横沟竖坎无数，古代的土木石水工建筑密布，蛇加坝就是其中之一。蛇加坝在泰山村境内，现存一段约一里长的高土堆子。提起它，在当地还流传着一个故事。

话说在虞舜的时候，古运河流经码头镇泰山村境内，灌溉、航运，方便了沿岸住户。突然有一天，位于泰山村的河堤漏水，水势越来越大，浸泡了村庄，还淹死了好多人。

发水灾的消息传到舜帝那里，他立即派治水能人大禹带领上万民工奔赴灾区。大禹到运河漏水处一看，惊呆了，原来决口的地段没有了泥土，却有无数条大小不等的银蛇缠绕在一起，形成了蛇坝。随着银蛇拱来窜去，河水不断外流。大禹决定用老办法打桩、加草、上土，可这些物资全被银蛇拱掉，坝子始终垒不起来。大禹派人打蛇，可是蛇太多了，无法打完。十几天下来，耗费了很多钱财，伤亡了很多民工。大禹寝食不安，一筹莫展。

施工期间，民工们天天都见到一位鹤发童颜的老者来此观看。一天，老者突然对运土垒坝子的民工们大骂道："人都说大禹善于治水，原来是个有名无实的饭桶。"一些崇拜大禹的民工很不服气，就把老者绑押到大禹面前。大禹给老者松了绑，平心静气地说："老人家，我是无能，您有何高见呢？"老者手捻胡须，不以为然地说道："区区小事，有何难哉？你把运河上昼夜往来的船只统统拦下，组织民工卸下船货，到山区运石头，做石灰窑，然后烧石灰运到这里，将石灰倒在蛇身上，蛇就会被烧死，再上土垒坝就成了。"

大禹听后，一一照办，坝子果然垒成，滴水不漏。大禹十分高兴，赏了老人许多金银财宝，并聘请他为治水顾问。

四、淮阴竹络坝的传说

淮阴竹络坝，位于中运河北堤上，在淮阴故城码头镇西北约10多公里。黄河故道位于中运河南侧一箭之地，在这一带与中运河平行。

话说当年隋炀帝为了去扬州看琼花，动用许许多多民工开凿了贯通南北的大运河，这一来可气恼了黄河龙王。龙王派猪龙拱开了运河大堤，黄河水夺路而出向东北流去，淹没了无数村庄、良田。当时淮安府的康大人带着百姓顺着水势筑土加围，就像网一样包住了"黄龙"。这条河后人就称为"包河"。现在，它已没有水了，只剩下河床。

且说那康大人，是个与民同甘共苦的清官，他把洪水套上"笼头"以后，又组织人力打坝子堵塞运河决口。可是，缺口处被冲击得很深，形成一个很大的漩涡，不论填多少土都被水流卷得无影无踪。康大人和民工一起琢磨，想出了一个好办法：缺口处打下密密的排桩，再放下竹篱笆，并用绳索将竹篱笆连接起来，然后全力以赴填筑土石，几天以后，缺口逐渐缩小，却始终不能合龙。据说这是猪龙搞的鬼。每到快要合龙时，就在下面用力拱开。坝子每拱开一次，就有一些民工被卷入水中。民工们都不敢上前了。康大人见状，十分焦急，带头跳入缺口，死死抓住晃动的木桩，民工们也纷纷跳入水中。突然，一个巨浪把前面的康大人冲走了。民工们虽然奋力打捞，但一直没有找到康大人。说来也怪，康大人被卷走后，浪头也小了，水流也缓了。民工们拼命填土，大坝终于合龙了。

后来人们就称这个坝子叫竹络坝。地方上人也称为“猪笼坝”。（摘自《淮阴县志》上海社科院出版社，1996.2）

五、侯二门的由来

高家堰是洪泽湖大堤的古称。在高家堰十堡与十一堡之间，有一处妇孺皆知的险工叫侯二门。过去，侯二门经常决口，为了加强防范，官府给地方黎民百姓划定看管堤段，这段险工堤段就近分给了侯二夫妇。分工后，侯二夫妇深感责任重大，日夜轮流看守。侯二对夫人说：“官家把这段堤分给了我们，这是看得起我们，说明我们平时说话做事得到大家的认可。这回呀，我们得把这堤段看好，不让它出一点漏子。”“对。不让它出一点漏子！”夫人回答道。

这年，秋水将至，险情又现。一天，夫人送来饭食，侯二便用起餐来。突然，侯二发现水中有处翻泡打漩涡，连忙撂下手里的饭碗，叫老婆鸣锣报警，自己猛地跳入水中挖泥堵洞。侯二老婆一边鸣锣报警，一边挖泥饼递给侯二。就这样夫妇俩一连干了好长时间，可是漩涡越来越大。情急之下，侯二立即用身体拦挡漩涡洞口，可是区区一人之身哪能挡住滚滚洪水呢？侯二大喊一声：“快叫人来！”刚喊一声，侯二就被卷入了漩涡。夫人林氏一看，也奋不顾身地跳入洞中。当官吏和周围的群众闻讯赶来时，侯二夫妇被卷入洞中已看不见身影。此时此刻，人们十分悲痛，大声喊道：“侯二你回来吧！”人们一边喊一边堵住了洞口。为了纪念这对夫妇，人们在那个洞口立了个门，叫“侯二门”。（季云华、朱士元搜集整理）

六、党得柱的故事

清代黄河泛滥频繁，无论是朝廷还是民间，对治河都十分重视。在大力治河的同时，人们也将希望寄托于神灵，于是一系列的黄河水神、大王、将军便应运而生。党将军便是清代的黄河大将军之一，也是河神黄大王的随班八大将军之一，其职责是“管理河道，填埽闭塞”。

党将军姓党名柱，本来是一个河工，那么他是如何成神的呢？清代《敕封大王将军纪略》中记载了党将军的故事：

将军讳柱，河南封丘县人，为河夫。顺治二年，荆隆决口，钦使敦请黄大王求策。王至，令点河夫内有将军，王留之：“是人将为神。”命送百金于其家。卷将军于埽中，入水少顷，见一蓝手如箕出水面，官民恐怖，请王视之，叱曰：“封汝将军之职，随班侍值！”手即隐，堤工告成。

说来也巧，也是在清代，也是黄河堵决，也是发生于党姓男丁的真实故事：

清嘉庆十六年（1811）夏天，黄河在清口以上的清河县吴城七堡南堤决口，黄河浊流直入洪泽湖，如此下去，数百年经营的蓄清刷黄济运方略将无法继续下去了。南河总督陈凤翔因此遭到朝廷“严谴”并落职，以黎世序取代他做了南河总督。为了尽快堵塞这个决口，组织军丁民夫昼夜抢堵。但是，由于决口水势太猛，加之军丁民夫久战疲惫，堵决工程进展甚微。此时，负责一线工程的官员听从了一位师爷的主意：开始在民夫中打听有没有姓“挡”的人。说来也巧，民夫中不仅有“挡”的，而且名字就叫“党得柱”。

这位师爷大喜过望，如获至宝，一了解，党得柱家就住在决口附近的吴城七堡。他家是回民，明代从甘肃省逃荒南来，历经千辛万苦，辗转来到清河县黄河南岸的人烟稀少处，开垦无主荒田度日。当时，党得柱40多岁，家有父母、老婆、两个孩子，一家6口人，他是全家的主要劳动力，生活非常艰难。师爷报告长官后，立即亲自到党得柱家做说服动员工作，托神托鬼，软硬兼施，威胁利诱，答应免除党家五代的皇粮国税，并立据赠匾。要知道，他家平常连糊口都有困难，哪一次交皇粮国税不是如过刀山呀！因此，党家一家人最后总算默许了。党家工作一做好，党得柱就被裹在柴埽中，推入水中，称为

“打人桩”。说来也怪，活生生的“人桩”一打，军丁民夫无不神勇倍增，堵决工程也随之迅速合龙。

党得柱的后人还在呢！他们就住在淮阴区吴城镇黄河村，“文化大革命”中，嘉庆皇帝赐的匾额被作为“四旧”毁坏。（毛立发整理）

第三节　表演艺术

一、码头回民高跷

淮阴区码头镇是历史悠久的回民聚居区，“回民高跷”名闻遐迩。据传最迟在明代就已出现，它以激情奔放、刚劲舒展、诙谐有趣而闻名，是传统的民间舞蹈项目。

码头镇高跷表演者的化妆、服饰多模仿舞台戏剧人物，表演题材多为群众喜爱的戏曲和神话故事，如“唐僧取经”“白蛇传”等。表演的人数少则两三人，多则十几人，表演者以手绢、彩扇、烟袋、马鞭、木条子等为道具，脸谱化妆比较夸张，装束多以大红大绿为主调，具有浓郁的乡土气息。这些风格特点，充分体现在“扭、浪、逗、相”等表演技法中。码头镇高跷分文高跷和武高跷两种形式，在文高跷中，舞蹈以扭和踩为主，武高跷主要表演“过仙桥”“跳桌子”“跳双凳”“大劈叉”“扑蝶”等各种难度大的动作。如今，码头镇会高跷的人已呈现萎缩之势。当地很多年轻人虽会踩高跷，但踩得好的不多，愿意登台表演的更少。（参见第二十七篇《文化　旅游》第三章《民间文艺》）

二、马灯舞

马灯舞是淮阴区传统的舞蹈艺术。马灯与纸扎马是一门纸扎艺术。马灯舞起源的历史背景说法很多，分布也很广。元明清时期，淮阴区地处黄淮运河交汇处，是黄淮运河道的治理中心，境内险工险段非常多，每逢汛期，防洪抢险几乎是男女老少齐上阵，风雨昼夜不懈怠。特别是到了夜晚，查堤防决的人们手提马灯，梭巡于河堤之上，异常辛苦。后来，民间艺人们便以此为题材，演绎成以抗洪防汛为特色的马灯舞。其阵法富有变化，参加人数也比较灵活。

第三十篇　卫　生

1978年，境内设县级医疗卫生机构5家，公社卫生院28家，全县共有卫生技术人员874名。20世纪80年代起，预防、保健、医疗等卫生机构相继恢复和完善。乡镇卫生院能开展普通外科手术或眼科手术，临床检验设备、显微镜等亦已普及。农村诊疗环境有所改善。1991年，县委、县政府作出加强农村卫生事业发展的决定，将乡镇卫生院建设列入社会发展“八五”计划，不断加大基础设施建设。各医疗卫生机构诊疗设施、技术水平、服务质量、管理水平均达到国家“初级卫生保健试点县基本达标县”规定的等级标准。1997年，农村合作医疗再一次被提上重要议程，在刘老庄等15个乡镇施行福利风险型合作医疗，即合医合药，分阶段按比例报销部分医药费，有较多农民看病获得合作医疗补偿。2000年后，不断加强卫生队伍建设，吸收、引进现代医学技术，简陋、落后的医疗设施大为改观，逐步形成医疗环境优美、医疗设备精良、技术力量雄厚的区（县）、乡镇、村（居）三级医疗卫生服务网络，医疗服务水平显著提高。可独立开展各类大中型手术，临床科室业务项目能够满足人民群众就诊之需。2003年，淮阴区被列为全省新型合作医疗试点区。至2008年，各医疗单位进一步改善医疗设施、设备，规范服务行为，优化服务质量，为居民提供集医疗、预防、保健、健康教育、慢性病康复、计划生育六位一体的连续、综合、全方位的社区卫生服务。

第一章　机构　队伍　设施

第一节　机　构

一、管理机构

1978年，县卫生局内设政工股、财务股、医教股。1979年8月增设药政股。1989年5月增设防保股。1991年7月增设监察室。2001年，淮阴县卫生局更名为淮阴区卫生局，同年11月撤销药政股。至2008年底，卫生局下设人秘科、财建科、医政科、防保科、监察室、爱卫办6个职能科室。

二、直属单位

【卫生监督所】1978年核定编制40人，核定股室4个，分别是防疫股、寄防股、卫生股、检验股。1984年3月成立淮阴县结核病防治所。2001年，淮阴县卫生防疫站更名为淮阴区卫生防疫站。至2003年，内设卫生、防疫、检验、宣教、寄防、结防、食品卫生、科技、总务、办公室等职能科室，有职工41人。是年6月16日，批准组建淮阴区卫生监督所，为副科级事业单位。2004年，区防疫站与皮防所合并，淮安市淮阴区卫生监督所正式成立，承担全区卫生综合监督执法职能。至2008年，内设办公室、稽查科、监督一科、监督二科、监督三科、财务科6个科室，事业编制20人，人员参照国家公务员制度进行管理。

【皮肤病防治所】 1975年，在赵集公社老场大队建立专业防疫机构淮阴县湖滨医院，1985年，撤院建所，更名为淮阴县皮肤病防治所。1987年，迁址到小营乡左庄村，开展对传染性皮肤病、性病的防治工作。1996年，皮肤病防治所门诊楼建成开业，有员工33人。2001年，淮阴县皮肤病防治所更名为淮阴区皮肤病防治所。2003年6月16日撤销区皮肤病防治所，与区卫生防疫站合并组建淮阴区疾病预防控制中心。

【疾病预防控制中心】 为2003年6月16日批准组建的副科级全民事业单位，增挂淮安市淮阴区卫生检测中心牌子，2004年1月正式成立，承担全区公共卫生、疾病预防控制、卫生检测检验、预防医学研究、培训及健康教育等社会职能。2005年11月增挂淮安市淮阴区健康教育所牌子。至2008年，内设办公室、传染病控制科、慢性病防治科、疾控一科、疾控二科、结核病防治科、皮肤病性病防治科、卫生监测科、检验科、门诊部、财务科等职能科室，事业编制40人，其中业务技术人员34人。

【妇幼保健所】 1978年前，淮阴县妇幼保健所没有明确的科室设置。1980年，设立医务保健组，负责妇幼保健工作，并分为妇女和儿童两个业务工作组。1981年，调整设立妇女保健组、儿童保健组、计划生育服务指导组。同年，设立妇保门诊。1983年，设立儿保门诊、计划生育门诊。1998年，设立婚前保健科、妇产科。2001年，淮阴县妇幼保健所更名为淮阴区妇幼保健所。2005年，设立社区保健科。至2008年，共设有妇女保健科、儿童保健科、生殖健康科、妇产科、内儿科、护理部、住院部、药事室、检验科、影像科等业务科室，有卫生技术人员52名。

【药检所】 成立于1977年9月。1978年1月开始对外接受检品，内设化学、药理、中药、技管等业务科室。1981年，建400平方米的办公用房。主要职能是负责检验全县医疗单位和药品经营单位的药品。1987年，拥有自动指示旋光仪、电光分析天平、电动离心机、生物显微镜、电子交流稳压器、三用紫外线分析仪、高压蒸汽消毒锅、电冰箱等20余件（台）仪器设备。1995年，有在编工作人员26人。2001年，卫生部门负责的药品管理职能划归新成立的县药品监督管理局。

三、挂靠单位

【公费医疗办公室】 1978年，淮阴县公费医疗管理委员会有成员9人，下设办公室，负责全县机关、事业单位公职人员公费就医的管理和报销等具体事项，会计由卫生局会计兼任。1984年，公费医疗办公室配派专职会计。1993年，办公室人员由2名增加至4名，总账、现金都有专人负责。2000年，公费医疗办公室撤销，人员、编制及职能并入县社会医疗保险管理处。

【爱国卫生委员会】 1978年，淮阴县爱国卫生委员会主任由县委副书记兼任，下设办公室，办公地点设在县卫生局。1991年，下设爱国卫生服务站，编制16人。2005年5月，爱委会办公室编制数由2人增至4人。2008年，办公室编制4人，职能未变。

第二节　队　伍

1978年，淮阴县卫生系统共有卫生技术人员874人，其中西医164人、中医37人、护理人员89人、助产人员31人、西药剂人员34人、中药剂人员14人、检验30人、其他卫技人员23人，中级职称人员117人。1980～1984年，每年新分配医学院校毕业生派往基层医疗单位，乡镇卫生院的专业人才逐年增多。至1984年，有14人晋升为主治医师。全县中级职称人员144人，无副高专业技术职称人员。1992年，全县有副高职称1人。2001年，引进本科毕业生14人。是年，全区有中医药副主任医师6名。2004年，完成乡村医生的考核注册，有921名乡村医生办理注册。有正高职称1人。2008年，有卫生技术人员1786人，其中正高级职称3人、副高级职称22人、中级职称443人、助理级职称1026人。平均每千人拥有卫技人员1.35人。

1978～2008年淮阴区（县）卫生系统医疗人员统计表

表30-1-1　　　　单位：人

年份	人数	学历				专业技术职称				
		中专	大专	本科及本科以上	其他	初级	中级	副高	正高	无职称
1978	874	58	6	0	810	502	117	0	0	255
1979	907	76	7	0	824	510	119	0	0	278
1980	944	102	11	0	831	520	120	0	0	304
1981	980	127	13	0	840	532	120	0	0	328
1982	1008	162	19	0	827	550	130	0	0	328
1983	1005	197	26	0	782	564	136	0	0	305
1984	1032	226	33	0	773	579	144	0	0	309
1985	1051	253	47	0	751	592	157	0	0	302
1986	1067	271	52	2	742	610	168	0	0	289
1987	1094	294	68	2	730	626	182	0	0	286
1988	1124	312	72	5	735	634	210	0	0	280
1989	1168	350	90	9	719	647	228	0	0	293
1990	1190	349	106	12	723	670	241	0	0	279
1991	1208	402	119	17	670	695	257	0	0	256
1992	1242	443	140	23	636	709	270	1	0	262
1993	1270	475	163	28	604	733	291	1	0	245
1994	1282	511	191	36	544	745	306	2	0	229
1995	1323	549	217	36	521	771	314	2	0	236
1996	1355	593	239	41	482	795	326	5	0	229
1997	1392	640	262	43	447	806	338	6	0	242
1998	1417	687	287	48	395	823	310	8	0	276
1999	1454	696	311	53	394	839	346	8	0	261
2000	1500	725	359	61	355	860	355	11	0	274
2001	1544	760	390	70	324	892	359	14	0	279
2002	1565	792	406	70	297	918	364	15	0	268
2003	1617	826	419	77	295	926	368	15	0	308
2004	1665	882	423	84	276	938	380	17	1	329
2005	1698	915	436	92	255	965	391	17	1	324
2006	1733	962	450	104	217	987	405	18	2	321
2007	1747	995	463	114	175	1008	420	20	2	297
2008	1786	1029	476	129	152	1026	443	22	3	292

1978～2008年淮阴区（县）医疗卫生人员分类情况表

表30-1-2　　单位：人

年份	合计	医生		护士		医技人员			其他
		在编	借聘	在编	借聘	在编	借聘	社会机构	
1978	874	286	72	133	10	96	47	93	137
1979	907	293	82	137	15	99	51	93	137
1980	944	302	85	140	17	102	55	97	146
1981	980	312	90	140	20	106	58	106	148
1982	1008	312	98	140	32	106	66	98	156
1983	1005	307	95	136	39	108	66	92	162
1984	1032	315	100	142	42	111	69	84	169
1985	1051	319	102	146	52	111	67	80	174
1986	1067	325	102	148	60	116	65	75	176
1987	1094	327	108	151	74	113	65	75	181
1988	1124	324	113	153	86	120	68	70	190
1989	1168	341	115	156	94	120	68	72	202
1990	1190	343	120	159	102	127	70	58	211
1991	1208	351	122	161	110	125	70	64	205
1992	1242	354	127	164	123	121	69	64	220
1993	1270	359	129	168	136	130	72	52	224
1994	1282	364	132	171	142	132	72	48	221
1995	1323	369	138	175	156	129	75	46	235
1996	1355	374	142	178	164	135	74	46	242
1997	1392	379	147	180	179	134	70	47	256
1998	1417	384	151	182	190	139	67	44	260
1999	1454	389	158	185	202	137	70	38	275
2000	1500	395	161	188	225	141	72	38	280
2001	1544	405	164	190	243	140	74	35	293
2002	1565	412	167	193	251	144	71	36	291
2003	1617	417	171	197	279	142	74	33	304
2004	1665	425	176	201	293	147	76	32	315
2005	1698	428	180	209	306	145	73	35	322
2006	1733	430	182	209	318	149	78	29	338
2007	1747	432	185	212	328	146	74	28	342
2008	1786	434	187	215	342	152	79	28	349

第三节　基础设施

1978年，淮阴县人民医院有业务用房面积8610平方米，防疫站、保健所、皮防所、药检所等县直医疗卫生单位业务用房总面积3785平方米，各乡镇卫生院业务用房简陋，不同程度地存在危房。1981年，开展乡镇卫生院整顿工作，做到人员、设备、房屋三配套，全县用于卫生院配套方面的投资10.65万元，自筹资金4.75万元，建设门诊、病房、宿舍计1270平方米。1981～1990年，全县投入100余万元，修建医疗用房2.1万平方米。1991年，淮阴作出加强农村卫生事业发展的决定，将乡镇卫生院建设列入社会发展“八五”计划，明确要求在“八五”期间，所有乡镇卫生院要达到“一无四有”（无危房、有门诊、有病房、有院墙、有食堂）标准，并做好基础医疗设施的配套建设。至1998年，全县共投入“三项建设”（基础设施建设、设备配备建设、人才队伍建设）资金1000余万元，新建和改造乡镇卫生院业务用房，建筑面积2万余平方米，29个乡镇（场）卫生院有25家建起门诊楼。全县村卫生室硬件建设也得到较大改善，416个村卫生室业务用房基本得到解决，达到药房、治疗室、诊断室三室分开。至2003年，全区21个乡镇卫生院全部建成门诊楼，有6个乡镇卫生院建成病房楼。全区各乡镇因地制宜，多渠道筹集资金，通过新建、改建、扩建，开始创建规范化、示范性防保所。2005年，区疾控中心投入资金28万元，建成艾滋病初筛实验室并通过市卫生局专家组验收。年内，西宋集、吴集卫生院投资101万元新建病房楼1600平方米。2008年，全区投入500余万元，新建50个社区卫生服务站，统一购置诊断桌（椅）等配套设施，并全部通过省市验收；在全区中心卫生院防保所中，开展以“优美环境、优良技术、优质服务”为主要内容的公共卫生服务“三优”创建活动。抓住省扶持经济薄弱地区乡镇卫生院建设契机，创建项目15个，累计投入1800万元，吴城、赵集、王兴、韩桥、袁集、老张集等乡镇卫生院建成病房楼、门诊楼。全年卫生系统累计新建业务用房1.6万平方米，15个建设项目均顺利通过省级验收，获省补助资金750万元；申报100个社区卫生服务站建设项目并通过省级验收，达标率100%，获省补助资金150万元。至2008年底，区、乡两级医疗卫生机构业务用房总面积15.2万余平方米。

第二章　医　疗

第一节　医疗机构

一、发展历程

【县乡医疗机构】 1978年，全县设置县人民医院、卫生防疫站、妇幼保健所、麻风病防治医院、药检所等县级医疗卫生机构5所，社镇级卫生院28所，其中中心卫生院5所，设病床530张。1984年后，新建韩桥、大兴庄、韩庄、凌桥4个乡卫生院。1997年，全县乡镇卫生院在编693人。2001年，原区药检所和卫生局药政股合并组建淮阴区药品监督管理局，卫生局不再行使药品监督管理职能。2003年，撤销皮肤病防治所和卫生防疫站，组建淮阴区疾病预防控制中心和卫生监督所。2005年，区级医疗卫生单位有淮阴医院、疾病预防控制中心、卫生监督所、妇幼保健所；中心卫生院有王营中心卫生院、南陈集中心卫生院、丁集中心卫生院、棉花庄中心卫生院、渔沟中心卫生院和徐溜中心卫生院；有乡镇卫生院16所。是年，全区医疗卫生单位设置病床979张，平均每千人口拥有病床1.11张。2008年，全区医疗卫生机构的基本情况无变化。

【村卫生室】 1978年，90%的生产大队均办起卫生室，房屋、设备简陋，队医多为赤脚医生。1980年，对全县赤脚医生进行考核，颁发“赤脚医生”证书。1985年，开展创建甲级村卫生室活动。1988年，全县418个村，设村卫生室361所。至2008年，全区有村卫生室376所，其中183所符合社区卫生服务站标准，乡村医生1138人。30年间，村卫生室为村民就近看病，起到了一定作用，但经历不断整顿治理的曲折过程。

二、主要医疗机构简介

图30-2-1　淮阴医院综合病房楼

【淮阴医院】 位于王营镇北京路138号，1976年7月15日淮阴县开始筹建县人民医院，1979年8月门诊楼建成正式开诊。1987年9月，病房大楼竣工，核编床位135张，内设内科、儿科、外科、妇产科、肛肠科、干部病房等6个病区。1993年12月，在县开发区建立第二门诊部，建筑面积1200平方米。1995年12月，经江苏省医院评审委员会评审，确认县医院为二级乙等医院。2001年3月，淮阴县人民医院更名为淮安市淮阴医院。2002年与江苏省人民医院建立长期友好协作关系，省级专家每月两次来院坐诊、讲课，处理疑难杂症。2003年1月，投资300余万元并购私立淮安市阳光医院。2004年开始建立电脑中心，把计算机应用于临床，运用电子信息实现医院的网络系统管理。2006年11月1日，兼并区第三人民医院、新渡卫生院。2007年8月，投资1亿元建设16层综合病房楼。2008年，兼并刘老庄卫生院。至2008年，医院职能科室有院办公室、医教科、护理部、门诊部、设备科、总务科、财务科等。临床科室有内科、神经科、心血管科、消化科、肝胆科、呼吸科、脑外科、胸外科、普外科、手足显微外科、泌尿外科、肛肠科、骨科、妇科、产科、儿科、中医科、皮肤科、口腔科、五官科、急诊科、理疗科、康复科等。医技科室有放射科、药剂科、检验科、病理科、供应室、内窥镜室、CT室、B超室、心电图室等。医疗设备有800毫安数字化胃肠X光机、菲利普24排6层螺旋CT、美国GE-CT、GE彩色B超、史赛克腹腔镜、等离子内窥镜系统、电子胃肠镜、高压氧仓、全自动生化分析仪等先进的检查设备计230余台。有职工950人，设有19个病区，开放病床860张。年门诊量32万人次，年出院2.6万人次，床位周转率100%以上，业务收入1.5亿元。是年，经江苏省医院评审委员会审定为二级甲等综合医院。

【淮阴区第二人民医院】 又名淮阴区口腔病专科医院，位于王营镇北京东路16号，前身为王营镇中心卫生院。1978年，王营镇中心卫生院一直承担着县医院的功能及医疗业务。1984年，该院口腔科初具规模，于1985年增挂淮阴县口腔病医院牌子。1994年，王营中心卫生院被淮阴县人民政府批准为县级医疗单位——淮阴县第二人民医院。2001年，淮阴县第二人民医院更名为淮阴区第二人民医院。至2008年，有职工63人，其中高级职称1人，中级职称26人，卫技人员占职工总数85%；开放床位30余张；设内科、外科、骨科、妇产科、儿科、中医科、口腔科、五官科、康复科、急诊科等临床科室。口腔专科拥有口腔内科、口腔外科、儿童牙病科、口腔修复科、正畸科、口腔医学美容科等科室，主要设备有台湾产AM9090型综合治疗台、意大利产“康美诺”全自动多段式真空高温高压消毒器等。该院是淮安市区唯一口腔专业性医疗机构。是年，门诊4.5万余人次，住院450人次，业务收入400余万元。

【淮阴区中医院】 位于城区北郊城乡接合处的丁集镇，原名淮阴县乳糜尿专科医院。2002年6月12日，经市卫生局批准为淮安市淮阴区中医院。至2008年，医院临床科室有乳糜尿、糖尿病专科，中医肝胆专科，针灸理疗专科，以及骨科、中医妇科、中医内科、内科、外科、妇产科、儿科、五官科等20余个临床科室。医技科室有放射科、药材科、检验科、B超室、心电图室、微镜室、脑电图室、供应室等。医疗设备有日本阿洛卡370B超机、全自动生化分析仪、遥控摇篮闭路系统500毫安X光机、血球计数仪、脑电地形图、德国产膀胱镜、电子胃镜、电脑乳腺诊断仪、心电监护仪、胎儿监护仪、彩超等。医院职工89人，其中卫技人员79人（具有中、高级职称9人）。核定病床60张，实际开放病床100张，全年门诊、急诊46750人次，入院2936人次，出院2871人次，疾病治愈率49%，好转率49%，床位使用率107%。

【淮阴区妇幼保健所】（见本篇第一章《机构　队伍　设施》第一节《机构》第二目《直属单位》）

【王营中心卫生院、淮阴县第三人民医院、丁集中心卫生院、棉花庄中心卫生院、渔沟中心卫生院、徐溜中心卫生院】（见第三篇《乡镇　场圃》）

第二节　医疗技术

一、中医医术

1978年，随着中医专业发展及诊断技术的开放交流，县内中医医术有新的突破。是年，县人民医院肛肠科主任、主治医师自研枯痔药液——乌梅枯痔液取得成功，至1987年临床应用1000余例，治愈率94.7%。《乌梅枯痔液注射疗法治疗内痔临床小结》一文刊登在《江苏中医》杂志第3期，主要论述中药乌梅枯痔液在内痔枯痔疗法中的疗效和治疗价值，陆德炎撰写的《乌矾枯痔液治疗内痔》一文获县科技进步奖三等奖。1984年，县人民医院主治医师姜汉民研制出治疗“非特异性溃疡性结肠炎”的有效药物“复方刘寄奴剂”煎剂，该病为国际卫生组织公认难症。是年，该医师在《中西医结合》杂志第11期上发表论文《刘寄奴煎剂治疗慢性非特异性溃疡性结肠炎46例疗效观察》。1985年，医师汤善国根据中医学生理、病理学理论，对顽固性肛门搔痒发病机理进行科学分析，提出内服药与外薰洗并用的治疗方法，附临床治验30例，治疗有效率100%，治愈率95%。1989年，姜汉民“刘寄奴煎剂治疗慢性非特异性溃疡性结肠炎”课题通过淮阴市科委、市卫生局组织的科研成果鉴定，获市科技进步奖四等奖。1992年，淮阴县乳糜尿专科医院王绍和、王兆凯、王兆军的“中医药治疗乳糜尿临床研究”获县科技进步奖一等奖，在全市具有领先水平。1996年，乳糜尿专科医院王兆凯创立的“消糜汤”和“乳糜尿中医辩证疗效标准评定”在全国性学术会议上得到专家肯定。该院同时添置“尿八项仪”等设备用于临床科研，在研究糖尿病方面取得新成果，相继推出1号、2号、3号降糖胶丸，拓宽中医治疗糖尿病的新思路。1999年，治疗乳糜尿系列冲剂获国家发明专利。2008年，淮阴区中医院研制的糖尿病胶丸获得国家中医药局认可，并广泛应用于临床。王兆凯被淮阴市授予市级名中医称号。

二、西医技术

1978年，境内乡镇级卫生院均能诊疗常见病。1984年，王营中心卫生院口腔科形成初步规模，至1987年，能开展洁治、翻瓣、根尖切除、各种补牙、同体牙再植、同体牙移植、畸牙手术矫正等常见牙科手术。1995年前，县医院门诊设内、儿、外、妇产、肛肠等临床科室，能开展上腹部部分手术；人工呼吸器、多功能心脏监护除颤、起搏仪等诊疗仪器逐步运用于临床；肛肠专科能开展miles手术治疗直肠癌，肛肠诊疗技术水平达到省内市级水平；骨科可施行除显微外科以外的骨科手术，如截肢、复位、常见肿瘤、骨结核等；能够独立开展食道癌手术。此后，增添多种新医疗设备，血管瘤硬化治疗、舌下囊肿袋形、颌前囊肿摘除、颌面部良性肿瘤切除、下颌关节脱位复位、腮腺冲洗造影、颌下腺造影、三叉神经干阻断破坏等口腔外科技术相继开展，活动桥修复、固定桥修复、椿冠修复、畸形矫正器矫治、光固化、全口及部分镶牙等修复矫正技术达到较高水平。

1996年，县医院引进新技术11项。骨科主任朱思棣引进神经域值测定仪，实施高难度的脑瘫选择术，成功完成手术30例，填补淮阴市骨科领域一项空白，其“选择性脊神经后切断术”科研项目，通过县科委组织的成果鉴定，获县科技成果一等奖。

2002年，全区开展CPAP治疗新生儿呼吸窘迫综合症等医疗服务项目15类。2003年，淮阴医院并购私立淮安市阳光医院，并投资300余万元用于医疗技术提升，加强对眼疾和准分子激光治疗的医疗科研，成为淮安一流的诊疗眼科疾病特色专科。2004年，淮阴医院开展腹腔镜手术和新生儿高压氧治疗等新技术研究，取得成效。2008年，儿科引进高压氧舱、婴儿蓝光床、电脑输液泵等先进仪器设备；脑外科重点开展脑肿瘤手术的研究与实践，嗅沟巨大脑膜瘤、高位髓内肿瘤的摘除手术在市内处于领先水平；普外科开展腹部微创和肝、胆、胰肿瘤手术，填补全区空白；泌尿外科在全市率先引进等离子切割系统，开展前列腺割除手术近百例，取得满意效果；骨科加强对臂丛神经损伤和周围神经卡压症的科学研究，具有一定特色。境内乡镇（中心）卫生院除开展一般的常见病、多发病诊疗外，还均能开展阑尾切除、疝气修补等手术，部分乡镇卫生院和中心卫生院能够开展胆囊、胃、肠、脾、子宫切除、骨折内固定、腰椎间盘突出症等手术。

第三节　护　理

1978年，乡镇级卫生院护理治疗工作以常规注射和输液为主，县医院护理工作主要以常规注射、输液、病房基础护理、口腔护理、褥疮护理、术前检查、术后护理等项目为主要内容。1981年，护理工作重申“三查七对”（操作前查、操作时查、操作后查，查对床号、查对姓名、查对药名、查对剂量、查对时间、查对浓度、查对方法）制度，严格交接班手续，护理工作逐步规范。此后数年内，每年均有医学卫校护理专业毕业生充实护理一线，原有中青年护理人员分批赴市、县级医疗单位对口学习。1982年起，淮阴县护理学会每年均举办各种形式的护理学术理论研讨、知识竞赛、技术操作表演等活动2～3次，使护理整体水平不断提高。

1990年，出台《淮阴县护理文件书写规范》，要求护理操作正规化、文件书写统一化、管理规范化。1995年，为贯彻落实《护士法》，对全县189名护理人员进行逐一登记。是年，县医院和保健所除开展常规护理外，还在内科开展危重心脏病心电图监护、同步呼吸机救护临床运用、血液透析、“血液光量子照射”静脉回输治疗血栓等现代护理治疗，以及脑血管意外监护、有机磷农药中毒护理、尿毒症护理等项目；外科开展普外、骨外、泌尿外科、脑外科、微创外科、眼科、肛肠科、手足显微科的外常规护理；妇产科开展妇产科手术常规护理，以及妊娠中毒症、前置胎盘、子宫破裂、子宫大出血、羊水栓塞监护等护理，儿科开展新生儿肺炎、心衰、呼衰、肾衰监护等病症监护治疗。2000年，县医院建立ICU病房，加强对危重病人的全程特别护理。6个中心卫生院及乡镇卫生院能掌握农药中毒及“五衰”（心衰、肺衰、脑衰、肝衰、肾衰）临床救护技术及部分外科手术的术前检查、术后护理。2008年，全区注册执业护士614人，其中副主任护师1人、主管护师162人、护师184人、护士267人。

第四节　急诊救护

1978年，淮阴急救工作由清江市医院负责。1980年起，全县卫生急救工作全面启动，县医院设立抢救室，配备救护车1辆，成为全县救护中心。各乡镇（中心）卫生院相继成立救护小组，开设抢救室，配有氧气袋（瓶）、吸痰器、急救药橱、急诊箱等设备。1984年起，将卫生急救列入文明卫生院建设目标考核内容，每年2～3次突击抽查各乡镇卫生院救护人员在岗、抢救设施在位及应急水平情况。1987年，全县抢救急危病例456例，抢救成功442例，抢救成功率96.93%。

2000年10月，在县医院成立120急救中心，担负全县急、危、重伤病员的急诊救护和急诊转诊任务。急救中心配备运输型救护车8辆，多功能依维柯救护车1辆，实行24小时轮流值班制。救护车配有专科医生、护士，担负途中救护、现场救护工作。同时，拓展“110”联动业务，开通急救绿色通道。至2008年，120急救中心共转运伤病员10372人次。

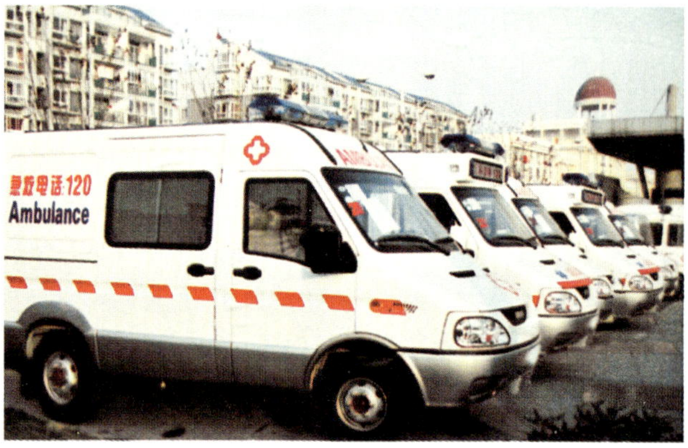

图30-2-2 120急救车整装待命

第三章 疾病预防控制

第一节 计划免疫

淮阴县计划免疫工作起步于20世纪70年代。1980年，制定出台《预防接种实施办法》，将痘苗、卡介苗、小儿麻痹糖丸、麻疹疫苗、百白破三联制剂5种疫苗列为儿童计划免疫疫苗，将乙脑疫苗、流脑疫苗、精制疟疾类毒素、吸附精制破伤风类毒素、霍乱疫苗、伤寒副伤寒甲乙三联疫苗、零乱伤寒副伤寒甲乙四联疫苗、钩体菌苗8种疫苗列为常用疫苗。1983年，提高儿童四苗（卡介苗、麻疹疫苗、百白破三联疫苗、脊灰糖丸）接种质量，全县开始实施全国统一免疫程序，以乡镇卫生院为单位，每月一次门诊集中接种。

1987年，全县推广实行儿童计划免疫保偿合同制，由县、乡、村和儿童家长四方签订三级合同，明确四方责任，推动计划免疫工作的实施，提高“四苗”制品免疫程序的符合率。1990年，全县7岁以内儿童建立预防接种卡，发放预防接种证，凭证入托入学。为保证疫苗质量，防疫站配备冷链车、冰箱，各乡镇卫生院配齐冰箱，村配冷藏包，基本实现疫苗贮存、运输冷链化。

1992年，全县推行乙肝疫苗免疫接种。1993年，通过计划免疫工作“第二个85%”省级目标验收。全县开展规范化计免门诊创建工作，共有24个乡镇卫生院完成创建任务。1996年3月，通过计划免疫工作“第三个85%”部级目标验收。2002年，全区推行甲肝疫苗、伤寒疫苗、霍乱疫苗接种。2005年，根据国务院《疫苗流通和预防接种管理条例》，对全区109名具备执业资格的专业人员发放预防接种上岗证。是年，淮阴区作为全国计划免疫评审选定县顺利通过卫生部评审。2008年，全区儿童建卡率97.2%、发证率96.8%，“四苗”覆盖率95.1%、投保率85.3%，乙肝疫苗接种率96.6%。甲肝等11种计划免疫疫苗全部实行免费接种，全年共完成各种疫苗接种35.4万人次。

第二节 传染病防治

1978年，县内流行的传染病主要是流脑、百日咳、麻疹、流感、肝炎、痢疾、疟疾7种，发病数少的传染病有白喉、伤寒、猩红热、脊髓灰质炎、斑疹伤寒、炭疽病、狂犬病、恶性疟疾、钩端螺旋体、出血热等。

通过大搞爱国卫生运动和预防接种等综合性防治工作，1982年消灭白喉，1987年基本消灭丝虫病，1989～2008年连续19年无脊髓灰质炎确诊病例发生，其他种类传染病也得到控制。

2004年，下发《淮阴区传染病管理暂行办法》，全面加强传染病管理。2005年，全区建立疫情网络直报和疫情24小时值班制度。2008年报告乙、丙类传染病13种2449例，发生疫情4起，无重大疫情发生。是年，区疾控中心顺利通过省专家组评审。

一、结核病防治

1980年，县内将卡介苗列为儿童计划免疫疫苗，15岁以下儿童普种卡介苗，全县卡介苗接种率95%以上。2000年，全国开展结核病流行性调查，随机抽查徐溜镇小房村，每10万人中有555人患活动性肺结核，有186人患涂阳肺结核。同年，县长办公会研究决定，县财政拨专款3万元作为结核病防治配套基金。2002年1月1日，淮阴区被纳入江苏省结核病控制项目县和CIDA-WHO结核病控制项目县，区卫生局下发《淮阴区CIDA-WHO结核病控制项目实施计划》和《淮阴区CIDA-WHO结核病控制项目实施方案》，正式启动肺结核病CIDA-WHO控制项目。是年，全区完善结核病三级防治网络，全区有防痨医生403名。至2003年共接诊结核病初诊病人1011例，确诊为活动性肺结核病人301例，其中239例病人在县、乡、村三级防痨医生的全程督导下得到免费治疗。2004年，区卫生局下发《淮阴区结核病管理办法》。此后，结核病治疗管理工作运行更趋规范。至2008年，全区登记治疗传染性肺结核病人1030例，其中新发涂阳724例、复治涂阳306例；实行全程免费督导管理996例，管理率96.7%；传染性肺结核病人治愈率85%以上。

二、麻风病防治

县内麻风病防治工作始于1958年。1988年，建立起县、乡、村三级麻防网络。至1995年，全县累计发现麻风病患者479人，治愈378人，除死亡、外迁和其他原因减少外，尚有8例现症病人，患病率0.0098‰。1990～1995年，每10万人中有0.14人发病，达到卫生部规定的指标（以县为单位，患病率下降至0.01‰以下，平均发病率下降至10万分之0.5以下）。1997年，省级验收组认定淮阴县为基本消灭麻风病达标单位。1958～2008年，全区（县）累计发现麻风病人485例，分布在乡镇（社），全部得到治疗。

三、性病、艾滋病防治

1989年3月，县内发现首例性病病人，至年底，共报告法定性病16例。2005年3月，成立艾滋病防治工作委员会，确立政府主导、多部门配合、全社会参与的艾滋病防治策略。年内，全区开展既往有偿供血人群HIV抗体初筛检测工作，实际采血检测613例，艾滋病病毒抗体初筛结果均为阴性。同年，淮阴区疾病预防控制中心投资18万元建成规范化HIV抗体初筛实验室，一次性通过市级专家组考核验收。是年，淮阴区被列为江苏省娱乐场所高危行为干预项目工作县（区）。至2008年，全区未发现艾滋病病毒感染者及艾滋病人。徐溜、渔沟等4个乡镇顺利通过艾滋病初筛实验室市级验收。

第三节　寄生虫病防治

一、疟疾

该病为域内最严重的传染病之一。20世纪70年代初，发病率近40%。自1975年始，县成立疟疾防治队伍，每年通过抗疟药乙胺嘧啶、伯胺喹宁休止期根治和氯化喹宁、伯胺喹宁现症病治疗，结合全民预防服药，同时采取灭蚊、防蚊等综合防治措施，发病率逐年下降。至1987年，淮阴县疟疾防治工作经省考核验收，达到省级基本消灭疟疾指标。1992年，达到卫生部颁布的“基本消灭疟疾”标准。

2002年9月，疟疾防治工作一次性通过“五省疟疾联防”的考核验收。至2008年，疟疾病发病率在万分之零点零二以内。

二、丝虫病防治

1980年1～3月，在运河以南7个公社普查丝虫病，血检173910人，阳性8696人，体征阳性918人，共有216603人接受“海盐”（海群生拌盐）治疗。同年，在运河以北抽查21个大队，血检15815人，阳性186人。1981年普检416573人，发现微丝幼阳性19632人。1982年，对运北片54万人进行丝虫病“海盐”防治。在丁集公社抽查304人，未发现阳性病人。1983～1987年，进行扫尾工作。1987年，经江苏省防疫站抽查考核，采血7290人，查出微丝蚴仅2人，阳性率为0.027%，达到基本消灭丝虫病标准。1997年，经考核，淮阴县达到国家卫生部“基本消灭丝虫病”标准。

三、肠道蠕虫病防治

1979年7月，县内开展1～12岁儿童驱虫治疗，免费治疗 211610人。1984年10月，对三树乡四门闸村寄生虫感染情况进行抽样调查，粪检971份，有90%的人感染，查出寄生虫5种，其感染率分别为蛔虫78.5%、鞭虫53.7%、钩虫17.1%、蛲虫16.7%、肝吸虫1.44%，均给予药物治疗。1995年起，全县坚持以集体药物驱虫为主，健康教育和粪便管理为辅的综合性防治措施。1995～2005年，全区（县）累计发放驱虫药133.73万人份。1996年起，全县（区）每年定期开展肠道蠕虫病防治效果监测，至2008年，累计监测8428人次。

第四节　地方病防治

一、地甲病

地甲病即地方性甲状腺肿，是境内主要地方病之一，在一些乡镇发病率较高。1985年9月，全面开展儿童口服碘油丸防治地甲病。1988年，县卫生防疫站组织全县中小学生甲状腺肿大抽样调查，抽查中小学生1653名，甲状腺肿大率10.6%。1995年起，全县推广全民食用碘盐防治，重点人群、特需人群补服碘油丸治疗。1999年8月，经市地方病防治工作领导小组考核，认定淮阴县已基本消除碘缺乏病。2000年，通过省级基本消除碘缺乏病达标考核。

二、地氟病

地氟病是境内多发的地方病。1985年9月，对全县30个乡镇46所中小学在校生进行儿童氟斑牙调查，受检学生101063名，患病10495人，患病率10.38%；在全县30个乡镇的415个村采集饮用水水样455份，96份超过水氟浓度国家标准，超标率21.1%。1991年，省卫生防疫站对丁集乡新堆村进行地氟病专题调查，体检185人，成人氟斑牙发病率8.64%，8～15岁儿童发病率34.5%，达地氟病轻病区发病率水平，接近轻微流行强度。1995年起，为从根本上解决淮阴高氟地区和污染严重地区的群众卫生饮水问题，全县（区）加大改水力度，至2008年，全区累计改水受益人口80万人，改水普及率98.1%，全区地氟病得到有效控制。

第五节　慢性非传染性疾病防治

2001年，区卫生防疫站组织人员，完成社区人群的慢性病基线调查及相关资料的收集整理和分析工作。2002年10月，全区按东、西、南、北、中选点方式，确定南陈集、袁集、新渡、王营、徐溜

5个乡镇调查点，开展慢性非传染性疾病现患情况及危险因素调查。2003年8月1日起，全区21个乡镇同时开展慢性非传染性疾病基线调查，共抽查221625人，其中35岁以上114131人，查出高血压、糖尿病、心脑血管疾病、肿瘤等主要慢性病8657人，当年进行治疗管理7180人，约占全区患病人数的22%。调查结果显示：4种慢病的发病强度依次为高血压、糖尿病、脑卒中、恶性肿瘤，地区分布是城区高于乡村，且有随年龄增长而增高的趋势。2004年，全区30周岁以上近13万人参加上消化道疾病普查，初筛率20%，其中阳性1.28万人，初筛阳性率9.8%，阳性者中有6887人做胃镜检查，阳性人群胃镜参检率53.8%，共检出早期食道癌9例、胃癌68例、类似于复层鳞状上皮不典型增生等癌前病变77例。针对调查结果，政府一方面采取预防为主、防治结合的措施，另一方面把重点放在改善环境、加强健康教育和改变人们的生活方式上，使区内慢性病发病率得到控制。

2005年，在全区开展中老年人心脑血管疾病预防健康知识讲座24次，接受咨询1100人次；免费对35岁以上人群23587人进行心脑血管疾病普查，查出有心脑血管疾病患者2034人。9月，卫生部心血管防治研究中心主办"全国高血压患者健康行动"，淮阴区成为试点区。12月，协助卫生部疾控司、中华医学会联合在淮阴区开展"健康新长征"基层糖尿病防治健康教育项目活动。2008年，推进慢性病规范化管理，全区高血压、糖尿病、肿瘤等病人建档率均达90%以上。是年，新渡社区卫生服务中心被卫生部心血管病防治中心评为全国高血压防治优秀社区卫生服务中心。

第六节　突发卫生事件处置

一、抗击"非典"

2003年4月，面对突发严重急性呼吸综合征（又称传染性非典型肺炎，以下简称"非典"）疫情，区政府迅速贯彻落实国家及省、市有关"非典"防治工作精神，卫生系统建立健全防治领导组织机构，成立"非典"防治领导小组。全区各医疗单位成立"防非"领导机构和工作班子，形成区、乡、村三级防治网络，制定《淮阴区"非典"防治控制预案》和《淮阴区"非典"防治医疗救治预案》。按照"横向到边、纵向到底"的要求，区卫生局先后6次对医疗卫生单位负责人、业务骨干、后勤人员及乡村医生，就预防控制、医疗救治等进行专题培训，共举办培训班184个班次，培训9997人次；借助广播、电视、报纸等新闻媒体，开展多种形式的"非典"防治宣传教育；各医疗卫生单位开通24小时疫情值班电话，保持上下信息畅通；全区所有村卫生室都安装电话；区防保所配置疫情专用电脑，实行"非典"疫情网络直报；各医疗单位按要求设立发热门诊和留置观察室，备齐备足防治药品、器械和个人防护用品；区、乡、村三级医疗网2000余名医务人员参与抗击"非典"工作。全区32个发热门诊先后诊治观察发热病人4452人次，对返乡2.4万人进行体检，医学跟踪观察67.1万人次；在7个道路卡口检测过往旅客21.4万人次。在"非典"大流行期间，全区无"非典"疫情发生。

二、液氯泄漏事件处置

1999年11月19日，果林场林庄小学2名教师、204名学生及周围数10名群众因一氯气瓶人为泄露而中毒，经淮阴县人民医院组织抢救脱险，无人员伤亡。

2005年1月31日，袁集乡境内淮安市双联化学品有限公司发生化学气体泄漏，致6人急性中毒。接报告后，区卫生局迅速组织人员赶赴现场，对中毒群众全力展开救治，查清事件具体情况，提出处置意见，其中1名锅炉工经抢救无效死亡。

同年3月29日，京沪高速公路淮阴王兴段一槽罐车侧翻，氯气大量泄漏。接报告后，区卫生局迅速启动应急预案，组织医务人员全力抢救，同时做好灾后消毒工作，对灾区的食品卫生严加督查，禁止加工、出售和食用死亡动物尸肉，并派专业人员深入受灾地区进行卫生知识宣传，接受群众咨询。淮阴医院共收治1200余例中毒患者，无1例死亡。

第四章 卫生保健

第一节 妇幼保健

一、妇女保健

1978年前，妇女保健主要开展以妇女“四期”（经期、孕期、产期、哺乳期）劳动保护为重点的宣传、指导工作。1978年，主要以推广新法接生、普及科学卫生知识、降低产妇产褥热及新生儿破伤风发病率等为主，并逐步开展妇女病防治工作。危害妇女健康的子宫脱垂和尿瘘，发病率较高。是年至1980年，开展子宫脱垂、尿瘘病查治，查出患病5097人，采用子宫托、韧带注射及手术治疗，治愈率87.9%。20世纪80年代初，以普查普治妇女子宫脱垂及尿瘘疾病为重点，随着计划生育工作开展及新法接生的逐渐普及，不再有新发病人。1981年，重点是围产期保健和提高产科质量，防治各种妇科病，做到“三消灭”（消灭新生儿破伤风、消灭产褥热、消灭胎位性难产）、“两减少”（减少子痫发病率、产妇死亡率）、“一提高”（提高住院分娩率），切实把好“三关”，即产前检查、产时消毒、产后访视，积极防治严重危害妇女健康的各类疾病。1982年，妇女病防治主要开展宫颈疾病、阴道疾病普查普治工作。由县妇联牵头，在城区深入厂矿企业对育龄女工进行妇女病普查普治；农村由各公社卫生院和大队卫生室有计划有重点地开展妇女病普查普治工作。1985年，在城区及有条件的部分乡镇开展宫颈刮片检查防癌普查工作，但由于工作条件的限制，普查率比较低，城区育龄妇女普查率为57%、农村为36%。是年，全县围产期保健启动。1986年，围产期保健工作在全县推开，各乡镇卫生院妇产科均添置电动吸引器、成人磅、婴儿磅、紫外线消毒灯，充实产包、人流包等，有条件的卫生院对妇产科门诊检查室和手术室、产房进行分设，增强无菌操作条件。1988年，县妇幼保健所将定期门诊改为正常门诊，实行母婴系统保险。至1989年，全县孕产妇建卡率81.2%，新法接生率98.3%。进入90年代，全县统一使用围产期保健手册（卡），从怀孕至产后4周进行产前和产后系列检查，产前检查5次，产后检查3次，加强对高危孕产妇管理。1995年，《中华人民共和国母婴保健法》颁布实施，妇女保健工作更加规范。是年起，因医疗条件改善和技术水平提高，妇女病防治工作渐趋规范，普查内容也由单一的宫颈、阴道疾病扩展至对乳腺、子宫附件疾病的检查，妇女病普查普治被列为妇女保健的常规工作，每年定期组织开展。全县孕产妇保健保偿款实行乡收县管、专款专用，全县孕产妇保健保偿率一直稳定在60%左右。1996年起，加强对母婴安全、住院分娩、高危孕产妇管理，至2000年，全县孕产妇系统管理率达到83%，孕产妇死亡率为万分之2.82。2001年起，江苏省农民健康工程项目实施，农村育龄妇女的妇女病普查率亦逐年提高。2002年，随着新型农村合作医疗工作推进，将参加保健保偿的孕产妇住院分娩费用纳入新型农村合作医疗报销范围。2004年，围绕创建初保先进区，抓孕妇产妇保健覆盖率，提高保健质量，是年底，全区妇女保健率96%，住院分娩率100%，相关指标通过省初保先进区审评。2005年，开展围产期保健、妇女病防治、妇女更年期保健、妇女心理卫生等工作。至2008年，城区普查率95%、农村普查率85.5%。全区孕产妇保健保偿率90%，住院分娩率100%，孕产妇零死亡。妇女保健更新为“五期”保健，即青春期、围婚期、孕产期、哺乳期、更年期。全区建立全省统一的保健账册，保健内容涉及妇女心理卫生、妇女营养、妇女病防治、计划生育指导等工作。

二、儿童保健

1978年，未开展儿童保健工作。1980年，各公社卫生院配备儿保医生，各大队明确1名赤脚医生负责儿童保健工作，全县逐步开展儿童健康检查、体弱儿保健、托幼机构保健业务指导等工作。各公社卫生院均建立儿童保健门诊，开展儿童常见病防治、儿童体检、体弱儿管理等业务，对0～3岁儿童进行系统管理，重点开展营养不良及佝偻病防治等工作。年内，全县首次进行7岁以下儿童"六一"健康检查，检查儿童33677人，检出患病儿童1620人，治愈1522人，治愈率94%。1980年，婴儿死亡率26.7‰，5岁以下儿童死亡率32.2‰。

1981年，县妇幼保健所成立儿童保健组，开展儿童健康体检、公社儿保工作指导、培训基层儿保医生等，抓好对体弱儿、高危儿的管理。为全县独生子女建立健康检查卡，对体弱儿、传染病患儿建立一本账。1983年，妇幼保健所设立儿保门诊并定期对外开放，接受儿童健康检查及咨询，并在高堰、棉花庄两个乡开展儿童"三病"（贫血、营养不良、佝偻病）调查。7岁以下儿童建保健卡、0～3岁儿童系统管理、体弱儿专账管理等工作逐步得到落实和提高。1985年，5岁以下儿童死亡率为32.3‰。1995年，淮阴县创建"爱婴医院"，产后婴儿访视和母乳喂养工作得到加强。1996年10月起，全县统一使用由卫生部统一制发的出生医学证明。

1990～2000年，淮阴县实施由国家卫生部、联合国儿童基金会、联合国人口基金会合作的妇幼卫生合作项目（简称项目县），共两个周期。第一周期为1990～1995年，项目名称为"加强中国基层妇幼卫生／计划生育服务"，由县妇幼保健所选派人员参加省级培训20人次，组织培训乡镇儿保人员270人次、村儿保人员2370人次。县妇幼保健所、县医院及乡镇儿保门诊配备儿童医疗设备、器材计1213件。至1995年，全县儿童系统管理率由1989年的28%提高至67.5%，婴儿死亡率由1989年的49.6‰下降至19.66‰。第二周期为1996～2000年，项目名称为"社区与家庭健康促进"。至2000年，全县婴儿死亡率为20.87‰，比1990年下降33.7%；5岁以下儿童死亡率为24.83‰，比1990年下降49%；5岁以下儿童营养不良病例比1990年减少72%，达到项目工作目标要求。

2001年起，在全区开展创建规范化儿保门诊活动，各乡镇均在防保所设立儿童保健门诊，配齐必要的保健设施。儿童保健的内容不断丰富，从过去单一的普通保健逐步扩展至儿童五官保健、营养保健、心理保健等。2002年，区医院、区妇幼保健所启动新生儿先天性苯丙酮尿症和甲状腺功能低下两病筛查，2003年扩展至全区各乡镇卫生院。2004年，全区推广儿童听力、视力筛查等新项目。2005年，区妇幼保健所临床开展儿童常见病治疗和眼、耳、鼻、喉等保健。至2008年，全区新生儿疾病筛查率区级85.91%、乡镇74.66%；新生儿听力筛查率区级90%、乡镇66.26%；全区婴儿死亡率3.96‰。

第二节 农村初级卫生保健

1988年，淮阴县开展农村初级卫生保健试点工作，进行全县初级卫生保健相关基础工作调查，成立淮阴县初级卫生保健委员会。1991年8月，通过《淮阴县初级卫生保健规划》。1992年起，将初保工作列入政府年度工作目标，先后下发《关于进一步加强农村初级卫生保健工作的通知》《淮阴县初级卫生保健实施细则》等文件。1995年，在西宋集、杨庄、古寨等7个乡镇开展初保试点工作。1996年11月，通过市级初级卫生保健基本合格县验收。1997年，通过推进农村改水、合作医疗、村卫生室建设等，进一步推动农村初级卫生保健工作。1998年，农村三级医疗预防保健网得到巩固和加强，乡镇卫生院实现"人才、房屋、设备"三配套，村卫生室坚持集体办医，实行"五统一"（统一行政、统一业务、统一人员、统一药械、统一财务）管理，全县甲级村卫生室基本达到"硬件硬、软件全、管理实"的要求。2000年，农村合作医疗、健康教育、改水改厕等初保难点工作取得突破性进展，通过省政府组织的初级卫生保健合格县验收。2001年，全区各乡镇达初保合格乡镇标准，丁集、王营、南陈集、袁集、码头5个乡镇达初保先进乡镇标准。

2003年，印发《淮阴区农村初级卫生保健实施方案（2001～2010）》。2004年，开展初保先进区创建工作。2005年，初保先进区巩固工作顺利通过市局评审，王兴、棉花庄、渔沟、韩桥、三树、袁集等6个乡镇获得“初保先进（合格）乡镇”称号。至2008年，全区建成21个标准化乡镇卫生院，乡镇卫生院医疗、预防、保健等服务人员均为执业医师或执业助理医师，村医持证上岗率100%；乡村卫生服务一体化管理率100%。全区参加农村合作医疗664675人，参合率98.3%；全区儿童计划免疫建卡率97.2%，“四苗”覆盖率95.1%；全区高血压、糖尿病、肿瘤等病人建档率均达90%以上。全面实施产妇住院分娩，住院分娩率100%。中小学健康教育开课率100%，相关人群基本卫生知识知晓率和基本健康行为形成率均为85%。全区98.3%以上的农民享受到多种形式的医疗保障，农民健康状况普遍好于初保之前，生活质量有较大提升。

第三节　社区卫生服务

1998年，县内开始推行乡村卫生服务一体化管理，打破行政界限，按地理位置和服务人口范围统一布局村卫生室，将原有421个村卫生室撤并为398个。2000年起，在王营镇开展社区卫生服务试点工作，原卫生院逐步向社区卫生服务中心过渡。年内，王营镇建成3个规范化社区卫生服务站。

2001年，淮阴区制定《城市社区卫生服务机构设置规划》，充分利用三级医疗预防保健网络，合理调整布局，以公有制为主导，多主体、多元化建立社区卫生服务体系。由区卫生局根据居民居住分布情况、服务半径及卫生需求统一规划设置。以卫生院为基础设置卫生服务中心，覆盖人口5万左右。在中心覆盖不到的地方，原则上按1万人左右或按步行10分钟左右的距离，新设一个社区卫生服务站。2002年，王营镇社区卫生服务中心以及城北、河北、杨井3个社区卫生服务站通过市级评审。是年，王营社区卫生服务中心被省卫生厅命名为省级“示范城市社区卫生服务中心”。2003年底，制定出台《淮阴区城市社区卫生工作意见》《淮阴区农村社区卫生服务设置规划》，按照社区卫生服务机构建设标准，在王营镇初步建成18个社区卫生服务站。

2004年，全区建成王兴、新渡、袁集、吴城4个社区卫生服务中心，各乡镇在原有甲级村卫生室和优秀村卫生室的基础上整合卫生资源，建成23个社区卫生服务站。2005年，以开展争创省社区卫生服务示范区和省示范社区卫生服务中心（站）为主导思想，推进农村社区卫生服务工作开展。至2008年，完成全区22个社区卫生服务中心的机构挂牌工作并健全制度，农村居民健康建档率50%以上。王营社区卫生服务中心被省卫生厅命名为省级“示范城市社区卫生服务中心”，棉花社区卫生服务中心被省卫生厅命名为省级“示范农村社区卫生服务中心”，建成渔沟、徐溜等10个市级示范社区卫生服务中心，王营镇杨井社区卫生服务站为市级示范社区卫生服务站。全区共有183个符合条件的社区卫生服务站。

第五章　公共卫生

第一节　卫生宣传

1979年，县卫生机构加强卫生宣传教育工作，县医院、县卫生防疫站、县妇幼保健所等单位设卫生知识宣传栏，定期更新宣传内容。1980年，县爱卫办创办《防病知识》月刊。1987年起，在县实验小学和赵集等10所中心小学一至五年级开设卫生教育课。1989年爱国卫生月期间，县政府和各单位领导带头参加活动。共发动5万余人次，出动宣传车2辆30车（次），悬挂横幅20余条，编出板报150期，印发宣传材料3000份，并开展清运垃圾、疏通下水道、清除不卫生死角及填埋污水塘等工作。是年，建立卫生健康教育网络，加强卫生宣传现代化装备，增加卫生健康教育投资，制定卫生宣教计划，开展各种卫生宣教活动，并在城区贸易市场、商场、车站等公共场所，树立永久性卫生宣传标牌。1990年，国务院出台《关于加强爱国卫生工作的决定》，县防疫站利用板报、广播、电视等宣传工具对广大群众进行健康教育。1991年，全县重点开展农民健康教育，增强农民自我保健意识和能力，开课率50%以上，有50%农户接受培训。1996年起，每年4月为全县健康教育月。其间，全县各中小学校开展“四个一”活动，即接受一次卫生科普知识教育、组织一次以健康教育为主题的班会、向父母推荐一份健康教育资料、写一篇以健康为主题的文章。1998年，全县医疗单位开展健康教育处方活动，全年编印13种卫生科普读物处方，发行15000份。1999年，下发《关于全面开设中小学生健康教育课的通知》，全县中小学将健康教育列入教学计划，95%中小学开设健康教育课，做到“四有”，即有计划、有课程安排、有教材、有备课笔记。2000年8月，成立农民健康教育行动领导小组。2003年，“非典”流行，卫生、广电、报社等单位及时做好“非典”防治工作宣传，及时通报“非典”疫情；全区中小学开设“非典”防治课，向学生讲解“非典”预防知识，机关、企事业单位通过橱窗、专栏等形式，向职工宣传“非典”预防知识。

2004年，开展创建健康教育合格村活动，通过扩大教育宣传、组织培训等形式，开展健康教育示范户和卫生清洁户评比等活动，建成王营镇双和村、袁集乡桂塘村两个健康教育合格村，为全区创建国家卫生城市提供样板。2005年11月，区疾病预防控制中心增挂淮安市淮阴区健康教育所牌子。2008年，开展“农民健康促进行动”示范区创建工作，在王营、三树、丁集、码头等乡镇开展试点工作，举办健康教育网络成员培训班7期、街头卫生宣传10余次，印发宣传材料8000余份。是年，丁集镇通过市爱卫办“健康教育合格镇”考核验收。

图30-5-1　医务人员上街义诊

第二节　除害防病

1978年，全县除“四害”（鼠、蚊、蝇、蟑）工作以管好垃圾粪便、消除蚊蝇滋生地、降低蚊蝇密度为主。1987年春，境内各地群众被犬咬伤多人，由鼠传播的流行性出血热病人和狂犬咬伤所致的狂犬病人一度增多，各乡镇均成立灭鼠灭犬专业队，共灭犬6万余条，灭鼠近5万只。1994年，结合创建市级卫生城市工作，开展创建“灭鼠先进城市”活动。县爱卫会组织灭鼠专业队，建立投药员队伍。1997年，制定《关于淮阴县城区卫生除害工作的意见》《除“四害”工作专项整治方案》，抽调有关人员组成除“四害”工作专项整治工作组，健全除“四害”组织网络，把除“四害”纳入工作目标。1998年4月，城区开展春季灭鼠活动，县开发区、果林场通过淮阴市灭鼠先进城镇验收。2004年，在全区开展“重点行业卫生除害整治工作”，辖区内宾馆、饭店及中型以上企事业单位的食堂、食品库等均配备专兼职除害人员，并建立卫生除害制度，购置防鼠、防蚊、防蝇设备，餐饮部门设置防鼠网，有效使用灭杀药品。2008年，开展环境综合整治，组织开展除“四害”活动，城区卫生死角基本被消除，“四害”栖息孳生场所被铲除，单位及居民家庭共投放各种灭蝇药物200千克、灭鼠药3.2吨，有效控制“四害”密度。

第三节　农村改水改厕

一、改水

1978年，全县范围内推广和平公社的油抽式水泥杆井和袁集公社的古瓶式小口井。1980年，县自来水厂在保证县城工业生产用水的前提下，开始向周围市民供水。农村河塘水比较纯净，污染很少，大部分家庭仍然饮用，部分农户则通过打井（小口井、塑料管井等）用水。1983年，县爱卫会首次在渔沟乡开展农村集体改水试点工作，至8月底，完成安装主管道近3000米、水笼头300个。年内，县成立改水服务队，首次在渔沟乡兴办压力罐式供水设施。1989年，县城供水普及率由1984年的40%增加至90%；全县建成17座乡（村）水厂，4.5万群众饮用自来水。1990年，通过新建水厂、延伸管网等措施，新增受益4.27万人。1996年，省委、省政府实施淮北农村改水攻坚战略。是年，全县投资256万元，建成水厂14座，受益2.76万人。

1998年，制定《农村自来水厂管理暂行办法》和《农村自来水供水章程》，建管并重，加强已建自来水厂运行管理。市政府授予县政府1998年度"农村改水先进单位"称号。至2001年，全县累计投入资金2400万元，建农村水厂62座，新增自来水受益19.24万人。2002年是省委、省政府实施《关于继续推进淮北农村改水工作的意见》的第一年，全区投入资金613万元，新打水井37口，引进变频调速器节能装置，管网延伸10处，新增受益8.8万人。2005年，是江苏省实施新一轮农村改水攻坚战略的最后一年，区内新增受益14.1万人。2006年农村改水工作，划归区水利局负责。2006～2008年，改水工程涉及面不断扩大，村民纷纷设管获取自来水，至2008年，全区累计改水受益80万人，改水普及率98.1%。

1996～2005年淮阴区（县）改水情况一览表

表30-5-1

年份	投资金额（万元）	新建水厂（座）	打井（口）	管网延伸（处）	新增受益人口（万人）
1996	256.00	14	20	2	2.76
1997	733.50	21	25	—	2.60
1998	364.50	17	—	—	3.66
1999	326.00	6	8	5	3.10
2000	304.00	—	7	5	3.60
2001	416.00	4	—	7	3.52
2002	613.00	—	37	10	8.80
2003	1500.00	52	—	15	14.20
2004	—	—	9	15	14.30
2005	—	11	—	59	14.10

说明：1996～1998年吴江市对口援助300万元。2006～2008年参见第八篇《水利》第七章《水利管理》第二节《农村饮水安全工程》。

二、改厕

1978年前，县城设清洁站1所。1978年，撤销王营镇清洁站，设立王营镇清洁管理所，主要承担城区公厕的清洁及粪便清运等任务，有清洁人员30名。其时，城区有公共厕所128座，其中机关单位建

83座、国家投资建24座、社队建6座、私人建15座，另有私人小茅坑1350个，是蚊蝇的主要孳生场所。

1996年，下发《关于全面推广卫生厕所、加强粪便管理工作的通知》，引导城乡居民主动进行厕所改造，提倡粪便无害化处理，指导农民推广使用沼气，结合农村猪舍改造，普及卫生厕所，取缔“三边”（路边、河边、街边的露天粪坑）厕所。将卫生厕所普及工作纳入乡镇建设规划，凡新建住宅必须配套同建卫生厕所，城建部门在审批建房执照时，预收每户卫生厕所押金200元，待建成验收合格后退还。卫生厕所标准是有墙、有顶、有贮粪池，厕坑加盖，厕内清洁，无蝇蛆，基本无臭，远离水源30米。是年，在全县范围内进行厕所改造，共改造卫生厕所2715座。1997年，城区新建公厕4座，城区共有公厕59座，全部为水冲式厕所。

1998～1999年，重点改造乡镇政府、农村中小学校和医院等公共厕所。2002年，江苏省政府把农村改厕工作和改水工作一并纳入加快淮北发展的攻坚计划。区政府把改厕工作与实现农村初级卫生保健目标结合起来，与小城镇改造，农村新建、改建房屋同步规划、同步实施，每个乡镇选择村级改厕试点村，逐步推开。2003年2月，出台《农村新建住户配套建设无害化卫生厕所的通知》。全区新建无害化厕所1000余座，卫生户厕5100余座，在城区新建水冲式厕所13座，并对城乡接合部厕所进行改造。2004年8月，召开全区旱厕专项整治工作会议。是年，全区新建卫生户厕4800座，韩桥、王兴、棉花庄、袁集、凌桥、王营、丁集等乡镇共有9个村1200户居民户厕达到无害化厕所标准。王营镇沈渡、果林两个村被定为改厕普及村。2005年，全年新增卫生户厕6137户，其中无害化卫生户厕3015户，建成改厕普及村1个，建成王营镇沈渡村、韩桥移民中心两个无害化卫生户厕试点村。

2006年，完成改厕3500座。2007年，完成改厕12000座。2008年完成改厕20287座。2006～2008年，先后创建1个省级卫生村（王营镇左庄村）、2个市级卫生乡镇（袁集乡、渔沟镇）、4个市级卫生村（王营镇双和村、开发区王庄村、韩桥乡移民中心村、西宋集镇洪北村）。2003～2008年，全区累计新建户厕51824座，其中58%户厕达无害化。

第六章 医学教育与医政管理

第一节 医学教育

1979年1月，经江苏省卫生厅批准，在淮阴县赤脚医生学校基础上成立淮阴县人民医院卫生学校，校长由县人民医院副院长兼任，配备生理、解剖、组织胚胎学教师各1名，于2月开始招生。年内，第一届护士班开学，学员40名，学制两年，毕业后统一分配。1980年7月，经江苏省卫生厅批准，淮阴县举办各种类型学习班，时间为1～2年，经考试录取，学制一年作为中技结业，学制两年作为中技毕业。全年参加徒工医训班培训50人，护理、药剂、化验学习班50人，赤脚医生提高班50人，防疫学习班3期共85人。9月，第二届内招助产士班开学，学员49名，学制两年。1981年，全县举办各类短期培训班，共培训400余人。1982年12月，第三届“四统一”（统一工资、统一户口、统一性质、统一使用）医生提高班开学，学员34名，学制一年半。同年，举办一期口腔专业培训班，学员16名。1983年6月，举办一期女赤脚医生提高班，参培48人，时间一年，主要内容为计划生育四项手术和妇产科知识。是年底，淮阴县人民医院卫生学校停办。1987～1988年，全县开展各种形式的在职培训、进修、函授教育，共200余人参加中国农村智力开发函授学院淮阴县辅导站开设的医疗与药学两个专业学习。1991年，因教育培训工作需要，申请恢复的淮阴县人民医院卫生学校，成为全县卫生技术人员培训基地。1993年6月，淮阴县人民医院卫生学校更名为淮阴县卫生进修学校，为全民事业单位，编制5人。1994年停办。是年

1月，县印发《关于加强在职人员学习进修管理工作的通知》，对全县卫生系统在职人员学历教育、业务进修等管理工作作出明确规定：凡在职职工报考职工中专、职医大、成人高校及脱产学习的各类人员，要遵循专业对口、学有所用、用有岗位的原则。1995年，围绕人才培养和科技进步开展医学教育工作。各医院建立卫技人才培养基金（按业务总收入的1%～2%提留），用于加速培养实用型卫技人才，重点培养各学科带头人、临床业务技术骨干和有发展前途的年轻卫技人员。是年，共提留卫技人才培养基金15万元、科技发展基金20万元，占全年卫生经费总额的10%。赴省级医院进修2人、市级医院进修20人、县级医院进修10人；参加全国性学术交流活动14人、省级20人、市级38人、县级300余人；考入职工中专5人、职医大和夜大6人，参加护理等专业自学考试30人；举办放射科摄片质量、妇幼保健、霍乱防治、医院管理、护理组长培训班8期，培训人员300人次。1999～2000年，全县60余人参加医学类大专自学考试，参加省级进修9人、市级8人、县级38人。举办各类医技培训班44期，培训1320人。2003年9月起，开展全科医生和社区护士培训，在社区卫生服务机构中从事医疗诊断和护理工作的人员，均参加省、市统一组织的相关培训，并取得相应的合格证书。

2004年，各医疗单位根据业务开展需要选派一些学科带头人或业务骨干到上级医院或学校进修学习，全年到医学院校脱产就读的硕士2人、本科5人，到省、市、县级医院进修的46人，参加省、市专业培训200人次；各单位根据自身情况与上级有关医院挂钩，聘请上级医院专家到区内各级医院进行理论教学与实践指导，有国家级专家8人次、省级专家60人次、市级专家150人次到淮阴进行短期教学培训指导。

2006年，全区强化医技人员继续再教育工作，全员参加再教育率100%，医技人员再教育学分达标率98%，参加国家级培训44人次、省级培训186人次、市级培训336人次，外出进修82人。2007年，派出进修学习人员93人次，全科医生转岗培训47人，社区护士培训20人，骨干医生培训46人，126名在职村医接受社区全科知识培训。2008年，全区举办各种类型培训班18次，受训842人次。有国家级专家3人次、省级专家12人次、市级专家70人次来淮阴进行短期教学培训指导；有15名基层单位管理人员参加省卫生厅举办的医院管理学习班，选送200余名乡镇医务人员到上级医院进修及参加国家、省、市举办的各种培训班学习（国家级80人次、省级30人次），全年共选送1000余名乡村医生参加乡村卫技人员转岗及中专学历补偿教育。是年，全区乡镇卫生院专科以上学历占卫生技术人员总数44%，淮阴医院达90%以上；乡村医生100%取得执业证书，中专以上学历达15%以上。

第二节　医政管理

一、医院管理

1979年6月，淮阴地区卫生局召开全地区公社卫生院院长会议。会议以后，县人民医院、各公社卫生院从思想建设、领导班子、技术队伍、医院管理、合作医疗5个方面进行整顿。1986年，市政府批转市卫生局关于《全面推行乡卫生院管理体制改革的意见》。次年，对乡镇卫生院实行县乡分级管理，乡镇卫生院由卫生局直接管理改为卫生局与乡镇政府分级管理。改革后的乡镇卫生院院长实行聘任制，其聘任与解聘权属乡政府。乡镇卫生院坚持“三个不变”（所有制性质和人员性质不变、承担的任务不变、国家对其经费补助政策不变）、“三个继续”（继续坚持社会主义办院方向、继续坚持预防为主方针、继续坚持社会效益为最高准则）。1990年，市委、市政府下发《关于进一步加强农村卫生工作的决定》，要求县卫生局和乡镇政府认真履行各自职责，进一步完善乡镇卫生院的县、乡分级管理以乡为主的管理体制。县卫生局负责计划协调，合理布局卫生资源，对业务技术进行指导和监督；乡镇政府将卫生事业列入当地社会和经济发展规划，把卫生工作列入政府工作议事日程，加强领导和管理。1991年，作出加强农村卫生事业发展的决定，将乡镇卫生院建设列入社会发展“八五”计划，要求在“八五”期间，所有乡镇卫生院要达到“一无四有”（无危房、有门诊、有病房、有院墙和食堂、有基本医疗设备），并搞好基础医疗设施的配套建设。同时还明确规定，从1991年起，利用3年时间，每年从农民上交的统筹费中划出人均2元钱，专门用于乡镇卫生院建设。

1993年，南陈集中心卫生院开展医院等级管理试点工作。1994年，将一级医院的评审试点扩大至各中心卫生院和棉花庄、蒋集两个乡卫生院，县医院开展创建二级乙等医院的活动。1995年，县人民医院通过二级乙等医院评审，南陈集、丁集、徐溜、渔沟4个中心卫生院及棉花庄乡卫生院通过一级甲等医院评审，王营中心卫生院及蒋集、王兴、高堰、刘老庄、三树、古寨6个乡卫生院通过一级乙等医院评审。1996年8月，成立淮阴县医疗机构监督管理办公室，具体负责辖区内医疗机构的日常管理工作。1996～2000年，全县设二级医院1所，一级医院30所，村卫生室的设置原则上一村一室，乡镇所在地的村可不设卫生室。

2001年，结合区划调整，与撤乡并镇同步，按照“一级医院”和“扩大服务范围”的标准，走“小综合、有特色”的办院之路，合理配置卫生资源，撤销果林、杨庄等8所乡镇卫生院，将29所乡镇卫生院整合为21所。2003年，开展示范性产科创建工作，淮阴医院通过县（区）级示范产科评审，南陈集中心卫生院通过乡级示范产科评审。

2005年起，开展医院管理年活动，制定《淮阴区乡镇（中心）卫生院“医院管理年”活动考核细则》，举办5期有关法律法规知识培训班，成立医院管理年活动领导小组，具体负责全区医院管理年活动的组织领导。年内，创建标准化乡镇卫生院7所：古寨卫生院通过市级标准化乡镇卫生院验收，刘老庄、凌桥、码头通过市级示范化社区卫生服务中心验收，刘老庄、渔沟通过省级示范化社区卫生服务中心验收。2008年，采取定期与随机检查相结合方式，对全区各医疗单位进行全面检查2次、专项检查5次。全区所有医疗机构做到医疗废物分类收集、规范运送并科学处理；城市医疗废物与医源性污水处置顺利通过国家环保模范城市验收；淮阴医院、王营中心卫生院、丁集中心卫生院被评为首批淮安市绿色医疗机构。

二、村卫生室管理

1980年5月，全县赤脚医生参加业务考试，为考试成绩合格者颁发“赤脚医生”证书。1981年，下发《关于农村基层卫生组织几个问题的意见》，对全县村卫生室进行全面整顿，建立健全各项管理制度，坚持集体办医，禁止私人非法行医。1985年，开展甲级村卫生室创建活动。1986年，在凌桥乡进行合防不合医的村卫生室管理试点工作。1988年，颁发《淮阴县村卫生室管理暂行办法》，卫生局制定甲级、乙级、丙级村卫生室标准，村卫生室管理得到进一步加强。1989年，推行“五统一”管理，即人员统一调配、财务统一管理、药品统一代购、乡村医生报酬统一核定、规章制度统一制定。1991年，对村卫生室实行乡村分级管理、以乡为主的管理机制，坚持三条标准：房屋、器械、设备由集体提供，归集体所有；各项业务工作由集体组织管理；业务收入由集体统筹安排，合理解决乡村医生报酬。县、乡、村三级均将建好村卫生室纳入年度目标。是年，全县共新建改造村卫生室房屋4400平方米。1996～1998年，全县村卫生室全部实现“五统一”管理。全县创建甲级村卫生室304个，占卫生室总数的79.1%。1998年11月，全县1000余名乡村医生参加县卫生局组织的考试，考试合格后取得村卫生室营业许可证的共412人。1998年12月，在深入农村广泛调查研究的基础上，制定《淮阴县乡村卫生组织一体化管理办法》，村卫生室纳入乡卫生院统一管理，在“五统一”（统一行政、统一业务、统一人员、统一药械、统一财务）管理原则不变、乡村医生人员性质不变的前提下，赋予乡卫生院对村卫生室的行政管理权、考核奖惩权、人员调配权、经营管理权。村卫生室作为乡卫生院下层服务单位，其职能与乡镇卫生院相衔接，实行联网经营，独立核算，利益共享，两级卫生组织实现协调发展。对乡村医生的管理实行聘任制、工资制、退岗制、养老保险制。2000年，制定《优秀村卫生室标准》，全县所有村卫生室开展优秀村卫生室创建工作。2001年，全区村卫生室撤并为380个，乡村医生精减至989人。

2005年1月，颁发《关于进一步加强村卫生室建设与管理工作意见的通知》，以加快实现乡村卫生服务一体化。具体措施是，村卫生室在服务模式上实现“四个转向”，即由原来的被动服务转向主动服务，由坐等病人转向上门服务，由单一服务转向综合服务，由阶段服务转向全程服务；加强村卫生室基础设施建设，增加业务用房；对改造到位、符合标准的村卫生室由政府补助3000元，由卫生部门配套1000元；确保乡村医生数量，每个村卫生室至少配备3名乡村医生，其中要有1名女性，配备人员必须具备乡村医生执业资格。至2005年，区政府组织人员对全区各乡镇申报的村卫生室进行考核、验收，通过现场评审，确认刘老庄乡郑河村卫生室等为标准化社区卫生服务站。2008年，下发《淮阴区乡村社区卫生服务一体化管理办法》和考核细则，每月组织相关人员对各乡镇一体化管理工作进行考核，对考核成绩不达标的服务站，由区卫生局领导对服务站负责人进行诫勉谈话，加大一体化管理工作力度。

三、医疗质量管理

1981年，全县所有乡镇卫生院均建立门诊病历，处方书写逐步正规，80%卫生院建立住院病历、住院病人登记、差错事故登记。1988年，县内各级医疗机构建立医疗质量管理小组，加强医疗质量管理，定期对护理质量、医疗质量等进行考核，对病历、处方、护理文件进行评审。《江苏省病历书写基本规范》医务人员人手一册。1993年，全县各医疗卫生单位围绕提高医疗质量进一步健全质量管理组织，完善质量管理制度，实行自控、科控、院控三级质控体系；实施质量教育，开展质量评价，实行质量否决，将质量与评、聘、奖、罚挂钩。是年，全县将乡镇（中心）卫生院规范化建设列入目标责任制考核，以中心卫生院治疗室、检验科、病房、供应室的规范化建设为重点，带动部分乡镇卫生院病区、治疗室的规范化建设。至年底，各中心卫生院治疗室、检验室、病房、供应室的规范化建设基本达标。

2001年，区印发《淮阴区乡镇卫生院重点科室建设规范》，至2003年底，全区各医疗单位治疗室均达到规范化标准，同时建成规范化供应室6家、规范化抢救室6家。2003年，根据《江苏省医院手术分级管理规范》，结合各医疗单位手术人员技术能力以及相关科室、手术室装备等情况，制定《一级机构手术范围》，并下发《关于批准一级医疗机构手术范围的通知》，对规定范围以外的手术，除遇紧急情况，均需邀请上级医院会诊并电话报请卫生局批准后进行，术毕一周内补办书面手续。2008年起，全区卫生系统在传染性肺结核病人检查工作中，为提高X线胸片质量和诊断水平，建立胸片质量会审制度，定期组织全区医疗卫生单位放射科主任参加会审。

四、医疗事故处理

1978年，县内医疗单位普遍建立医疗事故差错登记和报告制度。对医疗事故的处理仍用民事调解方法，其原则是“教育从严、处理从宽、责任因素从严、技术因素从宽、惩前毖后、治病救人”。1979年，省公安厅、省劳动厅、省民政厅、省卫生厅联合印发《江苏省医疗事故处理暂行办法》，规定医院技术委员会对医疗事故的性质和分级进行裁定，作出处理结论，报院部审查确定。对一、二级医疗事故填写事故报告表并逐级报卫生行政部门。1980年，各医疗单位进一步建立、完善医疗事故登记、汇报、讨论、处理制度。1984年，《江苏省医疗事故处理暂行办法》经省政府审议批准实施，医疗事故处理趋于法制化。1989年，淮阴县医疗事故技术鉴定委员会成立，负责全县医疗事故的定性与定级。1994年，县下发《关于加强医疗质量管理切实防范医疗事故和纠纷的通知》。1996年3月，县下发《淮阴县医疗事故（事件）处理程序》，明确对医疗事故（事件）的处理程序等作出有关规定。2001～2003年，全区共接待处理各种医疗纠纷（事故）投诉41起，其中34起经调解消除误解，得到妥善处理，另外7起经医疗鉴定为医疗事故4起，非医疗事故3起。其中，2002年，棉花庄中心卫生院一名产妇死亡，经卫生局协调，医院赔偿3万元。2004年9月，一名45岁女性，因左侧股骨骨折在淮阴医院住院行“股骨骨折切开复位内固定术”，术后出现螺丝钉断裂导致二次手术，由此引发医疗纠纷，经领导协调处理，淮阴医院赔偿5000元。2005年，一名老年男性，因患急性阑尾炎于淮阴区棉花中心卫生院手术治疗，住院期间猝死导致医疗纠纷，经区卫生局协调处理，医院赔偿患方6500元。是年8月，一名食管癌患者在淮阴医院行手术诊疗，术后并发肺部感染及消化道出血，经治疗无效后死亡而导致纠纷，经公安机关协调处理，淮阴医院减免患方住院费用3万元，予以经济补偿3000元。2006年3月，一名老年女性，因冠心病、胆囊炎住淮阴医院治疗期间突发猝死，引发医疗纠纷，经双方协商达成协议，医院减免患者住院费用5300元，予以经济补偿3000元。是年12月，一名老年男性，因“渐进性腹痛伴恶心、呕吐3小时”，于淮阴医院急诊及住院治疗后死亡，经淮安市医学会、江苏省医学会鉴定为一级甲等医疗事故，院方承担次要责任，经淮阴区人民法院民事调解，淮阴医院赔偿2万元。2005～2008年，全区共发生3起医疗事故，事故责任人均受到处理。

五、血液管理

20世纪80年代，境内医疗单位用血仅依靠为数不多的输血员有偿供血，很难保证临床用血需要。1995年，县印发《关于加强输血管理工作的通知》，明确规定：严格执行以市为中心的“三统一”（统一规划采血供血机构、统一管理血源、统一采供血管理）管理规定；根据市局统一规划，淮阴市区和淮阴县的医疗机构用血均由市中心血站负责，不得自行采、供血；对少数交通不便、边远地区的中心卫生院确因临床急诊需要，来不及到市中心血站取血的，经批准可以自备少量献血员，在紧急情况下使用，但要统一到市中心血站进行健康检查，按规定程序办理供血证后方可供血。每份临床用血必须开展HBsAg、ALT、HCV抗体、艾滋病病毒抗体、梅毒5项检测。1998年10月，《中华人民共和国献血法》颁布。1999年起，城区集中开展无偿献血活动，当年有58个单位3669人参加无偿献血，献血总量22.5万毫升。2004年，淮阴区成立捐献造血干细胞领导小组，利用各种媒体宣传“中国造血干细胞资料库”的目的和意义，有258人成为第一批捐献造血干细胞志愿者。2005年5月14日，进行造血干细胞血样采集活动，共采集血样140份。至2008年，淮阴区不断规范医院临床用血的科学管理，做到合理用血，同时积极开展自身储血、围手术期自体血回输等工作，动员符合条件的患者自身储血，患者家属、亲友互助献血。

第三节 卫生监督

一、职业卫生监督

1978年，淮阴县污染企业主要有化肥厂、化工厂、织布厂、磷肥厂、印刷厂、制糖厂等，主要有害物有矽尘、棉尘、混苯、氟气、煤尘、氨气、碳尘络酸雾、铅、烟等。是年，县卫生防疫站对王营镇化肥厂进行检查，测定烘房车间铅浓度超过国家标准236倍，厂院内超标14倍，56名职工有头痛、四肢发麻等铅中毒症状，企业被责令停产并迁址。1979年始，县卫生防疫站每年定期对县化工厂等11个单位有害物质浓度进行检测，定期检查工人健康状况，责成相关企业改善工人劳动保护条件、增加通风能力等防范措施。1982年起，对全县X线防护情况进行测试，有33台X光机屏蔽保护设备不全，被督促增加设备。

1978～1983年，县防疫站对相关工厂进行毒害、高温、粉尘测定，并为476名从业人员进行体格检查，对查出苯铅中毒的25名患者，全部由厂方出资，安排到市职业病院治疗，其中有12人住院治疗。1987年，江苏省卫生厅补助淮阴县2.6万元，用于放射防护改造（扩屏、加铅竹椅、设铅房等）。1996年起，县卫生防疫站每年对全县各医疗机构X线机进行射线防护质量监测。2002年，《中华人民共和国职业病防治法》颁布实施。2004年，区卫生监督所对有职业病危害的企业进行规范管理，实行危害项目申报制度，对隐瞒不报的织布厂、磷肥厂等单位，汇报上级有关部门给予严肃处理。2005～

2008年，职业卫生监督工作以乡镇企业、个体工商户为重点，加强对有毒有害作业工人职业病危害的控制，为5家企业建立职业危害企业监管台账，推广职业危害警示标识，加大对违反《职业病防治法》行为的处罚力度。

二、学校卫生监督

学校卫生工作开展于80年代，侧重于学生体格检查和视力保护等。1980年后，卫生单位每年定期为中小学生体检和视力测定，开展日常卫生和近视眼预防等健康知识宣传。2004年起，每年定期对全区中小学卫生工作进行专项监督检查。2006年，转发卫生部、教育部联合下发的《学校食物中毒事故行政责任追究暂行规定》，结合有关法律法规对全区中小学校进行检查监督。2008年，全区对在校学生进行一次体格检查。

三、公共场所卫生监督

1979年9月，全县开展以除害防病为目的的夏秋季爱国卫生突击月活动，以后此项活动每年一次。1982年，全县30万人参加大扫除，卫生防疫单位承担清除蚊蝇滋生地的搜寻工作。1986年6月，县爱委会成立蚊蝇消杀队，带领群众大范围开展灭蚊除蝇活动。1987年，重点对县水厂的水质进行检测监督。1994年后，城乡卫生防疫单位配合、指导广大群众大力开展灭鼠工作，城区各单位、各居民小区广泛设置毒饵站，全方位进行灭鼠。1999年，对城区121个公共场所单位的721名从业人员进行体检，体检率95%，核发卫生许可证114份，核发从业人员个人健康证680份。

2002年，淮安市首次举办“淮扬菜美食节”，淮阴区配合美食节活动，对餐饮、浴室等行业进行集中监督、整顿，分路段层层落实负责人。是年中秋、国庆两大节日期间，共查处不符合生产条件、无卫生许可证单位5户。2004年，印发《淮阴区“五小”行业专项整治方案》，对城区范围内的“五小”（小餐饮、小浴室、小网吧、小歌舞厅、小旅馆）行业开展专项整治活动。2008年，对公共浴室、旅店、美发美容等场所开展专项检查整治活动，共完成1376家单位的现场卫生监督审查，对1154家基本符合卫生要求的单位发给卫生许可证。

四、生活饮用水卫生监督

1985年，全县开展水质普查，县防疫站对全县30个乡镇455个手压井水抽样化验，结果显示：分布在20个乡镇的96个样本水氟含量超过国家规定的饮用卫生标准，近30万群众受到高氟水的危害。此后，全县加大改水降氟力度。1999年起，每年定期对县自来水厂进行水质卫生检测，同时对水厂工作人员进行健康体检。2003年，对区、乡、村三级共98家水厂进行水质监测工作，监测覆盖率100%。2008年，对城区桶装饮用水开展专项检查，20%桶装饮用水不达标。

第三十一篇　体　育

1978年，淮阴体育事业发展滞后。县城群众体育活动场地少，设施差，利用率低；农民忙于种田，无体育健身意识，也无体育活动的条件，民间传统体育时断时续；学校体育缺场地、缺师资，活动形式简单。县级活动少，无力承办省、地级运动会。

1981～1985年，县城体育场逐步扩建改造。1981年新建300多平方米乒乓球训练房，1983年改田径场为煤渣跑道，1985年在场内建司令台，至此，县内较大体育赛事方才有了像样场地，但利用率不高，仅限于一年一度县内运动会，平常也仅有少量群众在此训练。运动会多为田径之类的比赛。其时，县内排球、足球爱好者甚少。诸多体育项目仍没有普及，农民体育爱好者，只能去当地中小学校操场练练篮球或单、双杠之类体育活动。

1986～1999年，县、乡体育事业有长足发展，城乡中小学和一些企事业单位篮球、排球、羽毛球场增多，场地质量稍有提高。1988年，王营、南陈集、渔沟等乡镇由私人投资，率先建成露天溜冰场。其间，县少年乒乓队连年代表淮阴市参加省级比赛并取得佳绩，在全市颇具影响。10余年内，先后向国家、省队输送多名运动员，其中5人获运动健将称号。

2000年后，随着改革深入与地方经济发展，在落实《中华人民共和国体育法》《全民健身计划纲要》《国家体育锻炼标准施行办法》等法律法规的进程中，加大投资，推动体育公益事业新建或改造体育活动场所，添置体育活动器材，中小学体育师资较为充实，体育设施日臻完善，教练员、裁判员、运动员3支队伍建设不断加强，继续向国家队、省队以及省少年体校输送尖子运动员。2004年后，城乡健身点增多，健身设施种类丰富。2006年、2007年分别向省、市争取11套、16套健身器材，每套价值6万多元，投放在各乡镇的体育活动中心，为乡镇群众健身提供良好条件，农村居民开始亨受健身益处。至2008年，全区累计安装72套室外健身器材。

30年中，淮阴运动员在19个项目中，获国际及全国奖牌130枚、省级奖牌421枚、市级奖牌397枚。多次承办省、市级体育比赛。区体育局被国家体育总局、教育部评为全国青少年体育工作先进单位。

第一章　机构　设施

第一节　机　构

1978年，淮阴县体育运动委员会为淮阴县政府的职能部门，负责全县体育事业发展规划、指导及开展青少年业余训练。内设办公室，下辖体育场，为差额拨款事业单位，核定编制10人。1997年5月，县体育运动委员会与县文化局合署办公。2001年11月，区体育运动委员会更名为区体育局，并入教育局，挂淮阴区体育局牌子，局长兼区教育局副局长，主持体育局日常工作。2008年，内设办公室、群众体育科、竞技体育科，编制未变。

第二节 设 施

一、城区体育设施

1978年，县体育场位于淮阴市第一人民医院西侧，占地约2公顷，建有400米跑道的田径场（沙土地），有水泥混凝土地坪篮球场2个，其中灯光球场1个；有单双杠、障碍墙等设施。1981年，在体育场大门东建成一座300多平方米的乒乓球训练房。1983年9月，对县体育场进行改造，投资30万元，建成400米煤渣跑道田径场，可承办市一级田径比赛。此外，建举重房、器材室、乒乓球室、行政用房等设施，建筑面积2000多平方米，工程于1984年6月竣工。这是淮阴县首次建成的有标准跑道的田径场。

1985年，再次对体育场进行改造，在田径场西侧中间位置建成集办公、开会等功能于一体的司令台，建筑面积700多平方米。1996年3月，筹资20万元，在县体育场司令台北侧建游泳池，历时4个月完工，建成一座15米×25米的小型游泳池和更衣室、淋浴室、净水消毒室及小卖部等设施，8月初面向社会开放。1999年，开工新建县体育活动中心，主建筑4层，一楼为商业用房，二楼为活动中心，三楼为健身房，四楼为乒乓球训练房，并配有各种运动器械，面向社会开放。工程总投资300多万元，县政府投资20万元，其余为上级补助和社会赞助。2000年，活动中心竣工。2001年，城区建成多个健身点，分别是体育场、黄河广场、樱花园、废黄河风光带、韩信广场、小营广场、火车站广场、盐河广场、黄河广场、公路站广场等。2002年，在体育训练中心建乒乓球训练房500平方米、拳击训练房300平方米、健身房500平方米，均有配套的训练器材。2005年，淮州中学投资330万元改造体育场，建400米塑胶跑道田径场，安装健身器材，每天早、晚对社会开放，提高利用率。2008年，未增体育设施。

二、乡镇体育设施

1978年，农村无专设体育场，召开运动会多是以中小学操场为载体，但场地多为土质。篮球场、排球场、乒乓球室等主要分布在公社大院、文化站、粮管所、供销社等处。1987年，全县共有篮球场、排球场45个，乒乓球室30个，棋牌室22个。1988年后，南陈集、渔沟、丁集等乡镇由私人投资建经营性露天溜冰场4个，每个溜冰场面积200多平方米，水泥或水磨石地面。1990年起，各乡镇篮球、乒乓球活动场所建设速度加快，至1995年，全县有篮球场80个、乒乓球台102个、经营性溜冰场10个、健身房12个。2000年，全县有溜冰场22个、健身房18个。2006年，向上级争取11套健身器材，分别安装在王营镇长安村、棉花庄镇文化活动中心等处。2007年，从省政府争取16套健身器材，每套价值6万多元，分别安装在棉花庄、新渡等16个乡镇体育活动中心。2008年，各乡镇都有以篮球、乒乓球、羽毛球、排球为主的单项运动场地。渔沟、丁集等较大乡镇建有小型公共健身运动场地，全区累计安装72套室外健身器材，供居民休闲健身活动。

三、厂、校体育设施

1978年，县内各个工厂、学校都有自己的体育活动场地，主要是篮球场、排球场、乒乓球室等，中小学都有200～300米小型运动场，但学校体育器材普遍相对缺少。1987年，省教委、体委联合对淮阴县北京路小学传统乒乓球项目进行验收，学校内原来的简易乒乓球室，改造成乒乓球训练房，安放8张乒乓球桌，解决少年乒乓球训练的场地问题。1987年，全县有小型田径场22个、灯光球场4个、篮球场125个、排球场42个、羽毛球场6个、足球场1个、乒乓球室39个、水泥制乒乓球台39张。1988年，各中小学土法上马，制作1000余件体育器材以解决体育课缺器材的困难。2001年，淮州中学建成250米的田径跑道，内含4个篮球场；淮海中学建成4个水泥地坪篮球场。2002年，国家体育总局赠送健身器材5套，每套价值2万元，安装在进修学校、职教中心、淮州中学等健身点。2005年，国家体育总局捐赠8套健身器材，每套价值2万多元，分别安装在五里职中、赵集镇小学等地。2008年，全区各中小学校的体育设施和体育器材基本齐全，大多数学校的体育设施节假日均对社会开放，方便附近居民体育锻炼。

第二章 体育队伍

第一节 教练员

1978年，县体育场有专职篮球教练2人、乒乓球教练2人、田径教练1人。境内学校无专职教练员队伍。此后，随着县体委的恢复及业余体校的建立，教练员队伍不断扩大。1987年，全县共有专业教练7名。传统项目学校的教练发展到10名。1996年后，专业教练队伍从篮球、足球、田径、乒乓球等传统领域扩展到篮球、足球、田径、乒乓球、拳击、摔跤、柔道、羽毛球等项目。2007年，有在岗教练员8名，其中高级教练员1名（田径）、中级教练员4名（田径2名、乒乓球1名、拳击1名）、初级教练员3名（乒乓球2名、田径1名）。2008年，全区共有专兼职教练员146名。

第二节 运动员

一、运动员培训

1978年，县业余体校训练工作逐步走上正轨，主要是将缺少培训条件的单位中有培养前途的运动员集中到业余体校训练。训练项目主要是田径、篮球、乒乓球等。1981年，乒乓球班成为省助重点班。随着体育布局的变化，田径也作为重点项目。1983年11月，国家体育运动委员会授予淮阴县青少年业余体校"全国业余体校先进集体"银盾一座。1985年，开展小足球和摔跤等项目的训练，基本形成上下衔接、项目对口的训练体系和"二集中"（集中上学、集中训练）的训练形式，有学员78名。1996年，县乒乓球业余训练中心被市体委、市教育局命名为淮阴市乒乓球业余训练中心。1981～1996年，县少年乒乓球队一直代表淮阴市（地）参加省级比赛并取得好成绩，乒乓球业余训练中心先后向国家队、省队输送多名运动员，其中5人获运动健将称号。2000年后，随着奥运战略和全民健身战略的进一步实施，以乒乓球、拳击、田径为主的区（县）业余训练工作得到长足发展。2008年，业余体校先后设篮球、乒乓球、田径、足球、摔跤、拳击等10个运动队，队员达200人，有专兼职教练员18人。

1988～2008年淮阴区（县）业余体校招收学员统计表

表31-2-1 单位：人

年份	田径		乒乓球		足球	合计	年份	田径		乒乓球		足球	合计
	男	女	男	女				男	女	男	女		
1988	12	14	12	14	14	66	1999	12	12	12	16	16	68
1989	10	12	13	—	14	49	2000	10	15	12	16	14	67

续表31-2-1

年份	田径		乒乓球		足球	合计	年份	田径		乒乓球		足球	合计
	男	女	男	女				男	女	男	女		
1990	10	12	13	14	14	63	2001	14	16	12	16	12	70
1991	12	12	13	15	16	68	2002	14	16	12	18	14	74
1992	12	12	13	15	16	68	2003	14	12	12	18	14	70
1993	11	12	13	15	16	67	2004	16	12	12	18	14	72
1994	12	12	12	16	16	68	2005	10	13	12	18	14	67
1995	12	12	12	16	16	68	2006	11	14	12	18	14	69
1996	10	15	12	14	16	67	2007	13	15	12	18	14	72
1997	11	12	12	15	16	66	2008	15	15	12	18	14	74
1998	11	12	12	15	16	66							

说明：足球项目1988～2001年为男子项目，2002～2008年为女子项目。

二、运动员输送

1978～2008年，淮阴先后向国家队输送的乒乓球运动员有井俊泓、曹振东、张英杰、高小军及拳击运动员王健，向省队输送的乒乓球运动员有郑京第、黄建平、张雁、荣凌、蒋小燕。孙兴亚入选省排球队，高丽、汪燕入选省柔道队，有10人被输送到省拳击队。先后向市业余体校、市运动学校、省少年体校、省体工队输送田径、排球、羽毛球、乒乓球等项目的尖子运动员35人。

1988～2008年部分年份淮阴区（县）输送运动员统计表

表31-2-2

年　份	输送到省队	输送省少体校	输送市体校	合　计	年　份	输送到省队	输送省少体校	输送市体校	合　计
1988	2	0	4	6	2002	0	2	0	2
1996	2	1	12	15	2003	0	2	55	57
1997	5	0	16	21	2004	3	2	33	38
1998	4	0	19	23	2006	0	2	18	20
1999	1	0	28	29	2007	4	8	120	132
2001	1	0	12	13	2008	2	6	139	147

三、等级运动员

1978年，全县有等级运动员23人，其中二级运动员2人、三级运动员21人。1989年，有等级运动员46人，其中一级运动员1人、二级运动员2人、三级运动员43人。2004年，有等级运动员61人，其中一级运动员5人、二级运动员8人、三级运动员48人。2008年，有等级运动员81人，其中一级运动员3人、二级运动员16人、三级运动员62人。

1989～2008年淮阴区（县）等级运动员统计表

表31-2-3　单位：人

年份	一级		二级		三级		合计	年份	一级		二级		三级		合计
	男	女	男	女	男	女			男	女	男	女	男	女	
1989	1	–	1	1	22	21	46	1999	1	–	6	2	26	22	57
1990	1	–	1	1	19	26	48	2000	2	1	3	4	23	25	58
1991	–	–	2	2	23	20	47	2001	2	–	5	2	21	28	58
1992	1	–	3	1	22	20	47	2002	2	1	6	1	29	29	68
1993	–	1	5	2	27	23	58	2003	–	–	4	2	22	28	56
1994	1	1	4	2	20	28	56	2004	3	2	5	3	27	21	61
1995	–	1	3	2	24	30	60	2005	2	–	2	2	26	24	56
1996	1	–	6	2	30	21	60	2006	3	–	3	1	35	20	62
1997	2	1	5	3	28	24	63	2007	4	–	8	2	32	24	70
1998	–	2	7	3	28	20	60	2008	2	1	10	6	36	26	81

第三节　裁判员

1978年，等级裁判制度恢复，县内裁判队伍发展较快，当年全县有国家登记裁判员17人，其中二级2人、三级15人。专业裁判员较少，体育比赛裁判员多为业余兼职。1987年，有各类裁判员108名，其中一级裁判员5名（田径裁判员3名、乒乓球裁判员2名）、二级裁判员25名（田径裁判员9名、乒乓球裁判员9名、篮球裁判员7名）、三级裁判员78名（田径裁判员25名、乒乓球裁判员11名、篮球裁判员19名、排球裁判员13名、棋类裁判员10名）。2008年，有一级裁判员12名（田径裁判员6名、乒乓球裁判员4名、篮球裁判员2名）、二级裁判员64名（田径裁判员31名、乒乓球裁判员16名、篮球裁判员17名）、三级裁判员153名（田径裁判员100名、乒乓球裁判员22名、篮球裁判员21名、排球裁判员5名、棋类裁判员5名），各类裁判员共计229名。

第三章　群众体育

第一节　学校体育

一、幼儿体育

1978年，城区幼儿体育主要集中在机关、北京路小学、实验小学3个幼儿园。开展的体育活动主要是走、跑、跳、体操、跷跷板、滑滑梯、游戏、短距离接力赛跑、小球类、骑三轮车等项目。县机关幼儿园的体育活动器材缺乏，仅有滑梯1架、跷跷板2块以及少量的胶球、羽毛球。此后，全县幼儿教育将体育教学列为主要内容，幼儿体育活动以游戏为主。每天文体活动1～2小时，游戏、比赛交叉进行。随着幼儿教师素质的提高和体育活动器材的增加，农村幼儿园也逐步开展体育活动，主要是捉迷藏、丢手帕、跳皮筋、拔河等以游戏为主的活动。1980年，北京路小学学前班开展幼儿乒乓球训练。1982年，淮阴县举办首届幼儿运动会，机关、学校、企事业单位幼儿园共400多名小朋友参加比赛。竞赛有团体操表演、骑三轮车、熊猫滚球、小猫钓鱼、赶猪接力、栽花、过独木桥、母子接力、投沙包等项目。1986年后，县有关部门每两年举办一次全县幼儿运动会，主要有体操、骑小车、熊猫滚球、三条腿走路（幼儿与家长合作）、穿衣比赛、顶沙袋、小猫钓鱼、赶猪接力、母子接力、骑马、扛红旗等项目。1990年后，全县幼儿园条件明显改善，体育活动项目也越来越丰富。县城幼儿园和各乡镇中心幼儿园经常组织开展幼儿体育游戏活动及体育竞赛活动。1997年，县妇联、团县委联合举办迎"六一"机关幼儿趣味运动比赛。2000年儿童节，县教育局、县体育局、县妇联、团县委联合举办幼儿会操比赛，全县有26个队400余名幼儿表演乒乓球操、铃鼓操、红花操、红旗操、健美操等。2008年儿童节，区教育局、区体育局举办幼儿运动会，有460多名幼儿参加，项目涉及短跑、跳高、游戏、接力、小球类、骑三轮车、三条腿走路（幼儿与家长合作）、母子接力、骑马、扛红旗、花环操、接力赛、障碍跑、拔河、团体操表演等。1988～2008年，全区（县）举行幼儿运动会11次，每次参赛幼儿均在200人以上，项目多具趣味性、游戏性。

二、小学体育

1978年，小学体育师资严重不足。此后，制定《〈中小学体育工作暂行规定（试行草案）〉实施方案》，并在全县实行。1983年，省教育厅、省体委联合命名北京路小学为乒乓球体育传统项目学校。全县城区及乡镇中心小学逐步配备专职体育教师，按教学大纲要求上体育课。各学校推行《国家体育锻炼标准》，体育达标施行面达99%。全县小学生体育达标率95%以上、优秀率15%以上。各小学每年都举办一次体育运动会。1984年，县实验小学通过市级验收，为体育达标合格单位。1987年，丁集桥东小学被省教育厅、省体委表彰为农村小学体育工作先进单位。4月，省体委到北京路小学考察乒乓球传统学校建设情况。10月，北京路小学通过省教委、省体委乒乓球传统校考核验收，被评为省先进单位。是年，全县小学体育教师有55名，集中在城区和乡镇中心小学，村小体育教师多为兼职。制定《关于加强中小学体育卫生工作的管理意见》。此后，凡体育院校毕业的学生，均安排到学校从事体育教学，多数学校逐步配齐体育教师，但村小体育师资仍显薄弱。运动项目仅限于短跑、跳绳、踢毽、长跑、单杠、乒乓球、羽毛球、篮球等。1990年，全县小学全部配备体育课本。1994年，北京路小学被国家体委、国家教委授予优秀传统项目学校。

1996年，北京路小学的"省级乒乓球传统校"通过验收复核，实验小学举办全省小学生乒乓球夏令营活动。1999年，县加大投入，改善体育设施，增加体育器材，开展业余训练，所有小学举办一次田径运动会。县体委举办第六届"育苗杯"城区小学生田径运动会，选拔体育苗子。

2000年，全县有体育传统项目学校8所，其中乒乓球2所、足球2所、田径2所、棋类2所。至2008年，有体育传统项目学校10所，其中乒乓球1所、足球1所、田径3所、篮球2所、棋类3所。

三、中学体育

1978年，全县有专职中学体育教师20人。1982年起，全县中学开展《国家体育锻炼标准》达标活动，施行面100%，合格率达98%以上，优秀率达18%以上。1983年4月，学校把体育课纳入教学考核，在上好体育课的基础上，开展篮球、羽毛球、乒乓球、足球、田径等业余训练。1985年，县教育局、县体委联合制定《学校体育工作意见》，按教学大纲要求，上好"两课"（体育课、课外活动）"两操"（课间操、眼保健操），确保每生每天至少有1个小时体育锻炼时间。全县分片成立体育中心调研组，定期研讨、交流体育教学经验，体育课教学逐步得到加强。淮阴县中学、淮海中学在贯彻学校体育、卫生工作《暂行规定》中率先通过市级验收。1993年起，每年元旦，县体委、县教育局都联合举办全县中学生元旦长跑比赛，分初中组、高中组，规定比赛年龄，推广体育活动，选拔体育人才。各学校开展冬季长跑活动，提高学生身体素质。1996年始，初中毕业升入高一级学校均需参加升学体育考试，必考项目为50米跑、立定跳远、推铅球。全县体育考试合格率为98.6%。1998年起，淮阴县中学、淮海中学开设体育训练班，实行集中训练，为高等院校输送体育人才。1999年起，各中学加大投入，改善体育设施，增加体育器材，开展业余训练，所有中学每年都举办一次田径运动会，传统校的训练工作得到加强和提高。2000年，淮海中学被市体委评为群众体育先进集体。2003年，淮海中学建成标准400米塑胶跑道的田径场。2004年，淮州中学对老体育场进行改造，建成标准400米×8道塑胶跑道的田径场。2005～2008年，区每年都举办一次中学生田径运动会，分初中、高中组。

第二节　职工体育

1978年，淮阴县职工体育活动规模不大，但能常年开展做广播操活动，还定期组织职工篮球、乒乓球、"三八"拔河、游泳等单项比赛。1982年起，职工体育活动逐步普及，工厂都开辟了体育活动场地，增添了体育活动器材，一些单位还定期举办体育竞赛。职工体育活动主要内容是篮球、乒乓球、羽毛球、排球及棋类等。县染织总厂、化肥厂和税务、物资、供销等系统都成立业余体育代表队，职工体育运动水平渐有提高。1988年，县体委主办篮球、乒乓球等赛事。是年，全县有职工体协28个，运动员1350余名。1990年后，随着国营、集体企业的转制，职工体育开始依托社会，全民健身全民办，发动各行业、各阶层乃至个人一起办体育。渔沟中心卫生院、王营镇中心卫生院先后开设体育门诊，体育活动与医疗保健相结合渐成淮阴县职工体育一个特色。1994年2月，举办"建行杯"县级机关首届运动会，设立篮球、乒乓球、象棋、田径等项目，此后每年举办一次。1995年起，机关运动会常态化，先后被冠以"卫生杯""邮电杯""三星杯""盐河花园杯""供电杯"和"台州商城杯"等。项目有篮球、乒乓球、羽毛球、田径、扑克牌八十分、掼蛋、跳绳、飞镖等。参赛单位多到70个，人数增加到1200余人。县工商局、县税务局举办行业职工乒乓球、篮球等项目比赛。教育、供电、交通、县工会、金融、化肥厂、布厂等系统或单位都举办单位运动会或单项比赛。1996年5月，举办县第三届机关体育运动会，49个单位386名运动员参加比赛，172名运动员获奖。

2008年5月1日，在淮安火车站广场举行迎奥运"倒计时100天"万人长跑暨全民健身活动，全区各行业都选派运动员参与此项活动。1978～2008年，全区（县）机关、企业共举办各种体育比赛920余次，参赛6万余人次。

第三节　城区体育

1978年，城区居民的体育健身活动多自发进行，形式有快走、跑步、气功、太极拳、门球、篮球等。县体育场是县城唯一的活动场地，每天均有上千人活动。篮球场除县体育场东侧的一个灯光球场外，其他均在城区学校、部队、公安局、工商局等单位内。1995年6月，国务院颁布《全民健身计划纲要》，县政府利用报刊、广播、电视、宣传栏等多种形式宣传，提高广大群众的健身意识，参加健身活动的人逐渐增多，人员也从单位职工扩大到普通城镇居民。2000年后，地方经济的发展和城区基础设施的兴建，为城镇居民提供充裕的活动场地。2002～2008年，每天早晨或傍晚，黄河、盐河风光带上，散步、跑步都有数万余人次；黄河广场、樱花园广场、盐河广场、韩信广场、西坝公园、荷花公园、人民公园等处跳交谊舞、广场舞、健身舞以及打腰鼓，练太极拳、太极剑、功夫扇，打羽毛球近12万人次。各社区的健身点随时可见老人在活动。县城常年参加健身活动的在5万人以上。

第四节　农村体育

1978年，县内农村群众性体育活动较贫乏，活动项目较少，主要有篮球、乒乓球、跳高、赛跑、拔河、棋类等。1982年，各乡镇成立体育活动领导小组，中小学校、粮食管理所、供销社等一些单位设有棋室、乒乓球室、篮球场等，并规定每年农历正月、十一月为乡镇体育活动月。渔沟、大兴庄、棉花庄、汤集、北吴集、袁集、古寨、南吴集、南陈集等乡镇，每年都举办一些单项比赛。1983年春节，码头镇举办首届农民运动会，约5000人参加竞赛或表演活动，有球类、棋类、军体等比赛项目，还有高跷、花船、小驴等表演项目共13项，观众2万人次。1984年，码头镇农民篮球队代表淮阴县参加市首届农民篮球赛并获亚军。1985年春节，全县举办第一届“农村体育活动周”，6761人参加各种形式的体育活动。活动内容除田径、棋类、球类、武术、自行车慢骑、拔河等竞赛项目外，还有荡花船、踩高跷、舞龙灯、舞狮子、推小车等民间传统表演项目，观众14万人次。1986年，全县开展“争创体育先进乡”活动。是年，码头镇被国家体委、国家民委评为全国少数民族地区体育先进单位，并派代表出席在乌鲁木齐召开的全国第二届少数民族传统体育运动会。1987年，举办第三届“农村体育活动周”，有2635人参加。1990年后，农民体育活动更为频繁。至1995年，共举办各类比赛200多场次，近3万人参加。有农民运动队620个，运动员4650余人。1996年后，农村居民体育意识普遍增强。2000年，各乡镇在节假日和农闲时开展适合农村特点小型多样的体育竞赛活动45次。2006年起，全区开始实施农民体育健身工程，所有村（居）均建起1个混凝土标准篮球场、1个棋牌室和2张以上室内或室外乒乓球台。2007年，徐溜、赵集、码头、新渡4个乡镇被省体育局授予“体育强（乡）镇”称号，全区建成16个体育活动中心。

2008年，农村除健身娱乐活动外，还开展球类、棋类、田径、武术等竞赛。渔沟、南陈集、丁集等条件较好的乡镇建有室外篮球场、羽毛球场、健身路径、室内健身房、棋牌室、乒乓球室。

第五节　民间传统体育

1978年，拔河、放风筝、武术、踩高跷、跳绳、踢毽子、中国象棋、牌类（含二十五、小猫钓鱼、四十分、争上游、看小花等）是境内民间体育活动的主要内容，其中码头的踩高跷比赛较有影响，武术活动在王营镇开展较为普遍。放风筝活动在全县最为盛行，多为自做风筝，其种类有八角、长龙、脸谱、蝴蝶、鱼、美人等。20世纪80年代，王营镇、小营管庄、新渡朱集等地武术活动开展较为突出，涌现出一批武术好手，名气较大的有秦二猴拳、王寿国外家拳、葛寿田气功等。1980年，练气功活动兴起。是年，城区有100多名气功爱好者。1984年，王寿国、羿建秋应省体委邀请参加省老年人武术观摩交流大会。1985年1月，淮阴县武术协会成立，并在体育场设立武术中心辅导站。不久，小营乡、王营镇西坝居委会、韩桥乡张圩村相应成立武术辅导分站，其中武术训练最有生气的是韩桥乡。是年，韩桥乡武术运动队代表淮阴县参加淮阴市首届运动会的武术比赛，取得中学组团体总分第二名的好成绩。至1986年，民间体育活动扩展到太极拳、摔跤、气功等诸个项目。各中小学开始按照课程计划开展武术教学活动。全县以武术协会为龙头，开展太极拳、太极剑、功夫扇培训活动，200多人参与。1988年后，城区环境改善，黄河广场有秋千、高低杠、梅花桩、吊环等体育设施。1989年，县钓鱼协会成立。1990年，成立县信鸽协会、县乒乓球协会。1995年，黄河广场建成，成为风筝爱好者理想的活动场所。1998年，城区民间体育活动发展到长跑、散步、气功、球类、武术、抖空竹、放风筝、信鸽竞赛等项目。2000年后，县总工会以及各单位每年都会在主要节日组织扑克牌八十分、掼蛋比赛。2001年，坚持气功练习300余人。2005年，区体育场对社会开放，每天早晚有上千人在此活动。盐河广场、人民广场、韩信广场每天早晚有百余人练剑强身。

2008年，民间体育活动常见的有太极、舞蹈、剑术、羽毛球、抖空竹、跳绳、踢毽子、转陀螺、冲关、拣石子、跳皮筋、打梭子、跳格子（跳框）、捣拐（脚斗）、捉迷藏、掼宝、掷飞机等20多个项目。

第四章 体育竞赛

第一节 参赛项目

1978年后，淮阴县每年举办一次中小学田径运动会、职工篮球赛、乒乓球赛以及元旦长跑比赛，每年组队参加地（市）以上体育比赛。至1987年，县运动员共获国际性比赛奖牌1枚，全国性比赛奖牌26枚，省级比赛奖牌60枚，市级比赛奖牌166枚。1988年，乒乓球运动员高小军在日本东京第四十届国际乒乓球比赛中取得男子单打冠军，张英杰在伊朗"曙光杯"国际乒乓球邀请赛上获男子团体冠军，郭红在朝鲜国际乒乓球邀请赛中获女子双打亚军，井俊泓参加意大利国际青少年乒乓球比赛获女子单打冠军，并代表国家队参加世界锦标赛。1996年，组队参加市第三届运动会，共获得金牌25枚、银牌9枚、铜牌3枚，金牌总数列全市第二位，团体总分列全市第四位。淮阴县运动员代表淮阴市参加省比赛，获金牌13枚、银牌8枚、铜牌7枚。1997年，派3名运动员出访日本，参加乒乓球比赛。1998年，在省第十四届运动会各项比赛中，淮阴籍运动员共夺16枚金牌，总分列全省第四位。1999年，县拳击运动员王健在上海举行的全国拳击锦标赛中获男子60公斤级金牌。2000年，县组队参加中日友好马拉松（半程）接力比赛，获团体总分第二名。县组队参加市第四届运动会，在参赛的14个单位中，获金牌总数第三、总分第五。2002年，组队参加省第十五届运动会乒乓球、拳击两个项目比赛，获4枚金牌。2008年，组队参加全国69公斤级拳击赛，高明获第二名。组队参加省乒乓球赛，王兵获第一名。在淮安市第六届运动会上，淮阴区代表团共夺得奖牌105枚，列全市第二名，团体总分居全市第三名。

第二节 参赛成绩

一、国际性和全国性体育竞赛

1978～2008年，淮阴区（县）在国际性及全国性比赛中，共获得金牌49枚、银牌32枚、铜牌49枚。

1978～2008年淮阴区（县）运动员国际性比赛成绩表

表31-4-1

时间		比赛名称	类别	项目	姓名	名次	地点
1988年	3月	日本东京乒乓球公开赛	乒乓球	男子单打	高小军	第一名	东京
1990年	4月	伊朗"曙光杯"国际乒乓球邀请赛		男子团体	张英杰	第一名	德黑兰
				男子单打	张英杰	第五名	
	6月	亚洲国际邀请赛		女子双打	井俊泓	第一名	印尼
				女子单打		第二名	
2005年	9月	世界轮椅运动会	射箭	30米	陈业刚	第一名	巴西
				50米		第一名	

1988～2008年（部分）淮阴区（县）运动员全国性比赛成绩表

表31-4-2

时间		比赛名称	类别	项目	姓名	名次	地点
1988年	10月	全国乒乓球锦标赛	乒乓球	女子双打	井俊泓	第三名	镇江
1989年	4月	全国青少年乒乓球赛	乒乓球	男子双打	张英杰 曹振东	第一名	济南
	7月	全国少年乒乓球赛	乒乓球	女子团体	蒋晓燕	第一名	兰州
				女子双打		第二名	
1990年	8月	全国拳击比赛	拳　击	67公斤级	钱　江	第三名	镇江
1991年	2月	全国少儿“开拓杯”乒乓球比赛	乒乓球	女子甲组团体	嵇　涛 张　艳 沈　娟 胡　伟	第二名	西安
	2月	全国第十届“开拓杯”乒乓球赛	乒乓球	女子丙组单打	沈　娟	第三名	西安
				女子甲组团体	嵇　涛 张　艳	第二名	
				女子甲组单打	嵇　涛	第二名	
	7月	“跃进杯”乒乓球赛	乒乓球	女子单打	张　艳	第三名	自贡
	8月	全国“跃进杯”少儿乒乓球赛	乒乓球	男子单打	嵇　山	第一名	温州
	8月	全国少年乒乓球比赛	乒乓球	女子单打	嵇　涛	第一名	郑州
				女子双打	嵇　涛 张　艳	第一名	
1992年	2月	全国“新星杯”少儿乒乓球赛	乒乓球	男子团体	王明明 沈　阳	第三名	镇江
				女子团体	花　蕾 倪　娟	第一名	
	2月	全国第十二届“开拓杯”乒乓球赛	乒乓球	男子甲组单打	蒋雪刚	第三名	保定
	7月	全国青少年拳击比赛	拳　击	60公斤级	张国庆	第二名	福州
	7月	全国拳击精英赛	拳　击	54公斤级	闫国跃	第三名	青岛
	11月	全国“供销杯”乒乓球精英赛	乒乓球	少年乙组 女子单打	沈　娟	第三名	中山
1994年	4月	全国拳击精英赛	拳　击	51公斤级	徐红苏	第一名	南京
				51公斤级	李　勇	第三名	
	8月	全国少年乒乓球赛	乒乓球	女子单打	沈　娟	第一名	厦门
1995年	6月	全国拳击锦标赛	拳　击	48公斤级	徐洪苏	第三名	番禺
				63.5公斤级	丁　虎	第三名	
	6月	全国青年拳击锦标赛	拳　击	48公斤级	李加龙	第一名	徐州
				51公斤级	尹志刚	第一名	
				57公斤级	丁　力	第二名	
	11月	全国拳击冠军赛	拳　击	48公斤级	徐洪苏	第三名	宁波
				63.5公斤级	丁　虎	第三名	

续表31-4-2

时间		比赛名称	类别	项目	姓名	名次	地点
1997年	2月	全国“新星杯”少儿乒乓球赛	乒乓球	男单	王帆	第一名	济南
	2月	“四环杯”乒乓球比赛	乒乓球	女单	张月恒	第二名	淄博
	10月	八运会拳击比赛	拳击	51公斤级	徐洪苏	第三名	上海
				63.5公斤级	丁虎	第三名	
		全国少年女子柔道比赛	柔道	76公斤级	刘欢媛	第一名	
1998年	4月	全国拳击精英赛	拳击	60公斤级	王健	第三名	大连
				63.5公斤级	丁虎	第二名	
1999年	6月	全国拳击锦标赛	拳击	60公斤级	王健	第一名	上海
				63.5公斤级	丁虎	第三名	
	7月	全国“娃娃杯”乒乓球比赛	乒乓球	男子乙组单打	王乙	第一名	镇江
				女子乙组单打	陈茜茜	第三名	
				女子团体	陈茜茜 李天一	第三名	
	7月	全国“向阳杯”少儿乒乓球比赛	乒乓球	男子乙组单打	王乙	第一名	徐州
2000年	2月	全国少儿乒乓球比赛	乒乓球	女子单打	陈茜茜	第一名	潍坊
	2月	全国“新星杯”少儿乒乓球锦标赛	乒乓球	女甲团体	张月恒 杨倩	第三名	连云港
	10月	全国“开拓杯”乒乓球比赛	乒乓球	女乙团体	李天一 韩娟 张伟	第三名	太原
2001年	2月	全国少儿“新星杯”乒乓球比赛（甲级队）	乒乓球	女乙团体	陈茜茜 李天一 张伟	第一名	临沂
				少年女单	陈茜茜	第一名	
				儿童女单	李天一	第二名	
				儿童女单	韩娟	第三名	
	7月	全国青年拳击锦标赛	拳击	67公斤级	陈正	第二名	山东
				71公斤级	王安康	第三名	
2002年	2月	全国少年儿童“新星杯”赛	乒乓球	女子少年组单打	陈茜茜	第一名	徐州
				女子儿童组团体	李天一 韩娟 张伟	第二名	
	7月	全国青年拳击锦标赛	拳击	男子51公斤级	王安康	第二名	漳州
				男子54公斤级	张磊	第三名	
				男子60公斤级	胡家贵	第三名	
				男子71公斤级	张垒	第一名	

续表31-4-2

时间		比赛名称	类别	项目	姓名	名次	地点
2002年	8月	全国中学生田径运动会	田径	3000米竞走	丁梅	第一名	南京
				5000米竞走	丁梅	第二名	
2003年	2月	第二十九届全国“新星杯”少儿乒乓球比赛	乒乓球	儿童丙组团体	曹金怡 韩培培	第一名	肇庆
				女子乙组双打	丁敏 韩娟	第一名	
	9月	第六届全国残疾人运动会	射箭	个人	陈业刚	第一名	南京
2004年	7月	全国“创新杯”少儿乒乓球比赛	乒乓球	女子甲组团体	陈影 朱婷雨	第一名	上海
				女子乙组单打	朱婷雨	第一名	
	11月	全国拳击冠军赛	拳击	60公斤级	王健	第一名	南京
2005年	1月	全国少儿乒乓球总决赛	乒乓球	女子单打	李天一	第一名	浙江
	3月	全国残疾人奥林匹克射箭淘汰赛	射箭	男子70米站姿	陈业刚	第二名	广西
	10月	全国第十届运动会	拳击	60公斤级	王健	第二名	南京
				67公斤级	石金高	第二名	
2007年	6月	全国青年拳击锦标赛	拳击	男子60公斤级	张冉	第二名	许昌
				男子60公斤级	高明	第三名	许昌
2008年	5月	全国青年拳击锦标赛	拳击	男子69公斤级	高明	第二名	山东

二、省级体育竞赛

1978～2008年，淮阴区（县）运动员在省级各类体育比赛中，获金牌229枚、银牌106枚、铜牌86枚。

1988～2008年淮阴区（县）运动员省级比赛成绩表

表31-4-3

时间		比赛名称	类别	项目	姓名	名次	地点
1988年	5月	省首届农民运动会	摔跤	男子82公斤级	印军	第一名	无锡
	8月	青少年乒乓球比赛	乒乓球	女子少年乙组	王含芝	第一名	武进
	9月	省青少年柔道摔跤比赛	摔跤	男子82公斤级	印军	第一名	南京
1989年	1月	省少年儿童“果品杯”乒乓球赛	乒乓球	儿童女子组单打	嵇涛	第一名	泗阳
1990年	1月	省基层小学“启秀杯”乒乓球赛	乒乓球	女子团体	张艳 蒋雪花 马菁 沈娟	第一名	南通
				女子甲组单打	张艳	第一名	
	7月	省第十二届运动会	乒乓球	女子儿童组团体	嵇涛 张艳	第一名	南通
				女子儿童组单打	嵇涛	第一名	

续表31-4-3

时　间		比赛名称	类　别	项　目	姓　名	名　次	地　点
1991年	1月	省基层小学乒乓球赛	乒乓球	儿童乙组男子团体	嵇　山 陈金龙 蒋雪刚	第一名	苏州
	8月	省少年儿童足球比赛	足球	儿童组	西坝小学	第一名	无锡
	8月	省柔道比赛	柔道	女子48公斤级	汪　艳	第一名	南京
	11月	省农民运动会	摔跤	男子74公斤级	王叶中	第一名	淮安
				男子82公斤级	张洪武	第一名	
1992年	1月	省基层小学第六届“农垦杯”乒乓球赛	乒乓球	男子甲组团体	北京路小学	第一名	淮安
				女子甲组单打	倪　娟	第一名	
				男子乙组团体	实验小学	第一名	
				女子乙组团体			
				男子乙组单打	蒋雪刚	第一名	
	5月	省第二届农民运动会	摔跤	男子74公斤级	王叶中	第一名	徐州
				男子82公斤级	张洪武	第一名	
	7月	省青少年拳击比赛	拳击	男子48公斤级	李加勇	第一名	南京
				男子60公斤级	丁　虎	第一名	
				男子71公斤级	赵传祥	第一名	
	8月	省足协小学分会夏令营比赛	足球	男子	西坝小学	第一名	淮阴
1993年	1月	省第七届基层小学“金环杯”乒乓球赛	乒乓球	男子团体	实验小学	第一名	镇江
				男子甲组单打	嵇　山	第一名	
				女子甲组单打	沈　娟	第一名	
	5月	省“宝岛杯”青少年拳击比赛	拳击	男子青年组60公斤级	丁　虎	第一名	徐州
	5月	省县级田径比赛（乙组）	田径	女子200米栏	张　娟	第一名	常熟
				女子100米	蔡艳珍	第一名	
1994年	5月	省县级田径比赛（乙组）	田径	女子B组标枪	刘春梅	第一名	常熟
				女子A组200米栏	蔡艳珍	第一名	
				男子A组400米	吴天祥	第一名	
	7月	省第十三届运动会	乒乓球	女子丙组单打	果　媛	第一名	镇江
			拳击	少年组48公斤级	李加龙	第一名	无锡
				少年组54公斤级	尹志刚	第一名	
				青年组51公斤级	李加勇	第一名	
				青年组63.5公斤级	丁　虎	第一名	
1995年	5月	省县级田径赛	田径	女子标枪	刘春梅	第一名	江都
				男子400米	吴天祥	第一名	

续表31-4-3

时间		比赛名称	类别	项目	姓名	名次	地点
1996年	4月	省武术散打擂台赛	散打	男子75公斤级	徐益群	第一名	盐城
	5月	省县级田径比赛	田径	女子标枪	刘春梅	第一名	江都
	7月	省基层小学乒乓球比赛	乒乓球	男子乙组团体	实小	第一名	淮阴
				男子甲组单打	陈刘	第一名	
				女子甲组单打	樊鹤华	第一名	
				女子乙组单打	张月恒	第一名	
1997年	4月	省少儿乒乓球比赛	乒乓球	男子团体	耿子敏 方杰等	第一名	南京
				男子单打	方　杰	第一名	
				男子双打	方　杰 耿小敏	第一名	
	5月	省县级田径比赛	田径	女子标枪	刘春梅	第一名	淮阴
				男子800米	徐　杰	第一名	
	5月	省青少年拳击比赛	拳击	青年组54公斤级	王金祥	第一名	淮阴
				少年组54公斤级	杨　巍	第一名	
	7月	省青少年摔跤柔道比赛	摔跤	自由式44公斤级	韩健健	第一名	苏州
	7月	省小学生乒乓球比赛	乒乓球	男甲团体	实小	第一名	无锡
				女甲团体	杨　洁 张月恒	第一名	
				女乙团体	葛海燕 胡　杰	第一名	
				男乙单打	王　乙	第一名	
				女甲单打	樊鹤华	第一名	
				女乙单打	葛海燕	第一名	
1998年	4月	省县级田径比赛	田径	女子3000米竞走	丁　梅	第一名	锡山
				女子5000米竞走	丁　梅	第一名	
	5月	省第十四届拳击比赛	拳击	少年48公斤级	张保持	第一名	南京
				少年57公斤级	王　健	第一名	
				青年71公斤级	张　谦	第一名	
	5月	省第十四届举重比赛	举重	男子80公斤级	周永亮	第一名	南京
				女子40公斤级	韩　治	第一名	
	6月	省第十四届中小学生部乒乓球比赛	乒乓球	女子儿童组团体	胡　洁 韦　静 陈　茜 葛海燕	第一名	南京
	6月	省第十四届摔跤比赛	摔跤	古典式44公斤级	吴洪成	第一名	南京
				古典式64公斤级	刘　锐	第一名	
				自由式44公斤级	韩健健	第一名	
				自由式50公斤级	于晓武	第一名	
				自由式74公斤级	杨　威	第一名	

续表31-4-3

时 间		比赛名称	类 别	项 目	姓 名	名 次	地 点
1998年	7月	省基层小学乒乓球比赛	乒乓球	男子甲组团体	濮少杰 陈 刘	第一名	镇江
				女子甲组团体	杨 倩 张月恒	第一名	
				女子乙组团体	葛海燕 韦 静	第一名	
	9月	省第十四届田径比赛	田径	女子标枪	刘春梅	第一名	南京
				女子800米	韦晓霞	第一名	
				女子1500米	韦晓霞	第一名	
				女子3000米	韦晓霞	第一名	
1999年	2月	省基层小学优秀苗子比赛	乒乓球	儿童丙组男子单打	陈 叶	第一名	镇江
				儿童丙组女子单打	李天一	第一名	
				儿童丁组男子单打	张建宇	第一名	
	4月	省县级田径比赛	田径	女子A组3000米竞走	丁 梅	第一名	锡山
				女子A组5000米竞走	丁 梅	第一名	
				男子A组标枪	石 磊	第一名	
	5月	省青少年拳击比赛	拳击	少年组60公斤级	雍 昆	第一名	淮安
				青年组60公斤级	王 健	第一名	
	7月	省少儿乒乓球团体比赛	乒乓球	儿童组团体	韦 静 陈 茜 李天一 袁 媛	第一名	无锡
2000年	1月	省乒乓球优秀苗子比赛	乒乓球	女子乙组单打	李天一	第一名	镇江
				女子单打	陈茜茜	第一名	
	4月	省县级田径比赛	田径	女子标枪	刘 芳	第一名	锡山
				女子铁饼	刘 芳	第一名	
				男子110米栏	朱关翔	第一名	
	5月	省拳击比赛	拳击	57公斤级	胡家贵	第一名	盐城
				60公斤级	雍 昆	第一名	
				75公斤级	周 洋	第一名	
	7月	省田径比赛	田径	女子铁饼	毛珊珊	第一名	苏州
				女子标枪	刘 芳	第一名	
	8月	省少儿乒乓球锦标赛	乒乓球	女子团体	实 验 小 学	第一名	镇江
				女子单打	陈茜茜	第一名	
				女子双打	陈茜茜 李天一	第一名	
	8月	省少儿优秀选手调赛	乒乓球	女子甲组单打	陈茜茜	第一名	南京
				女子乙组单打	李天一	第一名	

续表31-4-3

时间		比赛名称	类别	项目	姓名	名次	地点
2002年	4月	省县级田径比赛	田径	女子1500米	陈金庆	第一名	淮安
				女子铁饼	毛珊珊	第一名	
				女子标枪	刘　芳	第一名	
				男子100米栏	刘建建	第一名	
				男子铅球	刘　闯	第一名	
				男子铁饼	刘　冯	第一名	
				女子3000米	陈金庆	第一名	
				男子60米	刘建建	第一名	
				男子标枪	张　朋	第一名	
	7月	省第十五届中小学乒乓球赛	乒乓球	女子儿童组双打	韩　娟 李天一	第一名	苏州
	10月	省第十五届拳击比赛	拳击	男子60公斤级	雍　昆	第一名	昆山
				男子67公斤级	林　峰	第一名	
				男子71公斤级	张　磊	第一名	
2003年	7月	省少年儿童乒乓球赛	乒乓球	女子团体	韩　娟 王雅丽 郑　霄	第一名	连云港
				混双	韩　娟 陈　前	第一名	
				男子单打	陈　前	第一名	
	8月	省“乒协杯”女子乒乓球赛	乒乓球	女子乒乓球团体	曹金怡 贾　晓	第一名	镇江
				女子单打	曹金怡	第一名	
	8月	省小学生乒乓球赛	乒乓球	女子双打	曹金怡 贾　晓	第一名	海安
				女子单打	曹金怡	第一名	
2004年	1月	省乒乓球优秀苗子集训赛	乒乓球	女子乙组团体	曹金怡 贾　晓 朱婷雨	第一名	镇江
				男子甲组团体	马　锐 马　尖 朱明明	第一名	
				男子乙组团体	徐　冉 杨　禹 刘宇伦	第一名	
				女子乙组单打	曹金怡	第一名	
				男子乙组单打	徐　冉	第一名	
	5月	省青少年拳击赛	拳击	男子青年组54公斤级	徐　飞	第一名	徐州
				男子青年组60公斤级	张　垒	第一名	

续表31-4-3

时间		比赛名称	类别	项目	姓名	名次	地点
2004年	8月	省“乒协杯”乒乓球比赛	乒乓球	女子乙组团体	韩培培 贾晓 陈影	第一名	镇江
				女子甲组团体	王雅丽 郑霄	第一名	
		省小学生乒乓球比赛	乒乓球	男子乙组团体	徐冉 杨禹 刘宇伦	第一名	南通
				女子乙组团体	曹金怡 贾晓	第一名	
				男子乙组单打	徐冉	第一名	
				女子乙组单打	曹金怡	第一名	
2005年	2月	省乒乓球优秀苗子集训赛	乒乓球	女子甲组团体	曹金怡 贾晓 韩培培	第一名	句容
				女子乙组团体	陈影 朱婷雨 周丽	第一名	
				女子乙组单打	陈影	第一名	
	4月	省县级田径比赛	田径	男子跳远	朱雷雷	第一名	徐州
				男子三级跳远	朱雷雷	第一名	
				男子110米栏	徐宝	第一名	
				男子3000米	徐宝	第一名	
				男子铁饼	刘闯	第一名	
	5月	省少儿乒乓球团体赛	乒乓球	儿童女子组团体	曹金怡 韩培培 贾晓 陈影	第一名	盐城
	6月	省青少年拳击比赛	拳击	少年组53公斤级	史锐林	第一名	泗洪
				少年组63公斤级	张冉	第一名	
				少年组69公斤级	高明	第一名	
				青年组48公斤级	郭文峰	第一名	
	7月	省少儿乒乓球单项比赛	乒乓球	女子乙组单打	韩娟	第一名	淮阴
	8月	省小学生夏令营乒乓球赛	乒乓球	女子甲组团体	曹金怡 贾晓 韩培培	第一名	镇江
				女子甲组单打	曹金怡	第一名	
				女子甲组双打	曹金怡 贾晓	第一名	

续表31-4-3

时间		比赛名称	类别	项目	姓名	名次	地点
2007年	5月	省田径比赛	田径	女子丙组跳高	蔡瑞	第一名	新沂
				女子丙组跳远	蔡瑞	第一名	
				女子丙组100米	杜莹	第一名	
				女子丙组200米	杜莹	第一名	
	6月	省青少年举重比赛	举重	50公斤级	崔晓晓	抓举、挺举总成绩第一名	常州
				60公斤级	张鹏	抓举、挺举总成绩第一名	
	7月	省少儿乒乓球单项比赛	乒乓球	男子甲组单打	尹百世	第一名	徐州
	8月	省青少年拳击比赛	拳击	少年64公斤级	张冉	第一名	无锡
				少年75公斤级	张维维	第一名	
				少年50公斤级	张坤	第一名	
2008年	8月	省乒乓球比赛	乒乓球	男子单打	王兵	第一名	靖江

第三节　承办省、市运动会

1978年，淮阴体育设施差，无法承办省、市比赛，随着基础设施改善，自1982年起，开始承办一些省、市比赛。主要有：1982年省助重点班乒乓球比赛；1983年地区乒乓球赛、省儿童乒乓球比赛；1985年淮阴市第一届运动会乒乓球比赛；1986年淮阴市少儿乒乓球比赛；1992年江苏省小足球比赛；1996年淮阴市第三届运动会乒乓球比赛和江苏省“山鹰杯”少儿乒乓球比赛；2000年淮阴市四届运动会乒乓球比赛；2004年苏北五市乒乓球赛和淮安市五届运动会中小学生部乒乓球比赛，淮安市青少年乒乓球俱乐部联赛；2005年江苏省少儿乒乓球单项比赛；2008年淮安市六届运动会中小学生部乒乓球比赛等。

第三十二篇　民　政

1978年，全县民政工作逐渐恢复和发展。1979年后，县内正常开展婚姻登记工作，启动殡葬改革工作，开始域内地名普查。提高“三属”抚恤金发放标准，调整、完善在乡伤残军人抚恤标准。对退伍军人进行安置，对受灾群众实施救济，在全县开展退休老职工普查、登记、核实、发证工作。1987年后，扶贫方式多样化。

1989～2000年，全县建立以乡镇为主体、以居民委员会为依托的社区服务和便民服务网点。敬老院普遍开展“以副补院”的多种经营，完成城区主要道路标牌设置。依法进行结婚、离婚、复婚登记工作，保护妇女、儿童的合法权益。普遍建立殡葬服务网络。提高城市社会贫困户的救济标准，提高残疾人职工的福利待遇。社会福利企业向就业、康复、培训一体化方向发展，从单一的国家包办体制向国家、集体、个人一起办的体制转变，从救济型向社会福利型转变，从单纯的供养向供养与康复相结合转变。

2001年后，民政业务从传统的救灾救济、优抚安置向社会救助、社区建设、社会福利等领域延伸。成功完成2003年特大洪涝灾害救灾任务，完成农村草危房改造任务；城乡低保实现动态管理下的应保尽保，农村“五保”事业蓬勃发展。在全市率先推行“政府扶持、经济补助、自谋职业”的退伍安置改革，双拥优抚安置政策得到全面落实，连续三届获得“省双拥模范区”殊荣。2008年，淮阴区有21所乡镇养老院，“五保”供养4034人，其中集中供养1239人，分散供养2795人，供养标准分别为每人每年3100元和3000元。

第一章　机　构

第一节　管理机构

1978年，淮阴县革命委员会民政局内设人秘、财务、救灾救济、优抚等股室，负责管理全县残疾人工作，编制10人。1980年，更名为淮阴县民政局。1989年，成立淮阴县残疾人工作办公室，县民政局代管。1997年机构改革，县民政局明确为政府职能部门，内设办公室、优抚、救灾救济社会福利、社会事务管理4个股室，编制14人。2000年1月，淮阴县残疾人工作与县民政局脱离，独立为正科级事业单位。2001年1月，淮阴县民政局更名为淮阴区民政局。2002年4月，区民政局内设办公室、优抚科、救灾救济、社会事务管理、老龄工作5个科室。是年，农村社会养老保险职能移交劳动和社会保障局，归属区老龄工作委员会办公室。新增民办非企业单位登记管理、组织协调、慈善捐助和救助等职能，强化城乡低保、社区建设与社区服务、退役士兵安置、殡葬管理和婚姻登记管理职能，行政编制15人，行政附属编制2人。2008年，其内设机构、下属事业单位不变，编制15人。

第二节　直属单位

【淮阴区优抚接待室】 成立于1982年1月，编制5人。2004年5月撤销，人员编制被调整到各有关事业单位。

【淮阴区农村社会养老保险事业管理处】 1992年8月成立，为股级事业单位，隶属县民政局，核定编制8人，经费从按规定提取的管理服务费中解决。1993年10月，设立乡镇农村社会养老保险事业管理所，为农村社会养老保险处的派出单位，并面向社会公开招考乡镇农保干部30名。至1998年7月，因农村社会养老保险工作发展的需要，经县编委会批准，增加编制3人，共11人。2001年更名为淮阴区农村社会养老保险处。2002年3月，淮阴区农村社会养老保险处整建制划转到淮阴区劳动和社会保障局。

【淮阴八十二烈士陵园管理处】 成立于1956年3月。2008年，升格为副科级事业单位，核定事业编制14人。

【淮阴区殡葬管理所】 成立于1984年5月，编制2人。2008年，核定事业编制3人。

【淮阴区殡仪馆】 成立于1984年12月，核定事业编制15人。至2008年编制未变。

【淮阴区社会福利有奖募捐办公室】 1979年组建，当年试用，编制4人。至2008年，核定编制数未变。

第三节　挂靠、代管机构

【淮阴区残疾人联合会】（见第二十三篇《民主党派　工商联　社会团体》第二章《社会团体》第五节《残疾人联合会》）

【淮阴区双拥办公室】 1998年1月，县双拥办公室正式挂牌成立，2000年6月，县双拥办被明确为副科级单位。同时调整县双拥工作领导小组，组长由县委书记担任，县直40个部门的主要负责人和3个有驻军乡镇的党委书记及驻淮部队相关负责人为成员。2008年，核定编制4人。

【淮阴区地名办公室】 成立于1985年1月，核定编制3人。2008年，核定编制6人。

【淮阴区军队离退休干部休养所】 成立于1989年1月，核定编制4人。2008年，核定编制7人。

【淮阴区老龄办】 成立于1989年1月，核定编制数3名。2002年，区老龄办职能划归区民政局，机构合并未定编制数。至2008年，机构职能未变。

第二章　社会事务管理

第一节　婚姻登记与收养管理

一、婚姻登记管理

1978年，县内婚姻登记工作正常开展。1981年，婚姻登记工作统一由乡镇民政部门办理。1982～1987年，共办理结婚登记23206对，办理离婚登记226对。1996年，婚姻管理逐步走上法制化、规范化轨道，结婚登记率稳步提高，全县办理结婚登记812对，协议离婚15对，接受法律咨询178人次。是年，在全县范围内集中清理违法婚姻。1998年7月起，取消乡镇办理婚姻登记，成立婚姻登记处，在全市率先开展全县集中登记、集中婚前检查。2004年，取消强制婚前保健。1998～2005年，办理结婚登记29791对，离婚登记1143对。2006年，办理结婚登记5525对，离婚登记520对，登记合格率达100%，婚姻登记资料归档率达100%。2008年，依法办理结婚登记7345对，离婚登记759对，登记合格率均达100%。

1995～2008年淮阴区（县）婚姻登记统计表

表32-2-1

年份	结婚登记	离婚登记	合计
1995	257	40	297
1996	812	15	827
1997	878	—	878
1998	2051	22	2073
1999	4014	45	4059
2000	3952	40	3992
2001	3475	68	3543
2002	3461	95	3556
2003	3308	110	3418
2004	4593	370	4963
2005	4937	393	5330
2006	5525	520	6045
2007	6599	607	7206
2008	7345	759	8104

说明：1978～1994年婚姻登记由乡镇负责，统计资料缺失。

二、收养登记管理

1998年，全县启动收养登记工作，是年收养登记5例。全县收养登记业务由婚姻登记处兼办，收养登记员由婚姻登记员兼任。1999年，没有收养登记案例。2000年，办理收养登记5例。2004年，办理收养登记18例，是1998年后最多年份。1998～2008年，累计办理收养登记59例。

第二节　殡葬管理

1978年，淮阴县遗体火葬工作尚未实行，居民死亡遗体火化一般在清江市火葬场火化。1979年7月，淮阴县在果林场崔庄四组征用土地1.16公顷建火葬场，1981年建成，设有办公室、宿舍共10间，购进汽车1辆。当年试烧尸体1具，火化业务工作开始运营，火化一具尸体收费8元。1982年，全县死亡3091人，火化尸体44具。1983年8月，市民政局下拨经费2万元，购买小型“兰陵”牌接尸车1辆。当年全县死亡3580人，火化尸体60具。全县殡葬改革尚处在起步阶段，农村仍是管理盲区。1984年5

月，废止土葬，全面推行火葬。县政府成立殡葬改革工作领导小组，由13人组成，各个乡镇、村也相应成立殡改组织，在全县范围内形成殡改工作组织网络，利用会议、广播、标语等形式宣传，提倡破旧俗立新风，推动殡改工作发展，火化率逐年提高。当年全县死亡3646人，火化尸体1364具。1985年，全县死亡3729人，火化尸体2525具。是年12月，淮阴县火葬场更名为淮阴县殡仪馆，火化率明显上升，执行火化业务收费新标准。新建瓦房8间，设办公室、休息室、告别室。1988年，县政府出台殡葬改革目标考核奖惩办法，火化率逐步上升。1992年3月，添置1台新的接尸车。1995年10月，淮阴市人民政府下发《关于认真做好平坟复耕、清理乱占滥用土地建坟造墓的通知》，各乡镇普遍建立骨灰寄存室及公墓堂。1996年10月，殡仪馆建成新式油化炉。1997年，为解决运南片群众举丧活动难题，县政府在南陈集乡梨园村窑厂建殡仪二馆，征地0.65公顷。殡仪二馆于1998年10月18日正式投入运营。1999年，扩建县殡仪馆。2001年7月，取缔非法接尸营运车73辆，区殡仪馆统一收费、统一管理，杜绝尸源外流，火化率达100%。同年，对一、二馆分步实施环境改造，通过省、市验收，被评定为国家三级馆。2004年，殡改执法工作成效显著，偷埋土葬现象得到有效遏制，当年火化率达100%，年火化量突破5000具。2006年，区殡仪馆更换2台油化炉，订购2辆空调豪华接尸车。2007年，对殡仪馆大、中、小告别厅进行改造，增加服务项目，用鲜花代替花圈。成立荣光殡仪服务公司，实行全天候24小时服务。殡仪二馆铺设2000多平方米水泥路面，并增添1辆豪华接尸车。2008年，为丧户遗体告别仪式免费提供主持业务，得到社会认可。

1979～2008年淮阴区（县）死亡人员火化情况一览表

表32-2-2　　单位：人

年份	死亡数	火化数	火化率（%）	年份	死亡数	火化数	火化率（%）
1979	3010	0	0	1994	3984	2131	53.5
1980	3040	0	0	1995	4412	2620	59.4
1981	3070	1	0	1996	4416	2830	64.1
1982	3091	44	1.4	1997	4632	3604	77.8
1983	3580	60	1.6	1998	4440	5418	100
1984	3646	1364	37.4	1999	4521	5500	100
1985	3729	2525	67.7	2000	4524	5306	100
1986	3648	1056	28.9	2001	4884	4652	100
1987	3648	1280	35.1	2002	4736	5192	100
1988	3648	1847	50.6	2003	4775	5162	100
1989	3712	1752	47.2	2004	4872	5226	100
1990	3864	1885	48.8	2005	4890	5110	100
1991	3864	1783	46.1	2006	4924	5317	100
1992	3916	1676	42.8	2007	4965	5441	100
1993	3916	1748	44.6	2008	5018	5603	100

说明：表内火化数据包括境内及其周边县区在区殡仪馆火化数据。

第三节 民间组织管理

一、社团登记管理

1989年，国务院颁布《社会团体登记管理条例》。1991年，淮阴县建立社会团体登记管理机构。是年，全县有各类社团144个。1998年10月，新《社会团体登记管理条例》出台，县社会团体登记管理机构着重把好登记发证关，建立活动汇报制度，强化年检手续，对符合条件的社团依法予以登记，对不符合条件的社团限期整改，加大对非法社团的打击力度，全县注销非法社团10个。2007年，区民政局被省民政厅评为全省社团管理先进单位。至2008年，全区登记注册的社会团体129个。

二、民办非企业登记与管理

1998年10月25日，国务院颁发《民办非企业单位登记管理暂行条例》，民办非企业单位登记管理工作统一归口民政部门，实行业务主管单位和登记管理机关双重负责的管理体制。淮阴县民政局社会事务科负责全区民间组织登记管理工作（包括民办非企业单位）。1999年4月，县民办非企业单位登记管理工作启动。2000年，对合格的21个非法人单位经审核变更为法人单位。2002年，民间组织管理日趋规范，社团和民办非企业登记管理工作全面开展，共年检民间组织96个，变更法人13个，登记新成立民间组织7个。2003年，民间组织管理坚持培育发展和监督引导的方针，重点发展行业协会和公益性组织，先后有淮阴区新渡乡草莓协会、淮阴区码头镇牛羊养殖协会、淮阴区水产养殖协会等16个农村专业经济协会登记注册。至2008年，全区共注销民办非企业单位4家，累计登记注册的民办非企业单位112家。

1999～2008年淮阴区（县）民办非企业单位户数统计表

表32-2-3 单位：个

年份	登记数	实有数	年份	登记数	实有数
1999	13	13	2004	11	11
2000	16	16	2005	9	9
2001	9	9	2006	11	11
2002	8	8	2007	9	9
2003	14	14	2008	12	12

第四节 地名管理

一、地名普查

1979年，淮阴开始地名普查工作。1980年，成立淮阴县地名普查工作领导小组，1981年11月14日更名为淮阴县地名委员会，下设办公室。以1:50000淮阴县地形图为基础资料，至1981年，地名普查人员对境内的行政区划、居民点名称，各专业部门使用的台、站、港、场等名称，一些名胜古迹、有一定使用价值的人工建筑物，以及1:50000地形图上标有境内的各类自然地理实体名称进行全面普查。普查地名3994条，其中大队427条、自然村3370条、建筑物112条、其他地名85条。经调查考证，更改3个公社名称，更改、恢复108个大队名称。建立地名卡片1043张，撰写文字概况51篇，转绘1:50000地名图，先后考证渔沟镇、码头镇、韩信城、韩母墓、漂母墓、五里庄、望妻亭等地名，并组织地名观光活动。1982年底，对已普查的地名进行标准、规范化处理后，地名委员会办公室编写出版《淮阴县地名录》。1983年，在《淮阴县地名录》基础上，由县地名委员会办公室汇集淮阴县标准化、规范化地名编写的《地名录》出版。1985年1月23日，地名委员会及其办公室被批准为县政府常设机构。1991年4月，县政府印发《淮阴县地名管理实施办法》。1998年，复核普查成果，更新数据，建立地名信息档案。2000年，就普查成果建立《2000年地名普查成果一览表》《2000年地名普查成果复核表》等一系列资料，并拷贝入软盘成永久性资料。2004年，区地名办绘制区划调整后的《淮安市淮阴区政区图》。

2008年5月，全区开展第二次地名普查，淮阴区为全市第二次地名普查试点单位。此次地名普查分12个大类、117个子类，对地名数据信息进行分类汇总，建立地名成果档案。地名普查工作历时半年，共普查地名数据库信息4910条，其中乡镇21条、行政村（居）259条、村民小组1977条、建筑物310条、河流26条、道路428条、其他地名1889条。

二、地名标准化管理

1991年4月，制定《淮阴县地名管理实施办法》。1997年11月，命名香港路和长江东路、西路。1998年11月，经市政府批准，命名淮海路、西安路、北京路、承德路4条主干道，命名通济桥（北京北路跨盐河上的桥）、永安桥（北京北路跨废黄河的桥）、王营桥（淮海北路跨废黄河上的桥）、小营桥（淮海北路跨盐河上的桥）、惠民桥（承德北路跨废黄河的桥）、通京桥（承德北路跨盐河上的桥）6座桥和古黄河生态民俗园、古黄河绿化风光带。2001年11月，对城区地名摸底登记，统计已命名的路、街、巷。2002年，下发《关于门牌设置安装收费标准的通知》，并对城区标准化地名标志设置进行调查统计，张贴公告，对不规范的地名进行整顿，共安装大小门牌3000余张。使用“阳光花园”“城中花园”“富豪花园”“通胜花园”“三民小区”等住宅小区的名称。2003年4月，区政府对部分路、街、巷进行命名，即黄河东路、黄河西路、珠江东路、珠江西路、香港路、淮河路、九江东路、葡萄路、经一路、经二路、纬一路、纬二路、纬三路、纬五路、纬六路、新街、前进街、北京路后街、红旗巷等，同时将东大街更名为东街。2005年2月，在城区范围内开展路、街、巷名称的征求意见活动，首次提出有偿命名。将袁北站更名为淮阴丁集站。凌桥街命名东升路、府前东路、府前西路、樱花西路、兴淮路、凌优路、甄阳路。使用“翠景美墅”“金碧湖畔”“多瑙河国际公寓”住宅小区名称和台州商城名称。

2008年2月，区地名办公室对城市地名进行规划，涉及97条主次干道、40余个住宅小区、12座桥梁。6月，对城区建成的60条道路进行命名。12月，对城区已命名、更名的淮海北路等19条主干道，41条次干道设置道路指示牌500余块，其中双立柱牌300余块、单立柱牌200余块；乡镇设置道路指路牌280余块，其中双立柱牌80余块、单立柱牌200余块。

三、行政区域界线管理

1996年9月16日成立勘界工作领导小组。1997年1月10日，成立淮阴县勘界领导小组办公室，机构设在县民政局，与县地名办公室实行“一个机构、两块牌子”办公。根据省政府和市政府的安排，勘界工作历时5年，2000年全面完成淮阴与楚州、清河、清浦、洪泽及宿迁市的泗阳、沭阳等县（区）的勘界任务。淮阴市界、县界边界长约203千米，其中陆地约110千米，沟河约90余千米，沿线涉及两市8县（区）36个乡镇，全线埋设界桩56块，形成勘界协议8份，标绘勘界图48份。区勘界办每年开展一次界桩联检，对界线、界桩进行实地勘查，分析排查界线毗邻地区不稳定因素，对界桩进行维护，损坏、遗失的界桩及时向上级部门报告给予恢复，维护边界地区稳定。

第三章 社会优抚

第一节 抚 恤

一、“三属”抚恤

“三属”即烈士遗属、因公牺牲军人遗属、病故军人遗属。1978年，全县所有牺牲、病故军人遗属都受到抚恤。1979年2月起，提高抚恤发放标准，因公牺牲的家属一次性发给抚恤金470～700元，病故军人家属一次性发给抚恤金370～600元。1980年，对因战与因公牺牲（不称烈士）的抚恤标准加以区别，因战牺牲抚恤标准高于因公牺牲的抚恤标准。是年起，分为革命烈士抚恤、因公牺牲（不称烈士）抚恤和病故抚恤三类，抚恤标准是一次性抚恤金800～1000元。1985年，对革命烈士家属、因公牺牲和病故军人家属由定期定量补助改为定期抚恤。是年，经普查核实，全县农村符合“三属”抚恤条件的有782人，共发抚恤金26.24万元，其中城镇68人，发抚恤金2.62万元。1987年，全县共抚恤859人，全年发放抚恤金26万元。至1996年，开始对现役军人家属发放补助，每人每年发放889.8元。“三属”每家每年发放抚恤金444.9元。复员、伤残、病退军人每年226.6元。2002年，区政府出台《关于做好重点优抚对象优待工作的通知》，共为803名革命烈士家属、37名因公牺牲和114名病故军人家属发放抚恤金300余万元。2004年，共发放抚恤定补经费832.6万元。2006年1月和10月，两次调整提高部分优抚对象抚恤补助标准，累计发放抚恤定补金1671.4万元。2008年，全区“三属”659人，参加援越抗美、援老抗美和对越自卫反击战以及参加核试验人员338名，共发放抚恤金1050万元、定补金917万元。

二、伤残军人抚恤

1978年4月，调整在乡伤残军人抚恤标准，因战致残的抚恤金每年每人80～520元，因公残疾的抚恤金每年每人80～480元；参战残疾的民兵民工抚恤金每人每年80～460元。1979年，全县享受伤残抚恤人员444名。1981年，开始换发伤残军人证明书工作，共换发证书815名，其中伤残军人782名、伤残工作人员8名、伤残民兵25人。按等级分为特等1人、一等22人、二等甲73人、二等乙189人、三等甲216人、三等乙314人。是年，共发放残疾抚恤金32.68万元。1982年起，调整执行在职残废金标准，其中因战致残在职人员按等级每人每年发放40～90元；因公致残在职人员按等级每人每年发放36～78元。1984年7月起，执行新的残废人员抚恤标准。是年，全县817名享受抚恤人员全部按调整后的标准享受抚恤，共发放抚恤金23.5万元，临时生活补贴3.8万元。1985年7月，再次调整在乡因公残疾人员生活补贴。特等、一等残疾人员每人每月增发12元、二等每人每月增发6元、三等每人每月增发4元，全年增发临时生活补贴6.25万元。1987年，全县有享受抚恤残疾人员832名，年发放抚恤金29.6万元，临时生活补贴6.25万元。为19人配备手摇轮椅车，为456人配备拐杖。1988年，国家、省、市对伤残军人的抚恤定补进行调整。是年7月起，对分散供养的特等、一等伤残军人按规定发给护理费。1996年，企业再次提高伤残军人优待标准。2000年8月，对全县伤残军人进行普查，共766人。2002年，全区共为766名因战因公伤残人员发放抚恤金183万元。2004年10月1日，新修订《军人抚恤优待条例》颁布施行。残疾军人取消在职在乡的分类，同时对新旧残疾等级实行套改。中华人民共和国革命伤残军人证一律换为中华人民共和国残疾军人证。是年，区内有残疾军人706名，发放残疾军人抚恤金706万元。2005年1月1日，淮阴区调整在乡残疾军人的定期抚恤金标准，同时将战争年代立一、二、三等功的残疾军人立功荣誉金标准由每人每月180元、120元、60元分别提高到360元、240元、120元。是年，全区有残疾军人665人，在职残疾军人享受与所在单位工伤人员同等的生活补助和医疗待遇。农村六级以上的残疾军人的医疗由区劳动部门管理，建立一人一卡一证，医保卡每年划存3000元由个人门诊看病、零星购药，住院费用按医保管理规定实行实报实销。当年为六级以上伤残军人支付医疗费用338万余元，占全区医保总支出的14%。从2007年8月1日起，对1954年11月1日以后入伍并参战、原8023部队及其他参加核试验已从部队退役的人员（以下简称"两参"），在农村和城镇无工作单位且家庭生活困难的退役人员，在准确核定身份的基础上，按照每人每月100元的标准发放生活补助费。经确认，全区符合认定条件的"两参"人员380名，其中中印边境自卫反击战1人、炮击金门作战4人、援越抗美作战23人、援老抗美作战9人、中越边境自卫反击战229人，老山、者阴山地区对越防御作战21人，8023部队及其他参加核试验的人员93名。上述人员从2007年8月1日起享受每人每月100元生活补助费。从2008年10月1日起，上述人员的生活补助费标准每人每月提高30元，达到每人每月130元。是年，全区享受残疾抚恤686人，发放残疾军人抚恤金257.8万元。

2008年淮阴区伤残军人抚恤金标准一览表

表32-3-1　　　　单位：元/月

伤残等级	性质	抚恤金标准	伤残等级	性质	抚恤金标准
一级	因战	1890	六级	因战	750
	因公	1830		因公	710
	因病	1770		因病	600
二级	因战	1710	七级	因战	570
	因公	1620		因公	510
	因病	1560	八级	因战	360
三级	因战	1500		因公	330
	因公	1410	九级	因战	300
	因病	1320		因公	240
四级	因战	1230	十级	因战	210
	因公	1110		因公	180
	因病	1020			
五级	因战	960			
	因公	840			
	因病	780			

说明：表中抚恤对象包括：残疾军人、伤残人民警察、伤残国家机关工作人员及伤残民兵民工。自2008年10月1日起执行。

2008年淮阴区重点优抚对象优抚金标准一览表

表32-3-2 单位:元/月

等级	性质	标准		护理费	等级	性质	标准		护理费
		原在乡	原在职				原在乡	原在职	
一级	因战	1653	1575	827	六级	因战	662	625	
	因公	1587	1525	827		因公	612	590	
	因病	1538	1475	496		因病	529	500	
二级	因战	1488	1425	827	七级	因战	496	475	
	因公	1455	1350	827		因公	430	425	
	因病	1438	1300	496	八级	因战	331	300	
三级	因战	1405	1250	661		因公	281	275	
	因公	1323	1175	661	九级	因战	254	250	
	因病	1240	1100	496		因公	233	200	
四级	因战	1158	1025	661	十级	因战	213	175	
	因公	992	925	661		因公	200	150	
	因病	943	850	496					
五级	因战	909	800						
	因公	827	700						
	因病	744	650						

说明:从2008年8月1日起执行。

2008年淮阴区“三属”、复员军人优抚金标准一览表

表32-3-3 单位:元/月

类别		城乡	抚恤标准
“三属”	烈士遗属	城镇	800
		农村	695
	因公牺牲军人遗属	城镇	730
		农村	578
“三属”	病故军人遗属	城镇	660
		农村	555
复员军人	抗日战争		545
	解放战争		488
	中华人民共和国成立后		472

第二节 优 抚

一、优待

1979年，全县对优待对象进行普查，经查全县享受优待4995户，优待762308个劳动日。1983年，改优待劳动日为优待现金。当年，全县享受优待8335户，优待现金25万元。1984年10月，现役军人代耕代种费每人每年由40～60元提高到80～120元。1985年，全县有3326名现役军人，每个家庭每年平均享受优待金197元。城镇义务兵在服役期间，优待金逐年按同工龄职工工资的70%给予优待，超期服役的按同工龄职工工资的80%优待。在职入伍的义务兵家属优待金由原单位按同年工作单位职工标准工资、奖金的70%发放，超期服役的按同工龄职工工资的80%优待。1988年起，全县为烈属、军属、残疾军人免除义务工。

1991年，《淮阴县优抚对象抚恤优待办法》出台。1996年，提高优待金标准，现役军人每年每人889.8元，复员、病退军人每年每人226.6元，为505名在乡立功复员军人全部落实并兑现立功荣誉金，一等功每年360元，二等功每年240元，三等功每年120元。1999年，开展“爱心献功臣”行动，出台《关于组织机关和乡镇（场、区）帮助重点优抚对象结对建房的通知》和《关于印发淮阴县开展“爱心献功臣行动”的实施方案》，组织全县81个机关单位、23个乡镇和驻淮部队以及省驻淮扶贫工作队与110户重点优抚对象结对帮扶建房。除对110户重点帮建以外，另安排76户为草改瓦建房对象。全县通过职工捐款、单位捐资、集体减免、组织义务工等方法，筹措资金82万余元，组织义务帮工1.2万多个劳动日，为全县348优抚户建房998间，市交通局、市民政局、市双拥办帮扶淮阴县18户优抚对象建房，帮助重点优抚对象建房总数达128户，建房面积6698.24平方米，户均面积52.33平方米。同年，吴江市帮助淮阴县25户重点优抚对象建房1314平方米，助建房资金4.22万元。是年，“爱心献功臣行动”受到国家民政部表彰。当年7月1日起，在全市率先实行优抚对象医疗减免的优惠政策，在县属医院建立优抚病房，乡卫生院建立优抚门诊，对三等革命伤残军人、“三属”和带病回乡的退伍军人给予“三免、三减半、四优先一优惠”（免收挂号费、注射费、观察费，住院床位费、辅助检查费、材料费用减半收取，优先挂号、优先就诊、优先取药、优先住院治疗）的医疗政策，为优抚对象减免医疗费20万元。实施扶优工程，统筹城镇义务兵优待金30余万元，兑现率100%。

2000年8月，对全县优抚对象进行普查，有优抚对象3914人，其中残疾军人766名、“三属”954名、复员军人2073名、带病回乡退伍军人121名。当年为优抚对象减免药费16.5万元。2001年，全区施行义务兵立功奖励制度，给淮阴籍现役军人中立二等功的2人，三等功的172人和优秀士兵464人发放奖励金81600元，为重点优抚对象减免医疗费14800人次，计14.5万元。2002年，下发《关于做好重点优抚对象优待工作的通知》，为重点优抚对象兑现优待金202万元，为186名城镇退伍军人和11名军校学员发放优待金21万元，兑现2517名农村义务兵家属优待金28万元。2003年，补发2002年度优待金差补部分，并对各类优抚对象优待金均按省定标准纳入乡镇财政预算及时发放。向910名城乡义务兵家属发放优待金130.19万元，为重点优抚对象减免医药费近21万元，免费为8户优抚对象安装电话。2004年，全区有复员军人1889名，病退军人135名，区、乡按省定标准兑现发放优抚对象优待金519.46万元，建立“优抚门诊”“优抚病房”，为2300余人次重点优抚对象减免医疗费近30万元，358名优抚对象通过农村合作医疗报销费用68.25万元。2005年，出台重点优抚对象住院医疗保险办法，80名优抚对象报销医药费用14.4万元，向城乡义务兵家属发放优待金166.23万元。先后3次提高优抚对象抚恤补助标准，累计向优抚对象发放抚恤金2076.66万元、优待金1345.02万元。2006年，全区有87名优抚对象报销住院费用约29万元。2007年，全区发放义务兵优待金259万元，重点优抚对象抚恤实行“四金合一”（定补金、扶恤金、优待金、立功补助金）打卡发放，共计1200余万元。

2008年，通过实施重点优抚对象住院医疗保险办法，全区为57名优抚对象报销医药费21.8万元，发放义务兵优待金216万元，发放农村义务兵家属优待金年标准为2860元，城镇义务兵家属优待金年标准为1800元。以上标准均纳入财政预算并监督执行。

2002～2008年淮阴区义务兵优待金兑现标准一览表

表32-3-4　单位：元

年份	优待金		年份	优待金	
	城镇	农村		城镇	农村
2002	500	1120	2006	1600	2600
2003	1136	2207	2007	1780	2860
2004	1136	2207	2008	1800	2860
2005	1350	2207			

二、定补

1979年，全县确定享受定期定量补助的对象为：孤老烈属和病故及失踪军人的孤老家属；没有亲属抚养或虽有亲属而无力抚养的烈士、病故军人、失踪军人的未成年子女；丧失劳动能力而其子女又无力供养的烈士、病故军人、失踪军人的父母和配偶；带病回乡不能正常参加生产劳动，生活特别困难的复员退伍军人，全部丧失劳动能力、生活有困难的复员军人。定期定量补助的重点是烈士的父母和配偶，以及在抗日战争和解放战争时期入伍的复员退伍军人。标准为农业人口烈属和老复员军人，每人每月享受7元补助，城镇定量人口每人每月补助10元。1980年，改进军、烈属和复员军人的定期定量补助办法，对家住农村的烈属和老复员军人，每人每月享受7元定期补助，城镇定量户口每人每月10元（从1979年10月执行）。1984年，县调整部分孤老优待对象定期定量补助标准（从1983年1月起执行），每人每月增加5元，病退军人每人每月享受7元。1985年，烈军属的定期定量补助改为定期抚恤。是年，享受定补的复员军人1699名，计16.79万元；病退军人105名，计0.81万元。1999年，完善抚恤优待补助自然增长机制和城镇优待金社会统筹制度，增拨款额87.29万元，保证优抚对象抚恤补助及时、足额兑现。2002年，为2073名在乡老复员军人、134名带病回乡退伍军人发放定期生活补助金198万元。2004年，发放抚恤定补经费832.6万元。2005年，落实农村特困救助制度，将120户困难优抚对象户及时纳入低保范围，发放保障金128.4万元。春节前夕，向优抚对象中的困难户发放临时救济金85万元。已故复员军人和1954年10月31日前入伍的残疾军人配偶享受生活补助，符合此类认定条件的人员共981名，每人每月领取240元生活补助，从2008年5月1日起执行。2008年，全年发放定补金917万元。

第三节　烈士褒扬

一、编辑《淮阴县革命烈士英名录》

1981年，淮阴县编写《革命烈士英名录》，在以乡镇为单位提供革命烈士资料的基础上，经反复核实，于1982年报省民政厅审核后汇编成书。《淮阴县革命烈士英名录》被收入《江苏省革命烈士英名录》第二卷第一册，记载淮阴县革命烈士1523名，至1985年又增加烈士9名，共1532名。

二、烈士陵园、公墓

【刘老庄八十二烈士陵园】（见第二十七篇《文化　旅游》第十章《旅游》第二节《旅游资源

开发》）

【丁集烈士公墓】 位于丁集镇公路村四组，丁集街北约800米处，占地约2700平方米。1946年农历九月十六日，淮海独立旅与国民党军队在淮安板闸山阳行厦门路进行遭遇战。战后收殓烈士36名公葬于此。烈士姓名无从查考。

【棉花庄烈士陵园】 位于棉花庄街东北，县农机修造厂东侧。面临四干渠，占地2000平方米。1977年初建园，先后将各个时期战斗中牺牲的原棉花庄籍的烈士灵柩迁葬园内，共18座，每座墓前树立石碑，镌刻烈士姓名。园内建有烈士史料陈列室，建园后配有专人看护管理。

【徐溜清河烈士公墓】 位于徐溜街东北4千米的清河小学西侧，占地约700平方米。1946年11月17日，丁塘坊阻击战开始，战斗进行7昼夜，战斗中牺牲的86名烈士公葬于此，姓名无法查考。

【徐溜徐东村烈士公墓】 位于徐溜镇徐东村七组西侧，占地约1400平方米。

【凌桥烈士公墓】 位于凌桥老街东首，凌三公路西旁，占地300余平方米。1943年农历九月，新四军三师七旅十九团三营八连攻占日伪据点，牺牲12名烈士，战后地方军民为烈士举行公葬，并树石碑，上面镌刻"陆军新四军第三师七旅十九团烈士墓碑"，烈士姓名无法查考。

【蒋集烈士陵园】 位于蒋集中学东旁，占地6000平方米。1975年，原蒋集公社烈士灵柩集中迁葬于此。每座墓前树立石碑，镌刻烈士英名。1978年修建烈士祠，祠内收存介绍烈士史料，陵园配有专人看护管理。建园后又有烈士灵柩迁入建墓，现有烈士灵墓14座。

【吴志举烈士墓】 位于北吴集镇五甲村，渔（沟）宋（集）公路东侧。1947年2月5日，吴集区区长吴志举在与"还乡团"战斗中牺牲。1987年12月28日，修建烈士碑亭。

第四节　退役人员安置

1978年，全县军人退伍安置工作由县人武部代管，本着"从哪里来、回哪里去"的原则进行安置。1978～1979年，全县接收安置军队退休干部1名、离休干部2名。1979年，为伤、病、残退伍军人解决安置经费1.3万元和木材13立方米。1980年12月9日，成立淮阴县复员退伍军人领导小组，领导小组下设两个办公室。1980年后，实行"按系统分配、任务包干"的安置原则。1981年，淮阴县安置办为常设机构，负责对当年退伍军人档案接收、登记，并且对符合条件的城镇安置对象进行适当安置。是年，军队离、退休干部安置改由县军队离退休干部休养所负责，全县接收退役士兵1705人。1982年，接收退役士兵933名，其中城镇退役军人77名。1983年，城镇退伍安置工作贯彻区别对待的安置政策。是年，接收退役士兵777名。1984年，接收退役士兵686名，其中志愿兵22名。1985年，接收退役士兵688名，其中城镇退役军人70名，志愿兵11名，有6名志愿兵被粮食局、经委等机关下属事业单位录用。1981～1985年，全县接收城镇退伍军人378名，按政策规定分配工作。1982～1985年，全县接收农村退伍军人2734名，其中志愿兵82名、女兵3名均按政策规定分配工作，对8名孤儿照顾安排合同工。淮阴市统一分配的91立方米木材、88400元经费全部分配给退伍军人用于建房。1986年，接收退役士兵745名，其中城镇退役军人69名、志愿兵22名。55名有一技之长的志愿兵、城镇退役军人均被组织安排到供电、交通等系统相关工作岗位。1987年，按照"妥善安置、各得其所"的方针，对符合安置的城镇退役士兵实行指令性分配工作。1988年，接收退役士兵315名，其中城镇退役军人12名、志愿兵9人。2000年起，实行指令性计划安排与自谋职业相结合的安置模式，此模式一直沿续到2003年4月21日。之后，依据《退伍安置条例》规定，对城镇退役士兵不再实行指令性计划安置工作，原则上全部实行政府扶持、自谋职业的货币化安置办法，下发《淮阴区城镇退役士兵自谋职业暂行办法》，对于城镇退役义务兵以及非农户口的复员士官，服役满二年的，发给自谋职业补助金1.5万元，每超服一年增发1000元；对于转业士官服役满10年的，发放自谋职业补助金2.5万元，每超服一年增发1000元。在服役期间荣立一等功或被大军区以上单位授予荣誉称号、二等功、三等功的，另分别奖励自谋职业补助金5000

元、3000元、1500元。2003年，全区接收退役士兵483名，其中城镇退役军人106名。2004年，接收退役士兵419名，其中城镇退役军人131名。2003～2006年底，共接收退役士兵1642名。2007年起，提高城镇退役士兵自谋职业补助金标准。2008年，接收退役士兵400名，其中城镇退役军人100名。

1988～2008年淮阴区（县）退役士兵接收安置情况一览表

表32-3-5　单位：人

年份	退役士兵总数	城镇退役士兵	志愿兵	安置数	年份	退役士兵总数	城镇退役士兵	志愿兵	安置数
1988	315	12	9	21	1999	454	89	0	89
1989	285	34	8	42	2000	398	79	0	79
1990	591	17	42	59	2001	577	105	0	105
1991	383	94	13	107	2002	419	79	1	80
1992	434	151	0	151	2003	483	106	24	130
1993	290	45	0	45	2004	419	131	22	153
1994	179	9	0	9	2005	352	85	10	95
1995	277	78	0	78	2006	388	105	4	109
1996	472	76	0	76	2007	393	63	11	74
1997	326	48	1	49	2008	400	100	13	113
1998	431	71	0	71					

说明：安置人数包括政府计划分配安置与货币化安置两类人员。

第四章　社会救助

第一节　灾害救济

1979～1980年，境内肝炎蔓延，全县肝炎患者1.1万余人，另有肾炎、肺炎、白血病等患者，患病达3.4万多人次，两年共减免医药费4万元。1991年6～7月，全县遭受百年不遇的特大洪涝灾害，沿洪泽湖地区普遍受淹。省、市、县三级政府下拨130万元赈灾经费，主要用于解决灾民粮食、越冬、建房等问题。1996年，境内先后6次遭受特大暴雨或大暴雨的袭击，总降水量达500毫米，造成全县1人死亡2人受伤、3910公顷农作物受灾，损失严重，县委、县政府发放救济粮35万千克，直接救济灾民和缺粮户3058人；通过组织生产自救、互借互助口粮，解决粮食345万千克。至12月中旬，市下拨的3.5万件救灾衣服和县内赶制的1200件棉衣、860床棉被全部及时发放到灾民手中。省、市两次下拨170万元用于贫困户建房，县内筹集542.64万元，帮助1044户灾民和特困户建房3132间，解决灾民越冬住房问题。1997年，全县共发放3批救济粮计25万千克，使7105户27771名灾民受益。发放棉衣1600件、棉被1000床。

2001年，境内遭受严重旱情，7月26～27日两天，凌桥、吴集、徐溜等8个乡镇遭受龙卷风和暴风雨的袭击，受损房屋1556间，折断成材树木12500棵，折断高压电力杆、低压电力杆、通讯杆157根，农作物绝收148.87公顷。其中，凌桥乡一女童因雷击身亡，赵某等3人被砸伤。全区安排救济粮35万千克、棉衣1600件、棉被900多床，累计金额70多万元，受济人口达6321户23789人。全区通过互助互济，解决粮食73.5万千克、救灾资金17.5万元、衣被4359件。2002年，及时查核上报8个乡镇遭受的罕见的“10·5”特大冰雹灾情，及时下拨救灾款27.5万元，帮助灾民抗灾自救。2003年6月中旬以后，境内遭受1954年以后最大的洪涝灾害和3次龙卷风袭击，全区因灾倒塌房屋7556户21486间，其中倒塌主房4498户12756间，农作物受灾4.5万公顷，成灾3.8万公顷，绝收2.2万公顷，直接经济损失5.8亿元，受灾64.5万人。区政府紧急下拨95万元救灾款并发放到各乡镇，对1651户4028人实施救济。2004年11月，采购、赶制1200件救灾救济棉衣和1250床棉被，下拨127万元冬季生活救济款和25万千克救济粮，发放到困难群众手中。2005年，境内发生“3·29”特大液氯泄漏事故，民政部门紧急下拨大米、纯净水、方便面等生活物资，用于受灾户的基本生活救助。无偿调换受污染的28.5万千克小麦和1.5万千克玉米，紧急下拨救灾款70余万元，保证灾民生活稳定。6月14日、18日，两次遭受特大暴风雨袭击。向上争取28.8万元，帮助144户灾民进行房屋重建。对由于特殊原因造成的突发性、临时性生活困难家庭给予临时救济。是年，发放救济款11.17万元。2008年，下拨救灾救济棉衣1000件、棉被2500床、救济粮21万千克和救济款40余万元。

1978～2008年，民政部门累计发放救灾救济款4650万元、棉衣2.5万件、棉被1.8万床。

第二节　社会救济

一、六十年代初精减退职老职工救济

20世纪60年代初，境内自然灾害深重，国民经济调整期间，精减大批职工。1981年，在全县开展普查、登记、核实、发证等工作，至1985年，全县被精简老职工按规定获得救济款，发放救济款18.3万元。1987年，全年发放救济款20.1万元，其中享受原标准工资40%救济补助的有129人，领取救济款8.2万元，获定期定量救济486人，领取补助费11.9万元。2005年，全区有60年代初精减退职老职工339人，政府为每人每月补助生活费210元。至2008年底，全区有310人继续享受补助，每人每月500元。

二、农村草危房改造

1991年开始，淮阴县开始实施农村草危房改造工程，全县农村16.1万户，草危房户近5.9万户，草危房率36%。1996年开始，省委、省政府加大草危房改造力度。淮阴县全面开展草危房改造工作，是年，为1044户建房3132间。至2005年11月底，全部完成农村草危房改造工作，全区改造草危房58666户，改造总面积315万平方米，其中政府帮建27301户，省、市、区投入建房资金3800余万元，通过政策优惠鼓励群众自建31365户。

第三节　“五保”供养

1978年，原有56所敬老院停办，此前的农村“五保”（保吃、保穿、保医、保住、保葬）人员由大队负责供养。1981年，全县有“五保”老人2240名。1983年，全县提高“五保”户供给标准，兴办敬老院16所。是年，全县有“五保”老人2053名，其中敬老院收养仅29人。1984年，全县有乡、村敬老院26所，收养“五保”老人135名。1985年，全县有4个乡敬老院落成，并举行“五保”老人入院仪式。是年，全县有敬老院34所，其中乡镇办30所，村级4所。全县有“五保”老人1985名，年龄在80岁以上的有23名，敬老院共收养226名。是年后，各乡镇兴办敬老院。敬老院的房屋、床铺及生活设施均得到很大改善，均为标准型房间，一室一卫，卫生间内有洗澡设施，每间入住老人1～2名，凡入住老人均配有靠背式床和被褥、床单、枕头等，老人患病全额实报实销，敬老院内有菜地、猪圈、养鱼池等，以便于老人

活动身体和改善生活。1986年，重视发展院内经济。敬老院开始配备电视机、电风扇、收音机、扑克、象棋、书籍、报刊杂志等，有专职人员为“五保”老人生活提供服务。1994年起，农村“五保”供养改为县、乡（镇）民政负责供养。1996年，全县“五保”户1388户1501人全部落实“五保”供养措施，其中入院供养677人。各乡镇敬老院发展院办经济，全县院办经济收入达30.7万元。省、市、县投资27万元新建的棉花庄乡20间幸福楼交付使用。1997年，全县实行集中供养每人每年1800元、分散供养每人每年1500元的供养标准，对供养经费实行乡镇统筹。1998年，敬老院院办经济纯收入50.5万元。

2000年，王营镇集中供养和分散供养的经费分别达每人每年3000元、2000元。是年，吴城镇建起公寓式敬老院，三树、棉花庄、王兴建起花园式敬老院。各乡镇敬老院内都有电视机、洗衣机，老年活动室内有适合老人活动的棋牌、健身器材，每个房间内均有电风扇。2001年，全区统一按农业税、农业特产税正税的20%收取“五保”供养费。全区入院率达52.3%。区财政拨出54.5万元专款用于敬老院改造。全区实现院办经济产值342万元，纯收入60万元。2002年，投入46万元，完成棉花庄、刘老庄、王营、徐溜、老张集5所敬老院改扩建任务。2003年，开展“五保”普查工作，全区有“五保”老人2420名，其中集中供养644人、分散供养1776人。7月起，“五保”供养经费被纳入村级三项资金由区财政统一支付，“五保”对象凭银行卡便可领取经费，实行社会化发放。2004年，供养“五保”对象2330人，年供养经费446.18万元。对韩桥、凌桥、五里、三树、古寨5所乡镇敬老院进行改扩建，累计投入资金130万元，改扩建总面积约3000平方米。2005年，全区“五保”供养对象3081人，年发放五保供养经费625万元，向分散供养“五保户”发放“五保”供养证，保证“五保”供养对象能够享受到各种政策优惠。实施农村“‘五保户’关爱工程”，确认12所乡镇敬老院改扩建项目，争取到省财政支持382万元，加上区配套资金39.2万元、乡镇自筹83.36万元，改扩建资金共504.56万元。2006年，推行由乡镇人民政府、村委会、监护人和“五保”供养对象四方签订的《爱心监护协议》，实现对“五保”对象物质和精神两个层面的供养，中央电视台等主流媒体予以报道。是年7月起，全区分散供养的“五保”标准每人每年由原来1700元提高到1800元，扩面后的“五保”对象人数比上年度增加393人。当年，全区向上争取并实施11所乡镇敬老院改扩建项目，累计投入资金462万元。

至2008年，全区农村“五保”对象4034人，其中集中供养1239人、分散供养2795人。是年1月起，将集中供养标准每人每年由原来的2400元提高到2600元，分散供养标准每人每年由原来的2000元提高到2100元，年累计发放“五保”供养经费904.99万元，其中集中供养311.74万元，分散供养593.25万元。全区投入资金410.4万元用于改善“五保”老人居住条件；全区有3540人次“五保”对象通过统筹经费报销医药费用180.35万元、丧葬费用17.43万元、住房维修费用2.67万元。2008年，有敬老院21所，面积3万平方米，床位2000多张，入住老人1136名。2005～2008年，全区21所乡镇敬老院先后分批次得到改造，累计投入建设资金1695.55万元。

2005～2008年淮阴区扩建敬老院情况统计表

表32-4-1

年份	乡镇	新增床位（张）	资金总额（万元）	其中			
				省补助（万元）	市级（万元）	配套资金	
						区级（万元）	乡镇（万元）
2005	吴城镇	29	23.59	17.00	—	2.05	4.54
	南陈集镇	60	59.00	36.00	—	7.50	15.50
	码头镇	50	46.00	30.00	—	5.50	10.50
	王营镇	80	64.10	48.00	—	5.10	11.00

续表32-4-1

年份	乡镇	新增床位（张）	资金总额（万元）	其中			
				省补助（万元）	市级（万元）	配套资金	
						区级（万元）	乡镇（万元）
2005	棉花庄镇	44	31.82	26.00	—	1.82	4.00
	老张集乡	60	43.27	36.00	—	2.27	5.00
	凌桥乡	50	38.00	30.00	—	2.50	5.50
	丁集镇	70	53.88	42.00	—	3.72	8.16
	五里镇	40	30.05	24.00	—	1.89	4.16
	徐溜镇	60	44.73	36.00	—	2.73	6.00
	三树镇	49	36.30	29.00	—	2.30	5.00
	西宋集镇	43	33.82	28.00	—	1.82	4.00
	合计	635	504.56	382.00	—	39.20	83.36
2006	赵集镇	45	40.50	24.30	—	6.08	10.13
	王兴镇	44	39.60	23.76	—	5.94	9.90
	袁集乡	45	40.50	24.30	—	6.08	10.13
	古寨乡	30	27.00	16.20	—	4.05	6.75
	王营镇	50	54.25	27.00	—	6.75	20.50
	西宋集镇	40	36.00	21.60	—	5.40	9.00
	徐溜镇	40	36.00	21.60	—	5.40	9.00
	吴集镇	40	36.00	21.60	—	5.40	9.00
	韩桥乡	36	33.30	19.44	—	4.86	9.00
	吴城镇	30	27.00	16.20	—	4.05	6.75
	刘老庄乡	96	91.84	51.84	20	5.00	15.00
	合计	496	461.99	267.84	20	59.01	115.16
2007	韩桥乡	48	40.00	24.00	—	8.00	8.00
	吴城镇	26	28.80	17.28	—	5.76	5.76
	南陈集镇	28	25.00	15.00	—	5.00	5.00
	码头镇	42	35.00	21.00	—	7.00	7.00
	王营镇	206	214.20	128.52	—	42.84	42.84
	棉花庄镇	36	30.00	18.00	—	6.00	6.00
	新渡乡	42	35.00	21.00	—	7.00	7.00
	老张集乡	44	37.50	22.50	—	7.50	7.50
	袁集乡	24	20.00	12.00	—	4.00	4.00
	丁集镇	20	17.50	10.50	—	3.50	3.50
	五里镇	30	25.00	15.00	—	5.00	5.00
	徐溜镇	38	31.00	18.60	—	6.20	6.20

续表 32-4-1

年份	乡镇	新增床位（张）	资金总额（万元）	其中			
				省补助（万元）	市级（万元）	配套资金	
						区级（万元）	乡镇（万元）
2007	刘老庄乡	48	40.00	24.00	—	8.00	8.00
	古寨乡	30	26.00	15.60	—	5.20	5.20
	三树镇	36	30.00	18.00	—	6.00	6.00
	渔沟镇	60	50.00	30.00	—	10.00	10.00
	吴集镇	52	44.00	26.40	—	8.80	8.80
	合计	810	729.00	437.40	—	145.80	145.80
2008	王营镇	206	232.00	139.20	—	46.40	46.40
	渔沟镇	40	25.00	15.00	—	5.00	5.00
	老张集乡	64	48.00	28.80	—	9.60	9.60
	码头镇	56	42.00	25.20	—	8.40	8.40
	王兴	50	38.40	23.00	—	7.70	7.70
	新渡乡	40	25.00	15.00	—	5.00	5.00
	合计	456	410.40	246.20	—	82.10	82.10

2003～2008年淮阴区“五保”供养人数一览表

表 32-4-2　　单位：人

年份	2003	2004	2005	2006	2007	2008
集中	644	625	732	846	1329	1239
分散	1776	1705	2349	2918	2732	2795
总数	2420	2330	3081	3764	4061	4034

第四节　慈善总会救助

2004年，成立淮阴区慈善总会，会员单位56个。同年12月，组织开展“慈善一日捐、济困送温暖”活动，接收捐款10.6万元。2006年7月，运营“慈善爱心互助超市”，共救助城市低保特困家庭400余户，累计发放救助资金约1万元。2008年，在城区各社区建起“慈善超市”，为社会各界奉献爱心、资助特困对象搭建平台，组织区直机关对528户城镇特困家庭进行帮扶；组织春节“献爱心、送温暖”活动，区慈善总会共接收捐款83万余元，向2939个贫困户送慰问金90余万元、慰问品折价2.5万元。2004～2008年底，开展“心蕊工程”“瑞华助孤”“微笑列车”等系列专项救助活动，共救助心脏病患者70名，救助金额240万元；资助孤儿177名，资助金额26万元；救治唇裂、腭裂患者150多名。2007～2008年共募集慈善资金545.65万元。

第五章　扶　贫

第一节　扶贫工程

1978～1979年，对农村贫困户扶持，以补助资金方式给予救济。1980年起，农村扶贫由发放救济金维持贫困户生活改为以扶持贫困户发展生产、增加收入为主要方向。1983年，全县有21个乡开展扶贫工作，共扶持5730户。1985年，乡镇（场）均成立扶贫办公室，全县扶贫工作网络形成。对特困户实行“七减免”（免交农业税、公积金、公益金及各种提留；免交学龄子女学杂费；免交工商行政管理费；免交家畜防疫服务费；免交水利粮、统筹粮、征购粮；免交因病门诊挂号费、住院床位费；免出义务工）、“八照顾”（照顾平价化肥、饼肥、饲料、柴油、木材、煤炭、砖瓦、民政代交家庭财产投保费等）、“八优先”（优先安排生产资金、提供良种、生产信息、技术资料、帮助劳动力做好服务、做好农副产品、做好畜产品收购、改善住房条件）等政策，并组织219名县机关干部参加帮扶队伍，带头扶持贫困户致富。是年，采取多渠道集资办法，筹集扶贫款252万元，扶持贫困户11257户，其中特困户632户。1989～1994年，共有942户脱贫。1994年，淮阴被省列入扶贫工作重点县。1995年，制定《扶贫攻坚计划》，确定扶贫攻坚分两步走：1995～1997年，使贫困人口脱贫；1998～2000年，全县基本达小康。1997年，省下达淮阴扶贫资金计划，有偿资金5685万元，无偿资金667万元，7月基本到位。省25个单位协调和支持各类扶贫资金743万元，其中有偿资金51万元、无偿资金599万元、实物折价93万元。市15个单位帮扶淮阴县15个乡镇，协调支持各类扶贫贷款和物资约1213万元，其中有偿资金752万元、无偿及实物折价461万元。

图32-5-1　码头镇千亩订单蔬菜大棚

1998年是全面贯彻实施《江苏省扶贫攻坚计划》第二步目标的第一年。省、市、县各帮扶部门围绕“三增”（农民增收、财政增收、村级集体经济增收）落实帮扶项目，开展帮扶活动，突出支持农户发展地膜花生、山芋生产、大棚蔬菜等产业结构调整重点项目，突出支持农户发展养猪、养禽、养鸽、养四季鹅和特种水产等经营项目。县财政先后支持5万多元，帮助包扶村发展养猪、种植地膜花生。省下达县各类专项扶贫资金4659万元，其中有偿资金4060万元，实际到位3710万元；无偿资金635万元，全部按期到位。省委扶贫工作队及其后方单位帮助协调和无偿支持各类资金、物资折价共1172.95万元，其中无偿资金688.05万元、有偿资金343.5万元、无偿支持实物折价141.4万元。市

图32-5-2　棉花庄镇设施蔬菜大棚

委工作队及后方单位包扶15个乡镇，帮助协调支持各类扶贫资金1326.14万元，其中有偿资金662.9万元、无偿资金519.51万元、无偿支持实物折价143.73万元。

1999年是省下达全县扶贫专项资金最多的一年，总计6204万元，其中有偿资金5900万元、无偿资金304万元，另从计划外多争取950万元，其中有偿资金350万元、无偿资金600万元（乡村道路建设资金350万元，淮三路桥建设资金250万元）。由于资金及时到位，年底基本实现乡村道路砂石化。是年，以省、市、县三级财政提供的小额扶贫贷款担保基金为基础，由县农业银行、县农村信用合作联社对65个重点村，发放扶贫小额贷款359.82万元，借贷农户2280户，12月底基本按期收回贷款。2000年，累计投放扶贫小额贷款431万元，受益农户4464户。是年，省、市扶贫促小康工作队帮扶淮阴县开展草危房改造工作，全县分两批对7213个农户草危房进行改造。至年底，全县尚有草危房2671户。

2001年，出台农村特困家庭帮扶意见，着手建立农村特困家庭帮扶机制。2002年，区内落实各类扶贫资金和物资3444.71万元，实施项目187件，办实事414项。是年，建立“扶贫资金专户”和扶贫资金运行“绿色通道”制度，对省、市下拨的扶贫专项资金，及时足额发放到位。同时充分利用省委、省政府的优惠政策，发放“绿色通道”通行证17张，运出生猪2000吨、家禽100万只、鸡蛋500吨、水产品50吨，节约运输成本近20万元。2004年，区直属单位投入帮扶资金215万元。扶贫小额贷款投放1500万元，投放范围增加到122个村。启动城镇特困家庭帮扶工程，组团200余个，向880多户特困户送上200多万元慰问款（物），发放棉被1200床、棉衣1800件，下拨救济粮55万千克。4月，为解决春荒缺粮群众的基本生活，安排105万千克救济粮，救济社会困难群众5.5万余人。启动城镇特困家庭帮扶工程，区直单位挂钩帮扶城镇特困家庭666户。2005年，省委工作队投入帮扶资金3118.22万元，实施项目55个，做实事67件。市委工作队投人帮扶资金1404.48万元，实施项目63个，做实事202件。扩大扶贫小额贷款发放规模。扶贫小额贷款发放6127户，发放金额2166.8万元，古寨乡的獭兔生产，老张集乡、王兴镇、丁集镇的蔬菜生产，刘老庄乡、袁集乡的三元杂交猪饲养，三树镇、凌桥乡的肉鸡、四季鹅养殖，赵集镇、韩桥乡的水产养殖等农业项目都得到扶贫小额贷款的支持。2006年，省、市、区三级政府抽调人员，组成省委驻淮阴区扶贫工作队，帮扶全区经济薄弱村49个，其中省级帮扶7个、市级帮扶17个、区级帮扶25个。全年累计协调争取扶贫开发资金5184.42万元，实施项目208个，落实就业3056人，投放扶贫小额贷款2816.7万元，受益7233户。是年，实施农村大病医疗救助工程，救助城乡特困重病患者340余人次，发放医疗救助金37.2万元。

2008年，抽调106名年轻干部进驻经济薄弱村并担任驻村指导员。全年争取扶贫开发资金5200万元，实施项目98个。完善医疗救助范围、救助程序，推行城乡一体化救助，将救助重点向特困重病患者倾斜，实行“当即受理、及时审批、主动热情”的人性化救助。全年对1246人次特困重病患者实施医疗救助，累计发放医疗救助金203.5万元。发放扶贫贷款3049.74万元，贷款5297户（次）。举全区之力，集各方之智，全力实施农村低收入户脱贫、经济薄弱村“破零”、乡镇财政收入超千万三大攻坚工程。全年区财政投入帮扶资金1000多万元，用于高效农业示范园的基础设施建设，对经济薄弱村新建厂房给予奖补；安排1000万元资金扶持村集体经济发展，引导和激励经济薄弱村快速发展。对省定49个经济薄弱村或集体经济收入低于5万元的村，建设面积超过1000平方米的标准化厂房，享受市、区政府各10万元的奖补资金。全区实行分类帮扶的办法，重点帮扶有劳动能力，但缺资金、缺项目、缺技术的“一

图32-5-3　渔沟镇经济薄弱村利用市、区奖补资金建设连体标准厂房

有三缺”低收入户，着眼于开发式扶贫，推进自主创业，拓宽低收入农民增收渠道。具体措施：通过培训拉动转移就业，使贫困户掌握就业创业技能或农业实用技术，提高其自我发展的能力。全区增加农村劳动力转移1.32万人，共培训农村劳动力6214人；通过发展高效农业带动脱贫，成立土地股份专业合作社，引导低收入户参与高效农业发展。2007～2008年，全区新成立土地股份专业合作社15个，流转土地6440公顷，新增高效农业面积1800公顷，带动4000多户低收入农户增收；通过合作组织带动脱贫，实行“合作社+贫困户”模式，鼓励低收入户加入合作社，提高组织化程度。全区累计成立农民专业合作组织836个，覆盖农民6.15万人。

第二节　省、市级帮扶

1994年，淮阴县被确定为全省重点扶贫县以后，历届省委工作队积极协调，南上北下，促成境内多个项目的成功实施，豆瓣集运河大桥、码头二河大桥、徐张路、刘老庄乡整体建设、县体育中心、文化中心等建设项目都在省委扶贫工作队协调下，得以实施。1995～1997年，省扶贫工作队在淮共落实各类项目和实事997件。

1998年，省、市驻县工作队及其后方单位领导大力扶助淮阴县促小康，省级25个后方单位来淮检查帮扶，现场办公517人次，其中厅局级以上干部46人次。

1999年，省级机关20个后方单位352名领导先后48次来淮帮扶，现场办公，帮助挂钩乡村解决具体问题，其中厅局级以上领导25人，处级领导148人。是年，省委工作队和后方单位直接捐助扶贫资金259.3万元，其中无偿资金157万元、支持各类物资折价102.3万元；协调各类无偿资金和物资1032.71万元；协调各类扶贫资金982万元，其中无偿资金782万元。

2000年，省委工作队及省级机关后方帮扶单位为全县累计支持各类扶贫资金6644万元，其中有偿资金1600万元、无偿资金包括物资折价5044万元。市扶贫工作队及其后方单位，支持和帮助协调各类扶贫资金1538万元，其中有偿资金1062万元、无偿资金476万元。

2002年，省委驻淮扶贫投入帮扶资金2808.44万元，其中无偿资金1587.62万元、有偿资金1100万元、物资折价120.82万元，实施项目77件，办实事125项。为全区争取城区道路建设、盐河桥改造、徐张路建设资金2100万元。省扶贫工作队员庄东星、傅顺龙协调资金237万元，用于援建吴城镇中心小学综合楼、多层板厂和西宋集镇农民技术培训学校及草危房改造等。2003年，省委工作队在全区共投入帮扶资金2596.39万元，办项目55个，办实事85件。市委工作队共投入帮扶资金1079万元，办项目74个，办实事274件。2005年，省委工作队投入帮扶资金3118.22万元，实施项目55个，办实事67件。2008年，省、区两级抽调青年干部，统一组成省委驻淮阴区扶贫工作队，帮扶全区省列49个经济薄弱村，其中省级帮扶12个村。

第三节　南北挂钩帮扶

2002年，南京市江宁区开始挂钩帮扶淮阴区，当年投入帮扶资金245万元。在农村产业结构调整，发展种植、养殖和农产品等致富项目上发挥较大作用，促进当地贫困农民增收。2004年，江宁区东山、麒麟、上坊3个乡镇与淮阴区五里、三树、古寨3个乡镇开展挂钩帮扶。

2006年，江宁区和淮阴区有了更高层次的合作，启动江宁经济开发区淮阴工业园项目，通过宁淮两地的共同谋划，江宁经济技术开发区淮阴工业园取得明显成效，同年1～8月，签订进园区项目12个，总投资15亿元。江宁区政府投入无偿帮扶资金296万元，用于兴办农村基础设施、农田水利设施等。江宁区经济基础较好的9个镇和街道办事处与淮阴区刘老庄乡9个经济薄弱村对接，无偿提供50万元资金，在刘老庄乡工业集中区新建1000平方米标准化厂房，通过“筑巢引凤”，实现乡村工业经济收入

“零”的突破。是年，玄武区挂钩帮扶淮阴区。

2007年5月16日，盟联实业淮安有限公司等4个项目在江宁开发区淮阴工业园集中奠基开工，总投资5.4亿元。此外，江宁区投入资金帮助刘老庄、吴城等薄弱镇村建设标准厂房1万多平方米，援建经济薄弱乡镇中小学教学楼近2000平方米，资助贫困学生数百人，修建敬老院3幢楼，改造农村草危房户200余户，帮助12个经济薄弱村完成近千米的农村四级路改造。

2008年，江宁区人民政府加大帮扶力度，围绕产业扶贫，投资314万元，筹办16个项目，其中在淮阴区吴城镇创业园新建6000平方米标准化厂房，且积极协助招商引资，使该镇实现工业经济收入大跨越。是年，南京玄武区无偿帮扶资金55万元。2002～2008年，江宁区为淮阴区投入帮扶资金2100余万元，支持农业结构调整、农村草改瓦、乡村道路、敬老院改造、学校教学楼、标准厂房等项目建设。

第六章　社会福利

第一节　社会福利企业

1978～1987年，全县办社会福利厂6个，安置残疾人员23名。1996年，全县福利生产通过抓改革、抓管理、抓技改，实现产值890万元、销售收入670万元、利润54万元。县民政福利工业公司采取“走出去、请进来”的灵活经营策略，取得山东“三孔”啤酒在淮阴的特约总经销权。1999年，全县县乡福利企业实现产值1829.5万元，销售1586.1万元、利税126.1万元。2008年，有福利企业9家，安置残疾人64名。

第二节　福利彩票发行

1988年，成立淮阴县社会福利有奖募捐委员会办公室，编制4人，属全民事业单位，隶属县民政局管理。社会福利彩票发行初始是以社会福利有奖募捐券的形式面世，彩票面值1元，原则上是募办工作人员到所辖区的行政机关、企事业单位推销，后逐步发展到市场规模销售，而社会福利有奖募捐券也随之改为福利彩票，是年销售5万元。1991年，在县百货大楼门前举行福利彩票销售活动，销售额15万元。1993年，在苏北市场南首举行福利彩票即开票大奖组销售活动，销售额达47万元。1996年、1999年，在小营广场举行两次福利彩票即开票大奖组销售活动，销售额分别为100万元、200万元。2000年，电脑福利彩票开始销售，是年有3台电脑福利彩票投注机，电脑型彩票逐渐成为主流票种。2001年，销售福利彩票19万元。至2005年，淮阴区城乡有电脑福利彩票投注站19个，年销售福利彩票超300万元。2008年，境内有电脑福利彩票投注机69台，年销售额892万元。

第七章　老年人事业

第一节　老龄组织

1985年4月，成立淮阴县老龄工作委员会（简称县老龄委），由县政协一名副主席兼任县老龄委主任，下设办公室（简称县老龄办），县民政局一名副局长兼任办公室主任，负责日常老龄工作开展。是年，成立乡镇老龄委28个，90%的村居成立老年协会。2002年6月，老龄工作划入区民政局，设立老龄科（挂老龄办牌子）。2007年，成立淮阴区老年人法律援助中心，各乡镇成立老年人法律服务援助站，为全区家庭困难的老年人免费提供法律服务。2008年，全区设立21个乡镇老龄工作委员会，各行政村都成立老年协会，区、乡、村老龄组织网络基本建立。

第二节　老年人状况

1985年，淮阴县60周岁以上老年人9万余名，老年人口约占全县总人口的10.8%。1996年，全县有13位百岁老人。1998年，县老龄委办公室根据省老龄委的安排，对全县10个乡镇30余个行政村的30位高龄老人进行调查，主要调查出生时间、地区分布、健康状态、日常生活料理能力、生活方式、饮食习惯、性格和精神要求、婚姻家庭构成及家居情况等。调查显示，全县百岁老人有16人，最高年龄105岁。大龄或高龄老年人口的比例越来越高，农村高于城区，女性高于男性。高龄老人的健康状态与他们的生活方式和习惯有着密切的关系，老年人多以传统的面粉、杂粮为主食，大部分老人每天食用主食为250～400克，大多节制饮食，食不过饱，经常吃素，少沾烟酒。以适量体力劳动、家务事代替体育锻炼，心理上喜欢热闹，怕孤独。这些长寿老人的秘诀是起得早、睡得好、七成饱、多跑跑、常笑笑、不烦恼。1999年，全县有60岁以上老年人8.5万人，约占总人口数的10.28%。全县有100岁以上老年人25名，其中女性15名。老寿星全部分布在乡村，其中五里乡占6位。2001年，全区有老人86062名，其中特困老人3935名，占全区老年人口的4.5%，男性2221名，女性1714名。2003年，全区有百岁老人26名。1985～2008年，人口结构由“圆柱形”向“圆椎形”转变，“四、二、一”家庭模式成为主体，即两个中青年养育一个小孩、抚养4位老人。由于生活水平的提高、医疗条件的改善，人的寿命在延长，出现不少四世同堂家庭户，百岁老人家庭户中还出现五世同堂，甚至还有一户六世同堂，两代老人家庭户已占全区家庭户的20%，还出现少数三代老人的家庭户。2008 年，全区老年人口12.9万人，有百岁老人22名。

2008年淮阴区百岁老人名单

表32-7-1

姓名	年龄	住　址
刘桂兰	103	王营镇双和村
洪张氏	101	五里镇镇北村
张献庭	105	袁集乡草庙村
吴引龙	104	西宋集镇三王村
崔银先	101	袁集乡辣树村
陈翠萍	101	凌桥乡三堡村
丁杨氏	101	吴城镇堡工村
严士法	100	徐溜镇丁塘坊村
周高氏	102	吴集镇河赵村
张玉华	100	徐溜镇徐东村
孙寿方	103	五里镇树东村
陈汤氏	100	古寨乡后河村

续表 32-7-1

姓名	年龄	住 址
张开华	100	渔沟镇淮河村
陈井德	101	赵集镇洪湖村
王亮友	100	王营镇东街居委会
叶王氏	100	新渡乡夏圩村
陈孙氏	102	王营镇营北村
倪黄氏	100	刘老庄乡郑河村
刘余氏	101	刘老庄乡双庄村
孙 华	100	棉花庄镇团结村
钱文英	100	刘老庄乡刘皮村
丁夏氏	103	三树镇周集村

第三节 老年人供养

1978年，全县城乡老年人以家庭养老、子女供养为主，离退休人员由国家提供退休养老金。1996年，在全市率先签订家庭赡养协议书，全县共签订协议书4.3万份，签订率95%。全县老年经济实体32个。1998年，修订完善签订《赡养协议书》，60岁以上的老人一律免除公差勤务、义务工、积累工。是年起，为年满60周岁的老年人办优待证，老年人凭优待证可享受政府规定的各种优惠政策。2003年，全面启动城乡低保制度后，全区所有符合低保政策的特困老人被纳入低保，农村60周岁以上困难老人、残疾老人、"三无"（无子女、无自理能力、无生活来源）老人的低保金在政策规定的基础上保障标准再上浮20%，城区70周岁以上的上浮15%。五保户实行集中和分散供养。

2008年，全区敬老院有21所，"五保"老人入住率50%，在城区扶持发展5个民办托老所。城区离退休老人均享有职工医疗保险，城市老人享有城市居民医疗保险，农村老人享有农村合作医疗保险，保障老年人老有所医。是年，组织敬老节走访慰问活动，向百岁老人发放尊老金3.2万元。

第四节 老年文体活动与老年大学

【文体活动】 1978年前后，每年春节、中秋、重阳等重要节日期间，均组织人员走访慰问老人，向老人赠送生活用品，改善老人生活。1985年县老龄委成立后，每年举办老年运动会以及诗词、歌咏、书画等比赛活动，丰富老人文化活动。1996年，县乡两级举办老人书画展6次。1997年，县、乡、村老年活动室、老年学校不断发展、充实。1998年，大部分乡镇都因地制宜，相继办起老年学校。至2000年，全县创办老年学校及老年活动室195个。2000年，凌桥乡三堡村席明山个人创办的老年活动室，被省老龄委等单位授予"省级文明活动室"光荣称号。2004年，分片举办舞蹈、腰鼓、器乐等比赛活动。2008年，区老龄委组织部分老年人参加放风筝、健美操、掼蛋、钓鱼、登山等健身活动。

【老年大学】 1990年2月9日，淮阴县创办老年大学，3月12日在淮阴县中学阶梯教室举办开学典礼，县四套班子领导参加开学典礼。学校有教学用房300平方米，教室利用原淮阴县政协4间会议室，学校有管理人员5名，有学员132人，70%是离休干部。开设诗词、书法、绘画、历史、保健、古文6门课程。2004年，开展节庆文艺演出、运动会、参观淮阴新貌等活动。2005年，学校开设诗词、书法、绘画、古文、历史、保健、音乐、舞蹈、英语等10门课程。投入办学经费5.5万元，增加麻将室、象棋室、扑克室等用房60平方米，安装有空调；军乐队、舞蹈队、戏剧队新置服装。是年，开展纪念抗战胜利60周年等重大节日庆祝活动。2006年，在校学员399人，开设诗词、书法、绘画、音乐、舞蹈、古文、历史、英语、时装表演、太极拳、木兰扇等课程。是年，开展慰问子弟兵、淮阴敬老节、老年绘画展等活动。2007年，在校学员407人，开设诗词、书法、绘画、历史、保健、古文、英语、二胡、音乐、舞蹈、京剧、时装表演、摄影、剪纸等课程。学校被淮安市委老干部局评为“关注发展、奉献余热、共建和谐”主题教育活动先进单位。是年，淮扬菜美食文化节期间，在黄河广场举办“和谐淮阴”广场百姓娱乐周专场演出；送戏到敬老院；开展文艺创作，组织诗词班30多位学员去丁集、老张集、袁集3个乡镇采风，创作歌颂新农村的诗词120首。在解放军建军80周年、香港回归10周年等重要节日，组织40多幅书画作品，先后在学校、社区、农工商大卖场、淮州会堂等地点巡回展出，其中2人获离、退休老干部“迎十七大书画展”优秀奖。有5人绘画、篆刻、文章在省级以上刊物发表，2人出版个人诗集第三集。

2008年，有注册学员408人，其中男性184人、女性224人，离休干部27人，退休干部、职工374人，其他7人。开设诗词、书法、绘画、历史、保健、古文、英语、二胡、音乐、舞蹈、京剧11门课程。是年4月30日，学校有300多名学员参加淮阴区首届老年人体育运动会，并进行拳、剑、扇、体操、柔力球表演。学校还承办扑克、拳、剑、球等竞赛项目。同年5月20日，学校举行捐款仪式，全校234人为汶川地震灾区捐款23682元。学校文体周期间，文艺展演有戏剧、快板、独唱、合唱、舞蹈等，还举办下棋、打牌、打球、掷飞镖、投乒乓球、挟玻璃球等竞赛活动。

第五节　老年人权益保护

1988年，江苏省将每年的重阳节定为敬老日。1996年10月1日《老年人权益保障法》颁布，老年人合法权益得到有效保障，冬季水利工程免除老年人按人头统筹的各种款项。乡、村成立老年人协会，及时调处涉及老年人的各种纠纷，困难老人都能得到政府的关怀和照顾。1998年10月，淮阴县在全市率先向老年人发放优待证，全县60周岁以上老年人凭老年人优待证享受各项社会优待，如进公园上公厕免费等，对单独居住的老年人家庭安装有线电视、电话、水、电等优惠政策均得到落实。2007年，淮阴区成立老年人法律援助中心，各乡镇成立法律援助站，及时为老年人提供法律援助。区人民法院对老年人的案件及时受理，并对涉及困难老人的案件免诉讼费、免执行费，老年人合法权益得到有效保障。2008年，淮阴区启动江苏省老年人优待证换发工作，办证费用统一由区财政负担。是年，全区有6万多名老人办理老年优待证，1万多名65周岁以上城区老人享受免费乘坐公交车的惠民政策。

第三十三篇　劳动和社会保障

1978～1999年，淮阴县城镇职工的基本医疗保障以公费医疗和劳保医疗形式运行。劳动管理和企业用工仍由政府劳动部门统一管理，按用工计划予以分配，招工用工成为劳动管理机关的一大职能。1986年，企业职工养老保险起步。1989年，县内全民企业职工人均每月增加工资11.32元，平均月工资54.9元。1992年，县政府出台《淮阴县农村社会养老保险暂行办法》，开始在全县范围内推进农村社会养老保险工作。淮阴县成为江苏省首批农村社会养老保险试点县。1994年，城镇企业职工养老保险由单位和个人共同承担，实行社会统筹和个人账户相结合。1995年，出台《淮阴县机关事业单位职工养老保险制度改革暂行办法》和《淮阴县机关事业单位职工养老保险制度改革实施细则》，对养老保险的范围、对象、基金筹集、管理等作出规定，并开始征收机关事业单位养老保险费。1997年，在全市率先实施城乡居民最低生活保障制度。

2000年开始，境内企业用工制度放开，由劳动力市场调节，企业和劳动者双向选择，分配制取消。政府退出企业内部分配，由企业集体协商调控职工工资，不同所有制企业均实行岗位津贴制度。

2001年，参加城镇职工基本养老保险的企事业单位职工、个体工商户业主、雇工和自由职业者，基本养老保险个人缴纳部分的储存额在其基本养老保险个人账户中单独记载，按照城乡居民一年期定期储蓄存款利率结算，归个人所有。2003年，企业退休职工养老保险逐步转化为社会化管理。境内私营企业增多，劳动力需求旺盛，改制企业下岗职工再次就业率扩大，全区再就业2048人。2005年，为支持下岗失业人员自主创业，区劳动就业管理处专门为失业人员提供小额贷款担保66万元。2008年，全区企业在职职工养老保险基金实现当年征收超亿元，参保职工39706人。当年发放企业退离休人员养老金9331万元，社会化发放率100%；机关、事业单位养老保险基金当年收入7025万元；农村社会养老保险费收入251万元，符合条件的到龄参保人员养老金社会化发放率100%。农村合作医疗保险制度的改革，给区域内的农民带来福祉，农民参保面不断扩大。全区城镇居民医疗保险参保97500人，城镇职工基本医疗保险参保50073人。

第一章　机　构

第一节　管理机构

1978年，淮阴县劳动局内设办公室、计划调配、工资福利、安全保护4个股室。1980年12月，县革命委员会下放人员办公室撤销，人员并入县劳动局。1981年，县劳动局与县知识青年上山下乡办公室合署办公，实行一套班子、两块牌子。1984年4月，县级机关机构改革，县劳动局保留建制。1987年8月，成立县劳动争议仲裁委员会，编制3人，与劳动局实行一套班子、两块牌子。1995年，增设劳动监察股。2001年2月，组建淮阴区劳动和社会保障局。区人事局的机关事业单位养老保险处和区民政局的农村社会养老保险管理处划入区劳动和社会保障局，区卫生局的公费医疗管理、区政府医疗保险制度改革领导小组办公室的医疗保险制度改革等职能由区劳动和社会保障局承担。原区劳动局的安全生产管理、职业安全监督、矿山安全监察职能和区安全委员会办公室的安全检查等职能划归区经济贸易委员会。设5个股级职能科室，分别是办公室、政策法规和劳动监察科、社会保险和工资福利科、劳动争议仲裁科、劳动就业与技能培训科。至2008年，内设机构不变。

第二节　直属单位

一、医疗保险管理处

1999年5月，成立淮阴县职工医疗保险制度改革领导小组，常务副县长任组长，编制3人。2000年1月，成立淮阴县社会医疗保险管理处，为副科级全额拨款事业单位，隶属淮阴县劳动局领导，主要职能是实施淮阴县医疗保险制度改革，开展社会医疗保险管理工作。2008年编制13人。

二、劳动就业管理处

1981年12月，成立淮阴县劳动服务公司，隶属于县劳动局。1991年12月，更名为淮阴县劳动就业管理处。1993年8月，成立县职业介绍所，人员从劳动局内部调配。2006年，职业介绍所更名为区人力资源市场，同劳动就业管理处合署办公。2008年编制20人。

三、社会养老保险管理处

1986年12月，成立淮阴县社会劳动保险管理处，为县劳动和社会保障局下属全额拨款事业单位。1987年1月，正式办理全县合同制工人养老保险业务。2006年，成立退休人员社会化管理服务中心，配备3名专职人员从事社会化管理服务工作。2008年，养老保险处有在职职工14人，企业退休人员社会化管理服务平台工作人员15名，负责对全区企业职工养老保险费的征缴、养老金的社会化发放及退休职工进行管理服务。

四、劳动监察大队

1999年1月，成立淮阴县劳动监察大队，为县劳动局下属的全民事业单位，编制4名，经费由县财政解决，所需人员从县劳动保险处带编调配3名。2001年2月，更名为淮安市淮阴区劳动监察大队。2006年8月，因工作需要，从区劳动就业管理处调剂1名编制至区劳动监察大队，区劳动监察大队编制由4名调整为5名。2008年5月，从乡镇财政所委派会计中公开招聘3人作为劳动保障监察员，但没有解决编制问题。2008年编制5人。

五、农村社会养老保险管理处

1992年8月，成立淮阴县农村社会养老保险事业管理处，为股级事业单位，隶属县民政局领导，核定编制8人。1993年10月，设立乡镇农村社会养老保险事业管理所，作为农保处的派出单位，面向社会公开招考乡镇农保干部30名。1995年12月，经淮阴县机构编制委员会批准，增加县农村社会养老保险处编制1名，至此，编制10人。1998年9月6日，县机构编制委员会研究决定增加县农村社会养老保险处编制1名，所需经费由单位自己解决。至此，县农村社会养老保险处编制共11人。2001年11月，乡镇事业单位机构改革，乡镇农保所与劳力站、农经站合并成立农村经济合作站，挂劳动保障服务站牌子，人员实行属地管理。2002年3月，按照上级统一部署，区农村社会养老保险处整建制划转到新成立的劳动和社会保障局。同年6月，农村社会养老保险基金由部门管理改为纳入财政社保专户管理，农村社会养老保险处所需经费纳入区财政预算管理。2008年编制11人。

六、机关事业养老保险管理处

1993年4月，成立淮阴县机关事业社会养老保险管理处，为股级全民事业单位，隶属淮阴县人事局管理。2002年3月机构改革，隶属关系划归淮阴区劳动和社会保障局管理。

七、职业技术培训中心

1996年8月成立，隶属于淮阴县劳动和社会保障局，属全民事业单位，承担全县城镇待业青年、下岗失业人员创业培训和农村劳动力转移培训，有在职职工4人。至2008年未变。

第三节　乡镇劳动保障所

1989年，在5个乡镇成立劳动力管理站，至1992年8月，全县29个乡镇均成立劳动力管理站，隶属乡镇政府领导，业务由县劳动就业管理处指导。各乡镇劳动力管理站为集体事业单位，核定编制每站1人，经费来源实行自收自支。1998年8月，乡镇人事劳动力管理站更名为乡镇劳动服务管理所，为全民事业单位。2001年，农村经济合作管理服务站与劳动服务管理所、农村社会养老保险事业管理所合并成立劳动保障服务所。配备专（兼）职工作人员46名，其中43人属全额拨款事业编制，工作经费纳入乡镇财政预算。2007年7月，实现市、县、乡（镇）三级联网，初步形成以区就业管理处为主体辐射21个乡镇、14个社区的信息管理网络，具备现代化的办公条件。劳动保障协理员开始持证上岗。2008年没有变化。

第二章　劳动管理

第一节　就业与再就业

一、就业安置

1978～1985年，全县安置城镇劳动力9983人（含上山下乡知识青年）、复员退伍军人586人，招收退休退职职工子女3172人，安排被征用土地的劳动力519人。1986～1987年，全县安置1626人就业。至1995年，累计安置各类人员就业23463名。1996年，加强对复员退伍军人、征地劳动力的安置工作。全县全年安置1241人就业，其中征地带人51人、退伍军人133人、部队转业干部家属5人、技校毕业生60人。1997年，全县完成就业安置1239人，办理职工流动289人，新办劳动就业服务企业2家，安置富余人员40多人。1998年，安置就业人员904人，其中城镇待业青年479人、技校毕业生170人、征地带人7人、部队转业干部家属3人，办理职工调动转移152人。1999年，安置就业人员121人，其中城镇待业青年22人、大中专毕业生83人、退伍军人13人、转业干部家属3人，办理职工转移手续73人。2000年后，企业用工制度逐步放开，实行市场调节。企业自主用工，劳动者自主择业，劳动者只需与企业订立劳动合同，由劳动行政部门鉴证备案，即形成劳动关系。至2008年，全区自主择业签订劳动合同的职工7.9万人，自谋职业29865人次（含下岗失业人员自谋职业人数）。

二、再就业工程

1993年，企业改制，大批职工下岗，再就业成为社会问题。是年，全县失业职工再就业121人，安置富余人员1656名。1997年8月，成立县再就业工程领导小组，实施“再就业工程”。1998年，筹集解困与再就业资金264万元，发放下岗职工基本生活费94万元。1999年，落实优惠政策，鼓励下岗职工自谋职业，为190名下岗职工办理自谋职业证。2001年，区委、区政府出台《关于进一步做好下岗失业人员再就业工作的意见》，在税费减免、小额贷款等方面作出具体规定。政府加大再就业资金投入，把再就业纳入经济与社会发展宏观调控目标。2003年，对全区企事业单位下岗人员失业情况调查摸底。组织招聘洽谈会28场，规模较大的有农工商大卖场、苏源凤凰台、恒达有限公司、天山钢构、益丰电动车等企业的招聘洽谈会，应聘达1000余人次，其中优先录用下岗失业人员510名。当年下岗失业人员再就业2048人。2004年，鼓励支持发展商贸、服务型企业，在结构调整和重组改制时吸纳、返聘、留用下岗失业人员。此外，以开展劳务协作和劳务派遣等方式，累计开发就业岗位8352个，实现再就业4020人，帮扶弱势群体再就业594人。2005年，全区发放再就业优惠证1187份，再就业570人。劳动就业管理处为下岗失业人员办理小额担保贷款，发放担保贷款额66万元，社会保险补贴25万元，岗位补贴35万元。2007年，安置下岗失业人员再就业2910名，其中困难群体再就业583人；举办招聘会36场，富士康、达方电子与正雄制衣录用1145人。2008年，开发就业岗位7000个，实现下岗失业人员再就业5023人，帮助弱势群体实现再就业373人。发放社会保险补贴462.7万元、小额担保贷款246万元，带动就业400人。1993～2008年，共发放社会保险补贴1100余万元，7982人享受此补贴。发放小额担保贷款456万元，通过发放小额担保贷款带动1200余人就业。结对帮助弱势群体，实现再就业1500人。

三、就业安置管理

【人力资源市场】 1993年，就业安置进入市场化运作时期，企业招工、城镇待业（失业）青年就业及职工流动等由淮阴县职业介绍所办理。职业介绍所设于王杨路12号，面积200余平方米。1993～2000年，发布用工信息340条，举办招工招聘会19场，落实求职与双向选择65440人。2001年，更名为淮阴区职业介绍所。2005年经省评估验收，区职业介绍所被评为三星级职业介绍机构。2006～2007年度被评为省劳动和社会保障系统优质服务窗口。2008年，人力资源市场共有工作人员18名，全部持有职业资格证书。2001～2008年，发布用工信息5026条，举办招工招聘会116场，落实求职与双向选择56464人。

1993～2008年淮阴区（县）求职、就业情况一览表

表33-2-1　　单位：人

年份	求职	就业	年份	求职	就业
1993	1241	1170	2001	1582	1072
1994	640	513	2002	2687	2358
1995	3608	3054	2003	5179	3902
1996	9487	7718	2004	4774	4364
1997	12518	11367	2005	3378	1520
1998	2696	2298	2006	3097	1187
1999	2602	2080	2007	6160	3696
2000	2460	1988	2008	7886	3622

【劳动服务公司】 20世纪80年代初期，城镇“上山下乡”知识青年回城，城镇待业青年增多，县政府拨出专项资金，新办劳动服务公司，缓解就业压力，提出劳动部门介绍就业、自愿组织起来就业和自谋职业相结合的就业思路。1990年11月，国务院颁发《劳动就业服务企业管理规定》，劳动就业步入法制化轨道。1992年前，全县有各类劳动服务公司企业12家，县劳动局自办的供销经理部、杨庄罐头食品厂、县轴承锻造厂等劳动服务企业对待业青年的安置起到重要作用。至1994年，劳动服务公司全部解散。1995年，恢复县自来水厂劳动服务公司，办成大实业公司劳动服务分公司。1996年，境内有劳动就业服务企业3家。1997年，县劳动局投放生产扶贫资金53万余元，对新办的劳动服务业企业给予扶持，劳动服务公司增达7家，从业人员170名。2008年，全区有劳动服务公司25家，从业人员240名。

第二节　职业技能培训

1978～1987年，全县培训就业人员6215名。首次培训由县职业中学负责，培训内容有棉织、丝织、会计、幼师、建筑、蚕桑、电器等专业。1987年，县职业培训中心开设文书档案班，学员43名。1996年8月，开展城镇就业上岗前培训，共举办培训班12个，培训人员666名，岗前培训1264人，富余职工转岗培训124人次。通过考核考试，对1121名职工发放技术等级证书，涉及24个工种，为6名技师、高级技师家属办理农转非手续。至1997年，主要与淮安市纺织学校联办技工学校班，开办水电安装、纺织工艺、机电一体化、电焊、服装工艺培训班。1999年，淮阴县职业技术培训中心被江苏省劳动厅认定为首批全省重点就业训练中心。2004年，全区组织实施农村劳动力转移培训“阳光工程”。2004～2005年，组织实施“阳光工程”培训1200人次，培训合格率达90%以上。2008年，开展农村劳动力充分转移乡镇（村）创建活动，丁集、棉花庄、王营、赵集、码头5个乡镇的83个行政村通过省级农村劳动力充分转移乡镇（村）验收。全年新增农村劳动力转移20815人，培训农村劳动力12500人，培训后转移人数达95%。区职业技术培训中心与经审批的20家民办职业培训学校联合办学，在原来开设的电工、电焊、面点、电脑以及创业培训专业的基础上新增美容、美发、挖掘机、数控车床、车工、烹调等专业，全年培训3850人。为高级技师、高级工做好职业技能鉴定、发证工作，鉴定2890人、发证2643人。

第三节　工资福利

一、劳动工资

1978年，全民所有制单位职工5231人，工资总额274万元，年平均工资523元。1985年，对企业的工资制度进行改革，企业职工的工资同企业经济效益挂钩。1989年，调整不同类型企业职工的工资。全县全民所有制企业50家，年末职工总人数12111名，应调资9540人，月增资107951元，人均增资11.32元。全县集体所有制企业49家，年末职工人数6976名，应调资5552人，人均增资12元。全民所有制企业离退休职工1349人，月增资21061.06元，人均增资15.61元。集体所有制企业离退休职工1151人，月增资19121.57元，人均月增资16.63元。1990年，县明确工资基金使用的审批程序和审批部门。1991年，进一步完善工效挂钩机制。是年，淮阴市出台《关于1991年国营企业工效挂钩的实施意见》。1994年，全县深化企业工资制度改革，实行最低工资保障制度，规定用人单位支付给劳动者的工资不得低于当地最低工资标准。对全县123家企业合理划分了职工起点工资标准。生产企业最高起点为145元，流通企业为140元，最低为80元。人均增资112.74元。是年9月，企业在职职工实行综合补贴，标准为每人每月66元。企业退休（职）人员的综合补贴标准为：城镇户口的每人每月66元，农村户口的每人每月55元。企业在职职工与退（职）休职工中，回民在执行上述标准的同时，另享受每人每月6元的补贴。1995年，县内最低工资保障制度基本形成。1997年，企业实行劳动工资月报及经营者收入上报制度，所有企业按照省统一制定的《企业工资总额使用手册》实施管理。全县有112家企业、16816名职工增加工资。由于企业承受能力有限，多数企业从1997年12月方才执行。当年粮食系统因严重亏损，3059名职工无一人增资。1998年起，企业工资制度逐步过渡为由集体协商调控企业职工工资总额，计划经济时期的指令性工资逐步退出历史舞台。从1999年7月1日起，不同所有制形式的企业均实行职工上岗津贴制度。凡上岗职工并提供正常劳动，均享受上岗津贴，标准为每月40元、60元、80元，各企业可根据上述标准选择执行其中一个标准。2000年后，政府退出参与企业内部分配，走向宏观调控。

1995年7月1日至2007年10月1日淮阴区（县）各年度最低工资标准一览表

表33-2-2

年度	标准	年度	标准
1995年7月1日	140元/月	2002年7月1日	260元/月
1996年7月1日	160元/月	2003年7月1日	320元/月
1997年7月1日	175元/月	2004年7月1日	360元/月
1999年7月1日	210元/月	2005年10月1日	400元/月
2000年7月1日	240元/月	2006年10月1日	520元/月
2001年7月1日	250元/月	2007年10月1日	590元/月

二、职工福利待遇

【探亲假待遇】 1981年起，执行的探亲假待遇是：凡在国家机关、人民团体和全民所有制企业、事业单位连续工作满一年以上的正式工，与配偶不住在一起，又不能在公休假日团聚的，可以享受探望配偶的待遇；与父母不住在一起，又不能在公休假日团聚的，可以享受探望父母的待遇。根据实际需要给予路程假。上述假期均包括公休假日和法定节日在内。探亲期间工资照发。实行计件工资或提成工资制的职工，按计时工资标准发给；没有计时工资标准的，由单位确定按正常生产期间本人3个月计件或提成平均工资发给。其他补贴、津贴、奖金停发。职工探亲路费包括往返车船费、市内交通费和途中食宿费。职工探望配偶和未婚职工探望父母的往返路费，由所在单位负担，已婚职工探望父母的往返路费在本人标准工资的30%以内的，由本人自理，超过部分由所在单位负担。

【放假待遇】 2000年起，执行的放假待遇是：节假日期间，对参加社会或单位组织庆祝活动和照常工作的职工，单位应支付工资报酬，但不支付加班工资。如果该节日恰逢星期六、星期日，单位安排职工加班工作，则应当依法支付休息日加班工资。

【冬季取暖和夏季防暑降温待遇】 1990年，全县开始提高职工冬季宿舍取暖补贴标准，取暖补贴标准由每人每月5元调整为8元，全年按3个月计发。

1997年7月，调整职工夏季清凉饮料费的发放标准，高温作业工人每人每月55元；非高温作业工人每人每月45元，全年按4个月计发。2005年7月，再次调整企业职工夏季防暑降温费标准，从事室外作业和高温作业人员每人每月120元，非高温作业人员每人每月100元，全年按4个月计发。列入企业成本费用。

【职工伤亡待遇】 1988年起执行的职工伤亡待遇是：职工因工或非因工死亡丧葬费标准为300元，还可发给一次性抚恤费。抚恤费标准为：因工死亡的发给600元，因病或非因工死亡的发给400元。

1986～2000年淮阴县全民所有制职工福利统计表

表33-2-3　　　　单位：万元

年份	合计	医疗卫生费	文体宣传费	集体福利事业补助费	集体福利设施费	丧葬抚恤救济费	生活困难补助费	计划生育补贴	上下班交通费补贴	洗理卫生费	冬季取暖费	其他
1986	229.08	79.29	4.80	7.09	11.63	12.55	9.59	6.07	4.21	47.31	40.43	6.11
1987	314.93	99.75	4.64	19.88	109.73	1.54	6.23	8.39	5.74	55.24	—	3.79
1988	403.76	182.81	6.45	29.10	81.12	3.49	11.62	8.01	17.98	62.47	—	0.71
1989	413.95	189.44	7.06	31.17	78.38	4.22	11.71	9.13	17.18	64.68	—	0.98
1990	459.80	193.00	10.50	22.70	18.90	4.20	17.80	10.50	18.30	111.00	—	52.90
1991	95.20	10.60	0.80	3.90	5.50	2.40	4.10	1.80	10.80	32.70	13.10	9.50
1992	584.50	147.90	15.70	79.10	66.00	6.60	9.40	16.90	26.70	156.10	4.80	55.30
1993	1032.40	324.70	21.10	63.30	302.30	7.50	21.40	19.30	33.10	177.40	51.50	10.80
1994	916.60	503.90	24.30	—	141.90	15.10	13.70	7.30	—	—	17.00	193.40
1995	912.40	459.30	41.20	195.00	—	14.60	39.70	25.10	—	—	59.30	78.20
1996	835.60	398.50	38.10	—	192.50	13.70	38.90	24.70	—	—	56.20	73.00
1997	768.80	426.60	37.40	200.10	—	—	—	—	—	—	32.60	72.10
1998	556.90	352.20	36.40	—	151.80	—	—	—	—	—	—	16.50
1999	370.80	182.30	20.90	—	152.00	—	—	—	—	—	—	15.60
2000	395.10	227.00	18.20	—	132.70	—	—	—	—	—	—	17.20

第四节　劳动关系

一、劳动合同

【个体劳动合同】 1993年前，境内全民、集体企业招工用工，是由劳动部门按政策按计划统一执行办理，正式工以外的合同制工人由劳动部门定性，并无正式签订劳动合同。1994年后，一些改制企业向社会招聘人员，简单签订或口头约定，劳动报酬、休息休假、劳动安全卫生、保险福利等事项无明确约定。1999年始，开始对企业劳动合同签订管理加以规范，国有企业、集体企业、私营企业新招工人，一律实行劳动合同制，由用人单位与劳动者签订劳动合同，合同样书由市统一格式与内容，后由劳动部门对劳动合同进行鉴证，予以确认，内容模糊或不合法的，经双方修改后再行鉴证。2003年，全区办理劳动关系备案手续3350人次，用人单位补签劳动合同1980份。2005年，办理劳动关系鉴定备案手续6520件，企业与劳动者签订劳动合同6955份。是年，区劳动管理部门停止劳动合同鉴证工作，不再收取鉴证费。2008年，补签劳动合同4974份。

【集体劳动合同】 1999年，境内推行集体合同制度，即用人单位与本单位职工依据法律、规章，就工资、培训和保险等重要事项，通过集体协商签订书面协议。是年，有15家企业与职工多次平等协商，签订集体合同，改变以往由企业单方面确定条款的做法，稳定劳动关系，避免日后可能发生的纠纷。2003年，在区工业园区推行工资集体协议制度。年内，区劳动部门依法审查集体合同19份，工资集体协议15份。此后，每年审查一次。

2003～2008年，民营企业快速增加，继续实行工资和劳动合同集体协商制度。区劳动局平均每年接受现场咨询200次，指导修改工资协议书条款320项，同时做好民营企业宣传、培训工作。2008年，150余家企业签订集体合同，实行工资集体协商制度。管理部门审核办理企业劳动关系备案手续7000余人次。是年，60多家公司（单位）与职工签订集体合同。

二、劳动监察

【劳动保障书面审查】 1999年1月，成立淮阴县劳动监察大队，负责劳动保障监察工作。是年，对105户用人单位进行年检。2000年，规范企业用工行为11家，修订厂纪厂规3家，纠正违反工时规定4家，督促用人单位补签劳动合同。2001年12月5日，对辖区221家各类用人单位进行年度劳动用工年检，涉及20822人。规范用工行为15家，修订厂纪厂规3家，纠正违反工时规定5家，责令补签劳动合同，督促23家用人单位进行社会保险登记，涉及职工432人。2002年，对333家各类用人单位进行年检。2003年，对344家各类用人单位进行年度劳动保障工作年检，督促用人单位补发工资59万元。2004年，对345户用人单位进行年检，补缴社会保险费150万元。2005年，对348户用人单位进行全面检查。2008年，督促用人单位为2616名职工补缴社会保险费103.93万元。

【劳动保障监察巡视检查】 1999年，县劳动监察大队对全县企业遵守劳动法律法规情况进行巡查，重点抽查不同所有制类型的用人单位85家，涉及职工9829人，补签劳动合同2380份，依法取缔3家职业培训机构、11家职业中介机构。2000年，日常巡查各类用人单位174家。2001年，重点对私营企业、个体经济组织进行日常巡查，检查各类用人单位157家，巡检率达76.5%，涉及劳动者10645人，收取培训、管理费29万元。2002年，巡查各类用人单位245家，涉及劳动者22000余人，养老保险扩面42家，增1300多人。2003年，巡查各类用人单位266家，涉及劳动者23000余人，增加养老保险扩面42家，增1300多人。2004年，重点对私营企业和个体经济组织进行日常巡查，检查各类用人单位303家，巡检率达76.5%。2005年，巡查各类用人单位362户（次）。2008年，接待投诉举报309件，追发农民工工资54.83万元。1999～2008年，全区（县）接受举报投诉案件580件，追索农民工工资1913万元。

【劳动保障监察专项检查】 1999年，开展3次专项检查。4～6月，开展“劳动执法大检查”活动，对全县各用人单位的用工管理，劳动合同，社会保险费的征缴，农合工、临时工管理费的缴纳进行执法检查，检查109家用人单位，涉及职工9829人。收缴用工管理费17.4万元，立案查处用人单位21家，取缔职介所10家、培训机构1家，责令2家培训机构对违法行为限期改正，规范用工5家。9月，检查城区范围内的美容美发行业。10月，对城区的电焊门市进行检查，查处无证上岗59人，补办证件38人。2000年，组织专项检查5次。是年4月，对劳动力市场进行整顿，重点抽查职业介绍所、美容院、洗浴中心和餐饮业。6月，协同安全股、就业管理处、培训中心对全县38家建筑公司、工地及8家加油站的安全情况进行全面检查。10月，开展贯彻实施《禁止使用童工规定》专项检查活动，检查用人单位16家，查出3家用人单位使用童工4名。2003年春运期间，开展民工有序流动就业大检查，重点对车站、码头等民工聚集地进行监控，保证民工流动就业的有序开展。2004年，全年开展6次专项检查，涉及191家用人单位，对企业未订立劳动合同、拖欠保险费用、使用童工的违法行为责令限期整改，并对单位或责任人作出相应处罚。5月，开展贯彻《江苏省劳动合同条例》执法大检查活动，对全区32家用人单位进行检查，涉及职工4595人，其中未签订劳动合同的1090人。9月，开展全区劳动保障维权专项执法检查活动，对全区31家用人单位进行检查，涉及劳动者4151人，对3家用人单位未签订劳动合同、未申报缴纳社会保险的违法行为下达限期改正指令书。11月，开展农民工工资支付专项检查活动，检查31家用人单位，涉及职工2323人，其中未签订劳动合同1464人，未依法办理用工手续890人，无故拖欠、克扣农民工工资2.43万元。2005年3月，开展清理整顿劳动力市场秩序专项行动，检查各类职介机构24家，取缔非法职介机构11家，整改2家。5月，开展劳动合同专项执法检查活动，对全区32家用人单位进行检查，涉及职工3950人，补签劳动合同547人，责令有关单位支付农民工工资

1.6万元，5家用人单位对违法行为进行限期改正。2005年11月4日至2006年1月25日，在全区开展农民工工资支付情况专项检查活动，检查各类用人单位35家，涉及劳动者4260人，查处拖欠工人工资的用人单位11家，追回拖欠工资39.29万元。1999～2008年，开展劳动保障监察检查42次，参与处置突发事件2起。

三、劳动争议仲裁

1987年7月，成立淮阴县劳动争议仲裁委员会，县属各企业也相应成立劳动争议调解委员会。1993年6月，实行仲裁员、仲裁庭制度。1994年，第一次引用“用人单位”和“劳动者”一词处理劳动争议案。1996年，受理劳动争议案件2起，处理职工176人，其中开除1人、除名119人、辞退14人、解除合同38人、终止合同4人。此后，随着企业改制力度加大，少数改制企业经营者采取非正常手段处理劳动争议案件逐渐增多。县劳动部门着力推动劳动争议仲裁、劳动合同鉴证和劳动关系三方协调工作走上法制轨道。1997年，受理劳动争议案件6件，处理结案6起，全县处理职工160人，其中除名61人、解除劳动合同15人、终止劳动合同84人。1998 年，受理劳动争议案件11起。1999年，在南陈集乡、北吴集乡建立劳动争议仲裁办事处。是年，受理劳动争议案件9 起，开庭审理并结案4起。2000年，受理劳动争议案件15起，开庭审理并结案11起。2003 年，加大对农民工工资的追讨力度，为通胜花园、幸福新苑、城中花园等9个单位农民工追回工资25万元。立案受理劳动争议案件24起，结案21起。2004 年，立案受理劳动争议案件15起，结案13起。受理涉及农民工工资案件6起，裁决1起，调解5起。2005 年，接到工资方面投诉15起，涉及劳动者500多人。集体投诉3起，涉及职工330余人，其中农民工集体投诉2起，涉及农民工270余人；最大一起农民工集体投诉达220人，持续时间长达12小时。经调解与仲裁，用人单位和承包老板补发投诉者工资160万元。2008 年，全区受理劳动争议案件686起。1987～2008年，全区（县）劳动争议仲裁案件呈逐年增加趋势。

1999～2008年淮阴区（县）劳动争议仲裁案件情况表

表33-2-4

年份	受理数（宗）	立案数（宗）	涉及人数	调解（宗）	裁决（宗）	年份	受理数（宗）	立案数（宗）	涉及人数	调解（宗）	裁决（宗）
1999	9	9	9	9	0	2004	15	15	15	12	3
2000	15	15	15	13	2	2005	46	46	55	38	8
2001	19	19	19	15	4	2006	58	58	58	45	13
2002	26	26	30	22	4	2007	110	110	110	73	37
2003	24	24	24	21	3	2008	686	686	690	488	198

第五节 职工生活水平

1978年后，县内职工工资水平有所提高，全民所有制单位职工月平均工资45元，集体所有制单位职工月平均工资27元。1986年，全民所有制企业职工的月平均工资达到85元，比1978年45元增长88%，扣除物价因素，实际平均增长83%，平均每年递增8%，此为新中国成立后职工工资水平提高最快的时期。1990年，全县职工月平均工资163元，比1986年增长91.7%。1994年，全县职工月平均工资177元，比1978年翻了两番。2005年，全区职工月平均工资975元。2008年，全区职工月平均工资1631元。

1986～2008年淮阴区（县）在岗职工人数与工资情况统计表

表33-2-5

年份	年末职工数（人）	职工平均数（人）	全区（县）年工资总额（万元）	年人均工资（元／人）	月人均工资（元／人）
1986	15008	14469	1475.96	1020	85
1987	18869	13736	1590.27	1152	96
1988	16066	16060	2326.89	1452	121
1989	14531	15033	2258.72	1500	125
1990	14301	15952	3120.27	1956	163
1991	14883	17251	3197.79	1848	154
1992	15980	18138	3583.70	1980	165
1993	22443	21644	4995.00	2304	192
1994	28264	28024	5944.20	2124	177
1995	27719	27439	7245.90	2640	220
1996	26342	26230	8108.80	3096	258
1997	26268	26781	8231.10	3072	256
1998	14243	14221	5578.40	3924	327
1999	11392	10640	5129.80	4824	402
2000	9015	10412	5517.70	5304	442
2001	11339	10711	6220.40	5808	484
2002	30302	30464	26791.00	8796	733
2003	26789	26446	25860.30	9780	815
2004	26516	26324	28143.60	10692	891
2005	25801	25696	30056.80	11700	975
2006	29300	27754	38504.40	13872	1156
2007	32375	32116	52130.10	16236	1353
2008	32196	31654	61965.60	19572	1631

第三章　社会保障

第一节　养老保险

一、企业职工养老保险

【参保与缴费】 1986年，淮阴县企业职工养老保险起步。同年11月，淮阴市劳动局对劳动合同制工人缴纳退休养老基金的范围和对象、标准、补缴时间、管理费提取等作出规定，规定参保对象是国营企业、国家机关、事业单位、社会团体招用的劳动合同制工人。1987年1月，淮阴县实现企业职工养老保险从“企业保险”向“社会保险”的转变。1988年，企业退休费用统筹实行差额结算。12月，淮阴市对劳动合同制工人的退休养老基金，分企业和国家机关、事业单位、社会团体制定两种定额标准，1989年1月1日起执行。

1992年9月23日，淮阴县全民企业职工基本养老保险基金提取比例为17%，基金积累率为职工工资总额的2%，分三年过渡，即1992年为2%，1993年为2.5%，1994年达到省规定3%积累率，方案从1992年1月起执行。同年12月7日，市政府规定淮阴县提取比例14%，其中基金积累率1.8%，职工按本人工资总额的2%缴纳基本养老保险费，管理服务费暂按基本养老保险基金收入的2%计提。1993年1月，出台《关于县属集体所有制企业职工基本养老保险统筹的通知》，凡县属集体所有制企业均参加基本养老保险统筹，参保对象是固定职工、劳动合同制职工及经劳动部门批准使用的城镇户口临时工，基本养老保险基金暂按上年度企业全部职工工资总额的14%提取，个人暂按每人每月2元缴纳，从1993年1月起执行。8月，出台《关于加强养老社会保险基金征缴有关规定》，各企业为职工及时办理养老保险手续，及时足额缴纳保险费，保险机构可以委托企业开户银行代为扣缴，也可以由企业定期向保险机构直接缴纳，所缴保险金及时转入保险机构在银行开设的基金专户。年末，实现县属集体企业养老保险社会统筹。1994年，城镇企业职工养老保险由单位和个人共同负担，实行社会统筹和个人账户相结合，个人账户一律从1996年1月1日建立，基本养老保险费利率按12%执行，各类企业职工实行“一体化”养老保险制度。从当年起，企业离退休人员养老金于每年7月1日起，按社会平均工资的一定比例进行调整。1995年3月13日，下发《关于调整县属集体企业职工养老保险县级统筹比例的通知》，县属集体企业职工养老保险仍实行过渡性办法，原按14%的，调整为16%；原按19%的，调整为20%；原按29%的，调整为39%；原按44%的，调整为25%。1996年4月1日，对新参加或新纳入基本养老保险统筹的企业和职工区分不同情况按规定计算和补缴以前年度的基本养老保险费，即县属全民、集体企业中的固定职工，可以计算的连续工龄分别计算到1991年底和1992年底，作为视同参加养老保险的缴费年限，并相应从1992年1月和1993年1月起补交养老保险金至1995年底。随着国家经济体制改革的加快，下岗失业现象逐步增多，企业养老保险进入统一阶段。全县开始建立参保职工个人账户和统筹账户结合的运行机制。1998年1月1日起，凡参加城镇企业职工养老保险和各类企业职工及城镇个体从业人员，个人缴纳基本养老保险费的比例，在4%的基础上提高到5%。1998年7月1日，企业养老保险与国家社会保险制度统一并轨。1999年7月1日，企业职工个人缴纳基本养老保险费比例提高到8%。是年，成立淮阴县社会保险基金征缴和扩面工作领导小组，领导小组下设办公室，办公地点设在县劳动局。

2001年3月，下发《关于区镇属企业、私营企业和个体工商户参加社会养老保险实施的通知》，开展扩面工作。是年10月，淮安市劳动和社会保障局颁发自由职业者参加养老保险的暂行办法。参加城镇企业职工基本养老保险的企事业单位职工和个体工商户业主、雇工和自由职业者，基本养老保险个人账户中个人缴纳部分的储存额在其基本养老保险个人账户中单独记载，按照城乡居民一年期定期储蓄存款利率调整，可按本年7月1日中国人民银行公布的一年期定期储蓄存款利率计息。2002年7月，全区缴纳基本养老保险费的基数按在岗职工平均工资执行。城镇企业缴纳基本养老保险费比例由原来的20%调整为21%。参加城镇企业职工养老保险的私营企业业主、个体工商户业主（1992年之前为个体工商户的，最早可以从1992年起参保），其缴纳养老保险费比例调整为23%。

2006年7月1日，企业职工基本养老保险个人账户规模调整，由原来的11%调整为8%，企业缴纳的基本养老保险费全部纳入社会统筹基金，不再划入个人账户。异地转入的职工，男年满55周岁及以上，女年满45周岁及以上的基本养老保险关系不予接受。是年，企业职工养老保险工作的重点放在推进特殊群体的保障上。经过两年的探索，至2008年底，初步形成“覆盖范围全员化、保障方式多层次、资金来源多元化、管理服务社会化”的运行模式，全区企业职工养老保险基金首次实现当年征收超亿元。全年实际参保39760人，缴费38199人，人均月缴费基数980元，征缴基金1.07亿元。为全区8303名企业离退休人员按时足额发放养老金8700多万元，社会化发放率为100%。

1993～2008年淮阴区（县）企业职工养老保险参保与缴费情况统计表

表33-3-1

年份	参保企业数（家）	参保人数（人）	基本基金收入（万元）	年份	参保企业数（家）	参保人数（人）	基本基金收入（万元）
1993	147	24612	704	2001	186	23014	1565
1994	141	22604	950	2002	176	24458	1882
1995	78	24167	1159	2003	187	25495	2103
1996	91	24057	1484	2004	187	26653	2376
1997	86	22606	1315	2005	187	27618	3031
1998	90	21426	1577	2006	111	28396	3938
1999	110	22275	1848	2007	154	30305	6363
2000	174	22462	1881	2008	169	39760	10700

【退休金管理】 2003年，企业退休职工养老保险逐步走向社会化管理。是年，在区社会保险经办机构增挂企业退休人员社会化管理服务中心牌子，配备3名工作人员，专职从事社会化管理服务工作。区内企业职工办理退休手续后，其管理服务工作与原企业分离，养老金实行社会化发放，人员移交街道或社区属地管理，由社区服务组织提供相应的管理服务。

1993～2008年淮阴区（县）企业职工离退休金发放情况统计表

表33-3-2

年份	离退休人数（人）	社会化发放人数（人）	支付离退休金额（万元）	年份	离退休人数（人）	社会化发放人数（人）	支付离退休金额（万元）
1993	2860	2860	592	2001	4647	4647	2990
1994	2659	2659	724	2002	5173	5173	3261
1995	2877	2877	907	2003	5660	5660	3516
1996	3022	3022	1492	2004	6186	6186	4278
1997	3002	3002	1357	2005	6662	6662	5016
1998	3358	3358	1784	2006	7159	7159	4977
1999	3748	714	2582	2007	7660	7660	7158
2000	4199	4199	2600	2008	8303	8303	9331

二、机关事业单位养老保险

【机关事业单位养老保险制度改革】 1995年7月，出台《淮阴县机关事业单位职工养老保险制度改革暂行办法》和《淮阴县机关事业单位职工养老保险制度改革实施细则》，就参加机关事业单位职工养老保险的范围及对象、养老保险基金的筹集、养老保险基金的管理作出规定。1996年2月，对委托县人才中心人事代理的流动人员，参加机关事业单位养老保险，出台相关规定，为流动人员解决后顾之忧。9月，出台《淮阴县机关事业单位职工补缴养老金的有关规定》。12月，出台《关于加强机关事业单位养老保险基金征缴的有关规定》和《关于调整养老金提取比例和结算形式的通知》，进一步完善机关事业单位养老保险制度。1997年，县、乡两级财政分开，印发《关于调整养老金结算形式后有关问题的处理意见》和《关于乡镇养老保险实行分档计提办法》，按照各乡镇的离退休人数和在职人数的比例确定养老保险的征收比例。1999年3月，出台《关于加强机关事业单位养老保险工作的意见》，对机关事业单位养老保险制度作出规范和完善。2003年，根据养老金保值增值的原则，出台《淮阴区机关事业单位职工补缴养老费的有关规定》，将合同制职工1995年7月前补交养老金标准提高至每人每月50元。2005年5月，出台《关于对全区机关事业单位参加养老保险情况进行稽核的通知》，确保稽核工作有序开展。2007年，出台《淮阴区人民政府关于完善事业单位养老保险制度的实施意见》，明确参保范围和参保对象以及发放标准，对基金来源和提取比例作出调整，将参保职工个人缴费比例提高至3%，对缴费和发放办法作了详细规定。至此，全区事业单位养老保险制度进一步完善。是年，淮阴区养老基金积累4365万元，参保单位272个，参保职工12521人。2008年，全区参保单位272个，参保职工12520人，离退休人员4551名，支出养老金8646万元，其中纳入社会化发放4341人，社会化发放率达95.4%。

【机关事业单位养老保险基金收缴和拨付】 1995年开始征收机关事业单位养老保险费，原则是以支定收，略有节余。同时，不断加大基金征缴力度。2008年，实现基本养老保险费收缴基金18695万元。

1995～2008年淮阴区（县）历年基金收缴和拨付统计表

表33-3-3　　单位：万元

项目 年份	基本养老保险费收缴基数	人均收缴基数	已收基本养老保险费				已支付基本养老金			
			合计	人均收缴金额	单位缴纳	个人缴纳	合计	人均支付金额	离休养老金	退休养老金
1995	9535	0.86	1507	0.14	1395	112	1398	0.42	355	1043
1996	9987	0.79	1859	0.15	1731	128	1838	0.59	347	1491
1997	10126	0.78	2149	0.17	2018	131	1795	0.50	381	1414
1998	15329	0.80	3882	0.20	3580	302	3643	0.88	374	3269
1999	14890	0.76	4349	0.22	4040	309	4092	0.98	389	3703
2000	15691	0.80	4380	0.22	4067	313	4326	0.95	427	3899
2001	13562	0.68	4153	0.21	3838	315	4053	0.98	408	3645
2002	10342	0.52	2364	0.12	2203	161	2122	0.40	378	1744
2003	19992	0.99	5577	0.28	5181	396	5131	0.94	498	4633
2004	20820	0.98	5751	0.27	5442	309	5497	1.00	517	4980
2005	6253	0.96	1572	0.24	1473	99	838	0.99	50	788
2006	6292	0.98	1630	0.25	1505	125	1084	1.07	52	1032
2007	24959	1.44	7673	0.44	7117	556	6428	1.49	59	6369
2008	18695	1.50	5667	0.45	5105	562	7717	1.67	46	7671
合计	196473	—	52513	—	48695	3818	49962	—	4281	45681

三、农村社会养老保险

【农村社会养老保险制度】 1992年，出台《淮阴县农村社会养老保险暂行办法》，在全县范围内开展农村社会养老保险工作。参保对象为非城镇户口，不由国家供应商品粮的农村人口，包括农民、渔民、乡村企业职工、乡镇招聘干部、职工、民办教师、私营企业、个体户、外出人员等，参保年龄规定为18～59周岁，领取养老金年龄规定为60周岁。1995年10月，成立由常务副县长牵头负责的农村社会养老保险基金管理委员会，将农村社会保险事业列入政府工作的重要内容，纳入全年工作目标考核。2003年3月，农村社会养老保险职能移交劳动和社会保障局，农保基金纳入财政专户管理，办公经费和人员工资列入财政预算管理。2005年5月，出台《淮阴区新型农村社会养老保险办法（试行）》。2007年，出台《淮阴区村干部养老保险办法》，规定在编在职村干部参加养老保险，对参保村干部，区、乡两级财政给予补贴。

【农村社会养老保险费征收与拨付】 1992年，淮阴县成为江苏省首批农村社会养老保险试点县。此后，全县农村逐步形成以个人缴费为主、集体补助为辅、国家政策扶持的筹资方式，采用个人账户、储备积累的保险制度模式。2005年，征收农村保险费59.66万元，增加参保2000余人，基金滚存结余达2600万元，当年发放养老金45万元，支付退保金40万元。农村社会养老保险首次实现社会化发放，所有到龄的参保人员通过邮政储蓄银行领取养老金。至2006年底，个人账户管理总量17万个，基金滚存结余达2700余万元。农村社会养老保险网络完全覆盖全区21个乡镇、251个行政村（居）委会，全区有4000余人按月、年领取养老金。1994～2006年底，累计发放养老金170余万元，支付退保180余万元。2007年，所有符合条件的到龄参保人员养老金实现100%社会化发放。先后出台《淮阴区村干部养老保险办法》和《淮阴区村干部养老保险实施细则》。是年，全区征缴农村社会养老保险费325.85万元。2008年，全年征收农保费251.63万元，增加参保人员2000余人，发放养老金82万元，领取人员养老金100%社会化发放。

1992～2008年淮阴区（县）农村养老保险费收入情况表

表33-3-4 单位：万元

年份	养老保险费收入	年份	养老保险费收入
1992	10.36	2001	117.20
1993	27.01	2002	57.56
1994	343.58	2003	104.39
1995	263.96	2004	145.22
1996	231.68	2005	59.66
1997	212.11	2006	97.86
1998	311.64	2007	325.85
1999	205.31	2008	251.63
2000	170.91		

第二节 医疗保险

1978～1999年，淮阴县城镇职工基本医疗保障以公费医疗和劳保医疗形式运行。1999年底，印发《淮阴县城镇职工基本医疗保险制度改革实施方案》及相关配套文件。2000年前，淮阴县基本医疗保险费由用人单位和职工共同缴纳，用人单位缴费率为职工工资总额的7%，职工个人缴费率为本人工资收入的2%；大病医疗救助基金缴费标准按每人每月8元缴纳。2000年1月，启动医疗保险制度改革，县卫生主管部门对全县定点医疗机构申报单位的资格进行审查，批准淮阴县人民医院等31家医疗机构为社会医疗保险定点机构，成为淮阴市第一个按新的医改政策启动运行的县，实现由公费、劳保医疗制度向社会医疗保险制度的平稳过渡。3月，为规范医疗保险基金的缴纳和管理，转发《淮阴市城镇职工基本医疗保险基金管理暂行办法》。5月，出台《关于淮阴县城镇职工医疗保险费用结算试行办法》，制定《淮阴县城镇职工大病医疗救助暂行办法》。是年，全县有参保单位327个，参保人员15258人，缴费标准为用人单位和职工共同缴纳，用人单位缴费率为职工工资总额的7%，职工个人缴费率为本人工资收入的2%，大病医疗救助基金缴费标准按每人每月8元缴纳，全年征缴总额684万元。住院支付标准为统筹基金的起付标准以上，最高限额以下的医疗费用在职个人负担的比例为：5000元及其以下的，个人自付20%；5001～10000元的，个人负担15%；10001～20000元，个人自付10%；20000元以上的个人自付5%。退休人员个人自付比例为：工龄在20年及其以下，自付以上各分段比例的70%；工龄满20年以上至30年的自付以上各分段比例的60%；工龄满30年以上的，自付以上各分段比例的50%，这个报销比例一直执行到2008年。是年，住院支付871人，住院支付金额386万元。

2003年，着手解决困难群体的医保问题。对困难企业在职职工，适当降低缴费门槛，按社会保险最低参保基数缴费；对劳动人事关系代理人员的医保问题，出台《关于劳动人事关系代理人员参加医疗保险暂行办法的通知》。是年，全区有参保单位521个，参保人数25809人，缴费标准为用人单位和职工共同缴纳，用人单位缴费率为职工工资总额的7%，职工个人缴费率为本人工资收入的2%，大病医疗救助基金缴费标准按每人每月8元缴纳，全年征缴总额1299万元。住院支付标准为统筹基金的起付标准以上，最高限额以下的医疗费用在职个人负担的比例为：5000元及其以下的，个人自付20%；5001～10000元的，个人自付15%；10001～20000元，个人自付10%；20000元以上的，个人自付5%。退休人员个人自付比例为：工龄在20年及其以下，自付以上各分段比例的70%；工龄在满20年以上至30年的自付以上各分段比例的60%；工龄满30年以上的，自付以上各分段比例的50%。是年，住院支付1905人，支付金额774万元。2004年，针对破产、关闭的国有、集体企业和改制企业退休人员的医保问题，先后印发《区政府关于改制企业退休人员参加医疗保险问题的意见》《关于改制企业有关人员医疗保险问题的补充意见》《关于解决国有、集体困难企业退休人员医保问题的意见》《关于解决国有集体困难和破产关闭企业退休人员参加基本医疗保险问题的意见》，采用以政府为主导、财政补贴、个人缴费相结合的筹资模式解决此类人群的医保问题。启动医保计算机系统，将淮阴区医药公司第一门市部等4家零售药店列入医保定点单位，实现城镇职工参保人员和定点单位刷卡消费。是年，全区有参保单位545个，参保人员28100人，缴费标准为用人单位和职工共同缴纳，用人单位缴费率为职工工资总额的7%，职工个人缴费率为本人工资收入的2%，大病医疗救助基金缴费标准按每人每月8元缴纳，全年征缴总额2115万元。住院支付标准为统筹基金的起付标准以上，最高限额以下的医疗费用在职个人负担的比例为：5000元及其以下的，个人自付20%；5001～10000元的，个人负担15%；10001～20000元，个人自付10%；20000元以上的个人自付5%。退休人员个人自付比例为：工龄在20年及其以下，自付以上各分段比例的70%；工龄满20年以上至30年的自付以上各分段比例的60%；工龄满30年以上的，自付以上各分段比例的50%。全年住院支付2343人，支付金额1026万元。

2006年，全区6000余名困难和破产、关闭企业退休人员全部纳入医疗保障，基本消除困难人员游离于医保制度之外的现象。根据医疗保险“低水平、广覆盖”的原则要求，印发《关于确定有关医疗费用个人负担比例的通知》，对部分一次性医用材料进行限价，对部分特殊检查和特殊治疗的个人支付比例进行修订。是年，全区有参保单位681个，参保人员36100人，缴费标准为用人单位和职工共同缴纳，用人单位缴费率为职工工资总额的7%，职工个人缴费率为本人工资收入的2%，大病医疗救助基金缴费标准按每人每月8元缴纳，全年征缴总额2917万元。住院支付标准为统筹基金的起付标准以上，最高限额以下的医疗费用在职个人负担的比例为：5000元及其以下的，个人自付20%；5001～10000元的，个人自付15%；10001～20000元，个人自付10%；20000元以上的个人自付5%。退休人员个人自付比例为：工龄在20年及其以下，自付以上各分段比例的70%；工龄满20年以上至30年的自付以上各分段比例的60%；工龄满30年以上的，自付以上各分段比例的50%。全年住院支付3214人，支付金额1523万元。

2007年7月，启动城镇居民医疗保险工作，发出《关于印发淮阴区城镇居民基本医疗保险办法的通知》。是年，全区城区范围内未参加城镇职工基本医疗保险的居民可以参保，参保78746人，缴费标准为60元，缴费总额376万元。住院支付标准为起付标准以上、30000元以下，符合居民基本医疗保险补偿范围的住院医疗费用，年度内实行分段累计补偿。分段补偿比例为：起付标准以上、5000元以下（含5000元）的部分，补偿45%；5000元以上、10000元以下（含10000元）的部分，补偿55%；10000元以上、20000元以下（含20000元）部分，补偿65%；20000元以上、30000元以下（含30000元）部分，补偿75%；30000元以上的部分不再补偿。2008年6月，再次提高居民的参保待遇。至年底，全区城镇职工医疗参保50073人，医疗保险收支平衡、略有结余。

2001～2008年淮阴区城镇职工基本医疗保险情况一览表

表33-3-5

年份	参保职工（人）	基金收缴（万元）	基金支付（万元）	住院报销（人）
2001	20057	769	825	1256
2002	26200	1072	1166	1731
2003	25809	1299	1267	1905
2004	28100	2115	1940	2343
2005	33000	2507	2104	2700
2006	36100	2917	2664	3214
2007	39550	4052	3162	3516
2008	50073	4251	3909	4108

第三节　失业保险

1986年下半年起，全县开始实行待业保险制度，职工待业保险基金的来源，由企业按照全部职工标准工资总额的1%缴纳。享受对象为国有企业依法宣告破产的企业职工，濒临破产的企业在法定整顿期间被精减的职工，按照国家有关规定停产整顿企业被精减的职工，终止或者解除劳动合同的职工，企业辞退、除名或者开除的职工。1987年，有72家企业11123人参保，征收待业保险基金9.35万元。至1992年，在国营企业中，有155单位参保，参保人数达到11769人，为应保人数的95%，收取失业保险基金62.66万元。

1993年、1998年，先后两次调整待业保险金征缴比例、征缴单位和享受对象，征缴比例按照低于当地最低工资标准、不高于城市居民最低生活保障标准的水平1.3倍执行；增加机关、事业单位、群众团体单位中的劳动合同制工人，并提高待业救济金发放比例，即由原来的50%～75%提高到120%～150%，享受对象增加依据国家规定被撤销、解散的企业职工，停产整顿企业被精减的职工。其时，待业保险金仍以征收为重点，基本没有发放。

1999年1月22日，《失业保险条例》施行，待业保险改为失业保险。失业保险待遇为每月150元，门诊医疗15元，合计每月165元。2000年，全县参加失业保险企业383家，职工30005人。全年征缴失业保险金126.14万元，发放失业金10.99万元。

2001年，提高失业保险金标准，按高于当地城市最低生活标准、低于当地最低工资标准的原则实施，累计缴费每满1年的，领取失业保险金为2个月，最长为24个月。基金收缴由地税部门实施征收，所收基金存入财政账户，实行收支两条线管理。2002年，全区失业保险参保人员33520人，征收失业保险费330.95万元。2003年，对事业单位和私营企业进行扩面征收。是年，全区参保34170人，失业2491人，发放失业金290.3万元。2005年，参保35000人，失业3039人，征收金额306.7万元，发放失业金452.91万元。2008年，全区参保41021人，失业1792人，征收金额598.22万元，发放失业金467.45万元。

1986～2008年淮阴区（县）失业保险情况一览表

表33-3-6

年份	参保企业情况			征收金额（万元）	支付金额（万元）
	单位数（个）	参保人数（人）	已缴费人数（人）		
1986	30	10001	10001	1.43	0
1987	72	11123	11123	9.35	0
1988	101	11455	11455	9.59	8.98
1989	126	11644	11644	5.80	3.34
1990	137	11692	11692	8.63	4.24
1991	142	11708	11708	15.51	6.27
1992	155	11769	11769	12.35	4.71
1993	163	11793	11793	16.73	9.37
1994	170	11824	11824	17.67	18.12
1995	179	11885	11885	60.50	22.03
1996	185	11927	11927	77.89	44.57
1997	199	20001	11956	38.03	34.50
1998	208	20185	11968	58.88	39.68
1999	366	28843	16963	186.52	160.64
2000	383	30005	17650	126.14	10.99
2001	396	33000	19437	202.62	32.35
2002	423	33520	19776	330.95	147.10
2003	450	34170	20262	446.44	290.30
2004	484	34775	20621	309.29	393.64
2005	503	35000	20754	306.70	452.91
2006	554	40000	27319	402.83	429.89
2007	587	41000	24013	561.25	229.61
2008	632	41021	24400	598.22	467.45

第四节　生育保险

1996年，淮阴县启动城镇企业生育保险。按照规定，机关、企业、事业单位、社会组织以及有雇工的个体工商户及其职工需参加生育保险。2000年前，淮阴县生育保险缴费标准为单位按职工工资总额的1%缴纳。2000年后，全县加大扩面力度，拓展参保空间，增加基金积累，同时加大社会保险稽核力度，对参保单位的缴费人数、缴费基数等情况进行稽核，防止少报、瞒报缴费基数和缴费人数现象发生，确保生育保险基金按时足额缴纳到位。至2006年底，全区生育保险参保18100人。2007年，全区生育保险参保18698人。2008年，全区生育保险参保22016人。

2001～2008年淮阴区生育保险情况一览表

表33-3-7

年份	参保职工（人）	基金收缴（万元）	基金支付（万元）	享受人数（人）
2001	19106	19	8	44
2002	18006	16	11	49
2003	17976	14	9	33
2004	17576	25	11	36
2005	17576	45	13	39
2006	18100	50	13	32
2007	18698	80	13	26
2008	22016	127	28	52

第五节　工伤保险

1996年，淮阴县城镇企业职工工伤保险正式启动。按照规定，全县各类企业、有雇工的个体工商户需参加工伤保险。2000年前，工伤保险缴费标准区分三类行业，由单位按职工工资总额的0.5%、1%、2%缴纳。2000年后，全县加大扩面力度，拓展参保空间，增加基金积累，同时加大社会保险稽核力度，对参保单位的缴费人数、缴费基数等情况进行稽核，防止少报、瞒报缴费基数和缴费人数现象发生，确保工伤保险基金按时足额缴纳到位。截至2006年底，全区工伤保险参保19100人。2007年，全区工伤保险参保20387人，其中农民工参保2613人。全区82.4%以上非煤矿山、建筑、制造业企业和乡镇区域内企业农民工参加工伤保险。2008年，全区工伤保险参保26693人，其中农民工参保7730人。

2001～2008年淮阴区工伤保险情况一览表

表33-3-8

年份	参保职工（人）	基金收缴（万元）	享受人数（人）	基金支付（万元）
2001	19106	19	12	5
2002	18006	21	18	15
2003	17976	15	31	20
2004	17576	27	17	10
2005	17576	48	38	27
2006	19100	51	22	16
2007	20387	114	41	34
2008	26693	181	83	72

第六节　最低生活保障

1997年，淮阴县在全市率先实施城乡联动的城乡居民最低生活保障制度，城市低保标准为每人每月100元、农村低保标准为每人每年600元。为规范城乡低保管理，出台《淮阴县农民最低生活保障线制度实施意见》《关于印发〈淮阴县城镇居民最低生活保障暂行办法的通知〉》，指导全县城乡低保工作，城乡低保工作进入具体实施阶段。是年，初步确定纳入低保的城市居民96户168人，纳入低保的农村居民1121户2801人。1998年，城市低保标准提高到每人每月110元，农村低保标准提高到每人每年700元。初期，城市低保对象主要是城市无业居民和特定困难群体；农村低保主要保障家中无劳力，遇有不可抗拒自然灾害的贫困户。1999年5月，对城市无业、下岗、失业人员进行全面调查，将其中符合条件的对象全部纳入低保，城市低保新增452人，城市低保面逐步扩大。2000年开始，出台《淮阴县城市居民最低生活保障办法》《淮阴区农村最低生活保障办法》，城乡低保工作步入规范化、制度化和法制化管理轨道。2002年，区政府制定更为详细的低保优惠政策。教育、卫生、广电等部门对低保户减免相关费用，自来水公司每月减免2吨水费，城管部门保证低保户拆建费不低于4万元等。同年，启动对城镇特困家庭结对帮扶工作，将低保家庭与区直机关、省市驻区单位进行结对帮扶。从2002年开始，市财政加大对城市低保金的投入力度，按市、区4:6比例负担，减轻区级财政的压力。农村低保金在税费改革前按区、乡、村3:3:4比例负担，2002年税费改革后，农村低保金改由区、乡两级各负担50%。2004年，农村低保标准提高到每年每人900元，做到足额、按时发放。至2005年，帮扶特困家庭2000余户，帮助安排就业岗位300个，介绍职业200余个，帮助特困家庭解决子女入学经费5 万元。是年，区财政共安排城市低保金 850万元。2007年，城市低保标准提高到每人每月220元，农村低保标准为每年每人1000元。城市低保由1997年96户168人增加到2007年2103户5097人；农村低保由1997年1121户2801人增加到2007年10654户19947人，城乡低保实现应保尽保。2008年1月起，将城市低保标准由人均月220元提高到240元。是年4月起，农村低保标准由1000元提高到人均年1320元。城市低保人均月补差130.13元，农村低保人均月补差74.5元。5月，全区重点开展农村低保扩面工程，先后4次组织人员逐户调查核实，有 8100名农村特困居民被纳入农村保障范围。至2008年底，全区有城乡低保对象17478户32378人，其中城市低保2285户4503人，农村低保15193户27875人，城乡低保覆盖率分别达4.3%和3.2%。

1997～2008年淮阴区（县）城乡居民最低生活保障情况统计表

表33-3-9

年份	城市低保			农村低保			低保总金额（万元）
	保障标准 元/人·月	保障户数（户）	保障人数（人）	保障标准 元/人·年	保障户数（户）	保障人数（人）	
1997	100	96	168	600	1121	2801	188.22
1998	110	106	196	700	1198	2988	235.03
1999	110	228	590	700	1199	2948	284.24
2000	130	460	1171	700	1131	2882	384.42
2001	130	535	1388	700	1196	3012	427.37
2002	150	1270	3059	800	2103	5493	990.06
2003	150	1259	3001	800	2355	8255	1200.58
2004	165	1477	3212	900	4174	9647	1504.21
2005	180	1849	4048	720	8166	16843	2087.06
2006	200	1854	4009	840	9229	18460	2512.80
2007	220	2103	5097	1000	10654	19947	3340.31
2008	240	2285	4503	1320	15193	27875	4976.36

第三十四篇　社会生活

1978年，淮阴县城镇居民和企业职工供应成品粮，普通工人月工资多则三四十元，集体企业临时工每月二十几元，乡村代课教师每月十几元。城乡居民的衣、食、住、行及消费水平低下，文娱生活贫乏，看上一场电影算是享受。境内有少数民族20个1000多人。1987年起，每年举办基督教义工和宗教负责人培训班，并依法对宗教活动场所进行检查，对合格场所登记发证，取缔、解散私设点。

20世纪90年代，农村进行产业结构调整，农民纷纷外出务工或经商办企业，城乡经济收入快步增长。城乡居民的文化生活日趋丰富，农村电视机普及，可以欣赏文艺节目，收看新闻，同时乡镇集市上娱乐场所增多，劳作务工之余，可去卡拉OK、棋牌室等场所休闲娱乐。其间，境内居民传统节日、婚丧嫁娶、衣食住行等诸多风俗习惯发生巨大改变。

2008年，城区商品房价格升至每平方米3000元左右，城市居民居住支出增长迅速，食品、衣着、家庭设备、耐用品消费、交通通讯、医疗保健以及教育文化等方面的消费支出达到高峰。境内城区居民年人均可支配收入11801元。境内有少数民族36个4200多人。全区有基督教、伊斯兰教和佛教信徒4万余人，经批准登记的宗教场所163处。

淮阴方言是北方方言区内江淮方言偏北一侧的子方言，其地域分布基本上是以淮阴区区治所在地王营镇为中心向四周辐射，且呈渐与周边县区方言浸润融合态势。30年间，随着社会经济、文化教育的发展，淮阴方言因普通话的影响而渐次趋同倾向显著，尤以中青年群体为甚。方言新生代渐趋形成，原生态方言在年轻人中逐步淡出。

第一章　居民生活

第一节　农村居民生活

一、收入

1978年，全县农民人均年收入47.68元，从集体分得的粮食每年每人196千克，温饱仍然是亟待解决的问题，6%左右的困难户依靠政府部门救济。1983年起，全县农村开始实行联产承包责任制，农民生产积极性空前提高，口粮和收入显著增加，家庭养殖业快速发展，手中开始有余粮余钱。1985年，全县农业人口人均年收入299.53元，家庭经营性收入436.32元，年人均生产粮食575.5千克。1986年，农民人均年收入336.77元，人均生产粮食597千克。收入的主要来源为土地承包经营所得。1987年，农业人口年人均收入增加到365.7元，年人均生产粮食610.6千克。

20世纪90年代，境内农村进行农业产业结构调整，主要是扩大经济作物，大力发展养殖业，提高经济效益。同时，农业机械化程度进一步提高，农民从繁重体力劳动中解脱出来，外出务工或经商办企业的农户不断增加。1990～1995年，是境内农村居民收入较快增长期。1990年，农民人均收入648.66元，平均每人生产粮食643.49千克。1995年，农村居民人均收入1519.84元，其中家庭经营收入1312.26元，平均每人生产粮食731.46千克，年均增长12%，实现由贫困向温饱转变。1996～2000年，是境内农村居民收入高速增长期。2000年，农民人均收入增加到2733.31元，年均增长13%，其中家庭经营收入1578.09元。

2005年，农村居民人均收入3713元，家庭经营收入2358元。全区发展高效农业、绿色农业、订单农业和乡镇工业，促进农村劳动力转移，农民工资性收入成为重要来源，其收入构成更趋多元化。

2006年始，对困难农户实施最低生活保障，农民参加新型合作医疗，农民生活质量显著提高，增收渠道进一步拓展。2008年，农村居民人均纯收入5259.09元，家庭经营收入3143.32元。

1978～2008年淮阴区（县）农村居民人均纯收入统计表

表34-1-1　　单位：元

年份	收入	年份	收入
1978	47.68	1994	1158.82
1979	50.88	1995	1519.84
1980	51.52	1996	1996.92
1981	75.69	1997	2330.22
1982	113.10	1998	2643.61
1983	190.17	1999	2733.12
1984	304.22	2000	2733.31
1985	299.53	2001	2947.39
1986	336.77	2002	3153.41
1987	365.70	2003	3216.17
1988	546.23	2004	3594.24
1989	632.11	2005	3713.00
1990	648.66	2006	4086.00
1991	627.78	2007	4634.00
1992	654.28	2008	5259.09
1993	779.50		

二、消费

1978年，农村居民消费水平低，食品消费以粗粮为主，衣着色彩单调、款式单一。很少有自行车、缝纫机等家庭日用消费品。此后，全县农民消费水平逐步提高。1980～1985年，农民食品消费逐步实现细粮化，衣着开始购进化纤衣料，自行车、收音机、手表及大型家具（沙发、写字台、大立橱）等日用、耐用消费品进入普通家庭。

1985年，全年总消费支出427.09元，其中人均家庭经营性支出136.75元。人均生活消费支出246.64元，其中，食品、衣着、居住、燃料、文化生活等消费支出分别为153.36元、22.77元、22.45元、17.18元、4.49元。每百户农民耐用消费品拥有量分别是自行车117辆、缝纫机16台、钟2台、手表117只、收音机54台、大衣柜25个、写字台40张。

1986～1990年，食品消费由吃饱向吃好转变，食品消费支出结构有明显改善。衣着改变色彩单调、款式单一的状况。自行车、收音机、缝纫机、钟表等日用、耐用消费品已普及，黑白电视机、电风扇等进入农村家庭；家庭经营支出增加，农业机械、农村用电量、化肥使用量保持较快增长。1990年，全年家庭人均总支出920.84元，农村居民人均家庭经营费用支出249.22元，人均生活消费支出593.94元，其中食品支出357.32元，衣着支出41.92元，家庭设备、用品及服务支出64.1元，文化、生活服务支出29.77元。每百户农民耐用消费品拥有量分别是自行车172辆、缝纫机27台、钟39台、手表155只、收音机43台、电风扇29台、黑白电视机31台、收录机11台、大衣柜53个、写字台77张。

1991～2005年，洗衣机、电风扇、电冰箱、空调、抽油烟机、微波炉、热水器、摩托车、固定电话、移动电话、彩电等陆续进入农户家。消费方式更加多元，消费水平提高。1995年，全年家庭人均总支出2246.3元，人均家庭经营费用支出906.24元，人均生活消费支出1226.24元。2000年，全年家庭人均总支出2538.69元，家庭经营费用支出511.83元，人均生活消费支出1602.5元，消费耐用品基本普及。2005年，全年家庭人均总支出3038元，人均家庭经营性支出1012.6元，人均生活消费支出2055.8元。每百户拥有洗衣机92台、电风扇240台、电冰箱50台、空调21台、抽油烟机19台、微波炉50台、热水器40台、摩托车53辆、固定电话93部、移动电话136部、彩电122台。至2008年，全年家庭人均总支出5107.91元，人均家庭经营费用支出1211.57元，人均生活消费支出3486.37元。

1983～2008年淮阴区（县）农民人均生活消费支出统计表

表34-1-2　　单位：元

年份	支出	年份	支出
1983	157.98	1996	1598.81
1984	245.55	1997	1441.74
1985	246.64	1998	1481.93
1986	291.95	1999	1691.14
1987	361.73	2000	1602.50
1988	509.19	2001	1783.64
1989	532.39	2002	1866.59
1990	593.94	2003	2063.41
1991	576.51	2004	2208.61
1992	563.05	2005	2055.80
1993	644.50	2006	2070.47
1994	978.40	2007	2996.38
1995	1226.24	2008	3486.37

2007～2008年淮阴区农村居民家庭支出表（100户调查资料）

表34-1-3　　单位：元/人

指标名称	2007年	2008年
总支出	4123.22	5107.91
（一）家庭经营费用支出	956.95	1211.57

续表34-1-3

指标名称	2007年	2008年
1.第一产业支出	925.91	1182.22
2.第二产业支出	10.42	1.20
3.第三产业支出	20.62	28.15
(二)购置生产性固定资产支出	50.68	112.96
(三)税费支出	13.35	5.66
(四)生活消费支出	2996.38	3486.37
(五)财产性支出	12.12	66.67
(六)转移性支出	93.64	224.68

三、居住条件

1978年,农村居民住房多为土坯草房,人均住房面积9.2平方米。1982年后,由于推行家庭联产承包责任制,农民增收较快,不少农民开始修建砖瓦房。1985年,人均住房消费22.45元,人均居住面积10.39平方米。1986～1990年,全县调整农业种植结构,完善农村承包经营责任制,农民收入稳定增长。居住支出增长迅速,居住条件明显改善,农村新建、翻新住房多为砖瓦结构。1990年,人均居住支出84.33元,人均住房面积16.14平方米。1991～2005年,全县(区)农业内部结构进一步优化,农村居民收入继续提高,农村基础设施建设得到加强,农民建楼房增多。特别是“十五”(2001～2005年)计划以后,区委、区政府开展为民办实事工程—农民集中居住点建设,使农村环境得到很大改善,农民居住条件逐步与城镇接轨。2005年,人均住房面积30.7平方米。2008年,人均住房面积34.74平方米。

第二节　城镇居民生活

一、收入

1978年,城镇居民收入以工资性收入为主,全县职工年人均工资520元,其中全民所有制职工年平均工资523元,集体所有制职工年平均工资370元。1979年后,国家多次调整职工工资,职工收入有较大幅度增加。1982年起,市场逐步放开,城区居民收入处于小幅增长阶段。1985年,机关、事业单位开始实行以职务工资制为主要内容的结构工资制,职工年人均收入806元。1987年,职工年人均收入1100元。1990年起,全县实行就业再就业工程,城镇居民就业人员增多,职工平均工资1657元。1993年,机关工作人员实行职级工资制。2005年,全区集体单位在岗职工年平均工资11697元。2007年起,开展城镇居民家庭抽样调查工作。是年,城镇居民人均可支配收入10041.87元,2008年11801.45元,比上一年增长17.52%。

2007～2008年淮阴区城镇居民每户家庭平均收入统计表

表34-1-4　单位:元

项目	年户均收入金额	
	2007	2008
一、年初手存现金	1526.51	1017.36
二、家庭收入	10343.16	12035.14

续表34-1-4

项目	年户均收入金额	
	2007	2008
1.工资收入	7425.17	8460.07
2.经营性收入	1300.63	1530.68
3.财产性收入	20.94	173.95
4.转移性收入	1596.42	1870.44
可支配收入	10041.87	11801.45
三、借贷收入	2291.66	1524.17
提取储蓄存款	2095.69	1417.78
四、家庭支出	9467.63	10307.26
1.消费支出	7824.09	8691.68
2.非消费性支出	1635.00	1374.00
捐赠支出	919.74	971.66
赡养支出	233.26	224.29
社会保障支出	205.60	157.91
购房支出	149.25	82.62
五、借贷支出	2109.52	2859.23
1.存入储蓄款	1789.85	2262.32
2.归还借款	17.01	350.46
3.储蓄性保险支出	49.31	2.85
4.归还住房贷款	253.35	243.60
六、年末手存现金	1764.40	1259.68

二、消费

1978年，城镇居民食品消费仍为票证供给制，购粮凭粮票，购油凭油票。成人每月供应成品粮15千克，少年儿童9～13千克，生活用煤每月每户20千克，每增加1人增加10千克。拥有少量的自行车、手表、缝纫机、收音机等日用消费品。1982年起，农村联产承包责任制的推进使粮油及各种副食品产量猛增，城镇粮油供应充足。同时，商品流通体制改革，个体零售业发展，计划商品种类缩减，凭票供应的商品种类减少85%以上。1984年，自行车、收音机、缝纫机、手表开始普及，电视机、洗衣机等高档耐用消费品开始进入普通家庭。1985年后，不再实行定量供应。1986年，城镇居民人均消费支出865元。1987年，每百户主要耐用消费品拥有量为自行车298辆、缝纫机80架、手表430只、电视机95台、收录机30台、洗衣机35台、电风扇130台、摩托车3辆、照相机1架，部分家庭还购置彩电、冰箱和沙发等高档商品，年人均消费额为898元。

1990年，城镇居民人均消费支出960元。1995年，城镇居民人均消费支出2394元，教育文化生活服务性消费165元。2007年，城镇居民人均消费支出7824.09元，其中食品支出3090.56元，衣着支出735.75元，家庭设备用品及服务475.17元。城镇居民的恩格尔系数为38%。据全区城镇百户居民家庭抽样调查资料显示，每百户城镇住户拥有彩电152台、冰箱83台、洗衣机101台、空调114台、电脑32台、电动车65辆、沐浴热水器87台，全年耐用消费品人均支出186.79元。每百户居民家庭拥有移动电话122部、固定电话106部、健身器材3套。人均用于交通通信和医疗保健方面的支出分别达到952.46元和382.72元。城镇居民人均教育文化生活服务性消费1533.55元。全区每百户有私家轿车3辆。城镇居民其他消费人均支出175.59元。

2008年，城镇居民人均消费支出8691.68元，其中食品支出3272.13元，衣着支出1008.43元，家庭设备用品及服务528.49元。城镇居民的恩格尔系数为37.6%。耐用消费品由彩电、冰箱、洗衣机向空调、音响、电脑转变。据全区城镇百户居民家庭抽样调查资料，每百户城镇住户拥有彩电143台、冰箱76台、洗衣机98台、空调112台、电脑32台、电动车70辆、沐浴热水器85台，全年耐用消费品人均支出204.84元。每百户居民家庭拥有移动电话121部、固定电话100部、健身器材2套。人均用于交通通信和医疗保健方面的支出分别达到764.24元和726.82元。城镇居民人均教育文化生活服务性消费1581.87元。全区每百户有私家轿车4辆。城镇居民其他消费人均支出224.22元。

2007～2008年淮阴区城镇居民家庭生活消费支出统计表

表34-1-5　　单位：元

项目	户均年消费	
	2007年	2008年
生活消费支出	4733.53	5419.56
衣着	735.75	1008.43
居住	478.29	585.49
家庭设备用品及服务	475.17	528.49
医疗保健	382.72	726.82
交通及通信	952.46	764.24
娱乐文教服务	1533.55	1581.87
其他商品和服务	175.59	224.22

三、居住条件

1978年，全县职工住房为砖瓦结构平房，人均居住面积不足5平方米。1985年后，部分居民经批准在原宅基地上翻建新房，多为三间两厨或两上两下的住房，居住环境有较大改善。是年，人均住房面积9.3平方米。1990年，人均住房面积12.6平方米。1995年后，实施旧城改造和扩建，建立新的居民居住点。城镇居民居住条件进一步改善。是年，城镇居民人均住房面积15.4平方米。2000年后，城镇居民住房逐渐以套间为主，且小区物业管理日渐配套，城市基础设施及绿化亮化工程进一步完善，居住条件得到改善，城区环境、面貌大为改观，人均住房面积21.3平方米。 2005年，人均住房使用面积30.01平方米。2007年，人均住房建筑面积33.7平方米。区政府对困难居民提供廉价住房。2008年，人均住房建筑面积35.89平方米。

第二章　民族　宗教

第一节　民　族

一、民族分布

（参见第二篇《人口》第三章《人口构成》第四节《民族构成》）

二、民族工作

【维护民族团结】 1978年后，每年春节，县政府和统战部门都派员慰问少数民族代表人士，并邀请其参加联欢活动，交流感情，增进民族和谐。1996年，县民族宗教事务局与县商业局所属的糖烟酒公司协商在底楼辟出专柜，专营清真食品，方便城区穆斯林群众。1999年8月，维吾尔族一青年路过丁集乡，遭当地群众围殴致死，县宗教局协助公安部门将犯罪分子绳之以法。是年，调解少数民族与汉族群众间矛盾12起。2001年，全区有少数民族165户，500余人生活贫困，年收入低于当地平均水平，人均在1000元以下的有110户，区委、区政府将少数民族扶贫纳入社会扶贫整体规划。2004年，因企业改制，一些少数民族群众下岗失业，区政府出台相关规定，将人均月收入低于160元的少数民族特困户全部纳入低保范围。是年，为少数民族群众办实事3件。2005年9月28日，吴城镇城南村一回族居民家10只羊，因食邻居家打了农药的庄稼死亡。经民族宗教部门会同派出所和镇、村两级干部的调解，圆满解决问题。12月5日，王营镇长江西路某兰州拉面馆店员和区创卫办执法队员发生矛盾，引发争吵厮打。拉面馆老板马某某是退耕还林来淮谋生的青海人，误以为执法队员故意欺侮他，打电话联络在淮青海人和青海老家人，准备“报仇”。民族宗教部门人员和王营清真寺阿訇多次上门调查情况，开导马某某，讲清创建国家卫生城市是每个市民的义务和责任。通过调解，马某某表示支持淮阴创建卫生城市工作。是年，全区有110个少数民族特困户被纳入低保范围。2006年12月，一名新疆维吾尔群众，因病在淮就医，后亡故。清真寺阿訇出面积极做好工作，卫生部门妥善处理此事。

【扶持经济发展】 1978年后，全县依据党的民族政策，尊重少数民族的生活习惯，鼓励动员回族群众开办清真饭店，支持回民养牛、养鱼。1979～1987年，县政府发放少数民族生产扶持资金29万元，支持回民办食品厂，安排40名回民子女就业。1989年，争取省少数民族企业扶持款12万元，解决回民食品厂等少数民族企业的设备改造与资金不足问题。此后县民族宗教事务部门每年都为少数民族企业争取省里发展资金。1996年，向省宗教局争取1万元用于回民饭店餐厅改造。争取县财政拨款3千元，作为城区部分少数民族春节肉食补贴。重点扶持码头回民养牛大户沙道中，年出栏10头。1999年，争取扶贫贷款7万元，用于王营清真寺购买门面房和高堰乡12个少数民族居民发展家庭经济。2000年，扶持少数民族群众，向省民委争取扶贫启动资金5万元，在回民集中居住村组建设牛羊养殖、加工、销售基地。2004年，为尊重回民的习俗方便群众生活，在城区设立专门的回民屠宰点。城区清真饭店较少，为了回民群众生活需求，鼓励经营过餐饮业的回民重新经营，开办7家回民饭店。至2005年，共向上争取资金132万元。2008年，争取中央财政14万元，完善码头镇回民群众牛羊养殖屠宰加工项目。投入32万元，扶持王兴镇合兴村高效农业、码头镇郑台村特种养殖、吴城镇淮泗村七组大棚蔬菜等生产经营项目。

第二节 宗 教

一、宗教种类

【佛教】 1978年,受“文化大革命”影响,寺庙被毁,僧尼星散。1980年后,宗教活动恢复正常。1993年,境内参加佛事活动的有10余人。1999年,经登记批准的佛教活动场所1处,位于北吴集乡。2001年,依法登记的佛教活动场所2处。至2008年,境内有寺庙2处,分别是吴集镇的火神庙(后改为大佛寺)和码头镇的三圣寺,平时香火不旺,正常参加宗教活动的信徒不过百人。

【伊斯兰教】 1978年,清真寺在“文化大革命”中遭破坏,宗教活动不能正常开展。1980年后,宗教工作恢复正常。至1993年,境内伊斯兰教主要在回族中信奉,王营、码头两处设有清真寺,经常参加活动的有60余人。至2008年,全区有王营、码头2座清真寺,有阿訇6位,教徒2000多人,常做主麻的有100余人。

【基督教】 1978年之前的社会主义教育运动中,淮阴县定为无教县,教徒活动转入秘密。此后,国家重申宗教信仰自由的政策,基督教徒纷纷公开聚会活动,一时到处设点,信徒猛增。主要教派有真耶稣教、长老会、神召会。至1982年,聚会点有70多处,信徒近万人。1987年,全县有聚会点28处,教牧人员28人。至1993年,基督教信徒分布在全县各个乡镇,经批准的基督教信徒活动场所有51处,信徒13894人,未经批准的30人以上的私设聚会点有63处,信徒4889人,全县共有基督教信徒18783人。1999年,经登记批准基督教堂(点)126处,全县有基督教信徒3.9万余人。至2008年,境内有经批准登记基督教堂(点)163处,分布在各乡镇。全区有基督教信徒4万多人,分为长老会、真耶稣教会、神召会3个教派。真耶稣教信徒主要分布在棉花庄、老张集、王兴、袁集、渔沟、丁集、五里、刘老庄等乡镇;长老会信徒主要分布在赵集、韩桥、吴城、南陈集、码头、凌桥、三树、吴集、王营、新渡等乡镇;神召会信徒主要分布在徐溜、西宋集、古寨等乡镇。

二、宗教工作

1978年,全县宗教工作由县委办公室负责。1981年起,全县宗教事务由县委统战部负责,境内有佛教、基督教、伊斯兰教等宗教组织。1982年,县统战部设民族宗教事务科。同年,成立淮阴县基督教三自爱国运动委员会筹备小组,并开展“三定”(定聚会点、定传道人、定信徒参与宗教活动地点)工作。1987年后,县统战部门每年举办基督教义工和堂点负责人培训班1～2期。1990年5月,召开宗教工作会议,贯彻落实省、市宗教工作会议精神,部署宗教私设点的取缔工作。当年集中取缔74个私设聚会点,31个合法聚会点正常活动。1992年7月,通过三自爱国会章程。三自爱国会设主席1人、副主席3人、秘书长1人、常务委员39人。至1993年,境内佛教、伊斯兰教、基督教共有信教群众18853人。1994年,民族宗教局开展宗教活动场所登记发证工作。1996年机构改革,成立淮阴县民族宗教事务局,建立县、乡(镇)、村三级宗教工作管理网络。境内有基督教、伊斯兰教、佛教等信教群众31250名,依法登记的活动场所38处。是年,县基督教三自爱国运动委员会召开四届二次全委会。是年起,每年对宗教活动场所进行检查,加强对非法宗教活动的治理。1999年,对全县129个宗教活动场所进行登记换证,对区划调整后的各堂(点)名称进行规范。2001年,境内有基督教、伊斯兰教和佛教信教群众3万余人,有依法登记的宗教活动场所130处。2002年,全区有宗教职业人员3名,居士10余人。王营基督教中心堂因城区改造拆迁。2003年,有基督教、伊斯兰教和佛教信教群众4万余人,经区三自爱国委员会推荐,基督教确立长老3位、传道人24名。2004年,基督教三自爱国会建造歌特式基督教中心教堂一座,总造价260万元,建筑面积2600平方米。是年,王营清真寺百年历史的地产权属矛盾得到解决。2006年,依据《宗教事务条例》,对宗教活动场所进行重新登记。2008年,境内经批准登记的宗教活动场所163处。

第三章　风　俗

第一节　传统节日

1978年后，境内百姓对春节、清明节、端午节、中秋节仍相当重视。部分地区也重视二月二、四月八、六月六、七月七、七月半、九月九重阳节、十月朝、冬至、腊八等传统节日。

一、春节

【祭灶】 1978年后，境内百姓仍讲究此节，俗称“送灶”。祭灶的日期，各家均依照祖先的身份而定，做过官的，腊月二十三日晚上祭灶；一般百姓则在腊月二十四晚上祭灶。俗话称“官三、民四、王八五”。旧时，祭灶这天晚上，家家除备酒菜外，还有糖饼，供放在灶神像前，另外还做些象征性的马食（麦麸杂粮拌和而成）。祭拜时，与锡箔一同烧去，家人均向灶神磕三个头，并祈祷说：“灶老爷上西天，好话多说些，坏话少说些，保佑我们全家平安幸福。”同时燃放鞭炮，此后，家中陈设的物件不可移动。进入21世纪，吃祭灶糖饼、燃放鞭炮、扫屋子迎新纳福之俗仍存。

【除夕】 就是农历十二月最末的一天，俗称“三十晚”。这天中午饭称“年午饭”。中午先祭祖，然后合家共享“年饭”，饭后贴春联。除夕夜包饺子守岁，午夜时分家家户户燃放鞭炮、礼花，以示庆贺。一般家庭都会吃顿团圆饭，又叫年夜饭。也有家庭把团圆饭改在中午。儿子媳妇通常带孩子团聚到父母所在之处吃年夜饭。90年代初，电视逐步普及，看中央电视台春节联欢晚会已为新民俗，直至敲响新一年零时钟声，然后燃放爆竹，相互祝福。90年代后，渐兴寄贺卡表达祝福之风。城镇很多家庭将团圆饭安排到宾馆酒店，也有几个近亲家庭一起吃团圆饭的。团圆饭最后一道菜通常是红烧鲫鱼，此道菜可吃可不吃，取“年年有余”吉祥之意。

至2008年，除夕打扫卫生、贴春联、包饺子之俗仍存，但“接灶”、烤“元宝火”等习俗已极少。

【春节】 农历正月初一是春节，是一年中最隆重的传统节日，俗称“过年”。1978年，淮阴人过春节的内容基本上仍沿袭传统。节前，家家蒸馒头，置办年货，扫除房舍庭院。腊月三十，贴春联（直系长辈死后，晚辈三年不贴春联）、挂彩灯。正月初一晨穿新衣、吃元宝（汤圆）和弯弯顺（水饺）。饭前放鞭炮、祭拜天地神。饭后，晚辈给长辈拜年，行跪拜礼；长辈给小孩压岁钱；邻居乡里互拜祝福。每个家庭皆备糖果、花生、瓜子、香烟等招待拜年客人。正月初二，新婚夫妻一起回娘家拜年。正月初五，又叫过小年，早晨也要吃汤圆，祭财神。

20世纪80年代后，淮阴人民生活得到改善。衣服和饭菜的档次逐渐提高，反季节瓜果、蔬菜进入普通百姓的餐桌。春节串亲戚拜年所带礼品与以前也大不相同。走亲访友携带各种糕点、酒等。代步工具是自行车、摩托车。每年春节前夕，县委、县政府和各有关单位组织慰问革命功臣、军烈属和离退休干部、“五保”老人、下岗职工、困难家庭等。机关、团体、企事业单位正月初一集体拜年，称为“团拜”。进入21世纪，亲朋好友之间开始发电子邮件或手机短信互相祝福。春节是法定假日，2000年起休假3天。

二、元宵节

正月十五是元宵节，亦称“小年”，早餐与初一早相同，中、晚餐则与除夕的相同。晚上放爆竹、挂花灯、踩高跷等活动甚为热闹。农民在这一天一般要祭风神，祈求风调雨顺。欣赏中央电视台元宵晚会亦已成为人们的一种新习俗。

三、二月二

农历二月初二日早晨，家家都在门前麦场上，用燃灰做成许多大圆圈，象征为许多仓囤，预示当年丰收。此外，这天要接已婚嫁女儿回家小住。俗语："二月二，龙抬头，家家带活猴"，活猴即指已嫁女儿。如今，此节日已与多人渐行渐远。

四、清明节

1978年后，境内人们仍然重视此节日。节前数日，人们会对亲人坟墓进行培土整修，俗称"圆坟"。当天，要到墓前祭拜已故亲人。每年清明节，全县中小学校组织学生，各机关单位组织青年职工，前往刘老庄八十二烈士陵园等地凭吊英灵，敬献花圈，缅怀先烈。一些人还会成群结伴，春游踏青，开展一些文体活动。2008年起，成为国家法定假日，休假1天。

五、四月八

农历四月初八，又称浴佛节。这天早晨，要到庙里去烧香，以妇女居多。往往天还未亮，人们就匆匆赶路。这天的集市上，也出现了许多应景应时的食物和儿童玩具。食物如樱桃、水萝卜、各种糖果及用小麦面特制的小动物模型，染成彩色的，称"小花"；玩具有小吹叭子、花棒子、摇鼓等。此习俗已逐渐消失。

六、端午节

农历五月初五，为传统的端午节，淮阴又称端阳节、娃娃节。是日，家家挂菖蒲剑，插艾鞭，吃粽子。儿童穿肚兜，肚兜上绣有五毒蛇虫（如蛤蟆、蜈蚣、壁虎、蛇等）之类的形状，以求避邪、避灾。中午要饮雄黄酒，以达驱邪避瘟目的。午饭后要用百树头烧水为儿童洗澡。洗后，儿童有窍的地方均要涂上雄黄酒，颈、手、脚腕扣绒线，穿新衣，脖颈挂鸭蛋络。20世纪90年代后，吃粽子、扣绒线、穿新衣习俗依旧，挂蒲剑、插艾鞭、儿童穿肚兜、中午饮雄黄酒等可见，但已不多。2008年起，成为法定假日，休假1天。

七、六月六

农历六月初六，早晨家家吃炒面。相传这天吃炒面是祈求不要发大水。也有迷信说法是"六月六吃炒面，大人小孩肚不疼"。另外，这天不能下雨，家家要晒衣服，有"湿了龙衣烂蓑衣"之说。这天要将端午节系在小孩手足上的绒线剪下来扔到屋上。让喜鹊衔到天河去为牛郎织女搭相会之桥。

八、七月七

农历七月初七，相传牛郎、织女这天晚上鹊桥相会，亦称为中国的情人节。是日晚，未嫁女子，要在新月下穿针，名为"乞巧"，将来好在针线方面有专长。

九、七月半

农历七月十五是中元节，又称鬼节。旧时这天中午家家要祭祖，烧冥纸给祖先的亡魂。现在祭鬼祭祖习俗又渐行，有的人在家里或路边烧纸磕头。

十、中秋节

农历八月十五是中秋节，俗称"八月半"，又称团圆节。境内民间重视程度仍仅次于春节，出门在外者，往往赶回过节团圆。中午吃佳肴美酒，晚设香案果品"敬月"，边吃月饼（表示团圆之意）边赏月，以求团圆，喜庆丰收。中秋节前，晚辈送礼品给亲戚长辈，未婚女婿送月饼、鱼肉等礼物给准岳父母家。此节日于2005年成为国家法定假日，休假1天。欣赏中央电视台中秋晚会亦已成为人们的一种新习俗。

十一、重阳节

农历九月初九是重阳节，俗称“九九重阳”。是日，老人要仿效东汉时桓景登高避灾。淮阴因无高可登，有老人的人家，一般都扎一个纸人，到三岔路口烧掉，表示纸人代替老人受灾。1978年后，境内此习俗已不多见。1989年起，法定此日为老人节。此后，渐受重视，城乡机关、企事业单位开展各种形式的尊老敬老活动，以弘扬尊老敬老之风。

十二、十月朝

农历十月初一日，俗称“十月朝”。现已无活动。

十三、冬至

此为季节性节日，俗称“大冬”。家家备有佳肴，中午祭拜祖先，有“冬至大如年”之说。

十四、腊八

农历十二月初八，俗称“腊八”。是日早晨，家家吃“腊八粥”（米与杂粮混合于一锅煮成，有条件的放入大枣、白果之类的食物）。

第二节　喜庆与丧葬

一、喜庆

【婚嫁】 20世纪80年代，境内男女婚事仍有说媒、送彩礼、定亲、送日子等习俗。但多数为自由恋爱，婚嫁之事多为男女双方及家人直接协商确定。经过相恋、订婚、登记、择日、举行婚礼几个程序才完成婚嫁。城乡青年男女通过媒人，又叫提亲，双方同意后，男方向女方送彩礼，然后择黄道吉日“传贴”，正式确定婚姻关系。“传贴”时，男方以送给女方的衣服、首饰和现金之类作为聘礼，谓之“下定”。现金数目一般根据家庭情况数千至万元不等。男女青年到婚龄时，男方家长即请媒人到女方家要生庚（俗称“草纸帖”，即生辰八字），一般需要几次，女方家长才同意开给生庚。由男女双方的生辰八字确定婚期，订婚程序即告完成。这一时期，迎娶新娘车辆主要有自行车、手扶拖拉机。

进入90年代，提倡婚前体检。其间，境内曾兴起集体婚礼、旅行结婚。男女双方持有关证明，到男女任一方的户口所在地政府民政部门办理结婚登记手续，登记结束，即为合法夫妻。不少男方家长直接到女家商订婚期。男女青年多选择于五一劳动节、国庆节、元旦或春节前后举行婚礼。这一时期，多用机动三轮车、手扶拖拉机、卡车等交通工具迎娶新娘。

2000年后，开始实行婚前体检制度，规定结婚登记的青年男女须持有县妇幼保健院出具的婚姻体检证明。男方备礼具帖请介绍人到女家商订结婚日期，女方同意后告知男方即可。进入21世纪，多用轿车迎娶新娘，用车数量视男方家庭经济情况而定，少则3～5辆，多则10余辆。结婚仪式上，首先由主持人致祝辞，证婚人致证婚辞，证明男女婚姻合法有效，然后新人依次向尊长鞠躬，受拜者馈送礼金。仪式结束后，即举行婚宴，婚宴规模视家庭情况而定，有10桌、20桌、30桌，多者或达百余席。婚嫁繁文缛节虽减少，但攀比铺张较过去为盛，成为一般人家的沉重负担。

【婴儿满月】 婴儿出生一个月，父母为婴儿举行首次庆祝活动，俗称“满月”。此日，亲友前来祝贺，赠送衣物礼品送喜钱，主人置办酒席答谢亲友，并赠送每位客人红鸡蛋和喜糖。1978～2008年，境内此习俗仍在延续。

【过生日】 境内历来有注重给老人和小孩过生日的习俗。20世纪90年代起，少年儿童过生日一般由父母领着拍照片表示纪念。亲友都会送礼庆贺，主家设家宴款待。境内从10岁起，每隔10年做一次生日。其中40岁因同“死”谐音，一般只做生日，不举行庆贺。寿礼一般在50岁以上才举行，60岁以前叫过生日，60岁及以后则称为做寿，称“寿辰”。过生日又常有“过九不过十”之说。特定年龄又有特定称呼，如“贺六十”“祝古稀”“庆八十”等等。年长者，每到诞辰之日，前来祝寿的宾客、晚辈要携带礼物为老人道贺祝寿，女婿将岳父母从头到脚打扮一新。寿宴席终辞宴时，主人家则将祝寿的寿桃、寿面等回赠宾客，80岁以上常会加赠精致饭碗，称之为“寿碗”。有些人家逢老人生日，堂前悬挂“寿”字或“福如东海、寿比南山”条幅，家人欢聚一堂，为老人祝寿。经济条件好的家庭，则在广播电台、电视台为过生日者点歌祝福。

【建房落成】 1978年，境内仍有建房上梁贺喜的风俗。建造新房在上梁前，先在正梁（中脊）贴横幅（如“福禄寿喜财”等）的两边挂好红布，俗称“挂梁”。上梁时，要择逢双喜日，亲友送礼庆贺，鸣放鞭炮，迎来四邻八舍，木工、瓦工手执工具，一边上梁，一边撒糕桃、苹果、糖块，并说几句吉利话（喜话），逗得人群喧闹成趣。主家要赠给建筑工人糕果、糖、烟等，并设宴款待。搬入新房，称为“乔迁”或“进宅”，亲朋好友、邻里族人携带镜匾或礼金祝贺。20世纪90年代起，“乔迁”贺礼之风尤盛。

二、丧葬

1978年，境内城乡汉族居民多采用旧式丧葬礼仪。1982年，县政府颁发殡葬改革布告，提倡火葬，丧事从简。1987年，农村火化率仅占死亡人数的10%左右，大都在夜间偷埋。即使火化，骨灰棺木土葬率仍达70%以上，而丧葬仪式基本无变化。城镇居民和工作人员处理丧事，一般采用新式丧葬礼仪，家中布置灵堂，发丧后，亲友前往吊唁表示哀悼，并送花圈、挽联等。亲友、同事等参加在殡仪馆举行的遗体告别仪式，亲戚在公墓举行骨灰盒安放仪式。20世纪90年代后，农村骨灰棺木土葬仍未得到有效遏制。回民丧葬仍延旧习，根深蒂固。

第三节　生活习俗

一、服饰

1978年后，服装款式变化较大，衣料多以涤纶为主、棉布为辅，且毛料渐增，花色品种繁多。鞋类除皮鞋流行外，各类运动鞋、塑料鞋、旅游鞋等渐次流行。各种锦纶丝袜和尼龙袜成为袜之主类。

20世纪80年代后期，风行西装领带、羊毛衫、茄克衫、滑雪衫、喇叭裤、牛仔裤、T恤衫、毛呢大衣、羽绒服、风衣等。女性广为流行着春秋衫、紧身衫、百褶裙、吊带裙、连衣裙、超短裙和各种毛线针织品外衫。童装出现海军衫、背带裤、中筋裤、蝴蝶裙、小披风等式样。帽式随季节而定，夏季有太阳帽、草帽、巴拿马帽、公主帽、青春帽、荷叶边帽等，冬季境内戴帽者不多。发型变化较大，青年男性烫发、大包头、短披发并留长鬓角。中老年人男性仍然为分头、平头。男女老年染发、烫发较为普遍，女性流行黄色，男性流行黑色。男性中青年发式有青年式、自由式、有缝式、无缝式等；女性中青年大多烫发，发式主要有波浪式、花辫式、爆炸式、瀑布式、双花式、单花式，一般中青年妇女以披长发为主。耳环、项链、手镯、戒指等饰品开始流行，穿皮鞋者增多。90年代，服装款式增多，有西服、茄克衫、休闲服、羽绒服，纯棉、丝织品备受欢迎。鞋类中除各种款式的皮鞋外，还有适应不同需要的运动鞋、旅游鞋等。2000年后，着装不断更新，渐趋时尚。春秋季节人们多穿茄克衫、西服、休闲服；夏季，男子多穿T恤衫、短袖衫，女子多着各式连衣裙、套裙、迷你裙，或上着T恤衫，下着半裤、七分裤、九分裤；冬季外穿各式羽绒服、皮衣、西装，内着保暖衣、羊毛衫。青年男女流行染发，有黑、黄、紫等各种颜色。

二、饮食

1978年后，人们温饱问题得到初步解决。主食一般以米、面为主，一日三餐，一般一干两稀，或顿顿有干有稀。菜肴也由以往的以青菜、茄子、萝卜、韭菜、豆腐为主而逐渐丰富起来，荤菜增多，海鲜也逐步端上餐桌。20世纪80年代后期，居家置办喜丧事“八大碗”渐被淘汰，并逐步发展到20样左右，有冷菜盘、热炒、烧菜、汤等。90年代，饮食讲究营养与保健。面食除馒头外，还有面条、油条、烙饼、包子等。素菜一年四季以多种新鲜蔬菜为主，肉类以猪、牛、羊、鸡、鸭、鱼等为常见。高档烹调工艺进入家庭，讲究煎、炒、烹、炸、熘，注重口味。开始饮用自来水、纯净水、矿泉水，饮料有牛奶、果汁等。2000年后，更多讲究营养搭配，防止患上高血压、糖尿病、心脑血管等“富贵病”。

三、住房

20世纪80年代后，城乡居民除普建砖瓦结构平房外，二至三层楼房也渐渐增多，且住房讲究宽、高、大和室内外装饰。居住环境大有改善，农村宅院结构多为四合院。90年代起，城镇逐步建住宅小区，多为楼房，水、电等设施齐全。农村住房建设统一规划，多盖砖瓦房，贴瓷砖，安装铁门。交通要道两侧多建楼房，一楼设门店，二楼为居室。2000年后，境内开展农民集中居住点建设，全部为上下三间两层楼式。

四、家具

1978年后，家具式样增多，组合家具抢手，席梦思、沙发等进入居民家庭，购置电风扇、电视机、收录机、洗衣机、电冰箱等家用电器产品的家庭亦较为普遍。2000年后，电脑、数码摄像机、照相机等高档商品逐渐进入寻常百姓家庭。

五、出行

20世纪80年代起，境内公共汽车线路逐渐增多，自行车基本普及，并开始出现摩托车，县级机关配吉普车和轿车。90年代摩托车逐渐增多，自行车、摩托车成为主要出行工具。机关、企事业单位拥有小轿车比较普遍。21世纪初，电动自行车、摩托车普及，家用轿车逐渐兴起。

第四节　酒　俗

淮阴酒俗带有鲜明的地域特色。筵席的席位座次有上、下之分，坐向、堂口、桌缝便是区分上、下席的3个标志。一般以正对进菜之门的席位为上席，进菜之门在南，坐北朝南者为上，方桌桌缝呈东西向。同为上席，仍有左上右次之分。如果是方桌，上席对面，亦属较为重要的位置，两侧是陪席。坐上席者，往往是远客、长者、新姑爷、官员等。如十几桌同开，则正厅之席为上；一屋三桌同开，中间一席为正席，左右两席为“召席”。这种场合，有一人于人群中穿梭往来，与熟人打招呼，与陌生客人搭讪，将客人们先后引上自己该坐的席位，称做“知客”。落座后，便产生一位“酒司令”。桌不论方圆，此职一般设二人，或主人“任命”，或自荐。早先“酒司令”专管斟酒，不饮酒，是专职服务。现在，则既有服务性质，又有权威意义，善饮、年轻、能言、机灵是当选标准。享此职者，尽管席下资历最浅，辈份最低，席间之权，却至高无上，掌管赏罚之权。“一朝瓶在手，便把令来行”。斟酒动作极讲究，须胳膊肘向外，否则即为不恭。不管男宾女客，善饮与否，所有人面前不能空杯无酒。“司令”上任，自上席起，以便于斟酒为宜，划分势力范围。“茶浅酒满”，以示敬人。初喝“门面杯”，全桌同饮；没有什么特殊情况，一般必须饮尽。门面之酒，视不同情况，同饮二、三、四杯均有，号曰：“双双对对、三元及第、四四（事事）如意”。如遇一桌客人酒量均较大，则非喝“六六大顺”不可。六杯，被分解为“三二一、一二三”两组。第一组的三杯中,第一杯分三次喝完,第二杯分两次喝完,第三杯一饮而尽,称为“三二一”;第二组三杯次序正好相反。门面酒后,执掌酒瓶的两位司令便得对饮两杯,“宣誓就职”。滴酒不漏,以为楷模,以供效法。一句“自斟不宜浅”,一句“有偏诸位”,两杯落肚,便开始斟酒并执行赏罚。赏罚名目较多,罚有“入席三杯、滴酒三杯、摸壶(瓶)三杯”等。一壶(瓶)斟至某人杯中,恰好斟尽而未溢出,便称“有喜”;如不是在对饮中,则须饮尽此杯,再启新瓶斟满一杯饮尽,叫做“壶头壶尾”,是求之难得、得便难推的“喜酒”,是之谓“赏”。席上有“酒无二斟”之说,“司令”给人斟酒,不论斟多斟少,不好补斟。此后便是相互敬酒、陪酒阶段。一般是陪席先敬上席,主人先敬客人,一般是有敬必喝。也有双方量浅,达成协议,同饮一杯,称之“一杯双意”或“一杯万意”的。敬酒者须先饮,但要等对方饮完、验杯后,方同时放下酒杯。对年长者、新朋远客、上级领导,只要“端端杯、上上嘴”,亦可过关。淮阴人最容不得开始推病说因,再三不喝,等别人喝多时,趁机而出,找人较劲,这属酒风不正,容易引起公愤。一般如开始不喝,“冷板凳”就要坐到底。再就是忌讳喝酒中触人心思,揭人之短。“酒犯心头病”,这会引起轩然大波的。古有“饮酒不醉最为高”之训诫,在酒酣之时,主人便会笑着出来敬酒,敬上席,敬陪席,再敬劳苦功高的“酒司令”。最后在上席提议、大家附议下,全体碰杯,共同饮尽最后一杯,是谓“满堂红”。

第五节 新民俗与陋习

20世纪90年代起,境内百姓因粤语中“8”和发财之“发”字同音,“7”和吉祥的“吉”以及淮阴方言“吃”同音,淮阴人将“8”和“7”作为吉祥数字,申请电话号码、汽车牌号、手机号码等,末尾两个或更多“8”“7”字相连需增加付款。而“4”与“死”音近,把“4”看作不吉祥数字。在“五一”劳动节、国庆节、春节等法定假日,境内公职人员、学生、富裕家庭有出游休闲的习俗。人们相互间常以师傅、老板、先生来称呼男性中青年。

1978～2008年,境内存在社会陋习主要有:赌博;重男轻女;公共场所不讲秩序,高声喧哗;随地吐痰,乱扔垃圾;抽烟酗酒,打卦问卜,看相算命,求神拜佛等;摆阔攀比、奢侈浪费之风也愈演愈烈,逢婚嫁、生日、满月、升学升级、乔迁贺搬、奠基开业等常常大操大办。

第四章 方 言

第一节 方 音

一、声母

1.部分阑入舌面音j(y)系列声母字渐行回归翘舌音zh(r)系列

这:原读jì或jiè,今多读作zhè。

蛇:原读xí或xié,今多读作shé。

车:原读qī或qiē,今多读作chē。

闰:原读yùn或yòng,今多读作rùn。

2.n、l声母字整体混读,个别字存在无意识分读迹象

奶奶(祖母):以读nǎine(如五里古寨等)或读[niāniā](如城区等)为常,读作lǎile或[liāliā]则稀有。

甜哪：口语读作[tiẽ nia]，听来乡音浓厚，颇具“吴音媚韵”之风，特感亲切，若读成[tiĕlia]，则嫌索然。

二、韵母

1.鼻化元音字渐减

官：原读 [gõ^{53}]今多读guān。

宣：原读[xõ^{53}]或[xuẽ^{53}]，今多读xuān。

2.地域特征极浓的读音逐渐隐去

二：部分人（如三树、渔沟等）原读作[ə:]，1978年后，随着普通话在青少年学生特别是城市青少年中普及，中青年大抵都读作[ε^{44}]或径近于èr。

我：部分人（自城区向东、南地区）原读作mǎo或声韵化读作[ŋ^{213}]，今中青年大抵都读作[o^{213}]，与普通话（wǒ）无大差别。

爱：部分人（如城区等）原读作[e^{44}]，中青年大抵都读作[ε^{44}]或径近于ài。

牛：部分人（如王兴一带地区）原读作óu，中青年大抵都读作niú（虽则仍然不分n、l）。

3.错误音韵习惯未改。如：羊、亮等，运北人大多仍用yan、lian等。

三、声调

入声固有特征已失，迫促之势仍然。但也有部分入声字已经混迹于阴阳上去之中，如：

玉：原属《广韵》入声“屋”部，今读yù。

爆：原属《广韵》入声“铎”部，今读bào。

眨：原属《广韵》入声“洽”部，今读zhá（普通话读zhǎ）。

第二节　词　汇

基本遵循《淮阴县志》体系增补。然或有流行区域交叉，亦显淮阴风貌；或有昔荣而今枯，原属淮阴“非遗”；偶与旧志相重出，乃或音有歧读，或义有补正，亦予酌收。

一、天文　时间

热燥燥[yiéʔ^{5}zao^{44}zao^{44}]燥热感。

天中[tiān~^{53}zhong^{53}]中午。

昽晚乌[long^{24}uã^{213}u^{53}]近晚时分，光线渐暗。

下傍晚[xia^{44}bang^{53}uã^{213}]即傍晚。

麻花亮[ma^{24}hua^{53}liã^{44}]天将亮未明。

十月朝[shəʔ^{5}yueʔ^{5}zhao^{53}]农历十月初一。

伏心天[foʔ xin^{53}tiẽ^{53}]伏天分初、中、末伏3阶段，以中伏最热，即指此。

四九心[si^{44}jiu^{213}xin^{53}]九九中四九最冷，即指此。

今儿个[jier^{53}ge]今天。

年五更[niẽ^{24}u^{213}gen^{53}]除夕夜五更天，亦泛指除夕夜。

不开天[bəʔ^{5}kai^{53}tiẽ^{53}]久雨不晴。

祭灶[ji^{44}zhao^{44}]农历腊月二十四（或二十三）日为灶王爷去天界述职的祭祀仪式，亦泛指这一天。

五更头[u^{213}gen^{53}tou^{24}]天亮之前时段。

大天四亮[da^{44}tiẽ^{53}si^{44}liã^{44}]天完全亮了。
发阴天[faʔ^{5}yin^{53}tiẽ^{53}]因气候变化致伤病部位不适。
晌豁心[shang^{213}huəʔ^{5}xin^{53}]正午时。
多晚[do^{53}uã^{213}]什么时候。
冻瘵瘵[dong^{44}chaʔ^{5}chaʔ^{5}]结冰甚，极言冷。
打闪[da^{213}xiẽ^{213}]即闪电。
尽九[jin^{44}jiu^{213}]九九结束。
明儿个[mir^{24}ge]明天。
腊八[laʔ^{5}baʔ^{5}]农历腊月初八，佛教节日。
大冬[da^{44}dong^{53}]冬至。
穿星[chõ^{53}xin^{53}]流星。
送灶[song^{44}zhao^{44}]同祭灶。
鸡叫[ji^{53}jiao^{44}]天亮之前那段时间。
歇晌[xieʔ^{5}shang^{213}]雨天傍午雨暂止。
早茶[zao^{213}cha^{24}]起身后的非正式早餐。

二、农事　植物

真金菜[zhen^{53}jin^{53}cai^{44}]金针菜，黄花菜。
蒲儿菜[pu^{24}ercai^{44}]蒲根可食部分。
照葵[zhao^{44}kui^{24}]向日葵。
棡橘子[gang^{53}jioʔ^{5}zi]枳属灌木，亦指其果实。
饭米[fã^{44}mi^{213}]泛指没有黏性的米。
刺犁沟[ci^{53}li^{24}gou^{53}]摘除犁铧，以牛拉犁将土分向两边形成条状浅沟，以便播种。
挑山沟[tiao^{213}sha^{53}gou^{53}]以牛拉犁将土覆向中间成垄状，以便栽插山芋。
大河工[da^{44}ho^{24}gong^{53}]省、市以上级别水利工程。
打场[da^{213}chang^{24}]以石磙碾压使麦、稻等脱粒。
三粮五钱[sã^{53}liã^{213}u^{213}qiẽ^{24}]农民税赋统称。
挑水弄浆[tiao^{53}shui^{213}nong^{44}jiã^{53}]挑水、磨豆浆等家务　。
收干晒湿[shou^{53}gã^{53}shai^{44}sheʔ^{5}]泛指家务事。
菜籽[cai^{44}zi^{213}]油菜，亦指油菜籽。
地蛋[di^{44}dan^{44}]马铃薯。
蒲荠[pu^{24}qi]荸荠。
洋槐[iã^{24}huai^{24}]刺槐树。
关杨[guã^{53}iã^{24}]一种白杨。
巴根草[ba^{53}gen^{53}cao^{213}]一种野草，多节伏地，每节皆可生根扎于土中。
黏米[niẽ^{24}mi^{213}]泛指糯米。
挑菜[tiao^{53}cai^{44}]挖野菜。
放工[fang^{44}gong^{53}]集体干活收工。
下湖[xia^{44}hu^{24}]多指到田里劳动。
扬场[iã^{24}chang^{24}]人们在晒谷场上借风力扬去粮食杂物。
耕薅锄割[gẽ^{53}hao^{53}chu^{24}guoʔ^{5}]泛指田间劳动。
扫天抓地[sao^{213}tiẽ^{53}zhuaʔ^{5}di^{44}]清扫室内及庭院。

三、动物

山狸猫[shã^{53}li^{24}mao^{24}]原指豹猫，此讹称野猫以吓唬幼儿。

咯咯头[ge?^{5}ge?^{5}tou^{24}]家养鸡中头有冠状毛者。

山老鸭[shã^{53}lao^{213}a?^{5}]家养鸡中体小尾长者。

臭瘪子[chou^{44}bie?^{5}zi]一种发出臭味的爬行昆虫（旧志释臭虫，误，今正）。

牛虻子[liu^{24}mong^{213}zi]即牛虻，吸食牛马等家畜体血的蝇类昆虫。

鹡溜[ji^{24}liu]即蝉，又称“知了”，幼虫称“鹡溜狗子”。

刀鱼[dao^{53}ü^{24}]即鲚鱼。

蚕蛾子[chã^{24}o^{24}zhang^{44}]蚕蛹。

鱼鸦[ü^{24}ia^{53}]驯化后能捕鱼的一种水鸟，学名鸬鹚，也称鱼鹰、水老鸭。

草鸡[chao^{213}ji^{53}]泛指不喂激素类饲料的家养鸡。

癞鵰[lai^{44}diao^{53}]一种肉食猛禽。

狗獾子[gou^{213}hõ^{53}zi]獾类的一种。

亚龙[ia^{44}long^{24}]旧时木制油榨。

刮锅[gua?^{5}go^{53}]布谷鸟。

螺螺[lo^{53}lo]即螺蛳之一种。

四、房屋　器物

杠宅基[gang^{44}zhə?^{5}ji]将宅基地垫土增高夯实。

出宅子[chu?^{5}zhə?^{5}zi]兄弟分家，部分成员另建新宅自成门户　。

皮轱轳[pi^{24}guə?^{5}lu]特指农民推动独轮橡胶轱轳小车。

小凉床[xiao^{213}liã^{24}chuang^{24}]以木棒做成外框，内以绳索绑穿做成的网状简易床。

布桶[bu^{44}tong^{213}]盛接石磨磨制落下的粉、糊状物的浅帮木桶，或称“等磨桶（盆）”，或“拐磨桶”。

泥抹子[ni^{24}mo^{213}zi]粉刷墙壁时小型找平工具。

晒箔[shai^{44}bA?^{5}]以麻秆编织可曝晒谷物的软簾。

折节子[jie?^{5}zi]芦柴篾编织，供囤积粮食、谷物的长条形帘子。

花皮磙子[hua^{53}pi^{24}gun^{213}zi]碾压坷垃的长条形石磙。

木锨[mo?^{5}xiẽ^{53}]晒场上供收、放、簸扬的工具。头平木制，形似铁锨。

铁杈[tie?^{5}cha^{53}]晒场上用来收、放作物秸草等物的长柄铁制三齿杈，木制称木杈。

笆斗[ba^{53}dou^{213}]用簸箕柳编制的盛粮容器，供运、量粮食的圆筒形计量工具，通常一笆斗小麦约40千克。

叉把扫帚扬场锨[cha^{53}ba^{213}sao^{44}zouiã^{24}chang^{24}xiẽ^{53}]泛指晾晒粮食的各种工具。

四合头[si^{44}huo?^{5}tou^{24}]四栋房屋围成的封闭式院落，东西南北各有一栋。

石崭脚[shə?^{5}zã^{213}jiə?^{5}]指房屋石砌墙基。

进宅子[jin^{44}zhə?^{5}zi]进住新屋的喜庆活动。

火叉[ho^{213}cha^{53}]烧火时挑柴火的铁制工具，一般二齿呈“丫”字形状。

顶针子[din^{213}zhen^{53}zi]妇女做针线活时套在指头上抵针鼻的工具。

巴掌扇[ba^{53}zhangxiẽ^{44}]芭蕉扇。

小拐磨[xiao^{213}guai^{213}mo^{44}]手动石磨。

叉口子[cha^{53}kou^{213}zi]口袋。

护篓[hu^{44}lou^{213}]荆条编织成的长方体容器。

铁尺子[tie?^{5}che?^{5}zi]铁锹。

蹚耙[tang^{44}pa^{24}]手动水旱田整平工具。

箔浪[bA?^{5}lang]柳编较大晒匾。

草匾[cao^{213}biẽ^{213}]麦秸编制的深帮软匾。

探木[tã^{44}mo?]晒场上收拢集中谷物的工具。

筑钩[zho?^{5}gou^{53}]也称“草錾子”,刨地用的铁制三齿工具。

铁鍬[tie?^{5}xiẽ^{53}]形同木鍬,铁制。

车襻[qie^{53}pã^{44}]以蔴为经、布条为纬编织而成,驾驭手推独轮车时挂在肩头,两端套在车把上的带状工具。

五、称谓

老嫚子[po^{24}mã^{44}zi]老婆。

平班子[pin^{24}ban^{53}zi]辈分相同。

锅门蹲[go^{53}men^{24}den^{53}]女孩儿。

老巴子[lao^{213}ba^{53}zi]多胎子女中最小者。

老鸹子[lao^{213}gua?^{5}zi]即“老巴子”。

骚根子[sao^{53}gen^{53}zi]对小孩似嗔实昵之称。

拐男人[guai^{213}nã^{24}ren]有婚外情的男人。

拐女人[guai^{213}nü^{213}ren]有婚外情的女人。

妯娌[zho?^{5}li]弟兄之妻互为妯娌关系。

哇儿[war^{53}]智障或头脑不够用。

重山弟兄[chong^{24}shan^{53}di^{44}xiong^{53}]同父异母兄弟,俗称“一山二水”。

同年[tong^{24}niẽ^{24}]年龄相同(旧俗读“年”作[qiẽ^{24}]或[xiẽ^{24}])。

老着子[lao^{213}zɑ?^{5}zi]家中长辈统称。

结巴子[jie?^{5}ba^{53}zi]口吃。

您儿个[ninr^{24}ge]对年长者敬称。

大房[da^{44}fang]兄弟中老大一门,余类推。

女婿[nü^{213}xü]指称青年女子的丈夫。

姑爷[gu^{53}i]女儿的丈夫。

六、人体

鼻子眼[bi?^{5}zian^{213}]鼻孔。

孤盖子[gu^{53}gai^{44}zi]膝盖。

下孤子[xia^{44}gu^{53}zi]下巴颏儿。

脑后怪[lao^{213}hou^{44}guai^{44}]脑后凸起部分。

唾沫星[tuo^{44}mo? xing]喷溅出的唾液小点。

毛屎[mao^{24}shi^{213}]鼻屎。

眼眵[an^{213}chi^{53}]眼屎。

脊溜盖[ji ? ^{5}liougai^{44}]脊背。

牙花子[ya^{24}hua^{53}zi]牙龈。

脚底板[jiə?^{5}di^{213}bã^{213}]脚掌。

腮盘子[sai^{53}pã^{24}zi]腮帮子。

斑顶[ban^{53}din^{213}]头顶至前额无发。

刻头子[kə?^{5}tou^{24}zi]膝盖。

手脖[shou^{213}buo?^{5}]腕，手和臂结合部。

脚脖[jiə?^{5}buo?^{5}]脚和小腿结合部，踝部。

耳石[er^{213}shə?]耳屎。

七、其他

顿：（音“dèn”）将端、抱着的容器或重物暂时放置下来。

悠：甩（有阴平上声二读，不辨义）。悠悠、悠一悠，犹甩甩、甩一甩，用力甩动。

髓（sěi）：缠绕在一起的绳、线等物散开。髓得了：散掉了。

摆：涮、洗。摆摆、摆一摆，犹洗洗、涮一涮，放在水里涮。

濯：简单的洗（衣、布等物），濯濯、濯一濯，犹洗洗、洗一洗。

沃脑：以手掌打击后脑勺。击一次为一沃脑，两次为两沃脑。

汪：池塘，亦称汪塘。相对大者称大汪，小者称汪塘，供取水食用者称吃水汪，无水小坑称“坷埌塘”或“坷塘”。

不葛人：和别人难以相处。

浑汤：馄饨，俗称“猫耳朵”。

孬急赌（dǔ）：不讲理，耍赖。

歪歪：躺着稍微休息一会。

鼻子：鼻涕，亦指嗅觉器官。

禁桶：旧时为新媳妇准备的、供其一生使用的木质便桶，俗称“马桶”。

抱窝：禽类动物孵化。

带窝：动物已经怀胎了。

狗盖：粘在皮肤或衣物上的污垢。

漕：液体加温到沸点后外溢。

瘫性：精力、耐力被消耗差不多了，有放弃之意。

闷（mèn）：性格内向，不多说话。

盯：（1）缠附。（2）跟着。（3）追赶。

叮：咬、蜇。

笃逗：一点不错。

拉呱：闲谈，拉家常。也称“嚓呱”，也指人们生活习惯不整洁。

过：（1）熄灭。（2）传染。

较（gào）：（1）比试较量，也说“较验”。（2）复秤，较秤。

刮：（1）舀。（2）指桑骂槐。

倒头饭：人死了供在棺材前头的米饭。常用于骂人。

把滑：不滑或可控，也称“把涩”。

踩代：继承上代人的习性、特征。

害牙子：指怀孕，也说“怀身子”“怀子”。女子怀孕时期表现出的厌食、挑食等症状。

作兴：时兴，流行，有先例。

真三：想象中有本事的人。

骨蛹：蠕动，动弹、微动。

胡桃子：蛮不讲理，也称“胡二利子”。

聉（wǎ）头日脑：头脑不够用或做事不计后果。
丁嘎子：一点点，形容很少，很小。也说“丁个[go24]子”。
缝（fòng）：粮食被虫蚀空。
磨（mò）：移（挪）动一下。磨磨、磨一磨、磨一下，即移移（挪挪）、移（挪）一移（挪）、移（挪）一下。
东界（gài）：东边。以“东、西、南、北、这、那、里、外”等词与“界”组成的方位词。
叫听（tìn）：麻将桌上公开宣示不再调整既有牌张，专待某牌张出现即可“和（hú）牌”。
甜不掉掉：有点甜。
苦叽叽：有点苦。
辣抽抽：味道有点辣。
人情奶奶（nāināi）：欠人家人情的感觉。
不出趟子：内向、腼腆，不擅在人多的场合表现自己。
盘（$p\tilde{o}^{24}$）话：过话挑拨。也称“盘老不舌头”。
两酣子：强行粘合在一起而不能自然融为一体。
冷脸刮搭：待人态度很冷淡。
灰不溜秋：指颜色灰暗。
把：从后面用双手抓住小孩双腿端起来，让其大小便。
富态：长得胖，迭用富富态态。
打平伙：凑份子聚餐吃饭。
单工：特地。
搭奸：敷衍、应付，不出力。也称“躲懒豥（kài）奸”。
等（děn）：接，用手或器皿将上面落下来的东西接住
胀饭：吃饭。也称“噇（chuáng）饭”、胀肚（dǔ）子。
兴：厉害。
脚踏（jieʔ taʔ）车子：即自行车。
辣村：说脏话。
难为：感谢。
掯（kèn）着：用手拿着。
条苕：笤帚。
挺尸：骂人睡懒觉。
口：厉害。
铅角[kaʔ]子：硬币。
直刺：一直往前走。
起窝：牲畜发情。
饭脚（jieʔ）子：泔水。
凫水：从水中游过去。
逼：用冷水强行降温。
班班了：最后，末了。
披：开裂。
没窍：一般指后果不好。
皮麻：玩耍，“打闹”。
发：退色。
抵吹：抵消。

大发：过分。
带谅：原谅。
愣愣：停一会。
落头[lAʔ^{5}tə]：地方。语流中“tə”音或可省。
搞：(1)恶心，不好受。(2)和，跟，与。
过嘴：吃点东西以改变过分刺激或不良口感。
巴家：为家里谋好处。
落头（lAʔ^{5}tou）：赚取好处（多指钱财）的余地。
拉弯子：调解。
嚼蛆、瞎嚼蛆：胡言乱语。
短路：指拦路抢劫。
搓掂：收拾、整理物品，或故意刁难人。
撺掇：唆使。
争不多：相差无几，差不多。
万难：形容物件（也指境况、形象）很差。
抹塌：眼睛半闭，似看不看。
说人：找对象。
实磕实的：说话办事实在。
作[zAʔ^{5}]：糟蹋。
砌墙头：俗指打麻将。
哇五：私下商议解决。
泼尺[puoʔ chəʔ]：特丰富。
窝团[o^{53}tõ]：私下商量、私了。
卡（kǎ）黄：挤占弱者的利益。
遛（liū）门：串门。
锅转子：一种面食，又叫做“锅贴子”。
小蹄爪（zhǎo）：猪手，猪腿关节以下部分。
秃国拥拥：没头没尾。
洼瘪窝子：凹下去的地方。
倒肚（dǔ）子：不住嘴的说一些重话、废话。
赤脚爬：光脚，没穿鞋、袜。
七大八：差不多。
磨动天：形容神通广大。
扤痒痒[iã^{24}iã]：挠痒。
小小不言：微不足道。
盐潮卤辣：潮湿使人不舒服。
八脚毛：技艺不熟练。也称“三脚毛”。
没天到地：乱糟糟到处都是。
大光见目：大概。
谷谷丁：蒲公英。
团近：周围，附近。
拐旮旯：角落，也说“拐角上”。

第三节　熟　语

一、俗语

槽上没马驴支差。
馋猫鼻子尖，瞎狗闻上天。
出门看天色，进门看脸色。
传言过话，自讨挨骂。
常说口里顺，常做手不笨。
从小偷针，到大偷牛。
船到江心补漏迟。
去时留人情，转来好相见。
财上分明大丈夫。
吃的盐和米，讲的情和理。
三顿饭不饿，三件衣不破。
三人当家，七扯八拉。
吃亏常在，破帽常戴。
吃了对门谢隔壁。
烧纸多，引鬼多。
谁有粉不朝脸上搽。
哪个有毛好做秃子？
送上门的买卖好做。
伸手不打笑脸（送礼）人。
生就皮，长就肉。
树大招风，人老招贱。
手中无网看鱼跳。
水浅养不住大鱼。
说谎不瞒当乡人。
说嘴的大夫没好药。
人无头不走，鸟无头不飞。
人心换人心，八两换半斤（旧秤十六进制）。
水大淹不死鸭子。
人不走时（走运），吃豆腐都塞牙。
人不走时（走运），喝凉水都塞牙。
人肉掺不得假。
人心昼夜转，天变一时间。
一只手托不起天。
一人一条心，穷断骨头筋；众人一条心，黄土变成金。
有了千钱想万钱，做了皇帝想成仙。
又想吃鱼又怕腥。
要想儿子顺，先要孝爹娘。

有初一就有十五。
跑得了初一，跑不了十五。
骗朋友是一次，害自己是终生。
问路先施礼，少走二十里。
屋宽不如心宽。
八字儿还没见一撇。
不怕笨，就怕混。
不上当，不学乖。
乌鸦笑猪黑，自己不觉得。
外财不发命穷人。
外面摇晃膀子，家里饿断肠子。
捧着猪头摸不着庙门。
病来如山倒，病去如抽丝。
饱汉不知饿汉饥。
恶狗怕揍，恶人怕斗。
恶狗咬人不露牙。
不见真佛不烧香。
朋友千个少，冤家一个多。
不撞南墙不回头，不到黄河不死心。
满瓶不响，半瓶咣当。
卖瓜的不说瓜苦。
慢工出细活。
不犯王法不怕官。
不贪便宜不上当，不挑担子不知重。
没吃过猪肉，还没见过猪跑？
没桥过不了河，没梯上不了楼。
明是一把火，暗是一把刀。
眉毛胡子一把抓。
不要千样会，只要一样精。
不说不笑，不成老少。
说说笑笑，不分老少。
买卖不成仁（情）义在。
买的不如饶的多。
买的没有卖的精。
卖桃子不会说桃子是烂的。
毛没长全就想飞。
满眼看花，看得眼花。
马踏软地易失蹄，人听甜言易上当。
当家三年狗也嫌。
得了便宜还卖乖。
得胜的猫儿欢[huã53]似虎。
夫妻没有隔夜仇。

方话不入圆耳朵。
反贴门神不对脸。
凤凰失时不如鸡。
地头无鬼不成灾。
打狗看主人。
快刀切豆腐两面光。
没打着狐狸，惹了一身臊。
打不断的亲，骂不断的邻。
打掉门牙往肚里咽。
打开天窗说亮话。
大路不平有人铲（踩）。
挺着肚子装饱汉。
偷来的锣鼓打不得。
偷牛逮到拔橛的。
当庄（地）不养货郎。
当着秃子别说亮话，当着麻子别说斑话。
兔子急了还会咬人。
他念他的经，我拜我的佛。
太阳不在一家门前红。
泰山绊不倒人，牛橛子绊倒了人。
贪食的鱼儿易上钩。
天塌下来有高个子顶着。
听人说千遍，不如亲眼见。
哪根指头不是自己的肉。
手心手背都是肉。
哪个人前不说人，哪个背后无人说。
哪里的黄土不埋人。
哪有猫儿不吃荤（腥）。
哪家门口挂着无事牌。
来得早不如来得巧。
懒人做事一担挑。
老虎还有打盹时。
老猫不蹲（在）家，老鼠爬上笆。
老鼠看（kān）仓，看得精光。
离家十里地，各落（地方）各乡风。
你敬我一尺，我敬你一丈。
你打幌子，人家卖酒。
牛头不对马嘴。
老牛不喝水硬按头。
两头不收礼，难为跑腿的。
邻居好，无价宝。
乱叫的狗不咬人。

老实驴偷麸子吃。
老鼠窟里倒拔蛇。
老不出外为贵人，少不出外为废人。
睡不着觉怨床歪。
老记伤疤人易老，常怕白头偏白头。
口如蜜罐，心像辣蒜。
看人吃豆腐牙快。
晚睡早起，缸里有米；早睡晚起，拖棍讨米。
看人挑担不吃力，摊到自个儿心里急。
千金难买回头看。
千口唾沫淹死人。
千赊不如八百现。
开饭店不怕大肚汉。
靠人不如靠自个儿。
墙内开花墙外香。
请将不如激将。
穷家难舍，热土难移（离）。
先长的眉毛不及后留的胡子。
县官不如现管。
现钱生意不做，做赊账的。
吵仗望人劝，打仗望人拉。
响鼓不用重锤敲。
小孩嘴里讨实话。
心急喝不得热稀饭。
心急吃不得热豆腐。
去了咳嗽添了喘。
千方易得，一效（笑）难求。
千军易得，一将难求。
稀烂泥糊不上墙。
竹竿好扶绳难扶。
戏法人人会变，各有巧妙不同。
瞎猫碰上死老鼠。
选婿莫选金钱，选女莫选容颜。
枵嘴薄唇，说倒四邻。
自个儿打自个儿嘴巴子。
自已一身绿毛，倒说别人是妖怪。
丈母娘看女婿，越看越喜欢。
现喂鸡不下蛋。
自个儿看不见脖子后的灰。
自酿苦酒自个儿尝。
自己肚疼自己揉。
做了几天和尚，连肉味也忘了。

做一世狐狸精，给公鸡啄了眼睛。
真人不露相，露相不真人。
老子英雄儿好汉，老子挑葱儿卖蒜。
纸糊的灯笼心里明。
天无三日雨，人无一世穷。
仓里无粮稗子贵。
生气催人老，笑笑变年少。
望见山，跑死马。
身怕不动，脑怕不用。
船家的孩子会凫水。
吃饭不过头，睡觉不蒙头。
吃药不忌嘴，跑断医生腿。
蛇无头不行，鸟无头不飞。
三翻六坐九会爬，十月过来会叫妈。
十年河东转河西，莫笑穷人穿破衣。
树老心半空，人老百事通。
伤筋动骨（跌打损伤）一百天。
树直用处多，人直朋友广。
水利不修，有田也丢。
人怕年老河怕干。
人抬人高，水涨船高。
人绝粮必死，鱼无水自亡。
若要富，鸡叫三遍离床铺。
若要富，多种经营修好路。
人挪活，树挪死。
瓶口盖得住，人口捂不住。
一天省一把，十 年买匹马。
饭吃八分饱，到老肠胃好。
饭后散散步，不用进药铺。
不怕不识字，就怕不识事。
买了便宜柴，烧了夹底锅。
马好不在鞍，人美不在衫。
骂起来没好言，打起来没好拳。
没得（没有）红小豆，引不来白鸽子。
没得（没有）金钢钻，别揽瓷器活。
挡住千人手，捂不住千人口。
打人不打脸，骂人不揭短。
猫养猫疼，狗养狗疼。
母贤出孝子，国难显忠臣。
家贫思贤妻，国难思良将。
读书不知义，等于啃树皮。
天不语自高，地不语自厚。

靠金山银山，不如双手动弹。
铁不锻炼不成钢，人不运动不健康。
勤是摇钱树，俭是聚宝盆。
盖房三担米，拆房一顿粥。
宁走十里光，不走一里荒。
勤快日子好，坐吃山也倒。
知不尽的理，走不完的路。
兴家的粪如宝，败家的钱如草。
小洞不补，大洞二尺五（吃苦）。
白酒红人面，黄金黑人心。
饱带干粮晴带伞。
不听老人言，吃亏在眼前。
麻雀虽小，五脏俱全。
是药三分毒。
人在世上练，刀在石上磨。
体强人欺病，体弱病欺人。
当家才知柴米贵，养儿方知报娘恩。
磨要勤锻，账要勤算。
偷个鸡蛋吃不饱，一身臭名背到老。
能忌烟和酒，活到九十九。
勤耕苦作般般有，好吃懒做样样无。
好汉怕赖汉，赖汉怕歪厮缠。
比上不足，比下有余。
大哥别说二哥哥，两个哥哥差不多。
捆绑不成夫妻。
家鸡打团团转，野鸡不打满天飞。
小小狸猫能逼千斤鼠。
两山不碰头，两人会碰头。
烧破棉袄跟虱子赌气。
请教人不折（xiē）本，舌头打个滚。
是福不是祸，是祸躲不过。
忠厚不折本，刻薄不挣钱。
聪明的看一眼，傻子看顶晚。
生来乍到，摸不着碗盆锅灶。
虱多不痒，债多不愁。
跳蚤顶不起单被（床单）。

二、俚语

不声不气：老实不多话。
没高量低：说话做事没分寸、不得体。
没头到嘟：讲话没有条理，言行失当。
不时不道：说话做事时机不当、失体统。

不中不作：高不成低不就，不适用。
大差不离：相差无几，大概差不多。
刁顽戏弄：不老实，靠甜言蜜语耍奸。
毛手毛脚：技术不精，动作毛糙；或指手脚不干净，惯于小偷小摸。
拙口钝腮：不善言辞。
毛里毛糙：做事不细心。
眉痴目钝：弱智、呆傻，或不清醒。
痴头刮脑：痴呆，不机智。
见眼生勤：手眼灵活，勤快不呆板。
拐三磨四：转弯抹角。
鬼不日机：鬼祟，不正经。
哈打白笑：一笑了之不计较。
心心念念：念念不忘，一直放在心上。
胡扯八拉：讲话乱扯，没宗旨。
嘴翻舌调：百般辩解甚至狡辩。也作"嘴翻舌犟"。
杂七八拉：杂乱、没条理，或不纯。也作"七股八杂"。
支毛六足：故意闹别扭。
花搞胡斜：做事慌张不仔细，结果往往杂乱没条理。
死不烂眼：做事呆板，不灵活。
黑漆抹乌：一片漆黑。
鸡零狗碎：既零散又杂乱。
刺毛蹶腚：无缘无故就发脾气。
挖五骨叽：很杂很乱。
尖头把细：细瘦难看；也指爱占小便宜，很少吃亏的脾性。
一时半间（gān）：偶尔。
鬼讲碌骨：夸夸其谈，不停地说话。
神气碌骨：精神足。
软不拉叽：性格软弱，缺乏个性。
聃头聃脑：言行不合常理，或指神智欠正常的人。犹痴头痴脑。
晕头六冲（chòng）：生病或饮酒过量，头脑不清。亦作"昏头六冲"。
五儿八鬼：多指人的不正经行为。
死猫癞[lA?]狗：很脏很杂。
两眼溜机：形容因境况窘迫而呆滞的眼神。
习里活套：做事不稳当。
倚风作邪：倚仗某种势头不讲理胡来。
歪瓜裂枣：言行不上路子，五官长得难看。
索东拐西：因年老等原因而致衣着行为上丢三落四，欠检点、缺条理。
猴头促脑：形容没正形。
碍事绊脚：影响、妨碍别人。
齁（hōu）痨气鼓：哮喘，咳喘的很厉害，有时表"意外"或与常人不同（贬义）。
拗（niǔ）头别犟：倔强不随和。
鬼打牛吹：吹牛成性，可信度差。

疙瘩赖歪（wái）：高洼不平。
挨挨蹭蹭：亲密的样子。
半二不勒：悬在半空，不上不下。
歪头打卦：专注的反复端详。也指很投入地做某事。
丢丢修修：灵巧、利索的样子。
撮巧无乖：偶或。
理手划风：手脚动作频繁，幅度大。
疑惑疑动：犹豫不决，下不了决心。疑，习惯上读去声。
白打白刮：白白地。白，读[bo？]。
透活生鲜：动植物生命力显得很旺盛的样子。意义相反的词有：死不烂肉，蔫（yān）不辣杀等。
挠头滑擦：头发乱糟糟的样子。也指有些植物生长茂盛的样子。
臭气纳轰：臭味儿太甚。
梅梅咽咽：迷迷糊糊，梦寐状态。
胆胆怵怵：因害怕而小心翼翼的样子。
密迹消声：严格控制而没有一点声音，不露一点痕迹。
横吃朝梁：大吃二喝不是正常过日子的状态，亦指横行霸道的样子。
嫌好识歹：对于可以轻易获得的东西，作近乎吹毛求疵式的品头论足。也作“嫌孬识好”。
磕磕楚楚：对某事物十分在意，久久放不下心来。
支弄巴叉：杂乱的堆放着，不紧凑、没条理，占据空间不恰当。
翻尸倒骨：令人莫名的倒腾、瞎捣鼓。

三、谚语

蚕老一时，麦老一晌。
树不修，长不直；人不学，没知识。
寸麦支丈水，丈麦怕寸水。
春打灶，粮食没人要；灶打春，四蹄贵如金。
处暑摘新棉，秋分种麦田。
处暑萝卜白露菜。
霜降拔葱，不拔就空。
要得牛上膘，寸草铡三刀。
山芋不怕羞，一直栽到秋。
三耕六耙九锄田，一季庄稼抵一年。
三麦种到冬，就看什么工；三麦种到年，就看什么田。
随收随犁有三好，肥田除虫又除草。
豆三麦六，菜籽一宿。
雨水有雨庄稼好，大春小春一片宝。
秸头锄四交（gāo，遍），秸槌结到梢。
白露早，寒露迟，秋分种麦正当时。
大暑前，小暑后，不迟不早种绿豆。
当热不热，五谷不结；当冷不冷，四蹄不稳。
苗好三分收。
芒种芒种，样样要种。

芒种忙忙割，夏至无一棵。
小满下雨麦穿针。
腊月麦盖被，头枕馒头睡。
麦苗不怕雪压，油菜不怕霜打。
清明麻，谷雨花（棉花）。
不干不湿种芝麻。
夏至到，秧把撂。
杏子黄，麦上场。
种地没粪，等于瞎混。
要吃大砣蒜，不过八月半。
庄稼无他巧，勤耕兼锄草。
下了霜，粮归仓。
小满两头忙，栽种打麦场
猪吃百样草，就靠人去挑（找）。
小满三天遍地黄，再过三天麦上场。
牛是农家宝，耕地不可少。
春雾狂风夏雾热，秋雾连阴冬雾雪。
炊烟顺地跑，天气不会好。
春吹南风晴，北风雨不停。
瓦块云，晒死人。
五月南风下大雨，六月南风旱裂地。
蚯蚓往外爬，大雨不再下。
日晕三更雨，月晕午时风。
二八月，乱穿衣。
二更上云三更开，三更上云雨就来。
日落云连天，大雨紧相连。
棉花云，雨淋淋。
清明要明，谷雨要雨。
八月十五雁门开，大雁脚下带霜来。
大旱不过五月十三。
冬（至）到始数九，冬至换长天。
冷在四九，热在中伏。
东虹（gàng）日出西虹雨。
早虹雨洒洒，晚虹晒裂瓦。
青蛙乱叫，大雨要到。
蜻蜓大集中，无雨也有风。
雷电闪四边，小雨洒地面。
清晨雾浓一日晴，十雾九晴天。
雷公先唱歌，有雨也不多。
六月六，晒龙衣，湿了龙衣烂蓑衣。
早上雾腾腾，晌午热死人。
早起三光，迟起三慌。

早看东南，晚看西北。
早上地罩雾，尽管洗衣裤。
咸肉滴卤，要下大雨。
蚂蚁搬家下大雨。
天上鱼鳞斑，明天晒谷不用翻。
六月六下雨四十天。
风头到，雨头少（音“shào”，快）。

四、歇后语

鸭子跑步——踱的。
小拐磨空转——干挨。
老窠猪钻大蒜地——一头没了又一头。
歪嘴公鸡——斜叫。
烟袋磕[kA？]芝麻——小抠（kōu）油。
一人拐磨——促（诙谐、幽默）哩。
癞蛄骑黄狼（黄鼠狼）——假充小马队。
螃蟹过马路——横行霸道。
墙头上拉稀屎——发愤（粪）图强（涂墙）。
鸡鹅鸭不尿尿——各有各道道。
曲蟮尿尿——腰眼无力。
黄鼠狼下庆子——一代不如一代。
独眼龙相亲——一目了然。
阎王奶奶有喜——鬼胎。
王小二开饭店——照人头兑汤。
赖雕背斧头——侃（砍）上天（侃空）。
茅缸里的蛆——骨骨拥拥。
大拇指掏耳朵——下不趣（去）。
小牛翘尾巴——来劲了。
豆腐店的闺女——水货。
盲人打架——抓住不放。
推小车崴屁股——不由自主。
罗锅（驼背）上山——钱（前）心着重。
十月的桑叶——没人睬（采）。
脚踏车下坡——不睬（踩）。
三月的菜苔——不论（嫩）。
程咬金卖大钯子——刮到就算。
程咬金的本事——三板斧头。
猪八戒过河——赌嘴拱（gǎng讲）。
李逵扮新娘——装不像。
胳肢窝的毛——不用理。
坟上插电线——出（触）鬼。
梦里吃西瓜——想得甜。

梦里逛花园——好景不长。
木头眼镜——看不透。
小猪吃萝卜——嘎拉崩脆。
老头吃煎饼——软磨硬泡。
小鱼喝水——吞吞吐吐。
锅膛烧山芋——拣熟的掏。
男人不打女人——好天。
老鸹子吵架——臭嘴。
武大郎盘杠子——两头不够有。
十一个人坐两桌——人五人六。
鼻眼淌血——干火。
屎克郎搬家——滚蛋。
屎克郎戴花——臭美。
猪八戒背犁铧——怎看怎瓢片（不平整）。
抱香炉亲嘴——碰一鼻子灰。
梦里做皇帝——快活一时是一时。
皮球擦油——又圆又滑。
蒲包里装钉子——露尖。
麻袋里装钉子——露尖。
蚂蚱斗公鸡——送死。
买咸鱼放生——不问死活。
卖掉鞋买帽子——顾头不顾脚。
卖布不带尺——胡扯。（买布曰“扯（qiě）布”）
卖汤圆的跌跟头——滚蛋。
肉汤里下（煮）汤圆——浑（荤）蛋。
油缸里装鸡子儿——滑蛋。
癞蛄爬草堆——软下。
龟腰（驼背）睡板门——拿桥（翘）。
老头子当兵——假积极。
小提量没把子——饭桶。
豆腐店挨着河——上下都是水。
癞蛄爬秤钩——自称。
桑木扁担——宁折不弯。
铁匠铺的老鼠——倒贴（盗铁）。
吊死鬼擦粉——死要好看。
棺材里伸手——死要钱。
煨罐没鼻子——不能提了。
马尾穿豆腐——不能提。
虎丫长毛——老手。
骑兵逛公园——走马观花。
螃蟹吃豌豆——滚的滚，爬的爬。
王八吃西瓜——滚的滚，爬的爬。

猫哭老鼠——假慈悲。
猪八戒吃海参——不知啥黑货。
猪八戒吃相片——没得人味。
猪八戒吞钥匙——开心。
胸口挂钥匙——开心。
猪八戒吃人参果——囫囵吞枣（不知啥滋味）。
猪八戒吃猪蹄——自残骨肉。
猪八戒吃大肉——忘本。
猪八戒背烂棉絮——要人没人，要货没货。
猪八戒吹牛——大嘴说大话。
张飞卖豆腐——人硬货不硬。
扁担上睡觉——想得宽。
棉花店的女儿——哪个不会谈（弹）。
棉花店挂弓——不谈（弹）。
飞机上挂暖壶——高水平（瓶）。
大矾拌大椒——又毒又辣。
高射炮打蚊子——大材小用。
大水冲倒了龙王庙——一家人认不得一家人。
偷来的锣鼓——想（响）不得。
带着铃铛做贼——十偷九不成。
到庙里借篦子——摸错了门。
豆腐烧排骨——有软有硬。
冬天吃醋——寒酸。
冬天不戴帽子——动（冻）脑子。
电线杆子挂邮箱——高兴（信）。
端着金碗要饭——装穷相。
独眼龙看告示——一目了然。
剃头匠收摊子——没人理了。
兔子尾巴——长不了。
和尚打伞——无法（发）无天。
铁匠做官——打朝前。
医生卖棺材——死活都要钱。
秃子照镜子——光对光。
拿菜刀剃头——与众不同。
翻穿皮袄——装佯（羊）；装洋（羊）。
小葱拌豆腐——一清（青）二白。
讨媳妇嫁女儿——一进一出。
晴天打雨伞——多此一举。
疤拉眼照镜子——自找难看。
石碑烤火——一边冷，一边热。
泥菩萨过河——自身难保。
小偷跳楼——顾财不顾命。

寿星吃砒霜——活得不耐烦。
拉和尚认亲家——找错了人。
老鼠进风箱——两头受气。
老鼠进书箱——咬文嚼字。
老鼠给猫拜年——送死。
六月天穿皮袄——武汉（焐汗）。
两个哑巴睡一头——没话说。
螺螺壳戴眼镜——多一层不如少一层。
两把号吹一个调——想（响）到一块了。
婆媳不再婚——老手（守）。
腊月天喝凉水——点点入心。
骆驼安鼻子——装相（象）。
猪鼻子插大葱——装相（象）。
绿头苍蝇怀胎——一肚子蛆。
腊月天吃冷饮——动（冻）心。
擀面杖吹火——一窍不通。
公鸡戴帽子——官（冠）上加官（冠）。
公鸡害嗓子——不能提（啼）了。
狗拿耗子——多管闲事。
狗咬月亮——不知天有多高。
裹脚布当围脖——臭一圈子。
龟腰（驼背）跌跟头——两头不落实。
玻璃瓶里的苍蝇——看到光明，找不到出路。
隔着玻璃亲嘴——挨不上边。
对着镜子作揖——自己恭维自己。
光屁股系围裙——顾前不顾后。
口袋改大衣——横竖不够料。
口渴才打井——晚了。
空棺材出丧——目（木）中无人。
孔夫子的褡裢——书呆（袋）子。
雷公打豆腐——拣软的欺。
老太太吃柿子——拣软的捏。
磕一个头放三个屁——行好没有作恶多。
客栈里的臭虫——吃客。
猴子戴草帽——假装人形。
后心害瘩背（疮）——钱（前）心重。
荷花池里打架——没你的藕了。
厕所里扔炸弹——激起公愤（粪）。
皇宫里的厕所——没你（我）的份（粪）。
狐狸戴礼帽——假做好人。
怀里揣木梳——舒（梳）心。
怀里揣笊篱——劳（捞）心。

黄鼠狼看（kān）鸡——越看越稀。
黄连树上挂猪胆——苦上加苦。
黄连树下弹琴——苦中作乐。
黄连木刻寿星——苦老头。
黄连木刻娃娃——苦孩子。
火车上看戏——载歌载舞。
梅兰芳唱《霸王别姬》——拿手好戏。
黑月头走路——没影子。
黑地里穿针——瞎斗（逗）。
鸡蛋壳喝酒——放不下来。
蒜苔炒藕——光棍被眼子套。
豆芽炒藕——勾勾搭搭。
镜子里的花——好看不好拿。
进门叫大嫂——没话找话说。
脚盆洗脸——没上没下。
脚脖子扣绳——拉倒。
脚底板抹油——溜之大吉。
脚踩西瓜皮——滑到哪里算哪里。
腿肚上绑大锣——走到哪响（想）到哪。
脚面支锅——踢倒就走。
要饭的打了碗——倾家了。
叫花子没棍——受狗欺（气）。
叫花子哼小曲——穷开心。
叫花子拜神灵——倾（穷）心尽到。
姜子牙的老婆——穷神。
棋盘上的卒子——只进不退。
骑驴背口袋——白费力。
骑驴看账本——走着瞧。
旗杆上挂灯笼——高兆（照）。
下雨不打伞——吝啬（淋湿）。
咸菜烧豆腐——有言（盐）在先。
戏台上的皇帝——威风不了几时。
关起门来称帝——自高自大。
木匠戴枷——自作（凿）自受。
新郎官戴孝——悲喜交加。
盲人剥大蒜——瞎扯皮。
做梦抓大印——官迷心窍。
做梦游西湖——好景不长。
打破油瓶——只剩嘴了。
草帽没边子——顶好。
纸糊灯笼——心里明白。
纸糊的琵琶——不能谈（弹）。

纸糊的窗子——一捅就破。
尉迟恭遇见李逵——黑对黑。
正月十五贴门神——晚了。
猪肉汤洗脸——昏（荤）头昏（荤）脑。
穿钉鞋拄拐棍——把稳把实（稳上加稳）。
船上打伞——没天没地。
扯着胡子过河——谦虚（牵须）过度（渡）。
蛇蝎蜈蚣交朋友——毒到一块了。
七个东西对半分——不三不四。
阎王的扇子——尽扇阴风。
阎王贴告示——鬼话连篇。
阎王出点子——诡（鬼）计。
土地庙门朝北——多管一方。
眼睛长到头顶上——目空一切。
武大郎放风筝——出手不高。
外公死独子——没救（舅）了。
外甥打灯笼——照旧（舅）。
外甥谈古——讲旧（舅）（讲究）。
讨饭外甥说故事——穷讲究（舅）。
二两棉花四张弓——细细谈。
头顶长疮，脚底板流脓——坏透了。
二十一天抱（孵）不出——坏蛋。
醉雷公——胡批（劈）。
乌龟吃大麦——活糟塌粮食。
孙大圣金箍棒——能大能小。
乌龟养王八——一路货。
大年初一吃饺子——大家都一样。
小脚女人过河——小心翼翼。
孕妇过独木桥——铤（挺）而走险。
冬天吃葡萄——寒酸。
秤砣掉进鸡蛋筐——砸蛋。
床底放风筝——飞不高。
狗掀门帘——来的不是人。
公鸡头上一块肉——大小是个官（冠）。
棺材店老板咬牙——恨人不死。
六月天穿皮袄——难得人家有。
麻雀下鹅蛋——挣起来喊。
癞蛄（gú）趴脚面——不咬人瘆人。
老虎拉车——没人敢坐。
老虎头上捉虱子——不要命。
老虎嘴里拔牙——不要命。
老鼠掉进油缸——油头滑脑。

屎壳郎打哈欠——一张臭嘴。
屎壳郎的脖子——跟别人两样。
皮匠不带锥子——真（针）好。
盲人抡大斧——瞎侃（砍）。
灶老爷上西天——一划好好好。
正月十五散财神——迟来半个月。
过年娶媳妇——双喜临门。
好天带雨伞——有备无患。
猴子屁股——坐不住。
怀抱金砖投河——要钱不要命。
怀里抱小猪——灰（灰：拱）心。
武大郎坐天下——没人敢保。
砌墙的砖头——后来居上。
苘秸（gāi）打狼——两头怕。
桑树枣子擦眉毛——紫了眼。
四两棉花——不值得谈（弹）。
树梢挂粪桶——臭气远扬。
剃头匠挑子——一头热。
萤火虫屁股——小量（亮）。
鸭子跑进坷垃（埌）地——跩死了。
猪八戒下凡——没个人样儿。
卖货郎摇大鼓——不懂（卟咚）不懂（卟咚）。
年三十拾兔子——有它也过年，没它也过年。
阎王嫁女儿——抬轿的是鬼，坐轿的也是鬼。

第三十五篇　精神文明建设

20世纪80年代初期，随着改革开放逐步深入，社会主义精神文明建设日益受到重视，全县按照中央要求，深入开展“五讲四美三热爱”（讲文明、讲礼貌、讲卫生、讲秩序、讲道德，心灵美、语言美、行为美、环境美，热爱中国共产党、热爱祖国、热爱社会主义）活动。1987年，中央下发《中共中央关于社会主义精神文明建设指导方针的决议》，县委对全县社会主义精神文明建设作出规划和部署。全县精神文明工作重点更加突出，载体建设日益丰富，齐抓共管渐成氛围。1996年，制定《淮阴县“九五”社会主义精神文明建设规划纲要》，提出到“九五”期末必须达到的政治思想建设、道德建设、社会事业建设、群众创建活动等方面的奋斗目标。淮阴精神文明主题教育活动与时俱进，文明家庭、文明城镇、文明街道及示范大道、文明行业、文明单位等创建活动如火如荼，涌现出一批舍己救人、见义勇为、尊老爱幼、扶贫济困先进典型。

“国旗在我心中”主题教育活动获市宣传工作创新奖，“五好文明家庭”及各级文明村镇、文明社区、文明行业、文明单位逐年增多，袁集乡桂塘村被命名为省级文明村。小学生夏前波舍己救人献出了宝贵的生命，小学教师王龙英救护横穿马路的学生身负重伤，老人席素成勇救落水儿童，村民郑继国赡养非亲非故哑巴老人，施玉白悉心照料3位老人，士官皇甫辉勇孝老爱亲等，皆为境内广为传颂的佳话。

1989年前，全县精神文明建设工作主要由县委宣传部负责，1989年后由县精神文明建设委员会（简称文明委）负责。1996年，县文明委增设办公室，负责指导全县精神文明创建工作。

第一章　创建活动

第一节　主题教育活动

1981年3月，全县开展“五讲四美三热爱”活动。1984年，全县城乡团员青年1.2万人组成567个学雷锋小组或青年突击队，为烈军属、“五保户”、病残困难家庭计1625户排忧解难。1985年7月起，开展“学习全党楷模、争做合格党员”活动，以增强党性，端正党风。1986年，全县开展争做“四有新人”（有理想、有道德、有文化、有纪律）活动及未成年人思想道德教育实践活动。1987年12月，县委组织全县党员干部学习中共十三大文件，同时开展以“五检查、五促进”为内容的党风大检查，促进“两个文明”建设深入发展。

1990年3月，全县深入开展学雷锋活动，全县干群以雷锋为榜样，积极实践雷锋精神，为推动“两个文明”建设作出新贡献。1991年6月，在全县范围内开展向八十二烈士学习的活动。1992年4月，印发《淮阴县1992年社会主义精神文明建设意见》，意见明确“三个坚持”（坚持宣传马列主义毛泽东思想、坚持贯彻党的基本路线、坚持两个文明一起抓）的方针，保证县委七届二次全会提出的各项目标顺利实现。1994年，县委书记张凯在县委全委扩大会上作《深化改革，加快发展，开创我县“两个文明”建设的新局面》的工作报告，全县精神文明建设得到高度重视。1995年起，全县开展“树形象、兴淮阴”活动，中小学开展“五心教育“（忠心献给祖国、爱心献给社会、关心献给他人、孝心献给父母、信心留给自己）活动。1996年，制定《淮阴县“九五”社会主义精神文明建设规划纲要》，把公民道德教育摆上重要议事日程。

1997年，全县开展以解决城市环境卫生、交通秩序、文明言行和服务质量4个方面问题为主要目标的“讲文明、树新风”活动和“三提倡、三反对”（提倡科学文明、反对封建迷信；提倡艰苦奋斗、勤俭节约，反对铺张浪费、大操大办；提倡民主法制，反对违法乱纪，打击聚众赌博和其他社会丑恶现象）活动。1998年，“讲文明、树新风”活动继续按照“主题不变、充实内容、一抓到底、务求实效”的精神，在交通秩序、环境卫生、文明言行、服务质量等方面取得明显成效。开展“说文明话、做文明事、当文明人、树立淮阴新形象”主题教育活动，抓好以社会公德、职业道德、家庭美德为重点的思想道德教育。是年，全县有68个单位建立职工道德教育领导机构，102个单位制定职工道德规范和岗位行为规范，98个单位达到市总工会精神文明建设总体目标要求。

1999年起，以省编《社会公德、职业道德、家庭美德知识读本》和市编《“三德”教育手册》为主要教材，开展“三德”教育；开展“国旗在我心中”专题教育活动，编辑《国旗在我心中》专辑。是年，“三提倡、三反对”活动扩增为“五提倡、五反对”（提倡移风易俗，反对封建迷信；提倡勤俭节约，反对大操大办；提倡文明新风，反对低级趣味；提倡遵纪守法，反对聚众赌博；提倡平等对话，反对违法上访）活动。2000年，将“五提倡、五反对”活动中“提倡文明新风”修改为“提倡高雅文明”，继续深入开展社会文明新风尚建设。2001年，城镇着重开展市民城市意识教育，将《淮阴区文明市民读本》《市民守则》《市民行为规范》等印发到市民手中，并组织学习宣传。文化部门组织民间文艺团体，以公民道德教育为主题，深入乡村、街头演出。是年，开展公民道德“四进”（进农村、进社区、进机关、进校园）活动。组织公民道德宣讲团到基层单位宣讲，协助基层单位开展宣教活动。组织各阶层人士2万余人参加全国公民道德建设知识大赛。2003年，召开创建“礼仪淮阴、诚信淮阴、知识淮阴”动员大会。组织“以诚信换明天”知识竞赛、演讲比赛，全区有46个行业代表队、50多名选手参加淮安市比赛，4名选手获奖。在城区举行“告别陋习、共建美好家园”万人签名宣誓仪式，新闻媒体开设《同创文明城市、共建美好家园》和《创建在线》等专栏。同年9月20日，开展第一个“公民道德建设宣传日”活动，组织市民“看变化、话发展”，评选“十佳文明新事”等。2004年4月，结合未成年人思想道德建设实际，制定《关于进一步加强和改进淮阴区未成年人思想道德建设若干意见》，下发到相关部门和中小学校。是年7月，以纪念邓小平诞辰100周年为契机，在全区中小学生中组织开展“改变我们生活的26年”系列教育活动。9月13～20日，开展“第二个公民道德宣传日”宣传教育实践活动。2005年，开展弘扬“三创”（创业、创新、创优）精神主题教育活动。开展“第三个公民道德宣传日”宣传教育活动。举办“我爱淮阴”系列文化活动。全区中小学深入开展学习《中小学生日常行为规范》教育活动。2006年，突出“美化家园、喜迎美食节”主题，组织开展“知荣辱、讲卫生、树新风——家庭创卫突击月”活动。2007年，开展“和谐淮阴、共建共享”主题教育活动。

2008年，组织开展机关干部、社区居民、窗口行业服务人员文明城市应知应会60题宣传推广活动，发放宣传手册6000本。农民技术员李树民、优秀民营企业家殷国龙当选市“凡人创举”先进典型。

第二节　创建文明家庭

1980年，县内开展“五好家庭”（遵纪守法好、邻里团结好、计划生育好、勤劳致富好、家庭和睦好）创建活动，全县评出“五好家庭”46户。1984年8月，为落实“两个文明”建设，开展创“双文明户”活动，全县涌现出“双文明户”3500户。1986年，评出“五好家庭”800多户。1988年，评出“五好家庭”900

多户。1990年,“五好家庭”达到1200多户。

1996年起,在全县开展以“勤劳致富好、团结互助好、遵纪守法好、计划生育好”为主要内容的“四好农户”评比活动。省市电台、电视台及《精神文明报》《新华日报》《群众》《淮阴日报》《淮阴宣传》《淮阴通讯》等媒体都作了专题报道。是年,评出“四好农户”5000户。1997年,在韩庄乡召开“四好农户”评选活动现场会,总结韩庄乡“四好农户”试点工作经验。是年,全县评出“四好农户”56047户,占全县总户数的33.8%。1998年,继续在农村广泛开展“四好农户”创评活动。全县共评出“四好农户”69713户,占农户总数的41.8%。对评出的“四好农户”,各乡镇举行挂牌仪式,激发广大农户争先创优的积极性。1999年,开展“五好文明家庭”(爱国守法,热心公益好;学习进取,爱岗敬业好;男女平等,尊老爱幼好;移风易俗,少生优育好;夫妻和睦,邻里团结好)评选活动,全县评选出“五好文明家庭”37户。2000年,县委宣传部与县妇联共同开展“五好文明家庭”评比活动,评选“五好文明家庭”32户。2001年,全区评出“五好文明家庭”50户。2002年,开展“五好家庭”“好婆婆”“好媳妇”评选活动,评选出“好媳妇”米美华等一批先进典型。全区评出“五好文明家庭”90户。

2004年,开展“双学双比”(学文化、学技术,比成绩、比贡献)“巾帼建功”“学习型家庭”“五好文明家庭”等评比活动。全区评出“五好文明家庭”“学习型家庭”各100户。2005～2008年,评出区级“五好文明家庭”390户、市级“五好文明家庭”120户。

第三节　创建文明村镇、街道、示范大道

1982年,制定文明村镇评比标准,在全县开展文明村镇评比活动,每年一次。至1996年,先后有24个乡镇、322个村被评为文明村镇。1997年,开展安全文明村镇系列创建活动,有10个乡镇、246个村(居)被授予“安全文明村镇”称号。1998年,在全县城乡开展“文明大院”创建活动,评选出县检察院大院、县农资公司大院、县中大院、县供电局大院为全县创建文明大院示范点。是年,开展文明一条街和文明小区创建活动。南陈集乡中心街道被评为市级“集镇文明一条街”、供电局生活大院被评为市级“文明生活大院”。

1999年3月,出台《关于在全县开展创建文明村镇工作的意见》,从集体经济、思想教育、镇容镇貌、社会治安、科教文化、领导班子建设六大方面制定创建内容和考核标准。2001年,共评出区级文明镇3个、文明村15个,推报市级文明村2个。2002年,评出区级文明社区(小区)2个。2003年,王营镇被命名为省级文明镇。2004年,修订出台《淮阴区精神文明创建规章制度选编》,使创建工作更加规范化、标准化。根据江苏省文明城市的创建现状,出台《关于创建“文明示范大道”的实施意见》,印发《道路交通安全法》《致城区居民的一封信》《致文明大道沿线居民、经营业主的一封信》等宣传材料2万余份;在大街两侧的人行道边用黄线划出停车线,设置醒目的车辆停放指示牌,加大车辆停放管理力度。2005年,袁集乡桂塘村被命名为省级文明村。2006年,开展“文明新家园”创建活动,评选表彰区级文明村1个。2007年,全区创建省级文明乡镇标兵1个、文明村1个。

2008年,制定下发“文明家园、和谐社区”创建规划。围绕“绿色庭院、生态田园、美丽家园”目标,以美化市容市貌、镇容镇貌、村容村貌为重点内容,开展城乡环境综合整治。

第四节　创建文明行业(单位)

1981年起,淮阴县“五讲四美三热爱”评选委员会在全县开展文明单位评选活动,至1985年,创县级文明单位186个。1986～1988年,有10个单位获淮阴市文明单位称号。1989年,县税务系统有2个单位分别获得省、市文明单位称号。1987～1989年,全县命名县级文明单位60个、撤销2个、亮黄牌6个。1990年,有文明单位82个,其中省级4个、市级16个、县级62个。

1991年，下发《淮阴县文明单位管理暂行办法》，规范文明单位创建和管理，掀起文明单位创建热潮。是年，全县有省级文明单位3个、市级文明单位30个、县级文明单位51个、县级文明系统1个。1995年，被省文明委授予文明窗口单位、文明机关、文明学校称号各2个。是年，县委、县政府命名表彰51个文明单位（村）。

1996年，成立县精神文明建设指导委员会及其办公室，启动全县文明机关、文明行业、文明服务窗口的创建工作。1月，出台《关于开展"百店无假货"活动意见》，净化市场环境，规范经营行为，保护消费者利益。2月，在县五交化公司召开全县"百店无假货"活动现场会，评选出1994～1995年县级文明单位185个。1997年，淮阴县邮电局小营邮电支局等12个单位被评为全县创建文明行业示范点。县地税局、县中、实验小学获"省级文明单位"称号。1999年，编印《文明单位创建工作手册》，县国税系统等6个行业被评为1998年度县级文明行业，31个单位获"市级文明单位"称号，县国税局、供电局、电信局获"省级文明单位"称号。2000年，举办文明单位负责人培训班，进一步加大文明行业、文明单位创建力度，逐步完善文明行业、文明单位的创建管理办法，推动全县精神文明创建工作。制定完善文明行业、文明单位管理制度。组织"万人测行风"问卷调查。2001年，评出1999～2000年度县级文明行业8个、文明行业创建工作先进单位3个，推报市级文明单位11个。开展2000～2001年度省、市、区级文明单位申报评选活动，全区共有5个行业和5个单位获省级文明行业或文明单位称号，46个单位获市级文明单位称号，37个单位获区级文明单位称号。2002年，区委宣传部被市委、市政府表彰为"2002中国淮安·淮扬菜美食文化节"先进集体。2003年，通过制度化管理，克服"重评轻创"现象，国税、供电等7个行业被命名为2001～2002年度省级文明行业，淮州中学、建设银行城北支行、农业发展银行淮阴区支行、区公路管理站4个单位被命名为2001～2002年度省级文明单位。2004年，33个单位被市委、市政府授予2002～2003年度淮安市文明单位，73个单位被区委、区政府授予2002～2003年度区级文明单位。2005年，实施文明创建"过程管理、动态考评"新模式，推动各项创评工作规范化、制度化、科学化。对部分行业、单位创建工作进行调研和明查暗访。区地税局被命名为省级文明单位标兵，国税、供电等7个行业被命名为省级文明行业，财政局、淮州中学等5家单位被命名为省级文明单位。2006年，评选表彰2004～2005年度区级文明单位61个，受市委、市政府命名表彰的市级文明行业2个、文明单位38个。2007年，全区荣获2005～2006年度省级文明行业11个、文明单位6个。2008年，区医院、农行、电信公司被授予"淮阴区文明服务单位"称号。

第二章　传统美德

第一节　舍己为人

【夏前波】 汤集乡孙赵小学三年级学生。1991年8月28日下午，9岁的夏前波在家旁玩耍，突然听到呼救声，急忙跑向事发地点，看到一名儿童正在水中挣扎，附近没有大人，夏前波毫不犹豫地纵身跳入水中。汪塘坡陡湿滑，夏前波几次努力把落水儿童托上岸，孩子都滑落水中。最后，夏前波用尽全身力气，又一次将儿童托起，自己却沉入水中。大人赶到，落水儿童得救了，夏前波却献出了宝贵的生命。小英雄牺牲后，受到市、县团委及县政府的表彰，1994年11月被省政府追认为革命烈士。

【王士军】 王营镇人。生前系淮阴市汽车改装厂工人。1995年8月3日凌晨，一歹徒持刀闯入年轻妇女王伟红家抢劫。在岳父家就寝的王士军被呼救声惊醒，顾不上穿鞋就冲了出去。歹徒企图越墙逃跑，被王士军一把按倒在地。丧心病狂的歹徒挥刀向他的胸部、颈部、左眼、腹部等部位连刺7刀，顿时血流如注。在身负重伤的情况下，王士军没有屈服，仍然死死抱住歹徒不放，直到生命的最后一刻。王士军牺牲后，先后被市政府授予“见义勇为英雄”，被省政府授予“见义勇为先进分子”，被交通部、中华见义勇为基金会联合授予“全国交通系统见义勇为先进个人”。中共淮阴市委于1995年9月作出决定，号召全市广大干群向王士军学习。

【张国凡　陈巧荣】 二人为夫妻，均为赵集镇人。1998年，夫妻二人商量在洪泽湖边自费创办渔民子弟学校。为改、扩建校舍，不仅用光所有积蓄，还拆了自家的房子。学校占地1875平方米，校舍面积460平方米，近百名学生多为江苏、山东、安徽等地渔民子女及周边乡镇农家子弟。学校帮助近200名渔民子弟完成小学学业，社会声誉较好。张国凡、陈巧荣夫妇毁家办学的义举，受到各级政府的好评和社会各界的称赞。

【王龙英】 西宋集乡汪渡小学教师。1999年6月12日，王龙英送学生回家，两个学生横穿马路，迎面驶来一辆汽车，她迅疾推开学生，自己被汽车刮倒，手腕骨折。

【席素成】 王营镇居民。2003年4月27日下午，王营镇星光批发市场3个不满10岁的儿童骑三轮车玩耍，不慎掉入鱼塘。因事路过的席素成见状，不顾年过七旬身体虚弱，跳进两米多深的鱼塘，救出落水儿童。

【顾鼎胜】 刘老庄乡南营村村民。2004年3月8日下午，年仅2岁的娇娇点燃邻居家锅灶旁的柴草，顿时浓烟滚滚。顾鼎胜发现火情、迅速放下手中活计，冲进火场，抱出娇娇，自己却被浓烟熏得不省人事。

【狄开云】 棉花庄镇十里村卫生室医生，中共党员。2004年7月18日中午11时许，正在家中吃午饭的狄开云听邻居说有小偷正在本庄偷鹅，立即放下碗筷，骑摩托车赶向事发地。4名窃贼威逼利诱，狄开云不为所动，喝令4人放下赃物。窃贼恼羞成怒，拿出尖嘴钳等凶器围攻。狄开云身体多处负伤，一面与窃贼缠斗，一面呼救。当地群众陆续赶来，窃贼见势，落荒而逃。狄开云到棉花庄镇派出所报案，派出所根据线索，迅速展开侦破工作，一举抓获流窜周边县区，盗抢鸭、鹅1000余只的4人犯罪团伙。

【李金飞】 淮汽出租车公司驾驶员。2006年6月19日晚，王营镇营东生活小区两个儿童玩耍时被突然倒塌的临时建筑物砸伤，血流不止。他驾车路过，迅即将儿童送往市一院救治后默默离开。

第二节　尊老爱幼

【施玉白】 王营镇星光村村民。1987年起，施玉白把祖父、父母接到身边，悉心照料。20年间，施玉白坚持为老人洗澡、洗床单和尿布，倒大小便，求医治病。84岁的母亲卧床多年，患有褥疮，在她的精心照料下痊愈，105岁高龄的祖父安然离世。她的家庭多次被评为淮阴区文明家庭，她本人也被中宣部、全国老龄委等国家六部委表彰为“孝亲敬老之星”。

【郑继国】 老张集乡郑湾村村民。1990年，郑继国在涟水走亲戚时看到一个衣衫褴褛的哑巴老人，出于同情心，将其带回家，并四处打听、寻找老人的亲人，但没有成功。从此，老人就和郑继国一家人生活在一起，郑继国为她治病、买衣服、过生日。

【朱士兰】 古寨乡条河村村民。古寨乡条河村四组62岁老人郭习筠无儿无女，多年前因一场疾病瘫痪在床，无人照料。1992年，他的大侄媳朱士兰主动接老人到自己家中，照顾老人生活起居。每天为他喂饭喂药、端茶倒水，嘘寒问暖。在她的悉心照料下，老人终于能拄着拐杖走动。

【吕金萍、吴家凤、隽玉莲】 凌桥乡三堡村村民，3人是妯娌关系。72岁的婆婆张荣珍患肿瘤开刀，出院回家后，她们争着侍奉婆婆，在当地传为佳话。

【高天兰】 棉花庄乡顾庄村四组村民。数年如一日照顾本组年过六旬、腿脚不便的老人靳洪生。1997年，靳洪生摔了一跤卧床不起，高天兰挑起特护老人的重担，使老人战胜病魔，重新站立起来。

【葛翠花】 徐溜乡金城村四组村民。结婚12年一直赡养"五保"老人倪耿氏，细心照料，无微不至。

【王忠平】 王营镇星光社区居民。2004年3月，在王忠平家做工的钱玉花的7岁儿子田野被确诊为白血病，而钱玉花丈夫下岗，家庭负债。王忠平得知消息后，一边向区妇联、镇妇联、村妇联呼吁，请求社会援助，一边帮助钱玉花安顿好田野住院，自己拿出1000元给孩子看病，同时承担田野的全部生活费用。

【俞晓辉】 新渡小学教师。2004年，俞晓辉发现该班张大千聪明伶俐，但成绩始终在班级后几名。家访后得知张大千的父母常年在外务工，因无人管教而长时间迷恋网吧。俞晓辉就和当地网吧联系，不让他进入网吧。经过耐心细致地开导，张大千幡然悔悟，努力学习，翌年考上市北京路中学。

第三节 扶贫济困

【陈振玲】 棉花庄镇大兴村六组村民。1999年，在麦收前，陈振玲得知大兴村一组村民陈国发遇病灾、车祸，生活困难，她发动大家帮助陈国发。在她的带动下，先后有100多人为陈国发捐款1200余元，捐粮250余千克，捐衣14件。

【吴海霞】 渔沟镇人，中共党员。2000年，一直在外打工的吴海霞回到家乡渔沟镇创办渔沟镇怀中手套厂，安排当地400余人就业。2006年，在古寨办分厂，吸纳200多名女性劳动力就业。每年春节、中秋等节日，吴海霞都会以手套厂的名义送钱、送物到镇敬老院。她还在区"慈善超市"设立"爱心专柜"，无偿发放床上用品三件套给城乡低保户。2007年，她被表彰为淮阴区"三八红旗手"和优秀女企业家。2008年，被评为区"双学双进"先进女能手。同年3月，当选区人大代表。

【赵传轩】 徐溜镇韩庄村村民。赵传轩靠足球加工走上致富道路，获市首届农村青年"致富能手"称号。他捐助1万余元资金帮助困难的乡邻发展养猪、搞种植和跑运输。

【张志亚】 棉花庄镇机房村五组村民。张志亚是全市有名的养鸡大户，为原大兴庄乡和邻近乡镇共培养106个养鸡大户，并为这些大户赊销良种苗鸡、优质饲料，同时还帮助养鸡户跑销路，在行情不好的情况下，还用保护价回收成鸡。仅用9个月时间，他推广销售良种鸡近40万只，为群众创收近百万元。

【耿宝霞】 王营镇人，康馨聋儿康复中心主任。2002年4月，耿宝霞创办全市第一家只有2名学生的聋儿语言康复中心，后慕名而来的聋童越来越多，学校规模不断扩大，共培训聋童200多人，有48名儿童顺利进入普通小学就读，在校聋儿30多名。耿宝霞不仅在经济上资助困难聋儿，还注意培养聋儿的社会责任感，汶川地震时积极发动儿童献爱心。

【张玉兆】 王营镇居民，中共党员。2004年，受台风影响，张玉兆所在村通往街上的道路涵洞被大水冲垮，群众上街赶集、下田劳动极为不便。张玉兆拿出500多元买了4根水泥管、6块水泥板，组织群众抢修路桥。

【李玉梅】 王兴镇人。2004年，邻居韩姓夫妇相继去世，李玉梅承诺帮忙照顾4个未成年的孩子，最大的15岁、最小的9岁，都在上学。李玉梅对待这4个孩子胜过自己的孩子，多年如一日，无怨无悔。孩子们在李玉梅的照顾下身心健康，懂事明理。她的家被誉为"4个孤儿的爱心港湾"。

【靳秀华】 老张集乡人。靳秀华17岁的养女张燕得了白血病，她花光了积蓄，就用家里的房子抵押办贷款。当得知骨髓移植是最好的治疗方法后，她多次上门请求张燕亲生父母相助，遭拒后仍不放弃，千方百计联系江苏卫视《人间》栏目进行调解。多年的奔波操劳，她自己患上肾炎，但她意志坚定："我活着一天就要照顾好孩子一天，就算砸锅卖铁也要给孩子治病！"

【朱桂珍】 王营镇民政办工作人员，中共党员。在朱桂珍的关心与协调下，为近500名残疾人落实就业，解决轮椅300多辆，为近200名白内障患者落实复明手术。孤儿张春尧、马其振在她的关心教育下，品学兼优，大学毕业后走上工作岗位。

【张彩霞】 韩桥中学教师，中共党员。她是一位在社会资助关爱下长大成才的80后。参加工作5年中，她把一腔关爱倾注在每位学生身上，节衣缩食省下9000余元为困难学生缴纳住宿费、保险费、医药费、资料费、购置食品衣物等。同时她注重心理疏导，帮助多名学生解决青春期心理问题。

【皇甫辉勇】 韩桥乡人，现为南京军区73056部队51分队班长。他的妻子从小是弃婴，其养父又残疾，还有一位高龄奶奶，但是皇甫辉勇毫不犹豫地与她结婚，并扛起家庭重担。后来，妻子被查出身患多种疾病，皇甫辉勇倾家为她治疗，直到她生命最后一刻。退伍战士丁建峰救人牺牲，皇甫辉勇尽管债台高筑，仍然带头为他捐款，并且给丁建峰家人打电话、写信、主动上门"认亲"。同时，他也加入城市应急用血志愿者团队，近10年间，为社会义务献血2200毫升。皇甫辉勇先后8次被评为优秀士兵，还被评为优秀共产党员、中国好人、践行当代革命军人核心价值观十大先进人物、江苏省道德模范、第四届全国道德模范——全国孝老爱亲模范。

第四节　爱国宣传

【李爱云】 女，淮阴区质量技术监督局退休员工。李爱云的哥哥李云鹏是刘老庄八十二烈士之一。李爱云于1969年怀着对英雄哥哥的无比敬仰之情，只身从老家徐州来淮阴区刘老庄插队落户，扎根淮阴大地为哥哥守灵44载。她在淮阴县计量所、标准局、质监局工作期间，参加爱国主义传统教育，弘扬八十二烈士精神活动，应邀到学校、部队、工厂进行爱国主义传统宣讲，宣传八十二烈士精神，并担任过中学校外辅导员。2009年9月，刘老庄连82名烈士被评为"50位为新中国成立作出突出贡献的江苏英雄模范人物"，李爱云作为代表出席表彰大会，省委书记梁保华为她颁发了奖章。1992～2002年连续当选为市人大代表，2010年5月入选中国好人榜。是年10月，出席在扬州召开的"全国道德模范与身边好人现场交流会"。2013年，李爱云被评为江苏省道德模范。

【陈兆居】 字石庵。渔钩镇人。1952年，中共淮阴县委应全县人民的要求，决定重建八十二烈士墓，兴建八十二烈士纪念亭。县委将这一任务放到了刚组建不久的刘老庄中学全体师生肩上。由于自身学美术，烈士陵园的设计、营建、施工等大量工作就落到了陈兆居的身上。当时，李一氓将"淮阴八十二烈士墓"几个字是写在信纸上，有两公分大小。其时，不知道大理石能有多大，烈士墓设计也没有准确的尺寸，只是要求尽量弄大一些。碑石运到后，陈兆居负责放大李一氓题字的任务。他先根据大理石面积计算每个字大小，写在纸上，请师生比对，先看像不像，再看有没有原字的笔力、韵味、气势，反复提出意见，屡次修改，他用了几十个晚上，最终将字刻上石碑。为了书写好李一氓撰写的碑文，学校安排几个有书法功底的教师一起书写，从中选好。陈兆居有空就练字，碑文一千多个字，不知写了多少遍。那时，妻子有孕，为了练字，他几个星期都未回家。最后，经评议，选用陈兆居写的那一张。为了设计好碑亭，陈兆居多次到实地比量，反复修改设计图，其实，陈兆居不会画施工图，只会画美术效果图，不知画了多少遍，最后，陈兆居画了一张小的留作纪念，和红宝书放在一起，"文化大革命"中才保存下来。

【李有生】 刘老庄乡人，农民，初中文化。1989年起，李有生义务为爱国主义教育奔波，自觉从事专题图展和宣讲工作，还多次举行报告会、历史讲座等活动。1993年底，在刘老庄乡，他第一次举办"中国革命历史图片展"。在地方政府和驻军部队的大力支持、帮助和协调下，经有关部门批准，2000年初，他在自家办起了国防教育广播站，向人们宣传时事新闻、《国防法》等方面的知识。至2008年，李有生用平板车拖着自制的2万多幅图片，举办革命历史图片展数千场次，方圆百里的80多所中小学校、40多个企事业单位和分布在29个点上的驻军部队都留下了他的足迹，直接受教育的群众达200多万人次。他先后被江苏省评为"全民国防教育先进个人""精神文明建设先进个人"。

【袁维儒】 丁集镇人，农民，初中文化。2003年，袁维儒萌发搞航天展览的念头。他从朋友处借来工具，自己动手焊接车棚、车架。他精心设计了一套车棚图案，把自己的航展变成一个流动的教育阵地。他在城区租了一间房子，屋内除了几件日用橱具外，最显赫的就是几块航展板。2003年10月，中国神州五号（以下简称“神五”）载人航天飞船成功上天，他把“神五”的有关资料全部收进了自己的图片展览中。2004年1月10日，他把第一次展览的地点选择在市第二中学。有的乡镇比较远，他就在晚上提前赶到学校，为节省开支，他把自己的展出电动车改造成集运输、睡铺于一体的多功能“移动旅馆”。2005年10月，“神六”成功上天，他就带着“神五”“神六”的图片，到学校开展爱国主义教育。2006年2月，丁集、徐溜、五里几次航展都很成功。

第三十六篇　人　物

本篇设人物传略、人物录和人物表。

人物传略主要收录1978年至2015年逝世的地市级以上实职干部、著名革命烈士以及各界杰出人物、德行楷模，以淮阴籍为主，或虽非淮阴籍但曾在淮阴生活工作过并为淮阴作出重要贡献的前贤、英烈，按卒年先后排列。《淮阴县志》漏载人物，适当增补。

人物录主要收录1978年至2015年已逝世的在淮阴担任过县处级正职以上的领导干部以及在外地工作的淮阴籍各界杰出人士。

人物表主要收录淮阴籍或在淮阴工作过的正处级以上党政军人物，按出生时间先后排序；淮阴籍教授、省级以上协会会员及获国际大赛奖项的体育界人士，按出生时间先后排序；在区内外有影响的民间巧匠，按出生时间先后排序；1978年至2015年牺牲的淮阴籍革命烈士，按卒年排序；区（县）内获省部级以上表彰的模范人物以及部分特级教师，按发文时间先后排序。

第一章　人物传略

刘采春

刘采春（生卒年不详），女，唐代著名歌女、诗人。淮阴人，伶工之妻。《全唐诗》收入其《望夫曲》6首，每首4句，短短20字，明白如话，通俗易懂，生动再现少妇思念远游丈夫的迫切心情。同时期的大诗人元稹赞美她："言词雅措风流足，举止低回秀媚多。"当时，采春"一唱是曲，闺妇、行人莫不涟泣"。其所状"朝朝江上望，错认几人船"之意境，宋词大家柳永等亦尝袭用。

吴朝观

吴朝观（1752～1835），字殿升，清河县（今淮阴区）人，世居淮阴县大兴庄。吴朝观以善于经商而致富，且慈祥而富有爱心。道光十一至十三年（1831～1833），清河一带连续灾荒，吴朝观见哀鸿遍野，至于垂涕，寝食不安，于自己家宅外廾设4个粥厂，用自家粮食每日施粥，使上万人免为饿殍。又命其次子以诏到外省买黍麦数千石，以贱价出售给贫民，民困大为缓解。第二年，又对很多无食者，进行大规模赈济，"其所全活，三年而不倦"。据邑人蒋阶所记，仅道光十三年正月初十至二月十八，一月间凡活老弱七十八万六千余口。"其触寒而死者，为七大冢埋之，今大北门外，高冢嶕峣，如岗如阜，皆当时饥民埋骨地也。事闻，巡抚林则徐榜其门曰'积善之家'。自是以后，吴氏常为乡里所宗仰，其子孙又能世其德，以'节义廉退'为其家法。"吴朝观一向重视教育，曾就吴氏宗祠所在地渔沟西门外重建临川书院，并捐助学田。又捐建向善堂，为吴氏家庵延寿庵捐有愿田。光绪三十三年（1905），吴朝观后裔吴钟骥、吴其秸顺应潮流，创办新学，改扩临川书院为小学，并合向善堂、延寿庵为一。当时渔沟小学教室有70余间，皆有房有廊，高大宽敞，请通州张謇题写学校匾额。并有吴家所捐学田十八顷。自开办至

20世纪30年代，仅他乡异县在该校的毕业生就达五百余人。渔沟小学堂原系康熙年间知县管钜所建，岁久而圮，吴朝观重建之。当时淮阴私立学校，在城有绳武，在乡有运商及渔沟，后绳武、运商皆停办，唯渔沟小学其时弦诵之声不绝。

魏真诚

魏真诚（生卒年不详），乂丐，山东省兰山县人（今临沂市兰山区）。淮阴县徐家溜南门外，地势卑下，陈年积水，阻断交通，行人望而却步，集市大受影响。民国16年（1927），其乞食过此，见而心动，于是夫妇发愿，誓成此桥。“于是四方善士，嘉其义行，莫不乐输，不日而桥以成。里中特勒碑，以书其功。”此后，魏真诚又发愿筹建徐家溜六塘河石桥。民国18年9月23日《苏北日报》报道此事：“邑人魏真诚发起建筑六塘河石桥，正在筹划中。”然未能如愿，成为淮阴交通史上一件憾事。（《淮阴县志》失录，谨补）

孙汉文

孙汉文（1909～1940），生于淮阴县西坝公德街（今淮阴区王营镇星光社区）。民国14年（1925），在运商学校曾聆听恽代英演讲，较早地接受马克思列宁主义教育。民国16年春，经旅外学生中共党员赵步坤、靳宗恂介绍入党，成为淮阴地区首批加入中国共产党的党员之一。是年秋，江苏省委特派员何孟雄来西坝指导建党工作，在孙汉文家中组建了淮阴地区第一个党支部——西坝支部，孙汉文任支部书记。他积极从事党的地下工作，秘密印发传单，张贴宣传标语，利用时机公开演讲，唤醒群众，扩大党的影响。民国18年，他代表团县委步行去上海开会，散会后被敌人盯梢追踪，利用竹竿从二楼跳下，翻墙脱身。是年夏，组织领导西坝缉私营士兵武装起义，与大兴庄农民武装暴动互相呼应配合。是年秋，西坝党支部组织领导盐业工人罢工要求增加工资，罢工坚持4昼夜，终于迫使盐商资本家答应条件，取得斗争胜利，中共淮盐特委表彰了西坝党支部。民国19年，任中共淮阴县委委员。民国20年，在清江大闸口向群众发表演说，反对日本法西斯入侵我国东北三省，揭露国民政府消极抗日的行径，在群众中影响甚大，使国民党政府惶恐不安。民国22年春，国民党政府下令通缉，他不得不转移到灌云、新浦一带活动，继续坚持地下斗争。民国25年，他回到西坝工作，参加吴觉组织的抗日同盟会。民国29年冬，因叛徒出卖，被新亚社汉奸头子吴文崇抓捕入狱。在狱中备受严刑拷打，始终坚贞不屈。不久，被敌人押送南京杀害。1980年，被追认为革命烈士。（《淮阴县志》失录，谨补）

张益斋

张益斋（1882～1947），名同康，以字行，今涟水陈师人。清同治末迁居其客庄——河头庄。家风朴素，洁身自好，宽厚待人，乐于公益，守业农村，造福乡梓，为德高望重的一方乡绅。民国21年（1932），在其客庄南盐河上造船兴渡以便行人，取名新渡口。次年，在渡口旁首倡招商兴集，新渡街遂蓬勃兴起。其重视教育，热心办学。先后利用家庵创办观音堂小学，利用张氏祠堂创办初中补习班，还创办开庵小学。抗日战争期间，利用自家客厅兴办新渡私立小学。并身体力行，动员女孩入学读书。为了让儿子乃藩集中精力为抗战效力，把孙子绍迁留在家抚养，抗战胜利后才送回乃藩身边。他拥护抗日民主政权的抗日主张，积极响应减租减息号召，并主动献出家藏自卫枪支给抗日武装。对抗日民主政权干部的生活和工作多有关照。其对穷苦乡民富有同情心。佃户蔡学标家失火，他率先赶到现场救火。由于风大火猛，抢救不及，三间草房全部烧毁。即安排人用自家木料为蔡家建起三间新草房，并安排好一家人生活。张益斋教子有方。育有一子二女，子乃藩，另有传。

祝家栋

祝家栋（1908～1976），淮阴人。早年在北京读完小学、中学，后入南洋兄弟烟草公司。民国18年

(1929),以第一名的成绩考入在淮阴创办的导淮训练班,不久就与须恺、汪胡桢、林平一等参加《导淮工程计划》的编制工作。在导淮委员会期间,他做过测量、绘图等大量的具体细致工作,勤奋刻苦,迅速成长为优秀的水利专家,参加安徽正阳关、寿县等地水利工程建设。

中华人民共和国成立后,他成为主持江苏省大型水利工程的水利系统知名工程师,沭阳闸、皂河闸、淮安船闸、六塘河涵洞、邵伯闸、邵仙闸、施桥船闸、射阳河闸、射阳港 、新洋港、斗龙港、万福闸、金湾闸、太平闸、芒稻闸、江都引江抽水站等都凝聚着他的心血。万福闸是20世纪50年代末的特大项目,当时机械化程度很低,土方工程是肩挑人抬,混凝土工程是小型搅拌机加双轮斗车。为了抢在汛前竣工通水,他科学统筹调度,并昼夜在工地第一线指挥,终于赶在汛期前全面完工。万福闸如期开闸时,他却累倒住进医院。

祝家栋对人宽,对己严,怜贫惜苦,与人为善,一生助人无数。作为水利工程师,他长年居荒野,住工棚,披星戴月,呕心沥血,赶工期,保质量,身先士卒,健康严重受损,于1976年病逝。

冯少斋

冯少斋(1919～1980),名肇镛,号少斋,淮阴县城人。出生于中医世家,其祖父冯秀堂、父亲冯养哉,都是清江浦名中医。冯少斋自幼从父及其他名家学医,熟读《内经》《伤寒论》《金匮要略》《临症指南医案》《温病条辨》《名医指掌》等书,对治疗内科温病杂症造诣很深,尤其对治疗乳腺炎等病症有独到之处,是解放前淮阴有名望的中医之一。

冯少斋医德高尚,恤贫济弱。对患者不分贵贱,一视同仁,在其个体行医期间,免费诊治,赠钱购药是常有之事,甚至赠人棺木,助赤贫者安葬,深得桑梓父老好评。中华人民共和国成立后,冯少斋曾任清江市卫生工作者协会副主任、市人大代表、政协委员等职。1980年10月15日逝世,留有原始医案千余份。

曹济生

曹济生(1895～1983),名畀尘,一字寄僧,淮阴五里人。8岁随父读私塾,民国元年(1912)入渔沟高小学习,嗣后就读于淮阴省立第六师范,毕业后任淮阴县劝学所劝学员。旋考入江苏省立苏州医科学校,民国14年夏毕业后,应淮阴仁慈医院院长林嘉美之聘,任练习医师,次年被医院送入山东齐鲁大学医科进修。历任眼科专科医师、内科主治医师、副院长、院务保管委员会主任委员暨代理院长,前后达23年之久(民国20年曾入北京协和医院研究班眼科深造)。民国16年3月,南京发生外国驻华机构及外侨住宅被袭击、外舰炮击南京事件。此后,仁慈医院的美籍人士因悚惧而撤往青岛,院务委托曹济生主持。抗日战争初期,曹济生带领仁慈医院医护人员,日夜奔忙,有时一日要接纳抗日伤兵员600多人。淮阴沦陷后,曹济生等帮助抗日伤员和避难官兵提前销毁各种凭证,换改全部病历,使日军搜查时毫无凭据,从而使他们均免遭残杀。民国30年春,所有美籍人士全部返美,曹氏主持院务,曾冒险救出被日军逮捕、拟杀害的钱景山医师。抗日战争胜利后,曹氏还救治大批伤病的新四军将士和其他革命人士。民国37年8月,携眷至南京,于下关自行开张诊所。1951年3月,应同窗同乡、湖南邵阳医院院长夏如馥之聘,往任医职。1953年遭人诬陷,失去公职,回乡达10年,1964年7月始得返回南京。其子女六人皆卓然有成。

时益寿

时益寿(1911～1986),淮阴县城人。民国20年(1931)江苏省淮阴中学高中师范科毕业后,先后在江苏江北运河局、淮海水利工程处、安徽省江堤修防工程处等单位任监工员、队长、督导员和助理工程师等职,积累了丰富的工程技术经验。1950年起任清江市政府建设科技术员,1962年起任市政工程公司技术员。先后在市区南北门大街、城内东西大街、河北路等拓宽工程中负责技术工作。对西门桥、北门桥、水门桥等许多桥涵，以及巷道的新建、改建作出了贡献。还担任淮阴发电厂、淮阴卷烟厂、清江印染厂的码头设计施工任务。时益寿对市区各条道路、下水道等情况都很熟悉，遇有疑难问题，他都能提出最佳处理方案，被誉为淮阴市区的“活地图”。其工作认真负责，甘于吃苦，经常步行跑工地。而且精打细算，节俭奉公，力求少花钱，多办事，办好事，为市区城市建设作出重要贡献。

费隐涛

费隐涛（1915～1987），原名振源，淮阴清江浦人。费隐涛6岁拜朱汉国为师，习文练字。11岁时，他在母舅辅导下开始学练武功，先后拜石凤翔、王子庆等武术名家为师，终于集武当、少林功夫于一身，十八般兵器都会使用，并和宜兴人万良、石凤翔弟子纪乐天（共产党员）结成亲密朋友。20岁后，费隐涛浪迹江湖，在扬州、镇江等地以教拳为生，以武会友，在上海结识著名的六合拳师佟忠义，在广西柳州拜会八卦掌创始人董海川嫡传弟子吴俊山。民国26年（1937），费隐涛到了重庆，任国民党军政部武术教官。民国32年底回到淮阴，开办振大粮行。在费隐涛准备过30岁生日的一天夜里，日本人借口他与共产党员纪乐天是师兄弟，把他抓进牢房审讯，受尽折磨。后来在老南门街一百多户人家联合担保下，才被释放。1954年，应邀去南京，筹备南京市武术协会。1955年到北京参加全国武术比赛。1956年当选为南京市武术协会主席。1958年后，他多次出任省武术比赛的裁判长和总裁判长，不仅组织武术辅导，而且开设门诊治病，并到江苏省委党校、南京工学院、南京医学院、南京大学，讲授武术和医道。他曾多次受到毛泽东、周恩来的接见和鼓励。“文化大革命”结束后，费隐涛带领子女、徒弟组成家庭承包形式的武术团体——新蕾武功团，深入农村、城市，为群众表演，传授武术，并参加电影《今日中国》《奇功异彩》《金陵春暖》的拍摄。费隐涛有《群拦剑》《简化少林拳》《八卦掌》等武术专著。国家体委曾派专人对“费家功夫”进行系统整理。

黄　驭

黄驭（1922～1989），涟水县大东镇人。民国28年（1939），参加八路军山东纵队陇海南进支队。同年8月，加入中国共产党。曾任八路军苏皖纵队南支第三梯队政治部民运科长，后在淮阴县历任中共宋集区区委书记兼区抗日武装大队大队长、县委组织部部长、县委副书记、县长兼县独立团团长。黄驭多次受到华中分局等领导机关的通报表扬，他所在的淮阴宋集区抗日武装大队被命名为“黄驭游击队”，其英勇事迹新华社曾报道过。1949年起，历任中共安徽省凤阳县委书记、滁县地委秘书长。1953年起，历任安徽省工交办主任、省委工交部部长。1959年，任马鞍山市委第一书记，领导城市与马钢建设，具有开创性成就。“文化大革命”期间惨遭迫害，曾被关押及下放工厂劳动。1971年起，先后担任安庆地委副书记、地革会副主任，中共蚌埠市委第一书记。1979年12月，任安徽省副省长兼经委主任。1988年8月，当选安徽省七届人大常委会副主任。曾当选中共安徽省第一、二届委员，第五届全国人大代表。

李崇年

李崇年（1906～1989），字重岩，生于淮阴清江浦书香世家，是著名爱国教育家李更生之侄。李崇年在兄弟辈中排行第四，中学时积极参加抗御外侮、抵制日货的爱国运动。民国14年（1925），李崇年在淮阴省立第六师范读书时，加入中国国民党。民国22年入英国爱丁堡大学深造，年底归国后被国民政府交通部聘为秘书。抗日战争爆发，他受聘为同济大学教授兼总务长。后历任云南大学教授兼教务长、昆明市政府财政局局长。筹组地方银行，并自任总经理，后又为中国银行昆明分行经理。民国33年，升任陕西省政府委员兼财政厅厅长和省银行董事长。抗日战争后期，他任民国政府粮食部田赋署署长，主持长江粮食储运，以资抗战。抗日战争后，他辞去公职，赴上海主持中孚银行，发展工矿业。1949年4月赴台，受聘为台湾地区物资调节委员会常务委员，并兼任台湾大学经济学系教授。后历任

“中央信托局”常务监事、交通银行常务董事、国民党“中央财务委员会”委员、台湾工商协进会常务理事及台湾地区水泥工业同业会理事长等职。1955年，他创议由裕台公司与上海迁台的嘉丰布厂合作，成立裕丰纱厂股份有限公司。他在台湾和国外曾先后创办和主持26家公司与生产企业，被台湾工商界誉为“狂热的工业斗士”“中国近代伟大的企业家”。

代表作有《推行工业化之心理建设》《工业文化建设途径》《我国转变工业化之必要与途径》《配合经济改造培育新行为规范》等。他在临终之前许下宏愿：“在淮阴建立纪念图书馆”。病逝后，由夫人葛宗蕙，捐资20万美元，在淮阴建崇年纪念图书馆。

张景华

张景华（1916～1991），淮阴人。民国26年（1937），与周太和、胡绍祖、王映等人组成抗日救亡宣传队，奔赴延安。次年，加入中国共产党。历任中共豫皖边区县委委员、支部书记、边区党委秘书。新四军第4师政治部宣传科副科长、县委宣传部部长，第9旅政治部宣传科科长，华东野战军第2纵队政治部宣传部部长，中国人民解放军第9兵团新华分社副社长、兵团政治部宣传部部长。先后参加宿北、淮海、渡江等战役。1950年，参加中国人民志愿军入朝作战，任中国人民志愿军第9兵团政治部宣传部部长。其间，参加第二、第五次战役，荣获朝鲜民主主义共和国二级国旗勋章。回国后，任中国人民解放军总政治部八一杂志社副总编辑，八一电影制片厂政治委员，中国人民革命军事博物馆馆长、政委，总政治部文化部副部长兼八一电影制片厂厂长。第六届全国人大代表。1955年9月，被授予上校军衔，并获二级独立自由勋章、二级解放勋章、独立功勋荣誉章。

郑联合

郑联合（1961.04～1992.07.01），淮阴人，共青团员。1980年3月参加工作后，他认真学习文化知识和业务知识，考取泗阳卫校检验班。1986年6月毕业后，历任淮阴县五里卫生院防疫医生，南陈集中心卫生院、渔沟中心卫生院检验士。郑联合见当时用于血常规检查的费尔德氏染色法对细胞核的细致结构染色不清，伊红和美兰两种染色的着色程度难于掌握，他利用两年时间，经过1万多张血片试验和分析验证，研制出“血细胞快速染色液”，先后在淮阴市中医院、市传染病院、淮阴县医院及汤集、五里等乡镇卫生院推广运用，准确高效，方便易掌握。该项目先后获得淮阴县科技成果奖二等奖、淮阴市科技成果奖四等奖，并取得国家专利，获淮阴县优秀科技工作者称号。生前拟发明的“电动机多功能洗片机”和小而适用的“水箱”已设计成图，先后有4篇业务论文在全国性学术会议上交流。自费购买维修工具，学习医疗器械修理，成为医院医疗器械义务维修员。郑联合平时乐于助人，经常主动为经济困难的病人捐款，3次为病人献血。1992年7月1日值夜班后，得知卵巢黄体破裂失血休克患者马秀华急需输O型血2000毫升，郑联合主动要求为病人献血，在献血中突然面色苍白，四肢抽搐，经抢救无效不幸逝世。郑联合去世后，淮阴县政府为其追记大功，共青团淮阴县委授予郑联合“新长征突击手”称号，淮阴市卫生局党委追认郑联合为“白求恩式医务工作者”，号召全市广大医务工作者以郑联合为榜样，全心全意为人民服务。

周名球

周名球（1911～1994.08.04），女，淮阴人。幼年在南京读书，初中毕业后，于民国18年（1929）考入苏州美术专预科，复升入本科国画系。一年后因故辍学，然习画不已。此间，曾就教于南京中央大学、著名花鸟画家张书旗。又一年，复学于苏州美专，深得吴门画派之真传。对山水、人物、花鸟均学有所成，尤擅长花鸟画，其风格奇丽清秀、雅俗共赏。民国31年后为南京荣宝斋等提供画作，以鬻画为生。1953年随亲返回故里淮阴，先后担任省文联第一至第四届委员、淮阴市美协主席、市文联副主席、市政协常委。1988年加入中国共产党。周名球一生作画千余幅，举办个人画展三次。其作品先后多次参加国内外各级画展，并多次获奖。部分作品被政府以礼品赠送国际友人，被美国、法国、加拿大、日本、新加坡等国友人收藏。其名收入《中国现代美术家名人大辞典》《中国当代美术家名录》等书，并录入中国画研究院《中国当代艺术人才数据库》。

程博公

程博公（1911～1994），名播，号公博，又号博公、无恨、夕睿，以号行。8岁时随居住淮阴县城的外祖父王崇悌学艺，其书法对程博公影响甚深。民国16年（1927），入江苏省第六师范就学，后曾在清江浦行政局工作。民国19年，担任淮阴县政府司法科书记员。民国24年，为专员公署代笔人。在此期间，他接触许多文人墨客，书法艺术渐趋成熟。民国25年，先后任吴江县政府主任秘书、第二十四集团军司令部秘书。民国35年，开设程博公治印社，其篆刻艺术在清江市风靡一时，许多文人墨客慕名前来请他治印。苏皖边区政府主席李一氓曾三次登门造访。有一次，李一氓在印床上写下"渡过大革命苏维埃抗日战争整整地二十年"，请博公刻石。程博公下刀技法纯熟，刀法苍劲恢宏，受到李一氓赞叹。陈毅曾通过李一氓请程博公为他刻了一枚"陈仲弘所诗文之章"。是年5月，苏皖边区政府建设厅为纪念王若飞烈士，在清江大闸旁竖立"若飞桥"石碑，"若飞桥"三字由时任苏皖边区政府秘书长张恺帆题写。大军北撤后，该碑石被国民党军队破坏并推入里运河。1951年1月，清江市人民政府组织打捞石碑，只打捞出"若飞"二碑石，于是由程博公补写一"桥"字。有篆刻作品集《"盱眙十景"诗话》。

陈白尘

陈白尘（1908～1994）原名陈征鸿，又名陈斐，淮阴人。著名戏剧家和电影剧作家，被称为"中国喜剧之父"。民国15年（1926）考入上海文科专科学校，16年转入上海艺术大学文学系，在校期间参加影片《断笛余音》演出。民国17年起，先后出版长篇小说《漩涡》、历史剧《金田村》及话剧剧本《魔窟》《乱世男女》《大地回春》等。组织戏剧团体摩登社，参加组织上海影人剧团、上海业余剧人协会、上海剧作者协会等团体。执教于重庆江安国立戏剧专科学校和中央大学等校。民国36年，担任昆仑影业公司编导委员会副主任。解放后，历任上海军管会文艺处处长、上海电影制片厂艺术委员会主任，并担任上海戏剧电影工作者协会主席。1957年任《人民文学》杂志副主编，1978年任南京大学中文系教授。陈白尘创作的剧本多为历史剧和讽刺剧，历史剧总是立足于真实，在真实的基础上鲜明地表现真善美与假恶丑的对立，他认为历史剧就应按照历史本来面目去反映，不搞影射，不搞庸俗的类比和异想天开的虚构。代表作有话剧《升官图》《大风歌》等，电影《幸福狂想曲》《天官赐福》《乌鸦与麻雀》《阿Q正传》等。1957年，《乌鸦与麻雀》获文化部1949～1955年优秀影片一等奖。《辞海》有专条。

孙　旗

孙旗（1921～1995），原名孙法科，又名克鲁，淮阴老张集乡人。民国22年（1933）上私立小学。抗日战争开始后，先后在教育家李更生创办的淮阴成志中学、顾祝同创办的安徽屯溪中学、赣南国立十九中学读完中学课程。民国33年考入蒋经国创办的民国大学经济系，毕业后在国民党军队从事政治工作。1949年初去台湾，1950年以校官衔退役。1952年起，历任台湾多家中学教师和大学教师、教授，毕生研究文学、艺术、美学。任台湾某军校艺术系教授，主讲《艺术概论》，并任台湾《世界论坛报》主笔。著有文艺理论著作《论中国文艺的方向》《现代艺术的透视》《石涛的文学思想》《黄宾虹的绘画思想》《寒山与西皮》《艺术概论》《现代绘画哲学》《转型期的沈思》《艺术美学探索》等，翻译杰克·伦敦的小说《荒野的狼》、劳伦斯的小说《查泰莱夫人的情人》和《格林童话集》等。他翻译的英国文艺评论家郝伯特·里德的《现代艺术哲学》，影响台湾现代艺术教育的观念。曾获台湾绘画理论最高奖"金爵奖"。 孙旗晚年力主两岸统一，指明台湾的政治经济出路在于大陆，憾未完成反台独论著《不准出卖台湾》。

郎静山

郎静山（1892～1995），出生于淮阴清江浦。民国15年（1926），进入《时报》报馆担任摄影记者，成为中国最早的摄影记者。民国16年冬，与胡伯翔、陈万里、张珍候等摄影同好在上海成立中华摄影学会，简称“华社”。民国17年1月，个人摄影展在《时报》大厦展出。同年，郎静山广告摄影室在上海北四川路开业。民国18年，第一届全国美展在上海举办，担任摄影评选委员。民国20年10月，《柳丝下的摇船女》入选“第五届日本国际写真沙龙”。民国23年，第一幅集锦摄影作品《春树奇峰》入选英国摄影沙龙并展出。民国28年10月，“郎静山摄影展”在上海震旦大学展厅和大新公司四楼展出，同时出版《郎静山摄影周刊》。民国29年，以集锦摄影获英国皇家摄影学会初级会士（APPS）衔，出版《集锦照相概要》。民国30年5月举办“郎静山第十四次摄影个展”，印制《郎静山摄影作品专刊第二集》。民国31年，获英国皇家摄影学会高级会士（FRPS）及美国摄影学会高级会士（FPSA）衔称。同年，出版《静山摄影集》和《静山美术摄影集》。民国36年，郎静山作品应邀参加美国举办的世界50位摄影家联展。民国37年，在上海创建中国摄影学会，同年3月出版《郎静山集锦摄影》。1949年夏，应美国新闻处邀请去台湾参加影展。1958年，出版《集锦作法》，并以4种语言文字版本发行。1966年，撰写《中国摄影史》，并发起组织亚洲摄影艺术联合会，并出任理事长。1980年获美国纽约摄影协会颁发的“世界十大摄影家”称号。1984年6月，在香港举办“中国摄影艺术作品展览”，展出其晚年集锦摄影精作《湖山揽胜》。同年8月，获美国“公刊竞赛编辑奖第一名”的荣誉，同时被授予密苏里新闻学院教授艾顿新闻特别奖。1991年、1992年，他两次回大陆寻根祭祖，先后在北京故宫博物院、淮阴市清晏园等地举办“郎静山百龄百幅摄影作品展”。2006年，获中国摄影家协会颁赠的“中国十大摄影大师”称号。

高晓峰

高晓峰（1922～1995），原名高山峰，淮阴徐溜人。特等功臣。民国29年（1940）8月参加淮涟工作队。同年10月，经黄驭介绍加入中国共产党。历任战士、班长、副班长，新四军第3师独立旅第2团3营9连排长，东北民主联军第2纵队第6师第17团3营机炮连党支部书记。民国34年10月，随部挺进东北。先后参加务欢池、秀水河子、大洼子、大孤家子及北渡松花江、三下江南等战役。36年2月，入东北军政大学学习。历任东北野战军第2纵队第6师炮兵连政治指导员、新兵营副营长、独立营营长。在是年夏、秋季攻势的怀德、昌图战斗中，荣获大功3次。在四平街保卫战中，荣获毛泽东勋章一枚。37年1月，率部参加彰武攻坚战、扫清牛头山敌外围阵地战中，荣立特等功。并在此役中身负重伤，回后方医院治疗。伤愈后转入地方工作，历任辽北省法库县武装科科长，参加辽北剿匪，荣立大功1次。1949年11月复员，历任城南、盱宝、王营等区区长。后任码头乡乡长、夏家湖电排站站长、淮阴市（县级市）机电管理所书记、淮阴县农机公司副经理、县水利机械厂支部书记、厂革会主任、县农机局副局长。1984年1月离职休养，享受县处级政治生活待遇。

王绍和

王绍和（1914～1996），淮安市楚州区人。副主任中医师。出生中医世家，16岁从师学医，20岁悬壶于两淮之间，并获江苏省考试院颁发的医师合格证书。民国27年（1938）就读于镇江医政学院西医专业，毕业后任国民党军某部军医。民国36年任淮阴县三树区医协会主任。1952年任渔沟区卫生所所长、医协会主任，1955年考取全国第一所中医学校——江苏省中医学校（南京中医药大学前身），为该校首届毕业生，毕业后任淮阴县人民医院医教股股长，并参与创建中医科。1958年，任淮阴县乳糜尿专科医院名誉院长。20世纪60年代，立志研究和探索治疗乳糜尿的理、法、方、药，在“文化大革命”期间被错误批斗中，仍锲而不舍地钻研乳糜尿诊治课题。通过多年的临床探索与研究，终于总结出中医治疗乳糜尿的“一方八法”，提出络脉瘀阻与乳糜尿淋巴管阻塞的机理相对应的论点，并在国内医学杂志上发表论文数篇。1986年，被省卫生厅破格评为副主任中医师，1990年获江苏省劳动模范称号，1992年享受国务院特殊津贴。王绍和师承家传，擅长治疗内儿科、妇科杂病，尤多经验秘方。他主持研究的“消糜汤加味”治疗乳糜尿成果，获县、市科技进步一、二等奖，主持研制的乳糜冲剂获国家专利。在治疗男性病、糖尿病、肾病、妇科病等方面经验丰富，良方累累。王绍和一生以病人为重，以事业为重，救治患者数十万例。其事迹先后被《健康报》《新华日报》《江苏老年报》《工人报》，省电视台，《医界奇人》《淮海晚报》《江苏科技群英志》《中国名医大观》《中国当代名医辞典》《求医问药指南》《中国中医药报》等多家媒体和书籍报道或刊载。曾当选淮阴县第二、三、四届政协委员，第十、十一届县人大代表。王氏第五代传人王兆凯、王兆军继承父业，出版国内第一部治疗乳糜尿的医学专著《乳糜尿中医证治》。“王氏祖传乳糜尿疗法”于2010年列入淮安市非物质文化遗产名录；2012年，乳糜尿专科入选淮安市中医临床首批重点专科和江苏省中医临床重点专科。

张乃藩

张乃藩（1905～1998），字筱武，淮阴新渡乡人。幼读私塾，民国6年（1917）入淮阴高小，民国9年入江苏省立第六师范，14年考入北京大学，16年秋转入南京中央大学，19年以优异成绩毕业后，应江苏省民政厅选拔县长考试，被录取。22年出任宿迁县县长。任职期间，勤于政事，廉洁自守，热心公益，建设马陵公园，并创瑞璇图书馆、民族英雄杨泗洪纪念碑；创建项里公园；编修《宿迁县志》；整顿乡风，引导士风，至今为宿迁人民所称道。民国26年春调任太仓县县长。是年八月日寇犯上海，太仓临前线，张乃藩在战火中坚持支前工作3月有余，最后不得不随军撤退。转入四川大后方，任军事委员会委员长侍从室第三组秘书。抗战胜利后，先后出任盐城、南通两行政区专员。1949年去台湾，任“教育部”主任秘书。1972年退休后，受聘任元培医专校长。1976年定居美国洛杉矶。他身居美国，心系家乡，捐资创办一所小学，并倡导续修族谱。育有三子，皆卓然成才。长子绍远，美国加州大学工科硕士，工程师。次子绍迁，亦工科硕士，洛杉矶张氏联合工程公司董事长、华文《论坛报》副董事长。幼子绍进，哈佛大学理科博士、伊利诺大学物理系教授；幼儿媳张盈盈，哈佛大学博士、大学研究所高级研究员。他们的女儿张纯如，国际知名的历史学家、作家，另有传。张绍进、张盈盈夫妇曾多次应邀到北京、上海、杭州、西安、广州等地讲学，并受到党和国家领导人的接见。

纪乐天

纪乐天（1920～1999），族名伦传，号乐天，淮阴五里镇人。少时随苏北名师石凤翔练拳。民国27年（1938），参加淮阴县抗日运动委员会青年工作团，次年2月加入中国共产党。抗日战争时期，任淮阴县抗日运动委员会青年工作团巡视员。淮阴沦陷后，先后参加淮阴抗日义勇队和淮阴县抗敌协会，分别担任巡视员和组织干事，从事抗日救亡工作，并组织抗日武装暴动。民国28年2月，任中共淮阴县委组织部部长。后调任中共涟水县委委员兼组织、宣传、民运部部长。泗沭县委委员、第六区区长兼区抗日武装大队大队长，第三区和第九区区委书记兼政治教导员。解放战争时期，先后担任中共泗沭县委委员、组织部部长、第一副书记、书记兼泗沭独立团政治委员。中华人民共和国成立后，先后任中共苏南区江阴县委书记兼总队政委，常州地委委员兼中共武进县委书记。1952年底，调入上海工作，先后担任中共上海市沪东产业区区委宣传部部长、上海市轻工业局党委委员、上海市国营工业办公室负责人、江宁区委书记、奉贤县委书记。1960年起，调任上海市农业科学院院长兼院党委书记。1972年，受农业部委托，由上海市农科院和北京市农林局牵头，建立全国猪育种协作组，纪天乐主持协作组工作。1978年8月，受命重建上海农学院，任筹建组组长，后任农业科学院党委书记兼院长。1986年，任中共上海市顾问委员会委员。1992年12月离休。

温济泽

温济泽（1914.04～1999.4.16），祖籍广东梅县，出生于淮阴清江浦。中国共产党新闻广播活动家与新闻教育家。初读六师附小，后进淮阴中学。读初二时，参加学校“稚鸿社”文艺团体，参加者陆续被逮捕，温济泽仅因“年龄不足16岁，不负刑事责任”而交保候传。温济泽被迫离开故乡，先滞留扬州，后去上海，在上海复旦大学附中学习、旁听复旦大学功课，同时担任附中和复旦大学共青团支部书记。民国21年（1932）加入中国共产党，同年因参加党的一次会议被捕，被判12年徒刑。民国26年经组织营救出狱。不久，去了延安。先在陕北公学担任社会科学、政治经济学、自然科学概论等课程教学工作。不久，调任中宣部干事。民国29年12月30日，延安创办新华广播电台，温济泽是新华通讯社口语广播编辑部主任、社务委员，主持人之一。民国30年，历任中央研究院研究员，《解放日报》编辑、副刊主编。1949年后，历任中央人民广播电台副总编辑、中央广播事业局副局长、中华全国新闻工作者协会副秘书长、国际广播组织1956～1957年度副主席。其间，曾在中共中央高级党校新闻班和北京大学中文系新闻专业讲授新闻广播课程。1957年，错划成“右派”。1960年到北京广播学院新闻系任教，并在中国人民大学新闻系讲授广播业务课程。1978年平反，胡耀邦直言：“温济泽是个好同志!”此后，历任中国社会科学院研究生院副院长、院长，中国科普作协副理事长、理事长、名誉会长，中国社会科学院学位委员会委员，院哲学、新闻学教授和研究生指导教师。还担任中国新闻教育学会会长、中华全国新闻工作者协会理事兼新闻干部教育委员会主任、中国广播电视学会顾问、中国新闻学会联合会常务理事和首都新闻学会常务理事等职。发表百余篇科学小品、科普文章和论述，主编10卷807篇《革命烈士传》，编辑14卷《瞿秋白文集》。遵李维汉生前嘱托，最终促成王实味冤案的平反。离休后，担任《炎黄春秋》特邀编委。著有《人类征服自然的武器》《征鸿片羽集》《 温济泽科普文选》等。

李兰贞

李兰贞（1915.11～2003.11），女，淮阴老张集乡人。民国31年（1942）参加革命。解放战争时期，参加支前队伍，在淮海战役和睢宁、宿迁等战斗中，先后4次参加常备担架队，与男同志一样，不分白天黑夜，不顾风雪交加，不怕道路崎岖泥泞，抬伤员，运物资，从来不甘落后，对待伤员如同亲人。遇敌机扫射时，她用身体掩护伤员。休息时，烧水做饭，照料伤员，为同伴缝补衣服，还以饱满的政治热情，积极做好担架队员的思想工作。忘我的革命精神，出色的革命行动，被司令部授予“特等功”称号。

在社会主义建设时期，她组织12名妇女参加第一期沂河开挖工程。在工地上，总是最迟收工，天不亮就起床，不怕吃苦，不甘落后，出色地完成任务，受到工程指挥部表彰奖励。积极参加二期沂河工程建设，表现突出获得最高荣誉，被评为第一届全国工农兵劳动模范。1982年任江苏省政协常委，1983年任淮阴县政协副主席，1985年至1988年任县人大代表。1999年6月，84岁的老功臣实现夙愿，被吸收为中国共产党党员。

戴　舟

戴舟（1938.12～2004.07），淮阴人。1965年从南京大学毕业，先后在中央对外文化联络委员会政治部、北京市委研究室工作。1978年调中央宣传部，历任副处长、处长、副局长（兼任党建杂志社社长）、局长、副秘书长、秘书长。1997年3月调求是杂志社，历任社长、总编辑。中共十五大代表，第九届、第十届全国政协委员，中国职工思想政治工作研究会副会长，党建研究会理事。因病于2004年7月25日凌晨4时30分在北京逝世，享年65岁。戴舟长期从事党的宣传思想理论工作并做出突出成绩。有《执政党建设的几个问题》《加强改革开放中党的思想建设》《学习“三个代表”》等10多部著作，主编《邓小平理论文库》（1～5卷）《邓小平理论与当代中国》（1～5卷）《领导干部学习“三个代表”和思想政治工作理论文选》（1～3卷）等30多部。

张纯如

张纯如（1968.03.28～2004.11.09），女，祖籍淮阴新渡乡，出生于美国新泽西州普林斯顿。美籍华裔著名历史学家、世界著名作家、人权斗士和自由撰稿人。张纯如出身书香门第，祖父是曾任国民党宿迁县长的张乃藩。1989年，张纯如获伊利诺伊大学新闻学学士学位。1990年，担任《芝加哥论坛报》记者，1991年，获得约翰·霍普金斯大学写作硕士。1995年，她成为自由撰稿人，为《芝加哥论坛报》《纽约时报》和美联社撰写稿件。1996年，出版《钱学森传》，赢得美国麦克阿瑟基金会“和平与国际合作计划奖”，并获美国国家科学基金会、太平洋文化基金会等赞助。1997年12月，出版《南京大屠杀》。1998年，获得华裔美国妇女联合会的年度国家女性奖。1999年8月，《南京大屠杀》被拍摄成电视节目，成为历史探索频道节目专题之一。2002年5月13日，获俄亥俄州伍斯特学院荣誉博士学位。2003年4月28日，出版《美国华人》。2004年11月9日，于加州盖洛斯自己的车内用手枪自杀身亡。安葬在加州洛斯盖多圣安东尼牧场的天堂之门公墓，墓碑上镌刻：“挚爱的妻和母亲，作家、历史家，人权斗士。”

张纯如及其著作影响深广。2007年，美国好莱坞耗资3亿人民币拍摄超级大片《南京浩劫》，加拿大真相记录制片公司拍摄《张纯如》一片。2011年5月，其母张盈盈的回忆录《无法遗忘的女子——张纯如写作〈南京大屠杀〉之前后》出版。2011年12月，湖北人民出版社出版美国西东大学亚洲学系终身教授、系主任梁伯华撰著的《正义的天使张纯如》。南京大屠杀纪念馆有张纯如塑像。

索时彬

索时彬（1928～2005），淮阴西宋集镇人，著名战斗英雄。民国32年（1943）参加革命，历任战士、连通信员、警卫排警卫员、团警卫排班长、副排长、排长等职。在民国34年9月6日解放淮阴城之战中，索时彬3次穿越敌人火力封锁线至前沿阵地传达命令，战后被评为一等功臣并光荣加入中国共产党。是年10月，随部挺进东北，先后参加务欢池、秀水河子、大洼子及大孤家子等战斗。在四平保卫战中为掩护团首长转移，率5名战士退敌一个连的4次进攻，战后被评为战斗模范。之后，参加西满剿匪，全歼蒙匪金龙部，毙、俘匪22名，升为副排长。民国36年夏、秋季攻势的怀德、昌图战斗中荣获大功2次。民国37年1月，索时彬率全排参加彰武攻坚战，再次荣立大功1次。是年2月，在著名的王道屯攻击战中，索时彬被敌炮击中，右额、小腹、右腿等九处负伤，伤愈后因残转入地方工作。是年3月，任黑龙江省尚志县粮食公司股长、主任。1949年12月，历任松江省粮食公司科员、省土产公司牧养场负责人、鞍山市百货公司批发部负责人。1956年2月进地质部正定干校学习，后调西藏自治区地质局保卫科工作。1957年8月，任青海省地质局保卫处科员。1970年7月退休，1982年改为离休，享受县处级政治生活待遇。

胡绍祖

胡绍祖（1914～2006），淮阴人。民国23年（1934）夏肄业于江苏省立淮阴中学，民国27年4月到延安抗日军政大学学习，同年11月加入中国共产党，并留抗日军政大学工作，历任抗大总校教员、宣传科副科长、政教科科长。民国35年随抗大总校到东北，历任通化联合中学副校长，通化省委宣传部副部长，辽宁日报社社长，辽东日报社、安东日报社副社长。1949年后，历任东北师范大学教务长、党委第二书记、党委书记，吉林省委政治研究室主任，吉林日报社党委书记、革委会主任，长春电影制片厂党委书记、革委会主任，北京电影制片厂党委书记，吉林大学党委书记，吉林省社会科学联合会副主席、党组书记。曾当选中共长春市委委员、中共吉林省委委员、中共吉林省顾问委员会委员等。

谢冰岩

谢冰岩（1909～2006），淮阴县城（现淮安市区）人。民国19年（1930）4月加入中国共产党，后参加新四军，是久经考验的中国共产党优秀党员，党的杰出新闻工作者，全国著名书法家。民国19年10月，因散发革命传单，被国民党逮捕，判处15年徒刑。西安事变后，国共两党和谈，民国26年6月出狱，随即投身抗日救亡工作。民国29年5月，被派往中共苏皖区党委人民报社担任编辑工作。民国30年6月起，先后担任华中局《江淮日报》编辑，新四军"无线电讯社"编辑，《新中华报》编辑主任，新华社华中总分社主任，华中新闻专科学校教育长，华中新华通讯社、新华日报社秘书长，华东新闻干部学校教育长，第二野战军新闻大队大队长，新华社中原总分社、中原日报社副社长，长江日报社副社长等职务。中华人民共和国成立前夕，调任新华社总社秘书长。1949年后任新闻总署办公厅副主任。1951年后，先后担任国家出版总署出版局副局长、文化部群众文化局局长等职务。1978年12月，调任中国社会科学院新闻所副所长、顾问、党委成员。1985年12月离休（享受副部级待遇），是《中国书法》杂志主编、中国书法家协会常务理事。

魏家骏

魏家骏（1939.02～2007.08），淮阴人。1961年毕业于南京师范学院中文系，留校任教。1962年10月调至淮阴师范学校。1974年2月任职于淮阴地区文教局创作组。1977年5月，调至淮阴地委宣传部报道组。1979年到淮阴师范专科学校工作，先后任教务处副处长，《淮阴师专学报》副主编、编辑部主任，中文系教授、主任。1998年被聘为徐州师范大学硕士研究生兼职导师。1991年获江苏省普通高等学校优秀教学质量奖二等奖，1994年获曾宪梓教师奖三等奖，1995年被评为江苏省普通高等学校优秀学科带头人，1996年享受国务院特殊津贴，1994年、1997年两次获江苏省哲学社会科学优秀成果奖三等奖，1997年被中共江苏省委知识分子工作领导小组表彰为优秀知识分子，1998年被评为江苏省高等学校成人教育优秀教师。主持世界银行贷款"师范教育发展"改革课题《高师中文专业文学教育立体接受模式的实验与研究》，1998年通过鉴定验收，被评为优秀项目。2000年，该项目获淮阴师范学院优秀教学成果奖一等奖、江苏省普通高校优秀教学成果奖一等奖。魏家骏在中国现当代文学、文艺理论、外国现代文学批评方法研究等方面取得突出成绩，曾在《文艺理论与批评》《人物》《北京社会科学》《社会科学辑刊》《社会科学家》《春风》《散文》《光明日报》《中国教育报》《文论报》等报刊上发表论文100余篇，约80万字。出版专著《文艺批评新视角——结构主义批评与中国文学》《小说艺术论》，主编《教师职业技能全书·公共卷》《七彩人生》等。1993年始，先后任淮阴市作家协会副主席，为江苏省作家协会会员、江苏省当代文学研究会理事，淮阴市政协第三、第四届委员、常委。1998年当选江苏省第九届人民代表大会代表。

刘　玲

刘玲（1918.12～2007.12），淮阴人。民国29年（1940）9月参加革命工作，同年加入中国共产党。是年9月至民国30年10月，历任泗阳县八集税务分局会计、党支部书记、副局长；民国30年11月至民国31年6月，任泗沭县民政科科员；民国31年7月至34年7月，历任泗沭县第六区民政股股长、县委宣传部干事、第三区区委宣传委员、第十一区区委副书记、代理书记；民国34年8月至35年9月，任淮海地委民运部干事；民国35年10月至38年2月，历任沭阳县章集区委副书记、淮海地委工作组组长；1949年3月至1952年6月，历任淮阴地委组织部组织科科长、党员管理科科长、政策研究室副主任；1952年7月至1954年6月，任淮阴县委副书记、县长；1954年6月至1956年6月，任淮阴县委书记；1956年7月至1960年7月，历任淮阴地委财贸部部长、经济部部长、工业部部长，地区科委主任；1960年7月至1964年10月，任泗洪县委书记；1964年10月至1967年2月，历任淮阴地区财办主任、地委财贸部主任。1967年2月至1970年6月因"文化大革命"受审查。1970年6月至1977年5月任淮阴地区采煤指挥部指挥、书记；1977年6月至1983年3月，历任淮阴地区工交办副主任、主任、建委主任；1983年5月至1985年12月任淮阴市政协副主席。1985年12月离休。

赵耀东

赵耀东（1915～2008），淮阴人。民国29年（1940）毕业于武汉大学机械系，后留学美国，获麻省理工学院硕士学位。回国后，投身国民党官办企业，曾任中央机器厂助理工程师、资源委员会天津机器厂厂长。1949年去台后，任中本纺织公司总工程师、代总经理，1959年曾调赴南越援建纺织工业。1964年转援新加坡，任纺织公司设计经理。1966年返台后，任利台纺织纤维公司副董事长兼“经济部”大钢铁厂筹备处主任。1971年起出任台湾“中国钢铁公司”总经理、董事长。1981年任“经济部部长”，1984年任“经建会”主任委员，为台湾财经系统著名骨干人物。曾任“总统府国策顾问”、中钢高级顾问等职，在幕后参与台湾高层财经决策。1992年5月，他作为台湾中华经济研究院的顾问访问大陆，对两岸经济的交流和发展建言，受到杨尚昆、朱镕基、李岚清等国家领导人的接见和赞许，更在岛内引起震撼。2002年10月，武汉大学授予其“武汉大学名誉教授”。在访问母校期间，他为师生作了题为《从台湾经济发展过程看大陆经济前景》的报告，深受好评。2008年8月20日在台辞世，享年93岁。台湾地区领导人马英九、萧万长亲往吊唁。

纪　俊

纪俊（1921～2009），淮阴棉花庄镇人。14岁入淮阴成志中学读书，参加抗日救亡运动。民国31年（1942），加入中国共产党。他接受时任大兴区抗日民主政府区长石明大给的4支步枪并组织抗日小分队，对外称“纪俊游击小组”。后被任命为福民乡乡长、大兴区抗日武装大队三连连长。32年被淮海军分区授予“扩军英雄”。高杨口战役后，被授予“民兵英雄”。不久，被任命为周桥区抗日武装大队副大队长。33年，调任淮阴县人民自卫总队教育干事。34年10月，到中共华中第六地委学习，后任宿北县马陵区委副书记。36年8月，调任淮海第三支队民运股长，并参加淮海战役、渡江战役的西梁山以及解放上海的高桥战斗。1950年3月参加中国人民志愿军，任团干部处处长。回国后，参加华东军区（南京军区前身）炮兵第一届英模代表大会。不久，被志愿军炮兵政委刘春点名二次入朝，任志愿军炮兵干部部任免科科长，获朝鲜民主主义人民共和国二级独立自由勋章。后调任炮兵第八师干部部长。回国后，在济南受到毛泽东主席亲切接见。1955年，被授予少校军衔。1958年，调国防科委第20试验基地，历任试验处处长，发射团政委，第一试验部政治部主任、副政委，基地政治部副主任。1961年晋升中校军衔，并获得三级解放勋章。1983年离职休养，享受正师职政治生活待遇。1988年被中央军委授予独立功勋荣誉奖章。同年10月，国防科工委特发“献身国防科技事业”荣誉证章。2009年12月12日病逝。

吴以敩

吴以敩　（1910～2009.12），淮阴徐溜镇人。教授级高工、硕士研究生导师。毕业于武汉大学工学院土木系，是中国水土保持学会名誉理事，两次获国家黄河水利委员会先进生产者称号。民国时期，带队设置乌江、嘉陵江沿江水文站。创立中央水利实验处武功防冲试验场及金陵河防冲试验区。主持黄委会关中水土保持实验区，创建第一座沟壑土坝。民国34年（1945），赴美国水土保持局陆军工程兵团河道实验站实习，民国35年回国。1950年10月，筹备成立黄委会水科院泥沙研究所并任第一任所长，后任黄河泥沙研究院副院长。学科研究方向主要为水利工程、水土保持、土木工程。20世纪50年代，带队查勘黄河潼关至孟津段水库坝址，对拟建的黄河干流第一座大型水利枢纽坝址进行勘查。受河南省政府委托，带队指导石漫滩水库土石坝工程施工。组织开展水流冲刷力、水流挟沙力和浑水模型的试验研究，首创黄河泥沙颗粒分析，首次提出黄河水流挟沙力公式，发表《黄河泥沙数量及来源》等文章。1956年12月加入九三学社。60年代，是三门峡水库建成后黄河下游河床演变研究中苏合作项目中方工作组成员，提出三门峡水库续建方案及对续建的意见。70年代，与杨文海、张隆荣共同完成的高含沙水流淤灌项目获全国科学大会奖。带队完成陕北水坠坝水毁情况调查。80年代，参加首届河流泥沙国际学术讨论会，考查澳大利亚水土保持。与张隆荣合作的高含沙引黄淤灌项目获国家科委、国家农委科技推广奖，加压式毛细管粘度仪获河南省三等奖，发表《黄河流域水土保持基本概念》《无定河流域的治理》等文章。1985年6月加入中国共产党，1988年8月被聘为教授级高工。1989年1月离休。

刘　骧

刘骧 （1913～2009），字伯良，又字家驹，淮阴老张集乡人。民国20年（1931）加入中国共产党，民国21年与党组织失去联系。是年考取泗阳县中学，半年后肄业。22年，经地方推荐兴办私立洪涯小学，先后在窑庄、郑洼等小学教书5年。28年参加吴觉组织的夜袭王营碉堡战斗，经张涛亭推荐重新加入中国共产党，后被委任为淮阴县第五区张集乡中队长、乡长。29年，与洪志国、崔学诗等组织游击武装——联庄大会。30年春担任淮涟游击大队大队长，"刘骧大队"之名令敌人闻风胆寒。31年，组织边防队，看守徐溜、古寨、张集、大兴4个据点。民国35年至36年，任官荡区委书记期间，淮涟两县相继被国民党军占领，他组织武装工作队，坚持敌后游击战。37年10月，任县民兵支队副支队长，组织队伍打击还乡团，建立区乡政权。1950年7月，任淮阴军分区土改土复大队大队长兼政委，在新沂、邳睢、宿迁等地进行土改土复工作。1951年至1952年夏，任军分区执法处副处长，协助地方开展镇反运动。1952年夏，调苏北军区政治部进行"三反五反"扫尾工作。是年底，任盐城军分区政工科科长，健全7个县的人武组织机构。1955年，被授予大尉军衔。1961年至1966年8月，任清江市人武部第二政委。"文化大革命"期间，遭停职检查、隔离审查。1981年9月，江苏省军区党委为其彻底平反，恢复名誉。离休后，他坚持发挥余热，撰写回忆录、为社会各界特别是中小学生做革命传统报告等，多次被评为先进离休干部。

罗涵先

罗涵先 （1922.09～2011.01），原名罗举贤，淮阴人。早年就读于安徽国立十六中学。民国26年（1937）参加中华民族解放先锋队，32年入上海法学院学习，33年加入中国民主同盟。是年后，任《工商新闻》编辑部主任、中华职业教育社干事、《展望》编委、民盟中央宣传委员会委员兼秘书、《民主报》社论委员会委员兼秘书。34年在重庆"特园"召开的中国民主同盟第一次全国代表大会上，与史良等一起被增选为民盟中央委员。是年，民盟重庆市支部成立时，当选第一届支部委员。民国35年重入上海法学院读书。1949年后，历任中国人民银行总行研究室专门研究委员，《中国金融》编辑部主任，财政经济出版社编辑室副主任，农业出版社编辑室主任、副总编辑，《中国农业年鉴》主编，民盟中央副秘书长。1982年后，历任全国政协副秘书长兼办公厅主任、落实政策办公室主任，国务院农村发展研究中心特约研究员，北京农学院农业经济系及经济贸易系兼职教授，中国农业经济学会顾问，国际农业经济学家协会会员，中国中外社会文化交流协会理事长，中国社会经济文化交流协会会长，中国乡镇企业家委员会理事长，《中国黄金海岸年鉴》主编，《中国非国有经济年鉴》主编。为第四、五届全国政协委员，第六、七届全国政协常委、副秘书长，民盟第一、二、三届中央委员，第四届中央常委，第五、六、七、八届中央副主席、第九届中央名誉副主席。主要著作有《中国农村的经济变革》《中国农村发展社会学》《乡镇经济比较模式》《中国农村站在新的历史起点上》《农村改革启示录》等。

张德修

张德修（1922.12～2011.12），号鹏，淮阴吴城镇人。民国29年（1940）在淮泗中学读书期间，接受共产党的教育，参加抗日救亡运动。民国30年在泗阳黄圩小学任教时，参加党的地下工作，同年加入中国共产党。民国31年，调任泗阳县公安局秘书。不久，随公安局西撤，编入苏北新四军抗日部队。后被选送到抗大六合分校学习，毕业后回部队在苏北抗日。解放战争初期，随部队北撤山东，转入二野。之后，随刘邓大军战略反攻南进，挺进大别山，参加湖北全境的解放战争。1949年6月，随部队进入武汉。后又随大军沿长江西进入川，任四川万州军政学校教导员。解放后，留湖北部队工作，先后任江汉军区和武汉军区首长的秘书。1952年参加抗美援朝，回国后在湖北省军区工作。1955年被授予少校军衔，后任湖北省军区司令部办公室中校主任。1965年调任湖北郧阳军分区政治部主任。1967年，调任湖北孝感军分区政治部主任、副政委。后参加国务院和中央军委直属的专门考察工作队，参加国家“三线”建设重大项目——中国汽车制造厂（代号红卫地区）选址调研工作。1969年，作为军代表任国务院直属的十堰红卫地区建设总指挥部（二汽建设总指挥部）副政委。1975年“三支两军”工作结束后，调任湖北黄冈军分区副政委，直到1982年在政委任上离休。

经福谦

经福谦（1929.06.07～2012.04.20），淮阴人。爆炸力学和高压物理学家，中国实验内爆动力学和动高压物理研究领域的开拓者之一，对发展中国高能量密度聚能系统设计技术和冲击波极端条件下物质性态研究作出了重要贡献。

抗日战争期间随家西迁。1952年南京大学物理系毕业后，到长春地质学院任教。负责筹建电子学实验室，翌年又负责筹建地球物理勘探系的地震勘探教研室，于1954年暑假出色地完成任务。此外，先后讲授“地震勘探”“普通地球物理勘探”和“综合物探方法”等课程，1956年晋升为讲师。1960年暑期，参加大庆油田会战初期地震勘探资料综合分析，并是主要技术负责人。是年7月，经福谦被调到第二机械工业部第九研究所工作，历任中国工程物理研究院工程师、研究员，研究所副所长、所长、院科技委员会副主任。先后当选中国物理学会理事、常务理事及高压物理专业委员会主任，中国力学学会理事及爆炸力学专业委员会主任；先后任《高压物理学报》常务副主编、《力学学报》编委。1984年被授予“国家级有突出贡献的专家”称号。1986年，他亲自担任上海国棉二十五厂主车间控制爆破拆除的技术领导，爆破效果受到同行和社会的一致好评。曾为几个较大规模控制爆破的设计方案提出修改意见，做出成功的技术决策。1991年享受国家特殊津贴，当选中国科学院学部委员（后称院士）。1993年当选第八届全国人民代表大会代表。2001年任西南科技大学材料科学与工程学院院长。

经福谦是北京理工大学和国防科学技术大学兼职教授和博士生导师、中国科学技术大学和军械工程学院的兼职教授、成都科技大学应用物理研究所（联合所）所长。代表性论文有Mo–Ti体系合金的液相烧结与组织结构。论文被SCI收录38篇。获全国科学大会奖2项、四川科学大会奖2项、部级科技进步奖二等奖1项和三等奖5项。代表作《动高压原理与技术》。以他为主要作者的《实验物态方程导引》被国内不少院校列为有关课程的高年级学生和研究生的教材或主要参考书。

厉德馨

厉德馨（1924.01～2012.04），淮阴新渡乡人。民国31年（1942）7月参加工作，翌年7月加入中国共产党。曾先后担任新渡区南荡乡民兵中队中队长、边防大队副大队长、区大队副连长、王兴乡乡长、观音堂乡乡长，淮阴城北区边防大队副大队长等，民国35年，入学华中建大，3个月后随军东进、北上，到达山东，分配至华东军区敌工部，再到解放军军官训练团，先后任华野联络部解放军军官教导连指导员、山东滨海地委敌工部干事、东海县委敌工部干事、县委办公室主任等职。37年底南下浙江。1949年6月起，先后任台州地委调研组组长，工作队队长，秘书科科长，办公室副主任、主任。1954年，先后任浙江省委办公厅秘书处副处长、省农办主任、省委办公厅副主任等职。“文化大革命”初受冲击。1972年秋，任浙江日报社领导小组副组长、党委副书记。1977年7月起，先后任浙江省委宣传部副部长兼省广播局局长、党组书记，省委副秘书长，金华地委书记，浙江省委常委、杭州市委书记；1981年，任金华地委书记，提出走乡镇企业的新路子——“塘之路”，倡导义乌小商品市场，在省内受到高度赞许，同时也得到国家领导人认同。1983年3月，任杭州市委书记，后任浙江省委常委，从“重新明确定位杭州城市的性质”入手，提出“富裕农村，服务城市”的工作方针，使城乡得到协调发展。1987年5月、1988年1月分别当选政协浙江省第五届、第六届委员会副主席。厉德馨率先提出“海洋经济和建设东方大港”的理念等。20世纪80年代经他牵线搭桥，杭州与淮阴两地建立起频密的经济文化交流活动。1994年1月离休。1997年后，出版《古稀集》《金衢春早——天命集》《钱塘岁月——耳顺集》《自奋蹄——随心集》。1999年，在其直接参与下建起王兴小学幼儿园。2000年，向淮阴中学捐赠电脑60台。

张家骥

张家骥（1932～2013.02.04），淮阴人，建筑与造园学理论家、建筑教育家、教授。1956年毕业于同济大学建筑系。1958年冬在上海同济大学时随哈雄文教授支援东北，参与筹建哈尔滨建筑工程学院建筑系，任建筑设计教研室、城规研究室主任，哈尔滨市园林学会副理事长，黑龙江家具协会常务理事。1983年底回江南参加苏州城建环保学院筹建工作，为建筑系首任系主任、古建园林研究室主任、院学术委员会副主任、建筑园林研究室主任，苏州城市研究会常务理事，上海城建学院、浙江工学院兼职教授，山西省古建研究所顾问。专著《中国造园史》，是第一部中国造园学系统理论专著，获第六届“中国图书奖”二等奖。1989年1月30日香港《大公报》载文评论：“这是中国第一部造园学力作。中国造园之有史，当以此书始。”《园冶全释》准确地释译前辈学者未能解释的世界最古造园学名著《园冶》。编辑的《中国园林艺术大辞典》等，多次获北方15省市、晋版优秀图书奖。《中国建筑论》是中国建筑的系统理论专著。其代表性论文有《试论建筑风格问题》《读“园冶”》《论斗棋》《太和殿的空间艺术》《中国住宅建设概况》《西周城市初探》《独乐寺观音阁的空间艺术》《中国的空间概念》《圆明园造园艺术的创作思想方法》《中国造园艺术的创作思想方法——借景论》等。先后担任山西天龙山石窟风景区、江苏高淳泮池园、福建长乐塔山公园、浙江镇海九龙湖风景区等主要规划设计者或技术顾问。

庞　朴

庞朴（1928.10～2015.01.09），原名声禄，字若木，淮阴人。1954年中国人民大学哲学系研究生毕业。曾任山东大学讲师、《历史研究》主编、中国社会科学院研究员、中国社会科学院荣誉学部委员，联合国教科文组织《人类科学文化发展史》国际编委，国际简帛研究中心主任，山东大学终身教授、儒学高等研究院理事会副理事长、学术委员会主任。2010年获第二届“孔子文化奖”。1956年发表《否定的否定是辩证法的一个规律》。后完成《〈公孙龙子〉研究》和《白马非马——中国名辩思潮》两书。1973年长沙马王堆出土一批先秦典籍，庞朴将其整理校注并命名为《五行》。此举得到学界认同和20年后出土竹书的证实。在1981年《中国社会科学》创刊号上发表《“中庸”平议》一文。1984年，《儒家辩证法研究》问世。2002年8月，完成《一分为三论》。1995年春天，庞朴注释方以智论著《东西均》。发表《“火历”初探》《续探》《三探》及《火历钩沉——一个遗佚已久的古历之发现》等研究论文。1998年起，对《郭店楚墓竹简》进行逐篇研究，提出儒家“三重道德”论、从心旁字看思孟学派心性说、“仁”范畴的演化等精辟见解。庞朴倡议成立国际简帛研究中心，并创办和主持“简帛研究”网站，得到海内外简帛学人的大力支持。庞朴一生勤奋刻苦，于古稀之年后作生命倒计时的安排，要在十年内完成四件事：一是构建一套完整的“一分为三”理论，二是以史例说明中国人的忧乐圆融精神，三是写一本通俗易懂的介绍“火历”的小册子，四是在出土简帛方面再做点工作。庞朴有着强烈的文化自觉，是近30年来儒学复兴的主要推动者和引领者。

程莘农

程莘农（1921.08.24～2015.05.09），中医、针灸专家。淮阴（今淮安市区）人。博士研究生导师，享受国务院政府特殊津贴。民国25年（1936）师从著名老中医温热病专家陆慕韩学习内科和妇科，

37年获民国考试院中医师证书，1956年毕业于江苏省中医进修学校第一期本科进修班，1994年当选中国工程院院士。是中国中医科学院资深研究员，国家攀登计划之一“经络的研究”项目首席科学家，中国北京国际针灸培训中心副主任，国务院学位委员会第三届特约评议组成员，中国针灸学会副会长兼经络研究委员会顾问，北京市针灸学会顾问，第六、七、八届全国政协委员兼医卫体委员会委员（中国科协组）。善于治疗内科、妇科疾病及各种疑难杂症，对偏瘫、高血压、面瘫、坐骨神经痛、功能性子宫出血等疾病的研究和治疗达到国内外先进水平；主持“循经感传和可见的经络现象的研究”和“十四经穴点穴法”的研究；主编和撰写的针灸专业教科书7部，成为国内外针灸教学的主要范本。对《内经》《难经》等古代中医典籍均有深入研究，写出《难经语释》《难经概述》等文章。对元朝传下来的“三才法”潜心研究几十年后进行改进，独创“程式三才”，进针快，穴位准，见效快。先后参加国内外针灸教学二百余班次。培养针灸硕士和博士研究生20多名，特别是在培养国际针灸人才方面做出突出贡献，为90多个国家培养千余名针灸专业人员。并应邀去日本、加拿大、美国、法国、印度、意大利、西班牙、菲律宾等国家讲学、考查。多次参加国际性中医、针灸学术会议，被国外多家针灸学术组织聘为名誉主席、顾问。曾获卫生部医学科学委员会颁发的荣誉证书、中西医结合研究会“荣誉教师”证书。1990年，获“阿尔伯特·爱因斯坦世界科学奖”。程莘农书法、绘画、篆刻，亦成就斐然。

谢铁骊

谢铁骊（1925.12.27～2015.06.19），淮阴人。中国著名电影导演，国家有突出贡献的电影艺术家。13岁参加抗日救亡文艺活动，并在参加新四军后成为一名文艺战士。民国29年（1940）入淮海军政干部学校学习。民国31年加入中国共产党。曾任新四军文工团戏剧教员、第三野战军第三十军文工团团长。中华人民共和国成立后，在中央电影局表演艺术研究所任教员，代表作有《暴风骤雨》《早春二月》《智取威虎山》《海霞》等。曾当选第五届、六届、七届、八届、九届全国人大常委会委员。1949年后，历任北京电影学校表演系副主任，北京电影制片厂演员剧团副团长，北京电影制片厂副导演、导演，中国影协第二届常务理事、第三届副主席，中国文联第四届委员，中国电影家协会第六届理事会主席，中国夏衍电影学会会长，中国影视音像交流协会会长。执导多部电影作品，为中国第三代电影导演的代表人物。1959年，谢铁骊开始独立拍片。导演《早春二月》《暴风骤雨》《知音》《无名岛》《千万不要忘记》《智取威虎山》《红色娘子军》《龙江颂》《海港》《杜鹃山》《大河奔流》《今夜星光灿烂》《清水湾淡水湾》《红楼梦》《古墓荒斋》《月落玉长河》《天网》《金秋桂花迟》《聊斋·席方平》《海霞》《包氏父子》等影片。电影《红楼梦》获第十届中国电影金鸡奖最佳导演奖。2005年，获第14届金鸡百花电影节终身成就奖。2011年获杰出贡献导演称号。谢铁骊拍摄的《海霞》，在当年激励很多女孩入伍当兵，保家卫国。《早春二月》带着强烈的反抗封建礼教的力量鼓舞着那个年代的观众追求理想和幸福。他拍摄的战争题材电影《今夜星光灿烂》，更是对战争年代革命精神的深情讴歌，对革命战友的深切缅怀。6部8集电影《红楼梦》耗时五年，倾注无数心血，让他痴迷，让他近乎疯狂，最终成就他的“红楼梦”。

朱　琳

朱琳（1923～2015.07.07），女，中共党员，淮阴清江浦人。著名表演艺术家，被称为“中国话剧皇后”。民国26年（1937）加入由地下党领导和组建的长虹剧社，参加抗战戏剧演出活动。次年，随姐姐到武汉，考入武汉艺术专科学校国画音乐系。随后参加武昌东北救亡总会，积极参加抗日救亡宣传活动。民国27年，朱琳在武昌昙华林参加由周恩来、郭沫若、阳翰笙、田汉、洪深等领导下成立的抗敌演剧队第二队。民国28年，参加话剧《家破人亡》演出，该剧揭露了日寇侵华的暴行。在话剧《木兰从军》中，饰演女主角花木兰。民国30年春，受邀参演新中国剧社《大雷雨》和《钦差大臣》，分别饰演卡捷琳娜和市长夫人安娜。随后，演出田汉创作的《秋声赋》，饰演女主角廖红，并演唱该剧主题歌《落叶之歌》。此后，参演《孔雀胆》《丽人行》等新剧目，并经洪深介绍，到上海大同影业公司拍摄《弱者，你的名字是女人》《热血》《哑妻》等十余部影片。1950年，进入中国青年艺术剧院，参演《钢铁是怎样炼成的》等剧目。1952年9月，调入北京人民艺术剧院，出演的第一部戏是曹禺的《雷雨》。朱琳一生成功地塑造50多个舞台人物形象，被誉为北京人艺舞台上的“一代大青衣”。演出的《推销员之死》《洋麻将》等成为北京人艺舞台上永远的经典。61岁时在电视连续剧《末代皇帝》中成功地扮演慈禧太后，荣获第七届大众电视“金鹰奖”最佳女配角奖。2007年获“国家有突出贡献话剧艺术家”荣誉称号。2012年，在北京人艺建院60周年献礼大戏《甲子园》中扮演王奶奶。朱琳曾参与导演《为了六十一个阶级兄弟》《在街道上》《渥巴锡汗》《七妹与蛇郎》《拔都汗》《忠烈碑》等剧目。与丈夫刁光覃合著有关表演艺术的专业书籍。朱琳还曾两次随中国戏剧家代表团访问日本，先后随《推销员之死》剧组赴香港、新加坡演出。曾当选北京市人民代表、中国戏剧协会理事、北京市剧协常务理事、北京人艺艺委会委员。

第二章　人物录

周振铎

周振铎（？～1912），淮阴码头人。当辛亥之冬，从军北伐，为张勋部所获，诱降不屈，死于高作，临难犹骂不绝口。

张三世

张三世（？～1913），淮阴丁集镇人。少有大志，卓尔不群，身处乱世，早治兵书，为革命党人。辛亥革命时，“以策干黄陂，未能大用”。民国2年（1913），与革命党人谋“二次革命”，因事机不密被捕，被袁世凯心腹杀害于通州。

沈　华

沈华（1920.12～2002.7），曾用名沈春，淮阴棉花庄镇人。民国30年（1941）9月参加工作，同年10月加入中国共产党。曾在淮海区委党校学习。历任五里乡联防队、基干队政治指导员，乡长、乡党支部书记，大兴区委组织委员，官荡区委副书记，徐溜区、三树区、王圩区区委书记，王圩区委书记兼区长。1950年任淮阴县委农委书记兼宣传部副部长。1952年，任省委组织部巡视员。1957年任邳县县委组织部部长、县委副书记。1981年任淮阴县八届人大常委会副主任。1984年6月离休，享受地市级待遇。

骆加林

骆加林（1913.09～2003.04），徐州新沂县人。民国30年（1941）4月加入中国共产党，同月参加工作。曾参加北撤，历任潼阳县礼义区游击队队长、跃兰区指导员、新河区区长。1949年10月起，先后任沭阳县银行行长、淮阴县工商科科长、清江飞机场主任、清江面粉厂厂长、清江市总工会副主席。1964年11月任淮阴县总工会副主席。1985年3月离休，享受地市级待遇。

周　平

周平（1927.10～2005.01），沭阳县人，民国32年（1943）3月参加革命工作，民国35年3月加入中国共产党。1956～1968年，历任中共淮阴县委宣传部部长、中共淮阴市委（县级）组织部部长。

1971～1974年，任淮阴县丁集公社党委书记。1978年后，历任淮阴县革委会副主任，中共灌云县委副书记、县人大常委会主任，中共淮阴县委副书记。1984年5月，任淮阴县第二届政协主席。1986年后，任中共淮阴市委纪律检查委员会副书记等职。1987年12月离休，享受副厅级政治、生活待遇。

孙 斌

孙斌（1922.03～2006.02），淮阴五里镇人。民国31年（1942）8月参加工作，民国34年10月加入中国共产党。民国37年3月任文科区武工队队长、渔沟区党支部书记兼区长。1956年2月，任淮阴县委宣传部副部长、公墓乡党委书记。1959年3月调任淮阴市科委副主任。1963年3月任淮阴县和平公社党委书记。1970年4月下放到清江市城南公社劳动。1971年8月任淮阴县化肥厂党委书记。1973年3月任县计委副主任。1985年12月离休，享受副地（厅）级待遇。

张开训

张开训（1922.08～2006.04），泗阳县史集人。民国33年（1944）6月参加工作，同时加入中国共产党，任泗阳县新袁乡乡长。民国34年6月在半城抗大学习。民国35年1月起，历任泗阳县临河乡乡长、县武工队队员、杨岗乡党支部书记、陈圩区民政股长。1949年7月，任县土改工作团团员、组长。1954年后，历任淮阴县供销社科长，县农工部指导员，新渡公社党委副书记、社长、书记等职。1966年后，历任县社教团副团长，果林场革委会主任、党委书记。1975年4月任县五交化公司经理、书记。1984年12月离休，享受副厅（局）级待遇。

梁 钧

梁钧（1922.10～2006.08），淮阴人。民国34年（1943）5月参加工作，并加入中国共产党。民国37年12月任五圩区文教股长。1951年1月任淮阴市委宣传部科长、指导员。1955年8月，任职淮阴地委组织部。1956年7月筹建淮阴拖拉机修配厂并任党支部副书记。1963年8月参加整党工作和社教工作。1966年6月调任淮阴县拖拉机修造厂党支部副书记。1974年任杨庄造纸厂厂长、党支部书记。1980年任淮阴县印刷厂党支部书记。1980年12月离休，享受副厅（局）级待遇。

陈怀道

陈怀道（1929.11～2006.09），沭阳县张圩乡人。民国34年（1945）8月入伍，历任沭阳县大队警卫连通信员、县大队二连班长。1949年1月任第三野战军三十军司令部通信员；8月任三十军警卫营三连战士。同年11月加入中国共产党。1950年2月在华东军区南京海校学习；7月起，历任海军六舰队开封舰枪炮兵、枪炮副班长、班长、主炮军士长。1955年4月在华东海军轮训大队政训队学习，获解放奖章1枚。1956年4月任海军护轮艇六支队3号艇代副政委。1960年2月任海军护卫舰六支队贵阳舰副政委。1962年5月被授予上尉军衔。1964年11月任海军杭州疗养院政治协理员。1969年8月任华东技术研究所党支部委员。1971年12月任海军杭州疗养院政治处副主任。1978年10月转业，任淮阴县医药公司副经理。1989年12月离休，享受副厅（局）级待遇。

吴太洪

吴太洪（1922.12～2006.11），沭阳县人。民国31年（1942）5月参加工作，6月加入中国共产党。民国34年6月任沭阳县刘集区委副书记兼区农会主任。1954年7月任宿迁县银行行长。1958年3月任灌南县银行行长。1959年4月任灌南县五队公社党委第一书记。1963年4月，任淮阴地区人民银行中心支行副行长兼政治部主任。1969年1月，在淮阴地区入江水道指挥部工作。1970年1月任淮阴县高堰公社党委书记。1972年7月任淮阴县人民银行行长、淮阴县财贸办公室副主任，1981年7月当选淮阴县政协副主席。1982年离休，享受厅（局）级待遇。

陈儒林

陈儒林（1927.09～2007.10），淮阴渔沟镇人。民国32年（1943）7月参加工作，任淮阴县政府文教科通讯员。民国34年10月加入中国共产党。民国35年8月北撤到山东任淮海二中通讯员。民国36年1月任华东野战军第7纵队卫生部班长。11月任苏鲁兵站二十一中站副排长。民国37年2月任五分区运粮小组长。5月起，先后任淮阴县汤集乡助理员、副乡长、指导员。1949年5月任吴集区委组织部干事、副科长。1952年4月任淮阴县委组织部干事、组织员。1955年6月任淮阴县高堰区委副书记，11月任文科区委书记。1956年9月任县委工作组组长。1958年5月任北吴集公社社长、书记。1965年4月任县农业技术推广中心站站长。1966年8月任淮阴县农机公司经理。1969年3月任杨庄公社革委会主任、书记。1975年1月任县种猪场革委会主任、党总支书记。1980年3月起，历任县农机局副局长、局长。1984年3月任县农机化服务公司调研员。1987年12月离休，享受地市级待遇。

朱锦龙

朱锦龙（1926～2008），淮阴袁集乡人。民国33年（1944）投笔从戎，民国35年6月加入中国共产党。民国37年起，历任班长、排长、连指导员。先后参加淮海、渡江及上海等战役，并立大功1次、二等奖2次。1950年参加中国人民志愿军入朝作战，参加第二、第四次战役。在东线长津湖战役中，率领全连成功突围，荣立一等功，并获二级国旗勋章1枚。1952年起，先后入昆明步兵学校、中国人民解放军后勤学院深造。后任营教导员。1964年转业赴西南参加三线建设。历任贵阳橡胶厂革委会主任、厂党委书记，贵阳化工原料厂党委书记。1987年离职休养，享受地市级政治生活待遇。

尹耀文

尹耀文（1933.08～2008.11），涟水县方渡乡人。1949年7月加入中国共产党，1954年参加工作。1961年为涟水县委起草穷队翻身工作的经验报告，被省委转发至全省，并刊载于《群众》杂志上。省话剧团以此为蓝本，改编成话剧《鸡毛飞上天》，在全省公演，还被上海天马电影制片厂拍成电影。1973年起，在担任淮阴县码头公社党委书记期间，码头公社被淮阴地委授予“大寨式公社”称号。任县委常委、组织部长期间，积极推进干部队伍的知识化、年轻化建设，在全省组工会议上介绍经验。1987年后，连续两届当选县人大常委会副主任。尹耀文为人耿直，胸怀坦荡，乐于奉献。

朱士贤

朱士贤（1924.01～2009.03），涟水县成集乡人。民国30年（1941）2月参加革命工作，3月加入中国共产党。民国35年秋，受到县政府表彰，荣立一等功。1953年6月后，历任淮阴地委农工部副科长、科长。毛泽东在《中国农村的社会主义高潮》一书的按语中，有对《沂涛乡的全面规划》一文作的按语，此文为朱士贤任淮阴地委农工部科长时主持调研的文章。1974年1月任淮阴县委工作队副组长、副队长。1980年10月起，历任淮阴县农水办副主任、农委副主任，党组副书记，老龄委副主任，县委整党工作指导委员会副主任委员等职务。1988年12月离休，享受副地市级政治生活待遇。

王宝善

王宝善（1934.07～2012.04），初中文化，淮阴南陈集镇人。1956年4月加入中国共产党，1966年5月参加工作。先后任淮阴县城南区七里乡武装队队长，王营区公所事务长、清江市机场乡团委书记、淮阴县高堰公社头堡大队党支部书记、淮阴县委副书记、淮阴县革委会副主任、宿迁县委副书记。1987年4月任淮阴县政协主席。1990年3月，任县人大常委会主任。

第三章　人物表

一、党政军人物表

表36-3-1

姓　名	性别	出生年月	籍贯	学　历	任职简历
李广涛	男	1914.05	安徽合肥	中师	抗日战争和解放战争期间，曾先后任中共新蔡县、永城县、灵北县、泗县县委书记，淮（阴）涟（水）泗（阳）中心县委书记，民国30年（1941）2月至37年12月任淮阴县委书记等职。1949年1月，任中共合肥市委副书记、市军管会秘书长、市城防司令部政委，1949年5月至1950年5月任中共合肥市委书记。1981年4月任安徽省人大常委副主任，1982年12月离休
陈子良	男	1918	淮阴	抗大	民国30年（1941）任延长石油厂厂长。民国34年9月任团职干部，离开延安去东北筹建东北银行，任造币厂厂长。抗美援朝期间，去朝鲜组建随军银行，任行长。1953 年，到长春筹建第一汽车制造厂，任党委委员兼锻造车间主任、锻造厂厂长。1959年任北京汽车厂厂长。1970年任陕西汽车制造厂党委书记兼厂长。1980年任一机部汽车局副局长，其后任中国汽车工业公司纪检组组长。1986年离休后任中国汽车工业咨询委员会顾问委员
吴之和	男	1919.11	沭阳	—	解放前历任解放区乡长、乡指导员，区委宣传委员、敌工部成员。解放后历任泗阳县区委副书记、书记，淮阴县委常委、副县长。1981年5月任淮阴县政协第一届主席
朱浪萍	男	1923.02	淮阴	—	民国33年（1944）至1952年，历任战士、排长、副营长、代营长、参谋；1952～1956年，任志愿军朝鲜停战代表团参谋、志愿军后勤部参谋；1956～1967年，任解放军总后勤部司令部、营房部及车船部参谋；1967～1973年，任北京钢厂革委会副主任；1973～1983年，任总后车船部办公室科长；1983年6月，按副师职待遇离休
刘启文	男	1923.03	盱眙	—	民国32年（1943）参加工作。先后任盱眙县区农会秘书、组织部干事，盱眙县区委副书记、书记，盱眙县委组织部副部长、部长，盱眙县委副书记、县长，三河农场党委书记、革委会主任，盱眙县革委会副主任，盱眙县委副书记、县革委会副主任。1981年5月任淮阴县委副书记、县长，1983年离休
高维成	男	1923.03	涟水	—	民国34年（1945）5月至1949年9月，历任涟水县徐集区潘圩村指导员，炳同区委指导员、宣传科长。1949年10月起，历任涟水县委组织部组织员、五巷区委副书记、涟水县委合作部副部长。1956年后，历任清江市委农工部部长、淮阴县蒋集公社党委书记、三树公社党委书记。1965年6月起，历任丁集公社党委书记，古寨公社党委书记、革委会主任，淮阴县农林科副科长，淮阴县经营管理科科长，淮阴县农水办公室副主任、党委副书记。1983年12月离休，享受副地级政治生活待遇

续表36-3-1

姓　名	性别	出生年月	籍贯	学　历	任职简历
孙柏华	男	1923.09	淮阴	政法干部学校	民国32年(1943)7月参加新四军。民国34年8月抗战胜利后随部队参加淮海、平津等战役。1950年12月随第23军入朝参加抗美援朝战争，先后两次被中国人民志愿军政治部授予特殊贡献奖章。1956年5月获中央军委颁布的解放奖章。1957年后在第23军第69师工作。1965年集体转业后参加部属1028研究所筹建工作，在国防军工单位工作直至离休。1983年，享受副厅级干部待遇
戴炳文	男	1923.11	泗阳	—	民国32年(1943)8月任淮阴县宋集区委工作组组员。12月后，历任宋集区王圩乡农会主任、乡长、党支部书记。1946年4月任宋集区委民运委员。1949年1月任淮阴县委民运部民运科长。8月任淮阴县委巡视组组长。1950年6月任淮阴县农会副主任。1952年6月任淮阴县顺河区委书记。1953年12月任淮阴县委纪律检查委员会副书记。1956年1月任江苏省监察委员会监察员。1962年8月任淮阴市委监察委员会书记。1964年10月起，历任淮阴县委、涟水县委监察委员会书记。1968年9月起，历任涟水县政工组组长、县委组织部部长。1977年7月任淮阴县委组织部部长、县人大副主任。1984年6月离休，享受副地级政治生活待遇
柴培清	男	1924.10	泗阳	—	民国29年(1940)8月任泗宿县青阳区中队通讯员。民国30年11月任泗宿县三大队警卫员。民国31年8月任泗宿县三大队1连司号员。民国32年9月任泗宿县独立团副号长。后任华野第9纵队第81团号长。民国36年3月任华东警卫旅第2团机炮连连长。1950年10月任华东警卫团2营副营长。1953年3月任华东公安军第1团1营代理营长、副团长。1959年9月任福建省南靖县人武部部长。1966年8月任淮阴专区粮食局政治处主任。1976年1月任淮阴地区外贸公司副书记。1980年12月任淮阴县科委副主任。1987年6月离休，享受副地级政治生活待遇
董士奎	男	1924.11	淮阴	小学	民国33年(1944)7月，任淮阴县张集区桥东乡涧桥镇青救会长。民国35年2月任淮阴县五里区涧桥镇副指导员。民国36年1月任山东高密县公安局城区分局内勤干事。民国37年2～9月，历任淮阴县文科区委组织干事、文科区西边防大队中队长和五里镇镇长、指导员及文科区治安股副股长。同年11月至1952年12月，历任淮海俘训团2营4连副指导员、苏北军区解教团第3团组织干事、苏北军区政治部组织干部科干事、江苏省军区政治部干部科助理员。1959年3月至1982年2月，历任盐城军分区政治部组织科副科长、干部科科长，滨海县人武部副政委、政委，中国人民解放军守备第70团政委，南京军区守备第2团政委，江苏省军区政治部干部处处长，苏州军分区政治部主任、顾问。1982年7月离休
范乃华	女	1925.10	沭阳	—	民国30年(1941)11月至32年12月任沭阳县第八区范湾乡妇会长。民国33年1月至35年8月，历任沭阳县第八区妇救副会长、妇救会长，城北区妇救会长。民国36年9月至37年11月任东海县吴集区妇救会长。民国37年12月至1950年3月任军区教导团1营直属队指导员。1950年4月起任新安县卫生院党支部书记。1952年9月起任灌云县人民法院庭长。1954年8月起任淮阴县王营区供销社主任。1960年6月起任淮阴市妇联副主任。1964年6月起任淮阴县供销社副主任。1970年5月起任淮阴县宣传队指导员。1972年5月起任淮阴县化肥厂副主任。1975年4月起任淮阴县烟酒公司副主任、党支部书记。1985年6月离休，享受部分地市级政治生活待遇

续表36-3-1

姓　名	性别	出生年月	籍贯	学　历	任职简历
孙　曼	男	1926.01	淮阴	—	民国35年（1946）7月入伍。历任涟水县文工团分队长，淮海地委干事，涟水县大队干事、指导员，华东军区第30军第88师团宣传股长，志愿军第26军第77师团干部管理处副处长，师政治部干部部科长，安徽省安庆军分区政治部副主任，合肥军分区政治部主任，滁州军分区副政委（副师职）、顾问等职
周　影	男	1926.03	淮阴	大学	民国32年（1943）入伍，为新四军第4师淮北卫生学校学员。民国33年，历任新四军第4师第11旅卫生部休养所、野战医院医务员。民国34年任华中第9纵队警卫营卫生所长。民国35年，历任华中第九纵队第73团卫生队保健干事、九纵后方医院医疗队办公室长。民国36年后，历任华东第9野战医院、中原军区卫生部第5军医院医疗办公室长。1949年任第二野战军第8军医院医疗所所长。1950年任云南军区野战医院第1分院院长。1953年后，历任昆明军区卫生部科员、助理员、副科长。1957年，天津第4预科学校学员。1963年后，历任昆明军区驻军第72医院副院长、院长。1980年任昆明军区总医院副院长。1982年6月离休
陈子初	男	1927.10	淮阴	—	民国34年（1945）4～10月在淮北化学工厂工作。是年11月起，历任第三野战军情报部见习员、机务员、组长。1949年11月起任华东军区二局组长。1953年4月起任军委三部器材处科员。1954年6月起，历任太原公私合营五铁工厂学员、人事科副科长。1955年1月起任太原公私合营联进电器厂党支部书记。1958年9月起，历任太原变压器厂党委宣传部副部长、部长。1961年11月起，历任太原汽车运输二公司宣传部部长、组织部部长。1966年6月起任太原交通技术学校党支部书记。1971年5月起任太原古交钢铁厂炼铁车间党支部书记。1975年6月起任太原变压器厂政治处主任。1979年6月起，历任淮阴轻工机械厂党总支书记、厂长。1988年12月离休，享受部分地市级政治生活待遇
安凤生	男	1927.10	淮阴	—	民国34年（1945）3月至1949年9月，历任淮阴县沈圩乡青救会会长、中队长、指导员，王圩区武工队小队长、治安股副股长。1949年10月起，历任王圩区团委书记、团县委宣传部部长、淮阴地委农工部业务科副科长、丁集公社党委第二书记、新渡公社党委书记。1965年6月起，历任五里公社党委书记、县农机修造厂党支部书记、王营镇党委书记、淮阴县纪律检查委员会副书记。1988年12月离休，享受副地市级政治生活待遇
唐士鸿	男	1928.11	淮阴	抗大	民国33年（1944）7月，新四军第3师抗大五分校学习。抗大毕业以后，分配在新四军第3师第10旅任文化教员、政治指导员。1951年调炮兵部队，任政治教导员、政治处主任、副政委。1966年任第二炮兵部队组织处处长、团政委、政治部组织部副部长以及第二炮兵所属某部纪律检查委员会委员、副书记。1983年离休
丁泽民	男	1929.03	淮阴	—	民国36年（1947）11月参加工作，1951年任《苏北青年》助理编辑，1952年后调入江苏省治淮总指挥部任《江苏治淮》编辑。1956年后调水利部，任部长秘书。1958年春节后，曾随周恩来总理查勘长江三峡。1973年任水利电力部水利农田水利处副处长，1978年任水利电力部水利建设司副司长，1979年任水利部农田水利局副局长，是年4月赴日本考察。1982～1990年6月，历任水利电力部、水利部农田水利司（农村水利司、农村水利水土保持司）司长。1994年离休后，曾任中国老区开发促进会副会长

续表36-3-1

姓 名	性别	出生年月	籍贯	学 历	任职简历
祝以信	男	1932.04	阜宁	—	1949年3月参加工作。历任阜宁法院书记员、省委办公厅文书处理科组组长、共青团淮阴县委宣传部部长、淮海报社组长、王兴公社副书记、市农工部秘书科长、淮阴果林场党委书记、淮阴县革委党务副主任、淮阴县委副书记。1983年5月起,历任淮阴县人民政府代县长,淮安县委副书记、淮安县政协主席。1993年6月离休
朱德功	男	1933.07	泗洪	—	1949年7月参加工作,任泗洪县粮食调运部、粮食供应公司办事员,1951年任泗洪县粮食财政局办事员。1952年起,历任泗洪县政府秘书室干事、民政科科员。1954年任泗洪县委审干办公室秘书。1957年任共青团泗洪县委副书记。1964年6月任泗洪县魏营公社党委书记。1966年3月任泗洪县委副书记。1967年3月历任泗洪县革委会负责人、公社革委会主任。1971年3月后,历任淮阴县委常委、副书记、书记。1979年4月至1981年3月任西藏山南地委副书记。1981年3月任江苏省农垦局副局长。1983年5月任江苏省农垦总公司党委副书记、副总经理。1985年6月至1996年12月任省民政厅副厅长
戴红军	男	1934.12	淮阴	大学	历任技术员、工程师、高级工程师、社会科学副研究员、高级政工师,地师级科研单位政治部主任、纪委书记、党委书记,航天太湖(738)疗养院院长兼党委书记(正厅级)。2004年2月起任航天738疗养院离退休老干部党支部书记
王玉家	男	1936.03	沭阳	高中	1953年8月参加工作。历任沭阳昭德公社团支部书记、县公安局干事,高苜公社团委书记、秘书,沭城公社团委书记、党委副书记,庙头大区宣传科长,颜集公社党委副书记,华冲公社副书记,革委会副主任、书记、革委会主任。1981年3月任沭阳县副县长。1984年2月任淮阴县委常委、副县长。1989年12月任淮阴县政协主席
苏尚忠	男	1937.02	涟水	大学	1964年9月参加工作。毕业于北京农业大学,农艺师。历任中科院土壤研究所政治处团总支书记,涟水县计委、农委副主任,农业局局长,淮阴县政府县长,淮阴市环保局党组书记、局长
姜立宽	男	1938.01	扬州江都	中专	先后任泗洪县委宣传部干事、县委办公室秘书,泗洪县龙集公社党委副书记、革委会副主任,泗洪县革委会办事组副组长,泗洪县车门公社党委书记、革委会主任,泗洪县委办公室副主任,泗洪县政府副县长,洪泽县委副书记、书记。1984年2月,任淮阴县委书记。同年9月至1989年10月,先后任淮阴市委常委、秘书长,淮阴市政府常务副市长。1989年10月至1992年9月任淮阴市委副书记、市长。1992年9月任江苏省农垦公司党委书记、总经理。1997年6月任农垦集团有限公司董事长、党委书记。1993年3月当选省第八届人大常委会委员。1998年3月当选省第九届人大常委会委员、省人大农业与农村工作委员会主任委员
夏玉瑚	男	1938.10	淮阴	大学	1958年11月入伍,曾任文化教员、排级干部等职。1968年8月大学毕业后,分配到福建省南平电缆厂工作,曾任闽东电机公司总经理。1983年10月,历任县级南平市市长、南平地区专员和地级南平市市长、省医药管理局局长。1997年6月起,历任福建省经贸委党组副书记、副主任,省机械工业厅厅长(国防工业办公室)、党组书记等职。2001年1月,任第八届、第九届福建省政协委员、常委、经济科技委员会主任等职

续表36-3-1

姓　名	性别	出生年月	籍贯	学　历	任职简历
徐贻聪	男	1938.10	淮阴	大学	1963年3月进入外交部工作，曾任外交部美大司科员、拉美司副司长及中国驻厄瓜多尔、古巴、阿根廷大使，分别获得厄瓜多尔、古巴和阿根廷政府颁给外国使节的最高级别的荣誉勋章（大十字鹰级勋章、友谊勋章和大十字大功勋章）等
张其傥	男	1939.07	淮阴	大学	1964年4月参加核工业七二一矿建设，先后任基层党支部书记，矿办秘书、副主任，矿属一厂党委书记。1965年任党支部书记。1979年6月起，历任矿党委副书记兼政治部主任（副厅级）、副矿长。1990年任矿党委书记（正厅级）。1993年后担任中核总（原二机部）政工专业高级职称评审委员会委员。1997年3月调任江西矿冶局副局长、纪检组长（正局级）
唐士贤	男	1940.01	淮阴	大学	1968年分配至新疆大学，继而派遣到7969部队、哈密地区鄯善县工作锻炼。1971年奉调淮阴县教育局，后借到县人武部负责宣传报道工作。1979年调县组织部，后调清江市组织部、宣传部，任副科长。1983年撤地设市后，调淮阴市委政策研究室，先后任城市工作科科长、副处级秘书，1991年5月，调任淮阴教育学院、淮阴师范学院纪委书记、院党委委员
朱兆成	男	1940	淮阴	—	1959年11月入伍，在海军东海舰队快艇第16支队服役。1965年9月入党。同年，在福建崇武东海战中，参战部队取得击沉敌舰“永昌”号、重伤“永泰”号的重大胜利，受到各级领导的表扬。他因为在战斗中的突出表现得到上级领导肯定，被东海舰队记一等功。11月25日，他和战友们在上海锦江饭店受到周恩来、陈毅、罗瑞卿等亲切接见。后历任舰长、中队副政委、政委等职。1977年8月，当选中共十一大代表。1982年转业，任淮阴县人民检察院检察员
沈业富	男	1940.07	淮阴	大学	1965年5月参加工作，历任陈集公社高成大队大队长、公社副社长、革委会副主任，吴集公社党委副书记、书记，省委党校、南京农学院学员，淮阴县政府副县长、县委副书记，宿迁市（县级市）委副书记，淮阴教育学院党委副书记兼副院长，淮阴市委农工部副部长。1995年3月任淮阴县政协主席
杨基厚	男	1941.11	高邮	中专	1957年参加工作。1964年10月参加“四清”（社会主义教育工作团）工作，先后任工作队员和分团秘书。1967年2月起，历任淮安县人武部生产办公室秘书组副组长，县革委会生产指挥组、县革委会办事组秘书组组长。1970年3月至1972年10月兼任县委“一打三反”办公室主任。1972年10月起，历任淮阴地区革委会生产指挥组秘书、地区革委会办公室秘书科副科长。1975年8月任淮安县钦工公社党委书记、革委会主任。1983年9月起，历任淮安县政府副县长，县委常委、常务副县长。1984年10月任淮阴县委书记、县人大常委会主任。1989年1月起，历任淮阴市委副秘书长兼市委研究室主任，市委副秘书长兼市委办公室主任、市委研究室主任。1995年2月任市政协副主席、市政协党组副书记

续表36-3-1

姓 名	性别	出生年月	籍贯	学 历	任职简历
张 凯	男	1942.10	宿迁	大学	1968年参加工作。历任宿迁县文教局办事员，顺河公社秘书、组织委员、副主任，宿迁县埠子公社副书记，大兴公社党委书记。1984年2月任淮安县委副书记，同年10月任淮安县县长。1989年1月任中共淮阴县书记、县人大主任。1991年3月调离淮阴县。后任宿迁市（地级市）人大常委会副主任等职
丁玉才	男	1942.11	淮阴	大学	1959年1月入伍，1960年8月加入中国共产党。历任班长、排长、政治指导员、政治协理员、团政委、师政治部主任、师政委、海南军区副政委、第41集团军副政委、南京陆军指挥学院政委、总参陆航局政委、总参兵种部政委、成都军区政治部副主任等职。1991年被中央军委授予少将军衔
苗秀章	男	1943.01	涟水	大学	1968年8月参加工作，先后任江西新余钢铁厂职工、江苏灌南县人事局办事员、中共淮阴地（市）委办公室科长。1985年5月任淮阴市机械电子工业公司党委书记。1986年2月任淮阴县人民政府县长。1989年7月调任江苏省监察厅处长，1990年7月任江苏省农业银行处长。2000年转任南京市农业银行党委副书记、副行长
冯加庚	男	1943.03	沭阳	大学	1965年8月参加工作。先后任沭阳县社教队员，立新公社副主任、副书记、书记，沭阳县革委会副主任、县委副书记、副县长，灌南县委副书记，沭阳县委副书记、副县长。1989年8月任淮阴县副书记、县长。1995年4月任淮阴县委书记。1996年3月任淮安市人大常委会副主任
陈明福	男	1943.07	淮阴	大学	1978年任淮阴县码头公社党委书记。1984年任泗阳县县长。1987年任沂淮铁路筹建办公室主任。1990年任淮阴市农业局副局长（正处级）。1992年任淮阴市政府副秘书长
邹广荣	男	1944.11	淮阴	中专	1960年就读于东北长春航空学校。1963年随部队驻福州彭山。1987年任空八军纪委办公室主任。1990年转业到厦门市任商业局纪委书记。1992年任厦门市商业局常务董事长
蒋 菁	男	1945.03	淮阴	大学	1970年8月起，历任江苏省煤矿建设指挥部南京青龙山煤建工程团政治处干事、矿团委副书记。1976年6月起，历任清江市委组织部干事、淮阴地委组织部干事。1985年10月任清浦区委组织部副部长、清江街道办事处党委书记。1989年6月起，历任淮阴市人民防空办公室副主任、主任、党组书记。2003年12月任淮安市经济建设专家组基础设施组成员
陈美英	女	1945.07	淮阴	大学	曾任生产队记工员、大队团支部书记、民兵营长、丁集乡妇联副主任、县妇联主任、县委常委。1974年1月任江苏省贫下中农协会副主任、党组成员。1977年8月任江苏省妇联副主任、党组成员。1983年9月，在江苏省委党校就读大学专科。1986年1月任江苏省妇联副主任、党组成员。1993年10月任江苏省人口和计划生育委员会副主任、党组成员、机关党委书记。2003年6月任江苏省人口和计划生育委员会巡视员（正厅级）。后调入省人大常委会工作

续表36-3-1

姓　名	性别	出生年月	籍贯	学　历	任职简历
张洪珍	男	1947.09	淮阴	—	1969年3月应征人伍。历任铁道兵第10师第46团战士、班长、排长、团政治处书记、连政治指导员，团政治处保卫股副股长、股长，营政治教导员。1981年后，历任铁道兵第10师第49团政治处主任、团政治委员、党委书记。1984年后，历任铁道部二十局四处政治处主任、党委书记、局公安处处长、党组书记。1989年后，历任淮阴市铁路办副主任、市经济技术协作委员会副主任、市政协办公室副主任、淮安市政协副秘书长
邓金良	男	1949.01	沭阳	—	1968年2月参军，是年4月至1969年2月，参加抗美援越，历任战士、班长、排长、站长、参谋、团侦察股股长、营长、副团长。1985年11月至1986年3月任灌南县人民武装部副部长，1986年3月至1990年12月任人民武装部部长。1990年12月至1994年8月任淮阴县人民武装部部长。1995年11月至1998年7月任中共淮阴县委常委。2001年1月至2007年12月，任淮阴区（县）人大常委会副主任。2009年1月退休，享受正处级待遇
吴以荣	男	1949.08	淮阴	大学	1969年应征入伍。1969年3月至1976年10月，历任战士、班长、排长、油料运输股股长。1976年11月起，历任军事交通科科长、运输处副处长。1994年11月转业到甘肃省纪律检查委员会任行政处处长、办公厅副主任。2002年4月任甘肃省物价局纪检组长、机关党委书记、党组成员
郭维国	男	1949	淮阴	大学	1969年3月入伍，历任空军高炮第13师第39团指挥连战士，团通信股技工、技师、参谋，兰州军区空军通信处科长，兰空驻黄河786厂副总军事代表，中国人民解放军空军通信副总军事代表，大校军衔。立三等功3次，副师级退休
王祥生	男	1951.10	淮阴	大学	1975年7月至2002年1月，先后任赵集公社文教办辅导员、赵集公社党委助理秘书、淮阴县政府办公室助理秘书、县民政局副局长、县政府办副主任、县政府办副主任兼信访办主任、丁集乡党委书记、县人大常委会副主任、县人民政府副县长、淮阴县（区）委常委、常务副县（区）长、区委副书记。2002年1月当选为淮阴区政协主席
王宗华	男	1952.07	淮阴	大学 总会计师	江苏省统计系统职称高评委。历任淮阴县粮食局统计、副股长、股长，淮阴县政府驻外办事处副主任、主任，县供销合作总社主任，供销集团公司总经理、党委书记，粮油总公司总经理、党委书记兼南吴集乡党委副书记。1996年4月任淮阴县粮食局党委书记、局长。2000年9月任淮阴县粮食局党委书记、中央储备粮淮安直属库筹建办主任（副处级）。2001年6月任中央储备粮淮安直属库主任、书记（正处级）。2003年5月任中央储备粮扬州直属库主任（正处级）。2004年9月任中储粮总公司江苏分公司副总经理、党组成员、纪检组长（副厅级），2006年8月兼任中央储备粮镇江基地总经理。2012年8月退休，享受正厅级待遇
孙维林	男	1952	淮阴	—	2008年，任中共北京市委委员，北京建工集团党委书记、董事长。曾任北京城建集团一公司党委书记、北京城建集团三公司经理、北京驻开发建设集团总公司总经理

续表36-3-1

姓　名	性别	出生年月	籍贯	学　历	任职简历
周云飞	男	1953.02	海门	大学	1969年1月参加工作。在清江拖拉机制造厂工作期间，先后在厂技术科、工艺科、总工程师办公室任技术员、工艺组长、助理工程师。后任淮阴地（市）委组织部干部科办事员、青干科干事、组织员，市委组织部部审干办副主任、主任，淮阴县委组织部部长、县委副书记兼组织部长。1995年1月任县委副书记、县政府代县长。1999年12月任淮阴县委书记、人大常委会主任。2000年12月任淮阴市副市长。2006年5月辞去淮安市副市长职务
沈善武	男	1953.03	淮阴	大学	1969年3月应征入伍，历任空军高射炮兵第13师第39团汽车连战士、班长、排长、副指导员。1980年空军气象学院工作，历任政治教研室教员、副主任、主任，学院政治部党委委员。1984～1986年，解放军国防大学学习。毕业后回空军气象学院工作，任政治部政研室主任，授上校军衔。1992年10月转业到江苏省民政厅工作，任厅办公室副主任等职
孙　钧	男	1954.02	淮阴	大学	1972年12月应征入伍。是年12月至1975年9月，历任战士、文书、班长。1975年9月起，历任苏州军分区司令部军务动员科打字员、保密员、参谋，南京军区司令部动员部征集动员处参谋，工程兵第2团司令部机要股股长。1987年8月起，历任南京军区司令部动员部组织动员处参谋、南京军区射阳高射炮兵射击场参谋长、南京军区司令部动员部组织动员处副团职参谋、南京军区司令部动员部组织动员处处长、浙江陆军预备役步兵师参谋长。2006年2月转业到杭州市审计局，任党组成员、副局长
齐学进	男	1954.03	淮阴	硕士研究生	1984年参加边境自卫反击作战。1988年起，历任总后勤部卫生部研究室副主任、医疗管理局副局长、综合计划局副局长。1999年12月任人民军医出版社社长兼总编辑
卜　平	男	1954.10	淮阴	党校研究生	1974年4月参加工作。1983年7月后，历任教师、乡长助理。1990年3月起，历任淮阴市委办秘书、副科长、督查科科长。1996年后，历任宿迁市委办副主任、保密办主任、机要局局长、保密局局长。1998年后，历任宿迁市委副秘书长、市委办副主任、保密办主任、机要局局长、保密局局长。2000年后，历任宿迁市委副秘书长、办公室主任、保密办主任、机要局局长、保密局局长。2001年后，历任宿迁市纪委副书记、监察局局长。2004年1月任宿迁市委秘书长，12月任市委常委、秘书长。2008年1月任政协宿迁市第三届委员会主席、党组书记。2012年1月任政协宿迁市第四届委员会主席、党组书记
公丕祥	男	1955.01	山东蒙阴	硕士研究生	二级大法官。1974年6月毕业于淮阴县王营中学高中部，同年8月在淮阴县武墩人民公社插队。1982年2月大学毕业后在南京师范学院政教系任教。1985年7月起，历任南京师范大学政教系副主任、主任，校党委委员，经济法政学院院长，副校长、校长、党委书记。2002年1月兼任江苏高级人民法院副院长。2003年2月至2008年12月，任江苏省高级人民法院院长、党组书记

续表36-3-1

姓　名	性别	出生年月	籍贯	学　历	任职简历
徐继刚	男	1955.05	淮阴	党校研究生	1983年6月毕业于南京大学哲学系，同年7月参加工作，先后任淮阴县西宋集乡党委宣传干事，中共淮安县委党校理论教员。1988年7月，任淮阴市纪委副科级纪检员、研究室副主任。1996年2月，任淮安市社科联副主席。同年8月，任宿迁市委宣传部副部长兼任宿迁日报社党委书记、社长、总编辑，宿迁市社科联主席，宿迁市委对外宣传办主任
刘立平	男	1957.09	淮阴	硕士研究生	1976年12月入伍。1979年12月后，历任师军需仓库主任、战勤参谋，军区联勤部司令部参谋、秘书、副处长、处长，分部参谋长、分部副部长，分部副部长兼北京军区后勤应急保障旅旅长等职
王锦友	男	1957.11	淮阴	硕士研究生	1976年2月入伍。先后任战士、文书、班长、军事教员。1980年8月任铁道兵第2师后勤助理员。1987年7月起，历任铁道部第十二工程局财务处计划财务科科长（会计师），铁道部第十二工程局建筑安装工程处总会计师，中铁十二局集团有限公司财务部副部长，高级会计师、注册会计师，中铁十二局集团有限公司副总会计师，中铁十二局集团有限公司总会计师。2015年3月任中铁十二局党委书记
秦正宝	男	1957.11	淮阴	党校研究生	1977年1月参加工作。1981年7月起，历任淮阴县航运公司技术员、调度员，淮阴县委办公室办事员、助理秘书、秘书。1985年8月任共青团淮阴县委书记。1987年9月任淮阴市委组织部办公室组织员。1988年11月至1992年11月，历任共青团淮阴市委副书记、书记。1995年10月任泗洪县委副书记。1996年12月任泗洪县委副书记、县长。2001年8月任泗洪县委书记、县长。2002年1月任泗洪县委书记、人大主任。2004年8月任宿迁市副市长、泗洪县委书记、县人大常委会主任。2004年12月任宿迁市政府副市长、党组成员
葛志胜	男	1958.04	宿迁	大学	1975年7月参加工作。1981年8月为市种子公司技术员，1985年4月至1986年7月挂职任宿迁市丁嘴乡党委副书记。1987年1月任市种子公司副经理。1989年8月调市农业局政秘科工作。1990年5月起，先后任市农业局政秘科科长、局长助理。1997年11月任市农业局副局长、党组成员。2002年9月任淮阴区委副书记。2006年5月起，历任淮阴区人大党组书记、副主任、调研员。2010年12月起任政协淮阴区第八届委员会主席、党组书记
陈　平	男	1958.11	淮阴	—	1978年3月入伍，少将军衔。历任班长、排长、副连长、连长、副营长、政治教导员、炮兵营长、后勤处长、副团长、炮兵团长、装甲师副师长、军分区司令员、炮兵旅旅长、集团军副参谋长、江西省军区参谋长
李家柏	男	1960.07	淮阴	硕士研究生	1979年12月参加工作。先后任连云港外轮代理公司事务员、计财部经理，招商局集团（香港）有限公司企业部主任，深圳联合国际船舶代理公司常务副经理、党支部书记，深圳联代报关服务有限公司总经理，广州市联泰报关物流有限公司董事长等职。1992～1997年，在招商局（香港）集团有限公司做企业管理和投资项目评估审批工作。2008年任中远（澳州）物流有限公司总经理

续表36-3-1

姓　名	性别	出生年月	籍贯	学　历	任职简历
夏善忠	男	1960.08	淮阴	大学	1977年7月参加工作。是年12月至1986年11月在北京海军后勤部服役，历任班长、汽车队队长等职。1986年11月转业到淮阴市交通局工作。1987年11月至1993年10月在淮阴中行工作。1993年10月任江苏中行信托投资公司淮阴办事处证券部主任。1997年5月至2000年11月任淮阴中行信贷科项目经理、副科长。2000年11月任平安财险淮安中心支公司人事行政部经理、市场部经理。2002年5月任总经理助理、市场部经理。2003年8月起，历任平安财险淮安中心支公司副总经理、总经理、党组书记
张　雷	男	1961.07	淮阴	大学	1982年8月参加工作。1988年12月任共青团苏州市委副书记、党组成员。1994年6月任苏州市电子工业局副局长、党委委员。1996年6月至11月兼苏州有线电一厂厂长。11月起，历任苏州电子控股（集团）有限公司总经理、副董事长、党委副书记，市电子工业局副局长。1997年11月任苏州市科委主任、党组书记兼苏州新区管委会副主任。2000年8月起，历任昆山市委副书记、代市长、市长。2001年8月任昆山市委书记。2002年10月任昆山市委书记、市人大常委会主任、昆山经济技术开发区党工委书记。2003年4月任省对外贸易经济合作厅厅长、党组书记。2007年5月至2008年3月，任省对外贸易经济合作厅厅长、党组书记兼贸促会会长、党组书记。2007年5月任江苏省对外贸易经济合作厅厅长、党组书记，省贸促会（省国际商会）会长、党组书记。2008年3月任中共泰州市委书记。2009年1月任中共泰州市委书记，市人大常委会主任、党组书记。
张元贵	男	1961.09	淮阴	大学	1980年12月在淮阴中学任教师。1992年9月起，历任淮阴中学教务处副主任、主任。1997年1月任淮阴中学副校长。1998年7月任淮阴中学校长、党委书记。2015年8月任淮安市教育局局长。江苏省第九届、第十届、第十一届人大代表，江苏省第十届、第十一届人大主席团成员，淮安市第三、第四届党代会代表。2012年当选第十二届全国人大代表
刘学军	男	1962.07	淮阴	党校研究生	1981年7月参加工作。曾任淮阴市纪委常委、监察局副局长，涟水县委副书记，淮阴（淮安）市政府法制局局长、党组副书记，淮阴（淮安）仲裁委秘书处秘书长，淮安市政府法制办公室主任、党组书记，淮安仲裁委秘书处秘书长，淮安市城市管理局局长、党组书记等职务。2008年3～6月任淮阴区委书记。2008年6月任淮阴区委书记，区人大常委会主任、党组书记。2013年12月当选政协淮安市第七届委员会副主席

续表36-3-1

姓　名	性别	出生年月	籍贯	学　历	任职简历
戚寿余	男	1962.08	洪泽	党校研究生	1981年7月至1984年8月，在洪泽县供销总社、统计局工作。1984年8月起，历任洪泽县政府办公室秘书、科长、副主任、主任。1995年7月任洪泽县委组织部副部长（主持工作）。1996年10月任淮阴县委常委、组织部长。1998年5月起，历任淮阴市政府副秘书长、办公室副主任、党组副书记（主持办公室工作）。1998年12月任淮阴市政府副秘书长、办公室主任、党组书记。2001年2月任淮安市政府副秘书长、办公室主任、党组书记。2002年1月任清河区委副书记、区长。2003年7月任清河区委书记。2004年1月兼任清河区人大常委会主任。2005年12月至2008年3月任淮阴区委书记、区人大常委会主任。2013年12月任淮安市人民政府副市长
陆益民	男	1962.09	宿迁	大学	1981年8月后，历任宿迁县陆集中学、矿山中学、马陵中学教师。1990年11月后，历任淮阴市第一人民医院党委办办事员、秘书、团委副书记、工会副主席。1997年4月后，历任淮阴市委市级机关工委宣传科副科长、科长。1998年5月后，历任淮阴市纪委正科级纪检员、办公室副主任、办公室主任。2002年1月后任淮阴区委副书记、纪委书记、政法委书记、综治办主任、党校校长。2010年12月任淮阴区人大常委会副主任（正县级）、党组书记
孔庆柱	男	1963.01	淮阴	大学	1980年12月入伍。1982年9月考入中国人民解放军蚌埠坦克学院。1984年7月任第36师坦克团1连排长。1989年3月任第36师坦克团1连连长。1993年6月任第36师坦克团军务股参谋。1995年11月任第36师坦克团军务装备股股长。1998年2月任第36师坦克团2营营长。2001年3月任宿迁军分区作训科科长。2006年7月任宿城区人武部部长。2008年6月任宿城区委常委
朱晓波	男	1964.10	如皋	硕士研究生	1984年7月起，历任江苏省商业厅办事员、科员、副科长、科长。1994年4月起，历任省经贸委主任科员、助理调研员。2004年4月起，历任省整顿和规范市场经济秩序工作领导小组副调研员、副主任（副处级）、副主任（正处级）。2010年4月任省减轻企业负担办公室副主任（正处职）。2011年6月起，历任淮安市经济开发区党工委委员、管委会副主任、调研员。2012年8月起，历任淮安市经济技术开发区党工委副书记、管委会副主任。2013年12月至2014年1月，任淮阴区委副书记、代区长。2014年1月起，任淮安市淮阴区委副书记、区长
夏心旻	男	1965.05	盐城	硕士研究生	先后任洪泽县体改办副主任，洪泽县政府办副主任，淮阴市委办科长、淮阴市政府办副主任、淮阴市委副秘书长。1999年12月任淮阴县代县长。2000年3月任淮阴县县长。2001年2月任淮阴区区长。2003年7月任淮阴区委书记。2005年7月任楚州区委书记。2006年12月任江苏省统计局副局长、党组成员
吴以桥	男	1966.01	淮阴	博士研究生	1984年8月参加工作，1990年12月加入中国共产党。历任淮阴市政府办公室秘书、科长，淮阴市物价局副局长，江苏省海洋与渔业局人事处处长。2007年3月任江苏省海洋与渔业局副局长、党组成员；2012年6月任江苏省连云港市副市长、市政府党组成员；2013年5月任中共连云港市委常委、市政府党组成员、市港口管理局党组书记、局长

续表36-3-1

姓　名	性别	出生年月	籍贯	学　历	任职简历
郭业洲	男	1966.02	淮阴	大学	1983年9月在北京外国语学院德语系学习。1987年8月在中共中央对外联络部工作，历任中联部西欧局德国处副处长、处长、八局副局长，研究室副主任（副局级）、研究室主任（正局级）、二局局长，新闻发言人。1991年3月至1993年8月、1996年1月至1998年2月赴中国驻德国使馆工作。2001年5月至2002年1月在河北省丰润县挂职锻炼，任县委副书记。2008年12月任中联部部长助理
刘泽宇	男	1968.02	金湖	党校研究生	1989年7月起，历任江苏省清江石油化工厂技术员、设备员、车间副主任。1994年4月至1995年1月任淮阴市经委生产科科员。1995年1月至1997年11月任淮阴市经委办公室副主任。1997年11月至2001年3月任淮阴（淮安）市经委办公室主任。2001年3～6月任淮安市法制局副局长、党组成员。2001年6月至2004年12月任淮安市政府法制办副主任、党组成员。2004年12月至2007年1月任洪泽县委副书记。2007年1月至11月任洪泽县委副书记、县经济开发区党工委书记。2007年11～12月任洪泽县委副书记、代县长。2007年12月至2009年1月任洪泽县委副书记、县长。2009年1月至2012年3月任洪泽县委副书记、县长、县政协主席。2012年3月至2013年12月任洪泽县委副书记、县长。2013年12月任淮安市淮阴区委书记、区人大常委会主任
刘立松	男	1968.05	淮阴	大学	1986年10月入伍。1990年3月入党。1991年7月毕业于徐州工程兵指挥学院分队指挥专业。1992年9月至1994年7月在重庆后勤工程学院营房管理专业学习。历任排长、助理员、保管队长、管理处长、基建营房处处长等职。正团职，上校军衔
葛　来	男	1968.11	盱眙	博士研究生	1992年8月参加工作。先后任江苏省淮安师范学校助理讲师、讲师，淮阴市委宣传部宣传科副科长、城乡基层宣传科副科长。2000年12月起，历任淮阴市教委副主任、市委教育工委委员、淮安市教育局副局长。2002年1月起，先后任区委常委、组织部长，区委副书记、常务副区长。2006年4月起，历任淮阴区代区长、区长。2011年6月调任中共江苏省委宣传部对外宣传处处长，后为省委宣传部办公室主任、省文明办副主任
汤　军	男	1969.08	淮阴	大学	1990年毕业于北京大学中文系中国文学专业，文学学士。1988年加入中国共产党。1990年8月在中纪委工作。1997年获“全国青年岗位能手”称号。2008年5月任副局级纪律检查员、监察专员。后挂职陕西省咸阳市副市长
华春莹	女	1970.04	泗阳	大学	1988年毕业于淮阴县中学，1992年毕业于南京大学外文系英语专业，后入职外交部，历任外交部西欧司科员，驻新加坡使馆随员、三秘，外交部欧司三秘、副处长，驻欧盟使团二秘、一秘、参赞，外交部欧洲司参赞。2012年8月接替姜瑜出任中国外交部新闻司副司长。同年11月起，担任外交部发言人、外交部新闻司副司长兼外交部发言人
徐东海	男	1971.08	江西石城	党校研究生	1989年8月参加工作。曾任中共江苏省委宣传部干部处处长。2011年6月17日至2013年12月6日，历任淮阴区委常委、副书记、代区长、区长。2013年12月6日任洪泽县委常委、书记。2014年1月任洪泽县委书记、县人大常委会主任

二、文化人物表

表36-3-2

姓　名	字号（笔名）	性别	出生年月	籍贯	职称（社会职务）	主要成就
丁承懿		男	1929.10	淮阴	教授	曾任南京大学教务处负责人，三江学院常务副院长、党委副书记。1989年获首届全国普通高校优秀教学成果特等奖。参与创办江苏省第一所民办高校——三江学院
严　冰	字子迅 自号乡户人	男	1937.03	淮阴	教授	国家中医药管理局第六批全国名中医药专家学术经验继承工作指导老师，南京中医药大学博士生导师，江苏省名中医严冰学术传承工作室传承人。从事中医临床和教学50余年，学术论文百余篇分别在国内外学术会议、医学刊物上交流或发表。曾5次出席国际医学学术会议。有医著9部。其医学经历和学术成就载入《江苏高级医师专长介绍》
常才林		男	1937.07	武进	副教授	中华人民共和国成立后首届导师制研究生毕业，曾任教于江西师院历史系、淮阴县渔沟中学、淮阴师范专科学校，曾任淮阴师专政史系主任，江苏省历史学会理事。先后获江苏省优秀教育工作者、淮阴市有突出贡献专业技术工作者称号。著有《论西周相制》《〈书〉"作三事"、〈诗〉"三事大夫"考辩》《论专制主义与中央集权》《淮阴革命史略》等。入编《中国专家大辞典》及《世界优秀华人教育专家名典》
孙荣恒		男	1938	淮阴	教授	发表科技论文近30篇，出版专著、教材（含教辅教材）13部。代表作有《应用概率论》《应用数理统计》《排队论基础》《趣味随机问题》《概率统计拾遗》
李鸿猷		男	1940.6	淮阴	四川省美协、作协会员	中国画作品多次参加国内外大型展览并获奖，多幅作品赠送给外国友人，被国内外美术馆、博物馆收藏。绘画之余从事写作，曾任《中国书画研究》杂志执行编审，《军地战友艺术报》主编、上海《异乡人》文学杂志主编，1999年9月结集出版散文集《泼墨人生》。2001年应邀为上海学林出版社和南京大学出版社著书，出版《天方夜谭》《世界人类文明史》（四卷本）等著作。2005年12月，成就入编《中国人才库》《中国书画名家》《书画家名人大辞典》等辞书
浦玉龙		男	1942.08	淮阴	中教高级、省作家协会会员	著有《惊梦》《淮上风流》《浦玉龙文选》。30多篇小说被《中国短小说十人行》和《中国当代精短文学作家行》选发
周法之	笔名纯农等，号莲唐居士	男	1942.10	淮阴	省作家协会会员、中国小说学会会员	1965年开始发表作品，共计150余篇，获奖30余篇。多篇作品入选《中国小说家代表作集》《淮安市优秀文学作品集》《中国民间文学集成》等文集。出版作品11部，其中诗词800余首
孙大文	笔名孙思、文峰等	男	1945.05	淮阴	中国作家协会会员	主要作品有《扁担记》《大路朝阳》《育新苗》《王新安》《刘保的故事》《土地爷蒙难记》《闪光的灵魂》《甘洒热血为人民》《风雨图》《奇石闲思》《天下奇冤》《金猫历险记》《金猫大帝》《金猫传奇》及《龙山神童》等

续表36-3-2

姓　名	字号（笔名）	性别	出生年月	籍贯	职称（社会职务）	主要成就
蔡兆生		男	1947.12	淮阴	省中学数学特级教师	在省级及以上刊物发表论文40余篇，其中有两篇被中国人民大学期刊资料复印中心全文采用。连续9年为淮安市《数学导学研究》编写复习资料。参加《初中数学全解题库》《向45分钟要效益》《A计划丛书》的编写工作
朱士元	笔名山泉、雪竹	男	1954.06	淮阴	省作家协会会员	出版作品10部。有多篇作品被《小说选刊》《小小说选刊》《微型小说选刊》等多家杂志选载，有30多篇作品入选不同文集，并有20多篇作品在国内获奖。长篇小说《血溅双竹图》获由江苏省作家协会、淮安市人民政府联合颁发的“首届吴承恩文学奖”
李玉峰		男	1955	淮阴	医学博士、教授、硕士生导师	开展新技术、新项目10多项，发表论文70余篇，其中SCI论文10余篇，包括国际权威性杂志《柳叶刀》1篇；获省市科技奖10余项，其中一等奖两项。2005年享受国务院批准的政府特殊津贴，2006年被评为省级劳动模范，2007年获全国五一劳动奖章
徐继润		男	1955.03	淮阴	博士、教授	美国纽约州科学会会员。主要从事机械分离领域的教学与研究工作。曾赴英国帝国理工学院作博士后研究工作。“水力旋流器流场理论研究”项目获国家教委科技进步奖（甲类）三等奖（第一获奖人），《水力旋流器流场理论》（科学出版社）获大连市科学著作一等奖（第一获奖人）。主要研究领域包括旋转流流场及相应的分离设备、微细粒悬浮液固液分离理论与实践等。发表论文60余篇，其中15篇被EI、SCI所收录，出版译著、教材、专著各1部，获国家教委科技进步奖三等奖1项，获国家专利两项
杨庚宇		男	1955.10	淮阴	博士、教授	主持和参加科教研课题10余项，获省部级二等奖2项、三等奖2项，培养研究生近20名，在国内外核心刊物上发表学术论文30多篇。2002年获国务院政府特殊津贴
张天龙	追月轩主	男	1957.03	淮阴	江苏省美术家协会会员	绘画治印四十年不辍。致力于中国山水画、花鸟画、肖像印、篆刻研究和创作活动。作品在《美术报》《中国书画报》《羲之书画报》《人民日报》《工人日报》《新华日报》《文汇报》，香港《大公报》，台湾《国语日报》《世界书画家报》，民建中央网站等300多家媒体上发表
严　苏		男	1957.04	淮阴	中国作家协会会员、江苏省作家协会理事、一级作家	代表作品有《古槐》《新上任的八品芝麻官》《翻毛皮鞋》《王老五和他的黑牯》《屁股上的钥匙》等。获紫金山文学奖（编辑奖）等省以上文学奖10余次
吴光辉		男	1957.07	泗阳	中国作家协会会员、一级作家	发表散文200余篇。多篇作品被《散文选刊》《作家文摘》等转载。散文集《七十七盏河灯》在全国新华书店公开发行，为全国几十所高校图书馆馆藏图书。多篇散文获全国性大奖

续表36-3-2

姓　名	字号（笔名）	性别	出生年月	籍贯	职称（社会职务）	主要成就
吴向明	字仲明，号安平	男	1957.10	淮阴	中国国礼艺术研究院院长	中国当代书法家五人作品丛书作者之一，曾任《世界华人文学艺术界名人录》（第二卷）以及《中华人物辞海》（当代文化卷）等辞书顾问、编委。著有《吴向明楹联作品集》（五卷）。研究大国礼仪，为解放军、武警部队、中央党校、国家行政学院省部级领导干部讲授《大国之举·国家礼仪》，并在北京大学、清华大学、中国人民大学以及南京大学等知名学府讲授礼仪公开课
穆文清	禾　青	男	1957.11	淮阴	江苏省作家协会会员	代表作品《晶莹的露珠》《鸭子班长》等。《鸭子班长》获中国寓言文学研究会第一届“金骆驼奖”优秀创作成果奖，1999年入选《江苏文学五十年·儿童文学卷》。散文《我与交警》获“红绿灯”全国散文大赛优秀奖
吴大华		男	1958.10	淮阴	江苏省书协会员	多幅书法作品入选辞典、书画作品展或获奖。书法册页入围“全国首届册页书法作品展览”并被组委会收藏
顾建国		男	1959.08	淮阴	博士生导师、教授	江苏省文脉研究工程——《江苏地方文化史》（淮安卷）首席专家。主持完成省重点研究项目多项，发表论文50余篇。先后出版《张九龄年谱》《张九龄研究》《运河名物与区域文化考论》，另有编著《外国寓言》等，是全国著名的张九龄研究专家。曾应美国加州州立大学邀请赴美讲学
戴　珩		男	1962	淮阴	中国作家协会会员、南京艺术学院兼职教授	出版《依偎大树》《自己的灯盏》等作品。获“陈伯吹儿童文学奖”、江苏省社科应用精品工程优秀成果一等奖等20多项省级以上奖项
蔡交俊		男	1962.08	淮阴	江苏省作协会员	著有诗集《向日葵》《天涯三人行》（合集）。作品先后入选《2010年度中国网络诗歌精选》《中国诗歌二十一世纪十年精品选编》等年选或文集。诗集《向日葵》获首届江苏大众文学奖诗歌奖，2013年被中国青年诗歌学会评为“民间百佳优秀诗人”
王学礼	字景涛，号古楚雅士	男	1962.12	淮阴	中国书画家协会会员、江苏省美术家协会会员	作品多次入选“海峡两岸名家书画交流展”等各级各类展览，多次获奖并被收编入集。《和气致祥》等作品被区政府作为文化礼品赠送韩国、俄罗斯、德国等国外友人。出版《王学礼作品集》
殷　耀		男	1963.08	淮阴	教授	1984年7月至1987年7月任教于江苏省淮阴教育学院。1990年起，任教于东北师范大学、中国纺织大学外语系。1998年起，历任中国纺织大学外语学院党总支副书记、党总支书记兼副院长。2005年起，历任东华大学外语学院党总支书记兼副院长（主持工作），党委常委、党委副书记。2015年7月任上海对外经贸大学党委书记。发表十多篇论文。编辑并注释莎士比亚戏剧《爱的徒劳》，主编《英汉对照常用英语谚语词典》《外语教学与研究论丛》

续表36-3-2

姓　名	字号（笔名）	性别	出生年月	籍贯	职称（社会职务）	主要成就
吴自标		男	1964	淮阴	中国书协会员、南京印社社员	篆刻作品多次参加省或全国精品展，获首届“杏花村汾酒集团杯”全国电视书法大赛和中国书协培训中心历届优秀学员作品成果展一等奖、第八届全国书法篆刻展提名奖、全国第六届篆刻艺术展三等奖
严红军	严　军	男	1964.02	淮阴	中国出版协会民营工作委员会副主任	曾策划《同步作文》《实验班提优训练》等著名品牌教辅。“春雨教育”连续获得“中国最佳助学读物策划机构”“十大民营书业实力品牌机构”“江苏民营文化企业30强”“南京民营文化企业十强”和江苏省重点文化科技企业等一系列荣誉称号。推出《中外文学名著精品廊》等丛书，启动“百部国学经典权威版本精注新译精讲丛书”等大型出版项目。出版学术专著《体验与表达——20世纪后30年中国新诗研究》
孙永志		男	1965	淮阴	中国书协会员	曾获省书协主办的江苏省青年书法篆刻精品展金奖、第八届书法篆刻展览全国奖（最高奖）。参加中国书协主办的“当代中国书法名家千人邀请展”，作品被收入《中华书画艺术博览全书》《中国当代书画艺术家收藏大典》等专著
何言宏		男	1965.04	淮阴	教授、博士生导师	出版《中国书写：当代知识分子写作与现代性问题》《坚持与抵抗》等专著与论文集，另有论文多篇。主编有《中国当代著名作家评传丛书》《二十一世纪中国文学大系（2001～2010）》（13卷18册）等。曾获江苏省哲学社会科学优秀成果奖、中国当代文学研究会优秀成果奖和“大昆仑文化奖·学术理论杰出成就奖”等众多奖项
俞加国		男	1966.05	淮阴	江苏省周恩来研究会会员	作品在国际金杯“洋河杯”书画大赛中获奖。几度举办历史人物炭精画像艺术展览。2005年1月31日，赠一幅邓颖超画像给周恩来故居永久珍藏
支凤生		男	1966.09	淮阴	教授、高级工程师	有全国注册造价师、建造师资格。研究方向：工程造价管理。发表省级以上学术论文20余篇
刘一红	笔名陶潜鸿	男	1966.10	淮阴	江苏省作家协会会员	作品有《洪泽湖恋歌》《青春的童话》《短小说作家10人行·刘一红卷》《有女同车》《猫青青和她的朋友们》等。长篇小说《政协主席》成为“2010年北京图书订货会”热点图书，获吴承恩文学奖、淮安市“五个一工程奖”、政府文艺奖。长诗《白妹》入选《中国新时期20年诗选》
吴　健		男	1966.12	淮阴	中国书协会员	书法作品多次在省及全国参展或获大奖，入选近百部作品集。简历入编《中国当代书画名家辞典》等多部辞书
徐业龙		男	1967	淮阴	中国史记研究会会员	专著《韩信评传》荣获江苏省第十一届哲学社会科学优秀成果三等奖，作品、传略载入《孙子兵学年鉴》（2005年卷）和《司马迁与〈史记〉研究年鉴（2008年卷）》

续表36-3-2

姓　名	字号（笔名）	性别	出生年月	籍贯	职称（社会职务）	主要成就
王传荣		男	1968.11	淮阴	教授、高级工程师	曾获国家级教学成果奖二等奖3项，江苏省高等教育教学成果特等奖2项、一等奖1项、二等奖1项。主编教育部“十一五”“十二五”国家规划教材各1部，主持完成市厅级科研项目5项，发表科研论文30余篇
刘　梅		女	1969	淮阴	国家一级演员	1992年黄梅戏《情牵果园》担任主演，参加省戏曲观摩比赛并获江苏省戏曲最高奖——紫金杯奖。黄梅戏《兵哥哥》参加省戏歌大赛并获银奖。淮安市劳动模范
程永华		男	1971	淮阴	中国美术家协会会员、中国工笔画学会会员、国家二级美术师	作品参加中国美术家协会主办的全国第二届中国花鸟画展览、99全国中国画、摄影大展”“世纪中国风情全国中国画大展”、首届中国美术金彩奖全国美术作品展、二十一世纪中国画澳大利亚展、2001年全国中国画展览、全国第五届工笔画大展、全国当代花鸟画艺术大展、2003年全国中国画提名展、2012年全国中国工笔画展、全国第四届中国画线描艺术展等大型展览，并有获奖。另有多有幅作品被国内外艺术中心、美术馆和博物馆等艺术机构收藏及拍卖。出版《程永华工笔花鸟画选》《程永华写意花鸟画选》
于传军		男	1972.10	淮阴	高级畜牧师、中国畜牧兽医学会养猪学会会员	创出“二查、三选、两条线”选（育）种模式（已申请国家专利），使苏淮猪培（选）育种进展计划得到补充与完善。执笔完成国家畜禽遗传资源委员会审定的《苏淮猪·技术总结》报告。2011年培育出国家新品种黑猪——苏淮猪，并通过国家新品种审定。发表有关“苏淮猪”的学术论文10篇，获得省政府科技进步奖二等奖1篇
郁建伟		男	1974.04	淮阴	中国书协会员、江苏省青年书法家协会理事	出版《郁建伟书法集》《钢笔楷书程序训练》。书法作品在全国、省参展或获大奖。参加“中国千名书家精品走进奥运场馆志愿活动”，作品被国家游泳中心（水立方）永久收藏
张　挥		男	1977.07	淮阴	中国书法家协会会员、淮安市青年书协副主席	作品入展全国第五届楹联书法展等30余次。获第二届、三届、四届《书法》杂志“中国书坛中青年百强榜”，首届中国书法院奖全国百强榜；获西泠印社第三届国际篆刻书法大展西泠印社奖（最高奖）、淳化阁帖二王书法大赛专业组二等奖、纪念邓小平百年诞辰全国大型书法展三等奖、七彩云南中国山水画展优秀作品奖。作品被西泠印社、书法报社、书法杂志社、上海美术馆、兰亭博物馆、东方母爱博物馆等收藏
申海芹	笔名安晴	女	1978.12	淮阴	江苏省作协会员	著有散文集《花开的声音》《三月如歌》。《握一把乡愁》《在时间深处静静飘香》等多篇作品入选《2010年中国散文经典》《2014年中国精短美文精选》。多篇作品获奖

续表 36-3-2

姓　名	字号（笔名）	性别	出生年月	籍贯	职称（社会职务）	主要成就
陈业刚		男	1985.12	淮阴		参加在巴西举行的世界轮椅运动会，获男子站姿射箭30米、50米两块金牌。参加马来西亚“远南运动会”获得1银1铜。2007年，获在韩国举行的（IPC）射箭世界锦标赛站姿个人单轮全能第二名和站姿团体第二名。2008年，获北京残奥会射箭个人反曲弓——站姿铜牌和男子团体反曲弓公开级射箭银牌。曾被淮安市委、市政府评为“淮安市优秀青年”标兵

三、民间巧匠表

表 36-3-3

姓　名	性别	出生年月	籍贯	主要成就
支永康	男	1927.08	淮阴	主要作品有梨木梳子、牙泉树梳子与桃树梳子
王永新	男	1938.07	淮阴	最擅长做蟹黄蛋、生炒甲鱼、红烧肉、肴肉、软兜长鱼、红烧马鞍桥、爆炒虾仁等菜肴
杨翠花	女	1942.09	淮阴	擅长绣花、剪纸，作品在淮安市剪纸大赛中曾获一等奖
漆素敏	女	1949	淮阴	获淮安市首批“十佳民间工艺美术家”称号，在淮安市第三届清江文庙庙会展评中，获佳作奖，将布艺技术发扬光大
杨庚珠	男	1953.09	淮阴	雕刻代表性作品有八仙桌、小方桌等
汪良堂	男	1955.09	淮阴	20世纪70年代初开始跟随其父学习捏面人技艺，经过多年潜心研究，形成独具特色的汪氏捏面人技艺。其捏面作品有水果、动物、花鸟鱼虫等造型
季云华	男	1955.10	淮阴	曾连续三届荣获江苏省民间工艺“迎春花奖”。2007年5月，影雕作品《齐白石》获连云港海州旅游文化博览会金奖。2008年，作品《沉思中的周恩来》获首届中国民间工艺精品博览会金奖，并入围第九届中国民间工艺最高奖“山花奖”。瓷刻《神农》《红梅报春图》被中国农业博物馆永久收藏，《神农》被评为银奖。是年10月，应邀参加第三届南京文化产业交易会并作现场表演。市传统刻瓷非遗项目代表性传承人。与胡彬合著有《中国大运河历史名人图说》和《淮安历代名人图传》等书，与胡健教授合著《淮安民间工艺》等。国家邮政局为其量身定制一套个性化邮票集
庞玉超	男	1970.10	淮阴	2007年9月前，在上海、浙江、苏州等地从事专业剪纸。首次参展，剪纸系列即成为淮安市十优旅游纪念品。2008年，作品入选《岁月如歌》《古淮新韵》画册，高档剪纸册被中共淮阴区委、区人民政府选为政府对外赠送礼品。获“江苏省第五届农民美术书法作品大赛”优秀奖、“江苏省第二届旅游商品博览会”特色奖、“淮安市农民美术书法作品大赛”一等奖。获“淮安市非物质文化遗产《剪纸》代表性传承人”称号

续表36-3-3

姓　名	性别	出生年月	籍贯	主要成就
鲍新平	男	1970.11	淮阴	师从其兄鲍和平学习魔术，学成后主要在淮安、苏州、无锡、常熟、连云港等地演出。20世纪70年代，拜南京市六合区郚林奎为师学习魔术，学成后在表演时结识安徽人王某，又拜其为师，常在福建、江西等地演出。代表作品有《徒手燃纸》《口吐锯屑》《米酒飘香》《花瓶姑娘》等
沙中林	男	1975.01	淮阴	与其外公马云青、其母马宝华一道，结合牛羊肉烧制传统工艺，糅合当地菜肴技艺，不断创新，全羊席已融入淮扬菜系，成为主要菜肴之一。码头全羊席菜式分为六冷、四炒、六烧。六冷为羊脯、羊耳丝、羊蹄瓣、羊眼、五香羊肝与羊口条；四炒为杭椒羊柳、双色羊肚、爆炒羊肝与爆炒羊肉片；六烧为红烧羊肉、烩羊杂、羊肾宝、红烧羊肉圆、烩百叶与红羊板肚

四、革命烈士表

表36-3-4

姓　名	性别	出生年月	牺牲时所在单位及职务	牺牲时间地点原因	备　注
杨建华	男	1958.08	33704部队训练班司务长	1978年3月对越自卫反击战中牺牲	
任风生	男	1956.09	83205部队战士	1978年9月泗洪因公牺牲	
左从贵	男	1955.10	35205部队57分队班长	1979年2月云南因战牺牲	
蒋　海	男	1958.07	53463部队战士	1979年3月对越自卫反击战中牺牲	
刘守建	男	1921.09	33700部队后勤部部长	1979年10月海南岛因公牺牲	
金中权	男	1955.02	89301部队班长	1981年3月山东平邑因公牺牲	
宗玉喜	男	1960.04	解放军第12军第36师108团战士	1985年1月14日对越自卫反击战中牺牲	
田宇林	男	1960.02	杭州83020部队第1军第1师第2团2营8连64分队班长	1985年1月14日对越自卫反击战中牺牲	
夏前波	男	1981.09	孙赵小学少先队中队长	1990年8月28日在本村为抢救落水儿童牺牲	1994.7.29苏政烈字第437号批准
刘兆伦	男	1963.04	汤集家具厂临时工	1994年7月31日在救火时不幸触电牺牲	1996.9.28省民政厅追认

五、国家级表彰人物表

表36-3-5

姓　名	性　别	获奖时间	荣誉称号	授奖机关	工作单位
侯学文	男	2006.11	全国优秀党务工作者	中组部	淮阴区纪律检查委员会
戴家贵	男	2010.05	全国先进工作者	国务院	淮阴区西宋集镇

六、省部级劳动模范人物表

表36-3-6

姓　名	性别	出生年月	荣获时间	授予机关	身份	工作单位
熊信德	男	1937.07	1978.04	省政府	干部	淮阴县卫生局
叶经东	男	1933.11	1978.04	省政府	医师	淮阴县医院
郭儒才	男	1941.02	1978.04	省政府	医师	淮阴县医院
吴俊珍	女	1948.01	1978.04	省政府	干部	淮阴县王营镇政府
杨学武	男	1946.03	1978.04	省政府	医师	淮阴县陈集卫生院
王润怀	男	1937.11	1979.05	省政府	农民	淮阴县王营镇
韩桂英	女	1956	1980.04	省政府	工人	淮阴县染织厂
季君玲	女	1955.01	1980.04	省政府	工人	淮阴县染织厂
李佩林	女	1956.06	1980.04	省政府	工人	淮阴县缫丝厂
傅美成	女	1941.08	1980.04	省政府	教师	淮阴县中学
程玉红	女	1933.07	1983.04	省政府	医师	淮阴县医院
崔桂华	女	1945.12	1983.03	省政府	工人	淮阴县汽车销售公司
周致富	男	1942.03	1983.01	省政府	职工	淮阴县王营镇农贸公司
吴国金	女	1963.09	1983.05	省政府	农民	淮阴县老张集乡
沈士祥	男	1940.10	1987.05	民政部	干部	淮阴县民政局
颜景昕	男	1938.01	1988.04	省政府	干部	淮阴县外经贸局
赵立法	男	1949.03	1988.04	省政府	干部	淮阴县南吴集乡政府
高成明	男	1942.09	1988.04	省政府	干部	淮阴县农业局
黄桂英	女	1954.12	1988.04	省政府	干部	淮阴县南陈集计生办
张德林	男	1938.05	1991.12	省政府	农民	淮阴县西宋集乡
徐兆美	女	1954.09	1991.12	省政府	工人	淮阴县外经贸局蚕茧站
张凯明	男	1951.11	1991.12	省政府	职工	淮阴县邮政局
刘梦松	男	1942.09	1991.12	省政府	教师	淮阴县刘老庄第二中学
孙树田	男	1938.12	1991.12	省政府	医生	淮阴县三树卫生院
华正午	男	1959.09	1995.05	省政府	工人	淮阴县无线电厂
潘桂云	女	1965.04	1996.12	省政府	工人	淮阴县染织厂
汤永华	女	1942.02	1996.12	省政府	干部	淮阴县体育局
朱福军	男	1956.07	1996.12	省政府	干部	淮阴国税局
王正军	男	1955.06	1996.12	省政府	干部	淮阴县教育局
包志军	男	1969.02	1996.12	省政府	农民	淮阴县北吴集乡
刘桂兰	女	1947.08	1996.12	省政府	农民	淮阴县棉花庄乡
李仁俊	男	1951.06	2001.05	省政府	干部	淮阴地税局
唐业勤	男	1964.07	2001.05	省政府	干部	淮阴医院
刘学翠	女	1954.02	2001.05	省政府	工人	淮阴区环卫所

续表36-3-6

姓　名	性别	出生年月	荣获时间	授予机关	身份	工作单位
杨晓东	男	1959.09	2001.05	省政府	干部	淮阴区体育局
厉德金	男	1953.12	2001.05	省政府	干部	兴淮公司
陈维广	男	1955.10	2001.05	省政府	工人	淮安双鹤药业有限公司
张志亚	男	1966.05	2001.05	省政府	农民	淮阴区棉花庄镇
石祖嘉	男	1963.02	2006.05	省政府	经理	嘉诚化工有限公司
陆文奎	男	1963.04	2006.05	省政府	经理	有无人造板有限公司
朱亚山	男	1969.12	2006.05	省政府	工人	双鹤药业有限公司
徐凯权	男	1967.09	2011.05	省政府	干部	淮阴区交警大队
干建伟	男	1966.06	2011.05	省政府	农民	淮阴区袁集乡
田守港	男	1972.06	2011.05	省政府	干部	淮安胜杰液压有限公司
姜　波	男	1970.07	2011.05	省政府	干部	江苏民康油脂有限公司
韩美建	男	1971.01	2011.05	省政府	工人	江苏江洲建设工程有限公司
季金章	男	1966.12	2012.08	住建部	经理	淮阴园林建设有限公司

七、享受省级劳动模范待遇人物表

表36-3-7

姓　名	性别	出生年月	荣获时间	荣誉称号	授予机关	身份	工作单位
龚　顺	男	1944.01	1996.06	省优秀党员	省委	干部	淮阴县经贸委
谢久珍	女	1943.01	1996.10	省优秀党员	省委	农民	淮阴县刘老庄乡刘老庄村
皇甫启全	男	1955.12	1999.11	省优秀工作者	省人大	干部	淮阴县人大常委会
史国友	男	1953.03	1999.11	省优秀党员	省委	干部	淮阴县人大常委会
马乃清	男	1963.07	2001.09	全国模范教师	教育部	教师	淮安市淮州中学
沈树忠	男	1968.09	2009.09	全国模范教师	教育部	教师	江苏省淮州中学
钱飞跃	男	1974.05	2012.03	省农业系统先进工作者	省政府	站长	淮阴区土肥站
吴文孝	男	1953.10	2012.03	省农业系统先进工作者	省政府	农民	淮阴区南陈集镇联堡村

八、部分省特级教师表

表36-3-8

姓　名	出生年月	籍贯	专业类别	评定时间	授予机关	工作单位
李　鹏	1939.11	袁集	小学语文	1990.12	省政府	淮阴县教研室
孙绍富	1938.10	五里	中学数学	1994.09	省政府	淮阴县教研室
吴　芸	1944.04	吴集	小学语文	1998.09	省政府	淮阴县教师进修学校
刘克环	1945.10	王兴	中学数学	2000.05	省政府	淮阴县教研室
吴玉国	1967.08	吴集	小学数学	2005.09	省政府	淮阴师范学院第二附属小学
卜廷才	1954.06	吴城	高中语文	2010.09	省政府	江苏省淮州中学
于文高	1965.08	吴城	高中物理	2010.09	省政府	江苏省淮州中学

附 录

一、重要文件

省政府关于调整淮阴市部分行政区划的通知

苏政发〔2001〕9号

各市、县人民政府，省各委、办、厅、局，省各直属单位：

经国务院批准，对淮阴市部分行政区划进行调整。现通知如下：

一、将地级淮阴市更名为淮安市。市人民政府驻清河区。

二、撤销县级淮安市，设立淮安市楚州区，以原县级淮安市的行政区域为楚州区的行政区域。区人民政府驻淮城镇。

三、撤销淮阴县，设立淮安市淮阴区，以原淮阴县的行政区域为淮阴区的行政区域。区人民政府驻王营镇。

四、地级淮安市辖盱眙县、涟水县、金湖县、洪泽县、清河区、清浦区和新设立的楚州区、淮阴区。

上述行政区划调整涉及的各类机构要按照“精简、效能”的原则设置，所需人员编制和经费等由地级淮安市自行解决。在行政区划调整中，地级淮安市要切实加强领导，精心组织，周密部署，统筹安排，做好干部群众的思想工作，确保当地社会稳定和行政区划调整工作的顺利进行。

江苏省人民政府

2001年1月12日

关于控制和减轻农民负担的通知

淮发〔1991〕8号

各乡（镇、场）党委、政府，县直各有关单位：

国务院〔1990〕12号文件要求各地采取措施切实减轻农民负担，这是当前发展农村经济、稳定农村的一项重大措施，各级党委和政府必须认真贯彻执行。

一、充分认识减轻农民负担的重要性和紧迫性

近几年来，党中央、国务院以及省、市、县委就切实控制和减轻农民负担，制止乱收费、乱摊派等问题，曾多次发过文件，各地各部门在贯彻执行中取得一定成绩，但农民负担过重的问题并未真正解决。由于合同外摊派和收费项目仍未减少，一九九〇年全县农民的人均实际负担占上年人均纯收入的百分之七点四，大大超过了农民的承受能力。

农民负担过重，已成为当前密切党群关系、干群关系的严重障碍，成为影响农民生产积极性的重要因素。这种状况如不迅速纠正，势必造成更为严重的后果。因此，各级党委、政府和有关部门，必须从巩固改革成果、稳定发展经济、改善党群关系、促进社会安定的高度，充分认识减轻农民负担的重要性和紧迫性，把切实控制和减轻农民负担的工作作为一件大事抓紧抓好。

二、明确负担范围，严格控制负担总量

农民除按税法向国家缴纳税金外，只负担：①向地区性合作经济组织上交"两金两费"（公积金、公益金、管理费、乡镇统筹费）。②国务院和当地政府规定范围内的劳动积累和义务工。严格实行负担总额控制。集体提留的"两金两费"（公积金、公益金、管理费、乡镇统筹费）总额，以乡为单位，一般应控制在上年人均纯收入的5%以内，最多不得超过6%。

坚持定项限额。集体提取的"两金两费"的使用范围和项目限额，由县统一规定，各地不得擅自增加提留项目和提高标准。

（一）集体提留：

1. 公积金。主要用于农田水利基本建设、购置农业服务设备等。提留的比例，不得少于"两金两费"总额的25%。可先按上述标准测算出提留总额，然后换算成亩标准，按亩计提。在公积金中，农业服务设备基金的提留比例，应不少于公积金总额的20%；其余部分用于农田水利基本建设。农业服务设备基金上交县服务设备基金会集中管理，统一组织货源，分批供机到村。农田基本建设费，20%由村使用，用于小沟以下的小型配套工程，但需事先编造预算，并经水利站勘察、核准后，方能拨款，施工结束后凭原始发票到乡农经站及时结清账目。40%由乡统筹用于中沟以上的配套工程和电站，新建改建等基本建设。40%交县集中管理，作为县核定的大型工程项目的自筹资金，与国家补助资金配套使用。

2. 公益金。主要用于"五保户"供养、困难户补助和电影放映等集体福利事业的支出。

"五保户"口粮按全年每人600～800斤供给，粮草一律由所在村民小组统筹。粮草折价（按比例价计算）加上衣被，蚊帐添置，医药费和零用钱等，应略高于当地人均收入水平，收入水平较高的乡村，上不封顶；收入水平较低的乡村，不得低于全县平均水平。入院集中供养的每人每年另补菜金二百元。一律由所在村统筹。统筹经费交乡农经站管理，其中：分散供养的可拨给乡民政，直接兑现到户；集中供养的，由乡农经站分夏、秋两季拨付给敬老院。

对困难户，每村可提留六百至八百元困难户补助费，与农业税社会减免款合并使用，着重扶持他们发展生产、增加收入，对特困户，经群众讨论，报乡（镇）政府批准，可免除全部集体提留。电影费，按村规模大小提留。二千人以上的村提留一千二百元，一千至二千人的村提留一千元，一千人以下的村提留八百元，实行村筹村用，包干使用。

3. 管理费。一般控制在“两金两费”总额的20%。主要用于村组干部补贴、报刊费、办公费、电话月租费。

①村组干部补贴。

村主要干部补贴，只限于支部书记、村委会主任、会计、计划生育副主任四人。报酬标准：一千人口以下的村，按一点五个人均纯收入水平补贴；一千至一千五百人的村， 按一点六个人均纯收入水平补贴；一千五百至二千人口的村，按一点七个人均纯收入水平补贴；二千人以上的村，按一点八个人均纯收入水平补贴。其中村委会主任、会计、计划生育副主任可略低一些。

村部门干部，一般每村三人，二千人口以上的村可配四人。补贴标准：村治保主任享受主要干部补贴标准的百分之七十；其他部门干部按主要干部补贴标准的百分之四十给予补贴，其中兼任村民组长的，可按百分之六十至七十给予补贴。

村助理会计，八个村民小组以下的村配一人，八个村民小组以上的村配二人，根据工作量大小，按村主要干部补贴标准的百分之六十至七十给予补贴。

村民组长，每村民小组一人，按主要干部补贴标准的百分之四十给予补贴，其中兼任村部门干部的，可按百分之六十至七十给补贴。

村组干部人数及其工资报酬，必须严格执行规定，不得突破。各地应结合落实春定合同，对村组干部进行一次整顿，对超编的要坚决精简下来。凡超过规定多配的干部，其报酬一律从村主要干部报酬中支付。

干部报酬总额中，百分之七十作为基本工资，百分之三十作为浮动工资，与目标管理责任制挂钩浮动，由乡（镇）党委、政府组织考核，合理评定到人。不允许在标准外再增加浮动部分，变相增加补贴。有条件的地方，村组干部报酬可从村、组办企业利润中支付，以减轻农民负担。为了鼓励兴办村组企业，提高经济利益，对新开发的村组企业和生产项目，在有收益的第一年，奖纯收入的百分之二十至三十；对原有村组企业，提高经济效益的，可奖新增纯收入的百分之十至二十。村办企业奖励村干部，组办企业奖励组干部。

②报刊费：为了保证村组订阅党报党刊所必须的经费，在管理费中列专项提留。村级规定订阅《新华日报》《淮阴日报》《农民日报》《致富报》《党的生活》和《半月谈》，每村全年提留二百元；村民小组规定订阅《新华日报》《淮阴日报》，每组全年提留一百元。提留的报刊费由各乡镇农经站统一管理，确保专款专用。

③办公费：每村全年提留一百五十元，每个村民小组全年提留四十元，实行包干使用。

④电话月租费（包括维修费），按每部电话机每月十四元五角计提。

4. 乡（镇）统筹费。主要用于乡村两级办学、计划生育、优抚、卫生、民兵训练、交通等民办公助事业。要坚持定项限额的原则，实行专款专用。

乡村办学费：按上年人均收入的百分之一计提，用于民办教师、合同教师、幼儿教师的工资补贴和改善办学条件。首先应保证民幼师的工资补助，其次用于改善办学条件，重点解决“一无两有”，特别是危房的修建。该项资金由农经站筹收，财政所管理，要建立预决算制度，严密拨款手续，加强审计监督。民幼师工资补助可凭花名册到乡财政所领取；改善办学条件，应根据预算方案，凭原始发票到乡财政所报销。

计划生育经费：领证的独生子女，继续发给每人每年四十元保健费，其中百分之三十至四十从征收的超生子女费中支付，其余部分列入春定合同统筹。凡领证后又生二胎的，应及时追回已发的保健金。

鉴于当前计划生育任务重，手术费用高，经费不足的实际情况，从今年起，在统筹费中增列计划生育手术经费项目，统筹标准人均0.50元，用于四项手术的补贴，凭正式发票到乡农经站报销。

计划生育网络人员，仍按二十名妇检对象配一人，其报酬相当于村主要干部的百分之三十，全部从征收的超生子女费中解决，不再列入统筹。征收的超生子女费，一律交乡财政所集中管理，用于计划生育，实行专款专用。

农村户口义务兵家属，按照当地一个整劳力全年承包纯收入的百分之五十至七十进行优待（计算公式为：上年农民人均纯收入×2/3×250%×50～70%）；革命烈士家属（含因公牺牲和病故军人家属），优待当地义务兵家属优待标准的四分之一；农村革命伤残军人、复员军人、病退军人，优待义务兵家属优待标准的六分之一。

民兵训练活动经费：鉴于民兵训练任务增加，专业技术兵比例相应的增加，训练时间延长，训练标准和训练费用提高，可按农村承包土地人口每年人均0.50元筹集，其中80%上交县委农工部，由县委农工部按期拨给县人武部，20%留乡人武部，作为基层民兵活动经费。

卫生事业费：乡镇卫生院建设，按照市委〔1990〕34号文件规定，"八五"前三年所有乡镇卫生院都要达到"一无四有"（无危房、有门诊、有病房、有围墙和食堂、有基本医疗设备）。所需经费提倡多渠道形式筹集。从今年起，三年内按每年每人二元的标准提留，用于乡镇卫生院建设。村卫生室一般实行合医不合药，乡村医生的报酬由乡卫管办统一核定，从乡镇统筹费和业务收入中解决，统筹标准按每年每人一元计提。统筹经费由乡农经站管理，乡卫管办统一考核发放。

广播整网费：有整网任务的乡镇，应根据需要和可能，在总限额内统筹安排，一般按每人伍角提留。

农村公路建设费：按人均伍角的标准提留，继续用于县统一规划的乡际公路建设，改善农村交通条件。

5. 负担方法：农业税按亩征收；农林特产税应按照谁经营、谁收益、谁纳税的原则，由生产经营者按章缴纳，不得均摊；公积金按田亩负担；公益金、管理费和乡（镇）统筹费按人口负担。

（二）农村义务工：

每个农村劳动力每年承担五至十个义务工和十五至二十个劳动积累工，但两项合计一般不超过二十五个标准工。农村义务工，主要用于植树造林、防汛抢险、公路建设、修缮校舍等。以出劳为主，一般不以资代劳；不能出劳者，经村委会批准，可以以资代劳。出工多少，应按劳力分摊。对因病或其他原因不能承担义务工的劳动力，经群众评议，可适当减免照顾。

劳动积累，包括农田水利用工和其他农业基本建设用工，应坚持谁受益、谁负担和以投工为主的原则。对烈军属，残、复、病退军人，民办教师，在校学生有特殊困难的农户可酌情减免。劳动积累工应区别情况采取不同的分摊办法：用于乡村范围水利工程的积累工，可按土地承包面积分摊；用于全县范围工程的积累工按全部劳力分摊。劳动积累工，应尽量出工，如不出工，可以等价替代，以资代劳。

三、切实加强对农村各类服务合同的管理和代办项目的控制

建立健全农业服务体系是当前深化农村改革的重点，各有关部门必须加强对服务工作的领导，抓紧和农户签订服务合同。实行有偿服务的项目应坚持自愿互利的原则，做到优质服务、合理收费。

畜禽防治服务费：生猪防疫费、检疫费，每头分别收取三角和二角，育肥猪按出栏头数收取服务费，每头三元，公母猪和大牲畜，每头分别收取四元和五元服务费，由乡畜牧兽医站与农民签订合同，明确双方的权利和义务，实行三包（包防疫、治疗、阉割）四不收费（不收出诊费、挂号费、手术费、治疗费）。实行家禽防疫统筹试点的乡镇，可继续试行。统筹费标准一般应控制在每户二元以内。畜禽防治服务费收取办法：生猪防疫费、检疫费、育肥猪服务费由兽医站直接向农户收取；公母猪、大牲畜服务费和家禽防疫统筹费可委托乡镇农经站代筹。各乡镇人民政府和多种经营主管部门要切实加强兽医人员的政治思想工作，提高他们为农民服务的自觉性，同时要进一步建立健全技术承包责任制，制定切实可行的考该办法，以促进他们改进服务态度，提高服务质量。对少数服务态度差、群众意见大的兽医人员，除加强教育外，要通过责任制考评，扣减其报酬；对个别不择手段牟利坑农的人和事，一经发现要严肃查处。

农机管理服务部门，要认真抓好农业机械的管理维修和农业服务体系的完善工作。农机管理员的报酬，从农机户上交的管理费中解决。农机管理费直接向机手收取，不得按户或按人均摊。要协助村级农机服务组织与农户签订农机作业合同，保证作业质量，严格执行县规定的收费标准，农技、植保、蚕技等应与农户签订技术服务合同，明确服务项目、服务时间、服务质量、收费标准，村农技员可按村主要干部报酬的百分之五十给予补贴，列入代办费统筹，分夏秋两季拨付给乡农技站按目标管理考评兑现。植保服务费，可以由服务队按规定的标准和实际防治面积直接向农户收取，也可以列入代办费预筹，防治结束后多退少补。蚕桑技术员的报酬，在收取的蚕桑指导费中解决，指导费按每张蚕种一元直接向养蚕户收取，交乡蚕桑指导站管理，由乡根据各人的工作量、服务质量和技术水平合理评定到人。

预约供种，今年秋播用小麦良种和明年春播用“双杂种”（杂交水稻、杂交玉米），实行县乡联供，由乡农技站与村民小组签订预约供种合同（附到户供种清单），明确供种时间、数量、质量、价格、预购定金和违约责任。定金收取标准：小麦良种每斤一角，杂交玉米每斤五角，杂交水稻每斤七角。预购定金由各乡镇农经站列入春定合同代收，并及时上交县农业设备基金会集中管理，按期拨付给县种子公司。

广播服务费：每只喇叭收取服务费一元，维修材料费三角。要建立健全广播线路维修人员的岗位责任制，努力提高服务质量，确保线路通、喇叭响。

水电费：农业用水水费，仍按市人民政府淮政发〔1989〕195号文件有关规定执行。即水稻按亩计收，每亩四元。旱谷有灌溉条件、年灌溉一次以上的每亩一元。没有灌溉条件和虽有灌溉条件但全年没有灌溉一次的农田，不收水费。国营机电排灌站排涝、灌溉收费标准：由竹络坝电灌站集中提水和徐溜电灌站集中补水的，除按规定收取水费外，再加收提水电费，其中：竹络坝翻水站每亩水稻加收电费五角，徐溜补水站，补水年份每亩水稻加收电费四角，不补水不得加收电费。单排站，电排每亩收取排涝电费一元五角，机排每亩收取燃料费三元五角。排灌结合站，每亩收取电费一元五角。农业水费应分夏秋两季收交，由各乡镇农经站列入春定合同统一代收。乡村集体电站提水所需电费（按九〇年实支数预筹）、电站维修费、打水员报酬，实行按站核算，按受益面积分摊。电费，年终结算，多退少补，电站维修费和打水员报酬，包干使用。

农村保险，要扩大宣传，积极推进。除继续巩固家财险外，要通过宣传，尽量扩大农村劳动力保险和其他险种的参保面。县政府淮政发〔1991〕18号文件下达的农村保险任务指标，要通过扩大宣传，在做好过细工作的基础上确保完成，乡保险所要通过与农户协商，落实投保项目，填好乡保花名册，并委托乡农经站代筹保费。

积极清收陈欠贷款，八二年底以前集体陈欠款，按县下达任务落实到户。凡有一定经济来源的村组，原集体陈欠贷款，仍由集体归还，不再向农户统筹，以减轻农民负担；凡集体无偿还能力，债务已落实到户的，按原订还款计划归还；对尚未落实到户的，各乡营业所、信用社应通过清理，在落实债权债务的基础上按村组抄列清单，委托农经站，按清单收取，列入春定合同，统筹代收。财政周转金，要认真清理，积极回收。凡是集体借用的，应根据偿还能力积极归还，按县下达的任务，合理分摊到户，并委托乡农经站列入合同代收；凡是个人借用的，应按计划如数归还。

黄河故道开发投资款，应按原订还款计划，列入春定合同，积极组织回收。对农户的往来欠款，应抓紧清理核实，订立还款计划，并分期列入春定合同，保证按期收回。对个别确有困难的，经群众评议，可暂换据计息。

各项服务合同，有关部门可直接与农户签订，也可委托乡农经站及所属村专业会计与农户签订。农经站可实行服务收费，收费标准由双方议定。有关部门委托乡（镇）农经站代收各项费用农经站应收取服务费，收费标准除有专门规定者外，一般应控制在收费总额的5%以内。

四、坚决制止各种乱收费、乱罚款、乱摊派

农村各类服务的收费标准凡本文已有规定的，应按规定执行，没有明确规定的，应由有关业务主管部门报请物价部门会同农民负担的监督管理部门统一核定，经县政府批准执行。超过收费标准的，要认真教育和查处，农民有权举报和抵制。

向农民集资，必须坚持自愿、受益、适度和资金定向使用的原则。集资只限于在本乡本村范围内进行农田水利工程和农业服务体系建设。集资的项目和数量，必须报经农工部审核、县人民政府批准，未经批准，各乡村各部门都不得以任何理由，任何方式擅自向农民集资。

罚款项目要严格按国家法律、法规和政府的有关规定执行。凡法律、法规规定以外和没有县以上政府明文规定的罚款项目，一律取消。

摊派是国家法律、法规和政府规定之外，要求有关单位和个人无偿地、非自愿地提供财力、物力和人力的行为，必须坚决制止。

要下决心精简乡、村由集体负责的脱产、半脱产人员。国家行政、事业在乡（镇）的下设机构，一般不得使用民办人员；确因工作需要，须经县组织人事部门批准，其费用和报酬均由决定增设的部门和本单位承担，不得向农民摊派。要认真清理农村公务人员公费着装，严格按照中央和国务院规定控制着装的范围和标准，着装费只能按国家规定的渠道开支，不准向乡、村合作经济组织和农民摊派。

五、建立健全农民负担的民主监督制度

对集体提留和乡（镇）统筹费的提取和使用，实行“两公开、一监督”。

集体提留，年初由村民委员会提出预算，经村民或其代表会议讨论通过，并报上级批准后张榜公布，年终要公开收支情况和用途，接受群众监督。乡（镇）统筹费，由乡（镇）政府编制预算方案，交乡人代会审议通过，并报县委农工部审核批准，使用情况应定期向乡（镇）人代会报告，并以适当的形式向群众公布。

各级党委、政府和有关部门，都要十分重视对加重农民负担问题的投诉、举报。凡收到这类投诉、举报的，必须认真调查核实，在一个月内提出明确处理意见。对拒不受理和拖而不办的，要追究责任。

六、加强对农民负担的监督管理

省委、省政府授权各级党委农村工作部为农民负担的归口监督管理部门。其主要职责是：清理审核涉及农民负担的文件；监督检查涉及农民负担的法规和政策的执行情况；指导涉及农民负担的合同签订；配合审计部门对负担的提取和使用进行审计监督；参与有关纠纷的调处等。今后，凡涉及农民负担内容的文件，都必须经县委农工部审核会签。未经县委农工部审核，县人民政府批准，擅自增加的负担，一律不予承认，乡、村合作经济组织和农民有权抵制。

春定合同方案，由县委农村工作部审核批准。为了加强对农民负担的有效控制，从今年起，春定合同的各项筹款，一律由县发给《审核证》；乡村进行农田水利工程和农业服务体系建设必要的集资，经县人民政府批准后，发给《集资核准证》，实行亮证筹款。

七、实行严格的资金管理制度

各乡（镇）农经站是负责筹集、管理农村合作经济组织各项集体资金的服务组织。农民上交的“两金两费”以及代办服务费，一律由农经站分夏秋两季筹集。其中：三项资金（服务设备基金、公路建设费、4 0%的农建费）、应上交的民兵训练费和预约供种定金由县服务设备基金会集中管理；乡村办学费、陈欠贷款、财政周转金、水电费、畜禽防治费、保险费等由乡农经站直接拨给有关部门；其余各项资金由农经站统一管理，按单位设户，实行专款专用。资金的使用：单位（水利、卫生、民政、计划生育、人武、广播、电影、农技等）要编制预算方案，经乡（镇）政府负责人审批，由乡（镇）农经站拨款。乡（镇）农经站要加强对资金使用单位的审计、监督。

八、切实加强领导

落实春定合同，控制和减轻农民负担是一项十分艰巨、复杂的工作，涉及面广，政策性强，牵涉到一些地方和部门的利益，难度很大，各级党委、政府要切实加强领导。要把能否有效地控制和减轻农民负担，作为考核地方政绩和干部业绩的主要内容。各乡（镇）要有一名领导同志分管这项工作，并经常检查落实春定合同，减轻农民负担的情况，发现问题，及时解决。乡（镇）农经站应充分发挥职能作用，加强对春定合同工作的协调和指导。各部门要树立全局观念，同心协力做好这项工作，以利充分调动农民的积极性，进一步推动我县农村经济的发展。

中共淮阴县委员会
淮阴县人民政府
一九九一年四月一日

淮阴县人民政府关于鼓励外商、三胞投资的若干规定

为改善我县的投资环境，有效地吸收外商、三胞（台胞、侨胞、港澳胞）投资，引进先进技术、设备和管理经验，加快我县经济振兴的步伐，根据国务院、省、市有关文件精神，结合我县的具体情况，对外商、三胞投资的有关政策特作如下规定：

一、欢迎和鼓励外国投资者、三胞来我县兴办合资经营企业、合作经营企业和独资经营企业；鼓励在现有企业投资嫁接，增强发展后劲；鼓励投资举办资源开发性和农副产品深加工项目；鼓励投资交通、能源、服务事业，改善现有基础设施。并对举办产品出口企业、先进技术企业（简称两类企业）给予特别优惠。

产品出口企业，是指产品主要用于出口，年度外汇总收入额减除年度生产经营外汇支出额和外国投资者汇出分得利润所需外汇额以后外汇有结余的生产型企业。

先进技术企业，是指外国投资者提供先进技术，从事新产品开发，实现产品升级换代，以增加出口创汇或者替代进口的生产型企业。

二、新办中外合资企业经营十年以上的，从获利年度起，头两年免征企业所得税，第三至五年减半征收企业所得税。投资企业可享受企业所得税三免四减半优惠，期满后，可按我国现行税法税率减征20%。海外投资如属先进技术企业可再延长三年减半征收企业所得税；产品出口企业在优惠期满后，凡当年出口产值达到企业总产值50%以上的，减半征收企业所得税。

对两类企业或属于能源、交通、通讯、矿藏等建设项目（如火力发电厂、邮电、盐矿等）除享受上述优惠外，在合营期内免征地方所得税；对外商投资企业，免征和减半征收地方所得税各五年；对三胞投资的独资企业，经营期在十年以上的，从获利年度起，头八年按“两免三减半”征收地方所得税。从第九年起减半征收地方所得税五年。

三、合营企业的合营者将其从企业分得的利润再投资，期限不少于五年的，经申请，税务机关核准后，退还其再投资部分所得税款的40%。如投资兴办或扩建产品出口型和先进技术型企业可全部退还再投资部分已纳所得税款。

海外客商投资企业发生年度亏损，可以从下年度的所得弥补，下一年度的所得不足弥补的，可逐年提取，延长期不超过五年。

四、对外商投资企业的出口产品，除原油、成品油和国家另有规定的产品外，免征进出口关税和工商统一税（简称“两税”）。

作为投资进口和追加投资进口的机器设备、零部件、其他物料、交通工具、办公用品以及进口专为加工分销的产品而用的料、件或按规定可以享受减免进品税待遇，以产顶进的产品、料，免征“两税”。

五、对外商、三胞投资的“两类企业”及与乡（镇、场）合资、合作举办企业的土地使用费，在合营期间一律免缴。对其他投资企业土地使用费每年按每平方米0.5元至2元收取。三胞投资企业的土地使用费，前六年免缴，自第七年起五年内减半征收。

六、切实保障“三胞”和外商投资企业按国际贯例进行经营管理，行使生产经营、机构设置和用人方面的自主权。

七、合营企业建设和生产所需设备、原材料、燃料、配套件、运输工具、办公用品和其他物资，可以自行决定在国内或国外购买，但在同等条件下，应尽量在国内购买。“三资”企业所需水、电、运输和通讯设备等，由县列入计划，保证供应。对“两类企业”按照国家计划价计收。其他投资企业按国营企业统一收费标准计收。水电配套建设费、增容费等附加费一律免收。外销产品的运输，由县运输部门优先安排。合营企业和“三来一补”项目的建设工程及生产经营所需资金，中国银行应优先提供贷款。

八、“三资”企业免缴各种集资、摊派和社会收费，部门如向“三资”企业乱摊派和收取各种费用，“三资”企业有权拒绝。

九、合营企业所需的经营管理、技术人员和工人，可在本县内公开招聘，并一律实行劳动合同制。如有必要，也可以从外地招聘企业所需人员，劳动人事部门积极协助办理有关手续。合营企业可以根据生产经营需要，聘用、增加或者辞退管理人员和职工。在辞退人员时需在一个月前通知被辞退人，由主管部门和劳动部门另行安排。

十、合营企业的工资形式、工资标准和奖励、津贴制度，由企业自行确定。职工工资水平按不低于本县国营企业平均工资的120%的原则确定，并根据企业经济效益状况，予以多增、少增或不增。“三资”企业发放奖金不征奖金税。外商投资企业除按照国家规定支付或者提取我方职工劳动保险金、福利费用和住房补助基金外，免缴国家对我方职工的物价、交通等补贴。住房补助金，留给企业用于解决职工住房。银行对三胞投资企业的工资不实行监督，也不强行从三胞投资企业中分取外汇。

十一、企业可在中国银行或外汇管理部门同意的其他银行开立外汇和人民币账户，并办理有关外汇事宜。企业聘用的外籍职工、华侨职工、港澳职工，在依法缴纳个人所得税后的工资和其他正当收入，可以通过中国银行汇出。外方投资者的合法利润在依法缴纳汇出额的所得税后，可通过中国银行汇出。外商、三胞投资者从“两类企业”分得的利润汇出境外时，免缴汇出额的所得税。

十二、外国投资者向合营企业提供的、在中国申请批准的专利技术和合营企业经申请注册的产品商标，受我国《专利法》和《商标法》的保护。企业因故中途停业，须向部门申报理由，办理停业手续，清理债权债务后，其资产可以转让，资金可以汇出。

十三、外商投资企业的产品，如有必要，可委托县外贸公司代理出口，所创外汇除支付外贸公司必要的手续费外，其余全部归外商投资企业所有。外国投资者经过批准，可利用自己的销售渠道，组织国内产品出口或实行综合补偿，县内有关部门应积极予以配合。

十四、对持有合营企业、工作证的外方人员，在食宿、交通等方面享受县内人员的同等待遇，费用可以用人民币支付。

十五、县各有关办事部门要努力提高办事效率，改进服务态度，简化外资企业和“三来一补”项目的审批手续。在县审批权限内的，一周内给予答复，需要上报审批的项目，县有关部门积极协助上报。

十六、本规定自公布之日起施行。

一九九一年十二月十三日

中共淮阴县委关于推进依法治县工作的决定

淮发〔1998〕9号

各乡（镇、场）党委、开发区工委、县委各部委、县各直属机构党组（党委、总支、支部）：

为了全面贯彻落实党的十五大精神，在我县具体实施依法治国的基本方略，进一步健全我县的社会主义民主和法制，促进经济振兴和社会进步，现就全面推进依法治县工作作出如下决定：

一、依法治县工作的指导思想和基本目标

高举邓小平理论伟大旗帜，在依法治国基本方略的指导下，坚持以经济建设为中心，以宪法和法律为依据，以民主法制健全、社会安定文明为基本目标，把全县各项工作逐步纳入法制化轨道，做到有法可依、有法必依、执法必严、违法必究；坚持开展多层次的依法治理活动，充分发挥行业主管部门的作用，进一步搞好行业依法治理，抓好地方依法治理，提高依法治乡（镇），依法治村的水平，从整体上推进依法治县工作的深入开展，使我县经济、政治、文化和社会生活的一切领域逐步走向法制化轨道，为在本世纪末全面实现小康，2010年基本实现现代化提供有力的法律保障。

到2010年依法治县工作的基本目标：依法行政、公正司法，各项法律、法规、规章制度有效实施；执法人员素质和执法水平显著提高；全体公民的法律意识和法制观念明显增强；社会主义民主有较大发展，实行民主选举、民主决策、民主管理和民主监督，保证人民享有广泛的权利和自由；法律监督机制基本健全，各类监督机构正常有效地发挥作用；有较完善的法律服务体系，为公民、法人及其他社会组织提供服务；有良好的社会治安环境，各种犯罪和社会丑恶现象明显减少，努力把淮阴县建设成为经济繁荣、科教进步、生活富裕、法制健全、社会文明的地区。

从现在起到2010年，应紧紧围绕总体目标，针对当前干部群众普遍关心和反映强烈的问题，加大普法、执法、监督等各方面的工作力度，努力使依法治县工作取得明显的阶段性成效。

二、深入开展法制宣传教育，为依法治县奠定良好的思想基础

要按照全县“三五”普法规划，继续深入开展法制宣传教育，不断增强全县公民的法律意识和法制观念，要突出领导干部、执法人员和青少年三个重点。各级领导干部要带头学法守法，组织人事部门和人大常委会要把干部学习和掌握法律知识，依法执行公务的能力，作为年度考核、晋升或任用的重要依据。担负执法任务的工作人员必须经过考核合格上岗。各级各类学校都要开设法制教育课程，并与学校教育、家庭教育、社会教育结合起来，联系实际，采取多种形式对青少年进行生动活泼的法制宣传教育。党委宣传部门和新闻单位，要把法制宣传作为重要的职责和任务，大力开展普法宣传教育，宣传依法治理的重要意义和典型经验。

三、严格依法行政，努力提高行政执法水平

依法行政是依法治县的重要环节。各级政府要普遍建立行政执法责任制、行政管理公示制、行政评议考核制和行政损害赔偿制。确定县乡政府及其部门主要负责人为依法行政第一责任人，把执法的任务、目标、要求、权责分解到部门、岗位，实现行政行为的程序化、规范化、法制化，对一些直接涉及群众切身利益的工作，要普遍实行办事程序公开、结果公开，接受群众监督的“两公开一监督”制度并抓好落实。要加强对政府各部门依法行政和政风建设的评议考核，根据部门之间互查互评和基层群众评议，考核部门及负责人的工作，并依法实行奖惩。行政机关及其工作人员违法行使职权，侵害公民、法人和其他社会组织合法权益造成损害的，要依法给予赔偿。要通过依法行政，切实解决以言代法、以权压法和钱权交易等群众反映强烈的问题，坚决维护法律的严肃性和权威性。

四、坚持公正司法，维护法律尊严

公正司法的关键是要维护法律尊严，做到法律面前人人平等。任何行政机关、社会团体和个人不得干预司法机关独立办案，切实保证司法机关独立公正地依法行使职权。司法机关必须坚持以事实为依据，以法律为准绳，认真做好刑事、民事、经济、行政等各类审判、检察工作，严厉打击各种刑事犯罪和经济犯罪的活动，使审判工作进一步规范化。检察院要依法行使检察权，加大查处贪污、贿赂等职务犯罪的力度。司法机关要建立和实行办案责任制、冤错案追究制和司法赔偿制，努力提高办案质量。对司法机关及其工作人员滥用职权，徇私枉法或搞地方和部门保护主义的，必须严肃查处，确保司法公正。

五、健全监督机制，提高法律监督的力度和实效

强化国家权力机关的监督职能，人大及其常委会每年要有组织、有计划、有重点地对法律法规的执行情况进行检查，并组织人大代表对“一府两院”工作进行评议。监督“一府两院”制定实施错案和执法过错追究制度，在必要时可以采取特定问题调查、质询、罢免等方式，加大监督力度，增强监督效果。人大代表要通过视察、提议案等形式，发挥监督作用。“一府两院”制定的各类规范性文件，要及时向人大常委会备案，接受监督。

加强行政监督和司法监督。县政府要加强对所属部门和乡（镇）政府的行政监督，对违法违纪行为要及时依法处理，要完善行政复议制度，规范性文件备案制度，把行政机关上下级之间的监督、行政审计监督、行政监察有机地结合起来，形成严密有效的内部监督机制。法院要加强行政审判工作，维护和监督行政机关依法行使职权，检察机关要切实履行法律监督职责，维护法律的权威。

充分发挥政协和民主党派以及人民团体的监督作用。政协要采取视察、提案、建议案等形式，行使民主监督的职能。要团结各民主党派、人民团体和各界人士，通过有效的民主监督，促进法律法规的作用。要重视发挥新闻舆论的监督作用，通过新闻媒介对一些严重违法行为进行揭露和批评，促进社会各行各业、各个阶层严格依法办事。

六、建立健全法律服务体系，提高法律服务质量

培育和发展健康有序的法律服务市场，建立健全并不断完善社会法律服务体系，是依法治县的客观要求。要逐步建立起律师、公证、仲裁和乡镇法律服务机构共同运作的法律服务体系和法律服务机制，法律服务主管部门要加强管理，建立健全法律援助、法律服务资格审查和考核制度，依法清理和规范法律服务市场，同时加强对法律服务人员的培训，努力提高法律服务人员的业务素质，树立良好的职业道德，发扬勤奋敬业精神，忠于事实和法律，秉公办事，努力提高法律服务水平和质量。

七、加强执法和司法队伍建设，提高执法和司法人员的政治业务素质

党的十五大报告中明确提出“要加强执法和司法队伍的建设”。行政执法部门和司法机关必须充分认识到，要实现依法行政和公正司法，首先要提高执法和司法人员的政治业务素质。执法单位和司法机关要把开展这项工作放在突出的位置，要从排查执法中存在的问题入手，从抓一些典型案件入手，从群众关心的热点问题入手，重点解决执法不公和徇私枉法，解决执法和司法队伍中存在个别腐败问题，要在队伍中坚持不懈地开展教育整顿工作，不断提高执法水平，把业务素质差、思想作风不过硬的人员及时调整出执法和司法队伍。

八、加强党的领导，确保依法治县工作顺利进行

依法治县是一项全局性工作，必须在党委的直接领导下进行。各级党委要把依法治县工作摆上重要议事日程，切实加强领导。要善于把党的主张通过法定程序变成国家和人民的意志，支持国家权力机关、行政机关和司法机关依法行使职权，同时各级党的组织及共产党员也必须在法律规定范围内进行活动。人大、政府、法院、检察院要按照法定职能，切实担负起依法治县的各项任务。各乡镇要成立领导小组，在党委统一的领导下，具体负责本地区依法治理工作的指导、协调和落实，其成员由人大、政府和有关部门的负责同志组成，组长由党委主要负责同志担任，领导小组下设精干的办事机构，要定期对依法治理工作情况进行检查。认真总结推广先进经验，及时解决存在问题。

人大要根据本决定作出相应的决议，政府和法院、检察院要制定实施规划和年度计划，政府各执法部门要制定本部门依法治理的具体实施方案，各乡镇要根据本决定作出相应的部署。

关于建立县管领导干部任前公示制度的通知

淮发〔1999〕16号

各乡（镇、场）党委，开发区工委，县委各部委，县各直属机构党组（党委、总支、支部）：

为全面贯彻落实《党政领导干部选拔任用工作暂行条例》,推进干部人事制度改革,努力创造公正、公平、公开的用人环境,不断增强干部工作的生机和活力,经研究决定,建立县管领导干部任前公示制度。

一、指导思想和基本原则

以邓小平理论为指导,全面贯彻执行党的干部路线、方针和政策,广泛地听取各方面对干部选拔任用的意见,加强民主监督,不断增强干部选拔任用工作的透明度,努力建设一支高素质的干部队伍。实施任前公示制,遵循《党政领导干部选拔任用工作暂行条例》规定的六项原则,即党管干部的原则;德才兼备、任人唯贤的原则;群众公认、注重实绩的原则;公开、平等、竞争、择优的原则;民主集中制的原则;依法办事的原则。

二、公示对象

公示对象为县管领导干部。即:县直各部委办局科级领导干部(含局长、主任助理);县属科级企事业单位科级领导干部;乡镇场科级领导干部(含乡镇长助理、农工商总经理、副总经理、总经理助理)。

三、基本程序和具体运作方法

任前公示的基本程序是:在民主推荐、组织考察的基础上,拟定干部调配方案,经县委常委会讨论研究后,由县委组织部按照有关干部管理权限,确定公布拟调配干部名单、职务及公示范围,通过组工信息、会议、报纸、电视等形式进行公示,广泛听取各方面意见,接受群众监督,根据群众反映,在调查核实情况后,再正式决定干部的任用。

任前公示具体运作方法:

1. 组织考察。县委组织部组成考察组,拟定考察方案。考察前,向有关单位公布考察对象、考察内容、考察方法和考察程序;考察中,广泛听取各方面意见;考察后,由考察组对考察对象作出客观公正的评价,并形成考察材料。

2. 拟定干部调配方案。县委常委会听取考察情况汇报,经集体讨论研究,形成干部调配方案。

3. 确定公布拟调配干部名单、职务及公示范围、形式。对拟提拔、重用的干部,原则要求在一定范围,一定期限内进行公示,必要时通过新闻媒体公布干部拟调配方案,广泛听取各方面意见。

4. 公示期间。对拟调配方案中属于审计对象的领导干部,按照《关于建立各级领导干部任期经济责任审计制度的意见》,进行经济责任审计。县审计部门接到县委组织部审计通知书后,迅速组成审计组,制定审计方案,对有关领导任职期间的财务进行审计。

5. 调查核实有关问题。县委组织部、县纪委成立联合调查组,各明确一名领导专门负责,处理公示期间的来信来访;汇总、分析公示期间各方面的反映;组织调查核实有关问题。对直接来访、署真实姓名的来信和有实质内容的其他形式的反映,由调查组进行调查核实,并以适当方式予以反馈。

6. 在公示期结束后,对经济责任审计无问题、无信访反映或虽有反映但经查无实据的干部拟调配方案,由县委组织部按干部任职程序组织实施。

7. 对经济责任审计和公示期间经调查核实有问题的干部,经向县委常委会汇报后,区别不同情况,作如下处理:错误情节轻微的干部,由县委领导对其进行诫勉谈话,予以任用。问题明显但在短期内难以查结的或尚不具备任用条件的干部,暂缓任用;经调查核实确实有与担任职务不相适应的问题干部,不予任用。

四、任前公示时间和范围

1. 公示时间:公示时间为十天。公示期间内个人、集体和组织均可对公示对象有关问题向组织部门作实事求是、认真负责的反映,县委组织部公布举报电话、设置举报信箱。

2. 公示范围:根据岗位特点、工作范围和影响程度,公示可以在公示对象原工作单位、地区或拟任工作单位、地区进行,也可以在一定规模的干部大会上进行,必要时通过新闻媒体向社会进行公布。

建立领导干部选拔任用公示制度，是推进我县干部队伍建设的一项重要举措，也是干部人事制度改革的进一步深化。各乡镇、县直各部门要严格按照《条例》的规定，根据干部管理权限，在干部的选拔任用工作中，参照本《意见》精神执行。

本意见由县委组织部负责解释。

关于印发《淮阴县进一步深化城镇住房制度改革的实施方案》和《淮阴县停止住房实物分配逐步实行住房分配货币化实施办法》通知

淮政发〔1999〕41号

各乡（镇）人民政府，县开发区，县各委、办、局，县各直属单位：

为进一步深化城镇住房制度改革，加快住房建设，现将《淮阴县进一步深化城镇住房制度改革的实施方案》和《淮阴县停止住房实物分配逐步实行住房分配货币化实施办法》印发给你们，希认真贯彻执行。

淮阴县人民政府

一九九九年二月十日

淮阴县进一步深化城镇住房制度改革的实施方案

为贯彻落实党的十五大关于“建立城镇住房公积金，加快改革住房制度”的精神，进一步深化我县城镇住房制度改革，实现住房商品化、社会化，加快住房建设，根据《国务院关于进一步深化城镇住房制度改革加快住房建设的通知》（国发〔1998〕23号）和《省政府批转省住房制度改革领导小组关于进一步深化城镇住房制度改革的实施方案的通知》（苏政发〔1998〕89号）的有关规定，以及市政府关于《淮阴市区进一步深化城镇住房制度改革的实施意见》（淮政发〔1999〕13号）的基本做法，结合我县实际情况，制定本方案。

一、指导思想、目标和基本原则

（一）深化城镇住房制度改革的指导思想：稳步推进住房商品化、社会化，逐步建立适应社会主义市场经济体制要求和我国国情的城镇住房新制度，加快住房建设，使住宅业成为新的经济增长点，不断满足城镇居民日益增长的住房需求。

（二）深化城镇住房制度改革的目标是：停止住房实物分配，逐步实行住房分配货币化；建立和完善以经济适用住房为主的多层次城镇住房供应体系；发展住房金融，培育和规范住房交易市场。

（三）深化城镇住房制度改革工作的基本原则是：坚持在国家统一政策指导下，地方决策，因地制宜，量力而行；坚持国家、单位和个人合理负担；坚持“新房新制度、老房老办法”，平稳过渡，综合配套。

二、停止住房实物分配，逐步实行住房分配货币化

（四）全县从1998年12月1日起停止住房实物分配，逐步实行住房分配货币化。职工解决住房主要实行个人购买，购房资金来源主要有：职工工资，住房公积金，个人住房贷款，以及财政和单位原有住房建设资金（含单位出售公有住房售房款）可以转化的住房补贴等。

（五）停止住房实物分配后，房价收入比（即县城区一套建筑面积60平方米的经济适用住房的平均价格与双职工家庭年平均工资之比）4倍以上的部分，有条件的单位可以对无房和住房面积未达到规定面积标准（见附表一）的职工实行购房补贴。1999年底之前购房的可以全额补贴，今后补贴比例的上限由省、市、县政府每年公布。

1. 1998年11月30日之前参加工作的职工

（1）无房职工购房时，夫妇双方所在单位有条件的，可给予按职工本人应享受的购房补贴面积标准，分别一次性计发购房补贴；对住房面积未达到规定面积标准的职工，有条件的单位按面积差在购房时可实行一次性补贴。职工购房补贴额为每平方米建筑面积补贴额与补贴面积之积。工作年限在25年以上（含25年）的职工全额计发；未满25年的职工按实际工作年限计发，剩余年限的补贴作为借支，在今后工作年限内逐年抵扣。购房职工工作年限不满25年调离、辞职的，借支余额由新单位或本人在离开时一次归还。

（2）1995年7月1日前参加工作的职工购房时，有条件的单位可给予职工工龄补贴，补贴额为职工家庭每平方米建筑面积负担价、年工龄补贴率（0.6%）、1995年前的工龄和补贴面积四项之积。

（3）职工购房个人出资部分，不得低于购房时按县政府《关于印发〈淮阴县深化城镇住房制度改革实施办法〉的通知》（淮政发〔1995〕158号）规定计算的家庭应承担部分的一半。

2. 1998年12月1日以后参加工作的职工，按其月工资基数的8%逐月发放住房补贴，按月发放的住房补贴进入个人住房专项资金账户，按公积金原则进行管理和使用。

（六）建立购房补贴的申请、审批、发放和使用管理制度。购房补贴由补贴单位提出书面申请，经主管部门同意，报县房改办审批后方可执行。购房补贴资金在职工购买住房时直接划入售房单位，防止流失。

（七）住房补贴资金从财政和单位原住房建设资金渠道中解决。各部门、各单位要做好年度住房资金的预算、核定、划转工作，并按公正合理的原则，确定发放对象。

（八）1998年11月30日前开工建设，并于1999年底前竣工交付使用的住房，既可按照县政府《关于印发〈淮阴县深化城镇住房制度改革实施办法〉的通知》（淮政发〔1995〕158号）的规定向职工出售，也可按照本实施方案的规定由职工购买。

（九）乡镇职工的购（住）房补贴标准另行规定。

三、建立以经济适用住房为主的住房供应新体系

（十）调整住房投资结构，重点发展经济适用住房，建立具有社会保障性质的住房供应体系，加快解决县城区住房困难户的住房问题。

（十一）对不同收入家庭实行不同的住房供应政策。最低收入家庭可租住由政府或单位提供的廉租住房；中低收入家庭可购买经济适用住房和普通居民住宅；高收入家庭可按市场价购、租商品住房。

（十二）廉租住房可以从腾退的旧公有住房中调剂解决，也可以由政府或单位出资兴建。廉租住房的租金实行政府定价。1999年廉租住房租金定为每平方米使用面积0.40元/月，今后标准由县政府每年公布。

（十三）购买经济适用住房和承租廉租住房实行申请、审批制度。

（十四）加快经济适用住房的开发建设

淮阴县人民政府住房制度改革办公室（县房产管理局）受县政府委托，全面负责全县经济适用住房开发建设的规划、指导和组织实施，具体工作由县经济适用住房发展中心负责。在符合城镇总体规划前提下，继续鼓励有条件的单位按照“统一规划、合理布局、综合开发、配套建设”的方针，利用自有土地，通过集资、合作方式建设经济适用住房。

（十五）建设经济适用住房，建设土地采取行政划拨方式供应。对建设单位按国务院《批转国家计委关于加强房地产价格调控加快住房建设意见的通知》（国发〔1998〕34号）、省政府办公厅《转发省物价局财政厅关于清理规范我省商品房建设和交易中行政事业性收费项目的意见的通知》（苏政办发〔1998〕137号）等国家、省、市、县有关文件规定进行税费减免。对购买经济适用住房或集资、合作建房者免征房产税、城镇土地使用税和一次性契税。

（十六）新建的经济适用住房只售不租，不向已购房改成本价住房或经济适用住房并达到购房补贴面积标准的职工出售，出售价格实行政府指导价或政府定价，按保本微利的原则确定。经济适用住房成本价包括：建设用地的征地和折迁补偿费、勘察设计和前期工程费、建安工程费、住宅小区基础设施建设费（含小区非营业性配套公建费和住房共用部位维修资金）、管理费、贷款利息和税金等7项因素，利润控制在3%以下。

（十七）拓展住房租赁市场，多种方式供应住房。鼓励房地产开发企业增加长期投资，向社会出租住房；鼓励私营业主和有经济实力的城乡居民购买商品住宅作为收益性资产用于出租。

（十八）加快改革现行的住房维修管理体制，推进社会化、专业化、市场化的物业管理方式。建立房屋公用部位及公用设备、设施维修专项基金，维修基金的收取按淮政发〔1998〕45号文件执行。新建住宅，全面推行住宅小区管理和公房售后物业管理，规范物业管理企业的行为，引入竞争机制，提高各项服务水平，解除居民买房的后顾之忧。

四、继续推进现有公有住房的改革

（十九）进一步深化租金改革

1. 凡县行政区划内房管部门直管的公有住房和行政企事业单位自管的公有住房，均属提租的范围。

2. 从1998年12月1日起，砖混一等成套公有住房每平方米使用面积月租金1.25元；不配套的简易平房月租金不低于使用面积每平方米0.75元。

3. 1937年7月7日前参加革命工作享受离休待遇的老干部或已故离休干部的配偶，一处住房提租后，享受面积标准内的住房，新增租金全免；建国前参加革命工作的享受离休待遇的干部或已故离休干部的配偶，以及建国前参加革命工作的退休工人或已故退休工人的配偶，一处住房提租后，享受面积标准内的住房，新增租金减免50%；建国后参加工作享受退休待遇的干部和职工，以及已故退休干部和职工的配偶，一处住房提租后，享受面积标准内的住房，新增租金减免20%。

4. 对家庭确有困难的离退休人员、民政部门确定的社会救济对象、非在职的优抚对象和特困职工家庭继续实行减、免政策。

（二十）加快出售职工现租住的公有住房

1. 出售公有住房坚持买卖自愿原则，凡具有城镇（含市区）常住户口，以自住为目的的职工，均可向房屋产权单位申请购买现租住的公有住房。

2. 校园内不能分割及封闭管理的住房，列入旧城改造并规划地段，地处临街宜改造为营业用房的住房，代管房，产权不清，以及政府认为不宜出售的房屋不得出售。

3. 从1998年12月1日起，县城区出售公有住房成本价为建筑面积每平方米622元，实际售价依据结构、地段、层次等因素进行调整。市场价需经评估后确定。

4. 从1998年12月1日起，职工购买县城区公有住房享受的政策折扣有：年成新折扣率2%，现住房折扣率2%，年工龄折扣率1.2%，一次性付款折扣率8%。

5. 职工购买现租住的公有住房，按规定的现住房购房面积标准（见附表二）执行。不超过购房面积标准下限的部分，按享受政策折扣的成本价计算；下限与上限之间的部分，按不享受政策折扣的成本价计算；超过上限的部分，一律按市场价计算。

6. 产权单位向职工出售的住房，免交市场交易服务费。职工按房改成本价购房免征一次性契税。职工购买公有住房自住期间，免征房产税、城镇土地使用税。

7. 出售公有住房回收资金的管理，按《淮阴市出售公有住房资金管理和使用办法》执行。售房款实行专户存储，必须存入住房基金管理中心在银行开设的售房款专户，分别记入售房单位户名下。

8. 公有住房出售后，室内维修由个人负责。公共部分的维修经费从维修基金增值中支付，不足部分可按各户占该楼房总面积的比例分担。

9. 职工以成本价购买的住房，产权归个人所有，可依法入市。

（二十一）关于集资、合作形式建（购）住房问题

1. 单位和职工以集资、合作形式建（购）住房的，按直接成本价不低于房改成本价出售给个人。

2. 实行直接成本价售房的单位，其成本价由房改办会同物价局核定。房改办按有关程序办理手续。超面积部分一律执行市场价。

（二十二）为加快住房商品化、社会化进程，完善住房售后服务工作，解除购房人的后顾之忧，必须建立已售住房公共部位维修基金，同时做好使用和管理工作。

已出售的公有住房按实际售房款提取10%，作为公共部位维修基金专户存储。

经济适用住房在销售时由开发（建设）单位按每平方米建筑面积16～28元缴存。

住房公共部位维修基金的利息或收益用于公共部位的维修和管理费支出，不得动支本金，更不得挪作他用。

五、培育和规范住房交易市场

（二十三）对城镇职工家庭住房情况进行普查登记，建立个人住房档案，对已购公有住房和经济适用住房上市交易实行准入制度，规范管理已购公有住房、经济适用住房的交易规则和市场。

（二十四）职工住房上市交易应以改善住房条件为主，不得造成新的居住困难。

（二十五）职工按房改政策所购住房，在取得房屋所有权证和国有土地使用证后，经房管部门批准，按“先评估、后交易”的原则办理有关手续，不得私下交易。

（二十六）住房交易行为包括买卖、租赁、交换、抵押等。

（二十七）职工住房上市交易，按规定缴纳税费。

（二十八）职工所购住房上市交易时，同时办理房屋公共部位维修变更手续，维修基金随之转移。

六、全面推行和不断完善住房公积金制度

（二十九）建立住房公积金制度是我国住房制度改革的重要措施和核心内容。住房公积金是职工及其所在单位按规定缴存的具有政策性、义务性、保障性的逐步增强职工自己解决住房能力的个人住房基金，归职工个人所有，离退休时本息余额一次结清，退还职工本人。

（三十）单位为职工缴纳的住房公积金资金来源

行政事业单位为职工缴纳的住房公积金，首先立足于原有住房资金的划转，不足部分，无预算外收入的全额预算的行政事业单位由财政预算拨付；有预算外收入的行政事业单位或差额预算的行政事业单位由财政和单位共同解决，其分担比例由县政府在年度财政预算时公布；自收自支事业单位比照企业开支渠道列支。

企业为职工缴存的住房公积金，从企业提取的住房折旧和其他划转资金中解决，不足部分，经财政部门核定在成本、费用中列支。

（三十一）要建立健全职工个人住房公积金账户，进一步提高住房公积金的归集率，按照“房改领导小组决策、中心运作、银行专户、财政监督”的原则，加强住房公积金管理和制度建设。

（三十二）职工住房公积金由在职职工个人及其所在单位逐月缴纳。1998年度个人住房公积金计缴比例仍为6%不变，单位为职工缴纳的住房公积金比例调整为7%。

（三十三）各乡（镇、场、区）要建立住房公积金制度。王营镇、渔沟镇、码头镇、赵集镇、开发区、果林场要率先建立住房公积金。县住房基金管理中心要加强对住房公积金工作的宣传，抓好公积金的归集工作。

七、加快发展住房金融

（三十四）扩大个人住房贷款的发放范围，取消对个人住房贷款的规模限制，适当放宽个人住房贷款的贷款期限。

（三十五）对经济适用住房建设贷款，实行指导性计划管理。商业银行在资产负债比例管理要求

内，优先发放经济适用住房开发建设贷款。

（三十六）完善住房产权抵押登记制度，发展住房贷款保险，防范贷款风险，保证贷款安全。

（三十七）调整住房公积金贷款方向，住房公积金应主要用于职工个人购买、建造、大修理自住住房贷款。

（三十八）发展住房公积金贷款与商业银行贷款相结合的组合住房贷款业务。住房基金管理中心和商业银行要简化手续，提高服务效率。

（三十九）个人住房贷款的担保，采取房产抵押、有价证券质押、房产抵押保证人担保或由专门的担保公司（保险公司、置业公司）担保等多种方式。

八、加强领导、狠抓落实、保证改革顺利实施

（四十）加强住房建设和进一步深化城镇住房制度改革是政府的重要职责，要加强领导，全面规划，统筹安排，精心组织。淮阴县人民政府住房制度改革办公室要根据国务院、省政府房改政策和全县实际情况，制定本实施方案的配套文件，保证全县城镇住房制度改革的顺利实施。

（四十一）加强房改的舆论宣传工作，宣传部门和新闻单位要加强舆论引导，广泛宣传深化房改的目的、意义和政策，积极引导广大干部、群众树立住房新观念。

（四十二）严肃纪律，加强监督检查。对违反国务院、省、市、县政府规定和本实施方案继续实行无偿实物分配住房，低价出售公有住房，变相增加住房补贴，用成本价或低于成本价超标出售、购买公有住房，公房私租牟取暴利等行为，监察部门要严肃查处。

（四十三）本实施方案自发布之日起实施。原有的房改政策和规定，凡与本实施方案不一致的，一律以本实施方案为准。

（四十四）本实施方案由淮阴县人民政府住房制度改革办公室负责解释。

淮阴县停止住房实物分配逐步实行住房分配货币化实施办法

第一条　为了进一步深化城镇住房制度改革，加快住房建设，建立适应社会主义市场经济体制的城镇住房新制度，根据我县实际，制定本办法。

第二条　实施范围：县行政区划内的国家机关、社会团体、企事业单位从1998年12月1日起停止住房实物分配，逐步实行住房分配货币化，职工解决住房主要实行个人购买。

第三条　职工购买住房的住房来源有商品住房、经济适用住房、单位新建住房、集资或合作建（购）的住房、腾空的成套住房和被拆迁居民的安置住房。

职工购买住房的资金来源有职工工资收入、职工住房公积金、职工个人住房贷款（包括商业性与政策性贷款）以及财政和单位原有建设资金（出售公有住房售房款）等可以转化发放给职工的住房补贴。

第四条　停止住房实物分配后，房价收入比（县城区一套建筑面积60平方米的经济适用住房价格与双职工家庭年均收入之比）4倍以上的部分，有条件的单位可以对无房和住房面积未达到规定面积标准的职工购房时实行购房补贴。在1999年底以前购房的，可以全额补贴。今后补贴比例的上限由省、市、县政府每年公布执行。

第五条　职工购房发放购房补贴计算办法

（一）1998年度职工每平方米建筑面积负担价为308元；

（4612×4÷60）

（二）1998年度经济适用住房平均价为每平方米建筑面积900元；

（三）1998年度职工购房每平方米建筑面积补贴额为142元；

（900÷2—308）

（四）1998年度职工购房年工龄补贴额为每平方米建筑面积3.7元（308×2×0.6%）；工龄指购房

职工和配偶1995年7月1日前的工龄，工龄计算按国家人事部、劳动部及省、市、县有关规定执行。

（五）职工购房按苏政发〔1998〕89号文件规定的职工购房补贴面积标准发放购房补贴（见附表一）。

（六）职工购房补贴=（每平方米建筑面积补贴额+每平方米建筑面积年工龄补贴额×工作年限）×补贴面积。

（七）职工购房每平方米建筑面积负担价、经济适用住房平均价、职工购房每平方米建筑面积补贴额和年工龄补贴额由县房改办会同县物价局确定，每年11月份由县房改办公布执行。

第六条　职工购房补贴发放办法

（一）1998年11月30日前参加工作的职工

1. 无房职工购房时享受一次性补贴，家庭购房由夫妇双方所在单位按职工本人应享受的购房补贴面积标准分别计发。

2. 住房面积未达到购房补贴面积标准的职工购房时，按面积差计算一次性住房补贴，家庭购房补贴按夫妇双方各自享受购房补贴面积标准减去现住房面积的面积差分别计发。

3. 职工购房时个人实际出资额不得低于按县政府《关于印发〈淮阴县深化城镇住房制度改革实施办法〉的通知》（淮政发〔1995〕158号）规定计算家庭应承担部分的一半。

4. 职工购房补贴在购房时一次性发放。工作年限在25年以上（含25年）的职工购房时购房补贴全额发放；未满25年的按实际工作年限发放，剩余年限的作为借支，在今后工作年限内逐年抵扣。工作年限不满25年调离、辞职的，借支余额由新单位或本人在离开时一次归还。

（二）1998年12月1日以后参加工作的职工，按其月工资基数的8%逐月发放住房补贴，工资基数计算口径同缴存住房积金工资计算口径一致。按月发放的补贴进入县住房基金管理中心个人住房专项资金账户，专项用于职工个人购、建房，按住房公积金原则进行管理和使用。

第七条　1998年11月30日前开工建设并于1999年底前竣工交付使用的住房，既可按照《淮阴县深化城镇住房制度改革的实施办法》（淮政发〔1995〕158号）规定向职工出售，也可按照本办法由职工个人购买。

第八条　建立购房补贴的申请、审批、发放和使用管理制度

（一）职工购房时，向单位提出申请，要求发放购房补贴。

（二）单位根据职工个人申请，向县房改办申报发放购房补贴，同时提供职工夫妇双方住房证明和职工工龄、职务证明。

（三）县房改办审批后，单位将职工购房补贴直接划入售房单位，防止流失。

1. 1998年11月30日前参加工作的职工，由职工所在单位将职工购房补贴直接划入售房单位。

2. 1998年12月1日以后参加工作的职工，由县住房基金管理中心将住房补贴由职工个人住房专项资金账户划入售房单位。

（四）各单位要做好年度住房资金的预算（计划）、核定、划转工作，并按公正合理的原则，确定购房补贴的发放对象。

第九条　本实施办法自1998年1月1日施行。

第十条　本实施办法由淮阴县人民政府住房制度改革办公室负责解释。

附表一：

职工购房补贴面积标准	一般干部职工：75平方米
	科级干部：90平方米
	处级干部：110平方米
	厅局级干部：135平方米

注：以上面积均指建筑面积。

附表二：

购买现住房面积标准	一般干部职工：65～85平方米
	科级干部：75～100平方米
	处级干部：90～120平方米
	厅局级干部：130～150平方米

注：以上面积均指建筑面积。

淮阴县人民政府办公室
1999年2月10日印发

中共淮阴区委　淮阴区人民政府
关于进一步深化企业改制工作的若干实施意见

淮委〔2003〕177号

区委各部委办，区各委办局，区各直属单位：

为进一步深化全区企业改制工作，加速推进现代企业制度建设，促进全区经济持续快速健康发展，根据市委、市政府关于进一步深化企业改制的有关文件精神，结合我区当前实际，现就进一步深化全区企业改制工作提出如下实施意见：

一、基本原则

（一）坚持把促进企业发展作为第一要务。如何有利于企业发展就如何改，同时坚持把“四到位一保障”和“建立现代企业制度”摆在突出位置。（所谓“四到位一保障”是指企业产权转让到位、职工劳动关系调整到位、国有土地处置到位、内部机制转换到位、建立完善社会保障体系）。

（二）坚持依据政策，因企制宜。改制中一企一策，不搞绝对统一。突出企业主体地位，逐个企业拟定改革方案，确定相关标准。

（三）坚持改革与招商重组相结合。以存量换增量，特别是对一些停产、半停产企业，要以招商重组为突破口，促进改革到位。

（四）坚持改革、发展、稳定相结合。坚持公开、公平、公正，把政策交给群众，做过细的思想工作，争取广大职工对改革的理解和支持。在搞好改制的同时，保持社会稳定，以改革促发展、保稳定。

二、范围和目标

（一）改制范围：区属（含部门）企业、部分按企业化管理的事业单位。

（二）改制目标：年内基本完成企业改制工作。按照“四到位一保障”要求，实现国有（集体）资产基本退出，职工劳动关系理顺，发展活力增强。

三、理顺劳动关系

企业与职工在理顺劳动关系时，补偿标准参照市政府淮政发〔1999〕161号和市委、市政府淮发〔2001〕53号文件，结合企业实际情况执行。

（一）对企业与职工签订的劳动合同到期的，应按终止劳动合同方法进行。按职工在本企业工作年限，每满一年发给相当于本人一个月标准工资（低于上年社会平均工资60%的，按60%执行）的生活补助费（最多不超过12个月）。本企业工作年限是指由于企业体制发生变化，职工由原企业成建制转入新企业的，或者职工系国家政策性安置或组织委托调入企业的人员，其在原单位的工作年限应与现单位工作年限合并，并视为同一单位工作年限。

（二）对企业与职工签订劳动合同未到期的，依照政策协商解除劳动合同，按职工在本企业工作年限，每满一年发给相当于本人一个月标准工资（低于上年社会平均工资60%的，按60%执行）的经济补偿金。

（三）固定工按工龄系数法计算安置费，其计算公式为：职工本人工龄×（当地上年社会平均工资额×3）÷30。工资在30年以上的（含30年）按30年计算，工作时间不满1年的按1年计算。

（四）对距法定退休年龄5年以内的人员，企业不应终止或解除劳动关系，可以继续留用或内养。采取内养的，应一次性结清职工距法定退休剩余年限的生活费（按本企业内部退养人员生活费标准计算），并缴纳剩余年限的有关社会保障费（社会保障费基数每年按10%递增），待达到法定退休年龄时再办理正式退休手续。

（五）对进入再就业服务中心工龄已满30年的下岗职工经本人申请，企业批准，可以实行企业内部退养，由企业发给生活费，企业确有困难的，可按照不低于下岗职工基本生活费标准发放生活费，并按规定缴纳各项社会保险费，在其达到法定退休年龄时办理正式退休手续。对未进入再就业服务中心的下岗职工和企业新的裁员工龄满30年的，可视情况，参照以上精神执行。

（六）已经离、退休的人员可由改制后企业或原主管部门管理，待条件成熟时转由社区管理，其养老金由区社会劳动保险管理处直接发放。

（七）与原企业终止或解除劳动合同的职工档案，可委托区劳动保障部门职业介绍中心保管，进行劳动事务代理；也可以将档案转给区劳动就业管理处，办理失业登记。

（八）对资产变现困难的企业，在置换职工身份时，不足支付或一时无法变现支付的，可签订集体协议，明确偿付主体和期限；也可以由企业协议为职工代缴置换身份后的社会保险金，直至补偿费用结清。

（九）企业净资产不足理顺劳动关系的，可用国有土地出让收入优先补足。

（十）五六十年代精简退职人员与吃保养人员的生活费及应由企业支付的遗属定期救济费等可在现行标准基础上提高30%，按当地居民平均生存年限（男72周岁，女75周岁）一次性扣除。

（十一）企业拖欠的集资款和欠缴的养老金、失业金、职工工资、医疗费（现行标准）等由企业从净资产中剥离，不足部分冲减企业公积金、公益金。

四、基本程序

（一）完善方案阶段。各改制企业及其主管部门对以前改制方案进行完善，完善后改制方案经企业职代会或职工大会讨论通过，报企业主管部门审核后，由企业主管部门上报区企业改制领导小组办公室，经审批同意后付诸实施。

（二）规范运作阶段。各改制企业要按规定要求，做好本企业职工安置、资产处置、注册登记等相关工作；改制后的企业要与新上岗的职工签订劳动合同，办理鉴证手续，建立改制档案，并建立新企业规范运作制度和完善的法人治理结构；要深化人事、用工、分配制度改革，制订强化企业管理、促进技术创新、加快发展的规划。

（三）检查验收阶段。年底前，区企业改制领导小组办公室对改制企业的改制、运行情况逐户进行检查验收，对验收合格的，予以确认；不合格的，限期整改，确保合格。其间，区企业改制领导小组将定期听取各主管部门关于本系统企业深化改制的情况汇报，发现问题，及时解决，确保改制工作顺利进行。

五、若干具体问题的处理

（一）改制以企业法人为主体，由各部门负责组织实施。

（二）对原已实施改制，但经营状况较差，劳资纠纷突出，原改制协议无法兑现的企业，在保证国有（集体）资产不流失的前提下，由各主管部门负责进一步完善原有改制方案，彻底实现“两脱钩”。

（三）职工身份置换的费用从原企业的净资产中剥离，剥离不足部分或无法剥离的，可以按照有关政策规定办理土地出让手续，用于弥补职工安置费用的不足，剩余部分归区政府所有。

（四）改制企业房屋属区直管公房的，产权出让收入归区政府所有。如果改制企业职工安置确实困难的，经审批，产权出让收入可用于职工安置。

（五）困难企业比较多的系统，职工安置补偿费和拖欠的养老金可在本系统内实行统筹。

（六）企业退休人员和符合规定的内退人员的医疗保险必须尊重实际，因厂制宜，一事一议，不搞一刀切。

（七）企业在改制过程中，要妥善处理好新老企业的债权债务，切实使债务得到落实。

（八）要对原改制协议进行清理和完善，企业改制后必须重新办理注册登记手续。

六、组织领导

（一）健全组织。进一步充实区企业改制工作领导小组及其办公室，办公室具体负责政策咨询、业务指导、检查督促等日常工作。各有关部门负责本系统的改制工作，每个企业都必须建立一套完善的改制档案。

（二）明确责任。各有关部门和企业的主要负责同志为本部门、本企业改制工作的第一责任人，对本部门和本企业改制工作负总责。各有关部门和企业必须集中精力和时间，认真制定企业改制方案，严格按企业改制操作程序组织实施，按时保质完成企业改制任务。区各有关职能部门要提高效率，搞好服务，支持企业改制和发展。

（三）严肃纪律。各部门、各单位要严格按照国家法律、法规和有关政策处理好改制企业职工安置问题，深入细致地做好稳定工作，对个别无理取闹、阻碍改制的人员要依法处理，确保企业改制顺利进行，促进全区经济持续、快速、健康发展。

本意见由区企业改制领导小组办公室负责解释。

中共淮阴区委　淮阴区人民政府
关于印发《淮阴区吸引外资企业投资优惠政策》的通知

淮发〔2005〕24号

各乡镇党委、政府，区委各部委办，区各委办局，区各直属单位：

经研究，决定将《淮阴区吸引外资企业投资优惠政策》印发给你们，希认真执行。

淮阴区吸引外资企业投资优惠政策

为进一步鼓励和吸引外商到淮阴区投资兴业，扩大对外开放，促进全区外向型经济持续快速健康发展，特对在淮阴区兴办注册外资300万美元以上的生产性外资项目制定如下优惠政策：

一、税费

1. 企业所得税在实行国家“两免三减半”政策基础上，从第六年开始，再给予企业所得税地方留存部分“五减半奖励”的优惠。

2. 五年内免收地方政府有权减免的市场物价基金、粮食风险基金、防洪保安基金、地方教育基金、地方教育附加。

3. 实行项目建设“零收费”，项目建设过程中免收城市规划技术服务费、基础设施配套费、建设工程质量监督费、墙改基金、城市房屋拆迁管理费、测绘费、档案整理编制费、城市道路占用挖掘费、教育地方附加费、水增容费、人防工程易地建设费、消防设施建设费、供电贴费、复验费、咨询费、用电启动方案编制费、环保“三同时”验收检测费等一切区内规费以及各项服务性收费和办理各种证件的工本费。

4. 企业年检费和验资费由政府财政全额补贴。

二、地价

5. 土地实行零价格，区政府以不高于2万元/亩的价格出让土地，等企业竣工投产后，三年内由区财政全额返还。

三、用电、用水

6. 大工业用电确保均价不超过0.5元/度，超出部分由政府负责补贴，每年底一次性结算。

7. 工业用水2.12元/立方米，营业用水2.37元/立方米，生活用水1.87元/立方米，地下水使用费在1.38元/立方米基础给予特殊的优惠政策，确保在苏北最低。

四、医疗教育保险

8. 对在淮阴投资的外商，颁发《外商就医绿卡》，实行“两免三优四有”就医优惠政策，即免收挂号费、免收专家门诊费，优先、优惠、优质，看病有人引、手续有人办、住院有人陪、出院有人送。

9. 外商子女在我区读小学、初中、高中，就读学校、班级可以根据外商意愿进行选择，并免收择校费、培养费、学杂费等费用。

五、配套

10. 为降低外商投资成本，淮阴工业园区负责提供标准化厂房出租，区政府专门规划外商专家楼、别墅建设用地。

11. 外商投资企业从签约之日起半年内，淮阴工业园区负责为企业免费提供临时办公用房。

六、交通

12. 颁发《在淮投资外商绿卡》，外商车辆除严重违章外一律不罚款、不扣证、不扣车、不扣分。

七、治安

13. 若园区内企业生产资料被盗被抢，公安部门15个工作日内不能破案的，由公安部门先予补偿。

14. 充分尊重外商的生活习惯，为客商办理外商服务卡。

八、服务

15. 淮阴工业园区负责向企业推荐有资质、信誉好的优秀施工队伍和项目经理。

16. 按照“全方位、全过程、保姆式”的要求，对在淮投资的外商企业，实行项目“领办、督办、帮办”制度，由区领导牵头，召集有关部门集中会办项目审批的有关手续，组建专门班子，全程协调处理项目建设过程中的问题，确保客商集中精力搞好项目建设；企业投产后，由区领导挂钩负责，定期开展调研服务活动，了解和解决企业生产经营中遇到的问题。

17. 不准任何单位、任何人随便到企业检查，除了安全生产和食品卫生检查，其他需依法实施的必须提前告知。

九、若国家有关政策作重大调整，本政策也将作相应调整。

十、本政策自印发之日起施行。

中共淮阴区委　淮阴区人民政府
关于印发《淮阴区农村社区建设实验方案》的通知

淮发〔2008〕8号

各乡镇党委、政府，开发区党工委、管委会，区委各部委办，区各委办局，区各有关单位：

《淮阴区农村社区建设实验方案》已经区委、区政府研究同意，现印发给你们，希认真组织实施。

淮阴区农村社区建设实验方案

我区已被国家民政部确定为全国农村社区建设实验区，为切实组织好农村社区建设实验工作，特制定本实验方案。

一、指导思想

以党的十七大精神为指导，按照“先行实验、取得经验、稳步推开”的思路，以村为依托，整合农村社区资源，强化农村社区功能，打造农村社区公共服务平台，建立党委领导、政府引导、民政牵头、部门配合、村支“两委”主办、社会参与的农村社区建设工作机制，建设管理有序、服务完善、文明祥和的新型农村社区，为推进农村和谐社区建设和社会主义新农村建设构筑坚实基础。

二、实验时间

2008年4月～12月。

三、实验范围

根据地理环境、居住状况、经济发展水平等不同情况，经调查摸底和组织审定，全区选取王营镇果林村、营西村、长安村、越河村，棉花庄镇鑫园村、大福村，袁集乡桂塘村，西宋集镇洪北村，丁集镇农庄村、七一村等10个村支“两委”班子强、经济实力较好、群众思想积极的村为实验农村社区。

四、实验内容

（一）配套社区基础设施，达到“九有”目标

1. 有社区服务中心及办公用房；

2. 有村务公开栏、意见箱；

3. 有村民学校；

4. 有文体活动场所；

5. 有社区综治办、警务室；

6. 有社区卫生室、计生协会活动室和生殖健康服务室；

7. 有社区超市；

8. 有社区农资、农技、科技普及服务站；

9. 有社区幼儿园。

（二）完善社区公共服务，建立“六大”服务网络平台

1. 医疗卫生和计划生育服务网络平台。建立农村社区合作医疗保险制度，参合率达到100%，完善农村社区卫生医务室服务功能，形成集预防、保健、医疗、康复、健康教育和计划生育技术服务“六位一体”的综合服务体系；完善农村社区卫生室、乡镇卫生院与区综合性医院的转诊机制。建立计划生育协会，开展计划生育政策宣传，为农村育龄对象提供服务，执行计划生育奖励扶助政策。

2. 环境美化服务网络平台。社区主干道路水泥硬化，实行清垃圾、清污泥、清路障和改水、改路、改厕、改圈、改房的“三清五改”，组织开展新农村“文明卫生示范社区”评比活动。

3. 社会救助和保障服务网络平台。开展对特困户、五保户、受灾户、残疾人等弱势群体的救助服务，建立和完善农村社区最低生活保障制度、五保供养制度、灾民救助制度。开展劳动就业培训及劳务中介活动，组织农民参加养老保险。

4. 治安维稳服务网络平台。建立社区综治办、警务室，建立健全平安建设、法治建设工作机制，开展“平安社区”、“民主法治示范社区”创建活动，健全群防群治网络，加强法制宣传教育，搞好民事纠纷调解工作。建立新农村建设理事会，组织开展“五星创建”和“十佳农户”等评选活动，倡导道德文明新风。

5. 文化、体育、教育服务网络平台。加强未成年人的文化教育；扶持发展地方特色传统文艺节目，建立文艺业余队伍，利用文体活动场所和春节等节假日开展文化娱乐活动；举办村民夜校，建立农民图

书室，组织村民参加文化知识学习、职业技能培训和科普讲座；利用远程教育网络平台开展远程教育，全面加强农民教育培训工作。

6. 商业中介服务网络平台。建立农资商店、日用商品超市等商业服务网络，建立农村社区经济专业协会，采用“农户+协会+龙头企业+市场”的方式，为农业生产提供服务。推广农村社区特色农产品，打造品牌，发展农村社区经济

（三）加强社区组织建设，建立“三大”服务体系

1. 农村社区党组织服务体系。构建以农村社区党组织为核心、党员为主体、功能健全、运转有序的农村社区党组织领导服务体系。

2. 农村社区村民自治组织服务体系。坚持民主选举、民主决策、民主管理和民主监督，实行自我管理、自我教育、自我服务，深化村务公开和民主管理工作，建立社区村民大会或村民代表会议、村民委员会、村民小组的三级自治组织服务体系。

3. 农村社区协会组织服务体系。建立社区建设协会和产业发展分会、公共公益建设分会、社区文明创建分会、人口与计划生育分会的两级协会组织体系。

五、实施步骤

此次实验工作共分三个阶段：

（一）宣传动员阶段（2008年4月）。召开动员大会，加强宣传发动，组织骨干培训和参观学习，根据每个实验村的不同情况，制定切实有效的工作方案。

（二）组织实施阶段（2008年6月～10月）。结合实施方案的建设内容，开展新农村建设、农村建整工作、“三清五改”等活动，配套社区基础设施，完善社区公共服务网络平台，健全社区组织建设体系。

（三）总结验收阶段（2008年11月～12月）。制定考核验收办法，认真组织检查验收，并总结农村社区建设的实验经验。

六、保障措施

（一）加强组织领导。农村社区建设是一项事关农村经济社会发展的基础工程和系统工程，各乡镇、各部门必须高度重视，建立健全农村社区建设领导机制，加强领导，统一规划，统一布署。成立区农村社区建设工作领导小组，由区长葛莱任组长，副区长刘翠花任副组长，区委办、政府办、区委组织部、区委宣传部、民政局、劳动保障局、交通局、农业局、国土局、建设局、文化局、财政局、教育局、卫生局、人口计生委、公安局、司法局、体育局为成员单位，办公室设在区民政局。各实验村所在乡镇要相应成立由乡镇长任组长的农村社区建设工作指导小组，加强工作指导，制定工作方案。各实验村要成立农村社区建设工作协调小组，具体组织实施。

（二）明确部门职责。区委组织部负责农村社区党建工作；区民政局负责农村社区建设的总体规划，指导村民自治，抓好救助工作和农村经济专业协会的兴办；区劳动保障局负责抓好劳动就业培训及劳务中介，组织农民参加养老保险；区交通局负责抓好道路硬化；区农业局负责农业科学技术的推广和农产品的产前、产中、产后服务及清洁工程建设；区国土资源局和建设局负责基建项目的规划和审批；区文化局和体育局负责指导修建文体设施和组织文体活动；区财政局负责安排一定的工作经费；区教育局、农干校等负责组织开展农民素质教育活动；区卫生局和人口计生委负责抓好医疗卫生和计划生育服务工作；区公安局、司法局负责抓好农村社区社会治安、平安创建以及社区矫正、农民法制宣传教育工作。

（三）加大经费投入。加大政府公共财政投入力度，各涉农部门要统筹使用各项涉农资金，支持农村社区建设。各帮扶单位要重点在资金上进行帮扶，建立以社区集体经济收入为主体，以财政、涉农部门和单位帮扶为辅助，社会捐助为补充的农村社区建设经费投入保障机制。

（四）加强督查考核。定期或不定期组织督查，分阶段进行考核和验收，并将农村社区建没工作纳入各乡镇年度责任目标考核内容之一。对经考核验收合格的实验社区，将给予资金、物资等支持，并授

予“淮阴区农村社区建设实验社区”称号。

二、碑　记

淮阴侯庙碑记

（宋）苏轼

龙之所以为神者，以其善变化而能屈伸也。夏则天飞，动其灵也；冬则泥蟠，避其害也。当嬴氏刑惨网密，毒流海内，销锋镝，诛豪俊，将军乃辱身污节，避世用晦，志在鹊起豹变，食全楚之租，故受馈于漂母。抱王霸之大略，蓄英雄之壮图，志吞六合，气盖万夫，故忍耻胯下。洎乎山鬼反璧，天亡秦族，遇知己之英主，陈不世之奇策，崛起蜀汉，席卷关铺，战必胜，攻必克，扫强楚，灭暴秦，平齐七十城，破赵十二万。乞食、受辱，恶足累大丈夫之功名哉！然使水行未殒，火流犹熸，将军则与草木同朽、麋鹿俱死，安能持太阿之柄，云飞龙骧，起徒步而取王侯？噫！自古英伟之士，不遇机会，委身草泽，名堙灭而无称者，可胜道哉？乃碑而铭之，曰：书轨新邦，英雄旧里。海雾朝翻，山烟暮起。宅临旧楚，庙枕清淮；枯松折柏，废井荒台。我停单车，思人望古，淮阴少年，有目共睹，不知将军，用之如虎。

说明：录自码头韩侯故里近人仿刻《淮阴侯庙记》。

户部分司题名碑记

（明）毛　泰

国朝自文皇帝定都北京，初用平江伯陈公建明罢海运，由会通河支以输京师。时仓务旁午，大司徒乃使其属监之。成化己亥，员外郎邵君文敬来淮，暇于分司西隙地结小亭，以“寄寄”名之。越二载，仆应故事来，朝夕亭上，有所感曰：文敬以身之不能久于亭，与其亭之不能久于世，故以“寄寄”名之矣。如仆居此，无何又去，宁能恝然其间邪？矧自建仓以来六十余稔，监仓者或三年一代，或一岁一更，大率当五十余员，今历寻之，裁得二十八人。於戏！岁月逾迈，前辈日湮，题名之碑可容已乎？故刻所得之名而虚其左，以俟继者续刻之。成化十七年十二月也。

敕赐灵慈宫碑记

（明）杨士奇

永乐初，平江伯陈公瑄奉命率舟师道海运北京，然道险，所致无几，乃浚济宁、临清之河水达北京，以便饷运。岁发数千艘，每春冰解则首尾相（御）［衔］而进，河狭且浅，一雨辄溢，雨止复竭，加以洪闸之艰且险，舟稍不戒，非覆则胶。时平江公仍奉命督饷运，慨然念曰：凡大山长川皆有主宰之神，能事神则受福。往年吾董海运，凡海道神祠，吾过之必惴惴持敬，如神之临乎前。间遇风涛及鱼龙百怪有作，辄（扣）［叩］神祐，靡不响应。今兹神祠未建，非关典兴。遂作祠于淮之清江浦，以祀天妃之神，盖公素所持敬者。凡淮人及四方公私之人有祈于祠下，亦皆响应。守臣以闻，赐祠额曰“灵慈宫”，命有司岁有春秋祭祀。于是董漕运参将都指挥佥事汤公节请书（廈）［镂］之石。盖世俗所传神肇迹事远不可质，惟神者天之所命，固以利物为心也。神斯无不在，诚斯无不格，诚神孚而福泽降，自然之理，遂为书作宫所。自维某年月日，皇帝遣漕运总兵官致祭于天妃之神曰：惟神著灵斯土，惠庇生民，爰命有司祇修常祭，其御灾捍患，拯援艰危，遵致丰穰，益弘私济。尚飨。

神龙感应记

（明）叶向高

天启元年辛酉，余蒙召北上，至淮阴属前数日，风雨大作，黄流乍涨，淤泥乘之而下，清口壅塞且二十里。余与太行吕君各令人往测之。其浅处不能盈尺，即轻舟亦不得渡。管河郡丞赵君欲用力挑浚，而其势不能。余不得已谋陆行，复以病不能舆，进退为谷。佥谓金龙四大王可祷也。余迂其说，然试为文告于神。长年辈亦醵钱血牲，属吕君肃拜以请。忽一人为神言，此河属张将军，吾当问之。已又一人为将军言，更数日乃可济。神言此太迟，不可；至一二日亦不可。乃曰诘朝即有水，可通舟矣。余殊不信。晨起则水长一二尺，淤泥尽去。舟人欢呼牵挽而前，沛然其无碍。既出口，复苦风逆。余复祷于神，遂得便风。于是叹神功之显赫也。遂同赵君及清河令安君诣庙中，祀而谢灵贶。昔夫子不语怪，乃吾乡天妃之着灵于海，与兹神之着灵于河，皆随叩随应，捷于桴鼓。耳目所及，不可一端尽要。以国家数百万军储之转输，南北数千里舻舳之来往，皆于此寄命，断有神以尸之，而非渺茫迂远之谈耳。余既亲拜神休，不可湮没。遂纪其事，俾赵君石于庙以示来兹，且为神添一段佳话焉。若赵君拮据疏凿，安君拊绥荒疲，皆神所听，因并书之。赐进士出身光禄大夫柱国少师兼太子太师吏部尚书中极殿大学士知经筵日讲制诰予告存问奉诏特起福清叶向高撰。

【碑阴】

岳神为韩退之开衡云，海神为苏子瞻现蜃市，两公方见龋于世，而神明呵护，非当时王公贵人所敢望者，正直之贶，不惟其官，惟其人也。今少师叶公应召北上，龙神前驱，引泉脉反石，尤随叩响答。其事甚异，岂为纱笼中人，役役应尔哉。盖公弼亮三朝，亲扶日毂。而兹之再践师垣，所为领众，正定庙谟，致吾君于尧舜者。神已先见之，宜其效灵若此，可为世道庆矣。舟行时，金广文元发在坐，见柁楼之下，有蜿蜒盘旋，与绝流而度，泝风而迎者凡三，皆龙神之化身也，纪文所未列，广文属余缀之碑阴。

惠济祠碑文

淮为畿辅要冲，而清口又淮之襟咽，洪流千里，星赴电逝，盘束于两涯之间，其据地险而系人心，盖势然也。正德初，有道士袁洞明者，始卜地河浒，建泰山行祠，凡公私之待济者祷焉。

岁在己卯，武皇帝南巡狩，止跸祠下，顾瞻久之。逮祭上龙飞，圣母章圣皇太后过淮，复有黄香白金之锡，已而复奉圣旨赐额曰“惠济祠”。于是士女香灯，远近和会，舳舻荐献，大严于旧，威灵庙貌赫然矣。住山道士张真海以神庥之遐畅，而国典之逾隆也，益募众构阁为朝贡之所；又以为创迹至今而无文纪事，非所以示永，乃牍而来告。乌乎！天下之事，其成毁废置，亦岂偶然也哉！方兹地之未祠也，茫然沙草郁然冈阜而已耳。一旦饰土木、崇堂观，无问远迩或奔走而归之，何哉？神所依也。然考诸礼经，祭不越望泰山之祀，奚为于淮渎之滨乎？而事之弥虔，叩之无不应者，何哉？国所置也。

夫国家际一统之盛，握天下民神之命，意之所向，足以鼓六合而来百灵，而况京储千舸衔尾转漕，虽遐烈幽祇亦冥赞而煌如乎，而岂寻常之封畛可得而区乎？会地之要，质民之衷，承天之祜，其载诸祀典知永无斁矣。不然，则岱岳行宫何地不有，而祝号之大，锡予之殷，肸蠁之灵，伏腊之盛，乃独萃于斯哉？良卿忝守斯郡，愧无以为民防，然事神奉国之心，不敢以自怠也。文诸石，用纪岁月，庶来者得以考焉。

嘉靖二十七年岁次戊申冬十月既望
中顺大夫直隶淮安府知府
前监察御史刘良卿撰
山阳诸生秦仕学书篆

惠济祠即旧天妃庙，中有铁鼓，又名铁鼓寺，实为泰山圣母之行祠也，建自明正德三年。

我世宗朝，因时显庇河漕，敕封天后，鼎新殿陛，经历河臣时崇报享。乾隆一十六年春，圣驾南巡，建行殿于祠左，清跸诣瞻，拈香肃拜。特命宫保海大司农仿内府坛庙规制，谕两淮盐政、淮关监督及内工干员董率其事，动支公帑，鸠工庀料，一律启造，宫殿楼阁换覆黄瓦。又于返銮之六月，御制诗文匾联，亲洒宸翰，颁赐宫保高相国敬谨勒石悬奉，光昭祀典。经始于十六年秋八月，讫工于十七年秋七月。荣陛等敬从襄事，叨列陪员，恭觐龙章璀灿，庙貌一新，不胜庆幸。殿前旧有石碑，年久倾圮，莫能建树。用索原拓所载，复勒于石，嵌置祠壁。不特圣天子隆礼盛典昭垂万世，而前人创制之姓氏，亦不致于磨灭矣。是为记。

乾隆十七年岁次壬申秋九月朔日

大兴潘荣陛敬识

说明：以上两部分碑文在同一块碑上，此碑原被镶嵌在乾隆年间重修的惠济祠墙壁中。

御制重修惠济祠碑碑文

经国之务，莫重于河与漕，而两者必相资而成。

曩者，东南之民数历河患矣。我皇圣祖仁皇帝，禀天纵之神明，乾苞坤络，瞭列指掌，清跸屡勤，比隆神禹，开示方略，神契龟从，用诒万世无疆之休。河臣禀受圣谟，罔失尺寸，若堤、若遥堤、若月河、若引河、若坝、若堰、若闸，措必其要，用必其时，河奏安澜，民无昏垫。成绩彰灼，五纪于兹，天庾陈红，云帆直达，厥包织篚，琛赆南金。公私百货之需，船输舰载，楫交津渠。溯前代，南北运道逆河而上者五百余里，明季开泇河，避黄河之险者三百里。越我朝，康熙年间开皂河以通泇，复开中河以通皂，漕艘出清口，绝流此入中河，孚于黄者仅七里，遂尽避黄河五百里之险，漕之利无过此时者。

黄河自积石龙门经豫徐东下，挟淮泗交流入海，势湍悍不可御，泥浊易淤，漕艘渡江达淮，黄河亘其冲，其入中河也，必资于黄。治之之道，以清淮迅激荡涤之，俾无壅沙。河恒强，淮恒弱，则潴洪泽之巨浸以助之，交汇于清口，是为运道之枢纽，河防之关键。导河乂淮利漕，举系于此。濒河迄下游，郡县数十，城郭田庐皆恃以为命，司水土者，恒惴惴焉。清口治，而河与漕胥得其理矣。

清江浦之涘，神祠曰“惠济”，鼎新于雍正二年，灵贶孔时，孚应若响，过祠下者奠醴荐牢，靡敢弗肃。乾隆十有六年，朕巡省南服，瞻谒庭宇，敬惟神功庥佑宜崇报享，命有司鸠工，加焕饰焉。

夫名山大川，精气磅礴，必有神焉主之。经国大政，芘赖生灵，必有神焉相之。其顾享者，避其有勤民敬事之忱者也。苟隳庶事而瘝厥官，或穿凿自用而失其故，有弗干谴怒而罹其罚者乎？政罔弗修，无贻神羞，敬举乃职，神锡尔极。惟神式凭，庶永底宁。勒文贞珉，用谂河臣。

迎神送神之歌辞曰：河之来兮天上，皓皓旰旰兮无与抗。泲泲兮清淮，汇沦涟兮河流湝湝。峨巨艑兮横中流，望灵旗兮澹淡游。桂楫兮荃桡，纷弭节兮蘅皋。緪弦兮考鼓，俎肥牲兮式歌且舞，神格歆兮福女。千夫邪许兮搴长茭，巩金堤兮障彼乐郊，楚舟容与兮吴榜交。溯长川兮利济，转玉粒兮时攸赖。洪涛伏兮神哉沛。箫管竞兮应棹歌，神之留兮祥飚和，绍平成兮恪葳事，饫苾芬兮虔报祀，灵河翕兮福万世。

乾隆十六年岁在辛未夏六月吉日

高堰石工告竣碑记

（清）爱新觉罗·胤禛

黄河为运道、民生所关，而治河以导淮刷沙为要。高家堰者，所以束全淮之水并力北趋以入河，河得清淮，则沙不积而流益畅。故考河道于东南，以高堰为淮、黄之关键。淮自中州挟汝、颍、涡、汴诸水，汇注于洪泽一湖，荡激潆洄，浩渺无际。而淮、扬两大郡居其下流，惟恃堰堤以为障御，所系讵不重哉？

我皇考圣主仁皇帝，为亿兆苍生筹万世永赖之计，屡勤清跸，指示臣工，方略昭垂，神谋卓越，全河形势，经划周详，而高堰堤工，尤廑睿虑。迄今数十年来，河臣遵守成规，列郡得安衽席者，皇考圣绩神功之所赐也。朕绍承鸿绪，注念河防，思高堰堤工绵远，保护维艰，惟不惜多费帑金建石工，使高厚坚固，久远可恃，斯于运道、民生，实有裨益。朕衷默定，询度佥同，爰特发帑金，庀材鸠役，专命大臣董其事。经始于雍正八年二月，越雍正十年六月，大工告竣。仰藉神庥，风涛恬静，薪石云集，工作易施，增卑而高，培薄而厚，易圮而新，孔固孔完。其崇、广皆有加于旧，凡六千三百四十余丈，延袤四十余里。所费帑金一百一万余两。于是高堰之工屹然为淮扬巨障。河臣上言，大工之成，不可无纪。用俞所请，摛文勒石，以示朕宵旰畴咨之至意；冀河流济运，永庆安澜，保障无虞，民生乐业，以无忝皇考底定平成之绩云尔。

清·四龙碑文

其一碑为乾隆四十二年五月高宗所作《陶庄河神庙碑记》。曰：

成大事者，必有其时。事有视若易，尽人力而为之，然终于弗成者，则以天弗助，神弗相，而非其时也；事有视若难，尽人力而为之，然终于有成者，则以天所助，神所相，而适逢其时也。虽然天助也，神相也，无所为告之者也，使时有可乘而人弗尽力而为之，亦难望其有成也。故举大事者，必当审事机、乘时会、尽人力，以敬祈天助神相则成乎。奏平成之功，三者不可阙一焉。吾于陶庄引河，益信此理之弗爽。陶庄之土逼河南流近清口，盖始自宋时南徙，历元及明，不知其几何年!爴于是有黄水倒漾之患，于是有藉清敌黄之说。然而，清水常弱，黄水常胜，虽劼劬补苴，终不能得其要领，而倒漾自若也。惟我皇祖圣祖仁皇帝首见及于此，康熙己卯岁南巡，特即命开陶庄引河，俾远避清口，以除倒灌之患，诚釜底抽薪之计也。其后，庚辰辛巳岁、壬辰甲午岁，以及雍正庚戌岁，历任河臣屡挑屡淤，於是引河之事遂置而弗论。逮乾隆己未岁，予命大学士鄂尔泰视可仍持开引河之议，而河臣河员率以为难行。高斌向称为善治河者，亦以为功不易就，乃创建木龙，挑溜北趋，图补偏救弊之为，于是引河之事更罢而无有言及者。然予以为陶庄之引河不开，终无救清口倒灌黄流之善策。但南巡四次，未至其地，用是耿耿于怀，适昨岁东巡，河臣吴嗣爵、苏州抚臣萨载各来觐，因见嗣爵老病，遂以萨载易之，与之谈及河务，以为海口淤泥之说终难行，至陶庄引河则必宜开而未敢必也。命其抵任，悉心相视。及萨载之任，与督臣高晋亲履其地，测量高下曲直，头尾宽窄，绘图帖说以闻。朕复详酌形势，以朱笔点记，往返相商者不啻数次。议既定，乃于去岁九月十六日兴工，以今岁二月十五日乘春汛水长之候，放流入新河，而旧河筑拦黄坝以御之。既放之后，新河顺轨安流，直抵周家庄始会清东下，去清口较昔远五里，于是永免倒灌之患，而引河之工成。夫自康熙己卯逮今乾隆丁酉历七十余岁，屡举而未成，及一举而遂成者，岂非时有可乘不可乘之殊，而复赖天助神相之所致耶?其能劼毖筹划，尽人力而不失事机，任投艰而弗犹豫者。则锡赉酬勋，国家之典具在。至夫天恩之赐助，盖自始事以迄成功，予实昼夜在心默叩祷谢，无可言谕。而河神之佑相，非特建崇祠，其何以显明贶达群诚乎？爰即新口石坝建庙安神，俾司事者春秋洁祀，以邀惠于无穷，并为迎神、送神之词以协律焉。

其二碑草书《迎神乐》曰：

河之旧兮本南，每灌清兮黄兼。
神之相兮北渐，即运河兮赖永。
恬迎神之来兮俎豆，甘于万斯季兮恩沛覃。

其三碑草书《送神乐》曰：

河之新兮移北，既避曲兮就直。
神之相兮南塞，去清口兮无复。
逼送神之还兮惟幕，饰于万斯年兮恒戴德。
乾隆四十五年仲春高宗御制《陶庄河神庙瞻礼六韵》。

碑阴面草书：

大河南北酾陶庄，逼溜恒虞清灌黄。
几度兴工工未就，一时赖佑佑诚长。
改前果向新渠徙，善后还培旧坝障。
用答神庥祠宇建，永祁民宥肆笾芗。
瓣香此日申诚悃，峻碣多年志感庆。
皇祖鸿谟幸因蒇，守成惟励敬无遑。

其四碑为同年暮春上浣御制《河复记》。文曰：

河之复也，以堤合龙；龙之合也，以天佑神助。然天之佑广大精微，不可以一二事举，亦不可以一二日期。神之助则有可以显示昭灵事举日期者，此义以见于丁酉陶庄河神庙之文，而复有显示昭灵声应底绩之贶，是不可以不记。仪封决口之筑，移金门，开引河，历以年余，迄未成功，亦无别法。于旧冬仍为大开引河，图掣溜归壑之为。及今春二月，阿桂等始有十一日两坝合龙，随填压茭土，不逾数刻金门立即断流，俟十分稳固，即驰报合龙之奏。未数日而合龙之奏果至，然所谓自行合龙之语，不解何谓。兹阿桂以善后大局已定，来行在复命，细询之，乃称二月十一日仪封漫口未合龙以前，金门尚澜三丈，水深十一丈余，至午时，忽报顺黄南坝沉坠，惊往勘视，则南坝埽根全势向北移走，陡与北坝接连，时金门水面深止一二丈。尔时见机可乘，随将合龙秸料赶紧填压，不三四刻，已见断流，而埽底亦无翻花过溜。若非南坝向北沉坠移走，则三丈口门下埽合龙，非三两日不能完竣。今机巧合，因败为功，以两载之勤敏，收功片刻，寔由至诚感召天和神默相，非人力所能到，更非在事诸臣所敢望云云。自前岁河决后，予无一日不叩天祷神，巽速合龙，以佑苍生。昨初十日渡黄河，于香棚及陶庄河神庙更益竭诚默籲，而十一日遂有两坝自行合龙，黄河顺归故道之事，此岂非天佑神助、前记所谓适逢其时者欤？予非敢自诩诚之能感，若谓能感，则自前岁至今二月初十日以前，岂诚之未至耶？而神之显示灵，寔不可以不志。或谓陶庄在江南，仪封在河南，云一则不可两处各有庙，云二则此未能及彼。夫一佛而为百千亿化身，姑不必论，即苏东坡论韩昌黎，所谓如水在地中，无往不在。昌黎不过文宗，尚能如是，而福国佑民之正神，固当论其在此在彼，是一是二耶？及蒙庇荫，合答庥祉，予惟虔鞏孜孜，日甚一日，永祈安澜之锡。仪封合龙处已命建庙答贶，当别有记。而此陶庄实予竭诚蒙佑之所，因命树碑记实，亲书泐石，一如前建庙之例。时庚子岁暮春上浣之吉也，乾隆御制并书。

同年清和月又书记后曰：

按：记中有河南流近清口，始自宋时南徙之语未甚明确。盖《宋史》所称神宗熙宁时河道南徙，寻经塞治，即苏轼复黄楼之诗所由作也。惟统志所称金明昌时河淮并为一渎之言，为黄河南徙之实据。然彼时有宋存焉，淮泗一带非金所有，地当属之宋。此因今作河复诗考订而得者，则向之所云“自宋时南徙”，亦未为不可，特未详明言之耳，因附书本记后。

同年清和月《陶庄河神庙瞻礼作》诗一首：

春仲渡河日，瓣香敬祷申。
何期即翼旦，显佑沐明神。
南坝忽移北，无心自合唇。
崇祀绝鸿贶，惟益励虔寅。

乾隆四十九年仲春上浣《陶庄河神庙瞻礼叠庚子诗韵》：

渎宗丁酉徙陶庄，清口从兹弗患黄。
爰敬河干修庙血，永祈神佑福民长。
更疏北岸防沙逼，仍葺南堤挑水障。
是日齋心谒灵宇，光春额手肃清芗。
合龙庚岁叨殊宥，复旧癸年荷笃庆。

宣导无能频赖惠，日虔同悚两增遑。

同年春闰月下浣《陶庄河神庙瞻礼》：

庚子仪封坝，合龙显佑殊。
兰阳癸卯日，故道顺流趋。
彼此胥神贶，虔诚谒庙谟。
北坍会清远，昭事益钦吾。

重修中河杨家庄大王庙记

中河者，中运河也；旧制设通判理其事。杨家庄旧时，盖沂泗诸水自北来者，皆由中运河以会于黄河，而杨庄适绾两河之口，咸丰以前，每岁南漕往来悉泊杨庄，待时而行，故杨庄地为最冲要。

大王庙之建不知肇于何时，道光十四年既当重修之矣。咸丰十年，廷议裁河员，中运河迁徙，裁里河同知。当是时，捻匪扰乱，出没蹂躏，民不安居，庙亦渐倾圮。同治八年又为大药庄，肇与庙屋宇廊庑盖仅有存者。光绪二年春，亢旱无雨，河水干涸，漕船抵杨庄者不能北驶。前漕帅文公虔祷于庙，不数日大沛甘霖，利涉无阻。公奏其事，蒙赐“安流济运”匾额悬于正殿。迄今又十数年矣，风雨摧剥，益堕坏不治。青选适承泛称里河同知篆叩谒礼成，顾瞻庙貌，不禁尽然心伤。窃思神之灵贶，中河官吏人民，仰承福祚既多，历年所乃当剥蚀倾毁之余，尤复轸念民生，降雨泽以济运。其所以佑国施惠者，实有加无已，此与古之圣贤修己安人，不以盛衰显晦易其志者，亦何以异！宜乎天章炳焕襄许靡漉也。而顾使其灵游所止倾毁芜废，岂非执事者之责欤？且先君子……至今垂六十年，缅想音容，畴昔所瞻仰而敬礼者，任其颓坏堂构之弗任惧，熟甚焉？爰诹光绪十七年六月捐赀修理，鸠工庀材，新其殿宇，治其墙垣，葺其门庑，缮其客座，与旧制稍有更易而规模悉备。俾焫萧藕栗咸得其所，恭承礼祀者，罔不肘饰于以见。

神之放悲震澹，如在其上，如在其左右，虽更历千百祀而勿替。官于此者，莫不庆宣防而来万福焉，斯则青选之所祷祀而求者也。

光绪十七年岁次辛卯十二月
里河同知万青选谨志并书
副守卫游击口补用口口
清安汛千总李曙儒监修

重迁王家营碑记

（清）杨　穆

与袁浦对峙，所谓王家营者，盖清东壤之冲道，滨河而处，凡二千余家，五十年间已三迁矣。独康熙二十七年秋大水，日崩崖数十丈，市井房舍尽入蛟宫，妇子茕茕，向波而泣。其民中宵露处者有之，鸟飞兽散者有之，葱郁之区，几成旷野。

事闻，邑父母管公闻之惧，单骑就道，周视原趾，祇余茅屋数椽而已。遂聚老少而谋，似非东迁不可，问其地，乃山阳朱生业也。使里正往白之，曰“否”；又使县尉曲谕之，亦曰“否，否”！事急，力请督、抚两院并淮扬道胡公。公曰：“安插百姓，招抚流遗，此有司责也，毋负加惠元元至意。”急迁如议。复捐俸以助价，价不足，督宪又命加三十金。盖安众无损一也。侯不自计，竭捐如数。民因得以复聚，或诛茅为屋，或筑堵冯登，或陶瓦成宇，不二月，巍然一巨镇矣。

呜呼！仁人之于人，其利溥哉！古之有司，凡一言一行果有益于民生，即歌之咏之，光流史册，况其援已溺之命，苏将孑之遗，而复我镇治者乎！民为之歌曰：“谁夺我居？侯为之区；谁覆我宇？侯为之处。水涸草枯，如沐时雨；子子孙孙，永安乐土。”因感之深，不自知其祝之长也。

予，里人也，躬逢其事，故备述之以志不朽。

王家营清真寺碑文

王营镇清真寺，创始於清雍正年间，延及道光末季，为吾族极盛时代。户口既繁，营业又发达，兼有常老阿衡廷璋、戴老阿衡明先后主持教务，绛账高悬，成就门徒甚众。事载邑乘，可覆按而知也。咸丰庚申，猝遭捻乱，寺宇焚毁净尽，吾族逃往丧亡，户口渐次零落。同治六年，戴静斋阿衡，明选老阿衡之哲嗣也，夙凛庭训，继掌教职。先建茅屋数椽，朝夕讲道。欲瞻礼则简陋可哂，欲聚会则狭隘难容，阿衡督然忧之。多方劝募，建成草大殿三间。嗣复商之杨煦亭、马云峰、郭道生诸君，协力赞助，于光绪十年改建瓦大殿暨讲堂等处，始稍稍复旧观矣。吾族於斯者日多，原有义冢一段，年久几无隙地，阿衡慨教中自立茔园寥寥也，遇有大故辄形棘手，拟购觅一地以善其后。得马君云峰同意，事未果马君已逝，惜哉。幸马君之弟润之，克承兄志，又得乡耆李君云坡鼎力赞同，不分畛域，集资购得新茔两处。阿衡数十年孤心苦诣、精诚感格有以致之也。民国元年，同人等力继先人之志，添建大门、南讲堂、厨房各处；葛君子明建水房，助赞数百千；又由甘省延请王□卿阿衡教授经文。四方来兹参观者，辄为之称道不已。近年风雨摧残，殿堂又有倒坍之虞，同人等公同集议，将义冢外围柳树数十株得价贰佰数十千，及甘肃进善堂乐助瓦房木料多件，于是殿前建瓦卷檐三间，四周墙壁、东讲堂三间、重门、院落一律修理完整。计此次工用浩大，悉由公产、远募相辅而成，同人等愧无实力，而不惮言之琐琐者，溯二百年世变迭更，吾寺巍然独存，先贤乡耆之力居多，甚愿后人念古人济造之艰，世世保守，得以久而勿替，是则同人等之所深愿也。爰志其颠末如此。

中华民国九年七月□日

重修龙亭碑记

黄河夺淮数百年间，码头古镇地当黄、淮、运交汇处，尤为漕运之襟喉、河防之要区。明隆庆以降，黄、淮水患日亟，威胁国计民生。故清康熙之世三大要政，关系码头镇者有二，曰漕运，曰河务。康熙帝六次南巡，均于码头镇驻跸，周视查勘，听取臣僚意见，集思广益，然后指示机宜，确定治理方略，务使大奏其功。士民怀其功德，于雍正五年建龙亭以颂扬之。龙亭建于码头镇御坝东侧，为双层飞檐，中有赑屃负碑。惜斯亭毁于日军侵华、码头沦陷时期。然其基础犹存，一九九七年秋，修治县乡道路，龙亭遗址居于线路之中。以其坚不可摧，主事者欲以炸药破之。县委书记冯君加庚闻之，亟电阻之曰："码头镇文物遗迹所在，寸土不可犯!" 遂更改原定线路。

今欣逢世纪之交，国运昌隆，士民乐业，父老恢复家邦胜迹之议亦因之日烈。值中共码头镇委书记周密、码头镇人民政府镇长陈刚等服务是邦，遂与耆老乡贤议决，以原有基础重建龙亭。旋委中国矿业大学建筑设计院设计，淮阴市园林建设总公司承建。耗资凡十五万元。不数月而工竣，时维一九九九年八月二十八日也。或曰：二十一世纪为龙之世纪，观其大势，信念愈坚。今码头镇修复文物胜迹之举，以龙亭为先导，亦寄意遥深也。是为记。

荀德麟　撰文

公元一九九九年冬月

重建淮阴侯庙碑记

淮阴码头镇，旧有淮阴侯庙，祀汉淮阴侯韩信也。不知始建于何代，唐宋诗人多有题咏，黄山谷"韩信庙前柏十围" 之句，足窥其古。亦不知圮毁于何时，有文载宋开禧间即已堂庑倾欹，几不蔽雨，似见其颓。迄于今垂八百载矣。改革开放已还，经济建设日新月异，社会发展轮飞矢疾，举坠层出，修废靡穷，遂有斯庙之再造也。

码头古镇，乃秦淮阴故城之所在，得造化之神力，扼淮泗之要津。蜃气龙光，育盖世之奇才；地灵人杰，激万古之雄风。李北海之华章，阐缘朗彻；苏东坡之宝翰，寄慨遥深。沸沸扬扬，几多锦绣，毕倾于是；绵绵邈邈，千秋血脉，流搏至今。至于制作风筝、创为象棋，乃至萧何托孤于赵佗，韦姓播衍为韩裔种种传说故事，皆英雄建功布德于炎汉，受崇获爱于民众之表征也。祠庙之重建，其微言大义，可谓尽植根导源于斯也。

邑人潘君，蓄鲲举鹏飞之志，抟扶摇羊角之先，腾挪商海，拼打燕赵，聚沙集腋，而欲有以报乡梓者久矣。夙思而慨然曰："吾淮之英风浩气肇起于韩侯也，劲鞭雄策亦肇起于韩侯也，韩侯之光惠淮者尚矣!是以古人立祠以褒之。然宋元以降，兵火时加，黄水为虐，遂致庙废址湮，令有心凭吊者失所，无迹瞻仰者抱撼，今吾幸逢盛世，受益良策，得以尘追猗顿，倘或熟视而无动于衷，实愧对前贤，遗嗤后昆。"遂慷慨投金凡五百万元，鸠工庀材，仿两汉风格而建斯庙。公元二零零二年，岁在壬午年冬月，庙成之日，请记于予，且嘱曰："吾投资建此，既无求利，亦不留名，否则与吾之初衷左矣" 是以遵命而止乎此。

壬午年冬月

淮浦荀德麟拜记

西坝公园题记

淮阴西坝，东接王营，西近杨庄，南临故黄河与清江浦相望，北滨盐河同古驿道相连。西坝，源于治水，兴于票盐。康熙十九年（1680年），河道总督靳辅于清口（在今码头镇）下游筑东、中、西三道减水坝，以泄黄淮盛涨，"西坝" 由此得名。道光十一年（1831年），两江总督陶澍力排众议，革除盐政积弊，废 "纲盐法"，创 "票盐法"，将淮北掣验盐引所由河下迁至西坝。一时间，票商十八家盐栈暨七十二家盐局云集于兹，置码头，开河道，构高门华屋，筑舞榭歌台。

万余盐工蜂拥而至，酒肆茶馆骤然兴起，店铺连接，商贾川流，人家万余户，夹峙两河间，灯火彻夜流，车马四时喧，偏僻郊野渐为闹市金窟，其繁富之名遂冠于淮上。及至二十世纪三十年代，民国政府再改盐政，淮北各口岸之盐，直购于淮北盐场而不再经西坝掣验，百年繁华，至此遂衰。

近年来，淮阴人民为推进名城建设，疏小盐河，清老船塘，修亭廊楼榭，葺盐商故居，建戏台展馆，植花草树木，以为盐文化主题公园，传承运河之都历史文化之一脉。

淮阴区人民政府

二〇〇八年九月

祭漂母文

淮阴区人民政府区长　葛　莱

维公元二〇〇九年五月，岁在己丑，时值孟夏。中共淮阴区委、淮阴区人民政府谨代表全区人民及八方来宾，敬具鲜花珍果、时馐牲醴，致祭于淮阴漂母墓前，曰：

尊哉漂母!大爱无垠。姓名俱轶，贫寒庶民。《史记》载迹，德炳古今。漂洗丝麻，勤俭维生。年少韩信，困馁淮滨。舍己粗食，分施王孙。劝勉奋达，不图报恩。王孙顿悟，仗剑从军。运筹帷幄，善将善兵。灭楚兴汉，叱咤风云。封侯授印，光显淮阴。赫赫兵仙，运系孺人。

伟哉漂母!千古流芳。安享故里，精魂绵长。滴水涌泉，没齿难忘。车马如云，衣锦还乡。千金一饭，报恩何方?万卒垒土，墓基高庄。寸草之心，情显意彰。尊若泰山，百世景仰。历代奉祀，展祭隆昌。

今逢盛世，美德弘扬。时和岁稔，政通邦强。以人为本，统筹各方。科学发展，伟业在望。争先崛起，再创辉煌。淮水汤汤，泽被八荒。春晖漫漫，博爱无疆。万众同心，齐荐馨香。

尚飨。

淮阴刘皮街阻击战纪念碑碑记

1943 年 3 月 18 日，在淮阴县刘老庄，新四军某部全连八十二名指战员，与日本侵略军搏战尽日，全部壮烈牺牲。这就是名垂青史的刘老庄战斗和淮阴八十二烈士。

三年又九个月后，也是在刘老庄，也是新四军的一个连，也是与敌人从拂晓达黄昏的激战，也是全部壮烈牺牲！

那是 1946 年 12 月 19 日，在位于古时通京大道西侧的淮阴县刘老庄乡刘皮小街上，奉命驻守着新四军七师十九旅五十六团三营七连，一个能征善战的加强连，营长王峰、连长铁玉、指导员郭天成……一共 141 人。这是时刻准备舍身赴死、“学习八十二烈士”的 141 人。他们将要在这里拦击风暴，锁定狂澜！

在晓风残月、霜天凛冽的清晨，急于驰援宿北的国民党整编第七十四师与第七军所属四个团计 4000 余人，闯入了七连设伏的阻击阵地，遭到一阵急风暴雨般的打击。敌人在惨遭损失之后，迅速将仅有百十多户人家的刘皮街土圩子团团围住，集中炮火，对七连阵地进行铺天盖地的轰击、扫射。到处烟尘弥漫，到处弹片横飞。置之死地的七连英雄们，人人英勇，个个顽强，前仆后继，以一当十，一次次顶住了血与火的强大攻击。敌人误以为被他们分割包围的新四军有几个营，于是送信、劝降，一处，无效；两处，无效；三处，同样无效！于是怒而发动攻势，在强大炮火的掩护下，一浪高过一浪，一波猛似一波……然而，七连的英雄们却像一颗颗坚韧的钉子，令敌人无法绕开；像一把把巨大的铁锁，令敌人难以摆脱！

从圩壕，到街巷，到最后一片房屋，被压缩了的空间只有枪声、炮声、手榴弹声、喊杀声；从凌晨，到中午，到难熬的傍晚，被凝固了的时间只有紧张、残酷、饥寒和流血。面对无时不有、无处不在的死亡，他们没有恐惧，没有眼泪，只有仇恨，只有死不旋踵的勇气！时间终于实现了对傍晚的期待，阻击任务完成了，七连也只剩下 30 多人，王营长斩钉截铁地命令郭指导员带人突围，他自己则如受伤的猛狮，端起刺刀冲入敌群，以最后的神勇捅倒十来个敌人。倒在血泊中的他，还怒睁圆目，咬着敌人的半边耳朵！

郭天成率众冲杀到街西北的一座松林里，又被敌人包围了，继续冲杀，继续突围，十八个，十七个，十六个…… 待拼杀到全部倒下时，宿北大战也划上了胜利的句号，转移在六塘河夹滩一带的苏皖边区政府首脑机关和新四军主力，也赢得了渡河北撤的时间！敌人则累计赔上了千余具尸体。

戎马倥偬，战局变幻，流传多少同时又泯灭多少英雄的故事，包括他们的名字，淮阴刘皮街阻击战的 141 名指战员，就是被历史尘封已久的光辉一页！

尽管历史已跨入二十一世纪，尽管 61 年前的烽火恩仇已被岁月的流水冲远、冲淡，然而，英雄精神的光华永远是红胜火的江花，令我们欣赏、感慨、铭记、奋发！在近几年普查革命历史、弘扬革命传统的过程中，刘老庄乡李前高、李保平等几个离退休老同志历经艰辛，走访核实，终于使英雄的事迹昭彰于天下。遂决定在淮阴八十二烈士陵园之侧，建园树碑，以示永怀，以示同光，以告慰 141 名英雄在天之灵。

我们将永远铭记英雄的光辉业绩，发扬他们敢于奋斗、勇于献身的精神，将淮安大地建设得更加美好，为祖国未来谱写和平安定、和谐有序的新篇章。

革命英雄永垂不朽！

中共淮安市委员会

淮安市人民政府

（荀德麟　撰文　丁解民　审核）

三、咏淮古诗

宿淮阴水馆

（唐）张 祜

积水自成阴，昏昏月映林。
五更离浦棹，一夜隔淮砧。
漂母乡非远，王孙道岂沉。
不当无健妪，谁肯效前心。

淮阴侯庙

（唐）刘禹锡

将略兵机命世雄，苍黄钟室叹良弓。
遂令后代登坛者，每一寻思怕立功。

淮阴阻风寄呈楚州韦中丞

（唐）许 浑

垂钓京江欲白头，江鱼堪钓却西游。
刘伶台下稻花晚，韩信庙前枫叶秋。
淮月未明先倚槛，海云初起更维舟。
河桥有酒无人醉，独上高城望庾楼。

初食淮白鱼

（宋）杨万里

淮白须将淮水煮，江南水煮正相违。
霜吹柳叶落都尽，鱼吃雪花方解肥。
醉卧糟丘名不恶，下来酒豉味全非。
饔人且莫供羊酪，更买银刀三尺围。

正月一日雪中过淮谒客回作

（宋）苏 轼

十里清淮上，长堤转雪龙。
冰崖落屐齿，风叶乱裘茸。
万顷穿银海，千寻渡玉峰。
从来修月手，合在广寒宫。

淮 阴

（宋）张 耒

芦梢林叶雨萧萧，独卧孤舟听楚谣。
生计飘然一搔首，西风沙上趁归潮。

淮阴晚望

（宋）张　耒

萧萧衰柳来时路，袅袅危樯西去船。
白鸟归飞夕阳尽，断霞风约过平川。

淮阴侯庙

（明）归有光

吾如淮阴祠，清槐荫朱户。
当时长乐宫，千载有余怒。
五年战虎龙，结束在肉俎。
努力赴功名，功成良自苦。

甘罗城

（明）于奕正

是否甘罗宅，淮流万古经。
说行因赵地，拜赐自秦庭。
断碣磨新翠，余钱带旧青。
维舟上荒阜，岸草昼冥冥。

秋　兴

（明）吴承恩

淮水风吹万柳斜，高楼飞燕识繁华。
波翻漂母投金地，海近仙人泛斗槎。
日观千樯通贡篚，云旌双廓引清笳。
明珠不博枚皋赋，尊酒茅堂岩桂花。

清江浦

（明）顾炎武

此地接邳徐，平江故迹余。
开天成祖代，转漕北京初。
闸下三春尽，湖存数尺潴。
舳舻通国命，仓廪峙军储。
陵谷天行变，山川物态疏。
黄流侵内地，清口失新渠。
米麦江淮贵，金钱帑藏虚。
苍生稀土著，赤地少耰锄。
庙食思封券，河防重玺书。
路旁看父老，指点问舟车。

杨庄新开中河得顺风观民居漫咏二首

（清）爱新觉罗·玄烨

（一）

瞬息风帆百里余，往来数次过淮徐。
光阴犹似当年景，自觉频催点鬓疏。

（二）

春雨初开弄柳丝，渔舟唱晚寸阴移。
庙堂时注淮黄事，今日安澜天下知。

赴淮舟行杂诗

（清）曹　寅

（一）

忆昔长淮水，乘流直上天。
估船歌得宝，鱼市聚摊钱。
近郭吟黄叶，寒烟漫白田。
西风三屈指，无恙托残编。

（二）

云帆初破浪，画楫更传餐。
凫耀来方物，车螯上食单。
簿书惭素饱，风水幸平安。
欲上淮阴庙，消遥凝睇寒。

（三）

数拒群公饯，微吟许剑诗。
香积漂母庙，霜涸露筋祠。
递马连堤站，枯鱼挂树枝。
颇闻勤职贡，文物胜前时。

四、记淮文录

韩信论

（宋）陈　亮

英雄之士，常以多算胜少算，而未尝幸人之无算也。敌人无算，凡天下之有算者，类能胜之，岂惟英雄哉？故夫以英雄之才，而临无算之敌，俯首而取之，曾不足以关其思虑，而奇谋至计无所自发，此非英雄之所幸为也。至若敌人去己不远，筹算时出，其势足以迫我，吾居其间，随机而应之，穿之而愈知，费之而愈新，愈出愈奇而沛然常若有余，天下始知英雄之为不可当矣。且夫天下必有好强不可制之敌，而后天使英雄之士出佐其君，以制天下之变，以息天下之争。使敌无算则进，少有算则遂逡巡而不敢前，则是胜负之数未可判，而天下之患未可息也，是何足以辱英雄之名哉？

夫项氏之患，蚩尤以来所未有也。故韩信出佐高祖而劫制之。彼其所以谋项氏者，可谓尽矣。不以其兵与之角，而欲先下诸国，以孤其势。故一举而定三秦，再举而虏魏豹，三举而擒夏说。乃欲引兵，遂下井陉。李左车说赵将陈馀曰：“韩信乘胜远斗，其锋不可当。赵地阻险，愿足下假臣奇兵三万人，从间道绝其辎重。足下深沟高垒，勿与战，信必成擒矣。”馀不能用，信乃一举而破赵。

世之议者皆曰：“使左车之策遂行，则信必不敢下井陉，下则必为所擒。”嗟夫！此何待信之薄哉？信而非英雄则可，信而英雄也，则计必不出此矣。且赵不破，则燕不服，燕不服，则齐未可平，齐未可平，则刘、项之权未有所分也。信之用兵，古今一人而已。今屈于左车之计，而不能决刘、项之雌雄，斯亦何取于信哉？故吾谓左车之策行，则信亦下井陉，赵亦破，馀亦擒，左车亦就缚。何也？善用兵者不内人于死地。今馀兵当其前，左车兵绝其后，进退不可，可谓死地矣，内人于死地，而求人之不出奇谋，智者固如是乎？且信之精兵，已诣荥阳，而所存者，皆非素拊循之兵也。持是兵而与人战，犹将自置之死地，以决死斗，而况敌内吾于死地，吾何惮而不敢入哉？吾以是知信之必下也。

馀尝言信兵虽号数万，其实不过数千，则知馀兵虽号二十万，其实不过十万也。今分三万以与左车，则馀所统者，不过六七万耳！吾既下井陉，因留数千人扼险，以为后拒，以防左车之奇兵。乃引兵压赵垒而阵，彼必不肯战。乃命挑斗，彼又不肯战。乃使辱之，彼必又不肯战。何者？左车亦尝教之也。迟之一二日，密遣数千人间往伏险，戒之曰：“望赵军出而逐我，即起，据其壁，击其背。”处分既定，乃使人巡军，大呼曰：“贼兵断后，不如急归。”乃引兵而返。彼必谓吾计已穷，士气已沮，而又知左车奇兵实已断后，欲使吾腹背受敌，始可全胜。此虽智者，亦必举军逐我，而况馀贪得忘失之心嚣然其未已乎！彼既举兵逐我，势将相迫，乃鼓噪返兵而战。兵在死地，人人死斗，而吾之伏兵又起，据其壁，击其背，彼腹背俱受敌，反不知所以为御者矣，馀固可以一举而擒也。馀既擒，则左车三万之兵可以传呼而溃矣。孰谓左车之计果能沮信之兵乎？

且夫断后之兵，古之智将固常以是而胜也，然其胜常出于敌人之不意。今左车之计未行，而信已觇知之。此虽有天下之至计，犹得预为之备，而况左车之计乎？且善谋者，鬼神不能窥。使敌人得窥之，则不得为善谋矣。推此言之，左车之计可知矣。虽然是计也，虽非天下之至计，亦一时之良策也。惟信而后，可以当之他人，则愕然不敢进矣。

计左车之为人，亦足以为军中之谋主。信欲就之以决疑，所以虚心委己而问之，岂真以为向者之计足以擒我哉？司马迁、班固不达兵机，以为信然，乃记于《传》曰：“广武君策不用，信使人间视知之，乃敢引兵遂下。”从迁、固之言，则信特幸人之无算者尔，彼岂知广武君之策用，而信亦敢下兵哉？此殆可与晓机者道也。

昔者曹操伐张绣，而刘表断其后，操随机应之，卒败绣、表。夫绣不下于馀，表不下于左车，而操之用兵特信之流亚也。以信之流亚，犹能败绣、表，信独不能破馀、左车乎？从是观之，则吾之说有不妄者矣。

两河经略疏

（明）潘季驯

（一）

事师古者罔愆，智不凿者乃大。孟子论智，以禹之治水为喻。故治河者必先求河水自然之性，而后可施疏筑之功。黄河来自昆仑，入徐济运，历邳、宿、桃、清，至清口会淮入海。淮水自洛及凤，历盱、泗至清口会河入海。此两河故道，即河水自然之性也。

元漕江南粟，由扬州直北出庙湾，用海运。至永乐间，平江伯陈瑄始堤管家诸湖，通淮河为运道。然虑淮水涨溢，东侵淮郡也，故筑高家堰堤以捍之，起武家墩，经小、大涧至（阜宁）［富陵］湖，而淮水无东侵之患矣。又虑黄河涨溢，南侵淮郡也，故堤新城北以捍之，起清江浦，沿钵池山、柳浦湾迤东，而黄水无南浸之患矣。尤虑河水自闸冲入，不免泥淤，故严启闭之禁，止许漕艘鲜船由闸出入，匙钥掌于都漕，五日发筹一放，而官民船只悉由五坝车搬。是以淮郡晏然，漕渠永赖。

后因剥蚀既久，堤岸渐倾，水从高家堰决入，一郡遂为鱼鳖。当事者未考其故，乃谓海口壅塞，遂穿支渠以泄，讵知旁支暂开，水势陡趋西桥以上，正河遂至淤阻，而新开支河阔仅二十余丈，岂能容受全河之水？下流既壅，上流自溃，此崔镇诸口所由决也。

今新开寻复淤塞，故河渐已通流。以臣等度之，非惟不必另凿一口，即草湾亦须置之勿浚。为今计，惟有修复平江伯故业，高筑南北两堤，以断两河内灌，而淮扬昏垫之苦可免。至于塞黄浦口、筑宝应堤、浚东关等浅，修五闸，复五坝，次第举之，则淮以南之运道无虞矣。坚塞桃源崔镇诸决口，而全河可归故道。至于两岸遥堤，或葺旧工，或创新址，或因高冈，或填洼下，次第举之，则淮以北之运道无虞矣。淮、黄二河既无旁决，并驱入海，则沙随水刷，海口自复，此以水治水之法也。

（二）

水性就下，以海为壑。向因海壅河高，以致决堤，肆溢运道，民生胥受其病。故谈河者皆咎海口，而以浚海为上策，岂知河者哉？然河又非可以人力导也。欲顺其性，先惧其溢，惟当缮治堤防，俾无旁决，则水由地中，沙随水去，即导河之策也。

故今日浚海，急务必先塞决以导河，尤当固堤以杜决。而欲堤不决，必真土勿杂浮沙，高厚勿惜巨费，让远勿与争地，斯堤于是乎可固也。如徐、邳、桃、清沿河各堤固矣，崔镇等口塞矣，则黄不旁决，而刷沙力专。高家堰筑矣，朱家口塞矣，则淮不旁决，而会黄力专。淮、黄既合，海口自开。又惧其分则力弱也，则必暂塞清江浦河，而严司启闭，以防其内奔；接筑淮安长堤，以防其末流。尽令黄、淮全力涓滴悉趋于海，则力强且专，下流积沙自去。下流既顺，则上流淤垫自通。海不浚而辟，河不挑而深矣。此所谓固堤即所以导河，导河即所以浚海也。

犹虑伏秋水发，暴涨伤堤。查得吕梁磨脐沟、桃源陵城、清河安娘城等处，土性坚实，可筑滚水石坝三座，若水高于坝，任其走泄，则水势可杀，而两堤无虞矣。至若宝应石堤当复，下流支河当疏，扬州运河当浚，皆今时切务，所宜次第并举而不可缓者也。

淮阴侯不反论

（明）王世贞

信之不反于楚，天下知之，其不反于关中，天下不知之。天下能惜其功，而不能辨其不反，何也？信之罪，独有请假王及期固陵来缓，非纯臣之节耳。其不反，何从知之？曰：以信及陈豨传知之。夫信尝再为大将，又再为王，其部曲何限？乃舍而与陈豨谋？豨其时以别将将卒五百人，从宛朐至坝上，以游击将军定代，破臧荼，于信非素所拊循士大夫也。信遽托以腹心，豨遽受托以反，不可解，一也。豨之监代赵兵自喜，下宾客，蕲得侠名耳。周昌忌而言于高帝，覆案之急，始与匈奴通，又召之急，始反。豨初固未反也，乃遽与信谋，其不可解，二也。信，智士也，如必与豨谋，必屏人，必耳语，何由使舍人知之？其不可解，三也。信既通豨，必多置人走关东西道，高帝动静、豨胜败俱知之，不应为女子所绐，入而落其手，其不可解，四也。信不反，卒以反族，等之英布。而乐悦之封，得世同于贲赫，可慨也夫！

重修清江浦漕运厅事记

（明）金 铣

漕运厅事，西去淮郡四十里，而近在清江浦之上，前镇守淮安漕运总兵官、赐平江伯、谥恭襄陈公瑄之所作者也。永乐中，公奉敕总督漕运，供饷京师，欲贮江南百万之赋于淮，以便转漕。乃卜淮阴之地，惟清江浦宜为仓百区。制可其奏，命中贵二人以主之，地官主事一人以参之。自山阳（低）［抵］清口，淮水逆流六十里，风涛汹涌，不时覆舟。舟人候风，或浃辰不能渡。公自郡西凿地引水过于仓下，西出淮水，曾不终食，径入清口。于仓之北沿河之滨，立南京及中都、江北各卫船厂。又奏立清江提举司，收受各郡所输船料，岁造转漕舢舻，设提举一人以司之，冬官主事一人以监之。仓之西北建灵慈宫，为祝禧之所。宫之旁稍西为此厅事，便于总制也。宣德改元，敕公镇守淮安总漕如故。公虽开府郡城，往来恒居厅事，盖恐料量之不平，出纳之不经，制作之无度，财用之侵费，百尔工役旷日废事，无以称塞德意也。公薨四十载于兹矣，厅事日以倾蠹，几废，莫有为兴之者。成化甲午，总漕位虚，今圣天子选于众，得公曾孙平江伯锐，字志坚，自两广元戎移镇淮海，充漕运总兵官，凡百政令，缵祖成规，官庶悦服，京饷充盈。丙申之岁重修厅事，戊戌春落成。公属铣记之。夫事之兴废，在乎其人，其人存则其事举，其人亡则其事息。一兴一废，固有其时存乎其人，然欲使之长存乎两间者，必有所寄焉。若召公之甘棠，消歇久矣，所赖不废者，《召南》之诗耳。滕王之阁倾毁亦远矣，所赖不废者，三王之文耳。今此厅事几废而再兴，使无所恃赖，安知今日之兴不亦有如前日之废乎？此总戎公所以拳拳于立言也。噫！甘棠之诗存召公之德，愈久而愈显，三王之制在滕王之阁，屡废而屡兴。惟此厅事，恭襄公之甘棠也，使当代之三王记诸百世之下，思其泽而颂其德者，奚有穷乎？总戎公乃以属铣者，以铣淮人，尝登龙门而挹道德之光，且知厅事之废兴也。虽然，恭襄公一代之勋，其功烈德善载诸国史刻之庙碑详矣，此特纪厅事废兴之岁月云尔。

常盈仓周垣记

（明）胡　瓘

清口，天下要冲，我祖宗设备甚悉，而仓储为首。曩岁闻李户部惟正督储于兹，而废且举，其葺垒仓之周垣为最著。越数年，予亦官户部。弘治己未，复承委清口，始得视焉。仓俯临大淮，廒凡八十有一，联基广凡二百七十八步有奇，袤凡四百九十八步有奇，周凡一千五百五十四步有奇。廒，自永乐壬辰陈恭襄创建，迄今毁去几三之二。周垣则屹如城墉，色且积铁然，盖水次诸仓所未有者。监临金、李二中贵先达，廉宪翰卿辇咸曰："往年仓垣类筑土，或范填泥为块垒之，然淮地下湿，久雨即糜解，随垒随圮，无有宁岁。李户部察仓之毁，廒多旧甓，搜诸蒿莱而葺垒之。灰瓦工匠傭直乃仓岁存积，服役则其固有卒徒，略无扰于郡县。而成是垣十余年来，人吏晏然，无复化虞，安其利者，固当知所自。"他日又与席工部文同过之，顾谓予曰："不无可纪。"予因思天下为吏治者有二病：好事者易于营建以争能事名；怠事者便安逸以习固陋，每以行无所事自诿。土木之兴，劳民伤财固不可；若事皆不问岁月侵寻，坐致成功颓毁，亦不可；识治体者当有以审于斯矣。

重修常盈仓记

（明）王　臣

淮之清江浦有常盈仓，肇于恭襄陈侯，盖仿唐刘晏置仓江淮之遗意也。先是江南诸郡之赋悉储于此，用供京需，所入无虑百万，后递减之，仅储三之一。故仓廒多虚，日就倾圮，每漕舟辐辏而至，卒有不得输者，人甚病之。弘治改元，金陵吴君彦华以民曹主事来理饷事，乃谋于监兑、少监王、洪二公，葺而新之，甫数月而落成。为廒座者六十，为门者三，而为厢又十有二。民不知劳，财不为费。属吏方虑无计之者，会予南还，道出清口，相率属记。夫天下贡赋之入，自昔仰给于东南，而东南之赋，惟江南诸郡为最。储蓄转输之法，固因乎时，而规画罢行之要，则未始不存乎人。吴君以甲科之豪，行杰而修，才敏而精，而又得二少监公之贤，略无龃龉于其间，故其事之易集也若是。

河臣箴

（清）爱新觉罗·玄烨

自古水患，惟河为大。治之有方，民乃无害。禹疏而九，平成攸赖。降及汉唐，决复未艾。渐徙而南，宋元滋溢。今河昔河，议不可一。昔止河防，今兼漕法。既弭其患，复资其力。矧此一方，耕凿失职。泽国波臣，恫瘝已极。肩兹巨任，曷容怠佚？毋俾金堤，溃于蚁穴。毋使田庐，沦为蛟窟。毋徒縻国帑而势难终日；毋虚劳畚筑而功鲜核实。务图先事尽利导策，莫悔后时饰补苴术。勿即私而背公，勿辞劳而就逸。惟洁清以自持，兼集思而广益。则患无不除，绩可光册。示我河臣，敬哉以勖！

漕臣箴

（清）爱新觉罗·玄烨

国家定鼎，会极幽冀，岁漕东南，积偫惟备。舳舻衔尾，数百万计，转输有程，贵以时至。专设重臣，式董厥事，我徒我旅，亦云孔勚。尚其宽恤，厚彼糗粻；尚其抚绥，摩彼疴痒。毋借空名，耗閰左藏；毋踵陋习，损经制常。尔克持廉，则吏罔弗臧；吏克守法，则军罔弗康。军既乐康，竞挽以将，孰困而逋，孰盗其粮。官苟剥之，用饱己囊，下复效之，鼠雀曷防。濡滞河干，如稻集蝗，总计而论，食我太仓。国储民食，毋乃两伤，尔膺斯任，莫忝王章。

分黄导淮事宜疏

（清）徐　越

为运河水患甚急，请敕速议分黄导淮，建堤疏流，以全漕务，以救重地，以安民生事。

窃惟国家之大事在漕，漕运之要务在河。河道之为漕运咽喉者，惟淮安之天妃闸，而天妃闸口受黄、淮二流。黄河之水自北而东，其水最浊，一石之水，沙至五斗。淮河之水自西而东，其水清而无沙，不致堙塞河道。然黄水不分，淮水万不能导也。

臣考前朝万历二十五年，总河官因淮水被黄水暴涨，阻遏清口，致清水不得入闸济运，淮流尽泛溢于高家堰，而堰势告危，高、宝各湖横溢，关系运道及淮、扬十余州县，遂议于清河县黄家嘴地方挑开支河，以分黄水之势，由清河县娘子庄、五港口入海。黄河水势既分而下海，淮水遂得顺流入闸。非但黄流不得阻垫运道，淮流更不得为害高、宝，此支河开而分黄导淮者其前效也。

自明之末年，支河故道废而不讲，黄河势大，逼住淮河，抢入天妃闸口，所以每岁五大险工告急，高家堰频危，年年修筑，岁岁救抢。运河屡挑而屡淤，下流屡修而屡决，以致终年补苴，耗縻国帑，竭尽民力，匪朝伊夕矣。而目今则更有可虑者：清河北岸陡起沙洲，将黄流之正冲逼住，不得东射奶奶庙，而直射清口天妃闸，横逼淮流，不使得东，则亦不得入闸。而黄流益迅，直灌闸门，较运河之水势高丈余，湍溜怒涛。重运过闸之时，既以千余名夫力挽拽，每竟一日不能得十数船出口。倘一缆不坚，船即倒撞，漕米立付洪波。且也黄水沙浊，全入运河，则河身日淤。水小之时，重运艰阻。水发之时，两岸增高，日高一日，水行地上，城郭庐舍，如在深谷中。倘遇决冲，淹没之患不小。再则黄水不分，全力东注，如建义、苏嘴等五大险工，固必岁费帑金，其山阳之王家营、安东之茆良口、桃源之龙窝口，现在冲决，居舍粮田尽沉水底。每岁如此，今年尤甚。以上诸害，皆黄河不分为害之甚者也。

黄水阻遏淮水，不能东流入海，以致高家堰岌岌将倾。每当水涨之时，数千万夫役昼夜守救，南则周家桥、翟家坝处处告危，是以横溢。高邮、宝应等湖涨连运河，水势弥天，数百里无际，致漕船失牵挽之路，不得已而走湖，扬帆涉险，每报漂淌。一路之民居粮田，又遭淮水淹没。此黄水不分，淮水不导，而淮水又为害之甚者也。

至于黄河自北而东，淮水自西而东，淮安府清江浦地方夹于两水之间，帮贴郡城，即是运河，朝廷数百万漕粮，一应牵挽查盘，岁经此地，三关商税、两淮盐课，均有赖焉。保障之方，安容少缓？臣见此地形势，自奶奶庙至天妃闸，约三里而遥。其北岸名为天妃坝，内为运河，外为滔天之黄河，内外相距不足二三丈也。其南岸名为遥湾，即文华寺一带地方，内为运河，外为滔天之淮河，内外相距亦仅数里耳。此两处稍有疏虞，则黄、淮合而为一，无所谓天妃闸矣。无天妃闸，则无运道，并不能保有淮郡。生民荡溺，又不必言也。

自康熙二年至今，每岁当入夏徂冬，黄河水发，水大岸坍，东补西救，万民呼嚎，官吏失色，或守包家圩，或叠三城坝，或救杨家庙，或护文华寺，或防高家堰，或议闭周家桥，或议筑翟家坝，或议请发国帑修复减水坝，非逼淮与河争，则听河为淮患，此皆塞口止啼之法，而不得挈领振裘、抽薪止沸之道者也。

伏乞皇上敕下该部严行，总督河漕诸臣率领地方及管河官亲勘情形，会议详确，速将黄家嘴地方旧有地形之支河，一加挑浚，即便成渠，以分黄河之势，使下于海。即速于桃源、宿迁等县而上，多开支河，以分上流之汹涌。再于安东县云梯关而下，宣泄下海水道，以接黄流之湍溜。其清河口沙洲，速行挑去。天妃闸内运道，底已垫高，不妨及时大加挑浚，待淮水经过，一刷而浮沙可尽入江。惟天妃坝及遥湾，数年水汕，地狭土松，必须增筑石工，方保无害。关系宏巨，万难因循。目下河道钱粮逐年开销，徒成故事，何如议撤此项，修建两工，自是一劳永逸，诚有济于通漕，有救于重地，并有生全于百姓者也。漕河为国家大事，臣以淮人，职司建白，情势濒危，闻见已确，敢不缕陈方略，以备采纳！

请复禁口利漕疏

（清）徐　越

国家漕事，莫多于东南。数千漕艘，取道运河，凡三百余里。故明制此河单行漕船，天妃一闸，启闭有时，漕船盛来则开，过完则闭。一切官船民船至此过坝，里河外河分船接济，所以淮安钞关纳里料外料，至今仍旧用水之利，而免沙淤之害。此法此制，在凿河之始业已通盘打算，不可易也。不意甲申、乙酉年，四伪藩往来，刘泽清据淮，竟弛闸禁，以漕艘为贸易，遂至十余年来，黄流涨入，河身高于外河，河底高于城脚，不但溃决为虐，漕艘浅阻，岂能飞渡？乃今不讲，年复一年，淤日益淤，捞浅帮堤，总属无益，运事大可忧也。向来文武衙门，皆有贸易船只，奸商夹带货物，恐一盘剥，情弊难掩。宦客携家，包藏商货，不乐换舟，直行莫阻，因循顾盼，如漕事何？伏乞敕部行令抚按漕河诸臣，详查当日禁口事例，酌以目前时宜，权利害之大小，持商民之两便。虚公商确，务在力行。

淮阴书院记

（清）周龙官

书院之设，昉于唐宋。淮郡旧无此制，其仰止、正学等处，止以奉祠之，故袭其空名，或月一会讲，移时辄散，而肄业者盖鲜。我朝圣圣相承，覃敷文教，诏各省都会建立书院，资以膏火，以作育人材。属在郡县莫不兴举，普天向化，炳焉同风，蔚乎称盛治也！淮郡为督漕坐镇之地，六邑人文观型于是，所宜长养而淬砺之者至亟矣！前郡守杨公，爰即万柳池君子堂旧址增构数楹而未竣。岁辛酉，静乐李公改为讲堂，周以廊庑，造桥立亭。商绅程长泰等踊跃襄助，岁捐金数百，以佐院费，而淮阴书院以成。顾规模定，而公迁去。北平傅公继守，由是，肄业者渐众。未几，公复迁去。乙丑春，济源卫公以治行卓异来守是邦，赈恤勤劳之暇，亟以造士为本务，慎延师儒，广施诱掖，日有稽，月有考，分内课、外课、附课，以为奖励。又议增膏火六百金。而督漕顾公、蕴公相继旬宣，时登讲堂，进诸生而训勉之，人皆知实行之足尊，而不骛于名。一时肄业者多至百数十人，由是淮阴之盛不异于省会之区矣。

予窃惟郡治书院，乡国之善士所聚处焉者也，此地向为文士荟萃之所，前辈尝集名宿数十人，成七艺大社，每季会于堂中，操觚角艺，夜以继日。而四方游观者咏歌八景，传其胜概。迄于今近百年来，流风泯焉，无复存者。今幸莅斯土者，皆当世大贤，成斯旷举。流水潆洄，帆樯隐现，荷柳掩映，鱼鸟游翔，登临俯仰，足以开拓心胸。无城市之嚣喧，而有藏修息游之乐，于以成天下之善士不难矣。吾知肄业其中，所以仰酬当事殷勤鼓舞之深怀，以储国家栋梁之选，而嗣前辈之风徽于勿坠者，将霞蔚云蒸，日盛焉而未有量也。时乾隆十二年丁卯季秋既望日记。

淮阴说

（清）丁 晏

余乙酉作《淮阴说》三篇。客语丁子曰："仆游于淮久矣，乐其土风，柘塘秔稻之饶，射阳鱼蟹之美，丹台王乔之宅，茶陂陆羽之神，褣载于方言，赀布着于通典，高丽之鼎可以摩挲，娑罗之碑可以宝玩，至于眺宴花之楼，访开元之寺，登临凭眺，其亦南邦之名胜矣乎。"丁子曰："如子之说，乃词客之余沥，非地形之封守也。夫述地舆者，综千古之废兴，究一方之利病，以经国家，以施政事，此其典要也。请为子扬榷而陈之：淮阴之分野，斗牛之躔，奎娄之次，步天者以星纪为经始，七政于是乎齐焉。淮阴之疆域，北枕黄河，西带洪泽，行水者以海若为归宿，四渎于是乎汇焉。《夏书》兼徐扬之境，有玭珠之贡。《周礼》列淮泗之川，有蒲渔之利。昔者，神禹治淮，命庚辰锁无支祁于龟山之足而淮涡平；吴子胥穿邗江，由射阳湖至末口入淮以馈饷道；汉陈登筑高堰以障淮，是为陈公塘；宋范仲淹捍海门以御潮，是为范公堤；明陈瑄、潘季驯之治河，清口以汇黄淮，云梯关以入海，丰功伟烈莫不于淮郡着绩焉。若其形势之险甲乎天下。魏文帝通山阳池以伐吴，周世宗开老鹳河以伐南唐，谢元之大破淝水，祖逖之经略豫州，韩世忠、赵立之败金人，皆屯兵淮阴，屹为重镇。徐宗偃谓：山阳为南北必争之地，得之可控制山东。洵不诬也。吴杨行密保江淮，拒朱全忠八州之兵，大败之于清口，乘势逐北，杀溺殆尽，惟其壅淮以击之也。明路振飞团练义勇，御李自成十万之众，邀击之于清河，枭磔贼渠，望风骇遁，惟其扼河以制之也。故淮阴一郡不过数百里之地，然无事则飞刍挽粟，引漕渠以供上都，而为西北之所仰给，如人身之有肠胃也；有事则秣马厉兵，设岩险以固中原，而为东南之所倚庇，如人身之有咽喉也。至于鬻盐榷关、商贾辐辏、转输阜通、衣被宇内、财用赋籍于是乎在。统观天下之郡县，其为天地之隩区，古今之扼塞，九州四海之铃键，系边腹之安危，控门户之出入，未有如淮阴者也。"

客乃起而叹曰："地形如此其上腴乎，宜其人才之杰出也。夫韩侯之兵功在炎汉，步骘之略威加蛮夷，然此犹武烈也。语其文章，十九首古诗之祖，枚叔居其九篇，三十卷《文选》之裁，都尉肇夫《七发》；'建安七子' 有陈军谋之檄；'大历十子' 有吉侍郎之诗；赵倚楼扬芬于前，张文潜腾芳于后；他如卫朴之吏术，秋夫之针鬼，龚高士之天马，陶山人之雪兔，一艺之士皆斯土之光也。"丁子曰："嘻，其末矣乎。夫士有百行，首在君父之大伦，所以扶植纲常，维持名教，下此不足道也。淮人翼赞升平，黼黻鸿业，其荣于身前，功名俱泰者无论矣。不幸遭时艰屯致命，遂志鞠躬尽瘁，死而后已，是不可不表出之以光吾淮而风天下。方汉室之陵迟也，董卓倡乱，而有劝张超讨逆贼，歃血誓盟，涕泣横下者，则有臧洪其人也。袁绍围急，而有与臧洪同日死，城陷身亡，慷慨赴难者，则有陈容其人也。桓灵之季，曹节等弄权肆虐，而有表阳球为司隶，谋诛宦官不克瘐死者，则陈球其人也。唐李义府之奸，而有一王义方抗疏劾奏，贬斥以终，则莱州之烈也。南唐周廷构之降，而有一刘仁赡抗节守城，愤悒以死，则寿州之烈也。北宋依智高之叛，而有一赵师旦帅兵拒战，骂贼不屈，则康州之烈也。南渡将亡，有披发入阵，血战而损于兵者，扈再兴之拒金兵也；有被执忿诟，支解而断其舌者，黄文政之抗元兵也；有依文山之幕，兵败而死者，缪朝宗捐躯之义也；有赴迭山之檄，力战而死者，张孝忠杀身之仁也。忠如陆枢密，险阻艰难，至于负帝蹈海以殉国难，义烈之奇，亘古所未有也；孝如徐节孝，坚苦笃诚，至于避石不践以敬父名，庸行之奇，亦亘古所未有也。推此志也，虽与日月争光可也。胜国之终，潘若稚殉舞阳，赵世选殉和州，张世显殉辽东，郭九有之绝命词，朱日升之衣带赞，李干才恸哭不食，乐大章身蹈东海，天下闻之莫不咨嗟感激奋厉，而况吾淮体魄之所蕴藏，精英之所眷注，其兴起当何如也。若夫着仕迹，列儒林，魁梧奇伟之彦，孝悌贞洁之行，代有奇人，不能缕述。此以见淮壖一隅，天壤百郡，莫之能及，为其得乾坤之正气，钟河海之英灵，磅礴郁积而德泽衍于无穷也。”

客曰：“言则美矣大矣，其蔑以加矣。然而淮土于周为荒服，去丰镐王化寖远，故《诗》《书》皆称淮夷，意其民人好勇斗狠，亦犷悍而难治矣。且风俗之移变而愈下，呰窳习为侈靡，嬲突流为争讼，人材之盛殆未能如古欤。”丁子悚然应曰：“何为其然也。古之所谓淮夷，北接徐戎，南近江汉，汉之淮南、唐之淮西即其地。柳宗元纪入蔡之绩而曰‘平淮夷’。雅则非今淮阴之地明矣。且淮亦何妨称夷乎？马融注《禹贡·夷服》云：夷，易也。许慎《说文》云：夷，平也，东方之人也。夷从大，大人也。夷俗仁，仁者寿。故孔子欲居九夷。孟子曰：舜，东夷之人；文王，西夷之人。夷之为俗，固圣人之所托迹而聚处荒服之美名也。淮土跨徐扬之境，居南北之冲，江南诸郡文物华丽而或失之浮，河北诸郡气质颛固而或失之野，惟淮阴交错其中，兼擅其美，有南人之文采而去其浮，有北人之气节而去其野。《隋书》志云：重礼教，崇信义。《元史》志云：喜学问，好教化。盖自楚州立学以来，宋子京为之记，莇场有田，厨槐有书，又得仲车先生以为师表，毓德兴贤之泽自古为昭矣。其故老流风余韵，如孙泰之购银台既洗而还诸市，翠岩之鬻汉印相让而沉诸渊，廉让之俗播为美谈。至于北神之烈妇，承规之宦者，酒肆之大侠，卖鱼之逸民，虽在妇人、奄竖、贸易、负贩之夫，犹知敦行砺节，况于士大夫之垂绅委佩束带横经者哉。即有染于污格、昧其本性者，然而雉之化而为蜃，橘之变而为枳，淮之物尚能变化，况于人之秀灵者乎。故论其地舆，束清会淮，助黄入海，以弥今日之河患，而为朝廷奏政绩。考其人物，兴复古学，振起节义，以端今日之士习，而为国家储人才。政教行而骎骎日上，举淮郡之风，措之天下裕如矣。”客拱而起曰：“敬闻命矣。微子之山川能说，何足以知之，振斯世之风以致太平之业，其必由子之言夫。”丁子谢不敏，退而着之于简，以待太史之观民风者。

清河风俗物产志

（清）鲁一同

清河县在京师南少东一千九百四十二里，江宁布政司治北五百三十里，淮安府治西北三十里。今治在旧治之东二十五里，在旧淮阴东二十里。东西广六十里，南北袤百八十里。境内少山而多水，襟淮带河，二流交会，漕渠迤逦而右转，洪湖潆潆而北注。可耕之田少，官堤湖壖，绮脉交错。其东南所分，皆山阳下乡硗卤。旧县迤北，积水污莱，灌莽弥望。独东北境，亘三数十里地，地稍亢。百余年来，黄流移夺，一经过辄为韴空，长溪大泽旁壅沙为岸，民少佃作。其中阡陌相属，春或不雨，鸣沙蔽天；暑涝骤降，数里不通牛马。昔志所谓四乡无十里之田，中农无一岁之蓄，赋三倍于邻，封漕远籴于他郡，农欲无病不可得也。

其风，在昔尚廉耻，重然诺。强者侠烈负气，有西楚之遗。弱者守文拘墨，醇谨自喜。自县治左移，官省吏舍，冠盖相望，市廛杂沓，浩穰百端。春夏有粮艘之载挽，秋冬有盐引之经通，河防草土之事，四时之中无日休息。贫民失业力食致饱，或白手空游而得厚实，民乍富乍贫，日月异趣。于是四方游士、文人墨客、郑商秦贾、奇工异匠总集，利于重赀也。豪胥小吏，材官令史，轻衣绿鞲，便捷巧慧，权倾府僚，意色高下，凭借者，厚也。闾左大驵，市井奸黠，徘优技巧，长袖垂襳，云雾昼冥，华烛宵列，争佼而竞妍者，膻其余也。瑰金异石，秦铜汉璆，锵鸣而列肆，作伪变真，真乃不及，随时易尚，倾囊而不怍，竞于所好也。山珍海鲑，肴鼎如沸，损夭杀胎，弃脂流于衢巷，餍所厌也。财或有时而匮矣，故积赀久，久乃更贫，釜或生尘，舆服兼金，主与客相耀，野与市相驱。士有闭蓬户，然膏油，不入公卿之门，则仆隶笑之，然其贤者犹能专己自好，衣布履絇，踽踽尘土之中，终岁不踵府寺，彼岂乐藜藿而恶华腴哉。土瘠而俗重，变之百年而未改，厌者自厌，歆者自歆，各有巧拙，非一情也。

礼俗大都淮楚同风。无冠礼，童子胜衣则缨冠垂带，容遂如成人。婚不责财物，士人知重门户。市垣坌杂，望富求婚者众矣。其乡里愚民指腹赠杯，苟且任情，或奠雁未除，婿病成礼。小家孤嫠，甚相摽夺，虽严法峻刑犹未能禁也。丧礼，浮屠、阴阳、鼓吹习遵常俗。三日而祖饯，刍灵舆马，望空焚拜。七七之期，酒脯向夕。葬时，牲牢品物，富者维备，近士大夫遵古变俗一二有之，然终不能返。至治酒食供张具，不则为吝，莫敢议也。祭之日，清明、七月望、十月朔、冬至、除夕，以时供物。弗先事戒备四仲之卜、特牲三献之仪，希有行之者也。故老言，初时清人衣冠朴素，富家一羊裘，夏葛衫、草笠，齐民等列。妇女无华锦，髻不盈握，裳不曳地，万金之家，农节饷馌，其风甚古。近月异岁不同矣，其风流自上，少年争效为。官人轻纨绮縠，映空自举，冬有狐白猞猁，丰毛大袑。妇人衣不呈质，锦纯绣领，费过其材。至如清门素士，缟綦椎髻，则少与婚对矣，长老亦相戒远之。今旧族亦渐靡改易矣，惧卒以不胜。故曰，惟贫可以已奢，凋敝之渐，返古之资也。

物产五谷，宜麦菽秫，下隰产稻十一，其蔓野芋长生，贫者赖以卒岁。果有桃杏李柰。木多椿槐白扮青杨。有桑而不蚕。蔬有菘韭紫茄赤苋瓜瓠之属。水浮菱藕，然在处有之，非特产也。药物茺蔚薄荷地肤括蒌之类，蕃而不良。六畜富扰，尤多羊马，每岁边马至，或数千百蹄，色别为群，纵牧河岸，望若云锦。亦有雉兔鹁雁燕雀。水族滋生，美者鲴鲂鲈鳜黄瓜白小，白小之腊行天下，介之大者鼋，洪泽中多有之，莫敢侮也。自淮湖涨溢，西南诸乡沉没，民稍网罟渔猎。而河北废卤宜畜牧，家有牛栏豕牢，籍以粪渍，要皆农事。余业而货之，大者棉靛红花，利良溥。民间尤好酿酒榨油，或致辞殷实。地通南北，小农去而贩，大农去而贾，贪多取赢则折阅随之，故城市贫于官，乡野贫于商，蕴利之所致也。昔者产凋落绵延也若彼，今兹浩蕃壅溃也若此。是以殷勤史册，采咏风谣，要其盛衰之端，参诸人事。

清河县乡镇原委

（清）鲁一同

昔旧志载十五镇而叹曰：镇之废也，废于水，亦废于夫。谓夫厂之不足，往往取给于镇也。今夫不扰镇，而镇不加昌。黄淮灾数镇，六塘灾数镇，霪霖积潦，便民河所不及泄又延及数镇，地瘠民劳，聚散无定，皆此之由。迩来又百余年矣，河水之溃决，湖运之横冲，更大变八九，以至今日，欲民生聚，乌可得也。

盖镇莫古于洪泽。初，齐有洪泽涧，在淮阴镇之西。或曰隋炀帝至破釜涧而雨，易名洪泽。旧志：镇在治东南六十里，滨淮河，古南北大道，设洪泽驿及巡检司。明编其地为移风乡，乡四里，为县腴田，有漕嘴、舍头、高秋堡，堡有预备仓。有万家围、陈家庙，村镇田畴葱然。自万历以后，高堰筑而五塘废、二涧塞，水无所潴泄；而黄益夺淮，淮不得下，日夜腾踔；北地寖高，淮岸堤障渐没，东抵陈公塘，北合富陵、泥墩，南并北萍诸湖为一，顷洞数百里焉。

自洪泽镇以西南为老子山镇，亦一聚落也。去旧治百里，与盱眙接壤，负山临湖，背高俯下无水患，有稻塍网罟，鱼盐商贩走集，自湖郁嗌。涨及山下坂田，四面环绕，独一路南出，鱼稻之利耗焉。居民才数百家，犹知诵书力作，风物清淳，有湖山之美。

去旧治西二十里为吴城旧镇，宋绍兴中南北用武之地，亦聚落也。旧有东西二城，今河湖交逼，鱼雁为乡。

马头镇在旧治东五里，近淮阴故城，一巨镇也。漕运经由，设马头巡检司，与天妃坝、新庄闸，为河东三镇。明末之乱，居民鲜少，近复辏集。其民多游手空食，漕至启闸挽舟，千百邪许，媮衣美食，以相欢乐。漕过无所得食，妇子冻馁，好苟且。目前靡有巨商大贾，多与湖舟市，枭盗大猾往往出没。东接甘罗故城抵御路，居民威夷，十有余里，大车小辇、铜舟木筏相属，庞杂嚣嚻，有淮阴年少之风焉。

其北十里大河口旧镇，元旧县治也。县初迁时，居民恋土成聚，犹数百家，后骎骎散去。

夫王营亦淮北巨镇也。初，康熙九年河决，东迁荒落。二十七年水大至崩于河，知县管钜买山阳地再东迁里许，民复聚。三十三年复水，伐近堤官柳以迁民居，迁之三月不尽。其地北走京师，南船北马，顿宿交易，多侩坊牙埠。民流寓者多，尤多西北燕辽蓟晋陕洛齐鲁之人，羊裘毡冠，千里驰驱，欢呼慷慨，有尘沙广漠之气。货则峨舸大艑，西通孟巩大梁，轻舟南浮，亦有吴粤珍异。土著者率为小贩，屯聚转输麦菽，无有厚赀重积，民亦不贫，多以力食。或南北使节经过，供顿照耀，数里不绝。小民耳目染习为夸大，虽舆台贱隶能为京师间，呜呜执手，问生平相取下，人莫能测也。旧营地与清江浦分河，后河北徙，山阳来争地，今并为一家，争乃熄。其西三数里减水坝下游荒卤，道光初北盐改行，顿于此，谓之西坝。民间设立场栈，闾阎相接，日以繁浩，其客多辇金腰玉，豪贵间游。初至有倍称之息，南北争趋，息乃小减。然风已为之变易，有弹筝中跕屣，日夜喧乐，河声上下，屯集之区，亩值至数万钱。土人亦用是饶业，然不能久也。

过王营以西北为浪石镇，旧浪石渡水道通海口，为境尾闾，田多水泊不可耕。往数十年，河屡决，沙垫地遂高亢而镇久废。

过浪石西北十余里为渔沟镇，亦一大聚也。昔宋耿世安以三百骑迎北兵于此，其地始见于史。明万历中分黄议起，河行渔沟、浪石。或曰县尝治于此。自明中叶多旧家遗俗，门业相尚，民间自为书院，子弟兴学，人物如林。县治既移，驿路所经过，商贩趋集，益饶裕。其后河流填淤，镇乃转贫，俗亦有间矣。要其西北诸镇，犹为冠冕焉。

涧桥镇在渔沟东少北二十里，亦一聚也。有汤家涧河，旧引涟、沭二水，通南北舟楫、民利其济，历久湮塞。其地军民杂处，军常居十七，民户益凋劫，故镇几归于屯军。其东南为娘子庄旧镇，镇以水废。涧桥之北为刘皮新镇，北界安东，风少劲。其东十余里为永兴镇，亦一大聚也，多旧姓聚居，有果园竹木之饶。自王营河屡决，娘子庄下游废圮，而永兴地差远，新淤膏沃，农商竞业，繁盛甲乙渔沟。近一二十年少替矣。盛衰之势，要之比镇皆然，不独此也。

初，唐所置金城县，不久废。明洪武中置驿，谓之金城驿，又有小金城铺。其地距新旧治皆六七十里，名为镇，实村落棋布，地趋下，黄苑紫芦相望。道光中桃源河溢，镇乃塞沙为高埠，然疮痍既久，生聚犹寥落。而其北为新兴镇，在旧官亭镇东南，康熙初黄家嘴河决，官亭居民不忍远徙而迁于此也。南通包家冲，东带六塘，旧盐私出没，居人数百家，农而武，有海沭之风。

又十余里为官亭旧镇，亦曰崇河集。明初都金陵，镇为山东驿传中道，设爬泥荡铺，建官亭，故曰官亭。有渔蒲菱芡饶利，仓储、社学、铺递，一巨镇也。自河决荡析，黄白之籍迁着东南新滩，而先是桃源人思东启，至通贿赂改郡志以伸其一旦之说。康熙七年割正归于清河，其镇之旧基则废弃，久而与金城、洪泽、吴城、大河口同瓯脱，无有存者，其盛者惟王营、马头称稠集，渔沟、永兴、涧桥抑犹介盛衰之间云。

河工奢侈之风

（清）薛福成

余尝过一文员老于河工者，为余谈道光年间南河风气之繁盛。维时南河河道总督驻扎清江浦，道员及厅汛各官，环峙而居，物力丰厚，每岁经费银数百万两，实用之工程者，十不及一，其余以供文武员弁之挥霍、大小衙门之酬应、过客游士之余润。凡饮食衣服车马玩好之类，莫不斗奇竞巧，务极奢侈。即以宴席言之，一豆腐也，而有二十余种；一猪肉也，而有五十余种。豆腐须于数月前购集物料，挑选工人，统计价值，非数百金不办也。尝食豚脯，众客无不叹赏，但觉其精美而已。一客偶起如厕，忽见数十死豚枕藉于地，问其故，则向所食之豚脯一碗，即此数十豚之背肉也。其法，闭豚于室，每人手执竹竿，追而挟之，豚叫号奔绕，以至于死，亟划取其背肉一片，萃数十豚仅供一席之宴。盖豚被挟将死，全体菁华萃于背脊，割而烹之，甘脆无比。而其余肉，则皆腥恶失味，不堪复食，尽委之沟渠矣。客骤睹之，不免太息。宰夫熟视而笑曰："何处来此穷措大，眼光如豆。我到才数月，手挟数千豕，委之如蝼蚁，岂惜此区区者乎。"又有鹅掌者，其法，笼铁于地而炽炭于下，驱鹅践之，环奔数周而死。其菁华萃于两掌，而全鹅可弃也。每一席所需，不下数十百鹅。有驼峰者，其法，选壮健骆驼，缚之于柱，以沸汤灌其背立死。其菁华萃于一峰，而全驼可弃。每一席所需不下三四驼。有猴脑者，豫选俊猴被以绣衣，凿圆孔于方桌，以猴首入桌中，而挂之以木，使不得出，然后以刀剃其毛，复剖其皮，猴叫号声甚哀，亟以热汤灌其顶，以铁椎破其头骨。诸客各以银勺入猴首中探脑嚼之，每客所吸不过一两勺而已。有鱼羹者，取河鲤最大且活者，倒悬于梁，而以釜炽水于其下，并敲碎鱼首，使其血滴入水冲，鱼尚未死，为蒸气所逼，则摆首摇尾，无一息停，其血益从头中滴出，比鱼死，而血已尽在水中，红丝一缕，连绵不断。然后再易一鱼，如法滴血，约十数鱼。庖人乃撩血调羹进之，而全鱼皆无用矣。此不过略举一二，其他珍怪之品莫不称是。食品既繁，虽历三昼夜之长，而一席之宴不能毕。故河工宴客，往往酒阑人倦，各自引去，从未有终席者。此仅举宴席以为例，而其余若衣服，若车马，若玩好，豪侈之风，莫不称是。各厅署内，自元旦至除夕，无日不演剧。自黎明至夜分，虽观剧无人，而演者自若也。每署幕友数十百人。游客或穷困无聊，乞得上官一名片以投厅汛各署，各署无不延请。有为宾主数年，迄未识面者。幕友终岁无事，主人夏馈冰金，冬馈炭金，佳节馈节敬，每逾旬月，必馈宴席。幕友有为慕博掷蒲之戏者，得赴账房领费。昔有常例，每到防汛紧急时，有一人得派赴工次三日五日者，则争羡以为荣，主人必有酬劳，一二百金不等。其久驻工次与在署执事之幕友，沾润尤肥，非主人所亲厚者，不能得也。新点翰林，有携朝贵一纸书谒河帅者，河帅为之登高而呼，万金可立致。举人拔贡，有携京员一纸书谒库道者，千金可立致。

嗟乎！国家岁縻巨帑以治河，而曩者频年河决，更甚于今日，竭生民之膏血，以供贪官污吏之骄奢淫僭，天下安得不贫苦。以佛氏因果轮回之说例之，则向之踞肥缺饱欲壑者，安知其不为豚为猴为驼为鱼鹅也。余又见一京员，论清江浦之盛衰，今昔顿异，尝切齿扼腕，谓漕运、河工二者不复，天下不可得而治也。夫复漕运、河工，不过京员往来南北足以润其囊橐而已，而谓遂可治天下乎！

淮州中学赋

花文斋

背岳临江兮，乃造化之佳构；拥泗携涟兮，钟南北之灵秀；两淮曠珠兮，养将相之胸襟；三河浮磬兮，市蒲轮之辐辏；煌煌上庠兮，唯我淮州。

言诸百相，兴衰有自；风雨文物，起于时势；清季以降，国病民瘠。更兼魁奸甘于轵道，盗寇竟图车书。于是，志士拍案，万民震怒，前贤积愫，蜀文夷柳。尼父教，马翁嘱；大雄庵，国魂铸；渔沟镇，桃李育；兆民浴血贼氛尽，十年耕战河水清。

淮阴偕国祚同运，县学与百业共兴。百节体，共卫营；"三风"倡，明德行；五千少年同学，三百当午园丁，"四星"焕爛，朝云玄岫同辉，骈花并实，百所名校齐馨。千舟竞渡，终成一方林府；不敢言早，须知来日正长。

春秋代序，慷慨悲歌，癸未己丑，恰合六六。名经数易，地历三迁。始有甲第，当衢向术，京沪咫尺，往返温酒。眺之穆穆兮，无断岸也自庄；察之皇皇兮，无磁石也自祥。

临门粗疏，且惊且慕，珠泉竞上，银杏耸矗，玉宇参差，廊腰婉曲，坛堂空青，璇渊澄碧，浩淼幽深，水天一色。

入户凝眸，心醉神驰，曲水流觞，其傍灵木，瑶草饰岸，若断若续，智者乐之，玉池不辱，青堂瓦舍，可仰可俯，可以凭栏，可以潜修，颐情坟典，悲喜春秋，毋方嵩岱，莫比五岳，学子居之，仁者之族，言皆侃侃，参灵感俗，笑尽欷欷，俨若冬日，抑扬疏廉，激发固存，旁推交通，兰心蕙质，是淮州之人也。

宇宙浩渺，地村局促，众邦林立，卓尔华族，任重道远，舍吾其谁，教苑华庭，宝树郁郁。煌煌上庠兮，淮州!笺短意永兮，淮州!咏叹不足兮，淮州!聊助以辞兮，淮州!其辞曰：

淮州连海岱，东楚贯紫渊。平野掩焦土，新禾出愤田。三迁逢己丑，数易值华年。入夜无风雨，桃新李正妍。

乙丑闰五

五、楹　联

东方母爱公园

（一）

母爱无所报；
人生更何求。

（二）

一饭王孙，漂人本色；
满河星月，母性光辉。

（三）

一饭恩深，名高宇内；
千金德贵，义重淮阴。

（四）

非当年进食，安得英雄拜将封王，笑傲风云开汉业；
教后世怀恩，共钦贤母居仁由义，情归淮浦奉心香。

（五）

大爱无痕，真情曾醒将军志；
慈航有迹，碧水长歌漂母风。

（六）

何止拯饥恩，一言能励英雄志；
唯无图报意，百世犹存俎豆馨。

韩信故里公园

淮阴侯庙

（一）

仗剑辞淮市，桑梓留泓，巨仁大义钦神鬼；
登坛将汉兵，中原逐鹿，伟略奇谋烁古今。

（二）

清淮水远，故城址渺，湖波风木若慨言桑海；

漂母陵高，胯下桥低，爱恨情仇皆烘托英雄。

（三）

钓城下，钻胯下，百战终成一垓下；

谈略高，论谋高，千秋不信几峰高。

（四）

且看经传史载，神机无愧奉兵仙；

休论韩是刘非，荣辱漫嗟随逝水。

韩侯钓台

（一）

枵腹待机，反秦猛士能藏志；

急流垂钓，命世雄才只赚龙。

（二）

清淮有幸，流传千古占鳌钩；

岁月无情，消逝几多渔利客。

（三）

千秋共钓，怀瑾握瑜双国士；

异代同逢，扶周兴汉两雨杆。

胯下桥

（一）

书剑机锋藏胯下；

曲伸道理贯寰中。

（二）

一池存无双国士；

十午展万古胸襟。

漂母岸

（一）

漂也劳艰，饭饥只为悯王孙；

贫而慷慨，母爱信能弥宇宙。

（二）

爱心未料施豪杰；

慈母何须赋姓名。

千金亭

（一）

爱心本无价；

然诺足千金。

（二）

宏慈博爱千金难买；

至信精诚一诺弗移。

漂母祠

（一）

一饭助王孙，德寄春风荣故里；

千秋瞻漂母，名随芳草到天涯。

（二）

姓氏隐同黄石远；

英雄识在酂侯先。

（三）

仁义何关贵贱，莫笑微身，纵使豪奢应愧色；

情怀勿论古今，若能济爱，岂愁尘世不盈春。

（四）

楚河汉界，开万古精思，棋局由来同战局；

啸宇翔云，喻一时神制，风筝从此伴心筝。

（五）

力拔山，气盖世，因公束手；

歌大风，思猛士，为子伤神。

惠济祠

世间无水不朝宗，岂止黄河一派；

天上有妃能降福，何愁碧浪千层。

码头镇街道牌楼

溯蒙元一统，清真烹饪，东方厨艺融淮上；

看枢纽千秋，美馔牛羊，西亚波斯证码头。

枚乘故里

（一）

淮阴名士，汉赋先驱，七发雄篇开一体；

用舍由人，行藏在我，两书直谏感千秋。

（二）

谏七发以省君，心意幽深追屈子；

赋九篇而垂世，辞采汪洋启相如。

（三）

千古诗坛，楚骚浪漫三闾创；

百家文苑，汉赋风华七发开。

（四）

一门父子双辞圣；

万世文章几赋家。

（五）

七发精微，腴辞云构，疗病实为疗国；

一生练达，醒世洞观，安车犹望安民。

（六）

奇文七发俱良药；

高士千秋真铁才。

（七）

通漕关国计，三龙盘绕争清口；

治水切民生，百代经营叹禹功。

吴城镇牌楼

（一）

筑城伐齐，吴明彻坚壁屯兵；

设县抗金，宋高宗划淮拒敌。

（二）

忆昔日，虎夺龙争，黄淮冲荡贫瘠地；

看今朝，人寿年丰，路桥畅达富贵乡。

（三）

黄流灌泗水东西冲荡，明清泛滥浮乡里；

淮水呼运河南北滋润，湖河安澜惠黎民。

王家营清真寺大殿

视无形、听无声、正义诚心，作圣作贤原始性；

道斯立、动斯和、及人由己，济物济世得真铨。

鞠通故里牌楼

杏坛大师，金书活人冀仲景。

古镇圣医，良方济世惠黎民。

吴鞠通祖茔地

（一）

妙解伤寒凭六脉；

精研温病论三焦。

（二）

医医病书，医德济世；

温病条辨，辩证回春。

（三）

鞠躬为民，祛百姓疾苦；

通医博学，宏国学文化。

（四）

人乃医林典范；

书为热病津梁。

老张集乡街道牌楼

（一）

张弛有度，藏风纳水天成瑞象；
集散非常，富国兴家地竞风流。

（二）

张集发祥以来，地多名物；
八方仰慕如今，人有奇才。

（三）

张集重敷文，华构鸿图延俊杰；
英才同树木，盎然春意播弦歌。

桂塘村牌楼

（一）

古清口交汇淮泗，南北纷争名胜地；
今桂塘锁钥宿盐，东西畅达锦绣乡。

（二）

淮泗咽喉，南北要津，粮舟战舰知多少；
河漕更辙，沧桑易位，深坳丛城慨古今。

刘老庄八十二烈士陵园

由陕西到苏北，敌后英名传八路；
从拂晓到黄昏，全连苦战殉刘庄。

六、墓碑记　墓志铭

秦汉·漂母墓碑记

漂母，佚其姓氏。考《史记》载：韩信钓于淮阴城下，诸母漂，有一母见信饥，饭信，竞漂数十日。信曰：吾必有以重报母。母怒曰：大丈夫不能自食，吾哀王孙而进食，岂望报乎？后信为楚王，召所从食漂母，赐千金。以一妇人能识英雄于草丛中，既不愿受报，且不愿留名，其襟怀坦白，识见坚卓，诚有非须眉所能跂及者。兹以有其墓地，荒烟蔓草渐就湮没，爰为勒石，永作纪念，亦保存古迹之一端也。

中华民国十九年五月
淮阴刘屏诗建
赣榆徐嘉清撰
溧水熊闻敏书

清·烈女碑文

烈妇姓颜氏，清河马头镇人。年二十归同里韩元，操舟为业。娶妇后，岁屡俭，饔飧常不给，妇安之无怨言。无何，韩病噎，妇百计谋医药不效。见夫之食不下咽也，亦涕泣不食。久之，韩自知不起，乃呼妇与谋曰："汝性贞洁，予所素知。但予父母既没，兄弟亲故皆贫不能自存，汝又无所出。泛舟为家纵能守志,茕茕一弱妇何以御强暴乎?死不瞑目矣!”妇闻言大恸,誓以死殉。韩曰:“能如是乎?予困顿床蓐,求生不能,但愿速解脱耳。汝能从我幸甚。”乃以束腰带连系之,并溺于河。邻舟闻声起救,已无及矣。余官斯土,哀甚痛之,为置冢立碑,更详书其事,勒诸溺所,以俟采风者表扬烈节,有所考据。且使过其地者,流连凭吊,慨然有向慕之思,于激励人心维持风俗亦不为无助。妇生于嘉庆二十年八月二十一日,卒于道光十六年正月十八日。即于是月十九日合葬于码头镇之通济闸。是为记。

淮安府安东县县丞嘉班刘财基书丹
清河县码头司巡检钱唐胡廷序树碑

汪英墓碑记

汪英,一九六一年十二月出生在玉坝一队的一个贫农家庭。幼小读书,七三年离校务农。在党的阳光哺育下迅速成长。她热爱领袖热爱党,处处以雷锋为榜样,努力实践毛泽东思想。她热爱劳动,在改造废黄河工地上抬断了桑木扁担;她关心集体,割草从不带泥水;她大公无私,把队里多开的草条退还集体;她拾金不昧,把价值百元以上的包袱归还失主;她助人为乐,帮过十三户贫下中农拐磨、挑水;她尊老爱幼,常年为五保户汪大奶奶缝补浆洗;她舍己救人,于一九七七年八月六日中午,为抢救落水儿童郭金花而英勇献身。

牺牲后,共青团淮阴县委根据她生前要求追认为中国共产主义青年团团员。

汪英同志永垂不朽!

王名怀撰书
一九七七年八月

民国·周道烈士墓碑记

周道,淮阴刘老庄人,一九二三年八月出生,一九三八年参加革命,一九三九年加入中国共产党,同年编入淮河大队担任排政治宣传工作,后任连文化教员。一九四〇年任连队指导员,一九四二年冬任第二联防大队长兼指导员。一九四三年编区队任指导员。同年十一月在攻打涧桥战斗中身负重伤,光荣牺牲,年仅二十岁。

周文科墓碑记

周文科同志淮阴县刘老庄人,生于一九一三年,一九三八年参加革命,次年入党。历任抗日义勇队和八路军政治指导员,营教导员,团政治处副主任。抗日民主政权建立后,任地方武装参谋长、副团长、东海警卫团团长等职。解放战争时期任淮涟第二支队参谋长。为了便于坚持斗争任淮阴县副县长兼县大队副大队长。在一九四七年五月四日的一次战斗中负伤,五日与世长辞。文科同志在部队是一名虎将,到地方是人民的勤务员,革命的需要,就是他的需要。一切服从党的安排,临危受命置生死于度外,堪称楷模。

中共淮阴县委原书记、后任安徽省人大常委会副主任李广涛撰写
中共淮阴县委员会
淮阴县人民政府
一九九九年五月五日 祭立

周文忠墓碑记

周文忠淮阴县人,一九一八年生,一九三九年参加革命,一九四〇年入党。曾任区联防队队长、区长、区委书记,淮阴县民兵支队副队长,淮阴县县长,原淮阴市市长,淮阴地区水利局局长,清江市

人大常委会主任等职。战争年代骁勇善战，是抗敌“周家三只虎”之一。四五年获“民兵英雄”光荣称号。为淮阴人民的解放事业，立下了不朽战功。建国后，抗洪抢险三次带头跳入洪水，用身体保护了人民的生命财产。三年自然灾害，倾囊解衣，救助灾民。为了根治洪涝灾害，改造盐碱地，发展城乡经济，殚精竭虑，做出了突出贡献。六十二年革命生涯，始终心系群众、舍己为民，深受淮阴人民的爱戴。

中共淮安市委员会
淮安市人民政府
二〇〇三年七月三十一日祭立

张芳久烈士墓碑记

张芳久，原名张万春，陕西省人。

他早年参加革命，一九三七年进延安抗大学习军事，一九三八年初到中共苏、鲁、豫、皖特委工作。一九三九年二月来淮阴、涟水开辟地区。历任中共徐州东南区委书记、苏皖特委组织部长、淮属中心县委书记、苏皖第三地委副书记、淮阴抗日义勇队参谋长、八路军山东纵队陇海南进游击队支队第八团政治委员等职。他在淮阴党组织的恢复和发展、人民武装的建立和成长、领导人民革命斗争中，作出了重大的贡献。

一九三九年七月，他不幸在淮阴县渔沟惨遭顽匪杀害，光荣牺牲，卒年二十六岁。

凌桥十二烈士墓碑记

一九四三年农历八月中旬，盘据在淮阴城的日寇，配备日军一百人，伪军一百七十人，顽军一百二十人，来到凌桥街修筑据点，妄图切断我淮北、淮海之间抗日根据地的联系，扼杀运河沿岸的蒋、袁两个区革命政权。新四军三师七旅十九团奉命打击在凌桥立足未稳之敌，团长胡炳云作出战斗部署，十八日夜间挑精干官兵组成的特务排，于二堡乘小船北渡运河，抵达凌桥街。战士接近日军岗哨时，突然，凌家的鹅惊叫起来，鬼子惊觉，用机枪盲目地扫射起来。因短兵相接，迅速展开激战，特务排用铁叉、铡刀，消灭了三个鬼子后，又迅猛地扑向凌槽坊的敌人。一营也猛烈发起进攻，二连搭起人梯，揭开敌屋瓦顶，将成束的手榴弹扔了进去炸敌。三营也择时参战，在凌桥街往返冲杀七次，我军撤出战斗时，战士踩响了汪塘边的芦柴，被鬼子从后边寻声扫射。经四个多小时激战，共毙伤日军八十余人，伪军一百二十余人，而我军杨排长等九名官兵壮烈牺牲。嗣后，凌桥干群将九名烈士以及在袁集与日军战斗中牺牲的三营三名战士，在凌桥进行同墓合葬。二〇一三年清明迁葬于此。

说明：碑随墓迁于刘老庄革命烈士墓园区。

文林郎知安定县事允大王公墓志铭

监理河务明远将军王君允大讳之乘，古燕大城人。其先世历故明科甲，或隐或显。父省几公顺天府廪，娶安乡伯张公女，生君于崇祯三年庚午岁，垂髫遭鼎革兵燹，家业中落。

国朝承运，复庆升平，移家于外城，善事生产，遂乐业焉。青年结客任侠，自贵人以至燕赵之豪杰自负者，莫不闻风愿交，弓马文章，各酬畅其所爱慕。既而叹曰：“士生于盛世，未可以奔逐浮名为了了。”遂折节下帷，因之以安斯民为志，复下身作吏，朝出暮归，急公襄事，虽日疏其故旧而声名益彰。初授安定县尉，携家之任，自郡守以至僚寀，多故人也，皆不以尊卑位殊而易其颜色，由此得以少少展布。自郡之缙绅耆老以及村妇童牧，莫不以父母爱戴之。无何，遭王辅臣之叛逆，延安更遭涂毒。大将军毕督军剿捕，复识君於戎马中，曰：“汝某人也，胡为至此？”公告之故，遂首荐为安定县令，而各路之军需取给无滞。历一岁，民不知兵，既限身于狼虎中之列，又厌于抚字心劳之候，月余不视事，方获以病免归，而郡之缙绅士庶留之不得，踊跃献赆，遂得携家全归。未几而司马刘公已荐名于总河靳公，情文交迫，不得已而复携家赴淮。试之筑堤，庶民子来，不日成之；试之挑河，淮水汤汤黄不为害；监理二十万帑金之工程并无毫厘之浮冒。方当题叙安定之功绩，而靳公忽罢，比及再任，进而教之曰：“安定之案已尘。汝权授守备，剳行当题授矣。”君以数年露宿河干之劳瘁，病而且老，已无志于功名，即不暇计文武之异径，拜而授之。长子有功，亦以河干功绩实授山盱营左司。靳公逝而君哭之哀，由此不起，以疾终于康熙三十二年岁在癸酉。元配茹氏，助君于戎马河务间，操持家计，实有力焉。生二子，长有功，次钦。太学生有功痛父之志不遂，罄其所有，上寿域于清江之武家墩左侧，面湖而襟黄。时余以监理河务奉檄修高家堰，过武家墩，见有华表碑亭新创于平原，其规模气象，井井有条，历历可观。因指问为谁氏之佳城，左司敛容逊答，并述其颠末，与所闻不爽。继而以礼授状求余铭，余哀其孝思，不暇谦拒。铭曰：穷达有命，贤愚在人。将相无种，小大皆臣。才能尽职，诚可通神。允矣王君，阅历风尘。一生形迹，吻合隐沦。安此福地，百世长春。

七、史料辑录

哀胡抱一先生

张恨水

前天在报上看到胡抱一老友在渭南被刺逝世的消息，已发生很大的感慨，昨天又看到王漱芳君坠马殒命的新闻，更增加了我这种感喟。人生祸福，如此难卜，觉得君子安贫，今日已不易谈到，而达人知命，更是极难做到的工夫了。

胡抱一与蒋中正、张东野等在陈其美葬礼上

王君交浅，我且让别人去悼惜，胡君却是二十年的故人。记得民国二四年间，民党被袁世凯逼迫，大部中坚分子避居上海法租界，我就在那里认识了胡君。他穿一套半旧的西服，终日在外筹款办学，拉朋友教书，他一仰倒在穷朋友寓楼的卧榻上时，露出了西服裤子无数的破洞。朋友说他忙破了裤子，真有点傻劲。那时他是翩翩年少，他并不以为有碍他面子，未曾换了那套西服。前三年，在重庆晤面，他说：“二十年前的小孩子，你都半老了，何况我？然而我还在傻干。”

民党老人郝耕仁，老无所闻，客死甘肃河西，是胡君代埋的。我们见面曾为郝叹息不已。今胡君虽遭不幸，却胜于郝之投荒而死，“没世而名不称舆”，他是有功可录，有传可记的。这或者可慰他于九泉吧？

（原载1943年8月13日重庆《新民报》）

大兴庄话沧桑

台湾　吴醒周（原名吴延栩）

1.大兴庄街

大兴庄成集后，吾族人基于“责在人先”“不得为集主”祖训，即以行政架构，处理集中事务。然犹嫌不足，即如对客商安全保障，责无旁贷，乃制造火枪，长短土炮，以施防御保护之责，并于土圩东北角设炮台、架以长筒土炮、搭更棚，为巡守休憩之所。

大兴庄僻处县东北陲，东行仅二里半，即达涟水境。圩东以戴范河为圩壕，河自南起范家洼，东北经五区，入涟水境。河上建有砖桥四，圩南有一孔桥一，圩北有一孔桥二，圩东有三孔桥一，此四桥皆为以诏公于道光十二年（1832）捐建。于是圩外四周道路，北面可由五区老张集进入沭阳县境；经三孔桥东行，由涟水悦来集、张官荡而达涟水县城。东门内有堂婶涟水宋氏贞节坊，北洋政府颁赠褒扬令，大总统徐世昌题赠“摩干心苦”四字，其事迹已载于县志，故不再赘言。南门额有合肥刘访渠先生书“大兴庄”三字，字体秀丽。圩内原当铺三层楼首饰仓库高耸，有如本集地标，距集三里，即可遥见，为全县各集所独有。春日登楼远眺，心旷神怡。远观东圩外梨花盛开，一片银白色世界，与北圩外红色桃林，相互辉映；夏日南圩内荷池，原系老油坊水牛戏水池塘，广达数亩，为不使其荒芜，乃遍植莲藕，出污泥而不染之荷花，浓抹淡妆，有如群芳出浴，其上蜻蜓三五成群，飞舞其间，动静嬉戏，意趣盎然；四周浓荫密布，仰卧其间，听鸟语细诉、蝉声长嘶，清风徐来，荷香阵阵，暑气顿消。每逢集期，行走江湖说书、弹唱者，于浓荫之下，一阵锣鼓，即可招徕听众，开始说唱前朝后代、忠臣烈士及英雄豪杰故事、爱情缠绵艳史，时而慷慨激昂，时而轻声细语，音韵顿挫，口沫横飞。赶集老农，围绕四周，双目紧闭，倾听细诉，难得偷此半日之闲，有如葛天氏之民。中秋前后，圩东老宅花园，十二株老桂怒放。东北风起，飘香数里，圩内街道，形同桂香之市。夕阳西下，居民三五成群，伫立桥头，遥见田间农夫农妇，荷锄而归，稚子庄头迎候，抱子怀中，顿忘辛劳，尽显天伦之乐。圩内集市，东西向大街，与南北形横街成“T”字型。大街房屋整齐，多为瓦房或楼房，街道宽广，横街则多系草顶砖墙，另有小街成四方型，多系代客买卖粮食牙行，称之为“粮食街”。

2. 吴城学校

清道光十六年（1836），十二世祖以诏公，于圩内西北隅，捐建文昌宫，同时又在西侧捐建“吴城义塾”，居民既有精神寄托之所，更增弦歌高唱。不久吴城义塾被捻匪焚毁。光绪中叶，由六曾祖温叟公，八曾祖绍溪公，伯祖仲谷公暨先祖善禾公，共捐田百亩，与文昌宫合并，改建私立吴城小学。八曾祖绍溪公，亲掌校政，常以驻校坐镇，再由堂伯佛青公，主持校务，审慎选聘教师，除学有专长者外，对人格、品德，更为重视。各界对吾宗办学之严肃态度，均表肯定。因之远至涟水、沭阳等县学子闻之相继结伴来校就读。该校历届毕业者，到达社会，从事各业，有执干戈以卫社稷者，有为民保姆维护治安者，有搬有运无从事经商者，有双手万能从事劳动者，有持粉笔解惑传道者。某也佼佼、某也默默、某也蜚声社会、某也声名俱败。良师各校争聘，仍虚怀若谷、彬彬有礼，融言传身教于一体。然亦有一二顽童，聪慧过人，惜乎无家教规范，尚以孺子当可教也，贤者则刻意培植，资助赴县城就读，学虽成则用非所学。盖吴城所培育学子，大都坚守岗位，投机取巧之徒，固属一二，贤愚臧否，实足以取鉴也。

3. 百业繁荣

集中百业蒸蒸。苏启丰之旱烟，名声远播，刨烟师刨出金黄色烟丝，芬芳馥郁，店员暇则整理包装，以待负贩，运销涟水、古寨、沭阳、汤沟等地，京广杂货、绸缎布匹、南北海味，分别由“江南帮”张豫兴、邱福隆、谈义和及“沭阳帮”同庆、乾大昌等经营，江南西记、古邳鼎新酱园各拥酱缸百余口，货真价实，三伏酱油，陈年滴醋，口味甘醇，多种酱菜，各具特色。任泰槽坊，兼营酱园，业绩平平，承业者明知创业之用心，竟忍辜负一片苦心，实属憾事。另有同源、大源两家，经营南北海味，特制姑苏茶食，水晶楂糕，色泽艳丽，晶莹剔透，令人馋涎欲滴，枣泥月饼更具特色。同时经营煤油、纸张、肥皂、火柴及香烟等日常用品之批发，并兼邮政业务。油酒行等则操之在地商，如孙家槽坊、张氏丝线店、乔家文具书籍，杜家西药，菜馆两三家，宴会小酌，菜色俱全，随时供应，虽不逢期，三五成群负贩，或挽车，或赶驴，熙熙攘攘，前来批购大宗日用品。各业市招以及楹联，颇具诗意，有警世之句，发人深省。绸缎庄之“货真价实”“童叟无欺”“真不二价”，槽坊之“飞殇醉月”“太白遗风”，菜茶馆之“闻香下马”“知味停车”，中药铺之“良药苦口利于病，忠言逆耳利于行”，茶肆之“扬子江中水，蒙山顶上茶”。每逢三、五、八、十集期，从四方前来赶集者，在途满途，在街满街，万头攒动。代客买卖之牙行，牛、羊称之“蹄鱼行”，猪又分为“养猪”与“肥猪”，养猪由乳猪至半胖。杂粮为“六陈”行，花生、山芋与桃李瓜果归类于“八鲜”。食油则专有油行。牙行议价，有如吵架，声嘶力竭，交易完成后，在双方营业额中，抽取百分比之佣金，虽云蝇头小利，亦非易事，其时粮食行量斗计数声、猪羊吼叫声，震耳欲聋，跑江湖之流，医、卜、星、相等江湖术士，街头搭布棚，以广招徕，形形色色，不一而足。由于公平交易，童叟无欺，无豪夺强抢，兼有武装保卫团队巡逻，鲜少纠纷。

时近中午，牙行交易结束，茶肆酒馆，人声鼎沸，猜拳进酒，争相付账，其乐融融，邻里街头相遇，不约而同，共进饭馆，你买酒，他叫菜，我再添酒添菜，各有付出，不使一人负担，此乡人敦厚淳朴之良俗也。六曾祖温叟公，于民初膺选众议员，经常远赴广州开会，时四乡宵小出没，温叟公为加强地方防卫力量，洽购长短枪支百余杆，价款由族人负担，成立商会保卫团，招勇组成，薪饷由商会与族人共同负担，一切收支，统由商会经管。

4. 人和与地利

集中有清帮“大”字辈何××孙××，“通”字辈周××等，集中经营牙行，感念族人对集市关怀，且无集主之恶习，均自动参与治安工作，因而宵小更不敢轻易蠢动。此时也，大兴庄既有天时之佑，更有地利之便，无阶级歧视，无畛域之别，宾主和睦，不时相互招饮，尤在春节之时，“春酒”相互酬酢，恒达月余。遇有逢整岁者，由多数人集资，共邀“寿星”赴宴，席开多桌，谓之为“罗汉宴观音”。

农历四月初八日，为浴佛节，集中例有庙会。红男绿女，争奇斗艳，花枝招展，赶赴盛会，庙中焚香祈祷，求财者有之，求福者有之，求平安、子嗣以及良伴者亦有之。民俗活动，各农村有“踩高跷”“赶小驴”“撑花船”等，为农闲时自我娱乐，演出时，祈求风调雨顺，五谷丰收，国泰民安。锣鼓喧天，整日不绝。尚有扶鸾乩坛，供奉济公活佛，在降乩时，从沙盘中写出诗词歌赋，十分工整之辞句，而扶鸾之人，仅系粗通文字，平时提笔，别字错字累累，岂不怪哉！真耶？伪耶？迄无定论。中医师刘雨亭先生，德术兼优，常以驻诊，杨砚耕君得刘公真传，医运尤佳，师生二人，有“刘一剂”“杨摸摸”之雅誉，杨君尤擅针灸，名扬灌、沭；苏仲文先生为名医郭子宾先生高足，德高术精，享誉一方。皮崑泉受业于淮安河下，名外科中医汪九城，淮安朱济仙中医，西医涟水纪文焕，系吴城校友，省立医教学院高材生，均属一时中西名医，对市民保健，均有贡献。民国24年（1935），江苏省政府为发展农村经济，创造农村副业，经评估后，促江苏省农民银行，在本集原有老当铺，利用原有仓库及设备，成立农产品抵押业务，给农村带来一片繁荣，更为本集商业，平添活泼景象。此农贷机构，全县仅有二处，本集则占其一，亦本集占地利、人和之所得。

5. 日寇肆虐

此一片繁荣与祥和安乐，维持达百年之久，讵料风云突变，东邻日寇，谋图日亟，卢沟桥枪声，震惊全球，激起全民愤慨，全民一致支持政府，展开民族存亡圣战，地不分南北，人不分老少，同仇敌忾，齐一步伐，富者捐输，青年请缨，争赴征途，老弱者，节衣缩食，购置武器，自我武装，作敌后游击战，扰敌军心，以支援国军。民国28年（1939）初，日陷淮阴县城，不时四乡窜扰，掳掠财物，奸人蠢动，绑票勒索，时有所闻；更有汉奸民贼，为虎作伥，为害乡里。清帮会众，本民族大义揭竿而起，号召徒众，组织武装部队，报效政府，参与抗日救国行列，一时间各方豪杰、各路英雄群集，从者均为其门徒中子孙辈，每一团体，团结力特强。民国30年（1941），江苏省保安第二旅副旅长兼第四团团长吴漱泉，自东台防地，仅率一连兵力，来县扩军，吴亦吾宗族，吾邑二区吴集人，名引涟，起家清帮，毕业于陆军随营学校，曾任安徽盱眙县保安大队长，因剿匪左手中弹而废，故统称“吴独膀”。抗战初期，号召旧部及徒众，参加抗战，经改编为保安二旅，因作战勇猛，屡建奇功，誉为“抗日英雄”。后因积战功，累升至陆军八十九军三五一旅旅长，惟最后竟投降汪伪军，在民国34年（1945）胜利，于淮安县城内被困自戕，惜哉！此次到达本集，而敌伪侦悉，由驻淮阴敌酋，率队前来挑战，吴部事先亦侦知敌将由南绕道，向圩西攻击，即在西圩上部署迎战，不佞亦随时任大兴庄乡长六叔卫唐公，率地方武力，配合吴部助战，遥见敌军浩浩荡荡，以纵队队形，向前进行。中有骑白马之敌酋，吴部射手，奉命将其射中，掉落马下，再以轻机枪扫射，毙敌甚夥。时敌亦由纵队变换横队队形，予以还击，再以炮轰。吴部以敌众我寡，且又孤军，为保持战力即向东涟水县境撤离。日寇入圩后，只见少数老弱不堪行动者，留守家门，即枪杀无辜老弱四人，堂伯馨伯公同时遭此浩劫，遭寇杀害。敌在圩内一宿，并无所获，且复损兵折将，恼羞成怒，临去时留下一把无情大火，将全市及圩东七进老宅，均付之一炬！当时火光冲天，烟雾弥漫，无法近前，百余年繁华集市，尽成灰烬！最堪痛心者，莫过于家藏千部绝版古籍，亦作灰飞。二伯祖仲谷公，曾挥泪叹曰："今后吾族子孙，无书可读，将沦为白丁矣！"随之寇为巩固城区重点，纷在四周乡集建碉堡，由汪伪军驻守外围。而各种抗日部队亦纷在四乡搜集砖块，运往远地，以防寇用作碉堡材料，圩内煨烬之余砖瓦，均遭运走。斯时本集高楼大厦，已不复再现，而断垣残壁亦难寻觅。殷商他迁，商业一落千丈，穷者更困矣！

6. 结语

吾人为民族存亡不惜毁家纾难，无怨无悔。近半世纪漂泊海外，离乡背井、骨肉离散、痛定思痛，作此一页沧桑史。不惟徒增伤感，念在祖宗创业维艰，非吾辈子孙守成不力也，乃外患祸国，家运随国运而转，罪在日寇侵略，非我辈子孙不肖也。尤足以告慰我历代祖先在天之灵者，我嫡系子孙，尚能坚守祖训，并未依有集市，而自甘堕落也。

为鼓励子孙知耻近乎勇，伏念先人德泽广被，促我子孙起而效法，无堕家声，毋负祖德，籍祖宗余荫，发扬祖德，是所至盼，而厚望焉。

辛亥民初淮阴见闻录

台湾　邢立坚（耐寒）

晚清末叶，腐败贫弱，达于极点，革故鼎新，势在必然。淮阴为江北重镇，军政大员驻节于此，官场恶习，陈陈相因，盘根错节。连年灾荒，哀鸿遍野，施粥之地，饥民如潮。衮衮诸公，搜刮敲吸，依然如故。迨武昌起义成功，举国响应，二百余年皇朝，土崩瓦解。当日之作威作福者，顿如丧家之犬，惶惶不可终日。千万小民，欢欣鼓舞，拍手称快。

1. 政治腐败，官吏贪渎

淮阴之官场情况，一九一〇年一月十五日到任之江北提督（省一级之军事长官）段祺瑞曾有所概括。他在拜印后，即顾下属各官曰："我初来此地，一切都仗大家帮忙，但我在京时即闻此地官界有三臭、七金刚、八小鬼、三十二地煞，姓名俱有。各宜自新，否则不能为大家宽也。"一般大人老爷闻之无不战栗。

所谓金刚、地煞者流，皆为搜括之里手，贪污之行家，然终段之任，并未见查办一人，其警告乃新官上任之故技。在此前一星期，陆军十三协军官，知奉旨革职提督雷振春一去，新提督必带有亲信，己之饭碗难保，特在提署荷芳书院，公宴雷提，藉表饯行。此亦可略见段提警告之奥秘。

雷提奉旨革职之罪名是所谓"违例馈遗"。其实彼之真正问题则是贪污公款。自雷就任以来，即大施其搜括手段，无论何项公款，皆竭力攫及贪囊。去任临行时报亏空若干，不知其已括得数万金矣。此银均存入衡丰钱庄生息，为将来运动开复之用。其存放时秘密异常，外人皆无知者。不意衡丰于二月间倒闭，清理账目，雷提所存四万余金，始行发现。雷振春任江北提督仅数月，即中饱如此巨款，其搜括手段，实令人吃惊。

淮阴民间积怨最深之贪官则为清江县令陈习谟。庚戌年（1910）十一月二十三日，有人于提督衙门以及道台衙门前分别贴出揭帖，帖首大书曰：陈习谟，不死何为？以下略云：该令与家丁朱得元关系密切，无论何案，非阿堵物不能申诉，所得赃钱，则与该令二八均分云云。陈令匿报灾情最使众怒，盖清河一县，今年被灾极重，陈到任时，匿而不报，照数征赋。以致清淮民赈各处，往往以并未报灾，不便捐助推托。统计四乡极贫人民，已有七万数千之众。嗷嗷待哺，实惠难霑，皆陈一人使之也。各乡绅民甚为愤急，除禀清抚恤外，并云陈如再不他去，即共同将其抬出清河。陈令被撤后，于四月二日滚出县城，途间任人诮骂，莫敢谁何。

类似陈习谟之贪令，还有安东（今之涟水县）之王令。

安东知县王宝基和刑名幕友郭某、门丁陈某，狼狈为奸，过事则通同舞弊，得贿瓜分，王令实得大股。巨匪孙某，已经捕获，而孙以数百金为王、郭寿，遂得漏网。该县上年被灾极重，该令亦匿而不报，照熟征收田赋。

知县以下诸吏劣迹，更是所在皆有。此皆官场之小蛀虫也。洪泽湖里河越坝与盐运关系颇重，每冬水涸，由海分司拨款交该管捻盱厅培筑，以资潴蓄，其间弊端，罄竹难书。岁费万余金，徒为厅汛丁书增一进项，实际到工者十不一二。今年李承代理，兴筑至今，尚未完竣，恐上峰诘实，竟捏报已于一月十四日合龙。候补知县衷静轩，巧于钻营，自得当道欢心，差委不断。此人充蒋坝厘差，苛索商民，私囊累累。遍托牙人，广置田产，河湖两滩不下数十余顷，查律有规定，禁服官地方购置田产，实质早已成为虚文。

官场中，亦有尸位素餐，形同偶人，或迷信愚昧，令人喷饭者。

里河同知徐兆濂，言辞期艾，双目不明。每谒上峰，遇有应陈事项，则由家人周福先行演授，如教员授课状，诵读既熟，始敢升舆而去。幸主管性简，得免曝种种丑态。

巡警区官某人，本一学究，迷信鬼神。一夕，某姓屋上，二猫相斗，家人疑贼，适某巡至，初闻尚不敢入。逡巡良久，始敲门入。猫见亮即遁，屋瓦犹响。某巡曰：此狐仙也，宜礼敬之，想尔家得罪他了。

淮阴本非通商口岸，然地近沿海，涉外之事，在所难免。督抚大吏，畏洋如虎，侍奉唯恐不周，府县之流，更无论矣。下述事件，可见一斑。公文照录，读者共赏。

去岁年底，江苏总督下文江北当局，略谓：准美领事官函，据教士报告，清江耶稣堂贫儿院屡被窃盗，失去金表、钱财、洋衣等物，皆随时报地方官。清河陈令，并不缉贼保护，间或派一二兵丁，巡视片刻即回。教士等何以安枕?该令前在宝应，即未能保护洋人。今对此案，仍复如此。恐于邦交有碍，请即撤换，另派贤员接任等语云云。陈令贪得搜括，邑人共愤，前已述及。然其被撤，实因洋人不得安枕。此亦官场之奇闻也。

2. 军纪废弛，军心涣散

淮阴军界之腐败，与政界难分上下。然彼等系有枪者，赳赳武夫，欺压小民，滋扰乡里，尤胜于卫署差役。甚至抢掠财物，强奸妇女，亦时有所闻。

清末各地驻军，原为绿营，分归各卫署管统。兹后实施所谓新政，练新军，开学堂，设警察，筹办自治，绿营亦逐步撤销，兵官遣散，啖饫无所，多成为盗匪流痞。由地方管领之武装力量，则称之为巡防营，类似后世之保安队。巡防营成分复杂，往往兵匪难分。

宋满堂者江北之匪魁也。党羽众多，剿捕非易，前年招其投诚，委充防哨官。今夏大吏派彼往徐海一带缉拿匪首王绍西，乃宋故态复萌，所到之处，仍行抢劫，回清后又复伪造纸币，事为上台所闻，撤差发交巡防营务处审办，于十一日将其正法示众。至于营坝、西坝及西北圩门口之抢案，亦皆营兵所为。

新军为代替绿营之陆军，在天津组训者，武昌首义后，多数成为北洋军阀部队。各省亦组训新军，以后多成为革命军之主力。驻淮之陆军十三协（旅）为北洋南调者。外表华美，营房壮观，然官兵素质，依然如故。

庚戌（1910年）十月八日，江北提督雷振春，出题考试十三协全体军官三百四十余人，能书写成文者交到试卷一百五十余本，不到二分之一，其余军官，包括若干中级军官，皆目不识丁，自标统以下诸军官，如管带、队官、书记等皆以嫖赌为能事。雷到任后，曾撤换协统以下军官数十人，皆为安插私人。段祺瑞到任数月间，撤换者又数十人，然军事不振如故也。

协统杨宝善乃高级军官，酷嗜鸦片，前任协统徐怡亭新建营房，款项下拨后，因徐急于建筑私宅，遂先私而后公，迨宅第建成，徐已被撤，新官交接，则有账而无房。已撤辎重管带赵某，在任时，装运辎重，船价从未清给。李姓船户，积欠尤多。李往索款，赵大怒曰：我差已撤，安有闲钱还汝?李不能甘，坐索愈切，赵复诬彼讹诈，令家人提将官里去。巡警区长不问皂白，杖责数十，取保始释。李受辱款没，遂在赵家廊下吞鸦片自尽。其子控诸县，陈大令往验属实。而赵竟肆其财力，并不到案。

一般官兵，嫖妓宿娼，争风殴斗之事，时有所闻，甚至有大兵强奸民女者。西坝为盐商汇萃之区，妓馆林立。十三协官兵，不时前往嫖赌，屡起争端。提台扎饬严禁，不准官兵前往，并在渡口派兵稽查，平息数日。六月初，十三协士兵二人，行经文庙附近，见夏氏妇独行，遂起淫念，将该妇拖至某处，实行强迫，该妇坚拒。二局巡警闻声赶至，将二士兵带局，转交陆军警察队（即宪兵）处理。至逃兵革勇，往往流为盗匪。六月间，一任姓排长在某妓馆寻欢，后几名士兵亦往该处，大受排长申斥。越日，士兵前往报复泄愤，排长逸去，遂迁怒妓馆，大打出手。十月间，河北石码头某姓家突来身着无肩牌军衣之匪徒五六人，手执利器撞门而入，抢去衣饰等物，值百余千。

十三协上下腐败如此，其战斗力可以想见。五月间，段祺瑞接奉陆军电文，以东事日亟，英日俄三国逐步窥伺，拟将十三协调东驻防，以固边隅。段提接电后深知该军积习甚深，断难御敌，且又恐实行东调，军心怀疑，惧生他变，当即复电，以江北民风强悍，且当此饥馑之年，尤为群盗如毛之日，百事赖兹镇摄，倘该军调东，则江北空虚，恐遗后来之患也。

尤值注意者，江北陆军自庚戌年春间告警后，即将各士兵之子弹一律收回，盖所以思患预防也。年余以来，仍然如是。虽逐日下操，实未放过一枪。彼等肩上之新式步枪，实际只是一根铁棍而已。春间，广州革命党起义消息传来，淮阴官场风声鹤唳，草木皆兵，江北提督亦杜门不出矣。后又传言，革命党首领某，由粤北上，道经江北，官场颇为动容。江北当道又接秘密报告，有匪党潜匿宝应、八浅地方之大王庙内，门前及居民门首均用粉书“太平”二字为暗号。当道立即派人查访，毫无所获。其太平二字则当地做土地会，书之以求吉利者。淮阴之军火库、军服库，皆要地也，原不过三五人看守，兹亦派出一名士兵，执枪站立门前，以示警戒。

概而言之，新练陆军如十三协者，年耗数十万金，外敌之前，则废物一堆，滋扰人民，则为害百端，实江北一大祸患也。

3. 水灾连年，民不聊生

官患、兵患之外，为害江北地方惨剧者尚有水患。

自丙午（1906）以来，江北水患连年，饥民遍野。虽经官绅等极力开办赈济，然杯水车薪，无济于事，乡民因饥而死者，十分之三。生者尚望麦秋丰收。然去岁除夕大雷雨，旱地水深尺余，低洼之田，淹没殆尽。立春以来，如能晴好，乡农或可复苏。然五月，复异常寒冷，大雨如注，麦苗皆浸泡水中。八月间，大雨连降三昼夜，平地水深数尺，城内外交通断绝。提督衙门、商会、江北师范皆被困水中。临河一带房屋倒塌十之四五，运河陡涨六尺余。四乡平地水深五尺，一片汪洋。浪石、牛皮、渔沟、三棵树受灾最重。秋禾淹没已尽。故四里饥民又纷纷外出逃荒。徐海灾民南逃，道经淮阴，各处灾民汇合，继续南下，至扬州，地方官员奉命拦堵，于是，十万哀鸿，又复回流淮阴。后受灾诸县又奉命禁止灾民外逃。灾民只能听天由命，死而后已。

灾民餐风露宿，日晒雨淋，面无人色，骨瘦如柴，见之令人心酸。浦惠粥厂前每日聚集万人，二月间，一孕妇领粥被挤流产，几至丧命。四月，河北海神庙口，开售豆饼，购者颇众，一十余岁女孩于人丛中被推倒，众足无情，竟至肝肠尽出。街头插草标出卖儿童者比比皆是。中青年灾民，往往于闹市抢夺食物。最惨者则为老弱。有一老者伛偻而行，至南巷地方，为石所绊，随即晕倒，少顷复苏。或问子病呼?曰非也，不食已五日矣。飘飘若浮，几不知身之所在矣。言已，长吁而泪下。春夏之交，天时或寒或热，疫病丛生。虽经地方捐款，在玉皇阁设立疗病所，无如患者久饥兼病，颇不易痊，每日死者达二三十人。有一哀鸿，一家六口，未旬日而同赴泉下。同胞，同胞，何不幸若是耶!

程君文彬，本旧家子，境遇不佳，形甚落拓。去年除夕，家无余粮，处斯境者，大有壮士无颜之慨。君因己及人，目睹灾民惨状，毅然断指血书，申请当局，大力赈济。血书情词凄婉，不忍卒读。段提捐银五百两，为各界之提倡。此事发生后，士绅已分电同乡各官，求为捐助，以援桑梓。山西巡抚丁宝铨复电捐银千两。

在玉皇阁灾民疗病所服务之医生，纯尽义务，活人无数。医生王瑞堂、万剑青及魏某因终日疲劳，竟然传染时疫，不数日间，相继故去。此感人至深也。

程君文彬及以身相殉之诸医生，皆辛亥救灾中之仁人义士，理当留名青史者!

救灾之道有三，即施粥、赈济、平粜。

浦惠粥厂为绅商捐资合办，开放施粥以来，活人颇众。惟灾民众多，而经费有限，自清明节起，不得不暂时停办。一般持此度命之哀鸿大失所望，困苦处境，更为可悯。皖江赈务大臣冯梦华前已拨款二千元资助该厂，后又续拨三千元，该厂得以接续施放，以惠贫黎。并在校场、觉津寺、福田庵、禹王宫分设四分厂，发给凭票，以示限制。

赈济即向四乡灾民放粮发款，此为救灾之重要内容。然弊端亦为普遍。历来放赈，皆乡董、集主负责，其不肖者往往乘机勒索，或亲戚故旧，虽非赤贫，亦乘机冒领。亦有发给赈票，写明人口凭票领赈。不肖又制造假票，从中渔利。华洋义赈会亦送来面粉、现金，交由美国教会之仁慈医院林嘉美医师，亲自下乡发放，在城区灾民每人发洋二角。

平粜即低价向灾民出售粮食。三月间，冯梦华大臣借银二万两拨米二千石，段提借银一万两，开办平粜。十五日发售，米价每升竟为七十五文，且红朽不堪，较之市间七十文左右者尚且不逮，且升斗亦小，直与营业性质无二，故开售一日，购者寥寥。贫民多骂裕宁经理张小楼。据云，米由渠购，价亦由彼在某署议定。其间理由，不言自喻。

总之，上述救灾办法，皆属治标之道，哀鸿受惠，得以苟延续命者不少，但借此发救灾财者亦大有人在。

辛亥大灾之年，流民处处，嗷嗷待哺，然娼寮妓院、酒楼茶舍依旧歌舞升平，彷佛盛世。而麻雀之戏，更盛往年，官商车警，皆嗜竹城。甚至寺庙庵坛亦有借抽头谋利者。佛门之地，不见礼佛参禅，但闻麻雀啾啾。凡此种种，皆皇朝末代，气数将尽，无可救药之景象也。

救灾治本之道在于导淮。惟多年来民穷财匮，旋起旋坠。后虽设立导淮测量局，然工作并未实际进行。六月间，美国红十字会拟捐款来华，修治河道，并电华外务大臣，询问中国是否认可，能否招待保护。大臣认为应即照准。十月间，美国工程师詹美生来江北考察，在海州、宿迁等地转了一圈，兹后亦不了了之。导淮乃一宏大工程，岂能完全依赖外人。当局此举，纯属应付舆论。

4. 工商凋敝，金融紊乱

天灾人祸，上下交征，百业凋蔽，首当其冲者厥为新式工业交通。

清（江）徐（州）铁路，长约三百九十里，完全商办，于己酉年（1909）开工建筑。由清江至杨庄十五里之铁道并总站事务所各房屋，计共用银六十余万两，而至杨庄尚有三里未铺轨。庚戌年（1910）秋，因经济异常困难，各商所认股款多未缴齐，以致办理一切，颇为棘手，不得不宣告停工。淮阴史上第一条铁路，未出娘胎，便告夭亡。钢轨蜿蜒于衰草碎石之中，徒供后人凭吊。

清江大丰面粉公司开办后，颇见发达，嗣因江北连荒，麦价踊贵，浦民归罪于公司，群情大愤，几酿风潮。经官家勒令出麦减价平粜，公司因之停机。所有各号通融之款，均已归还。秋间欲行开机，又为银号倒闭，浦庄亦受影响，无款可以周转。兹后官家又对小麦之运销采取种种限制、规定，大丰厂更无活动之余地。

对淮阴官商影响最大者则为起源于京沪、波及江北之银庄、银行倒闭风。

三月二十三日下午二时，浦人纷传衡丰钱庄将倒闭，一时持票兑钱者途为之塞。执事人等恐慌异常，立请官府派兵弹压，一面由商会转请钱庄接济代兑，至深夜十二时，人始渐稀。未几，衡丰之联号义善源票庄亦告搁浅，相继倒闭。二号共计亏款达八十万两之多。其中包括驻军饷银十三万两，广东官家存款四万两等。官商往来，影响直隶、两江、湘、广、安徽诸省。义善源票庄为一大型财团，在各省各埠皆有该庄字号及相关银号。该庄名义负责人为邮部右丞（相当于副部长）李经楚。据李称，因银根吃紧，周转不灵，全国各号同时收歇。核计账目，存欠两抵，有盈无绌。所存官商各款固宜从速清缴，而所放各款，亦须赶紧收回。以欠还存，方为正道。但各号既已歇业，专恃伙友收账力量微薄，恳请督抚派员会同商会，逐户催取，以便归还存款。

李某之办法，无非让存户各凭权势，催欠还存，官家或可取回若干存款，一般商人只能自认倒楣！四月间，总行设在扬州之清江和大银行，亦宣告倒闭，亏款十七万两，其中江北提督衙门存款为六万两。普通商民受累不浅。金融界之风波，对于萧条之市场无异雪上加霜。

城内外贫苦居民生计日绌，物力维艰，不少人被迫作神女生涯，以为糊口。私娼约有二百余家，较以前增加十倍之多。寒风渐起，尚有披单衣而倚门者。此亦乱世之哀鸿也！

江北之财政困难为另一引人注意之现象。江北陆军预算部议裁减达三十余万。经提督段祺瑞安排，五月起，十三协各营备补兵及学兵营全部裁减，军官薪水八折发给，军佐九折等。八月间，陆军部通知，所有陆军制服限明年二月前遵照奏定式样改齐。据悉，官佐着装费用均需自理。下级军官所需达三百余两。排长、司务长，所入有限，扣除逃兵罚款、伙食等开支，所入不足十两，若改着装，则一文莫名。怨怒之色，皆现之于面。各衙门财政困难达于极点，收支总局几有无可应付之势。总办奭道，万分为难，只得酌拟裁减，凡宣统元年（1909）清查后增加之款一律裁去。提督衙门文案及他项差使，多有名无实，与挂名干俸，略不稍异，应酌量裁减。各署执事人等，自二月起一律裁薪二成。江北师范学堂创办于光绪三十二年（1906），经费向恃江南江北补助，兹因财政困难，势难继续。学堂监督拟令各生自行捐缴膳学费用。各生家境多数贫寒，无可应命，故有解散之议。功弃半途，殊可惜也。

5. 武昌首义，淮阴光复

霹雳一声，武昌首义，举国震惊。淮阴官场人物，表面镇静，暗中则纷纷准备后事，以现银购买黄金。金偿本四十换（银换），顿涨至四十八换，且有价而无市。银洋之价亦逐渐上升，每元换至一千三百七、八十文。持纸币者纷纷抛出兑换。银号钱庄一律停止放款，能收回者，莫不上紧催迫。

电报局为消息灵通之所，日往来电报繁多，有关军事者占大半。提督段祺瑞以现在军事吃紧，对有关军事电报非严加管制不可，特派员驻守电报局，非经该员认可，有关军事电报一律不得发出。陆军十三协官兵信件原皆由邮局直接送达，现凡士兵之信件，须经队官拆阅检查，军官之信件，须经标统拆阅检查。宪兵、警察顿形忙碌，日夜巡逻不息。除原有岗位外，警局在偏僻之处又加设岗哨，以资防范。

清江经理报纸者仅图书公司一家。自武昌首义之后，各界人士莫不争先看报，冀得各地消息。每晚，招商局轮船抵埠，邮来报纸，购者即纷纷前往该公司，等候发售，其门若市。

未几，江北提督段祺瑞奉袁世凯电令，调往湖北主持军务。提署一切事宜，归淮扬道奭召南代拆代行。此人自接获武昌起事消息后，紧张之极，几乎终日以泪洗面。从前牌、酒之兴颇豪，近来消失殆尽。月前接官军大胜来电，即榜示全城，乃竟属子虚，舆论哗然，兹后又接来电谓官军克复汉口，随又榜示于外。三小时后，又接来电，谓官军复又大败。奭某接电之下，几乎手足无措，痛哭不止。居住淮阴之满人有改名换姓、变易装束者。

光复前夕，十三协兵变，伙同土匪，烧掠抢劫，淮阴城乡，饱受祸患。仅商号之损失即达六百万元之巨。兹后散兵复侵扰邻近各县，土匪又乘机抢掠，商民损失，更难估算。九月十四日一鼓时，城内商民人等多尚未闭门，北门外突来军士八十余人，云道台大人传彼等到署保护。进城后，即扑攻道署。奭道由后门逃逸。众兵寻道台不见，即整队离署，出东门而去，并嘱居民无恐，照常生意。十五日，士绅及商会负责人开会讨论组织商团事，并要求巡警严加稽查。行人皆由东门进出，水门、北门仅供水夫出入。商民以该军士等具有革命思想，举止文明，故皆不经意也。是日晚十时，黄河滩之军营忽然火光烛天，枪声大作，乃辎重营士兵放火烧营。步队数营不与联络，因此两相轰击。步兵不敌，退往他所。辎重营兵遂往王营，四处抢劫放火，商号与殷实民家被掠一空，流痞继之，地方糜烂殆尽。十六日天明，士兵数人荷枪来到河北，沿街抢劫。土匪多人随后行动。士兵以土匪为爪牙，土匪则藉士兵为护符，河北一带商店及居民稍有价值之物品，皆一空如洗矣。上午八时，营兵整队而来，在城北以机关炮向城内射击。

清河邵令、商会总理刘少清等乃以该军支持革命，志在得城，遂大开城门，并在沿街悬挂白旗，以示同情。入城士兵皆身荷快枪、袖系白布，与革命之民军并无不同。乃甫入城即大肆抢劫，商民所有黄白细软，皆入士兵囊中。大批土匪随之活动，无物不抢。士兵至县署，打开牢门，释放所有囚犯，并各给快枪一支，命其四出抢劫。兵匪之间又因抢劫发生冲突。总计被击毙之匪徒六七十人，乱兵死者一百余人。各衙门虽完好如故，然钱财皆为兵匪所掠。提署库存二十万，转瞬一空。当乱兵轰城时，各官皆逃避一空。奭道坐小轿出南门，绕道至淮安，搭轮南逃。是日尚有士兵一队前往淮关，关督接见，并盛筵招待，送银六百元，地方得免骚扰。十七日乱兵皆出城逃走。腰缠累累之落单者又往往遭受土匪抢劫。督练处参议蒋雁行出示召集旧部归队，回营者不到十之五六。兵乱之后，土匪继续滋扰。四乡甚至有称王称帝者。城内官商士绅在巡警公所设立办事机构保安之所，一面请蒋参议安置未叛之士兵，一面组办民团以靖地方，安定人心。然市面一片萧条，商店无一家开市。

经过各界代表数百人反复协商，九月二十二日一致推举蒋雁行为江北都督，杨慕时为民政总长，陶思澄为财政总长，魏宗瀚为参谋部长。是日即为淮阴之光复日，次日出示安民，决定裁撤地方杂捐及江北各地厘金，筹加兵饷，招集流亡，并札饬徐、海各属。浦地城内外一律悬挂白旗，各家门首燃灯庆祝。不久，淮属各县及徐、海诸县皆相继宣告光复。

军政分府成立伊始，百废待举，首要则为财政问题。西坝为盐政荟萃之区，财力丰厚，该处公推代表数人来浦，向都督表示，自愿担负军饷。财政部长陶思澄即为该处推举者。盐厘总局与淮关每年收入巨万。光复之后，关员官政，总局总办袁南生迟迟不交账目和款项。经各界将二人请至商会，勒令交账。军界人士至，拔枪威迫。袁交出账目，计存银四十三万余，惟现款很少，亦仅有现金一千二百两。军政分府，将派员提缴。

十月间，南京光复临时政府成立。江北人民，莫不欢欣鼓舞，社会秩序，亦逐渐恢复。军政分府通知所属，一律开会庆祝，并发布通知：一、各局及学堂建竖国旗；二、军官、军士及各部部长，部员一律剪辫；三、军官、军士及巡警一律摘去原有帽徽；四、商店招牌一律除去满文云云。在此以前，有识之士早已纷纷剪去豚尾矣。

一片庆祝光复共和声中，仍有顽固不化、麻木不仁者。清江码头镇巡警总办王某来浦谒见民政总长，居然仍按清制，头戴红缨大帽，乘四人肩舆，更有红伞一把，于前引导，经过圩门，见者皆惊，以为怪。有人拦舆诘问，王尤不服，且欲施以鞭挞，见者大愤，遂将其红伞、肩舆等撕毁殆尽，声言：汝既为清廷官吏，自不准越吾汉族光复之地一步。王知众怒难犯，乃抱头鼠窜而去。此亦光复声中之趣事也。

6. 淮阴光复，蒋督政绩

辛亥年农历九月二十二日，淮阴光复。原十三协参议蒋雁行被推举为江北都督，暂时署理原江北提督事务。故淮阴之光复，实与江北大局关系极大。未几，淮、徐、海所属各县，皆纷纷宣告光复，并电告蒋都督，“附属江北，以一事权”。

民初前后，江北大局动荡复杂。政军学商各界中具有民主共和思想固大有人在，剪去豚尾、摘掉顶戴、口颂共和、心在禄位，混迹于军政官员者亦不乏其人。灾荒未去，哀鸿遍地，兵乱之后，土匪蜂起，打家劫舍，攻城抢掠，股匪竟有多达数千人者。加之张勋盘据徐州，威胁江北，各地为自卫计，纷纷组建军队，开办团练，成员亦颇复杂。淮阴驻军，一度竟达两万人之多。

蒋雁行担任江北都督为时半年，以一客籍普通军官，且在十三协中本无统兵实权，于兵荒马乱之中，多方筹划安排，亟力稳定地方，实非易事。

光复后之首要大事自为整顿军队，绥靖地方。兵乱之前，驻淮军队，除十三协十一营外，尚有巡防六营、盐务缉私等营共有万余人。变乱之后，十三协存留十分之四，其他各营仍然如故。蒋都督将各军混合成一，共编成步兵四标（团）、炮兵两营（炮四十余尊），炮艇百余艘，计成一镇（师）之数。后又编练民军一营，大、中、小各队长均由陆军或将备学堂学生充当。此后年余，淮阴未再出现股匪活动。蒋君并派出部队，前往盐、阜、宿、浦及蒋坝、高良涧等地驻守，安定人心，以利交通。淮盐税收年入近百万，变乱之后，道路不靖，湖贩不能运行，蒋君派出军队，在湖面一带，专司保护盐运之责。

对于大胆行骗之流氓歹徒，蒋君亦严厉镇压。有李文钊者，本陈家集之痞棍。以声名狼藉，本地难以存身，遂窜至镇江。时湖北都督黎元洪派李登云与谢某，前来江北联络一切，甫至镇江，李即病于客寓，谢遂先往他处。李文钊亦寓该栈，乘该员昏迷之际，窃取其照会与手枪，并将李登云改为李澄云，返淮以联络员之身份，公开进行活动，伙同帮会分子，诈骗财物达数千金。适联络员谢君抵淮，向蒋都督揭发真象。蒋立时悬赏五百元缉拿。捕获后在都督府照壁前斩首正法，党羽大恐，纷纷逃散。

时清廷江南提督张勋原镇守南京，光复前屠杀人民数千人，后兵败北窜，盘踞徐州，一九一二年初，时时派兵骚扰，威胁江北。一九一二年一月初及一月中旬，蒋雁行先后致电孙大总统与上海《民立报》，公开揭发张勋动向，并要求电饬扬、镇各军，迅赴宿迁，协同预备抵抗。事危机迫，万望速示机宜。未几，镇军第三旅团长张性、扬军协统米占元，先后率部抵淮。张性一九一二年一月二十六日致《民主报》之电文中，有“今日之城中虽非满家之天下，而袁世凯之贼心叵测”等语，可以代表当时有识之士对大局之估计。故阳历二月上旬，清帝即将退位之消息已经传出（清帝二月十二日宣告退位）但江北形势依然紧张，蒋雁行任命标统车庆云任清江城厢卫戍司令。进出城门皆受稽查。农历新年前更颁布八大禁令：非攻敌剿匪，不得鸣枪，禁放爆竹，禁止赌博，军界除长官及卫兵外，出外不得携带武器等等。兹后，孙中山先生辞去临时大总统职，袁世凯被选为总统。但拒不南下就任，形成蒋雁行通电中所称之微妙局面：“袁大总统虽经举定而尚未任事，孙大总统虽已引退而未经解职。”淮阴准备铸造铜元所遇之困难，正反映这一局面。当时江北兵饷支绌，每月发饷大半由南中各省支助。嗣经参议会提议，以清江铜元局机器厂房开炉鼓铸，足敷江北军饷之用。蒋雁行呈请袁世凯并报请南京财政部。袁复电准予开铸，已铸月余，而南京之财政部则不予认可。

一九一二年五月总统命令，将江北军政府裁并，诸事归江苏都督管辖，并实行军政分统，派护军使驻淮，统率军队。十七日，新任护军使刘之洁抵淮。十九日蒋发表告别各界书云：”半载之中，如驭朽索，如履薄冰，兢兢业业，不敢苟取。”二十日，蒋君离淮南下，各界恭送至淮安。盖以蒋自光复以来有建设而无破坏也。

7. 热衷建省，终未如愿

江北军政府之裁并，与光复以来淮、徐、海诸县地方人士热衷于江北建省活动亦颇有关系。光绪年间，江北曾一度建省，旋即裁撤。光复后灾情依然，匪患遍野，且南北对峙，江北动向，势必影响大局，然江北各县代表皆计不及此，所争者唯在建省。公历四月十九日，《民立报》刊登蒋雁行之通电，有对江北建省，屡次劝阻，屡属无效之语，当非虚言。

建省活动之进行可谓紧锣密鼓。公历三月二十五日《民立报》刊出由江北联合会具名之致江苏省议会江北各议员公开电，表示将组织江北议会，要求江北籍议员辞职返里，共图进行。前后由各种名义致中山先生与袁世凯之电报，不下数十通。四月十二日总统回电谓此事需经参院批准。各团体又复电争，云若仍无效，拟即自谋。四月中，以都督名义致电江北二十八县，请地方议会推选议员代表二人，来淮讨论组织江北议会事宜，兹后又派员多人前往各地敦促。二十四日，江北临时会议竟在淮开幕，与会议员二十八人，代表十六个县，占江北各县总数百分之六十余。会议进行三日，议案均未涉及江北当务之急——救灾与治安。盖此两大难题，江北各县皆难以自决者。

公历五月六日江北争省代表五人离淮去京。未几，袁世凯下令裁撤江北军政府，江北民政事宜直接由省统管，江北民政长驻南京，淮阴仅设民政副司，财务则设立江北财政委员，驻淮阴，统管淮、徐、海三属丁漕关税。江北高等审判厅与检查厅亦相继成立。至此，喧闹半年之久，耗费如许精力之建省活动遂告平息。然江北之官制人事安排，似仍未妥贴。一九一二年十二月，江苏都督报请国务院批准，任命黄以霖为江北巡察使，幸黄固辞。十羊九牧，不知要此许多大官何用也！

8. 政党林立，议会失控

民初另一新事，为政党之建立与议员选举之进行。淮阴建立之政党有环球大同民党清江支部，同盟会淮北支部，统一党、工党、社会党、大同共济党、共和党。各党中，同盟会有明确纲领，在辛亥之前即进行实际革命活动，在全国有广泛影响，并在一九一二年八月遵照孙中山先生建议，改组为国民党。十一月中，国民党江苏支部副长武仲英曾来淮阴，声援并指导江北支部。其余各党纲领章程，一般人多不甚了了。

党派林立之背景为当时实行之议会制度。盖欲当议员势需入党，议会中之多数党将组成政府。志在安邦定国者，图谋以此制约袁世凯之野心。志在利禄者则以当选议员为结交权贵晋身政坛之阶梯。前者自属少数。故议员选举往往成为闹剧。

一九二一年十二月中，桃源（泗阳）县三区，选举众议员，突来多人，抢夺票柜，继之撕毁所有选票。清河（淮阴）县初选众议员，市议长安树风，恐己票数不足，竟抢马头镇选票四百张，填写己名。该镇人民大愤，拟提起诉讼，如属实，不知安某将犯刑律何条何款也。山阳县亦发生选举诉讼案，设于淮阴之江北高等分厅开审，竟不准被告律师到庭。国民党、共和党分电司法部与江苏都督，谓厅长违法乱章，请即撤换。

9. 烈士遇难，兴师讨袁

一九一三年三月二十日，原《民立报》主要负责人之一，同盟会前中部负责人、国民党代理理事长、国会多数党——国民党议员领袖宋教仁，在国会开会前夕，被袁世凯派人暗杀于上海。四月十三日国民党江北支部举行追悼大会，到会者三千余人，收到各方挽联二百余副。宋先生为民国元勋，其不幸遇难，使袁贼面目更加暴露于天下。未几，中山先生即发动兴师讨袁。

10. 封建余孽，吏治腐败

上述诸事，皆民初淮阴以及江北政坛上层人士之表面动向也。至于吏治情况，可以称之为新气象者，为数极少。盖清季未叶，中央政权自由皇家及贵胄控制，下属官吏则多为汉人。淮阴为江北重镇，满族官员亦仅有二人，即淮扬道奭召南与外河口关委瑞成。光复声中，皆挟其贪囊外逃安作寓公。不少汉官则改装易服，继续混迹于宦海之中，驾轻就熟，劣迹依旧。

江北护军使、陆军十九师师长刘之洁公历五月中到任，未几即电上海，请与其有师弟之谊之鄢玉春为高等军事顾问。鄢某清末为江北督练公所总办兼苇荡开垦营总办，光复时逃居沪上。此人嗜好极深，每日需打吗啡数针。十月间设立军政厅，又委派鄢为厅长，继又兼任清乡局总辨。军界对此早有烦言。后陆军部电令为军官授予军衔。护军使又令军政厅议定。兹据议复，三十八旅旅长杨春普、三十七旅旅长车庆云、参谋次长石传华等皆请授陆军少将，而鄢独请授中将。杨、车等不服，公开宣布其光复前之作为及吸鸦片、打吗啡之恶习。刘之洁无法平息众忿，遂示意鄢辞职，以全体面。《民立报》以《不如回家打吗啡》为题，刊出报道此一事件之通讯。

刘护军使之舅丈人衷兴哲，前清时任清河南河同知，巧手钻营，声名狼藉。刘初到任，衷即思得好差，刘恤人言，迟迟不敢安排。一九一二年底，刘以清理公易银钱局各号欠款为名，委衷帮同理账，月入六十元。衷识字不多，不知彼如何清理也。

民初淮阴官场之一大事件为护军使老太爷之六十九岁大庆。老太爷名达观，生日为一九一三年五月二十三日。先期三月，即发出寿启千余份，遍及各机关、团体、党派、军官等。诸士绅亦收到县知事通知，届时务必到护军府祝贺。一时间，银匠店、裱画店皆异常忙碌。各军官亦皆奇思百出，置办礼品。十三日，封翁抵淮，大批军官士兵列队河干迎接。高级官员上船问安，封翁下船后乘绿呢大轿迎入官署。然刘护军使忽得消息，云巨匪仲八（仲兆文）届时将来“拜寿”，因之焦急惊恐。二十二日发出戒严命令，军队巡逻，四圩及城门加派岗哨。寿期仲八并未进城，虚惊一场，真是大煞风景。

民初官家捐税之多，为一大特色。清江第一市公所自成立以来，所办实事极少，感兴趣者皆为办捐。有人写竹枝词一首，描绘此事：“十条议案九条捐，不爱声名只要钱。土木泥瓦齐列举，浴茶柴草更居先。二成好处甘尝粪，一半沾光在禁烟。更有两般堪发噱，教他僧道泪涟涟。”

一九一三年初，阴历年起，城厢赌风又复大兴。一般游手好闲之徒，日日呼幺喝六，政界中乐此不疲者亦复不少。三月间，警局获一赌犯，罚金数元。彼云钱在某处，烦君同往一取，乃带巡士至护军使之舅丈人衷兴哲宅前去，门内有牌声，某局长、某科长正筑竹城，何不拿彼等而抓我?彼等皆阔老，可得罚金极多。巡士不敢入，某遂逸去。赌鬼心怀不平，戏弄巡警，此岂民国之新气象乎?

11. 公售鸦片，贻害无穷

淮阴商会公开出售烟土案，乃民初值得一说之怪事。事出商界，却关系方方面面。淮阴经光复前夕兵变，市场萧条，唯独烟土行业兴旺发达，新开烟土店不少，公开发售，黑籍人士，得其所哉。官方称此类烟土为私土。顾名思义，当另有官土在焉。一九一二年底，县知事迭接省长通令，限期禁售烟土。各土店即遵示闲歇，共存余土五千余两，由商会报告县府，余土亦封存于商会。兹后，商会多次径电省长，请示办法，待至多日，未接复电。此时，警察局咨文商会谓：所有之土，如欲出售，警局当派人监督云云。警局开放绿灯，商会与土商遂公开出售存土。售土所得，抽洋若干酬谢某些机关、团体与个人。利益均沾，皆大欢喜。售土二十天，省长来电禁售。县署遵令办理，所余烟土由县署发给护照、印花，运往上海处理。私运禁物，官给凭照，如何措辞，其中当颇有学问。岂经此手续，私土即成官土乎?

12. 灾荒匪乱，为祸为患

灾荒与匪乱为民初江北两大祸患。一九一二年五月初，宿迁陆承卓致《民立报》等报之乞赈电中，有“因灾成乱，乱极灾深”之语，对灾乱关系可谓精辟简明之分析。

一九一二年三月十日，《民立报》刊出由江北参事会、各县议事会等机关及清河民政长、保安公所致大总统及上海各报馆求赈电报，详述灾情实况。读之心酸。兹摘录于后，他年国泰民康之日，当知人间亦有地狱在焉：

“上年水患之大，数十年所罕见。大荒之后，继以兵凶，现经其野，自朝至晓，不见炊烟，不闻鸡犬之声，牛驴羊豕，更无论矣。所遇之人，面目黄肿，略具人色者，居十之二三，面无人色且同地狱之饿鬼者十居八七。可保旦夕之家，欲求糠秕亦不可得，唯以豆饼和野菜杂煮之。此尚属上等者。其次则取树皮草根以忍死须臾，再下则有咽灶下青灰者。大道之旁，居民遗矢，颜色青绿，可知其所食何物矣。乡俗死人则焚其所卧草席，村庄之外，新烧灰痕到处皆是，则饿毙之人数可知矣。骨肉遇于途则相持而哭，无非互吊，人口凋零，生机尽绝，各去冥路不远也。城市所见，多逃死求食之乡民。施材处每日不下数十具，大有应接不暇之势。生计日艰，惨状日亟，若不速救，则淮之清、安、桃、阜，海之赣、沭，徐之宿、邳、睢，将有人稀地广、荒芜不治之危。值此四郊多垒，人心不靖之际，倘强桀者铤而走险，万一生事，影响所及，关动大局。”

此为求赈之电报，旨在评述灾情，对匪情则点到为止，留有余地。实则各地土匪如毛，起则成千，伏则四散，兵来他往，兵去复聚，绥靖已极不易。是夏，二麦丰收。据田家云，每亩可收一石余斗，双穗之麦尤多。新麦上市，每石售价二元五角左右，较前月下降三分之二。面粉每斤售三十余文。灾情人缓，匪情则依旧猖狂。

民初江北匪情以淮、徐、海三属各县最重。山阳之泾溪、新官，沭阳之高流、阴平，安东（即涟水县）之马厰，桃源（即泗阳县）之王家集，徐州之窑湾，海州之莞渎、马陵山，邳县、宿迁、睢宁、赣榆四乡皆土匪啸聚之所。邳县、赣榆城厢，且曾被攻入，备受洗劫。股匪少者上百，多则成千。匪首仲八、潘虹亮、高恒保等一时成为江北之知名人物。

治匪之道，无非剿抚。然二者皆需以军事实力为后盾，以社会进步为根本。以军事言，民初淮、徐、海三属之驻军可谓不少。淮属诸地者有刘师，徐属有冷师，北调支援之扬（州）军、镇（江）军、宁（南京）军，此外尚有各县之保安队、缉私营、团练等，故军事会议上有“江北军队林立，险象环生”之语。然历次剿匪，收效极微。

一九一三年六月，官军于沭阳丁庄圩围攻仲八股匪之役，为民国建立后最大之军事行动。丁庄围墙虽不甚高，然四周沟塘较深，自四五尺至七八尺不等，圩北复有宽十余里、长数十里苇滩，便于窜匿。故仲八敢于率七十余人，盘据该庄，抗拒官军。六月十日，官军三千人，由旅长石佳华指挥进围丁庄，并封锁庄北之苇荡。十二日午后，开始接火。此后每日晨三时至上午九、十时，官军均发炮数十响，放快枪数千发。然匪则极少还击。二十日旅长亲临战地，下令次日下午登圩。是日，自告奋勇之士兵四十人泅水过塘，率先登圩，众兵继之，圩遂破。斯时，附近乡民皆登高处遥观，以为仲八必将授首矣。孰料匪于民居穿墙透壁，狙击官军。士兵四十余人阵亡，仲八竟于混乱中率其党羽二十六人，向西北逸去，在滥泥洪一带，召罗亡命，继续为害乡里。是役，官军之无能，土匪之狡猾，演示无遗。

官军通匪、纵匪之事屡见不鲜。海州巨匪高恒保被招安后，统率党羽数百人为一队，但时时以无饷复叛要挟地方。三十七旅旅长石佳华前往视事，巡视各营，至响水口拟借机调高恒保部队予以缴械，全部枪决。营长陈少康素与高通，遂纵高所部逃逸。旅长见事不妙，即拔队逃治城。高纠合死党数百人，于路袭击，旅长之船队被击沉四艘，卫兵伤数人。

一九一三年三月，护军使刘之洁带兵一营，巡视各地，行经八滩镇，士兵竟伙同当地歹徒，大肆抢掠，几将该镇一扫而空。刘枪毙变兵十数人及当地歹徒，局势始得平静。

高级军官率队出巡，随行士兵尚且如此胡作非为，下级军官及其统率士兵之作为更无论矣。

一九一二年夏，第九师张营长领兵二百余人与宿迁警备营行军至萧县贡山寨，赚开寨门，抢掠烧杀无数，之后呼啸而去。是年八月，驻沭阳军队缺饷哗变，抢掠四散。一九一三年初，驻盐城之扬军遣散，该军大半曾栖身绿林，既散之后，士兵竟毫无约束，遂大肆抢掠。沙沟之厘捐局及三十余家富户被劫一空。驻阜宁之七十四团连长石昆山，凡拿获劫案匪徒经人说项，送上贿金若干即可释放。兵乎匪乎，真难以辨认矣!

盖连年灾荒，青壮男丁，或铤而走险，入伙为匪；或当兵吃粮，以求续命；或时匪时兵，行如两栖。故盗匪如毛，势所必然，而招兵组队，亦为易事，然财政支绌养兵颇难，练兵更无论矣。一九一二年八月，已有欠饷至三月之久者。常有军士持枪弹军衣至当铺强当。以此类部队治匪，或剿或抚，自皆难见成效。仲八之流悍匪，一年多来，降而复叛，叛后又降，多次反复，视官兵军营如自由来去之地，其原因盖在于此。

一九一三年六月间，北京又调兵来江北，驻防淮阴。士兵强悍，器械精良，名为缉私，实皆正规陆军，连同原缉私部队，合计达二十个营之众。统率部队者为新任两淮缉私统领宋某。传闻此人为袁世凯之表弟。此次南下，显为加强袁家之势力。南方讨袁之举，已箭在弦上，干戈再起，为时当不远矣。

13. 翘首企望，国族复兴

武昌首义，淮阴光复已近两年。当时欢欣若狂、万民同庆，皆以为国族复兴有望，情景如在目前。岂知今日又复处处愁云，重重黑暗。真不知何年何日，吾中华古国强盛清明，亿万人民安居乐业也!

附记：(一)按《民立报》系于右任先生在上海所创办，自一九一〇年十月十一日发行，于一九一三年九月四日停刊，本文系由作者通讯及电讯二九〇篇中，由象超摘编而成。(二)本文曾在国史馆馆刊复刊第十二期刊载。

淮阴·山阳·清河

葛以政

淮阴、山阳、清河，历史上都是县名，此三县建立有先后，地域有分合，范围有交叉，随着时间的推移，历史的影像在人类的记忆中越来越模糊直到消失，以至于后来引起了许多地名的争议和人物古迹的属地之争。笔者不昧浅陋，综合所读之书，梳理分析如下，以供读者借鉴。

一、淮阴县与山阳县

三县之中，淮阴建县最早。咸丰《清河县志》根据《史记》记载：“秦并天下，始设淮阴县，属泗水郡”。其实，郡县制是由春秋、战国到秦代逐渐形成的地方政权组织。春秋时秦、晋、楚等国初在边地设县，后逐渐在内地推行。春秋末年以后，各国开始在边地设郡，面积较县为大。战国时在边郡分设县，逐渐形成县统于郡的两级制。秦统一中国，彻底废除分封制，完全实行郡县制，分全国为三十六郡，而公元前223年（秦并天下前两年），秦灭楚，淮阴作为楚国的边地县已经属于秦国了，其治所在今码头镇，地域北至淮河，东到海边。

隋朝之前的淮阴县因地处淮泗二水交汇之处的淮河南岸，具有得天独厚的水路交通优势而得以繁荣。秦汉时期的甘罗城、淮阴城，韩信与漂母、枚乘与枚皋，三国时期的吴丞相步骘，东晋时期荀羡筑城屯兵，祖逖铸剑北伐……皆出于此。隋朝之前的淮阴县是淮河下游的政治、经济、文化和军事要地。

山阳县（现淮安区）建于晋安帝义熙年间（405～418），《宋书・志》："射阳县，晋元帝时侨置江南，至安帝义熙中，复以其地置山阳县。”山阳县的部分地域前属射阳县，《汉书・志》："临淮郡射阳县”；汉时淮阴县也属临淮郡。乾隆《淮安府治沿革表》记载："淮阴旧城地近天妃闸，……由淮阴东至今山阳县治六十里，由今山阳县治东至射阳县又数十里，射阳县与淮阴相去约百余里。自晋安帝义熙以前，山阳乃一大泽，与射阳湖相并，魏文帝所欲烧战舰于山阳池中者也，亦曰精湖。夫一湖之内而可行战舟数千艘，蒋济又为凿地四五道，其宽广可知。然则山阳之为县，……以故水名为县名，欲存其遗迹耳。特山阳之名不甚见于史，仅一见于《三国志・蒋济传》，后人不察，□莫知其由来，特附识于此。……为山阳渎，渎即湖也。三国以前至秦汉，山阳渎极大，故漕河通江淮中，亦籍此为水柜。自通江淮后，水有所泄，至三国时渐微渐涸，逮晋义熙又及百年，而遂成为县耳。”由此可知：山阳县建县时间迟于淮阴县600多年，是因为其地域多为湖水。水退湖涸，方才建县。山阳县因湖（山阳池）而得名，而山阳池在钵池山东南，又是因山得名；所以说，有书记载山阳县因在钵池山之南而得名，其实是一回事。

隋朝之前，水路交通和运输多利用自然河流和湖泊来通行，因迂回曲折，深浅无度，覆搁无常而航行艰难。隋炀帝开凿大运河，是使用人工开凿运输河道的大规模举措，极大的便利了全国交通。邗沟被拓宽取直从南向北开凿至淮河山阳湾与淮河交汇，这整段运河被称为“山阳渎”，与淮河的交汇处就是山阳渎的末口，“末口”也因此成为地名。末口是大运河从长江北上进入淮河的必经之处，山阳县便因此重要而繁荣起来。而隋炀帝开凿的通济渠（又名汴渠），是从盱眙淮河对岸通向京都洛阳的。这样一来，从扬州到洛阳，只是末口到盱眙之间利用自然河道——淮河，而淮河与人工运河的交汇点东在山阳，西在盱眙。淮阴泗口（淮河与泗水的交汇之处）的交通地位不再重要，淮河倒是既深且阔，船只航行于淮河之中无需在淮阴停留，淮阴的政治、经济、和军事地位便一落千丈（重心转移到了山阳县了）。

隋唐宋元时期，因改朝换代和政治所需，行政体制不断发生变化，淮阴县曾四次被并入山阳县。第一次是隋炀帝大业（605～618）初年，因废州置郡，淮阴县并入山阳县，属江都郡。第二次是唐武德七年（624）。《唐书・志》："淮阴郡淮阴县，中。武德七年省，乾封二年析山阳复置。”看来是唐朝建立后就设置了淮阴县，唐高祖武德七年（624）又将淮阴县并入山阳县，而到唐高宗乾封二年（667）再将山阳县分开复置淮阴县。第三次是宋高宗绍兴五年（1135）。《宋史・志》："山阳郡淮阴县，中。绍兴五年废为镇，六年复。”就是说，淮阴县这一次并入山阳县仅仅是一年时间。第四次是元世祖至元二十年（1283）。《元史・志》："淮安路山阳县，上。至元……二十年，并淮安、淮阴、新城三县入山阳县。”这一次并入后，元明清三个朝代就再也没有复置淮阴县。淮阴县秦汉时期的人物和古籍自然就进入了山阳县的典籍和志书之中，而在县治所在地（山阳）建设属地（淮阴）名人的纪念景观，也就是顺理成章的事情了。

二、淮阴县与清河县

淮阴县县名在元明清三个朝代的消失主要是因为有了清河县的存在。

南宋的淮阴县是灾难之邦。咸丰《清河县志》在“疆域”中记载："高宗南渡，析淮阴置吴城县，三年而罢。绍兴五年，废淮阴为镇，废后一年复立，立之后六年，当金皇统元年，宋奉表割地以与金和，金宗弼与宋约，以淮水中流为界……金以吴城镇隶临淮，金城镇隶涟水，宋亦徙淮阴治于八里庄，嘉定七年也。其后十七年，当金正大八年，宋淮阴降金，改为镇淮府”。这是南宋淮阴的一段屈辱史。宋金划淮而治，以淮河中流为界，地分南北，南岸属宋，北岸属金。南宋奸臣当道，秦桧弄权；名将受戮，岳飞蒙冤；国家金瓯破碎，淮阴首当其冲。淮阴县淮河北岸的吴城镇、金城镇都隶属于金人了，淮河南岸的淮阴县在绍兴五年（1135），废县为镇并入山阳县；绍兴六年（1136）又恢复淮阴县。嘉定七年（1214），因抗金形势的严峻，淮阴县治从淮阴故城迁到八里庄。八里庄在淮阴故城东北八里之处，可控淮泗交汇处的大清河口（即古泗口，此时与淮河交汇的泗水两支流称为大清河、小清河，大清河与淮河的交汇处称为大清河口），可阻金兵沿淮东进，作为抗金保楚州的前沿阵地。过了十七年之后，应当是金正大八年（1231），南宋淮阴降金，金改淮阴县治“八里庄”为镇淮府”。这就是说，“八里庄”作为淮阴县治，作为南宋楚州的重要屏障，控扼“清河口”达十七年之久，终于没有挡住金兵的南下，而于公元1231年也隶属于金人的统治了。然而，“八里庄”降金仅一年，金人在北方抵挡不住元人的进攻，更无兵力南顾，只好收束战场。绍定五年（1232），南宋军队趁势北上，江淮安抚制置使赵善湘便收复了淮阴（一举收复了泰州、淮安州、盐城县、淮阴县四城）。宋军后来还收复了淮河以北的一些地方。

南宋咸淳九年（1273）已是元世祖忽必烈至元十年，元人早已消灭了金人而占领了淮河以北的许多土地。南宋为了抵御元军的南进，对淮河两岸的行政建制作出调整。淮河南岸，划出原淮阴县东境及其他地域（应该是山阳县西境的一部分），设置新城县（有人认为县城在韩信城）。淮河北岸，在大清河口（约今袁集乡桂塘村附近）设置清河县，隶属于清河军；1274年，淮东制置使李庭芝筑起清河县城。可是，清河县仅仅建立3年（筑县城后仅2年），就成了元军的地盘。

元初，清河、淮阴、新城三县同时存在，隶属于淮安路录事司。至元二十年（1283），将淮阴县和新城县一起并入山阳县，这就是上文所说的淮阴县第四次并入山阳；而清河县却因为在淮河以北而独自存在下来。元泰定元年（1324）黄河决口南下，汹涌澎湃灌满泗水向淮河而来，大清口县城首当其冲，荡然无存。县尹耶律不花就将清河县城迁到甘罗城，清河县这就得到了淮阴故城的地盘而县境涉及淮水之南，淮河两岸就都有清河县的地盘了。天历元年（1328）县尹达鲁花赤哈麻又因甘罗城地僻水恶，居民甚少，将清河县城迁到小清口西北处（又是淮河以北），离淮阴故城十里远，开始没有城墙，后来因战事需要，筑有东西北三面城墙（南面是黄河大堤），边长3.5千米（今码头旧县）。

如此看来，清河县基本上是替代了淮阴县。

三、清河县与山阳县

明朝，清河县城仍在小清口西北（今码头旧县），嘉靖年间，大清口淤塞，黄河全流经小清口入淮，清河县城水患深重。直到崇祯年间，水患和战乱并起（李自成军威浩大，纵横驰骋，搅得明朝天下千疮百孔；皇太极雄起关外，觊觎中原，准备入关坐收渔人之利），因甘罗城地僻水恶，易守难攻，崇祯末年，县治又迁回甘罗城（再回淮河以南）。

清顺治三年（1646），天下太平，因政治需要，清河县治仍迁小清口西北（今码头旧县，还是淮河以北），隶属于淮安府。康熙年间，清河县城南面的黄河大堤和东西北三面的土城已经筑得很高了，但黄流高悬，县城多次进水。康熙皇帝，六次南巡，每次必到清河县，现场勘察，亲自谋划以清口为中心的治河方略。可以说，清河县的清口地区，在“蓄淮”（大筑高家堰，拦蓄淮河水）、“刷黄”（用淮河水冲刷黄河泥沙向东入海）、“济运”（用淮河水接济运河漕运）的方略中，是康熙皇帝用心最大、花钱最多的地方，但清河县城的建设却没有什么起色。漕运总督驻节山阳县，河道总督开府清江浦，共同关注和指挥着清口地区及更大范围的治河保运工作。乾隆年间，黄河水患更重，清口治水更繁，乾隆皇帝守着老祖宗的治水业绩和体制，每次南巡也必到清河，数题阅河诗，重修惠济祠，不仅也做出一些治河功绩，而且还留下许多诗文墨宝。给清河县的历史平添了许多文化内涵。

乾隆二十五年（1760），江苏巡抚陈宏谋上疏请求迁移清河县治，这样，清河县就又和山阳县发生了密切的关系。光绪丙子《清河县志》“建置”中记载：清河县治“康熙中，河屡决、县益下，垒土为堤，官署仓库从上视若阱，岁水大至，公私忧惧。谋迁于渔沟及罗家荒，议皆格，不果行。乾隆二十五年，江苏巡抚陈宏谋疏请移治山阳之清江浦。”陈宏谋的奏疏得到朝廷的批准，乾隆二十六年（1761）得以实施。光绪丙子《清河县志》“沿革”中记载：“乾隆二十六年，……割山阳近浦十余乡并入清河，是为新县治。”就是说，山阳县的清江浦以及靠近清江浦的十几个乡都割出来并入了清河县，这就是清河县的新县治。这样一来，古淮阴之地除了南界棠泾（今周桥）、青州涧（今汉河），仍属山阳县之外，全部变成了清河县的地域。

原属山阳（今淮安区）管辖的清江浦，隋朝之前是淮阴县的地域，隋唐宋三朝，或随淮阴县一起并入山阳县，或从山阳县划出一起恢复为淮阴县的地域。宋时乔维岳开沙河，以避淮水山阳湾之险，后来淤塞。明永乐六年（1408），平江伯陈瑄利用旧沙河，开河造闸，将河名改为“清江浦”，其后河名便成地名，清江浦河则称“里运河”（北面不远处的淮河已经变成黄河，时称“外河”）。里运河成为南北孔道，漕运咽喉，在明、清两代设官驻守。自清河县治搬此之后，市镇日益繁荣，商业更加发达。为防捻军侵扰，清江浦在同治之前就先筑有土圩城墙，漕运总督吴棠于同治三年（1864）始建砖城。从同治三年春天开始，到次年秋天建成。砖城北倚运河，东、西、南各就洼地挖沟垒土为基，用洪泽湖大堤上拆来的砖石（含王家营西坝等处的砖石）垒砌。砖城东西稍长，南北略狭，其周长1273丈6尺5寸（4203米），高1丈8尺（5.9米）。有城门4座，各有雅称，东曰安澜，西曰登稼，南曰迎薰，北曰拱宸。东北有小水门。东西城下有水关，通城内文渠。四角各筑炮台一座。共用白银12万多两。清江浦先后设有河道总督、漕运总督（咸丰五年黄河北徙后，河督与漕督合并驻清江浦）、河道库、淮扬道、清军同知、淮扬镇总兵、淮安府同知、江淮巡抚、江北提督等二三十个官署。

原淮阴县的绝大部分地域回归清河县，其历史文化和古迹遗存也自然作为核心内容而进入清河县志书的表述之中。乾隆《淮安府志》在表述到淮阴故县秦汉时期的古迹时，就在山阳县和清河县的相关章节中重复加以表述。这样到后来，只有认真研究志书的人，才能辨别真伪，知其所以。

清河县与山阳县发生密切关系的还有王家营。王家营名称源于明朝，明太祖朱元璋推翻元朝统治之后，在各行省设立兵卫，扼守疆域和关键要塞，战功世袭者，居其营地而不迁。王家营是大河卫的重要兵防营地之一，绾南北之冲，有黄河（今废黄河）之险，当时军垒密布，人口渐多，王家营由兵营成为地名，逐渐繁荣起来。王家营兵营分偏师于大河口下庄（原大清河口县治南迁后，废县址曾称大河口镇，再后来称为大河口上庄，向东称为大河口下庄），谓之小营，小营之名亦由此而来。清代康熙四年到十七年间洪水泛滥，王家营黄河段北堤就决口十一次，“洪涛所趋，高庳易形，坊市易位”，王家营多次被黄河水冲毁，镇址逐渐东移。康熙二十七年（1688）秋，黄河决口再次冲毁王家营。镇址只好再向东移，但东边的几百亩高地是山阳县朱氏的产业，清河知县管钜用自己的俸禄买下了这块土地，作为王家营的重建地址。时隔不久，管钜升知宁州，以杨穆为首的王家营人为了表达对管钜的感激和思念之情，立了一块“去思碑”，阴面镌刻碑文一段，末尾为“人间有日月，清河有青天”十个大字。

山阳县河下镇的衰落与清河县西坝镇的兴起也有直接关系，这是道光年间的“纲盐改票”形成的。道光十一年（1831），两江总督陶澍力排众议，革除盐政积弊，废“纲盐法”，创“票盐法”，将淮北掣验盐引所由山阳县河下镇迁至清河县西坝。“西坝”本来是康熙年间在王家营段的黄河北堤上修筑的东、中、西三个减水坝之一，其作用是在黄河盛涨时开坝（扒去正常情况下填埋在石坝中的泥草）放水北流以保证黄河南边里运河与清江浦的安全。地以坝传，坝名就成为地名。海盐从淮北盐场经盐河直抵清河县西坝经消而不再到山阳县河下。一时间，票商、盐局云集于西坝，盐栈林立、店铺星罗棋布，商贾川流不息，人口迅速集聚，生意特别兴隆，繁富之名冠于淮上；而原本靠纲盐而兴盛很久的河下镇，巨贾豪商纷纷外迁，另谋出路。黄钧宰在《金壶浪墨》中记载河下盐商的衰败：时间不及十年，却是“高台倾，曲池平，子孙流落，有不忍言者，旧日繁华，剩有寒菜一畦、垂杨几树而已。”

辛亥革命推翻帝制，民国初年气象更新。清河县复称淮阴县（与河北省清河县同名之故），仍设治于清江浦，并设淮扬镇守使衙门、淮扬道尹衙门于此；山阳县改称淮安县（历史上也有几次称为淮安县）。此后，随着时间推移，上一级主管建置经常变更但常驻清江浦，而淮安、淮阴两县之名则较为稳定。新中国成立后，清江浦更名为清江市。1956年，分别将淮阴、淮安两县南部划出，设置了洪泽县。1983年，原江苏省淮阴地区（行署）淮阴市市府所在地清江市划为清浦区、清河区。1972年淮阴县政府从清江博古路现“苏皖边区政府旧址”内再次迁至王营镇（1951年1月至1958年8月已迁出一次），淮阴县政府就彻底离开淮河以南而长驻淮河以北了。这就是许多人不理解淮阴县政府不在淮河（今废黄河）之南的前因后果。改革开放波澜壮阔，城市变化日新月异。2001年淮阴、淮安撤县建区，淮阴市改成了淮安市，淮安市（县级市）改成了楚州区（后又改为淮安区），淮阴县变成了淮阴区。原来淮阴、山阳（淮安）、清河的地域变成了现在的四区（清浦区、清河区、淮阴区、淮安区）一县（洪泽县），另建同为县处级行政区划的淮安市经济开发区，形成了比学赶超，快速发展，群芳争研，欣欣向荣的新局面。

四、淮阴县清河县治所变迁概览表

朝代	年代	县 名	治 所		变更原因
秦	前223年	淮阴县	甘罗城	皆在码头镇境内或附近	秦灭楚、置县
东晋	352年	淮阴县	淮阴故城		荀羡筑城屯兵
南宋	1214年	淮阴县	八里庄		南宋割地于金
金	1231年	镇淮府	八里庄		南宋淮阴降金
南宋	1232年	淮阴县	淮阴故城		赵善湘收复淮阴
南宋	1273年	清河县	大清口（今袁集桂塘）		首次设置清河县
南宋	1274年	清河县			李庭芝筑县城
元	1324年	清河县	甘罗城	皆在码头镇境内	黄河决口、大清口县城被毁
元	1328年	清河县	小清口西北（今码头镇旧县）		甘罗城地僻水恶、居民甚少
明	明末	清河县	甘罗城		水患、战乱
清	1646年	清河县	小清口西北（今码头镇旧县）		清初治安
清	1761年	清河县	清江浦		康熙中屡圮于水，陈宏谋上疏请求移治
民国	1914年	淮阴县	清江浦		与河北省清河县同名
中华人民共和国	1951年	淮阴县	王营镇西马路口西北角		清江市单列
	1958年	淮阴县	清江博古路（今“苏皖边区政府旧址”内）		淮阴县与清江市合并
	1972年	淮阴县	王营镇北京路73号		王营镇由清江市划归淮阴县

说明：淮阴县曾四次短期并入山阳县，见上文。

后 记

《淮安市淮阴区志（1978～2008）》自2006年4月启动至2018年12月付印，历时十余载，八修纲目，数易其稿，于今面世，虽非鸿篇巨著，亦属不易。

回顾编修历程，大致可分三个阶段：

一是提纲分纂阶段。2006年4月，区政府决定开启二轮修志，并印发专文，成立组织，全面发动。区级层面成立二轮志书编纂委员会，区志办组成专门工作班子，乡镇、部门均成立修志小组，明确专人负责。2007年7月，开展人员培训，邀请省、市志办专家开设讲座，上百个单位500余名撰稿、审稿人员参加培训。接着，各乡镇、各部门修志人员根据要求和所承担的任务迅速开展工作，查阅资料，实地察看，切块包干，分头撰写，组长合成。至2009年7月，初稿和图照基本完成并送交区志办。

二是总纂修改阶段。2009年8月，区志办组织区内行家对初稿进行阅评。2010年1月至2012年12月，特邀4名同志根据阅评意见，对志稿进行补缺、调整。2013年1月，聘请外地专家马国顺先生审读、梳理和修改。同时，组织人员到市、区档案局和图书馆及有关单位档案室查阅资料，走访当事人和知情者，对史实审核把关，对陈述内容的主次及时间顺序进行合理调整。2014年12月，区志办人员进行初审；2015年5月，再次聘请马国顺先生统审把关。随后将志书三审稿发回原单位再审再校再改。

三是评审报验阶段。2015年11月，邀请区内20多名专家、学者和退休老干部对志稿进行复审。其后，组织人员落实复审意见和建议；12月报请市志办终审。2016年1月，市志办主任周平在淮主持召开《淮安市淮阴区志（1978～2008）》终审会，市内外10位专家对二轮志稿提出修改意见和建议。区志办聘用两位退休老同志对这些意见进行梳理、归类。一人负责根据专家意见修改，一人负责审读修改稿，区志办负责人统筹把关，复看修改后的内容，发现问题，当场解决。2016年9月，根据省、市主管部门"限期完成"的要求，区志办又重新设定时间表和线路图，重新研判终审专家的讲话录音，进一步明确修改的重点和总体原则，加快对志稿的修改和完善。2017年11月，二轮志文字稿通过市志办验收，交方志出版社审定。同时，紧锣密鼓地组织图照搜集、拍摄、筛选和插补工作，2018年2月，由印刷厂排出样书，报省志办批准付印。其后，编修人员又多次对志书进行打磨、校对，还聘请省专家执笔修改，最后得以定稿。

此部志书付梓，与区委、区政府历任领导高度重视和大力支持密不可分。从开始动员部署到编修人员培训，时任分管副区长于建斌亲自到场，表态度，给力度。区长朱晓波多次强调修志工作的重要性，对二轮修志提出明确要求。万旭东、吴国飞、蔡昀等分管领导经常听汇报，鼓劲加压，现场解决修志人员和经费等问题。

此部志书付梓，与各部门和社会各界热忱关心、支持以及参编人员尽心尽责密不可分。2007年，乡镇、部门先后成立3至5人且老中青兼顾的修志小组。这些同志充分发挥人熟地熟情况熟的优势，迅速进入角色，努力在第一时间拿出初稿。2015年10月和2018年3月，志稿两次发回重审，各单位一把手和分管领导皆能高度重视，及时组织人员核对、修改，反馈意见，盖章确认。在长达十余年的时间里，全区直接参与资料收集和志稿编纂者600余人。他们恪尽职守，一丝不苟，为圆满完成二轮志编纂任务作出积极贡献。尤其是区志办历任主任和部分老同志，如朱爱民、吴如忠、刘昶、陆永生、邱广洋、王昭龙、卜廷才等，不计名利得失，呕心沥血，默默奉献，在整个修志过程中发挥了重要作用。

此部志书付梓，与省、市方志办领导和专家悉心关怀、指导密不可分。省志办蔡金良副主任、陈华处长等领导和专家对淮阴修志工作竭诚关心、指导。市志办周平主任多次带领专家到淮阴做编纂业务辅导，指导纲目编写，认真审阅修改整部志稿。市政协原副主席荀德麟不仅参与审稿，还亲自撰写第二十八、二十九篇。在此一并致以衷心的感谢！

编修志书是一项系统的文化工程。承接此任务后，全体编纂人员虽殚精竭虑，但毕竟水平有限，书中缺失、疏漏难免，特别是第三十六篇人物的收录存在一定缺陷，敬祈领导、专家和广大读者海涵指正。

编　者

2018年12月

《淮安市淮阴区志（1978～2008）》初审小组

组　　长：刘　昶
副 组 长：田平芝
成　　员：吴翠莲　陆永生　包晓华　蒋中武　申海芹　李　航　王昭龙　卜廷才　花文斋
乔宏权　王耀琛　蒋楚生

《淮安市淮阴区志（1978～2008）》复审小组

组　　长：万旭东
副 组 长：张植林
成　　员：丁玉成　丁祖奎　马　萍　王玉家　王学礼　王祥生　毛立发　邓金良　史国友
刘绍峰　刘　昶　刘　晨　孙效德　吴如忠　吴海涛　沈业富　皇甫启全　徐业龙
葛以政　韩竹生

《淮安市淮阴区志（1978～2008）》终审委员会

主　　任：周　平
副 主 任：方宏伟
委　　员：马国顺　毛立发　方宏伟　刘功昭　刘志平　杜　涛　李　想　周　平　徐和平

《淮安市淮阴区志（1978～2008）》参编单位初稿撰稿人及审读修改人

（以姓氏笔画为序）

丁玉成　丁红梅　丁　洋　丁海青　卜为庚　于大海　于业明　于永生　于武门　于　高　干建伟
万玉明　马乃国　马业松　马　灵　马金宝　马海瑞　马　娟　马晴晴　马新宝　王乃勇　王亓翔
王天宇　王天奇　王元元　王永兵　王加玉　王亚军　王亚红　王自强　王兆武　王　军　王红娟
王进勇　王志杰　王　丽　王秀宇　王　青　王其山　王其安　王茂田　王　松　王昌国　王昌富

王学武　王宝春　王　春　王树义　王树田　王树蔚　王昭强　王修浪　王晓荣　王爱国　王　浩
王海燕　王继权　王朝书　王　斌　王　静　王镜辉　王霞云　开爱兰　支凤国　支　梅　毛之豪
毛玉成　毛立发　方　虎　方建明　尹　健　邓金良　左绪正　厉　薇　石　云　石向洋　石学邦
石海娟　卢玉林　卢亚军　卢　金　卢素芹　卢新华　叶绍洲　史耀儒　包立法　包晓芸　包晓明
冯东杰　冯苏东　冯根叶　冯海春　戎自英　朱云峰　朱长山　朱从洋　朱　平　朱代成　朱冬梅
朱光华　朱兆勤　朱希林　朱明锋　朱金才　朱育红　朱建东　朱建勇　朱素芬　朱爱明　朱浩然
朱敏亚　朱蕾蕾　乔全胜　仲兆仙　任兆江　华明慧　庄玉霞　庄恒晋　刘大军　刘友龙　刘玉早
刘　冬　刘冬梅　刘伟伟　刘庆来　刘志权　刘丽丽　刘　昇　刘洪华　刘　昶　刘　留　刘　捷
刘梦月　刘绪坤　刘媛媛　刘　婷　刘　鹏　刘　腾　刘　韵　刘暮霞　刘　磊　关　锋　汤文英
汤文娟　汤　明　汤　慧　安冬梅　祁建功　祁培忠　祁慧敏　许井同　许尔军　许　明　许　忠
许　涛　许崇波　孙大勇　孙玉红　孙　权　孙成杰　孙华伟　孙兴兵　孙　军　孙志春　孙国浩
孙　佩　孙宝芝　孙荣中　孙荣凯　孙　柠　孙爱民　孙　蓉　孙鹏飞　纪家龙　严如军　严桂芹
苏云波　杜正和　杜建新　杜晓芹　李文涛　李　东　李训涛　李　尧　李延文　李　松　李学军
李春梅　李玲莉　李保平　李洪兵　李洪春　李　莉　李　莺　李晓玲　李海洋　李　楠　李赟昆
李曙光　杨小丽　杨太军　杨志伟　杨　杉　杨迎凤　杨　玥　杨恒武　肖正义　时伟众　时昆和
吴　卫　吴云昌　吴友林　吴　平　吴汉江　吴永梅　吴如忠　吴　芳　吴秀玲　吴良广　吴明生
吴明华　吴　凯　吴金华　吴学松　吴宝林　吴爱国　吴家文　吴家军　吴超本　吴　森　吴　默
何卫东　何　恒　何　捷　何　瑶　谷　旺　汪传球　汪　余　汪　辉　沈　阳　沈如松　沈红军
沈淑珍　张文学　张以波　张玉兰　张玉如　张永顺　张　军　张志航　张　英　张　松　张明明
张金龙　张　波　张春玲　张益贵　张　娟　张淮萍　张　婕　张绪平　张　琰　张　超　张　晴
张　婷　张　震　张黎明　张　霞　张　瀚　陆卫东　陆文军　陆永考　陆成之　陆志娟　陈文文
陈文蔚　陈立国　陈延刚　陈兴亚　陈　军　陈红红　陈运飞　陈丽萍　陈秀琳　陈其兴　陈　明
陈建忠　陈　钧　陈　勇　陈桂国　陈　峰　陈海云　陈　娟　陈　彬　陈　跃　陈　越　陈　婷
陈新安　陈燕军　陈曙云　邵伟程　邵国华　范开飞　范更生　林正玉　杭雪峰　尚福平　尚福胜
罗玉芳　罗叶军　季　平　岳仁申　岳　铁　金　花　金波擎　金思健　金晓凡　金　鑫　周　文
周成颜　周华名　周利春　周　宏　周奉来　周林森　周　凯　周　艳　周　倩　周益明　周理柏
周　强　周　瑞　周　静　郑　鑫　房乃高　孟　辰　赵长春　赵文军　赵正中　赵业成　赵伟伟
赵　恺　赵　骁　赵　娟　赵　斌　赵锦权　赵　群　赵薇薇　郝庆玲　胡传兵　胡建国　胡继专
胡锦秀　胡新军　胡殿儒　胡翠珍　柏　璐　柳卫红　皇甫一峰　侯正中　侯柱友　施华龙　姜大伟
姜冬梅　姜显同　姜琦松　洪华民　姚凤雷　秦永祥　秦晓阳　袁夕花　袁凤高　袁　玲　夏延安
夏际虎　夏雪平　顾卫国　顾　跃　顾彩琴　顾　蕾　钱昊明　钱素婷　徐士东　徐业龙　徐　礼
徐必余　徐进亚　徐明成　徐　建　徐荔荔　徐　晖　徐　婧　徐　琳　徐　翔　徐鑫鑫　殷　玫
殷　明　殷春梅　奚　青　凌仕春　高从凯　高业国　高　杨　高尚鹏　高国祥　高　晗　郭寿勤
郭　虎　郭建生　郭建国　席德义　唐海霞　浦永顺　诸葛闯　黄　杰　黄晓波　黄　涛　黄　海
曹海龙　龚步顺　龚振红　梁卫成　梁晓晨　彭淮阴　彭　煜　葛　飞　葛　玲　葛海伟　董志广
董　波　董海军　蒋凤琦　蒋文艳　蒋启栋　蒋明龙　蒋　勇　韩华国　韩　静　嵇　波　程劲风
程咏梅　程　炎　程泽鲲　程素莲　程慧珍　傅亚军　傅兴政　鲁振湖　曾凡东　谢苏明　谢秀花
窦　蕾　蔡春明　鲜　艳　阚荣芳　漆连亭　漆利之　漆春红　谭江华　翟晓红　潘大圣　潘马宁
潘宝林　薛传金　薛　兵　戴荣华　戴洪海　戴家业　戴家贵

淮阴区水系图

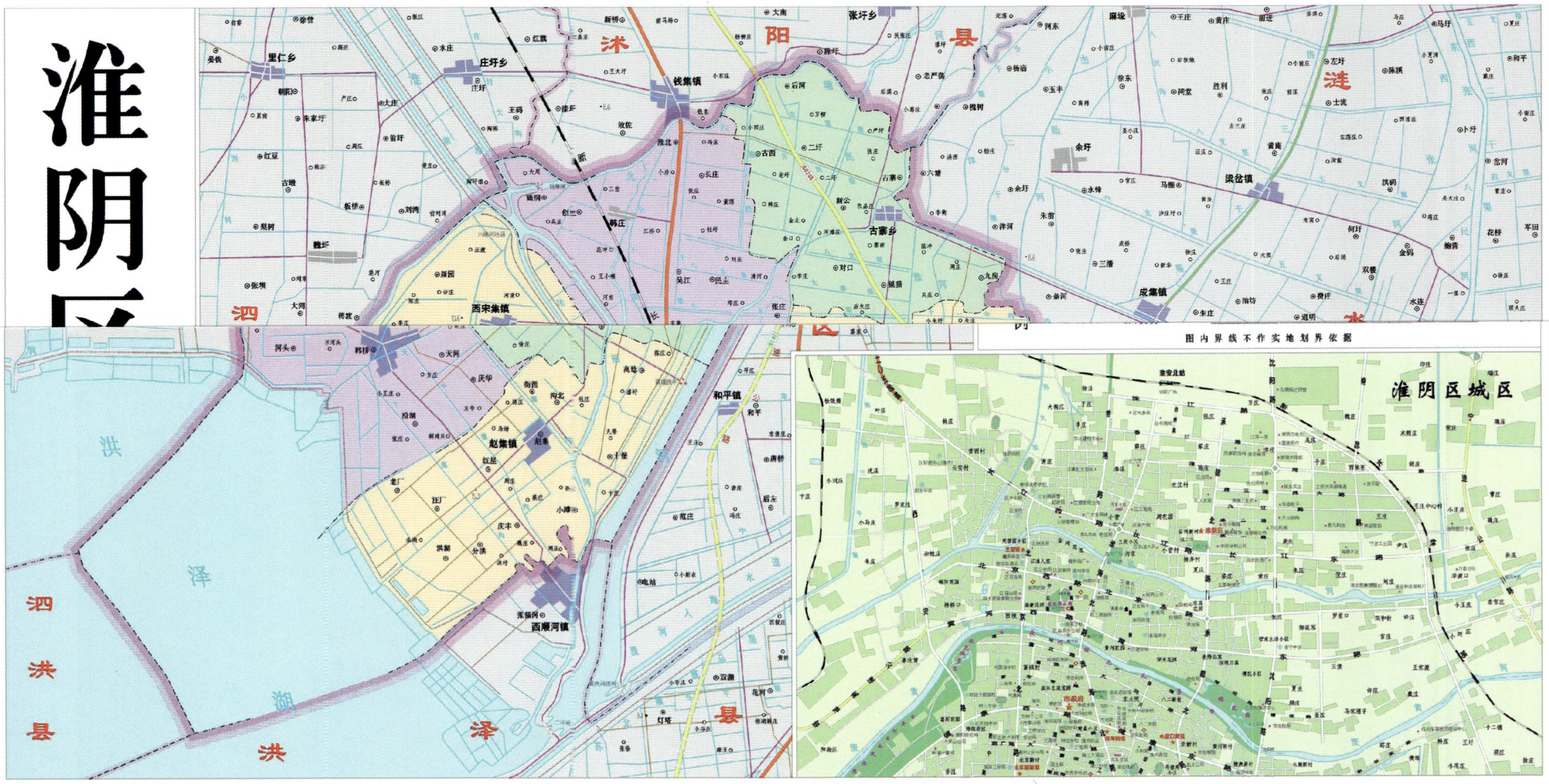

淮安市国土资源局淮阴分局　江苏省基础地理信息中心　联合编制　淮安市国土资源局　监制

地图审图号：苏S(2006)036号　二〇〇六年四月　工本费：60元

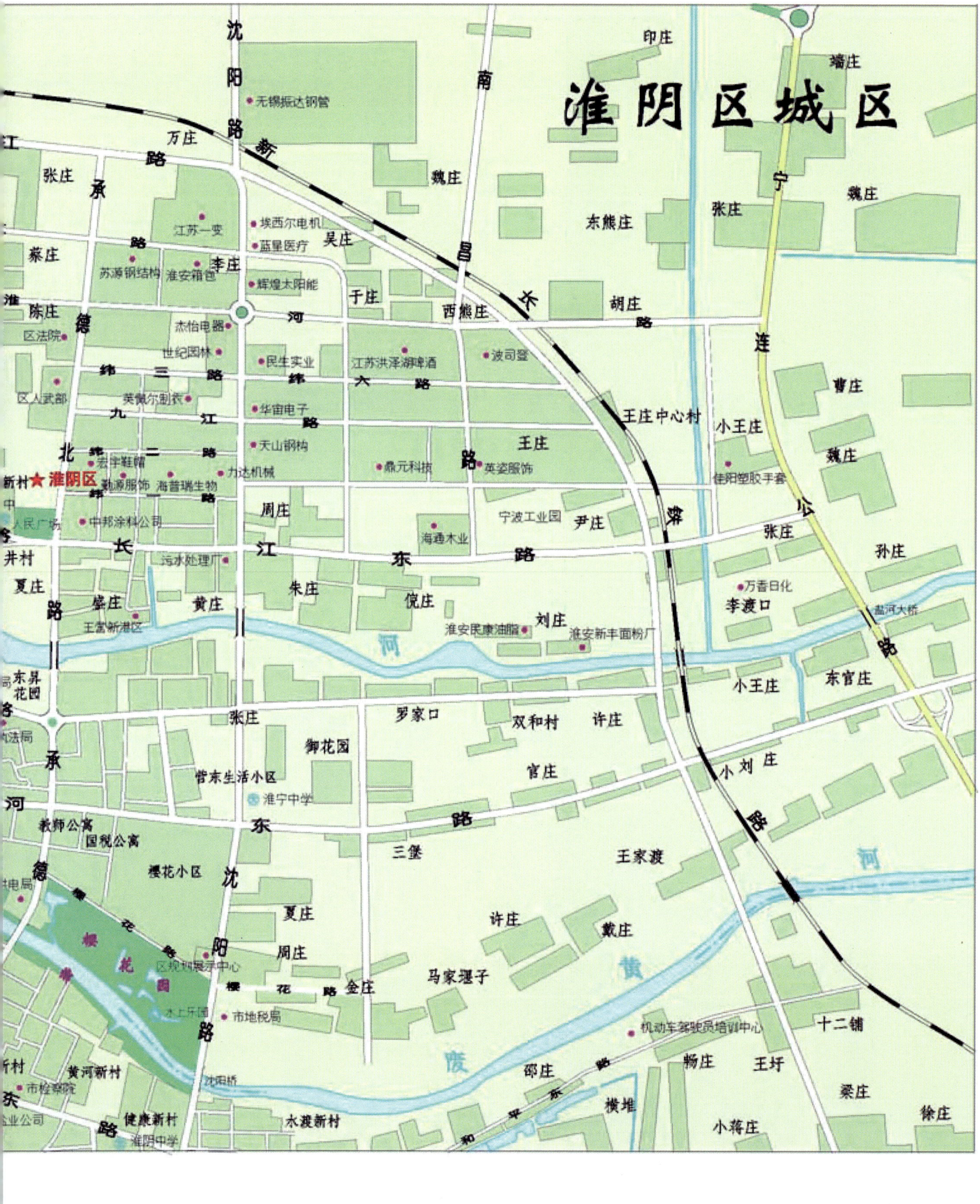
淮阴区城区
印庄
墙庄
无锡振达钢管
万庄
魏庄
张庄
东熊庄
江苏一变
埃西尔电机
吴庄
蓝星医疗
蔡庄
苏源钢结构
淮安箱包
李庄
辉煌太阳能
于庄
陈庄
西熊庄
胡庄
杰怡电器
区法院
世纪园林
民生实业
江苏洪泽湖啤酒
波司登
曹庄
王庄中心村
小王庄
区人武部
芙佩尔制衣
华宙电子
天山钢构
王庄
宏宇鞋帽
力达机械
鼎元科技
英姿服饰
佳阳塑胶手套
淮阴区
勤源服饰
海普瑞生物
周庄
宁波工业园
尹庄
人民广场
中邦涂料公司
海通木业
张庄
孙庄
井村
污水处理厂
夏庄
朱庄
万香日化
徐庄
黄庄
倪庄
李渡口
盐河大桥
王营新港区
刘庄
淮安民康油脂
淮安新丰面粉厂
东昇花园
小王庄
东官庄
罗家口
张庄
双和村
许庄
御花园
小刘庄
官庄
管东生活小区
淮宁中学
教师公寓
国税公寓
三堡
王家渡
樱花小区
夏庄
许庄
戴庄
周庄
区规划展示中心
马家堰子
金庄
樱花园
水上乐园
市地税局
机动车驾驶员培训中心
十二铺
邵庄
畅庄
王圩
黄河新村
沈阳桥
市检察院
横堆
梁庄
健康新村
水渡新村
小蒋庄
徐庄
淮阴中学
沈阳路
南昌路
长江路
长江东路
承德路
承德北路
淮河路
淮河东路
宁连公路
新长铁路
纬三路
纬六路
九江路
樱花路
和平东路
河
黄
废
河